D1620366

Reader's Digest

UNIVERSAL LEXIKON

UNIVERSAL LEXIKON

9

JAR-KOM

DEUTSCHLAND · SCHWEIZ · ÖSTERREICH

Redaktionelle Leitung
Dr. Beate Varnhorn

Projektkoordination
Dr. Ulrike Hönsch

Redaktion
Christian Adams · Dr. Gisela Benecke · Ursula Blombach-Schäfer · Gesine Brumby · Dieter Christoph ·
Wolf-Eckhard Gudemann · Antonia Hansmeier · Dr. Manfred Hoffmeister · Dr. Ulrike Hönsch ·
Dr. Hans Leuschner · Hans-Georg Michel · Petra Niebuhr-Timpe · Ingrid Peia · Rosemarie Quirll · Susanne Reckmann ·
Claudia Renner · Karl Römer † · Ursula Rzepka · Thekla Sielemann · Irmelis Steinsiek · Monika Unger ·
Ulrich Vossieck · Peter Wassen · Inge Weißgerber · Claudia Wullenkord

Redaktionelle Mitarbeit
Renate Arzberger · Petra Bischof · Heike Linnemannstöns · Dr. Martin-Andreas Schulz · Inga Westerteicher

Layout
Dirk Bischoff · Jo. Pelle Küker-Bünermann · JOSCH

Datenaufbereitung, Satz
Dirk Bischoff · Olaf Braun · Peter Göddecke · Ulrich Kreidner · Daniela Wuttke

Grafik
Dr. Matthias Herkt · Jo. Pelle Küker-Bünermann · BÖCKING & SANDER · IMPULS

Bilddokumentation
Ursula Franz · Elisabeth Lezius · Ursula Nöll-Kaske · Ilona Rudolph · Edeltraud Siebart · Carola Wessolek

Das Werk wurde in neuer Rechtschreibung verfasst.

Alle Rechte vorbehalten. Nachdruck, auch auszugsweise, verboten.
Das Werk, einschließlich aller seiner Teile, ist urheberrechtlich geschützt.
Jede Verwendung außerhalb der engen Grenzen des Urheberrechtsgesetzes ist ohne Zustimmung des Verlages
unzulässig und strafbar. Das gilt insbesondere für Vervielfältigungen, Übersetzungen, Mikroverfilmungen
und die Einspeicherung und Verarbeitung in elektronischen Systemen.

Autorisierte Sonderausgabe für Reader's Digest Deutschland, Schweiz, Österreich
Erster Nachdruck 2002
© 2000 Bertelsmann Lexikon Verlag GmbH, Gütersloh/München

Druck und Bindung: MOHN Media · Mohndruck GmbH
Printed in Germany

ISBN 3–87070–888–3

Jardiel Poncela [xardi'ɛl pon'θela], Enrique, span. Schriftsteller, *15. 10. 1901 Madrid, †18. 2. 1952 Madrid; schrieb hintergründige, von schwarzem Humor durchsetzte Komödien, die bereits Züge des absurden Theaters tragen („Un adulterio decente 1935; „Los tigres escondidos en la alcoba" 1949); verfasste auch humorist. Romane („Espérame en Siberia, vida mía" 1930) u. Filmdrehbücher. – Obras completas, 5 Bde. 1965–67.

Jardin des plantes [ʒar'dɛ̃ dɛ'plãt; frz., „Pflanzengarten"], botanischer Garten, insbes. der Anfang des 17. Jh. begründete Jardin des plantes zu Paris, der dem Naturkundemuseum angegliedert ist u. auch einen zoologischen Garten enthält.

◆ **Jardinière** [ʒardin'jɛːr], Blumen- oder Pflanzenständer mit eingesetzter Schale, bisweilen in aufwändiger Schnitzarbeit mit Tier- u. Pflanzenmotiven, gehörte vor allem im 19. Jh. zum Inventar der bürgerl. Wohnung. Der silberne Blumenkorb eines großen Tafelservices wurde ebenfalls als J. bezeichnet.

Jardinière aus Sèvres-Porzellan; 1760. London, Victoria and Albert Museum

Jargon, 1. [jar'gɔːn; der; frz.], *Mineralogie:* farbloses bis blassgelbes Zirkonmineral aus Sri Lanka; beliebter Schmuckstein.
2. [ʒar'gɔ̃; der; frz.], *Sprache:* eine Sprachform, die einen gruppen- bzw. fachspezifischen Wortschatz hat u. für Außenstehende bzw. Fachunkundige oft unverständlich ist.

Jari ['ʒari], linker Nebenfluss des Amazonas im N Brasiliens, 600 km lang, entspringt im Bergland von Guyana; im Unterlauf schiffbar; bildet die Grenze zwischen dem Staat Pará u. dem Territorium Amapá; am Unterlauf befindet sich das 1,5 Mio. ha große

Jari-Projekt mit Wasserreisanbau, Rinderzucht, Anpflanzung von *Gmelina arborca* zur Cellulosegewinnung, Celluloseproduktion (auf zwei schwimmenden Fabriken) u. Kaolinbergbau eines US-amerikan. Konzerns. – Das *Jari-Projekt* ist das bedeutendste private Unternehmen im Amazonasgebiet; in jüngster Zeit aufgrund von Unstimmigkeiten mit der brasilian. Regierung stark umstritten.

Jarid, *Shatt Al Jarid*, Salztonebene, → Djerid (2).

Jarl [altnord., engl. *Earl*, „Graf"], in den nordgerman. Reichen Bezirksverwalter, Kleinkönig.

Jarmuk, Nebenfluss des Jordan, → Yarmouk.

◆ **Jarmusch** ['dʒaːməʃ], Jim, US-amerikan. Filmregisseur u. Drehbuchautor, *22. 1. 1953 Akron, Ohio; einer der Protagonisten des Independentfilms, dessen Werke durch einen lakon. Erzählstil charakterisiert sind; Filme u. a.: „Permanent Vacation" 1980; „Stranger than Paradise" 1984; „Down by Law" 1986; „Night on Earth" 1991; „Dead man" 1995; „Year of the Horse" 1997; „Ghost Dog – Der Weg des Samurai" 1999.

Jarnach, Philipp, franzöś. Komponist, *26. 7. 1892 Noisy (Frankreich), †17. 12. 1982 Hamburg; Schüler F. *Busonis*, 1949–1959 Direktor, 1959–1970 Prof. für Komposition der Musikhochschule Hamburg; schrieb u. a. eine „Sinfonia brevis" 1923, Violinsonaten, Kammermusik (Streichquartett „Zum Gedächtnis der Einsamen" 1952) u. vollendete 1926 die Oper „Doktor Faust" von Busoni.

Järnefelt, 1. Armas, Bruder von 2) u. 3), finn. Komponist u. Dirigent, *14. 8. 1869 Wyborg (Viipuri), †23. 6. 1958 Stockholm; Schüler von F. *Busoni* u. J. *Massenet*; sinfonische Dichtungen, Chöre, Lieder u. Klavierwerke.
2. Arvid, Bruder von 1) u. 3), finn. Schriftsteller, *16. 11. 1861 Pulkova, †27. 12. 1932 Helsinki; wandte sich gegen Nationalismus u. Materialismus, trat für die Brüderschaft aller Menschen ein u. gehörte zur Gruppe „Junges Finnland". J. schrieb Romane mit kulturhistor. wertvollen Schilderungen: „Kinder der Mutter Erde" 1905, dt. 1910; „Greeta u. ihr Gott" 1925, dt. 1928; Dramen: „Titus, Jerusalems Zerstörer" 1902, dt. o. J.
3. Eero, Bruder von 1) u. 2), finn. Maler, *8. 11. 1863 Wyborg (Viipuri), †24. 11. 1937 Helsinki; studierte in Paris, schuf Wandbilder, stimmungsvolle Landschaften, Porträts u. Genreszenen.

Jarnés [xar-], Benjamín, span. Erzähler, Biograf, Essayist u. Übersetzer, *7. 10. 1888 Codo, Aragón, †11. 8. 1949 Madrid; formvollendeter Stilist; seine Romane sind eine Reihe von Stimmungsbildern ohne Handlung, die Übertragung des l'art pour l'art-Konzeptes auf die Prosa: „El profesor inútil" 1926; „Paula y Paulita" 1929; „Locura y muerte de nadie" 1929. Essays: „Españoles en América" 1943.

Jarocin [ja'rɔtsin], *Jarotschin*, poln. Stadt südöstl. von Poznań, 21 500 Ew.; Textil-, Keramik- u. Holzindustrie; Eisenbahnknotenpunkt.

Jim Jarmusch: Szene aus „Stranger than Paradise" mit Richard Edson, Eszter Balint und John Lurie; 1984

Jaroff, Serge, US-amerikan. Chorleiter russ. Herkunft, *1. 4. 1896 Kostrona, †5. 10. 1985 Lakewood, N. J.; gründete 1921 in einem türk. Internierungslager den erfolgreichen → Donkosakenchor.

Jaroměř ['jarɔmjɛrʃ], Stadt in Ostböhmen (Tschech. Republik), an der oberen Elbe, 12 900 Ew.; landwirtschaftl. Zentrum mit Zuckerrüben-, Weizen- u. Gemüseanbau, Textilfabrik.

Jarosław, dt. *Jaroslau*, Stadt im SO Polens, am San, 36 100 Ew.; Holz-, Textil-, Keramik- u. Nahrungsmittelindustrie.

Jaroslaw I., *Jaroslaw Wladimirowitsch, Jaroslaw der Weise (Mudryj)*, Großfürst von Kiew 1019–1054, *978, †20. 2. 1054 Wyschgorod; führte das Kiewer Reich zu seiner Blüte. In seinem „Russischen Recht" *(Russkaja Prawda)* wurde die Blutrache durch Wergeld ersetzt. J. eroberte 1031 Galizien aus Polen. Zu Westeuropa u. Skandinavien unterhielt er enge dynast. Beziehungen.

Jaroslawl, *Jaroslavl'*, Stadt im europ. Teil Russlands, an der oberen Wolga (Hafen), 629 000 Ew.; Wolkow-Theater (1747 gegr., ältestes russ. Theater), Universität, techn. Hochschule; Industriezentrum mit Maschinenfabriken, Lastkraftwagen- u. Traktorenwerk, Schiffswerften, Gummiindustrie (Autoreifen), Baumwollspinnerei, Getreidemühlen, Leder- u. Tabakverarbeitung; Erdölraffinerie, Torfkraftwerk; Verkehrsknotenpunkt. – Anfang des 11. Jh. von Großfürst *Jaroslaw I.* gegründet.

Jaroszewicz [jarɔ'ʃewitʃ], Piotr, poln. Politiker, *8. 10. 1909 Nieśwież, Weißrussland, †1. 9. 1992 Warschau (ermordet); Lehrer, seit 1943 in der poln. Armee in der Sowjetunion, 1945 General, bis 1950 Vize-Min. für Verteidigung, seit 1950 in der Wirtschaftsplanungskommission, seit 1957 ständiger Vertreter Polens im COMECON, 1952–1970 Stellvertr. Min.-Präs., 1970–1980 Mitgl. des Politbüros u. Min.-Präs. J. wurde im Februar 1980 im Zusammenhang mit den Unruhen wegen der wirtschaftl. Schwierigkeiten Polens abgelöst u. später zeitweise inhaftiert.

Jarowinsky, Werner, dt. Politiker (SED), *25. 4. 1927 Leningrad, †22. 10. 1990

Berlin; Industriekaufmann, Wirtschaftswissenschaftler; 1963–1984 Kandidat, 1984 bis 1989 Mitgl. des Politbüros, 1963–1989 Sekretär des ZK der SED; wurde 1990 aus der Partei ausgeschlossen.

Jarowisation [russ., „Versommerung"], ein Verfahren zur Entwicklungsbeschleunigung des Saatgutes von Kulturpflanzen durch → Vernalisation.

Jarrahholz ['dʒa-; austral.], *australisches Mahagoni*, leicht zu bearbeitendes, sehr polierfähiges rotes Holz der *Eucalyptus marginata*; dauerhaft u. vielseitig verwendbar. Auch → Karri.

Jarre [ʒaːr], **1.** Jean-Michel, franzöns. Popmusiker (Keyboard, Synthesizer), *24. 8. 1948 Lyon; erzielte mit seinen Synthesizer-Kompositionen, einer Mischung aus klass. Harmonien vermengt mit elektron. Soundeffekten, große internationale Erfolge u. verhalf neben *Kraftwerk*, Giorgio *Moroder* u. *Vangelis* dem Synthesizer in den 1970er Jahren zum Durchbruch als führendes Instrument in der Popmusik; Veröffentlichungen: „Oxygene" 1976; „Equinoxe" 1978; „Magnetic Fields" 1981; „Oxygene 7–13" 1997; „Metamorphoses" 2000. **2.** Maurice, franzöns. Komponist, *13. 9. 1924 Lyon; Schüler u. a. von A. *Honegger*; war Komponist der Schauspieltruppe Jean-Louis Barrault–Madeleine Renaud; seit 1952 vorwiegend Filmkompositionen (u. a. zu „Lawrence von Arabien" 1962 u. „Doktor Schiwago" 1966).

Jarreau ['dʒærɔu], Al, US-amerikan. Jazz- u. Popmusiker (Gesang), *12. 3. 1940 Milwaukee, Wis.; wurde mit einem eigenen Stil aus Gospel-, Soul-, Blues- u. Scat-Gesang international erfolgreich.

Jarres, Karl, dt. Politiker (DVP), *21. 9. 1874 Remscheid, †20. 10. 1951 Düsseldorf; 1914 bis 1923 u. 1925–1933 Oberbürgermeister von Duisburg, 1923–1925 Reichsinnenminister. 1925 kandidierte J. bei der Reichspräsidentenwahl für die Rechtsparteien; er erlangte im 1. Wahlgang nur die relative Mehrheit u. verzichtete im 2. Wahlgang zugunsten Hindenburgs.

Jarrett ['dʒærət], Keith, US-amerikan. Jazzmusiker (Klavier), *8. 5. 1945 Allentown, Pa.; spielte in den 1960er Jahren in verschiedenen Gruppen u. trat dann mit Solo-Kompositionen u. -Konzerten auf; Vertreter des Modernjazz, aber auch romantisch geprägter Klavierimprovisationen, die sich vieler Stilelemente bedienen. In der Fachpresse hoch gelobt wurde das Album „Köln Concert" (1975). Ende der 1990er Jahre u. a. im Trio mit Gary *Peacock* u. J. *DeJohnette* sowie als Solokünstler („The melody at night, with you" 1999) aktiv.

Jarring, Gunnar, eigentl. *Jönsson*, schwed. Sprachwissenschaftler u. Diplomat, *12. 10. 1907 Brunnby, Schonen; Botschafter u. a. in Washington (1958–1964) u. Moskau (1964–1973); seit 1967 wiederholt UN-Sonderbeauftragter im Nahostkonflikt. Schrieb auch Arbeiten über Turksprachen.

Jarrow ['dʒærəu], nordostengl. Industriestadt in der Grafschaft Tyne and Wear, an der Tynemündung, 27000 Ew.; Schiff- u. Flugzeugteilebau, Eisen- u. Stahlherstellung.

Jarry [ʒa'ri], Alfred, franzöns. Schriftsteller, *8. 9. 1873 Laval, †1. 11. 1907 Paris; satir. Zeitkritiker, Schöpfer einfallsreicher Burlesken u. Farcen; durch seine bizarre Darstellung Vorläufer des Surrealismus u. des absurden Theaters („König Ubu" 1897, dt. 1958); auch Romane („Der Supermann" 1902, dt. 1969; „Heldentaten u. Lehren des Dr. Faustrell, Pataphysiker" postum 1911, dt. 1969). Œuvres complètes 1972–1988.

Wojciech W. Jaruzelski

◆ **Jaruzelski** [-'zɛl-], Wojciech Witold, poln. Offizier (1973 Armeegeneral) u. Politiker, *6. 7. 1923 Kurów bei Lublin; im 2. Weltkrieg nach Schulung in der Sowjetunion Offizier; 1960 Chef der Hauptverwaltung der Polnischen Volksarmee, 1962 stellvertr. Verteidigungs-Min., 1965 Generalstabschef, seit 1968 Verteidigungs-Min.; 1970 Kandidat des Politbüros, 1971 Mitglied des Politbüros des ZK der Poln. Vereinigten Arbeiterpartei (PVAP). Während der Unruhen von 1981 wurde J. zunächst Min.-Präs., dann auch Erster Sekretär des ZK der PVAP. Am 13. 12. 1981 bildete er einen Militärrat, der die vollziehende Gewalt übernahm, u. verhängte das Kriegsrecht zur Unterdrückung der Gewerkschaft „Solidarność". 1983 trat er als Verteidigungs-Min., 1985 als Min.-Präs. zurück. 1985 wurde er Vors. des Staatsrates, 1989–1990 war er Staats-Präs. Nach seiner Wahl zum Staats-Präs. stellte er sein Amt als Erster Sekretär zur Verfügung u. schied 1990 auch aus der Partei aus. J. schrieb „Mein Leben für Polen" dt. 1993.

Järv → Vielfraß.

Järv [schwed.-finn., estn.], Bestandteil geograph. Namen: See.

Järvenpää, Stadt in Südfinnland nördl. von Helsinki, 34000 Ew.; Maschinen- u. Gummiindustrie.

Jarvi [russ.-finn.], finn. *Järvi*, Bestandteil geograph. Namen: See.

Järvi, Neeme, estn. Dirigent, *6. 6. 1937 Tallinn; 1964–1977 Opernchef in Tallinn; 1980 Emigration in die USA; 1981–1983 erster Gastdirigent beim City of Birmingham Symphony Orchestra; seit 1982 als Chefdirigent in Göteborg, seit 1989 in Detroit tätig; umfassendes Repertoire mit Schwerpunkt auf der Spätromantik u. der „klassischen Moderne".

Jarville-Malgrange [ʒar'vil mal'grãʒ], Industriestadt im Dép. Meurthe-et-Moselle (Frankreich), 10400 Ew.; Maschinen- u. Gerätebau.

Jarvis ['dʒaːvis], unbewohnte Südseeinsel in der Gruppe der *Line Islands* in den Zentralpolynes. Sporaden, seit 1935 USA-Besitz, 8 km²; 1857–1879 Guano-Abbau; zeitweilig Wetterstation.

Jaschin, Lew, sowjet. Fußballspieler (Torwart), *22. 10. 1929 Moskau, †21. 3. 1990 Moskau; galt als einer der besten Torhüter der Welt; 78 Länderspiele, Olympiasieger 1956 mit der sowjet. Mannschaft; 1963 „Europas Fußballer des Jahres"; war seit 1980 Vize-Präs. des sowjet. Fußballverbandes.

Jaschmak [der; türk.], Schleier aus Musselin; diente zur Verhüllung der Gesichter der türk. moslem. Frauen außerhalb der Wohnungen; seit den Reformen Atatürks verboten.

Jasieński [ja'ɕjɛŋski], Bruno, poln. Schriftsteller, *21. 7. 1901 Klimontow, †17. 12. 1938 bei Wladiwostok (in Lagerhaft); zunächst Lyriker des Futurismus, später Vorkämpfer des sozialist. Realismus in der UdSSR; Roman: „Pest über Paris" 1929, dt. 1984.

Jasło [ʼjasuɔl], 1939–1945 *Jessel*, poln. Stadt an der Wisłoka in Westgalizien, 31300 Ew.; Ölraffinerie, chem., Glas- u. Nahrungsmittelindustrie; Eisenbahnknotenpunkt.

Jaslovské Bohunice [jasʼlɔfskɛ: bɔhunitsɛ], Ort in der Westslowakei, südöstl. von Trnava, rd. 1300 Ew.; Atomkraftwerk.

Jasmin, ◆ **1.** *Jasminum*, Gattung der *Ölbaumgewächse (Oleaceae)*, die mit über 200 Arten über fast alle wärmeren Gebiete der Erde verbreitet ist; Sträucher u. Lianen mit meist wohlriechenden Blüten. Mehrere Arten werden kultiviert u. zur Gewinnung von Jasminwasser u. ätherischem Öl für die Parfümindustrie verwendet. Der *Echte J., Jasminum officinalis*, mit weißen Blüten, aus Asien, u. *Jasminum fruticans*, mit gelben Blüten, aus Südeuropa, sind auch in Mitteleuropa (meist nicht ganz winterharte) Ziersträucher. **2.** *Chilenischer Jasmin, Aristotelia maqui*, eine *Elaeocarpazee*; Zierstrauch aus Chile mit essbaren Beerenfrüchten; zuweilen kultiviert (Australien, Neuseeland). ◆ **3.** *Falscher Jasmin, Pfeifenstrauch, Philadelphus coronarius*, bis 3 m hoher, zu den *Steinbrechgewächsen (Saxifragaceae)* gehörender Strauch aus Südeuropa u. Vorderasien, mit weißen, schwer duftenden Blüten. Aus den Ästen wurden früher Pfeifenstiele gefertigt. Diese u. andere Philadelphus-Arten (71 auf der gemäßigten Nordhalbkugel) sind beliebte Ziersträucher, die den Echten J. an Blühfreude u. Duft bei weitem übertreffen.

Jasmin (3): Falscher Jasmin, Philadelphus coronarius

Jasmintrompete, *Bignonia capreolata,* ein *Bignoniengewächs (Bignoniaceae),* eine bis 20 m hohe, windende Pflanze, im SO von Nordamerika heimisch. Da der Stängelquerschnitt ein kreuzförmiges Mark zeigt, wird die J. in Amerika *Cross-Vine* genannt. Sie hat orangerote, eine Anzahl von Varietäten auch purpurne Blüten. In Mitteleuropa gedeiht die Pflanze nur an sonnigen, geschützten Orten.

Jasmund, Halbinsel im NO der Insel Rügen, mit der hohen Kreidesteilküste der *Stubbenkammer* (im Königsstuhl 122 m) im O; Kreideindustrie, Fischverarbeitung, Fährhafen *Sassnitz*; Nationalpark (gegr. 1990).

Jasnaja Poljana, russ. Dorf südl. von Tula; Geburtsort u. Grabstätte L. N. *Tolstojs*; Fremdenverkehr.

◆ **Jasper-Nationalpark** ['dʒæspər-], *Jasper Forest,* der größte (11 500 km²) kanad. Nationalpark im westl. Alberta, am Ostabhang der Rocky Mountains, im *Mt. Columbia* 3747 m; bildet zusammen mit den Banff-, Yoho- u. Kootenay-Nationalparks sowie den Willmore Wilderness-, Mount Robson-, Hamber- u. Mount Assiniboine-Provinzialparks ein geschlossenes Gebiet.

Karl Jaspers

◆ **Jaspers,** Karl, dt. Psychiater u. Philosoph, *23. 2. 1883 Oldenburg, †26. 2. 1969 Basel; neben M. *Heidegger* der wichtigste Vertreter der dt. *Existenzphilosophie.* Ab 1909 Arzt für Psychiatrie, 1916 Prof. für Psychologie in Heidelberg, 1921–1937 u. 1945–1948 Prof. für Philosophie in Heidelberg, in der Zwischenzeit Lehrverbot durch die Nationalsozialisten, 1948–1964 in Basel. Sein 1913 veröffentlichtes Werk „Allgemeine Psychopathologie", eine methodische Untersuchung der Psychologie, machte J. als Wissenschaftler berühmt. Mit seinem nächsten großen Werk „Psychologie der Weltanschauungen" 1919, in dem er seine psychiatrischen Erfahrungen mit der Typologie W. *Diltheys* verband,

Jasmin (1): Echter Jasmin, Jasminum officinalis

nahm J. bereits die grundlegende Terminologie der modernen Existenzphilosophie vorweg.

Als Philosoph war J. betont „unakademisch". Bestimmend war für ihn außer dem Studium der großen Philosophen die Bekanntschaft mit M. *Weber* („Max Weber" 1932). 1932 erschien seine „Philosophie" (3 Bde.), eines der Hauptwerke der dt. Existenzphilosophie. Unterschied u. gegenseitige Beziehung von Wissenschaft u. Philosophie wurden in Anknüpfung vor allem an *Kant* u. *Kierkegaard* neu erfasst: Weltorientierung vollzieht sich unabhängig von der Philosophie am Leitfaden der wissenschaftlichen Methoden, ist jedoch stets unabgeschlossen u. nicht im Stande, etwas über den Sinn des Lebens auszusagen. Philosophisches Denken ermöglicht hingegen das Begreifen der eigenen Existenz in ihrem Ursprung, wodurch auch die Wissenschaft ihren Sinn erhält; diese Existenzerhellung vermittelt keine logisch zwingenden Erkenntnisse, sie führt jedoch über die Erfahrung von *Grenzsituationen* (Tod, Leiden, Schuld) zu einer noch angesichts des Scheiterns aller innerwelt. Bemühungen zu bewahrenden Gewissheit des Seins, das sich in den *Chiffren* des Weltdaseins offenbart, u. damit zum philosoph. Glauben von der Existenz Gottes („Der philosophische Glaube" 1948). Sein späteres Hauptwerk „Von der Wahrheit" 1947 (als 1. Teil einer „Philosophischen Logik" erschienen) fragt nach den Ursprüngen der Wahrheit, indem es das „Umgreifende" entfaltet. Sein ethischer Existenzialismus hat J. immer wieder zu Fragen der Politik Stellung nehmen lassen, insbes. zur Atomwaffe u. zum politischen Geschehen in der BR Dtschld. Weitere Werke: „Nietzsche" 1936; „Descartes" 1937; „Existenzphilosophie" 1938; „Vom Ursprung u. Ziel der Geschichte" 1949; „Schelling" 1955; „Die großen Philosophen" (Bd. 1) 1957; „Die Atombombe u. die Zukunft des Menschen" 1958; „Der philosoph. Glaube angesichts der Offenbarung" 1962; „Gesammelte Schriften zur Psychopathologie" 1963; „Nikolaus Cusanus" 1964; „Wohin treibt die Bundesrepublik?" 1966; „Schicksal u. Wille. Autobiograf. Schriften" 1967; „Chiffren der Transzendenz" (postum) 1970; „Notizen zu M. Heidegger" (postum) 1978.

Jasperware ['dʒæspwɛə; semit., grch., engl.], engl. Steinguterzeugnisse mit Bariumsulfatgehalt, von J. *Wedgwood* um 1770 hergestellt. J. wird meist in Weiß u. Hellblau, seltener in den Farben Rosa, Grün, Gelb u. Schwarz gefertigt; oft mit weißen Schmuckauflagen verziert.

Jaspilit, fein gebänderte, kieselige Eisenerze u. eisenhaltige Kieselgesteine des Präkambriums.

Jaspis [der; grch.], rot (*Blutjaspis*), gelb oder braun gefärbte Varietät des Quarzes; meist streifig oder gefleckt, Härte 7; ist weltweit verbreitet u. in vielen Varietäten im Handel erhältlich; beliebter Schmuckstein.

Jass, „National-Kartenspiel" der Schweiz, mit 36 Karten in den schweiz. Farben (*Eichel, Rosen, Schilten* u. *Schellen*) für drei

Jasper-Nationalpark: Die Gletscherzunge des Athabascagletschers ist Teil des Columbia Icefields, eines Überbleibsels der letzten Eiszeit

oder vier Spieler. Gewinner ist, wer die höchste Augenzahl aus Meldungen u. Stichen erreicht hat. J. wird in zahlreichen Varianten gespielt (ca. 30 Abwandlungen).

Jassana [die; indian., span.] → Blatthühnchen.

Jassen, südosteurop. Nomadenvolk, → Jazygen.

Jassy, Kreis u. Stadt in Rumänien, → Iași.

Jastorf-Kultur [nach dem Fundort *Jastorf* südl. von Uelzen], eine Kultur der vorrömischen Eisenzeit (6.–1. Jh. v. Chr.) in Nord- u. Nordwest-Dtschld., mit lokalen Unterschieden; sie kann sehr wahrscheinl. als die älteste in diesem Raum archäolog. nachweisbare german. Kultur angesehen werden. Ihre Entwicklung verlief parallel zur latènezeitl. Kultur der Kelten in West- u. Mitteleuropa u. weist dementsprechend im Fundgut immer wieder latènezeitl. Züge auf (Importe u. heimische Nachahmungen), doch überwog, im Gegensatz zur kelt. Körper-, die Brandbestattung. Die J. wird in die Stufen *Jastorf, Ripdorf* u. *Seedorf* eingeteilt.

Jastram, Joachim, dt. Bildhauer, *4. 10. 1925 Rostock; seit 1980 an der Hochschule für Bildende u. Angewandte Kunst in Berlin (Ost) tätig. In „Dynam. Reliefs" u. Figuren sucht J. Einbindung in das architekton. Umfeld.

Jastrowie, *Jastrow,* Stadt in Pommern, nördlich von Piła (Polen), 7200 Ew.; Landwirtschaft; keramische u. Holzindustrie. – Im 2. Weltkrieg stark zerstört.

Jászberény ['jaːsbɛreːnj], Stadt östl. von Budapest (Ungarn), 30 000 Ew.; Maschinenbau; altes Zentrum der Jazygen, eines nomad. Stamms der Sarmaten.

Jászság ['jaːsaːg], dt. *Jasigenland,* ungar. Landschaftsname für die Überschwemmungsgebiete an der Zagyva u. der Theißniederung; Weiden, Grünfutter-, Weizen-, Zuckerrüben- u. Gemüseanbau.

Jat, indoarischer Stamm in der pakistanischen Provinz Belutschistan u. in Indien, in der Tiefebene zwischen des Ganges u. Indus; in Pakistan Landarbeiter u. Pächter; in Indien sind die J. als Landbesitzer in das Kastenwesen integriert.

Jatagan [der; türk.], kurzes zweischneidiges Schwert der Janitscharen mit gekrümmter Klinge, in Frankreich einschneidig als Haubajonett am Chassepotgewehr.

Jataka ['dʒaː-; das; sanskr., pali], *Dschataka,* Sammlung von 550 Erzählungen aus früheren Existenzen des Buddhas; dt. Übers. von Julius Dutoit (7 Bde., 1908–1921); Auswahl („Buddhist. Märchen") von Else Lüders (1979).

jäten, Unkraut zwischen den Kulturpflanzen entfernen oder vertilgen, um ihnen mehr Licht, Luft u. Nährstoffe zukommen zu lassen; entweder nur mit der Hand oder mit geeigneten Geräten, wie Handhacken, Jätern, Pferde- u. Schlepperhacken. Wegen des hohen Arbeitsaufwands beim J. werden oft chem. Unkrautbekämpfungsmittel eingesetzt.

Jatho, 1. Carl, dt. ev. Pfarrer, * 25. 9. 1851 Kassel, † 11. 3. 1913 Köln; tätig in Bukarest, Boppard u. seit 1891 in Köln; Begründer des Vereins der Freunde ev. Freiheit, aufgrund des 1909 erlassenen Irrlehregesetzes 1911 seines Amtes enthoben.

Karl Jatho

◆ **2.** Karl, dt. Flugpionier, * 3. 2. 1873 Hannover, † 8. 12. 1933 Hannover; flog am 18. 8. 1903 mit einem selbst gebauten Dreidecker 18 m in 0,75 m Höhe; baute 1911 einen Stahlrohr-Eindecker.

Jatiluhur [dʒ-], *Djatiluhur,* indones. Staudamm u. Kraftwerk; von der dt. Entwicklungshilfe betreutes Bewässerungsobjekt im NW von Bandung auf Java, seit 1965 in Betrieb, dient der Energieversorgung Jakartas; Fremdenverkehr.

Jativa ['xativa], Stadt in der Prov. Valencia im SO von Spanien, 24 600 Ew.; maur. Stadtviertel; Papierfabrikation, Textilindustrie; Agrarzentrum für Zitrusfrüchte.

Jatrochemie → Iatrochemie.

Jatropha → Purgiernüsse.

Jatvjagen, *Jadvjagen, Jadwinger,* im Memel-Weichsel-Gebiet siedelnder balt. Stamm, mit den *Pruzzen* (Preußen) verwandt, bis ins 14. Jh. nachweisbar.

Jau, *Jao,* Gebirgsvolk im SW Chinas u. im nördl. Hinterindien; → Yao.

Jaú [ʒaˈu], brasilian. Stadt im Bundesstaat São Paulo, am Rio Tietê (Stausee), als Munizip rd. 90 000 Ew.; Agrarhandel, Eisenerzverhüttung, Apparatebau.

Jauche [westslaw.], der bei der Stallhaltung der Haustiere aus dem Mist abgelaufene u.

Java: Reisfelder prägen weite Teile der Insel

in einer Grube aufgefangene Harn, meist vermischt mit Streuteilchen, Regenwasser u. Kot, der in der J. dann emulgiert oder gelöst enthalten ist. Der bei Strohmangel (z. B. in Gebirgsbetrieben) absichtlich aus Harn u. Kot bereitete Dung trägt die Bez. *Gülle,* die aus dem gestapelten Mist austretende Flüssigkeit den Namen *Sickersaft.* J. ist ein rasch wirkender Stickstoff-Kali-Dünger mit beschränkter Humuswirkung. Die Zusammensetzung der J. schwankt je nach Fütterung, Aufbewahrung u. Verdünnung erheblich, zumal infolge rascher Stickstoffumsetzung im Harnstoff u. Flüchtigkeit des Ammoniaks der Verlust von 50–85 % des Stickstoffs möglich ist. Mittels einer *Jauchespindel* ist eine Feststellung des Gehalts an Stickstoff möglich. Zweckmäßig gewonnene (möglichst unter Luftabschluss aufbewahrte) J. enthält im Durchschnitt 0,2 % Stickstoff, 0,55 % Kali u. 0,01 % Phosphorsäure. Das Wetter beim Ausfahren muss trübe u. regnerisch sein, um die Stickstoffverluste in Grenzen zu halten. J. ist hauptsächl. Weide- u. Wiesendünger, aber auch zur Reihendüngung von Rüben, Mais, Öl- u. Zwischenfrüchten geeignet.

Jauer, Stadt in Polen, → Jawor.

Jauerling, markanter Höhenrücken am Südrand des Waldviertels (Österreich), 959 m ü. M.; höchste Erhebung der Wachau; Radio- u. Fernsehsender; südl. davon der Wallfahrtsort Maria Laach.

Jaufen, ital. *Passo del Giovo,* Pass (2094 m) in Trentino-Südtirol, verbindet durch eine Straße Meran u. Sterzing.

Jaufré Rudel [ʒoˈfre ryˈdɛl], Seigneur de Blaye, provençal. Troubadour u. Kreuzfahrer im 12. Jh.; Verfasser von Liebesliedern an eine ferne Geliebte, deren Legende in E. *Rostands* Drama „Die Prinzessin im Morgenland", in Balladen von H. *Heine,* L. *Uhland* u. G. *Carducci* gestaltet ist.

Jauja ['xauxa], zentralperuan. Stadt am Río Mantaro, 3410 m ü. M., rd. 20 000 Ew.; Kurort; Molybdänerzvorkommen.

Jaunbach, frz. *Jogne,* Fluss in der westl. Schweiz, entspringt am Westhang des *Jaunpasses* (1509 m), durchfließt das *Jauntal* u. im Unterlauf das Staubecken von *Montsalvens* (0,74 km², 53 m tief), mündet bei Broc in den *Lac de la Gruyère.*

Jaunde [jaunˈde], Hptst. von Kamerun, → Yaoundé.

Jaunpur, ind. Stadt, → Jaonpur.

Jaunsudrabins [-ˈbinjʃ], Janis, lettischer Schriftsteller, * 25. 8. 1877 Neretas Krodzini, Semgallen, † 28. 8. 1962 Soest, Westf.; schrieb realistische Romane, Erzählungen („Rasma u. Spodris" 1907, dt. 1947), Dramen u. Jugendbücher; zeichnete in impressionistisch autobiografischen Werken die heimatliche Landschaft („Aija" 1911, dt. 1922).

Jauntal, Talabschnitt im Drautal in Kärnten (Österreich), zwischen der Vellach-Mündung u. Schwabegg, Hauptort Bleiburg; slowen. gemischtsprachiges Gebiet.

◆ **Jaurès** [ʒoˈrɛs], Jean, französ. Politiker, * 3. 9. 1859 Castres, Tarn, † 31. 7. 1914 Paris; Prof. der Philosophie in Toulouse; als Abgeordneter (zuerst 1885) Vertreter eines parlamentar. Reformsozialismus auf humanist.-pazifist. Grundlage; Gründer der Zeitung „L'Humanité" (1904) u. Präsident der vereinigten Sozialist. Partei (1905); auch als Historiker bedeutend („Histoire socialiste de la Révolution française" 12 Bde. 1901–1908); wegen seiner leidenschaftl.

Jean Jaurès

Friedensbemühungen 1914 von einem nationalist. Fanatiker ermordet.

Jause [die; slowen. *južina*, „Mittagessen"], österr. für Vespermahlzeit, Nachmittagskaffee, auch vor- u. nachmittägliche Zwischenmahlzeit.

Jauß, Hans Robert, dt. Romanist, *12. 12. 1921 Göppingen, †1. 3. 1997 Konstanz; einer der Hauptvertreter der Rezeptionsästhetik; hauptsächl. Untersuchungen des MA u. der französ. Literatur des 19. Jh.; schrieb u. a.: „Untersuchungen zur mittelalterl. Tierdichtung" 1959; „Literaturgeschichte als Provokation" 1970; „Ästhetische Erfahrung u. literarische Hermeneutik" 1977; „Wege des Verstehens" 1994.

◆ **Java,** *Djawa, Dschawa,* kleinste, aber volkreichste u. wirtschaftl. wichtigste der Großen Sundainseln u. das Kerngebiet der Rep. Indonesien; 126 650 km², mit *Madura* u. Nebeninseln 132 187 km², 113,6 Mio. Ew., das sind 58,4 % der indones. Gesamtbevölkerung; Hptst. *Jakarta*; außer der Küstenebene ein bis 3676 m hohes vulkan. Gebirgsland (100 Vulkane, davon 19 tätige). Südküste steil u. hafenarm, an der Nordküste fruchtbares Flachland; trop. Klima, im O trockener (Savannen) als im W (Regenwald); Anbau, Verarbeitung u. z. T. Export von Reis (50 % des Kulturlands), Maniok, Zuckerrohr, Mais, Soja, Tee, Kaffee, Tabak, Kopra, Kautschuk, Sisal, Chinin (80 % des Weltbedarfs), Indigo u. a.; Teakholzgewinnung; reich an Bodenschätzen (Gold, Kupfer, Zinn, Eisen, Mangan, Schwefel, Phosphate, Erdöl, Erdgas), umfangreiche Erdölindustrie mit Raffinerien (Cepu, Wonokromo bei Surabaya); Eisen- u. Stahlwerk in Cilegon (Westjava); ausgedehntes Eisenbahn- u. Straßennetz; großes Wasserkraftwerk am Jatiluhur-Staudamm bei Bandung. Die javan. Städte *Jakarta, Bandung* u. *Surabaya* sind die drei größten Indonesiens. Die Insel wird von den islam. Hochkulturvölkern der jungindones. *Sundanesen* im W, *Javanen* im Mittelteil u. *Maduresen* im O bewohnt. Eine Form des Hinduismus hielt sich bei den Badui im W u. den Tenggerern im O.

Geschichte: Die durch Einflüsse aus Vorderindien entwickelte hohe javan. Kultur u. Religion (Brahmanismus, Buddhismus; buddhist. Tempelruine *Borobudur*) zerfiel durch den seit 1400 vordringenden Islam. Um 1520 kamen Portugiesen von Malakka ins Land, die seit Beginn des 17. Jh. von Holländern vertrieben wurden. Diese (Niederländ. Ostind. Kompanie) unterwarfen die Eingeborenenstaaten u. teilten oder kontrollierten sie. Die Erhebung unter Dipa Negara 1825–1830 machte den Holländern sehr zu schaffen. Auch → Indonesien (Geschichte).

Javajute, Bastfasern, → Kenaf.

Javanashorn → Panzernashorn.

Javanen, *Javaner,* i. w. S. die Bevölkerung Javas; i. e. S. das jungindones. islam. Volk Mittel- u. Ostjavas, mit Kolonien in Ostsumatra (um Palembang), an den Küsten Südborneos (in Indonesien rd. 60 Mio.); ferner in Malaysia (rd. 300 000), Suriname (60 000), USA u. Neukaledonien. Die J.

Javaneraffe, Macaca irus

entwickelten unter dem Einfluss verschiedener Religionen (Hinduismus, Buddhismus, zuletzt Islam) seit dem 2. Jh. n. Chr. eine bemerkenswerte Hochkultur (Architektur in Stein u. Holz, Plastik, Metallguss, Goldschmiedekunst, Batik; Schattentheater mit *Wajang-Figuren,* Hofzeremoniell in den Sultanaten Surakarta u. Yogyakarta, aus denen im 13. Jh. das Reich *Majapahit* hervorging; Tanztruppen, *Gamelan-Orchester,* Schrift, Literatur); sie treiben hoch entwickelten Pflugbau (Reis) mit Bewässerung, Fischzucht; zur Tracht gehören lange Jacke u. Kopftuch oder Bambushut sowie der *Kris,* bei Frauen *Sarong* u. Brusttuch. Das Haus hat meist vorn eine Veranda u. bildet mit Reisspeichern u. Ställen einen Viereckhof.

◆ **Javaneraffe,** *Macaca irus,* zu den *Meerkatzenartigen* gehörende mittelgroße Art der Altweltaffen mit einem kurzen Backenbart. Der J. kommt in Hinterindien, auf dem Malaiischen Archipel u. den Philippinen vor. Auf Bali wurde der J. früher als Verkörperung der Ahnen verehrt (wie auch der *Hulman*). Er ernährt sich von Früchten, Blättern, Sprossen u. einem nicht unbedeutenden Anteil an tierischer Kost. An den Mangrovensträndern taucht er geschickt nach Strandkrabben.

◆ **javanische Kunst,** auf Java die anfangs von den Stilen der Gupta- u. Pallavakunst Indiens geprägte hinduist.-buddhist. Kunst, die zunehmend unverwechselbare javan. Formen entwickelte. Älteste Zeugnisse sind die hinduist. Tempel auf dem Diëng-Plateau (7./8. Jh. n. Chr.) in Mitteljava. Unter den sumatran. Shailendras entstanden im 8. Jh. n. Chr. die ersten buddhist. Kultstätten, bes. der Tempelberg *Borobudur.* Der sumatran. Periode folgte von 860 bis 915 die Zeit der javan. Herrscher in Mitteljava, unter denen die gewaltige hinduist. Tempelanlage von *Prambanam* entstand. Der frühe ind. Stil der Skulpturen u. Reliefs ist dort einem einheim.-javan. gewichenen, indische Heroik hat der javan. Idylle Platz gemacht. Mit Prambanam endete die mitteljavan. Zeit; Ostjava übernahm das Erbe u. entwickelte die Kunst bis zum Untergang des letzten hindu-javan.

Reichs von *Majapahit* (16. Jh.) fort. Nach einer Zeit unmittelbarer Fortsetzung der mitteljavan. Kunst bildeten sich neue ostjavan. Stile aus, die unter dem Einfluss des in Java beliebten Schattenspiels immer mehr zu grotesk-fantast. u. verschnörkelten Formen gelangten. Die im 16. Jh. verstärkt einsetzende Islamisierung Javas führte wie in Indien eine Blütezeit der Kleinkunst herauf.

javanische Musik → indonesische Musik (Java).

javanische Sprache, zu den indones. Sprachen gehörende Sprache auf Java; zerfällt, was den Wortschatz betrifft, in die zwei sozial gestuften Varianten Krámá u. Ngoko.

Javari [ʒava'ri], *Rio Javari, Rio Yavari,* rechter Nebenfluss des Amazonas, rd. 1000 km; entspringt im Andenvorland; Grenzfluss zwischen Peru u. Brasilien.

Javasee, flaches Schelfmeer (→ Sundaschelf) im Australasiat. Mittelmeer zwischen Java u. Borneo, rd. 480 000 km²; am Ostrand erreichen die Tiefen 200 m; niedriger Salzgehalt (32–34‰), wahrscheinl. durch die starken trop. Regenfälle u. Zuflüsse von den umgebenden Inseln; im NO durch die *Makasarstraße* mit der *Celebessee* verbunden.

Javatabak, neben → Sumatratabak insbes. als Rohstoff für die Zigarrenherstellung verwendeter Tabak. Die Blätter, die sich wenig als Deckblatt eignen, werden als Umblatt verarbeitet. Auch in vielen Rauchtabakmischungen enthalten.

Javellewasser [ʒa'vɛl-; frz.], Bleichmittel, → Eau de Javelle.

Javorice → Iglauer Berge.

Javorníky, Gebirgszug in Nordmähren u. der mittleren Slowakei, zwischen den Weißen Karpaten u. den Westbeskiden, im Velký Javorník 1071 m.

javanische Kunst: Götterfigur aus Stein; Zentraljavanische Periode, 9.–10. Jh. London, British Museum

Javorová skála, Berg der Böhmisch-Mährischen Höhe, nordwestl. von Tábor, 723 m, bewaldet.

Jawara, Dauda K., Politiker in Gambia, *11. 5. 1924 Barajally; Tierarzt; gründete 1959 in der damaligen brit. Kolonie Gambia die Fortschrittl. Volkspartei (*People's Progressive Party*, PPP); 1962–1970 Premier-Min., nach der Ausrufung der Republik 1970 Staats-Präs.; wurde 1994 gestürzt u. ging ins Exil.

Alexej von Jawlensky

◆ **Jawlensky,** Alexej von, russ. Maler u. Grafiker, *13. 3. 1864 Torschok, †15. 3. 1941 Wiesbaden; anfänglich von P. *Cézanne*, V. van *Gogh* u. später von H. *Matisse* beeinflusst, entwickelte J. durch eine kräftige Farbgebung u. gewollt primitive Zeichnung eine expressive Variante des *Fauvismus*; gehörte zum Kreis des → Blauen Reiters u. war Mitglied der Gruppe *Die blauen Vier.* Nach dem 1. Weltkrieg folgte er religiösen Inspirationen, die in zahlreichen abstrahierten Köpfen des „Heilands" ihren Niederschlag fanden.

Jawor, *Jauer,* Stadt in Schlesien, südlich von Legnica (Polen), 19 000 Ew.; Metall-, Maschinen-, chem. u. Nahrungsmittelindustrie. – Seit 1278 Hptst. des Fürstentums J.; 1392 an Böhmen, 1742 an Preußen.

Jaworow, *Javorov,* Pejo, eigentl. Pejo *Kratscholow,* bulgar. Schriftsteller, *1. 1. 1878 Tschirpan, †29. 10. 1914 Sofia (Selbstmord); melodiöse, sprachgewaltige Lyrik, einer der ersten bulgar. Dramatiker.

Jaworzno ['vɔʒnɔ], Stadt in Südpolen, südöstl. von Sosnowiec, 98 400 Ew.; Steinkohlenbergbau, drei große Kraftwerke, chemische (Stickstoff-) u. Glasindustrie.

Jay [dʒɛi], John, US-amerikan. Politiker (konservativ), *12. 12. 1745 New York, †17. 5. 1829 Bedford, N.Y.; Führer im nordamerikan. Unabhängigkeitskampf; 1778 Präsident des Kontinentalkongresses, 1784–1789 Außenminister, 1789–1795 Oberster Bundesrichter; schloss 1794 den *Jay-Vertrag* mit Großbritannien.

Jaya [dʒ-], *Djaja, Puncak Jaya,* früher *Carstenszspitze,* auch *Sukarnospitze,* höchste Erhebung von Neuguinea, in Irian Jaya (Indonesien), im W des Zentralgebirges, 5030 m; besteht aus drei Gipfeln, vergletschert, in der Nähe werden umfangreiche Kupfererzlager abgebaut.

Jayadeva, indisch-bengal. Dichter des erot. myst. Gedichts „Gitagovinda", Anfang des 12. Jh. n. Chr.; die Liebe Krishnas zu Radha wird als Verhältnis des Gottes zur Einzelseele gedeutet. Dt. Übers. von F. *Rückert* in Helmuth von Glasenapps „Indische Liebeslyrik" 1948.

◆ **Jayapura** [dʒ-], *Djajapura,* früher niederländ. *Hollandia,* vorübergehend *Kotabaru,* zuletzt *Sukarnapura,* Hptst. von Irian Jaya in West-Neuguinea (Indonesien), 150 000 Ew.; Verwaltungssitz u. Hafen an der Nordküste der Insel; Universität (gegr. 1962); in der

Alexej von Jawlensky: Meditation Rot. Sammlung Dr. Karl Ronkel

Umgebung umfangreiche Nickelvorkommen; Anbau von Kokospalmen; Flugplatz.

Jayavarman, *Dschayavarman,* KAMBODSCHANISCHE KÖNIGE:

1. Jayavarman II., (802–850), *um 770, †850; Gründer des Angkor-Reiches, befreite Kambodscha von zeitweiser javanischer Vorherrschaft.

2. Jayavarman VII., (1181–1218), *um 1120, †1218; unter ihm erreichte Kambodscha den Höhepunkt seiner Machtentfaltung nach Annexion des *Champa*-Reiches von Zentralvietnam; Erbauer des berühmten Bayon-Tempels von *Angkor.*

Jayawardene [dʒaja-], Junius Richard, ceylones. Politiker (Vereinigte Nationalpartei), *17. 9. 1906 Colombo, †1. 11. 1996 Colombo; Jurist; 1977/78 Premier-Min., 1978 bis 1989 Staats-Präs.

Jaypur, ind. Stadt, → Jaipur.

Jaza'ir, *Al Jaza'ir,* arab. Name der Stadt → Algier.

Jazygen, *Jassen,* ehem. Nomaden in Südrussland; ein Teil im 13. Jh. in Ungarn ansässig, vermischten sich wahrscheinl. mit *Kumanen.*

◆ **Jazz** [dʒæz; der; engl.], eine Ende des 19. Jh. im S der USA entstandene Musizierweise dort beheimateter Afroamerikaner. J. ist das Produkt afrikan. Musizierweisen u. europ. Formen, d. h. der populären Musik des 19. Jh. Die Etymologie des Wortes ist nicht geklärt, eingeführt wurde der Begriff etwa 1917 (auch *Jass*).

Charakteristisch für den J. sind drei Elemente: 1. die Improvisation, d. h. die Stegreiferfindung einer Melodie (als Solo- oder Kollektiv-Improvisation), eine vorgegebene Melodie (Thema) wird auf tonale, rhythmische oder harmonische Art verändert; 2. ein einzigartiges Verhältnis zur Zeit (swing), eine dem J. eigene rhythmisch-dynamische „schwingende" Bewegungsart, die durch die Anwendung des „Offbeat" entsteht. Dieser Rhythmus lebt vom Gegeneinander eines durchgehenden Impulses (Beat) u. von unregelmäßigen Akzentverschiebungen (Offbeat); 3. ein ebenso einzigartiges Verhältnis zu Tonbildung u. Phrasierung, die dem individuellen Musiker angemessen ist. *Geschichte:* Zu den frühesten Formen des J. zählen die *Spirituals* der Schwarzen. Nach dem Ende des Bürgerkrieges 1865 u. der damit verbundenen Sklavenbefreiung entstand in Nachahmung der weißen Marschmusik der älteste Jazzstil, der „archaische Jazz" mit New Orleans als Zentrum. Die Funktion dieser „Marching Bands" verlagerte sich bald auf die Tanzmusik, was eine veränderte Instrumentierung zur Folge hatte: Blechblasinstrumente

Jayapura: Die vielen verschiedenen Namen der Hauptstadt von Irian Jaya zeugen von ihrer bewegten Vergangenheit

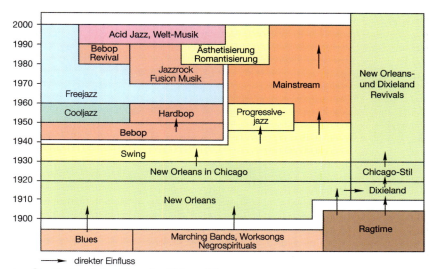

2000		Acid Jazz, Welt-Musik			New Orleans- und Dixieland Revivals
1990		Bebop Revival	Ästhetisierung Romantisierung		
1980				Mainstream	
1970			Jazzrock Fusion Musik		
1960	Freejazz				
1950	Cooljazz		Hardbop	Progressive-jazz	
1940		Bebop			Chicago-Stil
1930		Swing			
1920		New Orleans in Chicago			
1910		New Orleans			Dixieland
1900					
	Blues	Marching Bands, Worksongs Negrospirituals			Ragtime

⟶ direkter Einfluss

Jazz: Übersicht über die Entwicklung der wichtigsten Stile

wurden durch Saiteninstrumente ersetzt, wie sie von den weißen „Society-Orchestern" bekannt waren. Der damit sich bildende „klassische Jazz" wurde verkörpert durch Buddy Bolden (*1877, †1931), etwa um 1895. Seine Band gilt als erste Jazzband, die in ihr Repertoire neben Märschen auch Ragtime-Stücke (eine komponierte Klaviermusik), Volkslieder u. Blues aufnahm. Dieser „New-Orleans-Stil" ist der bedeutendste Stil des frühen J. Die Instrumentierung umfasst Trompete (Lead-Stimme), Posaune, Klarinette, Piano, Banjo/Gitarre, Tuba/Kontrabass u. Schlagzeug. In Nachahmung dieser Musik durch Weiße (Jack *Laine*) entstand der Dixielandstil. In den 1920er Jahren verließen immer mehr Schwarze den Süden u. gingen in die Zentren des Nordens, vor allem in Städte wie St. Louis, Kansas City u. Chicago. Dort stießen sie auf den → Ragtime, auf instrumentalen Blues (Boogie-Woogie, Barrelhouse), auf die weißen Imitationsformen wie die „Original Dixieland Jass Band", eine weiße Band aus New Orleans, die ab 1916 in New York Triumphe feierte u. 1917 die ersten Jazz-Schallplatten einspielte. Die erste grundlegende Wandlung des J. begann in Chicago, wo in den 1920er Jahren die besten Bands des New-Orleans-Jazz wie *King Oliver* (mit dem jungen L. *Armstrong*) u. J. *Roll Morton* spielten. Dort vollzog sich auch die Verschmelzung des J. mit dem → Blues (1) (B. *Smith*). Junge weiße Musiker wie B. *Beiderbecke* u. Frank Trumbauer schufen unter diesem Einfluss den „Chicago-Stil", der eine Abwendung von der kollektiven Solo-Improvisation bedeutet, d. h. nach einer kollektiv vorgestellten Einleitung (Thema) folgt eine Reihe von individuellen Soli. Dieser Stil ist der Übergang zum → Swing (2), ausgebildet von den Big Bands von F. *Henderson*, B. *Moten*, D. *Ellington* u. D. *Redman* u. Mitte der 1930er Jahre verfeinert durch B. *Goodman*, C. Basie

(mit dem Tenorsaxophonisten L. *Young*), B. *Carter*, Jimmie Lunceford u. a. Swing ist ein im Wesentlichen großorchestraler Stil, wodurch dem Arrangement bes. Bedeutung zukommt. Unter „Big Band" versteht man die Ausweitung der klass. New-Orleans-Besetzung, die Blasinstrumente sind mehrfach besetzt: 3–4 Trompeten, 2–4 Posaunen, 4–5 Saxophone unter Beibehaltung der Rhythmusgruppe. Die zunehmende Kommerzialisierung des Swing führte in den frühen 1940er Jahren zu einer Gegenreaktion junger, meist schwarzer Musiker (C. *Parker*, D. *Gillespie*, T. *Monk*, K. *Clarke*), die zum „Bebop" führte, der gekennzeichnet ist durch mitunter nervöse Tempi u. Melodiephrasierungen, einer Rückkehr zur kleinen Besetzung (obwohl es auch Big Bands gab: D. *Gillespie*, B. *Eckstine*) mit Trompete, Altsaxophon, Piano, Bass u. Schlagzeug. Gleichzeitig gab es den „Progressive Jazz", eine vor allem mit dem Namen S. *Kenton* verbundene Weiterentwicklung des Swing in Richtung der zeitgenöss. Konzertmusik (I. Strawinsky). Der Bebop fand seine Fortsetzung Mitte der 1950er Jahre im Hardbop, mit einer Hinwendung zu Blues u. Gospel (A. *Blakey*, Horace Silver, Lee Morgan, Cannonball Adderley, Sonny Rollins). Im Lauf der 1950er Jahre entstand aus dem Bebop auch der „Cooljazz", eine an der europ. Kunstmusik ausgerichtete Spielweise mit M. *Davis*, L. *Tristano*, Lee Konitz, S. *Getz*, J. *Lewis* als Hauptvertretern. Der Cooljazz fand seine Fortsetzung im „West-Coast-Jazz" an der Westküste der USA (Los Angeles), wo viele (weiße) Musiker in den Hollywood-Studios Arbeit gefunden hatten (Shorty Rogers, C. *Baker*, J. *Giuffre*, Art Pepper, Bud Shank). Im West-Coast-Jazz wird auch auf den Swing zurückgegriffen, der in den 1950er Jahren ein Come-back hatte u. als „Mainstream" (O. *Peterson*) bis heute seine Gemeinde hat u. sogar von

jüngeren Musikern wie Scott Hamilton u. Howard Alden gepflegt wird.
Um 1960 wurde ein radikaler Bruch mit allen Traditionen vollzogen: Der „Freejazz" nimmt keine Rücksicht auf Formen oder harmon. Abläufe, auch der Rhythmus wird frei gestaltet. Maßgeblich für diese Entwicklung waren M. Davis (der den völligen Bruch allerdings vermied), C. *Mingus*, C. *Taylor*, O. *Coleman*, J. *Coltrane* u. A. *Ayler*, in Europa A. *von Schlippenbach* (Globe Unity Orchestra), A. *Mangelsdorff*, Peter Brötzmann, Han Bennink u. a. So gibt es seit den 1970er Jahren eine Überlagerung verschiedener Stile; der J. geriet in eine eklektizist. Phase mit Rückgriffen auf Swing, Bebop (Freebop), Hardbop, Rhythm & Blues, dazu kommen Neoklassizismus, No Wave, Acid Jazz u. Welt-Musik, alles Versuche, dem J. neue Impulse zu geben.
Jazzdance ['dʒæzdæns; engl.], *Jazztanz*, eine Tanzart, die sich in den USA entwickelt hat u. die bes. von Elementen des schwarzafrikan. Tanzes, überliefert von der farbigen US-Bevölkerung, geprägt ist. J. ist eine Ausdrucksform, bei der Musikalität, Bewegung, Spontaneität, Improvisation u. ekstatische Momente vereint werden, ohne durch Regeln eingeengt zu sein. Er vereinigt Einflüsse des klass. Balletts, des modernen Ausdruckstanzes, des ursprüngl. afrikan. Tanzes, des indischen Tanzes, der europ. Folklore u. des Gesellschaftstanzes.
◆ **Jazzgymnastik** ['dʒæz-], durch Einbeziehung neuer Ausdrucksformen weiterentwickelte Art der *rhythmischen Gymnastik*, bei der Jazz-, Pop-, Soul-, Beat- u. Schlagermusik zur Unterstützung der Bewegungsdynamik dienen; die gymnast. Grundformen wie Laufen, Springen, Federn, Schwingen, Hüpfen u. Drehen werden durch Bewegungsprinzipien des Jazztanzes (*Polyzentrik, Multiplikationen, jazzgemäße Spannungs-Lösungs-Vorgänge*) erweitert. Individuelle Interpretationen der Musik u. Improvisationen lassen die Übergänge von der J. zum Jazztanz oder zu Begriffen wie „Tanzgymnastik", „rhythmischer Tanz" u. Ä. fließend erscheinen.
Jb., Abk. für *Jahrbuch*.

Jazzgymnastik beinhaltet variantenreiche Bewegungselemente und ist bei allen Altersklassen eine beliebte Form zur Erhaltung bzw. Wiedererlangung der Fitness

Jean [ʒã], Großherzog von Luxemburg, *5. 1. 1921 Schloß Berg; Sohn der Großherzogin Charlotte, deren Nachfolger J. 1964 wurde; verheiratet mit Josephine Charlotte von Belgien (*1927).

Jean de Brienne [ʒã də briεn] → Johann (17).

Jean de Meung [ʒã də 'mœ], auch *Jehan Clopinel de Meung*, franzöes. Dichter, *um 1240 Meung-sur-Loire, † um 1305; Verfasser des zweiten Teils des *Roman de la Rose* (Rosenroman).

◆ **Jeanne d'Arc** [ʒan 'dark], *Jungfrau von Orléans, Heilige Johanna, La Pucelle*, *um 1411 Domrémy (-la-Pucelle, an der oberen Maas), † 30. 5. 1431 Rouen (hingerichtet); erwirkte, durch „göttl. Stimmen" veranlaßt, die Anerkennung König Karls VII. als rechtmäßigen Herrscher u. vermochte ihn aus seiner Lethargie zu reißen. Sie wurde als „Retterin Frankreichs" (1429 Entsatz von Orléans u. Krönung Karls VII. in Reims) am Ende des Hundertjährigen Krieges gegen die Engländer verehrt. 1430 wurde sie von Burgundern, den Verbündeten Englands, gefangen genommen u. für eine hohe Geldsumme an England ausgeliefert. Vom franzöes. Hof im Stich gelassen, wurde sie nach einem Prozeß in Rouen unter Leitung des Bischofs von Beauvais wegen Hexerei u. Ketzerei zum Tode verurteilt u. verbrannt. Ein Revisionsprozess hob das Urteil auf (1456). 1909 Selig-, 1920 Heiligsprechung (Fest: 30.5.). Im 19. Jh. wurde Jeanne d'Arc zur franzöes. Nationalheldin.
Literarisch behandelt wurde der Stoff in Form zeitgenöess. Preisgedichte; dann von F. *Villon* (1461); F. H. d'*Aubignac* (1642); *Voltaire* („La Pucelle d'Orléans" 1759); F. *Schiller* (seine romant. Tragödie „Die Jungfrau von Orléans", entstanden 1800/01, uraufgeführt am 11. 9. 1801 Leipzig, gestaltet den Konflikt zwischen Johannas reiner Hingabe an die göttl. Berufung u. ihrer menschl. Schwäche als liebende Frau); A. *Dumas* (1842); A. *France* (1908); G. *Kaiser* („Gilles u. Jeanne" 1923); G. B. *Shaw* („Saint Joan" 1924); B. *Brecht* („Die heilige

„Jedermann": Szene mit Elisabeth Trissenaar und Klaus Maria Brandauer bei den Salzburger Festspielen

Johanna der Schlachthöfe" 1932); G. *Bernanos* (1934); P. *Claudel* („Johanna auf dem Scheiterhaufen" 1939, von A. *Honegger* vertont); M. *Anderson* (1946); J. *Audiberti* („Pucelle" 1950); A. *Seghers* (1952); J. *Anouilh* („L'Alouette" 1953); M. *Mell* (1956). – Opern: R. *Kreutzer* (1790); G. *Verdi* („Giovanna d'Arco" 1845, Text von Temistocle *Solera* [*1815, † 1878]).

Jean Paul

◆ **Jean Paul** [ʒã -], eigentl. Johann Paul Friedrich *Richter*, dt. Schriftsteller, *21. 3. 1763 Wunsiedel, Fichtelgebirge, † 14. 11. 1825 Bayreuth; Sohn eines früh verstorbenen Organisten u. Pfarrers, studierte 1781–1784 Theologie u. Philosophie in Leipzig, versuchte sich 1783/84 in der satir. Skizzen „Grönländische Prozesse", wurde notgedrungen Haus-, dann Elementarlehrer, bis er 1793 mit dem Roman „Die unsichtbare Loge" erfolgreich war. Von nun an konnte er das Leben eines freien Schriftstellers führen. 1796 u. 1798–1800 lebte er in Weimar, wo er sich mit J. G. *Herder* befreundete, jedoch von Goethe u. Schiller distanziert behandelt wurde. Er heiratete 1801 die Berlinerin Karoline *Mayer* u. war von 1804 an in Bayreuth ansässig.
Jean Pauls eigenwillige, weder der Klassik noch der Romantik zuzuordnende Erzählkunst reicht von der differenzierten Seelenschilderung idealistisch-genialer Charaktere (z. B. „Hesperus" 1795; „Titan" 1800–1803; „Flegeljahre" 1804, unvollendet) bis zur humorist. Darstellung idyllisch-kauziger Selbstbescheidung, so in der Erzählung „Leben des vergnügten Schulmeisterlein Maria Wuz" (Anhang seines ersten Erziehungsromans „Die unsichtbare Loge" 1793), in den biograf. Romanen

„Leben des Quintus Fixlein" 1796, „Blumen-, Frucht- u. Dornenstücke oder Ehestand, Tod u. Hochzeit des Armenadvokaten F. S. Siebenkäs" 1796/97 u. in „Doktor Katzenbergers Badereise" 1809.
Von engl. Vorbildern, insbes. von *Sterne* beeinflusst, fand Jean Paul in loser Verknüpfung phantast. Episoden, mit Abschweifungen, skurill-grotesken Einschüben u. Fragmenten mit bildkräftigen Natur- u. Seelenschilderungen zu einer eigenständigen Prosa, die auf Romantik u. Realismus fortwirkte. Dabei waren seine polit. Intentionen eng mit seinen sozialen Erfahrungen im ärml. Kleinbürgertum eines dt. Kleinstaates u. mit den geistigen Einflüssen der Aufklärung verknüpft: Jean Paul dachte u. fühlte bürgerlich u. damit antifeudalistisch. Weitere Erzählwerke: „Doktor Katzenbergers Badereise" 1809; „Leben Fibels" 1812; „Der Komet" 1820–1822; theoret. Schriften: „Vorschule der Ästhetik" 1804; „Levana oder Erziehungslehre" 1806. – Jean Pauls sämtl. Werke, hrsg. von der Dt. Akademie der Wissenschaften, historisch-krit. Ausgabe, 35 Bde. 1927 ff.

Jeans [dʒiːnz] → Bluejeans.

Jeans [dʒiːnz], Sir James Hopwood, engl. Mathematiker, Physiker u. Astronom, *11. 9. 1877 Southport bei London, † 16. 9. 1945 Dorking, Surrey; in thermodynamischen Untersuchungen trug er zur Erstellung der *Rayleigh-Jeans-Formel* für die spektrale Energiedichte der Hohlraumstrahlung bei, wurde aber bes. bekannt durch eine – heute überholte – Theorie, nach der das Planetensystem durch den nahen Vorübergang eines Sterns an unserer Sonne entstanden sein soll, sowie durch seine populärwissenschaftlichen Werke zur Astronomie u. Philosophie der Naturwissenschaften.

Jebba, nigerian. Stadt am Mittellauf des Niger, rd. 80 000 Ew.; wichtigster Flussübergang von N nach S; in der Umgebung Zuckerpflanzungen; weiter flussaufwärts der → Kainji-Staudamm.

Jeanne d'Arc. Miniatur auf Pergament; 2. Hälfte des 15. Jahrhunderts

Jedburgh ['dʒedbərə], südschott. Stadt in der Borders Region (Großbritannien), 4100 Ew.; Textil- u. Elektroindustrie, Getreidemühlen.

✦ **„Jedermann"**, das allegor. Spiel vom Sterben des reichen Mannes u. von der Nichtigkeit der irdischen Schätze; es geht auf oriental. Parabeln u. auf Predigermären zurück, erschien Ende des 15. Jh. als Moralität in England („Everyman"), in den Niederlanden (*Peter van Diest:* „Elckerlijc", Druck 1495) u. in Kärnten; fand eine latein. Ausgestaltung im „Homolus" (1536) des Christian *Ischyrius*, im Schuldrama „Hecastus" (1539) des G. *Macropedius* u. im „Mercator" (1540) des T. *Naogeorgus*, wurde dann dt. bearbeitet von dem Kölner Jaspar von *Gennep* († 1580; kath., 1540), H. *Sachs* (prot., 1549) u. Johannes *Stricker* (*um 1540, † 1598; „De düdesche Schlömer", holstein., sozialkrit., 1584). Überkonfessionelle Nachdichtung (1911) durch H. von *Hofmannsthal*, uraufgeführt 1911 in Berlin, wiederaufgeführt 1920 anlässlich der ersten → Salzburger Festspiele, als deren Grundbestandteil das Spiel bis heute gilt.

Jedin, Hubert, dt. kath. Kirchenhistoriker, *17. 6. 1900 Großbriesen, Schlesien, † 16. 7. 1980 Bonn; 1949–1965 Prof. in Bonn, Arbeiten zur Kirchengeschichte des 15. u. 16. Jh. „Geschichte des Konzils von Trient", 4 Bde. 1951–1976; Hrsg. des „Handbuchs der Kirchengeschichte", 6 Bde. 1962 ff.

Jedlicka, Gotthard, schweiz. Kunsthistoriker u. Schriftsteller, *6. 5. 1899 Zürich, † 9. 11. 1965 Duisburg; war Prof. in Bonn. u. veröffentlichte eine Reihe von Monografien zur franzöz. Malerei des 19. Jh., daneben befasste er sich mit span. Malerei u. schrieb zahlreiche Essays u. Erzählungen. Werke: „Spanische Malerei" 1941, „Fauvismus" 1961 u. a.

Jeep [dʒiːp; der; engl.], von *Willys-Overland* u. *Ford* 1940 entwickeltes US-amerikan. kleines Militärfahrzeug mit Vierradantrieb; geländegängig.

Jeffers ['dʒefəz], John Robinson, US-amerikan. Schriftsteller, *10. 1. 1887 Pittsburgh, Pa., † 21. 1. 1962 Carmel, Calif.; zeitweise in Dtschld. u. der Schweiz humanistisch erzogen; lebte seit 1914 zurückgezogen in Kalifornien. Von F. Nietzsche u. S. Freud beeinflusst; kulturpessimist. Gedichte: „Roan, Stallion, Tamar, and other poems" 1925; seine Dramen („Medea" 1947, dt. 1960) sind Nachschöpfungen der griech. Tragödie (Euripides). – Dramen, dt. 1960; dt. Gedichtauswahl: Unterjochte Erde, 1987.

Thomas Jefferson

✦ **Jefferson** ['dʒefəsən], Thomas, US-amerikan. Politiker, *13. 4. 1743 Shadwell, Virginia, † 4. 7. 1826 auf Monticello bei Charlottesville, Virginia; zunächst Anwalt, Gutsbesitzer u. Abg. des House of Burgesses (Landtag von Virginia). 1775/76 Dele-

Jeanne d'Arc ~ 1411–1431

Wahrscheinlich am 6. Januar in Domrémy als Tochter einer wohlhabenden Bauernfamilie geboren. Sie hat drei ältere Brüder und hilft in ihrer Kindheit den Eltern in Haushalt und Landwirtschaft	~ 1411	Jan Hus wird aus Prag verbannt / Im 1. Frieden von Thorn verliert der Deutsche Orden Westlitauen an Polen
	~	Brunelleschi entdeckt die Zentralperspektive
	1413	Heinrich V. wird König von England. Er unterdrückt einen Aufstand der Lollarden, der Anhänger des Reformators Wiclif
	1415	Mit dem großen Sieg des englischen Königs Heinrich V. bei Azincourt flackert der seit 1337 dauernde Krieg zwischen England und Frankreich wieder auf / Jan Hus wird in Konstanz vom Konzil als Ketzer verurteilt und verbrannt
	1418	Herzog Johann der Unerschrockene von Burgund erobert Paris
	1419	Burgund nimmt endgültig Partei für die Engländer, nachdem Johann von französischen Parteigängern ermordet worden ist. Sein Sohn Philipp der Gute vergrößert Burgund beträchtlich und macht es zum Kulturzentrum Europas
	1420	Heinrich V. von England heiratet die Tochter Karls VI. von Frankreich / Der französische König Karl VI. enterbt den Dauphin im Vertrag von Troyes und erkennt seinen Schwiegersohn als französischen Thronfolger an
	1422	Plötzlicher Tod Heinrichs V. von England. Der schwachsinnige Heinrich VI. wird sein Nachfolger (1471 im Tower ermordet)
Nach ihren eigenen Angaben hört J. im Alter von 13 Jahren zum ersten Mal Stimmen und hat Heiligenerscheinungen, die ihr auftragen, Frankreich von der Engländern zu befreien und Karl (VII.) als König einzusetzen	1425 ~	Dem chinesischen Kaiser Yongle wird bei Peking ein Grabtempel mit 20 m hohen Säulen errichtet / Brunelleschi baut San Lorenzo in Florenz in Form einer Säulenbasilika um
Im Dezember verlässt J. ihr Elternhaus	1428	Brunelleschi errichtet mit der Pazzi-Kapelle in S. Croce den ersten reinen Renaissance-Bau
Ende Februar wird J. in Chinon von Karl (VII.) empfangen und nach eingehender Prüfung nach Poitiers zum Heer geschickt, dem am 8. Mai die Befreiung der Stadt Orléans von der englischen Belagerung gelingt / Am 17. Juli zieht J. mit Karl nach Weisung ihrer „Stimmen" zur Krönung nach Reims / Der Angriff auf Paris scheitert	1429	Florenz unterwirft Pisa und beherrscht die Toskana / Die Portugiesen besiedeln die Azoren, die sie neu entdeckt haben / Philipp der Gute von Burgund stiftet den Orden „Goldenes Vlies"
Am 23. Mai wird J. während eines Scharmützels bei Lompiegen von den Burgundern gefangen / Sie wird gegen ein hohes Lösegeld an die Engländer ausgeliefert und nach Rouen gebracht, ohne dass Karl VII. versucht hätte, dies zu verhindern u. J. auszutauschen	1430	Die Türken erobern Saloniki
	~	Der Bayer Hans Schiltberger beschreibt seine Erlebnisse als Kriegsgefangener der Türken und Mongolen (gedruckt 1473) / Östlich von Shenyang entsteht ein Mandschu-Staat. Von dort aus erobern die Mongolen bis 1650 ganz China / Die Hansestädte tagen in Lübeck
Kirchenprozess gegen J. unter der Anklage der Hexerei und Ketzerei von Januar bis Mai / Am 24. Mai schwört J. angesichts des Scheiterhaufens ab, widerruft aber zwei Tage später. Die Begnadigung zu lebenslanger Kerkerhaft wird aufgehoben, im Rückfälligkeitsprozess am 28. Mai wird J. zum Scheiterhaufen verurteilt und am 30. Mai auf dem Alten Markt zu Rouen verbrannt	1431	Geburt des französischen Lyrikers und Vagabunden François Villon / Tod des japanischen Malers des Zen-Buddhismus Mincho / Fertigstellung des Londoner Rathauses / Bauernunruhen in Worms / Neuerlicher Versuch einer Kirchenreform auf dem Konzil von Basel

gierter des revolutionären Kontinentalkongresses, für den er ohne entscheidende Hilfe der übrigen Mitglieder des Redaktionsausschusses die Unabhängigkeitserklärung der USA verfasste. 1776–1779 wieder im House of Burgesses. Als Gouverneur von Virginia 1779–1781 sorgte J. für die Aufhebung der Adelsprivilegien, die Trennung von Kirche und Staat sowie die Errichtung öffentl. Schulen. 1783/84 Kongress-Abg., Verfasser des Landgesetzes 1784, der Grundlage für die spätere Organisation der westl. Territorien. 1785–1789 Gesandter in Paris. 1789–1793 Secretary of State (Außen-Min.) unter G. *Washington*, geriet in scharfen Gegensatz zu A. *Hamiltons* Finanzpolitik u. trat aus Protest zurück. Anschließend gründete er die Demokrat.-Republikan. Partei (eine Vorgängerin der heutigen Demokrat. Partei), unterlag jedoch als Präsidentschaftskandidat. Als Vize-Präs. unter J. *Adams* entwarf Jefferson die „Virginia-and-Kentucky-Resolutions", denen zufolge jeder Staat das Recht haben sollte, Gesetze des Bundes aufzuheben. 1800 wurde J. mit Unterstützung seines Gegners A. Hamilton vom Repräsentantenhaus zum Präsidenten gewählt (3. Präs. der USA 1801–1809).
Die wichtigsten Ereignisse während seiner Präsidentschaft waren: der Krieg gegen die Barbaresken in Nordafrika 1801–1805, der Ankauf von Louisiana 1803, die Lewis-Clark-Expedition 1803, der Hochverratsprozess gegen Aaron Burr 1807, das zur Wahrung US-amerikan. Neutralitätsrechte bestimmte Embargo-Gesetz 1807. Nach Ablauf der 2. Amtsperiode gründete J. 1819 die University of Virginia in Charlottesville, für die er auch Gebäude entwarf. Als politischer Denker verfocht er das Gesellschaftsideal der genügsamen, unabhängigen Farmers u. eine weitgehende Selbständigkeit der Einzelstaaten, Grafschaften u. Gemeinden.

Jefferson Airplane [dʒefəsən ˈærplɛin], *Jefferson Starship, Starship,* US-amerikan. Rockgruppe; Signe *Anderson* (Gesang), Grace *Slick* (Gesang und Keyboards), Marty *Balin* (Gesang und Gitarre), Paul *Kantner* (Gesang u. Gitarre, bis 1984), Jorma *Kaukonen* (Gitarre), Jack *Casady* (Bassgitarre), Spencer *Dryden* (Schlagzeug), Mickey *Thomas* (Gesang, ab 1979); gehörte zu den führenden Vertretern des *San Francisco Sounds* u. des *Acid Rock* in den 1960er Jahren. 1974 nannte sich die Band in *Jefferson Starship* u. 1984 in *Starship* um; Veröffentlichungen: „Surrealistic Pillow" 1967; „Red Octopus" 1975; „Knee deep in the Hoopla" 1984; „2400 Fulton Street" 1987; „Jefferson Airplane Loves you" 1992; „Love Songs" 2000.

Jefferson City [ˈdʒefəsən ˈsiti], Hptst. von Missouri (USA), am Missouri, 170 m ü.M., 35 500 Ew.; Universität (gegr. 1866), Museum; Handelszentrum; Landwirtschaft, Kleiderfabrikation, Schuh-, Metall-, Druck- u. Lebensmittelindustrie. – Gegr. 1821 als Hptst. von Missouri, Stadt 1839.

Jefimok [der, Pl. *Jefimki;* russ.], russ. Bez. für den *Joachimstaler* u. allg. für den Taler, bes. für die 1653–1655 in Russland durch Gegen-

stempel legalisierten westeurop. Taler. Nach 50 Jahren wurde der J. zu Beginn des 18. Jh. für ungültig erklärt. Auch → Joachimstaler.

Jeftah, Gestalt aus dem AT, → Jiftach.

Jegorjewsk, *Egorevsk,* Industriestadt in Russland, südöstl. von Moskau, 73 000 Ew.; Baumwollindustrie, Werkzeugmaschinenbau, Fleischfabriken.

Jehol [dʒeˈhoːl], *Tschengte,* ehem. chines. Provinz, 1955 auf die Innere Mongolei, Hebei u. Liaoning aufgeteilt.

Jehova, eine im MA durch Zusammensetzung von → Adonaj u. → Jahwe entstandene falsche Lesart des Gottesnamens im AT, dessen Aussprache in Vergessenheit geraten war, da ihn die Juden seit etwa dem 2. Jh. n.Chr. aus religiöser Scheu nicht aussprechen durften.

Jehovas Zeugen, bis 1931 *Ernste Bibelforscher,* seit 1953 auch *Neue-Welt-Gesellschaft,* von dem Kaufmann Charles Taze *Russell* (*1852, †1916) 1870 in Pittsburgh (USA) gegr. Religionsgemeinschaft, die ihren Namen von dem Propheten Jesaja (43,10) herleitet. Aufgrund von Russells Berechnungen erwarteten J.Z. für 1914 die Wiederkunft Christi u. den Anbruch des 1000-jährigen Reichs. Als dies ausblieb u. eine Krise eintrat, wurde die Gemeinschaft durch Joseph Franklin *Rutherford* (*1869, †1942), seit 1917 Präs., lehrmäßig u. organisatorisch grundlegend verändert. Er gab ihr eine „theokratische Organisation" unter autoritärer Führung u. verpflichtete alle Mitglieder zum „Felddienst" als „Verkündiger" oder „Pioniere". Das Bundesverwaltungsgericht in Berlin entschied 1997, J.Z. werden nicht als Körperschaft des öffentl. Rechts anerkannt u. somit nicht den großen Kirchen gleichgestellt.
Die Leitung beansprucht für alle Anordnungen die Autorität Gottes u. macht das zukünftige Heil der Mitglieder von der Einhaltung bestimmter aus der Bibel abgeleiteter Regeln abhängig, bes. von der

Jelenia Góra: Marktplatz mit Neptunbrunnen und Bürgerhäusern

propagandist. Aktivität. Die 1914 begonnene „Zeit des Endes" soll ihren Abschluss mit der Schlacht von Harmagedon finden, aus der alle J.Z. als Gerettete hervorgehen. Die Rettung der übrigen Menschheit wird der Barmherzigkeit von Jesus Christus anheimgestellt. Dieser errichtet mit den Geretteten die „Neue Welt", in der auch die wiedererweckten Toten ewiges Glück auf der paradiesisch erneuerten Erde gewinnen können. Kirchl. Lehren wie Dreieinigkeit, ewige Verdammnis, Unsterblichkeit der Seele werden verworfen, Taufe u. Abendmahl abweichend von der Lehre der christl. Kirchen gedeutet. J.Z. verweigern, konsequent ihren Glaubensgrundsätzen folgend, Militärdienst u. Wahlbeteiligung. Bes. in diktatorisch regierten Ländern sind sie Verfolgungen ausgesetzt. Weltweit hat die Gemeinschaft ca. 6 Mio. Mitgl. Organisator. Zentrum ist die „Watchtower Bible and Tract Society" in Pittsburgh u. Brooklyn (USA); dt. Zweigbüro in Selters (Taunus). Ztschr.: „Der Wachtturm", „Erwachet!".

Jehu, nordisraelit. König, 845–818 v. Chr., kam durch eine blutige Revolution an die Macht, beseitigte den Baalsdienst seiner Vorgänger.

Jehuda Ben Samuel ha Levi, *Jehuda Halevi, Juda Halevi,* jüd. Dichter, *um 1075 Toledo, †nach 1140 in Ägypten; bedeutender Lyriker, der, angeregt durch arab. u. provençal. Vorbilder, die hebräische Dichtung erneuerte u. zu hoher Bedeutung erhob (Gedichtsammlung „Diwan" hrsg. 1901–1903).

Jejsk, *Ejsk,* Kurort u. Hafenstadt im SW des europ. Russlands, am Südufer der Bucht von Taganrog, 77 000 Ew.; Schlammbäder u. Schwefelquelle; Maschinenfabriken, Textil-, Leder- u. keram. Industrie, Fischverarbeitung.

Jekaterinburg, *Ekaterinburg,* 1924–1991 *Swerdlowsk,* Stadt am Osthang des Mittleren Ural (Russland), 1,3 Mio. Ew.; kultureller u. industrieller Mittelpunkt des Ural, Universität u.a. Hochschulen; Maschinenbau für Bergbau u. Hüttenwerke, Werkzeugmaschinen-, Waggon- u. Apparatebau, chem., Holz- u. Nahrungsmittelindustrie; Verkehrsknotenpunkt. – Gegr. 1723.

Jekaterinodar, *Ekaterinodar,* bis 1920 Name der russ. Stadt → Krasnodar.

Jekaterinoslaw, *Ekaterinoslaw,* bis 1926 Name der ukrain. Stadt → Dnjepropetrowsk.

Jekavisch → serbokroatische Sprache.

Jelängerjelieber → Geißblatt (2).

◆ **Jelenia Góra** [-ˈgura], *Hirschberg i. Rsgb.,* (d.h. im Riesengebirge), poln. Stadt in Schlesien, Fremdenverkehrszentrum im *Hirschberger Kessel,* 93 200 Ew.; altertüml. Markt mit Laubengängen, kunsthistorisch bedeutende Gnadenkirche (1709–1718, von K.M. *Frantz*); Cellulose-, Kunstfaser-, Glas-, Eisen-, Textil- u. pharmazeut. Industrie; einst berühmte Tuchmacherstadt. – Gegr. um 1280, 1392 zu Böhmen, 1742 an Preußen; seit 1945 unter poln. Verwaltung, durch den dt.-poln. Vertrag von 1990 Anerkennung der Zugehörigkeit zu Polen.

Jelez, *Elec,* Stadt in Russland, im Schwarzerdegebiet, westl. von Lipezk, 119 000 Ew.; Maschinenfabrik, Nahrungsmittel-, Leder-,

Seifen-, Spitzen- und Zigarrenindustrie; Bahnknotenpunkt.

Jelgawa, *Elgava,* dt. *Mitau,* früher *Mitawa,* Stadt an der Lielupe, in Lettland, 71 100 Ew.; Landwirtschaftsakademie, Musikschule; Maschinenbau (bes. Landmaschinen), Leinenkombinat, Zuckerfabrik; Eisenbahnknotenpunkt. – Deutschordensburg 1265/66 gegr., 1562–1795 Residenz des Herzogtums *Kurland.*

Elfriede Jelinek

Jelinek, ◆ **1.** Elfriede, österr. Schriftstellerin, *20. 10. 1946 Mürzzuschlag (Steiermark); marxistisch orientierte Feministin; setzte sich anfangs satirisch u. verfremdend mit dem mediengeprägten Alltag in der Konsumgesellschaft auseinander, bevor sie zu ihrem Thema, der gesellschaftl. Unterdrückung der Frau, fand. Erzählwerke: „Die Liebhaberinnen" 1975; „Die Ausgesperrten" 1980; „Die Klavierspielerin" 1983; „Lust" 1989; „Die Kinder der Toten" 1995; „Macht nichts. Eine kleine Trilogie des Todes" 1999. Theaterstücke: „Burgtheater" 1984; „Die Raststätte oder sie machen's alle" 1994. Zahlreiche Hörspiele. J. wurde 1998 mit dem Georg-Büchner-Preis ausgezeichnet.
2. Hanns, österr. Komponist, *5. 12. 1901 Wien, †27. 1. 1969 Wien; studierte u. a. bei A. *Berg* u. A. *Schönberg;* von ihm angeregt schrieb er 1934 sein erstes Zwölftonwerk (2. Streichquartett); „Sinfonia brevis" 1950; „Das Zwölftonwerk" 1950 für Kammerbesetzung; „Zwölftonfibel" für Klavier 1954; er verfasste eine theoretische Schrift „Anleitung zur Zwölftonkomposition" 2 Bde. 1952–1958.

Jellačić von Bužim [-tʃitɕ - 'buʒim], Joseph Graf, österr. General, *16. 10. 1801 Peterwardein, †19. 5. 1859 Agram; 1848 Banus (kaiserlicher Statthalter) von Kroatien-Slawonien; unternahm 1848/49 eigenmächtig einen Feldzug gegen die aufständischen Ungarn; Gouverneur von Fiume u. Dalmatien.

Jellicoe ['dʒɛlikoʊ], John Rushworth, Viscount *Jellicoe of Scapa* (1918), britischer Admiral, *5. 12. 1859 Southampton, †20. 11. 1935 London; seit 1914 Oberbefehlshaber der Grand Fleet, 1916/17 Erster Seelord, 1920–1924 Generalgouverneur von Neuseeland.

Jellinek, 1. Georg, dt. Staatsrechtslehrer, *16. 6. 1851 Leipzig, †12. 1. 1911 Heidelberg; Prof. (1883) in Wien, Basel u. (seit 1891) in Heidelberg; arbeitete auf dem Gebiet der allg. Staatslehre u. der Systematik der subjektiven öffentl. Rechte; Hptw.: „Die sozialethische Bedeutung von Recht, Unrecht u. Strafe" 1878; „Gesetz u. Verordnung" 1887; „System der subjektiven öffentl. Rechte" 1892; „Die Erklärung der Menschen- u. Bürgerrechte" 1895; „Der Kampf des alten mit dem neuen Recht" 1907.

2. Hermann, österr. revolutionärer Publizist, *22. 1. 1823 Drslawitz, Mähren, † 23. 11. 1848 Wien (standrechtl. erschossen); Junghegelianer. „Uriel Acostas Leben u. Lehre" 1847; „Die religiösen Zustände der Gegenwart oder Kritik der Religion der Liebe" 1847.
3. Walter, Sohn von 1), dt. Staats- u. Verwaltungsrechtslehrer, *12. 7. 1885 Wien, †9. 6. 1955 Heidelberg; Prof. in Kiel u. in Heidelberg; Hptw.: „Der fehlerhafte Staatsakt" 1908; „Gesetz. Gesetzesanwendung u. Zweckmäßigkeitserwägung" 1913; „Verwaltungsrecht" 1928; „Grenzen der Verfassungsgesetzgebung" 1931; „Die zweiseitigen Staatsverträge über Anerkennung ausländ. Zivilurteile" 1953.

Jellinge, *Jelling,* dän. Ort auf Jütland; in J. liegt eines der wichtigsten Wikingerdenkmäler Dänemarks (10. Jh.): Neben zwei Grabhügeln stehen zwei Runensteine; einer wurde von *Gorm dem Alten* 965 errichtet, der andere von seinem Sohn Harald Gormsen (Harald Blaatand) 983. Unter den Grabbeigaben fand sich ein Silberkelch mit Tierleibern, nach dem der *Jellingestil* benannt wurde.

Boris Jelzin

Jelzin, *El'cin,* Boris Nikolajewitsch, russ. Politiker, *1. 2. 1931 Butka, Gebiet Swerdlowsk; Bauingenieur; seit 1981 Mitgl. des ZK der KPdSU; 1985–1987 1. Sekretär des Moskauer Stadtkomitees der KPdSU; 1986–1988 Kandidat des Politbüros; 1989 Abg. des Kongresses der Volksdeputierten u. Mitgl. des Obersten Sowjets; wurde 1990 Vors. des Obersten Sowjets der RSFSR; trat im gleichen Jahr aus der KPdSU aus; wurde im Juni 1991 der erste frei gewählte Präs. Russlands; als Vertreter einer radikalen Reformpolitik maßgeblich an der Vereitelung eines orthodox-kommunist. Putsches (im Aug. 1991 sowie an der Gründung der GUS beteiligt. Seine Reformpolitik in Russland nach dem Ende der UdSSR stieß zunehmend auf den Widerstand konservativer Politiker, die allerdings 1993 bei einem Putschversuch gegen J. scheiterten. 1994 ließ J. die Armee in Tschetschenien einmarschieren. 1996 bestätigten ihn die Wähler im Präsidentenamt. Seine polit. Handlungsfähigkeit wurde in der Folgezeit durch ständige Erkrankungen eingeschränkt. 1999 suchte J. erneut eine militär. Lösung des Tschetschenienproblems. Am 31. 12. 1999 trat er vorzeitig vom Präsidentenamt zurück.

Jemappes [ʒə'map], Stadt in der belg. Prov. Hennegau, in der Borinage, westl. von Mons, 17 000 Ew.; seit der Gebietsreform Teil von Mons; Kohlenbergbau, Eisen-, Glas- u. Porzellanindustrie. – Bei J. errangen die französ. Revolutionstruppen am 6. 11. 1792 ihren ersten Sieg; die Österr. Niederlande wurden erobert.

Jember, Stadt in Ostjava (Indonesien), 123 000 Ew.; Mittelpunkt eines Agrargebie-

tes (Kaffee, Kautschuk u. Tabak); Universität (gegr. 1957).

Jemen, Staat auf der Arabischen Halbinsel, → Seite 16.

Jemeniten, die Südgruppe der → Araber.

Jemeppe [ʒə'mɛp], belg. Gemeinde südwestl. von Lüttich, an der Maas, 12 000 Ew.; heute Teil von Seraing; Kohlenbergbau, Eisenindustrie.

Jena

◆ **Jena,** kreisfreie Stadt in Thüringen, an der Saale, 100 000 Ew.; Universität (gegr. 1558), Fachhochschule, Institute für Molekulare Biotechnologie, für Physikalische Hochtechnologie u. für Naturstoff-Forschung, Frauenhofer-Institut für Angewandte Optik u Feinmechanik, Max-Planck-Institute für Chemische Ökologie, für Biogeochemie u. zur Erforschung von Wirtschaftssystemen, Sternwarte, Planetarium, Bibliotheken, Museen, Botanischer Garten, Stadttheater, Staatl. Sinfonieorchester; Johannistor, Pulverturm, spätgotische Stadtkirche u. Rathaus, opt. (Jenoptik), pharmazeut. (Jenapharm) u. Glasindustrie *(Jenaer Glas);* Verkehrsknotenpunkt.
Geschichte: Erstmals erwähnt um 850, seit dem 13. Jh. Stadt, 1523 Einführung der Reformation. 1558 wurde das Akadem. Gymnasium als Universität anerkannt, die auch nach den ernestin. Teilungen (1572 u. 1640) von allen Linien unterhalten wurde. 1672–1690 Hptst. des Herzogtums *Sachsen-Jena,* danach bei *Sachsen-Eisenach* (1691) u. *Sachsen-Weimar* (1741). Um die Wende vom 18. zum 19. Jh. war J. ein Zentrum des deutschen Idealismus; an der Universität lehrten Fichte, Schelling u. Hegel. 1806 siegte Napoleon I. bei *J. u. Auerstedt* über
Fortsetzung S. 18

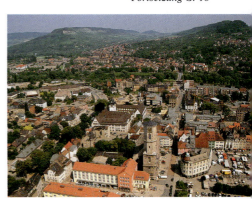

Jena: Stadtüberblick mit dem Marktplatz und der Stadtkirche St. Michael (rechts unten)

Jemen

Autokennzeichen: YE

Fläche: 527 968 km²

Einwohner: 17,5 Mio.

Hauptstadt:
San'a

Sprache: Arabisch

Währung:
1 Jemen-Rial
= 100 Fils

Offizieller Name:
Republik Jemen

Bruttosozialprodukt/Einw.:
300 US-Dollar

Regierungsform:
Islamische Präsidialrepublik

Religion: Moslems

Nationalfeiertag: 22. Mai

Zeitzone:
Mitteleuropäische Zeit +2 Std.

Grenzen:
Im N Saudi-Arabien, im S
Arabisches Meer, im W Rotes
Meer, im O Oman

Lebenserwartung:
58 Jahre

Landesnatur Am Golf von Aden zieht sich ein 20–30 km breiter, wüstenhafter Küstenstreifen mit einigen Oasen hin, der nach N mit einer markanten Bruchstufe in eine Randgebirgszone (im Hadur Shu'ayb 3760 m) übergeht. Landeinwärts schließt sich das zentrale Hochland an, das in seinem westl. Teil Höhen bis 3000 m erreicht u. nach NO langsam abflacht. Im N hat Jemen Anteil an der Wüste Rub Al Khali. An der Küste des Roten Meeres erstrecken sich die niederschlagsarmen Flugsandebenen der Tihamah, ein 50–70 km breiter, dünn besiedelter Tieflandstreifen, der zu den heißesten Gebieten der Erde gehört. Während die Küstenebenen ständig heiß u. schwül (75 % Luftfeuchtigkeit) sind, weist das Hochland gemäßigtere Temperaturen auf u. erhält Sommerniederschläge, die nach O hin abnehmen. Die Vegetation ist wüsten- bis steppenhaft. Die Waldbestände der reicher beregneten westl. Randgebirgszone mussten Kulturflächen weichen. Außer der Insel *Perim* (13 km²) am Eingang zum Roten Meer gehört zu Jemen der *Socotra-Archipel* vor dem afrikan. Kap Asair (Guardafui) u. die Insel *Kamaran* vor der Nordwestküste.

Bevölkerung Die Einwohner Jemens sind überwiegend Südaraber (Jemeniten), daneben gibt es eine schwarze Minderheit im Westteil des Landes, die sich z. T. mit den Arabern vermischt hat. Die Bewohner der Tihamah zeigen stark negroide Züge, während die Hochlandbewohner wesentlich hellhäutiger sind. Außerdem gibt es Minderheiten von Indern, Somali, Europäern u. anderen Gruppen. Mehr als zwei Drittel der Bewohner Jemens leben auf dem Land, in den trockeneren Landesteilen z. T. auch noch nomadisch. Rund 99 % der Bevölkerung sind Moslems (sowohl sunnitischer als auch schiitischer Glaubensrichtung). Staatssprache ist Arabisch, als Handelssprache ist Englisch gebräuchlich. Trotz der bestehenden Schulpflicht sind noch weit über die Hälfte der Jemeniten Analphabeten. Universitäten gibt es in San'a (gegr. 1971), Aden (gegr. 1975) u. Ta'izz (Islam. Universität).

Wirtschaft Obwohl nur ein kleiner Teil des Landes als Ackerland genutzt werden kann, sind über die Hälfte aller Erwerbstätigen in der Landwirtschaft beschäftigt. Die wich-

Ein Händler im traditionellen Geschäftsviertel (Suk) von San'a bietet Lederwaren an

tigsten Anbaugebiete sind die reichlicher beregneten Teile des Hochlands u. der Gebirgshänge im W, die in intensiven Terrassenkulturen genutzt werden, und weiter im O das Wadi Hadramaut. Hauptanbauprodukte sind Hirse, Gerste, Weizen, Baumwolle u. Gemüse. Die Kaffeekulturen an den Berghängen zwischen 1000–2000 m Höhe gehen zugunsten des Khatstrauchs zurück, da er den Bauern schneller wesentlich höhere Gewinne bringt. Die Blätter des Khatstrauchs enthalten ein mildes Rauschgift. Sie werden von vielen männlichen Erwachsenen tagtäglich gekaut. Die trockeneren Landesteile werden von der Viehwirtschaft genutzt, die vor allem die Haltung von Ziegen, Schafen, Rindern, Eseln u. Kamelen umfasst. An der Küste ist der Fischfang (Thunfisch, Makrelen, Sardinen) von Bedeutung. Die Erschließung der Bodenschätze befindet sich erst in den Anfängen; bei Marib wurden seit 1984 u. in der Prov. Hadramaut seit 1993 Erdöllager erschlossen. Die Industrie ist noch unbedeutend. Größere Industriebetriebe außer den Raffinerien von Aden u. Marib gibt es nicht. Von Bedeutung

Auf künstlich angelegten Terrassen wird im Haraz-Gebirge Ackerbau betrieben

ist das traditionelle Kunsthandwerk (Silber- u. Lederarbeiten). Hauptausfuhrprodukte Jemens sind Erdöl u. Erdölprodukte, Fische, Baumwolle, Häute u. Felle. Von großer Bedeutung für die Wirtschaft des Landes waren die in den Erdölstaaten am Persischen Golf lebenden Jemeniten; ihre Geldüberweisungen erbrachten die Devisen, um wichtige Importgüter zu bezahlen. Wegen der proirak. Haltung Jemens im Golfkrieg wurden sie 1991 jedoch ausgewiesen. Durch ihre Rückkehr ist die Arbeitslosigkeit (1994: rd. 30 %) drastisch gestiegen.

Verkehr Das Straßennetz wird allmählich ausgebaut. Von den 51 700 km Pisten u. Straßen ist aber nur ein geringer Teil asphaltiert. Eine Eisenbahnlinie besitzt Jemen nicht. Die wichtigsten Seehäfen sind Al Ahmadi bei Hudaydah, Aden u. Mukalla. Der Flugverkehr wird über die vier internationale Flughäfen Aden, San'a, Ta'izz u. Hudaydah abgewickelt.

Geschichte In vorchristl. Zeit gehörte Jemen zum Reich der *Sabäer* u. *Minäer*. In den ersten nachchristl. Jahrhunderten wurden die jemenitischen *Himjaren* das führende Volk Südarabiens. Im frühen 6. Jh. beherrschten zeitweilig die *Äthiopier* das Land. Ihnen folgten die *Perser*. Im 7. Jh. kam Jemen unter *Abu Bakr* zum Kalifat. Der Zaidite *Jahja Ibn Al Hussain* begründete im 9. Jh. eine Dynastie u. das Imamat. Zeitweise konnten die *Zaiditen* ihre Macht über das ganze Land ausdehnen. Nach verschiedenen Machtwechseln fiel Jemen von 1517 bis 1635 an das Osman. Reich. Seit 1849 versuchten die Türken erneut, das Land in ihre Machtsphäre einzugliedern. 1871 besetzten sie San'a. Der Imam *Jahja* (1904–1948) rief 1904 zum Aufstand. 1911 schloss die Hohe Pforte mit Jahja einen Vertrag, der ihm eine gewisse Selbständigkeit sicherte.

Nordjemen: Nach dem Zusammenbruch des Osman. Reiches entstand 1918 in Nordjemen das unabhängige Königreich Jemen. Der Imam von San'a war König u. zugleich Oberhaupt der schiitischen Konfession der Zaiditen. 1925 erkannte England den Imam an u. schloss 1934 einen Vertrag, der 1951 erneuert wurde. Nach jahrelangen Konflikten mit Saudi-Arabien erkannte dessen König 1934 das Königreich Jemen im *Vertrag von Ta'if* an. 1948 wurde Imam Jahja ermordet; ihm folgte sein Sohn Ahmed Saif Al Islam. 1957 brach Ahmed mit England u. forderte die engl. Kolonie Aden. Der 1958 erfolgte lose Zusammenschluss mit der Vereinigten Arabischen Republik dauerte nur bis 1961. 1962 rief General A. As Sallal nach dem Tode Ahmeds die *Arab. Republik Jemen* aus. Diese erstreckte sich aber nur auf einen Teil des Landes, vor allem auf Städte u. Häfen. Ein großer Teil der Bergstämme setzte sich weiterhin für die Monarchie ein. In dem sich entwickelnden Bürgerkrieg wurden die Republikaner von der VAR, die Royalisten von Saudi-Arabien unterstützt. Nach Verhandlungen zwischen diesen beiden Staaten zogen die ägypt. Truppen 1967 ab. 1968 erlosch der Bürgerkrieg. 1970 einigten sich Republikaner u. Royalisten auf eine gemeinsame Regierung. 1974 ergriff das Militär die Macht. Mit der Demokrat. Volksrepublik Jemen kam es wiederholt zu Grenzkonflikten, aber auch zu Fusionsverhandlungen. Die innenpolit. Lage blieb

labil; 1977 u. 1978 wurden zwei Staatschefs ermordet. Vorsitzender des Präsidentschaftsrats war seit 1978 A. A. *Saleh*.
Südjemen: 1839 eroberten die Briten die Halbinsel Aden. Zwischen 1882 u. 1914 errichteten sie durch den Abschluss von Schutzverträgen eine Protektoratsherrschaft (Ost- u. Westprotektorat Aden). 1937 wurde das Gebiet von Aden zur Kronkolonie erklärt. 1959 entstand in Südjemen aus den Gebieten des Westprotektorats die *Föderation der arab. Emirate des Südens*, die 1963 mit der Kronkolonie zur *Südarab. Föderation* verschmolzen wurde. Nach dem Abzug der Briten erklärte die bisherige Südarab. Föderation am 30. 11. 1967 unter dem Namen *Südjemen* ihre Unabhängigkeit. Die revolutionäre *Nationale Befreiungsfront (NLF)* wandelte den Südjemen in einen kommunist. Einheitsstaat um. 1970 wurde das Land in *Demokratische Volksrepublik Jemen* umbenannt. Die 1978 gegründete *Jemenit. Sozialist. Partei (JSP)* agierte als Staatspartei nach sowjet. Muster. 1986 kam es zu bürgerkriegsähnl. Kämpfen zwischen rivalisierenden Führungsgruppen. Im selben Jahr wurde *Haidar Abu Bakr Al Attas* Staatspräsident.
Die Republik Jemen (seit 1990): Nachdem in den 1970er u. frühen 1980er Jahren verschiedene Anläufe zum Zusammenschluss der beiden Länder gescheitert waren, vereinigten sich die Arabische Republik Jemen u. die Demokrat. Volksrepublik Jemen nach erfolgreichen Verhandlungen am 22. 5. 1990 zur *Republik Jemen*. Staatspräsident wurde A. A. Saleh. Die Mehrheit der Bevölkerung stimmte in einem Referendum 1991 einem Verfassungsentwurfs zu, auf dessen Grundlage 1993 freie Parlamentswahlen stattfanden, die vom Allgemeinen Volkskongress (AVK), der Partei des Präsidenten, gewonnen wurden. Im Mai 1994 führten Spannungen zwischen Nord- u. Südjemen zum Ausbruch schwerer Kämpfe u. zur Unabhängigkeitserklärung des Südens.

Die in traditioneller Lehmbauweise errichteten Wohnhäuser von Hajarah sind reich mit Ornamenten verziert

Der Bürgerkrieg endete im Juli 1994 mit dem Einmarsch der nördl. Truppen in Aden u. der Flucht der südjemenit. Führung ins Ausland. Im September 1994 verabschiedete das Parlament eine neue Verfassung auf der Grundlage des Islams u. wählte Saleh für weitere fünf Jahre zum Präsidenten. Bei den Parlamentswahlen 1997 gewann der AVK die absolute Mehrheit der Mandate. 1999 wurde Saleh durch Direktwahl im Amt bestätigt.

die Preußen. J. gehörte seit 1918 zum Freistaat u. späteren Land Thüringen; 1952–1990 gehörte es zum Bezirk Gera, seit 1990 zum Land Thüringen.

Jenaer Glas, Warenzeichen für ein Alumo-Boro-Silikatglas, das chemisch sehr widerstandsfähig u. temperaturwechselbeständig (→ Jenatherm) ist. J. G. hat sich daher auch als kochfestes Haushaltsgeschirr durchsetzen können. Ferner ist es ein hoch qualifiziertes Glas für die optische Industrie. Auch → Borosilikatglas.

Jenaer Liederhandschrift, Sammlung von (meist mittel- u. niederdt.) Minneliedern u. Sprüchen des 13. Jh., wichtig durch die (in anderen Handschriften fehlenden) Melodienangaben.

Jenaer Romantik → Romantik.

Jenakijewo, ukrain. *Jenakijeve,* vorübergehend bis 1937 *Rykowo,* dann bis 1944 *Ordschonikidse,* Stadt in der Ukraine, im Donezbecken, 111 000 Ew.; Bergbauschule; Steinkohlenbergbau, Eisenhütten- u. chem. Industrie; Wärmekraftwerk; 1883 als Bergbausiedlung gegründet.

Jenan → Yan'an.

Jena-Plan, ein von P. Petersen 1924–1927 in der Universitätsschule Jena verwirklichter Plan einer „Lebensgemeinschaftsschule", in der die Jahresklassen durch „Gruppen" mit Schülern verschied. Alters u. unterschiedl. Leistungskraft ersetzt wurden. „Gespräch", „Spiel" u. „Feier" standen hier neben der „Gruppenarbeit" als „Urformen des Lernens u. Sichbildens"; die Eltern waren in das Schulleben einbezogen; 1950 vom thüring. Volksbildungsministerium geschlossen.

Jenatherm [das], Handelsbez. für Jenaer Geräteglas 20, das chem. beständig ist u. auch hohe Temperaturwechselbeständigkeit hat (relativ geringer Wärmeausdehnungskoeffizient). Auch → Borosilikatglas, → Jenaer Glas.

Jürg Jenatsch. Anonymes Gemälde; 1636. Chur, Rätisches Museum

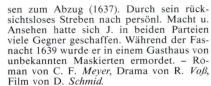

◆ **Jenatsch,** Jürg (Georg), graubündener Politiker, *1596 im Oberengadin oder in Lohn, Graubünden, †24. 1. 1639 Chur (ermordet); als reformierter Pfarrer, Politiker u. Militär wurde J. zu einem Exponenten der sog. „Bündner Wirren" während des Dreißigjährigen Kriegs. Als Anhänger u. später Führer der reformierten (französ.-span.) Partei war J. 1621 beteiligt an der Ermordung des Pompejus *Planta,* Führers der kath. (span.) Partei. Nachdem die Franzosen 1635 die Spanier aus Graubünden vertrieben hatten, das zurückeroberte Veltlin aber nicht unter bündner. Verwaltung stellten, trat J. auf die österr.-span. Seite, wurde Katholik u. zwang die Franzosen zum Abzug (1637). Durch sein rücksichtsloses Streben nach persönl. Macht u. Ansehen hatte sich J. in beiden Parteien viele Gegner geschaffen. Während der Fasnacht 1639 wurde er in einem Gasthaus von unbekannten Maskierten ermordet. – Roman von C. F. *Meyer,* Drama von R. *Voß,* Film von D. *Schmid.*

Jenbach, Tiroler Marktgemeinde am Nordufer des Inn (Österreich), 563 m ü. M., 6500 Ew.; Dieselmotorenerzeugung, Achensee-Kraftwerk. In der Nähe Schloss *Tratzberg* (15./16. Jh.).

Jenin, palästinens. Stadt in Samaria, rd. 25 000 Ew.

◆ **Jenissej** [tungus., „großes Wasser"], *Enisej,* wasserreichster Strom Russlands, mit Großem J. 4130 km lang, Einzugsgebiet 2,6 Mio. km²; die Quellflüsse *Großer J. (Bij-Chem)* u. *Kleiner J. (Ka-Chem)* entspringen nahe der mongolischen Grenze u. vereinigen sich bei Kysyl, im Mittellauf folgt er dem Ostrand des Westsibir. Tieflands u. markiert so die Grenze zum unvermittelt ansteigenden Mittelsibir. Bergland; aus diesem kommen die großen Zuflüsse *Angara, Steinige* u. *Untere Tunguska.* Der J. mündet in den 435 km langen Jenissejbusen der Karasee; bes. im Unterlauf fischreich (Stör, Felchen, Sterlet, Hering, Weißlachs). Der rd. 7 Monate eisbedeckte J. ist ab Minussinsk schiffbar, für Seeschiffe ab Igarka. Unterhalb von Abakan ist der Fluss zum *Krasnojarsker Stausee* aufgestaut (Stromgewinnung).

Jenissejer, *Jenissej-Ostjaken,* Selbstbezeichnung *Keten* (= Menschen), altsibir. Volk von Fischern u. Jägern am Jenissej; orthodoxe Christen.

Jenissejsk, *Eniseisk,* Stadt in Mittelsibirien (Russland), am *Jenissej* (Hafen), rd. 120 km unterhalb der Angaramündung, 20 000 Ew.; Holzindustrie. – 1618 als Kosakenfestung gegr., bis zum Bau der Transsibirischen Bahn Verkehrs- u. Versorgungszentrum.

Jenkins, 1. Billy, eigentlich Erich *Fischer* bzw. Erich *Rosenthal,* deutscher Artist, *26. 6. 1885 Magdeburg, †21. 1. 1954 Köln; war als Kunstschütze und Greifvogeldresseur tätig.

2. [dʒɛŋkinz], Paul, US-amerikanischer Maler, *12. 7. 1923 Kansas City, Missouri; studierte u. a. in New York bei Y. *Kuniyoshi* und wurde von der Drippingtechnik J. *Pollocks* beeinflusst. Seine großflächigen, die Eigenständigkeit der Farbe betonenden Bilder gehören zum abstrakten Expressionismus.

3. [dʒɛŋkinz], Roy, *Baron J. of Hillhead* (1987) brit. Politiker, *11. 11. 1920 Abersychan, Wales; 1948–1977 als Labour-Abg. im Unterhaus, 1964 Luftfahrt-Min., 1965–1967 u. 1974–1976 Innen-Min., 1967–1970 Schatzkanzler, bis 1972 stellvertr. Parteiführer; 1976–1981 Präs. der EG-Kommission. J. verließ 1981 die Labour Party; er war 1982/83 Parteiführer der neu gegründeten Sozialdemokratischen Partei (SDP) u. 1982–1987 ihr Abg. im Unterhaus. 1972 erhielt er den Karlspreis.

„Jen-min jih-pao", chines. Zeitung, → „Renmin Ribao".

Jenissej: Holztransport auf dem wasserreichsten Fluss Russlands

Edward Jenner

◆ **Jenner** ['dʒɛnər], Edward, brit. Arzt, *17. 5. 1749 Berkeley, †26. 1. 1823 Berkeley; begründete die Impfung mit Pockenlymphe als Schutzmaßnahme gegen die Ansteckung durch Pocken. 1796 impfte J. erstmalig ein Kind mit Kuhpockenlymphe (Vakzine) u. veröffentlichte 1798 einen Bericht über das neue Verfahren der Vakzination.

Jennersdorf, österr. Bez.-Stadt im südl. Burgenland, an der Raab, 242 m ü. M., 4100 Ew.; Mittelpunkt eines Agrargebiets.

Jenney, William Le Baron, US-amerikan. Architekt u. Bauingenieur, *25. 9. 1832 Fairhaven, Mass., †14. 6. 1907 Los Angeles; 1876–1880 Professor in Chicago, Wegbereiter des Baus von Hochhäusern in Stahlskelettbauweise u. Vertreter der Architekturschule von Chicago; Hptw. (alle in Chicago): Leiter-Building I (1879), Home-Insurance-Building (1883–1885), Leiter-Building II (1889/90), Manhattan-Building (1890) u. a. Schrieb „Principles and practice of architecture" 1869.

Jenninger, Philipp, dt. Politiker (CDU), *10. 6. 1932 Rindelbach (Jagst); Verwaltungsjurist; 1969–1990 MdB; 1982–1984 Staatsminister beim Bundeskanzler; 1984–1988 Präs. des Bundestages; wurde 1991 Botschafter in Wien, 1995 beim Vatikan.

Jennings ['dʒɛ-], Herbert Spencer, US-amerikan. Zoologe, *8. 4. 1868 Tonica, Ill., †14. 4. 1947 Santa Monica, Calif.; Prof. in Baltimore u. Los Angeles; arbeitete vor allem über genetische Probleme bei Protozoen (Einzeller).

Jenolan Caves [dʒi'nəulən 'kɛivz], Höhlen in den Blue Mountains, 75 km westl. von Sydney, die größten Tropfsteinhöhlen Australiens.

Walter Jens

◆ **Jens,** Walter, dt. Altphilologe, Kritiker u. Publizist, *8. 3. 1923 Hamburg; seit 1949 Dozent, seit 1956 Prof. für klass. Philologie, 1963–1983 für allg. Rhetorik in Tübingen; Mitgl. der „Gruppe 47"; 1967–1982 Präs. des P.E.N.-Zentrums der BRD; 1989–1997 Präs. der Akademie der Künste zu Berlin; neben Fachveröffentlichungen äußerst vielseitige schriftsteller. Tätigkeit. Werkauswahl: Romane: „Nein. Die Welt der Angeklagten" 1950; „Vergessene Gesichter" 1952; „Herr Meister. Dialog über einen Roman" 1963. Hörspiele: „Ahasver" 1956; „Die entführte Europa" 1958; Fernsehspiel: „Der tödl. Schlag" 1975; Nacherzählung von „Ilias u. Odyssee" 1958; moderne Übersetzungen: Sophokles; Matthäusevangelium („Am Anfang der Stall – am Ende der Galgen" 1972); Markusevangelium

(„Die Zeit ist erfüllt. Die Stunde ist da" 1990); Lukasevangelium („Und ein Gebot ging aus" 1991); Fachveröffentlichungen: „Hofmannsthal u. die Griechen" 1955; „Thomas Mann u. die antike Welt" 1956; „Zur Antike" 1978. Reden: „Ort der Handlung ist Deutschland" 1981; „Kanzel u. Kathder" 1984. Das Drama „Die Friedensfrau" 1986 stellt Bezüge zur heutigen Friedensbewegung her.

Jenseits, in den Religionen der Daseinsbereich, in den das Leben nach dem Tod mündet; im Christentum die Mensch u. Welt gänzlich überschreitende, zugleich deren Endbestimmung darstellende Wirklichkeit Gottes.

Jensen, 1. Adolf, dt. Komponist, *12. 1. 1837 Königsberg, †23. 1. 1879 Baden-Baden; Autodidakt, schrieb in der Nachfolge R. *Schumanns* zahlreiche Solo- u. Chorlieder u. Klavierwerke.

2. Adolf Ellegard, dt. Völkerkundler, *1. 1. 1899 Kiel, †20. 5. 1965 Frankfurt a. M.; Mitarbeiter von L. *Frobenius*; Vertreter der Kulturmorphologie; Forschungsreisen in Afrika (bes. Äthiopien) u. Indonesien; Hptw.: „Die staatl. Organisation u. die histor. Überlieferungen der Barotse" 1932; „Im Lande des Gada" 1936 (mit H. *Wohlenberg*); „Die drei Ströme" 1948; „Das religiöse Weltbild einer frühen Kultur" 1948; „Altvölker Süd-Äthiopiens" 1959 (mit E. *Haberland*, W. *Schulz-Weidner*, E. *Pauli*, H. *Straube*); „Mythos u. Kult bei Naturvölkern" 1951.

3. Christian Albrecht, dän. Maler, *26. 6. 1792 Bredstedt, Schleswig, †13. 7. 1870 Kopenhagen; lernte an der Kopenhagener Akademie u. bildete sich durch Aufenthalte u. a. in Wien u. Italien fort. Seine Porträts zeichnen sich durch eine frische Malweise mit breiter Pinselführung aus.

4. Hans Daniel, dt. Physiker, *25. 6. 1907 Hamburg, †11. 2. 1973 Heidelberg; Prof. in Hannover, Hamburg u. (seit 1949) Heidelberg; arbeitete über die Elementartheorie zur Schalenstruktur des Atomkerns; erhielt mit M. *Goeppert-Mayer* u. E. P. *Wigner* 1963 den Nobelpreis für Physik.

Johannes Vilhelm Jensen

◆ **5.** Johannes Vilhelm, Bruder von 6), dän. Schriftsteller u. Kulturkritiker, *20. 1. 1873 Farsø, Jütland, †25. 11. 1950 Kopenhagen; bejahte fortschrittsgläubig Technik, Industrialisierung u. Mechanisierung; wandte sich gegen die großstädt. Dekadenz; Romane: „Das Rad" 1905, dt. 1908; „Mythen" 1907–1944, dt. Auswahl „Mythen u. Jagden" 1911; „Die lange Reise" (Romanzyklus) 1908–1922, dt. 1920–1926; „Dr. Renaults Versuchung" 1935, dt. 1936; „Gudrun" 1936, dt. 1938; Erzählungen: „Die Welt ist tief" 1904, dt. 1906; Essays: „Die neue Welt" 1907, dt. 1909; „Die Stadien des Geistes" 1928, dt. 1930; 1944 Nobelpreis.

6. Thit, Schwester von 5), dän. Erzählerin, *19. 1. 1876 Farsø, Jütland, †14. 5. 1957 Kopenhagen; schrieb jütländ. Heimatnovellen u. farbenreiche histor. Romane („Jörgen Lykke" 1931, dt. 1937); setzte sich mit sozialen Fragen auseinander.

7. Wilhelm, dt. Schriftsteller, *15. 2. 1837 Heiligenhafen, †24. 11. 1911 Thalkirchen bei München; engagierter Anhänger des Poetischen Realismus im Gefolge W. *Raabes* u. T. *Storms*; verband pessimist. Weltsicht mit idealist. Verklärung. Werke: „Magister Thimoteus" (Erzählung) 1866; „Nirwana" (Roman) 1877; „Der Kampf für's Reich" (Roman) 1884; „Gradiva" (Erzählung) 1903.

Jensen-Klint, Peder Vilhelm, dän. Architekt u. Maler, *21. 6. 1853 bei Skelskør, †1. 12. 1930 Kopenhagen; ursprüngl. Ingenieur, Maler u. Kunstgewerbler, seit 1896 Architekt. Hptw. ist die Grundtvig-Gedächtniskirche in Kopenhagen (1920 bis 1940), die sein Sohn Kaare *Klint* vollendet hat.

Jentzsch, 1. Bernd, dt. Schriftsteller, *27. 1. 1940 Plauen; war Verlagslektor in Ostberlin; Gründer (1967) u. Herausgeber (bis 1977, 122 Hefte) der literar. Lyrikreihe „Poesiealbum"; verließ nach der Ausbürgerung von W. *Biermann* 1976 die DDR; Lyrik: „Alphabet des Morgens" 1961; „Quartiermachen" 1978; „Die alte Lust, sich aufzubäumen" 1992; Erzählungen: „Jungfer im Grünen" 1973; „Der bitterböse König auf dem eiskalten Thron" 1975; „Ratsch u. ade! Sieben jugendfreie Erzählungen" 1975.

2. Heinz, dt. Trainer im Galoppsport, *13. 3. 1920 Berlin; 1960 erstmals Sieger beim *Trainer-Championat*, das er bis 1995 31-mal gewonnen hat.

Jephtha, *Jephthe,* Gestalt aus dem AT, → Jiftach.

Jeppesen, Knud Christian, dän. Musikwissenschaftler, *15. 8. 1892 Kopenhagen, †16. 4. 1974 Århus; 1920–1947 Dozent am Konservatorium u. der Universität in Kopenhagen, 1947–1957 Prof. u. Leiter (seit 1950) des musikwissenschaftl. Instituts in Århus; bedeutende Palestrina-Forschungen.

Jepsen, Maria, dt. ev. Theologin, *19. 1. 1945 Bad Segeberg; Pastorin, 1991 Pröpstin im Kirchenkreis Hamburg-Harburg; seit 1992 Bischöfin des Sprengels Hamburg der Nordelbischen Kirche – die weltweit erste ev.-luth. Bischöfin.

Jequetepeque, Flusstal in Nordperu, in vorspan. Zeit Zentrum eines Zweiges der späteren *Chavin-Kultur* (700–500 v. Chr.); Hauptfundort bei der Stadt *Templadera*.

Jequié [ʒɛki'e:], Stadt im brasilian. Staat Bahia, am Rio de Contas, als Munizip 133 000 Ew.; Viehzucht u. Kakaoanbau.

Jequitinhonha [ʒɛkiti'njɔnja], atlant. Küstenfluss im östl. Brasilien, 1080 km; entspringt im S der Serra do Espinhaço im Staat Minas Gerais, mündet bei Belmonte; im Oberlauf Diamantenwäscherei.

Jeremia, *Jeremias* [grch. u. lat.], einer der vier sog. großen Propheten des AT, *um 645 v. Chr.; wirkte in Jerusalem von rd. 627 bis 585 v. Chr., verkündete den Untergang Judas als Strafgericht Gottes, deswegen während der Belagerung als Hochverräter gefangen gehalten. Nach der Eroberung Jerusalems durch die Babylonier von den Deportationen (597 u. 586 v. Chr.) verschont, wurde J. nach der Ermordung des mit ihm befreundeten Statthalters Gedalja von den Flüchtlingen nach Ägypten verschleppt, wo er noch einmal gegen Götzendienst predigte. Dort ist J. verschollen.

Das Buch J. bietet in seinen Sprüchen u. Bekenntnissen den innigsten u. persönlichsten Ausdruck prophetischer Frömmigkeit. Es enthält eine von dem Schüler Baruch oder einem späteren anonymen Erzähler verfasste Leidensgeschichte, Erzählungen über die Ereignisse kurz vor u. nach der Eroberung Jerusalems durch die Babylonier sowie Prosa-Predigten u. Berichte über symbolische Handlungen des Propheten. – Die fünf sog. *Klagelieder des J.* über den Untergang des jüd. Staates u. Jerusalems stammen nicht von J., sondern sind liturg. Ursprungs.

Jeremias, Joachim, dt. ev. Theologe, *20. 9. 1900 Dresden, †6. 9. 1979 Tübingen; 1928 Prof. für Neues Testament in Berlin, 1929 in Greifswald, 1935 in Göttingen, 1967 Abt von Bursfelde; Kenner spätjüd. Schrifttums. Hptw.: „Die Abendmahlsworte Jesu" 1935; „Die Gleichnisse Jesu" 1947; „Neutestamentliche Theologie" 1970; „Die Sprache des Lukasevangeliums" 1980.

Jeremias II. Tranos, Patriarch von Konstantinopel 1572–1579, 1580–1584, 1587–1595, *1536 Anchialos (am Schwarzen Meer), † Ende 1595 Konstantinopel; 1565–1572 Metropolit von Larissa. J. vertrat die Selbständigkeit orth. Tradition u. Theologie gegenüber der kath. Kirche u. bes. im Briefwechsel mit den um Kontakte zu den Griechen bemühten Tübinger Lutheranern; mit seiner Zustimmung entstand 1589 das Moskauer Patriarchat der russ.-orth. Kirche.

Jérémie [ʒere'mi], haitian. Hafenstadt an der Südwestspitze von Hispaniola (Halbinsel Tiburon am Golf von Gonaives), 43 000 Ew.; Kaffee-, Zuckerrohr- u. Bananenanbau im Umland.

Jerewan, *Erevan*, Hptst. Armeniens, → Eriwan.

◆ **Jerez de la Frontera** [xe'rɛs de la-], *Xeres de la Frontera*, südspan. Stadt in fruchtbarem Hügelland am Westrand des Andalus. Berglands, 183 000 Ew.; Zentrum des span. Weinbaus u. -handels *(Jerez-, Xereswein*; engl. *Sherry*); Glashütte, Böttcherei, Nahrungsmittelindustrie.

Das antike *Hasta Regia*; mit dem Sieg der Araber unter Tarik über die Westgoten 711 begann die Eroberung span. Gebiets durch den Islam (um rd. 500 Jahre).

Jerez de los Caballeros [xe'rɛs de lɔs kab'ljerɔs], südwestspan. Stadt in der Prov. Badajoz, südöstl. von Badajoz, 10 300 Ew.; Eisenerzabbau.

Jerf → Vielfraß.

Jericho, arab. *Eriha*, Stadt in Judäa, in einer Oase des unteren Jordantals, 7000 Ew.; tiefstgelegene Stadt der Erde (250 m u. M.); Obst-, Gemüse- u. Getreideanbau; Textilindustrie; Fremdenverkehr.

Geschichte: Ausgrabungen brachten auf dem *Tell As Sultan* eine der ältesten

Jerez de la Frontera: Hauptanziehungspunkt der Stadt sind die berühmten Weinkellereien, denn die Stadt ist der Ursprungsort des Sherry

Stadtkulturen zu Tage. Die älteste Siedlung aus dem 7. Jahrtausend v. Chr. war von einer 6 m hohen Festungsmauer umgeben, an die ein Turm von 13,5 m Höhe u. 9 m Durchmesser angebaut war, u. hatte eine reiche städt. Zivilisation. Die Funde auf dem Stadthügel u. Grabfunde aus der Umgebung vermitteln einen Eindruck von der wechselvollen Siedlungsgeschichte während der frühen u. mittleren Bronzezeit. Nach der Zerstörung um 1580 v. Chr. war J. nur noch schwach besiedelt, u. die im 13.–12. Jh. v. Chr. einwandernden *Israeliten* fanden es zerstört u. unbesiedelt vor, so dass der Bericht im AT (Jos. 2,6) über die Zerstörung Jerichos wahrscheinl. legendär ist. Eine neue Siedlung bestand erst wieder seit dem 10. bzw. 9. Jh. v. Chr.

Eine neue Blütezeit erlebte es in röm. Zeit; *Herodes d. Gr.* machte J. zur Winterresidenz u. errichtete prachtvolle Bauten auf *Tulul abu'l Alajik* am Wadi Al Kelt. Teile seines Palastes wurden 1950/51 ausgegraben. Im jüd. Krieg wurde J. von *Titus* zerstört. In byzantin. Zeit war es Bischofssitz, verfiel nach der arab. Eroberung (ein vom Omajjadenkalifen Hisham errichteter Palast wurde schon nach kurzer Zeit durch ein Erdbeben zerstört) u. war (von einem Aufschwung in der Kreuzfahrerzeit abgesehen) bis ins 19. Jh. bedeutungslos.

Nach dem „Sechstagekrieg" 1967 kam J. unter israel. Verwaltung. Aufgrund eines Abkommens zwischen Israel und der PLO wurde 1994 eine begrenzte palästines. Selbstverwaltung im Gebiet von J. errichtet.

Jerichow [-oː], Stadt in Sachsen-Anhalt, Ldkrs. Jerichower Land, südöstl. von Tangermünde, 2100 Ew.; roman. Klosterkirche (12. Jh.), Pfarrkirche (13. Jh.); Baustoffindustrie.

Jerichower Land, Ldkrs. in Sachsen-Anhalt, Reg.-Bez. Magdeburg, 1337 km², 102 000 Ew.; Verw.-Sitz ist *Burg.*

Jeritza, Maria, eigentl. *Jedlitzka*, österr. Sopranistin, *6. 10. 1887 Brünn, †10. 7. 1982 Orange, N.Y., vor allem Opernsängerin, 1912–1935 an der Wiener Staatsoper, seit 1921 auch in den USA. Autobiografie „Sunlight and song" 1924.

Jermak, Timofejewitsch, russ. Kosakenführer, †15. 9. 1585 (im Irtysch ertrunken); überschritt 1579 im Dienst der Permer Kaufherrenfamilie *Stroganow* den Ural u. leitete damit die Eroberung Sibiriens ein; besiegte 1582 den Chan des Mongolenreichs Sibir u. unterstellte seine Eroberungen dem russ. Zaren.

Jerne, Niels Kaj, brit. Immunologe u. Biophysiker dän. Abstammung, *23. 11. 1911 London, †7. 10. 1994 Castillon du Gard; erhielt zusammen mit G. *Köhler* u. C. *Milstein* den Nobelpreis für Medizin 1984 für seine grundlegenden Theorien über den spezif. Aufbau u. die Steuerung des Immunsystems.

Jerofejew, *Jerofeev*, Wenedikt Wassiljewitsch, russ. Schriftsteller, *24. 10. 1938 Tschupa, †11. 5. 1990 Moskau; schilderte in seinem Roman „Die Reise nach Petuschki" 1969, dt. 1979 u. ö., die Tristesse der sowjet. Wirklichkeit.

Jerome [dʒə'rɔum], Jerome Klapka, engl. Erzähler, *2. 5. 1859 Walsall, Staffordshire,

† 14. 6. 1927 Northampton; bekannt durch die humoristischen Erzählungen: „Drei Männer in einem Boot" 1889, dt. 1897; „Drei Mann auf dem Bummel" 1900, dt. 1903; „Anthony John" 1923, dt. 1925; auch sozialkrit. Komödien: „New lamps for old" 1890; „Der Fremde" 1908, dt. 1910.

Jérôme [ʒe'roːm], frz. für → Hieronymus.

Jérôme Bonaparte [ʒe'roːm-], kors. Fürst ab 1816, → Bonaparte (3).

Jeromekäse [ʒe'roːm-] → Esrom.

Jersey ['dʒəːzi]; der; nach der Insel *J.*], meist gewirkte einflächige Rundstuhlware, für Oberbekleidung; auch Kreppkleiderstoff in Tuchbindung.

Jersey

◆ **Jersey** ['dʒəːzi], größte der kroneigenen brit. Kanalinseln, westl. der Halbinsel Cotentin im Golf von Saint-Malo, 116 km², 85 200 Ew.; Hptst. *Saint-Hélier*; sehr fruchtbar, Anbau von Kartoffeln u. Obst (Export), Viehzucht.

Jersey City ['dʒəːzi 'siti], Stadt im NO von New Jersey (USA), Hafen am *Hudson* gegenüber von New York, 20 m ü. M., 229 000 Ew., im Metropolitan Area 557 000 Ew.; Teiluniversitäten, Museen; chem., elektrotechn., Textil-, Zucker-, Fleisch-, Maschinen- u. Papierindustrie; Raffinerien, Werften u. Docks, Verkehrszentrum. – Um 1630 gegr., Stadt 1820, Name J. C. seit 1836.

Jerseyrind ['dʒəːzi-], kleinwüchsige, von der Insel Jersey stammende Milchviehrasse.

Jersild, Per Christian, schwed. Schriftsteller, *14. 3. 1935 Katrineholm; Arzt; schrieb fantasievolle Romane, in denen er inhumane Erscheinungen in der modernen Gesellschaft aufspürt: „Freier Samstag" 1963, dt. 1966; „Calvinols Reise durch die Welt" 1965, dt. 1970; „Die Tierärztin" 1973, dt. 1975; „Die Insel der Kinder" 1976, dt. 1978; „Das Haus zu Babel" 1978, dt. 1980.

Jerusalem, die Hauptstadt und größte Stadt Israels liegt in einer wasserarmen, passartigen Mulde im judäischen Berglandes. Von den 614 000 Ew. sind rd. 385 000 Juden, 175 000 Moslems und 54 000 Christen. Jerusalem ist das Zentrum jüdischen Glaubens u. geistigen Lebens u. heilige Stadt auch für Christen u. Moslems.

Jerusalem wird in der Bibel etwa 800-mal erwähnt, im Koran dagegen nicht. Erst Kalif Al Welid (705–715) erhob *Al Quds* zur drittheiligsten Stadt des Islam, um den Pilgerstrom über Jerusalem zu leiten und wirtschaftlich zu nutzen. Die Altstadt hat eine Fläche von etwa 1 km² u. ca. 25 000 Ew. Ihre Mauern werden von acht Toren durchbrochen: im W das Jaffator, im N das Neue Tor (1889), das Damaskus- u. das Herodestor, im O das Löwen- oder Stephanustor u. das verschlossene Goldene Tor u. im S das Mist- u. das Zionstor. Im O überragt der Ölberg (828 m) die Altstadt, im NO der Skopus mit der ersten hebräischen Universität (gegr. 1918), der Lehrbetrieb wurde nach 1967 wieder aufgenommen. Die Altstadt ist gegliedert in ein *christliches* Viertel im NW (mit Grabeskirche, heutige Bausubstanz überwiegend 12. Jh., u. Via Dolorosa), ein *islamisches* Viertel im O (Tempelplatz mit Felsendom oder Omarmoschee, 691 n. Chr., u. Al-Aqsa-Moschee, heutige Bausubstanz überwiegend aus der Kreuzfahrerzeit, Anfang 13. Jh., u. der West- oder Klagemauer), ein *armenisches* Viertel im SW (mit Zitadelle u. Davidsturm, Reste des Herodespalastes) u. ein *jüdisches* Viertel, das 1948 fast völlig zerstört u. seit 1967 wieder aufgebaut wurde. Außer den bereits genannten heiligen Stätten befinden sich in der Altstadt u. ihrer näheren Umgebung: Annenkirche, Bethesdateiche, die z. T. legendären Gräber von Absalom, David, Maria u. a., Garten Gethsemane mit der Kirche der Nationen, der russischen Maria-Magdalena-Kirche u. der Kirche Dominus Flevit, der Zionsberg mit Dormitionsabtei, Bethanien, zahlreiche weitere Kirchen u. Synagogen. Nördlich der Altstadt erstrecken sich moderne arabische u. neue jüdische Viertel, während sich im W u. S die Neustadt ausdehnt mit Residenz des Präsidenten, Knesset (Parlament; 1966), Ministerien u. a. politischen u. religiösen Institutionen (u. a. Oberrabbinat), Yeshurum-Synagoge, dem Grab von T. *Herzl*, dem zentralen Militärfriedhof, neuer Universität, Gedenkstätte Yad Vashem (für die Opfer des Nationalsozialismus), Hadassahhospital (Universitätsklinik mit Synagoge, Glasfenster von M. *Chagall*), Israel-Museum (1965) mit dem „Schrein des Buches" (Schriftenrollen von Qumran) u. a. Jerusalem besitzt neben der Universität weitere höhere Bildungseinrichtungen, Museen (u. a. Rockefeller-Museum in der arabischen Neustadt, Museum für Islamische Kunst, Herzl-Museum, Stadtmuseum), mehrere Theater u. einen „Biblischen Zoo".

Als Industriestandort hat Jerusalem geringere Bedeutung, da Verwaltungs-, Dienstleistungs- u. Handelsfunktionen überwiegen. Erwähnenswert sind die vielseitige Verbrauchsgüterindustrie (Herstellung von Elektrogeräten, Textilien, Schuhen, Medikamenten), die Diamantschleifereien, Druckereien u. Verlage. Sehr umfangreich ist der Fremdenverkehr mit einer wachsenden Zahl moderner Hotels. Der Flughafen im N hat nur für den Inlandsverkehr Bedeutung. Eisenbahn u. Autobahn verbinden Jerusalem mit Tel Aviv, Letzteres auch mit dem internationalen Flughafen in Lod.

Geschichte: Die Stelle des heutigen Jerusalem ist seit der frühen Bronzezeit (3. Jahrtausend v. Chr.) besiedelt. Die älteste schriftliche Erwähnung findet sich in den ägypischen Amarna-Texten (14. Jh. v. Chr.). Im 2. Jahrtausend v. Chr. bestand ein Stadtstaat der Jebusiter unter ägyptischem Einfluss. Nach der Eroberung durch König *David* um 1000 v. Chr. wurde Jerusalem zum politischen u. kulturellen Mittelpunkt seines Reichs. König *Salomo* baute den Tempel, der bei der Niederschlagung eines jüdischen Aufstands in der schon 597 v. Chr. durch Nebukadnezar eroberten Stadt 586 v. Chr. zerstört wurde. Nach der Rückkehr der Juden aus der babylonischen Gefangenschaft wurde der 2. Tempel (520–516 v. Chr.) gebaut; Jerusalem wurde zur geistige Mittelpunkt der Judenschaft innerhalb und außerhalb Palästinas. 63 v. Chr. wurde Jerusalem von *Pompeius* erobert. Danach erlebte es eine Glanzzeit als hellenistische Stadt unter *Herodes dem Großen*. Jüdische Aufstände führten 70 n. Chr. zur Zerstörung

Jersey: Blick von der mittelalterlichen Festungsanlage Mont Orgueil auf den malerischen Ort Gorey

Jerusalems durch *Titus.* Nach einem weiteren jüdischen Aufstand (*Bar Kochba,* 132–135) beseitigten die Römer auch die hebräischen Ortsnamen; Jerusalem wurde in *Aelia Capitolina* umbenannt.

Unter Konstantin dem Großen wurde Jerusalem für 300 Jahre eine christliche Stadt (Grabeskirche). 638 wurde es von den islamischen Arabern erobert (um 700 Felsendom), denen es die Kreuzfahrer 1099 entrissen *(Königreich Jerusalem),* doch wurde es 1187 durch *Saladin* wieder islamisch (mit einer Unterbrechung 1229–1244 durch Kaiser *Friedrich II.*). 1517 wurde Jerusalem türkisch; Sultan *Suleiman der Prächtige* ließ die Stadtmauern (um 1540) errichten, die erhalten sind. Mitte des 19. Jh. hatte Jerusalem bereits eine jüdische Bevölkerungsmehrheit, die die ersten Wohnviertel außerhalb der Mauern anlegte. Das bekannteste ist Mea Shearim (1875), noch heute die Hochburg jüdischer Orthodoxie. 1917 besetzten die Engländer Jerusalem. Sie ernannten stets einen Bürgermeister aus der arabischen Minderheit der Stadt. Versuche, eine arabisch-jüdische Stadtverwaltung zu errichten, scheiterten immer wieder. 1920–1948 war Jerusalem Sitz der britischen Mandatsregierung.

Im israelischen Unabhängigkeitskrieg 1948/49 war Jerusalem hart umkämpft. Die Altstadt wurde von der Arabischen Legion erobert, ihre jüdischen Einwohner vertrieben. 1950 annektierte Jordanien Ostjerusalem mit der Altstadt. Der westliche Teil blieb israelisch und wurde 1950 zur Hauptstadt Israels erklärt. Im Sechstagekrieg 1967 besetzten die Israelis Ostjerusalem, vereinigten es mit Westjerusalem und gliederten es ihrem Staat ein, was durch das Jerusalem-Gesetz 1980 zementiert wurde. Der Status von Jerusalem stellt eines der Hauptprobleme für die Lösung des Nahostkonflikts dar

Jerusalem ist seit frühchristlicher Zeit Sitz eines katholischen Bischofs, seit dem 5. Jh. Patriarchat, seit dem 14. Jh. armenischen und seit dem 19. Jh. auch griechisch-katholisches Patriarchat.→ Seite 24.

Jerusalem, 1. Johann Friedrich Wilhelm, dt. Theologe u. Pädagoge, *22. 11. 1709 Osnabrück, †2. 9. 1789 Braunschweig; arbeitete für eine bessere Ausbildung des geistl. Standes u. für die Hebung des Volksschulwesens. Der Selbstmord seines einzigen Sohnes, des Kanzleiassessors Karl Wilhelm J. (*1747, †1772), wurde ein Anstoß zu Goethes „Werther".

2. Siegfried, dt. Sänger (Tenor), *17. 4. 1940 Oberhausen; debütierte 1975 in Stuttgart; seit 1977 ständiger Gast bei den Bayreuther Festspielen, seit 1980 an der Metropolitan Opera; einer der führenden Wagner-Tenöre.

Jerusalemsblume, *Jerusalemskreuz* → Feuernelke.

Jerusalemsverein, 1852 von dem Berliner Hofprediger Friedrich Adolph Strauß gegr. ev. Missionsgesellschaft, um Deutsche im Heiligen Land kirchlich zu betreuen u. Mission unter den Arabern zu betreiben. Die Geschäftsstelle ist in Berlin.

Jervis ['dʒɑː-], Sir John, Earl of St. Vincent, engl. Admiral, *9. 1. 1734 Meaford, †20. 3.

Jesaja: die Berufungsvision des Propheten. Aus dem Jesaja-Kommentar von der Insel Reichenau; 10. Jahrhundert. Bamberg, Staatsbibliothek

1823 Rochetts; Schiffskommandant während des amerikan. Unabhängigkeitskriegs, Befehlshaber der engl. Flotte in Westindien u. im Mittelmeer während der Französ. Revolution; besiegte am 14. 2. 1797 die span. Flotte bei St. Vincent u. war 1801–1804 Erster Lord der Admiralität.

Jervis Bay ['dʒɑːvis bɛi], Insel vor der Küste von Neusüdwales, Teilgebiet des → Australian Capital Territory.

◆ **Jesaja,** grch. u. lat. *Isaias,* einer der vier sog. großen Propheten im AT; wurde entweder 735 v. Chr. oder 746 v. Chr. berufen (Vision im Tempel von Jerusalem, Jes. 6) u. wirkte bis kurz nach 701; griff stark in die polit. Ereignisse seiner Zeit ein, indem er sich warnend u. beratend an die Könige von Juda (bes. Ahas u. Hiskija) wandte. Er vermochte nicht mehr an die Rettung des ganzen Volkes zu glauben u. kam zu der Annahme, dass der „Rest" des Volkes durch Läuterung bewahrt werde. – Vom *Buch J* gehen die Kap. 1–39 auf J. zurück; in Kap. 40–55 ist das Buch eines zweiten Propheten angefügt, der um 550 v. Chr. am Ende des Exils in Babylonien wirkte *(Deuterojesaja);* er verkündete vor allem den Messias als König u. als leidenden Gottesknecht sowie die wunderbare Heimführung der Verbannten durch Gott. Die Kap. 56–66 enthalten die Sammlung von Worten eines anonymen Prophetenkreises *(Tritojesaja)* aus der Zeit um 530 v. Chr. nach der Rückkehr aus dem Babylon. Exil, hauptsächl. sind es Mahn- u. Trostworte für die durch die Lebensumstände nach der Heimkehr enttäuschten Juden.

Jeschken, tschech. *Ještěd,* bewaldeter Granitberg im Lausitzer Gebirge (Nordböhmen), westl. von Liberec, 1012 m.

Jeschonnek, Hans, dt. Offizier (1942 Generaloberst), *9. 4. 1899 Hohensalza, †19. 8. 1943 bei Goldap, Ostpreußen (Selbstmord); ab 1939 Generalstabschef der Luftwaffe; nahm sich nach schweren Misserfolgen der Luftwaffe das Leben.

Jeschow, *Ežov,* Nikolaj Iwanowitsch, sowjet. Politiker, *1895 St. Petersburg, †1. 4. 1940 (hingerichtet); enger Mitarbeiter Stalins, seit 1936 als Chef des NKWD Vollstrecker der Stalinschen „Säuberungen" (nach ihm *Jeschowschtschina* genannt); 1938 abgesetzt, 1939 verhaftet.

Jesdegerd, sassanid. Herrscher, → Jezdegerd.

Jesenice [jese'niːtsɛ], dt. *Aßling,* Stadt in Slowenien, an der oberen Save, 18 800 Ew.; Hüttenwerk, Maschinenbau.

Jesenin [jis'jenin], russ. Lyriker, → Jessenin.

Jesi, italien. Stadt in der Region Marken, am Esino, 42 000 Ew.; Zuckerfabrik, Herstellung von Landmaschinen, Textilindustrie.

Jespersen, Jens Otto Harry, dän. Sprachwissenschaftler, *16. 7. 1860 Randers, †30. 4. 1943 Kopenhagen; vertrat die Ansicht, dass die Sprachentwicklung dahin geht, mit einfachen Mitteln größte Aussagekraft zu erreichen („Philosophy of grammar" 1929, Nachdr. 1963). Arbeitete auch über phonolog. Probleme („Lehrbuch der Phonetik" 1899, dt. 1904); begründete die Welthilfssprache Novial 1928; schrieb eine grundlegende englische Grammatik: „A modern English grammar on historical principles" 7 Bde. 1909 bis 1949, Nachdr. 1961.

Jesreel, *Yizre'el,* Tallandschaft u. Unterdistrikt in N von Israel, vom Kishon durchflossen, zwischen dem Karmel im SW u. Untergaliläa mit dem Berg Tabor im NO, 1197 km², 263 000 Ew., davon 52,5 % Araber; Verw.-Sitz *Afula;* fruchtbare, intensiv bewirtschaftete Schwemmlandebene; vor der jüd. Ansiedlung versumpft; Trockenlegung seit den 1920er Jahren u. Anbau vor allem von Weizen, Baumwolle u. Obst.

Jesse [grch. Form von hebr. *Isai,* „der Mann Jahwes"(?)], Name des Vaters von *David,* so in das Kirchenlied eingegangen. Nach der Reformation taucht *Jesse* als männl. Vorname im Englischen auf.

Jessel, Leon, dt. Komponist, *22. 1. 1871 Stettin, †4. 1. 1942 Berlin; schrieb viel gespielte Unterhaltungsmusik, Charakterstücke („Parade der Zinnsoldaten", „Aufzug der Stadtwache") u. Operetten („Schwarzwaldmädel" 1917).

Jesselton ['dʒɛsltən], früherer Name der Stadt → Kota Kinabalu.

Jessen, *J. (Elster),* Stadt in Sachsen-Anhalt, Ldkrs. Wittenberg, an der Schwarzen Elster, 11 300 Ew.; frühbarocke Stadtkirche (17. Jh.); Metallwarenindustrie, Ziegelei, Holzverarbeitung, Bau- u. Nahrungsmittelindustrie.

Jessenin [jis'jenin], *Esenin, Jesenin,* Sergej Alexandrowitsch, russ. Lyriker, *3. 10. 1895 Konstantinowo (heute Jessenino), †28. 12. 1925 Leningrad (Selbstmord); heiratete 1922 die Tänzerin I. *Duncan* (1923 geschieden), führte ein unstetes Bohemeleben; seine Lyrik ist voller Empfinden für die Natur u. das alte bäuerl. Leben in Russland; Gedichte in dt. Übersetzung von P. *Celan* 1960, K. *Dedecius* 1961. – Gesammelte Werke, 3 Bde. 1995.

Jessentuki, *Essentuki,* Stadt u. Kurort in Russland, am Großen Kaukasus, 84 000 Ew.; Mineralwasserversand.

Jessner, Leopold, dt. Theaterleiter, *3. 3. 1878 Königsberg, †30. 10. 1945 Hollywood; 1919–1930 Intendant des Staatl. Schauspielhauses Berlin, 1933 Emigration über England in die USA. Bedeutender Regisseur der 1920er Jahre, Antipode zu M. *Reinhardt.* J. bevorzugte stilisierte Bühnenausstattungen, u. a. die sog. „Jessner-Treppe". Bedeutende Inszenierungen, die Marksteine für das expressionist. Theater wurden, waren u. a. „Wilhelm Tell" 1919, „Hamlet" 1926.

Jeßnitz, Stadt in Sachsen-Anhalt, Ldkrs. Bitterfeld, an der Mulde, 3800 Ew.; Papierfabrik, Holzverarbeitung.

Jesteburg, Gemeinde in Niedersachsen, Ldkrs. Harburg, 6500 Ew.

Jestetten, Gemeinde in Baden-Württemberg, Ldkrs. Waldshut, Hauptort des vom schweiz. Kanton Schaffhausen umschlossenen südbad. Landzipfels, 5100 Ew.; früher Zollausschlussgebiet.

◆ **Jesuiten,** lat. *Societas Jesu,* Abk. *SJ, Gesellschaft Jesu,* kath. Orden, 1534 von → Ignatius von Loyola gegr. u. von Papst Paul III. 1540 durch die Bulle „Regimini militantis ecclesiae" bestätigt. Er breitete sich im 16. Jh. in Europa aus u. war vor allem Instrument der Gegenreformation.

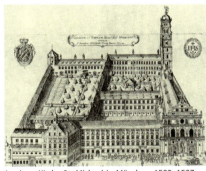

Jesuiten: Kirche St. Michael in München, 1583–1597 erbaut; Kupferstich von Johann Smisek. Nach Aufhebung des Ordens 1773 war sie Hofkirche, bis sie 1918 den Jesuiten zurückgegeben wurde. München, Stadtmuseum

Als Missionare waren u. sind die J. in Asien, Afrika u. Amerika tätig. Bekannt sind die sog. Reduktionen in Paraguay zum Schutz der Indianer.

Der große Einfluss der J. auf Kirche u. Staat im 17. u. 18. Jh. rief so starken Widerstand hervor, dass Klemens XIV. unter dem Druck der roman. Staaten den Orden 1773 durch das Breve „Dominus ac Redemptor" auflöste. 1814 wurde der Orden durch Pius VII. wieder eingeführt. Auch im 19. u. 20. Jh. hatten die J. in vielen Staaten Schwierigkeiten (in Dtschld. 1872–1917 verboten). Die J. sind in einer militär. straffen Organisation zusammengefasst u. werden streng u. sorgfältig ausgewählt (Ausbildung der Professen 17 Jahre). Sie tragen kein eigenes Ordenskleid u. haben kein gemeinsames Chorgebet. Geistliche Übungen führen zu einer starken Zucht des eigenen Willens. Zu den drei üblichen Ordensgelübden kommt als 4. noch der unbedingte Gehorsam

gegenüber dem Papst hinzu; hierdurch erhält diese einzigartige Organisation eine besondere Bedeutung für die Wirksamkeit der kath. Kirche. Die J. werden von einem *Jesuitengeneral* (seit 1983 P.-H. Kolvenbach), dem 4 Generalassistenten beratend zur Seite stehen, von Rom aus geführt. Er wird auf einer Generalkongregation für Lebenszeit von den *Provinzialen,* d. h. den Leitern der Ordensprovinzen, gewählt. Es gibt 84 Provinzen (in Dtschld. Köln u. München). Die Mitglieder der SJ (rd. 23 000) werden unterschieden in: *Professen, Koadjutoren* (Priester u. Laienbrüder), *Scholastiker* u. *Novizen.* Die J. widmen sich bes. der Wissenschaft, Jugendarbeit, Erwachsenenbildung, Exerzitien, Priesterausbildung, Mission, Sozialwissenschaft, Medienarbeit, Kranken- u. Gefangenenseelsorge, Arbeit mit Flüchtlingen. Ihr Wahlspruch: „Omnia ad maiorem Dei gloriam" (lat., „Alles zur größeren Ehre Gottes").

Jesuitendrama, *Jesuitentheater,* die seit etwa 1570 von den Jesuiten (später auch von den Piaristen u. Benediktinern) gepflegte pädagogisch-religiöse Theaterform, ausgehend vom humanist. Schuldrama, in latein. Sprache. Die Stoffe wurden vornehmlich den Heiligenlegenden u. der Kirchengeschichte entnommen. Die Aufführungen fanden zuerst im Freien statt, dann in der Aula der Jesuitengymnasien. Charakteristisch ist das opernhafte Gepräge dieser Stücke durch die Verwendung von Musik u. Gesang u. die reiche Ausstattung mit Kulissenverwendung u. Theatermaschinerie; oft über 100 Darsteller; Höhepunkt im Barock. Hauptvertreter in Dtschld.: J. *Bidermann* („Cenodoxus" 1609), N. *Avancini* (*1611, †1686; „Pietas victrix" 1659), S. *Rettenbacher* u. Jakob *Gretser* (*1562, †1625).

Jesuitengesetz, Reichsgesetz vom 4. 7. 1872, im → Kulturkampf erlassen. Durch das J. wurden der Jesuitenorden u. ihm verwandte Kongregationen im Dt. Reich verboten u. aufgelöst. Das Verbot wurde in zwei Stufen 1904 u. 1917 aufgehoben.

Jesuitenstaat, unrichtige Bez. für die im 17. Jh. in Paraguay, am Paraná u. in Uruguay von den Jesuiten gegründeten Missionsgemeinschaften; sie unterstanden unmittelbar dem span. König. Die Indianer wurden in *Reduktionen* zu einer geschlossenen Gemeinschaft zusammengefasst.

Jesuitenstil, der üppige Barockstil der Kirchen in Mittel- u. Südamerika, deren Bau von Jesuiten gefördert wurde.

Jesus [grch. Form von hebr. *Josua,* „Jahwe hilft"], mehrfach im AT belegter Personenname.

◆ **Jesus,** *J. von Nazareth,* die Gestalt, auf deren Erscheinen sich das Christentum gründet. An der Geschichtlichkeit der Person J. zweifelt die Forschung nicht. Der röm. Historiker Tacitus kennt „Chrestus", den „der Prokurator Pontius Pilatus unter der Herrschaft des Tiberius hatte hinrichten lassen"; Sueton berichtet von jüd. Unruhen in Rom, die auf „Chrestus" zurückgehen. Der jüd. Historiker Josephus erzählt die Hinrichtung des Jakobus, „des Bruders Jesu, des sog. Christus". Der

Talmud kennt J. als Wundertäter u. Verächter der Schriftgelehrten, der am Vorabend eines Pascha-Festes gehängt wurde; er war natürlicher Sohn eines röm. Soldaten. Neben dem NT berichten Reste anderer Evangelien u. versprengte „Herrenworte" von J. Trotz aller geschichtl. (u. astronomischen) Berechnungen steht lediglich fest, dass das Auftreten Jesu um 30 n. Chr. stattfand. Wie lange seine öffentl. Wirksamkeit dauerte, ist unbekannt. Seine Heimat war Galiläa, seine Vaterstadt Nazareth. Das Matthäus- u. Lukasevangelium lassen J. in Bethlehem geboren sein; ihre Stammbäume wollen seine Abstammung von König David verbürgen; sie führen auf Josef, der nach der ältesten Matthäus-Handschrift J. „zeugte". Eine Reihe von Geschwistern wird genannt. Die Gottmenschheit Jesu (→ Christentum) wird im NT auf vielfache Weise unterstrichen (bzw. erklärt): durch Geistzeugung bei der Taufe (Lukas 3,22; alle alten Handschriften besagen „Ich habe dich heute gezeugt!"), durch Verklärung (Markus 9,7), durch das Ineins von „Wort" u. Fleisch (Joh. 1,14), durch Erhöhung nach gehorsamem Leiden, durch Jungfrauengeburt.

Nach dem Hebräerbrief (7,3) war J. (wie Melchisedek) „ohne Vater, ohne Mutter, ohne Geschlecht". Im NT werden zahlreiche alte „Würdenamen" (Sohn Gottes, Messias, Menschensohn, Wort, Herr, Knecht Gottes, Hoherpriester, Heiland, Prophet, Rabbi, König, Davidssohn, Heiliger, Haupt, Urheber, Fürsprecher, Lamm) auf J. übertragen. Ob er sich (mehrere) dieser Namen auf sich angewandt wissen wollte, ist umstritten. Die Evangelien des NT sind keine Geschichts-, sondern Bekenntnisbücher, Niederschlag der Predigt

Fortsetzung S. 26

Jesus: Die Geburt. Darstellung von Fra Filippo Lippi; 1459. Berlin (Dahlem), Gemäldegalerie

Jerusalem

Mittelländisches Meer

Tel Aviv

Jerusalem

ISRAEL

Totes Meer

JORDANIEN

 Jerusalem

Kulturdenkmal: Altstadt mit dem moslemischen, dem armenischen, jüdischen und christlichen Viertel; Baudenkmäler wie die Stadtmauer, u. a. mit Herodes- und Löwentor, sowie die »Klagemauer«, die Annenkirche, die Grabeskirche und die Via Dolorosa, der Klageweg Jesu mit der Geiselungskapelle, der Felsendom sowie die El-Aqsa-Moschee

Kontinent: Asien

Land: Israel

Ort: Jerusalem

Ernennung: 1981

Bedeutung: die heilige Stadt des Judentums, des Christentums und des Islam

Zur Geschichte:

um 1000 v. Chr. Bergfeste Zion

597 v. Chr. Eroberung durch Nebukadnezar

586 v. Chr. Zerstörung des Tempels

164 v. Chr. Eroberung des Tempelberges durch die Makkabäer

66 Aufstand der Juden gegen die Römer

70 Zerstörung des zweiten Tempels

135 Zerstörung Jerusalems

335 Einweihung der Grabeskirche

527–65 Blüte des byzantinischen Jerusalems

1187 Eroberung durch das Heer Saladins

1538–39 Bau des Jaffators und Restaurierung des Löwentors

1926 Beschädigung der Grabeskirche durch Erdbeben

1947 Internationalisierung Jerusalems

1948 teilweise Zerstörung des jüdischen Viertels durch jordanischen Angriff

1950–67 Altstadt und Ost-Jerusalem unter jordanischer Verwaltung

Juni 1967 Wiedervereinigung der Stadt

Christliches Jerusalem – an der Stelle der Kreuzigung Christi wurde die Grabeskirche errichtet

Es ist mehr als sechs Jahrzehnte her, dass ich zum ersten Mal in Jerusalem und seiner Altstadt war, aber dieser Besuch ist mir lebhaft in Erinnerung geblieben. Ich fühlte, dass ich im Mittelpunkt der Welt angekommen war, umgeben von der Geschichte der Jahrtausende. Ich wandelte in den Fußstapfen Davids, Salomos, Jesu und Mohammeds, bewunderte die Bauwerke von König Herodes und Süleiman dem Prächtigen. Erst einige Jahre später, als ich anfing, alte Stadtpläne von Jerusalem zu sammeln, erfuhr ich, dass die Stadt im 15. und 16. Jahrhundert als Mitte der Welt abgebildet wurde. Zu dieser Zeit lebte ich im Kibbuz Ein Gev am Ufer des See Genezareth. Während man die Strecke nach Jerusalem heute in nur zweieinhalb Stunden mit dem Auto zurücklegen kann, brauchte man damals fast einen ganzen Tag für die Reise, und so blieben meine Besuche eher selten.

Kurz nach der Gründung des Staates Israel machte David Ben-Gurion, der erste Premierminister, Jerusalem zur Hauptstadt. Als er mich bat, sein dortiges Büro zu leiten, stimmte ich mit

Muslimisches Jerusalem – unter Süleiman dem Prächtigen entstanden die mächtigen Mauern rund um die Altstadt

großer Begeisterung zu. Zu dieser Zeit entstand eine neue Mauer mitten durch Jerusalem, eine Grenze aus Stacheldraht und Minen, die Israel von Jordanien trennte und die Stadt mit Altstadt und alter Stadtmauer in zwei Hälften teilte. Als ich 1965 zum Bürgermeister gewählt wurde, befand sich mein Büro nur eine Armeslänge von der trennenden Mauer entfernt, und ich träumte davon, dass die Wunde im Herzen der Stadt eines Tages mit friedlichen Mitteln geheilt werde. Doch es war der Sechstagekrieg, der die Wiedervereinigung der Stadt herbeiführte.

Mark Twain beschrieb Jerusalem im vorigen Jahrhundert so: »Lumpen, Elend, Armut und Schmutz ... überall, ... Jerusalem ist düster und öde und leblos, ich würde mir nicht wünschen, hier zu leben.« Ganz so schlimm stand es nicht um die wieder vereinte Stadt, aber der Zustand der Altstadt hatte sich deutlich verschlechtert, da jahrzehntelang die Pflege der Baudenkmäler weitgehend unterblieben war.

Nach Bewältigung grundsätzlicher städtischer Dienstleistungen widmeten wir uns den eher geschichtlichen Herausforderungen wie der Restaurierung der alten Stadtmauer. Nachdem Lastwagenladungen von Schutt entfernt worden waren, der die Mauer bis zur Hälfte ihrer Höhe verdeckt hatte, konnte man sie wieder in ihrer wahren Größe betrachten. Die Brustwehr, die die Briten ursprünglich auf der Mauer errichtet hatten, wurde wiederhergestellt, damit man die Mauer begehen konnte, um nach innen – in die Altstadt – und nach außen – auf die Wüste von Judäa, den Ölberg und die neue Stadt – blicken zu können. Nach und nach wurden die jüdischen, christlichen und muslimischen Heiligtümer restauriert, und das jüdische Viertel erhob sich alsbald aus den Trümmern. Dort, wo es möglich war, wurden Ausgrabungen vorgenommen, bei denen die Geschichte der vielen Völker, die hier gelebt hatten, ans Tageslicht gebracht wurde.

Über viele Jahrhunderte hinweg galt der Davidsturm an der Zitadelle nahe dem Jaffator als Wahrzeichen Jerusalems – er repräsentierte die Stadt in Kunstwerken, den Berichten der Pilger, in Geschichten und in der Dichtung. Mit der Einrichtung des dortigen Stadtmuseums von Jerusalem bekam dieser Ort, der als Festung und Heereslager gedient hatte, einen friedlichen Zweck.

Viel von dem, was man über das alte Jerusalem weiß, stammt aus einem Mosaik aus dem 6. Jahrhundert, das eine Karte des Heiligen Landes zeigt und sich in der Kirche von Madaba (Jordanien) befindet. In diesem Mosaik lassen sich viele der fehlenden Steine für das unvollendete Puzzle der Jerusalemer Geschichte finden.

Blick auf die Jerusalemer Altstadt

So lag es nahe, eine Abbildung der Karte an der Wand der Ausgrabung des Cardo Maximus anzubringen, an den Überresten der römischen Hauptstraße, die von Norden nach Süden durch die Altstadt verläuft. All dies war mit der Hoffnung verbunden, dass es eines Tages einen Friedensvertrag mit Jordanien geben würde, der es erlaubte, selbst nach Madaba zu fahren und die Karte im Original zu betrachten. Selbst dieser Tag ist jetzt gekommen.

Teddy Kollek

Jüdisches und muslimisches Jerusalem:
Die Klagemauer, Westmauer des einstigen jüdischen Tempels, wurde zum Ort der Klage um seinen Untergang. Der Felsendom mit seiner goldenen Kuppel ist als verehrte Stätte der Himmelfahrt Mohammeds eines der wichtigsten Heiligtümer des Islam

Jesus ~4 v. Chr.–~30 n. Chr.

Als erstes Kind Marias in der Familie des aus dem Hause Davids stammenden Nazarener Zimmermanns Josef in Nazareth oder Bethlehem geboren / Nach jüdischer Sitte wird es im Tempel beschnitten / Der Legende nach flieht J. mit seinen Eltern vor den Häschern des Königs Herodes nach Ägypten	~ 4	Herodes Antipas, von den Römern eingesetzter König im Norden Palästinas, tritt die Nachfolge seines Vaters Herodes des Großen an
J. wächst bei seiner Familie in Nazareth auf	~ 1 ~	Die Goten besiedeln den Weichselraum / Zentral gelenkter Beamtenstaat unter der Han-Dynastie in China auf der Grundlage der Lehre des Konfuzius
	1 ~	Das indische Reich der Shaka wird von den Parthern vernichtet
	4	Augustus erlässt ein Gesetz gegen Ehe- und Kinderlosigkeit und adoptiert nach dem Tod seines letzten Enkels seinen Stiefsohn Tiberius, den er zu seinem Nachfolger ernennt
	5	Tiberius besiegt die Langobarden an der Elbmündung
Der Legende nach bleibt J. bei einer Pilgerfahrt seiner Eltern in Jerusalem zurück und verblüfft die Schriftgelehrten im Tempel durch seine Weisheit	~ 8	Dem römischen Landpfleger in Syrien untersteht die Verwaltung von Judäa / Baubeginn des Concordia-Tempels in Rom
	~	Beginn der Gandhara-Kunst in Indien
	14	Tod des Kaisers Augustus. Sein Nachfolger wird Tiberius
	17	Tod des römischen Historikers Titus Livius
	18	Kajafas wird Hoherpriester in Jerusalem / Tod des römischen Dichters Ovid
	~	Bruderkriege unter den Germanen
	26	Pontius Pilatus wird Statthalter in Palästina
Mit der Taufe Jesu im Jordan durch Johannes beginnt die Zeit seines öffentlichen Wirkens / Er sammelt 12 Apostel um sich, dazu zahlreiche weitere Anhänger, darunter, untypisch für den jüdischen Kulturkreis, Frauen / J. zieht mit seiner Anhängerschaft heilend und predigend durch das Land	~ 28 ~	Auftreten Johannes' des Täufers. Er lebt als Bußprediger in der Wüste / In Nordwestgermanien rebellieren die Friesen gegen die Römer
Die Chronologie der in den synoptischen Evangelien und im später entstandenen Johannesevangelium erzählten Wunder, Reisen und Predigten Jesu kann nicht rekonstruiert werden. J. zieht sich nicht wie Johannes der Täufer in die Wüste zurück, sondern bleibt im Kulturland, wo er in heftigen Widerspruch zu den orthodoxen Schriftgelehrten, besonders durch seinen Umgang mit „Zöllnern und Sündern", gerät	~ 29 ~	Bronzegeräte, -waffen und -münzen aus China gelangen nach Japan, auch wenige eiserne Gegenstände
Im Frühlingsmonat Nisan an einem Freitag wird J. in Jerusalem von römischen Soldaten gekreuzigt. Das Urteil fällt Pontius Pilatus wohl auf Drängen des „Hohen Rates" der jüdischen Schriftgelehrten. Die Auslieferung und Verurteilung erfolgt unter dem Vorwand politischer Unruhestiftung, obwohl J. sich von der religiös-revolutionären Richtung der Zeloten nachweislich distanziert hat / Nach seinem Tod haben die Jünger der Überlieferung nach Erscheinungen Jesu, die in dem Sendungsauftrag zur Verkündigung der Lehre und in der anschließenden Himmelfahrt ihren Höhepunkt finden	~ 30	Auf Drängen seiner zweiten Frau Herodias und deren Tochter Salome lässt Herodes Johannes den Täufer enthaupten / Der römische Schriftsteller Aulus Cornelius Celsus verfasst eine Enzyklopädie, darunter acht medizinische Bücher / Apicius schreibt ein Kochbuch in lateinischer Sprache

der Urgemeinde. Ältere Vertreter der prot. Existenztheologie folgerten daraus, dass man sich vom „historischen J." abzuwenden habe: Er ist ein „relatives X" u. „geht uns nichts an". Wichtig ist nur die innere (nachzuahmende) Haltung des „entweltlichenden" Christusglaubens der Urgemeinde.

Heute glaubt man, den historischen „Mann aus Nazareth", an dessen Hoheit u. Größe der urchristl. Christusglaube erwuchs, wieder deutlicher erkennen zu können. Die alte Quelle des „Buchs der Reden Jesu" (in Matthäus u. Lukas enthalten) sieht ihn als aktiven Kämpfer für Liebe u. Gerechtigkeit der Zukunft Gottes entgegengehen. Das Markusevangelium zeigt den Wundertäter, der leidend die Welt erlöst. Im Johannesevangelium erscheint J. als „das Wort", der majestätische „redende Gott": „Ich bin der Weg, die Wahrheit und das Leben!" Die Meinung, dass er nur ein Fanatiker des Jüngsten Tages war, ist ebenso überholt wie seine Herleitung aus der sich von allen „Unreinen" peinlich absondernden Klostergemeinschaft der Essener vom Toten Meer. Unter den vielen Sekten seiner Umwelt hat sich J. auch den Täufern nicht angeschlossen.

J. brachte keine neue Gotteslehre, sondern glaubte mit Israel an Gott (Schöpfer, Gesetzgeber, Herr, Richter), dessen Anspruch u. Verheißung er unbedingt zur Geltung brachte. J. lebte unter Gott als seinem Vater u. lud mit dem Heils- u. Bußruf unter die Königsherrschaft Gottes ein (Bergpredigt). Der bedingungslosen, „anstößigen" Gnade u. Liebe Gottes entspricht der ganz neue Ruf von J. in die

Jesus: die Auferstehung. Darstellung von Matthias Grünewald; um 1314. Detail aus dem Isenheimer Altar (Musée Unterlinden, Colmar)

Nachfolge seiner Person zur Verwirklichung der uneingeschränkten Gottes- u. Nächstenliebe unter Einschluss der Feindesliebe. J. verwarf jede gesetzlich-formale Erfüllung in einem Kultus. Die Gottesliebe wird in der Nächstenliebe verwirklicht, ohne in dieser aufzugehen. Die Ankündigung der Gottesherrschaft enthält kein Programm der Weltveränderung, ist vielmehr auf die Änderung des Herzens durch die in J. begegnende Gnade Gottes, bes. in der Sündenvergebung, gerichtet, woraus sich die freie Zuwendung zum Nächsten u. entsprechendes Sozialverhalten ergeben. Die in J. anbrechende Gottesherrschaft ist von Wundern als „Zeichen" begleitet u. wird in Gleichnissen als Heils- u. Freudenzeit beschrieben.

Glaube ist nicht Annahme von Lehren über Gottes Wesen, sondern wagendes Vertrauen zu der unmessbaren Gnade (Güte, Liebe) Gottes, die in J. zu den Menschen kommt. Solchen Glauben fand J. als Antwort auf die „frohe Botschaft" (Evangelium) bes. unter den Verachteten, Besitzlosen, Heiden aller Art. Unter Durchbrechung aller rassischen, gesellschaftl. u. religiösen Tabus wurde J. ihr „Geselle" u. „Tischgenosse". Die „Vollmacht" u. Kühnheit seiner Lehre erregten Entsetzen, sein Anspruch, Sünde an Gottes Statt zu vergeben, wurde mit Grauen gehört, sein Selbstbewusstsein („ich aber sage euch"), in dem er sich über Mose, das Gesetz (bes. die Sabbatgebote), die Propheten, den Tempel stellte, vernichtete die Existenzberechtigung der rabbinischen Gelehrten wie des stolzen u. mächtigen Priesteradels.

Mit Hilfe der röm. Besatzungsmacht, an die J. denunziert wurde, beseitigte man ihn in Jerusalem durch die Kreuzigung, eine von den Persern erfundene, bes. qualvolle u. entehrende Hinrichtungsart. Die Berichte geben keine Auskunft darüber, an welchem Datum oder welchem Tag der Pascha-Zeit J. starb. Der engste Jüngerkreis, der das Gläubigwerden der zwölf Stämme Israels versinnbildlichte u. mit ihm ein Abschiedsmahl beging, floh nach Galiläa. Nach den vielfältigen Berichten des NT wurden die Jünger Jesu Zeugen seiner Auferstehung u. Himmelfahrt u. empfingen von dem Auferstandenen den Befehl zum Zeugendienst „bis an die Enden der Erde".

Jesus [ʒeˈzus], Carolina Maria de, brasilian. Schriftstellerin, *1914 Sacramento, Minas Gerais, †13. 2. 1977 São Paulo; mit ihrem „Tagebuch der Arbeit" 1960, dt. 1962, wurde die schwarze Bewohnerin eines Elendsviertels weltbekannt u. reich. J. schrieb noch eine Fortsetzung („Das Haus aus Stein" 1961, dt. 1962), wurde vergessen u. starb verarmt.

Jesusbild, die sich im Lauf der Jahrhunderte wandelnde Vorstellung von Jesus Christus, die von den Anfängen im NT bis ins 18. Jh. vor allem von der Dogmatik bestimmt war. Die dogmatisch ungebundene Erforschung des Jesusbildes seit dem 18. Jh. brachte dann eine Fülle verschiedener Jesusbilder hervor. Auch außerhalb der Theologie, z. B. im Mysterienspiel oder in Jesusromanen, in

JET: Blick in die Vakuumkammer des Tokamak-Experiments, in dem es 1991 bei einer Plasmatemperatur von 200 Mio. Kelvin erstmals gelang, Energie durch kontrollierte Kernverschmelzung freizusetzen

Religionsphilosophie u. christl. Lyrik finden sich die verschiedensten Jesusbilder.

Jesusgebet, in der ostkirchl. Mystik häufig gebrauchtes kurzes Gebet, dessen Grundform „Herr Jesus Christus, erbarme dich meiner" lautet. Auch → Hesychasmus.

Jesus People [ˈdʒiːzəs ˈpiːpl; engl., „Jesus-Leute"], *Jesus Freaks,* Erweckungsbewegung unter jungen Menschen („Jesus-Revolution"), etwa 1967 in Kalifornien entstanden. Die Gottesdienste waren ekstatisch geprägt, ihnen folgten oft Massentaufen in Seen, im Meer, in Swimmingpools. In Kalifornien entstanden zahlreiche, streng an der Bibel orientierte Kommunen. Über Großbritannien u. die Niederlande kam die Bewegung 1972 nach Dtschld. Der erfolgreiche Kampf gegen Drogenabhängigkeit, das gläubige

Bekenntnis zu Jesus, das Erkennungszeichen (der zum Himmel weisende Zeigefinger) u. die gesellschaftkritische Haltung zeigen die Vielgestaltigkeit der Bewegung.

Jesus Sirach, apokryphe Schrift des AT; auch → Sirach.

Jet [dʒɛt; der; engl., „Strahl"] → Strahlflugzeug.

◆ **JET,** Abk. für engl. *Joint European Torus,* europ. Kernfusionsgroßversuch im Culham-Laboratorium in der Nähe von Oxford mit dem Ziel, die Verschmelzung (→ Kernfusion) von schweren Wasserstoffatomen zu Heliumatomen zu erreichen; 1984 eingeweiht.

◆ **Jetelová,** Magdalena, dt. Bildhauerin tschech. Abstammung, *4. 6. 1946 Semily (Ostböhmen); arbeitet ausschl. mit Holz. Ihre Werke basieren auf Grundformen der Alltagsgegenstände (Stuhl, Treppe etc.), die sie durch Verfremdung in neue Zusammenhänge bringt. J., die seit 1985 die dt. Staatsbürgerschaft hat, sucht durch Verkantung u. Verdrehung die Einbeziehung des Raumes.

Jetlag [ˈdʒɛtlæg; engl., „Zeitverschiebung"], Beschwerden, die sich nach Langstreckenflügen infolge der Umstellung auf andere Ortszeiten einstellen. Dazu zählen Müdigkeit, Schlaflosigkeit u. Kopfschmerzen. Bei Vielfliegern reagiert der Körper aufgrund der unterschiedl. Hell- u. Dunkelzeiten zusätzl. mit einem geschwächten → Immunsystem.

Jeton [ʒəˈtõ; der; frz.], Spielmarke beim Roulette u. Ä. Auch → Chip.

Jet Propulsion Laboratory [dʒɛt prəˈpʌlʃən ləˈbɔrətri], Abk. *JPL,* Abteilung der NASA in Pasadena, Kalifornien; Kontrollzentrum zur Überwachung unbemannter Mond- u. Raumsonden.

Magdalena Jetelová: ...time present and time past...; 1990. Installation Galerie Frank Schulte, Berlin

◆ **Jetronic**, Name einer indirekten Kraftstoffeinspritzung *(Saugrohreinspritzung)* für *Ottomotoren.* Nach der Art des Einspritzens unterscheidet man: *D-Jetronic:* Druckmessung, Hauptsteuergrößen: Saugrohrdruck u. Drehzahl, intermittierende Einspritzung, elektronisch gesteuert; *L-Jetronic:* Luftmengenmessung, Hauptsteuergrößen: Luftmenge u. Drehzahl, intermittierende Einspritzung, elektronisch gesteuert; *K-Jetronic:* mechanisch-hydraulisch gesteuerte kontinuierliche Einspritzung, direkte Luftmengenmessung.

Jet-Schwung ['dʒɛt-], im alpinen Skilauf übl. Technik, bei der durch kurzes, starkes Aufkanten (bei paralleler Skiführung) u. leichte Rücklage ein schneller Richtungswechsel erreicht wird.

Jetset ['dʒɛt sɛt; engl.], begüterte, internationale Gesellschaftsclique; der Name leitet sich von der Vorstellung ab, dass die Angehörigen dieser Schicht in (privaten) Jets in der Welt herumreisen.

Jet-stream ['dʒɛtstriːm; der; engl.], *Strahlstrom,* mäandrierendes Starkwindband in Tropopausennähe von 200–500 km Breite u. 1–4 km Höhe mit Windgeschwindigkeiten von mehr als 30 m/s (108 km/h), im Extremfall bis 400 km/h u. darüber; große Beständigkeit in seiner Lage weist der *Subtropenstrahlstrom* um 35° Breite auf, während der *Polarfrontstrahlstrom* mit der Grenze zwischen Kalt- u. Warmluftmassen in seiner Lage zwischen 60° u. 40° Breite stark schwankt.

Jett [der oder das; engl.], bes. harte, polierfähige Braunkohlenart; Verarbeitung zu Schmuck.

Jettingen-Scheppach, Marktort in Bayern, Ldkrs. Günzburg, an der Mindel, 6600 Ew.; Holzindustrie.

Jeu [ʒø; das; frz.], Spiel, bes. Glücksspiel.

Jeune France [ʒœn 'frãːs], eine 1936 gegr. Gruppe französ. Komponisten, die mit einem eigenen, gegen musikal. Spielerei u. artist. Unverbindlichkeit gerichteten Programm hervortrat. Mitglieder: Y. *Baudrier,* A. *Jolivet,* D.J.Y. *Lesur,* O. *Messiaen.*

Jeunesse dorée [ʒœˈnɛs dɔˈre; frz.], „goldene Jugend"], ursprünglich die polit. reaktionären jungen Männer des französ. Bürgertums, die nach dem Sturz der sog. Schreckensherrschaft der Französ. Revolution seit 1795 als Gegner der Jakobiner auftraten; heute allg.: reiche, genusssüchtige Großstadtjugend.

Jeunesse Ouvrière Chrétienne [ʒœˈnɛs uvriˈɛr kreˈtjɛn], Abk. *JOC,* der französ. Zweig der kath. *Christlichen Arbeiterjugend.*

Jeunesses musicales [ʒœˈnɛs myziˈkal], internationale Vereinigung zur musikal. Förderung der Jugend, gegr. 1941 von dem Belgier Marcel *Cuvelier,* von der UNESCO gefördert.

Jever [-fər], Kreisstadt in Niedersachsen, westl. des Jadebusens, am Rand der Marsch, 13 600 Ew.; Schloss J. (15./16. Jh.), Stadtkirche mit Grabkapelle für den Friesenhäuptling Edo Wiemken d.J. († 1511); Nahrungs- u. Genussmittelindustrie, Fremdenverkehr; Bundeswehrstandort; Verw.-Sitz des Ldkrs. *Friesland.* – Im 10. Jh. Münzstätte, Stadtrecht 1536.

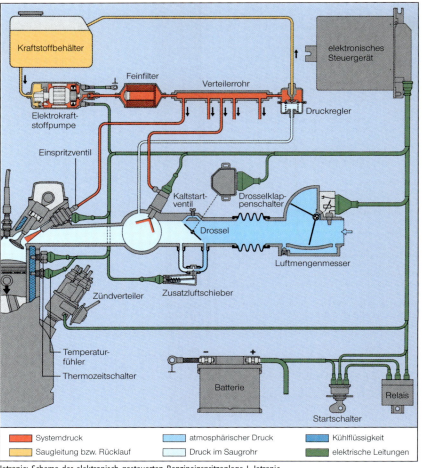

Jetronic: Schema der elektronisch gesteuerten Benzineinspritzanlage L-Jetronic

Kraftstoffbehälter
Feinfilter
Verteilerrohr
elektronisches Steuergerät
Druckregler
Elektrokraftstoffpumpe
Einspritzventil
Kaltstartventil
Drosselklappenschalter
Drossel
Luftmengenmesser
Zündverteiler
Zusatzluftschieber
Temperaturfühler
Thermozeitschalter
Batterie
Relais
Startschalter

🟥 Systemdruck	🟦 atmosphärischer Druck	🟦 Kühlflüssigkeit
🟨 Saugleitung bzw. Rücklauf	⬜ Druck im Saugrohr	🟩 elektrische Leitungen

Jevnaker, ostnorweg. Ort am Südende des Sees Randsfjord in der Landschaft Hadeland, 226 km², 5800 Ew.; Verarbeitung von landwirtschaftl. Produkten, Zentrum der norweg. Glasmanufakturen, Bauindustrie, Metallwarenfabrik.

Jevons ['dʒɛvənz], William Stanley, brit. Nationalökonom, *1. 9. 1835 Liverpool, †13. 8. 1882 bei Bexhill (ertrunken); Prof. in Manchester u. London; Vertreter der Freihandelslehre, begründete gleichzeitig mit L. *Walras* u. C. *Menger* die Lehre vom subjektiven Wert (→ Grenznutzenschule); stellte der soziologisch-historischen Lehre D. *Ricardos* eine quantitativ-mathematische Theorie gegenüber. Hptw.: „Die Theorie der polit. Ökonomie" 1871, dt. 1924.

Jewett ['dʒuːit], Sarah Orne, US-amerikan. Schriftstellerin, *3. 9. 1849 South Berwick, Me., †24. 6. 1909 South Berwick; schrieb Erzählungen über ihre Heimat im NO der USA; bedeutendste Werke: „Das Land der spitzen Tannen" 1896, dt. 1961; „Der weiße Reiter" 1886, dt. 1966. – Collected works, 14 Bde. 1970.

Jewish Agency for Palestine ['dʒuiʃ 'ɛidʒənsi fɔː 'pælistain; engl., „Jüdische Vertretung für Palästina"], seit 1948 *Jewish Agency for Israel,* aufgrund des brit. Palästina-Mandatsvertrags 1922 gebildetes Organ der jüd.-zionist. Organisationen, 1929 durch Nichtzionisten erweitert. Arbeitete mit dem jüd. Nationalrat *(Vaad Leumi)* zusammen u. vertrat die jüd. Interessen bei der brit. Mandatsregierung. Seit Gründung des Staates Israel für Einwanderung u. Unterrichtswesen zuständig.

Jewison ['dʒuisən], Norman F., kanad. Filmregisseur, *21. 7. 1926 Toronto; drehte u. a. „Cincinatti Kid" 1965; „In der Hitze der Nacht" 1967; „Jesus Christ Superstar" 1972; „Mondsüchtig" 1987; „Zurück aus der Hölle" 1989; „Nur für Dich" 1994; „Hurricane" 1999.

Jewpatorija, *Evpatorija,* das antike *Eupatoria,* Kurort u. Hafenstadt in der Ukraine, an der Westküste der Krim, 114 000 Ew.; Nahrungsmittelindustrie; Umschlagplatz für Weizen; in der Nähe Salzgewinnung.

Jewrejskaja AO, *Evrejskaja AO* → Juden-AO.

◆ **Jewtuschenko,** *Evtušenko,* Jewgenij Alexandrowitsch, russ.-sowjet. Schriftsteller, *18. 7. 1933 Sima, Gebiet Irkutsk; seit den 1950er Jahren mit Versdichtungen u. Prosa populär; in den 1960er Jahren Wechsel zwischen Aufbegehren gegen das Diktat der kommunist. Partei u. parteikonformer Haltung. Gedichte: „Babij Jar" 1961 (gegen Antisemitismus); „Stalins Erben" 1962 (gegen erneutes Aufleben des Stalinismus); „Herzstreik" dt. 1996; Prosa: „Der Hühnergott" 1963, dt. 1966; „Die Kasaner Universität" 1970, dt. 1973; Romane: „Wo die Beeren reifen" 1980, dt. 1982; „Stirb nicht vor deiner Zeit" 1993, dt. 1994; Balladen, Poeme in der Nachfolge A. Bloks, W. W. Majakowskijs, S. A. Jessenins. – Dt. Ausgabe (Auswahl): „Lyrik, Prosa, Dokumente" 1972.

Jezabel, Figur aus dem AT, → Isebel.

Jezdegerd, *Jesdegerd, Yazdegerd,* SASSANID. HERRSCHER:

1. Jezdegerd I., 399–421, seine Regierungszeit war eine Ära des Friedens, da das Röm. Reich in Ost- u. Westrom zerfallen war u. selbst genügend Schwierigkeiten hatte. J. I. führte freie Religionsausübung für die Christen ein.

2. Jezdegerd II., 439–457, Sohn *Bahrams V.;* fiel im Kampf gegen die Hephtaliten.

3. Jezdegerd III., letzter Sassanidenherrscher 622–651, Enkel *Chosraus II.;* versuchte vergeblich, den Siegeszug der Araber aufzuhalten; nach mehreren verlorenen Schlachten wurde er von eigenen Leuten in Merw ermordet. Nach seinem Tod wurde Persien ein Teil des Islamischen Reichs.

Jezira [hebr., „Schöpfung"], „Buch J.", einflussreiche spekulative Schrift (6.–8. Jh. n.Chr.), behandelt „32 Wege der Weisheit" Gottes bei der Schöpfung: 10 „Sefirot" (Geist Gottes, 3 Elemente, 6 Raumdimensionen) u. 22 Konsonanten des Hebräischen werden in Beziehung zu Kosmos, Zeitlauf u. Mikrokosmos (Mensch) gesetzt.

JFET, Abk. für engl. *Junction Field – Effect – Transistor* → Feldeffekt-Transistor.

Jg., Abk. für *Jahrgang, Jgg.* = Jahrgänge.

JGG, Abk. für das deutsche *Jugendgerichtsgesetz* vom 4. 8. 1953 in der Fassung vom 11. 12. 1974. → Jugendstrafrecht.

Jh., Abk. für *Jahrhundert.*

Jhâna, buddh. Meditationsform, → Dhyâna.

Jhang-Maghiana [dʒaŋ məˈgjaːnə], *Jhang Maghiyana,* Stadt in Pakistan am Chanab dicht oberhalb der Jhelummündung, 196 000 Ew.; Markt- u. Handelszentrum eines fruchtbaren Kanalbewässerungsgebiets; Textilindustrie.

Jhansi [ˈdʒaːnsi], ind. Distrikt-Hptst. in Uttar Pradesh, am Nordrand des Dekanhochlands, 301 000 Ew.; altes Fort (1613), Stadtmauer; Zentrum der fruchtbaren Landschaft *Bundelkhand,* Agrarmarkt (Getreide, Baumwolle).

Jharia [ˈdʒaːrjə], ind. Stadt im Bundesstaat Bihar, im Bergland von Chota Nagpur, 58 000 Ew.; in der Umgebung das wichtigste Steinkohlenrevier Indiens, das Kohle an die Schwerindustrie von Jamshedpur u. im Damodartal liefert.

Jhelum [engl. ˈdʒɛilum], *Jihlam,* **1.** pakistan. Distrikt-Hptst. im Pandschab am J. (2), südöstl. von Rawalpindi, 106 000 Ew.; Salpetervorkommen; Verkehrsknotenpunkt. Im N die bedeutende Talsperre *Mangla* mit Wasserkraftwerk.

2. westlichster Strom im südasiat. *Fünfstromland* (Pandschab), 720 km; entspringt im westl. Kaschmir, fließt durch das Becken von Kaschmir, durchbricht den Vorderen Himalaya, mündet bei Jhang-Maghiana in den *Chanab;* bedeutend für die Bewässerung des Pandschab; zahlreiche Stauwerke mit Wasserkraftwerken (z.B. bei *Mangla* u. *Trimmu*). Die Nutzung des Jhelumwassers steht nach dem Indus-Wasservertrag (1960) nur Pakistan zu.

Jhering [ˈjeːriŋ], **1.** Herbert → Ihering (1).

Rudolf von Jhering

◆ **2.** *Ihering,* Rudolf von, dt. Jurist, *22. 8. 1818 Aurich, †7. 11. 1892 Göttingen; Prof. für Röm. Recht in Basel (1845), Rostock (1846), Kiel (1849), Gießen (1852), Wien (1868), Göttingen (1872); Wegbereiter der → Interessenjurisprudenz u. der → Freirechtsschule; begann als strenger „Begriffsjurist", wandte sich aber dann der soziologischen Betrachtung des Rechts zu, die im Zweck den Schöpfer des gesamten Rechts sah; auch als Zivilrechtsdogmatiker schöpferisch tätig (z.B. Einführung des Begriffs *culpa in contrahendo* = Ausdehnung der Vertragshaftung auf die vorvertragl. Beziehungen). Hptw.: „Geist des röm. Rechts auf den verschiedenen Stufen seiner Entwicklung" 4 Bde. 1852–1865; „Der Kampf ums Recht" 1872; „Der Zweck im Recht" 2 Bde. 1877–1883; „Scherz u. Ernst in der Jurisprudenz" 1884.

Jia → Ritualbronzen.

Jialing Jiang [dʒialiŋ djiaŋ], *Kialing Kiang,* chines. Fluss, rd. 1000 km, Einzugsgebiet 230 000 km²; entspringt im Grenzgebiet der Prov. Gansu u. Shanxi, durchquert von N nach S den Ostteil des Roten Beckens von Sichuan, mündet bei Chongqing in den Chang Jiang; mehrere Wasserkraftwerke.

Jiamusi [djia-], chines. Stadt in der Prov. Heilongjiang, am Songhuajiang, 493 000 Ew.; Sojamühlen, Zuckerraffinerien, Maschinenbau; i.d. Nähe Steinkohlenbergbau.

Jiang [djiaŋ], *Chiang, Kiang* [chin.], Bestandteil geograph. Namen: Strom, Fluss, Bucht, Hafen.

Jiang Jieshi [djiaŋ djiɛʃi], chines. Politiker, → Chiang Kai-shek.

Jiang Jingguo [djiaŋ djiŋguo], chines. Politiker, → Chiang Ching-kuo.

Jiangling [djiaŋliŋ], *Kiangling, Kingtschou, Kingchow,* chines. Stadt in der Provinz

Jiang Qing bei der Urteilsverkündung, 23. Januar 1981

Hubei, etwas nördl. des Chang Jiang, rd. 200 000 Ew.; Baumwollverarbeitung, landwirtschaftl. Handel.

Jiangmen [dʒiaŋ-], chines. Stadt in der Prov. Guangdong, 240 000 Ew.; Zuckerraffinerie, Papierindustrie.

◆ **Jiang Qing** [djiaŋ tɕiŋ], *Chiang Ch'ing, Tschiang Tsching,* chines. Politikerin, *März 1913 Jiucheng, Prov. Shandong, †14. 5. 1991 Peking (Selbstmord); Schauspielerin (Künstlername *Lan Ping*); seit 1939 verheiratet mit *Mao Zedong;* erlangte seit den 1960er Jahren zunehmenden Einfluss auf das Kulturleben, dann auf die allg. Politik; 1969–1976 Mitgl. des Politbüros des ZK der KP, führend in der radikalen Fraktion („Viererbande"), die einen kulturrevolutionären Klassenkampf führte; nach Maos Tod 1976 mit dieser gestürzt u. verhaftet; wurde 1981 wegen „konterrevolutionärer Verbrechen" (bes. während der „Kulturrevolution") zum Tode verurteilt, 1983 zu lebenslanger Haft begnadigt.

◆ **Jiangsu** [djiaŋ-], *Kiangsu,* chines. Küstenprovinz, am Unterlauf des Chang Jiang u. des Huai He gelegen, 102 600 km², 70,2 Mio. Ew.; Hptst. *Nanjing;* Klima subtropisch bis

Jiangsu: Landarbeiterinnen bei der Pflege eines Nassreisfeldes

warm-gemäßigt. Die Oberfläche wird überwiegend aus den Ablagerungen der Flüsse aufgebaut (im N früheres Mündungsgebiet des Huang He); sie vergrößert sich ständig meerwärts. Abgesehen von Kohlelagerstätten ist J. arm an Bodenschätzen. Dank der geograph. Lage, der hoch entwickelten Landwirtschaft u. der vielseitigen handwerklich-gewerblichen Tradition bildet die äußerst dicht besiedelte Prov. seit Jahrhunderten das Zentrum der chines. Wirtschaft u. Kultur. In der Landwirtschaft werden Nassreis, Winterweizen, Baumwolle u. Raps angebaut sowie Seidenraupen gezüchtet. Die Industrie umfasst Eisen- u. Stahlgewinnung, Maschinenbau, Herstellung von Chemie- u. Elektroerzeugnissen, außerdem Textilien. Wichtigstes Verkehrsmittel ist die Binnenschifffahrt. Das moderne Zentrum der Provinz, Shanghai, bildet seit 1949 eine eigene administrative Einheit.

Jiangxi [djiançi], *Kiangsi,* Provinz in Südostchina, 166 600 km², 40,2 Mio. Ew.; Hptst. *Nanchang;* umfasst das Flussgebiet des Gan Jiang mit dem See Poyang Hu u. Teile des Südchines. Berglands; zentraler Wirtschaftsraum ist das Reis- u. Tee-Anbaugebiet an den Ufern des Poyang Hu. J. ist kaum industrialisiert; weltbekannt ist die traditionelle Porzellanproduktion in Jingdezhen.

◆ **Jiang Zemin** [djiaŋ dsəmin], chines. Politiker (Kommunist), *17. 8. 1926 Yangzhou, Prov. Jiangsu; Elektroingenieur, 1983–1985 Min. für Elektronikindustrie; 1985–1987 Bürgermeister, 1987–1989 Erster Parteisekretär von Shanghai; seit 1987 Mitgl. des Politbüros, seit 1989 seines Ständigen Ausschusses u. Generalsekretär des ZK der Kommunist. Partei sowie Vors. der Militärkommission des ZK u. Vors. der (staatl.) Zentralen Militärkommission; seit 1993 zugleich Staatspräsident.

Jian-Ware, *Chien-Ware,* Keramik, → Temmoku.

Jiang Zemin (rechts) im Gespräch mit Li Peng (seit 1998 Vorsitzender des Ständigen Ausschusses des Nationalen Volkskongresses)

Jičín: Die Stadtmitte bildet der von Laubengängen umgebene Ringplatz

Jiao [djiao], *Tsjao,* Münzeinheit in der Volksrepublik China, 10 J. = 1 *Renminbi Yuan.*

Jiaozhou Wan [djiaudʒou-], Meeresbucht an der Südküste der chines. Provinz Shandong; → Kiautschou.

Jicaque [xi'kakə], Sammelbezeichnung für verschiedene Indianergruppen in Ost-Honduras, die sich bis gegen Ende des 19. Jh. heftig gegen die Spanier u. gegen den Staat Honduras zur Wehr gesetzt haben, ehe sie ihre Sprache u. Kultur aufgaben. Heute sind sie bis auf eine kleine Gruppe in der Mestizenbevölkerung von Honduras aufgegangen u. leben von Feldbau, Jagd u. Fischfang.

Jicarillas [span. xika'rijəs], Indianer-Unterstamm der zu den Athapasken gehörenden Apachen; rd. 1600, Ackerbauern u. Korbmacher in puebloartigen Dörfern; leben in New Mexico.

◆ **Jičín** ['jitʃiːn], *Jitschin,* Stadt in Ostböhmen (Tschech. Rep.), nordöstlich von Königgrätz, 16 600 Ew.; ehemalige Residenz des Herzogtums *Friedland* (Renaissanceschloss Wallensteins); Walditzer Tor, Ringplatz mit Laubengängen, Jakobskirche; Landmaschinenbau sowie Textil- u. Nahrungsmittelfabrik. – Stadtrecht 1438.

Jiddah ['dʒida], saudi-arab. Stadt, → Djidda.

◆ **Jiddisch,** die Verkehrssprache der osteurop. Juden u. eine wichtige dt. Nebensprache; entstanden im 12./13. Jh., enthält german. Elemente (vor allem Mitteldeutsch, Bairisch) als überwiegenden Bestandteil, semit. Elemente (Hebräisch, Aramäisch) u. slaw. Elemente (Polnisch, Weißruss., Ukrainisch); durch gemeinsame Schicksale u. gegenseitige Beziehungen der jüd. Gemeinden weitgehend einheitlich gestaltet; wichtig sind bes. die u-Dialekte als Grundlage der jiddischen Schriftsprache Südosteuropas (die zweite Hauptmundart ist der nördl.,

litauische o-Dialekt), die mit hebräischen Buchstaben geschrieben wird. Durch Auswanderungen, bes. nach Amerika, weit verbreitet; 1938 von etwa 12 Mio. Menschen gesprochen, heute noch von ca. 6 Mio. verstanden u. rd. 0,7 Mio. gesprochen.

jiddische Literatur, die mit hebräischen Buchstaben in Jiddisch geschriebene Literatur. Seit ihren Anfängen im 14. Jh. hat die j.L. ihre Stoffe sowohl jüd. Quellen wie Torah u. Midrasch *(Samuelbuch,* 14. Jh.), als auch nicht-jüdischen wie z. B. Heldensagen u. Ritterromanen (sog. „Bowebuch", 1541, von E. *Levitas)* entnommen. Nach der Erfindung des Buchdrucks war das einflussreichste Werk der jiddischen Literatur die *Zenne-Renne* (auch: *Tseno-Ureno,* Ende 16. Jh.), eine Bibelparaphrase des Jakob Ben Isaak *Aschkenasi* (*um 1550, †1628). Auch die Geschichtensammlung des *Maasebuchs* (1602) war ein viel gelesenes Volksbuch. Der Chassidismus u. die jüd. Aufklärung Haskalah belebten im 18. Jh. die j. L. neu; im 19. Jh. gelangte sie zu größter Entfaltung mit den Erzählern *Mendele Moicher Sforim,* I. L. *Perez* u. *Scholem Alejchem,* während A. *Goldfaden* u. S. *An-Ski* das jidd. Theaters begründeten. Verstreut über alle Länder u. Kontinente öffneten sich jiddischsprachige Schriftsteller wie der Russe J. *Opatoschu,* der Pole I. *Kazenelson,* die US-Amerikaner M. *Rosenfeld,* S. *Asch* u. I. B. *Singer* u. der Israeli A. *Suzkewer* den literar. Strömungen ihrer Umwelt. Seit dem 2. Weltkrieg ist durch den Massenmord am jüdischen Volk durch die Deutschen u. aufgrund der Massenexekutionen der jiddischen Intelligenzia bei stalinist. „Säuberungen" Produktion u. Rezeption jiddischer Literatur stark zurückgegangen.

Jiezi yuan hua zhuan → Senfkorngarten.

Jiftach, grch. u. lat. *Jephthe* oder *Jephtha,* Richter im vorkönigl. Israel, befreite das

Ostjordanland von den Ammonitern (Richter 11–12); Berufskrieger u. charismatischer Führer.

Jig [dʒig], seit dem 16. Jh. auf den brit. Inseln beliebtes u. in Teilen Irlands heute noch gepflegtes Tanzlied mit spöttischen, oft auch vulgären Texten, aus dem die französ. *Gigue* hervorging.

Jigger, 1. ['dʒigə; der; engl.], *F ä r b e r e i :* Färbemaschine für glatte, schwere Gewebe; diese werden in offener Breite unter Spannung durch das Färbebad geführt u. auf eine Walze gewickelt.
2. *I n s e k t e n :* → Sandfloh.

Jihlava, *Iglau*, Stadt in Südmähren (Tschech. Rep.), an der Iglawa, 52 800 Ew.; mittelalterl. Befestigung, Tuchmeisterhaus, Rathaus; Kirche Johannes des Täufers (13. Jh.), Jakobskirche (13. Jh.), Ignatiuskirche (18. Jh.); Herstellung von Autozubehör, Strickwarenfabrik, Brauereien, Holzverarbeitung. – Alte dt. Stadt, deren Bergrecht für viele Bergstädte maßgebend wurde; Anfang des 13. Jh. gegr., bis 1945 Mittelpunkt der dt. *Iglauer Sprachinsel.*

Jijili [dʒi'dʒili], eine Stadt in Algerien, → Djidjelli.

Jilemnický [-nitski], Peter, slowak. Erzähler u. Journalist, *18. 3. 1901 Geiersberg, tschech. Letohrad, †19. 5. 1949 Moskau; Vertreter des sozialist. Realismus; Romane: „Brachland" 1932, dt. 1935/36; „Ein Stück Zucker" 1934, dt. 1952.

Jilfa, *Djelfa*, Marktort im alger. Saharaatlas, 1160 m ü. M., an der Fernstraße Algier-Laghouat, 88 900 Ew.; Endpunkt der Bahn von Algier.

Jilin [dʒilin], *Kirin*, **1.** chines. Provinz in der Mandschurei, 187 400 km², 25,7 Mio. Ew., davon 12 % Koreaner u. Mandschuren;

Jiddisch: Titelblatt zu Nathan Birnbaums „Praktischer Grammatik der Jiddischen Sprache"; 1916

Hptst. *Changchun*; kontinentales Klima (Januarmittel −13°, Julimittel 22°). Den Zentralraum von J. bildet ein fruchtbares Hügelland; im O waldreiche Gebirge, im W Anteil an der mongol. Steppe (Viehzucht). Es werden Mais, Sommerweizen, Soja, Zuckerrüben angebaut. In J. werden Erdöl, Ölschiefer, Steinkohle, Eisen-, Bunt- u. Edelmetalle gefördert.
2. Stadt in der gleichn. chines. Provinz, 1,27 Mio. Ew.; Zentrum der metallurgischen u. chem. Industrie. – 1673 als chines. Festung gegr.; bis 1931 Hptst. der Provinz.

Jilong [dʒiluŋ], *Chilung, Keelung*, Hafen- u. Industriestadt an der Nordküste von Taiwan, 365 000 Ew.; wichtigster Seehafen Taiwans.

Jim [dʒim], *Jimmy*, engl. Koseform von *James* (→ Jakob).

Jima [jap.], Bestandteil geograph. Namen: Insel, Klippe, Sandbank.

Jima, äthiop. Stadt, → Dschima.

Jimele → Leierantilopen.

Juan Ramón Jiménez

◆ **Jiménez** [xi'mɛnɛθ], Juan Ramón, span. Lyriker, *24. 12. 1881 Moguer, †29. 5. 1958 San Juan (Puerto Rico); in der Nachfolge seines Freundes R. *Darío* der bedeutendste Vertreter des Modernismus, der bei ihm die Wandlung von impressionist. Gefühlsdichtung zur „Poésie pure" durchmachte. „Almas de violeta" 1900; „Arias tristes" 1903; „Melancolía" 1912; „Platero u. ich" (Prosa) 1914, dt. Auswahl 1953; *Diario de un poeta recién casado* 1917; „Eternidades" 1918; „Falter aus Licht" (Gedichtauswahl) 1979. Nobelpreis 1956. – *Libros de poesía* ³1972.

Jiménez de Cisneros [xi'mɛnɛð ðε θiz'nerɔs], span. Theologe, → Cisneros, Francisco Jiménez.

Jimmu-Tenno, laut → Nihongi (der amtl. Annalistik) Enkel der Gottheit *Ninigi*, die wiederum eine Enkelin der Sonnengöttin *Amaterasu* war, legendärer Begründer des japan. Kaiserreichs 660 v. Chr. u. der bis heute regierenden Dynastie. Ausgangspunkt der orthodoxen japan. Zeitrechnung. Am 11. Feb., dem überlieferten Reichsgründungstag, wurde 1940 das 2600-jährige Reichsjubiläum mit großem Aufwand gefeiert. Die moderne Forschung verweist die Gründung des *Yamamoto-Reiches* gewöhnlich in die Mitte des 4. Jh. n. Chr.

Jina ['dʒina; sanskr., „Sieger"], *Dschina*, Ehrentitel ind. religiöser Meister, bes. für den Stifter des → Jinismus; auch für den → Buddha.

Jinan [dʒinan], *Tsinan*, Hptst. der chines. Prov. Shandong, südl. des Huang He, am Nordosthang des Tai Shan, 2,05 Mio. Ew.; histor. Stätten aus der Ming- u. Qing-Dynastie; Universität; chem., opt., Elektro-, Textil- u. Nahrungsmittelindustrie, Fahrzeug- u. Maschinenbau; Flughafen; wegen vieler artesischer Brunnen als „Stadt der

Quellen" bekannt. – In der Umgebung buddhist. Heiligtümer.

Jindřichův Hradec ['jindrʒichu:v 'hradɛts], *Neuhaus*, Stadt in Südböhmen (Tschech. Rep.), nordöstl. von České Budějovice, 21 900 Ew.; mittelalterliche Burg mit Gemälde- u. Autographensammlung, spätgotisches Rathaus u. Reste der ehem. Stadtbefestigung; Holz- u. Textilindustrie.

Jingdezhen [dʒiŋdədʒen], *Tsingtetschen, Fouliang*, Stadt in der südchines. Prov. Jiangxi, östl. des Poyang Hu, 581 000 Ew.; berühmtes Zentrum der chines. Porzellanherstellung auf der Grundlage der dortigen Kaolingruben. Die bereits im 6. u. 7. Jh. errichteten Töpfereien erreichten unter der Sung-Dynastie im 12. u. 13. Jh. ihre erste Blütezeit. Unter der Qing-Dynastie (seit dem 17. Jh.) bestand eine kaiserl. Manufaktur für die Bedürfnisse des Hofes. Heute wird bes. für den Export produziert.

Jinggangshan [dʒiŋgaŋʃaːn], *Ching-kang Shan, Tschingkang Schan*, Bergfestung an der Grenze zwischen den beiden chines. Provinzen Hunan u. Jiangxi. Hier gründeten chines. Kommunisten unter Führung von *Mao Zedong* 1927 einen Stützpunkt, der zur Keimzelle des ersten chines. „Sowjetgebiets" wurde.

Jingoism ['dʒiŋɡouizm; nach dem Refrain eines antiruss. Schlagers der Zeit von 1878: *by Jingo* („Bei Jesus!")], engl. Bez. für überspannten Nationalismus; auch für den Chauvinismus in den USA in der 2. Hälfte des 19. Jh. gebraucht.

„Jin Gu Qi Guan" [dʒiŋtjiguan], „Chin-ku chi-kuan", „Merkwürdige Geschichten aus alter u. neuer Zeit", chines. volkstüml. Sammlung eines unbekannten Verfassers des 17. Jh., auch in Europa früh bekannt; dt. Übersetzung von F. Kuhn: „Kin Ku Ki Kwan. Wundersame Geschichten aus alter u. neuer Zeit" 1952, 1963.

Jinismus [dʒ-], *Dschinismus, Jainismus*, eine Weltreligion, die nach dem Ehrentitel Jina („Sieger") ihres Stifters bzw. Neubegründers *Vardhamana* (ca. 539–467 v. Chr.) benannt ist, der auch Mahavira („großer Held") u. Tirthankara („Furtbereiter") heißt. Diese Mönchsreligion umfasst die beiden Hauptrichtungen der konservativen, unbekleidet gehenden *Digambaras* (sanskr. „Luftbekleidete") u. der gemäßigten, bekleidet lebenden *Shvetambaras* („Weißgekleidete"). Erlösung aus dem Daseinskreislauf wird durch strengste Askese – u. U. bis zum Todesfasten – u. Meditation erlangt. Der Erlöste (Siddha) besitzt unendliches Wissen u. große Kraft. Das erste Gebot, selbst kleinste Lebewesen in Erde, Luft u. Wasser nicht zu verletzen (ahimsa), bestimmt insbes. die Berufswahl der heute ca. 3,9 Mio. Jainas in Gujarat (Indien).

Jinja [engl. 'dʒiːndʒaː], Industrie- u. Hafenstadt in Uganda, am Ausfluss des Victorianil aus dem Victoriasee, 1140 m ü. M., 61 000 Ew.; nordwestl. der Stadt die Owenfälle mit Staudamm u. Wasserkraftwerk, das die vielseitige Industrie von J. mit elektr. Energie versorgt; Verkehrsknotenpunkt, Flugplatz.

Jinmen [dʒin-], chines. Insel, → Quemoy.

Mohammed Ali Jinnah

◆ **Jinnah** ['dʒi-], *Dschinnah*, Mohammed Ali, *Qaid-i-Azam*, „der große Führer", pakistanischer Politiker, * 25. 12. 1876 Karachi, † 11. 9. 1948 Karachi; Rechtsanwalt; 1920 bis 1948 Präsident der Moslemliga; befürwortete seit 1940 die Teilung Indiens, um einen unabhängigen Moslemstaat *Pakistan* zu schaffen. 1947/48 erster Generalgouverneur von Pakistan nach der Unabhängigkeitserklärung.

Jinotega [xino'tega], **1.** Dep. im N Nicaraguas, im zentralen Bergland, 9640 km², 190 000 Ew.; Hptst. *J.* (2); Kaffeeanbau; Wasserkraftwerk.
2. Hptst. des Dep. J. (1) im N Nicaraguas, 24 000 Ew., als Agglomeration 102 000 Ew.

„Jin Ping Mei" [dʒinpiŋmɛi], *„Kin-p'ing-mei",* „Djin Ping Meh", „Schlehenblüten in goldener Vase", chines. Sittenroman eines unbekannten Verfassers des 16. Jh., gedruckt um 1610; stellt das Leben der städt. Mittelklasse dar; wegen seiner erot. Stellen wiederholt verboten. Dt. Übersetzung von F. Kuhn 1930 (gekürzt); von O. u. A. Kibat 6 Bde. 1967–1983 (vollständig).

Jinshi-xue [dʒinʃiçuɛ; chin., „Studium von Metall, Bronze u. Steinen"], früheste archäologische Disziplin in China, entstanden in der nördlichen Song-Dynastie (960–1127) zunächst aus Interesse an der Paläographie der Inschriften auf Ritualgefäßen, vor allem der Zhou-Dynastie. Der älteste, nur in Nachdrucken erhaltene Bronzekatalog in Holzschnittdruck, herausgegeben um 1092 von *Lü Dalin*, beschreibt 211 Ritualbronzen der kaiserlichen Sammlung u. aus Privatbesitz. Das Buch trägt den Titel „Kaogu-tu" („Bilder zum Studium des Altertums").

Jinzhou [dʒindʒou], *Chinchow, Kintschou,* Stadt in der nordostchines. Prov. Liaoning, am Golf von Liaodong, 570 000 Ew.; u. a. chem. u. elektron. Industrie, Kohlebergbau.

Jiparaná [ʒi-], rechter Zufluss des Rio Madeira im Territorium Rondônia im brasilian. Amazonien, rd. 700 km; entlang des J. Agrarkolonisation.

Jippensha, Ikku, eigentl. *Shigeta Sadakasa*, japan. Humorist, * 1765 Shizuoka, † 7. 8. 1831 Tokyo; schuf in seiner berühmt gewordenen Skizzenreihe „Auf Schusters Rappen" 1802–1822 die Taugenichts-Typen Yaji u. Kita, die eine Reise zu Fuß von Tokyo nach Kyoto machen. Wegen des Erfolgs folgte eine lange Reihe ähnlich tragikomischer Reisebeschreibungen. Der Reiz wird durch den Dialekt des alten Tokyo (Edo) erhöht.

Jirák ['jira:k], Karel Boleslav, tschech. Komponist, * 28. 1. 1891 Prag, † 30. 1. 1972 Chicago; Schüler von V. Novák; Kompositionslehrer am Prager Konservatorium, emigrierte 1947 nach den USA. 1 Oper, 5 Sinfonien, zahlreiche Kammermusikwerke u. a.; Biografien von W. A. Mozart u. A. Dvořák.

Jirásek, Alois, tschech. Schriftsteller, * 23. 8. 1851 Hronov, † 12. 3. 1930 Prag; patriot. Gedichte, histor. Dramen, Erzählungen u. Romane; „Die Hundsköpfe" 1884, dt. 1952, unter dem Titel „Chodische Freiheitskämpfer" 1904; „Wider alle Welt" 1893, dt. 1904.

Jirja ['dʒirdʒa], Stadt in Ägypten, → Girga.

Jischuw [hebr., „besetztes, bewohntes Land"], die Gesamtheit der jüd. Siedlungen u. der jüd. Einwohner in Palästina vor der Gründung Israels.

Jitter ['dʒitɐ], die hochfrequenten Schwankungen der Kennzeitpunkte eines Digitalsignals, z. B. der ansteigenden oder abfallenden Flanken.

Jitterbug ['dʒitɐbʌg], in den 1930er Jahren in den USA entstandener lebhafter, oft akrobatisch ausgeführter Gesellschaftstanz, der nach dem 2. Weltkrieg unter anderem Namen *(Jive, Boogie)* nach Europa gelangte.

Jiu ['ʒiu], linker Nebenfluss der Donau in Rumänien, 331 km; entspringt in den Südkarpaten, mündet südl. von Craiova.

Jiujiang [dʒiudʒian], *Kiukiang,* Stadt in der südchines. Prov. Jiangxi, am Chang Jiang, 390 000 Ew.; Hafen, Umschlagplatz für Reis, Tee, Tabak, Hanf, Porzellan.

Jiu-Jitsu [dʒ(i)u dʒitsu; jap., „die sanfte Kunst"], japan.-chines. waffenlose Selbstverteidigung unter Ausschluss von bloßer Gewalt u. Kraft; macht den Gegner durch Verrenkung der Gliedmaßen u. Schläge gegen empfindl. Körperstellen kampfunfähig. Aus dem J. wurde zu Wettkampfzwecken die Sportart → Judo entwickelt. Bis zum 20. Jh. wurde die Kunst des J. geheim gehalten. Auch → Budo-Sportarten, → Ju-Jutsu.

Jiulong [dʒiulun] → Kowloon.

Jiuquan [dʒiutʃan], *Kiuküan,* Stadt im W der nordchines. Prov. Gansu, nahe der Chines. Mauer, 280 000 Ew.; Handelsplatz an der früheren Seidenstraße; buddhist. Tempelgrotten in der Umgebung.

◆ **Jivaro** [xi-, span.], *Jibaro, Chiwaro, Siwaro, Xiwari,* Sammelbez. für ein ehem. kriegerisches, relativ unabhängiges südamerikan. Indianervolk mit vielen Stämmen (u. a. *Aguaruna, Shuaru*) im trop. Regenwald am Ostabhang der Anden, im peruan.-ecuadorian. Grenzgebiet; rd. 50 000 Angehörige, bekannt durch seine Kopftrophäen (→ Tsantsa); Jäger, Sammler, Fischer; Anbau von Maniok u. Mais durch die Frauen.

Jivaro: Die Jivaro sind durch ihren Brauch, die Köpfe ihrer erschlagenen Feinde einzuschrumpfen, berühmt geworden

Jiyu-minshuto [dʒijuminʃuto], Liberaldemokratische Partei Japans (LDP); entstand 1955 aus dem Zusammenschluss der Liberalen Partei *(Jiyuto)* u. der Demokratischen Partei *(Minshuto)*, die ihrerseits aus Vereinigungen verschiedener konservativer polit. Gruppen hervorgegangen waren. Die J. wurde zur beherrschenden polit. Kraft Japans. Als Regierungspartei trug sie seit 1955 in enger Verflechtung mit Industrie u. Verwaltung entscheidend zum Aufstieg Japans zur globalen Wirtschaftsmacht bei. Das Sicherheitsbündnis mit den USA u. enge Beziehungen zum Westen bestimmen die außenpolit. Orientierung der Partei, die nach den Parlamentswahlen 1993 erstmals Oppositionspartei wurde. 1994 übernahm sie wieder Regierungsverantwortung. Die LDP umfasst verschiedene Interessengruppen, die als innerparteil. Fraktionen heftige Auseinandersetzungen miteinander führen.

Jizah ['dʒiza:], *Al Jizah,* Stadt in Ägypten, → Gizeh.

jj-Kopplung, eine Kopplung der Drehimpulse von Elektronen in der Atomhülle oder Nukleonen im Atomkern, die bei starker → Spin-Bahn-Kopplung auftritt. Bei der j. ergibt sich aus dem Bahndrehimpuls $\vec{l}$ u. dem Spin $\vec{s}$ jeden Teilchens der Gesamtdrehimpuls $\vec{j}: \vec{j} = \vec{l} + \vec{s}$. Aus dem Gesamtdrehimpuls der Einzelteilchen $\vec{j}_i$ ergibt sich durch vektorielle Addition der Gesamtdrehimpuls des Systems $\vec{j} = \sum_i \vec{j}_i$. Die j. zeichnet sich dadurch aus, dass weder eine Gesamtbahndrehimpulsquantenzahl L noch eine Gesamtspinquantenzahl S existiert. Auch → LS-Kopplung.

Jo [dʒo; das], japan. Längenmaß: 1 J. = 3,03 m.

Joab, israelit. Feldherr, Neffe des Königs David; wurde auf Geheiß Salomos umgebracht (1. Kön. 2,28–34).

Joachim [hebr., „Gott richtet auf"], männl. Vorname; Kurzformen *Achim, Jochen;* italienisch *Gioacchino*.

Joachim, Heiliger, Gemahl Annas, der Mutter Marias; nur in den Apokryphen des NT erwähnt. Fest: 26. 7.

Joachim, FÜRSTEN:
Brandenburg: **1. Joachim I. Nestor**, (wegen seiner gelehrten Bildung), Kurfürst 1499–1535, * 21. 2. 1484 Berlin, † 11. 7. 1535 Stendal; gründete 1506 die Universität Frankfurt (Oder); veranlasste mit der *Constitutio Joachimica* (1527) die Regelung des Erbrechts auf der Grundlage des röm. Rechts; sicherte sich im *Grimnitzer Vertrag* die Erbanwartschaft auf Pommern. Trotz seiner Neigungen blieb J. Gegner der Reformation; dadurch kam es zum Konflikt mit seiner lutherisch gesinnten Gemahlin *Elisabeth*, Tochter König Johanns I. von Dänemark, die 1528 aus Berlin floh.

2. Joachim II. Hektor, Sohn von 1), Kurfürst 1535–1571, *9. 1. 1505 Cölln an der Spree, †3. 1. 1571 Köpenick; erstrebte eine allgemeine „Konkordie" zwischen den Religionsparteien im Reich, nahm 1539 formal die ev. Lehre an u. führte 1540 eine neue Kirchenordnung ein. Im Schmalkaldischen Krieg trat J. auf die Seite des Kaisers Karl V. Erst 1550 kehrte er sich von den Habsburgern ab. 1555 setzte er sich, auch beeinflusst durch seinen Kanzler L. *Distelmeyer,* für den Augsburger Religionsfrieden ein. Geldnot u. Verschwendung zwangen ihn zu großen Zugeständnissen an die Landstände. Die Gesamtinteressen des Hauses Hohenzollern ließ er nicht außer Acht (Erbverbrüderung 1537 mit den schlesischen Herzögen u. 1569 Mitbelehnung mit Preußen).

3. Joachim Friedrich, Enkel von 2), Kurfürst 1598–1608, *27. 1. 1546, †18. 7. 1608 im Reisewagen zwischen Köpenick u. Berlin; 1566 Administrator des Erzstifts Magdeburg; ordnete die Landesverwaltung u. sicherte 1599 durch den *Geraischen Hausvertrag* die Bindung der brandenburgischen Annexe (Preußen, Pommern, die schlesischen u. rheinischen Gebiete) an Kurbrandenburg. Außerdem wurden die fränkischen Länder der Hohenzollern zur Sekundogenitur bestimmt. 1604 errichtete J. den *Geheimen Rat* als oberstes beratendes Kollegium. Seine Ehe mit *Eleonore* (*1583, †1607), Tochter des Herzogs Albrecht Friedrich von Preußen, verstärkte die Anwartschaft auf dieses Gebiet.

Brandenburg-Ansbach: **4. Joachim Ernst,** Markgraf 1603–1625, *22. 6. 1583 Cölln an der Spree, †7. 3. 1625 Ansbach; nahm 1604 u. 1607 am Freiheitskampf der Niederlande gegen Spanien teil u. ließ sich 1608 zum General der von ihm mitbegründeten prot. Union wählen. Trotz seines Eintretens für Friedrich V. von der Pfalz als König von Böhmen vermied er zunehmend eine Beteiligung der Union am aktiven Kriegsgeschehen u. löste sie 1621 auf.

◆ **Joachim,** Joseph, dt. Geigenvirtuose u. Komponist, *28. 6. 1831 Kittsee, Burgenland, †15. 8. 1907 Berlin; Wunderkind; kam über Leipzig, Hannover u. Weimar nach Berlin, dort 1868 Direktor der neugegründeten Hochschule für Musik. Bedeutender Beethoven- u. Brahms-Interpret; 1869–1907 Leiter eines Streichquartetts. Hrsg. einer Violinschule (1905), Ausbilder einer Generation von Geigern; komponierte Violinwerke.

Joachimico [dʒɔa'kimikɔ] → Joachimstaler.
Joachimik [ʒɔ'akimik] → Joachimstaler.
Joachim-Jungius-Gesellschaft der Wissenschaften e. V., Hamburg, gegr. 1947, benannt nach J. *Jungius;* fördert Forschungsarbeiten, veranstaltet Tagungen u. unterstützt die Veröffentlichung wissenschaftl. Ergebnisse.
Joachimstaler, der seit 1520 von den Grafen *Schlick* in Sankt Joachimstal (Böhmen) in großen Mengen aus Bergsilber geprägte Taler (27 g), der bald zum Vorbild für alle Talerprägungen wurde u. dem Taler den Namen gab; der J. trug auf der Vorderseite das Bild des hl. Joachim mit dem Schlick-

Joseph Joachim: das Joachim-Quartett mit Joseph Joachim (1. Violine), Carl Halir (2. Violine), Emanuel Wirth (Viola) und Robert Hausmann (Violoncello). Radierung von F. Schmutzler; 1905

schen Wappen u. auf der Rückseite den böhmischen Löwen; 1528 endete die Prägung des Schlickschen Joachimstalers. Der Name hatte Auswirkungen auf die Bez. ähnlicher Talermünzen in anderen Ländern; so gibt es in Polen den *Joachimik,* in Italien den *Joachimico,* in Frankreich den *Jacondale* u. in Russland den *Jefimok.*
Joachimsthal, Stadt in Brandenburg, Ldkrs. Barnim, in der Schorfheide, 3200 Ew.; Erholungsort; Holz- u. keram. Industrie. – Hier wurde 1607 das Joachimsthal'sche Gymnasium gegr. (Fürstenschule, 1650 nach Berlin, 1912 nach Templin verlegt).
Joachim von Fiore, *Gioacchino da Fiore, Joachim von Floris,* italien. Mystiker u. Theologe, *um 1135 Celico bei Cosenza, †20. 3. 1202 Fiore, Kalabrien; Gründer der benediktin. Kongregation der *Floriazenser,* strenger Asket. J. v. F. erwartete für spätestens 1260 das Ende der Klerikerkirche u. den Anbruch eines mönchischen „Zeitalters des Hl. Geistes" mit einer in Armut lebenden Kirche als „Drittes Reich" nach den Zeitaltern des Vaters u. des Sohnes. Seine Lehre, derentwegen J. v. F. 1215 verurteilt wurde, galt seinen Anhängern als „Ewiges Evangelium"; sie wurde später u. a. von G. E. Lessing, F. W. von Schelling u. G. W. F. Hegel u. von der anthroposoph. Christengemeinschaft wieder aufgegriffen u. lebte weiter als Idee vom „Dritten Rom" bzw. vom „Dritten Reich".
Joan [dʒɔʊn], engl. für → Johanna.
Joanneum, steirisches Landesmuseum, Graz, 1811 von Erzherzog *Johann* gestiftet mit zahlreichen Abteilungen, u. a. Landeszeughaus, Kunsthistor. Museum, Neue Galerie, Schloss Eggenburg, Steir. Volkskundemuseum.
João [ʒu'ãʊ], Könige von Portugal, siehe Johann (31, 32, 33).

João Pessoa [ʒuau pɛ'soa], bis 1930 *Paraíba,* Hptst. des brasilian. Staats *Paraíba,* an der Mündung des Rio Paraíba, 497 000 Ew.; Universität (gegr. 1955); Papier-, Textil- u. chem. Industrie, Zigarrenfabrikation, Buntmetallverhüttung; Hafen *Cabedelo* am Cabo Branco, Flughafen. – 1585 als *Philippéa* von einem Deutschen gegründet.
Job [dʒɔb; der; engl.], ursprüngl: Gelegenheitsarbeit; heute in der Umgangssprache gebrauchte Bez. für die Arbeitsstelle.
Job [lat.] → Ijob.
Jobber ['dʒɔbə; engl.], Wertpapierhändler u. Mitgl. einer Börse, das nur in eigenem Namen Geschäfte abschließen darf (Gegensatz: *Broker*) u. daher nicht direkt mit dem Publikum handelt; i. w. S. skrupelloser Spekulant.
Jobeljahr [hebr. *jowel,* „Widderhorn"], *Jubeljahr, Erlassjahr,* 50. Jahr nach 7 × 7 Jahren (7 Sabbatjahren), in dem nach 3. Mose 25,8 ff. das Widderhorn geblasen u. eine Sklavenfreilassung sowie eine Wiederherstellung der alten Familien-Grundbesitzverhältnisse (ein Schuldenerlass) ausgerufen werden soll. Später auch Symbol endzeitl. Erlösung.
Jobim, Antonio Carlos, brasilian. Bossa-Nova- u. Jazzkomponist u. -musiker (Gitarre, Piano, Gesang), *25. 1. 1927 Rio de Janeiro, †8. 12. 1994 New York; einer der erfolgreichsten Komponisten des Jazz des 20. Jh. Seine Welthits „The Girl from Ipanema", „One Note Samba", „Corcovado" u. viele andere sind dem Genre Bossa Nova zuzuschreiben u. wurden von unzähligen Jazz- u. Popmusikern interpretiert.
Job Reservation ['dʒɔb rezə'veiʃən; engl.], ein Begriff der südafrikan. Gesetzgebung, nach der qualifizierte Arbeitsplätze den Weißen vorbehalten waren; in der Praxis teilweise durch Bedürfnisse der südafrikan. Wirtschaft, seit der Verfassungsreform 1994 auch rechtlich aufgehoben.

Jobs [dʒɔbs], Steve, US-amerikan. Unternehmer, *24. 2. 1955 Mountain View, Calif.; Mitbegründer des Computerherstellers *Apple*; entwickelte zusammen mit Steve *Wozniak* den ersten → Personalcomputer. Nach der Trennung von Apple im Jahre 1985 kehrte er 1997 auf Bitten des Aufsichtsrates in das Unternehmen zurück u. führte Apple nach kompletter Umstrukturierung innerhalb kurzer Zeit wieder auf Erfolgskurs.

Jobsharing ['dʒɔb ʃɛːriŋ; das; engl.], eine besondere Art der *Teilzeitarbeit* durch Aufteilung eines Arbeitsplatzes auf zwei (oder mehr) Personen in der Weise, dass diese Personen die Arbeitszeiten u. die gegenseitige Vertretung bei Urlaub u. Krankheit eigenverantwortlich untereinander regeln.

Jobst, männl. Vorname, vermischt aus *Jost* (→ *Jodokus*) u. *Job*, hebr. *Hiob (Ijob),* „Angreifer".

Jobst, (Jost, Jodocus) von Mähren, Markgraf von Mähren (1375), 1410/11 dt. König, *1354, †18. 1. 1411 Brünn; Luxemburger, seit 1388 Pfandschaftsbesitzer des Herzogtums Luxemburg u. der Mark Brandenburg; 1410 von der Mehrheit der Kurfürsten gegen seinen Vetter *Sigismund* zum dt. König gewählt; vor Annahme der Wahl gestorben, möglicherweise durch Gift.

JOC, Abk. für → Jeunesse Ouvrière Chrétienne.

Joch, ◆ **1.** *Baukunst:* frz. *Travée,* in Schiffen einer mittelalterl. Kirche oder der Halle eines Profanbaus quadrat. oder rechteckiges, in Chorumgängen trapezförmiges oder dreiseitiges Raumkompartiment. An den Ecken eines Jochs befinden sich die Pfeiler oder Säulen bzw. in den Seitenschiffen die Wandvorlagen. Diesem Raumausschnitt entspricht eine Gewölbeeinheit bzw. beim Tonnengewölbe ein Gewölbeabschnitt. Innerhalb eines Schiffs wird das J. von den benachbarten Jochen durch Gurte getrennt. Die breiten Gurte u. kuppligen Gewölbe geben dem J. in roman. u. frühgot. Gewölbebauten (Dom in Münster [Westf.]) den Charakter eines in sich geschlossenen Raumes, der in got. u. spätgot. Kirchen aufgegeben wird.
2. *Geographie:* bes. in den Alpen Einsattelung eines Gebirgskamms; → Pass.
3. *Maße: Juck, Juchart,* früher Flächenmaß für Felder, ursprüngl. abgeleitet vom Ochsengeschirr; Größe eines Landstücks, das ein Ochsengespann an einem Tag umpflügen kann; in Württemberg (= 33,09 a), Österreich (= 57,55 a), auch in Ungarn (= 43,16 a).
4. *Viehzucht:* breiter, offener, gepolsterter Bügel als vorderer Teil des Jochgeschirrs für Rindvieh.

Jochalgen, *Konjugaten, Conjugatophyceae* oder *Conjugales,* fast völlig an Süßwasser gebundene Grünalgengruppe (ca. 5000 Arten) ohne begeißelte Stadien. Die Chloroplasten sind plattenförmig, schraubigbandförmig oder sternförmig. Man unterscheidet drei Untergruppen: 1. die einzelligen *Mesotaeniales* mit geschlossener Zellwand; 2. die einzelligen oder kettenbildenden *Desmidiales* (Zier- oder Schmuckalgen), bei denen die Zelle aus zwei formgleichen Halbzellen von oft bizarr ornamentierter Gestalt besteht (Zellwand aus zwei symmetrischen Hälften); 3. die fädigen *Zygnemales,* wozu die Schraubenalge *Spirogyra* gehört. Zur geschlechtlichen Fortpflanzung wandeln sich normale Zellen direkt in Geschlechtszellen um u. verschmelzen nach Verlassen der Zellwände oder (bei den Zygnemales) nach Verbindung durch einen „jochartigen" Kopulationskanal. Vorkommen besonders in humusreichen bzw. moorigen Gewässern, auch im Plankton. Auch → Grünalgen.

Jochbein, *Wangenbein, Jugale, Os zygomaticum,* paariger Gesichtsknochen von Säugetieren u. Mensch, der als Schlussstein des Jochbogens fest mit Schläfenbein, Oberkiefer u. Keilbein (Felsenbein) verbunden ist; bildet beim Menschen die obere Begrenzung der Wange.

Jochblattgewächse, *Zygophyllaceae,* Familie der *Gruinales;* zu den Jochblattgewächsen gehören *Salpeterstrauch, Burzeldorn, Steppenraute* u. a. Es gibt ca. 30 Gattungen mit 250 Arten in den Subtropen bis Tropen aller Erdteile. Viele sind extreme Trocken- *(Xerophyten)* oder Salzpflanzen *(Halophyten).*

Jochbogen, knöcherner Bogen des Gesichtsschädels der Säugetiere, der vom Oberkiefer, Schläfenbein u. Keilbein mit Hilfe des Jochbeins gebildet wird; beim Menschen wenig ausladend (großes Gehirn), bei Affen, bes. bei den Männchen, stark ausgebildet (starke Kauwerkzeuge).

Jochen, Kurzform von → Joachim.

Jochenstein, Ort an der Donau südöstl. von Passau; hier wurde an der österr. Grenze in dt.-österr. Gemeinschaftsarbeit durch Stauung der Donau ein großes Wasserkraftwerk mit Schleusenanlagen gebaut; 1955/56 in Betrieb genommen; Gesamtjahresleistung 940 Mio. kWh.

Jocher, Wilhelm, bayer. Rat, *15. 11. 1565 Mauterndorf bei Salzburg, †3. 5. 1636 München; Berater Maximilians I. von Bayern bei der Rechtskodifikation u. in auswärtigen Angelegenheiten; Gegenspieler von L. *Camerarius* im → Kanzleienstreit;

festigte als Diplomat die Beziehungen Bayerns zu Frankreich.

Jocho [joːtʃoː], japan. Bildhauer, †2. 9. 1057 Kyoto; größter japan. Plastiker neben *Unkei,* gründete das *Shichijo-Bussho,* eine Bauhütte im Shichijo-Bezirk in Kyoto, der die bedeutendsten Bildschnitzer angehörten. J. entwickelte die Kunst, selbst Kolossalstatuen aus einzelnen Blöcken oder Platten zusammenzusetzen; er wurde stilbestimmend für die jüngere buddhist. Plastik. J. erhielt als erster japan. Künstler den Ehrentitel „Hokkyo". Werke: Amida des Ho-odo, des Hokei-ji, der mittlere Amida des Joruiji, alle in der Nähe Kyotos.

◆ **Jochum,** Eugen, dt. Dirigent, *1. 11. 1902 Babenhausen, †26. 3. 1987 München; tätig u. a. in Duisburg u. Berlin, 1934–1949 in Hamburg, bis 1959 in München, seit 1959 Leiter des Concertgebouw-Orkest Amsterdam, 1971–1973 Chefdirigent der Bamberger Symphoniker; gehörte zu den hervorragenden Bruckner-Interpreten.

Eugen Jochum

Jocistes [ʒɔ'sist; frz. nach der Abk. *JOC],* Mitglieder der *Jeunesse Ouvrière Chrétienne.*

Jockey ['dʒɔki; engl.], *Jockei,* Berufsrennreiter, meist spezialisiert auf Flach-, Hindernis- oder Trabrennen; entweder bei einem Rennstall fest engagiert *(Stalljockey)* oder aufgrund freier Vereinbarung tätig. Jockeys müssen eine Lizenz der Rennbehörde haben (→ Pferdewirt).

Jockgrim, Gemeinde in Rheinland-Pfalz, Ldkrs. Germersheim, 6500 Ew.

Jod, *Jod...,* fachsprachlich → Iod bzw. Iod...

Jodausschlag, Hautausschläge verschiedener Art u. Ausbreitung, die bei Jod-Überempfindlichkeit nach Jod-Anwendung auftreten können; bes. häufig sind Hautentzündungen *(Joddermatitis),* Hautrötungen u. Quaddeln, Hautödeme, Jodakne u. a. Zur Vorbeugung wird die Jod-Verträglichkeit vor der Anwendung getestet.

Jodbäder, jodhaltige Quellen, die für Bade- u. Trinkkuren verwandt werden, enthalten mindestens 1 mg Jod pro Liter Wasser; Anwendung z. B. bei rheumatischen Leiden u. Arteriosklerose.

Jöde, Fritz, dt. Musikpädagoge, *2. 8. 1887 Hamburg, †19. 10. 1970 Hamburg; wirkte

Joch (1): Jochbildung der Arkadenbögen

u. a. in Berlin (Hochschule für Musik) u. in Hamburg; Führer der Jugendmusikbewegung (Musikantengilde, Volksmusikschulen), suchte durch Einführung der „Offenen Singstunden" die Volksliedbewegung zu fördern. Er gab die Liedersammlungen „Der Musikant", „Altdeutsches Liederbuch", „Frau Musica", „Der Kanon" u. a. heraus, schrieb eine Analyse der Inventionen von J. S. Bach („Die Kunst Bachs" 1926) sowie „Vom Wesen u. Werden der Jugendmusik" 1954 u. vertonte Lieder von H. Löns („Der Rosengarten").

Jodelle [ʒɔ'dɛl], Etienne, französischer Schriftsteller, *1532 Paris, † Juli 1573 Paris; gehörte zum Kreis der *Plejade*, schrieb (nach antikem Muster) die erste klass. französ. Tragödie „Cléopâtre captive" 1552/53.

Jodeln, volkstümliches textloses Singen; eine hauptsächl. in den Alpenländern (Schweiz, Tirol) gepflegte Singmanier, für die das häufige Überschlagen aus dem Brust- in das Kopfregister (Fistelstimme) charakteristisch ist.

◆ **Jodhpur** ['dʒod-], *Marwar,* ind. Stadt in Rajasthan, am Südostrand der Wüste Thar, Hptst. des ehem. Rajputenfürstenstaates J., 649 000 Ew.; Stadtmauer, Felsenfestung mit Palästen, Hindutempel; Handelszentrum für Agrarerzeugnisse; altes Kunsthandwerk, Textil- u. Metallindustrie; Verkehrsknotenpunkt, Flughafen. – Gegr. 1359.

Jodl, 1. Alfred, Neffe von 2), dt. Offizier (1944 Generaloberst), *10. 5. 1890 Würzburg, †16. 10. 1946 Nürnberg (hingerichtet); 1939–1945 Chef des Wehrmachtsführungsstabes im OKW; unterzeichnete am 7. 5. 1945 die Gesamtkapitulation der Wehrmacht in Reims; im 1. Nürnberger Prozeß als Kriegsverbrecher zum Tod verurteilt.
2. Friedrich, dt. Philosoph u. Psychologe, *23. 8. 1849 München †26. 1. 1914 Wien; Prof. in Prag (seit 1885) u. Wien (seit 1896); Positivist, Anhänger L. *Feuerbachs;* Gegner des Idealismus, vertrat einen naturalistischen Monismus u. einen erkenntnistheoretischen kritischen Realismus sowie eine humane Ethik. Hptw.: „Geschichte der Ethik in der neueren Philosophie" 2 Bde. 1882–1889.

Jodoform [das; grch. + lat.], Trivialbez. für die chem. Verbindung Triiodmethan (CHI₃), die früher in der Medizin zur Wunddesinfektion verwendet wurde.

Jodok, Heiliger, lebte im 7. Jh. Nach der Legende war er ein breton. Fürstensohn, dann Pilger u. Einsiedler in Nordfrankreich, wo die spätere Abtei St. Josse-sur-Mer entstand. Als Pilger- u. Pestpatron ist er ein vielverehrter Volksheiliger. Fest: 13. 12.

Jodokus [kelt. *judācos,* „geeignet zum Kampf, Krieger", *Jodocus,* Name eines kath. Heiligen, auch männl. Vorname; Kurzform *Jost.*

Jodo-shin-shu ['dʒoː-; jap., „Wahre Sekte des Reinen Landes"], *Schin-shu,* 1224 gegr. von *Schinran* (*1173, †1262), dem Schüler Honen Schonins (→ Genku), der das Jodoschu (Sekte des Reinen Landes) stiftete. Die Lehre des J. ist eine Weiterentwicklung des → Jodo-shu.

Jodo-shu ['dʒoː-; jap.], von → Genku gegr. japan. buddhist. Gemeinschaft. Ihre Lehre

Jodhpur: Der prächtige Umaid-Bhavan-Palast ist heute ein Luxushotel

verheißt das Heil im westl. Paradies oder „Reinen Land" *(Sukhavati)* durch bedingungsloses gläubiges Vertrauen auf den Buddha → Amitabha (japan. Amida).

Jodtinktur, *Tinctura Iodi,* 5- oder 10 %-ige alkoholische Jodlösung oder Lösung von 3 % Iod, 7 % Kaliumiodid u. 90 % Alkohol; äußerl. Anwendung zur Desinfektion kleinerer Wunden u. zur Behandlung von Schwellungen, Entzündungen u. Ä.; kann zu Überempfindlichkeitserscheinungen u. Schilddrüsenüberfunktion führen, daher heute kaum noch verwendet.

Joedicke, Jürgen, dt. Bauhistoriker u. Architekt, *2. 6. 1925 Erfurt; war Prof. in Stuttgart, befaßt sich vorwiegend mit Architekturtheorie, Entwurfmethodik u. Geschichte der modernen Architektur. Werke: „Geschichte der modernen Architektur" 1958; „Architektur u. Städtebau" 1963; „Angewandte Entwurfsmethodik" 1975. Veröffentlichungen in zahlreichen in- u. ausländischen Fachzeitschriften.

Joel [hebr.], einer der zwölf sog. kleinen Propheten des AT. Das *Buch J.,* im 5. oder 4.

Jh. v. Chr. vielleicht schon vor dem Babylon. Exil entstanden, enthält die Ankündigung von Naturkatastrophen („Tag Jahwes", Kap. 1–2), der Geistausgießung (Kap. 3) u. des Gerichts über die Heidenvölker; dagegen steht die Verkündung des Heils für Jerusalem u. Juda (Kap. 4).

Joel, Karl, dt. Philosoph, *27. 3. 1864 Hirschberg, Schlesien, †23. 7. 1934 Walenstadt, Kanton St. Gallen; Prof. in Basel. Aus neuromant. Sicht schrieb J. mit „Wandlungen der Weltanschauung" 1928–1934 eine dt. Geistesgeschichte seit der Aufklärung. Werke: „Seele und Welt" 1912; „Geschichte der antiken Philosophie" 1921.

Joensuu, Hptst. der ostfinn. Prov. (Lääni) Pohjois-Karjala (Nordkarelien), am Pielisjoki, 49 200 Ew.; Universität; Geschichtsmuseum, Bibliothek, Rundfunksender; Holzverarbeitung u. Holzhandel; Bahnknotenpunkt. – 1848 gegründet.

◆ **Joest van Kalkar** [joːst], Jan, niederrhein.-niederländ. Maler, *um 1460 Wesel, †1519 Haarlem; dort seit 1509 tätig; schuf Altarbilder mit einem stark ausgeprägten Sinn

Joest van Kalkar: Altarbild in der Kathedrale von Palencia

für Porträt, Genre u. Landschaft, gehörte der holländ. Schule an. Wahrscheinl. waren B. *Bruyn* d. Ä. u. J. van *Cleve* seine Schüler. Hptw.: Flügelaltar mit 20 Szenen der hl. Geschichte 1505–1508, Kalkar, Nicolaikirche; Johannesaltar um 1505, Palencia (Spanien), Kathedrale.

Jœuf [ʒœf], Industriestadt in Lothringen, im Dép. Meurthe-et-Moselle (Frankreich), an der Orne, 7900 Ew.; Erzgruben, Eisen- u. Stahlindustrie.

Joffe, 1. *Joffé, Ioffe,* Abram Fjodorowitsch, russ. Physiker, * 29. 10. 1880 Romny, Ukraine, † 14. 10. 1960 Leningrad; arbeitete über die physikal. Eigenschaften von Kristallen u. Dielektrika, vor allem Halbleitern. Der nach ihm benannte *Joffe-Effekt* betrifft das Verhalten von Kristallen, die mechan. beansprucht werden u. gleichzeitig unter Einwirkung eines Lösungsmittels stehen (z. B. Steinsalzkristalle u. Lösungsmittel Wasser); Festigkeit u. Plastizität der Kristalle sind dabei bedeutend verändert. – 2. Adolf Abramowitsch, sowjet. Politiker, * 22. 10. 1883 Simferopol, † 17. 11. 1927 Moskau (Selbstmord); 1917 Leiter der sowjet. Waffenstillstandsdelegation, an den Friedensverhandlungen in Brest-Litowsk beteiligt, 1918 Botschafter in Berlin; 1923 Gesandter in China, dann Botschafter in Wien u. anschließend in Tokyo; war ein Freund Trotzkijs u. Mitglied der trotzkist. Opposition gegen Stalin, wurde mit dieser 1926/27 politisch ausgeschaltet.

Joffre [ʒɔfr], Joseph Jacques Césaire, Marschall von Frankreich (1916), * 12. 1. 1852 Rives-Altes, Pyrenäen, † 3. 1. 1931 Paris; 1911 Generalstabschef, im 1. Weltkrieg 1915/16 franzöz. Oberbefehlshaber. Es gelang J., den dt. Angriff in den Marneschlachten aufzuhalten; damit leitete er den Stellungskrieg ein. Wegen der gescheiterten Somme-Offensive wurde er 1916 durch Georges *Nivelle* ersetzt.

Joga [ˈjoːga] → Yoga.

Jogasses [ʒoˈgas], regional begrenzte Kultur der älteren Eisenzeit in der Champagne, benannt nach dem Gräberfeld in *Les Yogasses à Chouilly* bei Épernay, Dép. Marne.

Jogging [ˈdʒɔgiŋ; engl., „traben“], ein Gesundheitslauf im Trabtempo (1 km in rd. 8 min) zur Regulierung u. Optimierung von Blutdruck, Atem- u. Stoffwechselfunktionen; der Puls soll am Ende des Laufes 180 minus Lebensalter des Ausübenden betragen. J. wird einzeln oder im Rahmen von Trimmaktionen bzw. Volksläufen betrieben.

Joghurt [ˈjoːgurt; der oder das; türk.], *Jogurt,* leicht verdaul. Sauermilchprodukt. Entkeimte Vollmilch wird bei 40–45 °C mit Joghurt-Reinkulturen (Gemisch aus Lactobazillen u. Streptokokken) in Dickmilch verwandelt. J. wirkt verdauungsfördernd u. regulierend auf die Darmflora, wird in vier Fettgehaltsstufen von 0,3 bis 10 % hergestellt.

Jogiches, Leo, Pseudonym *Tyszka,* dt. Revolutionär russ. Herkunft, * 17. 7. 1867 Wilna Vilnius, † 10. 3. 1919 Berlin (ermordet); langjähriger Lebensgefährte von R. *Luxemburg;* betätigte sich in der poln.–russ. Arbeiterbewegung, seit 1914 in der linken

Opposition innerhalb der SPD; 1918 Mitbegründer der KPD.

Joglland, österr. waldreiche Mittelgebirgslandschaft in der nordöstl. Steiermark, Hauptort St. Jakob im Walde; Fremdenverkehr.

Jogyakarta [dʒɔgdʒa-], indones. Stadt, → Yogyakarta.

Johann [auch joˈhan], männl. Vorname, Kurzform von → Johannes.

Johann, Fürsten:

Äthiopien: **1. Johannes IV.,** eigentl. Ras *Kasa* von Tigre, Negus (Kaiser) 1872–1889, * um 1832, † 10. (?) 3. 1889 bei Metemmeh; knüpfte Beziehungen zu England, setzte den späteren Kaiser Menelik II. als Erben ein, fiel im Krieg gegen den Mahdi.

Böhmen: **2. Johann von Luxemburg,** König von Böhmen 1310–1346, * 10. 8. 1296, † 26. 8. 1346 Crécy; Sohn Kaiser Heinrichs VII.; 1310 mit Böhmen belehnt, erhob als Schwiegersohn des Přemysliden Wenzel II. Anspruch auf die poln. Krone, erhielt 1335 das Herzogtum Breslau u. die Lehnshoheit über andere schles. Fürstentümer sowie Masowien. Im Kampf um Pommerellen unterstützte er den Dt. Orden gegen Polen. Tirol ging ihm bei der Vertreibung seines Sohnes, der mit der Erbin Tirols, *Margarete Maultasch,* verheiratet war, 1341 an die Wittelsbacher verloren; darauf überwarf er sich mit Kaiser Ludwig dem Bayern, stellte sich auf die Seite Frankreichs u. der Kurie u. hoffte dadurch die Königswahl seines Sohnes, Karls IV., durchzusetzen. Er fiel bei Crécy in der Schlacht gegen die Engländer auf Seiten der Franzosen.

Brandenburg: **3. Johann Cicero,** Kurfürst 1486–1499, * 2. 8. 1455 Ansbach, † 9. 1. 1499 Arneburg; folgte seinem Vater Albrecht Achilles in der Regierung der Kurmark, wobei er sich auf ein friedliches Regiment im Innern mit Festigung des Landes u. Steigerung der Wohlfahrt beschränkte. Die Lösung der Lehnsabhängigkeit Pommerns von Brandenburg musste er zugestehen. – Der Beiname „Cicero“ ist spätere gelehrte Erfindung.

4. Hans von Küstrin, Markgraf, * 3. 8. 1513 Tangermünde, † 13. 1. 1571 Küstrin; regierte als Bruder Kurfürst Joachims II. selbständig in der Neumark, wo er die wirtschaftl. Verhältnisse ordnete u. die Reformation schon 1538 einführte. Als Mitglied des Schmalkaldischen Bundes u. der Opposition gegen Karl V. vertrat J. streng defensive Ziele u. beteiligte sich deshalb nicht an der *Fürstenverschwörung* gegen den Kaiser.

5. Johann Georg, Kurfürst 1571–1598, * 11. 9. 1525 Cölln an der Spree, † 18. 1. 1598 Cölln; vereinigte nach dem Tode Joachims II. u. Johanns (von Küstrin) Kurbrandenburg u. die Neumark wieder in einer Hand, ordnete die finanziellen u. wirtschaftl. Verhältnisse, festigte durch geschickte Heiratspolitik die Verbindungen zu Preußen u. Jülich-Kleve. In streng lutherischer Einstellung schloss er 1591 ein Bündnis mit Kursachsen, trat aber nie als Gegner des Kaisers auf. In seine Regierungszeit fällt 1574 die Gründung des „Grauen Klosters“ als Landesschule in Berlin.

Johann Sigismund, Kurfürst von Brandenburg

6. Johann Sigismund, Kurfürst 1608–1619, * 8. 11. 1572 Halle, † 23. 12. 1619 (2. 1. 1620 n. St.) Berlin; Sohn des Kurfürsten *Joachim Friedrich;* studierte in Straßburg; heiratete *Anna* (* 1576, † 1625), die älteste Tochter des letzten Herzogs von Preußen, *Albrecht Friedrich,* u. erwarb durch diese Heirat Preußen. Erbansprüche auf Jülich, Kleve u. Berg wurden 1614 im Xantener Vertrag mit Pfalz-Neuburg geregelt, indem J. Kleve, Mark u. Ravensberg erhielt. J. trat 1613 zum reform. Glauben über u. wurde deshalb von der luth. Kirche, aber auch von den Ständen hart angegriffen, obwohl er den luth. Bekenntnisstand – ein Novum in der Geschichte – in Geltung ließ.

Burgund: **7. Johann ohne Furcht, Jean sans Peur,** Herzog 1404–1419, * 28. 5. 1371 Dijon, † 10. 9. 1419 Montereau (ermordet); Sohn Philipps des Kühnen; Teilnehmer des ungarischen Feldzugs gegen die Türken. In Frankreich Gegner Ludwigs von Orléans, den er 1407 ermorden ließ. Er u. seine Anhänger (Burgunder, Bourguignons) kämpften im Hundertjährigen Krieg gegen die Orléans-Parteigänger (Armagnacs) u. unterstützten die Engländer gegen die französische Krone. J. wurde bei einer zur Aussöhnung anberaumten Besprechung mit dem Dauphin Karl (VII.) von dessen Begleitern ermordet.

Byzanz: **8. Johannes I. Tzimiskes,** Kaiser 969–976, armen. Abstammung; ermordete seinen Vorgänger Nikephoros II. Phokas unter Beihilfe von dessen Gemahlin Theophano; genialer Feldherr, besiegte den russ. Großfürsten Swjatoslaw, eroberte Teile Bulgariens u. Syriens, verheiratete seine Nichte Theophano mit dem röm.-dt. Kaiser Otto II.

9. Johannes II. Komnenos, Kaiser 1118–1143, * 1088, † 8. 4. 1143 Tauros; setzte die von Alexios I. eingeleitete Erneuerung der byzantin. Macht mit großem Erfolg fort, kämpfte erfolgreich auf dem Balkan (gegen Petschenegen u. Ungarn) u. in Kleinasien (gegen Seldschuken).

10. Johannes VI. Kantakuzenos, Kaiser 1341–1354, *um 1293, †15. 6. 1383 Mistra; zunächst Feldherr u. Staatsmann im Dienst der byzantin. Kaiser, verdrängte den Thronfolger u. ließ sich selbst zum Kaiser proklamieren. Den darauf ausbrechenden Bürgerkrieg gewann J. mit türk. Unterstützung. Nach erzwungener Abdankung wurde er Mönch.

11. Johannes VIII. Palaiologos, Kaiser 1425–1448, *um 1392, †31. 10. 1448; suchte vergebens den Untergang des Reichs durch die Kirchenunion mit Rom (Konzil von Ferrara/Florenz 1438/39) aufzuhalten.

Dänemark: **12. Johann I., Hans,** König 1481–1513, in Norwegen u. Schweden seit 1483, in Schweden als *J. II.,* *5. 6. 1455 Ålborg, †20. 2. 1513 Ålborg; besiegte 1497 den schwed. Reichsverweser Sten Sture, wurde 1500 bei Hemmingstedt von den Dithmarschern geschlagen u. verlor 1501 Schweden wieder.

England: ◆ **13. Johann ohne Land, John Lackland, Johann I.,** König 1199–1216, *24. 12. 1167 Oxford, †19. 10. 1216 Schloss Newark, Nottinghamshire; versuchte 1193 vergeblich im Bund mit Philipp II. August von Frankreich, seinem Bruder Richard Löwenherz während dessen Abwesenheit auf dem Kreuzzug den Thron zu rauben. Als er nach dem Tod Richards die Königswürde erwarb, wurde er von seinem früheren franzöz. Verbündeten nicht anerkannt, der ihn aufgrund seines franzöz. Besitzes vor ein Lehnsgericht zog u. verurteilen ließ; der Papst exkommunizierte J. 1209 u. setzte ihn ab. Durch die Niederlage von *Bouvines* 1214 verlor J. den engl. Besitz in Frankreich nördl. der Loire endgültig. Er musste 1215 den engl. Baronen die *Magna Charta* gewähren, ließ sie aber durch den Papst für nichtig erklären.

14. Johann von Gent, John of Gaunt, Herzog von Lancaster 1362–1399, Graf von Richmond seit 1342, Sohn Edwards III., *März 1340 Gent, †3. 2. 1399 London; erbte 1362 über seine erste Frau das Herzogtum Lancaster u. kämpfte zusammen mit seinem Bruder *Eduard, dem Schwarzen Prinzen,* für Peter I. den Grausamen von Kastilien, dessen Tochter Konstanze er heiratete, wodurch J. Anspruch auf den kastil. Thron erhielt (erfolgloser Feldzug 1386 bis 1388). 1371/72 führte J. als Statthalter von Aquitanien auf eigene Kosten Krieg gegen Frankreich; Johanns Reichtum u. polit. Geschick sicherten ihm trotz militär. Niederlagen (Frankreichfeldzug 1373, Angriff auf St.-Malo 1378, Feldzug gegen die Schotten 1384) großen Einfluss auf die engl. Könige Eduard III. u. Richard II.

15. John von Lancaster, Herzog von Bedford 1414–1435, *20. 6. 1389, †11. 9. 1435 Rouen; Statthalter in England während des Frankreichfeldzugs seines Bruders Heinrich V., nach dessen Tod 1422 Regent von Frankreich u. der Normandie; verbündete sich mit Philipp dem Guten von Burgund u. siegte bei Verneuil 1424, doch machte das Auftreten der Jungfrau von Orléans seine Erfolge zunichte.

Frankreich: **16. Johann II., Johann der Gute, Jean le Bon,** König 1350–1364, *16. 4. 1319 Schloss Gué de Maului bei Le Mans, †8. 4. 1364 London; in hohem Maße schuldig an dem vor allem durch Kriege u. Verschwendung ausgelösten wirtschaftl. Verfall Frankreichs im 14. Jh. Vom Schwarzen Prinzen bei Maupertuis 1356 geschlagen u. gefangen genommen, durch den Frieden von Bretigny befreit, kehrte er freiwillig in die Gefangenschaft zurück, weil das Lösegeld nicht aufgebracht wurde, u. starb in der Haft. Er verlieh seinem Sohn Philipp (dem Kühnen) das Herzogtum Burgund u. begründete damit das neuburgund. Herzogshaus.

Jerusalem: **17. Johann von Brienne,** *um 1148, †23. 3. 1237 Konstantinopel; seit 1192 Graf von Brienne; wurde 1210 durch seine Ehe mit *Maria von Montferrat* (†1212), der Erbin von Jerusalem-Akko, König des Kreuzfahrerstaates, den er vor allem im 5. Kreuzzug verteidigte. Seine Hilfsgesuche im Abendland führten zur Ehe seiner Tochter *Isabella-Jolanthe* (†1228) mit Kaiser Friedrich II., an den J. trotz gegenteiliger Verträge 1229 die Königswürde verlor. J. befehligte dann einen päpstl. Kriegszug gegen Friedrich in Süditalien, wurde aber schon 1229 nach Konstantinopel berufen, um für den minderjährigen Kaiser Balduin II., der ebenfalls sein Schwiegersohn wurde, als Mitkaiser die Regentschaft im latein. Kaisertum (1231–1237) zu führen.

Luxemburg: **18.** → Jean, Großherzog von Luxemburg.

Mainz: **19. Johann II. von Nassau,** Kurfürst u. Erzbischof von Mainz 1397–1419, *um 1360, †23. 9. 1419 Aschaffenburg; betrieb mit den anderen rhein. Kurfürsten 1400 König Wenzels Absetzung u. die Wahl Ruprechts von der Pfalz; gründete den *Marbacher Bund* (1405) gegen Ruprecht, der nach anfängl. Ausgleich den von Frankreich unterstützten J. bekämpfen musste. J. stimmte nach Ruprechts Tod zunächst für Jobst von Mähren, einigte sich aber 1411 mit Sigismund; auf dem Konstanzer Konzil verteidigte er erfolglos den Gegenpapst Johannes (XXIII.).

Mecklenburg: **20. Johann Albrecht,** Herzog 1547–1576, *23. 12. 1525 Schwerin, †12. 2. 1576 Schwerin; nahm als Parteigänger Moritz' von Sachsen an der *Fürstenverschwörung* gegen Kaiser *Karl V.* teil u. stimmte als Gegenleistung für franzöz. Subsidien der Abtretung von Metz, Toul, Verdun u. Cambrai an Frankreich zu. Innenpolitisch durch Erbstreitigkeiten behindert, versuchte er über seinen jüngeren Bruder Christian Einfluss in Livland zu gewinnen.

Nassau-Siegen: **21. Johann VII.,** Graf 1606–1623, *7. 6. 1561 Siegen, †7. 10. 1623 Siegen; Heeresreformer u. Wegbereiter einer neuen Kriegstaktik; wurde als oberster Feldherr durch den schwed. Reichsrat an den Hof Karls IX. von Schweden gerufen u. bildete das dortige Heer zum modernsten Europas aus (Erfolge im Nord. Krieg, Lehrer Gustavs II. Adolf).

22. Johann Moritz, „der Brasilianer" oder „Amerikaner", Graf (Fürst 1664) von Nassau-Siegen, niederländ. Feldmarschall u. Politiker, *17. 6. 1604 Dillenburg, †20. 12. 1679 Bergendaal, Kleve; trat 1621 in die Dienste der Generalstaaten, 1636 Gouverneur der Westindischen Kompanie in den von Spanien eroberten ehem. portugies. Gebieten Südamerikas, die er durch kluge Verwaltung zu hoher Blüte führte. J. kehrte 1644 nach Holland zurück und wurde dann General der Reiterei, als Statthalter von Kleve, Mark u. Ravensberg Reichsfürst. J. wurde 1652 Meister des Johanniterordens, befehligte 1665 die niederländischen Truppen gegen Münster, wurde niederländischer Feldmarschall, führte 1672 u. 1674 die Holländer im Krieg gegen Ludwig XIV.; 1674–1676 Gouverneur von Utrecht. Er ließ das *Mauritshuis* in Den Haag erbauen.

Norwegen: **23.** = Johann I. von Dänemark; → Johann (12).

Österreich: **24. Johannes Parricida** [lat., „Verwandtenmörder"], Herzog von Österreich, *11. 5. 1290, †13. 12. 1313 Pisa; ermordete am 1. 5. 1308 bei Windisch an der Reuß seinen Onkel u. Vormund, den dt. König *Albrecht I.,* weil dieser ihm das väterl. Erbe in der Schweiz u. das mütterl. in Böhmen-Mähren vorenthielt. J. wurde geächtet u. starb vermutlich in pisan. Haft. – *Schiller* lässt ihn in seinem Schauspiel „Wilhelm Tell" auftreten.

25. Johann, Erzherzog, Feldmarschall, dt. Reichsverweser 1848/49, *20. 1. 1782 Flo-

Johann ohne Land; Grabrelief in der Kathedrale von Worcester

renz, †10. 5. 1859 Graz; Sohn Kaiser Leopolds II.; war als Heerführer in den Napoleon. Kriegen wenig erfolgreich; bemühte sich um die Organisation des Heers u. die Aufstellung einer ersten Landwehr. Als Mitglied des Kreises um den Alpenbund (Wiedergewinnung Tirols) unterstützte er den Aufstand der Tiroler. 1848 wurde er von der Frankfurter Nationalversammlung zum Reichsverweser gewählt. Durch seine vermittelnde u. ausgleichende Art rettete er den österr. Gesamtstaat über die kritischen Phasen des Revolutionsjahres 1848 hinweg u. vertrat erfolgreich die Integration aller Volksteile. Er machte sich um die kulturelle u. wirtschaftliche Entwicklung bes. der Steiermark (Gründung des Landesmuseums Joanneum in Graz u. der Montanschule in Vordernberg bei Eisenerz) verdient. J. war seit 1829 verheiratet mit der Postmeisterstochter Anna *Plochl*, die später zur Gräfin Meran erhoben wurde.

Pfalz: **26. Johann Casimir,** Pfalzgraf, 1583–1592 Regent der Kurpfalz, *7. 3. 1543 Simmern, †6. 1. 1592 Heidelberg; führte mit Nachdruck den Calvinismus in der Pfalz ein, zu dessen Zentrum Heidelberg wurde; unterstützte die Hugenotten in Frankreich u. förderte mit Christian von Sachsen eine Union aller prot. Reichsstände (Torgauer Konvent 1591). Das Volkslied machte J. als „Jäger von Kurpfalz" bekannt.

27. Johann Wilhelm, von Pfalz-Neuburg, seit 1678 Herzog von Jülich-Berg, seit 1690 Kurfürst von der Pfalz, *19. 4. 1658 Düsseldorf, †18. 6. 1716 Düsseldorf; Parteigänger Österreichs, diskriminierte seine ev. Untertanen in der Kurpfalz, so dass ev. Reichsstände mit Brandenburg-Preußen an der Spitze zu deren Gunsten intervenieren mussten (Religionsdeklaration von 1705). Der kunstsinnige u. prunkliebende J. war in seinen kath. Landen ein sehr populärer Barockfürst („Jan Wellem"), der v. a. seine Residenz Düsseldorf verschönern ließ.

Polen: **28. Johann I. Albrecht, Jan Olbracht,** König 1492–1501, *27. 12. 1459 Krakau, †17. 6. 1501 Thorn; bestätigte 1493 das poln. Zweikammerparlament *(Sejm)*.

29. Johann II. Kasimir, Jan Kazimierz, König 1648–1668, *22. 3. 1609 Krakau, †16. 12. 1672 Nevers; aus der Dynastie Wasa, Sohn Sigismunds III., Bruder Władysławs IV.; führte mehrere Kriege gegen die Kosaken, gegen Russland, Schweden u. Siebenbürgen, in denen Polen Livland (Friede von Oliva) u. die Ukraine abtreten musste u. die Lehnsherrschaft über Preußen verlor.

◆ **30. Johann III. Sobieski, Jan Sobieski,** König 1674–1696, *17. 8. 1629 Olesko, †17. 6. 1696 Wilanów bei Warschau; mit französischer Unterstützung zum König gewählt u. seitdem französischer Parteigänger, siegte 1673 über die Türken bei Chocim, 1683 Oberbefehlshaber der Entsatztruppen vor Wien gegen die Türken. Der Plan, die

Johann III. Sobieski

Erbmonarchie in Polen einzuführen, gelang J. nicht.

Portugal: **31. Johann I., João I.,** König 1385–1433, *11. 4. 1357 Lissabon, †14. 8. 1433 Lissabon; unehelicher Sohn Peters I., Großmeister des Aviz-Ordens, 1383 von den Cortes zum König proklamiert. J. war der erste Herrscher aus dem Haus Aviz. Er besiegte Kastilien bei Aljubarrota (1385) u. begann Portugals Expansion nach Afrika durch seinen Sohn Heinrich den Seefahrer (1415 Eroberung von Ceuta).

32. Johann II., João II., König 1481–1495, *5. 5. 1455 Lissabon, †25. 10. 1495 Alvor, Algarve; unterstützte das Bürgertum u. unterwarf den Adel. J. förderte Expeditionen nach Afrika u. Indien u. die Machtausdehnung Portugals in den Überseegebieten; 1494 schloss er mit Kastilien den Vertrag von Tordesillas.

33. Johann VI., João VI., König 1816–1826, *13. 5. 1769 Lissabon, †10. 3. 1826 Lissabon; wurde 1792 Regent u. floh 1807 vor den französ. Invasionstruppen nach Brasilien, kehrte 1821 zurück u. stellte sich 1824 unter engl. Schutz, um sich gegen seine Frau u. seinen Sohn Dom Miguel zu behaupten; erkannte Brasiliens Unabhängigkeit 1825 an.

Sachsen: ◆ **34. Johann der Beständige,** Kurfürst 1525–1532 (seit 1486 Mitregent seines Bruders, Friedrichs III., des Weisen), *30. 6. 1468 Meißen, †16. 8. 1532 Schweinitz; bekannte sich früh zur Reformation, traf mit Philipp dem Großmütigen von Hessen die Vereinbarungen von Gotha u. Torgau (1526), die ihm den Ausbau der ev. Landeskirche ermöglichten, u. trat auf dem Speyerer u. auf dem Augsburger Reichstag (1529 u. 1530) für die ev. Konfession ein; Mitbegründer des *Schmalkald. Bundes*, willigte 1532 in den Nürnberger Religionsfrieden ein.

35. Johann Friedrich I., der Großmütige, Sohn von 34), Kurfürst 1532–1547, *30. 6. 1503 Torgau, †3. 3. 1554 Weimar; nach dem Tod seines Vaters mit Philipp dem Großmütigen von Hessen Haupt des *Schmalkald. Bundes*, 1546 vom Kaiser geächtet u. 1547 bei Mühlberg besiegt u. gefangen genommen; musste in der *Wittenberger Kapitulation* zu Gunsten Herzog Moritz' von Sachsen auf die sächs. Kurwürde, die Kurlande u. Ansprüche auf Magdeburg u. Halberstadt verzichten. Bei der Erhebung Moritz' gegen Karl V. 1552 befreit, residierte J. in Weimar. Während seiner Gefangenschaft wurde 1548 die „hohe Schule" (später Universität) in Jena gegründet.

36. Johann Georg I., Kurfürst 1611–1656, *15. 3. 1585 Dresden, †18. 10. 1656 Dresden; Nachfolger seines Bruders Christian II.; stand, obwohl überzeugter Lutheraner, bei der Niederwerfung des böhm. Aufstandes 1619 auf kaiserl. Seite u. schloss sich nach Erlass des Restitutionsedikts 1629 erst nach dem vergebl. Versuch, eine eigene Partei zwischen den Fronten zu bilden, Gustav Adolf von Schweden an. 1635 kam es im Prager Frieden zur Übereinkunft mit dem Kaiser. Seit 1653 war er der Führer des *Corpus Evangelicorum*. Durch Gründung

der sächs. Nebenlinien Weißenfels, Merseburg u. Zeitz schwächte er die Kurlande u. verletzte den Grundsatz von deren Unteilbarkeit.

Schweden: **37. Johann II,** = Johann I. von Dänemark; → Johann (12).

Johann III., König von Schweden. Zeitgenössischer Kupferstich

◆ **38. Johann III.,** König 1569–1592, *21. 12. 1537 Schloss Stegeborg, †27. 11. 1592 Stockholm; Sohn Gustav Wasas; wurde 1556 Herzog von Finnland u. heiratete eine poln. kath. Prinzessin, worüber er mit seinem Halbbruder, König Erich XIV., in Streit geriet; dieser setzte ihn vorübergehend gefangen. J. übernahm mit Hilfe seines jüngsten Bruders Karl (IX.) die Herrschaft u. beendete den Nord. Krieg (1570); er führte seit 1570 Krieg mit Russland; sein Sohn Sigismund (III.) wurde 1587 König von Polen.

Ungarn: **39. Johann II., Johann Sigismund, János Zsigmond,** König von Ungarn 1540–1570 u. erster Fürst von Siebenbürgen 1542–1551 u. 1559–1571, *7. 7. 1540 Ofen, †14. 3. 1571 Alba Iulia; Sohn König Johanns I. Szapolyai u. der Isabella von Polen, die bis 1559 die Regentschaft für J. übernahm; 1540 gegen den Habsburger Ferdinand I. zum ungar. König gewählt, nach der Besetzung Ofens durch die Türken 1541 auf den Ostteil Ungarns beschränkt, 1542 von den siebenbürg. Ständen anerkannt, 1551 mit seiner Mutter durch die schles. Herzogtümer Oppeln u. Ratibor entschädigt, 1556 von den siebenbürg. Ständen zurückgerufen, übernahm 1559 selbst die Regierung, behauptete sich mit türk. Hilfe in Siebenbürgen u. verzichtete im Vertrag von Speyer (16. 8. 1570) gegenüber Maximilian auf den ungar. Königstitel.

Johann, A. E., eigentl. Alfred Ernst Johann *Wollschläger*, dt. Schriftsteller, *3. 9. 1901 Bromberg, †8. 10. 1996 Oerrel (heute Munster); wanderte nach Kanada aus u. bereiste seit 1926, zuerst als Korrespondent der „Vossischen Zeitung", die Welt. „Große Weltreise" 1955; „Wohin die Erde rollt" 1958; „Wo ich die Erde am schönsten fand" 1959; „Afrika gestern u. heute" 1963; „Der große Traum Amerika" 1965; „Ein Traumland: British Columbia" 1971; „Die Bergwelt Kanadas" 1976; „Irland" 1977; Romane: „Steppenwind" (Trilogie) 1950/51; „Schneesturm" 1954; „Weiße Sonne" 1955; Erinnerungen: „Dies wilde Jahrhundert" 1989.

Johanna [hebr.], weibl. Vorname zu *Johannes*; engl. *Joan, Jane,* frz. *Jeanne,* Verkleinerung *Jeannette,* span. *Juanita,* Kurzform *Anita.*

Johanna, Heilige → Jeanne d'Arc.

Johanna, angebliche Päpstin. Die im 13. Jh. aufgekommene u. bis ins 16. Jh. fast allgemein geglaubte Fabel erzählt, eine Frau aus Mainz habe Theologie studiert, ihr

Johann der Beständige übergibt die Confessio Augustana an Kaiser Karl V. Gemälde von Andreas Hemeisen; 1530

Geschlecht verheimlicht u. sei 855 wegen ihrer Gelehrsamkeit nach dem Tod Papst Leos IV. zum Papst gewählt worden. Nach mehr als zweijähriger Regierung sei sie bei einer Prozession an der Geburt eines Kindes gestorben. Der Erste, der die Fabel mit wissenschaftl. Gründen zurückwies, war der reform. Pfarrer D. Blondel (1647).

Johanna, FÜRSTINNEN:

Aragón u. Kastilien: **1. Johanna die Wahnsinnige,** Königin in Kastilien 1504, * 6. 11. 1479 Toledo, † 12. 4. 1555 Tordesillas; Tochter Ferdinands von Aragón u. Isabellas von Kastilien; 1496 mit dem Habsburger Philipp dem Schönen von Kastilien verheiratet; Mutter der dt. Kaiser Karl V. u. Ferdinand I. Die Regentschaft für J. führten ihr Gemahl (†1506), dann Erzbischof Ximénez de Cisneros (1506/07 u. nach 1516/17) u. Ferdinand der Katholische (†1516). J. fiel nach dem frühen Tod ihres Gemahls in geistige Umnachtung.

England: **2. Johanna (Jane) Seymour,** dritte Frau Heinrichs VIII. 1536/37, * um 1509 Wolf Hall (Wiltshire), † 24. 10. 1537 Hampton Court; starb nach der Geburt des Thronfolgers Eduard VI.

Navarra: **3. Jeanne,** Königin, Erbtochter Heinrichs I. von Navarra, *1273 Bar-sur-Seine, †1305 Vincennes; heiratete 1284 Philipp IV. den Schönen von Frankreich, wodurch Navarra mit Frankreich vereinigt wurde. Johannas Söhne Ludwig X., Philipp V. u. Karl IV. gelangten nacheinander auf den franzöis. Thron.

4. Jeanne d'Albret → Albret.

Neapel: **5. Johanna,** Königin 1343–1382, * um 1326 Neapel, †22. 5. 1382 Muro della Luciana; folgte ihrem Großvater Robert I. auf den Thron. 1345 ließ sie ihren ersten Mann, Andreas von Ungarn, ermorden u. floh in die Provence. In einem Scheinver-

fahren vor Kardinälen in Avignon gerechtfertigt, floh sie mit ihrem zweiten Mann, Ludwig von Anjou-Tarent (*1320, †1362), vor einem ungar. Rachefeldzug. Seit 1352 regierte sie unangefochten mit ihrem dritten Mann, Jakob von Aragón (†1375), geriet aber wegen ihrer vierten Ehe mit Herzog Otto von Braunschweig in Konflikt mit Papst Urban VI. Karl von Durazzo ließ sie gefangen nehmen u. im Kerker ermorden.

Johannes [grch. Form für hebr. *Johanan,* „Gott ist gnädig"], männl. Vorname; Kurzform *Johann, Jan, Hans;* ital. *Giovanni,* frz. *Jean* (auch mit dem Zusatz *Baptiste*), span. *Juan,* engl. *John, Jack,* ung. *János,* russ. *Iwan.*

Johannes, 1. Jünger Jesu, Sohn des Zebedäus u. Bruder von → Jakobus (2); wird aus den übrigen Jüngern zusammen mit seinem Bruder u. Petrus häufig herausgehoben. *Paulus* nennt ihn zusammen mit Jakobus als eine der „Säulen" der Urgemeinde in Jerusalem (Galater 2,9). Nach der Überlieferung soll J. später in Ephesus gewirkt haben; andere Quellen sprechen von einer Verbannung nach Patmos. In der Alten Kirche galt J. als der Verfasser der sog. „johanneischen Schriften" des NT (Johannesevangelium, Johannesbriefe, Offenbarung des J.). In der exeget. Forschung ist dies jedoch unhaltbar. – In der röm.-kath. Kirche Heiliger; Fest: 27. 12.

◆ **2.** *Johannes der Täufer (Johannes Baptista),* Gerichts- u. Bußprediger u. Verkünder der unmittelbaren Nähe des erwarteten Reiches Gottes. J. trat in der Wüste am Unterlauf des Jordan auf (Markus 1,3) u. forderte dazu auf, sich im fließenden Wasser taufen zu lassen (die Taufe ist für ihn Ausdruck der Umkehr u. verbürgt Rettung im bevorstehenden Gericht). Auch Jesus lässt sich von J. taufen (Markus 1,9).

Über das Verhältnis Jesu zu J. wissen wir nichts. Auf jeden Fall setzte er nach dessen Tod die Verkündigung von der Nähe des Gottesreiches fort u. gewann einen Teil seiner Jünger für sich. Zu Konkurrenten sind beide Jüngerschaften offenbar erst nach dem Tod Jesu geworden. Bis heute verstehen sich die → Mandäer als Johannesjünger. J. wurde auf Befehl von Herodes Antipas hingerichtet. Die Gründe dafür waren politische, aber auch persönliche (Kritik des J. an seiner Ehe mit Herodias). Auch → Johannisfest.

Johannes, PÄPSTE:

1. Johannes I., 523–526, Heiliger, † 18. 5. 526 Ravenna; ging 525 im Auftrag Theoderichs d. Gr. nach Byzanz, um zu Gunsten der arian. Goten im oström. Reich zu vermitteln. Er war der erste Papst, der nach Byzanz reiste; da er nur einen Teilerfolg erreichte, hielt ihn Theoderich in Ravenna zurück, wo er starb. Die Legende stellte ihn als im Kerkerhaft gestorbenen Märtyrer dar. Fest: 18. 5.

2. Johannes II., 533–535, eigentl. *Mercurius,* Römer, † 8. 5. 535 Rom; änderte als erster Papst seinen Namen, billigte nachträgl., genötigt durch Kaiser Justinian I., dessen Glaubensdekret im sog. Theopaschiten-Streit.

3. Johannes III., 561–574, Römer, † 13. 7. 574 Rom; aus seinem Pontifikat, unter dem die Langobarden in Italien eindrangen, sind kaum Nachrichten überliefert. Er erreichte die Wiederannäherung der seit dem Dreikapitelstreit getrennten Kirchen (so Mailand u. Ravenna) an Rom.

4. Johannes IV., 640–642, Dalmatiner, † 12. 10. 642 Rom; verurteilte den Monotheletismus, verteidigte gegenüber Kaiser Konstantin II. die Rechtgläubigkeit von Papst Honorius I.

5. Johannes V., 685/86, Syrer, †2. 8. 686 Rom; erlangte mehrere Gunsterweise Kaiser Justinians II. für die röm. Kirche,

Johannes der Täufer. Figur von Alonso Cano; 17. Jahrhundert. Barcelona, Sammlung Güell

erreichte die Eingliederung der Bischöfe Sardiniens in den Pontifikalverband der röm. Kirche.

6. Johannes VI., 701–705, Grieche, † 11. 1. 705 Rom; konnte sich im byzantin. Thronstreit behaupten, bewog die in Kampanien plündernden Langobarden zur Rückkehr in ihr Herzogtum Benevent.

7. Johannes VII., 705–707, Grieche, † 18. 10. 707 Rom; ließ in Rom mehrere Kirchen restaurieren u. stand zu den Langobarden in guten Beziehungen; anerkannte aus Furcht vor Kaiser Justinian II. mindestens indirekt die gegen Rom gerichteten Beschlüsse der Trullanischen Synode von 691.

8. Johannes (VIII.), Gegenpapst 844, wurde von einer Volksmenge erhoben; der wenig später rechtmäßig gewählte Sergius II. verurteilte ihn zu Klosterhaft.

9. Johannes VIII., 872–882, Römer, † 16. 12. 882 Rom; seit 852 Archidiakon. J. bemühte sich, nach dem Zusammenbruch der karolingischen Ordnung das Papsttum die Führung im zerrissenen u. von den Arabern bedrohten Italien zu sichern. 875 krönte er den westfränkischen König Karl den Kahlen zum Kaiser. Da ihm dieser u. seine Nachfolger nur geringe Hilfe gewährten, wandte er sich dem ostfränkischen König Karl III. (dem Dicken) zu. 879 erkannte er ihn als König von Italien an, 881 krönte er ihn zum Kaiser. Im Streit mit dem Patriarchen Photios von Konstantinopel gab J. nach, was einen Prestigeverlust der päpstl. Autorität zur Folge hatte. Gegen die Interessen der bayerischen Kirche unterstützte er den Slawenmissionar Methodios u. ließ 880 die slawische Sprache in der Liturgie zu.

10. Johannes IX., 898–900, Benediktiner, † 900 Rom; unter dem Einfluss Lamberts von Spoleto gewählt. J. erneuerte die Rehabilitierung des Papstes Formosus u. bemühte sich, die unter den vorangegangenen Pontifikaten eingerissenen Missstände zu beseitigen. Sein früher Tod stürzte das Papsttum von neuem in die Streitigkeiten der röm. Parteien.

11. Johannes X., 914–928, eigentl. *Johannes von Tossignano*, † 928 Rom; unter dem Einfluss der Herzöge von Spoleto u. Tuscien gewählt. J. einigte die italien. Staaten zum Kampf gegen die Sarazenen. Er krönte Berengar I. zum Kaiser u. war bemüht, in dem durch Machtkämpfe zersplitterten u. auch von den Ungarn bedrohten Italien die päpstl. Autorität aufrechtzuerhalten. Sein Streben nach polit. Selbständigkeit brachte ihn in Konflikt mit *Marozia*, die als Senatrix Rom beherrschte. Sie ließ ihn in der Engelsburg inhaftieren, wo er bald starb, wahrschein. durch Gewalt.

12. Johannes XI., 931–935, Römer, † 935 Rom; Sohn der Marozia, die ihn zum Papst erheben ließ, die polit. Macht aber selbst ausübte. Sein Halbbruder Alberich II., der sich 932 Roms bemächtigte, setzte Marozia u. wahrschein. auch J. gefangen. Er starb im Kerker.

13. Johannes XII., 955–964, eigentl. *Octavian*, † 14. 5. 964 Rom; Sohn Alberichs II. von Spoleto, auf dessen Druck er trotz seines skandalösen Lebenswandels zum Papst er-

Johannesburg: Blick über die Stadt, die die meisten Hochhäuser auf dem afrikanischen Kontinent aufweisen kann

hoben wurde. Gegen Berengar II. rief er den dt. König Otto I. zu Hilfe u. krönte ihn 962 zum Kaiser. J. billigte Ottos Kirchenpolitik, der Kaiser garantierte ihm dafür den Kirchenstaat *(Privilegium Ottonianum)*, sicherte sich aber zugleich sein auf ein Edikt Kaiser Lothars I. (824) zurückgehendes Mitspracherecht bei der Papstwahl. Wenig später führte J. wieder eine antikaiserl. Politik u. lehnte es ab, sich auf einer von Kaiser einberufenen Synode zu verantworten. Die Synode setzte ihn darauf (963) ab u. wählte Leo VIII., gegen den er sich aber bis zu seinem Tod halten konnte.

14. Johannes XIII., 965–972, Römer, † 6. 9. 972 Rom; wahrschein. aus der Familie der Crescentier, mit Alberich II. verwandt; wurde nach dem Tod Leos VIII. auf Wunsch Ottos I. gewählt. J. regierte im Einvernehmen mit dem Kaiser, krönte dessen Sohn Otto II. u. erhob 968 Magdeburg zum Erzbistum. Unter J. konnten die Crescentier ihre Macht in Rom ausbauen.

15. Johannes XIV., 983/84, eigentl. *Petrus Canepanova*, † 20. 8. 984 Rom; von Otto II. zum Papst designiert; nach dessen baldigem Tod konnte sich der aus Byzanz zurückkehrende Gegenpapst Bonifatius VII. mit Hilfe der Crescentier in Rom durchsetzen u. ließ J. in der Engelsburg gefangen halten, wo er verhungerte oder vergiftet wurde.

16. Johannes XV., 985–996, Römer, † 996 Rom; durch Johannes Nomentanus Crescentius erhoben. Obwohl das Ansehen des Papsttums durch die röm. Wirren sehr gesunken war, suchte sich J., seine Autorität auch außerhalb Italiens durchzusetzen. Herzog Mieszko von Polen unterstellte sein Land dem Hl. Stuhl. J. war ein Freund der cluniazensischen Reform, begünstigte jedoch in Rom seine Verwandten sehr. Um dem stärker werdenden Druck des Crescentius zu entgehen, verließ J. Rom u. rief Otto III. zu Hilfe, starb aber noch vor der

Ankunft Ottos. Er nahm 993 die erste päpstl. Heiligsprechung (Ulrich von Augsburg) vor.

17. Johannes (XVI.), Gegenpapst 997/98, eigentl. *Johannes Philagathos*, Grieche, † nach 1001; Erzbischof von Piacenza, Günstling der Kaiserin Theophano, hochgebildet, sehr ehrgeizig. Obwohl Berater der Ottonen u. von ihnen mit wichtigen diplomat. Missionen betraut, ließ er sich von Johannes Nomentanus Crescentius gegen Gregor V. als Papst aufstellen. Er konnte sich jedoch nicht durchsetzen, wurde nach seiner Flucht aus Rom gefangen genommen u. verstümmelt, dann Otto III. übergeben u. von diesem zu Klosterhaft verurteilt.

18. Johannes XVII., 1003, eigentl. *Sicco*, Römer; von Johannes Crescentius d. J. erhoben.

19. Johannes XVIII., 1004–1009, eigentl. *Johannes Fasanus*, Römer, † 1009 Rom; wie J. XVII. von Johannes Crescentius d. J. erhoben u. von ihm abhängig. Er stellte das Bistum Merseburg wieder her u. bestätigte das von Kaiser Heinrich II. gegründete Bistum Bamberg.

20. Johannes XIX., 1024–1032, eigentl. *Romanus*, Graf von Tusculum, † 1032 Rom; wurde nach dem Tod seines Bruders Benedikt VIII. simonistisch (durch Kauf) zum Papst erhoben u. hatte seitdem die weltl. u. die geistl. Macht inne. Gegenüber Konrad II., den er 1027 zum Kaiser krönte, musste J. eine nachgiebige Haltung einnehmen. Auf Wunsch des Kaisers nahm er die Reformbewegung von Cluny in seinen Schutz. Unter J. scheint zwischen Rom u. Konstantinopel keine kirchl. Gemeinschaft bestanden zu haben.

21. Johannes XX., fehlt in der Reihe der Päpste. Lange Zeit hatte man irrtümlicherweise vor J. XV. einen weiteren Papst dieses Namens eingeschoben. Nachdem man diesen Fehler erkannt hatte, wurde zwar bei den Päpsten, die im 10. u. 11. Jh. den Namen J. trugen, die Nummer um eins vermindert, den Gegenpapst J. XVI. rechnete man aber weiterhin mit. Außerdem hat man bei J. XXI. bis J. XXIII. die traditionelle Zählung beibehalten. Als sich 1958 A. G. Roncalli J. „XXIII." nannte, hat dies die Kirchenhistoriker in neue Schwierigkeiten gestürzt.

22. Johannes XXI., 1276–1277, eigentl. *Petrus Juliani,* genannt *Petrus Hispanus,* *1210/1220 Lissabon, † 20. 5. 1277 Viterbo; seit 1273 Erzbischof von Braga u. Kardinal. J. war um die Vertiefung der Union mit der Ostkirche von 1274 bemüht. Er schrieb philosoph. u. medizin. Werke.

23. Johannes XXII., 1316–1334, eigentl. Jacques *Duèse,* *um 1245 Cahors, † 4. 12. 1334 Avignon; 1308 Kanzler der Anjoukönige Karl II. u. Robert, 1310 Bischof von Avignon, 1312 Kardinal, 1316 in Lyon als Kandidat der französ. Partei gewählt. J., der bedeutendste unter den Päpsten in Avignon, reformierte als Vorkämpfer des päpstl. Zentralismus Behördensystem u. Finanzwesen der Kurie u. trug dadurch viel zum Bild vom geldgierigen Papsttum bei. Seine Sympathien für Frankreich bewogen ihn zum Kampf gegen Ludwig den Bayern, wodurch das Ansehen des Papstes u. der Kirche im Reich stark beeinträchtigt wurde, weil J. sich kirchl. Mittel zur Durchsetzung polit. Ziele bediente. Wichtigste innerkirchl. Entscheidungen von J. waren die Verurteilung verschiedener Schriften bzw. Lehrsätze des P. Olivi u. Meister Eckharts.

24. Johannes (XXIII.), Gegenpapst 1410–1415, eigentl. Baldassarre *Cossa,* Neapolitaner, † 22. 12. 1419 Florenz; Offizier, dann Geistlicher mit großen administrativen Fähigkeiten, jedoch sittlich u. skrupellos, 1402 Kardinal. Im abendländ. Schisma als Nachfolger Alexanders V. gegen Gregor XII. (Rom) u. Benedikt XIII. (Avignon) gewählt. Er mußte der vom König Sigismund gewünschten Einberufung des Konzils von Konstanz zustimmen, das die kirchl. Einheit wiederherstellen sollte. Das Konzil setzte J. ab; Martin V., der vom Konzil erhobene neue Papst, begnadigte ihn 1419 u. ernannte ihn zum Kardinalbischof von Tusculum.

◆ **25. Johannes XXIII.,** 1958–1963, eigentl. Angelo Giuseppe *Roncalli,* *25. 11. 1881 Sotto il Monte bei Bergamo, † 3. 6. 1963 Rom; 1904 Priester, 1925 Apostol. Visitator in Bulgarien, 1934 Apostol. Delegat in der Türkei u. Griechenland, verhinderte Judendeportationen; 1944 Nuntius in Paris, wo er moderne Seelsorgemethoden unterstützte u. sich für die dt. Kriegsgefangenen einsetzte; 1953 Kardinal u. Patriarch von Venedig, am 28. 10. 1958 zum Nachfolger von Pius XII. gewählt. Vom ersten Tag seiner Regierung an bewies J. große Tatkraft u. Selbständigkeit u. rückte in vielem von der Regierungsweise seines Vorgängers ab. Er ernannte viele Kardinäle aus allen Nationen u. räumte seinen Mitarbeitern größere Selbständigkeit ein. Seine bedeutendste Leistung ist die Einberufung, Vorbereitung u. Eröffnung des *2. Vatikanischen Konzils* (eröffnet

Papst Johannes XXIII.; 1958

am 11. 10. 1962). Hauptanliegen des Konzils war eine den Notwendigkeiten der Zeit Rechnung tragende innere Reform der kath. Kirche. Auch die Beziehungen zu den anderen Konfessionen wurden verbessert (Schaffung eines Sekretariats für die Einheit der Christen unter dem Kardinal Bea, Zulassung nichtkath. Beobachter beim Konzil); den Ostkirchen wandte J. bes. Aufmerksamkeit zu. 1965 Einleitung des Seligsprechungsprozesses. – „Geistliches Tagebuch" 1964.

Johannes, 1. Priester Johannes, Presbyter Johannes, sagenhafter christl. Priesterkönig, soll in der Mitte des 12. Jh. in Ostasien, Zentralasien oder Äthiopien gelebt u. in der Kreuzzugssituation die Moslems aus Osten angegriffen haben.

2. Fürsten, → Johann.

Johannesbriefe, ein längeres u. zwei sehr kurze Schreiben im NT, ohne Nennung des Verfassers, die sich durch ihre „johanneische" Art als dem Johannesevangelium nahe verwandt erweisen u. daher möglicherweise auf dessen Verfasser zurückzuführen sind. Der 2. u. 3. Johannesbrief ist wahrscheinl. ursprünglich ein Privatschreiben. Alle Briefe enthalten Warnungen vor Irrlehren u. Verführern.

◆ **Johannesburg,** Hptst. der Prov. Gauteng (Südafrika), 1748 m ü. M., 1,9 Mio. Ew.; Wirtschafts- u. Verkehrsmittelpunkt der Rep. Südafrika; 2 Universitäten (Witwatersrand-Universität, gegr. 1921, u. Rand-Afrikaans-Universität, gegr. 1966); im Stadtgebiet u. in der Nähe das größte Goldfeld der Erde *(Witwatersrand)*; Bergbau; Diamantschleifereien, Eisen-, Metall- u. a. Industrie; Börse, Produktenpipeline von Durban, internationaler Flughafen 25 km entfernt; ausgedehnte Bantu-Wohnstädte im Vorortbereich (→ Soweto). – 1886 als Goldgräberort gegr.

Johannes Cassianus, Kirchenschriftsteller, → Cassianus.

Johannes Chrysostomos

◆ **Johannes Chrysostomos** [-çry-; grch., „Goldmund"], griech. Kirchenlehrer, Patriarch von Konstantinopel (398), Heiliger, *344/354 Antiochia, † 14. 9. 407 Komana; Exeget u. Theologe, 403 wegen seiner Sittenpredigten auf Betreiben der Kaiserin Eudoxia u. intriganter Bischöfe abgesetzt u. in die Verbannung geschickt, wo er starb. Fest: 13. 9. Auch → Chrysostomosliturgie.

Johannes de Lapide, eigentl. J. *Heynlin,* dt. Frühhumanist, Theologe, *vor 1433 Stein

bei Pforzheim, † 12. 3. 1496 Basel; trat als Philosoph u. Theologe in Paris bzw. Basel für den aristotel.-scholast. Realismus (→ Nominalismus) ein, als Humanist Förderer der Einführung des Buchdrucks u. Mitbegründer der Universität Tübingen, in Basel 1487 Kartäuser.

Johannes der Presbyter, ein urchristl. Theologe, lebte gegen Ende des 1. u. Anfang des 2. Jh. in Ephesos; wird von vielen mit dem Apostel Johannes gleichgesetzt; als Verfasser des Johannesevangeliums kommt er kaum in Frage.

Johannes der Täufer → Johannes (2).

Johannes de Sacro Bosco, engl. Gelehrter, † 1256 Paris; aus Holywood oder Halifax in Yorkshire, lehrte seit 1230 in Paris; berühmt vor allem durch astronom. Werke, mit denen er zur Kalenderreform beitrug.

Johannesevangelium, *Evangelium nach Johannes,* das vierte Evangelium im NT, das nach Aufriss u. Stoff selbständig neben den drei ersten Evangelien steht. Es geht weniger dem Lebensweg Jesu nach, sondern legt vielmehr den Glauben der Gemeinde in Erzählungen über ihn dar u. verbindet damit ein umfangreiches Selbstzeugnis Jesu („Ich bin…"-Worte). Das J. ist um 100 n. Chr. der Überlieferung nach in Kleinasien verfasst worden. Die Verfasserschaft des Jüngers Johannes (1) ist eher fraglich. Die → Christologie (Lehre von Christus) im J. ist gnostisch beeinflusst: Jesus gilt als der Offenbarer u. darin als der Erlöser aus der Finsternis der Welt. Allerdings gilt die Welt für das J. als Gottes Schöpfung u. nicht als Werk des Teufels u. hat erst durch Schuld des Menschen einen gottfeindlichen Charakter gewonnen. Aus dieser gottfeindl. Welt wird der Glaubende schon jetzt erlöst u. zu einem neuen Leben befähigt.

Johanneskraut, 1. → Beifuß.

2. → Johanniskraut.

Johannes Paul, PÄPSTE: **1. Johannes Paul I.,** 1978, eigentl. Albino *Luciani,* *17. 10. 1912 Forno di Canale, † 28. 9. 1978 Rom; 1969 Patriarch von Venedig, 1973 Kardinal. J. P. verstand sich als Seelsorger, der das Erbe seiner beiden Vorgänger u. des Konzils zu wahren entschlossen war. Er starb 33 Tage nach seiner Wahl.

◆ **2. Johannes Paul II.,** seit 1978, eigentl. Karol *Wojtyla,* *18. 5. 1920 Wadowice bei Krakau; 1964 Erzbischof von Krakau, 1967 Kardinal. J. P. ist nach 455 Jahren der erste nichtitalien. Papst u. der erste aus Polen. Er tritt für die Verwirklichung der Konzilsbeschlüsse und für die Wahrung der Menschenrechte ein. Noch stärker als Papst Paul VI. versucht J. P. II. durch zahlreiche Reisen, auch in nicht christliche Länder, die Lebendigkeit der kath. Kirche vor Augen zu führen. Am 13. 5. 1981 wurde der Papst auf dem Petersplatz bei einem Attentat schwer verletzt. Die

Papst Johannes Paul II.; 1983

Sozialenzyklika „Laborem exercens" wurde 1981 veröffentlicht. Als erster Papst betrat J. P. 1986 ein jüd. Gotteshaus, die Synagoge von Rom. 1988 u. 1991 veröffentlichte er die Sozialenzykliken „Sollicitudo rei socialis" u. „Centesimus Annus – Der 100. Jahrestag", 1993 die Moralenzyklika „Veritatis Splendor", 1995 die Ökumene-Enzyklika „Ut unum sint" (Dass sie eins seien), 1998 die philosoph. Enzyklika „Fides et Ratio" (Glaube u. Vernunft). In den Fragen der Moral vertritt er eine traditionell kompromisslose Linie (Beibehaltung des Priesterzölibats; Verurteilung von Empfängnisverhütung u. Homosexualität). Anlässlich seines Besuchs in Jerusalem 2000 bekannte sich Johannes Paul II. zu den Verfehlungen u. Verbrechen, derer sich die kath. Kirche im Laufe ihrer Geschichte schuldig gemacht hat. Sein Pontifikat ist gekennzeichnet durch eine Aufwertung der hierarchisch-zentralist. Kirchenstruktur u. Betonung des Papstamtes als höchste Lehrautorität innerhalb der kath. Kirche. Er schrieb „Die Schwelle der Hoffnung überschreiten" 1994 sowie „Geschenk u. Geheimnis" 1997.

Johannes Scotus Eriugena, irischer Philosoph, *um 810, † um 877; verfasste am Hof Karls des Kahlen in Paris die erste latein. Übersetzung des *Pseudo-Dionysius Areopagita.* Sein Hptw. „De divisione naturae" schildert die stufenweise Entfaltung der Vielheit aus der Einheit u. die Rückkehr in diese. Weil sich im 12. Jh. pantheistische Lehren auf sie beriefen, wurde die Schrift 1210 u. 1225 verurteilt. J. S. E., der christl. u. neuplaton. Gedankengut miteinander verband, übte großen Einfluss auf die Mystik des MA aus.

Johannesstift, *Evangelisches Johannesstift,* 1858 gegr., größte diakonische Einrichtung in Berlin; heutige Schwerpunkte der Arbeit sind heilpädagog. Betreuung von Kindern u. Jugendlichen, Rehabilitation von Körperbehinderten, Fachschulen, Altenheime u. ein Tagungszentrum.

Johannes Trithemius, eigentl. J. *Zeller,* Humanist, *1. 2. 1462 Trittenheim bei Trier, † 13. 12. 1516 Würzburg; Benediktinerabt zuerst in Sponheim, später in Würzburg; schrieb über 80 latein. Schriften enzyklopäd., histor. u. geheimwissenschaftl. Inhalts, darunter als erste dt. Literaturgeschichte den „Catalogus illustrium virorum" 1495; verfasste auch den ersten Bericht über den histor. Dr. Faust. Seine Quellenangaben sind aber oft unzuverlässig.

Johannes vom Kreuz, *San Juan de La Cruz,* span. Mystiker u. Dichter, Heiliger, *24. 6. 1542 Fontiveros, Ávila, †14. 12. 1591 Úbeda; war Karmeliter u. reformierte mit Theresia von Ávila unter großen Schwierigkeiten einen Teil des Ordens („Unbeschuhte Karmeliter"); verfasste mystische Lyrik, in der sich Elemente des *Hoheliedes* mit der Liebeslyrik seiner Zeit mischen („Cántico espiritual"), hrsg. postum 1627. Erhebung zum Kirchenlehrer 1926. Fest: 14. 12.

Johannes von Damaskus, *Damascenus,* Kirchenlehrer, Heiliger, *um 670 Damaskus, † um 750 Mar Saba bei Jerusalem; prägte

Johannes von Nepomuk. Hochaltar mit Figur des Heiligen in der Nepomuk-Kapelle in Zelená Hora von Jan Pavel Cechpauer

das theolog. Denken der Ostkirche, zugleich wichtigster Mittler zwischen östl. u. westl. Theologie. Fest: 4. 12.

Johannes von Gmünd → Parler (3).

Johannes von Gmunden, österr. Humanist, Astronom, Mathematiker, *um 1385, † 23. 2. 1442; zuletzt Pfarrer von Laa; lehrte an der Wiener Universität; richtungweisend waren seine astronom. Tafeln u. Berechnungen.

Johannes von Gott, Heiliger, *8. 3. 1495 Montemor o Novo bei Evora (Portugal), †8. 3. 1550 Granada; gründete 1540 eine Vereinigung von Laien, aus der 1572 der geistl. Krankenpflegeorden der Barmherzigen Brüder *(Hospitalorden vom hl. J. v. G.)* entstand; sehr verdient um die Krankenpflege. Patron der Krankenpfleger u. Krankenhäuser. Heiligsprechung 1690. Fest: 8. 3.

Johannes von Matha, Heiliger, *23. 6. 1160 Faucon, Südfrankreich, † 17. 12. 1213 Rom; gründete zusammen mit → Felix von Valois den Orden der → Trinitarier. Fest: 17. 2.

◆ **Johannes von Nepomuk,** Heiliger, Priester, *um 1350 Nepomuk (Böhmen), † 20. 3. 1393 Prag; war Generalvikar des Erzbischofs von Prag. König Wenzel I. ließ ihn aus nicht geklärten Gründen gefangen nehmen, foltern u. von der Karlsbrücke in die Moldau stürzen. Die schon 1433 bezeugte Volksmeinung, J. v. N. sei wegen seiner Weigerung, das Beichtgeheimnis zu verletzen, ermordet worden, ist nicht zu beweisen. Brückenheiliger, Standbild auf der Prager Karlsbrücke. Fest: 16. 5.

Johannes von Neumarkt, *Johann von Neumarkt,* dt. Humanist, *um 1310 Hohenmaut, Böhmen, † 24. 12. 1380 Leitomischl; Hofkanzler Karls IV., bekleidete nacheinander mehrere Bischofsämter; Beziehungen zu F. Petrarca u. Cola di Rienzo; Gelehrter, der

als Übersetzer u. bes. durch die Neuerungen, die er in der kaiserl. Kanzlei durchführte, viel für die Entwicklung der neuhochdeutschen Schriftsprache geleistet hat.

Johannes von Piano Carpini, italien. Franziskaner, *um 1185 Piano Carpini, † 1. 8. 1252; trug als Provinzial seines Ordens zu dessen Verbreitung in Deutschland bei; unternahm im päpstl. Auftrag 1245/46 eine Gesandtschaftsreise in die Mongolei u. berichtete in seiner „Historia Mongolorum" (1247) erstmals genauer über die Mongolen.

Johannes von Saaz → Johannes von Tepl.

Johannes von Tepl, *Johannes von Saaz,* *um 1350 Tepl, † um 1414 Prag-Neustadt; Schüler von Johannes von Neumarkt, dt. Schulrektor, Notar u. Stadtschreiber in Saaz; schrieb nach dem Tod seiner Frau (1400) das Streitgespräch mit dem Tod „Der Ackermann aus Böhmen", die früheste neuhochdeutsche Prosadichtung, nach Gehalt u. Sprache eine der wesentlichsten dt. Dichtungen des späten MA, gedanklich von W. von Ockham u. J. Wiclif, stilistisch von Johannes von Neumarkt, der Legendendichtung u. der ritterl. Lyrik beeinflusst.

Johannes XI. Bekkos, Patriarch von Konstantinopel 1275–1282, *1230/40 Nicäa, † 1297 bei Nikomedia (im Kerker); J. erlangte das Patriarchat als tatkräftiger Förderer der auf dem Konzil von Lyon 1274 geschlossenen Union seiner Kirche mit Rom u. blieb dieser auch angesichts wachsender unionsfeindl. Haltung in Byzanz treu, was zu seiner Absetzung u. Einkerkerung führte.

Johanneum, ev. missionar.-theolog. Ausbildungsstätte, 1886 in Bonn gegründet, seit 1893 in Wuppertal; bildet Mitarbeiter für den Dienst in der Verkündigung, Seelsorge u. kirchlichen Gruppenarbeit aus.

Johanngeorgenstadt, Stadt in Sachsen, Ldkrs. Aue-Schwarzenberg, nahe der tschech. Grenze, im westl. Erzgebirge, 7500 Ew.; Sommerfrische u. Wintersportplatz (rd. 700 m ü. M.); Uran- u. Wismuterze (1945–1957 Abbau durch die Wismut AG), Werkzeugmaschinenbau, Holz-, Möbel- u. Metallindustrie; Windkraftanlagen. – J. wurde 1654 von böhmischen Glaubensflüchtlingen gegründet; zeitweilig Zinn-, Eisen- u. Silberbergbau.

Johann Hunyadi, ungar. Feldherr, → Hunyadi, János.

◆ **Johannisbeere,** *Ribes,* Gattung der *Steinbrechgewächse (Saxifragaceae),* zu der wichtige Beerenfrüchte gehören; über 150 Arten in der nördl. gemäßigten Zone, aber auch in Gebirgen Mittel- u. Südamerikas verbreitet. Kulturformen enthalten die Arten *Rote J., Ribes rubrum; Schwarze J., Ribes nigrum.* Beide Arten unterscheiden sich außer in der Blattform vor allem in der Farbe der Früchte. Die Rote J. weist Formen mit roten, rosa, gelblichen u. grünlich weißen Beeren auf, während bei der Schwarzen J. die Beeren stets schwarz sind. Die Beeren werden roh oder gekocht als Mus gegessen. Neben diesen Kulturformen gibt es in Dtschld. noch die wilden Arten: *Felsenjohannisbeere, Ribes petraeum,* u. *Alpenjohannisbeere, Ribes alpinum.* Beide haben rote Beeren. Zierpflanzen sind die *Goldgelbe J., Ribes aureum,* u. die *Blutrote J., Ribes sanguineum* aus Nordamerika. Zu der gleichen Gattung gehört auch die → Stachelbeere.

Johannisbeerglasflügler, *Synanthedon tipuliformis,* Schmetterling aus der Familie der *Glasflügler*; die Raupe lebt in Trieben von Johannis- u. Stachelbeere, Pflaume u. a. u. ist oft schädlich.

Johannisbeermotte, *Incurvaria capitella,* Kleinschmetterling aus der Familie der *Miniersackmotten*; die Raupen zerstören die Knospen des Johannisbeerstrauchs.

Johannisbrot, *Karoben,* engl. *Carob,* frz. *Caroube, Bockshorn, Soodbrot,* getrocknete, süß schmeckende Frucht des *Johannisbrotbaums.* Die braunen, 10–25 cm langen, flachen Schoten werden unreif geerntet u. an der Sonne getrocknet. Sie enthalten ca. 65 % Traubenzucker, 6 % Proteine u. 1 % Fett. J. dient in den Produktionsländern als Nahrungsmittel, außerdem wird es geröstet als Kaffee-Ersatz u. zur Herstellung von Brusttee; auch wichtiges Viehfutter. Johannisbrotkernmehl wird wegen seines hohen Gehaltes an Pflanzenschleimen als Verdickungsmittel eingesetzt. Der span. Likör *Palo* ist aus J. hergestellt. Die Samen wurden früher zum Wiegen von Edelsteinen benutzt (→ Karat).

◆ **Johannisbrotbaum,** *Ceratonia siliqua,* ein *Zäsalpiniengewächs (Caesalpiniaceae),* Heimat: Arabien, wird im ganzen Mittelmeergebiet kultiviert, liefert essbare Früchte, das *Johannisbrot.*

Johannisburg, poln. Stadt, → Pisz.

Johannische Kirche, früher: *Evangelisch-Johannische Kirche nach der Offenbarung St. Johannis,* 1926 durch den in Berlin wirkenden schlesischen Geistheiler Joseph *Weißenberg* (*1855, †1941) gegr. spiritist. Kirchengemeinschaft. In ihr wird der Gründer als Inkarnation des Hl. Geistes verehrt. Die durch starkes soziales Engagement geprägte Bewegung ("Johannisches Aufbauwerk") wird von den leibl. Nachkommen des Gründers geleitet. Weißenberg hatte 1907 als Vorläuferin der Johannischen Kirche eine "Christliche Vereinigung ernster Forscher von Diesseits nach Jenseits – wahre

Johannisbrotbaum, Ceratonia siliqua, mit unreifen Früchten (Karoben)

Anhänger der christlichen Kirchen" gegründet.

Johannisechse, *Ablepharus kitaibelii,* ein *Skink,* eine Echse der Balkanländer u. Ägäischen Inseln. Die Augen werden von durchsichtigen Lidern verschlossen. Die J. ist ein Bodenbewohner offenen, grasigen Geländes mit einzelnen Gehölzen. Das Weibchen legt 2–4 Eier in lockere, feuchte Erde. Die Tiere werden rd. 12 cm lang.

Johannisfest, *Sommerjohanni,* Geburtstagsfest Johannes' des Täufers am 24. Juni (im Unterschied zum winterl. Johannistag, dem Fest des Evangelisten Johannes am 27. Dez.), *Sommersonnenwende.* Dem J. geht die *Johannisnacht* voraus, mit der Bräuche wie das Johannisfeuer (im MA in ganz Dtschld. verbreitet), Feuerspringen u. Scheibenschlagen, auch viele Fruchtbarkeitsriten verbunden sind. Der Brauch der "Sonnwendfeuer" breitete sich im 20. Jh. wieder aus.

Johannisfeuer → Johannisfest.

Johanniskäfer → Leuchtkäfer.

◆ **Johanniskraut,** *Hypericum,* eine Gattung der *Johanniskrautgewächse (Guttiferae),* mit gelben Blüten. Am häufigsten ist das *Tüpfeljohanniskraut* oder *Tüpfelhartheu, Hypericum perforatum,* das eigentliche J., das, zur Johannisnacht gesammelt, als Bannmittel gegen böse Geister u. Hexen galt. Als Heilpflanze wird das J. als Mittel gegen Erschöpfung u. Depressionen eingesetzt. Mindestens 10 pharmakologisch wirksame Bestandteile sind im Extrakt des Johanniskrauts nachgewiesen worden. Wechselwirkungen mit Arzneien sind beschrieben worden. Der die Haut rot färbende Saft der Blattdrüsen wurde als *Johannisblut* bezeichnet. Weitere Arten sind: *Geflecktes J., Hypericum maculatum; Niederliegendes*

J., Hypericum humifusum; Sumpfjohanniskraut, Hypericum elodes; Bergjohanniskraut, Hypericum montanum. Auch → Johanniskrautöl.

Johanniskrautgewächse, *Guttiferae,* Familie der *Guttiferales.* Zu den Johanniskrautgewächsen gehören u. a. *Johanniskraut, Calophyllum, Clusia, Garcinia.*

Johanniskrautöl, *Oleum hyperici verum,* öliger Extrakt aus Blüten vom Tüpfeljohanniskraut, *Hypericum perforatum*; enthält neben Gerb- u. Bitterstoffen *Hypericin.* Anwendung gegen raue, aufgesprungene, empfindliche Haut.

Johannislauch, *Allium schoenoprasum* → Schnittlauch.

Johannisroggen, *Staudenroggen, Waldkorn,* eine besondere Form des Roggens, der bei Sommeraussaat (April–Juni) stark bestockt, im Herbst einen Grünfutterschnitt u. im folgenden Jahr einen durchschnittlichen Kornertrag liefert.

Johannistrieb, *Augustsaft,* der bei einigen Holzarten, die im Sommer nach bereits eingetretener Ruhe erneut zu wachsen beginnen, gebildete kleinere Trieb. Johannistriebe entstehen regelmäßig bei der Eiche, kommen aber auch bei jungen Hainbuchen, bei der Birke u. den Nadelhölzern (bes. Lärche) vor. – Im übertragenen Sinn Bezeichnung für Liebesneigungen im Alter.

Johanniterorden, 1. *Johanniter, Malteser-, Hospitaliter-, Rhodiser-Orden, Ordo militiae S. Joannis Baptistae hospitalis Hierosolymitani,* geistl. Ritterorden, entstanden aus einem um die Mitte des 11. Jh. von Kaufleuten aus Amalfi gestifteten Spital in Jerusalem zur Pilgerbetreuung u. Krankenpflege. *Gerard,* vermutl. ein Provençale, leitete zu Beginn des 12. Jh. das Spital u. rief einen 1113 von Papst Paschalis II. bestätigten Orden ins Leben, der aus den im Spital tätigen Helfern u. anderen Gleichgesinnten bestand. Unter Gerards Nachfolger *Raimond de Puy* (1118 bis 1160)

Rote Johannisbeere, Ribes rubrum

Johanniskraut: Tüpfeljohanniskraut, Hypericum perforatum

wandelte sich die Gemeinschaft, die schon vor 1137 Waffendienste geleistet hatte, zu einem Ritterorden, der seit 1267 von einem Großmeister geleitet wurde.

Die Ritter trugen schwarze Mäntel mit weißem Kreuz. Ordenssitz war nach dem Fall Jerusalems (1187) die Festung Margat, danach Akko (1285–1291); nach dessen Eroberung durch die Moslems fand der J. zunächst auf Zypern Zuflucht u. war dann 1309–1522 Eigentümer von Rhodos; 1530 bis 1798 der Hauptsitz auf Malta. Nach dem Verlust Maltas lebte der Orden, manchmal in geänderter Form, in einigen Ländern (Russland, Deutschland, Österreich, England) weiter u. wurde im 19. Jh. reorganisiert (neuer Sitz des Großmeisters: Rom). In Dtschld. bestehen ein ev. Zweig des Johanniterordens (J. [2]) u. ein kath., der sog. *Malteserorden.* Beide widmen sich vornehmlich karitativen Aufgaben (Kranken- u. Verwundetenbetreuung im Krieg sowie in Hospitälern u. Kinderheimen).

2. *Preußischer J. (Ballei Brandenburg),* ein 1812 gestifteter Orden adliger Protestanten (Nachweis adliger Abstammung seit 1951 nicht mehr notwendig); wandte sich 1852 der Krankenpflege zu u. bildet seither Schwestern (Johanniterinnen, Johanniterschwestern) aus.

Johannsen, Wilhelm, dän. Botaniker, *3. 2. 1857 Kopenhagen, †11. 11. 1927 Kopenhagen; führte die statistische Methodik u. neue Begriffe in die Genetik ein (z. B. Gen, Genotypus, Phänotypus).

Johann von Leiden, eigentl. Jan *Bockelson,* Wiedertäufer, *1509 bei Leiden (Niederlande), †22. 1. 1536 Münster; 1534 Wanderprediger der Wiedertäufer in Münster, errichtete hier ein „Königreich Zion"; nach Eroberung Münsters durch den Bischof hingerichtet.

Johann von Salisbury [-'sɔːlzbəri], J. *Saresberiensis,* engl. Philosoph der Frühscholastik, *um 1115, †1180 Chartres (Frankreich); Sekretär des Kanzlers u. Erzbischofs T. *Becket* in Canterbury. Durch Abälard u. die Schule von Chartres gebildet, schrieb J.v.S. die erste Staatstheorie des MA („Policraticus") u. eine Verteidigung der Logik u. Metaphysik („Metalogicon"). Wichtig als Quelle zur engl. Geschichte. – Opera omnia, 5 Bde. 1848.

Johann von Würzburg, mittelhochdt. Dichter, vollendete 1314 das Abenteuer- u. Minne-Epos „Wilhelm von Österreich", das auch als Prosaroman (1481 gedruckt) sehr beliebt war.

Johanson, Donald, US-amerikan.-schwed. Anthropologe u. Paläontologe, *28. 6. 1943 Chicago; betrieb zusammen mit seinem Lehrer F. C. *Howell* u. mit der Forscherfamilie *Leakey* Ausgrabungen zur Frühmenschen-Forschung u. a. in Tansania u. Äthiopien (Hadar). Entdeckte 1974 im äthiop. Afar-Gebiet das bisher älteste Skelett eines Vormenschen: *Australopithecus afarensis* („Lucy"; etwa 3 Mio. Jahre alt). Schrieb zusammen mit M. Edey: „Lucy. Die Anfänge der Menschheit" 1982.

Johansson ['juː-], Lars (Lasse), schwed. Dichter, getauft 18. 10. 1638 Stockholm,

†12. 8. 1674 Stockholm; schrieb unter dem Pseudonym *Lucidor (der Unglückliche)* in schwed., latein., deutscher, französ., engl. und italien. Sprache barocke Trink-, Hochzeits- und Begräbnislieder. – Sämtliche Gedichte, 2 Bde., hrsg. von F. Sandwall 1914–1930.

John, ◆ **1.** [dʒɔn], Augustus Edwin, engl. Maler, *4. 1. 1878 Tenby, Wales, †31. 10. 1961 Fordingbridge, Hampshire; Mitgl. der Royal Academy, unternahm ausgedehnte Studienreisen, auf denen er auch mit Zigeunern zusammenlebte, die seine bevorzugten Motive waren. Seine Porträts u. Bildnisse sind gekennzeichnet von einem temperamentvollen, individuellen Stil, der sich in warmer Farbgebung u. breiter, großflächiger Pinselführung ausdrückt.

Augustus Edwin John: Dylan Thomas; um 1936. Cardiff, National Museum of Wales

2. [dʒɔn], Sir Elton, eigentl. Reginald Kenneth *Dwight,* brit. Pop-Sänger u. -Pianist, *25. 3. 1947 Pinner, Middlesex; bekannt seit den 1970er Jahren durch exzessive Bühnenshows; bes. sein Klavierstil wirkte auf die internationale Rockmusik. Zu seinen erfolgreichsten Hits gehören „Crocodile rock", „Daniel", „Goodbye yellow brick road" u. „Candle in the wind". 1997 schrieb J. zu diesem Song einen neuen Text, den er der tödlich verunglückten Lady Diana widmete u. der zur meistverkauften Single der Musikgeschichte wurde.

3. Otto, dt. Jurist, *19. 3. 1909 Marburg, †26. 3. 1997 Innsbruck; bis 1944 Syndikus der Lufthansa. J. gehörte mit seinem Bruder Hans seit 1938 der Widerstandsbewegung an u. entkam nach dem Attentat auf Hitler vom 20. Juli 1944 nach Großbritannien, wo er im Apparat der brit. Deutschlandpropaganda tätig war. Seit Dez. 1950 war er kommissarischer Leiter, seit 1951 Präs. des Bundesamtes für Verfassungsschutz. Im Juli 1954 ging J. in die DDR (nach eigenen Angaben entführt); nach seiner Rückkehr Ende 1955 wurde er wegen Landesverrats verurteilt, 1958 vorzeitig entlassen. Anträge Johns auf Wiederaufnahme des Verfahrens lehnte der

Bundesgerichtshof 1976 endgültig ab. Memoiren: „Zweimal kam ich heim" 1969.

John Bull [dʒɔn 'bul], Bez. für den Typus des hartnäckigen Engländers bes. in der Karikatur; stammt aus einer Satire von J. *Arbuthnot.*

Johne'sche Krankheit → Paratuberkulose.

Jasper Johns

◆ **Johns** [dʒɔnz], Jasper, US-amerikan. Maler, *15. 5. 1930 Augusta, Georgia; Wegbereiter der Pop-Art, befreundet mit R. *Rauschenberg*; malte 1954–1958 triviale Gegenstände wie Fahnen, Schießscheiben oder Ziffern u. imitierte in den 1960er Jahren Konsumgüter (Ballantine-Bierdosen aus bemalter Bronze); verzichtet im Gegensatz zu den Popkünstlern auf schablonenhafte Vereinfachung u. Serienwirkung. In den 1990er Jahren fanden im New Yorker Museum of Modern Art, im Kölner Museum Ludwig u. in der Fondation Beyeler im schweizerischen Riehen große Retrospektiven statt. 1997 veröffentlichte J.: „Ziel auf maximale Schwierigkeit dessen, was passiert ist". Interviews, Statements, Sketchbook-notes.

Johnson, 1. [dʒɔnsən], Andrew, US-amerikan. Politiker (Demokrat), *29. 12. 1808 Raleigh, North Carolina, †31. 7. 1875 Carter Station, Tennessee; 1853 Gouverneur von Tennessee, 1857 Senator, im Sezessionskrieg der Einzige Union-Anhänger unter den Senatoren der Südstaaten. J. war seit 1864 Vizepräsident u. wurde nach der Ermordung A. *Lincolns* dessen Nachfolger (17. Präs. der USA 1865–1869); er suchte die *Reconstruction,* „Wiederherstellung der USA", durch eine Politik der Milde den

Jasper Johns: Flagge auf orangefarbenem Feld; 1957. Köln, Museum Ludwig

besiegten Südstaaten gegenüberzu fördern u. geriet darüber in Konflikt mit unversöhnl. Kongresspolitikern. Sie verklagten J. 1868 wegen schwerer Vergehen in elf Fällen beim Senat. In dem Parlamentsprozess stimmten 35 Senatoren für, 19 gegen die Anklage. Zur erforderl. Zweidrittelmehrheit fehlte eine Stimme. J. konnte daher bis ans Ende seiner Amtszeit regieren.

2. ['dʒɔnsən], Bunk, eigentl. William Geary J., US-amerikan. Jazztrompeter, * 27. 12. 1879 New Orleans, † 7. 7. 1949 New Iberia, Louisiana; einer der interessantesten Vertreter des traditionellen New-Orleans-Jazz; vor 1914 hörte ihn L. Armstrong; 1932–1938 war er musikalisch nicht tätig; machte dann mit Armstrongs finanzieller Hilfe einen neuen Anfang.

3. ['dʒɔnsən], Cornelius, *Cornelis Janssens van Ceulen*, engl. Maler, getauft 14. 10. 1593 London, † 5. 8. 1661 Utrecht (Niederlande); war bis 1642 Bildnismaler Karls I. in England u. siedelte nach dem engl. Bürgerkrieg in die Niederlande über. In seinen Porträts verband er engl. u. fläm. Stilelemente. In seinem Spätwerk gelangte er zu einer sehr einfühlsamen Darstellung der Porträtierten mit freier u. sicherer Linienführung u. zentriertem Bildaufbau.

4. ['dʒɔnsən], Earvin „Magic", US-amerikan. Basketball-Spieler, * 8. 8. 1959 Lansing, Mich.; spielte in den 1980er Jahren in der US-amerikan. Profiliga bei den L. A. Lakers; gilt zusammen mit Kareem *Abdul-Jabbar* als Erfinder des spektakulären „Showtime"-Basketballs; gewann 1992 mit der US-amerikan. Basketballmannschaft die Goldmedaille bei den Olymp. Spielen; zog sich 1996 endgültig vom Basketball zurück. J. gab 1991 bekannt, an HIV erkrankt zu sein, u. gründete eine Stiftung, die um das gesundheitl. u. soziale Wohlbefinden von Kindern in den USA kümmert.

Eyvind Johnson

♦ 5. ['juːnsɔn], Eyvind, schwed. Erzähler, * 29. 7. 1900 Svartbjörnsbyn, Norbotten, † 25. 8. 1976 Stockholm; anfangs fanat. Realist, entwickelte sich dann zum Humanisten u. Vorkämpfer des europ. Gedankens; Nobelpreis 1974; Romane: „Hier hast du dein Leben" 1934–1937, dt. 1951; „Träume von Rosen u. Feuer" 1949, dt. 1952; „Fort mit der Sonne" 1951, dt. 1953; „Wolken über Metapont" 1957, dt. 1964; „Eine große Zeit" 1963, dt. 1966; „Reise ins Schweigen. Ein Roman über Gefangene" 1973, dt. 1975; Erzählungen u. Essays.

6. ['dʒɔnsən], Harry G., kanad. Nationalökonom, * 26. 5. 1923 Toronto (Kanada), † 9. 5. 1977 Genf; liberaler Vertreter der neueren angelsächsischen Geldtheorie, die dem Geld u. der Geldpolitik eine zentrale Rolle in wirtschaftspolit. Stabilisierungsstrategien zuspricht. Den monetaristischen Konzepten zur Geldmengensteuerung stand J. aus pragmatischen Gründen reserviert

gegenüber. Hptw.: „Essays in monetary economics" 1967, dt.: „Beiträge zur Geldtheorie u. Geldpolitik" 1969; „Inflation and the monetarist controversy" 1972.

7. ['dʒɔnsən], James Price, auch „Jimmy" genannt, US-amerikan. Jazzpianist u. -komponist, * 1. 2. 1891 New Brunswick, New Jersey, † 17. 11. 1955 New York; entwickelte aus dem Ragtime seine typische Spielweise, die Fats *Waller* (* 1904, † 1943) u. D. *Ellington* übernahmen.

8. ['dʒɔnsən], Jay Jay (J. J.), eigtl. James Louis, US-amerikan. Jazzmusiker (Posaune), * 22. 1. 1924 Indianapolis, Ind., † 4. 2. 2001 Indianapolis, Ind.; einer der führenden Vertreter der Posaune im Jazz; J. übertrug in den frühen 1940er Jahren die virtuose Spiel- u. Improvisationsweise des Saxophons auf die schwerfälliger reagierende Posaune u. setzte damit neue Maßstäbe. J. spielte mit vielen Größen des Bebop.

9. ['dʒɔnsən], James Weldon, US-amerikan. Schriftsteller, * 17. 6. 1871 Jacksonville, Florida, † 26. 6. 1938 Darkharbour, Maine; ab 1916 einer der Führer der schwarzen Bürgerrechtsbewegung u. Vertreter der *Harlem Renaissance*; Roman: „Der weiße Schwarze" 1912, dt. 1928; Gedichte: „Gib mein Volk frei" 1933, dt. 1960.

Lyndon B. Johnson

♦ 10. ['dʒɔnsən], Lyndon Baines, US-amerikan. Politiker (Demokrat), * 27. 8. 1908 Stonewall bei Johnson City, Texas, † 22. 1. 1973 San Antonio, Texas; 1937 bis 1949 Abg. im Repräsentantenhaus, wo er F. D. *Roosevelt* u. den New Deal unterstützte. Im 2. Weltkrieg diente J. bei der Marine; 1949–1961 war er Senator, seit 1953 auch Fraktionsführer. In der Rassenfrage wurde J. Mittler zwischen den Nord- u. Südstaaten. Seit 1961 Vizepräsident, übernahm er nach der Ermordung J. F. *Kennedys* 1963 als 36. Präs. die Regierung. Die Wahl von 1964 bestätigte ihn im Amt. Seiner Vorstellung einer *Great Society* (etwa „allumfassende Gesellschaft") suchte J. durch Reformen nahezukommen. Zwei neue Bürgerrechtsgesetze (1964 u. 1968) sollten den Schwarzen die Chancengleichheit bringen. Überhöhte Erwartungen eines Teils der Schwarzen führten jedoch zu Rassenunruhen. Seit 1964 führte J. mit verstärktem militär. Einsatz den Vietnamkrieg. Wegen der hohen Kriegskosten kam das Reformwerk zum Stillstand. An der Kriegspolitik entzündeten sich heftige Studentenunruhen („Campus-Revolte"). Angesichts des Scheiterns aller Versuche, den Krieg zu beenden, wuchs die Kritik an Johnsons Führungsfähigkeiten. Daraufhin stellte er sich 1968 nicht wieder zur Wahl. Memoiren: „Meine Jahre im Weißen Haus" 1971.

11. ['dʒɔnsən], Michael, US-amerikan. Leichtathlet, * 13. 9. 1967 Dallas, Texas; gewann 1992 olympisches Gold mit der

Philip C. Johnson mit dem Modell des New Yorker State Theaters; 1961

4 × 400-m-Staffel, 1996 über 200 u. 400 m; stellte 1999 den Weltrekord über 400 m auf (43:18 s).

♦ 12. ['dʒɔnsən], Philip Cortelyou, US-amerikan. Architekt u. Bauwissenschaftler, * 8. 7. 1906 Cleveland, Ohio; war 1930–1936 u. 1946–1954 Direktor der Architekturabteilung im Museum of Modern Art in New York. Angeregt von M. *Breuer* u. L. *Mies van der Rohe*, baute er als Privatarchitekt vor allem Museen, Universitätsbauten u. Einfamilienhäuser, daneben veröffentlichte er Werke zur modernen Architektur („Texte zur Architektur" 1982). Sein Stil zeichnet sich durch formale Modernität mit einem Hang zum Historismus aus. 1979 erhielt J. als Erster den Pritzker-Preis für Architektur. Hptw.: New Canaan, Conn., Johnson-Haus (Glass House) 1949; New York, Museum of Modern Art 1964; New Haven, Bauten für die Yale-Universität 1965; Kunsthalle Bielefeld 1968; New York, American Telephon and Telegraph Company (AT&T) 1979 bis 1984; Garden Grove, Calif., Kristallkathedrale 1979; Berlin, Philip-Johnson-Haus am Checkpoint Charlie 1997.

13. ['dʒɔnsən], Robert, US-amerikan. Bluesgitarrist u. Sänger, * 8. 5. 1911 Hazelhurst, Missouri, † 16. 8. 1938 Greenwood, Missouri; beeinflusste mit seinem kompositor. Ideenreichtum zahlreiche Rock- u. Bluesmusiker, darunter Muddy *Waters*, E. *Clapton*, die *Rolling Stones* u. *Led Zeppelin*. Sein Gesamtwerk „The Complete Recordings" mit Aufnahmen von 1936 wurde 1988 mit einem Grammy prämiert.

Samuel Johnson

♦ 14. ['dʒɔnsən], Samuel, engl. Schriftsteller, * 18. 9. 1709 Lichfield, † 13. 12.

1784 London; Hrsg. krit. Wochenzeitungen („The Rambler" 1750–1752; „The Idler" 1758–1760). Als Literaturkritiker trat er für Shakespeare ein, dessen Werke er auch herausgab. Durch seine Lebensbeschreibungen engl. Dichter wurde er zum maßgebenden, ästhet. u. sittl. Wertung verbindenden Literarhistoriker seiner Zeit. Sein dichter. Werk (Satire „London" 1738; Roman „Rasselas" 1759, dt. 1762) weist ihn als Klassizisten u. Aufklärer aus. Mit dem „Dictionary of the English language" 1755 schuf J. die Grundlage der engl. Lexikographie. – Collected poems, hrsg. von D. N. Smith, E. L. McAdam 1941.

Uwe Johnson

◆ **15.** ['joːnzɔn], Uwe, dt. Schriftsteller, * 20. 7. 1934 Cammin, Pommern, † 23. 2. 1984 Sheerness-on-Sea, England; studierte Germanistik in Rostock u. Leipzig, übersiedelte 1959 nach Westberlin, lebte zeitweise in den USA u. nahm 1974 seinen Wohnsitz auf der Themse-Insel Sheppey. J. ist vielfach geehrt worden, so 1971 mit dem Georg-Büchner-Preis.
J. schilderte in eigenwilliger experimenteller Prosa Lebensläufe von Menschen aus der DDR u. der BRD: „Mutmaßungen über Jakob" 1959; „Das dritte Buch über Achim" 1961; „Zwei Ansichten" 1965; „Jahrestage. Aus dem Leben von Gesine Cresspahl" 4 Bde. 1970–1983. Er unterzog dabei eine dt. Region (nordwestliches Mecklenburg) mit ihren sprachl., histor., ethn. u. landschaftl. Eigenheiten einer kritischen Inventur. Er thematisierte den Provinzialismus u. machte ihn mit moralischem Rigorismus zu einem Gegenstand weltliterar. Bedeutung.
Weitere Werke: „Karsch u. andere Prosa" 1964; „Eine Reise nach Klagenfurt" 1974; „Begleitumstände. Frankfurter Vorlesungen" 1980.

Jojoba, Simmondsia chinensis

Johnston ['dʒɔnstən], Sir Harry Hamilton, engl. Afrikaforscher u. Kolonialpolitiker, * 12. 6. 1858 London, † 31. 7. 1927 Woodsetts House, Nottinghamshire; bereiste 1879/80 das südl. Tunesien, Angola, das Kongobecken u. die Kilimandscharo-Region in Ostafrika. 1885–1887 leistete er als Konsul für das Nigerdelta Vorarbeiten für die brit. Kolonisation Nigerias; 1889–1896 erwarb er Nyasaland u. Teile des späteren Nordrhodesiens; 1899 bis 1901 verwaltete er Uganda. J. prägte die Parole, Afrika solle „vom Kap bis Kairo" britisch werden.
Johnston Island ['dʒɔnstən 'ailənd], US-amerikan. Pazifikinsel (Atoll), rd. 1100 km südwestl. von Honolulu; 1807 von Captain C. J. *Johnston* entdeckt; seit 1858 US-amerikan.; seit 1934 Stützpunkt der US-Marine; Flughafen; Atombombenversuche.
Johnstown ['dʒɔnztaun], Stadt im SW von Pennsylvania (USA), östl. von Pittsburgh, 360 m ü. M., im engen Tal des Conemaugh River, 28 100 Ew., als Metropolitan Area 241 000 Ew.; Universität (gegr. 1927); Kohle- u. Eisenerzbergbau, Eisen- u. Stahlindustrie (seit 1861), Maschinen-, chem., Keramik-, Elektro- u. Textilindustrie. – Gegr. 1800.
Johore [dʒɔ'hɔːr], Bundesstaat in Malaysia, nördl. von Singapur, auf der Halbinsel Malakka, 18 985 km², 2,1 Mio. Ew.; Hptst. *J. Bahru*; Abbau von Eisenerz, Bauxit u. Zinn; Kautschukplantagen.
Johore Bahru, *Johor Baharu,* Hptst. des malays. Bundesstaats Johore, an der Grenze zu Singapur, 329 000 Ew.; Sultanspalast; Handelszentrum für Kautschuk u. trop. Früchte; Hafen, Bahnverbindung nach Singapur.
Johst, Hanns, dt. Dramatiker u. Erzähler, * 8. 7. 1890 Seerhausen, Sachsen, † 23. 11. 1978 Ruhpolding, Bayern; 1935–1945 Präs. der nat.-soz. Reichsschrifttumskammer; nach expressionist. Anfängen Hauptvertreter der nat.-soz. Literaturauffassung, in Abwendung von der aufklärerisch-klass. Tradition eine heroisch-kultische Überhöhung des Deutschtums betrieb, z. B. in sog. Thingspielen u. anderen Masseninszenierungen.
Joigny [ʒwa'nji], Stadt in Zentralfrankreich, Dép. Yonne, an der Yonne, 10 600 Ew.; Altstadt mit Baudenkmälern aus dem 12.–17. Jh.; Elektro- u. mechan. Industrie.
Joint [dʒɔint; engl.], eine Zigarette mit Mischung aus Tabak u. Haschisch oder Marihuana.
Joint Implementation, die gemeinsame Umsetzung von Maßnahmen zum → Klimaschutz durch mehrere Staaten. Grundidee: durch Förderung einer bes. effizienten Energienutzung in Staat A, die durch Staat B finanziert wird, entledigt sich Staat B, ggf. auch kostengünstig, der vertragl. Verpflichtung zur Einsparung von Treibhausgas-Emissionen im eigenen Land. Das Verfahren ist in der Entwicklungsphase. Auch → Kyoto-Protokoll.
Joint Stock Corporation ['dʒɔint - kɔːpə'reiʃən; engl.], US-amerikan. Unternehmensform, vergleichbar der dt. → Kapitalgesellschaft, bei der das Gesellschaftsvermögen im Gegensatz zu der Publikums-

gesellschaft in den Händen weniger Personen liegt. Auch → Corporation.
Joint Venture ['dʒɔint'ventʃə; engl.], *Gemeinschaftsunternehmen,* eine vor allem in der internationalen Großindustrie verwendete Bez. für eine spezielle Form zwischenbetrieblicher Kooperation zur Durchführung einmaliger Vorhaben oder in Form eines gemeinsam betriebenen Unternehmens. Meist erfolgt die kapitalmäßige Beteiligung bei einem J.V. zu gleichen Teilen. Anlässe für ein J.V. sind insbes. die Zusammenfügung des Know-how aus verschiedenen Branchen oder Ländern u. die Teilung von Risiken. Beispiel: Erforschung von Rohstoffen im Meer u. am Meeresgrund (etwa: von Manganknollenvorkommen auf dem Meeresboden) u. der Möglichkeit ihrer Förderung, danach Abbau u. Aufbereitung bei Verpflichtung der jeweiligen Vertragspartner zur anteiligen Abnahme der Produkte. Hier spielen Aspekte wie Sicherung des Rohstoffbezugs ebenso eine Rolle wie die hohen Investitionskosten u. das große wirtschaftl. Risiko. Wettbewerbspolitisch sind Joint Ventures deshalb als problematisch anzusehen, weil einerseits mit ihrer Gründung eine Verbesserung der Marktversorgung erreicht, andererseits aber auch der Wettbewerb zwischen Gesellschaftsunternehmen eingeschränkt werden kann, u. zwar nicht allein auf dem Markt, auf dem das Gemeinschaftsunternehmen tätig ist. Das Bundeskartellamt hat deshalb zur Kontrolle solcher Aktivitäten Grundsätze für die rechtl. Beurteilung von Gemeinschaftsunternehmen aufgestellt u. im Tätigkeitsbericht 1978 veröffentlicht.
Joinvile [ʒuẽ'vili], *Joinville,* brasilian. Stadt im Staat Santa Catarina, nahe der Atlantikküste, 346 000 Ew.; Zentrum der 1851 gegr. deutschen Kolonie *Dona Francisca;* dt.-brasilian. Kultureinrichtungen; bedeutendes Industriezentrum mit Maschinen-, Motoren- u. Möbelfabriken, Nahrungsmittel-, Textil- u. chem. Industrie, Gießereien, Herstellung von Kühlschränken u. Autoteilen.
◆ **Jojoba,** *Simmondsia chinensis (californica),* Wüstenpflanze aus der Familie der *Buchsbaumgewächse (Buxaceae);* Charakterpflanze der Trockengebiete in der Sonora-Wüste (südwestl. USA, Nordwest-Mexiko), immergrüner, 0,6 – 3 m hoher, zweihäusiger Busch. Die Samen enthalten zu etwa 50 % ein nichtfettendes, wachsartiges Öl. Vielfältige Anwendungen sind z. B. Kosmetika (Haarfestiger, -öl, Cremes), Pharmaka (Ummantelung von Präparaten, Appetitzügler), Desinfektions- u. Waschmittel, Politur- u. Isolationswachse. Daher wurde die J. weltweit als neue Nutzpflanze der Trockengebiete empfohlen. Die J. ist zwar salztolerant u. benötigt mit ihren bis 3 m langen Pfahlwurzeln weder Bewässerung noch Dünger, jedoch bereitet ihre Fortpflanzungsbiologie (nur die weiblichen Pflanzen bringen nach 3–5 Jahren eine zufrieden stellende Ernte) noch Schwierigkeiten.
Jok [norw.-samisch], *Joki* [finn.], *Jokk* [schwed.-samisch, russ.-samisch], Bestandteil geograph. Namen: Fluss.

Jókai ['joːkɔi], Mór, ungar. Schriftsteller, *18. 2. 1825 Komorn, † 5. 5. 1904 Budapest; verfasste über 200 Romane u. Erzählungen, z. T. heiteren Inhalts, meist mit patriotischen Themen („Ein ungarischer Nabob" 1853, dt. 1892; „Der schwarze Diamant" 1870, dt. 1890; „Goldmensch" 1872, dt. 1876; „Der Zigeunerbaron" 1885, dt. 1888). Zusammen mit S. *Petőfi* 1848 Führer der ungar. revolutionären Jugend. – Textausgabe, 100 Bde. 1894–1898; Nachlass, 10 Bde. 1912; Textausgabe 1951 ff.; Mór J. Összes müvei, hrsg. von D. Lengyel, M. Nagy, 70 Bde. 1962–1970.

Joker: Motiv auf deutschen Spielkarten Ende des 19. Jh. Stuttgart, Deutsches Spielkarten-Museum

◆ **Joker** [joːkər, engl. 'dʒouka; der; engl., „Spaßmacher"], seit der 2. Hälfte des 19. Jh. eingeführte zusätzliche Spielkarte bei Kartenspielen mit 52 Blatt, z. B. bei → Rommé, → Canasta. Der J. kann, je nach Spielregel, andere Karten ersetzen. Auf der Spielkarte ist der J. meist als Narr dargestellt. Als Vorläufer des Jokers gilt fälschlicherweise der „Narr" *(Sküs, Skys, Excusé, Harlekin),* die 22. Karte beim → Tarock.

Jokkmokk, schwed. Ort im nördl. Lappland, am Lilla Luleälv, 18 144 km², 4500 Ew.; Zentrum lappländ. Kultur; Fremdenverkehr.

Jokohama, japan. Stadt, → Yokohama.

Jökull [isländ., „Eis"], Bestandteil geograph. Namen: Gletscher.

Joliet ['dʒouljət], Stadt im NO von Illinois (USA), am Des Plaines River u. Illinois-Michigan-Kanal, 185 m ü. M., 76 800 Ew.; Stahl-, Maschinen-, Elektro-, Schuh- u. Papierindustrie, Raffinerien, Eisenbahnwerkstätten, Großschlächtereien; in der Nähe Kohlenbergbau; Abbau von Kalksteinen. – Gegr. 1831 als Juliet, seit 1845 J., Stadt 1852.

Frédéric Joliot-Curie; 1946

◆ **Joliot-Curie** [ʒɔˈljoː kyˈriː], Frédéric, eigentl. F. *Joliot,* französ. Physiker, *19. 3. 1900 Paris, † 14. 8. 1958 Paris; Schüler von M. u. P. *Curie;* 1946–1950 Hoher Kommissar Frankreichs für Atomenergie (wegen Mitgliedschaft in der Kommunist. Partei entlassen). J. entdeckte mit seiner Frau Irène *Curie* die künstl. Radioaktivität; sie erhielten zusammen 1935 den Nobelpreis für Chemie. Auch Arbeiten zur Isotopenforschung.

Jolivet [ʒɔliˈvɛ], André, französ. Komponist, *8. 8. 1905 Paris, † 20. 12. 1974 Paris; u. a. Schüler von E. *Varèse,* gehörte zur Gruppe → Jeune France; schrieb expressive Orchesterwerke („Cinq danses rituelles" 1939, „Psyché" 1946), Solokonzerte, Kammermusik, Klavierwerke („Mana" 1935), Vokalwerke u. Ballette.

Jolle [die; ndt.]. **1.** *S c h i f f f a h r t :* kleines, breites Beiboot auf Seeschiffen mit Rudern oder einem Rahsegel; auch in der Marine. **2.** *S e g e l s p o r t :* Segelbootstyp mit Schwertkiel, meist breitbodig u. mit Lufttanks, die das Boot unsinkbar und nach einem Kentern leicht wieder aufrichtbar machen. Olympische Jollen sind *Finn-Dinghy* und *Flying Dutchman;* die *Olympiajolle* ist ein Boot der internationalen Einheitsklasse. In Deutschland gibt es außerdem mehrere weitere Rennjollen-, Wanderjollen- und Jollenkreuzer-Klassen. Auch → Segelboot.

Jolliet [engl. 'dʒɔliət], Louis, französ.-kanad. Forschungsreisender, *um 1645 bei Quebec, †1700 bei Quebec; 1673 bewies J. zusammen mit J. *Marquette,* dass der Mississippi in den Golf von Mexiko mündet u. nicht, wie damals angenommen, in den Pazifik. J. kartographierte auch den St.-Lorenz-Strom u. die Westküste Neufundlands.

Jolo, Hauptinsel der philippin. Suluinseln, 893 km², Hauptort J., rd. 60 000 Ew.; Perlenfischerei; Hafen, Flugplatz.

Jølsen ['jœlsən], Ragnhild, norweg. Erzählerin, *28. 3. 1875 Enebakk, †28. 1. 1908 Enebakk; gelangte von der Romantik zum Realismus, wahrte aber die myst. Betrachtung von Natur u. Geschichte. Romane: „Rikka Gan" 1904, dt. 1905; „Brukshistorier" 1907.

Jomard [ʒoˈmaːr], Edme François, französ. Geograph u. Archäologe, *22. 11. 1777 Versailles, † 23. 9. 1862 Paris; Mitbegründer der Pariser Geographischen Gesellschaft (1821). J. kam durch die Teilnahme an Napoleons Feldzug nach Ägypten, forschte dort bis 1802 u. leitete dann die Redaktion der „Description de l'Égypte" 1814.

Jominy-Probe, Verfahren zur Prüfung der Härtbarkeit von Legierungen. Eine zylindrische Probe wird auf Härtetemperatur erhitzt u. an der Stirnseite mit Wasser abgeschreckt. Mit zunehmendem Abstand von der Stirnseite nimmt die Abkühlungs-

geschwindigkeit ab, so dass unterschiedl. Härten entstehen.

Jom Kippur [hebr.] → Versöhnungstag.

Jom-Kippur-Krieg, *Yom-Kippur-Krieg,* der arabisch-israelische Krieg, der am jüd. Versöhnungstag *(Jom Kippur)* ausbrach u. vom 6. bis 26. 10. 1973 dauerte; → Nahostkonflikt.

Jommelli, *Jomelli,* Niccolò, italien. Opernkomponist, *10. 9. 1714 Aversa, Neapel, † 25. 8. 1774 Neapel; Konservatoriumsdirektor in Venedig, 1749 Kapellmeister am Petersdom in Rom, 1753–1769 Kapellmeister in Stuttgart; in seinem Bestreben nach Vertiefung des dramat. Ausdrucks Vorgänger C. W. von *Glucks;* neben 82 (davon 53 erhaltenen) Opern („Odoardo" 1738, „La clemenza di Tito" 1765) schrieb er auch Kirchenmusik.

Jomolungma [dʒo-], tibet. Name des Mount → Everest.

Jomon-Kultur, prähistor. Kultur Japans, die etwa zwischen 8000–300 v. Chr. datiert wird. Die Menschen der J. waren vorwiegend Jäger u. Sammler, stellten aber auch Keramik mit Schnureindruckverzierungen her. Sie lebten in Dörfern mit in den Boden eingetieften Hütten. Um 300 v. Chr. wurde die J. von der *Yayoi-Kultur* abgelöst; ihre lange Tradition wird auf die vom Festland abgeschnittene Insellage Japans zurückgeführt.

Jomotsering, Himalayagipfel, → Gauri Sankar.

Jomsburg, die in der altnord. *Jomsvikinga-Saga* geschilderte Wikingersiedlung *Jumne* an der Odermündung, 1098 von den Dänen zerstört; wahrscheinl. das sagenhafte *Vineta* auf Wollin.

◆ **Jona,** Name einer prophet. Schrift des AT aus dem 5. oder 4. Jh. v. Chr., die unter die zwölf sog. kleinen Propheten eingeordnet ist. Sie berichtet von legendären Erlebnissen des J. im Bauch eines großen Fisches, der ihn verschlungen hatte, u. von Ninive, wo J. nur widerwillig, aber mit Erfolg als Bußprediger auftrat; enthält scharfe Polemik gegen den jüdischen Anspruch, das erwählte Volk zu sein.

Jona und der Wal. Barocke Bibelillustration

Jọna [hebr., „Taube", grch. Jonas] Prophet um 780 v. Chr. (2. Kön. 14,25).

Franz Jonas

Jọnas, ◆ **1.** Franz, österr. Politiker (SPÖ), *4. 10. 1899 Wien, †24. 4. 1974 Wien; 1951–1965 Bürgermeister und Landeshauptmann von Wien, seit 1950 stellvertretender Vorsitzender der SPÖ, 1952/53 Mitgl. des Bundesrats, 1953 bis 1965 Mitgl. des Nationalrats; bis zu seinem Tod Bundes-Präs.

Hans Jonas

◆ **2.** Hans, dt. Philosoph u. Religionswissenschaftler, *10. 5. 1903 Mönchengladbach, †5. 2. 1993 New York; emigrierte 1933; seit 1955 in den USA; lehrte in Jerusalem, Montreal, Ottawa u. New York. J. arbeitete über Ursprung u. Wirkungsgeschichte der Gnosis („Gnosis u. spätantiker Geist" 2 Bde. 1934, 1954; „Gnosis. Die Botschaft des fremden Gottes" 1958, dt. 1999) u. wies in einigen Werken auf Risiken u. Gefahren neuer Technologien hin (u.a. „Das Prinzip Verantwortung. Versuch einer Ethik für die technolog. Zivilisation" 1979). Friedenspreis des Dt. Buchhandels 1987.
3. Justus, eigentl. Jodocus *Koch*, dt. luth. Theologe u. Jurist, *5. 6. 1493 Nordhausen, †9. 10. 1555 Eisfeld; seit 1521 Prof. der Theologie in Wittenberg, 1541–1547 Superintendent in Halle; humanist. gebildeter Freund Luthers, wirkte durch Übersetzungen reformator. Schriften vom Lateinischen ins Deutsche, Prediger u. Dichter geistl. Lieder; hielt die Leichenpredigt auf Luther.
4. Peter, engl. Musikmanager u. Intendant,

Allen Jones: Figure Falling; 1964. Köln, Museum Ludwig

Inigo Jones: Banqueting House; 1622. London, Whitehall

*14. 10. 1946 London; 1976–1985 künstler. Direktor des Chicago Symphony Orchestra, 1984–1993 Geschäftsführer der English National Opera in London, seit 1993 Intendant der Bayer. Staatsoper in München.
5. Regina, dt. jüd. Theologin, *3. 8. 1902, †1944; seit 1934 Rabbinerin in Berlin, 1942 nach Theresienstadt deportiert, 1944 nach Auschwitz; erste ordinierte Rabbinerin des Judentums.
Jonatan, Sohn des Königs *Saul* u. Freund *Davids*; fiel im Kampf gegen die Philister.
Jonathan [hebr., „Jahwe hat gegeben"], männl. Vorname; Kurzform *Nathan*.
Jones [dʒoʊnz], ◆ **1.** Allen, engl. Maler u. Grafiker, *1. 9. 1937 Southampton; Hauptvertreter der engl. Pop-Art; ironisiert mit erotischen Signalen den Sexappeal-Fetischismus der Konsumgesellschaft, unternahm mit seinen „Shelf-Bildern" (rechtwinklig nach vorn ausklappbare Bilder) erste Vorstöße in die Dreidimensionalität, die dann in seinen lebensgroßen Möbelpuppen vollplastische Dimension gewann.
2. Brian, engl. Rockgitarrist, *28. 2. 1942 Cheltenham, Gloucester, †3. 7. 1969 Hartford, Sussex; als Mitgl. der → Rolling Stones Idol u. Identifikationsfigur für Millionen von Jugendlichen; verließ die Band 1969, um eine Solokarriere zu beginnen; gefeiert wurde seine 1971 erschienene aharmon. Trance-Musik von Joujouka-Flötisten als zukunftsträchtiger Trend in der E-Musik („Brian Jones presents the Pipes of Pan of Joujouka").
3. Daniel, engl. Phonetiker u. Phonologe,

*12. 9. 1881 London, †4. 12. 1967 London; Vertreter der Londoner Linguistenschule; sein Aussprachewörterbuch („English Pronouncing Dictionary" 1917, Nachdr. 1972) gilt als Grundlage für die Aussprache der englischen Sprache.
4. Elvin, US-amerikan. Jazzmusiker (Schlagzeug), *9. 9. 1927 Pontiac, Michigan; Mitglied des John Coltrane Quartetts 1960–1965, arbeitete als Bandleader u. Ensemblemusiker (u.a. für M. *Davis*, B. *Powell*, S. *Rollins*).
5. Dame (seit 1986) Gwyneth, engl. Sängerin (Sopran), *7. 11. 1936 Pontnewynydd; Mitglied der Covent Garden Opera, London, der Wiener Staatsoper u. der New Yorker Met. Bes. als Wagner- u. Strauss-Sängerin berühmt.
6. Sir Harold Spencer, engl. Astronom, *29. 3. 1890 London, †3. 11. 1960 London; ab 1933 Direktor des Observatoriums Greenwich u. „Royal Astronomer"; Arbeiten zur Bestimmung der *astronom. Einheit* u. Unregelmäßigkeiten der Erdrotation.
◆ **7.** Inigo, engl. Architekt, *15. 7. 1573 London, †21. 6. 1652 London; führte in England den Klassizismus A. *Palladios* ein, was bedeutungsvoll für die ganze spätere Entwicklung der engl. Baukunst wurde. Er schuf u.a. die Banketthalle in Whitehall, die Schlösser Stoke Park u. Wilton House; wirkte auch auf die amerikan. Architektur ein.
8. James, US-amerikan. Schriftsteller, *6. 11. 1921 Robinson, Ill., †10. 5. 1977 New York; Schilderungen aus der amerikan.

Armee, Gesellschaftskritik. J. erlangte Berühmtheit durch seinen Roman „Verdammt in alle Ewigkeit" 1951, dt. 1951 (verfilmt 1953); weitere Romane: „Die Entwurzelten" 1958, dt. 1959; „Die Pistole" 1958, dt. 1959; „Kraftproben" 1967, dt. 1968; „Mai in Paris" 1970, dt. 1970; „Heimkehr der Verdammten" 1978, dt. 1979.

9. Jim (James Warren), US-amerikan. Prediger, *13. 5. 1931 Lynn, Indiana, †18. 11. 1978 Jonestown (Guyana); Gründer des „People's Temple of the Disciples of Christ, Denominational Brotherhood" (→ Volkstempel-Sekte). Die anfänglich durch sozialen Einsatz bestimmte Gruppe erregte weltweites Aufsehen, als sie am 18. 11. 1978 unter dem Einfluss von J. nach dem Mord an dem US-amerikan. Kongressabgeordneten Leo Ryan kollektiven Selbstmord beging.

10. Le Roi (Everett), US-amerikan. Schriftsteller, *7. 10. 1934 Newark, New Jersey; trat nach liberalen Anfängen für einen schwarzen Nationalismus in den USA ein; schrieb neben Gedichten u. Erzählungen den autobiogr. Roman „Dantes System der Hölle" 1965, dt. 1966, der das hilflose, isolierte Individuum zum Thema hat; Bühnenstücke: „Dutchman" 1964 u. „The Slave" 1964; weiterer Roman: „Ausweg in den Haß" 1966, dt. 1966; Erzählungen: „Langsam bergab" 1967, dt. 1968.

11. Sidney, engl. Operettenkomponist, *17. 6. 1861 London, †29. 1. 1946 London; mehr als 10 Operetten, am bekanntesten „Die Geisha" 1896.

12. Sir William, engl. Jurist u. Orientalist, *28. 9. 1746 London, †27. 4. 1794 Calcutta; kam 1783 als Richter nach Calcutta; lernte dort das ind. Altertum u. das Sanskrit kennen, dessen Studium in Europa er anregte (1784 Gründung der Asiat. Gesellschaft) u. durch Übersetzungen förderte. J. entdeckte die Verwandtschaft des Sanskrit mit dem Griechischen, Lateinischen u. Gotischen.

Jonessund [dʒounz-], *Jones Sound,* Meeresstraße im arktischen Kanada zwischen der Devon- u. der Ellesmereinsel.

Jong, Johannes de, niederländ. kath. Theologe, *10. 9. 1885 Nes, Prov. Friesland, †8. 9. 1955 Amersfort; 1936 Erzbischof von Utrecht; gehörte im 2. Weltkrieg zu den Führern des Widerstandes gegen die nationalsozialist. Besatzungstruppen; seit 1946 Kardinal.

Jongen, Joseph, belg. Komponist, *14. 12. 1873 Lüttich, †12. 7. 1953 Sart-les-Spa; 1903 Prof. für Komposition u. Organist in Lüttich, lehrte seit 1920 am Konservatorium in Brüssel, dem er 1925–1939 als Direktor vorstand; seine zahlreichen Orchester-, Kammermusik- u. Chorwerke sind von C. *Debussy* u. C. *Franck* beeinflusst.

◆ **Jongkind,** Johan Barthold, niederländ. Maler u. Radierer, *3. 6. 1819 Lattrop, †27. 2. 1891 Côte-Saint-André; Schüler von A. *Schelfhout* in Den Haag u. J.-B. *Isabey* in Paris; bereitete in einfach komponierten Landschaften mit atmosphär. Luft- u. Lichtstimmung den Impressionismus vor.

Jonglei-Kanal ['dʒɔrglɛi-], Kanalprojekt im südl. Sudan zwischen Bor u. Malakal; soll der Laufverkürzung des Weißen Nils dienen und damit der Erhöhung des Wasserangebots des Nils im nördl. Sudan u. in Ägypten durch die Umgehung des → Sud, eines Sumpfgebiets, in dem rd. die Hälfte des Wassers des Weißen Nils verdunstet; ökolog. umstritten. Der 1978 begonnene Bau musste 1983 wegen Kriegswirren abgebrochen werden.

Jongleur [ʒõˈgløːr; frz.], ein Artist, der Geschicklichkeitsübungen vollführt; bereits im Altertum als *Joculator* [lat., „Spaßmacher"] bekannt.

Jongsong Peak ['dʒɔŋsɔŋ piːk], Berggipfel im Hoch-Himalaya, nördl. des Gangtschhendsönga, 7459 m; 1930 erstmals bestiegen.

Jonier, griech. Stamm, → Ionier.

Jonke, Gert Friedrich, österr. Schriftsteller, *8. 2. 1946 Klagenfurt; schrieb anti-idyl-lische Dorfromane, in denen Realität durch äußerst genaue Beschreibung surreale Züge annimmt: „Geometrischer Heimatroman" 1969; „Glashausbesichtigung" 1970; „Der ferne Klang" 1979; Erzählungen: „Beginn einer Verzweiflung" 1970; „Die Vermehrung der Leuchttürme" 1971; „Erwachen zum großen Schlafkrieg" 1982; Dramen: „Sanftwut oder Der Ohrenmaschinist" 1990; „Es singen die Steine" 1998.

Jonkheer [ndrl., „Junker"], Titel des niederen niederländ. Adels.

Jönköping [-tçøːpiŋ], **1.** Prov. in Südschweden, der Nordwestteil der Landschaft Småland, 9944 km², 311 000 Ew.; Hptst. *J.* (2); stark bewaldetes Bergland; Holz- u. Metallverarbeitung.

2. südschwed. Stadt am Südzipfel des Vättern, Hptst. der Prov. (Län) J. (1), 114 000 Ew.; Zündholz-, Schuh-, Leinen- u. Papierindustrie. – 1284 Stadt, im schwed.-dän. Krieg 1612 zerstört.

Jonon [das; grch.], hydroaromat. Verbindung von veilchenartigem Geruch; Baustein der → Carotine u. des Vitamins A; als Duftstoff in der Parfümerie verwendet.

Jonquière [frz. ʒõˈkjɛr], Stadt in der kanad. Prov. Quebec, östl. des Lac St. Jean, 57 900 Ew.; Holzverarbeitung.

Jonquille [ʒõˈkijə, de; frz.], *Bouquetnarzisse, Narcissus jonquilla,* bzw. *odora,* südeurop. Narzisse mit gelben, wohlriechenden Blüten u. schmal linealischen, lebhaft grünen Blättern; ihr Öl ist wichtig für die Parfümindustrie.

Ben Jonson

◆ **Jonson** ['dʒɔnsən], Ben (Benjamin), engl. Dramatiker, *11. 6. 1573 (?) London, †6. 8. 1637 London; führte als Schauspieler, Soldat u. Bühnendichter ein bewegtes Leben, das er in Armut beschloss. Er versuchte, das engl. Volksstück mit den antiken Vorbildern zu vereinigen. Glänzende Beobachtungsgabe, ungeheures Wissen u. satir. Geist verleihen seinen Stücken Lebendigkeit u. Bedeutung. Zu seinen herausragenden Komödien gehören: „Volpone" 1605, dt. 1890, von S. *Zweig* 1926; „Epicoene" 1609, dt. 1799, von Zweig 1935 zur Textgrundlage zu R. *Strauss'* Oper „Die schweigsame Frau"; „Der Alchimist" 1610, dt. 1836. – Complete works, hrsg. von C. H. Herford, P. Simpson, 11 Bde. 1925–1952, Neudruck 1954–1963.

Jónsson ['jɔunsɔn], Einar, isländ. Bildhauer, *11. 5. 1874 Galtafell, †18. 8. 1954 Reykjavík; schuf Bildwerke, die themat. der nord. Sagenwelt verpflichtet sind; hielt sich 1915–1919 in Amerika auf, wo er in Philadelphia das Monument Thorfinn Karlsefnis, in Winnipeg ein Gefallenendenkmal schuf.

Joop, Wolfgang, dt. Modeschöpfer u. Designer, *18. 11. 1944 Potsdam; stellte 1978 seine erste Pelzkollektion vor, mit der er den internationalen Durchbruch schaffte. 1985

Johan Barthold Jongkind: Hafen von Etretat; 1852. Otterlo, Rijksmuseum Kröller-Müller

Jorasses: Blick auf die Berggruppe vom Aostatal aus

folgte eine komplette Herrenkollektion mit Accessoires u. Schmuck. Sein erstes Geschäft eröffnete er 1986, ein Jahr später stellte er eine Kosmetik- u. Parfümserie vor. Daneben entstanden Brillen- u. Jeanskollektionen. 1985–1992 war J. Gastdozent an der Hochschule der Künste in Berlin, seit 1992 an der Textilschule in Moskau. Daneben beauftragte ihn die Meissener Porzellanmanufaktur mit dem Entwurf eines Services. J. begann zunächst mit übertriebener „Oversize-Mode", bei der mehrere Schichten übereinander getragen wurden. Ende der 1980er Jahre ließ er Elemente der italien. Frührenaissance in seine Kollektion einfließen. In den 1990er Jahren propagiert er eine feminin, figurbetonte Linie.

Joos, Jakob Christoph Georg, dt. Physiker, *25. 5. 1894 Urach, †20. 5. 1959 München; Arbeiten über Relativitätstheorie, Molekülspektren u. fotograf. Elementarprozesse.

◆ **Jooss,** Kurt, dt. Tänzer, Choreograf u. Ballettmeister, *12. 1. 1901 Wasseralfingen, †22. 5. 1979 Heilbronn; gründete das Folk-

Kurt Jooss probt „Der grüne Tisch". Folkwangschule Essen; 1968

wang-Tanztheater-Studio, das er bis 1968 leitete. Vertreter einer Synthese zwischen klass. u. modernem Tanz; schuf das pantomim. Tanzdrama „Der grüne Tisch" 1932.

Joos van Cleve, fläm. Maler, → Cleve.

Joos van Gent [-van xɛnt], fläm. Maler, → Justus von Gent.

Joplin ['dʒɔplin], Stadt im SW von Missouri (USA), auf dem Ozark Plateau, 310 m ü. M., 41 000 Ew.; im Gebiet von J. ab 1848 Blei- u. Zinkbergbau sowie -verhüttung; Kohlengruben; Agrarzentrum; Herstellung von Bergbaumaschinen, chem. Industrie. – Gegr. 1871, Stadt ab 1874.

Janis Joplin; 1969

Joplin ['dʒɔplin],
◆ **1.** Janis, US-amerikan. Rocksängerin, *19. 1. 1943 Port Arthur, Tex., †4. 10. 1970 Los Angeles; sang zunächst bei der Gruppe „Big Brother", seit 1968 mit eigener Band; bekannt durch ihren exaltierten Gesangsstil (Hits: „Me and Bobby McGee", „Cry Baby", „Mercedes Benz"); starb an einer Heroinvergiftung.

2. Scott, US-amerikan. Jazzmusiker (Klavier, Komposition), *24. 11. 1868 Texarkana, Tex., †1. 4. 1917 New York; beeinflusste entscheidend den *Ragtime* („King of Ragtime" genannt, bekannt ist z. B. sein „Maple leaf rag"), komponierte 2 Ragtime-Opern, schrieb das Lehrbuch „Unterweisung für das Ragtime-Klavierspiel".

Joppe [pers.-arab. *djubbeh,* „Kaftan"], taillenlose Männerjacke aus dickem Wollstoff oder Loden; als Hausjacke aus Flanell mit Posamentenverschluss.

Joppe, antike Hafenstadt in Palästina, von *Thutmosis III.* im 15. Jh. v. Chr. dem ägypt. Machtbereich eingegliedert. Nach den Amarnabriefen (→ Amarna) war J. eine Königsstadt ohne eigenen König, eine der Zentralen ägypt. Verwaltung in Palästina. Später, unter Salomo, wurde J. phönizisch.

◆ **Jorasses** [ʒɔˈras], *Les Grandes J., Grandes-J.,* Berggruppe des Mont-Blanc-Massivs, beiderseits der französ.-italien. Grenze, im Point Walker auf französ. Seite 4206 m hoch, fällt im N u. O steil ab u. ist felsig. Aufstieg normalerweise von der schneereichen italien. Südseite aus, erstmals 1865 von der Bergsteigergruppe E. *Whymper* bestiegen. Erst 1935 bezwangen die Deutschen M. *Meier* u. R. *Peters* auch die Nordseite.

Jorat [ʒɔˈra], schweiz. Bergmassiv, → Le Jorat.

Jörd [altisl. *Jördh,* „Erde"], die natürliche Erde u. deren Personifikation in einer Muttergottheit als Ursprung von Wachstum u. Fruchtbarkeit, die schon früh bei den Germanen unter vielerlei Namen (auch → Nerthus) hoch verehrt wurde. In der nördl. Göttergenealogie die Mutter des Gottes → Thor.

◆ **Jordaens** [-daːns], Jacob, fläm. Maler, *19. 5. 1593 Antwerpen, †18. 10. 1678 Antwerpen; neben P. P. *Rubens* u. A. van *Dyck* Hauptmeister der fläm. Barockmalerei; Schüler seines Schwiegervaters A. van *Noort,* stark von Rubens beeinflusst u. eng mit ihm befreundet; malte großformatige bibl., mytholog., allegor. u. sittenbildl. Darstellungen von derb-realist. Auffassung u. robuster Lebensfreude der Figuren. Hptw.: „Satyr bei den Bauern" (Kassel, München); seit 1630 mehrmals wiederholt: „Bohnenfest" (Kassel, Brüssel, St. Petersburg, Paris); „Wie die Alten sungen, so zwitschern auch

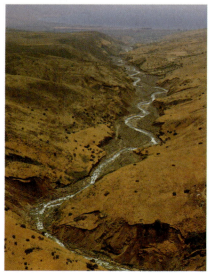
Jordan (1): im überwiegend wüstenhaften Umland Jordaniens und Israels ist der Fluss die einzige ganzjährig verfügbare Wasserquelle

Jacob Jordaens: Der König trinkt. Das Bohnenfest; um 1638. St. Petersburg, Eremitage

die Jungen" (Antwerpen, Paris, Berlin, Dresden).

Jordan, ◆ **1.** arab. *Nahr Ash Shariah,* größter Fluss Israels u. Jordaniens, 330 km; bildet sich im N des Hulatals aus den Quellflüssen *Hermon* (arab. *Baniyas*), *Dan* u. *Senir* (arab. *Hasbani*), die vom Hermonmassiv kommen. Weiter abwärts fließt der *Iyon* (arab. *Ayun*) von libanes. Gebiet zu. Der J. durchfließt das Hulatal, den See Genezareth u. das Ghur u. mündet ins Tote Meer. Südl. des Sees Genezareth mündet von links der größte Zufluss, der *Yarmouk,* dessen Wasser den Ghur-Kanal speist, während aus dem See Genezareth Wasser bis zum Negev abgeleitet wird. Israel stützt sich bei dieser Ableitung auf den von allen beteiligten Regierungen gebilligten Johnston-Plan von 1953, der ihm 40 % des Jordanwassers zuspricht. Die Arab. Liga hat diesen Plan 1955 nachträglich verworfen u. 1963/64 die Ableitung der Jordanquellflüsse auf syr. bzw. libanes. Gebiet beschlossen, ein wirtschaftl. ziemlich wertloses Projekt, dessen Realisierung durch die israel. Besetzung der Hermonsüdflanke seit 1967 verhindert ist.
2. *J. River* ['dʒɔːdn 'rivə], Fluss in Utah (USA), fließt vom Utah Lake in den Great Salt Lake durch Salt Lake City, 70 km.

Jordan, 1. Johann Baptist, dt. kath. Theologe, *16. 6. 1848 Gurtweil, Baden, †8. 9. 1918 Tafers (Schweiz); gründete 1881 in Rom die „Gesellschaft des Göttlichen Heilandes" *(Salvatorianer).*
◆ **2.** ['dʒɔːdən], Michael, US-amerikan. Basketballprofi, *17. 2. 1963 Brooklyn; gilt als einer der besten Basketballer aller Zeiten, wurde mit dem „Dream Team" der USA 1992 Olympiasieger (vorher außerdem

1984), vielfacher NBA-Champion; 1999 in der Kategorie Ballsport zum Sportler des Jahrhunderts gewählt.
3. ['dʒɔːdən], Neil, irischer Filmregisseur, *25. 2. 1950 Sligo; zunächst literarisch tätig; drehte Filme mit psychoanalyt. Schwerpunkt, z. T. mit polit. u. zeitgeschichtl. Hintergrund; Filme: „Zeit der Wölfe" 1984; „The Crying Game – Die Frau des Soldaten" 1992; „Michael Collins" 1996; „Butcher Boy – Der Schlächterjunge" 1997 u. a.

Pascual Jordan

◆ **4.** Pascual, dt. Physiker, *18. 10. 1902 Hannover, †31. 7. 1980 Hamburg; lehrte in Rostock, Berlin, Göttingen, seit 1947 in Hamburg; Arbeiten über Quantentheorie u. deren Grundlagen; vor allem bekannt durch seine fünfdimensionale Relativitätstheorie u. seine Theorie der explosiven Sternentstehung; schrieb populärwissenschaftliche Bücher über moderne Physik: „Die Physik des 20. Jh." 1936, unter dem Titel: „Atom u. Weltall" [10]1960; „Die Physik u. das Geheimnis des organischen Lebens" [6]1954; „Der Naturwissenschaftler vor der religiösen Frage" 1965; „Albert Einstein" 1969; „Schöpfung u. Geheimnis" 1978; „Wie frei sind wir? Naturgesetz u. Zufall" [21]1972; „Aufbruch zur Vernunft" 1976.
5. Sylvester, dt. Jurist u. Politiker, *30. 12. 1792 Omes bei Innsbruck, †15. 4. 1861 Kassel; seit 1821 Prof. in Marburg; seit 1830 Landtags-Abg., „Vater" der kurhess. Ver-

fassung von 1831; seit 1833 politisch verfolgt, 1839–1845 in Haft; 1848 in der Frankfurter Nationalversammlung als Märtyrer der Zeit des Vormärz gefeiert.
6. Wilhelm, dt. Versepiker, *8. 2. 1819 Insterburg, Ostpreußen, †25. 6. 1904 Frankfurt a. M.; gehörte 1848 der Frankfurter Nationalversammlung an; schrieb als Theodizee einer darwinist. Diesseitsreligion das Epos „Demiurgos. Ein Mysterium" 3 Bde. 1852–1854, suchte in Stabreimdichtungen die Heldensage sprachl. u. inhaltl. zu erneuern („Nibelungen" 2 Bde. 1868–1874) u. trat als wirkungsvoller Rezitator seiner Epen auf. Er war zugleich Übersetzer der Edda, von Homer, Sophokles, Shakespeare.

Jordanbad, 1889 gegr. Kneipp-Wasserheilanstalt in der Nähe von Biberach an der Riß.

Jordanes, *Jordanis,* got. *Jornandes,* Geschichtsschreiber Mitte des 6. Jh., stand in Diensten der Alanen, rechnete sich selbst zu den Goten; schrieb unter Benutzung des verlorenen Werks über die Goten von *Cassiodor* eine Geschichte der Goten bis 551: „De origine actibusque Getarum", die erheblichen Quellenwert hat, da sie die älteste Geschichte eines germanischen Stammes ist. Außerdem verfasste er eine Weltchronik: „De summa temporum vel origine actibusque gentis Romanorum".

Jordangraben, Teil des syr.-ostafrikan. Grabensystems, von Grabenbrüchen begrenzt u. – z. T. durch Querbrüche – gegliedert in (von N): Hulatal, Becken des Sees Genezareth, Bet-Shean-Tal, von dem das Jesreeltal abzweigt, unteres Jordantal, Totes Meer u. Aravatal.

Jordanien, Staat in Vorderasien, → Seite 52.
Jordansmühler Kultur, endneolith.-kupferzeitl. Kultur Schlesiens, Böhmens, Mährens u. Mitteldeutschlands, benannt nach dem Fundort *Jordansmühl* in Schlesien (heute Jordanów Śląski); charakteristisch sind:
Fortsetzung S. 54

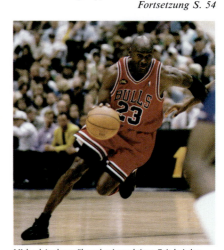

Michael Jordan während seiner aktiven Zeit bei den Chicago Bulls. Der US-Amerikaner war der bestbezahlte Basketball-Profi des 20. Jahrhunderts

Jordanien

Offizieller Name:
Haschemitisches Königreich
Jordanien

Autokennzeichen: JOR

Fläche: 97 740 km²

Einwohner: 6,5 Mio.

Hauptstadt:
Amman

Sprache:
Arabisch

Währung:
1 Jordan-Dinar
= 1000 Fils

Bruttosozialprodukt/Einw.:
1 520 US-Dollar

Regierungsform:
konstitutionelle Erbmonarchie

Religion: Moslems

Nationalfeiertag:
25. Mai

Zeitzone:
Mitteleuropäische Zeit +1 Std.

Grenzen:
Im N Syrien, im O Irak, im S
Saudi-Arabien, im äußersten SW
Rotes Meer, im W Israel

Lebenserwartung:
70 Jahre

Landesnatur Der von N nach S ziehende, 6 bis 20 km breite Jordangraben teilt das Land in Westjordanien u. Ostjordanien. Auf den westjordan. Landesteil hat Jordanien 1988 alle staasrechtl. Ansprüche aufgegeben.
Im Jordangraben fließt mäandrierend der Jordan, der oft tief eingeschnitten ist. Sein wichtigster Zufluss, der Yarmouk, speist den parallel zum Jordan verlaufenden Ghor-Kanal, der im tropisch-heißen Jordantiefland Intensivkulturen im Bewässerungsfeldbau ermöglicht. Über dem Jordangraben steigen steil die Bergländer Ostjordaniens, *Gilead*, *Balqa* u. *Moab* auf, die 1000 bis über 1700 m Höhe erreichen. Sie gehen nach NO u. O in die syr.-arab.

Steppen u. Wüsten über. Die Bergländer gehören zum Einflussbereich des Mittelmeerklimas u. erhalten im Winter Niederschläge bis über 700 mm. Von Natur trugen sie Buschwald. Heute sind sie weitgehend entwaldet u. verkarstet. Die Bevölkerung lebt vorwiegend in den fruchtbaren Becken u. Tälern mit Oliven- u. Weinkulturen, Getreide- u. Gemüseanbau. Auch das zentraljordan. Bergland von Moab erhält mit 400–500 mm/Jahr noch genügend Niederschläge für den Getreidebau. In den zwei Drittel des Landes einnehmenden Tafelländern des Ostens gibt es nur einige Oasen.

Bevölkerung Die jordan. Bevölkerung besteht zu 98 % aus Arabern. Als Minderheiten

leben in der Nähe von Amman aus dem Kaukasus stammende moslem. Tscherkessen, außerdem einige Kurden u. Armenier. Die etwa 200 000 Beduinen leben z. T. noch als Nomaden, bes. in den Wüstensteppen im NO. Über ein Drittel der Bevölkerung sind Flüchtlinge aus Palästina, die in zwei Wellen nach 1948 u. 1967 ins Land strömten, u. deren Nachkommen. Sie sind weitgehend in die Wirtschaft integriert u. besitzen die vollen staatsbürgerl. Rechte. Mit ihrem hohen Geburtenüberschuss tragen sie erheblich zu dem jährl. Bevölkerungswachstum von 5,2 % bei.
Die Jordanier sind zu über 80 % sunnit. Moslems, daneben gibt es kleine Gruppen anderer islam. Glaubensrichtungen sowie Minderheiten von Christen.

Wirtschaft Jordanien hat durch den Krieg 1967 etwa ein Drittel seines bebaubaren Bodens verloren, das annähernd zwei Drittel der Erträge lieferte. Es gelang aber, die Verluste weitgehend auszugleichen, da Jordanien in den Genuss sehr erheblicher ausländ. Wirtschaftshilfe, bes. aus den USA u. den arab. Ölstaaten, kam.
Die *Landwirtschaft* erzeugt Weizen, Gerste, Mais, Hülsenfrüchte, Kartoffeln, Gemüse, Oliven, Zitrusfrüchte, Weintrauben u.a. Sie ist angesichts der raschen Entwicklung der Städte weitgehend von der Selbstversorgung zur Marktproduktion übergegangen. Die Viehzucht liegt noch überwiegend in den Händen von Nomaden, die Schafe, Ziegen u. Kamele halten, doch hat auch die Rinderhaltung zugenommen. Die *Industrie* hat nicht unerhebl. Fortschritte gemacht. Sie erzeugt in erster Linie Nahrungsmittel u. Verbrauchsgüter u. konzentriert sich auf das Gebiet von Amman, Zarqa u. Salt, wo bereits einige moderne Großbetriebe (Ölraffinerie, Zementwerk, Nahrungsmittel- u. Textilfabriken) arbeiten. In nennenswertem Umfang wird Phosphat abgebaut u. exportiert.
Der Anteil der Landwirtschaft am Bruttoinlandsprodukt beträgt nur noch etwa 3 %, jener der Industrie 26 %. Die Ausfuhr deckt nur etwa 46 % der Einfuhr. Die wichtigsten Handelspartner sind die EU-Länder, an erster Stelle Deutschland, die arab. Ölstaaten u. Indien.

Verkehr Neben einer Eisenbahnlinie (Teilstück der Hedjas-Bahn), die 1975 bis Aqaba verlängert wurde, ist die parallel laufende u. weiter zum einzigen Hafen Aqaba führende Straße der wichtigste Verkehrsweg des Landes; von ihr führen Querstraßen zum Jordan hinab. Flughäfen sind in Amman (internationaler Luftverkehr) u. Aqaba.

Geschichte Das *Ostjordanland*, bis 1918 Teil des Osmanischen Reichs, kam 1920 mit Palästina als Völkerbundsmandat unter brit.

Das antike Gerasa mit seinem ovalen Forum gehörte einst zur Dekapolis, einem aus zehn griechischen Städten bestehenden Städtebund, der von den Römern gegründet wurde

LIBANON
SYRIEN
Syrische
Wüste
IRAK
Mittelländisches Meer
Nablus
West-
jordan-
land
Irbid
Az Zarqa
AMMAN
Madaba
Totes Meer
Hebron
ISRAEL
Karak
Hasa
ÄGYPTEN
Petra
SAUDI-ARABIEN
Ras An Naqb
Ram 1754
Al Aqaba
Golf von Aqaba

Jordanien

0   100   200 km

Verwaltung; als Emirat *Transjordanien* (seit 1921 unter Emir *Abdallah Ibn Hussain*, einem Sohn König Hussains des Hedjas) wurde es 1922 von Palästina abgetrennt. Der Staat sollte als Militärstützpunkt Großbritanniens u. Pufferstaat gegen Saudi-Arabien dienen. Die versprochene Unabhängigkeit wurde nicht gewährt. 1928 wurde der Emir fast aller wirklichen Macht entkleidet, wodurch es zu Unruhen kam. Ein gegen die Zionisten gerichtetes Gesetz verbot 1933 jeden Verkauf oder jede Verpachtung von Land an Ausländer. 1925 erwarb Transjordanien den Hafen von Aqaba von Saudi-Arabien. 1945 wurde es Mitglied der Arab. Liga u. im Mai 1946 als *Haschemitisches Königreich Jordanien* formell unabhängig (der Name Jordanien kam jedoch erst 1949 allgemein in Gebrauch); zugleich nahm der Emir den Königstitel an. Nach der Unabhängigkeitserklärung Israels 1948 nahm Transjordanien am Krieg der Arab. Liga gegen Israel teil, seine Truppen besetzten den östl. Teil Palästinas u. die Altstadt von Jerusalem. 1950 annektierte Jordanien diese Gebiete, die nach dem Teilungsplan der UN von 1947 den Hauptteil des arab. Palästinenserstaates bilden sollten. Dem 1951 ermordeten Abdallah folgte sein Sohn *Talal* (* 1909, † 1972), der jedoch wegen Geisteskrankheit 1952 abgesetzt wurde. Ihm folgte sein noch unmündiger Sohn *Hussain II.*, der am 2. 5. 1953 offiziell eingesetzt wurde. Unter zunehmend national-arab. Druck musste der engl. Oberbefehlshaber *Glubb Pascha* 1956 zurücktreten; der 1928 mit Großbritannien geschlossene Bündnisvertrag (1948

verlängert) wurde aufgehoben. 1957 stürzte der König mit Hilfe des Militärs die linksnationalist. Regierung u. regierte bis Dezember 1958 allein. 1958 schloss sich Jordanien mit Irak zur *Arabischen Föderation* zusammen, die aber wenig später durch den Militärputsch in Irak wieder auseinander brach; gegen ein Übergreifen des Putsches auf Jordanien rief der König brit. Fallschirmjäger ins Land. 1960 wurden die Beziehungen zu Irak wieder aufgenommen, 1962 Bündnisse mit Saudi-Arabien u. Marokko geschlossen. Im Sechstagekrieg gegen Israel wurde 1967 das Gebiet westl. des Jordan von Israel besetzt, u. zahlreiche Flüchtlinge strömten über den Jordan. Die Flüchtlingslager waren ein Reservoir der Guerillaorganisationen, die weiterhin gegen Israel operierten. Der Gegensatz zwischen den königstreuen Beduinen u. den zunehmend sozialrevolutionären Palästinensern, die zum großen Teil seit Jahrzehnten in Lagern lebten, brach 1970/71 in einem Bürgerkrieg auf, in dem die Guerillaorganisationen der PLO fast völlig aufgerieben oder ins Ausland abgeschoben wurden. Am 4. arab.-israel. Krieg 1973 nahm Jordanien nicht teil. Unter dem Druck einer arab. Gipfelkonferenz erklärte sich Jordanien 1974 unzuständig für das

Westjordanland u. anerkannte die PLO als alleinige Vertretung der Palästinenser. Später machte es allerdings wieder Ansprüche auf diese Gebiete geltend. 1988 verzichtete König Hussain formell auf alle rechtl. u. administrativen Bindungen zum Westjordanland, dessen Einwohner jedoch ihre jordan. Pässe behalten durften. Im Golfkrieg 1991 nahm Jordanien eine vorsichtige proirakische Haltung ein. 1993 fanden erstmals seit 37 Jahren Mehrparteienwahlen statt; die königstreuen konservativen Kräfte (Stammesführer u. Unabhängige) konnten sich gegen radikal-islamist. Gruppen durchsetzen. 1994 kam es zum Friedensschluss u. zur Aufnahme diplomat. Beziehungen zwischen Jordanien u. Israel. Die Parlamentswahlen 1997 gewannen erneut die royalist. Gruppierungen. Am 7. 2. 1999 starb König Hussain. Sein ältester Sohn wurde als *Abdallah Ibn Hussain II.* neuer König.

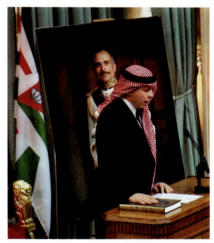

Seit 1999 ist Abdallah Ibn Hussain II. König von Jordanien

Politik Nach der Verfassung von 1952 ist Jordanien eine konstitutionelle Erbmonarchie. Der König ist das Staatsoberhaupt des Landes u. niemandem verantwortlich. Er ernennt den Ministerpräsidenten u. ist Oberbefehlshaber der Streitkräfte. Die Minister der Regierung werden vom König auf Vorschlag des Ministerpräsidenten ernannt. Die Regierung ist formal dem Parlament, faktisch jedoch dem König verantwortlich. Das Parlament besteht aus 2 Kammern: dem Rat der Notabeln (Senat) u. dem Abgeordnetenhaus mit 80 auf 4 Jahre gewählten Abgeordneten. Nach Verabschiedung der Nationalcharta 1991 wurden wieder polit. Parteien in Jordanien zugelassen.

Die Wüstenpolizei hat sich durch die Nutzung von Kamelen den natürlichen Gegebenheiten angepasst

Körperbestattung in Hockerstellung, Steinwerkzeuge, Kupferschmuck.

Jordan von Sachsen, zweiter Ordensgeneral der Dominikaner, dt. Seliger, * Ende 12. Jh. Borgberge bei Paderborn, † 13. 2. 1237 bei Akko (Schiffbruch); förderte die Ausbreitung u. Organisation seines Ordens u. dessen wissenschaftl. Ausrichtung.

Jores, Arthur, dt. Kliniker, * 10. 2. 1901 Bonn, † 12. 9. 1982 Hamburg; arbeitete besonders über Endokrinologie, Stoffwechselkrankheiten, Biorhythmik; schrieb u.a. „Klinische Endokrinologie" 1949; „Der Mensch u. seine Krankheit" 1957; „Worte für Kranke" 1969; „Um eine Medizin von morgen" 1969; „Der Kranke mit psychovegetativen Störungen" 1973; „Praktische Psychosomatik" 1976.

Jörg, *Jürg,* männl. Vorname, oberdt. Kurzformen von → Georg.

Anker Jørgensen

Jørgensen ['jœrnsən], ◆ **1.** Anker, dän. Politiker (Sozialdemokrat), * 13. 7. 1922 Kopenhagen; Gewerkschaftsfunktionär, 1968 bis 1972 Vors. der Gewerkschaft für ungelernte Arbeiter; 1972/73 u. 1975–1982 Min.-Präs. **2.** Johannes, dän. Schriftsteller, * 6. 11. 1866 Svendborg, Fünen, † 29. 5. 1956 Svendborg; anfangs Darwinist u. Anarchist, seit 1896 bekenntnistreuer Katholik; begann mit symbolschweren Versen („Bekenntnis" 1894, dt. 1917) u. Novellen; schrieb Reisebücher, Biografien („Der hl. Franz von Assisi" 1907, dt. 1911) u. Romane („Lieblichste Rose" 1907, dt. 1909); Autobiografie: „Min livs legende" 7 Bde. 1917–1928.

Jork, Gemeinde in Niedersachsen, Ldkrs. Stade, an der Niederelbe, im Alten Land, 11 400 Ew.; Rathaus, Fachwerkhäuser, Obstanbau.

◆ **Jorn,** Asger Oluf, eigentl. *Jørgensen,* dän. Maler, * 3. 3. 1914 Vejrun bei Struer, † 1. 5. 1973 Århus; ging 1938 nach Paris, wo er bei F. *Léger* u. *Le Corbusier* arbeitete. 1948 Mitgründer der Gruppe *Cobra;* Theoretiker des *Informel.* Farbintensive Bilder, deren figurative Elemente sich der Auflösung nähern. Hptw.: „Stalingrad: No man's land oder the mad laughter of courage" 1956 bis 1960.

Joruba, westafrikan. Volk u. ehem. Reich im W Nigerias, → Yoruba.

Joruri [dʒo-; das; jap.], japan. Vortragsart; auf dem dreisaitigen Shamisen begleitet, wurden ursprüngl. die Liebeserlebnisse der schönen, frommen *Joruri-Hime* behandelt; zum Puppenspiel weiterentwickelt *(Ayatsuri-Joruri);* durch das Puppentheater Takemoto Gidayus (* 1651, † 1714) u. den Dichter Chikamatsu Monzaëmon zu höchster dichterischer Bedeutung gesteigert; noch heute ein u. es entstand in Osaka als *Bunraku* weitergepflegt. Die Puppen sind bis 150 cm hoch u. werden von sichtbaren Helfern bewegt, während Rezitatoren die Dialoge

zu Musikbegleitung sprechen. Auch → Takeda Isumo.

Jos, Stadt im Zentrum des Bauchiplateaus in Nigeria, Hptst. des Bundesstaats Plateau, 1300 m ü. M., 191 000 Ew.; Universität; Garnison; Mittelpunkt des Zinnbergbaus, Walzwerk; Verkehrsknotenpunkt.

Josaphat → Joschafat.

Joschafat [hebr.], grch. *Josaphat,* König von Juda 867–850 v. Chr.

Joschida, Schigeru → Yoshida, Shigeru.

Joschihito, *Yoshihito* → Taisho-Tenno.

Joschija [hebr.], grch. *Josia,* König von Juda 639–609 v. Chr.; nutzte den Verfall des assyr. Reiches aus, um dessen Oberherrschaft abzuschütteln u. die Grenzen Judas zu erweitern, mit dem Ziel der Wiederherstellung des Reiches Davids; führte im Innern eine Kultreform durch (2. Kön. 22–23) aufgrund des im Jerusalemer Tempel aufgefundenen Gesetzes (→ Deuteronomium). 609 im Kampf gegen Pharao Necho II. von Ägypten bei Megiddo gefallen.

Joschkar-Ola [jaʃ'kara'la], *Joškar-Ola,* bis 1919 *Zarewokokschajsk,* 1919–1927 *Krasnokokschajsk,* Hptst. der Republik *Mari* (Russland), nordwestl. von Kasan, 251 000 Ew.; Landmaschinenbau, Nahrungsmittelbetriebe, Flachs- u. Holzverarbeitung, elektron. u. pharmazeut. Industrie; gegr. 1578.

Josef [hebr., „Gott füge hinzu, gibt Vermehrung"], *Joseph,* männl. Vorname; Kurzformen: bayr. *Sepp,* rhein.-westf. *Jupp;* span. *José,* ital. *Giuseppe,* russ. *Ossip,* arab. *Jusuf.*

Josef, 1. im AT Sohn des Patriarchen Jakob u. Rahels, Vater Efraims u. Manasses, von seinen Brüdern nach Ägypten verkauft, rettete das Land vor der Hungersnot, stieg zum Wesir des Pharao auf u. zog seine Familie nach. Er verursachte damit den Aufenthalt Israels in Ägypten.

2. Vater von Jesus, wohnte nach Lukas 1,26 in Nazareth, nach Matthäus 2,23 zuerst in Bethlehem. Von Beruf war J. offenbar Zimmermann. Nach der Überlieferung ge-

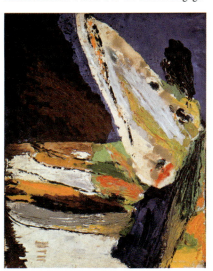
Asger Jorn: Vaca; 1956

hörte er dem Geschlecht des Königs David an (Matthäus 1,20; Lukas 1,27; 2, 4). In der röm.-kath. Kirche gilt J. als Heiliger (Fest: 19. 3.) u. ist Patron vieler Länder, seit 1870 auch Schutzpatron der Kirche. 1955 bestimmte Pius XII. den 1. Mai zum Gedächtnistag für den heiligen J., den Handwerker. Mehrere kath. Ordensgemeinschaften sind nach J. benannt; z.B. die von Bischof Ketteler 1865 gegr. Josefsbrüder von Kleinzimmern, die Josefsschwestern in Trier, die Schwestern vom Hl. Josef in Untermünstertal, Schwarzwald.

Josefinos [xose-], Anhänger des napoleon. Königs *Joseph Bonaparte* in Spanien; → Afrancesados.

Josefsehe, im kath. Sprachgebrauch eine Ehe, bei der die Partner vereinbaren, auf körperlichen Ehevollzug zu verzichten. Vorbild ist Josef, der nach katholischer Anschauung die Ehe mit Maria nicht vollzog.

Josefskanal, ägypt. Kanal, → Bahr Yusef.

Josef von Arimathäa, Mitglied des Hohen Rates in Jerusalem, ließ Jesus in seinem Familiengrab beisetzen (Markus 15,42 ff.); Heiliger.

Joseph → Josef.

Joseph, Fürsten.

Kaiser: **1.** Joseph I., röm.-dt. Kaiser 1705–1711, * 26. 7. 1678 Wien, † 17. 4. 1711 Wien; Sohn *Leopolds I.;* 1687 König von Ungarn, 1690 zum röm. König gewählt; seinem Vater an polit. Begabung überlegen. J. führte den *Span. Erbfolgekrieg* (1701–1714) mit verstärkter Energie; er verhinderte ein Bündnis Karls XII. von Schweden mit Frankreich (*Vertrag von Altranstädt* 1707, in dem er den Protestanten in Schlesien Zugeständnisse machte), warf in Ungarn den Aufstand Franz II. Rákoczis nieder u. suchte die reichsoberherrliche Stellung des Kaisers im Reich wiederherzustellen.

Joseph II.

◆ **2.** Joseph II., röm.-dt. Kaiser 1765–1790, * 13. 3. 1741 Wien, † 20. 2. 1790 Wien; Sohn von *Franz I.* u. *Maria Theresia,* 1764 zum röm. König gewählt, 1765 nach dem Tod des Vaters zum Kaiser gekrönt u. Mitregent in den habsburg. Erblanden. J. stand in außenpolit. Fragen oft im Gegensatz zu seiner Mutter; er setzte gegen ihren Willen 1772 die Teilnahme Österreichs an der ersten *Polnischen Teilung* durch (Gewinn von Galizien) u. ließ sich 1775 von der Türkei die Bukowina abtreten. Mit Friedrich d. Gr. von Preußen suchte J. Verständigung, konnte aber den Erwerb Bayerns nicht erreichen (*Bayer. Erbfolgekrieg* 1778/79). Er wandte sich daher nach dem Teschener Frieden 1779 von Preußen ab u. Katharina II. von Russland zu, mit der er ein Verteidigungsbündnis schloss; wegen des Widerstandes des *Fürstenbunds* musste er 1785 endgültig seine Pläne mit Bayern aufgeben.

Seit 1780 Alleinherrscher, suchte J., gestützt auf Heer u. Beamtentum, mit radikalen Reformen einen aufgeklärten Absolutismus zu praktizieren *(Josephinismus)*. Das Reich sollte zentralistisch regiert werden. Die Staatssprache war Deutsch. J. gründete dt. Ansiedlungen in Galizien, in der Bukowina, in Ungarn u. Siebenbürgen. Er schaffte 1781 die Leibeigenschaft der Bauern ab u. betrieb eine merkantilist. Wirtschaftspolitik; er veranlasste auch den Bau von Schulen u. Krankenhäusern, die Milderung der Zensur u. die Abschaffung der Folter. Durch die Einführung einer allg. Grundsteuer auch für den Adel u. seine bes. einschneidenden kirchenpolit. Reformen erregte er den Widerstand von Adel u. Klerus. Aufstände in Ungarn u. den österr. Niederlanden zwangen ihn am Ende seines Lebens, die meisten seiner Reformen zu widerrufen.

Köln: **3. Joseph Klemens,** Kurfürst u. Erzbischof 1688–1706 u. 1714–1723, *5. 12. 1671 München, †12. 11. 1723 Bonn; Wittelsbacher; hatte schon die Bischofsstühle von Freising u. Regensburg inne u. erhielt entgegen den Regeln des kanonischen Rechts nach Köln 1694 auch noch das Bistum Lüttich. Er wurde während des *Span. Erbfolgekriegs* wegen seines Bündnisses mit dem französ. König Ludwig XIV. vom Kaiser geächtet u. musste nach Frankreich fliehen. J. konnte aber nach dem Badener Frieden (1714) in seine Länder zurückkehren.

Portugal: **4. Joseph I.,** portugies. König 1750–1777, *1714 Lissabon, †24. 2. 1777 Lissabon; Sohn *Johanns V.* u. der *Marie von Österreich,* Tochter des Kaisers Leopold I. Übertrug dem Marquês de *Pombal* die Regierungsgeschäfte für dessen Reformwerk (Vertreibung der Jesuiten, Reorganisation von Verwaltung u. Kolonien, Indianerbefreiung u.a.). In seine Regierungszeit fiel das Erdbeben von Lissabon 1755.

Spanien: **5. Joseph,** König 1808–1813; → Bonaparte (5).

Joseph [ʒɔˈzɛf], *Père Joseph, Joseph von Paris,* eigentl. *François Joseph Le Clerc du Tremblay de Maffliers,* französ. Kapuziner, *4. 11. 1577 Paris, †18. 12. 1638 Rueil bei Paris; Ratgeber *Richelieus,* 1630 zum Regensburger Reichstag entsandt u. beeinflusste die französ. Haltung im Dreißigjährigen Krieg, Kaiserliche u. Schweden sich gegenseitig erschöpfen zu lassen, ehe Frankreich eingriff. J. wurde die „graue Eminenz" genannt.

Joseph Bonaparte → Bonaparte (5).

Joseph-Bonaparte-Golf, Bucht der Timorsee (Ind. Ozean), zwischen Arnhemland u. Tasmanien, Australien; Mündungsgebiet des Ord u. Victoria.

Joseph I., chaldäischer Patriarch 1681–1694 (Abdankung aus gesundheitl. Gründen, 1696 von Rom anerkannt), †10. 11. 1707 Rom; trat als nestorianischer Metropolit von Diyarbakir (1667/68–1673) zum Katholizismus über, verlor damit sein Amt, wurde aber mit Zustimmung des osman. Staats am selben Ort vom Papst zum Patriarchen der seitdem (neben der Kirche des Ostens) endgültig selbständigen, unierten chaldäischen Kirche ernannt.

Ernst Josephson: Der Nöck; 1882–1884. Göteborg, Kunstmuseum

Josephine [ʒɔzeˈfin], Marie-Josèphe Rose, geb. Tascher de La Pagerie, Kaiserin der Franzosen 1804–1809, *23. 6. 1763 Trois-Îlets, Martinique, †29. 5. 1814 Malmaison; verheiratet mit dem Grafen Alexandre de *Beauharnais* (hingerichtet 1794), 1796 mit dem späteren Kaiser *Napoleon I.,* von diesem aus polit. Gründen (nichtfürstl. Abstammung, Kinderlosigkeit) 1809 geschieden. Aus der ersten Ehe stammten zwei Kinder: *Eugène,* späterer Herzog von Leuchtenberg, u. *Hortense,* spätere Königin von Holland u. Mutter Napoleons III.

Josephine Charlotte, Großherzogin von Luxemburg seit 1964, *11. 10. 1927 Brüssel; Tochter des damaligen belg. Kronprinzen Leopold, seit 1953 mit dem Großherzog Jean von Luxemburg verheiratet.

Josephinische Gerichtsordnung, unter Kaiser Joseph II. erlassenes österr. Gerichtsverfassungsgesetz von 1787, trennte Justiz u. Verwaltung.

Josephinisches Gesetzbuch, in Österreich 1787 eingeführt, Vorläufer des Allgemeinen Bürgerlichen Gesetzbuchs, löste die Constitutio Criminalis Theresiana (1770) ab.

Josephinismus, *i. e. S.* die Kirchenpolitik Kaiser *Josephs II.:* verschärfte staatl. Aufsicht im österr. Kirchenwesen, Aufhebung zahlreicher Klöster, deren Besitz für die Besoldung u. Ausbildung der Pfarrer verwendet wurde, Religionsfreiheit auch für Protestanten u. Griechisch-Orthodoxe (Toleranzpatent 1781); *i. w. S.* eine bestimmte geistige Haltung im österr. Beamtentum u. Schulwesen, die durch die Reformideen des aufgeklärten Absolutismus Josephs II. gekennzeichnet war u. bis ins 19. Jh. weiterwirkte (Liberalismus).

Josephson, 1. [ˈdʒouzefsən], Brian David, brit. Physiker, *4. 1. 1940 Cardiff; Arbeiten über Supraleitung, entdeckte die → Josephson-Effekte; erhielt 1973 zusammen mit I. *Giaever* u. L. *Esaki* den Nobelpreis für Physik.

2. [ˈjuːsɛfsən], Ernst, schwed. Maler, *16. 4. 1851 Stockholm, †22. 11. 1906 Stockholm; schulte sich an Werken von *Rembrandt,* D. *Velázquez, Raffael* u. *Tizian* u. wurde während eines Paris-Aufenthalts von G. *Courbet* u. C. *Corot* beeinflusst. Leitmotiv seines Schaffens war der Geige spielende Nöck, den er in mehreren Fassungen malte. In den Werken seiner Spätzeit nahm er wesentl. Züge des Expressionismus vorweg.

Josephson-Effekte [ˈdʒouzefsən-], zwei von dem engl. Physiker B. D. *Josephson* 1962 vorausgesagte u. später nachgewiesene Effekte: 1. liegt an zwei dünnen supraleitenden Metallen mit einer sehr dünnen Isolierschicht (etwa 10^{-6} mm) eine Gleichspannung, so entstehen hochfrequente Wechselspannungen mit einigen Billionen Schwingungen pro Sekunde. Der Quotient aus der Frequenz f u. der Spannung U ist eine Naturkonstante: $f/U = 2e/h$; e ist die elektrische Elementarladung u. h das Planck'sche Wirkungsquantum. – 2. der Effekt kann umgekehrt zur Herstellung extrem stabiler Gleichspannungen genutzt werden. Die mit Hilfe umfangreicher Versuchsanlagen erzeugten Spannungen dienen daher der Physikal.-Techn. Bundesanstalt in Braunschweig u. ähnlichen Instituten im Ausland als „Normal".

Die J. ermöglichen auch eine sehr genaue Messung der *Sommerfeld'schen Feinstrukturkonstanten,* deren Wert für die physikal. Grundlagenforschung von großer Bedeutung ist.

Josephus, Flavius, jüdischer Geschichtsschreiber, *um 37 Jerusalem, †nach 100 Rom; wandelte sich nach Teilnahme am Aufstand der Juden (Statthalter von Galiläa) zum hellenistischen Römer, der 70 bei der Eroberung Jerusalems durch Titus anwesend war u. von Vespasian, Titus u. Domitian gefördert wurde. Schrieb eine „Geschichte des Jüdischen Krieges" 73 in aramäischer, 75–79 in griechischer Sprache, die Interesse für die Schicksale des jüdischen Volkes erwecken sollte. Weitere Werke: „Jüdische Altertümer" 93/94 u. eine Schrift „Gegen Apion", die judenfeindlichen Äußerungen bekämpft u. daher die umfangreichste Sammlung zum Antisemitismus im Altertum darstellt. Seine Werke sind eine Hauptquelle für die nachbibl. jüdische Geschichte.

Joseph von Copertino, Franziskaner, Heiliger, *17. 6. 1603 Osimo, †18. 9. 1663 Osimo; mystisch veranlagt, wurde durch außerordentl. Erlebnisse (Ekstasen, Levitationen, Vorherwissen) bekannt. Fest: 18. 9.

Joshua Tree [ˈdʒɔʃuəˈtriː] → Yucca.

Joshuah Tree National Park [ˈdʒɔʃuəˈtriː ˈnæʃənəl pɑːk], Wüstengebiet östl. von Los Angeles, im S von California (USA), 2258 km²; Felsgärten u. reiche Bestände des sog. Josuahbaumes *(Yucca);* seit 1936 National Monument, seit 1994 National Park.

Josia, König von Juda, → Joschia.

Jósika [ˈjoːʃika], Miklós, ungar. Dichter, *28. 4. 1794 Torda, †27. 2. 1865 Dresden; anfangs Offizier, nahm an der Revolution 1848 teil (Flüchtling in Brüssel u. Dresden); führte die Gattung des Geschichtsromans in

Ungarn ein. „Abafi" 1836, dt. 1838; „Die Hexen von Szegedin" 1854, dt. 1863.

Joškar-Ola [jaʃˈkaraˈla], russ. Stadt, → Joschkar-Ola.

Jospin [ʒɔsˈpɛ̃], Lionel, französ. Politiker (Sozialist), *12. 7. 1937 Meudon; 1965–1970 Beamter im Außenministerium; 1970–1981 Hochschullehrer; 1981–1988 Erster Sekretär der Sozialist. Partei (Parti Socialiste, PS); 1988–1992 Erziehungsminister; unterlag als Präsidentschaftskandidat bei den Wahlen 1995 J. *Chirac,* wurde im selben Jahr wieder Erster Sekretär der PS; seit 1997 Premier-Min.

Josplateau [engl. ˈdʒɔːs ˈplætəu], nigerian. Hochland, → Bauchiplateau.

Josquin Desprez

◆ **Josquin Desprez** [ʒɔskɛ̃ deˈpreː], *des Prez, Després, des Prés* (meist nur mit seinem Vornamen genannt), franko-fläm. Komponist, *um 1440 Beaurevoir (?), †27. 8. 1521 Condé; einer der Hauptmeister der Niederländ. Schule; wirkte längere Zeit in Italien (Mailand, Rom, Ferrara); hat die Musik des 16. Jh. entscheidend beeinflusst. Obwohl er den musikal. Konstruktivismus der Gotik noch beherrschte, feierte ihn das humanist. Zeitalter als Meister des schönen Klangs u. des intensiven Affektausdrucks. J. D. führte den durchimitierenden Satz zur vollen Blüte. Er schrieb kirchl. (rd. 20 Messen) u. weltl. Werke.

Josselin [ʒɔsˈlɛ̃], Kleinstadt in der Bretagne, Dép. Morbihan (Frankreich), am *Canal de Nantes à Brest,* 2600 Ew.; Schloss (15. Jh.), Trachtenmuseum.

Jossif von Wolokalamsk, *Josif von Volokalamsk,* russ. Klosterabt, *14. 11. 1439 Jazwischtche, †8. 9. 1515 Wolokalamsk; übte (im strikten Gegensatz zum Mönchsideal des Starez → Nil Sorskij) als Erneuerer des streng geregelten Klostermönchtums, in dem er die ökonom. Basis kennt. Macht gegenüber dem Staat erkannte, großen Einfluss auf die Geschichte der russ.-orth. Kirche aus.

Jostabeere, Beerenobstart, aus Kreuzungen zwischen Schwarzen Johannisbeeren u. Stachelbeeren entstanden. Die Früchte lassen sich vielseitig verwenden. Die J. ist weniger für den Erwerbsobstbau als für Gartenkulturen geeignet.

Jostedal, norwegisches Tal östlich des Jostedalsbre, wilde Hochgebirgslandschaft, mit dem Ort J.

Jostedalsbreen, Gletscher zwischen Sogne- u. Nordfjord in Norwegen, auf dem bis 2083 m hohen Jostefjeldplateau, 855 km², bis 500 m mächtig; 24 Gletscherzungen, u. a. *Nigardsbre* (weichen stark zurück).

Jost van Dyke [- van ˈdaik], brit. Jungferninsel, Kleine Antillen (Westindien), 8 km², 130 Ew.; ehemals von Quäkern besiedelt.

Josua (lat., hebr., „Jahwe ist Rettung"], Sohn des Nun, Nachfolger des Mose in der Führung der israelit. Stämme nach Palästi-

na. Das bibl. Buch J. berichtet über die Landnahme Israels; die Geschichtlichkeit des Berichts ist umstritten.

Josua-Baum → Yucca.

Jota, ι, I [grch.], 9. Buchstabe des griech. Alphabets.

Jota [ˈxota], aus der Provinz Aragón stammender span. Tanz, meist in einem schnellen 3/8- oder 3/4-Takt, der von den Tänzern viel körperl. Beweglichkeit fordert. Die J. wird von Gesang, Gitarre u. Bandurria begleitet.

Jötun, in der nordischen Mythologie dämonische Riesen mit einem eigenen Reich *(Jötunheim)* im N; Verkörperungen der Naturkräfte, die in menschlicher oder in Tiergestalt erscheinen, oft mit mehreren Armen oder Köpfen.

◆ **Jotunheimen,** norweg. Gebirgsmassiv zwischen Nordfjord, Sognefjord u. Gudbrandstal; aus Gabbro u. a. Gesteinen aufgebaut; stark vergletschert (207 km²); im *Glittertind* 2470 m, *Galdhøpiggen* 2469 m.

Jotuni, Maria, eigentl. M. *Tarkiainen,* geb. Haggrén-Jotuni, finn. Schriftstellerin, *9. 4. 1880 Kuopio, †30. 9. 1943 Helsinki; gestaltete mit antimaterialist. Tendenz Stoffe aus der kleinbürgerl. Umwelt, oft sarkastisch; ihr Hauptwerk ist der Roman „Alltagsleben" 1909, dt. 1923; auch Dramen.

Joué-les-Tours [ʒuˈeːlɛtuːr], Industriestadt im SW von Tours, im Dép. Indre-et-Loire (Frankreich), 37 100 Ew.; Elektroindustrie.

Jouhandeau [ʒuaˈdoː], Marcel, französ. Schriftsteller, *26. 7. 1888 Guéret, Creuse, †7. 4. 1979 Paris; Verfasser autobiografisch gefärbter, fantastisch-iron. Erzählungen („Chaminadour" 3 Bde. 1934–1941), von Romanen („Herr Godeau" 1926, dt. 1966; „Herr Godeau heiratet" 1933, dt. 1968) u. Essays („De l'abjection" 1939; „Essai sur moi-même" 1947); Tagebücher „Journaliers". – Gesammelte Werke, 5 Bde. 1964–1977.

Jouhaux [ʒuˈoː], Léon, französ. Gewerkschaftsführer, *1. 7. 1879 Paris, †29. 4. 1954

Paris; 1909 Generalsekretär des Französ. Allg. Gewerkschaftsbunds u. seit 1919 auch Vizepräsident des Weltgewerkschaftsbundes. Diesen verließ er mit dem größten Teil seiner französ. Organisation aus Opposition gegen den kommunist. Einfluss im Weltgewerkschaftsbund u. gründete 1947 eine eigene französ. Gewerkschaftsorganisation, die „Force Ouvrière", an deren Spitze er stand. 1949–1954 war er Präs. des Internationalen Rates zur Europa-Bewegung u. erhielt 1951 den Friedensnobelpreis.

Joule [dʒuːl; das; nach J. P. *Joule*], Kurzzeichen J, Einheit der Arbeit u. Energie. Ein J. (1 J) ist die Arbeit, die verrichtet wird, wenn die Kraft ein Newton (1 N) längs eines Weges von einem Meter (1 m) wirkt:

$$1\,J = 1\,N \cdot 1\,m = 1\,Nm = 1\,kg \cdot m^2/s^2.$$

Das J. wird zur Angabe des Heizwertes von Brennstoffen oder als Einheit für die Wärmetönung (Reaktionswärme) von chem. Reaktionen benutzt. Außerdem wird es in der Ernährungslehre zur Angabe des Energiewertes von Nahrungsmitteln gebraucht. So ist z. B. der Energiewert von 1 g Eiweiß 17,2 kJ, von 1 g Kohlenhydrat 17,2 kJ, von 1 g Fett 38,1 kJ. Der Energiebedarf des Menschen beträgt bei Bettruhe 5,8 kJ pro kg Körpergewicht u. Stunde, bei Bewegung 7,12 kJ, bei Anstrengungen 10,47 kJ.

James Prescott Joule

◆ **Joule** [dʒuːl], James Prescott, engl. Physiker, *24. 12. 1818 Salford bei Manchester, †11. 10. 1889 Sale bei London; trat als einer der ersten für den Satz von der Erhaltung der Energie ein. Er bestimmte quantitativ die Äquivalenz zwischen mechan. Energie u. Wärme. 1841 entdeckte er das *Joule'sche Gesetz.* Mit W. Thomson entdeckte J. den → Joule-Thomson-Effekt.

Jotunheimen: Das westnorwegische Gebirgsmassiv ist der Sage nach die Heimat der Riesen namens Jötun

Joule'sches Gesetz [dʒuːl-; nach J. P. *Joule*], ein Gesetz, das die Wärmeentwicklung in einem stromdurchflossenen Ohm'schen Widerstand (Wirkwiderstand) beschreibt. Fließt durch einen Widerstand R beim Anlegen der Spannung U während der Zeit t ein Strom der Stärke I, so wird die Stromarbeit $W = U \cdot I \cdot t = I^2 \cdot R \cdot t$ in Wärme umgewandelt.

Joule-Thomson-Effekt [ˈdʒuːl ˈtɔmsən-; nach J. P. *Joule* u. W. *Thomson*, dem späteren Lord Kelvin], die Änderung der Temperatur, die in einem realen Gas bei der (adiabatischen) Entspannung von höherem zu tieferem Druck, z. B. durch ein Ventil oder einen porösen Pfropfen hindurch, auftritt. Bei den meisten Gasen u. normalen Temperaturen erfolgt bei der Druckabnahme auch eine Temperaturabnahme (sog. *positiver J.*). Ausnahmen sind Wasserstoff, Helium u. Neon, bei denen ein positiver J. erst unterhalb einer *Inversionstemperatur* auftritt. Der Effekt wird bei der Gasverflüssigung angewandt.

Jourdan [ʒurˈdã], Jean Baptiste, Graf (1804), französ. Marschall, *29. 4. 1762 Limoges, † 23. 11. 1833 Paris; Soldat im nordamerikan. Unabhängigkeitskrieg, französ. Heerführer in den Koalitionskriegen 1794; Sieg über die Österreicher bei Fleurus, Eroberung Belgiens; 1800–1813 Generalstabschef König Joseph Bonapartes in Neapel, 1819 zum Pair von Frankreich ernannt, 1830 Gouverneur der Invaliden.

Journal [ʒurˈnal] frz., „Tagebuch"], **1.** *Publizistik:* Zeitung, Zeitschrift, häufiger Bestandteil von Zeitungs- oder Zeitschriftentiteln.
2. *Wirtschaft:* → Handelsbücher.

Journal des Débats [ʒurˈnal deː deˈba], *Journal des Débats politiques et littéraires,* frz., „Zeitschrift polit. u. literar. Streitfragen"; französ. Tageszeitung, 1789 gegr. als Berichtorgan des Nationalkonvents; seit 1799 republikan. Tageszeitung; seit 1895 konservatives Abendblatt mit viel beachtetem Feuilletonteil, 1944 erloschen.

Journal des Savants, „Le J. d. S." [lə ʒurˈnal deː saˈvã; frz., „Gelehrtenzeitschrift"], ältere Schreibung: *Le Journal des Sçavans*, 1665 in Paris von Denys de *Sallo* gegr. Ztschr. für literarische u. wissenschaftl. Kritik; bes. für die europ. Aufklärung bedeutend.

Journalismus [ʒur-; frz.], als Beruf von *Journalisten* ausgeübte (Tages-)Schriftstellerei u. (oder) publizistische Gestaltung, Redaktion im Dienst von Presse, Hörfunk, Fernsehen u. Film. Der J. wurde im 19. Jh. zu seiner modernen Form entwickelt, wobei neben die reine Nachrichtenvermittlung die Kommentierung von Nachrichten trat. Seine Wurzeln hat der J. im MA (Bänkelsänger) u. der Renaissance (Novellanten). Der Persönlichkeitsjournalismus fand seinen überragenden Vertreter in J. J. Görres. J. verlangt vom Journalisten die Fähigkeit, schnell, aktuell, verständlich u. publikumswirksam zu schreiben, wobei die Maßstäbe von Gründlichkeit u. Wahrhaftigkeit nicht verletzt werden dürfen.

Journalist [ʒur-; frz.], beruflich für Nachrichtenagenturen, Presse, Hörfunk u. Fernsehen tätiger Schriftsteller oder Redakteur, fest angestellt oder auch als freier oder vertraglich gebundener Mitarbeiter; Sonderformen sind die des *Reporters*, des *Bildjournalisten* u. des *Korrespondenten*. Einen fest umrissenen Berufsausbildungsgang zum Journalisten gibt es nicht; fast immer ist das Abitur erforderlich. Das Studium der Publizistik bzw. Kommunikationswissenschaft, bzw. der Journalpolitik (Dortmund u. München) vermittelt eher theoretische Grundlagen. Die Deutsche Journalistenschule (München) u. die Gruner + Jahr-Journalistenschule (Hamburg) sind mehr praxisorientiert. In der Regel führt ein Volontariat, das entsprechend der berufl. Voraussetzungen 12–24 Monate dauert, den angehenden Journalisten in die Praxis ein. Berufsverbände sind der Deutsche Journalistenverband (DJV) u. die Deutsche Journalisten-Union (dju), die der IG Medien im Dt. Gewerkschaftsbund angeschlossen ist.

Journal of Commerce and Commercial [ˈdʒəːnl əv ˈkɔməs ənd kəˈməʃl; engl., „Handels- u. Wirtschaftszeitung"], montags–freitags erscheinende, US-amerikan. Wirtschaftszeitung; gegr. 1827 in New York.

„Jours de France" [ˈʒuːr də ˈfräs], illustrierte, französ. Wochenzeitschrift im Verlag Hachette, gegründet 1954 in Paris; Auflage 673 000.

Jouve [ʒuːv], Pierre-Jean, französ. Dichter und Romancier, *11. 10. 1887 Arras, † 10. 1. 1976 Paris; zuerst stark beeinflusst von den Symbolisten, versuchte er in seinem Werk unter dem Einfluss der Psychoanalyse in die Tiefen des menschlichen Seins vorzudringen. Romane: „Paulina 1880" 1925, dt. 1925; „Die leere Welt" 1927, dt. 1966; „Die Abenteuer der Catherine Crachat" 1928, dt. 1995; „Nachtschwarzer Engel" 1931, dt. 1996; Gedichte: „Noces" 1928; „Sueur de sang" 1933; „Matière céleste" 1937; „La vierge de Paris" 1944; „Langue" 1952; Essays: „Tombeau de Baudelaire" 1941; „Le Don Juan de Mozart" 1942.

◆ **Jouvenet** [ʒuvˈnɛ], Jean-Baptiste, gen. *le Grand*, französ. Maler, bedeutendes Mit-

Jean-Baptiste Jouvenet: Die Messe des Abbé Delaporte. Paris, Louvre

glied einer weit verzweigten Künstlerfamilie, getauft 1. 5. 1644 Rouen, † 5. 4. 1717 Paris; Schüler von C. *Lebrun* u. dessen Gehilfe bei Aufträgen in Versailles, Hauptmeister der Kirchenmalerei seiner Zeit. Hptw.: Kreuzabnahme 1697 (Louvre) u. Wunderbarer Fischzug (Louvre).

Jouvet [ʒuˈvɛ], Louis, franzöns. Theaterleiter, -regisseur u. -schauspieler, * 24. 12. 1887 Crozon, Finistère, † 16. 8. 1951 Paris; seit 1922 Leiter der Comédie des Champs-Élysées, seit 1934 des Théâtre de l'Athénée, das durch ihn Weltruf erlangte; Zusammenarbeit mit J. *Giraudoux* seit 1928, dessen Stücke J. zur Uraufführung brachte; spielte auch in vielen Filmen.

Joux, 1. *Lac de Joux* [lak də ˈʒuː], 9 km langer, bis 1,5 km breiter, künstl. aufgestauter Natursee, 9,5 km², 1005 m ü. M., im Hochtal des *Vallée de Joux*, im westl. Schweizer Jura, mit unterirdischem Abfluss zur Orbe; bedeutende Fischerei, sommerlicher Boots- u. Badebetrieb. **2.** *Vallée de Joux* [vaˈleː də ˈʒuː], ein Längstal im südl. Schweizer Jura, nordwestl. des Genfer Sees, zwischen den Bergketten des Mont Risoux u. des Mont Tendre; mit dem *Lac de Joux* u. dem *Lac Brenet*; Viehwirtschaft; Uhrenindustrie; Hauptorte: Le Sentier u. Le Pont.

Jovanović [-vitʃ], Jovan, Pseudonym *Zmaj*, serb. Dichter, * 24. 11. 1833 Novi Sad, † 3. 6. 1904 Sremska Kamenica; intime Lyrik, patriot. u. Kinderlieder, zahlreiche Übersetzungen aus dem Deutschen, Ungarischen u. Russischen.

Jovellanos [xoveˈljanos], Gaspar Melchor de, span. Politiker u. Schriftsteller, * 5. 1. 1744 Gijón, † 27. 11. 1811 Vega, Asturien; bedeutender Vertreter der spanischen Aufklärung, trat in vielen Schriften und Essays für den Fortschritt Spaniens auf allen Gebieten ein, vor allem im Bereich des Bildungswesens, der Agrarpolitiks und der Kulturpolitik; historisch bedeutend ist der „Informe sobre la Ley Agraria" 1794; pflegte fast alle literar. Gattungen. – Obras completas, 8 Bde. 1865; Obras escogidas, 3 Bde. 1935.

Jovian, Flavius *Iovianus*, röm. Kaiser 363–364, * 331/32, † 17. 2. 364 Dadaszana; wurde am 27. 6. 363 als Nachfolger *Julians* zum römischen Kaiser ausgerufen; beendete den Perserkrieg durch einen Frieden mit *Schapur II.* (Verzicht auf die Gebiete jenseits des Tigris); Restituierung der christlichen Kirche.

Jovine, Francesco, italien. Erzähler, * 9. 10. 1902 Guardialfiera, Campobasso, † 30. 4. 1950 Rom; schilderte in sozialkrit.-realist. Novellen und Romanen das Leben in Süditalien („Die Äcker des Herrn" 1950, dt. 1952).

Jowkow, *Jovkov*, Jordan, bulgar. Erzähler, * 9. 11. 1880 Scherawna bei Kotel, † 15. 10. 1937 Plowdiw; verfasste optimistische, an Naturbildern reiche Prosa: „Der Schnitter" 1920, dt. 1941; „Balkanlegenden" 1927, dt. 1959; „Im Gasthof zu Antimovo" 1928, dt. 1942; dt. „Bulgar. Geschichten" 1952; auch Dramen („Die Prinzessin von Alfatar" 1932, dt. 1943).

James Joyce; 1934

◆ **Joyce** [dʒɔis], James, irischer Schriftsteller, * 2. 2. 1882 Rathgar, Dublin, † 13. 1. 1941 Zürich; wirkte mit seiner Revolte gegen den realist. Gesellschaftsroman des 19. Jahrhunderts auf die Entwicklung des modernen Romans ein. Sein Bruch mit den traditionellen Erzählstrukturen gipfelt in dem sogenannten *Simultanstil*, der richtungweisend für das 20. Jahrhundert wurde. Charakteristisch hierfür ist sein Hptw. „Ulysses" (1922, dt. 1927), die vielschichtige Schilderung von 24 Stunden aus dem Leben zweier Dubliner Bürger, die in symbolhafte Beziehung zur Odyssee gestellt wird. Beeinflusst von der Psychoanalyse Freuds, lässt J. den Leser durch den interpunktionslos wiedergegebenen Strom von Bewusstseinsvorgängen *(stream of consciousness)* an Gedanken, Empfindungen u. Erinnerungen der Charaktere teilnehmen. Weitere Hptw.: „Finnegans wake" 1939, dt. 1993, eine universalmytholog. Traumvision in einer verzerrten, die normale Sprachform zerstörenden Sprache; ferner Lyrik, Novellen („Dublin" 1924, dt. 1928), ein Drama („Verbannte" 1918, dt. 1925) u. das autobiograf. „Jugendbildnis" 1917, dt. 1926; Essays. – Werke, Frankfurter Ausgabe. 1969–1974. R. Ellmann: J. J. (dt.) 1994.

Joyeuse Entrée [ʒwaˈjøːz ãˈtreː; frz.], ndrl. *Blijde Inkomst*, feierl. Einzug des Herrschers oder seines Stellvertreters in den alten niederländ. Herzogtümern, später Provinzen, bei dem die alten Privilegien der Gebiete bestätigt wurden; auch für die Bestätigungsurkunde gebraucht, z. T. eine Art Herrschaftsvertrag zwischen Landesherrn u. Ständen.

Joystick [ˈdʒɔistik; der; engl.], Bedienungsgerät für Computerspiele (→ elektronische Spiele); besteht aus einem Steuerknüppel, mit dem der Spieler Figuren, Autos, Flugzeuge etc. zweidimensional über den Bildschirm bewegen kann, u. zusätzl. Knöpfen, durch die weitere Aktionen aktiviert werden können. Funktional unterscheidet man zwischen analogen u. digitalen Joysticks, mit denen differenziertere Aktionen u. genaueres Steuern möglich ist.

József [ˈjoːʒɛf], Attila, ungar. Dichter, * 11. 4. 1905 Budapest, † 3. 12. 1937 Balatonszárszó (Selbstmord); seine teils subtile, teils pathetische Lyrik bringt die Leiden des ungarischen Proletariats zum Ausdruck; schrieb auch myst. Balladen. – Dt. Auswahl: „Gedichte" 1960 und „Am Rande der Stadt" 1963.

jr., Abk. für → junior.

Juana Inés de la Cruz [xuˈana iˈnez de la kruθ], Sor (Klostername), eigentl. Juana Inés de *Asbaje y Ramírez de Santillana*, mexikan. Dichterin aus der spanischen Kolonialzeit, * 12. 11. 1651 San Miguel de Nepantla, † 17. 4. 1695 Mexico; trat 1667 nach dem Tod ihres Geliebten ins Kloster ein; schrieb Lyrik in der Nachfolge von L. de Góngora y Argote u. geistl. Spiele in der Art Calderóns. „El primero sueño" 1690, dt. „Die Welt im Traum" 1946 u. „Erster Traum" 1992.

Juan-Fernández-Inseln: Durch den Roman von Daniel Defoe ist die Inselgruppe bekannt geworden. Das Gemälde stammt aus dem Jahr 1832

Juan Carlos

Juan Carlos [xu'an-], *Don Juan Carlos,* de Borbón y Borbón, Prinz von Asturien, *5. 1. 1938 Rom; Sohn des Prinzen *Don Juan,* Grafen von Barcelona (*1913, †1993), des 3. Sohns König Alfons' XIII. von Spanien u. eigentl. Thronfolgers (nach dem Tod des ältesten u. dem Thronverzicht des nächstfolgenden Bruders, Don Jaime). Aufgrund einer Übereinkunft zwischen Staatschef F. Franco u. dem Grafen von Barcelona (1948) wurde J. C. auf die Übernahme des Throns vorbereitet; er heiratete 1962 Prinzessin Sophia von Griechenland u. wurde 1975 nach dem Tod Francos König von Spanien. Nach seiner Thronbesteigung wurde in Spanien schrittweise die Demokratie wieder hergestellt, als deren Garant er gilt. J. C. erhielt 1982 den Karlspreis.

Juan d'Austria

◆ **Juan d'Austria** [xu'an-], Don, *Johann von Österreich,* spanischer Heerführer, *24. 2. 1547 Regensburg, †1. 10. 1578 Namur; unehelicher Sohn Kaiser *Karls V.* mit Barbara *Blomberg* (*1527, †1597), 1559 von Philipp II. als Halbbruder anerkannt; 1568 Befehlshaber der Mittelmeerflotte; 1571 Sieg über die Türken bei *Lepanto;* aus Rivalenfurcht von Philipp zum Statthalter der Niederlande gemacht; hier nach nur geringen Erfolgen wahrscheinl. an der Pest gestorben.

Juan-de-Fuca-Straße [xu'an-], pazif. Meeresstraße in Nordamerika, zwischen der kanad. Vancouverinsel u. dem US-amerikan. Festland, bis 35 km breit, 160 km lang; Zugang zu Seattle u. Vancouver.

Juan de Juanes [xu'an ðə xu'anεs], eigentl. *Vicente Juan Masip,* span. Maler, *um 1523 Fuente la Higuera, Valencia, †21. 12. 1579 Bocairente; lernte bei seinem Vater J. V. *Masip,* durch den er Einflüsse der italien. Renaissance-Malerei aufnahm. J. malte vorzugsweise religiöse Bilder, oft in einförmiger Farbgebung u. übertriebener Gestik der Figuren, die jedoch trotzdem große Beliebtheit genossen.

Juan de la Cruz [xu'an de la kruθ] → Johannes vom Kreuz.

◆ **Juan-Fernández-Inseln** [xu'an fεr'nandεθ-], vulkan. Inselgruppe im Pazif. Ozean, in der Prov. Valparaíso (Chile), auf dem *Juan-Fernández-Rücken,* 650 km westl. von Santiago; 3 Inseln, *Alexander Selkirk* (bis 1966 *Más Afuera,* 85 km², 1836 m hoch), *Santa Clara* u. *Robinson Crusoë* (bis 1966 *Más a Tierra,* 93 km², 1056 m hoch), zusammen rd. 185 km², u. mehrere Felsklippen; nur die größte, Robinson Crusoë, ist bewohnt, rd.

1000 Ew.; Hauptsiedlung *San Juan Bautista* in der Cumberlandbucht; Fischerei. – 1574 von Juan *Fernández* entdeckt, vorher unbewohnt, erst ab 1591 von span. Fischern besiedelt; nach der Unabhängigkeit von Chile 1819 unter dessen Kontrolle, weitere Besiedlung durch polit. Gefangene, Fischer u. Bauern; 1935 Erklärung der Insel zum Nationalpark. Von 1704 bis 1709 lebte auf Más a Tierra Alexander Selkirk, das historische Vorbild des „Robinson Crusoë" von D. *Defoe.*

Juan-Fernández-Rücken [xu'an fεr'nandεθ-], nordsüdl. verlaufende untermeer. Erhebung im *Chilebecken;* auf ihm liegen die *Islas de los Desventurados* u. die *Juan-Fernández-Inseln.*

Juan-les-Pins [ʒɥ'ɑ̃ lεː pε̃], Ortsteil von Antibes, Département Alpes-Maritimes (Frankreich), Seebad u. Winterkurort an der Riviera.

Juan Manuel [xu'an-], Infante Don, span. Schriftsteller, *5. 5. 1282 Escalona, Toledo, †um 1348 Córdoba, Enkel Ferdinands des Heiligen u. Neffe Alfons' des Weisen von Kastilien; Politiker, Soldat und Gelehrter. Seine Werke bilden den Höhepunkt der mittelalterlichen kastilischen Prosa und stehen bereits ganz im Zeichen der christlichen Reconquista: „El libro de los estados" um 1330, hrsg. 1860; „Libro del caballero y del escudero" (ein Rittersspiegel) 1326, hrsg. 1883; „El Conde Lucanor" (eine Sammlung von Exempeln mit Erzählrahmen) beendet 1335, Erstdruck 1575, dt. „Der Graf Lucanor" 1840 von J. von *Eichendorff.*

Juárez [xu'arεs], mexikan. Stadt, → Ciudad Juárez.

Benito Juárez García

◆ **Juárez García** [xu'ares gar'θia], Benito, mexikan. Politiker u. Nationalheld, *21. 3. 1806 San Pablo Guelatao (Oaxaca), †18. 7. 1872 Mexico; Indianer, Rechtsanwalt, lenkte seit 1858 als Vize-Präs. de facto, seit 1861 als Staats-Präs. die Politik; Mitschöpfer der liberalen Verfassung von 1857 u. der Reformgesetze von 1859 (Trennung von Staat u. Kirche, Zivilehe, Säkularisierung der Klöster, Religionsfreiheit). Nach dem Eingreifen der Franzosen, Engländer u. Spanier in Mexiko u. der Inthronisierung Kaiser Maximilians leitete J. G. den Untergrundkrieg gegen die französ. Besatzungsmacht. 1867 u. 1871 wurde er erneut zum Staats-Präs. gewählt. Er förderte die wirtschaftl. u. kulturelle Entwicklung des Landes. Auch → Mexiko (Geschichte).

Juàzeiro [ʒw'azεiru], Stadt im brasilian. Staat Bahia, am São Francisco, als Munizip rd. 61 000 Ew.; Agrarhandel.

Juàzeiro do Norte [ʒw'azεiru-], brasilian. Stadt im Staat Ceará, 97 000 Ew.; Verarbeitung landwirtschaftl. Produkte, Gerbereien, Baumwollentkörnung, Ölmühlen u. Holzsägereien.

Juba [engl. 'dʒuːbə], **1.** *Djuba, Giuba,* Hauptstadt der sudanesischen Äquatorprovinz am Weißen Nil (Bahr Al Gabal), nahe der Südgrenze der Republik Sudan, 116 000 Ew.; vorwiegend Tabak- und Kaffeeanbau.
2. ostafrikan. Fluss, → Webi Ganane.
Juba, 1. Juba I., vor 50 v. Chr. König von Numidien, Gegner Cäsars auf Seiten der Pompeianer; vernichtete im Bürgerkrieg 46 v. Chr. zwei Legionen Cäsars; wurde 46 v. Chr. zusammen mit den Pompeianern bei Thapsus von Cäsar geschlagen, floh nach Zama u. nahm sich das Leben.
2. Juba II., Sohn von 1), †23 n. Chr.; in Rom erzogen, von *Augustus* 25 v. Chr. als König von Mauretanien eingesetzt; baute die Hauptstadt Caesarea zu einem Kulturzentrum aus; verfasste völkerkundliche und geographische Werke sowie eine Geschichte Roms.

Jubaea, eine Gattung der *Palmen;* einzige Art ist die *Chilenische Coquito-* oder *Chilenische Honigpalme, J. spectabilis.* Die haselnussähnlichen Steinkerne besitzen nur einen Samen u. kommen als *Coquitos* in den Handel. Das Nährgewebe schmeckt ähnlich wie Kokosnuss.

Jubayl, *Al Jubayl,* Stadt am Pers. Golf in Saudi-Arabien. J. wurde seit 1975 zu einem Industriezentrum u. zur einer Stadt mit mehr als 100 000 Ew. ausgebaut. Industriezweige: Ölraffinerien, petrochem. Werke, Hüttenwerk, Konsumgüterindustrie; Kraftwerke u. Meerwasserentsalzungsanlagen; Seehafen.

Jubbulpore, indische Stadt, → Jabalpur.
Jubeljahr, 1. → Jobeljahr.
2. seit 1300 in verschiedenen Abständen innerhalb der kath. Kirche gefeiertes Jahr *(Heiliges Jahr),* bei dem ein besonderer Ablass gewährt wird. Ursprünglich sollte alle 100 Jahre ein J. stattfinden, seit 1470 alle 25 Jahre. Bei bes. Anlässen wird ein außerordentl. J. verkündet (z. B. 2000). Während des Jubeljahrs wird das *Jubeltor (Goldene Pforte)* in der Peterskirche in Rom geöffnet.

Jubilate [lat., „jauchzet"], 3. Sonntag nach Ostern, nach dem Anfang des Introitus (Ps. 66,1) benannt.

Jubiläumsgeschenke, einkommensteuerl. Behandlung; → Arbeitsjubiläum.

Jubiläumsverkauf, Sonderverkauf zur Jubiläumsfeier eines Unternehmens, z. B. nach jeweils 25 Jahren Geschäftstätigkeit. Die Jubiläumsverkaufszeit beträgt maximal 12 Werktage u. unterliegt der Genehmigung durch die Verwaltungsbehörde.

Jubilee [dʒuːbi'liː; engl., „Jubel"], in der Folklore der nordamerikan. Schwarzen eine Liedgattung, die das Glück der Zukunft besingt.

Juby, *Kap Juby* → Tarfayah.

Júcar ['xukar], ostspan. Fluss, 498 km; entspringt in der Serranía de Cuenca, durchfließt die östl. Mancha, mündet bei Cullera in das Mittelländische Meer; durch fünf Talsperren gestaut und durch Kraftwerke zur Energieerzeugung genutzt; speist Kanäle, die das fruchtbare Küstenland bewässern.

Jüchen

♦ **Jüchen,** Gemeinde in Nordrhein-West-falen, Ldkrs. Neuss, 22 500 Ew.; Wasser-schloss Dyck (17. Jh.), Kloster St. Nikolaus (14. Jh.); Braunkohlentagebau, Textilindus-trie.

Juchert, Flächenmaß → Joch.

Juchten [russ.; der oder das], chrom-lohgar gegerbtes Fahlleder. Das früher in Russland hergestellte echte J. war mit Weiden- u. Birkenrindengerbstoffen gegerbt u. besaß den charakterist. Geruch von Birkenteeröl, das auch in der Parfümerie als Duftstoff verwendet wird.

Jück, früheres Flächenmaß, 1 J. = 45,383 a (Oldenburg); 1 J. = 65,525 a (Hannover).

Juckbohne → Brennhülse.

Juckreiz, *Hautjucken, Pruritus,* Reizung der Haut oder Schleimhaut, die zum Kratzen oder Reiben veranlasst; beruht auf einem unterschwelligen Schmerzreiz. J. kann rein nervös, durch Ungeziefer, durch Stoffwech-sel- oder innersekretorische Störungen u. bes. durch Hautkrankheiten bedingt sein. So sind Ekzeme fast immer mit J. verbunden, ebenso können Gelbsucht, Gicht, Zucker-krankheit, Harnvergiftung, Schwangerschaft zum J. führen. Altersjuckreiz beruht auf einer Änderung der Hautdurchblutung u. Hautspannung. Afterjuckreiz ist meist eine Folge von Hämorrhoiden. – Der Juckreiz kann durch Salben, Waschungen u. Arznei-mittel gelindert werden.

Jud, 1. Jakob, schweiz. Romanist, *12. 1. 1882 Wängi (Thurgau), †15. 6. 1952 auf dem Rütli (Uri); neben sprachgeograph. u. -his-tor. Arbeiten mit K. Jaberg Hrsg. des „Sprach- u. Sachatlas Italiens u. der Süd-schweiz" 8 Bde. 1928–1940.

Leo Judae

♦ **2.** *Judae,* auch *Keller,* Leo, schweiz. Reformator, *1482 Gemar, Elsass, †19. 6. 1542 Zürich; Mit-arbeiter H. Zwinglis u. J. H. Bullingers; übersetzte latein. Werke des Erasmus von Rotterdam u. Lu-thers ins Deutsche, veröffentlichte zwei Katechismen sowie nachgelassene Schrif-ten Zwinglis; bedeu-tend auch als Bibelübersetzer.

Juda, führender Stamm der südisrael. Stäm-meverbands, nach J., dem Sohn Jakobs u. der Lea, benannt. Auch Name der Land-schaft südl. von Jerusalem.

Juda, südlicher Reichsteil der davidischen Monarchie, dessen alte Hptst. Hebron von David zu Gunsten Jerusalems aufgegeben wurde; war immer ein eigener Staat, der

Judäa: Weite Teile des Berglandes sind menschenfeindliche Wüste

durch Deportation seiner Oberschicht (597 u. 586 v. Chr.) u. Zerstörung Jerusalems aufgehoben wurde. Auch → Juden.

♦ **Judäa,** hebr. *Yehuda,* der mittlere Teil des Berglands von Israel u. Westjordanien, zwischen Samaria im N u. dem Negev im S, von W nach O gegliedert in das Vorhügel-land *Shefela,* das Bergland *Har Yehuda* u. die Judäische Wüste *Midbar Yehuda,* die steil zum Jordangraben abfällt. Die Nieder-

Judas Iskariot: Darstellung des Judaskusses auf einem Altarbild des 16. Jahrhunderts. Pamplona, Kathedrale

schläge nehmen von N nach S u. von W nach O stark ab. Das Bergland wird vor allem um Ramallah im N u. Hebron im S vorwiegend von Arabern bewohnt, die Regenfeldbau treiben. Seine höchsten Hö-hen übersteigen 1000 m knapp. Der mittlere Teil mit Jerusalem liegt etwas tiefer.
J. war ursprüngl. die Bez. für das jüd. Siedlungsgebiet um Jerusalem nach der Babylonischen Gefangenschaft, später für das Reich Herodes d. Gr., das etwa Palästi-na umfasste. Seit 67 n. Chr. war J. röm. Provinz. Der größte Teil Judäas war 1948–1967 von Jordanien annektiert u. steht seitdem unter israel. Verwaltung, seit 1995 teilweise auch unter palästinens. Selbstver-waltung.

Juda Halevi → Jehuda Ben Samuel ha Levi.

Judaica, Bücher über das Judentum.

Judaismus, eine Richtung im Urchristentum, die im Gegensatz zu Paulus die Unterwer-fung unter das mosaische Gesetz u. die Beschneidung für heilsnotwendig hielt.

Judaistik, Universitätsfach (an philosoph. Fakultäten) für Geschichte, Literatur- u. Religionsgeschichte des Judentums.

Judas, 1. nach Markus 6,3 Bruder Jesu. Laut Judas 1,1 Verfasser des Judasbriefs. Von ihm persönlich ist nichts bekannt.
2. Sohn des Jakobus; nach den Apostel-listen des Lukas (6,16; Apg. 1,13) einer der zwölf Jünger Jesu. Markus 3,18 nennt statt-dessen Thaddäus oder Lebbäus.
3. *Judas der Galiläer,* ein Schriftgelehrter aus Gamala u. Mitbegründer der Partei der → Zeloten. Nach Absetzung des Herodes Archelaos durch die Römer (6 n. Chr.) ging er gegen die Steuereinschätzung durch Rom vor u. fiel im Kampf (Apg. 5,37).
♦ **4.** *Judas Iskariot* (Ischariot), in der Apostelliste Markus 3,19 mit dem Zusatz „der ihn verriet" versehen; Jünger Jesu. Er lieferte ihn aus ungeklärten Gründen an die

Judasbaum, Cercis siliquastrum

jüd. Behörden aus u. erhängte sich später (Matth. 27,3–10; Apg. 1,18 ff.). In Apg. 1,13 fehlt sein Name in der Apostelliste. Der Beiname Iskariot ist wohl eine Ortsbezeichnung. Interessant ist, dass in der urchristl. Überlieferung jegliche Polemik gegen J. fehlt. Der „Judaskuss" als Form des Verrats ist sprichwörtlich geworden. – Die Gestalt des J. spielt in der Literatur seit dem MA eine wichtige Rolle (G. *Klopstock*, P. *Claudel*) u. taucht stets bei Abendmahlsdarstellungen u. Ölbergszenen in der bildenden Kunst auf.

◆ **Judasbaum**, *Cercis siliquastrum*, ein *Mimosengewächs (Mimosaceae)* mit karminroten, stammbürtigen Blütenbüscheln; in Südeuropa u. im Orient heimisch; Zierbaum mit wertvollem Holz. Am J. hat sich der Sage nach Judas Iskariot erhängt. Ein winterharter Zierbaum ist der bis 12 m hohe *Kanad. J., Cercis canadensis*, aus den mittleren USA.

Judasohr, Hirneola auricula-judae

Judasbrief, Schrift des NT, die sich als von dem Bruder Jesu → Judas (1) verfasst ausgibt. Diese Verfasserschaft u. auch die Zeit der Entstehung des gegen gnostische Irrlehrer gerichteten Schreibens sind umstritten.

Judaskuss → Judas (4).

Judas Makkabäus [aram., „der Hammerartige"], jüd. Heerführer, Sohn des Priesters *Mattathias* aus dem Geschlecht der *Hasmonäer*, setzte nach dem Tod des Vaters erfolgreich den Befreiungskampf gegen den Seleukidenherrscher *Antiochos IV. Epiphanes* u. dessen Nachfolger fort, eroberte Jerusalem u. verbündete sich mit den Römern; fiel 161 v. Chr. im Kampf.

◆ **Judasohr**, *Judenohr, Auricularia sambucina, Hirneola (Auricularia) auricula-judae, Tremella auricula*, ein *Ständerpilz* mit schüssel- oder ohrenförmigem Fruchtkörper in violetten Farbtönen; parasitisch hauptsächl. auf alten Holunderstämmen. In Japan u. China als Speisepilz sehr beliebt.

◆ **Judd** [dʒʌd], Donald, US-amerikan. Bildhauer, *3. 6. 1928 Excelsior Springs, †12. 2. 1994 New York; Hauptvertreter der Minimalart. Seine Skulpturen bestehen aus sich wiederholenden kubischen Raumelementen.

◆ **Juden** [hebr. *Jehudi*, „Bewohner Judas", grch. *Judaios*, lat. *Judaeus*], ursprüngl. das nach dem Stamm u. späteren Königreich Juda in Palästina benannte Volk, später nach der Zerstreuung ausgedehnt auf alle, die ihre Herkunft auf das Volk Israel zurückführten u. sich trotz aller Unterschiede im Kulturstand u. in der Umgangssprache aufgrund der jüdischen Glaubensgemeinschaft ein gewisses Maß an gemeinsamem Brauchtum bewahrten. Die traditionelle (religiöse) jüdische Selbstbezeichnung lautet „Israel(it)", seltener „Hebräer". Anthropologisch ursprünglich zu den Orientaliden u. Armeniden gehörig, hat dieses Volkstum im Lauf der Jahrhunderte Beimischungen aller rass. Bestandteile der europ. Völker in sich aufgenommen, im nordafrikan.-südwestasiat. Raum auch negride. Unter den europ. J. unterscheidet man zwei Gruppen: die *Sephardim* oder spaniol. J. *(Spaniolen)* u. die *Aschkenasim* oder mittel- bzw. osteurop. J. Die Sephardim stehen den Orientaliden u. Mediterranen näher, die Aschkenasim mehr den Armeniden. Der größere Teil der J. gehört zu letzteren. Nach jüd. Tradition gilt als Jude, wer von einer jüd. Mutter geboren wurde oder zum → Judentum übergetreten ist. Im Recht des Staates Israel dient diese Definition zur Feststellung der jüd. Nationalität, verdeutlicht durch den Zusatz: „und wer sich nicht zu einer anderen Religion bekennt". Reformjudentum u. konservatives Judentum verstehen aber das Judentum als Religionsgemeinschaft (Konfessionsjudentum); demgegenüber gibt es seit dem Aufkommen des modernen jüd. Nationalismus a religiöse oder gar antireligiöse Nationaljuden. Orthodoxie u. → Chassidismus hingegen halten an der traditionellen Formel fest u. verbinden so die Extreme. Unter dem Druck des modernen Antisemitismus, ins-

Donald Judd: Installation; 1989. Baden-Baden, Staatliche Kunsthalle

bes. seit 1933, wuchs das Bedürfnis nach gesamtjüdischer Solidarität, u. 1936 wurde der *Jüdische Weltkongress* (World Jewish Congress) als weltweites Forum für jüdische Organisationen aller Schattierungen gegründet.

Die Zahl der J. betrug 1933 weltweit rd. 16 Mio., ging durch die nat.-soz. Verfolgungen (rd. 5,5–6 Mio. Ermordete) bis 1947 auf 11,3 Mio. zurück u. stieg bis Ende der 1990er Jahre wieder auf ca. 18 Mio. an.

In Deutschland lebten 1925 rd. 565 000 J., 1998 rd. 88 000. 295 000 J. hatten nach 1933 wegen der nat.-soz. Judenverfolgungen Dtschld. verlassen. Etwa 4,5 Mio. J. aus fast allen Teilen der Welt haben sich in Israel eine neue Heimat geschaffen (hier Israeli genannt). Dort entstand aus den vielfältigen mitgebrachten Bräuchen, Volksliedern u. -tänzen auf der Grundlage der alten Glaubensgemeinschaft u. der wiederbelebten hebräischen Sprache ein neues Volkstum (→ Israel, → Zionismus).

GESCHICHTE UND RELIGIONSGESCHICHTE

Das traditionelle jüd. Selbstbewusstsein wurde durch eine gläubige Deutung der Geschichte als eines göttlich gelenkten, zielgerichteten Ablaufs bestimmt, der auch davon abhängt, inwiefern „Israel" seine gottgestellte Aufgabe (Gehorsam gegen den geoffenbarten Gotteswillen, die „Tora") erfüllt. Diese „Heilsgeschichte" ist als Glaubensgegenstand von der wissenschaftl. Geschichtsschreibung zu unterscheiden, auch wenn in der Literatur beides häufig verquickt wird.

Altisraelitische Zeit: Wahrscheinlich fassten seit dem 17. Jh. v. Chr. einzelne Sippen u. Stämme aus den Wüstenrand-

Juden: Jude mit Torarolle vor der Klagemauer in Jerusalem

gebieten im unbesiedelten Bergland des „Landes Kanaan" Fuß, dessen städt. Bevölkerung, im Schnittpunkt der großen Mächte u. Kulturen am Nil u. im Zweistromland, bereits ein hohes kulturelles Niveau aufwies. Erst in der Auseinandersetzung mit diesen „Kanaanäern" schlossen sich die zugezogenen Sippen mehr u. mehr zusammen, vor allem seit dem späten 13. Jh. v. Chr., als die Philister von der südpalästinensischen Küste u. den kanaanäischen Stadtstaaten aus auch die dazwischen siedelnden Stämme unter Kontrolle bringen wollten. In Südpalästina schlossen sich mehrere Sippen zu einem Verband mit dem Stamm Juda als Kern zusammen, in Mittelpalästina bildeten die sog. Josef-Stämme (Efraim, Manasse, Benjamin) ein Kristallisationszentrum für die Nordstämme. Die Philisternot (1. Samuel 4 ff.) bewirkte gegen Ende des 11. Jh. v. Chr. eine polit. Neuordnung. Mit *Saul* (1. Samuel 8 ff.) als Heerkönig stellte sich der Großteil der Stämme zunächst mit Erfolg der Bedrohung, unterlag aber schließlich (1. Samuel 31), u. Saul fiel im Kampf (ca. 1005 v. Chr.?).

Für die Religion des späteren Judentums waren Erfahrungen u. Traditionen aus dieser Frühzeit grundlegend, freilich in einer neu gedeuteten Form, als Geschichte eines Zwölfstämmebundes mit einheitl. Kult, was viele Forscher veranlasste, zumindest für die „Richterzeit" eine Zwölfstämme-Amphiktyonie mit der „heiligen Lade" als Zentralheiligtum anzunehmen. Voraus ging die Verknüpfung von Sippentraditionen über den „Gott der Väter" u. lokale El-Gottheiten mit der immer stärker werdenden Überlieferung der JHWH (Jahwe?) verehrenden Gruppen. War mit dem „Vätergott" vor allem das Motiv der Land- u. Nachkommenschaftsverheißung u. eine betont persönl. Beziehung zwischen Gottheit u. Kultträger

verbunden, so brachten die Jahwe-Verehrer die Tradition des kriegerischen, rettenden Gottes (Exodus aus Ägypten, Wüstenwanderung) mit sich, der „sein Volk" ins Fruchtland führt u. vor allem geschichtlich wirkt. Ebenfalls mit der Jahwe-Verehrung wurde die Überlieferung von einer Offenbarung am Gottesberg (Horeb, Sinai) in der Wüste verknüpft, von der aus man die neuen gemeinsamen Verhaltensnormen u. Rechtsordnungen als Gottes Willen sanktionierte. Der Jahwekult wirkte mehr u. mehr als einigendes Band im „heiligen Krieg" u. in der kulturell-religiösen Auseinandersetzung mit der kanaanäischen Umwelt. Die Jahwe-Religion weist somit von früh an einen kämpferischen u. exklusiven Zug auf, u. aus dieser Opposition gegen die Götterkulte der Umwelt ergab sich auch die Ablehnung aller kultischen Bildnisse (1.–2. Gebot des Dekalogs: Exodus 20,2–6).

Die Zeit des geeinten Reiches: Die polit. Lage im Vorderen Orient erlaubte im 10. Jh. das Aufkommen regionaler Machtgebilde im syrisch-palästinensischen Raum. Während die Philister sich an der Südküste halten konnten u. die nördl. Küste von den phönizischen Stadtstaaten beherrscht wurde, wuchs im Nordwesten mit dem Zentrum Damaskus ein aramäischer Staat heran u. südlich davon das Reich Israel. Dessen Aufstieg begann mit der Wahl *Davids* zum König von Juda mit der Hauptstadt Hebron. Im Norden herrschte ein Sohn Sauls, er wurde aber ermordet, worauf auch die Nordstämme David als König anerkannten. Residenz des geeinten Reiche wurde Jerusalem (Jebus), von David mit seiner Söldnertruppe im Handstreich erobert (als „Stadt Davids" für das Judentum später Zentrum u. Symbol für Größe u. Anspruch „Israels"). Die kanaanäischen Städte wurden einverleibt, die Philister im SW friedlich neutralisiert, die Edomiter im S, die Moa-

biter u. Ammoniter im O unterworfen u. die Aramäer im NW besiegt. Es entstand eine regional bedeutende Macht. Der neue polit. Machthorizont bestimmte auch den Anspruch des Nationalgottes, der als Götter-Großkönig endgültig an die Stelle des kanaanäischen Pantheonhauptes, des Göttervaters u. Weltschöpfers El, trat. Die neue polit. u. rechtl. Ordnung wurde als Inhalt der Offenbarung Jahwes ausgewiesen.

Unter Davids Sohn *Salomo* (etwa 965–926 v. Chr.) festigte eine kluge Diplomatie u. Heiratspolitik (auch gegenüber Ägypten) den außenpolit. Status. Intern wurde ein Verwaltungsnetz mit Provinzzentren u. befestigten Garnisonen aufgebaut, ein einheitlich verwalteter Flächenstaat, in dem das städtische Leben bald die altisraelit. Sippenstruktur an Bedeutung überstieg, wie auch ein stehendes Heer mit international vergleichbarer Ausrüstung (Streitwageneinheiten) den alten Heerbann ablöste. Salomo ließ am Zionsberg einen Palast, u. einen Tempel nach syro-phönizischen Vorbildern errichten. Der Wandel wurde von manchen als Kanaanisierung empfunden u. weckte Widerstände, die sich an einem idealisierten Bild von der Wüstenzeit orientierten. Die idealisierte Vergangenheit wurde Maßstab der Kritik am Bestehenden, ebenso ein Grundzug jüdischer Geschichte wie die Spannung zwischen den Tendenzen zur Integration in die Umwelt („Assimilation") u. zur Selbstabgrenzung.

Die Zeit der geteilten Reiche Israel und Juda: Die davidische Dynastiebildung stand im Widerspruch zur Tradition von den charismat. „Richtern". Dies u. die wachsende Unzufriedenheit vor allem der Nordstämme über die aufgekommenen Steuer- u. Fronlasten führten ca. 932 v. Chr. unter Rehabeam zum Bruch; ein Vorgang, der in der Jerusalemer Tradition fortan als Abfall zum Götzendienst u. als Verrat an der gotterwählten Dynastie gewertet wurde. Die Nordstämme wählten *Jerobeam I.* (932/31–911/10 v. Chr.) zum König, der unter Anknüpfung an alte Überlieferungen eigene staatl. Kultzentren in Bethel u. Dan einrichtete. Bis auf eine kurze Unterbrechung unter der Usurpatorin *Atalja* (842/41–837/36 v. Chr.) blieb Juda von den Nachfahren Davids regiert, während im Nordreich das unkontrollierbare charismat. Element häufig zu Revolten führte u. nur vorübergehend Ansätze zur Dynastiebildung (ab 886/85 v. Chr. die Omriden) erlaubte. Außenpolitisch verstärkte Ägypten wieder seinen Einfluss vor allem auf Juda, während Israel in Konflikt mit dem Aramäerreich von Damaskus u. bald auch in den Machtbereich Assyriens geriet.

722/21 v. Chr. wurde das Gebiet der Nordstämme assyrische Provinz, u. ein Teil der Oberschicht wurde deportiert. König Ahas von Juda unterwarf sich mit einem hohen Tribut Assyrien u. entging so 722 v. Chr. dem Schicksal des Nordreichs.

Religiös kämpften strenge Jahwe-Verehrer u. offizielle Staatskulte gegen die der kanaanäischen Fruchtbarkeitsreligion (Baal- u. Astarte-Kult) verhaftete volkstüml. Frömmigkeit, sodann konkurrierten die Staatskulte der beiden Teilreiche miteinander, aber auch die aus polit. Kooperation oder Abhängigkeit gebotenen Fremdkulte erregten die Kritik der Jahwe-Anhänger.

Juda als Erbe „Israels": Der Untergang des Nordreichs stärkte die Position der david. Dynastie u. die Jerusalemer Tradition, alsbald wurde „Israel" auch in Juda als Selbstbezeichnung verwendet. Unter *Hiskija* (715/14–697/96 v.Chr.) musste 701 ein assyr. Heer unter Sanherib von der Eroberung Judas die Belagerung Jerusalems aufgeben u. abziehen. Doch bereits *Manasse* (697/96–642/41 v.Chr.) musste sich Assyrien wieder beugen u. auch entsprechende Kulte für assyr. Staatsgötter einrichten. *Joschija* (639–609 v.Chr.) gewann nochmals etwas Bewegungsfreiheit, annektierte ehemals nordisraelit. Gebiete u. strebte offenbar eine Restauration des david. Reiches an. 609 v.Chr. verlor er bei Megiddo die Schlacht gegen den Pharao Necho II. 597 v.Chr. eroberte der Babylonier Nebukadnezar Juda. 587/86 v.Chr. wurde Jerusalem samt dem Tempel von den Babyloniern zerstört, die Ober- u. Mittelschicht deportiert u. das Reich Juda aufgelöst.

Das babylonische Exil: Die Deportierten wurden in Babylonien geschlossen angesiedelt. Im Exil wurden die alten Jerusalemer Traditionen vereinheitlicht, harmonisiert u. in der Folge zu großen literar. Sammelwerken („Tora": 1.–5. Buch Mose; „Deuteronomistisches Geschichtswerk": Josua bis 2. Könige) aufgearbeitet, ein Prozess, der sich in die nachexilische Zeit hineinzog. Der Gottesglaube wurde in der Fremde profilierter, zum Monotheismus – ungeachtet der polit. Machtverhältnisse. Das babylon. Judentum, von dem 538 v.Chr. nur ein Teil in die Heimat zurückkehrte, leitete so den Übergang zur Buchreligion ein.

Frühe Zeit: („Zeit des 2. Tempels": 538 v.Chr. bis 70 n.Chr.)

Persische Periode (538–332 v.Chr.): Der Perserkönig Kyros eroberte Babylonien, gestattete 538 v.Chr. den Deportierten die Heimkehr u. ordnete die Wiederherstellung des Jerusalemer Tempels u. Kults an. Der Hohepriester an der Spitze einer privilegierten Priesterschaft wurde die dominierende Instanz im kleinen Tempelstaat, der nur Jerusalem u. Umgebung umfasste. Einerseits erfolgte eine gewisse Harmonisierung u. Verknüpfung der älteren, auch ursprünglich oppositionellen Traditionen, andererseits traten neue Differenzen auf, vor allem, weil die elitebewusste Heimkehrergemeinde die Altjudäer u. Altisraeliten zur Kultgemeinde nur zuließ, soweit sie sich ihren religiösen Ansichten u. Praktiken fügten. Eine Entscheidung zu Gunsten der babylon. Linie erfolgte um 456 v.Chr., als der Priester *Esra* als königlicher „Schreiber des Gesetzes des Himmelsgottes" aus Babylonien nach Jerusalem kam, um die dortigen Verhältnisse nach diesem Gesetz zu regeln, das wohl mit dem gesetzl. Inhalt des Pentateuchs (der „Tora") identisch war. Doch erst die Ernennung des jüd. Höflings *Nehemia* zum Statthalter (445 v.Chr.) ließ

die Reform gelingen. Als Erstes wurde die Stadt befestigt u. abgesichert, ein Schuldenerlass verfügt, der Kreis der „Juden" von den widerspenstigen Altjudäern u. Altisraeliten abgegrenzt. Sabbat-Heiligung, Beachtung ritueller Reinheitsregeln u. die strikte Ablieferung der kultischen Abgaben wurden streng überwacht. Die Abgrenzungsmaßnahmen zwangen die Altisraeliten („Samaritaner"), sich von nun an als eigene Gemeinschaft mit dem Garizim bei Sichem als Kultzentrum zu organisieren. Schließlich übernahm der Hohepriester auch die polit. Repräsentanz, u. diese Verfassungsform galt von da an als traditionell. Die Kultrestauration hatte die territorial-lokale Bindung der jüd. Religion u. die Institutionalisierung unter der steuerlich-sozial bevorzugten Priesterschaft gestärkt, doch blieb auch die Tendenz zur Ablösung von den realen Machtfaktoren wirksam, die Kritik an Tempelbetrieb u. Machtpolitik blieb eine Begleiterscheinung der Religiosität. Diese konzentrierte sich zunehmend auf die schriftlich fixierten Offenbarungen, auf die „Tora" (1.–5. Buch Mose) u. auf deren Verständnis bzw. auslegende Anwendung.

Hellenistische Oberherrschaft: Alexander d.Gr. u. die Diadochen bestätigten den Status des Tempelstaates, der dann als Teil „Koilesyriens" zwischen Ptolemäern (Ägypten) u. Seleukiden (Syrien) lange strittig blieb, bis 198 v.Chr. die Seleukiden das Gebiet übernahmen. Die außenpolit. Orientierungsmöglichkeiten waren in Judäa mit innenpolit.-religiösen Tendenzen verbunden. Eine hellenisierende Richtung erreichte unter *Antiochos IV. Epiphanes* (175–163 v.Chr.) für das Versprechen höherer Steuerabgaben durch Ersetzung des Hohenpriesters *Onias III.* durch *Jason*, der selber wieder einem Ämterkauf durch *Menelaus* (173/72–163/62 v.Chr.) zum Opfer fiel. Bürgerkriegsartige Wirren waren die Folge, wobei der König für die Hellenisierenden Partei nahm, so dass die Tora-Treuen in eine antiseleukid. u. antihellenist. Front getrieben wurden. Der König, 168 v.Chr. nach einem Sieg über die Ptolemäer durch ein röm. Ultimatum zur Räumung Ägyptens gezwungen, musste in Jerusalem eingreifen. Die radikalen Reformer siegten mit syr. Hilfe, u. eine Zeit regelrechter Religionsverfolgungen begann. Ein synkretist. Kult wurde eingeführt, der Tempel erschien den Traditionstreuen als entweiht, die Endzeit nahe, u. daher verschärfte sich auch der Widerstand in der Erwartung der kommenden Gottesherrschaft. Verbotene Bräuche erhielten bes. Bekenntniswert, vor allem Sabbat-Heiligung, rituelle Reinheits- u. Speisegesetze u. die Beschneidung. Die Konfrontation zwischen Juden u. Nichtjuden kennzeichnete von da an die Geschichte der ganzen Region.

Die Hasmonäerzeit: Der Widerstand wurde durch die Söhne des Hasmonäers Mattathias (die „*Makkabäer*") organisiert. Judas gelang 164 v.Chr. die Eroberung Jerusalems u. die Wiedereinweihung des Tempels (→ Chanukka), Antiochos IV. widerrief die Religionsverfolgungsmaßnahmen, ein neuer

Hohepriester, Alkimus, wurde ernannt. Doch die Makkabäer kämpften weiter u. suchten die Unterstützung Roms. Judas verlor 160 v.Chr. bei Elasa Schlacht u. Leben. Jonatan Makkabäus nützte die seleukidischen Thronfolgestreitigkeiten aus und wurde 152/51 v.Chr. zum Hohenpriester u. seleukid. Feldherrn ernannt, fiel aber 142 v.Chr. einem Thronprätendenten zum Opfer. Seine bereits dynastisch angelegte Machtpolitik widersprach den Auffassungen frommer Kreise, aus religiösen Strömungen wurden konkurrierende Religionsparteien. Simon Makkabäus (142–137 v.Chr.) nahm die syrische Burg (Akra) von Jerusalem ein u. erreichte 141/40 v.Chr. die volle Unabhängigkeit, eine Volksversammlung sprach ihm die erbl. Würde des Fürsten, Feldherrn u. Hohenpriesters zu. Simon (134 v.Chr. ermordet) u. *Johannes Hyrkan* (134–104 v.Chr.) betrieben zwar eine gezielte Expansions- u. Judaisierungspolitik, doch die Opposition wuchs. Eine priesterlich geführte Gruppe, die *Sadduzäer*, vertrat die Interessen der Oberschicht u. war an einem Wandel wenig interessiert, mit ihnen kooperierten daher Johannes Hyrkan u. seine Nachfolger. Unterschiedlichste Gruppierungen erwarteten die nahe Gottesherrschaft, darunter die priesterlich geführte Gemeinde der *Essener* in Qumran. Eine vermittelnde Position nahmen die politisch aktiven *Pharisäer* ein. Ärgernis erregte, dass *Aristobul* (104/03 v.Chr.) und *Alexander Jannaj* (103–76 v.Chr.) den Königstitel annahmen und wie hellenistische Tyrannen regierten. Letzterer eroberte im Ostjordanland weitere Gebiete, verlor aber beinahe alles, vor allem im Konflikt mit den Pharisäern, die die Trennung zwischen königlicher und hohepriesterlicher Würde forderten. Seine Witwe u. Thronerbin *Salome Alexandra* (76–67 v.Chr.) wechselte die Front, und nun suchten die Pharisäer ihren Willen durchzusetzen. Der Tod der Königin leitete das Ende der Dynastie ein, der Hohepriester *Hyrkan II.* focht mit den Pharisäern gegen den sadduzäisch orientierten *Aristobul II.*

Juden: der ins Tote Meer mündende Jordan. Mosaik des 6. Jahrhunderts aus Ma'daba, Jordanien

Die indirekte römische Herrschaft: Der hasmonäische Bruderzwist veranlasste Pompeius 63 v. Chr. zum Einmarsch in Judäa u. zur Eroberung Jerusalems. *Hyrkan II.* wurde als Hoherpriester u. Ethnarch anerkannt, die tatsächl. Macht lag beim romergebenen idumäischen Heerführer *Antipas* u. dessen Söhnen. Zwar regierte der Aristobulsohn Antigonus II. 40–37 v. Chr. mit parthischer Hilfe als König von Judäa, doch Antipaters Sohn *Herodes* (d. Gr.) hatte in Rom ebenfalls 40 v. Chr. die Königswürde erhalten. Er eroberte innerhalb von drei Jahren ein Reich von schließlich davidischen Ausmaßen. Seine tyrannische Herrschaft machte ihn ungeachtet großartiger wirtschaftlicher u. baulicher Leistungen (Neubau der Tempelanlage) bei den meisten J. verhasst.

Die direkte römische Herrschaft über Judäa: Nach dem Tod Herodes d. Gr. (4 v. Chr.) wurde sein Reich auf drei Söhne aufgeteilt: *Archelaos* erhielt als Ethnarch Judäa, Samaria u. Idumäa, *Antipas* (bis 39 n. Chr.) als Tetrarch Galiläa u. Peräa, *Philippus* die Gebiete im Nordosten. Archelaos wurde der inneren Unruhen in Judäa nicht Herr u. 6 n. Chr. abgesetzt, sein Gebiet als Teil der Provinz Syria einem Prokurator mit Sitz in Caesarea unterstellt. Die innerjüd. Belange wurden durch das Synhedrion (hebr. Sanhedrin) unter Vorsitz des Hohenpriesters geregelt. Nur kurz, 41–44 n. Chr., herrschte noch einmal ein Herodianer, *Agrippa I.*, als König über das Gesamtreich. Das Hauptproblem war die Unvereinbarkeit zwischen radikal-jüd. Anspruch auf Gottesherrschaft u. dem Anspruch des röm. Imperiums. Manche suchten zwar eine Erfüllung der Endzeithoffnungen in nicht polit. Sinne, z. B. die frühen Christen in der Person Jesu von Nazareth, der selber Opfer einer polit. Anklage geworden war. Andere Radikale bildeten Terrorgruppen (wie Zeloten u. später Sikarier). Als 66 n. Chr. in Caesarea Kämpfe zwischen Juden u. Nichtjuden ausbrachen, kam es im ganzen Land zu Unruhen. Die röm. Kräfte reichten nicht aus, u. ein – verfrühter – Siegestaumel zog auch die Gemäßigten (Pharisäer u. Sadducäer) in den Krieg gegen Rom hinein. Der röm. Feldherr *Vespasian* begann mit der Rückeroberung, u. sein Sohn *Titus* führte den Feldzug zu Ende, der 70 n. Chr. in der Zerstörung Jerusalems u. des 2. Tempels gipfelte.

Talmudisch-rabbinische Zeit (70-638): Im Römischen Reich: Rom hatte 66–70 u. 115–117 keinen Krieg gegen das Judentum insgesamt geführt, sondern Aufständische gewisser Gebiete unterworfen, den Status der J. u. der jüd. Religion ansonsten gewahrt. Nach 70 verlor das Judentum mit dem Tempel auch die bisherige Sozialstruktur u. mit dem Hohepriester u. Synhedrion das oberste palästin. Selbstverwaltungsorgan. Aus den pharisäischen Schulen, die in Jabne/Jamnia mit röm. Billigung ein neues geistiges u. auch rechtsgeschichtlich wirksames Zentrum fanden, erwuchs gegen Ende des 1. Jh. unter der Führung des Hauses *Hillel* eine neue oberste gelehrte u. rechtl. Instanz, der Sanhedrin unter dem „Patriarchen".

132 erhob sich in Judäa *Bar Kochba* mit erhebl. Anhang gegen Rom u. konnte sich bis 135 behaupten, worauf die Römer bis 138 in Palästina sogar gewisse Einschränkungen der Religionsfreiheit verfügt haben sollen. Galiläa war am Aufstand nicht beteiligt, u. offenbar hatten auch Sanhedrin u. Patriarch Distanz gewahrt, denn nach 138 erlebte diese Institution einen römischerseits bewusst geförderten Aufstieg zu reichsweit anerkannter Autorität mit beträchtl. Rechten. In dieser Blütezeit wurde um 200 aus den bisherigen Schulüberlieferungen der Rabbinen eine autoritative Auswahl fixiert. Diese *Mischna* (Lehre) diente als „mündliche Tora" den folgenden Gelehrten (Amoräer) als Diskussions- u. Entscheidungsgrundlage, ihre Traditionen wurden als „Gemara" im palästin. u. babylon. Talmud zusammengefasst.

Der Sieg des Christentums als röm. Staatsreligion im 4. Jh. leitete für das Judentum eine Einschränkung seiner Rechte ein. Ein parthischer Vorstoß nach Westen brachte 613–617 Jerusalem noch einmal in jüd. Hand, doch die Wiedereroberung des Gebiets durch Kaiser Herakleios ließ die messian. Begeisterung rasch verebben. Zu der Zeit hatte bereits Babylonien die Rolle des geistigen Zentrums des Judentums übernommen.

Im Partherreich: Über Zahl u. Verhältnisse des babylon. Judentums ist bis ins 2. Jh. wenig bekannt. Um 200 jedoch übernahm es infolge reger Kontakte mit Palästina (Seidenhandel) die dortige rabbin. Schultradition u. baute sie in eigenen Schulen effektiv aus. Die Feudalstruktur des Partherreiches gewährte auch den J. mit dem Exilarchen aus davidischem Haus an der Spitze weitgehende Autonomie. Da die religionspolit. u. wirtschaftl. Verhältnisse selbst unter den Sassaniden (ab 226) noch günstiger waren als in Palästina, erlangte der babylon. Talmud überall autoritative Geltung.

Das Mittelalter (638-1492): Unter islamischer Herrschaft: Die arab. Eroberungswelle brachte den Orient, das südl. Mittelmeergebiet u. Spanien im Südwestfrankreich in einen polit.-kulturellen Großraum mit einheitl. Sprache. Im sog. „Omarvertrag" wurden die Anhänger von „Buchreligionen" (Christen u. J.) als Vertragsschützlinge der islam. Herrschaft unter bestimmten Auflagen geduldet, u. trotz regionaler u. periodischer Schwankungen blieb diese Rechtsgrundlage erhalten. Das Arabische, von den J. allmählich übernommen, vermittelte die Umweltbildung, aber auch das Hebräische erlebte als Literatursprache eine neue Blütezeit. In Babylonien erkannten die Kalifen den Exilarchen als Oberhaupt der J. an, u. die babylon. Schulen mit ihren berühmten Schulhäuptern (Geonim) genossen selbst unter den J. christlicher Länder hohes Ansehen. In Palästina durften J. wieder in Jerusalem siedeln, in Ägypten ließen sich palästin. wie babylon. J. nieder, manche erreichten über Nordafrika Spanien, wo zuvor unter westgotischer Herrschaft die J. schwer bedrängt worden waren. Es folgte

das „goldene Zeitalter" des span. Judentums, eine Periode reicher, weltoffener Kultur, die mit dem Eindringen der Berber aus Nordafrika u. mit der christl. Reconquista von Norden her endete. Die neuen Lebensverhältnisse verursachten aber auch Differenzen, etwa durch die Bewegung der → Karäer, u. damit die Notwendigkeit, sich kritisch mit Umweltdenken u. eigener Tradition auseinander zu setzen (→ jüdische Philosophie). Entscheidend war das Vorbild der islam. philosophierenden Theologie u. Wissenschaft. Eine jüd. theolog. Literatur entstand, zunächst auch am Neuplatonismus, vom späten 12. Jh. an am Aristotelismus (Maimonides) orientiert, um dem Bedürfnis der Gebildeten nach einer zeitgemäßen Interpretation des Judentums zu entsprechen. Mit dem polit. u. wirtschaftl. Niedergang der islam. Welt im späten MA gingen auch Zahl u. Bedeutung der J. zurück, die man nach dem hebr. Namen für Spanien (Sepharad) als *sephardische J.* bezeichnet.

Unter christlicher Herrschaft: In byzantin. (u. z. T. italien.) Gebieten blieb die spätantike, durch christl. Gesetze stark eingeschränkte Rechtsbasis bestehen. Die Nachfolgestaaten Westroms bedurften der städtischen Kolonisation, u. für sie waren jüd. Kaufleute willkommen. Einzelne Herrscher verliehen J. oder jüd. Gemeinden urkundlich fixierte Privilegien, die weitgehende Selbstverwaltung garantierten, doch war einheitl. Rechtsgrundlage gab es nicht mehr. Erst im Lauf der Zeit kam das (unter Friedrich II. 1240 abschließend definierte) Konzept der „Kammerknechtschaft" auf, nach dem die J. als Knechte u. Eigentum des christl. Herrschers galten, wohinter sich in erster Linie fiskal. Interessen verbargen. Ungünstig wirkte sich auch die kirchlich geförderte soziale Isolierung aus. Die meisten Gewerbe wurden den J. verschlossen, u. somit trat der Geldhandel in den Vordergrund. Mit dem Aufstieg der christl. Handelshäuser ging auch der jüd. Fernhandel unter, Klein- u. Altwarenhandel dominierten. In Spanien gewährten christl. Herrscher während der Reconquista den J. noch manche Vorteile, doch im 14. Jh. setzte eine judenfeindl. Tendenz ein, u. 1492, nach dem Fall Granadas, wurde die Vertreibung der nicht bekehrungswilligen J. angeordnet. Portugal folgte 1497, die Provence 1500. Bereits zuvor waren 1290 alle J. aus England u. 1394 aus den Ländern der franzö. Krone vertrieben worden. Im Heiligen Römischen Reich wechselte die Situation mit dem Zustand der Zentralgewalt, die immer öfter das Judenregal an Fürsten u. Städte verpfändete oder übertrug, so dass lokale u. regional begrenzte Vertreibungen u. Verfolgungen die Regel waren. Katastrophale Folgen hatten die Kreuzzüge, u. nach 1348 setzten mit der großen Pestepidemie verbreitete Verfolgungswellen ein, da den J. die Ursache (Brunnenvergiftung) zugeschrieben wurde. Viele J. zogen in der Folgezeit ostwärts, nach Polen/Litauen, wo wieder städt. Kolonisatoren gefragt waren u. ein annehmbarer Rechtsstaat geboten wurde.

Mittel- u. Osteuropa wurden früh von palästin. Überlieferung bestimmt, die über Byzanz/Italien in den Rhein-Donau-Raum (hebräisch „Aschkenaz") gekommen war. Später nannte man den ganzen mittel- u. osteurop. Zweig des Judentums *aschkenasisch.*

Die Neuzeit bis zur Aufklärung: *Das sephardische Judentum:* Die aus Spanien Vertriebenen zogen größtenteils ins osmanische Reich, wo sie ihre Sprache (Judeo-Español) beibehielten. Palästina wurde erneut zu einem geistigen Zentrum des Gesamtjudentums, vor allem die Gelehrten von Safed (Galiläa) genossen weltweites Ansehen. Josef *Karo* († 1575) verfasste den „Schulchan Aruch", das maßgebl. Kompendium des jüd. Rechts u. Brauchtums, u. die großen Vertreter der späten → Kabbala bestimmten von dort aus das religiöse Denken der ganzen Diaspora. Die enge Verknüpfung zwischen kabbalist. u. messian. Spekulation bereitete den Boden für schwärmerische Bewegungen (um 1666 → Sabbatai Zwi), was die rabbin. Autoritäten veranlasste, die frühere Gesetzesfrömmigkeit mit Härte wiederherzustellen u. das Kabbala-Studium einzuschränken. Im 17./18. Jh. verlor das sephard. Judentum mit dem Niedergang des osman. Reiches rasch an Zahl u. Bedeutung.

Von den Zwangsgetauften („Marranen") wanderten im 16.–18. Jh. manche bei erster Gelegenheit aus Spanien/Portugal aus. So entstanden in Übersee u. in gewissen europ. Gebieten (Amsterdam, Hamburg, London) kleine, aber wirtschaftlich u. kulturell hoch stehende sephard. Gemeinden.

Das aschkenasische Judentum: Die Reformation brachte in Mitteleuropa den J. keine Erleichterung. Vertreibungen u. Verfolgungen hielten an, dazu kam die teilweise Zwangs-Gettoisierung. Große Gemeinden gab es nur in Frankfurt a. M., Metz u. Prag. Das soziale u. kulturelle Niveau lag weit unter dem der Sephardim oder dem der kleinen, aber kulturell regen italien. Gemeinden. Das zahlenmäßige u. gesetzesgelehrte Schwergewicht des Gesamtjudentums verlagerte sich schon im 16. Jh. nach Polen/Litauen, wo die städt. Kolonisten ihr mitteleurop. Judendeutsch beibehielten u. zum Jiddischen ausformten. Der Kosakenaufstand von 1648 u. die folgenden poln.-schwed. Kämpfe setzten dieser Aufbauphase ein Ende. J. hatten vielfach als Agenten u. Verwalter die Landgüter des (kath.) poln. Adels bewirtschaftet, daher richtete sich der Zorn der unterdrückten Landbevölkerung u. der russ.-orthod. Kosaken auch gegen die J. Später spezialisierten sich diese auf die Vermittlung der landwirtschaftl. Produkte an die städt. Verbraucher, gründeten dörfl. Siedlungen („Schtetl") u. nahmen zahlenmäßig trotz sozialer Not im Gegensatz zu den Sephardim rasch zu, vorwiegend in Osteuropa. Zugleich machte gerade in Osteuropa eine traditionalist. Einstellung Schule, die selbst in regionalen Gewohnheiten wie Kleidung allmählich unverzichtbare jüd. Merkmale sah. Die Bewegung des Sabbatai Zwi hatte um 1666 auch Osteuropa erfasst, hier aber nachhaltiger gewirkt. Um die Mitte des 18. Jh. entstand die bald weit verzweigte Bewegung des osteuropäischen → Chassidismus. Sozial- u. bildungsgeschichtlich bedeutete diese Hinwendung zum Irrationalen eine weitere Verhärtung der längst unzulängl. Strukturen u. Verhaltensweisen.

Die Moderne: Aufklärung, Assimilation, Emanzipation: Nur wenige J. (Hoflieferanten, Großkaufleute, Ärzte) erreichten in jenen Jahrhunderten den Standard der gebildeten Umwelt, in der sich durch das neue Menschenbild u. Bürgerbewusstsein die Aufklärung auch die Einstellung zu den J. (nicht unbedingt zum Judentum) wandelte. M. *Mendelssohn* erlangte als deutschsprachiger Philosoph die Anerkennung der Umwelt, blieb aber in der religiösen Praxis traditionstreu. Die jüd. Aufklärer in seinem Umkreis, allen voran Naftali Herz *Wessely* (* 1725, † 1805), forderten demgemäß prakt. Reformen: Ersetzung der volkstüml. jüd. Umgangssprache durch die Schriftsprache der Umwelt, gleichzeitig Pflege des Hebräischen als Literatursprache, Einführung profaner, beruflich nützlicher Fächer im Schulunterricht. Als Joseph II. ab 1781 für die Nichtkatholiken u. J. des Habsburgerreiches Toleranzedikte erließ u. Wessely diese begeistert begrüßte, entbrannte um die „bürgerliche Verbesserung der J." ein langwieriger u. heftiger innerjüd. Streit. Die Mehrheit glaubte, durch Tora-Erfüllung die Weltgeschichte ihrem Ziel zuzuführen. Jeder Schritt zur Gleichberechtigung bedeutete eine Einschränkung der Tora zu Gunsten fremder, staatlichen Rechts. Das habsburg. Modell fand rasch Nachahmer, wurde aber durch die Maßnahmen der Französ. Revolution radikal überholt. Die Gleichberechtigung (nach 1820 meist „Emanzipation") verbreitete sich mit den napoleon. Eroberungen, doch um den Preis der nationalen Assimilation. Napoleon erreichte 1807 vom „Grand Sanhedrin" der J. Frankreichs das Bekenntnis zur französ. Nation. Danach lösten immer mehr J. die traditionelle Einheit von Volks- u. Religionszugehörigkeit auf u. verstanden sich als Angehörige ihrer bisherigen Gastnation, nur mit jüd. Konfession. Die nationale Assimilation wurde durch den modernen Nationalismus zugleich im Extrem gefordert u. in Frage gestellt. Die Revolutionen von 1848 brachten teilweise u. meist nur vorübergehende Fortschritte. Die meisten Staaten gewährten erst nach 1860 die volle Emanzipation, von liberalen, demokrat. Bewegungen getragen, durch konservative christliche u. nationalistische Kräfte bekämpft. Zu der Zeit war in Mittel- u. Westeuropa die kulturelle u. nationale Assimilation für die Mehrheit der J. bereits selbstverständlich. In Osteuropa hatte die jüd. Aufklärung um Jahrzehnte später eingesetzt. Dort blockierten Orthodoxe u. Chassidim noch lange jede Neuerung. Zahlreiche J. wanderten nach Westen bzw. Übersee aus; trotzdem stieg die Zahl der J. in Polen bzw. Russland bis 1900 auf etwa 5 Mio., im Habsburgerreich auf 2 Mio.

Die Entstehung der modernen jüdischen Denominationen: Dt. Gebets- u. Predigtsprache, Straffung der umfangreichen Liturgie, Chorgesang u. Orgelgebrauch waren die Hauptanliegen der ersten Reformzirkel im „Hamburger Tempel" (ab 1817), in Frankfurt u. Berlin. Ab 1840 wuchs das Reformbedürfnis. In der Folge glich sich das → Reformjudentum in gewissem Maß an den liberalen Protestantismus an. In England u. in den USA kam es zur Gründung eigener Reformgemeinden neben der Orthodoxie. Manchen war die Reform zu weitgehend, in Dtschld. sammelte sich um Zacharias *Frankel* (* 1801, † 1875), den Gründer des Breslauer Rabbinerseminars, eine „konservative" Gruppierung, die moderne Bildung u. Kultur mit einem möglichst hohen Maß von Tradition verbinden wollte. In den USA entwickelte sich eine entsprechende Bewegung nach 1885 zu einer neuen Denomination, dem *Conservative Judaism.* Noch entschiedener wollten die Neo-Orthodoxen die Tradition festhalten. Sie schieden unter der Führung von Ezriel *Hildesheimer* (* 1820, † 1889) in Berlin u. Samson Raphael *Hirsch* (* 1808, † 1888) in Frankfurt a. M. nach 1876 aus den bis dahin bestehenden Einheitsgemeinden Deutschlands aus u. gründeten Sondergemeinden. Einflussreich wurde die von Salomo *Formstecher* (* 1808, † 1889) geprägte Gegenüberstellung des „ethischen Monotheismus" der J. u. des „physischen" Monotheismus der Nichtjuden. Kulturell dominierte bis in die 20er Jahre des 20. Jh. das deutschsprachige Judentum mit seiner „Wissenschaft des Judentums", doch in Frankreich, in England u. in den USA folgte rasch eine nicht minder effektive Assimilation. Freie Berufe u. bürgerlich-liberale Orientierung kennzeichneten dieses „Westjudentum". Gerade in Dtschld. betonten manche J. in Abwehr antisemitischer Angriffe ihre nationale Assimilation, gegenüber dem aufkommenden Rassismus freilich vergeblich.

Holocaust: Der rassistische Antisemitismus der dt. Nationalsozialisten verneinte die Möglichkeit einer Assimilation u. sah in den J. eine „minderwertige Rasse". Sofort bei seinem Machtantritt 1933, verstärkt mit den „Nürnberger Gesetzen" von 1935, leitete das Regime die diskriminierende Ausschaltung der J. im Deutschen Reich ein. Boykottmaßnahmen u. offener Terror („Reichskristallnacht" 9. 11. 1938) folgten. Die außerhalb der Rechtsordnung stehenden Konzentrationslager wurden nach Kriegsbeginn 1939 mehr u. mehr zu Vernichtungslagern, endgültig nach der sog. Wannseekonferenz 1942 (Organisation der „Endlösung", vor allem in den besetzten Gebieten Osteuropas. Man schätzt, dass in den Lagern etwa 4 Mio., bei sog. Sondereinsätzen weitere 1,5 Mio. J. umgebracht wurden. Aus der Erfahrung der Wehr- u. Hilflosigkeit, der geringen Hilfsbereitschaft der Umwelt u. des zu späten polit. u. militär. Eingreifens der Alliierten wuchs die Bereitschaft zu gesamtjüd. Solidarität, zur Unterstützung u. Sicherung des paläst. Siedlungswerkes, auch unabhängig von polit. u. religiöser Orientierung.

Diasporastruktur seit 1945: Ab 1948 verließen die meisten J. (etwa 700 000) die islam. Länder. Die Ostblockstaaten gestatteten die fast völlige Abwanderung der J., die UdSSR erst ab 1989. Schwerpunkt wurden nun die USA, allein in New York leben heute mehr als 2 Mio. J. Politisch trat allerdings der Staat Israel in den Vordergrund.

„Zentrum und Peripherie": Die Benennung des zionist. Staates als → Israel knüpft sowohl an die bibl. Zeit wie an die traditionelle Selbstbezeichnung des Judentums an, um dieses insgesamt zu verpflichten. Praktisch wurde Letzteres durch eine Aufgabenteilung zwischen staatl. Instanzen u. der → Jewish Agency for Palestine (Einwanderung, Ansiedlung, Bildungswesen) erreicht, politisch durch eine Kooperation zwischen dem Jüd. Weltkongress (Vertretung des Gesamtjudentums) u. dem außenpolit. Apparat des Staates. Zwischen Diasporajudentum (vor allem vertreten durch N. *Goldmann*) u. Staat (unter D. *Ben-Gurion*) kam es zu Spannungen. Forderte Ben-Gurion die Einwanderung möglichst vieler J. nach Israel, so betonte Goldmann Eigenständigkeit u. Nutzen einer starken Diaspora. Die israelische Aufbauleistung formte das Selbstbewusstsein der gesamten Diaspora u. schuf ein neues Image des J. nach dem Idealtypus des zionist. Pioniers u. Kämpfers. Dazu trat die Entschlossenheit, einen zweiten Holocaust mit allen Mitteln zu verhindern.

Mit dem Eintritt M. *Begins* in die Regierung der „nationalen Einheit" 1967 wurde der revisionist. Zionismus rehabilitiert. Von da an gewannen Konservativismus u. Nationalismus kontinuierlich an Boden. Nach dem Wahlsieg Begins 1977 wurde die Besiedlung der 1967 besetzten Territorien offiziell vorangetrieben. Auch in der zionist. Weltbewegung folgte ein deutl. Rechtsruck. Stellten die Reformer u. Konservativen des 19. Jh. das Judentum als universale Weltreligion mit ethisch-humanist. Akzent dar, so zeichnete sich im Rechtszionismus die Rückkehr zu einer territorial gebundenen Stammesreligion ab. Dies warf besonders

für das Reformjudentum die Frage nach dem Verhältnis von Religion u. Politik neu auf. Mit der 1993 eingeleiteten Verständigung zwischen Israel u. den Palästinensern bahnt sich eine neue Entwicklung an.

Juden-AO, russ. *Jewrejskaja AO,* autonomes Gebiet im SW des Kraj *Chabarowsk* im Fernen Osten Russlands, 36 000 km², 216 000 Ew., davon 4,2 % Juden, Hptst. *Birobidschan;* in der Amurniederung Getreide-, bes. Weizenanbau, u. Fleisch-Milchviehzucht, im Burejagebirge Waldwirtschaft, Goldbergbau, Eisen-, Zinn- sowie Graphitvorkommen.

Die J. wurde 1934 gebildet mit dem Ziel, ein militärisch bedeutendes Grenzgebiet zu besiedeln, die landwirtschaftliche Nutzfläche zu vergrößern u. den meist verstreut lebenden Juden die Möglichkeit zur Entwicklung ihrer eigenen Kultur zu geben. Da für das letztgenannte Ziel keine ausreichenden Voraussetzungen geschaffen wurden, scheiterte das Projekt; zuletzt war die Zahl der Juden unter 10 000 gesunken. Die AO erklärte sich 1991 zur Republik.

Judenbart, 1. = Ziegenbart.
2. volkstüml. Name für den als Ampelpflanze sehr beliebten *Rankenden Steinbrech, Saxifraga sarmentosa,* sowie für das *Efeublättrige Leinkraut, Linaria cymbalaria.*

Judenburg, das röm. *Idunum,* österr. Bezirksstadt in der Obersteiermark, 737 m ü. M., 10 600 Ew.; im MA Sitz einer Maler- u. Bildhauerschule; Gussstahlwerk, Schuh- u. Kartonagenfabrik.

Judenchristen, Bez. für sämtliche christl. Gruppen der frühen Kirche, deren Glieder ausschl. oder im Wesentl. aus geborenen Juden bestehen u. die sich bewusst auf dem Boden des Judentums halten, z. B. Gruppen, wie sie in Galater 1,22 aufgeführt sind. Ende des 1. Jh. werden die J. aus der jüd. Volksgemeinde ausgeschlossen. Über die Lebensformen der palästinens. J. weiß man nur sehr wenig. Die Taufe, gemeinsame Mahlzeiten als endzeitliches Gottesvolk u. ein dezidiertes Berufungsbewusstsein sind bekannte Grundzüge des Judenchristentums. Auch → Ebioniten, → Nazaräer (2).

Judendorf – Straßengel, österr. Fremdenverkehrsort bei Graz in der Steiermark, an der Mur, 385 m ü. M., 4300 Ew.; got. Wallfahrtskirche (1346–1355); chem. Industrie.

◆ **Judendorn,** *Jujube, Zizyphus,* Gattung der *Kreuzdorngewächse (Rhamnaceae),* Bäume mit dornigen Nebenblättern u. gelbl. Trugdolden; Zierstrauch. Der *Chines. J., Zizyphus jujuba,* auch *Ber* oder *Bor* genannt, aus China, liefert pflaumengroße Früchte, die frisch u. getrocknet als *Jujuben, Chines. Datteln* oder *Brustbeeren* im Handel sind. Ebenfalls ein Kulturbaum der warmen Zonen ist der *Indische J., Zizyphus mauritiana.*

Judenfische, *Stereolepis,* Gattung der *Zackenbarsche.* Zwei Arten: der *Kalifornische Judenfisch, Stereolepis gigas,* u. der *Japanische Judenfisch, Stereolepis ischinagi.* Die J. werden 1,5–2 m lang u. 250–350 kg schwer. Als J. werden häufig auch andere große *Zackenbarsche* bezeichnet, z. B. der Gattungen *Epinephelus, Garrupa* u. *Promicrops.*

Judenhut: Süßkind von Trimberg, einziger jüdischer Minnesänger, rechts mit dem Judenhut; Manessische Liederhandschrift, um 1300–1340

◆ **Judenhut,** im MA für die Juden zur Kennzeichnung vorgeschriebener spitzer Hut; wurde eingeführt, als es anlässl. der Kreuzzüge zu Judenverfolgungen kam: Die Juden wurden unter bes. Schutz des Königs gestellt, was für sie aber u.a. den Zwang zum Tragen bes. Kleidung bedeutete.

◆ **Judenkirsche,** *Blasenkirsche, Ballonblume, Physalis alkekengi,* südeurop. *Nachtschattengewächs (Solanaceae),* mit zur Reife roten, die Frucht als Blase umgebenden Kelchblättern; Zierstaude.

Judendorn: Chinesischer Judendorn, Zizyphus jujuba

Judenkirsche, Physalis alkekengi

Judenkontribution, eine unter dem Nationalsozialismus in Dtschld. 1938 im Anschluss an die sog. Reichskristallnacht eingeführte Abgabe aller jüd. Bürger in Höhe von 20 %, später 25 % des Vermögens.

Judenmission, die christl. Mission unter Juden; für das frühe Christentum, solange es sich als „Israel" verstand u. eine innerjüd. Bewegung war, selbstverständlich, da nach christl. Auffassung die Juden als Erste zum Heil in Christus erwählt sind. Schon während der röm. Christenverfolgung erhielt die Auseinandersetzung zwischen nicht christusgläubiger jüd. Mehrheit („Synagoge") u. Kirche polit. Bedeutung. Nach dem Aufstieg des Christentums zur Macht im 4. Jh. zu Ungunsten der „Synagoge" ersetzten Einschränkungen der alten Rechte, Unterdrückungs- u. Zwangsmaßnahmen sowie Zwangstaufen die Überzeugungsversuche. Der Makel der Gewalt blieb erhalten, durch das mehrheitl. Versagen der Kirchen unter dem Nationalsozialismus noch verstärkt, was 1977 im Staat Israel gesetzl. Beschränkungen nach sich zog. Viele christl. Theologen ersetzen den Begriff J. seither durch „Dialog" oder „Gespräch", suchen das Verhältnis Israel (Judentum) – Kirche neu zu bestimmen u. wollen jeden Missionsanspruch aufgeben.

Judenohr → Judasohr.

Judenpfennig, Kupfermünze um 1800–1825 mit Fantasienamen, von privater Seite in Umlauf gebracht u. weit verbreitet; hauptsächlich im Frankfurter Raum, deshalb häufig *Frankfurter Judenpfennig* genannt.

◆ **Judentum,** ursprüngl. Bez. für die Religion der → Juden, als Begriff nicht einheitlich definiert. Da das J. intern keinen Säkularisierungsprozess vollzogen hat, umschreibt der Begriff nicht nur die Religion, sondern das gesamte kulturell-polit. u. philosoph. Umfeld. Das bedeutet, dass der religiöse Bereich untrennbar mit dem öffentl. Leben verbunden ist. Falls das J. überhaupt definierbar ist, dann durch den Begriff *Halacha,* der sowohl die schriftl. als auch die mündl. *Tora* beinhaltet. Das J. besitzt keine normative Dogmatik bzw. keine systematische Theologie, wohl aber theolog. Inhalte. Bes. im angelsächs. Raum werden die religiösen u. philosoph. Aspekte des Judentums unter „Jewish Thought" („jüd. Denken") subsumiert.

Bereits im MA wurden von Moses *Maimonides* u. J. *Albo* Glaubensgrundsätze aufgestellt, doch Kritiker sahen darin einseitige Hervorhebungen bestimmter Teile der Tora. Das J. betrachtet seine Lehre als einzige Wahrheit u. gilt Religionswissenschaftlern daher oft als „ethischer Monotheismus". Das zeitgenöss. J. wird in der Regel im aschkenasischen (europ.) Bereich in zwei Hauptrichtungen eingeteilt: das orth. J. u. das Reformjudentum. Daneben bestehen andere unscharfe Einordnungen, wie das konservative J. (in den USA) oder das liberale J.→ Seite 68.

◆ **Judenverfolgung,** allg. die seit frühchristl. Zeit in vielen Ländern vorkommende Verfolgung von Juden aus religiösen, polit., sozialen oder wirtschaftl. Motiven. Die

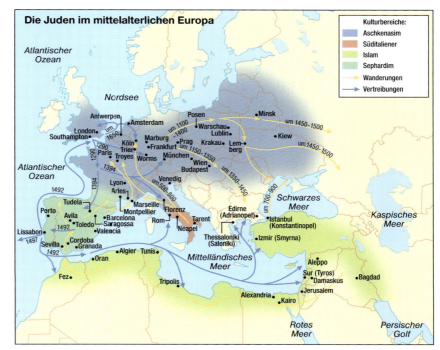

Die Juden im mittelalterlichen Europa

Kulturbereiche:
- Aschkenasim
- Süditaliener
- Islam
- Sephardim
- Wanderungen
- Vertreibungen

Formen sind nach Zeit u. Ort sehr unterschiedlich; sie reichen von gesetzl. Diskriminierung über Pogrome bis zum staatl. organisierten Massenmord im Dritten Reich in Verwirklichung des antisemit. Programms der NSDAP (→ Antisemitismus, → Nationalsozialismus). Diese J. richtete sich zunächst gegen das dt. Judentum (das 1933 über 500 000 Personen, d.h. 0,8 % der Reichsbevölkerung, umfasste), später gegen alle Juden im dt. Machtbereich. Sie begann mit einem Boykott gegen alle jüd. Ärzte, Anwälte u. Geschäftsinhaber (1. 4. 1933) u. *Fortsetzung S. 69*

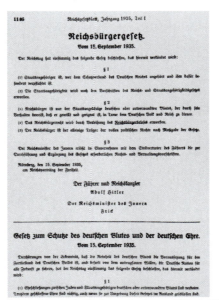

Judenverfolgung: die Nürnberger Gesetze von 1935, ein Schritt auf dem Wege zur völligen Entrechtung der deutschen Juden durch das nationalsozialistische Regime

Judentum

(Links) Bar Mizwa: Einem Jungen wird der Tefillin (hebräisch, »Gebetsriemen«) angelegt

(Oben) Bar Mizwa (hebräisch, »Sohn des Gebotes«): Ein Junge, der mit Vollendung des 13. Lebensjahres gebotspflichtiges vollgültiges Mitglied der Gemeinde geworden ist, liest in der Thora

(Rechts) Ein Schofar-Bläser ruft die Gläubigen zum Begehen heiliger Tage. Das ausgehöhlte, gebogene Horn eines Widders oder einer Antilope, dessen Spitze zu einem einfachen Mundstück geformt ist, wird am Neujahrsfest und Versöhnungstag in genau festgelegter Reihenfolge der Töne geblasen. Im Staat Israel ertönt heute auch zur Einsetzung eines neuen Staatspräsidenten der Schofar

(Rechts) Die Chanukka, das jüdische Lichterfest, wird im Dezember acht Tage lang gefeiert, wobei jeden Abend am achtflammigen Chanukka-Leuchter ein Licht mehr entzündet wird

(Unten) Ein Blick auf die Klagemauer in Jerusalem, die seit dem 16. Jh. Ort der Versammlung und des Gebets und seit 1967 nationales Symbol geworden ist

(Oben) Häuslicher Seder-Abend in einer jüdischen Familie. Am ersten Abend des Pessach-Festes beginnt eine Familie mit dem Seder-Mahl die Gedenkfeier zur Erinnerung an den befreienden Auszug aus ägyptischer Knechtschaft. Zentrale zeremonielle Bedeutung besitzt der Seder-Teller, der an die einst im Jerusalemer Tempel dargebrachten Tier-, Mehl- und Gemüseopfer erinnert. Die Segnung des Weins steht für die Trankopfer, und das Anzünden der Kerzen entspricht der Verwendung von Weihrauch im Tempel. Zum Seder gehört auch die Verlesung der Pessach-Haggada (Erzählung vom Exodus)

jüdische Kunst: Seite aus der Darmstädter Pascha-Haggada, durch prachtvolle Randleisten und Ornamente von hoher kunstgeschichtlicher Bedeutung; Anfang des 15. Jahrhunderts. Die volkstümliche Pascha-Erzählung, die von der Befreiung aus der ägyptischen Sklaverei berichtet, wird am Sederabend bei der häuslichen Feier vorgelesen

führte über die Ausschaltung der jüd. Beamten (7. 4. 1933), die Verfemung der jüd. Künstler, Publizisten u. Wissenschaftler, die → Nürnberger Gesetze (15. 9. 1935, dazu die Ausführungsverordnungen über Reichsbürgerschaft u. den „Schutz des dt. Blutes u. der dt. Ehre"), Beschränkungen u. Sondergesetze zum ersten Pogrom (9./10. 11. 1938, → Kristallnacht). In den folgenden Jahren entzog die nat.-soz. Regierung den Juden u. Halbjuden systematisch die Existenzgrundlage: Ausschließung aus den meisten Berufen, Verbot des Betretens von kulturellen Einrichtungen u. Erholungsstätten, Verpflichtung zur Annahme der Vornamen Sara u. Israel (ab 1. 1. 1939) u. zum Tragen des Judensterns (ab 19. 9. 1941). 1941 wurde die seit 1939 von A. Eichmann forcierte Auswanderung gestoppt, da die Nationalsozialisten nunmehr die „Endlösung" einleiteten. Im Herbst 1941 (20. 1. 1942 Wannsee-Konferenz) begann der Abtransport der im dt. Machtbereich in Europa lebenden Juden in die → Vernichtungslager im Osten. Durch Massenerschießungen von SS (→ Einsatzgruppen) u. Polizei, Massenvergasungen u. Hungertod verloren zwischen 5 u. 6 Mio. europ. Juden ihr Leben.

Judex [lat.] → Iudex.

Judica [lat., „richte"], Judika, 2. Sonntag vor Ostern, nach dem Anfang seines Introitus (Ps. 43,1) benannt.

Judicial self-restraint [dʒu'diʃəl sɛlfri'strɛint; engl.], selbst auferlegte Zurückhaltung eines Gerichts, insbes. eines Verfassungsgerichts, bei der Behandlung von Rechtsstreitigkeiten mit polit. Einschlag. Die Problematik jeder → Verfassungsgerichtsbarkeit ergibt sich aus dem Spannungsverhältnis zwischen dem Postulat richterl. Kontrolle aller staatl. Gewalt auf der einen u. den Prinzipien der → Gewaltenteilung u. der im Parlament verkörperten Volksherrschaft sowie der Vorstellung von einem polit. Entscheidungsfreiraum der staatsleitenden Organe auf der anderen Seite. In seiner radikalen Variante läuft ein Judical self-restraint auf Verweigerung einer Entscheidung durch das angerufene Gericht in allen polit. einschlägigen Fragen hinaus. Die Rechtsprechung des Bundesverfassungsgerichts trägt einer gemäßigten Variante Rechnung: Bei Anerkennung vollständiger Bindung der Staatsgewalt an die Verfassung u. daraus folgend grundsätzl. Justitiabilität aller Maßnahmen u. Entscheidungen selbst der höchsten Staatsorgane, erkennt das Gericht diesen doch einen Freiraum eigener polit. Beurteilung u. Gestaltung zu, innerhalb dessen ähnlich wie bei Ermessensentscheidungen von Verwaltungsbehörden eine gerichtl. Kontrolle nicht stattfindet.

Judikarien, ital. Valli Giudicàrie, tektonisch angelegte, eiszeitlich geformte, gut besiedelte u. reich kultivierte Tallandschaften in den italien. Alpen nordwestlich des Gardasees, an der mittleren Sarca u. dem mittleren Chiese; Hauptort ist Tione di Trento.

Judikative [die; lat., frz., „Recht sprechend"], die (vorwiegend) Recht sprechende Gruppe der Staatsorgane („Gewalt") eines Staates mit Gewaltenteilung, die → Rechtsprechung (Judikatur) im organisator. Sinne, die Gerichte.

jüdische Feiertage → jüdischer Kalender.

◆ **jüdische Kunst.** Die ältesten Reste von Synagogenbauten (Galiläa) stammen aus dem 2./3. Jh. n. Chr., doch sind schon für das 3. Jh. v. Chr. jüd. Kultgebäude archäologisch bezeugt (Alexandria); in Palästina lassen sich für das 5.–8. Jh. mehr als 50 Synagogen nachweisen. Der Bautypus unterschied sich zunächst von dem der christl. Basilika durch fast quadrat. Grundriss mit Bet- u. Versammlungsraum als wichtigstem Teil, durch das Fehlen einer Apsis u. die Ausrichtung der Eingangsfront nach Jerusalem. Seit dem 4. Jh. n. Chr. finden sich auch basilikale Anlagen (Priene, Gerasa, Hammat). Die Synagogenkunst der Diaspora im MA u. in der Neuzeit passte sich den jeweils herrschenden Zeitstilen an; so war die Synagoge in Worms (1034 begonnen) roman. geprägt, die Synagogen in Prag u. Krakau waren got. Bauten. Eine eigene Entwicklung mit volkstüml.-schlichten Bauformen nahm seit dem 17. Jh. der Synagogenbau in Osteuropa, bes. in Polen u. den westl. Teilen Russlands (Holzarchitektur, Vierstützensystem in der Raummitte). Trotz aller Behinderungen entstanden immer wieder vorzüglich durchgeformte Räume, so in Toledo (1180–1200; 1366) oder Amsterdam (1676). In der Gegenwart entwarf E. Men-

delsohn bedeutende Synagogen, Profanbauten u. Denkmäler.

Alte jüd. Kultgeräte (Thora-Schreine u. -Vorhänge, Lampen, Leuchter, Behälter u. a.) zeichnen sich meist durch eine ähnl. reiche Ornamentierung aus wie die Buchkunst, in der neben religiösen Symbolformen Tier- u. Blumenmotive überwiegen.

An der Entwicklung der modernen europ. Kunst hatten Juden starken Anteil: im 18. u. 19. Jh. durch J. Israëls, M. Liebermann, H. von Marées, A. R. Mengs, C. Pissarro, P. Veit; im 20. Jh. durch M. Chagall, N. Gabo, J. Lipchitz, E. Lissitzky, L. Meidner, A. Modigliani, L. Moholy-Nagy, C. Soutine, O. Zadkine. Auch → israelische Kunst.

jüdische Literatur: Arnold Zweig

◆ **jüdische Literatur.** Die in verschiedenen Sprachen von jüd. Autoren geschriebenen u. vom Judentum geprägten Schriften. Die altjüd. Literatur ist im Wesentl. durch die Bücher des AT vertreten. Als der 2. Tempel in Jerusalem zerstört wurde (70 n. Chr.), ging mit der Einheit des Volkstums auch die Einheit der jüd. Literatur verloren. Im Vordergrund standen seitdem zunächst Gesetz u. Lehre, die formelhaft gedeutet wurden; so entstand in Palästina (4./5. Jh.) u. in Babylon (6./7. Jh.) der Talmud („Lehre"). Die Mischna wurde 200 n. Chr. abgeschlossen. Mystische Strömungen u. gnostische Elemente führten vom 9. bis 13. Jh. zur Geheimlehre der Kabbala, von deren Offenbarungen im 18. Jh. die Chassidim das Heil erhofften.

jüdische Literatur: Else Lasker-Schüler

Seit dem 10. Jh. wuchs in Spanien die hebräische Lyrik zu neuer Blüte; Salomon Ben Jehuda Ibn Gabirol u. Jehuda Ben Samuel ha Levi verschmolzen Synagogen- u. arab. Dichtform zu höchster Einheit. Danach brachten in den Niederlanden Gabriel Acosta (1585–1640) und Baruch Spinoza (1632–1677) die jüd. Literatur durch ihre außerhalb der Synagoge stehenden Gedankengänge noch einmal zu Weltrang, den vorher schon einmal der mittelalterl. Gelehrte M. Maimonides dem Schrifttum seines Volks errungen hatte. Große Bedeutung kam in dieser Zeit den jüd. Schriftstellern als Vermittlern zwischen der reichen oriental.-arab. Kultur u. Europa zu.

Während in den west- u. mitteleurop. Ländern die jüd. Autoren, Dichter u. Gelehrten ihre Werke in der latein. Gelehrten- oder in der Landessprache abfassten – in Dtschld. erschloss die Pentateuch-Bearbeitung (1780–1783) von M. Mendelssohn

den Juden den Zugang zur Bildung ihres Gastlands–, hat sich nur in Osteuropa, in Israel u. in Nordamerika eine hebräische Literatur erhalten u. fortgebildet. Auch die *jiddische Literatur* bedient sich hebräischer Schriftzeichen zur Aufzeichnung ihrer Schriften (bes. berühmt das Zenne-Renne, eine Pentateuch-Bearbeitung des Jakob Ben Isaak *Aschkenasi* [*um 1550, †1628]; in neuerer Zeit S. *Asch* oder M. *Rosenfeld*).
In Dtschld. haben die Kämpfe um die Erringung u. Verteidigung der jüd. Emanzipation seit dem 18. Jh. eine *deutsch-jüdische Literatur* hervorgebracht, die – gekennzeichnet durch jüd. Thematik, Motive, Denkformen oder -modelle – einen großen Teil der dt.-sprachigen Dichtung des 19. u. 20. Jh. in Österreich u. Dtschld. ausmacht. So setzte sich H. *Heine* souverän mit dem Judentum auseinander, indem er jüd. Geschichte u. Tradition einerseits verklärte, andererseits jüd. Existenz kritisierte u. parodierte. Mit dem *Zionismus* stellte sich die jüd. Frage neu. Autoren wie J. *Wassermann* u. A. *Schnitzler* thematisierten verschiedene Möglichkeiten jüd. Identität.

jüdische Literatur: Franz Kafka

Mit fortschreitender Integration in die dt. Kultur stieg der jüd. Anteil an der dt. Literatur des 20. Jh. Je fortgeschrittener die Entfremdung von der Tradition u. je größer der gleichzeitige Antisemitismus, der den Juden ihre Existenz als Juden aufzwang, desto stärker war das Bedürfnis, diesem Zwiespalt einen Sinn zu geben. So sind Autoren wie F. *Kafka*, E. *Lasker-Schüler*, A. *Döblin*, J. *Roth* oder A. *Zweig* ohne Berücksichtigung jüd. Traditionen nicht zu verstehen. Das Exil warf die jüd. Autoren auf eine von ihnen als schicksalhaft empfundene Diaspora-Existenz zurück, u. in diesem Zusammenhang entstanden die letzten großen dt.-jüd. Dichtungen (z. B. K. *Wolfskehl*). Wenige Autoren setzten nach dem Holocaust die problematische wie fruchtbare Produktion fort, dabei ist bedeutsam, dass die Dichter N. *Sachs*, P. *Celan* u. W. *Hildesheimer* deutsch in Dtschld. nicht mehr schreiben wollten. Auch → israelische Literatur, → jiddische Literatur.

jüdische Musik. Wie aus dem AT hervorgeht, zeigte die jüd. Musik sowohl im Tempel als auch in der Volksmusik früh eine reiche Entfaltung. Sie stand in den Anfängen stark unter ägypt. u. babylon. Einfluss. Der synagogale, antiphonale Psalmengesang wurde bes. z. Z. der Könige durch den Gebrauch von Instrumenten verstärkt. Die Tempelmusikerschaft wurde von den Leviten gestellt. Bevorzugte Instrumente waren volkstüml. Flöten u. Oboen, die auf altägypt. Vorbilder zurückgehenden Tempeltrompeten, der rituelle *Schofar* aus Widder- u. der *Keren* aus Stierhorn (Posaunen hat es nie gegeben, in der Geschichte von den

Mauern Jerichos werden an ihrer Stelle Widderhörner erwähnt), mehrere Arten von Becken, die wahrscheinl. in Größe u. Form unterschiedl. waren, Schellen (nicht Glöckchen) am Rand des Gewandes des Oberpriesters Aaron, Sistren, Klappern, endlich verschiedene Arten von Trommeln *(Adufe, Tof)*, bei denen es sich um die mesopotamisch-ägyptische Vierkanttrommel handelte, die Miriam singend u. vor dem Frauen- u. Mädchenchor einhertanzend spielte. Ähnliche Darstellungen von Frauenchören mit einer Vorsängerin, die die Vierkanttrommel spielt, sind aus der ägypt. Amarna-Zeit bekannt geworden. Die synagogale Musik scheint auch eine Art Orgel *(Magrepha)* gekannt zu haben. An Saiteninstrumenten existierten die seltene *Nabla* (eine dreieckige Harfe), größere Harfen u. der *Kinnor*, das königl. Instrument Davids, eine Leier, also keine Harfe.
Der jüd. Synagogalgesang ist eine monodische, mündlich tradierte Kunst. Eine eigentl. Notenschrift hat es nicht gegeben, sondern lediglich Lektionszeichen. Kantor Abraham Zvi *Idelsohn* (*1882, †1938) versuchte die Rekonstruktion des alten Tempelgesangs, indem er die Gesänge in der Diaspora lebender (z. B. jemenitischer u. persischer) Gemeinden miteinander verglich. Diese sammelnde u. vergleichende Forschung wurde dann von Robert *Lachmann* (*1892, †1939) u. Edith *Gerson-Kiwi* (*1908) fortgesetzt. Liturgisch-musikalische Divergenzen existieren zwischen dem Tempelgesang der aschkenasischen u. dem der sephardischen Juden. Während die im Ausland u. in Amerika lebenden Israeliten sich den musikalischen Gebräuchen ihrer Umwelt angepasst haben, sind die oriental. Gemeinden der traditionellen Liturgie treu geblieben. Der synagogale Gesang hat einen unbestreitbaren Einfluss auf die Frühgregorianik ausgeübt, wenn dieser auch heute zu Gunsten syrischer oder koptischer Elemente weniger hoch eingeschätzt wird. Auch → israelische Musik.

jüdische Philosophie, eigentlich jüd. *Religionsphilosophie,* die krit. Sichtung u. systemat. Darstellung der jüd. Glaubensvorstellungen mit den Mitteln der jeweiligen Philosophie, beginnend im griechischsprachigen Judentum der Antike *(Philon von Alexandria).* Sie setzte im MA in Auseinandersetzungen mit Islam, Christentum u. Karäern erneut ein, zunächst in Anlehnung an islam. Theologie (Kalam), Ende des 12. Jh. an Aristotelismus u. Averroismus, doch gegen wachsende traditionalistische Kritik, was der spekulativen → Kabbala zugute kam. In der Neuzeit ist die jüd. Philosophie begrenzt u. sprengt teilweise die Tradition (B. *Spinoza*). Sie ist erst im 19. Jh. nach M. *Mendelssohn* wieder aktuell, vor allem in der Auseinandersetzung mit dem dt. Idealismus (S. *Formstecher*, S. *Hirsch*), sowie um 1900 mit dem Neukantianismus (H. *Cohen*). In Dtschld. übten nach 1920 F. *Rosenzweig* u. M. *Buber* stärkeren Einfluss aus, danach trat die Theologie der amerikan.-jüd. Denominationen in den Vordergrund.

jüdische Religion, die Religion des jüd. Volkes, die mit dem Ende des Reiches Juda (587 v. Chr.) u. dem Anfang des babylon. Exils, der zweiten Entwicklungsphase der israelitisch-jüd. Religionsgeschichte, beginnt, u. die die Traditionen der ersten Phase (seit den Zeiten des biblischen Patriarchen Abraham) fortführt.
Das jüd. Bekenntnis zum ewigen u. einzigen Gott → Jahwe, dem Schöpfer des Himmels u. der Erde, ist das → Schma Israel (Deuteronomium 6,4): „Höre, Israel, der Ewige ist unser Gott, der Ewige ist einzig." Es soll täglich von jedem Erwachsenen morgens u. abends gesprochen werden. Zusammen mit dem Schma bildet das → Schmone esre (hebr. „achtzehn [Segenswünsche]"), das „Achtzehngebet", den Grundstock des Gottesdienstes. Mit dem Anfang des → Kaddisch (aram. „Heiliges") sind die ersten drei Bitten der christl. Vaterunsers (Matthäus 6,9 f.) identisch. Die Grundform des Gebets ist das → Beracha (hebr. „Segen, Lobpreisung"): „Gepriesen seist du, Ewiger, unser Gott, König der Welt." Das Gebet erfordert vielfach eine bes. Kleidung, z. B. das Bedecken des Hauptes der Männer u. im Morgengebet das Tragen des → Gebetsmantels (Tallit) mit seinen → Schaufäden. Jeder männliche, gesetzestreue Jude über 13 Jahre legt beim werktägl. Morgengebet die → Gebetsriemen (Tefillin) an. Das dem Gebets- u. Lesegottesdienst dienende Gebäude ist die → Synagoge (griech. „Versammlung, Bethaus").
Jüd. Glaube konkretisiert sich in der Erfüllung der → Tora, des mosaischen Gesetzes, das sowohl die biblische (pentateuchische) „schriftliche Lehre" vom Sinai wie auch die nachbiblische (talmudisch-rabbinische) „mündliche Lehre" umfasst. Zu den Geboten zählen u. a. Reinheits- u. Speisegesetze, soziale u. ethische Gesetze sowie Ehegesetze. Zu den Verboten gehören u. a. Speiseverbote sowie entspr. Sozialgesetze, Ehe- u. Sexualvorschriften. Zur Erfüllung der Reinheitsgesetze gibt es für rituelle Waschungen in der Gemeinde die → Mikwe (hebr. „Wassersammlung, Bassin"), ein rituelles Tauchbad. → Kosher (jiddisch aus hebr. kaschejr „rein") ist das nach hebr. Zeremonialgesetz für den Gebrauch Erlaubte, insbes. die einwandfreien Speisen. Die Speisegesetze verlangen vor allem eine strenge Trennung von Fleisch- u. Milchspeisen.
Ein Kernstück der Ethik ist das Gebot, den → Sabbat als Ruhe- u. Feiertag zu begehen. Dieser 7. Tag der Woche bildet die Grundlage aller jüd. Feste. Im → jüdischen Kalender gehören zu den „freudigen Festen" die drei Wallfahrtsfeste Pessach (→ Pascha), Schawuot (→ Wochenfest) u. Sukkot (→ Laubhüttenfest), die an die drei wichtigsten Stationen der Volkwerdung Israels (Befreiung aus ägypt. Knechtschaft, Berufung zum heiligen Volk am Sinai, Wüstenwanderung unter Gottes Führung) anknüpfen u. bis zur Zerstörung des Tempels nur in Jerusalem gefeiert wurden. Zu den „ernsten Festen" zählen als hohe Feiertage das Neujahrsfest (→ Rosch ha-Schana) u. der

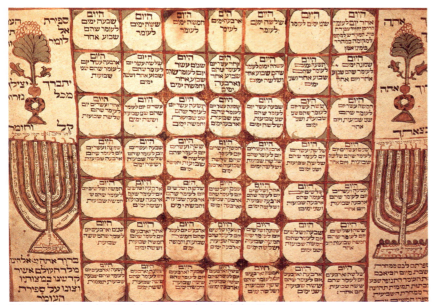

jüdischer Kalender aus dem 19. Jahrhundert. Jerusalem, Israelisches Museum

→ Versöhnungstag (Jom Kippur). Als freudige Gedenktage werden das Tempelweihfest → Chanukka u. das → Purimfest, Letzteres zur Erinnerung an die Errettung der pers. Juden durch Ester, begangen.

Das Beschneidungsgebot gilt für Jungen am 8. Tag nach der Geburt. Mit Vollendung des 13. Lebensjahres wird ein Junge → Bar Mizwa („Sohn des Gebotes") u. als gebotspflichtiges, jetzt vollgültiges Mitglied in die Gemeinde aufgenommen. In Reformgemeinden werden heute auch Mädchen mit 12 Jahren als Bat Mizwa („Tochter des Gebotes") gebotspflichtige Gemeindemitglieder.

Das religiöse Schrifttum der Juden umfasst einen Zeitraum von drei Jahrtausenden mit drei Hauptepochen u. Haupttypen: 1. Bibl. Literatur (ca. 1000 v. Chr.–100 n. Chr.). Zu ihr gehören die → Bibel u. die → Apokryphen. 2. Talmud-Midrasch-Literatur (bis 800 n. Chr.) mit → Mischna, → Gemara u. → Talmud. 3. Zur rabbinischen Literatur (bis 1800) gehören u. a. die Schriften der → Kabbala u. die des → Chassidismus. Die Lehrer der Tora waren die → Rabbiner (hebr. Rabbi „mein Herr"), die seit dem 3. Jh. n. Chr. auch Leiter des Synagogengottesdienstes u. der Gemeinde sind. Das Amt des Rabbiners war durch fast 2000 Jahre eine reine Männerangelegenheit, bis erstmals 1934 in Deutschland die Ordination von Regina *Jonas* zur Rabbinerin in Berlin erfolgte.

Das amerikan. Judentum der Gegenwart kennt drei offizielle Denominationen: 1. das *orthodoxe, gesetzestreue Judentum*, das in der „Agudath-Israel" („Vereinigung Israels") zusammengeschlossen ist u. seine Zentren in Jerusalem, New York u. London hat. Da neben der hebräischen Bibel auch der babylon. Talmud u. das traditionelle Gebetbuch als normative Werke („mündliche Tora") gelten, die nicht verändert werden dürfen, ist das Zeremonialgesetz unabänderlich. Auch sind z. B. die Mischehen verboten. Da die Durchsetzung religiöser Grundsätze im gesamten polit. Leben angestrebt wird, soll der Staat Israel theokratisch-religiös regiert werden. 2. Im Gegensatz dazu lehnt das *liberal-reformierte Judentum*, das die „World Union for Progressive Judaism" bildet u. sein Zentrum in New York hat, die Verbindlichkeit des Zeremonialgesetzes ab, da der Talmud nur den Versuch einer jeden Zeit widerspiegelt, die Aussagen der Bibel zeitgemäß auszulegen. Nur die hebräische Bibel ist glaubensverbindlich. Mischehen sind als jüd. Ehen meist akzeptiert. Seit 1972 werden auch Frauen zu Rabbinerinnen ordiniert, deren erste Sally *Priesand* war. 3. Zwischen beiden Richtungen steht das *konservative Judentum*, das durch die „United Synagogue of America" vertreten wird u. seit 1985 ebenfalls Rabbinerinnen ordiniert.

Die jüd. Volksreligion – Jude/Jüdin ist, wer von einer jüd. Mutter abstammt – wird heute auch zu den → Weltreligionen gerechnet, da die Gesamtzahl der Juden ca. 18 Millionen beträgt. Die in 134 Ländern lebenden Juden bilden nur im Staat Israel die Mehrheit der Bevölkerung. In Deutschland zählt die jüd. Religionsgemeinschaft gegenwärtig 60 000 Angehörige.

◆ **jüdischer Kalender,** in seiner gegenwärtigen Form seit dem 10. Jh. unverändert, beruht auf den Mondphasen u. wird u. U. durch einen Schaltmonat (→ Adar Scheni) dem jahreszeitl. gegliederten Sonnenjahr angepasst. Die Jahreszählung erfolgt nach der Erschaffung der Welt (3761 v. Chr.). Der Tag beginnt mit dem Vorabend, der Monat mit Neumond, das Jahr am 1. → Tischri im Herbst (in alter Zeit am 1. → Nisan im Frühjahr); antike jüd. Gruppen kannten auch einen reinen Sonnenkalender. Der Festzyklus besteht aus Sabbat, Neumond u. Neujahr, aus den drei Wallfahrtsfesten Sukkot (→ Laubhüttenfest), → Pascha/ → Mazzot (→ Ostern) u. → Wochenfest (→ Pfingsten). Wichtige Fast- u. Bußtage sind der Große → Versöhnungstag (zehn Tage nach Neujahr) u. der 9. → Ab (Tempelzerstörung). Heute begeht man auch den Unabhängigkeitstag des Staates Israel (14. Mai) u. den Gedenktag an die Opfer des „Holocaust" (27. Nisan, außerhalb Israels 19. April). Nachbibl. Feste sind → Chanukka (Dezember), → Purimfest (März) u. Lag ba → Omer. Von den Festtagen gelten als Feiertage (Arbeitsruhepflicht): Sabbat, Neujahr, Versöhnungstag sowie erster u. letzter Tag der drei Wallfahrtsfeste.

◆ **Judit,** Heldin des apokryphen Buchs J., die dem assyr. Heerführer Holofernes, der ihre Vaterstadt belagerte, den Kopf abschlug. Die Legende entstand wohl eher im 3. Jh. v. Chr. als in der Makkabäerzeit (von 175 v. Chr. an).

Judith [hebr., „Frau aus Jehud, Jüdin"], weibl. Vorname; engl. Koseform *Judy.*

Judith, Gemahlin Kaiser *Ludwigs des Frommen,* *um 800, †19. 4. 843 Tours; Tochter

Judit und Holofernes. Gemälde von Tintoretto. Madrid, Prado

des Grafen *Welf I.*, Mutter *Karls des Kahlen*, suchte für diesen einen möglichst großen Teil des Reiches zu sichern, erlangte gegen die Stiefsöhne schließlich 839 für ihn die Westhälfte des Reiches (843 im Vertrag von Verdun bestätigt).

Judiz [lat.], Urteil, richterl. Urteilsvermögen.

Judo [das; jap.], *Ju-Do, Diu-Do,* eine der → Budo-Sportarten, von dem Japaner *Jigoro Kano* um 1880 aus dem → Jiu-Jitsu entwickelter Kampfsport, bei dem alle rohen u. gefährl. Griffe verboten sind. Gekämpft wird auf einer 14 × 14 m großen Mattenfläche (Kampffläche: maximal 10 × 10 m); die Kampfzeit bei Einzel- und Mannschaftswettbewerben beträgt für Männer 5 min, für Frauen 4 min. Jeder Kämpfer versucht, durch Anwendung der verschiedenen Griffe u. Würfe seinen Gegner zur Aufgabe zu zwingen oder einen Punktsieg zu erringen. Der Kampf ist sofort beendet, sobald einer der Kämpfer einen *Ippon* (Punkt) oder zwei *Waza-ari* (Halbpunkte) erzielt.

In der Judo-Technik unterscheidet man gymnast. Übungen, Fallübungen, Würfe (Fuß- u. Bein-, Hüft-, Arm-, Schulter- u. Oberwürfe) u. Griffe (Halte-, Hebel- u. Würgegriffe). Die Kampfkleidung *(Judogi)* besteht aus der weißen Kampfjacke *(Kimono),* der Hose *(Zubon)* u. dem 4 cm breiten Gürtel, an dessen Farbe der (Schüler- oder Meister-)Grad zu erkennen ist. Auch → Dan (2), → Kyu, → Gewichtsklassen. *Organisation:* → Deutscher Judo-Bund; in *Österreich: Österr. Judoverband,* Wien; in der *Schweiz: Schweizer. Judo- u. Ju-Jitsu-Verband,* Bern.

Jud Süß → Oppenheimer (4).

◆ **Juel** [ju:l], Jens, dän. Maler, * 12. 5. 1745 Balslev auf Fünen, † 27. 12. 1802 Kopenhagen; schuf, ausgehend von der niederländ. Malerei des 17. Jahrhunderts, Landschaften, Porträts, Stillleben u. Genreszenen, oft mit künstlicher Beleuchtung. Als Porträtmaler war er der bevorzugte Schilderer der vornehmen Welt. Seine farbenfrohe Malweise machte ihn zum führenden dänischen Maler seiner Zeit.

Jufrah, *Wahat Al Jufrah,* arab. Name der → Djofra-Oasen.

Jug, schiffbarer südl. Quellfluss der *Sewernaja Dwina,* entspringt auf dem Nordruss. Landrücken, vereint sich nach 450 km bei Welikij Ustjug mit der *Suchona* zur *Malaja Sewernaja Dwina;* 361 km schiffbar.

Jugend, die Gesamtheit aller jungen Menschen einer Gesellschaft (oft eines Volkes), die noch nicht voll u./oder eigenverantwortlich (mündig) in deren Lebensprozess eingefügt sind. Die J. stellt die Zukunft einer Gemeinschaft dar u. ist daher einer besonderen Erziehung u. Fürsorge unterstellt (→ Jugendamt, → Jugendhilfe). Oft empfindet sich demgegenüber die J. zugleich als Einheit gegenüber den Älteren, was bes. in Zeiten der Unsicherheit u. des Umbruchs zu Konflikten führen kann *(Generationsproblem);* die J. entzieht sich dem Erziehungsanspruch der Älteren u. sucht aus eigenen Kräften nach neuen Lebensformen (→ alternative Lebensformen, → Jugendbewe-

Jens Juel: Bauernhof auf Seeland bei nahendem Gewitter; zwischen 1790 und 1800. Kopenhagen, Statens Museum for Kunst

gung, → Hippies, → Generation X). Auch → Alter.

Jugendalter, Entwicklungsabschnitt, der *Pubertät* u. *Adoleszenz* umfasst. Während man den Beginn heute etwa um das 12. Lebensjahr ansetzen kann, ist das Ende, der Übergang in das Erwachsenenalter, individuell sehr verschieden. Körperl. Veränderungen im J.: starkes Längenwachstum u. die Ausbildung der Geschlechtsreife (2. Gestaltwandel nach W. *Zeller);* psych. Veränderungen: allg. Labilisierung; abrupter Stimmungswechsel, unangepasstes, rebellisches Verhalten; anschließend *Introversion* u. Interesse am eigenen Ich, später allmähl. Lösung aus der Ich-Verhaftung u. soziale Orientierung.

Jugendamt, Behörde für → Jugendhilfe in kreisfreien Städten u. Landkreisen. Zu seinen Aufgaben u. Leistungen gehören u. a. Angebote der Jugendarbeit, der Jugendsozialarbeit u. des erzieherischen Kinder- u. Jugendschutzes, Angebote der Förderung der Erziehung in der Familie; die Förderung von Kindern in Tageseinrichtungen und in Tagespflege, Hilfe zur Erziehung u. Hilfe für junge Volljährige, Vorläufige Maßnahmen zum Schutz von Kindern u. Jugendlichen, Schutz von Kindern u. Jugendlichen in Familienpflege u. in Einrichtungen, Mitwirkung in gerichtl. Verfahren, Pflegschaft u. Vormundschaft für Kinder u. Jugendliche. Das J. besteht aus dem *Jugendhilfeausschuss* u. der Verwaltung des Jugendamtes. Zur Sicherung einer gleichmäßigen Erfüllung der den Jugendämtern obliegenden Aufgaben u. zur Unterstützung ihrer Arbeit sind *Landesjugendämter* errichtet. Die *oberste Landesbehörde* in den Bundesländern fördert u. überwacht die öffentl. Jugendhilfe. Aufgaben, Aufbau u. Verfahren der Jugendhilfebehörden regelt das Kinder- u. Jugendhilfegesetz vom 26. 6. 1990, neugefasst im Sozialgesetzbuch VIII vom 8. 12. 1998. – In *Österreich* sind die Jugendämter bei den Bezirksverwaltungen errichtete Abteilungen mit im Wesentlichen gleichen Aufgaben wie in Deutschland.

Jugendarbeitslosigkeit, die → Arbeitslosigkeit von Jugendlichen zwischen 15 u. 25 Jahren, d. h. von jungen Menschen, die beim Übergang von der Ausbildung zur Berufstätigkeit keine Stellung finden bzw. sie wieder verloren haben. Von J. sind vor allem Jugendliche ohne abgeschlossene Ausbildung betroffen. Als Ursachen der J. gelten in Deutschland insbes. die gestiegene Nachfrage nach Arbeitsplätzen durch die geburtenstarken Jahrgänge, der ein geringeres Angebot an Arbeitsplätzen gegenübersteht, die höheren Anforderungen an die Ausbildung, die Jugendschutzbestimmungen u. a. 1998 waren in Dtschld. 472 000 Personen unter 25 Jahren arbeitslos.

Jugendarbeitsschutz, Sonderschutzmaßnahmen zugunsten jugendl. Arbeitnehmer; Neuregelung durch das *Jugendarbeitsschutzgesetz* vom 12. 4. 1976 (JArbSchG) mit späteren Änderungen. Das JArbSchG unterscheidet zwischen Kindern (die noch nicht 14 Jahre alt oder noch vollzeitschulpflichtig sind) u. Jugendlichen (alle übrigen noch nicht 18 Jahre alten Menschen). Kinderarbeit ist grundsätzl. verboten, die Arbeit Jugendlicher unterliegt erheblichen öffentl.-rechtl. Beschränkungen. Eine Beschäftigung Jugendlicher unter 15 Jahren ist grundsätzl. nur im Berufsausbildungsverhältnis zulässig. Bes. Arbeitszeitschutz: Grundsätzl. Beschränkung der tägl. Arbeitszeit auf 8 Stunden bei einer Wochenarbeitszeit von 40 Std. für Jugendliche; Mehrarbeit, Nachtarbeit, Samstags-, Sonn- u. Feiertagsarbeit sind generell unzulässig; Ausnahmen u. abweichende Vereinbarungen regelt das *Erste Jugendarbeitsschutz-Änderungsgesetz* vom 15. 10. 1984.

Der Jugendurlaub beträgt bei noch nicht 16-jährigen 30, bei noch nicht 17-jährigen 27, bei noch nicht 18-jährigen 25 Werktage (Stichtag: Beginn des Kalenderjahrs), im Untertagebergbau je 3 Tage zusätzlich. Akkord- u. Fließbandarbeit sind verboten. Die Einhaltung der Schutzvorschriften wird durch die Gewerbeaufsichtsämter kontrolliert u. durch Strafbestimmungen gesichert. In *Österreich* ähnlich geregelt im Kinder- u. Jugendbeschäftigungsgesetz vom 1. 7. 1948 mit späteren Änderungen.

Jugendarrest, ein Zuchtmittel des *Jugendstrafrechts*, besteht als Freiheitsentziehung in den Formen *Freizeitarrest* (am Wochenende), *Kurzarrest* (2–6 Tage) u. *Dauerarrest* (1–4 Wochen). Vollzogen wird der J. getrennt von anderen Straftätern in besonderen Arrestanstalten. Der J. soll das Ehrgefühl des Jugendlichen wecken u. ihm vor Augen führen, dass man für Unrecht einzustehen hat (§§13, 16, 90 Jugendgerichtsgesetz).

Jugendbewegung, eine auf das dt. Sprachgebiet beschränkte, in manchem dem *Jugendstil* u. dem *Expressionismus* verwandte Erscheinung jener geistigen Unruhe, die für das europ. Bürgertum um die Wende vom 19. zum 20. Jh. kennzeichnend war. Die J. nahm ihren Anfang in den Jahren 1899–1901 in Berlin-Steglitz, angeregt durch Hermann Hoffmann-Fölkersamb u. Karl Fischer, formell begründet 1901 mit dem „Wandervogel-Ausschuss für Schülerfahrten". Der *Wandervogel* sprengte die erstarrten Formen, in denen damals junge Menschen zu leben hatten. Anknüpfend an die fahrenden Scholaren des MA, entdeckte er die *Fahrt* u. stellte sie in den Mittelpunkt der damals entstehenden, auf Freiwilligkeit u. Selbstverantwortung aufbauenden jugendl. Gruppen. Der Wandervogel, eine „antibürgerl. Bewegung bürgerl. Jugend", verbreitete sich in seinen verschiedenen Bünden rasch in Dtschld., Österreich u. der Schweiz. In Reaktion auf die zu gleicher Zeit sich durchsetzenden Formen der durch Technik, Mechanisierung der Arbeit u. Arbeitsteilung bestimmten industriellen Massengesellschaft suchte der Wandervogel einen Ausgleich im Erlebnis von Landschaft u. Geschichte (Wiederbelebung von Volkslied, Volkstanz, Volksmusik u. Brauchtum) in der kleinen u. intensiven Gemeinschaft der Jugendgruppe. Die ebenfalls um die Jahrhundertwende entstehende Arbeiterjugendbewegung, die Formen des Wandervogels übernahm, setzte sich mehr für die soziale u. polit. Gleichberechtigung ein.

Der Wandervogel, der spontan die Jugend als eine Zeit eigenen Rechts u. Werts definiert hatte, kam bald in Berührung mit der pädagog. Reformbewegung um die Landerziehungsheime, in der G. *Wyneken* am radikalsten die Forderung nach einer „Jugendkultur" vertrat. Wyneken war auch maßgebl. beteiligt am Fest auf dem Hohen Meißner 1913, zu dem die Bünde der J. zusammen mit der *freien Schulgemeinde* aufriefen. Das Meißnerfest, erklärtermaßen im Gegensatz zu den offiziellen Jahrhundertfeiern der Völkerschlacht bei Leipzig, war ein Protest gegen den „billigen Patriotismus" wilhelmin. Prägung. Auf dem Hohen Meißner einigte man sich auf einen lockeren Zusammenschluss der J. unter dem Namen *Freideutsche Jugend* u. unter der Zielsetzung „Freideutsche Jugend will aus eigener Bestimmung, vor eigener Verantwortung, mit innerer Wahrhaftigkeit ihr Leben gestalten" *(Meißner-Formel).* Das Meißnerfest rückte die J. ins öffentl. Bewusstsein; von nun an war Jahrzehnte hindurch die junge Generation ein wichtiger Faktor des kulturellen u. polit. Lebens in Dtschld.

Nach dem 1. Weltkrieg setzten sich die Lebensformen des Wandervogels in den meisten konfessionellen, z. T. auch in polit. Jugendorganisationen durch. Impulse u. Menschen der J. gewannen prägenden Einfluss vor allem in der Pädagogik, der Sozialarbeit u. der Volksbildung. Auch die behördl. *Jugendpflege* entwickelte sich unter dem Eindruck der J. Um 1924 trat die bürgerl. J. durch die Synthese von Wandervogel u. *Pfadfindertum* in eine neue Phase, die der *bündischen Jugend*. Die Lebensformen der bünd. Jugend waren straffer als die des Wandervogels; gegenüber dem beim Wandervogel geltenden Vorrang der einzelnen Gruppen stand nun der Bund im Mittelpunkt jugendl. Lebens. Unter dem Leitbild von „Führer u. Gefolgschaft" politisierte sich die J. Die Jugendorganisation des Dritten Reiches, die *Hitlerjugend*, bediente sich später vieler Formen der bünd. Jugend, ohne jedoch an pädagog. Wertvorstellungen der J. anzuknüpfen. Nach ihrem Verbot durch den NS-Staat existierten Restgruppen der freien J. illegal weiter.

Die → Jugendverbände der Bundesrepublik Deutschland verdanken der J. vieles, sie sind jedoch nicht mehr als ihre Fortsetzung i. e. S. anzusehen. Weitere Formen einer J. seit den 1960er Jahren lassen sich in den → antiautoritären Bewegungen u. in den → alternativen Lebensformen erkennen.

Jugendbildungsstätten, *Jugendhöfe,* außerschul. Institutionen zur kulturellen, sozialen u. polit. Bildung Jugendlicher, insbes. der Jugendgruppenleiter; seit 1959 im „Arbeitskreis J." zusammengeschlossen, 1962 in „Arbeitskreis dt. Bildungsstätten" umbenannt. In der BR Dtschld. u. a.: Gesamteuropäisches Studienwerk, Vlotho; Haus der Jugendarbeit, Reinbek bei Hamburg; Institut für Jugendgruppenarbeit „Haus am Rupenhorn", Berlin; Jugendhof Steinkimmen; Musische Bildungsstätte, Remscheid; Jugend- u. Sportleiterschule, Ruit; Jugendgruppenleiterschule, Bündheim; Jugendhof Rheinland. Daneben besitzen die größeren Jugendverbände eigene J.

◆ **Jugendbuch,** *Jugendliteratur, Kinderliteratur,* für Kinder u. Jugendliche bestimmte u. geeignete Werke der Literatur, für Kinder geschrieben oder aus der volkstüml. Dichtung (z. B. Märchen) oder Erwachsenenliteratur übernommen u. bearbeitet. Hierzu gehören Märchen, Legende, Schwank, Volks-, Helden- u. Göttersage, Jugenderzählung u. -roman, Kinderreim, -vers u. -gedicht, Volks- u. Kinderlied, erzählendes Gedicht, Lyrik; Kasperle- u. Marionettenspiel, Hör- u. Fernsehspiel, Kinder- u. Jugendtheater; Jugendzeitschriften; ferner Sachbücher mit Themen aus allen Wissensgebieten in meist unterhaltender Form, insbes. Reise- u. Forschungsbücher, Entdeckungsgeschichte, Tierbücher, Biografien, naturwissenschaftl.-belehrende u. techn.-utop. Bücher, Arbeits- u. Bastelbücher, Aufklärungsschriften.

Das J. ist dem Verständnis der jeweiligen Altersstufe angepasst u. reicht vom Bilder- u. Vorlesebuch für das frühe Kindesalter über das Märchen-, Helden-, Sagen- u. Umweltbuch bis zum eigentl. J., das kompliziertere Handlungs- u. Gestaltungsformen u. eine differenziertere Problematik aufweist als das Kinderbuch. Daneben wird nach dem Leserkreis noch in Mädchen- u. Jungenbuch, nach der äußeren Form in Bilderbuch, illustriertes Buch u. Taschenbuch, nach den Motiven in Abenteuer- u. Indianerbuch, fantastische Erzählungen u. a. unterschieden. Neben der Unterhaltung soll das J. belehren, die Individualität des Kindes u. seine Einsicht in die unterschiedlichen Sozialsysteme sowie das Verständnis der techn. Entwicklung fördern.

Gefördert wird das J. durch zahlreiche Einrichtungen wie Kinder-, Jugend- u. Schulbibliotheken, Empfehlungslisten, Jugendbuch-Verzeichnisse, Ausstellungen, Tagungen, Fachzeitschriften, Öffentlichkeitsarbeit u. *Jugendbuchpreise*.
Geschichte: Vor dem Spätmittelalter gab es, abgesehen von Wiegenliedern, Kinderreimen u. Ä., keine Jugendliteratur im eigentl. Sinne. Vereinzelt stehen Ansätze zur Ausbildung einer Jugendliteratur da, wie z. B. C. von *Dragolsheims* „Heiliges Namen-

Jugendbuch: Frontispiz aus Joachim Heinrich Campes „Sämmtliche Kinder- und Jugendschriften", Band 1, Braunschweig 1830

buch", 1435, ein Reimkalender, der durch eingeflochtene Wetter- u. Gesundheitsregeln den Stoff für die Kinder auflockern sollte. Im Übrigen ersetzten die durch das ganze MA verbreiteten Lehrbücher, vor allem der „Cato" (ab 13 Jh. auch in mhd. Übersetzung) u. „Facetus" („Facetus moribus et vitae" dt. 1490 von S. *Brant* u. „Facetus cum nihil utilius" dt. 2. Hälfte des 14. Jh.), die Jugendbücher. Daneben blieben Auszüge aus der Bibel, Abc-Bücher, Fibeln u. in protestant. Ländern das Gesangbuch wichtigste Lektüre der Kinder u. Jugendlichen.

In England entwickelten sich die *horn-books* (Lesetafeln, deren Text mit einer Hornschutzhülle überzogen war) aus einem bloßen Abc-Buch zu einem Geschichtenbuch, das ansatzweise eine Art J. darstellte. Einen bedeutenden Einschnitt brachte J. A. *Comenius*' „Orbis sensualium pictus" 1654, ein umfangreiches, bebildertes Sprachlehrbuch, das die Unterrichtswerke der Folgezeit entscheidend beeinflusste.

Für die Entwicklung der kindergerechten Erzählliteratur wurden in Frankreich *La Fontaines* „Fabeln" 1668–1694 maßgebend, *Perraults* Märchensammlung „Contes de ma mère l'Oye" 1697, *Fénélons* „Télémaque" 1699, später Madame de Genlis' „Théâtre de l'éducation" 1779. Von weit größerem Einfluss auf die Entwicklung des Jugendbuches wurden allerdings Werke engl. Schriftsteller wie D. *Defoes* „Robinson Crusoe" 1719, J. *Swifts* „Gullivers Reisen" 1726 u. a., die sogar zur Folge hatten, dass in London J. *Newbery* 1750 die erste Jugendbibliothek in seiner Buchhandlung gründe-

te. Außerhalb des seriösen Buchhandels gab es eine Fülle von volkstüml. Schriften, die von Jugendlichen gelesen wurden, z. B. „Volksbücher" (*Eulenspiegel, Die vier Haimonskinder* u. a.) in Dtschld., *chapbooks* in England, *Librairie bleue* in Frankreich.

In Dtschld. veröffentlichte C. F. *Weiße* 1765 „Kinderlieder" u. gab erstmals eine Kinderzeitschrift heraus („Kinderfreund", 1775); kurz darauf veröffentlichte *Musäus* „Volksmärchen der Deutschen" 1782–1786 u. brachte J. H. *Campe* 37 Bände Kinder- u. Jugendschriften heraus, worunter seine Übersetzung u. Bearbeitung des „Robinson Crusoe" 1779 bes. erfolgreich war. Epoche machend wurden eine Generation später die Romantiker mit ihrer Neuentdeckung alten dt. Lied- u. Erzählguts (A. von *Arnim* u. C. *Brentano* mit ihrer Sammlung „Des Knaben Wunderhorn", 1806) u. den Sammlungen von alten dt. Sagen u. Märchen (Brüder Grimm „Kinder- u. Hausmärchen", 1812–1822), durch die die Entstehung weiterer Mythologien angeregt wurde (L. *Bechstein*, K. *Simrock*). Berühmt auch die zunächst Dänisch verfassten Märchen H. C. *Andersens*. Es folgte im 19. Jh. eine Fülle von Abenteuer-, Reise- u. Indianergeschichten in dt. Sprache (F. *Gerstäcker*, K. *May*), in Englisch (J. F. *Cooper*, M. *Twain*, R. L. *Stevenson*), in Französisch (J. *Verne*), in Italienisch *(Salgari)*. In zunehmendem Maße traten auch Schriftstellerinnen mit Jugendbüchern hervor (O. *Wildermuth*, J. *Spyri*, E. *Averdieck*, im 20. Jh. nordische Schriftstellerinnen wie S. *Lagerlöf*, M. *Hamsun*, A. *Lindgren*). Skurril- u. Unsinnspoesie engl. Autoren (E. *Lear*, L. *Carroll*)

fand eine gewisse Parallele in Dtschld. bei H. *Hoffmann* („Struwwelpeter") u. W. *Busch*, die gleichzeitig ihre eigenen Illustratoren waren, u. zeigt bis heute Nachwirkungen (z. B. bei T. *Ungerer, Janosch*). Ein Nebeneinander fantast. u. realist. Züge zeigen im 20. Jh. Werke von *Barrie* u. P. L. *Travers* „Mary Poppins" (Engl.), in dt. Sprache solche von J. *Krüss*, E. *Lillegg*, M. *Ende*. Um gleichzeitig polit.-aufklärer. zu wirken, schrieben L. *Tetzner* (Märchenschriftstellerin), E. *Kästner*, K. *Held* in Dtschld. u. M. *Druon* in Frankreich Kinder- u. Jugendbücher. Mit Tiergeschichten fanden K. *Graham*, H. *Lofting* (in Englisch), *Löns* u. W. *Bonsels* großen Anklang.

Jugendbuchpreise, Preise, die zur Förderung guter Kinder- u. Jugendbücher vergeben werden. In *Deutschland* u. a.: der „Deutsche Jugendliteraturpreis", seit 1956 jährlich vergeben vom Bundesministerium für Familie, Senioren, Frauen u. Jugend; „Katholischer Kinderbuchpreis", alle zwei Jahre vergeben von der Dt. Bischofskonferenz. In der *Schweiz* u. a.: der „Preis des Schweizerischen Lehrer- u. Lehrerinnen-Vereins". In *Österreich*: der „Kinder- u. Jugendbuchpreis der Stadt Wien" u. der „Österreichische Staatspreis für Kinder- u. Jugendliteratur".

Jugendbünde → Jugendverbände.

Jugenddelinquenz → abweichendes Verhalten von Jugendlichen. Auch → Bagatellstrafsache, → Jugendkriminalität, → Kinderkriminalität.

Jugenddorf → Kinderdorf.

Jugenddorfwerk, *Christliches Jugenddorfwerk Deutschlands*, von A. *Dannemann* 1947 gegr., um Alleinstehenden, heimat- u. berufslosen Jugendlichen Ausbildung u. Berufsförderung zu ermöglichen; Träger zahlreicher Jugenddörfer, der „Christophorus-Schulen" u. der „Jugenddorfclubs".

Jugendfeuerwehr, Abk. JF, Zusammenschluss aller Jugendlichen der freiwilligen Feuerwehren. J. beschäftigen sich mit der feuerwehrtechn. Ausbildung, Umweltschutz u. der allg. Jugendarbeit; in Dtschld. sind in Jugendfeuerwehren rd. 220 000 Jungen u. Mädchen organisiert; auch → Feuerwehr, → Feuerwehrverband, → freiwillige Feuerwehr.

◆ **„Jugend forscht"**, ein Förderungswerk der Illustrierten „Stern", der Industrie, der Schule u. der Bundesregierung für den naturwissenschaftl. Unterricht, gegr. 1966 in Hamburg. An dem jährlich neu ausgeschriebenen Wettbewerb können sich Jugendliche im Alter von 9 bis 21 Jahren beteiligen; einzureichen sind Arbeiten aus den Gebieten Mathematik, Technik, Naturwissenschaften, Arbeitswelt, Umweltschutz. Preise werden von etwa 50 Institutionen aus Wissenschaft, Wirtschaft u. Politik gestiftet.

Jugendgerichte, Spruchkörper der *Amts-* u. der *Landgerichte*, die für die Verfehlungen von Jugendlichen u. Heranwachsenden zuständig sind. Beim Amtsgericht ist J. einmal der *Jugendrichter* als Einzelrichter; er darf nur auf Erziehungsmaßregeln, Zuchtmittel u. Jugendstrafe bis zu einem Jahr erkennen; zum anderen das *Jugend-*

„Jugend forscht": Karin Weiß wurde 1998 für ihre Arbeit zur Melktechnik ausgezeichnet

schöffengericht mit einem Jugendrichter als Vorsitzendem u. zwei auf Vorschlag des Jugendhilfeausschusses vom Schöffenwahlausschuss gewählten ehrenamtlichen Richtern *(Jugendschöffen).* Beim Landgericht besteht die *Jugendkammer* mit drei Berufsrichtern u. zwei Jugendschöffen; sie ist zuständig für bes. schwere u. umfangreiche Jugendstrafsachen u. für Berufungen gegen Urteile der J. u. der Jugendschöffengerichte. Beim Oberlandesgericht u. beim Bundesgerichtshof gibt es keine J.: dort entscheiden die allgemeinen Strafsenate auch über Jugendstrafsachen. Die Richter bei den Jugendgerichten u. die *Jugendstaatsanwälte* sollen erzieherisch befähigt u. in der Jugenderziehung erfahren sein §§ 33 ff. (Jugendgerichtsgesetz). In *Österreich* ist die Jugendgerichtsbarkeit durch das Jugendgerichtsgesetz vom 20. 10. 1988 geregelt. Jugendliche unterstehen bes. Gerichten *(Jugendschöffengericht;* in Wien besteht ein *Jugendgerichtshof,* in Graz ein *Jugendgericht),* in Linz ist das Bezirksgericht Linz-Land für Vormundschafts-, Pflegschafts- u. Strafsachen berufen. In der *Schweiz* ist die Jugendgerichtsbarkeit (wie die gesamte Gerichtsorganisation) gemäß Art. 369 ff. StGB im Wesentlichen kantonal geregelt. Auch → Jugendstrafrecht, → Jugendstrafverfahren.

Jugendgerichtshilfe, Ermittlung der Verhältnisse Jugendlicher (Persönlichkeit, Entwicklung Umwelt) im Verfahren vor dem *Jugendgericht* durch das Jugendamt. u. durch andere Stellen der Jugendhilfe. Die J. soll im jugendgerichtl. Verfahren die erzieherischen, sozialen u. fürsorgerischen Gesichtspunkte zur Geltung bringen. Rechtsgrundlage: § 38 Jugendgerichtsgesetz. – Ähnlich in *Österreich* nach Jugendgerichtsgesetz vom 20. 10. 1988. Auch → Jugendstrafrecht.

Jugendgottesdienst, ursprüngl. zu Beginn des 19. Jh. eigens für Jugendliche eingerichteter Gottesdienst, der bes. gefährdete Jahrgänge der nachwachsenden Generation für die Kirche gewinnen sollte. Nach 1918 von der Jugend selbst gestalteter Gottesdienst mit z. T. von den übl. Gottesdiensten abweichenden Formen (alternative Formen des Abendmahls, Diskussion, moderne Musik).

Jugendherbergen, ursprüngl. zur Pflege u. Förderung des Jugendwanderns als Unterkunftsstätten für die gesamte wandernde Jugend, ohne ethnische, soziale u. weltanschaul. Einschränkungen, 1909 von dem Lehrer R. *Schirrmann* mit der Gründung der ersten Jugendherberge auf der Burg Altena, Westf., ins Leben gerufen; zusammen mit Wilhelm *Münker* (*1874, †1970) gründete Schirrmann 1919 den *Reichsverband für deutsche J.* Dieser wurde nach 1933 gleichgeschaltet u. von der *Hitlerjugend* übernommen, 1945 bzw. 1949 als *Deutsches Jugendherbergswerk* (Abk. *DJH*), *Hauptverband für Jugendwandern u. J.* neu gegr.; Sitz: Detmold. Heute dienen J. allen individuell u. in Gruppen wandernden u. reisenden jungen Leuten u. Familien; Schulen, Jugendämter, Jugendverbände, Jugendreisedienste u. a. bedienen sich ihrer für Klassen-

fahrten bzw. als Schulungs- u. Tagungsstätten sowie für Ferienaufenthalte. Sie sind Stätten internationaler Begegnung; in den J. der Welt werden jährlich knapp 33 Mio. Übernachtungen verzeichnet. 1933 gab es im Dt. Reich 1985 J., 1989 in den alten Ländern 523 J. Mit rd. 250 J. traten die Landesverbände in den ostdt. Ländern 1990 dem DJH bei. Die Jugendherbergsverbände der Schweiz u. Österreichs gehören wie das DJH u. 60 andere Jugendherbergsverbände der *International Youth Hostel Federation (IYHF)* an, die 1932 in Amsterdam als Arbeitsgemeinschaft der Jugendherbergsverbände gegr. u. 1933 in Bad Godesberg konstituiert wurde (Sitz Welwyn Garden City, Großbritannien).

Jugendhilfe, Teilbereich der Kinder- u. Jugendhilfe, geregelt im Kinder- u. Jugendhilfegesetz vom 26. 6. 1990 (neu gefasst im Sozialgesetzbuch VIII vom 8. 12. 1998), welches das Jugendwohlfahrtsgesetz abgelöst hat. J. umfasst Angebote der Jugendarbeit, der Jugendsozialarbeit u. des erzieherischen Kinder- u. Jugendschutzes, Angebote der Förderung der Erziehung in der Familie; die Förderung von Kindern in Tageseinrichtungen und in Tagespflege, Hilfe zur Erziehung u. Hilfe für junge Volljährige, Vorläufige Maßnahmen zum Schutz von Kindern u. Jugendlichen, Schutz von Kindern u. Jugendlichen in Familienpflege u. in Einrichtungen, Mitwirkung in gerichtl. Verfahren, Pflegschaft u. Vormundschaft für Kinder u. Jugendliche. öffentl. J. wird hauptsächl. durch die *Jugendämter* durchgeführt, wobei die Träger der freien J. heranzuziehen sind. In *Österreich* ist Rechtsgrundlage das Jugendwohlfahrtsgesetz (JWG) vom 15. 3. 1989. Träger der öffentl. J. sind öffentl. u. private Einrichtungen.

Jugendhilfeausschuss, organisatorischer Teil des *Jugendamtes.* Ihm gehören u. a. Mitglieder der Vertretungskörperschaften von Gemeinden u. Landkreisen, Vertreter der Verwaltung, der Richterschaft, der Kirchen u. der freien Vereinigungen der Jugendwohlfahrt an. Der J. entscheidet in wichtigen Angelegenheiten der öffentl. → Jugendhilfe im Bezirk des Jugendamtes. Darüber hinaus können dort die Maßnahmen von behördl. u. anderen Trägern der Jugendhilfe abgestimmt werden. Bundesgesetzl. Regelung in §71 Sozialgesetzbuch VIII vom 8. 12. 1998. Daneben gibt es einzelne Bestimmungen des jeweiligen Landesrechts.

Jugendholz, die inneren 5–10 Jahresringe eines Stammes, die in der Krone gebildet werden; das Altersholz der äußeren Jahresringe ist meist enger u. schwerer. Nur Jungbäume, die unter Schirm von Nachbarbäumen heranwachsen, weisen während der Überschirmungszeit ebenfalls engere Jahresringe auf.

Jugendkriminalität, die unter das Jugendstrafrecht fallende Straffälligkeit im Jugendalter tritt nach der → Kriminalstatistik doppelt so stark in Erscheinung, wie es dem Anteil der Jugendlichen an der Bevölkerung entspricht. Zahlenmäßig überwiegen Diebstahl u. Verkehrsdelikte. Als Straftaten,

an denen Jugendliche überproportional beteiligt sind („jugendspezifische" Delikte), gelten oft gruppenweise begangene Gewaltdelikte – auch in Form von Krawallen u. Vandalismus – sowie Rauschgift- u. Alkoholdelikte. Die zu beobachtende Zunahme der J. wird insges. aus der Verhaltensunsicherheit der Jugendlichen u. Heranwachsenden erklärt, wobei auf Erziehungs- u. Sozialisationsdefizite (bes. in gestörten Familien), den wirtschaftlichen Konjunkturverlauf u. die durch ihn beeinflusste gesellschaftliche Entwicklung sowie auf berufliches Scheitern u. ungünstige Zukunftsperspektiven verwiesen wird. Der Behandlung der jugendlichen Täter wird durch jugend- u. jugendkriminalrechtliche Reaktionen Rechnung getragen, die sozialpädagogisch motiviert sind u. Jugendstrafe nur im äußersten Fall vorsehen. Dass es sich bei der J. um ein gesellschaftlich beeinflussbares Geschehen handelt, erhärten Untersuchungen, wonach die Straffälligkeit bei dem Großteil der Erstbestraften Episode bleibt u. weitere nachweisbare Konflikte mit dem Strafgesetz vermieden werden. Auf der anderen Seite gibt es jedoch einen kleinen harten Kern von Wiederholungstätern.

Jugendkunde, *Jugendforschung,* grch. *Pädologie,* von E. *Meumann* eingeführte Bez. für das Gesamtgebiet der sich mit dem Kind u. dem Jugendlichen beschäftigenden Einzelwissenschaften. Sie umfasst die Erforschung der körperl. u. geistigen Entwicklung, der individuellen Differenzen, Begabungslehre u. Intelligenzprüfung, Ökonomie, Technik u. Hygiene der Arbeit u. die Grundlagen der Didaktik. Die Aufgaben der J. wurde erweitert, bes. durch Soziologie u. Milieutheorie.

Jugendleiter, *Jugendleiterin,* **1.** *Berufskunde:* ein sozialpädagog. Beruf. J. leisten selbständige, leitende Erziehungsarbeit in sozialpädagog. Einrichtungen (Kindergärten, Horten, Häusern der offenen Tür u. a.), arbeiten als Mitarbeiter in der Erziehungsberatung, unterrichten in Schulen für Kinderpfleger, Erzieher u. a. Die Ausbildung setzt die staatl. Prüfung als Erzieher sowie Berufspraxis voraus. **2.** *Sport:* ehrenamtl. u. meist nebenberufl. tätige Person mit leitender u. organisatorischer Funktion (Mannschafts- u. Gruppenbetreuer, Jugendwart) im außerschul. Jugendbereich der Sportverbände u. -vereine. Die vier Jahre gültige Lizenz als J. wird von der Dt. Sportbund (DSB) ausgestellt, die Ausbildung wird von den jeweiligen Mitgliedsorganisationen durchgeführt. Voraussetzungen für die Zulassung: Mindestalter 16 Jahre, Erfahrung in einer oder mehreren Sportarten; Dauer der Ausbildung: zwei Jahre.

Jugendliche, *Strafrecht:* Personen, die zur Zeit der Tat mindestens 14, aber noch nicht 18 Jahre alt sind (§ 1 Jugendgerichtsgesetz). Wer zur Zeit der Tat mindestens 18, aber noch nicht 21 Jahre ist, kann als jugendlicher Heranwachsender bei strafrechtl. Verfehlungen ebenfalls nach dem Jugendgerichtsgesetz beurteilt werden, wenn er in seiner geistigen oder sittlichen

Entwicklung noch einem Jugendlichen gleichsteht oder die Tat als Jugendverfehlung einzustufen ist. Auch → Jugendstrafrecht.

Jugendmeisterschaften, die in zahlreichen Sportarten durchgeführten Wettkämpfe für Jugendliche zwischen 14 u. 18 Jahren zur Ermittlung der nationalen Jugendbesten. In manchen Sportarten gibt es auch Jugendeuropameisterschaften.

Jugendmusik, in der um 1900 beginnenden Wandervogelbewegung wurzelnd, die in der Volksliedpflege („Zupfgeigenhansl") ihre besondere musikal. Aufgabe sah. Neben A. *Halm* traten in der J. bes. F. *Jöde* u. W. *Hensel* hervor. Die Einrichtung von „Singwochen" durch Hensel 1923 u. „Musikantengilden" durch Jöde 1924 hatte das Ziel, die Jugend in stärkerem Maß zum eigenen Musizieren zu führen. Die „Offenen Singstunden" Jödes (1926) sollten die Wiedererweckung des dt. Volkslieds durch die aktive Teilnahme des ganzen Volkes am Volksgesang fördern. Weiterführung dieser Idee durch Gottfried *Wolters'* Singstunden (1951), Erweiterung des Liedguts durch europ. Volkslieder u. neue Liedschöpfungen. Die Bestrebungen der Jugendmusikbewegung haben der Musikerziehung u. dem Laienmusizieren entscheidende Impulse gegeben.

Jugendmusikschule → Musikschule.

„Jugend musiziert", jährl. Wettbewerb zur Förderung des Interpretennachwuchses auf dem Gebiet der Instrumentalmusik; er wird vom *Dt. Musikrat* mit Unterstützung staatl. u. privater Institutionen seit 1963/64 veranstaltet. Es können Einzelleistungen (bes. Klavier, Streich- u. Blasinstrumente) u. Ensembles bewertet werden. Preisverleihungen finden auf regionaler, Landes- u. Bundesebene statt. Die Preisträger des Bundeswettbewerbs werden durch Stipendien gefördert.

Jugendpfarrer, speziell mit der Jugendarbeit beauftragter Theologe, meist auf der Ebene von Kirchenkreisen oder Landeskirchen (Landesjugendpfarrer) tätig. Das erste ev. Jugendpfarramt wurde 1863 in Württemberg eingerichtet.

Jugendplan, systematische materielle Hilfen des Staats u. der Kommunen zur Förderung der Jugend. In der BR Dtschld. wurde ein Bundesjugendplan erstmals 1950 verkündet, seitdem jährlich fortgesetzt u. ergänzt durch Jugendpläne der Länder u. Kommunen. Im Mittelpunkt der Jugendpläne in der BR Dtschld. standen zunächst Hilfen für soziale u. berufliche Notsituationen Jugendlicher; inzwischen sind Maßnahmen zur Förderung der politischen Bildung u. der Jugenderholung an diese Stelle gerückt.

Jugendpsychiatrie → Kinder- und Jugendpsychiatrie.

Jugendpsychologie, Teilgebiet der *Entwicklungspsychologie*, befasst sich in Forschung u. Lehre mit den psychischen Erscheinungen des *Jugendalters*, umfasst aber in erweitertem Sinn auch die *Kinderpsychologie*. Bedeutsam ist die J. als Grundlagenwissenschaft der *Pädagogik* (auch → pädagogische Psychologie), indem sie die Bild-

samkeit, die Geschlechtsunterschiede u. die Sozialität der Jugendlichen untersucht. Frühe Vertreter der J. sind C. *Bühler*, E. *Goldbeck* („Welt des Knaben" 1925), W. *Hoffmann* („Die Reifezeit" 1922), E. *Spranger*, E. *Stern*, W. *Stern*, O. *Tumlirz* u. a.

Jugendreligionen, seit 1974 geprägte Bez. für einige seit 1954 in Asien u. Nordamerika entstandene religiöse Gemeinschaften, die ihre Anhänger bes. unter jungen Erwachsenen fanden, z. B. die → Vereinigungskirche, → Ananda Marga, → Divine Light Mission, → Hare-Krishna-Bewegung, → Transzendentale Meditation u. die → Bhagwan-Rajneesh-Bewegung, ferner die → Kinder Gottes / Familie der Liebe. Die persönl. Ausrichtung der Mitglieder auf eine zentrale Führergestalt erfordert unbedingte Gefolgschaft in Fragen der Lehre u. des Lebens. Auch → Scientology-Kirche.

Jugendringe, Dachverbände verschiedener Jugendverbände mit dem Ziel, die Zusammenarbeit zwischen den einzelnen Verbänden zu fördern, gemeinsam zu Fragen der Jugendpolitik u. der Jugendgesetzgebung Stellung zu nehmen u. Interessen der Jugendverbände gegenüber der Öffentlichkeit zu vertreten. J. existieren in Dtschld. auf der Ebene der Kommunen (Stadt- u. Kreisjugendringe), der Länder (Landesjugendringe) u. des Bundes (Dt. Bundesjugendring, Sitz: Bonn).

Jugendschutz, 1. *öffentl. Recht:* Maßnahmen zum Schutz der Jugendlichen vor gesundheitl. u. sittl. Gefahren. Schwerpunkte sind: J. in der Öffentlichkeit, Schutz vor jugendgefährdenden Schriften, → Jugendhilfe, Jugendarbeitsschutz. Regelungen finden sich im *Gesetz zum Schutze der Jugend in der Öffentlichkeit* vom 25. 2. 1985, z. B. über Aufenthalt in Gaststätten, Spielhallen, bei öffentl. Tanz- u. Filmveranstaltungen,

Verkauf u. Genuss alkohol. Getränke; im *Gesetz über die Verbreitung jugendgefährdender Schriften* in der Fassung vom 12. 7. 1985, im *Sozialgesetzbuch VIII* vom 8. 12. 1998 u. im *Jugendarbeitsschutzgesetz* vom 12. 4. 1976. – In *Österreich* ähnl. geregelt im Bundesgesetz vom 31. 3. 1950 über die Bekämpfung unzüchtiger Veröffentlichungen u. den Schutz der Jugendlichen gegen sittliche Gefährdung (*Pornographiegesetz*).

2. *Sport:* die organisator. Maßnahmen im Wettkampfsport, die sicherstellen sollen, dass die körperl., geistige u. seel. Entwicklung der Jugendlichen nicht negativ beeinflusst wird. Gewährleistet ist u. a. durch die konsequente Einteilung in Jahrgangsklassen u. die klare Abgrenzung gegenüber den Erwachsenen-Jahrgängen, die allerdings nicht einheitlich ist, z. B. beim Schwimmen 14 Jahre, in der Leichtathletik 18 Jahre u. beim Rudern 19 Jahre. Veränderte Strecken u. bes. Maße u. Gewichte bei den Geräten dienen ebenfalls dem J. Die Jugendschutzbestimmungen der Sportfachverbände regeln die Häufigkeit der Starts an einem Tag u. begrenzen Zahl u. Umfang der Wettkämpfe.

Jugendschwimmabzeichen → Deutscher Jugendschwimmpass.

Jugendseelsorge, in der kath. Kirche Bez. der weit verzweigten kirchl. Arbeit mit, für u. an Jugendlichen in den Pfarreien u. in den verschiedenen kath. Jugendwerken; in den ev. Kirchen dient der Begriff J. eher für die spezifisch Jugendlichen geltende seelsorgerliche Betreuung u. Begleitung in Krisen u. besonderen Situationen.

Jugendsozialarbeit, behördl. u. freie Maßnahmen zur Behebung gruppenbedingter Notsituationen Jugendlicher (Eingliederung jugendl. Flüchtlinge, Jugendberufshilfe, Ju-

Museen, Sammlungen und Standorte mit Jugendstilkunst (Auswahl)		
Land	**Stadt**	**Museum/Sammlung/Standort**
Belgien	Brüssel	Musée Horta
	Gent	Musée des Arts décoratifs
Dänemark	Kopenhagen	Dänisches Kunstindustrie-Museum
Deutschland	Berlin	Bröhan-Museum
	Chemnitz	Städtische Kunstsammlungen Chemnitz
	Darmstadt	Künstlerkolonie Mathildenhöhe
	Düsseldorf	Kunstmuseum Düsseldorf
	Hagen	Karl-Ernst-Osthaus-Museum
	Hamburg	Museum für Kunst und Gewerbe
	Leipzig	Glasfenster im Waldstraßenviertel
	München	Städtische Galerie im Lenbachhaus
		Villa Stuck
Frankreich	Nancy	Musée de l'Ecole de Nancy
	Paris	Musée des Arts Décoratifs
		Musée d'Orsay
Großbritannien	Glasgow	Willow Tea Room
	London	Victoria and Albert Museum
Österreich	Wien	Österreichisches Museum für Angewandte Kunst
Spanien	Barcelona	Parc Güell
Tschech. Rep.	Prag	Alfons-Mucha-Museum
USA	Chicago	The Art Institute of Chicago
	New York	The Museum of Modern Art
		The Metropolitan Museum of Art
	Washington, D. C.	National Gallery of Art

gendwohnheime). Neben den Behörden u. den Wohlfahrtsverbänden leisten J. in der BR Dtschld. vor allem das *Jugendsozialwerk e.V.* u. die in der Bundesarbeitsgemeinschaft *Jugendaufbauwerk* (Sitz: Berlin) zusammengeschlossenen Institutionen, die Kirchen u. karitativen Einrichtungen wie die Arbeiterwohlfahrt.

Jugendsoziologie, die Teildisziplin der Soziologie, die die sozialen u. kulturellen Strukturen u. Beziehungen in der gesellschaftl. Gruppe der *Jugendlichen* untersucht. Dabei steht im Mittelpunkt der Forschung die Frage, inwieweit die Jugendlichen während ihrer Entwicklung von der Pubertät bis zur Ausbildung sozial relevanter Erwachsenenidentitäten ein in sich differenziertes Gruppengefüge mit einer dazugehörigen Jugendkultur bilden. Außerdem analysiert die J. die verschiedenen Wechselbeziehungen zwischen jugendl. Individuum u. externen Sozialisationsfaktoren (Familienverhältnisse, Ausbildung, berufl. Einflüsse u.a.) u. kommt dabei zu Aussagen über Berufswahlmöglichkeiten, Freizeitverhalten oder Wertvorstellungen Jugendlicher.

Jugendsportabzeichen → Deutsches Jugendsportabzeichen.

◆ **Jugendstil,** um die Wende vom 19. zum 20. Jh. verbreitete Stilrichtung, die in Dtschld. nach der seit 1896 in München erscheinenden Zeitschrift „Jugend" u. ihrer Art der graf. Gestaltung benannt wurde. Der dt. Bez. J. entsprechen frz. *Art Nouveau* u. engl. *Modern Style* oder *Style Liberty.* Der J. war international verbreitet u. entwickelte sich gleichzeitig in Frankreich aus dem Symbolismus (P. *Gauguin,* G. *Moreau,* O. *Redon, Nabis*), beeinflusst auch durch japan. Farbholzschnitte (→ Japonismus), u. in Großbrittanien aus dem kunstgewerbl. Aktivitäten der Präraffaeliten (E. *Burne-Jones,* W. *Morris,* D. G. *Rossetti*). Er nahm Einfluss auf alle Kunstbereiche, hatte aber seinen Schwerpunkt im Bereich der bildenden Künste. Typisch für den J. sind stilisierte Pflanzen u. geometr. Ornamente, in der Malerei vollendet bei A. *Beardsley* u. A. *Mucha.* Auch Künstlerpersönlichkeiten, die sich nicht in einen engen Stilbegriff zwängen lassen, wie E. *Munch* mit seinen umhüllenden Umrisslinien u. H. *Toulouse-Lautrec* mit seinen Plakaten passen in diesen Zusammenhang. Vom Schwung dieser Ornamentik wurde auch das Äußere der architekton. Formen, vor allem aber Innenausbau u. Innenraumgestaltung erfasst (V. *Horta* u. H. *van de Velde* in Brüssel, A. *Gaudí* in Barcelona, H. *Guimard* in Paris). Im Kunstgewerbe wurden in erster Linie von der Glaskunst die Ideen des Jugendstils aufgegriffen (E. *Gallé* u. R. *Lalique* in Frankreich, L. C. *Tiffany* in den USA). Ein Zentrum des Jugendstils in Dtschld. war München, wo 1892 die Sezession von einer Künstlergruppe um F. *Stuck* gegründet wurde. In Berlin wirkten M. *Klinger,* R. von *Stoßmann,* M. *Lechter.* In Darmstadt entstand eine Künstlerkolonie, die von J. M. *Olbrich* aus Wien beeinflusst war. In Österreich hieß der J. *Sezessionsstil* nach der 1897

Jugendstil: Joseph Maria Olbrich, Ausstellungsgebäude der Wiener Sezession; Wien 1897/98

gegr. *Wiener Sezession* um die zentrale Figur des Malers G. *Klimt.* Die Architekten O. *Wagner,* J. *Hoffmann* u. J. *Olbrich* entwickelten einen schlichten Baustil, der die folgenden nüchternen Architekturauffassungen vorwegnahm. Mit dem 1. Weltkrieg endete die Bewegung des Jugendstils. Expressionismus u. beginnende Abstraktion mündeten zusammen mit Elementen des Jugendstils in *Art déco* u. *Bauhaus.*

Der literar. Jugendstilbegriff ist weniger deutlich u. nicht trennscharf gegen verwandte Epochenbezeichnungen wie *Impressionismus, Symbolismus, Neuromantik* oder *Dekadenz* abgrenzbar. Kaum ein Autor kann ausschl. mit dem Prädikat J. belegt werden, aber auch kaum einer ist von ihm unberührt geblieben. Das betrifft auch Schriftsteller wie T. *Mann* („Tristan"), H. *Mann* („Das Wunderbare") oder H. *Hesse* („Stunden hinter Mitternacht", „Knulp"). Der Kult des Erlesenen u. Überfeinerten bestimmt das lyrische Werk von S. *George,* das Frühwerk H. von *Hofmannsthals* ebenso wie das R. M. *Rilkes.* Der emphat. Aufschwung zur naturreligiösen Entgrenzung findet sich bei A. *Mombert,* R. *Dehmel* u. M. *Dauthendey* sowie bei den Charontikern (O. zur *Linde,* R. *Pannwitz*). Der literar. J. ist wie auch der Expressionismus mehr eine Domäne der Lyrik. Als typ. Prosawerk der Jahrhundertwende kann die Erzählung „Der Tod Georgs" von R. *Beer-Hofmann* gelten. Ein dominierendes Jugendstilmotiv – wallendes Frauenhaar – findet sich dort ebenso wie in Maeterlincks „Melisande". Jh. wirkt noch in der sog. „Wasserleichenpoesie" G. *Benns* u. des jungen B. *Brecht* nach. Für die Musik ist J. kein Epochenbegriff. Vereinzelt wurde in der Forschung versucht,

Züge in Werken von A. *Berg,* G. *Holst,* F. *Schreker,* C. *Scott,* R. *Strauss,* A. von *Zemlinsky* u.a. mit dem J. in Verbindung zu bringen (weitschweifige Melodik, Betonung der Klangfarbe). Die Benutzung des Begriffs erwies sich jedoch als nicht aussagekräftig.

Jugendstrafe, die Freiheitsstrafe des *Jugendstrafrechts*; wird als einzige kriminelle Strafe des Jugendgerichtsgesetzes u. äußerstes Mittel nur verhängt, wenn wegen der schädl. Neigungen des jugendl. Straftäters Erziehungsmaßregeln oder Zuchtmittel nicht ausreichen oder wenn wegen der Schwere der Tat Strafe erforderlich ist. Sie beträgt mindestens 6 Monate, höchstens 5 Jahre. Strafaussetzung zur Bewährung ist bei der Verurteilung von nicht mehr als einem Jahr bei günstiger Prognose, u.U. auch bei höherer Strafe möglich.

◆ **Jugendstrafrecht,** Strafrecht für Menschen, die nicht mehr Kind, aber noch nicht Erwachsene sind; es soll den wissenschaftlichen Erkenntnissen über die besondere Situation des jungen Menschen u. der daraus resultierenden kriminalpolitischen

Jugendstrafrecht: Tatverdächtige

Jahr[1]	Jugendliche		Heran-wachsende	
	insges.	weibl.	insges.	weibl.
1970	137 963	20 724	127 487	14 182
1975	150 015	23 008	142 195	18 645
1980	214 476	34 754	192 855	26 816
1999	296 781	74 774	240 109	44 460

[1] bis 1980 früheres Bundesgebiet

Jugendstrafrecht: Verurteilte

Jahr[1]	Jugendliche		Heran-wachsende	
	insges.	weibl.	insges.	weibl.
1900	48 657	7 813	59 929	6 433
1910	51 315	8 135	64 340	7 237
1930	26 409	3 443	65 612	7 092
1955	36 595	4 090	67 211	7 223
1960	39 997	3 357	90 741	7 511
1970	55 657	7 478	81 768	8 148
1980	80 424	9 152	98 845	10 554
1998	49 275	6 489	71 930	8 716

[1] Dt. Reich bzw. Deutschland (bis 1980 früheres Bundesgebiet)

Forderung nach Erziehung, Besserung u. Eingliederung in die Gesellschaft Rechnung tragen. Ende des 19. Jahrhunderts von Franz von *Liszt* in seinem Marburger Programm propagiert, setzte sich der Gedanke durch die „Jugendgerichtsbewegung" durch, die 1923 die Ausgliederung des J. aus dem StGB durch Schaffung des Jugendgerichtsgesetzes (JGG) erreichte (letzte Fassung vom 11. 12. 1974). Mit der starken Betonung des Erziehungsgedankens u. des Resozialisierungsziels wurde das J. zum Schrittmacher der Strafrechtsreform.

Das J. ist auf bestimmte Altersklassen beschränkt. Kinder bis zu 14 Jahren sind strafrechtlich nicht verantwortlich. Das J. gilt für Jugendliche (14–18 Jahre) u. Heranwachsende (18–21 Jahre), soweit diese einem Jugendlichen gleichzustellen sind, weil sie in ihrer geistigen oder sittlichen Entwicklung noch einem Jugendlichen gleichstehen oder die Tat als typische Jugendverfehlung anzusehen ist. Ziel des Jugendstrafrechts ist die Erziehung durch Einsatz jugendgemäßer Reaktionsmittel auf die nach dem Erwachsenenrecht mit Strafe bedrohte Handlung. In erster Linie sind vom Richter Erziehungsmaßregeln (Weisungen zur Regelung der Lebensführung, z. B. des Aufenthalts, der Arbeitsstelle, des Freizeitverhaltens) zu treffen. Reichen diese voraussichtlich zur Verhaltenskorrektur nicht aus, stehen dem Gericht als sog. Zuchtmittel die Verwarnung, die Auferlegung besonderer Pflichten (Schadenswiedergutmachung, Zahlung eines Geldbetrages an gemeinnützige Einrichtung, persönliche Entschuldigung) u. der → Jugendarrest zur Verfügung. Erst als letztes Mittel kommt die → Jugendstrafe in Betracht. Die Reaktionen werden von *Jugendgerichten* im Jugendstrafverfahren ausgesprochen. Reformbestrebungen wollen Jugendhilfe u. Jugendkriminalrecht enger miteinander verknüpfen, dem abweichenden Verhalten der 14- u. 15-Jährigen nur noch mit sozialpädagogischen Erziehungsmaßnahmen begegnen, Jugendarrest u. Jugendstrafe auf bes. gefährdete Jugendliche begrenzen u. zugunsten von Erziehungsmaßnahmen in Jugendgerichtsverfahren von der Einstellung stärkeren Gebrauch machen, um dem Jugendlichen stigmatisierende Urteile zu ersparen.

In *Österreich* ist das J. durch das Jugendgerichtsgesetz vom 20. 10. 1988 geregelt. Es gilt als Sonderstrafrecht für Jugendliche bis zum Abschluss des 19. Lebensjahres u. sieht gegenüber dem Erwachsenenstrafrecht ein breites Spektrum milderer Reaktionsformen vor. So ist bei der Höchststrafe statt auf lebenslängl. Freiheitsstrafe auf Freiheitsstrafe bis zu 15 Jahren zu erkennen. An die Stelle der Androhung einer Freiheitsstrafe von 10 bis zu 20 Jahren tritt die Androhung einer Freiheitsstrafe von 6 Monaten bis zu 10 Jahren; das Höchstmaß aller sonst angedrohten zeitlichen Freiheitsstrafen sowie von Geldstrafen wird auf die Hälfte herabgesetzt, ein Mindestmaß entfällt. Statt einer Freiheits- oder Geldstrafe gibt es in besonderen Fällen ein Verfolgungsverzicht der Staatsanwaltschaft mit oder ohne richterl. Belehrung (§ 6 JGG); eine Verfahrenseinstellung nach erfolgreichem außergerichtl. Tatausgleich (§ 7 JGG); eine vorläufige Einstellung des Verfahrens für eine Probezeit oder unter Auflagen (§ 9 JGG).

In der *Schweiz* enthalten die Art. 82–88 StGB für Kinder zwischen 6 u. 14 Jahren u. die Art. 89–99 StGB für Jugendliche von 14 bis 18 Jahren ähnl. Vorschriften wie die Jugendstrafgesetze in Dtschld. u. Österreich; für Heranwachsende zwischen 18 u. 24 Jahren ist gemäß Art. 100 StGB Strafmilderung möglich.

Jugendstrafverfahren, von besonderen Gerichten der ordentlichen → Gerichtsbarkeit (den Jugendgerichten) nach dem Jugendgerichtsgesetz (JGG) durchgeführte Strafverfahren. Das J. gilt für Jugendliche u. Heranwachsende, es gliedert sich in das Vorverfahren (Ermittlungen des Jugendstaatsanwalts) u. in das gerichtliche Hauptverfahren mit nicht öffentlicher Verhandlung vor dem Jugendgericht. Auch → Jugendgerichte, → Jugendstrafrecht.

Jugendstrafvollzug, *Jugendvollzug,* Vollzug der → Jugendstrafe mit dem Ziel der Erziehung zu einem straffreien Lebenswandel, erfolgt in Jugendstrafanstalten u. im Hinblick auf den Erziehungszweck weitgehend aufgelockert u. in freien Formen. Maßgebend sind §§ 91, 92 Jugendgerichtsgesetz. Auch → Jugendstrafrecht.

„Jugend trainiert für Olympia", einer der acht deutschen Schüler- u. Jugendwettbewerbe (daneben u. a. *„Jugend forscht", „Jugend musiziert")* für das Gebiet des Schulsports. Auf Initiative des Publizisten H. *Nannen* wurde der Wettbewerb erstmalig 1969 in den Sportarten Leichtathletik u. Schwimmen durchgeführt. Heute bestehen in vier Altersstufen Teilnahmemöglichkeiten in Leichtathletik, Schwimmen, Rudern, Geräteturnen, Basketball, Volleyball, Badminton, Fußball, Hallenhandball, Hockey, Tennis, Tischtennis, Skilanglauf u. Judo; jährl. Gesamtbeteiligung auf Kreis-, Bezirks- u. Bundesebene rd. 800 000 Schüler. Die beiden Finalveranstaltungen im Frühjahr u. Herbst finden in Berlin statt.

Jugend- und Auszubildendenvertretung, nach dem Betriebsverfassungsgesetz (§§ 60 ff.) u. im Bereich der → Personalvertretung ein

Organ, das die Interessen der jugendl. Arbeitnehmer bzw. Bediensteten gegenüber dem Betriebsrat wahrnimmt. Die J. ist nicht Teil des Betriebsrats bzw. Personalrats, kann aber zu allen Betriebsratssitzungen Vertreter entsenden. Ebenso kann der Betriebsratsvorsitzende oder ein anderes beauftragtes Betriebsratsmitglied an den Sitzungen der J. teilnehmen. Die J. wird in Betrieben bzw. Dienststellen, die mindestens 5 Jugendliche oder Auszubildende beschäftigen, gebildet. Wahlberechtigt sind alle Arbeitnehmer bzw. Bediensteten unter 18 Jahren, bzw. unter 25 Jahren, wenn sie in Berufsausbildung sind; wählbar sind alle Arbeitnehmer des Betriebs unter 25 Jahren. Der J. stehen dem Betriebsrat gegenüber eine Reihe von Rechten zu. So ist ein Beschluss des Betriebsrats, der von der J. als eine erhebliche Beeinträchtigung wichtiger Interessen der jugendl. Arbeitnehmer bezeichnet wird, auf ihren Antrag hin für eine Woche auszusetzen, damit in dieser Frist eine Verständigung erzielt wird. Im Betriebsrat haben die Jugendvertreter Stimmrecht, soweit die zu fassenden Beschlüsse überwiegend jugendliche Arbeitnehmer betreffen.

Jugendverbände, *Jugendorganisationen,* Zusammenschlüsse von Jugendlichen, gegliedert nach Konfessionen, polit. Überzeugungen, berufsständ., kulturellen u. sportl. Interessen.

Die J. in der *BR Dtschld.* sind zum größten Teil im Dt. Bundesjugendring (gegr. 1949, → Jugendringe) zusammengeschlossen.

Außerhalb des Bundesjugendrings arbeiten die *Deutsche Sportjugend* sowie viele kleinere J. Viele von ihnen sind im Arbeitskreis zentraler J. zusammengeschlossen, der dem Bundesjugendring assoziiert ist. Daneben existieren bündische Jugendgemeinschaften, die an die Tradition der klass. → Jugendbewegung anknüpfen wie *Wandervogel, Deutsche Jungenschaft, Deutsche Freischar;* sowie polit. links stehende Jugend- u. Schülergruppen.

Die Jugendorganisationen der großen Parteien sind im *Ring politischer Jugend* zusammengeschlossen, ihm gehören an: *Deutsche Jungdemokraten* (FDP), *Junge Union* (CDU/CSU), *Jungsozialisten* (SPD), Grün-Alternative Jugend (Bündnis 90/Die Grünen).

Die meisten J. in der BR Dtschld. werden durch Bund, Länder u. Kommunen materiell gefördert. Einige gehören internationalen Dachorganisationen an, so etwa dem Weltbund der kath. Jugend, dem internationalen Zusammenschluss der YMCA, dem internationalen Büro der Boyscouts, der Internationalen Union sozialist. Jugend.

In *Österreich* besteht die Dachorganisation *Österr. Bundesjugendring,* in der *Schweiz* die *Schweizerische Arbeitsgemeinschaft der Jugendverbände.*

Jugendverkehrsschule, → Verkehrserziehung.

Jugendweihe, 1. bei Naturvölkern, → Initiation.

2. feierl. Einführung der Jugendlichen in die Welt der Erwachsenen, im 19. Jh. in

Dtschld. entstanden, von freireligiösen Gemeinden u. Organisationen wie dem Freidenkerverband anstelle der Konfirmation durchgeführt, war in der DDR als „fester Bestandteil der Vorbereitung der jungen Menschen auf das Leben u. die Arbeit in der sozialist. Gesellschaft" im Jugendgesetz (1964) verankert. Die J. blieb auch nach dem Ende des SED-Regimes (unter Abschaffung des Gelöbnisses auf den sozialist. Staat) bestehen, veranstaltet von der Interessenvereinigung Jugendarbeit u. J.

Jugendwohlfahrtsgesetz, Gesetz für Jugendwohlfahrt vom 9. 7. 1922 in der Fassung vom 25. 4. 1977, Abk. *JWG*; ersetzt durch das Kinder- u. Jugendhilfegesetz vom 26. 6. 1990, neu gefasst im Sozialgesetzbuch VIII vom 8. 12. 1998. – *Österreich:* Die grundlegenden Bestimmungen des Jugendwohlfahrtsrechts sind verankert im J. vom 15. 3. 1989; dazu Ausführungsgesetze der Bundesländer.

Jugendwohlfahrtspflege, heute: *Jugendhilfe,* bis 1990 zusammenfassende Bez. für alle Maßnahmen zur Förderung u. zum Schutz der Jugend durch staatl. Behörden (öffentliche J.) u. durch nicht staatl. Träger (freie J.). Grundlage der öffentl. J. war das *Jugendwohlfahrtsgesetz* (JWG) in der Fassung vom 25. 4. 1977 (mit späteren Änderungen), heute ist das Kinder- u. Jugendhilfegesetz vom 26. 6. 1990, neugefasst im Sozialgesetzbuch VIII vom 8. 12. 1998 maßgebend. Auch hier gilt der Vorrang der freien Jugendhilfe vor der öffentl. Jugendhilfe (Subsidiaritätsprinzip), wobei die jeweiligen Organe u. Einrichtungen zur Erreichung der Ziele stets zusammenwirken sollen. – *Österreich:* Die J. ist geregelt im *Jugendwohlfahrtsgesetz* 1954 mit Ausführungsgesetzen der Bundesländer, ferner durch Vorschriften des Strafrechts (bes. des *Jugendgerichtsgesetzes*), des Arbeitsrechts u. durch zahlreiche Polizeivorschriften; im Aufgabenbereich des Jugendamts liegen Erziehungshilfe u. die Fürsorgeerziehung.

Juglandaceae [lat.] → Walnussgewächse.

Jugoslawien: Attentat auf Alexander I. 1934 in Marseille; links gegen den Wagen gelehnt der Attentäter

Juglandales, Ordnung der kronblattlosen zweikeimblättrigen Pflanzen *(Apetalae);* windblütige, einhäusige Holzpflanzen mit aromatischen Blättern u. Steinfrüchten oder Nüssen. Zu den J. gehört die Familie *Walnussgewächse.*

Juglans [lat.] → Walnuss.

Juglar [ʒyˈglaːr], Clément, franzöś. Nationalökonom, *15. 10. 1819 Paris, †28. 2. 1905 Paris; untersuchte den zyklischen Charakter des Wirtschaftslebens (nach ihm benannt die *Juglar-Welle* von 8–11 Jahren). Hptw.: „Des crises commerciales et de leur retour périodique en France, en Angleterre et aux États-Unis" 1862; „Du change et de la liberté d'émission" 1868.

Jugorhalbinsel, russ. Halbinsel zwischen Petschora- u. Karasee, nördl. des Ural (sein Ausläufer Paj-Choj ist hier bis 467 m hoch). Die Halbinsel setzt sich in der Insel *Wajgatsch* fort, von der sie durch die *Jugorstraße* getrennt ist; Tundra, von Samojeden bewohnt, die Rentierzucht, Jagd u. Fischfang betreiben.

◆ **Jugoslawien,** ehem. Land in Südosteuropa; bestand aus den Teilrepubliken Bosnien-Herzegowina, Kroatien, Makedonien, Montenegro, Serbien (mit den bis 1990 autonomen Provinzen Kosovo u. Vojvodina) u. Slowenien, umfasste zuletzt 255 804 km² u. 23,8 Mio. Ew. Hptst. war Belgrad. Der Zerfall der österr.-ungar. Monarchie 1918 machte den Weg frei zur Vereinigung der *Kroaten, Slowenen* u. *Serben* (unter Einschluss Montenegros) in einem gemeinsamen Staat. In der *Deklaration von Korfu* vom 20. 7. 1917 hatten N. *Pašić* seitens der serb. Regierung u. der Vors. des Jugoslawischen Komitees in London, der Kroate A. *Trumbić,* sich auf die Grundzüge der künftigen polit. Neuorganisation der südslaw. Völker auf der Basis der Gleichberechtigung geeinigt. Bereits vorher hatten Vereinigungsbestrebungen in zwei Richtungen bestanden: einerseits Vereinigung der Südslawen unter kroat. Führung innerhalb Österreich-Ungarns nach staatl. Auflösung Serbiens, andererseits die großserb. Richtung, d.h. Einigung durch Anschluss an Serbien nach Ausscheiden aus der Doppelmonarchie oder nach deren Zerfall. Der neue Staat (1. 12. 1918 proklamiert als *Königreich der Serben, Kroaten u. Slowenen)* wurde durch den Gegensatz dieser beiden Bestrebungen belastet. Komplizierend wirkte die Zugehörigkeit der Südslawen zu verschiedenen Konfessionen. Erster König war *Peter I. Karadjordjević.* In den Pariser Vorortverträgen wurden dem neuen Staat die südl. Steiermark, die Vojvodina sowie westbulgar. u. makedon. Gebiete zugeschlagen. Istrien u. der Hafen von Fiume fielen allerdings an Italien.
Die großserb. Bewegung mit dem Min.-Präs. N. Pašić an der Spitze erstrebte den Ein-

Jugoslawien: Nasser, Nehru und Tito (von links nach rechts), die Gründungsväter der Bewegung der blockfreien Staaten, treffen sich im Juli 1956 auf der jugoslawischen Insel Brioni

Jugoslawien: Ein Panzer der jugoslawischen Bundesarmee vor einer brennenden slowenischen Barrikade im Juli 1991

heitsstaat unter serb. Führung (Vidovdan-Verfassung 1921). Die Kroaten insbes. wollten aber einen dreigeteilten Bundesstaat. Die neue Verfassung teilte das Land in 33 Verwaltungsbezirke, in denen zumeist die serb. Bevölkerung in der Mehrheit war. Aus Protest gegen die polit. Dominanz der Serben boykottierte die kroat. Bauernpartei bis 1924 die Parlamentsarbeit. Um aus diesen anhaltenden Schwierigkeiten herauszukommen, die durch das Attentat auf den Kroatenführer S. *Radić* 1928 noch verschärft wurden, errichtete König *Alexander I.* (1921–1934), der Peter I. gefolgt war, 1929 eine Königsdiktatur (Auflösung der alten Landesteile durch eine Verwaltungsreform, Umbenennung des Staats in *Jugoslawien*). Die kroat. Untergrundorganisation *Ustascha* sowie ihr makedon. Pendant *IMRO* setzten sich mit gewalttätigen Mitteln gegen die Politik der Zentralregierung zur Wehr u. kämpften für die Unabhängigkeit Kroatiens u. Makedoniens. Auch im mehrheitlich von Albanern bewohnten Kosovo-Gebiet kam es zu Spannungen. Die autoritäre Verfassung von 1931 zementierte den serbischen Militär- u. Polizeistaat.

Die inneren Wirren gewannen umso mehr Bedeutung, als J. mit fast allen Nachbarn Differenzen hatte: mit Italien wegen Fiume, Dalmatien u. Albanien, mit Ungarn wegen des Banats, mit Bulgarien u. Griechenland wegen Makedonien. Die Kleine Entente (mit Rumänien u. der Tschechoslowakei) gab nur geringen Halt, so dass sich J. eng an Frankreich anlehnte, das J. finanziell-wirt-

schaftl. unterstützte. Mit Italien, Albanien u. Griechenland kam es zu einer Verständigung, die Beziehungen zu Ungarn u. bes. Bulgarien blieben belastet. Die Versuche Alexanders, aus der außenpolit. Isolierung herauszukommen (*Balkanentente* von 1934), hatten keinen dauerhaften Erfolg. Bei einem Besuch in Frankreich 1934 wurde er in Marseille von kroat. u. makedon. Extremisten ermordet. Ihm folgte *Peter II.* unter der Vormundschaft (bis 1941) des Regenten *Paul Karadjordjević*. Die Regierung *Stojadinović* suchte durch Absprachen mit Bulgarien (Freundschaftsvertrag 1937) u. Italien (Nichtangriffspakt 1937) den neuen polit. Konstellationen in Europa (Aufstieg des nat.-soz. Deutschlands) Rechnung zu tragen. Im Innern kam es 1939 zum Ausgleich zwischen Serben u. Kroaten. Den Kroaten wurde die Errichtung einer eigenen Provinz mit weitgehende Selbstverwaltung zugestanden. Der Beginn des 2. Weltkriegs verhinderte aber eine Stabilisierung des Landes.

Bei Kriegsausbruch blieb J. zunächst neutral. Die militär. Erfolge der Deutschen u. die „Neuordnung" in Südosteuropa veranlassten die Regierung *Cvetković* 1941 auf Drängen Hitlers zum Beitritt zum Dreimächtepakt. Zwei Tage später stürzte ein Militärputsch des Fliegergenerals D. *Simović* die Regierung; Prinz Paul wurde zum Rücktritt gezwungen, u. Peter II. trat die Regierung an. Simović übernahm die oberste Gewalt u. den Oberbefehl über die Armee. Die Sowjetunion schloss mit ihm

einen Freundschafts- u. Beistandspakt (1941).

Am 6. 4. 1941 marschierten dt. u. italien. Truppen in J. ein; J. kapitulierte am 17. 4. 1941. Randgebiete wurden von den Achsenmächten u. ihren Verbündeten annektiert, Kroatien für unabhängig erklärt, Montenegro italien. Protektorat, der Rest des Landes unter Militärverwaltung gestellt. König Peter bildete in London eine Exilregierung. Im Land formierte sich der Widerstand in monarchist. u. kommunist. Partisanenverbänden, die sich gleichzeitig gegenseitig bekämpften. Die von Briten u. Sowjets unterstützte kommunist. Partisanenarmee unter J. *Tito* hatte bereits 1944, vor dem Eintreffen der sowjet. Armee, große Teile Jugoslawiens unter Kontrolle. Beherrschende Kraft der Nachkriegsentwicklung war von Anfang an die Kommunist. Partei im Rahmen des Antifaschist. Volksbefreiungsrates (→ AVNOJ), dominierender Politiker war Tito (bis 1953 Min.-Präs., dann Staats-Präs., seit 1971 Präs. des Staatspräsidiums). Nach den Wahlen zur Konstituierenden Versammlung vom 11. 11. 1945, die eine überwältigende Mehrheit für die von den Kommunisten beherrschte Volksfront ergaben, wurde am 29. 11. 1945 die *Föderative Volksrepublik Jugoslawien* ausgerufen.

Schon 1945 wurde ein Freundschaftspakt mit Moskau geschlossen. Die Wirtschaft wurde nach sozialist. Grundsätzen umgestaltet. Die Verfassung vom 30. 1. 1946 gliederte J. in 6 Republiken: Serbien (mit den autonomen Provinzen Vojvodina u. Kosovo), Kroatien, Slowenien, Bosnien-Herzegowina, Makedonien u. Montenegro. Die Verfassung orientierte sich an der sowjet. Verfassung von 1936. Formell war die Regierung vom Vertrauen der beiden Kammern des Parlaments (Bundes- u. Länderkammer) abhängig. Eigentl. Machtzentrum war das Politbüro der *Kommunist. Partei Jugoslawiens* mit Tito an der Spitze. Jeglicher Widerstand gegen das System wurde unterdrückt. 1948 kam es wegen des jugoslaw. Aufbegehrens gegen die sowjet. Bevormundung zum Bruch mit der UdSSR u. zum Ausschluss Jugoslawiens aus dem Kominform. Gleichzeitig kündigte die UdSSR den Freundschaftsvertrag mit J. Das Land bemühte sich nun um einen eigenständigen Weg zum Sozialismus. Die Wirtschaft wurde dezentralisiert u. die Arbeiterselbstverwaltung eingeführt. Der VI. Parteitag 1952 wandelte die Kommunist. Partei in den *Bund der Kommunisten Jugoslawiens (BdKJ)* um. Die neue Verfassung vom 13. 1. 1953 institutionalisierte mit der Schaffung eines Produzentenrats das Prinzip der Arbeiterselbstverwaltung. Ein Bundesvollzugsrat bildete die Regierung. Der Vors. des Rats (Tito) war gleichzeitig Staats-Präs. Als das Politbüro-Mitglied M. *Djilas* weitergehende demokrat. Reformen forderte, wurde es 1954 aller Parteiämter enthoben u. später auch inhaftiert. Außenpolitisch suchte J. nun einen unabhängigen Kurs zu steuern. Sowjet. Wirtschaftssanktionen u. militär. Druck wurden kompensiert durch wirtschaftliche u. militärische Hilfe seitens der Westmächte.

1954 wurde der 2. Balkanpakt (mit Griechenland u. der Türkei) geschlossen u. der Konflikt mit Italien um Triest beigelegt. 1955 erfolgte die Aussöhnung mit der UdSSR, die den jugoslaw. Anspruch auf Eigenständigkeit anerkannte; trotzdem kam es immer wieder zu Differenzen (so nach dem Ungarnaufstand 1956). Eine herausgehobene Stellung gewann J. innerhalb der Bewegung der blockfreien Staaten. Tito, der ägypt. Präs. Nasser u. der ind. Min.-Präs. Nehru hatten im Juli 1956 bei einem Treffen auf der jugoslaw. Insel Brioni die Grundlagen für die Entstehung dieser Bewegung gelegt. 1961 fand in Belgrad die erste Konferenz der Blockfreien statt. Die neue Verfassung vom 7. 4. 1963 konstituierte die *Sozialistische Föderative Republik J.* Das Amt des Staats-Präs. wurde von dem des Min.-Präs. getrennt. Tito wurde im Juni 1963 auf Lebenszeit zum Staats-Präs. gewählt. Gleichzeitig sollte mit der neuen Verfassung die Selbstständigkeit der Einzelrepubliken gestärkt werden. 1966 enthob Tito den Vize-Präs. u. Geheimdienstchef A. *Ranković* wegen Machtmissbrauchs seiner Ämter. 1968 verurteilte J. die gewaltsame Niederschlagung des Prager Frühlings. Im Innern verfolgte das Regime allerdings weiter eine repressive Politik. Autonomiebestrebungen in Kroatien wurden 1971 gewaltsam unterdrückt. Um die nationalen Probleme zu lösen, ließ Tito 1974 eine neue Verfassung verabschieden, die den jugoslawischen Föderalismus stärken sollte. Bei der Besetzung von Staatsämtern wurde ein Rotationsprinzip eingeführt. Bis zum Tode Titos war das Amt des Staats-Präs. davon allerdings ausgenommen. Außerdem erhielten die einzelnen Republiken größere wirtschaftliche Kompetenzen.

Nach dem Tode Titos (4. 5. 1980) zeigten sich bald krisenhafte Erscheinungen in allen Gesellschaftsbereichen. Die Wirtschaftslage Jugoslawiens verschlechterte sich zusehends. 1981 kam es zu Unruhen u. Demonstrationen der Albaner im Kosovo. Die alban. Bevölkerung forderte für das Gebiet Republikstatus. Die Proteste wurden mit Waffengewalt unterdrückt. Trotzdem blieb der Kosovo ein ständiger Konfliktherd. Die Vorgänge stärkten die nationalist. Kräfte in Serbien. Der seit 1987 amtierende Vors. des BdK Serbiens, S. *Milošević*, bekämpfte im Sinne einer großserb. Machtpolitik das föderale System Jugoslawiens. Dagegen lehnten sich vor allem Kroaten u. Slowenen auf. Sie traten für eine Demokratisierung u. die Schaffung marktwirtschaftl. Strukturen ein. Nachdem die Staatspartei BdKJ auf dem nach dem Auszug der slowen. Delegation abgebrochenen Bundeskongress im Jan. 1990 auf ihr Machtmonopol verzichtet hatte, beschleunigte sich der Zerfall des polit. Systems. Bei den ersten freien u. demokrat. Parlamentswahlen in Kroatien u. Slowenien im selben Jahr erreichten jeweils die bürgerlichen Oppositionsbewegungen die Mehrheit. Slowenischer Präsident wurde der Reformkommunist M.

Kučan. In Kroatien wurde F. *Tudjman* gewählt.

Auf Betreiben von Milošević hob das Bundesparlament im Sommer 1990 die Autonomierechte der Provinzen Kosovo u. Vojvodina auf u. stellte die Gebiete unter die vollständige Kontrolle Serbiens. Milošević wurde im Dez. 1990 zum serb. Präs. gewählt.

Im Verlauf des Jahres 1991 verstärkten Kroatien u. Slowenien ihre Bestrebungen, sich aus dem jugoslaw. Staatsverband zu lösen. Am 25. 6. 1991 erklärten die beiden Republiken einseitig ihre Unabhängigkeit. Daraufhin kam es zu bewaffneten Auseinandersetzungen zwischen dem – von Serbien dominierten – Bundesheer u. den jeweiligen Volksmilizen. Während die militär. Auseinandersetzungen in Slowenien schon nach kurzer Zeit durch den Rückzug der Bundesarmee beendet wurden, eskalierten in Kroatien die Gefechte zwischen kroat. Volksmilizen u. Kommandos der serb. Minderheit zu einem blutigen Bürgerkrieg. Dabei unterstützte die Bundesarmee offen die serb. Seite. Bemühungen der EG, den Konflikt zu beenden, blieben erfolglos. In Makedonien sprach sich die Bevölkerung in einem Referendum am 8. 9. 1991 ebenfalls für die Unabhängigkeit aus. Auf der Basis dieses Referendums trat am 21. 11. 1991 eine neue makedon. Verfassung in Kraft. Inzwischen war es den Serben gelungen, mehr als ein Drittel des kroat. Territoriums zu besetzen. Im Dez. 1991 legte der Vors. des jugoslaw. Staatspräsidiums, der kroat. Politiker S. *Mesić*, sein Amt nieder. Nach langem Zögern erkannte die EG schließlich die Unabhängigkeit Kroatiens u. Sloweniens an. Eine Anerkennung Makedoniens wurde von Griechenland zunächst blockiert. Am 21. 2. 1992 beschloss der UNO-Sicherheitsrat die Entsendung einer Friedenstruppe nach J. In Bosnien-Herzegowina fand am 29. 2./1. 3. 1992 ein Referendum über die Unabhängigkeit statt. Eine Mehrheit der Bevölkerung sprach sich für die Souveränität aus. Bei einem Referendum in Montenegro votierte eine Mehrheit für den Verbleib in einem gemeinsamen jugoslaw. Staat. Obwohl die EG u. die USA die Unabhängigkeit von Bosnien-Herzegowina am 7. 4. 1992 anerkannten, entwickelte sich auch hier ein blutiger Bürgerkrieg. Am 27. 4. 1992 proklamierten Serbien u. Montenegro eine neue „Bundesrepublik J." Der bisherige jugoslaw. Staat war endgültig zerfallen (*Dismembration*). Erst mit dem Abkommen von Dayton (1995) gelang eine vertragl. Lösung der Konflikte. Damit war auch die Basis geschaffen für die gegenseitige völkerrechtliche Anerkennung der Nachfolgestaaten des ehemaligen Jugoslawiens.

Jugoslawien, Staat auf der Balkanhalbinsel, → Seite 82.

jugoslawische Kunst, die Kunst der Völker im Gebiet des ehemaligen Bundesstaates Jugoslawien (Serbien, Makedonien, Montenegro, Kroatien, Bosnien, Herzegowina, Slowenien), 1918 gegründet, Zerfall 1991. Griech. u. röm. Einflüsse bestimmten die

Kunst im gesamten Siedlungsgebiet der Illyrer. Die Ansiedlung slawischer Völker (6./7. Jh.) beendete diese Epoche künstler. Entwicklung auf dem Balkan. Seit dem frühen MA waren in den einzelnen Regionen des Landes unterschiedl. Strömungen u. von außen kommende Einflüsse wirksam. Die Architektur des neuen Einheitsstaats Jugoslawien (gegr. 1918) machte die Wirkung moderner Bauideen auf die Architekten des Landes deutlich, etwa auf den Loos-Schüler Z. *Neumann* u. a. In der Plastik hatte das Werk J. *Meštrović* Einfluss auf A. *Augustinčić*, M. *Studin*, S. *Stojanović*, einen Schüler von E. A. *Bourdelle*, u. a. Die Malerei der 1920er Jahre stand unter dem Eindruck der verschiedenen westeurop. Richtungen, deren Zentrum Paris war. Krsto *Hegedušić*, der Begründer der Malergruppe „Zemlja" (1929), machte sich bes. um die Laienmalerei, die sich heute mit dem Namen des Dorfes *Hlebine* verbindet, verdient. Er förderte J. *Generalić*, F. *Mraz* u. a., deren Bedeutung international anerkannt ist. Neben dem *sozialist. Realismus* fanden alle bedeutenden Kunstströmungen der letzten Jahrzehnte in Jugoslawien Eingang. Die Aufgeschlossenheit der jugoslawischen Kunst dokumentierte die Grafikbiennale von Ljubljana. Bes. Förderung erfuhr in allen Teilen des Landes die Volkskunst. Auch → kroatische Kunst, → serbische Kunst, → slowenische Kunst.

jugoslawische Literatur → kroatische Literatur,→ makedonische Literatur, → serbische Literatur, → slowenische Literatur.

Jugurtha, König von Numidien, *nach 160 v. Chr., †104 v. Chr.; kämpfte im sog. *Jugurthinischen Krieg* (111–105 v. Chr.) gegen die Römer; von *Marius* geschlagen, nach Rom gebracht, im Triumphzug mitgeführt u. danach erdrosselt.

Juhász ['juha:s], **1.** Ferenc, ungar. Schriftsteller, *16. 8. 1928 Bia; große epische Gedichte, später rein lyr. Dichtungen von großer Sensibilität. Die Originalität seiner Sprache u. Bilder hebt ihn über die Schriftsteller seiner Generation in Ungarn hinaus. Dt.: Gedichte 1966.
2. Gyula, ungar. Schriftsteller, *4. 4. 1883 Szeged, †6. 4. 1937 Szeged (Selbstmord); impressionist. Lyriker, Meister der Liebeslyrik u. des Landschaftsbilds.

Harald Juhnke

◆ **Juhnke,** Harald, dt. Schauspieler u. Entertainer, *10. 6. 1929 Berlin; wurde in den 1950er u. 1960er Jahren durch komische Rollen im Film populär; war daneben als Bühnendarsteller erfolgreich, später auch im Fernsehen als Schauspieler (z. B. in der „Der Trinker" 1995) u. Showmaster; Filmrollen u. a. in „Der Mustergatte" 1956; „Pepe, der Paukerschreck" 1969; „Schtonk" 1991; „Alles auf Anfang" 1993.

Fortsetzung S. 85

Jugoslawien

Autokennzeichen: YU	**Regierungsform:** Bundesrepublik
Fläche: 102 173 km²	**Religion:** serbisch-orthodoxe u. römisch-katholische Christen
Einwohner: 10,6 Mio.	**Nationalfeiertag:** 29. November
Hauptstadt: Belgrad	**Zeitzone:** Mitteleuropäische Zeit
Sprache: Serbisch	**Grenzen:** Im W Adriatisches Meer, Bosnien-Herzegowina u. Kroatien, im N Ungarn, im O Rumänien u. Bulgarien, im S Makedonien u. Albanien
Währung: 1 Jugoslawischer Neuer Dinar = 100 Para	
Offizieller Name: Bundesrepublik Jugoslawien	**Bruttosozialprodukt/Einw.:** unter 3030 US-Dollar
	Lebenserwartung: 73 Jahre

Landesnatur Der aus den Teilrepubliken Serbien u. Montenegro bestehende Staat gliedert sich in folgende landschaftl. Großeinheiten: Im N erstreckt sich die fruchtbare Tiefebene des Pannon. Tieflands mit den Flüssen Save, Donau u. Theiß. Daran schließt sich im SW das Dinarische Gebirge (im Durmitor 2522 m) an, das vor allem im S an der Oberfläche stark verkarstet ist u. z.T. tiefe Schluchten (bis zu 1200 m) aufweist. Entlang der montenegrin. Küste fällt das Gebirge steil ab u. lässt nur für einen schmalen adriat. Küstensaum Platz.

Der östl. Landesteil wird geprägt von der Morava-Vardar-Beckenzone, einem meist bewaldeten Bergland.

Klima und Vegetation: Im gemäßigten kontinentalen Klima des Landesinneren u. der nördl. Gebirge dominiert mitteleurop. Flora mit ausgedehnten Laub- u. Nadelwäldern, im nördlichen Tiefland Steppenflora. Immergrüne Hartlaubgewächse u. Macchien wachsen im sommertrockenen-winterfeuchten mediterranen Klimabereich an der adriatischen Küste.

Bevölkerung Die Bevölkerung ist recht ungleichmäßig verteilt. Großen Ballungen wie etwa in den nördl. Tiefebenen (an der Donau bis 100 Ew./km²), in Belgrad u. Niš (über 300 Ew./km²), in Podgorica bzw. rd. um die Bucht von Kotor (über 200 Ew./km²) stehen die dünn besiedelten Karstlandschaften gegenüber. Im serb. Landesteil dominieren mit 84,5 % die Serben, im montenegrin. mit 68,5 % die Montenegriner. Mit einem Anteil von 13,4 % sind die Moslems in Montenegro die zweitstärkste Bevölkerungsgruppe. Serbien dagegen ist ein ethnisch relativ geschlossenes Gebiet mit Ausnahme der ehem. autonomen Provinzen *Kosovo* u. *Vojvodina;* im Kosovo stellen die Albaner mit 77 % die Mehrheit, in der Vojvodina sind 19 % der Einwohner Ungarn. Über 90 % der serb. Bevölkerung gehören dem serb.-orth. Glauben an, 5 % sind Moslems. In Montenegro sind 75 % der Einwohner Serb.-Orthodoxe, rd. 19 % Moslems u. rd. 6 % Katholiken.

Wirtschaft Serbien u. Montenegro sind wirtschaftlich schwache Gebiete, wobei Letzteres sogar als wirtschaftlich unterentwickelt gilt. Die natürl. Gegebenheiten (größtenteils unfruchtbares Bergland u. wenig günstige Industriestandorte) sowie jahrzehntelanges staatl. Missmanagement sind die Gründe hierfür in Montenegro. Serbien dagegen verfügt über einen großen Reichtum an Bodenschätzen vor allem über

Die Bucht von Kotor in Montenegro mit dem unzugänglichen gebirgigen Hinterland zeichnet sich durch landschaftliche Schönheit aus

Auf dem Bauernhof im Ibartal (Serbien) ist die Mechanisierung noch wenig fortgeschritten

litärischen Auseinandersetzungen in Kroatien u. Bosnien-Herzegowina weiterhin massiv die serb. Seite, obwohl die UNO die Verhängung von Sanktionen beschloss. Zum ersten Staatspräsidenten wurde der Schriftsteller D. *Cosić* gewählt. Beherrschende polit. Figur blieb aber der serb. Präsident S. Milošević, der bei Wahlen im Dezember 1992 in seinem Amt bestätigt wurde. Die regierende Sozialist. Partei (in Serbien von Milošević geführt) setzte sich bei Parlamentswahlen in den beiden Teilrepubliken durch. Die UNO-Sanktionen beschleunigten den wirtschaflichen Verfall des Landes. 1993 setzte das Parlament

reiche Buntmetallerzlager (Kupfer, Blei, Zink, Antimon), Braunkohle- u. Steinkohlevorkommen sowie eine gute Energieversorgung durch zahlreiche Wasserkraftwerke. Die wichtigsten Industriezweige sind Auto- u. Fahrzeug-, Elektro-, chem., Nahrungs- u. Genussmittelindustrie. Infolge der Kriege der 1990er Jahre u. der bis Oktober 2000 verhängten UNO-Sanktionen ist die Wirtschaft zerrüttet. Die Landwirtschaft findet günstige Bedingungen vor, so dass intensive Schweine- u. Rinderzucht betrieben werden kann. Wichtigste Anbaupflanzen sind Mais, Weizen, Kartoffeln, Sonnenblumen, Zuckerrüben u. Tabak.

Verkehr Während Serbien verkehrsmäßig gut erschlossen ist – im N wesentlich besser als im südl. Bergland – ist das Landesinnere Montenegros nur gering erschlossen. Wichtigste Eisenbahnverbindung ist die 1976 fertig gestellte Strecke Belgrad–Bar. Dadurch wurde Bar zu einem wichtigen Hafen. Internationale Flughäfen sind in Belgrad u. Podgorica.

Geschichte Serbien u. Montenegro proklamierten nach dem Auseinanderbrechen der Sozialist. Föderativen Republik Jugoslawien am 27. 4. 1992 die neue *Bundesrepublik Jugoslawien*. Diese unterstützte in den mi-

Brennendes Hochhaus in Belgrad nach einem NATO-Luftangriff im April 1999

Jugoslawien

Die mächtige Festung Kalemegdan war die Keimzelle Belgrads

Staatspräsident Ćosić ab. Nachfolger wurde Z. *Lilic.* Nach der Zusage von Milošević, die bosn. Serben künftig nicht mehr zu unterstützen, lockerte die UNO im Oktober 1994 die Restriktionen. Am 21. 11. 1995 paraphierte Milošević in Dayton zusammen mit den Präsidenten Bosnien-Herzegowinas u. Kroatiens ein Friedensabkommen für Bosnien-Herzegowina. 1996 erfolgte die internationale Anerkennung der Bundesrepublik Jugoslawien (dt. Anerkennung am 17. 4. 1996) sowie die endgültige Aufhebung der Sanktionen. Im November 1996 fanden in Jugoslawien Parlaments- u. Kommunalwahlen statt. Ein von der Sozialistischen Partei Miloševićs dominierter Linksblock wurde dabei stärkste politische Kraft. Die Ergebnisse des 2. Durchgangs der serb. Kommunalwahlen wurden zu Lasten der Opposition annulliert. Daraufhin entwickelte sich eine Protestbewegung, die mit wochenlangen Massendemonstrationen das Regime Miloševićs in eine schwere Krise stürzte. Im Juli 1997 ließ sich Milošević zum jugoslaw. Präsidenten wählen. 1998 kam es zu Spannungen zwischen der reformorientierten Republikregierung Montenegros unter Führung von M. *Djukanović* u. der Zentralregierung in Belgrad. Im selben Jahr eskalierte die Lage in der Krisenregion Kosovo, wo die Serben die alban. Bevölkerungsmehrheit unterdrückten, zum militär. Konflikt zwischen der alban. Befreiungsarmee des Kosovo (UÇK) u. Sondereinheiten des Milošević-Regimes, die auch massiv gegen die Zivilbevölkerung vorgingen. Friedensverhandlungen auf Schloss Rambouillet bei Paris blieben ohne Ergebnis. Daraufhin begann die NATO im März 1999 einen Luftkrieg gegen Jugoslawien, der erst im Juni 1999 beendet wurde, als sich

die Belgrader Führung zum Abzug aller bewaffneten Kräfte aus dem Kosovo verpflichtete. Die Provinz kam unter internationale Verwaltung. Eine Verfassungsänderung im Juli 2000, durch die die Direktwahl für das Amt des Staats-Präs. u. den Rat der Republiken eingeführt wurde, stärkte die Machtposition Miloševićs u. erhöhte die Spannungen mit der Teilrepublik Montenegro. Im September 2000 fanden Parlaments- u. Präsidentschaftswahlen statt. Die Opposition erhob den Vorwurf der Wahlfälschung u. forderte die Anerkennung des Sieges ihres Präsidentschaftskandidaten Vojislav *Koštunica.* Eine Streik- u. Protestbewegung erfasste das gesamte Land. Demonstranten stürmten am 5. 10. 2000 das Belgrader Parlament. Schließlich musste Milošević den Wahlsieg Koštunicas anerkennen. Dieser wurde am 7. 10. 2000 als neuer Staats-Präs. vereidigt. Im November wählte das Parlament den Montenegriner Z. *Žižić* zum neuen jugo-

slaw. Min.-Präs. an der Spitze einer Koalitionsregierung aus *Demokrat. Opposition Serbiens (DOS)* u. *Sozialist. Volkspartei Montenegros (SNP).* Bei den serb. Parlamentswahlen im Dezember 2000 gewann die DOS eine Zweidrittelmehrheit. Im April 2001 begannen die Justizbehörden mit Ermittlungen (u. a. wegen Machtmissbrauchs) gegen Milošević u. ließen ihn in Untersuchungshaft nehmen. Parlamentswahlen in der Teilrepublik Montenegro gewann im April 2001 das nach staatl. Eigenständigkeit strebende Bündnis „Sieg für Montenegro" um den montenegrin. Präs. Djukanović. Milošević wurde im Juni 2001 an das UN-Kriegverbrechertribunal in Den Haag ausgeliefert. Daraufhin erklärte Z. Žižić seinen Rücktritt als Min.-Präs. Neuer jugoslaw. Regierungschef wurde D. *Pešić* (SNP).

Politik Jugoslawien ist nach der Verfassung vom 27. 4. 1992 eine Bundesrepublik mit parlamentar. Regierungssystem. Staatsoberhaupt ist der Präs., der für eine Amtszeit von 4 Jahren direkt von der Bevölkerung gewählt wird (eine einmalige Wiederwahl ist möglich).
Das Zweikammerparlament (Bundesversammlung) besteht aus dem Rat der Bürger mit 138 Abgeordneten (108 aus Serbien, 30 aus Montenegro) u. dem Rat der Republiken mit 40 Abgeordneten.
An der Spitze der Regierung (Bundesvollzugsrat) steht der vom Präsidenten nominierte Ministerpräsident, der von beiden Parlamentskammern mit absoluter Mehrheit gewählt werden muss.
Die Teilrepubliken Serbien u. Montenegro verfügen über eigene Parlamente u. Regierungen sowie über gewählte Präsidenten. Wesentliche staatl. Kompetenzen liegen nicht beim Bund, sondern bei den Teilrepubliken.
Wichtige Parteien sind die Sozialist. Partei Serbiens (SPS), die Sozialist. Volkspartei Montenegros (SNP) sowie die Demokrat. Opposition Serbiens (DOS).

Blick von der Festung Petrovaradin über die Donau auf die moderne Industriestadt Novi Sad

Juist: Blick von Südwesten über die längste und schmalste der Ostfriesischen Inseln

◆ **Juist** [jyːst], Ostfriesische Insel zwischen Borkum u. Norderney, 16,2 km², 17 km lang, 1 km breit, 1600 Ew.; Nordseeheilbad; Badebetrieb seit 1840.

Juiz de Fora [ʒuˈiːz di ˈfɔra], Stadt im brasilian. Staat Minas Gerais, nördl. von Rio de Janeiro, 386 000 Ew.; Fachhochschulen; Agrarzentrum; Zentrum der brasilian. Wirkwarenindustrie, Eisen-, Möbel-, Lederindustrie, Brauereien u. Zuckerraffinerien.

Jujube [die; grch., lat., frz.] → Brustbeere, → Judendorn.

Ju-Jutsu [jap.; *ju*, „nachgeben" + *jutsu*, „Kunstgriff"], weiterentwickelte Form der Selbstverteidigungstechnik → Jiu-Jitsu, die ihren Ursprung in China hatte u. über Japan auch nach Europa kam. Während Jiu-Jitsu als Urform der Selbstverteidigung kompliziert u. schwer erlernbar war, brachte J. den Europäer diese in einfachen u. dennoch wirkungsvollen Techniken näher. Vom Inhalt her besteht J. aus den Techniken u. Stellungen des *Judo*, *Karate* u. *Aikido*. Dabei wird versucht, nach dem „ökonomischen Prinzip" mit geringstem Aufwand den größtmöglichen Nutzen zu erzielen, in dem man die Kraft des Angriffs in eine Abwehr umwandelt. Organisation: Deutscher Ju-Jutsu-Verband, Hamburg, rd. 45 400 Mitgl.

Jujuy [xuˈxui], nordwestargentin. Prov. an der Grenze zu Bolivien u. Chile, 53 219 km², 552 000 Ew.; Hptst. *San Salvador de J.*; in den Tälern der Vorpuna im SO bei künstl. Bewässerung intensive landwirtschaftl. Nutzung: Anbau von Zuckerrohr, Tomaten, Tabak, Mais u. Zitrusfrüchten; an Bodenschätzen abgebaut werden im SW Kupfererze, im N Antimon- u. Zinnerze. Hier ist auch die reichste Blei-Zink-Silbererz-Lagerstätte Argentiniens *El Aguilar*; im SW werden Eisenerze abgebaut u. verhüttet. Weitere Industrie: Zuckerfabriken u. Holz verarbeitende Betriebe.

Jukagiren, Eigenbez. *Odul* [„die Starken"], altsibir. Volk (1100) am Eismeer in Nord-

ostsibirien, an der Kolyma u. ihren Nebenflüssen; ursprüngl. Jäger u. Fischer, die im Winter in festen Siedlungen, im Sommer in Zelten lebten; übernahmen im 17. Jh. von den Ewenken die Rentierhaltung; seit 1930 durch staatl. Einfluss sesshaft.

Jukagirisch, eine paläoasiatische Sprache, die an den Flüssen Jana, Indigirka u. Kolyma gesprochen wird; wahrscheinl. Verwandtschaft mit finnisch-ugrischen Sprachen.

Jukebox [ˈdʒuːkbɔks, engl.] → Musikbox.

Jul... [altnord.], Wortbestandteil mit der Bedeutung „Wintersonnenwende, Weihnacht".

Julbrot, altgerman. Opfergebäck zum *Julfest* (altgerman. Winterfest) in Form von Sonnenrädern, Schlangen u. Hörnern des Julbocks.

Jules [ʒyːl], frz. für → Julius.

Julfest, ursprüngl. das altgerman. (heidnische) Hochwinterfest; heute noch in den nord. Ländern Bez. für das Weihnachtsfest.

Juli [nach *Julius* Cäsar], *Heuert, Heumond*, siebenter, im alten röm. Kalender fünfter Monat des Jahres; 31 Tage.

Julia, *Julie*, weibl. Vorname zu *Julius*; ital. *Giulia*.

Julia, 1. Tochter des röm. Kaisers *Augustus* u. der Scribonia, * 39 v. Chr., † 14. n. Chr. Rhegium; in 2. Ehe mit *Agrippa*, in 3. Ehe mit *Tiberius* verheiratet; 2 v. Chr. von Augustus wegen unsittl. Lebenswandels u. polit. Intrigen zunächst nach Pandataria, später nach Rhegium verbannt.

2. Julia Domna, Schwester von 3), Frau des röm. Kaisers *Septimius Severus*, † 217 n. Chr. Antiochia (Selbstmord); Tochter des Sonnenpriesters Bassianus aus Emesa (Homs), Mutter des *Caracalla*; begleitete den Kaiser auf seinen Kriegszügen u. führte zeitweise für ihren Sohn die Regierung.

3. Julia Maesa, Schwester von 2), röm. Herrscherin, † 226; verhalf 218 u. 222 ihren Enkeln *Elagabal* u. *Severus Alexander* zur Erhebung auf den röm. Kaiserthron u.

nahm bis zu ihrem Tode faktisch die Herrschaft wahr.

4. Julia Mamaea, Tochter von 3), † 235; hatte als Mutter des röm. Kaisers *Severus Alexander* zunächst mit J. *Maesa*, nach 226 allein die eigentl. Regierungsgewalt im Röm. Reich inne; 235 mit ihrem Sohn von meuternden Soldaten ermordet.

Juliabkommen 1936, Vereinbarung zwischen der österr. Regierung unter K. *Schuschnigg* u. der dt. Regierung unter *Hitler* vom 11. 7. 1936. Österreich verpflichtete sich darin, eine Amnestie für verhaftete österr. Nationalsozialisten zu erlassen, eine deutschfreundl. Außenpolitik zu betreiben u. zwei Vertrauensleute Hitlers in die Regierung aufzunehmen (E. von *Glaise-Horstenau* u. G. *Schmidt*). Deutschland erkannte dafür die Souveränität Österreichs, versprach, sich nicht in die österr. inneren Angelegenheiten einzumischen, u. hob die sog. Tausend-Mark-Sperre für Touristen auf.

Julian [lat. *Julianus*, Weiterbildung von *Julius*], männl. Vorname; volkstüml. engl. Form *Gillian*, Kurzform *Jill*.

Julian, Flavius Claudius *Iulianus*, *J. Apostata*, röm. Kaiser 361–363, * 331, † 26. 6. 363; Neffe *Konstantins d. Gr.*, 355 von *Constantius II.* zum Caesar ernannt. In Gallien erhielt er ein Kommando, besiegte die Franken u. Alemannen 357 in der Schlacht bei Straßburg u. wurde 360 von seinen Soldaten zum Kaiser ausgerufen; nach dem Tod Constantius' II. (361) war er Alleinherrscher. Obgleich als Kind christl. erzogen, wandte J. sich dem Neuplatonismus u. dem Kult des Gottes *Mithras* zu; er ließ die Tempel der alten Götter wiederherstellen u. verkündete eine allg. Glaubensfreiheit, die die alten Kulte wieder aufleben ließ u. ihm von seinen christl. Gegnern den Namen *Apostata* [„der Abtrünnige"] einbrachte; allerdings durften auch verbannte Bischöfe in ihre Heimat zurückkehren. J. starb 363 auf einem Feldzug gegen die Perser.

Königin Juliana

◆ **Juliana**, Louise Emma Marie Wilhelmina, Königin der Niederlande 1948 bis 1980, * 30. 4. 1909 Den Haag; seit 1937 verheiratet mit Prinz *Bernhard zur Lippe-Biesterfeld* (* 1911); dankte 1980 ab u. überließ ihrer Tochter *Beatrix* den Thron. **Juliana von Lüttich**, Heilige, Augustiner-Chorfrau in Kornelienberg, * um 1192 Rétinne bei Lüttich, † 5. 4. 1258 Fosses bei Namur; förderte die Einführung des Fronleichnamsfestes. Fest: 5. 4.

Juliana von Norwich [-ˈnɔridʒ], engl. Mystikerin, * um 1340, † 1413; beschäftigte über eigene Visionen in „Offenbarungen der göttl. Liebe".

Julianehåb [-hɔːb], grönländ. *Qaqortoq*, Stadt an der Südwestküste Grönlands, 3600 Ew.; Dorsch- u. Garnelenfischerei, Konservenfabrik; im Hinterland Schafzucht u. Rentierhaltung.

julianischer Kalender → Kalender.
julianisches Datum, *julianischer Tag*, nach dem Vorschlag von Joseph-Justus *Scaliger* die Tageszählung in der Astronomie. Ab 1. Jan. 4713 v. Chr. werden die Tage fortlaufend durchgezählt. Hiernach hat z. B. der 1. Jan. 1975 das julian. Datum 2442414. Der Tageswechsel findet jeweils um 12 Uhr Weltzeit statt. Diese Zählung hat den Vorteil, dass man leicht den Zeitunterschied zwischen zwei Daten in Tagen berechnen kann. Auch lässt sich der Wochentag eines Datums einfach bestimmen, indem man das julianische Datum durch 7 dividiert. Ist der Rest 0, so ist es ein Montag, ist er 1, ein Dienstag, usw.
Julianus, *Lucius Salvius J.*, bedeutender röm. Jurist aus dem 2. Jh. n. Chr.; ein → *Sabinianer*. Seine Werke sind auszugsweise in den → Digesten enthalten.
Jülich, 1. ehem. Herzogtum, begrenzt von den Territorien Köln, Geldern, Limburg u. Luxemburg; um 1100 Grafschaft, fiel 1207 an *Wilhelm III.* (†1219) aus dem freiherrl. Geschlecht der *Hengebacher*. 1336 erlangte *Wilhelm V.* (I.) (†1361) die Markgrafen- u. 1357 von Kaiser Karl IV. die Herzogswürde. Sein Sohn *Gerhard I.* (†1360) erwarb *Ravensberg* u. *Berg* hinzu; *Geldern* konnte nur vorübergehend bis 1437 gehalten werden. Nach Aussterben des Hauses J. im Mannesstamm (1511) kamen die Länder durch Heirat an Herzog *Johann III.* (†1539) von Kleve–Mark–Ravensberg, der die Reformation eindringen ließ. Der vorübergehende Wiedererwerb von Geldern (1538–1543) führte nach Einspruch Kaiser Karls V. zum Verzicht durch *Wilhelm den Reichen* (1539–1592). In der Folgezeit geriet das Herzogtum in Religionsstreitigkeiten u. in den Machtbereich der Span. Niederlande (Herzog *Alba* u. a.).
Im *Jülich-Kleveschen Erbfolgekrieg* (1609 bis 1614), der durch den Tod des kinderlosen *Johann Wilhelm* (1592–1609) ausgelöst wurde, machten Brandenburg, Pfalz-Neuburg u. Sachsen aus verwandtschaftlichen Gründen

Ansprüche geltend. Im *Vertrag von Xanten* (1614) wurden unter Vorbehalt Pfalz-Neuburg J. u. Berg, Brandenburg *Kleve, Mark, Ravensberg* u. *Ravenstein* zugesprochen; endgültig bestätigt wurde dies durch den Teilungsvertrag von 1666 (zwischen Friedrich Wilhelm, dem Großen Kurfürsten, u. dem Pfalzgrafen Philipp Wilhelm) unter Einräumung der wechselseitigen Erbfolge beim Aussterben der Häuser im Mannesstamm. Kaiser Karl VI. sprach in einem Geheimvertrag 1733 die Lande J. u. Berg Pfalz-Sulzbach zu. Frankreich u. die Generalstaaten wehrten sich gegen eine brandenburg. Machterweiterung am Rhein. Friedrich d. Gr. versuchte 1740, Berg zu erwerben, verzichtete jedoch 1742 im Frieden zu Breslau zugunsten *Karl Theodors* von Pfalz-Sulzbach (†1799) endgültig auf seine Ansprüche. Diese Gebiete sanken zu Nebenlanden herab. J. wurde im 1. Koalitionskrieg 1794 durch Frankreich besetzt, im Frieden von Lunéville 1801 abgetreten, auf dem Wiener Kongress 1815 aber (bis auf einige kleine Gebiete, die an die Niederlande fielen) Preußen zugesprochen u. der *Rheinprovinz* eingeordnet.

Jülich (2)

♦ **2.** Stadt in Nordrhein-Westfalen, Ldkrs. Düren, zwischen Aachen u. Köln, an der Rur, 32 300 Ew.; alte Herzogstadt mit Resten der Stadtbefestigung (Zitadelle, 16. Jh.); Propsteikirche (12. Jh., 1878 im neugotischen Stil aufgebaut); Abt. der Fachhochschule Aachen; röm.-german. Museum; Kernforschungszentrum; Leder-, Papier-, Draht- u. Zuckerindustrie; Kurzwel-

lensender „Deutsche Welle". – Um 350 röm. Siedlung u. Kastell („Juliacum"), 1238 Stadtrecht, 1794–1814 französ., 1815 preuß., 1918–1929 von belg. Truppen besetzt; wurde im 2. Weltkrieg (1944) stark zerstört.
Jülicher, Adolf, dt. ev. Theologe, *26. 1. 1857 Falkenberg/Berlin, †2. 8. 1938 Marburg; 1888–1923 Prof. für NT u. Alte Kirchengeschichte in Marburg, namhafter Vertreter der historisch-kritischen Forschung, bes. durch seine Auslegung der Gleichnisse Jesu u. die Herausgabe der Itala (altlateinische Bibelübersetzung) bekannt geworden.
Jülicher Börde, westl. Teil der Kölner Bucht zwischen den Flüssen Wurm u. Erft; fruchtbare Böden mit Weizen-, Zuckerrüben- u. Gemüseanbau.
Julie, weibl. Vorname, → Julia.
Julienne [ʒyˈljɛn; die; frz.], Suppeneinlage aus getrocknetem, in Streifen geschnittenem Gemüse.
Julier-Grabmal, 18 m hoher Grabpfeiler der Familie der Julier (nicht mit dem röm. Kaiserhaus verwandt) in Saint-Rémy-de-Provence, dem antiken *Glanum*, mit reichem Reliefschmuck der Basis u. Säulenbaldachin mit 2 Statuen der Verstorbenen; um 40/30 v. Chr. errichtet.
♦ **Julierpass** [ˈjuliɛr-], schweiz. Alpenpass (2284 m) im Kanton Graubünden; verbindet Oberengadin (Silvaplana) u. Oberhalbstein (zum Albula- u. Rheintal); schon in vorröm. Zeit benutzt; Straße seit 1826, wintersicher.
♦ **Julikäfer**, *Anomala dubia*, etwa 15 mm langer, mit dem *Maikäfer* verwandter *Blatthornkäfer*. Die Flügeldecken sind gelbbraun mit grünlichem Schimmer.
Julikönigtum, das Regime des „Bürgerkönigs" *Louis-Philippe*, das durch die *Julirevolution* 1830 auf den französ. Thron kam (bis 1848).

Julikäfer, Anomala dubia

Julikrise, 1. *Julikrise 1914*, der auf die Ermordung des österr. Thronfolgers *Franz Ferdinand* am 28. 6. 1914 folgende internationale Konflikt, den die Großmächte nicht beilegen konnten u. der letztl. zum 1. Weltkrieg führte. Auch → Kriegsschuldfrage. **2.** *Julikrise 1917*, die polit. Krise im Dt. Reich, die zum Sturz des Reichskanzlers T. von *Bethmann Hollweg* am 13. 7. 1917 führte. Die Unfähigkeit des Kanzlers, eine zukunftweisende Innenpolitik u. eine deutliche Friedenskonzeption zu entwickeln u. zu verfolgen, führte praktisch zum Ende der konstitutionellen Monarchie in Dtschld. Bis zur Parlamentarisierung des Reichs am 28. 10. 1918 rangen die Oberste Heeresleitung unter Hindenburg u. Ludendorff mit den Parteien des Reichstags um die polit. Führung.
„Ju-lin wei-shih", chines. Roman, → „Rulin waishi".
Juliputsch 1934, erfolgloser nat.-soz. Putschversuch am 25. Juli 1934 in Österreich. Bei

Julierpass: Der Säulenstumpf im Vordergrund ist vermutlich der Rest eines römischen Passheiligtums

Julische Alpen: Blick vom Wintersportzentrum Kranjska Gora auf das Gebirge

dem Überfall auf das Bundeskanzleramt wurde der österr. Bundeskanzler E. *Dollfuß* tödlich verwundet.

Juliresolution, die Friedensresolution des Dt. Reichstags vom 19. 7. 1917. Für die J. stimmte die im → Interfraktionellen Ausschuss angebahnte neue Mitte-Links-Koalition (SPD, Zentrum, Fortschrittl. Volkspartei), die die Reichstagsmehrheit bildete. Ihr war ein Friedensangebot der vier Mittelmächte vom 12.12.1916 vorausgegangen, das unter Eindruck des Scheiterns des uneingeschränkten U-Bootkriegs stand. Die J. appellierte an die alliierten Mächte, einem *Verständigungsfrieden* (im Unterschied zum Siegfrieden) ohne Annexionen u. Kriegsentschädigungen *(status quo ante)* zuzustimmen. Ferner wurden Völkerversöhnung u. die Schaffung von internationalen Rechtsorganisationen vorgeschlagen. Polit., wirtschaftl. u. finanzielle Druckmittel sollten bei einem künftigen Friedensschluss nicht angewandt, die Freiheit der Meere garantiert u. eine friedl. Zusammenarbeit der Völker durch einen Wirtschaftsfrieden erreicht werden. Die Oberste Heeresleitung stand der J. ablehnend gegenüber, Reichskanzler Michaelis stimmte ihr nur mit einem Vorbehalt zu ("wie ich sie auffasse"). Die Gegner der J. schlossen sich in der Deutschen Vaterlandspartei zusammen, die weiterhin annexionistische Kriegsziele vertrat. Hierdurch wurde die dt. Initiative, der auf alliierter Seite kein vergleichbarer Schritt gegenüberstand, entwertet.

Julirevolte 1927, spontane Demonstrationen sozialdemokrat. Arbeiter am 15. Juli 1927 in Wien, aus Unzufriedenheit über das Urteil in einem polit. Prozess gegen Rechtsradikale. Der Justizpalast wurde in Brand gesteckt. Die Unruhen wurden gewaltsam unterdrückt. Es gab 86 Tote u. 772 Verletzte.

Julirevolution, Pariser Revolution vom 27. bis 29. Juli 1830, ausgelöst durch die Juliordonnanzen des Bourbonen *Karl X.,* der gestürzt wurde. Den Thron bestieg der "Bürgerkönig" *Louis-Philippe.*

julisch-claudische Dynastie, Bez. für die röm. Kaiser von *Augustus* bis *Nero* (31 v.Chr.–68 n.Chr.), die aus den vornehmen Familien der *Julier* u. *Claudier* stammten u. untereinander vor allem durch Adoption u. Heirat enge Verwandtschaftsbeziehungen herstellten.

◆ **Julische Alpen,** slowen. *Julijske Alpe,* der südöstlichste Ausläufer der Südl. Kalkalpen, nördl. der Halbinsel Istrien, im *Triglav* 2863 m; größtenteils slowen.; niederschlagsreich; Viehzucht, Holzwirtschaft.

Julius [lat., "aus dem Geschlecht der Julier"], männl. Vorname; frz. *Jules,* ungar. *Gyula.*

Julius, PÄPSTE:
1. **Julius I.,** 337–352, Heiliger, Römer, † 12. 4. 352 Rom; im arianischen Streit ließ er auf einer Synode 340/41 *Athanasius* feierlich rehabilitieren. Die abendländ. Teilnehmer der von J. angeregten Synode von Serdika sprachen dem Papst das Recht der letztinstanzlichen Entscheidungen zu, stießen aber bei den oriental. Bischöfen auf heftigen Widerspruch. Fest: 12. 4.

Papst Julius II.

◆ **2. Julius II.,** 1503 bis 1513, eigentl. Giuliano della *Rovere,* * 5. 12. 1443 Albissola bei Savona, † 21. 2. 1513 Rom; von seinem Onkel *Sixtus IV.* früh in hohe Ämter berufen, 1471 Kardinal. Seine Wahl war nicht frei von Simonie. Seine wichtigsten Ziele als Papst waren die Wiederherstellung des in Auflösung begriffenen Kirchenstaats u. die Befreiung Italiens von der Fremdherrschaft. Er entmachtete Cesare Borgia u. gewann 1506 Perùgia u. Bologna, 1509 (mit Hilfe der Liga von Cambrai) die Städte der Romagna zurück. In der sog. Hl. Liga (mit Venedig u. Spanien) erwarb er Parma, Piacenza u. Règgio u. erreichte zugleich die Vertreibung der Franzosen aus Italien. – Die Festigung u. Vergrößerung des Kirchenstaats war sein größter Erfolg; damit schuf J. die Voraussetzung für die Machtstellung des neuzeitl. Papsttums. Er berief das 5. Laterankonzil (1512) vor allem, um dem von Frankreich drohenden Schisma vorzubeugen. – Als großzügiger Mäzen führte J. die Renaissance zum Höhepunkt: *Michelangelo* (Sixtinische Decke, Juliusgrab), *Raffael* (Stanzen im Vatikan) u. *Bramante* (Neubau des Petersdoms) arbeiteten für ihn.
3. **Julius III.,** 1550–1555, eigentl. Giovanni Maria del *Monte,* * 10. 9. 1487 Rom, † 23. 3. 1555 Rom; 1536 Kardinal, leitete die erste Tagungsperiode des Konzils von Trient. Als Papst war J. um die Wahrung seiner Autorität, die Wiederherstellung der Glaubenseinheit u. die Abwehr der Türken bemüht. Obwohl der Renaissance zugeneigt, förderte er die Kirchenreform. So bestätigte er den Jesuitenorden 1550 endgültig, förderte das Collegium Romanum u. das Collegium Germanicum u. berief 1551 erneut das Konzil. Er erreichte die vorübergehende Rückkehr Englands zur kath. Kirche.

Julius, *Julius Echter von Mespelbrunn,* Fürstbischof von Würzburg, → Echter von Mespelbrunn.

Julius, Herzog von Braunschweig-Wolfenbüttel 1568–1589, * 29. 6. 1528 Wolfenbüttel, † 3. 5. 1589 Wolfenbüttel; im Gegensatz zu seinem Vater Heinrich d.J. Anhänger der Reformation; verwirklichte in Verwaltung, wirtschaftl. u. kirchl. Organisation moderne territorialstaatl. Grundsätze; gründete 1576 die Universität Helmstedt. Als Freund Kaiser Maximilians II. schloss er sich keinem ev. Bündnis an u. blieb in der Außenpolitik zurückhaltend.

Julius Nepos, weström. Kaiser 474–480; ursprüngl. byzantin. Heermeister in Dalmatien; wurde von Kaiser Leo I. mit der Regierung im weström. Reich betraut, ohne sich jedoch durchsetzen zu können. Eigentlich endete erst mit seiner Ermordung 480 bei Salona in Dalmatien das weström. Reich, nicht schon 476 mit der Absetzung des gegen ihn zum Kaiser erhobenen *Romulus Augustulus.*

Juliusturm, der Turm der Spandauer Zitadelle, in dem seit Friedrich Wilhelm I. der preuß. Staatsschatz gemünzt aufbewahrt u. nach dem Dt.-Französ. Krieg 1870/71 ein Teil (120 Mio. Mark) der von Frankreich an das Dt. Reich gezahlten Kriegsentschädigung gelagert wurde. Übertragen bezeichnet man als J. gehortete Überschüsse öffentl. Kassen.

Julklapp, ein alter Weihnachtsbrauch: Ein mehrfach verpacktes Geschenk wird von einer vermummten Gestalt ins Zimmer geworfen; in Berlin u. anderen Gegenden muss der Überbringer dann unerkannt zu entkommen versuchen. Der J. ist ursprüngl. schwedisch; in der „Schwedenzeit" ist er über Vorpommern-Rügen nach Dtschld. gekommen.

Jullundur [engl. 'dʒʌləndə], indische Stadt, → Jalandhar.

Jumbojet [-dʒɛt; engl.], Bez. für das Großraum-Strahlflugzeug *Boeing B 747*, seit Anfang 1970 als weltgrößtes Verkehrsflugzeug im Einsatz (Startmasse rd. 397 000 kg, bis zu 524 Passagiere); später auch allg. Bez. für alle Großraumflugzeuge. Auch → Airbus.

Jumet [ʒy'mɛ], belg. Gemeinde in der Prov. Hennegau, 28 000 Ew.; durch Gebietsreform Teil von Charleroi; Kohlenbergbau, Kupfer-, Eisen-, Glas- u. Kunststoffindustrie, Brauerei.

Jumfrur, altes schwed. Hohlmaß, 1 J. = ¹/₃₂ Kanna = 0,082 l.

Jumièges [ʒy'mjɛːʒ], französ. Ort in der Normandie, Dép. Seine-Maritime, 1600 Ew.; Ruinen der 654 vom hl. Philibert gegr. Abtei, Stiftskirche (11. Jh.), Kirche St. Pierre (12. Jh.), Steinkundemuseum.

Jumilla [xu'milja], südostspan. Stadt in der Provinz Murcia, am linken Ufer der *Rambla de J.*, 19 800 Ew.; Schloss (15. Jh.); Wein- u. Olivenanbauzentrum; Holzverarbeitung, Gipsabbau.

Jumna [engl. 'dʒʌmnə], indischer Fluss, → Yamuna.

Jumper [dʒʌmpə; der], *Mode:* ehem. Bez. für → Pullover.

Junagadh [dʒuː'naːgəd], ind. Distrikt-Hptst. in Gujarat, auf der Halbinsel Kathiawar, 130 000 Ew.; Festung (15. Jh.); Textil- u. chem.-pharmazeut. Industrie; Verkehrsknotenpunkt. – Rd. 60 km südl. der Gir-Nationalpark (bekannt durch seine frei lebenden Löwen).

Juncaceae [lat.] → Binsengewächse.

Juncales [lat.], Ordnung der *Monokotyledonen*; windblütige, häufig grasähnl. Pflanzen mit unscheinbaren Blüten, die z. T. denen der *Liliiflorae* ähneln; in Dtschld. nur durch die Familie *Juncaceae* mit zwei Gattungen (*Hainsimse, Luzula*, u. *Binse, Juncus*) vertreten.

Juncker, Jean-Claude, luxemburg. Politiker (Christlich-Soziale Volkspartei, PCS), *9. 12. 1954 Redange-sur-Attert; Jurist; wurde 1984 erstmals Minister; 1990–1995 Vors. der PCS; seit 1995 Premierminister.

Juncus [lat.] → Binse.

Jundiaí [ʒundia'i], Stadt im brasilian. Staat São Paulo, 313 000 Ew.; Metall-, Papier-, Textil- u. chem. Industrie, Schuhfabrikation; Handel u. Verarbeitung von Agrarprodukten.

◆ **Juneau** ['dʒunɔu], Hptst. von Alaska (USA), Hafen am Lynnfjord, seit Vereinigung mit dem Nachbarort *Douglas* (1970) flächenmäßig größte Stadtgemeinde der USA (8050 km²), 26 800 Ew.; Völkerkundemuseum; Fischerei, Holzindustrie; Goldgewinnung bes. von 1880–1944 *(Treadwell)*; Fremdenverkehrszentrum. – Entstand um 1880, 1906 Regierungssitz, seit 1960 Hptst.

Carl Gustav Jung

Jung, ◆ **1.** Carl Gustav, schweiz. Psychologe u. Philosoph, *26. 7. 1875 Kesswyl, †6. 6. 1961 Küsnacht; Prof. in Zürich u. Basel; ursprüngl. ein Schüler S. *Freuds*, begründete J. eine eigene „Analyt. Psychologie" u. Philosophie des Unbewussten, die im Gegensatz zu Freuds „Pansexualismus" das Ganze des Seelenlebens als ein dynam. System (Energetik der Seele) auf dem Grund des schöpferischen *kollektiven Unbewussten* betrachtete, dessen Inhalte sog. *Archetypen* (Urbilder) sind. In seinem Werk „Psycholog. Typen" (1921, revidiert ¹⁰1967) untersuchte J. die Einstellungstypen der → Introversion u. der → Extraversion, die er mit den funktionellen Typen (d. h. mit den aus der Vorherrschaft einer der seelischen Funktionen Denken, Fühlen, Empfinden oder Intuition entstandenen) verband, um damit zu einer Persönlichkeitslehre zu gelangen. Weitere Hptw.: „Wandlungen u. Symbole der Libido" 1912; „Die Beziehungen zwischen dem Ich u. dem Unbewussten" 1926; „Das Unbewusste im normalen u. kranken Seelenleben" 1926; „Psychologie u. Religion" 1939; „Antwort auf Hiob" 1952; (mit M.-L. von Franz) „Mysterium coniunctionis" 3 Teile 1955 bis 1957. – Gesammelte Werke. 22 Bde. 1958–1983.
2. Edgar, dt. polit. Schriftsteller, *6. 3. 1894 Ludwigshafen, †1. 7. 1934 Oranienburg bei Berlin (ermordet); Rechtsanwalt, Berater F. von *Papens*; schrieb „Die Herrschaft der Minderwertigen" 1929; beim sog. Röhm-Putsch erschossen.
3. Franz, dt. Schriftsteller, *26. 11. 1888 Neiße, †21. 1. 1963 Stuttgart; zuerst Frühexpressionist u. Mitarbeiter der „Aktion", 1918 auch Dadaist, bis 1927 linksradikaler Sozialkritiker; bereiste Russland, ging 1936 ins ungar. Exil, wurde 1944 den Deutschen ausgeliefert, zum Tode verurteilt, konnte fliehen, wurde in Bozen gefasst, wo ihn 1945 die Amerikaner befreiten; 1948–1959 in den USA. In der BRD geriet der kompromisslose Linksintellektuelle dann in Isolation u. starb verarmt. J. verfasste Romane, Dramen u. Essays. Sein Leben beschrieb er in „Der Weg nach unten" 1961. – Werke, 11 Bde. 1981 ff.
4. Johann Heinrich → Jung-Stilling.

Jungarbeiterbewegung, 1946 in Österreich gegr. zur sozialen u. pädagog. Betreuung jugendl. Arbeiter (auch Schüler u. Studenten); unterhält Internate, Klubs, ein Studentenhaus, Jungarbeiterdörfer (Hochleiten, Niederösterreich, u. Annabichl, Kärnten) sowie das Europahaus Wien; fördert die Entwicklungshilfe.

Jungbrunnen, ein Wunderbrunnen mit Lebenswasser, durch das alte Menschen wieder jung, Tote lebendig oder Kranke geheilt werden sollen. Die Vorstellung vom J. als einem Wasser des Lebens kommt wohl aus

Juneau: Die Hauptstadt von Alaska ist über den ganzjährig eisfreien Hafen zu erreichen

dem Vorderen Orient u. lebt in vielen Märchen u. örtl. Sagen fort.

Jungbuchhandel, eine von der dt. Jugendbewegung beeinflusste Gruppe von Buchhändlern, die sich nach dem 1. Weltkrieg unter der Leitung von Eugen *Diederichs* u. Otto *Reichel* zusammenfanden, um die Berufsauffassung des Buchhändlers zu vertiefen u. die Alltagsarbeit an höheren Zielen auszurichten. Nach dem 2. Weltkrieg suchte ein Kreis ehem. „Jungbuchhändler" die Arbeit im früheren Sinn neu zu beleben.

Jungbunzlau, tschech. Stadt, → Mladá Boleslav.

Jungdemokraten, *Jungdemokraten – Liberaler Jugendverband e. V.,* bis zum Bruch der SPD/FDP-Koalition 1982 der FDP nahe stehende, organisatorisch jedoch nicht mit ihr verbundene polit. Jugendorganisation, die eine linksliberale Position vertritt.

Jungdeutscher Orden, Abk. *Jungdo,* 1920 von Arthur *Mahraun* (* 1890, † 1950) gegr. Verband; erstrebte die „Volksgemeinschaft" ohne Parlamentarismus u. Kapitalismus, wollte jedoch die Weimarer Republik nicht zerstören. 1930 verband er sich als „Volksnationale Reichsvereinigung" vorübergehend mit der Dt. Demokrat. Partei zur *Dt. Staatspartei,* ohne jedoch ernsthaften Widerhall zu finden; 1933 aufgelöst.

junge Aktien, bei einer → Kapitalerhöhung ausgegebene Aktien, die sich bis zum nächsten Dividendentermin durch fehlenden oder geringeren Dividendenanspruch für das laufende Jahr von den alten Aktien unterscheiden. Junge Aktien werden den Inhabern alter Aktien angeboten *(Bezugsrecht).*

Jüngel, Eberhard, dt. ev. Theologe, * 5. 12. 1934 Magdeburg; 1959–1966 Dozent am Sprachenkonvikt Berlin (Ost), 1966 Prof. für Systemat. Theologie in Zürich, 1969 in Tübingen, einer der führenden Dogmatiker der Gegenwart. Hptw.: „Paulus u. Jesus" 1962; „Gottes Sein ist im Werden" 1965; „Tod" 1971 (auch jap., ital., engl.); „Gott als Geheimnis der Welt" 1977; „Entsprechungen: Gott–Wahrheit–Mensch" 1980; „Barth-Studien" 1982.

Junge Liberale, *Junge Liberale – Liberaler Jugendverband in der FDP,* Jugendorganisation der Freien Demokratischen Partei.

Junge Pioniere, war die Bezeichnung der Jugendorganisation für die 6–14-jährigen Jungen u. Mädchen in den meisten der ehemals kommunistisch regierten Staaten. Auch → Freie Deutsche Jugend.

Ernst Jünger; 1995

Jünger, ◆ 1. Ernst, Bruder von 2), dt. Schriftsteller, * 29. 3. 1895 Heidelberg, † 17. 2. 1998 Riedlingen, Württemberg; ging als Schüler zur Fremdenlegion („Afrikan. Spiele" Roman 1936); im 1. Weltkrieg Frontoffizier; lebte seit 1925 als freier Schriftsteller. Den Angeboten der Nationalsozialisten zu widerstehen, war für ihn eine Sache des Stils.

Jüngers durchweg in Prosa verfasstes Werk zeigt den Versuch, den schädlichen geschichtl. Kräften, denen er sein Jahrhundert ausgesetzt sah, ästhetische Haltungen gegenüberzustellen. Der Nivellierung von polit. Ideologien, humanistischer Philosophie u. Ethik entspricht Jüngers Aufwertung ästhetischer Details. So galt sein Interesse nicht nur in seinem ersten Buch („In Stahlgewittern" Tagebuch 1920, überarbeitet 1922) den Sinneseindrücken des Krieges (Farben, Geräuschen etc.) in der Nähe des Todes. Entsprechend hält sich die Diktion emotionsarm u. sachlich. Sie symbolisiert eine Strategie heroischer Gelassenheit, wie sie J. den militär. Eliten zuschrieb.

Weitere Romane: „Auf den Marmor-Klippen" 1939; „Heliopolis" 1949; „Gläserne Bienen" 1957; „Eumeswil" 1977; Essays: „Der Kampf als inneres Erlebnis" 1922, überarbeitet 1926; „Der Arbeiter" 1932; „Bätter u. Steine" 1934; „Der gordische Knoten" 1953; „An der Zeitmauer" 1959; „Annäherungen" 1970; Tagebücher: „Atlant. Fahrt" 1947; „Strahlungen" 1939–1948; „Siebzig verweht" 5 Bde. 1980–1997. – Sämtl. Werke, 18 Bde. 1978–1982.

2. Friedrich Georg, Bruder von 1), dt. Schriftsteller, * 1. 9. 1898 Hannover, † 20. 7. 1977 Überlingen. Jüngers Werk wurzelt in einer konservativen, antidemokrat. Tradition des dt. Bürgertums. Seine Lyrik ist an Klopstock u. Hölderlin geschult: „Der Taurus" 1937; „Schwarzer Fluß u. windweißer Wald" 1955. Sein umfangreiches episches Werk zeichnet sich durch einen nüchternen Erzählton u. Abgeklärtheit aus: „Dalmatin. Nacht" 1950; „Zwei Schwestern" 1956; „Heinrich March" 1979; Essays: „Über das Komische" 1936; „Griechische Götter" 1943; „Die Perfektion der Technik" 1944; „Nietzsche" 1949; „Rhythmus u. Sprache im dt. Gedicht" 1952; Erinnerungen: „Grüne Zweige" 1951; „Spiegel der Jahre" 1958.

junger deutscher Film → Neuer deutscher Film.

Jünger Jesu, neutestamentl. Bez.: 1. für die 12 Apostel; 2. für einen größeren Kreis (70 oder 72 [Lukas 10,1]) von Schülern Jesu; 3. überhaupt für die Anhänger der Lehre Jesu.

Jungermansmoose [nach L. *Jungerman,* * 1582, † 1653], *Jungermaniales,* Ordnung der *Lebermoose* mit etwa 9000 Arten (90 % aller Lebermoose). Die einfachsten Formen sind flächig-lappig *(thallös),* wie das *Beckenmoos, Pellia,* oder das *Igelhaubenmoos, Metzgeria;* die meisten sind aber folios, d. h. in ein niederliegendes oder aufrechtes, reich verzweigtes Stämmchen u. in Blättchen gegliedert, die meist zweizeilig am Stamm angeordnet sind, z. B. das *Schiefmundmoos, Plagiochila,* das *Muschelmoos, Solenostoma,* oder das *Jungermansmoos, Jungermania.* Die meist kleinen J. leben auf der Erde oder an Baumstämmen, in den Tropen auf den Blättern der Waldpflanzen.

Junges Deutschland, 1. eine Gruppe von Schriftstellern u. Journalisten (L. *Börne,* K. *Gutzkow,* H. *Laube,* G. *Kühne,* T. *Mundt,* L. *Wienbarg),* deren Schriften vom Deutschen Bund 1835–1842 wegen ihrer revolutionären Gesinnung verboten wurden. Sie bekämpf-

ten, bes. in Zeitschriften, die ihnen weltfremd, zeitfern erscheinenden Ideen u. Formen des Dt. Idealismus u. forderten polit., religiöse u. soziale Freiheit, die Emanzipation der Frau sowie ein unmittelbares Eingreifen des Schriftstellers in die Tagespolitik. Hauptwerke der jungdt. Literatur sind Romane u. Dramen, z. B. von K. *Gutzkow* u. H. *Laube* („Das junge Europa" 1833–1837); besondere Bedeutung gewannen damals das Feuilleton u. Reisebeschreibungen (L. *Börne,* H. *Heine).* **2.** die dt. Gruppe der 1834 gegr. polit. Bewegung *Junges Europa.*

Junges Europa, eine geheime republikan. Befreiungsbewegung europ. Nationen, gegr. von G. *Mazzini* 1834 in Bern (Schweiz). Ihr Hauptziel war die Überwindung des restaurativen Staatensystems dieser Zeit; außer dem schon 1832 gegr. *Jungen Italien (Giovane Italia)* gehörten dazu das *Junge Polen,* das *Junge Deutschland* u. das *Junge Frankreich.*

Junge Union Deutschlands, *Junge Union,* Abk. *JU,* polit. Nachwuchsorganisation der CDU u. der CSU. Die JU wurde 1947 gegründet. Ihr können Mitglieder der Unionsparteien beitreten, die unter 35 Jahre alt sind.

junge Wilde → neue Wilde.

Jungfer, im 17. u. 18. Jh. das bürgerliche, unverheiratete Mädchen; auch: Jungfrau.

Jungfer im Busch, *Jungfer im Grünen* → Schwarzkümmel.

◆ **Jungfernbecher,** *Brautbecher,* ein Doppelbecher, bestehend aus einem kleineren u. einem größeren Becher aus Edelmetall. Der

Jungfernbecher aus dem Süddeutschen; um 1570/80. Karlsruhe, Badisches Landesmuseum

größere Becher ist als weibl. Figur gebildet, die in erhobenen Armen den kleineren Becher trägt. Der J. wurde im dt. Hochzeitsbrauchtum des 16. u. 17. Jh. verwendet.

Jungfernbraten, österr. Bez. für Lendenbraten vom Schwein.

Jungfernfahrt, die erste planmäßige Fahrt eines Schiffs nach den Probefahrten.

Jungfernfrüchtigkeit → Parthenokarpie.

Jungfernhäutchen → Hymen, → Jungfrau (2).

Jungfernherz → Tränendes Herz.

Jungferninseln (1)

Jungferninseln, trop. Westind. Inselgruppe, Teil der Kleinen Antillen, 500 km², 125 000 Ew.; 1493 durch C. *Kolumbus* entdeckt. – ◆ 1. *Britische Jungferninseln,* engl. *British Virgin Islands,* brit. Kolonie im NO der Inselgruppe, 153 km², 19 000 Ew., überwiegend Schwarze; Hptst. *Road Town* auf Tortola; *Tortola, Anegada, Jost van Dyke* u. *Virgin Gorda* sind die wichtigsten Inseln. Sie sind durch die inzwischen aufgegebene Plantagenwirtschaft weitgehend entwaldet; Hauptwirtschaftszweig Viehzucht, daneben Fischerei u. Landwirtschaft; Hauptexportgüter Fleisch, Gemüse u. Fisch; Fremdenverkehr. Zahlreiche Saisonarbeiter sind auf den US-amerikan. J. beschäftigt. 2. *US-amerikan. Jungferninseln,* engl. *Virgin Islands of the United States,* US-amerikan. Besitzung im Zentrum der Inselgruppe, 1917 von Dänemark erworben, 347 km², 106 000 Ew., davon 80 % Schwarze u. Mulatten, 15 % Weiße; Hptst. *Charlotte Amalie* auf St. Thomas; Hauptinseln sind *St. Thomas, St. Croix* u. *St. John.* Neben Erdölprodukten u. Spirituosen führen die Inseln nur wenige andere Produkte aus; Hauptwirtschaftszweig ist der Fremdenverkehr. Am weitesten ist die Industrialisierung auf St. Croix vorangeschritten; neben einer Großraffinerie u. einem Tonerdewerk hat sich dort die Schmuckwarenindustrie, insbes. die Uhrenmontage entwickelt.

Jungfernkranich → Kraniche.

Jungfernrebe, *Wilder Wein* → Weinrebe (2).

Jungfernrede, die erste Rede eines Parlamentsmitglieds vor dem Parlament.

Jungfernzeugung → Parthenogenese.

Jungfrau, 1. *Astronomie: Virgo,* Sternbild des Tierkreises, enthält gegenwärtig den Herbstpunkt. Der Hauptstern ist → Spika (α Virginis).

2. *Gynäkologie:* eine weibl. Person mit unverletztem *Hymen.* Die Jungfräulichkeit bezeichnet die körperl. Unberührtheit. Der unzerstörte Hymen ist hierfür allerdings kein Beweis, umgekehrt können auch wirkliche Einrisse natürlichen Einkerbungen ähneln.

Jungferninseln (1): Die Hauptstadt Road Town liegt an der Road Bay im Süden von Tortola

Jungfrau, mit 4158 m der dritthöchste Berg der Berner Alpen in der Schweiz; 1811 zum ersten Mal erstiegen; besteht aus Kalkstein; in nordöstl. Richtung das *Jungfraujoch* (3454 m), das mit der Kleinen Scheidegg durch die 1891–1912 erbaute, 9,3 km lange *Jungfraubahn,* die höchste Bergbahn Europas, verbunden ist; alpine Forschungsstation mit Wetterwarte, Berghotel; in der Umgebung die Gipfel von Finsteraarhorn, Aletschhorn, Mönch, Schreckhorn, Eiger u. die Gletscher Jungfraufirn, Großer Aletschfirn, Großer Aletschgletscher, Fieschergletscher, Grindelwaldgletscher u. a.

Jungfrauengeburt, in der Religionsgeschichte eine weit verbreitete Vorstellung, nach der religiös bedeutsame Gestalten (Könige, Heroen, Religionsstifter) nicht auf natürl. Weise von einem Menschen gezeugt worden sind. So sah man z. B. im alten Ägypten den Pharao als vom Gott *Re* mit der Gemahlin des Königs gezeugten *Gottessohn* an. Im AT dagegen findet sich zwar die Bez. *Sohn Jahwes* für die davidische Dynastie (2. Sam. 7,14) u. für den König (Ps. 2,7), jedoch im Sinn göttlicher Legitimation u. Erwählung, nicht aber im Sinn physischer Zeugung; diese Vorstellung ist erst aus dem Hellenismus bekannt.

Die christl. Kirche bedient sich dieser Vorstellung u. spricht von der Zeugung Jesu durch den Hl. Geist u. von seiner Geburt durch die Jungfrau Maria. Das NT kennt sowohl die Tradition einer Zeugung Jesu durch Josef als auch die der J., die allerdings nur an zwei Stellen bezeugt ist (Matthäus 1,18–25 u. Lukas 1,26–38). Der Wert dieser Stellen ist zeitbedingt, da sich die Bedeutsamkeit der J. dafür, dass Jesus Gottes Bote, der Messias oder der „Herr" sei, nur hellenist. Hörern erschließt. His-

torisch wird die Vorstellung von der neutestamentl. Forschung bezweifelt. Auch für die prot. Dogmatik ist die J. nicht eine Glaubensvorschrift, sondern eine als Predigt von der Bedeutung Jesu zu verstehende Aussage. Für die kath. Glaubenslehre dagegen ist die J., nicht zuletzt aus Gründen der Mariologie, wesentlich. Auch → Unbefleckte Empfängnis.

Jungfrauenweihe, kirchl. Segnung jener Jungfrauen, die sich unter Verzicht auf Ehe u. Familie „um des Himmelreiches willen" (Matthäus 19,12) verpflichten, Christus glühend zu lieben u. den Menschen hingebungsvoll zu dienen. Der neue Ritus der J. (1974) bezieht sich sowohl auf die gottgeweihten Jungfrauen „in der Welt" wie in einer Ordensgemeinschaft.

Jungfrau von Orléans [-ɔrle'ã] → Jeanne d'Arc.

Junggar Pendi → Dsungarei.

Junggeselle, ursprüngl. der junge Handwerksgeselle, seit dem 16. Jh. allg. der Unverheiratete.

Junggesellensteuer, *Ledigensteuer,* eine (bevölkerungspolit. motivierte) Sonderabgabe oder ein Steuerzuschlag für Unverheiratete, auch für kinderlos Verheiratete. Im 20. Jh. u. a. eingeführt in Italien 1926 u. in Dtschld. 1933 (Ehestandshilfe).

Junggrammatiker, eine Schule der Sprachwissenschaft im ausgehenden 19. Jh., die die Ausnahmslosigkeit der Lautgesetze in Anlehnung an naturwissenschaftliche Methoden lehrte; Hauptvertreter waren K. *Brugmann,* H. *Osthoff* u. H. *Paul.* Die Forschungsergebnisse der J. brachten die Grammatiken des Gotischen, Althochdeutschen u. Mittelhochdeutschen von H. *Paul* u. W. *Braune* hervor. Die Bedeutung der J. ging zurück, als die hervorgehobene Stellung der Lautgesetze angezweifelt wurde u. ihrem Konzept somit die theoret. Grundlage entzogen war.

Junghegelianer, die Gruppe der *Linkshegelianer,* jüngere Schüler u. Anhänger G. W. F. *Hegels,* die seine Philosophie im radikalen Sinn zur Religions-, Wert-, Gesellschafts- u. „reinen" Kritik umbildeten u. z.T. Träger des revolutionären Denkens im *Vormärz* waren (D. F. *Strauß,* B. u. E. *Bauer,* A. *Ruge,* L. *Feuerbach).* Auch → Hegelianismus.

Junghuhn, Franz Wilhelm, dt. Naturforscher, *26. 10. 1809 Mansfeld, †24. 4. 1864 Java; bereiste in niederländ. Diensten 1839–1848 u. 1855–1864 Java u. Teile Sumatras, legte durch mehrere Schriften die Grundlage zur wissenschaftl. Erforschung Javas.

Jungius, Joachim, dt. Universalgelehrter, Mathematiker u. Physiker, *22. 10. 1587 Lübeck, †23. 9. 1657 Hamburg; lehrte in Helmstedt u. Rostock; wurde 1629 Rektor des Akadem. Gymnasiums in Hamburg u. bekleidete hier die Professur für Logik u. Physik. Er förderte mathemat. Methoden u. Messverfahren, führte eine genaue Terminologie in die botan. Systematik ein u. veröffentlichte wichtige Beiträge zur Atomistik u. zur Begründung der Chemie. Nach J. benannt ist die → Joachim-Jungius-Gesellschaft der Wissenschaften e. V.

Robert Jungk

◆ **Jungk,** Robert, eigentl. R. *Baum,* dt. Publizist u. Futurologe, *11. 5. 1913 Berlin, †14. 7. 1994 Salzburg; emigrierte 1933, nahm 1950 die US-amerikan., 1967 die österr. Staatsbürgerschaft an. J. begann als Korrespondent des Londoner „Observer", dann Mitarbeiter der Zürcher „Weltwoche" (1940–1945), leitete seit 1965 das Institut für Zukunftsfragen in Wien; ab 1968 Gastprofessor für Zukunftsforschung an der TU Berlin. Alternativer Nobelpreis 1986. J. warnte in seinen Veröffentlichungen vor dem Missbrauch moderner Wissenschaft. Hptw.: „Die Zukunft hat schon begonnen. Amerikas Allmacht u. Ohnmacht" 1952; „Heller als tausend Sonnen" 1956; „Strahlen aus der Asche" 1959; „Die große Maschine" 1966; Hrsg. (mit H. J. Mundt) der Sammlung „Modelle für eine neue Welt" 1964ff.; „Der Jahrtausendmensch" 1973; „Der Atomstaat" 1977; „Alternatives Leben" 1980 (mit N. R. Müller); „Menschenleben" 1983; „Und Wasser bricht den Stein" 1986.

Jungkonservative, Sammelbez. für oppositionelle, außerparlamentar. nationalist. Zirkel u. Gruppen (im Gegensatz zum Konservativismus älterer Prägung vor 1918), die sich nach dem 1. Weltkrieg an den Ideen A. *Moellers van den Bruck* orientierten u. sich nach 1929 von der Deutschnationalen Volkspartei distanzierten; führende Zeitschriften: „Der Ring" u. „Gewissen".

Jungle [dʒaŋgl; der], Anfang der 1990er Jahre in London entstandener Musikstil; Mischung aus → Raggamuffin u. → Techno, bei der die sehr schnelle Rhythmus-Tracks mit langsamen Bässen verbunden werden. Zu den Wegbereitern des J. zählt vor allem *General Levy.* Auch → Drum'n'Bass.

Jünglingsweihe, die → Initiation der Knaben bei Naturvölkern.

Jungmann, Joseph Andreas, österr. kath. Theologe, *16. 11. 1889 Sand in Taufers, Tirol, †26. 1. 1975 Innsbruck; 1930 Prof. für Liturgie in Innsbruck, war von großem Einfluss auf die Liturgiereform des 2. Vatikan. Konzils. Hptw.: „Die Stellung Christi im liturg. Gebet" 1925; „Missarum sollemnia", 2 Bde. 1948; „Katechetik" 1953; „Liturgie der christl. Frühzeit" 1967.

Jungmaß, früheres Hohlmaß in Frankfurt a. M. 1 J. = 1,59 l.

Jungmoränenlandschaft, Gebiet, dessen Formen durch Gletscher u. Schmelzwasser der letzten Kaltzeit geschaffen wurden, die daher weitgehend ursprüngl. u. wenig umgestaltet erhalten sind: hohe Endmoränen, kuppige Grundmoränen, zahlreiche Rinnen u. Seen, Os, Drumlins u. Sölle. Eine typ. J. ist die *Holsteinische Schweiz.*

Jungpaläolithikum, die jüngste Stufe der → Altsteinzeit (Paläolithikum).

Jungsozialisten, 1. in der Weimarer Republik eine polit. Richtung in der SPD, die sich für eine Erneuerung der sozialist. Ideen einsetzte u. das *Hofgeismarer Programm* inspirierte; die Anhänger kamen meist aus der sozialist. Jugendbewegung.
2. *Jungsozialisten in der SPD,* Kurzwort *Jusos,* polit. Jugendorganisation der SPD, der SPD-Mitglieder unter 35 Jahren beitreten können, aber nicht müssen. Die J. vertreten eine gesellschaftspolit. Programmatik, die stark reformorientiert ist u. auch ökologische u. friedenspolitische Inhalte umfasst. Innerhalb der SPD gehören die J. zum linken Flügel.

◆ **Jungsteinzeit,** *Neolithikum,* ursprüngl. in einem verfeinerten → Dreiperiodensystem der letzte Abschnitt der Steinzeit, in dem geschliffenes Steingerät u. auch Keramik auftreten. Seit den Arbeiten des brit. Prähistorikers G. *Childe* wird als maßgebliches Kennzeichen dieser Epoche der Beginn von Ackerbau u. Tierhaltung angesehen, womit die J. durch den Übergang von der aneignenden *(Altsteinzeit)* zur produzierenden Wirtschaftsweise charakterisiert ist. Die jüngste Forschung geht sogar noch einen Schritt weiter, indem erst dann von einem Neolithikum gesprochen wird, wenn die Gesellschaftsform einer Menschengruppe von der produzierenden Wirtschaftsweise abhängt, wie es sich archäolog. z. B. in der dörfl. Siedlungsstruktur niederschlägt. Childe prägte für die Einführung der produzierenden Wirtschaftsform den Begriff „neolithic revolution" [engl., „neolithische Umwälzung"] in Anlehnung an die „industrielle Revolution".
Die J. nimmt sowohl in den einzelnen Erdteilen als auch innerhalb Europas sehr unterschiedliche Zeiträume ein. Daher ist der heute in den meisten Ländern übliche

Jungsteinzeit: Gefäße, Waffen, Geräte und Schmuck der Trichterbecher-Kultur

Begriff „Neolithikum" [grch. *neos,* „neu", u. *lithos,* „Stein"] vorzuziehen, da er keinen Zeitbegriff enthält; denn zur gleichen Zeit können Jäger-Sammler-Kulturen neben den bäuerlichen Kulturen der J. bestehen, wie z. B. noch heute die Kulturen der Eskimos oder der austral. Ureinwohnern im Gegensatz zur modernen Zivilisation.
Das Neolithikum lässt sich in einzelne Entwicklungsstufen unterteilen, die jedoch nicht überall durchlaufen werden müssen. Man unterscheidet ein *Protoneolithikum,* das durch Ernte- u. Bodenbau-Kultur sowie durch den Nachweis von Vorratshaltung Grundlage für das Sesshaftigkeit war, ein *akeramisches Neolithikum,* das (i. e. S.) durch Ackerbau u. Tierhaltung, daneben durch komplexe, auf dörfliche Organisation hinweisende Architektur charakterisiert ist, ein *keramisches Neolithikum,* bei dem die Töpferei hinzukommt u. mit dem die J. in Mitteleuropa einsetzt, u. schließlich ein *Chalkolithikum* (→ Kupferzeit).
Im *Vorderen Orient* wird das akeramische Neolithikum in zwei Phasen unterteilt: *Pre Pottery Neolithic A* u. *Pre Pottery Neolithic B* [engl., „vorkeramisches Neolithikum"]. Das Erstere zeichnet sich u. a. durch Rundhäuser, das Zweite durch mehrräumige Viereckhäuser aus.

Jungsteinzeit: Gefäß der nordrumänischen Cucuteni-Kultur

Gemeinhin galt, dass der Übergang zur J. am Beginn des Holozäns stattfand, d. h. nach dem Ende der letzten Eiszeit (zwischen 10 000 u. 5 000 v. Chr.). Funde von Getreideanbau im oberen Niltal, bes. in *Wadi Kubbaniya*, weisen aber auf eine Zeit zwischen 16 000 u. 10 000 v. Chr. hin. Es wäre damit der älteste nachgewiesene Ackerbau überhaupt. Die damalige Bevölkerung soll nicht sesshaft gewesen sein. In späterer Zeit wurde der Getreideanbau im Niltal wieder aufgegeben.

Im Vorderen Orient wurde die Entstehung des eigentl. Neolithikums vor allem im Gebiet des sog. fruchtbaren Halbmonds zwischen Israel u. dem westl. Iran untersucht, wo auch die Wildformen von Gerste u. Weizen vorkommen, die bedeutende Ernteerträge lieferten. Es gibt zwei wilde Weizenarten, das Einkorn u. das ergiebigere Emmer, dessen Hauptverbreitungsgebiet in der Levante, dem mittelmeernahen Gebiet des fruchtbaren Halbmonds, liegt. Dort lieferte eine Steinpickindustrie aus dem 11. Jahrtausend v. Chr., das *Kebarien*, einen deutlichen Hinweis auf Ernten dieser Wildgetreide, genauso wie im Zagrosgebirge das sog. *Zarzien*. Der Ertragreichtum dieser Ernten dürfte zur Herausbildung eines Protoneolithikums geführt haben, das im 10. Jahrtausend v. Chr. in der Levante in Form des *Natufien* auftritt. Den Übergang zum Neolithikum i. e S wird in *Jericho* deutlich, wo sich ein Jäger- u. Sammler-Camp zu einem mit einer 3 m dicken Mauer umgebenen Dorf entwickelte, in dem um 8300 v. Chr. Getreidekultivierung belegt ist. Im Laufe der folgenden Jahrhunderte wurden Häuser u. ganze Siedlungen immer wieder zerstört u. neu errichtet, so dass sich schließlich ein Siedlungshügel herausbildete. Diese Siedlungshügel (im Vorderen Orient *Tell* oder *Tall*, in der Türkei *Hüyük* u. in Griechenland *Magula* genannt) bilden die typische Siedlungsform von der J. bis in die Bronzezeit (teilweise auch länger) im Vorderen Orient bis zum Balkan.

Mit dem akeramischen Neolithikum setzte auch im fruchtbaren Halbmond die Domestizierung von Schaf u. Ziege ein. Die bäuerliche Lebensform verbreitete sich vom Vorderen Orient rasch, so im Indusgebiet u. Nordägypten, wo schon im 3. Jahrtausend v. Chr. Hochkulturen bestanden. Vor allem aber wurde die neolith. Lebensform wie damit verbundene Kultformen, so z. B. Idolfigürchen (meist sitzende, sehr breitbeckige Frauen), andeuten, nach *Europa* übertragen. Das geschah auf zwei Wegen:
1. über die Türkei (z. B. *Çatal Hüyük, Hacilar*), Griechenland (z. B. *Argissa Magula, Sesklo, Dimini*) u. den Balkan (z. B. *Karanowo* in Bulgarien), wo sich die *Starčevo-Körös-Kultur* ausbildete, u. über das Donaugebiet, aus dem sich im 5. Jahrtausend v. Chr. die Bandkeramik nach Mitteleuropa bis ins Pariser Becken u. Polen ausbreitete. In den nördlichen Küstenzonen übernahmen die Jäger, Fischer u. Sammler einzelne Anregungen des Neolithikums, z. B. die Keramikherstellung u. vereinzelt

Ackerbau, woraus die Ertebölle-Ellerbeck-Kultur sowie in Finnland, im Baltikum u. in Nordwestrussland die Kamm- u. grübchenkeramischen Kulturen hervorgingen.
2. wahrscheinlich auf dem Seeweg schon im 6. Jahrtausend v. Chr. wurde Zypern durch eine akeramische neolith. Kultur besiedelt *(Khirokitia)*. Der westliche Mittelmeerraum wurde wie Mitteleuropa erst durch ein keramisches Neolithikum erreicht; im SW (Italien, Südfrankreich, Spanien, Portugal, Nordafrika u. den Mittelmeerinseln) gab es die neolith. Kulturen mit *Abdruckkeramik (Impressokeramik)*. Sie zeigen jedoch kein sehr einheitliches Bild.

A f r i k a : In Nordafrika entstand das Neolithikum mit Capsientradition (→ Capsien), das durch spitzbodige Keramikgefäße u. ritzverzierte Straußeneier charakterisiert wird. Entgegen einer früher akzeptierten diffusionistischen Theorie (→ Diffusion), die den Ursprung des gesamten Neolithikums nur im fruchtbaren Halbmond sah, lassen neuere archäolog. Funde für einzelne Gebiete der Erde eine eigenständige Entstehung der produzierenden Wirtschaftsweise annehmen. So deuten die Funde der südl. Sahara *(Ahaggar, Amekni, Gabrong)* u. die vielen dort entdeckten Felsbilder u. Steinhaufen, die von alten Feuerstellen stammen, auf eine eigenständige Rinderhirtenkultur hin, die schon sehr früh (um 6000 v. Chr.) Keramik kannte *(Wavy-line-Keramik)*. Anthropolog. Untersuchungen der Skelette u. auch die Felsbilder lassen an eine schwarze Bevölkerung denken. In *Arlit* (Niger) finden sich die größten neolith. Fundstellen Westafrikas (Friedhof um 3400 v. Chr.). In *Nabta Playa* (Oberägypten) konnten Tierknochen von domestizierten Rindern, Schafen u. Ziegen u. Ackerbau auf 6000 v. Chr. datiert werden. Für diese Zeit sind dagegen im Niltal u. Maghreb nur rein epipaläolith. Fundstellen (→ Epipaläolithikum) bekannt.

In *O s t a s i e n* wird im Bereich der *Hoabinh*- u. der *Da-pen-keng-Kultur* ein frühes Pflanzertum, z. B. von Yamswurzeln, angenommen. Die bisher älteste Keramik der Welt wird auf ca. 10 000 v. Chr. datiert u. stammt aus der Fukui-Höhle in Nordkyuschu (Japan). Sie wurde mit Finger- u. -nagelabdrücken verziert. Allerdings finden sich keine weiteren Anzeichen für ein Neolithikum. Im nördlicheren China wird das früheste Neolithikum durch die *Yangshao-Kultur* des 5. Jahrtausends v. Chr. verkörpert, die vor allem im Gebiet der heutigen Provinzen Gansu u. Henan verbreitet war. Sie scheint die Hinterlassenschaft eines Wanderbauerntums gewesen zu sein, das vor allem durch Brandrodung die Waldgebiete urbar machte u. bes. kultivierte Hirse anbaute. Daneben wurde Wildgetreide geerntet, auch gibt es Funde von Gemüseresten, Hanf u. Seidenraupen. Neben Jagd u. Fischfang überwiegen unter den domestizierten Tieren Hunde u. Schweine, daneben kommen auch Knochen von Rind, Schaf u. Ziege vor. Die sumpfigen Küstenregionen im Bereich der Chang-Jiang-Mündung wurden auch schon im 5. Jahrtausend

v. Chr. von der sog. *Qingliangang-Kultur* besiedelt (Grabungen in *Ho-mu-tu*). Über die Entwicklung der J. in *A s i e n* liegt allerdings noch vieles im Dunkeln. So weiß man z. B. kaum etwas über die Vorläufer der Induskultur. Erst Grabungen der 1970er Jahre an dem Fundplatz *Mehrgarh* in Pakistan haben eine kontinuierliche Entwicklung vom etwa 6. Jahrtausend v. Chr. an mit frühem Ackerbau u. Tierhaltung (bes. Rind) ergeben.

Sicher kann die vom Vorderen Orient unabhängige Entstehung eines Neolithikums in Mittelamerika nachgewiesen werden, wo ganz andere Pflanzen (vor allem Mais u. Bohne, dann Tomate, Avocado, Chili, Baumwolle u. a. mehr) kultiviert wurden. Unter den wenigen domestizierten Tierarten finden sich Ente, stachellose Biene u. Truthahn, in den Anden war das Lama das hauptsächl. Haustier.

E u r o p. K u l t u r e n : Durch die neue Wirtschaftsform u. die Sesshaftigkeit konnten sich in der J. differenziertere Gesellschaftsordnungen u. durch Spezialisierung erste Berufe wie Töpfer, Schreiner, Steinbearbeiter u. Händler herausbilden. Mit Landausbau u. Bevölkerungszunahme machten sich im Mittel- u. Spätneolithikum regionale Sonderentwicklungen geltend, die zur Ausbildung weiterer Kulturgruppen führten: in Frankreich die *Chassey-Kultur*, in Großbritannien die *Windmill-Hill-Kultur*, in Norddeutschland u. Dänemark die *Trichterbecher-Kultur*, in der Ukraine die eng mit der *Cucuteni-Kultur* Rumäniens verbundene *Tripolje-Kultur*. In Mitteleuropa folgten auf dem Boden der Bandkeramik eine Vielzahl von Kulturgruppen, vor allem im W die *Rössener* u. etwas später die *Michelsberger Kultur*, im O die *Lengyel-Kultur*. Am Ende des 4. Jahrtausends v. Chr. kam in Westeuropa die Bestattungssitte im Megalithgrab (meist Kollektivbestattungen) auf, die sich zunächst entlang der Küsten bis nach Südskandinavien u. auf die brit. Inseln ausbreitete, entlang des Rheins u. der Rhône auch bis in die Schweiz, während sie in den östl. Gebieten fehlt. Gegen Ende des 3. Jahrtausends wird in Europa zunehmend mit Metallen wie Kupfer, Blei, Silber u. Gold (→ Kupferzeit) experimentiert (Chalkolithikum). In Zusammenhang damit treten die Erscheinungen der *Glockenbecher-Kultur* u. *Schnurkeramik* auf, die mit großen Wanderbewegungen in Verbindung gebracht werden, möglicherweise aber auch mit sozialen Sonderstellungen zusammenhängen. Im N entstehen die mit der Schnurkeramik in Verbindung stehenden, Metall ablehnenden *Einzelgrab-Kulturen*.

Mit dem Chalkolithikum endet die J. in Europa u. geht im 2. Jahrtausend v. Chr. in die → Bronzezeit über.

Jüngstenrecht → Juniorat.

Jüngstes Gericht, *Jüngster Tag, Letztes Gericht,* auf jüd.-apokalypt. Vorstellungen zurückgehende christl. Auffassung von einem das Weltgeschehen abschließenden göttl. Gericht, oft mit der Wiederkunft Christi zusammengebracht. Zeit u. Ort des Gerichts bleiben im Ungewissen. – Das Jüngste Gericht findet in der christl. Kunst eine mannigfache Darstellung, in Vorformen schon auf altchristl. Sarkophagen u. Mosaiken, in byzantin. u. irischen Handschriften. Durch viele Motive bereichert, wie Maria u. Johannes als Fürbitter, Seelenwägung, Posaunen blasende Engel, Höllenrachen, wurde es im 12./13. Jh. Hauptthema der Westportale franzöz. Kathedralen, so in Chartres, Paris, Reims. In der italien. Kunst ist es häufig dargestellt als Wandgemälde, u. a. von *Giotto*, L. *Signorelli*, *Michelangelo*.

Johann Heinrich Jung-Stilling

◆ **Jung-Stilling,** Johann Heinrich, eigentl. J. H. *Jung*, dt. Schriftsteller, *12. 9. 1740 Dorf Grund, Siegerland, †2. 4. 1817 Karlsruhe; nach ärml. Jugend Schneider u. Lehrer, später Augenarzt, Prof. für Landwirtschaft, Finanz- u. Staatswissenschaften in Marburg u. Heidelberg; pietist. Liederdichter, Erzähler u. Autobiograf. *Goethe* bearbeitete den 1. Bd. seiner „Lebensgeschichte" („Heinrich Stillings Jugend" 1777, fortgesetzt in zahlreichen Bänden bis „Heinrich Stillings Alter" 1817). J. schrieb auch eine „Theorie der Geister-Kunde" 1808, Neudruck 1980.

jungsudanische Kulturen, *neusudanische Kulturen,* Kulturen im Sudan, die teils aus Vorderasien oder Indien, teils aus dem Mittelmeerraum Kulturgüter übernommen haben u. sich deutl. von den alten schwarzafrikan. Kulturen abheben. Als Kennzeichen gelten: das Gottkönigtum mit 4 Erzbeamten, die rituelle Königstötung, die hervorgehobene Stellung der Königinmutter, ein höf. Zeremoniell, hoher Stand von Kunst u. Kunstgewerbe.

Jungtierkrankheiten, vorwiegend bei neugeborenen u. heranwachsenden Tieren auftretende Erkrankungen. Diese können durch Störungen des Wachstumsprozesses bedingt (z. B. Rachitis) oder auf die fehlende immunologische Erfahrung der betroffenen Tiere zurückzuführen sein.

Jungtschechen, radikale nationaltschech. polit. Partei, in Böhmen als Abspaltung von den sog. Alttschechen, der von *Palacky* u. *Rieger* gegr. tschech. Nationalpartei, entstanden; trat Ende des 19. Jh. hervor u. erstrebte die Auflösung der Habsburger Monarchie.

Jungtürken, eine polit. Bewegung in der osman. Türkei, die seit 1876 illegal auf liberale Reformen u. eine konstitutionelle Staatsform hinarbeitete. 1907 traten die J. in Saloniki offen hervor u. gründeten das Komitee für „Einheit u. Fortschritt". Unter der Führung von *Enver Pascha* u. *Talaat Bey* führten sie im Juli 1908 eine Revolution herbei u. setzten 1909 Sultan *Abd ül Hamid II.* ab. Nach der Niederlage des Osman. Reichs im 1. Weltkrieg emigrierten die führenden J. ins Ausland, der Rest ging fast

völlig in Kemal *Atatürks* Volkspartei auf. – Im übertragenen Sinn bezeichnet man als J. jüngere Politiker mit radikalen Ideen, die sie im Rahmen ihrer polit. Gruppe durchzusetzen versuchen.

Jungvolk → Hitler-Jugend.

Jungwuchspflege, alle Maßnahmen, die Qualitätssteigerungen u. ein gleichmäßiges Aufwachsen des Jungwuchses bei Pflanzen gewährleisten sollen: Auflockerung, Mischholzpflege, Nachbesserung, Schutz vor Schäden, Behandlung von Einzelvorwüchsen.

Juni [nach der Göttin *Juno*], *Brachmond, Brachet,* sechster Monat des Jahres, 30 Tage.

◆ **Juniaufstand,** die Erhebung in der DDR am 16. u. 17. 6. 1953, ausgelöst durch einen Kurswechsel des SED-Regimes, der von der Bevölkerung als Zeichen der Schwäche gewertet wurde. Der im Sommer 1952 verkündete „Aufbau des Sozialismus" hatte zu einer Verschlechterung der Lebensbedingungen u. einer explosiven Stimmung geführt. Auf Weisung der sowjet. Führung, die nach Stalins Tod vor dessen starrer Politik abrückte, musste das SED-Politbüro in einem Beschluss vom 9. 6. 1953 (veröffentlicht 11. 6.) „Fehler" zugeben u. Maßnahmen zurücknehmen (→ Neuer Kurs). Eine im Mai verfügte Erhöhung der Arbeitsnormen um mindestens 10 % wurde jedoch bestätigt.

Daraufhin streikten u. demonstrierten am 16. 6. Bauarbeiter der Stalinallee in Ostberlin, denen sich rasch andere Gruppen anschlossen. Sie verlangten die Rücknahme der Normenerhöhung u. erhoben zugleich polit. Forderungen: Rücktritt der Regierung, freie Wahlen u. Einheit Deutschlands. In der Normenfrage gab das Politbüro am gleichen Abend nach, konnte damit aber die Bewegung nicht mehr aufhalten. Am 17. 6. griff sie auf die ganze DDR über. In mehr als 370 Orten, auch in ländl. Gebieten, kam

es zu Unruhen; an Streiks in rd. 600 Betrieben nahmen 500 000 Personen teil. Rathäuser, SED-Büros u. Gefängnisse wurden gestürmt u. polit. Häftlinge befreit. Mancherorts wurden Streikleitungen u. Aktionsausschüsse gebildet; im Ganzen war die Bewegung aber spontan u. führerlos. Am Mittag verhängte die sowjet. Besatzungsmacht in Ostberlin u. im größten Teil der DDR den Ausnahmezustand, schlug die Erhebung militär. nieder. DDR-Truppen wurden erst eingesetzt, als die Sowjetarmee bereits Herrin der Lage war. Vereinzelt kam es noch bis Mitte Juli zu Unruhen.

Die Zahl der Todesopfer ist nicht bekannt; vermutlich waren es über 50, darunter 21 standrechtl. Erschossene u. Hingerichtete. Über 6000 Personen wurden festgenommen, rd. 1600 zu Freiheitsstrafen verurteilt. Justiz-Min. M. *Fechner,* der auf das von der Verfassung garantierte Streikrecht hingewiesen u. Streikteilnehmern Straffreiheit zugesichert hatte, wurde abgesetzt u. später verhaftet. Der Parteichef der SED, W. *Ulbricht,* dessen Position zunächst gefährdet war, da er keine Mehrheit im Politbüro u. auch keine sowjet. Rückendeckung besaß, konnte nach der Niederwerfung des Juniaufstands seine innerparteil. Gegner, bes. W. *Zaisser* u. R. *Herrnstadt,* entmachten u. seine eigene Position festigen.

Die Bundesregierung u. die Westmächte wurden vom J. überrascht. Sie suchten dämpfend einzuwirken u. vermieden alles, was von der Sowjetunion als Einmischung aufgefasst werden konnte. Einen gewissen Einfluss übten lediglich westl. Rundfunksender aus, die die Berliner Vorgänge des 16. 6. in der DDR bekannt machten.

Der J. war die erste Volkserhebung gegen ein kommunist. Regime im Ostblock. In der BR Dtschld. war der 17. Juni 1954–1990 als „Tag der Dt. Einheit" gesetzl. Feiertag.

Juniaufstand: sowjetischer Panzer in Berlin

Junifall, vorzeitiges Abstoßen von Früchten, 3–4 Wochen nach der Baumblüte; ausgeprägt bei triploiden Apfelsorten; wird durch schlechten Ernährungszustand u. Trockenheit verstärkt.

Junikäfer, *Brachkäfer, Johanniskäfer, Amphimallon solstitiale,* dem *Maikäfer* verwandter *Blatthornkäfer,* aus der Familie der *Scarabäen;* von etwa 18 mm Länge; meist dicht behaart, mit gelbbraunen Flügeldecken; ähnlich dem *Julikäfer,* aber größer. Die Larven (Engerlinge) werden durch ihren Wurzelfraß schädlich.

Junikäfer, Amphimallon solstitiale

Junimea [ʒu-; rumän., „Jugend"], eine rumän. Literaturgesellschaft, die 1863 von T. L. *Maiorescu* in Jassy gegründet wurde, um die Überfremdung der rumän. Sprache zu bekämpfen u. um eine literar. Kultur heranzubilden. Die bedeutendsten Mitglieder der J. waren M. *Eminescu,* J. *Slavici* u. J. *Caragiale.* Die J. gab die Ztschr. „Convorbiri literare" heraus (mit J. *Negruzzi*).

Junín [xu'niːn], 1. zentralperuan. Dep. in den Anden, nordöstl. von Lima, 43 384 km², 1,03 Mio. Ew.; Hptst. *Huancayo;* Anteil am zentralperuan. Erzbergbaugebiet (Zentrum: La Oroya); im Hochland Anbau von Weizen, Gerste u. Kartoffeln, Schaf- u. Rinderzucht; in mittleren u. tiefen Lagen Kaffee-, Kakao-, Koka-, Vanille- u. Zuckerrohranbau.
2. argentin. Stadt westl. von Buenos Aires, 75 000 Ew.

junior [lat.], Abk. jr. u. jun., jünger, der Jüngere.

Junior [lat.], *Juniorklasse,* eine Altersklasse im Sport; in der *Leichtathletik* wird bei internationalen Wettkämpfen nach dem Modus der Englisch sprechenden Länder verfahren: männl. Sportler gelten bis 19 Jahre als Junioren, weibliche bis 18 Jahre. In den deutschsprachigen Ländern wird die Klasse der Junioren bis auf 21 Jahre ausgedehnt. In den *Sport-* u. *Rückschlagspielen* werden die Sportler bis zur Vollendung des 18. Lebensjahres in Junior-Klassen eingeteilt, ebenso die Jugendlichen in den *Kampfsportarten,* im *Radsport,* im *Ruder-* u. *Kanusport.* Beim *Eiskunstlauf* ist die Juniorenklasse die 2. Leistungsklasse, u. beim *Tanzsport* bezeichnet sie die Startgruppen der 12- bis 18-Jährigen; danach folgt der Übergang von der Hauptklasse in die Seniorenklasse (→ Senior).

Juniorat [das; lat.], *Minorat,* die Erbfolge, nach der der Jüngste einer Erbordnung erbt.

Junior-Gewichtsklassen, *Berufsboxen:* → Gewichtsklassen.

„Junior-Sportler des Jahres", seit 1978 eine jährl. Auszeichnung mit Preisvergabe der Stiftung Dt. Sporthilfe für einen → Junior bzw. eine Juniorin (gemäß der Wettkampfordnung der Verbände). Zusätzl. wird ein Mannschaftspreis verliehen. Bewertungskriterien sind Erfolge bei Olymp. Spielen, bei Europa- u. Weltmeisterschaften oder internationale Rekorde. Der Preis soll das Ansehen des Leistungssports in der Bevölkerung vergrößern u. das Interesse der Jugend am Leistungssport wecken. Über die Vergabe entscheidet eine Jury unter dem Vorsitz des Präs. des Dt. Sportbundes.

Juniperus [der; lat.] → Wacholder.

Junius, Franciscus, latinisiert aus *François du Jon,* einer der ersten dt. Germanisten, *1589 Heidelberg, † 19. 11. 1677 bei Windsor; erforschte die altgerman. Sprachen, bes. das Gotische u. Angelsächsische; besorgte 1665 die erste Herausgabe der got. Bibel des Wulfila.

Juniusbriefe, *„The letters of Junius",* unter dem Decknamen *Junius* verfasste Artikel gegen die engl. Regierungspartei, die 1769–1772 im „Public Advertiser" erschienen; später allg. Bezeichnung für polit. Kampfschriften.

Junk Bonds ['dʒʌnk bɔnds; engl. „Schundanleihen"], an der Börse Anleihen minderer Qualität (Bonität), die sehr risikoreich sind u. deshalb oft hohe Renditen abwerfen. Zur Risikominderung werden sie als Anlage in entsprechenden Fonds gemischt.

Junker [„Jungherr"], im MA zunächst Bez. für Söhne von Mitgliedern des Hochadels, dann auch für adlige Gutsbesitzer, später allg. für junge Edelleute. Seit dem preuß. → *Junkerparlament* wurden die Adelspartei (Grundstock der *Konservativen*) u. vor allem der ostelb. Landadel von den Liberalen als J. bezeichnet.

Junker, 1. Hermann, dt. Ägyptologe, *29. 11. 1877 Bendorf am Rhein, †9. 1. 1962 Wien; lehrte an der Universität Wien, Direktor des Dt. Archäolog. Instituts in Kairo 1929–1945, Ausgrabungen in Gizeh u. a. Plätzen in Ägypten u. Nubien („Giza I bis XII" 1931–1955); Erforscher der altägypt. Religion, Sprache u. Literatur („Pyramidenzeit" 1949).
2. Wilhelm, russ. Afrikaforscher dt. Herkunft, *6. 4. 1840 Moskau, †13. 2. 1892 St. Petersburg; bereiste 1874–1886 Nord- u. Ostafrika, bes. die Gebiete der Wasserscheide zwischen Nil u. Kongo. J. schrieb „Reisen in Afrika 1875–1886", 3 Bde. 1889–1891.

Junkerparlament, Generalversammlung des „Vereins zur Wahrung der Interessen der Grundbesitzer u. zur Förderung des Wohlstands aller Klassen" in Berlin vom 18. bis 20. 8. 1848. Diese von O. von *Bismarck* u. H. von *Kleist-Retzow* angeregte Versammlung, in der sich nach der Märzrevolution zur Wahrung feudaler Rechte erstmals die konservativen Kräfte wieder sammelten, wurde von liberaler Seite mit dem Spottnamen J. belegt.

Junkers, Hugo, dt. Flugzeug- u. Motorenkonstrukteur, *3. 2. 1859 Rheydt, †3. 2. 1935 München-Gauting; 1897–1912 Prof. für Wärmetechnik in Aachen, brachte den Schwerölflugmotor zur Betriebsreife u. baute 1915 das erste Ganzmetallflugzeug; gründete 1913 die *Junkers-Motorenbau GmbH* u. 1919 die *Junkers-Flugzeugwerke AG,* beide in Dessau, die 1935 nach Erwerb durch das Reich zur *Junkers-Flugzeug- u. Motorenwerke AG (JFM)* zusammengefasst wurden; 1958 reprivatisiert, seit 1967 GmbH u. später in der Messerschmitt-Bölkow-Blohm GmbH aufgegangen. Bei den JFM entstanden Verkehrs- (F 13, Ju 52) u. Kampfflugzeuge (Ju 87, Ju 88) sowie Flugmotoren. Die 1923 gegr. *Junkers Luftverkehr AG* war eine Vorläufergesellschaft der *Lufthansa.*

Junket ['dʒʌnkit; engl.], Milch- u. Milchmischgetränke, die durch Lab dickgelegt sind; vor allem in den angelsächs. Ländern.

Junkie ['dʒʌŋki; engl.], Abhängiger von Drogen, bes. Heroinsüchtiger.

Junktim [das; lat.], „Verbindung" verschiedener Gesetzesbestimmungen oder Staatsverträge mit der Wirkung, dass sie nur gemeinsam angenommen werden können oder sollen. Auch → Junktimklausel.

Junktimklausel [lat.], Vorschrift in Art. 14 Abs. 3 Satz 2 GG, wonach eine Enteignung nur rechtmäßig sein kann, wenn das ihr zugrunde liegende Gesetz Art u. Ausmaß der Entschädigung regelt.

Junktor [der; lat.], Bez. für die in der Logistik verwendeten Verknüpfungszeichen; z.B. die zweistelligen Verknüpfungen *und* (Zeichen ∧), *oder* (Zeichen ∨), *genau dann, wenn* (Zeichen ⇔) u. a.; eine einstellige Verknüpfung ist die *Negation* (Zeichen ¬). *Junktorenlogik* = Aussagenlogik.

Juno, einer der vier großen Planetoiden; Durchmesser 244 km; 1804 von K. L. *Harding* in Göttingen entdeckt, mittlere Entfernung von der Sonne 399 Mio. km, Umlaufzeit 4,36 Jahre, Rotationszeit 7 h 13 min.

Juno, *Iuno,* ursprüngl. in der röm. Religion, als Entsprechung des männl. Genius die Verkörperung des Wesens der (empfängnisfähigen) Frau. Als solche schützt sie das weibl. Geschlechtsleben (*J. Fluonia*), die Ehe (*J. Pronuba, J. Iugalis*) u. insbes. die Geburt (*J. Lucina*). Erst seit der Gleichsetzung mit der griech. *Hera* gegen Ende des 6. Jh. v. Chr. in den Staatskult gelangt, der ihr als Gemahlin Jupiters, die sie nun war, einen Platz in der Kapitolin. Trias zuwies. Als Stadtgöttin beschirmte sie Rom u. das Reich. Im Tempel der *J. Moneta* lag die römische Münzstätte. Die Monatsanfänge (Kalenden) waren ihr heilig, der Monat Juni ist nach ihr benannt.

Juno Ludovisi; Marmor. Rom, Thermenmuseum

Juno Ludovisi, nach seiner Herkunft aus der Sammlung *Ludovisi* benannter überlebensgroßer Marmorkopf, heute im Thermenmuseum in Rom; von den dt. Klassikern (Goethe besaß seit 1787 einen Abguss) als Bild der Juno angesehen. Das Werk ist jedoch ein Porträt der *Antonia d. J.,* der Mutter des späteren Kaisers Claudius.

Junqueiro [ʒuŋ'kɐiru], Abílio Manuel de Guerra, portugies. Schriftsteller, *15. 9.

1850 Freixo de Espada-à-Cinta, Trás-os-Montes, † 7. 7. 1923 Lissabon; polit. engagierter, antiklerikaler Romantiker (revolutionäre u. satir. Gedichte); in der Satire „A morte de D. João" 1874 wandte er sich gegen die idealist. Liebesauffassung der Romantik.

Junta ['xunta; span., „Vereinigung"], ursprüngl. im MA ein Städtebund in Spanien, dann eine Verwaltungseinheit; später in Spanien u. Lateinamerika ein Ausschuss aus Regierungsmitgliedern; häufig eine durch Umsturz an die Macht gekommene Militärregierung *(Militärjunta)*.

Juon [ju'ɔn], Paul, russ. Komponist schweiz. Herkunft, *6. 3. 1872 Moskau, †21. 8. 1940 Vevey (Schweiz); seit 1906 Kompositionslehrer an der Musikhochschule in Berlin; schrieb bes. Kammermusik Brahms'scher Richtung, ferner Kammermusik, Orchester- u. Klavierwerke; verfasste auch musiktheoret. Schriften u. übersetzte eine Tschaikowskij-Biografie ins Deutsche.

Jupiá [ʒupi'a], brasilian. Wasserkraftwerk, → Urubupungá.

◆ **Jupiter** [italisch, „Himmelsvater"], Zeichen ♃, der größte Planet des Sonnensystems mit schneller Rotation (9 h 50–55 min) u. daher starker Abplattung an den Polen (1:16). Der J. hat eine dichte Atmosphäre, in der Methan, Ammoniak, Wasserstoff u. Helium vorherrschen. Die Temperatur beträgt etwa –130 °C. Dunkle Wolken, die in äquatorparallelen Streifen angeordnet sind, zeigen feine, rasch veränderliche Einzelheiten. Außerdem gibt es atmosphärische Wirbel, besonders den sog. „Großen roten Fleck" (Durchmesser 30 000 km). Der innere Aufbau weicht erheblich von dem der Erde ab. Die mittlere Dichte von nur 1,33 g/cm³ zeigt, dass J. nur einen sehr kleinen Gesteins- oder Metallkern haben kann. Der überwiegende Teil besteht aus Atmosphäre u. verfestigtem („metallischem") Wasserstoff sowie Helium. Der J. hat mindestens 28 Monde, die nach der Reihenfolge ihrer Entdeckung mit Jupiter I–XXVIII bezeichnet werden. Die ersten vier, von G. *Galilei* im Jahre 1610 entdeckt, sind mächtige Körper von Erdmond- bis Merkurgröße, ihre Bahnhalbmesser a (in Einheiten des Jupiter-Halbmessers), Umlaufzeiten U (in Tagen) u. Durchmesser d (in km) sind:
Die übrigen Monde sind sehr kleine u. lichtschwache Körper. Mond V *(Amalthea)*, 1892 von E. E. *Barnard* entdeckt, umkreist den Planeten noch innerhalb der Bahn von I (Io) in 0,5 Tagen, J. VI bis XII liegen weit außerhalb der Bahnen der großen Monde. J. XII wurde 1951, wie vorher schon J. IX bis XI, von S. B. *Nicholson* gefunden; J. XIII

Jupiterbildnis aus Ephesus, 4. Jahrhundert v. Chr. Venedig, Archäologisches Museum

(1974) wurde von C. T. *Kowal* (USA) entdeckt. Die Satelliten VI bis XIII erhielten die Namen *Himalia, Elara, Pasiphae, Sinope, Lysithea, Carme, Ananke, Leda.* Ein 14., 15. u. 16. Satellit wurde 1979/80 von den Voyagersonden entdeckt. Sie erhielten die Namen *Adrastea, Thebe* u. *Metis.* Weitere 12 lichtschwache Monde mit den vorläufigen Bez. S/1999 J 1 bzw. S/2000 J 1 bis J 11 wurden 1999 bzw. 2000 entdeckt. Die Voyagersonden fanden auch ein Ringsystem des J. Der hellste Ring hat einen äußeren Halbmesser von 126 380 km u. besteht aus sehr dunklen Teilchen. Ein weiterer 800 km breiter Ring liegt bei 125 580 km. Eine vom J. ausgehende Radiostrahlung weist auf ein starkes Magnetfeld u. einen mächtigen → Strahlungsgürtel hin.
Die erste US-amerikan. Jupitersonde „Pioneer 10" wurde am 3. 3. 1972 gestartet; sie flog am 4. 12. 1973 am J. vorbei u. funkte Fotos u. Messdaten zur Erde. Es folgten „Pioneer 11" am 3. 12. 1974, „Voyager 1" am 5. 3. 1979 u. „Voyager 2" am 9. 7. 1979 sowie „Galileo" am 7. 12. 1995. Auch → Pioneer, → Voyager, → Galileo.

◆ **Jupiter** [italisch, „Himmelsvater"], *Iuppiter,* der höchste röm. Gott, speziell des Himmels *(J. Caelestis)*, des Tages- u. Nachtlichts, der Witterung u. deren verschiedener Erscheinungen: des Blitzes *(J. Fulgur)* u. Donners *(J. Tonans),* des Regens *(J. Pluvialis)* u. Sturmes *(J. Tempestas).* Er ließ die Frucht gedeihen, beschützte den Gesetzeskodex u. verlieh als *J. Stator* Kraft u. Sieg im Kampf. Durch die Gleichsetzung mit *Zeus* (6. Jh. v. Chr.) wurde er zum Staatsgott *J. Optimus Maximus,* als dessen Abbild der siegreiche Feldherr galt u. dessen Tempel auf dem Kapitol (Lagerstätte der *sibyllin. Bücher*) Mittelpunkt höchster staatl. Handlungen war (Kriegserklärung, Vertragsaushang). Die Vollmondstage (Iden) waren ihm heilig. In spätantiker Zeit verschmolz J.

Optimus Maximus mit einer Reihe oriental. Gottheiten z. B. Sabazios, Amun.

Jupiterfamilie, eine durch die Störungswirkung von Jupiter entstandene → Kometenfamilie.

Jupon [ʒy'pɔ̃; der; frz.], eleganter Unterrock, um 1900 meist aus Taft u. mit Rüschen verziert, um das *Frou-Frou* (Rascheln) zu erzeugen.

Jura, 1. [Pl., Sg. *Jus*; lat.], *allg.*: die Rechte; häufig für → Rechtswissenschaft gebraucht.

◆ **2.** [der; nach dem Gebirge *Jura*], *Geologie:* ein erdgeschichtl. Zeitalter, stratigraphisch die mittlere Formation des *Mesozoikums* (zwischen *Trias* u. *Kreide*), während der es zur Ausbildung einer teilweise 1000 m mächtigen Schichtenfolge aus Tonen, Mergeln u. Kalken in meist flacher, ungestörter Lagerung kam. Die Pflanzenwelt bestand aus Farnen, Farnpalmen u. Nadelhölzern; die Tierwelt bildeten Meeresechsen (Ichthyo- u. Plesiosaurier), Dino- u. Flugsaurier des Festlands, der Urvogel Archäopteryx, Ammoniten, Belemniten u. kleine beuteltierähnliche Säugetiere. Der J. ist in Dtschld. bes. in der Schwäb.-Fränk. Alb entwickelt. Er wird hier untergliedert in *Lias* (Schwarzer J.), *Dogger* (Brauner J.) u. *Malm* (Weißer J.). Ferner ist die Formation des J. im Franzos. u. Schweizer Jura verbreitet. Auch → Geologie. *Grafik S. 97*

Jura, 1. [der; ligur., „Alpe", gall., „Wald", im MA „Bergwald"], mitteleurop. Gebirge zwischen mittlerer Rhône im S u. Hochrhein im NO, im *Crêt de la Neige* 1723 m; vorwiegend Kalke der Juraformation u. der Kreide, die im Kettenjura im SO stark gefaltet sind, während sie im Plateaujura im NW weniger stark gefaltet u. stärker abgetragen sind; im NO die ungefaltete Tafeljura. Die franzos.-schweiz. Grenze trennt den *Französischen J.* im W u. den *Schweizer J.* im O.

Jura (2)

◆ **2.** schweiz. Kanton an der franzos. Grenze, gebildet aus den ehem. Amtsbezirken Delsberg, Pruntrut u. Freiberge des Kantons Bern. 838 km², 69 000 Ew., Hptst. Delémont.
Die wichtigsten Wirtschaftszweige sind Viehzucht, Getreide-, Kartoffel- u. Tabakanbau, Maschinen-, Metall- u. Uhrenindustrie, Fahrzeugbau.
Geschichte: Das Gebiet des heutigen Kantons J. gehörte bis 1792 zum Fürstbistum Basel, danach bis 1814 zu Frankreich u. kam 1815 zum Kanton Bern. Die Fran-

Jupiter: Monde

Mond		a	U	d
I	*(Io)*	5,90	1,769	3643
II	*(Europa)*	9,39	3,551	3130
III	*(Ganymed)*	14,97	7,155	5268
IV	*(Kallisto)*	26,34	16,689	4806

Jura (2): Im Kettenjura östlich von Delémont trennen Längstäler die bewaldeten Kämme voneinander

zösisch sprechende kath. Bevölkerung entwickelte früh Autonomiebestrebungen. 1951 wurde das separatist. „Rassemblement Jurassien" gegründet 1978 erbrachte eine gesamtschweiz. Volksabstimmung eine große Mehrheit für die Schaffung des Kantons J., der am 1. 1. 1979 gegründet wurde u. sich eine fortschrittl. Verfassung gab. Mit offenen Fragen zwischen dem Kanton J. u. dem bei Bern gebliebenen Südjura befaßt sich seit 1995 die interjurass. Versammlung (Assemblée interjurasssienne).
3. [ʒy'ra], ostfranzös. Dép. im Jura, an der schweiz. Grenze, 4999 km², 252 000 Ew.; Verw.-Sitz *Lons-le-Saunier.*
4. [dʒuərə], eine südl. Insel der *Inneren Hebriden* (Großbritannien), 255 km², 300 Ew.
Juramarmor, dichter, polierfähiger Kalkstein in graugelb-brauner Grundtönung, der im schwäbischen u. fränkischen Jura gewonnen wird.

Jura (2): die erste Kantonsregierung 1979

Jurassier, frz. *Jurassiens,* die Bewohner des schweiz. Kantons → *Jura (2).*
jurassisch, zur Formation des *Jura* gehörend.
Jurčič ['jurtʃitʃ], Josip, slowen. Schriftsteller, *4. 3. 1844 Muljava, †3. 5. 1881 Ljubljana; begründete die slowen. Novellistik; schrieb histor. Novellen u. Gesellschaftsromane, u. a. „Der zehnte Bruder" 1866, dt. 1960.
Jürgen, männl. Vorname, niederdt. Form von → Georg.
Jürgens, 1. Curd, dt. Schauspieler, *13. 12. 1915 München, †18. 6. 1982 Wien; 1937–1941 an Berliner Theatern, seit 1939 auch Filmarbeit. Nach dem 2. Weltkrieg internationale Filmkarriere: „Des Teufels General" 1954; „Jakobowsky und der Oberst" 1957; „Luftschlacht um England" 1969. Erinnerungen: „...und kein bisschen weise" 1976.

Udo Jürgens

◆ **2.** Udo, eigentl. Udo Jürgen *Bockelmann,* österr. Sänger, *30. 9. 1934 Schloss Ottmanach, Kärnten; tritt mit z. T. selbst gedichteten Songs u. komponierten Songs auf Konzerttourneen u. Fernsehshows auf; Musical „Helden, Helden" (nach G. B. Shaw).
Jurij Dolgorukij, russ. Fürst, *1090, †1157; Sohn *Wladimir Monomachs,* erbte das Fürstentum Rostow-Susdal, eroberte Kiew u. war seit 1155 Großfürst von Kiew; gründete 1147 Moskau u. ließ den ersten Kreml erbauen.

Jurinac, Sena, österr. Sängerin bosnischer Herkunft (Sopran), *24. 10. 1921 Travnik; 1945–1983 Mitglied der Wiener Staatsoper; trat u. a. bei den Festivals von Edinburgh, Glyndebourne und Salzburg auf; ausgewiesene Mozart- und Richard-Strauss-Interpretin.
Jurisdiktion [lat.], **1.** *kath. Kirchenrecht:* das Hirtenamt der Kirche. Neben die Weihegewalt *(potestas ordinis)* tritt die Jurisdiktionsgewalt *(potestas iurisdictionis);* beide Gewalten sind unterschieden, aber einander zugeordnet. Die Jurisdiktionsgewalt kommt dem Papst über die Gesamtkirche, den Bischöfen über die Diözese zu; die Pfarrer haben an ihr teil, ohne im äußeren Rechtsstreit richterl. u. Strafgewalt zu besitzen.
2. *Recht:* → Gerichtsbarkeit, → Gerichtshoheit, → Rechtsprechung.
Jurisdiktionsnorm, österr. Gesetz vom 1. 8. 1895, regelt die Gerichtsbarkeit in bürgerl. Rechtssachen sowie die Zuständigkeit der ordentl. Gerichte hierfür u. bestimmt den Instanzenzug.
Jurisprudenz [lat.], der im *römischen Recht* u. in der *Pandektenwissenschaft* gebrauchte Ausdruck für die → Rechtswissenschaft. Gelegentlich wird unter J. die Rechtsbeherrschung sowie die kluge u. geschickte Rechtsanwendung verstanden.
Jurist [lat.], eine rechtskundige Person, die ihre Rechtskenntnisse durch das Studium der Rechtswissenschaft u. durch Ablegung der vorgeschriebenen Prüfungen nachgewiesen hat. Der Begriff des Juristen ist von Land zu Land verschieden. In *Dtschld.* gilt als *Volljurist,* wer durch das Bestehen zweier Staatsprüfungen die Befähigung zum Richteramt u. zum höheren Verwaltungsdienst erlangt hat (u. damit die Befugnis, die Bez. Assessor zu führen). Die *erste* Staatsprüfung (Referendarexamen) schließt sich an das Studium der Rechtswissenschaft an, die *zweite* (Assessorprüfung) an den jurist. Vorbereitungsdienst, in dem alle Juristen in der Rechtspraxis ausgebildet werden. Wer die Befähigung zum Richteramt besitzt, kann in jedem Berufszweig tätig werden, z. B. als Staatsanwalt, Rechtsanwalt, Notar, Jurist in der öffentl. Verwaltung oder Wirtschaft. In den *USA* heißt J. *(lawyer),* wer aufgrund einer Staatsprüfung nach dem Studium in den *Law schools* die Zulassung zur Anwaltschaft *(Admission to the bar)* erlangt hat. Auch in *Großbritannien* kommt es auf die Zugehörigkeit zum Anwaltsstand *(legal profession)* an, der aus den getrennten Zweigen der *barrister* u. *solicitors* besteht. In *Österreich* u. der *Schweiz* ist J., wer das rechtswissenschaftl. Studium erfolgreich absolviert hat. Auch → Deutscher Juristentag, → Juristenverbände.
Juristenverbände, Organisationen von Juristen, die fachlichen, beruflichen, sozialen u. wirtschaftlichen Zwecken dienen. Die größeren J. werden oft zu rechtspolitischen Fragen von den Ministerien u. auch vom Parlament gehört. Richter u. Staatsanwälte sind im *Deutschen Richterbund* (mit 16 Landes- u. Fachverbänden, 14 000 Mitglie-

der) u. weiteren Gerichtsverbänden zusammengeschlossen. Die Berufsorganisation der Anwälte ist der *Deutsche Anwaltverein* (46 000 Mitglieder), die der höheren Verwaltungsbeamten der *Bundesverband der Verwaltungsbeamten des höheren Dienstes*. Daneben existieren Juristenorganisationen, die wissenschaftlichen, kulturellen oder politischen Zwecken dienen, z. B. juristische Gesellschaften, Arbeitsgemeinschaft sozialdemokratischer Juristen, Bundesarbeitskreis christlich-demokratischer Juristen. Auch → Deutscher Juristentag.

juristisch [lat.], *juridisch*, den Juristen oder der Jurisprudenz entsprechend oder sie betreffend; i. w. S.: Kennzeichnung einer Denkweise, die die jeweils in Erscheinung tretenden Dinge des Lebens mit Rechtsbegriffen begleitet oder charakterisiert, z. B. „die Ehe ist ein Vertrag".

juristische Logik, die Lehre von den logischen Schlussformen (argumentum a simile, Analogie in Gesetzes- u. Rechtsanalogie, argumentum e contrario u. a.) in ihrer Auswertung für die Rechtsfindung (schon immer bestritten von der → Freirechtsschule u. der → Interessenjurisprudenz im Gegensatz zur → Begriffsjurisprudenz). Die j. L. fördert sowohl die mögliche Formalisierung des Rechtsdenkens u. der Rechtsanwendung mittels der kalkülisierten Logik, wie sie auch in Verbindung mit Erkenntnissen der Sprachlogik der analytischen Philosophie eine programmierfähige Begriffssprache u. ein informationsfähiges rechtliches Zeichensystem entwickelt (Verwendung von EDV in Rechtsprechung u. Verwaltung; Lehrfach *Rechtsinformatik*). J. L. muss mit der → Interessenjurisprudenz bei der Rechtsanwendung zur Rechtsidee (→ Gerechtigkeit u. → Billigkeit) verbunden werden. Auch darf das elementare Rechtsgefühl nicht außer Betracht gelassen werden.

juristische Person, eine rechtlich verselbständigte u. wie eine *natürliche* Person mit eigener bürgerl. → Rechtsfähigkeit ausgestattete Personenmehrheit (im Privatrecht z. B. rechtsfähige Vereine, Kapitalgesellschaften; im öffentl. Recht z. B. Gebiets-, Personal- u. Realkörperschaften) oder Vermögensmassen (im Privatrecht u. im öffentl. Recht die rechtsfähige Stiftung); im öffentl. Recht ferner die rechtsfähige → Anstalt. Im *Staatsrecht* ist es von bes. Bedeutung, den Staat (u. auch die ihm eingegliederten öffent-

lichen Körperschaften) als j. P. zu erfassen. Mit der Lehre von der *abstrakten juristischen Staatsperson* ist die sog. *Apparattheorie* überwunden, nach der der Staat nichts anderes ist als der mechanisch, auf Druck (Befehl oder Weisung) von oben funktionierende Apparat (Behörden-, Mili-

Jura (2): Wichtigste Fossilien: *Cephalopoden (Ammoniten)*: 1 Amaltheus margaritatus, Lias; 2 Leioceras opalinum, Dogger; 3 Taramelliceras costatum, Malm. – *Belemniten*: 6 Megateuthis giganteus, Dogger. – *Gastropoden*: 4 Nerinea tuberculosa, Malm; 5 Pterocera oceani, Malm. – *Echinoiden*: 7 Plegiocidaris coronata, Malm. – 8 Stegosaurus ungulatus, Malm; 9 Archaeopteryx siemensi, Malm; 10 Compsognathus longipes, Malm; 11 Ichthyosaurus quadriscissus, Lias

tär-, allgemeiner Machtapparat) in der Hand des jeweiligen Machthabers (Individuum, Gruppe, Partei). Durch die Auffassung vom Staat als juristischer Person ist die Möglichkeit einer Haftung des Staates mit dem fiskalischen Vermögen für Staatsunrecht oder Opferausgleich sichergestellt (→ Staatshaftung); der Staat kann also auch klagen oder verklagt werden, u. es kann gegen ihn erforderlichenfalls – wenn auch mit gewissen Absicherungen für das staatliche Ansehen – die Zwangsvollstreckung betrieben werden. *Allgemein* ist die rechtstheoretische Erfassung der juristischen Person seit den Zeiten des römischen Rechts umstritten. Im römischen und gemeinen Recht wurde die Annahme einer Personalität für eine Mehrheit von Menschen als eine vom Recht gebildete *Fiktion* angesehen. Dem trat (romantisch) die deutschrechtliche Lehre von der „realen Verbandsperson" entgegen (O. von *Gierke*), wonach die Zusammenfassung von Menschen zur *Einheit einer Körperschaft* eine Realität ist, die ein einheitliches Auftreten und daher einen einheitlichen Träger von Rechten u. Pflichten verlangt. J. P. ist daher nur die Bezeichnung für die vom jus (Recht) verliehene Fähigkeit, als Organismus (z. B. Verein, Aktiengesellschaft, Genossenschaft, Staat) oder Vermögensmasse (z. B. Stiftung, im röm. Recht die *hereditas iacens*, die noch nicht angetretene Erbschaftsmasse) Träger von Rechten u. Pflichten zu sein.

juristischer Vorbereitungsdienst, praktische Phase der Juristenausbildung (so genannte Referendarzeit), die im Beamtenverhältnis (→ Referendar) beim Gericht, bei der Staatsanwaltschaft, bei der Verwaltung u. beim Rechtsanwalt abgeleistet wird, wahlweise auch bei Verbänden, Wirtschaftsunternehmen, ausländischen Rechtsanwälten u. über- oder zwischenstaatliche Einrichtungen.

Jurjurah [dʒurdʒura], *Djurdjura*, Kalkgebirgszug des Tellatlas in Nordalgerien, im Lalla Kredidja 2308 m.

Jurmala, Stadt in Lettland, am Rigaer Meerbusen, 59 200 Ew.; Seebad, Kurort; Papier-, Zement- u. Sägewerk, Bootsbau.

◆ **Jurte** [die; osttürk.], *Kibitka*, die runde, transportable Filzhütte mittelasiatischer Nomaden. Zusammenschiebbare hölzerne Scherengitter als Wände u. leicht gebogene Dachstäbe werden mit Filzplatten bedeckt (im Sommer

Jurte: traditionelle Hütten afghanischer Nomaden

mit Matten); das Innere wird mit Teppichen ausgekleidet.

Juruá [ʒu-], rechter Nebenfluss des oberen Amazonas, 3280 km; entspringt an der brasilian.-peruan. Grenze, mündet bei Fonte Boa; über 1500 km schiffbar.

Juruena [ʒu'ruena], linker Quellfluss des Tapajós in Zentralbrasilien, rd. 1100 km; entspringt im Bergland von Mato Grosso, mündet bei Barra do São Manuel.

Jürüken, halbnomad. Volk in gebirgigen Teilen Süd- u. Südwestanatoliens; Jäger u. Hirten (Schaf, Rind, Pferd, Kamel), wohnen in schwarzen Filzzelten; z. T. sesshaft geworden. Die Frauen arbeiten als Teppichknüpferinnen. Die J. sind Moslems mit vielen vorislam. Bräuchen.

Jury [engl. 'dʒuːri; frz. ʒy'riː; die], **1.** *allg.:* ein sachverständiges Gremium, das über die Zulassung von Kunstwerken zu Ausstellungen, über die Verleihung von Preisen u. Ä. entscheidet; beim *Sport* ein Schieds- oder → Kampfgericht, das die Leistungen der Sportler beurteilt u. bewertet. **2.** *Recht:* die Geschworenen des angelsächsischen Schwurgerichts; entscheiden als „Laien" über Tat- u. Beweisfragen, wozu ihnen der Richter (judge) die Rechtsbelehrung gibt. Nach dem Spruch der J. entscheidet der Richter über das Strafmaß. In *England* durch Heinrich II. (1122–1189) eingeführt; spielte in der engl. Geschichte eine große Rolle als Bollwerk der Freiheit u. ist unverändert populär. In den *USA* in der Verfassung garantiert (Art. III). Auch → Geschworenengericht, → Laienrichter.

Jury d'appel [ʒy'riː da'pɛl; frz.], bei internationalen Wettkämpfen (Olymp. Spiele, Weltmeisterschaften, Europameisterschaften u. Ä.) eingesetztes oberstes → Kampfgericht, das als Berufungsinstanz über Entscheidungen der Jury eingesetzt bzw. bei

umstrittenen sportl. Ergebnissen angerufen wird.

Jus, 1. [ʒyː; die oder das; frz.], *Kochkunst:* bes. kräftige Fleischbrühe, durch langes Kochen eingedickt; zum Würzen von Speisen. **2.** [das, Pl. *Jura;* lat.], *Rechtswissenschaft: Ius,* das Recht.

Jus aequum [lat.], billiges Recht, das eine Rechtsfolge für den wechselnden Einzelfall herbeiführen soll; Gegensatz: *Jus strictum,* strenges Recht. Auch → Billigkeit.

Jus canonicum [lat.], *kanonisches Recht* → Kirchenrecht.

Juschno-Sachalinsk, *Južno-Sachalinsk,* Hptst. der Oblast Sachalin im Fernen Osten Russlands, 160 000 Ew.; Forschungsinstitute der Akademie der Wissenschaften; Steinkohlenförderung, Maschinenbau, Holz- u. Papierindustrie, Eisenbahnreparaturwerkstätten, Zentrum der Fischverarbeitung in Südsachalin; Bahnknotenpunkt, Satellitenmeldestation.

Jus circa sacra, rechtliche Gewalt weltlicher Institutionen in Kirchensachen. Ursprüngl. als kirchl. Pflicht der christl. Obrigkeit für den rechten Glauben verstanden, entwickelte es sich zu einem von religiösen Zielen unabhängigen Teil staatlicher Souveränität.

Jus civile [lat.] → Bürgerliches Recht.

Jus cogens [lat.], *zwingendes Recht,* auch *absolutes Recht* genannt. Zwingend sind Rechtsvorschriften, deren Geltung oder Anwendung vertragl. nicht ausgeschlossen oder abgeändert werden kann, also weder durch rechtsgeschäftl. Privatwillen noch durch Kollektivwillen (Tarifverträge, Betriebsvereinbarungen). Gegensatz: *dispositives Recht.* Der Gegensatz hat lediglich für die auf obligatorische Rechtsgeschäfte sich beziehende Rechtssätze Bedeutung. *Sachenrecht* ist grundsätzlich zwingendes Recht.

Jus dispositivum [lat.] → dispositives Recht.

Jus divinum [lat.], göttliches Recht als Recht Gottes *auf* den Menschen u. von daher Recht *für* die Menschen. Als Recht auf den Menschen umfasst es die Rechtspflichten, die gegen Gott zu erfüllen sind (Lob, Verkündigung, Dienst), als Recht für die Menschen ist es Ausfluss unmittelbarer Offenbarung. Nach Thomas von Aquin u. der röm.-kath. Lehre umfasst das J. d. Naturrecht u. positives Gottesrecht, die beide aus der ewigen Wesensordnung Gottes herrühren u. die vormosaische Rechtsoffenbarung, das mosaische Gesetz u. das Gesetz Christi umfassen. Die ev. Dogmatik trennt es radikal vom geschichtl.-natürl. Recht als geistl. Ordnung für den „geistlichen Menschen". In Taufe, Predigt u. Abendmahl sowie in der Gemeindezucht werde göttliches Recht als lex gratiae (Gesetz der Gnade) für die Kirche erkennbar.

Jus gentium [lat.], das Völkerrecht: 1. das bei allen Völkern, mithin überall geltende Recht im Sinn einer naturrechtl. Auffassung (so schon in Rom, dann vor allem im 17. u. 18. Jh. in Europa); 2. universelles zwischenstaatl. Recht im Sinn des modernen → Völkerrechts.

Jus humanum [lat.], bei *Thomas von Aquin* u. in seiner Nachfolge das menschliche Recht, auch *Jus humanum positivum (voluntarium),* mit gesetzten Rechten u. Pflichten, vom → Jus divinum zu unterscheiden, aber nicht zu trennen. Vielmehr soll auch das in die menschliche Entscheidung gestellte J. h. dem Vollzug des Jus divinum u. des mit ihm zusammenhängenden *Naturrechts* dienen.

Jus in sacra [lat.], im Jahrhundert der Reformation die geistl. Regentenpflichten der Landesherrn. Im 17. Jh. die dem Fürsten zustehende Sorge für die äußere kirchl. Ordnung (→ Jus circa sacra) im Gegensatz zur inneren geistl. Leitung der Kirche, die dem geistl. Stand vorbehalten ist.

Jusos, Kurzwort für → Jungsozialisten.

Jusos, Jussi, schwed. Sänger (Tenor), *2. 2. 1911 Stora Tuna, †9. 9. 1960 Siarö bei Stockholm; 1938 bis zu seinem Tode Mitglied der Metropolitan Opera; in den USA als der „schwedische Caruso" gefeiert; vor allem durch seine Puccini- u. Verdi-Interpretationen berühmt.

Jus primae noctis [lat.], „Recht der ersten Nacht", das angebliche Privileg des Grundherrn, einer Grundhörigen in der Brautnacht beizuwohnen. Der Bräutigam konnte es gegen eine Abgabe vom Grundherrn erwerben. Ursprünglich handelte es sich wohl um eine Abgabe zur Erlangung der Heiratserlaubnis von Hörigen verschiedener Grundherren. Das Jus primae noctis ist in einzelnen Schweizer Rechten überliefert, seine tatsächliche Bedeutung und Verbreitung sind unklar; bekannt ist es vor allem durch das Libretto zu Mozarts Oper „Die Hochzeit des Figaro" nach P. *Beaumarchais.*

Jus privatum [lat.] → Privatrecht.

Jus publicum [lat.], öffentliches Recht.

Jus reformandi [lat.], im *Augsburger Religionsfrieden* 1555 reichsrechtlich anerkanntes Recht der Landesherren, die Religion ihrer

Untertanen zu bestimmen, d. h., sie mussten jedem Bekenntniswechsel des Landesherrn folgen; im *Westfälischen Frieden* 1648 weitgehend eingeschränkt.

Jus sanguinis [lat., „Recht der Abstammung"], ein Grundsatz des Staatsangehörigkeitsrechts, nach dem sich der Erwerb der → Staatsangehörigkeit bei der Geburt nach der Staatsangehörigkeit des Vaters, bei nicht ehelichen Kindern nach derjenigen der Mutter richtet. – Jurist. Gegensatz: *Jus soli.* Auch → Staatsangehörigkeit.

Jussieu [ʒy'sjø], **1.** Antoine-Laurent de, Neffe von 2), französ. Botaniker, *12. 4. 1748 Lyon, †17. 9. 1836 Paris; Prof. am Jardin des Plantes; erweiterte das Pflanzensystem seines Onkels u. fasste die gemeinsamen Merkmale von Gattungsgruppen in Familiendiagnosen zusammen; Hptw.: „Genera plantarum secundum ordines naturales disposita" 1789.
2. Bernard de, französ. Botaniker, *17. 8. 1699 Lyon, †6. 11. 1776 Paris; Aufseher des königl. Gartens im Trianon, schuf das erste natürl. System der Pflanzenfamilien.

Jussieua [ʒys'jøa], die; nach B. de *Jussieu*), Gattung der *Nachtkerzengewächse (Oenotheraceae);* amphibisch lebende Uferpflanzen im trop. u. subtrop. Amerika; Sumpfpflanzen, die sich gut für die Haltung im Aquarium eignen.

Jus soli [lat., „Recht des Bodens"], ein Grundsatz des Staatsangehörigkeitsrechts, nach dem sich der Erwerb der → Staatsangehörigkeit nach dem Land richtet, in dem das Kind geboren wird (unabhängig von der Staatsangehörigkeit des Vaters bzw. der Mutter). Dieses Prinzip gilt vor allem in den angelsächs. Staaten sowie in Einwanderungsländern. – Juristischer Gegensatz: *Jus sanguinis.* Beim Zusammenfallen beider Grundsätze (z. B. Geburt des Kindes österreichischer Eltern in Großbritannien) entsteht doppelte Staatsangehörigkeit; beide Staaten können die Person als ihre Staatsangehörige betrachten.

Jus strictum [lat., „strenges Recht"], ein Recht, das für einen eindeutig festgelegten Sachverhalt eine genau bestimmte Rechtsfolge anordnet u. in seiner Anwendung keine Rücksicht auf die Besonderheiten des Einzelfalles, die konkrete u. spezielle Situation, u. damit auch die → Billigkeit zulässt. Es ist zugleich → Jus cogens (zwingendes Recht) – nicht umgekehrt (zwingendes Recht kann Billigkeitsentscheidungen vorschreiben, § 319 BGB).

Just, Günther, dt. Anthropologe, *3. 1. 1892 Cottbus, †30. 8. 1950 Heidelberg; Professor in Greifswald, Würzburg u. Tübingen; untersuchte u. a. die Erblichkeit der Begabung.

Justaucorps [ʒystokoːr; der; frz., „eng am Körper"], knielanger, taillierter Männerrock, etwa 1665–1770 allgemeine Hauptoberkleidung.

Juste-milieu [ʒyst mi'ljø; frz., „richtige Mitte"], *i. e. S.* ein polit. Schlagwort im Frankreich der Julirevolution 1830 für die „mittlere", ausgleichende Position der Regierung zwischen den Parteiextremen; *i. w. S.* laue Gesinnung.

Carl Justi

Justi, ◆ **1.** Carl, dt. Kunsthistoriker, *2. 8. 1832 Marburg, †9. 12. 1912 Bonn; wechselte nach abgeschlossenem Theologiestudium zur Philosophie über; 1867 Professor für Philosophie in Marburg, 1872–1901 Prof. für Kunstgeschichte in Bonn; schrieb Künstlerbiografien, die jeweils auch zeitgeschichtliche Hintergründe darstellen; Hptw.: „Winckelmann, sein Leben, seine Werke u. seine Zeitgenossen" 2 Bde. 1866–1872; „Velázquez u. sein Jh." 1888; „Michelangelo. Beiträge zur Erklärung der Werke u. des Menschen" 1900.
2. Eduard, Neffe von 4), dt. Physiker, *30. 5. 1904 Hongkong, †16. 12. 1986 Braunschweig; 1946–1974 Prof. in Braunschweig; wurde bekannt durch die Idee einer Solar-Wasserstoff-Wirtschaft.
3. Johann Heinrich Gottlob von, dt. Kameralist, *28. 12. 1717 Brücken, †21. 7. 1771 Küstrin; lehrte 1751–1754 in Wien; Hptw.: „Staatswirtschaft" 2 Bde. 1755; „Grundsätze der Polizeywissenschaft" 1756.
4. Ludwig, Neffe von 1), dt. Kunsthistoriker, *14. 3. 1876 Marburg, †19. 10. 1957 Potsdam; Museumsdirektor in Frankfurt a. M. u. Berlin (Nationalgalerie), seit 1946 Generaldirektor der Staatl. Museen Berlin (Ost); förderte nach dem 2. Weltkrieg entscheidend den Wiederaufbau der Berliner Museen; schrieb u. a.: „Giorgione" 2 Bde. 1908, Neuausgabe 1936; „Dt. Zeichenkunst im 19. Jh." 1919; „Von Runge bis Thoma" 1932.

justieren [lat.], **1.** *allg.:* genau einstellen, einpassen; Münzen auf ihr Normalgewicht bringen.
2. *Druckwesen:* 1. beim Umbruch den in Spalten gesetzten Satz auf gleiche Seitenhöhe bringen; 2. die Klischees genau auf Schrifthöhe bringen, in den Schriftsatz einpassen; 3. die Marginalien an entspr. Stellen des Textes einsetzen.
3. *Technik:* bei Mess-, Regel- u. ä. Apparaten Fehler beseitigen; bei Schusswaffen die Parallelität zwischen Ausgangslage der Ziellinie u. Achse (Seelenachse) von Lauf oder Rohr herstellen. Zum J. sind an den Geräten Justierschrauben, -hebel, -keile angeordnet.

Justifikation [lat., „Rechtfertigung"], das *Justifizieren,* in der *Wissenschaftstheorie* die Begründung theoretischer Aussagen, voran von Allgemeinaussagen. Da sie die Gesamtheit alles Möglichen betreffen, sind sie nicht *verifizierbar,* sondern nur *justifizierbar.*

Justin der Märtyrer, *Justinus,* frühchristl. Philosoph u. Apologet, Heiliger, *um 100 Flavia Neapolis (Sichem, Nablus), †um 165 Rom; sah im Christentum die wahre Philosophie; bediente sich bei der Verteidigung gegen Heiden, Irrlehrer u. den röm. Staat als Erster der griech. Philosophie. Fest: 1. 6.

Justin I., byzantin. Kaiser 518–527, *um 450 Bederiana, †1. 8. 527 Konstantinopel; Sohn eines freien Bauern, schlug 470 die Militärlaufbahn ein; setzte 518 seine Wahl zum Kaiser durch, bekämpfte die *Monophysiten,* was zu sozialen Unruhen führte. Sein einflussreichster Berater war sein Neffe u. Nachfolger *Justinian I.*

Justinian, BYZANTIN. KAISER:
◆ **1.** Justinian I., Kaiser 527–565, *11. 5. 482 Tauresium bei Skopje, †11. 11. 565 Konstantinopel. Als Nachfolger seines Onkels *Justin I.* betrieb J. die Wiederherstellung des Röm. Weltreiches. Ohne selbst Konstantinopel zu verlassen, eroberte er durch seine Feldherrn (bes. *Belisar* u. *Narses*) das nordafrikan. Wandalenreich 533/34, das Ostgotenreich in Italien 535–540, wo sich der Widerstand gegen die Fremdherrschaft bis 553 hinzog, u. die Südostküste des westgotischen Spanien (553/54). Während so der röm. Westen zurückgewonnen wurde, gefährdete der Sassanidenkönig *Chosrau I.,* der Persien zu einem mächtigen Reich gemacht hatte, die östl. Reichsgrenze u. konnte nach schweren Kämpfen nur durch hohe Tributzahlungen zu einem Frieden von 50 Jahren bewegt werden (561).

Die erfolgreiche Expansionspolitik war nur möglich durch straffe Organisation im Innern. J. zentralisierte die Verwaltung unter Einbeziehung der Kirche. Der Einheit des Reiches diente Justinians Gesetzessammlung „Codex Justinianus", die 529 erstmals u. 534 in erweiterter Fassung publiziert wurde. Sie regelte die Rechtsprechung u. Verwaltung im gesamten Reich u. beeinflusste seit dem 11. Jh. bis in die Gegenwart die abendländ. Rechtsentwicklung.

Röm. Reich, röm. Recht u. christl. Glaube bildeten für J. eine Einheit, die er als Diener Gottes zu wahren habe. So schloss er 529 im Rahmen der Heidenverfolgung die *Akademie* in Athen. Die Herstellung der Glaubenseinheit misslang jedoch trotz der sowohl gegen die *Monophysiten* als auch gegen Papst *Vigilius* angewandten Maßnahmen (5. Ökumen. Konzil; *Dreikapitelstreit*); seine eigenen theologischen Schriften blieben

Justinian I.: Goldmedaillon mit dem Bildnis des Kaisers, 535 zu Ehren seines Feldherrn Belisar geprägt. London, British Museum

Justinian I. 482–565

In Tauresium bei Skopje am 11. Mai als Sohn einer thrakischen Bauernfamilie geboren, seine Muttersprache ist Lateinisch; er trägt den Namen Petrus Sabbatius	482	Chlodwig aus dem Geschlecht der salischen Merowinger wird König der Franken und Begründer eines fränkischen Großreichs
J. kommt nach Konstantinopel zu seinem Onkel, dem späteren Kaiser Justin I.	~ 500 ~	Aufzeichnung des fränkischen Rechts in der „Lex Salica"
Tod des Kaisers Anastasius. Justinians Onkel Justin wird Kaiser. Er beteiligt J. als „Comes domesticorum" (das zweithöchste Staatsamt) an den Regierungsgeschäften	518 ~	Wudi, Kaiser von China (502–549), fördert den Buddhismus. Er führt in seinen letzten Lebensjahren ein mönchisches Leben, schafft die Todesstrafe ab und untersagt Tieropfer
Nach der von Justin I. und J. veranlassten Ermordung des Konsuls Vitalian wird J. Konsul	521 ~	Die Hunnen machen Nordindien zur Provinz ihres Reiches
J. wird von seinem Onkel zum „Caesar" ernannt / Er heiratet die Hetäre Theodora	525	Äthiopien erobert mit Unterstützung Ostroms den Jemen
	526	Tod Theoderichs des Großen. Nach seinem Tod zerfällt das ostgotische Reich
Justin I. stirbt / J. wird Kaiser von Byzanz / Er entsendet seinen Feldherrn Belisar zum Krieg gegen Persien, der 532 abgebrochen wird	527 ~	König Yasodharman gelingt es, die Hunnen aus Nordindien zu vertreiben
Im Zug seiner Bekämpfung der Häretiker und Heiden schließt J. die neuplatonische Universität Athen / Er veröffentlicht die erste Fassung des kodifizierten römischen Rechts	529	Benedikt von Nursia gründet das erste europäische Mönchskloster auf dem Monte Cassino / Regensburg wird Hauptstadt des Herzogtums Bayern
J. bildet Kommission zur Zusammenfassung u. Vereinheitlichung der Rechtskommentare. Das Werk, die sog.„Digesten", erscheint 533	530	Die Wandalen stürzen den halbrömischen König Hilderich und machen Gelimer zum König
Durch Belisars brutales Eingreifen gelingt es, einen Volksaufstand gegen J. niederzuwerfen	532	Die merowingischen Frankenkönige beginnen das Burgunderreich zu erobern
Justinians Feldherr Belisar erobert das Wandalenreich in Afrika, auf Sardinien und Korsika / J. publiziert die zweite aktualisierte Fassung des „Codex Justinianus"	534	Regierungsantritt des fränkischen Königs Theudebert I. Die Franken besiegen Burgund in der Schlacht von Autun / Toledo wird Hauptstadt des Westgotenreichs in Spanien
J. lässt Konstantinopel prächtig ausbauen	537	Theodoras Günstling Vigilius wird durch eine Intrige Papst
Raubzüge der Slawen bedrohen das Reich / Die Rückeroberung Italiens (seit 535) ist abgeschlossen: Belisar zieht in Ravenna ein	540	Chosroes I. Anuschirvan, König von Persien seit 531, erobert die byzantinische Stadt Antiochia in Syrien. Er schafft ein starkes Perserreich
Organisation des staatlichen Seidenmonopols	542	Totila, König der Ostgoten, erobert bis 550 das ganze Italien außer Ravenna
Tod der Kaiserin Theodora	548	
Durch nestorianische Mönche lässt J. Seidenraupen aus China ins Land schmuggeln und betreibt Zucht und Verarbeitung im großen Rahmen zur Sanierung des Staatshaushalts	552	Sieg des byzantinischen Feldherrn Narses über die Goten bei Busta Gallorum u. am Mors Lactarius. Teja, der letzte Ostgotenkönig, fällt
Justinians Feldherren erobern die Südostküste des westgotischen Spanien / J. beruft das 5. ökumenische Konzil nach Konstantinopel und lässt die „Drei Kapitel" der nestorianischen Theologen verurteilen / Unter Druck muss Papst Vigilius dem Konzilsbeschluss zustimmen	553 ~	Japan übernimmt die politischen Formen des chinesischen Beamtenstaates unter zentraler Herrschaft / Im späten persischen Sassanidenreich erreicht das Kunsthandwerk eine hohe Stufe, besonders bei Teppichen, Stoffen aus Brokat, Silber- und Emailarbeiten
J. publiziert die „Pragmatische Sanktion", die die Verhältnisse in Italien nach den liberalen Edikten Totilas wieder zu Gunsten der Oberschicht restauriert	554	Die Westgoten gründen noch einmal ein Reich in Spanien
J. verspricht im Friedensvertrag mit den Persern erneut Tributzahlungen	561	Das Frankenreich zerfällt durch Streit der Adelsparteien in drei Teile
J. entkommt einem Mordanschlag	562	Tod des byzantinischen Historiographen Prokop, Begleiter und Chronist Belisars
Am 11. November stirbt er in Konstantinopel	565	

nicht unangefochten. Justinians Frau → Theodora stand ihm als Mitkaiserin gleichberechtigt zur Seite.

2. Justinian II. Rhinotmetos [„mit abgeschnittener Nase"], Kaiser 685–695 u. 705–711, *669, †711 Sinope; erfolgreich gegen Araber, Bulgaren u. Slawen; 695 gestürzt, 705 wieder eingesetzt; bei einem Aufstand getötet.

Just-in-Time [dʒʌst in taim; engl., „exakt in der Zeit", frei übersetzt „auf Abruf"], ein seit Beginn der 1980er Jahre in der Wirtschaft angewandtes Verfahren, das versucht, den gesamten Prozess von der Produktion einer Ware bis hin zum Absatz einschl. der Transportketten zeitlich durchzuplanen u. zu optimieren. Grundidee ist, die Fertigung u. die gesamte Auftragssituation dezentral u. kurzfristig an die Materialbeschaffung anzupassen. Dadurch sollen die Lagerbestände u. somit Kosten reduziert werden. Just-in-Time-Verfahren sind vor allem in der Großserienfertigung weit entwickelt, z. B. in der Automobilindustrie.

◆ **Justitia** [lat.], Personifikation der Gerechtigkeit, dargestellt mit Schwert u. Waage, später auch mit verbundenen Augen als Zeichen des Urteilens ohne Ansehen der Person. Als röm. Gottheit ist sie bedeutungslos.

Justitiar → Justiziar.

Justitium [das; lat.], *Juristitium*, die Einstellung der Gerichtstätigkeit wegen höherer Gewalt (z. B. Krieg, Revolution, staatlicher Zusammenbruch). Das J. führt nach § 245 ZPO zur Unterbrechung der schwebenden Gerichtsverfahren. – Ähnlich in *Österreich* (§ 161 ZPO).

Justiz [die; lat. *iustitia*], *Rechtspflege*, die staatliche Tätigkeit, die der Rechtsverwirklichung dient; umfasst die Gerichte der Gerichtsbarkeit, ordentliche u. Fachgerichtsbarkeiten, die Staatsanwaltschaften, die Strafvollzugsbehörden u. die Notariate. Zur J. gehören auch die Hilfsorgane der Gerichtsbarkeit wie die Gerichtsvollzieher. I. e. S. wird J. mit → Rechtsprechung gleichgesetzt, i. w. S. werden auch die Rechtsanwälte (nach § 1 der Bundesrechtsanwaltsordnung ist der Rechtsanwalt „unabhängiges Organ der Rechtspflege") dazu gerechnet, obwohl sie keine staatl. Tätigkeit ausüben.

Justizanspruch, subjektives öffentliches Recht des Bürgers auf Vorhandensein u. Tätigwerden der Gerichte u. der anderen Justizorgane sowie auf ihr grundsätzliches Funktionieren.

Justizausbildung, Juristenausbildung; i. w. S. auch die Ausbildung für die übrigen Laufbahnen des Justizdienstes, bes. zum → Rechtspfleger.

Justizhoheit → Gerichtshoheit.

Justiziar, [lat.], *Justitiar*, 1. *Justiziarius*, früher: Gerichtsherr, Richter. 2. heute *Rechtsberater*, bes. von Behörden, öffentlich-rechtlichen Körperschaften, Verbänden u. Ä.

Justizirrtum, falsche Gerichtsentscheidung aufgrund unrichtiger Tatsachenfeststellung.

Justizministerium → Bundesministerium der Justiz.

Justizmord, auf einem *Justizirrtum* beruhendes Todesurteil.

Justizrat, früher Ehrentitel (meist für nichtbeamtete Juristen), auch für Universitätsprofessoren, mit dem häufig verliehenen Zusatz „Geheim".

Justizreform, Bestrebungen zur Anpassung der Justiz an veränderte Anforderungen; im 20. Jh. mit unterschiedlichen Zielrichtungen verfolgt: Vereinfachung u. Beschleunigung der Verfahren, größere Klarheit u. Durchsichtigkeit beim Gerichtsaufbau u. -verfahren, Verbesserung der Qualität der Richter unter Verminderung ihrer Zahl; Effizienzsteigerung durch Rationalisierung u. bessere Informationsverarbeitung; Erleichterung des Zugangs zum Gericht u. Verminderung von Chancenungleichheit. Die J. durch den Gesetzgeber (äußere J.) kam wegen politischer Widerstände nicht über einzelne Reformgesetze hinaus; das Schwergewicht der Veränderungen liegt bei der evolutionären Anpassung (innere J.).

Justizstaat, *Richterstaat,* kritische Bez. für die Tendenz, die Rechtsprechung der Legislative u. der Exekutive überzuordnen. Sorge vor den J. führte im 19. Jh. dazu, dass die Verwaltungskontrolle in den meisten dt. Ländern nicht (wie § 182 der Paulskirchen-

Justitia mit Schwert und Waage auf einer Spielkarte des 15. Jahrhunderts, gestaltet von Bonifacio Bembo. Bergamo, Galeria de l'Academia Carrara

verfassung vorsah) den ordentlichen Gerichten, sondern der → Verwaltungsgerichtsbarkeit anvertraut wurde. In der Weimarer Republik wurde die Inanspruchnahme eines Prüfungsrechts über Gesetze durch die Gerichte als J. bezeichnet u. bekämpft. Nach dem In-Kraft-Treten des GG wurde die BR Dtschld. stellenweise wegen der Einrichtung umfassender Verwaltungskontrolle (Art. 19 Abs. 4 GG) u. verfassungsgerichtlicher Nachprüfung der Gesetze als J. bezeichnet. Auch → Gewaltenteilung.

Justizverwaltung, alle Angelegenheiten der Justiz, die nicht → Rechtspflege darstellen, also die Sorge für den Personal- u. Sachbedarf der Justizbehörden, die Dienstaufsicht über das Personal, dessen Aus- u. Fortbildung, Einsatz, Besoldung u. Versorgung, Haushalts-, Kassen- u. Rechnungswesen sowie die Pflege der Beziehungen nach außen, ferner die Befreiung vom Ehefähigkeitszeugnis für Ausländer, Gestattung mündlicher Verhandelns vor Gericht, Anwaltszulassung, Durchführung des Strafvollzuges, Führung des Strafregisters u. a. Die J. wird ausgeübt durch die Ministerien als oberste Behörden, durch die Präsidenten der *Oberlandesgerichte* als Mittelbehörden sowie die Präsidenten der *Landgerichte* u. die Leiter der *Amtsgerichte.* Im Bereich der *Staatsanwaltschaften* ist Mittelbehörde der → Generalstaatsanwalt beim Oberlandesgericht, untere Behörde der Leitende Oberstaatsanwalt beim Landgericht. Aufgaben der J. für den Strafvollzug üben die Präsidenten der Justizvollzugsämter aus. Auch → Gerichtshoheit, → Gerichtsverwaltung.

In *Österreich* gilt eine ähnliche Regelung. Die gesamte J. ist jedoch Bundessache, während in Dtschld. der Bund nur für die → Bundesgerichte u. die Bundesanwaltschaft zuständig ist.

In der *Schweiz* liegt die J. überwiegend bei den Kantonen, für das Bundesgericht u. für das Eidgenöss. Versicherungsgericht beim Bund.

Justizverwaltungsakt, Maßnahme der Justizverwaltung; anfechtbar durch Antrag auf gerichtliche Entscheidung beim ordentlichen Gericht.

Justizvollzugsanstalt → Gefängniswesen, → Strafvollzug, → Vollzugsanstalt.

Justo ['xusto], Agustín Pedro, argentin. Politiker, *26. 2. 1876 Concepción del Uruguay, Prov. Entre Ríos, †11. 1. 1945 Buenos Aires; beteiligte sich 1930 am Sturz von H. *Irigoyen.* 1932–1938 Staatspräsident; stützte sich auf eine Koalition der politisch gemäßigten Mittelschichten des Landes (*Concordancia*).

Justus [lat., „der Gerechte"], männl. Vorname.

Justus von Gent, eigentl. *Joos van Wassenhove,* niederländ. Maler, *um 1435 Antwerpen oder Gent, ✝ nach 1480 wahrscheinl. Urbino; dort seit 1472 für den Herzog Federigo da Montefeltre tätig; führte die hoch entwickelte altniederländ. Malweise in Italien ein, passte sich aber allmähl. dem monumentaleren italien. Stil an; Hptw.: Passionsaltar um 1465–1468, Gent, St. Ba-

vo; Einsetzung des Abendmahls 1472–1474, Urbino, Palazzo Ducale; 28 Idealbildnisse von Dichtern u. Philosophen 1474–1477, Rom, Palazzo Barberini, u. Paris, Louvre.

Jusuf, *Jussuf,* arab. für → Josef.

Jus utrumque [lat., „beide Rechte"], Sammelbez. für das römische u. das kanonische Recht, d. h. die beiden Rechte, die seit dem 13. Jh. an den Universitäten gelehrt wurden. Noch heute verleihen verschiedene juristische Fakultäten den Grad eines *Doctor utriusque iuris.*

Jutaí [ʒu'taí], rechter Zufluss des Amazonas in Westbrasilien.

Jute [die; hind., engl.], die Pflanze u. die Bastfaser mehrerer indischer *Corchorus-Arten,* die zur Familie der *Lindengewäches (Tiliaceae)* gehören. Im Handel ist J. allerdings zu einem Sammelnamen geworden; so werden die Fasern von *Hibiscus cannabinus* als *afrikanische J. (Javajute)* u. die Fasern von *Abutilon avicennae* als *chinesische J.* bezeichnet. – Die größten Mengen der *Echten J.* liefern *Corchorus capsularis* u. *Corchorus olitorius,* deren Früchte auch als Gemüse geschätzt sind. Neben dem Hauptanbaugebiet (98 %) in Bangladesch u. Indien *(Indischer Flachs)* wird J. auch in China, Algerien, Brasilien, Guyana u. a. gewonnen. Die J. gedeiht am besten in den trop. u. subtrop. Zonen. Die Faser wird nach dem Abschneiden oder Ausraufen der Pflanze durch Röste gewonnen, wobei Tau- u. Wasserröste verwendet werden. Die Fasern werden im ungebleichten Zustand zu groben Geweben verarbeitet, aus denen bevorzugt Säcke hergestellt werden. Bessere Jutegewebe dienen auch zur Herstellung von Teppichen, Tischdecken u. Vorhängen.

Jüten, *Euten,* german. Stamm in Jütland. Ein Teil unternahm mit *Angeln* u. *Sachsen* Wikingerfahrten, die u. a. zur Eroberung Englands führten; die anderen wurden später von den Dänen unterworfen u. vermischten sich mit ihnen.

Jüterbog, Stadt in Brandenburg, Ldkrs. Teltow-Fläming, im Fläming, 11 300 Ew.; Nikolaikirche (14./15. Jh.), Franziskanerkirche (15. Jh.), Liebfrauenkirche (12./13. Jh.), Rathaus (1478–1506), drei reich verzierte Stadttore (Dammtor, Neumarkter u. Zinnaer Tor, um 1480); Möbel-, Papier- u. Konservenindustrie.

Juthungen, german. Stamm, erstmals in den Kämpfen des röm. Kaisers *Aurelian* 270–272 n. Chr. erwähnt, zuletzt 430 n. Chr. im Kampf gegen *Aetius;* wahrscheinl. Nachkommen der *Eudusen,* die sich vermutl. nach der Niederlage 58 v. Chr. gegen Cäsar dem Südteil des von Hermunduren besiedelten Gebiets angeschlossen hatten. Die J. gingen später in den *Alemannen* auf, als deren Ostflügel sie schon bei Ammian erwähnt werden.

Jütland, das dän. Festlandsgebiet, Halbinsel zwischen Nord- u. Ostsee, 29 652 km², 2,4 Mio. Ew.; im W Flachland mit hafenarmer Ausgleichsküste, bedeckt von Heiden u. Mooren (weitgehend mit Nadelwald kultiviert); im O Hügelland mit hafengünstiger Fördenküste, fruchtbar, dicht besiedelt; größte Stadt: *Århus.*

Filippo Juvara: die Superga in der Nähe von Turin; 1717–1731

Jutta [Bedeutung ungeklärt oder Nebenform von *Judith*], weibl. Vorname.

Jutta von Disibodenberg, Einsiedlerin, Selige, *um 1090, † 22. 12. 1136 Disibodenberg, bei Bad Kreuznach; stammte aus der gräfl. Familie von Spanheim, wurde Einsiedlerin auf dem Disibodenberg. Unter ihren Schülerinnen war auch die hl. *Hildegard von Bingen.* Fest: 22. 12.

Juva, Mikko, finn. luth. Theologe, *22. 11. 1918 Kaarlela; 1950 Prof. für finn. Geschichte in Turku, 1957 für finn. u. skandinav. Kirchengeschichte in Helsinki, 1965–1968 Vors. der Liberalen Volkspartei Finnlands, 1970–1977 Präs. des Luth. Weltbundes, 1978–1982 Erzbischof der finn. luth. Kirche.

Juvabion, Substanz mit Juvenilhormoneigenschaften aus dem Holz der nordamerikan. Balsamtanne *Abies balsamea.*

◆ **Juvara,** Filippo, italien. Architekt, *27. 3. 1678 angebl. Messina, † 31. 1. 1736 Madrid; vielseitiger Barockkünstler, seit 1714 in Turin, baute im Dienst des dortigen Königshofs Paläste u. Kirchen (z. B. 1717–1731 die Superga bei Turin); wirkte dann in Portugal u. seit 1735 in Madrid (Pläne für Schlösser u. Kirchen) u. schuf dort Altäre, Bühnendekorationen u. a.

Juvenal, *Decimus Iunius Iuvenalis,* altröm. Satiriker, *um 60 n. Chr., † nach 127; geißelte schonungslos u. leidenschaftl. die Laster der röm. Gesellschaft; erhalten sind 16 Satiren (Saturae).

Juvencus, *Iuvencus,* Gaius Vettius Aquilinus, röm. Epiker des 4. Jh.; span. Presbyter aus vornehmem Geschlecht; bemühte sich, die klass. (heidn.) Epik durch ein christl. Epos zu ersetzen; schrieb „Evangeliorum libri IV" in an Vergil geschulten Hexametern, stützte sich dabei vor allem auf das Matthäus-Evangelium. Die christlichen Gleichnisse und die christliche Terminologie ersetzen hierin den heidnischen Mythos und weitgehend die typische Sprache der klassischen Epik. Das Werk wurde im MA u. in der Renaissance viel gelesen. – Dt. Übersetzung von A. Knappitsch, 3 Bde. 1910–1913.

juvenil [lat.], **1.** *allg.:* jugendlich. – *Juvenilität,* Jugendlichkeit.
2. *Geologie:* 1. Wasser, das aus magmatischen Schmelzen stammt u. noch nicht am atmosphärischen Wasserkreislauf teilgenommen hat; Gegensatz: *vados.* – 2. ein Magma, das nicht durch Aufschmelzen tieferer Regionen der Erdkruste entstand.

Juvenilhormon [lat. + grch.], *Neotenin,* ein Hormon der Insekten, das in den *Corpora allata* des Gehirns gebildet wird u. im Zusammenwirken mit dem Häutungshormon *Ecdyson* die Larvenbildung steuert. Das J. fördert das Larvenwachstum. Im Laufe der Larvalentwicklung sinkt die Konzentration an J. mehr u. mehr ab, bis es schließlich zur → Metamorphose kommt. Im fertigen Insekt wird erneut J. gebildet, das nun die Entwicklung der Geschlechtsorgane steuert.

Juvenoide, Substanzen, die die Wirkung eines *Juvenilhormons* haben. J. sind im Pflanzenreich verbreitet (z. B. *Farnesol* in den ätherischen Ölen höherer Pflanzen u. *Juvabion* im Holz der amerikan. Balsamtanne); Anwendung in der Insektenbekämpfung.

Juventas, altröm. Göttin, der beim Anlegen der toga virilis als Zeichen der Volljährigkeit des Knaben geopfert wurde. Seit 218 v. Chr. mit der griech. *Hebe* gleichgesetzt.

Juwelen [lat. + frz.], geschliffene *Edelsteine*; allg. auch Bez. für Schmuckstücke (ohne oder mit in Edelmetall gefasste Edelsteine).

Juwelenporzellan, Porzellan der französ. Manufaktur Sèvres, das mit Perlen u. Edelsteinen geschmückt war; hergestellt 1781–1784. – J. wird auch Porzellan mit Tropfenverzierungen aus Emailfarben genannt. Es wurde vorübergehend in England gefertigt.

Juwelier [lat., frz., ndrl.] → Goldschmied (1).

Juxtlahuaca, Ort bei *Chilpancingo* (Mexiko); hier u. im Nachbarort *Oxtotitlán* Felshöhlen mit polychromen Wandmalereien im *La-Venta-Stil* (900–700 v. Chr.), teilweise 1000 m tief im Innern, die menschliche u. tierische Wesen bei kultischen Handlungen zeigen.

Jyväskylä, Hptst. der finn. Prov. (Lääni) Keski-Suomi, am Nordufer des Paijänne-Sees, 71 800 Ew.; Universität (gegründet 1966); Papier-, Holz- u. Metallindustrie; Flugplatz.

K

k, K, 11. Buchstabe des dt. Alphabets; entspricht dem griech. *Kappa* (κ, K) u. dem semit. *Kaph.*

K, 1. *C h e m i e :* chem. Zeichen für → Kalium.
2. *M ü n z k u n d e :* Münzbuchstabe der Münzstätte Bordeaux vom 16.–19. Jh.
3. *P h y s i k :* Kurzzeichen für *Kelvin* (→ Temperatur).
K 2, *Mount Godwin Austen, Dapsang,* höchster Gipfel des Karakorum, im N Pakistans, nahe der chines. Grenze, nordöstl. des Nanga Parbat, 8611 m, zweithöchster Berg

Kaaba: Pilger vor der Kaaba. Islamische Miniatur 1577. Berlin, Museum für Islamische Kunst

der Erde; 1954 von Italienern erstmals bestiegen.
Ka [der], altägypt. Bez. für die zeugende u. wirkungsvolle Lebenskraft, dann auch für schöpferische u. erhaltende Kräfte im Allgemeinen. Der K. eines Menschen bleibt nach dem Tod erhalten, wird in Ka-Statuen dargestellt u. durch Opfer der Hinterbliebenen versorgt.
◆ **Kaaba** [die; arab. *ka'b,* „Würfel"], würfelförmiges (12 × 10 × 15 m), mit schwarzen Teppichen *(Kiswa)* bedecktes Gebäude in Mekka, das als zentraler Kultort des Islams verehrt wird. In der östlichen Ecke des sonst leeren Gebäudes befindet sich der „schwarze Stein" *(Hadschar),* der bereits vor Mohammed Kultzentrum arab. Stämme war u. der seit seiner Übernahme in den Islam von den Pilgern geküsst wird. Die K. soll von jedem Moslem einmal im Leben besucht werden. Nach islam. Ansicht stammt die K. von *Abraham.*
Kaaden, tschech. Stadt, → Kadaň.
Kaama [afrikaans] → Kuhantilope.
Kaap [afrikaans, ndrl.], Bestandteil geograph. Namen: Kap.

Kaarst

◆ **Kaarst,** Stadt in Nordrhein-Westfalen, Ldkrs. Neuss, nordwestl. von Neuss, 42 400 Ew.; Maschinenbau.
Kaas, Ludwig, dt. kath. Theologe u. Politiker, *23. 5. 1881 Trier, †15. 4. 1952 Rom; 1918 Prof. für Kirchenrecht am Priesterseminar in Trier; 1919–1933 Mitgl. des Reichstags, 1928–1933 Vors. der Zentrumspartei, Repräsentant ihres rechten Flügels; bewog 1933 die Partei, dem Ermächtigungsgesetz für Hitler zuzustimmen; ging kurz darauf nach Rom u. wirkte auf vatikanischer Seite beim Abschluss des

Reichskonkordats mit; wurde später Apostolischer Protonotar u. leitete die archäolog. Ausgrabungen unter der Peterskirche.
Kab, hebräisches Hohlmaß, nur für trockene Waren gebraucht, 1 K. = 1,116 l.
KAB, Abk. für → Katholische Arbeitnehmer-Bewegung.
Kababisch, arabisch sprechendes Volk (rd. 70 000) der Republik Sudan; Viehzüchter.
Kabáh, Mayastadt in der Nähe von *Uxmal,* Yucatán (Mexiko), 650–900 n. Chr. bewohnt; berühmt durch seine Architektur, vor allem die 45 m lange Palastfassade mit den in Steinmasken des Regengottes Chac. Ein frei stehender gemauerter Torbogen markierte den Beginn der Straße nach Uxmal.
Kabaivanska, Raina, bulgar. Sängerin (Sopran), *15. 12. 1934 Burgas; debütierte 1959 in Italien, 1962 an der Metropolitan Opera; Auftritte in den großen Opernhäusern der Welt; insbes. als Darstellerin der Sopranrollen von Verdi u. Puccini berühmt.

Ilija Kabakow: Das Boot meines Lebens; Installation aus Holz, Papier und 24 Kisten, 1993. Salzburg, Ausstellung im Kunstverein Salzburg

◆ **Kabakow,** *Kabakov,* Ilija, russ. Installationskünstler u. Maler, *30. 9. 1933 Dnjepropetrowsk; ging 1987 in den Westen. Seit 1965 eigenständige Bilder mit Alltagsszenen aus der Sowjetunion, die er mit Wort u. Schrift kombiniert. K. archivierte, ordnete u. bewahrte künstlerisch Fragmente aus der Sowjetunion in Bildern, Alben u. vor allem in Raum füllenden Installationen. Diese bestückt er mit grafischen, malerischen u. skulpturalen Werken, die oft humoristisch wirken. Htpw.: 10 handelnde Personen; ab 1981, Paris, Centre Georges Pompidou; In der kommunalen Küche; 1991, Besitz des Künstlers; Die Toilette; 1992, Gent, Museum van Hedendaagse Kunst.
Kabale [hebr.], veraltete Bez. für Ränke, Intrige.
Kabalewskij, *Kabalevskij,* Dmitrij Borissowitsch, russ. Komponist, *30. 12. 1904 St. Petersburg, †17. 2. 1987 Moskau; u.a. Schüler von N. J. *Mjaskowskij,* führend im sowjet. Komponistenverband; schrieb 4 Sinfonien (die 3. ein „Requiem auf Lenin"), Solokonzerte, Opern („Colas Breugnon" nach R. Rolland 1938, revidiert 1970; „Unbesiegbar" 1948; „Nikita Werschinin" 1955; „Schwestern" 1967), Kantaten, 10 Shakespeare-Sonette, Kinderlieder u. a.

Kabalo, Stadt im SO der Demokrat. Rep. Kongo, am Lualaba, rd. 25 000 Ew.; Verkehrs- u. Handelszentrum; Mittelpunkt eines Mais-, Maniok- u. Baumwollanbaugebietes.

Kabardiner, Zweigstamm der Tscherkessen im Kaukasus (bes. in Kabardino-Balkarien u. in Georgien). – Die *Bergkabardiner* dagegen sind tatarische Karatschaier.

Kabardino-Balkarien, *Republik Kabardino-Balkarien,* Republik innerhalb Russlands, an der Nordseite des Kaukasus, 12 500 km², 787 000 Ew., davon 48 % Kabardiner u. 9 % Balkaren, Hptst. *Naltschik*; in den Tälern Anbau von Mais, Sonnenblumen, Hanf u. Melonen, Obstgärten; im Gebirge Weidewirtschaft, Schafzucht; Bodenschätze: Blei, Steinkohle, Molybdän, Wolfram, Zink. – 1921 als AO gebildet, 1936 zur ASSR erhoben, 1944 bis 1957 *Kabardiner-ASSR,* 1991 umbenannt in *Kabardiner- und Balkaren-Autonome Republik,* seit 1992 Republik. Die Aufteilung in zwei getrennte Republiken wird von den Titularnationen angestrebt.

Kabaregafälle → Kabelegafälle.

✦ **Kabarett** [das; aus frz. *cabaret,* „in Fächer eingeteilte Speiseplatte, Schenke"], Gattung der darstellenden Kunst, vereint Formen u. Mittel des Theaters (z. B. Szene, Monolog, Dialog), der Literatur (z. B. Lyrik, Prosa), der Musik (z. B. Lied, Chanson, Couplet) u. bedient sich eigener Mittel (z. B. Sprachspielerei) u. Methoden (z. B. Travestie, Parodie, Karikatur). Das K. entstand als literar. K. 1881 auf dem Montmartre in Paris („Chat noir"). Es verbreitete sich nach der Gründung des ersten dt. Kabaretts „Überbrettl" (1901 in Berlin von E. von *Wolzogen* u. O. *Bierbaum*) rasch in Dtschld. Aus dem literar. K. entwickelte sich um 1919 das politisch-literar. K., für das u. a. F. *Wedekind,* J. *Ringelnatz* u. E. *Kästner* arbeiteten. Die antifaschistischen Kabaretts „Die Katakombe" unter der Leitung von W. *Finck* u. das

Kabarett: Programmplakat zum „Überbrettl"

„Tingel-Tangel-Theater" F. *Hollaenders* in Berlin wurden 1935 verboten.

Das politisch-satirische K. benutzt das Mittel der Satire (z. B. Spott, Ironie, Sarkasmus), um sich kritisch mit polit. Ereignissen, der Entwicklung der Gesellschaft u. dem Verhalten ihrer Mitglieder zu beschäftigen. Es entstand aus der literar. Abrechnung mit dem Nationalsozialismus, so die „Mausefalle" in Stuttgart (1948 von W. *Finck* gegr.), „Die Insulaner" in Berlin (1948 von G. *Neumann* gegr.), das „Kom(m)ödchen" in Düsseldorf (1947 von Kay u. Lore *Lorentz* gegr.) u. die von W. *Gruner* u. a. 1949 gegründeten Berliner „Stachelschweine". Das populärste Nachkriegskabarett war das von Sammy *Drechsel* 1956 gegründete „Münchner Lach- u. Schießgesellschaft", bei der Ursula *Herking,* Ursula *Noack,* Klaus *Havenstein* u. Dieter *Hildebrandt* mitgewirkt haben.

Das Mitte der 1960er Jahre entstandene politisch-agitatorische K. („Reichskabarett" Berlin, „Floh de Cologne" Köln) wurde seit den 1970er Jahren vom sog. Szene-Kabarett abgelöst („Die drei Tornados" Berlin, „Vorläufiges Frankfurter Fronttheater"). Solisten wie Wolfgang *Neuss,* Hanns-Dieter *Hüsch* oder Dietrich *Kittner* fanden mit ihren Gastspielen auf Kleinkunstbühnen immer mehr Nachfolger, so Jörg *Hube,* Bruno *Jonas,* Gerhard *Polt,* Mathias *Richling,* Lisa *Fitz,* Werner *Schneyder* oder Sigi *Zimmerschied.*

In der DDR entstanden als erste bedeutende politisch-satir. Kabaretts 1953 die „Distel" in Berlin, 1954 die Leipziger „Pfeffermühle", 1955 die „Kneifzange" in Berlin u. die „Herkuleskeule" in Dresden, 1967 die „Kiebitzensteiner" in Halle u. 1973 das „Fettnäpfchen" in Gera. Neben den insges. 13 Berufskabaretts gab es bis zur dt. Vereinigung auch etwa 600 Amateurkabaretts in der DDR.

Kabbala [die; hebr., „Überlieferung"], eine theosophische jüd. Mystik, entstanden im 12. Jh. in Südfrankreich (Buch *Bahir*), voll entwickelt gegen 1300 in Spanien (Buch *Sohar*), am Ende des MA u. in der Neuzeit popularisiert u. mit messianischen Bewegungen verbunden; nach dem Scheitern der Bewegung des *Sabbatai Zwi* wieder auf engere Kreise begrenzt. Durch die Aufklärung (vor allem im Reformjudentum) geriet die K. als Aberglaube in Verruf; sie wurde erst im 20. Jh. durch die Forschungen G. *Scholems* wieder angemessen gewürdigt. Die K. griff die Lehre von den 10 Sefirot (Schöpfungsfaktoren) des Buches → Jezira auf u. verband sie mit der neuplaton. Vorstellung von geistigen Mittelstufen zwischen jenseitiger Gottheit u. Welt bzw. Mensch, aber auch mit traditionellen jüd. Motiven (z. B. 10 Worte Gottes der Schöpfung, 10 Gewänder Gottes) u. baute eine reiche Bildersprache für die Beschreibung der Sefirotfunktionen aus. Zugrunde liegt die Überzeugung, dass die (unpersönliche) Gottheit selbst verborgen (jenseitig) bleibt u. nur in ihren Wirkungskräften, den 10 Sefirot, offenbar wird. Alles sichtbare Geschehen – auch die bibl. Erzählinhalte –

werden als irdisch-sinnliche Erscheinung von Vorgängen in der Sefirot-Welt gedeutet. Israel hat mit der Erfüllung oder Nichterfüllung der Tora-Gebote positiven oder negativen Einfluss auf diese Sefirotvorgänge. Es handelt sich also um eine metaphysische u. ontolog. Überhöhung des jüd. Erwählungsglaubens im Rahmen einer umfassenden Welterklärung.

kabbelige See [niederdt.], wirr durcheinander laufende kurze Wellen als Folge umspringenden Windes oder sich kreuzender Strömungen.

Kabel [lat.], **1.** *B a u w e s e n :* Seil mit hoher Tragkraft aus Stahldrähten, die schraubenförmig in Lagen um einen Kerndraht angeordnet oder anderweitig zusammengefasst sind. Die Drahtseile werden durch Verdrillen auf einer Verseilmaschine hergestellt. Verwendung bei Kabelbrücken, Drahtseilbahnen, als Förderseil, als Tragband für → Hängebrücken u. a.
2. *E l e k t r o t e c h n i k :* ein oder mehrere elektr. Leiter *(Adern)* in isolierenden u. gegen Feuchtigkeit sowie mechan. Beschädigungen schützenden Umhüllungen. *Starkstromkabel* dienen zur Verteilung elektr. Energie, während *Nachrichtenkabel* (auch *Fernmelde-* oder *Schwachstromkabel* genannt) Übertragungskanäle für Telekommunikation, Radio- u. Fernsehübertragungen enthalten.
Bei *S t a r k s t r o m k a b e l n* richten sich Querschnitt u. Zahl der Leiter (Massivleiter oder Litzen; meist aus Kupfer, aber auch aus Aluminium) nach Stromstärke u. Stromart (bei Drehstrom z. B. 3 Stromleiter u. 1 Nullleiter). Jeder Leiter ist für sich mit Lackgewebe, getränktem Papier, Gummi oder Kunststoff zur Isolierung umwickelt. Alle Leiter zusammen werden gegen Feuchtigkeit mit einem *Mantel* aus Blei, Aluminium, korrosionsgeschütztem Stahl, Gummi oder Kunststoff umpresst; gegen mechan. Beschädigungen des Mantels schützt eine *Armierung* oder *Bewehrung* aus Stahlbändern oder Drähten, die evtl. noch mit teergetränkter Jute umwickelt ist. Für höchste Spannungen (bis 500 kV) gibt es *Ölkabel,* in denen die isolierten Leiter im ölgefüllten Kabelmantel liegen (1,5–2,5 bar). Bei *Druckkabeln* liegen die isolierten Leiter in einem druckfesten Rohr, das mit Stickstoff gefüllt ist (15 bar). *Luftkabel* enthalten unter der Kunststoffhülle noch ein Drahtseil, das das Gewicht der frei in der Luft aufgehängten K. zwischen den Aufhängepunkten aufnehmen soll.
N a c h r i c h t e n k a b e l gibt es mit tausend u. mehr Paaren, die mit Papier oder Kunststoff isoliert sind. Für den Weitverkehr enthalten diese K. sog. *Breitband-Tuben,* die aus einem Mittelleiter u. einem zentrisch darum liegenden Rohr aus Kupferbändern bestehen, sowie Adern mit Kunststoffisolierung. Solche *Trägerfrequenzkabel* übertragen gleichzeitig Tausende von Gesprächen sowie viele Radio- u. mehrere Fernsehsendungen. *Seilkabel* für den Nachrichtenverkehr enthalten eine Breitband-Tube u. haben eine Bewehrung, die den bei der Verlegung auftretenden Zug aushält. In das

K. sind Verstärker eingebaut. Ein derartiges K., wie es z. B. zwischen Europa u. den USA besteht, kann gleichzeitig 36 u. mehr Gespräche übertragen (auch → Koaxialkabel). Noch höhere Übertragungskapazitäten (100 000 Telefongespräche bzw. 20 Fernsehprogramme) erreicht man heute mit Glasfaserkabeln (→ Lichtwellenleiter).
Die K. werden im Allg. in die Erde verlegt *(Erdkabel)*; in Städten kommen sie in *Kabelkanäle* aus Beton; *Fluss-* u. *Seekabel,* die direkt im Wasser verlegt werden, erhalten eine starke Armierung. – Die *Kabelprüfung* liefert hauptsächlich den Nachweis der Spannungsfestigkeit der Kabelisolation.
3. *S c h i f f f a h r t :* starkes Schiffstau oder längeres Seil; bis zur Einführung eiserner Ankerketten nach 1820 die einzige Befestigung eines Ankers.
Kabel, Heidi, dt. Schauspielerin, *27. 8. 1914 Hamburg; verkörpert das Bühnenfach der komischen Alten; populär durch das Hamburger „Ohnsorg-Theater" u. das Fernsehen.
Kabelbrücke → Hängebrücke.
Kabelegafälle, *Kabaregafälle, Murchisonfälle,* Wasserfälle am Victoria-Nil (Uganda), im Zentrum eines großen Nationalparks; 122 m Höhenunterschied, an der engsten Stelle 5 m breit.
Kabelfernsehen, ein Fernsehsystem, bei dem eine leistungsfähige Großantenne die ausgestrahlten Fernsehsignale empfängt u. an eine elektron. Kontrollzentrale zur Verstärkung, Filterung u. Umformung weitergibt. Von dort führen koaxiale Kabel oder Glasfaserkabel mit zahlreichen Haupt- u. Nebenkabeln zu den Fernsehempfängern in den Haushalten. Die große Zahl von breitbandigen Kanälen ermöglicht die Sendung vieler zusätzl. Fernsehprogramme, aber auch neuer Kabeldienste. Das *Zweiweg-Kabelfernsehen* lässt über einen Rückkanal auch den Kontakt des Teilnehmers zur Zentrale oder mit anderen Teilnehmern zu. Über das Kabel können auch Kabeltext- u. Datendienste übermittelt werden.
In der BR Dtschld. begann die Bundespost damit, zunächst Gebiete im Funkschatten von Hochhäusern zu verkabeln. In größeren Neubaugebieten wurden manchmal auch von den Wohnungsbaugesellschaften koaxiale Breitbandkabel verlegt. 1974 verlegte die Post zwei Kabelfernsehversuchsnetze in Hamburg u. Nürnberg. In all diesen Netzen war aber nur die Einspeisung der üblichen Programme möglich, da die Berufung auf Kultur- u. Rundfunkhoheit der Bundesländer eigenproduzierte Programme verhinderte. Erst durch die ab 1984 erlassenen Landesrundfunkgesetze u. den 1987 geschlossenen Medienstaatsvertrag wurde privaten Anbietern der Zugang zum Breitbandkabel ermöglicht. Das Programmangebot des Kabelfernsehens hat sich dadurch vervielfacht, so können z. B. die Regionalprogramme, zusätzl. lokale Fernsehanbieter u. fremdsprachige Programme in hoher Qualität empfangen werden. Von den fast 37 Mio. Haushalten in Dtschld. waren 1999 nach Angaben der Dt. Telekom etwa 36 Mio. anschließbar; über 21,3 Mio. Haushalte

Kabeljau, Gadus morrhua

hatten von diesem Angebot Gebrauch gemacht.
Kabelgarn, starker Faden *(Garn),* aus dem Seile gedreht (geschlagen) werden; grobes Jutegarn zum Umspinnen von Kabeln.
Kabelgatt, der Raum an Bord eines Schiffes, in dem das Tauwerk aufbewahrt wird.
◆ **Kabeljau** [der; lat., portug., ndrl.], *Kabliau, Gadus morrhua,* 1,5 m langer u. bis zu 50 kg schwerer *Schellfisch,* in allen nördl. Meeren (bes. Neufundlandbank, Lofoten, Grönland). Er ernährt sich von Fischen (bes. Heringen), Krebsen, Würmern, Tintenfischen. Der K. ist nach dem Hering der wirtschaftlich bedeutendste Fisch. In der Ostsee wird er als *Dorsch* bezeichnet. Die wichtigsten Fangplätze der dt. Kabeljau-Fischerei waren die Gewässer um Grönland, Labrador u. Island. Heute sind die Gesamtanlandungen der deutschen Kabeljau-Fischerei durch Wegfall von Fangplätzen als Folge der Ausweitung nationaler Fischereizonen u. durch Fangquotenregulierungen infolge Überfischung zurückgegangen.
Kabelkanal, ein Kanal innerhalb dichtbebauter Gebiete für Starkstrom- u. Fernmeldekabel. Ein K. ist aus Betonformsteinen oder Kunststoffrohren zusammengesetzt; in bestimmten Abständen sind Kabelschächte eingefügt. Mit Kunststoffrohren werden Kurven u. Unterkreuzungen ausgeführt.
Kabelkran, ein hauptsächlich für Talsperren, Schleusen u. ähnliche Großbauten verwendeter Baukran, bei dem zwischen zwei Türmen ein oder mehrere Drahtseile für die Laufkatze gespannt sind. Durch das Fahrseil wird die Laufkatze bewegt, durch das Hubseil die Last gesenkt oder gehoben.

Kabelkräne werden für Spannweiten bis über 1000 m u. Lasten bis 50 t gebaut. Konstruktion als ortsfeste Kabelkräne mit ein oder zwei fahrbaren Stützen oder Wagen- u. Portalkabelkräne.
Kabellänge, seemänn. Längenmaß; in Dtschld. 1/10 Seemeile = 185,2 m; früher die Länge der Ankertrosse.
Kabelleger, *Kabelschiff,* ein Spezialschiff zum Verlegen u. Reparieren von Nachrichtenkabeln unter Wasser. K. enthalten geräumige Laderäume oder Tanks zur Aufnahme des Kabels, das mit Hilfe einer Spezialwinde mit bestimmtem Zug über eine Rolle am Heck oder Bug ausgelegt oder eingeholt wird. Außerdem sind K. mit *Aktivruder* u. Bugstrahlruder für die exakte Ausführung langsamer Manöver ausgerüstet. Der erste K., „Faraday", wurde 1874 in Dienst gestellt.
Kabelmuffe, Verbindungsglied zwischen zwei Teilstücken eines Kabels. Kabelmuffen müssen feuchtigkeitsdicht verlötet oder verschweißt werden.
Kabelprüfung, Fertigungskontrolle zum Nachweis der Spannungsfestigkeit der Isolation in Kabeln, u. zwar zwischen den Leitern u. gegenüber dem Metallmantel oder der Bewehrung. Auch → Kabel (2).
Kabelrundfunk, Verteilung von Rundfunkprogrammen (Hörfunk u. Fernsehen) über breitbandige Kabelnetze an eine Vielzahl von an das Netz angeschlossenen Teilnehmern. In Dtschld. nahmen 1999 über 21,3 Mio. Haushalte am K. teil. Auch → neue Medien.
Kabelschuh, ein an elektr. Leitungen oder Kabel angelötetes oder durch Kerben angedrücktes, meist gabelförmiges Anschlussstück zum Festschrauben.

Kabelverzweiger, ein Gehäuse mit Lötösenstreifen oder Schraubklemmen u. Sicherungen, in dem starke (Nachrichten-)Hauptkabel in mehrere Anschlusskabel verzweigt werden; meist am Straßenrand aufgestellt.

Kabila, Laurent Désiré, kongoles. Politiker, *27. 11. 1939 Moba, †16. 1. 2001 Kinshasa (ermordet); studierte in den 1950er Jahren Philosophie in Frankreich; nach der Rückkehr in seine Heimat über Jahrzehnte als linksgerichteter Untergrundkämpfer aktiv; zwischenzeitlich in anderen afrikan. Ländern im Exil; 1997 stürzte er an der Spitze der „Allianz der demokrat. Kräfte für die Befreiung von Kongo-Zaire" *Mobutu Sese Seko*; seitdem Staats-Präs. der Demokrat. Republik Kongo.

Kabinda, Exklave von Angola, → Cabinda.

Kabine [frz.], **1.** Einzelwohn- u. Schlafraum an Bord für Passagiere; auch → Kabuse. **2.** Aus- u. Ankleidezelle in Badeanstalten, Arztpraxen u. Modesalons.

Kabinenbahn, 1. eine Seilbergbahn, die den Fahrgast in einer geschlossenen, gondelartig aufgehängten Kabine befördert; Fassungsvermögen zwischen 2 u. 70 Personen. **2.** *Cabinenbahn, C-Bahn,* vollautomat. öffentliches Transportsystem, das als Hängebahn oder als Standbahn auf einem Fahrbalken fährt, der über der Straßenoberfläche aufgestellt wird. Auch → H-Bahn, → M-Bahn.

Kabinett [das; frz.], ◆ **1.** *Baukunst:* kleiner Nebenraum, zwischen zwei Zimmern gelegen u. ohne eigenen Ausgang; in Schlös-

Kabuki: Szene einer Aufführung aus dem Theater in Tokyo

Kabinett (1): chinesisches Kabinett in Schloss Nymphenburg in München (Ausschnitt)

sern mit Vorliebe für fürstliche Sammlungen kleiner Kunstgegenstände (daher *Kabinettstück, Kabinettmalerei,* auch *Kupferstichkabinett*) und als Beratungszimmer von Fürsten zur Besprechung besonderer und geheimer Angelegenheiten *(Kabinettssachen)* mit ihren Beamten *(Kabinettsräten)* eingerichtet. **2.** *Möbel:* kleines, kunstvoll mit Schnitzerei, Malerei u. Ä. verziertes Schränkchen *(Kunstschrank)* mit vielen Fächern zur Aufbewahrung von Schmuck, Briefen u. Kuriositäten. Kabinette wurden bes. in Dtschld. z. Z. der Spätrenaissance u. im Barock hergestellt. Auch → Augsburger Kabinette. **3.** *Staatsrecht:* gleichbedeutend mit *Regierung* im organisatorischen Sinne: das Gremium, das aus dem Regierungschef (Bundeskanzler, Min.-Präs., Premierminister) u. den Ministern (Bundesministern, Landesministern, Staatsministern) besteht. Das K. hat über bestimmte Angelegenheiten von allg. innen- oder außenpolit., wirtschaftl., sozialer, finanzieller oder kultureller Bedeutung abzustimmen *(Kabinettsangelegenheiten).* Die Minister sind an Kabinettsbeschlüsse gebunden, soweit nicht Sonderregelungen getroffen sind. Die *Richtlinienkompetenz* des dt. Bundeskanzlers (Art. 65 GG) geht den Kabinettsbeschlüssen stets vor. Im Gesetzgebungsverfahren werden als *Kabinettsvorlagen* die Gesetzesentwürfe bezeichnet, die die jeweilige Bundes- oder Landesregierung aufgrund ihres Initiativrechts beim Beschlussorgan einbringt. Die *Kabinettsfrage stellen* bedeutet, dass die Regierung die weitere Tätigkeit von einer ausdrückl. Vertrauenserklärung des Par

laments abhängig macht (verbunden mit der Rücktrittsdrohung).
Der Ausdruck *K.* geht auf die Zeit des Fürstenstaats zurück. Aus dem Geheimen Rat, Staatsrat u. Ä. wurde das *Geheimkabinett* (zuerst in Kursachsen 1706), aus dem wiederum die *Kabinettsregierung* entstand (in Preußen: *Generaldirektorium*). Während sich diese im Lauf der späteren Entwicklung zum *Ministerium* (engl. *ministry*) umwandelte, behielt der Fürst eine eigene Beamtenschaft als Gegengewicht gegen die im K. versammelten Ressortminister. In Dtschld. beseitigte die Reform der Frhr. vom Stein 1807/08 diesen Dualismus zugunsten des *Staatsministeriums* (so noch die Bez. in Preußen während der Weimarer Republik). In eingeschränktem Maß wurde die Hofverwaltung in Gestalt des *Zivil-, Militär-* u. später auch des *Marinekabinetts* wieder eingeführt u. diente zur Erledigung der dem Monarchen vorbehaltenen Entscheidungen (sog. *Kabinettssachen*). **4.** *Weinkunde:* dt. Bez. für Prädikatswein mit festgelegtem Mindestmostgewicht. Kabinettweine sind elegante, ausgereifte Weine mit typischer Ausgewogenheit von Süße u. Säure.

Kabinettkäfer, → Museumskäfer.

Kabinettmalerei, → Glasmalerei.

Kabinettsjustiz, im Absolutismus das direkte Eingreifen des Landesherrn in die Rechtsprechung, wobei der Monarch entweder selbst das Urteil fällte oder dem Gericht eine bestimmte Entscheidung vorschrieb.

Kabinettsorder, *Kabinettsordre, Kabinettsbefehl, lettre du cabinet,* vom absoluten

Monarchen erlassene Verfügung, die Gesetzeskraft hatte.

Kabinettspolitik, im Absolutismus die vom Herrscher „im Kabinett" unmittelbar, ohne Zuziehung der Stände u. ohne Rücksicht auf die öffentl. Meinung geführte Außenpolitik; sie wurde auch im 19. Jh. noch weitgehend als Politik der „Staatsraison" mit den Mitteln der „Geheimdiplomatie" fortgeführt.

Kabiren, griech. Gottheiten (männl. u. weibl.) kleinasiat. Herkunft, Helfer der Landarbeiter u. Seeleute. Das Kultzentrum der K. war Samothrake, wo sie in Form eines Mysterienkults verehrt wurden. Ihr seit der archaischen Zeit gepflegter Kult blühte im Hellenismus erneut auf.

Kabiren-Vasen, Gattung böotischer Vasen der Zeit um 430–300 v. Chr., benannt nach dem Fundplatz im Kabirenheiligtum bei Theben. Typisch für die K. sind Trinkgefäße im schwarzfigurigen Stil mit burlesken Szenen sowie Parodien von Mythen u. Alltagsszenen.

Kabis, süddt. u. österr. Bez. für Kohl, Kraut, Weißkohl, Weißkraut.

Kabotage, *Cabotage* [-'ta:ʒə; frz.], Vorbehaltsrecht für die Schifffahrt der eigenen Flagge (z. B. zwischen Häfen des eigenen Landes).

Kabriolett [frz.], *Cabriolet,* **1.** einspänniger, leichter, zweirädriger Kutschwagen mit nur einer Sitzreihe. **2.** *Spider,* in Personenkraftwagen, bei dem das Dach zusammengefaltet oder abgenommen (Hardtop) werden kann.

◆ **Kabuki** [das], volkstüml. japan. Bühnenspiel, zu Anfang des 17. Jh. aus erot. Singtänzen entstanden, allmählich zum Geschichts- u. bürgerl. Schauspiel entwickelt. Ein typisches Programm des K. hat zwei Teile: zunächst ein Samuraistück, dann ein bürgerl. Sittenstück. Beiden Teilen folgt ein Tanz. Das K. ist mehr durch virtuose Darsteller (Sakata *Toyuro,* *1645, †1709; Ichikawa *Danyuro I,* *1660, †1708) als durch seine Dichter geprägt worden (Chikamatsu *Monsaemon,* Takeda *Isumo*) u. heute meist durch das moderne Drama der *Shimpa* ersetzt.

Kabul, ◆ **1.** Landes- u. Prov.-Hptst. von Afghanistan, am Fluss K. (2), 1795 m ü. M., 1,4 Mio. Ew.; Universität (gegr. 1932), Nationalmuseum; Verwaltungs- u. Wirtschaftszentrum des Landes mit chemisch-pharmazeutischer Fabrik, Metallverarbeitung, Textil- u. a. Industrie; vielfältiges Handwerk u. Gewerbe, große Bazare; Moscheen; Verkehrsknotenpunkt mit guten Verbindungen nach Indien, Iran u. Zentralasien, internationaler Flughafen. – 1874 durch Erdbeben größtenteils zerstört; starke Schäden im Afghanistan-Krieg (ab 1979). **2.** Fluss im NO von Afghanistan, rd. 500 km, linker Nebenfluss des Indus.

Kabuse [die; kelt.], primitiver Zelt- oder Bretterverschlag, Wetterschutz an Deck von Schiffen; abgewandelt zu *Kabine, Kampanje, Kombüse;* scherzhaft, verächtlich: *Kabuff, Kabache.*

Kabus-name, *Qabus-name* [persisch, „Buch des K."], einer der bekanntesten persischen

Fürstenspiegel, 1082/83 verfasst vom Prinzen *Kai Kavus* aus Tabaristan (südlich des Kaspischen Meeres) u. nach seinem Großvater, dem Fürsten *Kabus Ibn Waschmgir,* benannt. Das Buch vermittelt ein anschauliches Bild vom kulturellen u. sozialen Leben des 11. Jh.

Kabwe, früher *Broken Hill,* eine der ältesten Bergbaustädte in Sambia, nördl. von Lusaka, 1293 m ü. M., 167 000 Ew.; Verhüttung von Blei, Zink, Vanadium; Garnisonstadt; vorgeschichtliche Fundstätte.

Kabylei, *Kabylien,* frz. *Kabylie,* von → Kabylen bewohnte, gebirgige nordafrikan. Küstenlandschaft zwischen Algier u. Constantine, Teil des Tellatlas; die westl. *Große K.* im *Lalla Kredidja* 2308 m, die östl. *Kleine K.* im *Jabal Babur* 2004 m hoch; feuchtes Gebirgsklima, bis 1000 m ü. M. dicht besiedelt, darüber Waldbestände mit Kork- u. Steineichen, Zedern u. Aleppokiefern; Hauptort ist *Tizi Wazu.*

Kabylen, Gruppe von islam. Berberstämmen (rd. 1 Mio.) in Nordalgerien, bes. in der *Kabylei;* Nachkommen der *Senata;* Pflugbauern mit Viehzucht u. Obstanbau.

Kabylisch, eine in der Gegend um Algier gesprochene Berbersprache.

Kachchh [katʃ], *Kutch,* Landschaft u. Distrikt in Gujarat (Indien), zwischen der Halbinsel Kathiawar im S (durch den *Golf von K.* begrenzt) u. Sind (Pakistan) im N; ehem. Fürstenstaat (gegr. im 13. Jh., bis 1947); Hptst. *Bhuj.* Der größte Teil von K. entfällt

auf den *Ran von K.,* zur Trockenzeit eine Salzwüste u. zur Zeit des Südwest-Monsuns eine riesige Wasserfläche; im südl. Teil ein flaches Hügelland mit extensiver Viehzucht; Vorkommen von Gips, Eisenerz, Braunkohle; bekannte Stickereien u. Silberarbeiten.

kachektisch [grch.], an → Kachexie leidend.

Kachel [semit., grch., lat.], keramisches, meist glasiertes Formstück aus Fayence, Steingut, Porzellan oder Schamotte, verwendet zum Bau von *Kachelöfen,* in Platten- oder Tafelform oft auch zur Verkleidung von Wänden (→ Fliese). Die K. wird entweder von Hand geformt (auf der Töpferscheibe mit Gipsformen) oder maschinell auf Kachelpressen. Kacheln bekommen nach einem *Schrühbrand* (900–920°C) noch einen *Glasurbrand.* Um eine glatte u. gerade Oberfläche zu erzielen, werden sie nach dem Schrühbrand auf Spezialmaschinen geschliffen.

Aus der *Topf-* oder *Napfkachel,* beim Lehmofen zur Oberflächenvergrößerung u. besseren Wärmestrahlung verwendet, entwickelte sich im MA die *Nischenkachel.* In der Gotik wurden Kacheln häufig mit Maßwerkformen verziert, während in der Renaissance reliefierte *Bildkacheln* mit allegorischen u. mythologischen Darstellungen beliebt waren. Im 17. Jh. wurden Kacheln oft auf Ofenbreite vergrößert. Die moderne K. ist, abgesehen von farbigen Glanzglasuren, meist schmucklos oder nur sparsam dekoriert.

Kabul (1): Die Hauptstadt Afghanistans liegt in einem Hochbecken am Fluss Kabul

Kachelofen: Prunkofen von Hohensalzburg, alpenländische Hafnerkeramik; 1501. Salzburg, Festung

◆ **Kachelofen,** aus *Kacheln* aufgebauter Ofen als Heizkörper einer Wohnung. Die Kacheln speichern die bei der Verbrennung des eingelegten Heizmaterials aufgenommene Wärme u. geben diese bei gut funktionierenden Ofenkanälen gleichmäßig wieder ab. Urform des Kachelofens ist der aus Lehm errichtete *Backofen* mit eingesetzten Töpfen als Wärmespeicher, gebräuchlich bereits im röm. Altertum. Auch → Ofen.

Kachelofen- und Luftheizungsbauer, *Kachelofen- und Luftheizungsbauerin,* anerkannter Ausbildungsberuf des Handwerks; Ausbildungsdauer 3 Jahre; baut Heißluftheizungsanlagen, offene Kamine u. keram. Öfen.

Kachexie [die; grch.], Aus-, Abzehrung, Kräfteverfall bei zehrenden Krankheiten, bösartigen Geschwülsten, innersekretorischen Störungen u. a.; gekennzeichnet durch Blutarmut, blassfahle u. gelbl. Hautfarbe, Abnahme, Schwäche u. Apathie.

Kachin ['kat∫in], *Katschin,* eigener Name *Tschinnpô,* Bergvolk (400 000) mit tibetobirman. Sprache im Kachin- u. im Schan-Staat in Myanmar (Birma), im 19. Jh. in Nordbirma u. Assam eingedrungen, später z. T. als Söldner der brit. Kolonialverwaltung; mit chines. u. tibet. Hochkultureinflüssen; Brandrodungsfeldbau, Viehhaltung nur zu Opferzwecken; Schamanen. Auch → Kachinstaat.

Kachinas [ka't∫i:nas], Ahnengeister der Pueblo-Indianer (bes. bei den *Hopi*) im SW Nordamerikas, die Einfluss auf Regen u. Wachstum ausüben sollen; in Maskentänzen u. holzgeschnitzten Puppen dargestellt.

Kachinstaat ['kat∫in-], *Katschinstaat,* halbautonomer Staat in Myanmar (Birma), 89 041 km², 1,1 Mio. Ew.; Hptst. *Myitkyina;* von den *Kachin* bewohnt; Gebirgsland an

der Grenze nach Yunnan; Brandrodungsfeldbau, Anbau von Trockenreis.

Kachlet [das], zwei enge Durchbruchstäler der Donau an Ausläufern des Bayerischen Walds: *Bayerisches K.* mit Schleuse u. *Kachletkraftwerk* zwischen Vilshofen u. Passau, *Aschacher K.* bei Linz in Österreich.

Kachowkaer Stausee, vom unteren *Dnjepr* gebildeter, 240 km langer u. bis 25 km breiter Stausee mit Großkraftwerk bei der ukrain. Stadt *Nowaja Kachowka;* Seefläche rd. 2160 km², Fassungsvermögen 18,2 Mrd. m³, Stauwerkshöhe 37 m; Inbetriebnahme des Stauwerks 1956. Der See dient der Bewässerung von Steppenland u. erleichtert den Schiffsverkehr auf dem Dnjepr.

Kaçkar [türk. kat∫'kar], *Kackar Daŵi,* höchster Berg der Schwarzmeerregion, im O des Pontischen Gebirges, südöstl. von Rize, 3937 m hoch.

Kadaň ['kadanj], *Kaaden,* Stadt in Nordböhmen (Tschech. Rep.), an der Eger, 18 400 Ew.; mittelalterl. Stadtbild, Rathaus, frühgot. Burg, Reste der Stadtbefestigung; Keramikindustrie.

János Kádár; 1956

◆ **Kádár** ['ka:da:r], János, ungar. Politiker (Kommunist), * 26. 5. 1912 Rijeka, † 6. 7. 1989 Budapest; Mechaniker, seit 1932 in der (damals illegalen) KP, 1942–1989 Mitgl. des ZK, 1945–1988 Mitgl. des Politbüros, 1948 Innen-Min., 1951–1954 in Haft; 1956 zunächst Parteigänger I. *Nagys,* dann maßgeblich an der Niederwerfung des Aufstands beteiligt, 1956–1958 u. 1961–1965 Min.-Präs., seit 1956 Parteichef der Ungar. Sozialist. Arbeiterpartei. K. verfolgte seit Mitte der 1960er Jahre einen Kurs der begrenzten Liberalisierung („Gulaschkommunismus"). Im Zuge weitergehender Reformen trat er 1988 zurück.

Kadaré, Ismail, alban. Schriftsteller, * 27. 1. 1936 Gjirokastër; thematisiert in seinen Romanen die Geschichte Albaniens: „Der General der toten Armee" 1963, dt. 1973; „Chronik in Stein" 1971, dt. 1988; „Der große Winter" 1973, dt. 1987; „November einer Hauptstadt" 1975, dt. 1991; „Konzert am Ende des Winters" 1988, dt. 1991; Berichte, Briefe, Betrachtungen: „Albanischer Frühling" dt. 1991.

Kadaschman-Elil, *Kadaschman-Elil I.,* babylon. König rd. 1385–1370 v. Chr., bemühte sich um gute Kontakte zu Ägypten u. verheiratete eine Schwester mit Pharao *Amenophis III.;* förderte die Handelsbeziehungen zwischen Ägypten u. dem babylon. Reich.

Kadaver [der; lat.], verendete u. auch getötete Tiere (besonders im Zustand der Verwesung).

Kadavergehorsam, blinder Gehorsam; Befehlsbefolgung unter Ausschaltung der eigenen Urteilskraft u. Aufgabe der eigenen Persönlichkeit.

Kadaverin [lat.] → Cadaverin.

Kadaververwertung, die Verarbeitung von *Tierkörpern,* die nicht zum menschl. Verzehr geeignet sind, in speziell dafür vorgesehenen Betrieben (→ Abdeckerei). Die Tierkörper werden bis zum Zerfall der Weichteile (rd. 280 °C) erhitzt u. zu Fett, Düngemittel oder Tierfutter verarbeitet.

Kaddisch, aramäisches synagogales Gebet um Heiligung des göttl. Namens u. das Kommen des messianischen Reichs.

Kadečka [-'dɛt∫ka], Ferdinand, österr. Strafrechtler, * 16. 7. 1874 Wien, † 15. 3. 1964 Wien; Professor in Wien; er schuf das Jugendgerichtsgesetz 1928 und das Arbeitshausgesetz 1932; Verfechter der Strafgesetzreform.

Kadelburg, Gustav, österr. Schriftsteller, * 26. 7. 1851 Budapest, † 11. 9. 1925 Berlin; bis 1894 Schauspieler. Von seinen vielen Lustspielen hatte der mit O. *Blumenthal* verfasste Schwank „Im Weißen Rößl" 1898 einen andauernden Welterfolg.

Kaden-Bandrowski, Juliusz, poln. Schriftsteller, * 24. 2. 1885 Rzeszów, Galizien, † 8. 8. 1944 Warschau; sozialkrit. u. psycholog. Romane: „General Barcz" 1923, dt. 1929; „Die schwarzen Schwingen" 1928–1933, dt. 1983.

Kadenz [die; lat.], 1. *M u s i k :* 1. in der *Harmonielehre* des 16. Jh. eingeführte Bez. für die musikal. Schlussformel eines Abschnittes oder ganzen Stückes; in ältesten Weisen das Absinken der Melodie zum Grundton, im mehrstimmigen Satz eine geregelte Folge von Harmonien, meist in der Reihenfolge folgender *Funktionen:* Tonika (1. Stufe der Tonleiter), Subdominante (4. Stufe) u. Dominante (5. Stufe). Man unterscheidet zwei Kadenzarten: a) *authentische K.,* Abschluss in der Folge Dominante-Tonika (D-T); d. h., dem Dreiklang oder Septimakkord auf der 5. Stufe der Tonart folgt der Dreiklang auf dem Grundton als Schlussakkord; hierbei geht der Dominante meist entweder die Subdominante (S) oder der Dreiklang auf der 2. Stufe oder der Quartsextakkord der Tonika (d. h. der Dreiklang der 1. Stufe mit der Quinte im Bass) voraus; b) *plagale K.,* Subdominante-Tonika (S-T); bei zweiteiligen musikal. Einheiten endet der erste Teil meist mit Halbschluss auf der Dominante, der andere Teil mit Ganzschluss (auf der Tonika). Beim *Trugschluss* endet ein Teil unerwartet auf einer anderen Stufe (z. B. Parallelklang der 6. Stufe).
2. im *Instrumentalkonzert* (auch in der Da-capo-Arie) ein vor dem Abschluss (Coda) eingeschobener Formteil, in dem das oder die Soloinstrumente unter Verwendung der Thematik des Satzes frei u. vor allem virtuos improvisieren; die K. ist seit *Mozart* u. *Beethoven* jedoch zumeist schon vom Komponisten fest notiert.
2. *V e r s l e h r e :* die jeweilige metrische Form des Versschlusses.
3. *W a f f e n t e c h n i k :* die Schussfolge einer Waffe in Schuss je Minute; von Bedeutung für Flugabwehrgeschütze.

Kader [der; frz. *cadre,* „Rahmen"], 1. *M i l i t ä r :* der im Verhältnis zur Kriegsstärke der Zahl nach geringere *Friedenstruppenteil,* in dem die militär. Ausbildung durchgeführt

u. der bei der Mobilmachung durch Reservisten aufgefüllt wird.

2. *Politik:* im kommunist. Sprachgebrauch die Personen, die für wichtige Aufgaben im polit., gesellschaftl. u. wirtschaftl. Leben verwandt werden; insbes. leitende Funktionäre der Partei- u. Massenorganisationen, auch Wirtschaftsfachleute, Wissenschaftler u. a.

3. *Sport:* Leistungsklasse im Spitzensport der BR Dtschld. auf der Grundlage des erreichten oder in naher Zukunft erreichbaren Leistungsstandes; *Kader A:* internationales Niveau, *Kader B:* nationales Niveau, *Kader C:* nationaler Nachwuchs u. Talente, *Kader D:* Nachwuchs in den Bundesländern. Für Jugend u. Senioren gibt es zum Teil abweichende Zuordnungen.

Kaderpartei, eine Partei, die nach autoritärem Führungsprinzip aufgebaut u. straff organisiert ist. Eine zentral gelenkte Gruppe von Funktionären überwacht, steuert u. organisiert die Masse der eingeschriebenen Mitglieder, die weitgehend ohne Einflussmöglichkeiten auf die Parteilinie sind. Entscheidende Organisationsform ist die Zelle, die jeweils kleinste Einheit, womit in verschiedenen Lebensbereichen (Arbeit, Schule, Wohnung) der absolute Anspruch der K. realisiert wird. In kommunist. u. faschist. Herrschaftssystemen trifft man ausschließlich auf diesen Parteityp. Polit. Notwendigkeit u. der angeblich überlegene Bewusstseinsstand der Führung dienen als Legitimation für die autoritäre Struktur der K.

Kaderpolitik, in kommunist. regierten Staaten die Ausbildung, planmäßige Auswahl, der Einsatz u. die Weiterbildung des Führungspersonals (*Kader*), durch die gewährleistet werden soll, dass die zukünftigen Inhaber leitender Positionen u. Funktionen im Partei-, Staats- u. Wirtschaftsapparat, in den Massenorganisationen sowie in Wissenschaft u. Kultur polit. zuverlässig u. fachl. qualifiziert sind. Wesentl. Element der K. ist die *Nomenklatur,* ein Verzeichnis von Positionen u. Funktionen auf allen gesellschaftl. Gebieten, über deren Besetzung die regierende kommunist. Partei entweder direkt entscheidet oder für die sie verbindl. Modalitäten festlegt u. sich eine Kontrolle vorbehält.

Kadesch [-'de:ʃ], bedeutendes Fürstentum im 1. u. 2. Jahrtausend v. Chr. am Orontes in Syrien, südwestl. des heutigen *Homs.* K. wurde von *Thutmosis III.* um 1450 v. Chr. dem ägypt. Machtbereich eingegliedert u. verblieb in relativer Selbständigkeit bis zur Eroberung durch den Hethiterkönig *Suppiluliuma I.* unter ägypt. Einfluss. König *Sutatarra* u. sein Sohn *Aitakama* als ägypt. Vasallen wurden nach Hattusa deportiert, Aitakama um 1340 v. Chr. aber wieder von den Hethitern als König von K. eingesetzt. Um 1275 v. Chr. fand bei K. eine bedeutende Schlacht zwischen dem hethit. König *Muwatalli II.* u. *Ramses II.* um den Besitz Nordsyriens statt, die aber keine Entscheidung brachte. K. blieb hethitisch; es ging im 11. Jh. v. Chr. im Seevölkersturm unter.

Kadett [frz.], Zögling einer *Kadettenanstalt.* Die bis zum Ende des 1. Weltkrieges bestehenden Kadettenanstalten waren militär.

organisierte Internatsschulen, die ihre Schüler auf den Offiziersberuf vorbereiteten. Als Schüler wurden bes. Söhne von Offizieren u. Beamten aufgenommen.

Kadetten [Kurzwort für *Konstitutionelle Demokraten* (K. D.)], russ. *Kadety,* in der russ. Revolution von 1905 unter Führung von P. N. *Miljukow* gegr. Partei. Die K. forderten eine konstitutionelle Monarchie, liberale Reformen u. soziale Teilreformen. Nach der Februarrevolution von 1917 führten sie bis April die Provisor. Regierung der Dumapolitiker mit Fürst *Lwow* als Min.-Präs. Von der bolschewist. Regierung zur „Partei der Feinde des Volkes" erklärt, wurden die K. während des Bürgerkriegs (1918–1920) liquidiert.

Kadi [der; arab.], (islamischer) Richter.

Kadijewka ['kadijifka], *Kadievka,* bis 1978 Name der ukrain. Stadt → Stachanow.

Kadivéu, *Caduveo,* Ureinwohner im Mato Grosso im SW Brasiliens; Jäger u. Sammler, die durch Seuchen u. Verfolgung nahezu ausgerottet wurden; bekannt für ihre kunstvolle Töpferei u. die ornamentalen Gesichtsmalereien der Kadivéu-Frauen.

Kadłubek [ka'duubɛk], Wincenty, *Magister Vincentius,* poln. Chronist, *um 1160 Karwów bei Opatów, †8. 3. 1223 Jedrzejów; 1208–1218 Bischof von Krakau; Kadłubeks historiograph. Hptw. ist die lat. „Chronik der Polen", eine wichtige histor. Quelle für das 12. Jh.

kadmieren, einen Überzug aus Cadmium galvanisch herstellen, als Rostschutz bei Stahl.

Kadmium → Cadmium.

Kadmiumvergiftung → Cadmiumvergiftung.

Kadmos, griech. Heros phönizischen Ursprungs, der auf Geheiß seines Vaters *Agenor* seine von Zeus entführte Schwester *Europa* suchte u. auf dieser Suche in Böotien die Stadt *Theben* gegründet haben soll, deren Burg *Kadmeia* nach ihm benannt wurde. Aus den in den Boden gesäten Zähnen eines K. getöteten Drachens entstanden die *Sparten* [grch., „die Gesäten"], bewaffnete Männer, die sich gegenseitig töteten. Die fünf Überlebenden wurden die Ahnherren der theban. Adelsgeschlechter. K. heiratete *Harmonia,* die Tochter des Ares u. der Aphrodite. Ihre Kinder waren u. a. *Ino* u. *Semele.* K. galt den Griechen als Vermittler der phöniz. Buchstabenschrift.

Kadoma, ehem. *Gatooma,* Stadt im zentralen Simbabwe, 1162 m ü. M., 67 300 Ew.; Textilindustrie (vor allem Baumwolle); Goldvorkommen in der Umgebung.

Kadosa ['kɔdoʃɔ], Pál, ungar. Komponist, *6. 9. 1903 Léva, †30. 3. 1983 Budapest; Schüler von Z. *Kodály;* seine Musik (Opern, Orchesterwerke, Solokonzerte, Kammermusik, Klavierwerke, Vokalkompositionen) ist von Elementen der ungar. Folklore geprägt.

Kadscharen, pers. Dynastie (1794–1925), hervorgegangen aus dem turkmenischen Stamm der *Kadschar* („Eilende"); gegr. von *Aga Mohammed,* erreichte unter Fath Ali Chan (1797–1834) u. Nasir ed-Din (1848–1896) eine bedeutende Macht, zerfiel dann in inneren u. äußeren Kämpfen, bis der letzte Schah Ahmed 1925 von *Riza*

Schah abgesetzt wurde. Die Dynastie war zeitweise europäischem Einfluss gegenüber sehr aufgeschlossen.

Kaduna, Hptst. des gleichnamigen Bundesstaats in Nigeria, 310 000 Ew.; Garnison; Rundfunk- u. Fernsehsender, Textil- u. Nahrungsmittelindustrie; Verkehrsknotenpunkt, Flughafen.

Kaduzierung [lat.], der Ausschluss von Gesellschaftern einer AG (§ 64 AktG) oder GmbH (§ 21 GmbHG), wenn sie die Einzahlung ihres Kapitalanteils oder etwa geforderter Nachschüsse schuldig bleiben. Im Kaduzierungsverfahren wird der Anteilseigner nach erfolglosem Ablauf gesetzlich vorgeschriebener Fristen seines Anteils u. der bereits geleisteten Einzahlungen zugunsten der Gesellschaft für verlustig erklärt.

Kaédi [ka:e'di], *Kayhaydi,* Hptst. der Region Gorgol (Mauretanien), am Senegal, 30 500 Ew.; Markt für Häute, Felle u. Gummiarabikum; Fleischindustrie; Flugplatz u. Flusshafen.

Kaempfer-Blätter → Kämpfer-Blätter.

Kaesŏng, Stadt in Nordkorea, nordwestlich von Seoul, an der Demarkationslinie, 331 000 Ew.; bedeutende Textilindustrie. – Hptst. der Koryŏ-Dynastie (935–1392) u. eine der ältesten Städte Koreas.

Kaestner, Alfred, dt. Zoologe, *17. 5. 1901 Leipzig, †3. 1. 1971 München; 1949 Prof. an der Humboldt-Universität Berlin, 1951 Direktor des Zoolog. Museums Berlin, 1957–1967 Direktor der Naturwissenschaftl. Sammlungen des Bayerischen Staats; arbeitete bes. über vergleichende Anatomie der Spinnentiere; Hptw.: „Lehrbuch der Speziellen Zoologie" 1955–1963.

Kaf, *Al Kaf, Kéf,* Stadt im nördl. Hochland von Tunesien, 800 m ü. M., 34 500 Ew.; Straßenknotenpunkt.

◆ **Käfer,** *Deckflügler, Coleoptera,* rd. 350 000 bekannte Arten umfassende, formenreichste

Käfer: männlicher Gelbrandkäfer, Dytiscus marginalis, ein Schwimmkäfer, der zum Luftholen an die Wasseroberfläche kommen muss

Kaffee: Strauch mit Früchten

Ordnung der *Insekten,* deren vorderes Flügelpaar durch Chitineinlagerung meist zu harten *Deckflügeln (Elytren)* geworden ist. Sie bedecken in Ruhestellung die einfaltbaren Hinterflügel (die eigentl. Flugorgane) u. den Hinterleib u. dienen beim Fliegen meist als Tragflächen; 0,25–20 cm lang, mit frei beweglicher Vorderbrust. Die 6 Beine sitzen paarweise an den 3 Brustringen. Die K. zeigen eine vollkommene Verwandlung (→ Metamorphose); sie haben sehr unterschiedl. Ernährungsweisen (viele von ihnen gelten als Schädlinge).
Systematisch gliedert man die K. in die *Raubkäfer (Fleischfresser, Adephaga),* wozu die *Lauf-, Sandlauf-, Fühler-, Schwimm-* u. *Taumelkäfer* gehören, u. die *Allesfresser (Polyphaga)* mit den *Kurzflüglern, Aas-, Blasen-, Blatt-, Blatthorn-, Bock-, Borken-, Bunt-, Diebs-, Feuer-, Glanz-, Himbeer-, Kernholz-, Keulen-, Klopf-, Kolbenwasser-, Marien-, Moder-, Pelzfloh-, Pillen-, Platt-, Pracht-, Rüssel-, Samen-, Schnell-, Schwarz-, Speck-, Stutz-, Weich-* u. *Werftkäfern.*
Käfermilbe, *Parasitus coleoptratus,* gelbbraune *Milbe* von 1 mm Länge aus der Unterordnung der *Parasitiformes,* deren Jugendstadien sich von Rosskäfern zu frischem Pferdemist transportieren lassen *(Phoresie),* wo sie Fadenwürmer jagen.
Käferschnecken, *Polyplacophora, Placophora, Loricata,* in der Brandungszone fast aller Meere vorkommende *Weichtiere* (in der Nordsee: Gattung *Chiton)* mit primitiven Molluskenmerkmalen (kein deutlich abgesetzter Kopf, keine Fühler). Der Körper ist von 8 dachziegelartig übereinander greifenden Schalen bedeckt. Die Schalenelemente werden von einem Gürtel *(Perinotum)* umgeben, der von einer Kutikula mit eingelagerten Kalknadeln bedeckt wird. Mit dem breiten, muskulösen Fuß pressen sich die K. an den Untergrund. Abgelöst von ihrer Unterlage, können sie sich bauchwärts einrollen. Die größte der rd. 1000 Arten erreicht über 30 cm Länge.
Kaffa, äthiop. Landschaft, → Kefa.
◆ **Kaffee** [arab., türk., ital., frz.], *Kaffeebaum, Kaffeestrauch, Coffea,* zur Familie der *Rötegewächse (Rubiaceae)* gehörende strauch- oder baumartige Pflanze paläotro-

pischer Verbreitung. Die Heimat der meisten der 50–60 Coffea-Arten liegt in Afrika, einige sind auch in Asien beheimatet. In den wichtigsten Anbaugebieten (Zentral- u. Südamerika) wird fast ausschl. der *Arabische K., Coffea arabica,* kultiviert, während er in den asiat. Anbaugebieten (Java, Sumatra, Celebes) durch den ertragreicheren, widerstandsfähigeren *Coffea robusta* verdrängt wurde. In Afrika wird neben den genannten Arten noch der *Liberiakaffee, Coffea liberica,* angebaut, der in der Größe mit 10–15 m Höhe den nur 5–6 m hoch werdenden arab. K. weit übertrifft. Der wichtigste Kaffeelieferant ist Brasilien; qualitätsmäßig werden die Kaffeesorten aus Zentralamerika u. Java geschätzt.
Die Kultur des Kaffees erfordert einen lockeren, humusreichen Urwaldboden. In den ersten Jahren brauchen die jungen Pflanzen Beschattung, die meist durch bes. Schattenbäume *(Coffeemamas)* gesichert wird. Die Ernte ist vom 6. Jahr ab möglich; das Maximum der Erträge liegt im 10.–14. Jahr; nach 20–30 Jahren müssen die Kaffeesträucher durch neue ersetzt werden. Da es außer der Hauptblüte noch eine Vor- u. Nachblüte gibt, verteilt sich auch die Ernte der Früchte *(Kaffeekirschen)* über mehrere Zeiträume im Jahr. Die Früchte enthalten im Allg. zwei gegeneinander abgeplattete Steinkerne (nur beim sog. *Perlkaffee* einen einzigen Steinkern), die mit einer Pergamenthülle je einen durch das Silberhäutchen ummantelten Samen, die *Kaffeebohnen,* umschließen. Die Samen bestehen größtenteils aus Nährgewebe, das u. a. auch *Coffein* in Mengen von etwa 0,8–2,5 % enthält.
Bei der *Verarbeitung* werden zwei Phasen unterschieden: Zuerst werden durch mechan. Entfleischung u. nachträgl. Fermentation die Steinkerne isoliert *(Pergamentkaffee);* anschließend wird durch Schälen, Polieren u. Sortieren der Pergamentkaffee in den *Rohkaffee* umgewandelt. Erst vor dem Gebrauch wird durch einen Röstprozess der *Röstkaffee* hergestellt. Hierbei bilden sich die Aroma- u. Geschmacksstoffe. Hochwertige Kaffeesorten werden schnell u. scharf geröstet. Durch Zusatz von Kandier- u. Glasurmitteln kann kandierter oder glasierter K. gewonnen werden. *Geschichte:* Der K. soll aus Abessinien oder Persien nach Arabien gebracht worden

Kaffee: Blüte des Kaffeestrauches

sein, wo er im 16. Jh. zu einem beliebten Getränk wurde. Verbote des Kaffeetrinkens, die von religiösen Fanatikern durchgesetzt wurden, konnten sich nicht halten. Ende des 16. Jh. berichteten die ersten Europäer über das Getränk, das sich seit dem 17. Jh. in Europa verbreitete, obwohl K. teuer u. hoch besteuert war. Überall entstanden Kaffeehäuser (→ Kaffeehaus). Die Holländer brachten den K. über ihre Kolonien in Java nach Indien u. Amerika. Mit der fortschreitenden Kolonisierung wurde die Kaffee-Erzeugung bedeutend gesteigert u. im 18. u. 19. Jh. dem höheren Bedarf angepasst. Der *Kaffee-Extrakt* wurde um 1940 entwickelt.
Kaffeebock, *Anthores leuconotus,* ostafrikan. Kaffeeschädling aus der Familie der *Bockkäfer.*
Kaffee-Ersatz, aus gebrannten Roggen- oder Gerstenkörnern, auch aus Rübenschnitzeln, Erbsen, Süßlupinen u. Eicheln hergestelltes Pulver, das ein kaffeeähnliches Getränk ergibt.
Kaffee-Extrakt, *Kaffee-Essenz, Pulverkaffee,* getrockneter Kaffeeauszug, der alle löslichen Bestandteile der Kaffeebohne enthält. Rohkaffee wird gereinigt, geröstet u. möglichst fein vermahlen; dann folgt die Extraktion durch flüchtige Lösungsmittel, wobei die lösl. Bestandteile von den unlösl. getrennt werden. Nach Reinigung in Filtermaschinen oder Zentrifugen wird der Extrakt durch Evaporieren im Vakuum konzentriert u. im Sprühverfahren getrocknet, wobei die Flüssigkeit in einen Strom heißer Luft gesprüht wird oder im Hochvakuum bei −20 bis −30 °C eingefroren wird. K. ist hygroskopisch u. muss durch Sterilisation konserviert werden.
Kaffeefilter, ein Gefäß aus Porzellan, Metall oder Kunststoff mit einem Einsatz aus Filterpapier, um den Kaffee besser auszunutzen, die Herauslösung der bitteren Gerbstoffe zu verhindern u. den Satz (Grund) zurückzuhalten.
Kaffeegewürz, *Kaffeezusatz,* ein aus stärke-, zucker- oder dextrinhaltigen Pflanzenteilen gewonnener Stoff, der dem Bohnenkaffee zur Gewinnung eines kräftigeren Geschmacks u. einer dunkleren Farbe zugesetzt wird; beispielsweise Zichorie (geröstete Zichorienwurzel), (geröstete) Feigen, Karlsbader K.
Kaffeehaus, *Café,* eine Gaststätte, in der bes. Kaffee u. andere Getränke ausgeschenkt werden. Das erste nachweisbare K. wurde 1554 in Istanbul eröffnet. 1624 brachten die

Kaffee: Ernte (in 1000 t)			
Land	1985	1990	1998
Welt davon:	5 875	6 282	6 457
Äthiopien	170	206	204
Brasilien	1 911	1 463	1 690
Côte d' Ivoire	260	284	332
El Salvador	100	156	137
Guatemala	162	202	183
Indonesien	348	411	455
Kolumbien	676	845	732
Mexiko	308	440	288
Uganda	210	129	180

Venezianer den Kaffee nach Italien. 1652 kam der Kaffee nach England, um 1670 nach Dtschld. Kaffeehäuser wurden eröffnet 1683 in Wien, 1686 in Nürnberg u. Regensburg, 1687 in Hamburg u. 1712 in Stuttgart. In Berlin gab es 1721 das erste K. Friedrich II. machte den Kaffeehandel zum Monopol u. ließ staatl. Röstereien errichten, so dass der Kaffeegenuss nur den oberen Schichten vorbehalten blieb. Im 18. u. bes. 19. Jh. dienten die Kaffeehäuser als Zentren der Meinungsbildung; Künstler, Literaten, Politiker u. Studenten trafen sich dort zum zwanglosen Gedankenaustausch. Als Sammelplätze kulturellen Lebens wurden die Kaffeehäuser häufig zu Ausgangspunkten neuer Ideen; sie galten bes. im 19. Jh. als Entwicklungsstätten liberaler u. demokrat. Vorstellungen. Die Wiener Kaffeehäuser erlangten literar. Berühmtheit. In der Gegenwart existiert diese Art des Kaffeehauses nur noch in reduzierter Form. Während früher „Straßen-Cafés" (bes. in roman. Ländern), „Konzert-Cafés" mit musikal. Unterhaltung sowie „Cafés chantants" (mit Kabarettprogramm) neben der oben beschriebenen Form die Städte beherrschten, dominiert heute die Art des „Konditorei-Cafés", das sich durch reichhaltiges Kuchenangebot auszeichnet.

Kaffeemaschine, Maschine zur Herstellung des Kaffeegetränks: In einem Behälter wird Wasser zum Kochen gebracht u. durch Dampfdruck über den gemahlenen Kaffee geleitet, laugt ihn aus u. fließt durch einen Filter.

Kaffeesäure, *3.4-Dihydrozimtsäure,* $C_9H_8O_4$; gelbe Nadeln oder Blättchen; kommt in vielen Pflanzen frei vor, außerdem als Ester, insbes. als Bestandteil der *Chlorogensäure.*

Kaffeesteuer, Verbrauchsteuer auf Kaffee. Die dt. K. ist als reine Einfuhrsteuer ausgebildet u. beträgt nach dem *Kaffee- u. Teesteuergesetz* vom 21. 12. 1992 bei geröstetem Kaffee 4,30 DM je kg u. bei festen Auszügen aus Kaffee 9,35 DM je kg.

Kaffern [arab. *kafir,* „Ungläubige"], eine von Arabern geprägte u. von Europäern übernommene Bez. für die Südost-Bantuvölker, die bedeutendste Völkergruppe Südafrikas: die *Nguni* mit den *Zulu, Swasi, Ndebele,* die *Tonga* u. die *Sotho-Tswana* mit den *Betschuanen* u. *Basuto.* Heute abschätzige Bez. für Schwarze.

Kaffernadler → Adler (3).

Kaffernbüffel, *Bubalus (Syncerus) caffer,* ein *Büffel* Zentral- u. Südostafrikas; je nach Vorkommen sehr verschieden in Gehörn u. Farbe; wegen seiner Unberechenbarkeit gefährlichstes Wild Afrikas. K. leben in Savannen, Schilfdickichten u. lichten Wäldern. Im Gebirge trifft man sie bis zu einer Höhe von 4000 m an. *Rotbüffel, Syncerus caffer nanus,* halten sich in Regenwäldern auf. Familienrudel bis zu 10 Tieren bilden den normalen Sozialverband, können sich aber zu Herden bis zu mehreren hundert Tieren zusammenschließen. Das Leittier ist ein Weibchen.

Kaffern-Korallenbaum → Erythrina.

Käfigläufer, der Läufer einer Asynchronmaschine, bei dem die Läuferwicklung aus blanken oder isolierten Metallstäben besteht, die in die Nuten des Läuferblechpakets eingelegt werden u. an den Enden durch Kurzschlussringe (Endringe) verbunden sind. Die Stäbe bestehen meist aus Kupfer, seltener aus Bronze (Schlupfläufer); bei Maschinen bis zu mehreren hundert Kilowatt wird die Käfigwicklung einschl. der Endringe meist aus Aluminium gegossen, das flüssig direkt in die Nuten des Läuferblechpakets eingespritzt wird.

Käfigwicklung, *Kurzschlusswicklung,* in sich kurzgeschlossene Wicklung bei elektr. Maschinen, wobei größere Anzahlen von Leiterstäben an den Stirnseiten durch Ringe oder Ringsegmente miteinander verbunden sind.

Kafir [arab.], Nicht-Moslem; zusammenfassende Bez. für alle „Ungläubigen".

Kafiren, Bergvolk (rd. 90 000) mit indoeurop. Sprache in *Nuristan,* in einer schluchtenreichen Gebirgsregion im Hindukusch (Nordost-Afghanistan); Ackerbauern (Frauen) u. Viehzüchter (Männer) mit Almwirtschaft, Wehrdörfer (mit Blockhütten, Tanzhäusern), Sippenorganisation unter Häuptlingen, Blutrache.

◆ **Kafka,** österr.-jüd. Schriftsteller, * 3. 7. 1883 Prag, † 3. 6. 1924 Sanatorium Kierling bei Wien; entstammte einer Kaufmannsfamilie; promovierte als Jurist 1906; 1908–1922 Beamter der Arbeiter-Versicherungs-Anstalt in Prag; 1912 Bekanntschaft mit Felice *Bauer,* mit der er sich 2-mal ver- u. entlobte (1914 u. 1917). K. war seit 1917 tuberkulosekrank.
Kafkas Werk wurde zum größten Teil erst postum, gegen den testamentar. Willen des Autors, von seinem Freund M. *Brod* veröffentlicht, bes. die drei fragmentar. Roma-

Franz Kafka: Titelbild von Ottomar Starke zu Kafkas Erzählung „Die Verwandlung" in der Zeitschrift „Der Jüngste Tag"; 1916

ne „Der Prozess" 1925, „Das Schloss" 1926, „Der Verschollene" („Amerika") 1927 sowie Tagebücher u. Briefe. Zu Lebzeiten erschienen vor allem die Prosatexte „Betrachtung" 1912, „Das Urteil" 1913, „Der Heizer" 1913, „Die Verwandlung" 1915, „Vor dem Gesetz" 1915, „In der Strafkolonie" 1919, „Ein Landarzt" 1919/20 u. „Ein Hungerkünstler" 1922.
Das literar. Werk Kafkas ist reich an visionären Episoden, die viele Interpretationen gestatten. Kafkas Protagonisten, die sich in einer grausamen u. undurchschaubaren Welt ohne Handlungsfreiheit unrettbar verirrt haben, leiden unter einer existenziellen Schuld, ohne deren Ursache klar zu erfassen. Das Adjektiv „kafkaesk" wurde zur Kennzeichnung dieser Erfahrung einer labyrinthischen Moderne, einer Fremdheit, die schon im 19. Jh. den europ. Leitbegriff der Subjektivität, wie er sich von Rousseau herschreibt, zu zersetzen begann. In Kafkas Werk schlägt sich die Einsicht nieder, dass die Gesetze, die Freiheit u. Gleichheit des Einzelnen garantieren sollen, sich zu Maschinen der Überwachung u. Bestrafung wandeln.
Selbstzeugnisse: „Briefe an Milena" 1952; „Briefe 1902–1924" 1958; „Briefe an Felice" 1967; „Die Tagebücher" 1990. – Werkausgaben: Gesammelte Werke, hrsg. von M. Brod, 11 Bde. 1951–1974; Histor.-krit. Ausgabe, hrsg. von J. Born, G. Neumann, M. Pasley, 1982 ff.

Kafr, *Kufr* [arab.], Bestandteil geograph. Namen: Dorf.

Kafride, eine Menschenrasse, → Bantuide.

Kaftan [der; pers., arab., türk., poln.], offen getragenes oder vorn übereinander gelegtes, oft mit einer Schärpe umwundenes Gewand mit langen, meist ab Schulter oder Ellbogen leer herunterhängenden Ärmeln. Der K., ursprüngl. ein von türk. Sultanen als Auszeichnung verliehenes Staatskleid, war seit dem 13. Jh. in Persien u. Mittelasien über Russland ins westl. Europa gelangt u. wurde zum Ursprungsgewand von → Schaube, Soldatenrock u. → Justaucorps. – K. heißt auch der lange schwarze Mantel der orth. Juden.

Kafue, 1. Industriestadt in Sambia, am K., südl. von Lusaka, 30 000 Ew.
2. linker Nebenfluss des Sambesi in Sambia, mündet unterhalb des Karibadamms. Das Wasserkraftwerk am Kafue-Damm bei der Stadt K. liefert seit 1971 Strom.

Kaganowitsch, *Kaganovič,* Lasar Moissejewitsch, sowjet. Politiker, * 22. 11. 1893 Kabany, Gouvernement Kiew, † 25. 7. 1991 Moskau; seit 1911 Mitgl. der bolschewist. Partei, seit 1924 Mitgl. des ZK, seit 1930 des Politbüros bzw. Präsidiums der KPdSU, enger Mitarbeiter *Stalins,* aktiv an den „Säuberungen" (insbes. 1936–1938) beteiligt, bekleidete zahlreiche Partei- u. Staatsämter (Hauptarbeitsgebiete Schwerindustrie u. Verkehr), 1957 zusammen mit W. M. *Molotow* u. G. M. *Malenkow* gestürzt; 1961 Parteiausschluss.

◆ **Kagel,** Mauricio Raúl, argentin. Komponist, * 24. 12. 1931 Buenos Aires; lebt seit 1957 in der BR Dtschld., leitete die Klasse

Mauricio Kagel bei einer Aufführung von „Exotica"; 1972

„Neues Musiktheater" an der Kölner Musikhochschule u. die Kölner Kurse für Neue Musik; experimentiert mit denaturierten Schallquellen („Der Schall" 1968), beschäftigt sich mit dem Problem der Umwandlung von Klang in Sprache („Sonant" 1961/62) u. kam folgerichtig vom schauspielartigen Musizieren zum musikal. Theater („Sur scène" 1960), das in anspielungsreicher Weise Klang, Wort, Bewegung u. kabarettist. Aktionen zu einem Gesamtkunstwerk verbindet; befasst sich auch mit musikal. Früherziehung. Weitere Werke: „Anagramma" 1957/58; „Transicion I u. II" 1959/60; „Heterophonie" 1961; „Phonophonie" 1961; „Match" 1964; „Musik für Renaissance-Instrumente" für 2–22 Spieler 1966; „Variationen" für Sänger u. Schauspieler 1967; „Acustica" 1970; Bühnenwerke: „Staatstheater" 1971; „Kantrimiusik" 1975; „Mare Nostrum" 1975; „Die Erschöpfung der Welt" 1980; „Aus Deutschland. Eine Liederoper" 1981; „Tantz-Schul" 1988 (Ballett); „Sankt-Bach-Passion" 1985; „Prinz Igor" 1982 (eine Totenmesse für Strawinsky); „Schattenklänge" 1995 für Bassklarinette; „Fragende Ode" 1989 für Doppelchor, Bläser u. Schlagzeug; Filme: „Antithese" 1965; „Match" 1966; „Solo" 1967; „Duo" 1968; „Hallelujah" 1968; „Ludwig van" 1970; Hörspiele. – Schriften: „Tamtam" 1975.

Kager, Johann Mathias, dt. Maler, Kupferstecher u. Baumeister, *um 1575 München, †1634 Augsburg; wurde in München bei F. *Sustris* u. a. ausgebildet u. war Hofmaler von Maximilian I. K. entwarf u. a. Dekorationen u. Ornamente für Innenausstattungen u. Fassaden im Stil des Frühbarock. Das Spätwerk ist gekennzeichnet von großer Tiefenwirkung u. Kontrasten.

Kagera, wasserreichster Zufluss des ostafrikan. Victoriasees u. Quellfluss des Nil; entsteht beim Zusammenfluss von Niabarongo u. Ruvubu; Länge des Kagera-Systems 850 km.

Kagoshima, *Kagoschima,* japan. Präfektur-Hptst. an der Südwestspitze der Insel Kyushu, 532 000 Ew.; zwei Universitäten; Porzellan-, Nahrungsmittel- u. Textilindustrie; Schiffswerft; Perlenfischerei; Hafen.

Kagu [der; melanes.], *Rhynochetus jubatus,* an *Rallen* u. *Kraniche* erinnernder, einziger Vertreter einer eigenen Familie der *Kranichartigen,* der am Boden der Urwälder Neukaledoniens lebt. Der flugunfähige, hühnergroße Vogel ernährt sich von Würmern u. Insekten.

Kaguang → Großgleitflieger.

Kagura → Gagaku.

Kaguru, ostafrikan. Volk südl. der Massaisteppe; Bauern u. Großviehzüchter.

Kahl, Wilhelm, dt. Rechtswissenschaftler, *17. 6. 1849 Kleinheubach, Unterfranken, †14. 5. 1932 Berlin; lehrte in Rostock, Erlangen, Bonn u. 1895–1922 in Berlin; Mitglied der Weimarer Nationalversammlung u. des Reichstags; als Vorsitzender von dessen Strafrechtsausschuss (ab 1927) führender Mitarbeiter an der Strafrechtsreform; Hptw.: „Lehrsystem des Kirchenrechts u. der Kirchenpolitik" 1894.

Kahla, Stadt in Thüringen, Saale-Holzland-Kreis, an der Saale, südl. von Jena, 8100 Ew.; Stadtkirche (15. u. 17. Jh.); Nikolauskirche (15. Jh.), Reste der Stadtmauer mit zwei Wehrtürmen; Porzellan- u. Holzindustrie; nahebei die *Leuchtenburg* (12. Jh.).

Kahl am Main, Gemeinde in Unterfranken (Bayern), Ldkrs. Aschaffenburg, östl. von Offenbach, 7100 Ew.; Elektro- u. Maschinenindustrie; ehem. Versuchs-Atomkraftwerk.

Kahlbaum, Georg Wilhelm August, dt. Physikochemiker, *8. 4. 1853 Berlin, †28. 8. 1905 Basel; erfand die Quecksilberdampfpumpe u. den Scheidetrichter, führte Dampfdruckmessungen durch.

Kahleberg, Gipfel im Osterzgebirge, südöstl. von Dippoldiswalde, 901 m.

Kahlenberg, früher *Sauberg,* Aussichtsberg am nordöstl. Stadtrand von Wien, 484 m;

Johann Mathias Kager: Wohlstand. Ausschnitt aus einer Küche des 17. Jahrhunderts; 1622, Augsburg. Decke des ehemaligen Goldenen Saals

Kagu, Rhynochetus jubatus

wird gemeinsam mit dem benachbarten *Leopoldsberg* (früher *K.* genannt, 423 m) als *Kahlengebirge* bezeichnet.

Die *Schlacht am K.* (an den Abhängen des Kahlengebirges) befreite Wien von der Belagerung durch die Türken (12. 9. 1683).

Kahlengebirge, Höhenzug im nördl. Wienerwald (Österreich), im nordwestl. Stadtgebiet von Wien, u. a. Kahlen- u. Leopoldsberg umfassend; im Hermannskogel 542 m hoch.

Kahler, Otto, österr. Internist, *8. 1. 1849 Prag, †24. 1. 1893 Wien; beschrieb 1889 erstmalig das *Plasmocytom,* eine Wucherungskrankheit des Knochenmarks, die sog. *Kahler'sche Krankheit.*

Kähler, 1. Heinz, dt. Archäologe, *21. 1. 1905 Tetenbüll, Nordfriesland, †9. 1. 1974 Köln; war Prof. in Saarbrücken (seit 1953) u. Köln (seit 1960), Verfasser wichtiger Werke zur klass. Archäologie: „Der große Fries von Pergamon" 1948; „Hadrian u. seine Villa bei Tivoli" 1950; „Rom u. seine Welt" 2 Bde. 1958–1960; „Der griechische Tempel" 1964; „Der römische Tempel" 1970 u. a.

2. Martin, dt. ev. Theologe, *6. 1. 1835 Neuhausen bei Königsberg, †7. 9. 1912 Halle (Saale); 1860 Prof. in Halle, 1864 in Bonn, 1867 erneut in Halle; sah in der Bibel die „Urkunde für den Vollzug der kirchengründenden Predigt" u. stellte dem „histor. Jesus" der historisch-kritischen Wissenschaft den „geschichtl. Christus" des ursprünglichen bibl. Zeugnisses entgegen. Hptw.: „Der sog. historische Jesus u. der geschichtliche bibl. Christus" 1892, Neudr. 1953; „Die Wissenschaft der christl. Lehre von dem ev. Grundartikel aus" 1892, Neudr. 1966; „Die Versöhnung durch Christus" ²1907.

Kahler Asten, zweithöchster Gipfel des Rothaargebirges, 841 m; Aussichtsturm.

Kahlfraß, die völlige Vernichtung der Blätter oder Nadeln eines Pflanzenbestandes durch tierische Schädlinge, vor allem durch Insekten. Geringere Fraßschäden bezeichnet man

Frida Kahlo: Wurzeln; 1943. Xochimilco, Sammlung Dolores Olmedo

als *Naschfraß* oder als *Lichtfraß*. – K. ist je nach Art der betroffenen Pflanze u. nach dem Zeitpunkt, zu dem er eintritt, unterschiedlich gefährlich: Laubbäume (u. die Lärche) können K. in der Regel schnell durch einen neuen Austrieb ausgleichen; Nadelbäume (Kiefer, Fichte) werden durch K. im Frühjahr unmittelbar in ihrer Existenz gefährdet; K. im Herbst ist weniger bedrohlich, weil die Knospen für das kommende Jahr ausgebildet sind.

Kahlhecht, einziger lebender Vertreter der Ordnung der → Schlammfische.

Kahlhieb → Kahlschlag.

◆ **Kahlo,** Frida, mexikan. Malerin, *6. 7. 1907 Coyoacán, †13. 7. 1954 Mexico; Autodidaktin, verheiratet mit dem Maler Diego *Rivera.* K. wurde 1925 bei einem Busunglück schwer verletzt. Ihr Werk, meist surrealistisch anmutende Selbstporträts mit starken Einflüssen der mexikan. Volkskunst, behandelt ihre Krankheit, ihre Schmerzen u. auch ihre problematische Ehe. Ihre Bilder erhielten erst nach ihrem Tod größere Anerkennung.

Kahlpfändung, die Pfändung sämtlicher beweglicher Sachen oder des gesamten Arbeitseinkommens des Schuldners ohne Rücksicht auf seinen zwingenden Lebensbedarf (→ Pfändungsschutz). Sie ist heute verboten. § 811 ZPO zählt die unpfändbaren Sachen auf, in §§ 850a ff. ZPO wird ein unpfändbarer Mindestlohn garantiert (→ Lohnpfändung).

Kahlratten → Sandgräber.

Kahlschlag, *Kahlhieb,* der gleichzeitige „Abtrieb" sämtl. Bäume eines Bestands oder zusammenhängender Teile davon, ohne vorherige Verjüngung der betroffenen Fläche. Der K. dient der kostengünstigen, mechanisierten Ernte des Holzvorrates u. der Vorbereitung einer neuen Bestandsgründung. Auch → Hochwald.

Kahlwild, die geweihlosen („kahlen") weibl. Tiere u. Kälber des Elch-, Rot- u. Damwilds.

Kahm, *Kahmhaut,* von aeroben (Sauerstoff liebenden) Mikroben auf der Oberfläche von nährstoffhaltigen Flüssigkeiten gebildete Haut. Kahmbildner: „Heubazillus", *Bacillus subtilis,* auf Heuabkochungen; „Kahmpilz", *Mycoderma aceti,* auf Essig; der „Milchschimmelpilz", *Oospora lactis,* auf angesäuerter Milch u. auf Gurkenlaken.

Kahn, größeres Flussfahrzeug ohne eigenen Antrieb zum Gütertransport *(Lastkahn);* Tragfähigkeit etwa bis 1300 t. Mehrere Kähne werden zu einem *Schleppzug* oder *Schub-Verband* zusammengefasst. – K. heißt auch ein kleines Fahrzeug mit Rudern, evtl. Segeln.

Kahn, 1. Gustave, französ. Lyriker, *21. 12. 1859 Metz, †5. 9. 1936 Paris; symbolist. Gedichte („Les palais nomades" 1887; „Chansons d'amants" 1891); wirkte vor allem als theoret. Begründer u. Verfechter der Erneuerung des Versbaus („Premiers poèmes, avec une préface sur le vers libre" 1897; „Le vers libre" 1912). Mitbegründer der Ztschr. „Le Symboliste"; schrieb auch Romane u. Essays („Charles Baudelaire" 1928; „Les origines du symbolisme" 1936). **2.** Hermann, US-amerikan. Zukunftsforscher, *15. 2. 1922 Bayonne, New Jersey, †7. 7. 1983 Chappaqua, New York; Mathematiker, 1948–1961 Physiker u. Militäranalytiker bei der RAND-Corporation, seitdem eigenes Beratungsinstitut; zahlreiche Veröffentlichungen zur Zukunftsforschung. ◆ **3.** Louis Israel, US-amerikan. Architekt estländischer Herkunft, *20. 2. 1901 auf Ösel, †17. 3. 1974 New York; seit 1905 in den USA; seit 1947 Prof. an der Yale-Universität u. seit 1955 in Pennsylvania, daneben freier Architekt. Kubische Formen auf einfachen Grundrissen, Materialtreue u. systemat. Beziehungsverhältnisse der Innenräume zeichnen sein Werk aus. Hptw.: Kunstgalerie der Yale-Universität (1951); Stadtplanung für Philadelphia (1952 ff.) Bauten des Medizin. Instituts in Philadelphia (1957–1964); Indian Institute of Management (1963) in Ahmedabad, Indien; Projekt für ein Kunst- u. Kongresszentrum der Biennale in Venedig (1969). **4.** Oliver, dt. Fußballspieler, *15. 6. 1969 Karlsruhe; startete seine Torwart-Karriere in der Bundesliga 1987 beim Karlsruher SC; wechselte 1994 zum FC Bayern München; gab 1995 sein Länderspiel-Debüt für Dtschld.; wurde 1996 Europameister; gewann im selben Jahr mit dem FC Bayern den UEFA-Cup, 1997, 1999, 2000 u. 2001 die dt. Meisterschaft; wurde 1994, 1997 u. 1998 zum besten Torhüter Deutschlands gewählt sowie 2000 u. 2001 zum „Fußballer des Jahres".

Kahnfüßer, *Zahnschnecken, Elefantenzähne, Röhrenschaler, Scaphopoda, Solenoconcha,* Klasse der *Conchiferen;* Weichtiere mit lang gestrecktem Körper, der in einer elefantenzahnähnl. Schale steckt. An der breiteren vorderen Öffnung befindet sich der von vielen Fangfäden *(Captacula)* umgebene Mund. Die K. stecken mit dem Vorderende nach unten im Meeresboden. Mit den klebrigen Fangfäden tasten sie die Umgebung nach Muschelkrebsen, Foraminiferen oder Kieselalgen ab. Einzige Gattung: *Dentalium* mit etwa 300 Arten. K. kommen in allen Meeren vor.

Kahnkäfer, *Scaphidiidae,* kleine, mit rd. 550 Arten bekannte Familie der *Käfer.* Die bis etwa 5 mm langen K. u. ihre Larven fressen Pilze aller Art. Die schwarzen, umgekehrt kahnförmigen Käfer tragen auf den Flügeldecken meist je zwei hellrote Punkte.

Kahnlippe → Cymbidium (Orchidee).

Kahnschnabel, *Cochlearius cochlearius,* kleiner *Reiher* Mittel- u. Südamerikas mit extrem breitem Schnabel.

Kahnweiler, Daniel Henry, französ. Kunstschriftsteller u. Kunsthändler dt. Herkunft, *25. 6. 1884 Mannheim, †12. 1. 1979 Paris; war zunächst Bankkaufmann, betätigte sich seit 1907 in Paris als Galerist. Durch die Förderung avantgardistischer Künstler der damaligen Zeit *(Picasso, Braque, Léger, Gris,*

Louis Israel Kahn: Alfred Richards Medical Research Building der University of Pennsylvania. Philadelphia 1957–1964

Derain, Vlaminck) erlangte er Weltgeltung. Eigene Schriften: „Der Weg zum Kubismus" 1958; „Meine Maler – Meine Galerien" 1961.

Kahoolawe [ka:hu:'la:wi], Hawaii-Insel, 10 km südwestl. von Maui, 117 km²; unbewohnt, Schießplatz.

Gustav Ritter von Kahr

◆ **Kahr**, Gustav Ritter von (1911), dt. Verwaltungsjurist u. Politiker, *29. 11. 1862 Weißenburg, Bayern, †30. 6. 1934 bei Dachau (ermordet); 1917–1924 Regierungs-Präs. von Oberbayern, Mitorganisator der bayer. Einwohnerwehren, 1920/21 bayer. Min.-Präs., 1923 von der bayer. Regierung als Generalstaatskommissar zur Sicherung von Ruhe u. Ordnung eingesetzt. Die von K. verfolgte partikularist. Politik wurde durch den *Hitler-Putsch* im Nov. 1923 gestört, weswegen er ihn – zunächst zur Teilnahme gezwungen – niederschlagen ließ. 1924 bis 1930 war K. Präs. des bayer. Verwaltungsgerichtshofes. Seine Ermordung bei Gelegenheit des sog. *Röhm-Putsches* war ein Racheakt der Nationalsozialisten.

Kahramanmaraş, türk. Stadt, → Maraş.

Kai [der; ndrl.], *Kaje*, betoniertes, gemauertes oder mit Spundwand versehenes Hafenufer zum Anlegen von Schiffen u. landseitiger Betriebsfläche im Hafen mit Umschlaganlagen. Auch → Hafen.

Kai [kelt., Bedeutung ungeklärt], *Kaie, Kay, Kei(e)*, männl. Vorname, bekannt aus der *Artussage*. – *Kay* ist auch die engl. Koseform für *Katharina*.

Kaieteurfälle [engl. 'kaiətuə-], Wasserfälle am Potaro (Guyana), 226 m.

Kaifeng, *Kaiföng*, chines. Stadt in der Prov. Henan, in der Großen Ebene am Huang He (Gelber Fluss), 508 000 Ew.; dreizehnstöckige „Eisenpagode" (11. Jh.), Drachenpavillon; Textil-, chem. u. Landmaschinenindustrie. – 907–1126 Hptst. des chines. Reichs.

Kaigetsudo, Ando, japan. Maler u. Grafiker, *1671, †1743; Haupt einer Ukiyo-e-Schule, die sich auf statuarische Ganzporträts von Kurtisanen spezialisierte. Es handelt sich meistens um Schwarzweißdrucke, einzelne sind jedoch koloriert. Man nimmt an, dass die mit seinem Namen signierten Holzschnitte in Wirklichkeit Arbeiten seiner Schüler sind.

Kaiinseln, indones. *Kepulauan Kai, Ewab*, östl. Inselgruppe der indones. Molukken, südöstl. von Seram, rd. 1500 km², rd. 100 000 Ew.; Hauptort u. wichtigster Hafen ist Tual auf Kai Kecil; Anbau von Bataten, Sago, Teakholz, Bananen, Mais u. Kokospalmen; Bootsbau.

Kaikei, japan. Bildschnitzer der Shichijo-Bauhütte, tätig um 1150–1220 in Kyoto u. Nara; Schüler des *Kokei*.

Kailas, Uuno, finn. Lyriker, *29. 3. 1901 Heinola, †22. 3. 1933 Nizza; schrieb formstrenge, oft depressive Gedankenlyrik; übersetzte dt. Lyrik.

Kailasa, *Kailas*, nördl. des hl. Sees Manasarovar gelegener hl. Berg im tibet. Himalaya; gilt als Wohnsitz der indischen Götter, insbes. des Shiva.

Kailuan, Steinkohlenrevier im N der chines. Prov. Hebei, nördl. von Tianjin; Bergbau seit Ende des 19. Jh.; eines der größten Industriegebiete Nordchinas mit Tangshan als Zentrum.

Kaimakam [arab., „Stellvertreter"], im Osmanischen Reich Vorsteher eines Kreises („Landrat"), in der Armee Oberstleutnant.

◆ **Kaimane** [indian., span.], Krokodile aus der sog. Kaiman-Gruppe der *Alligatoren*, die von Mittelamerika bis in das Amazonas- u. Orinocogebiet Südamerikas vorkommen. Merkmale: nicht geteilte Nasenöffnung, Bauchhornplatten (z. T. verknöchert); Größe 1,6–4,5 m; Nahrung: Insekten, Krebse, niedere Wirbeltiere, weniger Säugetiere; Arten: *Krokodilkaiman, Caiman crocodilus; Breitschnauzenkaiman, Caiman latirostris; Mohrenkaiman, Melanosuchus niger; Glattstirnkaimane, Gattung Paleosuchus.*

Kaimanfisch, *Lepisosteus tristoechus*, Fisch aus der Familie der *Knochenhechte*. Vorkommen: Zuflüsse zur Karibik (südl. USA, Kuba, Mittelamerika). Bis 3 m lang u. 75 kg schwer, langsamwüchsig, Raubfisch. Schwimmblase wie bei verwandten Arten zum Hilfsorgan der Atmung umgebildet.

Kaimanschildkröten, Familie *Chelydridae*, mit → Geierschildkröte u. → Schnappschildkröte.

Kaimauer, Uferwand als wasserseitiger Abschluss eines Kais.

◆ **Kain** [auch ka͜in], im AT ältester Sohn von Adam u. Eva, erschlug seinen Bruder Abel, wurde dafür von Gott gezeichnet *(Kainszeichen)* u. zum unsteten Leben in der Wüste verurteilt (Gen. 4); Stammvater der *Kainiten* oder *Keniter*, die als eifrige Jahweverehrer, Verbündete Israels (Richter 5,24; 1. Samuel 15,6) u. als mit Moses verschwägert (Richter 4,11.17) galten.

Kain erschlägt Abel, Relief. Modena, Kathedrale

Kaingang, südamerikan. Ureinwohner der Gê-Sprachgruppe, in Südbrasilien; Bauern, teils Wildbeuter; im 19. Jh. verfolgt.

Kainismus, Form der → Verwandtenfresserei (z. B. bei Greifvögeln u. Eulen); die Geschwister eines Nestes fressen sich gegenseitig auf.

Kainit [der; grch.], monoklin kristallisierendes Kali-Magnesium-Mineral (chem. Zusammensetzung: $MgSO_4 \cdot KCl \cdot 3H_2O$) mit rd. 18 % Kaligehalt; Düngemittel.

Kainiten, 1. *Kainiten*, die Nachkommen Kains; lebten als Nomaden hauptsächl. in der Wüstensteppe südl. von Juda (Negev, 1. Sam. 27,10), aber auch im N Israels (Richter 4,11).
2. eine gnostische Sekte des 2. u. 3. Jh., die aus antinomistischen Gründen *Kain* u. *Judas Iskariot* als Feinde des bösen alttestamentl. Gottes verehrte.

Kainji, Talsperre am Niger, im westl. Nigeria, nördl. von *Jebba*, 1969 fertig gestellt; Staudamm: 145 m hoch; Stausee: 1243 km² groß, 14,8 Mrd. m³ Inhalt; Kraftwerkkapazität: 1 Mio. kW.

Kaimane: Krokodilkaiman, Caiman crocodilus

Josef Kainz in der Rolle des Hamlet

Kainz, 1. Friedrich, österr. Ästhetiker u. Psychologe, *4. 7. 1897 Wien; † 1. 7. 1977 Wien; Prof. in Wien; arbeitete bes. über Sprachpsychologie; Hptw.: „Personalistische Ästhetik" 1932; „Psychologie der Sprache" 5 Bde. 1941–1969; „Die Sprache der Tiere" 1961.

◆ **2.** Josef, österr. Schauspieler, *2. 1. 1858 Wieselburg (Ungarn), †20. 9. 1910 Wien; seit 1892 am Dt. Theater Berlin, seit 1899 am Wiener Burgtheater; wurde bes. in tragischen Rollen, als jugendlicher Held, später als Charakterdarsteller berühmt, eindrucksvoll vor allem als Hamlet; virtuose Sprachbeherrschung. Seine Briefe gab 1921 H. *Bahr* heraus.

Kaiphas [auch 'ka:fas], jüd. Hohepriester, → Kajafas.

Kairo, die Hauptstadt Ägyptens am unteren rechten Nilufer hat sich durch die starke Zuwanderung schon längst auf das linke Ufer und das Nildelta ausgedehnt. Mit 6,8 Mio. Ew. (als Agglomeration rd. 15 Mio. Ew.) ist Kairo die größte Stadt Afrikas.
Das Stadtbild ist geprägt durch den Gegensatz zwischen modernen europäischen Vierteln (nördliche Vorstadt *Heliopolis*) und mittelalterlichen arabischen Stadtteilen (um die Zitadelle im S; Weltkulturerbe seit 1979) und die vielen kunstgeschichtlich wertvollen Bauten (Moscheen, Kalifengräber).
Kairo ist das politische und kulturelle Zentrum Ägyptens mit zahlreichen Regierungsgebäuden, Staatsuniversität (gegr. 1908), Al-Azhar-Universität (geistiges Zentrum des Islam), Ain-Shams-Universität, Helwan-Universität, amerikanische Universität; Goethe-Institut; Ägyptisches Museum, Koptisches Museum, Museum für Islamische Kunst; Opernhaus, Theater; Planetarium; zoologischer Garten.
Kairo ist ein bedeutendes Banken- und Handelszentrum (Baumwolle, Getreide, Holz) mit noch junger Industrie (Textil-, Nahrungsmittel-, Tabak-, Möbel-, Metallindustrie, Druckereien). Von großer wirtschaftlicher Bedeutung ist der Fremdenverkehr; es besteht eine Straßenbahnverbindung zu den Pyramiden. Der innerstädtische Verkehr wird seit 1987 durch eine U-Bahn entlastet; der Flughafen in Heliopolis bedient den internationalen Luftverkehr.

Kairouan: Die Große Moschee gilt als eines der großartigsten Bauwerke der islamischen Welt. Das wuchtige Minarett stammt aus dem Jahr 723, es ist das älteste Nordafrikas

Geschichte: Um 1200 v. Chr. wurde auf dem heutigen Stadtgebiet eine kleine Ortschaft durch semitische Gefangene gegründet. In der Römerzeit bestand hier ein befestigtes Lager. Nördlich davon bauten die Araber nach der Eroberung Ägyptens 643 ein Heerlager, aus dem sich die Stadt *Fustat* entwickelte. 969 gründeten die Fatimiden nördlich von Fustat die Residenz *Misr Al Qahirah* („Stadt des siegreichen Mars"). Diese Residenz verschmolz im Laufe der Zeit mit Fustat. Seit 1260 war Kairo Hauptstadt des Mamluken-Reiches. Einer Blütezeit im 14./15. Jh. folgte der Niedergang der Stadt nach der osmanischen Eroberung 1517. Die moderne Stadtentwicklung begann im 19. Jh. Im 20. Jh. griff Kairo auf das linke Nilufer über u. wuchs mit den Vorstädten zusammen.→ Seite 116.

Kairo-Konferenz, 1. Zusammenkunft Roosevelts, Churchills u. Chiang Kai-sheks (22.–26. 11. 1943) u. **2.** Zusammenkunft Roosevelts u. Churchills (2.–6. 12. 1943) in Kairo; beide Konferenzen dienten der Fixierung eines Kriegs- u. Nachkriegsprogramms in Fernost.

Kairomone [grch.], *Botenstoffe,* Signalstoffe, die von einem Tier produziert u. in die Umgebung abgegeben werden u. damit bei Organismen einer anderen Art eine Reaktion auslösen, die für den Empfänger des Signals nützlich ist; z. B. Duftstoffe, die von einem Wirtstier ausgehen u. einen Parasiten zu diesem hinleiten. Auch → Allomone, → Pheromone.

Kairos [der; grch., „der richtige Augenblick"], im NT die Zeit des entscheidenden Handelns Gottes (Heilszeit), bes. die durch das Christusgeschehen bestimmte Zeit u. die Endzeit.

Kairos [der; grch., „der richtige Augenblick"], der griech. Gott des „günstigen Augenblicks"; geflügelt, mit Haarschopf auf der Stirn dargestellt.

◆ **Kairouan,** *Al Qayrawan,* Gouvernorats-Hptst. im mittleren Tunesien, im abflusslosen Becken von K., 65 m ü. M., 103 000 Ew.; 671 n. Chr. von Arabern als Militärlager gegr., seit dem Bau der berühmten Sidi-Okba-Moschee (816–837 n. Chr. unter Verwendung von über 400 gut erhaltenen röm. Säulen) heilige Stadt des Islam u. Wallfahrtsort bes. für den östl. Maghreb; Weltkulturerbe seit 1988; Teppich- u. Lederindustrie.

◆ **Kaisen,** Wilhelm, dt. Politiker (SPD), *22. 5. 1887 Hamburg, † 19. 12. 1979 Bremen; Stuckateur, dann Redakteur; seit 1921 Mitglied der Bremer Bürgerschaft, 1928 bis 1933–1945 Senator für Wohlfahrtswesen; 1933–1945 Landwirt; 1945 bis 1965 Senats-Präsident und Bürgermeister von Bremen.

Wilhelm Kaisen

Fortsetzung S. 118

Kairo

 Kairo

Kulturdenkmal: Altstadt von Kairo, u. a. mit der Zitadelle, teilweise aus Steinen kleinerer Pyramiden von Memphis erbaut, der Mohammed-Ali-Moschee (Alabastermoschee), der An-Nasir-Moschee, der Sultan-Hassan-Moschee, der Ar-Rifai-Moschee mit den Gräbern König Faruks I. und Schah Mohammed Riza Pahlewis, der Ibn-Tulun-Moschee und der Blauen Moschee (Aksunkur-Moschee)

Kontinent: Afrika

Land: Ägypten

Ort: Kairo

Ernennung: 1979

Bedeutung: eine der ältesten islamischen Städte der Welt

Zur Geschichte:

973 Kairo Hauptstadt des seit 969 fatimidischen Ägypten

1087–91 Anlage der Stadtmauer

1168 verheerender Brand

1175/76 Wiederaufbau Kairos und Bau der Zitadelle

1250–1517 Wirtschaftszentrum der damaligen islamischen Welt unter den Mamluken

1335 Bau der An-Nasir-Moschee

1517 Eroberung durch die Osmanen unter Sultan Selim I.

1652 Wiederaufbau der durch Erdbeben beschädigten Blauen Moschee

1798 Einzug Napoleons I. in Kairo

1805 Einzug des Paschas von Ägypten, Mohammed Ali, in die Zitadelle

1814 Bau des Gawhara-Palastes

1823 Zerstörung der Zitadelle durch Explosion

1912 Bau der Ar-Rifai-Moschee

1992 teilweise Zerstörung durch Erdbeben

Blick auf die Saladino-Zitadelle mit der Alabaster-Moschee

Lehm und Stein, Beton und Asphalt, geschäftige Bazare und prachtvolle Moscheen bilden die Mosaiksteine, aus denen die Nilmetropole besteht. Jeder Tag in dieser mindestens 15 Millionen Einwohner zählenden und damit größten Stadt Afrikas scheint eher Chaos denn Regelwerk, vor allem wenn der Großteil aller im Land zugelassenen Autos die Straßen und Gassen durchrollt und deren Abgase die unter eine Dunstglocke gezwängte Atemluft verpesten. Die Gegenwart geht nicht pfleglich mit der einst ehrfurchtsvoll »Al Qahirah«, »die Siegreiche«, genannten Stadt um, die zeitweise zur prächtigsten Metropole der islamischen Welt ausgebaut wurde: Steinerne Zeugen jener Blütezeit sind die Moscheen der Altstadt – Ibn Tulun, An Nasir und als jüngste, erst 1912 entstanden, Ar Rifai, der große Bazar Khan El Khalili mit seinem Gassenlabyrinth, dazu die im 19. Jahrhundert errichtete Alabastermoschee des Mohammed Ali, die sich auf dem Fundament der im 12. Jahrhundert erbauten Zitadelle erhebt. Sie alle sind architektonische Grüße aus den Glanzzeiten Kairos, Bauten, die geradewegs den Geschichten aus Tausendundeiner Nacht entsprungen sein könnten und ohne jeden bühnenbildnerischen Eingriff die Kulisse für eine Hollywood-Verfilmung der Geschichten von Sindbad oder Ali Baba hergeben könnten. Und: Der »Siegreichen« am Nil eilt heute ein zweifelhafter Ruf voraus. Man könne sie ganz einfach nur hassen, sagen die einen, oder man verfalle ihrem herben Charme, ohne auch nur die Chance einer Gegenwehr zu haben, sagen die anderen.

Im Jahr 969 eroberten die Fatimiden Ägypten und gründeten das heutige Kairo – Jahrtausende

Das Brunnenhaus im Hof der Mohammed-Ali-Moschee dient rituellen Waschungen

nachdem nicht weit von hier die Pharaonen ihre Pyramiden errichtet hatten und drei Jahrhunderte nach Gründung der Stadt Fustat. Generationen lang reckte sich Jahr für Jahr Minarett um Minarett zusätzlich in den Himmel über der Stadt am Nil, in der es im 13. und 14. Jahrhundert einen Bauboom zu verzeichnen gab, deren vorläufigen Höhepunkt die Errichtung der An-Nasir-Moschee markierte – jedes weitere Minarett war ein zusätzliches Indiz für Macht und Reichtum, jede neue Moschee ein Markstein auf dem Weg zur »Hauptstadt der islamischen Welt«.

Nirgendwo sonst prallen an fast jeder Straßenecke Relikte 5000-jähriger Geschichte und die problembehaftete Gegenwart derartig schroff aufeinander, aber nirgendwo sonst ist auch der Abstand zwischen der Jetztzeit und dem »Es-war-einmal« so gering. Befangen tastet man sich an diesen urbanen Moloch heran, kämpft sich unsicher durch den farbenfrohen und lauten Bazar Khan El Khalili, nimmt ungläubig und ergriffen die Stille im großen, rechteckigen Innenhof der Ibn-Tulun-Moschee aus dem 9. Jahrhundert auf, nachdem man, nur Schritte vom Tor entfernt, noch vom lärmenden Verkehr umtost wurde. Der neugierige Blick fällt auf das Minarett mit der spiralförmigen Außentreppe – eine für Ägypten einzigartige Bauweise. Gäbe es nicht eine Distanz zwischen Politik und Re-

ligion, so wäre es Nicht-Moslems unmöglich, die Moscheen zu betreten – und im Falle der Moschee Ibn Tulun selbst das Minarett zu besteigen, von dessen Spitze aus man den Blick über die Dächer der Altstadt bis zur Alabastermoschee in der Ferne schweifen lassen kann.

Der Baustil dieses Prachtbaus auf den Mauern der Zitadelle ist unzweifelhaft osmanisch geprägt und erinnert an islamische Sakralbauten Istanbuls. 1830 ließ Mohammed Ali auf den Ruinen der durch eine Explosion zerstörten Festung

seine Moschee erbauen, deren Minarette 80 Meter emporragen. Jeder der zahlreichen offiziellen und inoffiziellen Führer dort weist seine Gäste auf den Uhrturm der Moschee hin. Er sei, so wird erzählt, ein Geschenk der Franzosen als Gegenleistung für den Obelisken, der heute die Place de la Concorde in Paris ziert: »Der Obelisk steht dort seit über hundert Jahren und die Uhr hier auch.« Eine Anekdote, die auf den Stillstand der Uhr anspielt, die trotz regelmäßiger Reparatur dem Flugsand und den Auswirkungen des Klimas Tribut zollen muss und zum »Stillstand der Zeit« zurückkehrt.

Helge Sobik

Drangvolle Enge und Geschäftigkeit herrscht in den Gassen des Bazars

Wie ein steinerner Märchenwald wirken die formenreichen Minarette und Kuppeln der Sultan-Hassan-Moschee

Kaiser: Festmahl im Frankfurter Römer anlässlich der Kaiserkrönung Josephs II. am 3. 4. 1764. Gemälde aus der Werkstatt Martin von Meytens'. Wien, Kunsthistorisches Museum

◆ **Kaiser** [von lat. *Caesar*], der über eine große Zahl von Völkern u. Königen Herrschende; oberste Stufe in der weltl. Hierarchie.

Augustus begründete das röm. Kaisertum (→ Römisches Reich), aus dem das weström. u. das oström. Reich (→ Byzantinisches Reich) hervorgingen, die 476 bzw. 1453 erloschen.

Am 25. 12. 800 wurde *Karl d. Gr.* von Papst Leo III. zum Kaiser gekrönt. Karl führte den Titel „*Serenissimus augustus imperator, Romanum gubernans imperium*". Sein Kaisertum, das schon im 9. Jh. als Erneuerung des alten (west-)röm. Kaisertums empfand (→ Translationstheorie), wurde 812 von Byzanz anerkannt, verlor aber schon unter *Ludwig dem Frommen* (818–840) die Suprematie über die Kirche; das päpstl. Krönungsrecht war seit 823 (Kaiserkrönung Lothars I. in Rom) unumstritten.

Otto d. Gr. erneuerte 962 das fränk.-röm. Kaisertum (*Renovatio imperii Romanorum*). Seitdem besaß der *dt. König* die Anwartschaft auf das Kaisertum. Die Kaiserwürde erforderte *Salbung* u. *Krönung* durch den Papst. Der K. war damit der Schirmherr der Christenheit u. des kath. Glaubens u. hatte theoretisch die Oberhoheit über alle abendländ. Herrscher. Dem röm. Recht nach war der K. nicht Vogt, sondern Herr der Kirche. Je mehr die Idee des Kaisertums spiritualisiert wurde (11. Jh.), desto mehr verbanden sich in der Kaiserwürde geistl. u. weltl. Macht, was das Gleichgewichtsverhältnis zum Papsttum empfindlich störte. Im → Investiturstreit wurde die Frage nach dem Verhältnis beider Gewalten (*imperium* u. *sacerdotium*) zueinander ausgekämpft. Der Kampf endete mit der Gleichberechtigung beider Mächte, die Bonifatius VIII. (Bulle „*Unam sanctam*" von 1302) vergeblich in einen päpstl. Universalismus, in eine Herrschaft des Papstes auch über alle weltlichen Mächte, abzuändern suchte.

Im späten MA verschwanden die Universalideen, u. es bildeten sich Anfänge einer

staatsrechtl. Auffassung des Kaisertums heraus. Im Lauf der Entwicklung von Ständestaaten entwickelte sich sogar ein Gegeneinander von „K. u. Reich" (Reichsständen), so dass dem K. seit 1519, beschränkt durch *Wahlkapitulationen*, nur bestimmte Rechte blieben *(iura reservata)*: Standeserhöhungen, Reichsacht, oberste Gerichtsbarkeit. Seit Mitte des 15. Jh. war die Kaiserwürde des Hl. Röm. Reichs fast ausschl. bei den Habsburgern. *Karl V.* wurde 1530 als letzter dt. König vom Papst zum K. gekrönt. Seitdem (vorher auch schon Maximilian I., *1459, †1519, Kaiser seit 1508) führten die dt. Könige den Titel „Erwählter Röm. K.".

Am 6. 8. 1806 legte *Franz II.*, der schon 1804 den Titel „K. von Österreich" angenommen hatte, nach Gründung des *Rheinbunds* die dt. Kaiserkrone nieder u. sprach sich auf dem Wiener Kongress 1815 gegen die Erneuerung des dt. Kaisertums aus. Das Angebot einer dt. Kaiserwürde durch die *Frankfurter Nationalversammlung* lehnte der preuß. König Friedrich Wilhelm IV. (1795–1861, König seit 1840) 1849 ab. 1871, nach dem Dt.-Französ. Krieg, schuf Bismarck in der Reichsverfassung die Würde eines „Dt. Kaisers", die erblich mit der Krone Preußens verbunden war. Der Dt. K. war Träger des Bundespräsidiums u. militär. Oberbefehlshaber. Am Ende des 1. Weltkriegs, im November 1918, gingen das dt. u. das österr. Kaisertum unter. Liste der dt. K.: → deutsche Geschichte.

In China bestand das Kaisertum seit dem 3. Jh. v.Chr. bis 1911; in Russland von der Mitte des 16. Jh. bis 1917 (seit 1721 wurde der *Zar* amtlich als K. bezeichnet) in Frankreich 1804–1814/15 u. 1852 bis 1870; in Korea 1392–1910; in Annam 1428 bis 1887; in Mexiko 1864–1867; in Brasilien 1822–1889; in Mandschukuo 1934–1945. Die brit. Könige führten 1877–1947 den Titel „K. von Indien". Das Kaisertum in Äthiopien (Titel: *Negus*) wurde 1975 beseitigt, in Iran *(Schah)* 1979. Den Kaisern gleichzustellen ist der *Tenno* von Japan. 1976–1979 war die Zentralafrikan. Republik in ein Kaiserreich umgewandelt.

Georg Kaiser

Kaiser, ◆ **1.** Georg, dt. Dramatiker, *25. 11. 1878 Magdeburg, †4. 6. 1945 Ascona; suchte in seinen rd. 70 expressionist. Stücken u. „Denkspielen" einer Vision von der Erneuerung des Menschen Gestalt zu geben; einer der meistaufgeführten dt. Bühnenautoren der 1920er Jahre. Hptw.: „Die Bürger von Calais" 1914; „Von morgens bis mitternachts" 1916; „Die Koralle" 1917; „Gas" I u. II 1918 u. 1920; „Der gerettete Alkibiades" 1920; „Kolportage" 1924; „Oktobertag" 1928; „Der Gärtner von Toulouse" 1938; „Der Soldat Tanaka" 1940; „Die Spieldose" 1942; „Das Floß der Medusa" 1945;

Kaiseradler, Aquila heliaca

„Griech. Dramen" („Zweimal Amphitryon", „Pygmalion", „Bellerophon") postum 1948. – *Georg Kaiser-Archiv* u. *-Gesellschaft* in Berlin seit 1957. – Werke, hrsg. von W. Huder, 6 Bde. 1970–1972.
2. Günther, dt. Kriminologe u. Strafrechtslehrer, *27. 12. 1928 Walkenried; ab 1973 Professor u. Direktor des Max-Planck-Instituts für ausländ. u. internationales Strafrecht in Freiburg i. Br. Hauptwerke: „Kriminologie" 1980; „Jugendkriminalität" 1978.
3. Henry John, US-amerikan. Unternehmer, *9. 5. 1882 Sprout Brook, New York, †24. 8. 1967 Honolulu; wirkte am Bau mehrerer Staudämme in den USA mit; wurde im 2. Weltkrieg berühmt durch die Einführung der *Überrollmethode* (Montage des Rumpfes bei Kiel oben) u. den Ersatz der Nieten durch Schweißnähte im Schiffbau; dies führte zur Verkürzung der Bauzeit auf 6 Tage *(Liberty-, Victory-Schiffe)*. K. leitete 8 Großwerften u. 73 Schiffbauplätze im Pazifik u. war an der Leitung vieler Großunternehmen in den USA beteiligt.
4. Jakob, dt. Politiker, *8. 2. 1888 Hammelburg, Unterfranken, †7. 5. 1961 Berlin; Buchbinder; 1919–1924 Geschäftsführer des Gesamtverbands der Christl. Gewerkschaften, 1924–1933 deren Landesgeschäftsführer Rheinland-Westfalen; 1933 MdR (Zentrum). Nach 1933 arbeitete K. in der Widerstandsbewegung mit W. *Leuschner* u.a. zusammen; 1938 war er mehrere Monate in Haft, 1944/45 hielt er sich versteckt. Im Dez. 1945 wurde er Vors. der CDU in der sowjet. Besatzungszone. Wegen seiner Weigerung, am „Dt. Volkskongress" teilzunehmen, wurde er im Dez. 1947 von der sowjet. Besatzungsmacht abgesetzt. 1949–1957 war er MdB (CDU) u. Bundesminister für gesamtdt. Fragen. Im Interesse der Wiedervereinigung trat K. für eine nur begrenzte Anlehnung an den Westen ein u. stand deswegen immer in einem gewissen Gegensatz zu K. *Adenauer*.
5. Joachim, dt. Musik- u. Literaturkritiker, *18. 12. 1928 Milken, Ostpreußen; Mitarbeiter verschiedener Zeitungen (Frankfurter Allg. Zeitung, Süddeutsche Zeitung u.a.) u. des Hessischen Rundfunks; seit 1977 Prof. an der Stuttgarter Musikhochschule. „Große Pianisten in unserer Zeit" 1965; „Beethovens 32 Klaviersonaten u. ihre Interpreten" 1975; „Erlebte Musik" 2 Bde. 1994.

◆ **Kaiseradler,** *Aquila heliaca,* Raubvogel; mit einer Flügelspannweite von 1,80 m ist dieser Adler etwas kleiner als der Steinadler. Seine Färbung ist bräunlich, mit hellem Nacken, Schwanz ohne Weiß. Der K. ist vom Balkan bis China verbreitet; in Spanien u. benachbarten Teilen Nordafrikas ist er heute sehr selten. Er bewohnt Wald- u. Baumsteppen u. ernährt sich von kleineren Wirbeltieren.

Kaiseraugst, das antike *Castrum Rauracense,* Gemeinde im schweiz. Kanton Aargau, am Rhein, 3600 Ew. Auch → Augst.

Kaiserchronik, die älteste gereimte dt. Weltchronik (um 1150); sie erzählt mehr sagenhaft als authentisch von den röm. u. dt. Kaisern bis Konrad III.; später bis 1276 ergänzt. Verfasser sind vermutlich mehrere Regensburger Geistliche.

Kaiserfahrt, poln. *Kanał Piastowski,* 4,5 km langer Kanal auf der Insel Usedom, verbindet Großes Haff u. Swine; Wasserstraße zum Stettiner Hafen.

◆ **Kaiserfisch,** *Pomacanthus imperator,* farblich die prächtigste Art der *Kaiserfische.* Die Jungfische sind tiefblau, mit konzentrischen weißen Ringen, die Erwachsenen mit weißen bis orangefarbenen, längs verlaufenden Streifen. Der K. ist ein Korallenfisch Ostindiens, bis 20 cm lang; im Aquarium gut einzugewöhnen, doch dominant; stößt Knarrlaute zur Drohung aus. Nahe verwandte Arten sind z. B. der *Ringkaiserfisch, Pomacanthus annularis; Sichelkaiserfisch, Pomacanthus maculosus; Koran-K.* oder → Königsfisch. Der *Gelbschwanzkaiserfisch, Pomacanthus chrysurus,* des westl. Ind. Ozeans wird häufiger in Seewasser-Aquarien gehalten; dunkelblaue Grundfarbe, weiße Querbänder, Schwanzflosse gelb, bis 33 cm.

◆ **Kaiserfische,** *Pomacanthinae,* Unterfamilie der *Borstenzähner,* artenreiche Gruppe meist außerordentlich prachtvoll gefärbter, tropischer Meeresfische; Flachwasserfische bes. der Korallenregion. Viele Arten sind beliebte, wenn auch anspruchsvolle Aquarienfische. Über die Gattungs- bzw. Artzugehörigkeit herrscht z. T. noch Unsicherheit. Bekannte Gattungen sind: *Engelsfische, Angelichthys,* Karib. See, bis 60 cm, blau-gelbe Zeichnung; *Zwergkaiserfische, Centropyge,* 6–10 cm große, oft recht bunte Arten aus der Schattenregion der Riffe aller warmen Meere; große Artenvielfalt; dazu kommen noch eine Reihe größerer, bunter K. (unsichere Gattungen wie *Euxiphipops, Genican-*

Kaiserfisch, Pomacanthus imperator

thus, Holacanthus u. a.) sowie die eigentl. K. der Gattung *Pomacanthus.*

Kaiserfleisch, ursprüngl. in Österreich: eingepökelte oder geselchte Schweinsrippe oder Schweinebauch.

Kaiser-Franz-Joseph-Fjord, tief eingeschnittener Fjord an der Ostküste Grönlands, mit bis 1800 m hohen, fast senkrechten Wänden; durch Wasserstraßen mit dem *König-Oskar-Fjord* verbunden.

Kaiser-Friedrich-Museum → Bode-Museum.

◆ **Kaisergebirge,** Berggruppe der Nordtiroler Kalkalpen; gliedert sich in zwei stark zerrissene Gebirgskämme, den *Zahmen (Hinteren) Kaiser* im N (Pyramidenspitze 1999 m) u. den *Wilden (Vorderen) Kaiser* im S (Ellmauer Halt 2344 m); zwischen beiden liegt im W das *Kaisertal,* im O das *Kaiserbachtal,* die das *Stripsenjoch* (1580 m) trennt.

Kaiserfische: Traumkaiserfisch, Pomacanthus navarchus

Kaisergebirge: Das Dorf Going liegt am Fuße des Wilden Kaisers

119

Kaiserkrone, Fritillaria imperialis

Kaisergranat, *Kaiserhummer, Norweg. Hummer, Nephrops norvegicus*, bis 22 cm langer Hummer der Weichböden der nord. Meere u. des Mittelmeers; Aasfresser. Die Scheren sind schlanker als die der Echten Hummer.

Kaiserjäger, *Tiroler Jäger*, österr. Elitetruppe 1816–1918, später vier Regimenter.

Kaiserkanal, 1. → Großer Kanal. 2. span. *Canal Imperial de Aragón*, nordostspan. Seitenkanal rechts des mittleren Ebro, 96 km lang; 1528 als Schifffahrtskanal begonnen, dient heute nur noch gewerbl. Betrieben u. der Bewässerung.

◆ **Kaiserkrone**, *Fritillaria imperialis*, aus dem Iran stammendes *Liliengewächs (Liliaceae)* mit auffälligen, glockigen, gelben oder rötlichen, nickenden Blüten. Die Tragblätter der Blüten sind zu einem Schopf vereinigt. Die K. ist seit dem Mittelalter (um 1575) bei uns als beliebte Gartenpflanze nachweisbar u. wird auch heute noch kultiviert.

Kaiserkult, die Verehrung des röm. Kaisers als göttl. Überperson (→ Apotheose) nach oriental.-hellenist. Vorbild, voll ausgebildet unter Augustus (28 v.–14 n. Chr.). Domitian (81–96) nannte sich „Dominus et Deus" (Herr u. Gott), was aber eine Einzelerscheinung bis in die Soldatenkaiserzeit (235–284) blieb, in der Elagabal (218–222) u. Aurelian (270–275) als Inkarnationen des Sonnengottes erschienen, Diocletian (284–305) u. Maximianus (285–305) als „Domini nostri" (unsere Herrgötter). Der K. lebte im christl. Gottesgnadentum lange fort.

Kaiserling, *Kaiserschwamm, Amanita caesarea, Agaricus caesareus*, oder *aurantius*, in Oberitalien u. Südfrankreich sehr beliebter essbarer *Blätterpilz*; galt bereits bei den Römern als delikatester Speisepilz. Er sieht dem *Fliegenpilz* sehr ähnlich.

Kaisermantel, *Silberstrich, Argynnis paphia*, der größte mitteleurop. *Fleckenfalter* aus der Untergruppe der *Perlmutterfalter*; bis 7 cm

Spannweite. Die braunschwarze, gelb gezeichnete Raupe ist lang bedornt u. lebt an Veilchen, Himbeeren u. Brombeeren. Tagsüber versteckt sie sich weit von den Futterpflanzen entfernt. Geschützte Art.

Kaiser-Paulownie → Blauglockenbaum.

Kaiserpfalz → Pfalz.

Kaiserpinguin, *Aptenodytes forsteri*, mit 120 cm die größte Art der *Pinguine*, die im Packeis der Antarktis in Kolonien brütet. Das einzige Ei wird, in einer Hautfalte im Bauch u. auf den Füßen liegend, ausschließlich vom Männchen ausgebrütet.

Kaisersage, die Sage von der Rückkehr eines bedeutenden u. beliebten Herrschers, der nicht gestorben, sondern nur zeitweise entrückt (im Berg verborgen) sei u. helfend u. erlösend wiederkehren werde; bei vielen Völkern lebendig. Man erzählte sie sich z. B. von *Karl d. Gr.* (im Untersberg bei Berchtesgaden oder im Odenberg in Hessen), den Staufern *Friedrich I.* u. *II.* (Kyffhäuser) u. vielen anderen; oft mit dem Zusatz, der entrückte Kaiser werde in höchster Not wiederkehren, das Reich wiederherstellen u. mit einem Sieg über den Antichrist das Gottesreich begründen.

Kaiserschmarrn, österr. Mehlspeise aus Eidotter, Eischnee, Milch, Zucker, Mehl u. Salz.

Kaiserschnitt, *Schnittentbindung, (lat.) Sectio caesarea*, operative Beendigung einer Schwangerschaft oder Geburt durch chirurg. Eröffnung der Gebärmutter. Die notwendige Schmerzlinderung für die Mutter erfolgt heute, wenn möglich, über eine Betäubung der unteren Körperabschnitte (meist *Periduralanästhesie*), damit sie die Geburt miterleben kann, sonst durch *Inhalationsnarkose*. Der K. ist angezeigt, wenn die natürl. → Geburt unmöglich ist oder die

Schwangerschaft oder Geburt wegen gesundheitl. Risiken für Mutter u. Kind sofort beendet werden muss (z. B. → Eklampsie).

Kaiserschwamm, *Amanita caesarea*, Blätterpilzart, → Kaiserling.

Kaiserslautern (1)

Kaiserslautern, ◆ 1. kreisfreie Stadt in Rheinland-Pfalz, am Nordrand des Pfälzer Walds, 233 m ü. M., 102 000 Ew.; Universität (gegr. 1970), Fachhochschule Rheinland-Pfalz, Pfalztheater, Pfalzgalerie (Kunst des 19. u. 20. Jh.); Stiftskirche (13./14. Jh.), modernes Rathaus (1968; 84 m hoch) mit dem „Casimirsaal" des ehem. Pfalzgrafenschlosses; Eisen-, Textil-, Holz-, Autoteile-, Elektro-, Nähmaschinen- u. Nahrungsmittelindustrie, Glockengießerei.
Geschichte: Im 9. Jh. wurde ein fränk. Königshof Lutra angelegt. Die mit ihm verbundene Siedlung erhielt im 10. Jh. Marktrecht. 1153–1158 wurde eine Kaiserpfalz für Friedrich II. Barbarossa errichtet. 1276 wurde K. freie Reichsstadt. 1375 kam es an die Kurpfalz, 1816 zu Bayern.
2. Ldkrs. in Rheinland-Pfalz, Reg.-Bez. Rheinhessen-Pfalz, 640 km², 110 000 Ew.; Verw.-Sitz ist K. (1).

Kaiserstuhl, ◆ 1. mit Löß bedeckter vulkan. Gebirgsstock nordwestl. von Freiburg i. Br., in der Oberrhein. Tiefebene; im *Totenkopf* 557 m; Wein- u. Obstanbaugebiet.

Kaiserstuhl (1): Weinterrassen im Kaiserstuhl, einem der bekanntesten Weinanbaugebiete Baden-Württembergs

2. schweiz. Kleinstadt im Kanton Aargau, am Rhein oberhalb von Waldshut, 430 Ew.; kaum veränderte Stadtanlage aus dem MA, Oberer Turm (12./13. Jh.), alte Bürger- u. Gasthäuser, Pfarrkirche (um 1500).

Kaiserswerth, nordwestl. Stadtteil von Düsseldorf; ehem. Insel im Rhein mit Stiftskirche (um 700 gegr.) u. Ruine der Barbarossapfalz (12. Jh.); ev. Diakonissen-Mutterhaus.

Kaiserwald, tschech. *Slavkovský les,* waldreicher Höhenzug in Westböhmen, südl. der oberen Eger, im *Judenhau* (tschech. *Lesný*) 983 m.

Kaiser-Wilhelm-Gesellschaft zur Förderung der Wissenschaften e. V., Abk. *KWG,* 1911 in Berlin gegründete wissenschaftl. Organisation mit vielen Forschungsinstituten verschiedener, insbes. naturwissenschaftl. Art. Erster Präsident (1911–1930) war A. von Harnack. Die KWG wurde 1946 durch Verfügung des Alliierten Kontrollrats aufgelöst u. 1948 neu organisiert als → Max-Planck-Gesellschaft zur Förderung der Wissenschaften mit Sitz in Göttingen.

Kaiser-Wilhelm-II.-Land, *Wilhelm-II.-Küste,* antarkt. Küstenstrich auf etwa 90° Ost; 1902 von der dt. antarkt. Expedition unter E. von *Drygalski* entdeckt u. erforscht.

Kaiser-Wilhelm-Kanal ursprüngl. Name für den → Nord-Ostsee-Kanal.

Kaiser-Wilhelms-Land, 1884–1919 dt. Schutzgebiet im nordöstl. Neuguinea, seit 1921 unter austral. Mandats-, seit 1946 unter austral. Treuhandverwaltung der UN, seit 1975 Teil von Papua-Neuguinea; 1942–1944 von Japanern besetzt; an der Nordküste große Kopraplantagen.

Kaiserzikade, Insekt, → Singzikaden.

Kait Bey, Mamluken-Sultan von Ägypten (1468–1496), kam als Kaufsklave an den Nil, stieg in Heeresdienst u. Verwaltung auf, setzte sich gegen die Ausbreitung der Osmanen u. anderer Dynastien in Kleinasien zur Wehr u. behauptete sich gegen innere Unruhen.

Kaitersberg, Erhebung im Böhmerwald, östl. von Kötzting, 1134 m.

Kaizen, japan. Begriff der Qualitätswissenschaft, der mit „Veränderung zum Besseren" oder „ständige Verbesserung" übersetzt werden kann. K. ist als eine prozessorientierte Denkweise zu verstehen, deren übergeordnetes Ziel die Zufriedenstellung der Kunden durch Qualitätsverbesserung ist. K. betrifft daher alle betriebl. Leistungsprozesse u. jeden Arbeitsplatz auf allen Hierarchieebenen. Bei der Umsetzung von K. stehen folgende Ansatzpunkte und Maßnahmen im Mittelpunkt: Teamarbeit, → Qualitätszirkel, innerbetriebl. → Vorschlagswesen, → Just-in-Time, → Qualitätskontrolle u. Qualitätsverbesserung, Kundenorientierung, Produktivitätssteigerung. Wichtige Voraussetzungen sind die Zusammenarbeit einzelner Fachabteilungen, offene Kommunikation u. ein kooperativer Führungsstil. Auch → Qualitätsmanagement.

Kaizunge, *Pier,* mit dem Land verbundener, in das Wasser vorgebauter, mehrseitig vom Wasser umspülter Kai.

Verbreitung der Kakadus

Der Inkakakadu *(Cacatua leadbeateri)* bewohnt die Trockengebiete Australiens. Er ernährt sich von Samen und Wurzeln, die er aus der Erde gräbt

Der Gelbhaubenkakadu *(Cacatua galerita)* ist von Neuguinea über Ostaustralien bis Tasmanien weit verbreitet. Sein Erkennungszeichen ist die leuchtend gelbe Federhaube

Verbreitung:	östliches Indonesien, Neuguinea, Australien, Tasmanien, Neuseeland
Lebensraum:	die meisten Arten Waldbewohner, auch ins Innere Australiens vordringend
Maße:	Gesamtlänge 33 – 80 cm
Lebensweise:	gesellig in kleinen bis mittelgroßen Trupps
Nahrung:	überwiegend pflanzlich, auch harte Nüsse, Wurzeln, Samen, Zwiebeln, Knollen, sehr oft Eukalyptussamen
Zahl d. Eier pro Gelege:	2 – 4
Brutzeit:	20 – 30 Tage
Höchstalter:	119 Jahre sind belegt

Kajaani ['kajaːni], schwed. *Kajana,* mittelfinn. Stadt am Oulujärvi, 36 800 Ew.; Holz- u. Papierindustrie; Flugplatz.

Kajafas, *Kaiphas,* Beiname des Josef, jüd. Hoherpriester 18–37 n. Chr.; Schwiegersohn des Hannas. Während seiner Amtszeit erfolgten zahlreiche Übergriffe u. Unregelmäßigkeiten. Zuerst romhörig, verständigte er sich später mit den Pharisäern. K. war nach Markus 14,60 f. maßgeblich am Prozess gegen Jesus beteiligt.

Kajak [der; eskim.], **1.** *S p o r t :* ein Sportboot, → Kanusport.

2. *V ö l k e r k u n d e :* das einsitzige Jagdboot der Eskimomänner (im Unterschied zum größeren Reise- oder Frauenboot *Umiak*): U-förmige Spanten aus Holz oder Walrippen, mit Seehundshäuten überzogen, durch Doppelruder fortbewegt. Die Bootsöffnung, in der der Ruderer sitzt, ist so eng, dass sie vollkommen von ihm ausgefüllt wird; da seine Pelzjacke an der Öffnung fest geschnürt ist, kann auch bei starker See kein Wasser in das Boot eindringen.

Kajanus, Robert, finn. Komponist u. Dirigent, * 2. 12. 1856 Helsinki, † 6. 7. 1933 Helsinki; gründete 1882 erstes Sinfonieorchester Finnlands; mit seinen Orchesterwerken, Kantaten, Chor- u. Sololiedern der erste namhafte Vertreter einer nationalfinn. Tonkunst.

Kajeputbaum [mal.], *Myrtenheide, Melaleuca leucadendron,* in Hinterindien u. Australien vorkommendes *Myrtengewächs (Myrtaceae)* mit weißen, rosa oder roten Blüten, Zierpflanze.

Kajeputöl [mal.], ätherisches Öl aus Bäumen der Gattung *Melaleuca* (→ Kajeputbaum); von den Eingeborenen durch Wasserdampfdestillation der Blätter u. Zweigspitzen gewonnen; Anwendung in der Medizin, Kosmetik u. Mikroskopie.

Kajüte [frz., ndrl.], bequemer Einzelwohnraum auf Schiffen, Segel- oder auf Motorjachten.

Kak, Münzeinheit in Kambodscha, 1 Riel = 10 Kak = 100 Sen.

kak… → kako…

◆ ⓘ **Kakadus** [Pl.; mal., ndrl.], *Cacatuinae,* eine 17 Arten umfassende Unterfamilie großer, meist gehaubter austral.-philippin. *Papageien*; von meist weißer, aber auch schwarzer Färbung mit gelben oder roten Abzeichen. In zoolog. Gärten wird häufig der *Gelbhaubenkakadu, Cacatua galerita,* gehalten, ebenso der *Gelbwangenkakadu, Cacatua sulfurea.* Rosa Schattierungen des Gefieders zeigt der 35 cm große *Inkakakadu, Cacatua leadbeateri,* während der 50 cm große *Molukkenkakadu, Cacatua moluccensis,* durch seine rote Federhaube auffällt. Die größte Art ist der bis 80 cm lange, grauschwarze *Arakakadu, Probosciger aterrimus,* mit langer, schwarzer Haube u. einem mächtigen Schnabel von etwa 10 cm Länge.

Kakao: reife Frucht. Bei der geöffneten Frucht sind die von einer weißlichen Pulpa umhüllten Samen zu erkennen

◆ **Kakao** [indian., span.], *Cacao,* ein Genuss- u. Nahrungsmittel aus den Samen des *Echten Kakaobaums, Theobroma cacao,* der zur Familie der *Sterkuliengewächse (Sterculiaceae)* gehört u. in den trop. Regenwäldern des nördl. Süd- u. Mittelamerika beheimatet ist. Der Baum kann 10–15 m hoch werden, wird in den Pflanzungen aber nur 5–8 m hoch gehalten. Die kleinen Blüten sprießen büschelweise aus dem Stamm u. älteren Zweigen *(Kauliflorie).* Die Früchte werden Kakaobeeren genannt u. sind gelb oder rot gefärbt, melonenähnlich u. haben eine derbe Schale. Sie sind etwa 15–25 cm lang u. enthalten 25–50 Samen, die in ein säuerl. Fruchtmus eingebettet sind. Diese Samen bilden als *Kakaobohnen* den Rohstoff für die Kakaoerzeugnisse.
Kultivierung: Kakaokulturen gedeihen in trop. u. regner. Klima unter wind- u. sonnengeschützten Bedingungen. Sie brin-

gen erst im 4. Jahr einen Ertrag, bleiben aber bis zu 50 Jahren ertragsfähig. Hauptanbaugebiete sind heute Westafrika (Côte d'Ivoire, Ghana, Nigeria, Kamerun), Brasilien, Ecuador u. Mittelamerika. In Asien liefern Sri Lanka, Java u. Samoa guten K.
Zusammensetzung: Die Kakaobohnen enthalten als wichtigste Bestandteile 35–55 % Fett *(Kakaobutter),* 18–20 % Proteine, 10–12 % Stärke u. neben geringen Mengen Zucker (0,26 %) ein in reinem Zustand giftiges, dem Coffein ähnl. Alkaloid, das Theobromin.
Verarbeitung: Die Kakaobeeren werden nach der Ernte einige Tage in Haufen, eventuell mit etwas Erde bedeckt, gelagert, wodurch eine Fermentation eintritt *(Rotte, Rottung);* dabei nehmen die Kakaobohnen eine gelbe bis tiefbraune Färbung an, der Geschmack wird etwas milder, die Bildung von Aromastoffen wird begünstigt. Nach der Reinigung werden die Bohnen geröstet u. gemahlen. Das Fett wird durch Auspressen entfernt u. findet bei der Schokoladenherstellung, in der Parfüm- u. Seifenindustrie u. für Medikamente Verwendung. Die entölten u. gemahlenen Kakaobohnen ergeben mit Milch u. Zucker das Kakaogetränk oder gehen als Grundbestandteil in die Schokoladenherstellung ein.
Geschichte: Der Kakaoanbau wurde von den Indianern Mittel- u. Südamerikas schon in prähistor. Zeit betrieben. Die Tolteken u. Azteken kannten Kakaogetränke u. verwendeten die Kakaobohnen als Zahlungsmittel. Anfang des 16. Jh. brachten die Spanier den K. nach Europa.
Kakaol, natürl. Wirkstoff, → Epicatechin.
Kakaomotte, *Zaratha cramerella,* auf den Sundainseln heimischer Kleinschmetterling aus der Gruppe der *Palpenmotten,* dessen Larven die Kakaofrüchte zerstören.
Kakchiquel [kaktʃiˈkɛl], Maya-Stamm, → Cakchiquel.
Kakemono [das; jap.], lang herabfallendes ostasiat. Rollbild, von je einem waagerechten Stab oben u. unten gehalten, aus Seide oder Papier, mit kostbarem Stoff gerahmt, das in der Bildernische *(Tokonoma)* des japan. (bzw. chines. oder korean.) Hauses auswechselbar aufgehängt wird; im Gegensatz zum *Makimono,* das auf dem Tisch oder Fußboden ausgerollt wird.
Kakerlak [der; ndrl.], die *Kakerlake,* → Küchenschabe.
Kaki [pers., hind.], *Khaki,* **1.** *Allg.:* [das], schilfgrüne Farbe.
2. *Botanik:* → Kakipflaume.
3. *Textilkunde:* [der], lehmfarbenes kräftiges Baumwollgewebe in Leinwand- oder Köperbindung für Tropenkleidung u. Uniformen.
Kakifeige → Kakipflaume.
Kaki-han [jap., „geschriebenes Siegel"], Namenszug des japan. Künstlers, meist bis zur Unleserlichkeit umgebildet u. daher schwer zu fälschen; bei hartem Material, namentlich bei Metallarbeiten, eingeschnitten oder graviert.
Kakinada, *Cocanada,* ind. Distrikt-Hptst. in Andhra Pradesh, am nördl. Godavaridelta, 280 000 Ew.; Seehafen; Textil-, Nahrungs-

Kakao: Ernte (in 1000 t)			
Land	1985	1990	1998
Welt	2 002	2 528	2 895
davon:			
Brasilien	431	355	282
Côte d'Ivoire	580	750	1 120
Dominikan. Republik	35	59	59
Ecuador	131	147	35
Ghana	219	295	380
Kamerun	119	99	130
Nigeria	110	150	145

mittel- u. Metallindustrie. – Im 18. Jh. holländischer Stützpunkt, 1825 Besitznahme durch die britische East India Company.
Kakinomoto no Hitomaro, japan. Lyriker, *um 662, †um 710; schrieb zahlreiche Gedichte aus Natur u. Menschenleben; brachte das nationale Gefühl Altjapans in feierl., balladenartigen Langgedichten zum Ausdruck. Seine Gedichte sind in der Sammlung *Manyoshu* enthalten. Kakinomoto no Hitomaro wird als Dichterheiliger verehrt.

Kakipflaume, Diospyros kaki

◆ **Kakipflaume,** *Khakipflaume, Kaki, Kakifeige, Chinesische Dattel, Japanische Dattel, Diospyros kaki,* ein *Ebenholzgewächs (Ebenaceae).* Obstbaum mit wohlschmeckenden tomatenähnl. gelben bis roten Beerenfrüchten; stammt aus Ostasien u. wird heute auch in Florida, Kalifornien u. im südl. Europa angepflanzt. Hochreife Früchte sind sehr süß u. aromatisch; die getrockneten Früchte

Kakipflaume: Früchte trocknen an einem japanischen Landhaus

Kakao: Baum mit Frucht

werden als *Kakifeige* bezeichnet. Auch → Dattelpflaume.

Kakirit [nach dem See *Kakir* in Nordschweden], ein infolge tekton. Bewegungen von Rutsch- u. Kluftflächen durchzogenes Gestein, wird aufgrund seines Gefüges auch als *Bruchbrekzie* bezeichnet.

kako... [grch.], Wortbestandteil mit der Bedeutung „schlecht, übel, miss..."; wird zu kak... vor Vokal.

Kakodyl → Kakodylverbindungen.

Kakodylverbindungen [grch.], von R. W. *Bunsen* erstmalig untersuchte Alkylverbindungen des *Arsens* mit Ekel erregendem Geruch, giftig; z.B. *Kakodyl* (Tetramethylarsin), $(CH_3)_2As–As(CH_3)_2$, oder *Kakodylchlorid* (Dimethylarsinchlorid), $(CH_3)_2AsCl$.

Kakogawa, japan. Stadt an der Inlandsee, nordwestl. von Kobe, 261 000 Ew.; in einem Teeanbaugebiet; Textilindustrie.

Kakophonie [die; grch.], Missklang, Misslaut; als hässlich empfundene Lautverbindung im Wort oder Satz u. Tonfolge in der Musik.

Kaktazeen → Kaktusgewächse.

Kakteen → Kaktusgewächse.

◆ **Kaktusgewächse**, *Kakteen, Cactaceae*, Familie der *Centrospermae*, auch als eigene Ordnung *Cactales* aufgefasst. Die Gliederung der K. ist noch nicht abgeschlossen. Ursprünglich 20–25 Sammelgattungen wurden in 170–220 Gattungen mit weit über 2000 Arten aufgespalten, die einer wissenschaftlichen Überprüfung bedürfen. K. sind → Stammsukkulenten mit blattförmigem Stamm; die Dornen, Borsten u. Haare sind umgebildete Blätter, die bei Opuntien u.a. mit leicht abbrechenden Widerhaken versehen sind. Die Blüten haben zahlreiche, meist freistehende Blütenblätter, die oft allmählich in schuppenartige Hochblätter übergehen; stets nur ein Griffel, viele Staubblätter. Die Blütenbestäubung kann durch Insekten, Fledermäuse oder Vögel geschehen. Tag- u. Nachtblüher (Königin der Nacht); vorwiegend in Wüsten u. Halbwüsten Amerikas, von Kanada bis Patagonien verbreitet, in den Anden bis 4700 m Höhe aufsteigend. Die Gattung *Rhipsalis* kommt außer von Florida bis Argentinien

Kaktusgewächse: Pachycereus pringlei

auch in Afrika, auf Madagaskar, Sri Lanka u. den Maskarenen vor. Zu den Kaktusgewächsen gehören z.B. *Säulenkakteen* (*Cereen*), *Bischofsmütze, Gliederblattkaktus, Greisenhaupt, Kandelaberkakteen* u.a., die seit der Entdeckung Amerikas wegen ihrer Anspruchslosigkeit beliebte Zierpflanzen sind.

Kala → Mahakala.

Kala [russ.-osttürk.], Bestandteil geograph. Namen: Festung, Stadt.

Kala-Azar [die; hind.], *Schwarze Krankheit, Dum-Dum-Fieber*, eine Infektionskrankheit der trop. Länder, südl. Asien (bes. Indien) bis zum Mittelmeerraum, Afrika u. Südamerika. Sie wird durch den Erreger *Leishmania donovani* hervorgerufen, der durch den Stich von Sandmücken *(Phlebotomus)* übertragen wird, u. befällt die inneren Organe, besonders Milz, Leber und Knochenmark. Zu den Krankheitserscheinungen gehören Blutarmut, in Schüben auftretende Fieberperioden u. allgemeiner Kräfteverfall. Die früher fast immer zum Tod führende Krankheit wird heute mit Antimonpräparaten behandelt.

Kalabagh, pakistan. Stadt am Indus, im S von Peshawar, 13 000 Ew.; Zementwerke,

Kaktusgewächse: Das typische Kennzeichen dieser Familie, die Stammsukkulenz, ist auch in anderen Pflanzenfamilien verwirklicht, weshalb es oft zu Verwechselungen kommt: 1 Kaktusgewächs (Cereus), 2 Wolfsmilchgewächs (Euphorbia), 3 Seidenpflanzengewächs (Huernia), 4 Korbblütler (Senecio), 5 Weinrebengewächs (Cissus)

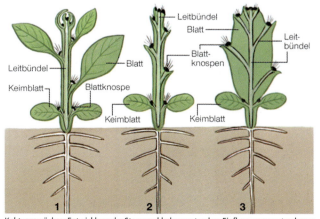

Kaktusgewächse: Entwicklung der Stammsukkulenz unter dem Einfluss warmer, trockener Klimate mit kurzen, ergiebigen Regenzeiten (Speicherpflanzen): Bis auf die Keimblätter werden die Laubblätter fortschreitend zu unscheinbaren Anhängseln und die Blattknospen zu Dornenbüscheln (Areolen) reduziert, während das Rindengewebe zu einem Wasserspeicher erweitert wird. 1 Peireskia, 2 Opuntia, 3 Cereus (nach Troll, vereinfacht)

Eisengewinnung; Erdölproduktion u. -leitung nach Rawalpindi; Bewässerungsstaudamm am Indus-Gebirgsaustritt.

Kalabarbeule → Loiasis.

Kalabasse → Flaschenkürbis, → Kalebasse.

Kalabreser, breitkrempiger, ursprüngl. aus Kalabrien stammender Filzhut mit spitz zulaufendem Kopf; von den italien. Republikanern 1848 getragen; später auch Bez. für einen ebenso geformten Damenstrohhut.

◆ **Kalabrien,** ital. *Calàbria*, Halbinsel im äußersten S Italiens, von Sizilien durch die Straße von Messina getrennt, als Region 15 080 km², 2,08 Mio. Ew.; Hptst. *Catanzaro*; umfasst die Prov. Catanzaro, Cosenza, Crotone, Reggio di Calàbria u. Vibo Valentia; durchzogen vom *Kalabr. Apennin*; im steil zur Küste abfallenden, bewaldeten Gebirge Viehwirtschaft u. Wasserkraftwerke, in den fruchtbaren Niederungen des → Crati u. an der Küste Anbau von Weizen, Wein, Oliven (nach Apulien als Erzeuger an zweiter Stelle) u. Agrumen (nach Sizilien bedeutendste Erzeugung, vor allem Apfelsinen); im Rahmen der Bodenreform Strukturverbesserung in der Landwirtschaft; wenig Bergbau u. Industrie; Abwanderungsgebiet.

Geschichte: Das heutige K. (Name seit 670 n.Chr.) hieß in der Antike *Bruttium*, wurde im 8. Jh. v.Chr. von Griechen kolonisiert, im 3. Jh. v. Chr. von den Römern unterworfen, dann byzantinisch, im 11. Jh. durch die Normannen dem Königreich Neapel-Sizilien angeschlossen.

Kalabrischer Apennin, stark zerstückelter südl. Teil des Apennins (Italien), der Kalabrien bis zur *Straße von Messina* durchzieht; höchster Teil (Montalto 1956 m) im südlichsten Bergstock → Aspromonte.

Kalaha, Unterhaltungsspiel, → Mancala.

◆ **Kalahari** [die], *Kgalagadi*, abflusslose, trockene Beckenlandschaft in Botswana, Namibia u. Südafrika, rd. 800 000 km²; weite Hochlandflächen (800–1300 m) mit

Kalahari: Buschmänner sind die traditionellen Bewohner der Kalahari

Kalabrien: die Küste bei Palmi

von den Schwellenregionen der Umrahmung eingeschwemmtem Lockermaterial, teils zu heute festliegenden Dünen zusammengeweht, mit Salzpfannen *(Makarikari, Etoscha)*, dem sumpfigen *Okavangobecken,* periodischen Flüssen u. noch großem Wildreichtum *(Kalahari-Gämsbock-Nationalpark)*; Savannenklima, das auf den durchlässigen Lockerböden Dorn- u. Trockensavanne wachsen lässt; Mangel an Oberflächenwasser; Rückzugsgebiet der Buschmänner; Viehzucht, im N u. SO auch Anbau von Hirse u. Mais.

Kalamata, *Kalamai, Kalamä,* griech. Hafenstadt im S des Peloponnes, am Messen. Golf, Hauptort des Verw.-Bez. Messenien, 48 000 Ew.; Ausfuhrhafen für die Erzeugnisse des Hinterlandes (Wein, Korinthen, Feigen, Oliven); Tabak-, Nahrungsmittel- u. Textilindustrie. – 1835–1840 nach Zerstörung durch die Türken mit regelmäßigem Grundriss neu aufgebaut; Burg (erbaut 1208); wurde 1986 durch Erdbeben stark beschädigt.

Kalamazoo [kæləmə'zuː], Stadt im SW von Michigan (USA), 236 m ü. M., 80 300 Ew., als Metropolitan Area *Kalamazoo-Portage* 223 000 Ew.; Universität (gegr. 1903), Museen; Papierherstellung (seit 1874), Flugzeug-, Automobil- u. pharmazeutische Industrie; erste Fußgängerzone in den USA (1959). – Gegr. 1829, ab 1836 K., Stadt seit 1883.

Kalambofälle, Wasserfälle am Kalambo, einem südl. Zufluss des Tanganjikasees, auf der Grenze zwischen Tansania u. Sambia; 915 m Gefälle auf 10 km. Der größte Wasserfall ist 427 m hoch.

Kalamität [lat.], **1.** *allg.*: peinliche Verlegenheit, Schwierigkeit, Missgeschick, Unglück.

2. *Forstwirtschaft:* ein großer Schadholzanfall durch bes. Ereignisse, z.B. Massenvermehrung forstschädlicher Insekten.

Die Nutzung des angefallenen Holzes nennt man *Kalamitätsnutzung.*

3. *Ökologie:* Massenauftreten von Krankheitserregern oder Schädlingen *(Epidemien),* die mit schweren wirtschaftl. Schäden verbunden sind; man spricht z. B. von *Blattwespenkalamität, Forleulenkalamität, Mäusekalamität.* Auch → Massenwechsel.

Kalampaka [kala'baka], *Kalambaka,* griech. Stadt in Thessalien, Ausgangspunkt für den Besuch der Meteoraklöster, 5500 Ew.

Kalan → Seeotter.

◆ **Kalanchoe** [-çoːɛ; die; chin., grch.], Gattung der *Dickblattgewächse (Crassulaceae)* mit rd. 120 Arten, die teilweise früher unter

Kalanchoe: Flammendes Kätchen, Kalanchoe blossfeldiana

der Gattung *Bryophyllum* geführt wurden, darunter das in Madagaskar heimische *Brutblatt, K. daigremontiana* u. das *Flammende Kätchen, K. blossfeldiana*; beliebte Zierpflanzen mit röhrenförmigen Blüten in Trugdolden; in vielen Farbspielarten kultiviert; Kurztagpflanze.

Kalander [der; frz.], eine Maschine mit verschiedenen über- u. hintereinander befindlichen, z. T. beheizten Walzen aus Stahl zum Rollen, Glätten, Pressen u. Prägen von Gewebe, Papier, Kunststofffolie u. a.

Kalandsbrüder, karitative Bruderschaften aus Klerikern und Laien, besonders in Nord- und Ostdeutschland (13.–16.Jahrhundert), hielten ihre Versammlungen ursprünglich am ersten Tag des Monats (lat. *calendae*) ab.

Kalasantiner, lat. *Congregatio pro operariis Christianis a S. Josepho Calasantio*, Abk. *COp*, eine kath. Kongregation, die sich bes. der Arbeiterseelsorge widmet; gegr. 1889 in Wien von A. Schwartz.

Kalash, Bergvolk mit dardischer Sprache (indoeuropäisch) in Nordwestpakistan, an der Grenze zu Afghanistan; den → Kafiren kulturell ähnl.; Bauern u. Kleinviehzüchter.

Kalat, *Qalat*, **1.** ehem. Eingeborenenstaat (mit der Minderheitensprache *Brahui*) im pakistan. *Belutschistan*, seit 1956 Verwaltungsbezirk, der größte u. am dünnsten besiedelte Pakistans, 188 925 km², 650 000 Ew.; Verw.-Sitz ist K. (2).
2. Verw.-Sitz von K. (1), südl. von Quetta (Pakistan), 8000 Ew.; Handelsplatz an der Straße zwischen Karachi u. Quetta.

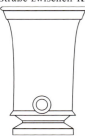

Kalathos

◆ **Kalathos** [der; grch.], „Korb"], von dem „runden", mit geschweifter Wandung sich nach oben verbreiternden geflochtenen griech. Weidenkorb abgeleitete Bezeichnung der antiken Architektur für den Körper des korinth. Kapitells; auch griech. Vasenform.

Kalatosow, *Kalatozov*, Michail, eigentlich M. *Kalatozischwili*, sowjet. Filmregisseur, *23. 12. 1903 Tiflis, †28. 3. 1973 Moskau; stellte in dem Film „Wenn die Kraniche ziehen" 1957 die Stalin-Ära kritisch dar; drehte ferner u. a. „Das rote Zelt" 1969.

Kalatsch-na-Donu, *Kalač-na-Donu*, Stadt im S des europ. Russlands, am Zimljansk-Stausee (Don), westl. von Wolgograd (Stalingrad), rd. 22 000 Ew. – Im November 1942 führte die Vereinigung zweier sowjetischer Durchbruchskeile bei K. zur Einschließung der deutschen 6. Armee im Kessel von *Stalingrad*.

Kalauer [Herkunft unsicher: nach *Calau* bei Berlin, nach dem frz. *calembour*, nach dem Pfaffen von *Kahlenberg*?], Wortspiel, fauler Witz.

Kalawun, *Kila'un*, ägypt. Herrscher (1279 bis 1290), Begründer der Dynastie der bachritischen Mamluken im Kyptschak. Er vertei-

Kalchu: adlerköpfiger Schutzgeist aus dem Palast des Assurnasirpal II. Berlin, Vorderasiatisches Museum

digte die Selbständigkeit des Landes in Zusammenarbeit mit der *Goldenen Horde* gegen die *Ilchane* in Irak u. Iran.

Kalb, das Jungtier von Rindern einschließlich der Antilopen, von Hirschen u. auch von anderen Huftieren.

Charlotte von Kalb

◆ **Kalb**, Charlotte von, geb. *Marschalk von Ostheim*, dt. Schriftstellerin, *25. 7. 1761 Waltershausen, †12. 5. 1843 Berlin; lernte in Mannheim *Schiller* kennen, in Waltershausen F. *Hölderlin*, in Weimar *Jean Paul*, mit denen sie befreundet war. Nachdem ihr Gatte sich 1806 erschoss, verarmte sie u. wurde 1820 fast blind. Sie hinterließ Gedichte, Erinnerungen, einen Roman „Cornelia" 1851, Memoiren „Charlotte" 1879 u. viele Briefe.

Kalbach, Gemeinde in Hessen, Ldkrs. Fulda, 6200 Ew.

Kalbe, *Calbe, Kalbe/Milde*, Stadt in Sachsen-Anhalt, Altmarkkreis Salzwedel, in der Altmark, 3300 Ew.; Ruine einer Wasserburg (993); Lebensmittelindustrie.

kalben, **1.** *Säugetiere:* ein Kalb gebären.
2. *Gletscherkunde:* Bez. für das Abbrechen großer zusammenhängender Eismassen von Gletschern u. Inlandeis ins Meer in Form von *Eisbergen*.

Kälberkropf, *Chaerophyllum*, Gattung der *Doldengewächse (Umbelliferae)*, vorwiegend weiß blühend. In Büschen u. in Hecken wächst der *Heckenkälberkropf, Chaerophyllum temulum*; das Kraut ist ungenießbar u. wirkt Schwindel u. Erbrechen erregend. Der

sog. *Knollige Kälberkropf, Chaerophyllum bulbosum*, bevorzugt feuchte Plätze. Eine Charakterpflanze der Gebirgsbäche des mittleren u. südl. Europa ist der *Behaarte Kälberkropf, Chaerophyllum hirsutum*.

Kalbsmilch → Bries.

Kalbträger, lebensgroße Marmorstatue eines Mannes mit Stierkalb auf den Schultern, um 570 v.Chr. von Rhombos, einem Athener, der Stadtgöttin Athena geweiht; jetzt im Akropolis-Museum, Athen.

Kalchas [-ças], sagenhafter Priester u. Seher der Griechen im Trojan. Krieg.

Kalchedon, in der Antike griech. Kolonie in Kleinasien, → Chalcedon.

◆ **Kalchu**, im AT *Kalach*, heute der Ruinenhügel *Nimrud* am mittleren Tigris, im 13. Jh. v. Chr. gegr., im 9. Jh. v. Chr. Hptst. Assyriens, 612 v. Chr. von Medern u. Chaldäern zerstört. Erhalten blieben Reste großer Palast- u. Festungsbauten u. Tempel, zahlreiche Alabasterreliefs, monumentale Torhüterfiguren, Obelisk *Salmanassars III.*, phöniz. Elfenbeinschnitzereien, Waffen u. Möbelreste aus assyr., aramäischen u. phöniz. Werkstätten.

Kalckreuth, **1.** Friedrich Adolf Graf (1768) von, preuß. Offizier (1807 Feldmarschall), *22. 2. 1737 Sottershausen bei Sangerhausen, †10. 6. 1818 Berlin; erkämpfte kleinere Erfolge in den Koalitionskriegen gegen Frankreich; schloss nach der von ihm mitverschuldeten Niederlage bei Auerstedt am 25. 6. 1807 den Waffenstillstand zu Tilsit mit Napoleon I.; Hauptgegner der preuß. Reformen u. Befürworter einer Zusammenarbeit mit Napoleon.

Kalchu: Jüngling mit Lotosblüte; Elfenbeinschnitzerei des 8. Jh. v. Chr. London, British Museum

125

Leopold Graf von Kalckreuth: Der Regenbogen; 1896. München, Neue Pinakothek

◆ **2.** Leopold Graf von, dt. Maler u. Grafiker, *15. 5. 1855 Düsseldorf, †1. 12. 1928 Eddelsen bei Hamburg; in Landschaften, Figurenbildern u. Porträts Vertreter eines anfangs sozialkritisch gefärbten Realismus, nahm dann Stilelemente des franzöz. Impressionismus an.

Kaldaunen, Sammelbez. für die verzehrbaren Anteile des Magen-Darmtraktes des Rindes.

Kaldidağ, höchster Gipfel im Taurus (Türkei), zwischen Kayseri u. Adana, mit Gletschern; 3734 m.

Kalebassenbaum, Crescentia cujete. Aus den glockenförmigen Blüten entwickeln sich hartschalige Früchte, die vielfältig genutzt werden

Kaldor ['kɔːldə], Lord (seit 1974) Nicholas, engl. Wirtschaftswissenschaftler ungar. Herkunft, *12. 5. 1908 Budapest, †30. 9. 1986 Cambridge; Begründer der post-keynesian. Schule. Hptw.: „Alternative theories of distribution" 1955/56; „Essays on economic policy" 2 Bde. 1980.

Kaldo-Verfahren, Sauerstoffaufblasverfahren zum Frischen von phosphorarmen u. phosphorreichen Roheisensorten. Im Gegensatz zum → LD-Verfahren wird beim K. der Sauerstoff auf das Roheisen in einem schräg gelagerten Konverter, der sich mit 30 min⁻¹ dreht, geblasen.

Kalebasse [die; arab., span.], die hartschalige Frucht des → Kalebassenbaums, aus der bei Naturvölkern Gefäße, Löffel, Musikinstrumente u. Souvenirartikel hergestellt werden. Auch die hartschaligen Früchte von *Flaschenkürbissen* nennt man Kalebassen.

◆ **Kalebassenbaum,** *Crescentia cujete,* ein in den Tropen Mittelamerikas heimisches *Bignoniengewächs (Bignoniaceae)*. Aus den braunvioletten, glockigen Blüten, die von Fledermäusen bestäubt werden, entwickeln sich die hartschaligen Früchte, deren Pulpa u. Samen in der Volksmedizin u.a. als Abführmittel genutzt werden. Die Fruchtschale der → Kalebasse wird zur Fertigung von Gegenständen verwendet.

Kaledonischer Kanal, engl. *Caledonian Canal,* Schifffahrtsweg zwischen dem Firth of Lorne u. dem Moray Firth, verbindet die Nordsee mit dem Atlant. Ozean; 97 km lang, über 5 m tief, 29 Schleusen; 1805–1847 erbaut.

Kaledonisches Gebirge, *Kaledoniden,* das zwischen Silur u. Devon in der *kaledon. Faltung* in Phasen (Hauptfaltung im Silur) entstandene Gebirge in Nordeuropa, das sich bogenförmig von Irland über das mittlere u. nördl. Großbritannien sowie Skandinavien nach Spitzbergen u. Grönland erstreckte; schon im Devon wieder weit-

gehend eingeebnet, heute zum Rumpfgebirge abgetragen.

Kalefeld, Gemeinde in Niedersachsen, Ldkrs. Northeim, 7500 Ew.

Kaleidoskop [das; grch.], ein opt. Spielzeug in der Form einer Röhre, bei dem regelmäßige, sternförmige Figuren durch mehrfache Spiegelung bunter Schnitzel (Glasperlen) in einem eingeschobenen Winkelspiegel hervorgebracht werden.

Kalemie, früher *Albertville,* Stadt in der Prov. Katanga (Demokrat. Rep. Kongo), am Westufer des Tanganjikasees, 70 700 Ew.; Hafen, Eisenbahnendpunkt, Flugplatz.

Kalenden, *Calendae* [Pl.; lat., „die Auszurufenden"], im röm. Kalender der erste Tag jedes Monats, der öffentlich ausgerufen wurde.

◆ **Kalender** [zu *Kalenden*], die Einteilung der Zeit in Jahre, Monate, Wochen u. Tage, auch ein schriftliches Verzeichnis dieser Einteilung. Die Einheit Tag als Basis aller Zeitrechnungen ergibt sich durch Auf- u. Untergang der Sonne, die Phasen des Mondes waren Grundlage der Woche u. des Monats, u. der Wechsel der Jahreszeiten, mit den Arbeiten, die an sie gebunden sind (z. B. Ackerbau), brachte die Notwendigkeit des Jahreszyklus mit sich. Erste Beobachtungen des Mondes zeigten, dass er in 354 Tagen 12-mal seine Gestalt ändert. Das Mondjahr als Kalendergrundlage wurde aber bereits von den Ägyptern durch das Sonnenjahr von 365 Tagen abgelöst. Schon früh wurde versucht, das Sonnenjahr mit dem Mondjahr in Einklang zu bringen (z. B. gab es im altind. Kalender

Kalender: Titelkupfer des 1789 erschienenen ersten Hundertjährigen Kalenders für die Jahre 1701–1801. Wien, Österreichische Staatsbibliothek

einen Fünfjahreszyklus mit 3 Jahren zu 12 Monaten u. 2 Jahren zu 13 Monaten). Die genaue Bestimmung der einzuschaltenden Monate oder Tage war messtechnisch so schwierig, dass der röm. K., der erst von einem Jahr zu 304 Tagen, dann vom Mondjahr ausging, im Jahre 47 v. Chr. um 67 Tage vom Sonnenjahr abwich. Im Jahre 46 v. Chr. schaltete Julius *Cäsar* diese 67 Tage als Doppelmonat ohne Namen zwischen November u. Dezember ein. Das Jahr 45 v. Chr. ist das erste Jahr des *julianischen Kalenders.* Die Dauer eines Jahres im julian. K. beträgt 365 Tage, jedes vierte Jahr ist ein Schaltjahr mit 366 Tagen. Im julian. K. ersetzte später die christl. Kirche die antiken Festtage durch ihre eigenen. 532 n. Chr. veränderte sie auch die Jahreszählung, die von der Gründung der Stadt Rom gelaufen war, in die heute gebräuchl. nach der Geburt Christi. Die julian. Zeitrechnung war immer noch so ungenau, dass 100 Jahre um 18 h 20 min zu lang waren. Auf Anordnung von Papst *Gregor XIII.* wurde 1582 der *gregorianische Kalender* in Italien u. einigen anderen Ländern eingeführt, der heute fast überall benutzt wird. Er ordnete an, dass von den Säkularjahren (den letzten Jahren eines Jahrhunderts wie 1600, 1700 usw.) nur jedes vierte ein Schaltjahr sein sollte, u. zwar die durch 400 teilbaren: 1600 war ein Schaltjahr, 1700, 1800, 1900 nicht, das Jahr 2000 war wieder ein Schaltjahr.
Die Grundlage des *islamischen Kalenders* bildet auch heute noch das Mondjahr von 354 Tagen = 12 synodischen Monaten. Jeder Monat ist 29 oder 30 Tage lang u. beginnt 2–3 Tage nach Neumond; die Jahresanfänge wandern durch die Jahreszeiten. Die Jahre werden von der Flucht Mohammeds aus Mekka (16. 6. 622 n. Chr.) gezählt („nach der Hedschra"). – Im *jüd.* u. *altgriech. K.* wurden Schaltmonate eingefügt, um den Jahresanfang in Bezug auf die Jahreszeiten festzulegen (→ metonischer Zyklus). Der jüd. Kalender beginnt mit der „Weltschöpfung" (3761 v. Chr.). – In Frankreich galt 1793 bis 1805 der → Revolutionskalender.
Als *gedrucktes Verzeichnis* der Zeitrechnung unter Berücksichtigung der nationalen u. kirchlichen Festtage ist der K. in vielen Formen gebräuchlich: Wand-, Abreiß-, Büro-, Taschenkalender u. a. Die Vorläufer des heutigen Kalenders sind die german. *Kalenderstäbe*, in die die Wochen u. Monate eingeritzt waren. Unser K. geht auf den K. der frühchristl. (römischen) Kirche zurück, der Angaben für jeden Tag der Woche, über die kirchl. Feste u. über den Verlauf des Kirchenjahres enthielt. Hinzu kamen Daten über Auf- u. Untergang von Gestirnen. Im MA waren den Mess- u. anderen liturg. Büchern oft K. beigefügt. Im Spätmittelalter wurden Daten über Neu- u. Vollmond beigegeben, in zunehmendem Maße auch Anweisungen für den Gebrauch des Kalenders, das Aderlassen, Regeln über das Verhalten an Tagen, in denen der Mond sich in einem bestimmten Zeichen des Tierkreises befindet, u. Ä. Im 15. Jh. wurde der K. zum (volkssprachigen) Volkskalender u. wurde als Einblattdruck hergestellt (über 400 K. sind aus dem 15. Jh. erhalten). Daneben wurde der astronomisch-wissenschaftl. K. weiter entwickelt (bes. bekannt der K. des Regiomontanus für die Jahre 1475–1530, Nürnberg 1474). Im 16. Jh. wurden den volkstümlichen Kalendern in zunehmendem Maße Vorhersagen („Practica", „Prognostica", „Iudicia") u. bes. Kalendergeschichten beigegeben (im 17. Jh. z. B. von Grimmelshausen), einige wurden mit Illustrationen versehen (J. P. Hebel, „Der Rheinländ. Hausfreund" 1808-1815 u.1819), eine Tradition, die bis heute nicht abgerissen ist u. auf der die modernen Jahrbücher u. Kunstkalender fußen.

◆ **Kalendergeschichte**, eine kurze Prosaerzählung, die in einem Kalender oder Jahrbuch abgedruckt ist; meist eine aus dem Leben des Volkes entnommene unterhaltende oder nachdenkl. Geschichte mit moral.-lehrhafter Tendenz. Die bekanntesten Kalendergeschichten schrieben H. J. C. von *Grimmelshausen*, J. P. *Hebel*, P. *Rosegger* u. B. *Brecht*.

Kalesche [die; tschech.], leichter vierrädriger, einspänniger Wagen mit Kutschbock u. abnehmbarem Verdeck.

Kalevala [finn., „Land des Kaleva", d. i. Finnland], das von E. *Lönnrot* aus alten, anonymen, heidn. u. christl. Volksliedern zusammengestellte finn. Nationalepos (1835). Es besteht aus 50 Gesängen mit rd. 23 000 achtsilbigen Versen. Die bekanntesten Teile daraus sind die *Aino-Sage*, die Geschichte des Recken *Kullervo* u. die Hochzeitslieder. – Gesamtausgabe 1849 ff.

Kalevipoeg [-pɔːɛɡ; estn.; „Lied vom Sohn des Kaleva"], aus rd. 19 000 Versen in 20 Gesängen bestehendes estn. Nationalepos; 1857–1861 von Friedrich Reinhold *Kreutzwald* (* 1803, † 1882) aus alten Volkssagen u. -märchen zusammengestellt; Gegenstück zum finn. *Kalevala*.

Kalendergeschichte: „Des Abenteurlichen Simplicissimi Ewigwerender Kalender" (1760) enthält neben kalendarischen und astrologischen Informationen auch Kalendergeschichten von H. J. C. von Grimmelshausen

Willem Kalf: Stillleben mit chinesischer Terrine; 1662. Berlin, Staatliche Museen zu Berlin – Preußischer Kulturbesitz, Gemäldegalerie

◆ **Kalf,** Willem, niederl. Maler, getauft 3. 11. 1619 Rotterdam, †31. 7. 1693 Amsterdam; Hauptmeister des Stilllebens im späteren 17. Jh.; malte zunächst kleinformatige Bilder von unordentl. Küchenwinkeln, später prächtige Stillleben, meist Frühstückstische mit kostbaren Gefäßen (Silberkannen, Römer, Fayencen), Früchten, Muscheln u. a., hervorragend durch reich gestuftes Helldunkel (Einfluss *Rembrandts*), farbige Leuchtkraft, formale Ausgewogenheit u. vollendete Stoffbehandlung.

Kalfaktor [lat. *calefactor* „Heizer"], Hausarbeiter; Insasse von Vollzugsanstalten, der zur Entlastung des Personals Hausarbeiten erfüllt, z. B. als Flurwärter, Reiniger, Küchenarbeiter.

kalfatern [arab., ndrl.], Fugen im Deck u. in der → Außenhaut von hölzernen Schiffen durch Einstemmen von geteertem Werg abdichten. Die Arbeit wird mit Hammer u. dem meißelartigen Kalfateisen ausgeführt.

Kalga, *Qalgha,* Titel des Thronfolgers im Staat der Krimtataren (→ Girai).

Kalgan, alter mongol. Name für → Zhangjiakou.

Kalgoorlie and Boulder [kæl'guːəli ənd 'bouldə], Stadt in Westaustralien, 26 100 Ew.; Bergakademie; Goldgewinnung (ehem. Ausgangspunkt der „Goldenen Meile"); Nickelverhüttung (seit 1975); Eisenbahnstation, Flugknotenpunkt. – Kalgoorlie wurde 1893 gegr., Boulder 1897; sie wurden 1947 vereinigt.

Kali [das; arab., „Pottasche"], ältere Bez. für *Kaliumhydroxid (Ätzkali),* auch für die *Kalisalze.*

Kali [sanskr., „die Schwarze"], ind. Göttin, schreckl. Erscheinungsform der → Durga.

Kaliammonsalpeter, aus Mischkristallen von Ammoniumchlorid u. Kaliumnitrat bestehender Stickstoffdünger. Auch → Dünger.

Kaliber [das; arab., grch., frz.], 1. *Waffentechnik u. Schießsport:* Seelenweite, der Innendurchmesser von Geschütz-

rohren, Pistolen-, Gewehrläufen. Bei Militärwaffen wird das K. von Feld zu Feld gemessen, d. h. von den nach Einschneiden der → Züge stehen gebliebenen Teilen. Das K. der Geschosse wird in Zentimetern oder Millimetern angegeben, im angloamerikanischen Bereich auch in Zoll. Bei Jagdwaffen wird das K. des (Schrot-)Flintenlaufs danach bezeichnet, wie viele in die Laufweite passende Rundkugeln aus einem englischen Pfund (= 453,6 g) Blei gegossen werden können. 2. *Walztechnik:* offener Spalt zwischen zwei Walzen (Walzprofil).

Kaliberdorn, früher Bez. für Grenzlehrdorn zum Prüfen des Innenmaßes von Bohrungen. Der K. hat auf der einen Seite das *Sollmaß,* auf der anderen das *Ausschussmaß.* Auch → Lehre (2).

Kaliber-Index, *Pferdesport:* eine aufgrund des Gewichtes eines Pferdes (in kg) u. seiner Größe (Stockmaß, in cm) ermittelte Klasseneinteilung für leichte, mittlere u. schwere Pferde.

Kaliberlänge, Abk. *L,* Längenangabe bei Geschützen u. a. Rohrwaffen, gibt an, wie viel mal das Rohr länger ist als sein Kaliber.

Kaliberwalze, eine Walzwerkmaschine zur Herstellung von Vor- u. Fertigprofilen.

Kalibo, Hptst. der philippin. Prov. Aklan, an der Nordküste der Insel Panay, 39 900 Ew.; Handelsort für Agrarprodukte.

kalibrieren [frz.], 1. *Fertigungstechnik:* 1. die richtige Form der Kaliberwalze bestimmen. – 2. Werkstücke auf genaues Maß nachpressen. 2. *Saatgutwesen:* Saatgut nach Größe u. Form sortieren. Kalibriertes Saatgut ist erforderlich, wenn die Aussaat mit modernen Einzelkorn-Sämaschinen durchgeführt wird, z. B. beim Maisanbau.

Kalidasa [ind., „Diener der Kali"], ind. Dichter des 4. oder 5. Jh. Sein Ruhm als größter Autor der klass. Sanskrit-Dichtung gründet sich sowohl auf sein episches Werk („Raghu-vamsha", dt. 1890; „Geburt des Kumara", dt. 1913), wie seine Lyrik (v. a. „Meghaduta", dt. „Wolkenbote" 1847) u. bes. auf seine Dramen: „Urvashi" (dt. 1881); „Malavika u. Agnimitra" (dt. 1856). Kalidasas „Shakuntala" (dt. 1791) gilt als bedeutendstes Drama der alten ind. Literatur u. wurde der dt. Klassik u. Romantik zum Zeugnis ursprüngl. dichterischer Schönheit.

◆ **Kalif,** *Khalif,* richtiger *Chalif* [xal-; arab. *chalifa,* „Nachfolger"], Titel der Nachfolger *Mohammeds* als Repräsentanten der islam. Gemeinschaft. Die vier ersten Kalifen („rechtgeleitete" Kalifen), die zwischen 632 u. 661 amtierten, wurden in Medina von den führenden Anhängern des Propheten bestimmt: *Abu Bakr, Omar I., Othman, Ali.* Gegen Ali, den Schwiegersohn Mohammeds, konnte sich in einem Bürgerkrieg *Moawija I.* durchsetzen. Er begründete die Kalifen-Dynastie der *Omajjaden* (661–750); ihnen folgte die der *Abbasiden* (750–1258). Seit Mitte des 10. Jh. bestand die Funktion der Kalifen nur noch darin, durch Einsetzungsurkunden die jeweiligen Lokalfürsten zu legitimieren. Auch die Omajjaden in

Spanien führten 929–1031 den Titel. 1258 wurde das abbasid. Kalifat in Bagdad durch die Mongolen beendet. Allerdings gab es in Ägypten noch bis ins 16. Jh. völlig machtlose abbasidische Kalifen unter der polit. Herrschaft der Mamluken. Danach ging das Kalifat auf das Osman. Reich über; es wurde 1924 von der türk. Nationalversammlung abgeschafft. Auch → Islam.

Kalifeldspat, *Orthoklas,* → Feldspat.

Kalifornien, 1. ursprüngl. eine durch die Spanier kolonisierte Landschaft im SW Nordamerikas, umfasst die mexikan. Halbinsel K. (span. *Baja California,* Niederkalifornien) u. größtenteils den USA-Staat California (span. *Alta California,* Oberkalifornien). **2.** *Halbinsel Kalifornien,* span. *Baja California,* → Niederkalifornien. **3.** dt. Name für den US-amerikan. Staat → California. **4.** *Golf von Kalifornien,* Bucht des Pazif. Ozeans zwischen der Halbinsel Kalifornien u. dem mexikan. Festland, rd. 150 000 km²; mit 1200 km der längste Golf des Pazif. Ozeans, gegliedert durch die Inseln *Tiburon* u. *Guarda* in einen kleineren, flachen Nord- u. einen größeren, bis über 2000 m tiefen Südteil.

Kalifornienstrom, kühle Meeresströmung vor Kalifornien, Teil des nördl. pazif. Kreislaufs. Verursacht durch den ablandigen Nordostpassat, bringt der K. kühle Auftriebswässer an die Oberfläche, verbunden mit Nebelreichtum an der kaliforn. Küste. Er geht in den Nordäquatorialstrom über.

kalifornische Indianer, die einst in Kalifornien ansässige Gruppe der nordamerikan. Indianerstämme mit weitgehend einheitl. Kultur bei starker sprachl. Zersplitterung. Sie betrieben vorwiegend Sammelwirtschaft (insbes. Eicheln u. Nüsse). u. lebten im Winter in Dörfern; im N stärkere Betonung von Fischfang u. Jagd; gut entwickelte Flechtkunst. Zu den kalifornischen India-

Kalif: Darstellung des vierten Kalifen Ali Ibn Abi Talib

nern gehören: *Penuti, Hoka, Algonkin, Athapasken, Shoshone* u. a., deren Restbevölkerung heute über zahlreiche Reservationen verteilt ist.

Kaliglimmer, ein Mineral, → Muskowit.

Kaliko [der; nach der ostind. Stadt *Calicut*], steif u. glänzend appretiertes Gewebe in Leinwandbindung aus Baumwolle, Leinen oder Halbleinen. *Buchbinderkaliko,* aus Baumwolle, ist ein durch viel Appretur steif u. stark gemachtes Gewebe mit glatter u. geprägter Oberseite; auch Bez. für Druckkattun oder Druckperkal.

Kalilauge, wässrige Lösung von Kaliumhydroxid, reagiert stark alkalisch.

Kalimantan, indones. Name für → Borneo.

Kalimba, afrikanisches Musikinstrument, → Sansa.

Kalinga, altindones. Volk (rd. 47 000 im Innern Luzons (Philippinen); Bauern u. Viehzüchter.

Kalinga, historische Region an der Ostküste Indiens in den heutigen indischen Bundesstaaten Orissa u. Andhra Pradesh; von hier gingen kulturelle Einflüsse nach Südostasien.

Kalinin [nach M. I. *Kalinin*], 1931–1990 Name der russ. Stadt u. Oblast → Twer.

Kalinin, Michail Iwanowitsch, sowjet. Politiker, * 19. 11. 1875 Werchnjaja Troiza, Gouvernement Twer, † 3. 6. 1946 Moskau; 1924 Kandidat, 1926 Mitgl. des Politbüros des ZK der KPdSU; 1919–1946 nominelles Staatsoberhaupt (bis 1938 Vors. des Zentralexekutivkomitees, dann Vors. des Präsidiums des Obersten Sowjets).

Kaliningrad, russ. Name der Stadt → Königsberg (2).

◆ **Kalinowski,** Horst Egon, dt. Objektkünstler u. Grafiker, * 2. 1. 1924 Düsseldorf; war 1968–1989 Lehrer an der Karlsruher Akademie. Entwickelte ab 1960 aus der Collage seine „Caissons“, mit farbigem Leder bespannte Holzkonstruktionen; seit 1965 auch Stelen u. Lederreliefs; Entwürfe für Bühnenbilder u. -kostüme.

Horst Egon Kalinowski: La paupière d'été (das Augenlid des Sommers); Collage 1966.

Kalisalpeter, *Konversionssalpeter, Nitrokalit,* KNO_3, ein rhombisches Mineral; haarförmige Aggregate, leicht wasserlöslich, Härte 2, Dichte 1,9–2,1; natürl. vorkommendes oder durch Umsatz von Kaliumchlorid mit Natriumnitrat oder von Pottasche mit Salpetersäure dargestelltes *Kaliumnitrat;* Verwendung als Düngesalz, Oxidationsmittel u. zur Herstellung von Schieß-(Schwarz-)Pulver, für das der hygroskopische Natronsalpeter nicht geeignet ist.

Kalisalze, natürlich vorkommende Salze u. Doppelsalze des *Kaliums.* Die wichtigsten sind: *Sylvin* (Kaliumchlorid, KCl), *Carnallit* oder *Karnallit* (Kaliumchlorid - Magnesiumchlorid - Doppelsalz, $KCl \cdot MgCl_2 \cdot 6H_2O$), *Kainit* (Kaliumchlorid-Magnesiumsulfat-Doppelsalz, $KCl \cdot MgSO_4 \cdot 3H_2O$), *Schönit* (Kalium-Magnesiumsulfat-Doppelsalz, $K_2SO_4 \cdot MgSO_4 \cdot 6H_2O$), *Sylvinit* (Gemisch von Sylvin u. Natriumchlorid), *Kalisalpeter* (KNO_3). Große Vorkommen von Kalisalzen finden sich in der norddt. Tiefebene bei Staßfurt, Leopoldshall, Hannover u. Braunschweig, ferner im Elsass u. in Galizien. Die Lagerstätten sind durch Verdunstung von Meeren entstanden. Da die K. früher zur Gewinnung des Steinsalzes weggeräumt werden mussten, wurden sie auch als *Abraumsalze* bezeichnet u. für ziemlich wertlos gehalten; später fanden sie jedoch Verwendung in der Technik u. als Düngemittel in der Landwirtschaft. Die wichtigsten *Kalidüngesalze* sind Kainit, Kalidüngesalze mit verschiedenen Kaliumchloridgehalten, schwefelsaures Kali u. schwefelsaures Kalimagnesia.

Kalisch, poln. Stadt, → Kalisz.

Kalisz [ˈkaliʃ], *Kalisch,* Stadt in Polen, an der Prosna, westlich von Łódź, 107 000 Ew.; klassizist. Stadtkern, got. Pfarrkirche u. barocke Stiftskirche; Maschinen-, chem. u. Lederindustrie, Klavierfabrik.

Im *Bündnisvertrag von Kalisz* verpflichteten sich Russland u. Preußen 1813 zum gemeinsamen Kampf gegen das napoleon. Frankreich.

Kalium [arab.], chem. Zeichen K, silberweißes, weiches, einwertiges Alkalimetall; Atommasse 39,0983, Ordnungszahl 19, Dichte 0,86, Schmelzpunkt 63,65 °C, Siedepunkt 774 °C; zu ungefähr 2,4 % in der Erdrinde, vorwiegend in Form von *Kalifeldspat* u. *Kaliglimmer* (Kalium-Aluminium-Silicate) u. von *Kalisalzen,* die für das Pflanzenwachstum unerlässlich sind.

Herstellung: durch Elektrolyse von geschmolzenem Kaliumhydroxid. K. ist chemisch sehr reaktionsfähig; es reagiert z. B. mit Wasser unter Bildung von Kaliumhydroxid u. Entzündung des bei der Reaktion entstehenden Wasserstoffs.

Verbindungen: Kaliumchlorid, KCl, u. *Kaliumsulfat,* K_2SO_4, natürlich als Kalisalze vorkommend; *Kaliumnitrat:* → Kalisalpeter; *Kaliumcarbonat:* → Pottasche; *Kaliumhydroxid (Ätzkali),* KOH, durch Elektrolyse von Kaliumchlorid-Lösungen darstellbar, verwendet u. a. zur Herstellung von Schmierseife; *Kaliumperoxid,* K_2O_4, entsteht als orangeroter Stoff bei der Verbrennung von K. an der Luft; *Kaliumchlorat,* $KClO_3$,

verwendet als Oxidationsmittel, Zusatz zu Spreng- u. Zündsätzen; *Kaliumpermanganat,* $KMnO_4$, in Wasser löslich (violette Färbung), starkes Oxidationsmittel; *Kaliumbromid:* → Brom; *Kaliumiodid:* → Iod.

Stoffwechsel u. Ernährung: K. ist an der Erregungsleitung von Nerven u. Muskeln beteiligt u. der Gegenspieler des Natriums zur Regulierung des osmot. Drucks von Körperflüssigkeiten. Weiterhin ist K. Bestandteil u. Aktivator verschiedener Enzyme u. an der Synthese von Proteinen u. Acetylcholin beteiligt. Der tägl. Bedarf des Menschen liegt bei ca. 3–4 g. Sämtliche pflanzl. Lebensmittel enthalten K.

Kalium-Argon-Datierung, eine Methode der → Geochronologie, die auf der Bestimmung des aus dem Kalium-Isotop 40 gebildeten, in Mineralien eingeschlossenen Argon-Isotops 40 beruht. Auch → radioaktive Altersbestimmung.

Kaliumcyanid → Cyankali.

Kalium-Natrium-Pumpe → Nervenleitung.

Kalix, nordschwed. Ort an der Mündung des Kalixälv nahe der finn. Grenze, Industrie- u. Zentralort im unteren Kalixtal, Kerngebiet der Großgemeinde K., 1803 km², 19 400 Ew.

Kalixt, *Kallistos, Calixtus, Päpste:*

1. Kalixt I., 217 bis 222, Heiliger; ehem. Sklave, Diakon an den nach ihm benannten Katakomben; erstrebte die Anpassung der Gemeinde an ihre großstädt. Umwelt; gestattete die Ehe zwischen Freien u. Sklaven, wurde deshalb u. wegen seiner Nachsicht gegen Sünder vom Gegenpapst *Hippolytos* des Laxismus beschuldigt. Fest: 14. 10.

2. Kalixt II., 1119–1124, eigentl. *Guido,* aus burgund. Adel, † 13. 12. 1124 Rom; 1088 Erzbischof von Vienne; bestätigte als Papst Urkunden, die er als Erzbischof von Vienne gefälscht hatte; beendete durch das Wormser Konkordat 1122 den *Investiturstreit* in Dtschld. u. erließ auf dem Laterankonzil 1123 viele Reformbestimmungen.

3. Kalixt (III.), Gegenpapst 1168–1178, vorher Abt *Johannes von Strumi,* als 3. Gegenpapst gegen *Alexander III.* gewählt, von Kaiser Friedrich I. Barbarossa unterstützt, jedoch im Frieden von Venedig (Versöhnung des Reichs mit der Kurie) fallen gelassen.

Papst Kalixt III.

◆ **4. Kalixt III.,** 1455 bis 1458, eigentlich Alonso de *Borja,* * 31. 12. 1378 Játiva bei Valencia, † 6. 8. 1458 Rom; 1444 Kardinal, bedeutender Kanonist u. Diplomat; war um die Abwehr der Türken bemüht, schadete aber der Kirche durch seinen Nepotismus. Die antipäpstl. Strömung in Dtschld. verschaffte sich unter seinem Pontifikat Ausdruck in den → Gravamina der deutschen Nation von 1456.

Kalk [lat.], *gebrannter Kalk, Branntkalk, Calciumoxid,* CaO, durch Erhitzen („Brennen“) von Kalkstein (Calciumcarbonat, Ca-

CO₃) auf 900 bis 1150 °C in Drehrohr-, Schacht- oder Ringöfen hergestellt, wobei Kohlendioxid abgespalten wird. Der gebrannte K. reagiert unter starker Wärmeentwicklung mit Wasser; dabei bildet sich *gelöschter K.* (→ Kalkhydrat), der durch Beimischung von Sand zur Herstellung von *Mörtel* verwendet wird. Er geht durch langsame Aufnahme des Kohlendioxids der Luft wieder in Calciumcarbonat über. Ferner findet K. als Düngemittel, zur Herstellung von Calciumcarbid u. Kalkstickstoff, als Zuschlag bei der Gewinnung von Metallen, in der Glasfabrikation u. a. Verwendung.

Kalka, Fluss in der Ukraine, → Khalka.

Kalkalgen, in der Paläontologie Bez. für Algen, die ein Kalkgerüst abzuscheiden vermögen (Blaualgen, Grünalgen, Rotalgen). Kalk abscheidende Blaualgen sind erdgeschichtlich seit mindestens 2 Mrd. Jahren bekannt, Kalk abscheidende Grünalgen der Trias sind wesentlich am Aufbau der → Dolomiten beteiligt.

Kalkalpen, in den Ostalpen nördl. u. südl. der kristallinen Zentralalpen liegende Zone von Gebirgsketten u. -stöcken aus Kalken u. Dolomiten der Trias-, Jura- u. Kreideformationen; in den Westalpen nur nördl. der zentralen Massive als helvetische Zone mit Gesteinen vor allem des Jura u. der Kreide ausgebildet. Auch → Nördliche Kalkalpen, → Südliche Kalkalpen.

Kalkant [lat.], *Calcant,* bei Orgeln (ohne elektr. Gebläse) der Bälgetreter, der die Orgel mit Wind versorgt. Auch → Orgel.

◆ **Kalkar,** Stadt in Nordrhein-Westfalen, Ldkrs. Kleve, nahe am Niederrhein, südöstl. von Kleve, 12 900 Ew.; histor. Stadtkern mit Bauten der niederrhein. Backsteingotik: Rathaus (1438–1446), Nikolaikirche (15. Jh.) mit berühmten Schnitzaltären; Butter- u. Käsefabriken; Kernkraftwerk (im Bau ab 1973, Einstellung des Projekts 1991); Bundeswehrstandort. – Stadtrecht 1242, Mitgl. der Hanse. – Nordwestl. von K. Wasserschloss *Moyland.*

Kalkar, Jan Joest van, niederrhein. Maler, → Joest van Kalkar.

Kalk bildende Organismen, Tier- u. Pflanzengruppen, die wesentlich zur Ablagerung von *Kalksteinen* im Verlauf der Erdgeschichte beitragen, vor allem → Kalkalgen, → Kalkschwämme, → Korallen. Auch → Riff.

Kalkbrenner, Friedrich Wilhelm Michael, dt. Pianist u. Komponist, * zwischen 2. u. 8. 11. 1785 bei Kassel, † 10. 6. 1849 Enghien-les-Bains; studierte in Paris u. Wien. K. war in London u. Paris ein Pianist u. Klavierlehrer, der die Klavierspieltechnik beeinflusste; Klavierkompositionen.

Kalkbrut, durch *Ascophaera apis* hervorgerufener Pilzbefall der Bienenbrut. Die Maden werden vom Mycel durch- u. überwachsen, sind von harter Beschaffenheit u. liegen lose in den verdeckelten Zellen.

Kalkfarben, Mineralfarben, die sich ohne Veränderung mit Kalkmilch vermischen lassen u. zum Anstrich von Mauerwerk u. Putz verwendet werden; nicht abriebfest.

Kalkfeldspat, *Anorthit* → Feldspat.

Kalkflagellaten, zu den → Haptophyzeen

Kalkar: Das Rathaus wurde von 1438 bis 1446 im Stil der Backsteingotik errichtet

gehörende Gruppe von Planktonalgen. Die K. leben fast ausnahmslos im Meer. Ihre Zellen sind meist mit winzigen Kalkschuppen (→ Coccolithen) bedeckt, außerdem mit Schüppchen aus organischem Material.

Kalkhydrat, *gelöschter Kalk,* chem. *Calciumhydroxid,* Ca(OH)₂, wird aus Branntkalk durch Zusatz von Wasser oder Wasserdampf fabrikmäßig erzeugt (Trockenlöschen). Die Wasserbindung ist mit erheblicher Wärmeentwicklung u. dem Zerfall des Kalkes zu Pulver verbunden. Die kolloidale Feinheit des Kalkhydratpulvers bewirkt die ausgezeichnete Plastizität bei der Verwendung als Bindemittel für Mörtel sowie die Wirksamkeit bei der Entschwefelung von Rauchgasen. Handelsbez.: *Weißkalkhydrat,* bei höheren dolomitischen Anteilen *Dolomitkalkhydrat* (früher *Graukalk*).

Kalkin, der 10. u. letzte → Avatara des ind. Gottes Vishnu.

Kalkkögel, Berggruppe südwestl. von Innsbruck (Österreich), zwischen Sellraintal u. Stubaital; schroffe dolomitische Bergkämme, in der *Schlicker Seespitze* 2808 m.

Kalk-Kohlensäure-Gleichgewicht, der Zustand von Wasser, das gerade so viel freie Kohlensäure enthält, wie notwendig ist, um das vorhandene Calciumhydrogencarbonat in Lösung zu halten. Ist mehr freie Kohlensäure enthalten, ist das Wasser kalkaggressiv u. fördert die Korrosion von eisernen Rohren, ist weniger freie Kohlensäure vorhanden, fällt Calciumcarbonat aus, u. es kommt zu Krustenbildungen im Rohrnetz.

Kalkkreuzblume → Kreuzblume.

Kalkleichtbetonsteine, blockartige, dampfgehärtete Mauersteine aus fein gemahlenem Kalk mit etwas Magnesit als Bindemittel u. Quarzsand. Meist wird ein Treibmittel (z. B. Aluminiumpulver) zugegeben.

Kalkmaß, frühere Hohlmaße für Kalk. In Dtschld. war der Hektoliter gebräuchlich, in Hessen-Darmstadt die *Kalkbütte* (156,25 l), in Österreich das *Kalkmüthel* (153,76 l).

Kalkmörtel, aus → Baukalk, Sand u. Wasser zusammengesetzter Mauer- u. Putzmörtel. Je nach Kalkart mit Luftkohlensäure oder hydraulisch erhärtend.

Kalknatronfeldspat, *Plagioklas* → Feldspat.

Kalkpflanzen, auf Kalkböden gedeihende Pflanzen, z. B. *Huflattich, Leberblümchen* oder *Feldrittersporn.* K. bevorzugen eine neutrale bis alkalische Reaktion des Bodens.

Kalkröhrenwürmer → Röhrenwürmer.

Kalksalpeter, *Calciumnitrat,* chemische Formel Ca(NO₃)₂; der als Düngemittel verwendete K. enthält als Beimischung Ammoniumnitrat. Auch → Mauersalpeter.

Kalksalze, die Salze des → Calciums.

Kalksand, zum größten Teil aus Kalkkörnern bestehendes Lockersediment.

Kalksandstein, 1. ein Sandstein, dessen Quarzkörnchen durch kalkige Bindemittel verkittet sind. **2.** ein künstlicher Mauerstein (*Hydrosandstein*) aus Kalk u. vorwiegend quarzitischen Zuschlagstoffen, nach innigem Mischen geformt u. unter Dampfdruck erhärtet.

Kalkschwämme, *Calcispongia, Calcarea,* ursprüngliche Ordnung der *Schwämme* mit einem Skelett aus Kalknadeln *(Spicula),* die einachsig, drei- oder vierstrahlig (selten miteinander verwachsen) sind u. der Oberfläche des Schwammes ein raues bis borstiges Äußeres verleihen. K. sind meist 0,5 cm bis 3 cm, seltener bis 12 cm groß u. schlauch-, tonnen- oder sackförmig; Färbung weißlich grau, aber auch leuchtend gelb, orange, rot oder violett. Flachwassertiere (selten bis 75 m Tiefe), Salz liebend. In

Höhlen, Spalten u. Tangdickichten weltweit verbreitet.

Kalkspat, *Calcit, Kalzit,* glasglänzendes, in reinster Form (auf Island) durchsichtiges, gesteinsbildendes Mineral ($CaCO_3$) von großem Formenreichtum; weiß; trigonal (meist als Rhomboëder); Härte 3; hohe Doppelbrechung *(Doppelspat)*, oft Zwillingsbildung; Hauptbestandteil von Kalkstein.

Kalkstein, *Karbonatgestein,* aus Calciumcarbonat ($CaCO_3$) bestehendes Gestein, oft mit tonigen u. sandigen Anteilen. Als Sedimentgestein im Meer- u. Süßwasser durch Organismen (z. B. aus den Kalkschalen u. -skeletten von Schnecken, Muscheln, Korallen, Algen u. Foraminiferen) oder durch unmittelbare chem. Ausfällung von Kalk aus dem Wasser entstanden. Folgende Arten von K. werden unterschieden:
1. *Dichter Kalkstein,* feinkörnig kompakt, durch Beimengungen silikat. Bestandteile u./oder Metallverbindungen grau, gelblich, braun oder schwarz gefärbt; findet sich gut gebankt in allen geologischen Systemen; enthält häufig Fossilien u. -reste, die art- namengebend von Bedeutung sind (z. B. Muschelkalk, Korallenkalk, Stringocephalenkalkstein); weitere Bezeichnungen entweder nach dem Vorkommen (z. B. Wettersteinkalk) oder nach den Beimengungen (z. B. Kieselkalkstein, toniger K., Eisenkalkstein, bituminöser Stinkkalkstein).
2. *Poröser Kalkstein, Kalksinter:* mineralische Ausfällung aus (heißen) Quellen u. wandernden Lösungen (→ Sinter). Auf Pflanzenteilen setzt sich der aufgrund seiner Ähnlichkeit mit dem vulkanischen Tuff so benannte *Kalktuff* (Tuffkalk, Süßwasserkalk) ab. Werden dessen Poren nachträglich mit Kalk ausgefüllt, heißt das Gestein *Travertin.* Auch die Tropfsteine von Karsthöhlen gehören in diese Kategorie.
3. *Kreidekalkstein,* pulvrige, weiße, weiche u. abfärbende Gesteine, z. B. *Schreibkreide* als K. der jüngeren Kreidezeit, entstanden aus Foraminiferenschalen (Globigerinen), Coccolithophoriden, Muschelschill u. anorgan. Kalkschlamm.
4. *Kristalliner Kalkstein* → Marmor.
5. *Oolithischer Kalkstein* → Oolith.

Kalkstickstoff, *Calciumcyanamid,* $CaCN_2$, Strukturformel $Ca = N - C \equiv N$; durch Umsatz von Stickstoff mit Calciumcarbid oberhalb 800 °C hergestelltes Düngemittel.

Kalkül [das, auch der; frz.], **1.** *allg.:* Berechnung, Überschlag.
2. *Logik:* Zeichensystem mit Operationsregeln; Mittel zur Formalisierung logischer Folgerungen; → Aussagenlogik, → Formalismus (3), → Prädikatenlogik.
3. *Mathematik:* formales Rechenverfahren, etwa *Differenzialkalkül* Der K. ist bes. wichtig bei programmgesteuerten Rechenmaschinen.

Kalkulation [lat.], die Berechnung der Selbstkosten einer Lieferung oder Leistung, als *Vorkalkulation* vor Inangriffnahme des Auftrags, als *Nachkalkulation* (richtiger: *Nachrechnung*) nach Fertigstellung. Bei Massenfertigung ist die einfache *Divisionskalkulation* möglich (Kosten je erzeugte Einheit =

Summe aller Kosten durch Zahl der erzeugten Einheiten); handelt es sich um verschiedene Sorten oder Typen gleichartiger Erzeugnisse, wird sie durch die *Äquivalenzzahlenkalkulation* verfeinert. Die bei Einzel- u. Serienfertigung übliche *Zuschlagskalkulation* geht von den voraussehbaren oder schon festgestellten direkten (Lohn- u. Material-)Kosten des Auftrags aus, denen die Gemeinkosten zugeschlagen werden.

Kalkulationskartell → Kartell.

Kalkulator [der, Pl. *Kalkulatoren*; lat.], *Kalkulatorin,* errechnet in einem Industriebetrieb die Selbstkosten (*Kalkulation*) u. rechnet Lieferungen, Löhne u. a. Leistungen ab.

kalkulatorische Abschreibungen, Begriff aus der → Kostenrechnung; ein Werteverzehr, der durch die Nutzung der Gegenstände des Sachanlagevermögens einer Unternehmung verursacht wird. Die kalkulatorischen Abschreibungen werden im Gegensatz zu den Abschreibungen in der Finanzbuchhaltung auf Basis der jeweiligen Wiederbeschaffungswerte u. nach Maßgabe der möglichst genau geschätzten Nutzungsdauer der einzelnen Gegenstände bemessen. Aufgrund der unterschiedlichen Zielsetzung können sie sich auch in den Abschreibungsmethoden unterscheiden. Auch → Abschreibung.

Kalkutta, ind. Stadt, → Calcutta.

Kalkwasser, 0,15 %-Lösung von Calciumhydroxid; Verwendung als Gegenmittel bei Vergiftungen durch Schwefel- u. Oxalsäure u., in Mischung mit Leinöl, bei Verbrennungen.

Kalkzementmörtel, schweiz. *verlängerter Zementmörtel,* mit Baukalk u. Zement als Bindemittel hergestellter Mörtel. Durch hydraulische Erhärtung des Zementanteils schnellere u. höhere Festigkeitsentwicklung.

Kall, Gemeinde in Nordrhein-Westfalen, Ldkrs. Euskirchen, an der Urft, im Naturpark Nordeifel, 400 – 600 m ü. M., 11 400 Ew.; Reste einer röm. Wasserleitung im Gemeindegebiet; ehem. Eisen- u. Bleihütten (bereits im 3. Jh. v. Chr. Bleierzgewinnung durch Kelten).

Kalla [die; grch., lat.], Gattung der Aronstabgewächse: 1. → Calla palustris; 2. → Zantedeschia.

Aino Kallas

◆ **Kallas,** Aino, finn. Schriftstellerin, * 2. 8. 1878 Wyborg, † 9. 11. 1956 Helsinki; schrieb sozialkrit. Romane u. Erzählungen, z. T. mit histor. Schauplatz: „Fremdes Blut" 1921, dt. 1971; „Der Pfarrer von Roicks" 1926, dt. 1929; „Sankt Thomasnacht" 1930, dt. 1935; auch Tagebücher u. Reisebeschreibungen.

Kallavesi, See im östl. Mittelfinnland bei Kuopio, gehört zum Entwässerungssystem des Saimaa, rd. 900 km², bis 102 m tief.

Kállay ['kɑːlɔi], *Kállay von Nagykálló,* Miklós, ungar. Politiker, * 23. 1. 1887 Nyíregyháza, † 14. 1. 1967 New York; 1942–1944

Kalligraphie: Seite aus „Ein neu Fundamentbuch" von Urban Wyss, Zürich 1562

Min.-Präs. u. Außen-Min. (bis 1943), führte Geheimverhandlungen mit den Alliierten über einen Sonderfrieden. Nach der Besetzung Ungarns durch dt. Truppen wurde K. in das KZ Dachau gebracht, 1945 von den Amerikanern befreit. Ab 1951 lebte er in den USA; schrieb „Hungarian Premier" 1954.

Kalletal, Gemeinde in Nordrhein-Westfalen, Ldkrs. Lippe, 240 m ü. M., 15 800 Ew.; Maschinenbau; 1969 durch Zusammengung von 16 Gemeinden entstanden, Zentrum ist *Hohenhausen.*

kalli... [grch.], Wortbestandteil mit der Bedeutung „schön".

Kallias-Friede, der Abschluss der *Perserkriege* 449 v. Chr., zustande gekommen durch Bemühen des nach Susa zu *Artaxerxes I.* entsandten Atheners *Kallias* zur Abgrenzung der Interessensphären: Kein pers. Schiff durfte in das Ägäische Meer einlaufen, u. eine einen Tagesritt bzw. drei Tagesmärsche breite Zone an der Westküste Kleinasiens durfte von pers. Truppen nicht betreten werden; doch hielt Artaxerxes I. seinen Anspruch grundsätzlich aufrecht, alle in Asien Lebenden als Untertanen anzusehen. Der K. wurde nach Artaxerxes' Tod im *Epilykosvertrag* 424 v. Chr. erneuert.

◆ **Kalligraphie** [grch., „Schönschreibekunst"], nach ästhet. Kategorien erfolgte Ausformung der Schrift, meist in enger Verbindung mit der Buchillustration. Während in den westl. u. oriental. Kulturen überwiegend mit der dekorativen Ausgestaltung der Initialen oder ganzer Schriftblöcke gearbeitet wurde (z. B. das irisch-kelt. „Book of Kells"), entwickelte sich in den ostasiat. Kulturen eine eigenständige Schriftkunst mit meditativem Charakter. In der neueren westl. Kunst knüpften u. a. P. *Klee* u. die Anhänger des *abstrakten Expressionismus* an die durch den Buchdruck unterbrochene Entwicklung der K. an.

Kallikrates, griech. Architekt des 5. Jh. v. Chr., Mitarbeiter des *Iktinos* am Parthenon, Meister des Niketempels in Athen.

Kallikratidas, spartan. Flottenbefehlshaber *(Nauarch)* im Peloponnes. Krieg 406 v. Chr.; bewusst panhellenisch eingestellt, was zum Bruch mit dem persischen Prinzen *Kyros* führte; wurde in der Seeschlacht bei den *Arginusen* von den Athenern geschlagen u. fiel.

Kallimachos, 1. athen. Bildhauer der zweiten Hälfte des 5. Jh. v. Chr., nach Vitruv

Erfinder des korinthischen Säulenkapitells; tätig in Athen u. Platää.

2. lat. *Callimachus*, griech. Gelehrter u. Dichter in Alexandria am Hof der Ptolemäer, * um 310 v. Chr. Kyrene, † um 240 v. Chr. Alexandria; verfasste über 800 Bücher. Mit seinem Hauptwerk „Pinakes" (Verzeichnisse aller griech. Schriftsteller u. ihrer Werke in 120 Büchern) begründete er die Bibliografie; von seinen dichter. Werken sind Hymnen u. Epigramme erhalten. Er wurde Vorbild der *Neoteriker*; Catull übersetzte seine Elegie von der „Locke der Berenike". – Griech. Textausgabe, hrsg. von R. Pfeiffer, 2 Bde. 1949–1953, Neuausg. 1965/66; griech.-dt. Textausgabe, hrsg. von E. Staiger, 1955.

Kallinos, griech. Dichter aus Ephesos, 7. Jh. v. Chr.; rief in einer (erhaltenen) Elegie zum Kampf für seine Vaterstadt auf.

Kalliope, *Rubinnachtigall, Luscinia calliope,* ein *Singvogel* aus Nordostasien, Überwinterungsgebiete in Südostasien, mit leuchtend roter Kehle.

Kalliope [grch., „die Schönstimmige"], die Muse der erzählenden Dichtung.

Kallisthenes, griech. Geschichtsschreiber u. Philosoph, * um 370 v. Chr., † 327 v. Chr. (hingerichtet); Großneffe des *Aristoteles,* Hofhistoriograph des Alexanderzugs, zuerst Bewunderer *Alexanders d. Gr.,* dann Hauptbeteiligter einer Verschwörung gegen ihn; schrieb u. a. eine „Hellenische Geschichte" (*Helleniká*). Sein Werk über den *Alexanderzug* ist die erste selbständige Aufzeichnung dieses Stoffs u. übte großen Einfluss aus. Alle Werke enthalten geograph., naturwissenschaftl. u. philolog. Exkurse. – Bereits um 100 v. Chr. wurde ein Alexanderroman verfasst, der ihm fälschlich zugeschrieben wurde (*Pseudo-Kallisthenes*).

Kallisto [der; nach der griech. Göttin *K.,* „die Schönste"], einer der großen Monde

des → Jupiter, mittlere Entfernung 1,882 Mio. km, Umlaufzeit 16,7 Tage, Durchmesser 4800 km; die Oberfläche ist von Einschlagkratern übersät.

Kallistos, Päpste, → Kalixt.

Kallistratos, athen. Staatsmann, † 355 v. Chr. Athen; hatte maßgeblichen Anteil an der Schaffung des 2. Attischen Seebundes u. am Umschwenken Athens an die Seite des besiegten Sparta gegen die Hegemonieansprüche Thebens nach 371 v. Chr. Aus polit. Gründen wurde er 355 v. Chr. in Athen hingerichtet.

Kallmorgen, Friedrich, dt. Maler u. Grafiker, * 15. 11. 1856 Altona, † 4. 6. 1924 Grötzingen bei Karlsruhe; malte nach 1890 in enger Anlehnung an den franzö. Impressionismus Landschaften u. Städtebilder von zartem, farbigem Reiz.

Kallose [die; lat.], ein wasserunlösliches Polymerisat aus Glucose-Einheiten; verstopft im Herbst die *Siebporen* in den Zellen des *Phloems.*

Kallus [der; lat.], **1.** *B o t a n i k : Callus,* Wundholz, neugebildetes, undifferenziertes pflanzl. Gewebe an Wundrändern von Stengelstücken oder Blattfragmenten. Werden Zellen dieses Gewebes mit Phytohormonen u. Nährstoffen versetzt, lassen sich aus ihnen vollständige Pflanzen, die alle den gleichen Genotyp haben, kultivieren. Diese Kallus-Kulturen werden vielfältig zu gentechn. Experimenten genutzt, aber auch in der Pflanzenzucht (z. B. Orchideen-Vermehrung) eingesetzt.
2. *M e d i z i n : Knochennarbe,* die Neubildung von Bindegewebe an Knochenbruchstellen, die zuerst weich ist *(provisor. K.)* u. der Vereinigung der Bruchenden dient, später durch Kalkeinlagerung verknöchert *(definitiver K.)* u. die Festigkeit des Knochens wiederherstellt. Die Kallusbildung ist vom Alter u. vom allg. Gesundheitszustand abhängig.

Kalmán ['kaːlmaːn], König von Ungarn, → Koloman.

◆ **Kálmán** ['kaːlmaːn], Emmerich (Imre), ungar. Operettenkomponist, * 24. 10. 1882 Siófok, † 30. 10. 1953 Paris; die am häufigsten aufgeführten Werken sind: „Die Csárdásfürstin" 1915, „Gräfin Mariza" 1924 u. „Die Zirkusprinzessin" 1926.

Emmerich Kálmán

Kalmar, 1. südschwed. Prov. (Län), Ostteil von Öland u. Småland, 11 171 km², 243 000 Ew.; Hptst. K. (2); Holzverarbeitung, Glasmanufakturen, Fremdenverkehr.
◆ **2.** Hptst. u. Hafen der südschwed. Prov. (Län) K. (1), am *Kalmar-Sund,* westl. der Ostseeinsel Öland, 58 100 Ew.; Schloss K.; Schiffbau, Lebensmittel- u. Zündholzindustrie. – Handelsplatz seit dem 8. Jh., Stadtrechte um 1100.

Kalmare [Sg. der *Kalmar;* lat.], *Teuthoidea,* Unterordnung der *Kopffüßer,* mit 10 Fangarmen u. riesigen, leistungsfähigen Linsenaugen. Zwei der Fangarme liegen versenkt u. werden zum Beutefang plötzlich vorgeschleudert. Die frei schwimmenden, torpedoförmigen K. leben räuberisch von Fischen u. gelangen bei der Verfolgung von Fischen auch in Schwärmen in die Nordsee. Der *Gewöhnliche Kalmar (Loligo vulgaris)* wird bis zu 50 cm lang u. unternimmt im Atlantik in großen Schwärmen (Schulen) Züge, die den Vogelwanderungen vergleichbar sind. Bei der Paarung der Tiere wird der Samenbehälter *(Spermatophore)* mit einem Arm übertragen. K. werden gern gegessen. Die größten K. oder → Riesentintenfische haben Fangarme von 15 m Länge, leben in Schwärmen (z. B. in tieferen Schichten der Sargassosee) u. sind Hauptnahrung des Pottwals. Hierher gehören auch die → Pfeilkalmare u. die → Hakenkalmare.

◆ **Kalmarer Union,** 1397–1523 die Union der drei nord. Reiche Dänemark, Schweden u. Norwegen, in Kalmar begründet durch Königin *Margarete I.* Innerhalb der Union sollte der dän. König gemeinsamer Herrscher sein, darüber hinaus sollten die drei Staaten durch gemeinsame Außenpolitik, bes. durch gemeinsame Verteidigung, verbunden sein; doch sollte jedes Reich seine innere Selbständigkeit, seine eigene Verwaltung u. sein eigenes Recht behalten. Gefährdet wurde die Union bes. unter dem Nachfolger Margaretes, König *Erich VII.* von Pommern (seit 1412), der das Recht der Schweden, durch einheim. Beamte regiert zu werden, verletzte u. die auf Gleichberechtigung der drei Reiche beruhende Union in einen von Dänemark geführten Einheitsstaat umformen wollte. Er verlor die Kronen Schwedens u. Norwegens u. wurde aus Dänemark vertrieben. Wohl wurde in der Folgezeit die Union wiederhergestellt, doch kam es vor allem in der Zeit *Christians I.* u. *Christians II.* zu schweren Auseinan-

Kalmar (2): Das Schloss, dessen erste Teile aus dem 11. Jahrhundert stammen, widerstand insgesamt 24 Belagerungen in 4 Jahrhunderten

Kalmarer Union: Das Stockholmer Blutbad vom 8. 11. 1520 löste die schwedische Freiheitsbewegung aus

dersetzungen mit Schweden. Dem Widerstand des schwed. Adels schlossen sich Bauern u. Bürger an; nach dem Stockholmer Blutbad von 1520 zerbrach die dän.-schwed. Union 1523 endgültig. Der Kampf der schwed. Freiheitspartei unter *Gustav Wasa* richtete sich dabei zugleich auf polit. u. kirchl. Unabhängigkeit.

Kalme [die; frz.], Windstille oder eine Windgeschwindigkeit unter 0,5 m/s. Als *Kalmengürtel* bezeichnet man sowohl den Bereich der äquatorialen Tiefdruckrinne als auch die ozeanischen Bereiche der subtropischen Hochdruckgebiete (→ Rossbreiten). Der jahreszeitlich in seiner Breitenlage pendelnde, vorwiegend nördl. des Äquators liegende Kalmengürtel der → innertropischen Konvergenz wird im dt. Seemannssprachgebrauch als *Mallungen*, im Engl. als *Doldrums* bezeichnet.

Kalmit [die], höchster Berg der Haardt in der Pfalz, südl. von Neustadt, 673 m.

Kalmück [der; nach den *Kalmüken*], ein Baumwollgewebe aus starken, weich gedrehten Garnen in Köperbindung, beidseitig geraut, gut geeignet als Filterstoff bzw. als Unterlage von Tischdecken; auch ein dicker, stark gewalkter Mantelstoff mit rechtsseitig langer Faserdecke.

Kalmüken, *Kalmyken*, eigener Name *Mongol Oirat*, westmongolisches Volk (166000) in Kalmükien (Russland) u. in der Mongolei; ehem. nomad. Viehzüchter; Anhänger des Lamaismus. Die K. sind Reste der 1630 aus der westl. Mongolei an die untere Wolga ausgewanderten *Torguten*; ein großer Teil wanderte 1771 unter schweren Verlusten nach Chines.-Turkistan zurück. Ihre ständ. Gliederung erhielten sie sich bis in die sowjet. Zeit. Im 2. Weltkrieg wurden sie wegen angebl. Kollaboration mit den Deutschen nach Zentralasien zwangsdeportiert; 1957 durften die Überlebenden zurückkehren.

Kalmükensteppe, das südruss. Steppengebiet westl. der unteren Wolga, rd. 90000 km².

Kalmükien, *Republik Kalmükien*, kalmükisch *Chalm-Tangtsch*, bis 1991 *Kalmükische ASSR*, autonomes Territorium innerhalb Russlands, nordwestl. des Kasp. Meers, zwischen unterer Wolga u. Manytschniederung, 76 100 km², 320 000 Ew., davon 45 % Kalmüken, Hptst. *Elista;* größtenteils Trockensteppe u. Halbwüste, abflusslose Senken, Salzseen; Fleisch- u. Wollviehwirtschaft, Fischerei; Erdgasvorkommen. – 1920 als AO gebildet, 1935 zur ASSR erhoben, 1943 vorübergehend aufgelöst; 1958–1991 wieder ASSR.

Kalmükische ASSR, russ. *Kalmyckaja ASSR* → Kalmükien.

kalmükische Sprache, in Kalmükien gesprochene mongol. Sprache (rd. 140000 Sprecher). Die k. S. wird seit Ende der 1930er Jahre mit dem russ. Alphabet geschrieben.

Kalmus [der; grch.], *Acorus*, Gattung der *Aronstabgewächse (Araceae)* mit zwei Arten: der nur in Japan verbreitete *Grasartige K.*, *Acorus gramineus*, u. der *Gewöhnl. K.*, *Acorus calamus*, der ebenfalls in Ostasien heimisch, jetzt aber in den gemäßigten Zonen weit verbreitet ist. Die Grundachse enthält in bes. Zellen ätherisches Kalmusöl u. ist als Kalmuswurzel (*Magenwurz* oder *Deutscher Zitwer*) ein beliebtes Magenmittel. Die Kalmuspflanze gilt zusammen mit den Birkenzweigen als Symbol des Pfingstfestes.

Kalocsa ['kolotʃo], ungar. Stadt südl. von Budapest, 18 200 Ew.; Erzbischofssitz, Kathedrale; Paprikaanbau, Schuhfabrik.

Kalojan, bulgar. Zar 1197–1207, * um 1170, † 8. 10. 1207 vor Saloniki (ermordet); dritter Fürst der 1185 herrschenden Dynastie der Aseniden; sicherte neu erworbene Unabhängigkeit Bulgariens von Byzanz in Verhandlungen mit Papst Innozenz III., der ihn 1204 durch einen Kardinallegaten

krönen ließ. K. wurde aufgrund einer Bojarenverschwörung ermordet.

Kalokagathie [grch. *kalos*, „schön", + *kai*, „und", + *agathos*, „gut"], bei den alten Griechen das ethische Ideal, das in der gymnastisch-musischen Erziehung verwirklicht werden sollte: die leiblich-geistige Vollkommenheit des Menschen.

Kalol ['kaːloːl], ind. Stadt in Gujarat, nordöstl. von Vadodara, 70 000 Ew.; Zentrum eines Erdölfeldes; Textilindustrie; Eisenbahnknotenpunkt.

Kalomel [das; grch.], *Quecksilberhornerz*, veraltete Bez. für *Quecksilber-(I)-Chlorid*, Hg_2Cl_2; eine farblose Verbindung, die sich beim Übergießen mit Ammoniak schwarz färbt; wird u.a. in der Porzellanmalerei verwendet; früher wurde K. als Abführ- u. Desinfektionsmittel gebraucht.

Kalomiris, Manolis, griech. Komponist, * 26. 12. 1883 Smyrna, † 3. 4. 1962 Athen; Opern („Der Baumeister" 1916; „Die schattigen Gewässer" 1951), 3 Sinfonien u. Kammermusik.

Kalorie [lat. *calor*, „Wärme"], Kurzzeichen cal, veraltete Einheit der Wärmemenge: Eine K. (cal) ist die Wärmemenge, die benötigt wird, um 1 Gramm (g) Wasser von 14,5 °C auf 15,5 °C zu erwärmen. Diese K. wird auch *15°-Kalorie* (Kurzzeichen cal_{15}) genannt. Unter einer *mittleren Kalorie* (cal) versteht man den 100. Teil der Wärmemenge, die 1 g Wasser von 0° auf 100 °C erwärmt. – Früher unterschied man *große Kalorie (Kilokalorie)* u. *kleine Kalorie*. – Seit 1. 1. 1978 ist nur noch die Energieeinheit *Joule* (J) zulässig; es gilt: 1 cal = 4,1868 J.

kalorienarme Lebensmittel, *brennwertarme Lebensmittel*, Nahrungsmittel mit geringem Gehalt an Nährstoffen, wobei der Brennwert je 100 g des nichtflüssigen verzehrfertigen Lebensmittels 210 kJ (50 kcal) nicht übersteigt. Für Suppen u. Getränke gilt ein Oberwert von 84 kJ (20 kcal). Auch → Nährstoffdichte.

◆ **Kalorimeter** [das; lat. + grch.], *Wärmemesser*, ein Gerät zum Messen von Wärmemengen, die von einem Stoff bei chem. oder physikal. Veränderungen aufgenommen oder abgegeben werden. Gemessen wird z. B. die Temperaturänderung einer Substanz mit bekannter Wärmekapazität. Durch Vergleich mit Wasser oder durch

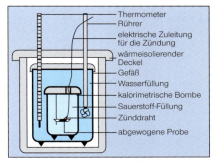

Kalorimeter: Aus der Temperaturerhöhung des Wassers lässt sich die bei der Verbrennung der Probe frei gewordene Wärmemenge bestimmen

elektr. Methoden direkt werden spezifische Wärmen von festen, flüssigen u. gasförmigen Stoffen, Umwandlungswärmen von einem Aggregatzustand in einen anderen u. a. bestimmt.

kalorisieren [lat.], eine Diffusionsschicht aus Aluminium bei Stahl erzeugen; als Rost- u. Verzunderungsschutz.

Kalotte [die; frz.], **1.** *A n a t o m i e :* das Schädeldach.
2. *G e o m e t r i e :* Kugelkappe; → Kugel.
3. *K l e i d u n g :* knapp anliegende Kopfbedeckung, auch Unterhaube zur Befestigung des Hutes, bes. das Scheitelkäppchen der Geistlichen.

Kalotypie [grch.], *Talbotypie,* eine Frühform der Fotografie, von dem Engländer W. H. F. *Talbot* um 1840 erfunden, der erstmals mit kopierbaren Papiernegativen arbeitete.

Kalpa [der; sanskr.], ind. → Weltperiode.

Kalpak [der; türk.], *Kolpak,* ursprüngl. eine tatar. Lammfellmütze, später in der Türkei die hohe armen. Filzmütze; mit Pelz verziert von den ungar. Husaren getragen. Im dt. Heer bezeichnete K. nur den Tuchzipfel an der Husarenmütze.

Kalsdorf, *Kalsdorf bei Graz,* österr. Industriegemeinde am Stadtrand von Graz, 324 m ü. M., 4300 Ew.; Metallwaren- u. Maschinenindustrie; Flughafen *Graz-Thalerhof.*

Kaltarbeitsstahl, Stahl zur Herstellung von Werkzeugen, deren Oberflächentemperatur beim Gebrauch nicht über 200 °C steigt.

Kaltasphalt, ein Straßenbelag aus einer Emulsion von Asphalt u. Wasser; hergestellt durch feines u. gleichmäßiges Verteilen von flüssigem Asphalt in Wasser unter Zusatz eines Emulgators (meist Alkaliseifen); im Gegensatz zum heißen Asphalt ist beim Einbau die Witterung von geringem Einfluss.

Kaltaushärtung → Aushärtung.

Kaltband, kalt gewalztes Bandblech.

Kaltblut, *Kaltblutpferd,* Zugpferderassen, die aus den Kleinpferden des Altertums u. den Kampfpferden der Ritter des MA über die Kriegspferde des 17. u. 18. Jh. entstanden. Die Bez. K. bezieht sich nicht auf die Körpertemperatur, sondern auf das ruhigere Temperament dieser großen u. schweren Tiere. Zu den in Dtschld. bekanntesten Rassen zählen das *Rheinisch-deutsche K.,* der *Belgier, Noriker, Ardenner, Clydesdale,* das mit einem Stockmaß von bis zu 195 cm größte Pferd, das engl. *Shire-Horse.*

Kaltblüter → wechselwarme Tiere.

Kaltbruch, *Kaltbrüchigkeit, Kaltsprödigkeit,* der Zustand von fehlerhaftem Material (Stahl oder Nichteisenmetall), das bei kalter Bearbeitung Risse oder Brüche zeigt. K. entsteht bei Stahl durch zu hohen Phosphorgehalt oder Einschluss von Schlacke, bei Kupfer durch zu hohen Schwefel-, Arsen- oder Kupfer-(I)-Oxid-Gehalt.

◆ **Kaltdach,** zweischalige Dachkonstruktion, bei der durch Lufteintritt an der Traufe u. Luftaustritt am First dafür gesorgt wird, dass an der Unter- u. Oberseite der Dachdeckung gleiche Temperatur herrscht. Dadurch werden ungleichmäßiges Abtauen des Schnees u. Schmelzwasserstauungen vermieden. Kaltdächer verwendet man für

Räume mit hoher Luftfeuchtigkeit (z. B. Textilbetriebe). Auch → Dach (2).

Kälte, ein Zustand, bei dem die aktuelle Temperatur deutlich unter einem Bezugs- oder Erwartungswert liegt; volkstümlich für Temperaturen unter 0 °C.

Kälteanlagenbauer, *Kälteanlagenbauerin,* anerkannter Ausbildungsberuf im Handwerk; Ausbildungsdauer $3^1/_2$ Jahre. K. bauen Kühl-, Gefrier- u. Kälteanlagen sowie Wärmepumpen, warten u. reparieren sie.

Kältebehandlung, Anwendung von Kälte in der Medizin zu Behandlungszwecken; in der Physiotherapie, z. B. Kaltwasserbehandlung, Auflegen von Eisbeuteln, ferner bei der früher üblichen örtlichen Betäubung durch Kohlensäureschnee oder Chlorethyl *(Kälteanästhesie),* heute bes. bei verschiedenen Techniken der → Kryochirurgie.

Kalte Eiche, *Kalteiche,* Höhenzug im südöstl. Siegerland, an der Grenze zwischen Nordrhein-Westfalen u. Hessen, 606 m; Quellgebiet der Dill; mit 2652 m langem Eisenbahntunnel.

Kälteeinbruch, plötzliches Sinken der Temperatur durch Heranströmen kalter Luftmassen *(Kaltfront).* Ein K. ist meist verbunden mit Luftdruckanstieg, Drehung des Windes, Haufenwolken sowie einzelnen Schauern.

kalte Ente, Gemisch aus Schaumwein u. Wein oder Perlwein unter Zusatz von natürl. Zitronenbestandteilen.

Kälteerzeugung, ein Verfahren, um mit Hilfe physikal. oder chem. Vorgänge eine Temperaturniedrigung zu erzielen. Die Temperaturniedrigung beruht entweder als einmaliger Vorgang auf dem Schmelzen, Verdunsten oder Lösen eines Stoffs *(Kältemischung)*

Kaltdach: geneigte Kaltdächer (oben), Kaltdach als Flachdach (unten)

oder fortgesetzt auf dauernder Arbeitsleistung *(Kältemaschinen)* gemäß dem 2. Hauptsatz der Wärmelehre (→ Entropie).

kalte Farben, alle Blau u. Grün nahe stehenden, also hauptsächl. aus diesen gemischten Farben; Gegensatz: *warme Farben.*

Kältegrenzen, Verbreitungsgrenzen von Pflanzen u. Tieren gegen kältere Gebiete in der Höhe (Höhenkältegrenzen) oder als Polargrenzen.

Kalte Herberge, höchster Berg im Rheingaugebirge (Taunus), nordöstl. von Geisenheim, 619 m hoch.

Kältehoch, thermisch bedingtes Hochdruckgebiet in der Bodenwetterkarte infolge Ansammlung von Kaltluft; in den Höhenwetterkarten bei 700 hPa meist nicht mehr ausgeprägt. Kältehochs treten sowohl als rasch wandernde Zwischenhochs als auch als ortsfeste Druckgebilde auf, z. B. das sibirische Hoch im Winter; Gegensatz: warme Hochs.

Kältemaschinen, Maschinen, die unter Kraftaufwand ein Temperaturgefälle erzeugen. Bei der *Kompressionsmaschine* saugt der Kolbenkompressor oder Turboverdichter ein Gas (Ammoniak, Freon, Kohlendioxid) als Kältemittel an, verdichtet es (Ammoniak auf 7,5 bar), wobei es sich erhitzt, u. drückt es zur Verflüssigung in den Kondensator, der durch Wasser gekühlt wird. Das verdichtete u. im Kondensator verflüssigte Kältemittel strömt zum Verdampfer, wo es sich entspannen kann; die hierzu benötigte Wärme wird der Umgebung entzogen. Dann folgt ein neuer Kreislauf.

Bei der *Absorptionsmaschine* wird konzentrierte Ammoniaklösung (Wasser oder auch Lithiumbromid als Lösungsmittel) im „Kocher" erwärmt u. dadurch das Ammoniak dampfförmig ausgetrieben. Dieses strömt zuerst zum Verflüssiger u. gelangt über eine Regulierung zum Verdampfer (wie bei der Kompressionsmaschine). Das entspannte Gas wird im Absorber von gekühlter schwacher Ammoniak- oder Lithiumbromidlösung aufgesaugt. Die gesättigte Lösung wird wieder dem Kocher zugeführt. – K. werden zur Luftverflüssigung, in Kühlanlagen u. zur Gasverflüssigung (z. B. Sauerstoff, Wasserstoff, Acetylen) benutzt. Auch → Kühlschrank.

Kältemischungen, Zweistoffgemische zur Erzeugung tiefer Temperaturen, meist Mischungen von Salzen mit Eis. Da der Gefrierpunkt von Lösungen tiefer liegt als der des Lösungsmittels, schmilzt das Eis. Die zum Schmelzen des Eises erforderl. Wärmemenge wird der Umgebung entzogen. Beispiel: Ein Gemisch aus 100 Teilen Eis u. 33 Teilen Kochsalz ergibt eine Temperaturerniedrigung bis −21 °C. Die verwendeten Salze benützt man auch als Auftaumittel; so werden z. B. 5,3 kg Eis von −10 °C durch 1 kg Kochsalz aufgetaut. Festes Kohlendioxid (Kohlensäureschnee) u. Alkohol ermöglichen eine Temperatur von −78,3 °C, mit Aceton −86 °C u. Ether sogar −90 °C.

Kältemittel, Stoffe, mit denen in den Kältemaschinen die Temperatur herabgesetzt wird. Sie müssen bestimmte physikalische u. chemische Eigenschaften aufweisen u. sollen nicht giftig sein. Statt der früher verwendeten → Fluorchlorkohlenwasserstoffe (→ Freon) für kältetechnische Anlagen werden heute Fluorkohlenwasserstoffe, die aufgrund des fehlenden Chlors ein niedrigeres Ozonabbaupotenzial besitzen, u. a. Stoffe wie Ammoniak (NH_3) u. Kohlendioxid (CO_2) eingesetzt.

Kaltenbrunner, Ernst, dt. SS-Führer (1943 Obergruppenführer), *4. 10. 1903 Ried, Innkreis, †16. 10. 1946 Nürnberg (hingerichtet); Rechtsanwalt; seit 1933 SS-Führer in Österreich, nach dem „Anschluss" 1938–1941 Führer des SS-Oberabschnitts Donau u. Staatssekretär für das Sicherheitswesen im Land Österreich, 1941–1943 Höherer SS- u. Polizeiführer bei den Reichsstatthaltern von Wien, Ober- u. Niederdonau, 1943–1945 als Nachfolger R. *Heydrichs* Leiter des Reichssicherheitshauptamts (Chef der Sicherheitspolizei u. des SD); wegen seiner Verantwortlichkeit für die Massenmorde der Einsatzgruppen, für die „Endlösung" der Judenfrage, für die Ermordung von Kriegsgefangenen u. a. Verbrechen vom Internationalen Militärgerichtshof in Nürnberg zum Tode verurteilt.

Kaltenkirchen, Stadt in Schleswig-Holstein, Ldkrs. Segeberg, nördl. von Hamburg, 16 900 Ew.; Nahrungsmittelindustrie, Maschinenbau. – Stadtrecht 1974.

Kältepole, die absolut kältesten Punkte der Erde oder eines Gebietes, bezogen auf die Messungen der Lufttemperatur in 2 m Höhe über dem Erdboden. Auf der Nordhalbkugel der Erde ist Kältepol der Ort Ojmjakon am Oberlauf der Indigirka im SO von Jakutien (Sibirien). Am 7. 2. 1933 wurden dort −67,7 °C gemessen. Bis dahin galt als Kältepol Werchojansk am Oberlauf der Jana ebenfalls in Jakutien, wo 1892 −67,6 °C gemessen wurden. Die mittleren Jahresminima betragen dort −65 °C bzw. −63 °C. Nur annähernd so tiefe Werte wurden noch beobachtet an der Station „Eismitte" in Grönland mit −64,8 °C, Station „Nordeis" in Nordgrönland mit −66 °C, in Fort Yukon, Alaska, mit −61,1 °C u. in Snag, Nordwestkanada, mit −62,8 °C. Auf der Südhalbkugel wurde der Rekordtiefstwert am 21. 7. 1983 an der russ. Station Wostok, in der Ostantarktis (etwa 3488 m hoch gelegen), mit −89,2 °C verzeichnet. Der Kältepol in Deutschland befindet sich bei Hüll in Bayern, wo (am 12. 2. 1929) −37,8 °C gemessen wurden. Auch → Hitzepole.

kalter Boden, ein schwerer Tonboden, der sich infolge großer Wasserhaltefähigkeit nur langsam erwärmt. Gegensatz: → warmer Boden.

Kalterersee, *Kalterer See,* bekannter Rotwein aus Südtirol mit bes. feinem Aroma.

Kalterer See, *Lago di Caldaro,* italien. See in Trentino-Südtirol, südl. von *Kaltern;* 1,25 km breit, 2 km lang, fischreich.

kalter Krieg, nach dem 2. Weltkrieg aufgekommene Bez. für die potenzielle militär. Konfrontation zwischen den beiden Weltmächten UdSSR u. USA einschl. ihrer

Kältetechnik: Diese Kältemaschine von C. von Linde aus dem Jahr 1877 war bis 1908 in einer Brauerei in Betrieb. Wien, Technisches Museum

jeweiligen Bündnispartner. Der US-amerikan. Politiker B. M. *Baruch* gebrauchte den Begriff erstmals während einer Kongressdebatte 1947. Zu wichtigen Bestandteilen des kalten Kriegs entwickelten sich das Wettrüsten, eine zielgerichtete Bündnispolitik, ideolog. gefärbte Propaganda, Embargomaßnahmen u. Ä. Der Antagonismus entstand aus dem Versuch der UdSSR, ihren Einflussbereich vor allem in Europa auszudehnen. Diesem Versuch begegneten die USA mit einer Eindämmungspolitik *(containment),* die wirtschaftl. u. militär. Hilfe umfasste. Einen ersten Höhepunkt erreichte der kalte Krieg mit der *Blockade Berlins.* Er führte schließlich zur Entstehung von NATO u. Warschauer Pakt u. eskalierte in regional begrenzten Konflikten *(Koreakrieg).* Während der *Kubakrise* standen die beiden Supermächte am Rande eines Atomkrieges. Erst danach bewirkte eine verstärkte Abrüstungs- u. Entspannungsdiplomatie eine strukturelle Veränderung der Gegensätze, ohne jedoch den grundsätzl. *Ost-West-Konflikt* zu beenden. Hier kam es erst durch die Politik M. *Gorbatschows* u. den Zerfall der UdSSR zu einer entscheidenden Wende.

Kaltern, *Kaltern an der Weinstraße,* ital. *Caldaro sulla Strada del vino,* italien. Ort in Trentino-Südtirol, südwestl. von Bozen, 5700 Ew.; Mittelpunkt des Traminer-Kalterer Weinbaugebiets.

Kalte Rotte, *kalte Restabfallbehandlung,* alternativ zur → Abfallverbrennung eingesetztes Verfahren zur weit gehenden Inaktivierung organ. Siedlungsabfälle; folgt dem Prinzip der → Kompostierung. Nach Abtrennung hochkalorischer Anteile wie Kunststoffe werden die Abfälle in offenen oder geschlossenen Anlagen einem kontrollierten Rotteprozess zugeführt. Der Prozess dient der Volumenverringerung u. Herabsetzung des Glühverlustes, wie von der → TA Siedlungsabfall für eine sichere Deponierung grundsätzlich ab dem Jahr 2005 gefordert. Für die Durchsetzung der Kalten Rotte wird die Weiterentwicklung zu einem umweltverträgl. Verfahren durch Vermeidung der Rottegas-, Keim- u. Geruchsemissionen sowie der mögl. Sickerwasserbelastung nach Deponieeinbau im Vergleich zum Abfallverbrennung entscheidend sein. In einigen Konzepten ist für bestimmte Abfallfraktionen eine Vergärung mit der Nutzung von → Biogas vorgesehen.

Kalter Wall, im Bereich der Neufundlandbänke befindlicher sprunghafter Übergang zwischen dem warmen subtrop. Wasser des Golfstroms u. dem kalten polaren des Labradorstroms; innerhalb weniger hundert Meter Entfernung können Temperaturunterschiede von bis zu 15 °C auftreten; dadurch Begünstigung von Nebelbildung u. Behinderung für die Schifffahrt.

Kältestarre → Winterschlaf.

◆ **Kältetechnik,** ein Zweig der Technik, der sich mit der Erforschung, Erzeugung u. Anwendung der Kälte befasst; bes. mit der Verflüssigung der Gase *(Tieftemperaturforschung),* mit der Schaffung wirtschaftl. *Kältemaschinen* u. mit Versuchen zur weiteren Verwendung der Kälte (z. B. Kühlschränke, -häuser, -schiffe, -ketten; Konservierung von Nahrungsmitteln). Die K. begann mit der Erfindung der Ammoniak-Kompressionsmaschine durch C. von *Linde* 1874.

kalte Zonen, umgangssprachl. Bez. für die → Polargebiete.

Kaltformung, das → Umformen von Metallen bei gewöhnlicher Raumtemperatur.

Kaltfront, die Vordergrenze einer Kaltluftmasse; → Front (2).

Kaltglasur, in der Keramik ein glänzender Überzug, der nicht durch Einbrennen, sondern durch kaltes Auftragen der Glasiermasse erzeugt wird.

Kalthärtung, das Härten von Kunststoffen durch Zusatz von Säuren bei gewöhnlicher Temperatur. Auch die → Kaltverfestigung von Metallen wurde früher als K. bezeichnet.

Kalthoff, Albert, dt. ev. Theologe, * 5. 3. 1850 Barmen, † 11. 5. 1906 Bremen; 1888–1906 Pfarrer in Bremen, Vertreter eines theolog. Radikalismus, leugnete die histor. Existenz Jesu u. gründete mit E. *Haeckel* den Monistenbund, dessen Vorsitz er übernahm. Hptw.: „Das Christusproblem" 1902; „Religiöse Weltanschauung" 1903; „Die Entstehung des Christentums" 1904.

Kaltleim, meist eine Lösung von fettfreiem Casein mit Alkalien, zur Verbindung von Holz mit Holz. Er hat den Vorteil, dass er kalt angerührt werden kann, benötigt aber längere Zeit zum Abbinden als der Knochenleim.

Kaltleiter, ein elektr. Leiter, dessen Widerstand mit steigender Temperatur meist erheblich zunimmt. Um größere Widerstandsunterschiede u. Unabhängigkeit von der Raumtemperatur zu erreichen, werden K. meist bei erhöhten Betriebstemperaturen (Rotglut) in Regelschaltungen u. Messeinrichtungen verwendet (z. B. als Strommesser bei Hochfrequenz, bei Spannungsstabilisatoren, Vorwiderständen zur Herstellung gewünschter Skalen von Instrumenten u. a.). Einfachste K. sind Glühlampen (z. B. auch die früher viel verwendeten Eisenwasserstofflampen, die auch als ausgesprochene K. hergestellt werden können).

Kaltlichtspiegel, ein Reflektor mit Spezialbelag, der das sichtbare Licht abstrahlt, dagegen aber die Wärmestrahlung hindurchlässt; Anwendung u. a. in Dia- u. Filmprojektoren. Die Erhitzung des Films wird dadurch stark verringert u. der Aufbau des Kondensors vereinfacht.

Kaltluftsee, die nächtl. Ansammlung von Kaltluft in konkaven Geländeformen (Täler, Mulden). Dort treten geringere Abstrahlungen u. Winde auf als über freier Ebene. Die verringerte Turbulenz verursacht an wolkenarmen Tagen eine Überhitzung, in wolkenarmen Nächten dagegen eine starke Abkühlung. Die kalte Luft bildet einen K.

Kaltlufttropfen, ein Tiefdruckwirbel, der sich nur in den Höhenwetterkarten ausprägt u. in seinem Zentrum sehr niedrige Temperaturen aufweist; zieht am Rand von Hochdruckgebieten entlang u. bringt wechselhaftes Wetter mit Niederschlag trotz hohen Bodenluftdrucks.

Kaltnadel, *Kaltnadelarbeit, Kaltnadelstich,* ein graf. Verfahren der → Radierung: Die auf die Kupferplatte übertragene Zeichnung wird nicht geätzt, sondern mit kalter Nadel eingeritzt.

Kaltpressschweißen, ein Schweißverfahren zur Verbindung von Metallen ohne Wärmezufuhr durch Zusammendrücken mit stetiger (nicht schlagartiger) Kraft.

Kaltschweißstelle, Oberflächenfehler an Gussstücken, die durch eine vorzeitige Erstarrung der Schmelze beim Gießen als Folge einer zu geringen Gießtemperatur hervorgerufen werden.

Kaltsprödigkeit, *Kaltbrüchigkeit* → Kaltbruch.

kaltstenotherm, in sehr engen Temperaturgrenzen im kalten Bereich lebensfähig (von Organismen); → ökologische Potenz.

Kaltstreckung, die Bearbeitung von Metallen bei gewöhnl. Temperatur durch Pressen, Walzen oder Ziehen. Hierbei werden die Metallkristalle gereckt, wodurch die Festigkeit zu-, die Dehnbarkeit aber abnimmt. Auch → Walzwerk.

Kaltverfestigung, die Festigkeitszunahme eines Metalls beim Kaltwalzen, Ziehen u. Ä., bei gleichzeitiger Abnahme der Zähigkeit.

kaltwalzen, warm vorgewalzte Bänder u. Stäbe ohne Erwärmung walzen. Nach jedem zweiten oder dritten Durchgang muss der Werkstoff wegen der bei der Kaltformung eintretenden Verfestigung geglüht werden. Das K. dient zur Herstellung dünner Bänder u. Bleche mit genauen Maßen. Auch → Walzwerk.

Kaltwasserfauna, Sammelbegriff für Tiere bzw. Tiergemeinschaften, die in Meeresregionen mit niedrigen oder gemäßigten Temperaturen leben.

Kaltzeit → Eiszeit.

Kaluga, Stadt in Russland, an der oberen Oka (Hafen), 347 000 Ew.; Maschinenbau, chem., Elektro-, Textil-, Leder- u. Nahrungsmittelindustrie, Streichholzfabrik; Wärmekraftwerk; nördlich von K. Braunkohlenabbau.

Kalulushi [kaːluˈluːʃi], Stadt im Cooper Belt von Sambia, 1300 m ü. M., 90 600 Ew.; mit → Kitwe zusammengelegt.

Kalumet [das; frz.], indian. Kultgerät, → Calumet.

Kalumnieneid [lat.], Eid der Prozessparteien in Zivil- u. Strafprozessen, in dem sie schwören, den Prozess nicht böswillig zu führen. Im röm. Prozessrecht zwingend vorgeschrieben, im kanonischen Prozess kann der Richter ihn nach Ermessen fordern, in Dtschld. im Reichskammergerichtsprozess seit dem 16. Jh. vorgeschrieben. Auch im älteren deutschrechtlichen Prozess war von den Parteien ein Voreid *(Gefährdeeid)* abzulegen.

Kalundborg [kalɔnˈbɔr], Stadt in der dän. Amtskommune Westseeland, 19 200 Ew.; Rundfunksender, Hafen, Erdölraffinerie.

Kalvarienberg [lat. *calvaria,* „Schädel"], **1.** die Hinrichtungsstätte Jesu, andere Bez. für *Golgatha.* **2.** ein natürl. oder künstl. Berg, auf dem als kath. Wallfahrtsstätte die 14 Kreuzwegstationen Jesu in oft künstler. Form errichtet sind; aus der Verehrung der heiligen Stätten zuerst in Italien entstanden.

Kalveram, Wilhelm, dt. Betriebswirt, * 26. 3. 1882 Essen, † 15. 1. 1951 Frankfurt a. M.; 1923–1948 Prof. in Frankfurt a. M.; widmete sich bes. der Bankbetriebslehre u. dem industriellen Rechnungswesen; Hptw.: „Bankbilanzen" 1922; „Industrielles Rechnungswesen" 3 Bde. 1948–1951; „Industriebetriebslehre" 1949; „Bankbetriebslehre" 1950.

Kamakura: Der Große Buddha, eine symmetrisch gestaltete Kolossalfigur, zeigt den meditierenden Amida Buddha

Kalvinismus → Calvinismus.

Kalvos, Andreas, eigentl. A. *Ioannidis,* neugriech. Schriftsteller, * April 1792 Sakinthos, † 3. 11. 1869 Keddington, Lincolnshire; hielt sich zumeist in England u. auf Korfu auf; bekannt durch Oden in archaischem Stil.

Kalwaria Zebrzydowska [kalˈvarja zɛbʒiˈdɔfska], Stadt in Polen, südwestl. von Krakau, 4500 Ew.; Wallfahrtsort mit barocker Bernhardinerkirche (17. Jh.; Weltkulturerbe seit 1999); Möbelindustrie.

Kalyan, ind. Stadt in Maharashtra, nordöstl. von Bombay, am Rand der Westghats, 136 000 Ew.; Satellitenstadt von Bombay; Seiden- u. Kunstfaserherstellung.

kalydonische Jagd [nach *Kalydon,* der antiken Hptst. Ätoliens], die Eberjagd unter → Meleagros; die wichtigste ätolische Sage.

Kalykanthazeen [grch.] → Gewürzstrauchgewächse.

Kalykanthus [grch.], *Calycanthus,* Gattung der *Gewürzstrauchgewächse (Calycanthaceae),* in Nordamerika u. Ostaustralien. Am bekanntesten ist der in der südl. Nordamerika beheimatete *Wohlriechende Gewürzstrauch, Calycanthus floridus,* wegen seiner braunroten Blüten auch *Erdbeerstrauch* genannt.

Kalymnos, ital. *Calino,* griech. Insel des → Dodekanes, nordwestl. von Kos, 111 km², 14 300 Ew.; gebirgig (bis 678 m), Schwammfischerei.

Kalypso, Nymphe der griech. Sage; rettete u. pflegte den schiffbrüchigen *Odysseus,* der sie nach siebenjährigem, gegen seinen Willen immer länger ausgedehntem Aufenthalt auf ihrer Insel Ogygia verließ.

Kalyptra [die; grch.], **1.** Wurzelhaube, Schutzgewebe der pflanzl. Wurzelspitze; → Wurzel.

2. auf der Sporenkapsel vieler Laubmoose sitzender haubenartiger Rest des *Archegoniums*.

Kalzeaten [die; lat. *calceati*, „Beschuhte"], Mitglieder bestimmter kath. Ordensgemeinschaften, z. B. Karmeliter (Beschuhte Karmeliter), die im Gegensatz zu den *Barfüßern* (Unbeschuhte Karmeliter) Schuhe tragen.

Kalziferol [das; lat.] → Vitamin D.

kalzinieren → calcinieren.

Kalziolith, Sedimentgestein, → Biolithe.

Kalzit, farbloses bis gelbliches Mineral, → Kalkspat.

Kalzium [lat.] → Calcium.

Kama, längster linker Nebenfluss der Wolga, im europ. Russland, 2030 km lang (1535 km schiffbar), Einzugsgebiet 522 000 km²; entspringt im *Kamabergland*, entwässert die Westflanke des Mittleren u. Südlichen Ural, speist den → Kamastausee, den Wotkinsk-Stausee u. zwei weitere Stauseen u. mündet in den Samara-Stausee. Wichtigste Nebenflüsse: links *Wischera, Tschussowaja, Belaja*, rechts *Wjatka*.

Kama [sanskr., „Verlangen"], *Kandarpa*, ind. Liebesgott, wie *Amor* mit Bogen, Pfeilen u. Köcher ausgestattet; sein Reittier ist ein Papagei.

Kamaishi, japan. Hafenstadt in Nordosthonshu, 52 000 Ew.; Eisen-, Stahl-, Metall-u. Maschinenbauindustrie; Sardinenfang.

◆ **Kamakura**, japan. Stadt auf Honshu, an der Sagamibucht, südwestl. von Yokohama, 170 000 Ew.; viel besuchter Bade- u. Wallfahrtsort; 1192–1333 Shogun-Residenz, eine Blütezeit des Zen-Buddhismus. – Hauptsehenswürdigkeit ist der über 11 m hohe bronzene „Große Buddha" (Daibutsu; Mitte 13. Jh.), eine der eindrucksvollsten Buddhastatuen der Erde. Insgesamt bietet die Stadt 65 buddhist. Tempel u. 19 Shintoschreine aus dem 12.–14. Jh., u. a. den Hase-Kannon-Tempel (mit 9 m hohem vergoldetem Standbild der elfköpfigen Kannon, der Göttin der Barmherzigkeit; die größte Holzstatue Japans), den Kenchoji-Tempel (13. Jh.), den Engakuji-Tempel (seine Reliquienhalle von 1282 soll einen Zahn Buddhas bewahren) sowie den Tsurugaoka-Hachiman-Schrein (im 11. Jh. gegr., heutige Gebäude aus dem 19. Jh.). Im Städt. Museum sind bedeutende Kunstsammlungen.

Kamakura-Zeit, der Abschnitt der japanischen Geschichte von 1192–1333, in dem die *Shogune* der Familie *Minamoto* u. seit 1219 die *Shikken* („Schattenshogune") der Familie *Hojo* die tatsächliche Macht innehatten; benannt nach der Stadt Kamakura, dem damaligen Sitz des Shogunats; Ausbau der zentralistischen Verwaltung, kulturelle Blütezeit.

Kamalabaum → Mallotus.

Kamaldulenser, *Romualdiner*, kath. Einsiedlerorden, aus dem Benediktinerorden entstanden; gegr. um 1000 von → Romuald, benannt nach der 1012 entstandenen Einsiedelei *Camáldoli*; Tracht: weiß. Heute bestehen zwei Kongregationen: die Kongregation von Camáldoli (lat. *Congregatio Monachorum Eremitarum Camaldulensium*, die sich 1966 dem Benediktinerorden anschloss, mit etwa 100 Mitgliedern) u. die

Kamares: Gefäß in elliptischer Form: um 1800 v. Chr. Herakleion, Archäologisches Museum

selbständige Kongregation von Monte Corona (lat. *Congregatio Eremitarum Camaldulensium Montis Coronae*) mit rd. 70 Mitgliedern.

Kamanga [arab.], im Vorderen Orient verbreitetes Streichinstrument mit kleinem rundem oder viereckigem Korpus u. langem Hals; mit 1–4 Saiten bespannt u. meist mit einem Stachel versehen, auf dem das Instrument auf den Boden aufgestützt wird. Die K. wird heute oftmals durch die → Violine ersetzt.

Kamaran, Koralleninsel im südöstl. Roten Meer, 57 km², rd. 2500 Ew.; 1915–1967 brit.; gehört zur Republik Jemen.

◆ **Kamares**, Kulthöhle am Südabhang des Ida auf Kreta, in der Nähe des gleichnamigen Dorfes, 1890 entdeckt. Erste Fundstätte der polychromen *Kamareskeramik*, Erzeugnisse der Palasttöpfereien von Phaistos u. Hagia Triada in der paläopalatialen Zeit (mittelminoische Epoche, 2000–1700 v. Chr.). Charakteristisch für die häufig tassenförmigen Gefäße sind Spiralornamente u. stilisierte Pflanzenmotive auf schwarzer oder schokoladefarbiger Grundglasur. Die besonders dünnwandigen Stücke sind als „Eierschalenware" bekannt.

Kamarilla [-'rilja; die; span., „Kämmerchen"], in Monarchien oder autoritären Regimes eine Hofpartei ohne Regierungsverantwortung, die aber großen Einfluss auf den Herrscher hat u. eine Art „Nebenregierung" bildet. Berühmt wurde die K. unter *Friedrich Wilhelm IV.* von Preußen, die den König während der Revolution 1848/49 in streng konservativem Sinne beeinflusste. Ihr führender Kopf war Leopold von *Gerlach*.

Kamashastra, *Kamasutra* → Vatsyayana.

Kamastausee, von der mittleren *Kama* u. ihren Nebenflüssen gebildeter, über 250 km langer u. bis 10 km breiter Stausee mit Großkraftwerk (Inbetriebnahme 1954), oberhalb der russ. Stadt Perm; Seefläche 1750 km², Stauinhalt rd. 10 Mrd. m³, Stauhöhe 17 m, Länge des Damms 1,9 km. Der K. dient u. a. der Hochwasserregulierung.

Kamasutra, *Kamashastra* → Vatsyayana.

Kamba, *Akamba*, Bantuvolk (rd. 700 000) in Kenia, Ostafrika; Hackbauern, Viehzüchter u. Händler; kulturell den → Kikuyu verwandt.

Kambalda, Bergwerkssiedlung im südl. Westaustralien, südöstl. von Kalgoorlie, 5000 Ew.; seit 1967 Abbau von Nickelerzen (Vorräte über 17 Mio. t).

Kambalholz [birm.], *Kamholz, Cam(bal)holz*, engl. *Camwood*, rotes Farb- u. Möbelholz des im trop. Afrika beheimateten Schmetterlingsblütlers *Baphia nitida*; auch → Baphia.

Kamban, Gudhmundur, isländ. Dichter, *8. 6. 1888 Alftanes bei Reykjavik, †5. 5. 1945 Kopenhagen; schrieb sozialkrit. Dramen u. histor. Romane; Hptw.: „Marmor" 1918, dt. 1931; „Wir Mörder" 1920; „Ragnar Finnsson" 1922, dt. 1925; „Skalholt" (Romanzyklus 1930–1934, davon die „Die Jungfrau auf Skalholt" 1934 u. „Der Herrscher auf Skalholt" 1943); „Das 1000. Geschlecht" 1933, dt. 1937; „Grandezza" 1941.

Kambium [das; lat.], *Cambium, Kambiumring*, das Bildungsgewebe in den pflanzl. Stängeln u. Wurzeln. Es veranlasst das Dickenwachstum, indem es bei Nacktsamern u. Zweikeimblättrigen nach außen Bast, nach innen Holz bildet, bei Einkeimblättrigen nach außen Rindenzellen, nach innen Leitbündel u. Parenchym.

Kambodscha, Staat in Südostasien, → Seite 138.

kambodschanische Sprache, eine Mon-Khmer-Sprache in Kambodscha (rd. 7 Mio. Sprecher).

◆ **Kambrium** [das; nach lat. *Cambria*, alter Name für Wales], die älteste Formation des Erdaltertums (→ Paläozoikum; → Geologie) mit bereits arten- u. zahlreichem Fossilinhalt der nur aus Meeresbewohnern bestehenden Flora u. Fauna (bereits alle Stämme der Wirbellosen, bes. Trilobiten u. Armfüßer). An Gesteinen finden sich bes. Meeresablagerungen (Kalke, Schiefer), dazu auch Sandsteine der wüstenhaften Festländer.

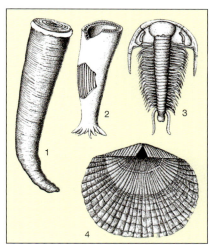

Kambrium: Leitfossilien des Kambrium. Unter-Kambrium: 1 Hyolithen, Hyolithellus micans; 2 Archaeocyathen. – Mittel-Kambrium: 3 Trilobiten, Paradoxides bohemicus. – Ober-Kambrium: 4 Brachiopoden, Orusia lenticularis

Kambyses, altpers. *Kambuziya*, ALTPERS. KÖNIGE AUS DEM GESCHLECHT DER ACHÄMENIDEN:
1. Kambyses I., etwa 600–559 v. Chr.; Sohn Kyros' I., Vater Kyros' II.; nannte sich „König der Persis".

Fortsetzung S. 140

Kambodscha

Offizieller Name:
Königreich Kambodscha

Autokennzeichen: K

Fläche: 181 035 km²

Einwohner: 10,9 Mio.

Hauptstadt:
Phnom Penh

Sprache: Khmer

Währung:
1 Riel
= 100 Sen

Bruttosozialprodukt/Einw.:
280 US-Dollar

Regierungsform:
Konstitutionelle Monarchie

Religion: Buddhisten

Nationalfeiertag:
9. November

Zeitzone:
Mitteleuropäische Zeit +6 Std.

Grenzen:
Im NW Thailand, im N Laos, im O
Vietnam, im S Golf von Thailand

Lebenserwartung:
53 Jahre

Landesnatur Drei Viertel des Landes nimmt das Mekongbecken ein, begrenzt von dünn besiedelten Bergketten u. Plateaus. Das trop. Tief- u. Hügelland beiderseits des Mekong empfängt seine reichen Niederschläge vom Sommermonsun. Über die Hälfte des Landes ist von Regenwald bestanden; weite Gebiete sind sumpfig. Der ausgedehnte See *Tonlé Sap*, in dessen Nähe sich die Ruinenstadt *Angkor* befindet, hat je nach der Niederschlagsmenge eine Fläche zwischen 2700 u. 10 000 km². In den weitflächigen Überschwemmungsgebieten ist dank fruchtbarer Schlammablagerungen intensiver Reisanbau möglich.

Bevölkerung Die überwiegend buddhistische Bevölkerung besteht aus dem staatstragenden Volk der *Khmer*, daneben aus Annamiten sowie aus Chinesen, Lao u. den islam. Cham. Rd. 80 % aller Einwohner leben im Tiefland am Mekong u. um den Tonlé Sap.

Wirtschaft Durch den Indochina-Konflikt wurde Kambodschas Wirtschaft erheblich in Mitleidenschaft gezogen. Seit 1980 wird das völlig ruinierte Land wieder aufgebaut. Die Landwirtschaft ist mit Abstand der wichtigste Wirtschaftszweig des Landes. Lebensgrundlage ist der Anbau von Reis.

Daneben werden Mais, Zuckerrohr, Bohnen, Sesam, Erdnüsse, Pfeffer u. Tabak geerntet. Der Wald liefert u. a. Teak, Mahagoni u. Ebenholz. In seinen Gewässern hat Kambodscha das bedeutendste Fischreservoir Südostasiens. Für die Versorgung der Bevölkerung wird insbes. die Zucht von Schweinen u. Geflügel gefördert. An Bodenschätzen gibt es Phosphat, Edelsteine u. Eisenerz. An der Küste wird Meersalz gewonnen. Die wenig entwickelte Industrie hat durch den Krieg weitere Rückschläge erlitten. Alle größeren Unternehmen sind verstaatlicht worden. Dazu gehören Reifen-, Zucker-, Jutefabriken, eine Erdölraffinerie, ein Zementwerk, eine Brauerei u. ein Montagewerk für Lastwagen u. Traktoren. Private Betriebe haben nur die Größe

Pol Pot, der Führer der Roten Khmer, im Jahre 1980

von Handwerksbetrieben u. befassen sich vor allem mit der Herstellung von Nahrungs- u. Genussmitteln, Ziegelsteinen sowie der Holz- u. Juteverarbeitung.

Verkehr Die wichtigsten Fernstraßen sind die Verbindungen von Phnom Penh mit Ho Chi Minh (früher Saigon), dem Golf von Thailand, Thailand u. Angkor. Die wichtigsten Verkehrswege sind Wasserstraßen (während der Trockenzeit nur teilweise nutzbar). Haupthäfen sind der Binnenhafen Phnom Penh u. der Seehafen Kompong Som. Internationaler Flughafen ist Pochentong bei Phnom Penh.

Geschichte Auf dem Boden des heutigen Kambodscha entstand im 1. Jh. n. Chr. das früheste bekannte hinterind. Reich: *Funan*, das Handelsbeziehungen bis Rom unterhielt u. Anfang des 7. Jh. von den *Khmer* erobert wurde. Als Urvater der Khmer-Könige gilt *Kambu*. Einen Aufschwung nahm das Reich der Khmer seit Beginn des 9. Jh., bes. unter *Jayavarman II.* (802–850); in dieser Zeit erhielt es seinen Namen nach der Residenzstadt *Angkor*. Nach vorübergehender Anarchie um 1000 dehnte es Macht u. kulturellen Einfluss weit über seine Grenzen

Der Mekong ist eine der wichtigsten Verkehrsverbindungen des Landes

aus. Seit Ende des 11. Jh. häuften sich die Einfälle der benachbarten *Cham* aus Zentralvietnam. In *Suryavarman II.* (1113 bis etwa 1150) hatten die Khmer einen ihrer fähigsten Könige; er zählt zu den bedeutenden Bauherren (Angkor Vat u. a.). Nach einer Zeit des Verfalls u. nach zahlreichen Angriffen der Cham setzte unter *Jayavarman VII.* (1181–1218) eine neue Blütezeit ein, in der viele berühmte Bauten ausgeführt wurden (der Bayon in Angkor Thom u. a.) u. das Reich seine größte Machtentfaltung hatte. Bald nach dem Tod Jayavarmans setzte der Niedergang ein. Champa wurde wieder selbständig, u. Kambodscha wurde von den Thai, Schan u. Mongolen angegriffen. Seit 1353 verstärkten sich die Angriffe der Thais auf Angkor, das 1431 fiel. Die Residenz wurde nach Phnom Penh verlegt. Die Thai-Angriffe gegen Kambodscha setzten sich über die Jahrhunderte fort, bis um 1594 der letzte Khmer-König in siames. Gefangenschaft geriet u. das Land unter Fremdherrschaft fiel.
Anfang des 19. Jh. geriet Kambodscha zeitweise unter doppelte Abhängigkeit von Thailand u. von Vietnam, das seit dem 18. Jh. das Mekongdelta besiedelte u. annektierte. 1867 wurde Kambodscha von den Franzosen besetzt; als *Protektorat Kambodscha* gehörte es seit Ende des 19. Jh. zur *Union von Indochina.* 1945 verkündete König *Norodom Sihanouk* die Unabhängigkeit, aber Frankreich besetzte das Land erneut; dagegen erhob sich der Widerstand der *Freien Khmer.* 1949 erhielt Kambodscha formelle Unabhängigkeit im Rahmen der Franzos. Union. Nach der Niederlage Frankreichs im 1. Indochinakrieg bestätigte die Genfer Indochina-Konferenz 1954 die volle Unabhängigkeit Kambodschas. 1955

dankte Sihanouk als König ab, gründete die Volkssozialistische Partei *(Sangkum),* erließ eine neue Verfassung u. übernahm das Amt des Ministerpräsidenten; seit 1960 war er auch formell Staatschef.
1970 wurde Sihanouk von einer Militärjunta unter *Lon Nol* gestürzt. Kambodscha wurde in den Vietnamkrieg hineingezogen. Gleichzeitig kam es zum Bürgerkrieg, in dem 1975 die kommunist. *Roten Khmer* siegten; sie proklamierten unter *Pol Pot* das *Demokrat. Kampuchea.* Die Bevölkerung wurde einer brutalen „Umerziehung" unterworfen, die Verbindung zur Außenwelt völlig abgeschnitten. Dem Terror der Roten Khmer fielen wahrscheinlich 2 Millionen Menschen zum Opfer. Seit 1977 kam es zu Grenzkämpfen mit dem kommunist. Vietnam. Anfang 1979 überrannten vietnames. Truppen das Land; eine von Vietnam abhängige „Nationale

Front zur Rettung Kambodschas" übernahm unter *Heng Samrin* (bis 1991 Staatsoberhaupt) die Macht u. rief die „Volksrepublik Kambodscha" aus (11. 1. 1979). Gegen die vietnames. Besatzung erhob sich Widerstand, der von den Roten Khmer u. zwei nichtkommunist. Gruppen ausging. Die drei Gruppen bildeten 1982 unter nomineller Leitung Sihanouks eine Exilregierung u. führten einen Guerillakrieg gegen die vietnames. Besatzer u. die von *Hun Sen* (seit 1985 Regierungschef) geführte kambodschan. Regierung. Bis 1989 zog Vietnam seine Truppen aus Kambodscha ab. 1991 unterzeichneten die Bürgerkriegsparteien in Paris einen Friedensplan. Die UNO entsandte die Friedensstreitmacht UNTAC zur Demobilisierung der Bürgerkriegsstreitkräfte. Die Roten Khmer verweigerten eine Entwaffnung u. boykottierten im Mai 1993 Wahlen zu einer verfassunggebenden Versammlung, aus denen die Royalistenpartei Funcinpec als stärkste Kraft hervorging. Durch die im September 1993 verabschiedete Verfassung erhielt Kambodscha den Status einer konstitutionellen Monarchie. Sihanouk wurde erneut König des Landes. Die Funcinpec u. die Kambodschan. Volkspartei (CCP) bildeten unter Führung von *Norodom Ranariddh* (ein Sohn Sihanouks) u. Hun Sen eine Regierung der nationalen Einheit. Bewaffnete Auseinandersetzungen mit den Roten Khmer u. Zwistigkeiten innerhalb der Regierungskoalition verhinderten eine innenpolit. Stabilisierung. Im Juli 1997 brachen Kämpfe zwischen militär. Einheiten der Funcinpec u. der CCP aus. Hun Sen gelang es, Norodom Ranariddh zu entmachten. Am 15. April 1998 verstarb der frühere Diktator Pol Pot. Im Juli 1998 fanden Parlamentswahlen statt. Unter Führung von Hun Sen wurde wiederum eine Funcinpec-CCP-Koalition gebildet. Norodom Ranariddh übernahm das Amt des Parlamentspräsidenten. Ende 1998 ergaben sich die letzten Einheiten der Roten Khmer den Regierungstruppen. 1999 wurde Kambodscha Mitglied der ASEAN.

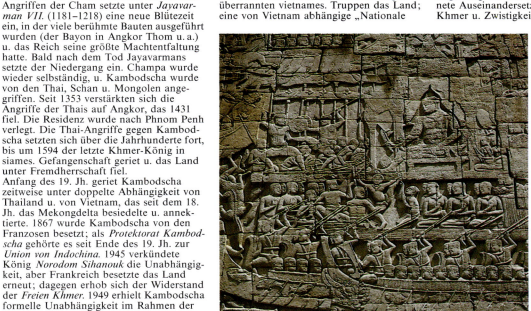

Ausschnitt aus dem 35 m langen und 3 m hohen Fries aus dem Tempel Bayon in Angkor Thom. Vermutlich illustriert er den Sieg der Khmer über die Cham Ende des 12. Jahrhunderts

2. Kambyses II., 530–522 v. Chr.; Sohn Kyros' II., eroberte Ägypten; starb auf dem Rückweg in den Iran.

Kamčatka [-'tʃa-], russ. Halbinsel im Fernen Osten, → Kamtschatka.

Kamčija [-'tʃija], bulgar. Fluss, entspringt im Balkangebirge, entsteht aus *Luda K.* u. *Gol'ama K.*, mündet in das Schwarze Meer südl. von Varna.

◆ **Kamee** [-'me:(ə); die; frz., ital. *Cameo*], ein antiker Schmuckstein (Sardonyx u. a.), aus dessen verschiedenfarbenen Schichten kunstvolle Reliefdarstellungen herausgearbeitet sind; Form der → Gemme; berühmtestes Beispiel: → Gemma Augustea.

Kamee: Arche Noah, Staufische Kamee aus Süditalien; Mitte 13. Jh. London, British Museum

Kameenglas [-'me:ən-], Überfangglas, dessen Herstellungstechnik bereits bei den Römern bekannt war u. im 19. Jh. bes. in Dtschld. u. Böhmen eine Blüte erlebte. Ein mit farbigen Glasflüssen überzogenes Unterglas wird durch reliefartig eingeschnittene Verzierungen teilweise freigelegt, so dass die Grundfarbe wieder erscheint.

Kamele, 1. *i. w. S. : Camelidae,* die einzige rezente Familie der Unterordnung *Schwielensohler, Tylopoda;* im Pleistozän weit verbreitet; mit schwielenartigen Polstern unter den Endgliedern der dreiteiligen Zehen; hochbeinige u. langhalsige Steppentiere mit dichtem, wolligem Haar, Passgänger. Die oberen Schneidezähne fehlen; der Magen ist dreiteilig (→ Wiederkäuen). Die K. sind sehr genügsam. Die Herden werden von starken Hengsten geführt, die im Rivalenkampf heftig spucken, schlagen u. beißen können. Hierher gehören die *Kamele i. e. S.* u. die *Lamas.*

◆ ⓘ **2.** *i. e. S.* durch das einhöckrige *Dromedar, Camelus dromedarius* (Afrika u. Vorderasien), u. das zweihöckrige *Trampeltier, Camelus bactrianus* (Mittel- u. Ostasien), vertretene Gattung der *Kamele* i. w. S.; an das Wüstenleben angepasst: Fetthöcker u. rd. 800 Wasserzellen im Pansen dienen als Speicher. Das Gaumensegel der Männchen kann zur Brunftzeit als Maulblase vorgestülpt werden, um die Brunft-

Kamelie, Camellia japonica

schreie zu verstärken. K. sind Passgänger, d. h., sie setzen Vorder- u. Hinterbeine je einer Körperhälfte gleichzeitig nach vorn. Dadurch kommt der schaukelnde Gang („Wüstenschiff") zustande. Während die Trampeltiere überwiegend zum Lastentransport herangezogen werden, dienen die leichteren Dromedare häufiger auch zum Reiten (Geschwindigkeit bis 75 km/h). Der Sattel sitzt dabei vor dem Höcker. Wahrscheinlich gibt es heute nur noch wenige hundert Wildkamele, u. zwar Trampeltiere, während Dromedare nur als Haustiere existieren.

Kämelgarn, glänzendes Kammgarn aus Haaren der Angoraziege *(Kämelziege);* auch Mohairgarn für → Krimmer.

Kamelhaar, vom Dromedar u. Trampeltier stammende Wolle. Die feinen, gekräuselten, gelb bis braunen, kurzen Fasern werden von den dunklen, glatten, langen Grannenhaaren durch Kämmen isoliert. K. wird verarbeitet zu Mantelstoff, Decken u. Hüten.

Kamelhalsfliegen, *Raphidioptera,* mit rd. 130 Arten ausschließlich auf der nördl. Halbkugel verbreitete Ordnung der *Insekten,* früher mit den *Schlammfliegen* u. *Netzflüglern* zu einer Ordnung zusammengefasst; bis 20 mm lange Tiere, Spannweite maximal 40 mm, gekennzeichnet durch die halsartig verlängerte Vorderbrust, die erhoben getragen wird. Die K. jagen Insekten, die Eier werden in rissige Borke gelegt. Entwicklungsdauer 6–12 Monate, Lebensdauer 4–8 Wochen.

◆ **Kamelie** [nach dem mähr. Jesuiten Georg Joseph *Kamel,* *1661, †1706], *Kamellie, Camellia japonica,* zu den *Teegewächsen (Theaceae)* gehörende Zimmer- u. Kalthauspflanze; Heimat Ostasien; bis über 3 m hoher Strauch mit dunkelgrünen, ledrigen Blättern u. großen, meist gefüllten, rosenähnlichen Blüten (Farben vom reinsten Weiß bis zum Dunkelrot). Die Samen enthalten 70 % Fett, das als Haar- u. Schmieröl benutzt wird.

Kameliendame, Titelheldin des Romans „La dame aux camélias" (1848) des jüngeren A. *Dumas,* von diesem später zum Schauspiel umgearbeitet (von G. *Verdi* zur Vorlage für seine Oper „La Traviata" genommen). Das histor. Vorbild war Marie *Duplessis* (eigentl. Alphonsine *Plessis,* *1824, †1847).

Kamen ['kamjɛn; russ.], Bestandteil geograph. Namen: Stein, übertragen: Berg; *Kameno-, Kamenyi:* Stein-, steinig.

Kamen

◆ **Kamen,** Stadt in Nordrhein-Westfalen, Ldkrs. Unna, südwestl. von Hamm, 47 200 Ew.; Wasserschloss *Heeren* (17. Jh.); Steinkohlenbergbau (seit 1873, 1983 stillgelegt), Metall-, Kunststoff-, Textil- u. opt. Industrie.

Kamen ['keimən], Martin David, US-amerikan. Biochemiker kanad. Herkunft, *27. 8. 1913 Toronto; isolierte 1940 das Kohlenstoffisotop C-14; wies mit dem Sauerstoffisotop O-18 nach, dass der bei der Photosynthese frei werdende Sauerstoff aus dem Wasser u. nicht aus dem Kohlendioxid stammt.

Kamenew ['kaminjɛf], *Kamenev,* eigentl. *Rosenfeld,* Lew Borissowitsch, sowjet. Politiker, *22. 7. 1883 Moskau, †25. 8. 1936 Moskau (hingerichtet); enger Mitarbeiter *Lenins.* Als Mitgl. des ZK stimmte er 1917 gegen den bewaffneten Aufstand, bekleidete aber nach der Oktoberrevolution höchste Partei- u. Staatsämter (1919–1926 Mitgl. des Politbüros). Er bildete nach Lenins Tod mit *Stalin* u. *Sinowjew* ein Triumvirat gegen *Trotzkij;* nach dessen Niederlage wurde er zusammen mit Sinowjew als „Linksoppositioneller" 1927 ausgeschaltet u. 1936 in einem Schauprozess zum Tode verurteilt. Das Urteil wurde 1988 annulliert.

Kamenez-Podolskij ['kaminitspa'doljskij], *Kam'janez'-Podil's'kyj,* Stadt im W der Ukraine, nordöstl. von Tschernowitz, 102 000 Ew.; Pädagog. u. Landwirtschaftl. Hochschule (gegr. 1785); Nahrungsmittel-, Textil-, chem. u. Maschinenindustrie. – Ehem. wichtige polnische Festung gegen die Türken.

Kamen-na-Obi ['kaminjnaa'bi], Stadt in Westsibirien, am Südzipfel des Nowosibirsker Stausees des Ob (Hafen), rd. 36 000 Ew.; Mühlen-, Fleisch-, Papier- u. a. Industrie.

Kamensk-Schachtinskij ['kaminsk'ʃaxtinskij], *Kamensk-Šachtinskij,* Industriestadt im Südwesten Russlands, am unteren Donez (Hafen), 75 000 Ew.; Steinkohlenbergbau, Kunstfaserherstellung, Landmaschinenfabrik, Betriebe der Nahrungsmittel-, chem. u. Baustoffindustrie; Wärmekraftwerk. – Stadt seit 1927.

Kamensk-Uralskij ['kaminsku'raljskij], Stadt in Russland, östl. des Mittleren Ural, 197 000 Ew.; Technikum; reiche Bauxit- u. Eisenerzlager; Aluminium- u. Eisenhütten, Röhrenwerk, Elektroindustrie, Maschinenbau; Wärmekraftwerk. – Stadt seit 1935.

Kamenz, sorb. *Kamjenc,* **1.** Kreisstadt in Sachsen, an der Schwarzen Elster, nordöstl. von Dresden, 16 800 Ew.; Marienkirche (15. Jh.), Katechismuskirche (14. Jh.), St.-Just-Kirche (14. Jh.), Franziskanerklosterkirche (15. Jh.), Andreasbrunnen (1570), got. Rathaus (1847–1850); Metall-, Textil-,

Glas-, keram. u. Kunststoff verarbeitende Industrie, Granitabbau. – Geburtsort von G. E. *Lessing* (Lessingmuseum).

2. Ldkrs. in Sachsen, Reg.-Bez. Dresden, 1387 km², 163 000 Ew.

◆ **Kamera** [die; lat. *camera*, „Kammer"], allg. jedes fotografische Aufnahmegerät. Vorläufer war die → Camera obscura, die auch die ersten Fotografien produzierte, mit noch primitiver Linse u. lichtempfindlicher Aufnahmeplatte oder Papiernegativ. Es folgte die Ausrüstung mit Mikroskoplinsen. 1841 konstruierte M. J. *Petzval* (*1807, †1891) das erste Kamera-Objektiv der Lichtstärke 1:3,7 für W. F. *Voigtländer*. Seither hat sich der äußere Aufbau der K. kaum geändert: Sie besteht aus einem lichtdichten Gehäuse mit Objektiv, einer Matt-scheibe u. einer Vorrichtung zur Aufnahme des Films. 1862 kam der erste → Schlitzverschluss dazu. Weitere 25 Jahre dauerte es bis zur Konstruktion der ersten Rollfilmkamera (Kodak). Die Kleinbildkamera wurde 1914 erfunden (O. *Barnack*), aber erst ab 1924 serienmäßig produziert. Es gibt eine Vielzahl von Kameramodellen für verschiedene Zwecke. Man unterscheidet nach dem

Kamele (Gattung *Camelus*)

Das Zweihöckrige Kamel oder Trampeltier ist in Asien als Haustier weit verbreitet. Wild kommt es nur noch in geringen Restbeständen in der Wüste Gobi und im Tarim-Becken vor

2 Arten:
Dromedar *(Camelus dromedarius)* · **Trampeltier** *(Camelus ferus)*

Verbreitung:	wild lebend in der Mongolei und im Inneren Chinas
Lebensraum:	Trockengebiete
Maße:	Kopf-Rumpflänge 300 cm,
	Standhöhe 180 – 230 cm, Gewicht 600 – 1000 kg
Lebensweise:	feste Verbände, jeweils ein Hengst mit mehreren Stuten und Nachkommen, überzählige Hengste als Einzelgänger
Nahrung:	Blätter, Kräuter, Gras
Tragzeit:	12 – 14 Monate
Zahl d. Jungen pro Geburt:	1, selten 2
Höchstalter:	40 Jahre
Gefährdung:	wild lebender Bestand des Trampeltiers nur noch einige hundert Tiere, durch das Washingtoner Artenschutzübereinkommen geschützt, als Haustier (Camelus ferus f. bactrianus) häufig; Dromedar nur als Haustier

Das Einhöckrige Kamel oder Dromedar existiert heute nur noch als Haustier und wird in verschiedenen Rassen gezüchtet: als Reittier, Milchtier oder Tragtier

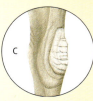

A. Die langen Wimpern schirmen die Augen vor Sandstürmen ab

C. Harte Kniepolster schützen das Kamel, wenn es auf dem heißen Wüstensand niederkniet

Kamele sind hervorragend an ein Leben in der Wüste angepasst. Ohne zu fressen und zu trinken kann ein beladenes Dromedar viele Tage lang durch sengende Hitze laufen.

Dabei hat es nicht etwa einen Wasserspeicher im Höcker, sondern lediglich eine Fettreserve, die es aber unter extremen Bedingungen aufbraucht. Es kann schadlos bis zu einem Viertel seines Körpergewichts verlieren und ebenso bis zu 40% seines normalen Körpergewichts an Wasser und diesen Verlust durch einmaliges Trinken wieder ausgleichen

B. Die Nüstern können willkürlich geöffnet oder geschlossen werden

D. Die Zehen der Kamele sind unterseits durch ein ausladendes weiches Polster miteinander verbunden, so dass eine Art „Schneeschuh" entsteht, der ein tiefes Einsinken in den Wüstensand verhindert

Verbreitung des Zweihöckrigen Wildkamels

Zweiäugige Spiegelreflexkamera 6 × 6 cm

Kamera: Zoomobjektiv (80–200 mm) für Kleinbildspiegelreflexkamera

Studiokamera 9 × 12 cm auf optischer Bank (Linhof)

Kamera für Discfilm

Wasserdichte Spiegelreflexkamera

Filmformat Kameras für Großbildfotografie (9 × 12 bis 24 × 30 cm), Mittelformat-Kameras (6 × 9, 6 × 7, 6 × 6 u. 6 × 4,5 cm), Kleinbild-Kameras (24 × 36, 18 × 24 mm) und Kleinstbild-Kameras (13 × 17, 10 × 14 mm) bzw. nach der Bauart: Mattscheiben-Kameras (Großbild), Sucherkameras und → Spiegelreflexkameras. Die Funktion der Bedienungselemente wurde mit der Zeit komplizierter: Auf die mechanische K. folgte die K. mit Innenmessung, dann mit Halb- u. später mit Vollautomatik. Seit 1979 ist auch die automatische Scharfeinstellung möglich. Vollen Einfluss auf die Gestaltung des Bildes gestatten dennoch nur mechanische Kameras (mit oder ohne Belichtungsmessung). Bei automat. Kameras wird ein Teil der Überlegungen immer dem eingebauten Computer überlassen.

Kamera-Assistent, *Kamera-Assistentin,* Mitarbeiter eines Kameramanns, der diesen bei der Arbeit unterstützt: Bereitstellung u. Wartung der Kamera, Lichtwertmessung, Bildschärfeeinstellung. Die Ausbildung ist nicht einheitlich geregelt. Fachschulausbildung (in Berlin) führt zu einer staatl. Abschlussprüfung.

Kameraaugen, Augen, die nach dem Prinzip der Lochkamera arbeiten: die einfachen Blasenaugen der *Polychaeten* u. die komplizierten Linsenaugen der *Wirbeltiere* u. *Kopffüßer.* Auch → Lichtsinnesorgane.

Kameralismus [lat.], *Kameralwissenschaften, Cameralia,* Bez. für die *Wirtschafts*

Kamera: fotografische Apparate von Daguerre (1839), Steinheil (1839) und Voigtländer (1841) (links) sowie eine Klappkamera (18 × 24 cm) von Voigtländer (um 1900) (rechts)

wissenschaften in Dtschld. während des → Merkantilismus. Der K. war eine Lehre von der landesfürstl. Verwaltung, die Rechtswissenschaft, Verwaltungs- u. Wirtschaftslehre (bes. Finanzlehre) umfasste. Vertreter: V.L. von *Seckendorf,* P.W. von *Hornigk,* J.H.G. von *Justi,* J. Frhr. von *Sonnenfels,* J.J. *Becher.*

Kameralistik [lat.], der Rechnungsstil der öffentl. Verwaltung u. der ihr direkt angeschlossenen öffentl. Betriebe auf der Grundlage von Einnahmen u. Ausgaben; geht auf den → Kameralismus zurück. Auch → Buchführung.

kameralistische Buchführung → Buchführung.

Kameralwissenschaften → Kameralismus.

Kameramann, *Kamerafrau,* ist bei Filmaufnahmen verantwortlich für die Bild- u. Lichtgestaltung; arbeitet bei der Herstellung von Spiel- u. Fernsehfilmen nach den Vorstellungen des Regisseurs u. nach einem genauen Drehplan. Bei der elektron. Berichterstattung werden Themen live aufgenommen u. die Bilder sofort übertragen. Weitere Arbeitsgebiete sind Dokumentar-, Industrie- u. Werbefilme. Voraussetzung ist im Allg. eine mehrjährige Tätigkeit als Kamera-Assistent. Außerdem ist ein Studium (8 Semester) zum Dipl.-Kameramann möglich.

Kameraröhre, Elektronenröhre zur Erzeugung des *Bildsignals* in der Fernsehtechnik. Die am häufigsten eingesetzten Kameraröhren sind das → Vidikon u. das → Plumbicon.

Heike Kamerlingh Onnes

◆ **Kamerlingh Onnes,** Heike, niederländ. Physiker, * 21. 9. 1853 Groningen, † 21. 2. 1926 Leiden; gründete 1894 das Kältelaboratorium in Leiden, in dem er 1906 als Erster Wasserstoff u. 1908 Helium verflüssigte; entdeckte 1911 die Supraleitung. 1913 Nobelpreis für Physik.

Kamerun, Staat in Zentralafrika, → Seite 144.

Kamerunberg, das Wahrzeichen Kameruns, ein rd. 2000 km² großes vulkan. Gebirgsmassiv im Innern des Golfs von Guinea, im *Großen Kamerunberg* (Fako, Mongoma-Loba, „Götterberg") 4070 m, im *Kleinen*

Kamerunberg (Etinde) 1715 m; letzte Ausbrüche aus Nebenkratern des Fako 1982. In 1000 m ü. M. liegt *Buea,* früher vor allem von Europäern bewohnt. Die höchsten Niederschläge Afrikas am Südwesthang des Kamerunbergs mit 11 000 mm/ Jahr u. die sehr fruchtbaren vulkan. Verwitterungsböden ließen üppigen Regenwald entstehen; an den unteren Hängen liegen Kakao-, Kautschuk- u. Bananenplantagen.

Kamerunbeule, entzündl. Erkrankung, → Loiasis.

Kamerunfluss, das Mündungsbecken (Ästuar) zahlreicher Flüsse *(Abo-Edea, Kwakwa, Langasi, Mungo, Ndunga, Wuri)* in der Nordostecke des Golfs von Guinea, bei Douala.

Kamerun-Flussdelphin, *Sousa teuszi,* vor den Küsten Westafrikas lebender *Langschnabeldelphin* von rd. 2,5 m Länge u. 140 kg Gewicht.

Kamerunnuss, die → Erdnuss.

Kames [engl. keimz], von eiszeitlichen Schmelzwässern entlang von Talhängen abgesetzte, 10–20 m hohe Hügel aus geschichteten Sanden und Kiesen. Auch → Os (2).

Kamet ['ka:mɛt], *Mount Kamet,* tibet. *Kangmet,* höchster Berg der Zangskarkette des Himalaya, 7756 m; 1931 erstmals bestiegen.

Kami [jap., „die Oberen"], die im Shintoismus verehrten höheren Wesen.

Kamienna Góra [- 'gura], *Landeshut,* poln. Stadt in Schlesien, am oberen Bober, 22 500 Ew.; Ruine eines Renaissanceschlosses (16. Jh.); Textil- u. Schuhindustrie; Bahnknotenpunkt.

Unterwasserkamera Rolleimarin

Kleinformatige Sucherkamera, die sowohl die Blende als auch die Belichtungszeit automatisch steuert

Einäugige Spiegelreflexkamera 6 × 6 cm (Hasselblad)

Automatische Spiegelreflexkamera 24 × 36 mm

Polaroidkamera mit Autofocus und Lichtmischer

Stereo-Klappkamera von Krügener; 1890

Kamille: Strahlenlose Kamille, Matricaria matricarioides

Kamille: Echte Kamille, Matricaria chamomilla

Kamień Pomorski, *Cammin i. Pom.,* poln. Stadt in Pommern, am *Camminer Bodden* (poln. *Zalew Kamieński,* Weitung der Dziwna), gegenüber Wollin; 8800 Ew.; versch. Bauten aus dem Mittelalter (u. a. Dom, 12.–14. Jh.); Mineral- u. Moorbäder, Lebensmittel-, Maschinen- u. Holzindustrie. – 1176–1255 Sitz des Bischofs von Wollin.

Kamikaze [jap., „göttl. Wind"], *Kamikaze-Flieger,* japan. Militärpiloten, die sich freiwillig mit bombenbestückten Flugzeugen oder Gleitbomben auf feindl. Schiffe stürzten u. dabei den Tod fanden; erstmals 1944 auf den Philippinen eingesetzt, um eine US-amerikan. Invasion zu verhindern (wie im MA ein sog. göttl. Wind, der eine mongol. Flotte vor Japan vernichtet hatte). Die Erfolge waren nicht bedeutend; der von der japan. Militärführung propagierte „Kamikaze-Geist" trug jedoch zu dem Entschluss der USA bei, die Atombombe gegen Japan einzusetzen.

Kamilavkion [das; neugrch.], zylinderförmige Kopfbedeckung der orth. Geistlichen. Mönche u. Bischöfe tragen über dem K. einen nach hinten hinabfallenden Schleier.

Kamilla [vielleicht zu grch. *gamelios,* „hochzeitlich, festlich"], weibl. Vorname.

◆**Kamille,** *Matricaria,* Gattung der *Korbblütler (Compositae),* mit Hauptverbreitung in Südafrika, im Mittelmeergebiet u. im Orient. In Dtschld. gibt es drei Arten: Die *Echte K., Matricaria chamomilla,* ist die Stammpflanze der K. der Apotheken *(Flores chamomillae);* sie hat weiße Strahlblüten mit einem kegelförmigen, hohlen Blütenboden. Strahllose Blüten haben die *Strahlenlose K. (Kopfkamille), Matricaria matricarioides* u. die *Geruchlose K. (Falsche K.), Matricaria maritima.* Die Echte K. wird oft verwechselt mit der *Römischen K., Anthemis nobilis,* die einen gefüllten Blütenboden hat.

Kamillenöl, *Oleum chamomillae,* aus den Blüten der Echten Kamille *(Matricaria chamomilla)* oder den Blüten der Römischen Kamille *(Anthemis nobilis)* gewonnenes äth-

er. Öl; Blaufärbung durch Azulengehalt; wegen eines hohen Anteils an *Bisabolol* Anwendung gegen Entzündungen der Haut.

Kamillianer, lat. *Ordo Clericorum Regularium Ministrantium Infirmis,* Abk. *MI,* kath. Krankenpflege- u. Seelsorgeorden, Gemeinschaft von Regularklerikern; widmete sich bes. der Kriegsversehrtenfürsorge, seit 1946 auch Missionstätigkeit in Asien; gegr. 1582 von *Camillo de Lellis.* Etwa 1000 Mitglieder; dt. Provinzialat in Neuss.

Kamin [der; grch.], **1.** *allg.:* ein Schornstein, aus Ziegeln hoch geführt.
2. *Baukunst:* eine Feuerstelle, dreiseitig umschlossen, zur Wohnung hin offen; in Ziegeln oder auch Kacheln ausgeführt, z. T. mit Metallhaube zum Rauchabzug. Der Rauchfang ist seit dem frühen MA Gegenstand künstler. Ausgestaltung.
3. *Bergsteigen:* ein enger, steiler Felsspalt, der durch Abstützen mit Knien, Ellenbogen u. Rücken durchklettert wird.

Kamina, Stadt in der Prov. Katanga (Demokrat. Rep. Kongo), rd. 56 000 Ew.; Verkehrs- u. Handelszentrum; wichtige Militärbasis.

Kaminaljuyú [-xuju], Ruinenstätte der *Maya* innerhalb der Grenzen von Guatemala-Stadt; während der präklass. (1200 v. Chr. – 0) u. der klass. (0 – 900) Periode für die Maya-Kultur das wichtigste zivile, religiöse u. polit. Zentrum des guatemaltek. Hochlandes. In früher präklass. Zeit war K. noch eine reine Streusiedlung nur für Wohnzwecke u. ohne Pyramiden, doch bereits durch mono- u. bichrome Keramik höchster Qualität gekennzeichnet. Ab 500 v. Chr. setzte reiche Bautätigkeit ein; K. wurde, von N nach S ausgerichtet, mit einem Netz breiter, rechtwinklig sich kreuzender Straßen durchzogen; für die mit leuchtenden Farben bemalten kultischen Stelen, die eine noch entwickelte Ton- u. Steinbildhauerei bezeugen, wurden gewaltige Erdplattformen errichtet. Aus der Zeit um Christi Geburt stammen die um freie Plätze gruppierten Tempelpyramiden. Um

200 n. Chr. wurde K. durch die *Teotihuacán-Kultur* Zentralmexikos stark beeinflusst, sichtbar in der Architektur *(Talud-tablero-System)* u. der Keramik (zylindr. Dreifußgefäße, *Fine-Orange-Keramik*) sowie durch die Einführung zentralmexikan. Gottheiten *(Tlaloc).* K. wurde zur Satellitenstadt Teotihuacáns mit einer von dort kommenden herrschenden Oberschicht. Der weitere Ausbau der Stadt erbrachte bis 500 n. Chr. auf einer Fläche von 5 km² u. a. 200 Pyramiden u. 13 Ballspielplätze (→ Ballspiele [1]). Ab 800 wurde K. weitgehend verlassen zugunsten verteidigungsgünstiger, befestigter Anlagen im umliegenden Hochland.

Kaminkehrer → Schornsteinfeger.

Kaminski, 1. André, schweiz. Schriftsteller, *19. 5. 1923 Genf, †12. 1. 1991 Zürich; entstammt einer jüd.-poln. Familie; ging 1946 nach Polen; 1968 Ausbürgerung aus Polen u. Rückkehr in die Schweiz, wo er als Dramaturg beim Fernsehen arbeitete. In seinem ersten Roman „Nächstes Jahr in Jerusalem" (1986) spürte K. mit Humor u. Hang zum Fabulieren dem Schicksal seiner Vorfahren nach. Weitere Werke: „Die Gärten des Mulay Abdallah" 1983; „Schalom allerseits" 1987; „Kiebitz" 1988; „Flimmergeschichten" 1990.

Heinrich Kaminski

◆**2.** Heinrich, dt. Komponist, *4. 7. 1886 Tiengen, Oberrhein, †21. 6. 1946 Ried, Oberbayern; studierte bei P. *Juon* u. H. *Kaun;* suchte die moderne Klangtechnik mit Formen der Polyphonie zu verbinden; Opern („Das Spiel vom König Aphelius" 1950), Chorwerke („Magnificat" 1925), Orchesterwerke („Musik für Orchester" 1933), Kammermusik.

Fortsetzung S. 146

Kamerun

Autokennzeichen: CAM

Fläche: 475 442 km²

Einwohner: 14,7 Mio.

Hauptstadt:
Yaoundé

Sprache:
Französisch, Englisch

Währung:
CFA-Franc

Offizieller Name:
Republik Kamerun

Regierungsform:
Präsidiale Republik

Religion: Christen, Anhänger
von Naturreligionen, Moslems

Nationalfeiertag: 20. Mai

Zeitzone: Mitteleuropäische Zeit

Grenzen: Im NW Nigeria, im NO
Tschad, im O Zentralafrikanische
Republik, im S Rep. Kongo,
Gabun u. Äquatorialguinea, im
SW Atlantischer Ozean

Lebenserwartung: 55 Jahre

Bruttosozialprodukt/Einw.:
610 US-Dollar

Landesnatur Den größten Teil des Landes nimmt das *Hochland von Kamerun* ein, das als Teil der *Niederguineaschwelle* die nordwestl. Umrahmung des Kongobeckens bildet. Nach W schließt sich das Küstentiefland an, aus dem sich der jungvulkan. *Kamerunberg* bis zu 4070 m erhebt. Das *Hochland von Adamaoua* senkt sich im N zur niedrigen Wasserscheide zwischen Benue u. Logone. Im äußersten N hat Kamerun noch Anteil am *Tschadbecken* u. grenzt mit einem schmalen Zipfel an den Tschadsee.
K l i m a : Die äquatoriale Lage Kameruns bestimmt das Klima, das im S u. SW aus-gesprochen trop. u. damit feucht u. schwül ist. Das Hochland ist merklich kühler mit größeren Temperaturunterschieden. Die Niederschläge nehmen von der Küste nach NO ab. Die höchsten Niederschlagssummen Afrikas findet man am Südwestabhang des Kamerunbergs mit 10 000 – 11 000 mm/Jahr. Dagegen gibt es im N eine ausgesprochene Trockenzeit u. nur noch 1000 mm jährl. Niederschläge.
V e g e t a t i o n : Der Süden wird von üppigem Regenwald eingenommen, der nördl. von Yaoundé in Feuchtsavanne mit Galeriewäldern übergeht; im Raum von Garoua im N herrscht Trockensavanne.

Bevölkerung Zu den ältesten Bewohnern zählen die rd. 10 000 *Pygmäen*, die als Wildbeuter in den Wäldern des S u. SO leben. *Bantuvölker* treiben in der Waldzone des S ebenso wie die *Sudanvölker* der nördl. Savannen Wanderhackbau. Außerdem leben im N *Fulbe* u. *Araber* als Viehzüchter u. Händler (z. T. nomadisch). Rd. 53 % aller Einwohner sind Christen verschiedener Konfessionen u. Sekten, 22 % sind Moslems u. 25 % Anhänger von Naturreligionen (Animismus). In Kamerun leben außerdem rd. 20 000 Europäer, davon die Hälfte in Douala. Verkehrssprachen sind Französisch u. Englisch, im N Ful.

Wirtschaft Rund 63 % der Erwerbspersonen sind in der Landwirtschaft tätig. Die trop. Pflanzungswirtschaft liefert für den Eigenbedarf Hirse, Maniok, Mehlbananen, Mais,

Erntetanz der Frauen in einem Dorf; in den ländlichen Gebieten werden die traditionellen Bräuche noch gelebt

Süßkartoffeln u. Reis, für den Export werden Kakao, Kaffee, Baumwolle, Kautschuk, Ölpalmen u. Bananen angebaut. Die Viehzucht ist im N bedeutend (Export von Fleischkonserven). Die Wälder (rd. 42 % der Staatsfläche) erbringen Kautschuk u. Edelhölzer. An Bodenschätzen gibt es Zinn, Eisen, Gold, Silber u. Titan; von größerer Bedeutung sind die Bauxitlagerstätten im Hochland von Adamaoua sowie die Erdgas-u. Erdölfunde im Küstengebiet, die heute fast ein Drittel der Gesamtausfuhr stellen. Die Industrie befindet sich im Aufbau. Die wichtigsten industriellen Großbetriebe sind die Erdölraffinerie bei Limbe u. das Aluminiumwerk bei Edea. Hier wird mit Hilfe der an den Sanaga-Fällen gewonnenen elektr. Energie Aluminium hergestellt, das größtenteils exportiert wird.

Verkehr Der Ausbau des bereits recht guten Verkehrsnetzes macht rasche Fortschritte; 1974 wurde die Trans-Kamerun-Bahn bis Ngaoundéré fertig gestellt, sie wird noch bis N'Djaména (Rep. Tschad) weitergebaut u. soll vor allem die wirtschaftl. Entwicklung des Hinterlandes fördern. Der Haupthafen

Die Monts Mandara im regenarmen Norden; die Felstürme sind Reste ehemaliger Vulkane

Kamerun

0   200 km

NIGERIA

Tschadsee

Logone

Maroua

TSCHAD

Benue

Garoua

Adamaoua

▲ 2460

Ngaoundéré

Bamenda

Tibati

ZENTRALAFRIKANISCHE REPUBLIK

2740 ▲

Bafoussam

Nkongsamba

Sanaga

Bertoua

Kamerunberg
4070 ▲

Douala

Limbe

YAOUNDÉ

Dja

Bioko

Golf von Guinea

ÄQUATORIAL-GUINEA

GABUN

KONGO

Douala ist durch Eisenbahnen mit den anderen größeren Städten verbunden u. hat einen internationalen Flughafen.

Geschichte Als erster Europäer entdeckte 1472 der portugies. Seefahrer Fernando *Póo* auf einer Indienfahrt die nach ihm benannte Insel (heute Bioko) vor der Küste Kameruns. Die Kontakte der Portugiesen mit den Eingeborenen beschränkten sich jedoch auf den gelegentl. Austausch von Waren. Seit Ende des 16. Jh. erschlossen holländische Kaufleute die Seewege nach Afrika u. Indien. Aber auch sie schreckten vor dem feucht-heißen Küstenklima Kameruns zurück u. unterließen eine Kolonisation. Sie besuchten jedoch regelmäßig die Küste u. tauschten ihre Waren – Textilien, Schmuck, Metall – gegen Pfeffer, Elfenbein u. Sklaven. Die Küstenstämme, bes. die *Duala*, wurden als Vermittler zwischen den europ. Händlern u. den Menschen im Hinterland wohlhabend. Infolge der Kämpfe mit Eng-

land verloren die Niederländer im 18. Jh. ihre Monopolstellung in Westafrika. Die Küstenregion Kameruns kam schon Ende des 18. Jh. politisch unter brit. Einfluss. Von Bioko aus gründeten Baptistenmissionare die ersten Siedlungen auf dem Festland. Das Interesse der Briten galt bes. dem Handel. Als Verkehrssprache setzte sich das *Pidgin-English* durch; die Briten führten ihr Handels- u. Zivilrecht ein, beseitigten den Sklavenhandel u. förderten die christl. Missionierung des Landes. Als der britische Konsul *Hewett* mit dem Auftrag, Kamerun zum brit. Protektorat zu machen, am 19. 7. 1884 nach Douala kam, musste er feststellen, dass die Dualahäuptlinge 5 Tage vorher mit dem Deutschen Gustav *Nachtigal* schon Verträge abgeschlossen hatten u. damit unter dem Schutz des Deutschen Reiches standen. Der Bau von Verkehrswegen u. die

Errichtung von Militär- u. Verwaltungsposten im ganzen Land ermöglichten bald eine effektive Verwaltung, wobei aber bes. im islam. Norden die einheimischen Autoritäten so weit wie möglich belassen wurden. 1911 erkannte Deutschland die französische Schutzherrschaft über Marokko an u. konnte dafür Kamerun auf Kosten Französisch-Äquatorialafrikas erweitern. Im 1. Weltkrieg wurde Kamerun von den Alliierten erobert. Entsprechend dem britisch-französischen Teilungsvertrag von 1916 zogen sich die Briten in den westl. Teil zurück, während Frankreich die übrigen neun Zehntel des Landes besetzte. 1919 wurde Westkamerun Völkerbundmandat, u. im gleichen Jahr wurde es an die brit. Kolonie Nigeria angegliedert, das Mandat Französisch-Kamerun (Ostkamerun) jedoch eigenständig verwaltet. Nachdem die UN nach dem 2. Weltkrieg Kamerun als Treuhandgebiet an Großbritannien u. Frankreich vergeben hatten mit

der Auflage, das Land auf seine volle Unabhängigkeit vorzubereiten, erhielten die Bewohner Französisch-Kameruns 1958 Autonomie. Die Außen- u. Verteidigungspolitik blieben bis zur Verleihung der vollen Unabhängigkeit am 1. 1. 1960 in französ. Händen. Durch ein Plebiszit in Britisch-Kamerun wurde der Forderung nach Wiedervereinigung Rechnung getragen. Der Norden Westkameruns entschied sich für den Verbleib bei Nigeria, der Süden für den Anschluss an die Rep. Kamerun. So wurde am 1. 10. 1961 die Bundesrepublik Kamerun ausgerufen. Erster Staatspräsident des unabhängigen Kameruns wurde A. *Ahidjo*. Er hob 1972 die bundesstaatliche Ordnung auf u. schuf auf der Grundlage einer neuen Verfassung (präsidiale Republik) einen zentralist. Einheitsstaat (Vereinigte Republik Kamerun). Ahidjo übernahm auch die Führung der Einheitspartei *Union Nationale Camerounaise*. 1982 wurde P. *Biya* Staatspräsident. Er löste Ahidjo bald auch als Führer der Einheitspartei (seit 1985 in *Rassemblement Démocratique du Peuple Camerounais (RDPC)*) ab. Gegen das repressive Regime Biyas richteten sich 1990 blutige Demonstrationen. Im selben Jahr wurde ein Mehrparteiensystem zugelassen. 1992 fanden freie Parlaments- u. Präsidentschaftswahlen statt. Die Opposition bezichtigte den Wahlsieger Biya der Stimmenfälschung. Es kam erneut zu blutigen Protesten. 1995 wurde Kamerun Mitglied des Commonwealth. Die Parlaments- u. Präsidentschaftswahlen 1997, bei denen die Opposition massiv beeinträchtigt wurde, gewannen wiederum der RDPC und Biya.

Während der deutschen Kolonialherrschaft werden Rekruten für die Schutztruppe angeworben

Kamiros, *Kameiros,* eine der drei alten Städte (neben *Lindos* u. *Ialysos*) auf der Insel *Rhodos,* besiedelt seit mykenischer Zeit; bestand auch nach Gründung der Stadt Rhodos im Jahr 408 v. Chr. weiter u. bietet heute nach den Ausgrabungen italienischer Archäologen das Bild einer hellenistischen Stadt mit reichen Funden an Keramik u. Terrakotten.

Kamisarden [frz. *camisards,* „Blusenmänner"], die hugenott. Bauern in den Cevennen, die sich gegen die Zwangskatholisierung durch Ludwig XIV. in einem mehrjährigen Aufstand (1702–1705) zur Wehr setzten *(Cevennenkrieg).*

Kamischli, *Al Kamischli,* syrische Stadt, → Qamishliyah.

Kamisi → Tungölbäume.

Kamjabutter, aus den *Kamjanüssen,* den Früchten des im Westafrika heimischen *Butterbaumes, Pentadesma butyracea* (ein *Johanniskrautgewächs, Guttiferae)* gepresstes Fett.

Kamlah, Wilhelm, dt. Philosoph, *3. 9. 1905 Hohendorf-Neugattersleben, †24. 9. 1976 Erlangen; 1950 Prof. in Hannover, 1954–1970 in Erlangen; Schüler R. Bultmanns u. M. Heideggers; Mitbegründer der *Erlanger Schule;* Kritiker des neuzeitl. profanen Rationalismus, vollzog in Dtschld. die Wende zu einem durch Sprachkritik u. Logik geschärften method. Bewusstsein. Hptw.: „Christentum u. Geschichtlichkeit" 1940; „Die Wurzeln der neuzeitl. Wissenschaft u. Profanität" 1948; „Platons Selbstkritik im Sophistes" 1963; „Logische Propädeutik" (zusammen mit P. *Lorenzen)* 1967; „Utopie, Eschatologie, Geschichtstheologie" 1969; „Philosoph. Anthropologie" 1972; „Von der Sprache zur Vernunft" 1975.

Kamloops ['kæmlu:ps], Stadt im südl. British Columbia (Kanada), 67 100 Ew.; Holzverarbeitung, Agrarzentrum.

Kamloopsforelle ['kæmlu:ps-], Rasse der → Regenbogenforelle in British Columbia u. in den Nordweststaaten der USA.

Kamm, 1. *allg.:* Gerät zur Haarpflege u. als Schmuck. Kämme aus Elfenbein benutzte man schon in Ägypten der vordynast. Zeit (etwa 5000–2850 v. Chr.). Man findet sie auch als Grabbeigaben u. Wandmalerien aus Babylonien u. Assyrien. Hölzerne Kämme wurden aus der Zeit um 2000 v. Chr. an der peruan. Küste gefunden. In altröm. Zeit benutzte man Holz-, Metall- u. Elfenbeinkämme. Der eigentliche Schmuckkamm kam aus Arabien im MA nach Westeuropa, wo er bis heute immer wieder in modischen Frisuren gebraucht wurde. Heute benutzt man meist Kämme aus Kunststoff, die gesägt sein sollen, damit sie das Haar schonend behandeln.
2. *Anatomie:* lat. *Crista,* vorspringende Leiste an einem Knochen.
3. *Geomorphologie:* eine lang gestreckte Erhebung der Erdoberfläche mit einer *Kammlinie* als First; bei steilem Hang wird der K. zum *Grat,* bei flachem Abfall zum *Rücken.*
4. *Jagd:* die langen Borsten auf Vorderrücken u. Nacken von Wildschweinen, auch der Bug (Vorderrücken) selbst.

5. *Zoologie:* der häutige Anhang auf der Stirn der echten Hühner *(Hahnenkamm)* u. des Kondors sowie die häutigen Rückenzacken des *Kammmolchs* u. die verhornten der *Kammeidechsen.* Der Hahnenkamm ist in Größe u. Färbung hormonal zu beeinflussen u. dient als Testobjekt für die Hormondosierung. Als Kämme *(Pectines)* werden auch kammförmige Reizorgane zur Begattung am 3. Hinterleibssegment von Skorpionen (umgewandelte Extremitäten) bezeichnet.

Kammeis, Eisnadeln, die bei Gefrieren unmittelbar unter der Bodenoberfläche entstehen, bürstenartig senkrecht über den Boden wachsen u. dabei Bodenpartikel anheben. Beim Abschmelzen fallen diese gehobenen Bodenteilchen nicht in ihre ursprüngl. Lage zurück, sondern werden gravitativ in Richtung des Gefälles bewegt (Hangdenudation). Kammeisbildung ist ein Frostbodenphänomen, das in allen Frostwechselklimaten, auch – u. da bes. charakteristisch – in trop. Hochgebirgen, vorkommt.

Kammer [lat. *camera,* „Gewölbe"], **1.** *allg.:* (gewölbtes) Zimmer; ursprüngl. (bei den fränk. Königen) das Gemach, in dem das fürstliche Vermögen aufbewahrt wurde.
2. *Bergbau:* Abbauraum mit meist rechteckigem Grundriss, dessen Abmessungen wesentlich größer sind als die einer → Strecke oder eines → Ortes. Auch → Kammerbau.
3. *Finanzwirtschaft:* 1. die den fürstl. Haushalt leitende Behörde, die auch für die Verwaltung der fürstl. Güter *(Kammergüter)* zuständig war. – 2. allg. eine Verwaltungsbehörde (z. B. Domänen-, Rent-, Rechnungskammer).
4. *Gerichtsverfassung:* das Kollegialgericht unterster Instanz. *Zivil-* u. *Strafkammern* sowie *Kammern für Handelssachen* an Landgerichten. *Kammern* an Arbeits-, Verwaltungs- u. Sozialgerichten; bei den zweitinstanzl. Landesarbeitsgerichten heißt der Spruchkörper ebenfalls K.
5. *Jagd:* 1. das Lager von Fuchs, Dachs u. Kaninchen im Bau; 2. der vom *Jagdzeug* (an Leinen ausgespannte Tücher u. Lappen) umstellte Raum, in dem man das Wild zusammenhält, bevor es gejagt wird.
6. *öffentl. Recht:* eine berufsständische Selbstverwaltungskörperschaft des öffentlichen Rechts, z. B. Industrie- u. Handels-, Handwerks-, Landwirtschafts-, Ärzteu. Rechtsanwaltskammer.
7. *Staatsrecht:* Parlament oder Teil eines Parlaments (beim Zweikammersystem). Im Konstitutionalismus des 19. Jh. bestand zunächst ein ständisch begründetes *Zweikammersystem* (Adel u. Bürgertum). Später entwickelte sich die Teilung auf eine *Abgeordnetenkammer* u. einen (schon nach seiner Zusammensetzung konservativeren) *Senat,* z. B. in Frankreich. Dabei trat ein Wandel von der ursprüngl. Gleichstellung der beiden Kammern dahingehend ein, dass die *Volkskammer (Chambre des Députés* in Frankreich, *House of Commons* in Großbritannien) die Oberhand gewann; die

andere K. wurde auf ein Vetorecht beschränkt, das von der Volkskammer mit entspr. Mehrheit überstimmt werden konnte. – Eine andere Form des Zweikammersystems findet sich in den Bundesstaaten: Die eine K. repräsentiert den Gesamtstaat, die andere vertritt die Interessen der Gliedstaaten, wobei die Gliedstaatenkammer teils als echtes Parlament, teils nur als Vertretung der Länder- oder Provinzregierungen auftritt. Beispiele: In den USA bilden *Repräsentantenhaus* u. *Senat* den *Kongress.* In Dtschld. standen zunächst *Reichstag* u. *Bundesrat* nebeneinander, dann (1919–1934) *Reichstag* u. *Reichsrat,* jetzt *Bundestag* u. *Bundesrat.* Österreich: *Nationalrat* u. *Bundesrat;* Schweiz: *Bundesversammlung,* bestehend aus *Nationalrat* u. *Ständerat.*
8. *Waffentechnik:* bei Feuerwaffen der Laderaum.

Kammerbau, Abbauverfahren auf Lagerstätten großer Mächtigkeit, z. B. im Salzbergbau. Der Abbau besteht beim K. im Herstellen von *Kammern* innerhalb der Lagerstätte. Zwischen den Kammern bleiben zum Unterstützen des *Daches* Bergfesten stehen. Werden die Festen anschließend ebenfalls abgebaut, so nennt man sie Pfeiler u. das Verfahren *Kammerpfeilerbau.* Auch → Bauweise.

Kämmerei, Finanzverwaltung der Städte, Fürstenhöfe u. großen Grundbesitzer.

Kämmereivermögen → Gemeindevermögen.

Kämmerer [lat. *camerarius*], ursprüngl. der Aufseher über den königl. Schatz, eines der vier Hof- oder → Erzämter. Heute leitet der K. die Finanzen einer Stadtverwaltung oder eines Fürstenhofs.

Kammerflimmern → Herzrhythmusstörungen.

Kammer für Arbeiter und Angestellte, *Arbeitskammer,* in Österreich die öffentl.-rechtl. Interessenvertretung von Arbeitern u. Angestellten in Gewerbe, Industrie, Bergbau, Handel u. Verkehr; 1920/21 geschaffen, 1945 neu organisiert; im Arbeitskammergesetz 1954 geregelt. Sie besteht aus 9 Landeskammern u. der Dachorganisation, dem *Österreichischen Arbeiterkammertag.* – Ähnl. Einrichtungen gibt es auch im Land Bremen u. im Saarland.

Kammer für Handelssachen → Handelsgericht.

Kammergebirge, Teil der Nördl. Kalkalpen im Salzkammergut (Österreich) zwischen Totem Gebirge, Dachsteingruppe u. Ems, in der *Kammspitze* 2141 m.

Kammergericht, 1. seit dem 15. Jh. das persönliche Gericht des dt. Königs, seit 1495 → Reichskammergericht.
2. das oberste preuß. Gericht in Berlin, dessen Name beim 1. Weltkrieg auf das Oberlandesgericht Berlin überging. Das K. war 1949–1961 in ein Ost- u. ein Westberliner K. gespalten.

Kammerjäger, alte Bez. für den Desinfektor oder Gesundheitsaufseher, der vor allem die Bekämpfung von Wohnungsschädlingen *(Raumentwesung)* durchführt; Ausbildung an einer staatl. anerkannten Desinfektorenschule.

Kammerlinge, Gattung von Meerestieren, → Foraminiferen.

Kammleguane: Ctenosaura similis, Jungtier

Kammermusik, ursprüngl. das nichtöffentl. Musizieren in kleinem Kreis, wie es vor allem in Privatsalons u. Schlössern von Fürsten gepflegt wurde. Den hierfür fest angestellten Sängern u. Musikern wurden die Titel *Kammersänger, Kammermusiker* oder *Kammervirtuose* verliehen. Da die Bez. bereits im 17. Jh. aufkam, als die Instrumentalmusik noch nicht ihre spätere Bedeutung erlangt hatte, bezog sie sich zunächst vorwiegend auf die vokale Musik (*Kammerkantate* im Gegensatz zur Kirchenkantate), danach auf alles Musizieren, das nicht Kirchen- oder Theatermusik war: vom Lied u. kleinsten Instrumentalstück, selbst Tänzen, über Suite, Ballett, Kammersonate (im Gegensatz zur Kirchensonate) u. Kammerkonzert bis zur Sinfonie, die ebenfalls nur in kleiner Besetzung aufgeführt wurde. Erst mit Beginn der klass. Epoche wurde der Begriff wieder enger gefasst u. bezieht sich seitdem hauptsächl. nur noch auf die größeren Instrumentalformen wie die Solosonate u. auf Werke für wenige Instrumente, deren Grundlage ebenfalls zumeist die Sonatenform ist (Duo, Trio, Quartett, Quintett). Der Verzicht auf größere Klangfülle u. Vielfalt in der Instrumentierung u. die damit gegebene Durchsichtigkeit der einzelnen Stimmen wie auch die notwendig feinere Nuancierung u. Ausarbeitung des Details führten zur Ausprägung eines ausgesprochen kammermusikal. Stils u. entsprechenden ästhet. Anspruchs bes. im 19. Jh. – Heute rechnet man auch die Aufführung sowohl größerer Vokalwerke wie orchestraler Formen mit einer beschränkten Zahl von Ausführenden zur K.: *Kammerchor* (Madrigalvereinigungen), *Kammerorchester, Kammersinfonie, Kammeroper.*

Kammermusikvereinigungen, aus Künstlern oder Amateuren bestehende Gruppen zur Pflege von Musik in kleiner Besetzung (Trio bis Nonett), überwiegend als Streichquartett (2 Violinen, Viola, Violoncello), doch auch in zahlreichen anderen Zusammensetzungen: Quintett, Sextett, Septett usw., Bläserensemble oder Streicher mit Klavier oder Bläsern gemischt (z. B. Klaviertrio u. Klarinettenquintett). Zu den berühmten K. zählt man u. a.: das ältere u. jüngere *Müller-Quartett* (Braunschweig 1831–1873; die älteste reisende dt. Quartettvereinigung), das *Joachim-Quartett* (Berlin 1869–1907) u. das *Böhmische Streichquartett* (1892–1933). Daneben bestehen zahlreiche Vereinigungen für alte Musik (MA bis Barock); zu den führenden zählt heute der *Concentus Musicus Wien,* geleitet von Nicolaus *Harnoncourt* (gegr. 1952).

Kammerofen, diskontinuierlicher Brennofen für keram. Werkstoffe. Moderne Kammeröfen werden mit hochisolierenden, feuerfesten Leichtbaustoffen ausgekleidet, automatisch geregelt u. sind insbes. wegen ihrer Flexibilität geschätzt. Man kann einzelne Brände nach unterschiedlichen Zeit-Temperatur-Programmen durchführen.

Kammerpfeilerbau → Kammerbau.

Kammersäure, beim Bleikammerverfahren anfallende etwa 60 %ige Schwefelsäure.

Kammersee → Attersee.

Kammerspiele, ein Theater, das kleiner ist u. intimer wirkt als ein großes Schauspielhaus. In Kammerspielen wurden zunächst hauptsächlich Stücke der Neuromantik u. des Surrealismus aufgeführt. Später wurde K. auch als Bez. für solche Schauspiele gebräuchlich. K. entstanden gegen Ende des 19. Jh., zuerst in Russland (K. S. *Stanislawskijs* Moskauer „Künstlertheater"), dann in Berlin (K. des Deutschen Theaters unter M. *Reinhardt,* 1906) u. in München (gegr. 1911; unter O. *Falckenberg* 1918 bis 1944).

Kammersprengung, ein Sprengverfahren, das nur noch selten in Steinbruchbetrieben angewendet wird, z. B. wenn das Herstellen von Sprengbohrlöchern schwierig ist. Man stellt am Fuß der Steinbruchwand durch bergmänn. Arbeiten kammerförmige Hohlräume her u. füllt sie mit Sprengstoff; die Wirkung ist wie bei geballten Ladungen.

Kammerton, der Ton a^1 (eingestrichenes a), seit 1939 allg. auf 440 Schwingungen pro s bei 20 °C festgelegt (1858 von der Pariser Akademie der Wissenschaften auf 435, 1950 vom selben Institut für Frankreich auf 432 Schwingungen). Der K. dient der internationalen Übereinstimmung in der Tonhöhe bei allen musikalischen Aufführungen u. ist auch der Ton der genormten Stimmgabeln u. Stimmpfeifen.

Kammerwagen, *Brautfuder,* ein Leiter- oder Kastenwagen, auf dem die Aussteuer (obenauf das Spinnrad) der Braut ins Haus des Bräutigams geführt wurde.

Kammfinger, *Ctenodactylidae,* Familie der *Nagetiere*; von plumper Gestalt, stummelschwänzig, an den Hinterfüßen oberhalb der Zehen kammartige Borstenreihen. Die K. leben in felsigen Gebieten Nordafrikas. Am bekanntesten ist der *Gundi, Ctenodactylus gundi* (16 cm Körperlänge, in Nordwestafrika).

Kammgarn, 1. nach dem *Kammgarnverfahren* hergestelltes Garn, meist aus reiner gekämmter Wolle, auch aus reinen Chemiefasern von kämmfähiger Länge oder aus Mischungen dieser Materialien untereinander oder mit anderen gekämmten Spinnstoffen. Die Höhe der Deckung richtet sich nach dem Verwendungszweck. Garne aus gekämmten Fasern, die jedoch nicht nach dem Kammgarnverfahren hergestellt sind, werden nicht als K. bezeichnet (z. B. gekämmtes Baumwollgarn). *Halbkammgarn:* ungekämmtes, sonst wie K. hergestelltes Garn. **2.** haltbares Gewebe aus Kammgarnen (→ Kammgarn [1]) mit glatter Oberfläche u. klar erkennbarem Bindungsbild; durch scharfe Garndrehung hart im Griff.

Kammgras, *Cynosurus,* aus 5 Arten bestehende Gattung der *Süßgräser (Poaceae).* In Mitteleuropa ist das *Gewöhnliche K., Cynosurus cristatus,* auf Wiesen u. Grasplätzen heimisch. In der ährenförmigen, gedrungenen Rispe steht neben jedem fruchtbaren Ährchen ein unfruchtbares, das an seinen kammförmig gestellten Spelzen leicht zu erkennen ist.

Kammgriff → Griff (1).

Kammkeramik, Tonware nordeurasischer jungsteinzeitl. bis bronzezeitl. Kulturgruppen Nordosteuropas u. Sibiriens. Die rund- oder spitzbodigen, eiförmigen Gefäße haben eine Verzierung aus meist horizontalen Punktreihen, die mit einem kammförmigen gezähnten Knochenstempel eingedrückt wurden, oft mit Grübchenreihen abwechselnd.

Kammkies, durch Zwillingsbildung zyklisch verwachsene Markasit-Kristalle, bei denen eine kammartige Zahnung ausgebildet ist.

◆ **Kammleguane,** *Schwarzleguane,* Echsen der Gattung *Ctenosaura,* etwa 10 Arten, bis

Kammmolch, Triturus cristatus

über 1 m lange *Leguane*, in der Jugend grünlich, im Alter schwarz gefärbt, Schuppenkamm auf dem Rücken; in trockenen Gebieten Mittelamerikas verbreitet; Nahrung: Pflanzen u. Kleintiere.

Kämmmaschine, *Kammstuhl*, in Spinnereien eine Maschine zum Auskämmen der kurzen Fasern u. Verunreinigungen; je nach Konstruktion als *Flach-* oder *Rund-Kämmmaschine* bezeichnet. K. bei Langfasern: → Hechel.

Kammminze, *Elsholtzia*, Gattung der *Lippenblütler (Labiatae)*, ca. 20 Arten von Mittelasien bis Indonesien; in Mitteleuropa wird als Gewürzpflanze die *Echte K.*, *Elsholtzia ciliata* oder *cristata* angebaut, die stellenweise verwildert ist.

◆ **Kammmolch**, *Triturus cristatus*, bis 18 cm langer *Wassermolch*, in ganz Europa u. Kleinasien mit Ausnahme der Pyrenäenhalbinsel verbreitet; schwarzbraun; der Bauch ist orangerot gefleckt. Das Männchen hat in der Paarungszeit perlmuttfarbene Längsbänder u. einen häutigen Rückenkamm. Nach Verlassen des Wassers lebt der K. unter altem Holz u. Steinen der Uferregion; er wird bis zu 25 Jahre alt.

◆ **Kammmuscheln**, *Pectinidae*, mit vielen Augen am Mantelrand versehene Meeresmuscheln, die sich mit Byssusfäden festheften, aber sich auch durch ruckartiges Zuklappen der Schalen nach dem Rückstoßprinzip fortbewegen können. Die Schalen sind gleichmäßig gerippt u. haben beiderseits des Schlosses kleine Fortsätze, die Öhrchen. Die europ. *Pilgermuschel*, *Pecten maximus*, wird bis zu 15 cm groß. Eine weitere Art ist die → Jakobsmuschel.

Kammquallen → Rippenquallen.

Kammrad, ein Zahnrad mit eingesetzten hölzernen Zähnen (Kämmen); im MA von großer Bedeutung (Bez. aus dem 15. Jh.).

Kammratten, *Ctenomyidae*, Familie der *Meerschweinchenartige Nagetiere* der südamerikan. Trockengebiete. Etwa rattengroß, aber massiger, legen die K. als starke Wühler unzählige Erdgänge an. Als Nahrung werden unterirdische Pflanzenteile bevorzugt.

Kammschnaken, über 3 cm lange, auffällig rot, schwarz u. gelb gezeichnete *Schnaken* der Gattung *Pales*, *Pachyrhina* u. *Ctenophora*, deren Männchen große, gekämmte Fühler u. einen auffällig dicken Kopulationsapparat tragen, während die Weibchen lange Legeröhren besitzen. Larven sitzen in faulendem Holz u. an Jungpflanzen des Waldes.

Kammspinnen, *Ctenidae*, Familie der *Spinnen* im trop. Amerika. Sie gelangen vornehmlich mit Bananensendungen nach Europa, darunter sehr selten die bis zu 4 cm lange Art *Phoneutria fera*, deren Biss vor allem für Kleinkinder tödlich sein kann.

Kammstern, *Astropecten mülleri*, ein *Seestern* mit sehr großer Scheibe u. kurzen Armen. Er lebt im Sand eingegraben u. kann nicht klettern, da Saugscheiben an den Füßen fehlen. Der K. kommt an unseren Küsten vor.

Kammwolle, Schafwolle, für die Herstellung von Kammgarn geeignet.

Kammzahnhaie → Grauhaie.

Kammzug, von der Woll-Kämmmaschine abgeliefertes Faserstoff-Halbzeug; muss vor Verspinnung noch verfeinert u. auf gleichmäßige Stärke gebracht werden.

Kamos, *Kemosch*, Hauptgott von Moab.

Kamose, altägypt. König der 17. Dynastie, um 1555 v.Chr., aus dem thebanischen Herrscherhaus, begann die Kriege gegen die *Hyksos* u. begründete den ägypt. Staat des *Neuen Reichs*.

Kamp [lat., niederdt.], 1. *Feld-, Vieh-Kamp*, durch Gräben oder Zäune eingefriedigtes Stück Feld oder Viehweide.
2. vor Wildverbiss geschützte Fläche zur Heranzucht von Forstpflanzen. Der *Saatkamp (Saatschule)* dient der Erziehung von 1–3-jährigen Pflanzen auf Saatbeeten, der *Pflanzkamp (Pflanzgarten)* der Verschulung älterer Pflanzen bis zum Auspflanzen im Freien.

Kamp [der], linker Nebenfluss der Donau; entspringt als *Großer Kamp* auf der Grenze zwischen Ober- u. Niederösterreich im Weinsberger Wald; ist im Waldviertel in mehreren Seen gestaut (*Ottenstein* 70 Mio. m³, *Dobra* 53 Mio. m³, *Tiefenbach* 21 Mio. m³) u. mündet nach 145 km östl. von Krems an der Donau.

Kampagne [-'panjə; die; frz., „(flaches) Land"], 1. *allg.*: veraltet für Feldzug. Im heutigen Sprachgebrauch: größere, zeitlich begrenzte Aktion in Wirtschaft, Werbung oder Politik zur Erreichung der Ziele der eigenen Gruppe bzw. gegen das Vorhaben anderer.
2. *Wirtschaft*: bei nicht das ganze Jahr voll arbeitenden Betrieben *(Saisonbetrieben)* die Hauptarbeitszeit, z.B. in Zuckerfabriken oder Keltereien.

◆ **Kampala**, Hptst. von Uganda, Ostafrika, nördl. des Victoriasees, 1300 m ü.M., m.V. 773 000 Ew.; Handels-, Wirtschafts- u. Verkehrszentrum; Makerere University College (gegr. 1922), Museum mit Sammlung altafrikan. Musikinstrumente; Sitz eines kath. u. anglikan. Erzbischofs von Uganda, Burundi u. Rwanda; vielverzweigtes Gewerbe, vielseitige Industrie; der Hafen *Port Bell* liegt 10 km weiter östl. am Victoriasee, Eisenbahnverbindung mit Nairobi u. Mombasa. – 1890 als Stützpunkt der „British East Africa Company" gegründet, 1893 Verwaltungsposten der Protektoratsverwaltung, seit 1962 Hptst.

Kammmuscheln: Chlamys spercuris

Kampala: Das moderne Parlamentsgebäude wird seit 1966 genutzt

◆ **Kampanien,** ital. *Campania,* süditalien. Region, 13 595 km², 5,8 Mio. Ew.; Hptst. *Neapel;* dichtest besiedelte Region Italiens (425 Ew./km²); umfasst die Prov. Caserta, Benevento, Neapel, Avellino u. Salerno; im O der *Kampan. Apennin,* im W der Golf von Gaeta mit der Volturnoebene, der Golf von Neapel mit dem *Vesuv,* der Halbinsel *Sorrent,* den vorgelagerten Inseln *Capri, Ischia* u. *Pròcida,* im S der Golf von Salerno mit der Sele-Ebene; in den Küstenebenen Landgewinnung durch Trockenlegung; fruchtbare Agrarlandschaften mit Weizen-, Obst-, Gemüse- u. Tabakanbau; nach der Produktion in Italien an erster Stelle im Anbau von Kartoffeln, Tomaten, Haselnüssen, Feigen, Peperoni, Artischocken, Auberginen u. Bohnen; bedeutende Industrien in den Küstenstädten am Golf von Neapel u. in Salerno; Fremdenverkehr (Thermalquellen).

Kampanien: Am Golf von Neapel, einer Schwächezone der Erdkruste, deuten Schwefelquellen auf den aktiven Vulkanismus hin

Geschichte: Seit dem 8. Jh. v. Chr. gründeten Griechen verschiedene Koloniestädte (z. B. Neapel im 5. Jh. v. Chr.) in K. Im 4. vorchristl. Jh. nahmen es die Römer ein. In der Kaiserzeit war bes. der Küstenstreifen bevorzugtes Wohngebiet vornehmer Römer. Nach dem Zusammenbruch des Röm. Reiches wurde K. erst von den Goten, dann von Byzanz u. im 6. Jh. von den Langobarden beherrscht. Der Name „Kampanien" geriet in Vergessenheit, u. erst im Zuge der Einigung Italiens zu einer Nation im 19. Jh. erhielt die Landschaft wieder ihren alten Namen.

Kampanje [frz.], alte Bez. für den hinteren Aufbau eines Schiffes. Auch → Hütte (3).

Kampar, Stadt in Westmalaysia, in der Prov. Perak, südöstl. von Ipoh, rd. 30 000 Ew.; überwiegend Chinesen; Zentrum der Zinngewinnung.

Kampen, 1. Badeort auf der nordfries. Insel *Sylt,* 650 Ew.; Künstlerkolonie. **2.** ['kampə], Stadt in der niederländ. Prov. Overijssel, an der IJssel, nordwestl. von Zwolle, nahe dem IJsselmeer, 32 600 Ew.; theolog. Fakultät; Zigarrenindustrie, Maschinen- u. Schiffbau, Emaillierwerke; bis zum 16. Jh. bedeutende Handelsstadt.

Kampenwand, Gipfel in den Chiemgauer Alpen (Bayern), südlich des Chiemsees, 1669 m.

Kämpeviser [Pl., Sg. die *Kämpevise;* nord.], Heldengedichte, altskandinav. Balladen mit heim., oft myth. und ausländ. (bes. dt.) Inhalt; seit dem hohen MA bekannt, im 16./17. Jh. gesammelt, z. T. noch heute lebendig (z. B. auf den Färöern).

Kampf → Kampfverhalten.

Kampfabzeichen, im 2. Weltkrieg für die dt. Wehrmacht gestiftete Abzeichen zur Erinnerung an bestimmte Kämpfe. Die K. hatten die Form von Schilden oder von Ärmelbän-

dern. Zu den K. gehörten ferner die *Sturmabzeichen,* die *Frontflugspangen,* die *Nahkampfspangen.*

Kampfbünde, nach militär. Vorbild organisierte polit. Gruppen zur Zeit der Weimarer Republik; → Wehrverbände.

Kämpfelbach, Gemeinde in Baden-Württemberg, Enzkreis, 6000 Ew.; in der Nähe das Kämpfelbach-Viadukt (360 m lang, 38 m hoch).

Kämpfende Schlangen, Brettspiel für 2 Personen, 2 × 23 Figuren auf 3 durch Linien verbundenen Punktreihen; durch Überspringen (wie beim Halma) werden gegner. Figuren entfernt.

Kampfer, eine hydroaromat. Verbindung, → Campher.

Kämpfer (Kä) über Gebälk (G) und Kapitell (K) einer Säule

◆ **Kämpfer,** *Bauwesen:* 1. Tragplatte zwischen Last (Bogen, Gewölbe) u. Stütze (Pfeiler, Säule, Mauer); 2. waagerechtes Querholz *(Kämpferholz)* des Fensterrahmens zur Unterteilung hoher → Fenster.

Kämpfer, *Kaempfer,* Engelbert, dt. Arzt u. Naturforscher, * 16. 9. 1651 Lemgo, † 2. 11. 1716 Lemgo; bereiste 1683–1693 Vorder-, Süd- u. Ostasien u. lieferte als erster Europäer eine umfassende Beschreibung Japans, bes. auch der medizin. u. botan. Verhältnisse. Für die Kenntnis fernöstl. Kunst waren die von ihm mitgebrachten *Kämpfer-Blätter* wichtig.

Kampferbaum, *Cinnamomum camphora,* bis 40 m hohes *Lorbeergewächs (Lauraceae)* Südchinas, Indochinas u. Südjapans, in den Tropen kultiviert, bes. auf Taiwan u. in Florida. Die Bäume müssen 60 Jahre alt sein, bis sie zur Gewinnung von → Campher geschlagen werden, der auch aus *Cinnamomum nominale* aus Taiwan u. anderen trop. Hölzern gewonnen wird. Der K. wird auch als Zierbaum gepflanzt.

Kämpfer-Blätter, *Kaempfer-Blätter,* die ersten chines. Farbholzschnitte aus dem späten 17. Jh., die E. *Kämpfer* 1693 aus Nagasaki nach Europa brachte. 25 Blätter befinden sich heute im British Museum, London.

◆ **Kampffisch,** *Betta splendens,* 5–6 cm langer, oft als Zierfisch gehaltener, aus Tümpeln Hinterindiens u. des Malaiischen

Kampffisch, Betta splendens, Männchen

Archipels stammender, farbenprächtiger *Labyrinthfisch*, der im Erregungszustand raschen Farbwechsel zeigt. Naturfarbe grün; Zuchtrassen blau, rot, gelb, schwarz, grün u. violett. Monströse Formen werden als *Schleierkampffische* bezeichnet.

Kampfflugzeug, in der deutschen Luftwaffe eingeführte Bez. für Bombenflugzeuge (→ Kampfgeschwader).

Kampfgericht, *Sport:* *Jury*, ein zur Aufsicht, Leitung u. Wertung von Wettkämpfen eingesetztes Gremium, das je nach Sportart unterschiedlich besetzt ist; im Allg. gehören dem K. Kampf- oder Schiedsrichter, Starter, Zeitnehmer, Zielrichter u. Punktrichter an. Das *Schiedsgericht* überwacht innerhalb des Kampfgerichts die Einhaltung der Wettkampfbestimmungen u. legt fest, wie Verstöße dagegen zu ahnden sind.

Kampfgeschwader, die mit *Kampfflugzeugen* (Bombenflugzeuge) ausgerüsteten Luftangriffsverbände der *dt. Luftwaffe* in den Jahren 1935–1945 (Gliederung: → Geschwader).

Kampfgruppe, Zusammenfassung verschiedener Waffengattungen zur Erfüllung eines bestimmten Kampfauftrags.

Kampfgruppen der Arbeiterklasse, bis 1959 *Betriebskampfgruppen*, militär. u. polit. geschulte, bewaffnete Milizverbände in der DDR, deren personelle Basis die Betriebe waren (Industriebetriebe, landwirtschaftliche Produktionsgenossenschaften, Verwaltungen u. a.). Kampfgruppen wurden erstmals i952 aufgestellt. Sie bestanden zunächst nur aus Mitgliedern der SED; seit 1954 werden auch Parteilose aufgenommen. Ab 1955/56 wurde die K. d. A. zu einem „wirksamen Instrument der Heimatverteidigung" ausgebaut. Die polit. u. militär. Führung lag bei der SED, die Administration bei der Volkspolizei. Aufgaben waren: Unterdrückung von Aufständen, Schutz der Bevölkerung u. wichtiger Gebäude, Sicherung der Operationsfreiheit u. takt. Unterstützung der Streitkräfte, logist. Aufgaben. Die Stärke der K. d. A. betrug rd. 400 000 Mann. Ihr bedeutendster Einsatz war die Durchführung der Absperrungsmaßnahmen am 13. 8. 1961 in Berlin, mit denen der Bau der Berliner Mauer begann. Die K. d. A. pflegten die Traditionen des

Kampfläufer, Philomachus pugnax, balzende Männchen

Roten Frontkämpferbundes der Weimarer Republik. 1990 wurden die K. d. A. aufgelöst.

Kampfhubschrauber, mit Bordwaffen ausgerüsteter Hubschrauber, der sowohl in den Kampf auf der Erde eingreifen als auch bei Luftlandeeinsätzen Feuerschutz geben kann.

Kampfhuhn, *Kämpfer*, bes. von den Malaien für den Hahnenkampf gezüchtete, hochbeinige Hühnerrasse mit stark aufgerichteter Körperhaltung, langen Sporen u. kräftiger Muskulatur. Zum Kampf befestigt man dem K. oft noch kleine, scharfe Messer an den Sporen.

Kampfhunde, allg. Bez. für Hunde, die vom Menschen zu Kampfzwecken gezüchtet u. eingesetzt werden. Bereits in der Antike wurden von den Assyrern, Persern u. Griechen Rassen wie die Molosser gezüchtet u. als Kriegshunde verwendet. Auch die Römer setzten Kampfhunde, meistens Mastiffs, in der Arena ein u. ließen sie gegen Menschen, Bären u. Löwen kämpfen. In England waren im 18. Jh. Hundekämpfe ein beliebter Sport.
Heute wird der Begriff K. für verschiedene Hunderassen benutzt, von denen Angriffe gegen Menschen vorgekommen sind, z.T. mit Todesfolge. Diese Kennzeichnung bestimmter Rassen ist umstritten, da die einzelnen Hunde keineswegs in jedem Fall bes. angriffslustig sind, sondern erst eine aggressionsfördernde Züchtung u. Haltung durch den Menschen das jeweilige Tier gefährlich werden lassen. Nachdem sich in den 1990er Jahren Angriffe von Kampfhunden häuften, stuften die Bundesländer bestimmte Rassen als potenziell gefährlich ein. Hierzu zählen u.a. Bullterrier, Staffordshire Bullterrier, Amerikanischer Staffordshire Terrier, Pitbull-Terrier, engl. Bulldoggen, Bordeauxdoggen, Tibetdoggen, Rottweiler, Dobermänner, Fila Brasileiros, Mastinos, Mastiffs, Bullmastiffs, Bandogs u. Dogo Argentinos. Von diesen gelten Pitbull-Terrier, Staffordshire Bullterrier u. Amerikanischer Staffordshire Terrier als besonders aggressiv, so dass für diese Rassen ein Import- u. Zuchtverbot erlassen wurde. Außerdem bestehen in den Ländern u. Gemeinden unterschiedl. Haltungsbeschränkungen für bestimmte Kampfhundrassen wie Leinen- u. Maulkorbzwang.

◆ **Kampfläufer,** *Philomachus pugnax*, ein Watvogel (→ Regenpfeiferartige) Eurasiens, dessen Männchen in der Balzzeit (Mitte April bis Ende Mai) verschiedenfarbige Prachtkleider zeigen. Lange Halskrausen- u. Ohrbüschelfedern von weißer, gelblicher, rostbrauner oder schwarzer Färbung. Gruppenbalz der Männchen mit friedlich verlaufenden Schaukämpfen, die auf „Turnierplätzen" vor den Weibchen aufgeführt werden.

Kampfleiter, *Sport:* der für die Einhaltung der Kampfregeln verantwortl. Leiter eines Wettkampfes, der in strittigen Fällen Urteile von *Kampfrichtern* aufheben kann.

Kampfpanzer, stark gepanzertes, mit Bordwaffen meist im Drehturm bestücktes Fahrzeug; Vollkettenfahrzeug. Auch → Panzer.

Kampffüchse: Pampas- oder Azarafuchs, Dusicyon gymnocercus

Kampfrichter, *Sport:* ein Mitglied des *Kampfgerichtes*, das mit der Leitung oder Bewertung von Wettkämpfen beauftragt ist. Auch → Kampfgericht.

Kampfschwimmer, *Froschmänner*, Taucher im militär. Einsatz. Sie sollen Kampfaufträge gegen militär. Küstenanlagen u. Schiffe sowie innerhalb *amphibischer Operationen* durchführen.

Kampfsport, sportl. Wettkämpfe, die bes. durch körperl. Angriffs- u. Verteidigungshandlungen gekennzeichnet sind; dazu zählen vor allem → Boxen, → Budo-Sportarten, → Ringen u. → Fechten.

Kampfstoffe → ABC-Kampfmittel.

Kampftruppen, eine *Truppengattung* des Heeres; man unterscheidet: *ungepanzerte K.* (Jäger, Gebirgsjäger u. Fallschirmjäger) u. *gepanzerte K.* (Panzergrenadiere, Panzer, Panzerjäger u. Panzeraufklärer).

◆ **Kampffüchse,** *Dusicyonini*, zusammenfassende Bez. für die südamerikan. Wildhunde der Gattung *Dusicyon*; von fuchsartigem Aussehen, fuchs- bis fast schäferhundgroß; stellen mit dem *Falklandwolf, Dusicyon australis*, den ersten von Menschen ausgerotteten Wildhund. Bewohner der offenen Landschaften wie Steppen u. Savannen, im Gebirge bis 4000 m Höhe. K. ernähren sich als Einzelgänger hauptsächlich von schädl. Nagern, werden aber trotzdem stark verfolgt. Arten: *Andenfuchs, Dusicyon culpaeus; Pampas- oder Azarafuchs, Dusicyon gymnocercus*, u. *Kampffuchs, Dusicyon vetulus*.

Kampf ums Dasein, engl. *struggle for life*, → Darwinismus.

Kampfunterstützungstruppen, eine *Truppengattung* des Heeres; sie unterstützen die → Kampftruppen durch Feuer gegen Land- u. Luftziele, durch Gangbarmachen des Geländes oder durch ABC-Abwehr. Hierzu gehören die Artillerie, die Heeresflugabwehrtruppe, die Heeresflieger, die Pioniere u. die ABC-Abwehrtruppe.

Kampfverhalten, *Aggressionsverhalten*, dient der Bewältigung von Auseinandersetzungen zwischen Tieren verschiedener Arten *(interspezifisches K.)* oder der gleichen Art *(intraspezifisches K.)*, auch als *agonistisches Verhalten* bezeichnet. Hierzu zählen → Aggression (3), → Aggressivität u. → Drohverhalten ebenso wie das sich daraus ergebende → Demutsverhalten oder → Fluchtverhalten.

Im intraspezifischen K. wird in der Regel selbst bei wehrhaften Tieren der *Beschädigungskampf* über besondere Hemmmechanismen vermieden u. durch ritualisierte Handlungen oder den *Kommentkampf* nach formalisierten Regeln ersetzt. Ausnahmen sind Arten mit schwachen Waffen (z.B. Schneeziege) oder günstigen Ausweichmöglichkeiten (z.B. Wanderratte, Wolf). Bei rivalisierenden Arten im gleichen Lebensraum u. gleicher Ernährungsweise kann der Ernstkampf jedoch ebenso notwendig werden wie im Räuber-Beute-Verhältnis.

Funktionen des Kampfverhaltens: Vermeidung der Überbevölkerung eines Lebensraumes bei gleichzeitiger Verteilung (spreading-out) über ein größeres Gebiet, oft verbunden mit der Erschließung neuer Lebensräume; Fortpflanzung der kräftigsten Männchen nach Kampf um das Weibchen (→ Evolution); Beschaffung von Nahrung; Regelung der Stellung innerhalb einer → Rangordnung.

Kampfwagen → Panzer.

Kampfzoll, *Retorsionszoll, Vergeltungszoll*, eine zollpolit. Maßnahme, durch die ein anderer Staat veranlasst werden soll, diskriminierende Zölle zu beseitigen oder andere schädigende außenhandelspolit. Maßnahmen einzustellen.

Franz Kamphaus

◆ **Kamphaus**, Franz, deutscher katholischer Theologe, * 2. 2. 1932 Lüdinghausen; 1973 Regens des Priesterseminars Münster, 1974 Professor für Homiletik, 1982 Bischof von Limburg.

Kamphirsch → Pampashirsch.

◆ **Kamp-Lintfort**, Stadt in Nordrhein-Westfalen, Ldkrs. Wesel, nordwestl. von Moers, 40 200 Ew.; ältestes deutsches Zisterzienserkloster *Kamp* (1122–1802); Steinkohlenbergbau. – Stadtrecht 1950.

Kamp-Lintfort

Kampot, Prov.-Hptst. im Süden von Kambodscha, am Golf von Thailand, rd. 20 000 Ew.; techn. Universität; Fischfang u. -verarbeitung, Textilindustrie; in der Umgebung Obstanbau u. Pfefferkulturen.

Kamptozoen [grch.], *Kamptozoa, Entoprocta, Kelchtiere*, auf einem Stiel fest sitzende polypenartige Tiere, die sich als Strudler ernähren. Sie haben im Gegensatz zu den *Polypen* aus der Gruppe der *Hohltiere* einen

Kamtschatka: Die Halbinsel im Nordpazifik zeichnet sich durch die größte Ansammlung aktiver Vulkane auf der Welt aus; abgebildet ist die Hauptstadt Petropawlowsk-Kamtschatskij mit dem Vulkan Korjakskij im Hintergrund

u-förmig gebogenen Darm, dessen Mund u. After innerhalb des Tentakelkranzes münden. Meist leben sie im Meer u. im Süßwasser in Kolonien. Es tritt geschlechtl. Vermehrung u. auch Vermehrung durch Knospung auf. Der Tierstamm umfasst etwa 60 Arten.

Kamptz, Karl von, preuß. Politiker, * 16. 9. 1769 Schwerin, † 3. 11. 1849 Berlin; Jurist; nach verschiedenen Richterämtern seit 1812 im preuß. Ministerialdienst, 1832–1842 Justizminister. Eine von K. besorgte Ausgabe der preuß. Polizeigesetze gehörte zu den Büchern, die beim Wartburgfest 1817 von den Studenten verbrannt wurden. K. war ein führender Vertreter der Restaurationspartei u. einer der eifrigsten Betreiber der „Demagogenverfolgung". E. T. A. *Hoffmann* karikierte ihn in seiner Erzählung „Meister Floh" als Hofrat Knarrpanti.

Kampuchea [-'tʃea], *Kamputschea*, neuere, auch außerhalb Kambodschas gebräuchl. Bez. für → Kambodscha in der Khmer-Sprache; 1976 unter der Herrschaft der Roten Khmer erstmals offizieller Staatsname.

Kampung [mal.], Bestandteil geograph. Namen: Dorf.

Kamtschadalen, das ostsibir. Volk der → Itelmen in Kamtschatka.

◆ **Kamtschatka**, *Kamčatka*, russ. Halbinsel zwischen Bering- u. Ochotskischem Meer, 370 000 km², 1200 km lang, bis zu 450 km breit; von zwei Gebirgsketten durchzogen, mit 142 Vulkanen (Weltnaturerbe seit 1996), davon 19 noch aktiv, im *Kljutschewskaja Sopka* 4750 m. häufig Erdbeben; im N Tundravegetation, im S stark bewaldet (Nadel- u. Birkenwälder). u. wildreich (Bären, Füchse, Zobel). Die Bewohner der Halbinsel sind *Kamtschadalen* (russisch-mongolische Urbevölkerung, → *Itelmen*) u. *Korjaken*, die im N ein eigenes autonomes

Gebiet bewohnen. – *Wirtschaft*: Rentierzucht u. Jagd, Holzeinschlag u. -verarbeitung; Landwirtschaft nur im Tal des Flusses K. (758 km); an der Westküste u. im NO Seefischfang, in den Städten Fisch- u. Krabbenkonservierung; auch Bodenschätze: Kohle, Gold, Silber, Erdöl, Erdgas.

Kamtschatkafuchs, eine Unterart des → Rotfuchses.

Kamtschatka-Kurilen-Strom, kalte Meeresströmung, nördl. Teil des → Oya-Shyo.

Kamtschatka-Midway-Rücken [-'midwɛi-], die nordpazif. Schwelle des → Imperatorrückens.

Kämtz, Ludwig Friedrich, dt. Meteorologe u. Physiker, * 11. 1. 1801 Treptow an der Rega, † 20. 12. 1867 St. Petersburg; Prof. in Halle (Saale) u. Dorpat, seit 1865 Direktor des Zentralobservatoriums in St. Petersburg; schrieb Lehrbücher der Meteorologie.

Kamyschin, *Kamyšin*, Stadt im europ. Teil Russlands, am Bergufer der unteren Wolga (Hafen), 128 000 Ew.; medizin. Fachschule; Baumwoll- u. Konfektionsbetriebe, Maschinenbau, Holzverarbeitung, Schiffswerft; in der Nähe Erdgas- u. Erdölvorkommen.

Kana [das oder die], japan. Silbenschrift, → japanische Schrift.

Kana, arab. *Kafr Kanna*, Ort in Galiläa, der im Johannesevangelium als Schauplatz zweier Zeichen Jesu (2,1.11; 4,46) u. als Heimatort des → Natanael genannt wird.

Kanaal [fläm., ndrl.], Bestandteil geograph. Namen: Kanal.

Kanaan, bibl. Name für *Palästina*, seit dem 15. Jh. v. Chr. bezeugt; bezeichnete ursprüngl. nur den Küstenstreifen Palästinas u. Syriens, im 14. u. 13. Jh. den ägypt. Herrschaftsbereich in Palästina.

Kanaanäer → Kanaaniter.

kanaanäische Sprache, aus der Zeit um 1500 v. Chr. (Schrifttafeln mit Glossen aus Tell Al

Amarna) überlieferte semit. Sprache, gesprochen in Palästina u. in phöniz. Siedlungen Nordafrikas. Aus der kanaanäischen Sprache entwickelten sich die moabit., die phöniz. u. die hebrä. Sprache.

Kanaaniter, *Kanaanäer,* im AT Sammelbez. für die Nachkommen des verstoßenen Noahsohns *Ham* u. für die vorisraelit. Bevölkerung Palästinas; ein Zeugnis für die Verschmelzung zweier Bevölkerungsschichten, einer älteren vorsemitischen u. einer etwa 3000 v. Chr. eingewanderten semitischen.

Kanacea, eine der Fidschi-Inseln (Ozeanien), 13 km², bis 244 m hoch; Kopraplantagen.

Kanachos, griech. Bildhauer aus Sikyon, tätig um 500 v. Chr.; sein Hauptwerk ist das Kultbild des Apollon Philesios im Didymaion bei Milet, das 494 v. Chr. von *Darius* nach Persepolis entführt wurde (in Nachbildungen erhalten).

Kanada, Staat in Nordamerika, → Seite 154.

Kanadabalsam, aus der in Nordamerika wachsenden *Balsamtanne (Hemlocktanne, Abies balsamea)* gewonnene, sirupdicke, aromatisch riechende Flüssigkeit, die zum Kitten von Linsensystemen u. Ä. benutzt wird (gleiche Lichtbrechung wie Glas). Der K. enthält hauptsächlich *Canadinolsäure.*

Kanadagans → Gänse.

Kanadatee, Aufguss der Blätter der in Nordamerika heimischen *Teeheide* oder *Scheinbeere (Gaultheria procumbens),* ein harntreibendes Mittel.

Kanadier, *Canadier,* ein Sportboot; → Kanusport.

kanadisch-arktischer Archipel, dem nordamerikanischen Kontinent nördl. vorgelagerte Inseln mit *Baffinland, Victoriainsel, Ellesmereinsel* u. rd. 50 kleineren Inseln,

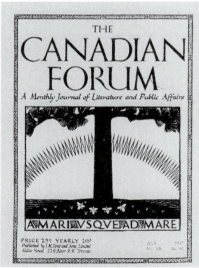

kanadische Literatur: In Literaturzeitschriften wie dem „Canadian Forum" wurden in den 1920er Jahren die Lösung vom romantischen Nationalismus und der Anschluss an die internationale Moderne vorbereitet

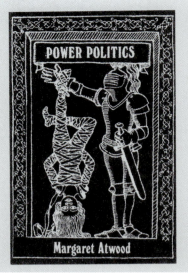

kanadische Literatur: In ihren späten Gedichten „Power Politics" (1971) setzte sich Margaret Atwood mit Geschlechterdifferenz auseinander

insgesamt etwa 1,3 Mio. km²; der nördl. Teil des kanadisch-arktischen Archipels heißt → Königin-Elisabeth-Inseln.

kanadische Kunst, die Kunst in Kanada seit der Kolonisation durch die Franzosen im 17. Jh. Bis in das 19. Jh. dominierten in der *Baukunst* nordfranzös. Einflüsse, zum Teil traditionelle, mittelalterliche Gebäudetypen. Durch den Anschluss an Großbritannien waren seit Ende des 18. Jh. brit. Architekturformen immer häufiger vertreten, so dass der Baustil der Städte uneinheitlich wurde. In den letzten Jahrzehnten setzte sich zunehmend der Einfluss moderner, US-amerikanischer Architektur durch. Auch in der *Malerei* waren anfangs europ. Einflüsse maßgebend, vor allem die französ. Landschaftsmalerei. Genregemälde gab es erst seit dem 19. Jh. Gegen Anfang des 20. Jh. entwickelte sich eine eigenständige Malerei (z. B. eine bes. Art des Impressionismus), u. allmählich vollzog sich die Abkehr von der realist. Darstellungsweise. Oft vertretene Stilrichtungen sind die *lyrische Abstraktion,* ferner Elemente der *Pop-Art* u. der *Op-Art.* Figurative Bilder mit einer deutl. Absetzung zu realistischen fotograf. Wiedergabe, aber auch Medien- u. Performance-Kunst mit einer krit. Betrachtung der Gesellschaft bestimmten die kanadische Kunst in den letzten Jahren.

◆ **kanadische Literatur.** Entsprechend der Besiedlungsgeschichte Kanadas, die neben dem älteren französ. Siedlungsraum einen jüngeren britischen entstehen ließ, gibt es zwei kanad. Literaturen, eine in französischer u. eine in englischer Sprache. Die *frankokanadische Literatur* entwickelte sich seit dem späten 18. Jh. u. folgte den Literaturepochen der französ. Literatur vom Klassizismus über die Romantik (L. H. *Fréchette*) bis zum Symbolismus (A. *Lozeau,* *1878, †1924). Der frankokanadische Roman des 19. Jh. zeigte eine Vorliebe für die Schilderung der heimischen Landschaft u. ihrer Menschen, zunächst in romantisch-idealisierter, später in realistischer Form. L. *Hémon* schilderte das Leben der französischen Siedler in dem Roman „Marie Chapdelaine" 1913, dt. 1951; im 20. Jh. kam es zu einer Erneuerung des Romans, insbesondere durch A. *Hébert,* die die komplizierte Erzähltechnik W. *Faulkners* anwendet, G. *Roy,* die sich durch verfeinerte psychologische Menschendarstellung auszeichnet, sowie M.-C. *Blais,* die das harte Leben kinderreicher Bauern schildert. Die wachsenden Unabhängigkeitsbestrebungen Quebecs vom anglophonen Kanada spiegeln sich wider in den experimentellen Werken von Jacques Ferron (*1921, †1985) u. Jaques Godbout (*1933). Einen bedeutenden Platz in der Lyrik nehmen Rina Lasnier (*1915, †1997), Gasron Miron (*1928) sowie die Feministin Nicole Brossard (*1943) ein.

Die *anglokanadische Literatur* beginnt mit dem 4-bändigen Briefroman „The history of Emily Montague" (1769) von F. *Brooke,* der ein lebendiges Bild Quebecs im 18. Jh. zeichnet. Der Roman „The clockmaker" 1837–1840 von T. *Haliburton* enthält Schilderungen mit treffsicherem, gelegentl. derben Humor. Namhafte Lyriker waren C. *Sangster* (*1822, †1893), C. *Roberts* u. D.C. *Scott* (*1862, †1947); am populärsten war der Balladendichter R.W. *Service,* dessen Werke Millionenauflagen erreichten. – Im 20. Jh. gewannen Roman u. Novelle an Bedeutung. Berühmt wurde M. *de la Roche* mit ihren Whiteoak-Romanen aus Ontario. Einer der bedeutenden Erzähler ist H. *McLennan* (*1907, †1990). Weltbekannt geworden ist auch M. *Atwood* mit psycholog. Erzählungen („Die Unmöglichkeit der Nähe") u. Romanen, die die gesellschaftl. Rolle der Frau thematisieren („Der Report der Magd"). Führende Vertreter der Postmoderne sind Robert *Kroetoch* (*1927) u. Jack *Hodgins* (*1938). Modernist. Lyrik schrieben Earle *Birney* (*1904, †1995) u. Dorothy *Livesay* (*1909, †1996). John *Herbert* (*1926), Sharon *Pollock* (*1936) u. David *Fennario* (*1947) gehören zu den wichtigen Dramatikern Kanadas.

kanadische Musik. Die folklorist. Musik Kanadas ist bestimmt durch die Gesänge der Indianer u. der Eskimo u. durch die Volksmusik französ. u. engl. Kolonisatoren. Bereits 1865 erschien eine erste Sammlung französ.-kanad. Volkslieder (Ernest *Gagnon*). Tiefer gehende Arbeiten verdankt man (seit 1916) dem Volksliedforscher Marius *Barbeau* (*1883, †1969). Wichtige Komponisten der Neuzeit sind Claude *Champagne* (*1891, †1965) u. Josephat Jean *Gagnier* (*1885, †1949) sowie für das englisch sprechende Kanada Ernest *MacMillan* (*1893, †1973). John *Weinzweig* (*1913) war führend am Aufbau eines kanad. Musiklebens beteiligt u. verwandte als erster Zwölftontechniken, Roger *Matton*

(* 1929) studierte in Paris u. schrieb an Volksmusik angelehnte Werke. Denys *Bouliane* (* 1955) studierte bei M. R. *Kagel* u. G. *Ligeti* u. lebt in Köln.

Kanadischer Schild, Teil der alten Landmasse *Laurentia,* ein Urkontinent, der schon zu Beginn des Präkambriums bestand. Der Kanadische Schild umfasste Ostkanada u. Grönland als Einheit u. ist das Kernstück des nordamerikan. Kontinents.

Kanadisches Becken, der kanadisch-alaskische Teil des Nordpolarmeers, vom *Sibir. Becken* (Makarowbecken) durch den *Alpharücken* getrennt. Am Westrand liegt, als nördl. Ausläufer des Tschuktschenschelfs, die *Tschuktschenkappe* u. im S, im Bereich der *Beaufortsee,* das *Beaufortplateau.*

Kanadisches Küstengebirge, *Coast Mountains,* stark gegliederte, z. T. vergletscherte Kordilleren an der Küste von British Columbia (Kanada), im *Mount Waddington* 4042 m hoch, rd. 1400 km lang; geht nach S in die *Cascade Range* (Kaskadengebirge) über.

Kanafani, Ghassan, palästinens. Schriftsteller, *9. 4. 1936 Akko, †8. 6. 1972 Beirut (ermordet); 1948 Flucht in arab. Nachbarstaaten wegen israel. Staatsgründung; PLO-Aktivist; seine Werke beschäftigen sich vor allem mit dem Schicksal des palästinens. Volkes; Werke: „Das Land der traurigen Orangen" 1963, dt. 1983; „Umm Saad" 1969, dt. 1981.

Kanaille [ka'naljе; die] → Canaille.

Kanaken [polynes., „Menschen"], ursprüngl. der Name für die Bewohner von *Hawaii* bzw. für Südseebewohner (Polynesier) im Allg.; auch als rassist. Schimpfwort gebraucht.

Kanal [lat. *canalis,* „Wasserröhre"], **1.** *Bauwesen:* künstl. Anlage zur Ab- oder Weiterleitung von Abwässern, Verbrennungsrückständen, Zu- u. Abluft. Auch → Kanalisation (1).
2. *Datenverarbeitung:* eine Einheit, um mit Hilfe eines Kanalprogramms ein oder mehrere Peripheriegeräte zu bedienen. Kanäle werden einerseits benötigt, um die → CPU (Zentraleinheit des Computers) zu entlasten, andererseits, um situationsunabhängig die Peripheriegeräte schnell bedienen zu können. Besonders wichtig sind: 1. *Bytemultiplexkanäle* zur parallelen Bedienung mehrerer langsamer Geräte, 2. *Blockmultiplexkanäle* zur parallelen Bedienung mehrerer schneller Geräte, 3. *Selektorkanäle* zur selektiven Bedienung mehrerer schneller Geräte.
3. *Fernsehen:* für die Übertragung von Fernsehdarbietungen nach internationalen Vereinbarungen zur Verfügung gestellter Frequenzbereich. Die Bereiche sind in *Bändern* zusammengefasst, von denen jedes mehrere „Kanäle" mit einer Breite von 7 oder 8 MHz enthält. – Die Bez. K. wird auch beim Telefon u. Telegrafen sowie beim Tonband u. bei der Schallplatte (→ Stereophonie) gebraucht.
◆ **4.** *Wasserbau:* künstl. Gerinne für Schifffahrt, Be- u. Entwässerung, Triebwasser von Kraftwerken u. a. – *Schifffahrtskanäle* überwinden Höhenunterschiede durch Schleusen, Schleusentreppen oder Schiffshebewerke. Den Scheitelhaltungen muss oft Wasser zugeführt werden, um die Verluste, die durch Verdunsten, Versickern u. a. an den Schleusen entstehen, zu ersetzen. Der Querschnitt ist so zu bemessen, dass zwei vollbeladene Regelfahrzeuge mit

Kanal (4): Erzfrachter auf dem Wellandkanal, der den Eriesee mit dem Ontariosee verbindet

angemessener Geschwindigkeit aneinander vorbeifahren können. Die Ufer sind gegen Wellenschlag zu sichern. Liegt der Kanalwasserspiegel höher als der Grundwasserspiegel, so ist das Kanalbett undurchlässig auszuführen.

Kanal, *Der Kanal, Ärmelkanal,* engl. *English Channel,* frz. *La Manche,* zum Nordatlant. Ozean zählendes Randmeer; im W durch die Verbindungslinie der Kaps von Cornwall (Großbritannien) u. Bretagne (Frank-
Fortsetzung S. 160

Kanal: Die wichtigsten Seekanäle der Erde

Kanal	Land	Eröffnung	Hergestellte Verbindung	Länge (km)	Tiefe (m)	Schleusen
Europa						
Nordostseekanal	Deutschland	21. 6. 1895	Nordsee–Ostsee	98,7	11,3	2
Nordseekanal	Niederlande	1876	Nordsee–IJsselmeer (Amsterdam)	27,0	15,0	4
Amsterdam-Rhein-Kanal	Niederlande	21. 5. 1952	Waal (Rhein)–IJsselmeer (Nordsee)	72,4	6,0	4
Brügger Seekanal[1]	Belgien	1907	Nordsee (Zeebrügge)–Brügge	12,0	8,5	–
Brüsseler Seekanal[1]	Belgien	1922	Brüssel–Antwerpen	32,0	6,4	4
Manchester-Kanal	Großbritannien	1894	Manchester–Liverpool (Irische See)	58,0	8,5	5
Alfons-XIII.-Kanal	Spanien	1926	Sevilla–Golf von Cádiz	85,0	–	8
Kanal von Korinth	Griechenland	9. 11. 1893	Ionisches Meer–Ägäisches Meer	6,5	7,0	–
Wolga-Don-Kanal	Russland	27. 7. 1952	Don (Schwarzes Meer)–Wolga (Kaspisee)	101,0	–	13
Moskaukanal	Russland	1937	Moskau–Wolga	128,0	5,5	11
Weißmeer–Kanal[2]	Russland	1933	Weißes Meer–Onegasee	227,0	5,0	19
Afrika–Asien						
Suezkanal	Ägypten	7. 11. 1869	Mittelmeer–Rotes Meer (Indischer Ozean)	161,0	12,9	–
Amerika						
Panamakanal	Panama	15. 8. 1914	Atlantik–Pazifik	81,3	13,7	6
Wellandkanal	Kanada	20. 4. 1931	Eriesee–Ontariosee	45,0	8,8	8
Sankt-Lorenz-Seeweg	Kanada/USA	1959	Montreal–Ontariosee	204,0	8,2	7
Cape-Cod-Kanal	USA (Mass.)	1914	Cape Cod Bay–Buzzard Bay	13,0	9,7	–
Houstonkanal	USA (Texas)	1940	Houston–Galveston (Golf von Mexiko)	91,2	10,3	–

Alle Kanäle sind für Seeschiffe befahrbar, außer: [1] bis 6000-t-Schiffe, [2] bis 3000-t-Schiffe

Kanada

Autokennzeichen: CDN

Fläche: 9970610 km²

Einwohner: 30,9 Mio.

Hauptstadt:
Ottawa

Sprache: Englisch, Französisch

Währung:
1 Kanadischer Dollar
= 100 Cents

Offizieller Name:
Kanada

Regierungsform: Parlamentar.
Monarchie im Commonwealth

Religion: Katholiken,
Protestanten

Nationalfeiertag: 1. Juli

Zeitzone: Mitteleuropäische
Zeit −4,5 bis −9 Std.

Grenzen: Im N Polarmeer, im O
Atlantischer Ozean, im S u. NW
Vereinigte Staaten von Amerika,
im W Pazifischer Ozean

Bruttosozialprodukt/Einw.:
20020 US-Dollar

Lebenserwartung: 79 Jahre

Landesnatur Das flächenmäßig zweitgrößte Land der Erde gliedert sich in 5 markante Großlandschaften: Das Gebiet der nördl. *Appalachen* mit New Brunswick u. Nova Scotia, Prince Edward Island u. der Insel Neufundland ist ein relativ kühles, ozeanisch feuchtes, durch zahlreiche Buchten gegliedertes, flaches Hügel- u. Mittelgebirgsland mit wenig fruchtbaren Böden, aber ansehnl. Bodenschätzen u. fischreichen vorgelagerten Gewässern.
Das 1000 km lange, fruchtbare Tiefland am *St.-Lorenz-Strom*, das ein angenehmes, mildes Klima aufweist, ist das „Herz Kanadas", das am dichtesten besiedelte Gebiet. Das „Zwischenseengebiet" der Ontariohalbinsel nördl. der Großen Seen, ein flaches Hügelland, hat reiche Bodenschätze u. ist ein wichtiges Industriegebiet mit mehreren größeren Städten.
Rund um die Hudsonbai schließt sich die archaische Landmasse des *Kanad. Schilds* (Laurentia) an, ein völlig abgetragenes u. vom Eis des Pleistozäns überformtes ehem. Gebirge, das an der Südostküste der Bai in das Hudsonbai-Tiefland übergeht; insges. macht der Schild rd. 50 % der gesamten Staatsfläche aus. Umfangreiche Lagerstätten konnten z. T. bereits erschlossen werden. Er ist im S von schütteren borealen Nadel-

wäldern, im N von den Moos- u. Heidelandschaften der Tundra bestanden u. löst sich am Polarmeer in zahlreiche große u. kleine Inseln auf, die teilweise kahl u. teilweise vergletschert sind.
Westl. des Schilds dehnt sich das Tiefland der *Großen Inneren Ebenen* aus, die nördl. Fortsetzung der ehem. Grasländer der Prärien (Great Plains) aus den USA, ein sehr trockenes, sommerwarmes Flachland (kontinentales Klima) mit fruchtbaren Böden, unübersehbaren Weizenfeldern u. fetten Weiden. Nach N gehen die Großen Inneren Ebenen in das arkt. Tiefland über, zugleich erfolgt damit der Übergang vom borealen Nadelwald im S über die Waldtrundra zur arkt. Strauch- u. Flechtentundra.
Die Kordilleren der *Rocky Mountains* mit den pazif. Küstenketten (Mount Logan 5951 m) umgeben die Hochbecken von British Columbia u. des Yukon Territory u. sind größtenteils von dichten Nadelwäldern bestanden, kühlgemäßigt u. reich an Erzen. Die Küste ist in fjordartige Buchten u. zahlreiche Inseln (die größte: Vancouver), die teilweise auch zu Alaska gehören, aufgelöst.
Das Land ist äußerst seenreich, die wichtigsten Gewässer sind die Hudsonbai, die Großen Seen sowie Großer Bärensee, Großer Sklavensee, Athabasca- u. Rentiersee. Die großen Ströme – St.-Lorenz-Strom, Mackenzie, Saskatchewan-Nelson, Churchill – sind 4–9 Monate im Jahr von Eis bedeckt. Sie werden immer mehr zur Energiegewinnung herangezogen. Für die Tierwelt sind im arkt. Gebiet Rentiere, Moschusochsen, Eisbären u. verschiedene Robbenarten u. a. typisch, im gemäßigten Raum Hirsche, Elche, Biber u. a.
K l i m a : Das Land gehört im N zur arkt. u. im S zur gemäßigten Klimazone. Der Winter kann 6 Monate oder länger andauern, im N sinken die Temperaturen dann unter −29 °C. Die Temperaturschwankungen sind beträchtlich u. häufig treten plötzliche Tauwetterperioden ein. Der Juli ist der heißeste Monat mit Durchschnittstemperaturen zwischen 15 und 21 °C.

Bevölkerung Die zu rd. 24% Französisch, sonst überwiegend Englisch sprechende Bevölkerung besteht aus eingewanderten Weißen verschiedener Herkunft, daneben zu 1,5% aus Indianern u. Inuit (Eskimo) sowie einigen Chinesen, Japanern u. Schwarzen. Annähernd die Hälfte ist brit.-irischer oder französ. Abstammung. Die kath. Kirche hat ca. 13 Mio. Anhänger; prot. Glaubensgemeinschaften zählen rd. 9 Mio. Mitglieder, sie sind in viele Kirchengruppen zersplittert. Die Bevölkerung verdichtet sich am St.-Lorenz-Strom u. an den Großen Seen sowie im Gebiet von Vancouver, so dass auf einem schmalen Streifen entlang der Südgrenze des Landes

Der Jasper-Nationalpark ist der größte Nationalpark Kanadas. Im Bild der Maligne Lake, dessen fichtenbestandene Insel für die dort lebenden Indianer heiliges Gebiet ist. Nach ihrem Glauben wohnen dort die Geister ihrer Ahnen

rd. 90 % der Bevölkerung auf nur etwa 10 % der Staatsfläche leben.

Bildungswesen Die Verantwortung für das Bildungswesen liegt in Kanada bei den Provinzregierungen. Primarschulen für die Kinder der Indianer u. der Inuit werden von der Bundesregierung unterhalten. Die Schulpflicht dauert vom 6. bis zum 15. bzw. 16. Lebensjahr. Die Einteilung der einzelnen Schulstufen ist in den Provinzen unterschiedlich geregelt. Den Grundschulen gehen Kindergärten (meist 2 Jahre) voraus. Die Primarschulen dauern 8 Jahre, die anschließenden Sekundarschulen (4 oder 5 Jahre) werden meist als Gesamtschulen (Comprehensive School) geführt. Die Ausbildung an den Grund-, Ober- u. höheren Schulen ist meist öffentl. u. kostenlos. Unterrichtssprache ist je nach Provinz Englisch oder Französisch. Die Ausbildung

kann an einer der 78 Universitäten des Landes weitergeführt werden.

Medien Die Größe des Landes führt dazu, dass die Zeitungen weitgehend regionale Bedeutung haben. Lediglich beim *Toronto Globe and Mail* wird mit Hilfe der Satellitentechnik eine nationale Ausgabe erstellt. Die wichtigsten Tageszeitungen der Provinzen sind in Alberta das *Edmonton Journal*, in British Columbia *The Vancouver Sun* u. *The Province*, in Manitoba die *Winnipeg Free Press*, in Ontario der *Toronto Star, The Globe and Mail* u. die *Toronto Sun* u. in Quebec *Le Journal de Montréal* u. *La Presse*. Auch die rd. 1100 Wochenzeitungen veröffentlichen meist lokale Informationen. Etwa 80 Zeitungen u. Zeitschriften richten sich an ethnische Gruppen. Nationale Bedeutung hat das *MacLean's Canada's Weekly Newsmagazine*. Wie in allen Me-

dienbereichen ist die Konkurrenz aus den USA beträchtlich. Unter den Nachrichtenagenturen hat *The Canadian Press* die größte Bedeutung. Radio, Fernsehen u. Kabelfernsehen werden von der staatl. *Canadian Broadcasting Corporation (CBC)*, die größtenteils aus öffentl. Mitteln finanziert wird, u. der *Canadian Radio-Television and Telecommunications Commission (CRTC)* geregelt. Die Programme werden in Französisch u. Englisch sowie in Dänisch u. in Inuit-Sprachen gesendet. Die CBC unterhält zahlreiche Stationen, denen auch private angeschlossen sind. Ebenso verhält es sich beim französischen u. englischen Fernsehnetz des CBC.

Wirtschaft Kanadas Landwirtschaft konzentriert sich auf vier räumlich voneinander getrennte Gebiete: der äußerste Südwesten, d. h. New Brunswick, Nova Scotia u. Prince

Holzflöße auf dem Frazer River in Ontario; forstwirtschaftliche Erzeugnisse stehen mit ihrem Exportwert in der Exportliste Kanadas an einer der ersten Stellen

Edward Island, mit Milchwirtschaft, Getreide-, Gemüse-, Kartoffel- u. Obstanbau sowie Geflügelzucht; das Tiefland am St.-Lorenz-Strom u. nördl. der Großen Seen mit Milchwirtschaft, Gemüse- u. Obstanbau sowie Spezialkulturen; der Südteil der Prärieprovinzen (Alberta, Saskatchewan, Manitoba; kurz „Alsama"), die Kornkammer des Landes, mit vorherrschendem Weizenanbau, nördl. davon mit gemischter Landwirtschaft u. in trockenen Bereichen mit Viehwirtschaft, u. die Flusstäler im S von British Columbia, mit Milchwirtschaft, Gemüse- u. Obstanbau, z.T. mit Bewässerung. Rund 40 % der kanadischen Agrarproduktion werden exportiert, hauptsächlich Getreide u. Getreideer-

zeugnisse (vor allem Weizen), Milch- u. Fleischwaren u. Obst.
Die atlant. Fischerei (die Neufundlandbank zählt zu den ertragreichsten Fischgründen der Welt) u. die pazif. Fischerei liefern Lachs, Kabeljau, Hummer, Hering u. a. Rund 27 % des Landes sind von produktivem Wald bedeckt; die Forstwirtschaft, aus verkehrstechn. Gründen auf die südl. Landesteile beschränkt, ist eine der Grundlagen der Wirtschaft: Holz- u. Holzerzeugnisse (Papier, Pulp, Zellstoff, Kunstseide u.a.) stehen mit rd. 11 % des Ausfuhrwerts an 3. Stelle der Exportliste hinter Autos u. Maschinenbauerzeugnissen mit 47 % bzw. Produktionsgütern mit 18 %.
Der Bergbau stützt sich auf ergiebige Lagerstätten im Kanad. Schild u. in den nördl. Appalachen. In der Uranförderung steht Kanada unter den Förderländern der Erde an 1. Stelle, mit Asbest, Cadmium, Nickel, Platin u. Zink an 2., mit Erdgas, Molybdän u. Kupfer an 3., mit Gold u. Magnesium an 4. Stelle (1997). Bedeutende Erdöl- u. Erdgasmengen stammen aus den Prärieprovinzen; die Kohleförderung in Alberta u. Nova Scotia nimmt zu. Wachsende Bedeutung hat die vielseitige, leistungsfähige Industrie, die bes. im südl. Quebec u. Ontario u. in British Columbia günstige Standorte findet.

Verkehr Das Eisenbahn- u. das Straßennetz sind im dichter besiedelten Gebiet gut u. hinreichend dicht, sonst jedoch sehr weitmaschig oder noch ganz unentwickelt. Für den Norden ist das Flugzeug das wichtigste Verkehrsmittel, auch für den Gütertransport. Bedeutend ist die Binnenschifffahrt auf dem St.-Lorenz-Seeweg u. auf den über den Strom für Hochseeschiffe zugänglichen Großen Seen. Die Haupthäfen sind Montreal, Toronto u. Halifax im atlant. Bereich, Vancouver am Pazifik.

Geschichte 1497 erreichte Giovanni *Caboto* (John Cabot), der den Seeweg nach Indien suchte, die kanad. Küste, vermutlich Labrador u. Cape Breton Island. 1534/35 erforschte Jacques *Cartier* den von ihm als Westpassage angesehenen St.-Lorenz-Strom (bis Hochelaga, heute

Montreal) u. nahm das Gebiet beiderseits des Flusses für Frankreich in Besitz. Der damit begründete Rechtstitel blieb erhalten, obwohl inzwischen Briten, Portugiesen u. Spanier mehrere Fischereiplätze auf Neufundland, Cape Breton Island u. auf Prince Edward Island einrichteten. Ein Rechtsanspruch der indian. Ureinwohner wurde bestritten.
Im 16. Jh. war das südwestl. Kanada von Stämmen der Hoka- u. Penuti-Sprachfamilien, der mittlere Süden u. der Osten mehrheitlich von nomadischen Stämmen der Algonkin-Sprachfamilie u. der Norden mehrheitlich von nomadischen Stämmen der athapaskischen Sprachfamilie besiedelt. Entlang der gesamten nördl. Küste lebten in vollkommener Anpassung an das Klima Eskimos, die schon lange vor der Entdeckung Amerikas Tauschhandel mit den Wikingern Grönlands getrieben hatten.

Das Museum of Civilization in Ottawa

Rivalität zwischen Franzosen und Briten: Aus dem irokesischen Wort „Kanata" für Dorfgemeinschaft leitete sich der schon im 16. Jh. gebräuchliche Name „Kanada" für das Siedlungsgebiet der Weißen ab. Seit 1603 entwickelte Samuel de *Champlain* den Pelzhandel mit den Huron- u. Algonkin-Indianern in Kanada. Er gründete Stützpunkte (Quebec, Sainte Croix u. Port Royal in Akadien, dem späteren Neuschottland). Port Royal wurde von den Briten angegriffen u. wechselte neunmal den Besitzer. Quebec musste 1629 vor den Engländern kapitulieren, kehrte jedoch 1632 unter die Herrschaft der von Richelieu geleiteten *Compagnie de la France Nouvelle* zurück. Die Gesellschaft verfügte über das Handelsmonopol, ernannte den Gouverneur u. ließ eine kath. Kirchenorganisation aufbauen.
Gefährten u. Nachfolger von Champlain, die sog. *Voyageurs*, Pelzhändler wie Etienne *Brulé*, Jean *Nicolet* u. Pierre *Radisson*, Médard *Chouart*, François *Daumont* u. Louis *Joliet*, durchdrangen die Wälder bis zum Mississippi. Ein Krieg gegen die Irokesen brachte Rückschläge (1642–1653). 1663 annullierte Ludwig XIV. den Freibrief

Eisenbahn in den Rocky Mountains

Fischerdorf auf Nova Scotia

der Compagnie. Seitdem wurde Kanada als königl. Kolonie von Beamten des französ. Souveräns regiert. Der Intendant Jean Baptiste *Talon* (* 1625, † 1694) schuf eine verbesserte Wirtschaftsstruktur. Höhepunkt dieser Entwicklung war die Zeit des Gouverneurs Louis Buade de *Frontenac* (* 1622, † 1698). Er ließ an den Großen Seen zahlreiche Forts errichten, entsandte eine Streitmacht gegen die 1670 unter dem engl. Prinzen Rupert gegr. Hudsonbai-Kompanie u. förderte Robert Chevalier de *La Salle,* der den Mississippi bis zur Mündung hinabfuhr (1682).

Im zweiten Irokesenkrieg 1684–1689 wurde das St.-Lorenz-Gebiet verwüstet, im Spanischen Erbfolgekrieg 1702–1713 Akadien. Im Frieden von Utrecht 1713 erhielt England das teilweise verlorene Hudsonbai-Territorium *(Rupert's Land)* zurück. Außerdem gewann Großbritannien die Gebiete an der St.-Lorenz-Bucht: Akadien, Neuschottland u. Neufundland, das „Tor zu Kanada". In Neuschottland gründeten engl. Kolonisten 1749 Halifax, das Flottenstützpunkt wurde.

Die französ. Kolonie begann sich in das Mississippital („Louisiana") auszudehnen. Ihre Bevölkerung umfaßte außer den nichtständigen Beamten, Soldaten u. Klerikern vorwiegend *Seigneurs* (Landadlige) u. *Habitants* (Bauern), außerdem *Coureurs de bois* (Waldläufer) u. deren Halbblut-Nachkommen *(Métis).* Ihre Zahl (1755: 60 000) blieb weit hinter den Einwohnerzahlen der angloamerikan. Kolonien (1755: 1,5 Mio.) zurück.

Die kriegerischen Auseinandersetzungen wurden mit Hilfe der Indianer fortgesetzt (1740–1748, 1756–1763). Nach dem Sieg des engl. Generals James *Wolfe* (* 1727, † 1759) auf den Abrahamsfeldern kapitulierte Quebec, bald auch Montreal. Eine Erhebung des Ottawa-Häuptlings *Pontiac* u. der von ihm geschaffenen Konföderation indian. Stämme vermochte diese Entscheidung nicht rückgängig zu machen. Im Frieden von Paris 1763 trat Frankreich seine gesamten nordamerikan. Festlandsbesitzungen an Großbritannien ab.

Die englische Kolonie: Großbritannien garantierte den Franzosen in Kanada ihr Eigentum u. Religionsfreiheit. Wegen der drohenden amerikan. Revolution wurde dies vom Londoner Parlament noch einmal durch den *Quebec Act* 1774 bestätigt. Auch die Privilegien der kath. Kirche sowie die französ. Zivilrechtsordnung gewährleistete das Gesetz. Damit gewann Großbritannien die Frankokanadier für sich. Unter General Sir Guy *Carleton* schlugen sie einen Angriff US-amerikan. Revolutionäre auf Quebec 1775/76 zurück. Im Frieden von Versailles 1783 blieb die Kolonie als *British North America* beim Empire. Gleichzeitig wanderten 35 000 Royalisten aus den USA nach Kanada ein.

1791 gewährte das Londoner Parlament dem Land in der *Canada Bill* Steuerfreiheit u. eigene Verwaltungsorgane. Quebec wurde in Oberkanada (vorwiegend engl.) u. Unterkanada (französ.) geteilt. Die beiden nach Sprache, Religion u. polit. Anschauungen grundverschiedenen Bevölkerungselemente sollten getrennt nebeneinander leben. Die Privilegien der Hudsonbai-Kompanie blieben bestehen. „Hausierer" dieser Gesellschaft *(Hawkers)* drangen in die Rocky Mountains vor. Sir Alexander *Mackenzie* erreichte den Pazifik (1793). Kapitän George *Vancouver* erforschte die Küstengewässer u. den Unterlauf des Columbia River (1791–1795).

Als der Gouverneur von Kanada den Shawnee-Häuptling *Tecumseh* u. seinen Stammesbund im Kampf gegen die USA unterstützte, kam es zum Konflikt. Im Krieg 1812–1814 erwehrte sich Kanada US-amerikan. Angriffe. Der Friede von Gent (1814) besiegelte den Vorkriegszustand. Die Grenzfragen blieben offen. Unter dem Druck Londoner Bankhäuser verzichteten die USA jedoch auf Fischereirechte in kanad. Gewässern.

Ein Streit zwischen der Hudsonbai-Kompanie u. einer Nordwest-Kompanie wurde 1821 durch engl. Vermittlung beigelegt. Beide Pelzhandelsgesellschaften vereinigten sich. Seit 1830 wanderten jährlich etwa

Große, regelmäßige Weizenfelder bestimmen das Landschaftsbild der Prärieprovinzen; im Bild eine Bauerngenossenschaft in Saskatchewan. Typisch sind die Silos entlang der Bahnlinie, die das flache Land weithin überragen

Kanada

Blick auf das Gelände der Weltausstellung von 1967 in Montreal

50 000 Engländer u. Iren nach Kanada ein, dessen Bevölkerung auf 1 Mio. Einwohner stieg. Die Frankokanadier gerieten dadurch in die Minderheit u. griffen aus Sorge vor Überfremdung stellenweise zu den Waffen. 1837/38 u. 1841 kam es (auch wegen neuer Streitigkeiten mit Großbritannien) unter William L. *Mackenzie* u. Louis *Papineau* zu Erhebungen. Der Gouverneur Lord *Durham* forderte für Kanada koloniale Selbstverwaltung. Das Londoner Parlament wies diesen Gedanken noch zurück, leistete aber 1840 mit einem *Canada Union Act*, der Wiedervereinigung von Oberkanada u. Unterkanada, der Dominion-Konzeption Vorschub.
Besitzansprüche der USA u. Kanadas im Gebiet nördlich des Columbia River wurden 1846 durch Teilungsvertrag *(Oregon Settlement)* geregelt. Der vorausgegangene Streit hatte den kanad. Patriotismus geweckt. Eine „Unionsbewegung" vorwiegend angelsächs. Kräfte, als deren Führer John A. *Macdonald* hervortrat, verlangte Autonomie für Kanada. Ein wirtschaftl. Aufschwung förderte diese Bestrebungen. Grenzübergriffe irischer Rebellen aus den USA beunruhigten das Mutterland, zumal solche Aktionen auch andere Kolonien bedrohten.
Das Dominion of Canada: Die Entscheidung fiel im Zusammenhang mit dem US-amerikan. Sezessionskrieg. Versammlungen in Charlottesville u. Quebec 1864 bereiteten die Konföderation der brit.

Königin Elisabeth II. und Premierminister Trudeau bei der Unterzeichnung des Canadian Act am 17. 4. 1982

Kolonien („Von Meer zu Meer") vor. Aus Furcht vor neuen Angriffen der USA, die Vancouver beanspruchten und Alaska kauften, verabschiedete das Londoner Parlament 1867 den *British North America Act*. Er bildete die Grundlage für das *Dominion of Canada*, bestehend aus Quebec u. Ontario, Neuschottland (Nova Scotia) u. Neubraunschweig (New Brunswick). Als die Nachfolgerin der alten Pelzhandelsgesellschaften ihre Eigentumsrechte an das Dominion verkaufte (1869), war der Weg frei zur Bildung neuer Territorien u. Provinzen: Saskatchewan u. Alberta (1870), das mit Vancouver vereinigte Manitoba u. British

Columbia (1870/71). Auch Prince Edward Island schloss sich Kanada an (1873).
Die Konservativen u. Liberalen hatten polit. Parteien gegründet. Sie bestimmten die weitere Entwicklung, wobei sich der liberale Premierminister Alexander *Mackenzie*, der konservative Premierminister Sir John *Macdonald* u. der liberale Premierminister Sir Wilfried *Laurier* ablösten. 1876 erhielt das Dominion einen Obersten Gerichtshof, dessen Rechtsprechung der zentralen Regierungsgewalt erweiterte Befugnisse zuerkannte.
Eine unter Donald *Smith* 1880 gegründete Eisenbahngesellschaft *(Canadian Pacific Railway Company)* begann die Verkehrslücke zwischen den Großen Seen u. der Küste des Pazifik zu schließen. Die hier lebenden Métis u. Indianer widersetzten sich dem Eisenbahnbau, unterstützt von einer US-amerikan. Konkurrenzfirma. Der Aufstand des Louis *Riel* wurde blutig niedergeschlagen. 1885 war die transkontinentale Verbindung zwischen der Ost- u. Westküste hergestellt. Kanada entwickelte sich zu einem der größten Getreideproduzenten. Außer Weizen brachte es Nutzholz u. Pelze, Asbest, Kohle u. Erze aller Art auf den Weltmarkt. Mit dem Interesse am Überseehandel wuchsen die außenpolit. Probleme. Die Regierung entsandte Truppen zur Teilnahme am Burenkrieg (1899–1902) u. am 1. Weltkrieg (1914–1918). England konnte die zunehmende Bedeutung seiner ehem. Kolonie nicht übergehen. Auf der Empire-Konferenz von 1926 musste es dem Dominion das Recht einräumen, Verträge mit anderen Mächten zu schließen. 1927 trat Kanada in den Völkerbund ein. Im Westminsterstatut von 1931 erhielt das Dominion weit gehende Autonomie u. das

Mitspracherecht in Angelegenheiten des Commonwealth. Ein *Visiting Forces Act* regelte 1933 die militärischen Verpflichtungen des Landes.
Souveräner Staat im Commonwealth: In der Weltwirtschaftskrise waren Kanadas Exporte rückläufig. Die Regierung des Premierministers William Lyon Mackenzie *King* suchte daher vom *Newdeal* der USA zu profitieren. Ebenso orientierte sich die in Quebec entstandene Bewegung des *non-engagement* an dem US-amerikan. Isolationismus. Doch 1939 drängten bes. Frankokanadier, die ihrem franz. Mutterland helfen wollten, zur Kriegserklärung an das Deutsche Reich. Im 2. Weltkrieg (1939–1945) hatte Kanada von allen Commonwealth-Staaten neben England das größte wirtschaftl. u. militär. Gewicht. Die Niederlage von Dünkirchen (1940) führte zur Vertrauenskrise zwischen Ottawa u. London, zumal Kanada nicht im Obersten Kriegsrat der Alliierten vertreten war. Mit dem Abkommen von Ogdensburg (1940) näherte sich Mackenzie King weiter den USA. Zwei der interalliierten Konferenzen wurden nach Quebec einberufen (1943, 1944).
Der US-amerikan. Einfluss u. das weltpolit. Engagement blieben nach dem Kriege bestehen. Kanada wurde Gründungsmitglied der UNO (1945) u. der NATO (1949). Newfoundland, dessen Selbstverwaltung seit der Weltwirtschaftskrise geruht hatte, trat 1949 dem Dominion of Canada bei, ohne dass die USA dort ihre 1940 erworbenen Militärbasen aufgeben mussten. Kanada unterstützte den Nachbarstaat im Koreakrieg (1950–1953) u. stellte Stationierungsstreitkräfte für die BR Deutschland. Unter Führung von J. *Diefenbaker* gelang es

der Progressiv-Konservativen Partei 1957, die seit 1935 regierenden Liberalen in der Staatsführung abzulösen. Diefenbaker bemühte sich bes. darum, Nachteile der kanad. Industrie im Verhältnis zu den USA abzubauen. Er scheiterte jedoch mit seiner Wirtschaftspolitik, so dass nach den Wahlen 1963 erneut die Liberalen die Regierung übernahmen. Unter den Premierministern L. *Pearson* (1963–1968) u. P. E. *Trudeau* (1968–1979 u. 1980–1984) vermied Kanada das weitere Engagement auf US-amerikanischer Seite in Ostasien. Die Regierung Trudeau suchte engeren Kontakt zur EG u. zur Dritten Welt. Im Rahmen der MBFR-Verhandlungen u. der KSZE beteiligte sich Kanada an der Abrüstungs- u. Entspannungspolitik der 1970er u. 1980er Jahre. Ebenso wie die progressiv-konservative Zwischenregierung von J. *Clark* 1979/80 bekam es Trudeau im Innern mit zentrifugalen polit. Kräften zu tun. Eine partikularistische Partei („Parti Québécois") unter R. *Lévesque* hatte 1973 die Gleichberechtigung der französ. Sprache durchgesetzt u. 1976 Provinzwahlen in Quebec gewonnen. 1980 suchte sich Lévesque durch eine Volksabstimmung das Mandat für Verhandlungen über eine Loslösung Quebecs aus dem kanad. Staatsverband zu beschaffen; dies wurde von der Mehrheit abgelehnt. Die jahrzehntelangen Bemühungen, den alten British North America Act von 1867 durch eine neue verfassungsmäßige Ordnung abzulösen, führten 1981 zum Erfolg. Die Bundesregierung einigte sich mit den 9 anglophonen Provinzen auf den Entwurf für ein Verfassungsgesetz; nur Quebec lehnte ihn ab. Nachdem das kanad. Unterhaus den Entwurf angenommen u. das brit. Unterhaus ihm zugestimmt hatte, wurde der Canadian Act 1982 in Kraft gesetzt. Die Parlamentswahlen 1984 u. 1988 gewannen die Progressiv-Konservativen unter B. *Mulroney*. 1990 scheiterte das sog. Meech-Lake-Abkommen, mit dem u. a. ein Sonderstatus für Quebec (distinct society) fest-

geschrieben werden sollte. Um die daraus resultierende institutionelle Krise zu beenden, legte die Regierung 1991 einen neuen Verfassungsentwurf vor, der u. a. eine Senatsreform, eine weitere Dezentralisierung sowie Sonderrechte für Quebec vorsah. Die Verfassungsreform scheiterte aber 1992 in einem Referendum. Daraufhin erklärte Mulroney 1993 seinen Rücktritt als Parteiführer u. Premierminister. Unter der Führung seiner Nachfolgerin K. *Campbell* mussten die Progressiv-Konservativen bei den Parlamentswahlen im Oktober 1993 eine vernichtende Niederlage hinnehmen. Sie verloren 152 von 154 Mandaten. J. *Chrétien* von der siegreichen Liberalen Partei wurde neuer Premierminister. Am 1. 1. 1994 trat das NAFTA-Abkommen in Kraft, mit dem Kanada, Mexiko u. die USA eine nordamerikan. Freihandelszone errichteten. 1995 scheiterte in Quebec erneut ein Referendum, das zur Unabhängigkeit der Provinz führen sollte. Bei vorgezogenen Neuwahlen im Juni 1997 gaben die Wähler der Regierung Chrétien ein Mandat für eine weitere Amtszeit. Zum 1. 4. 1999 erhielten die kanad. Inuit ein eigenes Territorium (Nunavut) mit weit gehenden Selbstverwaltungsrechten. Auf Grund der guten Wirtschaftslage konnte Chrétien mit seiner liberalen Partei auch die Wahlen im November 2000 gewinnen.

Politik Auf Basis des *Canadian Act* (am 17. 4. 1982 in Kraft getreten) ist Kanada ein Bundesstaat mit parlamentar. Regierungsform.
Nominelles Staatsoberhaupt ist die brit. Königin; sie wird vertreten durch den Generalgouverneur, den sie auf Vorschlag der kanad. Regierung ernennt. Kanadas Parlament hat 2 gleichrangige Kammern: Oberhaus (Senate), mit 105 ernannten Mitgliedern, die die Provinzen u. Territorien vertreten; Unterhaus (House of Commons) mit 301 auf 5 Jahre vom Volk gewählten Abgeordneten. Es besteht Mehrheitswahl-

recht nach engl. Muster. Die Exekutive liegt formal beim Generalgouverneur, tatsächlich bei der parlamentar. Kabinettsregierung, deren Premier zugleich Führer der Mehrheitspartei ist.
Die Provinzen haben eigene Parlamente u. Regierungen u. genießen weit gehende Selbstverwaltung. Der Generalgouverneur wird in jeder Provinz durch einen Vizegouverneur vertreten.
Die Traditionsparteien Kanadas sind die sozialliberale Liberal Party u. die Progressive Conservative Party, die in ihrer Programmatik den brit. Konservativen gleicht. Die New Democratic Party hat eine sozialdemokrat. Ausrichtung. Die Interessen der Frankokanadier vertritt auf Bundesebene der 1990 gegr. Bloc Québécois. Der Parti Québécois tritt in Quebec für die Souveränität der Provinz ein. Die Reform Party repräsentiert das rechtskonservative Lager. Recht u. Rechtsprechung sind nach engl. Vorbild aufgebaut, nur in Quebec orientieren sie sich am französ. Vorbild.

Militär Die „Kanadischen Streitkräfte" (engl. *Canadian Armed Forces*, Abk. *CAF*) sind ein stehendes Heer auf der Basis freiwilligen Wehrdienstes von Soldaten auf Zeit mit einer aktiven Dienstzeit von 4 Jahren und haben keine Unterteilung in Teilstreitkräfte. Statt dessen gibt es 10 Kommandos, von denen das so genannte *Mobile Command*, eine Zusammenfassung aller operative Landstreitkräfte sowie der taktischen Luftstreitkräfte in Kanada, das wichtigste ist, u. zwar als Eingreifreserve bei lokalen Konflikten. Die Gesamtstärke beträgt 83 000 Mann (Landstreitkräfte 33 000, Seestreitkräfte 14 000, Luftstreitkräfte 36 000), wobei das Schwergewicht auf die Luftverteidigung des Landes gelegt wird. Die kanadischen Truppen erfüllen außerdem NATO-Verpflichtungen (1 Infanterie-Brigade u. 3 Fliegerstaffeln sind als assignierte Streitkräfte in Deutschland. stationiert) u. Aufgaben der UN-Friedensstreitmacht.

Eine der Versammlungen (Quebec 1864) der „Väter der Konföderation", die das „Dominion of Canada" vorbereiteten

reich), im O durch die *Straße von Dover (Pas de Calais)* begrenzt; dort nur 33 km breit. Die größte Tiefe ist 170 m. Im K. treten starke Gezeiten auf mit Hüben zwischen 2 u. 8 m, bis 11,5 m in der Bucht von St. Malo. Das milde Klima, insbes. der Kanalinseln vor der franzöS. Küste, wird durch vorherrschende atlantische Winde bestimmt. Im Winter ist der K. sturm-, im Frühjahr nebelgefährdet. Größere Häfen sind Plymouth, Southampton, Portsmouth, Le Havre u. Cherbourg. 1994 wurde der Bau eines Eisenbahntunnels (→ Eurotunnel) unter dem K. abgeschlossen.

Kanal, Jerzy, Vors. der Jüd. Gemeinde in Berlin (1992–1997), * 20. 7. 1921 bei Kalisch.

Kanalabstand, Frequenzdifferenz der modulierten (→ Modulation) Träger zweier Funksender. Die Kanalabstände sind international festgelegt. Auch → Kanal (3).

Kanalbauer, *Kanalbauerin,* zweite Stufe der anerkannten Stufenausbildung in der Bauwirtschaft; Ausbildungsdauer 1 Jahr; baut auf einer 2-jährigen Ausbildung zum Tiefbaufacharbeiter auf. K. bauen Entwässerungsanlagen u. verlegen Rohre für die Kanalisation.

Kanalgas, aus Ammoniak, Kohlendioxid, Methan u. Schwefelwasserstoff bestehendes, übel riechendes Gasgemisch, das bei Konzentration giftig ist. Kanalgase entstehen in der Kanalisation u. in Senkgruben. Um das Eindringen der Kanalgase in die Wohnungen zu verhüten, werden *Geruchverschlüsse* (Wasserverschlüsse) u. Entlüftungen eingebaut.

◆ **Kanalinseln,** *Normannische Inseln,* engl. *Channel Islands,* frz. *Îles de la Manche,* selbständige (seit 1204) brit. Inselgruppe (unmittelbar unter Oberhoheit der brit. Krone), vor der franzöS. Küste, westl. der Halbinsel Cotentin; 3 größere *(Alderney, Guernsey, Jersey)* u. 6 kleinere Inseln (Brechou, Burhou, Herm, Jethou, Libou, Sark), zusammen 195 km², 151 000 Ew.; Hptst. *St. Hélier* auf Jersey; mildes Seeklima; Gemüse- u. Obstanbau, Fischerei, Fremdenverkehr. Die Bewohner sprechen Französisch (z. T. normann. Dialekt) u. Englisch.

Kanalisation, 1. *Abwasserbeseitigung:* unterirdisch verlegtes Abwasserkanalsystem zur Aufnahme des anfallenden häusl. u. gewerbl. Abwassers sowie des abzuleitenden Niederschlagswassers. In mit leichtem Gefälle verlegten Rohren u. Bauwerken aus Steinzeug, Beton, Stahlbeton, Asbestzement, Mauerwerk, Gusseisen oder Kunststoff wird das Abwasser durch natürliche Schwerkraft in Freispiegelleitungen oder auch mittels Druck oder Vakuum zur → Kläranlage geleitet.
Es wird unterschieden: *Mischsystem* (häusl. u. gewerbl. Abwasser u. Niederschlagswasser in einem Kanal) u. *Trennsystem* (Abwasser u. Niederschlagswasser in getrennten Kanälen). Bauwerke der Ortsentwässerung sind: Straßenabläufe, Schacht-, Verbindungs-, Untersturz- u. Kreuzungsbauwerke, Regenwasserrückhaltebecken, Entlastungsbauwerke, Abwasserpumpwerke, Kanalausmündungen, Kläranlagen u. a. Auch → Vorfluter.

Kanalinseln: Die Festung Mont Orgueil bei Gorey auf Jersey

2. *Schifffahrt:* Kanalisierung, das Ermöglichen oder Verbessern der Schifffahrt auf Flüssen durch Stauwehre u. Schleusen, ergänzt durch Begradigung u. Eintiefung des Flusslaufs.

Kanalofen, *Keramik* → Kühlofen.

Kanalschifffahrt → Binnenschifffahrt.

Kanalschwimmen, das Langstreckenschwimmen durch den Ärmelkanal, bes. von Frankreich (Kap Gris Nez) nach Großbritannien (Dover); erste Überquerung durch M. *Webb* (Großbritannien) am 1. 8. 1875 von Dover nach Calais in 21:45 h Der Argentinier A. *Abertondo* durchschwamm 1961 als Erster den Kanal in beide Richtungen in 43:05 h Als Wettbewerb wurde das K. 1950–1959 von einer brit. Zeitung durchgeführt. Vorbereitungs- u. Sicherheitsmaßnahmen: Einfetten (gegen Unterkühlung), Augenbrillen (gegen Salzwasser) u. Bootsbegleitung. – Bei der brit. Kanalschwimm-Vereinigung *(Channel Swimming Association)* werden alle Rekorde im K. registriert.

Kanalstrahlen, Strahlen positiver Ionen, die aus einer Kathodenstrahlröhre durch die „Kanäle" einer durchlochten Kathode heraustreten.

Kanalwaage, ein u-förmiges, mit farbiger Flüssigkeit zum Teil gefülltes Glasrohr. Die beiden Flüssigkeitsspiegel dienen zum Visieren u. damit zu einer annähernden Höhenermittlung.

Kanamycin [grch.], *Resistomycin,* ein Antibiotikum aus *Streptomyces kanamyceticus;* wirksam gegen grampositive und gramnegative Erreger, besonders auch gegen sol-

che, die gegen andere Antibiotika resistent sind.

Kananga, bis 1966 *Luluabourg,* Hptst. der Prov. Westkasai in der Demokrat. Rep. Kongo, 393 000 Ew.; Metall-, Textil- u. Nahrungsmittelindustrie; Handelszentrum; Straßenknotenpunkt, Flugplatz.

Kanangaöl [austrones.], aus den Blüten des südostasiat. Baums *Cananga odorata* gewonnenes, für die Parfümerie wichtiges äther. Öl; ähnl. dem *Ylang-Ylang-Öl* (→ Ilang-Ilang).

Kanapee [das; frz.], Sitzsofa des 18. u. 19. Jh. mit hoher Rückenlehne u. niedrigeren Seitenlehnen; speziell das Biedermeiersofa.

Kanapees, Brothäppchen, → Canapés.

Kanara, *Kannada Pathar,* Landschaft an der mittleren ind. Westküste, zwischen Goa im N u. Mangalore im S, rd. 200 km langer Küstensaum im Übergang von der Konkanzur Malabarküste; Siedlungsgebiet für rd. 2,5 Mio. Ew. *(Kanaresen)* mit eigener Sprache u. tradiertem Mutterrecht.

Kanarenschwelle, sehr schwach ausgeprägte atlant. Schwelle, erstreckt sich von den *Kanarischen Inseln* durch das *Kanarische Becken* westwärts zum *Mittelatlant. (Nordatlant.) Rücken.* Auf ihrem Westteil liegen mehrere Kuppen *(Große Meteorbank* – 275 m). Sie teilt das Kanar. Becken in ein nördliches u. ein südliches.

Kanarenstrom, kühle Meeresströmung vor der nordwestafrikan. Küste; sie setzt zum Teil einen bei den Azoren südwärts abbiegenden Zweig des Nordatlantischen Stromes fort, zum Teil handelt es sich um

Auftriebswässer, die von dem ablandigen Nordostpassat vor der nordwestafrikan. Küste an die Oberfläche gebracht werden.

kanaresische Sprache → Kannada.

Kanaríbaum [mal.], *Canarium*, tropisch-asiatische Gattung der *Burseragewächse (Burseraceae)*; Bäume, die die essbaren *Kanarinüsse* u. das brennbare *Kanariharz* liefern.

Kanariengras, *Kanarienhirse, Phalaris canariensis*, in Südeuropa heimisches *Glanzgras*, zu den *Süßgräsern (Poaceae)* gehörend; liefert den als Vogelfutter benutzten *Kanariensamen*.

Kanarienhirse, *Phalaris canariensis* → Kanariengras.

Kanariennüsse, *Kanarinüsse*, die Früchte des → Kanaribaums. Auch → Canarium.

◆ **Kanarienvogel** [nach den *Kanar. Inseln*], Zuchtrasse des *Kanariengirlitz, Serinus canaria*, der 1478 in Europa eingeführt u. seitdem in zahlreichen Schlägen gezüchtet wird, die sich in Farbe *(Farbkanarien)*, Gestalt *(Gestaltskanarien)* u. Gesang (z. B. → Harzer Roller) unterscheiden. Nach der graugrünen Wildfarbe tauchten Anfang des 20. Jh. die ersten gelben Kanarienvögel auf; durch Einkreuzung (Karmingimpel, Kapuzenzeisig) u. durch Fütterung roter Farbstoffe (Carotine) entstanden orangefarbene u. rote Farbschläge.

Kanaris, Konstantin, griech. Freiheitskämpfer u. Politiker, *um 1790 auf Psara, † 14. 9. 1877 Athen; erfolgreich im Seekampf gegen die Türken; 1843/44 u. 1854 Marine-Min.; 1844, 1848/49, 1862, 1864/65 u. 1877 Min.-Präs.; Gegner der absoluten Monarchie, trat für eine Verfassung ein.

Kanarische Inseln

◆ **Kanarische Inseln,** *Kanaren*, span. *Islas Canarias* [„Hundeinseln"], die antiken „Inseln der Glückseligen", span. Inselgruppe vor der afrikan. Nordwestküste. Sie bilden zwei Provinzen des span. Mutterlands, die die Inseln *Fuerteventura, Gran Canaria* u. *Lanzarote* mit der Hptst. *Las Palmas* sowie *Gomera, Hierro, La Palma* u. *Teneriffa* mit der Hptst. *Santa Cruz (de Tenerife)* umfassen, zusammen als Region 7273 km², 1,5 Mio. Ew. Zur östl. Inselgruppe gehören die „Isletas" *Graciosa, Montaña Clara* u. *Alegranza* nördl. von Lanzarote sowie *Lobos* nördl. von Fuerteventura.

Die vulkan. Inseln steigen aus tiefem Meer (zwischen einzelnen Inseln über 1000 m tief) zu ansehnlichen Höhen auf *(Pico de Teide* 3718 m). Die bis in neuere Zeit tätigen Vulkane sind von tiefen Trockenschluchten, den *Barrancos*, zerschnitten. Das Klima ist ozean.-subtrop. mit Winterregen u. ausgesprochener Höhenstufung; die beiden

Kanarienvogel, Zuchtform des Kanariengirlitz, Serinus canaria

festlandsnahen Inseln Fuerteventura u. Lanzarote erhalten weniger als 200 mm Niederschlag im Jahr u. haben unter Staubstürmen aus der Sahara zu leiden. Die natürl. Vegetation ist auf den beiden östl. Inseln („Purpurarien") halbwüstenhaft; auf den fünf übrigen („Fortunaten") besteht sie aus Lorbeer- u. Kiefernwäldern sowie Sukkulentenbusch.

Die span., kath. Bevölkerung ist aus der Urbevölkerung, den berber. Guanchen, hervorgegangen, die sich mit den span. Eroberern im 15. Jh. vermischten. – Die Landwirtschaft wird überall intensiv betrieben, als Bewässerungsanbau oder – bes. auf Lanzarote – mit Trockenfeldbaumethoden. Für den Export werden Bananen, Tomaten u. Frühkartoffeln kultiviert, für den Lokal-

bedarf Mais, Weizen, Gerste, Hülsenfrüchte, Gemüse u. Futterpflanzen. Relikte des früher weit verbreiteten Weinbaus u. der Cochenillezucht auf Opuntien gibt es noch auf Lanzarote.

Bedeutend sind die Hochseefischerei u. die Fischkonservenfabriken; eine Ölraffinerie u. eine Kunstdüngerfabrik sind Anfänge der Industrie. Die beiden größten Inseln, Gran Canaria u. Teneriffa, die zugleich die am dichtesten besiedelten sind, weisen stark zunehmende Bevölkerungszahlen auf.

Ständig wächst der Fremdenverkehr, der neben Teneriffa, Gomera, La Palma u. Gran Canaria auch Lanzarote u. Fuerteventura erfasst. Die Inseln haben untereinander Flugverbindungen, außerdem sind sie Luft- u. Seestützpunkte auf dem Weg von Europa nach Südamerika u. Westafrika.

Geschichte: Die Kanarischen Inseln waren wohl schon den Phöniziern bekannt; von den Römern erhielten sie die Bezeichnung „Inseln der Glückseligen". Im 11. Jh. von den Arabern wieder entdeckt u. besiedelt, wurden sie Anfang des 15. Jh. von dem in span. Diensten stehenden Normannen J. de *Bethancourt* erobert. Aber erst Ende des 15. Jh., als die Portugiesen 1479 im Frieden von Alcáçovas die span. Ansprüche anerkannten u. auch die letzten Inseln des Archipels (Gran Canaria 1483, La Palma 1491 u. Teneriffa 1496) besetzt worden waren, wurde die gesamte Inselgruppe in Besitz genommen. In der Folgezeit wurde sie vor allem als Ausgangsbasis für span. Kolonisationsversuche in Amerika benutzt. Auf den inzwischen zum span. Territorium erklärten Kanaren wurde 1902 ein Aufstand niedergeschlagen, der das Ziel hatte, die Inselgruppe von Spanien zu lösen. 1927 erfolgte die Teilung in zwei Provinzen.

Kanarische Inseln: Blick auf die Hauptstadt Santa Cruz de Tenerife

General *Franco* benutzte die Kanarischen Inseln 1936 als Ausgangsbasis für seinen Putsch gegen die span. Regierung. Die beiden Prov. besitzen seit 1983 ein Autonomiestatut.

Kanarische Margerite → Chrysanthemum.

Kanarischer Drachenbaum, *Dracaena draco* → Drachenbaum.

Kanarisches Becken, Meeresbecken vor der afrikan. Nordwestküste, zwischen Azorenschwelle im N u. Kapverdenschwelle im S u. dem Mittelatlant. Rücken im W, bis 6501 m tief. Durch das Kanarische Becken verläuft die schwach ausgeprägte *Kanarenschwelle.*

Kanazawa [-zava], *Kanasawa,* japan. Präfektur-Hptst. auf Honshu, nördl. von Nagoya am Japan. Meer, 454 000 Ew.; Universität (1949), Hochschule für Kunst; Kenrokuen-Park (berühmter japan. Landschaftsgarten); Handelszentrum; Metall-, Porzellan- u. Seidenindustrie.

Kanchanaburi [kaːntʃanabuˈriː], Prov.-Hptst. in Zentralthailand, nordwestl. von Bangkok, am Zusammenfluss von Khwae Noi (River Kwai) u. Mae Khong, 40 800 Ew.; in der Umgebung Anbau von Zuckerrohr, Tabak, Maniok, Mais, Hirse, Baumwolle.

Kanchenjunga, *Kangchenjunga, Kangtschendsönga, Gangtschhendsönga,* ein stark vergletschertes, fünfgipfeliges Bergmassiv im östl. Himalaya, auf der Grenze zwischen Nepal u. Sikkim (Indien), mit 8586 m der dritthöchste Gipfel der Erde; 1955 von einer brit.-neuseeländ. Expedition erstmals bestiegen.

Kanchipuram [ˈkaːntʃiː-], bis 1949 *Conjeeveram,* südindische Stadt in Tamil Nadu, südwestl. von Madras, 139 000 Ew.; Wallfahrtsort, eine der sieben heiligen Städte der Hindu, zahlreiche Tempel (meist 7. u.

8. Jh.); Agrarmarkt (bes. für Reis); Töpferhandwerk; Herstellung von Seidensaris.

Kand [osttürk.], Bestandteil geograph. Namen: Siedlung, Dorf.

Kandahar, *Kandahar-Skirennen, Arlberg-Kandahar-Skirennen,* ein aus Tor- u. Abfahrtslauf kombiniertes alpines Skirennen, 1928 erstmalig von dem Engländer A. *Lunn* bei St. Anton am Arlberg durchgeführt; benannt nach dem Stifter des Preispokals, General F. S. *Roberts, Earl of K.;* alljährlich wechselweise in St. Anton (Österreich), Mürren (Schweiz), Chamonix (Frankreich), Sestrière (Italien) u. Garmisch-Partenkirchen ausgetragen.

◆ **Kandahar,** *Qandahar,* Prov.-Hptst. im südöstl. Afghanistan, am Arghandab, 1100 m ü. M., 226 000 Ew.; Handelszentrum, Textilindustrie; Gold-, Blei- u. Zinkvorkommen; oberhalb K. Staudamm, See u. Kraftwerk; Verkehrsknotenpunkt, Flughafen. In der Umgebung Reb- u. Granatäpfelkulturen. – Gegr. 329 v. Chr. von Alexander d. Gr., Neugründung im 18. Jh. durch Ahmed Schah Durrani (Grabmoschee in K.). K. ist durch Kriegseinwirkungen (seit 1979) stark zerstört worden.

Kandalaksha, *Kandalakša,* Hafenstadt im NW Russlands, an der *Kandalakschabucht* (Weißes Meer), zwischen der Halbinsel Kola u. Karelien, rd. 40 000 Ew.; Zentrum der Holzindustrie, elektrochemische Werke, Aluminiumindustrie; Wasserkraftwerk.

Kandarpa, ind. Liebesgottheit, → Kama.

Kandaules, König von Lydien, → Gyges.

Kandavu, *Kadawu,* Gruppe der Fidschi-Inseln, südlich von Viti Levu, 411 km², rd. 8400 Ew.; Hauptinsel *K.* (vulkanische Entstehung, bis 838 m hoch); Kopra- u. Holzgewinnung; bewohnte Nebeninsel *Ono* (28

km²), unbewohnte Inseln *Bulja, Dravuni* u. *Solo.*

Kandel [die oder der], *Kändel, Kähner,* 1. rechteckiges Gerinne beliebigen Materials zum Überqueren eines Wasserlaufes oder einer Geländemulde für Bewässerungszwecke.
2. Dachrinne zur Aufnahme von Niederschlagswasser.

Kandel, 1. Stadt in Rheinland-Pfalz, Ldkrs. Germersheim, nordwestl. von Karlsruhe, 8200 Ew.; St.-Georgsturm (15. Jh.), Rathaus (18. Jh.), Fachwerkhäuser; Leder-, Elektroindustrie, Herstellung von Thermometern. – Stadtrecht 1937.
2. höchster Gipfel des mittleren Schwarzwalds, nordöstl. von Freiburg, 1241 m.

Kandelaber [der; lat.], ein kunsthandwerklich hergestellter Standleuchter aus Bronze, Marmor, Schmiedeeisen u. Ä., dessen Schaft u. Fuß Gelegenheit zu ornamentaler oder figürl. Ausschmückung bieten. Aus der antiken, bes. der etrusk. Kleinkunst sind zahlreiche K. erhalten. Grundform ist eine bis zu 1,50 m hohe Stange auf einem Dreifuß, oben eine Platte zum Aufstellen einer oder mehrerer Öllampen oder Kerzen. K. waren auch ein beliebtes Dekorationsmotiv in der pompejan. Wandmalerei. Im MA u. in der Renaissance dienten K. besonders als kirchliche Geräte u. zum höfischen Gebrauch.

Kandelabereuphorbie [-iːə] → Wolfsmilch.

Kandelaberkaktus → Säulenkaktus.

Kandelillawachs → Candelillawachs.

Kander, linker Nebenfluss der Aare im Berner Oberland (Schweiz), 44 km lang; entspringt am *Kandergletscher,* durchströmt das *Kandertal,* mündet durch einen 1711–1714 zur Verhütung von Überschwemmungen gebauten Kanal nordwestl. von Spiez in den Thuner See, wo er ein rasch wachsendes Delta *(Kandergries)* bildet; Zuflüsse: *Engstligen, Kienbach, Simme.*

Kandern, Stadt in Baden-Württemberg, Ldkrs. Lörrach, im Markgräflerland, an der Kander, nördl. von Lörrach, 350 m ü. M., 7800 Ew.; Luftkurort; Weinanbau, Ziegel-, Majolika- u. Fayenceherstellung, Granit- u. Kalksteinbrüche; in der Nähe Schloss *Bürgeln.* – 776 erstmals urkundlich erwähnt.

Kandersteg, schweiz. Luftkurort u. Wintersportplatz im Kanton Bern, 1176 m ü. M., 1100 Ew.; Kopfstation des Nordeingangs des Lötschbergtunnels; in der Nähe der *Öschinensee*; Passweg zur *Gemmi.*

Kandertal, das Tal der *Kander* im Kanton Bern (Schweiz); Viehwirtschaft, Fremdenverkehr. Dem Lauf des Kandertals folgt (seit 1913) die Lötschbergbahn. Der obere Teil des Kandertals heißt *Gasterntal.*

Kandia, ital. für → Kreta.

Kandidat [lat. *candidatus,* „weiß gekleidet"], 1. der Bewerber um ein Amt (im alten Rom weiß gekleidet); 2. der Prüfling vor dem Examen, auch schon der Student höherer Semester.

Kandidatenturnier, Ausscheidungsturnier um die Schachweltmeisterschaft; mit den sechs besten Spielern des *Interzonenturniers* u. zwei bevorrechtigten Weltmeisterschafts-

Kandahar: Zentrum der zweitgrößten Stadt Afghanistans

Kandy: Der „Zahntempel" Dalada Maligawa ist ein buddhistischer Wallfahrtsort

kandidaten; wird im K. o.-System (Verlierer scheidet aus) um den Einzug in das Finale gespielt, an dem der Sieger des Kandidatenturniers u. der amtierende Weltmeister teilnahmeberechtigt sind.

Kandidatur [lat.], Bewerbung um ein Amt.

kandieren [zu *Kandis*], **1.** *K o n d i t o r e i*: Früchte mit stark konzentrierter Zuckerlösung durchtränken u. überziehen *(Kanditen, Fruchtkonfekt)*. Die kandierten Schalen einer Zitronenart heißen *Zitronat*, kandierte Orangenschalen *Orangeat*. **2.** *L a n d w i r t s c h a f t : pillieren,* einzelne Samenkörner (z. B. Rübensamen) mit einem meist aus Ton u. Feldspat bestehenden Gemisch umhüllen, dem auch Beizmittel beigemengt sein können. Dadurch soll eine gleichmäßige u. zugleich Saatgut sparende Aussaat ermöglicht werden.

Kandinsky, Wassily, russ. Maler, *4. 12. 1866 Moskau, †13. 12. 1944 Paris; seit 1896 in München, nach anfängl. Jurastudium Malschüler von F. von *Stuck*, ab 1901 tätig an der „Phalanx"-Kunstschule; gründete 1909 die Münchner „Neue Künstlervereinigung", aus der 1911 der Kreis des *Blauen Reiters* hervorging; 1902–1908 Reisen nach Frankreich, Holland u. Tunesien; 1914–1921 in Russland, ab 1918 Lehrtätigkeit an der Moskauer Akademie, 1922–1933 Lehrer am Bauhaus, danach bis zu seinem Tod in Frankreich ansässig. K. war einer der einflussreichsten europ. Künstler der 1. Hälfte des 20. Jh., der Begründer der ungegenständl. Malerei. Zunächst von Impressionismus, Jugendstil u. Fauvismus beeinflusst, malte er 1910 die erste abstrakte Komposition; gleichzeitig entstand seine 1912 veröffentlichte Schrift „Über das Geistige in der Kunst" als theoretische Auseinandersetzung mit dem Verhältnis zwischen Kunst u. Wirklichkeit. 1926 erschien die Schrift „Von Punkt u. Linie zur Fläche". Der abstrakte Expressionismus Kandinskys wandelte sich um 1920 zu einem geometrisierenden, vom russ. Konstruktivismus, vom Futurismus u. von der strengen Flächenkunst der holländ. „Stijl"-Bewegung beeinflussten Stil mit klarem Flächengrund u. ungebrochenen Farben. Im Spätwerk kehrte er zu freieren u. spielerischen Formen zurück. – Hauptwerke in München, Städtische Galerie (Gabriele-Münter-Stiftung); Basel, Öffentliche Kunstsammlung; New York, Museum of Modern Art; Moskau, Tretjakow-Galerie. → Seite 164.

Kandis [der; arab., ital.], *Kandiszucker,* bes. große Zuckerkristalle, die aus übersättigten Zuckerlösungen früher an Zwirnsfäden, heute fadenlos in mehreren Tagen auskristallisieren. Gelber oder brauner K. enthält einen Zusatz von → Couleur.

Kandla, ind. Hafenstadt in Gujarat, im Innern des Golfs von Kachchh, 24 000 Ew.; seit 1952 als Ersatz für das durch die Teilung des ind. Subkontinents an Pakistan gefallene Karachi zum modernen Großhafen ausgebaut; Straßen- u. Eisenbahnverbindung nach Rajasthan im N u. Ahmedabad im O.

◆ **Kändler,** Johann Joachim, Porzellanmodelleur u. Bildhauer, *15. 6. 1706 Fischbach bei Dresden, †18. 5. 1775 Meißen; seit 1730 Hofbildhauer in Dresden, 1731 Berufung als Modelleur an die Manufaktur Meissen, wo er Modellmeister (1733) u. Leiter der Bildhauerabteilung (1740) war. Anfänglich Vertreter des Barockstils, wandte er sich um 1740 dem Rokoko u. um 1749 französ. Vorbildern zu. K. schuf in Europa die selbständige Gattung der Porzellanplastik. Thematik: Tierplastik, Alltags- u. Commedia dell'Arte-Figuren, daneben Teekannen in Tiergestalt u. Services (Schwanenservice, Plat de ménage u. a.).

◆ **Kandy** [engl. 'kændi], *Maha Nuwara,* Hptst. der Zentral-Prov. im Innern Sri Lankas, am Nordrand des Hochlands, 600 m ü. M., 104 000 Ew.; landwirtschaftl. Handelszentrum; Universität (gegr. 1942), Forschungsinstitute; Wasserkraftwerk; buddhist. Wallfahrtsort (Tempel *Dalada Maligawa* mit einer Zahnreliquie Buddhas) mit jährl. stattfindender Prozession („Esala Perahera"); Weltkulturerbe seit 1988. – Von 1597 bis zur Eroberung durch die Briten (1815) die letzte Hptst. des singhales. Königreichs Ceylon.

Kane [kein], Elisha Kent, US-amerikan. Arktisforscher, *3. 2. 1820 Philadelphia, †16. 2. 1857 Havanna; entdeckte auf der Suche nach dem „offenen Polarmeer" 1853 die Kennedystraße u. den Humboldtgletscher.

Kanebecken, *Kane Basin* ['kein-; nach E. K. *Kane*], arkt. Meeresstraße zwischen Grönland u. der Ellesmereinsel, Teil der *Naresstraße.*

Kaneel [der; lat., frz.], *Kanell,* weißer Zimt, die nach Zimt u. Muskat riechende Rinde des westind. *Weißen Kaneelbaums (Zimtbaum, Canella alba).* Auch → Zimt.

Kaneelstein, *Hessonit,* rotgelbes Mineral der Granatgruppe; ein Schmuckstein.

Fortsetzung S. 165

Johann Joachim Kändler: Stelzvogel; Meißen, um 1735

Wassily Kandinsky

Dämmerung; Öl auf Karton 1943. New York, Solomon R. Guggenheim Museum. 1933 verließ Kandinsky Dessau und ließ sich in Paris nieder. Hier entwickelte er einen weichen und heiteren Altersstil; er rückte ab von geometrischen Formen und schuf eigentümliche organische, biomorphe, im Raum schwebende oder steigende Formen, die sich fast unmerklich durchdringen. Gleichzeitig ordnete er den verschiedenen Figuren unterschiedliche Flächen zu, die im Gesamtbild eine eigene Funktion haben

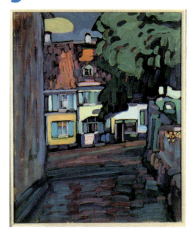

Der Marktplatz von Murnau; 1908. Castagnola, Sammlung Thyssen Bornemisza. Das Bild gehört zu einer Reihe von Gemälden, die Kandinsky ab 1908 in Murnau und Umgebung schuf. Er experimentierte mit Farben – kräftiges Rot, Blau oder Gelb –, untersuchte die Beziehung der Farben zueinander und kombinierte ganze Farbklänge. Dabei rückte der abzubildende Gegenstand gegenüber der Farbe immer mehr in den Hintergrund. Während der Marktplatz von Murnau noch sehr gegenständlich ist, stand am Ende dieser Auseinandersetzung mit der Farbe sein erstes rein abstraktes Aquarell

Drei Klänge; 1926. New York, Solomon R. Guggenheim Museum. Schon der Titel des Bildes nimmt Bezug auf Kankinskys Theorie von der Wechselbeziehung von Musik und Emotionen, Farbe und Form. Im Zentrum des Bildes stehen in Dreiecksform die drei Grundfarben Gelb, Rot und Blau, die in ihren Überschneidungen wieder Dreiecke bilden. Kennzeichnend für die Bilder Kandinskys, die in der ersten Phase der Dessauer Zeit am Bauhaus entstanden, ist eine zunehmende Geometrisierung und größere Flächigkeit. Trotzdem verzichtet er auch im Bild »Drei Klänge« nicht auf die von ihm so geliebten Kreisformen, die er selbst »als eine Synthese der größten Gegensätze« ansah und die hier gegenüber den geometrischen Formen zusätzlich Spannung erzeugen

Das große Tor von Kiew, Bild XVI. Bühnenbild für Modest Mussorgskijs »Bilder einer Ausstellung«; Tempera, Aquarell und Tusche auf Papier 1928. Köln, Theaterwissenschaftliche Sammlung der Universität. Kandinsky strebte nach einer für das 20. Jahrhundert angemessenen Form eines Gesamtkunstwerkes. Während seiner Zeit am Bauhaus in Dessau ergab sich für ihn die Möglichkeit, diesen Wunsch zu verwirklichen. 1928 erhielt er vom Intendanten des Dessauer Theaters den Auftrag, fünf Entwürfe für Bühnenbilder und Figurinen für die Bühnenfassung von Modest Mussorgskijs »Bilder einer Ausstellung« zu schaffen. Kandinsky entwickelte, angeregt von der Musik, die das Betrachten von 16 Bildern einer Ausstellung beschreibt, abstrakte Formen und Farbgebilde, die die Empfindungen des Betrachters widerspiegeln. Im »Großen Tor von Kiew« erheben sich im Hintergrund die Türme von Kiew, darüber Wolkenformationen und der Halbmond. Am unteren Bildrand befindet sich im großen Bogen das Tor, unter dem rechts eine Figur steht, gebildet aus zwei auf der Spitze stehenden Dreiecken

Kanem, Landschaft in der Rep. Tschad im zentralen Sudan; erstreckt sich nordöstl. des Tschadsees in der Zone der Dornsavanne, toniges Schwemmland mit bewachsenen Dünen, das u. a. von *Kanembu* bewohnt wird. Seit dem frühen MA bestand in K. ein bedeutender Staat, in dem um 1100 n. Chr. der Islam eingeführt wurde. Sein Einfluss reichte im 12. Jh. bis zum Niger u. nach Fessan, da K. wichtige Handelswege durch die Sahara zum Mittelmeer u. Niltal beherrschte. Nach inneren Kriegen um 1400 wurde das Reich Bornu-Kanem auf die Landschaft Bornu westl. des Tschadsees eingeengt.

Kanembu, *Hamedj,* afrikan. Volk am Westufer des Tschadsees in Nigeria, verwandt mit den *Kanuri.*

Kanevas [der; ital., frz.], *Canevas,* Gewebe aus Baumwolle, Leinen oder Halbleinen. Bei gleichweiten Fadenabständen spricht man von *unabgeteiltem K.,* bei paarweiser Fadenanordnung von *abgeteiltem K.,* der auch als *Stramin* bezeichnet wird u. oft als Grundgewebe für die Handstickerei dient.

Kang, 1. *Rechtsgeschichte:* ein chines. Strafmittel; ein viereckiges Holzbrett wird um den Hals eines öffentlich ausgestellten Verurteilten gelegt.
2. *Völkerkunde:* in Nordchina u. Tibet ein Ofenbett aus Lehm.

Kangar, Hptst. des malays. Bundesstaats Perlis, im N von Malakka, 13 000 Ew.; Reisanbau; in einem Zinnbergbaugebiet.

Kangatsiaq, Stadt an der Westküste Grönlands, rd. 400 Ew.; Dorschfischerei u. Robbenjagd.

Kangchenjunga, Himalayagipfel, → Kanchenjunga.

Kangeaninseln, indones. Inselgruppe nördlich von Bali, rd. 670 km², Hauptinsel *Kangean* (rd. 500 km²); Kokospalmen, Fischerei u. Salzgewinnung.

Kangen, traditionelle Musizier- u. Tanzweise am japan. Hof, → Gagaku.

Kanggye [kaŋgje], Hptst. der Prov. Chagang in Nordkorea, 211 000 Ew.; chem., Metall- u. Maschinenindustrie; Graphitvorkommen; Wasserkraftwerk.

K'ang-hsi, chines. Kaiser, → Kangxi.

Kangro, Bernard, estn. Literaturwissenschaftler, Lyriker u. Erzähler, *18. 9. 1910 Vana-Antsla, Werro; lebt in der schwed. Emigration. Seine Werke drücken Heimatlosigkeit u. Heimatsehnsucht aus; pantheist. Naturlyrik, Dramen u. Romane; in Deutsch erschien: „Flucht u. Bleibe“ 1954.

Känguru → Kängurus.

Känguruinsel, engl. *Kangaroo Island,* Insel vor der Küste Südaustraliens, dem St.-Vincent-Golf vorgelagert, 4350 km², Hauptort *Kingscote;* lichte Eukalyptus- u. Akazienwälder, Schafzucht u. Gewinnung von Eukalyptusöl; 1802 von M. *Flinders* entdeckt.

Kängururatten → Taschenmäuse.

Kängurus [austral.], *Macropodidae,* Beuteltiere mit kleinen Vorderbeinen, stark verlängerten Hinterbeinen u. muskulösem Stützschwanz, der bei der hüpfenden Fortbewegung als „Balancierstange“ dient. Kleine Arten werden nur hasengroß *(Hasenkän-*

Kaiser Kangxi in Staatsrobe; zeitgenössisches Gemälde

gurus), die größten erreichen mehr als 2 m Höhe *(Riesenkängurus).* Die meisten Arten kommen in Grassteppen u. Buschwäldern vor, manche leben in Felsengegenden *(Bergkängurus),* einige Arten leben auf Bäumen *(Baumkängurus).* Alle K. sind Pflanzenfresser u. ersetzen in Australien die Huftiere; bei einigen wurde ein Wiederkäuen beobachtet. K. sind häufig Einzelgänger u. leben in kleinen Familiengruppen von einem Männchen u. einigen Weibchen mit Jungtieren. Die K. haben meist nur ein Junges, das bei der Geburt 3 – 8 cm lang ist u. sich in der Folgezeit (über 8 Monate) im mütterl. Brutbeutel entwickelt. K. leben in Australien u. auf den umliegenden Inseln. Die Felle der kleineren Känguruarten werden unter der Bezeichnung *Wallaby* gehandelt. Die Familie der K. umfasst 3 Unterfamilien mit zusammen 19 Gattungen u. 51 Arten.

Kangwane, *Ka Ngwane,* früher *Swasi,* 1977–1994 teilautonomes Bantu-Homeland der Swasi im O von Transvaal (Rep. Südafrika), nördl. des Königreiches Swasiland, 3 720 km², 779 000 Ew.; Verw.-Sitz *Kanyemanzane.*

◆ **Kangxi** [-çi], *K'ang-hsi,* persönl. Name *Shengzu,* Kaiser von China 1662–1722, *1654, † 1722; der 2. Kaiser der Qing-(Mandschu-)Dynastie; ein machtvoller, gebildeter Herrscher, unter dessen Regierung China nach der endgültigen Niederschlagung der Aufstände des *Wu Sangui* eine polit. u. kulturelle Blütezeit erlebte. K. förderte die Wissenschaft (1725 Große Enzyklopädie). Unter ihm wurde mit Russland der Vertrag von Nertschinsk (1689) geschlossen, der erste Vertrag Chinas mit einem europ. Staat; Taiwan wurde erobert, u. gegen die Mon-

golen wurde ein erfolgreicher Feldzug geführt (1690–1696).

Kang Youwei, *K'ang Yu-wei,* chines. Gelehrter u. Politiker, *19. 3. 1858 Nanhai, † 31. 3. 1927 Qingdao; Mitinitiator der Reformversuche von 1898, deren Scheitern ihn zwang, China zu verlassen.

Kanik [-ǝk], Orhan Veli, türk. Schriftsteller, *1914 Istanbul, † 14. 11. 1950 Istanbul; Bahnbrecher der modernen türk. Lyrik. Unter dem Einfluss von F. *Villon* u. P. *Verlaine* schrieb er Gedichte in volkstüml. Sprache mit sparsamsten Ausdrucksmitteln. Er übersetzte auch aus dem Französischen. Gedichte: „Fremdartig/Garip“ 1941, dt. 1985; „Poesie“ 1966; „Das Wort des Esels“ 1979.

Kanikolafieber [lat.], *Canicolafieber, Stuttgarter Hundeseuche* → Leptospirosen.

Kanin, Rauchwarenbez. für das Fell von Haus- u. Wildkaninchen. Dabei werden die Felle meist zur Nachahmung anderer Fellarten hergerichtet, so dass Biber-, Bisam-, Blaufuchs-, Feh- u. Sealkanin den Markt beherrschen.

Kanin, nordruss. Halbinsel zwischen Weißem Meer u. Tschoschabucht, rd. 10 500 km²; von Tundra bedeckt, von etwa 2000 Samojeden bewohnt; Rentierhaltung.

◆ **Kaninchen** [lat.], *Oryctolagus cuniculus,* gesellig in selbst gegrabenen Erdbauten lebende *Hasen* (i. w. S.) mit wenig verlängerten Hinterläufen. Eindeutige Unterscheidungsmerkmale zum (Feld-)Hasen sind das grauere Fell u. die Ohren, die beim K. kürzer als der Kopf, beim Hasen dagegen deutlich länger sind. K. leben in relativ kleinen Revieren u. zeigen nur geringen Wandertrieb. Das Weibchen wirft bis zu 15 (meist 12) blinde, nackte u. unselbständige Junge. Aus Spanien wurde das K. als Haustier über die ganze Welt verbreitet u. ist wieder verwildert; in Australien wurden K. zur Landplage. Es gibt viele verwandte Gattungen (mit z. T. recht unsicheren Arten), z. B. das *Waldkaninchen, Sylvilagus,* der Hochlagen Amerikas oder das afrikan. *Rotkaninchen, Pronolagus,* u. viele Haustier-Zuchtrassen („Widder“, „Riesen“).

Kaninchenhaar, Wolle von Haus-, Wild- u. Angorakaninchen. Die Angorawolle ist

Kaninchen, Oryctolagus cuniculus

weich, wärmend u. bes. leicht. Sie findet Verwendung für Unterwäsche, Pullover u. Effekte in Kleiderstoff. Die Wolle von Haus- u. Wildkaninchen wird zur Herstellung von → Haargarnen u. Hüten verwendet.

Kaninchenpest → Myxomatose.

Kanisch, der heutige Ruinenhügel *Kültepe,* 20 km nordöstl. von Kayseri; Ende des 3. u. Anfang des 2. Jahrtausends v. Chr. ein bedeutender Handelsplatz assyr. Kaufleute in Kleinasien; seit 1925 ausgegraben.

Kanishka [ka'niʃka], *Kaniśka,* Herrscher der zentralasiatisch-indischen Kushan-Dynastie im 1. oder 2. Jh. n. Chr. Sein Reich umfasste Nordwestindien, Kaschmir, Kabul, Teile Ostindiens u. Zentralasiens. Er berief das 4. buddhist. Konzil nach Kaschmir, dessen Vizepräsident der Dichter *Ashvaghosha* war.

Kanister [der; ital.], tragbarer Blech- oder Kunststoffbehälter mit Verschluss, zum Transport von Flüssigkeiten (z. B. *Benzinkanister*).

Kanjur [tibet.], tibet. buddhist. Kanon; → Tripitaka.

Kankan [kã'kã], Stadt in der westafrikan. Rep. Guinea, am Milo, einem rechten Nebenfluss des oberen Niger, 70 000 Ew.; Handels-, Industrie- u. Verwaltungsstadt; Eisenbahnendpunkt, Straßenknotenpunkt, Flughafen.

Kanker [der; grch.], *Opiliones* → Weberknechte.

Kan Kiang → Gan Jiang.

Kankrin, Jegor Franzewitsch, eigentl. Georg von *Cancrin,* russ. Politiker dt. Herkunft, * 8. 12. 1774 Hanau, † 21. 9. 1845 Pawlowsk bei St. Petersburg; 1823–1844 Finanzminister, reformierte 1839–1843 die russ. Währung u. sanierte den Staatshaushalt *(Kankrin'sche Reformen).*

Kannabinol → Cannabinol.

Kannada, *kanaresische Sprache,* eine dravid. Sprache an der Westküste Südindiens, rd. 22 Mio. Sprecher. Erhalten ist eine Inschrift von 450 n. Chr.; literarisch seit dem 9. Jh. überliefert. Die Literatur stand von Anfang an unter dem Einfluss des Sanskrit. Bis ins 12. Jh. hatte der Jinismus entscheidenden Einfluss; so besingt das „Adipurana" des Pampa (10. Jh.) die Geschichte des → Tirthankara. In der 2. Hälfte des 12. Jh. brachte die Sekte der *Lingayats* die Prosa u. die „Vachanas" (kurze Sprüche) in die Literatur; etwas später folgten zahlreiche legen-

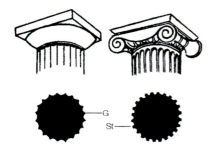

kannelieren: Kannelierung einer dorischen (links) und ionischen (rechts) Säule mit Graten (G) und Stegen (St)

Kannibalismus (1): Indios am oberen Orinoco verzehren die Körperteile eines toten Feindes; Italienische Radierung von 1781

dar. Lebensbeschreibungen shivaitischer Heiliger („Basava Puranas" 1370 von Bhima Kavi). Für die *vishnuitische Literatur* (bis zum Anfang des 18. Jh.) wurde Rudrabhattas Ramayana-Übersetzung bedeutend. Ein beliebtes Werk war das „Jaimini Bharata" des Lakshmisha; kennzeichnend waren die „Dasara Padagulu" (Lieder der Diener des Gottes Vishnu). Kempu Narayana (um 1820) verarbeitete als Erster abendländ. Einflüsse, hervorragendste Persönlichkeit war Mummudi Krishna Raya (* 1794, † 1868). In der modernen Dichtung stehen soziale u. polit. Probleme im Vordergrund; im Westen wurden bes. Romane, Kurzgeschichten u. Lyrik von U. R. Ananthamurthy (* 1932) u. die poet. Werke von A. K. Ramanujans (* 1929) bekannt.

Kanne, altes Hohlmaß; je nach der Gegend zwischen 0,81 u. 2,17 Liter.

◆ **kannelieren** [frz.], mit Rillen *(Kannelüren)* versehen; eine bes. Bearbeitungsart von Säulen- u. Pilasterschäften in Längsrichtung, wodurch der Schaft schlanker erscheint. Das K. wurde schon bei den frühesten griech. Tempeln geübt, in die röm. Architektur übernommen u. bes. in der Renaissance gepflegt. Während die Kannelüren der dorischen Säule scharfkantig in Graten aufeinander stoßen, sind die der ionischen u. korinth. Säule durch einen schmalen Steg getrennt. In der Renaissance wurden Kannelüren auch spiralenförmig um den Schaft gelegt.

Kännelkohle [von engl. *candle,* „Kerze"], *Kennelkohle, Cannelkohle,* aus pflanzl. Sporen entstandene seltene Steinkohlenart, die bes. in England in geologisch jungen Flözen vorkommt. Sie ist reich an Bitumen u. Gas, leicht entzündbar u. brennt mit leuchtender Flamme. Da sie sich leicht bearbeiten lässt, werden auch Schnitzereien daraus hergestellt.

Kannenbäckerland, die Umgebung der Stadt Höhr-Grenzhausen im Unterwesterwald; infolge großer Tonvorkommen bedeutende keram. Industrie.

◆ **Kannenpflanze,** *Nepenthes,* Die einzige Gattung der *Kannenpflanzengewächse (Nepenthaceae);* Verbreitungsgebiet: Südasien, Melanesien bis Queensland, Neukaledonien u. die ostafrikan. Inseln; Kletterpflanzen, deren Blätter an der Spitze teilweise zu bedeckelten Schläuchen oder Kannen aufgerollt sind. Insekten werden durch ein leicht säuerlich riechendes Drüsensekret in diese Kannen gelockt u. dann verdaut. Die K. gehört zu den Fleisch fressenden Pflanzen.

Kannenpflanze, Nepenthes alata

Kannenpflanzengewächse, *Nepenthaceae,* Familie der *Poycarpicae,* → Insekten fressende (Fleisch fressende) Pflanzen, deren Blätter zu Kannen mit Deckeln umgebildet sind. Zu den Kannenpflanzengewächsen gehört die *Kannenpflanze.*

Kannibalismus [span., nach den *Kariben*], ◆ 1. *K u l t u r a n t h r o p o l o g i e : Menschenfresserei, Anthropophagie,* die aus magischen Gründen entstandene, heute nahezu ausgerottete Sitte, Teile von Menschen (erschlagenen Feinden, Kriegsgefangenen, verstorbenen Angehörigen *[Endokannibalismus]*) zu verspeisen, um sich deren Lebenskraft *(Mana)* einzuverleiben. K. wird einzelnen Gebieten bzw. Stämmen in Afrika, Nord- u. Südamerika, Südostasien, Australien u. Ozeanien zugeschrieben.
Der Anthropologe W. *Arens* vertritt die Auffassung, dass K. als eine bis heute durch keinerlei Fakten bewiesene, von den sog. Kulturvölkern entwickelte Legende zu betrachten sei, in der sich rassistische Abgrenzungsbestrebungen gegenüber weniger fortgeschrittenen Völkern manifestierten u. wodurch z. B. die Kolonisatoren von ihren eigenen Gräueltaten abzulenken suchten. In der ethnolog. Diskussion scheint sich diese Darstellung durchzusetzen.
2. *V e r h a l t e n s f o r s c h u n g :* das gelegentl. Fressen von Artgenossen. Bei einigen Tierarten ist der K. weit verbreitet; Fangschrecken- u. Spinnenweibchen sehen manchmal in paarungsbereiten Männchen nur die Nahrung u. versuchen, sie zu erbeuten. – Bei lebend gebärenden (ovoviviparen) Haien tritt K. bereits im Mutterleib auf; dadurch wird eine Selektion in Richtung auf die stärksten Jungtiere erreicht. K. unter Tieren ist ein extremer Ausdruck innerartlicher → Konkurrenz; er tritt bei zu hoher Dichte (Überbevölkerung), aber auch bei Nahrungsmangel auf u. dient der Begrenzung der Populationsdichte.
Als K. bezeichnet man auch die Neigung zur Verstümmelung der Artgenossen bei Hühnern u. Schweinen, ausgelöst durch Überzüchtung (Degeneration), gefördert durch schlechte Haltungsbedingungen u. Mangel an bestimmten Stoffen. K., der beim Schwein als Ferkelfressen bekannt ist, äußert sich bei Küken, Junghühnern u. Puten in Zehenpicken oder Anfressen in der Kloakengegend u. kann bei älteren Tieren bis zum Anfressen des Darmes führen. Der K. tritt häufig im Gefolge des Federfressens auf u. kann bereits durch kleinste blutende Wunden ausgelöst werden.

Kannvorschrift → Ermessen.

◆ **Kano,** Hptst. des gleichnamigen Bundesstaats im nördl. Nigeria, 507 m ü. M., 657 000 Ew.; Kulturzentrum der *Hausa,* Handelszentrum für Baumwolle, Erdnüsse, Großvieh u. a.; Nahrungsmittel-, Textil-, Kunststoff- u. Lederindustrie; Eisenbahnknotenpunkt, Flughafen.

Kano, 1. Jigoro, japan. Professor, *1860, †1938; Begründer des *Judo* u. des *Kodokan.*
2. Muhammad Aminu, *Al Hadj,* bekannt als *Malam* („der Koran-Gelehrte") *Aminu Kano,* nigerian. Politiker, *8. 8. 1920 Nord-Nigeria; Lehrer; langjähriges Mitgl. im Bundesparlament; 1967 Min. für Kommunikation, 1971 für Gesundheit; gründete 1978 die *People's Redemption Party (PRP)* mit reform-islam. Kurs; nach Abspaltung des radikalen Flügels Vors. des *Key* -Flügels (*key:* „Schlüssel zum Wissen"); im nördl. islam. Nigeria einflussreich wegen seiner zahlreichen polit. Schriften u. aufklärerischen Gedichte in *Hausa.*

◆ **Kanoldt,** Alexander, dt. Maler u. Grafiker, *29. 9. 1881 Karlsruhe, †24. 1. 1939 Berlin; war 1913 Gründungsmitglied der „Münchener Neuen Sezession" u. zählt mit seinen kubisch ineinander geschachtelten italien. Architekturlandschaften zur „Neuen Sachlichkeit".

Kanon [der; grch., „Richtschnur"], 1. *b i l d e n d e K u n s t :* die Lehre von den Maßverhältnissen des menschl. Körpers; bes. in klass. Epochen eine Aufgabe der Kunst u. Kunsttheorie *(Polyklet, Leonardo da Vinci, Dürer).*
2. *M u s i k :* die strengste Form des nachahmenden (imitierenden) Stils, bei der der Zahl nach nicht begrenzte Stimmen in bestimmten Abständen nacheinander einsetzen, in ihrem Verlauf gleich sind u. sich harmonisch ergänzen (wobei für Polyphonie eine nichtfunktionale Harmonik gemeint ist); dabei kann der Intervallabstand (K. im Einklang, in der Oktave, Sekunde) verschieden sein. Der K. entstand als eine der ältesten Formen der kontrapunktischen Satzkunst aus den in der Vokalmusik gebräuchl. Rundgesängen (Rondellus, Rota) u. geht bis auf das 13. Jh. zurück, aus dem der berühmte engl. „Sommerkanon" überliefert ist. Die Pflege des Kanons erreichte ihren Höhepunkt in der niederländ. Epoche des 15. u. 16. Jh., das Kanonsingen erwachte wieder in der Jugendmusikbewegung. Neben dem ein-

Alexander Kanoldt: Olevano; 1924. Essen, Museum Folkwang

fachen Imitieren entwickelten sich auch komplizierte Formen wie *Zirkelkanon* (der Schluss läuft in den Anfang), *Krebskanon* (einige Stimmen haben die Melodie rückwärts gelesen) u. *Spiegelkanon* (der Melodieverlauf wird von einigen Stimmen umgekehrt vorgetragen). Als K. bezeichnete man im 14. u. 15. Jh. auch eine oft verschlüsselte Anweisung, aus einer notierten Stimme eine zweite zu improvisieren.
3. *R e c h t :* → Erbzins.
4. *T h e o l o g i e :* 1. seit 314 das Einzelgesetz eines Konzils, im Unterschied zu den päpstl. *Dekretalen;* oft auch Bez. für beide im Gegensatz zum *Kaisererlass.* Die kirchl. Gesetzessammlungen, ursprüngl. *Capitula* genannt, heißen im MA u. im Corpus juris canonici selber *Kanones.* Heute ist K. die Bez. für die Einzelbestimmungen im CIC. Seit dem Trienter Konzil ist K. auch die

Kano: Die große Moschee wurde im Stil der arabischen Lehmbauweise erbaut

Kanonenkugelbaum, Couroupita guianensis

konziliare Lehrformulierung, neben der die ebenfalls verbindlichen *Capita* (Lehrdarstellungen) stehen. – 2. die als gültig anerkannten Schriften des AT u. NT. – 3. *Canon missae,* das eucharist. Hochgebet in der katholischen Messfeier. – 4. Verzeichnis der Heiligen.

Kanone, [die; lat., ital.] *M i l i t ä r :* ein Flachfeuergeschütz mit langem Rohr u. großer Reichweite. Auch → Geschütz.

Kanonenbohrer, ein Schneidwerkzeug mit halbrundem Querschnitt u. nur einer Schneide, zum Bohren kurzspanender Metalle.

Kanonenboot, kleines Kriegsschiff mit leichten Geschützen, zum Einsatz nahe den Küsten u. auf Flüssen; auch *Kanonenschaluppen* u. *Kanonenjollen,* deren erste Vertreter Ruderboote mit 2 Kanonen waren (Schleswig-Holsteinische Marine 1848). Ab 1860 waren es allg. Dampfboote, die bis zu 1000 t erreichten. Sie wurden in den Kolonien bis zum 1. Weltkrieg verwendet *(Kanonenboot-Politik).*

◆ **Kanonenkugelbaum,** *Couroupita guianensis,* ein *Topffruchtbaumgewächs (Lecythidaceae).* Baum des trop. Amerika, mit braunen, kugelförmigen Früchten, die beim Abfallen mit scharfem Knall zerspringen. Aus dem unreifen Fruchtfleisch wird ein Getränk gewonnen. Der K. gilt als der heilige Baum des Hinduismus in Ostasien, weil seine Staubgefäße das weibl. Symbol der Nagas (Schlangenkrone) u. die Narbe den Lingam (männl. Fruchtbarkeitssymbol) darstellen.

Kanonenofen, runder eiserner Ofen mit Kochplatte.

Kanonier [frz.], unterster Dienstgrad der Soldaten der Artillerie, in der Panzerartillerie *Panzerkanonier.*

Kanonierpflanze, *Pilea microphylla,* in Südamerika heimisches *Brennnesselgewächs (Urticaceae)* mit zahlreichen kleinen, unscheinbaren Blüten.

Kanoniker [grch., lat.], lat. *Canonicus,* einfaches Mitglied eines an Kirchen oder Domen errichteten *Kapitels,* das dort zur Führung eines Gemeinschaftslebens, bes.

zur Feier der Liturgie, besteht. Neben diesen (wirklichen) Kanonikern gibt es Ehrenkanoniker, die nicht zur kollegialen jurist. Person Kapitel gehören.

Kanonisation [grch., lat.] → Heiligsprechung.

Kanonisches Recht, lat. *Ius canonicum,* das kath. → Kirchenrecht; auch → Codex Iuris Canonici, → Corpus juris canonici.

Kanonissen [grch., lat.], im frühen Christentum nach bestimmten kirchl. Regeln lebende Frauen, im MA u. später Angehörige weltl. Damenstifte.

Kanonistik [grch., lat.], die Wissenschaft vom kath. Kirchenrecht.

Kanontafeln, drei Tafeln, auf denen einige gleichbleibende Texte der katholischen Messe aufgezeichnet sind. Sie wurden früher beim Messopfer in der Mitte u. auf der Epistel- u. Evangelienseite auf dem Altartisch aufgestellt u. dienten als Gedächtnisstütze. Bei der Messreform von 1970 nicht mehr vorgesehen.

Kanope [die; nach der altägypt. Stadt *Kanopos*], altägypt. Eingeweidekrug. Bei der Mumifizierung eines Toten wurden seine Eingeweide in vier Kanopen aufbewahrt u. beigesetzt; deren Deckel trugen als Verzierung u. magischen Schutz die Köpfe von vier Totengenien („Horussöhne", gekennzeichnet durch drei Tierköpfe u. einen Menschenkopf). – Auch im etrusk. Totenkult gab es einen vergleichbaren Typus, bei dem der Deckel zu einem Kopf umgeformt oder die ganze Aschenurne der menschl. Gestalt angenähert war.

Känophytikum [grch.], Neuzeit der pflanzl. Entwicklung; schließt an das → Mesophytikum an; verbreitet ab oberer Unterkreide.

Kanopos, lat. *Canopus,* ägypt. *Peguati,* griech. Name einer altägypt. Küstenstadt (nahe Abu Qir) mit berühmtem Serapistempel. Der Stadtgott *Kanopos* wurde in

Gestalt eines Gefäßes verehrt, das die Form eines Menschen hatte. Daher leitet sich fälschl. die spätere Bez. *Kanopen* für die Eingeweidekrüge der Ägypter ab. – Das in hieratischer, demotischer u. griechischer Schrift geschriebene *Dekret von K.* (238 v. Chr.) war für die Deutung der *Hieroglyphen* wichtig.

Kanopus [der], *Canopus,* α *Carinae,* Stern im südl. Sternbild „Kiel des Schiffes Argo", zweithellster Stern des Fixsternhimmels; in Europa nicht sichtbar; absolute Leuchtkraft 13 500 fache Sonnenleuchtkraft, Entfernung 313 Lichtjahre.

Kano-Schule, von Kano *Masanobu* gegr. japan. Malerschule, die vom 15. bis ins 19. Jh. mehr als 1000 Maler hervorbrachte. Sie wirkte in Kyoto u. Edo (Tokyo) u. stand im Gegensatz zur kaiserlichen Malerschule *(Tosa-Schule)* im Dienst der Shogune. Die Kano-Maler wandten sich der chines. Tuschmalerei zu u. stellten mit Vorliebe landschaftl. Motive dar. Wichtige Künstler waren u.a. K. *Eitoku* u. K. *Motonobu.*

Kanovitz ['kænəvits], Howard, US-amerikan. Maler, *9. 2. 1929 Fall River, Mass.; studierte an der Rhode Island School of Design u. bei F. *Kline.* Er begann mit abstrakten, die Farbe betonenden Gemälden u. arbeitet seit 1963 im Stil des *Fotorealismus,* z.T. mit Collagen aus Zeitungsbildern u. eigenen Fotos. Bevorzugtes Motiv sind isolierte Figurengruppen.

Känozoikum [das; grch.], *Neozoikum,* die Erdneuzeit, umfasst *Tertiär* u. *Quartär,* → Geologie (Tabelle).

Kanpur, früher *Cawnpore,* nordind. Stadt in Uttar Pradesh, südöstl. von Delhi, am Ganges, 1,96 Mio. Ew.; Handelszentrum u. eine der bedeutendsten Industriestädte Indiens: vor allem Textilindustrie (Baumwollspinnerei u. -weberei), daneben Leder-,

Kansas: Weizenfarm; Weizen ist das wichtigste Anbauprodukt des Agrarstaates

Kansas City: die Skyline der Stadt vom Penn Valley Park aus gesehen

Zucker- u. chem. Industrie (Düngemittel); wichtiger Verkehrsknotenpunkt.

Kans., Abk. für den USA-Staat → Kansas.

Kansas

◆ **Kansas** ['kænzəs], Abk. *Kans.*, Staat im zentralen Mittelwesten der USA, 213 111 km², 2,6 Mio. Ew., davon 5,8 % Schwarze; Hptst. *Topeka*; in der nach W hin von rd. 250 m auf 1200 m ansteigenden hügeligen bis ebenen Prärie gelegen (Osage Plains im O), die im NO noch eiszeitl. überformt ist; wechselhaftes kontinentales, nach W hin trockener werdendes Klima (Dürreperioden möglich, z. B. 1931–1937) mit starken Winden aus S u. SW (Winderosion). Von der ursprüngl. Lang- (im O) u. Kurzgrasprärie (im W) sind noch rd. 40 % als natürl. Rinderweide erhalten. K. ist der wichtigste Weizenproduzent der USA, daneben Anbau von Hirse (Sorghum), Mais, Sojabohnen u. Zuckerrüben (im W, mit Bewässerung); Flugzeugbau u. Erdölverarbeitung (Wichita), Nahrungsmittelindustrie (Mehlerzeugung, Fleischverarbeitung), Landmaschinenbau, Metall- u. Druckindustrie; wichtigster Heliumproduzent der USA; reiche Erdöl- u. -gasvorkommen, Zink- u. kaum genutzte Kohlenlager; Zementproduktion, Salzgewinnung. – K. kam 1803 durch den Louisiana-Kauf an die USA, bis 1854 Indianerland, dann Territorium K., 1861 als 34. Staat in die USA aufgenommen.

Damals zahlreiche Neusiedler, vor allem aus Europa; Siedlungsgebiet für verschiedene religiöse Gruppen.

◆ **Kansas City** ['kænzəs'siti], Doppelstadt an der Mündung des Kansas River in den Missouri (USA), 220–236 m ü. M., besteht aus K. C. (Missouri) mit 444 000 Ew. u. K. C. (Kansas) mit 150 000 Ew., bildet zusammen mit *Independence* (Missouri) u. einigen kleineren Städten die Metropolitan Area K. C. mit 1,57 Mio. Ew., die trotz unterschiedlicher Verwaltungszugehörigkeit eine Wirtschaftseinheit bildet; mehrere Teiluniversitäten, Museen; wichtiges Agrarzentrum (führender Handelsplatz für Vieh u. Saatgut, vor allem Winterweizen, in den USA), Nahrungsmittelindustrie (Großmühlen, Großschlächtereien, Konservenproduktion, Tiefkühlkost); Rüstungs-, chemische, Papier- u. Druckindustrie, Fahrzeug- u. Flugzeugbau, Schmuckwarenherstellung, Diamantschleiferei; Verkehrszentrum (mit internationalem Flughafen u. Bahnknotenpunkt). – K. C. (Missouri) besiedelt ab 1833 (Westport), K. C. (Kansas) ab 1857 (Wyandotte); Ausgangspunkt wichtiger Überlandwege (Santa Fe Trail u. Oregon Trail), Bahnanschluss 1865.

Kansas City Jazz ['kænzəs 'siti 'dʒæs], in Kansas City in den 1930er Jahren entstandener Jazz-Stil mit typischen Rhythmen u. melod. Orientierung am → Blues. Zusammen mit dem → Swing leitete der K. C. J. die Entwicklung zum *Modernjazz* ein.

Kansas River ['kænzəs 'rivə], rechter Nebenfluss des Missouri im NO von Kansas (USA), entsteht durch Zusammenfluss von Republican River u. Smoky Hill River, mündet bei Kansas City; 272 km.

Kansk, Stadt in Mittelsibirien (Russland), am *Kan* (einem rechten Nebenfluss des Jenissej), 110 000 Ew.; Fachhochschulen; Mittelpunkt eines Getreideanbauzentrums

mit Nahrungsmittel-, Baumwoll-, Holz- u. chem. Industrie, Maschinenbau; Wärmekraftwerk; Zentrum des östl. *Kansk-Atschinsker-Kohlenbeckens*; Station der Transsibirischen Bahn. – 1628 als Kosakenfestung gegründet.

Kansk-Atschinsker-Kohlenbecken, bedeutende Braunkohlenlager im südl. Mittelsibirien, mit Vorräten von insges. rd. 1200 Mrd. t; erstreckt sich in mehreren Teilbecken über 700 km beiderseits der Transsibir. Bahn von Anschero-Sudschensk bis Kansk. Die bis 100 m mächtigen Flöze werden im Tagebau abgebaut u. an Ort u. Stelle in Großkraftwerken (*Nasarowo* u. a.) verstromt. An den Kraftwerken (z. T. noch in Bau oder in Planung) sollen Großstädte entstehen.

Kansu, chines. Provinz, → Gansu.

Hermann Kant

Kant, ◆ **1.** Hermann, dt. Schriftsteller, * 14. 6. 1926 Hamburg; 1945–1949 in poln. Kriegsgefangenschaft; 1978–1989 Präs. des Schriftstellerverbandes der DDR, seit 1986 Mitgl. des ZK der SED. Erzählungen: "Ein bisschen Südsee" 1962; "Eine Übertretung" 1975; "Krönungstag" 1986; "Die Summe" 1987. Romane: "Die Aula" 1965; "Das Impressum" 1972; "Der Aufenthalt" 1977; "Kormoran" 1994; literar. Aufsätze u. Reportagen. Autobiografie: "Abspann" 1991.

◆ **2.** Immanuel, dt. Philosoph, * 22. 4. 1724 Königsberg, † 12. 2. 1804 Königsberg; lebte, studierte u. lehrte in Königsberg, das er nur in seiner Hauslehrerzeit verlassen hat; 1755 Privatdozent, 1770 Prof. für Logik u. Metaphysik; 1796 zog er sich aus Gesundheitsgründen zurück.

Immanuel Kant; um 1768

Immanuel Kant 1724–1804

Am 22. April als viertes von elf Kindern des Sattlers Johann Georg K. und seiner Frau Anna Regina in Königsberg geboren	1724	Klopstock geboren / Der chinesische Kaiser Yongzheng verbietet das Christentum / Eröffnung der Pariser Börse
K. besucht die Vorstädter Hospitalschule	1730	
K. wechselt auf das pietistisch geführte Collegium Fridericianum über; Begeisterung für antike Literatur; der religiöse Zwang der Schule fördert seine Abneigung gegen den Pietismus	1732	17 000 aus Salzburg vertriebene Protestanten siedeln sich auf Einladung Friedrich Wilhelms I. in Ostpreußen an / Joseph Haydn geboren
K. studiert Philosophie, Mathematik und Naturwissenschaften an der Universität Königsberg	1740	Tod des Soldatenkönigs Friedrich Wilhelm I. Sein Sohn Friedrich II.
In den nächsten neun Jahren verdingt sich K. als Hauslehrer in der Umgebung von Königsberg / Tod des Vaters	1746	Nach dem Sieg in den beiden schlesischen Annexionskriegen schreibt Friedrich II. in französischer Sprache „Geschichte meiner Zeit"
K. reicht die für eine Professur nötigen drei lateinischen Dissertationen an der Universität Königsberg ein und wird zunächst Privatdozent	1755	Tod des französischen Staatsphilosophen Montesquieu / Zarin Elisabeth gründet die Universität in Moskau
K. wird für seine „Untersuchung über die Deutlichkeit der Grundsätze der natürlichen Theologie und der Moral" ausgezeichnet	1763	Der Friede zu Hubertusburg beendet den Siebenjährigen Krieg; Preußen behält Schlesien / Jean Paul geboren
K. hat ein erstes festes Einkommen durch die Stelle eines Unterbibliothekars an der Schlossbibliothek in Königsberg. (Die frei werdende Professur für Dichtkunst hatte K. abgelehnt)	1765	Joseph II., Repräsentant des „aufgeklärten Absolutismus", wird deutscher Kaiser / Friedrich Nicolai beginnt mit der Herausgabe der Zeitschrift „Allgemeine deutsche Bibliothek"
Berufungen nach Jena und Erlangen lehnt K. in Erwartung einer Professur in Königsberg ab	1769	Napoleon Bonaparte geboren / Alexander von Humboldt geboren
K. wird ordentlicher Professor für Metaphysik und Logik an der Universität Königsberg / Die erforderliche lateinische Dissertation „De mundi sensibilis atque intelligibilis forma et principiis" enthält erste Gedanken späterer Schriften	1770	Russischer Seesieg über die Türken bei Tschesme / Hegel geboren / Beethoven geboren / James Cook besetzt im Namen Englands die australische Ostküste
	~	Chinesische Gärten werden in Europa bekannt
Nach zehnjähriger Publikationspause erscheint die „Kritik der reinen Vernunft"	1781	Tod G. E. Lessings / Die USA entscheiden den Unabhängigkeitskrieg gegen England für sich
Auf der Grundlage der „Kritik der reinen Vernunft" erscheinen die „Prolegomena zu einer jeden künftigen Metaphysik", zwei Jahre später die „Grundlegung der Metaphysik der Sitten"	1783	Unter Potjomkin erobert Russland die Krim; Gründung Sewastopols / Als erster deutscher Fürst hebt Markgraf Karl Friedrich von Baden die Leibeigenschaft auf
K. wird Rektor der Universität, überbringt dem neuen König Friedrich Wilhelm II. die Huldigung der Hochschule und wird besonders ausgezeichnet / Die Schrift „Metaphysische Anfangsgründe der Naturwissenschaft" erscheint	1786	Tod Friedrichs des Großen / Friedrich Wilhelm II. wird König von Preußen / Goethe reist nach Italien / Der Turkmene Agha Mohammed begründet in Persien die bis 1925 regierende Kadscharen-Dynastie
Zum zweiten Mal ist K. turnusmäßig Rektor / „Kritik der praktischen Vernunft"	1788	Tod des Religionsphilosophen Johann Georg Hamann, Freund Kants, in Königsberg
	1789	Beginn der Französischen Revolution
„Kritik der Urteilskraft"	1790	Tod Kaiser Josephs II.
Zensurverweis des preußischen Ministers Wöllner gegen Kants Schrift „Die Religion innerhalb der Grenzen der bloßen Vernunft"	1794	Robespierre wird hingerichtet / Russland und Preußen schlagen den Aufstand der Polen gegen die zweite Teilung des Landes nieder
K. schreibt „Zum ewigen Frieden"	1795	Friedrich Schiller veröffentlicht die „Briefe über die ästhetische Erziehung des Menschen"
„Die Metaphysik der Sitten" erscheint	1797	
Kants körperliche Kraft lässt nach. Sein Schüler Wasianski übernimmt die Pflege	1800	F. W. J. Schelling schreibt „System des transzendentalen Idealismus"
Eine Magenverstimmung, beschleunigt den körperlichen Verfall Kants	1803	Reichsdeputationshauptschluss: Neuaufteilung Deutschlands
Am 12. Februar stirbt K. Die Bestattung findet unter großer Anteilnahme der Bevölkerung im Professorengebäude des Doms statt	1804	Bonaparte macht sich als Napoleon I. zum Kaiser von Frankreich

In der philosoph. Entwicklung Kants werden insbes. zwei Perioden unterschieden: Die „vorkritische Periode" u. die „kritische" (seit Erscheinen der „Kritik der reinen Vernunft"). Der „vorkritische K." setzte sich intensiv mit dem Rationalismus G. W. *Leibniz*' u. C. *Wolffs* sowie der Physik I. *Newtons* auseinander. Als Schüler von M. *Knutzen* (*1713, †1751) begann K. mit naturwissenschaftl. Arbeiten, unter denen die „Allg. Naturgeschichte u. Theorie des Himmels" 1755, eine Kosmogonie nach Newton'schen Prinzipien *(Kant-Laplace'sche Theorie)*, die bedeutendste ist. Kants Denken stand von Anfang an unter dem Gegensatz Newton u. Leibniz, Physik u. Metaphysik, Empirismus u. Rationalismus. Nachdem er 1755 in seinem Werk „Principorum primorum cognitionis metaphysicae nova dilucidatio" („Neue Erhellung der ersten Grundsätze der metaphysischen Erkenntnis") versucht hatte, Leibniz u. Newton zu versöhnen, griff er in mehreren Schriften die rationalist. Metaphysik der Zeit an: „Versuch, den Begriff der negativen Größen in die Weltweisheit einzuführen" 1763, „Untersuchung über die Deutlichkeit der Grundsätze der natürl. Theologie u. der Moral…" 1764 (Preisaufgabe der Berliner Akademie für das Jahr 1763) u. schließlich in der gegen E. *Swedenborg* gerichteten Schrift „Träume eines Geistersehers, erläutert durch die Träume der Metaphysik" 1766. In seiner Inauguraldissertation über die „Sinnliche u. intelligible Welt" 1770 trennt K. zwischen sinnlicher u. intellektueller Erkenntnis u. versteht Raum u. Zeit als subjektive Anschauungsformen. Damit ist die Fragestellung für den späteren eigentl. *Kritizismus* vorgegeben.

Schon durch eine Reihe kleiner, den Geist der Aufklärung atmender Schriften bekannt, überraschte K. die Fachwelt nach zehnjährigem Schweigen (1770–1780) durch seine „Kritik der reinen Vernunft" (1781), der er in rascher Folge die bedeutendsten Werke folgen ließ („Prolegomena zu einer jeden künftigen Metaphysik" 1783; „Kritik der praktischen Vernunft" 1788; „Kritik der Urteilskraft" 1790). Diese sollten den Grund zu einem System der Philosophie legen, das aber nur teilweise ausgeführt wurde (Metaphysik der Natur, Metaphysik der Sitten). Mit seiner in der „Kritik der reinen Vernunft" entfalteten kritischen *Transzendentalphilosophie* überwindet K. die dogmatische Philosophie seiner Zeit (Rationalismus u. Empirismus). Mit der Destruktion des traditionellen Metaphysikbegriffs geht eine Neuschaffung der Erkenntnistheorie einher, die von K. selbst als „kopernikanische Wende" bezeichnet wurde. Diese besteht darin, dass K. die Erkenntnis von Dingen nicht mehr als von diesen abhängig betrachtet, die Dinge haben sich vielmehr nach dem Erkenntnisvermögen, der apriorischen Struktur des Bewusstseins, zu richten. Seine Transzendentalphilosophie sucht die Bedingungen der Möglichkeit u. die Grenzen der Erkenntnis zu bestimmen. K. lehrt, dass alle Erkenntnis, weil an die sinnliche Anschauung gebunden, nur von der Erfahrung aus möglich sei, verstand dies aber nicht im Sinne des

Immanuel Kant. Zeichnung in Schattenrissmanier; um 1798

Empirismus, sondern so, dass Erfahrung als gesetzmäßiger Zusammenhang selbst auf apriorischen, allgemein gültigen Voraussetzungen beruhe u. dass die Mathematik u. die mathemat. Physik aus solchen Aussagen bestehe. Es handelt sich bei diesen apriorischen Erkenntnisformen um die „reinen Anschauungsformen" Raum u. Zeit sowie um die „reinen Verstandesbegriffe" *(Kategorien)*. Eine der mathemat. Physik vergleichbare Metaphysik der „Dinge an sich", des Übersinnlichen, gebe es nicht, wohl aber seien die Ideen des Übersinnlichen (Gott, Freiheit, Unsterblichkeit) notwendige Vernunftbegriffe, die wir, da sie theoretisch unerkennbar seien, in der „praktischen Vernunft" realisieren, d. h. zur Grundlage unseres Handelns machen müssten. Diese Forderung sei selbst ein Vernunftgebot, das uns im *kategorischen Imperativ* als dem unbedingten Sittengesetz entgegentrete. – Der Dualismus der Inauguraldissertation blieb somit erhalten u. entwickelte sich zu dem Gegensatz von Natur u. Freiheit, Sinnlichem u. Übersinnlichem, Verstandes- u. Vernunftgesetzgebung. Ihn zu überbrücken diente die für den *dt. Idealismus* wegweisende „Kritik der Urteilskraft".
Erst von hier aus zeigt sich der religiöse Gehalt der kantischen Philosophie, der in seiner Kampfschrift „Die Religion innerhalb der Grenzen der bloßen Vernunft" 1793, die zu einer Maßregelung durch den preußischen Min. J. C. von *Wöllner* führte (1794), durch die Forderung rein moralischer Bibelinterpretation eher verdeckt ist. In „Metaphysik der Sitten" 1797 sind Kants (naturrechtliche, von J. J. *Rousseau* beeinflusste) Lehren über Privat-, Staats-, Völker- u. Weltbürgerrecht zusammengefasst u. unter den Freiheitsbegriff (äußere – innere Freiheit) gebracht. Die außerordentl. Vielseitigkeit der Probleme hat K. zu einem der einflussreichsten, immer neu ausgelegten

Denker für das 19. u. 20. Jh. gemacht. – Werke: Akademie-Ausgabe 1902 ff. (Bde. 1–9 Werke, Bde. 10–13 Briefe, Bde. 14–23 handschriftl. Nachlass, Bde. 24–29 Vorlesungen).

Kantabrer, lat. *Cantabri,* Volk im N Spaniens, in verschiedene Volksgruppen unterteilt; vorkeltisch, aber indogermanisch, mit einwandernden Iberern u. Kelten vermischt; Hptst. *Juliobriga;* 29–19 v. Chr. von den Römern unterworfen.

Kantabrien

◆ **Kantabrien,** span. *Cantabria,* nordspan. Region am Golf von Biscaya, 5289 km², 527 000 Ew.; Hptst. *Santander.*

◆ **Kantabrisches Gebirge,** span. *Cordillera Cantábrica,* 470 km langes, wald- u. heidereiches Randgebirge entlang der span. Nordküste, von den Pyrenäen im O bis zum Bergland von Galicien im W. An der Grenze Asturiens erreicht es in den *Picos de Europa* 2648 m. Die regenreichen Nordhänge sind steil u. stark zertalt, der flacheren Südseite fehlen dagegen die Niederschläge. Die Täler sind dicht besiedelt, doch gibt es nur wenige günstige Pässe für den Durchgangsverkehr. Steinkohlen-, Eisen-, Zink- u. Manganerzvorkommen.

Kantakuzenos, griech. Fürstenfamilie, stellte u. a. mit *Johannes VI.* einen byzantin. Kaiser (1341–1354); unter den Türken eine

hervorragende Fanarioten-Familie, die Nebenlinien auch in Rumänien u. Russland hatte. Auch → Cantacuzino.

Kantala [die; sanskr.], *Agave cantala,* Stammpflanze der *Kantalafaser (Kantalahanf),* einer → Agavefaser, die ähnlich wie die *Sisalfaser* für die Herstellung von Tauwerk, Bindfäden, Netzen u. Hängematten benutzt wird; Hauptanbaugebiete: Java, Philippinen (hier heißen Pflanze u. Faser *Maguey*).

Kantalupe, ein Kürbisgewächs, → Melone.

Kantara, ägypt. Stadt, → Qantarah.

Kantate [die; ital., „Singstück", im Gegensatz zu *Sonate,* „Spielstück"], bis Ende des 18. Jh. meist *Cantate,* aus Italien stammende Kompositionsgattung für eine oder mehrere Singstimmen u. Instrumente, entstanden als *Solo-K.* in der Nachfolge des rein vokalen u. polyphonen, für Solostimmen gesetzten *Madrigals.* Kantaten bestehen meist aus Chorsätzen, Rezitativen u. Arien, aber auch Duette u. Terzette kommen vor.
In ihrer ersten Blütezeit um 1650 war die K. wie das Madrigal rein weltlich (meist Liebespoesie) u. diente der musikal. u. literar. hoch stehenden Unterhaltung aristokratischer Kreise. Einer der ersten Meister der K. war L. *Rossi* (260 weltl. Solokantaten mit Generalbass, z. T. nur aus Rezitativ u. Ariette bestehend). Weitere bedeutende italien. Kantatenkomponisten waren G. *Carissimi,* Antonio Francesco *Tenaglia* (†nach 1661), A. *Stradella,* A. *Steffani,* F. *Cavalli,* M. A. *Cesti,* G. *Legrenzi* u. vor allem A. *Scarlatti* (rd. 600 Kantaten, davon 374 Solokantaten). Auch G. F. *Händel* schrieb während seines Italienaufenthalts zahlreiche italien. Kantaten.
In Dtschld. entwickelte sich die K. vor allem als *geistl. K.* innerhalb der aufblühenden ev. Kirchenmusik, also in Mittel- u. Nord-Dtschld.: H. *Schütz* (geistl. „Konzerte"),

Kantabrisches Gebirge: Dorf in den Picos de Europa

171

M. *Praetorius*, M. *Weckmann*, F. *Tunder*, Nicolaus *Bruhns* (*1665, †1697) u. bes. D. *Buxtehude* (Lübecker Abendmusiken). J. S. *Bach* erhob schließl. die *Choral-K.* zum Inbegriff der ev. Kirchenmusik überhaupt (rd. 200 Kantaten sind erhalten).
Im späteren 18. u. 19. Jh. trat die Kantatenkomposition zurück; dagegen erhielt sie im 20. Jh. wieder Bedeutung, beginnend in der letzten Phase der Spätromantik (H. *Pfitzner*, „Von deutscher Seele" 1921). Jugendmusik u. die Wiedererweckung alter Musik haben auch die K. neu belebt, bes. die ev. Kirchenkantate (H. *Kaminski*, K. *Thomas*, K. *Marx*, H. *Reutter*).

Kantele [die], finn. Zither ohne Griffbrett in Flügelform, ursprüngl. mit 5 Rosshaar-, jetzt mit bis zu 34 Drahtsaiten über dem Brett, unter dem ein meist kleinerer Resonanzkasten liegt. Die K. ist auch in den balt. Ländern verbreitet (lit. *Kankles*). – Eine Sonderform ist die *Jouhikkokantele*, eine Streichleier mit meist 2–3 Saiten.

Kanter [der], engl. *canter*, leichter, langsamer Galopp.

Kantersieg, ursprüngl. im *Pferdesport* gebräuchl. Bez. für einen überlegenen Sieg (→ Kanter); übertragen auch bei anderen Sportarten (z. B. bei Ballspielen ein Sieg mit hoher Tordifferenz).

Kant-Gesellschaft, an I. *Kants* 100. Todestag (1904) von H. *Vaihinger* in Halle (Saale) gegr. philosoph. Gesellschaft; 1938 aufgelöst u. 1969 in Bonn neu gegr.; übernahm als Organ die „Kant-Studien", die seit 1896 u. wieder seit 1953 erscheinen.

Kanthaken, *Kehrhaken*, ein Haken zum Verladen schwerer Hölzer; auch ein Bootshaken.

Kantharidin [grch.], giftiger Wirkstoff, → Cantharidin.

Kantharos [der; grch.], zweihenkliges Trinkgefäß mit hohem Fuß u. weiter, schalenartiger Öffnung; in der griech. u. röm. Antike gebräuchlich.

◆ Kanther, Manfred, dt. Politiker (CDU), *26. 5. 1939 Schweidnitz, Schlesien; Jurist; 1987–1991 Min. der Finanzen in Hessen, 1991–1997 Vors. des CDU-Landesverbands Hessen, 1993–1998 Bundesminister des Innern.

Manfred Kanther

Kantholz, rechteckig geschnittenes Bauholz von 6×6 bis 16×18 cm Querschnitt.

Kantianismus, zusammenfassende Bez. für die im Anschluss an die Philosophie I. *Kants* entstandenen Lehren u. deren Vertreter: 1. die unmittelbaren Anhänger Kants *(Kantianer)* : Johannes *Schultz*, S. *Maimon*, K. L. *Reinhold*, F. *Schiller*, J. S. *Beck*, J. F. *Fries* u.a.; 2. i. w. S. die sich auf Kant berufenden, seine Lehren jedoch weitgehend umbildenden Vertreter des *dt. Idealismus*, bes. J. G. *Fichte*, F. W. von *Schelling*, G. W. F. *Hegel* sowie A. *Schopenhauer*; 3. der → Neukantianismus.

Kantilene [die; lat.], eine tragende, sangl. Melodie in einem mehrstimmigen vokalen oder instrumentalen Satz; auch eine Komposition oder ein Teil davon mit dieser Melodieführung. – Der *Kantilenensatz* des 14. u. 15. Jh., wesentl. geprägt durch G. de *Machaut*, bestand aus einer hohen Männerstimme (Cantus) u. einem instrumentalen Tenor, zu dem ein Contratenor hinzutreten konnte. Der Kantilenensatz verdrängte im 15. Jh. den älteren Motettensatz.

Kantionalsatz, in der Kirchenmusik eine vierstimmige Liedkomposition mit homophoner Stimmführung u. der Melodie in der Oberstimme; von L. *Osiander* als Gesang für die ganze Gemeinde eingeführt, später von anderen Komponisten (z. B. J. *Eccard*, M. *Praetorius*, H. L. *Haßler*) weitergetragen.

Kantipur → Katmandu.

Kant-Laplace'sche Theorie [-la'plas-], zusammenfassende Bez. für die Hypothesen zur Entstehung des → Planetensystems von I. *Kant* u. P. S. de *Laplace*. Die Theorien wurden 1755 u. 1796 aufgestellt. Sie unterscheiden sich grundsätzlich voneinander, so dass der Zusammenfassung nicht gerechtfertigt ist. Auch → Kosmogonie.

Kanto, *Kwanto*, die größte Ebene der japan. Inseln, um Tokyo, als Region 33 413 km², dicht besiedelt (1992: 39 Mio. Ew.); agrarisch (Tee, Reis, Tabak, Seidenzucht) wie industriell (Eisen, Stahl, Textilien, Raffinerien) u. kulturell das Zentrum Japans.

Kanton [der; ital., frz.], *Canton*, **1.** *Staatsrecht:* in der Schweiz einer der 26 Gliedstaaten der Eidgenossenschaft; in Frankreich u. Belgien der untere Verwaltungsbezirk des *Arrondissements*; in Luxemburg der oberste Verwaltungsbezirk.
Die schweiz. Bundesverfassung bezeichnet in Art. 1 die Kantone als „souverän". Die hauptsächl. Zuständigkeiten der Kantone bestehen in den Bereichen von Schulwesen, Rechtspflege (Gerichtsbarkeit u. Prozessrecht), Polizei, Gesundheitswesen, Sozialfürsorge, Straßenbau u. Gemeinderecht, aber auch in der Ausführung von Bundesgesetzen durch die kantonale Verwaltung. **2.** *Wehrverwaltung:* Aushebungsbezirk; → Kantonsystem.

Kanton, chines. Stadt, → Canton.

Kantoniere [kanto'njɛːrə; die; ital.], Straßenwärterhaus in den italien. Alpen.

Kantonseide, aus China stammende → Grège.

Kantonsrat, in der Schweiz die auch als *Großer Rat*, in Uri, Nidwalden, Glarus u. Basel-Land als *Landrat* bezeichnete gesetzgebende Versammlung der Kantone.

Kantonsystem, *Kantonverfassung*, ein militär. Aushebungssystem, bei dem ein Land in Bezirke *(Kantone)* eingeteilt wird, aus deren jedem sie ein Regiment seine Rekruten zu entnehmen hat; von *Friedrich Wilhelm I.* 1733 in Preußen eingeführt. Durch Ausnahmen von der Dienstverpflichtung blieb auch die Fremdenwerbung bestehen.

Kantor [der; lat., „Sänger"], im MA der Vorsänger u. Leiter der gregorian. Schola; seit der Reformation der Organist u. Kirchenchorleiter der evangelischen Gemeinde.

Große Bedeutung hatte das Amt an den evangelischen Lateinschulen des 16. Jh. (heute noch „Thomaskantor" in Leipzig u. „Kreuzkantor" in Dresden).

Kantor, **1.** ['kæntə], MacKinlay, US-amerikan. Journalist, *14. 2. 1904 Webster City, Iowa, †11. 10. 1977 Sarasota, Florida; Verfasser populärer Romane aus der amerikan. Vergangenheit u. Gegenwart („Cuba libre" 1940; „Andersonville" 1955; „Schönes Biest" 1968, dt. 1970). **2.** Tadeusz, poln. Maler, Regisseur u. Bühnenbildner, *16. 4. 1915 Wielopole bei Dębica, †8. 12. 1990 Krakau; studierte an der Krakauer Kunstakademie u. begann mit surrealist. Bildern. Ab 1954 beschäftigte er sich mit dem Informel u. schuf Collagen, Assemblagen u. Objektbilder mit alltägl. Gegenständen, die vom Betrachter verändert werden können. K. gründete 1955 in Krakau das *autonome Theater* „Cricot 2".

Kantorei [lat.], im Bereich der ev. Kirchenmusik in der Regel gemischte Chor gehobenen Niveaus. Die K. entstand zuerst in Thüringen u. Sachsen mit Satzungen, die ihre Mitglieder zu festgelegten Leistungen verpflichteten. Das 18. Jh. überlebten jedoch nur wenige Kantoreien in ihrer ursprüngl. Form, so z. B. die Thomaner in Leipzig; meist wurden sie durch Gesangvereine mit gemischten Chören ersetzt. In neuerer Zeit tragen auch weltl. Chöre die Bez. K. (*Gächinger K., Westfäl. K.* u. a.).

Alfred Kantorowicz

Kantorowicz ['-tɔːrovitʃ], ◆ **1.** Alfred, dt.-jüd. Publizist u. Schriftsteller, *12. 8. 1899 Berlin, †27. 3. 1979 Hamburg; Redakteur an der „Vossischen Zeitung" u. Mitarbeiter der „Weltbühne", floh als Kommunist 1933 nach Paris, kämpfte gegen Franco („Tschapaiew" 1938); seit 1941 in den USA, 1946 in Ostberlin, dort Hrsg. der Zeitschrift „Ost u. West" u. der Werke von H. *Mann*, Prof. an der Humboldt-Universität; ging 1958 in die BR Dtschld. („Dt. Tagebuch" 1960; „Im zweiten Drittel unseres Jahrhunderts" 1967; „Exil in Frankreich" 1971; „Politik u. Literatur im Exil" 1978). **2.** Ernst Hartwig, dt.-US-amerikan. Historiker, *3. 5. 1895 Posen, †9. 9. 1963 Princeton, New Jersey; 1930 Prof. für mittelalterl. Geschichte in Frankfurt a. M., emigrierte 1938 nach Oxford, 1945–1950 Prof. in Berkeley, 1951 in Princeton; schrieb im Geist des *George-Kreises* die Biografie „Kaiser Friedrich II." 2 Bde. 1927 bis 1931; „Laudes regiae" 1946; „The king's two bodies" 1957.

Kantorowitsch, *Kantorovič*, Leonid, sowjet. Wirtschaftswissenschaftler, *15. 1. 1912 St. Petersburg, †7. 4. 1986 Moskau; Vertreter der mathemat. Schule der Wirtschaftswissenschaften in der Sowjetunion; Arbeiten zum Problem der optimalen Faktorallokation. Nobelpreis für Wirtschaftswissenschaften 1975 mit T. C. *Koopmans.* Hptw.: „Mathematical methods for organizing and planning industry" russ. 1939, engl. 1960; „The best use of economic resources" russ. 1959, engl. 1965.

Kantschil [der; mal.] → Zwergböckchen.

Kanu [das; indian., span., engl.], *Canoe,*
1. *Sport:* ein Sportboot, das seine Vorläufer im *Kajak* der Eskimo u. im *Canoe* der Indianer hat. Heute gehören dazu der *Kajak,* das *Faltboot,* der *Kanadier* u. das *Segelkanu* (→ Kanusport).
2. *Völkerkunde:* i. w. S. das Boot bei Naturvölkern, ohne Rücksicht auf die Bauart; i. e. S. das Rindenkanu mit Spantengerüst bei den nordamerikan. Indianern.

Kanüle [die; frz.], *Hohlnadel,* ein Metallröhrchen verschiedener Form, Länge u. Stärke, hauptsächl. als *Injektionskanüle* zum Aufsetzen auf Spritzen verwendet. Daneben werden *Trachealkanülen* zum Durchgänghalten der Luftröhre nach Luftröhrenschnitten gebraucht.

Kanun-name [pers., türk., „Buch der Gesetze"], im osman. Reich Sammlung der vom Sultan erlassenen Reichsgesetze.

Kanuri, *Beriberi,* zentralsudanesisches Volk (rd. 2 Mio.) südwestl. des Tschadsees in Nigeria, ein Hauptvolk des Reiches *Bornu;* verwandt mit den *Kanembu* u. *Manga.* Die K. bauen Hirse u. Erdnüsse an u. betreiben Viehzucht (Rinder u. Ziegen).

◆ **Kanusport,** zusammenfassende Bez. für die mit *Kanus* betriebenen Sportdisziplinen. Der K. entwickelte sich in der Mitte des 19. Jh. in Großbritannien. Die Boote wurden nach dem Vorbild der Fell- u. Rindenkanus der Indianer u. des Kajaks der Eskimo gebaut. Die meisten Boote bestehen heute aus Kunststoffen. Die Mehrheit der Aktiven übt den K. als Freizeitsport aus, wobei alle Oberflächengewässer für eine Befahrung in Frage kommen. Ausprägungen des Freizeitsports sind: Kanuwandersport, Seekajaksport u. Wildwassersport. Bei den Booten unterscheidet man zwischen zwei Grundformen des Kanus, dem *Kajak,* der sitzend mit einem Doppelpaddel vorwärts bewegt wird, sowie dem *Kanadier,* der kniend, im Wandersport teilweise auch sitzend, mit einem Stechpaddel vorwärts bewegt wird. Wichtigste Wettkampfsportdisziplinen sind der Kanurennsport u. der Kanuslalom als olymp. Sportarten, der Wildwasserrennsport, der Marathonrennsport, Kanupolo u. Kanusegeln. Beim *Kanurennsport* werden Wettbewerbe über 200, 500 u. 1000 m auf

Kanusport: Einer-Kanadier

stehenden Gewässern mit Einer-, Zweier- u. Viererkajaks (K1, K2, K4) u. Einer-, Zweier- u. Viererkanadiern (C1, C2, C4) ausgetragen. Die Boote sind über Höchstlänge, Mindestbreite u. Mindestgewicht definiert.
Kanuslalom wird auf natürl. oder künstl. Wildwasserstrecken gefahren, wobei die zu befahrende Strecke durch Tore, die durchfahren werden müssen, festgelegt wird. Im Kanuslalom unterscheidet man zwischen Kajak-Einer Damen/Herren, Kanadier-Einer u. Kanadier-Zweier. Die Slalomstrecke soll bis zu 600 m lang sein u. 25 Tore umfassen; Mindestströmung des Gewässers 2 m/s.
Im *Wildwasserrennsport* gilt es, eine Wildwasserstrecke in möglichst kurzer Zeit zu bewältigen. Die Strecke beträgt rund 5 km. Gefahren wird auch hier, wie beim Slalom, in den Klassen K1 Herren/Damen sowie C1 u. C2.
Weitere offizielle Wettkampfdisziplinen der Internationalen Kanu-Föderation sind der *Marathonrennsport* (Strecken zwischen 20 u. 40 km mit kurzen Laufstrecken, sog. *Portagen),* der *Kanupolosport* (ein Ballspiel zwischen zwei Mannschaften, die auf einen rechteckigen Torkorb oberhalb der Wasseroberfläche spielen) u. das *Kanusegeln* (national in der Klasse Taifun u. international in der Klasse IC). Weitere, in den letzten Jahren hinzugekommene Kanusportarten sind: *Rafting* (Befahren von Wildwasser in Schlauchbooten), *Drachenboot* (eine aus dem ostasiat. Raum kommende Sportart, dem Kanadier verwandt) u. *Kanurodeo* (hier werden bestimmte Figuren im Wildwasser akrobatisch vorgeführt u. bewertet).
Organisation: → Deutscher Kanu-Verband; in *Österreich:* Österr. Kanu-*verband,* Wien; in der *Schweiz:* Schweiz. Kanu-*Verband,* Möhlin.

Kanye [engl. 'kaɪnjeɪ], Stadt im südl. Botswana, 35 200 Ew.; Straßenknotenpunkt.

Kanzel [die; lat., „Schranke"], **1.** *Baukunst:* hoch gelegener, mit Brüstung (u. Schalldeckel) versehener Stand des Predigers in Kirchen; hervorgegangen aus den Pulten zur Schriftlesung an den Chorschranken (lat. *Cancelli, Kanzelle)* frühchristl. Kirchen, seit dem 13. Jh. (N. u. G. *Pisano)* freistehend oder gewöhnl. an einen Arkadenpfeiler angelehnt, aus Stein oder Holz mit reichem plast. Schmuck, bes. in Spätgotik u. Barock. Berühmt sind die Kanzeln der Kathedralen in Ravello, Salerno u. Pisa, der Dome in Florenz, Freiberg u. Wien u. des Straßburger Münsters.
2. *Flugzeugbau:* → Cockpit.
3. *Jagd:* rundum geschlossener → Hochsitz.

Kanzelle [die; lat.], *Musikinstrumente:* schmaler Kanal in der → Windlade der Orgel oder im Stimmstock einer Harmonika, der den einzelnen Pfeifen bzw. Zungen den Wind zuführt. Auch → Orgel.

Kanzelmissbrauch, nach früherem dt. Recht (dem in der BR Dtschld. seit dem 4. 8. 1953 aufgehobenen § 130a StGB, sog. *Kanzelparagraphen)* die den öffentl. Frieden bedrohende Besprechung von Angelegenheiten des Staats durch einen Geistlichen in Aus-

Kanusport: Zweier-Kajak

übung seines Berufs öffentlich vor einer Menschenmenge, in einer Kirche oder an einem anderen zu religiösen Versammlungen bestimmten Ort. Der Kanzelparagraph wurde zu Beginn des → Kulturkampfs (10. 12. 1871) erlassen. Der Paragraph ist selten angewandt worden.

Kanzelparagraph → Kanzelmissbrauch.

Kanzerogen [das; lat., „Krebs erzeugendes"], *Cancerogen, Karzinogen, Carcinogen,* ein Faktor (Stoff oder Einfluss), der → Krebs erzeugen oder fördern kann. Die Vielfalt der heute bekannten Kanzerogene macht es schwierig, eine geschlossene Theorie der *Karzinogenese* (Krebserregung) aufzustellen, mit deren Hilfe man, bes. bei neuartigen chem. Verbindungen, eine Krebs erzeugende Wirkung vorhersagen könnte. Toxikologische Testmethoden (z. B. *Ames-Test)* bleiben daher unerlässlich, um zu vorläufigen Aussagen über das Krebsrisiko zu kommen. Wichtig bei der Beurteilung eines Kanzerogens sind vor allem die geringste wirksame Menge *(Dosis),* der Wirkungsort *(Wirkungsspezifität)* u. die Zeitdauer *(Kanzerogen-Exposition).* Als Partner der Kanzerogene im tierischen u. menschl. Körper erscheinen u. a. sog. *Krebsgene,* die die Kanzerogene mit fortschreitendem Verschleiß des Organismus zur Wirkung kommen lassen. Unter bestimmten Voraussetzungen (Erbdisposition, grundsätzliche Schwächung der Reparatur- u. Abwehrsysteme des Organismus) kann fast jeder Umweltfaktor zum K. werden. Die frühere Unterscheidung zwischen (direkten) Kanzerogenen u. (am Geschehen beteiligten) *Cokanzerogenen* kann heute nicht mehr so streng aufrechterhalten werden.
Ein K. wirkt nach heutigen Vorstellungen auf Zellbestandteile (Nucleinsäuren, Proteine) ein. Dadurch wird das die Zellteilung steuernde Informationssystem, das im → genetischen Code verankert ist, gestört, das natürl. Zellwachstum wuchert unkontrolliert aus, u. es bildet sich ein *maligner Tumor,* eine bösartige Geschwulst, d. h. der Beginn von Krebserkrankungen. Viele Kanzerogene haben neben der Krebs erzeugen-

den auch erbschädigende Eigenschaften (*Teratogenität*: Missbildung an den direkten Nachkommen; *Mutagenität*: erbl. Veränderung, die sich in allen Folgegenerationen fortsetzt). Je nach Ursache unterscheidet man: 1. aus dem Körper selbst stammende Kanzerogene (z. B. Gewebshormone, endokrine Drüsenabsonderungen wie die der Sexualorgane); 2. physikalische Kanzerogene (mehr oder weniger eingeschlossene Fremdkörper, UV-, Röntgen-, radioaktive u. a. Strahlen, ständig wiederholte Verletzungen u. Reizungen); 3. chemische Kanzerogene (siehe unten); 4. Viren als Kanzerogene, im Tierreich häufiger nachgewiesen als beim Menschen (Tumorviren wie das Rous-Sarkomvirus des Huhns, das Maus-Mamma-Tumorvirus; Viren vom Herpes-Typ wie das Epstein-Barr-Virus).

Das Deutsche Krebsforschungszentrum in Heidelberg verfügt über einen umfassenden computergestützten Literaturspeicher (*Cancernet*) zum Thema Krebsforschung.

Zur Zeit sind über 700 *chemische Kanzerogene* bekannt. Die am besten erforschten lassen sich einteilen in: 1. *alkylierende Verbindungen* (Dimethylsulfat, Bis-[chlormethyl-]ether, β-Propiolacton, Aziridin, Trichlorethen, Vinylchlorid, Chloroform, Nitrosamine); – 2. *polyzyklische aromat. Kohlenwasserstoffe* (Benzo[a]pyren, Benz[a]antracen, Dibenzanthracen, 3-Methylcholanthren, 7.12-Dimethyl- u. 7.8.12-Trimethylbenz[a]anthracen); – 3. *Stoffwechselprodukte* (z. B. Aflatoxine, Safrol, Griseofulvin, Actinomycin); – 4. *anorganische Stoffe* (Arsen, Cadmium, Cobalt, Nickel, Beryllium, Selen u. deren Verbindungen, Asbest, Chromate, Hydrazinhydrat); – 5. *sonstige Verbindungen* (Benzidin, 2-Naphthylamin, Urethan, Acrylnitril, Benzol, Chlorbiphenyle, Thioharnstoff, Dioxan, N-Oxide, Azoverbindungen, Diethylstilbestrol, Phenacetin).

Eine Reihe von Schadstoffen, die aus der Umwelt über die Atemluft oder über die Nahrung in den menschlichen Körper gelangen, hat die Eigenschaft, u. U. bösartige Tumore zu verursachen. Vom Beginn der Einwirkung bis zum Auftreten der Erkrankung vergehen oft lange Zeiträume (z. B. bei Asbestfasern 20–40 Jahre). Schon nach einmaliger Einwirkung kann – je nach Disposition des betroffenen Organismus – die Tumorbildung irreversibel sein; für Kanzerogene können daher keine → Immissionswerte festgesetzt werden. Stattdessen soll versucht werden, kanzerogene Substanzen durch weniger schädliche Stoffe zu ersetzen bzw. ihre Verwendung stark einzuschränken.

Kanzerogenität, *Carcinogenität*, die Eigenschaft von → Kanzerogenen, bösartige Tumoren (Krebs) zu verursachen.

Kanzlei [lat. *cancellaria*], **1.** im MA u. in der frühen Neuzeit der Ort zur Ausfertigung von Urkunden, Gerichtsurteilen u. landesherrlichen Anordnungen (Justizkanzlei). **2.** die oberste Geschäftsbehörde des Staatsoberhaupts oder Regierungschefs (*Präsidialkanzlei, Reichskanzlei, Bundeskanzlei*), in den Ländern Deutschlands das Büro des Min.-Präs. oder der Landesregierung (*Staatskanzlei, Landeskanzlei*). **3.** Büro, z. B. eines Rechtsanwalts, Abteilung einer Behörde (bes. in Österreich), in der eingehende Schriftstücke in Empfang genommen, registriert u. weitergeleitet, Schreibarbeiten, Vervielfältigungen durchgeführt u. ausgehende Schreiben versandfertig gemacht werden.

Kanzleienstreit, eine publizist. Auseinandersetzung während des Dreißigjährigen Krieges. Die Kanzlei Kaiser *Ferdinands II.* veröffentlichte 1621 u. 1628 Papiere *Christians I.* von Anhalt u. des pfälzischen Rates L. von *Camerarius*, die bei der Schlacht am Weißen Berg erbeutet worden waren. Die Publikation sollte die Kriegsschuld *Friedrichs V.* von der Pfalz beweisen u. die gegen ihn verhängte Reichsacht rechtfertigen. Camerarius antwortete mit Gegenveröffentlichungen. Der K. war der erste Kriegsschuldstreit der Neuzeit.

Kanzleiformat, heute nicht mehr gebräuchl. Papierformat von der Größe 33 × 42 cm bzw. 21 × 33 cm; durch das DIN-Format der Reihe A (21 × 29,7 cm) ersetzt.

Kanzleischrift, große Akten- u. Urkundenschrift des 15. u. 16. Jh., meist mit ausgeprägtem Haar- u. Grundstrich; im Buchdruck eine gotische Zierschrift.

Kanzleisprache, die (gehobene) Sprache der Urkunden einer Kanzlei. Die K. der kursächs. Kanzlei soll die Grundlage für *Luthers* Bibelübersetzung gewesen sein. Auch → deutsche Sprache.

Kanzleistil, wie *Amtsstil* oder *Kaufmannsstil* abwertende Bez. für eine gekünstelte, umständl. Ausdrucksweise.

Kanzler [lat. *cancellarius*], im MA einer der obersten Hofbeamten, der die königlichen Urkunden auszufertigen hatte; seit karolingischer Zeit ein Geistlicher. In der Hofkanzlei entwickelten sich erste Ansätze einer Zentralbehörde des Reiches. Im röm.-dt. Reich bekleidete seit den Ottonen der Erzbischof von Mainz das Amt des *Erzkanzlers* (auch → Erzämter). In der tägl. Verwaltungsarbeit wurde er vom *Hof- u. Reichskanzler* vertreten. Nach der Reichshofkanzleiordnung von 1559 lag die Leitung der Kanzleigeschäfte beim *Reichsvizekanzler*, der vom Kaiser u. vom Mainzer Erzkanzler gemeinsam ernannt wurde. Es gab auch in den dt. Territorien seit Mitte des 15. Jh. K., meist gleichzeitig Präsidenten der obersten Gerichtshöfe waren. In Preußen wurde durch K. A. von *Hardenberg*, in Österreich durch K. L. von *Metternich* u. F. zu *Schwarzenberg* der Titel *Staatskanzler* eingeführt. – Der Norddt. Bund hatte ebenso wie heute Dtschld. u. Österreich einen *Bundeskanzler*, das Dt. Reich einen *Reichskanzler*. – In der Schweiz ist der *Bundeskanzler* Vorsteher der Bundeskanzlei, nicht Regierungschef. – In England ist der *Lordkanzler (Lord Chancellor)* Justiz-Minister, Vorsitzender des Obersten Gerichtshofs u. Sprecher des Oberhauses. – Der K. im alten Frankreich (*Chancelier de France*), einer der mächtigsten Minister, hatte auch kirchl. u. richterl. Aufgaben. – An einigen deutschen Universitäten ist der K. der oberste Verwaltungsbeamte. Auch → Bundeskanzler.

Kanzone [die; ital., „Lied"], *Canzone*, frz. *Chanson*, Gedichtform mit einem in Stollen gegliederten Aufgesang u. einem in Volten eingeteilten Abgesang, oft beide durch Reime verbunden; die Schlussstrophe („Geleit") meist mit anderer Zeilenzahl als die übrigen Strophen; im 12. Jh. von provençal. Minnesängern ausgebildet, in Italien zur klass. Form gereift (bes. durch *Dante* u. F. *Petrarca*), in der dt. Romantik u. im 19. Jh. oft angewandt. Auch → Canción. Seit dem 16. Jh. gibt es die K. auch als einfache volkstümliche, gesungene Liedform, die als *canzona villanesca* u. *canzona alla napolitana* auftrat, während die *canzona francese* sich in ihrer Form mehr dem *Madrigal* näherte. Daneben entwickelte sich durch Übertragung des französ. Chansons auf Orgel, Laute u. a. Instrumente die *Spielkanzone (canzona da sonar)*, vor allem in Italien (G. *Gabrieli*, mehrchörige Kanzonen für S. Marco in Venedig), die Einfluss auf die weitere Entwicklung der Instrumentalmusik hatte.

Kanzonette [die; ital., „Liedchen"], *Canzonetta*, im 16. u. 17. Jh. tanzliedartige, leichte Vokalkomposition mit der dreiteiligen musikal. Form aabcc, die sich in Italien neben dem *Madrigal* u. der *Villanella* entwickelte. In Dtschld. wurde die K. von H. L. *Haßler*, L. *Lechner* u. a. übernommen, in England bes. von T. *Morley*.

Kaohsiung, *Gaoxiong*, jap. *Takao*, Hafenstadt an der Südwestküste von Taiwan, 1,4 Mio. Ew.; Maschinenbau, Schiffswerft, Aluminiumwerk, Ölraffinerie; Hafen (Freihandelszone); Flughafen.

Kaokoveld, trockene, bis 1800 m hohe Landschaft im nördl. Namibia, zwischen Kunene u. Huab; ein Teil des Westabfalls des südafrikanischen Hochlands mit breiten Trockentälern; die Bewohner sind *Kaokovelder, Ovahimba* u. *Ovatjimba*, die extensive Weidewirtschaft betreiben; Hauptort ist *Ohopoho*.

Kaolack, Stadt in der westafrikan. Rep. Senegal, 180 000 Ew.; Erdnussmarkt u. -ausfuhr; chem. u. Nahrungsmittelindustrie; Seehafen.

Kaoliang, *Kaulian(g), Asiat. Hirse, Sorghum vulgare*, ein *Süßgras*; das wichtigste Grundnahrungsmittel Nordostchinas, auch in Nordamerika angebaut; zu Brei, Zucker u. Branntwein verarbeitet.

Kaolin [der oder das; chin., frz.], *Porzellanerde*, ein vorwiegend aus dem Mineral *Kaolinit*, einem Aluminiumsilicat der Formel $Al_2O_3 \cdot 2SiO_2 \cdot 2H_2O$ bestehendes, meist in lockeren, weißen Massen auftretendes Gestein; u. a. in Sachsen, Böhmen u. Cornwall; Rohstoff für die Herstellung von *Porzellan*.

Kaon, Kurzbez. für *K-Meson*, → Mesonen.

Kaosiung → Kaohsiung.

Kaouar [kau'a:r], Oasenlandschaft im südl. Sahara, relativ wasserreiche Niederung innerhalb großer Dünenfelder im O der Rep. Niger, an der Straße Tripolis–Tschad, rd. 10 000 Ew., meist *Tibbu*.

Senussi; Anbau von Dattelpalmen, Akazien, Melonen, Kürbissen, Baumwolle; Salzausfuhr; Hauptort *Bilma*.

Kap [lat.], engl. *Cape,* frz. *Cap,* span. *Cabo,* kleiner Landvorsprung ins Meer bzw. äußerste Spitze eines Kontinents, z. B. „Kap der Guten Hoffnung".

Kap., Abk. für *Kapitel.*

Kapa [die; hawaiisch], Eingeborenenbezeichnung für Rindenstoff, → *Tapa.*

Kapalı Çarşı [-tʃarʃi; türk., „gedeckter Bazar"], auch *Büyük Çarşı* [„großer Bazar"], der Hauptbazar Istanbuls, größter überdachter Einkaufsbereich dieser Art in der Welt, rd. 6000 Händler.

Kapaonik, Gebirge im südl. Serbien (Jugoslawien), 2017 m; Eisenerzlager.

Kapaun [frz., engl., ndrl.], kastrierter Hahn.

Kapazität [lat.], **1.** *allg.:* die (geistige oder räuml.) Aufnahmefähigkeit, Fassungskraft; übertragen auch ein hervorragender Fachmann.

2. *Betriebswirtschaftslehre:* die Leistungsfähigkeit eines Betriebs oder eines Wirtschaftszweigs innerhalb eines Zeitabschnitts (z. B. Monat, Jahr). Gewöhnlich wird die K. in der möglichen Produktmenge je Zeitabschnitt bei technisch maximaler oder normaler Ausnutzung der Anlagen gemessen. Schwierigkeiten bereitet die Messung der K. bei Betrieben, die wahlweise verschiedene Produktarten herstellen können u. die unterschiedliche Erzeugungstiefen aufweisen. Hier wird die K. häufig in verfügbaren Maschinenstufen pro Periode angegeben. Bei mehrstufigen Betrieben bestimmt die Stufe mit der kleinsten K. die K. des gesamten Betriebs.

3. *Physik:* Kurzzeichen *C*, das Verhältnis der Elektrizitätsmenge *Q* u. der von ihr zwischen zwei elektr. Leitern erzeugten Spannung *U*, also: $C = \dfrac{Q}{U}$.

Die K. eines Plattenkondensators ist von der Größe u. vom Abstand der Kondensatorplatten sowie vom *Dielektrikum* abhängig. Sie wird in → Farad gemessen.

Kapazitätsdiode, *Varaktordiode,* eine → Diode aus Halbleitermaterial mit der Eigenschaft, ihre Kapazität mit der angelegten Spannung zu verändern. Kapazitätsdioden werden zur elektron. Verstimmung von → Schwingkreisen verwendet.

Kapazitätserweiterungseffekt, in der Volkswirtschaftslehre der → Lohmann-Ruchti-Effekt.

kapazitiver Widerstand, *Kapazitanz,* der (elektr.) Widerstand *R*, den eine Kapazität *C* (Kondensator) einem Wechselstrom entgegensetzt, bedingt durch das ständige Auf- u. Abbauen des elektr. Felds. Es gilt die Formel: $R_{\text{Kap}} = \dfrac{1}{\omega C}$, wobei $\omega = 2 \pi f$ die *Kreisfrequenz* (*f* = Frequenz) ist. Auch → Widerstand.

Kapbecken, Meeresbecken vor der südwestafrikan. Küste, zwischen dem *Walfischrücken* u. der *Kapschwelle* u. dem *Mittelatlant. (Südatlant.) Rücken,* bis 5457 m tief; im N die Vima- (– 35 m) u. die Namaqua-

Das Kap der Guten Hoffnung steigt als hohes, steiles Kliff aus dem Meer

kuppe (– 219 m), im S die Discoverykuppe (– 411 m).

Kapbleiwurz, *Plumbago capensis,* in Südafrika heimisches *Strandnelkengewächs (Plumbaginaceae)* mit zartblauen, röhrenförmigen Blüten, die in Trauben angeordnet sind. Die K. ist als Zierpflanze sehr beliebt.

◆ **Kap der Guten Hoffnung,** Kap im S der Kaphalbinsel in Südafrika. Von B. *Diaz,* der es 1487 als erster Europäer umfuhr, wurde es „Kap der Stürme", von den Portugiesen jedoch K. d. G. H. genannt, da nun mit guter Hoffnung der Seeweg nach Indien angetreten werden konnte.

Kapela, *Große Kapela,* serbokr. *Velika Kapela,* höchster Teil des kroat. Karstgebirges, in der *Bjelolasica* 1533 m.

Kapelan, ein Fisch, → Lodde.

Kapella, *Capella* [die; lat., „Zicklein"], α *Aurigae,* hellster Stern im → Fuhrmann; absolute Leuchtkraft 130fache Sonnenleuchtkraft, Entfernung 42 Lichtjahre; K. ist ein spektroskop. Doppelstern mit einer Umlaufzeit von 104 Tagen.

Kapelle [lat.], **1.** *Baukunst:* frz. *Chapelle,* engl. *Chapel,* ein kleiner kirchl. Raum oder ein bes. Zwecken vorbehaltener Nebenraum einer Kirche *(Taufkapelle, Gebetskapelle),* auch ein kleines freistehendes Gebäude für Gottesdienste *(Wallfahrtskapelle, Fried-*

hofskapelle) sowie ein Andachtsraum in Palästen u. Schlössern. Die Bez. *K.* entwickelte sich aus der lat. Verkleinerungsform von *capa: capella,* „kleiner Mantel", für das Mönchskleid des hl. *Martin,* das Nationalheiligtum der Franken. Die fränk. Könige führten es mit sich u. bewahrten es in bes. Räumen der königl. Pfalzen auf; um 800 setzte sich dann die Bez. *capella* für ein kleines Gotteshaus durch. – Berühmtheit erlangten u. a. die *Sixtinische K.* in Rom, die *Capella Palatina* in Palermo u. die *Ste-Chapelle* in Paris.

2. *Musik:* ursprüngl. Bez. für einen Sängerchor, mit Beginn des 17. Jh. auch für Instrumentalgruppen; heute zur Unterscheidung vom *Sinfonie-Orchester* für bestimmte Instrumentalzusammenstellungen, die nicht alle Instrumente enthalten (Blaskapelle, Militärkapelle). In der Unterhaltungsmusik hat sich die Bez. *Band* durchgesetzt.

Kapellenberg, höchster Berg im Elstergebirge, in Sachsen, südl. von Bad Brambach, 759 m hoch.

Kapellenkranz, die vor allem in got. Kirchen radial um einen Umgangschor angeordneten halbrunden oder polygonalen Kapellen, zu denen sich die Joche des Umgangs öffnen.

Kapellknaben → Chorknaben.

Kapernstrauch, Capparis spinosa; Blüte mit zahlreichen rötlichen Staubblättern

Kapellmeister, der Leiter eines Chors oder eines Orchesters. Auch → Dirigent.

Kaper [die, lat., ndrl.], das *Kapern, Kaperei,* in früheren Zeiten das Aufbringen von Handelsschiffen eines anderen Staates durch bewaffnete Handelsschiffe aufgrund besonderer staatlicher Ermächtigung *(Kaperbriefe)* außerhalb eines völkerrechtlich anerkannten Kriegszustands. Diese von den Seemächten im 18. u. teilweise noch zu Beginn des 19. Jh. ausgeübte Praxis wurde durch die *Pariser Seerechtsdeklaration* von 1856 verboten.
Im modernen Seekrieg versteht man unter K. die Wegnahme von Handelsschiffen durch einzelne Kriegsschiffe (Kreuzer „Emden" im 1. Weltkrieg).

Kapern: Die Blütenknospen des Kapernstrauchs werden in Essig eingelegt. Sie dienen zum verfeinern von Soßen und Ragouts

◆ **Kapern** [pers., grch., lat.], in Essig eingelegte Blütenknospen des Echten → Kapernstrauchs. Mit K. werden wegen ihres kräftigen, herben Geschmacks Salate, Soßen u. Ragouts gewürzt. Kapernfälschungen werden aus Blütenknospen der Kresse, Dotterblume oder des Besenginsters hergestellt.

Kapernaum [-naːum], hebr. *Kefar Nahum,* israel. Ort am Nordwestufer des Genezareth-Sees, mit der Ruine einer hellenist. Synagoge, ehem. galiläischer Handelsplatz; im NT ein Lieblingsort Jesu u. Wohnort der Apostel Petrus u. Andreas.

Kaperngewächse, *Capparidaceae,* Familie der *Rhoeadales,* trop. u. subtrop. Pflanzen mit meist über die Blütenblätter hinausgehobenen Staubblättern u. Fruchtknoten (*Gynophor* bzw. *Androgynophor*). Größte Gattung ist mit weltweit über 350 Arten die der *Kapern, Capparis.* Hierzu gehört der *Echte Kapernstrauch.*

◆ **Kapernstrauch,** *Capparis,* im Mittelmeergebiet heimische Gattung aus der Familie der *Kaperngewächse (Capparidaceae).* Der *Echte Kapernstrauch, Capparis spinosa,* liefert die → Kapern. Kulturen sind bes. in Südfrankreich anzutreffen.

Kapetinger, das französ. Königsgeschlecht, das 987–1328, in Nebenlinien (mit Unterbrechung 1792–1814) bis 1848 herrschte (*Valois* 1328–1589; *Bourbon* 1589–1792 u. 1814–1830; *Orléans* 1830 bis 1848). Unter ihnen vollzog sich die frühe polit. Einigung Frankreichs. Die K. leiten ihren Namen von *Hugo Capet* ab, dem es erstmals gelang, die franzöз. Krone seinem Haus zu erhalten. Vor ihm hatten aus dem gleichen Hause schon *Odo* (888–898) u. *Robert I.* (922/23) die Krone getragen.

Kapfenberg, österr. Stadt in der Steiermark, an der Mürz, 500 m ü. M., 22 800 Ew.; Stahl-, Eisen- u. Drahtindustrie; Burgruine *Oberkapfenberg* (1183 erbaut).

Kapgebirge, Kettengebirge im Kapland (Rep. Südafrika), mehrere küstenparallele, in ostwestl. Richtung streichende Ketten, die in der Gegend von Villiersdorp-Worcester in die nordsüdl. Richtung umbiegen, von der Randstufe des inneren Hochlands durch das Becken der *Großen Karoo* getrennt; größte Höhe in den *Kleinen Swartbergen* 2326 m; die Flüsse verlaufen teils in den breiten Längstälern zwischen den Ketten, teils durchbrechen sie diese in engen Quertälern (sog. *Kloofs*).

Kaphase, *Lepus (europaeus) capensis,* sehr naher Verwandter (vielleicht nur Unterart) unseres Feldhasen (→ Hasen [i. e. S.]), der über weite Teile der Alten Welt verbreitet ist u. häufig mit seinem etwas größeren Vetter gemeinsam in einem Gebiet vorkommt.

Kapholländisch, die Sprache der Buren, → Afrikaans.

Kapidschi [türk.] → Kapydschy.

Kapilavastu, *Kapilavatthu,* Stadt am Fuß des Himalaya; Heimat der Shakya-Familie, aus der → Buddha stammte.

Kapillarelektrophorese, Abk. *CE* von engl. *Capillary Electrophoresis* bzw. Abk. *HPCE* von engl. *High Performance Capillary Electrophoresis,* Analysenmethode, die auf der → Elektrophorese basiert. Bei der K. wird an eine Quarzkapillare mit 25–100 mm Durchmesser, die beidseitig in Pufferlösungen eintaucht, eine Hochspannung angelegt. Mittels K. bzw. spezieller method. Varianten lassen sich zahlreiche chem. Substanzen trennen (z. B. Metallionen, Kohlenhydrate, Aminosäuren, Peptide, Proteine, Nucleotide, Nucleinsäuren u. synthet. Polymere) sowie Viren u. nichtion. Substanzen wie Kohlenwasserstoffe.

Kapillaren [lat. *capillus,* „Haupthaar"], 1. *Anatomie:* Haargefäße, Kapillargefäße, kleinste Blutgefäße, die Venen u. Arterien verbinden u. in denen der Stoff- u. Gasaustausch zwischen Blut u. Gewebe stattfindet. 2. *Technik:* Haarröhrchen, Röhrchen mit sehr engem Hohlraum.

◆ **Kapillarität** [lat.], *Haarröhrchenwirkung,* die durch Adhäsionskräfte zwischen Wand- u. Flüssigkeitsmolekülen hervorgerufene Er-

scheinung, dass ein in eine Flüssigkeit getauchtes enges offenes Röhrchen (*Kapillare, Kapillarröhrchen*) einen tieferen (bei Quecksilber) oder höheren (bei Wasser) Flüssigkeitsspiegel zeigt als außerhalb. Die K. hängt davon ab, ob die Flüssigkeit die Kapillarwände benetzt oder nicht. Auf der K. beruht z. B. die Saugwirkung von Löschpapier u. Lampendochten. Auch → Oberflächenspannung.

Kapillarwellen, *Kräuselwellen, Riffchen,* Wellen, die an der Oberfläche einer bewegten Flüssigkeit aufgrund der → Oberflächenspannung entstehen; sie haben kleine Wellenlängen.

Kapir → Kefir.

Kapital [lat., „Hauptsumme"], **1.** *allg.:* zinstragende Geldsumme. **2.** *Betriebswirtschaftslehre:* die auf der Passivseite der Bilanz aufgeführten Finanzierungsquellen für die Vermögensgegenstände eines Betriebs, bestehend aus *Eigen-* u. *Fremdkapital; i. e. S.* das von den persönl. haftenden Inhabern einer Personenunternehmung zur Verfügung gestellte K. **3.** *Volkswirtschaftslehre:* ein Vorrat an Geld *(Geldkapital)* u. produzierten Gütern *(Realkapital),* der weder direkt verbraucht noch gehortet, sondern zum Einschlagen von ergiebigeren Produktionsumwegen verwendet wird *(produzierte Produktionsmittel, Produktivkapital;* z. B. Maschinen, Werkstätten, Verkehrs- u. Transportmittel). Das *Erwerbskapital* umfasst das der privaten Einkommenserzielung dienende Vermögen; zum volkswirtschaftl. K. *(Sozialkapital,* Volksvermögen) zählen neben dem Produktivkapital auch weitere an der Wertschöpfung beteiligte Anlagevermögen (z. B. der Wohnungswirtschaft, der öffentl. Hand). – Nach der Verwendung im Erzeugungsprozess unterscheidet man *Anlagekapital (stehendes K.),* das in jeder Produktionsperiode jeweils nur einen Teil seines Wertes verliert (z. B. Maschinen), u. *Betriebskapital (umlaufendes K.),* das mit sei-

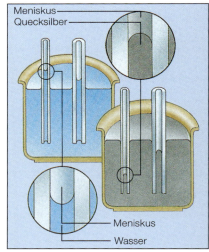

Kapillarität bei Wasser und Quecksilber

nem ganzen Wert in das Produkt eingeht (z. B. Rohstoffe). – Erst die *Kapitalbildung* ermöglicht das Einschlagen von Produktionsumwegen u. führt damit zu einer Steigerung der volkswirtschaftl. Produktivität; sie setzt Sparen u. produktive Verwendung voraus. Auch → Kapitalismus.

Kapitalanlagegesellschaft, *Investmentgesellschaft, Investment Trust,* eine Unternehmung, die das gegen Ausgabe von *Investmentanteilen (Investmentzertifikaten)* erhaltene Geld in festverzinsl. Wertpapieren u. Aktien verschiedener Unternehmen nach dem Prinzip der Risikostreuung anlegt. Eine Sonderform ist der *Immobilien-Trust,* der als Kapitalanlage Grundstücke erwirbt. – Kapitalanlagegesellschaften wurden zuerst in Großbritannien gegründet u. fanden später vor allem in den USA weite Verbreitung. Seit 1949 sind in der BR Dtschld. Kapitalanlagegesellschaften gegründet worden, deren rechtl. Regelung das *Gesetz über Kapitalanlagegesellschaften* vom 16. 4. 1957 in der Fassung vom 9. 9. 1998 enthält. Danach dürfen Kapitalanlagegesellschaften nur in der Rechtsform der AG oder GmbH betrieben werden. Sie müssen ein Nennkapital von mindestens 5 Mio. DM haben u. unterliegen als Kreditinstitute den für diese geltenden gesetzl. Vorschriften. Das von den Investmentsparern eingelegte Geld u. die erworbenen Wertpapiere bilden ein Sondervermögen, das im Miteigentum der Anteilsinhaber stehen oder Eigentum der K. sein kann. Der Vertrieb ausländ. Investmentanteile ist im Auslandinvestment-Gesetz vom 9. 9. 1998 geregelt.

Kapitalbedarf, die Kapitalmenge, die ein Unternehmen zur Erfüllung des Betriebszwecks benötigt. Der K. entsteht dadurch, dass die Einzahlungen für die Leistungen des Unternehmens (Erlöse) später eintreten als die Auszahlungen für den Erwerb der Produktionsfaktoren (insbes. Maschinen u. Vorräte), u. richtet sich nach dem Kapitalbindung im Anlage- u. Umlaufvermögen. Der K. kann durch Eigen- oder Fremdfinanzierung gedeckt werden.

Kapitalbeteiligung → Erfolgsbeteiligung.

Kapitalbeteiligungsgesellschaften, von Kreditinstituten in der BR Dtschl. seit etwa 1965 errichtete Finanzierungsgesellschaften, die nicht emissionsfähigen kleineren u. mittelgroßen Unternehmen Eigenkapital meist in Form der Beteiligung als stille Gesellschaft zur Verfügung stellen, mit dem Ziel, einen Mangel an Eigenkapital, z. B. infolge der Auszahlung von Erben oder stärkerer Expansion des Unternehmens, für begrenzte Zeit (5–10 Jahre) zu überbrücken; nicht zu verwechseln mit *Kapitalanlagegesellschaften.*

Kapitalbilanz, *Kapitalverkehrsbilanz,* die Gegenüberstellung der kurz-, mittel- u. langfristigen Kapitalbewegungen während einer Periode (in der Regel ein Jahr) zwischen dem In- u. Ausland. Geleistete (empfangene) Zahlungen, die zu einer Zunahme der Forderungen (Verbindlichkeiten) einer Volkswirtschaft gegenüber dem Ausland führen, sind Kapitalexporte (Kapitalimporte). Die K. ist Teil der → Zahlungsbilanz;

die langfristige K. bildet zusammen mit der Leistungsbilanz die Grundbilanz.

Kapitalbildung, eine Erhöhung des Bestands an Gebäuden, Anlagegütern u. Waren, d. h. an Realkapital (→ Kapital [3]). Sie ist identisch mit der *Netto-Investition* einer Volkswirtschaft. Kapital ist ein Produktionsfaktor besonderer Art: zu seiner Erstellung bedarf es des Einsatzes „primärer" Produktionsfaktoren; Kapital ist ein produziertes Produktionsmittel, ein Einsatzfaktor, der bereits ein Ergebnis des Produktionsprozesses ist. Seine Besonderheit besteht darin, dass mit seiner Hilfe eine höhere Produktivität der Wirtschaft ermöglicht wird; grundsätzlich erhöht eine indirekte, eine sog. Umweg-Produktion, d. h. die Nutzung von Arbeit u. Boden zum Zweck der Produktion von Kapitalgütern, das totale Produktionspotenzial einer Volkswirtschaft (→ Akkumulation). Der Einsatz von Arbeit u. Boden zur Erzeugung von Kapitalgütern erfordert jedoch insofern einen Verzicht auf Konsum, als diese Faktoren nicht gleichzeitig zur Konsumgüterherstellung herangezogen werden können. Diesen bei Vollbeschäftigung notwendigen Verzicht bzw. den damit verbundenen Nutzenentgang bezeichnet man in der Volkswirtschaft als → Opportunitätskosten. K. zum Zweck der Verbesserung der Versorgungsmöglichkeiten der Zukunft führt deshalb stets zu einer Einbuße an gegenwärtigen Konsummöglichkeiten. K. setzt somit eine Bereitschaft der Bevölkerung (oder einen Druck auf sie) voraus, Teile ihres Einkommens nicht-konsumtiv zu verwenden, d. h. zu sparen. Wer diese Ersparnisse ohne Zwang bereitstellt u. sie verwendet zur Finanzierung der Produktionsfaktoren, die Kapitalgüter erzeugen, ermöglicht es, dass die K. dort zur Vermögensbildung führt, wo auch gespart wird. Dieser Tatbestand hat grundlegende Bedeutung für die Investivlohn-Idee. Da jedoch Investitionen erst nach einer oft längeren Frist Erträge abwerfen u. es stets ungewiss ist, ob es sie überhaupt geben wird, wie hoch diese sein werden, spielt der Zeitfaktor eine entscheidende Rolle für die Theorie der K. Auch → Zins.

Kapitalbuchstaben, *Versalien,* die Großbuchstaben des latein. Alphabets.

Kapitälchen, Großbuchstaben in Antiquaschrift, aber in der Größe von Kleinbuchstaben; oft für die ersten Worte eines Kapitels, als Auszeichnungsschrift für Namen u. Ä. verwendet.

Kapitaldeckungsverfahren, ein Finanzierungssystem, das auf die Ansammlung eines *Deckungskapitals* ausgerichtet ist, das die Ansprüche der Versicherten auf Versicherungsleistungen sichern soll. Für jeden Versicherten ist über entsprechende Prämienleistungen eine Fondsbildung erforderlich, die unter Berücksichtigung der bei der Anlage jeweils zu erzielenden (Kapital-)Erträge ausreicht, die in jedem Einzelfall fällig werdenden Zahlungen an die Versicherten abzudecken.

Kapitaldienst, 1. bezogen auf einen Kredit: der jährlich für Zinsen u. Tilgung zu

zahlende Betrag; 2. bezogen auf eine Sachanlageinvestition: die jährliche Summe von Abschreibungen u. kalkulatorischen Zinsen.

Kapitale [lat.-frz.], Landeshauptstadt.

Kapitalerhaltung → Unternehmenserhaltung.

Kapitalerhöhung, die Vermehrung des Eigenkapitals eines Unternehmens: bei Personenunternehmen durch Einlagen des Einzelkaufmanns oder der Gesellschafter oder durch Verzicht auf Gewinnausschüttung, bei Kapitalgesellschaften durch Erhöhung des Nennkapitals gegen Ausgabe neuer Anteilscheine. Für die *Aktiengesellschaft* ist die K. in den §§ 182–221 AktG genau geregelt (für die GmbH §§ 53 ff. GmbHG); sie bedarf eines Beschlusses der Hauptversammlung mit einer Mehrheit von drei Vierteln des vertretenen Grundkapitals. Die *effektive* K. ist ein Akt der Eigenfinanzierung, bei der der Gesellschaft neue liquide Mittel oder Sacheinlagen zugeführt werden. Die Aktionäre haben ein Recht auf den Bezug der jungen Aktien (→ Bezugsrecht). Unter dem Nennbetrag dürfen junge Aktien nicht ausgegeben werden (§ 9 AktG). Die *nominelle* K. besteht in der Umwandlung von Rücklagen in Grundkapital (→ Gratisaktie).

In *Österreich* ist die rechtl. Regelung der K. in § 149 AktG, in der *Schweiz* in Art. 650 ff. OR enthalten.

Kapitalertragsbilanz, Gegenüberstellung der aus dem Ausland empfangenen u. der an das Ausland zu zahlenden Kapitalerträge (Gewinne, Zinsen, Dividenden, Pachten) einer Volkswirtschaft. Die Erträge aus Kapitalanlagen von Inländern (Ausländern) im Ausland (Inland) gehen in die Dienstleistungsbilanz ein u. beeinflussen daher die Leistungsbilanz u. die Grundbilanz einer Volkswirtschaft.

Kapitalertragsteuer, eine besondere Erhebungsform der Einkommensteuer im Wege des Quellenabzugsverfahrens bei bestimmten inländ. Kapitalerträgen (§§ 43 ff. EStG). Die K. beträgt 25 % bei Bezügen aus Aktien, Kuxen, GmbH-Anteilen, Genossenschaftsanteilen u. Ä. sowie bei Einkünften aus Beteiligungen als (typischer) stiller Gesellschafter u. 30 % bei Zinsen aus festverzinslichen Wertpapieren u. Spargguthaben (*Zinsabschlagsteuer*) nach Überschreiten eines Freibetrags.

Die K. ist vom Schuldner der Kapitalerträge oder von der die Kapitalerträge auszahlenden Stelle einzubehalten u. an das zuständige Finanzamt abzuführen. Der Abzug von 25 % stellt eine einkommensteuerl. Vorauszahlung dar, die mit der gesamten Einkommenschuld des Empfängers der Kapitalerträge verrechnet wird. Der Abzug der K. bei unbeschränkt Steuerpflichtigen unterbleibt, wenn anzunehmen ist, dass eine Veranlagung zur Einkommensteuer nicht in Betracht kommt u. der Empfänger der Kapitalerträge eine entsprechende Freistellungsbescheinigung seines Finanzamtes vorlegt.

Kapitalflucht, die Verlagerung inländischen Geldkapitals in das Ausland aus politischen Gründen zur Sicherung des Kapitals oder aus wirtschaftl. Gründen, z. B. bei hohen

Steuersätzen im Inland (Steuerflucht) oder bei erwarteter Währungsentwertung.

Kapitalflussrechnung, Rechenverfahren zur Darstellung der Bewegung von Geldmitteln innerhalb eines Unternehmens während einer vergangenen oder der geplanten Bewegungen in einer künftigen Periode. Die K. basiert auf der folgenden, für eine Periode gültigen zahlenmäßigen Gleichheit: Zunahme u. Abnahme der Vermögensposten = Zunahme u. Abnahme der Schuld- u. Eigenkapitalposten. In Dtschld. ist als Form der K. die sog. *Bewegungsbilanz,* in den USA die *Fondsrechnung* weit verbreitet. Die K. soll als Teil der externen Bilanzanalyse u. der betriebsinternen Berichterstattung Einblick in die finanzielle Lage des Unternehmens geben.

Kapitalgesellschaft, eine Unternehmungsform der Handelsgesellschaften, bei der die Beteiligung der Gesellschafter am Kapital der Gesellschaft im Vordergrund steht u. ihre Mitwirkung an der Unternehmungsleitung nicht erforderlich oder für alle Gesellschafter gar nicht möglich ist. (Gegensatz: *Personalgesellschaft*). Zu den Kapitalgesellschaften zählen: *Aktiengesellschaft, Kommanditgesellschaft auf Aktien, Gesellschaft mit beschränkter Haftung, bergrechtliche Gewerkschaft.* Die Rechtsformen der Kapitalgesellschaften ermöglichen – vor allem in Form der *Publikums-Aktiengesellschaft* – die Zusammenfassung großer Kapitalien aus vielen kleinen Quellen zu Produktionszwecken.

Kapitalherabsetzung, die Verminderung des Grund- oder Stammkapitals einer Kapitalgesellschaft. Für die *Aktiengesellschaft* ist die K. im Interesse des Gläubigerschutzes im AktG (§§ 222–240) genau geregelt; sie bedarf eines Beschlusses der Hauptversammlung mit einer Mehrheit von drei Vierteln des bei der Beschlussfassung vertretenen Grundkapitals. Bei der *effektiven (ordentlichen)* K. wird nicht mehr benötigtes Grundkapital an die Aktionäre zurückgezahlt (Verkleinerung oder freiwillige Auflösung des Unternehmens). Eine *nominelle (vereinfachte)* K. wird vorgenommen, um einen Verlustvortrag durch Verminderung des Grundkapitals zu beseitigen; auf diese Weise wird das Unternehmen buchmäßig saniert. Auch → Sanierung.

Kapitalisierung [lat., frz.], die Ermittlung des Barwertes einer Anlage bzw. eines ganzen Unternehmens (z. B. im Fall eines Verkaufs) oder einer Rente (im Fall einer Ablösung) zu einem bestimmten Zeitpunkt nach der

Kapitalisierungsformel: $\dfrac{\text{Ertrag} \times 100}{\text{Zinsfuß}}$.

◆ **Kapitalismus** [lat.], seit der Mitte des 19. Jh. schlagwortartige Bez. für eine bestimmte Wirtschafts- u. Sozialordnung. Kennzeichen des K. ist die Verwendung von Produktionsmitteln (Maschinen u. a.), die nicht dem Arbeitnehmer gehören (im Gegensatz zum Handwerk), wodurch sich eine Abhängigkeit der Besitzlosen, die entlohnt werden, von den *Kapitalisten,* denen die Produktionsmittel u. Fertigprodukte gehören, ergibt. Das treibende Motiv des Wirtschaftens im

Kapitalismus: Fabrik Rime et Renard in Orléans; Stich von 1874

K. ist das Streben nach möglichst hohem Gewinn („Rentabilitätsdenken").
Die Voraussetzungen zur kapitalist. Sozialordnung schuf die Verdrängung des mittelalterl. *Feudalismus* durch den individualist. *Merkantilismus* zu Beginn des 18. Jh. (*Frühkapitalismus*). Ermöglicht wurde der K. jedoch erst durch die rasch zunehmende Verwendung von *Maschinen* gegen Ende des 18. Jh. in Verbindung mit dem Einfluss des → Liberalismus, der zur Befreiung der Wirtschaft von staatl. Bevormundung, insbes. zur Aufhebung des Zunftzwangs, zur Einführung der Gewerbefreiheit u. des freien Arbeitsvertrags, zum freien Wettbewerb u. später zur Erstarkung des Kreditwesens (*Hochkapitalismus,* 19. u. Anfang des 20. Jh.) führte. Seit dem 1. Weltkrieg greift der Staat in steigendem Maß lenkend durch Gebote, Verbote oder durch seine Finanzwirtschaft in das freie Spiel der wirtschaftl. Kräfte ein (*Spätkapitalismus*).
Die kapitalist. Produktionsweise brachte zunächst bedenkliche soziale Auswüchse u. gesellschaftl. Erschütterungen, weil es wegen der noch unterentwickelten Industrie nicht gelang, die Lohnarbeiter in die neue liberale Gesellschaftsordnung organisch einzugliedern u. ihre wirtschaftl. Unsicherheit zu mildern. Da insbes. die *Bauernbefreiung* mit der anschließenden Landflucht die Zahl der Arbeiter in kurzer Zeit stark erhöht hatte, waren die Löhne zunächst extrem niedrig. Erst später setzte dann die große Steigerung der Gütererzeugung ein, die zu einer beträchtl. Wohlstandserhöhung auch bei den Arbeitern führte. Die sozialen Missstände in den ersten Jahrzehnten des K. haben die Kritiker des K. veranlasst, diese nur als Folge der neuen Wirtschaftsordnung u. der polit. Umwälzungen (Bauernbefreiung, napoleon. Kriege) u. der starken Bevölkerungsvermehrung zu sehen. Aus der Kritik an den missl. sozialen Zuständen u. zu ihrer

Überwindung entstanden der → Sozialismus u. der → Kommunismus.

Kapitalist [lat., frz.], *i. w. S.* jede Person, die → Kapital (3) besitzt; *i. e. S.* jede Person, deren Einkommen vor allem aus *Kapitalertrag* (Zinsen, Renten, Dividenden u. Ä.) besteht; oft auch für den privaten Unternehmer verwendet.

Kapitalkonsolidierung, Aufrechnung des Buchwerts einer Beteiligung gegen das anteilige Eigenkapital der zu konsolidierenden Beteiligungsgesellschaft bei der Aufstellung der *Konzernbilanz.*

Kapitalkonto, ein Konto, auf dem in Personenunternehmen das Eigenkapital des Betriebsinhabers oder der Gesellschafter ausgewiesen wird. Auch → Kapital (2).

Kapitalkonzentration → Konzentration.

Kapitalkosten, die von einer Unternehmung jährlich aufzubringenden Kosten für das zur Verfügung gestellte Fremd- u. Eigenkapital. Die Höhe der K., die die Renditeforderung der Kapitalgeber widerspiegeln, hängt von dem allg. Zinsniveau u. am speziellen Unternehmensrisiko ab. Sie sind für Investitions- u. Finanzierungsentscheidungen von Bedeutung. Zu unterscheiden sind die *expliziten K.,* die sich an meist jährlichen Zahlungen zwischen Unternehmen u. Kapitalgebern widerspiegeln (z. B. Zins, Verteilung des Disagios, Dividenden) von den *impliziten K.,* die sich durch das Einhalten z. B. von festen Bilanzregeln bzw. der Bereitstellung von Kreditsicherungen konkretisieren u. deren Quantifizierung schwierig ist.

Kapitalmarkt, im Gegensatz zum *Geldmarkt* der Teil des Kreditmarkts, an dem langfristige Kredite (über ein Jahr Laufzeit; Pfandbriefe, Anleihen, Obligationen) u. Beteiligungen (Aktien, Kuxe) gehandelt werden.

Kapitalschrift, die *Kapitalis,* eine Schrift, die nur aus Großbuchstaben (Majuskeln) besteht; gebildet nach dem Vorbild der röm. Inschriften.

Kapitalumschlag, Kennzahl für das Verhältnis von Umsatz zu Eigen- bzw. Gesamtkapital, die im Rahmen der → Bilanzanalyse ermittelt wird. Durch Rationalisierung kann der K. beschleunigt werden, so dass eine kleinere Gewinnspanne genügt, um eine gegebene Rentabilität zu erreichen.

Kapitalverbrechen, verbreitete Bez. für schwere vorsätzl. Tötungsdelikte (*Mord* u. *Totschlag*) oder auch überhaupt für bes. schwere Verbrechen.

Kapitalverkehr, nationale u. internationale Finanztransaktionen, die nicht unmittelbar durch den Waren- u. Dienstleistungsverkehr bedingt sind. Beim K. mit dem Ausland wird zwischen langfristigem (Direktinvestitionen, Portfolioinvestitionen, Kredite u. Darlehen) u. kurzfristigem Kapitaltransfer der Banken, der Unternehmen u. der öffentl. Hand unterschieden. Auch → Kapitalbilanz.

Kapitalverkehrsbilanz → Kapitalbilanz.

Kapitalverkehrsteuer, eine Glied- bzw. Ergänzungssteuer zur Umsatzsteuer. Kapitalverkehrsteuern im Sinne des *Kapitalverkehrsteuergesetzes* in der Fassung vom 17. 11. 1972 waren 1. die → Börsenumsatzsteuer (bis Ende 1990) u. 2. die → Gesellschaftsteuer (bis Ende 1991); daneben wurde bis 1965 noch 3. eine Wertpapiersteuer auf den Ersterwerb von Schuldverschreibungen erhoben.

Kapitalwert, der Überschuss des mit Hilfe des Kalkulationszinsfußes ermittelten *Barwerts* der Einzahlungen über den Barwert der Auszahlungen für die Anschaffung u. für den Betrieb einer Anlage, bezogen auf einen bestimmten Zeitpunkt. Der K. wird in der → Investitionsrechnung benutzt. Die Höhe des Kapitalwerts ist ein Maß für die Vorteilhaftigkeit einer Investition.

Kapitol (1): Die Lage des Kapitols wurde von George Washington selbst bestimmt

Kapitalwertmethode → Investitionsrechnung.

Kapitän [lat.]. **1.** → Hauptmann.
2. *Kapitän zur See,* Marineoffizier im Dienstgrad eines Obersten. Auch → Dienstgradabzeichen.
3. in der Handelsschifffahrt (gemäß §§ 2 u. 4 Nr. 1 Seemannsgesetz) alle Personen des nautischen Dienstes, die mit der Führung eines Schiffs betraut sind u. ein in der Schiffsbesetzungs- u. Ausbildungsordnung vorgesehenes Befähigungszeugnis (Patent der Gruppe A) besitzen (→ Seemann). Patente der Gruppe B beziehen sich auf die Hochseefischerei, die der Gruppe C auf den maschinentechnischen Schiffsdienst. Es sind zu unterscheiden: *K. auf Kleiner Fahrt* (Patent AK), *K. auf Mittlerer Fahrt* (Patent AM) u. *K. auf Großer Fahrt* (Patent AG, früher A 6). Als Schulbildung ist neben der prakt. Ausbildung an Bord für den Erwerb der Befähigungszeugnisse Hauptschulabschluss (Patent AK), Realschulabschluss, Fachschulreife oder gleichwertige Schulbildung (Patent AM), Abitur oder Fachhochschulreife (Patent AG) erforderlich (→ Seefahrtschulen). Bewerber mit Fachhochschulreife eines anderen Fachbereichs als der Seefahrt müssen ebenso wie Abiturienten vor der Anmusterung als Offiziersassistent ein 6-monatiges Bordpraktikum nachweisen. Die übliche Graduierung nach Absolvieren einer Fachhochschule ist neuerdings auch für Kapitäne auf Großer Fahrt (nach 6-semestrigem theoretischen Unterricht) u. für entsprechend vorgebildete nautische Schiffsoffiziere eingeführt; die neue Berufsbezeichnung lautet: *Diplom-Wirtschaftsingenieur (FH) für Seeverkehr.* Das Vollpatent als K. auf Großer Fahrt wird ohne neue Prüfung erst nach 2-jähriger Seefahrtzeit als Wachoffizier ausgehändigt.

Kapitänleutnant, der dem *Hauptmann* entsprechende Dienstgrad bei der dt. Marine. Auch → Dienstgradabzeichen.

Kapitel [lat.]. **1.** *kath. Kirchenrecht:* 1. die beschlussfassende Versammlung aller ordentl. Mitglieder eines Klosters, im *Kapitelsaal* oder *Kapitelhaus* abgehalten, oder der Delegierten eines ganzen Ordens (*Generalkapitel);* 2. geistl. Körperschaft an Kirchen u. Domen (*Kollegiatkapitel, Domkapitel);* 3. *Stadt-* oder *Landkapitel,* die Gesamtheit der Priester eines Bezirks (Dekanats).
2. *Literatur:* ein in sich abgeschlossenes Stück eines Romans oder eines Lehrwerks; meist mit einer kurzen Überschrift, im 16.–18. Jh. mit einer knappen Inhaltsangabe versehen.

Kapitell: romanisches Palmettenkapitell

◆ **Kapitell** [das; lat.], *Kapitäl,* die Bekrönung von Säulen u. Pfeilern, das Bindeglied zwischen den tragenden Stützen u. der Last. Kelchförmige oder aus der Kelchform entwickelte Kapitelle finden sich in der altägypt. Baukunst (*Knospenkapitell* aus Palmblättern), in der Antike (*korinthisches K.* aus Akanthusblättern) sowie in Romantik u. Gotik. Die griech. Baukunst brachte ferner das *dorische K.* (einfacher Wulst) u. das *ionische Volutenkapitell* hervor. Persische, hellen., auch ägypt. Baukünstler, seltener die der Romanik u. Gotik, verwendeten Kapitelle mit *Figuren-Reliefs;* der roman. Baustil bevorzugte das *Würfelkapitel.* mit halbkreisförmigen Seiten u. abgeschrägten Ecken; in der Gotik herrschte das Knospen- u. das *Blattkapitell* mit naturgetreu nachgebildeten oder stilisierten Knospen- u. Blattformen vor. Seit der Renaissance griffen die Künstler auf Nachbildungen antiker Kapitelle zurück. Auch → Säule.

Kapitell: romanisches Kelchkapitell

Kapitell: frühgotisches Blattkapitell

Kapitelsaal, Versammlungsraum der Mitglieder eines Klosters; meist zweischiffige Räume, deren Gewölbe von schlanken Rundstützen getragen werden. In engl. Abteien ist der K. ein selbständiger, zentraler Bau, dessen Gewölbe auf einer Mittelstütze ruht.

Kapitol, *Capitol,* ◆ **1.** Parlamentsgebäude in der US-amerikan. Bundeshauptstadt Washington, auf einem Hügel am Ostende der

Kapitulation (3): Der Befehlshaber der US-Streitkräfte im Fernen Osten, General Douglas MacArthur, nimmt am 2. 9. 1945 die japanische Kapitulation entgegen und unterzeichnet die Kapitulationsurkunde; links: US-Generalmajor Jonathan Wainwright und der britische Generalleutnant Arthur E. Percival

Mall gelegen. Sitz des Kongresses mit Staatenvertretung (Senat) u. Volksvertretung (Repräsentantenhaus); erster Entwurf u. Baubeginn unter William Thornton 1793; im Krieg 1812–1814 von brit. Soldaten in Brand gesteckt. 1815–1860 weitgehend vollendet; Veränderungen bis in die Gegenwart.
2. Parlaments- u. Regierungsgebäude in den einzelnen Staaten der USA.
Kapitol [das; lat. *Capitolium*], einer der sieben Hügel Roms, → Capitol.
Kapitolinische Trias, röm., im 6. Jh. v. Chr. nach etrusk. Vorbild gebildete Götterdreiheit aus → Jupiter, → Juno u. → Minerva. Der ihnen 509 v. Chr. geweihte Tempel war der Haupttempel Roms.
Kapitolinische Wölfin, etrusk. Bronzestandbild, vielleicht identisch mit einer von *Livius* bezeugten Statue einer Wölfin im Lupercal am Palatin in Rom; seit dem frühen MA als Wahrzeichen Roms verehrt, seit 1471 im Konservatorenpalast in Rom. Die Zwillinge *Romulus* u. *Remus* sind erst in der Renaissance hinzugekommen.
Kapitulant → Kapitulation (2).
Kapitular [lat.], im kath. Kirchenrecht das Mitglied eines *Kapitels.* Auch → Kanoniker.
Kapitularien [lat.], Rechtsverordnungen der fränk. Könige in der Karolingerzeit, in *Kapitel* eingeteilt.
Kapitulation [lat.], **1.** *allg.:* Vertrag, Verpflichtung; z. B. als → Wahlkapitulation.
2. *Militärrecht:* früher die Verpflichtung von Soldaten zum Dienst über die allg. gesetzl. Dienstzeit hinaus.
◆ **3.** *Völkerrecht:* 1. die Erklärung eines militär. Befehlshabers an den Gegner, keinen Widerstand mehr leisten zu wollen (z. B. die K. einer Festung, einer Armee, eines Kriegsschiffs). Die durch Unterhändler oder durch Zeichen (weiße Fahne an Gebäuden, Streichen der Flagge bei Schiffen) kenntlich gemachte Absicht begründet für den Gegner die Verpflichtung zur Einstellung der Kampfhandlungen (vgl. z. B. Haager Landkriegsordnung Art. 35).

Die im 2. Weltkrieg (Konferenz von Casablanca am 21. 1. 1943) üblich gewordene → bedingungslose Kapitulation bedeutet nach dem Vorbild des amerikan. Bürgerkriegs, dass der Empfänger der K. sich nicht vorher auf vertragl. Verpflichtungen über die nachfolgende Behandlung einlässt, insbes. kein Versprechen über den Inhalt des Waffenstillstands oder Friedensvertrags abgeben muss. Das schließt nicht aus, dass in den *Kapitulationsverträgen* Rechte u. Pflichten (z. B. Entmilitarisierung) vereinbart werden (so bei der dt. K. vom 7./8. 5. 1945 u. der japan. K. vom 2. 9. 1945).
2. im 19. u. teilweise noch im 20. Jh. zwischen den europ. Mächten einerseits u. der Türkei, den Staaten des Nahen Ostens, Asiens u. Afrikas andererseits abgeschlossene Verträge, die eine Sonderstellung der Europäer in diesen Ländern festlegten. Dies galt vor allem bezügl. der Freistellung von der einheim. Gerichtsbarkeit; als Ausgleich wurde die Gerichtsbarkeit durch die *Konsuln* eingeführt. Sie musste als Durchbrechung der Souveränität der Länder, als Ausübung fremder Staatsgewalt, geduldet werden. Wegen ihres diskriminierenden Charakters wurden die Kapitulationsverträge aufgehoben (so schon im Versailler Vertrag, im 2. Weltkrieg z. B. im Verhältnis zu China).

Pjotr Leonidowitsch Kapiza

◆ **Kapiza,** *Kapica,* Pjotr Leonidowitsch, sowjet. Physiker, *8. 7. 1894 Kronstadt, †8. 4. 1984 Moskau; arbeitete bis 1921 in Petrograd über Radioaktivität, von 1921 bis 1934 in Cambridge für die brit. Atomforschung tätig; seit 1934 in der Sowjetunion, leitete dort seit 1937 den Atomenergieausschuss. K. entdeckte 1938 die Superflüssigkeit des Heliums. Er entwickelte die sowjet. Wasserstoffbombe u. war maßgebend am Bau der "Sputniks" beteiligt. Erhielt 1978 den Physik-Nobelpreis.

Viktor Kaplan: Laufrad einer Kaplan-Turbine

Kapokbaum, Ceiba pentandra, mit Fruchtkapseln; die als Polstermaterial beliebten Fasern werden aus den Haaren, die aus der Fruchtwand hervorgehen und die zahlreichen Samen schützen, gewonnen

Kapkap, ein Brustschmuck (Anhänger) bes. der Männer auf *New Ireland* (Papua-Neuguinea), eine geschliffene Scheibe aus Tridacna-Muschel mit aufgeleger durchbrochener Schildpatt-Arbeit.
Kaplaken [das; ndrl.], Vergütung eines Schiffers aus der von ihm selbst verschafften Frachteinnahme, nach Absprache mit dem Reeder.
Kaplan [lat.], kath. Hilfsgeistlicher.
◆ **Kaplan,** Viktor, österr. Ingenieur, *27. 11. 1876 Mürzzuschlag, Steiermark, †23. 8. 1934 Unterach, Attersee; lehrte seit 1913 an der Dt. Techn. Hochschule in Brünn; konstruierte 1912 die Kaplan-Turbine, eine Wasserturbine.
◆ **Kapland,** *Kapprovinz,* amtl. *Kaapprovinsie,* engl. *Province of the Cape of Good Hope,* 1910–1994 Prov. in der Rep. Südafrika, 721 224 km², ohne das Homeland *Transkei* 646 332 km², 5,5 Mio. Ew.; Hptst. *Kapstadt;* reichte vom gefalteten Kapgebirge im S über das Becken der Großen Karoo, die Große Randstufe u. die Hohe Karoo über den Oranjefluss nach N bis zum Kalaharibecken; subtrop. Klima, für Europäer gut geeignet, im Hochland relativ trocken mit Sommerregen, im äußersten SW (dem Kapland i. e. S.) Winterregen; artenreiche Vegetation; im SW Hartlaubgehölze u. Kleinsträucher ("Kapflora"), im Inneren Halbsträucher u. Sukkulenten, nach dem etwas feuchteren O in Grasländer übergehend; Weizen-, Wein- u. Obstbau, bedeutende Viehzucht (Wollschafe, Rinder); reiche Bodenschätze (Bergbau auf Diamanten, Kupfer, Gold, Kohle, Mangan, Eisen u. Asbest), vielseitige Industrie bes. in Küstennähe; weite Flächen des Inneren menschen- u.

vegetationsarm. – 1652 wurde am Kap eine holländ. Niederlassung gegr., 1795–1803 u. 1806 von Engländern besetzt, 1814 als Kapkolonie an England abgetreten; 1910 Provinz der damals gegr. Südafrikan. Union, 1994 aufgeteilt in 3 Provinzen: *Nord-Kap, West-Kap* u. *Ost-Kap.*

Kapo, 1. Abk. für frz. *caporal*, Unteroffizier, → Korporal.
2. [Herkunft unklar], in den nat.-soz. Konzentrationslagern ein Häftling, dem durch die SS-Kommandoführer Aufseherfunktionen über andere Häftlinge übertragen wurden, z. B. in Arbeitskommandos, im Lagerkrankenhaus u. in der Wäscherei.

Kapodasto → Capotasto.

Kapodistrias, *Capo d'Istria,* Ioannis Graf, griech. Politiker, *11. 2. 1776 Korfu, †9. 10. 1831 Navplion (ermordet); 1809–1822 im diplomat. Dienst Russlands (u. a. Vertreter Russlands auf dem Wiener Kongress); unterstützte den Freiheitskampf der Griechen gegen die Türken; war 1827–1831 Präsident von Griechenland, konnte sich hier aber nur teilweise durchsetzen.

Kapok [der; mal.], *Pflanzendaune, Bombaxwolle,* ein Polstermaterial, die Fruchtwolle des → Kapokbaums.

◆ **Kapokbaum,** *Baumwollbaum, Ceiba pentandra,* ein in den Tropen Amerikas heimischer, inzwischen in allen trop. Gebieten verbreiteter Baum aus der Familie der *Bombaxgewächse (Bombacaceae),* der bis zu 50 m hoch werden kann. Die seidig glänzenden Wollhaare (→ Kapok) aus den Fruchtkapseln u. das Holz werden genutzt.

Kaposi-Sarkom, bösartige Tumorerkrankung der Haut u. des darunterliegenden Bindegewebes in Form bläulichroter oder bräunlicher knotiger Flecken; tritt häufig im Zusammenhang mit → Aids auf u. befällt dann auch den Magen-Darm-Trakt u. die Atmungsorgane; sonst sehr selten.

Kaposvár [ˈkɔpoʃvaːr], Hptst. des ungar. Komitats Somogy, südl. des Plattensees, am *Kapos,* 71 000 Ew.; Bischofssitz (seit

Kappadokien: Das Tal von Göreme ist berühmt wegen seiner Tuffpyramiden, in die Wohnungen, Wirtschafsträume und Kultstätten eingegraben wurden

1993); Maschinenbau, Schuh-, Textil- u. Zuckerfabriken.

Kapotte [die; frz.], *Kapotthut,* ein Frauenhut mit Kinnband, der auf dem Scheitel getragen wurde, um 1814–1890.

Kapp, Wolfgang, dt. Verwaltungsjurist u. Politiker, *24. 7. 1858 New York, †12. 6. 1922 Leipzig; 1906 bis 1916 u. 1917–1920 Leiter eines Bodenkreditinstituts in Ostpreußen. K. propagierte als Mitgründer der Dt. Vaterlandspartei (1917) einen „Siegfrieden“ im 1. Weltkrieg. Zusammen mit General W. von *Lüttwitz* unternahm K. am 13. 3. 1920 in Berlin den → Kapp-Lüttwitz-Putsch. Nach dem Scheitern des Putsches floh K. ins Ausland. Er stellte sich 1922 freiwillig u. starb in der Untersuchungshaft.

Kappa, κ, K, 10. Buchstabe des griech. Alphabets.

Kappacher, Walter, österr. Schriftsteller, *24. 10. 1938 Salzburg; schreibt Romane mit berufsspezif. Thematik u. gesellschaftskrit. Werke. Erzählungen u. Romane: „Nur Fliegen ist schöner u. a. Geschichten“ 1973; „Morgen“ 1975 (das Alltagsleben eines jungen Angestellten auf mehreren Erzählebenen); „Die Werkstatt“ 1975; „Rosina“ 1978; „Der lange Brief“ 1982; „Ein Amateur“ 1993; Hörspiel „Enfant terrible“ 1979.

◆ **Kappadokien,** *Kappadozien,* im Altertum das mittlere u. obere Halysland zwischen Taurus u. Schwarzem Meer, im östl. Kleinasien; persische Satrapie, in hellenist. Zeit zum Königreich Pontos gehörend, dann römisch.

Kappadokier, Bez. für die drei bedeutendsten Theologen der christl. Kirche im 4. Jh.; zu ihnen gehören → Basilius der Große, sein jüngerer Bruder → Gregor von Nyssa u. → Gregor von Nazianz. Auf ihren Einfluss geht der Abschluss des trinitarischen Dogmas beim Konzil von Konstantinopel

Kapland: Die Sederberge bei Citrusdal

Kapp-Lüttwitz-Putsch: Soldaten der Brigade Ehrhardt (mit Hakenkreuz am Stahlhelm) auf dem Potsdamer Platz in Berlin

381 zurück. Sie sind die maßgebenden Vertreter der ostkirchl. Theologie.

Kappe [lat.], 1. *Baukunst:* Teil eines Gewölbes.

2. *Bergbau:* quer unter dem *Hangenden* oder unter der *Firste* liegendes Ausbauelement aus Stahl, Leichtmetall oder (selten) Holz. Die K. wird von einem oder mehreren *Stempeln* gestützt. Auch → Grubenausbau.

3. *Meteorologie: Pileus,* schleierartige, in der Mitte nach oben gewölbte Schichtwolke über Haufenwolken; sie entsteht durch Hebung einer wasserdampffreien Schicht.

4. *Mode:* ursprüngl. röm. Überwurfmantel mit Kapuze, im 14. Jh. zur → Gugel verkürzt; davon abgeleitet K. als Bez. für eine krempenlose, das Haar ganz verdeckende Kopfbedeckung.

Kappel am Albis, Gemeinde im schweiz. Kanton Zürich, 730 Ew. – Von 1185–1524 bestand hier ein Zisterzienserkloster (roman.-got. Kirche 13.–14. Jh. mit Glasmalereien aus dem 14. Jh.). Am 11. Oktober 1531 fiel in der Schlacht bei Kappel (→ Kappeler Kriege) der Reformator U. *Zwingli.*

Kappeler Kriege, die nach der Zürcher Gemeinde *Kappel am Albis* genannten Schweizer Religionskriege 1529 u. 1531. Die nach dem Sieg der kath. Orte im 2. Kappeler Landfrieden von 1531 festgehaltenen konfessionellen Kräfteverhältnisse blieben bis zum Landfrieden von 1712 - nach dem 2. Villmergerkrieg - bestehen.

Kappeln, Stadt in Schleswig-Holstein, Ldkrs. Schleswig-Flensburg, Hauptort von *Angeln,* an der Schlei, 10 100 Ew.; Nikolaikirche (18. Jh.); Hafen; Fischerei; Fischverarbeitung, Schiffbau; Nährmittel-, Bekleidungs- u. Fleischwarenindustrie; Bundeswehrstandort. – Stadtrecht 1870.

Kappelrodeck, Gemeinde in Baden-Württemberg, Ortenaukreis, 5800 Ew.

kappen [lat., niederdt.], mit Beilhieben Maste, Stengen oder Taue durchschlagen, um ein Schiff in schwerer Seenot (Kentergefahr) von unklar gewordenen, nicht ordnungsmäßig bergbaren Trümmern zu befreien.

Kappenwurm, *Cucullanus elegans,* in Schell- u. Plattfischen parasitierender *Fadenwurm* aus der Ordnung *Strongyloidea*; 7–18 mm lang, lebend gebärend.

Kapperngewächse → Kaperngewächse.

◆ **Kapp-Lüttwitz-Putsch,** ein antirepublikanischer Umsturzversuch militanter rechtsradikaler Kräfte im März 1920, benannt nach seinen Anführern W. *Kapp* u. W. von *Lüttwitz.* Die aufgrund des Versailler Vertrags Anfang 1920 von der Reichsregierung G. *Bauer* (SPD) angeordnete Truppenreduzierung rief bei den hiervon betroffenen Freikorps Unruhe hervor, die Teile der polit. Rechten zur Beseitigung der republikan. Errungenschaften von 1918/19 zu nutzen suchten. Am 13. 3. beorderte Lüttwitz die *Brigade Ehrhardt* nach Berlin, die, ohne auf Widerstand der Reichswehr zu stoßen, das Regierungsviertel besetzte. Die Reichsregierung floh nach Dresden, dann nach Stuttgart. Kapp ernannte sich selbst zum Kanzler einer provisor. Reichsregierung. Die Gewerkschaften u. Arbeiterparteien riefen zum Generalstreik auf, der bis zum 20. 3. in ganz Dtschld. geschlossen durchgeführt wurde. Die Ministerialbeamten verweigerten der Putschregierung die Zusammenarbeit; die Reichswehrführung verhielt sich neutral. Der Putsch scheiterte kläglich. Am 17. 3. trat Kapp zurück. Die Gewerkschaften u. Teile der Arbeiterparteien erhoben Forderungen nach Sozialisierung u. Säuberung des Militärapparates von antirepublikan. Kräften. Zwar fand eine Regierungsumbildung statt (Rücktritt Bauers u. des Reichswehrministers G. *Noske,*

neuer Kanzler H. *Müller*, SPD), die jedoch keine Wandlung der bisherigen Politik der Parteien der Weimarer Koalition bewirkte. Im Ruhrgebiet ging der Generalstreik in eine Aufstandsbewegung über, die sozialistisch-revolutionäre Ziele verfolgte. Die „Rote Ruhr-Armee" wurde durch Freikorpsverbände mit Billigung der Regierung Müller im April 1920 niedergeworfen. Nur wenige Führer des Kapp-Lüttwitz-Putsches wurden gerichtlich verfolgt; sie wurden spätestens 1925 amnestiert.

Kapporet [hebr.], goldener Deckel der Bundeslade (2. Mose 25,17ff., Luther-Übers.: „Gnadenthron" oder „Gnadenstuhl").

Kapp-Putsch → Kapp-Lüttwitz-Putsch.

Kapprovinz, 1910–1994 Provinz in Südafrika, → Kapland.

Kappung → Kirchensteuer.

Kaprifikation [lat.] → Feige.

Kaprinsäure → Caprinsäure.

Kapriole [die; ital.], 1. *allg.*: Bock-, Luftsprung; übertragen: übermütiger Einfall.

2. *Pferdesport:* Sprungübung der *Hohen Schule*: das Pferd springt aus dem Stand fast senkrecht empor, biegt die Vorderbeine an u. schlägt mit der Hinterhand waagerecht nach hinten aus; Vorübungen sind *Piaffe* u. *Ballotade.* Die K. war ursprüngl. ein Kampfsprung beim Reiterkampf.

Kaprolaktam → Caprolactam.

Kapronsäure → Capronsäure.

◆ **Kaprow** ['kæprou], Allan, US-amerikan. Happeningkünstler, *23. 8. 1927 Atlantic City, New York; studierte u. a. bei J. *Cage,* lehrte an verschiedenen US-amerikan. Universitäten u. veranstaltete in der New Yorker Reuben-Gallery 1958/59 die ersten *Happenings,* wobei der Begriff „Happening" auf ihn zurückgeht; schrieb außerdem Kompositionen, u. a. für E. *Ionescos* „The Killer" 1960. Das theoretische Konzept seiner Aktionen beschrieb er 1966 in „Assemblage, Environments and Happenings".

Kaprun, Ort in Salzburg, an der *Kapruner Ache,* 786 m ü. M., 2900 Ew.; Fremdenverkehr.

Kapruner Tal, österr. Alpental im Pinzgau (Salzburg), rechtes Seitental der Salzach, durchflossen von der *Kapruner Ache,* endet

Allan Kaprow: Taking a Shoe for a Walk; 13. August 1989

im Mooserboden nördl. des Glocknermassivs; am Taleingang *Kaprun*. – Das *Tauernkraftwerk Glockner-Kaprun* mit der *Limbergsperre* (120 m hoch; Stausee Wasserfallboden 85 Mio. m³), *Moosersperre* u. *Drossensperre* (107 bzw. 119 m hoch; Stausee Mooserboden 88 Mio. m³) sowie mit dem Überleitungsstollen aus dem Gletschergebiet der Glocknergruppe ist mit einer Jahresproduktion von 1 Mrd. kWh eine der größten österr. Stauanlagen.

Kapschwein → Erdferkel.

Kapschwelle, eine Meeresschwelle im Atlantischen Ozean, die vom Kap der Guten Hoffnung (Südafrika) nach SW bis S auf den *Mittelatlantischen (Südatlantischen) Rücken* zustrebt; trennt das *Kap*- vom *Agulhasbecken*, ragt in Kuppen bis −554 m auf (nordöstl. der Bouvetinsel).

Kapsel [die; lat. *capsula*], **1.** *Anatomie:* die Umhüllung von Organen u. Funktionseinheiten, meist aus *Bindegewebe* (z. B. *Leberkapsel, Gelenkkapsel*). Auch Krankheitsherde, z. B. Abszesse oder gutartige Geschwülste, können durch eine K. abgeschlossen werden.
2. *Botanik:* aus mindestens zwei Fruchtblättern verwachsene Streufrucht (→ Frucht [1]). Die *Spaltkapsel* spaltet sich an den Verwachsungsnähten der Fruchtblätter, entlang der Bauchnähte oder entlang der Mittellinie der Fruchtblätter. Bei der *Deckelkapsel* springt ein Teil des Gehäuses als Deckel ab. Die *Porenkapsel* öffnet sich mit ein bis mehreren Löchern. Die *Schote,* eine bes. Form der K., hat eine falsche Scheidewand ausgebildet, von der sich die beiden Fruchtblätter lösen.
3. *Keramik:* Brennhilfsmittel in der keram. Industrie, stapelbare Hohlkörper aus feuerfestem Material, die das Brenngut im Ofen vor direkter Flammeneinwirkung, Ofengasen oder Flugasche schützen u. häufig die bessere Ausnutzung des gesamten Ofenraumes ermöglichen. Auch → feuerfeste Stoffe.
4. *Pharmazie:* aus Stärke oder Gelatine hergestellte Umhüllung für Medikamente. Sie löst sich erst im Magen oder bes. Widerstandsfähigkeit im Darm auf u. gibt dann dort die Wirkstoffe frei.

Kapsellüfter, eine Vorrichtung, die bei schnell laufenden Nähmaschinen den Spulenkapselträger (Unterkapsel) um einen geringen Betrag entgegengesetzt der Greiferdrehrichtung bewegt, um dem Oberfaden einen möglichst reibungsarmen Durchtritt zwischen den Anhaltenocken des Spulengehäuses u. dem Kapselanhaltestück zu ermöglichen.

Kapselung, Verfahren zur Lärmminderung bei Kraftfahrzeugen durch kapselartige Umschließung des Motors oder des Motorraumes mit zusätzlichen Bauteilen. Auch → Verkehrslärm.

Kapsid [lat.], *Capsid,* die Eiweißhülle der Viren, die das infektiöse Material, die Nucleinsäure, umschließt. K. u. Nucleinsäure werden auch als *Nukleokapsid* bezeichnet. Das K. setzt sich aus Untereinheiten zusammen, den sog. *Kapsomeren.* Diese setzen sich ihrerseits aus Struktur-

einheiten zusammen, den kleinsten Baueinheiten, die aus einer Polypeptidkette bestehen.

Kapsomer [lat. + grch.] → Kapsid.

Kapstachelbeere → Physalis.

◆ **Kapstadt,** engl. *Cape Town,* afrikaans *Kaapstad,* Hptst. der südafrikan. Prov. West-Kap, an der vom Tafelberg überragten Tafelbai, 855 000 Ew., m. V. 2,35 Mio. Ew.; Sitz des Parlaments der Rep. Südafrika sowie eines anglikan. u. kath. Erzbischofs, Universität (gegr. 1918), Südafrikamuseum, niederländ. reform. Kirche aus dem 18. Jh. u. a. ältere Gebäude, Groote Schuur Hospital, Botan. Garten; Diamantschleifereien; Handels- u. Industriezentrum (Waggonbau, Werften u. a.), Ölraffinerie; Fremdenverkehr (Seebad); Hafen u. internationaler Flughafen, Beginn der großen Eisenbahnlinien u. Straßen ins Landesinnere. – 1652 als Versorgungsstation für die Schiffe der holländ. Ostindien-Kompanie von Jan van Riebeeck gegr., 1806 von Engländern besetzt.

Kapsukas [nach V. *Mickevičius-Kapsukas*], 1955 bis 1989 Name der litauischen Stadt → Marijampole.

Kaptalband [lat.], *Kapitalband,* Gewebewulst zwischen der beschnittenen Ober- bzw. Unterkante u. dem Rücken des gebundenen Buchs, zur Stärkung des Buchrückens u. als Verzierung.

Kapteyn [-'tɛin], Jacobus Cornelius, niederländ. Astronom, *19. 1. 1851 Barneveld, †18. 6. 1922 Amsterdam; wirkte 1875–1878 in Leiden, danach in Groningen; grundlegende Arbeiten über Stellarstatistik u. den Aufbau des Milchstraßensystems. K. erstell-

Kapstadt: Blick über die Stadt auf den Tafelberg

te einen Sternkatalog der südl. Himmelshalbkugel mit 454 000 Sternen.

Kapudan Pascha [türk.], Titel des obersten Befehlshabers der Flotte u. des Arsenals in der osman. Türkei, im 19. Jh. abgeschafft.

Kapudschi [türk., „Türhüter"] → Kapydschy.

Kapuze [die; spätlat.-ital.], von → Kappe abgeleitete Bez. für eine den Kopf ganz umhüllende Kopfbedeckung; seit der Eisenzeit für Bergwerksarbeit belegt; die Kelten, Römer u. später die Mönche trugen *Kapuzenmäntel;* als Wetterschutz an Mantel(umhang) u. Jacke (z. B. Anorak) für beide Geschlechter gebräuchlich.

Kapuzenspinnen, *Ricinulei,* Ordnung der *Spinnentiere;* 15 augenlose Arten, bis 1 cm lang, in den äquatorialen Zonen Westafrikas u. Amerikas in morschem Holz, feuchten Blätteransammlungen u. Ä. Sie laufen langsam unter Tastbewegungen. Eine Verlängerung des Vorderkörpers kann kapuzenartig über das Mundfeld geklappt werden.

Kapuziner, lat. *Ordo Fratrum Minorum Capuccinorum,* Abk. *OFMCap,* kath. Bettelorden, von *Matthäus von Bascio* (* um 1492, † 1552) 1525 angeregt u. 1528 von Klemens VII. bestätigt; strenger Zweig der *Franziskaner.* Die K. widmen sich als Prediger u. Missionare bes. der Volksseelsorge; sie vertreten in ihrer gesamten Lebenshaltung völlige Armut. In Dtschld. sind die K. seit etwa 1600 tätig. Tracht: braune Kutte mit langer, spitzer Kapuze; die K. tragen einen Bart. 11 700 Mitglieder. Dt. Provinzialate: München u. Koblenz.

Kapuzinerinnen, weibl. Zweig des Kapuzinerordens, Schwestern des 2. u. 3. Ordens des Franz von Assisi, bes. in roman. Ländern verbreitet.

◆ **Kapuzineraffen,** *Cebinae,* Unterfamilie der *Kapuzinerartigen,* mit behaartem Rollschwanz; gesellig lebende Pflanzen- u. Früchtefresser der Wälder Südamerikas. Typisch für sie ist die Behaarung des Kopfes u. dessen Färbung, die an die

Kapuzineraffen: Gehaubter Kapuziner, Cebus apella

Kopfbedeckung der Kapuzinermönche erinnert. K. besiedeln die verschiedensten Waldbiotope bis zu den 1600 m hohen Andenurwäldern. Sie besitzen sehr hoch entwickelte soziale Strukturen u. zeigen teilweise sogar Werkzeuggebrauch. Ätherische Öle stark duftender Pflanzen u. -teile dienen als Signalstoffe.

Kapuzinerartige Affen, *Cebidae,* in Südamerika lebende Familie der *Neuweltaffen,* mit Plattnägeln an allen Fingern; manche Gattungen haben einen Greifschwanz. Dazu gehören: *Nachtaffe, Totenkopfaffen, Springaffen, Brüllaffen, Kapuzineraffen, Klammerschwanzaffen, Schweifaffen* u. *Kurzschwanzaffen.*

Kapuzinerberg, Berg in der Stadt Salzburg (Österreich), am rechten Salzachufer; mit Befestigungen (17. Jh.) u. Kapuzinerkloster (1599–1602 erbaut), 650 m.

Kapuzinergruft, auch *Kaisergruft,* unter der 1622–1632 zu Wien errichteten Kapuzinerkirche befindliche Grablege des Hauses Habsburg-Lothringen sowie der zwischen 1633 u. 1736 verstorbenen österreichischen Habsburger. Die Anlage enthält insgesamt 138 Metallsärge.

◆ **Kapuzinerkresse,** *Tropaeolum,* Gattung der *Kapuzinerkressengewächse (Tropaeolaceae)* mit 80 Arten; in Südamerika beheimatete krautige, vielfach kletternde Pflanzen mit gelappten, fingerförmigen oder schildförmigen Blättern u. gelben, roten oder bläulichen Blüten. Bekannt ist vor allem die *Große K., Tropaeolum majus,* die in vielen Formen u. Farben kultiviert u. zur Bepflanzung von Zäunen, Gittern u. Spalieren verwendet wird.

Kapuzinerkressengewächse, *Tropaeolaceae,* Familie der *Gruinales,* mit 2 Gattungen u. etwa 80 Arten. Die Blüten haben einen deutl. Kelch- oder Achsensporn. Zu den Kapuzinerkressengewächsen gehört die südamerikan. *Kapuzinerkresse,* daneben *Magellana* aus Patagonien mit Flügelfrüchten.

Kapuzinerpilz, Graukappe, Birkenpilz, Birkenröhrling, Boletus scaber, wohlschmeckender Speisepilz mit je nach Alter u. Standort

Große Kapuzinerkresse, Tropaeolum majus

Kar: Gletscherkar in der Ortlergruppe

verschiedenfarbigem Hut, weißem Fleisch u. weißen Röhren; wächst von Juni bis Oktober in lichten Wäldern u. auf Heiden, bes. aber in Birkengehölzen.

Kapuzinerpredigt, eine drastische, volkstüml. Mahnrede, wie sie der Kapuziner in *Schillers* „Wallensteins Lager" an die Soldaten richtet; nach dem Vorbild des *Abraham a Santa Clara.*

Kap Verde, Staat in Westafrika, → Seite 186.

Kapverdenschwelle, eine Erhebung, die vom *Kap Verde* (afrikan. Westküste) über die Kapverdischen Inseln nach NW bis zum Mittelatlantischen Rücken reicht; trennt das *Kanarische* vom *Kapverdischen Becken.*

Kapverdisches Becken, Tiefseebecken südwestl. der Kapverdischen Inseln, zwischen der *Kapverdenschwelle* im N, dem Mittelatlantischen Rücken u. der *Sierra-Leone-Schwelle* im W u. S; im NW bis 7292 m tief.

Kapwein, Weiß- oder Rotwein aus einem geschlossenen Weinbaugebiet in der Nähe von Kapstadt u. an der Küste Südafrikas.

Kapwolken, *Magellan'sche Wolken,* zwei der Milchstraße benachbarte Sternsysteme, die als helle Wolken am südl. Himmel erscheinen; Abstand rd. 180 000 Lichtjahre, Durchmesser 23 000 bzw. 10 000 Lichtjahre. Die K. sind unregelmäßig geformt. Bei der Großen Kapwolke ist eine schwache Spiralstruktur angedeutet. Beide Wolken sind durch eine Materiebrücke mit unserer Milchstraße verbunden.

Kapydschy [türk., „Türhüter"], *Kapidschi, Kapudschi, Kapıcı,* die *Janitscharen*-Palastwache der osman.-türk. Sultane; heute allg. Hausmeister.

Kap-York-Halbinsel, Halbinsel im NO Australiens, rd. 210 000 km², 800 km lang; nördlichster Punkt Australiens im *Kap York*; Viehzucht; mehrere Aborigines-Reservate, Felszeichnungen; bei *Weipa* reiche Bauxitvorkommen.

◆ **Kar** [das], amphitheatralisch in einen Berghang eingelassene Hohlform mit steilen Rück- u. Seitenwänden u. einem flachen, muldenförmigen Boden (Lehnsesselform). An der hangab weisenden Öffnung ist häufig eine *Karschwelle* oder ein *Karriegel* im anstehenden Gestein oder auflagerndem Schutt ausgebildet, daher sind eisfreie Kare häufig von einem *Karsee* erfüllt. Kare entstehen durch die eiszeitliche Übertiefung von Hangmulden, in denen sich Firn ansammelt u. Eis bildet. Häufig sind mehrere Kare übereinander angeordnet: *Treppen-, Stufenkar* oder *Kartreppe.*

Kara-Balta, Verw.-Sitz der Oblast Tschu (Kirgisien), westl. von Bischkek, 55 000 Ew.

Karabiner [der; frz.], eine dem Infanteriegewehr entsprechende, kürzere u. leichtere Handfeuerwaffe mit geringerer Reichweite, früher vornehmlich zur Bewaffnung der Kavallerie *(Karabinieri).*

Karabinerhaken, geschlossener Haken, bei dem eine Feder ein selbständiges Öffnen unterbindet.

Kara-Bogas-Gol [ka'ra ba'gaz 'gɔl], *Kara-Bogaz-Gol,* turkmen. *Garabogazköl,* flache, verlandende, durch Nehrungen fast abgetrennte Bucht (Haff) am Ostufer des Kasp. Meers, in Turkmenistan, 13 000 km², 4–7 m tief; mit hohem Salzgehalt (34 %) durch extrem starke Verdunstung des einströmenden Wassers des Kasp. Meers. Die 120–300 m breite, 10,5 km lange *Kara-Bogas-Straße* (ehem. Verbindung mit dem Kasp. Meer) wurde im April 1980 durch einen Damm (550 m lang, 6 m hoch) abgeriegelt, um ein weiteres Absinken des Wasserspiegels des Kasp. Meers zu verhindern. Die Mirabilitlager im K. sind Rohstoff für die chem. Industrie. Der K. ist das größte Glaubersalzvorkommen der Erde; ferner enthält er Kochsalz, Magnesium, Bor- u. Kalisalze.

Karabük, türk. Stadt am Filyos, im SO von Zonguldak, 106000 Ew.; Textil-, Holz-, chem. u. insbes. Schwerindustrie (erstes türk. Stahlwerk, gegr. 1939); Wärmekraftwerk; Bahn nach Ankara.

Karaburan → Buran.

Karachaniden, auch *Ilig-Chane,* türkische Dynastie des Volkes der → Karluken in Innerasien u. im Tarim-Becken (840–1141 bzw. 1212). Von ihnen nahm die Türkisierung u. Islamisierung des Raumes ihren Ausgang (deshalb seither „Turkestan"). Die K. beherrschten seit 999 auch den NO Irans *(Chorassan)* u. förderten den Durchgangshandel mit China (Seidenstraße). Seit 1041 zerfielen sie in zwei Linien mit den Mittelpunkten Samarkand u. Kaschgar. 1141 wurden sie von den *Kara Chitai* besiegt, denen sie einen Teil ihres Gebietes überlassen mussten; ihr Reststaat war deren Suzerän. Sie erlagen 1213, endgültig um 1260 den Mongolen.

◆ **Karachi** [-'atʃi], *Karatschi,* größte Stadt, Wirtschaftszentrum u. bedeutendster Hafen Pakistans, im NW des Indusdeltas am Arab. Meer, Hptst. der Prov. Sind, 9,8 Mio. Ew.; Universität (gegr. 1951); kath. Erzbischofssitz; Eisengewinnung, Zementwerke, Getreidemühlen, Stahlwerk, Schiffswerft, Textil-, Nahrungsmittel-, Automobil- u. a. Industrie, Druckereien u. Verlage; Ölraffinerien, zwei Wärmekraftwerke, Kernkraftwerk; Ausfuhrhafen vor allem für Baumwolle u. Getreide; gute Verkehrsanbindung an das Hinterland, internationaler Großflughafen. K. erlebte nach 1947 durch die Zuwanderung von islamischen Flüchtlingen aus Indien einen sprunghaften Anstieg der Einwohnerzahl. Durch die Anlage von Satellitenstädten u. einen verstärkten gewerblichen Ausbau wurde versucht, den akuten Mangel an Wohnungen u. Arbeitsplätzen zu verringern. – K. war von 1947 bis 1959 Hptst. von Pakistan.

Kara Chitai, *Qara Chitai,* buddhist. Dynastie in Innerasien (1141–1212), deren Herrscher den Titel *Gürchan* führte. Sie unterwarf die muslim. *Karachaniden (Ilig-Chane),* die sich z. T. als ihre Suzeräne hielten. Sie gehörten zu den durch die *Dschurtschen* (Dynastie-Name *Jin,* „Gold", daher „China") vertriebenen Chitai (Dynastie-Name *Liao*). Ihr mächtiges Reich wurde zeitweilig den Muslimen in Iran gefährlich. Nach 1212 erlagen sie den Mongolen. – Ein muslimisch gewordener Zweig der Dynastie herrschte bis 1303 in *Kirman.*

Karadağ [-da:], **1.** erloschener Vulkan des Anatolischen Hochlands, südl. Begrenzung der Konyaebene (Türkei), 2271 m. **2.** Pass über das östl. Pontische Gebirge (Türkei); wichtiger Zugang vom Schwarzen Meer ins Anatolische Hochland, 900 m hoch.

Karadjordje. Zeitgenössische Lithographie

◆ **Karadjordje** [karad'sjɔrdsjɛ, *Karageorg* türk., „Schwarzer Georg"], eigentlich Djordje *Petrović,* serb. Freiheitskämpfer, *um 1768 Viševac bei Kragujevac, †25. 7. 1817 Radovanje bei Smederevska Palanka (ermordet); Bauernsohn; schloss sich serb. Freischaren gegen die osman. Fremdherrschaft an, Führer des serb. Aufstandes seit 1804 (seit 1811 „Oberster Führer" – *Vrhovni vožd*). Er lehnte die von Russland im

Frieden von Bukarest 1812 erreichte Anerkennung der inneren Selbständigkeit Serbiens als unzureichend ab u. setzte den Kampf fort, musste sich aber 1813 auf habsburg. Territorium (Semlin) zurückziehen. Als er 1817 heimlich nach Serbien zurückkehrte, ließ ihn sein Rivale Miloš Obrenović ermorden. K. ist der Stammvater der serb. Herrscherdynastie *Karadjordjević,* die sich mit der Dynastie *Obrenović* in der Regierung ablöste.

Karadjordjević [kara'dsjɔrdsjɛvitʃ], *Karageorgewitsch,* serb. bzw. südslaw. Herrscherfamilie, deren Stammvater der serb. Freiheitskämpfer *Karadjordje* war; regierte 1842–1858 *(Alexander K.)* u. 1903–1941 *(Peter I., Alexander I. u. Peter II.).*

Karadschi, *Karchi, Abu Bekr Al Karadschi,* Mathematiker in Bagdad, lebte um 1020; bekannt durch seine Gleichungslehre.

Karadžić [-dʒitʃ], Vuk Stefanović, serb. Philologe, *26. 10. 1787 Tršić, †26. 1. 1864 Wien; Reformator des serbisch-kyrill. Alphabets u. Schöpfer der modernen serb. Schriftsprache, sammelte u. veröffentlichte serb. Volkslieder, Märchen, Sprichwörter u. Rätsel; übersetzte 1847 das NT.

Karäer, *Karaiten, Karaim,* jüd. anti-rabbinische Sammelbewegung, vom 9.–12. Jh. im Orient angesiedelte, später nur mehr Reste in Konstantinopel, auf der Krim u. im Baltikum, seit 1945 in Israel. Die K. lehnten die „mündliche Tora" der Rabbis ab u. forderten dafür allein den hebr. Bibeltext u. stimulierten die exegetische u. theolog. Diskussion im MA.

Fortsetzung S. 187

Karachi: Das Mausoleum von M. A. Jinnah, dem ersten Generalgouverneur Pakistans

Kap Verde

Offizieller Name:
Republik Kap Verde

Autokennzeichen: CV

Fläche: 4 033 km²

Einwohner: 418 000

Hauptstadt:
Praia

Sprache: Portugiesisch

Währung:
1 Kap-Verde-Escudo
= 100 Centavos

Bruttosozialprodukt/Einw.:
1 060 US-Dollar

Regierungsform:
Parlamentarische Republik

Religion: Katholiken

Nationalfeiertag: 5. Juli

Zeitzone: Mitteleuropäische Zeit
−2 Std.

Grenzen:
Inselgruppe im Atlantischen
Ozean vor den Küsten Senegals
u. Mauretaniens

Lebenserwartung:
69 Jahre

Landesnatur Die Inselgruppe liegt vor der afrikan. Westküste bei Kap Verde im Atlant. Ozean, besteht aus 10 größeren u. mehreren kleineren Inseln u. bildet ein nach W offenes Hufeisen. Bei dem vorherrschenden Nordostpassat liegt die Nordreihe mit den Inseln Santo Antão, São Vicente, Santa Luzia, São Nicolau, Sal u. Boa Vista sowie den Eilanden Branco u. Raso „über dem Winde" („Barlavento"), die Südreihe mit den Inseln Brava, Fogo, São Tiago u. Maio sowie den Eilanden Rei u. Rombo „unter dem Winde" („Sotavento"). Die Inseln sind vulkan. Ursprungs u. sind im Tertiär in zwei Phasen aus dem Meer herausgehoben worden. Sie bestehen zu 80 % aus Basaltgesteinen. Die drei östl. Inseln sind niedrig (rd. 400 m hoch), auf den übrigen erheben sich z. T. über 1000 m hohe Vulkane. Der *Pico de Cano* (2829 m) auf Fogo ist zuletzt 1995 ausgebrochen.
Klima: Das trop. Klima zeigt wenig Temperaturunterschiede. Die geringen sommerl. Niederschläge (an der Küste 200 mm/Jahr, in Höhenlagen bis 1000 mm) können gelegentlich ausbleiben, dies kann Dürrekatastrophen verursachen. Im Winter bringt der *Harmattan* rötl. Staub aus der Sahara u. schädigt die Landwirtschaft.

Bevölkerung Die ethn. Zusammensetzung der Bevölkerung (71 % Mulatten, 28 % Schwarze, 1 % Weiße) resultiert im Wesentlichen aus der Vermischung der von den Portugiesen im 15. bis 17. Jh. angesiedelten schwarzafrikanischen Sklaven mit portugies. Einwanderern. Staatssprache ist Portugiesisch, Umgangssprache „Crioulo", ein von afrikan. Sprachelementen durchsetztes Portugiesisch. 98 % der Kapverdier sind Katholiken, daneben gibt es Angehörige von amerikan. Freikirchen u. von Naturreligionen.

Wirtschaft In der Landwirtschaft herrscht der afrikanische Hackbau vor, auf Santo Antão und São Tiago gibt es Bewässerungskulturen. Für den Eigenbedarf werden Mais, Maniok, Bataten, Hülsenfrüchte, Reis und Zuckerrohr angebaut, zur Ausfuhr in besonderem Maße Kaffee, Südfrüchte, Bananen, Rizinus, Tabak u. Purgiernüsse. Bedeutung haben ferner Viehzucht, Fischfang und Fischkonservenherstellung (Thunfisch und Hummer; vor allem für den Export) sowie Meersalzgewinnung. Der Fremdenverkehr, bisher nur auf Boa Vista, befindet sich noch in den Anfängen. An Bodenschätzen werden Kalk und Trass (Rohstoff zur Zementherstellung) abgebaut.

Blick über Mindelo, der Hauptstadt der Insel São Vicente

Verkehr Das Straßennetz ist noch nicht genügend ausgebaut, Güter werden auf Tragtieren oder als Kopflasten befördert. Zwischen den Inseln gibt es Luftverbindungen, auf Sal gibt es einen internationalen Flughafen. Der Haupthafen, *Mindelo-Porto Grande* auf São Vicente, ist Stützpunkt für den Atlantikverkehr. Weitere wichtige Häfen sind *Porto Novo* auf Santo Antão, *Praia* auf São Tiago u. *Vale de Cavaleiros* auf Fogo.

Geschichte Die Kapverdischen Inseln wurden um 1445 von dem Portugiesen Diego *Gomes* entdeckt u. erforscht. Bald danach begann die Besiedlung, vor allem durch Sklaven aus Guinea. Seit 1495 waren die Inseln portugies. Kolonie. Der Sklavenhandel, der erst 1876 endgültig verboten wurde, war auf den Kapverden neben dem Kaffee-Export die Haupteinnahmequelle. 1951 erhielten die Inseln den Status einer portugies. Überseeprovinz u. waren seitdem durch einen, seit 1973 durch zwei Abgeordnete in der Nationalversammlung in Lissabon vertreten. Nach dem Sturz des Caetano-Regimes 1974 sollten auch die

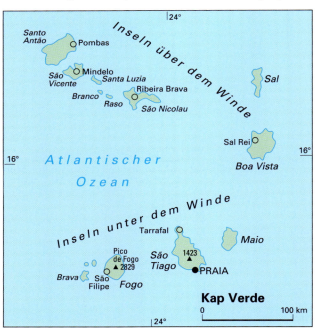

Santo Antão
Pombas
Inseln über dem Winde
24°
Mindelo
São Vicente
Santa Luzia
Sal
Branco
Raso
Ribeira Brava
São Nicolau
Atlantischer
Sal Rei
16°
Ozean
Boa Vista
16°
Inseln unter dem Winde
Tarrafal
Maio
Pico
de Fogo
▲ 2829
São
Tiago
1423
Brava
São
Filipe
Fogo
●PRAIA
Kap Verde
0   100 km
24°

Kapverden in die Unabhängigkeit entlassen werden. Für die Unabhängigkeit u. den Anschluss an *Guinea-Bissau* trat die PAIGC („Afrikanische Partei für die Unabhängigkeit von Guinea-Bissau u. der Kapverden") ein. Die Portugiesen forderten eine Volksabstimmung über die politische Zukunft der Inseln. Man einigte sich darauf, dass die neu gebildete verfassunggebende Versammlung den staatsrechtl. Status der Inseln bestimmen sollte.
Nach der Unabhängigkeitserklärung vom 5. 7. 1975 bestimmte die PAIGC als Einheitspartei die Linie der Politik. Sie nannte sich seit dem Staatsstreich in Guinea-Bissau 1980 PAICV („Afrikanische Partei der Unabhängigkeit der Kapverden"). Staatspräsident u. Parteichef war Aristides *Pereira*. Er trat 1990 als Generalsekretär der PAICV zurück. Nach einer Verfassungsänderung wurde im gleichen Jahr ein demokrat. Mehrparteiensystem eingeführt. Die ersten freien Parlamentswahlen gewann 1991 die oppositionelle *Bewegung für Demokratie (MPD),* deren Vorsitzender C. A. W. de *Carvalho Veiga* Premierminister wurde. Die Präsidentschaftswahlen 1991 gewann A. *Mascarenhas Monteiro* als Kandidat der MPD. Die MPD konnte unter der Führung von Carvalho Veiga auch die Parlamentswahlen 1995 für sich entscheiden. Mascarenhas Monteiro wurde 1996 von den Wählern im Amt des Staatspräsidenen bestätigt. 2001 kam es zu einem Machtwechsel. Nach 10 Jahren in der Opposition konnte die PAICV die Parlamentswahlen gewinnen. Ihr Führer J. M. *Neves* wurde neuer Regierungschef. Bei den Präsidentschaftswahlen im Februar 2001 siegte der PAICV-Kandidat P. *Pires* mit 17 Stimmen Vorsprung über Mascarenhas Monteiro. Der knappe Wahlausgang führte zu politischen u. juristischen Auseinandersetzungen über die Stimmenauszählung.

Landschaft auf São Tiago, der größten Insel des Archipels

◆ Karaffe [die; arab.], ein bauchiges Gefäß aus Glas oder Keramik, das zum Ausschenken von Wein oder Wasser verwendet wird.
Karaganda, Stadt im O Kasachstans, 574 000 Ew.; Hochschulen u. Forschungsinstitute; Eisenhüttenindustrie, Maschinenbau, Herstellung von Bergwerksausrüstungen, Textil-, Baustoff-, Nahrungsmittel- u. Schuhindustrie; Wärmekraftwerk; Flughafen. – 1934 gegr.
Karagatsis, Mítsos, eigentl. Dimitrios *Rodopulos,* neugriech. Schriftsteller, *24. 6. 1908 Athen, †14. 9. 1960 Athen; Jurastudium; schilderte, beeinflusst vom Neorealismus, die zeitgenöss. griech. Gesellschaft in unkonventioneller Sprache u. mit offenherziger Darstellung sexueller Situationen. Romane: „Der Vogt von Kastrópyrgos" 1943, dt. 1962; „Die große Chimäre" 1953, dt. 1968.
Karagöz ['gøs; türk., „Schwarzauge" (d. h. Zigeuner)], das bis in die Mitte des 20. Jh. lebendige türk. Schattenspiel, das auch in Griechenland, Montenegro u. Rumänien gespielt wurde. Der Schattenspieler spielte meist zusammen mit dem Liedersänger *Sürtgan* u. dem Tamburinschläger *Jardaq.* Hauptfiguren sind K. u. sein Gegenspieler *Hadschivad.*
Karahasan, Dževad, bosn. Schriftsteller, *25. 1. 1953 Duvno, verfasste Essays, Dramen u. Romane: „Der östl. Diwan" 1989, dt. 1993 (Roman); „Tagebuch der Aussiedlung" dt. 1993 (Essays); „Königslegenden" dt. 1996 (Erzählungen).
Karaiben, Indianerstämme, → Kariben.
Karaibenfisch, *Serrasalmo spilapleura,* bis etwa 30 cm langer *Salmler* mit spitzem Raubgebiss, der in großer Zahl am Grund der südamerikan. Flüsse lebt u. selbst Menschen angreift. Mit ihm vergleichbar ist *Natterers Sägesalmler, Rooseveltiella nattereri.* Beide werden oft mit dem *Piranha, Serrasalmus piraya,* verwechselt.
Karaim, jüd. antirabbinische Bewegung, → Karäer.
Karaiten, jüd. antirabbinische Bewegung, → Karäer.
Karaj, Fluss in Iran, entspringt am Südhang des Elbursgebirges, mündet ins Kasp. Meer; ein 180 m hoher Damm (1961 erbaut) staut im Gebirge den Fluss zu einem See, dessen Wasser zur Versorgung von Teheran beiträgt.

Herbert von Karajan

◆ Karajan, Herbert von, österr. Dirigent, *5. 4. 1908 Salzburg, †16. 7. 1989 Anif (bei Salzburg); 1927–1934 in Ulm, bis 1941 in Aachen Opernkapellmeister; 1939–1944 Leiter der Berliner Staatskapelle u. der Sinfoniekonzerte der Staatsoper; 1949 Ernennung zum Konzertdirektor auf Lebenszeit der Wiener Gesellschaft der Musikfreunde; Gastdirigent in Wien, Mailand, Bayreuth; 1954–1989 Leiter der Berliner Philharmoniker; 1954–1960 u. 1964–1987

Karaffe mit Gold und Silber; 6./7. Jahrhundert. Teheran, Archäologisches Museum

im Direktorium der Salzburger Festspiele; gründete 1967 die Salzburger Osterfestspiele, 1968 die Herbert-von-Karajan-Stiftung zur Förderung junger Dirigenten; Gastspiele mit den Berliner u. Wiener Philharmonikern in der ganzen Welt. Seine zahlreichen Aufnahmen beherrschten den Schallplattenmarkt; er war maßgeblich an der Durchsetzung der CD beteiligt. K. erhielt 1977 den Siemens-Musikpreis.
Karak, 1. zentraljordan. Governorat, 4 010 km², 169 000 Ew.; Verw.-Sitz K. (2).
2. *Al K., Kerak,* das bibl. *Kir,* jordan. Stadt, Verw.-Sitz des Governorats K. (1), im Hochland Moab, südöstl. des Toten Meers, 22 000 Ew.; mächtige Kreuzfahrerburg aus dem MA.
Karakal [der; türk., „Schwarzohr"] → Wüstenluchs.
Karakalpaken, *Karkolpaken,* turksprachiges Volk (424 000) am Amudarja u. Syrdarja (bes. in Karakalpakien); in der gesellschaftl. Form ähnlich den Turkmenen; in Kleidung u. landwirtschaftlichen Anbauformen den Usbeken angeglichen.
Karakalpakien, *Republik Karakalpakien, Karakalpakstan,* autonomes Territorium innerhalb Usbekistans, im S u. W des Aralsees; 164 900 km², 1,34 Mio. Ew., davon 32 % Karakalpaken, Hptst. *Nukus;* in den Niederungen der Halbwüsten Fleisch- u. Wollviehwirtschaft, Karakulschafzucht, im Bewässerungsbereich des Amudarja Baumwoll- u. Reisanbau; im W Erdgasvorkommen. – 1925 als autonome Oblast errichtet, 1932–1991 Kara-Kalpakische ASSR.
Kara-Kalpakische ASSR, russ. *Kara-Kalpakskaja ASSR* → Karakalpakien.
Karakara [indian.], ein Greifvogel, → Caracara.
Karakol, 1939–1990 *Prschewalsk,* Stadt in Kirgisien, im nördl. Tian Shan, östl. des Sees Issyk-Kul, 62 500 Ew.; Maschinenbau,

elektrotechn., Baustoff- u. Nahrungsmittel-industrie; Steinkohlenvorkommen; Flughafen, 12 km nordwestl. der Haupthafen *Pristan-Karakol* am Issyk-Kul.

Karakorum [mongol., „schwarzer Kies"],
◆ 1. zentralasiat. Hochgebirge u. zweit-höchstes Gebirge der Erde, erstreckt sich vom Pamir nach Südosten, streicht parallel zum Haupthimalaya nördlich des Industals, erreicht in mehreren Gipfeln über 8000 m (*K2*: 8611 m, *Hidden Peak, Broad Peak, Gasherbrum*) u. wird vom *Karakorumpass* (5575 m) gequert, über den der Weg vom oberen Industal nach Xinjiang führt. Seit 1971 besteht über den *Khunjerabpass* (4934 m) die einzige Allwetterstraße zwischen Pakistan u. Xinjiang (China). Der K. ist das am stärksten vergletscherte polferne Gebirge der Erde: 13 700 km² (Alpen 3800 km²) vergletschert (*Siatschengletscher* 75 km lang). Er gliedert sich in die Einzelketten *Mustagh-, Saltoro-, Aghilkarakorum.*
2. *Qara Qorum, Khara Khorum,* Ruinen-stadt im Zentrum der Mongolei, nordöstl. des Khangai, im Quellgebiet des Orchon Gol; 1218–1259 Hptst. *Tschingis Chans* u. seiner Nachfolger.

Karaköse, Hptst. der osttürk. Prov. *Agri,* am Euphratquellfluss *Murat,* im W des Ararat, 58 000 Ew.; Holzindustrie.

Kara Koyunlu, *Kara Kojunlu* [türk., „schwarzer Hammel"], türk. schiitische Dynastie von Ostanatolien bis zum Zweistromland u. in weiten Teilen Irans (um 1375–1466); setzte sich im Kampf mit den Dschelairiden um Mossul bis 1421 durch u. überstand *Timurs* Vorstoß. Ihr bedeutendster Herr-scher war *Kara Jusuf* (1390–1420). Er drängte die Nachfolger Timurs zurück, einigte sich aber später mit ihnen. Die K. konnten sich in Aserbaidschan u. West-Iran behaupten, bis sie 1466 durch die *Ak Koyunlu* unter *Usun Hasan* ausgeschaltet wurden.

Karakul [türk., „schwarzer See"], abfluss-loser, leicht salziger See im nördl. Pamir, 364 km², 238 m tief, Seespiegel 3910 m ü. M.; 6 Monate vereist.

Karakulschaf [nach dem *Karakul*], *Karakul,* eine Rasse der *Fettschwanzschafe.* Das Fell der erwachsenen Tiere erbringt nur einen geringen Wollertrag. Der Rauchwarenmarkt benötigt ausschließlich die Felle der bis zum dritten Tage geschlachteten Lämmer, die den → Persianer, u. der Frühgeborenen, die den → Breitschwanz liefern. Die großen Produktionsgebiete sind das Gebiet von Buchara, Namibia, Afghanistan, Südafrika u. Argentinien.

Karakum [türk., „schwarzer Sand"], Sand-wüste u. Oasensteppe in Turkmenistan, zwischen Amudarja im N, Koppe Dagh im S, Kasp. Meer im W u. dem Alai im O; von Amudarja, Murgab u. Tedschen randlich durchflossen; 280 000 km²; Teil des *Turan-Senke*; Kamel- u. Schafzucht (Karakul-schaf) in den Weidegebieten, Getreide- u. Baumwollanbau auf bewässerten Feldern; Wasserzufuhr durch den rd. 1000 km langen *Karakumkanal,* der bis Bacharden, nord-westlich von Aschchabad, verlängert wurde; beiderseits des Kanals erstrecken sich mehr

als 500 000 ha Bewässerungsland; bedeu-tende Erdgasvorkommen.

Karakurte [türk.], Bez. für europ. Spinnen der Gattung *Latrodectus,* wie *Schwarzer Wolf, Latrodectus lugubris,* u. *Malmignatte, Latrodectus tredecimguttatus.*

Karamaj, chines. Stadt, → Qara Mai.

Karaman, Hptst. der zentralanatol. Prov. K. (Türkei), 76 500 Ew.; seldschukische Bau-werke, Nahrungsmittelindustrie.

Karamanii, Dynastie nominell vom Osma-nischen Reich abhängiger Paschas in Tri-polis 1711–1835.

Karamanlis, Konstantin, griech. Politiker, *8. 3. 1907 Broti, Makedonien, †23. 4. 1998 Athen; Anwalt, seit 1935 in der Politik; seit 1946 mehrfach Minister; 1955–1963 Minis-terpräsident; gründete 1956 die konservati-ve Nationalradikale Union (ERE); 1963–1974 im Exil; nach dem Sturz der Militärjunta 1974–1980 Ministerpräsident; errang mit seiner Partei „Neue Demokratie" die absolute Mehrheit u. setzte die Annah-me einer Präsidialverfassung durch; 1980–1985 u. 1990–1995 Staatspräsident; erhielt 1978 den Karlspreis.

Karaman-Oghlu [-ɔxlu], *Karamaniden,* türk. Dynastie in Kleinasien (Kilikien) im 14. u. 15. Jh.; zuerst Vasallen der Seldschuken, eroberten 1308 Konya; Gegenspieler der Osmanen, von denen sie 1467 endgültig unterworfen wurden. Nach den K. heißen noch heute eine Stadt u. Landschaft in der Türkei *Karaman.*

Karambolage [-'laːʒə; frz.], **1.** *allg.:* Zu-sammenstoß; veraltet: heftiger Streit.
2. *Billard:* das Aneinanderstoßen der Billardkugeln. Eine gültige K. wird erzielt, wenn der mit dem Billardstock (Queue) gestoßene Spielball die beiden anderen in der vorgeschriebenen Reihenfolge bzw. nach Bandenberührung anstößt.

Karamell [der; span., frz.], gebrannter Zu-cker, ausschließlich durch kontrolliertes Erhitzen von Zucker erzielte tiefbraune Masse mit charakterist. Aroma u. bitterem Geschmack. Die dem K. eng verwandte *Zuckercouleur* wird unter Mitver-wendung von Reaktionsbeschleunigern her-gestellt. K. u. Zuckercouleur werden haupt-sächlich zum Färben u. zur Geschmacks-verbesserung von Lebensmitteln verwendet, wobei im ersten Fall überwiegend von Zuckercouleur, im zweiten von K. gespro-chen wird.

Karami, *Kerame,* Raschid, libanes. Politiker, *Dez. 1921 Miryata bei Tripoli, †1. 6. 1987 Tripoli (ermordet); Führer einer gemäßigten islam. Gruppierung; zwischen 1955 u. 1987 mehrfach Min.-Präs., arbeitete mit Syrien zusammen.

Karamodjong [-dʒɔŋ], *Karamojo,* hamito-ni-lotisches Volk westl. des Turkanasees (Ost-afrika); Hackbauern u. Viehzüchter.

◆ **Karamsin,** *Karam-zin,* Nikolaj Mi-chajlowitsch, russ. Schriftsteller, *12. 12. 1766 Mi-chajlowka, Gouverne-ment Simbirsk, †15. 6. 1826 St. Pe-tersburg; Reichshis-toriograph; Begrün-der der russ. Senti-mentalismus; erneu-erte die russ. Litera-tursprache; Hptw.: „Die arme Lisa" 1792, dt. 1896; „Briefe eines reisenden Russen" 1791 ff., dt.

Nikolaj M. Karamsin

Karakorum (1): Expedition zu Füßen des K2 oder Mount Godwin Austen, dem zweithöchsten Berg der Erde

1799–1802; „Geschichte des Russ. Reichs"
(1816–1829, dt. 1820–1833).

Kara Mustafa, türk. Großwesir 1676–1683,
*1634 (?), †25. 12. 1683 Belgrad (erdros-
selt); führte Kriege gegen Rußland u.
Österreich, belagerte 1683 vergeblich Wien.
Wegen Erfolgslosigkeit auf Befehl des Sultans ermordet.

Karantaner, alpenslaw. Stamm; wandte sich
im 6. Jh. die Drau aufwärts nach Kärnten,
Krain u. in die Südsteiermark, gelangte bis
ins Salzburgische, nach Oberösterreich u.
Osttirol. Bis ins 13. Jh. bezeichnete man alle
Alpenslawen als *K.,* später mit anderen
südslaw. Alpenstämmen als *Slowenen.*

Karaosmanoğlu [-oːlu], Yakup Kadr, türk.
Schriftsteller u. Diplomat, *27. 3. 1889 Kairo,
†14. 12. 1974 Ankara; hat als Romancier
Anteil an der Entwicklung der modernen,
westl. orientierten türk. Literatur; behandelt
mit psycholog. Motivation Themen aus der
Entstehungszeit der türk. Republik. „Flamme u. Falter" 1922, dt. 1948, „Der Fremdling"
1932, dt. 1939 u. 1989.

Karasberge, zwei Gebirgszüge im südl.
Namibia, die östl. *Großen K.* im Schroffenstein 2202 m ü. die westl. *Kleinen K.* 1489 m
hoch; aus Gneisen u. präkambr. Quarziten
aufgebaut.

Karasburg, früher *Kalkfontein,* Ort im südl.
Namibia, südl. der Großen u. Kleinen
Karasberge, 1014 m ü. M.; Zentrum eines
Karakulschafzuchtgebietes an der Bahnlinie
Lüderitz–Upington.

Karasee, russ. *Karskoe More,* Teilgebiet des
Nordpolarmeers, ein nordasiat. Küstenmeer
zwischen Nowaja Semlja u. Sewernaja
Semlja; im Ostteil ein Schelfmeer (*Kara-
schelf*), greift im S weit ins Land ein
(Chajpudyra-, Bajdaratabucht, Obbusen,
Gydanbucht, Jenissejbusen, Pjasinabucht).
Auch → Nordostpassage.

Karasjok [ˈkaːraʃɔk], nordnorweg. Ort nahe
der finnischen Grenze, Zentralort der Gemeinde K., 5453 km², 2700 Ew.; Kulturzentrum der Lappen mit Museum, Internats- u.
Volkshochschule; Holz verarbeitende Industrie, Rentierzucht (rd. 30 000 Tiere);
Fremdenverkehr.

Karastraße, Meeresstraße zwischen Nowaja
Semlja u. der Insel Wajgatsch in der
→ Nordostpassage; 50 km breit, 100–200 m
tief.

Karasu-Aras Dağlari, Gebirgszug im Armen.
Hochland im O der Türkei, südl. von
Erzurum, bis 3650 m; Quellgebiet des Eu-
phrat u. des Arak.

Karasuk-Kultur, bronzezeitliche Kultur
(1000–600 v. Chr.) in Nord- u. Zentralasien,
benannt nach der Fundstelle *Karasuk* im
Becken von Minusinsk in Südsibirien. Ackerbau, Viehzucht u. Kupferbergbau bildeten
die wirtschaftl. Grundlage. Von den überwiegend aus Gräbern stammenden Funden
haben Bronzemesser u. Keramik in Stil u.
Technik Parallelerscheinungen in China.

Karat [das; grch., arab., frz.], **1.** ursprüngl.
der Same des *Johannisbrots,* galt früher in
Afrika als Goldgewicht.
2. *metrisches Karat,* Abk. *Kt,* besonderer
gesetzl. Name für die Masseneinheit 0,2 g (=
1 Kt) bei der Wägung von Edelsteinen.

3. veraltetes Maß für den Feingehalt einer
Goldlegierung; ein K. ist die Einheit einer
24-stufigen Skala. Hat eine Legierung einen
Goldanteil von $^1/_{24}$, dann ist sie einkarätig;
reines Gold hat 24 K. Auch → Feingehalt.
4. dt. Rockgruppe; Ulrich *Swillus* (Keyboard), Henning *Protzmann* (Gesang, Bassgitarre), Herbert *Dreilich* (Gesang, Gitarre),
Bernd *Römer* (Gitarre), Michael *Schwandt*
(Schlagzeug), Thomas *Natschinski* (Keyboard), Thomas *Kurzhals* (Keyboard),
Christian *Liebig* (Bass); die 1975 gegründete
Band war neben den *Puhdys* die erfolg-
reichste Band in der ehem. DDR; wurde in
der BR Dtschld. bekannt, als P. *Maffay* ihr
Lied „Über sieben Brücken musst Du
gehen" neu aufnahm; 1995 gelang K. ein
bescheidenes Comeback; Veröffentlichungen: „Über sieben Brücken", 1979; „Schwa-
nenkönig" 1980; „Der blaue Planet" 1982;
„Die sieben Wunder der Welt" 1983; „Die
geschenkte Stunde" 1995.

Kara-Tau-Schaf, *Ovis ammon nigrimontana,*
Rasse des euras. *Schafs,* in Gebirgen u.
Steppen Klein-, Mittel- u. Ostasiens, mit
gedrehten „typischen" Widderhörnern. Die
Böcke können 1,30 m hoch u. über 2 m lang
werden. Auch → Mufflon.

Karate [jap. *kara,* „nackt", + *te,* „Hand"],
eine der → Budo-Sportarten; ursprüngl. aus
China stammende Verteidigungskunst, bei
der die Hände als natürl. Waffe gebraucht
werden; vor allem in Japan, von dort aus
heute in der ganzen Welt verbreitet. Sämtliche Gliedmaßen des Körpers können zu
Angriff u. Verteidigung gebraucht werden.
Karate-Do wird von der WKF *(World
Karate Federation)* weltweit betreut.
K. wird hauptsächlich in vier Stilarten
betrieben: *Shotokan, Goju-Ryu, Wado Ryu*
u. *Shito-Ryu,* die sich durch technisch
unterschiedliche Ausführungen voneinander unterscheiden. Karate-Do (Do = Weg)
wird als Kampfkunst oder als Wettkampfsport betrieben. Beim sportlichen Wettkampf werden die Aktionen stets wenige
Millimeter vor dem Gegner gestoppt, da es
andernfalls zu schweren Verletzungen käme.
Organisation: → Deutscher Karate-
Verband; in *Österreich:* Österr. Karate-
Bund, Wien; in der *Schweiz:* Schweizer
Karate-Verband, Glattbrugg.

Karateka [jap.], Kämpfer im → Karate.

Karatschaier, *Bergtataren,* ein Turkvolk
(150 000) am oberen Kuban (Kaukasus),
mit tscherkess. Brauchtum; Schafzüchter.
Die K. wurden 1943/44 wegen angebl.
Kollaboration mit den Deutschen nach
Innerasien deportiert. Die Überlebenden
durften 1957/58 zurückkehren.

Karatschajewo-Tscherkessien, *Republik Karatschajewo-Tscherkessien,* autonomes Territorium im S des Kraj Stawropol (Rußland),
am Nordhang des Kaukasus, im Kuban-
gebiet; 14 100 km², 434 000 Ew., davon 31 %
Karatschaier u. 10 % Tscherkessen, Hptst.
Tscherkessk; in den Tälern Gartenbau u.
Anbau von Weizen, Mais, Sonnenblumen u.
Melonen; Milch- u. Fleischviehwirtschaft,
im Gebirge Sommerweiden; Kohlenbergbau. – 1928 als *Tscherkessen-AO* gegr., 1957
bis 1991 Karatschaier- u. Tscherkessen-AO.

Karavelle: Modell der 52 Tonnen schweren „Niña". Sie
war eine der Karavellen des Kolumbus und legte unter
seiner Führung 25 000 Seemeilen zurück

Karatschi [kəˈraːtʃi], pakistan. Stadt, → Karachi.

Karatsu, japan. Stadt im nordwestl. Kyushu,
79 000 Ew.; Badeort; Burg (1602); Keramikherstellung; Hafen.

Karausche [die; grch., lit.], *Goldkarausche,
Bauernkarpfen, Deibel, Gareisl, Carassius
carassius,* bis 30 cm langer Süßwasserfisch
der *Karpfenartigen;* als Nutzfisch wegen der
geringen Größe kaum von Bedeutung; eine
der zählebigsten Fischarten, erträgt einen
hohen Grad von Wasserverschmutzung u.
geringen Sauerstoffgehalt; häufig in kleinen
Tümpeln die einzige Fischart; in fast allen
Gewässern, bevorzugt aber stehendes oder
langsam fließendes Wasser; beliebter Kö-
derfisch in der Sportfischerei zum Hecht-
fang. Sehr ähnlich ist die *Silberkarausche*
(→ Giebel).

◆ **Karavelle** [die; grch., ital.], kleines,
schnelles flachgehendes, dreimastiges Segelschiff des 15. Jh., Größe 20 × 7 m; Haupt-
schiffstyp der Entdeckungsreisen. Die „Santa Maria" von *Kolumbus* war vom größeren
u. schwerfälligeren Typ der *Karracke.* Auch
→ Kraweelbau.

Karawane [die; pers.], Reisegesellschaft von
Kaufleuten u. Pilgern in verkehrs- u. sied-
lungsfeindl. Gebieten (Wüsten u. Steppen in
Asien u. Afrika). Die Karawanen nehmen
seit alter Zeit immer wieder dieselben Wege.
Als Herberge dient die *Karawanserei.* Mit
dem Aufkommen moderner Transportmittel
verlor die K. an Bedeutung.

Karawanken, eine Kalkkette der Südalpen
im österreichisch-slowenischem Grenzgebiet, zwischen Drau und Save, im *Hoch-
stuhl* 2238 m hoch. Die *Karawankenbahn*

Villach–Ljubljana durchquert den Gebirgskamm im 8016 m langen *Karawankentunnel*. Übergänge sind: *Wurzenpass* 1073 m, *Loibl* 1368 m (mit Loibltunnel), *Seebergsattel* 1218 m.

Karawelow, *Karavelov,* Ljuben, bulgar. Schriftsteller, *um 1834 Kopriwschtiza, †21. 1. 1879 Ruse; befürwortete eine Föderation der Balkanvölker; begründete den krit. Realismus in der bulgar. Literatur; gab in Novellen ein lebendiges, oft humorvolles Bild vom Leben u. Kampf der Bulgaren, wirkte auch als Publizist.

Karbala, *Kerbela,* Hptst. der irak. Prov. K., nahe dem Euphrat, südwestl. von Bagdad, 297 000 Ew.; Wallfahrtsort der Schiiten (Grabmoscheen von *Hussain* u. *Abbas*); Oasenkultur, Dattelpalmenhaine, Tabakanbau; in der Nähe der Hindiyah-Euphratstaudamm.

Karbamid [das; lat.], *Carbamid* → Harnstoff.

Karbazol, Stoff im Steinkohleteer, → Carbazol.

Karben

◆ **Karben,** Stadt in Hessen, Wetteraukreis, nördl. von Offenbach, 20 900 Ew.; röm. Straße u. Kastell; Blechwaren-, Möbel- u. Bekleidungsindustrie.

Karbene, organ.-chem. Verbindung, → Carbene.

Karbide, eine Kohlenstoffverbindung, → Carbide.

Karbin, Verknüpfungsweise von Kohlenstoffatomen, → Carbin.

Karbinol, ein Alkohol, → Carbinol.

Karbo... → Carbo...

Karbol [das; lat. + arab.], Phenollösung, → Carbol.

Karbolegerling, ein Pilz, → Egerlinge.

Karbolineum, das carbolsäurehaltige Öl → Carbolineum.

Karbolöl → Mittelöl.

◆ **Karbon** [lat. *carbo*, „Kohle"], *Steinkohlenformation*, zwischen Devon u. Perm liegende Formation des *Paläozoikums* (→ Geologie); mehr als die Hälfte der Steinkohlenvorräte der Erde stammen aus dieser Zeit.

Karbonade [die; frz.], *Carbonade*, Rippenstück vom Schwein, Kalb oder Hammel, in Scheiben geschnitten, meist paniert, ursprüngl. über Kohlen (ital. *carbone*), heute auf dem Rost gebraten.

Karbonadenfisch → Katfisch. Das Fleisch vom *Heringshai* wird auch unter der Bez. K. verkauft.

Karbonate, Salz der Kohlensäure, → Carbonate.

karbonisieren [lat.]. **1.** *Getränkekunde:* → imprägnieren. **2.** *Textiltechnik:* Wolle von Cellulosebestandteilen reinigen, indem man die

Cellulose mit Hilfe von starken Säuren in brüchige u. damit mechanisch leicht entfernbare Hydrocellulose überführt.

Karbonsäuren → Carbonsäuren.

Karbonyle, Kohlenmonoxidverbindungen, → Carbonyle.

Karbonylgruppe → Carbonylgruppe.

Karborundum, Schleifmittel, → Carborundum.

Karboxylase, Enzyme, → Carboxylase.

Karboxylgruppe → Carboxylgruppe.

Karbunkel [der; lat.], mehrere dicht beieinander stehende und ein gemeinsames Entzündungsgebiet bildende *Furunkel*; meist von gewöhnl. Eitererregern hervorgerufen.

Karcag ['kɔrtsɔg], seit 1992 *Berekfürdö,* Stadt in Ungarn, im Alföld, südwestl. von Debrecen, 23 200 Ew.; Erdgaslager; Töpfereiwaren.

Karcher, Johann Friedrich, dt. Gartenarchitekt und Baumeister, *8. 9. 1650 Dresden, †9. 2. 1726 Dresden; vermutl. Schüler von *Le Nôtre* in Paris, leitete die Erweiterungen des „Großen Gartens" in Dresden, wo er auch mehrere Gartenpavillons, Amphitheater u.a. baute, daneben lieferte er Entwürfe für Schloss Wilhelmshöhe bei Kassel.

Karchi, Abu Bekr → Karadschi.

Kardamom [ind., grch.], Gewürz aus Früchten der bes. an der Malabarküste des südl. Indien sowie in Java heimischen Karda-

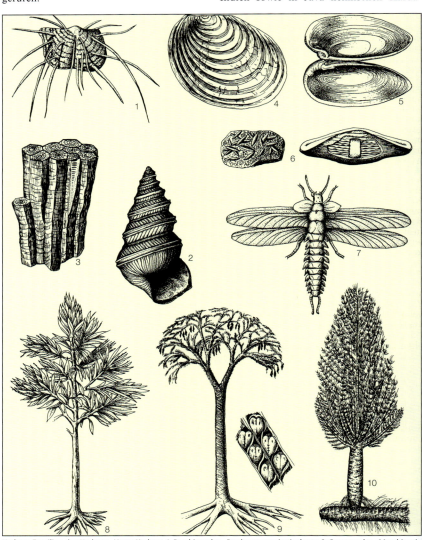

Karbon: Fossilien des Karbons. Unter-Karbon: 1 Brachiopoden, Productus semireticulatur; 2 Gastropoden, Murchisonia verneuiliana; 3 Anthozoen, Lithostrotion basaltiforme; 4 Bivalvier, Posidonia becheri. – Ober-Karbon: 5 Bivalvier, Anthracosia lottneri; 6 Foraminiferen, Fusulina cylindrica; 7 Stenodictya lobata; 8 Cordaites; 9 Lycophyten, Lepidodendron; 10 Articulaten, Calamiten

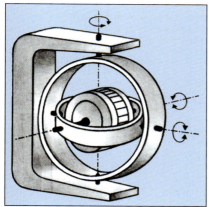

kardanische Aufhängung

mompflanzen *Elettaria cardamomum* u. *Amomum cardamom*; wirksamer Bestandteil ist ein ätherisches Öl *(Kardamomöl)*, das auch in der Parfümindustrie verwendet wird.

Kardangelenke [nach G. *Cardano*], Kranzgelenke, die zwei nicht fluchtende Wellen miteinander verbinden u. deren → Drehmomente übertragen können. Auch → Gelenkwelle.

kardanische Aufhängung [nach G. *Cardano*], eine schwingungslose Aufhängung, die eine allseitige Drehung ermöglicht. Der Körper (z. B. Kompass, Chronometer, Barometer auf Schiffen) wird mit zwei Zapfen, deren Achse durch den Schwerpunkt geht, in einem Ring aufgehängt. Dieser Ring ist wiederum mit zwei Zapfen, die um 90° gegen die des Körpers versetzt sind u. deren Achse durch den Schwerpunkt des aufzuhängenden Körpers geht, in einem 2. Ring drehbar aufgehängt. Dieser 2. Ring steht senkrecht zum 1. Ring u. ist mit zwei Zapfen um 90° versetzt wiederum drehbar gelagert. Auch → Kompass.

kardanische Formel, eine Formel, die der Lösung kubischer Gleichungen dient. Die Gleichung $x^3 - 3px - 2q = 0$ hat die Lösung:

$$u, v = \sqrt[3]{q \pm \sqrt{q^2 - p^3}}$$

$$x_1 = u + v$$

$$x_{2,3} = -\tfrac{1}{2}(u + v) \pm \tfrac{1}{2}\,i\,(u - v)\sqrt{3}$$

Sind die Lösungen einer kubischen Gleichung reell u. voneinander verschieden, gilt die Formel nicht *(Casus irreducibilis)*. Die k. F. wird zu Unrecht G. *Cardano* zugeschrieben.

Kardanwelle [nach G. *Cardano*], im Kraftfahrzeug- u. Maschinenbau verwendete Gelenkwelle mit Kreuzgelenken zur Übertragung von Drehmomenten bei bestimmten Drehzahlen u. Ablenkungswinkeln.

Kardätsche [ital.], kräftige Bürste mit Handriemen zum Putzen von Rindern u. Pferden. Mit dem *Striegel*, an dem die K. gereinigt wird, bildet sie das *Putzzeug*.

Karde [die; lat. *carduus*, „Distel"], 1. *Botanik:* Dipsacus, Gattung der *Kardengewächse (Dipsacaceae)*, distelartige Kräuter mit stechenden Hüllkelchblättern u. Spreublättern. Bei der *Weberkarde, Dipsacus sativus*, sind die Spreublätter der Blüten an der Spitze hakig abwärts gekrümmt. Die Blütenköpfe werden daher zum Aufrauhen wollener Tuche verwendet. Daneben gibt es in Dtschld. noch die *Wilde K., Dipsacus silvestris*.
2. *Textiltechnik:* Vorbereitungsmaschine in der Baumwollspinnerei zum Auflösen des Faserguts bis zur Einzelfaser, zum Ausrichten der Fasern u. Ausscheiden von kurzen Fasern u. Verunreinigungen. Die hauptsächl. Bearbeitung des Materials erfolgt zwischen einer mit Stahlnadeln versehenen Trommel u. umlaufenden Deckeln.

Kardelj, Edvard, jugoslaw. Politiker (Kommunist), *27. 1. 1910 Laibach (Ljubljana), †10. 2. 1979 Ljubljana; 1930–1932 inhaftiert, 1934–1936 Aufenthalt in der UdSSR, 1938 Mitgl. des ZK der KP, 1940 Mitgl. des Politbüros u. ZK-Sekretär, 1943 Vize-Präs. des Nationalen Befreiungskomitees, seit 1945 im Range Tito, 1948–1953 Außen-Min., dann Erster Stellvertreter des Staats-Präs. 1963–1967 Parlaments-Präs., seit 1966 Mitgl. des Präsidiums des ZK, 1974–1979 Mitglied des Staatspräsidiums. Als maßgebender Theoretiker der Partei befasste sich K. mit der jugoslaw. Form des Sozialismus, der nationalen Frage u. Fragen der Außenpolitik.

Kardengewächse, *Dipsacaceae*, Familie der *Rubiales*, 10 Gattungen mit ca. 270 Arten; krautige Pflanzen mit dorsiventralen Blüten; meist im Mittelmeergebiet bis Vorderasien. Zu den Kardengewächsen gehören die *Skabiose*, der *Teufelsabbiss (Succisa)*, die *Witwenblume (Knautia)*, die *Karde (Dipsacus)* u. a.

Karde (1): Wilde Karde, Dipsacus silvestris

Karder, Priester (Magier) der sassanid. Staatskirche, †Ende des 3. Jh. n. Chr.; begann seine Laufbahn unter dem Reichsgründer *Ardaschir* u. wurde unter den nachfolgenden sassanid. Großkönigen einer der mächtigsten Männer im Reich. In vier großen Felsinschriften berichtet K. von seinem Wirken.

kardi... → kardio...

Kardia [grch.], Magenmund, Mageneingang.

Kardiaka [Pl., Sg. das *Kardiakum*; grch.], *Cardiaca* → Herzmittel.

kardial [grch.], das Herz betreffend, am Herzen, herz...

Kardinal [lat.], höchster kath. Würdenträger nach dem Papst. Die Kardinäle bilden den Senat des Papstes u. dienen ihm als Rat-

Kardanwelle: schwere Gelenkwellen im Antrieb einer Grobblech-Walzwerkanlage

geber u. Mitarbeiter in der Kirchenleitung. Die Zahl der Kardinäle wurde wiederholt geändert. Z. Z. soll die Höchstzahl von 120 aktiven wahlberechtigten Kardinälen nicht überschritten werden. Die Kardinäle stehen entweder einer Diözese vor oder arbeiten an der röm. Kurie *(Kurienkardinal)*. Ihre Ernennung *(Kreierung)* durch den Papst setzt wenigstens die Priesterweihe voraus; nach neuer Praxis sollen alle Kardinäle die Bischofsweihe empfangen haben. Das *Kardinalskollegium* wird in drei Rangklassen geteilt: Kardinalbischöfe, Kardinalpriester, Kardinaldiakone. An der Spitze des Kardinalskollegiums steht der rangälteste Kardinal *(Kardinaldekan)*. Die Kardinäle haben das ausschließl. Recht, den Papst zu wählen. Dieses u. a. Rechte verlieren sie mit der Vollendung des 80. Lebensjahres. Insignien: rotes Birett (früher Kardinalshut) u. purpurrote Kleidung. Offizielle Anrede: Eminenz.

Kardinale [die, Pl. *Kardinalia*; lat.], Grundzahl, → Numerale.

◆ **Kardinäle,** eine Gruppe kernbeißerartiger *Finkenvögel* aus Amerika, oft Stubenvögel, z. B. *Dominikaner, Graukardinal, Indigofink.*

Kardinalkämmerer → Camerlengo.

Kardinalskongregationen, seit 1967 → Kurienkongregationen.

Kardinalstaatssekretär, der Vorsteher des päpstl. Staatssekretariats, der Oberbehörde der Kurie. Unter Papst *Paul VI.* erfuhr das Amt des Kardinalstaatssekretärs eine Aufwertung; er wurde formell zum Stellvertreter des Papstes sowohl in kirchl. Fragen als auch hinsichtl. der Beziehungen des Hl. Stuhls zu den weltl. Regierungen bestellt. Ein Rat für öffentl. Angelegenheiten der Kirche ist ihm unterstellt.

Kardinäle: Roter Kardinal, Cardinalis cardinalis

Kardy: Die fleischigen Blattstiele werden als Salat oder Gemüse mit artischockenartigem Geschmack verzehrt

Kardinaltugenden, Haupttugenden; in der ethischen Tradition die bei Platon genannten u. durch die Stoa zum Inbegriff der Ethik gewordenen Tugenden: Tapferkeit, Besonnenheit, Weisheit u. Gerechtigkeit, wozu in der scholast. Lehre noch die christl. Tugenden Glaube, Liebe u. Hoffnung kamen. Auch → Tugend.

Kardinalzahlen → natürliche Zahlen.

kardio... [grch.], Wortbestandteil mit der Bedeutung „Herz" oder „Magenmund"; wird zuweilen zu *kardi...* vor einem Vokal.

Kardiogramm [das; grch.], Aufzeichnung der Erschütterungen der Brustwand durch den Herzspitzenstoß. Auch → Elektrokardiographie.

Kardioide [die; grch., „Herzlinie"], mathemat. Kurve 4. Ordnung, gehört zu den Epizykloiden; entsteht aus der Bahnkurve eines sich auf dem Umfang einer Kreisscheibe befindenden Punktes, wenn diese Kreisscheibe auf dem Rand einer zweiten, gleichgroßen Kreisscheibe abrollt. Auch → Zykloide.

Kardiologie [grch.], Wissenschaft u. Lehre vom Herzen u. den Herzkrankheiten; medizin. Spezialgebiet.

Kardiospasmus [der, Pl. *Kardiospasmen*; grch.], Funktionsstörung des unteren Speiseröhrenabschnitts, dessen Muskulatur nicht mehr erschlafft, so dass der Öffnungsreflex des Mageneingangs (Kardia) gestört ist u. der Speisebrei nicht mehr ungehindert passieren kann. Dies führt zu einer Erweiterung der darüber liegenden Speiseröhre u. wird begleitet von Schluckbeschwerden, Hustenreiz, Erbrechen u. Schmerzen.

Kardiotokographie [grch.], fortlaufende gleichzeitige Messung u. Registrierung der fetalen Herzfrequenz (Pulszahl des ungeborenen Kindes) u. der mütterlichen Wehentätigkeit vor u. während der Geburt; wichtige Methode der Perinatalmedizin zur Überwachung des Geburtsverlaufs.

Karditsa [kar'ðitsa], *Kardhitsa*, griech. Stadt in Thessalien, Hauptort des gleichnamigen Verwaltungsbezirks, 27 700 Ew.; landwirt-

schaftliches Zentrum (Getreide, Baumwolle, Weidewirtschaft); Stadtanlage im Schachbrettmuster (Ende 19. Jh.).

Kardorff, 1. Siegfried von, Sohn von 2), dt. Politiker, *4. 2. 1873 Berlin, †12. 10. 1945 bei Berlin; 1908–1920 Landrat, 1909–1918 Mitgl. des preuß. Abgeordnetenhauses (freikonservativ), 1918 Mitbegründer der Deutschnationalen Volkspartei, trat 1920 zur Dt. Volkspartei über, 1924–1932 Mitgl., 1928–1932 Vize-Präs. des Reichstags; verfocht eine Politik der bürgerl. Abgrenzung gegen den Nationalsozialismus. – Seine Frau (seit 1927) Katharina von *Kardorff-Oheimb* (*1879, †1962) war 1920–1924 Mitgl. des Reichstags (DVP) u. war eine führende Vertreterin der bürgerl. Frauenbewegung.

2. Wilhelm von, dt. Politiker, *8. 1. 1828 Neustrelitz, †21. 7. 1907 Wabnitz; Rittergutbesitzer im Kreis Oels, Schlesien, dort 1884–1895 Landrat; 1866–1876 u. 1888–1906 Mitgl. des preuß. Abgeordnetenhauses u. 1868–1907 des Reichstags. K. war Führer der Freikonservativen Partei, parlamentar. Vertrauensmann Bismarcks, Vorkämpfer der 1878 einsetzenden Schutzzollpolitik u. Gegner der Sozialdemokratie; als Unternehmer auch Mitgründer des Zentralverbands dt. Industrieller (1876).

◆ **Kardy** [der; engl.], *Cardy, Cynara cardunculus,* ein südeuropäischer *Korbblütler (Compositae)*, dessen fleischige, fiederteilige Blätter in Form einer Rosette wachsen. Die Blattstiele werden abgezogen und in Zitronenwasser gegart, um als Gemüse verzehrt zu werden. Zur selben Gattung gehört die → Artischocke.

Kârdžali ['kərdʒali], bulgar. Stadt in den östl. Rhodopen, am Arda, 61 300 Ew.; Abbau u. Verhüttung von Blei- u. Zinkerzen; Tabakanbau.

Karel, niederländ. u. tschech. für → Karl.

Karelien, finn. *Karjala*, russ. *Karelija*. ◆ **1.** Wald- u. Moorlandschaft mit zahlreichen Seen (die größten sind Ladoga- u. Onegasee) in Osteuropa, zwischen Finnischem Meerbusen u. Weißem Meer; gehört politisch zur finn. Prov. Nordkarelien u. zur russ. Rep. K. (2).

2. *Republik Karelien,* autonomes Territorium innerhalb Russlands, das östl. K. (1), 172 400 km², 789 000 Ew., davon 10 % Karelier, Hptst. *Petrosawodsk.* Das Land ist zu zwei Dritteln waldbedeckt (Kiefern u. Fichten), weite Flächen sind von fischreichen Seen, Sümpfen u. Mooren eingenommen; Holzwirtschaft, im S mit Milch- u. Fleischviehzucht u. geringem Getreideanbau (Roggen, Gerste, Hafer), in den Städten Holz- u. Papierindustrie; Bodenschätze: Baustoffe (Granit, Marmor), Glimmer, Eisen, Blei, Zink u. Kupfer; viele Wasserkraftwerke. – 1923 als ASSR gebildet, nach Eingliederung eines großen Teils Finnisch-Kareliens 1940 *Karelo-Finnische SSR*, 1956–1991 wieder ASSR.

Karelier, *Karjalaiset,* finn. Volksstamm in Russland (125 000), insbes. in der Rep. Karelien (2) wie auch, durch Umsiedlung aus abgetretenen finn. Gebieten, in Finnland (410 000).

Karelien (1): Die zahlreichen Seen sind ein Vermächtnis der letzten Eiszeit

Karelische ASSR, russ. *Karelskaja ASSR,* → Karelien (2).

karelische Sprache, von den Kareliern gesprochene finn.-ugr. Sprache; seit 1917 schriftlich festgelegt.

◆ **Karen,** zu den Palämongoliden gehörendes, überwiegend christliches Volk in Zentral- u. Ostbirma u. Westthailand (2–3 Mio., davon 300 000 in Thailand) mit tibetobirman. Sprache *(Karen)*; Bergbauern, die ihre alte Siedlungsform in gemeinschaftl. Langhäusern mit oft über 20 Familien aufgegeben haben. Die K. breiteten sich seit dem 5.Jh. von N her längs des Irrawaddy aus. Nach dem 2. Weltkrieg Autonomiebestrebungen; seit 1951 halbautonomer → Karenstaat.

Karen: Frau aus dem Nordwesten Thailands

Karenstaat, *Karinstaat,* 1951–1973 *Kawtholei,* halbautonomer Staat der Karen im SO Myanmars, bildet im S die Grenze zu Thailand, 30 383 km², 1,3 Mio. Ew., Hptst. *Hpaan*; Reisanbau, Kautschuk- u. Tabakkulturen; Gewinnung von Antimon.

Karenz [die; lat., „Verzicht, Entbehrung"], Wartezeit.

Karenzzeit, im Versicherungswesen eine gesetzl. oder vertragl. Frist, vor deren Ablauf nur eine begrenzte oder keine Leistungspflicht des Versicherers besteht; im Arbeitsrecht auch ein Wettbewerbsverbot nach Ausscheiden aus einem Vertragsverhältnis mit einem Arbeitgeber (z.B. für einen ausgeschiedenen Handelsvertreter).

Karer, Bewohner der Landschaft *Karien* in Südwestkleinasien, in der griech. Überlieferung mehrfach auch als ein vorgriech. Substrat in Griechenland erwähnt. Ihre sprachl. u. ethnolog. Zuordnung zu den vorindoeurop. Völkern Kleinasiens ist unklar. Seit 545 v.Chr. unter persischer Herrschaft, machte sie unter deren Oberhoheit der 377–353 v.Chr. regierende, hellenisierte u. durch sein sagenhaftes Grabmal (*Mausoleum*) in seiner Hauptstadt *Halikarnassos* bekannt gewordene Fürst *Mausolos* vorübergehend zu einem Faktor im polit. Kräftespiel der Griechen.

Karerpass, ital. *Passo di Costalunga,* Übergang der Südtiroler Dolomitenstraße vom Fassa- ins Eggental, 1753 m.

Karersee, ital. *Lago di Carezza,* norditalien. See in den Südtiroler Dolomiten, südöstl. von Bozen, 1530 m ü. M.; Fremdenverkehrsgebiet.

Karettschildkröte, 1. *Echte K., Eretmochelys imbricata,* bis 90 cm lange *Seeschildkröte* der trop. Meere (sehr selten in europ. Gewässern). Kennzeichen sind deutlich überlappende Hornschilde auf dem Rückenpanzer.

Die Hornplatten des Panzers waren früher als *Schildpatt* im Handel.

2. *Unechte K., Caretta caretta,* bis 110 cm lange *Seeschildkröte* der trop. u. subtrop. Meere (auch im Schwarzen Meer u. Mittelmeer); kommt sowohl im Tiefwasser als auch vor der Küste vor. Nahrung: Manteltiere, Quallen, an der Küste auch Seeigel, Weichtiere, Krabben.

Karfiol [der; ital.], österr. Bez. für *Blumenkohl;* auch → Kohl (2).

Karfreitag [ahd. *kara,* „Klage"], *Stiller Freitag,* Freitag vor Ostern, Todestag Jesu; seit dem 2. Jh. als Trauertag begangen.

Karfunkel [der; lat.], *Mineralogie: Karfunkelstein, Carbunculus,* alter Name für blutrote Edelsteine, bes. Granat.

Kargo [der; span., engl.], Ladung, vor allem Schiffsladung.

Kargoversicherung, Versicherung der Ladung bei Schiffstransporten.

◆ **Kariba-Staudamm,** eine 128m hohe Bogenstaumauer, die den mittleren Sambesi an der Grenze von Sambia u. Simbabwe zu einem 280 km langen u. 5300km² großen See (181 Mrd. m³ Inhalt), dem *Kariba-Stausee (Elisabethsee),* staut; eine der größten Anlagen der Erde zur Wasserkraftgewinnung u. künstl. Bewässerung. Das große, in den anstehenden Fels eingebaute Kraftwerk Kariba-Süd (700 000 kW) wird von Sambia u. Simbabwe gemeinsam betrieben; Sambia hat zusätzlich das Kraftwerk Kariba-Nord gebaut (geplante Leistung 600 000 kW).

Kariben, *Karaiben,* Gruppen von Indianerstämmen im N Brasiliens u. Guyanas (5000); früher in der Karibik (*Inselkariben,* heute noch rd. 400 auf der Insel Dominica). Die K. verdrängten u. vernichteten die Aruakstämme; sie sind Pflanzer (Maniok, Mais, Bohnen), Fischer u. Jäger.

Karibib, Distrikt-Hptst. im mittleren Namibia, 1172 m ü.M., 2000 Ew.; Viehzucht, Marmorverarbeitung.

Karibik, die *Karibischen Inseln, Westindien.* Zu den Staaten der K. werden häufig auch

Die Staumauer des Kariba-Staudamms

die durch ihre kolonialzeitl. Vergangenheit mit den Karibischen Inseln verbundenen Guyana-Länder (Guyana, Suriname u. Französ.-Guyana) gerechnet.

Karibische Föderation, auch *Westindische Föderation,* ehem. autonomer Bundesstaat aus 13 brit. Inseln (u. a. Jamaika, Trinidad u. Tobago, Barbados, Windward Islands u. Leeward Islands) im Commonwealth of Nations, 20 804 km² mit rd. 3 Mio. Ew. Die K. F. wurde 1945 geplant, 1955 teilweise verwirklicht u. erlangte 1958 unter Premier-Min. G. *Adams* Autonomie. 1961 erfolgte der Austritt Jamaikas, 1962 Trinidads u. Tobagos, daraufhin die offizielle Auflösung. Der Versuch von acht kleineren Inseln, eine *Ostkaribische Föderation* aufrechtzuerhalten, scheiterte 1965. Im Juli 1981 trat ein neues Abkommen über die Gründung der „Organisation Ostkaribischer Staaten" (*OECS*) in Kraft, die die Stelle des 1967 gegründeten Ministerrats der *Westind. Assoziierten Staaten* einnahm. Die OECS trifft gemeinsame Entscheidungen zu Wirtschaft, Außenpolitik, Verteidigung u. Sicherheit.

Karibische Inseln, die Inseln östl. von Mittelamerika, → Westindien.

Karibischer Gemeinsamer Markt, engl. *Caribbean Common Market,* Abk. *CCM, CARICOM* (Caribbean Community), 1973 aus der Karibischen Freihandelszone (engl. *Caribbean Free Trade Area,* Abk. *CARIFTA*) hervorgegangene Wirtschaftsgemeinschaft; Sitz: Georgetown (Guyana); Mitglieder der *CARICOM*: Antigua u. Barbuda, Bahamas, Barbados, Belize, Dominica, Grenada, Guyana, Jamaika, Monserrat, St. Kitts und Nevis, St. Lucia, St. Vincent u. die Grenadinen, Suriname, Trinidad u. Tobago.

Karibisches Meer, der südl. Teil des Amerikan. Mittelmeers zwischen Zentral- u. Südamerika, den Kleinen Antillen, Haiti u. Jamaika (mit *Jamaikaschwelle*); mit dem Atlant. Ozean durch mehrere Passagen verbunden (Martinique-, Dominica-, Guadeloupe-Passage); im Bereich der Großen Antillen auch Kanäle genannt: Monakanal (Puerto-Rico–Haiti), Jamaikakanal. Sein untermeer. Relief gliedert sich in das *Kolumbienbecken* im W (bis −4535 m) u. das *Venezuelabecken* (Karib. Becken) im O (bis −5649 m), getrennt durch den *Betarücken* südl. der Insel Haiti. Im Bereich der Kleinen Antillen ist das Relief sehr unruhig: Schwellen *(Avesrücken),* Gräben u. Rinnen *(Grenadagraben,* Bonaire-, Roquesrinne, Tobagosenke, St.-Croix-Kessel) wechseln mit Kuppen, Bänken u. Inseln ab. Im Spätsommer treten Hurrikans auf.

Karibische Strömung, aus dem Südäquatorialstrom entstammende warme Meeresströmung, durchzieht in südost-nordwestl. Richtung das *Karibische Meer.*

Karibu [der oder das; indian., frz.] → Rentier.

Karibu-Eskimo, eine Eskimo-Gruppe nordwestl. der Hudsonbai (Kanada), die sich auf die Jagd des amerikan. Rentiers, des *Karibus,* spezialisiert hatte. Durch Krankheiten u. Rückgang der Karibu-Bestände wurde den K. ihre Lebensgrundlage entzogen.

Heute leben noch einige hundert in gettoartigen Siedlungen; die ursprüngl. Traditionen sind in Vergessenheit geraten.

Karien, antike Küstenlandschaft im südwestl. Kleinasien; bewohnt von den *Karern.* Handelsstädte waren *Milet, Knidos, Halikarnassos.*

Karies [-ies; die; lat.], *Caries,* Knochenfraß, chronische Knochenerkrankung mit Zerstörung u. Einschmelzung auch der festen Knochenteile. Auch → Zahnkaries.

Karif, *Carib,* Schwarze Kariben, indian.-negride Mischbevölkerung, seit Ende des 18. Jh. an der Ostküste von Guatemala u. Belize; Nachkommen der Inselkariben.

Karikal, südind. Hafenstadt an der Coromandelküste, im Cauveri-Delta; bis 1954 französ. Kolonialbesitzung.

◆ **Karikatur** [die; ital.], in der bildenden Kunst (meist Grafik) die Menschen, Ereignisse oder Lebensverhältnisse ins Satirische, Groteske, Witzige oder Humorvolle verzerrende, oft politisch-tendenziöse Darstellung. Die K. war schon im Altertum bekannt. Im frühen MA verwendete die K. Fratzen (an Kathedralen u. Chorgestühl) als Abbild der Dämonen; in der Renaissance behandelte *Leonardo da Vinci* die K. als physiognom. Ausdrucksstudie; ihm folgten H. *Bosch* u. P. *Bruegel.* Im 17. Jh. bedienten sich G. L. *Bernini,* J. *Callot* u. die Brüder *Carracci* erfolgreich der K. Die durch die Erfindung des Buchdrucks ermöglichte große Verbreitung der K. führte über die Einblattdrucke des 15./17. Jh. zur Gründung satir. Zeitschriften im 19. Jh., nachdem der erzieherische Wert der K. im 18. Jh. erkannt u. betont worden war. Diese Form der modernen K. entwickelte sich in England durch W. *Hogarth,* T. *Rowlandson* u. G. *Cruikshank.* In Frankreich wurde 1830 die polit.-satir. Wochenzeitschrift „La Caricature", 1832 die Tageszeitung „Le Charivari" gegründet. Die richtungweisenden Karikaturisten dieser Zeit, geleitet von starkem sozialkrit. Ethos, waren H. B. *Monnier,* J. J. *Grandville,* P. *Gavarni,* vor allem H. *Daumier.* Weitere satir. Zeitschriften der Zeit waren: in Großbritannien „Punch" (gegr. 1841); in Dtschld. „Die fliegenden Blätter" (1844), „Kladderadatsch" (1848), „Simplizissimus" (1906); für sie arbeiteten bisweil-

Karikatur in der Londoner Zeitschrift „Punch" aus dem Jahr 1903: Wilhelm II. lauert darauf, ob der britische Löwe in die Fallgrube der Bagdadbahn tappt (moderne Kolorierung)

len so berühmte Karikaturisten wie W. *Busch,* A. *Oberländer,* W. *Scholz,* F. *Jüttner,* T. T. *Heine,* O. *Gulbransson,* H. *Zille,* G. *Grosz.* Nach 1945 wurden bes. bekannt der in den USA lebende Rumäne S. *Steinberg,* der Engländer R. W. F. *Searle,* der Franzose *Chaval* u. der Österreicher P. *Flora.* Die Karikatur ohne Worte *(Cartoon)* pflegen u. a. T. *Ungerer,* S. *Silverstein* u. *Loriot* (V. von *Bülow*). – Heute findet man die K., deren Stoffwahl nahezu unbegrenzt ist, auch in seriösen polit. Zeitungen; ebenso in der Werbung u. in der polit. Propaganda der Parteien, etwa in der Form von Wahlkampfplakaten u. -broschüren. Die polit. K. spielt in der öffentl. Meinungsbildung eine bedeutende Rolle.

Karimatastraße, rd. 200 km breite Meeresstraße, die das Südchines. Meer mit der Javasee zwischen den Inseln Belitung u. Borneo verbindet.

Karim Chan Zänd, *Karim Khan Zend,* Mohammed, kurdischer Fürst in Westiran 1750–1779; *1705, †13. 3. 1779 Shiraz; kam in den Wirren nach der Ermordung Nadir Schahs zur Macht, brachte eine Friedensperiode.

Karimi, eine Gruppe islam. Kaufleute, die vom 12. bis zum 15. Jh. den Verkehr zwischen Mittelmeerraum, Ägypten u. Indien vermittelte.

Karimow, *Karimov,* Islam Abduganjewitsch, usbek. Politiker (Demokrat. Volkspartei Usbekistans), *30. 1. 1938 Samarkand; Maschinenbauingenieur u. Wirtschaftswissenschaftler; wurde 1964 Mitgl. der KPdSU; 1983–1986 usbek. Finanz-Min., danach u. a. Erster Sekretär des ZK's der Kommunist. Partei Usbekistans, Mitgl. des Politbüros der KPdSU sowie Vors. des usbek. Obersten Sowjets (Staatsoberhaupt); nach der Unabhängigkeit Usbekistans 1991 der erste direkt gewählte Staats-Präs. (1995 per Referendum Verlängerung der Amtszeit bis 2000).

Karimunjawainseln, indones. Inselgruppe nördlich von Semarang (Java), 49 km²; z. T. unbewohnt.

Karin, schwed. Kurzform für → Katharina.

Karinstaat → Karenstaat.

Karinthy [ˈkɔrinti], Frigyes, ungar. Schriftsteller; *24. 6. 1887 Budapest, †29. 8. 1938 Siófok; Meister des Humors u. der Satire mit tragikomischer, humaner Note; dt. Auswahl „Selbstgespräche in der Badewanne" 1937.

karische Schrift, zwischen dem 8. u. 3. Jh. v. Chr. von den *Karern* in Kleinasien verwendete Buchstabenschrift; noch nicht völlig gedeutet.

Karisimbi, *Mount K.,* höchster der Virunga-Vulkane im Grenzgebiet von Rwanda u. der Demokrat. Rep. Kongo, nördl. des Kivusees, 4507 m.

Karitas → Caritas.

Karjala, finn. Name der Landschaft → Karelien.

Karjalainen, Ahti, finn. Politiker (Zentrum), *10. 2. 1923 Hirvensalmi, †7. 9. 1990 Helsinki; Jurist; 1957–1959 Finanz-Min., dann Handels-Min., 1962/63 u. 1970/71 Min.-Präs., 1961, 1964–1970 u. 1972–1975 Außen-Min.

Karkar, früher *Dampier Island,* dicht bewaldete, fruchtbare Insel vor der Nordostküste Papua-Neuguineas, nördl. der Astrolabebai, 363 km², rd. 9000 Ew.; vulkanisch, bis 1835 m.

Karkasse [die; ital.], **1.** der Unterbau des Luftreifens, → Bereifung. **2.** das vom Fleisch befreite Knochengerüst (Gerippe) des Geflügels.

Karkavitsas, Andreas, neugriech. Erzähler, *1865 Lechena, Peloponnes, †24. 10. 1922 Amarusion; pflegte die naturalist. u. die fantast. Erzählung.

Karkemisch, *Karchemisch, Gargamisch,* die heutige Ruinenstätte *Dscherablus* am oberen Euphrat (Syrien), bedeutendes Königreich am Flußübergang der Handelsstraße Zypern – Alalach – Aleppo – Harran. K. kam im 17. Jh. v. Chr. in hethitischen Besitz, gehörte dann zeitweilig zu Mitanni u. war im 14./13. Jh. v. Chr. das hethit. Machtzentrum in Nordsyrien. Um 1200 von den „Seevölkern" zerstört, erstand K. neu als späthethit. Kleinfürstentum, das den Assyrern bis ins 8. Jh. v. Chr. Widerstand leistete. 605 v. Chr. besiegte bei K. *Nebukadnezar II.* von Babylon den ägypt. König *Necho.*

Karkonosze [karkɔˈnɔʃɛ], poln. Name des → Riesengebirges.

Karkoschka, Erhard, Komponist, *6. 3. 1923 Mährisch-Ostrau; lehrt seit 1958 an der Musikhochschule in Stuttgart; erstrebt eine Musik „als reine Konstellation an sich". Werke: „Bewegungsstrukturen" für zwei Klaviere 1960; „Drei Bilder aus der Offenbarung des Johannes", elektron. Komposition 1960; „omnia ad maiorem Dei gloriam" für Tenor u. 12 Instrumente 1963; „Vier Stufen" für Orchester 1966; „Szene im Schlagzeug" 1970; „Tempora mutantur" für Streichquartett 1971; „Horkor" für Bassklarinette u. Klavier 1977; „Geburztaxtextlein" 1989 (elektron. verarbeitete Sprachklänge); Kammeroper „Orpheus? Oder Hadeshöhe" 1992. K. schrieb „Das Schriftbild der neuen Musik" 1966; „Neue Musik. Analyse, Text u. Grafik" 1976 u. a.

Karl [„Mann, freier Bauer"], männl. Vorname, ursprüngl. Beiname; latinisiert *Carolus,* rumän. *Carol,* ital. *Carlo,* span. *Carlos,* frz. u. engl. *Charles,* poln. *Karol,* ndrl. u. tschech. *Karel.*

Karl, FÜRSTEN.

Deutsche Könige u. Kaiser (gleichnamige Kaiser des Frankenreiches: Karl [12], Karl [13], Karl [14]):

1. Karl IV., König 1346–1378, Kaiser 1355–1378, *14. 5. 1316 Prag, †29. 11. 1378 Prag; Luxemburger, Sohn *Johanns* von Böhmen u. der Přemysliden-Fürstin Elisabeth (*1292, †1330), Tochter König *Wenzels II.* von Böhmen. Seit 1323 am Hof des französ. Königs *Karl IV.* u. mit dessen Nichte *Blanka von Valois* (†1348) vermählt, kam K. als Markgraf von Mähren, zum Statthalter seines Vaters bestellt, 1333 nach Böhmen. Nachdem sein Vater in der Schlacht von Crécy (1346) starb, wurde K. dt. König unter Versprechungen an den Papst (keine Einmischung in Italien u. die Kurfürsten). Den nach dem Tod Ludwigs des Bayern 1349 zum Gegenkönig gewähl-ten *Günther von Schwarzburg* besiegte er u. ließ ihn nach wenigen Monaten Regierung mit Geld abfinden. Im Jan. 1355 wurde K. König von Italien u. im April 1355 zum Kaiser gekrönt.

Kühl, berechnend, Krieg u. Gewalt abgeneigt, erwarb K. durch geschickte Vertragspolitik eine starke Hausmacht u. bemühte sich, der Schwächung des dt. Königtums durch die Fürsten entgegenzuwirken; er erwarb die einzelnen schles. Herzogtümer, die Niederlausitz, Brandenburg u. weitere Gebiete u. vermählte seine Söhne mit bayerischen u. ungarischen Prinzessinnen. K. stellte auch Verbindungen zu Pommern (4. Ehe mit *Elisabeth* von Pommern, *1347, †1393), der Hanse u. den Habsburgern her (durch den Erbvertrag 1364); dem Dt. Orden half er, Pommerellen zu behaupten, verband sich aber später (1348 u. 1356) gegen ihn mit Polen. Von weit tragender Bedeutung war, dass K. das Schwergewicht des Reichs nach Osten verlagerte; Böhmen, das er politisch, wirtschaftlich u. kulturell förderte (Gründung der ersten dt. Universität in Prag 1348, Bau der Prager Neustadt, des Doms, der Karlsbrücke, der Burg Karlstein, Erneuerung des Hradschin), wurde Kernland des Reichs. K. zog bedeutende Künstler (P. *Parler, Theoderich von Prag, Georg* u. *Martin von Klausenburg*) u. Gelehrte *(Johann von Neumarkt)* an seinen Hof, pflegte Beziehungen zur italien. Frührenaissance *(Petrarca,* C. di *Rienzo),* förderte Reichsstädte, Patriziat u. Bürgertum u. erließ das erste Reichsgrundgesetz, die *Goldene Bulle* (1356).

K. gelang es, die Wahl seines Sohnes *Wenzel* zum dt. König (1376) durchzusetzen. Durch die Teilung von 1377 unter seine Söhne Wenzel, *Sigismund* u. *Johann* (auch seine zwei Neffen bedachte er noch) zerstörte er jedoch selbst wieder seine erworbene luxemburg. Hausmacht. Als erster dt. König schrieb K. eine Autobiografie („Vita Caroli Quarti", hrsg. von E. Hillenbrand 1979).

◆ **2. Karl V.,** König 1519–1556, Kaiser 1530–1556, als *K. I.* 1516–1556 König von Spanien, *24. 2. 1500 Gent, †21. 9. 1558 San Geronimo de Yuste; Habsburger, Sohn *Philipps des Schönen* von Kastilien u. *Johannas der Wahnsinnigen,* der Erbtochter Ferdinands von Aragonien. Bereits 1506 durch den frühen Tod des Vaters Herr der habsburg. Erblande u. 1516 (nach dem Tod Ferdinands) König von Spanien, wurde K. durch Investition von Wahlgeldern, die ihm das Haus *Fugger* vorstreckte, gegen Franz I. von Frankreich in Frankfurt (28. 6. 1519) zum röm.-dt. König gewählt u. somit Herrscher eines Weltreichs u. Begründer des span. Imperiums. Bereits 1520 nahm er den Titel *Erwählter Römischer Kaiser* an. 1530 wurde er als letzter Kaiser von einem Papst gekrönt.

K. vereinigte in seiner Hand das seit Karl d. Gr. an Bevölkerungszahl, Ausdehnung u. Reichtum größte Reich. Das 1519 in der Wahlkapitulation zugestandene *Reichsregiment* vertrat K. während seiner Abwesenheit in Dtschld. In seiner Politik wurde K. stark beeinflusst durch seine Ratgeber M.

Karl V. Gemälde von Tizian (Ausschnitt); 1548. München, Alte Pinakothek

de *Gattinara* (Italiener) u. N. P. de *Granvelle* (Burgunder). Zunächst musste er sich in Spanien gegen den Comuneros-Aufstand 1517–1522 durchsetzen. In vier siegreichen Kriegen gegen Franz I. von Frankreich, der sich mit dem Papst u. mit England verbündete, sicherte er sich die Herrschaft in Italien u. den Niederlanden.

Überzeugt von seiner kaiserl. Aufgabe u. unter Berufung auf die von Karl d. Gr. verkörperte mittelalterl. Kaideridee, suchte K. die mittelalterl. Glaubenseinheit wiederherzustellen, die Ungläubigen zu bekämpfen u. den Glauben auszubreiten. Unter diesem Gesichtspunkt sind sowohl die Förderung der Konquistadoren (Eroberung Mexikos durch Cortés u. Perus durch Pizarro; erste Weltumsegelung des Magalhães 1518) als auch sein Kampf gegen die Reformation zu sehen. 1547 besiegte K. den *Schmalkald. Bund* bei Mühlberg, musste jedoch nach dem Frontwechsel Moritz' von Sachsen u. bei der Gegnerschaft der Päpste Paul III. u. Julius III., die ihm jegliches Eingreifen auf dem Trienter Konzil (1546–1563) versagten, auf das *Augsburger Interim* von 1548 im *Augsburger Religionsfrieden* von 1555 verzichten.

Weil es K. nicht gelang, die erstrebte religiöse Einheit gegen den Protestantismus u. die National- u. Territorialstaaten zu verwirklichen, legte er müde u. enttäuscht 1555/56 die Regierung in den Niederlanden, Spanien u. Neapel zugunsten seines Sohns *Philipp II.* nieder, übergab die Herrschaft im Reich seinem Bruder *Ferdinand I.* u. zog sich in eine Villa beim Kloster San Geronimo de Yuste (bei Plasencia, span. Provinz Cáceres) zurück, wo er sich mit polit. Studien beschäftigte u. nach zwei Jahren starb. *Tabelle S. 196*

3. Karl VI. (Joseph Franz), Kaiser 1711–1740, *1. 10. 1685 Wien, †20. 10. 1740 Wien; zweiter Sohn *Leopolds I.* aus dessen 3. Ehe mit *Eleonore Magdalene* von Pfalz-Neuburg

Karl V. 1500–1558

Am 24. Februar als erster Sohn Johannas der Wahnsinnigen von Spanien und Philipps des Schönen von Kastilien in Gent geboren. Kaiser Maximilian I. ist sein Großvater, durch die Eltern seiner Mutter hat er Anspruch auf Spanien	1500	Der Portugiese Pedro Alvarez Cabral entdeckt Brasilien
	~	Die Inka bauen ihre Festung Machu Picchu / Michelangelo schafft die „Pietà" / Basel wird Zentrum des Humanismus
Tod der Großmutter Isabella. K. fällt Kastilien zu	1504	
Tod des Vaters. Karls Mutter wird wahnsinnig	1506	Tod des Kolumbus
Am 15. Januar lässt Maximilian in Brüssel die Großjährigkeit seines Enkels erklären	1515	Doppelheirat von Karls Geschwistern Maria und Ferdinand mit Ludwig und Anna von Böhmen
Tod des spanischen Großvaters Ferdinand. Zusammen mit seiner regierungsunfähigen Mutter ist K. König von Spanien	1516	Tod des niederländischen Malers Hieronymus Bosch / Erasmus übersetzt das Neue Testament aus dem Griechischen ins Lateinische
Tod Kaiser Maximilians / Mit Geldern aus Krediten der Fugger wird K. zum römisch-deutschen König gewählt. Franz I. von Frankreich unterliegt	1519	Türkenherrschaft über Algerien / Hernando Cortés erobert Mexiko für Spanien / Tod Leonardo da Vincis
Krönung in Aachen am 23. Oktober	1520	Tod des italienischen Malers Raffael
Karls erster Reichstag in Worms. Er bietet Luther freies Geleit. Das Wormser Edikt gegen die Reformation wird verabschiedet / Karls Truppen erobern Mailand von den Franzosen	1521	Die Türken erobern Belgrad / Martin Luther übersetzt auf der Wartburg die Bibel ins Deutsche
Aufstände spanischer Städte gegen K. werden niedergeschlagen / K. kehrt nach Spanien zurück	1522	JDer Johanniterorden flieht vor den Türken von Rhodos nach Malta
	1524	Großer Bauernkrieg in Deutschland
König Franz I. gerät in Karls Gefangenschaft	1525	Sieg der Fürsten bei Mühlhausen über die Bauernheere
Im Frieden von Madrid verpflichtet sich Franz I. zur Übergabe Burgunds, Italiens und der niederländischen Grenzgebiete / K. heiratet die 23-jährige Prinzessin Isabella von Portugal	1526	Karls Bruder Ferdinand wird König von Böhmen und Ungarn. Die Türken unterstützen den Widerstand des ungarischen Adels
Geburt des Sohnes Philipp / Franz I. verweigert die Erfüllung des Madrider Vertrags / Die kaiserlichen Truppen erobern Rom und veranstalten ein Massaker, den „Sacco di Roma"	1527	Tod Macchiavellis / Paracelsus verkündet an der Universität Basel seine neue Heilkunde und verbrennt Bücher der Schulmedizin
England und Frankreich erklären K. den Krieg / Sieg bei Landriano	1528	Das Bankhaus Welser in Augsburg erhält als Sicherheit für Kredite Venezuela
Friede zwischen K. und Papst Klemens VII. / Karls Tante Margarete handelt mit seiner Schwester Eleonore, Königin von Frankreich, den „Damenfrieden von Cambrai" aus	1529	Die Türken belagern Wien und verbünden sich mit Frankreich / Albrecht Altdorfer malt die „Alexanderschlacht"
Kaiserkrönung durch den Papst in Bologna / Tod von Karls Tante Margarete	1530	Die evangelischen Fürsten schließen sich zum „Schmalkaldischen Bund" zusammen
Dritter Krieg gegen Franz I. (bis 1538)	1536	
Tod der Kaiserin Isabella. Von ihren sieben Kindern bleiben drei am Leben	1539	Die Spanier erobern Kuba / Reformation in Brandenburg und Sachsen
Im Frieden von Crépy erkennt Franz I. Karls Anspruch auf Italien und die Niederlande an	1544	Luther verteidigt K. gegen ein päpstliches Breve
Ausbruch des Schmalkaldischen Kriegs	1546	Tod Luthers
Sieg der Kaiserlichen bei Mühlberg / Zusammentritt des Reichstags in Augsburg, auf dem 1548 das „Augsburger Interim" verkündet wird	1547	Tod Franz' I. Heinrich II. wird König von Frankreich / Heinrich VIII. von England gestorben / Miguel de Cervantes geboren
Deutsche Fürsten unter Führung des Moritz von Sachsen verbünden sich mit Frankreich gegen K.	1552	Zar Iwan IV. erobert Kasan und Astrachan / Gründung São Paulos in Brasilien
In Karls Namen wird der Augsburger Religionsfrieden geschlossen / Tod der Mutter	1555	Giovanni da Palestrina komponiert die sechsstimmige Messe „Missa papae Marcelli"
K. tritt als Kaiser zurück und überlässt das Amt seinem Bruder Ferdinand	1556	Karls Sohn Philipp II. wird König von Spanien / Tod des Ignatius von Loyola
Am 21. September stirbt K. in San Geronimo de Yuste (Spanien) in seinem Landhaus	1558	Tod Marias I., Cousine Karls, Königin von England. Nachfolgerin wird ihre Schwester Elisabeth

(* 1655, † 1720); als *K. III.* König von Ungarn u. von Spanien, Erbe des letzten span. Habsburgers Karl II. (1700), konnte sich im Span. Erbfolgekrieg seit 1703 trotz engl. u. niederländ. Hilfe gegen den französ. Bewerber Philipp V. nicht durchsetzen, obwohl er 1706 u. 1710 Madrid einnahm; gab die Herrschaft an seine Gemahlin ab u. nahm die einstimmige Wahl (12. 10. 1711) zum Kaiser u. Nachfolger seines Bruders Joseph I. an.

Eine Erneuerung der Weltmachtstellung Habsburgs aus der Zeit Karls V. befürchtend, schlossen England u. die Niederlande mit Frankreich den Utrechter Frieden (1713), der Spanien den Bourbonen zusprach; K. musste 1714 im Frieden von Rastatt zustimmen. Mit seinen span. Höflingen u. Ratgebern fand er wenig Anklang im Reich. Da K. seit dem Tod seines einzigen Sohnes 1716 der letzte männl. Habsburger war, bestand sein Hauptanliegen in der Sicherung der weibl. Erbfolge (unter Ausschaltung der Ansprüche der Töchter Josephs I.) durch die *Pragmatische Sanktion* (1713). Für die Zustimmung der europ. Mächte musste K. Preußen den Erwerb von Jülich u. Berg zusagen (1726/27) sowie Lothringen, Neapel u. Sizilien opfern (1735). In einem neuen Türkenkrieg verlor er durch den Frieden von Belgrad (1739) alle 1718 gewonnenen Gebiete. Bei seinem plötzlichen Tod hinterließ K. seiner mit Herzog *Franz Stephan* von Lothringen (dem späteren Kaiser *Franz I.*) vermählten jungen Tochter *Maria Theresia* ein uneiniges Reich, in dem er Kunst, Wissenschaft u. Kultur energisch gefördert hatte.

Karl VII. Albrecht

◆ **4. Karl VII. (Albrecht)**, Kaiser 1742 bis 1745, *6. 8. 1697 Brüssel, † 20. 1. 1745 München; Sohn Kurfürst *Maximilians II. Emanuel* von Bayern und der *Therese Kunigunde* (* 1676, † 1730), Tochter Johanns III. Sobieski von Polen; 1706 bis 1715 in österr. Gefangenschaft; wurde als Graf von Wittelsbach erzogen u. folgte seinem Vater 1726 als Kurfürst in Bayern. K. heiratete 1722 *Maria Amalie*, eine Tochter Kaiser *Josephs I.*, die bei der Vermählung auf ihre Erbansprüche verzichtete. Er erkannte jedoch nach dem Tod *Karls VI.* die Pragmatische Sanktion nicht an, sondern verbündete sich 1741 mit Frankreich, Spanien, Sachsen u. Preußen, fiel in Österreich ein (*Österreichischer Erbfolgekrieg*) u. ließ sich 1741 in Prag zum böhm. König krönen. Auf Veranlassung Frankreichs wurde K. in Frankfurt am 24. 1. 1742 zum Kaiser gewählt. Der Gegenschlag der österr. Kaiserin Maria Theresia (nach dem 1. Schles. Krieg) vertrieb K. aus Böhmen u. Mähren. – K. war der zweite u. letzte Wittelsbacher, der die Kaiserwürde innehatte.

Baden: **5. Karl III. Wilhelm,** Markgraf von Baden-Durlach 1709–1738, *28. 1. 1679 Durlach, †12. 5. 1738 Karlsruhe; diente unter seinem Onkel Ludwig Wilhelm, dem „Türkenlouis", in der Reichsarmee; führte 1706 den Oberbefehl am Oberrhein im Span. Erbfolgekrieg. 1715 gründete er mit dem Bau eines Lustschlosses die Stadt *Karlsruhe*, die sich aufgrund großzügiger Ansiedlungsprivilegien schnell zu einer bedeutenden Residenzstadt entwickelte.

6. Karl Friedrich, Markgraf von Baden-Durlach seit 1738, Kurfürst 1803, Großherzog 1806–1811, *22. 11. 1728 Karlsruhe, †10. 6. 1811 Karlsruhe; Sohn des früh verstorbenen Erbprinzen *Friedrich* (*1703, †1732), Nachfolger seines Großvaters *Karl III. Wilhelm,* bis 1746 unter Vormundschaft eines Onkels; herrschte im Sinne der Aufklärung, förderte Schulen u. Universitäten, Rechtsprechung (Aufhebung der Leibeigenschaft 1783) u. Verwaltungswesen (Pension für Beamte) u. zog viele Gelehrte an seinen Hof (F. C. *Schlosser, Voltaire,* J. K. *Lavater* u. J. H. *Jung-Stilling*); er erbte 1771 Baden-Baden u. erhielt durch den Reichsdeputationshauptschluss (1803) das Bistum Straßburg, die Kurpfalz u. die Kurfürstenwürde. 1806 trat er dem Rheinbund bei u. bekam dafür den Großherzogstitel u. beträchtl. Länderzuwachs (Fürstentum Leiningen, die Fürstenberg-Gebiete u.a.). Durch seine Heiratspolitik knüpfte K. Verbindungen zu Hessen-Darmstadt, Braunschweig-Oels, Schweden, Russland u. Bayern.

Bayern: **7. Karl Theodor,** Kurfürst von der Pfalz u. von Bayern, → Karl (36).

Braunschweig: **8. Karl Wilhelm Ferdinand,** Herzog 1780–1806, *9. 10. 1735 Braunschweig, †10. 11. 1806 Ottensen bei Hamburg; herrschte im Sinne des aufgeklärten Absolutismus; 1773 preuß. General, später Feldmarschall. Als Oberbefehlshaber der Koalitionstruppen im Krieg gegen Frankreich ordnete K. 1792 nach der Kanonade von Valmy den Rückzug an. 1806 erneut preuß. Oberbefehlshaber, erlitt er zu Beginn der Schlacht bei Auerstedt eine Verwundung, an der er wenig später starb. Das Brandenburger Tor wurde ihm zu Ehren 1788 errichtet.

9. Karl II. Friedrich August Wilhelm, Herzog 1815–1830, *30. 10. 1804 Braunschweig, †18. 8. 1873 Genf; wuchs unter der Vormundschaft des späteren engl. Königs Georg IV. auf; hob 1827 die liberale Verfassung von 1820 auf u. regierte sein Land despotisch; wurde 1830 nach einem Volksaufstand als einziger dt. Landesherr abgesetzt; lebte dann meist in Paris u. erwarb durch Börsenspekulationen ein großes Vermögen („Diamantenherzog").

Karl der Kühne

Burgund: ◆ **10. Karl der Kühne,** Herzog 1467 bis 1477, *10. 11. 1433 Dijon, †5. 1. 1477 Nancy (gefallen); Sohn Philipps des Guten; versuchte die zwischen seinen Besitzungen (Burgund, Niederlande) liegenden Gebiete Elsass u. Lothringen zu erwerben. Sein Versuch, aus den burgund. Ländern einen einheitl. Gesamtstaat zu schaffen, scheiterte nach anfängl. Erfolgen am Widerstand seiner beiden Lehnsherren, Ludwig XI. von Frankreich u. Kaiser Friedrich III., u. der Schweizer Eidgenossenschaft; die Schweizer besiegten K. 1476 bei Grandson u. Murten. K. verlor 1477 vor Nancy gegen Schweizer u. Lothringer die Schlacht u. fiel. Durch die Heirat seiner Tochter *Maria* mit dem späteren Kaiser *Maximilian I.* kamen Teile des burgund. Erbes an die Habsburger.

Frankreich: **11. Karl Martell** [„Hammer"], Hausmeier 715–741, *um 688, †15. 10. 741 Quierzy; Karolinger, Sohn des Hausmeiers *Pippin II.* (des Mittleren) u. der *Chalpaida,* besiegte die Neustrier 716, 717 u. 719 sowie die Araber 732 bei Tours u. 737 bei Narbonne. Nach Theuderichs IV. Tod 737 setzte K. keinen Merowingerkönig mehr ein u. regierte selbst, königlich geehrt. Er stellte in wiederholten Kämpfen mit Friesen, Sachsen, Alemannen, Bayern u. Aquitaniern die Autorität des Reichs wieder her u. erneuerte die Vorherrschaft der Franken, auch in Burgund u. in der Provence. Um sich eine stets schlagkräftige Gefolgschaft zu sichern, stattete er seine Anhänger mit Benefizien (Lehen) aus Kirchengut aus. Die Mission des *Bonifatius* im rechtsrhein. Gebiet schützte er, ohne ihm Einfluss auf die fränk. Kirche zu gewähren. Bei seinem Tod teilte K. die Herrschaft unter seine Söhne *Karlmann* u. *Pippin d. J.*

◆ **12. Karl I., Karl der Große,** König der Franken 768–814, Kaiser seit 800, *2. 4. 747, †28. 1. 814 Aachen; bedeutendster Karolinger, Sohn *Pippins d. J.,* seit dem Tod seines Bruders *Karlmann* (771), mit dem er die Herrschaft teilte, Alleinherrscher. K. setzte zunächst die Politik seines Vaters fort, beendete die Unterwerfung Aquitaniens (769) u. eroberte das Langobardenreich (773/74). Seit 774 König der Langobarden, erneuerte K. die pippinische Schenkung u. übernahm die Schutzherrschaft über den Kirchenstaat. Die 778 begonnenen Kämpfe gegen die Omajjaden von Córdoba dienten der Sicherung Aquitaniens u. führten 795 zur Errichtung der *Spanischen Mark.* In zahlreichen blutigen Feldzügen (772–804) wurden die Sachsen unterworfen u. christianisiert. 782 befahl K. die Hinrichtung Hunderter (4500?) von Sachsen bei Verden an der Aller. 785 unterwarf sich ihr Führer *Widukind* u. dessen Schwiegersohn *Abbio.* Die slaw. Obodriten mussten sich mit K. verbünden u. die Dänen 811 die Eidergrenze anerkennen. Mit der Absetzung *Tassilos* von Bayern 788 wurde das letzte ältere Stammesherzogtum beseitigt u. auch Bayern dem fränk. Reich eingegliedert. 795/96 folgte die Unterwerfung der Awarenreichs. Zum Schutz des Herrschaftsbereichs wurden weitere Marken eingerichtet (*Awarische, Bretonische, Dänische Mark, Mark Friaul, Karantanische Mark, Nordmark, Serbische, Tolosanische Mark*). Außerdem lag ein Kranz slawischer Tributstaaten vor der Grenze des Reichsgebiets.

Karl der Große. Reiterstatuette. Paris, Louvre

In Kämpfen über drei Jahrzehnte gelang es K., die Grenzen des Frankenreichs so zu erweitern, dass es zum bedeutendsten Großreich des abendländ. MA wurde, aus dem später Dtschld., Frankreich u. die italien. u. span. Teilreiche hervorgingen. Die europäische Machtstellung, die Herrschaft über Italien u. Rom u. die von Pippin d. J. begründete enge Verbindung von fränk. Königtum u. Papsttum waren die Voraussetzung für die Erhebung Karls zum Kaiser, die Weihnachten 800 von Papst *Leo III.* vollzogen wurde. Damit wurde die Tradition des *Röm. Reichs* wieder aufgenommen u. mit dem fränkisch-christl. Königtum verbunden. Der Sicherung u. dem Ausbau des Reichs dienten zahlreiche Verwaltungsmaßnahmen.

K. förderte nicht nur nachdrücklich die christl. Mission in den eroberten Gebieten, sondern auch kirchl. Reformen. Der Hof Karls wurde durch die Anwesenheit angesehener Gelehrter (u. a. *Alkuin, Einhard, Paulus Diaconus*) zum geistigen Zentrum Europas. Von ihm wurde eine Bildungsreform getragen, die zu einer Blüte der Wissenschaften u. Künste führte (→ karolingische Kunst). K. hat so auf polit., kirchl. u. kulturellem Gebiet seine Zeit in außerordentl. Maße geprägt u. die Grundlagen für die geistige u. polit. Einheit des Abendlands geschaffen. Als Idealfigur des christl. Herrschers verherrlicht, wurde K. 1165 auf Wunsch Kaiser Friedrichs I. von dem (Gegen-)Papst Paschalis III. heilig gesprochen. *Tabelle S. 198*

13. Karl II., der Kahle, König 843–877, Kaiser 875, *13. 6. 823 Frankfurt a. M., †6. 10. 877 Avrieux (Savoyen); Karolinger, Sohn *Ludwigs des Frommen,* aus dessen 2. Ehe (mit *Judith,* Tochter des bayer. Grafen *Welf I.*); erhielt 829 zunächst Schwaben, Elsass, Rätien u. Teile Burgunds; 837 wurde

Karl der Große 747–814

Am 2. April als ältester Sohn des fränkischen Hausmeiers Pippin III. (des Kleinen) und seiner Frau Bertha geboren	747 ~	Wirkungszeit des Wanderbischofs Pirminius / Im Kalifenreich werden die Omajjaden von den Abbasiden gestürzt
Mit Zustimmung des Papstes vertreibt Pippin den letzten Merowingerkönig Childerich III. und wird König	751	In der Schlacht am Talas in Usbekistan verliert China die Vormachtstellung im westlichen Asien an die Araber
Papst Stephan II. zieht über die Alpen und sucht bei Pippin Schutz gegen die Langobarden / Pippin wird vom Papst in Saint-Denis zum König gekrönt und überlässt ihm den Kirchenstaat	754	Bonifatius wird in Friesland erschlagen / Al Mansur aus der persischen Abbasidendynastie wird Kalif von Bagdad
Tod Pippins / K. und sein Bruder Karlmann übernehmen die Herrschaft	768 ~	Einhard, Biograf Karls und Gelehrter am Königshof, geboren
Tod des Bruders. K. ist damit Alleinherrscher / Hochzeit mit der Alemannin Hildegard	771	
K. dringt in Sachsen ein, erobert Eresburg und zerstört die Irminsul	772	Hadrian I. wird Papst / Tassilo III. von Bayern siegt über die Alpenslawen
K. unterwirft auf Bitten des Papstes Hadrian I. das Langobardenreich in Italien	773	Geburt des chinesischen Dichters Liu Zongyuan
Gegenschlag der Sachsen gegen Fritzlar. K. antwortet mit zwei siegreichen Feldzügen / Er lässt sich zum König der Langobarden krönen	774 ~	Kulturelle Blüte in Bagdad: Wissenschaftliche Werke der Griechen, u.a. die Geometrie des Euklid, werden ins Arabische übersetzt
K. setzt seinen Sohn Pippin als König in Italien ein, seinen Sohn Ludwig den Frommen im Königreich Aquitanien	781	Durch eine Inschrift in Xi'an ist die missionarische Tätigkeit der syrischen Nestorianer-Christen (seit 645 in China) bezeugt
Tod von Karls Frau Hildegard; der Ehe entstammen fünf Töchter und vier Söhne. K. heiratet die Fränkin Fastrada, die nach der Geburt von zwei Töchtern 794 stirbt	783	
K. setzt den Bayernherzog Tassilo ab und gliedert Bayern ins fränkische Reich ein	788	
Erster Feldzug Karls gegen die Awaren zur Sicherung der Ostgrenze	791 ~	Errichtung der Kaiserpfalz in Ingelheim
Die Synode von Frankfurt unter Vorsitz Karls verurteilt die Beschlüsse des Konzils von Nicäa (787) / Aachen wird Residenzstadt Karls: Kulturelle Blüte unter Rückgriff auf die Antike	794	Heian (heute Kyoto) wird Hauptstadt Japans: Blüte der schönen Künste, Verschmelzung von Buddhismus und Shintoismus / Einfluss irischer Mönche auf das mitteleuropäische Geistesleben
Zur Sicherung Aquitaniens gegen die Omajjaden von Córdoba errichtet K. die Spanische Mark	795	Die Normannen dringen in Irland ein / Baubeginn der Moschee in Córdoba
K. heiratet die Alemannin Luitgard, die nach kinderloser Ehe 800 stirbt	796	
Papst Leo III. flieht vor den Römern und bittet K. in Paderborn um Hilfe	799 ~	Niedergang des tibetischen Großreichs
Kaiserkrönung am Weihnachtstag durch den Papst in Rom / K. gerät in Konflikt mit Byzanz	800 ~	Im Reich entwickelt sich das Lehns- und Feudalwesen
Nach mehreren vergeblichen Aufständen (782/83, 792, 804) unterwerfen sich die Sachsen und werden Christen	804	Fertigstellung der Pfalzkapelle Karls in Aachen, erbaut seit 798 von Odo von Metz
Böhmen wird K. tributpflichtig / K. befriedet die Sorben	806 ~	Gründung des Bistums Paderborn
Tod des frankenfeindlichen Dänenkönigs Göttrik. Mit dessen Nachfolger Hemming schließt K. Frieden / Tod des Sohnes Pippin	810 ~	Der persisch-arabische Mathematiker Al Chwarismi veröffentlicht ein Werk über Gleichungen, aus dessen Titel Al-Gabr sich das Wort Algebra herleitet
Byzanz erkennt K. als Kaiser an	812	
Tod des Sohnes Karl / K. erhebt seinen Sohn Ludwig den Frommen zum Mitkaiser	813	Die Mainzer Synode beschließt die Einführung allgemeiner öffentlicher Weihnachtsfeiertage
Am 28. Januar stirbt K. in Aachen und wird in der Pfalzkapelle beigesetzt	814 ~	Entstehung des „Wessobrunner Gebets" in althochdeutschen Stabreimen

ihm von seinem Vater das mittlere Frankenreich zugesprochen. Nach dessen Tod (840) brach ein Bruderkrieg aus (K. u. *Ludwig der Deutsche* gegen Kaiser *Lothar I.*). Lothar wurde 841 bei Fontenoy (nahe Auxerre) geschlagen u. musste im *Vertrag von Verdun* 843 die Westhälfte des Reichs (Aquitanien, Septimanien, die Spanische Mark, Burgund, Neustrien, die Bretagne u. Flandern) an K. abtreten. K. ist somit der erste König „Frankreichs"; er empfing vom Papst die von seinem älteren Bruder Ludwig dem Deutschen erhoffte Kaiserkrone 875. Der Versuch, nach Lothars II. Tod (869) auch das Zwischenreich Lotharingien für sich allein zu gewinnen, scheiterte jedoch; K. musste es 870 mit Ludwig dem Deutschen teilen *(Vertrag von Meersen)*. Auf Erzbischof *Hinkmar von Reims* gestützt, gab dem Königtum eine sakral überhöhte Stellung, wodurch er dessen politische Schwäche überwand u. die Tradition des französischen Königtums bis 1789 begründete. Unter K. erlebte die karolingische Kunst u. Literatur eine späte Blüte.

14. Karl III., der Dicke, König 876–887, Kaiser 881, *839, † 13. 1. 888 Neidingen an der Donau; Karolinger, Sohn *Ludwigs des Deutschen* u. der Welfin *Hemma* (†876), erhielt bei der Teilung des fränk. Ostreichs 876 Schwaben u. Rätien u. wurde Alleinherrscher nach dem Tod seiner Brüder *Karlmann* u. *Ludwig III.* (880 bzw. 882), auch über das von Ludwig gewonnene westl. Lotharingien. Seit 879 König von Italien, 881 Kaiser u. 885 von den Westfranken zum König gewählt, vereinigte K. somit fast das ganze Reich Karls d. Gr. unter seinem Zepter. Willensschwach gegen die plündernden Normannen u. die Großen im Reich, an Epilepsie leidend, wurde er im Nov. 887 von seinem Neffen *Arnulf von Kärnten* gestürzt. Mit Karls Sturz begann die endgültige Auflösung des karoling. Großreichs.

Frankreich: **15. Karl III., Karl der Einfältige,** König 893–923, Karolinger, *17. 9. 879, †7. 10. 929 Péronne (im Kerker); Sohn Ludwigs II., des Stammlers (†879); nach dem Tod seiner Halbbrüder Ludwig III. (882) u. Karlmann (884) gelang ihm gegen Graf *Odo* von Paris nur der Erwerb des Landes zwischen Seine u. Maas. Nach dem Tod Odos (898) wurde K. Herr über ganz Frankreich; er musste aber den Normannen die Normandie als erbl. Herzogtum überlassen u. konnte sich nicht gegen die Großen durchsetzen. In der Schlacht von Soissons (923) wurde er von ihnen besiegt u. gefangen gesetzt.

16. Karl IV., Karl der Schöne, König 1322–1328, *1294, †31. 1. 1328 Vincennes, jüngster Sohn Philipps IV., gelangte nach dem Tod seines Bruders Philipp V. auf den Thron. Er unterstützte seine Schwester Isabella gegen ihren Gemahl Eduard II. von England u. erwarb 1327 das Agénois. Mit ihm erlosch die ältere Linie der *Kapetinger.*

17. Karl V., Karl der Weise, König 1364 bis 1380, *21. 1. 1338 Vincennes, †16. 9. 1380 Schloss Beauté-sur-Marne; verwaltete nach der Gefangensetzung seines Vaters Johann des Guten nach der Schlacht bei Maupertuis das Reich u. bestieg nach dessen Tod den Thron. Er gewann durch seinen Feldherrn *Bertrand du Guesclin* (* 1315 oder 1320, † 1380) gegen die Engländer fast ganz Frankreich zurück u. förderte Wirtschaft, Kunst u. Wissenschaft. u. suchte die Schäden von Krieg u. Aufruhr zu heilen.

18. Karl VI., Karl der Wahnsinnige, König 1380–1422, * 3. 12. 1368 Paris, † 21. 10. 1422 Paris; anfangs unter der Vormundschaft der Brüder seines Vaters Karl V.; er übernahm 1388 die Regierung u. verfiel 1392 in Wahnsinn. Als daraufhin Auseinandersetzungen zwischen den Adelsparteien der *Armagnacs* u. *Bourgignons* unter Herzog Philipp dem Kühnen um die Macht begannen, nutzte Heinrich V. von England die Gelegenheit zu einem neuen Einfall nach Frankreich (→ Hundertjähriger Krieg).

19. Karl VII., König 1422–1461, * 22. 2. 1403 Paris, † 22. 7. 1461 Mehun-sur-Yèvre, Dép. Cher; von den Engländern seiner Thronrechte beraubt; seit dem Auftreten der *Jeanne d'Arc,* der er die Krönung in Reims verdankte (1429), siegreich, vertrieb er die Engländer 1453 endgültig (bis auf Calais) aus Frankreich. 1439 legte er mit der Aufstellung der sog. *Ordonnanzkompanien* den Grundstein für ein stehendes Heer. Karls Mätresse Agnès *Sorel* übte günstigen Einfluss auf ihn aus.

20. Karl VIII., König 1483–1498, * 30. 6. 1470 Amboise, Dép. Indre-et-Loire, † 7. 4. 1498 Amboise; Sohn Ludwigs XI., anfangs unter der Regentschaft *Annas von Beaujeu,* brachte durch Heirat mit *Anna von Bretagne* dieses Herzogtum an die franzöś. Krone. 1494 erhob er Anspruch auf das Erbe der Anjou in Neapel u. fiel nach Italien ein. 1495 musste er angesichts eines Bündnisses zwischen dt. Kaiser, Papst u. Ferdinand von Aragón abziehen. Mit ihm erlosch die ältere Linie des Hauses Valois.

21. Karl IX., König 1560–1574, * 27. 6. 1550 Saint-Germain-en-Laye, † 30. 5. 1574 Vincennes; Sohn Heinrichs II. u. *Katharinas von Medici,* die bis 1563 die Vormundschaft ausübte u. unter deren Leitung er auch später regierte. Obwohl er G. de *Coligny* zu seinem Ratgeber machte u. den Hugenotten nahe stand, ließ er durch seine Mutter veranlasste → Bartholomäusnacht zu.

22. Karl X. Philipp, König 1824–1830, * 9. 10. 1757 Versailles, † 6. 11. 1836 Görz; stand als *Graf von Artois* an der Spitze der Emigranten gegen die Französ. Revolution u. gegen Napoleon I., folgte seinem Bruder Ludwig XVIII.; er wurde infolge seiner klerikal-reaktionären Politik durch die Julirevolution 1830 gestürzt u. lebte danach im Ausland.

23. Karl von Bourbon, Herzog von Bourbon, auch *Connétable de Bourbon,* französ. Feldherr, * 17. 2. 1490, † 6. 5. 1527 Rom, gehörte zur älteren Linie des mit der königl. Dynastie eng verwandten Hauses Bourbon, die mit ihm erlosch. Er zeichnete sich in der Schlacht von Marignano 1515 aus u. wurde von Franz I. zum Connétable erhoben, entzweite sich mit diesem jedoch wegen

eines verlorenen Lehnsprozesses u. ging 1523 zu Kaiser Karl V. über. Er trug zu dessen Sieg über Franz I. bei Paris 1525 bei u. fiel beim Sturm auf Rom, der zum *Sacco di Roma* führte.

Großbritannien: **24. Karl I.,** König 1625–1649, * 19. 11. 1600 Dunfermline, Schottland, † 30. 1. 1649 London (hingerichtet); versuchte in England mit Hilfe einer parlamentsunabhängigen Steuerpolitik u. einer zentralist. Kirchenpolitik den Absolutismus durchzusetzen. Nachdem seine ersten drei Parlamente (1625, 1626 u. 1629) die Politik der Krone u. Karls Günstling *Buckingham* heftig kritisiert hatten, regierte K. 1629 bis 1640 ohne Parlament, doch scheiterte seine Politik am Widerstand der lokalen Kommunitäten in Grafschaften u. Boroughs (Gemeinden). Karls Versuch, auch im presbyterian. Schottland die anglikan. Bischofskirche einzuführen, löste dort einen Aufstand aus, der den König 1640 zwang, wieder ein Parlament einzuberufen, das sich indes als nicht weniger widerspenstig erwies u. ebenfalls aufgelöst wurde. Dabei ließen die Finanzlage der Krone u. der Krieg keine parlamentslose Regierung mehr zu. Das Bestreben des neuen, sog. Langen Parlaments, seine Ansprüche gegen die Krone durchzusetzen, führte 1642 zum Bürgerkrieg, in dem die Truppen des Königs geschlagen wurden, aber schließl. die „New Model Army" O. Cromwells gegen die Parlamentsmehrheit triumphierte. Nach dem Ende des 2. Bürgerkriegs (1648) wurde K. auf Betreiben Cromwells im Januar 1649 von einem Sondergericht zum Tode verurteilt, nachdem mehrere Vermittlungsversuche gescheitert waren. Karls würdevoller Tod ließ ihn in der volkstüml. u. literar. Erinnerung populärer erscheinen, als er zu Lebzeiten jemals war.

Karl II., König von England

♦ **25. Karl II.,** Sohn von 24), König 1660 bis 1685, * 29. 5. 1630 London, † 6. 2. 1685 London; kämpfte 1645–1651 im engl. Bürgerkrieg u. verbrachte die Jahre 1651–1660 isoliert im Exil; kehrte 1660 nach England zurück u. beendete damit die Zeit des republikan. „Commonwealth" (1469 bis 1659). K. betrieb zunächst eine vorsichtige Restaurationspolitik, die sich in den von der parlamentar. Oligarchie gesteckten Grenzen hielt. Ansätze zu einer Förderung der Katholiken durch eine Politik der religiösen Toleranz (→ Indulgenzerklärungen) scheiterten am Widerstand des Parlaments, das von der katastrophalen Finanzlage der Krone profitierte. Seit 1668 versuchte K. durch ein Geheimbündnis mit Frankreich, das ihm beträchtl. Subsidienzahlungen sicherte, unabhängig von parlamentar. Geldbewilligungen zu regieren. Sein Streben nach Durchsetzung des Absolutismus mit

Hilfe der „Torys" scheiterte ebenso wie der Versuch der parlamentar. „Whigs", in der → Exclusion-Krise (1679–1683) den kath. Herzog von York (späteren Jakob II.) von der Thronfolge auszuschließen. Sie erreichten jedoch in der *Habeas-corpus-Akte* 1679 Schutz vor Rechtswillkür. Die Regierungszeit Karls gilt als eine Zeit kultureller Blüte, die durch das künstler. u. wissenschaftl. Mäzenatentum des Königs *(Royal Society)* gefördert wurde.

26. Prince of Wales, → Charles (2).

Hohenzollern-Sigmaringen: ♦ **27. Karl Anton,** Fürst 1848/49, * 7. 9. 1811 Krauchenwies, Hohenzollern, † 2. 6. 1885 Sigmaringen; folgte seinem Vater *Karl* (* 1785, † 1853), trat jedoch sein Fürstentum 1849 an Preußen ab. 1858 wurde er Min.-Präs. eines konservativ-liberalen Kabinetts der „Neu-

Karl Anton von Hohenzollern-Sigmaringen

en Ära"; da er die Heeresreform nicht durchsetzen konnte, trat er 1862 zurück u. empfahl *Bismarck* als Nachfolger. Sein zweiter Sohn *Karl* wurde als *Carol I.* König von Rumänien (→ Karl [37]). Seinem ältesten Sohn *Leopold* wurde 1870 die spanische Krone angeboten, was zum Bruch mit Frankreich und zum Dt.-Französ. Krieg führte.

Lothringen: **28. Karl,** Herzog von Niederlothringen 977–991, * 953 Laon, † um 992 Orléans; verfeindet mit seinem älteren Bruder, dem westfränk. (französ.) König *Lothar* (954 bis 986); wurde von Kaiser Otto II. 977 zur Abwehr franzöś. Bestrebungen zum Herzog von Niederlothringen bestellt u. machte Brüssel zu seiner Residenz. Nach dem Aussterben der Karolinger in Frankreich erhob er seit 987 Ansprüche auf den franzöś. Thron, konnte sich aber gegen die Kapetinger nicht durchsetzen u. starb als deren Gefangener.

29. Karl V. Leopold, Herzog u. kaiserl. Feldherr, * 3. 4. 1643 Wien, † 18. 4. 1690 Wels; wurde 1669 mit seinem regierenden Onkel *Karl IV.* von den Franzosen aus dem Land vertrieben u. trat – als er die Krone Polens 1669 u. 1673 nicht erlangen konnte – in kaiserl. Dienste als Statthalter von Ober- u. Vorderösterreich mit Sitz in Innsbruck. Er zeichnete sich durch kluge u. abwartende Taktik aus, sowohl gegen Frankreich in den Reunionskriegen (Einnahme Philippsburgs 1676, Eroberung von Mainz u. Bonn 1689) als auch in den Türkenkriegen (1683 Entsetzung Wiens, Siege bei Gran 1685 u. bei Mohács 1687). Nach seinem Tod erhielt sein ältester Sohn *Leopold Joseph* (* 1679, † 1729) im Frieden von Rijswijk 1697, der den Pfälz. Erbfolgekrieg beendete, Lothringen zurück.

30. Karl Alexander, Prinz u. kaiserl. Feldmarschall, * 12. 12. 1712 Lunéville, † 4. 7. 1780 Brüssel; Sohn Herzog *Leopolds* u. der *Elisabeth Charlotte* von Orléans; erhielt – als 1738 Lothringen an Stanislaus Leszczynski fiel – das Großpriorat von Pisa u. wurde später Großmeister des Dt. Ordens. Nach einer erfolgreichen Schlacht gegen die Türken (Krozka 1739) wurde K. Oberbefehlshaber der österr. Truppen gegen Friedrich d. Gr. (Österreich unterlag in der Schlacht von Chotusitz 1742), den er 1744 aus Böhmen vertrieb, bevor sich bei Hohenfriedberg (4. 6. 1745) u. Soor (30. 9. 1745) endgültig seine Unterlegenheit zeigte; trotzdem hielt ihn seine Schwägerin Maria Theresia, die ihm sogar den Oberbefehl über alle österr. Truppen übertragen hatte, bis 1757 (Niederlage bei Leuthen). Danach lebte K. zurückgezogen in den österr. Niederlanden, wo er seit 1748 Gouverneur war, u. förderte Wirtschaft u. Handel.

Neapel-Sizilien: **31. Karl I. von Anjou,** König 1265–1285, * 1226, † 7. 1. 1285 Fòggia; Sohn König Ludwigs VIII. von Frankreich, vom Papst 1265 mit Neapel u. Sizilien belehnt, besiegte den erbberechtigten Staufer *Manfred* (Sohn Kaiser Friedrichs II.) u. räumte durch Scheingericht u. Enthauptung den letzten Staufer, *Konradin,* aus dem Weg. Weit ausgreifende Pläne zur Unterwerfung ganz Italiens u. auf den Balkan scheiterten. 1272 nahm er den Titel „König von Albanien" u. 1277 den des Königs von Jerusalem an. Wegen seiner Härte kam es zur *Sizilianischen Vesper* (1282), durch die er aus Sizilien vertrieben wurde.

32. Karl II. von Anjou, (Sohn von 31), König 1285–1309, * 1252, † 5. 3. 1309 Neapel; geriet 1284 in die Gefangenschaft Peters III. von Aragón u. wurde erst 1288 von dessen Sohn freigelassen. Von Papst Nikolaus IV. zum König gekrönt, konnte er Sizilien nicht zurückgewinnen. 1270 heiratete er Maria, die Erbtochter Ungarns, u. gründete die Linie der Anjou in Ungarn. Sein ältester Sohn Karl wurde König von Ungarn, der jüngere Robert König von Neapel.

Österreich: **33. Karl Ludwig Johann,** Erzherzog, * 5. 9. 1771 Florenz, † 30. 4. 1847 Wien; Sohn Kaiser Leopolds II.; 1796 zum Reichsfeldmarschall ernannt, bewährte sich in Kämpfen gegen J. B. *Jourdan,* besiegte 1809 Napoleon I. bei Aspern, ohne den Sieg zu nutzen, u. verlor im gleichen Jahr den Oberbefehl, nachdem er vorzeitig Friedensverhandlungen nach der Schlacht bei Wagram eingeleitet hatte. Als Kriegs-Min. widmete er sich der Reform des österr. Heers. Auch Militärschriftsteller.

34. Karl Franz Joseph, Kaiser von Österreich 1916–1918, König *(K. IV.)* von Ungarn, * 17. 8. 1887 Persenbeug, Niederösterreich, † 1. 4. 1922 Quinta do Monte, Funchal, Madeira. Nachdem sein Onkel Erzherzog Franz Ferdinand am 28. 6. 1914 in Sarajevo einem Attentat zum Opfer gefallen war, wurde K. Thronfolger. Er verhandelte unter dem Einfluss seiner Frau *Zita* von Bourbon-Parma u. mit Vermittlung seiner Schwäger Sixtus u. Xavier ohne Wissen seiner dt. Bundesgenossen um Entente einen Sonderfrieden *(Sixtus-Affäre).* K. legte am 11. 11. 1918 die Regierungsgeschäfte nieder, ohne formell abzudanken, u. ging Anfang 1919 mit seiner Familie in die Schweiz. Zwei Versuche, 1921 den Thron in Ungarn

wiederzuerlangen, scheiterten. In seinen letzten Lebensmonaten war K. in Madeira interniert.

Pfalz: **35. Karl Ludwig,** Kurfürst 1648 bis 1680, * 22. 12. 1617 Heidelberg, † 28. 8. 1680 Heidelberg, Sohn des „Winterkönigs" *Friedrich V.* von der Pfalz u. der engl. Prinzessin *Elisabeth Stuart;* erhielt im Westfäl. Frieden den größten Teil des seinem Vater abgenommenen pfälz. Landes (Rheinpfalz) zurück mit einer 8. Kurwürde; widmete sich dem Wiederaufbau seines durch den Krieg zerrütteten Landes mit allen Mitteln des Kameralismus u. Merkantilismus u. begann den Bau des Mannheimer Schlosses als seiner Residenz. K. war der Vater der „Liselotte von der Pfalz" (*Elisabeth Charlotte,* Herzogin von Orléans).

36. Karl Theodor, Pfalzgraf in Sulzbach 1733, Kurfürst von der Pfalz 1743–1799, von Bayern 1777–1799, * 11. 12. 1724 Sulzbach, † 16. 2. 1799 München; folgte in der Pfalz u. in Jülich-Berg seinem Vetter *Karl Philipp* (* 1661, † 1742), erbte 1777 Bayern; pracht- u. kunstliebend, förderte er Theater, Musik *(Mannheimer Schule)* u. Baukunst *(Schwetzingen).* Zur Erhebung seiner Kinder von verschiedenen Frauen in den Fürstenstand erwog er Gebietsabtretungen; der Plan eines Tauschs Belgien–Bayern führte 1778 zum *Bayerischen Erbfolgekrieg.* 1796 floh K. vor den Franzosen nach Dresden. Nach seinem Tod folgte ihm Herzog *Maximilian IV. Joseph* von der Linie Pfalz-Zweibrücken (als *Maximilian I.* seit 1806 König von Bayern).

Rumänien: **37. Karl I., Carol I.,** Sohn von 27), Fürst 1866–1881, König 1881–1914, Prinz von Hohenzollern-Sigmaringen, * 20. 4. 1839 Sigmaringen, † 10. 10. 1914 Sinaia; zunächst im preußischen Militärdienst, 1866 auf Empfehlung von C. *Brătianus* zum Fürsten von Rumänien gewählt; unterstützte mit dem von ihm aufgebauten Heer die Russen vor Plewna 1877 gegen die Türken, erlangte aber erst nach Abtretung Südbessarabiens (d. i. Budschak) an Russland seine Anerkennung als unabhängiger Herrscher (Berliner Kongress 1878). Gegen den drohenden russischen Balkan-Imperialismus suchte er Anlehnung an Deutschland u. Österreich (1883 Bündnis- u. Freundschaftsvertrag), zu denen er trotz einer starken Gegenströmung nach Ausbruch des 1. Weltkriegs hielt. Sein Wunsch, auf deutscher Seite am Kampf teilzunehmen, war unausführbar. In der Innenpolitik leitete er wichtige Reformmaßnahmen ein. Er war mit Prinzessin Elisabeth von Wied (als Dichterin *Carmen Sylva*) verheiratet.

38. Karl II., Carol II., König 1930–1940, * 15. 10. 1893 Sinaia, † 4. 4. 1953 Estoril (Portugal); Sohn des Kronprinzen u. späteren Königs Ferdinand I. von Hohenzollern-Sigmaringen; musste 1925, vom Hof u. der starken liberalen Partei wegen seiner Verbindung mit Elena *Lupescu* gezwungen, auf die Thronrechte verzichten u. ins Ausland gehen, so dass er 1927 nicht die Nachfolge seines Vaters Ferdinand I. antreten konnte. Mit Billigung der Regierung I. *Maniu* kehrte K. 1930 nach Rumänien zurück, konnte aber mit seinem autoritären Regiment keine

dauerhafte Ordnung herbeiführen. General I. *Antonescu* zwang K. 1940 zum Thronverzicht zugunsten seines Sohns *Michael* u. zum Exil, wo er in 2. Ehe mit Frau *Lupescu* lebte.

Karl August von Sachsen-Weimar

Sachsen-Weimar: ◆ **39. Karl August,** Herzog seit 1758 (bis 1775 unter Vormundschaft seiner Mutter), Großherzog 1815 bis 1828, * 3. 9. 1757 Weimar, † 14. 6. 1828 Gradlitz bei Torgau; Sohn von Herzog *Ernst August II. Konstantin* (* 1737, † 1758) u. *Anna Amalia* von Braunschweig; unterrichtet von *Wieland,* schloss 1774 mit *Goethe* Freundschaft u. zog ihn, *Herder* u. *Schiller* nach Weimar. K. war vermählt mit *Luise* von Hessen-Darmstadt (* 1757, † 1830). Als Mitbegründer des Fürstenbunds (1785) trat er 1791 in das preuß. Heer ein, beteiligte sich an den Koalitionskriegen gegen Frankreich (1792/93), wurde 1806 als General entlassen u. im selben Jahr noch Mitglied des Rheinbunds. Da sein Sohn *Karl Friedrich* (* 1783, † 1853) mit *Maria Pawlowna* (* 1786, † 1859) von Russland vermählt war, übertrug Zar Alexander I. 1813 K. den Oberbefehl über ein russ. Korps in den Befreiungskriegen. Auf dem Wiener Kongress erhielt K. Gebietszuwachs u. den Titel Großherzog. 1816 gab er seinem Land eine Verfassung. K. schützte die Lehrfreiheit an der Universität Jena u. die Pressefreiheit; er förderte die Burschenschaften, denen er 1817 die Abhaltung des Wartburgfestes gestattete, trotz preuß.-österr. Proteste, musste allerdings die *Karlsbader Beschlüsse* von 1819 ausführen.

Sardinien: **40. Karl Emanuel I.,** König 1730 bis 1773, als Herzog von Savoyen *K. Emanuel III.,* * 27. 4. 1701 Turin, † 20. 2. 1773 Turin; gewann im Poln. u. Österr. Erbfolgekrieg, erst auf französ., dann auf österr. Seite kämpfend, Teile der Lombardei mit Tortona u. Novara. Er war ein angesehener Staatsmann, der bes. auf wirtschaftl. Gebiet wichtige Reformen durchführte. Als Herausgeber des Gesetzeswerks *Corpus Carolinum* erwies er sich als aufgeklärter Fürst.

Savoyen: **41. Karl Emanuel I.,** Herzog 1580–1630, * 12. 1. 1562 Rivoli, † 26. 7. 1630 Savillon; schuf die Grundlage für den Aufstieg Savoyens, obwohl angesichts seiner eingezwängten Lage zwischen Spanien, Frankreich u. dem Kaiser die meisten seiner Pläne scheiterten. Er konnte weder Genf noch Genua nehmen, noch auf die Dauer aus den innerfranzös. Wirren Gewinn ziehen. Nach seinem Versuch, im Mantuanischen Erbfolgekrieg Montferrat an sich zu ziehen, misslang.

Schweden: **42. Karl VII. Sverkersson,** König 1155 in Götaland, 1161 in Svealand, † 1167 Visingsö, Småland (ermordet); richtete das Erzbistum Uppsala ein. (*K. I.–K. VI.* sind sagenhafte Könige, die im Werk des Chronisten J. *Magni* „Historia de omnibus Gothorum Svecorumque regibus" von 1554 genannt sind.)

43. Karl VIII. Knutson, * 1. 10. 1408, † 15. 5. 1470 Stockholm; der erste nationale Schwedenkönig seit der Vereinigung Schwedens mit Dänemark u. Norwegen in der Kalmarer Union u. 1397. Nachdem er den schwed. Widerstand gegen den Unionskönig *Erich von Pommern* geführt hatte, wurde er 1438 zum Reichsverweser gewählt, war 1448–1457 Gegenkönig gegen den Unionskönig *Christian von Oldenburg* u. regierte nach jahrelangem Exil wieder 1464–1465 u. 1467–1470.

44. Karl IX., König 1604–1611, * 4. 10. 1550 Stockholm, † 30. 10. 1611 Nyköping; jüngster Sohn von Gustav Wasa, verteidigte den Protestantismus gegen seinen Bruder Johann III. u. sicherte ihn mit den Beschlüssen von Uppsala, die Sigismund III. von Polen vor seiner Krönung in Schweden unterzeichnen musste, aber nicht hielt. K. war seit 1595 Reichsverweser; er besiegte Sigismund u. den kath. Adel 1598, nahm den Königstitel aber erst nach dem freiwilligen Verzicht des jüngsten Sohns von Johann III. an.

45. Karl X. Gustav, König 1654–1660, * 8. 11. 1622 Nyköping, † 13. 2. 1660 Göteborg; aus dem Haus Pfalz-Zweibrücken, folgte 1654 Königin Christine auf den Thron; führte 1655–1657 Krieg gegen Polen, um den Anspruch der poln. Wasas auf den schwed. Thron zu begegnen; zwang Dänemark in einem durch den Marsch des schwed. Heeres über die zugefrorenen Belte berühmt gewordenen Feldzug zum *Frieden von Roskilde* (1658), mit dem Dänemark seine Schonenschen Provinzen an Schweden verlor (größte Ausdehnung Schwedens). Nach dem 2. Krieg *(nordische Kriege)* gegen Dänemark musste Schweden im *Kopenhagener Frieden* (1660) Trondheim u. Bornholm zurückgeben; doch behielt es die Länder am Öresund, der damit zur Grenze zwischen Dänemark u. Schweden wurde.

46. Karl XI., Sohn von 45), König 1672–1697 (1660–1672 vormundschaftliche Regierung), * 24. 11. 1655 Stockholm, † 5. 4. 1697 Stockholm; wurde durch das Bündnis mit Frankreich in den Krieg gegen Dänemark u. Brandenburg (Schlacht bei Fehrbellin 1675) hineingezogen, stellte in der Schlacht von Lund 1670 das Übergewicht über die Dänen wieder her; er widmete sich nach den Friedensschlüssen von 1679 im Sinn des Absolutismus der inneren Reform, der Reorganisation des Heers u. der Verwaltung.

Karl XII., König von Schweden. Zeitgenössischer Stich

47. Karl XII., Sohn von 46), König 1697–1718, * 27. 6. 1682 Stockholm, † 11. 12. 1718 bei der Belagerung von Frederikshald; besiegte im *Nordischen Krieg* Dänemark u. Polen, wurde aber 1709 von Zar Peter I. bei Poltawa vernichtend geschlagen, entkam in die Türkei, versuchte 1714 nach seiner

Rückkehr die schwedischen Besitzungen zu halten, verlor Stralsund und fiel auf einem Kriegszug nach Norwegen. Obwohl er hervorragender Feldherr, überspannte er die wirtschaftliche Kraft seines Landes und überforderte seine Truppen durch zu weit gesteckte Ziele. Mit K. endete die Großmachtstellung Schwedens.

48. Karl XIII., König 1809 (1814 von Norwegen) bis 1818, * 7. 10. 1748 Stockholm, † 5. 2. 1818 Stockholm; Bruder *Gustavs III.*, war zwischen 1792 und 1796 Regent für seinen unmündigen Neffen *Gustav IV. Adolf*; überließ die Regierungsverantwortung weitgehend dem von ihm adoptierten Jean-Baptiste Bernadotte, dem späteren *Karl XIV. Johann.*

Karl XIV. Johann, König von Schweden

◆ **49. Karl XIV. Johann,** eigentl. Jean Baptiste *Bernadotte*, König 1818–1844 (auch von Norwegen), * 26. 1. 1763 Pau, Südfrankreich, † 8. 3. 1844 Stockholm; heiratete 1798 Désirée *Clary*; wurde 1804 Marschall im Heer Napoleons u. 1806 für seine Verdienste in der Schlacht bei Austerlitz *Fürst von Pontecorvo,* schlug die Preußen bei Halle u. zwang Blücher zur Kapitulation bei Lübeck. K. wurde 1810 vom schwedischen Reichstag, der sich die Wiedergewinnung Finnlands erhoffte, zum Thronfolger gewählt. In den Befreiungskriegen schonte er seine Nordarmee, mit der er 1814 die Abtretung Norwegens von Dänemark erzwang. Seine reformfeindl. Herrschaft forderte eine starke Opposition heraus, jedoch förderte er die wirtschaftliche und militärische Entwicklung in beiden Ländern.

Karl XVI. Gustav, König von Schweden

◆ **50. Karl XVI. Gustav,** König von Schweden seit 1973, * 30. 4. 1946 Schloss Haga bei Stockholm; seit 1976 mit der aus München stammenden Silvia Sommerlath verheiratet.

Spanien:

51. Karl I. = Kaiser *K. V.,* → Karl (2).

52. Karl II., König 1665–1700, * 6. 11. 1661 Madrid, † 1. 11. 1700 Madrid; letzter spanischer Habsburger, kränklich; unter ihm erfolgten der Machtniedergang der spanischen Monarchie durch große Gebietsverluste an Ludwig XIV. (Teile der spanischen Niederlande, die Freigrafschaft Burgund u. Luxemburg) u. Unruhen im Innern. K. ließ sich überreden, statt der berechtigten deutschen Habsburgers Kaiser Leopold I. den Franzosen Philipp (V.) von Bourbon zum Thronfolger zu bestimmen. Auch → Spanischer Erbfolgekrieg.

53. Karl III., König 1759–1788, aus dem Haus Bourbon, Herzog von Parma-Piacenza (als *K. I.* seit 1731) und König von Neapel-Sizilien (als *K. VII.* seit 1734), * 20. 1. 1716 Madrid, † 14. 12. 1788 Madrid; reformfreudiger Monarch, Vertreter des aufgeklärten Absolutismus, reformierte Verwaltung und Militär, schloss mit Frankreich den Familienpakt (1761), vertrieb die Jesuiten (1767); führte Kriege gegen England (1783: Menorca u. Florida wieder span.) u. leitete eine Wende in der span. Marokkopolitik ein (Friedensverträge).

54. Infanten, → Carlos (2 u. 3).

Ungarn: **55. Karl I. Robert,** König 1307 bis 1342, aus dem Haus Anjou, * 1288, † 16. 7. 1342 Visegrád; mit Hilfe des Papstes Nachfolger der letzten Árpáden, schuf innenpolit. die Voraussetzungen für Ungarns Vormachtstellung auf dem Balkan. In langwierigen Auseinandersetzungen mit den mächtigen Magnaten baute er die Zentralmacht aus u. leitete wichtige wirtschaftl. Reformmaßnahmen ein (Münzreform, Förderung von Bergbau, Handel u. Städtewesen).

56. Karl III. = Kaiser *K. VI.,* → Karl (3).

57. Karl IV. = *K. Franz Joseph* von Österreich, → Karl (34).

Württemberg: **58. Karl Alexander,** Herzog 1733–1737, * 24. 1. 1684 Stuttgart, † 12. 3. 1737 Stuttgart; kämpfte in kaiserlichen Diensten (zuletzt als Generalfeldmarschall) gegen Frankreich im Spanischen Erbfolgekrieg 1710–1713, am Rhein u. in Italien sowie erfolgreich in den Türkenkriegen; wurde 1719 Statthalter von Belgrad u. Serbien. Nach seinem Regierungsantritt in Württemberg (nach dem Aussterben der Stuttgarter Hauptlinie) kam K., seit 1712 kath., wegen seiner hohen Steuern u. Kriegsausgaben, vor allem wegen seines Finanzberaters J. *Süß-Oppenheimer,* in immer größer werdenden Gegensatz zu seinem protestantischen Volk.

59. Karl Eugen, Sohn von 58), Herzog 1737–1793, * 11. 2. 1728 Brüssel, † 24. 10. 1793 Hohenheim; folgte seinem Vater 1737 unter Vormundschaft u. wurde 1741–1744 am Hof Friedrichs d. Gr. von Preußen erzogen; übernahm 1744 selbst die Regierung seines Landes, das er im absolutistischen Sinn führte (Verhaftung J. J. *Mosers* u. C. F. D. *Schubarts*) u. durch Pracht liebende Hofhaltung u. große Rüstungsausgaben mit hohen Schulden belastete. Nachdem ihn die Landstände, unterstützt durch mehrfache Interventionen Kaiser Josephs II., 1770 durch einen Vergleich zur Abkehr vom Absolutismus gezwungen hatten, trat unter dem Einfluss seiner Berater u. seiner zweiten Frau, der Gräfin Franziska von *Hohenheim,* ein radikaler Umschwung in seiner Regierung ein. K. gründete 1770 die *Karlsschule* (die *Schiller* besuchen musste), machte Tübingen zum Zentrum süddt. Geisteslebens, legte Straßen an u. förderte Wirtschaft, Handel u. die Geistlichkeit (deren Güter er z.T. früher eingezogen hatte).

Karla, weibl. Vorname zu → Karl.

Karl der Große → Karl (12).

Jerome Karle

◆ **Karle,** Jerome, US-amerikan. Physiker, *18. 6. 1918 New York; ab 1958 Forschungsdirektor des Instituts für Materiestrukturen, von 1951 bis 1970 Prof. in Maryland, 1981–1984 Präsident der Internationalen Union für Kristallographie; erarbeitete zusammen mit H. *Hauptman* eine Methode zur Bestimmung von Kristallstrukturen. K. erhielt 1985 den Nobelpreis für Chemie.

Erik Axel Karlfeldt

◆ **Karlfeldt,** Erik Axel, schwed. Lyriker, *20. 7. 1864 Folkärna, Dalarna, †8. 4. 1931 Stockholm; erhielt nach seinem Tod (1931) den Nobelpreis, den er 1918 abgelehnt hatte; schrieb Gedichte über Natur u. Volkstum seiner Heimat Dalarna; „Fridolins Lieder" 1898; „Fridolins Lustgarten" 1901; Biografien, Reden u. Aufsätze. – Skrifter I–V 1931; dt. Auswahl: Gedichte 1938; Gedichte 1970.

Karlisten, die Anhänger des spanischen Thronbewerbers *Don Carlos* (→ Carlos [3]) u. seiner Nachkommen; führten gegen die Anhänger Königin Isabellas II. *(Isabellinen)* die *Karlistenkriege* (1834–1839, 1847–1849 u. 1872–1876), die sie verloren. Seitdem waren sie als politische Partei *(Traditionalisten)* wirksam. Im Spanischen Bürgerkrieg kämpften sie mit einem eigenen Wehrverband *(Requetés)* auf Francos Seite. 1937 wurden die K. in die Falange eingegliedert.

Karlmann, 1. Hausmeier von Austrien, Alemannien u. Thüringen 741–747, *vor 714, †17. 8. 754 Kloster Vienne; Karolinger, Sohn *Karl Martells* u. der *Chrotrud* († 724); stark an religiösen Fragen interessiert, förderte u. a. *Bonifatius* u. Reformen in der Landeskirche, regierte in einem Teil des Reichs neben *Pippin d. J.*; verzichtete nach blutigem Niederwerfen der Alemannen bei Cannstatt 746 auf seine Herrschaft u. zog sich 747 in das Kloster auf dem Berg Soracte (später *Monte Cassino*) zurück. Als er 754 vermittelnd für die von Pippin bekriegten Langobarden eintreten wollte, sperrte ihn dieser im Kloster Vienne ein, wo K. bald starb; seine Söhne wurden von der Thronfolge ausgeschlossen u. ebenfalls ins Kloster geschickt.

2. König der Franken 768–771, *751, †4. 12. 771 Samoussy; Sohn *Pippins d. J.*, 754 von Papst Stephan II. zusammen mit seinem Vater u. seinem Bruder Karl (d. Gr.) zum König der Franken gesalbt; erhielt nach Pippins Tod 768 Burgund, die Provence, Septimanien, einen Teil Neustriens mit Soissons u. Paris, das Elsass, Alemannien u. das östl. Aquitanien. Bevor es zum Krieg zwischen den Brüdern kam, die sich ent-

fremdet hatten, starb K. Sein Reich erhielt mit Zustimmung des Adels Karl d. Gr., wobei seine Witwe *Gerberga* u. sein Sohn *Pippin* (*770) übergangen wurden.

3. Ostfrankenkönig 876–880, *um 830, †22. 3. 880 Ötting; Sohn *Ludwigs des Deutschen* u. der Welfin *Hemma* († 876), 856 Verwalter der bayer. Ostmark; rebellierte 862 erfolglos gegen seinen Vater u. musste daraufhin fliehen, wurde 865 wieder in Bayern eingesetzt. K. führte zunächst einen Abwehrkampf gegen Herzog Rastislav von Mähren (846–870), dann gegen dessen Neffen Zwentibold, mit dem er 874 Frieden schloss. Nach dem Tod Ludwigs des Deutschen (876) trat dessen Teilung des Reichs von 865 in Kraft. K. erhielt Bayern mit seinen Marken u. der Hoheit über die Slawenstaaten des Südostens; die anderen Reichsteile fielen an seine Brüder Karl III., den Dicken, u. Ludwig III., den Jüngeren. K. erwarb Italien 877 – von seinem Vetter Kaiser Ludwig II. bereits 872 dazu bestimmt – u. empfing dort die Huldigung der Großen. Seit 878 durch einen Schlaganfall gelähmt, trat er im Sommer 879 die Herrschaft in Italien an seinen Bruder Karl III., den Dicken, ab.

Karl Martell → Karl (11).

Karl-Marx-Stadt, 1953–1990 Name der sächs. Stadt → Chemnitz (1).

Boris Karloff in „Frankenstein" 1931

◆ **Karloff,** Boris, eigentl. William Henry *Pratt,* US-amerikan. Schauspieler britischer Herkunft, *23. 11. 1887 London, †2. 2. 1969 Midhurst, Sussex; wurde weltberühmt durch „Frankenstein" 1931, worin er die Rolle des von Dr. Frankenstein künstlich geschaffe-

Karlsbad (1): Die malerisch an der Teplá gelegene Stadt war im 19. Jahrhundert der Inbegriff des mondänen Kurorts

nen Menschen spielte; auch Darsteller in vielen anderen Horrorfilmen.

Karlovac ['kaːrlɔvats], dt. *Karlstadt,* kroat. Stadt an der Kupa, südwestl. von Zagreb, 60 000 Ew.; ehem. Festung; Maschinen-, Schuh-, chem. u. Textilindustrie.

Karlovy Vary, tschechischer Name von → Karlsbad.

Karłowicz [-vitʃ], Mieczysław, poln. Komponist, *11. 12. 1876 Wiszniewo (Litauen), †8. 2. 1909 Zakopane; Vertreter einer neuromant. Sinfonik, wurde durch seine von R. Wagner u. R. Strauss beeinflussten sinfon. Dichtungen (u. a. „Wiederkehrende Wellen", „Auferstehung") zum Begründer der polnischen Programmmusik.

Karlowitz, Stadt in Serbien *(Sremski Karlovci).* – Der *Friede von K.* (26. 1. 1699) beendete den seit 1683 geführten *Türkenkrieg* zwischen Österreich, Venedig, Polen einerseits u. dem Osmanischen Reich andererseits. Ein Großteil Ungarns mit Siebenbürgen fiel an Österreich, Podolien an Polen, Teile des Peloponnes an Venedig. Der Friede von K. leitete den Aufstieg Österreichs zur Großmacht ein.

Karlowitzer Synode, Synode monarchist. u. antisowjet. russ. Bischöfe u. Laien in Karlowitz (Jugoslawien) 1921, die zur Entstehung einer vom Moskauer Patriarchat unabhängigen *russisch-orthodoxen Auslandskirche* führte.

Karlsbad, ◆ **1.** tschech. *Karlovy Vary,* Stadt in Westböhmen, im engen Tal der Teplá gelegen, nahe ihrer Mündung in die Eger, 374 m ü. M., 55 300 Ew.; weltberühmter u. viel besuchter Kurort (bis zu 73 °C heiße Glaubersalzquellen, Gewinnung von *Karlsbader Salz*); Städt. Museum, Glas- u. Porzellanmuseum, barocker Dom (18. Jh.), Kolonnaden, internationale Filmfestspiele; Lebensmittel- *(Karlsbader Oblaten),* Glas- u. Porzellanindustrie.

2. Gemeinde in Baden-Württemberg, Ldkrs. Karlsruhe, im Nordschwarzwald, 247 m ü. M., 16 000 Ew.; 1971 durch Zusammenschluss mehrerer Gemeinden entstanden.

◆ **Karlsbader Beschlüsse,** die Beschlüsse, die 1819 als Reaktion auf die *Burschenschaftsbewegung* u. aus Anlass der Ermordung A. von *Kotzebues* im Dt. Bund gefasst wurden. *Metternich* bat Preußen u. einige „zuverlässige" Staaten nach Karlsbad zu einer Konferenz (6.–31. 8. 1819), die eine verschärfte Überwachung der Universitäten, Zensur von Büchern u. Zeitschriften u. die Einsetzung einer *Zentraluntersuchungskommission* zur Verfolgung „demagogischer Umtriebe" in Mainz beschloss sowie dem Artikel 13 der Bundesakte über Einführung landständ. Verfassungen eine Auslegung im Sinn des alten Ständestaats gab. Der Bundestag musste am 20. 9. 1819 unter österr.-preuß. Druck die im Kampf gegen die liberale dt. Nationalbewegung grundlegenden Beschlüsse annehmen, die erst am 2. 4. 1848 nach der Märzrevolution wieder aufgehoben wurden. Auch → Demagogenverfolgung.

Karlsbader Salz, *Sal Carolinum factitium,* das natürlich durch Eindampfen oder künstlich durch Mischung der Einzelsalze (Natrium- u. Kaliumsulfat, Natriumchlorid, Natriumhydrogencarbonat) hergestellte Salz der Karlsbader Quellen; wird nach Lösung in warmem Wasser als Abführmittel verwendet.

Karlsburg, Stadt in Rumänien, → Alba Iulia.

Karlsdorf-Neuthard, Gemeinde in Baden-Württemberg, Ldkrs. Karlsruhe, 8700 Ew.

Karlsfeld, Gemeinde in Bayern, Ldkrs. Dachau, 491 m ü. M., 17 300 Ew.; Wohnvorort von München.

Karlshafen, *Bad Karlshafen,* Stadt in Hessen, Ldkrs. Kassel, an der Diemelmündung in die Weser, 4700 Ew.; Solbad; Holzindustrie; Kernkraftwerk Würgassen westl. der Stadt.

Karlshamn, südschwed. Hafenstadt westl. von Karlskrona, 12 100 Ew.; Futter-, Zucker- u. Margarinefabriken.

Karlshorst, Ortsteil u. Villenvorort im Berliner Bezirk Lichtenberg; Trabrennbahn; 1945–1949 Sitz der sowjet. Militäradministration für die damalige sowjet. Besatzungszone.

Karlskoga [-'kuːga], mittelschwedische Stadt östlich von Karlstad, 34 400 Ew.; Eisen-, Stahl- und Maschinenindustrie (Waffenschmiede).

Karlskrona, [-'kruːna], Hptst. der südschwedischen Provinz (Län) Blekinge, auf Küsteninseln der Hanöbucht, 60 600 Ew.; Werft-, Lampen-, Zündholz- und keramische Industrie; als Kriegshafen 1680 gegründet; die alten Hafenanlagen wurden 1998 von der UNESCO zum Weltkulturerbe erklärt.

Karlspreis, 1950 von der Stadt Aachen zur Erinnerung an das christlich-abendländische Europa Karls des Großen gestifteter Preis, der für Verdienste um die europäische Bewegung und Einigung verliehen wird. Die bisherigen Preisträger waren: R. N.

Karlsbader Beschlüsse: Titel zur „Central-Untersuchungs-Commission". Leipzig 1831

Graf Coudenhove-Kalergi 1950, Hendrik Brugmans 1951, A. De Gasperi 1952, J. Monnet 1953, K. Adenauer 1954, W. Churchill 1955, P.-H. Spaak 1957, R. Schuman 1958, G. C. Marshall 1959, J. Bech 1960, W. Hallstein 1961, E. Heath 1963, A. Segni 1964, J. O. Krag 1966, J. Luns 1967, die Kommission der Europ. Gemeinschaften 1969, Francois Seydoux 1970, R. Jenkins 1972, S. de Madariaga 1973, L. Tindemans 1976, W. Scheel 1977, K. Karamanlis 1978, E. Colombo 1979, S. A. Veil 1981, König Juan Carlos I. von Spanien 1982, K. Carstens 1984, das luxemburgische Volk 1986, H. A. Kissinger 1987, H. Kohl u. F. Mitterrand 1988, R. Schutz 1989, G. Horn 1990, V. Havel 1991, J. D. Delors 1992, F. González Márquez 1993, G. H. Brundtland 1994, F. Vranitzky 1995, Königin Beatrix der Niederlande 1996, R. Herzog 1997, Bronislaw Geremek 1998, T. Blair 1999, B. Clinton 2000, G. Konrád 2001.

In den Jahren 1956, 1962, 1965, 1968, 1971, 1974, 1975, 1980, 1983 u. 1985 ist der Preis nicht verliehen worden.

Karlsruhe (1)

Karlsruhe, ◆ 1. kreisfreie Stadt in Baden-Württemberg, in der Oberrhein. Tiefebene, Hptst. des Reg.-Bez. K. (früher *Nordbaden*), 277 000 Ew.; seit 1715 (Gründung) planmäßig angelegtes Stadtbild (klassizistische Gebäude von F. *Weinbrenner*), fächerförmig vom Residenzschloss ausstrahlend; Universität (früher technische Hochschule, gegründet 1825), Fachhochschule, pädagogische Hochschule, Hochschulen für bildende Kunst u. Musik; Bundesgerichtshof, Bundesverfassungsgericht, Bundesforschungsanstalt für Wasserbau; Bundeswehrstandort; Badisches Landesmuseum, Kunsthalle, Badisches Staatstheater; zoologischer Garten; Pyramide (Wahrzeichen der Stadt), ehem. Großherzogliches Schloss (18. Jh.), St. Stephans-Kirche, Stadtkirche (beide Anfang 19. Jh.), Rathaus; Kernforschungszentrum; Maschinen-, chemische, Nahrungsmittel-, Schmuckwaren-, Elektro-, Textil-, Metall verarbeitende u. pharmazeutische Industrie, zwei Ölraffinerien (Pipelines von Ingolstadt u. Marseille); durch Stichkanal mit dem Rhein verbunden (Güterumschlag im Hafen 1998: 6,0 Mio. t).
Geschichte: Gegr. 1715 von Markgraf *Karl III. Wilhelm* von Baden-Durlach, Residenz bzw. Hauptstadt der Markgrafschaft *Baden-Durlach,* der vereinigten Markgrafschaft (1771), des Kurfürstentums (1803), Großherzogtums (1806), Freistaats (1918) u. Gaues (1933) *Baden,* seit 1953 Sitz der Landesbezirksverwaltung u. Hptst. des Reg.-Bez. *Nordbaden.*
2. Reg.-Bez. in Baden-Württemberg, 6919 km², 2,66 Mio. Ew.; umfasst die Stadtkreise Baden-Baden, Heidelberg, Karlsruhe (1), Mannheim u. Pforzheim sowie die Ldkrs. Calw, Enzkreis, Freudenstadt, Karlsruhe (3), Neckar-Odenwald-Kreis, Rastatt u. Rhein-Neckar-Kreis.
3. Ldkrs. in Baden-Württemberg, im Reg.-Bez. K., 1085 km², 409 000 Ew.; Verw.-Sitz ist K. (1).
Karlssage, mittelalterliche Geschichten von *Karl dem Großen* u. seinen Getreuen (Paladinen), besonders von den Kriegszügen gegen die Sachsen u. gegen die Mauren in Spanien *(Rolandslied),* wobei Taten von *Karl Martell* auf Karl den Großen übertragen wurden. Aus den „Chansons de geste" gingen sie später in die „Volksbücher" über: „Die vier Haimonskinder", „Fierabras" oder „Loher u. Maller".
Karlsschule, von Herzog Karl Eugen von Württemberg 1770 als Militärwaisenhaus auf der Solitude bei Stuttgart gegr., 1773 in eine Militärakademie umgewandelt, 1775 nach Stuttgart verlegt, 1781 zur Hochschule *(Hohe K.)* erhoben; wurde 1794 geschlossen. Berühmtester Schüler war F. Schiller.
Karlsszepter → Läusekraut.
Karlstad, Hptst. der südschwed. Prov. (Län) Värmland an der Mündung des Klarälven in den Vänern, 78 900 Ew.; Instrumentenbau, chem., Maschinen- u. Textilindustrie; Garnison; Binnenhafen.
Karlstadt, 1. Stadt in Unterfranken (Bayern), Ldkrs. Main-Spessart, am Main bei Würzburg, 15 100 Ew.; gut erhaltenes histor. Stadtbild mit Mauern u. Wehrtürmen (15./16. Jh.), Stadtpfarrkirche (13. Jh.), Rathaus (15. Jh.), Ruine der Karlburg; Weinanbau; Instrumentenbau, Metall verarbeitende u. Zementindustrie.
2. Stadt in Kroatien, → Karlovac.
Karlstadt, 1. Andreas, eigentl. A. *Bodenstein,* dt. Theologe der Reformationszeit, * um 1480 Karlstadt, Unterfranken, † 24. 12. 1541 Basel; 1510 Archidiakon am Allerheiligenstift u. Prof. in Wittenberg, stand zunächst auf Luthers Seite, ging jedoch in seinen Reformen wesentlich über ihn hinaus u. verursachte während Luthers Wartburg-Aufenthalt in Wittenberg einen „Bildersturm", der Luthers Eingreifen erforderlich machte; darauf Pfarrer in Orlamünde, bald jedoch wegen des Drucks „mystischer" Schriften aus Sachsen vertrieben; fand nach vielen Zwischenstationen schließlich 1534 in Basel noch einmal eine Wirkungsstätte als Prediger u. Professor.

Liesl Karlstadt

◆ 2. Liesl, eigentl. Elisabeth *Wellano,* dt. Komikerin, Volksschauspielerin, * 12. 12. 1892 München, † 20. 7. 1960 Garmisch-Partenkirchen; seit 1911 ständige Partnerin von K. *Valentin* bei Kabarett- u. Varietéauftritten, Film- u. über 400 Schallplattenaufnahmen; nach Valentins Tod an Münchener Bühnen, beim Rundfunk u. beim Film.
Karlstein, tschech. *Karlštejn,* böhm. Burg an der Beroun, südwestlich von Prag, 1348–1365 als Hort für Reliquienschätze u. die Reichskleinodien von Kaiser *Karl IV.* erbaut.
Karlstein, *Karlstein am Main,* Gemeinde in Bayern, Ldkrs. Aschaffenburg, 8100 Ew.; feinmechan. Industrie; Kernkraftwerk.
Karluken, *Qarluqen,* pers. *Challuch,* ein Turkvolk, das 840–1141 bzw. 1213 weite Teile Innerasiens beherrschte u. dort die Türkisierung u. Islamisierung begründete. Ihre Herrscher waren die *Karachaniden.*

Karlsruhe (1): Das Schloss ist Zentrum der fächerförmigen Stadtanlage

Karma [das; sanskr., „Tat"], *Karman,* seit den Upanishaden gebräuchl. Begriff der ind. Religionen zur Bez. der Wirkungskraft menschlicher Handlungen, durch die in der nächsten Existenz Art u. Höhe der Wiedergeburt bestimmt werden *(Karmagesetz).*

Kármán [ˈkaːrmaːn], Theodore von, US-amerikan. Luftfahrtwissenschaftler ungar. Herkunft, *11. 5. 1881 Budapest, †7. 5. 1963 Aachen; schuf als Prof. an der TH Aachen (1912–1930) das dortige Aerodynamische Institut, siedelte 1930 nach den USA über u. wurde dort Leiter des Luftfahrtlaboratoriums der Guggenheim-Stiftung. Seit 1952 war K. Vorsitzender der → AGARD.

Karmanien, altiranische Landschaft, nach einem Volksstamm benannt, grenzte im Westen an die alte Persis.

Karmarsch, Karl, dt. Ingenieur, *17. 10. 1803 Wien, †24. 3. 1879 Hannover; Lehr- u. Schriftstellertätigkeit auf dem Gebiet der mechan. Technologie, für die er ein neues System schuf. – Seit 1925 *Karmarsch-Gedenkmünze* für Verdienste in Technik u. Wirtschaft.

Karmaten, *Qarmaten,* von *Hamdan Karmat* um 895 gegr. sozialrevolutionärer Geheimbund der ismailit. Schiiten. Die K. beherrschten u. terrorisierten bis etwa 1028 Mesopotamien, Syrien u. Ostarabien; unter Abu Tahir plünderten sie 937 Mekka. Sie gründeten Ende des 9. Jh. in Nordostarabien einen Staat, der bis ins 11. Jh. bestand.

Karmel [der; hebr., „Baumgarten"], höhlenreicher, bei Haifa (Israel) ins Mittelmeer vorspringender Bergrücken, Ausläufer des Berglands von Samaria, bis 546 m hoch, mit reicher Eichen-, Mandelbaum- u. Pinienvegetation, u. a. von Drusen besiedelt. – Funde frühmenschlicher Überreste (Paläanthropus palästinensis); Aufenthaltsort u. Kampfstätte des Propheten Elias, im Mittelalter Einsiedelei u. (seit 1156) Heimatsitz der *Karmeliter.*

Karmeliter, *Karmeliten,* kath. Bettelorden, aus Eremitengemeinschaften vom Berg *Karmel* Mitte des 12. Jh. erwachsen, durch → Theresia von Avila u. Johannes vom Kreuz reformiert. Die K. führen ein beschauliches Leben u. widmen sich der Wissenschaft, Seelsorge u. Mission. Tracht: braune Kutte mit Skapulier u. Kapuze. Seit 1593 in zwei Orden geteilt: 1. *Unbeschuhte K.,* heute *Teresianischer Karmel* (lat. *Ordo Fratrum Carmelitarum Discalceatorum,* Abk.: OCD), ca. 3200 Mitglieder; Provinzialat in München. 2. *Beschuhte K.* oder *K. von der alten Observanz* (lat. *Ordo Fratrum Beatae Mariae Virginis de Monte Carmelo,* Abk.: OCarm), ca. 2000 Mitglieder; dt. Provinzialate in Bamberg u. Mainz.

Karmelitergeist, *Melissenspiritus, Spiritus Melissae compositus,* vom Karmeliterkloster in Nürnberg eingeführtes Destillat aus Melissenblättern, Zitronenschalen, Koriandersamen, Muskatnuss, Zimtkassie u. Gewürznelken; ein Mittel gegen Verdauungsbeschwerden, Unpässlichkeiten u. a.

Karmelitinnen, der weibl. Zweig der Karmeliter mit beschaul. Leben u. strenger Klausur in den beiden Ordensfamilien: *Beschuhte K.* (in Deutschland 2 Klöster); *Unbeschuhte K.,*

weltweit verbreitet u. in ihrer Einfachheit von bes. Anziehungskraft (in Deutschland 21 Klöster). – Daneben gibt es die K. vom 3. Orden in selbständigen Kongregationen mit öffentl. Tätigkeit, z. B. K. vom göttlichen Herzen Jesu, K. von der göttlichen Liebe.

Karmiel, nordisrael. Stadt östl. von Akko, 14 000 Ew.; Maschinenbau u. a. Industrie; 1961 gegr.

Karmin [das; sanskr., frz.], roter Farbstoff, besteht aus Karminsäure, einem Anthrachinonderivat; wird aus getrockneten Cochenilleschildläusen gewonnen u. in der Kosmetik u. Mikroskopie verwendet.

Karmingimpel, verschiedene Arten von *Finkenvögeln* aus der Stieglitzverwandtschaft, die in 20 Arten in den nördl. Teilen Eurasiens u. in Nordamerika verbreitet sind. Der eigentl. *K., Carpodacus erythrinus,* lebt in Nordosteuropa u. Nordasien in Wald-, Steppen- u. Gebirgsregionen u. ist für die Züchtung von Farbkanarien (→ Kanarienvogel) wertvoll.

Karn [das; nach den *Karnischen Alpen*], *Geologie:* Stufe der pelagischen Trias.

◆ **Karnak,** *Al-Karnak,* oberägypt. Ort bei Luxor am Nil; mit einer Gruppe von Tempeln, die zur altägypt. Hptst. *Theben* gehörte. Beherrschend ist der Komplex des Amun-Reichstempels, an dem von der 11. Dynastie bis in die röm. Kaiserzeit gebaut wurde. In der Hauptachse sind vom Nil her beginnend eine Widderallee u. 6 Pylonen vorgelagert. Dazwischen liegen mehrere Höfe u. Hallen, darunter der von Sethos I. u. Ramses II. erbaute dreischiffige Säulensaal (134 Papyrusbündelsäulen in 16 Reihen, Höhe der mittleren Säulen 21 m, Durchmesser 3,57 m, Umfang über 10 m). Die große Ziegelumwallung schließt neben mehreren weiteren Tempeln den heiligen See ein. Von Widdersphingen gesäumte Straßen verbanden den Hauptkomplex mit dem Mut-Tempel im Süden u. dem Tempel von Luxor.

Karnal, nordind. Distrikt-Hptst. in Haryana, nördl. von Delhi, 174 000 Ew.; Agrarmarkt (Getreide, Zuckerrohr u. Baumwolle); Textil- u. Lederindustrie; Eisenbahn- u. Stra-

Karnak: Granitfigur, die vermutlich Ramses II. und eine seiner Töchter darstellt

ßenknotenpunkt am südöstl. Rand des Pandschab.

Karnallit [lat.], das Mineral → Carnallit.

Karnaphuli [-ˈpuːli], *Karnafuli,* Fluss in Bangladesch u. Indien, 270 km lang, schiffbar; mündet bei Chittagong in den Golf von Bengalen; 50 km oberhalb in den Chittagong Hills zu einem 777 km² großen See (mit Kraftwerk) aufgestaut; dient der Energieversorgung Chittagongs u. Bewässerungszwecken.

Karnat [das; lat.], Farbe der menschl. Haut in der Malerei, → Inkarnat.

◆ **Karnataka,** früher *Maisur,* engl. *Mysore,* ind. Bundesstaat, 191 791 km², 48,2 Mio. Ew.; umfasst größtenteils das 500–800 m hohe *Karnataka-Plateau* auf dem südwestl. Dekanhochland, daneben Teile der Westghats u. der Malabarküste; Hptst. ist *Bangalore,* Hauptsprache *Kannada.* Rd. 3/4 der Einwohner leben von der Landwirtschaft: im Küstentiefland vorwiegend Reis, in den Westghats ausgedehnte Plantagen, vor allem Kaffee, Kautschuk u. Pfeffer, auf dem Dekanhochland Baumwolle, Erdnüsse, Hirse u. Zuckerrohr. Textilindustrie (am wichtigsten), Metallindustrie auf der Grundlage von Eisenerz- u. Manganerzvorkommen, ferner fast die gesamten ind. Goldvorkommen (Kolar-Goldfeld). 1610–1831 unabhängiges Fürstentum (unter der hinduist. Wodejar-Dynastie), bis 1881 britisch verwaltet, dann wurden die Wodejar wieder eingesetzt. 1948 Beitritt zur Ind. Union; 1973 Umbenennung in K.

Karnataka: Hinduistische Kultstätte in Bangalore

Karnataka-Plateau [-pla'toː], Teil des südwestl. Dekanhochlands (Indien), etwa den Bundesstaat *Karnataka* deckend, rd. 200 000 km²; größtenteils flach gewellt, 500–800 m hoch; Landwirtschaft mit künstl. Bewässerung, Anbau von Baumwolle, Erdnüssen, Hirse u. Zuckerrohr.

Karnation, Farbe der menschl. Haut in der Malerei, → Inkarnat.

Karnaubapalme → Carnaubapalme.

Karneades, griech. Philosoph, *214 v. Chr. Kyrene (Afrika), † 129 v. Chr. Athen; Stifter der mittleren Akademie, 156/55 als athen. Gesandter in Rom, wo er durch seine Rhetorik glänzte. K. hat keine Schriften hinterlassen, seine Lehren wurden von seinem Nachfolger *Kleitomachos* aufgezeichnet; seine gemäßigte Skepsis – er vertrat einen Standpunkt der Wahrscheinlichkeit – richtete sich vor allem gegen die stoische Philosophie.

Karneol [der; ital.], *Carneol,* gelbliche bis blutrote Abart des Chalzedon; Schmuckstein.

Karneolonyx, ein Schmuckstein, → Onyx.

Karner [der; lat. *carnarium,* „Fleischhaus"], „Beinhaus", zweistöckige Friedhofskapelle im MA, meist Rundbau aus spätroman. Zeit zur Aufbewahrung von Schädeln u. Knochen, die bei der Anlage neuer Gräber gefunden wurden; im oberen Raum wurden Totenmessen gelesen. K. gibt es besonders in Österreich; kunstgeschichtliche Bedeutung haben z.B. die K. in Schöngrabern, Tulln u. Mödling.

Karneval, in Dtschld. bes. die rhein. Form der *Fastnacht;* das Wort wurde um 1700 aus dem Italien. *carnevale* übernommen, die Wortbedeutung ist umstritten. Der K. in seiner heutigen Gestalt bildete sich vor allem im 19. Jh. aus; viele seiner Elemente, wie der Beginn am 11. 11., Elferrat, Narrenmütze, Schunkeln, Mädchengarden, Funkenmariechen, Büttenrede, Rosenmontag, wurden in die Fastnacht anderer Gebiete (z. B. Südwest-Dtschld.) übernommen.

Karnifikation [lat.], seltene, ungünstige Entwicklung im Verlauf einer chron. Lungenentzündung, die mit einer Schrumpfung verbunden ist.

Karnische Alpen: Alpenvereinshütte am Wolayersee

◆ **Karnische Alpen,** westöstl. gerichtete Gebirgskette der Südalpen aus Kalken u. Schiefern, an der italien.-österr. Grenze, südl. des Gail- u. Lesachtals, in der *Hohen Warte* (Monte Coglians) 2780 m, *Kellerwand* 2769 m, *Hochweißstein* (Monte Peralba) 2693 m; Übergang im *Plöckenpass,* 1360 m.

karnivor [lat.], *carnivor,* Fleisch fressend.

Karnivoren [Pl., Sg. die *Karnivore;* lat.], **1.** → Insekten fressende Pflanzen. **2.** Tiere, die vor allem Fleisch fressen (z.B. Raubtiere, Raubfische). Auch → Räuber.

Karnotit, das Mineral → Carnotit.

Kärnten

◆ **Kärnten,** Land im S von Österreich, zwischen Hohen Tauern u. Norischen Alpen im N, Karnischen Alpen u. Karawanken im S, die durch die Drau u. das Klagenfurter Becken voneinander getrennt sind, 9533 km², 564 000 Ew., Hptst. Klagenfurt. Die Tallandschaften, bes. das Klagenfurter Becken mit den Seen, sind dichter besiedelt; südl. der Drau besteht eine slowen. Minderheit (3 % der Bevölkerung). Hauptwirtschaftszweige sind Ackerbau in Unterkärnten (dem Ostteil), Almwirtschaft in Oberkärnten (dem Westteil) sowie Holznutzung, auch in industrieller Weiterverarbeitung, u. Fremdenverkehr im ganzen Land; in den Städten Metall-, Leder- u. Holzindustrie; etwas Bergbau auf Buntmetalle, Magnesit u. Eisenerz; an der Drau mehrere Kraftwerke. K. hat große Bedeutung für den Nord-Süd-Durchgangsverkehr.

Geschichte: K. leitet seinen Namen vermutlich vom kelt. Stamm der *Karner* her; um 400 v. Chr. Einwanderung von Kelten. K. wurde um 30 v. Chr. römisch. gehörte später zur Prov. Noricum. Ende des 5. Jh. wanderten Slawen ein. 743 kam K. an Bayern; 960 wurde die Karantanische Mark errichtet. Seit 976 selbständiges Herzogtum, gehörten K. auch Gebiete der späteren Steiermark, Teile Oberösterreichs, Niederösterreichs u. die Mark Verona mit Friaul, Krain u. Istrien an. Im 11./12. Jh. befand sich K. unter der Herrschaft der Eppenheimer, dann der Spanheimer u. kurze Zeit

Kärnten: Im so genannten Kärntner Abwehrkampf 1918/19 zwangen die Kärntner Einheiten slowenische Truppen, die das südliche Kärnten besetzt hatten, zur Räumung des Gebietes

Kärnten: Das Kufenstechen ist ein alter Kärntner Pfingstbrauch. Junge Männer auf ungesattelten Pferden zerschlagen dabei eine Kufe (Fass) mit schweren Eisenkeulen

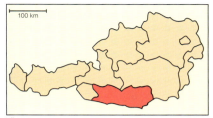

Kärnten

Kärnten: Der Faaker See ist ein beliebter Badesee

auch Ottokars von Böhmen. Nach dessen Sturz gelangte K. 1286 als Lehen an die Grafen von Tirol, 1335 (mit Krain u. der Windischen Mark) in den Besitz der Habsburger. Die Reformation Luthers breitete sich vor allem unter dem Adel u. in den Bergwerksgegenden aus. Um 1600 erfolgte unter Ferdinand II. die gewaltsame Rekatholisierung. 1809 bis 1813 im Zuge der Neuordnung Europas durch Napoleon wurde Oberkärnten an die Illyrischen Provinzen angegliedert. 1814–1849 war K. dem Illyrischen Königreich unterstellt u. wurde 1849 selbständiges Kronland. Als Folge des verloren gegangenen 1. Weltkrieges, entsprechend den Bestimmungen des Vertrages von Saint-Germain, mussten das Kanaltal an Italien u. das Miestal (mit Seeland) an Jugoslawien abgetreten werden (→ Kärntner Volksabstimmung). 1945 kam es kurzfristig zur Besetzung von Teilen Südkärntens durch jugoslaw. Truppenverbände. Die in den Nachkriegsjahren mehrfach vorgebrachten Gebietsansprüche Jugoslawiens auf Slowenisch-Kärnten u. die südl. Steiermark blieben ohne Erfolg. Artikel 7 des Österreichischen Staatsvertrages von 1955 enthält jedoch Schutzbestimmungen für Minderheiten, darunter auch für die Kärntner Slowenen. Trotzdem blieb die Minderheitenfrage in K. auch nach 1955 ein innenpolitisches Problem.

Kärntnerisch → deutsche Mundarten.

Kärntner Volksabstimmung, Referendum vom 10. 10. 1920 über den Verbleib der gemischtsprachigen Gebiete Kärntens. Nach Ende des 1. Weltkrieges kam es zeitweilig zur Besetzung südl. Gebiete Kärntens durch slowenische Einheiten. Im Dez. 1918 beschloss die Kärntner Landesregierung, Widerstand zu leisten. Wesentlicher als diese bald als „Kärntner Abwehrkampf" hochgespielten militärischen Aktionen waren die Entscheidungen der US-amerikan. Mission, die Anfang 1918 das strittige Gebiet bereiste, die Politik Italiens u. die Beschlüsse der Pariser Friedenskonferenz. Der Friedensvertrag von Saint-Germain sah eine Abstimmung über den Verbleib der von Jugoslawien beanspruchten Gebiete vor. Da die südl. Zone A (70 % Slowenisch als Muttersprache nach der Volkszählung von 1910) für Österreich stimmte, unterblieb die Abstimmung in der nördl. Zone B (Klagenfurt u. Umgebung).

Karnulu, *Kurnool,* ind. Distrikt-Hptst. in Andhra Pradesh, auf dem Dekanhochland, südl. von Hyderabad, 241 000 Ew.; Textil- u. Nahrungsmittelindustrie; Verkehrsknotenpunkt. – Von 1953 bis 1956 Hptst. von Andhra Pradesh.

Karo [das; frz.], **1.** *allg.:* durch Längs- u. Querstreifung erzeugte (auf der Spitze stehende) Quadrate oder Rechtecke als Muster, z. B. an Textilien.
2. *Kartenspiel: Eckstein,* eine der vier franzos. Spielkartenfarben (neben *Kreuz, Pik, Herz*). Die Rangfolge bzw. Wertigkeit wird durch die jeweilige Spielregel bestimmt.

Karo, 1. Georg, dt. Archäologe, *11. 1. 1872 Venedig, †12. 11. 1963 Freiburg i. Br.; 1920 Prof. in Halle (Saale) u. an US-amerikan. Universitäten (1939–1952), Direktor des Dt. Archäolog. Instituts in Athen (1905 bis 1920, 1930–1936). „Die Schachtgräber von Mykenai" 1930–1932; „Greifen am Thron. Er-

Kärnten: Bildstöcke, die die Vorbeikommenden zur Andacht anhalten sollen, sind in Kärnten überaus zahlreich anzutreffen

innerungen an Knossos" 1959; „Fünfzig Jahre aus dem Leben eines Archäologen" 1959.
2. Josef Ben Efraim, sephardisch-jüd. Rechtsgelehrter u. Theologe, *1488 Toledo, † 24. 3. 1575 Safed, Palästina; Hptw.: Schulchan Aruch, maßgeblicher Kodex der Gesetze u. Bräuche.

Karobe [die; arab., lat.], *Karube* → Johannisbrotbaum.

Karol, poln. für → Karl.

Karola [auch 'ka-], weibl. Vorname, zu *Carolus,* der latinisierten Form von *Karl.*

Karoline, weibl. Vorname, Weiterbildung von *Karola.*

Karoline, Fürstinnen:

Karoline Wilhelmine von England

◆ **1. Karoline Wilhelmine,** Königin von England 1727–1737, *1. 3. 1683 Ansbach, † 20. 11. 1737 London; Tochter Johann Friedrichs von Brandenburg-Ansbach, 1705 vermählt mit dem späteren König *Georg II.* von England. Durch klugen Einfluss auf ihren Gemahl (trotz seiner Mätressenwirtschaft), auf die *Whigs* u. die anglikan. Kirche stärkte sie das Ansehen des hannoveran. Königshauses in England. Sie unterstützte den Premier-Min. R. *Walpole,* förderte – selbst hochgebildet – Dichter (J. *Swift*), Denker (engl. Aufklärung: G. *Berkeley, Shaftesbury*) u. Musiker (G. F. *Händel*) u. war befreundet mit *Chesterfield* u. A. *Pope.*
2. Karoline Henriette Christine Luise, Landgräfin von Hessen-Darmstadt (die „Große Landgräfin"), *9. 3. 1721 Bischweiler, † 30. 3. 1774 Darmstadt; aus dem Haus Zweibrücken-Birkenfeld stammend, seit 1741 mit

Karolinen: Dichter Regenwald bedeckt die unzähligen Inseln Mikronesiens; im Bild Ponape, die größte Insel der Karolinen

dem Erbprinzen u. späteren Landgrafen *Ludwig IX.* von Hessen-Darmstadt (*1719, † 1790) verheiratet, der 1744 u. 1750–1757 in preuß. Kriegsdiensten stand. K. befreundete sich mit *Friedrich d. Gr.,* versammelte nach dem Regierungsantritt ihres Gemahls (1768) am Hof in Darmstadt berühmte Männer (*Herder,* J. H. *Merck, Wieland, Gleim* u. *Goethe*) u. ließ 1771 die ersten Werke *Klopstocks* drucken. Durch die Hochzeiten ihrer Töchter war sie mit vielen Fürstenhöfen verbunden (Preußen, Hessen-Homburg, Russland).
3. Karoline Amalie, Königin von England 1820–1821, *17. 5. 1768 Braunschweig, † 7. 8. 1821 London; heiratete 1795 den Prinzen von Wales u. späteren König Georg IV. (1820–1830), 1811–1820 wegen angebl. ehebrecherischen Beziehungen vom engl. Hof verbannt, weigerte sich 1820, auf ihren Titel „Königin" zu verzichten, worauf Georg IV. im Parlament eine Scheidungsgesetz einbringen ließ, das jedoch im Oberhaus scheiterte. K. wurde dennoch nicht zur Krönung Georgs IV. zugelassen.

◆ **Karolinen,** engl. *Caroline Islands,* größte Inselgruppe von Mikronesien; über 900, meist flache Koralleninseln u. einige größere, mehrere hundert Meter hohe Felsinseln, von denen *Ponape (Pohnpei), Truk (Chuuk), Kosrae, Yap* u. *Babelthuap (Palau)* die größten sind; Gesamtfläche 1229 km², 134 000 Ew.; meist Mikronesier, z. T. mit Polynesiern vermischt; tropisches Seeklima; Regen- u. Mangrovewälder, Kokospalmenhaine; Export von Kopra, Kakao, Pfeffer, Webwaren; Fremdenverkehr.
G e s c h i c h t e : Teile des Archipels waren bereits im 2. Jh. v. Chr. bewohnt; 1525 von Portugiesen entdeckt, 1686 spanisch u. nach König *Karl II.* von Spanien benannt, 1899 an Deutschland verkauft, 1919–1945 japanisches Mandat, 1944 von den USA besetzt, 1947 als UN-Treuhandgebiet den USA übertragen. Die östliche K. (*Mikronesien*) wurden 1991 unabhängig. Der westl. Teil der K. (*Palau*) proklamierte 1994 die Unabhängigkeit.

Karolinen-Salomonen-Schwelle, eine plateauartige Erhebung zwischen den Salomonen u. den östl. Karolinen, scheidet das *Ostkarolinen-* vom *Marianen-* u. *Melanesischen Becken.*

Karolinger, *Arnulfinger, Pippiniden,* fränk. Hausmeier- u. Königsgeschlecht (seit 751); stammte von Bischof *Arnulf von Metz* (†641) ab, dessen Enkel *Pippin II.,* der Mittlere, 687 (Schlacht bei Tertry) die zentrale Gewalt als Hausmeier des gesamten Frankenreichs gewann. Ihm folgte sein unehel. Sohn *Karl Martell.* Dessen Söhne *Karlmann* u. *Pippin III.,* d. J., übten das Hausmeieramt bis 747 in verschiedenen Reichsteilen getrennt aus. Pippin setzte den Merowinger *Childerich III.* ab u. wurde 751 mit Zustimmung des Papstes König. Ihm folgten 768 seine beiden Söhne Karlmann u. *Karl (d. Gr.),* doch Karlmann starb bereits 771. Karl d. Gr., nun Alleinherrscher, wurde 800 vom Papst zum Kaiser gekrönt. Ihm folgte 814 sein Sohn *Ludwig der Fromme.* Ludwigs Söhne *Lothar I., Karl der Kahle* u. *Ludwig der*

karolingische Kunst: Oktogonale Pfalzkapelle im Aachener Münster, nach den Plänen von Udo von Metz; 805 geweiht

Deutsche teilten 843 das Reich (Vertrag von Verdun), u. es entstanden drei bald erlöschende Herrscherlinien, die mittlere (bis 875, *Ludwig II.*), die ostfränkische (bis 911, *Ludwig das Kind*) u. die westfränkische (bis 987, *Ludwig V.*).

◆ **karolingische Kunst,** die Kunst des Karolingerreichs vom Ende des 8. Jh. bis zur Hälfte des 10. Jh. In bewusstem Rückgriff auf die christl. Spätantike (daher *karolingische Renaissance*) schufen höfische u. klerikale Kreise eine Kunst, die wieder die Gestalt des Menschen in den Mittelpunkt stellte. In dem Versuch, verschiedene Anregungen (Elemente aus Rom, Konstantinopel, Kleinasien, Irland) zu einer eigenen Ausdrucksform zu verschmelzen, bot die k. K. ein vielgestaltiges Bild.

BAUKUNST

In direktem Bezug auf frühchristl. Kirchen Roms nahm die dreischiffige *Basilika* das Querhaus vor der Apsis auf (frühestes Beispiel: Abteikirche von Saint-Denis, 775 geweiht). Die Erweiterung der Abteikirche in Fulda (Weihe 819) zeigte ein weit ausladendes Westquerhaus mit Apsis. Die hierbei entstandene Doppelchoranlage ergab sich aus der angestrebten Übereinstimmung mit der Grabeskirche von St. Peter in Rom u. der karoling. Eigenart, die früher nebeneinander gebauten Kirchen verschiedener Heiliger auf einer Achse hintereinander anzuordnen (Doppelchörigkeit z. B. im Idealplan von St. Gallen, im alten Kölner Dom, in Paderborn, Echternach, Besançon, Reichenau-Oberzell). Die Erweiterung der Liturgie führte zur Vermehrung der Apsiden (Regensburg, Steinbach) u. zu weiterer Ausdehnung des Chors durch ein besonderes Joch vor der Hauptapsis (Centula, Paderborn, Corvey, St. Gallen). Der dem Chor gegenüberliegende Kircheneingang wurde stadttorartig mit einem Turm überbaut, der den äußeren Abschluss einer fast selbständigen Vorkirche bildete: Das sog. Westwerk bestand in seiner ausgeprägtesten Form aus einem quadrat. zweigeschossigen Mittelraum u. dreigeschossigen Seitenräumen u. war nicht mit dem Binnenraum der Basilika verschmolzen. Es diente u. a. als kaiserl. Gastkirche mit Westloge zur Teilnahme am Gottesdienst (Vorstufe: Westbau des Aachener Münsters; frühe Beispiele: Centula, Corvey, Halberstadt).

Neben den wenigen, meist nur verändert erhaltenen Bauwerken sind durch Grabungen zahlreiche Grundrisse von einfacherer Gestalt gefunden worden (besonders *Saalkirchen* mit abgeschnürtem Chorrechteck). Nach den frühen rechteckigen, runden oder *kreuzförmigen Krypten* entstanden im Anfang des 9. Jh. die *Stollen-* oder *Hallenkrypten* (Steinbach, Echternach, Fulda). Von Profanbauten sind nur Reste erhalten *(Kaiserpfalzen).*

Karoo: Die Trockenlandschaft im südafrikanischen Kapland kann nur durch extensive Landwirtschaft genutzt werden

MALEREI

Von der karoling. *Wandmalerei* ist nur wenig überliefert; beachtenswert sind die Fresken in Castelseprio bei Mailand u. Münster (Graubünden); Fragmente finden sich im Westwerk von Corvey u. St. Maximin in Trier. Die *Buchmalerei* erfuhr den vollen Einstrom der christl.-spätantiken Bilderwelt, deren Vorlagen als mehr oder weniger verstandene Vorbilder maßgebend waren. Daneben trat die Grundrichtung der mittelalterl. Malerei klar hervor, die der Linie den Vorrang gab. Die Malerei der karolingischen Kunst stellt sich dar als eine große Gruppe von Schulen oft recht unterschiedl. Charakters. Die sog. *Ada-Schule* stand in Verbindung mit der Hauptstadt Aachen u. pflegte einen monumentalen, leicht byzantinisierenden Stil; die Arbeiten der *Liuthart-Gruppe* sind feiner u. zarter. Zu diesen Stilgruppen, die sich um einzelne Meister sammelten, kamen noch einige lokale Schulen, vor allem in Tours (*Alkuinsbibel*, um 840; *Viviansbibel*, um 850), Metz, Fulda, Corvey u. Reims (sehr persönl. Arbeiten in malerisch-antikisierender Prä-

gung, Hauptwerk: *Utrecht-Psalter;* ebenso nervöser, linearer Stil im *Ebo-Evangeliar,* Épernay).

PLASTIK

Da Monumentalskulptur aus karoling. Zeit nicht erhalten ist, muss man für die Beurteilung der karoling. Plastik Werke der Kleinkunst heranziehen. Neben Bronzegusswerken (Reiterstatuette Karls d. Gr. im Louvre, Paris, 9. Jh.; Bronzegitter u. -türen des Aachener Münsters) u. Goldschmiedearbeiten *(Tassilokelch, Ardennenkreuz)* sind Elfenbeinarbeiten verschiedener Schulen erhalten. Von einzelnen dieser Stücke sind die spätantiken Vorbilder bekannt (*Oxforder Tafel,* um 800, Ada-Schule; *Liverpooler Tafel,* 9. Jh., Schule von Reims). Auch wo keine Vorlagen vorhanden waren, gestalteten die karoling. Meister in antikem Geist (Deckel vom Psalter Karls d. Gr., Ende des 8. Jh., Ada-Schule, Paris, Louvre). Zu den Hptw. karoling. Reliefkunst gehören die *Tuotilo-Tafeln* von St. Gallen (um 900, volkstüml. erzählten Szenen aus dem Leben

des hl. Gallus) u. der Deckel vom Psalter Karls des Kahlen (um 870, im Stil des Utrecht-Psalters).

karolingische Minuskel, Typ der Lateinschrift aus Kleinbuchstaben mit Ober- u. Unterlängen, die im 8. Jh. durch Einwirken der Hofkanzlei Karls d. Gr. aus den regionalen Minuskelschriften vereinheitlicht wurde.

karolingische Renaissance [-rənɛ'sãs; frz.] → karolingische Kunst.

Karolus, August, dt. Physiker u. Elektrotechniker, *16. 3. 1893 Reihen bei Heidelberg, †1. 8. 1972 Zollikon bei Zürich; 1926–1945 Prof. in Leipzig, seit 1945 in Zürich, 1955–1962 in Freiburg i. Br.; entwickelte aufgrund des Kerreffekts 1923/24 ein Verfahren für die Bildtelegrafie u. das Fernsehen. 1928 wertete er die Methode für den Tonfilm aus.

Károlyi ['kaːroji], **1.** Gáspár, ungar. Bibelübersetzer u. reform. Pfarrer, *um 1529 Nagykároly, †1591 Vizsoly (Komitat Abaúj); schuf 1586–1590 die erste vollständige ungar. Bibelübersetzung, die für die Herausbildung der ungar. Literatursprache eine große Bedeutung gewann.
2. Gyula (Julius) Graf, ungar. Politiker, *7. 5. 1871 Nyirbakta, †26. 4. 1947; Mai–Juli 1919 in Arad Leiter einer Gegenregierung gegen die Budapester Räterepublik Béla *Kuns*, 1930 Außen-Min., 1931/32 Min.-Präs.
◆ **3.** Julian von, ungar. Pianist, *31. 1. 1914 Losonc, †1. 3. 1993 München; lebte in Deutschland; Schüler von J. *Pembaur,* Max Pauer, A. *Cortot* sowie E. von *Dohnányi.* Viele Klavierpreise, in- u. ausländische Konzertreisen, bes. Chopin-Interpret.
4. Mihály (Michael) Graf, ungar. Politiker, *4. 3. 1875 Budapest, †18. 3. 1955

Julian von Károlyi

karolingische Baukunst (Auswahl)

Land	Ort	Bauwerk
Deutschland	Aachen	Pfalzkapelle des Aachener Münsters, 792–805
	Corvey	Westwerk der Stiftskirche, 873–885
	Essen	Ringkrypta der ehemaligen Benediktiner Reichsabtei (heute St. Ludgerus), 827–839
	Fulda	Krypta der Michaelskapelle, 820–822
	Lorsch	Torhalle, 774
	Regensburg	Krypta von St. Emmeran, 8. Jh.
	Seligenstadt	Einhartsbasilika (nur Grundsubstanz), 831–840
	Steinbach	Einhartsbasilika, 821
Frankreich	Germigny-des-Prés	Kapelle der Abtei Fleury, geweiht 806
	St.-Denis (bei Paris)	Krypta der Kirche von St.-Denis, begonnen 754
	St.-Philibert-de-Grandlieu	Krypta der ehemaligen Abteikirche, um 847
Niederlande	Maastricht	Westwerk der Kirche St. Maria, um 1000
	Nimwegen	Valkhofkapelle, nach 1030

Vence bei Nizza (Frankreich); im 1. Weltkrieg Gegner des Bündnisses mit Dtschld., erstrebte die republikan. Staatsform; 1918 Min.-Präs., 1919 Präs. der Republik, emigrierte nach der Machtübernahme durch die Räteregierung Béla *Kuns*; 1919–1945 im Exil, Gegner des Horthy-Regimes u. des Faschismus; 1946 kehrte er nach Ungarn zurück, Mitgl. des ungar. Parlaments, 1947–1949 Botschafter in Paris, dann Emigrant in Frankreich.

Karonga, Distrikt-Hptst. im N von Malawi, in der fruchtbaren Seeuferebene des Malawisees, 12 000 Ew.; Anbau von Reis, Baumwolle, Bohnen u. Tee; Stützpunkt für den Sklavenhandel im 19. Jh.

◆ **Karoo** [ka'ru:; die; hottentott., „steinige Fläche"], *Karru,* halbwüstenhafte Trockenlandschaften in südafrikan. Kapland, steigen in Stufen von der fruchtbaren Küstenebene bis zur Hochfläche des Oranje an. Man unterscheidet von S nach N die *Kleine K.,* eingesenkt zwischen den in ostwestl. Richtung verlaufenden Ketten des Kap-Faltengebirges, die *Große K.* zwischen Kapgebirge u. Großer Randstufe u. die *Hohe K.* zwischen Großer Randstufe u. Oranje, außerdem die *Tankwa-Karoo* im westl. Kapland vor der Großen Randstufe. Alle Teilgebiete tragen die typ., sehr artenreiche Karoovegetation, die dem trockenen Klima entsprechend aus locker stehenden – häufig Wasser speichernden – Halbsträuchern u. Kräutern besteht. – Landwirtschaftl. Nutzung durch extensive Schafzucht, Bewässerungsanbau in der Kleinen K. u. Straußenfarmen bei Oudtshoorn. *Bild S. 209*

Karoß [afrikaans], Umhängemantel aus Fell, vor allem von den südafrikan. Buschmännern getragen; der K. wird auch zum Tragen der Kinder u. der gesammelten Feldfrüchte verwendet.

Karosse [frz.], Staatswagen, Fahrzeug hochrangiger Politiker, Galakutsche (von Pferden gezogen).

Karosserie [frz.], Fahrzeugaufbau auf dem Fahrgestell bzw. dem Rahmen; dient bei Personen-, Lieferkraftwagen, Omnibussen u. a. zur Aufnahme u. zum Schutz der Fahrgäste oder des Ladeguts. Heute werden Personenkraftwagen u. Omnibusse fast immer mit „selbsttragendem Aufbau" hergestellt, d. h. Achse u. Triebwerk sind unmittelbar an der Bodengruppe der K. angeordnet; ein bes. Rahmen (wie bei Lastkraftwagen) entfällt.

Karosserieblech, glattes, porenfreies Spezialblech mit guter Umformbarkeit für Kraftwagen-Karosserieteile u. Teile mit höchster Tiefziehbeanspruchung.

Karosserie- und Fahrzeugbauer, *Karosserie- und Fahrzeugbauerin,* anerkannter Ausbildungsberuf des Bereichs Fahrzeugtechnik im Metallhandwerk, bis 1989 als *Karosseriebauer* bezeichnet; Ausbildungsdauer 3¹/₂ Jahre; es kann zwischen den Fachrichtungen *Karosseriebau* u. *Fahrzeugbau* gewählt werden. K.- u. F. fertigen Fahrzeugrahmen, Aufbauten u. Karosserien für Spezialfahrzeuge, häufig noch von Hand.

Karosserie- und Fahrzeugbautechniker, *Karosserie- und Fahrzeugbautechnikerin,* Techniker, die als mittlere Führungskraft mit der Entwicklung, Planung, Konstruktion oder Instandsetzung von Karosserien u. Spezialaufbauten betraut sind.

Karotiden [Pl., Sg. die *Karotis*; grch.], *Carotiden,* die → Halsschlagadern.

Karotin, ein Provitamin, → Carotin.

Karotisdrüsen, *Carotisdrüsen,* Drüsen aus sog. chromaffinen Zellen (Zellen der Adrenalorgane, → Nebennierensystem) im Nieren- u. Leberparenchym, in Eierstock- u. Nebenhodennähe.

Karotte [die; ndrl.], früher Bez. für die *Gewöhnl. Möhre, Daucus carota,* heute als

Karpatenskorpion, Euscorpius carpathicus

Zuchtprodukt eine meist frühreife, gelbe bis rote, kurze Mohrrübe.

Karpacz [-patʃ], *Krummhübel,* poln. Luftkur- u. Wintersportort in Schlesien, nördl. der Schneekoppe, rd. 5500 Ew.; Stabkirche; Papierfabrik; Fremdenverkehr.

Karpaltunnelsyndrom, häufig auftretende Druckschädigung des Medianusnervs im Karpaltunnel auf der Hohlhandseite des Handgelenks. Es entsteht entweder durch Quellung der Sehnen oder Nerven, die durch den Karpaltunnel ziehen, wie z. B. bei einem → Ödem oder einer → Sehnenscheidenentzündung, oder durch Knochendeformationen nach einer *Fraktur* (→ Knochenbruch). Oft ist die Ursache jedoch unklar. Das schmerzhafte K. tritt v. a. bei Frauen im fünften u. sechsten Lebensjahrzehnt auf u. führt zu Sensibilitätsstörungen der Hohlhand u. Finger u. schließlich zu einer Zurückbildung des Daumenballens.

◆ **Karpaten,** *Karpathen,* poln., tschech. u. russ. *Karpaty,* rumän. *Carpati,* ung. *Kárpátok,* rd. 1300 km langer Gebirgsbogen im südl. Ostmitteleuropa; zieht sich in einem nach SW offenen Oval von der Donau bei Bratislava bis wieder an die Donau beim *Eisernen Tor.* Die K. sind ungefähr gleichzeitig mit den Alpen in der Kreide u. im Tertiär gefaltet u. anschließend gehoben worden. Obwohl niedriger (höchster Gipfel *Gerlsdorfer Spitze* in der *Hohen Tatra* 2654 m) u. im Allg. weniger breit (70–350 km) als die Alpen, zeigen die K. doch verwandte geolog. Strukturen u., wenigstens in den höchsten Teilen, ein ähnl. hochalpines Erscheinungsbild, ansonsten sind sie jedoch über weite Strecken ein waldreiches Mittelgebirge.

Gliederung: Die *Westkarpaten* erstrecken sich von der Donau bis zum Duklapass. Die *Beskiden,* aus Flyschsandsteinen u. -mergeln der Kreide u. des Alttertiärs aufgebaut, bilden ihren äußeren Bogen. In den zentralen Zonen liegen Kalke, Dolomite u. kristalline Gesteine in enger Nachbarschaft; in der *Hohen Tatra* mit zahlreichen Gipfeln über 2600 m ist durch die ehem. Vergletscherung ein Hochgebirgs-

Karpaten: Der Bucurasee liegt im Retezatgebirge (Rumänien)

relief entstanden mit Graten, Karen, Trog-
tälern u. a. In den sich östl. anschließenden
Waldkarpaten setzt sich die beskidische
Flyschzone als Waldmittelgebirge (meist
unter 1500 m Gipfelhöhe) bis zu den Theiß-
quellen fort. Die inneren geolog. Zonen sind
hier im Pannonischen Becken abgesunken.
In den südl. anschließenden *Ostkarpaten* ist
das geolog. Querprofil wieder vollständig;
die kristalline Kernzone überschreitet
2000 m Kammhöhe, einzelne Gipfel sind
höher als 2300 m; das Gebirge hat teilweise
wieder Hochgebirgscharakter. Vom Predeal-
alpass südl. von Brașov (Kronstadt) bis zum
Eisernen Tor ziehen die bis über 2500 m
hohen *Südkarpaten* oder *Transsilvan. Alpen*
in Richtung O–W mit dem westlichsten
Ausläufer im *Banater Gebirge.* Der Abbruch
des Innensaums der K. wird im N, O u. S
begleitet von einer Zone mit jungtertiärem
Vulkanismus, in dessen Gefolge hydrother-
male Erzlagerstätten (Slowak., Banater Erzgebirge) u. Thermalquellen auftreten. In den
K. herrscht ein gemäßigtes Kontinentalklima.
Der größte Teil des Gebirges ist von
Wald bedeckt (Buchen, Fichten), in höheren
Lagen Tannen u. Lärchen, an die sich eine
alpine Mattenregion anschließt. Neben dem
Wild leben in den Wäldern Bären, Wölfe u.
Luchse. Zur Erhaltung einer weitgehend
ursprüngl. Naturlandschaft wurden die Nationalparks *Tatra-Nationalpark* (Slowakei),
Pieniny u. *Babia Góra* (Polen) u. *Retezat*
(Rumänien) errichtet.
Wirtschaft: In den Tälern u. Becken
wird Ackerbau betrieben; von großer Bedeutung sind Holz- u. Almwirtschaft. Erz- u.
Kohlenbergbau sowie Erdöl- u. Erdgasförderung sind die wichtigsten Wirtschaftszweige. Der Fremdenverkehr wurde immer
weiter ausgebaut. Die K. sind durch Quer-
täler u. Pässe im Allg. gut gegliedert u. für
den Verkehr durchgängig.
◆ **Karpatenskorpion,** *Euscorpius carpathicus*,
in Südosteuropa häufige Art der *Skorpione,*
bis 4 cm lang, ungefährlich für den Menschen.
Karpathos, ital. *Scarpanto,* türk. *Kerpe,*
griech. Insel der Südl. Sporaden zwischen
Kreta u. Rhodos, 301 km², 4600 Ew.; Hauptort *K.;* felsig, bis 1220 m, wenig fruchtbar.
Karpell [das; grch.], *Carpellum* → Fruchtblatt.
Karpenision, griech. Gebirgsstädtchen im
Pindos, östl. des Acheloos, Hauptort des
Verw.-Bez. Evritania, 5200 Ew.
◆ **Karpfen,** *Cyprinus carpio,* Art der *Karpfenfische;* ein verhältnismäßig hochrückiger
Süßwasserfisch, der über 1 m lang u. bis zu
20 kg schwer werden kann; ursprünglich
wohl in Mitteleuropa u. Asien beheimatet,
heute auf allen Kontinenten eingeführt.
Neben dem vorstülpbaren Maul sitzen zwei
Bartfäden. Er ernährt sich von Insektenlar-
ven, Würmern, Wasserflöhen, bei künstlicher Zucht auch von gequollenen Samen
(z. B. Lupine, Mais u.a.). Durch Züchtung
aus der Naturform, dem *Schuppenkarpfen,*
ist der heutige *Spiegelkarpfen* (wenige große
Schuppen) entstanden, daneben der *Zeilen-
karpfen* (durchgehende Reihe großer Schuppen an Körperseiten) u. der *Lederkarpfen*

Karpfen sind hervorragende Speise- und Zuchtfische.
Im Bild ein Lederkarpfen, dessen Zuchtmerkmale
Schuppenlosigkeit und der hohe Rücken sind

Karpfen: Die Wildform des Karpfens ist schlank und
gleichmäßig beschuppt, am Oberkiefer befinden sich
zwei Barteln zum Tasten und Schmecken

(ohne Schuppen). Der K. ist ein wichtiger
Wirtschaftsfisch für die künstl. Fischzucht.
Auch → Aquakultur, → Karpfenteichwirtschaft.
Karpfenfische, 1. *Cypriniformes,* Ordnung
der *Echten Knochenfische.* Die Schwimm-
blase ist mit dem Darm u. durch umge-
bildete Wirbel *(Weber'scher Apparat)* als
Gleichgewichtssinnesorgan mit dem Ohr
verbunden, wodurch der Auftrieb dem
Wasserdruck angepasst wird. Über 6000
Arten, meist im Süßwasser. 4 Unterordnun-
gen: *Salmler, Nacktaale, Karpfenähnliche* u.
Welse.
2. *Weißfische, Cyprinidae,* Familie der Ordnung *Karpfenfische* u. die artenreichste aller
Fischfamilien; weltweit mit Ausnahme von
Südamerika, Australien u. Madagaskar im
Süßwasser verbreitet. Charakteristisch sind
die den Schlund umspannenden Knochen-
spangen (Schlundknochen), die zahnartige
Horngebilde (Schlundzähne) tragen. Echte
Zähne fehlen. Viele Arten der in Mitteleuropa vorherrschenden Unterfamilie der
Eigentlichen Weißfische bevorzugen stehende oder langsam fließende Gewässer mit
schlammigem oder sandigem Grund: *Blei,
Bitterling, Karausche, Karpfen, Plötze, Rot-
feder, Schleie;* einige Arten sind strömungs-

Karpfenlaus, Argulus foliaceus

liebend: *Barbe, Aland, Döbel, Hasel.* Als
Aquarienfische beliebt sind die → Barben.
Karpfenlachse → Salmler.
◆ **Karpfenlaus,** *Argulus foliaceus,* bis 8,5 mm
langer, zu den *Fischläusen* gehörender pa-
rasitischer Krebs; lebt im Süßwasser auf
zahlreichen Fischarten, vor allem Karpfen,
auch auf Kaulquappen u. Molchen; befällt
auch gern in Reusen gefangene Fische.
Karpfenteichwirtschaft, Nutzung von künstlich angelegten, absperr- sowie ablassbaren
Teichen zur Produktion von *Karpfen.* Laich-
fische lässt man in kleinen, flachen u. daher
gut durchwärmten Teichen natürlich ablai-
chen; die Laichabgabe ist durch Hormonin-
jektionen beeinflussbar; Eizahl 200 000 bis
700 000. Die Jungfische werden in größere
Vorstreckteiche übergeführt, danach in die
mehrere ha großen *Abwachsteiche,* in denen
sie im dreijährigen Umtrieb unter Verwertung der natürl. Nahrung im Teich (insbes.
Kleintiere) zum Speisefisch heranwachsen.
Bei extensiver Bewirtschaftung ergeben sich
Erträge von 50–150 kg pro ha, durch
Teichdüngung ist eine Steigerung auf
200–400 kg möglich, bei Zufütterung mit
pflanzl. Futtermitteln (Soja, Mais, Lupine)
bis 600 kg u. mehr. Heute stehen auch
wertvolle Trockenfuttermittel zur Verfügung, die bes. in Verbindung mit warmem,
durchfließendem Wasser (Kühlwasser von
Industrien) eine Ertragssteigerung auf mehr
als das Zehnfache möglich machen. Haupt-
gebiete der K. in Dtschld. sind Bayern
(Aischgrund, Dinkelsbühl, Oberpfalz) sowie
Sachsen, hier vor allem die Oberlausitz.
Auch → Aquakultur, → Karpfen.
Kärpflinge → Zahnkarpfen.
Karpinsk, bis 1941 *Bogoslowskij,* Stadt in
Russland, im O des Mittleren Ural, rd.
45 000 Ew.; Braunkohlenbergbau, Stahlbe-
tonfertigung, Wärmekraftwerk.
Karpiński [-'pinjski], Franciszek, poln.
Schriftsteller, *4. 10. 1741 Hołoskowo,
Galizien, †16. 9. 1825 Chorowszczyzna;
Repräsentant des Sentimentalismus u. der
Schäferdichtung.
Karpolithen [grch.], zusammenfassende Bez.
für fossile Früchte.
Karpose [grch.], Zusammenleben zweier ver-
schiedener Arten, woraus nur die eine einen
Nutzen zieht, der anderen dabei aber nicht
schadet.

Anatolij Karpow

◆ **Karpow** [-pɔf], *Karpov,* Anatolij, russ. Schachspieler (Großmeister), *23. 5. 1951 Slatoust; 1975 bis 1985, 1993 und 1996 Schachweltmeister. Der Titel wurde ihm als Sieger des Kandidaturniers 1974 zuerkannt, weil sein Vorgänger Robert *Fischer* (USA) das Entscheidungsspiel verweigerte. Den 1985 an seinen Landsmann G. *Kasparow* verlorenen WM-Titel holte sich K. 1993 nach Sieg gegen Jan *Timman* (Niederlande) zurück.

◆ **Karracke** [die; arab., span., frz.], ndrl. *Kraeck,* dreimastiges großes Segelschiff, seit dem 15. Jahrhundert in Gebrauch, oft fälschlich als *Kogge* bezeichnet. Auch → Holk.

Karracke: Modell der 118 Tonnen schweren „São Gabriel", mit der Vasco da Gama das Kap der Guten Hoffnung umsegelte und 1497 die indische Küste erreichte

Karree [das; frz.], *Carré,* **1.** *Lebensmittelkunde:* bes. österr. Bez. für einen Teil des Rückens vom Schwein, Hammel oder Kalb. **2.** *Militär:* Viereck; früher nach vier Seiten geschlossene Aufstellung von Infanterieabteilungen zur Abwehr von Reiterangriffen.

Karren [Pl.], *Schratten,* auffällige *Karstkleinformen* in vegetationslosen Karstgebieten mit regelmäßigen, flach bis tief in das Gestein eingegrabenen Rillen. Die zwischen den Rillen stehenden Gesteinsrücken bilden oft scharfe Grate. Die das Gestein durchfurchenden Rillen können hangab breiter werden oder auf flachen Hängen mäandrieren. K. entstehen durch Korrosionswirkung abfließenden Niederschlagswassers.

Karrer, 1. Otto, schweiz. kath. Theologe, *30. 11. 1888 Ballrechten, †8. 12. 1976 Luzern; bemüht um die Wiedervereinigung der Christen. Hptw.: „Textgeschichte der Mystik" 3 Bde. 1926/27; Übers. des NT 1950; „Das Reich Gottes heute" 1956; „Die christl. Einheit" 1963; „Das 2. Vatikan. Konzil" 1966.

Paul Karrer

◆ **2.** Paul, schweiz. Chemiker, *21. 4. 1889 Moskau, †18. 6. 1971 Zürich; Arbeiten zur Konstitutionsermittlung u. Synthese des Carotins u. verschiedener Vitamine; verfasste ein „Lehrbuch der organ. Chemie" 1930. Nobelpreis für Chemie 1937 zusammen mit W. N. *Haworth.*

Karrhae, *Karrhä, Carrhae,* Stadt in Mesopotamien, → Harran.

Karri [der; austral.], *Eucalyptus marginata,* ein *Myrtengewächs (Myrtaceae),* waldbildend im südwestl. Australien, ziemlich astfreier Baum, schweres, stark schwindendes Holz; Konstruktionsholz für hohe Beanspruchungen, z. B. für Stützen, Träger, Spurlatten; mäßig witterungsfest. Ähnlich ist *Jarrah,* nur dunkler u. witterungsbeständiger.

Karriere [die; frz.], **1.** *allg.:* (rasche, erfolgreiche) berufliche Laufbahn („K. machen").
2. *Pferdesport:* schnellste Gangart des Pferdes; schärfster → Galopp, Renngalopp.

Karriolposten, einspännig gefahrene Postfuhrwerke auf Landstraßen, zur Beförderung von Briefsendungen u. *fahrenden Landbriefträgern,* Platz für 1–2 Reisende; wurden 1930 aufgehoben.

Tamara Karsawina

Karronade [nach den Eisenwerken in *Carron,* Schottland], kurzes, glattes Geschütz, das Ende des 19. Jh. auf engl. Linienschiffen für Nahgefechte aufgestellt wurde; großes Kaliber.

Karru, südafrikan. Trockenlandschaften, → Karoo.

Kars, Hptst. der türk. Prov. K. im Hochland von Armenien, nordöstl. von Erzurum, nahe der armen. Grenze, Festung am Übergang von Hochanatolien nach Transkaukasien, 78 500 Ew.; Textil- u. Nahrungsmittelindustrie, in der Nähe Asbestförderung; Bahn nach Kumairi (Armenien). – Im 9. u. 10. Jh. armenisch, 1546 türkisch, 1878–1918 russisch, seitdem türkisch.

Karsamstag [ahd. *kara,* „Klage"], Samstag zwischen Karfreitag u. Ostersonntag. In der kath. Kirche werden am K., in der Osternacht, Feuer, Osterkerze u. Taufwasser geweiht, die Taufe gespendet u. das Osteramt gefeiert.

◆ **Karsawina,** *Karsavina,* Tamara, russ. Tänzerin, *9. 3. 1885 St. Petersburg, †26. 5. 1978 Beaconsfield (Großbritannien); Ballerina des Petersburger Kaiserl. Balletts, dann der *Ballets Russes* in Paris; Vertreterin des klass. Balletts; wurde von der Kritik noch über A. *Pawlowa* gestellt.

Anna Luise Karsch

◆ **Karsch,** Anna Luisa, genannt die *Karschin,* dt. Dichterin, *1. 12. 1722 bei Züllichau, Niederschlesien, †12. 10. 1791 Berlin; schrieb Oden u. anakreontische Gedichte; als „dt. Sappho" gefeiert.

Karschi, *Karši,* früher *Bek-Budi,* Hptst. des Verwaltungsgebiets *Kaschkadarja* im S Usbekistans, 168 000 Ew.; Zentrum eines Baumwollanbaugebiets; pädagogische u. medizinische Fachschule; Textil- u. Nahrungsmittelindustrie, Teppichfertigung; Verkehrsknotenpunkt.

Karschin → Karsch, Anna Luisa.

Karsee, See in einem → Kar.

Karsen, Fritz, dt. Reformpädagoge, *11. 11. 1885 Breslau, †25. 8. 1951 Guayaquil (Ecuador); Vertreter des Gedankens der *Einheitsschule,* emigrierte 1933. Werke: „Die Schule der werdenden Gesellschaft" 1921; „Deutsche Versuchsschulen der Gegenwart und ihre Probleme" 1923; „Die neuen Schulen in Dtschld." 1924. Herausgeber der Zeitschrift „Lebensgemeinschaftsschulen" 1923 ff.

Karsh [kɑːʃ], Yousuf, kanad. Fotograf armen. Herkunft, *23. 12. 1908 Mardin (Türkei); wanderte 1925 nach Kanada aus, wo er 1932 ein Fotostudio in Ottawa eröffnete; wurde international bekannt durch seine Porträtfotografien von Größen aus Politik u. Kultur (u. a. M. L. *King,* J. F. *Kennedy,* F. *Castro,* E. *Hemingway,* B. *Britten,* G. B. *Shaw,* A. *Schweitzer,* I. *Strawinsky*), die ihn zu einem der berühmtesten Porträtisten der Gegenwart machten. Seine bekannteste Aufnahme ist das Porträt von W. *Churchill,* 1941 auf dem Titelblatt der Illustrierten „Life", das zum Synonym der Kriegszeit wurde u. das Bild vom unbesiegbaren Engländer prägte.

Karši ['karʃi], Stadt in Usbekistan, → Karschi.

◆ **Karst** [der; nach dem Karstgebiet bei Triest; serbokr., *krâs*, „dünner Boden", *krása*, „steiniger Boden"], Gesamtheit der Formen von wasserlösl. Gesteinen (z. B. Kalk, Gips, Anhydrit, Salz), die durch Oberflächen- u. Grundwasser ausgelaugt werden (→ Korrosion). Durch Lösungsvorgänge kommt es zu charakterist. Karsterscheinungen *(Karstphänomenen)* an der Oberfläche, z. B. *Karren (Schratten), Dolinen, Uvalas, Poljen, Trockentälern, Karstebenen, Karstseen.* Zu den unterird. Karsterscheinungen gehören weit verzweigte *Höhlen* u. tiefe *Karstschächte.* Die wasserdurchflossenen Kluftsysteme im Karstgestein werden durch Lösung immer mehr erweitert u. nehmen schließlich das gesamte Oberflächenwasser auf, so dass der oberfläch. Abfluss gänzlich versiegt *(Trockentäler).* Selbst Flüsse verschwinden in *Ponoren* oder *Sickerstrecken* (Donauversickerung) u. treten in Karstquellen wieder aus (Aachquelle). „Hungerbrunnen" (Schwäb. Alb) fallen zeitweise fast oder ganz trocken. Ein früher angenommener, durchgehender Karstgrundwasserspiegel existiert nicht. Sind die Böden auf Karstgesteinen *(Rendzinen)* erst einmal erodiert (z. B. Mittelmeerraum), bleibt die entblößte Felsoberfläche lange nackt *(nackter K.)* u. ohne Vegetationsbedeckung *(kahler K.).* Durch Boden oder Sedimente bedeckter K. *(bedeckter* oder *verhüllter K.)* ist zumeist bewachsen *(bestockter K.).* Befindet sich das lösungsfähige Karstgestein unter nicht verkarstungsfähigem Gestein, so pausen sich tiefer gelegene Karsthohlformen oft durch Einbrüche u. Nachrutschen in die Deckschichten durch. Es entstehen *Erdfälle.* Wegen unberechenbarer Einbrüche ergeben sich Bauprobleme in Karstgebieten. In den feuchten Tropen bildet sich in dickbankigen Kalken der *Kuppen-, Kegel-* oder *Turmkarst.* Im Hochgebirge entstehen tiefe Karstbecken u. Schluchten in den meist trockenen Talverläufen. Auf den eisüberschliffenen Kalkoberflächen löst das Schneeschmelzwasser lange *Karren.* In den Polargebieten u. den Trockengebieten ist die Verkarstung mangels Wasser nur gering. In Dolomiten u. unreinen Kalkgesteinen sind die Karstformen oft weniger deutlich ausgebildet *(Halbkarst).* Besondere Karstformen bilden sich in Gips, Anhydrit u. Salzen. Die gelösten Karbonate können bei CO_2-Abgabe u. Wasserverduns-

tung als Kalksinter abgeschieden werden. Es gibt weltweit zahlreiche Karstgebiete, z. B. die Schwäbisch-Fränkische Alb, der Südharz, Dalmatien, Irland, Südfrankreich, Anatolien, Philippinen, Südchina, Indiana, Kentucky, Kuba, Jamaika u. Puerto Rico.

Karst, slowen. *Kras,* ital. *Carso, i. w. S.* das sich von Istrien bis nach Albanien an der dalmatin. Küste entlangziehende südosteurop. Kalkhochland; *i. e. S.* nur dessen nördl. Teil (nordöstl. u. östl. von Triest); zerklüftetes Bergland, aufgelöst in viele Kleinformen, trocken, vegetationsarm, viele Höhlen (z. T. mit archäolog. Funden), Flussschwinden; in Becken (Poljen) Ackerbau.

Karsten, niederdt. Form von → Christian.

Karsthydrographie [grch.], Wissenschaft, die sich mit Karstgewässern u. ihren Sonderheiten befaßt: Karstwassersystemen, oberfläch. u. unterirdischer Abfluss, → Karstquellen, Schwinden, Karstseen, Karstwassererschließung, Karstabwasserprobleme.

Karstquelle, Quelle in Karstgesteinen (Anhydrit, Gips, Carbonatgesteinen). Bei schnellem Versickern u. unterirdischem Abfluss gibt es nur wenig Wasserverluste durch Evapotranspiration. Die Karstwassersysteme mit Höhlen leiten das Karstgrundwasser

sehr schnell u. ungereinigt zu den Karstquellen im Vorfluterniveau. Karstquellen auf tonigen, stauenden Schichten sind seltener. Es sind die größten Quellen der Erde. → Karst.

Yaak Karsunke

◆ **Karsunke,** Yaak, dt. Schriftsteller, *4. 6. 1934 Berlin; Mitbegr. u. 1965–1969 Chefredakteur der Zeitschrift „Kürbiskern"; schreibt polit. u. gesellschaftskrit. Gedichte („Kilroy & andere" 1967; „Auf die Gefahr hin" 1982), Theaterstücke („Die Bauernoper, Szenen aus dem schwäb. Bauernkrieg von 1525" 1973; „Ruhrkampf-Revue" 1975) u. Kinderbücher. Prosa: „Die Guillotine umkreisen" 1984.

Kart, *Kurt,* einheimische Dynastie im heutigen Afghanistan, die sich dort seit 1245 gegen die *Ilchane* behauptete, aber 1389 von *Timur* verdrängt wurde.

Kartala, tätiger Vulkan auf der Insel Ngazidja (Komoren) im Ind. Ozean, 2361 m hoch; der 500 m tiefe Krater gilt als einer der größten der Welt.

Kartätsche [die; grch., ital., engl.], dünnwandiges Hohlgeschoss, das, mit Bleikugeln gefüllt, aus Geschützen gegen einen feindl. Angriff auf kürzeste Entfernung gefeuert wurde; wirkte wegen der starken Streuung in der Art eines Schrotschusses.

Kartaune [die; ital.], großes, um 1500 verwendetes Geschütz; aus ihr entwickelten sich die leichteren *Schlangen* u. später die *Kanonen.* Auch → Geschütz.

Kartäuser, *Karthäuser,* **1.** *Getränkekunde:* ein Kräuterlikör, der wahrscheinlich aus dem Kartäuserkloster La Grande Chartreuse stammt. **2.** *Ordenswesen:* lat. *Ordo Cartusiensis,* Abk. *OCart,* kath. Einsiedlerorden, 1084 vom hl. *Bruno* im Tal *La Chartreuse* bei Grenoble gegr., päpstl. Approbation 1176. Die einzelnen Klöster, denen ein Prior vorsteht, heißen *Kartausen.* Leiter des Kartäuserordens ist der Generalprior (stets der Prior von Grande Chartreuse). Die K. achten auf strenges Schweigen u. Fasten, leben in Einzelzellen u. haben nur wenig gemeinsame Veranstaltungen, bei denen das Schweigen aufgehoben wird. Ordenstracht: weiß; einziges Kloster in Dtschld.: Kartause → Marienau (Bad Wurzach); weitere Kartausen u. a. in Italien, Spanien, Frankreich u. den USA; rd. 250 Mönche u. 80 Nonnen *(Kartäuserinnen).*

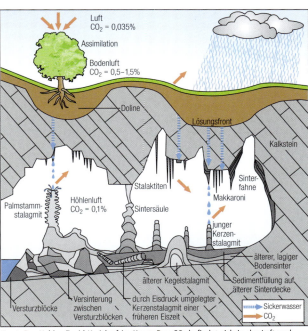

Luft
$CO_2 = 0,035\%$
Assimilation
Bodenluft
$CO_2 = 0,5–1,5\%$
Doline
Lösungsfront
Kalkstein
Stalaktiten
Sinterfahne
Makkaroni
Höhlenluft
$CO_2 = 0,1\%$
Palmstammstalagmit
Sintersäule
junger Kerzenstalagmit
älterer, lagiger Bodensinter
Versturzblöcke
Versinterung zwischen Versturzblöcken
durch Eisdruck umgelegter Kerzenstalagmit einer früheren Eiszeit
älterer Kegelstalagmit
Sedimentfüllung auf älterer Sinterdecke
Sickerwasser
CO_2

Karst: Der Kohlendioxid-Kreislauf im Karst: Das CO_2 befindet sich in der Luft und entsteht im Bodenprofil, wo organische Substanzen mit Hilfe von Sauerstoff zersetzt werden. Schon das Regenwasser nimmt CO_2 aus der Luft auf, gelangt in den Boden, durchsickert ihn und reichert sich weiter mit CO_2 aus der Bodenluft an. Da die Bodenatmosphäre maximal einige Prozent CO_2 enthalten kann, wird das Sickerwasser sehr aggressiv. Sobald das CO_2-haltige Sickerwasser in Kontakt mit dem Kalkgestein kommt, beginnt eine starke Kalklösung. Oft ist das Wasser schon gesättigt, wenn es in die Höhlenatmosphäre eintritt. In der relativ CO_2-armen Höhlenluft verliert das Karstwasser CO_2 und scheidet einen Teil seiner gelösten Kalkgehalte aus. Es entstehen u. a. skurrile Stalaktiten (Decke) und Stalagmiten (Boden) sowie Sintersäulen und Sinterdecken

Kartäuserkatze

◆ **Kartäuserkatze**, eine Hauskatze, die bes. in den USA verbreitet ist. Sie besitzt ein dichtes, weiches, einfarbiges Fell in Lavendelton u. ambrafarbene Augen. Widerstandsfähige, kräftige Rasse, die selbst größte Ratten fängt, u. sehr anhänglich ist. Kartäuserkatzen sollen aus Südafrika eingeführt worden sein.

Kartäusernelke → Nelke.

Karte [grch., frz.], 1. → Postkarte.
2. → Landkarte, → Luftfahrtkarte, → Seekarten.
3. → Spielkarten.

Kartei, *Kartothek*, Sammlung von Merkstoff auf einzelnen Karten oder Blättern *(Blattei)* für wissenschaftliche, behördliche oder Büroarbeiten; durch die elektron. Datenverarbeitung weitgehend ersetzt.

Kartell [das; frz.], 1. *allg.*: Zusammenschluss, Vereinbarung, Abmachung, Vertrag, Schutzbündnis.
2. *deutsche Geschichte: Kartellparteien*, ein Bündnis regierungsfreundl. Parteien (Deutschkonservative, Reichspartei, Nationalliberale), das sich nach der Auflösung des Reichstags (14. 1. 1887) wegen der Heeresvorlage durch Bismarck bildete. Die Heeresvorlage wurde noch im selben Jahr mit Hilfe des Kartells verabschiedet; das K. sicherte Bismarck bis zum Regierungsantritt Wilhelms II. wieder eine parlamentar. Mehrheit. Das K. erlitt 1890 eine schwere Wahlniederlage, u. die Parteien trennten sich wieder voneinander.
3. *Militär*: ursprüngl. die Kampfordnung bei den Ritterturnieren; daher: schriftl. Aufforderung zum Zweikampf, überbracht durch einen *Kartellträger.*
4. *Wirtschaft*: Vereinbarung von rechtl. u. wirtschaftlich selbständigen Unternehmen der gleichen Produktionsstufen zum Zweck der Marktbeherrschung (Ausschaltung des Wettbewerbs). Die Kartellbildung ist umso leichter, je gleichartiger die erzeugten Waren sind u. je geringer die Zahl der Unternehmen ist (bes. in der Schwerindustrie). Nach der Art des Kartellvertrags unterscheidet man: 1. *Gebietskartelle:* Jedem Unternehmen wird ein örtliches Absatzgebiet zugewiesen; 2. *Konditionskartelle (Bedin-*

gungskartelle): Es werden gemeinsame Zahlungs- u. Lieferungsbedingungen, Lieferzeiten, Garantieübernahmen usw. vertraglich festgelegt; 3. *Kontingentierungskartelle (Mengenkartelle):* Die Produktionsmenge (Quote) wird für jedes Unternehmen pro Jahr festgelegt; ist ein Ausgleich der Quoten innerhalb mehrerer Jahre erlaubt, so spricht man von *Pool* (oft auch mit Abführungspflicht für die Gewinne aus der Mehrproduktion); 4. *Preiskartelle:* Die Verkaufspreise sind festgelegt; 5. *Generalkartell:* die (internationale) Dachorganisation mehrerer Kartelle; 6. *Syndikat:* die straffste Form des Kartells, gemeinsame Verkaufsorganisation.
Recht: Durch die Kartellverordnung von 1923 wurde gegen den Missbrauch der wirtschaftl. Machtstellung in Dtschld. ein eigenes *Kartellgericht* geschaffen, das Kartelle für nichtig erklären konnte. Nach dem Gesetz vom 15. 3. 1933 wurde die Reichsregierung ermächtigt, Unternehmungen im Interesse der Gesamtwirtschaft in *Zwangskartellen* zusammenzuschließen. Nach 1945 wurden alle Kartelle durch die Militärregierungen aufgelöst u. verboten (→ Dekartellisierung). Das in Dtschld. geltende *Gesetz gegen Wettbewerbsbeschränkungen (Kartellgesetz)* in der Fassung vom 26. 8. 1998 enthält ein grundsätzl. *Kartellverbot* mit Ausnahmeregelungen. Konditions-, Rabatt-, Normungs- u. Typisierungs-, Spezialisierungs-, Kooperationskartelle kleiner u. mittlerer Betriebe u. reine Exportkartelle sind anmeldepflichtig u. unterliegen der Missbrauchsaufsicht; Krisen-, Rationalisierungs- u. Außenhandelskartelle bedürfen der Genehmigung durch die Kartellbehörden. Das → Bundeskartellamt hat seinen Sitz in Berlin.
Ähnlich geregelt in *Österreich* im Kartellgesetz 1988. In Österreich gilt nur der Typus des Missbrauchsgesetzes. Alle Kartelle müssen im Kartellregister eingetragen sein. Über die Zulässigkeit der Eintragung entscheidet das Kartellgericht am Oberlandesgericht in Wien u. in 2. Instanz das Kartellobergericht beim Obersten Gerichtshof in Wien. – Auch in der *Schweiz* gelten für Kartelle die Kartelle Beschränkungen (Bundesgesetz über Kartelle u. ähnl. Organisationen vom 6. 10. 1995). – Auf *europäischer* Ebene gibt es ebenfalls kartellrechtl. Bestimmungen. Sie sollen den Wettbewerb innerhalb des gemeinsamen Marktes vor Verfälschungen schützen. Es gilt der Vorrang des Gemeinschaftsrechts gegenüber dem nationalen Recht. EU-Kommission u. Europäischer Gerichtshof wachen über die Einhaltung der Bestimmungen. Vereinbarungen u. kooperative Verhaltensweisen von Unternehmen sind bei der EU-Kommission anzumelden. Gruppenweise Freistellungen von Kartellverboten sind möglich.

Kartellverband katholischer deutscher Studentenvereine, Abk. *K. V.*, 1853 gegr. Verband nicht Farben tragender kath. Studentenverbindungen, 1937–1945 verboten, 1947 neu gegründet; Sitz: Beckum. Auch → Studentenverbindungen.

Kartenaufnahme → Topographie.

Kartenglücksspiele, die → Glücksspiele mit Spielkarten, z. B. *Bakkarat, Black Jack, Ekarté, Klaberjass, Meine Tante, deine Tante, Poker, Siebzehn und Vier, Trente et Quarante* u. a.; unterscheiden sich von anderen Kartenspielen durch meist einfache Regeln u. schnellen Spielverlauf. In der BR Dtschld. sind K. in der Öffentlichkeit (mit Ausnahme von Spielbanken) verboten u. werden nach §§ 284 ff. StGB strafrechtl. verfolgt.

Kartenhaus, Raum auf der Schiffsbrücke (Kommandobrücke), wo in Seekarte u. Logbuch Kurs, Geschwindigkeit u. Ä. urkundlich vom Wachoffizier aufgezeichnet bzw. errechnet werden.

Kartenkunde → Kartographie.

Kartenkunststücke, mit Spielkarten durchgeführte Tricks, die dem „Zauberer" durch bes. Geschicklichkeit u. Anwendung von Kunstgriffen (z. B. → forcieren, → filieren, → glissieren, → palmieren) gelingen. Diese Kunstgriffe werden häufig auch von Falschspielern angewendet. Für manche K. werden bes. präparierte Spielkarten verwendet (→ präparierte Karten).

Kartenlegen, *Kartenschlagen*, das Wahrsagen (Zukunftsdeuten) mittels Spielkarten durch Kartenleger *(Kartomanten);* dabei wird jeder der 32 Karten eine bestimmte Bedeutung zugeschrieben. – Das K. ist seit Beginn des 18. Jh. in Europa bekannt, Vorläufer lassen sich bis ins 16. Jh. nachweisen.

◆ **Kartennetzentwürfe**, i. e. S. auch *Kartenprojektionen* oder kurz *Projektionen* genannt, die verschiedenen Abbildungsmöglichkeiten des Gradnetzes der gekrümmten Erdoberfläche in der ebenen Kartenfläche. Grundsätzlich lässt sich die Oberfläche der Erdkugel nicht ohne Verzerrungen der Grundeigenschaften – *Winkel-, Flächen-, Streckentreue* – in der Karte darstellen.

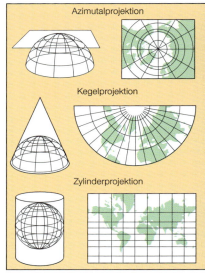

Azimutalprojektion

Kegelprojektion

Zylinderprojektion

Kartennetzentwürfe: Beispiele für die verschiedenen Abbildungsmöglichkeiten des Gradnetzes der Erde in einer Karte

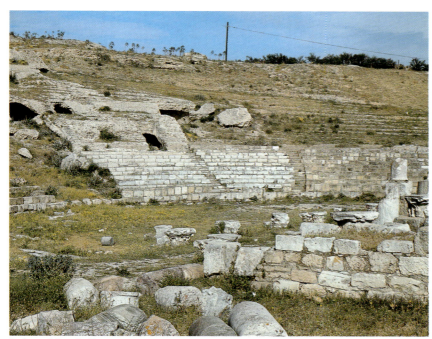

Karthago: Ruinen des Theaters

Bei den drei Klassen von Kartennetzentwürfen wird das Gradnetz der Erdkugel auf einer Ebene oder auf einem abwickelbaren Kegel- oder Zylindermantel abgebildet. 1. Bei der Projektion auf eine Ebene, der *Azimutalprojektion*, wird das Gradnetz auf eine Ebene übertragen, die die Erdoberfläche im Normalfall im Pol berührt. Man unterscheidet *gnomonische, stereographische* u. *orthographische Projektion*, je nachdem, ob die Projektionsstrahlen vom Erdmittelpunkt, vom Gegenpol oder von einem unendlich fernen Punkt der verlängerten Erdachse ausgehen: Die Verzerrung wächst mit der Entfernung vom Pol. 2. Bei der *Kegelprojektion* wird das Gradnetz auf einen Kegelmantel übertragen, der so über die Erdkugel gestülpt ist, dass er im Normalfall den durch die Mitte des darzustellenden Gebiets laufenden Breitenkreis berührt: Die Verzerrung wächst mit der Entfernung von diesem Breitenkreis. 3. Bei der *Zylinderprojektion* wird ein Zylinder um die Erde gelegt, der die Erdkugel im Normalfall längs des Äquators berührt: Die Verzerrung wächst mit der Entfernung vom Äquator. Statt eines Berührungskegels oder -zylinders kann man auch einen Schnittkegel oder -zylinder annehmen. Eine Sonderform der K. bilden die *konstruktiven Abbildungen*. Die Klassen werden in die Gattungen der *perspektivischen* u. *nichtperspektivischen* u. der *echten* u. *unechten Entwürfe* eingeteilt, zu denen die *vermittelnden* u. *ausgleichenden Entwürfe* (in Bezug auf Abbildungstreue u. Verzerrung) treten. Je nach der Lage der Ebene oder Hilfsfläche zur Erdkugel unterscheidet man bei allen Netzarten – nämlich

polständigen, äquatorständigen u. *zwischenständigen Entwürfen* – winkel-, flächen-, mittabstands-(speichen-) u. abstandstreue Netze sowie Netze ohne Grundeigenschaften. Bes. Bedeutung haben in der amtl. Kartographie die *Mercatorprojektion* (winkeltreue, normale u. transversale Zylinderprojektion), die *Polyederprojektion* (bei der die Kartenblätter als Flächen eines Vielflächners aufgefasst werden) u. die *polykonische Projektion* (bei der jede Kugelzone auf einem anderen Berührungskegel abgebildet wird). Auch → Meridianstreifensysteme.

Kartenprojektionen → Kartennetzentwürfe.

Kartenschlagen → Kartenlegen.

Kartenschnitt → Blattschnitt.

Kartenskizze, vereinfachte, nur annähernd maßstäbl. Handzeichnung ohne exakte Messungsgrundlage.

◆ **Kartenspiele**, Gesellschafts-, Gedulds- u. Glücksspiele mit → Spielkarten. K. sind je nach Spielregel mit unterschiedl. Kartenwerten u. wechselnder Anzahl von Karten ausgestattet. Während bei den Brettspielen die Spielsituation für jeden Spieler zu jeder Zeit offen liegt, besteht der Reiz der meisten K. darin, dass der Spieler nur seine Karten, nicht aber die der anderen Mitspieler kennt. Er muss sie aus dem Spielverlauf erschließen. Der Sieg bei Kartenspielen kann (je nach Spielregel) auf unterschiedl. Weise errungen werden: Bei *Stichspielen* ist die Anzahl der gemachten Stiche entscheidend; bei *Point-* oder *Augenspielen* zählt die Anzahl der erreichten Punkte. Sie kann, wie bei *Meldespielen*, durch Vorankündigung bestimmter gegebener Kartenkom-

binationen erhöht werden. Diese K. nennt man auch „Kampfspiele" *(matching games)* im Unterschied zu „Zusammenzählspielen" *(adding games)*, die bes. in Form der *Quartette* u. *Duette* (z. B. Schwarzer Peter) bekannt sind. Das klass. Land der Zusammenzählspiele ist Japan. Die Spielregeln für K. sowie die Namen wurden im Laufe der Geschichte oft abgeändert oder variiert.

Kartensteuer → Vergnügungsteuer.

Kartentelefon, öffentlicher Fernsprecher, bei dem die Gespräche bargeldlos mit einer Kunststoffkarte (→ Chipkarte, Magnetkarte) bezahlt werden, die wie bei einem Geldautomaten in einen Leseschlitz eingeschoben wird. Die Deutsche Telekom gibt verschiedene Kartentypen heraus. Die Guthabenkarten (Telefonkarten) werden entspr. dem Verbrauch entwertet. Bei der Buchungskarte (T-Card), die mit einer vom Benutzer einzugebenden Geheimnummer (PIN) gekoppelt ist, erscheinen die anfallenden Gebühren am Monatsende auf der privaten Telefonrechnung.

Kartenwerk, eine Reihe von amtl. Kartenblättern, die ein Gebiet zusammenhängend abdecken u. nach einem Musterblatt einheitlich bearbeitet sind, z. B. die Topographische Karte 1 : 50 000 der BR Dtschld.

Kartenzeichen → Signatur (5).

Kartesianismus, *Cartesianismus*, von dem franzöz. Philosophen R. *Descartes* ausgehende philosoph. Richtung. Anhänger des K. waren: Johannes *Clauberg*, A. *Geulincx*, N. de *Malebranche* u.a.; auch B. *Spinoza* gehörte zunächst dem K. an. Von der Kirche heftig bekämpft, bestritten die Kartesianer in der Schulphilosophie den Aristotelismus.

kartesisches Blatt → Kurve.

◆ **Karthago**, lat. *Carthago*, grch. *Karchedon*, im Altertum bedeutende Stadt in Nordafrika, etwa 12 km nordöstl. vom heutigen Tunis, wurde 814 v. Chr. von Phöniziern aus Tyros als Kolonie zur Sicherung der Schiffahrt im westl. Mittelmeer gegründet. K. besaß gute, sichere Häfen u. später eine mächtige Burganlage. Als die Griechen die Seeherrschaft im östl. Mittelmeer gewannen, ging die Verbindung zur Mutterstadt verloren; K. wurde selbständig u. be-

Kartenspiele: Skat gehört zu den populärsten Kartenspielen in Deutschland. Es werden regelmäßig Meisterschaften ausgetragen, seit 1978 auch Weltmeisterschaften

Kartoffel, Solanum tuberosum

herrschte den Handel im westl. Mittelmeer vollständig. Die Küsten Siziliens (nur im W), Sardiniens, Korsikas u. später Spaniens waren in seiner Hand, es eroberte einen großen Teil Nordafrikas u. unterwarf die eingeborenen Libyer. Mit Etruskern u. Römern wurden Handelsverträge geschlossen. Im 5. Jh. v. Chr. kam es in Sizilien zu erbitterten Kämpfen mit den dort von den Griechen gegr. Städten.

Als die Römer Süditalien eingenommen hatten, begann der Kampf mit Rom um die Vorherrschaft über das westl. Mittelmeer. Im 1. Punischen Krieg 264–241 v. Chr. (→ Punische Kriege) gingen die Inseln verloren, im 2. Pun. Krieg 218–201 v. Chr. verlor K. trotz der großen militär. Leistungen *Hannibals* seine Stellung als Weltmacht. Nach dem 3. Pun. Krieg 149–146 v. Chr. wurde K. völlig zerstört u. der Restbestand des Hinterlands zur röm. Provinz (Africa) gemacht.

126 v. Chr. legte C. *Gracchus* eine Kolonie auf dem alten Stadtgebiet an. In der Kaiserzeit war K. zu einer der bedeutendsten Städte des röm. Reichs geworden. Nach der Eroberung durch die Wandalen 439 n. Chr. begannen Abstieg u. Verfall. 698 fiel K. in arab. Hände u. wurde systematisch geschleift. Die Entstehung der Nachfolgestadt *Tunis* fällt unmittelbar in die Jahre nach der arab. Eroberung.

An der Spitze des karthag. Staats standen zwei *Suffeten* („Richter"), von griech. u. latein. Schriftstellern häufig „Könige" genannt. Vom 5. Jh. v. Chr. an blieb diese Amtswürde ständig im Besitz vornehmer Familien. Die eigentl. Regierung lag in den Händen eines Rats, dessen Mitglieder ebenfalls die vornehmsten Familien stellten. Das Heer wurde fast ausschl. aus Söldnern rekrutiert, die von karthag. Offizieren befehligt wurden. In hoher Blüte stand der Schiffbau. K. unterhielt zeitweilig eine Flotte von 200 Schiffen. Das Gewerbe stellte neben wenigen hochwertigen Produkten hauptsächlich billige Massenartikel für andere Völker her. Bis zum 4. Jh. v. Chr. gab es eine Art Kreditgeld, das aus kleinen, mit einem Stempel der Regierung versehenen Lederbeuteln bestand. Münzprägung kam erst später auf. Hauptgott der Stadt war *Baal-Hammon*, neben den die Fruchtbarkeitsgöttin *Tanit* trat. Eine bes. Rolle spielte der Gott *Moloch*, dem Kinder der Adligen geopfert wurden. → Seite 218.

Karthäuser → Kartäuser.

Kartierung → topographische Aufnahme.

Kartodiagramm [grch.] → Kartogramm.

◆ **Kartoffel** [ital. *tartuffulo*, „Trüffel"], *Erdapfel, Erdbirne, Grundbirne, Solanum tuberosum*, ein *Nachtschattengewächs (Solanaceae)*, dessen Heimat in den Kordilleren von Peru u. Chile liegt. Dort wurde die K. als Kulturpflanze bereits von den Spaniern vorgefunden. Auf zwei verschiedenen Wegen (über Spanien u. Irland) gelangte sie 1565 u. 1586 nach Europa. In Preußen wurde sie in der Mitte des 18. Jh. durch Friedrich d. Gr. eingeführt. Ihr Anbau hat sich bes. auf den sandigen Böden Nord- u. Nordostdeutschlands durchgesetzt; dort sind die besten dt. Kartoffelgebiete. Die Gesamternte reicht zur Deckung des Speise- u. Pflanzkartoffelbedarfs aus, doch werden Früh- u. Industriekartoffeln eingeführt. Heute gibt es Kartoffelsorten, die auch im trop.-subtrop. Gebiet, jedoch unter Einbuße des typ. Aromas, gedeihen.

Die *K u l t u r* der K. beginnt im Frühjahr mit dem Auslegen der Knollen (mit der Hand oder maschinell) in Reihen. Die Knollen entwickeln sowohl oberirdische Triebe als auch unterirdische Ausläufer *(Stolonen)*, deren Ausbildung durch wiederholtes Anhäufeln gefördert wird. Das oberird. Laub trägt trugdoldig angeordnete Blüten in weißen, violetten oder rötl. Farben. Die ungenießbaren gelbgrünen oder roten Beerenfrüchte *(Kartoffeläpfel)* sind lediglich für die Gewinnung von Saatgut für Züchtungsversuche von Bedeutung. An den Enden der unterird. Ausläufer entwickeln sich als Anschwellungen die mit „Augen" versehenen Knollen, die eigentl. Kartoffeln.

Die im Spätsommer geernteten Kartoffelknollen sind ernährungsphysiologisch sehr wertvoll, da sie neben einem durchschnittl. Stärkegehalt von 17–18 % auch wertvolle Eiweißstoffe enthalten; etwa $^1/_3$ der Gesamternte dient der menschl. Ernährung; ferner ist die K. *(Futterkartoffel)* ein wichtiges Futtermittel in der Schweinemast. Große Mengen an Kartoffeln werden technisch verarbeitet. Sie sind Rohstoff für die Herstellung von *Kartoffelstärke,* Dextrin oder Traubenzucker. 2–3 % der Ernte werden zur Gewinnung von *Kartoffelspiritus* verbraucht. Weiter dient sie der Produktion von *Kartoffelflocken* oder *Kartoffelschnitzeln.* Zur Vermeidung von Lagerungsverlusten sind nur unbeschädigte Kartoffeln einzulagern u. die Räume kühl u. trocken zu halten. Die chem. Industrie stellt Präparate her, die die Verluste durch Fäulnis oder Keimung in Grenzen halten.

Die Zahl der *K a r t o f f e l s o r t e n* ist zwar seit den 1950er Jahren erheblich eingeschränkt worden, doch gibt es auch jetzt noch zahlreiche Sorten, um die verschiedenen Wünsche der Verbraucher zu erfüllen. Die Sorten unterscheiden sich im Wesentlichen nach dem Gehalt an Stärke (danach *Speise-, Futter-* oder *Industriekartoffel*), nach dem Reifetermin (früh, mittelfrüh, mittelspät, spät), nach Schalenfarbe (gelb, weiß, rot, blau), Fleischfarbe (weiß oder gelb), Knollenform (lang, nierenförmig, halboval, oval, rund) u. Resistenz gegen bestimmte Krankheiten (Kartoffelkrebs, Krautfäule, Viruskrankheiten). Bekannte Sorten sind u. a.: *Datura, Clivia, Grata, Olympia, Sieglinde.* Auch → Kartoffelkrankheiten.

Kartoffelälchen, *Heterodera rostochiensis,* ein Hohlwurm (→ Aaltierchen), der Krankheiten an Pflanzen auslöst; wird an Kartoffeln schädlich.

Kartoffelbovist [-['bo:fist, -bo'vist]. **1.** *Gemeiner Kartoffelbovist, Scleroderma vulgare,* (oder *auratium*), giftiger Bauchpilz *(Gastromycetes)* mit festem, hartem, knollenförmigem Fruchtkörper mit unangenehm stechendem Geruch; kommt häufig auf sandigen u. trockenen Böden vor. Auch → Bovist. **2.** *Braunwarziger Kartoffelbovist, Dünnschaliger Kartoffelbovist, Scleroderma verrucosum,* ungenießbarer Pilz mit braunem bis rötlichem, schuppigem Fruchtkörper. **3.** *Bräunlicher Kartoffelbovist, Scleroderma bovista,* ungenießbarer Bauchpilz mit fast glattem u. leicht brüchigem Fruchtkörper.

Kartoffelkäfer, Leptinotarsa decemlineata

◆ **Kartoffelkäfer,** *Coloradokäfer, Leptinotarsa decemlineata,* der gefürchtetste Kartoffelschädling, ein etwa 1 cm langer *Blattkäfer* mit je 5 schwarzen Längsstreifen auf dem gelben Untergrund der Deckflügel. Die

Kartoffel: Ernte in wichtigen Ländern (in 1000 t)

Land	1985	1990	1998
Welt	300 415	269 561	295 632
davon:			
Deutschland	7 905[1]	7 233[1]	11 338
Frankreich	7 814	6 000	6 125
Großbritannien	6 890	6 504	6 505
Polen	36 546	36 313	25 949
Russland	73 000[2]	63 700[2]	31 300
Spanien	5 781	5 399	3 247
Ukraine	–	–	17 500
USA	18 331	17 866	21 671
Weißrussland	–	–	10 000

[1] alte Länder; [2] UdSSR

Weibchen legen bis zu 1500 gelbe Eier (in 2–5 Generationen im Sommer) auf die Blattunterseite der Kartoffelstauden. Die schlüpfenden gelblich-rötl. Larven (mit 2 Reihen schwarzer Punkte an jeder Seite) sind die sehr gefräßigen eigentl. Schädlinge u. vernichten in kurzer Zeit das Blattwerk ganzer Kartoffelfelder, wodurch die Pflanzen eingehen.

Der in den westlichen USA (Coloradokäfer) heimische K. drang etwa 1850–1870 nach Beginn des Kartoffelanbaus an die nordamerikanische Ostküste vor, wurde schon um 1875 nach Frankreich eingeschleppt, überschritt 1936 die deutsche Westgrenze, konnte sich im 2. Weltkrieg infolge mangelhafter Bekämpfung über ganz Dtschld. u. fast alle europäischen Länder ausbreiten u. ist inzwischen in die Ukraine u. Westrussland eingedrungen.

Kartoffelkrankheiten, durch Pilze, Bakterien oder Viren verursachte Erkrankungen der Kartoffel, die den Ertrag erheblich vermindern können. Von besonderer Bedeutung sind: 1. die schweren *Viruskrankheiten* (*Blattroll-, Mosaik-, Strichel-* u. *Bukettkrankheiten*), erkennbar am Rollen oder Verfärben der Blätter, die nebst der Staude vorzeitig absterben. Die Infektion erfolgt vorwiegend durch die grüne Pfirsichblattlaus. Bekämpfung durch Saatgutwahl. 2. die *Kraut-* u. *Knollenfäule;* sie wird durch den Pilz *Phytophthora infestans* hervorgerufen; bes. stark auftretend, wenn hohe Temperaturen mit Niederschlägen wechseln. Bekämpfung durch wiederholtes Spritzen mit kupferhaltigen Spritz- u. Stäubemitteln. 3. die *Schwarzbeinigkeit (Stängelfäule)* mit nachfolgender Knollennassfäule; sie wird durch *Bacterium phytophthorum* hervorgerufen. Die Infektion erfolgt im Boden oder durch befallene Nachbarknollen u. gefährdet bes. in zu warmen Winterlagern (Miete, Keller) die Ernte. 4. die *Fußkrankheiten,* bes. durch Befall mit dem Pilz *Rhizoctonia solani,* der ein Abfaulen der Triebe u. Fußvermorschung (sog. *Weißhosigkeit*) verursacht. Bekämpfung durch Beizung bzw. Bodenentseuchung. 5. der *Kartoffelschorf,* der sich durch Bildung von Pusteln auf der Schale absatzerschwerend auswirkt, wird durch den Strahlenpilz *Streptomyces scabies* verursacht. Gegenmittel: Verwendung von Sulfaten bei der Handelsdüngeranwendung, Vermeidung von Kalkdüngung vor dem Auspflanzen. Der *Schwamm-* oder *Pulverschorf,* der durch den Pilz *Spongospora subterranea* hervorgerufen wird, ist wesentlich gefährlicher u. deshalb anzeigepflichtig, in Dtschld. aber wenig verbreitet. 6. der *Kartoffelkrebs* ist leicht übertragbar u. deshalb auch anzeigepflichtig; Erreger ist der Pilz *Synchytrium endobioticum.* Wegen der Vorschrift, nur krebswiderstandsfähige (krebsfeste) Sorten anzubauen, hat er keine Bedeutung mehr. 7. die *Eisenfleckigkeit* ist eine nicht infektiöse Stoffwechselstörung u. zeigt sich in rostig verfärbten Flecken (Stippen) im Fleisch. 8. *Nassfäule,* durch Bakterien *(Erwinia carotovora)* hervorgerufene Knollenfäule. 9. *Trockenfäule (Weißfäule)* der Knolle, wird durch Pilze der

Gattung *Fusarium (Fungi imperfecti)* verursacht, tritt als Freiland- u. Lagerfäule auf.
Kartoffelkrieg → Bayerischer Erbfolgekrieg.
Kartoffelmehl, aus Kartoffeln durch Zerkleinern u. *Ausschlämmen* gewonnenes Stärkemehl, zum Kochen als Binde- u. Dickungsmittel u. zum Backen von Kuchen u. Kleingebäck, zur Herstellung von Stärkesirup, Stärkezucker u. Klebstoffen verwendet.
Kartoffelmotte, *Gnorimoschema operculella,* etwa 16 mm spannender Kleinschmetterling aus der Familie der *Palpenmotten,* dessen Raupen sich in Kartoffelknollen einfressen u. das Gewebe zum Faulen bringen. In Mitteleuropa nur in Lagern mit Temperaturen über 14 °C anzutreffen.
Kartoffelpocken, dunkle, schwarze Pusteln auf der Schale der Kartoffeln, verursacht durch den Befall mit *Kartoffelschorf (Streptomyces scabies)* oder Sporen des Pilzes *Rhizoctonia solani* (Hauptfruchtform: *Corticium solani).*
Kartoffelschorf → Kartoffelkrankheiten.
Kartoffelsirup, gelbbrauner Stärkesirup aus Kartoffeln, wird u.a. zum Anfärben von Produkten in der Branntweinbrennerei verwendet.
Kartoffeltrocknung, Herstellung von Trockenspeisekartoffeln; so werden die im rohen Zustand leicht verderbl. Kartoffeln durch Wasserentzug bis auf 10 % konserviert. Die gedämpften u. in dünner Schicht zwischen heißen Walzen getrockneten Kartoffeln ergeben *Kartoffelflocken,* die in Scheiben oder Streifen geschnittenen u. in warmer Luft getrockneten *Kartoffelschnitzel.* Trockenspeisekartoffeln sind Ausgangspunkt für die haushaltsmäßige oder industrielle Weiterverarbeitung. Auch → Convenience Food.
Kartoffelwalzmehl, Mahlprodukt aus vorgedämpften u. auf heißen Walzen getrockneten Kartoffeln; verwendet bei der Herstellung von Klößen u. Puffern sowie als Zusatz für Brot- u. Kuchenteige.
Kartogramm [das; grch.], i.w.S. die graf. Darstellung statist., ungegliederter, flächenbezogener Werte auf Umrisskarten oder Graudrucken, um räuml. Verbreitungsunterschiede (z. B. Bevölkerungsdichte) bildhaft darzustellen. *I. e. S.* ist ein K. die Darstellung eines Sachverhalts durch einen einzigen Zahlenwert je Bezugsfläche. Ist der Zahlenwert eine absolute Größe, spricht man von einem *Signaturen-Kartogramm,* ist er eine relative Größe, von einem *Flächen-Kartogramm.* Darstellungen gegliederter, flächenbezogener Werte bezeichnet man als *Kartodiagramme.*
Kartograph [grch.] → Kartographie.
Kartographie [grch.], 1. die Lehre von der Abbildung der Erdoberfläche in Karten durch Inhalt u. Darstellung u. von der Bearbeitung der Karten *(Kartenlehre),* 2. die Lehre von der Kartenbenutzung *(Kartenkunde).*
Der Beruf des Kartographen umfasst in Dtschld. den an einem Berufsbild in 3-jähriger Lehre ausgebildeten *Kartographen* (Kartenzeichner) sowie den im Hochschulstudium (8–10 Semester) ausgebildeten wissenschaftl. Kartographen. Aufgabengebiete

finden sich vor allem im öffentlichen Dienst, in Ingenieur- u. Architekturbüros.
Die berufsständische Organisation der Kartographen ist in Deutschland die *Deutsche Gesellschaft für Kartographie e. V.,* auf internationaler Ebene vertreten in der *Internationalen Kartographischen Vereinigung.*
Kartometrie [grch.], das Messen u. Berechnen in Karten, z. B. von Entfernungen *(Linearmetrie)* mit dem *Kurvimeter* (Kurvenmesser, Messrädchen) u. von Flächen *(Arealmetrie, Planimetrie)* mit dem *Planimeter* (Flächenmesser). Winkel- u. Höhenmessungen bzw. Messung von Höhenunterschieden sind nur in winkeltreuen, großmaßstäbigen Karten, Volumenberechnungen auch dort nur näherungsweise möglich.
Karton [-'tõ; der; frz.], **1.** *M a l e r e i:* letzter, meist mit Kohle, Kreide oder Bleistift auf starkes Papier gezeichneter Entwurf in Originalgröße, für Wandgemälde u. Gobelins. Die Übertragung dieses Entwurfs auf die Wand *(Kartonverfahren)* ist seit dem 15. Jh. gebräuchlich *(Leonardo, Raffael, Michelangelo).* Der K. selbst erhielt bes. im Klassizismus einen Eigenwert (J. A. *Carstens,* P. von *Cornelius).*
2. *P a p i e r h e r s t e l l u n g:* dickes, steifes Papier in Flächengewichten zwischen rd. 200 u. 1000 g/m². Man unterscheidet: 1. *Naturkarton,* der auf der Papiermaschine in einer Schicht hergestellt wird; 2. *gegautschten K.,* bei dem man innerhalb der Papiermaschine zwei oder mehr Papierbahnen in nassem Zustand aufeinander „gautscht", d. h. presst; 3. *geklebten K.,* der außerhalb der Papiermaschine auf Kartonmaschinen durch das Zusammenkleben mehrerer Papierbahnen entsteht. Auch → Kartonpapier.
Kartonagen [-'na:ʒən; frz.], Behälter u. Schachteln aus Karton oder Pappe, die hauptsächlich für Verpackungszwecke von *Kartonagenfabriken* hergestellt werden.
Kartonpapier [-'tõ-], Papier mit einer Blattdicke von 0,15–200 g/m² Gewicht.
Kartonstich [-'tõ-] → Umrissstich.
Karttikeya, der ind. Gott → Skanda.
Kartusche [die; ital., frz.], ◆ **1.** *b i l d e n d e K u n s t:* rechteckige, ebene oder gewölbte Schmucktafel, deren Rahmen aus Ornamenten *(Rollwerk)* zusammengesetzt ist; seit der Spätrenaissance als Schmuckform in Baukunst u. Kunstgewerbe gebräuchlich. Im Barock u. Rokoko wurde sie für Wappen, Namenszüge, Devisen, Embleme u. dgl. verwendet. Auch Randverzierung auf alten Karten.

Fortsetzung S. 220

Kartusche (1): Renaissance-Kartusche mit Rollwerk (links) und unsymmetrische Rokoko-Kartusche (rechts)

Karthago

Karthago

Kulturdenkmal: punisches Karthago mit Grabfeldern aus dem 4. Jh. v. Chr., römisches Karthago mit Amphitheater, Zirkus, Theater, Odeon, Römervillen und den restaurierten Thermen, zudem den Ruinen der Basilika des hl. Cyprian und der Basilika Maiorum

Kontinent: Afrika

Land: Tunesien

Ort: Karthago, Golf von Tunis

Ernennung: 1979

Bedeutung: Zeugnis der den Mittelmeerraum einst beherrschenden punischen Zivilisation

Zur Geschichte:

9. Jh. v. Chr. auf dem Byrsa-Hügel Tempel zu Ehren der Götter Tanit und Eshmun

509 v. Chr. Handelsvertrag zwischen Rom und Karthago

218–201 v. Chr. im Verlauf des 2. Punischen Krieges verliert Karthago seine Stellung als Weltmacht

im 3. Punischen Krieg (149–146 v. Chr.):

147 v. Chr. römische Belagerung unter dem Befehl von Scipio d. J. und

146 v. Chr. Zerstörung und Einverleibung in die römische Provinz Afrika Proconsularis

29 v. Chr. auf den Ruinen Karthagos Gründung der röm. Colonia Julia Carthago

145-162 Thermen des Antoninus Pius

439 Einnahme durch die Wandalen

534 Einmarsch der byzantinischen Truppen unter dem Feldherren Belisar

698 Zerstörung durch die Araber

1270 auf dem 7. Kreuzzug Landung von Ludwig IX., dem Heiligen

1883 Bau der Kathedrale Saint-Louis

1921 Tophet (heiliger Opferplatz) in Salambo entdeckt

Punische
Terrakottamaske

A m Anfang des legendären Karthago stand die List einer klugen Frau – so jedenfalls will es die Sage: Vor ihrem rachsüchtigen Bruder, dem phönizischen König, aus Tyros fliehend, landete Elissa in der Nähe des heutigen Tunis im Herrschaftsbereich des Hierbas. Auf der Suche nach einer Heimat für sich und ihre Gefolgsleute bat sie den Numiderfürsten nur um so viel Land, wie eine Ochsenhaut umfassen könne. Diese schnitt sie in feine Streifen, umgab damit den Byrsa-Hügel, auf dem heute die Kathedrale Saint-Louis thront, und gründete »Quart Hadasht«, die »neue Stadt«.

Legende oder nicht, archäologisch nachgewiesen ist Karthagos Gründung als Kolonie der Phönizier bis zum Jahr 750 vor Christus. Ebenso bezeugt ist der rasche Aufstieg der Stadt zur »Königin des Mittelmeeres«. Doch im tödlichen Ringen um die Weltmacht trugen schließlich im Dritten Punischen Krieg die Römer unter Scipio dem Jüngeren den Sieg davon. Sie machten – so berichtet uns Appian, der griechische Historiograph des 2. Jahrhunderts nach Christus – jene »Stadt, die seit ihrer Gründung über 700 Jahre lang geblüht, so ausgedehnte Gebiete, Inseln und Meere beherrscht hatte und an Waffen, Flotten, Elefanten und Geld so reich gewesen war wie die größten Reiche«, dem Erdboden gleich und erklärten sie für verflucht.

Doch in der ersten Hälfte des ersten Jahrhunderts entstand ein neues Karthago aus den Trümmern, das sich schon bald zur drittgrößten Stadt des gesamten römischen Imperiums entwickelte. Im Zuge der arabischen Eroberungen im 7. Jahrhundert wurde Karthago ein zweites Mal zerstört und verlor hinfort seine Bedeutung.

Tatsächlich haben die Stürme der Vergangenheit in Carthage, dem heutigen reizvollen Vorort von Tunis, nur wenige Zeugnisse der römischen, vor allem aber der punischen Stadt Karthago übrig gelassen. Die optisch nicht sonderlich reizvollen Ausgrabungsstätten liegen weitläufig verstreut zwischen alten Bey-Palästen und prachtvollen Villen mit blühenden Gärten. Archäologen haben am Südhang des Byrsa-Hügels unter der römischen Stadtanlage ein aus dem 2. Jahrhundert vor Christus stammendes punisches Wohnviertel mit meist mehrstöckigen Häusern und einem ausgeklügelten Wasserversorgungssystem freigelegt.

Der Tophet, der heiligste Bezirk der Punier, ist für den, der viel Fantasie besitzt, immer noch umwoben vom geheimnisvollen Dunkel der Geschichte des einstigen Totenkults, den Flaubert so mitreißend in seinem Roman »Salammbô« beschreibt: »Die Molochpriester wandelten auf dem großen Steinsockel auf und ab und ließen ihre Blicke prüfend über die Volksmenge schweifen. (...) Nach und nach traten Leute bis ans Ende der Gänge. Sie warfen Perlen, goldne Gefäße, Schalen, Leuchter, alle ihre Reichtümer in die Flammen. Die Opferspenden wurden immer zahlreicher und kostbarer. Schließlich stieß ein taumelnder, bleicher, vor Angst entstellter Mann ein Kind vor sich her, und dann sah man in den Händen des Kolosses eine kleine, schwarze Masse, die in der finsteren Öffnung verschwand.«

Tatsächlich deuten Tausende von Kinderskeletten, Stelen und Tonurnen, die in mehreren bis zu sechs Meter tiefen Gräberschichten entdeckt wurden, darauf hin, dass auf diesem Areal in archaischen Riten, die auf die heutige Zivilisation unglaublich grausam wirken, Erstgeborene geopfert wurden, um den Sonnengott Baal-Hammon und die Mondgöttin Tanit gnädig zu stimmen.

Nur wenige Schritte vom Tophet entfernt, liegen zwei schilfbestandene Teiche, die als puni-

sche Häfen identifiziert wurden. Kaum zu glauben, dass hier einst die größte Flotte der Welt vor Anker gelegen haben soll. Zeugnis jener Zeit, als Karthago Hauptstadt des römischen »Africa Proconsularis« war, sind die Thermen des Antoninus Pius, nach den Trajansthermen

in Rom die größte Einrichtung dieser Art im Imperium Romanum. Zauberhaft ist der Blick von der Terrasse auf das tiefblaue Meer und die dahinter aufragenden Berge. Hier erquickten sich einst die Reichen und Schönen. In der vortrefflich rekonstruierten Maison de la Volière im Archäologischen Park der römischen Villen kann man sich davon überzeugen, in welchem Luxus man damals leben konnte.

Daniela Schetar

Links: Die einstige Pracht der Antoninus-Pius-Thermen verdeutlichen noch heute solche Überreste wie dieses ornamentreich verzierte Kapitell einer korinthischen Säule

Unten: Die Villa »Haus der Pferde«; hier legte man zahlreiche schöne Mosaike frei

Karusselldrehmaschine zur Bearbeitung von großen Werkstücken

2. *W a f f e n :* die Metall-(Kartusch-)Hülse der Artilleriegeschosse, in der sich die Treibpulverladung befindet; entspricht der Patronenhülse bei der Munition der Handfeuerwaffen.

Karube [die; arab., frz.], *Johannisbrot,* Früchte des *Johannisbrotbaums.*

Karuizawa, Stadt in Japan, nordwestlich von Tokyo, am Fuß des Asamayama (2542 m), 1000 m ü. M., 15 100 Ew.; beliebter Erholungsort.

Karume, Abeid Amani, sansibarischer Politiker, *4. 4. 1905, †7. 4. 1972 Sansibar (ermordet); gründete 1957 die *Afro-Shirazi Party (ASP),* um die Interessen der schwarzafrikan. Bevölkerungsmehrheit auf Sansibar gegen die arab. Oberschicht u. die ind. Händler zu verteidigen. Nach der Revolution 1964 wurde K. Präs. der Volksrepublik Sansibar. Im April 1964 stimmte er der Vereinigung seines Lands mit Tanganjika zur Vereinigten Rep. Tansania zu u. wurde deren Erster Vize-Präs.

Karun, *Rud-e Karun,* wasserreichster Fluss in Iran, rd. 850 km lang; entspringt südwestl. von Isfahan u. wird seit 1954 zur Bewässerung der Oase von Isfahan durch einen Tunnel angezapft, mündet bei Khorramshahr in den Shatt Al Arab; schiffbar bis Ahvas; Staudamm bei Shushtar, wird in Khusestan zur Bewässerung genutzt.

Karunsee, ägypt. See, → Birket Qarun.

Karussell [das; frz.], **1.** Turnierspiel des Mittelalters und der Frühen Neuzeit: Ringelreiten u. Ringelstechen. **2.** *Reitschule,* österr. *Ringelspiel,* seit Anfang des 18. Jh. bekanntes, der Vergnügung auf Jahrmärkten dienendes Gerät: ein um eine vertikale Achse drehbares Gestell, durch das z. B. Wagen, Holzpferde, an Ketten aufgehängte Sitze *(Kettenkarussell)* u. Ä. mittels Pferde-, Dampf- oder elektr. Kraft im Kreis gedreht werden.

◆**Karusselldrehmaschine,** *Senkrechtdrehmaschine,* Werkzeugmaschine zum Plan- u. Längsdrehen. Die Planscheibe mit dem Werkstück der K. liegt waagerecht u. wird durch Motorantrieb um eine senkrechte Achse gedreht (Karussellprinzip). Bei Einständer- u. Zweiständermaschinen sind auf einem höhenverstellbaren Querbalken ein oder zwei Querschlitten mit Senkrechtschlitten geführt. Die Werkzeuge werden unmittelbar auf dem Senkrechtschlitten oder in einem Revolver aufgespannt. Karusselldrehmaschinen sind vornehmlich für die Bearbeitung von schweren Werkstücken vorgesehen, deren Außenform nicht rund ist. Der Vorteil ist das einfachere Festspannen der großen u. schweren Werkstücke. Auch → Drehmaschine.

Karviná, *Karwin,* Stadt in Nordmähren (Tschech. Rep.), östl. von Ostrava, 67 100 Ew.; Renaissanceschloss; Steinkohlenbergbau (seit 1776), Walzwerk, Maschinenbau.

Karwendelgebirge, größte Gruppe der Nordtiroler Kalkalpen, zwischen oberer Isar u. Inn u. zwischen Scharnitz-Seefeld u. Achensee; in mehrere, meist westöstl. verlaufende Ketten gegliedert; Gipfel: *Östliche Karwendelspitze* 2539 m, *Birkkarspitze* 2756 m, *Große Bettelwurfspitze* 2726 m, *Solstein* 2637 m, *Hafelekar* 2334 m.

Karwendelspitze, zwei Gipfel im nördl. Karwendelgebirge auf der Grenze zwischen Bayern u. Österreich: *Östl. K.* 2539 m, *Westl. K.* 2385 m.

Karwin, Stadt in der Tschech. Rep., → Karviná.

Karwoche [ahd. *kara,* „Klage"], *Stille Woche, Heilige Woche,* die Woche zwischen Palmsonntag u. Ostern, bei allen christl. Konfessionen dem Gedächtnis des Leidens Christi gewidmet. Die K. zeichnet sich durch Besonderheiten in der kirchl. Lithurgie aus.

Karyai [neugrch. kar'jɛ], *Karyä,* Verwaltungsort der Mönchsrepublik Athos, 240 Ew.; Protatonkloster mit Kirche.

◆**Karyatide** [die; grch.], eine anstelle von Säule oder Pfeiler in den Bau eingeordnete weibl. Figur; bes. bekannt die Karyatiden am *Erechtheion* in Athen, mit faltenreichem Peplos u. korbartigem Kapitell auf dem Kopf; vielfach kopiert, u. a. im Augustusforum in Rom u. in der Hadriansvilla bei Tivoli.

Karyogamie [grch.], *Kernverschmelzung,* der eigentl. Befruchtungsvorgang, d. h. die Verschmelzung der Kerne von Ei- u. Samenzelle. Auch → Befruchtung, → Kopulation.

Karyokinese [die; grch.], indirekte → Mitose.

Karyolymphe [die; grch.], Flüssigkeit im → Zellkern.

Karyon [das; grch.] → Zellkern.

Karyatide vom Erechtheion in Athen; 5. Jh. v. Chr.

Karyoplasma [grch.], *Kernplasma, Nucleoplasma,* die Gesamtheit des Plasmas, das von der Zellkernmembran umschlossen ist. Es ist chemisch ähnlich zusammengesetzt wie das übrige *Cytoplasma* (→ Protoplasma), jedoch stärker Licht brechend u. erscheint daher im Lichtmikroskop dunkler.

Karyopse [die; grch.], nussähnl. Schließfrucht der Gräser, bei der die Fruchtwand u. Samenschale miteinander verwachsen sind; z. B. Getreidekörner.

Karzer [der; lat.], früher der Arrestraum höherer Schulen u. Universitäten (bis 1879).

karzinogen [grch.], *kanzerogen,* Krebs auslösend, Krebs erzeugend; man unterscheidet chemische karzinogene Schädlichkeiten (karzinogene Stoffe), wie z. B. Pech, Anilin, Aphlatoxin, Benzpyren, Buttergelb, von physikalischen karzinogenen Schädlichkeiten, wie z. B. ionisierenden Strahlen; → Kanzerogen.

Karzinogen [das; grch.], Krebs erzeugender oder fördernder Faktor, → Kanzerogen.

Karzinoid [das; grch.], krebsähnliche, aber sehr langsam wachsende, kleine Geschwulst bes. im Magendarmkanal u. im Bronchialsystem, die von speziellen abnormen Zellen ausgeht.

Karzinom [das; grch.], *Carcinom, Carcinoma,* Abk. CA, vom Deckgewebe *(Epithel)* ausgehende bösartige Geschwulst *(Tumor).* Auch → Krebs.

Karzinophobie [grch.], *Krebsangst,* krankhafte bzw. übermäßige Furcht vor der Krebskrankheit, dauernde Angst, an Krebs zu erkranken oder Krebs zu haben.

Kasachen, *Kasaken,* einst nomad., zur Sesshaftigkeit übergehendes Turkvolk (8,1 Mio.) im Steppengebiet Kasachstans, kleinere Gruppen auch in China (600 000) u. der Mongolei (43 000); 1,3 Mio. fielen unter der Sowjetherrschaft der Zwangskollektivierung zum Opfer oder wanderten nach Xinjiang (China) aus. Früher in Adel („weiße Knochen") u. Gemeine („schwarze Knochen") sowie in Völker, Stämme, Geschlechter u. Sippen eingeteilt, Gliederung in die *Große, Mittlere* u. *Kleine Horde,* davon getrennt die *Bukejewsche Horde.*

Kasachensteppe, früher auch *Kirgisensteppe,* 1,75 Mio. km² umfassendes Steppenland im Innern Kasachstans. Dem auf fruchtbaren Schwarzerdeböden entstandenen Neulandgebiet im Norden schließen sich die als Weide genutzte Trockensteppe der Kasachischen Schwelle an mit zahlreichen abflusslosen Salzseen u. weiter im Süden die Wüstensteppe Westturkistans, in der durch Bewässerung Oasen für den Baumwollanbau geschaffen wurden.

kasachische Sprache, in Kasachstan gesprochene Turksprache; seit Mitte des 19. Jh. mit dem arab., seit 1940 mit dem russ. Alphabet geschrieben.

Kasachstan, Staat in Mittelasien, → Seite 222.

Kasack [der; frz., hebr.], im 16. Jh. Reit- u. Jagdrock, im 17. u. 18. Jh. Überrock der Galauniform der Gardetruppen europ. Fürsten, im 18. Jh. bürgerl. Jacke auch für die Frau, ab 1840 Frauenjacke, im 20. Jahrhundert meist hüftlange Schalbluse.

Hermann Kasack

◆ **Kasack**, Hermann, dt. Schriftsteller, * 24. 7. 1896 Potsdam, † 10. 1. 1966 Stuttgart; seit 1920 Lektor der Verlage Kiepenheuer, S. Fischer, Suhrkamp, von 1953 bis 1963 Präs. der Dt. Akademie für Sprache u. Dichtung in Darmstadt. Sein Roman „Die Stadt hinter dem Strom" 1947 war ein Hptw. der ersten Nachkriegszeit. Darin schildert K. gleichnishaft-visionär modernes Massendasein im Schatten der Diktatur. Erzählungen: „Der Webstuhl" 1949; „Das große Netz" 1952; „Fälschungen" 1953; Lyrik: „Das ewige Dasein" 1943; „Aus dem chines. Bilderbuch" 1955; „Wasserzeichen" 1964. Essays: „Oskar Loerke" 1951; „Mosaiksteine" 1956; „Das unbekannte Ziel" 1963.

Kasai, 1. Name von zwei Provinzen am Fluss K. in der Demokrat. Rep. Kongo: *West-Kasai*, 154 742 km², 3,1 Mio. Ew. mit der Hptst. *Kananga* u. *Ost-Kasai*, 170 302 km², 3,8 Mio. Ew. mit der Hptst. *Mbuji Mayi*; Verarbeitung von Baumwolle u. Ölpalmprodukten, Gewinnung von Diamanten u. Gold.
2. *Kassai*, linker Nebenfluss des Kongo, 1950 m; entspringt im östl. Hochland von Bihé (Angola), bildet auf etwa 500 km Länge die Grenze zwischen Angola u. der Demokrat. Rep. Kongo, mündet mit dem Unterlauf *Kwa* bei Kwamouth, wegen vieler Stromschnellen (Wissmann-, Pogge-Fälle) kaum schiffbar. Nebenflüsse, rechts: Lulua, Sankuru, Lukenie; links: Kwilu, Kwango.

Kasaken, Volk in Kasachstan, → Kasachen.
Kasakow, *Kazakov*, 1. Jurij Pawlowitsch, russ. Schriftsteller, * 8. 8. 1927 Moskau, † 4. 12. 1982 Moskau; beschrieb in lyrischen, naturverbundenen Kurzgeschichten das russ. Alltagsleben. Dt. Sammelbände: „Der Duft des Brotes" 1965; „Musik bei Nacht" 1963; „Zwei im Dezember" 1966.
2. Matwej Fjodorowitsch, russ. Architekt, * 1738 Moskau, † 7. 11. 1812 Rjasan; entwickelte, vom Barock der Epoche Katharinas II. ausgehend, einen individuellen Klassizismus, den „Kasakow'schen Stil". Hptw.: Senatsgebäude im Kreml, 1776–1787.
Kasama, Prov.-Hptst. im nördl. Sambia, 38 000 Ew.; landwirtschaftl. Handel.
Kasamango → Mombinpflaume.
Kasan, *Kazan*, Hptst. der Rep. Tatarstan (Russland) an der Mündung der *Kasanka* in den Samara-Stausee (Wolga; Hafen), 1,1 Mio. Ew.; Kreml, Kathedralen; Universität (gegr. 1804) u. a. Hochschulen, Museen, mehrere Theater, Philharmonie; Industrie- u. Handelszentrum mit Maschinen-, insbes. Landmaschinen- u. Waggonbau, Werftanlagen, feinmechan. (Kinoprojektoren-), Nahrungsmittel-, Tuch- u. Konfektionsindustrie, Pelz- u. Lederverarbeitung, Seifensiedereien, Herstellung von synthet. Kautschuk, Papiererzeugung, Sägemühlen, Baustoffproduktion; Wärmekraftwerk; Verkehrsknoten-

punkt. – Gegr. 1437 als Hptst. des Tatarenchanats K., 1552 von Iwan IV. erobert, seit 1920 Hptst.
Kasantsakis, griech. Schriftsteller, → Kazantzakis.
Kasaoka, japan. Stadt in Südhonschu an der Inlandsee, 60 000 Ew.; Ölraffinerie.
Kasarkas [russ.] → Halbgänse.
Kasavubu, Joseph, afrikan. Politiker in Kongo-Kinshasa (heute Demokrat. Republik Kongo), * 1910 Tshela, † 24. 3. 1969 Boma; Absolvent eines kath. Priesterseminars, später Verwaltungsangestellter; 1955 Führer der kulturellen Organisation des Bakongo-Volks, *ABAKO*; 1960 Staats-Präs. des unabhängig gewordenen ehem. belg. Kongo; 1965 von General *Mobutu* abgesetzt.
Kasbah [die; arab., „Festung, Burg"], burgartiges Bergdorf der Berber im Atlasgebiet, besonders an Pässen, auch die Altstadt in nordafrikanischen Städten.
Kasbegi, Alexander → Kazbegi, Alexandr.
Kasbek, *Kazbek*, einer der höchsten Gipfel des *Kaukasus*, 5047 m, stark vergletscherter erloschener Vulkan nahe der Georg. Heerstraße; 1868 erstmals erstiegen.
Käsch [das; drawid., portug., engl.], *Cash*, 1. Gewicht u. Münze in Ostasien; 1 K. = 37,8 mg.
2. ursprüngl. der kleinste ostindische Münzwert, später bis 1913 die gängige chinesische Bronze- oder Messingmünze, viereckig gelocht.
Kascha [die; russ.], Grütze (Brei); verbreitetes russ. Nationalgericht, insbes. aus Buchweizen u. Hirse, auch aus Weizen, Gerste oder Kartoffeln bestehend.
Kaschau, slowak. Stadt, → Košice.
Kaschauer, Jakob, österr. Bildhauer, † vor 1463; seit 1429 an der Dombauhütte St. Stephan in Wien tätig; Hauptvertreter des „weichen Stils". Hochaltar des Freisinger Doms, heute Bayer. Nationalmuseum, München.
Kaschauer Programm, das Programm der Koalitionsregierung der „Nationalen Front" unter dem Sozialdemokraten Z. *Fierlinger* über die Neugestaltung eines tschechoslowak. Staates, das am 5. 4. 1945 in dem von der Roten Armee besetzten ostslowak. Kaschau (Košice) von den Repräsentanten der Kommunisten, Sozialdemokraten, Nationalen Sozialisten (Partei *E. Beneš'*) u. der Katholischen Volkspartei bzw. den slowak. Demokraten u. Kommunisten beschlossen wurde.
Käscherspinne, *Dinopis*, eine etwa 2,5 cm lange tropische *Webspinne* mit sehr großen Vorderaugen; zu den *Cribellatae* gehörig. Die K. hängt kopfüber in einem Rahmennetz, spannt aber das eigentliche Fangnetz zwischen den Vorderbeinen aus. Die empfindl. Vorderaugen ermöglichen auch nachts, wenn die Spinne überwiegend aktiv ist, eine gute Ortung der Beute. Das Fangnetz wird mit den Vorderbeinen über die Beute geworfen u. mehrmals geschüttelt, so dass sie sich in den gekräuselten Fangfäden verhaspelt u. mit Hilfe der Hinterbeine eingesponnen werden kann.
Kaschghar, chines. Stadt, → Kaxgar.

kaschieren [frz.], 1. *allg.*: verbergen, verstecken; überdecken.
2. *Papierherstellung*: Papierbahnen zwei- u. mehrfach übereinander kleben; auch bedruckte oder unbedruckte Metall-, Zellglas- oder Kunststofffolien ein- u. zweiseitig bekleben sowie das bedruckte u. unbedruckte Papier u. Kartons mit Kaschierlacken u. flüssigen Kunststoffen beschichten. Das K. erfolgt in *Kaschiermaschinen*. Das Verfahren findet Anwendung bei Buch- u. Katalogeinbänden, Verpackungen (z. B. Milchbeutel) u. a.
3. *Textiltechnik*: zwei übereinander gelegte Gewebebahnen oder dgl. mit Hilfe von Klebemitteln, z. B. Gummi, u. Bearbeitung auf einem Doublierkalander miteinander verbinden.
Kaschiri, bierähnliches Getränk aus *Mandioka* bei südamerikan. Indianern.
Kaschiwa, japan. Stadt, → Kashiwa.
Kaschiwazaki, japan. Stadt, → Kashiwazaki.
Kaschkai, *Kaschgai*, mongolisches Nomadenvolk mit Turksprache im Süden Irans (rd. 500 000). Die K. wandern mit ihren Schaf- u. Ziegenherden bis zu 500 km pro Saison zwischen Winterweiden südlich von Shiraz u. Sommerweiden im Zagros-Bergland (*Transhumanz*). Sie sind als Pferdezüchter u. Reiter berühmt. Die K. leben in Großfamilien; die Frauen haben im Familien- u. Arbeitsleben eine führende Stellung. In den 1960er Jahren wurden die K. in den iranischen Staat zwangsintegriert.
Kaschmir [der], Gewebe aus Kaschmirwolle, jedoch auch weiche, matt glänzende Stoffe aus feinem Woll-Kammgarn, Halbseide oder Seide (*Seidenkaschmir*).
◆ **Kaschmir**, Gebirgslandschaft u. ehemaliges Fürstentum (1846–1947) im nordwestl. Himalaya u. Karakorum, nach der Unabhängigkeit Indiens 1947 zwischen Indien u. Pakistan umstritten u. nach kriegerischen Auseinandersetzungen auf beide aufgeteilt (trotz des Anspruchs beider Länder auf das gesamte K.). Zum indischen Teil (amtl. → Jammu and Kashmir) gehören 138 995 km², 8,4 Mio. Ew. Der pakistanische Teil, 83 888 km², 1,3 Mio. Ew. mit dem Hauptort *Muzaffarabad* im N von K. wird als → Azad Kashmir („Freies K.") bezeichnet. Als Hptst. für das gesamte K. gilt das auf indischem Gebiet liegende *Srinagar*. Die
Fortsetzung S. 223

Kaschmir: Markt in Leh

Kasachstan

Autokennzeichen: KZ

Fläche: 2 724 900 km²

Einwohner: 16,3 Mio.

Hauptstadt:
Astana

Sprache: Kasachisch

Währung:
1 Tenge
= 100 Tiin

Offizieller Name:
Republik Kasachstan

Regierungsform: Präsidiale
Republik

Religion: Moslems, Christen

Nationalfeiertag: 25. Oktober

Zeitzone: Mitteleuropäische Zeit
+4 bis +5 Std.

Grenzen: Im N, NW u. NO
Russland, im O Mongolei u.
China, im S Kirgisien, Usbekistan
u. Turkmenistan, im SW
Kaspisches Meer

Bruttosozialprodukt/Einw.:
1 310 US-Dollar

Lebenserwartung: 68 Jahre

Die Schafzucht konzentriert sich auf die Gebirge und Gebirgsvorländer im Süden und Osten des Landes

Landesnatur Der W des Landes wird von den wüstenhaften Tiefländern der Kaspischen u. Turanischen Senke eingenommen. Im zentralen Teil erhebt sich die bis 1559 m ansteigende Kasachische Schwelle mit ihren zahlreichen abflusslosen Salzseen, von denen der Balchaschsee der größte ist. Im äußersten SO hat Kasachstan Anteil an den Ausläufern von Tian Shan u. Altai u. erreicht hier mit 4973 m seine größte Höhe. Das Klima ist streng kontinental u. wird nach Süden zunehmend trockener, so dass die Steppe in Trockensteppe, Halbwüste u. Wüste übergeht. Im S ist Ackerbau nur noch mit künstl. Bewässerung möglich; die Bewässerungswirtschaft am Syrdarja im S des Landes trägt jedoch dazu bei, dass

der Aralsee auszutrocknen droht. Demgegenüber sind die Steppen im N zu einem großen Teil in riesige Getreide- u. Sonnenblumenfelder umgewandelt worden. Nur knapp 4 % der Landesfläche werden von Wäldern eingenommen.

Bevölkerung Die vorwiegend islam. Kasachen stellen nur 44,3 % der Bevölkerung. Nur wenig niedriger ist mit 35,8 % der Anteil der Russen, die sich großenteils zum orth. Christentum bekennen. Größere Minderheiten sind Ukrainer (5,1 %) u. Deutsche (3,6 %). Außerdem leben noch Tataren, Usbeken, Uiguren, Weißrussen u. Aserbaidschaner im Land. Nur gut 40 % der Bewohner beherrschen die Staatssprache

Kasachisch; Hauptverkehrssprache ist Russisch, das von 83 % der Bevölkerung gesprochen wird.

Wirtschaft Äußerst umfangreiche u. vielseitige Bodenschätze (vor allem Kohle, Erdöl, Erdgas, Eisen, Kupfer, Chrom, Zink, Gold, Silber, Mangan) prägen die Wirtschaft des Landes. Die Industrie verarbeitet die Rohstoffe aus Bergbau u. Landwirtschaft. Zu ihren wichtigsten Zweigen gehören Maschinenbau u. Petrochemie. Die Landwirtschaft, in der 22 % der erwerbstätigen Bevölkerung beschäftigt sind, ist ausgesprochen vielseitig. Im nordkasach. Neulandgebiet wird auf fruchtbaren Schwarzerdeböden Weizen-, Hirse- u. Sonnenblumenanbau mit Fleisch- u. Milchviehzucht betrieben, auf den Weiden der Trockensteppen u. Halbwüsten Fleisch-Wollviehwirtschaft. Im Bewässerungsbereich der Flüsse im S werden Baumwolle, Reis, Weizen, Zuckerrüben, Tabak, Obst u. Wein angebaut. Der mit Abstand wichtigste Außenhandelspartner Kasachstans ist Russland. Exportiert werden vorwiegend Kohle, Erdöl u. Erze

Blick in eine Erzmine; Kasachstan verfügt über reiche Erz- und Kohlevorkommen

Kaschmir: Opfer der militärischen Auseinandersetzungen von 1965

sowie Agrarprodukte. – Das Verkehrswesen ist bisher nur unzureichend ausgebaut.

Geschichte Archäolog. Funde belegen die Besiedlung Kasachstans durch sakisch-skythische Nomadenvölker im 1. Jahrtausend v. Chr. Im 11. Jh. n. Chr. beherrschte die Karachaniden-Dynastie das Gebiet, das 1219–1221 von Tschingis Chan erobert wurde. Ein kasachisches Chanat erreichte im 16. Jh. den Höhepunkt seiner Macht. In der Folgezeit wurde das Gebiet zwischen drei Stammesbünden aufgeteilt (Große Horde, Mittlere u. Kleinere Horde). Ende des 17. Jh. u. vor allem in der ersten Hälfte des 18. Jh. sahen sich die Kasachen fortwährenden Angriffen der westmongol. Oiraten ausgesetzt. 1731 nahm die Kleine Horde den Schutz des russ. Zaren an, 1740 folgte die Mittlere Horde u. 1742 Teile der Großen Horde. Bis 1848 verloren die drei Horden endgültig ihre autonome Stellung. Es begann ein Zustrom russ. Kolonisten sowie die Islamisierung durch Tataren aus Kasan. Ein Aufstand gegen die zarist. Herrschaft wurde 1916 blutig niedergeschlagen. 1920 wurde die *Kirgis. Autonome Sozialist. Sowjetrepublik* im Rahmen der RSFSR gegründet; sie wurde 1925 in *Kasach. ASSR* umbenannt u. 1936 zur Unionsrepublik erhoben. Die Kollektivierung der Landwirtschaft war begleitet von einer zwangsweisen Sesshaftmachung der nomadisierenden Kasachen sowie einer brutalen Russifizierung. Dem stalinist. Terror fielen bis 1939 über 1 Mio. Menschen zum Opfer. 1941 siedelte man Hunderttausende von Russlanddeutschen zwangsweise nach Kasachstan um. 1986 zeigten sich erste Ansätze einer antiruss. Protestbewegung. 1990 erklärte der Oberste Sowjet die Souveränität der Kasach. SSR. Der Vorsitzende des kasach. Obersten Sowjet,

N. A. *Nasarbajew*, wurde zum Präsidenten gewählt (1991 durch Volkswahl im Amt bestätigt). Am 16. 12. 1991 erklärte sich Kasachstan für unabhängig. Es wurde Mitglied der *Gemeinschaft Unabhängiger Staaten (GUS).* In einem Referendum verlängerte die Bevölkerung 1995 die Amtszeit Nasarbajews, der ein autokrat. Regime errichtete, bis zum 1. 12. 2000 u. stimmte gleichzeitig einer neuen Verfassung zu, die dem Präsidenten weit reichende Befugnisse gibt. 1999 setzte Nasarbajew vorzeitige Präsidentschaftswahlen an, bei denen er im Amt bestätigt wurde. 1995 u. 1999 fanden auch Parlamentswahlen statt.

Nursultan Abischewitsch Nasarbajew führte Kasachstan in die Unabhängigkeit

rd. 10 Mio. überwiegend islam. Einwohner sind auf die Täler u. Becken konzentriert, während die Gebirgsregionen kaum besiedelt sind. Die größtenteils gebirgige Natur grenzt auch den Wirtschaftsraum ein u. erschwert die Verkehrsmöglichkeiten erheblich. K. besteht aus den Gebieten *Punch* u. *Jammu* im Himalayavorland, dem Vorgebirgszug *Pir Panjal*, dem Tal von K. am *Jhelum*, der Kernlandschaft, *Indus-Kohistan* mit *Gilgit*, dem Haupthimalaya mit dem *Nanga Parbat*, dem *Karakorum* u. den zwischengelagerten Landschaften *Baltistan* u. → *Ladakh*. In den fruchtbaren, klimatisch geschützten Tälern, vor allem dem „Tal" von K., werden Reis, Mais, Weizen, Ölfrüchte, Obst u. Gewürze angebaut, in höheren Lagen wird Viehzucht u. Waldwirtschaft betrieben. Die langhaarigen Ziegen liefern Wolle für den Export. Berühmt sind die Schals u. Teppiche aus dieser Wolle.
Geschichte: Als zeitweilig buddhist. Land wurde K. bis 1346 von Hindukönigen, dann von islam. Herrschern regiert u. 1586 dem Mogul-Reich eingegliedert. 1756 gehörte K. in den Bereich des afghan. Durrani-Herrschers Ahmed Schah Abdali, 1819 des Sikh-Herrschers des Pandschab, Ranjit Singh, bis es 1846 von den Briten annektiert wurde. Diese verkauften K. an den Maharaja *Gulab Singh Dogra*, der die brit. Oberhoheit anerkannte. Bei der Teilung Brit.-Indiens 1947, die nach Religionszugehörigkeit erfolgte, wurde K. zum Streitobjekt, weil der hinduist. Maharaja *Hari Singh* den Anschluss des überwiegend islam. Landes an die Indische Union erklärte; im darauf folgenden *Kaschmir-Konflikt* besetzte Indien 60 %, Pakistan 40 % des Landes. Die UN vermittelten 1948 einen Waffenstillstand. Die Waffenstillstandslinie wurde zur Demarkationslinie zwischen dem ind. u. dem pakistan. besetzten Gebiet. Die von der UN vorgesehene Volksabstimmung über die Zugehörigkeit des Gebietes fand nicht statt. Eine Verhandlungslösung kam nicht zustande. 1965 brach zwischen Indien u. Pakistan erneut ein bewaffneter Konflikt um K. aus. Nach sowjet. Vermittlung

Kaschmir: Landschaft in Jammu and Kashmir

unterzeichneten beide Parteien im Jan. 1966 ein Waffenstillstandsabkommen. 1971 kam es im Rahmen des ind.-pakistan. Kriegs um Bangladesch auch zu Kampfhandlungen an der Waffenstillstandslinie in K. Seit den 1980er Jahren häuften sich im ind. Teil Kaschmirs Auseinandersetzungen zwischen Widerstandsgruppen unterschiedl. Ausrichtung u. der ind. Armee. Nach Massendemonstrationen verhängte die ind. Regierung 1990 den Ausnahmezustand. Nachdem im Mai 1999 von Pakistan unterstützte islam. Separatisten Gebiete im ind. Teil Kaschmirs besetzten, eskalierte der Konflikt erneut. Erst auf US-amerikan. Druck hin veranlasste die pakistan. Regierung im Juli 1999 den Rückzug der Rebellen. Ende 2001 verschärfte ein Terroranschlag auf das ind. Parlament die Lage in dem Krisengebiet.

Kaschmiri, eine in Kaschmir (Nordindien) von rd. 2,4 Mio. Einwohnern gesprochene neuindische Sprache, die Elemente des Iranischen u. des Sanskrit enthält.

◆ **Kaschmir-Kunst,** eigenständige Entwicklung der Kunst in Nordwest-Indien, setzte etwa im 6. Jh. mit Bronzeplastiken ein. Die früheste Architektur ist zunächst buddhistisch, später hinduistisch. Der berühmte Sonnentempel von *Martanda* ist ein Beispiel eines hinduist. Tempels, der in einem von Säulen umgebenen quadrat. Hof steht. Er hat ein doppelpyramidenförmiges Dach mit Dreiecksgiebeln auf jeder Seite, die Decken (Holz oder Stein) sind als „Laternendecken" in Kragbauweise ausgeführt. Die ebenfalls berühmte Bildhauerkunst lässt Einflüsse aus Gandhara, Zentralasien, Mathura (Gupta) u. Bihar erkennen. Am häufigsten dargestellt ist die Figur des mehrköpfigen Vishnu mit Eber- u. Löwenkopf auf der Schulter.

Kaschmirwolle, feine Wolle von seidigem Glanz (von der → Kaschmirziege).

Kaschmirziege, eine Ziegenrasse, die im Himalayagebiet u. z. T. auch in Frankreich als Haustier gehalten wird.

Kaschmir-Kunst: Vierarmiger stehender Brahma; Bronze, 7. Jh. Berlin, Staatliche Museen zu Berlin – Preußischer Kulturbesitz, Museum für Indische Kunst

Marie Luise Kaschnitz

◆ **Kaschnitz,** Marie Luise, eigentl. Freifrau von *Kaschnitz-Weinberg,* dt. Schriftstellerin, * 31. 1. 1901 Karlsruhe, † 10. 10. 1974 Rom; dichtete im Widerstreit von sensiblem Formempfinden u. kühnem Experimentieren. Ihr Werk ist sowohl von resignierender Skepsis als auch christlicher Humanität geprägt. Georg-Büchner-Preis 1955. Lyrik: „Totentanz u. Gedichte zur Zeit" 1947; „Zukunftsmusik" 1950; „Ewige Stadt" 1952; „Dein Schweigen – meine Stimme" 1962; „Ein Wort weiter" 1965; „Überallnie. Ausgewählte Gedichte 1928–1965" 1965; „Kein Zauberspruch" 1972. Romane: „Liebe beginnt" 1933; „Elissa" 1937. Erzählungen: „Lange Schatten" 1960; „Ferngespräche" 1966; „Steht noch dahin" 1970. Essays: „Griech. Mythen" 1943; „Zwischen immer u. nie. Gestalten u. Themen der Dichtung" 1971. Autobiografisches: „Tagebücher aus den Jahren 1936–1966" 1999; ferner zahlreiche Hörspiele. – Gesammelte Werke, 7 Bde. 1981–1989.

Kaschuben [benannt nach ihrer Tracht, poln. *Kaszuba,* „Pelzrock"], westslaw. Volksstamm im NO Pommerns u. in Pommerellen *(Kaschubei)* mit eigener Sprache (der poln. nahe stehend).

kaschubische Sprache, eine westslaw., von den *Kaschuben* gesprochene Sprache zwischen Persante u. unterer Weichsel; gelegentlich als poln. Dialekt angesehen.

Kaschunüsse → Cashewnüsse.

Käse: Fettgehaltsstufen	
Fettgehaltsstufe	**Fett (in % der Trockenmasse)**
Doppelrahmkäse	60
Rahmkäse	50
Vollfettkäse	45
Fettkäse	40
Dreiviertelfettkäse	30
Halbfettkäse	20
Viertelfettkäse	10
Magerkäse	unter 10

◆ **Käse,** Erzeugnis aus wärmebehandelter u. aus mehr oder weniger entrahmter Milch, enthält demzufolge die Milchproteine u. je nach Sorte u. Fabrikation unterschiedl. Mengen Milchfett. Nach den Herstellungsmerkmalen können die etwa 4000 bekannten Käsesorten eingeteilt werden in: *Labkäse (Süßmilchkäse),* die unter Verwendung von → Lab erzeugt werden, *Sauermilchkäse,* die unter Verwendung von Milchsäurebakterien hergestellt werden, sowie *Sondererzeugnisse.* Rohmilchkäse, z. B. Emmentaler, wird aus nicht pasteurisierter Milch hergestellt. Der ausgefällte Käserohstoff (Bruch, Quark) wird von der verbleibenden Flüssigkeit (Molke) getrennt u. weiterverarbeitet. Der Käsereimilch können Rahm, Magermilch oder Molke zugesetzt werden. Nach Zusatz von Salz, Gewürzen, Käsefarbe – bei Weichkäse mit Schimmelbildung auch Reinkulturen von Schimmelpilzen u. Bakterien – erfolgt die Formung, sodann die Reifung (eine Art Gärung) in Käsekellern, die auf einer bestimmten Temperatur gehalten werden. Der K. befindet sich während dieser Zeit in Formen, in denen der *Weichkäse* bleibt, bis er seine Form behält, während *Hartkäse* unter besonderen Pressen eine festere Konsistenz erhält u. halt-

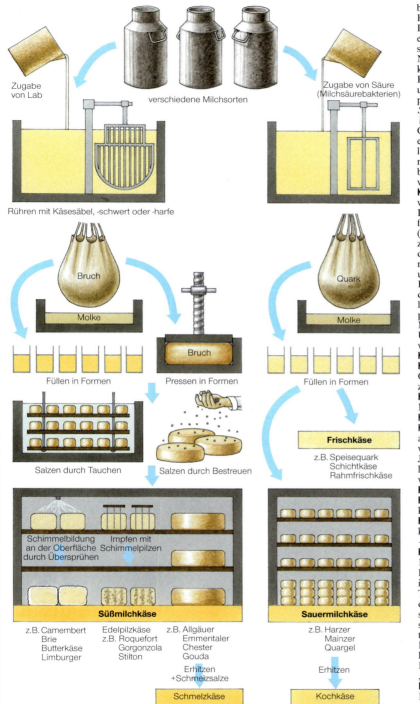

Ausfällen von Eiweiß

Zugabe von Lab

verschiedene Milchsorten

Zugabe von Säure (Milchsäurebakterien)

Rühren mit Käsesäbel, -schwert oder -harfe

Rohe Käsemasse

Bruch

Quark

Molke

Molke

Bruch

Füllen in Formen

Pressen in Formen

Füllen in Formen

Salzen durch Tauchen

Salzen durch Bestreuen

Frischkäse

z.B. Speisequark Schichtkäse Rahmfrischkäse

Reifung (wenige Tage bis mehrere Jahre)

Schimmelbildung an der Oberfläche durch Übersprühen

Impfen mit Schimmelpilzen

Süßmilchkäse

Sauermilchkäse

z.B. Camembert Brie Butterkäse Limburger

Edelpilzkäse z.B. Roquefort Gorgonzola Stilton

z.B. Allgäuer Emmentaler Chester Gouda

z.B. Harzer Mainzer Quargel

Erhitzen +Schmelzsalze

Erhitzen

Schmelzkäse

Kochkäse

Käse: schematische Übersicht zur Herstellung verschiedener Käsesorten. Seit etwa 2000 v. Chr. lässt sich die Käseherstellung nachweisen. Die Haltbarkeit wurde durch Salzen, Trocknen und später auch Räuchern so erhöht, dass ein Handel mit Käse über größere Entfernungen möglich war

barer wird. 100 kg Milch ergeben ca. 7 kg Hart- oder 20 kg Weichkäse.

Die Vielfalt der Käsesorten erschwert eine eindeutige Einteilung. Im Handel unterscheidet man K. nach dem Fettgehalt. Nach Konsistenzmerkmalen wird der Labkäse eingeteilt in: *Hartkäse* (Emmentaler, Bergkäse, Greyerzer, Appenzeller, Chester u. a.), *Schnittkäse* (Edamer, Tilsiter, Steppenkäse, Trappistenkäse u. a.), *halbfeste Schnittkäse* (Butterkäse, Edelpilzkäse u. a.), *Weichkäse* (Limburger, Romadur, Münster, Camembert, Brie u. a.). Die Haltbarkeit der einzelnen Käsesorten ist sehr unterschiedlich. Am empfindlichsten sind im Allgemeinen Frischkäse, die bei Zimmertemperatur bereits nach einem Tag deutlich an Qualität verlieren.

Käsefliegen, *Piophilidae,* mit rd. 100 Arten weltweit verbreitete Familie der *Fliegen.* Die Larven der K. sind ausschließlich an sehr fetthaltige tierische Nahrung gebunden (Fleisch-, Milchprodukte). Sie können bis zu einem halben Jahr hungern. Die Larven der mitteleurop. K., *Piophila casei* („Käsemaden"), können u. U. im Darm weiterleben u. dort Entzündungen verursachen. Als Krankheitsüberträger sind Käsefliegen-Maden nicht bekannt. Zur Verpuppung schnellen sich die Maden aus gekrümmter Körperhaltung bis zu 10 cm weit aus ihrer Nahrung heraus. Daher muss auch die Umgebung befallener Stücke gut gesäubert werden.

Kasein, ein chem. Stoff, → Casein.

Kaseinfarben, Farben, deren Bindemittel Casein ist; werden zur → Kaseinmalerei u. zur Lederbemalung verwendet.

Kaseinfaser, *Milchwolle,* künstliche Faser aus Milcheiweiß.

Kaseinkunststoffe → Caseinkunststoffe.

Kaseinmalerei, Malerei mit Kaseinfarben auf trockenem Mauerputz *(Seccotechnik),* wurde statt der *Freskomalerei* seit dem 14. Jh. teilweise angewandt, da die Kaseinfarbe langsamer u. weniger aufhellend trocknet u. widerstandsfähiger bei Feuchtigkeit ist.

Käseklee → Bockshornklee.

Kasel [die; lat.], liturgisches Obergewand des kath. Priesters bei der Messfeier.

Käsemagen, *Labmagen,* Teil des Wiederkäuermagens (→ Wiederkäuen); auch → Magen.

Käsemann, Ernst, dt. ev. Theologe, *12. 7. 1906 Bochum, † 17. 2. 1998 Tübingen; 1933 Pfarrer in Gelsenkirchen, 1946 Prof. für NT in Mainz, 1951 in Göttingen, 1959–1971 in Tübingen; als Schüler R. Bultmanns führender Vertreter einer krit. Bibelwissenschaft, stellte erneut die Frage nach dem „historischen Jesus". Hptw.: „Das wandernde Gottesvolk" 1939; „Exegetische Versuche u. Besinnungen" 2 Bde. 1960 bis 1964; „Jesu letzter Wille nach Joh. 17" 1966; „Der Ruf der Freiheit" 1968; „An die Römer" 1973; „Kirchliche Konflikte" 1982.

Kasematte [die; frz.], **1.** *Marine:* auf Kriegsschiffen gepanzerte Stellung für Geschütze; nach dem 1. Weltkrieg durch drehbare Turmlafetten ersetzt.

2. *Wehrtechnik:* in Festungen u. Forts Raum aus Mauerwerk mit bombensicherer

(Gewölbe-)Decke, zur Unterbringung von Mannschaften oder Material.

Käsemilben, *i. e. S.* die auf u. in Käse, selten auch Rauchfleisch, Schinken u. Wurst lebenden Vorratsmilben *Tyrophagus casei* u. *Tyrophagus dimidiatus var. longior,* von denen bis zu 2000 Individuen je cm² gezählt wurden; *i. w. S.* alle Milben, die auf Käse angetroffen werden.

Käsepappel → Malve.

Kaserne [frz.], zur ortsfesten, dauernden Unterbringung von Truppen eingerichtete Anlage mit Wohn-, Stabs- u. Wirtschaftsgebäuden u. a.

Kasernierte Volkspolizei, Abk. *KVP,* im Frühjahr 1948 in der sowjet. Besatzungszone Deutschlands aufgestellte Bereitschaftspolizei; nach dem Muster der Sowjetarmee aufgebaut u. bewaffnet; am 18. 1. 1956 in die → Nationale Volksarmee der DDR umgewandelt.

Kashan, *Kaschan, Keshan,* Oasenstadt im zentralen Iran nördl. von Isfahan, 995 m ü. M., 155 000 Ew.; Handelszentrum; maler. Altstadt, großer Bazar, Minarett (13. Jh.); Wein- u. Gartenbau; Seiden- u. Baumwollindustrie, Kupfer- u. Porzellanwarenanfertigung; Zentrum der Teppichknüpferei (Kashanteppiche); durch Straße u. Bahn mit Teheran verbunden.

Kashiwa, japan. Stadt in Honshu, nordöstl. von Tokyo, 318 000 Ew.; in einem Stahlindustrie- u. Erdgasgebiet.

Kashiwazaki, japan. Hafenstadt in Nordwesthonschu, westl. von Nagaoka, am Japan. Meer; 88 000 Ew.; Erdöl- u. Erdgasförderung, Ölraffinerie; Thermalquellen.

Kashkashian, Kim, US-amerikan. Bratschistin armen. Herkunft, *31. 8. 1952 Detroit, Mich.; eine der führenden Bratschistinnen unserer Zeit; Zusammenarbeit mit K. *Penderecki,* S. *Gubaidulina,* G. *Kurtág* u. a.; Professorin für Viola an der Musikhochschule Freiburg, ab 1996 an der Hochschule für Musik „Hanns Eisler" in Berlin.

Kashmir

◆ **Kashmir** → Kaschmir.

Kashmir-Kunst → Kaschmir-Kunst.

Kasim, *Al Kasim,* Provinz u. Oasenregion in Saudi-Arabien, → Qasim.

Kasi-Magomed, aserbaidschan. *Qazimämmäd,* früher *Adschikabul,* Stadt in Aserbaidschan, in der Kuraniederung, rd. 17 000 Ew.; Fleischwarenfabriken, Wollaufbereitung.

Kasimir [poln., „Friedensstifter"], männl. Vorname; poln. *Kazimierz.*

Kasimir, Heiliger, Sohn Kasimirs IV. von Polen, *5. 10. 1458, †4. 3. 1484 Vilnius; Patron von Polen u. Litauen. Fest: 4. 3.

Kasimir III. Radierung. Biblioteca de Catalunya, Barcelona

Kasimir, *Kazimierz,* POLN. FÜRSTEN:

1. Kasimir I. Restaurator (Odnowiciel), Herzog 1034–1058, *25. 7. 1016, †24. 10. (od. 28. 11.) 1058; aus der Piastendynastie, zuerst unter Vormundschaft seiner Mutter Richeza (schwäb. Herzogstochter), 1037 vertrieben, kehrte mit dt. u. ungar. Hilfe als dt. Vasall 1039 zurück. K. unterwarf 1047 Masowien u. gewann 1054 Schlesien von Böhmen zurück. Er verlegte die poln. Hauptstadt nach Krakau.

2. Kasimir II., Kasimir der Gerechte (Sprawiedliwy), 1166 Herzog von Wiślica, 1177 Senior von Polen, 1186–1194 Herzog von Sandomir u. Masowien, *1138, †5. 5. 1194; aus der Piastendynastie, stützte sich vor allem auf die Kirche, der er 1180 in Łęczyca die ersten Privilegien verlieh, u. erzielte die ersten Erfolge zur Überwindung der teilfürstl. Zersplitterung Polens.

◆ **3. Kasimir III., Kasimir der Große (Wielki),** König 1333–1370, *30. 4. 1310 Kowal, Kujawien, †5. 11. 1370 Krakau; verzichtete 1335 auf dem Kongress zu Visegrád (Ungarn) auf die Hoheit über Schlesien zugunsten Böhmens, überließ dem Deutschen Orden 1343 Pommerellen. Der Erwerb Galiziens u. eines Teils von Wolynien (1340–1349) leitete eine neue, nach Osten gerichtete Politik Polens ein. Im Innern förderte er das Städtewesen (u. a. auch durch Aufnahme von Deutschen u. Gewährung dt. Stadtrechts), schützte die Juden, gründete die Universität Krakau (1364) u. ließ erstmals poln. Recht kodifizieren. Mit ihm starben die poln. *Piasten* in der königl. Linie aus.

4. Kasimir IV., der Jagiellone (Jaiellończyk), König 1447–1492, *30. 11. 1427 Krakau, †7. 6. 1492 Grodno; Sohn Jagiełłos, seit 1440 Großfürst von Litauen, erlangte 1466 im Thorner Frieden vom Deutschen Orden Westpreußen u. die Lehnshoheit über das Ordensland Preußen.

Kasino [das; ital., „herrschaftl. Haus"], **1.** italien. Landhaus in großem Garten. **2.** Speiseraum. **3.** → Spielbank. **4.** Offizierheim, → Offizierkasino.

Kasjanow, *Kasyanov,* Michail, russ. Politiker, *8. 12. 1957 Solnzewo; Bauingenieur; 1981–1990 in der sowjet. Planungsbehörde GOSPLAN tätig, danach im russ. Finanzministerium; wurde 1999 Finanz-Min. u. 2000 Min.-Präs. Russlands.

Kaskade [die; ital., frz.], **1.** *Geographie:* kleiner (natürl. oder künstl.) → Wasserfall über mehrere Stufen. **2.** *Kernphysik:* Teilchenschauer, ein Prozess, der durch hochenergetische Teilchen in einem Kern angeregt wird. Man unterscheidet zwischen *intranuklearer K.,* wobei nur Teilchen des eigenen Kerns beteiligt sind, u. *internuklearer K.,* wobei hochangeregte Teilchen den Kern verlassen u. eine K. in einem andern Kern anregen können. **3.** *Kleinkunst:* Feuerwerk in Form eines Wasserfalls.

Kaskadengebirge, *Cascade Range,* über 1100 km langes Hochgebirge im W Nordamerikas, erstreckt sich zwischen dem nördl. California (USA) im S u. dem südl. British-Columbia (Kanada) im N; die nördl. Fortsetzung der Sierra Nevada ist im O vom Columbiabecken begrenzt, im W vom Küstengebirge (Pacific Coast Range) durch die Willamette-Pugetsund-Senke getrennt; Vulkanismus prägte den Südteil (meist unter 1500 m) u. den Mittelteil (bis Seattle), mehrere Gipfel sind über 3000 m hoch (meist vulkan. Ursprungs, u. a. *Mount Rainier* 4392 m, *Mount Shasta* 4317 m, *Lassen Peak* u. *Mount St. Helens,* letztere sind noch aktive Vulkane); das K. ist vor allem im N stark vergletschert; unterhalb der Baumgrenze (1800 m im N, 2700–2900 m im S) erstrecken sich dichte Nadelwälder; die Westabdachung ist mit jährl. Niederschlägen über 2500 mm bes. regenreich. Holzwirtschaft, Elektrizitätsgewinnung, Fremdenverkehr. – Entdeckt 1792, benannt nach den großen Wasserfällen in der tiefen Schlucht des Columbiaflusses.

Kaskadenschaltung, die Hintereinanderschaltung gleichartiger elektr. Geräte zur Vervielfachung der Einzelleistung; z. B. K. von Transformatoren, wobei ein Transformator seine (hohe) Sekundärspannung an einen zweiten u. dieser sie evtl. an einen dritten liefert; in Prüfschaltungen verwendet. Die K. wird auch bei elektr. Maschinen benutzt, wobei z. B. zwei Generatoren auf der gleichen Welle sitzen u. der eine die Erregerleistung für den zweiten liefert. Speziell in der Hochenergiephysik wird als K. eine Gleichrichterschaltung verwendet. Gleichrichterschaltung eine K. benutzt, bei der mehrere Gleichrichterröhren u. Kondensatoren hintereinander geschaltet werden; hierdurch wird die Wechselspannung gleichgerichtet u. gleichzeitig vervielfacht. Diese Schaltung, *Greinacher-Schaltung*, wurde 1921 von H. *Greinacher* angegeben. Sie ist die Grundlage der *Greinacher-Kaskadengeneratoren*. Diese Geräte wurden für Spannungen bis zu 3 Mio. Volt gebaut u. dienten als Vorschaltgerät von Teilchenbeschleunigern; sie wurden später z. B. durch Zyklotrone ersetzt.

Kaskadenstrahlung, Anteil der → Höhenstrahlung; besteht aus Elektronen, Positronen u. elektromagnet. Strahlungsquanten (Gammaquanten), die eng gebündelt in Teilchenschauern fliegen.

Kasko [der; span.], Schiffskörper u. Zubehör im Unterschied zur Schiffsladung.

Kaskodeschaltung, elektr. Schaltungsanordnung mit zwei Transistoren in Funkempfängern, bei der die erste Stufe in → Emitterschaltung u. die zweite Stufe in → Basisschaltung arbeitet.

Kaskoversicherung, Versicherung der Beförderungsmittel (Schiffe, Kraftfahrzeuge u. a.) gegen Schäden. Auch → Kraftfahrzeugversicherung.

Käsmark, Stadt in der Ostslowakei, → Kežmarok.

Kasos, griech. Insel zwischen Karpathos u. Kreta, Verw.-Bez. Dodekanes, 66 km², 1400 Ew.; Hauptort *Agia Marina*; gebirgig (bis 575 m).

Kaspar [pers., „Schatzmeister"], *Caspar*, männl. Vorname; geht auf den Namen eines der Heiligen Drei Könige zurück. Im Dreikönigsspielen machte die Figur des K. häufig burleske (komische) Einlagen, davon leiteten sich später Kasperl u. → Kasperle-Theater ab. Nordt. u. engl. *Jasper*, frz. *Gaspard*, ital. *Gaspare*.

Kaspar-Hauser-Versuch [nach dem Findelkind K. *Hauser*], Versuchsanordnung, mit der angeborene Verhaltensweisen relativ sicher festgestellt werden können. Es werden Tiere isoliert aufgezogen, sie können somit die Lernprozesse, die unter natürl. Bedingungen vonstatten gehen, nicht durch Nachahmung vollziehen. Die Verhaltensweisen, die sie trotz der Isolation zeigen, sind daher wahrscheinlich angeboren. Schalldicht isoliert aufgezogene Grasmücken zeigen z. B. den arttypischen Gesang, obwohl sie nie die Gelegenheit hatten, ihn zu hören. Eichhörnchen folgen mit dem Vergraben von Nahrungsstücken einem angeborenen Verhalten. Einen vollständigen Erfahrungsentzug kann der Kaspar-Hauser-Versuch nicht bewirken; z. B. die Erfahrungsmöglichkeiten am eigenen Körper.

Garri Kasparow

Kasparow [-rɔf], *Kasparov*, Garri, russ. Schachspieler (Großmeister), * 13. 4. 1963 Baku; siegte 1985 im WM-Finale gegen A. *Karpow* u. wurde neuer Schachweltmeister; verteidigte den Titel gegen den gleichen Gegner erfolgreich 1986, 1987 u. 1990. 1993 erkannte ihm die FIDE (Internationale Schach-

Föderation) den Titel ab, da K. einen eigenen Verband (*Professional Chess Association*, PCA) gegründet hatte, dessen erster Weltmeister er im gleichen Jahr wurde.

Kasper, *Kasperle, Kasperl*, lustige Standardfigur des Kasperle-Theaters. K. wurde von dem Wiener Schauspieler J. J. *Laroche* 1781 als Bühnenfigur geschaffen. K. verdrängte die älteren Bezeichnungen wie *Pickelhering* u. *Hanswurst*. Er wandelte sich vom derben Zotenreißer zum Sozialkritiker, vom gutmütigen Spötter zum feinsinnigen Narren. In anderen Ländern gibt es ähnliche Gestalten: in England *Punch*, in Russland *Petruschka*, in Indien *Vidushaka*, in Frankreich *Polichinelle* u. *Guignol*.

Walter Kasper

◆ **Kasper**, Walter, dt. kath. Theologe, * 5. 3. 1933 Heidenheim an der Brenz; 1964 Prof. für Dogmatik in Münster u. seit 1970 in Tübingen; 1985 Sondersekretär der „Sondersynode der kath. Bischöfe aus aller Welt"; seit 1989 Bischof von Rottenburg–Stuttgart; Kardinal seit 2001. Hptw.: „Dogma unter dem Wort Gottes" 1965; „Die Methoden der Dogmatik" 1967; „Glaube u. Geschichte" 1970; „Jesus der Christus" 1974; „Teufel, Dämonen, Besessenheit. Zur Wirklichkeit des Bösen" 1978; „Zukunft aus dem Glauben" 1978; „Der Gott Jesu Christi" 1982; „Theologie u. Kirche" 1987.

Kasperle-Theater, 1. transportables Puppenbühnengehäuse; früher ein mit Zeltstoff bespanntes Gestell, in dem eine Person mit erhobenen Händen stehen konnte, über dem Kopf des Spielers ein Ausschnitt als Bühnenöffnung. Heute vorzugsweise ein Paravent (Spielschirm), über dem die Figuren zu sehen sind. Die Bezeichnung K. wird oft für

das gesamte Puppenspiel verwendet. – 2. Im Gegensatz zum Figurenspiel, vorwiegend ein Typentheater mit Figuren wie Großmutter, König, Prinzessin, Gretel, Teufel, Hexe, Räuber, Krokodil. Der Kasper ist der dramaturgische Mittelpunkt, der in der Auseinandersetzung mit den anderen Figuren stets als Sieger erscheint.

Kaspirobbe, *Pusa caspica*, Art der *Ringelrobben* aus dem NO des Kaspischen Meeres; vermutlich vom N aus in das Binnenmeer eingewandert; heute existieren rd. 500 000 Exemplare.

◆ **Kaspisches Meer**, *Kaspisee*, russ. *Kaspijskoe More*, größter Binnensee der Erde, östl. des Kaukasus, 386 500 km², im Südteil bis 1025 m tief; Anrainerstaaten sind: Aserbaidschan, Russland, Kasachstan, Turkmenistan u. Iran; wichtigste Zuflüsse sind Wolga (rd. 75 % der Wasserzufuhr), Ural, Emba, Kura u. Terek; abflusslos; relativ geringer Salzgehalt von 0,3‰ im N bis 15‰ im S (nur im östl. *Kara-Bogas-Gol* bis 34‰). Zunehmende Wasserentnahme aus den Zuflüsse für Landwirtschaft (Bewässerung) u. Industrie u. starke Verdunstung senken den Wasserspiegel (27 m u. M.) stetig u. gefährden das ökolog. Gleichgewicht. Das Kaspische Meer ist ein bedeutendes Fischfanggebiet (Stör, Zander, Rotauge, Plötze u. a.). Der Rückgang der Fischbestände durch Wasserverschmutzung u. Sinken des Seespiegels bewirkte die Gründung von Fischzuchtanstalten (bes. Stör). Die Schifffahrt umfasst den Warenaustausch, Fahrgast-, Post- u. Bahnfährverkehr zwischen den angrenzenden Wirtschaftsräumen. Wichtige Häfen sind *Baku* u. *Astrachan*. Am südl. West- u. Ostufer befinden sich ausgedehnte Erdöllager.

Kaspische Tore, lat. *Caspiae portae*, Engpass in den Gebirgen am südl. Ufer des Kaspischen Meers, jetzt *Tengi Sardara*. Der Pass war im Altertum berühmt wegen seiner strateg. Bedeutung; über ihn führte der Verbindungsweg zwischen Medien einer-

Kaspisches Meer: Baku ist der wichtigste Hafen des abflusslosen Sees

seits, Armenien, Hyrkanien u. Parthien andererseits. Die Perser verschlossen ihn zeitweise mit eisernen Toren.

Kasprowicz [-vitʃ], Jan, poln. Lyriker u. Übersetzer, *12. 12. 1860 Szymborz bei Hohensalza (poln. Inowrocław), † 1. 8. 1926 Poronin; verfasste volkstüml.-religiöse Lieder; gilt als „Dichter der poln. Seele"; auch poetische Prosa u. polit. Essays: „Mein Abendlied" 1902, dt. 1905; „Vom heldenhaften Pferd u. vom einstürzenden Haus" 1906, dt. 1922. Dt. Übersetzung: „Hymnen" 1914.

Kassabuch → Kassenbuch.

Kassageschäft, ein Börsengeschäft in Wertpapieren oder Waren, bei dem, im Gegensatz zum Termingeschäft, Lieferung u. Zahlung dem Geschäftsabschluss unmittelbar folgen, in Dtschld. innerhalb von 2 Börsentagen.

Kassák [ˈkoʃʃak], Lajos, ungar. Schriftsteller u. Maler, *21. 3. 1887 Ersekújvar (heute Nové Zánky), †22. 7. 1967 Budapest; Arbeiterdichter u. expressionist. Avantgardist. Bes. bekannt wurde seine Autobiografie „Egy ember élete" I–IV 1928–1932, VII–VIII 1935–1939 (dt. „Das Leben eines Menschen"). Als Maler war K. Autodidakt; er schuf, anfangs von G. *Apollinaire* u. P. *Picasso* beeinflusst, dadaist. u. expressionist. Werke. Ab etwa 1920 begann er mit kons-

truktivist. Bildern, in denen er die Einheit von Kunst u. Technik herausstellte.

Kassala, 1. ostsudanes. Prov., 128 039 km², 1,5 Mio. Ew.; Hptst. *K.* (2).
2. Hptst. der sudanes. Prov. K. (1) im O des Landes nahe der äthiop. Grenze, 520 m ü. M., 234 000 Ew.; landwirtschaftl. Handelszentrum in einem Bewässerungsgebiet (bes. Baumwoll-, Obst- u. Gemüseanbau); Textil- u. a. Industrie; Flugplatz. – 1840 von Ägypten als Grenzfestung gegründet.

Kassander, *Kassandros,* *um 350 v. Chr., † 297 v. Chr.; ältester Sohn des *Antipater,* nahm an den Kämpfen um die Nachfolge *Alexanders d. Gr.* teil; ab 317 v. Chr. Herrscher von Makedonien.

Kassandra, westlichste der drei fingerförmigen Halbinseln der → Chalkidhike (Griechenland).

Kassandra, auch *Alexandra,* nach der Sage Tochter des Trojanerkönigs *Priamos,* Seherin; da sie Apollon ihre Gunst versagte, bewirkte dieser, dass niemand ihren Weissagungen, die stets nur drohendes Unheil verkündeten *(Kassandra-Rufe),* glauben sollte. Nach Trojas Untergang wurde sie Beute Agamemnons u. als seine Geliebte von seiner Gattin Klytämnestra erschlagen.

Kassation [lat.], **1.** *Beamten- und Militärrecht:* (früher) strafweise Dienstentlassung.

2. *Musik:* ein Musikstück, das, ähnlich wie die Serenade u. das Divertimento, ursprüngl. im Freien aufgeführt wurde. Diese bes. in Österreich volkstüml. Musizierform wurde von J. *Haydn* u. W. A. *Mozart* in die Kunstmusik übernommen, meist mit suitenartiger Anlage.
3. *öffentl. Recht:* Kraftloserklärung einer Urkunde.
4. *Strafrecht:* Aufhebung einer rechtskräftigen, aber unrichtigen Gerichtsentscheidung durch ein höheres Gericht *(Kassationsgericht, Kassationshof),* ohne dass dieses, wie z. B. bei der → Revision, in der Sache selbst entscheiden kann. Die K. dient nicht nur als Rechtsbehelf der Prozessparteien, sondern auch u. vor allem als Mittel der Justizaufsicht der obersten Behörden der Staatsanwaltschaft im Interesse der Rechtseinheit u. der richtigen Rechtsanwendung. Die K. ist in Frankreich, Italien, Belgien u. Österreich möglich. – In *Österreich* entscheidet der Oberste Gerichtshof (bis 1918 *Kassationshof* genannt) über alle nach der StPO zulässigen Nichtigkeitsbeschwerden. – In der *Schweiz* bestehen in vier Kantonen selbständige *Kassationsgerichte* für Zivilsachen.

kassatorische Klausel [lat.] → Verfallklausel.
Kassave [die; indian.], ein Strauch, → Maniok.
Kassawa [die; indian., span.], ein Strauch, → Maniok.

Kassel (1)

Kassel, ◆ **1.** kreisfreie Stadt in Hessen, an der Fulda, Hptst. des Reg.-Bez. K. (2), 163 – 615 m ü. M., 201 000 Ew.; Gesamthochschule (1971); Bundessozialgericht, Hess. Verwaltungsgericht, Hess. Finanzgericht, Oberlandesgericht; Bundeswehrstandort; Staatstheater, Gemäldegalerie, Hess. Landesmuseum (Antikensammlung u. a.), Naturkundemuseum im Ottoneum (ältestes dt. Theatergebäude), Dt. Tapetenmuseum, Brüder-Grimm-Museum, Landes- u. Murhard'sche Bibliothek (mit der Handschrift des „Hildebrandliedes", um 800); ‚documenta'-Ausstellung moderner Kunst; Rathaus (1905–1909), ehem. Stiftskirche St. Martin u. St. Elisabeth (14./15. Jh.), Fridericianum (1769–1779); Orangerie (1701 bis 1711) in der Karlsaue; im W der Stadt Schloss *Wilhelmshöhe* (1786 bis 1801) mit prächtigem Park (bekannte Wasserkünste, Herkulesstatue); vielseitige Industrie: Fahrzeugbau, Maschinenbau (bes. Werkzeug- u. Baumaschinen), Herstellung landwirtschaftl., opt. u. geodät. Geräte, Metallwaren-, Elektro-, pharmazeut. u. a. Industrie. – Nordwestl. von K. liegt das Schloss *Wilhelmsthal* (1753–1767, von F. *Cuvilliés d. Ä.* entworfen).

Kassel (1): Im Ottoneum, dem ersten deutschen Schauspielhaus (erbaut 1602–1606), ist seit 1884 das Museum für Naturkunde untergebracht

Geschichte: K., bereits im 10. Jh. erwähnt, wurde im 13. Jh. von den Landgrafen von Thüringen zur Stadt erklärt u. 1277 Residenzstadt der Landgrafen von Hessen (seit 1567 von Hessen-Kassel). Die Stadt wurde befestigt u. ständig vergrößert, 1615 durch Aufnahme von flüchtigen Niederländern, 1688 durch Ansiedlung von Hugenotten. 1807–1813 war K. Hptst. des napoleon. Königreichs Westfalen, 1813 bis 1866 des Kurfürstentums Hessen. Wegen der Haltung der Fürsten u. der Finanzmisere im Land kam es in der Stadt 1830, 1831 u. 1848 zu Unruhen. Während des Dt. Kriegs 1866 wurde K. von Preußen besetzt u. zur Hauptstadt der neugebildeten preuß. Provinz Hessen-Nassau (bis 1945) gemacht. Im 2. Weltkrieg erlitt es schwere Zerstörungen.
2. Reg.-Bez. in Hessen, 8289 km², 1,27 Mio. Ew.; umfasst die kreisfreie Stadt K. (1) u. die Ldkrs. Fulda, Hersfeld-Rothenburg, K. (3), Schwalm-Eder-Kreis, Waldeck-Frankenberg u. Werra-Meißner-Kreis.
3. Ldkrs. in Hessen, 1293 km², 243 000 Ew.; Verw.-Sitz ist K. (1).

Kasseler Rippenspeer, *Kasseler, Kassler* [nach dem Metzger *Kaßler*], gepökeltes u. geräuchertes Rippenstück vom Schwein, wird gekocht oder gebraten.

Kassem, *Qasim, Kasim,* Abd Al Karim, irak. Politiker, * 1914 Bagdad, † 9. 2. 1963 Bagdad (erschossen); 1955 General; führte 1958 den Staatsstreich gegen König Faisal II. u. proklamierte die Republik, wurde Min.-Präs. u. Verteidigungs-Min.; entwickelte sich zu einem entschiedenen Gegner des ägypt. Präs. Nasser. K. fiel einem Staatsstreich zum Opfer.

Kassenbuch, *Kassabuch,* **1.** Grundbuch der Buchführung zur chronologischen Aufzeichnung der Kassenein- u. -ausgänge.
2. Kladde zur vorläufigen Eintragung von Bareinnahmen u. -ausgaben, die dann geordnet in die → Handelsbücher übertragen werden.

Kassenhaltung, die Einbehaltung von Geldbeträgen in der Kasse. Die Geldtheorie versucht zu erklären, welche Gründe Wirtschaftssubjekte veranlassen, einfließende Geldbeträge in der Kasse zu halten, statt sie direkt wieder auszugeben. J. M. *Keynes* z. B. unterscheidet hier Umsatz-, Vorsichts- u. Spekulationsmotive. Sie bestimmen die *Umlaufgeschwindigkeit* des Geldes, d. h. die Häufigkeit, mit der eine gegebene Geldmenge den in der Wirtschaft vorhandenen Gütern tauschend gegenübertritt. – Wichtig sind Veränderungen in den Kassenhaltungsentscheidungen für Konjunktur u. Beschäftigung. Eine bewusst seitens der Wirtschaftssubjekte vorgenommene Erhöhung (Senkung) der K. verringert (steigert) die Nachfrage nach Produkten (u. zugleich die Nachfrage nach Produktionsfaktoren).

Kassenkredite, kurzfristige Kredite, die die Dt. Bundesbank als Buchkredite oder Schatzwechselkredite dem Bund, bestimmten Sondervermögen des Bundes sowie den Ländern (nicht den Gemeinden) zur Überbrückung aktueller Liquiditätsschwierigkeiten gewähren konnte; seit 1994 nicht mehr zulässig.

Kassette (2): Kassettendecke von Wedel Dietrich im Fuggerschloss Kirchheim; 1578–1585

Kassenobligation, ein festverzinsliches Wertpapier mit einer Laufzeit von 2 bis 4 Jahren. Kassenobligationen werden sowohl von der öffentl. Hand als auch von Kreditinstituten ausgegeben. Wegen der großen Stückelung kommen in der Regel nur Banken, Sozialversicherungsträger u. andere Großanleger als Erwerber in Betracht. Auch → Schuldverschreibungen.

Kassenprüfung, eine Revision, die sich auf die Kontrolle der baren Ein- u. Auszahlungen u. damit auch des Kassenbestands in Unternehmen oder Behörden bezieht.

Kassenschein, Papiergeld, das nur von Staatskassen in Zahlung genommen werden muss, während im Übrigen die Annahme freigestellt ist, z. B. die *Reichskassenscheine* von 1874–1914.

Kassenverstärkungskredite, von der öffentl. Hand aufgenommene kurzfristige Kredite, die ausschl. zur Überbrückung von Liquiditätsschwierigkeiten bei Schwankungen im Eingang von Deckungsmitteln dienen sollen. Das jeweilige Haushaltsgesetz bestimmt, bis zu welcher Höhe der für die Finanzen zuständige Minister K. aufnehmen darf. K. dürfen nicht später als 6 Monate nach Ablauf des Haushaltsjahres, für das sie aufgenommen wurden, fällig werden (§ 18 Bundeshaushaltsordnung u. Landeshaushaltsordnungen).

Kasserolle [die; frz.], *Kasserol,* flacher Brat- oder Schmortopf mit Stiel u. Deckel.

Kassette [frz.], **1.** *allg.:* Kästchen, Behälter zur Aufbewahrung von Geld, Schmuck u. a.; Karton zum Schutz von Büchern u. Briefpapier; lichtdichter Behälter für Fotofilm(-Platte).
◆ **2.** *Architektur:* vertieftes Feld einer in Kästchen unterteilten Halbtonne oder Flachdecke. Die K. kann quadratisch, rechteckig, sechsseitig oder rund, sie kann leer oder mit einem Ornament oder Gemälde geschmückt sein. Die *Kassettendecke* war in Antike u. Renaissance bes. beliebt. Als K.

bezeichnet man auch eine quadratische Deckenplatte, die als untergehängte Decke eingebaut wird.

Kassettenrekorder [-kɔr-], *Cassettenrecorder,* ein → Tonbandgerät, bei dem sich das Band in einer Kassette befindet. Die Kassette wird in den K. eingelegt u. besitzt Aussparungen für Lösch- u. Tonkopf.

Kasside [die; arab.], eine arab., türk. u. pers. Gedichtform, die die Reimstellung des *Ghasels* für längere, ernstere Inhalte verwendet.

◆ **Kassie** [-iɛ; die; hebr., grch., lat.], *Cassia,* Gattung der *Caesalpiniengewächse.* Etwa 500 Arten in den Tropen u. Subtropen, bes. Amerikas; Bäume oder Sträucher; heute

Kassie: Der Kerzenstrauch, Cassia didymobotrya, stammt aus Afrika, ist aber heute in allen tropischen Regionen verwildert anzutreffen

weltweit als Zierpflanzen; sehr beliebt sind der *Kerzenstrauch, Cassia didymobotrya,* mit gelben Blütenkerzen ursprünglich aus Afrika, die *Prachtkassie, Cassia spectabilis,* mit bis 1 m hohen goldgelben Blütenrispen aus Südamerika, u. *Cassia corymbosa* mit üppigen Doldentrauben. Wichtig sind bes. die Lieferanten der als Abführmittel beliebten Sennesblätter. Zu nennen sind die afrikan. Arten: *Cassia angustifolia* (Tinevelly-Sennesblätter) u. *Cassia acutifolia* (Alexandrische Sennesblätter). Die in Asien, Afrika u. Amerika kultivierte *Röhrenkassie, Cassia fistula,* entwickelt lange, dunkelbraune Röhrenfrüchte, die als *Manna* nach Europa gelangen u. hier als leichtes Abführmittel für Kinder Verwendung finden.

Kassierer [lat., ital.], *Kassiererin,* kaufmännische Angestellte (in Banken, Sparkassen, Warenhäusern u.a.), die in der Kassenabteilung eine leitende Stellung *(Kassenleiter)* oder eine ausführende Funktion haben; Ausbildung im Rahmen kaufmännischer Berufe. In der Verwaltung gibt es den *Kassier* (Pl. *Kassiere*) u. Kassenleiter (Beamter).

Kassinga, *Cassinga,* Ort im SW von Angola mit bedeutenden Eisenerzlagerstätten, 1360 m ü. M.

Kassiopeia, Sternbild des nördl. Himmels, das sich von Mitteleuropa aus in der Umgebung des Nord- und Südpols der Erde befindet u. ganzjährig beobachtet werden kann. Die hellsten 5 Sterne bilden die Figur eines latein. W. Der Hauptstern heißt *Schedir.*

Kassiopeia, *Kassiope,* griech. Sagengestalt, Mutter der *Andromeda;* wie diese u. *Perseus* als Sternbild an den Himmel versetzt.

Kassiten: Grenzstein des Marduknasir; um 1100 v. Chr. London, British Museum

Kastagnetten: Spanisches Mädchen in andalusischer Tracht und mit Kastagnetten

Kassiopeia A, die stärkste Radioquelle außerhalb unseres Sonnensystems. Es handelt sich um einen im Sternbild Kassiopeia gelegenen Überrest einer Supernova, die vermutlich etwa 1667 aufleuchtete. Die Entfernung beträgt etwa 10 000 Lichtjahre. Mit normalen Fernrohren kann ein mit einer Geschwindigkeit von 800 km/s expandierender Nebel festgestellt werden.

Kassiopeium [das; grch.], *Cassiopeium,* veraltete Bez. für das chem. Element → Lutetium.

◆ **Kassiten,** *Kaschschu, Kossäer,* Grenzvolk des alten Babylonien in den Randgebieten Irans; unbekannter Herkunft, den Elamitern u. Guti verwandt. Einzelne Namen ihrer Götter deuten auf eine Berührung mit indoeuropäisch sprechenden Völkern. Vom 17. Jh. v. Chr. an drangen die K. teils in friedl. Unterwanderung, teils mit Waffengewalt in Babylonien ein u. setzten sich unter eigenen Königen im NO des Landes fest. Nach einem Raubzug der Hethiter (um 1531 v. Chr.) gewannen sie das zerstörte Babylon u. brachten bis 1480 v. Chr. ganz Babylonien unter ihre Herrschaft, wobei sie unter den Einfluss der babylon. Kultur gerieten. Im 12. Jh. v. Chr. wurden die letzten Kassiten-Könige in Babylon von der einheimischen 2. Dynastie von Isin verdrängt.

Kassner, Rudolf, österr. Essayist, *11. 9. 1873 Groß-Pawlowitz, Mähren, †1. 4. 1959 Siders, Wallis; bereiste trotz einer schweren Lähmung große Teile der Erde; war Freund von R. M. Rilke, H. von Hofmannsthal, P. Valéry, W. B. Yeats; entfaltete zwischen 1908 u. 1938 sein „physiognomisches Weltbild", das auf der gestaltenden Einbildungskraft beruht. „Der Tod u. die Maske" 1902; „Melancholia" 1908; „Zahl u. Gesicht" 1919; „Physiognomik" 1932; „Der Gottmensch" 1938; „Transfiguration" 1946; „Das neunzehnte Jahrhundert" 1947; „Die Geburt Christi" 1951; „Das inwendige Reich" 1953; „Der goldene Drachen" 1958. Übersetzungen (Plato, N. Gogol, L. N. Tolstoj, A. S. Puschkin, A. Gide). – *R.-K.-Gesellschaft,* Wien, seit 1961. – Sämtl. Werke, hrsg. von E. Zinn, 10 Bde. 1969–1991.

◆ **Kastagnetten** [kasta'njɛtən; span. oder ital., „kleine Kastanien"], Schalenklappern aus Hartholz, die zu zweit mit ihren Höhlungen gegeneinander geschlagen werden, wobei sie mit dem Daumen an ihrer Verbindungsschnur gehalten u. mit den Fingern betätigt werden. Im Orchester verwendet man K. an einem Stiel, der geschüttelt wird. Heimat der K. sind Spanien u. Italien; in Spanien waren sie schon zur Römerzeit bekannt u. Begleitinstrument zu Volkstänzen. Die Kunstmusik verwendet sie, um span. Kolorit zu erzielen (z. B. in „Carmen" von G. Bizet).

Kastalia, *Kastalische Quelle,* heilige Quelle am Parnass bei Delphi, in die sich nach der Sage die gleichnamige Nymphe vor den Verfolgungen Apollons stürzte; diente den Besuchern von Delphi zur kultischen Reinigung; seit röm. Zeit galt sie als Musenquell.

Kastamonu, Hptst. der türk. Provinz K. in der westl. Schwarzmeerregion, 51 600 Ew.; Kupferabbau u. -verarbeitung, Nahrungsmittel- u. Textilindustrie.

Kastanie [grch., lat.], *Castanea,* Gattung der *Buchengewächse (Fagaceae),* mit 10 Arten im gemäßigten Eurasien u. 2 im östl. Nordamerika. Die wichtigste Art ist die Edelkastanie, *Castanea sativa,* in Südeuropa, Algerien u. Kleinasien heimisch. Der bis 30 m hoch werdende Baum mit glänzend grünem Laub wird sehr alt werden. Das harte u. feste Holz wird als Bau- u. Möbelholz verwendet. Die Früchte sind sehr geschätzt u. finden z.B. als *Maronen* im Konditorgewerbe Verwendung. Nicht verwandt ist die → Rosskastanie.

Kastanienpilz → Maronenpilz.

Kastanosem [grch. + russ.], *kastanienfarbiger Boden,* in weit verbreiteter Bodentyp mit $A_{h(ca)}$-$C_{(ca)}$-Profil (→ Bodenhorizonte) der kontinentalen Trockensteppen der gemäßigten Klimabereiche auf carbonathaltigem Ausgangsmaterial, bes. *Löß;* sonst A_h-C-Profil. K. kommt vor allem in Eurasien von der südl. Ukraine bis in die Mongolei sowie in Nordamerika in dem trockenen (westl.) Teil der Great Plains vor; ebenso im trockenen Teil der Pampa Argentiniens. K. wird unterteilt in *Dunklen K.* im feuchteren Teil der Trockensteppe (z. B. Südukraine) u. *Hellen K.,* der bis in die → Krume carbonathaltig ist; er reicht bis in den Übergangsbereich zur Halbwüste (→ Bodengeographie). K. tritt häufig vergesellschaftet mit → Salzböden auf. Bei ausreichender künstl. Bewässerung ergibt er einigermaßen ertragsreiche Ackerböden.

Kaste [die; lat., portug., frz.], **1.** *S o z i o l o g i e :* eine Gemeinschaft von nur untereinander heiratenden Familien angebl. gleicher Abstammung, mit gleichem Brauchtum, gemeinsamen Namen u. meist gleichem Beruf. Sie findet sich bei Überschichtung stark voneinander abweichender Bevölkerungsteile, so im Sudan, bes. aber in hinduist. Indien (dort *Jati* genannt), wo es

2000–4000 Kasten u. Unterkasten gibt, die z. T. nur in einzelnen Landesteilen vorhanden sind. Sie bilden ein ganzes System, das auf der ständischen Gliederung der seit etwa 1500 v.Chr. eindringenden Arier beruht: *Brahmanen* (Priester), *Kshatriyas* (Krieger, Adel), *Vaishyas* (Kaufleute), *Shudras* (unterworfene Bauern), zu denen noch die außerhalb stehenden *Parias* kommen. Ihrer Herkunft nach kennt man Stammeskasten (Santal, Rajputen), Berufskasten oder Zünfte (Dom; Musiker, Tänzer), Sektenkasten (Lingayats) u. nationale Kasten (Newar in Nepal). Durch Vermischung, Berufsänderung, Wanderung u. Brauchtumsänderung entstanden neue Kasten. Auch die Moslems u. Christen erlagen der Kastenbildung, die für die Entwicklung Indiens sehr hinderlich war u. von M. Gandhi seit den 1910er Jahren heftig bekämpft wurde. Die Unberührbarkeit zwischen Angehörigen verschiedener Kasten wurde in der erst 1948 nominell aufgehoben. Verfassung von 1948 nominell aufgehoben.
2. *Zoologie:* eine Gruppe von Tieren (Insekten) innerhalb eines Staates, die aufgrund ihrer speziellen Tätigkeit bes. körperl. Eigenschaften hat, z. B. Soldaten u. Arbeiter verschiedenen Typs u. manchmal sehr unterschiedlicher Größe bei Termiten u. Ameisen. Auch → soziale Tiere.
Kastell [lat. *castellum*, „kleines Lager"], befestigtes röm. Militärlager, diente in der Regel zur Aufnahme mittelgroßer Truppeneinheiten, insbes. von Hilfstruppen (→ Auxilien); von bes. Bedeutung im Rahmen der Grenzsicherung (auch → Limes); oft sind diese Kastelle wie die größeren Legionslager Vorläufer heutiger Städte (z. B. Mainz-Kastell).
Kastellan [lat.], im MA Burgvogt; jetzt die Bez. für den Verwalter von Burgen u. Schlössern.
Kastellaun, Stadt in Rheinland-Pfalz, Rhein-Hunsrück-Kreis, im Vorderen Hunsrück, 435 m ü. M., 4800 Ew.; Burgruine; Bekleidungs- u. Lederindustrie.
Kastemännchen, im westdt. Raum volkstümliche Bez. für die preußischen $2^{1}/_{2}$-Silbergroschen-Stücke.
Kasten, *Sprungkasten,* ein ursprüngl. schwed. Sprunggerät für Turner, kann durch einzelne Aufsetzteile in der Höhe variiert werden.
Kasten, *Hoher Kasten,* schweiz. Berggipfel im Säntis, auf der Grenze der Kantone St. Gallen u. Appenzell-Innerrhoden, 1795 m; Wander- u. Skigebiet; großartige Aussicht über das gesamte Rheintal.
Kastendiagramm → Strukturbaum.
Kastengreifer, ein Gerät zur Entnahme von Bodenproben vom Meeresboden. Ein rechteckiger Kasten wird durch Bleiplatten in einer bestimmten Tiefe in den Boden hineingedrückt, der Boden des Gerätes wird beim Hochhieven verschlossen. Eine ungestörte Sedimentsäule wird so mitsamt den Organismen ausgestochen. Der Sedimentkern kann getrocknet u. kunstharzimprägniert werden.
Kastentisch, süddt.-alpenländ. Tischform, trat seit der Spätgotik in Erscheinung u.

war vor allem im 15.–17. Jh. auch in Mittel- und Norddtschld. verbreitet. Charakteristisch für den K. sind verstrebte Seitenstützen u. unter einer Platte überdeckte, zur Aufbewahrung von Gegenständen bestimmte Kasten mit Öffnung nach vorn oder oben. Sonderformen sind der *Zahltisch* mit Münzschlitzen in der Platte u. der als Schreib- u. Arbeitstisch dienende, mit umlaufenden Schubfächern versehene *Wangentisch.* Seit der Renaissance wurde der K. vom *Schubladentisch* abgelöst.

Kastilien-La Mancha

◆ **Kastilien,** span. *Castilla* [„Burgenland"], das zentrale Hochland (→ Meseta) u. die histor. Kernlandschaft Spaniens, durch das *Kastil. Scheidegebirge* (in der *Sierra de Gredos* 2592 m) in die beiden Hochflächenlandschaften → Altkastilien u. → Neukastilien getrennt. Verwaltungsmäßig ist K. gegliedert in die Regionen *Kastilien-León* (94 222 km², 2,5 Mio. Ew., Hptst. Valladolid) u. *Kastilien-La Mancha* (79 461 km², 1,65 Mio. Ew., Hptst. Toledo).
Geschichte: Um 750 erwarb König *Alfons I.* von Asturien Altkastilien. Im 10. Jh. wurde K. selbständige Grafschaft; im 11.Jh. fiel es an Navarra, da die männl. Linie ausgestorben war. 1037 erbte *Ferdinand I.* von K. León. Nach Erbteilungen vereinigte *Alfons VI.* von León wieder das

Kastilien-León

Gesamtreich u. vergrößerte es um die Gebiete von Navarra u. Neukastilien mit Toledo (1085). Thronstreitigkeiten führten 1157 zur Trennung von K. u. León. *Ferdinand III.* vereinigte sie 1230 wieder, eroberte Córdoba, Murcia, Jaén u. Sevilla (1236–1248); Granada wurde Vasallenstaat. K. u. León blieben nun ungeteilt. *Alfons X.* (1257 zum dt. König gewählt) eroberte Cádiz u. Cartagena. Im 14. Jh. kam die Dynastie *Trastamara* auf den kastil. Thron. Die überseeische Expansion Kastiliens begann unter *Heinrich III.* (1390–1406) mit dem Erwerb der Kanarischen Inseln. 1469 heiratete die kastil. Thronerbin *Isabella I.* den aragones. Kronprinzen *Ferdinand den Kath.*; nach der Thronbesteigung in ihren Reichen (1474 bzw. 1479) regierten sie K. gemeinsam. Die neue span. Monarchie vollendete die Einigung der Halbinsel (außer Portugal) durch die Eroberung Granadas (1492) u. Navarras (1512) u. dehnte ihren Besitz nach Afrika u. Übersee aus.
kastilische Sprache → spanische Sprache.
Kastilisches Scheidegebirge, auch *Iberisches* oder *Hauptscheidegebirge* (span. *Cordillera Central*), ein 700 km langes Gebirgssystem in der Mitte der → Pyrenäenhalbinsel.
Kastl, ehem. Benediktinerabtei in der Oberpfalz, 1098 gegr.; im 14. Jh. bedeutende Schreibschule und im 15. Jh. einflussreiches

Kastilien: alte und neue Straße am Pass Puerto del Pico

Reformzentrum *(Kastler Reform)*. In der Reformationszeit wurde das Kloster aufgehoben. Erhalten sind die romanisch-gotische Klosterkirche u. das spätmittelalterl. Klostergebäude.

◆ **Kastler**, Alfred, französ. Physiker, * 3. 5. 1902 Gebweiler, Elsass, † 7. 1. 1984 Bandol; Arbeiten zur Atomforschung (Doppelresonanz, Lasertechnik); Physik-Nobelpreis 1966.

Alfred Kastler

Kästner, 1. Abraham Gotthelf, dt. Mathematiker, * 27. 9. 1719 Leipzig, † 20. 6. 1800 Göttingen; lehrte seit 1756 in Göttingen, arbeitete über Grundlagenprobleme der Geometrie; schrieb „Geschichte der Mathematik" 4 Bde. 1796–1800; verfasste auch Epigramme („Sinngedichte" 1781).
2. Erhart, dt. Schriftsteller, * 13. 3. 1904 Augsburg, † 3. 2. 1974 Staufen bei Freiburg; war 1936–1938 Sekretär von G. *Hauptmann*; kam als Soldat nach Griechenland („Ölberge, Weinberge" 1953) u. Kreta („Kreta" 1946) u. war Kriegsgefangener in Ägypten („Zeltbuch von Tumilad" 1949); 1950–1968 Bibliotheksdirektor in Wolfenbüttel. In „Die Stundentrommel vom hl. Berg Athos" 1956, „Die Lerchenschule" 1964 u. „Aufstand der Dinge" 1973 stellt er Kontemplation, Weisheit u. Erinnerung gegen die moderne Daseinshast.

◆ **3.** Erich, dt. Schriftsteller, * 23. 2. 1899 Dresden, † 29. 7. 1974 München; vor 1933 Mitarbeiter der „Weltbühne", blieb 1933 trotz des Verbots seiner Schriften in Dtschld., publizierte z. T. unter Pseudonym oder im Ausland; war 1952–1962 Präs. des Deutschen PEN-Zentrums der BR Dtschld. 1957 Georg-Büchner-Preis. K. nannte sich einen

Erich Kästner. Zeichnung von Erich Ohser

„Urenkel der dt. Aufklärung", einen schulmeisterl. u. zugleich idealist. Satiriker; er schrieb scharfsichtige u. witzige, zeitkrit. „Gebrauchslyrik" („Herz auf Taille" 1927; „Lärm im Spiegel" 1929; „Kurz u. bündig" [Epigramme] 1950; „Der tägliche Kram" [Chansons u. Prosa] 1948; „Die 13 Monate" 1955), ferner unterhaltsame, z. T. verfilmte Romane („Fabian" 1931; „Drei Männer im Schnee" 1934; „Georg u. die Zwischenfälle" 1938; unter dem Titel „Der kleine Grenzverkehr" 1949), auch Komödien („Die Schule der Diktatoren" 1956) u. hatte Welterfolge mit Jugendbüchern („Emil u. die Detektive" 1928; „Das fliegende Klassenzimmer" 1933; „Das doppelte Lottchen" 1949). Erinnerungen an Dresden: „Als ich

ein kleiner Junge war" 1957. Tagebuch: „Notabene 45" 1961. – Gesammelte Schriften, 7 Bde. 1965; Gesammelte Schriften für Erwachsene, 8 Bde. 1969.
Kastor, α *Geminorum,* der schwächere der beiden Hauptsterne der *Zwillinge*; Entfernung 52 Lichtjahre; Doppelstern mit 420 Jahren Umlaufzeit. In größerem Abstand steht ein dritter schwacher Begleiter. Alle drei Partner sind ihrerseits wieder spektroskopische Doppelsterne.
Kastor, Gestalt der griech. Mythologie, einer der → Dioskuren.
Kastoria, Stadt im W von Griech.-Makedonien, Hauptort des Verw.-Bez. K., am gleichnamigen See, 20 500 Ew.; byzantinische Kirchen; Pelzhandel u. -verarbeitung.
Kastorsäcke, die → Geildrüsen des Bibers.
Kastraten [lat.], **1.** *M u s i k g e s c h i c h t e :* Sänger, bei denen durch Entmannung der Stimmbruch verhindert wurde, so dass sie die Sopran- oder Altstimme ihrer Knabenzeit behielten. Bes. erfolgreich waren K. in der italien. Oper des 16.–18. Jh., wo sie neben Frauenrollen auch wichtige Männerrollen spielten u. mit ihrer gesangl. Virtuosität Anteil am Entstehen der *Arie* hatten.
2. *T i e r m e d i z i n :* männliche oder weibliche Individuen, deren Keimdrüsen (Hoden, Eierstöcke) entfernt oder funktionsunfähig gemacht werden. Die → Kastration wird häufig bei Ebern u. Hengsten (Wallach), heute weniger häufig bei Bullen (Ochsen) angewandt. Dagegen findet sie zunehmend Verwendung zur Verminderung der Zahl der streunenden Hauskatzen durch die Kastration von Katern und Katzen.
Kastration [lat.], **1.** *H u m a n m e d i z i n :* operative Entfernung der Keimdrüsen (Hoden oder Eierstöcke), i. w. S. auch die Ausschaltung ihrer Funktion durch Röntgenbestrahlung *(Strahlenkastration)* oder Hormongabe. Da keine Sexualhormone mehr produziert werden, ist die Person unfruchtbar, u. der Sexualtrieb *(Libido)* wird herabgesetzt. Eine K. vor der Geschlechtsreife führt zu körperl. Unterentwicklung u. zum Ausbleiben des geschlechtl. Reifungsprozesses (z. B. schwach ausgeprägte Muskulatur u. sekundäre Geschlechtsmerkmale). Die K. wurde deshalb früher zur Gewinnung hoher männlicher Stimmlagen *(Kastraten)*, bei Haremswächtern *(Eunuchen)* u. aus religiösen Gründen bei gewissen Sekten *(Skopzen)* durchgeführt. Bei Männern wird eine K. heute nur noch selten nach schweren Verletzungen u. bei doppelseitigen Geschwülsten der Hoden vorgenommen. Bei Frauen erfolgt eine K. verhältnismäßig häufiger bei bösartigen Unterleibserkrankungen, sollte jedoch immer letztes Mittel der Wahl sein.
2. *T i e r m e d i z i n : Verschmückung, Emaskulation, Effemination,* Entfernung oder Ausschaltung der Funktion der Keimdrüsen. Die K. wird bei männl. Tieren oft zur Verminderung des Temperaments durch Ausschaltung des Geschlechtstriebes, zur Verminderung des Geschlechtsgeruchs des Fleisches bei Ebern oder aus medizin. Gründen vorgenommen. Bei weibl. Tieren

Kasuare: Helmkasuar, Casuarius casuarius

ist die K. meist entweder aus therapeut. Gründen erforderl., oder sie dient ebenfalls der Ausschaltung des Geschlechtstriebes.
Kasualien [lat.], gottesdienstl. Handlungen, die im Zusammenhang mit besonderen Anlässen (Eheschließung, Tod u. a.) vollzogen werden; vielfach werden dafür Gebühren erhoben.
◆ **Kasuare** [mal., ndrl.], *Casuariidae,* zur Ordnung der *Laufvögel* gehörende Familie, die aus *Emu* u. Kasuaren besteht. Die 3 Arten der K. sind Urwaldbewohner Nordostaustraliens, Neuguineas u. einiger kleinerer Inseln. Die massigen, bis 80 kg schweren u. flugunfähigen Vögel leben einzeln. Nur zur Balzzeit kommen Hahn u. Henne kurzfristig zusammen. Bekannteste Art ist der *Helmkasuar, Casuarius casuarius.*
Kasuarine [mal., ndrl.], *Casuarina,* einzige Gattung der *Kasuarinengewächse (Casuarinaceae),* bis 20 m hohe Bäume. Die wenigen Arten sind durch einen den Schachtelhalmen ähnlichen Wuchs gekennzeichnet. Die wichtigste Art ist die *Strandkasuarine, Casuarina equisetifolia,* deren Heimat in Südostasien liegt; sie wird wegen ihrer Anspruchslosigkeit u. ihres schnellen Wuchses zur Aufforstung warmer Küstengebiete verwendet, bes. in Australien u. Ostafrika. Das harte u. schwere Holz wird z. B. für Schiffsbauten gebraucht.
Kasuarinengewächse, *Casuarinaceae,* einzige Familie der *Verticillatae,* australische u. indones. Bäume mit einfachen Blüten.
Kasuistik [die; lat.], **1.** *a l l g . :* Bearbeitung von Einzelfällen einer Wissenschaft.
2. *E t h i k u . T h e o l o g i e :* Moralkasuistik, die Lehre von den *casus conscientiae* [lat., „Fällen des Gewissens"], die sich aus einer Kollision von Pflichten ergeben können u. so die allg. moralischen Vorschriften in Frage zu stellen scheinen. Die Stoa, das Judentum u. die kath. Beichtpraxis haben versucht, theoretisch konstruierte „Fälle" im

Voraus nach festen Regeln zu entscheiden, um so den Anhängern die Gewissensentscheidung abzunehmen. Die ev. Ethik sieht in der K. die Gefahr eines grundsätzl. Missverständnisses der Grundfrage sittl. Verhaltens. – Das Adjektiv *kasuistisch* wurde später als gleichbedeutend mit „spitzfindig" oder „haarspalterisch" verstanden.
3. *Recht:* 1. eine Vielfalt von Rechtsfällen oder -entscheidungen; 2. eine Form der Rechtsfindung, die den einzelnen Fall in seiner Besonderheit nach allen Richtungen der konkreten Situation u. der jeweiligen menschl. Lebensumstände auszuschöpfen sucht *(kasuistische Methode)*. 3. die Normierung von Einzelfällen (Aufzählung im Gesetz). Hierbei wird versucht, einen ganzheitl. (innerlich zusammenhängenden) Lebensvorgang, z. B. Ein- u. Auswanderung, in seine praktischen Möglichkeiten u. Voraussetzungen aufzulösen u. die Zulässigkeit oder das Verbot durch einzelne Tatbestände mit Rechtsfolgen zu ordnen. Der Gesetzgeber zählt die einzelnen Fälle entweder abschließend *(Enumerationsmethode)* oder beispielhaft auf, so dass neben den mit „insbesondere" hervorgehobenen Typen weitere Möglichkeiten offen bleiben.
Kasungu, Ort im mittleren Malawi, in der Kasungu-Ebene, rd. 7000 Ew.; Anbau von Tabak u. Erdnüssen; westl. von K., an der Grenze zu Sambia, der *Kasungu-Nationalpark.*
Kasur [engl. kəˈsuə], *Qasur,* pakistan. Stadt nahe der ind. Grenze, in der Prov. Punjab, südl. von Lahore, 156 000 Ew.; Agrarzentrum; Textil- u. Lederindustrie; Verkehrsknotenpunkt.
Kasus [der, Pl. *Kasus*; lat.], *Fall,* grammat. Kategorie deklinierbarer Wörter, welche die Beziehung zu anderen Wörtern herstellt. Das System der K. ist nur sprachlich beschreibbar u. unterliegt sprachgeschichtlichem Wandel. Im Neuhochdeutschen zählt man 4 K.: Nominativ, Genitiv, Dativ, Akkusativ; im Lateinischen 6 K.: zusätzl. Ablativ, Vokativ; im Finnischen: 15 (bzw. 16) K. In flektierenden Sprachen erfolgt die Markierung entweder durch Endungen (der Vater – des Vaters), präpositionale Fügungen (auf dem Baum) oder bes. feste Wortstellung. Letztere ist in analyt. Sprachen wie dem Englischen (im Gegensatz zum Lateinischen) aufgrund des Endungsverfalls von großer Wichtigkeit.
Kasusgrammatik, *Kasussemantik,* eine von C. J. Fillmore begründete sprachwissenschaftl. Theorie. die K. sieht in der → Tiefenstruktur eines Satzes die Konstituenten (aus einem Verb u. anderen Elementen bestehend), die durch Kasusrelationen aneinander gebunden sind; als Kasus werden u. a. bezeichnet: *Agentiv* (belebter Veranlasser) u. *Objektiv* (neutraler Kasus).
kata... [grch.], Vorsilbe mit der Bedeutung „von..., herab, abwärts, gegen, gänzlich"; wird zu *kat...* vor einem Vokal u. vor h.
katabatischer Wind, ein absteigender Wind längs geneigter Flächen, speziell am Rande von Gletschern oder Inlandeisflächen (Grönland, Antarktis), dessen Ursache die starke Abkühlung der Luft über dem Eis ist

(Schwerewind). Gegensatz: *anabatischer* (aufsteigender) Wind.
Katabolismus [grch. + lat.], Abbau höhermolekularer Substanzen unter Energiegewinnung; Gegensatz: *Anabolismus.*
Katachrese [-ˈçreːzə; die; grch., „Missbrauch"], die Verwendung eines Wortes zum Ausfüllen einer sprachl. Lücke (z. B. „Bergrücken"). – In der *Rhetorik* bedeutet K. die Vermischung nicht zueinander passender Metaphern, also die Durchbrechung des sprachl. Bildes (z. B. „Der Zahn der Zeit wird deine Tränen trocknen!").
katadioptrisches Fernrohr, ein astronom. Fernrohr, das Linsen u. Spiegel zur Bilderzeugung benutzt (Medial, Schmidt-Spiegel, Maksutow-Teleskop).
katadrom [grch.], *absteigend,* Bez. für → Fischwanderungen, die, zu den Laichplätzen stromabwärts, ins Meer führen (z. B. Aal). Gegensatz: *anadrom.*
Katafalk [der; ital.], bei Trauerfeierlichkeiten das Gerüst, auf dem der Sarg steht.
Katagesteine [grch.], *Kontaklasite,* durch *Kataklase* bei der *Dynamometamorphose* neugebildete u. in ihrer Struktur veränderte Gesteine, z. B. Kakirit, Mylonit.

Walentin Katajew; 1962

◆ **Katajew,** *Kataev,* Walentin Petrowitsch, russ. Schriftsteller, *28. 1. 1897 Odessa, †12. 4. 1986 Moskau; beschrieb in Erzählungen Welt- u. Bürgerkrieg; auch satirische Romane über den wirtschaftl. Wiederaufbau. Romane: „Die Defraudanten" 1927, dt. 1928; „Im Sturmschritt vorwärts" 1932, dt. 1947; „Es blinkt ein einsam Segel" 1936, dt. 1946; „In den Katakomben von Odessa" 1946, dt. 1949; „Meine Diamantenkrone" 1977, dt. 1982; Erzählungen: „Der heilige Brunnen" 1966, dt. 1967; „Kubik" 1969, dt. 1970; „Das zerschlagene Leben oder Oberons Zauberhorn" 1972; Dramen: „Die Quadratur des Kreises" 1928, dt. 1930; „Der Blumenweg" 1934; Memoiren: „Das Kraut des Vergessens" 1967, dt. 1968; „Zersplittertes Leben" 1972, dt. 1977. – Ausgewählte Werke 1956–1959.
Katak, ind. Stadt, → Cuttack.
Katakana [das oder die], vereinfachte japan. Schrift.
Kataustik [grch. + lat.], Begriff aus der Optik, → Kaustik (2).
Kataklase [die; grch.], die Zertrümmerung von Gesteinen bei tekton. Druck u. ihre Neubildung *(Dynamometamorphose)* unter Erhaltung der beteiligten Mineralien. Das Produkt der K. sind die *Katagesteine.*
Kataklysmentheorie [grch.] → Katastrophentheorie.
kataklysmische Veränderliche [grch. *kataklysmos,* „Überschwemmung"], weiße Zwergsterne, die Mitglieder eines engen Doppelsystems sind; von der anderen Komponente strömen Gasmassen auf den weißen Zwergstern über u. verursachen auf diesem atomare Explosionen. Auch → Neue Sterne.

Katakomben [grch.], unterird. Begräbnisstätten des frühen Christentums. Der Name leitet sich von der Katakombe des hl. Sebastian bei Rom (Coemeterium ad catacumbas) ab u. wurde auf alle unterird. Grabanlagen übertragen, als man im 16. Jh. mit ihrer Erforschung begann. Die von berufsmäßigen *Fossoren* (Grabherstellern) oft mehrstöckigen K. hatten weit verzweigte Verbindungsgänge, in deren Wänden die Toten in bogenüberwölbten Nischen *(Arkosolien)* bestattet wurden. In der Ausmalung der Grabkammern sind zahlreiche Motive der heidnischen Grabeskunst übernommen, die allegor. im christl. Sinn umgedeutet wurden (z. B. der Gute Hirte als Sinnbild Christi. Außer den K. in Rom sind solche in Neapel, Sardinien, Sizilien, Malta u. Ägypten gefunden worden.
Katakombengrab-Kultur, spätjungsteinzeitl.-kupferzeitl. Kultur Russlands zwischen Karpaten u. Ural, in der die Toten in Hügelgräbern *(Kurgane)* beigesetzt wurden, die seitl. an der Basis eines tiefen Schachts angesetzte Kammern oder Nischen für die Bestattung (oft mehrere Katakomben in einem Hügel) hatten; in der Hügelaufschüttung finden sich oft Opferstellen mit Asche u. Tierknochen.
Katalanen, *Katalonen,* roman. Volksstamm in den span. Landschaften Katalonien, Valencia, auf den Balearen (8 700 000), in das französ. Roussillon übergreifend (300 000), in Andorra (27 000), in Italien (30 000), in Argentinien u. USA, mit eigener Sprache u. Literatur; Autonomiebestrebungen. Auch → Katalonien.
Katalanische Kompanie, eine Truppe katalan. Söldner, die ursprünglich von König Friedrich III. von Sizilien im Konflikt mit dem Hause Anjou um Sizilien angeworben worden waren. 1303 trafen sie mit 6500 Mann unter ihrem Führer Roger de Flor als Helfer des byzantin. Kaisers gegen die Türken in Konstantinopel ein, wurden aber rasch zu einem lästigen Verbündeten. Nach der Ermordung Roger de Flors im Kaiserpalast 1305 verwüsteten sie in einem Rachezug Thrakien u. zogen über Thessalien nach Theben u. Athen, zerschlugen die Streitkräfte des fränk. Herzogtums u. errichteten daraufhin ein katalan. Fürstentum in Athen (1311–1388).
katalanische Kunst, die Kunst der nordostspan. Provinzen Barcelona, Gerona, Tarragona u. Lérida, die sich durch ihre in der Geschichte weitgehend selbständige Stellung bis auf einige ornamentale Elemente von dem im übrigen Spanien verbreiteten mozarabischen Stil freihalten konnte u. eine christlich-roman. Kunstrichtung fortentwickelte. Von der katalanischen Kunst sind bes. Buchillustrationen u. Wandmalereien in Kirchen u. Tafelbilder an Altarverkleidungen überliefert. Kennzeichnend sind die mit schwarzen Konturen umrissenen u. auf einfarbigem oder gestreiftem Hintergrund gemalten Figuren. Seit dem Ende des 12. Jh. öffnete sich die k. K. auch byzantin., italien. u. französ. Einflüssen u. verlor Ende des 15. Jh. ihre Eigenständigkeit.

katalanische Literatur, die Literatur in katalan. Sprache. Die ersten Zeugnisse der katalanischen Literatur sind ein Predigthandbuch („Homilies d'Organyà") u. eine Versdichtung über ein Heiligenleben („Cançó de Santa Fe") aus der 2. Hälfte des 12. Jh. Sehr früh erreichte die Prosa einen hohen Rang; um 1285 schrieb R. *Llull* den ersten katalan. Roman (u. damit den ersten Roman in einer roman. Sprache): „Libre de Evast de Blanquerna". Daneben blühte histor., didakt. u. religiöses Schrifttum. Als Höhepunkt der klass. Prosa gilt das philosoph.-allegorische Werk „Lo Somni" (1398) von B. *Metge*. Der Ritterroman, der sehr gepflegt wurde, wandte sich in seiner Spätform dem Abenteuerlich-Fantastischen dem Realistischen u. Karikierenden zu. – Die Lyrik, die zunächst unter starkem provençal. Einfluss stand, begann im 12. Jh. u. hatte ihre Blütezeit im 15. Jh. *(Jordi de Sant Jordi*, *um 1395, †1440; Ausiàs *March* [Petrarkist]; J. *Roïç de Corella*, *1430, † nach 1500). Bekannt ist auch die satir. Verserzählung gegen die Frauen „Spill" oder „Llibre de les dones" von J. *Roig*. – Nach der Vereinigung von Aragón u. Kastilien (1479) wurde die katalan. Sprache von der kastilischen verdrängt.

Als Folge der Romantik u. der aufblühenden histor. Wissenschaften begann im 19. Jh. eine Erneuerungsbewegung („Renaixença") in der katalanischen Literatur, die zu einer reichen Entfaltung führte. Am Anfang stehen die Namen Bonaventura Carles *Aribau* (*1798, †1862), M. *Milà i Fontanals*, Joaquim *Rubió i Ors* (*1818, †1899) u. J. *Verdaguer i Santaló*. Ab 1859 wurden öffentl. Dichterwettbewerbe abgehalten. Auch Romane wurden wieder verstärkt geschrieben, um die Jahrhundertwende vor allem im Stil des *Modernisme* (N. *Oller*, S. *Rusiñol*, V. *Catalá*, R. *Casellas*, P. *Bertrana*; Lyrik: J. *Maragall*).

Zu Beginn des 20. Jh. setzte die literar. Bewegung des *Nouventisme* ein, die den katalan. Nationalismus förderte. Nach einem langen Reifeprozess gelang es, das Katalanische zu einer modernen Schriftsprache zu formen, ohne das sprachl. u. literar. Erbe aufzugeben. Lyriker dieser Bewegung waren u.a. J. *Carner* (*1884, †1970) u. C. *Riba Bracóus* (*1893, †1959). Die Frankodiktatur machte der kurzfristig erreichten Autonomie Kataloniens ein Ende. Das Veröffentlichen von Literatur in katalan. Sprache wurde unterdrückt, viele Autoren gingen ins Exil. Erst in den 1960er Jahren wurde die Zensur wieder etwas gelockert, und in den 1980er Jahren erlebte die k. L. im Zuge der Autonomiebestrebungen Kataloniens einen Aufschwung. Bedeutende Lyriker der Zeit nach dem Bürgerkrieg waren u.a. S. *Espriu* (*1913, †1985), J. *Brossa* (*1919, †1998), J. S. *Pons* (*1886, †1963) u. V. Andrés i Estelles (*1924, †1993). International bekannt wurden auch die Romanciers M. *Rodoreda* (*1908, †1983), L. *Villalonga* (*1897, †1980) sowie J. Pla (*1897, †1981).

katalanische Sprache, eine in Nordostspanien, Andorra, Corbières (Südfrankreich) u. auf den Balearen gesprochene iberoroman. Sprache, die eine Mittelstellung zwischen dem Kastilischen u. dem Provençalischen einnimmt.

Katalaunische Felder [nach *Catalaunum*, dem heutigen Châlons-sur-Marne], übliche Bez. für den Ort der Hunnenschlacht 451, in der die Römer unter *Aetius* mit Franken u. Westgoten (deren König *Theoderich I.* fiel) über die Hunnen unter *Attila* siegten.

Katalekten [Pl.; grch.], veraltete Bez. für Fragmente alter Werke.

katalektischer Vers, in der antiken Metrik ein Vers, dem am Ende eine oder mehrere Silben fehlen, so dass der letzte Versfuß unvollständig ist.

Katalepsie [grch.], *Starrsucht*, krankhafter Zustand, in dem sich die Körpermuskeln nicht mehr aktiv bewegen lassen u. den passiven Bewegungen mehr oder weniger Widerstand entgegensetzen, dann aber die gewonnene Stellung beibehalten (wächserne Biegsamkeit). Die K. kommt bei manchen Geistes- u. Nervenkrankheiten vor u. ist auch durch Hypnose erreichbar.

Katalexis [die; grch.], Versschluss eines *katalektischen Verses*.

Katalog [der; grch. *katálogos*, „Aufzählung, Verzeichnis"]. **1.** *Bibliothekswesen:* alphabetisch oder sachlich geordnetes Verzeichnis der in Büchereien, Museen, Privatsammlungen, Archiven, auf Auktionen oder Ausstellungen enthaltenen Einzelstücke, bei Kunstwerken gleichzeitig *Führer*. Wissenschaftlich gearbeitete Kataloge sind Arbeitsmittel der Bibliotheken, der archäolog. Wissenschaften, der Völkerkunde u. Kunstgeschichte. **2.** *Handel:* ein meist von Versandhäusern angebotenes Warenverzeichnis, in dem das Sortiment beschrieben u. z.T. abgebildet wird. Zusätzlich enthält der K. Preis- u. Maßangaben sowie die allg. Lieferbedingungen.

Katalonien

◆ **Katalonien**, span. *Cataluña*, katalan. *Catalunya*, histor. Landschaft u. Region in NO-Spanien, umfasst die 4 Provinzen *Gerona*, *Barcelona*, *Tarragona* u. *Lérida*, zusammen 31 930 km², 6,1 Mio. Ew., überwiegend *Katalanen*; alte Hptst. *Barcelona*. Mit seinem Anteil an den östlichen Pyrenäen (*Puigmal* 2913 m), der Mittelmeerküste zwischen Kap Cerbère u. dem Ebrodelta, dem parallel der Küste laufenden Katalon. Randgebirge u. dem östlichsten Teil des Ebrobeckens im Flussgebiet des *Segre* ist K. ein landschaftlich außerordentlich reich gegliedertes Gebiet. Das Gebirge wird von mehreren Flüssen (*Ebro, Llobregat, Ter*) in engen Talschluchten durchbrochen, eine eingelagerte Längssenke teilt die lang gestreckten Bergrücken in eine innere Hauptkette (*Montseny* 1704 m, *Montserrat* 1224 m) u. eine niedere Küstenkette, seine in N westöstl. gerichteten Ketten bilden eine reizvolle Steilküste mit Sandstrandbuchten (*Costa Brava*). Mildes Mittelmeerklima; die sommerliche Hitze u. Trockenheit des Inneren nimmt nach NO ab, die hohen Niederschläge auf dem Pyrenäenkamm werden in vielen Staubecken gesammelt u. der Bewässerung nutzbar gemacht u. der Elektrifizierung nutzbar gemacht. Kiefern-, Kastanien-, Stein- u. Korkeichenwälder; Oliven-, Haselnuss- u. Mandelhaine sowie Anbau von Getreide, Kartoffeln, Wein, Obst u. Gemüse; ertragreiche Rinder- u. Schweinezucht; Erz-, Braunkohlen-, Kali-, Salz- u. Kalkbergbau; stark entwickelt sind die metallurg., chem., pharmazeut., Textil-, Zement-, Glas-, Papier-, Holz-, Kork- u. Lederindustrie; der Fremdenverkehr ist von Bedeutung.

Geschichte: K. war seit 217 v.Chr. röm. Provinz (*Hispania Tarraconensis*). 415 drangen die Westgoten, 711 die Araber in das Gebiet ein. Unter Karl d. Gr. wurde K. als *Spanische Mark* in das Frankenreich eingegliedert (778). 1137 gelangte K., dessen Grafen inzwischen unabhängig geworden waren, durch Heirat an Aragón. Doch verteidigten die Katalanen ihre Sonderrechte in mehreren Aufständen (bedeutendste: 1472 u. 1640) sowohl gegen Aragón als auch nach dessen Vereinigung mit Kastilien gegen die Zentralregierung. Im *Spanischen Erbfolgekrieg* (1701–1714) auf österr. Seite kämpfend, verlor K. nach dem Sieg Philipps V. seine alten Sonderrechte. Nach Abschaffung der Monarchie erhielt K. 1931–1936 weitgehende Autonomie, die unter Franco wieder verloren ging. Nach der Demokratisierung Spaniens erhielt K. 1977 ein neues Autonomiestatut.

Katalpe [indian.] → Trompetenbaum (1).

Katalysator [der; grch. + lat.], **1.** *Chemie:* → Katalyse.
◆ **2.** *Kraftfahrzeugwesen:* *Abgaskatalysator, Abgaskonverter*, ein mit Edelmetallen beschichteter Keramik- oder Metallträger, der in das Auspuffsystem von Kraftfahrzeugen eingebaut wird, um die Autoabgase zu reinigen u. die darin enthaltenen Schadstoffe weitgehend in ungiftige Verbindungen umzuwandeln. Die wichtigsten Bauteile einer Katalysatoranlage sind: die Steuerelektronik, das Stellglied an der Gemischaufbereitungsanlage, der Katalysatorkörper u. die vor dem K. angebrachte → Lambda-Sonde. Die vom Motor kommenden ungereinigten Abgase passieren diese Sonde, die für einen gleichbleibend hohen Sauerstoffanteil im Gemisch sorgt, so dass der Motor stets mit Luft u. Kraftstoff im Verhältnis von 14,6:1 arbeitet u. im K. Umwandlungsprozesse überhaupt stattfinden können. Beim Durchströmen des für Benzinfahrzeuge eingesetzten „Dreiwege"-Katalysators werden die Schadstoffe Kohlenmonoxid (CO), unverbrannte Kohlenwasserstoffe (CH-Verbindungen) u. Stickoxide (NO_X) zugleich („Dreiwege") umgewandelt in die chem. Abgasbestandteile

Kohlendioxid (CO_2), Wasser (H_2O) u. Stickstoff (N_2). Die chem. Umwandlung wird durch die Katalysatorsubstanzen Platin, Palladium u. Rhodium bewirkt, die sich in einem zylindrischen Metallgehäuse in zur Abgasausströmrichtung parallel laufenden Kanälen befinden. Träger der Katalysatorsubstanzen ist eine Zwischenschicht, die auf die Wände des keram. Körpers (Monolith) aufgetragen wird. Sie hat eine hohe spezif. Oberfläche u. vergrößert so die wirksame Fläche, auf der die Reaktionen ablaufen können. Das einwandfreie Funktionieren des Dreiwege-Katalysators setzt bleifreies Benzin voraus, wobei die Schadstoffe im Abgas bei Betriebstemperatur um über 90 % verringert werden.

Für Dieselfahrzeuge wird ein Oxidations-Katalysator verwendet. Der Einsatz eines Dreiwege-Katalysators ist hier nicht möglich, da der Dieselmotor mit Luftüberschuss arbeitet. Im Gegensatz zum Dreiwege-Katalysator wandelt der Oxidations-Katalysator nur Kohlenmonoxid u. Kohlenwasserstoffe um. Die eigentlich problemat. Abgaskomponenten des Dieselfahrzeugs, Stickoxide u. Rußpartikel, bleiben unbeeinflusst. Beiden Katalysatoren ist gemeinsam, dass Kohlendioxid nicht zurückgehalten werden kann (dieses ist abhängig vom Verbrauch) u. dass die volle Wirksamkeit des Katalysators sich erst bei der Betriebstemperatur des Motors entfaltet. Diese wird ungefähr nach einer Fahrstrecke von 1 bis 3 km erreicht.

Katalyse [grch.], Geschwindigkeitsänderung (Beschleunigung oder Verzögerung) der Stoffumsetzung bei einer chemischen Reaktion durch Zugabe einer Substanz *(Katalysator)*, die während dieses Prozesses nicht oder nur unwesentlich verändert wird. Man unterscheidet zwischen der *homogenen K.*, bei der der Katalysator in der gleichen Phase wie die Reaktionsmischung vorliegt (z. B. alles in einer Lösung), u. der *heterogenen K.*, bei der z. B. der Katalysator ein Feststoff sein kann, über dessen Oberfläche die reagierenden Stoffe in Gasform geleitet werden. Die *Autokatalyse* beschreibt Vorgänge, bei denen der Katalysator erst während der Reaktion gebildet wird. Die Verzögerung einer Reaktion durch einen

Katamaran: Zwei Tornado-Boote bei einem Wendemanöver

Katalysator bezeichnet man als *Antikatalyse* oder *Inhibierung.* Die Wirkung eines Katalysators kann durch *Aktivatoren* oder *Promotoren* verstärkt werden. Die Wirkungsweise der Katalysatoren ist meist sehr kompliziert u. nur in Einzelfällen bekannt. Katalytische Reaktionen besitzen in allen Bereichen der Chemie u. Chemietechnik sowie bei biochemischen Vorgängen (→ Enzyme) große Bedeutung.

◆ **Katamaran** [tamil. + engl.], von polynes. Auslegerbooten abstammende Schiffsform mit zwei schlanken, parallelen, durch eine Brücke verbundenen Rümpfen, die gute Stabilität mit geringem Fahrtwiderstand verbindet. Im *Segelsport* findet der K. Verwendung als sehr leichter u. schneller *Rennkatamaran* oder als hochseetüchtiger *Kajütkatamaran.* Katamarane werden je nach Segelfläche, Bootsgröße u. Mannschaft in 4 Divisionen eingeteilt. Zur B-Division gehört die seit 1976 olympisch gesegelte Bootsklasse → Tornado.

Katamnese [die; grch.], ärztlicher Bericht nach einer Erkrankung über alle Ereignisse während derselben sowie Beobachtung während des weiteren Verlaufs. Auch → Anamnese (1).

Katanga, Prov. in der Demokrat. Rep. Kongo, → Shaba.

Kataphorese [die; grch.], die durch ein elektr. Feld hervorgerufene Wanderung von in einer Flüssigkeit schwebenden, positiv geladenen Kolloidteilchen zur Kathode. Auch → Elektrophorese.

Katapult [das; grch.], 1. *Luftfahrt:* Starthilfevorrichtung für Flugzeuge, mit der das Flugzeug durch einen Fremdantrieb (Pressluft, Dampf, Pulvertreibgase) innerhalb einer kurzen Startbahn auf die zum Abheben notwendige Geschwindigkeit beschleunigt wird. Es wird auf Flugzeugträgern sowie für Schleudersitze angewendet. **2.** *Wehrtechnik:* im Altertum u. im MA eine Wurfmaschine zum Schleudern von Pfeilen oder Steinen.

Katar, Staat auf der Arabischen Halbinsel, → Seite 236.

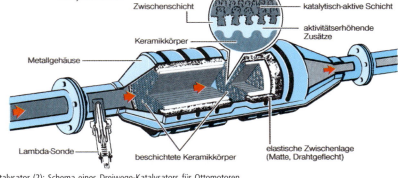

Katalysator (2): Schema eines Dreiwege-Katalysators für Ottomotoren

Aufbau der Katalysatorschicht
Zwischenschicht
katalytisch-aktive Schicht
aktivitätserhöhende Zusätze
Keramikkörper
Metallgehäuse
Lambda-Sonde
beschichtete Keramikkörper
elastische Zwischenlage (Matte, Drahtgeflecht)

Fortsetzung S. 237

Katar

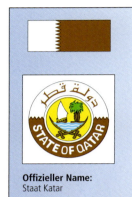

Autokennzeichen: Q

Fläche: 11 000 km²

Einwohner: 589 000

Hauptstadt:
Doha

Sprache: Arabisch

Währung:
1 Katar-Riyal
= 100 Dirhams

Offizieller Name:
Staat Katar

Bruttosozialprodukt/Einw.:
11 600 US-Dollar

Regierungsform:
Absolute Monarchie (Emirat)

Religion: Moslems

Nationalfeiertag: 3. September

Zeitzone:
Mitteleuropäische Zeit +2 Std.

Grenzen:
Im S Saudi-Arabien, Vereinigte
Arabische Emirate, ansonsten
Persischer Golf

Lebenserwartung:
72 Jahre

Landesnatur Die Halbinsel, die etwa 170 km in den Persischen Golf hineinreicht und höchstens 80 km breit ist, besteht aus einem wüstenhaften, von Korallenriffen begrenzten Tafelland, ist größtenteils unfruchtbar und fast völlig ohne Trinkwasser; es muss aus dem Golf gewonnen werden. Im Süden finden sich Salzsümpfe, nach Norden steigt das Gebiet flach an. Das *Klima* zeichnet sich durch hohe Temperaturen, hohe Luftfeuchtigkeit u. ausgeprägte Niederschlagsarmut aus.

Bevölkerung Über die Hälfte der Einwohner sind Gastarbeiter aus Iran, Palästina, Pakistan, Indien u. Südostasien. Mehr als 90 % der Bevölkerung leben in den Städten. Der Islam (sunnit. Glaubensrichtung) ist Staatsreligion; unter den Ausländern gibt es einen beträchtl. Anteil Schiiten u. Hindus.

die Grundlage der Wirtschaft. Die Gesamtförderung (einschl. der Offshorefelder) betrug 1997: 32,5 Mio. t. Die Erdölreserven belaufen sich auf 489 Mio. t (1998); die Erdgasvorkommen (1998: 8970 Mrd. m³ Reserve) gehören zu den größten der Erde u. werden zunehmend erschlossen. Industrielles Zentrum ist *Umm Said* (Stahl-, Chemiewerk, Erdölraffinerien), daneben gibt es einige mittlere u. kleinere Betriebe für den einheimischen Bedarf.
Im O des Landes wird auf bewässerten Feldern Obst u. Gemüse angebaut. Das Wasser dazu wird in Meerwasserentsalzungsanlagen gewonnen. Die traditionellen Erwerbsgrundlagen wie Perlenfischerei, Fischfang u. Hirtennomadismus sind nahezu verschwunden.

Verkehr Katar verfügt über ein gut ausgebautes Straßennetz u. zwei moderne Seehäfen (Doha u. Umm Said) sowie über einen internationalen Flughafen bei Doha (1970 eröffnet, 1972 modernisiert); ein neuer Flughafen 25 km südwestlich von Doha ist in Planung.

Geschichte 1868 wurde Katar selbständiges Scheichtum. 1872 gliederten es die Türken dem Osmanischen Reich an. 1916 wurde Katar britisches Protektorat. Nach dem

Blick auf eine der zahlreichen Moscheen in Doha, der Hauptstadt von Katar

Staatssprache ist Arabisch, als Handels- u. Verkehrssprache ist das Englische gebräuchlich. Mehr als 20 % der einheim. Bevölkerung sind Analphabeten. In Doha besteht eine Teiluniversität.

Wirtschaft Erdölförderung (Förderbeginn 1939) u. Erdölexport bilden

Rückzug der Briten aus der Golf-Region erklärte Katar am 1. 9. 1971 seine Unabhängigkeit. Scheich *Ahmed Ibn Ali*, der seit 1960 regierte, nahm den Titel Emir an. 1972 wurde er von Scheich *Khalifa Ibn Ahmed* in einem unblutigen Staatsstreich gestürzt. 1995 übernahm Kronprinz *Hamad Ibn Khalifa Al Thani* die Macht, nachdem er seinen im Ausland weilenden Vater für abgesetzt erklärt hatte. – Katar ist eine absolute Monarchie. Staatsoberhaupt u. Regierungschef ist der Emir. Die Minister sind ihm verantwortlich. Die beratende Versammlung hat nur beschränkte Rechte. Parteien gibt es nicht. Es gilt islamisches Recht.

Kataragama, dem ind. Gott → Skanda geweihte Stätte im südöstl. Sri Lanka; Wallfahrtsort für Hindus u. Buddhisten.

Katarakt [grch.], **1.** [der], *Geographie:* eine Reihe hintereinander liegender Stromschnellen bzw. kleinerer Wasserfälle, z. B. die 6 Katarakte des Nil.
2. [der oder die], *Medizin: Cataracta* → grauer Star.

Katarrh [der; grch.], einfache entzündl. Reizung der Schleimhäute mit vermehrter Flüssigkeitsabsonderung; der wässrigen Flüssigkeit *(seröser K.)* oder dem Schleim *(schleimiger K.)* können abgestoßene Deckzellen beigemengt sein; diese Deckzellenabstoßung ist bes. stark beim Desquamativkatarrh. Es gibt auch einen eitrigen Katarrh.

Katarrhalfieber, *bösartiges Katarrhalfieber, Kopfkrankheit, Stallseuche,* Virusinfektion der Rinder, Büffel, Schafe; Entzündungen sämtl. Schleimhäute des Kopfes, Augenentzündung, schwere nervöse Symptome, hohe Körpertemperatur, Apathie, Appetitlosigkeit, Milchabfall, hohe Sterblichkeitsquote. Beste Vorbeugung ist Hygiene.

◆ **Katase,** Kazua, japan. Objektkünstler, *1947 Shizuoka; K. setzt sich mit der konzeptionellen Kunst auseinander u. warnt vor einer digitalen, technisierten Welt; seit den 1980er Jahren arbeitet K. mit Positiv-Negativ-Umkehrungen; seine Environments spiegeln die Spannung zwischen Asien u. Europa wider.

Katastase [die; grch.], die unmittelbare Vorstufe der *Katastrophe* als Abschluss der Entwicklung im Epos u. bes. im Drama.

Kataster [der oder das; lat.], *Flurbuch,* am *Katasteramt* ausliegendes amtliches Verzeichnis von Grundstücken nach Kulturarten, Bodengüteklassen, Parzellen *(Parzellarkataster)* oder Gutseinheiten *(Gutskataster);* dient zusammen mit den großmaßstäblichen *Katasterplänen* u. *Katasterkarten* (Gemarkungskarten, Flurkarten; Maßstab 1:500 bis 1:5000) zur Festsetzung der Grundsteuer *(Grundkataster)* oder zur Immobilienversicherung *(Brandkataster).*

Katasteramt, eine Behörde, die das → Kataster führt.

Katasterismus [grch.], in der antiken Mythologie die Verwandlung von Menschen oder Tieren in Gestirne. Unter diesem Titel schrieb *Eratosthenes* ein nicht erhaltenes Buch über Sternsagen.

Katasterkarte, Karte des → Katasters; besteht im Allg. aus der → Flurkarte u. der *Schätzungskarte,* die die Ergebnisse der Bodenschätzung nachweist.

Katastrophe [grch., „Wendung"], **1.** *allg.:* Unglück, Zusammenbruch, Verhängnis.
2. *Literatur:* im Drama der Wendepunkt im letzten Teil der Handlung. Mit der K. entscheidet sich das Schicksal des Helden, entweder zum Untergang (Tragödie) oder zum Guten (Komödie).

Katastrophenfilm, ein Spielfilm, der die Verhaltensweisen unterschiedlich typisierter Menschen darstellt, die von einer historisch belegten oder real möglichen Katastrophe (z. B. Erdbeben, Orkan) betroffen werden. Die Katastrophe u. ihre Folgen werden z. T. mit großem tricktechn. Aufwand genau

geschildert. Katastrophenfilme gibt es seit 1908 („Die letzten Tage von Pompeji" von L. *Maggi*); der Begriff K. entstand jedoch erst in den 1970er Jahre, als eine Vielzahl derartiger Filme hergestellt wurde (z. B. 1974 „Flammendes Inferno" u. „Erdbeben"). In den 1990er Jahren erlebte das Genre eine Renaissance (u. a. „Twister" 1996 u. „Volcano" 1997).

Katastrophenmedizin, eine interdisziplinäre medizin. Arbeitsrichtung, deren Ziel es ist, in Katastrophensituationen (z. B. Krieg, Naturkatastrophen, Massenunfälle) die ärztliche Versorgung u. medizin. Hilfe für eine große Anzahl Verletzter, Vergifteter oder sonst gesundheitlich Geschädigter sicherzustellen. Den rechtlichen, planerischen u. organisatorischen Problemen, der wissenschaftlich-klinischen Zusammenarbeit verschiedener medizin. Fachrichtungen, den Ausbildungsfragen u. der Koordinierung staatl. u. privater Vorkehrungen des Katastrophenschutzes widmet sich die 1980 gegr. *Deutsche Gesellschaft für K. e.V.* (Sitz: München).

Katastrophenpost, Sondergebiet der Philatelie: Postsachen, die bei Katastrophen (Schiffsuntergängen, Flugzeugabstürzen, Postwagenbränden u.a.) beschädigt u. mit entsprechenden Vermerken versehen worden sind.

Katastrophentheorie, 1. *Erdgeschichte:* Kataklysmentheorie, die von G. *Cuvier* vertretene Auffassung, dass die Tierwelt früherer Erdzeitalter mehrmals durch Naturkatastrophen vernichtet worden sei. Die K. suchte die Beobachtung, dass die durch Fossilfunde bekannte Tierwelt von der heute lebenden abweicht, mit der Annahme von der Unveränderlichkeit der Arten, die erst durch die Evolutionstheorie C. *Darwins* widerlegt wurde, in Einklang zu bringen.
2. *Mathematik:* von dem franzöš. Mathematiker René *Thom* entwickelte Theorie, mit deren Hilfe plötzliche, unstetige Zustandsänderungen eines Systems analysiert werden können, dessen Zustandsgrößen (wie z. B. Druck, Temperatur) sich kontinuierlich ändern. Die K. wurde erfolgreich auf physikal. Vorgänge wie Phasenübergänge angewandt.

Katathermometer [grch.], Messgerät zur Bestimmung der sog. Abkühlungsgröße, die sich aus der Wirkung von Temperatur, Wind u. Strahlung zusammensetzt u. eine Maßzahl für die Wetterempfindung des Menschen ist (Behaglichkeit). Das K. trägt eine Skala zwischen 39 °C u. 35 °C, gemessen wird die Zeit des Absinkens der Alkoholsäule zwischen beiden Marken.

katathymes Bilderleben, ein von H. *Leuner* entwickeltes, tiefenpsycholog. Therapieverfahren, das sich vor allem der gelenkten Tagtraum-Technik bedient. Die Bildervorstellungen dienen der Auseinandersetzung mit bestimmten Symbolen zur Überwindung neurot. Fehlhaltungen.

Katatonie [grch.], *katatonisches Syndrom,* eine psychische Krankheit des Formenkreises der Schizophrenie, mit Krampf- u. Spannungszuständen der Muskulatur verbunden.

Kazua Katase: Nachtmuseum; 1992. Kassel, documenta IX

Katayama-Krankheit [nach der japan. Stadt *Katayama*], *Yangtse-Fieber, Schistosomiasis japonica,* eine in Ostasien vorkommende *Bilharziose,* deren Erreger *Schistosoma japonicum* (Japan. Adernegel) ist. Nach uncharakterist. Allgemeinerscheinungen kommt es zu Entzündungen an Leber, Milz u. Darm. Die Übertragung der Schistosomen erfolgt mit infiziertem Wasser.

Katazone [grch.], heute nicht mehr gebräuchliche Bez. für eine Tiefenzone in der Erdrinde mit großem Druck bei Temperaturen von über 700 °C, in der sich durch starke *Metamorphose* Gesteine wie Ortho- u. Paragneis, Amphibolit, Eklogit u.a. bilden. Auch → Epizone, → Mesozone.

Katchalsky, Ephraim → Katzir, israel. Wissenschaftler u. Politiker.

Käte, *Käthe,* weibl. Vorname; Kurzform von → Katharina.

Katechese [die; grch.], Unterweisung in den christl. Grundlehren.

Katechet [der; grch.], christl. Religionslehrer ohne theolog. Ausbildung.

Katechetik [die; grch.], eine Disziplin der prakt. Theologie, die traditionell die wechselseitige Frage nach der unterrichtlichen Bedeutung theologischer Erkenntnisse und ihrer wirklichen Bezogenheit auf den heranwachsenden Menschen stellt. Deswegen bedarf die K. ebenso des ständigen Kontakts mit den anderen theologischen Disziplinen (Bibelwissenschaften, Dogmatik,

Katechismus: Titelholzschnitt von M. Luthers „Kleinem Katechismus". Wittenberg 1530

Ethik, Kirchengeschichte) wie mit der unterrichtlichen Praxis und den Erziehungswissenschaften. Zuweilen wird K. als Oberbegriff für Religionspädagogik u. Lehre vom kirchl. Unterricht benützt, zuweilen auch als Bez. für die Lehre vom kirchl. Unterricht unter dem Oberbegriff → Religionspädagogik.

Katechine, Kristalle, → Catechine.

◆ **Katechismus** [grch.], ursprüngl. Glaubensunterricht für die Taufbewerber (Katechumenen), im MA Glaubensexamen der Taufpaten, seit der Reformation in den ev. Kirchen das Lehrbuch für die Glaubensunterweisung. Der Kleine K. Luthers (1530) u. der reform. Heidelberger Katechismus (1563) sind nicht nur bis zur Gegenwart Leitfaden für den Konfirmandenunterricht geblieben, sondern bezeichnen gleichzeitig auch den (luth. oder reform.) Bekenntnisstand der Gemeinden. – In der röm.-kath. Kirche folgten auf den Catechismus Romanus (1566, latein. Urfassung, Übersetzung in 19 Sprachen) ein „Dt. Einheitskatechismus" (1925) u. der „K. für die Bistümer Deutschlands" (1955, Neufassung „Kath. Erwachsenenkatechismus" 2 Teile 1985 u. 1995). Versuche, in der Form eines gegenwartsnahen K. Erwachsene über Grundaussagen des Glaubens zu orientieren, z.B. der sog. Holländische K. (dt. 1968) oder der Ev. „Erwachsenenkatechismus" 1975, fanden ein lebhaftes Echo. 1992 erschien der neue offizielle kath. K., die erste gründl. Revision seit 1566.

Katechismusunterricht, seit der Reformation Bez. der unterrichtl. Erschließung des christl. Glaubens mit Hilfe des „Kleinen Katechismus" Luthers oder des „Heidelberger Katechismus". Zuweilen wurde der K. mit Formen bibl. Unterweisung verbunden, die die Funktion hatten, Anschauung für den „Begriff" des Glaubens, wie er im Katechismus begegnete, zu bieten. Im Rahmen des Konfirmandenunterrichts hat der K. an Bedeutung verloren.

Katechumenat [grch.], Zeit der Vorbereitung erwachsener Taufbewerber (= Katechumenen) auf die Taufe, im christl. Altertum 2–3 Jahre umfassend, zugleich Zeit der Prüfung u. Bewährung.

Katechumenen [auch -'çu:-; Pl.; Sg. der *Katechumene*; grch.], **1.** in der frühchristl. Kirche die am Taufunterricht zwei bis drei Jahre (bis zur Taufe) teilnehmenden Taufanwärter; infolge der Ausbreitung der Kindertaufe seit dem 5. Jh. in den westl. Kirchen weitgehend aufgegeben; heute fast nur noch in Missionsländern. **2.** bei einem zweijährigen Konfirmationsunterricht der ev. Kirchen die „Vorkonfirmanden" des 1. Unterrichtsjahrs.

Kategorie [die; grch.], Grundbegriff; Gattung, Art, Typ. Als philosoph. Fachausdruck Grundaussage über Seiendes; in diesem Sinne, noch ungetrennt vom Sprachlichen, zählt *Aristoteles* zehn Kategorien auf *(Substanz, Quantität, Qualität, Relation, Ort, Zeit, Tätigkeit, Leiden, Lage, Haben)*. Schwankend wie die Anzahl ist in der Geschichte der Logik auch die Definition der K. Diese ist problematisch, insofern es sich dabei entweder um die Grundeigenschaften des Seienden (bei Aristoteles → Substanz) handelt oder um die Grundklassen der Gegenstände überhaupt oder um die Denkformen, durch die wir die Gegenstände erfassen. In letzterem Sinne u. mit dem Anspruch, die Gegenstände nicht bloß zu erfassen, sondern sie aus der Einheit des Bewusstseins als Erscheinungsgegenstände hinsichtl. ihrer Gesetzmäßigkeit zu erzeugen, ist die *Kategorienlehre* bes. von *Kant* u., mit spekulativer Wendung, von *Hegel* durchgeführt worden.

kategorischer Imperativ [grch. + lat.], nach *Kant* eine Formel für das Sittengesetz oder Vernunftgebot: „Handle so, dass die Maxime deines Willens jederzeit zugleich als Prinzip einer allgemeinen Gesetzgebung gelten könnte". Kants kategorischer Imperativ I. unterscheidet sich von den *hypothet. Imperativen* dadurch, dass er unbedingt gilt, während diese von bes. Zwecksetzungen abhängen.

Katene [die; lat.], fortlaufende Bibelerläuterung durch aneinander gereihte Auszüge u. freie Wiedergaben aus den Bibelkommentaren der Kirchenväter, nachweisbar seit dem 6. Jh.; bekannt die *catena aurea* des Thomas von Aquin zu den vier Evangelien.

Kater, 1. die männl. Katze. **2.** volkstüml. Bez. für den körperl.-seel. Zustand nach übermäßigem Alkoholgenuss, gekennzeichnet durch starken Durst, allgemeines Unwohlsein, manchmal Schwindelgefühl, Erbrechen, Appetitlosigkeit u. Kopfschmerzen sowie depressive Verstimmung. Ursache ist eine Alkoholvergiftung. Zur Normalisierung des Wasser- u. Zuckergehalts im Blut sollte man viel Mineralwasser u. Fruchtsäfte trinken.

Katerina, *Gebel Katerina*, Gipfel der Halbinsel Sinai, → Katrinah.

Katerine, *Katerini*, nordgriech. Stadt nördl. vom Olymp, Hauptort des Verw.-Bez. Pieria, 38 500 Ew.; Marktort für das agrar.

Katfisch, Anarrhichas lupus

Katharina von Medici. Anonymes Gemälde; 16. Jh.

Umland (Tabak, Baumwolle, Getreide, Obst); Tabakverarbeitung; Fremdenverkehr an der Küste (Paralia K.).

◆ **Katfisch**, *Seewolf, Wolfsfisch, Anarrhichas lupus*, sehr gefräßiger, bis 1,20 m langer *Schleimfisch* der westl. Ostsee, des nördl. Atlantik u. des nördl. Eismeers; lebt von großen, hartschaligen Bodentieren, die er mit seinem gewaltigen Gebiss zerknackt. Der K. kann ohne Schaden längere Zeit außerhalb des Wassers leben. Er hat wohlschmeckendes, festes Fleisch, im Handel als *Karbonaden*- oder *Austernfisch*.

Katgut [das; engl. *catgut*, „Katzendarm"], Nähmaterial aus Schafdärmen zur Herstellung von chirurg. Nähten im Körpergewebe. K. wird nach einer gewissen Zeit vom Körper absorbiert u. verursacht keine Reizungen.

Katharer [grch., „die Reinen"], Selbstbez. *Christiani* u. *Boni homines*, Sekte des MA, von den Bogomilen beeinflusst. Vom Balkan kommend, verbreitete sie sich seit dem 12. Jh. schnell über Oberitalien u. Südfrankreich, fasste aber auch in Dtschld, Spanien u. Sizilien Fuß. Die ursprüngl. von den neutestamentlichen Motiven der mittelalterlichen Armutsbewegung ausgehende Sekte nahm bald dualistisch-neumanichäische Gedankengänge auf. Die K. spalteten sich in mehrere Gruppen (→ Albigenser). Sie glaubten, durch völlige Weltenthaltung das Heil erlangen zu können, u. richteten eine eigene Hierarchie u. einen eigenen Kult ein.

Trotz Verfolgung durch die Inquisition kam die Sekte erst nach der Entstehung der Bettelorden im 15. Jh. zum Erliegen.

Katharina [grch. *Aikaterina*, Bedeutung ungeklärt; später angelehnt an grch. *katharos*, „rein"], weibl. Vorname, Kurzformen: *Kät(h)e, Kathi, Kate, Kat(h)rin, Kathrein(erle)*; russ. *Jekaterina*, Kurzform *Katinka*, schwed. *Karin*, engl. *Catherine*, Kurzform *Kay*, irisch *Cathleen*.

Katharina, FÜRSTINNEN:

England: **1.** Königin, seit 1420 Frau Heinrichs V., *27. 10. 1401 Paris, †3. 1. 1437 Bermondsey Abbey, London; Tochter Karls VI. von Frankreich. Durch ihre zweite Ehe mit Owen Tudor (1422) Ahnherrin der Tudors; Großmutter Heinrichs VII. von England.

2. Katharina von Aragón, Königin, Frau des engl. Thronfolgers Arthur (†1502), dann seines Bruders Heinrich VIII. (1509), *15. 12. 1485 Alcalá de Henares (Spanien), †7. 1. 1536 Kimbolton (bei Huntingdon); Mutter der späteren Königin Maria der Katholischen u. 1511–1514 während der Abwesenheit Heinrichs VIII. im Krieg gegen Frankreich Regentin von England. Die von Heinrich seit 1526 erstrebte, vom Papst verweigerte Scheidung von K. war Ursache für den Abfall der engl. Kirche von Rom. 1533 ließ sich Heinrich ohne päpstl. Zustimmung scheiden.

3. Katharina Howard, Königin, 5. Frau Heinrichs VIII. (1540), *um 1520, †13. 2. 1542; von ihrem Mann des Ehebruchs bezichtigt; enthauptet.

4. Katharina Parr, Königin, 6. Frau Heinrichs VIII. (1543), *1512, †7. 9. 1548 Sudeley Castle, Gloucestershire; vor ihrer Ehe mit Heinrich schon zweimal verwitwet; beeinflusste diesen in protestant. Sinn u. heiratete nach seinem Tod den Admiral T. Seymour (*um 1508, †1549).

Frankreich: ◆ **5. Katharina von Medici**, Königin, Frau Heinrichs II. von Frankreich seit 1533, *13. 4. 1519 Florenz, †5. 1. 1589 Blois; stand zunächst im Schatten der Mätresse Heinrichs, Diane de Poitiers, erlangte aber unter ihren Söhnen Franz II. u. Karl IX. großen polit. Einfluss. Ihr Streben ging dahin, die Stellung der Krone über den Ständen u. Religionsparteien durch ein Gleichgewicht der Konfessionen u. durch Verständigung mit Spanien zu sichern. Als G. de Colignys antispan. Politik auf ihren Sohn Karl IX. zu großen Einfluss gewann, ließ sie die Hugenottenführer in der *Bartholomäusnacht* umbringen.

Portugal: **6. Katharina von Bragança**, Königin, *25. 11. 1638 Vila Viçosa, †31. 12. 1705 Lissabon; Tochter Johanns IV. von Portugal (*1604, †1656), Frau Karls II. von England; war als Katholikin Angriffen u. Anschuldigungen durch das engl. Parlament ausgesetzt, das eine Scheidung anstrebte. Als Witwe Regentin von Portugal für ihren geisteskranken Bruder Peter (Pedro) II.

Russland: **7. Katharina I.**, eigentl. Marta *Skawronskaja*, Kaiserin 1725–1727, *15. 4. 1684 Jakobstadt, Kurland, †17. 5. 1727 St. Petersburg; Frau eines schwedischen Dragoners, dann Geliebte A. D. *Menschikows*,

schließlich Peters d. Gr., der sie 1712 heiratete, 1724 krönte; als Zarin nach Peters Tod (1725) überließ sie die Regierungsgeschäfte Menschikow. Aus ihrer Ehe mit Peter I. stammte die spätere Zarin (1741) Elisabeth.

◆ **8. Katharina II., Katharina die Große**, eigentlich *Sophie Friederike Auguste*, Kaiserin 1762–1796, *2. 5. 1729 Stettin, †17. 11. 1796 Zarskoje Selo; Tochter des Fürsten Christian August von Anhalt-Zerbst-Dornburg; stürzte ihren Gatten Peter III. u. ließ sich 1762 zur Kaiserin ausrufen. K. hatte zahlreiche Liebhaber (G. Orlow, G. Potjomkin u. a.). Intelligent u. gebildet, stand sie mit führenden Geistern ihrer Zeit im Briefverkehr. K. stützte sich auf den Adel, dem sie durch einen „Gnadenbrief" (1785) die Dienstfreiheit sowie die volle Verfügungsgewalt über die Leibeigenen garantierte. Die so verschärften sozialen Spannungen entluden sich in zahlreichen Bauernrevolten, bes. in dem großen Bauern- u. Kosakenaufstand J. I. *Pugatschows* 1773–1775. Ihrem vorgeblich aufgeklärten Absolutismus entsprangen die Reform des Senats (1763) u. der Gouvernementsverwaltung (1764), die Säkularisierung der Kirchengüter (1764) u. zahlreiche Schulgründungen. Durch zwei Kriege gegen die Türkei gewann Russland unter K. in den Friedensschlüssen von Kütschük-Kainardschi (1774) u. Jassy (1792) sowie durch die Annexion der Krim (1783) die Küste des Schwarzen Meers bis zum Dnjestr. Durch die Teilungen Polens (1772, 1793 u. 1795) wurde es Nachbar Preußens und Österreichs. Katharinas Regierung leitete eine neue Phase des Aufstiegs Russlands zur europäischen Großmacht ein. *Tabelle S. 240*

Katharina die Große. Gemälde von Vigilius Erichsen. Chartres, Musée des Beaux Arts

Katharina die Große 1729–1796

Am 2. Mai als erstes Kind des preußischen Generals Christian August von Anhalt-Zerbst-Dornburg in Stettin geboren. Durch ihre Mutter Johanna Elisabeth von Holstein-Gottorf ist sie mit dem Haus Holstein, das in der russischen Thronfolge steht, verwandt	1729	Gotthold Ephraim Lessing geboren / Bach komponiert die „Matthäuspassion" / In China wird das seit 1650 beliebte Opiumrauchen verboten / Tod des Barockbaumeisters Johann Friedrich Eosander von Göthe
Katharinas Vetter zweiten Grades, Karl Peter von Holstein-Gottorf, wird zum russischen Thronfolger designiert	1742	Ende des Ersten Schlesischen Krieges zwischen Preußen und Österreich (seit 1740) / Allianz zwischen Russland und England
Als Heiratskandidatin des Thronfolgers reist K. mit ihrer Mutter nach Russland / K. tritt als Jekaterina Alexejewna zur orthodoxen Kirche über / Verlobung mit Karl Peter: K. wird Großfürstin	1744	Krieg um Indien zwischen England und Frankreich / Herder geboren
K. heiratet Karl Peter	1745	Ende des Zweiten Schlesischen Krieges
Geburt des Sohnes Paul	1754	
Die anglophilen Kreise in Petersburg geraten in Misskredit. K. macht einen Kniefall vor Kaiserin Elisabeth und festigt dadurch ihre Stellung	1758	Im Siebenjährigen Krieg (seit 1756) besetzen die Russen Ostpreußen / In Petersburg wird die Akademie der schönen Künste gegründet
Tod der Kaiserin Elisabeth am 5. Januar. Katharinas Gemahl wird Nachfolger als Peter III. / K. lässt ihn durch Gardeoffiziere stürzen und wird zur Kaiserin ausgerufen / Die Ermordung Peters III. wird von K. zwar nicht veranlasst, kommt ihr aber gelegen / K. wird in Moskau gekrönt	1762	England beginnt mit der Besetzung Kubas / Rousseaus Schrift „Contrat social" erscheint / Die Helvetische Gesellschaft für Freiheit und Toleranz wird gegründet
	~	Ende des Mogulreichs in Indien
K. erlässt das „Manifest des Schweigens"	1763	Ende des Siebenjährigen Krieges
K. gründet die deutschen Wolgakolonien / Sie macht ihren Geliebten Stanisław Poniatowski zum König von Polen	1764	Bündnis zwischen Preußen und Russland / Verbot des Jesuitenordens in Frankreich
Zur Legitimierung ihrer Herrschaft beruft K. eine aus gewählten ständischen Abgeordneten zusammengesetzte „Gesetzgebende Kommission". Diese verleiht K. die Titel „die Große" und „Mutter des Vaterlandes"	1767	Die Birmanen zerstören das seit dem 14. Jahrhundert bestehende Reich von Ayuttaya in Siam / Lessing schreibt „Minna von Barnhelm" und beginnt die „Hamburgische Dramaturgie"
Ausbruch des ersten Türkenkriegs / Katharina plant die Wiederherstellung des Oströmischen Reiches unter Russlands Führung	1768	Genua verkauft Korsika an Frankreich / Beginn der industriellen Revolution
Bei der ersten Teilung Polens gelingt es K., den größten Teil Ostpolens Russland einzuverleiben	1772	Auf seiner zweiten Weltreise entdeckt James Cook die Antarktis
Am Jaik im Ural bricht ein Aufstand der Kosaken und Bauern aus	1773	Deutsche Bauern siedeln sich in Galizien, Ungarn, im Banat und in der Bukowina an
Im Frieden von Kütschük Kainardschi erhält Russland Zugang zum Schwarzen Meer / Potjomkin wird Katharinas Geliebter und Favorit	1774	Nach dem Tode Ludwigs XV. wird sein Enkel Ludwig XVI. König von Frankreich
Der Kosakenaufstand wird niedergeschlagen / K. führt die Statthalterschaftsverfassung ein	1775	Ausbruch des nordamerikanischen Unabhängigkeitskriegs / Die Bukowina fällt Österreich zu
K. annektiert die Krim und das Kubangebiet, deren Besiedlung von Potjomkin organisiert wird	1783	Im Frieden von Versailles erkennt England die Unabhängigkeit der USA an
Krimreise: Um die Kaiserin zu beeindrucken, baut Potjomkin am Wegrand Kulissendörfer auf	1787	Schiller schreibt „Don Carlos" / Mozart komponiert „Don Giovanni"
	1789	Beginn der Französischen Revolution
Ende des zweiten Türkenkriegs	1792	Frankreich erklärt Österreich den Krieg
Gründung Odessas / Zweite Teilung Polens	1793	
Dritte vollständige Aufteilung Polens zwischen Russland, Preußen und Österreich. Damit ist es K. gelungen, Russlands Grenze bis an den Rand Mitteleuropas vorzuschieben	1795	Immanuel Kant schreibt „Zum ewigen Frieden" / Goethes Entwicklungsroman „Wilhelm Meisters Lehrjahre" erscheint
Am 17. November stirbt K. in Zarskoje Selo	1796	Abdankung des chinesischen Kaisers Qianlong / Feldzug Napoleon Bonapartes in Italien

Katharina von Alexandria. Gemälde, Spanische Schule; 17. Jahrhundert. Bilbao, Museum der Schönen Künste

◆ **Katharina von Alexandria,** Heilige, Märtyrerin; wurde nach der Legende gerädert, dann enthauptet; eine der 14 Nothelfer. Über ihrem Grab entstand das → Katharinenkloster. Ihre histor. Existenz ist ungesichert. Patronin der Theologen, Philosophen u. der Universität Paris. Fest: 25. 11. Mehrere Schwesternkongregationen benennen sich nach ihr, in Dtschld. z.B. die *Katharinerinnen* (Katharinenschwestern) *von Braunsberg,* 1521 gegr., mit sozial-karitativen Aufgaben. Provinzialmutterhäuser in Münster u. Berlin.

Katharina von Genua, Heilige, Mystikerin, *1447 Genua, †14. oder 15. 9. 1510 Genua; ihre Nächstenliebe bewährte sich bei der Pflege von Pestkranken; ihre mystischen Gedanken fanden durch einen Jüngerkreis Verbreitung. Fest: 15. 9.

Katharina von Siena, Heilige, Dominikanerterziarin, *um 1347 Siena, †29. 4. 1380 Rom; beriet u. mahnte Fürsten u. Päpste (Rückkehr Gregors XI. von Avignon); setzte sich mit großer Energie für die Reform der Kirche ein. Ihre Schriften gehören zu den klassischen Werken der frühitalienischen Literatur. Erhebung zur Kirchenlehrerin 1970. Fest: 29. 4.

◆ **Katharinenkloster,** ursprüngl. *Marienkloster,* gegründet in der ersten Hälfte des 6. Jh. vom byzantin. Kaiser Justinian als (in diesem Charakter noch erhaltene) Klosterfestung zum Schutz der Mönche, die sich seit dem 4. Jh. auf der Halbinsel Sinai nachweisen lassen. Hier entdeckte K. von Tischendorf den *Codex Sinaiticus,* die damals älteste Handschrift der griech. Bibel. Das Kloster birgt noch heute umfangreiche Schätze (2000 Ikonen, 4000 Handschriften) u. zählt einschl. einiger Zweigniederlassungen vor allem in Ägypten rd. 30 orth. Mönche. Der Abt des Katharinenklosters ist zugleich Oberhaupt eines seit 1575 selbständigen Erzbistums Sinai.

Katharinensisch, an der Küste von Santa Catarina in Südbrasilien gesprochener Dialekt im 19. Jh. eingewanderter Deutscher (rd. 100 000 Sprecher); hat dt. Satzbau u. einen stark portugiesisch durchsetzten Wortschatz.

Katharsis [auch -'tar-; die; grch., „Reinigung"], körperliche, geistige, auch religiöse Reinigung im Bereich der Medizin, der Musik, der Philosophie u. im Kult. Diesen Begriff der Reinigung, der den Griechen aus der Medizin vertraut u. auch als befreiende, entspannende Wirkung bestimmter Musik bekannt war, übertrug *Aristoteles* in seiner „Poetik" auf die Wirkung der Tragödie, die durch Erregung von Furcht u. Mitleid eine Reinigung von solchen Leidenschaften bewirken solle. Seit P. *Corneille* u. G. E. *Lessing* ist die Bedeutung der K. umstritten; sie wird oft als sittliche Läuterung verstanden. Die frühe Psychoanalyse nimmt den Begriff wieder auf u. versteht ihn als Abreaktion der krankheitsverursachenden Affekte.

Kathasaritsagara, ind. Dichter, → Somadeva.

Katheder [das oder der; grch.], Lehrstuhl, Pult, auch Kanzel.

Kathedersozialismus, sozialpolit. Richtung der dt. Volkswirtschaftslehre im letzten Drittel des 19. Jh.; forderte das Eingreifen des Staates in das Wirtschafts- u. Sozialleben, um die Klassengegensätze zu mildern. Der Ausdruck K. stammt von den liberalen Gegnern; tatsächlich waren die *Kathedersozialisten* Sozialreformer u. nicht Sozialisten. Der K., insbes. der *Verein für Socialpolitik,* hatte großen Anteil am Zustandekommen der dt. Sozialgesetzgebung. Hauptvertreter: G. von *Schmoller,* L. J. *Brentano,* Heinrich Herkner, A. *Wagner.*

Kathedrale [die; grch., lat.], eine bes. in England u. Frankreich übliche Bez. für die Bischofskirche (mit der *Cathedra,* dem Bischofsstuhl); in Dtschld. meist *Dom* oder *Münster* genannt.

Kathedralglas, weißes oder farbiges, durchscheinendes Gussglas mit einer hammerschlagartigen Oberflächenprägung. K. wurde häufig zur Verglasung von Kirchenfenstern verwendet.

Kathenotheismus [grch.], theolog. Begriff, → Henotheismus.

Kathepsine [grch.], proteolytische Enzyme, die vorwiegend in den Örten der intrazellulären Verdauung, den *Lysosomen,* lokalisiert sind u. hauptsächlich in den Zellen der Milz, Leber u. Niere zu finden sind.

Kathete [die; grch.], eine dem rechten Winkel anliegende Seite im rechtwinkligen Dreieck.

Katheter [der; grch.], röhrenförmiges, flexibles oder starres Instrument zur Einführung in Hohlorgane, Gefäße u. Körperhöhlen durch deren Ausführungsgänge zum Zweck der Entleerung *(Drainage),* Spülung, Probengewinnung, Zuführung von Heilmitteln oder Nahrung u. Untersuchung von Kör-

Katharinenkloster: Nach der Überlieferung sah Mose hier einen brennenden, aber nicht verbrennenden Dornenbusch und hörte die Stimme Gottes. Zur Erinnerung wird dieser Strauch im Klosterhof erhalten

perfunktionen. Die Bez. erfolgt nach Verwendungszweck, z. B. Blasen-, Venen- oder Herzkatheter (→ Herzkatheterisierung).

Katheterisierung [grch.], Einführung eines *Katheters*; bes. Entleerung der Harnblase durch einen Katheter unter strenger Keimfreiheit wegen der Infektionsgefahr (Katheterfieber).

Kathiawar, *Kathiyavar,* früher *Saurashtra,* Halbinsel im westl. Indien, zwischen den Golfen von Kachchh u. Khambhat, 54 300 km², Teil des ind. Bundesstaates *Gujarat;* flach gewelltes Land, in den Girnar Hills bis 1117 m hoch; relativ dünn besiedelt; niederschlagsarm, durch Bewässerung jedoch Anbau von Baumwolle, Reis, Weizen, Hirse u. Zuckerrohr möglich.

Kathiri, *Al Kathiri,* Gebiet in Jemen, nördl. des Wadi Hadramaut, Südarabien; ehem. Sultanat im früheren brit. Protektorat *Aden;* Hauptort *Say'un.*

Kathode [die; grch.], der negative Pol einer elektr. Stromquelle; auch die negativ elektr. Elektrode bei der Elektrolyse oder in Elektronenröhren. Gegenbegriff: Anode.

Kathodenstrahlen, die in einer Hochvakuumröhre (z. B. Braun'sche Röhre) aus der Kathode austretenden Elektronen. Je höher die elektr. Spannung zwischen Kathode u. Anode ist, umso stärker werden die Elektronen beschleunigt. Sie können durch ein dünnes Aluminiumfenster aus der Röhre austreten. Bei manchen Stoffen rufen sie ein Fluoreszenzleuchten hervor (→ Leuchtschirm). Beim Auftreffen auf Metalle entsteht eine sehr kurzwellige elektromagnet. Strahlung (→ Röntgenstrahlen). Senkrecht zum Strahl angebrachte elektr. bzw. magnet. Felder lenken die K. ab. Darauf beruhen z. B. die Braun'sche Röhre u. das Elektronenmikroskop. Auch Elektronenröhren arbeiten mit K.

Das Katharinenkloster auf dem Sinai, benannt nach der heiligen Katharina von Alexandria

Katholikentag in Mainz 1998

Kathodenstrahloszillograph → Oszillograph.
Kathodenzerstäubung, Verfahren zur Herstellung sehr dünner Metallüberzüge. Die Gasionen, die bei einer elektr. Gasentladung auf die Kathode aufprallen, zerstäuben das Kathodenmaterial, das sich dann an anderen Stellen (z.B. an der Gefäßwand) als dünne kristalline Schicht niederschlägt.
kathodischer Korrosionsschutz, Verfahren zum Schutz vor elektrochem. Korrosion. Die Korrosionsursache besteht darin, dass zwei verschiedene Metalle u. Wasser (feuchte Erde) ein elektr. Element bilden, so dass ein Strom fließen kann u. von dem Anodenmetall aus ein Materialtransport erfolgt. Wird die vor Korrosion zu schützende Metallfläche in einen Gleichstromkreis als Kathode geschaltet, so fließt, nachdem eine Anode aus unedlerem Metall elektrisch leitend verbunden ist, zu ihr ein Strom, der dem Korrosionsstrom entgegengerichtet ist. Hauptanwendungsgebiete: Schutz gegen Seewasserkorrosion (Schiffskörper, Schiffsschraube), gegen Gebrauchswasser (Heißwasserbereiter) u. gegen Erdbodenkorrosion (Rohrleitungen).
Katholik [grch.], Angehöriger der kath. Kirche.
Katholikat [das; grch.], Amtsbezirk des → Katholikos der syrisch-orthodoxen Kirchen des Ostens, der armenisch-gregorianischen Kirche u. der georgisch-orthodoxen Kirche.
◆ **Katholikentag,** *Deutscher Katholikentag,* Generalversammlung der Katholiken Deutschlands, die sich seit 1848 aus den Jahresversammlungen des Pius-Vereins entwickelte; wird vorbereitet vom Zentralkomitee der dt. Katholiken. 2000 fand in Hamburg der 94. Dt. K. statt.
Katholikos [der, grch., „allgemein"], Titel des leitenden Bischofs in einem → Katholikat, der ursprünglich als Vertreter des Patriarchen von Antiochia in dem von ihm abhängigen Teilgebiet amtierte. Später wurde der Titel Patriarch dem des K. hinzugefügt, wenn die Tochterkirche selbständig wurde bzw. sich selbst für unabhängig erklärte.
katholisch [grch., „allgemein", „ein Ganzes bildend"], ursprüngl. Beiname für die den Erdkreis umspannende Kirche. Die Bez. findet sich zuerst bei Ignatius von Antiochia zu Beginn des 2. Jh. für die von Jesus Christus „für alle" gestiftete Kirche. Seit Mitte des 3.Jh. bezeichnet k. vor allem diejenige Kirche, die sich selbst im Unterschied zu häret. oder schismat. Sekten als die wahre Kirche versteht.
katholisch-apostolische Gemeinden, eine kirchl. Erneuerungsbewegung, gegr. von einem Kreis, der sich seit 1826 um den Londoner Bankier Henry *Drummond* (∗ 1786, † 1860) sammelte u. von der nahen Wiederkunft Christi überzeugt war. Um die Christenheit dafür vorzubereiten u. die kirchl. Trennungen zu überwinden, wurden 12 Apostel berufen, die 1835 ihr Amt übernahmen, aber kein Echo bei den Kirchen fanden. Die katholisch-apostolischen Gemeinden bildeten deshalb eine eigene Glaubensgemeinschaft. Mit dem Tod der 12 Apostel (der letzte starb 1901) u. der von ihnen geweihten Amtsträger mussten die sakramentalen Handlungen eingestellt werden. Die Gemeinden bestehen als stille Kreise fort, ihre Glieder betätigen sich in den Kirchen.
katholische Akademien, Einrichtungen der kath. Kirche zur Erwachsenenbildung, seit 1950, vor allem in den Bischofsstädten. Ihnen angeschlossen sind die Arbeitsgemeinschaft kath.-sozialer Bildungswerke (Bonn), das Kulturreferat im Zentralkomitee der dt. Katholiken (Bad Godesberg) u. der Kath. Akademikerverband (Bonn).
katholische Aktion, von Papst Pius XI. 1922 ins Leben gerufene Bewegung, die nach seinen Worten „eine Teilnahme u. Mitarbeit der Laienwelt am hierarchischen Apostolat der Kirche" sein soll. Auch → Laienapostolat.
Katholische Arbeitnehmer-Bewegung, bis 1968 *Kath. Arbeiter-Bewegung,* Abk. *KAB,* Zusammenschluss kath. Arbeitnehmer zur Verbesserung ihrer wirtschaftl. u. sozialen Lage. Nach Ansicht der KAB ist die soziale Frage sittlich-religiösen Ursprungs u. durch religiöse Festigung, christl. Familienleben u. Bildung sowie durch Belehrung über die christl. Soziallehre zu bewältigen. Symbol ist das Kreuz vereint mit dem Hammer.
Die KAB entstand mit den kath. → Arbeitervereinen. 1929 schlossen sich die regionalen Kartellverbände zum *Reichsverband der kath. Arbeiter- u. Arbeiterinnenvereine Deutschlands,* Sitz: Berlin, zusammen, der 1933 aufgelöst wurde. Nach 1945 wurde die Tätigkeit wieder aufgenommen u. im Bundesverband der Katholischen Arbeitnehmer-Bewegung, Bornheim, zusammengeschlossen. Internationaler Dachverband ist die *Weltbewegung Christlicher Arbeiter* (frz. *Mouvement Mondial des Travailleurs Chrétiens*), Brüssel.
katholische Briefe, aus der griech. Kirche stammender Sammelname für sieben nicht von Paulus verfasste kleine Briefe des NT (Jakobus, 2 Petrus, 3 Johannes, Judas). Der Name trägt dem Umstand Rechnung, dass die katholischen Briefe anders als die des Paulus mehr das Allgemeingültige betonen, auch wo sie einem bestimmten Kreis von Gemeinden (1. Petr.) oder einer Einzelperson oder -gemeinde gelten (2. u. 3. Johannesbrief).
Katholische Jugend, Verbände kath. Jugendlicher, seit 1947 im Bund der *Dt. Kath. Jugend* (*BDKJ;* Sitz: Düsseldorf) zusammengeschlossen. Das Ziel ist, Jugendliche in christl. Weise auf ihre Aufgaben in Familie u. Beruf, Volk u. Kirche vorzubereiten. Hauptschulungsheim ist Haus Altenberg bei Köln.
◆ **katholische Kirche,** *römisch-katholische Kirche,* nach kath. Lehre die von Christus selbst gestiftete, nach Matth. 16,18 auf den Felsen Petri gebaute, eine, heilige, katholische, apostolische, sichtbare, unvergängliche, unfehlbare, allein selig machende Kirche, durch den Papst in Rom repräsentiert. Dieser ist nach kath. Lehre als Stellvertreter des unsichtbaren Christus das sichtbare Haupt der katholischen Kirche. Als Nachfolger des Apostelführers *Petrus (successio apostolica)* im Amt des Bischofs von Rom ist er kraft göttl. Rechts legitimer Inhaber der höchsten Amtsgewalt der Kirche (→ Primat). Die kirchl. Amtsgewalt gliedert sich in das Priester-, Lehr- u. Hirtenamt. Das *Priesteramt* dient vornehmlich der Spendung der *7 Sakramente* u. der sonstigen Gnadenmittel. Es verbürgt kraft der dem Priester durch die Weihe verliehenen göttl. Amtsvollmacht die lebendige Gottesgegenwart in der Kirche u. damit wirksame Vermittlung der Gnade. Das *Lehramt* bewahrt die absolute Wahrheit der der Kirche anvertrauten Heilslehren, die aus der Hl. Schrift u. aus der mündlich in der Kirche überlieferten apostol. Traditi-

on zu entnehmen sind. Dem Papst wird für die von ihm *ex cathedra* getroffenen Entscheidungen in Glaubens- u. Sittenfragen Unfehlbarkeit zuerkannt. Mit u. unter dem Papst sind die Bischöfe Träger des Lehramts. Das *Hirtenamt* umfasst die vollständige weltl. u. geistl. Leitung der Kirche u. ihrer Glieder. Auch dieses Amt wird nach Wesen, Art, Umfang u. Form als göttlichen Ursprungs gekennzeichnet u. von den Bischöfen in Abhängigkeit vom Papst (als Haupt der Hierarchie) ausgeübt. Ihm steht die Kurie als päpstliche Verwaltungsbehörde zur Verfügung. Das geltende Kirchenrecht ist im *Codex Iuris Canonici (CIC)* festgelegt. Die Gesamtzahl der Katholiken beträgt 1 Milliarde.

Katholische Könige, *Die Katholischen Könige,* span. *Los Reyes Católicos,* 1496 von Papst Alexander VI. dem Königspaar Ferdinand II. von Aragón u. Isabella I. von Kastilien verliehener Titel.

Katholische Majestät, *Allerkatholischste Majestät,* Titel der Könige von Spanien aufgrund des 1496 von Papst Alexander VI. an Isabella I. u. Ferdinand den Katholischen von Aragón verliehenen Titels *Katholische Könige.*

Kirchenprovinzen und Bistümer der katholischen Kirche Deutschlands

Kirchenprovinzen:
- Hamburg
- Berlin
- Paderborn
- Köln
- Freiburg
- Bamberg
- München und Freising

Katholische Nachrichten-Agentur, Abk. *KNA,* sammelt u. verbreitet Nachrichten aus dem kath. Bereich; gegr. 1952, Sitz: Bonn; Beteiligung an der *KNA-Pressebild GmbH* in Frankfurt a. M.

katholische Reform, *katholische Restauration* → Gegenreformation.

Katholisches Bildungswerk, Zusammenschluss von Trägern der kath. Erwachsenenbildung in den einzelnen Diözesen; dient der Planung u. Durchführung von Veranstaltungen.

katholische Universitäten, die auf 23 Länder verteilten 47 kath. geleiteten u. päpstlich errichteten Lehr- u. Forschungsstätten, die vom kath. Glauben aus die geistige Einheit der eigenständigen Wissenschaften anstreben. Neben ihnen bestehen etwa 190 kath. Hochschulen u. Kollegien, die sich z. T. als k. U. bezeichnen. In der BR Dtschld. wurde 1972 von den 7 bayer. Diözesen die kath. Universität Eichstätt eröffnet. In Europa gibt es 13 k. U.; die bekanntesten sind: Löwen (1425–1835), Mailand (1920), Rom: 3 päpstl. Universitäten (für Kleriker; Gregoriana, Lateran-Universität, Thomas-Universität), Paris (1876), Lille (1877), Nimwegen (1923), Lublin (1918), Freiburg/Schweiz (Staats-Universität; 1889), Salzburg. Außerhalb Europas gibt es in den USA 7 k. U. (New York, Washington, St. Louis (1818), Milwaukee, Detroit, South Orange, Chicago), in Kanada 5 (u. a. Montreal), in Mittel- und Südamerika 12 (bes. Santiago, Chile), in Afrika u. Asien 12 (u. a. Beirut, Tokyo, Manila); alle sind der Studienkongregation in Rom unterstellt.

Katholische Volkspartei, 1. Abk. *KVP,* seit 1945 polit. Partei in den Niederlanden, die rasch bedeutenden Einfluss gewann; zeitweise stärkste Partei des Landes, ununterbrochene Regierungsbeteiligung; lässt auch Nichtkatholiken als Mitglieder zu. Die KVP schloss sich 1975 mit den beiden protestantischen Parteien (→ Christlich-Historische Union/*CHU*; → Anti-Revolutionäre Partei/*ARP*) zum Parteienbündnis → Christlich-Demokratischer Appell (*CDA*) zusammen. **2.** Abk. *KVP,* 1895 gegr. polit. Partei in Österreich; nannte sich 1901 *Zentrumsklub* u. ging 1907 in der *Christlichsozialen Partei* auf, deren konservativer Flügel sie wurde. **3.** 1893–1918 polit. Partei in Ungarn; nannte sich 1918 *Christlich-Soziale Wirtschaftspartei* u. ging 1920 in der *Christlich-Nationalen Bewegung* auf.

katholisch-unierte Ostkirchen → unierte Kirchen (1).

Katholizismus [grch. + lat.], die Gesamtheit aller polit., staatl. u. sozialen Lebensäußerungen, die sich aus einer im kath. Glauben verwurzelten Grundhaltung ergeben. Während die kath. Kirche gemäß ihrer Selbstinterpretation ihrem Wesen nach unveränderlich ist, sind die Erscheinungsformen des K. zeitgeschichtlich bedingt. Der Begriff K. ist erst im 19. Jh. aufgekommen, vielleicht als Analogiebildung zu *Protestantismus.* Die Anfänge der geistigen Erneuerung des K. nach der Aufklärung liegen in der Erweckungsbewegung (J. M. *Sailer*) u.

Katowice: Wohn- und Verwaltungsgebäude im Stadt-zentrum

Romantik (J. A. *Möhler*). Im Kampf gegen den Liberalismus wurde die kath. Kirche Hort der stabilen Kräfte (J. M. de *Maistre*, „Du pape" 1819). Neben dem polit. K., der bes. im Kulturkampf seine Bewährungs-probe bestand u. die Grundlage der → Zen-trumspartei bildete, gewannen die sozialen Bestrebungen des K. eine immer größere Bedeutung. Hier gaben W. E. von *Ketteler* u. A. *Kolping* wegweisende Grundideen, die sich in den kath. Gesellenvereinen (Kol-pingfamilie), den kath. Arbeitervereinen u. dem Volksverein für das kath. Dtschld. auswirkten. Görres- u. Leo-Gesellschaft versuchten, mit modernen Forschungs-methoden neue wissenschaftl. Erkenntnisse zu finden u. diese in überlieferte Systeme u. Gedankengänge einzuordnen. Seit 1848 sind in Dtschld. die Katholikentage sowie seit einigen Jahrzehnten in der ganzen Welt die Kath. Aktion form- u. richtunggebend für den K. Daneben traten Führer des K. etwa seit der Jahrhundertwende für ein Zusam-mengehen mit dem Protestantismus bes. in polit. u. sozialen Fragen ein (J. *Bachem*; christl. Gewerkschaften). Anfänge einer gegenüber dem Protestantismus auf-geschlossenen Kontroverstheologie sind seit den 1930er Jahren zu beobachten (Robert

Katsura: Hauptgebäude des Kaiserlichen Palastes

Grosche, Arnold *Rademacher*, Una-Sancta-Bewegung).

Katholizität [grch., „Allgemeinheit"], kenn-zeichnender Ausdruck für das Wesen der Kirche, bes. Selbstbezeichnung der kath. Kirche als die ganze Welt umspannende. Der Begriff K. ist in der Konfessionskunde umstritten, da auch die anderen christl. Kirchen sich im gleichen Sinne als Glieder der einen kath. Kirche verstehen.

katilinarisch [lat., nach dem Römer *Catili-na*], *katilinarische Existenz*, heruntergekom-mener, zu verzweifelten Schritten neigender Mensch.

Kation [das; grch.], das positive Ion; positiv elektrisch geladenes Atom oder Bruchstück eines Moleküls, das im elektr. Feld zur Kathode wandert.

Katkow, *Katkov*, Michail Nikiforowitsch, russ. Publizist, * 13. 11. 1818 Moskau, † 1. 8. 1887 Snamenskij bei Moskau; seit der Mitte des 19. Jh. Vertreter eines aggressiven russ. Nationalismus u. Panslawismus sowie einer kompromisslosen Autokratie.

Katlenburg-Lindau, Gemeinde in Nieder-sachsen, Ldkrs. Northeim, im südl. Harz-vorland, 7600 Ew.; Burgruine; Institut für Ionosphärenforschung der Max-Planck-Ge-sellschaft.

Katmai ['kætmai], *Mount Katmai*, Vulkan in Alaska (USA), 2047 m hoch, mit einem Krater von 13 km Umfang; starker Aus-bruch 1912 (Kraterbildung) mit weit rei-chendem Ascheregen, weitere Ausbrüche 1953, 1957 u. 1974; *K. National Monument* (11 296 km²) seit 1918, einer der größten Nationalparks der USA.

Katmandu, *Kantipur, Yambu*, Hptst. des Himalayastaates Nepal, im fruchtbaren *Katmandu-Tal*, 1450 m ü. M., 419 000 Ew.; Universität (gegr. 1958), Bibliotheken; enge, winklige Altstadt (18. u. 19. Jh.), Königs-palast (17. Jh.), zahlreiche Tempel, Paläste u. Klöster, neuere Stadtteile im N u. O (mit neuem Königspalast); wenig Industrie, aber bedeutender Handelsplatz; in steigendem Maße Fremdenverkehrszentrum, Ausgangs-punkt zahlreicher Himalaya-Expeditionen; Allwetterstraße nach Indien (seit 1955) u. Tibet (China), Flughafen.

Katmandu-Tal, zwischen Gebirgen gelegenes Becken in Nepal, rd. 1300–1400 m ü. M., von Gebirgskämmen der Mahabharatkette (im S) u. des Hoch-Himalaya (im N) umgeben, rd. 760 km², über 1 Mio. Ew., überwiegend Newaris; Wirtschafts- u. Sied-lungsschwerpunkt Nepals, intensiver Acker-bau (Reis, Mais, Weizen), neben traditio-nellem Handwerk (Töpfereien) nur wenig Industrie; wachsender Fremdenverkehr; die wichtigsten Städte sind *Katmandu, Bhatgaon* und *Patan*; Weltkulturerbe seit 1979.→ Seite 246.

Kätner, Besitzer einer Kate, → Häusler.

Katoptrik [grch.], Lehre von der (regelmäßi-gen) Reflexion an spiegelnden Flächen.

◆ **Katowice** [kato'vitse], *Kattowitz*, 1953 bis 1956 *Stalinogród*, Stadt im östl. Oberschle-sien (Polen), Hptst. der Wojewodschaft Śląs-kie, 359 000 Ew.; 5 Hochschulen, wissen-schaftl. Institute, 4 Theater; Industrie- u. Kohlenbergbauzentrum (6 Kohlengruben),

Eisen-, Kupfer- u. Zinkverarbeitung, Maschi-nenbau, chem. u. elektrotechn. Industrie; Eisenbahnknotenpunkt. – Seit 1866 Stadt.

Katrinah, *Jabal Katrinah, Gebel Katerina*, höchster Gipfel der Halbinsel *Sinai*, 2637 m; nordöstlich das Kloster *Dayr K.*

Katrineholm, Stadt in der schwed. Prov. (Län) Södermanland, 22 000 Ew.; Eisengie-ßerei, Kugellagerfabrik.

Katsav, Moshe, israel. Politiker (Likud), * 1945 Yazd (Iran); Wirtschaftswissen-schaftler u. Historiker; wanderte 1951 mit seinen Eltern nach Israel aus; wurde 1977 Knesset-Abgeordneter; 1984–1988 Min. für Arbeit u. Soziales, 1988–1992 Min. für Transport, 1992–1996 Vors. der Likud-Frak-tion in der Knesset, 1996–1999 Min. für Tourismus u. stellvertretender Regierungs-chef; seit 2000 Staats-Präs. Israels.

Katschari, *Kachari, Bodo*, stark hinduisierter tibetobirman. Stamm (236 000) der Bodo-völker Assams, bildete bis ins 16. Jh. unter Hindu-Einfluss um *Dimapur* ein Reich; Menschenopfer bis ins 19. Jh., Leichen-verbrennung, jährl. Fest der Geisteraustrei-bung mit Maskentänzen.

Katschbergpass, der 1641 m hohe, das obere Murtal (Lungau) u. das Lieser- u. Drautal verbindende Pass zwischen Hohen Tauern u. Gurktaler Alpen (Österreich).

Katscher, Stadt in Polen, → Kietrz.

Katschin, birman. Bergvolk, → Kachin.

Katschinas, Ahnengeister nordamerik. In-dianer, → Kachinas.

Katschinstaat, Staat in Myanmar, → Ka-chinstaat.

Katsina, Stadt an der Nordgrenze Nigerias, nordwestlich von Kano, 192 000 Ew.; Mo-schee (17. Jh.); Sitz des Emirs von K.; altes Hausa-Zentrum, landwirtschaftl. Handel, Walzwerk.

Kat-Strauch → Khatstrauch.

Katsura: Teeraum, sog. Shokintei-Pavillon, „Pavillon der Kiefer-Zither"

◆ **Katsura**, im 17. Jh. von dem kaiserl. Prinzen Hachijo Toshihito (* 1579, † 1629) u. seinem Sohn Hachijo Noritada (* 1619, † 1662) in der Nähe der damaligen japan. Hauptstadt Kyoto erbauter Palast, bis 1884 Sommersitz der Familie Hachijo, dann gelegentlich kaiserl. Sommeraufenthalt. Die Wände des stufenweise versetzt gebau-ten Hauptgebäudes u. des Teepavillons in einer ausgedehnten Gartenanlage bestehen aus dunklen Holzrahmen, die mit lehm-verputztem Flechtwerk ausgefüllt sind;

Katta, Lemur catta

Schiebetüren, die den Palast unterteilen, u. Fenster sind aus Papier; das leicht nach innen gebogene Dach ist mit hölzernen Schindeln gedeckt. Der ruhige Harmonie ausstrahlende Bau beeinflusste im 20. Jh. mehrere westl. Architekten (W. *Gropius*, B. *Taut* u.a.), die in ihm die Ideale der Sachlichkeit u. des Funktionalismus verwirklicht sahen.

Katsura, Taro, japan. General u. Politiker, *28. 11. 1847 in Choshu (Westhonschu), †10. 10. 1913; 1901–1906, 1908–1911 u. 1912/1913 Premier-Min.; Gegner eines parlamentarischen Systems. In seine Regierungszeit fielen das Bündnis mit Großbritannien 1902, der *japanisch-russische Krieg* von 1904/05 u. die Annexion Koreas 1910.

Katsurabaum, *Japanischer Katsurabaum*, *Cercidiphyllum japonicum*, Baum aus der Familie der *Scheinjudasbaumgewächse (Cercidiphyllaceae)*; bis 5 m hoch, mit einer kegelförmigen, fast am Boden beginnenden Krone. Die Blätter sind zart grün mit roten Blattstielen; im Herbst nehmen sie alle Färbungen von Gelb bis Scharlachrot an. Bei uns als Zierbaum angepflanzt.

◆ **Katta** [der; madegass.], fälschlich auch *Katzenmaki*, *Lemur catta*, zu den *Makis* gehörender *Halbaffe* auf Madagaskar. Das fuchsartige Gesicht des K. ist weiß mit schwarzen Einfassungen um Schnauze u. Augen; das Fell ist grau, zum Rücken hin bräunlich. Der körperlange, schwarzweiß geringelte Schwanz wird hoch aufgerichtet getragen. Kattas leben in Trockenwäldern, meist auf den Bäumen. Sie ernähren sich überwiegend von Früchten.

Kattarasenke, ägypt. Beckenlandschaft, → Qattarasenke.

Katte, Hans Hermann von, Jugendfreund *Friedrichs d. Gr.*, *28. 2. 1704 Berlin, †6. 11. 1730 Küstrin; als Mitwisser der Fluchtpläne und als Fluchthelfer des Kronprinzen Friedrich von König Friedrich Wilhelm I. zum Tod verurteilt u. vor Friedrichs Augen hingerichtet. Friedrich erhob den Vater

Kattes, Feldmarschall Hans Heinrich von K. (*1681, †1741), 1740 in den Grafenstand.

Kattegat [niederdt., „Katzenloch"], die bis 100 m tiefe Meerenge der westl. Ostsee zwischen Südwestschweden u. Jütland (Dänemark), geht an der Linie Skagen (Jütland) – Marstrand (Schweden) in das *Skagerrak*, ein Teilgebiet der Nordsee, über.

Katten, german. Stamm, → Chatten.

◆ **Kattnigg**, Rudolf, österr. Komponist und Dirigent, *9. 4. 1895 Oberdorf bei Treffen, Kärnten, †2. 9. 1955 Klagenfurt; Schüler von J. *Marx* u. F. *Löwe*; wandte sich nach anfänglichem Schaffen auf dem Gebiet der ernsten Musik der Operette zu: „Prinz von Thule" 1936; „Kaiserin Katharina" 1936; „Balkanliebe" 1937 u.a.

Rudolf Kattnigg

Kattowitz, poln. Stadt, → Katowice.

Kattun [der; arab., ndrl.], Gewebe aus mittelfeinen Baumwollgarnen in Leinwandbindung; im Allg. bedruckt, für Kleider- u. Schürzenstoff oder Bettwäsche. – *Kattunbindung*, in Baumwollwebereien übliche Bez. für *Leinwandbindung*.

Katull, röm. Dichter, → Catull.

Katun, im Maya-Kalender eine Periode von 20 Jahren (7200 Tage), eine der wichtigsten Zeiteinheiten. Das Ende einer K. wurde festlich begangen; die Daten jeder K. wurden auf steinernen Stelen in einer heute weitgehend entzifferten Hieroglyphenschrift festgehalten.

Katwijk aan Zee [-vɛik aːn 'zeː], Seebad in der niederländ. Prov. Südholland, an der Mündung des Alten Rhein in die Nordsee, 40 700 Ew.; im Zentrum einer Gartenbaulandschaft.

Katyn [kaˈtin], russ. Ort bei Smolensk, in dessen Nähe 1943 während des 2. Weltkriegs Massengräber mit den Leichen von über 4000 poln. Offizieren gefunden wurden. Die Offiziere befanden sich seit 1939 in sowjet. Gefangenschaft u. waren im April 1940 von der sowjet. Geheimpolizei getötet worden. Die sowjet. Regierung beschuldigte die Deutschen des Massenmords; sie gab die Wahrheit erst 1990 zu. Die Entdeckung der Morde führte zum Abbruch der diplomat. Beziehungen zwischen der poln. Exilregierung in London u. der Sowjetunion.

Katz, ◆ **1.** Sir (1969) Bernard, brit. Biophysiker dt. Herkunft, *26. 3. 1911 Leipzig; Prof. in London seit 1938; arbeitet bes. über Probleme der Nervenerregungsübertragung („Nerve, muscle and synapse" 1966; „The release of neural transmitter substances" 1969); erhielt für diese Forschungen zusammen

Sir Bernard Katz

mit J. *Axelrod* u. U. von *Euler* den Nobelpreis für Medizin 1970.
2. David, dt. Psychologe, *1. 10. 1884 Kassel, †2. 2. 1953 Stockholm; befasste sich mit wahrnehmungs- u. gestaltpsycholog. Problemen; Hptw.: „Die Erscheinungsweise der Farben" 1911; „Der Aufbau der Tastwelt" 1925; „Gestaltpsychologie" 1944; (Hrsg.) „Handbuch der Psychologie" 1951, 1972 unter dem Titel „Kleines Handbuch der Psychologie".
3. [kæts], Jerrold Jacob, US-amerikan. Sprachwissenschaftler, *14. 7. 1932 Washington; Verfechter der generativen Transformationsgrammatik; betont in seinen Arbeiten besonders den Bedeutungsinhalt sprachlicher Strukturen; schrieb „Die Philosophie der Sprache", dt. 1971.

Katzbach [die], poln. *Kaczawa*, linker Nebenfluss der Oder in Niederschlesien; entspringt im *Katzbachgebirge* (östlich von Hirschberg), mündet bei Parchwitz (polnisch Lubiąż); 84 km; bei Wojcieszów und Swierzawa Staubecken. – An der Katzbach, in der Nähe des Dorfes Wahlstatt, siegte eine preußisch-russische Armee unter G. L. von *Blücher* am 26. 8. 1813 über die Franzosen.

Katzbachgebirge, poln. *Góry Kaczawskie*, dem Riesengebirge vorgelagertes Bergland in Niederschlesien; in der *Melkgelte (Kammerberg*, poln. *Skopiec*) 724 m, in der *Hogolie* 720 m.

Kätzchen, die Ähren oder ährenähnl. Blütenstände der sog. *Kätzchenblüher* (Birke, Erle, Hasel, Walnuss, Weide u.a.). Sie werden durch den Wind bestäubt u. fallen meist als Ganzes ab.

Kätzcheneibe, *Amentotaxus*, nadelblättriger Nacktsamer mit gegenständigen Zweigen u. Blättern, männliche Blüten in kätzchenförmigen, herabhängenden Ähren. Heimat: Westchina, Assam.

Katzen, **1.** *Haustiere*: → Hauskatze.
2. *Jagd*: die weibl. *Murmeltiere*.
3. *Zoologie*: Katzen i.w.S., *Felidae*, Familie der *Landraubtiere*; mit schlankem Körper, rundem Kopf u. gutem Sprungvermögen. Die Schnauze ist, mit kräftigen Eck- u. Reißzähnen; die Zunge trägt hornige Stacheln. K. sind Zehengänger mit einziehbaren Krallen. Sie haben scharfe Seh-, Tast- u. Hörsinne. Hierher gehören die Unterfamilien: *Scheinsäbelzahnkatze* (*Nimravinae*, ausgestorben); eigentliche K. *(Felinae)* mit den Gattungsgruppen Groß- u. Kleinkatzen u. die Geparde *(Acinonychinae)*. Die Kleinkatzen *(Felini)* unterscheiden sich von den Großkatzen *(Pantherini)* durch das völlig verknöcherte Zungenbein, das ihnen nicht mehr zulässt. Anderseits können die Großkatzen nur noch beim Ausatmen schnurren. Bei den Großkatzen reicht die Behaarung des Nasenrückens bis an den Nasenspiegel heran, während sie bei den Kleinkatzen deutlich vorher endet. Eine bes., reflektierende Schicht hinter der Netzhaut bewirkt eine doppelte Ausnutzung des vorhandenen Lichtes u. das Aufleuchten der Augen im Dunkeln bei auftreffendem Licht („Katzenaugen").

Fortsetzung S. 248

Katmandu-Tal

CHINA

Katmandu-Tal

● Katmandu

NEPAL

INDIEN

 Katmandu-Tal

Kulturdenkmal: Katmandu u. a. mit dem Taleju- und dem Mahendreshvara-Tempel (6. Jh.), der Pagode für die blutrünstige Göttin Taleju Bhavani, Symbol der Mala-Dynastie; Svayambhunath mit einer 360-stufigen Pilgertreppe und dem 15 m hohen Stupa; Pashupatinath am heiligen Fluss Bagmati mit goldbedeckter Pagode; Bodhnath, Zentrum des tibetischen Buddhismus in Nepal; das ehemalige Stadtkönigreich Bhatgaon und das ehemalige Stadtkönigreich Patan

Kontinent: Asien

Land: Nepal

Ort: Katmandu, Svayambhunath (westlich von Katmandu), Patan/Lalitpur (südlich), Bhatgaon, Pashupatinath, Changu Narayan (östlich)

Ernennung: 1979

Bedeutung: Schnittpunkt der bedeutendsten asiatischen Zivilisationen und friedliches Nebeneinander von Buddhismus und Hinduismus

Zur Geschichte:

464 als ältestes Schriftdokument im Katmandu-Tal Inschrift König Manadevas (464–505) in Changu Narayan

um 990–998 unter König Gunakamadeva Gründung von Katmandu

1200–16 Beginn der Mala-Dynastie im Katmandu-Tal

1372 Restaurierung des Svayambhunath-Stupas

1382–95 König Jayasthiti Mala

1428–82 König Yaksha Mala

1482 Teilung des Katmandu-Tals in drei Mala-Königreiche

1768 Katmandu unter Prithivi Narayan Shah als Hauptstadt Nepals

1846 Beginn der Rana-Herrschaft

Pashupatinath, Nepals heiligster und größter Schrein, wird zum Fest Shiva Ratri von zahllosen gläubigen Hindus besucht

Die Legende vom Bodhisattva Manjushri, der mit einem Schwerthieb in die südlichen Randberge des Katmandu-Tals das Wasser eines einstigen Sees zum Ablaufen brachte, verliert sich in grauer Vorzeit. Das heutige Bild der zahllosen Pagoden, der mehrdachigen, turmartigen Tempelbauten für die Verehrung hinduistischer Gottheiten, und der glockenförmigen Stupas, die im Buddhismus als Symbol des Eingehens Buddhas ins Nirvana gelten, wirkt wie ein lebendiges Freilichtmuseum, das von der modernen Zivilisation mit Abgasen, Lärm, ungebremster Bauwut und Müll wie von einem Krebsgeschwür überwuchert wird. Dennoch bedeutet auch heute noch ein Besuch des Katman-du-Tals das Eintauchen in asiatisches Mittelalter, und jeder Neuankömmling lässt sich von der Pracht der nepalischen Stadtsiedlungen einfangen, von der schon frühe Reisende wie die Chinesen Fa Hien und Xuanzang beeindruckt waren, die bereits im 5. und im 7. Jahrhundert von goldblitzenden Pagoden vor glitzernden Eisbergen zu berichten wussten.

Das heutige Erscheinungsbild der Städte und Dörfer im Tal wurde vor allem im 17. und 18. Jahrhundert durch kunstsinnige Mala-Herrscher geprägt. Zwei friedlich nebeneinander existierende Hochreligionen – Hinduismus und Buddhismus – sind in zahlreichen Tempelbauten beheimatet: Hindugötter werden vorzugsweise in

Pagoden und indisch beeinflussten Steintempeln verehrt. Der Verehrung von Buddhas und Bodhisattvas – nach der Auffassung des in Nepal und Ostasien vorherrschenden Mahayana-Buddhismus »Erleuchtungswesen« und Heilsvermittler – dienen die großen und kleinen Stupas und die als »Vihara« bezeichneten Klosteranlagen, die zumeist mit zum Innenhof geschlossenen Stockwerken errichtet wurden. Darüber hinaus gibt es, über das ganze Tal verstreut, eine Fülle an Buddhas und dämonischen Schutzgottheiten sowie an Statuen von Hindugöttern wie die des Vishnu von Budhanilkantha.

Wenn man die zahllosen steilen Steinstufen zum spärlich bewaldeten Hügel von Svayambhunath hinaufgestiegen ist, steht man schwer atmend vor dem 15 Meter hohen Großstupa, von dem die Augen Buddhas nach allen Himmelsrichtungen blicken. Während Rhesusaffen einander um die Tempelbauten jagen und die essbaren Opfergaben stibitzen, kann der Blick zu den schneeweißen Spitzen des Langtang-Gebirgsmassivs hinüberwandern, und aus dem sichtbaren Häusermeer von Katmandu ragt auf einem künstlichen Hügel die zum alten Königspalast gehörende Taleju-Pagode auf, die der Schutzgottheit des Katmandu-Tals als Wohnstätte dient.

Wer in einem Kleinflugzeug über das Tal von Katmandu fliegt, erkennt den Palast-

platz der alten Königsstadt Patan, auf dem vielleicht gerade ein farbenfroher Gemüse- und Obstmarkt abgehalten wird. Aus der Mitte der Königsstadt Bhatgaon, deren mittelalterliches Gesicht bis in unsere Tage am reinsten bewahrt blieb, sticht die fünfstufige Nyatapola-Pagode wie ein Zeigefinger in den Himmel. In der nordöstlichen Talebene lagert breit und behäbig der auf einem hohen, terrassierten Sockel stehende Großstupa von Bodhnath, auf dessen umlaufenden Fries die Figur des transzendenten Buddhas Amitabha achtzigmal aufgenommen wurde.

Am Rand des Flusses Bagmati steht das Hinduheiligtum Pashupatinath, eine der heiligsten Stätten des Hinduismus, zu der auch Pilger aus dem fernen Südindien strömen, um Gott Shiva, den Schöpfer und Zerstörer, zu verehren oder die Reise ins Jenseits anzutreten. Am Ufer des Flusses liegen die Verbrennungsplätze für die Toten, deren Asche – ungeachtet ihres weltlichen Standes – dem heiligen Fluss überantwortet wird.

Changu Narayan, dieser dem Hindugott Vishnu,

Von Buddhisten als das Symbol des Eingehens Buddhas ins Nirvana errichtet, ist der weiß erstrahlende Stupa in Bodhnath der größte des Landes

dem Erhalter des Lebens und des Universums, geweihte Tempelhain, wird am frühen Morgen von Ruhe überstrahlt, die es erlaubt, den zentralen Tempel eingehend und ungestört zu betrachten. Wenn man dann vor der zwergenhaften Gestalt Vishnus steht, der mit zwei Riesenschritten die Erde überquert und mit dem dritten Schritt den bösen Dämonenkönig in den Abgrund beförderte, taucht man in die ruhige, meditative Atmosphäre ein, die dieser heilige Ort verströmt.

Ulrich Gruber

Bis heute künden die Bauten am Durbar-Platz in Patan von der einstigen Macht und Herrlichkeit der Mala-Dynastie; eines der architektonischen Kleinode des Platzes ist der Krishna-Tempel

Katzenauge, 1. *Beleuchtung:* Rückstrahler an Fahrzeugen; auch als Fahrbahnmarkierung.
2. *Mineralogie:* grüngelber, mit gewölbter Oberfläche geschliffener *Alexandrit;* zeigt beim Hin- u. Herbewegen eine aufleuchtende Lichtlinie (Chatoyance); ein Schmuckstein.

◆ **Katzenbär,** *Kleiner Panda, Ailurus fulgens,* ein 60 cm langer *Kleinbär,* mit fast körperlangem buschigem Schwanz, dichtem, rotbraunem Fell, stark abgerundetem Kopf mit weißer Gesichtsmaske u. großen, spitzen Ohren. Er lebt als nachtaktiver scheuer Einzelgänger in den Gebirgswäldern des östl. Himalaya in Höhen von 2200–4800 m u. ernährt sich hauptsächlich von Bambus, Wurzeln, Beeren u. Flechten.

Katzenbuckel, höchste Erhebung des Odenwalds, 626 m, Aussichtsturm.

Katzenelnbogen, Stadt in Rheinland-Pfalz, Rhein-Lahn-Kreis, südwestl. von Limburg, 279 m ü.M., 2100 Ew.; Stammburg der Grafen von K.

Katzenelnbogen, adliges Geschlecht mit Stammburg in K., das sich bis ins 11. Jh. zurückverfolgen lässt (*Heinrich I. von K.,* 1095–1102) u. von Kaiser Konrad III. in den Grafenstand erhoben wurde. Die Grafschaft zerfiel 1245 in die Linien *Alt-Katzenelnbogen* u. *Neu-Katzenelnbogen,* wurde nach dem Aussterben der letzteren (1403) wieder vereinigt u. hatte inzwischen ihren Besitz beträchtlich vermehrt (Gebiet im Süden zwischen Rhein u. Main mit Darmstadt; Gebiet im Norden zwischen Taunus, Rhein u. Lahn mit St. Goar; Streubesitz zwischen Oberrhein u. Holland). Der letzte Graf von K. starb 1479; die Grafschaft fiel an den Landgrafen *Heinrich III. von Hessen* (* 1440, † 1483), der

Katzenfrett, Bassariscus astutus

Katzenbär, Ailurus fulgens

mit der Erbtochter *Anna von K.* (* 1443, † 1494) vermählt war. 1567 verzweigten sich die Linien *Obergrafschaft K. (Hessen-Darmstadt)* u. *Niedergrafschaft K.* (1583 zu *Hessen-Kassel;* Nebenlinie *Hessen-Rotenburg-Rheinfels*). 1866 nach dem Dt. Krieg fiel der größte Teil der ehem. Katzenelnbogenschen Gebiete an Preußen. Sie gehören heute teils zum Rheinland, teils zu Hessen.

Katzenelson, Jizchak, jidd.-hebr. Schriftsteller, * um 1886 Korelitschi (Weissrussland), † 3. 5. 1944 KZ Auschwitz; gründete die säkular-hebr. Schule in Łódź; hatte großen Einfluss auf das neuhebr. Drama; seine vertonten Gedichte wurden in Israel zu Volksliedern; in seinem „Großen Gesang vom ausgerotteten jüdischen Volk" 1944, dt. von Wolf Biermann 1994, beschrieb K. eindringlich die Schrecken der nat.-soz. Todesmaschinerie, der er samt Familie zum Opfer fiel.

Katzenfloh, *Ctenocephalides felis,* mit Stachelkämmen an Kopf u. Körper versehener Vertreter der *Flöhe;* vor allem auf Katzen, geht jedoch auch auf den Menschen über; Überträger verschiedener Bandwurmarten.

◆ **Katzenfrette,** *Bassariscus,* Gattung der Kleinbären, mit zwei Arten in Nord- u. Mittelamerika; von marderartigem Aussehen, mit langem, buschigem, dunkel geringeltem Schwanz u. großen, von einer helleren Gesichtsmaske umrahmten Augen. K. sind nachtaktive Einzelgänger, das Nordamerikanische Katzenfrett ist hauptsächl. Bodenbewohner, das Mittelamerikanische Baumbewohner. Sie ernähren sich von Kleintieren aller Art u. Früchten. Das Nordamerikanische Katzenfrett ist überall häufig, das Mittelamerikanische jedoch nur noch selten.

Katzengamander, *Teucrium marum,* im westl. Mittelmeergebiet heimische, rotblühende Art des *Gamanders* mit stark riechendem Kraut.

Katzengebirge, poln. *Wzgórza Trzebnickie, Góry Kocie,* Hügellandschaft in Schlesien, nördl. von Breslau; im *Pfarrberg* 256 m hoch.

Katzengold, volkstüml. Bez. für durch Verwitterung golden oder silbrig (*Katzensilber*) glänzende Glimmerminerale.

Katzengras, *Dactylis* → Knäuelgras.

Katzenhaie, *Hundshaie, Scyliorhinidae,* uneinheitl. Familie kleiner, bunt gefleckter *Echter Haie.* Sie bewohnen in allen Meeren den Meeresboden in Küstennähe u. heften kissenförmige Eier mit langen Eischnüren an Tang u. Steine. Zahlreiche Gattungen u. Arten im Indischen Ozean; in der Nordsee kommen der 1 m lange *Kleingefleckte Katzenhai, Scyliorhinus canicula,* u. der 1,50 m lange *Großfleckige Katzenhai, Scyliorhinus stellaris,* vor. Auch → Knorpelfische.

Katzenkratzkrankheit, *Lymphadenitis infectiosa,* bes. bei Kindern u. Jugendlichen auftretende akute, meist gutartig verlaufende, eitrig-entzündl. Lymphknotenerkrankung, die von Bakterien verursacht wird u. durch Kratzen u. Beißen von Katzen übertragen wird. Die Behandlung erfolgt mit Antibiotika.

Katzenkraut, verschiedene von Katzen gern aufgesuchte Pflanzen, z.B. *Katzengamander, Katzenminze, Baldrian.*

Katzenmakis, *Cheirogaleinae,* Unterfamilie kleiner wolliger *Halbaffen* aus Madagaskar mit großen Ohren u. Nachtaugen. K. sind Einzelgänger. Neben vegetarischer Nahrung fressen sie auch Vögel u. Insekten. Bei Abkühlung verfallen sie in Kältestarre. Zwei bekannteren Arten, dem *Mittleren Katzenmaki, Cheirogaleus medius,* u. dem *Großen Katzenmaki, Cheirogaleus major,* stehen drei weitgehend unbekannte gegenüber, von denen der *Kleine* oder *Büschelohr-Katzenmaki, Cheirogaleus minor,* wahrscheinlich ausgestorben ist. Die K. werden oft verwechselt mit dem → Katta.

Katzenminze, *Nepeta,* Gattung der *Lippenblütler (Labiatae).* Von den zahlreichen Arten ist in Mitteleuropa die *Echte K., Nepeta cataria,* auf Schutt u. an Zäunen zu finden; die Blätter riechen nach Zitrone.

◆ **Katzenpfötchen,** *Antennaria,* in den nördl. gemäßigten Zonen verbreitete Gattung der *Korbblütler (Compositae),* etwa 50 Arten; im gemäßigten Eurasien wächst das *Gewöhnl. K., Antennaria dioica,* mit rosaweißen Blüten-Knäueln; auf Wiesen, Heiden, im Gebirge.

Gewöhnliches Katzenpfötchen, Antennaria dioica

Kaub: Auf einer Insel im Rhein liegt die durch Blüchers Rheinübergang bei der Verfolgung Napoleons I. berühmt gewordene Pfalz. Sie bestand zunächst nur aus einem Zollturm (1327), um den 1607 eine Festung errichtet wurde

Katzenschreisyndrom, *Cri-du-chat-Syndrom,* Erbkrankheit, die auf einer Chromosomen-Störung (Stückverlust am Chromosom 5) beruht; außer verschiedenen Missbildungen, Wachstumsstörungen u. Zurückbleiben der geistigen Entwicklung ist ein eigenartiges Schreien der Neugeborenen charakteristisch, das an das Schreien von Katzen erinnert.

Katzenschwanz, 1. *Filziges Herzgespann, Falscher Andorn, Leonurus marrubiastrum,* bis 1 m hoch werdender *Lippenblütler (Labiatae),* mit kleinen weißen oder roten Blüten; in Eurasien an Wegrändern, Zäunen u. auf Schutt. **2.** ein Wolfsmilchgewächs, → Nesselschön.

Katzenstaupe, eine sehr ansteckende Viruserkrankung, → Panleukopenie.

Katzentreppe, treppenförmiger oberer Abschluss des Giebels bei mittelalterl., bes. got. Häusern.

Katzenwels → Zwergwels.

Katzer, Hans, Politiker (CDU), *31. 1. 1919 Köln, †18. 7. 1996 Köln; 1950–1963 Hauptgeschäftsführer, 1963–1977 Vorsitzender der Sozialausschüsse der Christlich-Demokrat. Arbeitnehmerschaft Deutschlands; 1957 bis 1980 MdB, 1965–1969 Bundesminister für Arbeit u. Sozialordnung.

Katzhütte, Luftkurort in Thüringen, Ldkrs. Saalfeld-Rudolstadt, am Rennsteig, 2200 Ew.; Maschinen-, Holz-, Porzellan- u. Glasindustrie.

Katzir, Ephraim, eigentl. *Katchalsky,* israel. Naturwissenschaftler u. Politiker (Mapai, Israelische Arbeiterpartei), *16. 5. 1916 Bielsk, Russland; seit 1951–1973 Leiter der biophysikal. Abt. des Weizmann-Instituts in

Rehovot; 1966–1968 wissenschaftl. Chefberater der israel. Armee; 1973–1978 Staatspräsident.

Kauai [ka:u-], geologisch älteste, viertgrößte u. nordwestlichste der Hawaii-Inseln im Pazifischen Ozean, 1437 km², 50 900 Ew.; im *Mt. Waialeale* 1576 m hoch; hohe Jahresniederschläge; fruchtbar; größter Ort *Lihue.*

◆ **Kaub,** Stadt in Rheinland-Pfalz, Rhein-Lahn-Kreis, am Rhein, nordwestl. von Bingen, 1200 Ew.; Schloss *Gutenfels,* im Rhein die *Pfalz* (Zollburg, „Steinernes Schiff") aus dem 14. u. 17. Jh.; Blüchermuseum; Schiefer-, Metallwaren- u. Bekleidungsindustrie, Weinanbau.

kaudal [lat.], *caudal,* schwanzwärts, d. h. hinten (Lagebezeichnung bei Tieren).

Kauderwelsch [*Churwelsch,* die Sprache der „Welschen" (Romanen) in Graubünden], unverständl. Sprache; aus mehreren Sprachen gemischte Ausdrucksweise; verworrene Sprechweise.

Kaudinisches Joch, nach der Ortschaft *Caudium,* dem heutigen *Montesarchio* im Apennin (Italien), benannte Freilassungsbedingung, der sich 321 v. Chr. während des 2. Samnitenkriegs das gesamte röm. Heeraufgebot beugen musste, das dort in einen Hinterhalt geraten war. Freier Abzug wurde nur gewährt gegen die Annahme eines günstigen Friedens, die Stellung von Geiseln u. den bes. demütigenden Durchzug unter einem Joch, was als Zeichen völliger Unterwerfung galt.

Kaue, das Gebäude, der Waschraum mit Garderobe in dem sich die Bergleute umkleiden u. waschen *(Waschkaue).*

Kauehi, Atoll der *Tuamotuinseln* (Französ.-

Polynesien), Hauptort *Tearavero;* 1835 entdeckt.

Kauf, nach den Vorschriften des BGB ein gegenseitiger schuldrechtlicher Vertrag, durch den sich der Verkäufer verpflichtet, dem Käufer eine Sache zu übergeben u. das Eigentum daran zu verschaffen oder ihm ein Recht zu verschaffen u., wenn das Recht zum Besitz einer Sache berechtigt, diese Sache zu übergeben; der Käufer verpflichtet sich, den vereinbarten *Kaufpreis* (in Geld) zu zahlen u. die gekaufte Sache abzunehmen *(Abnahmepflicht).* – Nach dem Gegenstand des Kaufvertrags unterscheidet man: 1. *Warenkauf:* K. von bewegl. Sachen oder Rechten (z. B. Patentrechte, Forderungen) als a) *Platzkauf:* Sitz des Verkäufers u. Erfüllungsort fallen zusammen (Grenzfall: *Real-* oder *Handkauf,* Kaufabschluss u. Erfüllungsgeschäft fallen zusammen, z. B. im Einzelhandelsgeschäft); b) *einfacher Versendungskauf:* der Verkäufer übernimmt Versendung der Ware vom Erfüllungsort zum Sitz des Käufers; c) *qualifizierter Versendungskauf:* Sitz des Verkäufers u. Erfüllungsort fallen nicht zusammen. Nach der Art u. Weise, wie die Kaufsache im Vertrag bestimmt ist, kann ein *Stückkauf* (z. B. eine bestimmte Kiste Wein) oder *Gattungskauf* (z. B. eine Kiste Wein von einer bestimmten Sorte) vorliegen. – 2. *Grundstückskauf:* K. von nicht beweglichen Sachen (Grundstücken, auch Schiffen); bedarf im Gegensatz zum formfreien Warenkauf (nur Einigung u. Übergabe erforderlich) der notariellen Beurkundung u. der Eintragung ins Grundbuch (bzw. Schiffsregister).
Die beim K. entstehenden Kosten der Übergabe trägt der Verkäufer, die Kosten der Abnahme u. der Versendung über den Erfüllungsort hinaus der Käufer; beim Grundstückskauf hat der Käufer die Beurkundungs- u. Eintragungskosten zu tragen. Über die Haftung des Verkäufers wegen gesetzlicher oder Sachmängel: → Gewährleistung. – Bes. geregelt sind der Verkauf unter *Eigentumsvorbehalt* (§ 455 BGB; der Verkäufer bleibt Eigentümer bis zur vollständigen Zahlung des Kaufpreises), *Abzahlungsgeschäfte* (Verbraucherkreditgesetz vom 17. 12. 1990; → Abzahlungsgeschäft, → Reurecht), K. nach *Probe* (§ 494 BGB); sämtliche Eigenschaften der Probe sind zugesichert), K. *auf Probe* (§ 495); der Käufer muss die Kaufsache billigen), → Vorkauf u. → Wiederkauf. – Sondervorschriften gelten für Kaufgeschäfte mit u. unter *Kaufleuten* (→ Handelskauf, auch → Kaufmann). – In *Österreich* sind die weitgehend ähnlichen Vorschriften über den K. in den §§ 1053 ff., 1166, 1275 ABGB enthalten, die Regeln über den Handelskauf in den §§ 373–382 HGB. – In der *Schweiz* findet sich das Kaufrecht in den Artikeln 184–236 OR, die gewisse Abweichungen vom Recht der BR Dtschld. enthalten (z. B. Gefahrübergang auf den Käufer bei Vertragsabschluss; Notwendigkeit einer Vormerkung im Grundbuch beim Grundstückskauf, wenn er Dritten gegenüber wirksam sein soll).

Kaufbeuren

Kaufbeuren: Das Hörmannhaus stammt aus der Renaissancezeit

◆ **Kaufbeuren,** kreisfreie Stadt in Schwaben (Bayern), an der Wertach, nordöstl. von Kempten, 682 m ü. M., 42 600 Ew.; Wehrtürme aus dem 15. Jh., Heimatmuseum mit Erinnerungsstätte des hier geborenen L. *Ganghofer*; Blasiuskapelle (1319); feinmechan., elektron., Textil- u. Holzindustrie, Brauerei; nach 1945 angesiedelte Gablonzer Schmuck- u. Glaswarenindustrie im Stadtteil *Neugablonz*; Bundeswehrstandort. – Ehem. fränk. Königshof, 1286–1802 Reichsstadt.

Kaufehe → Brautkauf.

Kaufering, Gemeinde in Bayern, Ldkrs. Landsberg am Lech, südl. von Augsburg, am Lech, 8900 Ew.; Wasserkraftwerk.

Käufermarkt, *Verkäuferkonkurrenz,* eine Marktsituation, die bei steigendem (konstantem) Angebot u. konstanter (sinkender) Nachfrage eintritt (Angebotsüberschuss bzw. Nachfragedefizit): Zum gegebenen Preis sind mehr Anbieter zum Verkauf bereit als Nachfrager zum Kauf; daraus ergibt sich eine Tendenz zur Preissenkung.

Kauffmann, ◆ 1. Angelika, schweizer. Malerin, *30. 10. 1741 Chur, Graubünden, †5. 11. 1807 Rom; lebte lange Zeit in London, seit 1782 in Rom; dort berühmt u. gesucht vor allem als Malerin klassizist. Porträts (u. a. von *Goethe*), die von der engl. Bildniskunst beeinflusst sind. Sie malte im

Angelika Kauffmann: Johann Joachim Winckelmann; 1764. Zürich, Kunsthaus

Übrigen meist mytholog. Szenen von anmutiger Empfindsamkeit.

2. Hans, dt. Kunsthistoriker, *30. 3. 1896 Kiel, †15. 3. 1983 Bonn; Prof. in Berlin; Hauptarbeitsgebiet: Renaissance- u. Barockkunst in Italien, Dtschld. u. den Niederlanden; Hptw.: „Albrecht Dürers rhythm. Kunst“ 1924; „Donatello“ 1935; „Stephan Lochner“ 1952; „Bernini“ 1970; „Peter Paul Rubens“ 1976.

Kauffmann-White-Schema ['wait-], tabellar. Darstellung von Mikroorganismen, → Antigenschema.

Kauffrau, amtlich verwendete weibl. Form der Berufsbezeichnung *Kaufmann*.

Kaufhaus, ein Großunternehmen des Einzelhandels, das im Gegensatz zum *Warenhaus* (das möglichst viele verschiedenartige Güter anbietet) nur bestimmte Warengattungen führt, z. B. Textilien, Bekleidung.

Kaufheirat → Brautkauf.

Kaufkraft, die Fähigkeit, aufgrund eines entspr. Besitzes an Zahlungsmitteln (Geld) Güter zu erwerben; Geldmenge, die dazu real zur Verfügung steht. – *K. des Geldes,* die Warenmenge, die man mit einer bestimmten Geldmenge, kaufen kann. Zur Messung der K. wird im Allgemeinen der Preisindex der Lebenshaltung herangezogen. Die *Kaufkraftstabilität* (Preisstabilität) ist ein wichtiges Ziel der allgemeinen Wirtschaftspolitik.

Kaufkraftmessung, die Feststellung der in einem Land zu einem Zeitpunkt für eine Geldeinheit erhältl. Gütermenge. Da die Güterpreise sich unterschiedlich entwickeln, entwickelt sich auch die Kaufkraft des Geldes bezügl. verschiedener Güter unterschiedlich. K. erfordert also eine Mittelung über einen → Warenkorb; man kann die Kaufkraft des Geldes u. ihre Veränderung nicht am reziproken Wert eines einzigen Preises, sondern nur eines → Preisindex

ablesen. Stabilität des Preisniveaus u. damit der durchschnittlichen Kaufkraft ist ein Ziel der Wirtschaftspolitik. Auch → Inflation.

Kaufkraftparität, der Zustand, der besteht, wenn die Kaufkraft des Geldes im Inland u. im Ausland gleich ist. Nach Auffassung vieler Nationalökonomen werden die Wechselkurse (langfristig) durch die Kaufkraftparitäten bestimmt (sog. *Kaufkraftparitätentheorie*).

Kaufmann, *Kauffrau,* [Pl. *Kaufleute*], im allg. Sprachgebrauch jede im Handel tätige Person einschl. der *kaufmännischen Angestellten*; nach dem *Handelsrecht* (§§ 1 ff. HGB, mit bedeutsamen Änderungen durch das Handelsrechtsreformgesetz vom 22. 6. 1998) jeder, der selbständig ein → Handelsgewerbe betreibt, ferner jeder, dessen Firma im Handelsregister eingetragen ist. K. ist auch der Inhaber eines land- u. forstwirtschaftlichen Unternehmens, das nach Art u. Umfang einen in kaufmännischer Weise eingerichteten Geschäftsbetrieb erfordert u. ins Handelsregister eingetragen wurde. Für die Geschäfte der Kaufleute gelten vom BGB abweichende Sonderbestimmungen. Die handelsrechtlichen Vorschriften für Kaufleute finden auch auf die *Handelsgesellschaften* Anwendung. Gesellschaften, die kraft ihrer Rechtsform als Handelsgesellschaften gelten, sind damit K., auch wenn sie kein Handelsgewerbe betreiben *(Formkaufmann)*. – In *Ö s t e r r e i c h* hat der K. dieselbe Rechtsstellung wie in Deutschland – Das *s c h w e i z .* Obligationenrecht enthält nur einzelne Sondervorschriften für den kaufmännischen Verkehr, z. B. die Möglichkeit eines höheren Verzugszinses (Art. 104 III OR) und die Vermutung eines Fixgeschäfts bei Terminkäufen (Art. 190 I OR) und bei Darlehen Verzinsungspflicht auch ohne entsprechende Vereinbarung (Art. 313 II OR).

Kaufmann, Erich, dt. Staats- u. Völkerrechtslehrer, *21. 9. 1880 Demmin, Pommern, †5. 11. 1972 Karlsruhe; Prof. in Königsberg, Berlin, Bonn u. München; Verfasser zahlreicher Werke über Völkerrecht u. Rechtsphilosophie; dt. Vertreter vor dem Ständigen Internationalen Gerichtshof in Den Haag; seit 1927 Rechtsberater des Auswärtigen Amts, 1950–1958 der Bundesregierung. Hptw.: „Das Wesen des Völkerrechts u. die Clausula rebus sic stantibus" 1911; „Grundfragen der künftigen Reichsverfassung" 1919; „Die Reichsregierung von Dtschld." 1921; „Deutschlands Rechtslage unter der Besatzung" 1948; „Grundtatsachen u. Grundbegriffe der Demokratie" 1950; „Gibt es zwei dt. Staaten?" 1963.

Kaufmann für Bürokommunikation, *Kauffrau für Bürokommunikation,* bis 1991 *Bürogehilfe* bzw. *Bürogehilfin* oder auch *Kontorist/in;* anerkannter Ausbildungsberuf; erhielt aufgrund der starken Prägung der Büroarbeit durch Elektronik bzw. moderne Kommunikationstechniken neue Ausbildungsinhalte. Hauptsächl. Tätigkeiten sind die Textformulierung u. -gestaltung sowie die automat. Textverarbeitung in der allg. Verwaltung u. im Personal- u. Rechnungswesen. Ausbildungsdauer 3 Jahre; Spezialisierungen u. auch die Weiterbildung zum *Betriebswirt, Fachwirt (Verwaltungswirt)* oder *Fachkaufmann* sind möglich.

Kaufmann im Einzelhandel, *Kauffrau im Einzelhandel,* anerkannter Ausbildungsberuf im Handel mit dreijähriger Berufsausbildung. Kaufleute im Einzelhandel bedienen u. beraten Kunden, leiten Verkäufer an, ermitteln den Warenbedarf. Neben Verkauf u. Kundendienst sind sie auch in den Bereichen Einkauf, Verwaltung u. Werbung tätig. Nach entsprechender Berufspraxis u. Fortbildung ist Aufstieg etwa zum Betriebs- oder Handelsfachwirt möglich.

Kaufmann im Groß- und Außenhandel, *Kauffrau im Groß- u. Außenhandel,* anerkannter Ausbildungsberuf im Handel; Ausbildungsdauer 3 Jahre; im Wareneinkauf u. -verkauf ebenso tätig wie in der Lagerhaltung u. im Versand; arbeitet überwiegend im Büro; Sprachkenntnisse sind wichtig.

kaufmännische Angestellte, Sammelbez. für alle kaufmännisch ausgebildeten u. in einem kaufmänn. Betrieb der Büro beschäftigten Kräfte, die im Angestelltenverhältnis stehen, d. h. monatl. Gehalt beziehen u. mindestens 4-wöchige Kündigungsfrist haben. Kaufmänn. Grundberufe sind u. a.: Groß- u. Außenhandels-, Einzelhandels-, Versicherungs-, Bank-, Industrie-, Speditionskaufmann bzw. -kauffrau.

Kaufmannsgehilfe → Handlungsgehilfe.

Kaufmannsgehilfe im Hotel- und Gaststättengewerbe, *Kaufmannsgehilfin im Hotel- u. Gaststättengewerbe,* anerkannter Ausbildungsberuf; Ausbildungsdauer 3 Jahre; Aufgabe ist der reibungslose Ablauf aller Arbeiten im Hotel- u. Gaststättenbereich.

Kaufmannssprache, die vom allg. Sprachgebrauch abweichenden Ausdrucksformen im Wirtschaftsverkehr.

Kaufoption, *Call Option,* beim Optionsgeschäft ein Kontrakt, der dem Käufer ein Kaufrecht einräumt; dient auch der Spekulation auf steigende Kurse. Bei der *physischen Lieferung* erwirbt der Käufer bis zu einem definierten Zeitpunkt (Optionsfrist) eine bestimmte Anzahl von der Option zugrunde liegenden Basiswerten (z. B. einer Aktie) zu einem festgelegten Kurs (Basispreis). Beim *Barausgleich* erhält der Käufer die Differenz zwischen Tagesendbewertungskurs des Basiswertes u. Ausübungspreis. Gegensatz: *Verkaufsoption.*

Kaufungen, Gemeinde in Hessen, Ldkrs. Kassel, im Kaufunger Wald, 210 m ü. M., 12 200 Ew.; Kunststoffindustrie.

Kaufunger Wald, Buntsandsteinrücken im Hessischen Bergland, östl. von Kassel; im *Bielstein* 642 m.

Kaugummi, *Chiclegum,* kaubare Zuckerware, ursprünglich amerikan. Herkunft, auf Basis natürl. (Latex → Chicle, Gummi arabicum u. a.) oder synthet. Kaubasen (z. B. Polyvinylacetat) sowie Zucker oder Süßstoff u. Aromen (z. B. Pfefferminzöl) in Kissen-, Kugel- oder Streifenform. Zur Konsistenzverbesserung können Weichmacher (Bienenwachs, Tolubalsam), Feuchthaltemittel u. Füllstoffe mitverwendet werden.

Kaukasien, das Gebiet zwischen Schwarzem u. Kasp. Meer, rd. 450 000 km²; gliedert sich in den eigentl. (Großen) → Kaukasus, sein nördl. Vorland (*Nordkaukasien*) bis zur Manytschniederung mit südruss. Kontinentalklima u. das südl., subtrop. → Transkaukasien.

kaukasische Sprachfamilie, im Kaukasus u. in den angrenzenden Ebenen – soweit nicht von indoeurop. oder tatar. Einwanderern besiedelt – verbreitete Sprachen: Abchasisch, Tscherkessisch, Mingrelisch, Georgisch (Grusinisch), Tschetschenisch u. a.; eingeteilt in eine nordkaukas. u. eine südkaukas. Gruppe.

kaukasische Völker, *Kaukasusvölker, Kaukasier,* das rassisch bunte Gemisch vieler Völker u. Stämme in den Kaukasustälern. Man unterscheidet: 1. die südkaukas. Gruppe, im westl. u. mittleren Transkaukasus sowie im angrenzenden Kleinasien: hauptsächl. *Georgier (Grusinier), Mingrelier, Swanen;* 2. die Nordwestgruppe mit den *Tscherkessen* u. *Abchasen;* 3. die Nordost- oder Dagestan-Gruppe: eine Vielzahl von Völkerschaften, u. a. *Tschetschenen, Inguschen, Awaren, Laken, Dargua, Lesghier.*

Kaukasistik, die Wissenschaft von den kaukas. Sprachen u. Kulturen.

◆ **Kaukasus,** *Großer Kaukasus,* russ. *(Bolšoj) Kavkaz,* ein rd. 1200 km langes u. bis zu 200 km breites, im zentralen Teil vergletschertes Hochgebirge zwischen Schwarzem u. Kaspischem Meer; im *Elbrus* 5642 m, im *Kasbek* 5047 m; vom Terek im N u. von der Kura im S entwässert. Verkehrsmäßig ist der K. wenig erschlossen (Eisenbahnen verlaufen nur an seinem Rand). Die Reste verschiedener alter *kaukasischer Völker* haben sich hier erhalten. Das Gebiet des westl. Kaukasus wurde 1999 von der UNESCO zum Weltkulturerbe erklärt. – Als *Kleiner Kaukasus* werden die nordöstl. Randgebirge des Armenischen Hochlands in Transkaukasien bezeichnet. – Vorkommen von Blei-, Zink- u. Silbererzen, Mangan, Steinkohle, Erdöl u. Erdgas; viele Mineral- u. Heilquellen mit Kur- u. Badeorten; Hauptpassstraßen: *Ossetische Heerstraße* von Alagir nach Kutaissi u. *Georgische Heerstraße* von Wladikawkas nach Tbilissi.

Kaukasus: Das Gebirgsmassiv wird von circa 1400 Gletschern bedeckt

251

Kaunas: Zahlreiche Gebäude in nordischer Backsteingotik deuten auf die ehemalige Bedeutung der Stadt als Hansestadt hin

Kaukura, Atoll der *Tuamotuinseln* (Französ.-Polynesien), Hauptort *Rahitahiti.*
Kaulbach, 1. Friedrich August von, Neffe von 2), dt. Maler, * 2. 6. 1850 München, † 26. 7. 1920 Ohlstadt bei Murnau; malte Genrebilder von theatralisch-sentimentaler Auffassung im Sinn des Münchner Akademismus.
◆ **2.** Wilhelm von, dt. Maler u. Grafiker, * 15. 10. 1805 Arolsen, † 7. 4. 1874 München; gefördert von P. von *Cornelius*; malte zahlreiche Historienbilder von erzählfreudigem Akademismus. Volkstüml. wurden seine humorvollen Illustrationen (z. B. zu Goethes „Reineke Fuchs", 1841).
Kaulbarsch, *Acerina cernua,* ein 15 cm, maximal über 20 cm langer Süß- u. Brackwasserfisch der *Barschartigen*, in Mittel- u. Nordeuropa; lebt von Bodentieren u. Fischlaich u. -brut; in Ost-Dtschld. u. im Unterelbegebiet beliebter Speisefisch.
Kaulbarschregion, *Flunder-, Brackwasserregion,* als Fischregion der Unterlauf von Meereszuflüssen im Brackwasserbereich des Gezeitengebiets; typ. Vertreter: *Kaulbarsch, Flunder, Aal.*
Kaulbrand, die durch *Aaltierchen* verursachte → Gicht (3) oder Radekrankheit des Weizens.
Kauliflorie [lat.], *Cauliflorie, Stammblütigkeit,* das Hervorbrechen der Blüten an verholzten Organen wie am Stamm u. alten Ästen, bes. bei trop. Pflanzen, z. B. beim Kakaobaum.
Kaulkopf, ein Fisch, → Mühlkoppe.
Kaulonema [grch.], Vorkeim beim Moos, → Protonema.
Kaulquappe, das Larvenstadium der → Froschlurche.
Kaulun, chines. Stadt, → Kowloon.
Kaumagen, bei einigen Krebsen, Insekten u. Schnecken der mit Zähnen zum Zerkleinern der Nahrung ausgestattete Vorderdarm; bei Vögeln der → Muskelmagen. Auch → Verdauungssysteme.

Kaumuskeln, bei Wirbeltieren die der Bewegung des Unterkiefers dienenden Muskeln. Beim Menschen sind dies die paarig angelegten *Musculus masseter, Musculus temporalis* u. die *Musculi pterygoidei.*
Kaumuskelschnitte, bei der → Fleischbeschau von Rindern durchzuführende, mindestens zwei innen u. außen parallel zum Unterkiefer verlaufende Schnitte zur Untersuchung auf → Finnen.
◆ **Kaunas,** russ. früher *Kowno*, dt. *Kauen*, Stadt in Litauen, an der Mündung der Neris in den Njemen (Hafen), 415 000 Ew.; Hochschulen, Erzbischofssitz, Priesterseminar; Agrarhandelszentrum, Landmaschinen- u. Turbinenbau, Textil-, Nahrungs-, Metall-, chem., Holz- u. Baustoffindustrie; Wärme- u. Wasserkraftwerke; Verkehrsknotenpunkt. Gegründet im 11. Jh., litauische Burgsiedlung seit dem 13. Jh., im 14. Jh. vom Dt. Orden beansprucht, seit 1404 endgültig litauisch, 1408 Stadtrechte u. Niederlassung der Hanse; durch die 3. Teilung Polens 1795 an Russland, nach dem 1. Weltkrieg provisor. Hptst. der Republik Litauen (bis 1940).

Kenneth David Kaunda

◆ **Kaunda** ['kɔndə], Kenneth David, sambischer Politiker, * 28. 4. 1924 Lubwe; in der Unabhängigkeitsbewegung tätig, 1960–1992 Vors. der United National Independence Party (Abk. *UNIP*), die für eine Entkolonisation des Landes eintrat. Nach der Unabhängigkeit Sambias war K. 1964–1991 Staats-Präs. Er spielte eine wichtige Rolle in der überregionalen Panafrikan. Freiheitsbewegung für Ost-, Zentral- u. Südafrika (PAFMECSA) u. trat 1970 als Sprecher unabhängiger afrikan. Staaten gegen den weißen Machtblock im südl. Afrika auf.
Kaunertal, *Kaunsertal,* 27 km langes rechtes Seitental des Oberinntals in Tirol (Österreich), im S vom Gletscher Gepatschferner begrenzt; Großkraftwerk K. (Gepatsch-Stausee) seit 1965 in Betrieb.

Wenzel Anton Fürst Kaunitz

◆ **Kaunitz,** Wenzel Anton Fürst (seit 1764) von *Kaunitz-Rietberg,* österr. Politiker, * 2. 2. 1711 Wien, † 27. 6. 1794 Wien; 1742–1744 Gesandter in Turin, dann beim österr. Generalgouvernement der Niederlande tätig; 1748 auf dem Friedenskongress in Aachen, seit 1753 Staatskanzler Maria Theresias u. Josephs II.; strebte ein Bündnis mit Frankreich an, um Preußen, das er als Österreichs Hauptgegner ansah, niederzuwerfen u. Schlesien zurückzugewinnen. Er erreichte auch 1756 ein Defensiv-

bündnis, das nach Ausbruch des Siebenjährigen Kriegs in ein Offensivbündnis umgewandelt wurde. Mit Joseph II., der 1765 Mitregent geworden war, setzte er sich gegen den Willen Maria Theresias den Erwerb Galiziens, der Bukowina u. des bayer. Innviertels durch; jedoch ging schon unter Joseph II., mehr noch unter Leopold II., sein Einfluss zurück. Innenpolitisch war K. ein Vertreter des *Josephinismus.* Die Umgestaltung der Zentralbehörden u. die Schaffung des Staatsrats waren hauptsächlich sein Werk. Er war Kunstsammler u. förderte C. W. *Gluck.* Das *Palais K.* dient heute als Bundeskanzleramt.
Kaupert, Gustav, dt. Bildhauer, * 4. 4. 1819 Kassel, † 4. 12. 1897 Kassel; schuf Denkmäler u. Medaillen in antikisierendem Stil mit meist histor. Darstellungen. In den USA errichtete er zusammen mit T. *Crawford* das Washington-Denkmal in Richmond u. die Amerika-Statue auf dem Kapitol in Washington.
Kaurifichte [Maori], *Kopalfichte, Agathis australis,* in Neuseeland heimischer, zu den *Araukariengewächsen (Araucariaceae)* gehöriger, bis 60 m hoher Nadelbaum. Zweige u. Äste sind weißl. Harztropfen bedeckt, die sich allmählich ablösen u. sich am Fuß der Bäume zu großen Klumpen vereinigen. Das Kauriharz wird *Kaurikopal* genannt. Das Harz der südostasiat. *Agathis alba* liefert Manila-Kopal.
Kaurimuschel, volkstümliche Bez. für → Kaurischnecke.
Kaurischnecke [sanskr., hind.], *Cypraea moneta,* bis 3 cm lange *Porzellanschnecke* des Indischen Ozeans; mit gelblichem, porzellanartigem Gehäuse. Andere Arten werden bis 10 cm groß. Seit etwa 1300 war die K., später auch *Cypraea annulus,* in Mittel- u. Ostafrika als Zahlungsmittel *(Kaurigeld)* eingeführt; heute nur noch bei sehr abgelegenen Stämmen üblich. Je 100 Stück, auf Bastfäden gereiht, galten als Einheit. Außerdem ist sie von alters her als Schmuck (→ Porzellanschnecken) beliebt (weibl. Sexualsymbol).
Kaurismäki, Aki, finn. Filmregisseur, * 4. 4. 1957 Helsinki; entwirft in seinen Filmen melancholisch-ironisch gebrochene Außenseiterporträts: „Schatten im Paradies" 1986; „Ariel" 1988; „Leningrad Cowboys go America" 1989; „I hired a contract killer" 1990; „Das Leben der Bohème" 1992; „Wolken ziehen vorüber" 1996; „Juha" 1999.
Kaurit [der; Maori], *Kauritleim,* ein synthet. Leim, hergestellt durch Kondensation von Formaldehyd u. Harnstoff; durch Zusatz von Säuren oder Laugen gehärtet, für die Leimung von Papier u. Holz verwendet.
kausale Rechtsgeschäfte, Rechtsgeschäfte, die (wie Kauf- u. Mietvertrag u. a. schuldrechtliche Geschäfte) von der Wirksamkeit der ihnen zugrunde liegenden Zweckbestimmung abhängig sind; Gegensatz: *abstrakte Rechtsgeschäfte.*
Kausalgie [grch., „Brennschmerz"], anfallweise auftretender oder anhaltender Schmerz in der Umgebung einer ausgeheilten Nervenverletzung infolge von Funk-

tionsstörungen des sympathischen Nervensystems.

Kausalhaftung → Haftung.

Kausalität [lat., „Ursächlichkeit"]. **1.** *Philosophie:* der angenommene gesetzmäßige Zusammenhang zwischen zwei aufeinander folgenden Ereignissen, von denen das eine (frühere) die Ursache u. das andere (spätere) die Wirkung genannt wird. Nach dem *Kausalitätsprinzip* kann es keine Wirkung ohne Ursache geben. Für I. *Kant* war das Kausalitätsprinzip a priori, d. h. vor jeder Erfahrung gültig u. notwendig zur Ordnung unserer Erfahrung. Für D. *Hume* stellte es lediglich eine ungerechtfertigte Verallgemeinerung unserer Gewohnheit dar, Ereignisse in Abhängigkeit voneinander zu sehen. So sei etwa im Blitz u. dem darauf folgenden Donner nichts zu erkennen, was sie notwendig miteinander verknüpfe, da beide auch ohne einander vorkommen können.

In der modernen Wissenschaftstheorie, insbesondere im Neopositivismus, ersetzt man das Kausalitätsprinzip zumeist durch einen funktionalen Zusammenhang, der die Ereignisse zwar miteinander verbindet, ihre Aufeinanderfolge aber nur beschreibt und nicht erklärt. Zwischen Ursache und Wirkung kann dann nur noch im Rahmen eines bereits von J. S. *Mill* gefundenen Prinzips der Veränderung unterschieden werden: Veränderungen an der Ursache beeinflussen zwar die Wirkung, Veränderungen der Wirkung lassen die Ursache hingegen unbeeinflusst.

Der Gedanke strenger K. setzt die genaueste Kenntnis der Ursache voraus, aus welcher die Wirkung erschlossen werden soll. Die genaue Kenntnis dieser Ursache scheitert aber sowohl an praktischen, experimentellen Gegebenheiten, die niemals ideal sind, als auch an (möglicherweise prinzipiellen)

Einschränkungen durch die aus der Quantenmechanik bekannte *Heisenberg'sche Unschärferelation*. Diese fordert zumindest im atomaren Bereich eine prinzipielle u. tatsächliche Einschränkung der Genauigkeit der ein Teilchen bestimmenden Größen (wie Ort u. Geschwindigkeit). Es ist deshalb (z. B. von H. *Reichenbach*) vorgeschlagen worden, die strenge kausale Verknüpfung durch eine wahrscheinlichkeitstheoretische zu ersetzen.

2. *Recht:* Im *Strafrecht* wird als kausal jede Bedingung angesehen, die nicht hinweggedacht werden kann, ohne dass der Erfolg (das Ergebnis) entfiele (conditio sine qua non, *Bedingungs-* oder *Äquivalenztheorie*). Ein Zurückgehen auf Verhaltensweisen, die mit der Rechtsgutverletzung durch eine Tat nicht mehr zusammenhängen, wird im Strafrecht dadurch vermieden, dass die K. einem Täter nur bei dessen Verschulden zugerechnet werden kann. Soweit das Verschuldensprinzip nicht gilt, wie bei den durch den Erfolg qualifizierten Delikten, z. B. Körperverletzung mit Todesfolge, die Bedingungstheorie also durch das Verschuldenserfordernis nicht korrigiert wird, weicht auch im Strafrecht die Bedingungstheorie der *Adäquanztheorie*. Im *Zivilrecht* erscheint – wie im Strafrecht bei den erfolgsqualifizierten Delikten – als Ursache nur diejenige nicht hinwegzudenkende Bedingung, die zunächst festzustellen ist u. welche nach den Erfahrungen des menschlichen, insbes. „täglichen" Lebens allgemein geeignet ist, das eingetretene Ergebnis herbeizuführen (Theorie der adäquaten Verursachung oder *Adäquanztheorie*).

Kausalitätsprinzip → Kausalität (1).

Kausalnexus [lat.], ursächl. Zusammenhang, Verbindung von Ursache u. Wirkung. – Im *Buddhismus* versteht man unter K. die Kette der 12 Glieder des „abhängigen

Entstehens" im Daseinskreislauf (Unwissenheit, Gestaltungen, Bewusstsein, Organismus, 6 Sinnesbereiche, Bewusstseinseindruck, Gefühl, Begehren, Anhaften, Werdeprozess, Wiedergeburt, Alter u. Tod); ind. Bezeichnung *Pratityasamutpāda* (sanskr.) bzw. Paticcasamuppāda (pali).

Kausalprinzip [lat.], **1.** *Philosophie:* → Kausalität (1).
2. *Sozialpolitik:* der Grundsatz, Sozialleistungen der öffentl. Hand wegen eines in der Vergangenheit liegenden Grundes zum Ausgleich der dadurch eingetretenen Benachteiligung zu gewähren. Dem K. steht das *Finalprinzip* gegenüber, wonach Sozialleistungen allein wegen der gegenwärtigen Lage des Berechtigten gewährt werden, ohne Rücksicht darauf, worauf dieser Zustand zurückzuführen ist. Das K. fragt nach den Ursachen des Schadens (z. B. Unfall, Krankheit, Kriegsverletzung) u. bewältigt die Schadensregelung im Rahmen einer für die Lösung eigens geschaffenen Institution. Das Finalprinzip beurteilt die zu gewährende Leistung von dem Erfolg her, der erzielt werden soll (z. B. Anspruch auf Unterhalt für Personen, die beim Tod des Ehepartners in der Lage sein sollen, ohne außerhäusl. Erwerbstätigkeit für kleine Kinder zu sorgen). Insbes. von ökonom. Seite wird darauf hingewiesen, dass eine stärker final orientierte Sozialpolitik die Funktionsfähigkeit des bestehenden Systems der sozialen Sicherung in wichtigen Punkten verbessern könnte.

Kausalsatz [lat.], begründender Nebensatz; im Dt. durch *da* oder *weil* eingeleitet.

Kausaltherapie [lat. + grch.], ursächliche Behandlung, Krankheitsbehandlung durch Beseitigung der ursächlichen Schädigung; Gegensatz ist *symptomatische Therapie:* Behandlung der Anzeichen u. Krankheitsfolgen.

Wilhelm von Kaulbach: Studium der deutschen Künstler neuerer Zeit in Rom; 1848–1854. München, Neue Pinakothek

Kausativ, *Kausativum* [das, Pl. *Kausativa*; lat.], ein Verb, das die Bewirkung oder Veranlassung eines Vorgangs (Geschehens) bezeichnet; im Dt. grundsätzlich schwach konjugiert (z. B. *tränken* [„trinken machen"] als K. zu *trinken*).

Kausche einer Linse und eines Ringes

◆ **Kausche** [die; frz], ein herzförmiger oder runder Stahlring, der am Ende eines Taus oder Seils eingebunden oder eingespleißt wird; zum Einhängen von Haken u. zum Schutz des Seils.

kaustifizieren [grch. + lat.], Alkalicarbonate durch Umsetzung mit gelöschtem Kalk in Alkalihydroxide überführen, z. B. nach der Gleichung $Na_2CO_3 + Ca(OH)_2 \rightarrow 2\,NaOH + CaCO_3$.

Kaustik [grch.], **1.** *Medizin: Kauterisation,* Gewebszerstörung durch Hitze, chem. Ätzmittel oder elektr. Strom (*Elektrokaustik;* → Elektrochirurgie).

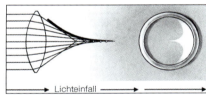

Kaustik (2) einer Sammellinse (links, gekrümmte schwarze Linie) und eines Ringes (rechts, weiße Fläche)

◆ **2.** *Optik: Katakaustik, Brennlinie,* bei Sammellinse oder Hohlspiegel diejenige gekrümmte Linie bzw. Fläche, auf der sich die Schnittpunkte benachbarter paralleler Lichtstrahlen nach der Brechung bzw. nach der Reflexion befinden.
3. *Völkerkunde:* eine Form der Narbenverzierung, bei der die Muster mit Dung u. Zunder in die Haut eingebrannt werden (bei Bantuvölkern im SO Afrikas: Zulu, Venda).

kaustisch [grch.], **1.** *Medizin:* auf *Kaustik* beruhend.
2. *übertragen:* ätzend, bissig, spöttisch.
Kaustobiolith [grch.], brennbares Sediment, → Biolithe.
Kautabak, Tabakgespinst aus schwerbrandigen zähen Tabakblättern, die getrocknet u. dann einer Soßierung unterzogen werden. K. kommt in Form von Stangen, Rollen, Schleifen, Knoten oder abgeteilten Stückchen – meist in Blech- u. Kunststoffdosen verpackt – in den Handel.
Kautel [die; lat.], Sicherheitsmaßnahme oder -bedingung, bes. beim Abschluss von Verträgen.
kauterisieren [grch.], eine → Kaustik (1) durchführen.

Kautilya, *Kautalya,* Min.-Präs. des Königs *Chandragupta Maurya,* der Ende des 4. Jh. v. Chr. das erste indische Großreich gründete. Von K. stammt das berühmte indische Staatslehrbuch → Arthashastra.
Kaution [lat.], **1.** *bürgerl. Recht:* Bürgschaft, Sicherheit, Hinterlegung; z. B. für die Einhaltung vertraglicher Pflichten durch Hinterlegen von Bargeld oder Einräumen einer Hypothek.
2. *Strafverfahren:* die Aussetzung der Vollstreckung eines Haftbefehls gegen Sicherheitsleistung in Geld, Wertpapieren u. Ä.; in Dtschld. geregelt in §§ 116, 116a, 123, 124 StPO. – Ähnlich in *Österreich* (§§ 192 ff. StPO) u. im *schweiz.* Bundesstrafprozess (Art. 53–60 des einschlägigen Bundesgesetzes) sowie u. a. in der StPO des Kantons Zürich (§§ 68–73).
Kautionsversicherung, die Bürgschaft für die Zahlung von gestundeten Steuern, Zöllen u. Frachten oder die ordnungsgemäße Erfüllung von Kauf- u. Werkverträgen u. a. durch Unternehmen der Kreditversicherung; Sonderformen: *Personen-Garantieversicherung* u. *Personen-Kautionsversicherung.*
Kautionswechsel, ein → Wechsel, der nur zur Sicherheit gegeben wird; der Sicherungsnehmer hat nach außen die volle Rechtsstellung, ist aber im Innenverhältnis gegenüber dem Sicherungsgeber verpflichtet, von dem Vollrecht nur entsprechend der *Sicherungsabrede* (Treuhandverhältnis) Gebrauch zu machen. Häufig nehmen Banken in dieser Weise Wechsel zur Sicherung eines Kontokorrentkredits herein, die bis zum Verfalltag in das Depot gelegt werden (daher auch *Depotwechsel* genannt).

Helmut Käutner; 1972

◆ **Käutner,** Helmut, dt. Schauspieler, Filmregisseur u. Autor, * 25. 3. 1908 Düsseldorf, † 20. 4. 1980 Castellina (Italien); erst Tätigkeit im Kabarett u. Theater, seit 1939 Filmregie („Romanze in Moll" 1943; „Große Freiheit Nr. 7" 1944, „Unter den Brücken" 1945); gründete nach dem 2. Weltkrieg die *Camera-Filmgesellschaft,* die als eine der ersten wieder dt. Spielfilme herstellte; Regie u. a. bei: „In jenen Tagen" 1947; „Die letzte Brücke" 1953; „Des Teufels General" 1955; „Der Hauptmann von Köpenick" 1956; K. arbeitete seit den 1960er Jahren auch als Regisseur beim Fernsehen; trat in den 1970er Jahren häufiger als Schauspieler auf.
Kautokeino [kɶytukɛinu], nordnorweg. Ort im Innern der Prov. Finnmark, Zentralort der größten norweg. Gemeinde, 9687 km², 2900 Ew., vorwiegend Samen (Lappen); Silberhandwerk, Rentierzucht (ca. 60 000 Tiere) mit Renschlachterei; Institut für lappländ. Kultur; Internatsschule; Fremdenverkehr.
Kautschuk [der; indian., frz.], ◆ **1.** *Chemie:* engl. *India-rubber,* eine hochpolymere organische Substanz, aufgebaut aus mehreren tausend Isoprenresten pro Molekül (→ Isopren); Formel: $(C_5H_8)_n$. Diese Isoprenbausteine tragen jeweils zwei Doppelbindungen, an die andere Atome angelagert werden können. So entsteht z. B. durch Schwefelanlagerung *Gummi (Vulkanisation)* u. mit Chlorgas der *Chlorkautschuk.*
Vorkommen: Rohkautschuk ist der geronnene Milchsaft *(Latex)* einiger in trop. Gegenden wachsenden Pflanzenarten, vor allem aus der Familie der *Wolfsmilchgewächse.* Der Baum *Hevea brasiliensis* liefert den *Parakautschuk* u. damit rd. 99 % des in der Welt verarbeiteten Naturkautschuks, der auch die besten Eigenschaften hat. Malaysia, Indonesien u. Thailand sind die größten Kautschuklieferanten. Weitere K. erzeugende Pflanzen sind verschiedene Maulbeergewächse *(Assamkautschuk),* Hundsgiftgewächse *(Seidenkautschuk),* Löwenzahn- u. Korbblütlerarten.
In getrocknetem Zustand ist der K. weich u. elastisch, in Wasser unlöslich, aber etwas quellbar, u. er beginnt bei etwa 180 °C zu schmelzen. Dieser Rohkautschuk wurde früh von den Bewohnern Süd- u. Mittelamerikas zur Herstellung von Schuhen, Flaschen u. Bällen benutzt. In der Mitte des 18. Jh. gelangte die erste genaue Kenntnis der Eigenschaften des Kautschuks nach Europa. Am Ende des 18. Jh. begann man, aus dem Material Röhren herzustellen, u. im 19. Jh. erkannte man seine Eigenschaft, Bleistiftstriche auszuradieren. Noch später begann die Herstellung von medizin. Geräte aus K.
Ein Wendepunkt in der Verarbeitung trat ein, als der Amerikaner C. *Goodyear* die → Vulkanisation einführte (1839/40). Im Zusammenhang mit dem Aufschwung der Gummi verarbeitenden Industrie (Auto- u. Fahrradreifen, Gummiartikel aller Art) stieg auch der Bedarf an Rohkautschuk so stark an, dass nur der planmäßige Anbau in Plantagen den Bedarf decken konnte.
Gewinnung: Der Latex, eine Emulsion von 37 % K. u. 60 % Wasser, wird bei baumartigen Pflanzen durch Anzapfen der

Kautschuk (1): Im unteren Teil des Kautschukbaumes fließt entlang der eingeritzten Rinde der Milchsaft in eine Auffangschüssel

Kautschuk (1): Die Kautschukmilch wird über einen offenen Kanal (Bildmitte) in die Koagulationswannen aus Aluminium eingeleitet. Durch Zugabe von Säure (z.B. 1%ige Essigsäure) wird der Kautschukanteil ausgeflockt. Zwischen Trennwänden bilden sich sehr wasserhaltige und stark plastische Felle, die anschließend gewalzt und getrocknet werden

Rinde, bei Sträuchern durch Zerkleinern der K. liefernden Pflanzenteile u. Extraktion gewonnen. Die Hevea-Arten werden in Plantagen angebaut, benötigen 3–5 Jahre bis zur Zapfreife, liefern aber erst nach weiteren 3–5 Jahren eine hohe Latexausbeute. Auf eine Zapfperiode muss stets eine gleich lange Ruheperiode folgen. Der aufgefangene Milchsaft wird meist zentrifugiert u. mit organ. Säuren zum Gerinnen gebracht. Die geronnene Masse wird ausgerollt oder ausgewalzt. Hergestellt werden entweder Bänder *(Crepekautschuk)*, in Rauch getrocknete Felle („Smoked sheet") oder durch Zerstäubungstrocknung gewonnenes Pulver („Snow rubber"). Zunehmend wird auch flüssiger Latex zum Versand gebracht u. z.B. für Bautenschutzanstriche benutzt.

Der Einsatz von K. ist vielfältig. Nach der Vulkanisation wird der jetzt als „Gummi" bezeichnete K. für Fahrzeug- u. Flugzeugreifen, Schläuche, Dichtungen, Imprägnierungen, medizin. Artikel, Treibriemen u. Bodenbeläge, insgesamt für ca. 50 000 verschiedene Artikel, verwendet. *Hartgummi (Hartkautschuk)* wird durch längere Vulkanisation und erhöhten Schwefelzusatz (30–35 %), *Weichgummi* durch geringeren Zusatz (bis 4 %) gewonnen.

Die Gewinnung von *Naturkautschuk* betrug 1997 in der Welt 6,7 Mio.t; davon entfielen u.a. auf Thailand 2,1 Mio.t, Indonesien 1,6 Mio.t, Malaysia 1,1 Mio.t, Indien 0,5 Mio.t, China 0,4 Mio.t, Philippinen 0,2 Mio.t. – *Synthet. K.* (→ Buna) wird vor allem in den USA, in Japan, Frankreich, Russland u. Deutschland gewonnen.

2. *Z i r k u s :* das artist. Genre, bei dem der Körper über das normale Maß nach hinten gebogen wird.

Kautschukbaum → Hevea.

Kautschukparagraph, abwertende Bez. für eine dehnbare, unbestimmte Rechtsbegriffe enthaltende Gesetzesbestimmung.

Kautsky, 1. Benedikt, Sohn von 2), sozialist. Theoretiker u. Schriftsteller, *1. 11. 1894 Stuttgart, †1. 4. 1960 Wien; 1921–1938 Sekretär der Wiener Arbeiterkammer, 1938–1945 im KZ; beeinflusste das Parteiprogramm der SPÖ von 1958 entscheidend; Hptw.: „Amerikas Arbeiter im Vormarsch"

1951; „Geistige Strömungen im österr. Sozialismus" 1953.

Karl Kautsky

◆ **2.** Karl, dt. marxist. Theoretiker u. Publizist, *16. 10. 1854 Prag, †17. 10. 1938 Amsterdam; trat 1875 in Wien der Sozialdemokratie bei, lebte 1885–1890 in London (Zusammenarbeit mit F. *Engels*), dann in Stuttgart, seit 1897 in Berlin; 1883 Gründer u. bis 1917 Hrsg. der sozialdemokrat. Zeitschrift „Die neue Zeit", Mitverfasser des *Erfurter Programms*. K. war der führende Theoretiker der SPD u. der Zweiten Internationale; er vertrat einen orthodoxen Marxismus u. bekämpfte sowohl den Revisionismus E. *Bernsteins* wie den Radikalismus Rosa *Luxemburgs*; den Bolschewismus lehnte er ab. Neben K. Marx, F. Engels u. Franz Mehring gehörte er zu den wenigen Vertretern einer marxist. Geschichtsschreibung vor dem 1. Weltkrieg. 1917 war er Mitgründer der USPD, 1922 kehrte er in die SPD zurück. 1918 war er kurze Zeit beigeordneter Staatssekretär im Auswärtigen Amt. Seit 1924 lebte K. in Wien; von dort emigrierte er 1938 in die Niederlande. – Hptw.: „Karl Marx' ökonomische Lehren" 1887; „Das Erfurter Programm in seinem grundsätzlichen Teil erläutert" 1892; „Bernstein u. das sozialdemokrat. Programm" 1899; „Der Weg zur Macht" 1909; „Der politische Massenstreik" 1914; „Die Diktatur des Proletariats" 1918; „Terrorismus u. Kommunismus" 1919; „Materialist. Geschichtsauffassung" 2

Kautschuk (1): Auf diesem historischen Bild (Brasilien um 1930) ist die Herstellung eines Wildkautschukballens festgehalten worden. Die Ballen wurden wiederholt in den Milchsaft getaucht und nach jedem Tauchvorgang im Rauch getrocknet, bis sich ein dicker Ballen gebildet hat. Ein 50 kg-Ballen liegt links, ein halbfertiger auf dem Hocker in der Mitte. Kautschukschuhe sind rechts zu sehen. Im Hintergrund sieht man eine Räucherhütte

Bde. 1927; „Erinnerungen u. Erörterungen" (postum) 1960.

Kautzsch [kautʃ], Rudolf, dt. Kunsthistoriker, *5. 12. 1868 Leipzig, †26. 4. 1945 Berlin; 1915–1930 Prof. in Frankfurt a. M.; arbeitete über die Buchkunst u. die rhein. Baukunst des MA; „Der Mainzer Dom" 1925; „Der Dom zu Worms" 1938; „Der roman. Kirchenbau im Elsass" 1944.

◆ **Käuze,** Bez. für verschiedene *Eulen,* deren Abgrenzung in einzelne Gattungen u. zu den Ohreulen zoologisch nicht eindeutig ist. Ein typischer Vertreter der K. ist der → Waldkauz, während der kleine → Steinkauz einer anderen Eulengruppe angehört.

Kavad, *Kobad,* SASSANIDISCHE KÖNIGE:
1. Kavad I., Sohn des *Peroz,* Großkönig 488 bis 531, in seine Zeit fällt das Auftreten der *Mazdakiten,* einer religiös-sozialen Bewegung.
2. Kavad II. Scheroes, Sohn des *Chosrau II.,* Großkönig 628 für sechs Monate, ließ seinen Vater u. alle Brüder töten, um an die Macht zu kommen.

Kavafis, Konstantinos P., neugriech. Lyriker, *17. 4. 1863 Alexandria, †29. 4. 1933 Alexandria; persönl. Erlebnisse schildernde Dichtung: „Gedichte", dt. Auswahl 1953; „Ithaka" dt. 1967. K. beeinflusste nachhaltig die moderne griech. Dichtung.

Kavain, in den Wurzeln des *Kawapfeffers* enthaltenes Pyran-Derivat, das berauschend, spannungslösend u. gefäßerweiternd wirkt.

Kavala, *Kabala, Kawala,* das antike *Neapolis,* im MA *Christopolis,* Hafenstadt im O von Griech.-Makedonien, am Golf von K., Hauptort des Verw.-Bez. K., 58 000 Ew.; Tabakverarbeitung, Marmorwerk, Kunstdüngerfabrik, Leder- u. Textilindustrie, Ölförderung in der Nähe.

Kavalier [ital.-frz., „Reiter", „Ritter"], urspüngl. Adliger; ritterlicher, taktvoller Mann, Begleiter, Verehrer einer Dame.

◆ **Kavalierperspektive** [nach *Kavalier* als Bez. für einen Festungssturm], eine besondere *Perspektive* durch Parallelprojektion eines Gegenstandes auf die senkrechte Aufrissebene als Bildebene. Dadurch bleibt der Aufriss des Gegenstandes erhalten. Die Projektionsstrahlen sind zur Bildebene um

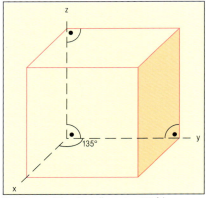

Kavalierperspektive: Darstellung eines Würfels

Käuze: junger Habichtskauz, Strix uralensis

45° geneigt, wobei die senkrecht zur Bildebene stehenden Kanten (meist um die Hälfte) verkürzt dargestellt sind. Die schiefe Parallelprojektion auf die waagerechte Grundrissebene heißt *Militärperspektive.*

Kavaliersparlament, das engl. Parlament von 1661–1679, so benannt wegen seiner königstreuen Mehrheit (nach der Bez. „Cavaliers" für die im Bürgerkrieg auf Seiten des Königs kämpfenden Truppen). Das K. verabschiedete die wichtigsten Gesetze der Restauration, stellte sich jedoch gegen die Versuche Karls II., den Katholizismus unter dem Deckmantel der religiösen Toleranz durch → Indulgenzerklärungen zu fördern u. ein stehendes Heer einzurichten. Mit der Appropriation seiner Geldbewilligungen machte das K. einen wesentl. Schritt in Richtung auf die parlamentar. Kontrolle von Budget u. Regierungstätigkeit.

Kavallerie [frz.-ital.], ehem. berittene Kampftruppe eines Heeres. Die Unterscheidung zwischen *schwerer K. (Kürassiere, Ulanen)* u. *leichter K. (Dragoner, Husaren)* fiel nach dem 1. Weltkrieg fort. Die Waffen der K. waren Lanze, Säbel, Karabiner; zu ihren Aufgaben gehörten: operative u. taktische Aufklärung, Unternehmungen gegen Flanke u. Rücken des Feindes, Sicherung der eigenen Flanke u. a. Im 2. Weltkrieg waren Kavallerieverbände der dt. Wehrmacht meist motorisiert. Die K. wurde nach 1945 aufgelöst.

Kavanagh [ˈkævənɔː], Patrick, irischer Lyriker u. Erzähler, *21. 10. 1904 Inniskean, Monaghan, †30. 11. 1967 Dublin; pries in freien Rhythmen die heimatl. Landschaft; Hptw.: das Versepos „The great hunger" 1942; Roman „Happy man" 1967; Autobiografie „Self-Portrait" 1964; „The complete poems" 1971; „Collected prose" 1967.

Kavangoland, *Okavangoland,* Distrikt im Nordosten von Namibia, 43 417 km², 136 000 Ew.; Hauptort *Rundu;* 1970–1985 teilautonomes „Homeland".

Kavatine [die; ital.], in der Oper ein kurzes melodiöses Gesangstück; auch ein Instrumentalstück mit lyrischem Charakter.

Kavation [frz.], *Umgehungsstoß,* beim *Fechten* das Befreien der eigenen Klinge aus der gegnerischen *Bindung* (abdrängendes Berühren der gegnerischen Klinge), das Umgehen von Klinge, Faust u. Unterarm u. der dann folgende Hieb oder Stoß in die *Blöße* des Gegners.

Kaveling [die; ndrl.], wirtschaftl. Fachausdruck, → Los (3).

Kaventsmann [lat., eigentlich „Bürge, Gewährsmann"], 1. *allg.:* beleibter Mann; Prachtexemplar.
2. *Schifffahrt:* seemänn. Bez. für außergewöhnlich hohe Wellen. Im Orkan sind in seltenen Fällen Einzelwellen von mehr als 20 m Höhe u. mehr als 400 m Länge beobachtet worden.

Kaveri, südind. Fluss, → Cauveri.

Kaverne [lat.], 1. *allg.:* Höhle.
2. *Medizin:* durch Gewebszerfall entstandener Hohlraum, vor allem in der Lunge bei Lungentuberkulose u. bei Abszessen.

Kavernenkraftwerk, eine unterird. Wasserkraftanlage, bei der die Maschinenanlagen in einer aus dem Fels gebrochenen *Kaverne* untergebracht sind.

Kaviar [der; türk., grch., ital.], russ. *Ikra,* enthäuteter u. gesalzener Rogen (Eier) von Störarten (Stör, Hausen, Sterlet) u. Lachs, die hauptsächlich in russ. Gewässern vorkommen. Belugakaviar vom Hausen, ein sehr grobkörniger K., gilt als der wertvollste. Der Störkaviar ist graugrün, der Ketakaviar vom Lachs rot. Ein Stör liefert 12–20 kg K.; der K. enthält 38 % Eiweiß u. 15 % Fett. Deutscher Kaviarersatz wird aus dem Rogen von Seehasen u. anderen Seefischen hergestellt.

Kavieng [kæviˈɛŋ], Hauptort der Insel New Ireland, nordöstlich von Papua-Neuguinea, 4600 Ew.; Hafen.

Kavir, *Kewir, Kawir* [pers.], abflusslose Salztonebenen der inneriran. Wüstenbecken.

Kavir-e Khorasan, *Dasht-e Kavir, Große Kavir,* Salzwüste im zentraliran. Becken, südöstl. von Teheran; weitgehend siedlungsleer.

Kavirondo, zwei ostafrikan. Stämme am Victoriasee: 1. die nilotischen K. → Luo; 2. die Bantukavirondo → Luhyia.

Kavitation [lat.], Hohlraumbildung, insbes. in einer Flüssigkeit. In einer schnellen Flüssigkeitsströmung kann der statische Druck unter den Dampfdruck sinken, so dass sich Dampfblasen bilden, die bei Druckanstieg plötzlich zusammenfallen. Beim Zusammenfall auftretende kräftige Stöße sind für Schäden an Schiffsschrauben u. in Wasserturbinen verantwortlich. K. tritt auch an Flugzeugen auf, die durch Regengebiete fliegen.

Kavkaz [kafˈkʌz], russ. Name des → Kaukasus.

Kavya-Dichtung [das; sanskr.], *Kawja,* die klassische indische Sanskritliteratur; kennzeichnend sind kunstvoller Formenreichtum u. verfeinertes Stilgefühl. Als Höhepunkt gilt die Dichtung des Kalidasa (4.–6. Jh.), in der Spätphase überwiegt oft komplizierte Sprachartistik. Auch → ind. Literatur.

Kawa [die; polynes.], berauschendes Getränk aus den Wurzeln des *Kawapfeffers*, der auf den Südseeinseln wächst. Es wird von den Einheimischen durch Auskauen der Wurzel u. Abseihen der Flüssigkeit gewonnen, ist stark bitter (Bestandteile: *Kawaharz* u. *Kavain*). Zubereitung, Anbieten u. Trinken werden als Zeremoniell gestaltet, das gleichermaßen relig. wie soz. Funktionen erfüllt.

Kawa, Bergvolk im SW Chinas (Yunnan); Reisbauern mit Ahnenkult neben Buddhismus und Christentum; Jagd; ältere Schrift.

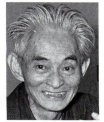

◆ **Kawabata**, Yasunari, japan. Schriftsteller, *11. 6. 1899 Osaka, †16. 4. 1972 Kamakura bei Tokyo (Selbstmord); von 1948 bis 1965 Präs. des japan. PEN-Clubs; behandelte in traditionellem Stil moderne Zeitprobleme, mit einem buddhist. Unterton von Verzicht u. weltlicher Vergänglichkeit. Hptw.: „Die kleine Tänzerin von Isu" 1926, dt. 1948; „Die rote Bande von Asakusa" 1930, dt. 1999; „Schneeland" 1937, dt. 1957; „Tausend Kraniche" 1949, dt. 1956; „Ein Kirschbaum im Winter" 1952, dt. 1969; „Kyoto oder die jungen Liebenden in der alten Kaiserstadt" 1962, dt. 1965; Erzählungen: „Träume im Kristall" 1969, dt. 1974. – K. erhielt 1968 den Nobelpreis für Literatur.

Yasunari Kawabata

Kawagoe, japan. Stadt in der Region Kanto, nordwestl. von Tokyo, 323 000 Ew.; Textilindustrie.

Kawaguchi [-gutʃi], japan. Stadt in Honshu, nördl. von Tokyo, 449 000 Ew.; Metall verarbeitende u. elektrotechn. Industrie.

Kawalerowicz [-vitʃ], Jerzy, poln. Filmregisseur, *19. 1. 1922 Gwoździec, Ukraine; neben A. Wajda u. A. Munk der profilierteste Vertreter des poln. neorealist. Films bes. der 1960er Jahre; Regie u. a. bei: „Der Schatten" 1956; „Das wahre Ende des großen Krieges" 1957; „Nachtzug" 1959; „Mutter Johanna von den Engeln" 1961; „Pharao" 1965; „Bronsteins Kinder" 1990.

Tadashi Kawamata: People's Garden; 1992. Kassel, documenta IX

◆ **Kawamata**, Tadashi, japan. Objektkünstler, Maler und Architekt, *1953 Hokkaido; K. bevorzugt öffentliche Plätze für seine Installationen; er umbaut und durchdringt fest strukturierte Gebäude mit einem Gewirr aus schwingenden Holzlatten und Vierkanthölzern und verfremdet sie dadurch (Beginenhof in Kortrijk, Belgien 1989/90).

Kawapfeffer, *Langer Pfeffer, Piper methysticum*, ein *Pfeffergewächs (Piperaceae)*, das aus seinem Rhizom die → Kawa liefert.

◆ **Kawara**, On, japan. Künstler, *2. 1. 1933 Aichi-Ren; lebt in den USA; Vertreter der → Conceptual Art ; seit 1966 entstehen sog. „date paintings": Bilder mit dem Datum des Tages, an dem sie entstanden sind; sie werden seriell ausgestellt. In einer speziell für jedes Bild konstruierten Schachtel befinden sich seit 1968 zusätzlich Dokumente zum Ablauf des Tages. K. will in seinen Werken die individuelle Erfahrung von Zeit u. Entfernung in allgemein gültigen Dokumenten festhalten.

Kawasaki, japan. Stadt südwestl. von Tokyo, 1,2 Mio. Ew.; Kernforschungszentrum, größtes japan. Erdölraffineriezentrum, Schwer- u. chem. Industrie, Schiffswerft, Waggon- u. Fahrzeugbau.

Kawasaki-Syndrom, *mukokutanes Lymphknotensyndrom*, Abk. *MCLS*, hochfieberhafte Erkrankung im Kleinkindesalter, die in Japan seit den 1960er Jahren bekannt ist u. seit den 1980er Jahren auch in Europa auftritt; die Ursache ist nicht geklärt, möglicherweise handelt es sich um eine allgemeine Entzündung der Arterien u. Venen. Hauptanzeichen sind neben hohem Fieber Bindehaut- u. Mundschleimhautentzündung, Rachenentzündung, Himbeerzunge, Hautausschläge, bes. Rötung u. später Hautabschälung an Handtellern u. Fußsohlen, starke Lymphknotenschwellungen am Hals, ferner Beteiligung von inneren Orga-

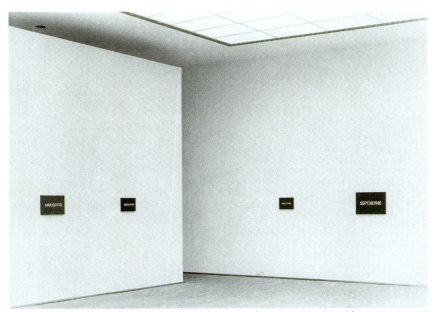

On Kawara: Date Paintings in einem Ausstellungsraum des Museums für Moderne Kunst in Frankfurt a. M.; 1966–1970

Kaysersberg: Das malerische Städtchen ist vor allem als Geburtsort Albert Schweitzers bekannt

nen u. Gelenken sowie Blutveränderungen. Komplikationen können durch eine Schädigung der Herzkranzgefäße auftreten, sonst verläuft die K. meistens gutartig. Die Behandlung erfolgt mit Salicylaten u. Gammaglobulinen.

Kawerau, Peter, dt. ev. Theologe, *13. 3. 1915 Rawitsch (poln. Rawicz), †8. 9. 1988 Marburg; 1961–1980 Prof. in Marburg, durch die Erforschung der oriental. Kirchen u. ihrer Theologie hervorgetreten. Hptw.: „Melchior Hoffman als religiöser Denker" 1954; „Geschichte der Alten Kirche" 1967; „Geschichte der Mittelalterl. Kirche" 1967; „Das Christentum des Ostens" 1972.

Kawerin [-'vjɛrin], *Kaverin,* Wenjamin Alexandrowitsch, eigentl. W. A. *Silber (Zilber),* russ. Schriftsteller, *19. 4. 1902 Pskow, †2. 5. 1989 Moskau; schrieb originelle u. spannende Romane u. Erzählungen; trat nach Stalins Tod für die Freiheit der russ. Literatur ein. Hptw.: „Unbekannte Meister" 1931, dt. 1961; Trilogie „Das offene Buch": „Glückliche Jahre" 1949, „Doktor Tatjana Wlassenkowa" 1953, „Das offene Buch" 1956; „Das doppelte Porträt" 1967, dt. 1973; „Vor dem Spiegel" 1970, dt. 1971; Memoiren: „Erleuchtete Fenster" 1974–1976; „Berlocche" 1982, dt. 1991.

Kawi, altjavan. Literatursprache mit schriftl. Zeugnissen seit dem 9. Jh. n. Chr.

Kawm Umbu, Stadt in Ägypten, → Kom Ombo.

Kaxgar, *Kaschgar, Qäshgär,* chines. Stadt in Zentralasien, in der autonomen Region Xinjiang, Hauptort des *Tarimbeckens,* 140 000 Ew.; seit alters Zentrum des Kara-

wanenverkehrs; Wollverarbeitung (Färberei, Teppichknüpferei).

Kay [kɛi], engl. Kurzform von → Katharina.

Kay [kɛi], Alan C., US-amerikan. Computerwissenschaftler, *17. 5. 1940 Springfield, Mass.; erarbeitete ab 1967 das visionäre Konzept des „Dynabooks", eines tragbaren persönl. Computers, der bei höchster Leistung nur so groß wie ein Taschenbuch sein sollte. K. gilt daher als einer der „Väter des Personalcomputers". Weiterhin entwickelte K. u. a. die Programmiersprache *Smalltalk* u. führte *Icons* (Sinnbilder) in die Bedienungsoberfläche von Computern ein.

Kaya, Stadt im westafrikan. Staat Burkina Faso, 26 000 Ew.; Marktort u. Straßenknotenpunkt; Kunsthandwerk.

Kayahstaat, halbautonomer Staat in Myanmar, 11 733 km², 223 000 Ew.; Hptst. *Loikaw;* von den *Kayah* bewohnt; Gebirgsland am Saluen, südl. des Schanplateaus; im K. liegt an den Lawpita-Fällen des Balu Chaung das größte Wasserkraftwerk Myanmars (168 MW).

Kaye [kɛi], Danny, eigentl. David Daniel *Kaminsky,* US-amerikan. Filmschauspieler, *18. 1. 1913 New York, †3. 3. 1987 Los Angeles; spielte meist komische Rollen, u. a. in „Up in arms" 1944; „Das Doppelleben des Herrn Mitty" 1947; „The man from Diner's Club" 1963; K. setzte sich auch für die Aufgaben von UNICEF ein.

Kayes [frz. kaj], **1.** Region in der Republik Mali, 197 760 km², 1,2 Mio. Ew.; Hauptstadt ist *K.* (2).
2. Hptst. der Region K. (1) u. der westafrikan. Landschaft *Bambouk* am oberen Senegal, in der Republik Mali, 38 m ü. M., 67 000 Ew.; zahlreiche Schulen; Endpunkt der Senegaldampferlinien, durch Eisenbahnen mit Dakar u. mit Bamako am Niger verbunden.

Kaye-Smith ['kɛi'smiθ], Sheila, engl. Schriftstellerin, *4. 2. 1887 St. Leonard's-on-Sea, Hastings, †14. 1. 1956 Northiam, Sussex; Heimatdichterin der Landschaft Sussex: „Johanna Godden" 1921, dt. 1938; „Das Ende des Hauses Alard" 1923, dt. 1936; „Das Licht in der Dunkelheit" 1940, dt. 1947; „Die tapfere Frau" 1945, dt. 1951; Autobiografie: „All the books of my life" 1956.

Kayhaydi, mauretan. Stadt, → Kaédi.

Kayser, 1. Emanuel, dt. Geologe, *26. 3. 1845 Königsberg, †29. 11. 1927 München; 1873 preuß. Landesgeologe, lehrte in Berlin u. Marburg, lieferte wichtige Beiträge zur Kenntnis des Devons u. des Rhein. Schiefergebirges; Hptw.: „Lehrbuch der Geologie" 2 Bde. 1891–1893; „Allg. Geologie" [8]1923; „Geolog. Formationskunde" [7]1923/24; „E. Kaysers Abriss der Geologie" 2 Bde. 1915.
2. Wolfgang, dt. Literaturwissenschaftler, *24. 12. 1906 Berlin, †23. 1. 1960 Göttingen; bekannt geworden v. a. durch das germanist. Standardwerk der 1960er/70er Jahre: „Das sprachl. Kunstwerk" 1948; weitere Veröffentlichungen: „Das Groteske" 1957; „Geschichte des dt. Verses" 1960.

Kayseri, Hptst. der türk. Provinz K. in Inneranatolien, südöstl. von Ankara, 421 000 Ew.; Teiluniversität, archäolog.

Museum, Verbrauchermesse; Blei-Zink-Hütte, Nahrungsmittel-, Holz-, Metall-, Maschinen-, Teppich-, Textil- u. a. Industrie; Staudamm am *Kizilirmak;* Straßen- u. Eisenbahnknotenpunkt mit Flughafen; in der Nähe das antike *Caesarea Cappadociae.*

◆ **Kaysersberg,** *Kaisersberg,* oberelsäss. Stadt im Dép. Haut-Rhin (Frankreich), nordwestl. von Colmar, 2800 Ew.; mittelalterl. Befestigungsreste, viele alte Bauten; Cellulosefabrik, Baumwollspinnerei, Weinanbau; Geburtsort Albert *Schweitzers.* – 1293–1673 Reichsstadt.

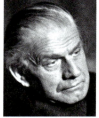

◆ **Kayßler,** Friedrich, dt. Schauspieler u. Schriftsteller, *7. 4. 1874 Neurode, Schlesien, †24. 4. 1945 Klein-Machnow bei Berlin (von sowjet. Militär erschossen); seit 1895 meist an Berliner Bühnen, 1918 bis 1923 Direktor der Berliner Volksbühne, ein herber, verhaltener Cha-

Friedrich Kayßler

rakterdarsteller, auch im Film; schrieb „Schauspielernotizen" 1910–1929; „Wandlungen der Schauspielkunst in den letzten 3 Jahrzehnten" 1932; auch Lyrik u. Dramen. – Gesammelte Schriften 1930.

Kayster [kai'stɛr], türk. Fluss, → Küçük Menderes.

Kazan [ka'zan], russ. Stadt, → Kasan.

Kazan, ◆ **1.** [kə'za:n], Elia, eigentl. E. *Kazanjoglous,* US-amerikan. Filmregisseur, -produzent u. -autor griech. Herkunft, *7. 9. 1909 Istanbul; übersiedelte 1913 mit seiner Familie in die USA; anfangs Theaterregisseur u. -schauspieler (Zusammenarbeit mit Lee Strasberg); war in den 1930er

Elia Kazan (rechts) bei Dreharbeiten

Jahren Mitgl. der Kommunist. Partei; nannte in den 1950er Jahren vor dem McCarthy-Ausschuss Namen von Mitgliedern der KP; Spielfilmregie ab 1945; Filme u. a.: „Endstation Sehnsucht" 1952; „Die Faust im Nacken" 1954; „Jenseits von Eden" 1955; „Baby Doll" 1956; „Das Gesicht in der Menge" 1957; „Die Unbezwingbaren" 1963; „Das Arrangement" 1969; „Der letzte Tycoon" 1976; schrieb auch Romane.
2. Watanabe, japan. Maler u. Kunsttheoretiker, *1793 Edo (Tokyo), †1841 Tawara, Mikawa; malte die ersten japan. Porträts nach der Natur, versuchte sich in der Zentralperspektive u. gründete 1833 eine Gesellschaft zum Studium der Naturwissenschaften.

Kazanlâk [-'lǝk], Stadt in Bulgarien, südöstl. vom Schipkapass, 60 000 Ew.; Rosenzucht, Herstellung von Rosenöl; Textil-, Konserven- u. Metallindustrie; thrak. Grabmal (um 300 v. Chr.; Weltkulturerbe seit 1979).

Nikos Kazantzakis

◆ **Kazantzakis,** *Kasantsakis,* Nikos, griech. Schriftsteller, *18. 2. 1885 Iraklion, Kreta, †26. 10. 1957 Freiburg i. Br.; vermittelte mit äußerst eindringl. Darstellungskraft u. unverbrauchter Sprache eine ursprüngl. Welt voller Tragik u. Leidenschaften; „Odyssee, ein modernes Epos" 1938, dt. 1973; Romane: „Alexis Sorbas" 1946, dt. 1952, verfilmt 1965; „Kapetan Michalis" 1953, dt. „Freiheit oder Tod" 1954; „Griech. Passion" 1954, dt. 1951 (entstanden 1948); „Die letzte Versuchung" 1955, dt. 1962 (entstanden 1951); „Mein Franz von Assisi" 1956, dt. 1956; „Rechenschaft vor El Greco" 1961, dt. 1964–1967; auch Lyrik u. Dramen.

Kazbegi [kas'bjegi], Alexandr, georg. Schriftsteller, *20. 1. 1848 Stepanzminda, †22. 12. 1893 Tbilissi; Schöpfer des georg. Romans. K. besang die Freiheit der kaukas. Bergbewohner u. die Schönheit der Heimat; Erzählungen: „Der Vatermörder" 1930, dt. 1936; auch Lyrik u. Dramen.

Kazbek [kaz'bɛk], ein Gipfel des Kaukasus, → Kasbek.

Kaz Dağ, kleinasiat. Gebirgszug, → Ida (2).

Kazerun, Stadt in Iran, westl. von Shiras, 818 m ü. M., 51 000 Ew.; landwirtschaftl. Handelszentrum; Anbau von Zitrusfrüchten, Walnüssen u. Futterpflanzen; früher Opiumanbau.

Kazike, der Häuptling (meist Dorfhäuptling) bei mittel- u. südamerikan. Indianern.

Kazincbarcika ['kɔzintsbɔrtsikɔ], Stadt im nordöstl. Ungarn, 37 000 Ew.; Metall- u. chem. Industrie (Kunstdünger); Kraftwerk, Braunkohlenlager. – Durch Zusammenlegung von *Sajókazinc* u. *Barcika* 1948 entstanden.

Kazinczy ['kɔzintsi], Ferenc, ungar. Schriftsteller, *27. 10. 1759 Érsemlyén, †22. 8. 1831 Széphalom; übersetzte Herder, Goethe u. a. dt. Dichter; bemühte sich um die Erneuerung der ungar. Literatursprache; schrieb Sonette, Lebensbeschreibungen, Erinnerungen u. Briefe. – Textausgabe, 22 Bde. 1890–1927.

kb, Abk. für → Kilobasen.

KBA, Abk. für → Kraftfahrtbundesamt.

kcal, Kurzzeichen für *Kilokalorie;* → Kalorie.

KdF, Abkürzung für die nat.-soz. Organisation „Kraft durch Freude"; → Deutsche Arbeitsfront.

Kea [der; Maori], ein → Nestorpapagei.

Kea, das antike *Keos,* griech. Insel der Kykladen, 131 km², 1600 Ew.; Hauptort K. (das antike *Julis*); Ausgrabungen: Akropolis, Löwenskulptur.

Kean [kiːn], **1.** Charles, Sohn von 2), engl. Schauspieler u. Theaterleiter, *18. 1. 1811 Waterford, Irland, †22. 1. 1868 London; seine den Realismus vorwegnehmenden Shakespeare-Inszenierungen wirkten auf I. *Dingelstedt* u. die *Meininger.*
2. Edmund, engl. Schauspieler, *4. 11. 1787 London, †15. 5. 1833 Richmond; bedeutender Darsteller der engl. Romantik, berühmt in Charakterrollen *Shakespeares*; Gastspiele in Paris u. den USA.

Buster Keaton in „Der Kameramann" 1928

Keaton [kiːtn], ◆ **1.** Buster, eigentl. Joseph Francis K., US-amerikan. Filmkomiker, *4. 10. 1895 Pickway, Kansas, †1. 2. 1966 Woodland Hills; trat mit seinen Eltern als Varietékünstler auf; wurde seit 1917 im Stummfilm populär als Mann, der auch in den skurrilsten Szenen nie lachte. Seine Karriere wurde vom Tonfilm beendet; er erhielt nach 1933 nur noch vereinzelt kleine Rollen („Sunset Boulevard" 1950). Filme u. a. „Der Navigator" 1924; „Sherlock Junior" 1924; „Der General" 1926; „Der Kameramann" 1928. Memoiren „My wonderful world of Slapstick" 1960.
2. Diane, eigentl. D. *Hall,* US-amerikan. Filmschauspielerin, *5. 1. 1946 Los Angeles; vor allem in Filmen von W. *Allen* erfolgreich, u. a. in „Mach's noch einmal, Sam" 1972; „Der Stadtneurotiker" 1977;

„Manhattan murder mystery" 1993; weitere Filme u. a.: „Reds" 1981; „Der Pate I–III" 1972, 1974, 1990; „Der Club der Teufelinnen" 1996; „Aufgehängt!" 2000 (führte hier auch Regie).

John Keats

◆ **Keats** [kiːts], John, engl. Dichter, *29. oder 31. 10. 1795 London, †23. 2. 1821 Rom; seine Gedichte, Meisterwerke der engl. Hochromantik, zeichnen sich durch reines Naturgefühl, lebhafte Fantasie u. vergeistigte Schönheitsfreude aus. Sein ursprüngl. Verhältnis zur Antike, deren Mythologie er kraftvoll neu zu gestalten wusste, zeigen „Endymion" 1818, dt. 1897, das epische Fragment „Hyperion" 1820, dt. 1897, u. die Ode „On a Grecian urn" 1820. Von großer Farbigkeit u. Intensität sind seine Romanzen u. Balladen („St. Agnes Vorabend" 1819, dt. 1897; „La belle dame sans merci" 1820). Keats Werk beeinflusste die Präraffeliten. – Complete works, 5 Bde. 1900/01; dt. Übersetzungen: „Werke u. Briefe" 1995.

Keban, Talsperre in Anatolien (Türkei), am Euphrat, bei Elâziğ, 1977 fertig gestellt; mit 675 km² zweitgrößter Stausee der Türkei, 30,6 Mrd. m³ Fassungsvermögen; Kraftwerkkapazität 1,24 Mio. kW; dient neben der Energiegewinnung der landwirtschaftl. Bewässerung.

Kebir, *Kebir* [arab.], Bestandteil geograph. Namen; groß.

Kebnekajse, höchster Berg Schwedens, im N des Landes, stark vergletschert, 2117 m.

Kebse, *Kebsweib,* früher die Bez. für Nebenfrau, Konkubine.

Keck-Teleskope, zwei nach dem Mäzen W. M. Keck benannte Teleskope, deren 10 m große Hauptspiegel aus 36 kleineren Einzelspiegeln zusammengesetzt sind. Die K. befinden sich auf Mauna Kea/Hawaii in 4205 m Höhe.

Kecskemét ['kɛtʃkɛmeːt], Hptst. des ungar. Komitats Bács-Kiskun, in der Tiefebene Alföld südöstl. von Budapest, 106 000 Ew.; Vieh-, Tabak- u. Obstmarkt (Aprikosen, Pfirsiche); Weinanbau; Maschinen-, Schuhu. Wurstfabriken (Salami); weiträumige Stadtanlage.

Kedah, Teilstaat u. Sultanat in Malaysia, im NW von Malakka, am Golf von Bengalen, 9425 km², 1,4 Mio. Ew.; Hptst. *Alor Star;* Zinnbergbau, Eisenvorkommen, Kautschukgewinnung, wichtigstes Reisanbaugebiet Malaysias.

Kedainiaj, russ. *Kedainjai,* dt. *Gedahnen,* Stadt in Litauen, nördl. von Kaunas, rd. 18 000 Ew.; Agrarzentrum mit Flachsverarbeitung, Konserven-, Leder- u. chem. Industrie.

Kediri, indones. Stadt in Ostjava, 236 000 Ew.; landwirtschaftl. Handelszentrum (Reis, Kaffee), Holz-, Textil- u. Nahrungsmittelindustrie. – Vom 11. bis zum frühen 13. Jh. Hauptstadt eines ostjavan. König-

Kefallinia: Blick auf den Ort Sami an der Ostküste der Insel

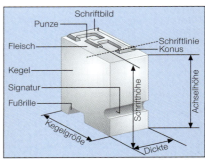
Kegel (1): Aufbau und Elemente eines Schrift-Kegels

reichs; Zentrum altjavanischer Kawi-Dichtung.

Kédougou [kedu:gu:], Stadt im SO der Rep. Senegal, nördl. des Berglands Fouta Djalon, 7600 Ew.; landwirtschaftl. Handel.

Keduscha [die; hebr., „Heiligung"], Bez. für verschiedene Gebete in jüd. Gebeten, deren Mittelpunkt der Begriff „heilig" (hebr. „kadosch") bildet.

Kędzierzyn-Koźle [kɛ̃'dʒɛʒin-] bis 1934 *Kandrzin*, dt. *Heydebreck*, Industriestadt (seit 1951) in Schlesien, an der Klodnitz (Polen), 69 600 Ew.; großes Chemiewerk (Stickstoffverbindungen), Kraftwerk, Ölraffinerie, Holzindustrie; Bahnknotenpunkt, Flusshafen.

Keeler ['ki:lə], James Edward, US-amerikan. Astrophysiker, *10. 9. 1857 Lasalle, Ill., †12. 8. 1900 San Francisco; untersuchte Spektren von Planeten, Kometen, Fixsternen u. Nebeln, bestimmte als Erster Radialgeschwindigkeiten von Nebeln u. bewies auf spektroskop. Wege die meteorische Beschaffenheit der Saturnringe.

Keeling ['ki:liŋ], *North Keeling*, eine der austral. → Kokosinseln.

Keelingbecken ['ki:liŋ-], Meeresbecken im Ind. Ozean, südwestl. von Sumatra, bis 6335 m tief.

Keelung [ki:-], jap. *Kiirun*, Stadt in Taiwan, → Jilong.

Keeper ['ki:pər; engl.], Kurzform von engl. *Goalkeeper*, Torhüter bei Ball- u. Mannschaftsspielen.

keep smiling ['ki:p 'smailiŋ; engl.], „immer lächeln"], amerikan. Schlagwort; Ausdruck einer optimistischen Lebenseinstellung.

Keetmanshoop [ke:-], Distrikt-Hptst. im südl.

Namibia, 1002 m ü. M., 14 000 Ew.; Karakulschafzucht- u. Handelszentrum; an der Bahn Windhuk–Lüderitzbucht, Flugplatz. – 1866 von der Rhein. Missionsgesellschaft gegründet.

Kef, Stadt in Tunesien, → Kaf.

Kefa, *Kafa, Kaffa, Kaffitscho*, Ackerbauern u. Viehzüchter in Südwestäthiopien, einst Staatsvolk des gleichn. Königreichs (1400–1897), das von den kuschitischen *Gonga* gegründet wurde. Die K. waren berühmt für ihr sakrales Königtum.

Kefa, *Kaffa*, Landschaft im südwestl. Äthiopien, vulkan. Bergland (bis 3500 m), durch tiefe Flusstäler (Omo, Didessa u. Nebenflüsse) zerteilt; Bergwälder in relativ feuchtem Klima mit gemäßigten Temperaturen; Heimat des Kaffeebaums. Die Bewohner sind verschiedene osthamit. Stämme, u. a. Kefa. Vor der Eingliederung in das amhar.-äthiop. Kaiserreich (1897) bestanden mehrere sakrale Königreiche mit einem Priesterkönig, der Verkörperung des Sonnengottes.

♦ **Kefallinia**, *Kephallonia, Kefallenia*, ital. *Cefalonia*, Insel vor der griech. Westküste, größte der Ionischen Inseln, 781 km², 32 300 Ew.; Hauptort *Argostolion*; in den zentralen Teilen karge Kalkstöcke, Schafzucht; an der Küste Anbau von Wein, Oliven u. Korinthen; Herstellung von Töpferwaren u. Teppichen; Fischfang; Fremdenverkehr.

Kefar, *Kfar* [hebr.], Bestandteil geograph. Namen: Dorf.

Kefar Sava, israel. Stadt nordöstlich von Tel Aviv, 63 400 Ew.; Verarbeitung von Agrarprodukten.

Kefermarkt, Ort südöstl. von Freistadt (Oberösterreich), 516 m ü. M., 2000 Ew.;

Kirche mit Flügelaltar, geschaffen nach 1490 als Arbeit mehrerer Meister. Vom Hauptmeister stammen die 3 Heiligen des Altarschreins (Petrus, Christophorus u. Wolfgang), die zu den schönsten Leistungen der dt. Spätgotik gehören.

Keffijeh [die; arab.], *Koffia, Qahfiya*, dreieckig gefaltetes Kopftuch der Araber, das durch die Agal, einen Kopfring ursprüngl. aus Kamelwolle, gehalten u. als Schutz gegen Sonne u. Staub getragen wird.

Kefir [der; türk.], *Kapir, Kyppe*, alkohol- u. kohlensäurehaltiges Getränk, das aus Milch oder Sahne unter Verwendung von spezifischen Gärungserregern, den *Kefirpilzen*, hergestellt wird. Der Fettgehalt der Kefir-Standardsorten variiert von 0,3 % (Magermilchkefir) bis mindestens 10 % (Rahmkefir). Neben Milchsäure (0,5–10 %) enthält K. merkliche Mengen an Alkohol (0,2–0,8 %) sowie Kohlensäure u. Abbauprodukte des Caseins wie Albumosen u. Peptone. Kefir-Erzeugnisse stammen ursprüngl. aus den Kaukasus-Ländern. Kefir-Kuren werden aus diätetischen u. therapeutischen Gründen ärztlich verordnet.

Kefirknollen → Kefirpilze.

Kefirkörner → Kefirpilze.

Kefirpilze, eine Symbiose verschiedener spezifischer Mikroorganismen, die zur Herstellung von → Kefir dienen. Sie besteht aus verschiedenen Hefearten, vorwiegend aus *Torula-Hefen* (Alkoholbildner), *Milchsäurebakterien* u. dem *Kefirbacillus* (Milchsäurebildner). Der Kefirbazillus hüllt die übrigen Mikroorganismen ein u. bildet blumenkohl-

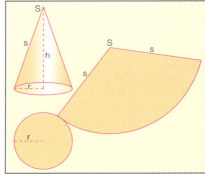
Kegel (2): der gerade Kreiskegel und Kegelnetz

ähnliche *Kefirkörner* oder *Kefirknollen.*

Keflavík ['kjɛblaviːk], isländ. Hafenstadt in einer Seitenbucht des *Faxaflói,* südwestl. von Reykjavík, 7600 Ew.; US-amerikan. Militärstützpunkt während des 2. Weltkriegs, seit 1946 an die USA verpachtet; internationaler Flughafen.

Kegel, ◆ 1. *D r u c k e r e i : Schrift-Kegel,* die Höhe der Letter. Dem K. ist eine bestimmte Schriftgröße zugeordnet; deshalb drückt man auch die Schriftgrößen im Maß der Kegelstärke aus.
◆ **2.** *G e o m e t r i e :* ein Körper, der dadurch entsteht, dass eine *Kegelfläche* von einer Ebene geschnitten wird. Die Kegelfläche entsteht durch Bewegung einer Geraden im Raum um einen ihrer Punkte (Spitze). *S o n d e r f ä l l e :* 1. der allg. (schiefe) *Kreiskegel* ist durch eine Kreisfläche (Grundfläche mit Radius *r*) u. die Kegelfläche *(Mantel)* begrenzt. Die Strecken von der Spitze *(S)* zum Umfang der Grundfläche heißen Mantellinien *(s).* Der Abstand der Spitze von der Grundfläche heißt Höhe *(h).* Der Rauminhalt ist: $V = \frac{1}{3}\pi\, r^2\, h.$ Die Oberfläche ist beim geraden Kreiskegel: $O = \pi\, r\, (r + s)$; bei diesem liegt die Spitze senkrecht über dem Mittelpunkt der Kreisfläche. Die Mantelfläche ist: $M = \pi\, r\, s$; die

Mantellinie ist: $s = \sqrt{r^2 + h^2}$.

– 2. ein *Kegelstumpf* entsteht aus einem K. durch einen zur Grundfläche parallel geführten Schnitt. Die Höhe *(h)* ist der Abstand von Grund- u. Deckfläche; Rauminhalt des Kreiskegelstumpfs: $V = \frac{1}{3}\pi\, h\, (r^2 + r r_1 + r_1{}^2)$, wenn *r* u. r_1 die Radien der Grund- bzw. Deckfläche sind. Auch → Kegelschnitte.
3. *M a s c h i n e n b a u :* ein Maschinenelement zur genauen spielfreien, lösbaren Verbindung zweier Wellen; es besteht aus *Kegelschaft* u. *Kegelhülse.* Mit mäßigen Längskräften werden infolge des einstellenden Übermaßes in der Fuge Ringspannungen erzeugt, die verhältnismäßig große Drehmomente übertragen lassen. K. werden im Werkzeug- u. Vorrichtungsbau sowie zur Befestigung von Zahnrädern, Kupplungen u. Ä. verwendet.
4. *R e c h t s g e s c h i c h t e :* alte Bez. für ein nicht eheliches Kind; in der Redewendung *mit Kind u. K.,* die ganze Familie.
5. *S p i e l u . S p o r t :* → Kegelspiel.
Kegel, Herbert, dt. Dirigent, *29. 7. 1920 Zschachwitz bei Dresden, †20. 11. 1990 Dresden (Selbstmord); 1960–1978 Chefdirigent des Rundfunksymphonie-Orchesters in Leipzig, 1977–1985 der Dresdner Philharmonie; förderte die Aufführung neuer Musik in der DDR.
Kegelbienen, *Coelioxys,* Gattung von *Stechimmen* mit kegelförmigem, beim Männchen

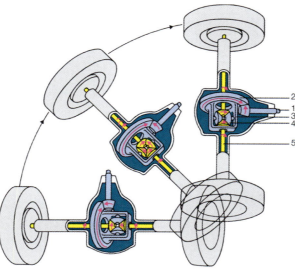

Kegelradgetriebe: Differenzialgetriebe eines Kraftwagens. Das Kegelrad an der Kardanwelle (1) treibt das Tellerrad (2) und damit das Ausgleichsgehäuse (3) an, wodurch die umlaufenden Ausgleichs-Kegelräder (4) die Halbachsen (5) in Bewegung setzen

hinten bedorntem Hinterleib; *Schmarotzerbienen,* die ihre Eier in die Brutzellen der *Löcherbienen, Heriades* (solitäre Sammelbienen), legen.
Kegelblume → Sonnenhut.
Kegeldach, ein Dach in der Form eines Kegels, meist über Türmen mit kreisförmigem Grundriss. Auch → Dach (2).
Kegeldachhaus, ein meist rundes (zuweilen im Grundriss viereckiges) Haus bei Naturvölkern mit Kegeldach aus Gras oder Stroh (z. B. bei den Asande u. in Äthiopien).
Kegeleinbruch, Ausdruck im Bergbau, → Einbruch (1).
Kegelhülse, ein Zwischenspannwerkzeug. Kegelhülsen haben innen u. außen eine

Kegelführung; Steigung des Kegels u. Abmessungen sind genormt. Die K. nimmt innen ein Werkzeug mit einem Kegelschaft auf u. wird dann in die Kegelführung der Hauptspindel einer Maschine u. Ä. eingesetzt. Das Halten wird bewirkt durch Reibkraft infolge elastischer Verformung der K.
Kegeliger Knollenblätterpilz → Knollenblätterpilz.
Kegeln → Kegelspiel.
Kegelprojektion → Kartennetzentwürfe.
Kegelrad, ein Rad, dessen Außenform kegelig gestaltet ist, das also einen größten u. einen kleinsten Durchmesser an beiden Außenseiten hat. Das K. kann als Rad mit in sich gerader Oberfläche u. als Zahnrad *(Kegelzahnrad)* gearbeitet sein. Kegelräder mit einem Kegelmantel als Oberfläche finden als Reibräder Verwendung, bei denen die Umdrehungszahl des Abtriebsrades durch gegenseitige Verstellung veränderlich ist. Kegelzahnräder greifen winklig ineinander u. leiten damit einen Antrieb in abgewinkelter Richtung weiter (→ Kegelradgetriebe).
◆ **Kegelradgetriebe,** aus Kegelzahnrädern bestehendes Getriebe. Beim K. stehen Antrieb und Abtrieb im Winkel zueinander, oder es wird bei Anordnung von zwei Kegelrädern, die in ein Tellerrad eingreifen, die Drehrichtung umgekehrt. Das *Differenzialgetriebe* beim Kraftwagen ist das am meisten verwendete Kegelradausgleichsgetriebe.
◆ **Kegelrobbe,** *Halichoerus grypus,* ein gefleckter *Seehund,* wird bis 3 m lang; lebt zu beiden Seiten des Nordatlantik im Küstenbereich; die K. gilt als wehrhaft und angriffslustig; außerhalb der Paarungszeit Einzelgänger.

Kegelrobbe, Halichoerus grypus

Kegelschnecken: Conus spec., Gehäuse

◆ **Kegelschnecken,** *Conus,* zu den *Giftzüng-lern (Toxoglossen)* der Vorderkiemer gehöri-ge Schnecken des Meeres, mit kegelförmi-gen Schalen, deren letzter Umgang den Rest ganz umschließt. In der Mündung des Rüssels können Radulazähne stecken. Das Gift der Speicherdrüsen wird damit Beute-tieren und auch Menschen, wenn sie auf K. treten, injiziert; Todesfälle nach dem Stich einer Kegelschnecke sind nachgewiesen.
◆ **Kegelschnitte,** mathemat. Kurven, die durch Schnitte einer Ebene mit einem gera-den Kreiskegel (→ Kegel [2]) entstehen. Bildet die Ebene mit der Kegelachse den Winkel φ > α (wobei α der Winkel zwischen der Kegelachse u. einer Mantellinie ist), so entstehen *Ellipsen* u. *Kreise,* die zu einem Punkt entarten können. Ist φ = α, dann entstehen *Parabeln,* die in eine Doppelgerade entarten können. Ist φ < α, so entstehen *Hyperbeln,* die in ein gekreuztes Geradenpaar entarten können. Entartet der Kegel selbst zum Zylinder, so sind die Schnitte Ellipsen, Kreise oder Paare paralleler Geraden.
◆ **Kegelspiel,** *Kegel schieben, Kegeln, Kegel-sport,* schon im Mittelalter verbreitetes dt. Unterhaltungsspiel, bei dem vom einen Ende der Kegelbahn aus mit Kegelkugeln die am anderen Ende aufgestellten Kegel umzuwerfen sind; seit Anfang des 19. Jh. in sportl. Formen.

Man unterscheidet vier Bahnarten: Asphalt-, Bohlen-, Scheren- u. Bowlingbahn, die unter-schiedl. Maße u. Bauprinzipien aufweisen. Die Kugeln sind entweder aus Pockholz, Kunststoff oder Hartgummi u. 2800–3150 g schwer (beim Bowling bis 7257 g schwer u. mit 3 Grifflöchern für die Finger). Die Kegel sind aus Hartholz oder Kunststoff u. 40 cm (König 43 cm), beim Bowling 38,1 cm hoch. Aufstellung der Kegel (Kegelstand): bei den dt. Bahnen 9 Kegel im Viereck (*Vierpass, Kegelkreuz, Standkreuz;* König in der Mitte), beim (aus den USA stammenden) Bowling 10 Pins im Dreieck.
Beim *Sportkegeln* werden auf den dt. Bahn-arten Wettbewerbe über Serien von 20, 30, 50, 120 oder 200 Würfen „in die Vollen" oder als „Abräumen" ausgetragen; bei Bohlen- u. Scherenbahn mit Gassenzwang (die Kugel muss zwischen Vordereckkegel u. linkem oder rechtem Gassenkegel tref-fen). Bowling wird in Sets mit jeweils 10 Durchgängen zu je 2 Wurf (Abräumen) gespielt. Bewertet wird bei allen Wettbewer-ben nach Punkten. – Beim K. als Unterhal-tungsspiel gibt es viele Abweichungen von den sportl. Regeln.
O r g a n i s a t i o n : → Deutscher Kegler-bund; in *Ö s t e r r e i c h :* Österreichischer Sportkeglerbund, Wien; in der *S c h w e i z :* Schweiz. Sportkeglerverband, Lachen.
Kegelstift, *M a s c h i n e n b a u :* ein kegeli-ger Stahlstift von 2–10 mm Durchmesser, der zur genauen gegenseitigen Lagesiche-rung von einander berührenden, wieder trennbaren Flächenpaaren dient, z. B. beim Ober- u. Unterteil eines Lagers.
Kegelventil → Ventil.
Kehdingen → Land Kehdingen.

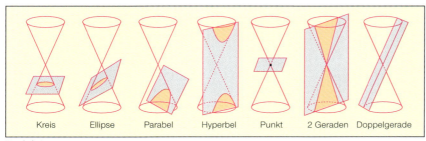

Kegelschnitte

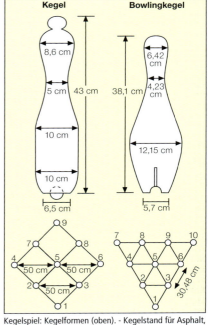

Kegelspiel: Kegelformen (oben). - Kegelstand für Asphalt, Bohle und Schere (unten links). - Kegelstand für Bowling (unten rechts)

Kehlbalken, der beim Kehlbalkendachstuhl in die Sparren eingezapfte Querriegel.
Kehlbalkendach, großer freier Dachraum, mit liegendem Stuhl; die Last liegt auf der Außenmauer; der Holzverbrauch ist größer als beim stehenden Stuhl.
Kehldeckel, *Epiglottis,* der Verschluss des → Kehlkopfs nach oben.
Kehle, 1. *A n a t o m i e :* der nach vorn gelegene Teil des Halses mit dem → Kehl-kopf.
2. *B a u k u n s t : Kehlung,* rinnenartige Pro-filierung an Gesimsen u. Ä., auch einspring-ende Ecke einer Dachfläche (*Dachkehle*).
Kehlkopf, grch. *Larynx,* der Eingangsteil der Luftröhre bei landbewohnenden Wirbeltie-ren; er ist von einem Knorpelgerüst umge-ben, das sich aus den Resten der letzten → Kiemenbögen primitiver Wirbeltiere her-leitet. – Beim *M e n s c h e n* besteht das Knorpelgerüst des Kehlkopfs aus dem *Schildknorpel (Cartilago thyreoidea),* der beim Mann den *Adamsapfel* bildet, aus dem siegelringförmigen *Ringknorpel (Carti-lago cricoidea)* u. aus den zwei mit ihm gelenkig verbundenen *Stell-* oder *Gieß-becken-Knorpeln (Cartilagines arytaenoi-deae).* Oben ist der K. durch den *Kehldeckel (Epiglottis)* verschließbar. Die Stellknorpel dienen zum Öffnen u. Anspannen der *Stimmbänder,* die zwischen ihnen u. der Innenwand der Schildknorpel ausgespannt sind u. zwischen sich die *Stimmritze (Glottis)* freilassen. Dadurch wird der K. in zwei Räume geteilt. Durch die unterschiedl. Stellung der Stimmbänder, die durch kleine Muskeln bewegt werden, wird die Stimm-

Kegel

Bowlingkegel

8,6 cm
5 cm
43 cm
10 cm
10 cm
6,5 cm

6,42 cm
38,1 cm
4,23 cm
12,15 cm
5,7 cm

Kehl

◆ **Kehl,** Stadt in Baden-Württemberg, Orte-naukreis, an der Mündung der Kinzig in den Rhein, gegenüber von Straßburg, 33 400 Ew.; Holz verarbeitende Industrie, Elektro-stahlwerk, Hafen. – Stadtrecht 1774; K. war seit 1678 insgesamt achtmal französisch besetzt, zuletzt 1919–1930 u. 1944 bis 1953.

bildung ermöglicht. Im oberen Kehlkopfraum, dicht über den Stimmbändern, liegen zwei faltige Ausbuchtungen, die *Taschenbänder (falsche Stimmbänder)*. Innen ist der K. mit Flimmerepithel ausgekleidet; Stimmbänder u. Kehldeckel sind mit geschichtetem Plattenepithel bedeckt. Die Nerven werden durch Äste des 9. u. 11. Gehirnnervs versorgt. – Bei Vögeln ist das Stimmorgan der untere K. *(Syrinx)*, dessen Stimmbänder die komplizierten Töne u. Tonfolgen (Singvögel) hervorbringen.

K e h l k o p f k r a n k h e i t e n beim Menschen machen sich meist durch Heiserkeit, Husten u. Atembeschwerden bemerkbar. Am häufigsten sind akute oder chron. Entzündungen *(Laryngitis)* durch Infektionen oder Reizungen durch Gase, Staub oder Fremdkörper; chron. Kehlkopfentzündungen können zu Kehlkopfpolypen führen, kleinen, meist von den Stimmbändern ausgehenden Schleimhautwucherungen gutartiger Natur. Daneben treten wassersüchtige Schwellungen der Kehlkopfschleimhaut auf *(Glottisödem)*, die die Atmung behindern. Schließlich kommen tuberkulöse Kehlkopfkrankheiten u. Kehlkopfkrebs (→ Krebs) verhältnismäßig häufig vor.

Kehlkopfknorpel, *Cartilagines laryngis,* die aus den Resten der *Kiemenbögen* herzuleitenden Stützknorpel des *Kehlkopfs* bei den höheren Wirbeltieren.

Kehlkopfkrebs, *Larynxkarzinom,* überwiegend vom Plattenepithel ausgehende bösartige Geschwulstbildung des Kehlkopfes, von der überwiegend ältere Männer betroffen sind. Der Tumor kann über, an oder

unter den Stimmbändern lokalisiert sein. Erstes Symptom ist meist Heiserkeit, wenn die Stimmbänder in Mitleidenschaft gezogen werden, gefolgt von Halsschmerzen und Schluckbeschwerden („Fremdkörpergefühl"). Abhängig vom Stadium und von der Lage des Kehlkopfkrebses wird zur Behandlung ein Teil oder der gesamte Kehlkopf entfernt. Anschließend erfolgt meist eine Strahlenbehandlung. Der mögliche Verlust der Stimmbänder kann durch elektroakustische Sprechhilfen ausgeglichen werden. Der bedeutsamste Risikofaktor für K. ist das Rauchen, besonders in Kombination mit Alkoholkonsum. Auch → Krebs.

Kehlkopfpfeifen, ein Atemgeräusch des Pferdes, das durch eine (meist linksseitige) Schädigung des die Stimmbandmuskeln versorgenden Nervs verursacht wird. Das K. gilt, soweit es durch einen chronischen u. unheilbaren Krankheitszustand des Kehlkopfes hervorgerufen u. durch ein hörbares Geräusch gekennzeichnet wird, im Tierhandel als *Hauptmangel.*

Kehlkopfspiegel, *Laryngoskop,* ein kleiner, in einem günstigen Winkel an einem Haltestab befestigter Spiegel, der, mit Hilfe eines Reflektors beleuchtet, die Betrachtung des Kehlkopfinneren erlaubt *(Laryngoskopie).*

Kehllaute, *Gutturale,* veraltete Bez. für *Velare* (Hintergaumenlaute) u. *Palatale* (Vordergaumenlaute).

Kehlmaschine, Holz-Hobelmaschine zum Bearbeiten von vier Langseiten von schmalen Werkstücken, wie Leisten, Stäbe.

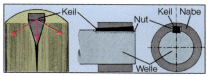

Keil: Wirkungsweise (links). – Keil zum Befestigen einer Nabe (rechts)

Kehr, 1. Günther, dt. Geiger u. Dirigent, *16. 3. 1920 Darmstadt, †22. 9. 1989 Mainz; 1961–1987 Prof. für Kammermusik an der Kölner Musikhochschule; Gründer eines Streichtrios (1949) u. des Mainzer Kammerorchesters (1955); Hrsg. von Violin- u. Orchesterwerken.
2. Paul Fridolin, dt. Historiker, *28. 12. 1860 Waltershausen, Thüringen, †10. 11. 1944 Wässerndorf, Unterfranken; 1895 Prof. in Göttingen, 1903 Direktor des Preuß. Histor. Instituts in Rom, 1915–1929 Generaldirektor der preuß. Staatsarchive; 1919–1934 Präsident der Zentraldirektion der „Monumenta Germaniae Historica", Hrsg. der „Regesta Pontificum Romanorum (Italia pontificia)" 1906–1935 u. der „Urkunden der dt. Könige aus karoling. Stamme" 1932–1940.

Kehraus, Schlusstanz, so etwa bei der Hochzeit oder am Ende der Fastnacht.

Kehre, eine Turnübung, bei der der Rücken dem Gerät zugekehrt ist, z. B. *Kreis-* u. *Tschechenkehre* am Seitpferd u. Barren.

Kehrpflug → Pflug.

Kehrreim, *Refrain,* an den Strophenenden eines Gedichts regelmäßig wiederholte Zeile(n), bes. in Volksliedern.

Kehrwert, *Kehrwert einer Zahl,* die Zahl, deren Produkt mit der gegebenen Zahl gleich 1 ist, z. B. K. von 3 = $^1/_3$, K. von $^4/_3 = ^3/_4 = 0{,}75$.

Kei, *Groot Keirivier, Great Kei River,* Fluss in der Rep. Südafrika, mündet bei Kei Mouth in den Indischen Ozean; aufgrund des starken Gefälles u. zahlreicher Stromschnellen nicht schiffbar.

Keighley ['ki:θli], Stadt in West Yorkshire (Großbritannien), westl. von Leeds, 57 000 Ew.; Maschinen-, Textil- u. Papierindustrie.

Keihin, japan. Industriegebiet im östl. (pazif.) Zentralhonschu, umfasst bes. die Städte *Tokyo, Kawasaki* u. *Yokohama*; Schiffbau, Maschinen-, Kraftfahrzeug-, Nahrungsmittel-, Textil-, Papier-, chem., Metall-, Stahl-, Eisen- u. Zementindustrie, Kraftwerke u. Ölraffinerien.

◆ **Keil,** ein Körper, bei dem zwei Seiten unter einem spitzen Winkel zusammenlaufen; er dient zum Trennen u. Spalten u. gehört zu den einfachsten Geräten. Die wirkende Kraft wird in zwei Teilkräfte zerlegt. Die Kraftübertragung des Keils ist umso besser, je spitzer er ist. Beil, Messer u. Nagel beruhen auf der Wirkungsweise des Keils.

Keil, Ernst, dt. Buchhändler u. Schriftsteller, *6. 12. 1816 Langensalza, †23. 3. 1878 Leipzig; gründete nach anderen Zeitschriften 1853 die erfolgreiche „Gartenlaube".

Keilbein, 1. *Wespenbein, Sphenoid, Os sphenoidale,* der mittlere Knochen der Schädel-

Asphaltbahn

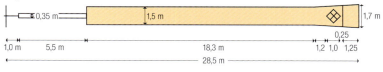

Bohlenbahn

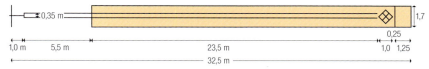

Scherenbahn

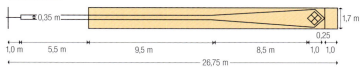

Bowlingbahn

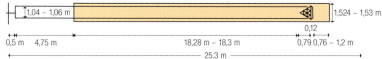

Kegelspiel: Ausmaße der verschiedenen Kegelbahnen

Keilschrift: Tafel aus der Zeit Dareios' I. Teheran, Archäologisches Museum

basis der Wirbeltiere; ursprüngl. mehrteilig, bei Säugetieren zweiteilig. Beim Menschen ist das K. nur embryonal in ein vorderes u. ein hinteres K. geteilt u. bildet später einen zentralen Körper mit zwei Paaren flügelartiger Anhänge. Das K. enthält die *Keilbeinhöhle* u. trägt im *Türkensattel* die Hirnanhangdrüse (→ Hypophyse).
2. *Ossa cuneiformia I, II, III*, die drei vorderen Fußwurzelknochen des Menschen.
Keilberg, tschechisch *Klínovec*, höchster Gipfel des Erzgebirges, nordöstlich von Sankt Joachimsthal, 1244 m; Wintersportgebiet.

Joseph Keilberth

◆ **Keilberth,** Joseph, dt. Dirigent, *19. 4. 1908 Karlsruhe, †20. 7. 1968 München; 1925–1940 in Karlsruhe tätig, bis 1945 in Prag, 1945–1950 in Dresden, 1951 Generalmusikdirektor in Hamburg, seit 1959 an der Staatsoper in München; seit 1950 auch Chefdirigent der Bamberger Symphoniker; universaler Opern- u. Konzertdirigent.
Keileinbruch, Begriff aus dem Bergbau, → Einbruch (1).
Keiler, weidmännische Bez. für das männl. Wildschwein, im 2. Lebensjahr auch *Überläuferkeiler* genannt.
Keilhaue, Handwerkszeug des Bergmanns zum Lösen von Gestein; die K. ähnelt einer Spitzhacke, hat jedoch nur ein spitzes Ende; sie wurde im Mittelalter verwendet.
◆ **Keilriemen,** Riemen mit trapezförmigem Querschnitt. Sie sind meist endlos u. laufen auf Riemenscheiben mit trapezförmigen Rillen. Sie werden bei kurzem Achsenabstand u. hoher Geschwindigkeit benutzt (z.B. beim Kfz-Motor zum Antrieb der Lichtmaschine), haben größere Durchzugskraft als Flachriemen. *Verbundkeilriemen* sind mehrere durch Deckband verbundene K.

Keilriemengetriebe, ein Getriebe, bei dem die Scheiben durch → Keilriemen miteinander verbunden sind. K. sind sehr laufruhig u. fast völlig stoßfrei.
Keilschirmschlag, *Forstwirtschaft:* keilförmiges Vorgehen beim Holzeinschlag, bes. im Mischwald, um *Rückeschäden* (beim Herausbringen des Holzes) u. auch Sturmschäden möglichst zu vermeiden. Die Verjüngung im K. erfolgt hauptsächlich in der Saumzone.
◆ **Keilschrift,** ursprünglich eine sumerische Bilderschrift aus der Zeit um 3000 v.Chr., deren Formen durch die keilartigen Eindrücke des Schreibgriffels in den Schreibstoff Ton entstanden; zuerst linksläufig in Vertikalreihen, später rechtsläufig in Horizontalreihen geschrieben; schon um 2600 v.Chr. von den semit. Akkadern übernommen u. zur Kursive verflüchtigt, die sich dann in den einzelnen Ländern des babylon. Kulturkreises weiterbildete. Die jüngste K. war die pers. K. mit nur noch 41 Zeichen gegenüber 1000 Zeichen der assyr. K. Die Zeichen der K. hatten Wort- u. Lautwerte; jedes Zeichen konnte ursprüngl. verschiedene sinnverwandte Wörter bezeichnen. Erst später erhielten die Zeichen auch Silbenwerte, die meist neben die alten Wortwerte traten. – Die K. wurde erstmals 1802 von G. F. *Grotefend* entziffert.
Keilschwanzsittiche, Sammelbegriff für 65–85 Arten der *Echten Papageien, Psittacinae,* die in Mittel- u. Südamerika beheimatet sind. Gemeinsames Merkmal ist der lange, abgestufte Schwanz. Dazu gehören z.B. die großen → Aras, der *Mönchssittich, Myiopsitta monachus,* der als einziger Papagei ein Nest aus Zweigen baut, u. der *Nandaysittich, Nandayus nenday.* Einige Arten der K. werden häufig als Käfigvögel gehalten.
◆ **Keilwelle,** *Vielnutverbindung,* eine formschlüssige Verbindung zwischen einer Welle u. einem Rad zur Drehmomentübertragung, bestehend aus einer Anzahl von Nuten in der Radbohrung, in die eine entspr. Anzahl von Leisten eingreift, die aus der Welle herausgearbeitet sind.
Keilzinken, fingerförmig ausgefräste Enden

Keilriemen werden im Auto vorwiegend zum Antrieb der Lichtmaschine, der Wasserpumpe und des Ventilators bzw. des Kühlgebläses verwendet

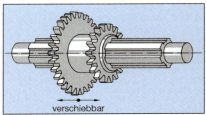

Keilwelle: Zahnradsatz aus einem Getriebe, auf einer Keilwelle verschiebbar

von Brettern oder Balken, die ineinander greifend verleimt werden u. zur Längsverbindung von Holz führen.
Keim, 1. *Bakteriologie: Krankheitskeim,* Bez. für alle Mikroorganismen, z.B. Bakterien. – *Keimfrei (steril),* frei von Mikroorganismen.
2. *Biologie:* die der Fortpflanzung dienende Zelle oder Zellgruppe (→ Keimzellen); das sich bildende Lebewesen, im Tierreich *Embryo,* im Pflanzenreich meist *Keimling* genannt. Auch → Embryonalentwicklung, → Keimung.
3. *Physik:* Ansatzpunkt einer Kristallbildung bei der Verfestigung einer Schmelze oder Lösung oder der Ansatzpunkt einer Kondensation bei einem Gas.
Keimbahn, in der Entwicklung vielzelliger Tiere aus einer befruchteten Eizelle (→ Embryonalentwicklung) die Abfolge von Zellen, aus denen schließlich die Keimzellen (Gameten) des geschlechtsreifen Individuums hervorgehen. Von der K. zweigen die Somazellen ab, die den Körper (Soma) des Individuums bilden.
Keimbahn-Gentherapie, eine besondere Form der → Gentherapie, bei der das Erbgut in der Ei- oder Samenzelle verändert wird, um etwa Erbkrankheiten zu behandeln. Die K. am Menschen ist bislang weltweit verboten.
Keimbläschen, der Kern der Eizelle bei Amphibien, der beim Heranwachsen stark anschwillt u. leer erscheint. Seine Chromosomen sind entspiralisiert (→ Lampenbürstenchromosomen) u. synthetisieren Ribonucleinsäure (RNA).
Keimblatt, 1. *Botanik:* Kotyledo, Cotyledo, Blatt des pflanzl. → Keimlings; die ersten Blätter der jungen Pflanze, eins bei Einkeimblättrigen (→ Monokotyledonen), zwei bei Zweikeimblättrigen (→ Dikotyledonen), zwei u. mehr bei nacktsamigen Pflanzen (→ Nacktsamer). Auch → Keimung.
2. *Zoologie:* eine embryonale Zellschicht, aus der bestimmte Gewebe u. Organe hervorgehen. Von der → Blastula ausgehend, beginnt der erste Differenzierungsprozeß der Individualentwicklung *(Ontogenese)* mit dem Lösen der Keimblätter aus dem vorhandenen ontogenet. Material, als dessen Zellschichten sie untereinander homolog sind. Aus ihnen entsteht nach Durchlaufen der Embryonalentwicklung letzten Endes das neue Lebewesen. Der Körper der *Metazoen* besteht nur aus zwei *primären Keimblättern,* dem *äußeren K.* oder → Ektoderm u. dem *inneren K.* oder

→ Entoderm. Bei allen Tieren mit sekundärer Leibeshöhle oder *Zölomaten* (*Coelomata*, → Leibeshöhle) tritt das → Mesoderm als *sekundäres K.* zwischen die beiden primären Keimblätter. Die Bildung des Mesoderms ist oft kompliziert u. im Tierreich verschiedenartig.

Alle 3 Keimblätter bilden typische Organe u. Gewebe: Aus dem *Ektoderm* entstehen die Epidermis (Oberhaut) u. ihre Derivate (Drüsen, Haare, Federn), das Nervensystem, die Sinnesepithelien u. die → Neuralleiste. Das *Mesoderm* bringt Muskulatur, Skelett, Gefäßsystem, Exkretions- u. Geschlechtsapparat hervor, während das *Entoderm* den Verdauungstrakt mit seinen Anhängen (Leber, Lunge, Pankreas) liefert.

Keimdrüsen, *Geschlechtsdrüsen, Gonaden,* Drüsen, die exkretorisch die → Keimzellen u. inkretorisch die → Sexualhormone erzeugen; im männl. Geschlecht die *Hoden,* im weibl. Geschlecht die *Eierstöcke* (Ovarien). Auch → Geschlechtsorgane.

Keimdrüsenhormone → Sexualhormone.

Keimfähigkeit, beim Saatgut der Prozentsatz der unter bestimmten Bedingungen keimenden Körner nach einer bestimmten Anzahl von Tagen, z.B. bei Getreide nach 10 Tagen. Die K. ist an sich kein vollwertiger Maßstab; sie muss ergänzt werden durch die Feststellung der Keimschnelligkeit u. der Triebkraft (der Fähigkeit, das Hindernis einer Bodenbedeckung zu überwinden).

Keimling, der in Keimwurzel *(Radicula),* Keimblätter u. Stängel gegliederte Embryo im Samen, auch die aus dem Samen hervorgehende junge Pflanze selbst. Auch → Keimung.

Keimlingsinfektion, die Übertragung von Krankheitserregern (z.B. Pilzen), die an der Samenschale haften, auf die keimende Pflanze; Bekämpfung durch *Beizen* des Saatguts.

Keimplasmatheorie, von A. *Weismann* zur Erklärung der Vererbung 1885 aufgestellte Theorie, wonach der Zellinhalt der Keimzellen, das Keimplasma, die gesamte Erbsubstanz enthalte u. bei der Entwicklung neuer Individuen wieder vollständig in die Keimzellen übergehe, so dass durch die Generationen eine Kontinuität des Keimplasmas gegeben sei. Da die Entwicklung der Keimzellen vollkommen getrennt von der der Körperzellen verlaufe (→ Keimbahn), könnten äußere Einflüsse, die auf den Körper einwirken, keine Wirksamkeit auf das Keimplasma ausüben u. seien folglich von der Vererbung ausgeschlossen oder anders ausgedrückt: Erworbene Eigenschaften können nicht vererbt werden. Mit diesem Postulat hatte Weismann eine wichtige Erkenntnis über die Vererbung gewonnen u. damit den Grundstein zum Neodarwinismus gelegt, auch wenn wir heute die Substanz der Vererbung präziser beschreiben können als die DNA im Kern der Keimzellen sowie die RNA im Plasma der Eizelle, die verschiedene Entwicklungsmöglichkeiten des Eies festlegt.

Keimprobe, bei der Saatgutuntersuchung übliche Prüfung der → Keimfähigkeit. Die K. kann auf feuchtem Löschpapier oder

spezieller Keimapparatur vorgenommen werden. Die Keimfähigkeit wird in % der gekeimten Samen angegeben.

Keimruhe, ein Zustand, bei dem die Samen bestimmter Pflanzenarten trotz normaler Keimbedingungen nicht keimen. K. kann physiologisch bedingt sein (Hemmstoffe im Samen, die erst abgebaut werden müssen, vorübergehende Undurchlässigkeit der Samenschale für Wasser u. Gase) oder durch äußere Einflüsse (Art der Lagerung) verursacht werden. Samen können viele Jahre in K. verharren, ohne ihre → Keimfähigkeit zu verlieren.

Keimscheibe, die bei dotterreichen Eiern auf dem Nahrungsdotter liegende Plasmamasse

mit dem befruchteten Eizellkern, die sich im Lauf der Furchungsteilungen zu einer flachen Zellscheibe entwickelt; → Embryonalentwicklung.

Keimscheide, das Keimblatt umschließende Schutzorgan bei einkeimblättrigen Pflanzen, bei Gräsern als → Koleoptile bezeichnet.

Keimschicht, *Stratum germinativum, Stratum basale,* die teilungsfähige, am tiefsten gelegene Schicht der → Haut bei Säugetieren.

Keimstimmung, ältere Bez. für die Blüteninduktion bei Keimlingen durch niedrige Temperatur. Auch → Vernalisation.

◆ **Keimung,** *i.e.S.* die Weiterentwicklung des Embryos der pflanzl. Samen, *i.w.S.* auch der Sporen, der Knospen von Kar-

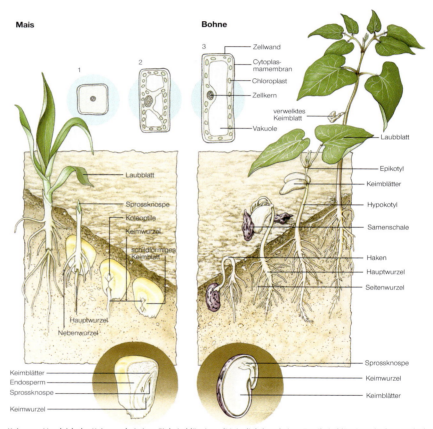

Keimung: Vergleich der Keimung bei einer Einkeimblättrigen (Mais, links) und einer Zweikeimblättrigen (Bohne, rechts) Pflanze. Die Keimung setzt ein, wenn Wasser durch die Samenschale dringt. Beim Mais treibt zunächst ein Schaft (Koleoptile) aus, der die Sprossknospe (Plumula) umgibt. Das Keimblatt bleibt beim Samen und dient solange als Organ der Nährstoffaufnahme (Scutellum), bis die Blätter mit Hilfe der Photosynthese selbst ihre Nährstoffe herstellen können. – Ein Schnitt durch das Maiskorn (links unten) zeigt das Nährgewebe (Endosperm) und das Keimblatt, das die Nährstoffe des Nährgewebes zu den wachsenden Keimblättern und zur Keimwurzel weiterleitet. – Bei der Bohne wird zunächst ein Abschnitt des Stängels (Hypokotyl) unterhalb der Keimblätter aus dem Boden geschoben. Anschließend werden die Keimblätter mit den inzwischen gebildeten jungen Primärblättern aus dem Boden gezogen (epigäische Keimung). Bleiben die Keimblätter im Boden, spricht man von einer hypogäischen Keimung. Sobald die Laubblätter die Pflanze mit Nährstoffen versorgen, gehen die Keimblätter zugrunde und verwelken. – Der Längsschnitt durch die Bohne zeigt die Lage der winzigen Keimorgane im Samen. – Im oberen Teil der Grafik wird gezeigt, wie die Zellen sich beim Längenwachstum dehnen. Neu gebildete Zellen (1) bilden unter Wasseraufnahme mehrere Vakuolen (2), die später zu einer zentralen Vakuole verschmelzen (3). Die Zellen strecken sich so lange, bis die Zellwand sie daran hindert

toffelknollen, Pflanzenzwiebeln u. a. Nicht alle Samen sind unmittelbar nach der Loslösung von der Mutterpflanze keimfähig; meist folgt ein Ruhestadium, in dem sich das Plasma in einem sogenannten latenten Lebenszustand befindet, der durch starke Entwässerung u. Drosselung des Stoffwechsels gekennzeichnet ist. Die wichtigste Voraussetzung für den Beginn der K., die meist in den oberen Bodenschichten stattfindet, ist Feuchtigkeit. Durch Wasseraufnahme quillt der Samen, die Samenschale wird gesprengt, u. der Embryo, der bereits in Keimblätter, Keimwurzel u. Keimachse gegliedert ist, beginnt zu wachsen. Hierbei braucht er das im Samen oder in den Keimblättern gespeicherte Nährgewebe auf.

Bei der K. tritt immer zuerst die Wurzel aus dem Samen. Die Keimblätter werden nur bei der *epigäischen K.* aus der Samenschale gezogen u. über die Erde gehoben, wo sie ergrünen. Bei der *hypogäischen K.* bleiben sie im Samen; sie sind dann meist Reservestoffbehälter (z. B. bei Erbsen, Bohnen, Eicheln). Die K. ist durch Außenfaktoren stark beeinflussbar. Das gilt vor allem für Temperatur und Licht. Viele Samen keimen nur, wenn sie in gequollenem Zustand eine bestimmte Zeit Licht erhalten haben (*Lichtkeimer*, z. B. Tabak), andere werden durch Belichtung in ihrer K. gehemmt (*Dunkelkeimer*, z. B. Ehrenpreis). Manche Samen entwickeln sich erst nach vorherigem Durchfrieren (*Frostkeimer*, z. B. viele Alpenpflanzen). Auch → Nacktsamer.

Keimwurzel, *Radicula*, die im Embryo einer Pflanze angelegte Primärwurzel. Auch → Keimung.

Keimzeit, die bei der Bestimmung der → Keimfähigkeit notwendige Anzahl von Tagen vom Auslegen der Samen bis zur Keimung.

Keimzellen, *Geschlechtszellen, Gameten*, die bes. Zellen der Vielzeller, die der geschlechtlichen → Fortpflanzung dienen. Sie als männliche u. weibliche unterschieden werden. Bei der Befruchtung verschmelzen sie zur *Zygote*, aus der sich dann das neue Lebewesen entwickelt. Im einfachsten Fall sind die K. gleich groß u. gleich gestaltet u. nur physiologisch geschlechtsverschieden (*Isogamie*, bei vielen Protozoen, Algen u. Pilzen). Meistens sind die K. jedoch ungleich groß *(Anisogamie)*; der größere *(Makro-)Gamet*, der oft reichlich Reservestoffe enthält, wird als weiblich bezeichnet, der kleinere *(Mikro-)Gamet* als männlich. Bleibt der Makrogamet unbeweglich, nennt man ihn *Eizelle* (→ Ei) u. den beweglichen Mikrogameten *(Spermatozoon* oder *Spermium)*, der die Eizelle aufsucht, *Samenzelle (Oogamie*, bei den Gewebetieren u. höheren Pflanzen). Alle K. enthalten nur einen Chromosomensatz, d. h., sie sind haploid im Gegensatz zu den diploiden Körperzellen (Somazellen) mit doppeltem Chromosomensatz. Die Halbierung der Chromosomenzahl erfolgt während der sogenannten Reifeteilung (→ Meiose). Durch die Befruchtung entsteht wieder der doppelte Chromosomensatz. Die K. werden meist in

bes. Organen gebildet: bei den höheren Pflanzen in *Archegonien* u. *Antheridien* bzw. im *Embryosack* u. im *Pollenkorn*, bei den Gewebetieren im *Eierstock (Ovar)* u. *Samenstock (Hoden)*.

K-Einfang, *Elektroneneinfang*, eine Art der Atomkernumwandlung bei gewissen radioaktiven Stoffen. Der Kern fängt ein Elektron aus der innersten, der *K-Schale* der Elektronenhülle ein, wobei ein Proton des Kerns in ein Neutron umgewandelt wird (die Ordnungszahl des neuen Atoms verringert sich um 1). Das Loch in der K-Schale wird durch ein anderes Elektron aufgefüllt unter Aussendung der charakteristischen Röntgenstrahlung des Tochteratoms.

Keirin-Radrennen, eine bes. in Japan populäre Profi-Disziplin. K. werden als Sprinter-Rennen ausgetragen, bei denen acht oder neun Fahrer gegeneinander fahren. In den ersten Runden wird das Tempo durch einen „Schrittmacher" (Motorrad) bestimmt. Die letzte Runde wird den Fahrern durch eine Glocke angezeigt u. danach wird der Sprint ausgefahren. Auf einer Rundbahn von 333,33 m werden je Wettkampf 5 Runden gefahren. K. sind seit 1980 eine Disziplin im Weltmeisterschaftsprogramm der Berufsfahrer, jedoch nicht für Amateure u. nicht bei Olymp. Spielen.

Keiser, Reinhard, dt. Komponist, getauft 12. 1. 1674 Teuchern bei Weißenfels, † 12. 9. 1739 Hamburg; wirkte in Hamburg an der dort 1678–1738 bestehenden dt. Oper u. schrieb bis 1718 mindestens 25 Werke für sie. Nach einem Aufenthalt in Kopenhagen (1721–1723) kehrte er nach Hamburg zurück u. wurde als Nachfolger G. P. *Telemanns* Domkantor. Großen Erfolg hatten seine überwiegend in dieser Zeit entstandenen Kantaten, Passionen u. Oratorien. Bes. Wirkung hatte K. auf G. F. *Händel* u. J. S. *Bach*.

Keistut, litauischer Großfürst, → Kejstut.

Keita, Modibo, malischer Politiker, * 4. 6. 1915 Bamako, † 16. 5. 1977 Bamako; Lehrer; gründete 1946 die *Union Soudanaise* (US-RDA); 1956 Abg. für Franz.-Sudan in der franzöz. Nationalversammlung u. deren erster afrikan. Vize-Präs., 1957 Staatssekretär in der franzöz. Regierung; 1959 Min.-Präs. des Franz.-Sudan, dann Min.-Präs. der Mali-Föderation mit Senegal u. nach dem Zerfall der Föderation bis zum Militärputsch (1960–1968) Staats-Präs. von Mali.

Keitel, 1. [kaɪˈtɛl], Harvey, US-amerikanischer Schauspieler, * 13. 5. 1939 Brooklyn, New York; wurde bekannt durch seine Zusammenarbeit mit dem Regisseur Martin Scorsese, entwickelte sich zu einem vielseitigen Charakterdarsteller mit Erfolgen auch im europäischen Film und am Theater; spielte u. a. in „Hexenkessel" 1973; „Taxi Driver" 1976; „Die letzte Versuchung Christi" 1988; „Reservoir Dogs–Wilde Hunde" 1991; „Bad Lieutenant" 1992; „Das Piano" 1993; „Pulp Fiction" 1994; „Der Blick des Odysseus" 1995; „Smoke" 1995; „Cop Land" 1997; „Three Seasons" 1999; „U–571" 2000.

Wilhelm Keitel

◆ 2. Wilhelm, dt. Offizier (1940 Generalfeldmarschall), * 22. 9. 1882 Helmscherode, Harz, † 16. 10. 1946 Nürnberg (hingerichtet); 1935 Chef des Wehrmachtsamts im Reichskriegsministerium, 1938 Chef des Oberkommandos der Wehrmacht, engster militär. Mitarbeiter *Hitlers*; unterzeichnete 1945 in Berlin die Kapitulation der dt. Wehrmacht; vom Nürnberger Militärtribunal als Hauptkriegsverbrecher zum Tode verurteilt.

Keitele [ˈkɛitɛlɛ], Seensystem in Mittelfinnland nördl. von Jyväskylä, 450 km², bis zu 64 m tief, durchschnittl. Tiefe jedoch nur 6 m; durch Buchten, Halbinseln u. Inseln sehr stark gegliedert.

Keith [kiːθ], alte schott. Adelsfamilie, benannt nach der Baronie K. in Ostlothian; von König *Malcolm II.* (* 954, † 1034) angeblich einem Mitgl. der Familie für treue Dienste im Kampf gegen die Dänen verliehen, verknüpft mit dem Amt eines Großmarschalls von Schottland. Die Titel entfielen mit dem Aussterben der Familie 1867.
1. Georg, Earl-Marishal of Scotland, Bruder von 2), preuß. Diplomat, * 2. 4. 1693 Schloss Inverugie bei Peterhead (Schottland), † 25. 5. 1778 Schloss Sanssouci bei Potsdam; diente unter J. C. *Marlborough* u. beteiligte sich 1715 u. 1719 an den Jakobitenaufständen, musste aus England fliehen u. trat in span. Kriegsdienste; kam 1747 an den Hof *Friedrichs d. Gr.*, dessen literar. Interessen er teilte, u. wurde 1751 sein Gesandter in Paris u. 1754 sein Gouverneur in Neuenburg. 1759 kam K. als preuß. Gesandter nach Madrid u. erhielt im selben Jahr seine beschlagnahmten Güter durch Fürsprache Friedrichs d. Gr. von der engl. Regierung zurück. K. siedelte 1763 endgültig nach Sanssouci über.
2. [auch kait], Jakob (James), Bruder von 1), preuß. Offizier, * 11. 6. 1696 Schloss Inverugie, † 14. 10. 1758 bei Hochkirch; floh nach der Niederschlagung des Jakobitenaufstands (1715), trat 1719 in span. u. 1728 in russ. Kriegsdienste, zeichnete sich in den Türkenkriegen Russlands 1736–1739 u. in russ. Krieg gegen Schweden 1741 aus; ging 1747 nach Berlin u. wurde von Friedrich d. Gr. zum Feldmarschall u. 1749 zum Gouverneur von Berlin ernannt. 1758 leitete K. den preuß. Rückzug aus Olmütz u. wurde Oberbefehlshaber der preußischen Armee in Sachsen. In der Schlacht bei Hochkirch gegen die Österreicher wurde er tödlich getroffen.
3. [kiːθ], Sir Arthur, schott. Anatom u. Anthropologe, * 5. 2. 1866 Old Machar, Aberdeen, † 7. 1. 1955 Downe, Kent; nach ihm u. dem britischen Physiologen Martin *Flack* (* 1882, † 1931) wird der Sinusknoten im Herzen *Keith-Flack'scher Knoten* genannt.

Keitum, Ortsteil der Gemeinde Sylt-Ost auf der Insel Sylt; ehem. Hauptort von Sylt; alte Kirche, Museum.

Kejstut, *Keistut(is), Kynstud,* litauischer Großfürst, * um 1297, † 15. 8. 1382 Krewo (ermordet); trat nach dem Tod seines Vaters *Gedymin* 1341 die Herrschaft in Traken u. Samaiten (Schamaiten) an; Gegner des Dt. Ordens, geriet im Kampf gegen *Jagiełło* in Gefangenschaft u. wurde erwürgt.

◆ **Kekkonen,** Urho Kaleva, finn. Politiker (Bauernpartei), * 3. 9. 1900 Pielavesi, † 31. 8. 1986 Helsinki; Jurist, Vorsitzender der Bauernpartei, 1936 u. 1944 bis 1946 Justiz-Minister, 1937 Innen-Minister, 1947 bis 1950 mit Unterbrechung Reichstags-Präsident, 1950–1953 Min.-Präsident, zeitweise auch Außen-Minister, 1956 bis 1981 Staats-Präsident.

Urho K. Kekkonen

Kekrops, in der griech. Mythologie ältester König von Attika, erdgeboren, halb menschen-, halb schlangengestaltig; Erbauer der Burg von Athen, erster Gesetzgeber. Seine drei Töchter Herse, Aglauros u. Pandrosos wurden in Athen als tauspendende Gottheiten verehrt.

Keks [engl. *cakes,* „Kuchen"], haltbares Kleingebäck aus (vorwiegend) Weizenmehl, Fett, Eiern, Zucker u. Gewürzen.

◆ **Kekulé von Stradonitz,** Friedrich August, dt. Chemiker, * 7. 9. 1829 Darmstadt, † 13. 7. 1896 Bonn; stellte als Hypothese auf, dass die Kohlenstoffatome des Benzols ringförmig angeordnet seien, u. gab 1865 die heute übliche Benzolformel an.

F. A. Kekulé von Stradonitz

Kelang, *Klang,* bis 1879 Hptst. von Selangor (Malaysia), auf der Halbinsel Malakka, südwestl. von Kuala Lumpur, 244 000 Ew.; ehem. Sitz des Sultans von Selangor mit Königspalast u. Moschee; Zinn- u. Kautschukverarbeitung; im SW wichtiger Überseehafen → Port Kelang.

Kelantan, Teilstaat u. Sultanat in Malaysia, im Inneren u. NO der Halbinsel Malakka, 14 943 km², 1,2 Mio. Ew.; Hptst. *Kota Baharu;* Reis- u. Kautschukanbau, Zinn-, Blei- u. Goldbergbau.

Kelbra, Talsperre an der Helme, in Sachsen-Anhalt, Ldkrs. Sangerhausen, 35,6 Mio. m³ Stauraum, 14,3 km² Fläche, 7 m Stauhöhe, 1970 in Betrieb genommen; dient dem Hochwasserschutz u. der Brauchwasserversorgung.

Kelch [lat. *calix*], **1.** *Botanik:* die äußerste, meist aus grünen Blättchen bestehende Hülle der → Blüte (1) der bedecktsamigen Pflanzen.

2. *christl. Liturgie:* Trinkgefäß zur Spendung des Weins beim Abendmahl (auch Hostiengefäß zeitweise in Kelchform). Der K. besteht aus der Schale (cuppa), dem Fuß u. dem Knauf zwischen beiden Teilen. In der kath. Kirche musste der K. früher aus Gold, Silber oder Zinn, das Innere der cuppa vergoldet sein. Heute sind die Vorschriften flexibler. Auch → Laienkelch.

Kelchkapitell, ein Kapitell in der Form eines Kelchs. Eine Vorform ist das *Kelchblockkapitell,* in dem noch der blockhafte Charakter des roman. Würfelkapitells bewahrt wird.

Kelchkommunion, das Trinken der Teilnehmer einer Mess-(Abendmahls-)feier von dem konsekrierten Wein im Kelch, im christl. Altertum, entsprechend den Einsetzungsworten Christi, allgemein üblich, später im Osten abgeschwächt durch Eintauchen der Hostie in den Kelch. Im Westen wurde sie seit dem 12./13. Jh. allmählich auf die K. verzichtet; 1415 wurde sie im Hinblick auf die Forderungen der Hussiten nach dem Laienkelch verboten. In den Kirchen der Reformation wurde sie allgemein wieder eingeführt. – Durch das 2. Vatikan. Konzil (1962–1965) u. die nachkonziliare Reform gewährt auch die kath. Kirche der K. wieder mehr Raum.

Kelchsteinkraut → Steinkraut.

Kelchtiere → Kamptozoen.

Kelchtüchlein, lat. *Purificatorium,* weißes Linnentüchlein zum Reinigen des Kelches nach der Kommunion.

Kelchwürmer → Kamptozoen.

Keldysch, *Keldyš* ['kjɛldɪʃ], Mstislaw Wjatscheslawowitsch, sowjet. Mathematiker u. Physiker, * 10. 2. 1911 Riga, † 24. 6. 1978 Moskau; 1961–1975 Präs. der sowjet. Akademie der Wissenschaften; schuf die wissenschaftl. Grundlagen für die erste experimentelle Orbitalstation, den Flug der Mondsonde Luna 16 u. die Forschungen der Mondmobile Lunochod.

Kelemen, Milko, kroat. Komponist, * 30. 3. 1924 Podravska Slatina; Schüler von O. *Messiaen,* D. *Milhaud* u. W. *Fortner,* gründete 1960 die Zagreber Biennale für Neue Musik; 1973–1990 Prof. in Stuttgart; setzte sich nach nationalfolklorist. Anfängen seit 1958 mit der Dodekaphonie auseinander u. verwendet in seinen Bühnenwerken alle Mittel moderner Klang- u. Geräuschproduktion. Werke: Ballette „Le héros et son miroir" 1960; „Las Apasionadas" 1964; Opern „Der neue Mieter" 1964 nach E. *Ionesco,* „König Ubu" 1965 nach A. *Jarry,* „Der Belagerungszustand" 1970 nach A. *Camus;* Ballettoper „Apocalyptica" 1979; „Motion" für Streichquartett 1968; Vokalmusik „Les mots" 1965 nach J. P. *Sartre;* elektron. Musik „Judith" 1969; „Monogatari für 12 Gesangssolisten" 1973.

Kelheim, ◆ **1.** Kreisstadt in Niederbayern, an der Mündung der Altmühl in die Donau,

Kelheim (1): Die Befreiungshalle wurde von König Ludwig I. von Bayern als Gedenkstätte für die Siege über Napoleon auf dem Michelsberg bei Kelheim errichtet

südwestl. von Regensburg, 354 m ü. M., 15 800 Ew.; Pfarrkirche (15. Jh.), Stadttore der alten Befestigung (13./14. Jh.); Cellulose-, Holz- u. chem. Industrie, Maschinenbau, Herstellung von opt. u. medizin. Geräten. – Stadtrecht 1181; in der Nähe die 1842–1863 von L. von *Klenze* erbaute *Befreiungshalle* u. das Benediktinerkloster *Weltenburg*.
2. Ldkrs. in Bayern, Reg.-Bez. Niederbayern, 1067 km², 106 000 Ew.; Verw.-Sitz ist K. (1).
Kelik [das; pers., türk.], ein oriental. Floß, bei dem ein Rohrgeflecht von aufgeblasenen Ziegenbälgen getragen wird.
Kelim [der; türk., arab.], flach gewebter oder gewirkter Wandbehang oder Teppich, charakterisiert durch beidseitig gleiches Aussehen. – *Kelimstickerei,* Nachahmung des Kelimteppichs durch Besticken (*Kelimstiche:* schräge Flachstiche) von Kanevas mit dicken Wollgarnen, für Kissen u. Vorleger.

Kelkheim (Taunus)

◆ **Kelkheim (Taunus),** Stadt in Hessen, Main-Taunus-Kreis, am Südrand des Taunus, 26 400 Ew.; Möbelindustrie, Varta-Forschungszentrum. – Stadtrecht 1938.
Kelkit, *Kelkit Cayı,* türk. Fluss in Nordanatolien, 373 km; entspringt nördl. von Erzincan u. mündet nahe der Schwarzmeerküste in den Yeşilirmak.
Kelle, 1. *B a u w e s e n :* Maurerwerkzeug zur Verarbeitung des Mörtels.
2. *H a u s w i r t s c h a f t :* löffelähnliches Schöpfgerät, z. B. *Suppenkelle*
3. *Z o o l o g i e :* der flache Biberschwanz.

Kellenried, Ortsteil der Gemeinde Berg bei Ravensburg (Baden-Württemberg); Benediktinerinnenabtei; 1924 von Beuron gegründet, seit 1926 Abtei (zur Beuroner Kongregation gehörig). Kontemplative Gemeinschaft, bekannt durch Herstellung kunstvoller Weihnachtskrippen; 60 Mitgl.
Keller, das ganz oder teilweise unter der Erde liegende unterste Stockwerk eines Gebäudes; dient im Allg. als Lagerraum u. zum Aufbewahren von Vorräten, kommt auch als selbständige Anlage vor, z. B. bei Brauereien.
Keller, 1. Adolf, schweiz. ev. Theologe, *7. 2. 1872 Rüdlingen, †10. 2. 1963 Los Angeles (USA); 1899–1924 Pfarrer in Burg am Rhein, Genf u. Zürich, 1920–1941 Sekretär des Schweizer. Ev. Kirchenbundes, 1921 Leiter der Europ. Zentralstelle für kirchl. Hilfsaktionen, 1927 Leiter des Internationalen Sozialwissenschaftl. Instituts in Genf, 1937–1948 Vizepräsident des Reform. Weltbundes, maßgebl. Förderer der ökumen. Bewegung, an der Gründung des Ökumen. Rates beteiligt.
◆ **2.** Albert von, schweiz. Maler, *27. 4. 1844 Gais, Kanton Appenzell, †14. 7. 1920 München; studierte Jura u. wurde in seiner Malerei u. a. von H. *Makart* u. A. *Böcklin* beeinflusst. Er schuf vor allem Interieurs, Genreszenen, Bildnisse von Damen der Gesellschaft u. zeitweise Gemälde mit myst. u. religiösen Themen. Ausgehend von der akadem. Salonmalerei, kam er über impressionist. Tendenzen zu einem expressiven Stil.
3. Carsten, dt. Hockeyspieler, *8. 9. 1939 Berlin; mit der dt. Hockey-Nationalmannschaft Olympiasieger 1972; bestritt 133 Länderspiele.
4. Erhard, dt. Eisschnellläufer, *24. 12. 1944 Günzburg; zweifacher Olympiasieger (1968 u. 1972) im 500-m-Eisschnelllauf, Weltmeister im Sprinter-Vierkampf 1971.
5. Franz, dt. Skisportler, *19. 1. 1945 Nesselwang; Vize-Weltmeister 1966 u.

Olympiasieger 1968 in der Nordischen Kombination; 1968 „Sportler des Jahres".
6. Friedrich Gottlob, dt. Erfinder, *27. 6. 1816 Hainichen, Erzgebirge, †8. 9. 1895 Krippen bei Schandau; zerfaserte Holz auf einem Schleifstein unter Zusatz von Wasser u. kam so auf das für die Papierherstellung wichtige *Holzschliffverfahren* (1843).
7. Gottfried, schweiz. Schriftsteller, *19. 7. 1819 Zürich, †15. 7. 1890 Zürich; Sohn eines früh verstorbenen Drechslermeisters, versuchte sich zuerst als Landschaftsmaler (1840–1842 in München), beteiligte sich als Radikal-Liberaler an den polit. Kämpfen u. trat 1846 mit „Gedichten" hervor; ging nach Notjahren als Stipendiat des Kantons Zürich 1848 nach Heidelberg, wo ihn bes. L. *Feuerbach* u. H. *Hettner* beeinflussten, u. 1850 nach Berlin, wo er 1855 die Erstfassung seines Bildungsromans „Der grüne Heinrich" abschloss. Seit 1855 war er wieder in Zürich, 1861–1876 als erster Staatsschreiber. Hier reiften seine meisterl., durch Humor u. Ironie geprägten Novellen („Die Leute von Seldwyla" 1856; „Sieben Legenden" 1872; „Züricher Novellen" 1878; „Das Sinngedicht" 1882), die Endfassung des „Grünen Heinrich" 1879/80, sein pessimist. zeitkrit. Roman „Martin Salander" 1886 u. seine späten Gedichte (Gesamtausgabe 1883). K. ist einer der großen Vertreter der realist. Dichtung. – Histor.-krit. Ausgabe, hrsg. von J. Fränkel u. C. Helbling, 26 Bde. 1926–1949; Sämtl. Werke, hrsg. von T. Böning u. a., 7 Bde. 1985–1997; Gesammelte Briefe, 4 Bde. 1950–1954.
8. Harald, dt. Kunsthistoriker, *24. 6. 1903 Kassel, †5. 11. 1989 Frankfurt a. M.; seit 1944 Prof. in München, seit 1948 Prof. in Frankfurt a. M. Werke: „Giovanni Pisano" 1942; „Bamberg" 71953; „Die Kunstlandschaften Italiens" 2 Bde. 1981; „Die Kunstlandschaften Frankreichs" 1963; „Die Kunst des 18. Jh." (Propyläen-Kunstgeschichte) 1971; „Michelangelo. Bildhauer–Maler–Architekt" 1976.

Helen A. Keller

◆ **9.** [ˈkɛlə], Helen Adams, US-amerikan. Schriftstellerin, *27. 6. 1880 Tuscumbia, Alabama, † 1. 6. 1968 Westport, Connecticut; seit früher Kindheit blind u. taub, studierte trotzdem u. erlangte den Doktorgrad, betätigte sich in Schriften u. Vorträgen als Sozialreformerin; Inspektorin der Blinden- u. Taubstummeninstitute der USA; Hptw.: „Geschichte meines Lebens" 1903, dt. 1904; „Meine Welt" 1908, dt. 1908; „Dunkelheit" 1909, dt. 1909.
10. Paul, dt. Schriftsteller, *6. 7. 1873 Arnsdorf bei Schweidnitz, †20. 8. 1932 Breslau; zuerst Lehrer, gründete die Familienzeitschrift „Die Bergstadt" u. schrieb viel gelesene gemütvolle Romane: „Waldwinter" 1902; „Die Heimat" 1903; „Der Sohn der Hagar" 1907; „Ferien vom Ich" 1915.

Albert von Keller: Die Auferweckung der Tochter des Jairus; 1880. München, Neue Pinakothek

Kellerabzug, Flaschenfüllung von Wein im Keller des Winzers.

Kellerassel, *Porcellio scaber,* die häufigste, bis 16 mm lange mitteleurop. *Landassel*; in Kellern, Gewächshäusern u. Gärten. Die Fühler sind nur zweigliedrig. Auch → Mauerassel.

Kellerhals, 1. *B a u w e s e n :* äußere Kellertreppe zwischen Wangenmauern; auch überwölbter Kellerzugang.
2. *B o t a n i k :* → Seidelbast.

Kellerlichtschacht, Schacht aus Kunststoff, Stein oder Beton vor einem unter der Erdoberfläche liegendem Kellerfenster zur Belichtung u. Belüftung der Kellerräume.

Bernhard Kellermann

Kellermann,
◆ **1.** Bernhard, dt. Roman- u. Reiseschriftsteller, *4. 3. 1879 Fürth, †17. 10. 1951 Potsdam; begann mit lyrischen, K. *Hamsun* nachempfundenen Romanen („Yester u. Li" 1904; „Ingeborg" 1906; „Das Meer" 1910) u. wurde weltbekannt mit dem Zukunftsroman „Der Tunnel" 1913; weitere Romane: „Die Stadt Anatol" 1932; „Das Blaue Band" 1938; „Totentanz" 1948. – Ausgewählte Werke in Einzelausgaben, 8 Bde. 1958–1963.
2. [kɛlɛr'man], Franz Christoph, Herzog von *Valmy,* französ. Offizier, *28. 5. 1735 Straßburg, †23. 9. 1820 Straßburg; Marschall von Frankreich, Sieger der Schlacht bei Valmy (20. 9. 1792); einer der fähigsten Militärs *Napoleons*; trat 1814 für die Restitution der Bourbonenmonarchie ein u. wurde von Ludwig XVIII. zum Pair von Frankreich (ein Adelstitel) ernannt.

Kellerschnecke, *Limax flavus,* bis zu 10 cm lange *Egelschnecke,* mit netzartiger Zeichnung; schädlich an Vorräten durch Fraß u. als Pilzsporenüberträger.

Kellerschwamm, *Coniophora cerebella,* ein Verwandter des *Hausschwamms,* der wie dieser verbautes Holz angreift. Bei Austrocknung geht er ein.

Kellersee, See in der Holstein. Schweiz, 5,6 km², 27,5 m tief.

Kellerup, *Kjellerup,* dän. Ort in Mitteljütland, 14 000 Ew.; landwirtschaftl. Zentrum.

Kellerwald, östl. Ausläufer des Rhein. Schiefergebirges, in das Hess. Bergland vorgeschoben, südl. von Bad Wildungen, im *Wüstegarten* 675 m; Fremdenverkehr.

Kellerwechsel → Wechsel (3).

Kellgren [tçɛlgrɛːn], Johan Henrik, schwed. Schriftsteller, *1. 12. 1751 Floby, Västergötland, †20. 4. 1795 Stockholm; zunächst ein Hauptvertreter der Aufklärung u. geistvoller Parodist, später ein gefühlstiefer Vorläufer der Romantik; verfasste Gedichte („Til Christina" 1789; „Den nya skapelsen" 1789; „Ljusets fiender" 1792), Satiren u. journalist. Arbeiten. – Samlade skrifter, 3 Bde. 1796.

Kellinghusen, Stadt in Schleswig-Holstein, Ldkrs. Steinburg, an der Stör, 8100 Ew.; keram., Fleischwaren- u. Mühlenindustrie; ehem. Fayence-Manufaktur (1740–1840). – Stadtrecht 1877.

Kellner, frühere Bez. für den → Restaurantfachmann.

Frank Billings Kellogg

◆ **Kellogg,** Frank Billings, US-amerikan. Politiker (Republikaner), *22. 12. 1856 Potsdam, New York, †21. 12. 1937 St. Paul, Minn.; Anwalt, 1917–1923 Senator, 1924/25 Botschafter in London; brachte als Außenminister (1925–1929) 1928 mit A. *Briand* den *Briand-Kellogg-Pakt* zustande u. erhielt dafür 1929 den Friedensnobelpreis; 1930–1935 Mitgl. des Internationalen Gerichtshofs in Den Haag.

Kellogg-Pakt → Briand-Kellogg-Pakt.

Kelly, Grace, Fürstin von Monaco, → Gracia Patricia.

Kelly ['kɛli], ◆ **1.** Ellsworth, US-amerikan. Maler u. Bildhauer, *31. 5. 1923 Newburgh, N. Y.; studierte u.a. in Paris u. wurde von H. *Arp,* M. *Seuphor,* V. *Vasarely* beeinflusst. In seinen dem *Hard-Edge* zugehörigen Bildern u. Skulpturen entwickelt K. stark farbige, monochrome Farbflächen in klaren, geometr. Formen. Dabei verfolgt er das Ziel, jede Farbe so rein wie möglich zu gestalten u. ihr so eine eigene Realität zu geben; der Betrachter soll die Präsenz der Farbe fast körperl. spüren.
2. Gene, US-amerikan. Tänzer u. Schauspieler, *23. 8. 1912 Pittsburgh, Pennsylvania, †2. 2. 1996 Beverley Hills; vor allem Tanzkomiker, auch Regisseur u. Choreograf; durch viele Filmmusicals berühmt: „Ein Amerikaner in Paris" 1951; „Singin' in the rain" 1952; „Einladung zum Tanz" 1954 u.a.; führte Regie u.a. bei der Verfilmung von „Hello Dolly" 1969.
3. Petra, dt. Politikerin, *29. 11. 1947 Günzburg, †1. 10. 1992 Bonn; bis 1979 Mitgl. der SPD; seit 1979 führend in der Partei „Die Grünen", 1983–1990 Mitgl. des Bundestages, 1983/84 Fraktionssprecherin; wurde am 19. 10. 1992 zusammen mit ihrem Lebensgefährten Gerd *Bastian* in ihrem Haus tot aufgefunden. Nach den Ermittlungen ist davon auszugehen, dass Bastian K. erschoss u. sich danach selbst tötete.

Kelly Family ['kɛli 'fæmili], Musikerfamilie irischer Abstammung; als Musikgruppe gegr. 1974 von Dave *Kelly*; große Erfolge mit Popmusik, durchsetzt mit Elementen von Schlager, Folklore u. Rock. Neben den musikalischen Erfolgen sorgt auch der unkonventionelle Lebensstil der Familie, die seit 1998 auf Schloss Gymnich (Erftkreis) lebt, für Aufsehen. CDs (u.a.): „Wonderful World" 1981; „Over the Hump" 1994; „Best Of, Volume 1 u. 2" 1999.

Kelmscott Press ['kɛlmskɔt prɛs], 1891 von W. *Morris* in Hammersmith bei London gegr. Privatpresse; versuchte durch handwerklich subtil gearbeitete Bücher (u.a.

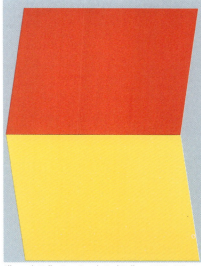
Ellsworth Kelly: Two Panels Red Yellow; 1971. Münster, Westfälisches Landesmuseum

Verwendung von handgeschöpftem Papier u. von Handpressen der Frühdruckzeit) dem technisiert-vereinheitl. Buch entgegenzuwirken; übte großen Einfluss auf die künstler. Buchgestaltung aus; 1898 wieder eingestellt.

Keloid [das; grch.], eine harte, bindegewebige, meist gutartige Narbengeschwulst *(Narbenkeloid),* für deren Entstehen eine bestimmte Veranlagung mitverantwortlich ist. Gehäuftes Auftreten von Keloiden heißt *Keloidose.*

Kelowna [engl. ki'ləunə], Stadt im südl. British Columbia (Kanada), am Okanagansee, 76 000 Ew.; Holzverarbeitung, Agrarzentrum.

Kelp [das; engl.], **1.** frz. *Varec,* die bei der Tangverarbeitung anfallende Asche; Rohstoff für die Iodgewinnung aus den bes. iodreichen Meeresalgen.
2. allg. Bez. für große Seetangpflanzen.

Kelsen, Hans, österr.-US-amerikan. Staats- u. Völkerrechtslehrer, *11. 10. 1881 Prag, †19. 4. 1973 Berkeley, Calif.; lehrte in Wien, seit 1929 in Köln, 1933–1940 in Genf, 1942–1952 in Berkeley, Calif.; Begründer der (logisch) „Reinen Rechtslehre", Schöpfer der österr. Bundesverfassung von 1920, Mitarbeiter F. D. *Roosevelts* an der Atlantik-Charta. Hptw.: „Hauptprobleme der Staatsrechtslehre" 1911; „Österr. Staatsrecht" 1923; „Allg. Staatslehre" 1925; „Die Bundesexekution" 1927; „Die philosophischen Grundlagen der Naturrechtslehre u. des Rechtspositivismus" 1928; „Reine Rechtslehre" 1934; „General theory of law and state" 1945; „The political theory of bolshevism" 1949; „The law of the United Nations" 1950; „Principles of international law" 1952.

Kelsos [grch.], griechischer Philosoph, → Celsus (1).

Kelsterbach, Stadt in Hessen, Ldkrs. Groß-Gerau, am unteren Main, 14 400 Ew.;

Chemiefaser-, Strumpf- u. Kfz-Zubehörindustrie.

◆ **Kelten** [„die Tapferen", „die Erhabenen" oder „die Hohen"], grch. *Keltoi*, lat. *Celtae*, auch *Galli, Galatae*, ein aus spärlichen antiken schriftl. Überlieferungen, aus archäolog. Befunden u. sprachwissenschaftl. Forschungsergebnissen erschlossenes, uneinheitliches Volk, das große Teile West-, Mittel-, Südosteuropas u. Kleinasiens bewohnte.
Zeugnisse: Als früheste Erwähnung des Namens kann die (nur indirekt überlieferte) Aussage *Hekatäus'* von Milet (um 500 v. Chr.) gelten, die Stadt Massilia (heute Marseille) liege im Gebiet der *Ligurer*, unterhalb der *Keltiké*. Im 5. Jh. v. Chr. berichtete dann *Herodot* in den „Historien" zweimal von den K. Demnach wohnten sie jenseits der Säulen des Herakles (heute die Straße von Gibraltar) den Kynesiern benachbart, also wohl im heutigen Portugal. Diese Aussage gibt Rätsel auf, da archäolog. Funde, die normalerweise mit den K. verbunden werden, in Portugal fast völlig fehlen. Ferner erwähnte Herodot, im Gebiet der K. entspringe der *Istros* (die heutige Donau). Da in Süddeutschland für diese Zeit archäologisch die späte *Hallstattkultur* u. die frühe *Latènekultur* nachgewiesen sind, werden die K. als Träger dieser, vor allem der letztgenannten, später in West- u. Mitteleuropa weit verbreiteten Kulturen angesehen. Ergebnisse der Sprachforschungen legen durch Orts- u. Gewässernamen den Entstehungsraum einer keltischen Ursprache im Gebiet zwischen Ostfrankreich, West- u. Süddeutschland bis Böhmen nahe. Untersuchungen zum Keltiberischen, deren Ergebnisse jedoch mehrfach kritisiert wurden, geben den Zeitpunkt dieser Entstehung schon vor dem 5. Jh. v. Chr. an. Es erscheint kaum sinnvoll, nach K. in der Zeit vor dem 5. Jh. v. Chr. zu suchen. Archäologisch erstaunt der große

Kelten: Köpfe toter Krieger auf einer Stele des 3.–2. Jh. v. Chr. aus Entremont. Aix-en-Provence, Musée Granet

Unterschied zwischen Hallstatt- u. Latènekultur, die meist beide als keltisch gedeutet werden. Doch geben die sog. *Fürstensitze* der späteren westl. Hallstattkultur *(Heuneburg, Hohenasperg, Mont Lassois u. a.)* mit ihren reich ausgestatteten Grabhügeln (z. B. *Magdalenenberg, Hochdorf, Vix*) u. mit ihren Beziehungen zu den südl. antiken Hochkulturen Anzeichen für eine straffe Organisation, die die Kontrolle u. Verteilung von Gütern u. Arbeitskräften ermöglichte. Dieses ist für die damaligen Verhältnisse am ehesten aufgrund einer Stammesgemeinschaft denkbar. Die radikale Umwälzung in Form der Latènekultur wird vor allem als religiöse Neuerung gedeutet, die sich aufgrund innerer Spannungen sozialer u. kultureller Art in Verbindung mit vielen neuen Anregungen aus dem Bereich der antiken Hochkulturen durchsetzte. Neben dem Aufkommen neuer Fürstensitze in der *Hunsrück-Eifel-Kultur* mögen diese Auseinandersetzungen u. a. zur Zerstörung der Hallstatt-Fürstensitze u. auch zu den Wanderungen der später aus der Literatur als keltisch bekannten Stämme geführt haben. Die Wanderungen begannen bereits im 5. Jh. v. Chr. nach Italien u. dem Balkan.
Italien: In Italien siedelten sich in der Poebene *Insubrer, Boier, Cenomanen* u. *Senonen* an. Von dort aus besiegten sie mehrfach die Etrusker, 387 v. Chr. in der Schlacht an der Allia auch die Römer u. plünderten Rom. Seit dem Beginn des 3. Jh. v. Chr. jedoch dehnten die Römer ihren Machtbereich auch auf die keltisch besiedelten Gebiete Norditaliens aus u. gliederten sie als „Gallia cisalpina" Anfang des 1. Jh. v. Chr. ihrem Reich ein.
Balkan: Vom 4. Jh. v. Chr. an wurde der Balkan besiedelt. 279 v. Chr. kam es dabei zum Angriff auf Delphi, das nur knapp der Plünderung entging. Ein Jahr später überquerten die *Tektosagen, Trokmer* u. *Tolistobogier* (bekannt als → Galater) unter Führung von Leonnorios u. Lutarios den Hellespont u. siedelten sich in Anatolien an. Mit dem Ausgang des 3. Jh. v. Chr. endete die kelt. Expansion. Der Kontakt mit den Kulturen des Mittelmeerraums führte im keltischen Kerngebiet zu vielen Neuerungen: Herausbildung einer neuen Adelsherrschaft, Anlage befestigter, stadtähnlicher Siedlungen (→ Oppidum) als Stammeszentren mit eigener Münzprägung u. spezialisierten Werkstätten.
Kultur: Über die Kultur der Spätzeit auf linksrheinischem Gebiet ist man durch *Cäsars* „De bello gallico" relativ gut unterrichtet. Cäsar unterschied verschiedene Stämme der K.: *Helvetier, Sequaner, Häduer* mit dem Oppidum *Bibracte, Biturigen* mit dem Oppidum *Avaricum, Boier, Allobroger, Arverner* mit dem Oppidum *Gergovia, Senonen, Treverer* u. *Lingonen*. Seinem Bericht nach gab es eine dreischichtige Gesellschaftsstruktur: Alle Macht lag bei der Ritterschaft *(equites)* u. den *Druiden*. Letzteren oblagen alle Entscheidungen u. Rechtsstreitigkeiten. Ihr Wissen war geheim u. durfte nur mündlich überliefert werden. Die dritte Schicht, das Volk, konnte zwar zu

Keltiberer: Krieger auf einem Relief aus Osuna in Südspanien. Madrid, Museo Arqueológico Nacional

Volksversammlungen zusammenkommen, war aber meist vom Adel abhängig u. ihm zum Gehorsam verpflichtet. Nach *Lucanus* im „Bellum civile" hießen die drei höchsten Götter der K. *Taranis, Teutates* u. *Esus*. Wie weit sich die geschilderten Verhältnisse auch auf die rechtsrheinischen K. übertragen lassen, ist unklar.
Rückzug: Cäsars Kämpfe in Gallien (58–51 v. Chr.) führten, durch die Uneinigkeit der K. untereinander begünstigt, zur völligen Unterwerfung der linksrheinischen K. u. zur Einverleibung ihres Gebietes in das Römische Reich als „Gallia transalpina". Gleichzeitig bedrängten die Germanen u. Daker die K. Seit 16 v. Chr. begannen die Römer mit der Eroberung der späteren Provinzen *Noricum* (etwa das heutige Österreich), *Pannonien* (ungar. Tiefebene) u. *Raetien* (Alpen u. Südwestdeutschland). Damit verloren die letzten keltischen Landstriche ihre Unabhängigkeit an die Römer. Keltische Tradition lebte nur in wenigen Rückzugsgebieten fort, z. B. in Schottland, Irland, Wales u. in der Bretagne. Die keltisch sprechenden Stämme Britanniens u. Irlands wurden im Altertum nie als Kelten bezeichnet, sondern erst seit den Sprachforschungen des 18. Jh.
Keltenrind, zum Kurzhornvieh gehörendes Rind der kelt. Völker, das durch diese über weite Teile Europas verbreitet wurde.
Kelter, 1. *Getränke:* Presse zur Trennung des Safts von den Hülsen u. Kernen bei der Weinbereitung (Frucht-, Traubenpresse).
2. *Ikonographie: Christus in der Kelter,* sinnbildl. Darstellung des Opfertods Christi, der mit Dornenkrone u. Lendenschurz als *Schmerzensmann* in der K. steht, deren Balken ihn niederdrückt.
Kelterborn, Rudolf, schweiz. Komponist, *3. 9. 1931 Basel; studierte bei W. *Fortner*, G. *Bialas*, W. *Burkhard* u. B. *Blacher*, 1960 Kompositionslehrer in Detmold, 1968 an der Musikhochschule Zürich; 1975–1980

Leiter der Musikabteilung beim dt.-schweiz. u. rätoroman. Rundfunk in Basel; arbeitete zunächst mit der Zwölftontechnik, bezog dann auch serielle, elektronische u. freitonale Elemente ein. Hptw.: Opern („Die Errettung Thebens" 1963; „Kaiser Jovian" 1967; „Orphelia" 1984; „Der Kirschgarten" 1984; „Julia" 1991), Oratorium „Die Flut" 1965, Orchesterwerke („Metamorphosen" 1957; 4 Sinfonien, „Traummusik" 1971; „Changements" 1973; „Erinnerungen an Orpheus" 1979; „Canzoni per orchestra Chiaroscura" 1980), Chormusik („Musica spei" für Chor, Orgel u. Sopran auf Texte aus der Vulgata 1970), Kammermusik (5 Streichquartette, „Szene" für 12 Celli 1980, Fantasien, Inventionen u. Gesänge für Klarinette u. Streichquartett 1997) u.a.; schrieb Bücher: „Zum Beispiel Mozart" 1981; „Musik im Brennpunkt" 1988.

Keltern, Gemeinde in Baden-Württemberg, Enzkreis, 8600 Ew.

◆ **Keltiberer,** keltisch-iberische Stämme in Nordspanien, zwischen dem Oberlauf des Ebro u. dem Unterlauf des Turia; der stark befestigte Hauptort war *Numantia.* Sie zerfielen in die Stämme der *Arevaker, Beller, Lusoner, Pelendoner, Titter* u. *Vaceer*; verwandtschaftl. Beziehungen bestanden zu den *Lusitanern.* Die K. gewannen Gold aus Flüssen, Silber u. Eisen aus Bergwerken u. hatten eine vorzügl. Waffenfabrikation. Sie konnten von den Karthagern nur z.T. unterworfen werden u. leisteten gegen Rom in drei längeren Kriegen andauernden Widerstand. *Cornelius Scipio* konnte 133 v. Chr. Numantia erobern, doch leisteten die K. den Römern noch bis 44 v. Chr. Widerstand.

Keltisch, eine zur indoeurop. Sprachfamilie gehörende Sprachgruppe, die in der Vorzeit über ganz Europa bis nach Spanien u. Norditalien verbreitet u. bis nach Kleinasien (Königreich der Galater) vorgedrungen war. Die seit dem 3. Jh. v. Chr. datierten verstreuten Inschriften lassen eine Rekonstruktion der kelt. Ursprache nicht zu. Man unterscheidet das ausgestorbene *Festlandkeltisch* (in Spanien, Gallien, Süd- u. West-Dtschld., Italien u. auf dem Balkan), von dem neben wenigen Inschriften nur zahlreiche Eigennamen erhalten sind, u. das z.T. noch lebendige *Inselkeltisch* mit einem *goidelischen (gälischen)* Zweig (*Irisch, Gälisch* [Schottisch] i. e. S. u. *Manx)* u. einem britannischen Zweig (*Walisisch, Kornisch* u. *Bretonisch*).

Keltische Felder → Celtic fields.

◆ **keltische Kunst,** die Kunst der Kelten von der Latènezeit *(Latènekunst)* bis zu ihrer letzten Blüte im frühen MA auf den brit. Inseln, insbes. in Irland. Sie entstand im 5. Jh. v. Chr. unter dem Einfluss etrusk. u. griech. Kunstgewerbes u. wurde von den Fürsten des Champagne-Saar-Mosel-Mittelrhein-Gebiets gefördert, in deren Gräbern (z.B. in Reinheim, Waldalgesheim) sich seit etwa 450 v.Chr. reicher Import aus dem Mittelmeerraum u. die besten Erzeugnisse kelt. Goldschmiedekunst fanden. Allen Techniken der Mittelmeerwelt gegenüber aufgeschlossen, entwickelten die Kelten

parallel hierzu ihre eigenen handwerkl. Methoden u. leisteten auf dem Gebiet der Metallbearbeitung Hervorragendes. Von der griech.-etrusk. Kunst übernahmen sie Ranken-, Palmetten- u. Lotosblütenornamente, von der skyth.-iran. zoomorphe Motive, gestalteten sie aber zu eigenen kurvolineren Mustern u. komplizierten, oft ins Grenzenlose verschlungenen Kompositionen, mit einer fantast. Darstellung von Mensch u. Tier bei gleichzeitiger Stilisierung. Mit diesen Mustern statteten sie nahezu alle Gebrauchs- u. Schmuckgegenstände aus Bronze, Eisen, Gold u. Silber aus, insbes. Kannen, Kessel, Streitwagen- u. Waffenbestandteile (reich gravierte Schwerter), Pferdegeschirr, Beschlagbleche, Halsringe (Torques), Armringe u. Fibeln. Eines der bedeutendsten, mit ornamentalem u. figürl., getriebenem Dekor verzierten Werke ist der Silberkessel von Gundestrup. Charakteristisch sind dem Menschen nachgebildete Masken. Koralleneinlagen u. Email dienten der Verzierung von Bronze-, Silber- u. Eisengegenständen. Die aus gedrehtem farbigen Glas hergestellten, oft mit anders gefärbten Glasfäden verzierten Armringe u. Perlen kamen aus eigenen kelt. Werkstätten. Großplastik u. Steinarchitektur erlangten seit dem 3. Jh. v. Chr. in der südgallischen Kontaktzone zur Mittelmeerwelt einige Bedeutung. Charakteristisch sind vor allem Menschenkopfskulpturen (z.B. Januskopf von Roquepertuse).

Auch während der römischen Herrschaft blieb das kelt. Formgefühl in der Kunst Galliens erhalten. Impulse aus dem britannischen Raum, in dem in den beiden Jahrhunderten vor Christi Geburt eine eigene Latènekunst blühte, bewirkten im 2. Jh. n.Chr. einen eigenen Stil im nordalpinen Raum, der sich als Durchbruchstil provinzialröm. Bronzebeschläge u. einer bis in die Spätantike nachwirkenden Renaissance der Latèneformen äußerte. In Irland u. Schottland konnte sich die k.K. ungestört weiterentwickeln, doch unterscheidet sie sich von der vorangehenden Latènekunst durch die Verarbeitung starker oriental., ostmediterraner, christl. u. angelsächs. Impulse u. die Aufnahme des german. Flechtband- u. Tierstils.

Der *frühirische Stil* (650–850) brachte Spiralen, Tierornamente u. Flechtband nebeneinander an, vor allem auf Kelchen, Evangelienbehältern, Bischofsstäben u.Ä. Er ist besonders für die illuminierten Handschriften des 7.–9. Jh. charakteristisch, die einen Höhepunkt der irischen Buchkunst darstellen (z.B. *Book of Durrow, Book of Kells*). Der *mittelirische Stil* (850–1000) wurde durch die Einfälle der Wikinger beeinflusst, brachte ein technisches Absinken sowie künstlerische Eintönigkeit u. übernahm zunehmend den norwegischen Tier- u. Vogelgeflechtstil. Der *spätirische Stil* (1000–1170) zeigte in guter Technik die Ornamente der vorangegangenen Stile, ohne Neuschöpfungen hervorzubringen. Typisch für das Fortleben der keltischen Tradition sind u.a. auch die überall im Land aufgestellten Steinkreuze.

keltische Literatur, Sammelbez. für die Literaturen in kelt. Sprache: → bretonische Literatur, → irische Literatur (1), → kymrische Literatur, → manxische Literatur, → schottische Literatur (2).

keltische Musik. Zu den ersten Belegen für Musikinstrumente im Kulturraum der Kelten zählen lange Trompeten, wie sie auf den röm. Bögen Südfrankreichs u. auf dem Silberkessel von Gundestrup (wahrscheinlich 1. Jh. v.Chr.) abgebildet sind. Nach *Diodorus Siculus* u. *Poseidonius* (1. Jh. v.Chr.) hatten die kelt. Könige, auch im Krieg, *Barden* in ihrem Gefolge, d.h. Dichter, die die Heldentaten ihrer Herren mit Gesang zur Harfe vortrugen; ihre Spottgedichte auf die Feinde galten als zauberkräftig. Alte Gesänge, die sich bis heute erhalten haben, Tanz- u. Marschweisen, Klage-, Helden- u. Arbeitslieder, sind rhythmisch u. metrisch von den eigentüml. Formen der irischen Dichtung geprägt. – Die *Harfe,* bereits im 8./9. Jh. bildlich belegt, war neben dem *Dudelsack* (→ Sackpfeife), dem Volksinstrument Irlands, Schottlands, z.T. auch Wales' u. der Bretagne, das beliebteste Nationalinstrument; daneben erlangten die *Rotta* u. weitere mit dem Bogen gestrichene Instrumente, verschiedene Horn- u. Trompetentypen sowie Flöten nicht die gleiche Bedeutung.

Für die Erhaltung der Tradition wurde 1893 die „Gaelix League for the Restoration of Irish" gegründet. Heute besitzen die „Irish Folklore Commission" u. der britische u. der irische Rundfunk eine Schallplattensammlung mit alten Gesängen u. Instrumentalstücken. In der Bretagne finden noch heute internationale Dudelsackfestspiele statt; in Wales lebt die Harfe als solistisches Begleitinstrument zu bestimmten Volkstänzen fort; in Irland ist sie wie vor Nationalinstrument, wie in Schottland der Dudelsack. Auch → irische Musik.

Kelud, Vulkan in Ostjava (Indonesien), 1731 m; wegen verheerender Eruptionen u. Kraterseeausbrüchen gefürchtet; letzter Ausbruch 1990.

keltische Kunst: Schmuck-Collier von Smettisham. London, British Museum

Kelvin, Kurzzeichen K (ohne Gradzeichen °), Basiseinheit der thermodynam. Temperatur *(Kelvin-Temperatur).* Nach dem Beschluss der 10. Generalkonferenz für Maß u. Gewicht 1954 ist 1 K gleich dem 273,16ten Teil der Temperaturdifferenz zwischen dem Tripelpunkt von Wasser und dem absoluten Nullpunkt (0 K). Der Tripelpunkt von Wasser ist eine Temperatur, bei der Eis, Wasser und Wasserdampf gleichzeitig existieren können, ohne dass eine Umwandlung geschieht. Dieser Punkt liegt laut Definition 0,01 K über dem Eispunkt des Wassers. Es gilt:
Eispunkt des Wassers: 273,15 K $\triangleq$ 0 °C
Tripelpunkt des Wassers: 273,16 K $\triangleq$ 0,01 °C
absoluter Nullpunkt: 0 K $\triangleq$ −273,15 °C.
Temperaturen dürfen auch weiterhin in Grad Celsius angegeben werden.
Kelvin, *Lord Kelvin of Largs,* brit. Physiker, → Thomson, Sir William.
Kelvin-Skala, die absolute Temperaturskala, → Kelvin.
Kemal, Yaşar, türk. Schriftsteller, → Yaşar Kemal.
Kemal Atatürk, *Mustafa Kemal Pascha* → Atatürk.
Kemalpaşa [kɛmal'paʃa], *Mustafa-Kemalpaşa,* türk. Fluss im NW Anatoliens, 271 km; fließt durch den See Apolyont u. mündet in den Simav.
Kemal Tahir, eigentl. Ismail Kemalettin *Demir,* türk. Schriftsteller, *15. 4. 1910 Istanbul, †21. 4. 1973 Istanbul; schildert in seinen realist. Romanen die untergehende Welt des anatol. Dorflebens.
Kembs, oberelsäss. Gemeinde im Dép. Haut-Rhin (Frankreich), am Hüninger Zweig des Rhône-Rhein-Kanals, 3000 Ew.; Staustufe mit Großkraftwerk (Jahreserzeugung fast 1 Mrd. kWh).
Kemelman ['kɛmǝlmǝn], Harry, US-amerikan. Schriftsteller, *24. 11. 1908 Boston, Mass., †15. 12. 1996 Marblehead, Mass.; schrieb Kriminalgeschichten, deren Hauptgestalt ein Rabbiner ist u. die das Leben einer jüd. Gemeinde in den USA schildern: „Am Freitag schlief der Rabbi lang" 1964, dt. 1966; „Am Montag flog der Rabbi ab" 1972, dt. 1974; „Der Rabbi schoss am Donnerstag" 1978, dt. 1980; „Ein neuer Job für den Rabbi" 1992, dt. 1994; „Als der Rabbi die Stadt verließ" 1996, dt. 1997.
Kemenate [lat.], ursprüngl. ein mit einem Kamin versehener Raum, oft das Frauengemach, auf Burgen des MA; später auch ein ganzer Gebäudeteil.
Kemeneshát ['kɛmɛnɛʃhaːt], dt. *Kemenesrücken,* ungar. Landschaftsname für den lang gestreckten Schotterrücken an der Ostseite des mittleren Raabtals; Teillandschaft des südl. Randgebietes des → Kisalföld.
Kemény ['kɛmeːnj], Zoltán, ungar. Bildhauer u. Maler, *21. 3. 1907 Banica, †14. 6. 1965 Zürich; montierte vorfabrizierte Metallstücke auf eine Grundfläche, sodass verschiedenartige Strukturen entstanden; für seine Reliefbilder, zwischen Plastik u. Malerei angesiedelt, 1964 mit dem Großen Bildhauerpreis der Biennale in Venedig ausgezeichnet.

Kemerowo ['kjɛmirava], *Kemerovo,* bis 1932 *Schtscheglowsk,* Stadt im N des Kusnezker Beckens (Russland), 503 000 Ew.; Steinkohlenbergbau, chem. Industrie, Maschinenbau, Buntmetallurgie, Leicht- u. Baustoffindustrie; Wärmekraftwerk; Verkehrsknotenpunkt.
Kemi, finn. Hafenstadt an der Mündung des Kemijoki, 25 100 Ew.; Cellulosefabriken, Sägewerke; in der Nähe Chromerzvorkommen.
Kemijoki, Fluss im N von Finnland, 494 km; entspringt südl. des Bergs Saariselkä, durchfließt den See Kemijärvi, nimmt den Ounasjoki auf u. mündet bei Kemi in den nördl. Bottn. Meerbusen.
Kemmelberg, *Kemmel,* Bergrücken bei Cassel (Belgien), inmitten des Flachlands u. Einzelhofgebiets des südl. Westflandern, 156 m; im 1. Weltkrieg stark umkämpft.
Kemnath, Stadt in der Oberpfalz (Bayern), Ldkrs. Tirschenreuth, südöstl. von Bayreuth, 454 m ü. M., 5200 Ew.; Herstellung medizinisch-technischer Geräte, Textilindustrie.
Kemp, Paul, dt. Schauspieler, *20. 5. 1899 Bad Godesberg, †13. 8. 1953 Bad Godesberg; seit 1918 am Theater in Düsseldorf, Hamburg u. Berlin als Komiker, seit 1930 beim Film, u. a. in „Charleys Tante" 1934.
Kempa-Trick, eine Wurfart beim Handball, die nach Bernhard *Kempa* (31 Länderspiele) benannt ist: der Ball wird vom Zuspieler über die gegnerische Abwehr in den Torraum gehoben, wo ihn ein Mitspieler (meist der Kreisläufer) im Sprung mit einer Hand fängt u. auf das Tor wirft.
Kempe, Rudolf, dt. Dirigent, *14. 6. 1910 Niederpoyritz bei Dresden, †11. 5. 1976 Zürich; tätig in Chemnitz, Weimar u. Dresden; 1952–1954 Generalmusikdirektor der Münchner Staatsoper, 1961–1975 Chefdirigent des brit. Royal Philharmonic Orchestra, seit 1965 Leiter des Tonhalle-Orchesters in Zürich, 1967 der Münchner Philharmoniker, 1975 des BBC Symphony Orchestra.
Kempen, 1. *Kempenland,* frz. *Campine,* nordbelg. Landschaft zwischen Maas, Albertkanal u. Schelde; sandige Heide mit Bewässerungsanbau, große Kohlenvorkommen, deren Ausbeutung seit 1965 ausläuft; im N Zink-, Blei- u. Ziegelindustrie; Fremdenverkehr; Hauptort *Turnhout.*

Kempen (2)

◆ 2. Stadt in Nordrhein-Westfalen, Ldkrs. Viersen, nordwestl. von Krefeld, 36 200 Ew.; Reste der ehem. kurköln. Festung, Marienkirche (13.–15. Jh.); Heimat des Theologen *Thomas von K.;* Textil- u. Eisenindustrie. – Stadtrecht 1294.
Kempen → Thomas von Kempen.

Kempener, Peter de, span. Pedro *Campaña,* fläm. Maler, *1503 Brüssel, †1580 Brüssel; ging um 1529 nach Italien, war 1537–1562 in Sevilla u. leitete dann in Brüssel die Teppichmanufaktur. Sein manierist. Stil vereinigte niederländ., span. u. italien. Elemente. Hptw.: Kreuzabnahme, aus der Kathedrale von Sevilla (vor 1547; Montpellier, Museum).
Kempf, Wilhelm, dt. kath. Theologe, *10. 8. 1906 Wiesbaden, †9. 10. 1982 Wiesbaden; 1949–1981 Bischof von Limburg.

Wilhelm Kempff

◆ **Kempff,** Wilhelm, dt. Pianist u. Komponist, *25. 11. 1895 Jüterbog, †23. 5. 1991 Positano (Italien); 1924 bis 1939 Direktor der Musikhochschule Stuttgart; Interpret der Klassik u. Romantik, auch ein Meister der Improvisation; schrieb u. a. 2 Sinfonien, Kammermusik, Chorwerke u. 4 Opern; Autobiografie „Unter dem Zimbelstern" 1951; „Was ich hörte, was ich sah" 1981.
Kempland, antarkt. Küstenstrich auf etwa 58° Ost, mit mehreren eisfreien Stellen; 1833 von dem engl. Kapitän Peter *Kemp* entdeckt.
Kempner, Friederike, dt. Schriftstellerin, *25. 6. 1836 Opatow, Posen, †23. 2. 1904 Schloss Friederikenhof bei Reichthal, Schlesien; Dramen, Novellen, Lyrik; bes. ihre „Gedichte" (1873) leben wegen ihrer unfreiwilligen Komik bis in die Gegenwart weiter.

Walter Kempowski

◆ **Kempowski,** Walter, dt. Schriftsteller, *29. 4. 1929 Rostock; 1948 im sowjet. Besatzungsgebiet wegen angebl. Spionage zu 25 Jahren Haft verurteilt, 1956 in die BR Dtschld. abgeschoben; 1960–1980 Lehrer. Sein Hauptwerk ist eine Folge von Romanen, in denen K. die Geschichte seiner Familie während der ersten 6 Jahrzehnte des 20. Jh. erzählt: „Aus großer Zeit" 1978; „Schöne Aussicht" 1981; „Tadellöser und Wolf" 1971; „Uns geht's ja noch gold" 1972; „Ein Kapitel für sich" 1975; „Herzlich willkommen" 1984 (Titel in der Reihenfolge der Handlung). Sein erstes Werk ist ein Bericht über seine Haftzeit: „Im Block" 1969. „Das Echolot" 1993 ist ein kollektives Tagebuch, in dem K. alle Tage der Monate Januar u. Februar 1943 aus den Beständen seines Archivs u. aus anderen Quellen protokolliert hat. Weitere Werke: „Haben Sie Hitler gesehen?" 1973; „Unser Herr Böckelmann" 1979; „Bloomsday 97" 1997; „Heile Welt" 1999; Hörspiele.
Kemps, Niek, niederländ. Maler u. Objektkünstler, *21. 8. 1952 Nimwegen; riesige Installationen mit kühler, glatter u. trans-

parenter Oberfläche – oft Glas – stehen im Gegensatz zum undurchsichtigen, verborgenen Kern. Sie versinnbildlichen für den Betrachter durch das Objekt die Spannung zwischen Akzeptanz u. Abgestoßensein.

Kempten

◆ **Kempten,** *Kempten (Allgäu),* kreisfreie Stadt in Schwaben (Bayern), Zentrum des bayer. Allgäus, an der Iller, 695 m ü. M., 61 700 Ew.; Rathaus (15./16. Jh.) mit Brunnen, Stiftskirche St. Lorenz (17. Jh.), ehem. fürstäbtl. Residenz (17./18. Jh.), Barockkirche St. Mang, Allgäuer Heimatmuseum im Kornhaus (18. Jh.); Sitz der Süddt. Butter- u. Käsebörse; feinmechan., Verpackungs-, Elektro-, Textil-, Möbel- u. Papierindustrie, Druckereien, Brauereien, Maschinenbau, Milchverarbeitung; Bundeswehrstandort. – Das alte *Cambodunum* (Ausgrabungen) war röm. Garnison; 1289–1802 freie Reichsstadt; 752–1803 Benediktinerabtei; im 30-jährigen Krieg zerstört; 1803 bayer.; bestand bis Anfang des 19. Jh. aus zwei selbständigen Städten, einer Bürger- u. einer Stiftsstadt.

Ken, Verwaltungsbezirk (Präfektur) in Japan.

Kenaf [pers.], Bastfasern einer einjährigen, juteähnl. Faserpflanze von hoher Festigkeit, mit bis zu 300 cm langen Faserbündeln.

Kenai ['kiːnai], Halbinsel im zentralen Südalaska (USA), zwischen Cook Inlet (im W) u. Prince William Sound (im O), bis 200 km breit u. rd. 250 km lang, bis 2400 m hoch, 40 800 Ew.; mildes, feuchtes Klima (Steilküsten z. T. vergletschert), Nationalpark *Kenai Fjords* im SO; Holzwirtschaft, Fischfang, Landwirtschaft am Cook Inlet, Erdöl- u. Erdgasförderung, Raffinerie; wichtigster Ort ist der Hafen *Seward* mit Bahnverbindung nach Anchorage. – Russ. Kolonisation ab etwa 1830, kam 1867 an die USA.

Kendal [kɛndl], *Kirkby-Kendal,* Stadt in der nordenglischen Grafschaft Cumbria (Großbritannien), östlich des Lake District, 23 000 Ew.; bis 1974 Verw.-Sitz der ehemaligen Grafschaft Westmorland; Wollwarenherstellung.

Kendall ['kɛndəl], 1. Edward Calvin, US-amerikan. Mediziner u. Biochemiker, *8. 3. 1886 South Norwalk, Connecticut, †5. 5. 1972 Princeton, New Jersey; erforschte u. entdeckte die Hormone Thyroxin u. Cortison; Nobelpreis 1950 mit P.S. *Hench* u. T. *Reichstein.*
2. Henry Clarence Thomas, austral. Lyriker, *18. 4. 1839 Kirmington, Neusüdwales, †1. 8. 1882 Redfern bei Sydney; begründete mit heimat- u. naturverbundener Lyrik die austral. Nationaldichtung: „Leaves from an Australian forest" 1869. – The poetical works 1966.

3. Henry Way, US-amerikan. Physiker, *9. 12. 1926 Boston; seit 1967 Prof. am Massachusetts Institute of Technology. 1990 erhielt K. gemeinsam mit J. I. *Friedman* u. R. E. *Taylor* den Nobelpreis für Physik für Experimente zur Streuung von hochenerget. Elektronen an Protonen bzw. Neutronen, die die innere Struktur dieser Kernbausteine nachwiesen.

Kendo [das; jap.], eine der → Budo-Sportarten mit waffenartigem Gerät, einem Bambusschlagstock; ursprünglich aus der Kriegskunst der Samurai entwickelt, steht K. heute im Lehrplan der japanischen Schulen u. wird außerdem im öffentlichen Sport in Kendo-Schulen gelehrt. Der Kendo-Kämpfer *(Kendoka)* trägt Hosenrock, Baumwolljacke, Hüftschutz, Brustpanzer, Schutzgitter vor dem Gesicht u. Lederhandschuhe. Die Bambusstöcke sind 1,18 m lang u. über 500 g (früher: 485 g) schwer. Der Kampf findet auf einer 9 × 9 bis 11 × 11 m großen glatten Fläche barfuß statt, Kampfzeit 5 min. Die einzelnen Schläge werden von einem Kampfschrei begleitet. Organisation: K. ist eine Sektion der Judo-Bünde; für Dtschld. → Deutscher Judo-Bund; für *Österreich u. Schweiz:* → Judo.

Kendrew [-druː], John Cowdery, brit. Biochemiker, *24. 3. 1917 Oxford; erforschte die Strukturen der roten Körperfarbstoffe Hämoglobin u. des Myoglobin (1960); 1962 Nobelpreis für Chemie mit M. F. *Perutz.*

Kenema, Prov.-Hptst. im westafrikan. Sierra Leone, 51 000 Ew.; Kakaoanbau.

Kenge, Stadt im W der Demokrat. Rep. Kongo, rd. 18 000 Ew.; Verkehrsknotenpunkt u. Handelszentrum; in der Umgebung Ölpalmpflanzungen.

Kenia, Staat in Ostafrika, → Seite 274.
Kenia → Kenya (2).

Kenilworth [-wəːθ], Stadt im mittleren England, in der Grafschaft Warwickshire, südöstl. von Birmingham, 19 000 Ew.; in der Nähe die durch W. *Scott* berühmt gewordene Burgruine *K. Castle* (1120).

Kénitra, marrokan. Stadt, → Q'nitrah.

Kennan [-nən], **1.** George, US-amerikan. Reisereporter, *16. 2. 1845 Norwalk, Ohio, †10. 5. 1923 Medina, N. Y.; bereiste 1865–1868 Nordostasien, 1870/71 den Kaukasus u. 1885/86 Sibirien; später auf Kuba, Martinique u. in Japan.

George Frost Kennan

◆ **2.** George Frost, US-amerikan. Diplomat u. Historiker, *16. 2. 1904 Milwaukee; 1934–1937 im diplomat. Dienst in Moskau, 1938/39 in Prag, 1939 in Berlin, 1940 in London, seit 1944 polit. Berater der Botschaft in Moskau; 1949/50 Leiter der Planungsabteilung des Außenministeriums, entwarf die Politik der „Eindämmung" *(containment)* gegenüber dem Ostblock; 1952 kurze Zeit Botschafter in Moskau; seit 1950 wiederholt Dozent in
Fortsetzung S. 276

Kempten: Der Londoner Hof mit seiner prächtigen Rokokofassade wurde 1764 erbaut

Kenia

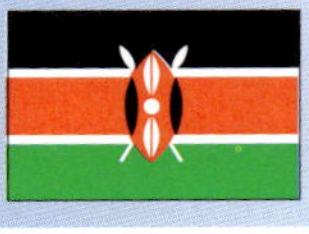

Autokennzeichen: EAK

Fläche: 580 367 km²

Einwohner: 29,5 Mio.

Hauptstadt:
Nairobi

Sprache: Kisuaheli

Währung:
1 Kenia-Shilling
= 100 Cents

Offizieller Name:
Republik Kenia

Bruttosozialprodukt/Einw.:
330 US-Dollar

Regierungsform:
Präsidiale Republik

Religion: Christen (Katholiken, Protestanten, Anglikaner), Anhänger von Naturreligionen, Moslems

Nationalfeiertag: 12. Dezember

Zeitzone: Mitteleuropäische Zeit +2 Std.

Grenzen: Im N Sudan u. Äthiopien, im O Somalia u. Indischer Ozean, im S Tansania, im W Uganda

Lebenserwartung: 52 Jahre

Landesnatur Dem flachen, eintönigen Tiefland im O steht das Hochland im W gegenüber, das durch den nordsüdl. verlaufenden *Ostafrikan. Graben (Rift Valley)* mit dem *Turkanasee* im N u. dem *Aberdaregebirge* als östl. Begrenzung sowie durch zahlreiche erloschene Vulkane (*Mt. Kenya* 5200 m, *Mt. Elgon* 4321 m) stärker gegliedert ist. Im W grenzt das Land an den *Victoriasee*.
K l i m a u n d V e g e t a t i o n: Die Lage zu beiden Seiten des Äquators bedingt zwei Regenzeiten, allerdings mit unterschiedl. Niederschlagsmengen: Das kühle Hochland empfängt mit Ausnahme der trockeneren Grabenzone reichl. Niederschläge u. ist mit seinen fruchtbaren vulkan. Verwitterungsböden das Hauptsiedlungsgebiet; die natürl. Vegetation ist hier ein Feuchtwald mit immergrünen u. Laub abwerfenden Arten, der in höheren Lagen in Nebelwald mit starken Bambusbeständen übergeht. Der Saum des feuchten Hochlands ist mäßig trocken u. trägt Trockensavanne, die für die Rinderzucht geeignet ist, ebenso der Mittelteil der Grabenzone. Im übrigen, noch trockeneren Grabgebiet u. auf

den östl. Ebenen gedeiht nur Dornsavanne, im Norden nur Halbwüste. Der Küstenstreifen am Indischen Ozean weist unter dem Einfluss des Monsun Halbtrocken- u. Feuchtwälder auf.

Bevölkerung Die höchste Bevölkerungsdichte findet man im gut beregneten Hochland, wo auf guten Böden oft 2 Ernten im Jahr möglich sind. Zahlenmäßig am stärksten sind mit über 60 % die sesshaften Bantuvölker (u. a. Kikuyu 21 %, Luhyia 14 %, Kamba 11 %) u. Niloten (Luo 12 %) vertreten; die Niloto-Hamiten (Massai 1,5 %, Turkana 1,4 %) u. Hamiten (Galla, Somal 1 %) sind meist noch Wanderhirten. Die Zahl der im Land lebenden Asiaten (vor allem Inder), Araber u. Europäer erreicht kaum 1 %. Staatssprache ist seit 1974 Kisuaheli, Verkehrs- u. Bildungssprache Englisch. Die einheim. Bevölkerung bekennt sich zu über 30 % zum Christentum; weiterhin gibt es Anhänger von Naturreligionen, des Islam u. des Hinduismus.

Wirtschaft Die Landwirtschaft bildet für etwa ³/₄ der Bevölkerung die Existenzgrundlage. Agrarprodukte stellen über die Hälfte der Gesamtausfuhr.
Für die Ernährung werden Mais, Weizen, Gerste, Hafer, Bohnen, Süßkartoffeln, Hirse, Erdnüsse, Sesam, Bananen, Orangen, Mangos u. an der Küste Kokosnüsse angebaut. Zuckerrohrplantagen decken fast den ganzen Zuckerbedarf des Landes. Teils in europ. Pflanzungen, teils in genossenschaftlich von Afrikanern betriebenen Pflanzungen, teils in kleinen Privatbetrieben werden folgende Exportgüter erzeugt: Kaffee (wertvolle Arabica-Sorten), Tee, Pyrethrum (Insektizid), Sisal, Gemüse, Südfrüchte u. Schnittblumen. Bedeutend ist die Viehzucht, im Hochland bereits in Form von Milchfarmen u. Mastrindzucht, auch in gemischt-wirtschaftl. Betrieben. Von den

umfangreichen Herden der Nomaden u. Halbnomaden in den Trockengebieten kommen nur Häute auf den Markt. An Bodenschätzen werden bisher Soda, Salz, Magnesit, Gold u. a. gewonnen, fallen aber auf dem Weltmarkt nicht ins Gewicht. Kenia verfügt über keine eigenen Energierohstoffe. Dennoch ist die Industrie gegenüber den umliegenden Ländern am weitesten entwickelt; sie verarbeitet Agrarprodukte u. erzeugt auch schon Verbrauchsgüter (Möbel, Textilien, Schuhe, Papier u. a.). Größere Bedeutung haben auch der Fahrzeugbau sowie die chem. u. die Metallindustrie. Das Handwerk hat in letzter Zeit durch den Fremdenverkehr neuen Aufschwung genommen: Holzschnitzereien der Kamba, Sisalflechtereien der Kikuyu u. handgeschmiedete Massai-Waffen werden als Andenken angeboten u. exportiert. Der Fremdenverkehr mit seiner Spitzenstellung in Afrika ist der wichtigste Devisenbringer des Landes. Er umfasst nicht nur den Badetourismus an der Küste des Ind. Ozeans sondern auch die Safarireisen in die zahlreichen Nationalparks.

Kikuyufrauen beim Flechten traditioneller Tragetaschen

Verkehr Das Verkehrsnetz ist in den südl. Landesteilen (Hochland) gut ausgebaut, im nördl. Tiefland ist es dagegen noch kaum entwickelt. Hervorzuheben sind die Ugandabahn mit ihren Abzweigungen im westl. Hochland, die Rundstraße um den Mt. Kenya u. die Kap-Kairo-Straße, die Nairobi berührt. Haupthafen ist *Mombasa*, der weiter ausgebaut u. modernisiert wird; *Kisumu* besorgt den Güterumschlag über den Victoriasee. Gut entwickelt sind auch die internationalen Flugverbindungen u. der Inlandluftverkehr.

Teeanbau im Südwesten

Blick auf den Doppelgipfel des 5200 m hohen Mount Kenya

Geschichte Vor der Kolonisation bildete Kenia keine polit. Einheit; im Inneren gab es keine größeren Staaten; die Küste gehörte zum arab. Sultanat Oman-Sansibar. 1887 besetzte die brit. Ostafrika-Kompanie die Küste, 1895 kam das ganze Land unter brit. Kolonialverwaltung. Seit 1902 wurde das fruchtbare Hochland ohne Rücksicht auf Eigentumsansprüche der Kikuyu an weiße Siedler verteilt. Diese europ. Minderheit förderte u. lenkte die wirtschaftl. Erschließung, bes. nach 1945; 1919 erreichte sie auch Mitsprache in der Verwaltung, aber keine Selbstregierung.

Die afrikan. Nationalbewegung entzündete sich, bes. unter den Kikuyu, an der Landnot. 1952 brach der *Mau-Mau-Aufstand* aus, den Großbritannien militärisch niederschlug; danach (1957) wurden polit. Reformen eingeleitet. Das Land erhielt stufenweise Selbstregierung u. im Dezember 1963 Unabhängigkeit.

Als Regierungspartei setzte sich die *Kenya African National Union (KANU)* unter J. *Kenyatta* durch, die zunächst vorwiegend eine Partei der Kikuyu u. der Luo (am Ostufer des Victoriasees) war. 1966 spaltete sich die Linkspartei *Kenya People's Union (KPU)* ab; sie errang im Luo-Gebiet Wahlerfolge, wurde jedoch 1969 verboten. Kenyatta wurde 1963 Ministerpräsident u. regierte von 1964 bis zu seinem Tod 1978 autokratisch als Staatspräsident. Zu seinem Nachfolger wurde der bisherige Vizepräsident D. A. *Moi* gewählt. Dieser versuchte die Vorherrschaft der Kikuyu u. des Kenyatta-Familienclans abzubauen; er setzte die Politik der Zusammenarbeit mit den Nachbarstaaten, vor allem mit Sudan u. Äthiopien, fort. Moi wurde 1983 u. 1988 in seinem Amt als Staatspräsident bestätigt. Seit Ende der 1980er Jahre wuchs der Druck auf Moi, Kenia zu demokratisieren. Gleichzeitig verschlechterte sich die Wirtschaftslage durch Flüchtlingsströme aus den Nachbarländern u. schlechte Ernten. Es kam zu blutigen Unruhen. Nach einer Verfassungsreform, die ein Mehrparteiensystem institutionalisierte, fanden 1992 erstmals nach 26 Jahren freie Parlaments- u. Präsidentschaftswahlen statt. Die frühere Einheitspartei KANU gewann die absolute Mehrheit. Bei den Präsidentschaftswahlen konnte sich Moi gegen die Kandidaten der Opposition durchsetzen. Auch bei den Wahlen 1997 wurde Moi im Amt bestätigt. Die KANU blieb stärkste Partei. Die Opposition erhob den Vorwurf der Wahlmanipulation. Ein Terroranschlag auf die US-amerikan. Botschaft in Nairobi forderte im August 1998 weit über 200 Todesopfer. Im Februar 1999 sorgte die Verschleppung des Kurdenführers A. *Öcalan* aus Nairobi in die Türkei für internationales Aufsehen.

Politik Nach der Verfassung vom 12. 12. 1963 (mit mehrfachen Revisionen) ist Kenia eine präsidiale Republik. Staatsoberhaupt ist der Staatspräsident des Landes, der auf 5 Jahre direkt von der Bevölkerung gewählt wird. Er ist gleichzeitig Regierungschef u. Oberbefehlshaber der Streitkräfte. Das Parlament (Nationalversammlung) hat 224 Abgeordnete u. eine Legislaturperiode von 5 Jahren. Stärkste Partei ist die Kenya African National Union (KANU), die hauptsächlich die Interessen der beiden großen Stämme Kikuyu u. Luo vertritt. Oppositionsparteien sind die Democratic Party (DP) sowie die National Development Party (NDP). Das Rechtswesen orientiert sich am brit. Vorbild.

Princeton, zugleich polit. Berater der Regierung für Ostfragen; 1961–1963 Botschafter in Jugoslawien; wurde 1967 mit dem Pulitzerpreis u. 1982 mit dem Friedenspreis des Deutschen Buchhandels ausgezeichnet. Er schrieb: „Soviet American relations 1917–1920" 2 Bde. 1956–1958, dt. 1958 bis 1960; „American diplomacy 1900–1950" 1951, dt. 1952; „Russia, the atom and the west" 1958, dt. 1958; „Russia and the west under Lenin and Stalin" 1961, dt. 1961; „On dealing with the communist world" 1964, dt. 1965; „Memoirs 1925–1950" 1967, dt. 1968.

Kennarten, *Charakterarten,* Organismenarten, die wegen ihrer Häufigkeit das Bild einer Lebensgemeinschaft *(Biozönose)* bestimmen u. daher zu ihrer Kennzeichnung benutzt werden können.

Kennedy ['kɛnədi; nach J. F. *Kennedy*], *Cape Kennedy,* 1963–1972 Name des Raketenversuchsgeländes der USA in Florida, 1972 zurückbenannt in *Cape Canaveral;* wichtigste NASA-Abschussbasis für Erdsatelliten u. Raumschiffe; Startplatz seit 1949.

Kennedy ['kɛnədi], **1.** Edward Moore, Sohn von 3), Bruder von 2) u. 6), US-amerikan. Politiker (Demokrat), *22. 2. 1932 Brookline bei Boston, Massachusetts; seit 1962 Senator für Massachusetts.

◆ **2.** John Fitzgerald, Sohn von 3), Bruder von 1) u. 6), US-amerikan. Politiker (Demokrat), *29. 5. 1917 Brookline bei Boston, Massachusetts, †22. 11. 1963 Dallas, Texas (ermordet); verheiratet mit Jacqueline *(Lee-)Bouvier* (*1929, †1994); während des 2. Weltkriegs Marineoffizier

John Fitzgerald Kennedy

im Pazifik, studierte Geschichte, Englisch, Französisch u. Volkswirtschaft; 1953–1961 Senator für Massachusetts, gewann die Präsidentschaftswahlen 1960 gegen den republikan. Kandidaten R. *Nixon* u. war 1961 bis 1963 der 35. Präsident der USA. Ein wichtiges innenpolitisches Ereignis während seiner Amtszeit war die Integrationsgesetzgebung für die Schwarzen; wichtige außenpolitische Ereignisse: die Berlin- (1961) und die Kubakrise (1962); der Vertrag zwischen den USA, Großbritannien u. der UdSSR über die Einstellung der Atomtests (1963); das Außenhandelsgesetz (1961), um eine liberale Handelspolitik für die ganze Welt herbeizuführen. Die Entsendung von Spezialeinheiten nach Südostasien führte zum verstärkten amerikan. Engagement im *Vietnam-Krieg.* Kennedys Politik war getragen von der Absicht, die Demokraten u. die demokratische Idee in aller Welt durch großzügige Entwicklungshilfe zu unterstützen u. zugleich eine Entspannung zwischen den Machtblöcken herbeizuführen. Innenpolitisch leitete er ein umfangreiches Sozialreformwerk ein (Sozial- u. Krankenversicherung, Bürgerrechtsgesetze, Bildungswesen), ferner bemühte er

sich um die Lösung von Umwelt-, Verkehrs- u. Wirtschaftsproblemen. K. fiel nach amtlichen Ermittlungen dem Mordanschlag eines Einzelgängers zum Opfer; es gab jedoch Anhaltspunkte für eine Verschwörung.

3. Joseph Patrick, US-amerikan. Bankier, Unternehmer u. Diplomat, *6. 9. 1888 Boston, Massachusetts, †18. 11. 1969 Hyannis Port, Massachusetts; irisch-kath. Herkunft; wurde im Filmgeschäft der 1920er Jahre Millionär; seit 1930 enger Mitarbeiter F. D. *Roosevelts;* 1937–1940 Botschafter in London; geriet über die sog. Neutralitätspolitik seiner Regierung in Gegensatz zum Präs.; trat zurück, nachdem ihm Isolationismus u. Antisemitismus vorgeworfen worden waren.

4. Margaret, brit. Schriftstellerin, verheiratete Lady M. *Davies,* *23. 4. 1896 London, †31. 7. 1967 Adderbury/Oxfordshire; ihre populären Romane schildern den Gegensatz zwischen Künstlertum u. konventioneller bürgerl. Gesellschaft: „Die treue Nymphe" 1924, dt. 1925; „Gottes Finger" 1955, dt. 1956.

5. Nigel, brit. Geiger, *28. 12. 1956 Brighton; wurde bekannt durch die Einspielung von Vivaldis „Die vier Jahreszeiten" 1989; auch in der Jazz- u. Rockszene erfolgreich.

◆ **6.** Robert Francis, Sohn von 3), Bruder von 1) u. 2), US-amerikan. Politiker (Demokrat), *20. 11. 1925 Brookline bei Boston, Massachusetts, †6. 6. 1968 Los Angeles (ermordet); enger Mitarbeiter seines Bruders John F. K., 1961–1964 Justiz-Minister; 1964–1968 Senator für New York.

Robert Francis Kennedy

Als er sich 1968 um die Präsidentschaftskandidatur der Demokraten bewarb, wurde er auf einer Wahlkampfreise erschossen.

Kennedy Airport ['kɛnədi 'ɛəpɔːt], *J. F. Kennedy International Airport,* größter Flughafen von New York im Stadtteil Queens auf Long Island; hieß bis 1963 *Idlewild.*

Kenneth ['kɛnəθ], *Kenneth I. Mac Alpin,* König der Schotten u. Pikten um 840–858; Sohn eines schott. Häuptlings, einigte beide Völker im Abwehrkampf gegen die Wikinger; gilt als Begründer des schott. Königreiches. Seine Dynastie herrschte bis 1286.

Kenning [die, Pl. *Kenningar;* altnord.], eine bes. Metapher in der altnord. Skaldendichtung; die bildl. Umschreibung eines alltägl. Begriffs durch einen mehrgliedrigen Ausdruck, z. B. „Rebenblut" für „Wein". Dagegen umschreibt das *Heiti* mit einer einfachen, eingliedrigen Benennung.

Kennlinie, *Charakteristik,* die graf. Darstellung der Abhängigkeit zweier Betriebsgrößen (z. B. eines elektr. oder mechan. Geräts) voneinander. Sie gibt Aufschluss über Verhalten u. Eigenschaften techn. Apparaturen u. Maschinen, z. B. die K. eines Elektromotors (Drehzahl als Funktion des abge-

gebenen Drehmoments), eines Lichtbogens (Strom in Abhängigkeit von der Spannung) oder eines Transistors (Kollektorstrom in Abhängigkeit von der Kollektor-Basisspannung).

Kennreiz, *Verhaltensforschung:* eine Reizkonstellation, die aufgrund einer angeborenen Disposition vom Empfänger mit einer im Einzelfall *spezif. Reaktion* beantwortet wird. Im Gegensatz zum → Auslöser, der unspezifisch stets die gleiche Handlung auslöst, handelt es sich daher um ein informationelles Signal. Häufig wird der Begriff K. gleichsinnig mit → Schlüsselreiz verwendet; er ist aber nicht auf den angeborenen Auslösemechanismus begrenzt, sondern auch auf erworbenes Verhalten anzuwenden.

Kennung, *Schifffahrt:* ein weithin sichtbares charakterist. Kennzeichen: Blitz- oder Blinkfolge u. Farbe bei Leuchtfeuern, Reedereizeichen am Schornstein von Handelsschiffen, Chiffrezeichen am Bug von Kriegsschiffen.

◆ **Kennungswandler,** eine Vorrichtung zum Umwandeln der Motorcharakteristik *(Kennung).* Der heute für Straßenfahrzeuge verwendete Brennkraftmotor muss im Leerlauf angelassen werden u. gibt seine jeweilige Höchstleistung nur innerhalb eines engen Drehzahlbereichs ab; daher braucht man eine Zusatzeinrichtung, durch die die Motorcharakteristik in die dem jeweiligen Fahrwiderstand angepasste umgewandelt wird. Man unterscheidet *Drehzahlwandler,* die nur die Drehzahl verändern u. dabei die der Drehzahldifferenz entsprechende Leistungsdifferenz (nutzlos) in Wärme umsetzen, u. *Drehmomentwandler,* bei denen Drehzahl u. Drehmoment gleichzeitig so verändert werden, dass die Leistung (abgesehen von kleineren Verlusten) unverändert bleibt.

Der am häufigsten verwendete *Drehzahlwandler* ist die *Reibungskupplung,* die man zum Anfahren u. zum Gangwechsel bei den meisten → Kraftwagen benutzt. Die

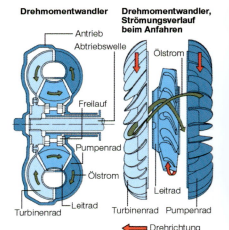

Kennungswandler: hydraulischer Föttinger-Drehmomentwandler

Reibungskupplung kann vom Fahrer unmittelbar durch das Kupplungspedal aus- u. durch die in die Kupplung eingebaute(n) Kupplungsfeder(n) eingerückt werden. – *Automat. Kupplungen (Kupplungsautomaten)* besorgen das Aus- u. Einrücken abhängig von der Motordrehzahl. Das Kupplungspedal fällt weg. – Neben den Reibungskupplungen gibt es noch Bauarten mit magnet. Kupplungskraft *(Magnetkupplung)* u. *Magnetpulverkupplungen*. – *Hydraulische (Föttinger-)Kupplungen* enthalten dicht zusammengebaut eine Pumpe u. eine Turbine. Die Leistung wird durch die Flüssigkeitsströmung übertragen. Ohne Drehzahldifferenz kann die Flüssigkeitskupplung – im Gegensatz zur Reibungskupplung – kein Drehmoment, also auch keine Leistung übertragen. Ein „Fassen" der Kupplung ist nicht möglich, es ist stets „Schlupf" vorhanden.

Während die Drehzahlwandler das Anfahren ermöglichen u. den Gangwechsel erleichtern, sind die *D r e h m o m e n t w a n d l e r* dazu da, die Motorleistung bei den verschiedenen Fahrgeschwindigkeiten optimal auszunutzen. Die verbreitetste Bauart sind die *Zahnradwechselgetriebe* (oft nur als „Schaltgetriebe" oder „Getriebe" bezeichnet). Sie können als Vorlege- oder als → Planetengetriebe gebaut sein.

Vorlegegetriebe bestehen aus mehreren Zahnradpaaren, die sich durch verschiedene Übersetzung voneinander unterscheiden u. wechselweise mit Hilfe von *Schaltkuppelmitteln* eingeschaltet werden. Die Übersetzungsstufen werden als *Gänge* bezeichnet. Durch ein weiteres Zahnradpaar u. ein Umkehrrad wird ferner Rückwärtsfahrt möglich gemacht (Rückwärtsgang). Um Laufruhe zu erzielen, bleiben die schräg verzahnten Zahnradpaare ständig im Eingriff; die nicht benutzten laufen dabei leer. Einfache Schaltkuppelmittel sind *Klauenkupplungen*. Um den Gangwechsel zu erleichtern *(Schalterleichterung)*, werden Gleichlaufeinrichtungen *(Synchronisation)* verwendet. Sie sorgen dafür, dass die Teile der Klauenkupplung vor dem Einrücken auf gleiche Drehzahl gebracht werden. Bei der sog. *Sperrsynchronisation* sorgt ein Sperrglied dafür, dass ein Einrücken ohne Gleichlauf nicht möglich ist.

Der gewünschte Gang wird bei den meisten Zahnradvorlegegetrieben unmittelbar vom Fahrer eingeschaltet, wozu der *Schalthebel* dient, der über Schaltlineale mit den Schaltklauen in Verbindung steht. Der Schalthebel wird meist auf dem Wagenboden vor den Vordersitzen *(Mittelschaltung, Knüppelschaltung)* angeordnet. Bei Krafträdern ist Fußbetätigung *(Fußschaltung)* üblich. Bei *Vorwählschaltungen* stellt der Fahrer mit einem kleinen Hebel den gewünschten Gang ein, der dann erst später, z. B. durch Gaswegnehmen u. Gasgeben, wirklich eingerückt wird.

Hydraulische (Föttinger-)Drehmomentwandler sind ähnlich gebaut wie die hydraul. Kupplung, doch befindet sich zwischen Pumpen- u. Turbinenteil noch ein feststehendes Leitrad. Dadurch ist eine Über-

setzung möglich, die in gewissen Bereichen, allerdings unter Einbuße an Wirkungsgrad, veränderlich ist. In diesem Bereich ist die Änderung der Übersetzung stufenlos. – Der hydraul. Drehmomentwandler kann ein mehrstufiges Zahnradwechselgetriebe nicht ersetzen, weshalb er meist zusammen mit einem solchen mechan. Getriebe verwendet wird. Bei Diesellokomotiven u. -triebwagen werden mehrere hydraul. Wandler verschiedener Übersetzung nebeneinander angeordnet u. wechselweise betrieben.

Hydrostatische Wandler (Druckmittelgetriebe, Hydrostatische Getriebe) haben eine (Zahnrad- oder Kolben-)Pumpe, die durch Leitungen mit einem oder mehreren ähnlich gebauten Ölmotoren verbunden ist. Stufenlose Änderung der Übersetzung ist möglich. – Eine weitere Bauart für stufenlose Übersetzungsänderung bei leichten Fahrzeugen ist das *Umschlingungsgetriebe* (→ Reibgetriebe).

Kennzahl, → Ortsnetzkennzahl.

Kennzeichen, amtliches Kennzeichen, → Nummernschild.

Kennzeichnung, *V e t e r i n ä r m e d i z i n :* 1. dauerhafte Kenntlichmachung einzelner Tiere. Die Durchführung der K. ist für die einzelnen Tierarten verbindlich geregelt (Brandzeichen, Ohrmarken, Tätowierungen u. Ä.). – 2. → Fleischbeschau. – 3. in der Lebensmittelkennzeichnungsverordnung festgelegte Kenntlichmachung der Zusammensetzung, Haltbarkeit usw. des Inhaltes fertig verpackter Lebensmittel.

Kennziffer, 1. *M a t h e m a t i k :* → Logarithmen.

2. *S t a t i s t i k : Richtzahl,* eine Verhältniszahl, die als Maßstab für die Beurteilung einzelner Tatbestände gilt; besonders üblich bei Betriebsvergleichen und Absatzkontrollen, z. B. Absatz des Betriebes im Verhältnis zum Gesamtabsatz der Wirtschaftsgruppe; häufig auch Mittelwerte u. Streuungsmaße als Kennwerte von *Häufigkeitsverteilungen.* Inhaltlich sind Kennziffern *Indikatoren.*

Kenose [die; grch.], im NT (Phil. 2,6 f.) Bez. für die Selbstentäußerung oder Selbstverleugnung des präexistenten Jesus, der seine Gottheit aufgibt u. Mensch wird „bis zum Tode, ja bis zum Tode am Kreuz".

Kenosha [kə'nouʃə], Hafenstadt im SO von Wisconsin (USA), am südl. Ufer des Michigansees, nördl. von Chicago, 190 m ü. M., 80 400 Ew.; Teiluniversität (gegr. 1965); Autozubehör- u. Bekleidungsindustrie; Getreide- u. Fleischhandel. – Gegr. 1835, seit 1850 Stadt.

Kenotaph [das; grch.], eine Grabstätte zum Gedenken eines Toten, die seine Gebeine nicht enthält, die entweder verschollen oder an anderer Stelle begraben sind; bereits in prähistor. Zeit bekannt. In der Neuzeit sind vor allem E.-L. *Boullées* Projekte für einen K. Newtons von Bedeutung.

Kensett ['kɛnsit], John Frederick, US-amerikan. Maler, *22. 3. 1818 Cheshire, Connecticut, †16. 12. 1872 New York; zuerst als Stahlschneider ausgebildet, kam später zur realist. Landschaftsmalerei u. wurde von der *Hudson River School* u. der europ. Romantik beeinflusst.

Kent: Ramsgate ist wegen seines milden Klimas ein beliebtes Seebad

Kensington and Chelsea ['kɛnzɪŋtən ənd 'tʃɛlsi], Stadtbezirk (Borough) von *Greater London* (Großbritannien), 149 000 Ew.; mit Museen, dem Park *Kensington Gardens* und dem *Kensington Palace* (bis 1760 königl. Residenz); 1964 aus Kensington und Chelsea entstanden.

Kent, ursprünglich angelsächs. Teilkönigreich, dann engl. Earlstitel, gebunden an die Grafschaft K. Erster Träger des Titels war wahrscheinlich *Odo*, Bischof von Bayeux (1030–1097). Der Titel war seit 1352 im Besitz der Familie *Holland*, 1461–1463 im Besitz der Familie *Neville*. Die lang dauernde Verknüpfung des Titels mit der Familie *Grey* begann 1465. 1710 wurde Henry Grey, 11. Earl of K., in den Herzogstand erhoben. 1799 wurde der Titel an Eduard, den 4. Sohn König Georgs III., übertragen; seither wird er von Mitgliedern der königl. Familie geführt.

Kent [russ.-kirgis., -kasak., -osttürk., -tadschik.], Bestandteil geograph. Namen: Siedlung.

◆ **Kent,** Grafschaft in Südostengland, südöstl. von London, 3731 km², 1,5 Mio. Ew.; Verw.-Sitz *Maidstone*; fruchtbares Hügelland mit Getreide-, Obst- u. Hopfenanbau, Rinder- u. Schafzucht. Ein Teil von K. fiel bei der Verwaltungsneugliederung 1964 an *Greater London*. – Das alte *Cantia* (nach dem kelt. Stamm der *Cantier*) wurde 449 n. Chr. von den Angelsachsen erobert; es bildete bis zum 8. Jh. ein eigenes Königreich.

Kent, ◆ 1. Rockwell, US-amerikan. Maler, *2. 1. 1882 Tarrytown, New York, †13. 3. 1971 Plattsburgh, New York; studierte an der Columbia School of Architecture u. bei W. M. *Chase* u. R. *Henri*. Er begann mit Architekturzeichnungen u. schuf später rea-

Rockwell Kent: Der Trapper; 1921. New York, Whitney Museum of American Art

list. Darstellungen der rauen nordamerikan. Natur, ferner zahlreiche Holzschnitte als Buchillustrationen.

2. William, engl. Maler, Architekt u. Gartenkünstler, *27. 5. 1684 Yorkshire, †12. 4. 1748 London; schuf außer Ölbildern u. Fresken auch Möbel-, Garten- u. Denkmalentwürfe sowie Buchillustrationen. Bleibende Bedeutung hat K. am ehesten als Wegbereiter des engl. Landschaftsgartens.

Kentaur, 1. *Centaur(us)*, Sternbild am südl. Himmel; Hauptstern: α Centauri oder Toliman, der nächste Fixstern, ein Doppelstern mit 80 Jahren Umlaufzeit.

2. ein Kleinplanet oder Komet, der aus dem → Kuiper-Ring stammt u. durch Bahnstörungen in eine stark exzentrische Bahn zwischen Jupiter und Neptun getrieben wurde.

Kentucky: Gestüt in der Bluegrass Region

Kentaur, *Centaur, Zentaur*, ein griech. Fabelwesen mit Pferdeleib u. menschl. Oberkörper, das der Sage nach in den Gebirgen Thessaliens u. auf dem Peloponnes lebte. Mit Ausnahme von *Pholos* u. *Cheiron* waren die Kentauren wild u. bösartig. Auf der Hochzeit des Lapithenkönigs *Peirithoos* kam es zum Kampf zwischen Lapithen u. Kentauren *(Kentauromachie)*, in dem die Kentauren nach wilder Schlacht unterlagen.

Kentaurus A, eine starke Radioquelle im Sternbild Kentaur, die mit einer elliptisch geformten Galaxis in 8 Mio. Lichtjahren Abstand zusammenfällt. Die starke Radiostrahlung ist Folge einer raschen Expansion des Kerns dieser Galaxis.

Kentenich, Joseph, dt. Ordensgründer, *18. 11. 1885 Gymnich/Köln, †15. 9. 1968 Schönstatt bei Vallendar; Pallottiner, seit 1912 in Schönstatt tätig, baute dort die → Schönstattwerk mit seinen verschiedenen Gemeinschaften auf. Marianische Frömmigkeit als Prinzip einer marian. Pädagogik u. apostol. Eifer bestimmen seine Programme u. Aktivitäten. Als Gegner des nat.-soz. Regimes kam er 1942 in das Konzentrationslager Dachau.

kentern [zu *Kante*], **1.** umschlagen, umdrehen, umkippen (von einem Schiff) mangels ausreichender → Stabilität.

2. umdrehen, sich umkehren (von einer Tidenströmung).

Kenthalbinsel, Landzunge im N der kanad. Northwest Territories, durch die Deasestraße von der im N gelegenen Victoriainsel getrennt; bis 200 m hoch, mit zahlreichen kleinen Seen.

Kentie [-tsiːə; nach dem Niederländer W. *Kent*, †um 1828], *Rhopalostylis [Kentia]*

bauei*, auf den Norfolk-Inseln heimische *Fiederpalme*, die man in Gewächshäusern oder Wintergärten hält. – Als K. werden auch die auf den Lord-Howe-Inseln heimischen Palmen der Gattung *Howea* bezeichnet.

Kenton ['kɛntən], Stan, eigentl. Stanley Newcomb K., US-amerikan. Bandleader u. Jazzpianist, *19. 2. 1912 Wichita, Kans., †25. 8. 1979 Hollywood; leitete seit 1941 eine eigene Band, seit 1946 an der Ausformung des „Progressive Jazz" beteiligt.

Kentucky

◆ **Kentucky** [kɛn'tʌki], Abk. *Ky.*, Staat im SO der USA, 104 659 km², 3,88 Mio. Ew.; davon 7,1 % Schwarze; Hptst. *Frankfort*; zwischen dem Ohio im N u. dem Cumberland Plateau (bis rd. 300 m hoch) im S u. im O den Allegheny Mountains (bis 1265 m); verbreitet Kalkstein im Untergrund (Verkarstung, Höhlenbildung, u. a. Mammoth Cave), vor allem in der *Bluegrass Region*; gemäßigtes Klima mit reichen Niederschlägen; Anbau von Tabak, Mais, Sojabohnen, Weizen, Obst (Äpfel, Pfirsiche), Rinderhaltung, berühmte Rennpferdezucht in der Bluegrass Region; Zigaretten- u. Whisky(Bourbon)-Produktion, Maschinen- u. Fahrzeugbau, Textil-, Elektro- u. chem. Industrie; im O u. W Kohlebergbau (K. ist der zweitwichtigste Produzent der USA), Förderung von Flussspat u. Erdöl; Fremdenverkehr. Die Gebirgsregion im O ist wirtschaftlich schwächer entwickelt.

K. wurde als erstes Gebiet westlich der Appalachen durch Weiße besiedelt (1774 *Harrodsburg*, 1775 *Boonesboro*) u. 1792 als 15. Staat in die USA aufgenommen.

Kentucky-Derby [kɛnt'ʌki dəːbi], bedeutendstes Zuchtrennen (Galopprennen) für dreijährige Pferde in den USA, die Distanz beträgt 2011 m; wird seit 1875 in Churchill Downs bei Louisville ausgetragen.

Kentucky River [kɛn'tʌki 'rivə], linker Nebenfluss des Ohio, 417 km lang; entsteht aus drei Quellflüssen im Osten des Cumberland Plateaus, mündet bei Carrollton; bis Frankfort für mittelgroße Schiffe befahrbar. – Der Fluss war bis ins 19. Jh. bedeutender Verkehrsweg.

Kentucky-Tabake [kɛn'tʌki-], bestimmte feuergetrocknete Tabaksorten aus den US-Staaten Kentucky u. Tennessee, die in der Rauch- u. Kautabakherstellung verwendet werden.

Kentumsprachen [nach dem latein. Beispielwort *centum* (gesprochen: k-), „hundert"], jene indoeurop. Sprachen, in denen die palatalen Verschlusslaute *g* u. *k* der angenommenen indoeurop. Ursprache als gutturale Verschlusslaute erhalten sind (Gegensatz: *Satemsprachen,* hier wurden sie in Zischlaute umgewandelt, Beispielwort: altiran. *satám*). Diese Unterscheidung ist überholt.

Kenya, 1. ostafrikan. Staat, → Kenia.
2. *Mount Kenya, Kenia,* zweithöchster Berg Afrikas in Kenia, 5200 m hoch; erloschener Vulkan, stark vergletschert; oberhalb der Bergwaldzone mit Bambusgürtel (bis 3300 m) der *Mount Kenya Nationalpark* mit alpinem Grasland, Mooren u. spezieller Fauna (Weltnaturerbe seit 1997).

Kenyapithecus [lat.], von verschiedenen Orten Kenias bekannte Form der Hominoiden aus dem mittleren Miozän; Zähne u. Skelettreste deuten auf starke Geschlechterunterschiede hin. K. gehört wahrscheinlich in die gemeinsame Ahnenlinie von Mensch, Schimpanse und Gorilla.

Jomo Kenyatta

◆ **Kenyatta,** Jomo, kenian. Politiker, *10. 10. 1891 Ichaweri, †22. 8. 1978 Mombasa; lebte von 1931 bis 1946 in Großbritannien; seit seiner Rückkehr 1947 polit. Führer der Kikuyu, 1953 wegen angebl. Leitung des Mau-Mau-Aufstands zu 7 Jahren Gefängnis verurteilt, 1959 entlassen, bis 1961 unter Hausarrest; einer der ältesten u. einflussreichsten Vorkämpfer des afrikan. Nationalismus, Führer der Einheitspartei Kenias, der *Kenya African National Union* (KANU). Im unabhängig gewordenen Kenia war K. 1963 Min.-Präs. u. seit 1964 Staats-Präs. Trotz innerer Auseinandersetzungen gelang es ihm, die Stämme hinter sich zu sammeln. Er erwarb mehr als 1 Mio. Hektar Land von weißen Siedlern, das er an Afrikaner verteilen ließ. K. schrieb das für die nationale Bewusstwerdung bedeutsame Werk: „Facing Mount Kenya" 1959.

Kenzan, Ogata, japan. Maler, *1663 Kyoto, †1743 Edo; Bruder von Ogata *Korin,* schuf erst Keramiken in rein japan. Stil u. wandte sich in den letzten Lebensjahren einer lyrischen Malerei (vor allem Darstellungen von Blumen u. Vögeln) zu, in der er eine vollendete Harmonie von Kalligraphie u. Malerei erreichte.

Kenzingen, Stadt in Baden-Württemberg, Ldkrs. Emmendingen, 8700 Ew.; histor. Stadtkern, Stadtkirche (13. Jh.), Rathaus (16. Jh.), ehem. Frauenkloster Wonnental (1220–1803); Elektro- u. Holz verarbeitende Industrie; Weinanbau.

Kenzo, Takada, japan. Modeschöpfer, *28. 2. 1939 Himejii; studierte an der Modeschule in Tokyo u. ging 1985 nach Paris. Zunächst arbeitete er für eine Pariser Firma, die Prêt-à-porter-Modelle herstellte. 1970 eröffnete er seine erste Boutique. K. entwirft Damenmode unter eigenem Namen, daneben vor allem Herrenmode u. Wintersportbekleidung für andere Firmen. Er bevorzugt Theatralik u. Maskierung, die er in der Präsentation seiner Modenschauen u. in seinen Modellen umsetzt: Kasacks, Tuniken, weite Röcke mit großflächigen Blumenmustern.

Kephalhämatom [das; grch.] → Kopfblutgeschwulst.

kephalo... [grch.], Wortbestandteil mit der Bedeutung „Kopf, Spitze"; wird zu *kephal...* vor einem Vokal.

Kephalometrie → Anthropometrie.

Kephalos, in der griech. Sage Sohn des Hermes, Gatte der *Prokris,* einer Tochter des *Erechtheus.* Beide waren leidenschaftl. Jäger. K. wurde von Eos (Morgenröte) entführt; nach langer Abwesenheit versuchte er unerkannt die Treue seiner Gattin u. konnte sie verführen; sie versöhnten sich wieder. Prokris folgte ihm, nun selbst eifersüchtig, auf der Jagd, versteckte sich in einem Busch, wurde von K. für ein Wild gehalten u. getötet.

Kepheiden → Cepheiden.

Kepheus [-fois], Sternbild am nördl. Himmel, für Mitteleuropa zirkumpolar u. ganzjährig sichtbar. Hauptstern ist *Alderamin.*

Kepheus [-fois], in der griech. Mythologie König von Tegea, Vater der *Andromeda.*

Kephisodot, 1. *Kephisodot d. Ä.,* griech. Bildhauer, um 375 v. Chr. in Athen tätig;

schuf Götterbilder in Marmor u. Erz, u. a. eine *Eirene-Statue* (Marmorkopie in der Münchener Glyptothek). K. war der Vater des *Praxiteles.*
2. *Kephisodot d. J.,* griech. Bildhauer, Sohn des *Praxiteles,* um 300 v. Chr. in Athen tätig.

Johannes Kepler

◆ **Kepler,** Johannes, dt. Astronom, *27. 12. 1571 Weil der Stadt, Württemberg, †15. 11. 1630 Regensburg; 1591 Magister in Tübingen, 1594–1600 Lehrer für Mathematik u. Moral an der Stiftsschule in Graz, 1600 Gehilfe T. *Brahes* in Prag u. nach dessen Tod (1601) sein Nachfolger als Kaiserl. Mathematiker. 1612 war er am Gymnasium zu Linz, 1628 bei *Wallenstein* in Sagan. Als dieser die ihm gemachten Zusagen nicht innehielt, reiste K. 1630 nach Regensburg, um beim Reichstag sein Recht geltend zu machen, verstarb aber dort. – Sein Erstlingswerk, „Mysterium cosmographicum" 1596, in dem er die Zahlenverhältnisse im Aufbau des Planetensystems zu ergründen u. ihre Harmonie zu beweisen suchte, machte ihn bekannt. In Prag fand er aufgrund der Beobachtungsergebnisse Brahes an dem Planeten Mars die nach ihm benannten ersten beiden Gesetze der Planetenbewegung („Astronomia nova" 1609). Später erweiterte er die in seinem Erstlingswerk begonnenen Untersuchungen über den harmonischen Bau des Weltalls in seiner Schrift „Harmonices mundi" 1619, in der er das dritte Gesetz der Planetenbewegung mitteilte. 1627 veröffentlichte er seine Tafeln der Planetenbewegung: „Tabulae Rudolphinae" (Rudolfinische Tafeln), die bis zum 18. Jh. die Grundlage aller astronomischen Rechnungen waren. 1611 legte er schließlich in dem Buch „Dioptrice" die optischen Grundlagen des astronomischen Fernrohrs dar.

◆ **Kepler'sche Gesetze,** die von J. *Kepler* aufgrund des Beobachtungsmaterials von T. *Brahe* hergeleiteten Gesetze der Planetenbewegung: 1. Die Bahnen der Planeten sind Ellipsen, in deren einem Brennpunkt die Sonne steht. 2. Der Fahrstrahl von der Sonne zum Planeten überstreicht in gleichen Zeiten gleiche Flächen. 3. Die dritten Potenzen (Kuben) der großen Halbachsen der Planetenbahnen verhalten sich wie die Quadrate der Umlaufzeiten.

Kepone, in den USA hergestelltes Schädlingsbekämpfungsmittel gegen Feuerameisen u. Bananenschädlinge. 1975 wurde die Produktion verboten, nachdem K. in

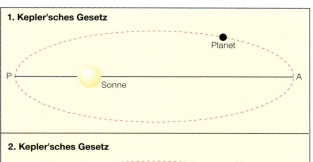

1. Kepler'sches Gesetz

Planet
P — Sonne — A

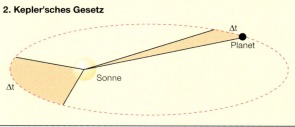

2. Kepler'sches Gesetz

Δt
Δt
Sonne
Planet

Kepler'sche Gesetze: Nach dem ersten Kepler'schen Gesetz bewegen sich alle Planeten auf elliptischen Bahnen um die Sonne, wobei die Sonne in einem der Brennpunkte der Ellipse steht (oben). Der Punkt P, an dem die Entfernung vom Planeten zur Sonne minimal ist, heißt Perihel. Der Punkt A mit dem größten Abstand heißt Aphel. Die mittlere Entfernung zwischen Planet und Sonne ist gleich der großen Halbachse der Ellipse. Das zweite Kepler'sche Gesetz besagt, dass die Verbindungslinie zwischen der Sonne und einem Planeten in einem gegebenen Zeitintervall Δt gleiche Flächen überstreicht (unten). Das bedeutet: Wenn sich ein Planet näher an der Sonne befindet, dann bewegt er sich schneller, als wenn er weiter von ihr entfernt ist

den Verdacht geriet, Krebs zu erzeugen. In der BR Dtschld. wird K. in weniger gefährl., behördlich zugelassenen Mitteln *(Kelevan, Despirol plus)* zur Bekämpfung des Kartoffelkäfers eingesetzt.

Keporkak, grönländischer Name für den → Buckelwal.

Kerabau [der; austroasiat.], der asiat. Hausbüffel; → Wasserbüffel.

Kerak, jordan. Stadt, → Karak.

◆ **Kerala,** indischer Bundesstaat an der Malabarküste, 38 863 km², 30,6 Mio. Ew.; Hptst. *Trivandrum;* umfasst einen rd. 550 km langen, rd. 50 km breiten Küstenstreifen u. die Westabdachung der südl. Westghats; der am dichtesten besiedelte Bundesstaat Indiens, mit dem höchsten Anteil von Christen in Indien (21 % gegenüber 2,6 % im ind. Durchschnitt); Anbau von Reis, Kokosnüssen, Tapioka, Pfeffer u. a. Gewürzen, Tee, Kaffee u. Kautschuk; umfangreicher Fischfang; vielseitiger Bergbau (Monazit, Ilmenit, Rutilium, Zirkon u. a.), Nahrungsmittel- u. Verbrauchsgüterindustrie; verkehrsmäßig gut erschlossen. – 1956 gebildet.

Kerameikos [grch.], das am Dipylon gelegene Töpferviertel im antiken Athen; auch Bez. für den benachbarten antiken Friedhof Athens; dt. Ausgrabungen 1907–1916, 1926–1943 u. 1956 ff.

◆ **Keramik** [grch.], Oberbegriff für Werkstoffe u. Gegenstände, die aus nicht metallischen anorgan. Rohstoffen hergestellt werden. Gemeinsame Verfahrensschritte sind: Mischen feiner Pulver, Formgebung, Brand bei hohen Temperaturen zur Erzielung der endgültigen Werkstoffeigenschaften (vgl. Grafik).
Die *Töpferei* ist die älteste u. einfachste aller keram. Techniken. Vor der dann von Ägypten, Syrien u. Indien übernommenen Erfindung der drehbaren *Töpferscheibe* im Zweistromland bildete man frei mit der Hand oder formte mit Hilfe von geflochtenen Formkörben Gegenstände aus einfacher Tonerde, die zunächst an offenen, später in geschlossenen Feuerstellen gehärtet wurden. Die ältesten Keramikfunde, aus Jericho (Palästina), werden in die Zeit um 7000

Keramik: Kleophon, Rotfigurige Vase mit der Darstellung von Athleten bei der Reinigung im Bad; 380 v. Chr. Spina, Archäologisches Museum

Kerala: Zahlreiche Kanäle durchziehen den Bundesstaat im Südwesten. Die so genannten Backwaters wurden für den Transport der Plantagenerzeugnisse angelegt

v. Chr. datiert. Erzeugnisse vorgeschichtl. Töpferkulturen sind häufig mit eingedrückten, geritzten u. gemalten Mustern verziert u. ermöglichen als archäolog. Funde die Bestimmung von Kulturgruppen u. die Erforschung ihrer wechselseitigen Beziehungen (z. B. *Bandkeramik, Schnurkeramik*). Die älteste prähistor. K. Chinas stammt aus der Zeit um 2500 v. Chr.; glasierte Fundstücke sind jedoch erst aus dem 11.–8. Jh. v. Chr. bekannt (→ chinesische Kunst). Die erste Herstellung von Porzellan gelang in China schon vor der Regierungszeit der Tang-Dynastie (618 bis 906). Von den Randgebieten des östl. Mittelmeers nahmen Kreta u. Griechenland Einflüsse der vorderasiat. Töpferkunst auf. Kreta hatte bereits in der mittleren Bronzezeit (um 1900 v. Chr.) eine hoch entwickelte K.; ihre Leistungen wurden jedoch noch weit übertroffen durch die auf dem griech. Festland während des 1. Jahrtausends v. Chr. entstandene keram. Kunst mit reichem Dekor u. einer Vielzahl von Gefäßtypen (→ griechische Kunst).
Die Anfänge der → Baukeramik liegen in den oriental. Frühkulturen. Bes. im Bereich der babylon. u. assyr. Kunst zeugen farbig glasierte Wandplatten u. Reliefziegel von der Verbindung zwischen K. u. Architektur. – Aus dem Orient stammt auch die Technik der → Fayence, die über Nordafrika, Spanien u. Italien nach Mittel- u. Nordeuropa gelangte, seit dem 15. Jh. einen der Hauptzweige des Töpfergewerbes bildete u. bes. in den Niederlanden Erzeugnisse von hohem künstler. Rang hervorbrachte. Widerstandsfähiger als Fayence ist das *Steinzeug*, das im 15./16. Jh. auf europ. Boden u. a. im Rheinland hergestellt wurde. Das billige Massenproduktion von Geschirren aus *Steingut*, das um 1770 in England erfunden wurde, u. die europ. Nacherfindung des Hartporzel-

lans durch J. F. *Böttger* u. E. W. Graf von *Tschirnhausen* in Meißen haben seit dem Beginn des 19. Jh. die Entwicklung der Gebrauchskeramik bestimmt u. die Fayenceproduktion weitgehend zum Erliegen gebracht. – Vorbereitet durch die Reformbestrebungen des Jugendstils, zeichnet sich seit Ende des 1. Weltkriegs in mehreren europ. Ländern wieder eine bewusste Hinwendung zu künstler. Form- u. Schmuckgestaltung ab, bes. auf den Gebieten des Porzellans u. der kunstgewerbl. Gebrauchskeramik.
Die bekanntesten dt. Keramikmuseen sind in Düsseldorf, Höhr-Grenzhausen, Deidesheim u. Kandern. Bedeutende Sammlungen befinden sich: in Hamburg, Museum für Kunst u. Gewerbe; in Frankfurt, Museum für Kunsthandwerk; in München, Nationalmuseum; in Stuttgart, Landesmuseum.

Keramiker, *Keramikerin,* früher *Töpfer,* anerkannter handwerkl. Ausbildungsberuf; Ausbildungsdauer 3 Jahre. K. arbeiten in Töpferwerkstätten u. stellen aus Ton Geschirr, Vasen, Schalen, Krüge u. Kacheln nach Vorlage oder nach eigenen Entwürfen her.

Keramik-Gestalter, *Keramik-Gestalterin,* berufl. Tätigkeit nach Ausbildung an der Fachschule für Keramik u. Gestaltung in Höhr-Grenzhausen. Voraussetzung ist eine abgeschlossene einschlägige Berufsausbildung, z. B. als → Keramiker. K. sind meist als führende Mitarbeiter in keramischen Betrieben tätig.

Keramik-Metall-Kombination, Werkstoffkombination von keramischen u. metallischen Substanzen mit dem Ziel, die Vorteile der typischen Keramik (Hochtemperaturbeständigkeit, chemische u. mechanische Korrosionsbeständigkeit) mit denen der typischen Metalle (Verformbarkeit, hohe

Wärmeleitfähigkeit) für spezielle Anwendungsbereiche zu kombinieren, z. B. keramische Überzüge auf Metallen, Metallisieren von Keramik. Auch → Cermets.

keramische Farben, farbgebende Komponenten in der Keramik, die aus Metalloxiden der Nebengruppenelemente bestehen. Normalerweise werden farbige Dekore durch Zusatz von bis zu 12 % Farbkörpern zum Glasurversatz erzeugt. *Farbkörper* bestehen aus einem oder mehreren Metalloxiden, evtl. in Kombination mit Kieselsäure oder Tonerde. Die homogen vermischten Komponenten werden geglüht, wobei sich stabile Mischkristalle (meist Spinellstruktur) bilden, die in Glasuren unlöslich u. bei den Einbrenntemperaturen farbbeständig sind. Je höher die Einbrenntemperatur der zu färbenden Glasur liegt, desto kleiner wird die Farbpalette der beständigen Farbkörper; daher gibt es z. B. bei Töpferwaren oder Fayence mehr u. leuchtendere Farben als bei Dekoren von Porzellan. Eine Möglichkeit, die jedoch nur im Handwerk Bedeutung hat, ist das Auftragen von *Farblösungen*, d. h. von in Wasser gelösten Metallsalzen, die im Allgemeinen wie → Unterglasurdekore mit einer schützenden transparenten Glasur überzogen werden. Auch → Aufglasurdekor, → Inglasurdekor.

keramische Faser, aus Aluminiumoxid u. Sand mit Boroxidzusätzen durch Zerblasen aus der Schmelze hergestellte hitzebeständige Faser; Verwendung als Isoliermaterial.

keramische Malerei, das Bemalen von Töpferware, Tonplastiken u. Kacheln mit ornamentalen oder figürl. Motiven. Hierbei werden mehr oder weniger verglasbare Farben mit dem Pinsel oder im Spritzverfahren aufgetragen. Man unterscheidet *Unterglasurmalerei,* die mit Scharffeuerfarben bei hoher Temperatur gebrannt wird u. entsprechend widerstandsfähig ist, u. *Aufglasurmalerei,* die bei mäßiger Hitze der Glasur aufgeschmolzen wird u. weniger widerstandsfähig, aber reichhaltiger in der Farbpalette ist. Beim *Spritzverfahren* verwendet man Farben, die mit Terpentinöl u. Spritzlack präpariert sind. Erhabene Wirkung der Farben *(Aufsatzemail)* erzielt man durch Erhöhung des Anteils an Farbpulver im Verhältnis zum Malmittel.

keramischer Druck, ein Verfahren zur Dekoration von Glas- u. Tonwaren, bei dem nach graf. Vorlagen, z. B. nach Stahlstichen, mit *keramischer Farbe* ein Andruck hergestellt u. auf den zu verzierenden Gegenstand übertragen wird. Anschließend wird der keramische Druck eingebrannt.

Kerammaler → Glas- und Keramikmaler.

Keramtechniker, *Keramtechnikerin,* als mittlere Führungskraft in der Planung, Entwicklung, Herstellung und Prüfung von keramischen Stoffen und Erzeugnissen tätiger Techniker.

Kerargyrit [der; grch.], *Silberhornerz, Chlorsilber,* ein meist graues Mineral in rindenförmigen Überzügen; Härte 2–2,5, AgCl; wichtiges Silber-Erz; Vorkommen u. a. im Erzgebirge, in der Atacamawüste (Chile).

Keratin [das; grch.], *Hornstoff,* von den Epithel- u. Oberhautzellen gebildete, chemisch u. mechanisch widerstandsfähige Strukturproteine (schwefelhaltig); der Hauptteil der Oberhaut, Haare, Nägel, Federn, Hörner, Hufe, Schuppen, Wolle u. a. Hautanhangsgebilde.

Keratitis [grch.], entzündliche Erkrankung der Hornhaut des Auges, → Hornhautentzündung.

Keratokonjunktivitis [grch.+lat.], Entzündung der Hornhaut *(Kornea)* u. der Bindehaut *(Konjunktiva)* des Auges; zu den verschiedenen Formen der K. gehört die *Viruskeratokonjunktivitis (K. epidemica),* die an der Bindehaut beginnt u. nach einigen Tagen auf die Hornhaut übergreift.

Keratom [das; grch.], *Horngeschwulst,* eine Verdickung der Hornschicht der Haut, Schwiele.

Keratomalazie [grch.], schwere Verlaufsform bzw. Endstadium der → Xerophthalmie.

Keratoplastik [grch.] → Hornhauttransplantation.

Keratose [grch.], Erkrankung der Hornschicht der Haut, bes. die übermäßige Verhornung der Haut (Hyperkeratose).

Keratotomie [grch.], *radiäre Keratotomie,* von dem russ. Augenarzt S. *Fjodorow* angegebenes Verfahren zur chirurg. Behandlung der Kurzsichtigkeit mittels radiärer Hornhautschnitte, was Brechkraftminderung bewirkt.

Kerbel [der; grch., lat.], *Anthriscus,* Gattung der *Doldengewächse (Umbelliferae).* Verbreitet sind der *Wiesenkerbel, Anthriscus silvestris,* u. der *Gewöhnliche K., Anthriscus vulgaris.* Angebaut wird der *Gartenkerbel, Anthriscus cerefolium,* der als Suppenkraut u. als Gewürz verwendet wird.

Kerberos, Wachhund der Unterwelt, → Zerberus.

Kerbflöte, Längsflöte mit bis zu sieben Grifflöchern u. einer Kerbe in der Oberseite, in die der Spieler hineinbläst. Die K. ist bes. bei den südamerikan. Indianern beliebt.

Kerbholz, *Kerbstock,* ein längsgespaltener Holzstab, in dessen Hälften Marken quer eingekerbt werden. Es diente in Dtschld. bis ins 19. Jh. zum Aufschreiben von Schulden, Arbeitstagen u. a.; zur Kontrolle bekam jeder Partner eine Stabhälfte. Das K. ist heute noch bei asiat. Naturvölkern verbreitet. – *Etwas auf dem K. haben,* etwas angestellt, eine Straftat begangen haben.

Kerbschlagbiegeversuch, Verfahren zur Untersuchung der Zähigkeit metallischer Proben. Die gekerbte Probe, deren beide Enden an Widerlagern anliegen, wird mit einem Schlag eines Schlagwerks zerbrochen oder durch die Widerlager gezogen. Die verbrauchte Schlagarbeit ist ein Maß für die Zähigkeit.

Kerbschlagzähigkeit, die beim *Kerbschlagbiegeversuch* zum Durchschlagen eines gekerbten Stabs notwendige Arbeit, bezogen auf den Werkstoffquerschnitt an der Kerbstelle.

Kerbschnitt, in Holz geschnittene Ziermuster aus ornamental gruppierten eckigen, furchen- oder mandelförmigen Einschnitten; seit der Jungsteinzeit gebräuchlich.

Kerbtiere → Insekten.

Kerč [kɛrtʃ], ukrain. Stadt, → Kertsch.

Kerckhoff, Susanne, dt. Schriftstellerin, *5. 2. 1918 Berlin, †15. 3. 1950 Berlin (Selbstmord); Tochter von Walter *Harich,* Halbschwester von Wolfgang *Harich;* half unter der nat.-soz. Diktatur vielen Verfolgten; schrieb Lyrik („Menschl. Brevier" 1948) u. Erzähl-

Susanne Kerckhoff

Tonkeramische Werkstoffe							
	Grobkeramik		Feinkeramik				
Scherben:	porös	dicht	porös		dicht		
	farbig	farbig	farbig	hell/weiß	hell		weiß
			Irdengut	Steingut	Steinzeug		Porzellan
z. B.:	Ziegel	Klinker	Töpferware	Geschirr	Sanitär		Geschirr
	Tonrohre	Baukeramik		Sanitär	Isolatoren		
	Schamottesteine	Spaltplatten			Fliesen		

Sonderkeramische Werkstoffe				
	grob		fein	
Scherben:	porös	dicht	porös	dicht
z. B.:	Silikasteine	schmelzgegossene Steine	Filter	Oxidkeramik
	Korundsteine		Schleifscheiben	Elektrokeramik
	Siliciumcarbidsteine			Magnetokeramik
				Dentalkeramik
				Graphitkeramik
				Steatitkeramik

Keramik: Einteilung nach H. W. Hennicke

werke („Tochter aus gutem Hause" 1940; „Die verlorenen Stürme" 1947).

Kérékou [kereˈkuː], Mathieu, beninischer Politiker u. Militär, *2. 9. 1933 Natitingou; nach militär. Karriere in der französ. Kolonialarmee Offizier in der Armee von Dahomey; 1967/68 zunächst Vize-Präs., dann Präs. des Revolutionären Militär-Komitees; seit 1970 stellvertr. Generalstabschef der Armee; stürzte 1972 in einem unblutigen Staatsstreich den regierenden Dreierrat; 1980, 1984 u. 1989 von der Revolutionären Volksversammlung als Präs. bestätigt. K. führte 1975 für sein Land den Namen *Benin* ein u. erklärte es zur Volksrepublik. 1989 leitete er die Demokratisierung Benins ein. 1991 verlor er die Präsidentschaftswahlen u. schied aus dem Amt. 1996 u. 2001 wurde K. erneut zum Präs. gewählt.

◆ **Kerenskij** [ˈkjɛrinskij], Alexander Fjodorowitsch, russ. Politiker, *4. 5. 1881 Simbirsk, †11. 6. 1970 New York; seit 1912 in der 4. Reichsduma als Abg. der *Trudowiki*, nach der Februarrevolution 1917 Vorsitzender des Petrograder Sowjets u. Justiz-Min.; in der Provisor. Regierung *Lwow*, seit Mai

Alexander Fjodorowitsch Kerenskij

Kriegs-Min., seit Juli Min.-Präs.; betrieb die Fortsetzung des Krieges u. wurde im Nov. von den Bolschewiki gestürzt; emigrierte u. lebte seit 1940 in New York. Er schrieb: „Die Kerenskij-Memoiren" dt. 1966.

Kerényi [ˈkɛreːnji], Karl, ungar. Religionswissenschaftler u. Philologe, *19. 1. 1897 Timişoara, †15. 4. 1973 Zürich; insbes. Mythenforscher. Hptw.: „Apollon" 1937; „Die antike Religion" 1940; „Mythologie u.

Kermesbeere (2), Phytolacca americana

Gnosis" 1942; „Prometheus" 1946; „Die Mythologie der Griechen" 2 Bde. 1951, 1958; mit C. G. Jung „Einführung in das Wesen der Mythologie" 1951.

Kerfe → Insekten.

Kerguelen [-ˈgeːlən], französ. Inselgruppe der Terres Australes Antarctiques Françaises (T. A. A. F.), im Südind. Ozean, 6232 km²; eine große, die *Kergueleninsel* (5820 km²), u. viele kleine, meist unbewohnte Inseln; Hauptort *Port-aux-Français* (mit Forschungseinrichtungen), seit 1929 Nationalpark; rau, vegetationsarm, z. T. vereist, bis 1960 m hoch; viele Fjorde u. Buchten mit guten Ankerplätzen; ehem. Robben- u. Walfangstation; 1901–1903 Basis der Antarktisexpedition unter E. von *Drygalski* auf der „Gauß". – 1772 von dem französ. Seefahrer Yves Joseph de *Kerguelen-Trémarec* (*1734, †1797) entdeckt.

Kerguelenrücken [-ˈgeːlən-], untermeerischer Rücken des Ind. Ozeans, zwischen den *Kerguelen* u. dem antarkt. Kontinent; trennt das Atlantisch-Ind. Südpolarbecken vom Indisch-Antarkt. Becken.

Kericho [engl. kəˈriːtʃou], Ort im W von Kenia, 2020 m ü. M., 40 000 Ew.; Zentrum des wichtigsten Teeanbaugebietes von Kenia.

Kerinci [kəˈrintʃi], höchster Berg u. tätiger Vulkan auf Sumatra (Indonesien), 3805 m.

Kerken, Gemeinde in Nordrhein-Westfalen, Ldkrs. Kleve, 12 200 Ew.

Kerkenna, tunes. Inselgruppe, → Qarqannah.

Kerker [lat.], Gefängnis; in *Österreich* bis 1974 als *einfacher K.* oder *schwerer K.* die schwerste Form der → Freiheitsstrafe.

Kerkovius, Ida, dt. Malerin, *31. 8. 1879 Riga, †7. 6. 1970 Stuttgart; Schülerin von A. *Hoelzel* u. 1920–1923 von P. *Klee* u. W. *Kandinsky* am Bauhaus; stark abstrahierte Figurenbilder, Wandteppiche.

Kerkrade, Stadt im SW der niederländ. Prov. Limburg, 52 800 Ew.; Steinkohlenbergbau; in der Nähe die 1104 gegr. Abtei *Klooistera-de-Rolduc* (jetzt Gymnasium).

Kerkyra, **1.** die griech. Insel → Korfu.
2. griech. Hafenstadt u. Hauptort der Insel Korfu, 35 800 Ew.; Museum, Militärakademie, venezian. Festungsanlagen, ehem. königl. Sommerpalast; Anbau von Oliven, Feigen u. Wein; Textilindustrie; Tourismus, Flugplatz.

Kerle, Jacobus von, niederländ. Komponist, *1531 (?) Ypern, †7. 1. 1591 Prag; wirkte in Italien (Orvieto, Rom) u. 1568–1575 als Vikar u. später als Organist am Augsburger Dom, wo die meisten seiner Werke (Messen, Motetten, Psalmen) entstanden. Für das Trienter Konzil komponierte er 1562 die dort erfolgreichen „Preces speciales".

Kerling, der mittelhochdt. Dichter → Spervogel (1).

Kerll, *Kerl, Kherl*, Johannes Kaspar von, dt. Komponist, *9. 4. 1627 Adorf, Sachsen, †13. 2. 1693 München; Schüler von G. *Carissimi*, wirkte an den Höfen von München u. Wien; Werke: Opern (nicht erhalten), Kirchen- u. Instrumentalmusik, die später von J. *Haydn* u. a. bearbeitet wurde.

Kerma, Abk. für engl. *Kinetic energy released in matter*, Symbol K, Quotient aus der Summe der kinet. Energien aller geladenen

Teilchen, die von indirekt ionisierender Strahlung (z. B.: Photonen, Neutronen) in einem Volumenelement eines Stoffes erzeugt werden, u. der Masse des Volumenelements. SI-Einheit ist das *Gray* (Gy), 1 Gy = 1 J/kg.

Kermadecgraben [-ˈdɛk-], der Südteil des → Kermadec-Tonga-Grabens.

Kermadecinseln [-ˈdɛk-; nach dem französ. Seefahrer Jean Michel Huon de *Kermadec*, *1748, †1793], neuseeländ. (seit 1887), vulkanische Inselgruppe nordöstlich von Neuseeland, zusammen rd. 34 km²; Hauptinsel *Raoul* (28 km²), mit meteorolog. Station, ferner *Macauley, Herald, Curtis* u. *L'Esperance*; östl. der K. die Tiefseerinne des *Kermadecgrabens*.

Kermadec-Tonga-Graben [-ˈdɛk-], lang gestreckter, zusammenhängender Tiefseegraben an der Westseite des *Südpazif. Beckens*, östl. der Kermadec- u. Tonga-Inseln. Das russ. Vermessungsschiff „Witjas" lotete als tiefste Stelle im *Kermadecgraben* –10 047 m u. im *Tongagraben* –10 882 m (Witjastiefen).

Kermadec-Tonga-Schwelle [-ˈdɛk-], meridional etwa von den Samoa-Inseln bis Neuseeland verlaufende Erhebung, auf der die Kermadec- u. Tonga-Inseln liegen; scheidet das südl. *Fidschi-* vom *Südpazif. Becken*; nur durch eine schmale Senke vom westl. liegenden *Südfidschirücken* getrennt.

Kerman, *Kirman*, **1.** südostiran. Prov. 185 675 km², 1,86 Mio. Ew.; Hptst. *K.* (2).
2. Hptst. der südostiran. Prov. K. (1), 312 000 Ew.; maler. Altstadt, großer Bazar; Stahlwerk, Teppich- u. Textilindustrie; Verkehrsknotenpunkt, Flugplatz; im S ausgebeutete Kupfervorkommen.

Kermanschah, *Kirmanschah*, **1.** Prov. im Westen Irans, 23 667 km², 1,62 Mio. Ew.; Hptst. *K.* (2).
2. Hptst. der westiran. Prov. K. (1), am Fluss Kercha u. an der Straße Teheran–Bagdad, 624 000 Ew., überwiegend Kurden; Handelsplatz für Getreide, Teppiche, Wolle u. Früchte; früher ein Zentrum der Opiumkultur; Zuckerfabrik; Erdölraffinerie mit Pipelineanschluss an das Ölfeld Naft-i-Shah an der iran.-irak. Grenze; Flugplatz.

Kermes [der; sanskr., pers., arab.], *Alkermes, Kermesbeeren, Scharlachbeeren, Kermeskörner, unechte Cochenille*, die mit rotem Saft gefüllten Eier u. Hüllen der *Kermesschildläuse*, die auf der im Mittelmeergebiet verbreiteten *Kermeseiche (Scharlacheiche, Quercus coccifera)* leben; früher zum Färben von Wolltüchern verwendet, heute durch echte Cochenille bzw. synthet. Farbstoffe ersetzt.

Kermesbeere, 1. → Kermes.
◆ **2.** *Amerikan. K., Phytolacca americana [decandra]*, in Nordamerika (heute auch im Mittelmeergebiet u. in Südeuropa) heimische Pflanze aus der Familie der *Kermesbeerengewächse (Phytolaccaceae)* mit Beeren, aus denen ein schwarzroter Farbstoff zum Färben von Weinen u. Süßwaren gewonnen wird. Zum gleichen Zweck wird in allen warmen Ländern die *Asiat. Kermesbeere, Phytolacca acinosa*, Heimat Himalaya bis Japan, kultiviert. Zur selben Gattung gehört auch der → Ombu.

Kermesbeerengewächse, *Phytolaccaceae*,

Pflanzenfamilie der *Centrospermae*; etwa 17 Gattungen mit über 120 Arten; Vorkommen in den Tropen, meist in Amerika, als Kräuter, Sträucher, Bäume oder Lianen; Blüten meist unscheinbar, in Trauben oder Ähren, insektenbestäubt.

Kermesit [der], ein kirschrotes Mineral, → Rotspießglanz.

Kermesschildläuse, *Kermidae,* Familie der *Schildläuse,* deren Weibchen die Eier in einem zweikammrigen Brutraum unter einem sehr starken Chitinpanzer bergen. Die Larven verbergen sich unter einem fädigen Gespinst, das sie mit Kot beschmieren. Sie leben vor allem auf Eichen. Aus *Kermes vermilio* u. *Kermes ilicis* wurde bereits im Altertum im Mittelmeergebiet ein roter Farbstoff ähnlich dem → Cochenille gewonnen. Als Farbstofflieferanten sind K. jetzt ohne Bedeutung.

Kern, 1. *B i o l o g i e :* → Zellkern.
2. *B o t a n i k :* → Kernobst.
3. *C h e m i e :* Kurzbez. für den *Benzolkern.* Auch → Benzol.
4. *F o r m e r e i :* der massive Teil der Form, der in dem Gussstück das gewünschte Hohlraum ausspart. Er wird nicht zu gleicher Zeit mit dem *Modell* hergestellt, sondern aus *Kernsand* (Sand mit Öl oder Kernbindemittel) angefertigt u. dann getrocknet, damit er genügend Standfestigkeit für den Guss bekommt.
5. *M a t h e m a t i k :* → Homomorphismus.
6. *P h y s i k :* → Atomkern, → Kernphysik.

Kern, 1. [kəːn], Jerome David, US-amerikan. Komponist, *27. 1. 1885 New York, †11. 11. 1945 New York; komponierte beliebte Musicals („Show-boat" 1927; „The cat and the fiddle" 1931; „Music in the air" 1932; „Very warm for may" 1939) u. die Musik zu erfolgreichen Tonfilmen (u. a. mit Fred *Astaire*).
2. Johann Konrad, schweiz. Politiker (Freisinn), *11. 6. 1808 Berlingen, Thurgau, †14. 4. 1888 Zürich; Mitarbeiter an der schweiz. Bundesverfassung von 1848, maßgeblich an der Organisation des schweiz. Bundesgerichts (erster Präs.) u. des Eidgenöss. Polytechnikums Zürich beteiligt. 1856–1883 Gesandter bzw. bevollmächtigter Min. in Paris; einer der führenden schweiz. Politiker u. Diplomaten seiner Zeit.

Kernäquivalent, *Nucleoid* → Eukaryonten.
Kernbatterie → Isotopenbatterie.

◆ **Kernbeißer,** weit verbreitete Gruppe von *Finkenvögeln* mit außerordentlich kräftigem Schnabel. Einheimisch ist der *Kernbeißer, Coccothraustes coccothraustes,* der durch Fressen von Knospen u. Kirschkernen lästig werden kann. Er lebt in Laubwäldern Europas u. Nordafrikas.

Kernbohren, ein Bohrverfahren, bei dem drehend ein ringförmiger Querschnitt aus dem Gestein herausgebohrt wird. Der im Innern des Rings in einem Kernrohr stehen bleibende Bohrkern wird mit dem Bohrgestänge oder an einem Seil zu Tage gezogen u. gibt Aufschluss über das durchbohrte Gestein. Das K. wird daher bevorzugt beim Untersuchen von Gebirge, besonders von mineral. Rohstofflagerstätten, angewandt.

Kernchemie, ein Teilgebiet der *Kernphysik,* das sich mit den Atomkernumwandlungen (→ Kernreaktionen), also mit der Erzeugung eines chem. Elements aus einem anderen durch Reaktionen in den Atomkernen, sowie mit den Eigenschaften u. Anwendungen der in der Natur nicht vorkommenden radioaktiven Isotope chemischer Elemente befasst.

Kerndimorphismus → Zellkern.

Kernen → Grünkern.

◆ **Kernenergie,** *Atomenergie,* 1. die Energie eines Atomkerns, seine *kinet. Energie, Bindungsenergie;* 2. die technisch nutzbare

Kernbeißer, Coccothraustes coccothraustes, Männchen

Energie, die bei Atomkernprozessen gewonnen wird. Zwei Prozesse sind für die techn. Verwertung interessant: 1. die Spaltung schwerer Atomkerne, 2. die Verschmelzung der leichtesten Kerne.

Kernspaltung: Langsame Neutronen spalten schwere Atomkerne, z. B. das Uranisotop 235, in zwei größere Kernteile u. 2–3 Neutronen, die dann (evtl. nach Abbrem-

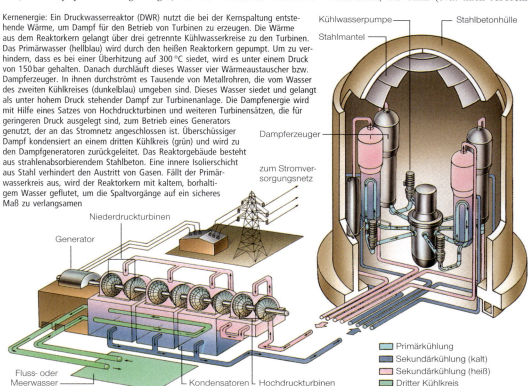

Kernenergie: Ein Druckwasserreaktor (DWR) nutzt die bei der Kernspaltung entstehende Wärme, um Dampf für den Betrieb von Turbinen zu erzeugen. Die Wärme aus dem Reaktorkern gelangt über drei getrennte Kühlwasserkreise zu den Turbinen. Das Primärwasser (hellblau) wird durch den heißen Reaktorkern gepumpt. Um zu verhindern, dass es bei einer Überhitzung auf 300 °C siedet, wird es unter einem Druck von 150 bar gehalten. Danach durchläuft dieses Wasser vier Wärmeaustauscher bzw. Dampferzeuger. In ihnen durchströmt es Tausende von Metallrohren, die vom Wasser des zweiten Kühlkreises (dunkelblau) umgeben sind. Dieses Wasser siedet und gelangt als unter hohem Druck stehender Dampf zur Turbinenanlage. Die Dampfenergie wird mit Hilfe eines Satzes von Hochdruckturbinen und weiteren Turbinensätzen, die für geringeren Druck ausgelegt sind, zum Betrieb eines Generators genutzt, der an das Stromnetz angeschlossen ist. Überschüssiger Dampf kondensiert an einem dritten Kühlkreis (grün) und wird zu den Dampfgeneratoren zurückgeleitet. Das Reaktorgebäude besteht aus strahlenabsorbierendem Stahlbeton. Eine innere Isolierschicht aus Stahl verhindert den Austritt von Gasen. Fällt der Primärwasserkreis aus, wird der Reaktorkern mit kaltem, borhaltigem Wasser geflutet, um die Spaltvorgänge auf ein sicheres Maß zu verlangsamen.

Kühlwasserpumpe

Stahlbetonhülle

Stahlmantel

Dampferzeuger

zum Stromversorgungsnetz

Niederdruckturbinen

Generator

Fluss- oder Meerwasser

Kondensatoren

Hochdruckturbinen

☐ Primärkühlung
☐ Sekundärkühlung (kalt)
☐ Sekundärkühlung (heiß)
☐ Dritter Kühlkreis

283

sung) wieder Kerne spalten (→ Kernreaktor). Bei der Spaltung eines Kerns des Isotops Uran 235 werden rd. 200 MeV Energie frei; 1 kg Uran 235 liefert demnach eine Wärmemenge von etwa $8{,}38 \cdot 10^{10}$ kJ = 2400 MWh, was der Verbrennungswärme von 3000 t Steinkohle entspricht. Der Spaltungsvorgang läuft als kontrollierte Kettenreaktion ab u. die entstehende Wärme wird industriell verwertet.

1998 wurden in der BR Dtschld. 161,7 Mrd. kWh Strom aus K. gewonnen. Die Verwendung von K. zum Antrieb von Schiffen wurde auch bei Kriegsschiffen realisiert. Das letzte atomgetriebene Handelsschiff, der dt. Erzfrachter „Otto Hahn", wurde 1979 nach elfjährigem Einsatz u. rd. 500 000 Seemeilen Fahrtstrecke außer Betrieb genommen. Die K. spielt neben Erdöl, Kohle u. Gas für die Weltenergieversorgung eine große Rolle. Ende 1998 waren weltweit in 32 Staaten 437 Kernkraftwerke in Betrieb. Zweifel an den Sicherheitsvorkehrungen beim Betrieb von Kernkraftwerken u. bei der Entsorgung der radioaktiven Abfälle sowie Befürchtungen wegen möglicher Umweltschäden führten seit den 1970er Jahren u. insbes. nach dem Reaktorunfall in dem ukrain. Kernkraftwerk von Tschernobyl im Jahre 1986 in mehreren europ. Ländern zu polit. Widerstand gegen die Nutzung der K. So wurde in der BR Dtschld. in mehreren Fällen der Bau von Kernkraftwerken gerichtlich gestoppt u. die rot-grüne Bundesregierung (ab 1998) strebte einen vollständigen Ausstieg aus der K. bei einer begrenzten Restlaufzeit der vorhandenen Kernkraftwerke an.

Kernverschmelzung: Aus leichten Atomkernen, z. B. Wasserstoff, werden schwerere Kerne, z. B. Helium, aufgebaut. Die Bindungsenergie, die der Nukleonen im schwereren Kern aneinander gebunden werden, wird dann bei dieser Fusion frei (→ Kernfusion, → Bethe-Weizsäcker-Zyklus). Beim Zusammentritt von 4 Protonen zu einem Heliumkern sind es rd. 28 MeV; die Umsetzung von 1 kg Wasserstoff würde demnach etwa $6{,}3 \cdot 10^{11}$ kJ = 18 000 MWh liefern. Voraussetzung für Fusionen sind Temperaturen von vielen Millionen Grad, wie sie im Innern der Sonne herrschen. Die Sonnenenergie ist K. aus der Fusion von Wasserstoff. Andere Kernfusionen laufen bei der Explosion einer → Wasserstoffbombe ab. An dem Problem, Fusionen kontrolliert u. zur Gewinnung technisch nutzbarer Energien ablaufen zu lassen, wird geforscht.

Kernenergieantrieb, eine Antriebsanlage von Schiffen, bei der die Feuerungsanlage des Dampfkessels durch einen *Kernreaktor* ersetzt ist. Der K. ermöglicht einen fast unbegrenzten Aktionsradius; er ist deshalb bei Eisbrechern u. vor allem bei U-Booten (USA, Russland, Großbritannien u.a.) zu finden. Bekannte Schiffe mit K. waren: *Lenin,* das erste mit Kernenergie angetriebene Eisbrecher der Welt, in Dienst gestellt 1958; *Savannah,* das erste mit Kernenergie angetriebene Fracht- u. Fahrgastschiff der Welt (1961–71); *Otto Hahn,*

ein mit Kernenergie angetriebenes Forschungsschiff (1968–79, fuhr auch als Erzfrachter).

Kernenergieverbrechen → Atomverbrechen.

Kernen im Remstal, Gemeinde in Baden-Württemberg, Rems-Murr-Kreis, östl. von Stuttgart, 240 m ü. M., 14 400 Ew.; Burgruine Yberg, Schloss (14. Jh.); Wein- u. Obstanbau; 1975 aus den Gemeinden Stetten u. Rommelshausen gebildet.

Kerner, Rebsorte, eine Kreuzung aus Trollinger u. Riesling; ergibt gute Erträge u. liefert einen frischen, ansprechenden Wein mit leichtem Muskataroma.

Kerner, 1. Anton, Ritter von *Marilaun,* österr. Botaniker, *12. 11. 1831 Mautern, †21. 6. 1898 Wien; Prof. in Innsbruck (seit 1860) u. Wien (seit 1878); Hptw.: „Pflanzenleben" ³1913–1916.

Justinus Kerner

◆ **2.** Justinus, dt. Schriftsteller, *18. 9. 1786 Ludwigsburg, †21. 2. 1862 Weinsberg; dort seit 1819 Oberamtsarzt; Vertreter der „Schwäbischen Schule", befasste sich mit der heimatlichen Geschichte, aber auch mit Spiritismus („Die Seherin von Prevorst" 1829); schrieb volksliednahe „Gedichte" (1826, darin „Dort unten in der Mühle", „Wohlauf noch getrunken...", „Preisend mit viel schönen Reden") u. Geschichten („Reiseschatten" 1811); Autobiografie: „Das Bilderbuch aus meiner Knabenzeit" 1849. – Sämtliche poetische Werke, hrsg. von J. Gaismaier, 4 Bde. 1905. – Werke, hrsg. von G. Grimm, 2 Bde. 1974.

Kernera → Kugelschötchen.

Kernexplosion → Kernverdampfung.

Kernfächer, *Pflichtfächer,* die im Unterrichtsfächer, die in der Gymnasialoberstufe im Unterschied zu den *Kursfächern* für alle Schüler verbindlich sein sollen, z. B. Deutsch, Geschichte u. Mathematik. Kursfächer dagegen können Physik, Biologie, Fremdsprachen, außerdem Pädagogik, Psychologie, Datenverarbeitung u.a. sein. Das Kern- u. Kurssystem wurde zuerst 1922 von dem Lübecker Schuldirektor B. Schwarz erprobt.

Kernfamilie, *Basisfamilie, Kleinfamilie,* engl. *nuclear family,* der Größe nach bestimmter Typ der → Familie, der sich auf die Ehepartner u. deren unmündige Kinder beschränkt.

Kernfäule, Sammelbez. für Zersetzungsprozesse beim Laub- u. Nadelholz, hervorgerufen durch bestimmte Pilze. Das Holz färbt sich dabei rot bis braun.

Kernfeld, das *Feld,* das im Atomkern die Kernkräfte zwischen den Nukleonen überträgt u. dessen Ausgangspunkte die Nukleonen sind; auch das Kraftfeld eines einzelnen Nukleons. Das K. bestimmt den Ablauf von Kernreaktionen beim Beschuss von Kernen mit Elementarteilchen. Es wird auch *Mesonenfeld* genannt, da die π-Mesonen (Pionen)

als die *Quanten* des Kernfelds angesehen werden können.

Kernforschungsanlage Jülich, Abk. *KFA,* ab 1990 *Forschungszentrum Jülich;* 1956 eine der Kernforschungszentren der Hochschulen des Landes Nordrhein-Westfalen gegr. Seit 1968 ist die BR Dtschld. als Hauptgesellschafter mit 90 % an der KFA Jülich beteiligt. Forschungsgebiete dieser Großforschungseinrichtung mit 4400 Beschäftigten u. einem Jahresetat von rd. 350 Mio. DM sind u.a.: Hochtemperaturreaktor-Anlagen u. Brennstoffkreislauf, Sicherheit kerntechn. Anlagen, nichtnukleare Energieforschung, Systemanalyse, Kernfusion, Umweltforschung, Medizinforschung, -technik, neurobiolog. Forschung, Festkörperforschung, Grenzflächen- u. Vakuumforschung, Niederenergiephysik, Radio- u. Kernchemie, Datenverarbeitung u. Mathematik, angewandte u. analyt. Chemie sowie Elektronik u. physikal.-techn. Methoden.

Kernforschungszentrum Karlsruhe, Abk. *KfK,* 1956 gegründetes Großforschungszentrum mit den Forschungsschwerpunkten Schneller Brüter, Trenndüsenverfahren, Wiederaufarbeitung und Abfallbehandlung, nukleare Sicherheit, Spaltstoffflusskontrolle, Tieftemperaturtechnologie, Datenverarbeitung u. Systemanalyse, Grundlagenforschung, Kernmesstechnik für industrielle Anwendungen u. Betrieb von Versuchsanlagen im halbtechnischen Maßstab.

Kernfusion, *Kernverschmelzung,* Kernreaktion: die Bildung schwerer Atomkerne aus leichteren unter gleichzeitiger Energieabgabe. Die K., insbes. der Aufbau des Heliumatomkerns aus vier Protonen, ist die wichtigste Quelle für die Energien, die von den Sternen abgestrahlt werden. Auf der Erde sind Kernfusionen (in größerem Ausmaß als im Laboratorium bei einzelnen Kernen) bisher nur in der → Wasserstoffbombe erzielt worden. Die Möglichkeit einer techn. Nutzung der K. zur Energiegewinnung erscheint erst Mitte des 21. Jh. realisierbar. Technisch aussichtsreich erscheint die K. der schweren Wasserstoffisotope *Deuterium* u. *Tritium* zu Helium: Die dabei frei werdende Energie ist, bezogen auf die umgesetzte Masse, einige Millionen Mal größer als bei der Verbrennung fossiler Brennstoffe. Die technische Aufgabe von Konstruktion eines *Fusionsreaktors* ist nach den heutigen Kenntnissen folgende: Eine Deuterium-Tritium-Mischung muss bei einer Dichte von 10^{16} Teilchen im cm³ und auf über 100 Millionen Grad erhitzt werden. Die dann einsetzenden Kernfusionen erhalten die Temperatur von sich aus, u. große Energiemengen werden frei. Große technische Schwierigkeiten liegen in der Erzeugung der Anfangstemperaturen u. in der Herstellung von Behältern für das heiße Gas. Materielle Kessel kommen nicht in Frage, da das sehr heiße Gas aber nicht mehr aus elektrisch neutralen Molekülen, sondern aus Ionen u. freien Elektronen besteht, ein Plasma bildet, kann es durch geeignete (elektrische u.) magnetische Felder in vorgegebenen Raumbereichen konzentriert werden. – Verschiedene Anordnungen *(Zetageräte, Stellaratoren u. vor allem Tokamaks)* werden erprobt. 1991 gelang am Tokamak → JET erstmals bei etwa 200 Millionen Grad für zwei Sekunden die Freisetzung von Fusionsenergie. Es werden auch Versuche unternommen, Plasma für die K. mit Hilfe energiereicher Laserstrahlung zu erzeugen u. aufzuheizen (→ Laser). Der seit 1992 geplante Bau eines Internationalen Thermonuklearen Experimentalreaktors (ITER) wird voraussichtlich in einer verkleinerten Version realisiert.

Kerngarn → Core-spun-Garn.

Kernholz, der technisch wertvollste Teil des Holzes, der bei manchen Bäumen durch Verstopfung der luftgefüllten Gefäße im reifen Holz mit Füllzellen *(Thyllen)* sowie durch eine verstärkte Einlagerung von Gerbstoffen u. Harzen entsteht. Dadurch wird das Holz widerstandsfähiger. Kernholzbäume sind u.a.: Kiefer, Lärche, Mahagoni, Palisander, Teak. Auch → Splint.

Kernholzkäfer, *Platypodidae,* in der Paläarktis nur durch eine Gattung vertretene Käferfamilie aus der Verwandtschaft der Borkenkäfer, die im Holz harter Laubbäume (z. B. Eiche, Buche) leben.

Kerninduktion, eine elektromagnet. Induktion, hervorgerufen durch die magnet. Momente an Atomkernen; wird zur sehr genauen Messung der Kernmomente ausgenutzt. Der untersuchte Stoff wird in ein homogenes Magnetfeld gebracht; die Atomkerne führen dann eine Präzessionsbewegung aus, sie werden in bestimmten diskreten Stellungen ausgerichtet (→ Richtungsquantelung). Ein weiteres hochfrequentes Magnetfeld, dessen Frequenz ν mit der Einstellungsenergie E der Momente im Magnetfeld in der Beziehung $E = h \cdot \nu$ (h = Planck'sches Wirkungsquantum) steht, ruft ein resonanzartiges Umklappen der Kernmomente hervor, das Induktionseffekte auslöst.

Kernknacker → Pfäffchen.

Kernkörperchen, *Nucleolus,* im Zellkern einzeln oder zu mehreren enthaltener kugeliger Körper, der aus Eiweißen u. Ribonucleinsäure besteht u. sich je nach Funktion des Zellkerns stark verändert. Er hat keine Hüllmembran. Entstehung u. Aufgabe sind noch umstritten.

Kernkräfte, die Wechselwirkungskräfte zwischen den Nukleonen (Protonen u. Neutronen). Aus der Untersuchung der Atomkerne, die durch die K. zusammengehalten werden, u. aus Streuexperimenten, inbes. von Nukleonen an einzelnen Nukleonen, ergibt sich, dass die K. nur etwa 2 bis $3 \cdot 10^{-13}$ cm weit reichen, innerhalb dieser Abstände aber erhebl. stärker als die elektr. Kräfte sind. Sie sind abhängig von den Spinstellungen der Nukleonen *(Tensorcharakter der K.),* aber unabhängig von der elektr. Ladung, d. h., Proton-Proton-, Neutron-Proton- u. Neutron-Neutron-Kräfte sind einander gleich, zumindest bis zu Abständen von etwa $0.8 \cdot 10^{-13}$ cm herab. – Die Begründung der K. aus einer Feldtheorie der → Mesonen in gleicher Weise, wie elektr. u. magnet. Kräfte aus der Theorie der elektromagnet. Felder folgen,

liefert ein qualitatives Verständnis einiger Eigenschaften der K.; sie ist aber noch nicht befriedigend gelungen.

Kernkraftwerk, eine Anlage zur Erzeugung von Energie mit Hilfe von Kernreaktoren (→ Kernenergie, → Kernreaktor). Ende der 1990er Jahre betrug der Anteil der in Kernkraftwerken erzeugten Energie an der weltweiten Stromerzeugung rd. 17 %.

Kernladungszahl, die Anzahl der positiv elektr. Elementarladungen, die ein Atomkern hat, also die Zahl der *Protonen* im Kern. Die K. gibt die Stellung des Kerns im *Periodensystem* der chem. Elemente an, d. h. die K. ist gleich der → Ordnungszahl.

kernmagnetische Resonanzspektroskopie → Kernresonanzspektroskopie.

Kernmaterie, Materie sehr hoher Dichte (rd. 10^5 g/cm³); sie besteht aus → Plasma u. kommt u. a. in den *Weißen Zwergsternen* vor. Gelegentlich wird die Bez. auch für die Teilchen innerhalb eines Atomkerns benutzt.

Kernmembran → Zellkern.

Kernmitbewegungseffekt, einer der Effekte, die bewirken, dass die Spektrallinien verschiedener Isotope eines Elementes nicht zusammenfallen. Er berücksichtigt, dass sich Kern u. Elektronenhülle um den gemeinsamen Schwerpunkt bewegen, der aufgrund der endlichen Kernmasse nicht mit dem Kernschwerpunkt zusammenfällt. Die daraus resultierende Energieverschiebung gegenüber dem als unendlich schwer angenommenen Kern wird als normaler Masseneffekt bezeichnet u. verliert mit steigender Massenzahl an Bedeutung.

Kernmodelle → Kernphysik.

Kernobst, Früchte der zur Familie der *Rosengewächse (Rosaceae)* gehörigen Obstarten. Das Fruchtfleisch entwickelt sich vor allem aus der Blütenachse. Bei *Weißdorn* u. *Mispel* entsteht aus jedem Fruchtblatt ein Steinkern; bei *Quitte, Birne* u. *Speierling* bilden die verwachsenen, balgähnl. Fruchtblätter ein pergamentartiges Gehäuse.

◆ **Kernos** [der; grch.], Rundgefäß mit einem Kranz von schalenartigen Vertiefungen zur Aufnahme von Samen u. Früchten bei der Feier der Panspermie („Gemisch aus allerlei Samen"); vor allem in den eleusinischen Mysterien gebräuchlich.

Kernphasenwechsel, *Sexualprozess,* ein durch das Abwechseln zwischen Befruchtung u. Meiose (Reifeteilung) bedingter Wechsel zwischen haploiden u. diploiden Kernwertverhältnissen.

Kernphotoeffekt, eine durch Absorption sehr energiereicher Gammaquanten hervorgerufene Kernreaktion, wobei ein Nukleon (meist ein Neutron) aus einem Atomkern herausgeschlagen (emittiert) wird.

Kernphysik, ein Gebiet der Physik, das sich mit der Erforschung der Atomkerne beschäftigt. Die Untersuchungen werden durch Beschießen von Atomen mit den verschiedenen → Elementarteilchen durchgeführt. Heute stehen hierfür große Apparaturen (→ Teilchenbeschleuniger) zur Verfügung. – Als Erster entdeckte E. *Rutherford* 1919 beim Beschießen von Stickstoffatomen mit α-Teilchen, dass diese in den Atomker-

nen stecken bleiben u. dass statt ihrer *Protonen* aus dem Kern herausfliegen. 1932 wies J. *Chadwick* nach, dass aus einem Atomkern auch neutrale Teilchen, die er *Neutronen* nannte, herauskommen können. Heute steht fest, dass alle Atomkerne aus Protonen u. Neutronen, die zusammen auch die Bez. *Nukleonen* führen, aufgebaut sind. Diese beiden Teilchenarten sind fast gleich schwer u. rd. 1836-mal schwerer als das *Elektron.* Die Zahl der Protonen gibt die positive Ladung des Kerns an u. damit die Stellung des Elements im Periodensystem an u. heißt *Ordnungszahl.* Die Zahl der Nukleonen entspricht dem *Atomgewicht* u. wird als *Massenzahl* bezeichnet. Kerne mit gleicher Protonen-, aber verschiedener Neutronenzahl heißen *Isotope.* Die Nukleonen werden im Kern durch die *Kernkräfte* zusammengehalten. Diese Kräfte sind sehr viel größer als die bekannten elektr. Kräfte zwischen geladenen Teilchen, denn sonst würde die gegenseitige Abstoßung der positiv geladenen Protonen in einem Kern zu dessen Zerfall führen. H. *Yukawa* vermutete 1935, dass die Kernkräfte durch das Hinundherfliegen von → Mesonen zwischen den Nukleonen erzeugt werden, u. tatsächlich wurden später die für die Kernkräfte verantwortl. Mesonen entdeckt. – Außer den übl. Kräften gibt es noch verschiedene Arten von sog. *Austauschkräften,* die man nur in mathemat. Formeln fassen, aber nicht anschaulich beschreiben kann. Eine Austauschkraft z. B. tritt bei der Wechselwirkung zwischen einem Proton u. einem Neutron dadurch auf, dass das Proton in ein Neutron (u. umgekehrt) übergeht. – Durch die Kernkräfte werden die Nukleonen im Kern so stark zusammengehalten, dass die Energie von etwa 8 Mio. Elektronenvolt nötig ist, um ein Nukleon aus dem Kern zu entfernen. Nach der Energie-Masse-Beziehung $E = m \cdot c^2$ ent-

Kernos am Rand des Mittelhofes der minoischen Palastanlage von Mallia

spricht diese Energie etwa 1 % der Nukleonenmasse im Kern, d. h., das Nukleon wiegt im Kern rd. 1 % weniger als außerhalb. Die gesamte Energie, mit der alle Nukleonen im Kern gebunden sind, die also nötig wäre, um sie alle voneinander zu trennen, heißt *Bindungsenergie* (auch → Wechselwirkungen). Da die Bindungsenergie der *radioaktiven Elemente* klein ist, sind diese nicht stabil, sondern gehen unter Aussendung von α-, β- u. γ-Strahlen, Positronen u. a. in andere Kerne über. Man kann auch Kerne durch Neutronenbeschuss künstlich radioaktiv machen, so dass sie zerfallen. Aus der Energiebilanz bei der hierdurch u. U. bewirkten Aussendung eines Elektrons ist zu schließen, dass gleichzeitig mit dem Elektron auch ein sehr leichtes neutrales Teilchen entsteht, das man *Neutrino* nennt. Es wurden mehr oder weniger anschauliche („phänomenologische") *M o d e l l e* konstruiert, um wenigstens gewisse Eigenschaften der Kerne beschreiben zu können. Nach dem *Tröpfchenmodell* wird der Kern wie ein Flüssigkeitstropfen betrachtet, dessen Energie aus Volumen-, Oberflächen- u. elektrischer Energie (gegenseitige Abstoßung der Protonen) besteht. Durch dieses Modell konnte man die Zusammenhänge zwischen Bindungsenergie, Massenzahl u. Ordnungszahl sowie die Spaltung der schweren Atomkerne erklären. – Die Entdeckung, dass genau wie bei der Elektronenhülle auch Atomkerne mit bestimmten Neutronen- u. Protonenzahlen bes. stabil sind, erklärt das *Schalenmodell:* Auf jedes einzelne Nukleon wirken Kräfte, die von den anderen Nukleonen herrühren. Diese Kräfte sind im Mittel so beschaffen, dass sich ein Nukleon im Kerninnern frei bewegen kann u. bei Annäherung an den Kernrand eine Kraft verspürt, die es in das Kerninnere zurückzieht. Diese Kraft ist außerdem noch davon abhängig, ob die Richtung des *Spins* (d. h. der inneren Kreiselbewegung) eines Nukleons parallel oder antiparallel zur Richtung seines *Bahndrehimpulses* (d. h. der Drehbewegung, die es um den Kern ausführt) ist. Die Abhängigkeit der Energie von der Kopplung zwischen Spin u. Bahn des einzelnen Teilchens heißt *Spin-Bahn-Kopplung.* Wegen dieser Art der Wechselwirkung sind Kerne mit den Neutronen- u. Protonenzahlen 2, 8, 20, 28, 40, 50, 82, 126 *(magische Zahlen)* bes. stabil. In Analogie zu den Elektronenschalen des Atoms werden für Kerne mit diesen Zahlen abgeschlossene Nukleonenschalen *(abgeschlossene Schalen)* angenommen. Auch die magnet. Momente der Kerne lassen sich durch dieses Modell bereits erklären. – Das *optische Modell* zur Berechnung der Kernreaktionen bei Neutronenbestrahlung betrachtet den Kern als ein „optisches" Medium, in dem die Materiewellen der Neutronen gebrochen u. absorbiert werden. Auch → Atom.
Die Forschungsergebnisse der K. werden u. a. im → Kernreaktor zur Energieerzeugung verwertet. Die in ihm erzeugten Neutronen oder die im → Betatron, → Zyklotron oder → Synchrotron erzeugten hochenergetischen geladenen Teilchen kann man

auf andere Atome auftreffen lassen u. so *Kernumwandlungen* erzielen, bei denen meist radioaktive Atome entstehen. Die Neutronen eignen sich bes. gut dazu, weil sie wegen ihrer elektr. Neutralität leicht in den Kern eindringen. Man kann so in der Natur nicht vorhandene Elemente erzeugen, z. B. die → Transurane, oder radioaktive Isotope von bekannten Elementen herstellen. Das dadurch erschlossene Anwendungsgebiet der K. heißt *Kernchemie.* Die radioaktiven Elemente dienen als Indikatoren in der Medizin, Biologie, Chemie u. Technik (→ Radioindikatoren).

Kernpilze, *Pyrenomyzeten, Pyrenomycetales,* formenreiche Gruppe der *Schlauchpilze* (→ Ascomycetes), die parasitisch in Pflanzen oder saprophytisch in faulem Holz oder Mist leben, z. B. der Erreger des *Obstbaumkrebses, Nectria galligena,* oder der *Mutterkornpilz, Claviceps purpurea.*

Kernplasma, *Nucleoplasma* → Karyoplasma, → Protoplasma.

Kernradius, der halbe Durchmesser eines Atomkerns; er gibt den Wirkungsbereich der *Kernkräfte* an u. liegt in der Größenordnung von 10^{-13} cm. In grober Näherung wächst der K. *(R)* mit der dritten Wurzel aus der Massenzahl *(A)* also: $R \approx R_0 \sqrt[3]{A}$, dabei ist $R_0 \approx 1{,}42 \cdot 10^{-13}$ cm (Radius des Wasserstoffatomkerns).

Kernreaktionen, physikal. Vorgänge in Atomkernen, vor allem Umwandlungen von Kernen beim Zusammenstoß mit energiereichen Teilchen wie Protonen, Neutronen, Deuteronen, Alphateilchen, Elektronen u. elektromagnet. Strahlungsquanten. Die erste Kernumwandlung wurde 1919 von E. *Rutherford* beobachtet; die Zahl der heute bekannten K. ist unübersehbar. Bei der experimentellen Untersuchung von K. werden vor allem die Energiebilanz u. der → Wirkungsquerschnitt gemessen. Als kurze Schreibweisen für K. sind zwei Arten gebräuchlich (Beispiel):
$$^{14}_{7}N + {}^{4}_{2}He \rightarrow {}^{17}_{8}O + {}^{1}_{1}H$$
$$^{14}N\,(\alpha,\,p)\,^{17}O$$
Für jedes beteiligte Teilchen steht ein Buchstabe (N = Stickstoffkern, He = α = Heliumkern = Alphateilchen, O = Sauerstoffkern, H = p = Wasserstoffkern = Proton, n = Neutron), dem evtl. Massenzahl u. Ordnungszahl als Indizes beigefügt werden. Als kurze Schreibweise für Typen von K. wird notiert: (α, p) -Prozesse für K., bei denen ein α auf den Atomkern auftrifft u. nach der Umwandlung ein p wegfliegt. Neben (α, p)-Prozessen gibt es (n, p)-, (n, 2n)-, (n, α)-, (n, γ)- u. viele weitere Prozesse.

Kernreaktor, *Reaktor, Atomreaktor, Atommeiler, Atomofen, Uranbrenner,* engl. *Pile,* eine techn. Anlage, in der Atomkernspaltungen in einer kontrollierten Kettenreaktion ablaufen u. Energie frei wird, d. h. Wärme erzeugt wird. Atomkerne eines spaltbaren Materials, z. B. des Uran-Isotops 235, werden durch Neutronen in zwei etwa gleich große Bruchstücke gespalten. Daneben entstehen bei jeder Spaltung 2 oder 3 freie Neutronen, die wiederum zur Spaltung weiterer Kerne führen können. Diese *Kettenreaktion* wird so gesteuert, dass gleich-

mäßig pro Sekunde eine vorbestimmte Anzahl von Kernen gespalten wird. Bei jedem Spaltungsvorgang wird Energie frei, zunächst als kinet. Energie der Spaltprodukte u. Neutronen. Diese wird durch Stöße an andere Atome übertragen u. damit in Wärmeenergie umgewandelt. Mit Hilfe eines Kühlmittelkreislaufs wird die Wärme abgeführt u. in einem Dampf- oder Gasturbinenprozess in mechan. Energie u. schließlich im Generator in elektr. Energie umgewandelt. Auch → Kernenergie.
Für den kontrollierten Ablauf der Reaktion ist wichtig, dass von den bei der Spaltung entstehenden Neutronen genau eines wieder eine Spaltung hervorruft; es dürfen nicht zu viele Neutronen verloren gehen. Daher muss eine gewisse Mindestmenge *(kritische Masse)* Uran vorhanden sein. Die Abbremsung (mit Hilfe von Moderatoren) der zunächst schnellen Neutronen zu *langsamen* oder *thermischen Neutronen* erhöht die Wahrscheinlichkeit, dass die Neutronen Spaltungen u. nicht andere Kernreaktionen verursachen. Eventuell müssen Neutronen durch „Kontrollgifte" weggefangen werden, damit die Kettenreaktion nicht zu einer unkontrollierten Energiefreisetzung führt. *H a u p t b e s t a n d t e i l e* eines Kernreaktors: 1. *spaltbares Material:* Verwendbar sind die Uranisotope der Massenzahlen 235 u. 233 sowie das Plutoniumisotop 239. Das erstgenannte Isotop findet sich in natürl. Uran zu 0,73 % neben 99,27 % Uran 238; verwendet werden natürliches Uran u. *angereichertes Uran,* in dem der Prozentsatz des Isotops 235 erheblich erhöht ist. Die beiden anderen spaltbaren Isotope müssen selbst erst in Kernreaktoren, in sog. *Brutreaktoren,* erzeugt werden. Sie entstehen aus Thorium 232 bzw. Uran 238 durch Neutroneneinfang. 2. *Moderator* oder *Bremssubstanz:* Stoffe zur Abbremsung der Neutronen. Verwendet werden reiner Graphit, schweres Wasser u. auch reines normales Wasser. – 3. *Steuerungs-* u. *Kontrolleinrichtungen:* Bes. Cadmium fängt Neutronen ein u. wird deshalb in Form von Stäben benutzt, die in den K. beliebig weit eingeschoben werden können. – 4. *Kühlmittel:* Verwendung finden Gase (wie Kohlendioxid, Helium), Wasser u. leicht schmelzende Metalle, z. B. Natrium. – 5. *Konstruktionsmaterial* u. *Schutzwandung* gegen radioaktive Strahlungen der Kernreaktoren.
Der erste K. wurde 1942 in den USA in Betrieb genommen. Heute gibt es Kernreaktoren der verschiedensten Typen u. Größen für Forschungs- u. Ausbildungszwecke an Universitäts- u. a. Instituten u. zur Erzeugung radioaktiver Isotope unter der starken Neutronenbestrahlung im Reaktor. Die überwiegende Anwendung finden Kernreaktoren in Kraftwerken zur Erzeugung elektr. Stroms. Reaktoren werden auch zum Antrieb von Schiffen gebaut (→ Kernenergieantrieb).

Kernresonanz, ein quasistationärer Zwischenzustand, der hervorgerufen wird, wenn Gammastrahlung, die auf einen Atomkern auftrifft, gerade die Energie hat, die notwendig ist, um den Kern in einen angeregten Zustand zu bringen; er bewirkt eine starke (K.)-Absorption. Mit K. bezeichnet man auch die Resonanz von magnetischen Kerndipolmomenten, die in einem Magnetfeld in Anwesenheit eines Hochfrequenzfeldes mit der Larmor-Frequenz präzedieren.

Kernresonanzspektroskopie, *NMR-Spektroskopie,* (engl. *nuclear magnetic resonance*), eine spektroskop. Methode zur Strukturaufklärung von chem., meist organ. Stoffen. Die K. beruht auf dem Phänomen der Kernspinresonanz. Die meist flüssige oder gelöste Probe befindet sich in einem starken, homogenen Magnetfeld. Der Kernspin hat zwei energetisch unterschiedl. Orientierungsmöglichkeiten in diesem Magnetfeld. Bei übl. Temperatur besetzen die Spins bevorzugt das untere Energieniveau. Durch Einstrahlung von passenden Energiequanten, die hier durch Radiowellen geliefert werden, können Spins in den energetisch höherwertigen Energiezustand „umklappen". Dabei erfolgt die Absorption einer Radiowelle mit der entsprechenden Frequenz. Dies wird messtechnisch erfasst. Die Atome können chemisch aber unterschiedlich gebunden sein, so dass die Änderung der Elektronendichte zu einer Abschirmung bzw. Freilegung des Atomkerns führt, was bewirkt, dass hier eine geringere bzw. höhere effektive Feldstärke wirkt. Hiermit geht auch eine Verschiebung der Resonanzfrequenz einher. Auf diesem Prinzip u. dem Phänomen, dass einige Atomkerne miteinander in Kopplung treten, beruht die Strukturbestimmung. Die K. wurde 1946 von F. *Bloch* u. E. M. *Purcell* entwickelt u. hat seitdem vielfältige method. Entwicklungen durchlaufen, so dass die K. heute eine der leistungsfähigsten Methoden zur Strukturaufklärung ist. Die meistvermessenen Kerne sind ^{1}H, ^{13}C, ^{19}F u. ^{31}P. Die hocheffiziente Fourier-Transform-Technik (FT-NMR) wird bevorzugt eingesetzt. Hierbei wird das Wellenlängenspektrum nicht kontinuierlich, sondern als einmaliger, intensiver Puls eingestrahlt. Die Messdaten werden dann mittels eines Computers in die übl. Darstellung umgerechnet.

Kernrückfeinen, das Erhitzen eines nach dem → Aufkohlen abgekühlten Werkstücks u. anschließendes Abschrecken, um das beim Aufkohlen grobkörnig gewordene Gefüge des Kerns zu verfeinern.

Kernsaft, *Karyolymphe* → Zellkern.

Kernschatten, der Teil des Schattens, auf den überhaupt keine Lichtstrahlen fallen.

Kernschleifen → Chromosomen.

Kernsdorfer Höhe, poln. *Dylewska Góra,* höchste Erhebung Ostpreußens, im Preuß. Höhenrücken *(Hockerland),* südl. von Ostróda, 313 m.

Kernspaltung, der Zerfall eines schweren Atomkerns in zwei Bruchstücke, entweder spontan mit einer charakterist. Lebensdauer oder durch Energiezufuhr angeregt (z. B. beim Einfangen eines Neutrons durch den Kern). Die *spontane K.* ist eine bes. Art des radioaktiven Zerfalls, die bei Transuranen mit einer Ordnungszahl größer als 100 entscheidend wird. Die *durch Neutronen*

erzielte K. findet Anwendung im → Kernreaktor.

Kernspektroskopie, *Kernspektrometrie,* ein Teilgebiet der Kernphysik, die Methoden zur Messung von Emissions- u. Absorptionsspektren von Atomkernen sowie die Zuordnung dieser Spektren zu den angeregten Kernzuständen. Zur Beeinflussung geladener Teilchen dienen z. B. elektrische oder magnetische Felder.

Kernspintomographie, *Magnetresonanztomographie,* engl. Abk. *NMR-CT,* ein bildgebendes medizin. Untersuchungsverfahren, das die Eigenrotation u. den resultierenden Drehimpuls der Atomkernteilchen (Protonen u. Neutronen), den *Kernspin,* ausnutzt. Mittels großer Magneten werden die natürlicherweise zufällig ausgerichteten Kernspine aller Wasserstoffatome zunächst in eine Ebene ausgerichtet. Ein elektromagnetisches Hochfrequenzsignal (eine Art Radiowelle) lässt die Atome dann in eine einheitl. Richtung schwenken. Anschließend wird das Magnetfeld so eingestellt, dass die Atome in ihre natürl. Position zurückfallen. Dabei senden sie die während des Ausrichtungsvorgangs aufgenommene Energie in Form von Radiowellen aus. Je mehr Wasserstoffatome sich in einer Region befinden, desto größer ist die nun abgegebene u. aufaddierte Radiowelle. Gemessen wird so die Dichte der im untersuchten Gewebe vorhandenen Wasserstoffatome. Die bildliche Darstellung der Messwerte über Verrechnung der Daten in einem Computer u. ermöglicht eine zwei- *(Tomogramm, Schichtbild)* oder dreidimensionale Abbildung. Die sehr kostspielige K. belastet den Organismus nicht mit radioaktiven oder Röntgenstrahlen u. ist nach wissenschaftl. Einsicht frei von Nebenwirkungen. Sie ermöglicht diagnost. Erkenntnisse insbes. die mit anderen Methoden schwer darstellbaren Weichteile, die besonders viele Wasserstoffatome enthalten, u. wird deshalb vor allem zur Untersuchung von Nervensystem, Knochenmark, Blutgefäßen, Gelenken, Tumoren u. Zysten eingesetzt.

◆ **Kernsprünge,** scherbiges Zerspringen von Gesteinsblöcken u. Lockermaterial im Trockenklima entlang bestehender Klüfte unter Einwirkung großer Temperaturgegensätze (Insolationsverwitterung). Hydrationsverwitterung, die hauptsächlich für die Zerlegung größerer Blöcke in Einzelteile verantwortlich ist.

Kernspuremulsion, eine sehr empfindl. fotograf. Schicht, in der schnelle elektr. geladene Teilchen entlang ihrer Bahn durch Ionisation eine Schwärzung hervorrufen; wichtiges Hilfsmittel der Kernphysik u. zur Erforschung der Höhenstrahlen.

Kernstadt, der wirtschaftliche Schwerpunkt innerhalb eines verstädterten Gebietes, → Stadtregion.

Kerntechnik, *Atomtechnik,* Sammelbez. für alle Verfahren zur Gewinnung von Kernenergie, bes. der Reaktortechnik, sowie der Methoden für den Umgang mit radioaktiven Stoffen, z. B. Isotopentechnik, Strahlenschutz u. kernphysikal. Messgeräte.

Kernteilung → Mitose.

Kerntransformator, ein Transformator, bei dem die Wicklungen auf den Schenkeln eines einfach geschlossenen Eisenkerns angebracht sind; Gegensatz: *Manteltransformator,* bei dem die Wicklungen auf der mittleren Säule eines doppelt geschlossenen Eisenkerns liegen. Auch → Transformator.

Kerntransplantation, Übertragung eines isolierten Zellkerns in das Cytoplasma einer anderen Zelle, deren Zellkern zuvor entfernt wurde. Auch → klonen.

Kernverdampfung, *Kernexplosion,* Kernreaktion, bei der ein Atomkern von einem sehr energiereichen Teilchen getroffen wird u. in seine sämtl. Teile (Nukleonen) oder in mehrere größere Teile zerplatzt. Auch → Spallation.

Kernverschmelzung, 1. *A t o m p h y s i k :* → Kernfusion.

2. *B i o l o g i e :* → Befruchtung, → Karyogamie.

Kernwaffen → atomare Kampfmittel.

Kernwuchs, aus Samen gewachsene Bäume; Gegensatz: *Stockausschlag* u. *Wurzelbrut.*

Kero, charakteristischer hoher Tonbecher mit geschwungener Wandung; typisches Gefäß der *Tiahuanaco-Kultur* Boliviens; ab 400 n. Chr. nachweisbar, meist polychrom bemalt mit Puma- u. Kondorfiguren. Aus der späten Inkazeit (ab 1450) sind auch Keros aus Holz bekannt, mit nicht geometr. Schnitzdekor u. Metallintarsien verziert. Erst in kolonialspan. Zeit wurden die hölzernen Keros mit lackartigen Farben bemalt (mytholog. sowie europ. Tier- u. Pflanzenmotive). Die Keros wurden zu jeder Zeit häufig paarweise hergestellt; sie waren hauptsächlich Trankopfergefäße.

Kerogen [grch.], organ. Substanz der Ölschiefer; früher auch Bez. für fein verteilte organ. Substanz aus hochpolymeren organ. Verbindungen in Sedimentgesteinen *(Kerabitumen).* Auch → Bitumen.

Keronisches Glossar → Abrogans.

Kerosin [das; grch.], amerikan.-engl. u. russ. Bez. für Petroleum.

Kerouac ['kɛruæk], Jack, US-amerikan. Schriftsteller, *12. 3. 1922 Lowell, Mass., †21. 10. 1969 St. Petersburg, Fla.; Vertreter der *Beat Generation,* deren Lebensgefühl er in seinen Romanen ausdrückte: „Unter-

Kernsprünge: Granodiorit, der in der Wüste Namib durch Verwitterungsprozesse in größere Blöcke zerlegt wird

Kerrie: Kerria japonica „Pleniflora"

wegs" 1957, dt. 1959; „Gammler, Zen u. hohe Berge" 1958, dt. 1963; „Engel, Kif u. neue Länder" 1965, dt. 1967; „Traumtagebuch" 1960, dt. 1978; Autobiografisches: „Die Verblendung der Duluoz" 1968, dt. 1969.

Kerpen

◆ **Kerpen,** Stadt in Nordrhein-Westfalen, Erftkreis, 62 200 Ew.; Stiftskirche St. Martin (15. Jh.); Steinzeugröhrenwerk, Maschinenbau; Geburtsort von A. *Kolping.*

Alfred Kerr

Kerr, ◆ **1.** Alfred, eigentl. A. *Kempner,* dt. Kritiker, *25. 12. 1867 Breslau, †12. 10. 1948 Hamburg; war mit eigenwillig impressionist., temperamentvollen u. geistreichen Kritiken führend im Berliner Theaterleben; warnte vor dem Aufkommen des Nationalsozialismus u. einem neuen Krieg; seit 1933 Emigrant in London. „Die Welt im Drama" 5 Bde. 1917; „Die Welt im Licht" 2 Bde. 1920; „Die Diktatur des Hausknechts" 1934; „Ich kam nach England" 1978 (postum); ferner Lyrik, Libretti, Reisefeuilletons, Erinnerungen, Schriften zur Zeit. **2.** [ka:r], Deborah Jane, brit. Schauspielerin, *30. 9. 1921 Helensburgh (Schottland); vielseitige Charakterdarstellerin; Filme u.a.: „Die schwarze Narzisse" 1947; „Verdammt in alle Ewigkeit" 1953; „Bonjour Tristesse"

1958; „Der endlose Horizont" 1960; „Das Arrangement" 1969; „Hold the dream" 1986 (TV-Film).
3. [ka:r], John, brit. Theologe u. Physiker, *17. 12. 1824 Ardrossan, Schottland, †18. 8. 1907 Glasgow; entdeckte zwei nach ihm benannte physikal. Effekte: 1. *elektrooptischer Kerr-Effekt,* die → Doppelbrechung, die an sich optisch isotope Stoffe beim Anlegen eines elektr. Feldes zeigen; auch → Kerrzelle; 2. *magnetooptischer Kerr-Effekt,* die bei der Reflexion an stark magnetisierten ferromagnetischen Spiegeln auftretenden Phasen- u. Amplitudenänderungen.
4. Judith, Tochter von 1), brit. Jugendschriftstellerin, *14. 6. 1923 Berlin, lebt in London; erhielt 1974 für ihr Buch „Als Hitler das rosa Kaninchen stahl" den Deutschen Jugendbuchpreis. Weitere Werke: „Warten bis der Frieden kommt" 1975, dt. 1975; „Eine Art Familientreffen" 1979, dt. 1979.
◆ **Kerrie** [-ri:ə; nach dem brit. Gärtner W. *Kerr,* †1814], *Kerria,* ein *Rosengewächs (Rosaceae),* in Ostasien heimischer, auch nach Europa eingeführter Zierstrauch mit goldgelben Blüten.
Kerrl, Hanns, dt. Politiker (NSDAP), *11. 12. 1887 Fallersleben, †14. 12. 1941 Berlin; Justizbeamter; 1928–1933 Mitgl., 1932/33 Präs. des preuß. Landtags, 1933/34 preuß. Justiz-Min., 1934–1941 Reichs-Min. für kirchl. Angelegenheiten.
Kerry ['kɛri], *Ciarraí,* Grafschaft im SW der irischen Prov. Munster, 4701 km², 122 000 Ew.; Verw.-Sitz *Tralee;* Landwirtschaft, Fischerei, Fremdenverkehr.
Kerry Beagle ['kɛri 'bi:gl; engl.] → Beagle.
◆ **Kerrzelle** [nach J. *Kerr*], *Karoluszelle,* ein Gerät zur Umwandlung elektr. Stromschwankungen in entspr. Lichtschwankungen mit Hilfe des elektrooptischen Kerr-Effekts: Ein Lichtstrahl durchläuft zwei gekreuzte Nicol'sche Prismen, die einen gewissen Abstand voneinander haben. In dem dazwischen befindlichen isotropen Medium (meist Nitrobenzol) wird ein von einem Sender gesteuertes elektrisch veränderl. Feld erzeugt, das die Polarisationsebene des Lichts dreht *(Kerr-Effekt),* so dass der aus dem zweiten Prisma austretende Lichtstrahl entspr. Intensitätsschwankungen erleidet. Technisch angewandt wird die K. beim Tonfilm, früher auch bei der Bildtelegrafie u. Ä.
Kersantit [der; lat.], magmatisches Ganggestein, besteht aus Plagioklas, Biotit, Augit u. gelegentlich Hornblende. Auch → Lamprophyr.

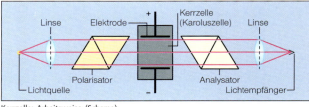

Kerrzelle: Arbeitsweise (Schema)

Kerschbaumer Sattel, Grenzpass zwischen Oberösterreich und der Tschech. Republik, im Mühlviertel, 685 m ü. M.; alter Handelsweg.

Georg Kerschensteiner

◆ **Kerschensteiner,** Georg, dt. Pädagoge u. Schulorganisator, *29. 7. 1854 München, †15. 1. 1932 München; 1885–1919 Stadtschulrat, seit 1919 Professor in München. K. vertrat den Gedanken der *Arbeitsschule,* die „mit einem Minimum von Wissensstoff ein Maximum von Fertigkeiten im Dienste staatsbürgerl. Gesinnung auslösen" soll. Bildung zum Beruf, der als Kulturleistung begriffen wird, ist nach K. das Ziel der Schule; Mittel dazu sind: stärkere Betonung der Handarbeit u. des Zeichnens, Werkstättenunterricht als Pflichtfach für die Volksschule, Reform des Schulwesens im Sinn der Einheitsschule, Umgestaltung der Fortbildungs- in Berufsschulen. Hptw.: „Begriff der staatsbürgerl. Erziehung" 1910; „Charakterbegriff u. Charaktererziehung" 1912; „Wesen u. Wert des naturwissenschaftl. Unterrichts" 1914; „Die Seele des Erziehers" 1921; „Autorität u. Freiheit" 1924; „Theorie der Bildung" 1926; „Theorie der Bildungsorganisation" 1933.
Kerspetalsperre, Stausee an der Kerspe (Zufluss der Wipper/Wupper) bei Klüppelberg (westl. Sauerland); 1,6 km², 15,5 Mio. m³ Stauinhalt, Höhe der Staumauer 32 m, errichtet 1911/12.
◆ **Kersting,** Georg Friedrich, dt. Maler, *31. 10. 1785 Güstrow, †1. 7. 1847 Meißen; im Meister der dt. Romantik, ausgebildet an den Akademien in Kopenhagen u. Dresden; schuf romantische Interieurszenen mit Porträtfiguren.
Kerteminde [kɛrdə'menə], dän. Stadt auf Fünen, 11 000 Ew.; Fischerei u. Nahrungsmittelindustrie.
Kertész ['kɛrte:s], André, ungar. Fotograf, *2. 7. 1894 Budapest, †27. 9. 1985 New York; übersiedelte 1925 nach Paris u. arbeitete dort als Bildreporter bis 1928; seit 1936 in den USA. K. gilt als Begründer der „unverhüllten Tatsachenaufnahme" mit der Kleinbildkamera u. als Begründer der themenbezogenen Reportage.
Kertsch, *Kerč,* **1.** Halbinsel im O der *Krim,* rd. 3200 km²; durch die das Schwarze Meer mit dem Asowschen Meer verbindende *Straße von K.* (40 km lang, 4–35 km breit) von Kaukasien getrennt; Ackerbau; Eisenerzlager; an den Küsten Fischfang; Salzgewinnung; zahlreiche Kurorte. **2.** Hafenstadt in der Ukraine, im Osten der Halbinsel K., 171 000 Ew.; Archäolog. Museum; Eisenerzbergbau, Hüttenwerk u. Ausfuhr von Eisenprodukten, Schiffswerft, Röhrenwerk; Fischverarbeitung, Nahrungsmittel-

industrie; Wärmekraftwerk. – Antike Siedlung (grch. *Pantikapaion, Hermision*), im Mittelalter zu Genua, 1475 von Krimtataren erobert, 1771 russisch, 1941–1944 deutsch besetzt.

Kertscher Vasen, gebräuchl. Bez. für die letzte Gruppe rotfigur. Keramik Athens (um 370 –320 v. Chr.), benannt nach dem Hauptfundort Kertsch auf der Krim.

Kerub → Cherub.

Kerulen, *Kherlen Gol,* Fluss in der Mongolei u. der Mandschurei, 1254 km; entspringt im Chentiin Nuruu, mündet in den Salzsee *Dalai Nuur,* der in niederschlagsreichen Jahren einen Abfluss zum Argun (u. damit zum Amur) hat.

Kerullarios → Michael (1), Kirchenfürsten.

Kerygma [das; grch.], im griech. NT Bez. des Verkündigens (Akt) u. der Verkündigung (Inhalt) Jesu u. seiner Boten, heute gängige Bez. der christl. Botschaft mit Ton auf ihrem Anspruch, Gottes absolute Offenbarung in Jesus Christus gültig zu bezeugen.

Kerze, 1. *allg.:* Beleuchtungskörper mit eingezogenem Docht aus Baumwollfäden; aus Talg, Bienenwachs, Paraffin oder Stearin hergestellt. Die beim Anzünden durch die Flamme flüssig gewordene Kerzenmasse steigt im Docht empor (Kapillarwirkung) u. verbrennt. Neben Wachskerzen sind Kerzen aus einer Mischung von Paraffin u. Stearin am günstigsten, da sie einen Schmelzpunkt von rd. 60 °C haben. – Kerzen werden heute mittels *Kerzengießmaschinen* gegossen; früher wurden sie durch wiederholtes Eintauchen des Dochts in die geschmolzene Kerzenmasse „gezogen".
Im *christl. Kult* fand der Gebrauch von Kerzen zuerst bei der Begräbnisliturgie Eingang. Als Symbol Christi („Licht der Welt") u. der Bereitschaft, ihm entgegenzugehen (Matthäus 25,1–12; Lukas 12,35), wurde die K. immer häufiger gebraucht. Altarkerzen gibt es seit dem 11. Jh.; später auch von der ev. Kirche übernommen. Seit dem 10. Jh. werden Prozessionskerzen ge-

Georg Friedrich Kersting: Vor dem Spiegel; 1827. Kiel, Kunsthalle

weiht. Besondere Bedeutung hat die → Osterkerze gewonnen.
2. *Kraftfahrzeugwesen:* → Zündkerze.
3. *Optik:* veraltete Bez. für die Einheit der Lichtstärke; heute wird international die Bez. → Candela gebraucht.
4. *Turnen:* Nackenstand, Stand auf dem Nacken u. den Oberarmen; Rumpf u. Beine sind senkrecht nach oben gestreckt, die Hände in die Hüften gestützt.

Kerzenbaum → Parmentiera.

Kerzenhirse, *Pennisetum spicatum* oder *Pennisetum glaucum* → Perlhirse.

Kerzennussbaum → Tungölbäume.

Kesar-Sage → Geser-Epos.

Kescher [frz., engl.], *Ketscher, Kä(t)scher, Hamen,* langstieliges Netz zum Fangen von Kleintieren im Wasser u. in der Luft. Auch → Angelgeräte.

Keski-Suomi, schwed. *Mellersta Finnland,* Prov. (Lääni) in Mittelfinnland (seit 1960), 16 431 km², 257 000 Ew.; Hptst. *Jyväskylä;* flache Seenplatte mit Hafer-, Roggen- u. Kartoffelanbau.

Kessel, 1. *Geomorphologie u. Geologie:* meist allseitig von Steilwänden oder -hängen umgebene Hohlform der Erdoberfläche, z. B. Talkessel als Ausraum eines kleinen Flusssystems am Talschluss (bei weniger steiler Ausprägung auch *Bucht, Becken*); geologisch nur der tektonisch durch Verwerfung *(Kesselbrüche)* begrenzte oder durch Senkung entstandene K. **2.** *Jagd:* 1. das Lager der eine Erdhöhle bewohnenden Tiere, z. B. Dachshöhle; 2. eine Mulde, in der die Rotte von Wildschweinen ruht; 3. von Jägern umstellte Fläche beim *Kesseltreiben.* **3.** *Maschinenbau:* offener, zugedeckter oder geschlossener Behälter aus Stahl zum Aufbewahren oder zum Erhitzen von Flüssigkeiten, z. B. *Dampferzeuger.* **4.** *Militär:* ein Geländeraum, in dem ein größerer Truppenverband ringsum vom Feind eingeschlossen ist, daher auch *Kesselschlacht.*

Kessel, 1. [kɛˈsɛl], Joseph, franzöś. Schriftsteller, *10. 2. 1898 Clara (Argentinien), † 23. 7. 1979 Avernes, Val-d'Oise; Journalist, Fliegeroffizier im 1. Weltkrieg; schrieb Abenteuer- u. Gesellschaftsromane, bes. Fliegerromane, u. a. „L'équipage" 1923; „Die Gefangenen" 1926, dt. 1930; „Die Schöne des Tages" 1929, dt. 1968 (verfilmt von L. Buñuel); „Die Spaziergängerin von Sanssouci" 1936 (verfilmt mit Romy Schneider); „Medizinalrat Kersten" 1960, dt. 1961; „Steppenreiter" 1967, dt. 1971.
2. Martin, dt. Schriftsteller, *14. 4. 1901 Plauen, †14. 4. 1990 Berlin; lebte seit 1923 in Berlin, wurde 1954 mit dem Georg-Büchner-Preis geehrt. Lyrik: „Gebändigte Kurven" 1925; „Gesammelte Gedichte" 1951; „Alles lebt nur, wenn es leuchtet" 1971. Erzählungen: „Betriebsamkeit" 1926; „Eskapaden" 1959. Romane: „Herrn Brechers Fiasko" 1932; „Die Schwester des Don Quichotte" 1938; „Lydia Faude" 1965. Essays: „Romant. Liebhabereien" 1938, erweitert „Essays u. Miniaturen" 1947; „Aphorismen" 1948, erweitert „Gegengabe"

1959; „Ironische Miniaturen" 1970; „Ehrfurcht u. Gelächter" 1974.

Kesseldruckimprägnierung, Imprägnierverfahren für Holz, bes. für Schwellen, Masten, Rammpfähle für den Wasserbau, Holzpflasterklötze u. dgl. Das entrindete u. abgetrocknete Holz wird in einem zylinderförmigen Stahlkessel unter Verwendung von Druck u. Vakuum mit der Schutzmittellösung behandelt.

Kesselfallenblumen, Einzelblüten oder Blütenstände, deren Staubblätter u. Narben so angelegt sind, dass die durch Duft oder Farbe angelockten Insekten bis zur vollzogenen Bestäubung in einem nur durch engen Zugang erreichten Kessel „gefangen"gehalten werden, z. B. bei → Aronstab.

Kesselhaus, ein Gebäude, in dem die zur Dampferzeugung notwendigen Kessel, Pumpen, Ekonomiser u. Ä. aufgestellt sind.

Kesselkoppe, tschech. *Kotel,* höchster Berg im tschechischen Teil des Riesengebirges, 1435 m hoch.

Kesselregelung, in Dampfkraftwerken verwendete Regeleinrichtung, die Dampfdruck u. -temperatur auf gleicher Höhe hält u. dazu die Zufuhr von Brennstoff, Verbrennungsluft u. Speisewasser einstellt.

Kesselring, Albert, dt. Offizier (1940 Generalfeldmarschall), *30. 11. 1885 Marktsteft, Unterfranken, † 15. 7. 1960 Bad Nauheim; 1936 Chef des Generalstabs der Luftwaffe, im 2. Weltkrieg bei den Feldzügen gegen Polen, Frankreich u. die Sowjetunion Luftflottenchef, 1942 in Italien, 1943–1945 Oberbefehlshaber Süd bzw. Südwest, März 1945 Oberbefehlshaber an der Westfront; 1947 von einem brit. Militärgericht in Venedig zum Tode verurteilt, zu lebenslängl. Zuchthaus begnadigt, Okt. 1952 entlassen. Erinnerungen: „Soldat bis zum letzten Tag" 1953.

Kesselstein, Niederschlag von unlöslichen Carbonaten u. Sulfaten aus hartem Wasser, der sich an die Innenseite von Kesseln als feste Kruste ansetzt. Kesselsteinbildung kann örtliche Überhitzung verursachen u. zur Kesselexplosion führen. Zur Vorbeugung wird das Wasser enthärtet; aus Kochtöpfen wird K. durch mäßig verdünnte Essigsäure entfernt.

Kesseltreiben, Treibjagd, bes. auf Hasen.

Kessel- und Behälterbauer → Anlagenmechaniker.

Kesselwagen, *Tankwagen,* Eisenbahn- oder Kraftwagen mit liegenden oder stehenden Behältern zum Transport von Flüssigkeiten, z. B. Petroleum, Benzin, Öl, flüssigem Chlor, Ammoniak, auch für Milch, Wein u. Bier sowie für staubförmige Güter. Zur Verringerung des toten Gewichts bzw. aus sanitären Gründen sind die Kessel aus Stahlblech oder Leichtmetall gefertigt. Sie sind vielfach mit Trennwänden versehen u. besitzen Fülltrichter, Ablasshähne u. Messuhren.

Kesselwirkungsgrad, bei Dampfkesseln das Verhältnis von Nutzwärme zur aufgewendeten Energie. Nutzwärme entspricht der am Austritt des Kessels mit dem Dampf abgeführten Wärme. Aufgewendete Energie setzt sich aus Brennstoffwärme u. Fremdwärmezufuhr (Luftvorwärmung) zusammen.

Der K. liegt bei einer Vollllast zwischen 80 und 90 %.

Kesser, Hermann, eigentl. H. *Kaeser-Kesser,* dt. Schriftsteller, *4. 8. 1880 München, †4. 4. 1952 Basel; 1933 Emigration in die Schweiz; Pazifist; expressiver Novellist („Lukas Langkofler" 1912 u. 1925; „Die Peitsche" 1918; „Schwester" 1925; „Das Verbrechen der Elise Geitler u. andere Erzählungen" 1981); Dramatiker („Die Brüder" 1921; „Die Reisenden" 1923; „Rotation" 1931) u. einer der ersten Hörspielautoren („Straßenmann" 1930), Essay „Vom Chaos zur Gestaltung" 1925.

Kessler, Harry Graf, dt. Schriftsteller u. Diplomat, *23. 5. 1868 Paris, †30. 11. 1937 Lyon; vielseitiger Mäzen, förderte die Zeitschriften „Pan" u. „Die Insel", gründete in Weimar die Cranach-Presse (Mitarbeiter: A. Maillol, R. A. Schröder); Demokrat u. Pazifist (der „rote Graf"), 1918–1921 dt. Gesandter in Warschau, langjähriger Präs. der Dt. Friedensgesellschaft, emigrierte 1933. „Josefslegende" (mit H. von Hofmannsthal für die Musik von R. Strauss) 1914; „Walther Rathenau" 1928; „Gesichter u. Zeiten" (Erinnerungen), Bd. 1 „Völker u. Vaterländer" 1935 u. 1963; „Tagebücher 1918–1937" 1961; „Briefwechsel mit H. von Hofmannsthal 1898–1929" 1968.

Keßler, Heinz, dt. Politiker (SED) u. General, *26. 1. 1920 Lauban; Maschinenschlosser; seit 1946 Mitglied des Parteivorstands bzw. des ZK der SED; 1946–1950 FDJ-Funktionär; danach auf leitenden Posten der DDR-Streitkräfte; seit 1985 DDR-Verteidigunsminister; seit 1986 Mitglied des Politbüros der SED; trat 1989 von allen Ämtern zurück, 1990 aus der Partei ausgeschlossen. 1993 wurde K. im Zusammenhang mit dem Schießbefehl an der innerdeutschen Grenze wegen Totschlags zu einer Haftstrafe von 7 Jahren u. 6 Monaten verurteilt; 1996–1998 inhaftiert.

Keßlerloch, eine 1873 entdeckte schweiz. Höhle, westl. von Thayngen, im Kanton Schaffhausen; Rastplatz altsteinzeitl. Menschen; Funde aus Stein, Knochen u. Rengeweih, u.a. Skulptur eines Moschusochsenkopfs.

Hermann Kesten

◆ **Kesten,** Hermann, dt. Schriftsteller, *28. 1. 1900 Nürnberg, †3. 5. 1996 Basel; 1927 literarischer Leiter des Kiepenheuer-Verlags, Berlin, 1933 Leitung des Allert-de-Lange-Verlags, Amsterdam. K. emigrierte 1940 in die USA; 1972–1976 Präs. des PEN-Zentrums der BR Dtschld., seitdem Ehrenpräsident. Entschiedener Gegner jeder Form von Diktatur, sarkast. Gesellschaftskritiker. Romane: „Josef sucht die Freiheit" 1927, 1999; „Ein ausschweifender Mensch" 1929, 2000; „Der Scharlatan" 1932; „Die Abenteuer eines Moralisten" 1961; „Die Zeit der Narren" 1966; „Ein Mann von 60 Jahren" 1972.

Biografien u. Essays: „Casanova" 1952; „Meine Freunde, die Poeten" 1953; „Dichter im Café" 1959; „Lauter Literaten" 1963; „Ein Optimist" 1970; „Die Witwen der Revolution" 1975; Novellen: „Dialog der Liebe" 1981; „Der Freund im Schrank" 1983. – Ausgewählte Werke, 20 Bde. 1980 ff. – 1974 Georg-Büchner-Preis.

Kesting, Edmund, dt. Maler, Grafiker u. Fotograf, *1889 Dresden, †1970 Birkenwerder bei Berlin; war Mitgl. der Künstlergruppe „Der Sturm" u. gründete 1919 die Kunstschule „Der Weg"; seit etwa 1920 fotografische Experimente, für die bes. Lichtmontagen charakteristisch sind.

Kestner, 1. Georg August, Sohn von 2), dt. Diplomat u. Schriftsteller, *28. 11. 1777 Hannover, †5. 3. 1853 Rom; dort seit 1817 als hannoveran. Diplomat; vertrat als Kunstschriftsteller gegen Goethe die Partei dt.-röm. Künstler (P. von Cornelius, F. Overbeck u.a.); gründete 1829 das *Dt. Archäolog. Institut* in Rom. Seine Kunstsammlung bildet den Grundstock des *Kestner-Museums* in Hannover.
2. Johann Christian, Ehemann der Charlotte *Buff,* *28. 8. 1741 Hannover, †24. 5. 1800 Celle; dt. Hofrat u. Kammerkonsulent; Vorbild für die Gestalt des Albert in *Goethes* „Werther".

Keszthely ['kɛsthɛj], Ort am Westufer des Plattensees (Ungarn), 22 200 Ew.; landwirtschaftl. Fachschule (seit 1797); Weinhandel; am Berg *Dobogó* Hunnengräberfeld, Plattensee-Museum.

Keta, Hafenstadt in der westafrikan. Rep. Ghana, 13 000 Ew.; Fischfang.

Ketalachs, *Oncorhynchus keta,* pazifische Lachsart, verbreitet von San Franzisco bis Alaska u. Nordjapan; Größe 1 m, Gewicht um 4 kg bis maximal 10 kg. Die Jungfische ziehen aus den Flüssen ins Meer, nach 4–5 Jahren sind sie laichreif u. kehren in ihre Heimatflüsse zurück. Nach dem Laichen sterben sie.

Ketchikan ['kɛtʃikæn], Stadt auf der Insel Revillagigedo im SO von Alaska (USA), 13 800 Ew.; Kundenkumuseum; Fischerei, Holz-, Papier- u. Konservenindustrie; Fremdenverkehr. – Gegr. 1890.

Ketchua → Ketschua.

Ketchup ['kɛtʃəp; der; ind., engl.] → Ketschup.

Ketel, Cornelis, niederländ. Maler, *18. 3. 1548 Gouda, begraben 8. 8. 1616 Amsterdam; tätig in Gouda, 1573–1581 in London u. danach in Amsterdam; malte als erster Gruppenbilder.

Keteleeria → Stechtanne.

Keten, *Jenissejer,* altsibir. Restvolk (1200) mit tibetobirman. Sprachherkunft, am Jenissej, an der Steinigen Tunguska u. bei Turuchansk; Pelztierjäger, Fischer, Rentierzüchter; heute sprachlich u. kulturell an Nachbargruppen (*Ewenken* u. *Chakassen*) assimiliert.

Ketene [Pl., Sg. das *Keten*], organ.-chem. Verbindungen, die im Molekül die Ketengruppe $= C = C = O$ enthalten; sehr reaktionsfähig, daher zu chem. Synthesen verwendet. Prakt. Bedeutung hat bes. das Anfangsglied der Reihe, das *Keten* $H_2C = C$

Ketschua (2): Farbenfrohe Stoffe sind das Markenzeichen der Ketschua-Indianer

$= O$, u.a. zur Herstellung von Acetanhydrid, Essigester, Acetylchlorid u. Acetamid.
Ketocycloheptan → Cycloheptanon.
Keto-Enol-Tautomerie → Enole.
Ketogruppe → Carbonylgruppe.
Ketohexamethylen → Cyclohexanon.
Ketohexosen, Ketosen mit 6 Kohlenstoffatomen; z.B. Fruchtzucker (Fructose).
Ketole → Hydroxyketone.
Ketone [Pl., Sg. das *Keton*], organ.-chem. Verbindungen, die mindestens eine Carbonylgruppe *(Ketogruppe)* $= C = O$, gebunden an Alkyl- oder Arylreste, enthalten, z.B. → Aceton, CH_3COCH_3. Im Gegensatz zu Aldehyden haben K. keine reduzierenden Eigenschaften. Auch → Ketonkörper.
Ketonharze, Kunstharze, die durch Kondensation von *Ketonen* oder aus → Formaldehyd u. Ketonen synthetisiert werden. Hellfarbige, säurefreie Stoffe; Verwendung als Lackrohstoffe.
Ketonkörper, *Ketokörper,* biochem. Substanzen: Acetessigsäure, β-Hydroxybuttersäure u. Aceton, die im Blut von Mensch u. Tier bei bestimmten Stoffwechselstörungen vermehrt sind (Diabetes mellitus, Ketose der Wiederkäuer, Hunger). Auch → Acidose, → Ketose.
Ketosäuren, *Ketonsäuren, Keto(n)carbonsäuren,* organ.-chem. Verbindungen, die neben der Carboxyl-(COOH-)Gruppe auch noch eine Carbonyl-(Keto-)Gruppe $= C = O$ enthalten. Beispiel: Brenztraubensäure $CH_3COCOOH$.
Ketose [lat.], **1.** *Medizin:* diabetische → Ácidose.
2. *Tiermedizin:* eine Stoffwechselerkrankung, die hauptsächlich bei Hochleistungskühen 2–6 Wochen nach dem Kalben auftritt. Typisch ist ein vermehrtes Auftreten von Ketonkörpern in Blut, Harn, Milch u. Atemluft sowie ein Abfall des Blutzuckerspiegels. Die klinischen Symptome können in zentralnervösen Störungen oder in Störungen des Verdauungstraktes bestehen. Auch → Acetonämie.
Ketosen, *Ketozucker,* Monosaccharide mit einer Ketogruppe ($= C = O$) im Molekül; allg. chem. Formel: $HOH_2C-(CHOH)_n-CO-$

CH₂OH. Nach der Zahl der Kohlenstoffatome im Molekül unterscheidet man Ketotriosen, Ketotetrosen, Ketopentosen, Ketohexosen usw. K. können durch Umlagerung aus den isomeren → Aldosen erhalten werden.

Kętrzyn ['kɛntʃin], *Rastenburg*, poln. Stadt in Ostpreußen, im N der Masur. Seenplatte, 26 600 Ew.; Ordensschloss (14. Jh., Ruine). – Bei K. befand sich im 2. Weltkrieg das Führerhauptquartier „Wolfsschanze"; dort verübte C. Graf Schenk von *Stauffenberg* am 20. 7. 1944 das Attentat auf Hitler.

Ketsch [die; engl.], dem → Schoner ähnliches Segelschiff mit halbhohem Mast weit achtern.

Ketsch, Gemeinde in Baden-Württemberg, Rhein-Neckar-Kreis, am Rhein, 12 600 Ew.; Tabak- u. Spargelanbau.

Ketschua ['kɛtʃua], *Quechua,* **1.** *Sprachwissenschaft:* eine Indianersprache in Südamerika, seit dem 16. Jh. Staatssprache des Inka-Reichs; heute in den Anden im SW Ecuadors, in Peru, im N Chiles u. im NW Argentiniens verbreitet; mit über 6 Mio. Sprechern die größte Indianersprache. ◆ **2.** *Völkerkunde:* indigene Kultur der Bewohner der Zentral-Anden, das indian. u. kolonialspan. Elemente vereint; bedeutend ist die gemeinsame Sprache K.

Ketschup [kɛtʃap; der; ind., engl.], *Ketchup, Catchup,* durch Einkochen haltbar gemachte Soße aus Tomatenmark, gewürzt mit Essig, Zitronensaft, Zucker, Salz u. a.

Kette, 1. *Luftwaffe:* drei in Keilform zusammen fliegende Flugzeuge; die Soldatensprache unterscheidet den „Kettenführer" u. die beiden „Kettenhunde".
2. *Schmuck:* um Hals oder Handgelenk getragenes Schmuckstück, das aus aneinander gereihten Metallgliedern, Perlen, Schmucksteinen, Glasperlen u. Ä. besteht.

◆ **3.** *Technik:* eine Reihe ineinander greifender bewegl. Glieder *(Kettenglieder)* aus Metall für Zug oder Antrieb. Die *Gliederkette* besteht aus ringartigen Gliedern aus Rundeisen, deren Enden zusammengeschweißt sind. Die *Gall'sche K.* oder *Gelenkkette* besteht aus Laschen, die durch Bolzen zusammengehalten werden. In regelmäßigen Abständen sind die Bolzen an den Enden verlängert. Daran wird die dazwischenliegende Stück hängt dann herunter. Bei *Rollenketten* befindet sich über

Kette (3): Gliederkette (1), Gall'sche Kette (2), Zahnkette (3) und Hakenkette (4)

den Bolzen noch eine Rolle; sie werden bes. für Antriebe benutzt.
4. *Weberei: Aufzug, Zettel, Werp,* die auf einen Kettenbaum parallel gewickelten bzw. in einem Gatter in Spulenform untergebrachten Längsfäden zur Herstellung eines Gewebes; in der Wirkerei die Gesamtheit der zur Herstellung einer *Kettware* erforderlichen Fäden. Beherrscht die K. die Warenoberfläche, spricht man von *Ketteneffekt* oder *Kettenverbindung.*

Klemens Freiherr von Ketteler

Bischof Wilhelm Emanuel von Ketteler

Ketteler, ◆ **1.** Klemens Freiherr von, dt. Diplomat, *22. 11. 1853 Potsdam, †16. 6. 1900 Peking (ermordet); seit 1899 dt. Gesandter in Peking; seiner Ermordung beim *Boxeraufstand* folgte die bewaffnete Intervention der europ. Großmächte.

◆ **2.** Wilhelm Emanuel Freiherr von, Bischof von Mainz (seit 1850), *25. 12. 1811 Münster, †13. 7. 1877 Burghausen, Oberbayern; 1844 Priester; 1848 als Abg. der Frankfurter Nationalversammlung Vorkämpfer für die Freiheit der Kirche u. der christl. Schule; vertrat als Reichstags-Abg. (Zentrum) 1871 im beginnenden → Kulturkampf die Rechte der Kirche, legte 1872 das Mandat nieder; erstrebte eine Sozialreform, die er in Auseinandersetzung mit liberalen u. sozialist. Lehren herausforderte. K. beeinflusste durch seine Stellungnahme zu den sozialen Fragen, durch Organisation des kath. Vereinswesens u. Einwirkung auf Zentrumspartei, Arbeiterschaft u. Jugendbildung die Sozialpolitik des 19. Jh.

Kettelmaschine, Maschine zum Konfektionieren von Wirkwaren wie Strümpfen, Hemden u. a. durch Aneinandernähen der einzelnen Teile.

Kettenabbruch → Polymerisation.

Kettenarbeitsvertrag, ein Arbeitsverhältnis zwischen demselben Arbeitgeber u. demselben Arbeitnehmer, bei dem mehrere befristete Arbeitsverträge so aneinander gereiht werden, dass mit Fristablauf eines Arbeitsvertrages die Frist des nächsten Arbeitsvertrages beginnt. Die rechtl. Zulässigkeit solcher Kettenarbeitsverträge ist begrenzt, da mit ihnen ohne weiteres das Kündigungsschutzrecht umgangen werden könnte. Kettenarbeitsverträge dürfen nur abgeschlossen werden, wenn es für die Befristung des Arbeitsvertrages jedes Mal einen sachl. Grund gibt (z. B. Arbeit an begrenzten Projekten). Liegt kein sachl. Grund für die Befristung des Vertrages vor, so gilt der Arbeitsvertrag als unbefristet geschlossen. Nach dem Beschäftigungsförderungsgesetz ist allerdings ein K. bei höchstens dreimaliger Verlängerung eines befristeten Arbeitsvertrags auch ohne sachl. Grund, aber nur innerhalb einer Zweijahresfrist möglich.

Kettenbahn, *Kettenförderung,* eine Schienenbahn, bei der mit Hilfe einer umlaufenden Kette, an die die Wagen gehängt werden, die Beförderung erfolgt; bei der *Oberkettenbahn* hängt die Kette über, bei der *Unterkettenbahn* unter den Fahrzeugen. Früher bes. im Bergbau u. an steilen Hängen verwendet, heute jedoch kaum noch üblich.

Kettenbaum, *Kettbaum, Garnbaum,* walzenförmiger Teil des Webstuhls oder der Kettenwirkmaschine; dient zur Aufnahme der Längsfäden, besteht hauptsächlich aus Holz ohne u. mit Scheiben zur seitl. Begrenzung; wird auch aus Leichtmetall hergestellt; wenn Kettgarne auf dem K. gefärbt werden sollen, werden durchlöcherte Kettbäume verwendet. Der K. ist hinter dem Webstuhl drehbar gelagert u. spannt durch Bremsvorrichtung die Fäden.

Kettenbrief, ein Brief, in dem der Absender den Empfänger auffordert, den Brief zu vervielfältigen u. weiteren Personen zuzuschicken, die ihrerseits das Gleiche tun sollen. Dabei werden häufig für den Fall der Weigerung schwere Schicksalsschläge angedroht. Mitunter wird ähnlich dem → Schneeballsystem der Empfänger aufgefordert, dem Absender einen Geldbetrag zu übersenden in der Erwartung, dass die vom ersten Empfänger angeschriebenen Personen diesem den gleichen Betrag schicken u. er dadurch ein Vielfaches des Geleisteten zurückerhält. Über die Strafbarkeit dieser Form des Kettenbriefs urteilen die Gerichte je nach Grad der Beteiligung unterschiedlich, straffrei ist generell die einfache Beteiligung.

Kettenbruch, *kontinuierlicher Bruch,* ein Bruch, dessen Zähler eine ganze Zahl ist u. dessen Nenner sich aus *Teil-* oder *Partialnennern* zusammensetzt, z. B.:

$$\cfrac{1}{2+\cfrac{1}{3+\cfrac{1}{4}}}$$

Hört der K. mit einem bestimmten Teilnenner auf, so ist er endlich, im anderen Fall, in dem er aber einen festen Grenzwert hat, unendlich. Ein K. kann u. a. zur Entwicklung einer Funktion benutzt werden.

Kettendruck, *Garndruck,* Bedrucken der Kettfäden vor dem Verweben für → Chiné oder zur Herstellung von *Tapestry-Teppichen.*

Kettenfahrzeug → Gleiskettenfahrzeug.

Kettenfräse, Holzbearbeitungsmaschine mit einer über die Gleitschiene endlos umlaufenden Fräskette. Sie dient der Herstellung von rechteckigen Schlitzen u. Zapfenlöchern an Türen, Möbelteilen u. Rahmenhölzern u. hat eine hohe Schnittgeschwindigkeit bei geringer Spanabnahme; wird ortsfest u. als Handfräse gebaut.

Kettengebirge, ein lang gestreckter Gebirgszug mit kettenartiger Anordnung der Hauptkämme, häufig ein Faltengebirge, oft

Kettenkratzerförderer: Streb mit Kohleflöz

in mehrere parallele Ketten aufgelöst, z. B. Alpen, Anden.

Kettengetriebe, ein Umschlingungsgetriebe, formschlüssig u. schlupffrei (→ Getriebe); findet Verwendung bei Achsenentfernungen, die für die Übertragung durch Zahnräder zu groß u. für Riemenantrieb zu klein sind; geeignet für niedrige Geschwindigkeiten, z. B. Fahrräder.

Kettenhecht, *Esox niger,* nordamerikanischer Verwandter des europäischen *Hechts,* aber mit maximal 80 cm Länge u. 1–3 kg Gewicht erheblich kleiner, Lebensweise ähnlich; Flossen nicht gefleckt, netz-("ketten"-)förmige Zeichnung des Körpers.

✦ **Kettenkratzerförderer,** besonders robustes Stetigfördermittel im Bergbau. Das Fördergut wird durch 1–3 Rundstahl-Gliederketten, an denen quer zur Förderrichtung Stege (Kratzer) befestigt sind, in einer stählernen Rinne fortbewegt. Besondere Verbreitung hat der K. beim → Strebbau in der Steinkohle, wo er neben der Abförderung hereingewonnener Kohle auch zur Führung der Gewinnungsmaschine (→ Kohlenhobel, → Walzenschrämlader) dient.

Kettenlänge, der Abstand zwischen Anfang u. Ende eines Makromoleküls in gestrecktem Zustand.

Kettenlinie, transzendente Kurve mit der Gleichung $y = {}^1\!/_2\,(e^x + e^{-x})$; hat die Form eines schweren, vollkommen biegsamen, aber nicht dehnbaren, an 2 Punkten aufgehängten Fadens. Elektr. Überlandkabel hängen z. B. in Kettenlinien durch. Auch → Hyperbelfunktionen.

Kettenmaßeingabe, Eingabe der Werkstückmaße bei → numerischer Steuerung (von Werkzeugmaschinen) in Kettenvermaßung; d. h., jedes folgende Maß schließt sich an das vorhergehende Maß an, so dass jede Position den Nullpunkt für den nächsten Schritt bildet.

Kettenpanzer, *Kettenhemd,* im 11.–13. Jh. ritterl. Schutzkleidung aus zusammengenieteten Ringen oder geflochtenem Eisendraht.

Kettenrad, Zahnrad zum Antrieb durch Rollenkette; → Kette (4).

Kettenreaktion, jede chem. oder physikal. Reaktion, die an einer Stelle des Reaktionsgemisch spontan oder durch äußere Einwirkung ausgelöst wird u. sich selbst – weitere Reaktionen auslösend – über das ganze Reaktionsgemisch ausbreitet. Der Beginn der K. geht meist von der Umwandlung weniger Atome bzw. Moleküle aus. Wenn bei der Reaktion Energie frei wird, kann es bei genügender Reaktionsgeschwindigkeit zu einer Explosion kommen. Kettenreaktionen sind z. B. die Zündung von Benzingasen an der Zündkerze des Motorzylinders, die Kernspaltung im Kernreaktor oder in der Atombombe. Die Reaktionsgeschwindigkeit kann verzögert oder kontrolliert werden, z. B. durch Antiklopfmittel beim Benzin, durch Absorption überschüssiger Neutronen im Kernreaktor.

Kettenreim, *äußerer Reim,* nach dem Schema aba, bcb, cdc usw., der die dreizeilige Strophen verbindet; Grundform der Terzette in *Sonett* u. *Terzine.*

Kettenspaltung, Abspaltung von Kettenteilen eines Makromoleküls. K. kann zu einer Alterung von Kunststoffen führen, z. B. durch vorherige Verarbeitungsvorgänge.

Kettenstart → Polymerisation.

Kettenstativ, fotograf. Hilfseinrichtung für lange Momentzeiten ($^1\!/_2$–$^1\!/_{15}$ s); besteht aus Stativgewinde, Kette u. Fußplatte. Durch Anspannen der Kette soll dem Verreißen der Kamera vorgebeugt werden.

Kettenstich, 1. ein Zierstich, bei dem die Nadel neben der Ausstichstelle wieder einsticht u. der Faden unter die neue Ausstichstelle gelegt wird, wodurch eine Schlingenkette entsteht; 2. sehr elastische Naht bei Industrienähmaschinen.

Kettenwuchs, Knollenmissbildung bei der Kartoffel. Während sich bei normaler Entwicklung der Kartoffel jeder unterirdische Ausläufer (Stolon) an seinem Ende zu einer Knolle verdickt, bilden sich beim K. an einem Stolon mehrere aufeinander folgende Knollen.

Kettenzug → Flaschenzug.

Ketterle, Wolfgang, dt. Physiker, *21. 10. 1957 Heidelberg; Prof. am Massachusetts Institute of Technology (MIT) in Cambridge, USA; erhielt 2001 mit E. A. *Cornell* u. C. E. *Wieman* den Physiknobelpreis für die 1995 erstmals gelungene Erzeugung der → Bose-Einstein-Kondensation in verdünnten Gasen aus Alkaliatomen sowie für frühe grundsätzl. Studien über die Eigenschaften von Bose-Einstein-Kondensaten.

Kettgarn, zur → Kette (5) geeignetes Garn, meist fester gedreht als *Schussgarn;* leicht flusende Garne werden mit Stärkemasse geleimt.

Kettler, Gotthard, dt. Ordensmeister u. Landesfürst, *um 1517 Eggeringhausen bei Paderborn, †17. 5. 1587 Mitau, Kurland; aus westfäl. Adelsgeschlecht, seit 1537 im Dt. Orden, 1559 dessen letzter Landmeister in Livland; nahm nach dem Beispiel Preußens 1562 (endgültig 1579) Kurland als erbliches Herzogtum augsburgischer Konfession von Polen zu Lehen, während Livland zu Polen u. Estland zu Schweden kam.

Kettware, *Kettenware* → gewirkte Stoffe.

Ketubba [die; hebr. "Geschriebenes"], jüdischer Heiratskontrakt, der die Verpflichtungen des Ehemanns u. der Ehefrau enthält.

Ketura, eine der Frauen Abrahams, Ahnfrau der Nomadenstämme der arab. Wüste, die jedoch als nicht voll erbberechtigte Nachkommen Abrahams gelten (Gen. 25,1–6).

Ketzer, *Häretiker,* mittelalterl., von den *Katharern* abgeleitete, diffamierende Bez. für Christen, die nicht mit der Lehre der Großkirchen übereinstimmen.

Ketzertaufstreit, der durch drei Synoden des Cyprian von Karthago ausgelöste Streit zwischen den nordafrikan.-kleinasiat. Kirchen u. der westl. Kirche über die Frage, ob Taufen durch Ketzer gültig seien oder bei Bekehrung wiederholt werden müssten. Papst Stephan I. verbot 256 die Wiederholung der Taufe.

Ketzerverfolgung → Inquisition.

Keuchhusten, *Stickhusten, Pertussis, Tussis convulsiva,* Infektionskrankheit der Schleimhäute in den Luftwegen, bes. im Kindesalter, vereinzelt auch bei Erwachsenen vorkommend. Erreger ist ein von J. *Bordet* u. O. *Gengou* 1906 entdecktes Bakterium (*Bordetella pertussis*), das durch Tröpfcheninfektion übertragen wird. Nach einer Inkubationszeit von 7–14 Tagen beginnt der K. mit einem uncharakterist. katarrhal. Husten u. allg. Erkältungssymptomen. Dabei besteht hohe Ansteckungsgefahr. Darauf folgen nach etwa zwei Wochen die eigentl. Keuchhustenanfälle. Sie bestehen in krampfhaften, anstrengenden Hustenstößen mit Zurückziehen der Luft durch die verengte Stimmritze (Reprise) u. sind mit einer starken Stauung des Kreislaufs im Kopf verbunden. Es kann infolge der Anstrengungen zu Blutungen in Haut u. Bindehäuten, auch zum Erbrechen von Schleim u. Mageninhalt kommen. Die Anfälle treten vor allem nachts auf u. sind oft mit Erstickungsgefühlen verbunden.

Die Dauer des Keuchhustens ist unterschiedlich. An eine Anfallszeit von mehreren Wochen schließen sich oft Wochen mit abklingenden Anfällen an. Die Krankheitsdauer kann durch Ortsveränderung verkürzt werden. Die Gefährlichkeit des Keuchhustens nimmt mit zunehmendem Alter ab; dagegen sind Säuglinge u. schwächliche, an Rachitis u. chron. Krankheiten leidende Kinder äußerst gefährdet. Infektionen mit anderen Krankheiten (Mischinfektionen) bilden ernste Gefahren.

K. hinterlässt Immunität. Schutzimpfung u. Impfbehandlung mit Vakzine zu Beginn ist möglich; ferner Allgemein-, Freiluft- u. Klimabehandlung (Höhenklima) u. Antibiotika. – Todesfälle an K. sind meldepflichtig.

Keule, 1. *Gymnastik:* flaschenähnl. hölzernes Handgerät, 35 cm *(kurze K.)* bzw. 45 cm lang *(lange K.)* u. 280–350 g schwer; wird für Schwung- u. Geschicklichkeitsübungen verwendet; auch Handgerät bei der *rhythmischen Sportgymnastik.* **2.** *Völkerkunde:* nach unten verdicktes Schlaggerät.

Keulenbärlapp → Bärlappe.

Keulenblattwespen, *Cimbicidae,* Familie der *Pflanzenwespen;* große, auffällige Tiere bis 2,5 cm lang, rot, schwarz, braun oder metallisch grün gezeichnet, mit am Ende keulig verdickten Fühlern. Die Larven fressen an verschiedenen Bäumen u. spinnen zur Verpuppung einen festen, eiförmigen Kokon an Zweigen, in dem sie überwintern; 45 Arten in Europa.

Keulenkäfer → Palpenkäfer.

Keulenlilie → Cordyline *(Liliengewächs).*

Keulenpilze, *Korallenpilze, Clavariaceae,* Familie der → Ständerpilze *(Basidiomycetes),* mit keulenförmigem Fruchtkörper. Zu den Keulenpilzen gehören die *Glucken* (→ Glucke), *Sparassis* u. die *Keulen, Clavaria* (→ Ziegenbart).

Keulung, auf amtliche Anordnung durchgeführte Tötung seuchenkranker, seuchenverdächtiger oder ansteckungsverdächtiger Tiere, wenn dies zur Verhinderung der Verbreitung der Seuche notwendig erscheint u. keine andere wirksame Bekämpfungsmöglichkeit vorhanden ist (z. B. bei → Rinderpest, → Schweinepest).

Irmgard Keun

◆ **Keun,** Irmgard, dt. Schriftstellerin, *6. 2. 1910 Berlin, †5. 5. 1982 Köln; von 1935 bis 1940 in der Emigration; schrieb humorist.-satir. Romane im Stil der *Neuen Sachlichkeit:* „Gilgi, eine von uns" 1931; „Das kunstseidene Mädchen" 1932; „Das Mädchen, mit dem die Kinder nicht verkehren durften" 1936; „Bilder u. Gedichte aus der Emigration" 1947; „Ferdinand, der Mann mit dem freundlichen Herzen" 1950; „Wenn wir alle gut wären" 1957; Satire: „Blühende Neurosen" 1962.

Keuper [der; ursprüngl. Bez. für einen bei Coburg gefundenen Buntmergelsandstein], aus Mergel, Sandsteinen, Gips u. Letten aufgebaute, bis 650 m mächtige oberste Stufe der *german. Trias;* wird unterteilt in: *Unterer K.* (*Kohlenkeuper,* in Süddeutschland Lettenkohle, Lettenkeuper), *Mittlerer K.* (Gipskeuper, Schilfsandstein, Untere u. [in Württemberg] Obere Bunte Mergel, Stubensandstein u. Knollenmergel), *Oberer K.* (in Bayern auch von den Oberen Bunten Mergeln ab gerechnet; *Rhät*). Auch → Geologie.

Keuschbaum, *Vitex* → Mönchspfeffer.

Keuschheit, 1. *allg.:* geschlechtl. Enthaltsamkeit.

2. *christl. Ethik:* die sittl. Gestalt der Geschlechtlichkeit, wodurch diese weder entwertet noch überbewertet, sondern in ihrem Vollzug der Gesamtheit menschl. Lebensbezüge eingefügt wird u. ihre humane oder sakrale Qualität erhält.

Keuschheitsgürtel, aus Eisen geschmiedeter oder aus festem Leder bestehender verschließbarer Gurt für Frauen, der zwischen den Beinen hindurchreichte u. die sexuelle Enthaltsamkeit der Frau in Abwesenheit des Mannes garantieren sollte. Es soll K. bereits im MA gegeben haben; Abbildungen sind erst seit dem 15. Jahrhundert bekannt.

Keutschach, Gemeinde in Kärnten (Österreich), südwestl. von Klagenfurt, am *Keutschacher See,* 535 m ü. M., 2100 Ew.

Kevelaer

◆ **Kevelaer** [-lar], Stadt in Nordrhein-Westfalen, Ldkrs. Kleve, nahe der dt.-niederländ. Grenze, nordwestl. von Krefeld, 26 100 Ew.; bedeutendster dt. Wallfahrtsort; Wallfahrtskapelle (1654) mit dem Gnadenbild der „Muttergottes von K." (Antwerpener Kupferstich einer sog. Luxemburger Muttergottes); Museum für niederrhein. Volkskunde; Metall-, Holz-, Lederindustrie, Glasmalereiwerkstätten, Orgelbauanstalt. – Stadtrecht 1949.

Keweenaw Halbinsel ['ki:winɔ:-], *Keweenaw Peninsula,* Halbinsel am Südufer des Oberen Sees im NW von Michigan (USA); früher Kupferabbau; Sommererholung, Fischerei.

Key, 1. [kej], Ellen, schwed. Schriftstellerin u. Pädagogin, *11. 12. 1849 Sundsholm, Småland, †25. 4. 1926 Strand, Vättersee; Pazifistin; kämpfte für das Frauenstimmrecht; kam zu einer radikalen Ablehnung des Christentums u. forderte ein neues Lebensideal mit freier Ehemoral. Als Pädagogin vertrat sie eine „natürl. Erziehung" im Sinne Rousseaus. Hptw.: „Das Jahrhundert des Kindes" 1900, dt. 1902.

2. [kεi], Lieven de, niederländ. Baumeister, *um 1560 Gent, †17. 7. 1627 Haarlem; Stadtbaumeister von Haarlem seit 1593, erbaute dort u.a. die Fleischhalle (1601–1603), in Leiden die Fassade des Rathauses (1593/94) im frühbarocken Stil.

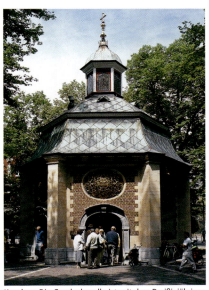

Kevelaer: Die Gnadenkapelle ist seit dem Dreißigjährigen Krieg Ziel ungezählter Wallfahrten

Key-account-Management [ki:ə'kaunt mænidʒmənt; das; engl.], eine Organisationsform des Marketingmanagements, die kundenorientiert auf den Groß- oder Schlüsselkunden abzielt. Das Tätigkeitsfeld eines Key-account-Managers ist auf einen oder wenige Schlüsselkunden, die einen Großteil des Umsatzes ausmachen, begrenzt. Das Key-account-Management soll ein Gegengewicht zur Nachfragemacht der Großkunden bilden, birgt aber neben einem hohen Kosten- u. Planungsaufwand auch die Gefahr zu starker Abhängigkeit von Großkunden. Key-account-Management ist vor allem in der Investitionsgüterindustrie verbreitet.

Keyboard ['ki:bɔːd], **1.** *Datenverarbeitung:* Bez. für eine Tastatur zur Eingabe alphanumer. Zeichen in Rechnersysteme. **2.** *Musik:* Oberbegriff für alle Tasteninstrumente; heute meist nur für elektr. Instrumente verwendet, z. B. Klavier, Orgel.

John Maynard Keynes

◆ **Keynes** [kεinz], John Maynard, Baron K. of Tilton (1942), brit. Nationalökonom, *5. 6. 1883 Cambridge, †21. 4. 1946 London; Kritiker des Versailler Friedensvertrags, Direktor der Bank von England u. Mitschöpfer der internationalen Währungsordnung nach dem 2. Weltkrieg. Großen Einfluss auf Wirtschaftspolitik u. -wissenschaft übte seine statische Theorie des Gleichgewichts bei Unterbeschäftigung aus, nach der bei zunehmender Sparanteilität weniger konsumiert u. damit auch weniger investiert wird. Nach seiner Liquiditätspräferenztheorie des Zinses findet kein Ausgleich zwischen Ersparnisbildung u. Investitionstätigkeit statt, weil der Zins der „Preis für die Aufgabe von Liquidität" ist u. bei Zinssenkungen verstärkt gehortet wird (Zinssteigerungs-Spekulation). K. forderte deshalb expansive Fiskalpolitik als Vollbeschäftigungspolitik, wobei der Zentralbank die Aufgabe zufalle, durch niedrige Zinssätze eine Verdrängung von privaten Kreditnachfragern zu verhindern. Hptw.: „Die wirtschaftlichen Folgen des Friedensvertrages" 1919, dt. 1920; „A treatise on money" 2 Bde. 1930, dt. „Vom Gelde" 1932; „The general theory of employment, interest and money" 1936, dt. „Allgemeine Theorie der Beschäftigung, des Zinses u. des Geldes" 1936.

Keyser ['kεi-], **1.** Hendrik de, niederländ. Baumeister u. Bildhauer, *15. 5. 1565 Utrecht, †15. 5. 1621 Amsterdam; Schüler von C. *Bloemaert* in Utrecht, ab 1591 städt. Bildhauer u. Steinmetz in Amsterdam, baute dort die Zuiderkerk (1603–1614), das Oost-Indische Huis u. das neue Bushuis (1606), nach engl. Vorbild die Börse (ab 1608), Westerkerk u. Norderkerk (ab 1620). Keysers Hptw. als Bildhauer ist das 1614 im Stil des Frühbarock begonnene Grabmal Wilhelms von Oranien in Delft (vollendet von seinem Sohn Pieter K.).

2. Nicaise de, belg. Maler, *26. 8. 1813 Santvliet, †16. 7. 1887 Antwerpen; anfängl. Eklektiker mit religiöser Thematik, begründete seinen Ruf bes. durch Schlachtenbilder, deren theatral. Komposition sich gegen den herrschenden französ. Klassizismus wandte; ferner Porträts im Stil A. van *Dycks*.

3. Thomas de, Sohn von 1), niederländ. Maler u. Baumeister, *1596 oder 1597 Amsterdam, †7. 6. 1667 Amsterdam; beeinflusst von C. *Ketel*, F. *Hals* u. ab 1639 von *Rembrandt*, schuf in kräftigen Farben zahlreiche Porträts, die die Dargestellten in selbstbewusster Haltung zeigen. Hptw. sind seine Gruppenbildnisse. Als Stadtbaumeister von Amsterdam wurde K. 1662 mit dem Bau des neuen Rathauses beauftragt. Seine Reiterporträts gehören zu den ältesten in den Niederlanden.

Keyserling, 1. Eduard Graf von, dt. Erzähler, *18. 5. 1855 Schloss Paddern, Kurland, †28. 9. 1918 München; Impressionist, schilderte ironisch-melancholisch die versinkende Welt des balt. Adels: „Beate u. Mareile" 1903; „Schwüle Tage" 1906; „Dumala" 1908; „Wellen" 1911; „Abendl. Häuser" 1914; „Am Südhang" 1916; „Fürstinnen" 1917; „Feiertagskinder" 1919. Auch Bühnenwerke. – Gesammelte Erzählungen, 4 Bde. 1922; Werke, hrsg. von R. Gruenter 1973.

Hermann Graf von Keyserling

♦ **2.** Hermann Graf von, dt. Philosoph, *20. 7. 1880 Könno, Livland, †26. 4. 1946 Aurach, Tirol; begann mit naturphilosoph. Arbeiten („Das Gefüge der Welt" 1906; „Unsterblichkeit" 1908), wurde beeinflusst durch H. S. Chamberlain u. entwickelte als Privatgelehrter eine Philosophie der Sinn-Erkenntnis, die er als *Kulturpsychologie* anwandte. In seinem auf der 1911 angetretenen Weltreise geschriebenen „Reisetagebuch eines Philosophen" (1919) zeigte K., wie die fremden Kulturen durch Erfassung ihres Sinns für die europ. Kultur fruchtbar gemacht werden können. Eine Fortsetzung des Reisetagebuchs sind die „Südamerikan. Meditationen" (1932). K. gründete 1920 in Darmstadt eine „Schule der Weisheit", die auf Wegen der Meditation zu „schöpfer. Erkenntnis" führen sollte. Eine spätere Arbeit sind die „Betrachtungen der Stille u. Besinnlichkeit" 1941. Als Jahrbuch der „Schule der Weisheit" diente „Der Leuchter" 1919 ff.; eine Keyserling-Gesellschaft für freie Philosophie existierte seit 1920, neu gegründet 1947 mit Sitz in Wiesbaden.

Keysersche Verlagsbuchhandlung GmbH, München, gegr. 1777 in Erfurt, ab 1948 in Heidelberg, seit 1964 in München; Verlagsgebiete: Nachschlagewerke, Kunst- u. Bildbände. Der Verlag wurde 1981 von der *Frankfurter Allgemeine Zeitung GmbH* übernommen.

Keystone Press Agency, Inc. [ˈkiːstən prɛs ˈɛiʤənsi-], Abk. *Keystone*, US-amerikan. Nachrichtenagentur für Wort-, Bild- u. Filmmaterial; gegründet 1891, Sitz New York mit Niederlassungen in zahlreichen Ländern, seit 1951 auch in Deutschland.

Key West [ˈkiː-], ♦ **1.** Hauptinsel der *Florida Keys*, mit der Stadt *Key West* (2), 48 000 Ew.; Flottenstützpunkt u. Hafen (seit 1822), Badeort; durch Brückenstraße (*Overseas Highway*, 120 km, seit 1938) nach Miami mit dem Festland verbunden; Zigarrenindustrie; Fischerei. **2.** Seebad u. Winterkurort auf der gleichnamigen Insel in Florida (USA), 24 000 Ew.; Konservenindustrie, Fischerei. – Stadt seit 1828.

Keyx, in der griech. Sage König von Trachis, Gatte der → Alkyone.

Kéza [ˈkɛːzɔ], Simon von, ungar. Chronist, *nach 1283 Stuhlweißenburg (?); K. war Hofgeistlicher Ladislaus' IV. u. schrieb die Geschichte der ungar. Landnahme „Gesta Hungarorum", die er durch die Geschichte der Hunnen ergänzte.

Kežmarok [ˈkɛʒmarɔk], dt. *Käsmark*, ung. *Késmárk*, Stadt in der Ostslowakei, südöstl. der Hohen Tatra, 19 300 Ew.; Renaissance-Rathaus u. a. histor. Bauten; Leinenweberei, Holzverarbeitung; landwirtschaftl. Zentrum. – Im 12. Jh. von Deutschen gegründet.

kfm., Abk. für *kaufmännisch*.

Kfm., Abk. für *Kaufmann*.

KFOR, Abk. für *Kosovo-Force*; UNO-Friedenstruppe, die am 12. 6. 1999 nach dem Luftkrieg der NATO gegen Jugoslawien in der jugoslaw. Provinz → Kosovo stationiert wurde; 19 NATO-Staaten u. elf weitere Staaten – darunter auch Russland – stellten das insges. rd. 50 000 Mann starke Kontingent. Aufgaben: Sicherung der Waffenruhe, Überwachung des Abzugs der serb. Armee, Schaffung eines sicheren Umfelds für die Rückkehr der Flüchtlinge; fünf

Key West (1): Der Overseas Highway mit seinen über 40 Brücken verbindet die Koralleninseln der Florida Keys mit dem Festland

Schutzzonen wurden eingerichtet, deren Oberbefehl die USA, Großbritannien, Frankreich, Italien u. Dtschld. (die Bundeswehr stellte 8500 Soldaten) übernahmen; die Dauer des Einsatzes blieb unbestimmt.

KfW, Abk. für → Kreditanstalt für Wiederaufbau.

Kfz, Abk. für *Kraftfahrzeug.*

kg, Kurzzeichen für Kilogramm, 1 kg = 1000 → Gramm.

KG, Abk. für → Kommanditgesellschaft.

KGaA, Abk. für → Kommanditgesellschaft auf Aktien.

KGB → Staatssicherheitsbehörden der UdSSR.

kgl., Abk. für *königlich,* in Titeln: *Kgl.*

K-Gruppen, Ende der 1960er Jahre geprägte Sammelbez. für kommunist. Gruppen in der BR Dtschld., die sich zum Marxismus-Leninismus maoist. Prägung bekannt haben; die K. lösten sich meist bis Anfang der 1990er Jahre auf.

kgV, Abkürzung für das *kleinste gemeinsame Vielfache* zweier oder mehrerer natürlicher Zahlen; z. B. ist 18 das kgV (nämlich das 3- u. 2fache) von 6 u. 9, d. h., es gibt keine kleinere Zahl als 18, die sowohl durch 6 als auch durch 9 teilbar wäre. Um das kgV mehrerer Zahlen zu bestimmen, schreibt man ihre → Primfaktorzerlegungen untereinander u. bildet das Produkt aller auftretenden Primfaktoren, u. zwar in ihrer jeweilig höchsten Potenz. Beispiel:

$$24 = 2^3 \cdot 3$$
$$90 = 2 \cdot 3^2 \cdot 5$$
$$kgV = 2^3 \cdot 3^2 \cdot 5 = 360$$

Kha, *Ka* [laot., „Sklaven"], Bergvolk in Laos, → Montagnards.

Khadschuraho [engl. kædʒˈraːhou], indisches Dorf, → Khajuraho.

Khaiberpass [ˈkai-], *Chaiberpass,* engl. *Khyber,* strategisch wichtigster Pass zwischen Pakistan u. Afghanistan mit 53 km langer Passstraße zwischen *Jamrud* (Pakistan) u. *Dakka* (Afghanistan), Passhöhe 1067 m; alte Völkerstraße mit Höhlenwohnungen u. Dörfern der *Afridi;* der aus Afghanistan kommende Kabulfluss durchbricht in der Tiefe die Passschlucht.

Khairpur, Hptst. des gleichn. Verwaltungsbezirks in Pakistan, am Indus, südl. von Sukkur, 52 000 Ew.; Nahrungsmittel- u. Textilindustrie; in der Umgebung Baumwollanbau; Eisenbahn- u. Straßenknotenpunkt. – 1783–1955 Hptst. des ehem. Fürstentums K.

Khajuraho, [engl. kædʒˈraːhou], Dorf in Madhya Pradesh (Zentralindien), ehemalige Hptst. der Chandella-Dynastie (10.–12. Jh.). Eine Gruppe von Tempeln, unter ihnen der berühmte Kandariya Mahadeo (1000 n. Chr.), markiert den Höhepunkt des nordind. Tempelbaustils. Die Tempel sind auch bekannt für die erotischen Darstellungen einer hinduist. Sekte; Weltkulturerbe seit 1986.→ Seite 296.

Khaki → Kaki.

Khaled → Chaled.

Khalif → Kalif.

Khalīj [arab.], *Khalīdj, Khalig,* Bestandteil geograph. Namen: Golf.

Khalil, *Al Khalil,* arab. Name von → Hebron.

Khalka, *Kalka, Khalkha,* heute *Kaltschik,* Nebenfluss des Kalmius in der Ukraine. – *Schlacht an der K.* 1223 zwischen russischen Heeren u. Mongolen, in der die mit den Russen verbündeten Kumanen geschlagen wurden.

Khalkha, *Chalcha,* Ostmongolen (1,2 Mio.), das Staatsvolk der Mongolei.

Seretse Khama

◆ **Khama,** Seretse, botswan. Politiker, *1. 7. 1921 Serowe, †13. 7. 1980 Gaborone; gründete die Demokrat. Partei, gewann 1965 die Wahlen, wurde erster Premier von Betschuanaland und war von der Erlangung der Unabhängigkeit im Jahr 1966 bis zu seinem Tod Präsident der Republik Botswana.

Khambhat, *Cambay.* **1.** *Golf von K.,* Meeresbucht an der indischen Westküste, südl. der Halbinsel Kathiawar, Teil des Arab. Meeres, bis 210 km ins Land reichend, zwischen 25 u. 200 km breit; Flussmündungen von Narmada u. Tapti; bedeutende Häfen sind *Bhavnagar, Surat* u. *K.* (2). **2.** indische Hafenstadt am nördl. Ende des Golfs von K. (1), südl. von Ahmedabad, 69 000 Ew.; Textil- u. Schmuckindustrie; in der Nähe Erdgas- u. Erdölvorkommen.

Khamenei [xamɔˈnei], Said Ali, iran. Religionsführer, → Chamenei.

Khamsin, Wüstenwind, → Chamsin.

Khamtay Siphandone, *Khamtai Siphandone,* laot. Politiker (Laotische Revolutionäre Volkspartei, LRVP), *8. 2. 1924 Prov. Champassak; wurde 1960 Oberbefehlshaber der Pathet Lao-Streitkräfte u. 1972 Mitgl. des Politbüros der LRVP; übernahm als Oberbefehlshaber der Laot. Volksarmee 1975 auch das Amt des Verteidigungs-Min.; 1991–1998 Min.-Präs.; seit 1992 Vors. der LRVP u. seit 1998 Staats-Präs. von Laos.

Khan → Chan.

Khanat, 1. [das; türk. + lat.], *Geschichte:* → Chanat. ◆ **2.** [das; arab.], *Wasserbau: Qanat, Karez,* arab. *Foggara,* unterirdische Stollen, durch die das Grundwasser gesammelt u. an die Oberfläche geleitet wird; meist an Schuttfächern der Gebirge. Die Bewässerungswirtschaft in den iran. Wüsten u. Steppen beruhte früher fast ausschl. auf Khanat-Bewässerung.

Khandwa, zentralindische Stadt in Madhya Pradesh, Verkehrsknotenpunkt im Satpuragebirge, rd. 300 m ü. M., 145 000 Ew.; Handelszentrum für Baumwolle, Getreide u. Holz; Nahrungsmittelindustrie, Holzverarbeitung.

Khangai, *Changajn Nuruu, Hangayn Nuruu,* Gebirge im Zentrum der Mongolei, am Nordwestfuß die Quelle der Selenga, im NO die Ruinen von *Karakorum (Qara Qorum)*; Parallelkette zum südl. Mongol. Altai, im *Otgon Tenger* 4031 m.

Khanat (2): Der unterirdische Verlauf eines künstlich angelegten Kanals ist an den Schächten, die als Einstieg zum Kanal und zur Belüftung dienen, abzulesen

Khaniqin, *Al Khaniqin, Chanikin, Haniqin,* Stadt u. Bergrandoase im Irak, nahe der iran. Grenze, im Nordosten von Bagdad, 25 000 Ew.; Erdölförderung u. -raffinerie; Anbau von Zitrusfrüchten; Straßenknotenpunkt, Bahnanschluss an die Linie Bagdad–Arbil.

Khansa [ˈxansa], *Al Khansa,* altarab. Dichterin, † um 645; gilt als größte arab. Dichterin überhaupt, begründete ihren Ruf mit Trauerliedern.

Khan Yunus, *Khan Yunis,* Stadt im *Gazastreifen,* rd. 53 000 Ew.; Anbau von Mandeln.

Khaprakäfer, *Trogoderma granarium,* bis 2,8 mm langer schwarzbrauner *Speckkäfer* aus Indien, der auch als Vorratsschädling auftritt. Die Käfer ernähren sich von Getreide u. Getreideprodukten. Die Larven bohren sich zum Schutz vor Austrocknung in Holz, Leder, Blei, Asbest u. sogar Ammoniumchlorid. Ihre Pfeilhaare verursachen allergische Krankheiten u. übertragen Milzbrand.

Kharagpur, indische Stadt in Westbengalen, westl. von Calcutta, 189 000 Ew.; Technikum (gegründet 1950); Eisenbahnreparaturbetriebe, Maschinenindustrie; Verkehrsknotenpunkt.

Kharga, *Al Kharga,* ägypt. *Al Wahat Al Kharijah, Al Charga, El Chargeh,* die altägypt. „Südoase" u. antike *Oasis major,* ägypt. Oasenbecken am Rand der Libyschen Wüste, rd. 5000 km², Hauptort K.; der *Fortsetzung S. 298*

Khajuraho

 Khajuraho

Kulturdenkmal: in drei »Tempelbezirken«
25 hinduistische und jinistische Tempel mit
teilweise erotischen Reliefs und Skulpturen;
u. a. 872 Skulpturen von Musikern, Gottheiten,
schönen Frauen und erotische Szenen des
Kandariya Mahadeo mit 31 m hohem Turm
nebst 84 Miniaturtürmen; elfköpfige Statue des
Vishnu im Inneren von Chitragupta (vermutlich
frühes 11. Jh.)

Kontinent: Asien

Land: Indien, Madhya Pradesh

Ort: Khajuraho, südöstlich von Agra

Ernennung: 1986

Bedeutung: ein »Kamasutra in Stein« aus der
Zeit der Chandella-Dynastie und Meisterwerk
indischer Bildhauerkunst des 10. und 11. Jh.

Zur Geschichte:

9. Jh. Bau von Chausath Yogini mit ehemals
64 Kultzellen der Dienerinnen der Göttin Kali

930–50 Bau des sandsteinernen
Lakshmana-Tempels, dem Vishnu geweiht
und nach dem Halbbruder Ramas, der
7. Inkarnation Vishnus, benannt

950–70 Parshvanatha, der größte und
schönste der jinistischen Tempel mit
tigerähnlichen Mischwesen und
bezaubernden Liebespaaren

1000–25 Jagadambi-Tempel für die
Verehrung der blutrünstigen Kali

um 1000 Bau des Kandariya-Tempels
(Kandariya Mahadeo)

1150 Bau des Duladeo-Tempels

1870 »Neubau« des jinistischen
Shantinatha-Tempels (ursprünglich 11. Jh.)

Es käme der Sache ziemlich nahe, würde man der Auffassung sein, Khajuraho als ein einziges großes Missverständnis anzusehen, zumindest wenn man die neuzeitlichen Interpretationen der steinernen Szenen an den verschiedenen Tempeln bedenkt. Von ferne betrachtet, wirken sie noch ganz unproblematisch. Wie stumme Zeugen einer lange untergegangenen Hochkultur erheben sich Dutzende von Tempeltürmen über der Ebene.

Um ihre Heraushebung aus der profanen Welt zu dokumentieren, wurden die Tempel auf eine

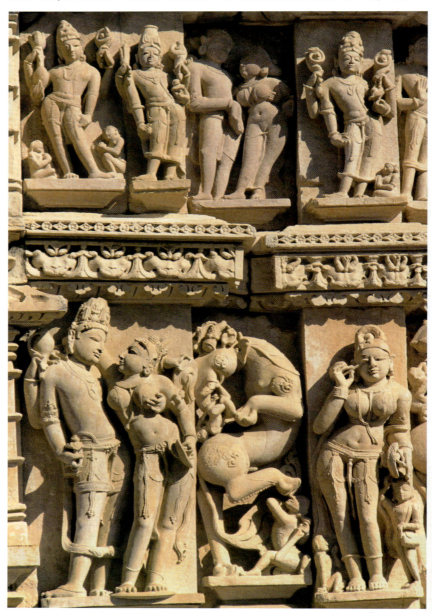

Eine atemberaubende Fülle an Figuren fügt sich an den
Fassaden der Tempelbauten zu einem »Tanz des Lebens«

hohe Plattform gesetzt. Alle sind auf einer Ost-West-Achse ausgerichtet, wobei der Eingang der aufgehenden Sonne zugewandt ist. Mehr noch als das gesamte Ensemble beeindruckt die unvergleichliche Fülle an Skulpturen und Reliefs aus weichem Sandstein, die unbekannte Steinmetze für die Nachwelt hinterließen. Jeder Zentimeter scheint mit Göttern, Königen, Musikern, Tieren und Fabelwesen bedeckt zu sein. Allein am Kandariya Mahadeo, dem mit 31 Meter höchsten und gleichzeitig prächtigsten Tempel Khajurahos, wurden Hunderte von Skulpturen gezählt, viele von ihnen annähernd einen Meter hoch. Der hiesige Tempelbezirk repräsentiert eine Bauform, in der die Skulpturen nicht nur eine dekorative Funktion besitzen, sondern zugleich integraler Bestandteil der Tempel sind, ja mit ihnen geradezu zu verschmelzen scheinen.

Was letztlich jedoch Khajurahos eigentliche Bedeutung ausmacht und jedes Jahr Zehntausende von Besuchern anlockt, sind die in unver-

Eine gelassene Sinnlichkeit prägt die Figuren

Ein wahres Kamasutra spiritueller Lust wurde in den Reliefs inszeniert

gleichlicher Fülle und Detailgenauigkeit dargestellten erotischen Szenen. Das lustvolle Über-, Unter- und Nebeneinander der offenkundig höchst engagierten Darsteller zeugt von ebenso reicher Fantasie wie von fast schon olympiareifer Akrobatik. Oft ist schon ein zweiter Blick erforderlich, um herauszufinden, wer sich mit wem und wie der sexuellen Lust hingibt. Welch für heutige Verhältnisse bizarr anmutende Fantasie die Steinmetze bei ihrer im wahrsten Sinne des Wortes lustvollen Arbeit antrieb, zeigt eine Szene, bei der ein Reitersmann die Liebe zu seinem Pferd allzu wörtlich nimmt. Die bei-

den dem Geschehen beiwohnenden Beobachter, die ob solcher Freizügigkeit die Hände vors Gesicht schlagen, machen deutlich, dass derartige Sexualpraktiken auch zur damaligen Zeit als zumindest gewöhnungsbedürftig angesehen wurden.

Die Darstellung erotischer Szenen im Hinduismus ist durchaus nichts Unübliches, doch nirgendwo geschieht dies mit derselben Exzessivität wie in Khajuraho. Dabei steht die tabulose Offenheit im krassen Widerspruch zum prüden

Indien von heute. So werden von den sittenstrengen Indern auch die haarsträubendsten Erklärungen abgegeben, um die »zügellosen Ausschweifungen« in einem anderen Licht erscheinen zu lassen. Ungewollt komisch wirkt dabei die allerdings sehr ernst gemeinte These, die erotischen Skulpturen sollten das Gotteshaus vor Blitzeinschlag schützen. Die mit erhobenem Zeigefinger vorgetragene Ermahnung, die Liebespaare sollten den Besucher vor Betreten des Tempelinneren plastisch vor Augen führen, dass man allen fleischlichen Gelüsten zu entsagen habe, um zum eigentlichen Sinn des Lebens, dem Göttlichen, vorzudringen, zeugt hingegen von jener körperfeindlichen Sexualmoral, die das Resultat einer unglücklichen Verbindung von orthodoxem Hinduismus und dem durch die Engländer hinterlassenen puritanischen Viktorianismus ist.

Dabei ist die Darstellung von Liebespaaren ein bedeutender Aspekt der im Hinduismus tief verwurzelten vorarischen Fruchtbarkeitskulte. In der sexuellen Ekstase wird das Göttliche und damit das eigentliche Ziel eines jeden Lebewesens erfahren. So sind die Gesichter der Liebenden auch nicht von Lüsternheit, Erregung und Anspannung, sondern von einer fast schon weltentrückten Gelassenheit gekennzeichnet. Die Vereinigung ist hier kein in erster Linie körperlicher Akt, sondern eine spirituelle und damit religiöse Form der Gotteserfahrung. Von der im schmucklosen Inneren des Tempelturmes ruhenden Götterstatue geht die Kraft aus, die sich an den Außenwänden des Tempels zum »Tanz des Lebens« steigert.

Thomas Barkemeier

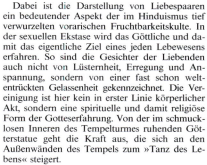
31 Meter hoch erhebt sich der Hauptturm des Kandariya Mahadeo, der mit seinem üppigen Fassadenschmuck und den teilweise bis zu einem Meter großen Relieffiguren als der schönste Tempel Khajurahos angesehen wird

Kharia

Boden liegt rd. 80 m ü. M., die Beckenumrandung bis 400 m, reich an Quellen im Kreidemergel. 600–800 m tiefe, artes. Brunnen, die vermutl. fossiles Wasser fördern, ermöglichten die Ausdehnung des Kulturlandes im Rahmen des Projekts „Neues Tal", zu dem auch die Oasen Dakhla u. Farafra gehören. Außer Datteln werden Weizen, Gerste u. Gemüse geerntet u. verarbeitet. K. hat eine Straßenverbindung nach Asyut u. einen Flugplatz. Ruinen antiker Städte u. Heiligtümer zeugen von früher Blütezeit.

Kharia, Bergvolk (180 000) in den indischen Bundesstaaten *Orissa* u. *Bihar*; Jäger u. Sammler, z. T. mit Brandrodungsfeldbau.

Kharif, in Indien übliche Bez. für die Feldbestellung u. Ernte während des Sommermonsuns (Mai/Juni bis September/Oktober).

Khark, *Charg, Jazireh-ye Khark,* 25 km² große iran. Insel im Pers. Golf, nordwestl. von Bushehr, 37 km vom Ufer entfernt; wichtigster Rohölexporthafen Irans mit der größten Erdölverladebrücke der Welt; Schwefelgewinnungs- u. Erdgasverflüssigungsanlagen; Erdölzubringerleitungen verbinden K. mit den Ölfeldern von Khusestan. Seit 1967 geht der gesamte Rohölexport der südl. Felder über K.; während des iran.irak. Kriegs (1980–1988) stark zerstört.

Kharoshtischrift [ka'rɔʃtiː-; nach dem Erfinder?], aus der aramäischen Schrift des 5. Jh. v. Chr. abgeleitete linksläufige indische Schrift; auf Münzen u. a. Inschriften Nordwestindiens 250 v. Chr.–100 n. Chr.

◆ **Khartum,** *Al Khartum,* engl. *Khartoum,* Hptst. der Rep. Sudan u. Provinzhauptstadt, am Zusammenfluss des Weißen u. des Blauen Nil, 381 m ü. M., 925 000 Ew.; Kultur-, Handels- u. Verkehrszentrum; Universität (gegr. 1956); Textil-, Glaswaren-, chem., Maschinen- u. a. Industrie, Baumwollversteigerungszentrum; Kraftwerk; Binnenschifffahrt u. Hafen, Flughafen. K. ist aus einem 1824 angelegten Militärlager hervorgegangen. – Nordöstlich, jenseits des Blauen Nil, liegt *Al Khartum Bahri (Khartoum North).*

Khartum Bahri, *Al Khartum Bahri, Khartoum North,* sudanes. Stadt am linken Ufer des Nil, gegenüber von Khartum, 879 000 Ew.; Maschinen-, chem., Textil-, Papier-, Nahrungsmittel- u. a. Industrie, Schiffswerft.

Khashm Al Qirbah, Ort in der Rep. Sudan, am Atbara, 461 m ü. M., 8000 Ew.; die Einwohner sind vorwiegend Nubier, die von *Wadi Halfa* Mitte der 1960er Jahre hierher umgesiedelt wurden. Staudamm im engen Atbaratal mit Kraftwerk 1965 fertig gestellt, er ermöglicht die Bewässerung von Baumwoll- u. Zuckerrohrfeldern; Zuckerfabrik, Baumwollentkörnungsanlage; Bahn- u. Straßenverbindung mit Kassala u. Khartum, Flugplatz.

Khasi, austro-asiat. Bauernvolk (360 000) in den Bergen Assams, zwischen Brahmaputra u. Himalaya; mit ausgeprägtem Mutterrecht u. demokrat. Gesellschaftsordnung; den Männern ist die Feldarbeit überlassen, die Frauen verteilen die Ernte u. verwalten das Familieneigentum.

Khartum: Während der Kolonialzeit war die Stadt eine bedeutende Wirtschaftsmetropole in Afrika

Khasi Hills, *Khasi-Jaintia Hills,* Bergland in Meghalaya im NO Indiens, mittlerer Teil des *Shillong Plateaus,* bestehend aus verschiedenen von W nach O streichenden Bergrücken, im *Shillong Peak* 1963 m hoch; trop. Regenwälder, nur an den unteren Hängen u. in den Talniederungen Anbau von Reis in terrassierten Feldern; dünn besiedelt; einzige Stadt ist *Shillong.*

Khat, *Qat, Kat,* anregendes Alkaloid (cathin) in den Blättern der Spindelstrauchgattung *Catha edulis* natürlich vorkommend; in Arabien ein Genussmittel.

Khatami [xa'tami], Said Mohammed, iran. Politiker, → Chatami.

Khatschaturian, armen. Komponist, → Chatschaturjan.

Khatstrauch [arab.], *Catha edulis,* zu den *Spindelbaumgewächsen (Celastraceae)* gehörender, in Afrika heimischer Strauch. Die Coffein enthaltenden Blätter dienen im frischen Zustand oder als Aufguss (arabisch Khat- oder Kattee) als anregendes, den Schlaf vertreibendes Mittel.

Khaya [afrikan.], trop. Laubholz der afrikan. Guineaküste, aus der Mahagoni-Familie, daher auch Khaya-Mahagoni; rotbraun, glänzend; gut bearbeitbar, mäßig witterungsfest; Holz für Bootsbau u. Konstruktionen im Innen- u. Außenbau.

Khedive [ke-; pers., „Herr"], *Chedive,* 1867–1914 Titel des ägypt. Vizekönigs.

Khevenhüller [altes österr. Adelsgeschlecht, seit dem 14. Jh. nachweisbar, teilte sich in mehrere Linien (*Khevenhüller-Hochosterwitz, Khevenhüller-Frankenburg* u. *Khevenhüller-Metsch*), war vorwiegend in Kärnten ansässig.], **1.** Franz Christoph Graf, österr. Diplomat, *21. 2. 1588 Klagenfurt, †13. 6. 1650 Baden bei Wien; Gesandter Kaiser Ferdinands II. in span. Hof 1617–1631; verfasste die „Annales Ferdinandei". **2.** Ludwig Andreas, Graf, österr. Feldmarschall, *30. 11. 1683 Linz, †26. 1. 1744

Wien; nahm 1716 als Generaladjutant des Prinzen Eugen an der Einnahme von Peterwardein u. Belgrad teil; kämpfte im Polnischen Erbfolgekrieg in Italien; 1737–1739 Oberbefehlshaber im Türkenkrieg; sicherte im österr. Erbfolgekrieg das Erbe Maria Theresias durch die Wiedereroberung Oberösterreichs u. die Besetzung Bayerns.

Khewra, Bergbauort in der *Salt Range* (Pakistan), 14 000 Ew.; Zentrum des bedeutendsten Steinsalzabbaus Pakistans.

Khieu Samphan [kjə: sam'pan], kambodschan. Politiker, *27. 7. 1931 Prov. Svay Rieng; schloss sich 1967 den *Roten Khmer* an; als Präs. des Präsidiums des „Demokrat. Kambodscha" (Staatsoberhaupt) 1976–1979 einer der Hauptverantwortlichen für die Terrorherrschaft der Roten Khmer; 1979–1982 Min.-Präs. der kambodschan. Exilregierung; wurde 1982 Vize-Präs. in der Provisor. Regierung des „Demokratischen Kamputschea", die unter *Sihanouk* gegen das *Heng-Samrin-Regime* kämpfte; 1991 Mitunterzeichner des Pariser Friedensabkommens u. wurde Mitgl. des Obersten Nationalrates Kambodschas, musste Phnom Penh 1991 verlassen; 1995 Min.-Präs. einer Gegenregierung der Roten Khmer; nach der Auflösung der verbliebenen Einheiten der Roten Khmer Ende 1998 stellte sich K. den kambodschan. Behörden.

Khingan, 1. *Großer Khingan* → Xinganling. **2.** *Kleiner Khingan, Xiao Hinggan Ling, Schanmai,* bis 1200 m hohes Waldgebirge in der nördl. Mandschurei (China), zwischen Amur (Heilongjiang), Großem K. u. der Mandschurei; Kohlenbergbau.

Khirokithia, Siedlung der Jungsteinzeit mit Rundhäusern *(Tholoi)* im Bezirk Larnaca (Zypern), die mehrfach erneuert wurden; bis zu zwölf übereinander liegende Fußböden wurden entdeckt. Aufgrund der Stratigraphie konnten drei Besiedlungsphasen mit unterschiedlichen Rundbauten er-schlossen werden. Die Toten bestattete man oft in den Häusern unter den Fußböden. In den Häusern fand man ausschließlich Ge-fäße u. Geräte aus Stein, während wenige, jedoch technisch hoch entwickelte Keramik im Siedlungsschutt außerhalb der Bauten entdeckt wurde.

Khjargas Nuur, *Chjargas Nuur, Hyargas Nuur,* Hochlandsee (1028 m ü. M.) im W der Mongolei; liegt in einem Steppen- u. Schafzuchtgebiet.

Khlesl, *Klesl,* Melchior, Kardinal (seit 1616), österr. Politiker, *19. 2. 1553 Wien, †18. 9. 1630 Wien; als Administrator des Bistums Wiener Neustadt (1588) u. als Bischof von Wien (1598) einer der stärksten Förderer der Gegenreformation, 1599 Berater des Erz-herzogs Matthias (Verständigung mit Un-garn u. der Türkei, Entmachtung Kaiser Rudolfs II.), Direktor des Kaiserl. Gehei-men Rats. Wegen seiner Verständigungs-politik mit prot. Fürsten im Reich während der Regierungszeit Kaiser Matthias' wurde er nach dem böhm. Aufstand 1618 verhaftet u. 1620 nach Rom zur Rechtfertigung berufen, dort rehabilitiert u. nach seiner Rückkehr wieder in sein Bischofsamt einge-setzt, jedoch ohne weiteren polit. Einfluss.

Khmer: Relief des Shiva-Tempels Banteay Srei in Ankor, das zu den wichtigsten und schönsten Zeugnissen der Khmer-Kunst gehört; Ende 10. Jahrhundert

◆ **Khmer** [kmeːr], *Kmer, Khamen, Kambod-schaner,* hinterindisches Volk mit austro-asiatischer Sprache in Kambodscha (Staats-volk, rd. 6,0 Mio.), Thailand, Vietnam u. Laos. Die K. gründeten im 3. Jh. n. Chr. ein Reich u. unterwarfen nach 600 Funan. Ihr Reich erstreckte sich im 11. Jh. über den ganzen S Hinterindiens bis zur Malaiischen Halbinsel, wurde aber von den *Cham,* den *Tai* u. den *Vietnamesen* von N her im 14. Jh. mehr u. mehr verkleinert. Die K. hinterlie-ßen bedeutende Kunstwerke in *Angkor* (11./12. Jh.) u. bilden eine eigene Sprach-gruppe (8,5 Mio. Angehörige, → Mon-Khmer-Sprachen).

Khmer [kmeːr], *République Khmer,* amtl. Name von → Kambodscha 1970–1976.

◆ **Khnopff,** Fernand, belg. Maler, Bildhau-er, Grafiker u. Kunstschriftsteller, *12. 9. 1858 Schloss Grembergen, †12. 11. 1921 Brüssel; war ein durch die engl. *Präraffae-liten* u. von G. *Moreau* beeinflusster Sym-bolist u. Vertreter des Jugendstils. K. malte häufig nach eigenen Fotografien, die er gelegentlich auch auf Zeichenpapier repro-duzierte u. nur mit Kohle überarbeitete. Hptw.: „Sphinx" 1884; „I lock my door upon myself" 1891.

Khobdo, *Hobdo, Chovd, Hovd,* früher *Jirga-lant,* Prov.-Hptst. in der westl. Mongolei, westl. vom Khar Us Nuur, 1298 m ü. M., am Nordostfuß des Mongol. Altai, rd. 20 000 Ew.; in einem Agrargebiet, Straßenknoten-punkt, Flugplatz.

Khöbsgöl Nuur, *Höbsögöl Dalay, Chövsgöl Nuur, Hövsgöl Nuur,* Gebirgssee in der nördl. Mongolei, am Südhang der Östl. Sajan-Kette, 1624 m ü. M., 3400 km², 133 km lang, bis 270 m tief.

Khoinsprachen, *Khoisansprachen, paläoafri-kan. Sprachen,* zu den afrikan. Sprachen gehörige Sprachfamilie in Namibia.

Khökh Khoto, Stadt in China, → Hohhot.

Khökh Nuur, Prov. in China, → Qinghai.

Khomeini [xɔˈmɛini], Ruhollah Mussawi, iran. Religionsfüh-rer, → Chomeini.

Khoms, libysche Stadt, → Khums.

Khond, *Kond,* vorderindischer Dravidastamm im Gebirgsland von Orissa (Indien); etwa 500 000 sprechen noch ihre ursprüngl. Stammessprache *Kui*; sesshafte Reisbauern mit Baumwollkulturen; z. T. noch Wildbeuter. Typisch für die K. sind ihre über der Stirn zu einem Knoten befestigten Haa-re u. ihre Bastkleidung; bis ins 19. Jahrhundert sollen sie noch Menschenopfer für eine Erd-göttin gebracht haben.

Khongor Tagh, Gipfel des Pa-mir, → Qungur tagh.

Khon Kaen, Provinz-Hptst. im NO von Thailand, auf dem Khoratplateau, 88 400 Ew.; Universität (gegr. 1964), dt.-thailänd. Technologie-Institut; landwirtschaftl. Zentrum.

Khor Al Amamiya, irak. Erd-ölausfuhrhafen im Pers. Golf, 32 km vor der Mündung des Shatt Al Arab, ersetzt den älteren Ölhafen *Fao*; durch Rohrleitung mit Fao u. den süd-irak. Erdölfeldern Zubair u. Rumaila verbunden. – 1962 er-öffnet, während des irak.-iran. Krieges (1980–1988) nicht mehr zur Erdölaus-fuhr benutzt.

◆ **Khorana,** Har Go-bind, US-amerikan.

Har Gobind Khorana

Fernand Khnopff: Die verlassene Stadt; 1904. Brüssel, Musée Royaux des Beaux-Arts de Belgique

Genetiker u. Biochemiker indischer Her-kunft, *9. 1. 1922 Raipur; Prof. in Madison, Wisconsin; erhielt für gemeinsame Arbeiten zur Aufschlüsselung des genetischen Codes mit R. W. *Holley* u. M. W. *Nirenberg* den Nobelpreis für Medizin u. Physiologie 1968. Er entwickelte neue Methoden zur vergleichenden Untersuchung von Desoxyribonu-cleinsäure (DNA) u. Ribonucleinsäure (RNA).

Khorasan, *Chorasan, Khurasan,* Landschaft u. Prov. im NO von Iran, 315 687 km², 6,01 Mio. Ew.; Hptst. *Mashhad;* im S wüstenhaft (Dasht-e Lut, Kavir-e K.), im N gut bewäs-serte Gebirgstäler; berühmte Teppichmanu-fakturen (Khorasan-Teppiche); Anbau von Baumwolle, Tabak, Obst u. Zuckerrüben; Erneuerungszentrum des pers. Volkstums im 10. Jh.

Khorat, früherer Name der thailänd. Stadt → Nakhon Ratchasima.

Khoratplateau [-toː], niedriges Hochland in Ostthailand, rd. 170 000 km², durchschnittl. Höhe 150–200 m, begrenzt vom Mekong (N u. O), dem Phetchabun-Gebirge im W u. den Sankamphaeng-Dangrek-Gebirgen im S; wird vom Flusssystem des Mun in den Mekong entwässert; in der Regenzeit durch Rückstau der Wassermassen des Mekong teilweise überflutet; liefert trotz klimat. ungünstiger Bedingungen u. ausgelaugter Böden 30 % der thailänd. Reiserzeugung; Maniok- u. Kenafanbau, Viehzucht (Was-serbüffel), Seidenraupenzucht.

Khorramabad, Hptst. der Prov. Lorestan im westl. Iran, im Sagrosgebirge, 1311 m ü. M.,

249 000 Ew.; Zentrum eines landwirtschaftl. Umlands; Zementfabrik.

Khorramshahr, früher *Mohammerah,* seit 1980 *Khuninshar,* südiran. Stadt bei Abadan, an der Mündung des Karun in den Shatt Al Arab, 197 000 Ew.; einer der Ausgangspunkte der transiran. Bahn; wichtigster Handelshafen Irans. – Im irak.-iranischen Krieg stark zerstört.

Khorsabad, *Chorsabad,* heutiger Name der im nördl. Mesopotamien (Irak) 15 km nördl. von Mosul gelegenen Ruinenstätte der altassyr. Stadt → Dur-Scharrukin.

Khotan, chines. Stadt, → Hotan.

khotansakische Sprache, *Khotanisch, Sakisch,* aus Khotan (in Westchina) überlieferte mitteliran. Sprache aus dem 8. Jh.; Texte buddhist. Inhalts in Brahminschrift.

Khoum, Münzeinheit in Mauretanien, $^1/_5$ der Landeswährung *Ouguiya.*

Khourîbga [frz. kurib'ga], marokkan. Stadt, → Khuribgah.

Khroumirie, Gebirgsland im NW von Tunesien, Teil des Küstentell, zwischen dem Wadi Majradah u. dem Mittelmeer, bis 1203 m hoch, dicht bewaldet (verbreitet Korkeichenbestände); Lebensraum der Berber mit dem Hauptort Aïn-Draham.

Khulna, 1. Verwaltungsgebiet in Bangladesch, setzt sich aus 5 Distrikten zusammen, 33 575 km², 19,97 Mio. Ew.; Hptst. *K.* (2). **2.** Hptst. des Verwaltungsgebiets K. (1) in Bangladesch, im Mündungsdelta von Ganges u. Brahmaputra, rd. 120 km vom Golf von Bengalen entfernt, 877 000 Ew.; Wirtschafts- u. Verkehrszentrum; Nahrungsmittel-, Textil- u. Maschinenindustrie, Schiffswerft; Kraftwerke; Flusshafen.

Khums, *Al Khums, Khoms, Chums, Homs,* libysche Hafenstadt südöstl. von Tripolis, 150 000 Ew.; Küstenoase mit Dattel-, Obstu. Olivenanbau; in der Nähe die Ruinen von *Leptis magna.*

Khur [ind.] → Halbesel.

Khuribgah [frz. kurib'ga], *Khourîbga,* marokkan. Stadt zwischen Casablanca u. dem Mittleren Atlas, 800 m ü. M., 127 000 Ew.; bedeutendster Phosphatabbau in Marokko; Eisenbahn nach Casablanca.

Khusestan, *Khuzestan, Chusistan,* früher *Arabistan,* wirtschaftl. wichtigste iran. Prov. im Erdölgebiet am Nordende des Pers. Golfs, 66 532 km², 3,2 Mio. Ew.; Hptst. *Ahvas*; seit 1908 Erschließung der Erdölvorkommen der mit Abstand ergiebigsten Lagerstätten Irans (rd. 90 % der Gesamtförderung), Pipelineverbindungen zur Raffinerie von *Abadan* u. zum Erdölhafen *Khark.* Die geringen Niederschläge erlauben Landwirtschaft nur mit künstl. Bewässerung.

Khutba [arab.], *Chutba,* Teil des islam. Freitagsgebetes, der auf dem → Minbar vorgetragene Predigtvorgang mit Lobpreis Gottes u. des Propheten, Ermahnungen der Gläubigen u. fester Bestandteil.

Khvoy, *Chwoi,* iran. Stadt u. Straßenknotenpunkt im W Aserbaidschans, 138 000 Ew.; Reste einer alten Stadtmauer, Bazar; Zentrum eines alten Gebiets mit intensiver Bewässerungslandwirtschaft (Anbau von Getreide, Baumwolle, Tabak, Obst u. Zuckerrüben); Zuckerfabrik.

Khwae Noi, *River Kwai,* rechter Nebenfluss des Mae Khlong, alter Handelsweg zum Dreipagodenpass (Birma / Myanmar). Unter japan. Besetzung wurde 1942/43 mit Einsatz alliierter Kriegsgefangener entlang des K. N. eine Bahnlinie sowie eine Brücke über den Fluss gebaut (engl. Spielfilm „Die Brücke am Kwai" 1957).

Khyber ['kaibə], Pass zwischen Pakistan u. Afghanistan, → Khaibarpass.

kHz, Kurzzeichen für *Kilohertz*; → Hertz.

Kialing Kiang, chines. Fluss, → Jialing Jiang.

Kiamusze, chines. Stadt, → Jiamusi.

Kiang [tibet.], ein → Halbesel.

Kiangsi, Prov. in China, → Jiangxi.

Kiangsu, Prov. in China, → Jiangsu.

Kiangtu, chines. Stadt, → Yangzhou.

Kiarostami, Abbas, iran. Filmregisseur, *22. 6. 1940 Teheran; gab 1970 sein Debüt als Regisseur; seine durch einen selbstreflexiven u. dokumentar. Stil gekennzeichneten Werke vermitteln die Probleme der modernen iran. Gesellschaft; Filme u. a.: „Der Bericht" 1977; Erdbeben-Trilogie („Wo ist das Haus meines Freundes?" 1987, „Und das Leben geht weiter" 1992, „Quer durch den Olivenhain" 1994); „Der Geschmack der Kirsche" 1997; „Der Wind wird uns tragen" 1999.

Walther Kiaulehn

◆ **Kiaulehn,** Walther, Pseudonym: *Lehnau,* dt. Publizist u. Schauspieler, *4. 7. 1900 Berlin; †7. 12. 1968 München; dort seit 1950 Kritiker beim „Münchner Merkur". „Lehnaus Trostfibel u. Gelächterbuch" 1932; „Die eisernen Engel" 1935; „Lesebuch für Lächler" 1938; „Berlin. Schicksal einer Weltstadt" 1959; „Mein Freund der Verleger. E. Rowohlt u. seine Zeit" 1967.

Kiautschou [dt. kiau'tʃau], *Jiaozhou,* ehem. dt. Pachtgebiet mit Flottenstützpunkt an der Südwestküste der chines. Halbinsel Shandong; 515 km², 200 000 Ew., Hptst. *Tsingtau (Qingdao).* K. wurde 1897 von Dtschld. besetzt u. 1898 auf 99 Jahre gepachtet; 1914 von Japan erobert u. 1922 an China zurückgegeben.

Kibbuz [der, Pl. *Kibbuzim*; hebr., „Sammlung"], auch *Kwuza* (Pl. *Kwuzot*), Gemeinschaftssiedlung in Israel; Genossenschaft auf freiwilliger Basis mit gemeinsamem Eigentum, gemeinsamer Produktion u. Arbeit sowie gemeinsamen Einrichtungen des Konsums u. der Lebensführung; ohne Privatbesitz u. privatwirtschaftl. Tätigkeit. Der K. sorgt für Wohnung, Nahrung, Kleidung, Kinderbetreuung u. alle anderen Dienstleistungen sowie private Bedürfnisse. Ein wesentl. Unterschied zu Kollektivformen in ehemals kommunist. Ländern ist die absolute Freiwilligkeit von Ein- u. Austritt. Ein Genossenschaftstyp von geringerem Kollektivitätsgrad ist der *Moschav.* Der erste K. war *Deganya,* gegr. 1909. Heute gibt es rd. 270 Kibbuzim mit über 120 000 Einwohnern. Die Kibbuzim betrieben früher zumeist Landwirtschaft in wirtschaftl. u. polit. Grenzsituationen (schwierige Böden, Wehrdörfer). Sie betätigen sich auch industriell (Verarbeitung von Agrarprodukten, arbeitsintensive Kleinindustrie) oder im Fremdenverkehr.

Kibitka [russ.], *Kibitke,* 1. *V e r k e h r :* ungefederter russ. Reisewagen. 2. *V ö l k e r k u n d e :* kirgisisches Filzzelt; → Jurte.

Kibla [die; arab.], *Kebla, Qibla,* Gebetsrichtung der Moslems nach Mekka, dem religiösen Mittelpunkt des Islams. Auch → Orientierung.

Kibo, der 5895 m hohe Hauptgipfel des → Kilimandscharo.

Kičevo ['kitʃɛvo], Gemeinde in Makedonien, nördl. vom Ohridsee, nahe der Grenze zu Albanien, 21 300 Ew.; Marmorabbau u. -bearbeitung.

Kichererbse [lat. *cicer*], 1. *Cicer arietinum,* in Nordiran u. im südlichen Kaukasus heimische Gattung der *Schmetterlingsblütler (Papilionaceae)* mit weißlichen oder violetten Blüten; alte Kulturpflanze, heute im Mittelmeergebiet, im Orient, in Indien u. China angebaut. Die bräunlich-gelblichen bis hellroten Samen dienen als Nahrungsmittel, Pferdefutter u. Kaffeesurrogat (Kaffee-Erbse). 2. *Falsche K., Lathyrus sativus* → Platterbse.

Kichertragant → Tragant.

Kickapoo ['kikəpuː], Indianerstamm (1000) der Algonkin in Oklahoma (USA) u. Nordmexiko; ehem. Maispflanzer u. Büffeljäger.

Kickboard ['kikbɔːd], Freizeit- u. Sportgerät, Weiterentwicklung des → Rollers; Kickboards haben häufig drei statt zwei Räder (zwei vorne, eines hinten), besitzen eine Hinterradbremse, eine sehr flexible Lenkstange u. sind aus leichten Materialien (z. B. Aluminium, Fiberglas-Trittbrett) gefertigt; das K. ähnelt in seinen Fahreigenschaften dem *Snowboard* u. kann mit Accessoires auch im Gelände benutzt werden; die ersten Kickboards kamen Ende der 1990er Jahre auf den Markt.

Kickelhahn, Berg mit Goethehäuschen im Thüringer Wald, bei Ilmenau, 861 m. Auf dem K. dichtete Goethe „Über allen Gipfeln ist Ruh".

Kickstarter [engl.], der Tretanlasshebel beim Motorrad u. Mofa.

Kickxia [nach dem belg. Botaniker J. *Kickx,* †1813], 1. *Kibatalia,* malaiische Gattung der *Hundsgiftgewächse (Apocynaceae)*; *K. ibatalia elastica,* in Westafrika kultiviert, liefert Kautschuk. 2. → Tännelkraut.

Kidangs → Muntjakhirsche.

Kidde, Harald, dän. Schriftsteller, *14. 8. 1878 Vejle, †23. 11. 1918 Kopenhagen; unter Einfluss von J. P. *Jacobsen* u. S. *Kierkegaard;* Romane u. Erzählungen um Schwermut u. Lebensangst; gelangte später zu bejahender Lebenseinstellung: „Aage og Else" 1902/03; „Luftschlösser" 1904, dt. 1906; „Der Held" 1912, dt. 1927.

Kidderminster, Stadt in der engl. Grafschaft Hereford and Worcester, westl. von Birmingham, 51 000 Ew.; Teppichindustrie.

Kiefer (2): In Mitteleuropa findet sich häufig die Gewöhnliche Kiefer, Pinus silvestris

Kiderlen-Wächter, Alfred von, dt. Diplomat u. Politiker, *10. 7. 1852 Stuttgart, †30. 12. 1912 Stuttgart; 1908 Vertreter des Staatssekretärs, 1910–1912 Staatssekretär im Auswärtigen Amt. Als Gegner der dt. Flottenpolitik auf Verständigung mit Großbritannien, aber auch mit Russland bedacht, überwand K. die Bosnienkrise (1908), betrieb jedoch in der zweiten Marokkokrise (1911) eine Politik am Rande des Krieges (Entsendung des Kanonenboots „Panther" nach Agadir). – Briefwechsel u. Nachlass, hrsg. von P. Jäckh, 2 Bde. 1925.

Kidnapper ['kitnæpə; der; engl.], Menschenräuber.

Kidnapping ['kitnæp-; das; engl.] → erpresserischer Menschenraub.

Kidron, *Kedron, Qidron,* nur gelegentlich Wasser führender Fluss in dem in Nordsüdrichtung verlaufenden Tal östl. der Altstadt von Jerusalem, zwischen Ölberg u. Tempel, früher auch *Josaphat-Tal* genannt.

Kidyat Ijjill, *Kédia d'Idjil,* eisenerzreiches Bergmassiv im W von Mauretanien, östl. von F'Derik, bis 915 m hoch.

Kiebitz, 1. *Kartenspiel:* ein Zuschauer, der den Spielern unerbetene Ratschläge erteilt oder durch unbedachte Kommentare die Karten der Spieler verrät. **2.** *Ornithologie:* *Vanellus vanellus,* taubengroßer, schwarzweißer *Regenpfeifervogel,* ein Watvogel mit aufrichtbarem Federschopf am Hinterkopf; lebt auf feuchten Wiesen Eurasiens von Kleintieren; Name nach dem Ruf („Kiwitt").

Kiebitzei, *Botanik:* → Schachbrettblume.

Kiechle, Ignaz, dt. Politiker (CSU), *23. 2. 1930 Sankt Mang; Landwirt; 1969–1994 MdB; 1983–1993 Bundesminister für Ernährung, Landwirtschaft u. Forsten.

Kiedrich, Gemeinde in Hessen, Rheingau-Taunus-Kreis, am Südhang des Taunus,

3700 Ew.; gotische Valentiuskirche (mit einer der ältesten Orgeln); Kochsalz- u. Lithiumchloridquelle; Weinanbau.

Kiefer, 1. [der], *Anatomie:* bewegliche u. verstärkte, meist zangenförmig angeordnete → Mundwerkzeuge vieler Tiere.

Die Wirbeltiere von den Knochenfischen an aufwärts sind *Kieferkauer.* Sie zerkleinern die Nahrung mit Hilfe zähnchenbesetzter K., die ursprüngl. (Knorpelfische) Teile des primären → Kieferbogens (1. Visceralbogen) sind (oben: *Palatoquadratknorpel,* unten: *Mandibulare,* der primäre *Unterkiefer*), bei den höheren Wirbeltieren durch knöcherne Bildungen verdrängt werden. Die Zähnchen tragenden Knochen sind hier: *Oberkiefer (Maxillare)* u. *Zwischenkiefer (Praemaxillare)* sowie *Unterkiefer (Dentale),* die mit Hilfe weiterer Knochen, des *Quadratum* (oben) u. des *Angulare* (unten), im primären → Kiefergelenk beweglich verbunden sind. Bei den Säugetieren werden Quadratum u. Angulare zu → Gehörknöchelchen, das Dentale bildet als sekundärer Unterkiefer mit einem Deckknochen des Gehirnschädels *(Sqamosum;* beim Menschen Teil des Schläfenbeins) das sekundäre Kiefergelenk. Neben den Oberkieferknochen können bei verschiedenen Wirbeltieren auch Teile des knöchernen Gaumens Zähnchen tragen. Beim Menschen wird der Zähne tragende Oberkiefer nur von den zwei Maxillarknochen gebildet, die fest in den Gesichtsschädel eingebaut sind; der Zwischenkiefer wird nur embryonal angelegt. Auch → Kieferstellung.

Kiefer (2): Pinie, Pinus pinea

◆ **2.** [die], *Botanik: Pinus,* die umfangreichste Gattung der *Kieferngewächse (Pinaceae).* Etwa 70 Arten bedecken so große Teile der Erdoberfläche wie keine andere Nadelholzgattung, obgleich die Verbreitung auf die nördl. Halbkugel beschränkt ist. Bäume u. (seltener) Sträucher mit 2–5 Nadeln an einem Kurztrieb, die Blüten sind einhäusig.

Die bis zu 40 m hohe *Gewöhnl. K. (Forche, Forle, Föhre, Pinus silvestris)* bedeckt die sandigen Böden des norddt. Flachlands u. bildet etwa 45% des Waldbestands. Sie kommt auch in den Mittelgebirgen u. in den Alpen bis 1900 m Höhe vor. Das Holz dient als Werk-, Bau- u. Brennholz. Außerdem ist der Harzgehalt für die Gewinnung von *dt. Terpentin* von Bedeutung.

Die zweite wichtige Kieferart in Dtschld. ist die *Bergkiefer (Bergföhre, Pinus mugo),* die bis zu 25 m hoch werden kann. Sie tritt

Anselm Kiefer: Midgard – 1983/85. Köln, Galerie Paul Maenz

in Unterarten auf: als *Latsche (Knieholz-, Krummholzkiefer, Legföhre,* var. *pumilio* u. var. *mughus*) im Hochgebirge an der Baumgrenze; als aufrechte *Moorspirke* (var. *rotundata*) auf Mooren niederer Lage; als *Bergspirke (Schnabelkiefer,* var. *rostrata*) in den Karpaten, Alpen u. Pyrenäen. Aus der Krummholzkiefer wird das *Krummholzöl* gewonnen.

In den östlichen Alpen u. in den südlichen Karpaten tritt die bis 45 m hohe *Schwarzkiefer (Pinus nigra* var. *austriaca)* bestandbildend auf (Name nach der grauschwarzen Borke). Die Nadeln der Schwarzkiefer sind länger u. die Zapfen größer als bei der Gewöhnl. K.

Kiefern des Mittelmeergebietes sind die *Strandkiefer (Pinus pinaster),* die *Aleppo-* oder *Seekiefer (Pinus halepensis)* sowie die *Pinie (Pinus pinea).*

Während alle bisher genannten Kiefern Kurztriebe mit zwei Nadeln aufweisen, gibt es eine Anzahl amerikan. Kiefern mit dreinadeligen Kurztrieben z. B. *Weihrauchkiefer (Pinus taeda), Sumpfkiefer (Pinus palustris), Gelbkiefer (Pinus ponderosa), Pechkiefer (Pinus rigida).* Zu der Gruppe der Kiefern mit fünfnadeligen Kurztrieben gehören die *Zirbelkiefer (Arve, Zirbel, Pinus cembra)* in den Alpen u. Karpaten bis 2500 m sowie in den nördl. u. nordöstl. Ebenen Russlands, die *Montezumaskiefer (Pinus montezumae)* in Mexiko sowie die *Weymouthskiefer (Pinus strobus)* mit leichtem, für Jalousien geeignetem Holz u. die *Zuckerkiefer (Pinus lambertiana)* in Nordamerika.

◆ **Kiefer,** Anselm, dt. Maler u. Grafiker, *8. 3. 1945 Donaueschingen; studierte u. a. bei H. *Antes* u. J. *Beuys.* In expressivem Stil setzt er sich mit dem Individuum im histor. Zusammenhang sowie mit mytholog. u. polit. Themen auseinander, bes. mit dem Nationalsozialismus. In seinen Gemälden u. Installationen verwendet er unterschiedl. Materialien wie Pflanzen, Stoff, Holz, Blei

u. Sand. K. schuf Maler-Bücher mit bleiernen, geätzten Seiten u. übermalte Fotos. Die Bilder bereitet er oft in Holzschnitten u. Aquarellen vor. Seit Mitte der 1990er Jahre entstanden großformatige Werke aus Acrylfarbe, Ton, Sand etc. mit den Themen Kosmos u. Mikrokosmos.

Kieferanomalien, Kiefermissbildungen, die während der Embryonalentwicklung auftreten können. Häufigste angeborene Kiefermissbildungen sind die *Kiefer-* u. *Gaumenspalte,* der *Wolfsrachen* u. die *Lippenspalte (Hasenscharte).* Angeboren oder durch Skelettveränderungen in der Kindheit erworben können Kieferfehlstellungen sein: z. B. *Prognathie,* Vorstehen des Oberkiefers, u. *Progenie,* Vorstehen des Unterkiefers (eine geringe, wenige mm betragende Prognathie ist normal). Stellungsanomalien der Zähne durch Verschmälerungen eines Kiefers gegenüber dem anderen, wodurch die Zahnreihen zum großen Teil nicht mehr zusammenarbeiten, erschweren die Kautätigkeit stark. Ursache können Daumenlutschen oder Rachitis sein. Frühzeitige orthodont. Behandlung durch Schienen (Kieferregulierung) vermag im Wachstumsalter einen gewissen Ausgleich zu erreichen.

Kieferbogen, der erste der sieben Skelettbögen *(Visceralbögen),* die bei ursprünglichen Wirbeltieren den Vorderdarm umgeben; seine beiden Teile, der *Palatoquadratknorpel* (oben) u. das *Mandibulare* (unten), bilden, bei Knorpelfischen (Selachiern) knorplig, bei höheren Wirbeltieren verknöchert, bis zu den Vögeln das primäre Kiefergelenk.

Kieferegel, Gnathobdellodea, Blutegel i. w. S. *(Hirudinea → Egel)* mit meist drei radial gestellten Sägekiefern an der Mundöffnung; zu den Kieferegeln gehören der *Blutegel* i. e. S., *Hirudo medicinalis,* u. der *Pferdeegel, Haemopis sanguisuga.*

Kieferfühler, Cheliceren, das erste Kopfgliedmaßenpaar der Spinnentiere, das meist zangenartig zum Greifen oder Stechen eingerichtet ist. Auch → Mundwerkzeuge.

Kieferfüße, *Maxillipedien,* bei Krebstieren die vordersten Gliedmaßen des Kopf-Brust-Abschnitts, Gangbeine, die in den Dienst der Nahrungsaufnahme gestellt wurden; beim Flusskrebs z. B. drei Paare K., auch bei bestimmten Tausendfüßern gibt es ein Paar K. Auch → Mundwerkzeuge.

Kiefergelenk, gelenkige Verbindung der Kiefer am Wirbeltierschädel. Man unterscheidet: *primäres K.* zwischen den beiden Teilen des ersten *Visceralbogens (Kieferbogens),* die am Knorpelschädel der Knorpelfische (Selachier) knorplig sind, später verknöchern *(Quadratum, Articulare);* bleibt bis zu den Vögeln erhalten; *sekundäres K.* bei den Säugern zwischen dem zahntragenden *Dentale* (Deckknochen des Unterkiefers) u. dem *Squamosum* (Deckknochen des Gehirnschädels).

Kieferhöhlen, paarig angelegte, beiderseits der Nase unter den Augenhöhlen gelegene große Nebenhöhlen im Oberkieferbein, sind zur Nase hin geöffnet.

Kieferklauenträger, Chelicerata → Spinnentiere.

Kieferklemme, *Trismus,* Erschwerung oder Unmöglichkeit, den Mund zu öffnen, z. B. bei Entzündung des Kiefergelenks oder der Kaumuskulatur, bei Wundstarrkrampf.

Kieferle, Berg im südöstl. Thüringer Wald, 868 m.

Kieferlose, *Agnatha,* ursprüngliche Wirbeltiere ohne Kiefer u. mit primitiver Hirnkapsel; Blütezeit war das Obere Devon (vor 400 Mio. Jahren), wo K. als Filtrierer am Boden von Süßgewässern lebten. Die Entwicklung rezenter Kieferloser *(Neunaugen)* zeigt heute noch den Übergang von der filtrierenden Larve zum parasit. Räuber. Es gibt zwei Klassen: *Schalenhäuter, Ostracodermata* (ausgestorben) u. *Rundmäuler, Cyclostomata.*

Kiefermäuler → Gnathostomata.

Kiefernadelmotte → Tannennadelmotte.

Kiefernblasenrost, *Kienzopf, Kienkrankheit,* 1. Rinden- u. Holzkrankheit der Wald- u. Bergkiefer, durch den Rostpilz *Cronartium asclepiadeum* hervorgerufen. 2. Rindenkrankheit der Weymouth-Kiefer, wird durch den Rostpilz *Cronartium ribicola* hervorgerufen. 3. Nadelkrankheit der Waldkiefer, hervorgerufen durch *Coleosporium senecionis.*

Kiefernbuschhornblattwespe, *Kiefernblattwespe,* Diprion pini, 7–10 mm lange, vorwiegend schwarz gefärbte *Blattwespe,* deren Larven die fleischigen Seitenteile der Kiefernnadeln abfressen, während der Mittelteil vertrocknet stehen bleibt. In der Ruhe sammeln sich die Larven in großen Klumpen ("Bulken"), die an den Zweigen hängen. Man findet zwei Generationen pro Jahr, in ungünstigen Lagen nur eine. Massenvermehrungen kommen auch bei der erst im Spätherbst fliegenden *Roten K., Neodiprion sertifer,* vor, die ihre Eier in die Nadelkanten der Kiefer legt. Die Larven schlüpfen im April. Die K. ist ein gefährl. Forstschädling; biologische Bekämpfung durch *Polyeder-Virus.*

Kieferneule → Forleule.

Kieferngespinstblattwespen, verschiedene *Gespinstblattwespen*-Arten der Gattung *Acantholyda,* deren Larven vorzugsweise an den Nadeln bestimmter Altersgruppen der Kiefern fressen, z. B. *Acantholyda erythrocephala* an 9- bis 15-jährigen Bäumen. K. können Kahlfraß u. das Absterben der Bäume verursachen.

Kieferngewächse, *Pinaceae,* artenreichste Familie der *Nadelhölzer;* meist Bäume mit spiralig gestellten Nadelblättern. Die Samenzapfen sind holzig u. bis zur Reife geschlossen. Viele K. bilden zusammenhängende Wälder u. prägen das Landschaftsbild. Die K. liefern Werkholz u. Harz, dessen Destillation Terpentin u. Kolophonium ergibt. Hierzu gehören als wichtigste Gruppen: *Tannen, Lärchen* u. *Kiefern* in neun Gattungen u. ca. 400 Arten.

Kiefernholzwespe, *Schwarze Kiefernholzwespe, Xeris spectrum,* bis zu 3 cm lange schwarze Holzwespe mit roten Beinen. Der Legebohrer der Weibchen ist so lang wie der Körper. Die Larven bevorzugen Kiefern, kommen aber auch in Fichten, Tannen u. Eichen vor.

Kiefernknospentriebwickler, *Evetria (Rhyacionia) buolina,* etwa 20 mm spannender kleiner *Wickler*-Schmetterling, dessen Raupen die Kiefern-Quirlknospen ausfressen u. dadurch Wachstumsstörungen ("Quirlbildung") hervorrufen; ausgesprochenes Schadinsekt, das erhebliche Störungen in der Triebbildung verursacht.

Kiefernknospenwickler, *Evetria turionana,* bis 20 mm spannender kleiner *Wickler*-Schmetterling mit rostgelben bis braunen Vorderflügeln, dessen Raupen die Spitzenknospe von 6–15-jährigen Kiefern aushöhlt u. darin überwintert; richtet ähnliche Schäden wie der *Kiefernknospentriebwickler* an; beide Arten kommen auch gemeinsam vor.

Kiefernprachtkäfer, *Chalcophora mariana,* bis 3 cm langer, erzbrauner *Prachtkäfer* mit weißer Bestäubung, dessen Larve in abgestorbenen Kiefern frisst; größter dt. Prachtkäfer, nicht schädlich.

Kiefernritzenschorf, *Nadelschüttelkrankheit,* eine Baumkrankheit, verursacht durch den Schlauchpilz *Lophodermium pinastri,* dessen Myzel in Kiefernnadeln schmarotzt u. den Baum zum Absterben bringt; die Nadeln werden im Frühjahr braun u. fallen ab *(Schütte).* Bekämpfung mit *Bordeauxbrühe* (Lösung von Kupfersulfat u. Löschkalk).

Kiefernrüsselkäfer, Pissodes pini

◆ **Kiefernrüsselkäfer,** *Kiefernaltholzrüssler,* Pissodes pini, bis 7 mm langer, rötlich brauner, graugelb beschuppter *Rüsselkäfer,* dessen Larven besonders in schlechtwüchsigen, 3–15-jährigen Kiefernkulturen schädlich werden, indem sie stammabwärts führende Gänge unter der Baumrinde nagen, die daraufhin meist abstirbt.

◆ **Kiefernschwärmer,** *Tannenpfeil,* Hyloicus pinastri, bräunlich grauer, bis 7 cm spannender *Schwärmer* der Kiefern-, Fichten- u. Lärchenbestände, nie in Tannenwäldern. Die Raupen fressen von Juli bis September an den Nadeln. Da der K. nirgends in Massen vorkommt, tritt er nicht als Schädling in Erscheinung.

Kiefernschwärmer, Hyloicus pinastri, Raupe

Kiel: Der Ostseehafen ist eine wichtige Drehscheibe im Ost-West-Transit

Kiefernspanner, *Bupalus piniarius,* im Frühjahr fliegender *Spanner* mit umfangreicher schwarzbrauner Zeichnung auf gelben Flügeln; Raupen grün, mit drei weißen u. zwei gelben Längsbinden, bei Massenauftreten Forst-Großschädlinge, vor allem im Bestandsinneren.

Kiefernspinner, *Dendrolimus pini,* braun bis grau gezeichneter Spinner aus der Familie der *Glucken;* einer der gefürchtetsten Forstschädlinge. Die langhaarigen, mit zwei blauen Längslinien gezeichneten Raupen schlüpfen im August, überwintern u. vernichten im Frühjahr den Kiefernaustrieb. Im Alpengebiet leben sie auch auf Fichten.

Kieferntriebwickler, *Evetria duplana,* bis 15 mm spannender, braungrauer *Wickler,* dessen Raupen sich in den Maitrieben 2–6-jähriger Kiefern zum Stamm hin fressen u. sie zum Vertrocknen bringen. Länger dauernder Befall erzeugt Wipfelverkrüppelungen.

Kiefernzapfenrübling, *Strobilurus tenacellus,* ein kleiner, unter Kiefern vorkommender Ständerpilz mit Lamellen, der Strobilurin, ein Stoff, der die Zellatmung seiner Konkurrenten blockiert, erzeugt. Dadurch verteidigt er seine Nahrung.

Kiefernschwärmer, Hyloicus pinastri

Kieferorthopädie [grch.], , die Lehre von der Erkennung u. Behandlung der Zahn- u. Kieferstellungsanomalien.

Kiefersfelden, Gemeinde in Oberbayern, Ldkrs. Rosenheim, am Inn, 510–850 m ü. M., 6300 Ew.; Luftkurort; Pfarrkirche (11. Jh.); Bundesanstalt für Pflanzenschutz; Marmor- u. Zementindustrie; Fremdenverkehr; Volkstheater (Ritterspiele, seit 1618). – Grenzübergang nach Österreich.

Kieferspalte, Missbildung des Kiefers; je nach Art u. Ausmaß der Spaltbildung kann es zur Hasenscharte oder zum Wolfsrachen kommen.

Kiefersperre, Behinderung beim Schließen des Mundes, meist infolge von Kieferverrenkungen.

Kieferstellung, *Gnathie* [grch.], bei Säugetieren u. auch beim Menschen die Stellung von Ober- u. Unterkiefer gegeneinander, die sehr verschieden ausgeprägt sein kann. Beim Menschen betrachtet man die *Orthognathie (Neutralbiss)* als normal, bei der die oberen Schneidezähne die unteren gerade überbeißen u. so einen einwandfreien *Scherenbiss (Psallidontie)* erlauben. Häufige Abweichungen sind leichte Formen von *Prognathie (Vorbiss)* mit vorstehendem Oberkiefer; schwere Formen *(Makrognathie)* sind beim Europäer meist mit geistigen Defekten gekoppelt. Dasselbe gilt für schwere Fälle von *Opisthognathie (Retrognathie, Mikrogenie, Vogelgesicht:* Zurücktreten des Unterkiefers) u. *Progenie (Mesialbiss),* bei der die untere Zahnreihe (oder Zahngruppen) vor die obere beißt. Auch → Gebiss.

Kiefertaster, bei den Spinnentieren das zweite Kopfgliedmaßenpaar *(Pedipalpen),* das teils tastende, teils greifende (z. B. Skorpione) Funktion hat; bei Insekten fühlerförmige Teile der Maxillen *(Maxillarpalpen, Labialpalpen).* Auch → Mundwerkzeuge.

Kiel, 1. *Botanik:* Blütenteil der → Schmetterlingsblütler.

◆ **2.** *Schiffbau:* nach unten hervorstehendes Kantholz *(Balkenkiel)* bzw. verstärkte Eisenplatten *(Flachkiel)* als Längsverband eines Schiffs. Die seitlichen *Schlingerkiele* dämpfen Schlingerbewegungen im Seegang; flossenförmige *Ballastkiele* erhöhen die → Stabilität u. verhindern die → Abtrift bei Segeljachten.
3. *Zoologie:* Teil der → Feder der Vögel.

Kiel

◆ **Kiel,** Landeshauptstadt von Schleswig-Holstein, am Südende der *Kieler Förde,* 237 000 Ew.; Universität (gegr. 1665), Ingenieurschule für Maschinen- u. Schiffbau, Institut für Weltwirtschaft u. verschiedene Forschungsinstitute im Bereich Meereskunde u. Schifffahrt; spätgot. Nikolaikirche; Landesgeschichtl. Sammlung (im ehem. Schloss), Kunsthalle; Bundeswehrstandort; Seehafen (Güterumschlag 1998: 2,95 Mio. t), Marinehafen, nördl. bei *Holtenau* Ausgang des Nord-Ostsee-Kanals, Reedereien, Autofähren nach Skandinavien; Hochseefischerei, Fischverarbeitung, vielseitige Industrie (Schiffbau, Chemie, Elektrogeräte, Elektronik, Maschinen, Motoren, Nahrungs- u. Genussmittel, Brauerei). – Im Stadtteil u. Ostseebad *Schilksee* das Olympiazentrum. – Auch → Kieler Woche.
Geschichte: K. wurde an der Stelle einer älteren Siedlung von Graf *Adolf IV.* von Holstein angelegt u. erhielt 1242 lübisches Stadtrecht. Vom 13. Jh. bis 1518 war es Mitgl. der Hanse. 1721–1773 war K. Residenz der Herzöge von Holstein-Gottorf. Im *Frieden von K.* 1814 trat Dänemark Norwegen an Schweden u. Helgoland an Großbritannien ab. 1848 ging von K. der Anstoß

Kiel (2): der nach unten hervorstehende Balken-Kiel, an den sich die Bodenwrangen und – an den Seiten – die Spanten anschließen, bildet den stärksten Längsverband eines Schiffes

zur Erhebung Schleswig-Holsteins gegen die dän. Herrschaft aus. 1866 wurde K. preuß., 1917–1946 war es Hptst. der Prov. Schleswig-Holstein. Die Meuterei der Kieler Matrosen war 1918 der Auftakt zur Novemberrevolution. Seit 1946 ist K. Landeshauptstadt.

Kielbogen → Bogen.

Kielboot, *Kieljacht*, Sportsegelboot, das im Gegensatz zum *Schwertboot* einen festen flossenförmigen Kiel *(Flossenkieler)* hat, der durch sein Gewicht das Kentern verhindert. Auch → Segelboot.

Kielbrustvögel, Zusammenfassung der flugfähigen Vögel mit einem Kamm auf dem Brustbein als Ansatzstelle der Flugmuskeln; Gegensatz: *Flachbrustvögel*.

Kielce ['kjɛltsɛ], Stadt in Polen, am Südrand des Heiligkreuzgebirges, Hptst. der Wojewodschaft Świętokrzyskie, 214 000 Ew.; zwei Hochschulen, Theater; Metall-, Maschinen-, chem. u. Nahrungsmittelindustrie; Eisenbahnknotenpunkt.

Kieler Bucht, Bucht der Ostsee zwischen Schleimündung u. der Insel Fehmarn.

Kieler Förde, 17 km lange keilförmige Meeresbucht, bester Naturhafen der dt. Ostseeküste, unterteilt in Außen- u. Innenförde, am Südende *Kiel.*

◆ **Kieler Woche**, am 23. 6. 1882 erstmals u. seitdem jährlich durchgeführte Segelregatta für zahlreiche Bootsklassen auf der Kieler Förde (zwischen dem Hindenburgufer u. Laboe); die größte dt. Segelsport-Veranstaltung. Das Sportereignis wird von zahlreichen kulturellen Veranstaltungen in Anwesenheit des Staatsoberhauptes umrahmt.

Kielflügel, dt. Bez. für → Cembalo; Tasteninstrument in Flügelform, dessen Saiten mit Federkielen angerissen werden.

Kielfüßer, *Heteropoda*, Sammelgruppe der *Vorderkiemer*. Schnecken, die glasartig durchsichtig sind u. reduzierte Schalen haben, leben als *Plankton* im Meer. Die Füße sind zu Ruderflossen umgebildet.

kielholen, 1. *Rechtsgeschichte:* frühere Strafe: einen zu bestrafenden Seemann an einem Tau unter dem Kiel durch das Wasser ziehen.

Kieler Woche: Eine Dreimast-Brigantine passiert das Starterfeld der Laser-Klasse. Die einwöchige Regatta auf der Kieler Förde ist jährlich der Treffpunkt für Segelboote aller Größenklassen

2. *Schifffahrt:* ein Schiff so stark krängen (auf die Seite neigen), dass man den Schiffsboden ausbessern bzw. reinigen kann, z. B. am Strand.

Wolfgang Kieling

◆ **Kieling**, Wolfgang, dt. Schauspieler, * 16. 3. 1924 Berlin, † 7. 10. 1985 Hamburg; neben Erfolgen beim Film (u. a. in „Jenny u. der Herr im Frack" 1941; „Jeder stirbt für sich allein" 1971) Theaterarbeit in Berlin, München u. Wien sowie Rollen im Fernsehen.

Kielklavier, Sammelbezeichnung für Tasteninstrumente mit Saiten, die durch Federkiele angerissen werden. Die Kiele stecken waagerecht in Docken (dünnen Leisten), die auf dem hinteren Ende des Tastenhebels sitzen. Beim Anschlag der Taste gleiten die Docken in einer Führung aufwärts neben die Saite, die dabei durch den Kiel angerissen wird. – Zu den Kielklavieren zählen das → Cembalo (Kielflügel) u. das → Spinett. – Um 1800 traten die Kielklaviere völlig hinter die Hammerklaviere zurück. Nach 1918 wurden sie wieder häufiger zur Wiedergabe alter Musik verwendet, später auch für Unterhaltungs- u. Tanzmusik.

Alexander Kielland

◆ **Kielland** ['tjɛlan], Alexander, norweg. Schriftsteller, * 18. 2. 1849 Stavanger, † 6. 4. 1906 Bergen; an G. *de Maupassant* u. G. *Flaubert* geschult, kämpfte K. mit B. *Bjørnson* gegen Unmoral u. Lüge in Kirche u. Gesellschaft; eindrucksvolle Naturschilderungen. „Novelletten" 1879, dt. 1884; „Garman u. Worse" 1880, dt. 1881; „Kapitän Worse" 1882, dt. 1995; „Gift" 1883, dt. 1883; „Schnee" 1886, dt. 1886; „Johannisfest" 1886, dt. 1887; „Jakob" 1891, dt. 1899. – Samlede værker, 11 Bde. 1897 f.; Hundreårsutgave, 12 Bde. 1949 f. – Dt. Übersetzung: Gesammelte Werke, 6 Bde. 1903–1908.

Kiellegung, das Auslegen des ersten Bauteils eines neuen Schiffes auf der → Helling oder im Baudock. Früher wurden die Kielplatten ausgelegt, heute wird die erste Boden-Sektion aufgestellt. Bei der K. wird die zweite Rate der Bausumme fällig.

Kiellinie, Anordnung von Schiffen in einer Reihe hintereinander; die Anordnung nebeneinander heißt *Dwarslinie*.

Kielnagelgalagos, *Euoticus*, Gattung der *Galagos*, afrikan. Halbaffen aus der Verwandtschaft des „Buschbabys"; eine Gruppe der Halbaffen mit zwei Arten. Sie besitzen ein kurzes, katzenähnl. graues, zimtfarbenes oder graues Fell u. Zehen mit einem kräftigen Längskiel, ernähren sich hauptsächlich von Insekten u. gelegentlich Früchten.

Kielschwanzleguane: Tropidurus torquatus

Kielschnecke, *Carinaria*, zu den *Vorderkiemern* gehörende walzenförmige u. bis zu 53 cm lange, glasartig durchsichtige Meeresschnecke. Der vordere Teil des Fußes ist kielförmig zugespitzt u. trägt einen Saugnapf; Gehäuse u. Eingeweidesack sind rückgebildet.

◆ **Kielschwanzleguane**, *Tropidurinae*, Unterfamilie der *Leguane*. In Süd- u. Mittelamerika zahlreiche, kleine bis mittelgroße Arten, darunter *Dornschwanzleguane, Glattkopf-* oder *Maskenleguane, Erdleguane* sowie sieben Arten der *Madagaskar-Leguane.* Kennzeichnend sind die gekielten Schwanzschuppen.

Kielschwein, Verstärkungsbalken oder -plattengang über dem Kiel binnenbords.

Kielschwertboot, *Kielschwerter*, eine Verbindung von *Kiel-* u. *Schwertboot*, bei dem durch einen Kielansatz ein Schwert zur Verlängerung des *Lateralplans* versenkt werden kann. Auch → Segelboot.

Kielwasser, die Spur, die hinter einem fahrenden Schiff im Wasser entsteht.

Kiemen, *Branchien*, Atmungsorgane Wasser bewohnender Tiere, die an verschiedenen Stellen der Außenhaut oder des Darms entstehen; stets dünnhäutige Gebilde mit großer Oberfläche, an die außen das Atemwasser, innen die Körperflüssigkeit (Blut) herantritt u. durch deren Wand der Gasaustausch (Sauerstoff gegen Kohlendioxid) stattfindet. Beispiele: die *Büschelkiemen* der Ringelwürmer (Anneliden, z. B. der Sandpier [Arenicola] der Nordsee) auf den Parapodien; die K. der Krebse, die Beingliedern aufsitzen u. meist unter dem Kopfbrustschild in der Kiemenhöhle liegen; die K. von Meeresschnecken, die an Rücken u. After, u. der Libellenlarven, die im Enddarm liegen; bei Fischen u. Amphibienlarven *blättchenartige* K. (Blattkiemen, Kiemenblättchen), die von → Kiemenbögen gestützt werden; das Atemwasser tritt hier vom Vorderdarm nach außen durch *Kiemenspalten*, die bei den Knochenfischen vom *Kiemendeckel* überlagert u. geschützt werden; die Kiemenblätter der Muscheln u. die Kiemenkörbe der Seescheiden *(Ascidien)* bilden komplizierte netzförmig durchbrochene, wasserdurchströmte Systeme. Auch → Atmung, → Atmungsorgane.

Kiemenbögen, *Branchialbögen*, die fünf letzten der insgesamt sieben Skelettbögen *(Visceralbögen)*, die bei Wirbeltieren ursprüngl. den Vorderdarm umgeben u. zwischen sich die → Kiemenspalten freilassen. Die K.

tragen bei den Knochenfischen die Kiemen u. sind nach außen durch einen Kiemendeckel abgedeckt. Bei lungenatmenden Wirbeltieren werden die Reste der K. teils zum → Zungenbein, teils zu → Kehlkopfknorpeln.

Kiemendarm, der mit Durchbrüchen nach außen versehene Vorderdarm urtüml. Wirbeltiere.

Kiemenfuß, *Branchipus stagnalis,* bis 2,3 cm langer, auf blassgelbem Grund lebhaft bunt gezeichneter Krebs aus der Klasse der *Kiemenfußkrebse.* Nach der Schneeschmelze vor allem in kleinen Wasseransammlungen.

Kiemenfußkrebse, *Anostraca,* Klasse der *Krebse;* lang gestreckte, blattfüßige Krebse mit sehr primitiver, weitgehend einförmiger Gliederung des Körpers u. gleichartigen Beinpaaren, 175 Arten, ausschließlich in stehenden Binnengewässern. Zu den Kiemenfußkrebsen gehören *Kiemenfuß* u. *Salzkrebschen.*

Kiemennetz, lange, frei treibende oder verankerte Netzwand aus dünndrähtigem (monofilem) oder feinem Netzgarn, in dem sich Fische mit den Kiemen verfangen; vorwiegend in der Binnenfischerei benutzter Fanggerätetyp.

Kiemenreusen, Organe zur Nahrungsfilterung bei Fischen; auf der Außenseite der Kiemenbögen befinden sich die stark durchbluteten Lamellen zur Atmung, auf der Innenseite knöchrige Höcker, die in Zahl u. Form arttypisch sind u. daher auch als Bestimmungsmerkmal herangezogen werden. Sind diese bes. lang u. eng stehend, bilden sie gemeinsam eine Art Fangkorb, die K., mit der Planktonfresser die kleinen Nahrungsorganismen aus dem Wasser herausfiltern (typisch z. B. für *Heringsfische* u. *Maränen*).

Kiemenschwänze, *Branchiura* → Fischläuse.

Kiemenspalten, *Branchialspalten,* die hintersten Durchbrüche des Kiemendarms der Wirbeltiere nach außen. Entspr. den 7 Visceralbögen sind es 6 Kiemendarmdurchbrüche, von denen der erste das → Spritzloch *(Spiraculum),* die restlichen 5 die K. sind. Sie werden bei Amphibien nur noch bei Larven angelegt, beim Übergang zum Landleben geschlossen, bei Reptilien, Vögeln u. Säugern bereits während der Embryonalentwicklung zurückgebildet. Auch → Kiemenbögen.

Kien [der], *Kienholz,* stark mit Harz angereichertes Holz, bes. Kiefernholz. Durch Verkohlung harzreicher Nadelhölzer (→ Holzverkohlung) erhält man *Kienöl* (für Ölfarben, Lacke u. Schmiermittel), *Kienteer* u. durch Auffangen des Rauchs von unvollständig verbrennendem Kienholz (bes. Wurzelholz) *Kienruß* (als Farbe, z. B. bei Tusche).

Kien, Josef, eigentl. J. *Kienlechner,* dt. Maler, *30. 7. 1903 Dessau, †5. 4. 1985 Rom; studierte u. a. bei K. *Hofer,* lebte in Paris u. Rom. Anfänglich von A. *Derain* u. G. *Braque* beeinflusst, seit 1958 auch gegenstandslose Arbeiten. Hptw.: „Komposition" 1963 (Fu-Yen-Universität in Taipeh / Taiwan).

Kienböck, 1. Robert, österr. Radiologe, *11. 1. 1871 Wien, †8. 9. 1953 Wien; entwickelte

ein Verfahren zur Röntgenstrahlendosierung *(Kienböck'sches Quantimeter).* Nach ihm benannt ist u. a. die *Kienböck'sche Krankheit,* eine aseptische Knochennekrose des Mondbeins der Hand, z. B. durch Pressluftwerkzeugschädigung.

2. Viktor, österr. Politiker u. Finanzexperte (christlich-sozial), *18. 1. 1873 Wien, †23. 11. 1956 Wien; 1922–1924 u. 1926–1929 Finanz-Min.; 1932–1938 Präs. der Österr. Nationalbank; schrieb „Das österreichische Sanierungswerk" 1925.

Kienholz, Edward, US-amerikan. Künstler, *23. 10. 1927 Fairfield, Wash., †10. 6. 1994 Hope, Idaho; bekannt geworden durch seine „Tableaux", realistisch rekonstruierte Orte u. Situationen mit schockartig wirkenden Verfremdungen; z. B. sind die Gesichter der Besucher der Bar „The Beanery" durch Uhren ersetzt, die das Totschlagen der Zeit symbolisieren.

Kienkrankheit → Kiefernblasenrost.

Kienle, Hans, dt. Astronom, *22. 10. 1895 Kulmbach, †15. 2. 1975 Heidelberg; 1939 bis 1950 Direktor des Astrophysikalischen Observatoriums Potsdam, 1950–1962 der Sternwarte Heidelberg-Königstuhl; Arbeiten über Astrophotometrie u. den Aufbau der Sterne.

Kienlung, *Ch'ien-lung,* chinesischer Kaiser, → Qianlong.

Kienöl → Kien.

Kienteer, der bei der Verkohlung von Nadelhölzern (→ Holzverkohlung) entstehende terpentinreiche, teerige Rückstand (Holzteer), der zum Anstreichen von Schiffen, zur Imprägnierung von Holz, Tauen u. Netzen u. als Ausgangsprodukt zur Herstellung von Kienöl verwendet wird.

Wilhelm Kienzl

◆ **Kienzl,** Wilhelm, österreichischer Dirigent, Komponist und Musikschriftsteller, *17. 1. 1857 Waizenkirchen, Oberösterreich, †3. 10. 1941 Wien; zahlreiche Lieder, Klavier- u. Kammermusik, Chor- und Orchesterwerke. Nachhaltige Erfolge hatten seine volkstümlichen Opern „Der Evangelimann" 1895 und „Der Kuhreigen" 1911.

Kienzopf → Kiefernblasenrost.

Karl-Otto Kiepenheuer

◆ **Kiepenheuer,** Karl-Otto, dt. Astronom, *10. 11. 1910 Weimar, †23. 5. 1975 Ensenada (Mexiko); ab 1943 Direktor des Fraunhofer-Instituts zur Sonnenforschung (Sitz Freiburg i. Br., heute: Kiepenheuer-Institut); Entwicklungsarbeiten zum Projekt „Spektrostratoskop" (Ballone mit spektrographischen Einrichtungen zur Sonnenforschung).

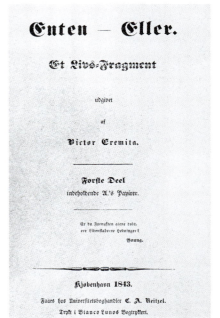
Sören Kierkegaard: Titelblatt der Erstausgabe seines philosophischen Werkes „Entweder – Oder"; 1843

Kiepura [kjɛˈpura], Jan, polnisch-amerikan. Sänger (Tenor), *16. 5. 1902 Sosnowitz, †15. 8. 1966 Harrison, N.Y. (USA); zunächst Konzert- u. Opernsänger (u. a. in Wien, Mailand, Berlin, New York), später auch in Operetten u. Filmen erfolgreich.

Sören Kierkegaard

◆ **Kierkegaard** ['kjɛrgəgɔːr], Sören Aabye, dän. Philosoph u. Theologe, *5. 5. 1813 Kopenhagen, †11. 11. 1855 Kopenhagen; Sohn eines wohlhabenden Kaufmanns, studierte 1830–1840, schrieb 1841 die Dissertation „Über den Begriff der Ironie mit ständiger Rücksicht auf Sokrates"; hörte 1841/42 Vorlesungen bei F. W. J. *Schelling* in Berlin. 1840 verlobte sich K. mit Regine Olsen, löste die Verlobung aber bereits 1841 wieder auf. Dieser Bruch, zusammen mit der Schwermut seines Vaters, hat Kierkegaards Leben u. Schaffen entscheidend geprägt.

In seinen frühen Werken werden die Erfahrungen des modernen isolierten Menschen dargestellt: „Entweder-oder" 1843; „Furcht und Zittern" 1843; „Die Wiederholung" 1843; zusammenfassend in „Stadien auf dem Lebensweg" 1845. Es folgten Schriften, die die Ausnahmesituation, das Verhältnis von Angst, Existenz u. Zeitlichkeit für die Theologie fruchtbar machen u. einen intensiven, für die spätere Existenzphilosophie bestimmenden Angriff auf die

Geschichtsphilosophie Hegels u. des zeitgenössischen, in Dänemark auch durch die Romantik geprägten Hegelianismus enthalten: „Philosophische Brocken" 1844; „Der Begriff Angst" 1844; „Abschließende unwissenschaftliche Nachschrift zu den philosoph. Brocken" 1846.

Alle diese genannten Schriften sind unter Pseudonymen erschienen, die je auf die Absicht des Werkes hindeuten: Viktor Eremita, Johannes de Silentio, Vigilius Haufniensis, Johannes Climacus, Frater Taciturnus u. a. Daneben schrieb er „erbauliche Reden" unter eigenem Namen, die seinem Vater gewidmet sind u. sein Verhältnis zum Christentum deutlich machen. Ab 1846 setzte sich K. mit der Öffentlichkeit auseinander, zunächst mit der satir. Zeitschrift „Der Korsar" (hrsg. von Meïr Aaron Goldschmidt); ein entsprach der Besprechung der Novelle „Zwei Zeitalter" in „Eine literarische Anzeige" 1846, die eine vernichtende Anklage der Zeit als Epoche der Nivellierung vorbringt. Nach dem Erscheinen von „Die Krankheit zum Tode" 1849 u. „Einübung im Christentum" 1850, die noch einmal die philosophisch-theologischen Überlegungen zuspitzen, erfolgte 1854/55 der grundsätzliche Angriff auf die dänische Kirche u. ihr Christentum, zunächst in Form von Zeitungsartikeln, dann in der eigens von ihm herausgegebenen Zeitschrift „Der Augenblick" 1855.

K. hatte vom väterlichen Vermögen als freier Schriftsteller gelebt u. trotz Skrupel den Gedanken verworfen, eine feste Anstellung bei der Kirche anzunehmen. Als er 1855 starb, war sein Vermögen aufgebraucht, seine schriftstellerische u. öffentliche Aufgabe vollendet. Vor allem in Deutschland u. in Frankreich beeinflusste K. maßgeblich die Existenzphilosophie, die dialektische Theologie sowie die neuere franzöz. Philosophie. Auch in Großbritannien, Italien u. Spanien ist sein Werk aufgenommen worden, später auch in den USA u. Japan.

Neben seinen philosoph. Schriften (Samlede Vaerker, 14 Bde. 1901–1906, Neuausg. 20 Bde. 1962–1964) sind seine Tagebücher u. Aufzeichnungen wichtig (Papirer, 20 Bde. 1909–1948, Neuausg. 13 Bde. mit Zusatzbänden, 1970 ff.). Dt. Ausgabe: Gesammelte Werke in 36 Abteilungen, hrsg. von E. Hirsch, 1951–1965.

Kierspe, Stadt in Nordrhein-Westfalen, Märkischer Kreis, südwestl. von Lüdenscheid, 280–553 m ü. M., 17 400 Ew.; Luftkurort; Eisen-, Kunstharz- u. elektrotechn. Industrie.

Kies, 1. *Geologie:* Lockersediment aus Gesteinsbruchstücken, meist Quarz, die während ihres Transports im Wasser gerundet wurden. K. bezeichnet ebenso die *Korngröße* der Bestandteile eines Sediments, hier 2–63 mm. Sind Erz- u. Metallteile in größerer Menge enthalten, so spricht man von *Seifen.* In der Bauwirtschaft wird K. bes. als Betonzuschlag verwendet; *Betonfeinkies* (Korngrößen 7–30 mm) für Hoch- u. Brückenbauten; *Betongrobkies* (Korngrößen 30–70 mm) für Stahlbeton-Tiefbauten, wie Docks u. Schleusen.

2. [hebr. *Kis,* „Beutel"], *Umgangssprache:* Geld.

Kiesabbrand, beim *Rösten* sulfidischer Erze im Kiesofen anfallender, aus den jeweiligen Metalloxiden bestehender Rückstand; wird durch *Reduktion* auf die entspr. Metalle aufgearbeitet.

Kiese, *Pyritoide,* metallisch glänzende Eisen-, Kupfer-, Arsen- u. Antimon-Schwefelerze.

Kiesel..., Wortbestandteil mit der Bedeutung „Silicium".

◆ **Kieselalgen,** *Diatomeen, Diatomeae, Bacillariophyceae,* formenreiche Gruppe einzelliger, auch Ketten bildender Algen mit etwa 6000 Arten. Dicht unter der eigentl. Zelloberfläche tragen die K. die *Kieselschale,* die auf mannigfache Weise ornamentiert, auch von Poren durchbrochen ist. Einer Schachtel vergleichbar, besteht die Kieselschale aus einer Unterschale u. der geringfügig größeren Oberschale. Hinsichtlich der braunen Chloroplasten, der Reservestoffe u. weiterer Merkmale gleichen die K. den → Chrysophyzeen. Die Kieselsäure dient den K. nicht nur als Baumaterial für die Schalen, sondern ist bei diesen Algen offenbar für das Funktionieren des Stoffwechsels wichtig.

Man unterscheidet bei den K. zwei Untergruppen. Die *Centrales* sind in Schalenansicht mehr oder weniger rund u. bilden bei der sexuellen Fortpflanzung Eizellen, die von Spermazellen befruchtet werden. Die vegetativen Zellen aller K. sind ebenso wie das befruchtete Ei diploid. Die *Pennales* besitzen längliche Schalen mit federiger Grundstruktur. Zur sexuellen Fortpflanzung bilden sich normale Zellen nach Reduktionsteilung u. ohne bes. Gestaltänderung zu Geschlechtszellen um. Viele Pennales vermögen sich mittels rinnen- oder kanalförmiger Strukturelemente (Raphen) der Kieselschale auf festem Untergrund gleitend zu bewegen. Die oft massenhaft auftretenden K. leben entweder planktisch oder auf Steinen, Sand u. Ä. in Süß-, Brack- oder Salzwasser, auch auf Erde. Fossile Kieselalgen-Ablagerungen sind seit der

Kieselalgen: mikroskopische Aufnahme verschiedener Kieselalgenschalen

Kieselschwämme: Bohrschwamm, Cliona delitrix

Kreidezeit entstanden (→ Kieselgur) u. finden sich auch im Tiefseeschlamm. Auch → Algen, → Plankton.

Kieselfluorwasserstoffsäure, *Kieselflusssäure, Fluorokieselsäure, Siliciumfluorwasserstoffsäure,* H_2SiF_6; in freiem Zustand nicht beständige Säure, in wässriger Lösung von stark desinfizierender Wirkung, daher z. B. zur Konservierung von Holzmasten verwendet. Ihre Salze sind die *Fluate.*

Kieselgalmei → Kieselzinkerz.

Kieselgel → Silicagel.

Kieselgesteine, *kieselige Sedimente,* die völlig oder überwiegend aus Kieselsäureanhydrid (SiO_2) bestehenden Sedimentgesteine, wie z. B. Kieselschiefer, Quarzit.

Kieselglas, aus reinstem Quarz (99,5 % SiO_2) hergestelltes Glas. Es zeichnet sich aus durch hohe Temperaturwechselbeständigkeit, hohe Durchlässigkeit für Ultraviolettlicht, kleine dielektrische Verluste u. chem. Beständigkeit. Diese Eigenschaften bestimmen die Anwendung des Kieselglases in der Strahlungstechnik (Quarz-Quecksilber-Lampen, optische Anlagen), in Hochspannungsisolatoren für Hochfrequenz u. in der chem. Industrie.

Kieselgur, *Kieselmehl, Bergmehl, Infusorien-, Diatomeenerde,* sehr leichtes, hellgraues oder rötliches, aus den kieselsäurehaltigen Schalen fossiler → Kieselalgen bestehendes Pulver; wird zur Wärme- u. Schallisolation, für Verpackungszwecke, zur Füllung von Acetylen-Strahlflaschen, zur Herstellung von Gurdynamit u. Porzellan, als Scheuermittel u. beim Straßenbau verwendet. Vorkommen z. B. bei Kassel u. Lüneburg.

Kieselkupfer → Chrysokoll.

Kieselmehl → Kieselgur.

Kieselpflanzen, an sandige, kalkarme, schwach saure Silikatböden angepasste Pflanzen.

Kieselsäure, schwache Säure von der Formel $Si(OH)_4$ *(Orthokieselsäure),* die unter Wasserabspaltung entweder in die *Metakieselsäure,* H_2SiO_3 (in ketten-, blatt-, bandförmige oder dreidimensionale Gebilde) oder in das Anhydrid *Siliciumdioxid,* SiO_2, übergeht. Dieses kommt kristallinisch als *Quarz, Tridymit, Christobalit* u. in amorpher Form, z. B. als *Opal,* vor. Getrocknete Gallerten von K. dienen als → Silicagel zur Adsorption von Gasen oder gelösten Stoffen. Die Salze der K. sind die *Silicate.* Das Natrium- oder Kaliumsalz der K. ist das *Wasserglas.*

Kieselschale, die eigentliche Zellwand der → Kieselalgen *(Diatomeen)*.

Kieselschiefer, ein hartes Sedimentgestein aus Quarz u. Chalzedon; entstand im Erdaltertum durch Verfestigung von Radiolarienschlamm. Durch Kohlebeimengungen grau bis schwarz gefärbter K. wird *Lydit* (dient als Probierstein zur Untersuchung von Gold- u. Silberlegierungen), rot u. grün gefärbter K. wird *Radiolarit* genannt.

◆ **Kieselschwämme,** *Triaxonida* u. *Tetraxonida,* Schwämme, deren Skelett aus Kieselnadeln besteht, die entweder dreiachsigen *(Triaxonida)* oder ein- bzw. vierachsigen *(Tetraxonida)* Bau zeigen. Zu den Kieselschwämmen gehören u. a. der *Gießkannenschwamm, Euplectella,* u. der *Bohrschwamm, Cliona.*

Kieselsinter, weiß oder grau, gelb oder rot verfärbte kolloide Kieselsäure, die sich aus heißen Quellen abscheidet.

Kieselzinkerz, *Kieselgalmei, Hemimorphit,* oft zusammen mit Zinkspat als *Calamin* in Zinklagerstätten vorkommendes weißgraues, glasglänzendes Mineral, Härte 5; Vorkommen u. a. bei Aachen, in Kärnten, England, Sardinien, Algerien.

Kieserit [der; nach dem Naturforscher D. G. *Kieser,* *1779, †1862], farbloses bis weiß gelbliches, glasglänzendes Salzmineral (Magnesiumsulfat: $Mg[SO_4] \cdot H_2O$) kommt in Kalisalzlagerstätten u. a. in Norddeutschland vor; monoklin; Härte 3,5; von Bedeutung bei der Herstellung von Bitter- u. Glaubersalz, Magnesiaweiß, Alaun u. Zement.

Kieseritzky, Ingomar von, dt. Schriftsteller, *21. 2. 1944 Dresden; schreibt fantast.-absurde Romane mit Gegenwartsbezug: „Ossip u. Sobolev oder Die Melancholie" 1968; „Tief oben" 1970; „Das eine wie das andere" 1971; „Trägheit oder Szenen aus der vita activa" 1979; „Anatomie für Künstler" 1989; „Der Frauenplan" 1991; „Kleiner Reiseführer ins Nichts" 1999; ferner Hörspiele („Zwei Systeme" 1970; „Limbus I" 1977; „Limbus II" 1978; „Compagnons & Concurrenten" 1997) u. Erzählungen („Obsession. Ein Liebesfall" 1984).

Kurt Georg Kiesinger; 1966

◆ **Kiesinger,** Kurt Georg, dt. Politiker (CDU), *6. 4. 1904 Ebingen, Württemberg, †9. 3. 1988 Tübingen; Rechtsanwalt; 1940 bis 1945 wissenschaftl. Hilfsarbeiter im Auswärtigen Amt, dort 1943–1945 stellvertr. Leiter der rundfunkpolit. Abteilung; 1948 bis 1950 Landesgeschäftsführer der CDU Württemberg-Hohenzollern; 1949–1958 u. 1969–1980 MdB, 1954–1958 Vors. des Bundestags-Ausschusses für auswärtige Angelegenheiten; 1958–1966 Min.-Präs. von Baden-Württemberg; 1966–1969 Bundeskanzler einer Regierung der Großen Koalition aus CDU/CSU u. SPD (Vizekanzler u. Außen-Min. W. *Brandt*); 1967–1971 Vors. der CDU. Die Bundesregierung betrat unter K. vorsichtig neue Wege in der Außen- u. Deutschland-Politik (1967/68 Aufnahme bzw. Wiederaufnahme diplomat. Beziehungen zu Rumänien u. Jugoslawien, 1967 Briefwechsel Kiesingers mit DDR-Ministerrats-Vors. W. *Stoph*); sie überwand die wirtschaftl. Rezession von 1965–1967 u. verabschiedete 1968 die Notstandsgesetze u. 1969 die Strafrechtsreform, sah sich aber einer heftigen außerparlamentar. Opposition mit Studentenunruhen gegenüber. Gegen K., der 1933 der NSDAP beigetreten war, wurden Vorwürfe wegen seiner Tätigkeit unter dem nat.-soz. Regime laut. Erinnerungen: „Dunkle u. helle Jahre" 1989.

Kieślowski [kjɛs-], Krzysztof, poln. Filmregisseur, *27. 6. 1941 Warschau, †13. 3. 1996 Warschau; begann seine Karriere als Dokumentarfilmer; realisierte den „Dekalog" (Fernsehserie zu den Zehn Geboten; daraus zwei Teile als Kinofassungen „Ein kurzer Film über das Töten" 1988 u. „Ein kurzer Film über die Liebe" 1988); weitere Filme: „Die Narbe" 1976; „Der Zufall möglicherweise" 1981; „Drei Farben-Trilogie" (Blau 1993, Weiß 1993, Rot 1994).

Kiesofen, *Röstofen,* Ofen zum → Rösten von schwefelhaltigen Erzen (Kiesen).

Kieta, Ort auf Bougainville (Papua-Neuguinea), östl. von Arawa, 3400 Ew.; Hafen, Werft.

Kietrz, *Katscher,* Stadt in Südpolen, in Schlesien, an der Troja, 6200 Ew.; Textil- (Plüsch u. Teppiche) u. Baustoffindustrie.

Kiew, *Kiev,* ukrain. *Kyjiw,* Hptst. der Ukraine, am Dnjepr, 2,6 Mio. Ew.; kultureller u. wirtschaftl. Mittelpunkt, alte Handelsstadt, bedeutender Flusshafen u. Verkehrsknotenpunkt; zahlreiche Klöster, Kirchen u. historische Bauten: Sophienkathedrale (11. Jh., eines der bedeutendsten Bauwerke der orthodoxen Kirche, heute Museum; Weltkulturerbe seit 1990), Andreaskirche (18. Jh.), Wladimirkathedrale (19. Jh.), Kiewer Höhlenkloster Lavra (im 11. Jh. gegr., mit Kirchen, Katakomben u. mumifizierten Mönchsgebeinen; Weltkulturerbe seit 1990), Wladimir-Denkmal (zu Ehren Fürst Wladimirs, der im 10. Jh. in Russland das Christentum einführte), Zarenpalais (18. Jh.), Goldenes Tor (11. Jh.); Universität (gegr. 1834) u. zahlreiche Hochschulen, Sitz der Akademie der Wissenschaften der Ukraine; Museen, Theater; Zentrum des Maschinenbaus (Werkzeugmaschinen, Ausrüstungen für die chem. Industrie, Bau von Schiffen u. Flugzeugen) u. der chemischen Industrie (Herstellung von Kunstdünger, Kunstfasern) sowie Elektro-, Textil-, Nahrungsmittel-, graf. u. a. Industrie; im N Wasserkraftwerk am *Kiewer Stausee*; Flughafen.

Geschichte: K., eine der ältesten russ. Städte, war 882–1169 Hptst. der *Kiewer Rus* (Kiewer Reich – früheste staatl. Bildung der Ostslawen. Nach einem Höhepunkt um 1054 zerfiel in Teilfürstentümer); 1240 mongol. (zerstört), 1322–1569 litauisch, dann poln., seit 1654 russ., im Bürgerkrieg 1917–1920 umkämpft, seit 1934 Hptst. der Ukraine. Auch → Russland (Geschichte). → Seite 308.

Kifah, *Kiffa,* Hptst. der Region Assaba, im südl. Mauretanien, 29 300 Ew.; Schlacht- u. Kühlhäuser; Straßenknotenpunkt, Flugplatz.

Kigali, Hptst. von Rwanda, 1540 m ü. M., 235 000 Ew.; Straßenknotenpunkt, Flughafen, Rundfunksender, kath. Erzbischofssitz; Verarbeitung landwirtschaftl. Produkte, Konsumgüterindustrie.

Kigelia → Leberwurstbaum.

Kigoma, wichtigster Hafen am nordöstl. Ufer des Tanganjikasees, in Tansania, 774 m ü.M., 50 000 Ew.; Endstation der ostafrikanischen Zentralbahn von Dar es Salaam, Umschlag der Güter von u. nach Bujumbura (Burundi); Fähre nach Kalemie (Demokrat. Rep. Kongo); Flughafen.

Kii, Halbinsel der japan. Hauptinsel Honshu, südl. der Linie Osaka–Nagoya; Hauptorte *Wakayama* u. *Ise*; durch den *Kiikanal* von Shikoku getrennt; Erdöl- u. Schwerindustrie; Zitrusfrüchteanbau.

Kikinda, jugoslaw. Stadt in der Prov. Vojvodina, 41 400 Ew.; Nahrungsmittelindustrie, Erdölförderung.

Kikuchi, Kan, japan. Schriftsteller, *26. 12. 1888 Takamatsu, Kagawa, †6. 3. 1948 Tokyo; von G. B. Shaw beeinflusste Dramen („Vater kehrt zurück" 1917, dt. 1935; „Tojuros Liebe" 1919, dt. 1925), Erzählungen („Jenseits von Liebe u. Hass" 1919, dt. 1961) u. Romane; Gründer der führenden Literaturzeitschrift „Bungei Shunju" (1923), Mitarbeiter an Tageszeitungen.

Kikuyu, *Gikuyu, Akikuyu,* ostafrikan. Bantuvolk (rd. 4,5 Mio.) in Kenia; Feldbauern mit Großviehzucht; leben überwiegend im Hochland zwischen Mt. Kenya u. Nairobi. Sie waren Träger des Aufstandes der → Mau-Mau, der 1952 ausbrach. Im unabhängig gewordenen Kenia wurde durch die Wahl des Kikuyu-Führers Jomo *Kenyatta* zum Min.-Präs. (1963) die Vormachtstellung der K. verstärkt.

Kikwit, Stadt in der Prov. Bandundu, im W der Demokrat. Rep. Kongo, an der Mündung des Kwenge in den Kwilu, 183 000 Ew.; Verkehrsknotenpunkt, Schiffslandeplatz.

◆ **Kilauea,** Nebenkrater des Mauna Loa auf Hawaii, 1243 m, 10 km² groß, bis 1924 von dem Lavasee *Halemaumau* erfüllt; wieder- *Fortsetzung S. 310*

Kilauea: der lavagefüllte Krater des aktiven Vulkans

Kiew

Kiew

Kulturdenkmal: die Sophienkathedrale, im 11. Jh. eines der größten Bauwerke Europas, in der Hauptkuppel ein 4 m großes Medaillon mit Christus als Allherrscher, in der Apsis 6 m große Darstellung der Gottesmutter Oranta; Kiewer Höhlenkloster mit Oberer und Unterer Lavra

Kontinent: Europa

Land: Ukraine

Ort: Kiew

Ernennung: 1990

Bedeutung: Symbol des »neuen Konstantinopels« und Ausgangspunkt der orthodoxen Missionierung Russlands

Zur Geschichte:

980–1015 unter der Regentschaft von Wladimir dem Heiligen Einführung der Taufe nach dem byzantinischen Ritus

988 Christentum wird Staatsreligion

1037 unter Jaroslaw I. Grundsteinlegung für die Sophienkathedrale

1051 Gründung des Petscherskaja Lavra, des Kiewer Höhlenklosters

1106–08 Dreifaltigkeits-Torkirche

1627 Petro Simonovich Mohila wird zum Klostervorsteher des Höhlenklosters berufen

1631 Mohila gründet die Schule des Höhlenklosters

seit 1731 Johann G. Schädel, Architekt des Glockenturms des Höhlenklosters, in Kiew

1698–1701 Befestigung des Höhlenklosters mit Ringmauern und Wachtürmen

1745 Fertigstellung des Glockenturms des Kiewer Höhlenklosters

1848–63 Renovierung und bauliche Veränderung der Sophienkathedrale

1926 Umwandlung des Höhlenklosters in ein kulturhistorisches Museum

Ein Labyrinth von engen Gängen und Nischen zieht sich unter dem Kiewer Höhlenkloster hin bis zu den Fernen und Nahen Höhlen

Pfeilerfresko aus dem 19. Jahrhundert in der Sophienkathedrale

In den Schilderungen des deutschen Chronisten Thietmar von Merseburg war Kiew eine Stadt mit mehr als 400 Kirchen und acht Märkten, während Adam von Bremen, im 11. Jahrhundert Domherr in Bremen, sie als die »Rivalin des Szepters von Konstantinopel und das schönste Kleinod des griechischen Kulturkreises« ansah. Auch wenn es in Kiew weder zu Thietmars noch zu späteren Zeiten derartig viele Kirchen gegeben hat, zeugen die Beschreibungen doch davon, welche Anziehungskraft Kiew schon damals auf seine Besucher ausgeübt haben muss. Auch heute vermag die ukrainische Hauptstadt, die zur »Mutter der russischen Städte« stilisiert wurde, Reisende in ihren Bann zu ziehen.

Inmitten ihres pulsierenden Herzens erhebt sich stolz die Sophienkathedrale, deren ereignisreiches Schicksal eng mit dem alten Russland verbunden ist. Wladimir der Heilige gebot 988 seinen Untertanen, sich nach byzantinischem Ritus taufen zu lassen, und »wer es nicht aus Liebe tat, der tat es aus Furcht vor dem, der es befohlen hatte, weil in ihm beides vereinigt war – Rechtgläubigkeit und Macht.« Dessen Sohn, Jaroslaw I., ließ im 11. Jahrhundert den Grundstein für die Sophienkathedrale legen – das zu Stein gewordene Symbol der Befreiung von der »heidnischen Finsternis«.

Die fünfschiffige Kreuzkuppelkirche wurde nach dem Vorbild der Hagia Sophia in Konstantinopel erbaut und sollte die Ebenbürtigkeit der Rus mit Byzanz manifestieren. Die Zahl der Kuppeln, die Christus im Kreise seiner zwölf Apostel symbolisieren, sowie der auf Formen der bodenständigen Holzarchitektur zurückzuführende pyramidale Aufbau charakterisieren die Silhouette des Gotteshauses. Der Innenraum der Kathedrale versetzt den Betrachter, inmitten der das Kerzenlicht reflektierenden Mosaike und der von der Zeit dunkel gewordenen Fresken, für einen Moment in die Welt des alten Kiew. In der Hauptkuppel eröffnet das Mosaik von Christus als Allherrscher und Weltenrichter das Bildprogramm, während die Darstellung der Gottesmutter Oranta in der Apsis den Kirchenraum beherrscht. Da das Volk glaubte, dass bei der Zerstörung Kiews durch die Tataren allein die Mauer mit der Gottesmutter unbeschädigt geblieben sei, wurde sie auch »Gottesmutter der unzerstörbaren Mauern« genannt.

Die Kathedrale war Sitz des Metropoliten, der vom Patriarchen in Konstantinopel eingesetzt wurde, zu dem sich im nahe gelegenen Höhlenkloster eine altrussisch-nationale Opposition herausbildete. Als Begründer des Höhlenklosters gelten Ilarion, der erste russische Metropolit, und Antonij, ein auf dem Athos eingekleideter Mönch. In den ersten Jahren lebten die Mönche in Höhlen, die sie in die Hügel über dem steilen rechten Dnjeprufer gegraben hatten und die den Ausgangspunkt für die Klosteranlage bildeten. Später wurden die unterirdischen Gänge als Begräbnisstätten der verstorbenen Mitbrüder verwendet. Das Kiewer Höhlenkloster gewann sehr schnell großes nationales Ansehen und bildete über Jahrhunderte das vielleicht wichtigste kulturelle und religiöse Zentrum Altrusslands. Die Mönche des Klosters lebten nach asketischen Regeln, »in Tränen, Fasten, Wachsamkeit und Beten«. Den Eingang zum Klosterareal weist die im 12. Jahrhundert erbaute Dreifaltigkeits-

Gesegneter Raum:
Christus im Kuppelmosaik der Sophienkathedrale

Torkirche mit einem geschweiften Turmdach. Magnetischer Anziehungspunkt für Besucher sind die Nahen und Fernen Höhlen. Schwaches Kerzenlicht scheint durch die bedrückend engen Gänge. In Nischen ruhen mumifiziert die verstorbenen Mönche, die von ihren in Schwarz gehüllten Zeitgenossen argwöhnisch bewacht werden. Unter den Verstorbenen sollen sich die Mumien der Mönche Alimpij, des ersten russischen Malers, und Nestor, des ersten russischen Chronisten, befinden. In der nach ihm benannten Nestorchronik, auch als »Erzählung von den vergangenen Jahren« bekannt, wird berichtet, »woher das Russische Land seinen Anfang nahm, wer in Kiew zu herrschen begann, und auf welche Weise das Russische Land entstanden ist.«

Evelyn Scheer

Als Symbol für den Sieg des Christentums über die Finsternis des heidnischen Glaubens erhebt sich bis heute stolz die Sophienkathedrale

holt Ausbrüche, z. B. 1983, 1984, 1994, 1995, 1997 u. 1999; größte aktive vulkan. Masse (Schildvulkan) der Erde.

Kila'un, Herrscher von Ägypten, → Kalawun.

Kilby, Jack S., US-amerikan. Physiker, * 8. 11. 1923 Jefferson City, Mo.; ab 1958 Forschung bei dem US-Halbleiterkonzern Texas Instruments. Am 12. 9. 1958 präsentierte K., der als Vater des Taschenrechners gilt, den ersten funktionstüchtigen Mikrochip. 1978–1984 Prof. für Elektrotechnik an der Texas A&M University, danach Beratertätigkeit für Industrie u. US-Regierung. 2000 Nobelpreis für Physik zusammen mit S. I. *Alferow* u. H. *Kroemer* für ihre grundlegende Erforschung von Halbleitern u. der Konstruktion des Mikrochips.

Kilch, *Kropffelchen, Kleine Bodenrenke,* eine → Maräne des Ammer-, Boden-, Chiem- u. Thuner Sees. Diese Fischart lebt auf 20 bis 140 m Tiefe; beim Fang an die Oberfläche geholt, bläht sich der Bauch des Fisches auf (Kropffelchen); etwa 30 cm lang u. bis 500 g schwer, Planktonfresser.

Kilchberg, Vorort von Zürich (Schweiz), am Südwestufer des Zürichsees, 7100 Ew.; Villen- u. Künstlerkolonie, ehem. Wohnsitz von C. F. *Meyer* (mit ortsgeschichtlicher Sammlung) u. T. *Mann*; 1763–1791 Porzelanmanufaktur im Schooren.

Kildare [-'dεə], irisch *Cill Dara,* **1.** ostirische Grafschaft in der Prov. Leinster, 1695 km², 123 000 Ew.; Verw.-Sitz *Naas*; Pferdezucht, Textilherstellung. **2.** Stadt im Westen der irischen Grafschaft K. (1), 10 000 Ew.

Kilderkin, früheres brit. Hohlmaß für Getränke, schwankt zwischen 3,78 u. 82 l.

Kilé [der], altes türk. Hohlmaß: 1 K. = 37 l.

Kilgore ['kilgɔː], Stadt im NO von Texas (USA), 9600 Ew.; im Zentrum eines der reichsten Ölfelder der Welt (*East Texas Oilfield,* 1930 entdeckt), wies zeitweise über 1000 Bohrtürme auf; College (gegr. 1935), Ölmuseum u. Ölindustrie. – Gegr. 1872 als Eisenbahnendpunkt, später Holzwirtschaftszentrum.

Kilian [kelt., vielleicht „Kirchenmann"], männl. Vorname.

Kilian, Heiliger, Missionsbischof iroschottischer Herkunft, ermordet in Würzburg um 689; Apostel Frankens; Verehrung seit Mitte des 8. Jh. nachweisbar. Fest: 8. 7.

Kilian, 1. Bartholomäus, Neffe von 3), dt. Zeichner u. Kupferstecher, * 6. 5. 1630 Augsburg, † 15. 1. 1696 Augsburg; bildete sich bei M. *Merian* in Frankfurt a. M. u. F. *Poilly* (* 1622, † 1693) in Paris; von Letzterem übernahm er die Technik des französ. Porträtstichs, dessen geschicktester Künstler er in Dtschld. wurde; arbeitete meist nach zeitgenöss. Vorlagen. **2.** Georg Christoph, dt. Kupferstecher u. Künstlerbiograf, * 4. 1. 1709 Augsburg, † 15. 6. 1781 Augsburg; Porträts, Prospekte, Illustrationen zu archäolog. Werken („Ruinen u. Überbleibsel von Athen" 1764; „Monumenta Romae Antiquae" 1767); verfasste Aufsätze zur Augsburger Kunstgeschichte sowie ein „Allg. Künstlerlexikon". Die Kupferstiche (bes. Arbeiten seiner Vorfahren) aus Kilians reicher Kunst-

sammlung erwarb die Augsburger Stadtbibliothek. **3.** Lucas, dt. Zeichner u. Kupferstecher, * 1579 Augsburg, † 1637 Augsburg; unternahm nach Ende seiner Lehrjahre eine Italienreise (1601–1604), bekleidete seit 1611 in Augsburg hohe Ämter. K. schuf viele Porträtstiche unterschiedl. Qualität. Bedeutung erlangte er jedoch mit Ornamentstichen. Die Anfänge des *Knorpelornaments* gehen auf ihn zurück.

Kilidsch-Arslan, Seldschukenfürst, → Kylydsch-Arslan I.

Kilikien, *Cilicien,* lat. *Cilicia;* heute türkisch *Çukurova,* Landschaft im östl. Kleinasien um das heutige Adana.

Kilimandscharo [Kisuaheli, „Berg des bösen Geistes"], *Kilimandjaro,* höchster Berg Afrikas, im NO von Tansania; eine vulkan. Berggruppe mit drei Gipfeln: *Kibo* (5895 m, mit Krater u. Gletschern), *Mawensi* (5270 m) u. *Schira* (3962 m); vertikale Gliederung der Vegetation: auf Feuchtsavanne mit Kulturland folgen Bergwald (Nebelwald), subalpiner Grasgürtel, Frostschutzzone u. Gletscherbereich; Nationalpark (Weltnaturerbe seit 1987); 1889 zuerst von H. *Meyer* u. L. *Purtscheller* bestiegen. → Seite 312.

Kilimane, Stadt in Mosambik, → Quelimane.

Kilius, Marika, dt. Eiskunstläuferin, * 24. 3. 1943 Frankfurt a. M.; 1958 Weltmeisterin im Rollkunstlaufen; 1955–1957 mit Franz *Ningel* dt. Meister im Eiskunst-Paarlauf; mit Hans-Jürgen *Bäumler* seit 1958 viermal dt. Meister, seit 1959 sechsmal Europameister u. 1963/64 Weltmeister. Bei den Olymp. Spielen 1960 u. 1964 Silbermedaille im Paarlauf. K. trat 1964 vom Amateursport zurück.

Kilkenny [kil'kεni], irisch *Chill Chainnigh,* **1.** südostirische Grafschaft in der Provinz Leinster, 2060 km², 73 600 Ew.; Verw.-Sitz K. (2); Landwirtschaft. **2.** Verw.-Sitz der südostirischen Grafschaft K. (1), 8500 Ew.; Bierbrauerei.
Das 1366 erlassene *Statut von K.* sollte zur Stärkung der engl. Autorität in Irland dienen. Der öffentl. Gebrauch der irischen Sprache wurde verboten, die Suprematie des engl. Rechts über das einheim. Recht erklärt u. ein Friedensrichter- u. Sheriffsystem nach engl. Muster eingerichtet. Obwohl mehrmals erneuert, hatte das Statut in der Praxis geringe Bedeutung.

Killian, Gustav, dt. Hals-Nasen-Ohren-Arzt, * 2. 6. 1860 Mainz, † 24. 2. 1921 Berlin; entwickelte seit 1896 die *Bronchoskopie u.* gab mehrere neue Untersuchungs- u. Behandlungsverfahren in der Laryngologie an.

Killmayer, Wilhelm, dt. Komponist, * 21. 8. 1927 München; Schüler von C. *Orff,* 1961 bis 1964 Ballettkapellmeister an der Münchner Staatsoper, 1974–1991 Prof. in München. Seine drastische Musik beeinflusste seit den 1970er Jahren bes. junge Komponisten. Opern („La Buffonata" 1960; „Yolimba oder die Grenzen der Magie" 1964, Neufassung 1970; „Der weiße Hut" 1967), Missa brevis 1954, Lorca-Romanzen 1954, Klavierkonzert 1956, „Kammermusik für Jazzinstrumente" 1958, drei Sinfonien; „Nachtgedanken" 1973; sinfon. Dichtungen „Ju-

gendzeit" 1978; „Überstehen u. Hoffen" 1978; „Verschüttete Zeichen" 1981; „Hölderlin-Lieder" 1986; Liederzyklus „Heine-Porträt" 1995; „Neue Heine-Lieder" 1998; „Trakl-Lieder" 1998.

Jean-Claude Killy

◆ **Killy,** Jean-Claude, französ. alpiner Skiläufer, * 30. 8. 1943 St.-Cloud; dreifacher Goldmedaillengewinner bei den Winterspielen 1968 in Grenoble (Abfahrt, Slalom, Riesenslalom), dreimaliger Sieger bei den Weltmeisterschaften 1966 u. 1968; 1999 in der Kategorie Wintersport als Sportler des Jahrhunderts ausgezeichnet.

Kilmarnock [-nək], Stadt in Südwestschottland (Großbritannien), in der Strathclyde Region, 52 100 Ew.; Kornbörse, Eisen-, Textilindustrie (bes. Teppiche).

Kilobasen, Abk. *kb,* Längeneinheit für Nucleinsäuren. 1 kb entspricht 1000 Basenpaaren (bp) eines Doppelstranges bzw. 1000 Basen eines Einzelstranges. Bei doppelsträngiger DNA entspricht 1 kb einer Länge von 0,34 μm. Die gesamte DNA einer menschl. Zelle ist rd. 3 Mio. kb lang.

Kilo... [grch., frz.], Abk. *k,* Wortbestandteil vor Maßeinheiten, um 1000 Einheiten zu bezeichnen; z. B. 1000 Gramm = 1 Kilogramm (kg).

Kilobyte [das; grch. + engl.], Kurzzeichen *kB* oder *KB,* → Byte. 1 kB = 1024 Bytes.

Kilogramm [das; grch.], Kurzzeichen *kg,* die internationale Einheit der *Masse,* definiert als die Masse des internationalen *Kilogrammprototyps,* eines Zylinders von 39 mm Durchmesser u. 39 mm Höhe aus einer Legierung von 90% Platin u. 10% Iridium. Durch das K. ist auch das → Kilopond festgelegt.

Kilometer [der; grch.], Kurzzeichen *km,* das 1000fache der Längeneinheit → Meter.

Kilometertarif, der Frachtsatz je Tonne, auf die Entfernungseinheit (1 km) bezogen; der Beförderungspreis errechnet sich nach der Entfernung.

Kilometerzähler, *Wegstreckenzähler,* ein Zählwerk, das aus den Radumdrehungen eines Fahrzeugs die zurückgelegte Wegstrecke im km anzeigt. Die Genauigkeit ist von Reifenluftdruck u. -abnutzung abhängig, maximale zulässige Abweichung 1%.

Kilopond [das; grch. + lat.], Kurzzeichen *kp,* veraltete Einheit der *Kraft,* definiert als das *Gewicht* einer Masse von 1 Kilogramm bei Normalbeschleunigung. Es gilt: 1 kp = 1000 p (Pond) = 9,80665 N (Newton). Seit 1978 ist als Gewichtseinheit das → Newton vorgeschrieben.

Kilowatt [das], Kurzzeichen kW, das 1000fache der Leistungseinheit → Watt; 1 kW = 1,36 PS (Pferdestärken).

Kilowattstunde, Kurzzeichen *kWh,* Einheit der Energie, bes. in der Elektrotechnik. Der Verbrauch an elektrischer Energie in Haushalt u. Industrie wird in kWh gemessen. So verbraucht z. B. ein 1000-Watt-Ofen in 1 Stunde 1000 Wattstunden = 1 kWh. 1 kWh = 3,6·10⁶ Joule.

Kilpi, Volter, früher *Ericsson,* finn. Schriftsteller, *12. 12. 1874 Kustavi, †13. 6. 1939 Turku; gelangte von der Neuromantik zum Realismus u. zu experimentellen Sprachformen; Schilderungen aus Geschichte u. Gegenwart seiner westfinn. Heimat.

Kilpinen, Yrjö, finn. Komponist, *4. 2. 1892 Helsinki, †2. 3. 1959 Helsinki; schrieb rund 700 Lieder nach Texten finn., schwed. u. dt. Dichter, daneben Männerchöre u. Klavierwerke.

Kilpisjärvi, See im Nordwestzipfel Finnlands, bildet die Grenze zu Schweden, 39 km², 476 m ü. M. gelegen; Fremdenverkehr im Sommer.

Kilt [der; engl.], knielanger, mit Schnallen oder Nadel zusammengehaltener Faltenwickelrock, in den Clan-Farben kariert u. ursprüngl. ohne Unterkleidung getragen; Teil der Nationaltracht u. Paradeuniform der Schotten.

Kiltgang → Fensterln.

Kilwa-Kivinje, Reedehafen im südl. Tansania; 1830 für den Sklavenhandel gegründet; auf einer Koralleninsel davor *Kilwa-Kisiwani* (Weltkulturerbe seit 1981), das im MA bedeutender Hafen war u. die Goldausfuhr von Simbabwe kontrollierte; im 16. Jh. zeitweise portugies.

Kilyos, Badeort in der Nähe Istanbuls an der europ. Schwarzmeerküste (Türkei).

Kim, Anatolij Andrejewitsch, russ. Schriftsteller korean. Herkunft, *15. 6. 1939 Sergiewka (Kasachstan); schrieb Erzählungen über die korean. Bevölkerung auf Sachalin, Romane: „Der Lotos“ 1980, dt. 1991; „Der Kräutersammler“ 1980, dt. 1991; „Das Eichhörnchen“ 1984, dt. 1989; dt. Auswahl: „Moskauer gotische Erzählungen“ 1992.

Kimbangu, Simon, Begr. der „Kirche Jesu Christi auf Erden durch den Propheten K.“, *1889 Nkamba (damals Belgisch-Kongo), †12. 10. 1951 Lubumbashi (Elisabethville), im Gefängnis; wurde 1910 auf einer baptist. Missionsstation getauft, fühlte sich seit 1918 zum Propheten berufen u. nahm Krankenheilungen vor. Nach einem Gerichtsverfahren wegen „Fremdenhass“ u. „Aufruhr“ wurde er zum Tode verurteilt, dann zu lebenslanger Haft begnadigt. Die nach ihm benannte Kimbanguistische Kirche umfasst rund 5 Mio. Mitgl. in beiden Kongostaaten, der Zentralafrikan. Republik, Rwanda, Uganda u. Sambia. Sie beruft sich auf die Bibel u. kennt kein Taufsakrament.

Kimberley ['kimbəli], **1.** ein fast unbesiedeltes Hochland im N Westaustraliens, rd. 150 000 km², mit tief eingeschnittenen Tälern, begrenzt von den Flüssen Ord u. Fitzroy-Margaret; extensive Viehzucht, Anbau tropischer Agrarprodukte (bes. Baumwolle) durch Bewässerung (Staudamm am Ord River); Hauptort *Wyndham.*
2. Grubenstadt im südöstl. British Columbia (Kanada), 7100 Ew.; Blei- u. Zinkerzbergbau.
◆ **3.** Hptst. der Prov. Nord-Kap (Rep. Südafrika), 1224 m ü.M., 167 000 Ew.;

techn. College; Zentrum eines Diamantengebiets (*De Beers Mine* oder „Big Hole“: 1871–1915 Diamantengewinnung, wodurch ein 500 m breiter Krater entstand), Mangan- u. Eisenerzbergbau; vielseitige Industrie; Bahnknotenpunkt, Flughafen.

Kimberlit [der; nach der Stadt *Kimberley*], schwarz-grünes Eruptivgestein aus der Gruppe der Peridodite, in Vulkanschloten, Diamantmuttergestein; Vorkommen: Süd- u. Zentralafrika, Sibirien.

Kimbern, *Cimbern, Zimbern,* german. Volk im nördl. Jütland. Die K. wanderten gegen Ende des 2. Jh. v. Chr. vielleicht infolge einer Sturmflut aus, zogen zunächst nach Schlesien u. Böhmen, dann nach Noricum, wo sie 113 v. Chr. bei Noreia (Neumarkt) ein röm. Heer besiegten. Sie zogen dann westwärts über den Rhein nach Gallien u. vernichteten, nachdem ihnen Rom die Bitte um Zuweisung von Land abgeschlagen hatte, drei röm. Heere (109, 107 u. 105 v. Chr.) u. trafen erst bei den *Keltiberern* auf Widerstand. Im Gebiet der unteren Seine vereinigten sie sich mit den *Helvetiern* u. *Teutonen* u. drangen auf verschiedenen Wegen in Italien ein, wo Rom den K. das Gebiet nördl. des Po überlassen musste. Erst 102 v. Chr. besiegte *Marius* bei *Aquae Sextiae* die Teutonen u. vernichtete anschließend 101 v. Chr. bei *Vercellae* die K.

Kimch'aek, bis 1951 *Sŏngjin,* nordkorean. Hafenstadt am Japan. Meer, 281 000 Ew.; chem., Zement-, Eisen-, Stahlindustrie; Bergbauzentrum; Bahnstation.

Kim Dae Jung

◆ **Kim Dae Jung,** korean. Politiker, *3. 12. 1925 Hugwang-ri; Unternehmer; 1971 erfolgloser Präsidentschaftskandidat; als Gegner des südkoreanischen Militärregimes mehrmals in Haft; 1980 zum Tode verurteilt, zu lebenslanger Haft begnadigt, dann entlassen; 1982–1985 im Exil in den USA; unterlag als Präsidentschaftskandidat bei den Wahlen 1987 u. 1992; seit 1998 Staats-Präs.; Friedensnobelpreis 2000.

◆ **Kim Il Sung,** *Kim Ilsong, Kim Ir Sen,* korean. Politiker (Kommunist), *15. 4. 1912 Mangyongdae bei P'yŏngyang, †8. 7. 1994 P'yŏngyang (?); nahm nach offiziellen Angaben seit den 1930er Jahren am Partisanenkampf gegen die japan. Besatzungsmacht teil; wurde nach dem Einmarsch der sowjet. Armee in Nordkorea (1945) dort der führende Politiker; seit 1946 Vors. (ab 1966 Generalsekretär) der (kommunist.) Partei der Arbeit, 1948–1972 Min.-Präs., seit 1972 Staats-Präs. von Nordkorea. K. nahm in der Auseinandersetzung zwischen den kommunist. Großmächten UdSSR u. China eine neutrale Stellung ein u. betonte die Eigenständigkeit Nordkoreas. Er machte sich u. seine Familie in Nordkorea zum Gegenstand kultischer Verehrung.

Kim Jong Il, korean. Politiker (Kommunist), *16. 2. 1942 Chabarowsk (UdSSR); Sohn

Kimberley (3): Blick in eine offene Diamantmine

Kim Il Sungs; wurde 1973 Mitgl. des ZK der nordkorean. Staatspartei Partei der Arbeit, 1980 Sekretär des ZK u. 1991 Oberbefehlshaber der Armee; seit 1993 Vors. der Nationalen Verteidigungskommission; war nach dem Tod seines Vaters 1994 zunächst nicht zum neuen Staats- u. Parteichef ernannt worden; wurde 1997 KP-Generalsekretär u. 1998 Staatsoberhaupt als Vors. der Nationalen Verteidigungskommission.

Kimm, *Kimmung* [niederdt.], **1.** sichtbarer Horizont auf See.
2. Übergang vom etwa waagerechten Schiffsboden zur senkrechten Bordwand.

Kimme, Einschnitt, Kerbe am Visier der Schusswaffe; → Visier.

Fortsetzung S. 314

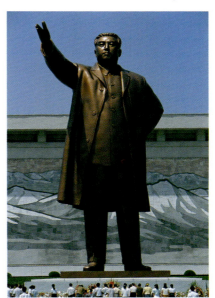
Kim Il Sung: die fast 30 m hohe Monumentalstatue des Diktators in der nordkoreanischen Hauptstadt P'yŏngyang

Kilimandscharo

Kilimandscharo

Naturdenkmal: seit 1921 Waldschutzgebiet, seit 1973 Nationalpark; mit einer Höhe von bis zu 5895 m (Gipfel des Kibo), sechs Waldkorridore mit einer Fläche von 753,53 km² und einem umgebenden Waldschutzgebiet von 929,06 km²; vulkanisches Massiv mit einer Fläche von 3885 km² und drei Vulkangipfeln – Schira (4300 m), Kibo und Mawensi (5355 m), zwischen Kibo und Mawensi auf dem so genannten »Sattel« größtes Hochflächentundragebiet Afrikas, zweimalige Regenzeit: Nov./Dez.; März bis Mai

Kontinent: Afrika

Land: Tansania

Ort: Nord-Tansania, zwischen Moshi und der Grenze zu Kenia

Ernennung: 1987

Bedeutung: der höchste Gipfel Afrikas in einem vulkanischen Massiv, umgeben von Bergwald

Flora und Fauna: vorherrschende Vegetationsformen Bergwald, Hochlandmoor und alpine Tundra; wenige Arten oberhalb von 4600 m, aber Helichrysum newii auf einer Höhe von 5760 m gefunden; auch Baumheide und das Proteusgewächs Protea kilimandscharica, Senecio johnstonii cottonii, nur hier oberhalb von 3600 m vorkommend und zur Gattung Kreuzkraut gehörend, unterhalb der Baumgrenze Steineibenarten und Baumfarne; Abbotducker, Kronenducker, Elenantilope, Buschbock, Bergriedbock, schätzungsweise 220 Elefanten, Primaten wie Diademmeerkatze und Kilimandscharo-Guereza, zudem Leopard und Bergwald-Baumschliefer

Wohl jeder erinnert bei der Nennung des Kilimandscharo dieses Bild: In der Ferne leuchtet der schneebedeckte Gipfel des Massivs majestätisch empor

Aus der sanft gewellten Savanne erhebt sich Afrikas höchster Berg wie ein Monument, das zu Reflexionen über Raum und Zeit anregt. Die Berge des Kilimandscharo-Massivs mit dem höchsten afrikanischen Gipfel, dem Kibo, und der gezackten Höhe des Mawensi sind aus allen Richtungen und bereits aus großer Entfernung zu sehen, bei guter Sicht sogar von Kenias 225 Kilometer entfernter Hauptstadt Nairobi aus. Die Gletscher auf den Gipfeln kontrastieren dabei mit der unter Sonnenglut gefangenen Savanne am Fuße des Berges. In sei-

Die Fackellilie setzt Farbtupfer in den Bergwäldern des Kilimandscharo

nen gewaltigen Dimensionen wirkt das Massiv wie ein Symbol der Ewigkeit. Man meint, es müsse schon immer da gewesen sein und würde unsere schnelllebige Gegenwart in die Unendlichkeit überdauern.

Aber stimmt dieser Eindruck? Als der Kilimandscharo vor 750 000 Jahren annähernd in seiner heutigen Gestalt entstand, lebten in seinem Gebiet bereits Menschen. Diese hatten das Tier-Mensch-Übergangsfeld hinter sich gelassen und gingen schon aufrecht; unsere Ur-Ur-Ur-Ahnen stellten auch Werkzeuge her, auf deren Benutzung sie für ihr Überleben angewiesen waren. Ihr Lebensraum war drei Millionen Jahre zuvor entstanden, als vulkanische Kräfte in Ostafrika besonders aktiv waren und erste Vulkane entstehen ließen, die zunächst höher als die heutigen Erhebungen waren. Vom Mawensi, der anfangs noch den Kibo überragte, blieb der harte, heute schroff in den Himmel ragende Lavakern stehen, während der Schlot mit dem »Ringwall« verwitterte und nach und nach verschwand. Ganz anders verhält es sich mit dem Kibo: Dort trotzte der »Ringwall« der Verwitterung; der Kraterboden sank ein und bildete eine so genannte »Caldera«, eine Kraterschüssel mit einem Durchmesser von zwei Kilometern, auf deren Boden eine weitere, kleinere Schüssel, die so genannte »innere Caldera«, entstand. Den erst vor 500 000 Jahren erloschenen Schira, den dritten Vulkan in diesem ostafrikanischen Bergmassiv, füllten nach und nach Lavaflüsse und vulkanische Asche.

Die typischen Vegetationsgürtel der Berge Afrikas weisen am Kilimandscharo eine interessante Besonderheit auf: Stellenweise wachsen zwar einzelne Bambusbestände, eine geschlossene Bambuszone fehlt allerdings. Im Übrigen ist die Vegetation im Bergwald sehr üppig, und in der Heide- und Moorlandzone gedeihen die hier vorkommenden Pflanzenarten Stoebe kilimandscharica und Myrica meyeri-johannis. Beginnt die alpine Zone, deren Kargheit im Gegensatz zum üppigen Grün des tropischen Afrika unwirklich erscheint, sind nur noch Moose und Flechten anzutreffen. Obwohl der Kilimandscharo zu den trockensten Bergen Afrikas gehört, versorgt er die Savanne an seinem Fuß und im Umland unterirdisch oder in kleinen, abwärts rauschenden Flüsschen mit Wasser, das weitgehend aus dem ungestörten, von Menschen nicht beeinflussten Bergwaldgürtel abfließt.

Den Gipfel des Kilimandscharo zu erklimmen erfordert keine besonderen bergsteigerischen Erfahrungen, da der Aufstieg kaum Schwierigkeiten bietet. Allerdings macht die dünne Höhenluft den meisten Bergsteigern zu schaffen. Auf dem tagelangen Aufstieg und Abstieg sind Begegnungen mit Tieren eher selten, aber ihre Spuren sind allgegenwärtig. In unzugänglichen Teilen der Bergwälder sind Büffel und Waldducker zu Hause. Dutzende von Elefanten finden hier ein sicheres Rückzugsgebiet, in das sie aus den umliegenden Ebenen, auch aus Kenias Amboseli-Nationalpark zeitweilig einwandern.

Um zu gewährleisten, dass auch für zukünftige Generationen Flora und Fauna erhalten bleiben, wurden im Rahmen eines Managementplans sieben Nutzungszonen eingerichtet, die alpine Wanderungen unterschiedlicher Intensität, aber auch Bergsteigen zulassen. Gleichzeitig wurde aber auch dafür gesorgt, dass eine rund 1500 Quadratkilometer große so genannte »Wilderness Zone« festgeschrieben wurde. Sie ist nur ein erster Schritt hin zum dauerhaften Ausgleich zwischen Naturbewahrung und menschlicher, vor allem auch touristischer Nutzung des Nationalparks. Dessen Grenzen liegen in einer Höhe von 2700 Metern, und außerhalb dieser Grenzen wächst die Bevölkerung unaufhörlich. Von der Erhaltung der Natur oder von nachhaltiger Naturnutzung kann hier keine Rede sein, weil sich die Landschaft durch eine zunehmende Zersiedelung unwiederbringlich verändert hat. Diese Situation stellt auch für den bestehenden Nationalpark eine große Bedrohung dar.

Wally und Horst Hagen

Ein typischer Bewohner des Schutzgebietes ist die Diademmeerkatze

Ein grandioses Bild eröffnet der Blick auf die Calderen des Kibo

Kimono: Junge Frauen in traditionellen Kimonos auf dem Weg zum Meiji-Schrein; 1993

Kimmeridge [-ridʒ; das; nach der südengl. Stadt K.], *Geologie:* Stufe des Weißen Jura (Malm).

Kimmerier, indoeurop. nomad. Reitervolk in Südrussland, nördl. des Schwarzen Meers, von noch nicht bestimmter Volkszugehörigkeit; ihre angebl. Verwandtschaft mit den Thrakern ist zweifelhaft. Unter dem Druck der Skythen drangen sie im 8. Jh. v. Chr. in Kleinasien u. in den Niederdonauraum ein, verheerten einen großen Teil des Reichs von Urartu u. bedrohten die assyr. Nordgrenze, bis sie der Assyrerkönig *Asarhaddon* um 680 v. Chr. besiegte. Beim Zurückfluten vernichteten sie das phryg. Reich u. verwüsteten Lydien u. viele griech. Städte Kleinasiens. Um 600 v. Chr. wurden sie nach langen wechselvollen Kämpfen von dem Lyderkönig *Alyattes* vertrieben.

Kimmerier, bei *Homer* ein Volk am äußersten Rand der Welt, in der Nähe des Eingangs zum Hades, in ewiger (kimmerischer) Finsternis lebend.

Kimmkiel, schräg nach außen an der → Kimm angebrachte Kielflossen bei manchen Segelbooten, auch die → Schlingerkiele bei großen Schiffen werden so genannt.

Kimolos, griech. Insel der Kykladen, 36 km², 1100 Ew.; Hauptort K.; vegetationsarm; warme Quellen; in der Antike durch „kimolische Erde", einen als Heilerde u. Waschmittel benutzten Seifenton berühmt.

Kimon, attischer Aristokrat, Politiker u. Heerführer, *etwa 510 v. Chr., †449 v. Chr.; Sohn des jüngeren *Miltiades*, überführte die Gebeine des *Theseus* vom unterworfenen Skyros nach Athen, erhob durch den Sieg über die Perser am Eurymedon zwischen 469 u. 466 v. Chr. Athen zur Großmacht u. festigte die Stellung der Stadt durch Niederwerfung des vom Seebund abgefallenen Thasos. K. zeigte sich jedoch spartafreundlich u. wurde 461 v. Chr. durch Ostrakismos verbannt; zurückgekehrt, schloss er 451 v. Chr. einen 5-jährigen Waffenstillstand mit Sparta; starb vor Kition auf einem 450 v. Chr. begonnenen Feldzug gegen Persien.

◆ **Kimono** [der; jap.], mantelartiges, vorn übereinander genommenes u. von einem Gürtel *(Obi)* zusammengehaltenes Klei-

dungsstück mit weiten, rechtwinkelig angesetzten oder angeschnittenen Ärmeln. Der K. wird seit dem 8. Jh. in Japan von beiden Geschlechtern u. je nach Stand zu mehreren übereinander getragen.

Kimon von Kleonai, griech. Maler des frühen 5. Jh. v. Chr., führte angebl. die perspektiv. Verkürzung in die Malerei ein.

Kimura-Effekt, eine nach dem japan. Astronomen H. *Kimura* benannte jahresperiod. Änderung der Polhöhe um etwa 0,1 Bogensekunden; vermutl. auf Änderungen der atmosphärischen Brechung zurückzuführen.

K'in [das; chin.], chines. Musikinstrument, → Qin.

Kina, Abk. *K,* Währungseinheit in Papua-Neuguinea, 1 K = 100 *Toea.*

Kinabalu, höchster Berg Südostasiens, an der Nordspitze von Borneo (in Sabah, Ost-Malaysia), granitisch, 4101 m; im Kinabalu-Nationalpark zahlreiche exot. Vogelarten, Orang Utan u. a.

Kinäde [grch.], Päderast. Auch → Päderastie.

Kinästhesie, *kinästhetischer Sinn, Bewegungsempfindung, Proprio(re)zeption,* Wahrnehmung körperl. Bewegungen in Bezug auf den umgebenden Raum, die nach Bedarf abgerufen werden können. Als Empfangs- u. Speicherorgane sind z. T. Sinneszellen in Muskeln u. Gelenken *(Proprio(re)zeptoren)* nachgewiesen. Bei K. können auf diese Weise in den Körperteilen „propriozeptive Reizmuster" entstehen, d. h. bestimmte Reizfolgen erlernt werden. Dadurch wird dem Organismus die Orientierung über die Motorik u. die Stellung im Raum ermöglicht. K. ist beim Menschen nicht oder nur gering ausgebildet, aber durch Übung beeinflussbar. Das Heimfindevermögen von Vögeln u. Säugern im Revier, Beutefang- u. Fluchtbewegungen vieler Tiere (bes. Insekten), die äußerst schnell u. höchst „zweckmäßig" ablaufen, lassen sich nur durch K. erklären.

Kinau, Hans, Schriftstellername Gorch → Fock.

Kincardine and Deeside [kin'ka:din ænd 'di:said], Distrikt in Ostschottland (Großbritannien), in der *Grampian Region,* 2546 km², 52 600 Ew.; Hauptort *Stonehaven.*

Kinck, Hans Ernst, norweg. Erzähler u. Dramatiker, *11. 10. 1865 Øksfjord, †13. 10. 1926 Oslo; schrieb zunächst Bauernromane („Wenn die Äpfel reifen" 1901, dt. 1903; „Wenn die Liebe stirbt" 1903, dt. 1913; „Auswanderer" 1904, dt. 1906), später kulturhistor. Essays über die Renaissance u. Dramen („Driftekaren" 1908; „Bryllupet i Genua" 1911; „Dante" 1925).

Kind, Johann Friedrich, dt. Schriftsteller, *4. 3. 1768 Leipzig, †25. 6. 1843 Dresden; Rechtsanwalt; Vertreter der „Schauerromantik"; schrieb das Libretto zu C. M. von Webers „Freischütz" 1822 u. lieferte die Textvorlage zu K. Kreutzers Oper „Das Nachtlager von Granada" 1834.

Kinda, unabhängiges arab. Königreich im Nadjd um 450–535.

Kindberg, österr. Stadt in der Steiermark, Sommerfrische im unteren Mürztal, 565 m ü. M., 5900 Ew.; Barockschloss *Oberkindberg.*

Kindbett, Wochenbett, Puerperium, die Zeit

nach der Geburt eines Kindes; beginnt nach der Ausstoßung der Nachgeburt u. dauert 6–8 Wochen. Im K. bilden sich Gebärmutter, Scheide u. a. weitgehend zurück, nur die Tätigkeit der Brustdrüsen u. des Gelbkörpers im Eierstock bleibt erhalten, solange die Mutter stillt. Der anfangs blutig gefärbte Wochenfluss *(Lochien)* geht nach einigen Tagen in den weißen Wochenfluss über; seine Stauung kann zu Fieber u. Schmerzen führen. Nach anfängl. spärlichem Milchfluss erfolgt am 2.–4. Tag der eigentl. Milcheinschuss. Die Gefahr des → Kindbettfiebers ist heute durch Einhaltung hygienischer Pflegemaßnahmen gering geworden. Die hormonale Umstellung (insbes. der rapide *Östrogen-* u. *Progesteronabfall)* führt bei vielen Wöchnerinnen zu starken Gefühlsschwankungen.

Kindbettfieber, *Wochenbettfieber, Puerperalfieber,* durch Infektion der wunden Geburtswege im Anschluss an die Geburt oder eine Fehlgeburt entstehende anzeigepflichtige Infektionskrankheit. Neben örtl. Eiterungen mit Allgemeinerscheinungen kommt jedoch auch zuweilen echte Blutvergiftung *(Puerperalsepsis)* vor. Auch chron. Entzündungen der weibl. Geschlechtsorgane können sich im Anschluss an das K. entwickeln. – Die infektiöse Ursache des Kindbettfiebers wurde von I. *Semmelweis* entdeckt.

Kindchenschema, eine Kombination von Merkmalen, die beim Menschen u. a. Primaten als → Auslöser für den *Brutpflegetrieb* wirken. Beim Menschen gilt das K. nicht nur gegenüber Säuglingen u. Kleinkindern, sondern wird auch auf andere Tiere, ja Gegenstände übertragen, die dem K. entsprechen. Hinwendung erzeugende bestimmte Reize wie relativ großer Kopf, Stirnwölbung, große Augen, zurückgezogene Mundpartie, runde Wangen sowie Weichheit (des Felles) u. relativ kleine, dicke Gliedmaßen sowie runde Körperform. So kommen die Zuchtformen des Pekinesen-Hundes, des Schleierschwanzgoldfisches oder des Wellensittichs dem K. besonders nahe.

Kindelbildung, rundliche Auswüchse an der Kartoffel. Diese als *Tochterknollen* bezeichneten Missbildungen entstehen meist bei starken Witterungsschwankungen, bes. wenn nach einer Trockenperiode längere Regenfälle das Knollenwachstum stark anregen. Auch → Kettenwuchs.

Kinderarbeit: Arbeitsverpflichtung von Kindern in einer Baumwollfabrik in Roanoke, Virginia, USA 1911

Kinderdorf-Familie im Schweizer Kinderdorf Pestalozzi in Trogen

Kinderadditive, steuerrechtl. Bez. für Zuschläge zu steuerl. Freibeträgen, Pauschbeträgen, Höchstbeträgen u. Ä. bei Steuerpflichtigen mit Kindern. Im deutschen Einkommensteuerrecht gibt es K. z. B. bei den *Sonderausgaben* (Höchstbeträge der abzugsfähigen → Vorsorgeaufwendungen, → Vorsorgepauschale).

♦ **Kinderarbeit,** regelmäßige Beschäftigung von Kindern unter 14 Jahren oder noch schulpflichtigen Kindern in Gewerbe, Land- oder Hauswirtschaft zu wirtschaftl. Zwecken. K. breitete sich seit dem Ende des 18. Jh. mit Beginn der Industrialisierung aus. Sie hatte schwere gesundheitliche u. moralische Schädigungen der Kinder zur Folge. Die Auswüchse der K. wurden zuerst in Preußen durch das *Regulativ über die Beschäftigung von Jugendlichen in Fabriken* vom 19. 3. 1839, sodann durch die gesetzl. Bestimmungen der *Gewerbeordnung* u. das *Kinderschutzgesetz* von 1903 bekämpft. K. ist nach dem *Jugendarbeitsschutzgesetz* vom 9. 8. 1960 in der Fassung vom 24. 2. 1997 verboten (→ Jugendarbeitsschutz). – In der *Schweiz* ist das Verbot der K. in Art. 30 des (Bundes-)*Arbeitsgesetzes* enthalten. – In *Österreich* trifft das *Gesetz über die Beschäftigung von Kindern u. Jugendlichen* vom 1. 7. 1948 die entsprechenden Bestimmungen.

Kinderarzt, *Pädiater,* der Arzt für Kinderheilkunde (Pädiatrie) bzw. für Kinderkrankheiten. Auch → Kinderheilkunde.

Kinderbeihilfen, staatl. (oder gemeindl.) Zuschüsse an *kinderreiche Familien* aus sozialpolit. oder familienpflegerischen Gründen, um die Mehrbelastung des elterlichen Haushalts durch die Kinder wenigstens z. T. auszugleichen. In Deutschland erhalten Sorgepflichtige für jedes Kind zum Ausgleich der Familienlast → Kindergeld. Beamte u. Angestellte des öffentl. Dienstes erhalten *Kinderzuschläge* im Rahmen ihrer Besoldung über den *Ortszuschlag.*

In *Österreich* wird *Familienbeihilfe* für Kinder geleistet. Die Kinderzahl wird überall auch durch Freibeträge bei der Einkommenbesteuerung berücksichtigt.

♦ **Kinderdorf,** *Jugenddorf,* Siedlung für eltern- u. heimatlose Kinder u. Jugendliche. Kleine Gruppen von Kindern u. Jugendlichen werden zu einem familienähnlichen Verband unter der Leitung von *Kinderdorfeltern* zusammengefasst u. erhalten eine Schul- u. Berufsausbildung. Nach dem 2. Weltkrieg sind solche Kinderdörfer in vielen europ. u. außereurop. Ländern (z. B. in Ostasien, Lateinamerika, Afrika, im Nahen Osten) von ev., kath. u. interkonfessionellen Organisationen gegründet worden. In Deutschland gibt es Kinderdörfer u. a. in Wahlwies, Dießen, Sulzburg, Nürnberg, Castrop-Rauxel, Berlin-Zehlendorf, in der Schweiz u. a. in Trogen u. in Österreich u. a. in Imst.

Kinderehe, in manchen Gesellschaften (z. B. früher in Indien) ein in früher Kindheit aus wirtschaftl. oder familienrechtl. Gründen gegebenes u. mit bestimmten Zeremonien verbundenes Eheversprechen. Der Vollzug der Ehe erfolgt jedoch erst nach der Reife des Mädchens.

Kinderfreibetrag, ein bei der Ermittlung der Steuerbemessungsgrundlage abzuziehender → Freibetrag für Steuerpflichtige mit Kind(ern). Im deutschen Einkommensteuerrecht wurde der K. 1975 abgeschafft u. durch das unmittelbar ausgezahlte *Kindergeld* ersetzt; durch Gesetz vom 20. 12. 1982 wurde der K. wieder eingeführt, kann aber seit 1996 nur noch alternativ zum Kindergeld in Anspruch genommen werden.

Kinderfürsorge, Erziehungsarbeit im Rahmen der Jugendhilfe an wirtschaftlich hilfsbedürftigen, gesundheitlich oder sittlich gefährdeten Kindern; hervorgegangen aus den mittelalterl. Findel- u. Waisenhäusern; wurde lange Zeit weitgehend von den Kirchen getragen. Vor allem in Süddeutschland hat sich bes. die Caritas um die K. verdient gemacht. Seit der 2. Hälfte des 19. Jh. ist neben die konfessionelle u. humanitäre in steigendem Maß die staatliche u. gemeindl. Kinder- u. Jugendhilfe getreten.

♦ **Kindergärten,** Einrichtungen zur Pflege, zur kindesgemäßen Beschäftigung u. Erziehung von Kindern von 3 bis 6 Jahren; K. bestanden schon im 18. Jh. Schöpfer der modernen K. wurde F. *Fröbel* 1839/40, von dem auch der Name „Kindergarten" stammt. K. sollen die familiäre Erziehung unterstützen. Auf soziale Erziehung u. die Ausbildung der frühkindl. Intelligenz wird großes Gewicht gelegt. Auch die Pflege der gestalterischen Fähigkeiten ist vielfältiger u. freier geworden. Es gibt ein mannigfaltiges Angebot an Bildungsmitteln. Bauen u. Werken üben die Konzentration u. motorischen Fähigkeiten. Rhythmisch-musikalische Erziehung u. Turnspiele nehmen einen großen Raum ein. Pflege des Gesprächs u. Übung im Zuhören fördern das Unterscheiden von spielender Vorstellung u. Erkennen der Wirklichkeit. Bilderbücher unterstützen die sachl. Information u. die Entfaltung der Fantasie. K. bestehen als Einrichtungen der Gemeinden, der Glaubensgemeinschaften, als Betriebskindergärten u. als private Gruppen auf Elterninitiative. Ihr Besuch ist freiwillig u. kostenpflichtig. Die Betreuung erfolgt durch Erzieher, Kinderpfleger, Sozial- u. Heilpädagogen. Auch → Erzieher, → Kinderläden, → Vorschulerziehung.

Kindergeld, eine Geldzahlung an den Sorgepflichtigen für jedes Kind zum Ausgleich der Familienlast; wird nach dem Jahressteuergesetz 1996 nur noch alternativ zur Berücksichtigung steuerlicher Kinderfreibeträge gewährt. Kinder im Sinne des *Bundeskindergeldgesetzes (BKGG)* in der Neufassung vom 4. 1. 2000 sind solche, die das 16. Lebensjahr noch nicht vollendet haben, bzw. solche, die das 16. Lebensjahr vollendet haben unter bestimmten Umständen (Schul- u. Berufsausbildung, körperl. Gebrechen, Ableistung eines freiwilligen sozialen Jahres, Arbeitslosigkeit u. a.). Das K. beträgt ab 2002 für das erste, zweite u. dritte Kind jeweils 154 Euro, für das vierte u. jedes weitere Kind 179 Euro monatlich. Es wird durch die Familienkassen des Arbeitsamtes ausgezahlt. *Österreich:* → Kinderbeihilfen.

Kindergärten: Kindergarten St. Heinrich in Marl

Kinderkrankheiten: Die häufigsten Erkrankungen

Krankheit	Erreger und Altersdisposition (= AD)	Ansteckungsgefahr/ Inkubationszeit	Symptome
Dreitagefieber (Exanthema subitum)	**Erreger:** humanes Herpesvirus Typ 6; **AD:** vor allem bei Säuglingen im 2. Lebenshalbjahr u. Kleinkindern	**Ansteckungsgefahr** gering; **Inkubationszeit:** 3–15 Tage	3 Tage anhaltendes Fieber bis 40 °C; dann Entfieberung u. Ausschlag, hauptsächlich an Rumpf u. Gliedmaßen, nicht im Gesicht; in 1–3 Tagen wieder verschwunden
Kinderlähmung (Poliomyelitis)	**Erreger:** Poliovirus; **AD:** vorwiegend in den ersten 5 Lebensjahren, zunehmend auch im späteren Kindes- u. Erwachsenenalter	**Ansteckungsgefahr** groß, in Europa und Nordamerika aufgrund der hohen Schutzimpfungsrate jedoch drastisch zurückgegangen; Tröpfchen- u. Schmierinfektion, Virusausscheidung mit dem Stuhl für 6–8 Wochen nach Krankheitsbeginn; **Inkubationszeit:** 3–14 Tage	Initialstadium: 2–3 Tage; Fieber, Rachenrötung, Übelkeit, Erbrechen, Kopfschmerzen, Gliederschmerzen u. Durchfälle. Latenzstadium: 1–3 Tage (fieberfrei), Übergang in die meningitische Form mit Hirnhautentzündung, Gliederschmerzen, gesteigerten Sehnenreflexen; eventuell Übergang in das Lähmungsstadium (nur bei 18 % aller Infizierten): a) bei anhaltendem Fieber Lähmungen an den Beinen; in schweren Fällen auch Atemlähmung, b) Schädigung der Hirnzentren für Kreislauf u. Atmung: Schluck- u. Atemlähmung, Blutdruckabfall, Koma. Enzephalitische Form: hohes Fieber, Krämpfe, Bewusstlosigkeit
Masern	**Erreger:** Masernvirus; **AD:** überwiegend bei Kleinkindern (90 % aller Kinder erkranken bis zum 6. Lebensjahr)	**Ansteckungsgefahr** am größten 1–2 Tage vor dem Ausschlags und in den ersten 2 Tagen nach Auftreten des Ausschlags; Tröpfcheninfektion auch über einige Entfernung hinweg; **Inkubationszeit:** 11 (10–14) Tage	1. Vorstadium (Dauer 3–5 Tage): Beginn mit leichtem oder mäßigem Fieber, Schnupfen, Rachenkatarrh; häufig fleckiger Ausschlag auf der Mundschleimhaut. 2. Ausschlagstadium (Dauer ca. 3 Tage): Am 4. oder 5. Tag Hautausschlag, hohes Fieber; Beginn im Gesicht, dann innerhalb von 2–3 Tagen auf Rumpf u. Gliedmaßen übergreifend; nach 3–4 Tagen Abklingen
Mumps (Parotitis epidemica)	**Erreger:** Mumpsvirus; **AD:** in jedem Alter möglich; am häufigsten zwischen dem 3. u. 8. Lebensjahr; Jungen erkranken doppelt so häufig wie Mädchen	**Ansteckungsgefahr** groß; Dauer: einige Tage vor Krankheitsbeginn bis zum Abklingen der Drüsenschwellung; Tröpfchen- u. Schmierinfektion; **Inkubationszeit:** 14–21 Tage	Oft mit Fieber beginnend, schmerzhafte Schwellung der Ohrspeicheldrüse; zunehmende Schmerzen beim Kauen u. nach sauren Flüssigkeiten; mögliche Komplikationen: Hodenentzündung, Eierstockentzündung, Entzündung der Bauchspeicheldrüse, Hirnhautentzündung
Pfeiffer'sches Drüsenfieber (Mononukleose)	**Erreger:** Epstein-Barr-Virus; **AD:** Kinder jeden Alters, vor allem ältere Kinder u. junge Erwachsene	**Ansteckungsgefahr** nicht sehr groß; Tröpfchen- u. Kontaktinfektion; **Inkubationszeit:** 8–21 Tage	Beginn meistens mit Fieber von 1–2 Wochen Dauer; Mandeln geschwollen; Lymphknoten geschwollen; Milzschwellung; in 15 % rötelnähnlicher Ausschlag; nach 3–5 Tagen wieder verschwunden. Meistens nach 1–3 Wochen Rückgang der Symptome
Röteln	**Erreger:** Rötelnvirus; **AD:** vorwiegend Schulkinder, Jugendliche, junge Heranwachsende (Gefahr bei werdenden Müttern: Infektion kann Missbildungen des Kindes [embryopathie: Herzfehler, Blindheit] hervorrufen	**Ansteckungsgefahr** besteht in der Regel 2–4 Tage vor Auftreten des Hautausschlags u. dauert höchstens bis zum Abklingen des Ausschlags; Tröpfcheninfektion; **Inkubationszeit:** 12–21 Tage	1. Keine oder geringe Allgemeinerscheinungen: leichtes Fieber (1–2 Tage), leichter Schnupfen, Rachenkatarrh; 2. schmerzlose Lymphknotenschwellung (am Hals); 3. rötlicher, fleckiger Ausschlag, beginnend im Gesicht u. sich nach unten ausbreitend; nach 3 Tagen wieder verschwunden
Scharlach	**Erreger:** Bakterien (Streptokokken); **AD:** am häufigsten zwischen dem 3. u. 10. Lebensjahr	**Ansteckungsgefahr** geht von Scharlachkranken u. Streptokokkenträgern aus; Tröpfcheninfektion; **Inkubationszeit:** 2–4 Tage	Plötzlicher Beginn mit hohem Fieber, starker Pulsbeschleunigung, Erbrechen, Kopfschmerz, Mandelentzündung, Himbeerzunge; Hautausschlag 12–24 Stunden nach Krankheitsbeginn, beginnend in den Achseln oder Leisten, rasch auf den gesamten Rumpf u. auf die Gliedmaßen übergreifend; am Ende der 1. Woche Hautschuppung, zuerst im Gesicht, ab 3. Woche am ganzen Körper
Windpocken (Varizellen)	**Erreger:** Varicella-Zoster-Virus; **AD:** am häufigsten zwischen dem 2. und 8. Lebensjahr; auch bei Erwachsenen möglich	**Ansteckungsgefahr** besteht in der Regel 2 Tage vor bis 5 Tage nach Auftreten des Ausschlags; Tröpfchen- u. Schmierinfektion; **Inkubationszeit:** 12–21 Tage	Beginn mit leichtem Fieber, dann bläschenartiger Ausschlag, beginnend am Rumpf, dann übergreifend auf Gesicht, Kopfhaut, Gliedmaßen; Bläschen juckend, leicht zerplatzend; Abfallen der Krusten nach 2–3 Wochen

Kinder Gottes, engl. *Children of God, Familie der Liebe*, seit 1992 *Family, Die Familie*; eine Jugendreligion, von den US-amerikan. Erweckungsprediger David *Berg* (*1919, †1994), alias Mose David oder MO, unter den Blumenkindern der kaliforn. *Jesus People* 1969 gegründet. Der sich als „Prophet" (Mose) u. „König" (David) verstehende Gründer predigte u.a. in seinen sog. MO-Briefen eine „Revolution für Jesus" u. den Kampf gegen das „alte System" (Gesellschaft, Staat, Kirche). Dabei übernahm er das Motto „Make love not war" der Hippies u. deutete es für seine Anhänger als „Flirty Fishing", d. h. neue Mitglieder sollten mittels Sex für Jesus gewonnen werden (1987 offiziell abgeschafft). Die K. G. mit ca. 9000 Mitgl., zeitweise im Untergrund lebend, missionieren heute vor allem in Osteuropa.

Kindergottesdienst, im kath. Raum auch *Kindermesse*, in Textauswahl u. Predigt dem kindl. Verständnis angemessene Gottesdienstform. In der kath. Kirche der Schweiz „voreucharistische Gottesdienste".

Kinderheilkunde, *Pädiatrie*, der Teil der Medizin, der sich mit den bes. Krankheiten des Säuglings- u. Kindesalters (→ Kinderkrankheiten) befasst. – Die K. entwickelte sich erst im 19. Jh. als eigenes Fachgebiet. 1802 entstand in Paris das erste Kinderkrankenhaus, das *Hôpital des enfants malades*, das 300 Betten hatte u. von Jean François *Jadelot* (†1855) geleitet wurde. In Dtschld. wurde die erste Kinderabteilung 1830 an der Charité in Berlin eingerichtet. Entscheidenden Anteil an der Entwicklung u. am Aufschwung der modernen K. in Deutschland hatten die Kinderärzte A. *Czerny* u. O. *Heubner*.

Kinderheim, ein staatl., kirchl. oder privates Heim zur Pflege u. Erziehung von Klein- u. Schulkindern (Kindergarten, Kinderhort, Heime für körperl. oder geistig Behinderte); auch Ferien- oder Erholungsheim.

Kinderhorte, Tageseinrichtungen für jüngere Schulkinder in der schulfreien Zeit. Sie erhalten hier Unterstützung bei den Schularbeiten, Anregungen für Spiel und Interessenpflege; sie sollten Lesestuben u. Werkräume zur Verfügung stehen.

Kinderkanal, 1997 gegr., werbe- u. gewaltfreies Gemeinschaftsprogramm von ARD u. ZDF speziell für Kinder; Sitz ist Erfurt.

Kinderkommunion, die Sitte, unmündigen getauften Kindern die Kommunion zu reichen. Die K. bürgerte sich zusammen mit der Kindertaufe zu Beginn des 3. Jh. im O u. im W ein. Sie galt als Höhepunkt der Taufhandlung. Bei Säuglingen wurde die K. durch den in Wein eingetauchten Zeigefinger des Priesters gespendet. Im Abendland kam die K. im 13. Jh. aus der Übung. An die Stelle der früheren Praxis der K. tritt die Kommunionspflicht um das 7. Lebensjahr herum. In ev. Kirchen werden auch schon vor der Konfirmation Kinder u. Jugendliche zum Abendmahl zugelassen.

Kinderkrankenschwester, *Kinderkrankenpfleger*, Ausbildungsberuf mit 3-jähriger Ausbildungsdauer. Kinderkrankenschwestern betreuen kranke Kinder bis zum 14. Lebensjahr. Sie arbeiten in Kliniken, Kinderhei-men u. in der privaten Kinderpflege. Voraussetzung für den Besuch einer *Kinderkrankenpflegeschule* sind der mittlere Bildungsabschluss oder der Hauptschulabschluss mit Besuch einer Pflegevorschule oder eine abgeschlossene Berufsausbildung u. ein Mindestalter von 17 Jahren.

♦ **Kinderkrankheiten,** *i. w. S.* Erkrankungen, die vorwiegend oder ausschließl. im Kindesalter vorkommen oder wegen der bes. Situation des körperl. Wachstums u. der Entwicklung einen bes. Verlauf nehmen. Mangelerkrankungen wie → Rachitis sind in den Industrieländern durch bewusste Ernährung nahezu verschwunden. *I. e. S.* die vorwiegend im Kindesalter vorkommenden Infektionskrankheiten wie Scharlach, Masern, Röteln, Windpocken, Mumps sowie seltener gewordenen Keuchhusten, Diphtherie u. Kinderlähmung. Gegen die meisten K. kann erfolgreich geimpft werden (→ Schutzimpfungen, → Impfkalender). Von den K. werden die *Säuglingskrankheiten* der Kinder unter einem Jahr abgetrennt. Die K. zu erkennen, ihnen vorzubeugen u. sie zu behandeln obliegt dem Kinderarzt *(Pädiater)*.

Kinderkreuzzug, ein von französ. u. dt. Jugendlichen 1212 unternommener Kreuzzug, bei dem diese, von religiösem Eifer ergriffen, zu Tausenden nach Genua u. Marseille zogen. Die meisten kamen unterwegs elend um oder wurden als Sklaven verkauft.

Kinderkriminalität, Handlungen von unter 14-Jährigen, die strafbar wären, wenn sie von strafmündigen Personen begangen worden wären. Auch → Jugenddelinquenz, → Jugendkriminalität.

Kinderkrippen, ganztägig geöffnete Einrichtungen zur Versorgung von Säuglingen (ab 6 Monate) u. Kleinkindern (bis zu 3 Jahren) berufstätiger Eltern.

Kinderläden, Einrichtungen der vorschul. → antiautoritären Erziehung in der BR Dtschld., zuerst Ende der 1960er Jahre in Berlin in ehem. Ladengeschäften gegründet. Ziele: Entwicklung der schöpfer. Fantasie, der geistig-sinnl. Fähigkeiten des (3–6-jährigen) Kindes, Förderung von Kindern aus sozial benachteiligten Familien.

Kinderlähmung, *spinale Kinderlähmung, Heine-Medin'sche Krankheit, Poliomyelitis anterior acuta*, vorwiegend Kinder, aber auch Erwachsene befallende, durch Viren (Typ I, II u. III) hervorgerufene meldepflichtige Infektionskrankheit. Übertragung durch Tröpfchen- u. häufiger Schmierinfektion; die Polioviren dringen durch die Schleimhaut des Verdauungskanals in den Organismus u. bewirken eine Entzündung der Nervenzellen der *grauen Substanz*. Die Krankheit verläuft in Phasen u. kann in jedem Stadium zum Stillstand kommen. Zunächst kommt es zu einem kurzen uncharakterist. *Vorläuferstadium*, das einer Grippe ähneln kann u. bei Kindern häufig von Husten, Halsschmerzen u. Magen-Darm-Beschwerden begleitet wird. Nach einigen beschwerdefreien Tagen folgen meist hohes Fieber, heftige Kopf- u. Gliederschmerzen, Nackensteifigkeit u. allg. Muskelschwäche *(meningit. Stadium).* Nur ein geringer Anteil der Infizierten (0,1–1,0 %) macht die dritte Phase der K. *(paralyt. Stadium)* mit schlaffen Lähmungen an den unteren Extremitäten oder der Zwerchfell- u. Atemmuskulatur durch. Man spricht auch von sog. „Morgenlähmung" der abends gesund zu Bett gebrachten Kinder. Bei den meisten Betroffenen bilden sich die Lähmungen innerhalb eines oder mehrerer Jahre zurück, je nach Alter u. Art der Lähmung. Als Spätschäden bleiben jedoch meist Muskelschwäche, Gelenksteife u. Wachstumsstörungen der betroffenen Extremitäten. Noch nach beschwerdefreien Jahrzehnten kann es zu neurolog., muskulären u. die Atmung betreffenden Problemen kommen. Nach durchgemachter Erkrankung besteht lebenslange Immunität, jedoch nur gegen den speziellen Virustyp. Zur Vorbeugung empfiehlt die Ständige Impfkommission (STIKO) die Schutzimpfung mit abgetöteten Viren (Injektionsimpfung nach J. E. *Salk*), → Impfkalender. Die Impfung mit abgeschwächten Lebendviren (Schluckimpfung nach H. *Cox*, A. *Sabin*) wird nicht mehr empfohlen, weil sie, wenn auch sehr selten, zu Kontaktinfektionen Immunschwacher führte.

Kinderleishmaniose, *Leishmaniosis infantum*, im Mittelmeerraum bei Kindern auftretende Infektion mit intrazellulären Parasiten, den *Leishmanien*; fieberhaft, mit Milzschwellung.

Kinderlieder, Lieder, die von Erwachsenen für Kinder oder von Kindern selbst geschaffen wurden. K. i. w. S. auch Reime u. Abzählverse - spiegeln in ihrem textl. u. musikal. Aufbau die sprachl. u. gedankl. Erfassung der Umwelt von Kindern wider. Während das Kleinkind Lautmalereien u. sprachl. Klänge zunächst aus dem Rhythmus, meist durch die körperl. Bewegung, kombiniert, kann das 4–6-jährige Kind einfache, meist pentaton. (d. h. halbtonlose) Melodien mit Texten verbinden u. nachsingen.

Die K. älterer Kinder mit melodischen Schwierigkeiten u. oftmals von der Kinderwelt entfernten Texten gehen ins *Volkslied* über. Zu den bekanntesten Textsammlungen von Kinderliedern gehört „Des Knaben Wunderhorn" (1808) von A. von *Arnim* u. C. *Brentano.*

Zeitgenöss. K., beeinflusst von der Popmusik, zeichnen sich auch durch einen sozialkrit. oder umweltpolit. Inhalt aus (D. *Süverkrüp*, M. *Ritter*, R. *Zuckowski*, D. *Jöcker*, F. *Vahle*, P. *Maffay*).

Kinderliteratur → Bilderbuch, → Jugendbuch.

Kindermann, Heinz, österr. Literatur- u. Theaterwissenschaftler, *8. 10. 1894 Wien, †3. 10. 1985 Wien; 1927–1936 Prof. in Danzig, 1936–1943 in Münster, 1943–1945 u. seit 1954 in Wien; während der NS-Zeit Vertreter einer „volkhaften Literaturwissenschaft", der Geistesgeschichte als Prozess fortschreitender „Deutschwerdung" begriff; betrieb nach 1945 Theatergeschichtsforschung. Hptw.: „Theatergeschichte Europas" 10 Bde. 1957–1970.

Kindermehl, Kindernährmittel, Instantprodukt auf Weizen- oder Hafermehlbasis für die Ernährung von Kleinkindern, kann zur Erhöhung des Nährwertes mit Zucker, Eiern, Calcium- u. Phosphorsalzen, Malz, Schokolade, Vitaminen u.a. angereichert werden.

Kinderpfleger, *Kinderpflegerin*, in der Kindererziehung u. Kinderpflege arbeitende Person, vorwiegend in Kindergärten u. Kinderkrankenhäusern tätig. Die Ausbildung erfolgt an Berufsfachschulen u. dauert je nach Bundesland 2–3 Jahre.

Kinderpsychologie, ein Teilgebiet der *Entwicklungspsychologie*, das sich in Forschung u. Lehre mit den psychischen Erscheinungen des Kindesalters befasst; wird oft i. w. S. auch unter *Jugendpsychologie* behandelt. Seit W. *Preyers* bahnbrechendem Werk „Die Seele des Kindes" (1882) gab es in der 1. Hälfte des 20. Jh. vor allem in den USA (S. *Hall*), in der Schweiz (E. *Claparède*, J. *Piaget*) u. in Dtschld. (W. *Stern*, K. u. C. *Bühler*) führende Vertreter der damals entstehenden K. Neben der Gesamterfassung einzelner Entwicklungsabschnitte wurden verschiedene Funktionen, z. B. die Entwicklung der Intelligenz, der Sprache, des Gedächtnisses, der Wertgefühle u. a. erforscht u. zahlreiche Testverfahren entwickelt. Auch → *Entwicklungspsychologie*.

Kinderschutz-Zentren, Einrichtungen, die in Fällen von Misshandlung, Vernachlässigung u. sexuellem Missbrauch sowie sonstigen schwerwiegenden Gefährdungen von Kindern auf freiwilliger Basis Hilfe für die gesamte Familie u. therapeutische Beratung anbieten. Die K. sind in der *Bundesarbeitsgemeinschaft der K.* mit Sitz in Köln zusammengeschlossen.

◆ **Kinderspielplatz,** Anlage mit Einrichtungen für das Kinderspiel; im Garten, bes. aber als öffentl. K.: *Sandspielplätze* mit Sandkasten; *Gerätespielplätze* mit Wippen, Rundlauf, Drehschwinger, Rutschbahn, Springböcken, Laufballen, Klettergerüst; *Wasserspielplätze* mit (künstl.) Planschbecken oder (natürl.) Planschteichen; größere *Indianerspielplätze (Abenteuerspielplätze)* u. *Verkehrsspielplätze*.

Kindersportabzeichen → Deutsches Schülersportabzeichen.

Kindersportschule, *Kinder- u. Jugendsportschule*, vorwiegend in den ehemals kom-

Kinderspielplatz mit Kletterburg aus Holz

munist. regierten Ländern errichtete Spezialschulen, in die sportl. veranlagte Schüler aufgenommen u. planmäßig zu Hochleistungssportlern ausgebildet bzw. für sportpädagog., sportwissenschaftl. oder verwaltungstechn. Aufgaben vorbereitet wurden. Gute schul. Leistungen waren neben der sportl. Begabung Voraussetzung für die Aufnahme. In der Sowjetunion bestanden Kindersportschulen ab 1934, in der DDR ab 1951.

Kindersprache, die Sprache, die von Kindern vom ersten sinnvoll realisierten Wort bis zur Beherrschung von Satzgefügen gesprochen wird; zunächst werden Substantive mit Verben bzw. Adjektiven verbunden; erst später werden vom Kind Gegensatzpaare gebildet. Typische Formen der K. sind: Wiederholungen (Echolalie), Monologe, Befehle und Bitten. Die Erforschung der K. bemüht sich um die Erstellung von stufenspezifischen Sprachstrukturen und Sprachverhaltensmustern in Schrift und Rede.

Kindersterblichkeit → Kindheit.

Kindertagesstätten, Oberbegriff für familienergänzende Einrichtungen zur Tages- oder Teilzeitbetreuung von Kindern: Hierzu gehören → Kindergärten, → Kinderkrippen, → Kinderhorte u. Krabbelstuben.

Kindertaufe, Taufe von unmündigen, noch nicht des Glaubens fähigen Kindern kurz nach ihrer Geburt; in der kath. u. luth. Kirche geboten, da das Sakrament ein wirksames Zeichen der Gnadenvermittlung Christi sei, die die Kirche im Auftrag Jesu stellvertretend vornehme. Die reform. Kirche tauft die Kinder auf künftigen Glauben hin. Von einigen Theologen wird die K. in Frage gestellt, da sie eine Taufe nur in Verbindung mit einer eigenen Entscheidung des Täuflings für vertretbar halten.

Kindertraining [-'trɛːnɪŋ], der Zeitraum eines sportlichen Trainings, der vor dem Eintritt in die Pubertät liegt. Ziele des Kindertrainings sind (im Hinblick auf das nachfolgende *Jugendtraining* u. das spätere *Hochleistungstraining*): eine vielseitige u. auf Bewegungsschulung ausgerichtete Bewegungsschulung, eine allseitige Ausbildung der körperlichen Eigenschaften (wie Ausdauer, Kraft, Schnelligkeit u. a.) sowie Maßnahmen zur Steigerung der Freude an der sportlichen Betätigung.

Kinder- und Jugendhilfegesetz, Abk. *KJHG*, → Jugendhilfe.

Kinder- und Jugendlichenpsychotherapeut → Analytischer Kinder- und Jugendlichenpsychotherapeut.

Kinder- und Jugendpsychiatrie, ein medizin. Fachgebiet, das sich mit der Erkennung, Vorbeugung, Behandlung u. Rehabilitation psych., psychosomat. u. nervl. Krankheiten u. Störungen sowie Verhaltensanomalien bei Kindern u. Jugendlichen befasst; der auf diesem Gebiet bes. ausgebildete Arzt ist der *Kinder- u. Jugendpsychiater* (Arzt für Kinder- u. Jugendpsychiatrie).

Kinder- und Jugendspartakiade, in der DDR bis 1989 alle zwei Jahre auf Kreis-, Bezirks- u. Landesebene durchgeführte Wettkämpfe in Sommer- u. Wintersportarten für Kinder- u. Jugendliche zwischen 10 u. 18 Jahren. Ziel

der K. war in erster Linie die Talentsuche für den Spitzensport.

Kinderzeichnung, der zeichnerische u. malerische Ausdruck des Kindes, seit dem 19. Jh. Gegenstand der Forschung (erstes wissenschaftl. Werk: „L'arte dei Bambini" von C. *Ricci* 1887). Grundlegend für die Beurteilung der K. ist die Erkenntnis, dass das Kind kein Wahrnehmungs-, sondern ein Gedankenbild wiedergibt. Die Entwicklung vollzieht sich in mehreren Abschnitten: Nach Kritzeleien von schwer erkennbarer gegenständl. Bedeutung entstehen zeichenhaft abgekürzte Figuren; Oben u. Unten wird schon betont, dann beginnt die teilweise Nachahmung der Wirklichkeit (4.–6. Jahr). Mit dem Versuch vollständiger Naturnachahmung, d. h. mit perspektiv. Wiedergabe, endet die Entwicklung. Ihre Abschnitte weisen Parallelen zu den Entwicklungsstufen früher Epochen im Kunstschaffen der Menschheit auf. Bes. im 20. Jh. haben sich Künstler von Kinderzeichnungen inspirieren lassen, so P. *Klee*, G. *Grosz*, J. *Dubuffet*.

Kinderzulagen, 1. Zulagen, die dem Arbeitnehmer im Rahmen seines Lohns oder Gehalts für seine Kinder gewährt werden, wichtigster Teil des sog. *Soziallohns (Familienlohn)*.

2. die im Rahmen der *Unfallversicherung* neben der Hauptrente für unversorgte Kinder gewährten Zulagen.

Kinderzuschläge, die früher einem Beamten im Rahmen seiner Dienstbezüge für seine haushaltszugehörigen Kinder gewährten Zulagen zum Grundgehalt; seit 1975 in Dtschld. für Beamte, Richter, Soldaten in die allg. Regelung für das → Kindergeld u. in die *Ortszuschläge* einbezogen.

Kinderzuschuss, die im Rahmen der gesetzl. *Rentenversicherung* neben der Hauptrente für Kinder gewährte Zulage.

Kindesannahme → Adoption.

Kindesentziehung, *Muntbruch*, strafbare Handlung, bei der eine minderjährige Person ihren Eltern, ihrem Pfleger oder Vormund durch List, Drohung oder Gewalt entzogen wird; strafbar nach § 235 StGB mit Freiheitsstrafe bis zu 5 Jahren oder mit Geldstrafe, in besonders schweren Fällen, z. B. wenn der Täter aus Gewinnsucht handelt, mit Freiheitsstrafe von 1 Jahr bis zu 10 Jahren. – *Österreich:* auf Antrag des Erziehungsberechtigten Freiheitsstrafe bis zu 1 Jahr (§ 195 StGB). Auch → Entführung, → erpresserischer Menschenraub.

Kindesmisshandlung, Gesundheitsschädigung (z. B. durch Zufügen körperl. oder seelischer Qualen) oder Überanstrengung eines Kindes oder Jugendlichen; im modernen Kinderschutz (→ Kinderschutz-Zentren) die gewaltsame psychische oder physische Schädigung, die zu Verletzungen, Entwicklungshemmungen oder sogar zum Tod führt u. das Wohl u. die Rechte eines Kindes beeinträchtigt oder bedroht; strafbar z. B. als Misshandlung von Schutzbefohlenen nach §§ 225 ff. StGB oder bei sexuellem Missbrauch nach §§ 176 ff. StGB in der Neufassung vom 13. 11. 1998 mit jeweils bis zu 10 Jahren Freiheitsentzug. – *Österreich* gemäß § 92 f. StGB Freiheitsstrafe bis zu 5 Jahren); *Schweiz:* → Körperverletzung.

Kindesunterschiebung, Unterfall der strafbaren *Personenstandsfälschung,* begangen durch Herbeiführung eines Zustands, der ein Kind als leibliches Kind einer Frau erscheinen lässt; auch das vorsätzl. Verwechseln eines Kindes (z. B. in einem Entbindungsheim) ist K.; strafbar nach § 169 StGB.

◆ **Kindheit,** *Kindesalter,* der Lebensabschnitt des Menschen, der sich von der Geburt bis zum Beginn der Geschlechtsreife erstreckt. Man unterteilt ihn in die *Säuglings-* (1. Jahr), *Kleinkind-* (2.–5. Jahr) u. *Schulkindzeit* (6.–14. Jahr). Die K. wird stark von Wachstums- u. Entwicklungsvorgängen bestimmt, die auf die körperl., seel. u. geistige Reife abzielen. Sie verlaufen in einer von der Natur festgelegten Reihenfolge mehr oder weniger rasch, stetig oder mit period. Unterbrechungen, nicht unbeeinflusst von den Einwirkungen der Umwelt u. Erziehung. Die möglichst ungestörte Entwicklung der K. ist die wesentliche Grundlage für die spätere körperl., seelische, geistige u. charakterl. Entwicklung des reifen Menschen. Störungen u. Hemmungen machen sich im späteren Leben u. U. als Infantilismen oder Komplexe geltend.

Die *Säuglingssterblichkeit* ist in Deutschland rückläufig: 1960 starben 35 von 1000 lebend geborenen Kindern im 1. Lebensjahr, im Jahr 2000 waren es nur noch rund 5.

In den *Sozialwissenschaften* ist die K. ein zentrales Forschungsthema. Dabei wird von der Soziologie in erster Linie die Übernahme gesellschaftl. Meinungen u. Werte durch das Kind untersucht. Der Verlauf der sexuellen Sozialisation wird in der K. mit den gesellschaftl. Anforderungen zur Triebeinschränkung vermittelt, wodurch sich bestimmte kindl. Verhaltensmuster herauskristallisieren, die dazu beitragen, dass das heranwachsende Kind an bestimmte soziale Rollen herangeführt wird. Starke Auswirkungen auf die Entwicklung des sozialen Erfahrungshorizonts des Kindes hat die Beziehung zu den Eltern sowie die schichtenspezifische Einordnung der Familie mit ihren ökonomischen Konsequenzen. Aufgrund dieser u. a. Faktoren lassen sich genaue Analysen des sozialen Bereichs K. durchführen.

Die K. ist auch ein histor. Phänomen; sie ist im Lauf der Geschichte ganz verschieden aufgefasst u. erlebt worden. In Europa gab es bis ins 17./18. Jh. in der Familie keine Zentrierung der Eltern auf das Kind. Die K. war lediglich ein biologisch notwendiges Vorspiel für die damals allein wichtige Erwachsenenwelt. Die heutige Vorstellung, dass Kinder bereits eine vollständige menschl. Persönlichkeit verkörpern, war unbekannt. Nicht der Einzelne, sondern die Familie bildete die Grundeinheit der sozialen Organisation. Als Glieder der erweiterten Familie gesehen, die unter der Herrschaftsgewalt des Hausherrn standen, unterschieden sich die Kinder nicht von den übrigen erwachsenen Familienmitgliedern.

Die Bedeutung der Kinder für ihre Familie bezog sich zum überwiegenden Teil auf ihre mögliche wirtschaftliche Nützlichkeit. Kinder hatten keinen abgegrenzten Lebensbereich, sie nahmen teil an der alltägl. Arbeit, sahen u. hörten dieselben Dinge, trugen dieselbe Art Kleider u. gingen denselben Freizeitbeschäftigungen nach. Im Gegensatz zu den Pflichten der Mädchen (Haushaltsführung u. a.), die sich über Jahrhunderte kaum veränderten, wandelten sich bei den Jungen die Art u. der Umfang der sozialen, polit. u. ökonom. Aufgaben mit dem Einsetzen der industriellen Revolution derart, dass die traditionelle Familienerziehung nicht mehr ausreichte. Eine der Folgen war der Aufschwung der Schulen im 18. u. 19. Jahrhundert. Damit wurde erstmals ein Erziehungssystem geschaffen, das eigens für die speziellen Bedürfnisse des Kindes errichtet wurde. Diese Ausgrenzung aus der Welt der Erwachsenen ist eine der beiden grundlegenden Bedingungen für die Entwicklung der modernen Form der K. Die andere Bedingung ist der Wandel in den familiären Beziehungen. Die Trennung von Wohn- u. Arbeitsstätte, die eine Einbeziehung nicht verwandter Personen in den Haushalt überflüssig machte, gab den Familien erstmals Gelegenheit, sich aufs Private u. Persönliche zu konzentrieren. Unterstützt von Kirche u. Staat, entwickelte sich die Familie zu einem Ort unmittelbarer affektiver Verbundenheit zwischen Eltern u. Kindern. Die K. als spezifische Lebensphase, die mit der Ausgrenzung aus der Welt der Erwachsenen einhergeht, wurde verlängert um die Dauer der Schulzeit u. mit einem bes. sozialen Status versehen, der die Kinder schützen soll vor dem Zugriff der Erwachsenen; verstärkt wurde aber auch das grundsätzl. Spannungsverhältnis zwischen den Generationen *(Generationskonflikt).*

Kindheitsevangelien, legendäre Erzählungen über Kindheit u. Jugend Jesu, so das sog. *Protevangelium des Jakobus* (griech., auch syrisch u. z. T. koptisch) aus dem 2. Jh. mit Legenden auch über Geburt u. Jugend der Mutter Jesu (Anna u. Joachim als ihre Eltern) u. die sog. *Kindheitserzählung des Thomas* (griechische, syrische, lateinische, arabische, slawische Übersetzungen bzw. Bearbeitungen) aus derselben Zeit mit allerlei Wundern des Kindes Jesus. Die K. sind ohne historischen Wert.

Kindia, Stadt in der westafrikan. Rep. Guinea nordöstl. von Conakry, 80 000 Ew.; Straßenknotenpunkt; südl. von K. Bauxitlagerstätten.

Kindiga, *Wakindiga, Hadzapi,* Steppenjäger u. Sammler am *Njarasasee* in Tansania; körperlich u. sprachlich (Schnalzlaute) Ähnlichkeiten mit Buschmännern.

Kindschaftsrecht, das Rechtsverhältnis zwischen den Eltern u. dem Kind, neu geregelt nach dem Kindschaftsrechtsreformgesetz vom 16. 12. 1997, das den Begriff des nichtehelichen Kindes endgültig abgeschafft hat. Grundlage des Kindschaftsrechts ist die → elterliche Sorge, die von

Kindheit: Klassische Konfliktsituation kindlicher Ich-Bildung mit den Ordnungsvorstellungen der Erwachsenenwelt; Flugblatt aus dem 16. Jahrhundert; Nürnberg, Germanisches Nationalmuseum

den Eltern gemeinsam ausgeübt wird (§§ 1626 ff. BGB). Sie umfasst das Recht u. die Pflicht *zur Personensorge* (Pflege, Erziehung, Beaufsichtigung, Bestimmung des Aufenthaltes des Kindes) u. *Vermögensverwaltung* einschl. der Befugnisse u. Pflichten als *gesetzliche Vertreter.* Außerdem steht den Eltern ein beschränktes *Nutznießungsrecht* am Kindesvermögen zu.

Bei Missbrauch der elterl. Sorge kann diese unter gewissen Voraussetzungen im Ganzen oder in ihren einzelnen Bestandteilen vom Familiengericht entzogen werden (§§ 1666 ff. BGB); sie ruht bei tatsächl. Verhinderung des Sorgeberechtigten in seiner Ausübung sowie bei seiner Geschäftsunfähigkeit oder seiner beschränkten Geschäftsfähigkeit (§§ 1673–1675 BGB). Missbrauch oder Vernachlässigung eines Kindes werden mit Freiheitsstrafe bis zu 10 Jahren geahndet, wenn durch sie das körperl. oder sittl. Wohl des Kindes gewissenlos grob vernachlässigt wird (§§ 174, 176 ff., 225 StGB). Unverheiratete können das gemeinsame Sorgerecht für ihre Kinder beantragen, Geschiedene behalten das gemeinsame Sorgerecht, wenn kein Elternteil etwas anderes beantragt. Das Kind erhält ein Umgangsrecht mit beiden Elternteilen, die gleichzeitig zum Umgang mit dem Kind verpflichtet werden. Die Adoption eines Kindes erfordert, anders als bis 1998, die Zustimmung beider leibl. Elternteile. Auch → Arbeitsschutz, → gesetzliche Erbfolge, → Jugendschutz, → Unterhalt, → Verwandtschaft. Nach *österr.* Recht betigt die elterl. Sorge die Eltern, einverständlich die Handlungen ihrer Kinder zu leiten. – Im *Schweiz* ist das *eheliche Kindesverhältnis* in Art. 252–301 ZGB, das *außereheliche Kindesverhältnis* in Art. 302–327 ZGB geregelt; weitere Bestimmungen des Kindschaftsrechts finden sich in den Art. 328 ff. ZGB.

Kindschaftssachen, Klagen auf Feststellung des Bestehens oder Nichtbestehens eines Eltern-Kind-Verhältnisses zwischen den Parteien, Anfechtung der Anerkennung der Vaterschaft u. Feststellung des Bestehens oder Nichtbestehens der elterl. Sorge der einen Partei über die andere (§ 640 ZPO).

Kindslage, die Lage des Kindes in der Gebärmutter während Schwangerschaft u. Geburt. Je nach dem vorangehenden („führenden") Teil unterscheidet man bei den weitaus häufigsten *Gerad-* oder *Längslagen* (99 % aller Kindslagen, nur in 1 % Schräg- oder Querlagen) zwischen *Schädel-* oder *Kopflagen* (96 %) u. *Beckenendlagen* (3 %); die Schädellagen können *Hinterhaupts-, Vorderhaupts-, Stirn-* u. *Gesichtslagen* sein, die Beckenendlagen heißen *Steiß-, Steißfuß-, Knie-* u. *Fußlagen*.

Kindspech, *Meconium, Mekonium*, der Darminhalt des Foetus, der bis zum 2. Tag von Neugeborenen entleert wird; besteht aus Galle, Schleim, Darmzellen, Fruchtwasser u. a.

Kindu, *Kindu-Port-Empain*, Flusshafen u. Verkehrsknotenpunkt am Lualaba, dem Oberlauf des Kongo, Hptst. der Region Maniema (Demokratische Republik Kongo), 68 000 Ew.

Kinegramm [das], die bildl. Darstellung einer Bewegungsfolge, entweder als abstrakte Strichmännchenzeichnung, als halbabstrakte Umrisszeichnung oder als reale Fotobildfolge, oft mit Markierung wichtiger Punkte (z. B. Hüftgelenk).

Kinemathek [grch.], Bez. für Filmsammlung, Filmarchiv. Die Deutsche K. (ehem. *Stiftung Dt. K.*) ist die größte dt. Filmsammlung.

Kinematik [grch.], *Bewegungslehre*, Teil der Mechanik; befasst sich mit den geometr. Bewegungsverhältnissen von Körpern in Abhängigkeit von der Zeit, ohne nach den verursachenden Kräften zu fragen. Gegensatz: *Dynamik*.

Kinematographie [grch.], ◆ **1.** *Fotografie:* allgemeine Kinopraxis u. Filmtechnik; auch alles, was mit dem Laufbild u. der beweglichen Fotografie zusammenhängt. Die Bez. stammt von dem ersten Vorführapparat für bewegte Bilder („cinématographe"), den die Brüder *Lumière* 1895 vorstellten. Auch → Film.
2. *Sport:* Aufzeichnung u. Wiedergabe von Bewegungen mit Hilfe von Fotoapparaturen; dabei werden Einzelbild- u. Reihenbildverfahren in realer, zeitgeraffter u. zeitgedehnter Form (Hochfrequenzfilmaufnahmen) angewandt. Die K. ist ein wichtiges Messinstrument der *Biomechanik*, weil aus den Daten der Zeit-, Winkel- u. Geschwindigkeitsmessung Erkenntnisse über die Veränderung eines Körpers in Raum u. Zeit gewonnen werden können.

Kineschma, *Kinesma*, Stadt im europ. Teil Russlands, an der oberen Wolga, bei Iwanowo, 105 000 Ew.; chem. u. keram. Industrie.

Kinese, durch bestimmte Reize ausgelöste ungerichtete Fortbewegung. Man unterscheidet zwischen *Orthokinese* (die Bewegung richtet sich nach der Häufigkeit des Reizes) u. *Klinokinese* (Abhängigkeit von der Reizintensität).

Kinesiologie [grch.], 1. vornehml. in den USA verwendete Bez. für das naturwissenschaftl. Forschungsgebiet, das Bewegungen, den Bewegungsapparat u. seine Steuerung untersucht.
2. *angewandte Kinesiologie*, ein Diagnose- und Therapieverfahren der alternativen Me-

Kinematographie (1): Die Reihenbilder des engl. Fotografen Edward Muybridge bilden eine Vorstufe der Filmkunst

dizin, das sowohl Elemente aus der → chinesischen Medizin, als auch der → Chiropraktik, Ernährungs- u. Bewegungslehre berücksichtigt. Ziel ist die Wiederherstellung eines gesunden Energieflusses im Körper. Die K. basiert auf der Beobachtung des amerikan. Chiropraktikers G. *Goodheart* in den 1960er Jahren, dass sich seel. u. körperl. Störungen in einem plötzl. Nachlassen der verfügbaren Haltekraft der willkürl. Muskulatur äußern. So soll ein verkrampfter Muskel durch das Stärken seines Gegenspielers entspannt werden. Mittels sogenannten Muskeltests werden u. a. Funktionsstörungen von Körperregionen, Medikamente u. Allergene, aber auch Therapieerfolge untersucht. Es haben sich verschiedene Schulen entwickelt, z. B. *Touch for health*, → Edu-Kinästhetik. Das Verfahren ist wissenschaftlich nicht gesichert.

Kinetik [grch.], Lehre von den → Bewegungen unter dem Einfluss innerer oder äußerer Kräfte. Gegensatz: *Statik*.

Kinetin [grch.], *6-Furfurylaminopurin*, ein pflanzl. Wuchsstoff aus der Gruppe der Cytokinine. K. löst z. B. in Verbindung mit *Auxinen* eine erneute Zellteilung bei ruhendem pflanzl. Gewebe aus. Auch → Phytohormone.

kinetische Energie [grch.], *Bewegungsenergie*, die Energie W, die ein Körper der Masse m besitzt, wenn er sich mit der Geschwindigkeit v bewegt. Sie beträgt $W = \frac{m}{2} v^2$. Auch → Energie.

kinetische Gastheorie, die Theorie, nach der die Eigenschaften u. Gesetzmäßigkeiten der Gase aus der Vorstellung abgeleitet werden, dass die Moleküle in einem Gas rasch umherfliegende Teilchen sind, die einander stoßen u. Kräfte aufeinander ausüben. Auch → Gas (1).

kinetische Kunst, selbständige Richtung der modernen Plastik, bringt Licht und Bewe-

gung als gestalterische Merkmale zur Geltung. Pioniere: Alexander *Calder*, Marcel *Duchamp*, Laszlo *Moholy-Nagy* und Man *Ray*; Hauptvertreter: Heinz *Mack*, Martial *Raysse*, George *Rickey*. Maschinenantrieb und akustische Effekte bei Jean *Tinguely*.

Kinetochor [grch.] → Zentromer.

Kinetoplastida [grch.], Ordnung der *Flagellaten*, hierher gehören u. a. die *Trypanosomen*.

Kinetose [grch.], *Bewegungs-, Reisekrankheit*, Syndrom von Störungen des vegetativen Nervensystems infolge Überreizung des Gleichgewichtsorgans durch anhaltende, unregelmäßige Bewegungsreize. Auch → Reisekrankheit.

Kinetosom [grch.] → Geißel.

King [kiŋ], **1.** B. B., eigentl. Riley B. *King*, US-amerikan. Bluesgitarrist u. Sänger, * 16. 9. 1925 Itta Bena, Mississippi; genannt „King of the Blues"; mit Soloplattenaufnahmen seit 1949 gelangen ihm weit über 70 Hits in den US-amerikanischen Rhythm & Blues-Charts; 1987 wurde er in die Rock & Roll-Hall of Fame aufgenommen u. erhielt im gleichen Jahr einen Grammy für sein Lebenswerk; sein Blues-Stil beeinflusste zahlreiche Musiker; Veröffentlichungen: „Lucille" 1967; „The Electric B. B. King" 1968; „There is always one more Time" 1991; „King of the Blues" 1992; „Blues Summit" 1993; „The King of the Blues Guitar" 2000.
2. Carole, eigentl. Carole *Klein*, US-amerikan. Sängerin u. Komponistin, * 9. 2. 1942 New York; bildete mit ihrem damaligen Mann G. *Goffin* eines der erfolgreichsten Komponisten-Duos in den 1960er Jahren mit mehr als 100 Hits, u. a. „Up on the roof"; „Will you love me tomorrow"; „The Loco-Motion" 1967 begann sie die Solo-Karriere u. veröffentlichte mit dem Album „Tapestry" 1971 einen Meilenstein weiblichen Rockmusik-Schaffens; Veröffentlichungen: „Writer" 1970; „City Streets"

1989; „The Colour of your Dreams" 1993; „A Natural Woman" 1995; „Greatest Hits" 1999.

3. Gregory → King'sche Regel.

4. Henry, US-amerikan. Filmregisseur, * 24. 1. 1896 Christiansburg, Virginia, † 29. 6. 1982 Los Angeles; stellte in seinen Filmen meist das Amerika des „kleinen Mannes" verherrlichend dar. Filme u. a.: „Tol'able David" 1921; „The white sister" 1923; „The winning of Barbara Worth" 1926; „Over the hill" 1931; „Jesse James" 1939; „Wilson" 1944; „Twelve o'clock high" 1949; „Schnee am Kilimandscharo" 1952.

James King

◆ **5.** James, US-amerikan. Sänger (Tenor), * 22. 5. 1928 Dodge City, Kansas; sang in Europa u. a. in London, Wien u. München sowie bei den Salzburger u. Bayreuther Festspielen.

◆ **6.** Martin Luther, US-amerikan. Pfarrer u. Bürgerrechtler, * 15. 1. 1929 Atlanta, Georgia, † 4. 4. 1968 Memphis, Tenn. (ermordet); seit 1954 Baptisten-Pfarrer in Montgomery, Alabama; Gründer der Bürgerrechtsorganisation *Southern Christian Leadership Conference* (*SCLC*, Christl. Führungskonferenz des Südens). Im Geist Jesu u. nach dem Vorbild Gandhis wollte K. ohne Gewalt u. durch passiven Widerstand die Rassenschranken zu Fall bringen. Sein erster großer Erfolg war die Aufhebung der Rassentrennung in den öffentl. Verkehrsmitteln von Montgomery nach einem von ihm geleiteten Boykott (1956). Danach organisierte er viele Demonstrationen, u. a. den Marsch auf Washington (1963). Friedensnobelpreis 1964. 1968 wurde er von einem Attentäter erschossen.

7. Philip, brit. Bildhauer, * 1. 5. 1934 Kheredine (Tunesien); lebt seit 1946 in Großbritannien; Vertreter der → Minimalart; 1958–1960 Assistent von H. *Moore.* Kings abstrakte Werke überschreiten zeitweise die Grenzen zwischen Skulptur u. Bauwerk. Es sind starkfarbige Arbeiten, zunächst aus Kunststoff u. Glasfaser, später auch Stahl, mit einfachen geometrischen, klaren Formen, die Dynamik u. Spannung ausstrahlen.

Stephen King

◆ **8.** Stephen, US-amerikan. Schriftsteller, * 21. 9. 1947 Portland, Maine; seine aus Elementen der Horrorliteratur, Fantasy u. Sciencefiction zusammengesetzten Psychothriller spüren Ängste auf, die sich hinter banaler Alltäglichkeit verbergen. Hptw.: „Carrie" 1974, dt. 1977; „Shining" 1977, dt. 1982; „Christine" 1983, dt. 1984; „Es" 1986, dt. 1986; „Dolores" 1993,

Martin Luther King: 1963 vor Bürgerrechtlern in Washington

dt. 1993; „Schlaflos" 1994, dt. 1994; „The green mile" 1996, dt. 1996. Viele seiner Werke wurden verfilmt.

9. William Lyon Mackenzie, kanad. Politiker (Liberaler), * 17. 12. 1874 Berlin, Ontario, † 22. 7. 1950 Ottawa; 1919 Parteiführer; 1919–1926, 1927–1930, 1935–1948 Premier-Min.; seit 1938 Präs. der Völkerbundversammlung. K. leitete die enge Zusammenarbeit Kanadas mit den USA ein u. führte sein Land in die UNO (1945).

Kingisepp, russ. Name für → Kuressaare.

King Island ['kiŋ 'ailənd], Insel in der Bass-Straße, nordwestl. von Tasmanien, 108 km²; seit 1917 Abbau der größten Scheelitvorkommen der Welt; Viehhaltung u. Fischerei; Hauptort ist *Currie.*

King Ranch ['kiŋ 'ræntʃ], Ranch westl. von *Kingsville* im S von Texas (USA); mit rd. 405 000 ha eine der größten der Welt; Rinderzucht, Reitpferdezucht; gegr. 1853 durch Schiffskapitän Richard *King* aus New York.

Kings Canyon National Park ['kiŋz 'kænjən 'næʃənəl 'pɑːk], Nationalpark in der *Sierra Nevada,* California (USA), östlich von Fresno; grenzt im N an den Sequoia National Park; 1863 km², zwei große Canyons, bedeutender Bestand von Riesensequoias (bis 81 m hoch), wildreich; 1940 gegr., schließt den 1890 gegr. *General Grant National Park* ein.

King'sche Regel, die von dem engl. Statistiker Gregory *King* (* 1648, † 1712) anhand von statist. Untersuchungen über den Zusammenhang zwischen Ernteausfall u. Getreidepreisen aufgestellte Regel, wonach bei einem Ernteausfall von $^1/_{10}$ die Preise um $^3/_{10}$ ansteigen können; wird oft so gedeutet, dass bei Verknappung eines lebensnotwendigen Gutes die Haushalte bereit sind, mehr Geld für dieses Gut auszugeben, um ihre Bedürfnisse zu befriedigen. Auch → Elastizität (3).

King's Cup ['kiŋz kʌp], *Tennis:* → Königspokal.

Kingsize ['kiŋ saiz], *Königsformat,* Bez. für Zigaretten von etwa 100 mm Länge.

Kingsley, 1. ['kiŋzli], Ben, eigentl. *Krishna Banji,* brit. Schauspieler indischer Herkunft, * 31. 12. 1943 Scarborough; seit 1967 Mitgl. der Royal Shakespeare Company; als vielseitiger Charakterdarsteller seit 1973 auch beim Film, spielte u. a. in „Gandhi" 1982; „Die vergessene Insel" 1988; „Bugsy" 1991; „Schindlers Liste" 1993; „Was ihr wollt" 1996; „Parting Shots" 1999.

Charles Kingsley

◆ **2.** Charles, brit. Schriftsteller, * 12. 6. 1819 Dartmoor, Devon, † 23. 1. 1875 Eversley, Hampshire; Pfarrer u. Historiker; trat für tätiges Christentum ein, Wortführer der christlich-sozialen Bewegung; schrieb u. a. utop. u. kulturgeschichtl. Romane: „Gischt" 1848, dt. 1890; „Hypatia" 1853, dt. 1958; „Westward Ho" 1855, dt. 1885; Märchen: „Die Wasserkinder" 1863, dt. 1947. – Works, 19 Bde. 1901–1903, 1965; Dt. Übersetzung: Gedichte 1893, Briefe 1897.

King's Lynn ['kiŋz lin], engl. Hafenstadt in der Grafschaft Norfolk, am Wash, 33 000 Ew.; Zunfthaus (15. Jh.).

Kings Peak ['kiŋz piːk], höchste Erhebung der Uinta Mountains im nordöstl. Utah (USA), 4114 m.

Kingston ['kiŋstən], **1.** Hauptort der austral. → Norfolkinsel.

◆ **2.** Hauptstadt u. Hafen an der Südküste von Jamaika, 101 000 Ew., als Agglomeration 644 000 Ew.; Universität (gegr. 1962); Standort zahlreicher Betriebe der verarbeitenden Industrie, Ölraffinerie, Zementwerk; neues Geschäftsviertel *New K.* im NW der Stadt; Großhafen *Newport West,* internationaler Flughafen Norman Manley auf

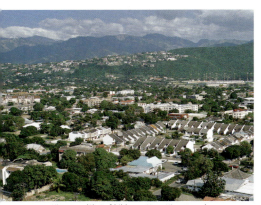

Kingston (2): Luftbild von New Kingston, dem neuen Geschäftsviertel der Stadt

einer Landzunge nahe der im 17. Jh. versunkenen Hafenstadt Port Royal; Freihandelszone.

3. kanad. Universitätsstadt in Ontario am Nordufer des Ontariosees, 53 000 Ew.; Queens University (gegr. 1841), Royal Military College; Hafen, vielseitige Industrie.

Kingston upon Hull ['kiŋstən ə'pɔn 'hʌl], auch *Hull*, ostengl. Hafen- u. Industriestadt, Verw.-Sitz der Grafschaft Humberside, 254 000 Ew.; einer der größten Häfen Großbritanniens, bes. für den Verkehr nach Nordeuropa u. für Fischerei; Dreifaltigkeitskirche (14. Jh.); Universität (seit 1954, 1927 als College gegr.); Ölpressen, Seifen- u. Stärkeindustrie, Werften.

Kingston upon Thames ['kiŋstən ə'pɔn 'tɛmz], Stadtbez. (Borough) von Greater London, 138 000 Ew.; bis 1964 Hptst. der südostengl. Grafschaft Surrey; 902–978 Krönungsstadt der angelsächs. Könige; Eisenindustrie.

Kingstown ['kiŋztaun], **1.** ostirische Stadt, → Dún Laoghaire.

2. Hptst. u. Hafen des unabhängigen Karibik-Staates Saint Vincent u. die Grenadinen, 26 500 Ew.; Flughafen, Tiefwasserhafen; Ausfuhr von Stärkemehl, Bananen, Kopra, Kakao u. Baumwolle.

Kinshasa

Kingtetschen, chines. Stadt, → Jingdezhen.
Kingtschou, chines. Stadt, → Jiangling.
King-William-Island [kiŋ 'wiljəm 'ailənd] → König-William-Insel.
King William's Town [kiŋ 'wiljəmz taun], Stadt in der Prov. Ost-Kap (Rep. Südafrika), westl. von East London, 364 m ü. M., rd. 16 000 Ew.; Handelszentrum; Verbrauchsgüterindustrie; Verkehrsknotenpunkt, Flugplatz. – 1825 als Missionsstation gegr., 1857–1859 Einwanderung von Deutschen, deren Nachkommen noch in der Umgebung leben (Orte Berlin, Potsdam, Hamburg).
Kinich Ahau, Sonnengott der *Maya* in klass. u. nachklass. Zeit (500–1500 n. Chr.), vor allem in Yucatán verehrt; in Stein- u. Tonplastik charakterisiert durch rechteckige Augen, Augen-Nasen-Volute u. T-förmig gefeilte Schneidezähne. K. A. verschmolz mit *Itzamná* als der alte Sonnengott am Himmel.
Kinine [grch.] → Cytokinine.
Kinkaju [der; indian., frz.] → Wickelbär.

Gottfried Kinkel

Kinkel, ◆ **1.** Gottfried, verheiratet mit 2), dt. Schriftsteller, *11. 8. 1815 Oberkassel bei Bonn, † 13. 11. 1882 Zürich; Prof. in Bonn, zugleich polit. Lyriker u. Publizist; vertrat in der preuß. Zweiten Kammer die republikan. Linke; wegen Teilnahme am bad. Aufstand 1849 zu lebenslängl. Haft verurteilt, konnte K. nach London fliehen; 1866 Prof. in Zürich; schrieb Gedichte, rhein. Erzählungen u. das Versepos „Otto der Schütz" 1846. Autobiografie, hrsg. von R. Sander 1931.
2. Johanna, verheiratet mit 1), dt. Komponistin u. Musikpädagogin, *8. 7. 1810 Bonn, † 15. 11. 1858 London; erteilte Unterricht in Klavierspiel u. Gesang; verfasste Unterrichtswerke u. komponierte zahlreiche Lieder u. Chorwerke.
Kinkhörner → Spindelschnecken.
Kinki, fruchtbare japan. Ebene um Osaka in Südhonschu, als Region 33 000 km²; Zitrusfrüchte-, Tee- u. Reisanbau.
Kinks, brit. Rockgruppe um den Sänger u. Gitarristen Ray *Davies*; gegr. 1964 in London. Die Band gehörte mit vielen Single-Hits zu den erfolgreichsten Gruppen der späten 1960er Jahre; Anfang der 1980er Jahre gelang ihr ein Come-back; zu Hits wurden u. a. die Titel „You really got me" 1964, „Sunny afternoon" 1966, „Lola" 1970.
„Kin-ku ki-kuan", chines. Geschichten-Sammlung, → „Jin Gu Qi Guan".
Kinn, *Mentum, Genion,* rundlicher Vorsprung am unteren Ende des Unterkieferknochens des Menschen, durch eine Querfurche von der Unterlippe getrennt. Das K. ist eine spezif. menschl. Bildung; beim Neandertaler ist noch keine Andeutung eines Kinns vorhanden, von dort führt eine Entwicklungsreihe bis zum K. des heutigen Menschen.
Kinnara, in der indischen Mythologie zu den → Gandharven gehörige himml. Sänger;

mit menschl. Kopf u. Vogelkörper dargestellt.
Kinnhaken, beim Boxen ein Schlag mit dem etwa rechtwinklig gebeugten, versteiften Arm gegen die Kinnspitze.
Kinnor [hebr.], eine bereits im AT mehrfach erwähnte, unterschiedlich beschriebene Leier, die von Wanderpropheten u. später von König David gespielt wurde. Sie wurde zum Symbol für Musik überhaupt u. gehörte wie die *Harfe* zu den meistgebrauchten Begleitinstrumenten.
Kino, 1. [der; afrikan.], *B o t a n i k :* Sammelname für bestimmte eingedickte, gerbsäurereiche Säfte tropischer Bäume. Sie werden technisch in der Gerberei u. in der Medizin als Adstringens verwendet. Von den Schmetterlingsblütlern liefern K.: der ostindische *Pterocarpus marsupium,* der westindische *Pterocarpus erinaceus* u. *Butea frondosa* sowie einige Knöterichgewächse u. Myristicazeen.
2. [das; Kurzform für grch. *Kinematograph,* „Bewegungsaufzeichner"], *F i l m w e s e n : Lichtspieltheater,* ein Gebäude, das speziell für die Vorführung von Filmen errichtet wurde. In Dtschld. gibt es Kinos seit etwa 1910. Vorher wurden Filme in Jahrmarktsbuden oder abends im Freien vorgeführt. Der Aufbau des Kinos ist nahezu stets der gleiche mit der Leinwand an der Stirnwand des Raumes, dem nach hinten ansteigenden Zuschauerraum u. einem erhöhten, vom Zuschauerraum abgetrennten Teil für den Filmvorführer mit den Vorführgeräten.
Kino-Objektive, Objektive für Filmaufnahme u. -wiedergabe, sinngemäß wie Fotoobjektive aufgebaut. *Aufnahme-Kino-Objektive* haben eine längere Brennweite als normal (d. h. länger als die Bilddiagonale), nämlich 15 mm für Super 8, 25 mm für 16-mm-Schmalfilm u. 50 mm für Normalfilm. Heute werden fast nur K. mit veränderlicher Brennweite (Gummilinse) verwendet. *Projektions-Kino-Objektive* haben sehr lange Brennweiten in Abhängigkeit von der Entfernung zur Bildwand (Petzval-Typen).
Kinorhynchen [grch.], *Rüsselkriecher, Kinorhyncha,* Klasse der *Hohlwürmer,* frei lebende, bis zu 1 mm lange Würmer, die am Meeresboden mit Hilfe ihres mit Haken besetzten Vorderendes umherkriechen. K. ernähren sich von Kieselalgen oder fein verteiltem organ. Material u. Schlamm; etwa 100 Arten sind beschrieben.
Kinostativ, stabiles Stativ für Filmaufnahmen, meist aus Holz, horizontal u. vertikal verstellbar durch Schwenkkopf, auch mit Kreisel- oder Hydro-(Öldruckdämpfer-)Stabilisierung. Das K. für Schmalfilm hat einen Kinoneigekopf, der mit Handgriff in beiden Ebenen feststellbar ist.
Kinosteuer, Bez. für die Besteuerung des Filmtheaterspiels im Rahmen der *Vergnügungsteuer.* Im Allg. ist der Steuersatz für Filmvorführungen im Vergleich zum allg. Vergnügungsteuersatz reduziert, ferner sind Vorführungen von Filmen, die von der Filmbewertungsstelle Wiesbaden das Prädikat „wertvoll" oder „besonders wertvoll" erhielten, steuerbefreit.

„Kin-p'ing mei", ein chines. Sittenroman, → „Jin Ping Mei".

Kinross, Stadt in der mittelschottischen Tayside Region (Großbritannien), am Loch Leven, 3500 Ew.

Kinsey [-zi], Alfred G., US-amerikan. Zoologe u. Sexualforscher, *23. 6. 1894 Hoboken, New Jersey, †25. 8. 1956 Bloomington, Indiana; Hptw.: die „Kinsey-Reports": „Das sexuelle Verhalten des Mannes" 1948, dt. 1951; „Das sexuelle Verhalten der Frau" 1953, dt. 1954.

◆ **Kinshasa** [kin'ʃaza], bis 1966 *Léopoldville,* Hptst. der Demokrat. Rep. Kongo (früher Zaire bzw. Kongo-Kinshasa), am linken Ufer des unteren Kongo, gegenüber von Brazzaville, am Stanley Pool, 4,7 Mio. Ew.; moderne Stadt mit mehreren Rundfunksendern, Universität (gegr. 1954), Hochschulen, Goethe-Institut; größtes Handels- u. Industriezentrum des Landes (bes. Nahrungsmittel-, Textil-, Holz- u. Gummiindustrie); Endpunkt der Kongoschifffahrt; gute Straßen- u. Bahnverbindungen, zwei Flughäfen. – 1881 von H. M. *Stanley* als *Léopoldville* gegr., seit 1923 Hptst.

Kinski, ◆ **1.** Klaus, eigentl. Nikolaus *Nakszynski,* dt. Schauspieler, *18. 10. 1926 Zoppot, †23. 11. 1991 Lagunitas, Calif.; nach Theaterengagements seit 1948 beim Film, später auch Auftritte als Rezitator, wurde in den 1960er Jahren vor allem durch Schurkenrollen bekannt (u. a. in den Verfilmungen der Romane von E. *Wallace* u. in Italowestern); profilierte sich später als Hauptdarsteller in Filmen W. Herzogs: „Aguirre, der Zorn Gottes" 1972; „Nosferatu – Phantom der Nacht" 1978; „Fitzcarraldo" 1982; „Cobra Verde" 1988; führte selbst Regie bei „Paganini" 1988.

Klaus Kinski als Woyzeck in dem gleichnamigen Film von Werner Herzog; 1979

2. Nastassja, Tochter von 1), dt. Filmschauspielerin, *24. 1. 1961 Berlin; erfolgreich u. a. in: „Tess" 1979; „Paris, Texas" 1984; „Nachtsonne" 1990; „Tödliche Geschwindigkeit" 1994; „The lost son" 1998.

Kinta, Fluss in Westmalaysia, über 100 km lang; im Oberlauf wichtigstes Zinnabbaugebiet Malaysias.

Kintschou, chines. Stadt, → Jinzhou.

Kintyre [-'taiər], felsige schott. Halbinsel westl. von Glasgow, 78 km lang, unfruchtbar, Fischerei.

Kinzig, 1. rechter Nebenfluss des Rheins,

112 km lang, entspringt im Schwarzwald westl. von Loßburg, mündet bei Kehl. **2.** rechter Nebenfluss des Mains, 82 km, entspringt in der Südrhön südöstl. von Schlüchtern, mündet bei Hanau.

Kiosk [der; türk.], Vorbau an oriental. Palästen; auch Gartenhäuschen oder erkerartiger Vorbau an einem oberen Stockwerk; Verkaufshäuschen für Zeitungen, Tabakwaren u. a.

Kioto, japan. Stadt, → Kyoto.

Kiowas ['kaiəuwəs], Stamm von rd. 3000 Prärie-Indianern der uto-aztekischen Sprachfamilie, in einem Reservat in Oklahoma; ehem. ein Reitervolk, das von der Büffeljagd u. vom Pferdehandel lebte.

Kip, Währungseinheit in Laos.

Kipfel, *Kipferl, Kipf, Hörnchen,* Wiener Gebäck aus Hefe-, Mürbe- oder Blätterteig in der Form eines Horns.

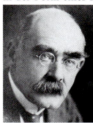

Rudyard Kipling

◆ **Kipling,** Rudyard, brit. Schriftsteller, *30. 12. 1865 Bombay, †18. 1. 1936 London; weit gereister Journalist, geistiger Repräsentant des British Empire, sah die Aufgabe des „weißen Mannes" in der Aufrechterhaltung von Recht u. Ordnung in der Welt; ausgezeichneter Schilderer Indiens; 1907 Nobelpreis. „Schlichte Geschichten aus Indien" (Kurzgeschichten) 1888, dt. 1895; „Balladen aus dem Biwak" 1892, dt. 1911; »Im Dschungel« 2 Bde. 1894/95, dt. 1898 u. „Das neue Dschungelbuch" 1899; „Kim" 1901, dt. 1908. – Works (Bombay Edition), 31 Bde. 1923–1938; Verse 1940; Dt.: Werke, 10 Bde. 1925–1927; Gesammelte Werke (Züricher Ausg.), 1987 ff.

Kipnis, Alexander, US-amerikan. Bassist russ. Herkunft, *1. 2. 1891 Schitomir, Ukraine, †14. 5. 1978 Westport, Connecticut; wirkte u. a. in Hamburg, Berlin, Wien, 1939–1946 an der Metropolitan Opera in New York, sang auch in Bayreuth u. Salzburg.

Kippe, 1. *Bergbau:* → Abraumhalde. **2.** *Turnen:* eine Schwungübung, bei der der Körper durch schwunghaftes Beugen im Hüftgelenk u. anschließende Streckung einen Aufwärtsimpuls erhält, wodurch der Turner aus dem Hang in den Stütz gelangt (am Reck, Barren u. an den Ringen); bei der *Bodenkippe* aus der Nackenlage oder dem Kopfstand zum Stand.

kippen, *Festigkeitslehre:* dem *Knicken* verwandter Vorgang, der bei hohen, schmalen Trägern eintreten kann, indem der gedrückte Gurt seitlich ausweicht, sobald das Biegemoment einen bestimmten, hauptsächlich vom Elastizitätsmodul u. seitlichen Trägheitsmoment des Trägers abhängigen Wert überschreitet.

Kippenberg, Anton, dt. Verleger, *22. 5. 1874 Bremen, †21. 9. 1950 Marburg; 1905–1950 Leiter des *Insel-Verlags*; Sammler u. Goetheforscher („Goethe u. seine

Welt" 1932), 1938–1950 Präs. der Goethe-Gesellschaft. Seine *Sammlung K.* befindet sich seit 1953 als Goethe-Museum in Düsseldorf. K. übersetzte aus dem fläm. Dichter u. schrieb Schüttelreime unter dem Decknamen Benno *Papentrigk,* ferner „Geschichten aus einer alten Hansestadt" 1933; „Reden u. Schriften" 1952. – Kippenbergs engste Mitarbeiterin war seine Frau Katharina K. (*1876, †1947).

◆ **Kippenberger,** Martin, dt. Maler, Bildhauer, Objektkünstler, *25. 2. 1953 Dortmund, †7. 3. 1997 Wien; seine ironischsarkast. Arbeiten sind Anklagen gegen Moral u. gesellschaftl. Werte. K. sah sich als Spezialist für „schlechte Themen" u. er verarbeitete Klischees aus Alltag u. Medien zu provozierenden Spottbildern; er malte Inhalte u. parodierte die Arbeitsweise seiner Kollegen.

Kippenhahn, Rudolf, dt. Astrophysiker, *24. 5. 1926 Bärringen. 1975–1991 Direktor des Instituts für Astrophysik am Max-Planck-Institut in Garching; wichtige Arbeiten zur Entwicklung der Sterne. Mehrere bekannte allgemeinverständliche Veröffentlichungen.

Kipper, 1. *Eisenbahnwesen: Waggonkipper,* Entladevorrichtung für Eisenbahnwagen bei großen Industrie-, Hütten- oder Kraftwerken. Die Wagen werden auf einer Bühne festgelegt u. dann meist die unten geöffnete Stirnwand durch Heben an einem Ende entleert. Der K. war um 1920 gebräuchl. u. ist durch den → Selbstentlader ersetzt.

2. *Lebensmittel:* frischer, auseinander geklappter Hering, der kalt geräuchert wird.

Kippermünzen, → Kipper und Wipper.

Kipper und Wipper, Edelmetallaufkäufer, die betrügerische Methoden anwendeten, indem sie beim Wiegen übergewichtige Edelmetallmünzen aussonderten u. einschmolzen bzw. vollwertige Münzen gegen unterwertige auswechselten („Kippen u. Wippen" der Waage). – *Kipper und Wipperzeit,* die ersten Jahre des Dreißigjährigen Krieges (1618–1623). Der große Geldbedarf u. die Silberknappheit veranlassten später auch die Landesherren, das vollwertige Geld einzuschmelzen u. mit Kupferzusatz unterwertig auszuprägen *(Kippermünzen).* Als Folge des „Kippens" verschwand vollwertiges Geld vom Markt u. wurde gehortet, was

Martin Kippenberger: Peter – die russische Stellung; 1987

den Geldbedarf wieder vergrößerte, den Edelmetallpreis in die Höhe trieb u. die Güterpreise fallen ließ, so dass es zu einer großen *Inflation* kam.

Kipphardt, Heinar, dt. Dramatiker, *8. 3. 1922 Heiderdorf, Schlesien, †18. 11. 1982 Angelsbruck, Oberbayern; Arzt; 1950–1959 Dramaturg am Dt. Theater in Berlin (Ost), danach in Düsseldorf u. München; Dramen über Gegenwartsthemen, Dokumentarstücke: „Entscheidungen" 1952; „Shakespeare dringend gesucht" (Komödie) 1954; „Die Stühle des Herrn Szmil" (Komödie) 1958; „In der Sache J. Robert Oppenheimer" 1964; „Joel Brand" 1965; „Die Soldaten" (Komödie nach J. M. R. *Lenz*) 1968; „Sedanfeier" 1970; „Bruder Eichmann" (postum) 1983. Romane: „März" 1976; „Der Mann des Tages" 1977; auch Fernsehspiele u. Gedichte. – Sammelausgaben: Stücke I u. II 1974; Theaterstücke. 2 Bde. 1978–1981.

Heinar Kipphardt

Kipping, Frederic Stanley, brit. Chemiker, *16. 8. 1863 Manchester, †1. 5. 1949 Criccieth, Wales; synthetisierte zahlreiche organ. Siliciumverbindungen mit Hilfe der Grignard-Reaktion.

Kippkübel, ein Behälter, der an einem Bügel drehbar aufgehängt ist. Er ist so konstruiert, dass er im gefüllten Zustand nach dem Lösen der Verriegelung kippt u. sich nach der Entleerung selbsttätig wieder aufrichtet. Das Fassungsvermögen eines Kippkübels beträgt bis zu 3 m³.

Kippregel, *G e o d ä s i e :* ein Gerät, das in Verbindung mit dem *Messtisch* zur Festlegung von Visierstrahlen u. zur Messung von Entfernungen u. Neigungswinkeln dient; besteht aus einem Lineal, über ein in Linealrichtung kippdrehbares Fernrohr mit Höhenkreis angebracht ist.

Kipp'scher Apparat, Gerät zur Darstellung von Gasen im Laboratorium, durch Reaktion von Feststoffen mit Flüssigkeiten, z. B. Wasserstoffgewinnung aus Zink u. Salzsäure (Zn + 2 HCL → ZnCl₂ + H₂). Die Reaktion wird abgebrochen, sobald der Gasaustritt unterbrochen wird, da das entstehende Gas die Flüssigkeit verdrängt.

Kippschwingungen, Schwingungen in Form einer Sägezahnkurve, die z. B. durch eine Glimmlampe (Ausnutzen des Unterschiedes zwischen Zünd- u. Löschspannung) oder einen Sperrschwinger mit Halbleitern erzeugt werden können; werden z. B. beim Oszillographen u. Fernsehen zum Zeilenschreiben angewandt.

Kippteil, *Ablenkteil*, elektron. Versorgungseinheit der Braun'schen Röhre. Das K. erzeugt mit Röhren- oder Halbleiterschaltungen (Multivibratoren) eine Sägezahn-

spannung (→ Kippschwingungen), die den Kathodenstrahl in fester zeitl. Folge ablenkt. Die Ablenkfrequenz kann entspr. der Schnelligkeit der dargestellten Vorgänge verschieden gewählt werden.

Kiprenskij, Orest Adamowitsch, russ. Maler u. Grafiker, *24. 3. 1782 bei Korje, †17. 10. 1836 Rom; trat 1788 in die St. Petersburger Kunstakademie ein; seit 1812 Akademierat in St. Petersburg; lebte seit 1818 in Rom, dort unter dem Einfluss von A. *Canova* u. B. *Thorvaldsen.* K. war der bedeutendste russische Porträtist seiner Zeit.

Kiptschak, türkische Volksgruppe, → Kumanen.

Kipushi [-ʃi], Bergbaustadt im südl. Katanga in der Demokrat. Rep. Kongo, an der Grenze gegen Sambia, rd. 33 000 Ew.

Kir, 1. Mixgetränk aus Crème de Cassis u. trockenem Weißwein; in der Mischung mit Champagner oder Sekt als „Kir Royal" bezeichnet.
2. Marke eines französ. Getränkeherstellers für ein dem K. (1) ähnl. Mixgetränk.

Kirch, Leo, dt. Medienunternehmer, *21. 10. 1926 Würzburg; gründete 1955 die erste Firma zur Verwertung von Filmrechten, später kamen weitere Firmen im Film- und Fernsehbereich (Produktion, Vertrieb, Synchronisation, Pay-TV, Digital-TV) hinzu. Zur Kirch-Gruppe gehören u. a. die Fernsehsender SAT 1, Pro Sieben, Kabel 1, N 24.

Kirchberg, 1. Stadt in Sachsen, Ldkrs. Zwickauer Land, im westl. Erzgebirge, 8700 Ew.; spätgot. Stadtkirche; Metall verarbeitende u. Textilindustrie.
2. schweiz. Luftkurort im Kanton St. Gallen, in der nördl. Landschaft Toggenburg, 7200 Ew.; ehem. Wallfahrtskirche (1747 erbaut).
3. *K. an der Jagst,* Stadt in Baden-Württemberg, Ldkrs. Schwäbisch Hall, 400 m. ü. M., 4400 Ew.; Erholungsort; histor. Stadtkern, Schloss (16. u. 18. Jh.). – Stadtrecht 1373.
4. *K. (Hunsrück),* Stadt in Rheinland-Pfalz, Rhein-Hunsrück-Kreis, nordwestl. des Soonwaldes, 427 m ü. M., 3800 Ew.; Holz-, Stein- u. Glasindustrie; Fremdenverkehr.
5. *K. in Tirol*, Sommerfrische u. Wintersportstätte im Brixental, 837 m ü.M., 4100 Ew.; Volksbrauch: der *Antlassritt* zur Schwedenschanze am Fronleichnamstag.

Kirchbichl, österr. Kurort in Tirol, im Unterinntal, 515 m ü.M., 5000 Ew.; Innkraftwerk.

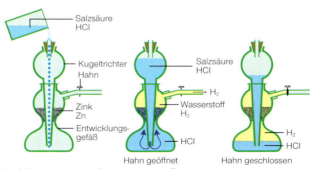

Kipp'scher Apparat: Darstellung der Wasserstofferzeugung

Salzsäure HCl

Kugeltrichter Hahn

Zink Zn

Entwicklungsgefäß

Hahn geöffnet

Salzsäure HCl

H₂

Wasserstoff H₂

HCl

Hahn geschlossen

H₂

HCl

Kirche [grch. *kyriake*, „dem Herrn gehörig"], *Ekklesia, Ecclesia,* **1.** das christl. Gotteshaus (→ Kirchenbau).
2. die Gesamtheit der sich auf Jesus Christus als ihren Stifter berufenden christl. Kirchen u. Glaubensgemeinschaften. Auch wenn die Spaltung in zahllose Konfessionen, die sich gegenseitig z. T. nicht als K. anerkennen, dem Wesen der K. widerspricht, so gehört der Glaube an „die eine, heilige, allgemeine u. apostolische K." (Nicänisches Glaubensbekenntnis) zu den gemeinsamen Überzeugungen. Auch → ökumenische Bewegung.

Kirche des Reiches Gottes, *Menschenfreundliches Werk,* 1919 durch das Wirken des schweiz. Bibelforschers F. L. A. *Freytag* (*1870, †1947) entstandene Absplitterung der Ernsten Bibelforscher (Jehovas Zeugen). Freytag verkündete, der „zweite Elias" zu sein, der die Schar der in der Endzeit Auserwählten sammeln müsse. Hauptverbreitungsbereich sind die Schweiz, Frankreich, Dtschld. u. Österreich. Von der dt. Zentrale in Frankfurt a. M. wird die Zeitschrift „Anzeiger des Reiches der Gerechtigkeit" herausgegeben.

Kirchen, *Kirchen (Sieg)*, Gemeinde in Rheinland-Pfalz, Ldkrs. Altenkirchen (Westerwald), an der Sieg, 240 m ü.M., 9800 Ew.; Luftkurort; Burg Freusburg (heute Jugendherberge); Maschinenbau, Metall verarbeitende u. Lederindustrie; früher Erzverhüttung.

Kirchenälteste, in der ev. u. der orth. Kirche gewählte Gemeindevertreter; in der ev. Kirche auch Presbyter oder *Kirchenvorsteher* genannt. Auch → Kirchenvorstand.

Kirchenamt, in der *k a t h . K i r c h e* eine auf Dauer geschaffene Einrichtung zur Wahrnehmung bestimmter kirchl. Aufgaben, die mit entsprechenden Befugnissen der Kirchengewalt ausgestattet ist. Die *e v . K i r c h e* kennt nur ein K., das Pfarramt. Dieses kann bei gleicher geistl. Qualität durch Zuweisung besonderer Aufgaben ausgestaltet werden. Mitarbeiter im Verkündigungsdienst (Lektoren, Diakone, Katecheten usw.) haben im Rahmen ihres Aufgabengebietes Teil an diesem einen K. Auch → Bischof.

Kirchenanwalt, in der *k a t h . K i r c h e* ein Priester, der in kirchl. Prozessen als Amtsanwalt (Promotor iustitiae [„Gerechtigkeitsanwalt"]) namens des Bischofs das öffentl., meist seelsorgl. Interesse vertritt u. in Streit- oder Strafsachen amtl. Kläger ist. In Heiligsprechungsprozessen tritt er als Glaubensanwalt (Promotor fidei) auf (auch → Advocatus diaboli). – In der *e v . K i r c h e* z. T. Bez. eines rechtskundigen Beamten (Juristen) in der Kirchenverwaltung.

Kirchenaustritt, der nach staatl. Recht geregelte Austritt aus einer Religionsgemeinschaft. Die staatl. Regelung entspricht einer Forderung der Glaubens- u. Gewissensfreiheit (Art. 4 GG) u. ist Konsequenz der religiös-welt-

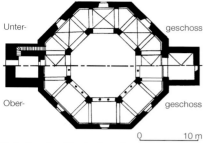

Kirchenbau: Grundriss des Zentralbaus der Kirche in Otmarsheim/Elsass; 1030–1049

anschaul. Neutralität des Staates. Der K. beendet die Kirchenmitgliedschaft nur mit bürgerl. Wirkung, innerkirchl. Rechtsfolgen bleiben unberührt. Keine Kirche kann den K. als eine kirchlich erlaubte Handlung anerkennen, wenn sie ihn auch hinnimmt. Die kath. Kirche beurteilt den K. als zumindest objektives Glaubensdelikt. Nach kath. wie nach ev. Kirchenrecht löst der K. nicht das mit der Taufe geknüpfte Band u. damit die Zugehörigkeit zur Kirche. Mit dem K. verliert der Austretende die Rechte zur Übernahme eines kirchl. Amts (z. B. Patenrecht) u. kann die kirchl. Handlungen (z. B. Beerdigung) nicht mehr beanspruchen. Der K. erfolgt vor staatl. Behörden (Amtsgericht oder Standesamt) bei den Kirchen, die Körperschaften des öffentl. Rechts sind. Der K. aus privatrechtl. Religionsgemeinschaften erfolgt nach den Vorschriften des BGB.

Kirchenbann, *Bann, Exkommunikation,* einstweiliger Ausschluss aus der Gemeinschaft mit der Kirche, nicht aus der Kirche selbst (→ Kirchengliedschaft). Im MA wurden der *große K.* (mit Verbot des bürgerl. Verkehrs) u. der *kleine K.* (Ausschluss von Sakramentsempfang) unterschieden. Der große K. war seit 1220 automatisch mit der Reichsacht verbunden. Wegen dieser Verknüpfung von geistl. u. weltl. Rechtsfolgen lehnte die luth. Reformation den großen Bann ab. In der *kath. Kirche* wird der K. heute vom Papst oder Bischof über Priester u. Laien als Beuge- oder Besserungsstrafe verhängt; er nimmt insbes. das Recht auf Spendung u. Empfang der Sakramente. In der *ev. Kirche* sind die Folgen des Kirchenbanns ähnlich, jedoch wird der K. (wenn überhaupt) als ein Mittel der Kirchenzucht bei Abweisung der bürgerl. Rechtsfolgen unter Mitwirkung der Gemeinde durch den Kirchenvorstand ausgeübt.

◆ **Kirchenbau,** *Kirchenbauarchitektur,* die baukünstler. Gestaltung des christl. Gotteshauses. In seinen Formen auf ältere Vorbilder, bes. auf die *Basilika,* zurückgreifend, wurde der K. Hauptaufgabe der Architektur des MA. Die beiden wichtigsten Kirchentypen sind der *Längs-* u. der *Zentralbau.* Während letzterer hauptsächlich die Entwicklung der byzant. Sakralarchitektur kennzeichnete, blieb im westl. Abendland der Langbau der vorherrschende Kirchen-

typ, ausgebildet bes. in der Form der Basilika, der *Hallenkirche* u. der *Saalkirche.* Innerhalb der in Größe, Material, Turmbildung u. a. stark voneinander abweichenden, landschaftlich u. durch Vorschriften der kirchl. Orden bedingten Entwicklung der Einzeltypen nehmen die *Bettelordenskirchen* einen wichtigen Platz ein. Die *Kapelle* kann der Kirche angegliedert, aber auch selbständiges Nebengebäude sein, ähnlich dem *Baptisterium.* Eine weitere Sonderform ist die *Doppelkirche.* Erst seit der Renaissance gewann auch im W der Zentralbau an Bedeutung. Gelegentlich verband er sich mit dem Langhaus (St. Peter, Rom), wobei der Turm durch die Kuppel ersetzt wurde, doch vermochte er sich außerhalb Italiens als Gemeindekirche selbst im Barock nicht in größerem Maß durchzusetzen; in Dtschld. blieben rein kirchl. Zentralbauten Ausnahmen (Frauenkirche, Dresden). Im K. der Gegenwart dominieren die schlichte Form der Halle u. der über mehreckigem Grundriss aufgeführte, dem Zentralbau angenäherte Kapellentyp, beide meist nur von geringen Ausmaßen u. sparsam in der Verwendung dekorativer Formen.

Kirchenbuch, kirchliches Tauf-, Trau- u. Beerdigungsregister; die pfarramtl. Eintragung u. beurkundete Auszüge gelten für die Zeit bis zur Einführung der Zivilstandsgesetzgebung in Deutschland (1876) uneingeschränkt als öffentl. Urkunden. Die Kirchenbücher gehen oft bis ins 16. Jh. zurück u. haben daher vielfach auch großen geschichtlichen Wert.

Kirchen des Ostens, *nestorianische, ostsyrische, assyrische, chaldäische Kirche,* die in ihren Anfängen wohl bis in das 2. Jh. hinabreichende Christenheit des parth., dann pers. Reichs, organisierte sich im 5. Jh. (auch in politisch gebotener Abgrenzung von der röm. Staatskirche) zur selbständigen Kirche unter einem Katholikos-Patriarchen in der pers. Hptst. Seleukeia-Ktesiphon, seit dem 8. Jh. in Bagdad. Diese apostolische u. kath. assyrische Kirche des Ostens gehört heute zu einer der beiden Kirchengruppen der → morgenländischen Kirchen. Sie öffnete sich den dogmat. Vorstellungen der z. T. aus dem oström. Reich geflohenen Anhänger des auf dem 3. ökumen. Konzil zu Ephesus 431 verurteilten Patriarchen von Konstantinopel, Nestorius, der im Sinne der antiochen. Tradition die volle Menschheit Christi neben seiner Gottheit (Dyophysitismus) vertrat. Dogmatisch folgen die K. d. O. den beiden ersten Ökumen. Konzilien. Durch Missionserfolge in Indien (→ Tho-

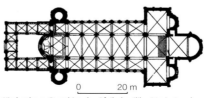

Kirchenbau: Grundriss der Pfeilerbasilika Maria Laach; 1093 bis Anfang 13. Jahrhundert

maschristen) u. bes. unter den Mongolen Zentralasiens u. in China wurde die K. d. O. zur größten Missionskirche des MA (Höhepunkt unter dem Patriarchen *Jahbalaha III.*). Mit dem Untergang des Mongolenreichs im Fernen Osten in der 2. Hälfte des 14. Jh. u. unter den Vernichtungszügen Timurs verfiel die Kirche, deren Reste sich in das kurd. Bergland Nordmesopotamiens zurückzogen („Bergnestorianer"). Nach erneuter Bedrängnis im Gefolge des 1. Weltkriegs finden sich die heute noch verbliebenen rd. 200 000 Gläubigen hauptsächlich in Irak, Iran, Syrien, Australien u. den USA; eine eigene Gruppe innerhalb der K. d. O. bilden die *Thomaschristen* Südindiens. Auseinandersetzungen um Reformen des kirchl. Lebens belebten ältere innere Gegensätze u. führten 1968 zur Spaltung der K. d. O. in ein Patriarchat mit 7 Metropolien (Sitz: Teheran) u. ein Patriarchat mit 4 Metropolien (Sitz: Bagdad). Ebenfalls in Bagdad hat der Patriarch der katholisch-unierten → chaldäischen Kirche seinen Sitz.

Kirchendiebstahl, der → Diebstahl einer Sache, die dem Gottesdienst gewidmet ist oder der religiösen Verehrung dient, aus einer Kirche oder einem anderen der Religionsausübung dienenden Gebäude. K. ist in der Regel als schwerer Diebstahl nach § 243 Nr. 4 StGB mit Freiheitsstrafe von 3 Monaten bis zu 10 Jahren zu bestrafen.

Kirchenfabrik, lat. *fabrica ecclesiae,* die juristische Person der Kirche u. aller zugehörigen Vermögenswerte, von der vor allem die Baulast getragen wird.

Kirchenfahne, in der *kath. Kirche* vor allem eine Fahne in den päpstl. Farben Gelb-Weiß oder in den Farben ehem. kirchl. Territorien; dient als Dekor bei feierl. Gottesdiensten u. Prozessionen. In der *ev. Kirche* ist die K. weiß mit violettem Kreuz.

Kirchengebote, fünf Gebote, die von der kath. Kirche erlassen sind, um die Gebote Gottes zu konkretisieren: Teilnahme an der Eucharistiefeier an Sonn- u. gebotenen Feiertagen; jährl. Beichte; Kommunionempfang zur Osterzeit u. in Todesgefahr; das Einhalten von gebotenen Feier- u. Fasttagen.

Kirchengemeinde, örtl. Teilgemeinschaft der einen umfassenden Gemeinde Christi; zuerst gottesdienstl. Gemeinde, aus der tätige Bruderliebe erwächst; sodann das korporative Gefüge von leitenden Geistlichen u. mitverantwortl. Gemeindemitgliedern. – In der *ev.* bes. in der *reform. Kirche* wurde das genossenschaftl. Prinzip gegenüber dem hierarch.-monarchischen betont; daher verwaltet die K. sich selbst durch den *Kirchengemeinderat (Kirchenvorstand, Presbyterium)* u. wählt sich den Pfarrer. Mitglied der K. ist jeder im Gemeindebereich wohnende ev. Christ. – In der *kath. Kirche* ist die K. die Gesamtheit der einer rechtl. umschriebenen Pfarrei zugehörigen Katholiken, die dem Pfarrer seelsorgerlich anvertraut sind; in der Christusbegegnung in der Eucharistiefeier werden sie zur Pfarrgemeinschaft, in der beratende u. helfende Dienste von Laien den Dienst des Pfarrers ergänzen können (*Pfarrausschuss, Pfarrhelfer*).

Kirchengemeinderat, *Kirchenvorstand, Presbyterium,* das Leitungs-, Beschluss- u. Vollzugsorgan der ev. Kirchengemeinde, gewählt von deren Gliedern.

Kirchengerät, alle bei liturg. Handlungen benutzten Gegenstände, von denen manche in der kath. Kirche benediziert werden.

Kirchengeschichte, im Rahmen der wissenschaftl. Theologie die Darstellung u. theolog. Interpretation der Geschichte der Kirche. Dadurch, dass Jesus von Nazareth in die Geschichte eingegangen ist u. das Christentum als eine der Weltreligionen zu den Wirkkräften der Weltgeschichte gehört, hat die Kirche ein unmittelbares Verhältnis zur Geschichte. Das Problem der K. haftet an dem Begriff der Kirche, die sich dem Historiker einerseits als in verschiedenen Erscheinungsformen greifbare u. beschreibbare Wirklichkeit darstellt, die aber andererseits Glaubensgegenstand ist u. als solche in eine andere Dimension als die der historischen Interpretation hineingreift. Als wissenschaftl. Disziplin ist K. Teil der allg. Geschichte u. verfährt nach den Regeln u. Methoden histor. Forschung. Zur K. gehören ebenso die Darstellung der speziellen Geschicke der Kirchen u. ihrer Theologie wie die Auswirkungen der Verkündigung auf Kunst u. Musik, Geistes- u. Naturwissenschaften, Erziehung u. Moral, Literatur u. Recht sowie den sozialen u. polit. Bereich. Aus äußeren Gründen ist die K. in drei Teile gegliedert: 1. Die *K. i. e. S.* versucht, den Gang der Kirche durch die Welt vom Urchristentum bis in die jüngste Gegenwart zu beschreiben, zu verstehen u. zu beurteilen. 2. Die *Dogmen- u. Theologiegeschichte* entfaltet den Werdegang der Lehrbildung innerhalb der christl. Kirchen. Sie geht davon aus, dass die Lehre der Kirche nicht ein für allemal abgeschlossen ist, sondern sich in einem lebendigen Prozess der Entfaltung, der Weiterführung, Verfälschung u. immer neuen Interpretation bis in die Gegenwart hinein befindet. 3. Die *Konfessionskunde* oder *Symbolik* beschreibt u. vergleicht die einzelnen christl. Konfessionen miteinander hinsichtl. ihrer Lehr- u. Lebensäußerungen u. verdient im Zeitalter der konfessionellen Annäherung bes. Beachtung als Wegbereiter zu einer ökumenisch konzipierten Kirchenkunde.

Kirchengesetz, 1. *ev. Kirche:* die von den Synoden der Kirchen erlassenen Rechtsbestimmungen in Gesetzesform. **2.** *kath. Kirche:* päpstl. u. bischöfliche Rechtsbestimmungen.

Kirchengewalt, nach *kath.* Kirchenrecht die der Kirche anvertrauten, vom Klerus ausgeübten Weihe- u. Leitungsbefugnisse einschl. der Lehrgewalt, → Jurisdiktion; in den *ev.* Kirchen die der Kirche, d. h. grundsätzlich allen Kirchengliedern (Priestertum aller Gläubigen), zur öffentl. Ausübung jedoch ohne qualitativen oder hierarch. Unterschied) den Pfarrern überantwortete Verwaltung von Wort u. Sakrament. Die äußere, verwaltungsmäßige K. ist ein Gebot

der guten Ordnung; sie steht keinem Amt oder Stand in der Kirche allein zu.

Kirchengliedschaft, nach *kath.* Auffassung die sichtbare Zugehörigkeit zur Kirche Christi, die in der Taufe begründet wird u. die das Bekenntnis des wahren Glaubens sowie die Verbundenheit mit der Kirche u. ihrer Leitung erfordert. Die K. im vollen Sinn geht verloren durch Preisgabe des Glaubens u. durch Ausschluss (Exkommunikation, Kirchenbann), wobei jedoch die mit der Taufe gegebene grundlegende Eingliederung in die Kirche bestehen bleibt. Getaufte, die der sichtbaren Gemeinschaft unverschuldet fernstehen, leben mit ihr wenigstens in unsichtbarer Verbindung. – Nach *ev.* Auffassung begründet die Taufe die Christuszugehörigkeit, die zugleich K. in der nichtverfassten allgemeinen christl. Kirche bedeutet. Die rechtl. K. wird erst durch Beitrittserklärung zu einer bestimmten Kirche erworben u. kann durch Austritt u. Ausschluss verloren gehen.

Kirchenjahr, im Unterschied zum bürgerl. Jahr in den christl. Kirchen Bez. für das liturg. Jahr, das mit dem 1. Advent beginnt. In der Folge des 2. Vatikan. Konzils hat Papst Paul VI. 1969 für die *kath. Kirche* eine Neuordnung des Kirchenjahrs u. eine Reform des röm. Kalendariums verkündet, die am 1. 1. 1970 in Kraft trat. Danach wird Ostern als Feier der Auferstehung Christi als Mitte des christl. Gottesdienstes bes. hervorgehoben. Ostern als Mitte des Kirchenjahrs wird umgeben von der 40-tägigen Fastenzeit (die nicht durch Heiligenfeste unterbrochen wird) u. der 50-tägigen Osterzeit, die mit Pfingsten abschließt. Jeder Sonntag als wöchentl. Feier des Herrentags ist geprägt von der Beziehung zu Ostern. Der Osterfestkreis hat seine Entsprechung im Weihnachtsfestkreis, der die vorbereitende Adventszeit, das Weihnachtsfest u. die Weihnachtszeit bis zum Fest der Taufe Christi (Sonntag nach Erscheinung des Herrn) umfasst. Die Vorfastenzeit mit den Sonntagen Septuagesima, Sexagesima u. Quinquagesima ist weggefallen. Die Wochen zwischen Taufe Christi u. Fastenzeit u. zwischen Pfingsten u. 1. Advent heißen allgemeine Kirchenjahrzeit oder Zeit im Jahreskreis u. werden fortlaufend gezählt. Die *ev. Kirche* zählt die Sonntage nach dem Fest Trinitatis (Sonntag nach Pfingsten).

Kirchenkampf, die Auseinandersetzung zwischen dem nat.-soz. Regime u. den christl. Kirchen in Dtschld. 1933–1945. Die Führung der NSDAP suchte vor 1933 u. unmittelbar nach der Machtübernahme ihrer christentumsfeindlichen Tendenzen u. ihrer auf Volkstum u. Rasse ausgerichteten Weltanschauung zu verschleiern, um bei der Festigung ihrer polit. Macht störende Spannungen mit der großen kirchl. Anhängerschaft zu vermeiden. Hitlers vermeintlich entgegenkommendes Taktieren (Regierungserklärung vom 21. 3. 1933; Abschluss des Reichskonkordats mit dem Vatikan vom 28. 7. 1933) stieß 1933/34 bei Kirchenführungen u. Kirchenvolk auf beträchtl. Bereitschaft zur Kooperation. Der Wirkungs-

raum, den das Regime der *kath. Kirche* (die etwa ein Drittel der Bevölkerung umfasste) im Konkordat zusicherte, wurde jedoch sehr bald durch gezielte antikirchl. Maßnahmen eingeengt, mit denen Partei u. Staat die Kirche aus dem öffentl. Leben (Presse, Verbände, Schulen) auf die bloße Seelsorge zurückdrängen wollten. Seit 1936 zielte das Regime dann darauf ab, Kirchenführung u. Kirchenvolk voneinander zu trennen (u. a. durch Devisen- u. Sittlichkeitsprozesse gegen Geistliche). Gegen die zunehmende Verfolgung konzentrierte die Kirche ihre Anstrengungen vor allem auf die Sicherung ihres institutionellen Bestands, um wenigstens den Kernbereich ihrer Tätigkeit vor der Vernichtung zu bewahren. – Die in Organisation u. Lehre weniger geschlossenen *ev. Kirchen* waren anfangs auch von sich aus an der Schaffung einer einheitl. Reichskirche (Dt. Ev. Kirche) interessiert. Widerstand erhob sich jedoch, als von staatl. Seite die nat.-soz. ausgerichteten „Deutschen Christen" massiv unterstützt wurden, die die „Entjudung" von Kirche u. Lehre betrieben. Wie innerhalb der kath. Kirche erwuchsen auch bei der Minderheit der Bekennenden Kirche seit 1934 die Bemühungen, sich gegen eine Gleichschaltung u. Einengung von Verkündigung u. Organisation zu behaupten, vor allem aus der Einsicht in die Unvereinbarkeit der religiösen Grundwahrheiten des Christentums mit der nat.-soz. Weltanschauung. Proteste gegen die offenkundigen Verbrechen u. – später – gegen die Massenmorde des Regimes wurden nur in einzelnen Fällen erhoben. Von ihrem Totalitätsanspruch her verstanden die Nationalsozialisten die Resistenzbemühungen der Kirchen gleichwohl als polit. Widerstand. Nur Zweckmäßigkeitserwägungen für die Zeit des Krieges führten dazu, dass das Regime die „Abrechnung" mit ihnen auf die Zeit nach dem „Endsieg" vertagte.

Kirchenkonferenz, Organ der EKD, besteht aus Mitgl. der Kirchenleitungen der Gliedkirchen.

Kirchenkreis, körperschaftl. Vereinigung mehrerer ev. Kirchengemeinden eines umgrenzten Gebietes, Amtsbereich des Dekans, Propstes oder Superintendenten. Die Kirchenkreise sind im gegliederten Verfassungsaufbau der ev. Landeskirchen die Mittelstufenverbände (→ Kirchenverfassung). Sie dienen der gegenseitigen ergänzenden Unterstützung der einzelnen Kirchengemeinde u. der Wahrnehmung gesamtkirchl. Aufgaben. In den einzelnen Landeskirchen sind die Kirchenkreise unterschiedl. stark ausgestaltet.

Kirchenlamitz, Stadt in Oberfranken (Bayern), Ldkrs. Wunsiedel im Fichtelgebirge, südl. von Hof, 600 m ü. M., 4300 Ew.; Erholungsort, Burgruine Epprechtstein; Porzellanfabrik, Textil- u. Maschinenindustrie. – Stadtrecht 1374.

Kirchenlatein, vom klass. Latein abweichende Formulierungen innerhalb der Liturgie der kath. Kirche.

Kirchenlehrer, in der kath. Kirche durch Papst oder Konzil verliehener Titel hervor-

Kirchenmusik: Gemälde von Pieter Lastmann „David im Tempel"; 1618. Die Darstellung zeigt die im Barock bei einer kirchenmusikalischen Aufführung übliche Besetzung. Die Sänger werden von Violine, Schellentrommel, Posaune, Pommer und Streichbass unterstützt. Braunschweig, Herzog-Anton-Ulrich-Museum

ragender Theologen, deren Werk Wesentliches für die Glaubensgeschichte u. -deutung enthält. Aus dem Altertum vier große griech. K.: Athanasius, Basilius, Gregor von Nazianz, Johannes Chrysostomus; vier große latein. K.: Ambrosius, Hieronymus, Augustinus, Gregor d. Gr.; aus dem MA: u. a. Bonaventura, Thomas von Aquin, Albertus Magnus. 1970 wurden mit Katharina von Siena u. Theresia von Avila erstmals Kirchenlehrerinnen ernannt. Auch → Kirchenväter.

Kirchenlied, das einstimmige, strophische, in der Landessprache abgefasste Gemeindelied im christl. Gottesdienst. Es galt im kath. Kult lange als außerliturgisch. Seit dem 2. Vatikan. Konzil gibt es Bestrebungen, dem K. innerhalb der Liturgie einen breiteren Raum zu gewähren. In der ev. Kirche gilt das K. als liturgisch (im Allg. Eingangs-, Haupt- u. Schlusslied). Die Anfänge des dt. Kirchenlieds gehen in das 8. Jh. zurück. Die ältesten heute noch bekannten Kirchenlieder stammen aus dem 12.–14. Jh. Die eigentl. Blütezeit ist das 15. u. 16. Jh. Textlich sind die Kirchenlieder dieser Zeit Übertragungen von Hymnen, Sequenzen u. a. gregorianischen Chorälen oder geistliche Umdichtungen von weltl. Volksliedern (Kontrafaktur). Ihre Melodien entlehnten sie vielfach der Gregorianik oder dem weltl. Lied. Durch *Luther* erfuhr das K. einen bedeutenden Aufschwung. Seine Liedtexte, von denen er mehrere selbst komponierte, sind Nachdichtungen von Psalmen, Hymnen, Sequenzen, Antiphonen u. neue Dichtungen. 1586 wurde von L. *Osiander* der → Kantionalsatz eingeführt. Bedeutende Kirchenlieddichter im 17. Jh. waren P. *Gerhardt,* F. von *Spee* u. A. *Silesius*. Das → Gesangbuch enthält Kirchenlieder für den Gottesdienst.

◆ **Kirchenmusik,** die für den gottesdienstl. Bereich bestimmte Musik. Von der *geistl. Musik,* die im außerkirchlichen Bereich, wie Haus, Konzert, Theater, Rundfunk, beheimatet ist, unterscheidet sie sich dadurch, dass sie liturgischen Gesetzen verpflichtet ist. In der ev. Kirche hat sich die K. den Agenden, in der kath. den päpstlichen Erlassen unterzuordnen.

Die *Frühkirche* übernahm den Psalmengesang aus der jüd. Praxis. Im 4. Jh. übertrug *Ambrosius* den in syrischen Gemeinden üblichen Hymnengesang in die latein. Liturgie. Der gregorianische Choral bildet die Grundlage der kath. K., wurde durch die Schola cantorum in Rom u. in den Provinzen der Kirche verbreitet u. wird bis heute in der kath. Kirche gepflegt. Die Sängerschulen von St. Gallen (*Notker Balbulus* u. *Tutilo,* †915) u. Reichenau *(Hermann von Reichenau)* tradierten die neuen Formen der Sequenz u. des Tropus. *Guido von Arezzo* gelang die notationsmäßige Festlegung der Gesänge, was durch immer kompliziertere liturg. Ordnung der Melodien notwendig wurde. Die frühen Versuche der abendländ. Mehrstimmigkeit fallen in die Zeit des 9. u. 10. Jh. Den ersten Höhepunkt der Mehrstimmigkeit bildete die Ars antiqua der Pariser Notre-Dame-Schule mit *Leoninus* u. *Perotinus.* Die Mehrstimmigkeit wurde als bes. Schmuckform des gregorian. Chorals verstanden. Die Ars nova mit ihrer Mensuralnotation schuf den ersten einheitl. komponierten Messzyklus (G. de *Machaut).*

Die italien. *Frührenaissance* (F. *Landino)* förderte den Hymnus u. die landessprachige Lauda. Seit etwa 1430 (G. *Dufay)* bis zum Ende des 16. Jh. *(Orlando di Lasso)* blühte die Kunst der Niederländer, die starke Impulse von *Josquin Desprez* emp-

fing, mit ihren Messen- u. Motettenkompositionen. Von hier aus gingen Verbindungen zu verschiedenen Landesschulen: Rom (Giovanni *Animuccia,* G. P. da *Palestrina),* Venedig (A. u. G. *Gabrieli,* C. *Monteverdi),* Spanien (C. de *Morales,* Tomás Luis de *Victoria),* Deutschland (H. *Isaac,* Heinrich *Finck,* L. *Senfl,* H. L. *Haßler).*

Das Zeitalter der *Reformation* brachte vor allem auf dem Gebiet des Liedsatzes (J. *Walther,* J. *Eccard,* M. *Praetorius),* der Passion (L. *Lechner,* C. *Schütz),* der Orgelmusik (J. P. *Sweelinck,* S. *Scheidt),* der Motette u. des geistl. Konzerts (C. *Schütz)* neue Entwicklungen. Für die ev. K. setzte H. Schütz mit seinen am Sprachrhythmus des Deutschen orientierten Vertonungen lange geltende Maßstäbe. Das geistl. Sololied erfuhr im Generalbasszeitalter bedeutende Pflege (Heinrich *Albert,* J. *Rist).* Höhepunkt der K. im *Barock* sind die Werke J. S. *Bachs,* dessen Kantaten, Passionen, Motetten, Orgelwerke für lange Zeit Vorbild blieben, u. die Oratorien G. F. *Händels.* Die Wiener *Klassik* führte den sinfon. Stil in die K. ein (Messen von J. *Haydn,* W. A. *Mozart,* L. van *Beethoven),* wenngleich sie eher am Rande des kompositor. Interesses stand. Die *Romantik* lenkte die Aufmerksamkeit wieder auf die K. der alten Meister. Auf kath. Seite wurde der Palestrina-Stil durch den Cäcilianismus gepflegt, nachdem die alten Meister durch zahlreiche Neuausgaben bekannt gemacht waren. Auf ev. Seite äußerte sich diese Bewegung in der Wiederentdeckung der Werke von J. S. Bach u. C. Schütz. M. *Reger* schuf einen eigenen Orgelstil, nachdem das Orgelspiel in der Klassik u. Frühromantik verflacht war.

Die *neue K.* steht im Zeichen der liturg. Erneuerung. Hervorzuheben sind J. *Haas,* H. *Kaminski,* J. *Messner,* P. *Hindemith,* I. *Strawinsky,* J. N. *David,* W. *Burkhard,* E. *Pepping,* H. F. *Micheelsen,* Gerhard *Schwarz,* J. *Ahrens,* H. *Schroeder,* H. *Bornefeld,* W. *Fortner,* H. *Distler,* O. *Messiaen,* H. *Degen,* Siegfried *Reda,* J. *Drießler,* A. *Heiller,* F. M. *Beyer,* H. W. *Zimmermann,* K. *Penderecki.*

Kirchenordnungen, die innere u. äußere Verwaltung u. Verfassung der ev. Kirchen regelnden Ordnungen, die früher von den dt. Landesfürsten im Benehmen mit den Konsistorien festgelegt wurden u. heute durch die Synoden erlassen werden. Auch → Kirchenverfassung.

Kirchenpatron, 1. der Inhaber des Patronatsrechts der Kirchengemeinde.
2. der Namenspatron (Schutzheiliger) einer Kirche.

Kirchenpräsident, Titel des leitenden Geistlichen einer ev. Landeskirche, so heute noch in Hessen u. Nassau, Anhalt, der Pfalz u. in der ev.-reform. Kirche in Nordwestdeutschland; in den meisten dt. ev. Landeskirchen wurde seit 1922 dafür der Bischofstitel eingeführt. In einigen unierten Landeskirchen (Rheinland, Westfalen) findet sich die Bezeichnung *Präses.*

Kirchenprovinz, 1. *ev. Kirche:* die heute zu Landeskirchen zusammengefassten Kirchengebiete der früheren preußischen Provinzen.

Kirchentag (1): Abschlussgottesdienst des Kirchentages 1997 im Leipziger Zentralstadion

2. *kath. Kirche:* die unter einem Erzbischof zusammengefassten Diözesen.

Kirchenrat, Titel ev. Theologen u. Juristen, die mit Aufgaben der Kirchenleitung oder Kirchenverwaltung in den Landeskirchen oder ihren Zusammenschlüssen betraut sind; meist zu *Landes-* oder *Oberkirchenrat* ergänzt; oft auch Ehrentitel.

Kirchenraub → Kirchendiebstahl.

Kirchenrecht, 1. *inneres K.,* die Gesamtheit der Rechtssätze zur Regelung des kirchl. Lebens. Das *kath. K.* (auch *kanonisches Recht* genannt) findet sich insbes. im → Codex Iuris Canonici. Dieser enthält (z. T. als unmittelbar von Gott gesetztes, z. T. als nur menschl. K.) das Verfassungsrecht der kath. Kirche, das Recht des Klerus, das Sakramentsrecht einschließlich des Eherechts, Verwaltungs-, Straf- u. Prozessrecht. Das *ev. K.* regelt Aufbau u. Ordnung der Landeskirchen u. der Zusammenschlüsse EKD, EKU, VELKD, das Amtsrecht, Vermögensrecht sowie das Recht der Kirchenglieder.

2. *Staatskirchenrecht,* die Gesamtheit der Rechtsnormen u.-grundsätze über das Verhältnis von Staat u. Kirche, heute in den Verfassungen sowie Konkordaten u. Kirchenverträgen niedergelegt. Es gibt historisch Systeme enger Verbindung von Staat u. Kirche *(Staatskirchentum, Kirchenstaatstum, Theokratie),* ferner solche der Trennung beider (Religion als „Privatsache") u. solche der Unterscheidung der Bereiche bei gegenseitiger Zuordnung (System der staatl. Kirchenhoheit, *Koordinationssystem).* In Deutschland gelten die Kirchen als Teil der öffentl. Ordnung, aber unabhängig vom Staat. In ihren eigenen Angelegenheiten sind die Kirchen u. sonstigen Religionsgemeinschaften selbständig u. nur an den Rahmen solcher staatl. Gesetze gebunden, auf die ein Staat auch bei Anerkennung kirchl. Autonomie nicht verzichten kann. Das Staatskirchenrecht ist in Art. 4, 140 GG in Verbindung mit Art. 136–139 u. Art. 141 der Weimarer Verfassung im Sinn der gegenseitigen Verselbständigung von Staat u. Kirche unter Aufrechterhaltung der überkommenen Korporations- u. Vermögensrechte (Steuerhoheit mit staatl. Verwaltungshilfe; finanzielle Staatszuschüsse) geregelt. Auch

die Bestimmungen über die Freiheit des Glaubens, des Bekenntnisses, den Sonn- u. Feiertagsschutz u. die Seelsorge in öffentl. Organisationen (Bundeswehr, Polizei) u. Anstalten (Krankenhäuser, Strafanstalten), Religionsunterricht an Schulen, theolog. Fakultäten an Universitäten u. strafrechtl. Schutz der Kirchen u. ihrer Amtsträger sind Bestandteil dieser Ordnung.

Kirchenregierung, *Kirchenregiment,* die bis 1918 durch den Landesherrn ausgeübte Leitung der ev. Landeskirchen; heute Bez. für das ständige kirchenleitende Organ in zwei Landeskirchen (Braunschweig, Pfalz).

Kirchenschatz, im kath. Sprachgebrauch die Heilswirklichkeit, insofern die Kirche sie den Gläubigen von Christus her u. kraft seines Sühnetods als Mittlerin zuleitet. Dies geschieht etwa im Nachlass zeitlicher Sündenstrafen.

Kirchenschriftsteller, ein theolog. Schriftsteller des Altertums, dem nach kath. Auffassung im Unterschied zum → Kirchenvater die Merkmale anerkannter Rechtgläubigkeit u. Heiligkeit fehlen.

Kirchenslawisch, die seit Ende des 9. Jh. *(Altkirchenslawisch, Altbulgarisch)* liturgisch gebrauchte (bis ins 18. Jh. auch profane) Schriftsprache der griech.-orthodoxen slaw. Völker; hauptsächlich in kyrill. Schrift aufgezeichnet.

Kirchensprache → Liturgiesprache.

Kirchenstaat, das Staatsgebiet des Papsttums. Seit dem 4. Jh. hatte die röm. Kirche durch zahlreiche Schenkungen Grundbesitz in Italien erhalten *(Patrimonium Petri)* u. begründete ihren Anspruch auf eine unabhängige Landesherrschaft durch die (gefälschte) Urkunde Konstantins *(Konstantinische Schenkung).* Bis auf den Dukat Rom (als byzantin. Verwaltungsbezirk) hatte die Kirche im Kampf gegen Byzanz u. die Langobarden ihre Gebiete wieder eingebüßt. Der Frankenkönig Pippin übernahm gegen die Langobarden die Schutzherrschaft über Papsttum u. Rom u. garantierte in einer Urkunde zu Quierzy 754 *(Pippinsche Schenkung)* den Dukat Rom, das Exarchat Ravenna u. die Pentapolis (5 Städte an der Adria) als kirchl. Territorien. Pippin erhielt als Gegenleistung die päpstliche Anerkennung als legitimer Herrscher. Diese Verbindung von (christl. geprägtem) weltlichem Herrschertum u. Papsttum bestimmte das MA. Im 8. Jh. erneuerte u. vergrößerte Karl d. Gr. die Pippinsche Schenkung. Vor allem durch das Vermächtnis der Gräfin Mathilde von Tuszien († 1115, *Mathildische Güter)* erhielt die Kirche beträchtl. Gebietszuwachs. Nach der Übersiedlung der Päpste nach Avignon (1309–1377) konnte der K. u. konnte von den Päpsten Martin V. (1417 bis 1431) u. Eugen IV. (1431–1437) nur unter Mühen zurückerobert werden. Unter den Renaissancepäpsten kam die Versorgung der eigenen Familie, der sog. Nepotismus, auf, der dem K. im 15. u. 16. Jh. schweren Schaden zufügte. Erst Alexander VI. (1492 bis 1503) u. Julius II. (1503–1513) schufen einen wirklich geschlossenen Staat, der unter Julius II. seine größte Ausdehnung erreichte. Der Übertritt Klemens' VII. (1523

bis 1534) auf die Seite Frankreichs führte zur Katastrophe des *Sacco di Roma* (1527) u. zu erhebl. Einbußen des Kirchenstaates. Pius V. (1566–1572) verbot jede Weiterbelehnung eines heimgefallenen päpstl. Lehens u. schuf so die Voraussetzung für die Konsolidierung des Kirchenstaates. Klemens VIII. (1592–1605) schuf mit Unterstützung Heinrichs IV. von Frankreich ein Gegengewicht gegen Spanien u. vergrößerte den K. 1597 durch Einzug des päpstl. Lehens Ferrara beträchtlich. Urban VIII. (1623–1644) erweiterte den K. mit Urbino, Sinigallia u. Montefeltre. Sein Versuch, Castro dem K. einzugliedern, führte 1641 zum Castrokrieg u. zu einer schweren Ansehenseinbuße. Versuche Kaiser Josephs I., von den Päpsten eingezogene Reichslehen wiederzugewinnen, führten zu erhebl. Spannungen mit Klemens XI. (1700 bis 1721) u. 1708 zum letzten Krieg zwischen Papst u. Kaiser. Joseph I. erreichte sein Ziel nicht. Im Frieden von Utrecht 1713 setzten sich die Mächte über die päpstl. Lehensrechte auf Neapel u. Sizilien hinweg. Die Aufklärung schuf eine Stimmung gegen den K., der im Konflikt mit den Bourbonen zeitweise Avignon, Venaissin, Benevent u. Pontecorvo verlor. In der Französ. Revolution verlor der K. 1791 endgültig Avignon. 1796 ging der größte Teil des Kirchenstaates an Frankreich verloren. 1798 musste Pius VI. (1775–1798) fliehen. Der K. erlebte unter Pius VII. ein wechselvolles Schicksal, bis er 1809 von Napoleon I. säkularisiert wurde. 1815 wurde er restituiert, ging aber in den nationalen Einigungsbestrebungen im Königreich Italien (1860 u. 1870). 1929 wurde ein souveränes Territorium um Peterskirche u. Vatikan als Symbol päpstl. Unabhängigkeit geschaffen *(Lateranverträge).* – Auch → Vatikanstadt.

Kirchensteuer, die von den Angehörigen einer öffentl.-rechtlich anerkannten Religionsgemeinschaft meist in Form von Zuschlägen zur Einkommen- bzw. Lohnsteuer oder zum Grundsteuermessbetrag an die Kirchen zu entrichtende Steuer; wird von den staatl. Finanzbehörden erhoben u. an die Kirche abgeführt. Der Staat erhält für diese Tätigkeit 3–4% der Kirchensteuereinnahmen. Die Höhe der Kirchensteuerzuschläge zur Einkommensteuer beträgt in Baden-Württemberg, Bayern, Bremen u. Hamburg 8%, in den übrigen Bundesländern 9%. Mit Rücksicht auf die Steuerprogression der Einkommensteuer sehen (mit Ausnahme von Baden-Württemberg u. Bayern) die ev. Landeskirchen u. viele kath. Diözesen eine obere Begrenzung der K. auf 3–4% des steuerpflichtigen Einkommens vor (sog. *Kappung),* z. T. nur auf Antrag. Die gezahlte K. kann in voller Höhe bei der Einkommensteuer als Sonderausgaben abgezogen werden.

Kirchenstrafen, 1. *ev. Kirche:* die von den Kirchenbehörden gegenüber Pfarrern sowie von Pfarrern gegenüber Gemeindemitgliedern verhängten Strafen, die im ersten Fall in lehrzuchtl. oder disziplinären Maßnahmen (Absetzung, Suspension, Versetzung, Gehaltskürzung, Verweis), im zwei-

ten Fall im Ausschluss von Abendmahl, kirchl. Trauung u. in der Verweigerung der kirchl. Beerdigung bestehen.
2. *kath. Kirche:* die vom Papst oder Ordinarius verhängten Besserungsstrafen (Kirchenbann, Suspension) u. Sühnestrafen (Sakramentsverweigerung, Absetzung, Degradation). Der Pfarrer hat keine eigentl. Strafgewalt.

Kirchentag, *Deutscher Evangelischer Kirchentag,* ◆ **1.** Konferenz ohne kirchenamtl. Auftrag zur Sammlung der ev. Christen erstmals 1848 in Wittenberg durchgeführt, wo nach Aufsehen erregender Rede von J. H. *Wichern* der „Centralausschuss für die Innere Mission" gegründet wurde. Bis 1872 fanden insgesamt 16 Kirchentage statt. Die beabsichtigte Gründung eines dt. ev. Kirchenbundes aus den Landeskirchen konnte nicht verwirklicht werden.
2. synodales Organ des 1922 gegr. Deutschen Ev. Kirchenbundes, bestand bis 1933.
3. 1949 von R. von *Thadden-Trieglaff* u. a. ins Leben gerufene ev. Laienbewegung, die durch große mehrtägige Tagungen die kirchl. Arbeit lebendiger gestalten u. die Bedeutung des christl. Glaubens für die in der Gesellschaft diskutierten Fragen hervorheben will. Im Mittelpunkt jedes Kirchentags stehen Bibelarbeiten u. themat. Arbeitsgruppen. Auch ist der K. Forum des Gesprächs zwischen den verschiedenen Gruppen in der Kirche u. erreichte u. a. wegen seines theolog. „Pluralismus" durch seine aktuellen Fragestellungen Hunderttausende vorwiegend jüngerer Teilnehmer.

◆ **Kirchentonarten,** vom frühen MA bis etwa 1600 gebräuchliche Tonarten, nach altgriech. u. kleinasiat. Stämmen benannt, zwar nicht mit den gleichnamigen griech. Tonarten identisch, aber strukturell auf sie zurückgehend. Die K. werden in sechs *authent.* (Haupt-)Tonarten u. sechs *plagale* (Neben-)Tonarten eingeteilt. Erstere beginnen mit dem Grundton, letztere mit der Unterquarte der authent. Tonart. Das heutige C-Dur hat die gleiche Tonfolge wie die ionische Tonart, a-Moll entspricht der äolischen Tonart (diese ohne übermäßige Sekunde u. Leitton), alle anderen K. können wegen der Lage ihrer Halbtöne nicht in das Dur-Moll-System integriert werden. Neben dem Schlusston *(Finalis)* ist für den liturg. Gesang der Deklamationston *(Repercussio)* jeder Tonart charakteristisch. Erst *Glareanus* erweiterte die ursprüngl. acht K. 1547 um das Äolische u. Ionische.
Wie Platon (im „Staat") und Aristoteles (in der „Politik") gab auch das Mittelalter der Musik eine große ethische Bedeutung. In Musikwerken unserer Zeit wird häufig auf die K. zurückgegriffen (z. B. bei P. *Hindemith*).

Kirchentrennung → Schisma.
Kirchenväter, in der christl. Theologie die Schriftsteller der Alten Kirche (bis *Isidor* von Sevilla, † 636, für die latein. Kirche u. *Johannes* von Damaskus, † um 748, für die griech. Kirche), in deren Schriften die Anfänge christl. Theologie u. die älteste

---

Kirchentonarten

authentische Tonarten	plagale Tonarten
1. dorisch = d–d'	1. hypodorisch = A–a
2. phrygisch = e–e'	2. hypophrygisch = H–h
3. lydisch = f–f'	3. hypolydisch = c–c'
4. mixolydisch = g–g'	4. hypomixolydisch = d–d'
5. äolisch = a–a'	5. hypoäolisch = e–e'
6. ionisch = c–c'	6. hypoionisch = G–c

Glaubenstradition versammelt sind. Mit ihren Lehren befasst sich die *Patrologie.*
Kirchenverfassung, 1. *ev. Kirche:* die in den Kirchenverfassungen (Kirchenordnungen, Grundordnungen) zusammengestellten Sätze zur Verfassung u. Verwaltung der Kirchen. Die K. unterliegt wie alles kirchl. Recht der Bindung an Schrift u. Bekenntnis. Aufgrund einer unterschiedl. Entwicklung in den einzelnen Territorien, gefördert durch theolog. Verschiedenheiten, haben sich mehrere Typen von K. herausgebildet. In unterschiedl. Gewichtung werden mehr das bischöfliche (→ Bischof), das konsistoriale (→ Konsistorium) oder das presbyterial-synodale (→ Kirchenvorstand) Element betont. In den heutigen ev. Kirchenverfassungen finden sich, wenn auch verschieden stark ausgeprägt, alle drei Formen.
2. *kath. Kirche:* die nach Ämtern gegliederte Hierarchie der Kirche.
Kirchenvertrag, allg. ein Vertrag zwischen Staat u. Kirche zur Regelung des gegenseitigen Verhältnisses von Staat u. Kirche. Der K. mit der kath. Kirche heißt → Konkordat. In Dtschld. haben ev. Kirchenverträge geschlossen: Bayern 1924/1978, Preußen 1931 (nur noch teilweise in Kraft), Baden 1932, Niedersachsen 1955/1965, Schleswig-Holstein 1957, Nordrhein-Westfalen 1957, 1958 u. 1984, Hessen 1960, Rheinland-Pfalz 1962, nach der Wiedervereinigung folgten die neuen Bundesländer; der Bund schloss einen Vertrag über die Militärseelsorge 1957.
Kirchenvorstand, 1. *kath. Kirche:* der für die Vermögensverwaltung einer Kirchengemeinde zuständige Ausschuss.
2. *luth. Kirche:* das für alle Selbstverwaltungsfragen einer Kirchengemeinde gewählte Beschluss- u. Leitungsorgan. Er ist mitverantwortlich für das geistl. Leben in der Gemeinde.
3. *reform. Kirche:* das über die Verwaltung hinaus auch in Fragen der Lehre u. Kirchenzucht zuständige gewählte, aus Theologen u. Gemeindegliedern bestehende Gremium *(Presbyterium).*
Kirchenzehnt → Zehnt.
Kirchenzucht, *Kirchendisziplin,* in den Konfessionen verschieden weit gehende Maßnahmen zur Führung der Gemeinde in Ordnung, Sitte u. Glauben. Auch → Disziplinarrecht.
Kircher, Athanasius, dt. Gelehrter, *2. 5. 1601 Geisa, Thüringen, † 27. 11. 1680 Rom; Jesuit, Prof. in Würzburg u. Rom, befasste sich mit mathemat., naturwissenschaftl. u. philolog. Forschungen; soll die Laterna magica erfunden haben.
Kirche von England → anglikanische Kirche

Kirchgeld, ein Beitrag, der neben der *Kirchensteuer* von der örtl. Kirchengemeinde erhoben werden kann u. von jedem erwachsenen Mitgl. zu zahlen ist.
Kirchhain, Stadt in Hessen, Ldkrs. Marburg-Biedenkopf, im Amöneburger Becken, 200–380 m ü. M., 16 100 Ew.; mittelalterl. Stadtbild mit Stadtmauerresten u. Fachwerkhäusern (16./17. Jh.), Rathaus (15. Jh.), Stadtkirche St. Michael (15. Jh.); Maschinen-, Tapetenindustrie. – Stadtrecht 1352.
Kirchheim, 1. *K. am Neckar,* Gemeinde in Baden-Württemberg, Ldkrs. Ludwigsburg, 4900 Ew.; Weinanbau.
2. *K. am Ries,* Gemeinde in Baden-Württemberg, Ostalbkreis, 1900 Ew.; Kirche des ehem. Zisterzienserinnenklosters (14. Jh., Inneneinrichtung 17. u. 18. Jh.).
3. *K. bei München,* Gemeinde in Bayern, Ldkrs. München, 12 500 Ew.
4. *K. in Schwaben,* Gemeinde in Bayern, Ldkrs. Unterallgäu, a. d. Mindel, 560 bis 580 m ü. M., 2600 Ew.; Fuggerschloss (16. Jh.).

Kirchheim unter Teck

◆ **5.** *K. unter Teck,* Stadt in Baden-Württemberg, Ldkrs. Esslingen, am Zusammenfluss von Lauter u. Lindach, südöstl. von Stuttgart, 308 m ü. M., 38 400 Ew.; Rathaus (1722–1724), ehem. Schloss (16. Jh.), spätgot. Pfarrkirche; Papier-, Textil-, Möbel- u. Metallindustrie. – Stadtrecht um 1220/1230.
Kirchheimbolanden, Kreisstadt in Rheinland-Pfalz, im Pfälzer Bergland, östl. des Donnersbergs, 250–360 m ü. M., 7500 Ew.; Luftkurort; mittelalterl. Altstadt mit Türmen u. Toren der Stadtummauerung, Barockschloss (18. Jh.), ehem. Schlosskirche (1739–1744); Maschinen-, Schuh-, Fahrzeug-, Glas- u. Bekleidungsindustrie; Verw.-Sitz des *Donnersbergkreises.* – K. erhielt 1368 Stadtrecht, gehörte 1574–1797 den Grafen bzw. Fürsten von Nassau-Weilburg u. war zeitweise Residenz.
Kirchhellen, seit 1976 nördl. Stadtteil von Bottrop.
Kirchhof → Friedhof.

Bodo Kirchhoff

Kirchhoff, ◆ **1.** Bodo, dt. Schriftsteller, *6. 7. 1948 Hamburg; ein Hauptthema seines Werks ist die Unfähigkeit des modernen Menschen zu intensiver Selbsterfahrung u. echter Begierde, die durch die Macht der Sprache kompensiert werden soll. K. schreibt

Theaterstücke (u. a. „Body-Building" 1979; „Wer sich liebt" 1981; „Die verdammte Marie" 1986), aber auch Essays, Erzählungen u. Romane: „Die Einsamkeit der Haut" 1981; „Zwiefalten" 1983; „Ferne Frauen" 1987; „Infanta" 1990; „Der Ansager einer Stripteasenummer gibt nicht auf" 1994.

Gustav Robert Kirchhoff

◆ **2. Gustav Robert**, dt. Physiker, *12. 3. 1824 Königsberg, †17. 10. 1887 Berlin; lehrte in Breslau, ab 1854 in Heidelberg u. seit 1875 in Berlin; entdeckte mit R. *Bunsen* die Spektralanalyse, arbeitete auf dem Gebiet der Thermodynamik, Wärmeleitung, Lichtemission u. -absorption (→ Strahlungsgesetze). In der Elektrizitätslehre stellte er die *Kirchhoff'schen Regeln* auf, die die Grundlage zur Berechnung von Strom- u. Spannungsverhältnissen bilden; hierbei gilt: 1. bei Parallelschaltung von elektr. Widerständen ist die Summe der Teilströme gleich dem durch das ganze System fließenden Gesamtstrom; 2. bei Hintereinanderschaltung von Widerständen ist die Summe der Teilspannungen gleich der an das System angelegten Gesamtspannung.

Kirchhoff'sche Regeln → Kirchhoff (2).

Kirchhofsdichtung, Dichtungstyp der engl. Literatur des 18. Jh., behandelt gefühls- u. stimmungsbetont die Themen von Tod u. Vergänglichkeit u. weist auf die frühe Romantik hin. Hauptvertreter: R. *Blair*, T. *Gray*, E. *Young*.

Kirchhundem, Gemeinde in Nordrhein-Westfalen, Ldkrs. Olpe, an der Hundem, im Rothaargebirge, 300–760 m ü. M., 13 000 Ew.; Luftkurort; Papier-, Elektro- u. Holzindustrie; Hochwildschutzpark.

Kirchlengern, Gemeinde in Nordrhein-Westfalen, Ldkrs. Herford, an der Else, 15 500 Ew.; Herstellung von Möbelbeschlägen.

kirchliche Bildungsarbeit, Ausdruck der Mitverantwortung von Kirche u. Theologie an den Bildungsaufgaben der Gegenwart, umfasst christl. Bildung u. Erziehung in allen Lebensbereichen (Kindergarten, Religionsunterricht, kirchl. Unterricht, Jugendbildung, berufl. Bildung, Erwachsenenbildung, Gemeindepädagogik, Ausbildung kirchl. Mitarbeiter u. a.), setzt voraus, dass auch die Kirchen zu den Trägern der öffentl. Bildungseinrichtungen gehören.

kirchliche Entwicklungshilfe, Bemühungen der Kirchen um die Entwicklung der Dritten Welt. Träger sind auf *ev.* Seite in Deutschland das → Diakonische Werk der EKD mit → Brot für die Welt (finanziert durch Spenden), die „Ev. Zentralstelle für Entwicklungshilfe" (finanziert durch staatl. Mittel), der „Kirchl. Entwicklungsdienst" (finanziert durch landeskirchl. Haushaltsmittel), die Arbeitsgemeinschaft → Dienste in Übersee u. das Ev. Missionswerk (finanziert durch landeskirchl. Haushaltsmittel u.

Kollekten). Diese Organisationen haben sich in der „Arbeitsgemeinschaft Kirchl. Entwicklungsdienst" zusammengeschlossen. – Träger auf *kath.* Seite sind in Deutschland das bischöfl. Hilfswerk „Misereor", die „Arbeitsgemeinschaft für Entwicklungshilfe", die „Kath. Zentralstelle für Entwicklungshilfe" u. der „Verband der Diözesen Deutschlands", der die für Entwicklungshilfe freigegebenen Kirchensteuermittel verwaltet.

kirchliche Gerichtsbarkeit, *geistliche Gerichtsbarkeit,* die besondere interne Gerichtsbarkeit der Kirchen.

Die *kath. Kirche* kennt seit langem eine durchgebildete Gerichtsbarkeit zur Entscheidung von Rechtsstreitigkeiten über geistl. Sachen, wozu die Ehe als Sakrament rechnet, u. zur Strafverfolgung von Verletzungen kirchl. Normen (z. B. wegen Delikten gegen Glauben u. Kircheneinheit, gegen kirchl. Obrigkeiten, Leben, Freiheit, Eigentum, Ehre, gute Sitten u. gegen Standespflichten). Träger der kirchlichen Gerichtsbarkeit sind der Papst u. die Bischöfe (also keine Gewaltenteilung), die sie durch kirchl. Gerichte ausüben lassen, nämlich 1. das *bischöfl.* oder *Diözesangericht,* an dessen Spitze der jederzeit absetzbare Offizial steht, 2. das *erzbischöfl.* oder *Metropolitangericht* für die Kirchenprovinz, 3. die päpstl. Gerichte der *Hl. Rota Romana* u. der *Apostolischen Signatur.* Das Verfahren vor kirchl. Gerichten ist schriftlich u. nicht öffentlich.

Die *ev. Kirchen* lehnten eine k. G. zunächst ab, mussten aber mit ihren *Konsistorien* seit 1539 die Lücke füllen, die durch die Suspendierung der bischöfl. (bes. Ehe-)Gerichtsbarkeit entstanden war. Allmählich traten staatl. Gerichte an ihre Stelle. Seit der Verselbständigung der ev. Kirchen im 19. Jh. wurden *Disziplinargerichte* für Geistliche u. Kirchenbeamte errichtet, für Lehrzuchtfragen bestehen *Spruchkollegien.* Daneben wurden insbes. seit 1949 kirchl. *Verfassungs-* u. *Verwaltungsgerichte* geschaffen zur Entscheidung von Streitigkeiten zwischen kirchl. Organen u. solchen über äußere kirchl. Verwaltungsakte (nicht geistl. Amtshandlungen u. deren Verweigerung). Die EKD hat ferner einen *Schiedsgerichtshof* eingerichtet.

kirchliche Heraldik → Wappen.

kirchliche Hochschulen, Institutionen zur Ausbildung von katholischen u. evangelischen Geistlichen. – Das Studium der *katholischen* Theologie ist in Deutschland an den Fakultäten mehrerer Universitäten, insbes. an der Katholischen Universität Eichstätt, möglich. Daneben bestehen k. H., an denen bes. die Priesteramtskandidaten der einzelnen Diözesen ihre wissenschaftliche Ausbildung erhalten, die aber auch von Laien besucht werden können.

Im Unterschied zur wissenschaftlich betonten Ausbildung der *evangelischen* Pfarrer an Universitäten ist es das Ziel der evangelischen kirchlichen Hochschulen, eine praktische Ausbildung der Theologen zu gewährleisten. Diese erfolgt z. T. nur bis zu einem bestimmten Studienabschnitt. In

Ernst Ludwig Kirchner: Selbstbildnis mit dem Modell; 1910. Hamburg, Kunsthalle

Deutschland bestehen kirchliche Hochschulen in Benediktbeuren, Bethel (Bielefeld), Frankfurt a. M., Friedensau, Fulda, Münster, Neuendettelsau, Oberursel, Sankt Augustin, Trier, Vallendar, Wuppertal.

kirchliche Männerarbeit, eine Aufgabe der Kirche mit dem Ziel, Männern zu einer christl. Existenz in Beruf, Öffentlichkeit u. Familie zu verhelfen; in der ev. Kirche in der „Männerarbeit der EKD" mit Sitz in Offenbach zusammengefasst, in der kath. Kirche in der „Hauptgeschäftsstelle für Männerseelsorge u. Männerarbeit in den dt. Diözesen" mit Sitz in Fulda koordiniert.

kirchliche Öffentlichkeitsarbeit, mit dem umfassenden Verkündigungs- u. Sendungsauftrag Christi begründet, Ausdruck der Mitverantwortung der Kirche für die polit. u. soziale Ordnung des gesellschaftl. Lebens, umfasst vorrangig Stellungnahmen zu Politik, Wirtschaft, Recht u. Kultur (→ Denkschriften der EKD), aber auch die Vermittlung vom kirchl. Leben in die Öffentlichkeit. Informationen werden angeboten in Publizistik, Presse, Hörfunk, Fernsehen, Film, Internet. Der Evangelische Pressedienst u. die Katholische Nachrichtenagentur verbreiten Meldungen u. Berichte.

Kirchliches Außenamt, Abk. *KA,* Amtsstelle der Ev. Kirche in Dtschld. (EKD) mit Sitz in Frankfurt a. M. Das KA nimmt die Außenbeziehungen der EKD wahr. Neben Kontakten zum Ökumen. Rat der Kirchen, den konfessionellen Weltbünden u. den einzelnen Kirchen ist es zuständig für die Verbindung zu deutschsprachigen Gemeinden u. Kirchen im Ausland. Das KA verantwortet ferner die Urlauberseelsorge im Ausland u. die pastorale Betreuung ausländischer ev. u. orth. Christen im Inland.

Kirchlinteln, Gemeinde in Niedersachsen, Ldkrs. Verden, 10 000 Ew.

Kirchner, ◆ **1.** Ernst Ludwig, dt. Maler u. Grafiker, *6. 5. 1880 Aschaffenburg, †15. 6. 1938 Frauenkirch bei Davos/Schweiz (Selbstmord); wurde nach Architekturstudium in Dresden (1901–1905) Mitgründer der Künstlervereinigung „Brücke", seit 1911 in Berlin, seit 1917 in der Schweiz tätig; einer der Hauptmeister des dt. Expressionismus. Kirchners Frühstil ist vom Neoimpressionismus sowie von V. van *Gogh* u. E. *Munch* beeinflusst; um 1907 erfolgte der Übergang zu einer großflächigen, starkfarbigen Ausdrucksmalerei, die in der Kunst der franzöz. Fauves ihre Parallele hat. Die in Kirchners Berliner Zeit entstandenen Straßenszenen u. Schilderungen des Großstadtmenschen bilden Höhepunkte der expressionistischen Malerei. In den Gemälden der Schweizer Jahre überwiegen Themen aus der Bergwelt, zugleich zeichnet sich eine Hinwendung zu formalen Problemen ab. In Kirchners Holzschnitten wird durch Wiedergabe der Holzmaserungen der Eigenwert des Materials betont.
2. Heinrich, dt. Bildhauer, *12. 5. 1902 Erlangen, †3. 3. 1984 Pavolding/Oberbayern; studierte an der Akademie in München u. Paris u. übte eine langjährige Lehrtätigkeit für Erzgießerei u. Bildhauerei an der Münchner Akademie aus. K. schuf großformat., archaische Figuren mit einfachen, ausdrucksstarken Formen. Seine religiös inspirierten Plastiken sind Sinnbilder für die Begegnung des Menschen mit dem philosoph. Wahrheit u. Freiheit.
◆ **3.** Volker David, Komponist u. Bratschist, *25. 6. 1942 Mainz; studierte Komposition bei G. *Raphael*; wandte sich von der musikal. Avantgarde ab u. setzte sich für eine stärker emotional beeinflusste moderne Musik ein. Werke: „Nachtmusik" 1971; „Golgatha" für 3 Knabenstimmen u. 19 Instrumente 1980; „Der blaue Harlekin. Hommage à Picasso" für Bläseroktett 1981; „Requiem" 1990; „Missa Moguntina" 1993; „Getsemani" 1994 für Streichsextett; Opern: „Die Trauung" 1975; „Die fünf Minuten des Isaac Babel" 1979; „Das kalte Herz" 1981; „Belshazar" 1986; „Erinys" 1990; „Inferno d'Amore" 1995 (Bearbeitung von Shakespeares „Romeo und Julia"), zwei Sinfonien.

Rudolf Kirchschläger

◆ **Kirchschläger,** Rudolf, österr. Diplomat u. Politiker, *20. 3. 1915 Obermühl (Oberösterreich), †30. 3. 2000 Wien; 1947–1954 im richterlichen Dienst; 1956 bis von 1962 Leiter der Völkerrechtsabteilung des Bundesministeriums für Auswärtige Angelegenheiten; 1963 bis 1966 Kabinettschef des damaligen Außenministers B. *Kreisky*; 1970–1974 Außen-Min.; 1974–1986 Bundespräsident (als Kandidat der SPÖ gewählt, 1980 wieder gewählt). – Werke: „Der Friede beginnt im eigenen Haus. Gedanken über Österreich" 1980; „Reden. 1974–1977" 1978.

Kirchschlag in der Buckligen Welt, Marktort in Niederösterreich, nahe der burgenländ. Grenze, 414 m ü.M., 3000 Ew.; Sommerfrische; Passionsspiele.

Kirchseeon, Markt in Bayern, Ldkrs. Ebersberg, südöstl. von München, 8400 Ew.; Maschinenbau.

Kirchspiel, *Kirchsprengel,* der Bereich einer Pfarrei. Meistens mit dem Gebiet einer Kirchengemeinde deckungsgleich. Ein K. kann jedoch auch mehrere Kirchengemeinden umfassen.

Kirchweihe, *Kirchweih,* i. e. S. die feierliche Weihe *(Konsekration)* eines Gotteshauses durch einen Bischof oder die einfache Einsegnung *(Benediktion)* durch einen bevollmächtigten Priester. Kath. Kirchen werden nach dem 1977 erschienenen neuen Ordo geweiht, wobei die Altarweihe (mit Besprengung, Einfügung der Reliquien, Salbung u. Inzens) u. die Weihemesse die zentralen Riten sind. – Die Einweihung ev. Kirchen im Sinne einer ausdrückl. Übergabe des Gebäudes an seine gottesdienstl. Funktionen erfolgt ebenfalls in feierl. Form, wobei die ev.-luth. Agende nach dem Weihegebet des Bischofs auch die Weihe des Altars, des Taufsteins, der Kanzel, der Orgel u. der Glocken vorsieht u. möglichst eine Taufe damit verbindet.
Das *Kirchweihfest* war ursprünglich ein kirchlicher Feiertag zur Erinnerung an die K., meist mit Volksfest u. Belustigungen *(Kirmes, Kirta, Kirbe, Kilbe)* verbunden, zuweilen auch mit dem Jahrmarkt.

Kirchzarten, Gemeinde in Baden-Württemberg, Ldkrs. Breisgau-Hochschwarzwald, an der Dreisam, südöstl. von Freiburg, 9500 Ew.; Luftkurort; Elektro- u. Möbelindustrie.

Kirdorf, Emil, dt. Industrieller, *8. 4. 1847 Mettmann, †13. 7. 1938 Mülheim an der Ruhr; beteiligt am Aufbau der *Gelsenkirchener Bergwerks-AG,* Mitgründer des *Rheinisch-Westfälischen Kohlensyndikates* 1893 u. der *Siemens-Rhein-Elbe-Schuckert-Union* 1920, die später in der *Vereinigte Stahlwerke AG* aufging; Gegner der Gewerkschaften, unterstützte *Hitler.*

Kirejewskij, *Kireevskij,* Iwan Wassiljewitsch, russ. Philosoph, *3. 4. 1806 Moskau, †23. 6. 1856 St. Petersburg; einer der Hauptvertreter des *Slawophilen*; als Anhänger des Dt. Idealismus u. als Geschichtsphilosoph versuchte er eine Synthese zwischen der „negativen Philosophie" F. W. von *Schellings* u. der Lehre der Ostkirche. K. übte Einfluss auf das Werk Dostojewskijs aus.

Kirensk ['kirinsk], Stadt in Russland, in Mittelsibirien, an der Mündung der Kirenga in die obere Lena, rd. 20 000 Ew.; Binnenschiffbau, Metallwerke, Holzverarbeitung; Flusshafen; in der Nähe Erdölvorkommen.

Kirgisen, nomadisches Turkvolk (3 Mio.) in den innerasiatischen Gebirgen (Kirgisien, Usbekistan, China, Mongolei u. Afghanistan). Im kommunist. System der Sowjetunion lebten sie in Verwandtschaftsverbänden an Kolchosen angebunden, die als Standquartiere für ihre nomadisierende Wirtschaftsweise dienten. Im 17. Jh. wurde der Islam übernommen, alte religiöse Praktiken (Schamanen) blieben jedoch bestehen. – Die K., ursprüngl. am Jennissej ansässig, eroberten im 9. Jh. das Uigurenreich, wurden im 10. Jh. von den Mongolen verdrängt, 1703 von Kalmüken in ihre jetzigen Wohnsitze übergeführt.

Kirgisensteppe, veraltete Bez. für → Kasachensteppe.

Kirgisien, Staat in Mittelasien, → Seite 332.

Kirgisisches Gebirge, nördl. Randgebirge des *Tian Shan* in Kirgisien (Innerasien), westl. des Issyk-Kul, bis 4875 m hoch.

kirgisische Sprache, in Kirgisien u. im östl. angrenzenden China wie auch in Afghanistan gesprochene Turksprache (rd. 2,5 Mio. Sprecher).

Kirgisische SSR → Kirgisien.

Kiribati, Staat in Ozeanien, → Seite 334.

Kirikkale, türkische Stadt östlich von Ankara, 185 000 Ew.; Stahlwerk, chemische Industrie, Fahrzeugbau (bes. Lkw-Montage), Rüstungsindustrie.

Kirimati → Christmas Island (2).

Kirin → Jilin.

Kirk, 1. [kirg], Hans, dän. Erzähler, *11. 1. 1898 Hadsund, Jütland, †16. 6. 1962 Kopenhagen; krit. Realist, von marxistischer Grundhaltung, stellte das Schicksal des leidenden Menschen in oft humorvollen, manchmal satirischen Romanen dar: „Die Fischer" 1928 (Film 1977); „Die Tagelöhner" 1936, dt. 1938; „Der Sklave" 1948, dt. 1950. Autobiografien: „Skygespil" 1953; „Danmarksrejsen" 1966.
2. [kə:k], Roland, US-amerikan. Jazzmusiker (Saxophonist, Flötist), *7. 8. 1935 Columbus, Ohio, †5. 12. 1977 Bloomington, Ind.; trat bereits in den 1950er Jahren als Instrumentalist hervor.

Kirkby ['kə:kbi], Stadt in der großstädt. Grafschaft (Metropolitan County) Merseyside (Großbritannien), östl. von Liverpool, 51 000 Ew.; Industriepark.

Kirkby ['kə:kbi], Emma, brit. Sängerin (Sopran), *26. 2. 1949 Camberley; eine der führenden Sängerinnen der historisierenden Aufführungspraxis mit einem Repertoire zwischen Mittelalter u. Barock bis Mozart; *Fortsetzung S. 333*

Volker David Kirchner: Szene aus der Oper „Erinys", Wuppertal 1990

Kirgisien

Autokennzeichen: KS

Fläche: 199 900 km²

Einwohner: 4,7 Mio.

Hauptstadt:
Bischkek

Sprache: Kirgisisch, Russisch

Währung:
1 Kirgisien-Som
= 100 Tyin

Offizieller Name:
Kirgisische Republik

Bruttosozialprodukt/Einw.:
350 US-Dollar

Regierungsform: Präsidiale
Republik

Religion: Moslems (Sunniten),
russisch-orthodoxe Christen

Nationalfeiertag: 31. August

Zeitzone: Mitteleuropäische
Zeit+4 Std.

Grenzen: Im N Kasachstan, im O
China, im S Tadschikistan, im W
Usbekistan

Lebenserwartung:
68 Jahre

Landesnatur Die mittelasiatische Republik ist ein ausgesprochenes Hochgebirgsland. Die Hälfte der Landesfläche liegt höher als 3000 m, über 75 % liegen höher als 1500 m. Die zum Teil vergletscherten Hochgebirgsketten des östl. Alai u. des Tian Shan gipfeln im 7439 m hohen Pik Pobedy. Zwischen den meist westöstlich verlaufenden Gebirgsketten sind breite Täler (Fergana-Becken, Tschu- u. Talastal) eingeschoben, die zum Teil mit Seen gefüllt sind. Im Südwesten hat Kirgisien einen kleinen Anteil am Fergana-Becken. Größter See ist der Issyk-Kul, ein abflussloser Salzsee, der durch die hohe Wasserentnahme zu Bewässerungszwecken zunehmend austrocknet.

Das streng kontinentale *K l i m a* ist ausgesprochen trocken. Nur die zum Teil bewaldeten Nord- u. Westflanken der Gebirgshänge erhalten Niederschläge, die auf kleinen Flächen gerade noch Regenfeldbau erlauben. Hauptniederschlagszeit mit ca. 40 % der Jahressumme ist das Frühjahr. Die natürl. *V e g e t a t i o n* beschränkt sich in den Landesteilen bis 1500 m Höhe wegen des extremen Klimas auf wenige Steppen- u. Wüstenpflanzen. In mittleren Höhenlagen kommen Büsche u. Bäume in kleinen Gruppen, nicht jedoch in Wäldern vor. Die Höhen über 3000 m sind von Gebirsmatten bedeckt, so dass fast 50 % der Landesfläche als Gebirgsweiden genutzt werden können.

Bevölkerung Mit 56,5 % bilden die Kirgisen die größte Bevölkerungsgruppe, gefolgt von Russen (18,8 %), Usbeken (13,4 %), Ukrai-

nern (2,1 %), Tataren (2,0 %) u. Deutschen (1,0 %). Die Kirgisen, Usbeken u. Tataren bekennen sich mehrheitlich zum Islam sunnit. Richtung, daneben spielt das orth. Christentum (Russen) eine bedeutende Rolle. Nur 39 % der Bevölkerung leben in Städten.

Staatspräsident Askar Akajew

Ethnische Spannungen zwischen Kirgisen u. Usbeken sind ein Konfliktpotential, das wiederholt zu Auseinandersetzungen zwischen den beiden Volksgruppen geführt hat. Die Usbeken, die v.a. im Handel u. in der Landwirtschaft tätig sind, fühlen sich aufgrund ihrer alten städt. Zivilisation den Kirgisen überlegen. Letztere waren bis 1970 meist nomadisierende Viehzüchter.

Wirtschaft Kirgisien gehört zu den am wenigsten entwickelten Staaten der Erde. Infolge der Auflösung der Sowjetunion ist die Industrieproduktion um über die Hälfte zurück gegangen. Hohe Arbeitslosigkeit u. soziale Spannungen sind die Folge, denen

Kirgisien

Der Issyk-Kul ist ein abflussloser Gebirgssee, der von warmen Grundwasserquellen gespeist wird; im Hintergrund sind die verschneiten Gipfel des Tian Shan zu sehen

die Wirtschaftspolitik des Landes durch Erhöhung der Importe, verstärkte Produktion im eigenen Land u. Ausbau der Infrastruktur entgegen wirken will.

Die reichen Bodenschätze (vor allem Quecksilber u. Antimon, außerdem Uran, Kohle, Blei, Zink u. Gold) bilden die Grundlage der Wirtschaft. Nur rd. 7 % der Landesfläche können als Ackerland genutzt werden, wo größtenteils mit Hilfe künstl. Bewässerung Baumwolle, Getreide, Obst, Tabak u. Zuckerrüben angebaut werden. Ansonsten überwiegt die teilweise noch nomadisch betriebene Viehwirtschaft (Schafe u. Ziegen), die vor allem der Wollgewinnung dient. Zur Sicherung der Ernährung der Bevölkerung müssen ca. 40 % des benötigten Getreides importiert werden. Die wichtigsten Industriezweige sind die Nahrungsmittel- u. die Textilindustrie, in der die heimische Baumwolle u. Wolle sowie die Seide aus der Seidenraupenzucht verarbeitet werden. Die Energieerzeugung beruht vor allem auf der Wasserkraft, so dass Kirgisien von Energieimporten weit gehend unabhängig ist.

Verkehr Die Verknüpfung der durch Hochgebirge voneinander getrennten Täler mit den Hauptsiedlungen stellt für den Straßenbau die größte Schwierigkeit dar, denn die Pässe liegen oftmals höher als 3000 m. Die Eisenbahnstrecke von Issyk-Kul über Bischkek ist an das Eisenbahnnetz von Kasachstan angebunden. Große Bedeutung hat der Luftverkehr; Bischkek u. Osch verfügen über internationale Flughäfen.

Geschichte Die Vorfahren der heutigen Kirgisen waren türkische u. mongol. Stämme. Seit dem 19. Jh. gehörte das kirgis. Gebiet zum Herrschaftsbereich des Chanats von Kokand. Mit der Annexion Kokands 1876 kamen die Kirgisen endgültig unter die Herrschaft des Zarenreichs. An dem großen antiruss. Aufstand von 1916 nahmen auch die Kirgisen teil. 1918 wurde Kirgisien Teil der *Turkestan. Autonomen Sozialist. Sowjetrepublik.* 1926 wurde die *Kirgis. ASSR* im Rahmen der RSFSR gebildet; sie erhielt 1936 den Status einer Unionsrepublik. Nationale Bestrebungen konnten sich erst in den späten 1980er Jahren regen. 1990 wurde A. *Akajew* Staatspräsident (1991 durch Wahlen im Amt bestätigt). Unter seiner Führung erklärte Kirgisien am 31. 8. 1991 die Unabhängigkeit. Das Land wurde Mitglied der *Gemeinschaft Unabhängiger Staaten (GUS).* 1993 wurde eine Verfassung verabschiedet, die ein Präsidialsystem institutionalisierte (Verfassungsrevisionen 1994, 1996 u. 1998). Akajew versuchte durch marktwirtschaftl. Reformen, die desolate ökonom. Lage des Landes zu verbessern. 1995 wurde er erneut zum Staatsoberhaupt gewählt. Die Verfassungsrevisionen erweiterten seine präsidialen Befugnisse. Auseinandersetzungen mit islamist. Rebellen aus Tadschikistan bedrohten seit 1999 die Sicherheit des Landes. Gleichzeitig verfiel Akajew in einen zunehmend autoritären Regierungsstil. Bei den Wahlen im Oktober 2000 bestätigte ihn die Bevölkerung trotzdem wieder im Präsidentenamt.

auch Mitglied des Solo-Vokalensembles „The Consort of Musicke".

Kirkcaldy [kəˈkɔːdi], schottische Hafenstadt u. Distrikt in der Fife Region, am Firth of Forth, 46 000 Ew.; Zentrum der schottischen Leinenweberei, Linoleum- u. Eisenindustrie sowie Fischerei.

Kirkcudbright [kəˈkuːbri], Stadt in der südwestschott. Region Dumfries and Galloway (Großbritannien), am Solway Firth, 3400 Ew.; mittelalterl. Stadtbild, Schloss (16. Jh.).

Kirke, *Circe,* in der griech. Sage eine Zauberin auf der Insel Aiaia, Tochter des *Helios,* Schwester der *Pasiphaë*; sie verwandelt die Gefährten des Odysseus in Schweine, wird aber von ihm gezwungen, sie wieder zu entzaubern; im übertragenen Sinn: Verführerin.

Kirkeby, Per, dän. Bildhauer u. Maler, * 1. 9. 1938 Kopenhagen; Geologe; Lehrer an der Städelschule in Frankfurt a.M.; von J. *Beuys* beeinflusst. K. war in den 1950er u. 1960er Jahren an der *Fluxus-* u. *Happening-*Szene beteiligt; seit 1977 entstehen auch Ölgemälde. Das plastische Werk besteht aus markanten Backsteinsculpturen, freie Gebilde, die die Grenzen zwischen Plastik u. Architektur verwischen lassen. Seit Anfang der 1980er Jahre entstehen Bronze-Plastiken von kompakter Masse. Seine Gemälde liegen zwischen Abstraktion u. Gegenständlichkeit sowie Ruhe u. Expressivität.

Kirkel, Gemeinde im Saarland, Saarpfalz-Kreis, südl. von Neunkirchen, 10 000 Ew.; Ruine der ehem. Reichsfeste K.

Kirkenes, nordnorweg. Hafenstadt am Varangerfjord, Zentralort der Gemeinde Sør-Varanger, 3970 km², 9600 Ew.; Eisenerzanreicherungswerk, Bau-, Holz- u. chem. Industrie.

Kirkintilloch [kəˈkinˈtilɔx], Stadt in der schott. Strathclyde Region (Großbritannien), nordöstl. von Glasgow, 33 000 Ew.; Kohlen- u. Eisenerzabbau, Eisen- u. chem. Industrie.

Kirkland [ˈkəːklænd], Joseph Lane, US-amerikan. Gewerkschaftsführer, * 12. 3. 1922 Camden, S.C.; 1969–1979 Schatzmeister, seit 1979 Präs. der AFL/CIO.

Kirkland Lake [ˈkəːklənd leik], kanad. Stadt in Ontario, 12 000 Ew.; Goldbergbau.

Kirklareli, früher *Kirkilisse,* Hptst. der türk. Provinz K., nordwestl. von Istanbul, 43 000 Ew.; Steinkohlenbergbau, Rüstungsindustrie; Eisenbahnknotenpunkt.

Kirkpatrick [kəːkˈpætrik], Ralph, US-amerikan. Cembalist, * 10. 6. 1911 Leominster, Massachusetts, † 13. 4. 1984 Guilford, Connecticut; Schüler von W. *Landowska* u. N. *Boulanger*; seit 1965 Professor an der Yale-Universität; führender Interpret der Cembalomusik; schrieb 1953 ein Werk über Domenico Scarlatti u. gab dessen Cembalomusik 1971 heraus.

Kirkuk, *Kerkuk,* irak. Prov.-Hptst. südöstl. von Mosul, 419 000 Ew.; Zentrum der bedeutendsten irak. Erdölfelder, Raffinerien; Ölleitungen nach Baniyas u. Tripoli, auch durch eine 980 km lange Rohrleitung mit dem türk. Mittelmeerhafen Dörtyol bei Iskenderun verbunden; Zementwerke, Schwefelgewinnung, Kraftwerk; an der Bahn u. Straße Bagdad–Arbil, Flugplatz.

Fortsetzung S. 335

Kiribati

Offizieller Name:
Republik Kiribati

Autokennzeichen: KIR

Fläche: 726 km²

Einwohner: 82 000

Hauptstadt:
Bairiki

Sprache: I-Kiribati, Englisch

Währung:
1 Australischer Dollar/Kiribati
= 100 Cents

Bruttosozialprodukt/Einw.:
1180 US-Dollar

Regierungsform: Präsidiale
Republik

Religion: Katholiken,
Protestanten

Nationalfeiertag: 12. Juli

Zeitzone: Mitteleuropäische Zeit
+11 Std.

Grenzen: Inselgruppe im
Pazifischen Ozean zwischen
Marshallinseln im N u. Tuvalu
im S

Lebenserwartung: 60 Jahre

Nahrungsmittel. Zur Erschließung anderer Einnahmequellen (Fremdenverkehr) benötigt Kiribati Entwicklungshilfe. Eine Fangflotte zur Nutzung der fischreichen Gewässer ist im Aufbau begriffen; das Handwerk soll stärker entwickelt werden. Australien ist zusammen mit Japan, USA u. Fidschi wichtigster Handelspartner.

Hütten auf der Hauptinsel Tarawa

Die kriegerische Bevölkerung der Gilbertinseln schützte sich mit Rüstungen aus geknüpfter Kokosfaserschnur. Berlin, Museum für Völkerkunde

Landesnatur und Bevölkerung Der Staat liegt im Pazifischen Ozean u. besteht aus den Inselgruppen *Gilbert-* u. *Phönixinseln,* 8 Inseln der *Line Islands* sowie *Ocean Island.* Die Inseln sind niedrige palmenbestandene Koralleninseln u. bilden z. T. Atolle; sie sind über ein Meeresgebiet von 5,2 Mio. km² verstreut; im Jahr fallen im Durchschnitt 1000 mm Niederschlag, die Temperatur beträgt im Jahresmittel 27 °C. Die Bevölkerung besteht überwiegend aus Mikronesiern, zumeist Christen, ferner gibt es polynesische, europäische u. chinesische Minderheiten.

Wirtschaft Bisher basierte die Wirtschaft auf dem Export von Phosphat (95 %, von Ocean Island) u. Kopra (5 %); die Phosphatvorkommen sind aber erschöpft, so dass ausschl. der Export von Kopra übrig bleibt. Für Ackerbau reicht die Bodenkrume nicht aus; 40 % der Gesamteinfuhren sind

Geschichte Die erste Besiedlung der Inseln erfolgte in vorchristlicher Zeit. In der 2. Hälfte des 18. Jh. entdeckten britische Seefahrer (J. *Bryon,* T. *Gilbert* u. J. *Marshall*) die Inseln, die später Gilbertinseln genannt wurden. Zu Beginn des 19. Jh. dienten sie nur Walfängern als Zwischenstation. 1837 setzte die Besiedelung, 1857 die Missionierung ein. 1892 kamen die Inseln zusammen mit den Elliceinseln unter britisches Protektorat (ab 1916 Gilbert and Ellice Islands Colony). Während des 2. Weltkriegs wurde die Kolonie von japanischen Truppen besetzt. Auf Tarawa kam es 1943 zu schweren Kämpfen zwischen US-amerikanischen u. japanischen Truppen. Nach der Abtrennung der Elliceinseln 1976 erhielten die Gilbertinseln 1977 die innere Autonomie, unter dem Namen Kiribati 1979 die Unabhängigkeit als präsidiale Republik im Commonwealth. Präsident ist seit 1994 Teburoro Tito. 1999 wurde Kiribati Mitglied der UNO.

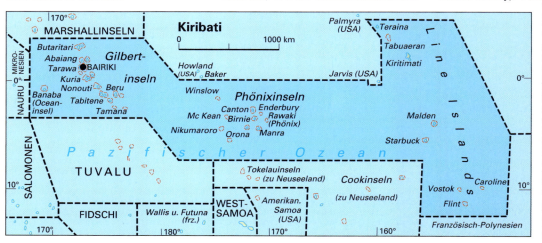

Kirkwall [ˈkəːkwɔːl], Hafen u. Verw.-Sitz der nordschott. Inselgrafschaft Orkney (Großbritannien), auf *Mainland,* 5900 Ew.; Kathedrale aus dem 13. Jahrhundert; Hochseefischerei.

◆ **Kirlianfotografie** [nach dem russ. Techniker Semjon *Kirlian*], *Hochspannungsfotografie,* fotograf. Verfahren zur Abbildung einer Hochspannungsentladung, bei der nicht nur Metallspitzen, sondern Körperteile, Tiere u. Pflanzen als Elektrode dienen können. Die strahlenden Leuchterscheinungen, die auf der Fotografie von der Elektrode (z. B. einem Finger) ausgehen, sind keine „geheimnisvollen Strahlen", sondern selbstleuchtende Entladungskanäle. Die Entladung wird beeinflusst durch die Form der Elektrode, die Verteilung der elektr. Leitfähigkeit, Feuchtigkeit, Verdampfung u. a. physikal. Faktoren.

Kirmes [die] → Jahrmarkt, → Kirchweihe.

Kirn, Stadt in Rheinland-Pfalz, Ldkrs. Bad Kreuznach, an der Nahe, 9200 Ew.; Ruine der Kyrburg (14./15. Jh.); Leder-, Textil- u. Holzindustrie, Maschinenbau, Brauerei. – Stadtrecht 1356.

Kirow, 1934–1991 Name der russ. Stadt → Wjatka (1).

Kirow [-rɔf], *Kirov,* Sergej Mironowitsch, eigentlich S. M. *Kostrikow,* sowjet. Politiker, * 15. 3. 1886 Urschum, Gouvernement Wjatka, † 1. 12. 1934 Leningrad (ermordet); während des Bürgerkriegs polit. Kommissar, 1926 Kandidat u. 1930 Mitgl. des Politbüros des ZK der KPdSU, seit 1926 Parteisekretär in Leningrad. Er gehörte zu den engsten Mitarbeitern *Stalins*; seine (nicht völlig aufgeklärte, vielleicht von Stalin selbst veranlasste) Ermordung war

Kirlianfotografie eines Blattes

der Auftakt der großen „Säuberung" der Jahre 1934–1938.

Kirowabad, *Kirovabad* [nach S. M. *Kirow*], 1935–1989 Name der aserbaidschan. Stadt → Gandscha.

Kirowakan, *Kirovakan* [nach S. M. *Kirow*], bis 1935 *Karaklis,* ab 1991 *Wanadsor,* Stadt im N Armeniens im Kleinen Kaukasus, 159 000 Ew.; Schwefelvorkommen, chem., Maschinen-, Textil- u. a. Industrie.

Kirowbahn → Murmanbahn.

Kirow-Ballett → Kirow-Theater.

Kirowograd, *Kirovohrad,* bis 1924 *Jelisawetgrad,* 1925–1935 *Sinowjewsk,* 1936–1939 *Kirowo,* Stadt in der Ukraine, am oberen Ingul, 273 000 Ew.; Maschinen-, insbes. Landmaschinenbau, Mühlenbetriebe, Tabakverarbeitung, Textil- u. Baustoffindustrie; Wärmekraftwerk.

Kirowsk, *Kirovsk* [nach S. M. *Kirow*], bis 1934 *Chibinogorsk,* Bergbaustadt im NW Russlands, im Chibiny-Gebirge, auf der Halbinsel Kola, rd. 50 000 Ew.; Abbau u. Anreicherung von Apatit für die Kunstdüngerindustrie, von Nephelin für die Aluminiumerzeugung.

Kirow-Theater, bei seiner Gründung u. seit 1992 wieder *Mariinskij-Theater,* 1860 erbautes Theater in St. Petersburg, 1934 nach S. M. *Kirow* umbenannt; Schauplatz wichtiger Balletteereignisse in Russland. Sein Ballett (*Kirow*- bzw. *Mariinskij-Ballett*) ist führend neben dem *Bolschoj-Ballett.*

Kirri [der; afrik.], Wurfkeule südafrikan. Völker, mit kugeligem Kopf.

Kirs, Stadt im europäischen Teil Russlands, an der oberen Wjatka, nordöstl. der Stadt Wjatka, rd. 50 000 Ew.; in der Nähe Verhüttung örtl. Eisenerze (seit 1728); Kabelfabrik.

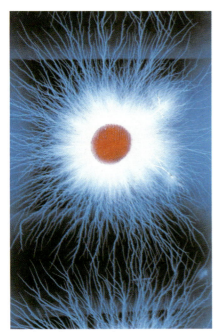

Kirlianfotografie einer Fingerkuppe

Kirša [ˈkirʃa], Faustas, litauischer Lyriker, * 13. 2. 1891 Sendvaris, Zarasai, † 5. 1. 1964 Boston, Mass. (USA); Redakteur u. Dramaturg, Gründer einer litauischen Künstlerschule; begann als Expressionist, behandelte in formstarken Versen die Probleme von Religion u. Glauben; übersetzte F. M. Dostojewskij u. H. Heine.

Kirsch, ◆ **1.** Rainer, 1958–1968 verheiratet mit 2), dt. Schriftsteller, * 17. 7. 1934 Döbeln, Sachsen; 1977 Ausschluss aus der SED u. Übersiedlung nach Berlin (West); Lyrik („Marktgang" 1964; „Reglindis" 1979) u. kurze Pro-

Rainer Kirsch

satexte („Berlin-Sonnenseite" 1964 [mit S. *Kirsch*]; „Wenn ich mein rotes Mützchen hab" 1974), die gegen den Stalinismus u. das DDR-Regime gerichtet sind; ferner Essays, Dramen („Heinrich Schlaghands Höllenfahrt" 1973; „Das Feuererzeug" 1982), Hörspiele, Filme u. Übersetzungen. – Sammelausgabe: „Auszug, das Fürchten zu lernen" 1978.

◆ **2.** Sarah, von 1958 bis 1968 verheiratet mit 1), dt. Schriftstellerin, * 16. 4. 1935 Limlingerode, Harz; schrieb vor allem Natur- und Liebesgedichte, die sich durch Schlichtheit u. Musikalität auszeichnen, später auch sozialkritische Reportagen und Erzählun-

Sarah Kirsch

gen: „Berlin – Sonnenseite" 1964 (mit R. *Kirsch*); „Die Pantherfrau" 1973; „Geschlechtertausch" 1980 (mit I. *Morgner* u. C. *Wolf*); „Allerlei-Rau" 1988. Lyrik: „Gespräch mit dem Saurier" 1965 (mit R. Kirsch); „Rückenwind" 1977; „Landaufenthalt" 1979; „Erdreich" 1982; „Katzenleben" 1984; „Hundert Gedichte" 1985; „Schneewärme" 1989; „Erlkönigs Tochter" 1992. – Sammelausgaben: Gedichte 1967; „Sieben Häute" (Ausgewählte Gedichte 1962–1979) 1979; „Das simple Leben. Poesie u. Prosa" 1994. – Werke, 5 Bde. 2000. – 1996 Georg-Büchner-Preis.

Kirschapfel → Zierapfel.

Kirschbaum, Engelbert, dt. Archäologe, * 6. 1. 1902 Köln, † 28. 3. 1970 Rom; Jesuit, seit 1939 Prof. für christl. Archäologie u. Kunstgeschichte an der Gregoriana in Rom, Leiter der Ausgrabungen unter St. Peter; Hptw.: „Dt. Nachgotik" 1930; „Die Gräber der Apostelfürsten" 1957.

Kirschbäumchen → Wasserfreund.

Kirschblattwespe, *Caliroa limacina,* bis 5 mm lange schwarze *Blattwespe,* deren nacktschneckenähnliche, mit dunklem Schleim überzogene Larven die Blätter des Kirschbaums skelettieren; Bekämpfung durch Insektizide.

Kirsche: Sauerkirsche, Prunus cerasus, reife Früchte

◆ **Kirsche**, *Kirschbaum, Prunus*, zu den *Rosengewächsen (Rosaceae)* gehörende Steinobstarten u. -zuchtsorten. Die *Süßkirsche, Prunus avium*, ist ein in Europa u. Vorderasien heimischer Baum mit aufstrebendem Stamm, grauer, ringförmig ablösender Borke, weißen Blüten u. schwarzroten, süßen Früchten; sie wird als Obstbaum in zahlreichen Sorten kultiviert: als *Vogelkirsche (Prunus avium ssp. silvestris), Herzkirsche (Prunus avium ssp. juliana), Knorpelkirsche (Prunus avium ssp. duracina)*. Die *Sauerkirsche (Weichsel), Prunus cerasus*, ist in Kleinasien heimisch, kommt aber auch bei uns verwildert vor. Sie ist ein breit verästelter, oft überhängender Baum mit hell- oder dunkelroten Früchten. Ihre Sorten sind die *Glaskirsche (Prunus cerasus ssp. eucerasus)* u. die *Strauchweichsel (Prunus cerasus ssp. acida)*. Mehrere ostasiat. Arten mit rosa Blüten, bes. *Prunus serrulata*, sind als „Japankirsche" beliebte Zierbäume. Wild kommen in Dtschld. außerdem die *Traubenkirsche, Prunus padus*, die *Steinweichselkirsche, Prunus mahaleb*, u. die *Zwergkirsche, Prunus fructicosa*, vor.

Kirsche der Antillen → Malpighia.

Kirschenlachs, *Masou, Oncorhynchus masou*, pazif. Lachs Ostasiens von Formosa bis Sibirien u. Japan; laicht mit 3–4 Jahren in

Kiruna liegt 200 Kilometer nördlich des Polarkreises

Flüssen; Länge bis 1 m, Gewicht bis 5 kg, stirbt nach dem Laichen. Der K. kommt als → Binnenlachs ausschließl. in Süßgewässern vor.

Kirschfliege, *Rhagoletis cerasi*, eine *Bohrfliege*, deren Larve in Kirschen u. Wildfrüchten (Schneebeere, Heckenkirsche u. a.) lebt. Sie verpuppt sich im Boden u. kann bis zu dreimal überwintern; großer Kirschenschädling.

Kirschgummi, ein gelblich brauner Stoff, der aus den „Wunden" verletzter Kirschbäume fließt; wasserlöslich; verwendet wie Gummiarabikum.

Kirschlikör, aus Kirschsaft u. reinem Alkohol unter Zusatz von Zucker u. evtl. Nelken u. Zimt hergestelltes alkohol. Getränk. Auch → Cherry Brandy.

Kirschlorbeer, *Lorbeerkirsche, Echter K., Prunus laurocerasus*, ein *Rosengewächs (Rosaceae)*; ein bis 6 m hoher, im Orient u. auf dem Balkan wild wachsender Strauch mit immergrünen, lederartigen Blättern. In Süd- u. Westeuropa wird der K. als Heckenpflanze angebaut.

Kirschon, *Kiršon*, Wladimir Michajlowitsch, russ. Dramatiker, *19. 8. 1902 Naltschik, †28. 7. 1938 (als Trotzkist hingerichtet); Literaturfunktionär; 1957 rehabilitiert; verfasste Dramen mit aktueller Thematik („Die wunderbare Legierung" 1934, dt. 1936).

Kirschpflaume, *Prunus cerasifera*, ein *Rosengewächs (Rosaceae)*; aus dem Orient stammende Zierpflanze mit kugeligen, roten oder gelben, ziemlich hartfleischigen Früchten.

Kirschtomate → Tomate.

Kirschwasser, *Kirschgeist*, farbloser, wasserheller u. schwach nach Bittermandelöl riechender u. schmeckender Branntwein, hergestellt aus dunklen, süßen Kirschen, selten aus den wilden Süßkirschen. Verbreitet ist die Herstellung in der nördl. Schweiz, in Süddeutschland u. in Frankreich.

Kirşehir ['kirʃe-], Hptst. der türk. Provinz K., nördl. des Kizilirmak-Stausees, 73 500 Ew.; Metallindustrie, Teppichweberei; Braunkohlenabbau; Salzgewinnung; Eisen- u. Schwefelthermen; an der Straße Ankara–Kayseri.

Kirst, Hans Hellmut, dt. Schriftsteller, *5. 12. 1914 Osterode, Ostpreußen, †23. 2. 1989 Bremen; 1933–1945 Berufssoldat, zuletzt Oberleutnant. Seine Romantrilogie „Nullacht fünfzehn" 1954/55 über die Kasernenhof- u. Kriegserfahrungen des Gefreiten *Asch* wurde ein internationaler Bestseller, auch verfilmt. Weitere Romane: „Fabrik der Offiziere" 1960; „Die Nacht der Generale" 1962; „Aufstand der Soldaten" 1965; „Die Wölfe" 1967; „Kein Vaterland" 1968; „Faustrecht" 1969; „Held im Turm" 1970; „Verurteilt zur Wahrheit" 1972; „Verfolgt vom Schicksal" 1973; „Die Nächte der langen Messer" 1975; „08/15 in der Partei" 1978; „Eine Falle aus Papier" 1981; „Ende 45" 1982; Essays: „Bilanz der Traumfabrik" 1963; „Deutschland deine Ostpreußen" 1968; „Heinz Rühmann. Ein biograf. Report" 1969.

Kirsten, niederdt. Kurzform von *Christian*, dän. für *Christiane*; heute meist weibl. Vorname.

Kirsche: Sauerkirsche, Prunus cerasus, Habitus bei der Blüte

Kirtharkette, von N nach S streichendes Gebirge in Pakistan, bildet die Grenze des Hochlands von Belutschistan gegen das untere Industiefland (Sind), rd. 500 km lang, bis 2400 m hoch.

Kirtorf, Stadt in Hessen, Vogelsbergkreis, an der Gleen, 260 m ü. M., 3700 Ew.

◆ **Kiruna** ['kiryna], nordschwed. Bergbaustadt, flächenmäßig größte Gemeinde Schwedens (19 447 km²), 26 200 Ew.; mit den Erzbergen *Kirunavaara* (749 m, Erz mit 60–70 % Eisengehalt) u. *Luossavaara* (729 m) mit hochwertigem Magnetiteisenerz, nachgewiesene Vorräte über 1 Mrd. t; Übertageabbau 1962 aufgegeben.

Kirunga-Vulkane, ostafrikan. Vulkangruppe, → Virunga-Vulkane.

Kiryu, japan. Stadt in Zentralhonshu, im NW der Kanto-Ebene, 120 000 Ew.; Seidenspinnerei u. -weberei (seit dem 9. Jh.).

Kiš, Danilo, serb.-jüd. Schriftsteller, *22. 2. 1935 Subotica, †15. 10. 1989 Paris; nach dem Studium der Literaturwissenschaft Lektor in Straßburg (1961/62), Bordeaux (1973–1976) u. Lille (1975–1982); Lyrik-Übersetzungen aus dem Ungarischen, Französischen u. Russischen. Kiš bietet eine unpathetische, verfremdende Sicht auf die Judenverfolgung der Nationalsozialisten, so seine Familientrilogie „Frühe Leiden" 1969, dt. 1989; „Garten, Asche" 1965, dt. 1968; „Sanduhr" 1972, dt. 1988. Mit seinem Roman „Ein Grabmal für Boris Dawidowitsch" 1976, dt. 1983, geriet K. in die Kritik des serb. Nationalismus, der Kišs Verfahren der Literarisierung von Dokumenten missverstand. 1978 verteidigte er sich mit der Schrift „Anatomiestunde" dt. 1998. Weitere Werke: „Die Dachkammer" Roman 1962, dt. 1990; „Homo poeticus: Gespräche u. Essays" postum 1990, dt. 1994.

Kisalföld [-ʃɔl-], Landschaft im NW Ungarns, zwischen Donau u. Bakonwald; fruchtbare Böden; Anbau von Gerste, Weizen, Mais u. Obst; Rinderzucht; Zentrum *Györ*.

Kisangani, früher *Stanleyville*, Hptst. der Province Orientale (Demokrat. Rep. Kongo)

am Kongo unterhalb der Stanleyfälle, 373 000 Ew.; Universität („Freie Universität Kongo", gegr. 1963); Industrie; Umschlagplatz (Schiff/Bahn), Verkehrsknotenpunkt.

Kisbalaton ['kiʃbɔlɔtɔn], Sumpf am Westende des Plattensees, 15 km²; Naturschutzgebiet für seltene Wasserpflanzen u. -vögel.

Kisch, Stadt südöstl. von Babylon, im 3. Jahrtausend v. Chr. zeitweise Hptst. Babyloniens; heute die Ruinenstätte *Al Oheimir.* Ausgrabungen legten 1912 Palast u. Friedhof frei; altsumerische, alt- u. neubabylon. u. parthische Funde.

Egon Erwin Kisch

◆ **Kisch,** Egon Erwin, tschech. Journalist, * 29. 4. 1885 Prag, † 31. 3. 1948 Prag; schrieb in dt. Sprache, durchstreifte alle fünf Erdteile, seit 1918 Kommunist, Teilnehmer am span. Bürgerkrieg, als Emigrant in Mexiko, zuletzt Stadtrat in Prag; Kriegstagebuch: „Soldat im Prager Korps" 1922, später unter dem Titel „Schreib das auf, Kisch"; „Der rasende Reporter" 1925; „Abenteuer in fünf Kontinenten" 1934; „Geschichten aus sieben Ghettos" 1934; „Landung in Australien" 1937; „Marktplatz der Sensationen" 1942; ferner Lyrik u. Dramen. – Gesammelte Werke, hrsg. von B. Uhse u. G. Kisch, 8 Bde. 1960 ff.

Kischi, Nobusuke → Kishi, Nobusuke.

Kischinjow, Hptst. Moldavas, → Chişinău .

Kisel ['kizil], *Kizel,* Bergbaustadt in Russland, westl. des mittleren Ural, rd. 55 000 Ew.; Steinkohlenförderung, Kokereien, chem. Industrie; Wärmekraftwerk.

Kisfaludy ['kiʃfɔludi], **1.** Károly, Bruder von 2), ungar. Schriftsteller, * 5. 2. 1788 Tét, † 21. 11. 1830 Pest; schrieb Geschichtsdramen („Wojwode-Stibor" 1819, dt. 1823) u. Lustspiele mit heimatl. Motiven; Begründer des ungar. Schauspiels u. Führer der ungar. Romantik.
2. Sándor, Bruder von 1), ungar. Schriftsteller, * 27. 9. 1772 Sümeg, † 28. 10. 1844 Sümeg; romant. Lyriker, am bekanntesten durch „Himfys Liebeslieder" 1801–1807, dt. 1829; „Sagen aus der ungar. Vergangenheit" 1822–1838, dt. 1863.

Nobusuke Kishi

◆ **Kishi** ['kiʃi], Nobusuke, japan. Politiker, * 13. 11. 1896 Präfektur Yamaguchi, † 7. 8. 1987 Tokyo; 1939–1941 Vizeminister für Handel u. Industrie, Verfechter einer staatl. geplanten Kriegswirtschaft; während des 2. Weltkrieges als Min. für Handel u. Industrie (1941/42) u. als Vize-Min. des neu geschaffenen Munitionsministeriums (1943/44) für die japan. Rüstungsproduktion hauptverantwortlich. Als Hauptkriegsverbrecher zu lebenslängl. Haft ver-

urteilt, wurde er bereits 1948 entlassen u. gewann entscheidenden Einfluss auf den wirtschaftl. Wiederaufbau Japans. 1954/55 war K. Generalsekretär der Demokrat. Partei u. nach deren Zusammenschluss mit den Liberalen 1955/56 Vors. der neuen Liberaldemokrat. Partei, 1956/57 Außenminister, 1957–1960 Min.-Präs. u. Vors. der Liberaldemokraten. Schwere Unruhen im Zusammenhang mit der Verlängerung des japan.-amerikan. Sicherheitsvertrages führten zu seinem Rücktritt. Zusammen mit *Yoshida* gilt K. als Vater des japan. „Wirtschaftswunders".

Kishon [ki'ʃɔn], *Qishon,* der einzige ständig Wasser führende größere Fluss, der Israels Mittelmeerküste erreicht, 75 km; entspringt am Har Gilboa, durchfließt die Jesreelebene, mündet bei Haifa; Stausee (7 Mio. m³) bei Kefar Barukh.

Ephraim Kishon

◆ **Kishon** [ki'ʃɔn], Ephraim, eigentl. Ferenc *Hoffmann,* israel. Schriftsteller u. Journalist, * 23. 8. 1924 Budapest; seit 1949 in Israel; verfasst satir. Erzählungen, Theaterstücke u. Romane, in denen er das israel. Alltagsleben karikiert: „Drehn Sie sich um, Frau Lot" dt. 1962; „Arche Noah, Touristenklasse" 1962, dt. 1963; „Nicht so laut vor Jericho" dt. 1970; „Salomons Urteil, zweite Instanz" dt. 1972; „In Sachen Kain u. Abel" dt. 1976; „Nichts zu lachen" (Erinnerungen) dt. 1993; „Picassos süße Rache" 1995.

Kiskörös ['kiʃkøːrøʃ], ungar. Marktort im Donau-Theiß-Zwischenstromland südwestl. von *Kecskemét,* 15 200 Ew.; Lebensmittel- u. Leichtindustrie; im Umland Roggen- u. Weinanbau. Geburtsort des ungar. Dichters Sándor *Petöfi* (Petöfi-Gedenkmuseum).

Kiskunfélegyháza ['kiʃkunfeːlɛdjhaːzɔ], Stadt in Ungarn, nordwestl. von Szeged, 34 300 Ew.; Maschinenbau, Textil-, Schuh-, Nahrungsmittel- u. chem. Industrie; Wein-, Tabak- u. Obstanbau.

Kiskunhalas ['kiʃkunhɔlɔʃ], Ort in Ungarn, nordwestl. von Szeged, 29 400 Ew.; landwirtschaftl. Zentrum; Bahnknotenpunkt; Textilgewerbe *(Halaser Spitzen).*

Kislar Aga [türk.], türk. Titel, der oberste Haremswächter.

Kislew, der 3. Monat des jüd. Kalenders (November/Dezember).

Kisljar, *Kizljar,* Stadt in der nordkaukas. Rep. Dagestan (Russland), im Terekdelta, rd. 27 000 Ew.; Medizin. Fachschule; Weinanbau, Nahrungsmittelindustrie.

Kislowodsk, *Kislovodsk,* Stadt u. Kurort in Russland, im nördl. Kaukasusvorland, 120 000 Ew.; Mineralquellen; Nahrungsmittelindustrie, Leder-, Holz- u. Metallverarbeitung; Fremdenverkehr.

Kismaayo [engl. kis'maːjuː], *Kismanio, Chisimaio,* Hafenstadt im südl. Somalia in Ostafrika, an der Mündung des Webi Ganane in den Ind. Ozean, m. V. 200 000 Ew.; landwirtschaftl. Handelszentrum, Bananenexport.

Kismet [das; arab., „das Zugeteilte"], im Islam das dem Menschen unabwendbar zugeteilte Schicksal, das gläubig ertragen werden muss, weil es nicht von einer unpersönl. Schicksalsmacht, sondern von Allah selbst bestimmt wird. Die Ergebung *(islam)* ist die gebotene Haltung der Frommen dem unberechenbaren Willen Allahs gegenüber.

Kisra, die arab. Form für den → Chosroes. *Tak-i Kisra* ist der Rest des sassanidischen Herrscherpalastes südlich von Bagdad.

Kisseljowsk, *Kiselevsk,* Bergbaustadt in Russland, in Westsibirien, im Kusnezker Becken, 116 000 Ew.; Bergbautechnikum; Steinkohlenförderung, Maschinenbau, Leicht- u. Nahrungsmittelindustrie. – 1932 gegründet.

Kissenmoose, *Grimmiaceae,* in Rasen oder Polstern auftretende, stein- oder felsbewohnende *Laubmoose;* bes. in gemäßigten u. subarktischen Gebieten verbreitet.

Jewgenij Kissin

◆ **Kissin,** Jewgenij, russ. Pianist, * 10. 10. 1971 Moskau; gab mit 10 Jahren sein erstes Konzert. Seine internationale Karriere begann mit H. von Karajans Silvesterkonzert 1988 (Tschaikowskij-Klavierkonzert) in weltweiter Fernsehübertragung.

Kissing, Gemeinde in Bayern, Ldkrs. Aichach-Friedberg, an der Paar, südöstl. von Augsburg, 9900 Ew.; Maschinenbau.

Kissingen (1)

Kissingen, *Bad Kissingen,* ◆ **1.** Kreisstadt u. Heilbad in Unterfranken (Bayern), an der Fränk. Saale, südl. der Rhön, 212 m ü. M.,

Kissingen (1): Marktplatz und Altes Rathaus

21 900 Ew.; seit dem 16. Jh. Sol- u. Moorbad (mit der *Rákoczy-Quelle*; erdig-sulfatischer, CO-haltiger Kochsalzsprudel); Kuranlagen (Regentenbau, Wandelhalle u. Kurhausbad, alle Anfang des 20. Jh.) von M. *Littmann,* Spielbank. – 1866 preuß. Sieg über Bayern; 1874 Attentat auf O. von *Bismarck.*
2. Ldkrs. in Bayern, Reg.-Bez. Unterfranken, 1137 km², 110 000 Ew.; Verw.-Sitz ist *K.* (1).

Henry Alfred Kissinger

◆ **Kissinger** [-dʒər], Henry Alfred, US-amerikan. Politiker dt. Herkunft, *27. 5. 1923 Fürth; seit 1938 in den USA; Prof. der Politikwissenschaft in Harvard, beriet mehrere US-Regierungen in Fragen der Strategie u. Abrüstung. 1969–1975 war K. Sicherheitsberater des Präs. R. *Nixon* u. 1973–1977 Außen-Min. unter R. Nixon u. G. *Ford.* Er bahnte 1971 die Aufnahme diplomat. Beziehungen mit der Volks-Rep. China an, handelte 1973 einen Waffenstillstand mit Nordvietnam aus, der die US-amerikan. Teilnahme am Vietnamkrieg beendete (Friedensnobelpreis 1973 mit *Le Duc Tho*), u. vermittelte nach dem Oktoberkrieg 1973 Truppenentflechtungsabkommen zwischen Israel u. seinen Gegnern Ägypten u. Syrien. K. schrieb u. a.: „Großmacht Diplomatie" 1957, dt. 1962; „Kernwaffen u. Auswärtige Politik" 1957, dt. ²1974; „Was wird aus der westl. Allianz?" 1965, dt. 1965; „Amerikan. Außenpolitik" 1969, dt. 1969; „Die weltpolit. Lage" 1983, dt. 1983; „Memoiren" Bd. 1 (1968–1973) 1979, dt. 1979, Bd. 2 (1973/74) 1982, dt. 1982; „Die Vernunft der Nationen" dt. 1994.
Kißlegg, Gemeinde in Baden-Württemberg, Ldkrs. Ravensburg, an der Ach, 650 m ü. M., 8600 Ew.; Luftkurort; Burg K. (11./12. Jh.), barocke Pfarrkirche (1734–1738); altes u. neues Schloss (16. u. 18. Jh.); Elektro- u. Textilindustrie.
Kistenöffner, etwa 30 cm langer Stahlhebel mit gebogener Spitze zum Herausziehen von Nägeln.
Kisuaheli [das], *Suahili,* die Sprache der Suaheli, aus der Bantu-Familie; eine der wichtigsten Verkehrssprachen in Ostafrika, von der Ostküste von Kenia bis ins nördliche Mosambik verbreitet (rd. 40 Mio. Sprecher).
Kisumu, Hafenstadt am Victoriasee in Kenia, 185 000 Ew.; durch eine Bahn über Nakuru mit der Linie Kampala–Nairobi–Mombasa verbunden, Straßenknotenpunkt; Handels- u. Industriezentrum, Güterumschlag für Uganda.
Kitab Al Akdas [der; arab.], *Kitab-i-Aqdas,* Hauptwerk des Gründers der Religionsgemeinschaft der → Baha'i; 1873 verfasst.
Kitagawa, Utamaro, japan. Maler, → Utamaro Kitagawa.
◆ **Kitaj** ['kitaʒ], Ronald B., brit. Maler US-amerikan. Herkunft, *29. 10. 1932 Chagrin

Falls, Ohio; Hauptvertreter der engl. Pop-Art, fuhr zur See u. studierte in Wien bei A. P. *Güthersloh*; schuf, von K. *Schwitters* ausgehend, Serigraphien, die in geometr. Rastern collageartig eine Fülle von Realitätspartikeln in kunstvoller Verfremdung vereinen; häufig mit ironischen Titeln, z. B.: „Das Verlangen nach einem Lunch ist bürgerlicher Verfolgungswahn oder: Graue Schizophrenie".
Kitakata, japan. Industrieort im nordwestl. Zentralhonshu, südöstl. von Niigata, im Aganoflussgebiet, 37 000 Ew.; Aluminiumschmelze.
Kitakyushu [-'takjuːʃuː], japan. Großstadt im N Kyushus, an der Kammon-Meeresstraße, 1,02 Mio. Ew.; entstand 1963 durch Zusammenlegung der Städte *Kokura, Moji, Tobata, Wakamatsu* u. *Yahata*; einer der bedeutendsten japan. Industriestandorte. *Kokura:* Kohlenbergbau, Schwerindustrie, Handels- u. Bankenzentrum, kultureller Mittelpunkt; *Moji:* Stahl-, Zement-, Mühlen- u. Zuckerindustrie; internationaler Ein- u. Ausfuhrhandelshafen; *Tobata:* Stahlwerke, Hochseefischereihafen, Fischverarbeitung; *Wakamatsu:* Kokereien, Maschinenbau, Werften, Kohlenausfuhrhafen; *Yahata:* Kohlenabbau, Stahl-, Eisen-, Zement- u. chem. Industrie, Einfuhrhafen für Eisenerz.
Kitale, Distrikt-Hptst. im ostafrikan. Kenia, östl. des Vulkans Elgon, 1895 m ü.M., 53 000 Ew.; Endpunkt einer Zweiglinie der Ugandabahn, an der Durchgangsstraße nach Norden; Fremdenverkehr.
Kitasato, Shibasaburo, japan. Bakteriologe, *20. 12. 1853 Oguni, Ken Kumamoto, †13. 6. 1931 Nakanocho, Azabu; Schüler Robert *Kochs*; entdeckte 1894 zugleich mit A. *Yersin* den Pestbazillus *(Pasteurella pestis).*
Kitchener ['kitʃinə], 1830–1916 *Berlin,* Stadt in Ontario (Kanada), nordwestlich von Hamilton, 168 000 Ew., als Metropolitan Area 356 000 Ew.; mit starkem deutschstämmigem Anteil; Theater; vielseitige Industrie.

Horatio Herbert Kitchener

◆ **Kitchener** ['kitʃinə], Horatio Herbert, Earl (1914) K. of *Khartoum,* brit. Offizier u. Politiker, *24. 6. 1850 bei Listowel, County Kerry (Irland), †5. 6. 1916 bei den Orkney-Inseln; 1892 Oberbefehlshaber der Ägypten-Armee, eroberte 1896–1898 den anglo-ägypt. Sudan, indem er das Heer der Mahdisten bei Omdurman 1898 schlug u. Khartum besetzte; zwang ein französ. Expeditionskorps bei Faschoda (1898) zum Rückzug, beendete als Generalstabschef der brit. Armee den Burenkrieg zugunsten Großbritanniens, reorganisierte 1902–1909 als Oberbefehlshaber die brit. Truppen in Indien; 1911–1914 Oberkommissar in Ägypten; 1914 Kriegs-Min. u. Feldmarschall, rationalisierte die Ausbildung der Freiwilligen u. setzte im Frühjahr 1916 die Wehrpflicht in Großbritannien durch; mit dem von einem dt. U-Boot torpedierten Kreuzer „Hampshire" untergegangen.
Kitega, Stadt in Burundi, → Gitega.
Kitfuchs, *Swiftfuchs, Vulpes velox,* zu den *Echten Füchsen* zählendes kleines Raubtier; von typischer Fuchsgestalt mit blasser, rotgrauer Färbung u. relativ großen Ohren; lebt nachtaktiv in Nordamerika in Steppengebieten mit weichen, grabbaren Untergründen. Auf kurzen Strecken eines der schnellsten Säugetiere; sehr scheu; erbeutet Nagetiere.
Der K. ist die kleinste pelzwirtschaftlich genutzte Fuchsart. Das dichte, feine Fell ist im Wammenbereich weiß. Da auch der Pelz des *Steppenfuchses* oder *Korsak (Alopex corsac)* als „K." im Handel ist, muss zusätzlich „nordamerikanischer" bzw. „asiatischer K." angegeben werden.

Ronald B. Kitaj: Erie Shore; 1966. Berlin, Staatliche Museen zu Berlin – Preußischer Kulturbesitz, Neue Nationalgalerie

Kithairon, mittelgriech. Gebirge zwischen Attika u. Böotien, 1409 m, bewaldet. Nach der Sage wurde hier *Ödipus* ausgesetzt.

Kithara [die; grch.], ein Saiteninstrument der Griechen, ein flacher Kasten mit zwei seitlich nach oben geschwungenen Armen, die oben durch ein Querholz verbunden waren. Davon liefen anfangs 4, dann bis zu 18 Saiten zum Schallkasten hinunter. Die K. wurde mit einem Plektron in der rechten Hand gezupft, die linke konnte einzelne Saiten nach Bedarf verkürzen.

Kitimat [-mæt], Ort am Douglaskanal im Küstengebirge von British Columbia (Kanada), 13 000 Ew.; 1948 als Standort für eine Aluminiumschmelze gegründet.

Kitsch [der; vielleicht von mundartl. *kitschen,* „Straßenschmutz zusammenkehren", oder von engl. *sketch,* „Skizze"], um 1870 im Münchner Kunsthandel entstandenes Wort, das als nicht eindeutig definierbares künstlerisches Werturteil bes. billige, nach Gehalt u. Form unwahre Kunst bezeichnen soll. Die Ausdrucksmittel des Kitsches sind selten originell, wirken häufig komisch oder grotesk u. appellieren besonders an das passive Gefühlsleben, eine unkritische Aufnahmebereitschaft u. den Sinn für das Modisch-Gefällige, keinem einheitl. Stilwillen, sondern einer angenommenen Manier folgend.

Kitt [der], flüssige oder plast. Stoffe, die an der Luft erhärten u. zum Kleben u. Dichten von Gegenständen, zum Ausfüllen von Fugen u. a. dienen. *Ölkitte* bestehen aus Leinöl u. feiner getrockneter Schlemmkreide, Bleiglätte oder gelöschtem Kalk. Zur Gruppe der *Harzkitte* gehören u. a. *Fugenkitt* für Holz (Wachs, Kolophonium, Ocker mit Ziegelmehl) u. *Steinkitt* (Pech, Kolophonium, Mennige u. Ziegelmehl). *Spezialkitte,* von denen es eine große Anzahl gibt, sind u. a.: *Rostkitt,* aus Eisenfeilspänen, Salmiak u. etwas Essig, zum Verbinden von kleinen Eisenteilen; *Porzellankitt,* mit Wasser angerührtes Pulver aus einer Schmelze von Mennige, Borax u. Kreide. Außerdem gibt es verschiedene Kitte auf Kunststoffbasis.

Kitt, Theodor, dt. Veterinärpathologe, *2. 11. 1858 München, †10. 10. 1941 München; seit 1884 Prof. in München; schrieb Standardwerke über allg. u. spezielle Pathologie u. Bakteriologie.

Kittel [der], aus dem antiken Hemdgewand (→ Tunika) entwickeltes loses Obergewand für Männer mit Brustschlitz oder weitem Halsausschnitt u. langen Ärmeln; erhielt sich bis heute im Trachtenkittel u. in der Berufskleidung.

Kittel, 1. Gerhard, dt. ev. Theologe, Sohn von 3), *23. 9. 1888 Breslau, †11. 7. 1948 Tübingen; 1913 Prof. für NT in Kiel, 1917 in Leipzig, 1921 in Greifswald, 1926 in Tübingen, 1939 in Wien, 1943 erneut in Tübingen; Hrsg. des 1933 begonnenen (von G. *Friedrich* fortgeführten) „Theologischen Wörterbuches zum Neuen Testament", eines unentbehrl. Hilfsmittels für die Bibelwissenschaften. Hptw.: „Die Probleme des palästinens. Spätjudentums u. das Urchristentum" 1926; „Urchristentum, Spätjudentum

u. Hellenismus" 1926; „Die Religionsgeschichte u. das Urchristentum" 1931.

2. Helmuth, dt. ev. Theologe, *11. 4. 1902 Potsdam, †20. 1. 1984 Göttingen; ab 1931 Prof. an pädagog. Hochschulen, 1937–1945 u. 1963–1970 an der Universität Münster. Hptw.: „Vom Religionsunterricht zur Ev. Unterweisung" 1947; „Schule unter dem Evangelium" 1949; „Der Erzieher als Christ" 1951; „Ev. Religionspädagogik" 1970.

3. Rudolf, dt. ev. Theologe, *28. 3. 1853 Eningen, Württ., †20. 10. 1929 Leipzig; 1888 Prof. für AT in Breslau, 1898 in Leipzig, als Hrsg. der „Biblia Hebraica" (1906) international bekannt geworden. Hptw.: „Geschichte des Volkes Israel" 3 Bde. 1888 bis 1929; „Die Religion des Volkes Israel" 1921 bis 1929.

Kittfuchs → Kitfuchs.

Kittsee, Gemeinde im österr. Burgenland, in der Nähe des Dreiländerecks Österreich, Slowakei, Ungarn, 138 m ü. M., 2000 Ew.; Acker- u. Weinbau.

Kittulpalme [singales., lat.], *Caryota urens* → Brennpalme.

Kitwe [engl. 'kitwɛi], Bergbau- u. Industriestadt in Sambia, wirtschaftl. Zentrum des *Copper Belt,* an der Grenze nach Katanga in der Demokrat. Rep. Kongo, 1350 m ü. M., 349 000 Ew. – 1936 als Bergbausiedlung gegründet.

Kitz [das], Jungtier von Reh, Gämse u. Ziege.

◆ **Kitzbühel,** österr. Bezirksstadt im nördl. Tirol, an der *Kitzbüheler Ache,* südöstl. vom Kaisergebirge, 762 m ü. M., 8500 Ew.; Kur- u. Badeort, Wintersportplatz; Schwebebahnen auf das *Kitzbüheler Horn* (1998 m) u. den *Hahnenkamm* (1655 m); in der Nähe das Moorbad *Schwarzsee.*

1163 erstmals urkundlich erwähnt; im MA meist zu Bayern gehörig, kam K. 1505 endgültig zu Tirol. Im 16. Jh. Blütezeit durch Silber- u. Kupferabbau. Stadtbild vom 16. u. 17. Jh. geprägt.

Kitzbüheler Alpen, Gruppe der Nordtiroler-Salzburger Schieferalpen, nördl. des Gerlostals u. Pinzgaus, zwischen Zillertal u. Zeller See u. oberem Saalachtal; im *Großen Rettenstein* 2364 m, im *Gaisstein* 2363 m; Wintersportgebiet.

Kitzingen (1)

Kitzingen, ◆ **1.** Kreisstadt in Unterfranken (Bayern), am Main, südöstl. von Würzburg, 211 m ü. M.; histor. Stadtkern, Rathaus (1561–1563), Pfarrkirche (1686 bis 1699 von A. *Petrini*), Kreuzkapelle (1741 bis 1745 von B. *Neumann*), Pfarrkirche St. Johann (15. Jh.), Falterturm (Dt. Fastnachtsmuseum), Großlangheimer Tor (1565), Mainbrücke (17./18. Jh.), Reste der Stadtbefestigung (1443); Zentrum u. Haupthan-

Kitzbühel ist einer der bekanntesten Wintersportorte Österreichs

delsplatz des fränkischen Weinbaus; Maschinen-, Textil-, Leder- u. Nahrungsmittelindustrie; Militärflughafen; Hafen.

2. Ldkrs. in Bayern, Reg.-Bez. Unterfranken, 684 km², 87 800 Ew.; Verw.-Sitz: K. (1).

Kitzler, *Klitoris, Clitoris,* ein Teil der weibl. Geschlechtsorgane, der entwicklungsgeschichtlich dem männl. *Glied* (Penis) entspricht u. wie dieses Schwellkörper u. Nervenendorgane hat. Der K. liegt am oberen Zusammenstoß der kleinen *Schamlippen* u. ist Reizorgan beim Geschlechtsverkehr.

Kitzscher, Stadt in Sachsen, Ldkrs. Leipziger Land, nordöstl. von Borna, 7300 Ew.; nahe dem Braunkohlenrevier von Borna; Großkraftwerk. – Seit 1974 Stadt.

Kitzsteinhorn, vergletscherter Gipfel der Hohen Tauern, 3203 m ü. M., hochalpines Skigebiet.

Kiukiang, chines. Stadt, → Jiujiang.

Kiuküan, chines. Stadt, → Jiuquan.

Kiungschan, chines. Stadt, → Qiongshan.

Kiva [indian.], unterirdischer, meist kreisrunder Kultraum der Pueblo-Indianer.

Aleksis Kivi

◆ **Kivi,** Aleksis, eigentl. A. *Stenvall,* finn. Schriftsteller, *10. 10. 1834 Nurmijärvi, †31. 12. 1872 Tuusula; der erste bedeutende finn. Autor; mit seinem Volksstück „Der Heideschuster" 1864, dt. 1922 hob er die noch in den Anfängen steckende finn. Schauspielkunst auf ein höheres Niveau; sein Roman „Die sieben Brüder" 1870, dt. 1921, in dem er ein mit derb-humorist. Sprache ein plast. Bild des finn. Landlebens gibt, wurde weltberühmt.

Kivu, *Kiwu,* Prov. im O der Demokrat. Rep. Kongo, 256 803 km², 6,7 Mio. Ew.; Hptst.

Kivusee: Der zentralafrikanische See ist durch vulkanische Aufschüttungen aufgestaut worden

Bukavu; besteht aus unbewohnten Regenwaldgebieten im W u. dicht bevölkerten Savannen auf der zentralafrikan. Schwelle im O; wichtige Region des Kaffee- u. Teeanbaus sowie der Rinderweidewirtschaft; bedeutende Fischerei an den Seen im Zentralafrikan. Graben (Tanganjikasee, Rutanzige); Ruwenzorimassiv, Virunga-Vulkane u. Bergwald-Naturschutzgebiete sind bekannte Fremdenverkehrsziele.

Kivu-Nationalpark, Nationalpark im O der Demokrat. Rep. Kongo, → Virunga-Nationalpark.

◆ **Kivusee,** See im Zentralafrikan. Graben, 1460 m ü.M., 2650 km², über 80 m tief; viele Zuflüsse u. Inseln, fischarm, entwässert über den *Ruzizi* zum *Tanganjikasee;* Grenze zwischen der Demokrat. Rep. Kongo u. Rwanda.

◆ **Kiwano,** *Afrikanische Stachelgurke, Cucumis metuliferus,* zu den Kürbisgewächsen *(Cucurbitaceae)* zählende Pflanze mit bis zu 15 cm langen, orange-gelben Früchten, die mit breit-kegelförmigen Stacheln besetzt sind. Die abgeflachten Samen sind in einer gelartigen Pulpe eingebettet u. schmecken säuerlich frisch; in Afrika südlich der Sahara verbreitet.

Kiwi-Frucht → Strahlengriffel.

Kiwis, *Schnepfenstrauße,* Gattung *Apteryx,* drei Arten flugunfähiger Vögel (Laufvögel), die zusammen mit den ausgestorbenen → Moas zur Unterordnung der *Kiwivögel* gehören. Die hühnergroßen, nachtaktiven,

Kiwano: Afrikanische Stachelgurke, Cucumis metuliferus

sehr scheuen Bodenvögel leben in den Wäldern Neuseelands; sie nähren sich von Würmern u. Larven. Die Regierung hat sie als Wappentier u. als Nationalvogel unter strengen Schutz gestellt. Nur noch auf der Südinsel leben der *Streifenkiwi, Apteryx australis,* Gesamtlänge bis 55 cm, davon Schnabel 10–21 cm, sowie der *Flecken-* oder *Zwergkiwi, Apteryx owenii,* Gesamtlänge 35–45 cm, davon Schnabel 7,5–16 cm.

Kiwu, Prov. in der zentralafrikan. Demokrat. Rep. Kongo, → Kivu.

Kiyonaga, Torii, eigentl. *Sekiguchi,* japan. Maler u. Grafiker, *1752 Uraga, Prov. Sagami, †28. 6. 1815 Edo (heute Tokyo); lernte bei Torii *Kiyomitsu* u. übernahm 1785 die Leitung der Torii-Schule. Er begann mit Schauspielerporträts, schuf aber später Farbholzschnitte im Stil des *Ukiyo-e,* die sich durch Zartheit der dargestellten Frauen u. Leichtigkeit u. Sicherheit in der Komposition auszeichnen. K. entwickelte als erster die Kombination von Bildern, die im Zusammenhang, aber auch einzeln betrachtet werden können.

Kiyonobu, Torii, eigentl. *Shobei,* japan. Grafiker, *1664 Osaka, †1729 Edo (heute Tokyo); begründete die Torii-Schule, begann mit Theaterplakaten u. Schauspielerporträts u. wandte sich später dem handkolorierten Farbendruck zu, bei dem die Farbe mit Leim vermischt wird u. so Lackcharakter erhält. Ein Teil seines Werkes zeichnet sich durch kraftvollen, theatral. Stil aus, ein anderer eher durch ruhige, dekorative Darstellung.

Kizel, russ. Bergbaustadt, → Kisel.

Kizilirmak [-'zil-; türk., „Roter Fluss"], türk. *Kızılırmak,* der antike *Halys,* längster türk. Fluss, rd. 1151 km, Einzugsgebiet rd. 76 000 km², nicht schiffbar; entspringt im Armen. Hochland, mündet bei Bafra ins Schwarze Meer (Delta); südöstl. von Ankara zu einem großen See mit Kraftwerk aufgestaut *(Hirfanli Baraji,* 263 km² groß, 6 Mrd. m³ Inhalt, Staudamm 78 m hoch). Daneben gibt es vier weitere Wasserkraftwerke.

Kizljar, Stadt in Russland, → Kisljar.

kJ, Abk. für *Kilojoule,* → Joule.

Kjaer [çæ:r], Nils, norweg. Schriftsteller, *11. 11. 1870 Holmestrand, †9. 2. 1924 Son bei Moss; geistreicher Plauderer u. Gesellschaftskritiker, schrieb Dramen im Stil A. Strindbergs („Der Tag der Rechenschaft" 1902, dt. 1909) u. witzige, dabei aber pessimist. Essays: „Capriccio" 1898, dt. 1910.

Kjeldahl ['kælda:l], Johan Gustav Christoffer Thorsager, dän. Chemiker, *16. 8. 1849 Jägerspris auf Seeland, †18. 7. 1900 Tisvilde auf Seeland; entwickelte das *Kjeldahl-Verfahren* zur Stickstoffbestimmung in organ. Verbindungen; Untersuchungen über Enzyme u. Kohlenhydrate.

Kjellén [tçɛ'le:n], Rudolf, schwed. Staatswissenschaftler, *13. 6. 1864 Torsö, †14. 11. 1922 Uppsala; Prof. für Staatswissenschaft in Göteborg u. Uppsala, „Vater der Geopolitik", die er aus der polit. Geographie F. *Ratzels* entwickelte; Hptw. „Die Großmächte der Gegenwart" 1914; „Der Staat als Lebensform" 1917; „Grundriss zu einem System der Politik" 1920, u.a.

Kjellin ['tçɛ-], Frederik Adolf, schwed. Metallurg, *24. 4. 1872 Wordinge, †30. 12. 1910 Stockholm; baute den ersten (nach ihm benannten) Induktionsofen zur Stahlgewinnung.

Kjerulf ['çɛ:rulf], Halfdan, norweg. Komponist, *17. 9. 1815 Oslo, †11. 8. 1868 Oslo; studierte in Oslo u. Leipzig u. galt als Hauptvertreter der norweg. Romantik; komponierte zahlreiche Lieder, Musik für Männerchöre u. Klaviermusik.

K-Jetronic [-dʒe'trɔnik] → Jetronic.

Kjökkenmöddinger → Kökkenmöddinger, → Muschelhaufen.

Kjustendil, Stadt u. Bez. in Bulgarien, → Kustendil.

k.k., Abk. für *kaiserlich-königlich;* in Titeln: *K. K.*

Klaatsch, Hermann, dt. Anthropologe, *10. 3. 1863 Berlin, †5. 1. 1916 Eisenach; Prof. in Heidelberg (1895) u. Breslau; wies durch vergleichende anatomische Untersuchungen einen unmittelbaren stammesgeschichtl. Zusammenhang zwischen Affen u. Menschen nach; klärte die systemat. Stellung zahlreicher menschl. Fossilien.

Klabautermann [zu *kalfatern,* „Fugen der Schiffswände abdichten"], im Volksglauben ein Kobold, der schadhafte Stellen anzeigt, vor dem Unglücksfall oder Tod eines Seemanns erscheint u. das Schiff vor dem Untergang verlässt. Man nimmt an, dass er als Dämon des Baums, aus dem der Mast hergestellt worden war, zum Schiffsdämon wurde.

Kläber, Kurt, dt. Schriftsteller, als Jugendbuchautor unter dem Pseudonym K. *Held,* *4. 11. 1897 Jena, †9. 12. 1959 Carona bei Lugano; verheiratet mit der Märchenerzählerin Lisa *Tetzner;* stellt Kinder als die Leidtragenden der bestehenden Gesellschaftsordnung dar; Hptw.: „Barrikaden an der Ruhr" 1924; Jugendbücher: „Die rote Zora u. ihre Bande" 1943; „Der Trommler von Faido" 1946; „Matthias u. seine Freunde" 1950; „Giuseppe u. Maria" 4 Bde. 1955/56; „Der Zinnsoldat" 1956.

Klaberjass [jidd.], *Klabrias,* Kartenglücksspiel mit franzöz. Farben, 32 Blatt, für zwei oder mehrere Spieler; Stich- u. Meldespiel, bei dem sich Rangfolge u. Wertigkeit der Trumpffarbe von den übrigen Farben unterscheidet. Wer zuerst 500 Augen erspielt hat, ist Sieger. K. ist dem *Belote* ähnlich u. in vielen Varianten bekannt.

Klabund

◆ **Klabund,** eigentl. Alfred *Henschke,* dt. Schriftsteller, *4. 11. 1890 Crossen an der Oder, †14. 8. 1928 Davos; wandlungsreicher Dichter von pazifist. Grundhaltung. Sein umfangreiches Werk beginnt naturalistisch, spielt ins Neoromantische u. Expressionistische u. endet in der Neuen Sachlichkeit. Das Themenspektrum streut von Erotik, über Gesellschaftskritik u. Geschichte bis ins Ostasiatische. K. schrieb

Dramen („Der Kreidekreis" 1924), den Eulenspiegel-Roman „Bracke" 1918, Erzählungen („Borgia" 1928; „Rasputin" 1929), formenreiche Lyrik („Li Tai Pe" 1916; „Montezuma" 1919; „Die Harfenjule" 1927), Chansons u. eine „Geschichte der Weltliteratur in einer Stunde" 1921. – Werke, 8 Bde. 1998 ff.; Sämtliche Werke, 1998 ff.

Kladde [die], Schmierheft, vorläufiges Tage- oder Rechnungsbuch.

◆ **„Kladderadatsch"**, 1848 in Berlin von David Kalisch gegr. politisch-satir. Zeitschrift von nationalist. Grundhaltung, unterstützte die Politik Bismarcks; 1944 eingestellt.

Kladno, Stadt in Mittelböhmen (Tschech. Rep.), westl. von Prag, 72 000 Ew.; Schloss (1740); Steinkohlenbergbau (seit 1846), Hüttenindustrie, Maschinenbau, Brauereien.

Kladogenese [grch.], die *Stammverzweigung*, d. h. die evolutive Bildung z. B. neuer Stämme im Tierreich. Auch → Evolution.

Klafferkessel, Hochgebirgslandschaft in den Niederen Tauern in der Steiermark (Österreich); ehem. Gletscherboden; zahlreiche kleine Seen.

Klaffmoose, *Andreaeaceae*, Kalk meidende *Laubmoose*; bilden in arktischen u. subarktischen Gebieten kleine Polster auf Gesteinen oder auf der Erde.

◆ **Klaffmuschel**, *Mya arenaria*, eine essbare, bis 20 cm lange Meeresmuschel; so genannt nach ihren am Hinterrand stets klaffenden Schalen; lebt im Sand der Watten eingegraben, nur der lange Sipho reicht in das freie Wasser. Die K. ist Nahrung für Plattfische.

Klaffmuscheln, Mya arenaria

Klaffschnabel, *Anastomus*, Gattung der *Störche*, relativ kleine Vögel mit etwa 80 cm Gesamtlänge, deren Schnabelhälften sich in der Mitte nicht berühren u. so nicht nur zum Ergreifen von Amphibien, sondern bes. auch zum Öffnen von Muscheln u. Schnecken dienen. Der *Afrikaklaffschnabel*, *Anastomus lamelligerus*, brütet von Äthiopien bis Mosambik u. Madagaskar. Das Gefieder ist metallisch schwarz. Der *Indienklaffschnabel*, *Anastomus oscitans*, brütet in großen Kolonien in Indien. Das Gefieder ist weiß mit schwarzen Abzeichen.

Klafter, ursprüngl. die Spannweite der Arme, altes dt. Längenmaß; örtlich verschie-

„Kladderadatsch", Kopf des Titelblattes; 5. Januar 1879

den: 1,7–2,91 m; altes dt. Raummaß für Schichtholz, zwischen 1,8 u. 3,9 m³.

Klage, **1.** *Jagd*: das Ausstoßen von Schmerzlauten beim Wild.

2. *Prozessrecht*: das schriftliche (beim Amts- oder Landgericht – in Österreich beim Bezirksgericht – auch durch Erklärung zu Protokoll der Geschäftsstelle zu gebende) Begehren einer gerichtl. Entscheidung in einem Rechtsstreit in Form eines *Urteils*. Die *Klageerhebung* erfolgt durch Einreichung der → Klageschrift beim Prozessgericht, das die Zustellung an die Gegenpartei (den *Beklagten*) von Amts wegen vornimmt. Verschiedene *Arten* der K. sind: im *Zivil*- u. *Arbeitsgerichtsprozess* Leistungsklage, Feststellungsklage u. Gestaltungsklage; im *Verwaltungsstreitverfahren* (Verwaltungsgerichtsprozess) Anfechtungsklage, Verpflichtungsklage u. Feststellungsklage; in allen Prozessarten die Klagen im *Wiederaufnahmeverfahren*. Von der K. ist zu unterscheiden die → öffentliche Klage des Strafprozesses.

In *Österreich* gelten gemäß §§ 226 ff. ZPO durchweg die gleichen Grundsätze. Mit der Zurücknahme der K. kann aber im Gegensatz zum deutschen Recht ein *Klageverzicht* verbunden werden. – In der *Schweiz* sind die Regelungen kantonal unterschiedlich; der Termin zur mündl. Verhandlung wird hier allg. als „Tagfahrt" bezeichnet (in Österreich als „Tagsatzung").

Klage, *„Die Klage"*, mittelhochdt. Reimpaargedicht (etwa 4350 Verse), späterer Zusatz zum *Nibelungenlied*, in dessen vollständigen Handschriften enthalten; entstanden um 1220 wohl im Passauer Donauraum. Die K. erzählt die Bestattung der Gefallenen u. das Schicksal der Überlebenden.

Klageänderung, Änderung des Streitgegenstandes. Nach Eintritt der → Rechtshängigkeit ist eine K. nur zulässig, wenn der Beklagte einwilligt oder das Gericht sie für sachdienlich erachtet. Keine K. liegt vor, wenn ohne Änderung des Klagegrundes die tatsächl. oder rechtl. Anführungen ergänzt oder berichtigt werden, der Klageantrag in der Hauptsache oder in Bezug auf Nebenforderungen erweitert oder beschränkt wird oder statt des ursprünglich geforderten Gegenstandes wegen einer später eingetretenen Veränderung ein anderer Gegenstand oder das Interesse gefordert wird, §§ 263, 264 ZPO.

Klageantrag, der vom Kläger in der → Klageschrift zu stellende bestimmte Antrag,

durch den er zu erkennen gibt, welche Entscheidung des Gerichts er begehrt. Der K. ist im Zivilprozess von großer Bedeutung, weil durch ihn der *Streitgegenstand* bestimmt wird u. dem Kläger nicht mehr oder etwas anderes zugesprochen werden darf, als er beantragt hat (§ 308 ZPO). Auch → Dispositionsmaxime. – Ähnl. in *Österreich* (§ 229 ZPO).

Klagebefugnis, die Berechtigung des Klägers zur Klage. Im Verwaltungsprozess sind Anfechtungsklagen oder Verpflichtungsklagen nur zulässig, wenn der Kläger die Verletzung eigener Rechte geltend macht (§ 42 Abs. 2 VwGO). Damit wird eine allgemeine K. gegen Verwaltungsakte ausgeschlossen (sog. → Popularklage). An mangelnder K. scheitern z. B. Prozesse von Bürgerinitiativen, weil ihre Mitglieder nicht unmittelbar selbst von den angegriffenen Hoheitsakten betroffen sind. Auch → Verbandsklage.

Klageerhebung, der Vorgang, durch den ein Rechtsstreit anhängig gemacht wird. Sie erfolgt durch Einreichung einer → Klageschrift bei Gericht, Bestimmung des Termins zur mündl. Verhandlung u. von Amts wegen zu bewirkende Zustellung an die Gegenpartei (§§ 253, 270, 496 ZPO; ähnl. in Österreich § 226 ff. ZPO). Die K. begründet die *Rechtshängigkeit* (Österreich: *Streitanhängigkeit*) der Streitsache. Daneben hat sie auch privatrechtl. Wirkungen: Unterbrechung der Verjährung (§ 209 BGB), Entstehen des Anspruchs auf Prozesszinsen (§ 291 BGB).

Klageerzwingungsverfahren, der Antrag auf gerichtl. Entscheidung zur Erzwingung der *öffentlichen Klage*; nur zulässig, wenn die Tat nicht nur eine Übertretung oder ein Privatklagedelikt ist. Antragsberechtigt ist nur der durch eine Straftat Verletzte. Das K. dient der Durchsetzung des *Legalitätsprinzips* zugunsten des Verletzten, der die Strafverfolgung wünscht, aber wegen des Anklagemonopols der Staatsanwaltschaft selbst kein gerichtliches Strafverfahren in Gang setzen kann; geregelt in §§ 172–177 StPO. In *Österreich* ist der durch ein Verbrechen oder durch ein von Amts wegen zu verfolgendes Vergehen Geschädigte berechtigt, zur Durchsetzung seiner zivilrechtl. Ansprüche eine öffentl. Anklage zu erheben, sofern die Staatsanwaltschaft die Strafverfolgung eingestellt hat.

Klage gegen den toten Mann, Sonderform der Klage im dt. Recht des MA. Wurde ein Täter auf *handhafter Tat* gefasst u. dabei erschlagen, mussten die Beteiligten (vor allem der Totschläger) mit dem *toten Mann* vor Gericht erscheinen u. dort nachträglich gegen ihn mit der → Gerüfte Klage erheben zum Beweis, dass sie keine Friedensbrecher waren, sondern Selbsthilfe innerhalb des Rechtssystems geübt hatten.

Klagemauer, *Westmauer*, das wichtigste jüd. Heiligtum in Jerusalem, Teil der herodianischen Umfassungsmauer des Tempelplatzes; Höhe 18 m, Länge 48 m. Seit 638 n. Chr. (unter arab. Herrschaft) trafen sich die Juden an dieser Mauer, um den Verlust des Tempels zu beklagen. Die K. lag bis

Klagenfurt: Schloss Mageregg ist eines von zahlreichen Schlössern, die wie in einem Ring um die Stadt liegen

1967 außerhalb des zu Israel gehörenden Teils von Jerusalem.

Klage mit dem toten Mann, im dt. Recht des MA vorgeschriebene Form der Klage bei Mord u. Totschlag. Die Kläger (die Verwandten) mussten vor Gericht mit der Leiche, dem *toten Mann,* erscheinen u. mit dem → Gerüfte den Prozess gegen den Totschläger einleiten.

◆ **Klagenfurt,** Hptst. des österr. Bundeslandes Kärnten, an der Glan, östl. vom Wörther See, 446 m ü. M., 90 600 Ew.; kath. Bischofssitz; Dom (16. Jh.), Landhaus (16. Jh., Sitz der Landesregierung), Lindwurmbrunnen (17. Jh.); Universität für Bildungswissenschaften (gegr. 1970), Museen, Schulzentrum; Metall-, Holz-, Nahrungsmittel-, Elektro-, Maschinen- u. chem. Industrie; Messe.

Geschichte: Kelt. u. röm. Funde bezeugen eine frühgeschichtl. Besiedelung. Die ursprünglich von Herzog Hermann I. von Kärnten angelegte Siedlung lag unmittelbar an der Glan; sie wird als Markt um 1190 erwähnt. 1246–1252 entstand durch den Sponheimer Herzog Bernhard die südlich der ersten Siedlung gelegene heutige Stadt (erstmalig 1279 erwähnt). 1518 schenkte Maximilian I. die 1514 durch Brand stark beschädigte Stadt den Landständen, in deren Besitz sie bis 1849 blieb. 1534–1591 wurde K. zu einer Festung gegen die Türken ausgebaut; die Anlagen wurden 1809 geschleift.

Klagenfurter Becken, das größte inneralpine Einbruchsbecken der Ostalpen, 75 km lang, 20–30 km breit, zwischen Gurktaler Alpen u. Karawanken (Österreich); von der Drau u. ihren Nebenflüssen entwässert; Hügelland u. Schotterflächen (Krapp- u. Zollfeld); im Winter Temperaturumkehr (im Becken kälter als in der Umgebung), heiße Sommer; Getreide- u. Obstanbau, Fremdenverkehr.

Klagenhäufung, im Zivilprozessrecht die Geltendmachung mehrerer prozessualer Ansprüche desselben Klägers gegen denselben Beklagten in einem Verfahren (*objektive K.*; §§ 147, 260 ZPO). Die K. kann *kumulativ* sein (Erhebung mehrerer Ansprüche nebeneinander), *eventuell* (Erhebung eines Hilfsanspruchs neben einem Hauptanspruch) oder *alternativ* (wahlweise Erhebung mehrerer Ansprüche). Von der objektiven K. ist die *subjektive K.* oder → Streitgenossenschaft zu unterscheiden.

In *Österreich* findet sich die Regelung der K. in § 227 ZPO. – In der *Schweiz* ist die objektive K. in den meisten, die subjektive K. (Streitgenossenschaft) in allen Kantonen zulässig.

Klagerücknahme, im dt. Recht der Widerruf des mit der Klage gestellten Gesuchs um Rechtsschutz. Die K. kann ohne Einwilligung des Beklagten nur bis zum Beginn der mündl. Verhandlung zur Hauptsache erfolgen. Die K. u., soweit zu ihrer Wirksamkeit erforderlich, die Einwilligung des Beklagten sind dem Gericht gegenüber zu erklären. Wird die Klage zurückgenommen, so ist der Rechtsstreit als nicht anhängig geworden anzusehen, ein bereits ergangenes, noch nicht rechtskräftiges Urteil wird wirkungslos, ohne dass es seiner ausdrücklichen Aufhebung bedarf. Die K. ist zu unterscheiden vom → Klageverzicht.

Klages, 1. Helmut, dt. Soziologe, *15. 4. 1930 Nürnberg; 1964–1974 Prof. an der TU Berlin, seitdem an der Hochschule für Verwaltungswissenschaften in Speyer. K. befasst sich bes. mit Fragen des sozialen Wandels, der polit. Soziologie, der Organisationssoziologie u. der Soziologie der öffentl. Verwaltung. Hptw.: „Der Nachbarschaftsgedanke u. die nachbarschaftl. Wirklichkeit" 1958; „Über die gesellschaftl. Funktion der sozialwissenschaftl. Intelligenz" 1962; „Soziologie zwischen Wirklichkeit u. Möglichkeit" 1968; „Die unruhige Gesellschaft" 1975; „Methodik der Organisationsänderung" (mit R. W. Schmidt) 1978; „Traditionsbruch als Herausforderung. Perspektiven der Wertewandelgesellschaft" 1993.

Ludwig Klages

◆ **2.** Ludwig, dt. Psychologe u. Philosoph, *10. 12. 1872 Hannover, †29. 7. 1956 Kilchberg bei Zürich; begann als Chemiker u. kam über die *Graphologie,* die er wissenschaftlich begründete („Handschrift u. Charakter" 1917), zur Neubegründung einer allg. *Ausdrucks-* u. *Charakterkunde.* Ursprüngl. dem *George-Kreis* angehörend, setzte K. sich für die Natur- u. Seelenlehre der Romantik ein, aus deren Sicht seine Darstellung u. Kritik der „Psycholog. Errungenschaften Nietzsches" (1926) zu verstehen ist. Als Philosoph war K. einer der Hauptvertreter der irrationalist. *Lebensphilosophie* („biozentrische" Weltanschauung im Gegensatz zur „logozentrischen"). In seinem Hauptwerk „Der Geist als Widersacher der Seele" 3 Bde. 1929–1932, erweiterte er seine Ausdrucks- u. Charakterlehre zu einer Lehre von den „Lebenscharakteren" u. schilderte den Einbruch des „Geistes" (der „akosmischen" Macht) in das Seelenleben, d. h. die Zerstörungen, die sich immer noch eman-zipierende Geistwille in Natur u. Kultur anrichte, u. die Tragödie der menschl. Geschichte. – Sämtl. Werke, 9 Bde. 1966 ff.

Klageschrift, der bei Gericht einzureichende Schriftsatz, durch dessen Zustellung an den Beklagten die zur Einleitung jedes Urteilsverfahrens erforderliche → Klage erhoben wird. Die K. muss z. B. nach § 253 Abs. 2 ZPO die Bez. der Prozessparteien u. des Gerichts, die bestimmte Angabe des Gegenstands u. des Grundes (des *Klagegrunds*) des eingeklagten Anspruchs u. als → Klageantrag eine genaue Formulierung der gewünschten Entscheidung enthalten; sie soll ferner den Wert des Streitgegenstands angeben. Sie muss im Verfahren vor dem Landgericht von einem beim Prozessgericht zugelassenen Rechtsanwalt unterschrieben sein (§ 78 ZPO). – In *Österreich* sind die Vorschriften über die K. in § 226 ZPO enthalten.

Klageverzicht, im Zivilprozess die aufgrund der *Dispositionsmaxime* mögliche einseitige Erklärung des Klägers an das Gericht, dass der geltend gemachte Anspruch nicht bestehe. Der K. führt auf Antrag des Beklagten zur Klageabweisung durch Sachurteil (§ 306 ZPO). Er ist auch in Ehe- u. Kindschaftssachen zulässig.

In *Österreich* ist der K. in § 237 ZPO als „Zurücknahme der Klage" geregelt; ähnlich in der *Schweiz* der „Klagerückzug".

Klagspiegel, *Richterlich Klagspiegel,* Sammlung röm. Rechts in dt. Sprache, 1425 im Zuge der → Rezeption (3) von einem Stadtschreiber von Schwäbisch Hall verfasst.

Klähn, Wolfgang, dt. Maler, *13. 10. 1929 Hamburg; begann mit gegenstandslosen, vegetative Formen nachvollziehenden Bildern, bezog in der Folge aber auch Gestaltengruppen in umgreifende Bogenlinien ein.

Klaipeda [lit.] → Memel (1).

Klaj, 1. *Clajus,* Johannes d. Ä., dt. Grammatiker, *24. 6. 1535 Herzberg an der Elster, †11. 4. 1592 Bendeleben bei Frankenhausen; ev. Pfarrer u. Lehrer, schrieb eine dt. Grammatik in lat. Sprache.

2. Johann d. J., dt. Barockdichter, *1616 Meißen, †1656 Kitzingen; zuerst Lehrer, später Pfarrer; gründete in Nürnberg mit G. P. *Harsdörffer* den „Pegnesischen Blumenorden", zeichnete sich bes. durch virtuose Klangmalerei aus u. schrieb oratorienähnliche, zwischen Chorgesang u. Sprecher wechselnde Dramen: „Auferstehung Jesu Christi" 1644; „Herodes der Kindesmörder" 1645; „Freudengedichte der selig machenden Geburt Jesu Christi" 1650.

Klamath ['klæməθ], Fluss in den *K. Mountains,* im N von California (USA), rd. 400 km; entspringt im *Klamathsee* (USA) in Oregon, mündet bei Requa in den Pazif. Ozean; Bewässerungsfeldbau am Oberlauf.

Klamm, durch einen Fluss tief eingeschnittene, enge Talschlucht mit fast senkrechten, oft sogar überhängenden Wänden; bes. in den Alpen.

Klammer, 1. *Mathematik:* Zeichen zur Zusammenfassung von Zusammengehörigem: runde K. (), eckige K. [], geschwungene K. {}.

2. *Schrift:* Schriftzeichen zur Kennzeichnung von Einschüben.

3. *Technik:* zangen- oder klemmenartige Vorrichtung zur vorübergehenden Verbindung von zwei oder mehreren Teilen. Klammern können, je nach Verwendungszweck, aus Holz, Kunststoff oder Stahl bestehen; z. B. Wäscheklammern, Büroklammern.

Klammer, Franz, österr. Alpin-Skisportler; * 3. 12. 1953 Mooswald (Kärnten); erlangte bei den Weltmeisterschaften 1974 die Goldmedaille in der alpinen Kombination (Abfahrt/Slalom); in der Saison 1974/1975 gewann er jedes Abfahrtsrennen. Nach 25 Worldcup-Siegen u. dem Olympiasieg in Innsbruck 1976 in der Abfahrt verabschiedete er sich 1985 aus dem aktiven Profi-Skisport.

◆ **Klammeraffen,** *Ateles,* Gattung der zu den *Breitnasen* gehörenden *Rollschwanzaffen*; von schlanker Gestalt, mit Greifschwanz u. langen Armen. K. leben in brasilian. Regenwäldern. Die Schwing- u. Hangeltechnik der K. ist der der Gibbons gleichzusetzen, wirkt aber durch den Greifschwanz als „fünfte Hand" noch perfekter. Als Anpassung an diese Lebensweise sind die Daumen stark zurückgebildet.

Klammerfügung, Kombination bei der Wortbildung mit einem Glied, das nur einmal genannt wird, z. B. Brot- u. Feinbäckerei.

Klammerreflex, 1. *Ethologie:* Verhaltensweise vieler neugeborener *Primatenkinder*, sich irgendwo anzuklammern. Der K. diente ursprünglich zum Festhalten am Fell des Elterntieres (bei Affen noch zu beobachten), ist beim Menschen nur noch rudimentär vorhanden u. wird rasch in der Säuglingsentwicklung verloren.

2. *spezielle Zoologie:* der Paarung dienende Verhaltensweise bei Froschlurchen. Das Männchen springt auf den Rücken des Weibchens u. klammert; in dieser Lage legt das Weibchen die Eier, die dann befruchtet werden. Fehlt über längere Zeit das Weibchen, so kann das Männchen auch an ähnlichen Objekten klammern.

Klampe, Beschlag oder Vorrichtung zum → Belegen (Befestigen) oder Führen von Trossen an Bord von Schiffen. Auch eine Vorrichtung zum Absetzen u. Festzurren eines Bootes an Deck heißt „Bootsklampe".

Klampfe → Gitarre.

Klan, Sippenverband in Irland u. Schottland, → Clan.

Klang, 1. *Akustik:* der durch period. Schwingungen elastischer Körper hervorgebrachte Gehörseindruck, im Gegensatz zu dem durch unregelmäßige Schwingungen hervorgebrachten *Geräusch.* Der K. setzt sich aus mehreren *Tönen* zusammen, dem *Grundton* u. den *Obertönen,* deren Frequenzen ganzzahlige Vielfache des Grundtones sind. Weil der Grundton im Allgemeinen in einem K. überwiegt, wird die *Klanghöhe* durch die Frequenz des Grundtones u. die *Klangstärke* durch seine Amplitude (Schwingungsweite) bestimmt; die *Klangfarbe (Timbre)* ist durch die Schwingungen erzeugende *Klangquelle* (Gesang, Instrument) beeinflusst u. davon bestimmt, welche Obertöne stärker mitklingen. Daneben wir-

Klammeraffen: Goldstirn-Klammeraffe, Ateles belzebuth

ken zahlreiche weitere Momente auf den Charakter des Klangs ein: die Schwingungsart (Transversal- oder Longitudinal-, d. h. Quer- oder Längsschwingungen), die Art der Klangerzeugung (bei Streichinstrumenten z. B. die Lage des gegriffenen Tons, die Strichart; bei Blasinstrumenten der Ansatz der Lippen), die Qualität des Instruments oder der Stimme u. a. Mit der *Klanglehre* befassen sich neben der *Akustik* zahlreiche Fachgebiete der Musikwissenschaft, wie die Tonpsychologie, Instrumentenkunde, Harmonielehre, Instrumentationslehre u. a.

2. *Zoologie:* Lautäußerungen von Tieren, bes. von Vögeln, die als → Klang (1) aufgefasst werden können. Melodische Gesänge werden in der Regel durch sekundäre Lautbildungsstrukturen (Modulatoren der oberen Luftwege) bestimmt, während die Grundfrequenz primär (bei Säugern im *Kehlkopf,* bei Vögeln in der *Syrinx*) erzeugt wird.

Klang, früherer Name der malays. Stadt → Kelang.

Klangfarbe, i. w. S. eine Überlagerung von Obertönen, die für eine Stimme oder ein Instrument typisch sind, → Klang (1); i. e. S. eine eigenständige musikal. Dimension, die bes. in der neueren Musik bewusst komponiert wurde (z. B. von A. *Schönberg,* B. *Bartók,* G. *Ligeti*). Völlig frei lässt sich die K. in der elektron. Musik bearbeiten.

◆ **Klangfiguren,** *Chladni'sche Klangfiguren,* Figuren, die zuerst durch eine von dem dt. Physiker E. F. F. *Chladni* (*1756, †1827) erdachte Anordnung zum Sichtbarmachen stehender Wellen auf einer schwingenden Metallplatte erzeugt wurden. Man streut auf die Platte feinen Sand u. streicht sie mit einem Geigenbogen an; dann sammelt sich der Sand an den Schwingungsknoten.

Klangmalerei → Lautmalerei.

Klangspektrogramm, *Verhaltensforschung:* Sonagramm, in der Bioakustik vielfach eingesetztes Verfahren zur qualitativen u. quantitativen Analyse von Lautäußerungen. Durch den Analysator *(Sonagraph)* werden auf Spezialpapier gleichzeitig Amplitude, Frequenz u. zeitliche Struktur eines Signals registriert. Das „Klangbild" eignet sich bes. zur systematischen Abgrenzung von Vogelgesängen. – Das K. der menschlichen Stimme ist individuell typisch u. wird auch (wie das Papillarmuster der Fingerbeeren) zu erkennungsdienstlichen Zwecken in der Kriminalistik verwendet.

Klangfiguren: Verschiedene Schwingungsmodi einer Violinplatte können sichtbar gemacht werden, indem man die Platte auf einen Lautsprecher legt und mit einem Pulver bestreut

Konrad Klapheck: Technik der Eroberung; 1965. Privatbesitz

◆ **Klapheck,** Konrad, dt. Maler, * 10. 2. 1935 Düsseldorf; 1954–1958 an der Kunstakademie Düsseldorf, malte in „prosaischer Supergegenständlichkeit" Maschinen u. Gebrauchsgegenstände, die durch Veränderungen der Konstruktion nicht funktionieren. Seit 1959 freiere Gestaltung der gegenständl. Bedeutungsträger mit differenzierter Aussage. In den 1980er Jahren wurden Schrauben zu Flugkörpern, 1994 veränderten sich Zylinderkopf, Vergaser u. Auspuff eines Fahrzeuges zum Bild „Gesicht des Terrors".

Klapka ['klɔpkɔ], György, ungar. General, * 7. 4. 1820 Timişoara, † 17. 5. 1892 Budapest; 1849 Armeebefehlshaber; kämpfte auch nach der Kapitulation von Világos weiter gegen die Österreicher, ehe er im Sept. 1849 unter der Bedingung eines freien Abzugs u. der Straffreiheit Ungarn verließ. Er sammelte 1859 mit L. *Kossuth* in Italien u. 1866 in Oberschlesien die ungar. Legion gegen Österreich; nach Amnestie wurde er 1867 in den ungar. Reichstag gewählt. Nach ihm wurde der „Klapka-Marsch" benannt, den Béni *Egressy* um 1850 komponierte.

Klappe, 1. *Anatomie:* lat. *Valvula,* als Ventilverschluss entwickelte Falte der Herzu. Gefäßinnenhaut u. der Darmschleimhaut; *Herzklappen:* auf der linken Seite die zweizipflige *Mitralklappe,* rechts die dreizipflige *Segelklappe,* die die Vorhöfe von den Herzkammern trennen; *Taschenklappen* am Ausgang der Aorta u. der Lungenarterie aus den Herzkammern zur Verhinderung des Blutrückflusses; *Venenklappen,* kleine Klappen in den Blutadern bes. des Unterkörpers zur Verhinderung von Stauungen durch die Schwerkraft; im Darm die *Bauhin'sche Klappe* beim Übergang vom Dünn- zum Dickdarm.
2. *Film:* **Synchronklappe,** eine schwarze Tafel, an der unten oder seitlich zwei Holzleisten angebracht sind. Sie wird bei Filmaufnahmen vor jeder Einstellung mit

dem Titel des Films u. der jeweiligen Einstellungsnummer zwischen Kamera u. Aufnahmeobjekt gehalten; gleichzeitig werden die Holzleisten aneinander geschlagen. Man erhält damit eine für die spätere Montage des Films nützliche Nummerierung der Aufnahmen u. auf dem Roh-Tonband eine Markierung des Tonanfangs.
3. *Musik:* bei Blasinstrumenten der durch Hebel bediente gepolsterte Verschlussdeckel für ein Tonloch, das den Fingern nicht oder schwer erreichbar ist. Die Betätigung der K. bewirkt eine Tonerhöhung oder -vertiefung. Heute haben alle Holzbläser Klappen. Blechblasinstrumente mit Klappen gab es in der 1. Hälfte des 19. Jh. (*Klappenhorn, Klappentrompete, Ophikleide*); sie traten aber gegenüber den um die gleiche Zeit entstandenen Instrumenten mit *Ventilen* in den Hintergrund.

Klappenhorn, ein Blechblasinstrument in der Form des *Flügelhorns,* aber mit 5–7 Klappen, um die zwischen der Naturtonreihe liegenden Tonstufen zu erreichen. Klappenhörner wurden als (in C oder B gestimmte) Diskant- oder (in F oder Es gestimmte) Altinstrumente hergestellt. Das entspr. Bassinstrument ist die → Ophikleide.

Klappenschorf, durch den Pilz *Pseudopeziza medicaginis* (→ Ascomycetes) hervorgerufene Krankheit an Luzerne u. Gelbklee.

Klappentext, meist werbender Text auf dem umgeklappten Schutzumschlag eines Buchs; oft mit Inhaltsangabe u. Mitteilungen über den Verfasser.

Klapper, eines der ältesten Schlaginstrumente, das in seiner einfachsten Form aus zwei Holzstückchen, Knochen oder harten Fruchtschalen besteht, die gegeneinander geschlagen werden. Weiterentwickelte Formen der K. sind u. a. die altgriech. *Krotala* u. die *Kastagnetten.*

Klappergrasmücke, *Zaungrasmücke, Sylvia curruca,* mit etwa 13 cm die kleinste einheimische *Grasmücke;* oberseits grau gefärbt, wegen ihrer weißen Unterseite auch „Müllerchen" genannt; lebt in Hecken, Gärten, Gehölzen u. Buschsteppen Eurasiens.

◆ **Klappernuss,** *Pimpernuss, Blasennuss, Staphylea,* Gattung der *Pimpernussgewächse (Staphyleaceae).* Ziersträucher sind: *Japanische K., Staphylea bunalda; Dreizählige K., Staphylea trifolia; Gefiederte K., Staphylea pinnata,* auch in den schlesischen Vorbergen heimisch u. als *Totenköpfchenstrauch* bekannt. Das Holz der Klappernussarten eignet sich bes. für Drechslerarbeiten.

Klapperschlangen, Gattungen *Sistrurus* u. *Crotalus,* die höchst entwickelten *Grubenottern, Crotalidae.* Kennzeichnend ist eine Rassel oder Klapper am Schwanzende. Bei Häutungen wird die Haut der Schwanzspitze nicht abgestreift, sondern sie bleibt mit dem Körperende gelenkig verbunden, so dass bei jeder Häutung ein neues Glied zu verhornter Haut an der Schwanzspitze hinzukommt. Die Rassel wird als Droh- u. Warninstrument von der Schlange mit senkrecht gehaltener Schwanzspitze zitternd bewegt, wobei ein rasselndes Geräusch entsteht. K. können, wie andere Schlangen, nicht hören. Gifte von K. sind sehr gefährlich. Meist überwiegen blut-

zerstörende u. das Gewebe des Opfers verdauende Bestandteile. Bei einigen Arten besitzt das Gift auch nervenlähmende Wirkung. Alle K. sind lebend gebärend. Eine Befruchtung kann für mehrere Würfe ausreichen. Die Nahrung besteht aus Säugetieren u. Vögeln, die nach der Gifteinwirkung verschlungen werden. *Zwergklapperschlangen,* Gattung *Sistrurus,* fressen auch Reptilien u. Amphibien. K. sind auf die Neue Welt beschränkt. Auch → Diamantklapperschlange, → Grubenottern u. → Seitenwinder-Klapperschlange.

Klapperschwamm, *Laubporling, Polyporus frondosus, Boletus frondosus, Cladomeris frondosa, Grifola frondosa,* ein *Löcherpilz,* der meist am Grund alter Eichen wächst u. im jungen Zustand essbar ist; bis 15 kg schwer.

Klappertopf, *Rhinanthus,* Gattung der *Rachenblütler (Scrophulariaceae),* Halbschmarotzer. Auf Wiesen verbreitet sind der *Kleine K., Rhinanthus minor,* u. der *Große K., Rhinanthus major.*

Klappflügel → Fenster.

Klapphornverse, Ulkverse nach dem Muster: „Zwei Knaben gingen durch das Korn, der andre blies das Klapphorn, er konnt' es zwar nicht ordentlich blasen, doch blies er's wenigstens einigermaßen" (1878 in den „Fliegenden Blättern").

Klappmuschel → Stachelauster.

◆ **Klappmütze,** *Mützenrobbe, Cystophora cristata,* eine bis 3,8 m lange *Robbe;* das Männchen hat eine aufblasbare Hauttasche auf dem Nasenrücken. Bei Erregung wächst durch diese „Mütze" der Kopfumfang auf das Doppelte. Die K. gehört mit den See-Elefanten zusammen zu den *Rüsselrobben.* Sie jagt im tiefen Wasser nach Dorschen, Flundern u. Tintenfischen. Die K. lebt in den Gewässern rund um den Nordpol. Das Jugendkleid der schwimmtüchtigen Jungen („Blaumänner") wird als *Blaurücken* pelzwirtschaftlich genutzt.

Dreizählige Klappernuss, Staphylea trifolia

Klapp'sche Kriechübungen [nach B. u. R. *Klapp*], Hauptbestandteil des orthopäd. Turnens.

Klappschildkröten, *Kinosternon,* Gattung der *Schlammschildkröten, Kinosternidae.* Durch zwei Scharniere können Vorder- u. Hinterteil des Bauchpanzers so gegen den Rückenpanzer geschlossen werden, dass Gliedmaßen, Kopf u. Schwanz vollständig in einer Panzerkapsel verschwinden. Wasser- u. Sumpfbewohner; in Nord-, Mittel- u. Südamerika mit 15 Arten verbreitet; tierische Nahrung; Eiablage in modernem Pflanzenmaterial.

Klappschute, ein → Prahm oder Kahn zum Abtransport von Baggergut von einem Schwimmbagger. Zum Entleeren in tiefes Wasser wird eine große Klappe im Schiffsboden geöffnet.

Klappstuhl → Faltstuhl.

◆ **Klaproth,** Martin Heinrich, dt. Apotheker u. Chemiker, *1. 12. 1743 Wernigerode, †1. 1. 1817 Berlin; entdeckte die Zirkonerde, das Uran u. (zusammen mit J. J. *Berzelius*) das Cer u. den Polymorphismus von Kalkspat u. Aragonit.

Martin Heinrich Klaproth

Klara [lat., „hell, glänzend, berühmt"], weibl. Vorname; frz. *Claire,* eingedeutscht *Kläre.*

Klarälven, skandinav. Fluss, fließt aus dem norweg. See Femund als *Trysilelv,* mündet bei Karlstad in den Vänern; 460 km; Einzugsgebiet 11 870 km², Wasserkraftwerke.

Kläranlage, Einrichtung zur Reinigung häusl., gewerbl., industrieller oder landwirtschaftl. Abwässer. Abhängig von Abwasserbeschaffenheit u. Leistungsfähigkeit der K. sind verschiedene Verfahrensstufen hintereinandergeschaltet. Die mechan. Reinigung (1. Stufe) mit Sieb, Rechen, Sandfang oder Fettfang dient vor allem der Aussonderung von Grob- u. Sinkstoffen. Die biolog. Reinigung (2. Stufe) z. B. mit Belebtschlammbecken oder Tropfkörpern befreit die mechanisch vorgeklärten Abwässer mit Hilfe von Mikroorganismen von organ. Nährstoffen (Stickstoff- u. Phosphatverbindungen) aus Fäkalien oder Lebensmittelresten. In der 3. Reinigungsstufe kommen spezielle biolog. Verfahren, meist aber physikal.-chem. Verfahren zur Anwendung (Ausfällung gelöster Stoffe durch Chemikalienzugabe zur Bildung unlösl. Verbindungen, Flockungsverfahren, Filtration, Desinfektion). Als Rückstand der Abwasserreinigung verbleibt → Klärschlamm, der weiter behandelt (Ausfaulung zu → Biogas, Entwässerung) u. anschließend für die landwirtschaftl. Düngung oder Kompostierung verwertet oder auf Deponien abgelagert bzw. verbrannt wird.

Klara von Assisi, Heilige, *1194 Assisi, †11. 8. 1253 S. Damiano bei Assisi; Schülerin des *Franz von Assisi,* Mitbegründerin des

Klarissenordens. Heiligsprechung 1255; Fest: 11. 8.

Klärbecken → Absetzbecken.

Kläre, weibl. Vorname, → Klara.

Klärgas → Biogas.

klarieren [lat.], klären, bereinigen; Schiffe u. ihre Ladungen verzollen u. dadurch zur Ein- oder Ausfahrt freimachen.

◆ **Klarinette** [die; ital.], ein Blasinstrument mit zylindrischer, gebohrter Röhre u. einem am Schnabel aufgelegten Rohrblatt, um 1700 von J. C. *Denner* in Nürnberg aus dem *Chalumeau* entwickelt. Die K. hatte zuerst zwei Klappen u. wurde seit dem 18. Jh. zu dem heutigen Instrument mit 18 Klappen weiterentwickelt; seit Mitte des 18. Jh. hat sie Eingang in das Orchester gefunden. Sie wird als transponierendes Instrument notiert u. in verschiedenen Stimmlagen gebaut (gebräuchlich in B, A, D u. Es), mit einem Tonumfang von 3–4 Oktaven. Die K. hat einen ausdrucksvollen Ton, der in den tiefen Lagen weich, in den hohen Lagen hell u. scharf klingt. Sie ist die Familie der Klarinetten, die sich im ausgehenden 18. Jh. bildete, gehören u. a. noch die *Altklarinette* in F oder Es, das *Bassetthorn* u. die *Bassklarinette,* die gewöhnlich eine Oktave unter der K. in B steht. Ein ähnl. Mundstück hat das *Saxophon.*

B-Klarinette mit 14 Klappen; um 1840/50. München, Musikinstrumentenmuseum

Klarissa, weibl. Vorname, neulatein. Weiterbildung zu *Klara.*

Klarissenorden, *Klarissinnen,* weibl. Bettelorden nach der Franziskaner-Regel, gegr. 1212 von *Franz von Assisi* u. *Klara von Assisi.* Jedes Kloster steht unter der Leitung einer Äbtissin. Eine mildere Richtung, die *Urbanistinnen,* unterhält auch Schulen u. Pensionate. Zum K. gehören die Reformrichtungen der *Colettinnen* u. *Kapuzinerinnen-Klarissen.* Weltweit über 900 Klöster; in Deutschland: Münster, Paderborn, Bocholt, Köln, Siegen u. a.

Klärschlamm, Rückstand der Abwasserreinigung in → Kläranlagen, der unbehandelt (Rohschlamm) oder behandelt (Schlammfaulung, Stabilisierung) sein kann; enthält alle abgesetzten Sinkstoffe oder Fällungs-

Klappmütze, Cystophora cristata

produkte der → Abwasserbehandlung. Die Verwertung von K. aus kommunalen Abwässern mit den hohen Anteilen an Nähr- u. Humusstoffen als Sekundärrohstoffdünger auf landwirtschaftl. genutzten Böden unterliegt den Bestimmungen des Düngemittelrechts u. der auf das Abfallrecht gestützten → Klärschlammverordnung, die u. a. zulässige Schadstoffgehalte für die Ausbringung festlegt; nach Vermischung mit anderen organ. Abfällen gelten die gleichen Anforderungen (→ Bioabfallverordnung). Höher mit Schadstoffen oder pathogenen Keimen belasteter K. muss der → Abfallverbrennung zugeführt, ggf. nach Konditionierung (Reinigung, → Kalte Rotte) auf einer → Deponie abgelagert werden.

Klärschlammverordnung, die Verordnung über das Aufbringen von Klärschlamm vom 15. 4. 1992 (AbfKlärV), fortgeltend auf der Grundlage des → Kreislaufwirtschafts- und Abfallgesetzes, gleichzeitig gestützt auf das → Düngemittelgesetz. Der als Sekundärrohstoffdünger auf landwirtschaftl. Flächen ausgebrachte → Klärschlamm darf nur geringe Schadstofffrachten oder pathogene Keime enthalten, damit eine Anreicherung in Böden u. Nahrungskette vermieden werden kann. Klärschlamm muss regelmäßig auf seine Schadstoffgehalte untersucht werden, Grenzwerte sind für folgende Stoffe vorgegeben: Blei, Cadmium, Chrom, Kupfer, Nickel, Quecksilber, Zink, Polychlorierte Biphenyle (PCB), anorgan. Halogenverbindungen, Dioxine/Furane; daneben bestehen Pflichten zur Nährstoffuntersuchung in Klärschlamm u. Ausbringungsfläche, um Überdüngungen zu vermeiden. Für Dauergrünlandflächen, Forstflächen u. in Wasserschutzgebieten gilt ein generelles Ausbringungsverbot.

Klartext, der einer Geheimschrift zugrunde liegende unverschlüsselte Text.

Klarwasserfluss, Begriff für Flüsse des Amazonasbeckens, die auf dem kristallinen brasilian. Bergland bzw. im Bergland von Guyana entspringen. Die Klarwasserflüsse enthalten wenig Schwebstoffe, sind also äußerst nährstoffarm.

Klasen, 1. Karl, dt. Bankfachmann, *23. 4. 1909 Hamburg, †22. 4. 1991 Hamburg; 1948–1952 Präs. der Landeszentralbank Hamburg, 1952–1967 Vorstands-Mitgl., 1967–1969 Vorstandssprecher der Dt. Bank AG, 1970–1977 Präsident der Dt. Bundesbank.
2. Peter, dt. Maler, *18. 8. 1935 Lübeck; studierte an der Berliner Kunstakademie. Als Vertreter des *Fotorealismus* verarbeitete er anfangs Themen der Pop-Art wie Sex u. Konsum, wandte sich später der Darstellung hart ausgeleuchteter alltägl. Gegenstände zu u. verdeutlicht z. B. mit Gittern u. Ä. die Abgeschlossenheit der modernen Gesellschaft.

Klasse [lat.], **1.** *Biologie: Classis,* in der biolog. Systematik die obligator. Kategorienstufe zwischen Ordnung *(Ordo)* u. Stamm *(Phylum).*
2. *Mengenlehre:* eine Teilmenge einer → Menge, wenn für alle Teilmengen gilt: Jedes Element der Menge gehört genau einer Teilmenge an, u. keine Teilmenge ist leer (ohne Element); die Menge ist dann in Klassen zerlegt. So bilden z. B. alle natürl. Zahlen, die bei der Division durch *m* denselben Rest lassen, eine *Restklasse modulo m* (→ Kongruenz [3]). Besteht zwischen den Elementen einer K. eine Äquivalenzrelation, so spricht man von einer *Äquivalenzklasse.* Eine solche bilden z. B. alle untereinander ähnlichen Figuren.
3. *Schulwesen:* eine Anzahl im Allg. gleichaltriger Schüler, die als eine Einheit betrachtet u. in einem Klassenraum gemeinsam unterrichtet werden.
4. *Soziologie:* eine sozialwissenschaftl. Kategorie, mit der Individuen sozialen Gruppierungen in der Gesellschaft zugeordnet werden. Dabei werden je nach Forschungsrichtung u. -methode unterschiedliche Kriterien angewandt. Die Zurechnung des Einzelnen zu einer bestimmten K. richtet sich nach mehr oder weniger objektiven Merkmalen, von denen die Erwerbs- bzw. Berufsstellung eines der wichtigsten ist. Dieses Merkmalbündel zeigt die *Klassenlage* an. – Der Klassenbegriff ist wesentl. Kernstück der *marxist. Theorie.* Nach K. *Marx* resultiert die Klassenzugehörigkeit allein aus der Stellung der Menschen im Produktionsprozess. Danach ist für die Klasseneinteilung nicht etwa die Höhe des Einkommens entscheidend, sondern nur Eigentum *(Bourgeoisie)* oder Nichteigentum *(Proletariat)* an Produktionsmitteln. Die Nichteigentümer werden von den Eigentümern beherrscht, in ein Ausbeutungsverhältnis gezwungen, wobei die Kapitalisten sich das Arbeitsergebnis der Lohnarbeiter z. T. aneignen (→ Mehrwert). Die Klassenverhältnisse formen den Menschen in der bürgerl. Gesellschaft. Dadurch kommt es zum Widerspruch zwischen den individuellen Anlagen u. Fähigkeiten u. den Zwängen, die sich aus dem gesellschaftl. Produktionsprozess ergeben.
M. *Weber* unterscheidet in krit. Distanzierung von Marx zwischen *Besitz- u. Erwerbsklassen,* die die konzeptionelle Erfassung unterschiedl. Lebenschancen ermöglichen.

In der neueren sozialwissenschaftl. Theorie wird überwiegend der Begriff → Schicht verwendet, weil die modernen pluralist. Industriegesellschaften die fest gefügten, starren Klassenverhältnisse weitgehend aufgelöst haben.
5. *Sport:* die Einteilung von Einzelkämpfern oder Mannschaften nach Gewicht *(Gewichtsklassen),* Alter *(Altersklassen,* z. B. Junioren – Senioren) oder Leistungsfähigkeit *(Leistungsklassen,* z. B. Kreisklasse, Bezirksklasse bei Fußball u. a.), um möglichst gleichwertige Gegner zusammenzuführen.
6. *Verdienstorden:* → Orden.
Klassenbewusstsein → Bewusstsein.
Klassenbildung, in der beschreibenden Statistik bei der Auswertung des Datenmaterials die Zusammenfassung allzu vieler Merkmalsausprägungen eines diskreten Merkmals (z. B. Stückzahlen) oder der Ausprägungen eines stetigen Merkmals (z. B. Alter) zur besseren Übersichtlichkeit zu Klassen (z. B. bestimmte Größenklassen für Stückzahlen, Altersklassen bei Volkszählungsergebnissen). Wie viele u. welche Klassen zweckmäßig sind, hängt vom statist. Befund, vor allem aber vom Untersuchungsziel ab.
Klassengesellschaft, eine Gesellschaft, die in Großgruppen aufgeteilt ist, die einander über- u. untergeordnet sind. Nach marxist. Auffassung ist jede bisherige Gesellschaft seit dem Altertum eine K. *(Sklavenhaltergesellschaft, Feudalgesellschaft, bürgerliche Gesellschaft);* ihnen soll mit historischer Notwendigkeit eine *klassenlose Gesellschaft* freier u. gleicher Menschen folgen, in der es keine gesellschaftl. u. staatl. Unterdrückung u. Ausbeutung mehr gibt. Auch → Klasse (4).
Klassenjustiz, polemische Bez. für die (meist unbewusste) Benachteiligung bestimmter sozialer Schichten bei formal gleicher Rechtsanwendung durch das Einfließen schichtspezifischer Verhaltensformen u. Vorurteile, z. B. im Verfahren vor Gericht (Sprache u. Zeremoniell eingeschlossen), in der einseitigen Aufnahme u. Würdigung des Sachverhalts, in der Auslegung der Gesetze u. in der Handhabung richterl. Ermessens bei der Prozessführung u. Entscheidungsfindung. Während nach marxist. Auffassung K. die „Justiz des Klassenstaates" ist u. nur mit dessen Beseitigung verschwindet, sehen nichtmarxist. Justizkritiker darin eine Herausforderung, die durch Bewusstmachen der unbewussten Einflüsse u. ausgleichende Gegensteuerung („Kompensation") im gerichtl. Verfahren weitgehend überwunden werden kann, soweit nicht durch Gesetzgebung oder soziale Veränderungen beeinflussbare Gegebenheiten dem entgegenstehen. Ein Teil der inneren u. äußeren → Justizreform hat die Verwirklichung realer Chancen- u. Waffengleichheit zum Ziel.
Klassenkampf, grundlegender Begriff der marxist. Geschichts- u. Staatstheorie. Die Geschichte erscheint dem Marxismus als eine Folge von Klassenkämpfen. Ursache aller Klassenkämpfe ist nach K. *Marx* der friedlich nicht aufhebbare (antagonistische) Interessengegensatz zwischen der herrschenden Klasse, die im Besitz der Pro-

duktionsmittel ist, u. der im Rahmen der bestehenden Produktionsverhältnisse ausgebeuteten Klasse. Dieser Gegensatz kennzeichnet die im histor. Verlauf der bestehenden Gesellschaftsordnungen *(Klassengesellschaft)* u. treibt im u. durch den K. die geschichtl. Entwicklung voran: Aufstände der Sklaven in der Antike; Kämpfe der Bauern u. verarmten Ritter gegen Hochadel u. Geistlichkeit (z. B. 1525); Kämpfe der Bürger gegen Adel u. Klerus (z. B. Französ. Revolution 1789); der historisch letzte K. sei der Kampf des revolutionären Proletariats gegen das Bürgertum. Nach Marx wird das Ende des Klassenkampfs durch die Errichtung der *klassenlosen Gesellschaft* nach dem Sieg der proletar. Klasse in einem evolutionären Übergang von sozialist. zur kommunist. Gesellschaft herbeigeführt. Seit Ende des 19. Jh. differenzierte sich die marxistische Klassenkampf-Theorie: die Orthodoxen (z. B. K. *Kautsky*) hielten an der historischen u. polit. Notwendigkeit von Klassenkämpfen fest; Vertreter der → Revisionismus (z. B. E. *Bernstein*) glaubten an die Überwindbarkeit des Klassengegensatzes durch Reformen. Die Neomarxisten (→ Neomarxismus) bestritten demgegenüber, dass polit., wirtschaftl. u. gesellschaftl. Fortschritte der letzten Jahrzehnte den grundlegenden Antagonismus zwischen den Klassen aufgehoben hätten. Sie rechneten zum K. nicht nur die Auseinandersetzungen zwischen Arbeitern, deren Organisationen u. Unternehmern, sondern auch Konflikte zwischen den als „imperialistisch" bezeichneten Industriestaaten u. den Entwicklungsländern.
klassenlose Gesellschaft → Klassengesellschaft.
Klassenlotterie, eine Form der *Lotterie,* bei der Zahl u. Wert von Losen u. Gewinnen vorher bestimmt sind. Die Lose sind im Allg. teilbar. Ausspielung der Lose u. Ziehung der Gewinne finden in mehreren aufeinander folgenden *Klassen* statt. In Deutschland u. Österreich ist die K. nur als Staatslotterie zulässig.
Klassensteuer, eine nach sozialen Klassen, Berufen oder sonstigen vermuteten Leistungsfähigkeitsmerkmalen gestaffelte Steuer, bei der der zu entrichtende Steuerbetrag von Klasse zu Klasse unterschiedlich ist, innerhalb einer Klasse aber alle Steuerpflichtigen denselben Betrag zahlen. Die K. stellt finanzhistorisch eine Übergangsstufe zwischen der *Kopfsteuer* (mit dem Vorteil der einfachen Steuererhebung) zur modernen Einkommensbesteuerung (mit der Berücksichtigung der individuellen Leistungsfähigkeit) dar. Bekannt wurde vor allem die preußische K. von 1820, die 1891 durch eine Einkommensteuer abgelöst wurde.
Klassenwahlrecht, nach Vermögensklassen abgestuftes Wahlrecht. Am bekanntesten wurde das preuß. → Dreiklassenwahlrecht.
klassieren [lat.], *Aufbereitungstechnik:* ein Gut mit verschiedensten Korndurchmessern in mehrere „Klassen" mit bestimmten Korndurchmessern unterteilen, meist durch Sieben oder Schlämmen. *Überkorn* oder *Unterkorn* heißen diejenigen

Klassik: Mit seiner „Geschichte der Kunst des Alterthums" schuf Johann Joachim Winckelmann die Grundlagen einer neuen Betrachtungsweise antiker Kunst, die die Weimarer Klassik prägte. Titelkupfer der Erstausgabe 1764

Körner, die die angegebenen Grenzen über- bzw. unterschreiten.

klassifizieren [lat.], in Klassen einordnen, z. B. bei der Bodenschätzung *(Bodenklassen)* oder bei der Schiffsklassifikation.

klassifizierte Straßen, die nach ihrer Verkehrsbedeutung eingestuften Straßen: Straßen überörtlichen Verkehrs (→ Bundesfernstraßen, Landesstraßen, Kreisstraßen) u. Straßen örtlichen Verkehrs (→ Gemeindestraßen). Nach dieser Einteilung richtet sich auch die Pflicht zur baulichen Unterhaltung durch den Bund, das Land oder den Kanton, den Kreis u. die Gemeinde.

◆ **Klassik** [lat. *classicus,* „zur ersten Steuerklasse gehörig", d. h. „in jeder Hinsicht vollkommen"], im ursprüngl. Sinn der Höhepunkt der griech.-röm. Kultur: die griech. K. u. die röm. K., oder zusammen: die *klass. Antike;* i. w. S. jeder kulturelle Abschnitt, der den Höhepunkt einer Entwicklung bildet. Auch → Klassizismus.

LITERATUR
K. als literarhistor. Epoche ist der Höhepunkt der Literatur eines Volks, in der Neuzeit bes. dann, wenn diese Epoche auf das Gedankengut der klass. Antike zurückgreift. In diesem Sinne haben sich folgende feste Begriffe herausgebildet: die *griechische K.* (das Zeitalter des Perikles mit den Dramatikern *Äschylus, Sophokles* u. *Euripides;* → griechische Literatur), die *römische K.* (das Zeitalter des Augustus mit *Vergil, Ovid, Horaz* u. *Catull;* → römische Literatur), die *französische K.* (das Zeitalter Ludwigs XIV. mit J. B. *Racine,* P. *Corneille* u. *Molière;* → französische Literatur), die *mittelhochdeutsche* oder *staufische K.* u. die *deutsche* oder *Weimarer K.* Weniger gebräuchlich ist die Bez. K. für

die Höhepunkte der italien., span., engl. u. russ. Literatur.
Die *staufische K.* war der Höhepunkt der *höfischen Dichtung* in den Jahren 1190–1210. Im *Minnesang* u. im *Ritterepos* dieser Zeit fand die Idee des christl. Rittertums mit seinen Idealen *minne, mâze* (zuchtvolle Lebensform) u. *êre* (Ansehen in der Gesellschaft) ihre gültige Gestaltung. Die großen Lyriker waren *Reinmar von Hagenau, Heinrich von Morungen* u. *Walther von der Vogelweide.* Reinmar brachte in feinster Reflexion die schmerzl. Sehnsucht nach unerreichbarer Liebeserfüllung zum Ausdruck; Heinrich von Morungen besang in kühnen Bildern u. Vergleichen die überwältigende Macht der Minne, die zu höchster Freude, aber auch zu Wahnsinn u. Tod führt; Walther, anfangs seinem Lehrer Reinmar folgend, erreichte später in seinen „Mädchenliedern" eine Synthese von natürl. Liebeserlebnis u. gesellschaftl. Form. Bedeutsam ist auch seine Spruchdichtung, die aktuelle Ereignisse der Reichspolitik von 1198 bis 1215 behandelt. – Die großen Epiker der mittelhochdeutschen K. waren *Hartmann von Aue, Gottfried von Straßburg* u. *Wolfram von Eschenbach.* Während Hartmann in seinen Epen „Erec", „Gregorius", „Der arme Heinrich" u. „Iwein" u. Gottfried im „Tristan" Ideale u. Probleme der höf. Lebenswelt darstellten, drang Wolfram in seinem „Parzival" u. in den Fragmenten „Willehalm" u. „Titurel" über die gesellschaftl. Welt hinaus: Der Auszug des Ritters nach Abenteuern wird zu einer Suche des Menschen nach Gott. – Gleichberechtigt neben diesen drei Epikern steht ein Unbekannter, der Dichter des *Nibelungenlieds,* in dem eine alte Heldensage in die höf. Umwelt übertragen ist.
Die *Weimarer K.* ist die geistige Welt *Goethes* u. *Schillers* in den Jahren ihrer künstler. Vollendung: für Goethe von 1786 (Beginn seiner 1. Italien-Reise) bis 1805 (Schillers Tod), für Schiller seit 1794 (Beginn seiner Freundschaft mit Goethe). Die Weimarer K. vereinte die Rationalität der Aufklärung, die Innerlichkeit des Pietismus u. den dynam. Ausdruck der Sturm-u.-Drang-Zeit. Die geistige Grundlage war der *Dt. Idealismus,* verbunden mit dem von J. J. *Winckelmann* vermittelten lebendigen Erlebnis der griech. Antike. Die Gegensätze Geist-Natur u. Verstand-Gefühl (Gemüt) wurden nicht in einem Kompromiss ausgeglichen, sondern in ihrer Polarität als gegenseitige Ergänzung zusammengezwungen. Es entwickelte sich das apollin. Schönheitsideal: Ruhe, Ebenmaß u. sittl. Ordnung als Sieg über die dionys. Mächte des „Abgrunds" u. als Absicherung dagegen. Die Weimarer K. erstrebte eine Vollendung im Irdischen, um zu einem Symbol des Ewigen zu werden. Hinter den Einzelphänomenen dieser Welt wurden die exemplar. Urbilder gesucht; die ewigen Weltgesetze wurden im Symbol dargestellt. Die Weimarer K. suchte die Ganzheit des Lebens. Ihre großen Literaturdenkmäler sind: von Goethe die Dramen „Iphigenie", „Egmont", „Tasso" u. „Faust", das Epos „Hermann u.

Dorothea", der Roman „Wilhelm Meister", die Balladen u. die Lyrik; von Schiller die Dramen „Wallenstein", „Maria Stuart", „Die Jungfrau von Orléans", „Die Braut von Messina" u. „Wilhelm Tell", die Balladen u. die Gedankenlyrik.
Gleichzeitig mit Goethe u. Schiller lebten die Dichter *Jean Paul,* F. *Hölderlin* u. H. von *Kleist,* die nicht zur Weimarer K. gehören, aber auch in keine literar-histor. Epoche einzuordnen sind. → Seite 348.

MUSIK
In der Musik versteht man unter K. i. w. S. die Zeit, die auf das sog. *Generalbasszeitalter* folgt. Von den neuen Formen in der italien. Opera buffa angeregt, entstanden bes. in der Instrumentalmusik neue Gattungen, deren gemeinsame Grundform der Sonatensatz (→ Sonatenhauptsatzform) war. Bedeutsam ist ferner die zunehmend periodische Gliederung der Themen, der Rückzug des Kontrapunkts zugunsten harmonischer Klarheit u. die neue Bedeutung einer ausdrucksstarken Dynamik (Einführung des Orchestercrescendos). Zu Vertretern der K. in diesem Sinn, auch → Vorklassik genannt, da noch nicht alle Merkmale des Stils ganz ausgeprägt waren, gehören u. a. J. *Stamitz* (→ Mannheimer Schule), G. C. *Wagenseil,* G. B. *Sammartini,* J.C. *Bach* u. C. P. E. *Bach* (→ Berliner Schule). Opernkomponisten der K. sind überwiegend Italiener: B. *Galuppi,* D. *Cimarosa* u. a.
Parallel dazu entstand in Wien das Zeitalter der K. i. e. S., die sog. → Wiener Klassik, die von der Musik J. *Haydns,* W. A. *Mozarts* u. L. van *Beethovens* geprägt ist, der wiederum die Werke C. W. *Glucks* u. F. *Schuberts* nahe stehen (beide gehören jedoch nicht der Wiener K. an). Frühklass. Zeit: um 1760 bis 1780 (Haydn, der junge u. mittlere Mozart); hochklass. Zeit: 1781 bis um 1810 (Haydns u. Mozarts letzte Werke, Beethoven). Auch → deutsche Musik, → österreichische Musik.

Klassikerausgabe, Textausgabe der Werke eines „klassischen" Dichters für breitere Kreise (für den wissenschaftl. Gebrauch gibt es die *kritische Ausgabe),* mit Einleitung u. Erklärungen. Bekannte Klassikerausgaben sind z. B. *Bongs Goldene Klassiker-Bibliothek* (1909 ff.), *Helios-Klassiker* (Reclam), *Tempel-Klassiker* u. *Sammlung Tusculum* (dt. u. lat. Texte).

klassisch [lat.], 1. wertend: in seiner Art vollkommen, vorbildlich, zeitlos gültig. 2. Im typologischen Sinne bezieht sich der Begriff auf die Schaffensart eines Künstlers, zumal wenn die klassische Antike als Vorbild dient, z. B. bei A. *Feuerbach,* H. von *Marées,* C. F. *Meyer,* G. F. *Händel,* C. W. *Gluck,* oder allg. auf überragende, grundlegende Schöpfungen der Kunst, Literatur oder Musik, auf herausragende wissenschaftl. Leistungen, auf einmalige kulturelle Blütezeiten einzelner Nationen, z. B. das Perikleische Zeitalter der griech. Antike, das Augusteische Zeitalter der röm. Antike, die italien. Renaissance, die französ. u. dt. Klassik, das Elisabethan. Zeitalter Englands.
Fortsetzung S. 350

Klassisches Weimar

 Klassisches Weimar

Kulturdenkmal: Wirkungsstätte der Dichter Johann Wolfgang von Goethe (1749–1832) und Friedrich von Schiller (1759–1805) sowie des Philosophen Johann Gottfried Herder (1744–1803); mit Bauwerken wie der Herderkirche, dem Stadtschloss, dem Goethehaus am Frauenplan, dem Schillerhaus (1777), dem Liszthaus, dem Deutschen Nationaltheater, der Anna-Amalia-Bibliothek sowie mit den vier Weimarer Landschaftsparks, darunter der Park an der Ilm

Kontinent: Europa

Land: Deutschland, Thüringen

Ort: Weimar an der Ilm

Ernennung: 1998

Bedeutung: die Weimarer Klassik als eine vergangene, doch bis heute nachwirkende Kulturepoche

Zur Geschichte:

1254 Stadt Weimar erstmals bezeugt

1547–1918 Residenz der Wettiner

1708–17 Johann Sebastian Bach Organist und Kammermusiker am Weimarer Hof

1735–45 barocke Überformung der dreischiffigen Herderkirche (Stadtkirche St. Peter und Paul)

1767–69 Bau des barocken Wittumspalais

1779 Goethe wird Geheimer Rat und

1782 Präsident der Finanzkammer

1789–1803 Wiederaufbau des zerstörten Residenzschlosses

1845–60 und 1869–86 wohnt und arbeitet der Komponist Franz von Liszt in Weimar

1919 Tagung der Weimarer Nationalversammlung im Nationaltheater; Verabschiedung der Weimarer Reichsverfassung

1999 Europäische Kulturhauptstadt

Das Schloss Belvedere (1724–32) beherbergt heute ein Rokokomuseum

Wenn zwei Dichterfürsten im herausgeputzten Residenzstädtchen Weimar bei einem Schoppen Wein sitzen und beschließen, dass es wieder einmal Zeit für eine klassische Renaissance sei, dann geraten die Dinge tatsächlich in Bewegung. Wer nun aber glaubt, so etwas Einzigartiges wie eine »Klassik« sei beim besten Willen nicht planbar, nicht einmal von einem Gespann wie Friedrich von Schiller und Johann Wolfgang von Goethe, d e m Zentralge-

Das barocke »Goethehaus« war von 1782 bis zu seinem Tod 1832 Wohnsitz und Arbeitsstätte des Dichterfürsten

stirn des nationalen Kulturverdienstadels, der reagiert möglicherweise allzu empfänglich auf den Mythos der unnahbaren Begrifflichkeit »Klassik«.

»Klassik«, das ist der Gipfel, das Synonym für ein Qualitätsprodukt mit zäh haftendem Etikett. Ein Gipfel überdies, den man zwar erreichen, aber nicht dauerhaft besiedeln kann: Kultur mit Prädikat, über deren tatsächliche Güte wiederum nur die Elite einer erstaunten Nachwelt zu befinden hat.

Da das begehrte »Logo« inzwischen auf so vielschichtigen Begriffsebenen funktionieren muss, ist längst nicht immer ganz eindeutig, wovon die Rede ist. »Die Klassik« entspricht inzwischen selbst in der Theorie durchaus keiner wertneutralen wissenschaftlichen Kategorie mehr, sondern gleicht eher einem Adelstitel. Unsere modebewusste Epoche wandelt zudem den so wunderbar positiv besetzten Gattungsbegriff zu-

Tausendsassa Goethe war auch am – nach Brandschäden notwendig gewordenen – Wiederaufbau des Residenzschlosses beteiligt

nehmend in eine Folge von offenen Marketing-strategien um. »Klassische Musik« ist zum Beispiel automatisch »E-Musik«, egal ob nun ein Mozart oder ein Stockhausen die Partitur schrieb. Die Beatles gehen dagegen bestenfalls als »Klassiker« durch. Um die Begriffsinflation zu vervollständigen, ist das ur-europäische Markenzeichen inzwischen sogar trendgerecht globalisiert im Angebot. Welcher tief greifende Zusammenhang besteht beispielsweise zwischen der »klassischen« Maya-Kultur des 9. Jahrhunderts und dem bewunderten Zeitgeist der perikleischen Epoche Griechenlands rund dreizehnhundert Jahre zuvor?

Vor allem in den wenigen erhaltenen Skulpturen ist klassisches Empfinden als Zeitgeist der Blüte antik-griechischer Kultur konserviert. Diese »Keimzelle« für das periodisch wiederkehrende Bedürfnis nach immer neuen »Klassizismen« ist seit der Spätantike ein gemeinsames Grundmerkmal aller bedeutenden europäischen Kultursparten und damit eine der ehrwürdigsten Traditionen der Menschheit. Von der bildenden Kunst bis zur Literatur der Hochsprachen wird »Klassik« mit schöner Regelmäßigkeit gewollt und gezielt herbeizitiert, bemüht oder schlicht und ergreifend nachgeahmt.

Die Voraussetzungen dafür schafft die fragliche Epoche aus eigenem Antrieb, die Zuerkennung des »Logos« allerdings besorgt erst die nächste Generation. So entsteht in der Rückschau entweder eine »vollwertige Klassik«, ein weiterer »Klassizismus« oder vielleicht auch nur eine »postmoderne Phase«.

Nun ist die Weimarer Klassik weit mehr als eine rein literarische Blütezeit. Der Kreis um Goethe und Schiller umfasste ganz unterschiedliche Fachgebiete und kreierte einen universellen Zeitgeist, ganz im antiken Sinne. Allen gemeinsam war der Wille, »Form und Gestalt« literarischer wie universalhistorischer Arbeiten in die Nachfolge des Humanismus und der von allen Zeitgenossen bewunderten Antike zu stellen.

Und obwohl dieses Bemühen ja im Prinzip alles andere als neu war, ergab sich im thüringischen Weimar – an der Wende vom späten 18. Jahrhundert zur Moderne – die in der Geschichte der Wissenschaft seltene Konstellation von genial begabten Individuen am richtigen Ort zur richtigen Zeit. Erstmals seit der Antike lag die originale griechische Klassik gleichsam auf dem Seziertisch ausgebreitet. Ihr Studium schuf das gemeinsame Grundgerüst einer Jahrzehnte währenden geisteswissenschaftlichen Blüte. Und die Macht der Gedanken dieser Epoche ist zu bedrucktem Papier geronnen; ein Universum der Gesellschaftsphilosophie materialisierte sich in Form von millionenfach publizierten Manuskripten.

Wirklich denkmalfähig ist hingegen die heutige Weimarer »Kulturlandschaft«. Ihre Bauwerke und Parkanlagen sind der ebenso spannende wie widersprüchliche Versuch, dem geistigen Erbe mit assoziativen Denkmälern auch leibhaftige Substanz angedeihen zu lassen.

Hendrik Kersten

Herderkirche am Herderplatz, kolorierter Stahlstich des 19. Jahrhunderts

Vor dem Deutschen Nationaltheater blickt tiefsinnig das Dichterpaar Schiller und Goethe in die Ferne: Reich mir, o Muse, den Lorbeerkranz …

lands, die Zeit Calderóns u. Cervantes' in Spanien.

3. die Epoche der → Klassik betreffend; ein histor. Zeitabschnitt, der nach Zeitgeist u. Stil einen Gegensatz zu Barock u. Romantik bildet.

klassische Nationalökonomie, eine volkswirtschaftl. Richtung, die Ende des 18. Jh. die → Volkswirtschaftslehre begründete. Sie analysierte die Marktwirtschaft u. forderte freien Wettbewerb innerhalb der Volkswirtschaft u. internationalen Freihandel. Die Wirtschaft sollte nicht vom Staat gelenkt werden, sondern dem selbsttätigen Marktmechanismus überlassen bleiben. Auf der Grundlage von Privateigentum, Vertragsfreiheit u. freiem Wettbewerb musste sich nach Auffassung der Vertreter der klassischen Nationalökonomie eine harmonische Wirtschaftsordnung ergeben, die zu steigendem Wohlstand führt. Insgesamt war die klassische Nationalökonomie optimistisch, liberal u. individualistisch. Hauptvertreter waren A. *Smith*, D. *Ricardo*, T. R. *Malthus*, J. B. *Say* sowie in Deutschland F. B. W. von *Hermann*, J. H. von *Thünen*, H. von *Mangoldt*.

klassische Philologie, die Philologie (Sprachu. Literaturwissenschaft) der „klassischen" Sprachen (Griechisch u. Latein). Auch → klassische Studien.

◆ **Klassische Straßenrennen,** frz. *Classiques*, die bedeutendsten europ. Straßenradrennen des Jahres für Berufsfahrer: Mailand–San Remo, Flandern-Rundfahrt, Paris–Roubaix, Paris–Brüssel, Flèche Wallonne (Belgien), Spanien-Rundfahrt, Rund um den Henninger Turm, Meisterschaft von Zürich, Lüttich–Bastogne–Lüttich, → Giro d'Italia, → Tour de Suisse, → Tour de France, Paris–Tours, Lombardei-Rundfahrt.

klassische Studien, das Studium der latein. u. griech. Sprache, Literatur, Geschichte u. Kultur. Als Grundlage für das Verständnis der abendländ. Grundbegriffe ist die Kenntnis der latein. Sprache Voraussetzung für das Studium der meisten geisteswissenschaftl. Fächer. In Dtschld. ist Latein Wahlpflichtfach an vielen höheren Schulen, dazu Griechisch an den altsprachl. Gymnasien.

Klassische Straßenrennen: Herrliche Panoramablicke bieten sich den Teilnehmern auf der Strecke Mailand – San Remo

Klassizismus: Karl Friedrich Schinkel, Neue Wache in Berlin; 1817/18

◆ **Klassizismus** [lat.], Sammelbez. für künstler. Richtungen, die durch eine klass. Formenstrenge u. Klarheit gekennzeichnet sind, ohne jedoch jene Ausdrucksstärke, Lebensfülle u. Gefühlstiefe der echten *Klassik* zu erreichen, die zu ihrer künstler. Bewältigung überhaupt erst solche Formenstrenge gefordert hatten. Der K., als Spätstufe oder als Wiederaufnahme einer Klassik, beginnt also da, wo die Notwendigkeit der Formprinzipien nicht mehr einsichtig ist. Auch wo die klassizistischen Formen nicht übernommen, sondern eigens entwickelt sind, wirken sie dennoch oft nachgeahmt, rationalistisch durchkonstruiert, glatt u. kalt; die großen klass. Dimensionen werden nicht mehr ausgefüllt u. wirken daher leicht hohl u. phrasenhaft. Aber im Unterschied zum *Historismus*, der die klassischen Formen nur als interessante Kulisse übernimmt, ist der K. doch von einem echten klass. Formwillen getragen u. erhält von hier aus seine künstler. Einheit.

BILDENDE KUNST

Als künstler. Stilausrichtung tritt der K. zuerst auf im Hellenismus, bes. in der Kunst von Pergamon, vor allem aber in der röm. Kaiserzeit; Kennzeichen ist die stilist. u. ikonograph. Orientierung an griech. Vorbildern der Kunst des 5. u. 4. Jh. v.Chr., im sog. augusteischen K. ist z.B. der Augustus von Prima Porta dem Doryphorus des Polyklet nachgebildet; klassizist. ist auch die Kunst zur Zeit der Kaiser Hadrian (117–138 n.Chr.) u. Gallienus (253–268 n.Chr.). In der Zeit des ausgehenden 18. bis zur Mitte des 19. Jh. war der K. vorbereitet durch das bes. von G. E. *Lessing* u. J. J. *Winckelmann* wieder entdeckte Interesse am griech. u. röm. Altertum. Der K. erstrebte in der *B a u k u n s t* eine Neubelebung der antiken klass. Formensprache u. bevorzugte im Gegensatz zum Vorausgegangenen die strenge einfache Klarheit in sich geschlossener Baukörper mit symmetr. gegliederten Fassaden. In Frankreich waren Architekten wie

J.-A. *Gabriel* (Petit Trianon), J.-G. *Soufflot* (Panthéon), C. *Percier* u. P. L. *Fontaine* Vorkämpfer eines K., der zum Ausdruck bürgerl. Opposition wurde u. zur Ausprägung bes. Einzelstile *(Directoire, Empire)* führte. Den dt. K. vertraten bes. F. W. von *Erdmannsdorff*, C. G. *Langhans* (Brandenburger Tor), F. *Gilly* u. K. F. von *Schinkel* (Neue Wache, Schauspielhaus, Altes Museum) in Berlin, L. von *Klenze* u. F. von *Gärtner* in München, F. *Weinbrenner* in Karlsruhe u. G. *Semper* in Dresden.

In der *P l a s t i k* bevorzugten u.a. A. *Canova*, B. *Thorvaldsen* u. J. G. *Schadow* weißen, glatt polierten Marmor.

In der *M a l e r e i* wurde der K. durch R. *Mengs* vorbereitet. Er erhielt durch die Franzosen J. L. *David*, J. A. D. *Ingres* u. A. J. *Gros* seine Ausprägung, in der übersichtl. Aufbau, Betonung der Linearität u. eine gewisse statuar. Reglosigkeit vorherrschen. In Deutschland liefen, anders als in Frankreich, klassizist. u. romant. Bestrebungen nebeneinander her. Formal klassizist. Züge zeigen z.B. die *Nazarener*, aber auch P. O. *Runge* u. J. A. *Koch*; J. G. *Schadow* versuchte, durch monumentale Historienmalerei den akadem. K. zu überwinden.

LITERATUR

Unter literar. K. versteht man Werke, die auf Formen, Stoffe u. Motive der klass. Antike zurückgreifen. Die formstrenge Nachahmung der antiken Dichter wurde insbes. in der Renaissance in Italien gepflegt u. erreichte dort ihre Blüte im 18. Jh. In Frankreich prägte der K. die *französ. Klassik* unter Ludwig XIV. (N. *Boileau-Despréaux*, J. B. *Racine*, P. *Corneille*, Molière). Von dort breitete sich der K. über ganz Europa aus. Der K. in Deutschland war anfangs eine Nachahmung der französ. Klassik; er umfasst die gesamte Literatur der *Aufklärung*. Seit G. E. *Lessing* u. bes. seit J. J. *Winckelmann* griff der dt. K. unmittelbar auf die Antike zurück. In der *Weimarer Klassik* bei *Goethe* u. *Schiller* wurde die klassizist. Nachahmung der Antike zu einem eigenschöpfer. Dichten auf antiker Grundlage. Im 19. u. 20. Jh. tragen die Gedichte von A. von *Platen* u. die Dramen von E. von *Wildenbruch* u. P. *Ernst* klassizist. Züge.

Klassizität [lat.], Allgemeinverbindlichkeit, Mustergültigkeit; im Sinn der als Muster vorgestellten antiken Klassik bes. als auf Kunst bezogener Wertbegriff gebraucht.

klastische Gesteine [grch.], *Trümmergesteine,* Gesteine, die sich nach mechan. (physikal.) Verwitterung u. Zerkleinerung durch erneute Verfestigung bilden, z.B. *Brekzien, Konglomerate* u. die meisten Sedimentgesteine.

klastische Sedimente [grch.], Ablagerungen von Produkten der mechanischen (physikalischen) Verwitterung. Man unterscheidet *Psephite* (größer als 2 mm), *Psammite* (2–0,02 mm) u. *Pelite* (kleiner als 0,02 mm).

Klatovy, *Klattau,* Stadt in Westböhmen (Tschech. Rep.), südl. von Pilsen, 23 000 Ew.; 75 m hoher Schwarzer Turm, ehem. Rathaus (beide 16. Jh.), Jesuitenkirche (17. Jh.); Bekleidungs-, Leder- u. Nahrungsmittelindustrie; Blumenzucht.

Klatschmohn, *Papaver rhoeas,* in Europa u. Asien wild wachsendes *Mohngewächs (Papaveraceae)* mit leuchtend roten, am Grund schwarz gefleckten Blütenblättern u. behaartem Stängel.

Klatschpräparat, durch Auflegen eines keimfreien Deckglases auf eine gewachsene Bakterienkultur hergestelltes mikroskopisches Präparat.

Klatt, Fritz, dt. Pädagoge, *22. 5. 1888 Berlin, †25. 7. 1945 Wien; Anhänger der *Jugendbewegung,* gründete 1921 das Volkshochschul-Freizeitheim in Prerow auf dem Darß; Hptw.: „Die schöpferische Pause" 1921; „Die geistige Wendung des Maschinenzeitalters" 1930; „Lebensmächte" 1939.

Klattau, tschech. Stadt, → Klatovy.

Klaudius [lat. *Claudius,* Name eines röm. Geschlechts, zu *claudus,* „lahm"], männl. Vorname.

Klaue, *Zoologie:* die verhornte Zehe der Wiederkäuer u. Schweine (→ Paarhufer). Meist sind nur die 3. u. 4. Zehe voll entwickelt, die übrigen im Lauf der Stammesentwicklung rückgebildet, so dass die Klauen in Zweizahl ausgebildet sind. Auch → Kralle.

Klassizismus: Gottlieb Schick, Frau von Cotta; 1802. Stuttgart, Staatsgalerie

Klauenöl, *Klauenfett,* aus Rinder-, Pferde- u. Hammelklauen gewonnenes fettes Öl. Wegen des niedrigen Schmelzpunkts (um 0 °C) u. da es nicht verharzt, wird es in der Kamera- u. Uhrenindustrie, für in der Kälte arbeitende Maschinen sowie in der Textil-, Leder- u. kosmet. Industrie verwendet.

Klauke, Jürgen, dt. Performancekünstler, *6. 9. 1943 Kliding bei Cochem; K. begann 1970 mit tagebuchähnl. Aufzeichnungen in zeichner. u. fotograf. Form; 1972 entstanden geschlossene Fotosequenzen; Thema war u.a. das männl. u. weibl. Rollenverhalten. Die Fotosequenzen erinnern an modernes Tanztheater: Banale Alltagssituationen u. Posen erhalten durch optische Addition eine symbol. Bewertung. Seit 1975 stellt er sich in seinen Performances selbst als Kunstfigur vor das Publikum.

Klaus, Kurzform von → Nikolaus.

Josef Klaus

Klaus, ◆ **1.** Josef, österr. Politiker (ÖVP), *15. 8. 1910 Mauthen, Kärnten, †26. 7. 2001 Wien; Rechtsanwalt in Hallein; 1949–1961 Landeshauptmann von Salzburg; 1961–1963 Bundesminister für Finanzen; bis 1970 Bundesparteiobmann der ÖVP; 1964–1966 Bundeskanzler eines Koalitionskabinetts mit der SPÖ, 1966–1970 einer ÖVP-Alleinregierung. 1962/63 u. 1966 bis 1970 Abg. im Nationalrat. **2.** Václav, tschech. Politiker (Demokrat. Bürgerpartei) *19. 6. 1941 Prag; Wirtschaftswissenschaftler; 1989–1992 Finanz-Min. der Tschechoslowakei; wurde 1991 Vors. der Demokrat. Bürgerpartei (ODS); 1992–1997 Min.-Präs. der Tschech. Republik.

Klausdorf, Gemeinde in Schleswig-Holstein, Ldkrs. Plön, 5800 Ew.

Klause [die; lat.], **1.** *allg.:* abgeschlossener Raum, Einsiedelei, Klosterzelle. **2.** *Botanik:* das einsamige Teilfrüchtchen der *Röhrenblütler.* **3.** *Geographie: Klus(e), Cluse,* enges, eine Gebirgskette durchbrechendes Quertal; derartige Talengen sind bes. ausgeprägt im Schweizer Jura; oft verkehrswichtig (z.B. die Salurner K. in Südtirol). Auch → Durchbruchstal.

Klausel [die; lat.], **1.** *Literatur:* kunstvolle Schlussformel, Schlusswort. **2.** *Recht:* Vorbehalt; Bestimmung eines Vertrags.

Klausen, ital. *Chiusa,* italien. Ort in Trentino-Südtirol, am Eisack, 4100 Ew.; Kloster Säben; Fremdenverkehr.

Klausenburg, rumän. Stadt in Siebenbürgen, → Cluj-Napoca.

Klausener, Erich, dt. Politiker (Zentrum), *25. 1. 1885 Düsseldorf, †30. 6. 1934 Berlin; seit 1924 Ministerialdirektor, Vorsitzender der Kath. Aktion Berlin; als Gegner der nat.-soz. Politik beim sog. *Röhm-Putsch* ermordet.

Klausenpass, schweiz. Pass in den Glarner Alpen, 1948 m; verbindet Altdorf im Reuß-

Klavichord, Johann Heinrich Silbermann zugeschrieben. Straßburg, um 1779

tal (Kanton Uri) über das Schächental u. den Urnerboden mit Linthal (Glarus); Straße seit 1899.

Klauser, Theodor, dt. kath. Kirchenhistoriker, *25. 2. 1894 Ahaus, †24. 7. 1984 Bonn; bis 1962 Prof. in Bonn; Arbeiten zur alten Kirchengeschichte u. christl. Archäologie: „Abendländ. Liturgiegeschichte" 1949; „Der Ursprung der bischöfl. Insignien u. Ehrenrechte" 1949; „Die röm. Petrustradition" 1956; seit 1941 Hrsg. des „Reallexikon für Antike u. Christentum".

Klausner [der; lat.] → Einsiedler.

Klaustrophobie [grch.], krankhafte Angst vor dem Aufenthalt in geschlossenen Räumen, bes. in Räumen ohne Fluchtmöglichkeit, oder in dicht gedrängten Menschenansammlungen.

Klausur [die; lat.], **1.** *Klosterwesen:* abgeschlossener Raum in Klöstern. Für alle Klöster gilt die *einfache* oder *bischöfl. Klausur:* Das Betreten der K. ist für Personen des anderen Geschlechts verboten. Einige Frauenorden haben die strenge *päpstl. Klausur:* Zutrittsverbot für alle Klosterfremden. **2.** *Prüfungswesen: Klausurarbeit,* eine schriftliche Prüfungsarbeit unter Aufsicht, die ohne oder nur mit ausdrücklich genehmigten Hilfsmitteln angefertigt wird.

Klaviatur [die; lat.], die Gesamtheit der Tasten eines Tasteninstruments (Orgel, Klavier u.a.); 7 weiße Unter- u. 5 schwarze Obertasten je Oktave, wobei die ersteren die C-Dur-Tonleiter bilden. Bis ins 19. Jh. war die Farbeinteilung umgekehrt. Die Gesamtanzahl der Tasten beträgt heute bei der Orgel rd. 56, beim Hammerklavier 85–88 (C–g³ bzw. $_2$A–a⁴ oder c⁵). Die K. der Orgel u. des Harmoniums heißt auch *Manual* oder (wenn mit den Füßen gespielt) *Pedal.*

◆ **Klavichord** [-'kɔrd; das; lat.], *Clavichord,* ein Saiteninstrument mit Tastatur, bei dem die Saiten in einem Gehäuse quer zu den Tasten verlaufen u. durch meist metallene *Tangenten* angeschlagen u. in ihrer schwingenden Länge (Tonhöhe) bestimmt werden. Feine Anschlagsunterschiede u. eine gewisse Bebung (Vibrato) sind möglich. Das K. wurde im 12. Jh. aus dem → Monochord entwickelt, es gehört zu den ältesten Vorläufern des *Hammerklaviers.* Heute wird es wieder zur Pflege alter Musik nachgebaut.

Klavier [-'viːr-; das; lat.], **1.** Kurzwort für → Hammerklavier. Insbes. wird darunter das Pianoforte (Piano, Pianino) im Gegensatz zum → Flügel verstanden, früher auch das *Kielklavier* (mit Sonderformen). Auch → Cembalo.
2. ältere Bez. für die Spielvorrichtung von Tasteninstrumenten *(Klaviatur, Tastatur).*

◆ **Klavierauszug** [-'viːr-], die Übertragung eines für andere Instrumente oder Singstimmen geschriebenen Tonsatzes auf das Klavier, bes. bei Opern- u. Orchesterwerken; dabei kann ein möglichst partiturgetreues Notenbild nur im Rahmen der Spielbarkeit auf dem Klavier erreicht werden. Er dient zur Einstudierung, Analyse u. klangl. Realisierung (z. B. wenn keine Tonbandaufnahme existiert).

Klavierband [-'viːr-], *Lappenband,* anschraubbares Stangenscharnier zum Anschlagen von Möbeltüren u. Ä.

Klaviermusik [-'viːr-], die Musik für Tasteninstrumente wie Cembalo, Spinett, Klavier außer der Orgel. Die K. hatte zunächst an den freien Gattungen der Orgelmusik teil *(Ricercar, Fantasie, Toccata).* Im 17. Jh. entwickelten sich bes. in Frankreich kurze programmat. Werke (F. Couperin) sowie mehrsätzige *Suiten* mit Tanzsätzen. England erlebte den Höhepunkt der *Virginalmusik* (W. Byrd). In Italien führte D. Scarlatti die einsätzige *Klaviersonate* ein. Neben den überlieferten mehrsätzigen Formen der Suite u. *Partita* formte J. S. Bach richtungsweisende kurze Übungsstücke *(Inventionen)* sowie die auch für die Orgel übliche Folge *Präludium* u. *Fuge* („Das Wohltemperierte Klavier“ 1722 u. 1744). Zugleich bildete er mit den „Goldberg-Variationen“ 1742 den groß angelegten *Variationszyklus* in die K. ein. In der Klassik kam die neu entwickelte

Klavierauszug: Beginn des 3. Satzes der 4. Sinfonie von L. van Beethoven; Partitur und Klavierauszug von O. Singer

Form der mehrsätzigen Klaviersonate hinzu, die Beethoven zu ihrem Höhepunkt führte. In der ersten Hälfte des 19. Jh. entstanden vielfältige Formen des *lyrischen Klavierstücks.* Von Bedeutung sind F. Schuberts Sammlungen *Moments musicaux* u. *Impromptus* sowie F. Chopins virtuose *Etüden, Préludes, Walzer, Mazurken* u. *Polonaisen.* R. Schumann entwickelte den Zyklus programmat. kurzer Klavierstücke *(Kinder-, Waldszenen, Papillons, Carneval),* der im ganzen 19. Jh. Nachfolger fand. Beibehalten wurden auch der Variationszyklus (J. Brahms), die Etüde u. die Sonate, neu hinzu kamen *Paraphrasen* (F. Liszt). Die Titel wurden zunehmend allgemeiner (z. B. *Intermezzo*) u. gingen schließlich ganz in die Bez. *Klavierstück* ein, wie sie A. Schönberg u. auch neuere Komponisten (K. Stockhausen) verwenden, während Sonate u. Variation im 20. Jh. in den Hintergrund treten. Zugleich bemüht man sich um die Erweiterung der Klangmöglichkeiten (→ Cluster, das „päparierte Klavier“ von J. Cage u. a.).

Klavier- und Cembalobauer [-'viːr-], *Klavier- und Cembalobauerin,* anerkannter Ausbildungsberuf der Industrie u. des Handwerks; Ausbildungsdauer $3^1/_2$ Jahre. Aufgabenbereich ist das Herstellen u. Reparieren von Klavieren, Cembali u. gleichartigen Tasteninstrumenten sowie Einstimmen dieser Instrumente. Musikal. Gehör ist unentbehrlich. – Der *Klavierstimmer* ist ein ausgebildeter Klavierbauer, der sich auf das Stimmen von Cembali, Klavieren u. Ä. spezialisiert hat.

Klavizimbel → Cembalo.

Klavizitherium, *Clavizitherium, Cembalo verticale,* ein Kielklavier, dessen Saiten in einem hinter der Klaviatur senkrecht stehenden Resonanzkörper angeordnet sind. Die Mechanik ist der des Cembalos ähnlich; die beim Cembalo durch die Schwerkraft zurückfallenden Kiele, die die Saiten anreißen, müssen jedoch mit einer komplizierten Federmechanik betätigt werden.

Kleanthes *von Assos,* griech. Philosoph, *um 330 v. Chr., † um 232 v. Chr.; *Stoiker,* Schüler u. Nachfolger *Zenons* in der Schulleitung. Sein „Hymnus auf Zeus“ ist Ausdruck stoischer All- u. Schicksalsfrömmigkeit.

Klearchos, 1. spartan. Flottenführer im Peloponnes. Krieg, * um 450 v. Chr., † 401 v. Chr.; ab 403 v. Chr. Harmost von Byzanz, wegen seiner dortigen Schreckensherrschaft in Sparta zum Tode verurteilt; floh zum Perserkönig *Kyros* nach Kleinasien, den er bei dem Feldzug gegen dessen Bruder *Artaxerxes II.* unterstützte. In der Schlacht bei Kunaxa 401 v. Chr. siegte er zwar mit den von ihm geführten griech. Söldnern, doch verschuldete sein eigenmächtiges Verhalten den Tod des Kyros. Noch im gleichen Jahr wurde er von den Persern umgebracht.

2. Tyrann von Herakleia Pontike, * um 390 v. Chr., † 352 v. Chr. (ermordet); ergriff 364 v. Chr. die Macht gegen die Oligarchen u. führte sozialrevolutionäre Maßnahmen durch; gründete die erste öffentl. Bibliothek; zeigte in seinem Anspruch auf göttl. Ehren bereits Züge hellenist. Herrscher.

Klebast, *Wasserreis, Räuber,* gärtner. Bez. für einen Ast, der durch Austreiben von sog. schlafenden Augen (Adventivknospen) in höherem Alter entstanden ist u. deshalb mit der Astbasis tief reicht. Klebäste mindern den Holzwert.

Giselher Klebe

◆ **Klebe,** Giselher, dt. Komponist, * 28. 6. 1925 Mannheim; ab 1957 Lehrer (1962 Prof.) an der Detmolder Musikakademie; verwendet zwölftönige u. rhythm. Reihen, erreicht aber dennoch melod. Geschmeidigkeit. Bekannt wurde sein frühes Orchesterstück „Die Zwitschermaschine“ (nach dem Gemälde von P. Klee) von 1950. Opern: „Die Räuber“ 1957 (nach Schiller); „Die tödlichen Wünsche“ 1959 (nach Balzac); „Die Ermordung Cäsars“ 1959 (nach Shakespeare); „Alkmene“ 1961 (nach Kleist); „Figaro lässt sich scheiden“ 1963 (nach Ö. von Horváth); „Jakobowsky u. der Oberst“ 1965 (nach F. Werfel); „Das Märchen von der schönen Lilie“ 1969 (nach Goethe); „Der jüngste Tag“ 1980 (nach Horváth); „Die Fastnachtsbeichte“ 1983 (nach C. Zuckmayer); „Gervaise Macquart“ 1995; weiterhin 6 Sinfonien, Ballette u. Kirchenmusik u. a.

Klebebinder, eine Buchbindereimaschine, die aus den zusammengetragenen Blättern oder Bogen einen Buchblock klebt. Nach dem Beschneiden des Buchblocks an Kopf-, Fuß- u. Vorderschnitt wird er gerundet u. in die Buchdecke eingehängt.

Klebefäden, mit klebrigem Sekret besetzte Fangfäden im Netz mancher Webspinnen.

Klebefalz, aus gummiertem Pergaminpapier hergestellte kleine Klebezettel, die zur Befestigung von gestempelten Briefmarken auf Albumblättern verwendet werden. Zur Aufbewahrung von postfrischen Briefmarken benutzt man statt dessen Klemmstreifen, die eine Beschädigung des Gummis der Marken verhindern. Erfunden wurde der K. 1881 von H. J. *Dauth* aus Frankfurt a. M.

Klebelsberg-Thumburg, Raimund, österr. Geologe, * 14. 12. 1886 Brixen, Südtirol, † 6. 6. 1967 Innsbruck; Prof. in Innsbruck, Eiszeit- u. Gletscherforscher; „Geologie von Tirol“ 1935; „Handbuch der Gletscherkunde u. Glazialgeologie“ 2 Bde. 1949.

Kleber → Gluten.

Kléber [kle'bɛːr], Jean-Baptiste, französ. General, * 9. 3. 1753 Straßburg, † 14. 6. 1800 Kairo; war seit 1775 in bayer. u. österr. Kriegsdienst, seit 1792 im französ. Revolutionsheer, 1793 Brigadegeneral, Teilnehmer am Ägyptenfeldzug Napoleons, 1799 Oberbefehlshaber des Expeditionskorps; er wurde nach erneuter Eroberung Ägyptens von einem Türken ermordet.

Klebkraut, 1. → Kleblabkraut.
2. die klebrige Salbeiart *Salvia glutinosa*, → Salbei.

◆ **Kleblabkraut,** *Klebkraut, Klettenlabkraut, Galium aparine,* zur Familie der *Rötegewächse (Rubiaceae)* gehörende Kletterpflanze mit rauhaarigen Stängeln u. Blättern, die sich leicht an die Kleidung anhängen; Unkraut an Zäunen u. auf unbebauten Plätzen.

Kleblabkraut, Galium aparine

Klebs, Georg, dt. Botaniker, * 23. 10. 1857 Neidenburg, † 15. 10. 1918 Heidelberg; gilt neben J. *Sachs* als Begründer der botan. Entwicklungsphysiologie.

Klebsand, ein Natursand, der aus Quarzsand mit Gehalten an Ton oder Kaolin besteht. Man unterscheidet magere Klebsande mit etwa 3–4 % Al_2O_3 u. fette Klebsande mit 12–16 % Al_2O_3. K. dient als Grundstoff zur Herstellung feuerfester Massen.

Klebstoffe, chemische Stoffe, die Oberflächen verschiedener Werkstoffe durch Adhäsion miteinander verbinden. *Natürliche K.* sind organ. Verbindungen wie Hautleim, Gummiarabikum oder Stärke. *Künstliche K.* sind Lösungen von Kautschuk u. dessen Derivaten, Kunststofflösungen (Polyvinylacetat) oder als Metallkleber Epoxidharze. Das Abbinden erfolgt nach Verdunsten des Lösungsmittels oder (bei Zweikomponentenklebstoffen) durch chemische Reaktion der Komponenten. Moderne künstl. K. auf Cyanacrylatbasis zeichnen sich durch ein sehr hohes Adhäsionsvermögen u. kurze Abbindezeit aus („Sekundenkleber"). Der Abbindeprozess wird hierbei katalytisch durch Spuren von Wasser (z. B. Luftfeuchtigkeit) eingeleitet. Auch → Kitt, → Leim.

Klebzellen, *Colloblasten,* bei den *Rippenquallen* spezialisierte Zellen für den Fang der Beutetiere. Die K. sind fest an der Basis verankert, an der Oberseite schirmartig erweitert. Hier liegen große Vesikel (Behälter) mit klebrigem Sekret. Bei Berührung eines Beutetieres, das die mit Klebzellen besetzten Fangtentakeln nur schwach zu streifen braucht, reißen die Vesikel auf, u. die Beute bleibt am Sekret haften. Die Tentakel wird dann an der Mundöffnung vorbeigeführt u. abgelutscht.

◆ **Klee,** *Trifolium,* artenreiche Gattung der *Schmetterlingsblütler (Papilionaceae),* vorwiegend in der gemäßigten u. subtrop. Zone der Alten Welt verbreitet; aufrechte oder niederliegende, häufig kriechende Kräuter mit gefingerten Blättern. Die Blüten sind gewöhnlich weiß, gelb, rot oder zweifarbig. Am häufigsten ist der *Wiesenklee (Rotklee, Trifolium pratense)* auf Wiesen u. Grasplätzen; er wird auch in großem Maße angebaut. Ebenfalls wild oder angebaut kommen in Dtschld. folgende wichtige Kleearten vor: *Weißklee, Trifolium repens; Bastardklee, Trifolium hybridum; Inkarnatklee, Trifolium incarnatum; Purpurklee, Trifolium rubens; Brauner Klee, Trifolium spadiceum; Mittlerer Klee, Trifolium medium; Hasenklee, Trifolium arvense,* u. a. Der Kleeanbau hat für die Landwirtschaft große Bedeutung, da er den Hauptanteil der für die Viehfütterung notwendigen Eiweißstoffe liefert u. infolge großer Wurzelmassen den Boden mit Humus anreichert. Als Stickstoffsammler dient er auch den nachfolgenden Pflanzen als gute Vorfrucht.

Klee, 1. Bernhard, dt. Dirigent, * 19. 4. 1936 Schleiz, Thüringen; Kapellmeister in Köln, Salzburg, Oberhausen u. Hannover; 1966 bis 1977 Generalmusikdirektor in Lübeck, 1977–1987 in Düsseldorf, 1991–1995 in Hannover.
2. Paul, dt.-schweiz. Maler u. Grafiker, * 18. 12. 1879 Münchenbuchsee bei Bern, † 29. 6. 1940 Muralto bei Locarno; Schüler von F. von *Stuck* in München. Seine ersten Arbeiten zeigen starke Beziehungen zum Jugendstil, sind in Federzeichnungen ins Skurrile u. Bizarre abwandelte (Illustrationen zu Voltaires „Candide" 1911). Durch Freundschaft mit den Künstlern des „Blauen Reiters" (seit 1911) u. eine 1914 zusammen mit A. *Macke* u. L. *Moilliet* unternommene Tunis-Reise fand K. zu einem abstrahierenden Bildaufbau, in dem die Farbe dem linearen Gerüst gleichwertig wurde. 1920 bis 1930 wirkte er als Lehrer am *Bauhaus,* danach (bis 1933) an der Akademie in Düsseldorf. Im nat.-soz. Deutschland galten seine Werke als „entartet". – Klees Stil ist durch ein spieler. Element gekennzeichnet, das dem Surrealismus verwandt ist u. dem die bevorzugten Techniken zarter Federzeichnungen u. luftiger Aquarelle mit mosaikhafter Farbigkeit entgegenkommen. Geistiges u. Seelisches, Heiteres u. Tragisches kommen in seiner Kunst in gleicher Weise zum Ausdruck; der Spätstil zeigt bes. in den auf Sackleinwand gemalten zeichenhaften Bildern mit drohenden Chiffren den Ernst der zeitgeschichtl. Situation. Ähnl. wie die Kunst P. *Picassos* bildet das Werk Klees eine Synthese gegenständl.-inhaltl. u. abstrakter Tendenzen. Seine Wirkung auf zahlreiche Künstler war groß. Er schrieb u. a. „Pädagog. Skizzenbuch" 1925; „Wissenschaftl. Experimente im Bereich der Kunst" 1928; Tagebücher, hrsg. 1957; „Gedichte", hrsg. 1960; „Schriften zur Form- u. Gestaltungslehre", hrsg. von J. Spiller (I. „Das bildner. Denken" 1964, II. „Unendliche Naturgeschichte" 1970). → Seite 354.
Kleeblattbogen, *B a u k u n s t :* → Bogen.

Klee: Rotklee, Trifolium pratense

Kleeblattkreuz, ein Kreuz mit kleeblattförmig endenden Armen, häufig bei Triumphkreuzen des 14. Jh. Auch → Kreuz.
Kleefarn, *Marsilea quadrifolia,* auf Sumpfböden oder an stehenden Gewässern lebender seltener *Wasserfarn.* Die Blätter ähneln vierblättrigen Kleeblättern. → Farne.
Kleefeld, Edler von → Schubart, Johann Christian.
Kleegraswirtschaft, ein landwirtschaftl. Betriebssystem, das für zwei oder auch mehr Schläge hintereinander Klee vorsieht.
Kleesalz, in manchen Pflanzen (z. B. Rhabarber, Spinat, Sauerklee) vorkommendes saures Kaliumoxalat; zum Entfernen von Rost- u. Tintenflecken.
Kleesamenwespe → Erzwespen.
Kleeseide → Teufelszwirn.
Klei [der; engl. *clay*], fruchtbarer, toniger oder lehmiger Boden; meist durch Meeresablagerung in den Marschen entstanden.
◆ **Kleiber,** *Spechtmeisen, Sittidae,* Familie der *Singvögel,* 12–15 cm große, kurzschwänzige, an Bäumen oder Felsen kletternde

Fortsetzung S. 355

Kleiber, Sitta europaea

Paul Klee

Die Zwitscher-Maschine; Aquarell und Ölfarbe 1922. New York, The Museum of Modern Art. Das Aquarell basiert auf der Federzeichnung »Konzert auf dem Zweig« aus dem Jahr 1921. Klee ließ sich zu dem Bild durch einen Musikautomaten mit Vogelstimmen im Deutschen Museum in München inspirieren. Auf einer zart durchscheinenden Farbfläche erscheinen grafische Elemente, die das Bild zu einem traumhaft-assoziativen Gebilde verdichten. Vier phantastisch anmutende Vogelwesen sitzen auf einem Zweig; aus ihren Mündern strömen grafische Zeichen, Symbole für Töne. Das Ende des Astes wird durch eine Kurbel gebildet. In dem dadaistisch anmutenden Aquarell führt Klee dem Betrachter eine technisierte, von der Natur weit entfernte Welt vor, in der groteske Maschinen die Natur ersetzen. Die Traumwelten und das Unterbewusste blieben Charakteristika in Klees Kunst. Schon 1920 hatte er formuliert: »Kunst gibt nicht das Sichtbare wieder, sondern macht sichtbar«

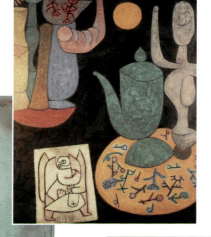

Ohne Titel (letztes Stillleben); Öl auf Leinwand 1939. Bern, Sammlung Felix Klee. Im Dezember 1933 verließ Paul Klee das nationalsozialistische Deutschland; er ging in die Schweiz. Hier begann ab ca.1936, trotz einer unheilbaren Erkrankung, ein ungemein produktives Alterswerk. Es entstanden großformatige Bilder mit zeichenhaft vereinfachten, figuralen Motiven voller dunkler und mystischer Vorahnungen; sein persönliches Schicksal und der nahende Krieg bestimmten sein Werk. Das letzte große Stillleben auf schwarzem Grund blieb unsigniert. Klee wusste von seinem nahen Tod und beschränkte sich auf das Notwendige. Links unten im Rahmen steckt ein weißes Blatt Papier, auf dem ein Engel dargestellt ist, ein Motiv, das neben den Bildern des Todes in den letzten Monaten seines künstlerischen Schaffens in immer neuen Variationen auftauchte. Die Darstellung der Objekte ist gegenständlich und körperhaft, die Farben sind kräftig

Abfahrt der Schiffe; Öl auf Leinwand 1927. Berlin, Staatliche Museen zu Berlin – Preußischer Kulturbesitz, Neue Nationalgalerie. Von 1921 – 1931 war Paul Klee Meister am Bauhaus, zunächst in Weimar, später in Dessau. Seine Arbeit am Bauhaus mit Vorlesungen über bildnerische Formenlehre blieben auch für sein künstlerisches Werk nicht ohne Bedeutung. Seine Vorlesungsmanuskripte und Aufsätze wurden später unter dem Titel »Das Bildnerische Denken« veröffentlicht. Darin nahm Klee auch zu dem Bild der abfahrenden Schiffe Stellung, das als kosmische Landschaft verstanden werden soll. Dargestellt ist der Mensch auf einem Dampfer, der den unterschiedlichen, z.T. gegensätzlichen Bewegungen im Weltall ausgesetzt ist. Der Pfeil markiert die Hauptrichtung, die gestaffelten Segel den zeitlichen Ablauf. In den warmen Gelb-, Orange- und Rottönen drückt sich die durch den Menschen erzeugte und von ihm wahrgenommene weiter fortschreitende Bewegung aus, die für Klee Grundvoraussetzung allen Lebens war

Rote und weiße Kuppeln; Aquarell und Deckfarbe, April 1914. Düsseldorf, Kunstsammlung Nordrhein-Westfalen. Paul Klee läßt sich nur schwer einer künstlerischen Richtung zuordnen. Er nahm viele Ideen auf und formte sie individuell zu eigenwilligen Bildern um; der Ursprung seiner Kunst lag in der Zeichnung. Er fand erst 1914 auf der berühmten Reise nach Tunesien mit August Macke und Louis René Moilliet zur Farbe. Die arabische Architektur mit ihren einfachen geometrischen Formen, das intensive Licht und die Leuchtkraft der Farben inspirierten ihn zu leuchtenden Farbbändern und –flächen. So wiederholt Klee im Bild »Rote und weiße Kuppeln« arabische Architekturformen wie Quadrat, Rechteck und Halbkreis in einer rot, gelb und weißen Bildarchitektur

Vögel; oben grau, unten weiß bis rötlich gefärbt, dunkler Augenstreif. Im Gegensatz zu den Spechten können K. an Baumstämmen nicht nur aufwärts, sondern auch kopfunter abwärts klettern. K. ernähren sich von Insekten, im Winter auch von Samen; sie sind Höhlenbrüter u. Standvögel. Der einheim. K., *Sitta europaea*, lebt in Wäldern Europas u. Asiens. Nahe verwandt sind *Spechte* u. *Mauerläufer*.

Carlos Kleiber; 1976

Kleiber, ◆ **1.** Carlos, Sohn von 2), argentin. Dirigent, *3. 7. 1930 Berlin; Kapellmeister in Potsdam, Düsseldorf u. Zürich, 1966–1975 an der Staatsoper in Stuttgart; Gastdirigent an anderen Opernhäusern u. bei Festspielen (u. a. in Bayreuth).
◆ **2.** Erich, österr. Dirigent, *5. 8. 1890 Wien, †27. 1. 1956 Zürich; wirkte in Prag, Darmstadt, Wuppertal, Düsseldorf u. Mannheim, seit 1923 Generalmusikdirektor an der Berliner Staatsoper, wo er 1925 auch die Uraufführung von A. *Bergs* „Wozzeck" dirigierte; seit 1935 im Ausland.

Erich Kleiber

3. Günther, dt. Politiker (SED), *16. 9. 1931 Eula, Krs. Borna; Ingenieur; seit 1967 Kandidat, seit 1984 Mitgl. des Politbüros der SED; seit 1966 in Regierungsämtern der DDR; 1971–1988 einer der Stellvertreter, seit 1988 Erster Stellvertreter des Vorsitzenden des Ministerrates; trat nach dem polit. Umsturz 1989 zurück u. wurde aus der Partei ausgeschlossen. 1997 wurde K. im Zusammenhang mit den Todesschüssen an der innerdt. Grenze wegen Totschlags zu drei Jahren Haft verurteilt. Der Bundesgerichtshof bestätigte 1999 das Urteil.

Kleid, im 12.–14. Jh. langes Hemdgewand beider Geschlechter, danach das sich modisch stark verändernde Obergewand der Frau. Im weitesten Sinn auch allg. Bez. für Bekleidung.

Kleideraffe, *Pygathrix nemaeus*, ein den *Languren* verwandter *Schlankaffe* Südostasiens. Die kontrastreiche u. scharf abgesetzte Fellzeichnung macht den Eindruck, als ob der K. Rock u. Hose, Schuhe u. Strümpfe trüge. Über die Biologie ist fast nichts bekannt.

Kleiderbad, chem. Reinigungsverfahren für Textilien ohne bes. Fleckenentfernung.

Kleiderlaus, *Pediculus humanus humanus*, bis 4,5 mm lange, weißgraue *Laus*. Sie hält sich in der menschlichen Kleidung u. legt Eier in Kleidungsfalten. Sie überträgt Fleck-, Rückfall- u. Wolhynisches Fieber, kommt bes. bei mangelnder Hygiene, z. B. in Lagern u. Kasernen, zur Massenvermehrung.

Kleidermotte, Tineola bisselliella

◆ **Kleidermotte,** *Tineola bisselliella*, ein Kleinschmetterling aus der Familie der *Motten*, dessen Raupen in fest sitzenden Gespinströhren aus seidenglänzenden Spinnfäden, abgebissenen Stoffasern u. Kotbröckchen leben; schädlich vor allem an Wollstoffen, Kunstfasern u. Pelzen. Bekämpfung: Ausräuchern u. Stäuben mit Kontaktinsektiziden.

Kleiderordnungen, vom 14. bis 17. Jh. von Städten u. Landesherren erlassene Anordnungen (→ Polizeiordnungen), die unter Androhung von Strafen die Tracht für alle sozialen Gruppen (Wahrung der Standesunterschiede) u. den finanziellen Aufwand dafür vorschreiben (Kampf gegen den Kleiderluxus). Meist werden auch Kosten u. Umfang von Festlichkeiten (Taufe, Hochzeit, Begräbnis) begrenzt (Wert der Geschenke, Zahl der Gerichte beim Festessen, Dauer des Festes).

Kleidervögel, *Drepanididae*, eine Familie der *Singvögel*, die mit rd. 20 Arten auf Hawaii vorkommt. Die bei den einzelnen Arten außerordentlich variierenden Schnabelformen passen sich der jeweiligen Lebensweise an. Die Federn der K. wurden früher von den Ureinwohnern als Schmuck ihrer Kleidung verwendet.

Kleie, beim Mahlen von Getreide anfallende Rückstände aus den Randschichten *(Schalen, Spelzen)* des Getreidekorns mit hohem Ballaststoff-, Mineralstoff- u. Vitamingehalt. K. besitzt nicht nur einen hohen Futterwert, nach entspr. Aufbereitung kann sie auch als Ballaststoffpräparat in der menschl. Ernährung verwendet werden.

Kleienflechte, → Pityriasis.

Kleie-Therapie, Diätbehandlung bei chronischer Verstopfung, → Ballaststoffe.

Kleihues [-huːs], Josef Paul, dt. Architekt, *11. 6. 1933 Rheine; Vertreter der *Postmoderne*. Gründer u. Leiter der „Dortmunder Architekturtage" u. Planer der „Internationalen Bauausstellung" in Berlin 1987. K. wendet sich mit seinen Entwürfen u. Stadtplanungen gegen den nüchternen Funktionalismus. Er verwendet für seine Bauten ein Formensprache, die Elemente des Funktionalismus, Rationalismus u. des Klassizismus kombiniert. Hptw.: Deichtorhallen in

Hamburg 1988–1989; Galerie der Stadt Kornwestheim 1990; Museum of Contemporary Art in Chicago 1992; Umbau u. Erweiterung des ehemaligen Hamburger Bahnhofs in Berlin 1992–1996; Checkpoint-Arkaden in Berlin 1994–1997; Bauten am Pariser Platz in Berlin 1995–1998.

Klein, 1. Calvin Richard, US-amerikan. Modeschöpfer u. Unternehmer, *19. 11. 1942 New York; besuchte das Fashion Institute of Technology u. die High School of Art and Design. Danach begann er als Designer-Assistent in einer Mantelfabrik u. arbeitete daneben als Modezeichner. 1968 machte er sich selbständig. K. setzte als einer der Ersten die Pariser Modevorstellungen in den USA durch. 1978 stellte er seine erste Herrenkollektion vor. In den 1990er Jahren kreierte er auch Parfüms.

Felix Klein

◆ **2.** Felix, dt. Mathematiker, *25. 4. 1849 Düsseldorf, †22. 6. 1925 Göttingen; lehrte seit 1886 in Göttingen; arbeitete über algebraische Gleichungen u. Funktionentheorie; beeinflusste stark die Methodik der Mathematik u. den Schulunterricht, indem er den Funktionsbegriff in den Mittelpunkt der Analysis u. der Algebra stellte u. den Begriff der Abbildung in der Geometrie in den Vordergrund rückte (*Erlanger Programm* 1872); Hptw.: „Vorträge über den mathemat. Unterricht an höheren Schulen" 1907; „Gesammelte mathemat. Abhandlungen" 3 Bde. 1921–1923; „Elementarmathematik vom höheren Standpunkt aus" 3 Bde. 1924–1926.

3. Hans, dt. Politiker (CSU), *11. 7. 1931 Mährisch-Schönberg †26. 11. 1996 Bonn; Journalist; seit 1976 MdB; 1987–1989 Bundesminister für wirtschaftliche Zusammenarbeit; 1989/90 als Bundesminister für bes. Aufgaben, Chef des Presse- u. Informationsamtes der Bundesregierung; seit 1990 Vize-Präs. des Bundestages.

Lawrence Robert Klein

◆ **4.** Lawrence Robert, US-amerikan. Wirtschaftswissenschaftler, *14. 9. 1920 Omaha, Nebraska; seit 1958 Prof. in Philadelphia; befasste sich mit der Verknüpfung ökonometr. Konjunkturmodelle verschiedener Länder u. deren Anwendung zur Analyse u. Prognose internationaler Wirtschaftsentwicklungen; Hptw.: „The Keynesian revolution" 1947; „An econometric model of the United States (1929–1952)" 1955 (zusammen mit A. S. Goldberger); „An econometric model of the United Kingdom" 1961; „An introduction to econometrics" 1962; „An essay on the theory of econometric prediction" 1971. Nobelpreis 1980.

Yves Klein: Monogold: MG 18; um 1960. Köln, Museum Ludwig

5. William, US-amerikan. Fotograf, Kameramann u. Filmregisseur, *19. 4. 1928 New York; lebt seit 1948 in Paris, als Fotograf Autodidakt. Sein Thema sind Straßenszenen, oft grotesk bis zur Abstraktion. Filme: „Cassius the great" 1965; „Polly Maggoo" 1966; „Muhammad Ali the greatest" 1974; „Little Richard story" 1979/80.

◆ **6.** Yves, französ. Maler niederl.-malaiischer Herkunft, *28. 4. 1928 Nizza, †6. 6. 1962 Paris; gilt als Hauptvertreter des „Nouveau Réalisme", schuf monochrome, meist blaue Bilder, außerdem Körperabdrücke auf Leinwand und Papier, Bilder mit Einwirkung von Wind u. Regen sowie Feuerbilder; entwarf auch Projekte für die Klimatisierung riesiger geographischer Wohnräume.

Kleinaktionär, ein Aktionär, der wegen geringer Beteiligung am Grundkapital der AG als Einzelner in der Regel keinen spürbaren Einfluss auf die Gesellschaft ausüben kann.

Kleinasien, *Anatolien,* die zwischen Schwarzem Meer u. Mittelmeer sich vorschiebende Halbinsel, hochplateau- u. gebirgsreich, häufig von Erdbeben heimgesucht, altes Durchgangsland u. Übergangsland zwischen Europa u. Asien; deckt sich heute weitgehend mit der *Türkei.*

Kleinautomat, selbsttätiger Ausschalter in elektrischen Anlagen zur Sicherung bei Überlastung oder bei Ausfall des Stroms. Nach dem Einschalten wird durch einen Elektromagneten der Schalthebel gehalten; bei Stromausfall oder bei übermäßigem Strom (Kurzschluss) klappt der Schalthebel zurück. Bei dauernder geringer Überlastung löst ein Bimetallstreifen, infolge Erwärmung, den Schalter.

Kleinbären, *Procyonidae,* Familie der Landraubtiere; nicht ganz einheitliche Gruppe von mittelkleinen Landraubtieren von mehr oder weniger bärenartiger bis marderartiger Gestalt. Kleinbären sind Allesfresser, wobei die ursprünglichsten Vertreter, die Katzenfrette, sich noch überwiegend von Fleisch ernähren, während der Wickelbär ein nahezu reiner Vegetarier ist. Diese Entwicklung dokumentiert sich im Gebiss, das sich im Laufe der Stammesgeschichte aus einem Fleischfressergebiss mit ausgeprägten Reißzähnen (bei den Katzenfretten) allmählich zu einem Allesfressergebiss mit vielhöckrigen Backenzähnen umgewandelt hat. K. sind eine sehr alte Gruppe aus dem Oligozän (vor etwa 38 Mio. Jahren). Die bärenähnliche Physiognomie wird durch den unspezialisierten Sohlengang dokumentiert, während an den Zehen teilweise sehr scharfe Krallen sitzen. Zu den K. gehören der Waschbär, der Krabbenwaschbär, der Nasenbär, der Bergnasenbär, die Katzenfrette, der Schlankbär u. der Wickelbär.

Kleinbetriebe, in der Statistik alle gewerbl. Betriebe mit weniger als fünf Beschäftigten u. alle landwirtschaftl. Betriebe mit weniger als 5 ha Nutzfläche.

Kleinbeutler, *Phalanger, Phalangerinae,* Unterfamilie der *Kletterbeutler;* von Maus- bis Mardergröße, meist mit langem Greifschwanz; in zahlreichen Arten von Tasmanien bis Celebes (Indonesien) verbreitet. Zu den Kleinbeutlern gehören *Schlafmausbeutler, Flugbeutler* u. *Kusus.*

Kleinbildfotografie, die verbreitetste fotograf. Technik; sie benutzt bei 35 mm breiten, beiderseits perforierten Filmen das Kleinbildformat 24 × 36 mm oder 18 × 24 mm (Halbformat, engl. half frame) sowie das Kassettenformat 126: 28 × 28 mm. Die erste Kleinbildkamera (Urleica, → Barnack) wurde für die Verwendung von 35-mm-Kinofilm konstruiert.

Kleinblittersdorf, Gemeinde im Saarland, im Stadtverband Saarbrücken, an der Saar, 276 m ü. M., 13 100 Ew.

Kleinbürgertum, oft abwertend gemeinte Bez. für die städt. Mittelschichten (in Großbritannien u. den USA *middle class* genannt), d. h. für Handwerker, Einzelhändler, Kleingewerbetreibende u. freie Berufe, ferner aber auch für den sog. *neuen Mittelstand,* also die Beamten u. die mittleren Angestellten (seltener auch für gut bezahlte Facharbeiter, die in den USA zur middle class gerechnet werden). Dem K. werden geistige Enge, moralische Überheblichkeit u. überdurchschnittl. Neigung zu Missgunst u. Neid nachgesagt. Nachweisbar ist, dass das dt. K., das sich zwischen den Machtblöcken des Großkapitals u. der organisierten Arbeiterschaft hilflos fühlte, stärker als andere Schichten zum Faschismus bzw. Nationalsozialismus neigte.

Kleindeutsche → Großdeutsche.

Kleine Antillen, der östl. westindische Inselbogen, Teil der *Antillen,* in die nördl. u. östl. *Inseln über dem Winde* u. die südl. *Inseln unter dem Winde* gegliedert; polit. aufgeteilt zwischen den *U S A* (westl. Teil der Jungferninseln), *Großbritannien* (östl. Teil der Jungferninseln u. Montserrat sowie Anguilla), *F r a n k r e i c h* (Antilles Françaises: Teil von Saint-Martin sowie Saint-Barthélemy, Guadeloupe mit Marie Galante u. Martinique) u. den *N i e d e r l a n d e n* (*Nederlandse Antillen:* Teil von St. Martin [Sint Maarten], Sint Eustatius, Saba, alle in der Gruppe der Inseln über dem Winde; ferner die Niederländ. Inseln unter dem Winde: Aruba, Curaçao u. Bonaire) u. die *V e n e z o l a n . A n t i l l e n :* Las Roques, Orchila, La Blanquilla, Los Hermanos, Los Testigos, Tortuga, Margarita, Cubagua u. Coche; selbständige Staaten sind: *Antigua u. Barbuda, Barbados, Dominica, Grenada, Saint Kitts und Nevis, Saint Lucia, Saint Vincent u. die Grenadinen* sowie *Trinidad u. Tobago.*

Kleine Brüder Jesu, kath. Ordensgemeinschaft im Geiste C. de *Foucaulds,* 1933 gegr., heute international verbreitet. Die Mitglieder leben in kleinen Gemeinschaften (Bruderschaften) u. wollen durch ein armes, einfaches Leben in Solidarität mit ihrer Umgebung missionarisch wirken.

Kleine Donau, slowak. *Malý Dunaj,* Donauarm von Bratislava bis zur *Waag,* bildet mit dieser die *Waagdonau,* begrenzt die *Große Schüttinsel* nach N; durch Industrieabwässer stark verschmutzt.

Kleine Elster, rechter Nebenfluss der Schwarzen Elster, in der Niederlausitz; entspringt bei Senftenberg, mündet bei Bad Liebenwerda.

Kleine Entente [-ã'tät; frz.], 1920–1939 das Bündnissystem zwischen der Tschechoslowakei, Jugoslawien u. Rumänien (Verträge von 1920 u. 1921), von Frankreich u. Polen gefördert, mit dem Ziel, den Status quo nach dem 1. Weltkrieg im Donauraum zu erhalten, ungar. Gebietsforderungen abzuwehren u. eine habsburg. Restauration zu verhindern. Nach 1933 eine wesentliche Stütze der französ. Außenpolitik, scheitert die Kleine Entente an den Nationalitätenproblemen der Mitgliedstaaten. Das Münchner Abkommen 1938 bereitete ihr das Ende.

Kleine Goldorange → Kumquat.

Kleine Hochseefischerei, die Kutterfischerei in der Ostsee, in der Nordsee bis 61° n. Br. u. in den Gewässern um Großbritannien u. Irland, soweit sie nicht zur Küstenfischerei gehören.

Kleineisen, Verbindungsmittel zwischen Schienen u. Schwellen aus Gusseisen u. Stahl. Das K. übernimmt die Lagesicherung der Schiene in Querrichtung u. gegen Abheben. Es ist je nach Oberbauart verschieden. Auch → Eisenbahnoberbau.

Kleine Karpaten, slowak. *Malé Karpaty,* der westlichste Teil der *Karpaten,* in der Slowakei, zwischen Bratislava u. der Miavasenke; die geolog. Fortsetzung des österr. Leithagebirges, aus Granit u. Kristallinschiefern, im *Záruby* 768 m; an den Osthängen Weinanbau.

Kleine Maiblume, *Maianthemum bifolium* → Schattenblume.

Kleine Mühle, *Arabische Mühle*, Brettspiel für 2 Personen, auf quadrat. Spielbrett mit 9 Feldern oder 9 Spielpunkten, je Spieler 3 Steine.

Kleiner, Gerhard, dt. Archäologe, *7. 2. 1908 Seelow, †26. 4. 1978 Oberursel; seit 1954 2. Direktor des Dt. Archäolog. Instituts in Istanbul, 1956–1973 Prof. in Frankfurt a. M., seit 1958 Leiter der Ausgrabungen in Milet. Werke: „Tanagrafiguren" 1942; „Das Nachleben des pergamon. Gigantenkampfes" 1949; „Die Begegnungen Michelangelos mit der Antike" 1950; „Diadochengräber" 1963; „Die Ruinen von Milet" 1968.

Kleiner Belt, Meeresstraße in Dänemark, → Belt.

Kleiner Heuberg, Erhebung im nördl. Vorland der Schwäbischen Alb, westl. von Balingen, 670 m hoch.

Kleiner Kreuzer, eine Kriegsschiffklasse bis 5000 t; mit schwacher Bewaffnung u. hoher Geschwindigkeit, in Dtschld. bis zum 1. Weltkrieg in Gebrauch; Fortentwicklung → Leichter Kreuzer.

Kleiner Leberegel → Leberegel.

Kleiner Norden, *Norte Chico*, chilen. Großlandschaft vom Río Huasco im N bis zum Río Aconcagua im S, umfasst Teile der Region Atacama u. die Region Coquimbo. Im W die Andenkette (im *Cerro des los Tórtolas* 6323 m), in O Küstenbergland mit Mittelgebirgsrelief. In breiten Sohlentälern Bewässerungskulturen (daher Bez. *Flussoasenchile*), die vom Schnee der Hochkordillere gespeist werden); arides Klima (100–400 mm jährl. Niederschläge), Dornstrauchvegetation, Sukkulenten; auf Bewässerungsflächen Anbau von Wein (Herstellung des Pisco-Branntweins), Mais, Weizen, Luzerne u. Obst; wichtiges Bergbaugebiet, Abbau von Eisen- u. Kupfererz, Quecksilber- u. Manganerzminen.

Kleiner Panda → Katzenbär.

Kleiner Sankt Bernhard, Alpenpass, → Sankt Bernhard (2).

Kleiner Süden, chilen. Großlandschaft, → Chilenische Schweiz.

Kleiner Vierkampf, *E i s s c h n e l l l a u f :* ein an zwei Tagen auszutragender Mehrkampf für Herren, bestehend aus Läufen über 500 u. 1000 m (1. Tag) u. über 1500 u. 5000 m. Auch → Vierkampf.

Kleine Schwestern Jesu, kath. Schwesterngemeinschaft im Geiste C. de *Foucaulds*, 1939 gegr. mit missionarischen Aufgaben in nichtchristlichen u. entchristlichten Milieu; mehr als 200 Niederlassungen.

Kleines Immergrün → Immergrün.

Kleines Kaiserrecht, um 1344–1350 vermutlich im Frankfurter Raum entstandenes Rechtsbuch, das dem → Schwabenspiegel nahe steht. Es enthält vor allem das Recht der Reichsministerialität unter Betonung des kaiserlichen Standpunktes; deshalb prägte die Forschung den Namen Kleines Kaiserrecht in Gegensatz zum „Großen Kaiserrecht" des Schwabenspiegels; früher hieß die Schrift auch *Frankenspiegel*, da man glaubte, hier sei fränkisches Stammesrecht aufgezeichnet.

Kleine Sundainseln, indones. *Nusa Tenggara*, Gruppe von 40 Inseln östl. von Java, umfasst die Inseln *Bali, Lombok, Sumbawa, Komodo, Flores, Solor, Alor, Sumba, Sawu, Roti, Timor* u. a.; insges. 87 693 km², 11 Mio. Ew.; Anbau von Reis, Kokospalmen u. Kaffee; Eisen-, Mangan-, Kupfer- u. Erdölvorkommen.

◆ **Kleines Walsertal,** *Kleinwalsertal*, 13 km langes linkes Seitental der Iller in den Allgäuer Alpen, in Vorarlberg (Österreich), von der Breitach durchflossen; seit 1891 an das dt. Zoll- u. Währungsgebiet angeschlossen, da auf Straßen nur von Bayern aus erreichbar; im 14. Jh. von den *Walsern* besiedelt; Hauptort *Mittelberg*.

Kleines Wiesel → Mauswiesel.

Kleine Syrte, Mittelmeerbucht an der Küste Tunesiens u. Libyens zwischen Kap Bon u. Tripolis, unterteilt in den Golf von Hammamat u. den Golf von Gabès; vorgelagert die Insel Djerba u. die Qarqannah-Inselgruppe; sandige Flachküste, Schwammfischerei; Erdölvorkommen im Golf von Gabès.

Kleinfamilie → Familie, → Kernfamilie.

Kleinfeld-Handball → Hallenhandball.

Kleinfeuerungsanlagen-Verordnung, die 1. Verordnung zur Durchführung des → Bundes-Immissionsschutzgesetzes in der Neufassung vom 14. 3. 1997; gilt für die Errichtung, die Beschaffenheit u. den Betrieb kleiner → Feuerungsanlagen. Sie werden vom zuständigen Bezirksschornsteinfegermeister überwacht. Es dürfen nur näher bestimmte Brennstoffe eingesetzt werden, für den nur gelegentlich zulässigen Betrieb von offenen Kaminen z. B. nur naturbelassenes stückiges Holz oder Holzpresslinge in gleichwertiger Qualität. Bei Öl- u. Gasfeuerungsanlagen sind Grenzwerte für die Abgasverluste festgelegt, die spätestens bis zum 1. 11. 2004 eingehalten werden müssen. Der Abgasverlust für haushaltsübl. Einzelanlagen (bis 25 kW) ist z. B. auf 11% der eingesetzten Energie begrenzt.

Kleinfleckkatze → Ozelot.

Kleinfruchtige Eibe, *Microcachrys*, in den Gebirgen Tasmaniens vorkommender einhäusiger, immergrüner, kriechender Strauch (Nadelholz) mit gegenständigen dichten Blättern.

◆ **Kleingarten,** *Schrebergarten*, abseits der Wohnung liegendes „Grundstück zum Zwecke nicht gewerbsmäßiger gärtnerischer Nutzung" (nach der Kleingarten- u. Kleinpachtlandordnung, KGO, vom 31. 7. 1919 u. der Novellierung des Kleingartenrechts von 1982, Bundeskleingartengesetz vom 28. 2. 1983. Meist ist der K. (Durchschnittsgröße 200–350 m²) umzäunt u. mit einer Laube bebaut. Kleingärten liegen gewöhnlich zu mehreren vereinigt (Kleingartenkolonie oder Laubenkolonie) im Randbereich der Gemeinden, aber auch auf dem Land in der Nähe von Industriesiedlungen. Die Kleingartenbewegung lässt sich bis zum Beginn des 19. Jh. zurückverfolgen. 1864 richtete E. I. *Hauschild* nach den Ideen des Arztes Daniel *Schreber* (*1808, †1861) in Leipzig Spielplätze mit Beeten für Kinder ein, denen in der Folgezeit Gärten für Erwach-

Kleines Walsertal: der Ort Riezlern

sene angegliedert wurden. Der 1. Schreberverein wurde 1864 in Leipzig gegr. – Kleingärten unterliegen einem ausgedehnten Kündigungsschutz; wird das Kleingartengrundstück aus „überwiegenden Gründen des Gemeinwohls dringend benötigt", so ist dem Pächter eine angemessene Entschädigung zu zahlen u. Ersatzland bereitzustellen. Die Kleingärtner sind organisatorisch zusammengeschlossen im *Bundesverband Dt. Gartenfreunde*.

Klein-Gordon-Gleichung [nach dem schwed. Physiker Oskar *Klein* (*1894, †1977) u. dem dt. Physiker Walter *Gordon* (* 1893, †1939)], relativist. Verallgemeinerung der Schrödinger-Gleichung in Form einer partiellen Differenzialgleichung 2. Ordnung. Eine weitere Verallgemeinerung führt zur nichtlinearen *Sine-Gordon-Gleichung*.

Kleinhandel → Einzelhandel.

Kleinhirn → Gehirn.

◆ **Kleinkaliberschießen,** Abk. *KK-Schießen*, das Schießen mit Kleinkalibermunition aus Gewehren, Maschinengewehren u. Geschüt-

Kleingarten: Die meist in Kleingartenkolonien zusammengefassten Kleingärten dienen der Erholung und tragen dazu bei, den Eigenbedarf an Obst, Gemüse und Blumen zu decken

Kleinkaliberschießen

zen, die dazu eine entspr. im Lauf bzw. Rohr einschiebbare Einrichtung erhalten. Das K. wird vielfach im Bereich der militär. Ausbildung u. von Schützenvereinen gepflegt, auch auf Volksfesten.

Beim *sportl. K.* werden zwei Waffenarten benutzt: 1. das internationale KK-Gewehr „Freie Waffe" (Kaliber 5,6 mm, Gewicht höchstens 8 kg), 2. das nationale KK-Standard-Gewehr (Gewicht 5,5 kg, Kaliber 5,6 mm, genormte Bauart). Mit ersterem werden (Entfernung der Scheibe jeweils 50 m) der *120-Schuss-Dreistellungskampf* (je 40 Schuss liegend, stehend, kniend freihändig) u. der *KK-Liegendkampf* (60 Schuss) durchgeführt, mit der Standardwaffe der *60-Schuss-Dreistellungskampf* (je 20 Schuss in den drei Anschlagsarten).

Kleinkamele → Lamas.

Kleinkantschil → Zwergböckchen.

Kleinkatzen, *Felini,* Gattungsgruppe der *Katzen i. e. S.*; relativ uneinheitliche Gruppe kleiner bis mittelgroßer *Katzen* mit völlig verknöchertem Zungenbein (sog. Zwischenast), daher können K. nicht brüllen. Alle K. können sowohl beim Einatmen wie auch Ausatmen schnurren *(Schnurrkatzen).* Die Nahrung wird in Hockstellung aufgenommen, der Schwanz in Ruhestellung um den Körper gelegt; die Pupille adaptiert schlitzförmig; die Ohren sind spitz u. können Pinsel tragen (Luchse); der Schwanz hat immer ein schwarzes Ende. 15 Gattungen mit 28 Arten; weltweit verbreitet außer Australien. Hierzu gehören u.a. *Ozelot, Bengalkatze, Wildkatze, Marmorkatze, Puma, Luchs, Serval, Jaguarundi, Schwarzfußkatze.* Auch → Großkatzen.

◆ **Kleinkindalter,** der Entwicklungsabschnitt zwischen *Säuglingsalter* u. *Schulalter,* vom Beginn des 2. bis zur Mitte des 6. Lebensjahres. Gehen u. Sprechen lernen stehen im Vordergrund der Entwicklung. Abschluss findet diese Stufe durch den 1. Gestaltwandel (W. Zeller), bei dem aus der kleinkindl. Körperform die gestrecktere Form des Schulkinds wird.

Kleinkirchheim, *Bad Kleinkirchheim,* Höhenluftkurort im österr. Nockgebiet, in Kärnten, 1087 m ü. M., 1900 Ew.; got. Wallfahrtskirche; radioaktive Thermalquelle, Wintersportplatz.

Kleinkläranlage, *Hauskläranlage,* eine Einrichtung, die der Abwasserbeseitigung an Stellen, die nicht von der Kanalisation erfasst werden können, dient. Einfache Kleinkläranlagen bestehen aus Faulgruben mit zwei oder drei Kammern. Auch zweistöckige Absetzgruben werden verwendet. Das geklärte Abwasser wird unterirdisch verrieselt. Der anfallende Schlamm muss abgefahren u. schadlos beseitigt werden.

Kleinklima → Mikroklima.

Kleinkrallenotter, *Paraonyx,* Gattung der *Marder* (Unterfamilie Otter); drei Arten in West- u. Zentralafrika. Finger u. Zehen sind nur schwach bekrallt, Schwimmhäute der Vorderfüße unvollkommen; das Gebiss ist schwach u. kurzzähnig, die Gestalt ähnlich unserem Fischotter. K. ernähren sich von weichen Beutetieren.

Kleinkrieg → Guerilla.

Kleinkriminalität → Bagatellstrafsachen.

Kleinkunst, ursprüngl. Erzeugnisse u. kunsthandwerkliche Arbeiten kleinen Formats, die seit vorgeschichtl. Zeit in der bildenden Kunst bei allen Kulturen neben anderen Kunstwerken eine wichtige Rolle spielten. – Im 19. Jh. wurde dieser Begriff auf Darbietungen von Schauspielern angewandt, die neben der „großen Kunst" (z. B. Theater, Oper) die „kleine Kunst" (im Varieté, in Singspielhallen u. Ä.) darboten; der Begriff K. wurde vor allem gebräuchlich mit der Entstehung der ersten *Kabaretts* ab 1901 in Dtschld., die zuerst von Schauspielern initiiert wurden.

Kleinkunstbühne, zusammenfassender Begriff für alle in den Kabaretts dargebotenen Formen, z. B. Artistik, Bänkelsang, Chanson, Pantomime, Tanz, Zauberkunst.

Kleinling, *Centunculus minimus,* ein *Primelgewächs (Primulaceae),* dem → Gauchheil verwandt; verbreitet in Eurasien, eingeschleppt nach Nordamerika u. -afrika; wächst an schlammigen Ufern u. auf feuchten Äckern.

Kleinmachnow [-noː], südwestl. Vorort Berlins in Brandenburg, Ldkrs. Potsdam-Mittelmark, 11 600 Ew.

Kleinmeister, eine Gruppe von Kupferstechern aus der Nachfolge A. *Dürers,* deren dekorativer Stil das Kunsthandwerk maßgebl. beeinflusste. Die Hauptmeister waren H. S. u. B. *Beham,* G. *Pencz,* H. *Aldegrever,* P. *Flötner* u. V. *Solis.*

Kleinod [das, Pl. *Kleinode* oder *Kleinodien*], 1. *allg.*: kleines, zierliches, kostbares Gastgeschenk; Schmuckstück, Kostbarkeit. 2. *Heraldik:* → Helmzier.

Kleinkindalter: Zwischen Säuglingsalter (links) und Schulalter (rechts) liegt das Kleinkindalter (Mitte); es prägen sich die ersten Formen des Laufens, Sprechens, Spielens und des Trotzverhaltens aus

Kleinostheim, Gemeinde in Bayern, Ldkrs. Aschaffenburg, 7900 Ew.

Kleinpflaster, Straßenpflaster aus kantig gebrochenen harten Natursteinen bis 10 cm Kantenlänge, auf einem Unterbau aus Packlage, fester Schotterschicht oder Beton, meist fächerförmig in Sandschicht versetzt. *Blaubasalt* als typisches K. ist bei Nässe sehr rutschig.

Kleinpolen, seit dem 13. Jh. nachweisbare, seit dem 15. Jh. offizielle Bez. für die südlicheren, „jüngeren" Teile Polens mit dem Hauptort Krakau, im Unterschied zum „älteren" *Großpolen* mit dem Zentrum Posen; zwischen beiden Teilen gab es bis ins 16. Jh. rechtl. u. polit. Differenzen.

Kleinpreisgeschäft,

Kleinrussen, frühere Bez. für die → Ukrainer.

Kleinrussisch → ukrainische Sprache.

Kleinrussland, Bez. für die → Ukraine von der russ. Rückeroberung Mitte des 17. Jh. bis Anfang des 20. Jh.

Kleinschmetterlinge, eine auf prakt. Gründen (Sammeltechnik) beruhende Zusammenfassung aller Schmetterlingsgruppen, die nicht unter dem Begriff der *Großschmetterlinge* zusammengefasst werden; ohne systemat. Bedeutung.

Kleinschmidt, Otto, dt. Zoologe, *13. 12. 1870 Kornsand, Hessen, †25. 3. 1954 Wittenberg; Leiter des Forschungsheims in Wittenberg; entwickelte aufgrund ornitholog. u. entomolog. Untersuchungen die *Formenkreislehre.*

Kleinschreibung, die Schreibung von Wörtern mit kleinem Anfangsbuchstaben. Im Dt. werden heute alle Wörter, die keine Substantive oder wie solche gebrauchten Wörter, ferner keine Eigennamen sind u. nicht am Satzanfang stehen, mit kleinem Anfangsbuchstaben geschrieben. In dem 1996 unterzeichneten Regelwerk zur Rechtschreibreform entschied man sich zugunsten einer *modifizierten Großschreibung* gegen die seit Jahren angestrebte *gemäßigte K.* (nach der K. auch für Substantive u. Substantivierungen gelten sollte). – In anderen Sprachen werden alle Wörter, die nicht am Satzanfang stehen u. keine Eigennamen sind, klein geschrieben. Auch → Großschreibung.

Kleinsiedlung, eine Siedlerstelle, die aus einem Wohngebäude u. einer Landzulage besteht, die dem Siedler durch gartenbaumäßige Nutzung eine fühlbare Ergänzung seines Einkommens bietet (§10 2. Wohnungsbaugesetz); Förderung nach Maßgabe der Wohnungsbaugesetze. Auch → Heimstätte.

Kleinspecht, *Dendrocopos minor,* mit 14 cm Länge kleinste europ. Art der → Spechte.

Kleinstaat, ein Staat mit kleinem Staatsgebiet u. meist auch geringer Bevölkerungszahl, der in der Regel keinen großen polit. Einfluss hat. Manche Kleinstaaten haben jedoch bedeutende Wirtschaftskraft (z. B. Erdölvorkommen); andere sind aufgrund ihrer geographischen Lage von Bedeutung oder können als Vermittler zwischen den Großmächten wirken. Völkerrechtl. sind die Kleinstaaten allen anderen Staaten gleich-

Boris H. Kleint: Frühlingskreis; 1956. Saarbrücken, Saarland-Museum

gestellt (z. B. gleichberechtigte Vertretung in der UNO). Der Begriff K. ist unscharf; bes. kleine Staaten werden manchmal als *Zwergstaaten* bezeichnet. Im Zuge der Entkolonialisierung sind viele K. entstanden. – Die dt. *Kleinstaaterei* geht auf die Schwäche der späteren Könige u. die Stärke der Landesfürsten zurück. Der Westfäl. Friede 1648 zementierte u. verschärfte den Trend zum K.

Kleinstadt, eine Stadt, die untergeordnete zentrale Funktionen wahrnimmt, etwa 5000–20 000 Ew. hat u. oft eine negative Wanderungsbilanz gegenüber größeren Städten aufweist.

Kleinstbildfotografie, die Fotografie mit Miniaturkameras für die Aufnahmeformate 8 × 11 mm u. 12 × 17 mm. Populär sind auch konfektionierte Kassetten der Typenbezeichnung 110 (Aufnahmeformat 13 × 17 mm). Die Aufnahmen können nur begrenzt vergrößert werden.

Kleinstböckchen, *Neotragus pygmaeus,* kleinstes *Paarhuftier,* mit einer Schulterhöhe von 25 cm u. einem Gewicht von 3–4 kg. K. besitzen ein rötlich braunes Fell mit weißlicher Unterseite, keinen Stirnschopf, keine Voraugendrüsen, keine Afterklauen u. einen relativ langen Schwanz, die Böcke 3 cm lange Hörner. Sie bewohnen die dichten

Regenwälder der Küste zwischen Liberia u. Ghana. K. sind sehr scheu; über ihre Lebensweise ist so gut wie nichts bekannt.

Kleinstmaß, das kleinere der beiden Grenzmaße einer Toleranz.

◆ **Kleint,** Boris Herbert, dt. Maler u. Kunsttheoretiker, *11. 4. 1903 Masmünster, †17. 12. 1996 Saarbrücken, Elsass; ab 1946 Leiter einer Meisterklasse an der Saarbrücker Kunstschule; ging von tachist. Kleinformaten aus, kam durch die Bekanntschaft mit W. *Kandinsky* zu großformatigen Wandbildern mit geometrischen Elementen, die durch die Verwendung von Metall u. Ä. auch eine räuml. Dimension erhalten. Er schrieb: „Bildlehre" 1969.

Kleinvieh, Sammelbez. für die Haustiere Ziege, Kaninchen, Geflügel sowie domestizierte Insekten wie Biene u. Seidenraupe, i. w. S. ebenfalls für die Pelztiere, die im Hausstand gehalten werden.

Kleinwuchs, eine krankhafte Verminderung des Längenwachstums (höchstens 145 bis 155 cm) mit einer Häufigkeit von rd. 2 %, die in über hundert Erscheinungsformen auftritt. Die verschiedenen Ursachen der Wachstumsstörungen sind nur teilweise bekannt. Zu den wichtigsten gehören: *konstitutioneller Kleinwuchs* ohne krankhafte Ursachen im Sinne einer z. B. psychosozial bedingten Entwicklungsverzögerung, die sich häufig in der Pubertät wieder ausgleicht; *endokriner Kleinwuchs* aufgrund hormonaler Fehlsteuerung (z. B. aufgrund eines Mangels an *Somatotropin,* einem → Wachstumshormon aus der Hypophyse, sog. *hypophysärer Kleinwuchs,* oder aufgrund einer Unterfunktion der Schilddrüse); *renaler Kleinwuchs* durch eine Nierenerkrankung, die den gesunden Aufbau der Knochen verhindert; *metabolischer Kleinwuchs* aufgrund von Stoffwechselstörungen wie → Rachitis oder → Zöliakie; K. im Rahmen einer fehlerhaften Verteilung der Erbanlagen (→ Chromosomenaberrationen), z. B. beim → Turner-Syndrom oder beim → Down-Syndrom, u. K. bedingt durch Skeletterkrankungen (z. B. *Achondroplasie, Osteogenesis imperfecta).* Selbsthilfegruppen organisiert in Dtschld. der *Bundesverband Kleinwüchsige Menschen und ihre Familie e.V.,* Bremen, u. in Österreich der *Bundesverband kleinwüchsige Menschen und ihre Familien (BKMF),* Haid.

Kleinzikaden → Zwergzikaden.

Kleist, 1. Ewald von, dt. Offizier (1943 Generalfeldmarschall), *8. 8. 1881 Braunfels, †16. 10. 1954 Lager Wladimirowka (Sowjetunion); Heerführer im 2. Weltkrieg (Frankreich, Balkan, Russland); 1948 in Jugoslawien wegen Kriegsverbrechen zu 15 Jahren Zwangsarbeit verurteilt, dann an die Sowjetunion ausgeliefert.

2. Ewald Christian von, dt. Schriftsteller, *7. 3. 1715 Gut Zeblin, Pommern, †24. 8. 1759 Frankfurt (Oder); preuß. Offizier (Vorbild für G. E. Lessings *Tellheim* in „Minna von Barnhelm"); berühmt durch die von F. G. *Klopstock* u. J. *Thomson* angeregte epische Naturdichtung „Der Frühling" 1748; ferner Idyllen, Fabeln u. vaterländ. Gesänge („Ode an die preuß.

Heinrich von Kleist: „Das Käthchen von Heilbronn"; Titelblatt der Erstausgabe von 1810

Armee" 1757). K. starb an einer Verwundung aus der Schlacht bei Kunersdorf. – Histor.-krit. Ausgabe, hrsg. von A. Sauer, 3 Bde. 1881/82; sämtl. Werke, 1971 u. ö.
3. *Friedrich,* Graf von *Nollendorf* (1814), preuß. Offizier (1821 Generalfeldmarschall), *9. 4. 1762 Berlin, †17. 2. 1823 Berlin; entschied in den Befreiungskriegen, von Nollendorf herkommend, die Schlacht bei Kulm am 29./30. 8. 1813.
4. *Kleist-Retzow,* Hans Hugo von, preuß. Politiker, *25. 11. 1814 Kieckow bei Belgard, †20. 5. 1892 Kieckow; 1848 Mitbegründer der „Kreuzzeitung", 1849–1852 Mitgl. des preuß. Abgeordnetenhauses, 1851–1858 Oberpräsident der Rheinprovinz; seit 1858 im Herrenhaus, seit 1877 im Reichstag. Als bekanntester Vertreter des altpreuß. Junkertums unterstützte K. *Bismarcks* Politik im Heeres- u. Verfassungskonflikt 1862–1866. Nach 1866 beharrte er auf seinen partikularstaatl. Grundüberzeugungen u. bestimmte den oppositionellen Kurs der Deutschkonservativen, denen er sich in der Zeit des Sozialistengesetzes 1878–1890 Bismarck wieder annäherte.
◆ **5.** *Heinrich von,* dt. Dichter, *18. 10. 1777 Frankfurt (Oder), †21. 11. 1811 am Wannsee bei Berlin (Selbstmord); früh verwaist, seit 1792 bei der preuß. Garde, zuletzt als Leutnant; 1799 Student in Frankfurt (Oder), verlor jedoch durch I. *Kants* Kritik der Erkenntnismöglichkeiten das Interesse an der Wissenschaft; 1801/02 in Paris u. am Thuner See, wo er ein bäuerl. Leben führen wollte u. sich von seiner Braut Wilhelmine von *Zenge* löste, als sie ihm nicht nachfolgte; 1802/03 bei C. M. *Wieland* in Oßmannstedt u. Weimar, 1805–1807

Beamter an der Domänenkammer in Königsberg, 1807–1809 in Dresden, dort mit A. H. *Müller* Hrsg. des „Phöbus"; zuletzt in Berlin, wo er von Okt. 1810 bis März 1811 Hrsg. der „Berliner Abendblätter" war.
In Kleists Werk äußert sich ein leidenschaftl. Drang zum Unbedingten, der aber nicht mehr von den letzthin harmon. u. rational gegründeten humanist. Weltbild der Weimarer Klassik getragen ist, sondern sich gegenüber den Wirren der trüger. Welt nur auf die Intensität des sich schmerzhaft klärenden eigenen Gefühls beruft u. schließl. in der Idee einer gerechten Obrigkeit eine mit der Wirklichkeit versöhnende Lösung des tragischen Zwiespalts zu finden versucht. Am Anfang seiner Werke steht das tiefpessimist. Trauerspiel „Die Familie Schroffenstein" 1803; es folgten die groß angelegte, nur als Fragment erhaltene Tragödie „Robert Guiskard, Herzog der Normänner" 1808, die beiden Lustspiele „Amphitryon" 1807 u. „Der zerbrochene Krug" 1808, das Schauspiel „Penthesilea" 1808 u. das Ritterstück „Käthchen von Heilbronn" 1810; 1808 entstand in übersteigerter Vaterlandsliebe das gegen Napoleon gerichtete Stück „Die Hermannsschlacht", das aber unbeachtet blieb, u. zuletzt das Preußendrama „Prinz Friedrich von Homburg", entstanden 1809–1811, hrsg. postum 1821. Daneben schrieb K. in knapper, realist. Art „Erzählungen" 1810/11 um menschl. Konflikte („Michael Kohlhaas"; „Die Marquise von O…"; „Das Erdbeben in Chili") u. scharf pointierte Anekdoten, ferner Abhandlungen („Über das Marionettentheater" 1810) u. Gedichte. Die von K. u. A. H. Müller 1810 herausgegebenen „Berliner Abendblätter" mussten 1811 wieder eingestellt werden. – Sämtl. Werke u. Briefe, hrsg. von H. Sembdner, 2 Bde. ⁶1977, 4 Bde. 1982; Sämtl. Werke (Brandenburger Ausgabe) 1988 ff.
Kleister, Klebstoff aus Weizen- oder Roggenmehl (*Mehlkleister*), auch aus Kartoffel-, Getreide- oder Reisstärke (*Stärkekleister*); mit Wasser angerührt u. dann aufgekocht, zum Kleben von Papiertüten, Tapeten u. a.
Kleisthenes, 1. Tyrann von Sikyon um 600–570 v. Chr.; seine antidorische Herrschaft war für Sikyon eine Zeit der Blüte. Seine Tochter *Agariste* wurde als Frau des Alkmäoniden *Megakles* Mutter von K. (2).
2. athen. Staatsmann; kehrte nach dem Sturz des Tyrannen *Hippias* 510 v. Chr. nach Athen zurück, stellte sich im Kampf um die Macht an die Spitze des Demos u. führte 508/07 v. Chr. eine Phylenreform durch, die aus einer territorialen Neugliederung Attikas in 10 Phylen bestand u. die Macht der adeligen Sippenverbände brach. Auch die Einrichtung des *Ostrakismos* soll nach einem Teil der Überlieferung auf ihn zurückgehen. K. wurde später als Begründer der athen. Demokratie betrachtet.
Kleistogamie [grch.], eine bes. Form der Selbstbestäubung: die → Bestäubung in geschlossener Blüte, z. B. bei einigen Veilchenarten.
Kleistothecium [grch.], Fruchtkörpertyp der → Ascomycetes, der allseitig geschlossen ist.

Die *Ascosporen* werden erst durch den Zerfall des Fruchtkörpers frei. Auch → Apothecium, → Perithecium.
Kleitarchos, *Klitarch,* griech. Geschichtsschreiber aus Kolophon; schrieb um 300 v. Chr. eine romanhafte Geschichte Alexanders d. Gr., die in Bruchstücken erhalten ist.
Kleitomachos von *Karthago,* griech. Philosoph, *um 187 v. Chr., †um 110 v. Chr.; Schüler u. Nachfolger des *Karneades von Kyrene* in der Leitung der *Akademie.* Seine Schriften dienten der Verbreitung der akademischen Skepsis u. waren Quellen für *Cicero* u. *Sextus Empirikus.*
Kleitos, 1. *Kleitos der Schwarze,* makedon. Feldherr, †328/27 v. Chr.; Satrap von Baktrien, Freund *Alexanders d. Gr.,* dem er am Granikos das Leben rettete. Er wurde von Alexander jedoch, als er diesem Bevorzugung der Perser vorwarf, bei einem Gelage im Rausch getötet.
2. *Kleitos der Weiße,* makedon. Admiral, †318 v. Chr.; nahm 322 v. Chr. durch seinen Seesieg über die athen. Flotte bei Amorgos im *Lamischen Krieg* den Athenern die Hoffnung, nach dem Tod Alexanders d. Gr. ihre alte Vormachtstellung zurückgewinnen zu können; auf der Flucht nach der verlorenen Schlacht bei Byzanz gegen *Antigonos Monophthalmos* in Thrakien durch *Lysimachos* getötet.
Klemens [lat. *clemens,* „mild, gütig"], männl. Vorname.
Klemens, PÄPSTE:
1. Klemens I., Clemens Romanus, Heiliger, 88–97 oder 92–101; gilt als 3. Nachfolger Petri (nach Linus u. Anaklet I.). Obwohl er in der frühen Kirche hohes Ansehen genoss, ist von seinem Leben nichts bekannt. Berühmt ist sein Brief an die Gemeinde von Korinth (*1. Klemens-Brief*), eines der ältesten Zeugnisse für das bischöfl. Amt. Andere Schriften wurden ihm zu Unrecht zugeschrieben (*2. Klemens-Brief, Pseudoklementinen*). Heiligenfest: 23. 11.
2. Klemens II., Dez. 1046–Okt. 1047, eigentl. *Suidger,* aus sächs. Adel, †9. 10. 1047 bei Pesaro (im Bamberger Dom beigesetzt); 1040 Bischof von Bamberg, auf Wunsch König *Heinrichs III.* zum Papst gewählt. Er krönte Heinrich zum Kaiser u. nahm im Einverständnis mit ihm die Kirchenreform in Angriff (Kampf gegen Simonie u. Priesterehe).
3. Klemens (III.), Gegenpapst 1084–1098, eigentl. *Wibert von Ravenna,* *um 1025 Parma, †8. 9. 1100 Civita Castellana; seit 1058 als Kanzler für Italien im Dienst des röm.-dt. Hofs, 1072 Erzbischof von Ravenna; Gegner Papst *Gregors VII.,* mit Unterstützung König *Heinrichs IV.* von den oppositionellen Bischöfen 1080 zum Gegenpapst gewählt u. 1084 in Rom inthronisiert. Als Reformanhänger erließ er Bestimmungen gegen Simonie u. Priesterehe. Er hatte großen Anhang in Dtschld., England u. Ungarn u. konnte sich bis kurz vor seinem Tod in Rom behaupten.
4. Klemens III., 1187–1191, eigentl. Paolo *Scolari,* Römer, †1191 Rom; festigte durch seine Friedenspolitik gegenüber dem römisch-deutschen Reich und durch die Ver-

söhnung mit der Stadt Rom die Stellung des Papsttums.

5. Klemens IV., 1265–1268, eigentl. Guido *Fulcodi*, aus Saint-Gilles, Rhône, † 29. 11. 1268 Rom; zuerst Kanzler *Ludwigs IX.* von Frankreich, 1259 Erzbischof von Narbonne, 1261 Kardinal; führte als Papst eine frankreichfreundl. Politik, belehnte *Karl von Anjou* mit Sizilien u. war mitverantwortl. für das Todesurteil gegen den von ihm exkommunizierten Staufer *Konradin.*

6. Klemens V., 1305–1314, eigentl. *Bertrand de Got*, † 20. 4. 1314 Avignon; 1299 Erzbischof von Bordeaux, zum Papst gewählt im Einvernehmen mit *Philipp IV.* von Frankreich, von dem er stets abhängig blieb; schuf eine franzöl. Mehrheit im Kardinalskolleg u. residierte seit 1309 in Avignon („Babylonische Gefangenschaft der Kirche" bis 1376). Auf Wunsch des Königs widerrief er manche Maßnahmen von Papst *Bonifatius VIII.* u. stimmte der Aufhebung des Templerordens auf dem Konzil von Vienne 1311/12 zu. Er förderte die Universitäten.

7. Klemens VI., 1342–1352, eigentl. Pierre *Roger*, * um 1291, † 6. 12. 1352 Avignon; 1330 Erzbischof von Rouen u. Kanzler *Philipps VI.* von Frankreich; 1338 Kardinal; widmete sich vorwiegend der Politik, die er im Sinne Frankreichs führte. Er ernannte fast nur Franzosen zu Kardinälen u. festigte durch den Kauf Avignons das päpstl. Exil.

8. Klemens (VII.), Gegenpapst 1378–1394, eigentl. *Robert von Genf*, *1342 Genf, † 16. 9. 1394 Avignon; 1371 Kardinal. Seine Wahl gegen *Urban VI.* durch französische Kardinäle, die der französ. König unterstützte, begründete das große abendländl. Schisma. Er residierte in Avignon, wo er eine aufwändige Hofhaltung führte, u. geriet in völlige Abhängigkeit von Frankreich. Außer in Frankreich wurde er in Spanien, Schottland, Irland u. teilweise in Deutschland anerkannt.

Papst Klemens VII.

9. Klemens VII., 1523–1534, eigentl. Giulio de *Medici*, * 26. 5. 1478 Florenz, † 25. 9. 1534 Rom; Vetter von Papst *Leo X.*, 1513 Erzbischof von Florenz u. Kardinal. Von der kaiserl. Partei gewählt, wandte er sich als Papst Frankreich zu u. geriet dadurch in scharfen Gegensatz zu *Karl V.*, dem er sich nach dem Scheitern dieser Politik (1527 Eroberung u. Plünderung Roms durch kaiserl. Truppen) wieder anschließen musste. 1530 krönte er Karl in Bologna zum Kaiser. Er war der durch die Reformation hervorgerufenen schwierigen Situation nicht gewachsen; erst sein Tod ermöglichte das vom Kaiser gewünschte Konzil u. eine innerkirchl. Reform.

10. Klemens (VIII.), Gegenpapst 1423–1429, eigentl. Gil *Sánchez Muñoz*, * um 1380 Teruel, † 28. 12. 1446 Mallorca; in Abhängigkeit Aragoniens (dort auch gewählt).

Papst Klemens VIII.

11. Klemens VIII., 1592–1605, eigentl. Ippolito *Aldobrandini*, * 24. 2. 1536 Fano, † 3. 3. 1605 Rom; 1585 Kardinal; stärkte durch seine polit. Erfolge (Aussöhnung mit Frankreich, Vermittlung zwischen Spanien u. Frankreich, Vergrößerung des Kirchenstaats) die Stellung des Papsttums, doch leistete er für die innerkirchl. Erneuerung weniger als die Päpste der vorausgegangenen Jahrzehnte; dagegen erreichten äußere Prachtentfaltung u. Nepotismus einen neuen Höhepunkt. In seinem Pontifikat wurden Beatrice *Cenci* u. Giordano *Bruno* zum Tod verurteilt u. hingerichtet.

12. Klemens IX., 1667–1669, eigentl. Giulio *Rospigliosi*, * 28. 1. 1600 Pistoia, † 9. 12. 1669 Rom; Staatssekretär Papst *Alexanders VII.*, 1657 Kardinal; brach mit dem Nepotismus. Die jansenist. Streitigkeiten konnte er nur vorübergehend schlichten. Eine französ.-päpstl. Expedition nach Kreta konnte den Verlust der Insel an die Türken nicht verhindern.

13. Klemens X., 1670–1676, eigentl. Emilio *Altieri*, * 13. 7. 1590 Rom, † 22. 7. 1676 Rom; 1669 Kardinal, nach schwierigem Konklave in hohem Alter gewählt, überließ die Führung der Geschäfte weitgehend dem Kardinal Paluzzi degli *Albertoni*. Er unterstützte Polen im Krieg gegen die Türken.

14. Klemens XI., 1700–1721, eigentl. Giovanni Francesco *Albani*, * 22. 7. 1649 Urbino, † 19. 3. 1721 Rom; 1690 Kardinal, den polit. Schwierigkeiten der Zeit nicht gewachsen. Im span. Erbfolgekrieg, den er vergeblich zu verhindern versuchte, trat er an die Seite Frankreichs, musste aber 1709 den Habsburger *Karl III.* als span. König anerkennen. K. unterstützte den Kaiser u. Venedig gegen die Türken u. verurteilte 1713 in der Bulle „Unigenitus" den *Jansenismus.*

15. Klemens XII., 1730–1740, eigentl. Lorenzo *Corsini*, * 16. 4. 1652 Florenz, † 8. 2. 1740 Rom; 1706 Kardinal; den Niedergang der polit. Macht des Papsttums im poln. Erbfolgekrieg konnte er nicht aufhalten. Er förderte Mission, Wissenschaft u. Kunst u. verbot 1738 den Katholiken die Mitgliedschaft bei den Freimaurern.

16. Klemens XIII., 1758–1769, eigentl. Carlo della *Torre Rezzonico*, * 7. 3. 1693 Venedig, † 2. 2. 1769 Rom; 1737 Kardinal; verurteilte das Werk „De statu ecclesiae" des Trierer Weihbischofs J. N. von *Hontheim*, konnte aber die Ausbreitung des *Febronianismus* ebenso wenig verhindern wie die Bewegungen der kirchl. Aufklärung u. des Staatskirchentums bes. in den bourbon. Staaten. Auch gegen die dortige Unterdrückung der Jesuiten protestierte er vergeblich. Frankreich u. Neapel besetzten Teile des Kirchenstaats (Avignon bzw. Benevent). K. förderte Wissenschaft u. Kunst.

17. Klemens XIV., 1769–1774, eigentl. Giovanni Vincenzo Antonio *Ganganelli*, * 31. 10. 1705 Sant'Arcangelo bei Rimini, † 22. 9. 1774 Rom; 1723 Minorit, 1759 Kardinal; wollte den Ansprüchen des Staatskirchentums im Interesse der Kirche durch Konzessionen entgegenkommen. Aus Furcht vor einem Schisma ordnete er 1773 durch die Bulle „Dominus ac redemptor noster" die von den bourbon. Staaten geforderte Aufhebung des Jesuitenordens an. Er bemühte sich um Finanz- u. Wirtschaftsreformen im Kirchenstaat u. machte sich um Wissenschaft u. Kunst (Museo Pio-Clementino im Vatikan) verdient.

Klemens, Fürsten:

1. Klemens August, Kurfürst u. Erzbischof von Köln 1723–1761, * 17. 8. 1700, † 6. 2. 1761 Ehrenbreitstein; Sohn des Kurfürsten *Maximilian II. Emanuel* von Bayern, 1716 Fürstbischof von Regensburg, 1719 von Münster u. Paderborn, 1724 von Hildesheim, 1728 von Osnabrück; trat in Köln die Nachfolge seines Onkels *Joseph Klemens* an; stand politisch aufgrund von Subsidienverträgen meist auf der Seite Frankreichs; verschwenderisch u. baulustig, vollendete die Schlösser in Bonn u. Poppelsdorf u. ließ das Rokokoschloss *Augustusburg* bei Brühl bauen.

2. Klemens Wenzeslaus, Kurfürst u. Erzbischof von Trier seit 1768, * 28. 9. 1739 Schloss Hubertusburg, † 27. 7. 1812 Marktoberdorf, Allgäu; Sohn des Kurfürsten *Friedrich August II.* von Sachsen; 1763 Bischof von Freising u. Regensburg, gab 1768 diese beiden Bistümer auf u. wurde Erzbischof von Trier u. zugleich Bischof von Augsburg. K. zwang seinen Weihbischof J. N. von *Hontheim* zur Widerrufung seiner episkopalist. Ansichten *(Febronianismus)*; wurde 1794 durch die französ. Revolutionsheere aus seinem Erzbistum vertrieben u. verlor durch den Reichsdeputationshauptschluss seine Landesherrschaft, blieb aber Bischof von Augsburg.

Klemensbriefe, dem 4. Bischof von Rom, *Klemens I.* (→ Klemens [1]), zugeschriebene Schreiben. Der 1. Klemensbrief ist an die Gemeinde von Korinth gerichtet, in der Streit herrscht. Darin stehen Fragen des Priesteramts u. der Gemeindeverfassung im Mittelpunkt. Bes. wichtig ist der 1. Klemensbrief als frühes Zeugnis vom Glauben u. Denken der röm. Gemeinde des späten 1. Jh. Der 2. Klemensbrief ist eine Predigt aus den Jahren 120–150 n. Chr. Auch → Pseudoklementinen.

Klemensschwestern → Clemensschwestern.

Klemens von Alexandria, griech. Kirchenschriftsteller, Leiter des alexandrin. Katecheteninstituts, * vor 150 Athen, † vor 215; suchte eine Verbindung zwischen der platon. Philosophie u. der Offenbarungslehre, war bemüht um eine wahrhaft christl. „Gnosis"; Hptw.: „Protreptikos" („Mahnrede"), eine christl. Apologie; „Paidagogos" („Erzieher"), eine christl. Lebensordnung für die bekehrten Heiden; „Stromata" („Teppiche"), Stellungnahme zur Philosophie.

Klemens von Rom → apostolische Väter.

Leo von Klenze: Glyptothek in München; 1816–1830

Klementine, weibl. Vorname, Weiterbildung von *Klemens.*

Klemm, 1. Gustav Friedrich, dt. Kulturgeschichtsforscher, *12. 11. 1802 Chemnitz, †26. 8. 1867 Dresden; seit 1852 Leiter der Königl. Bibliothek, seit 1833 Aufsicht über die königl. Porzellan- u. Gefäßesammlung; „Handbuch der german. Altertumskunde" 1836; „Die Werkzeuge u. Waffen, ihre Entwicklung u. Ausbildung" 1858.
2. Hanns, dt. Flugzeugkonstrukteur, *4. 4. 1885 Stuttgart, †30. 4. 1961 Fischbachau, Oberbayern; entwickelte das Leichtflugzeug u. baute in der von ihm 1926 gegr. *Leichtflugzeug Klemm GmbH* in Böblingen Sport- u. Schulflugzeuge, die weite Verbreitung fanden.
3. Wilhelm, dt. Lyriker, *15. 5. 1881 Leipzig, †23. 1. 1968 Wiesbaden; Arzt, später Verleger; gehörte der expressionist. Bewegung an, schrieb dabei unpathetisch, konzentriert u. lakonisch; Pazifist. „Aufforderung" 1917, erweitert 1961; „Ergriffenheit" 1919; „Traumschutt" 1920; „Die Satanspuppe" 1922; „Geflammte Ränder" 1964.
4. Wilhelm Karl, dt. Chemiker, *5. 1. 1896 Guhrau, †24. 10. 1985 Danzig; Forschungsarbeiten über Fluorkomplexe, einwertige Aluminiumverbindungen u. Elektrolyte.

Klemme, Kunststoff- oder Metallplatten, die mit Schrauben zusammengepresst werden u. so die zu verbindenden Teile, die dazwischen liegen, festhalten. *Seilklemmen* dienen zur Verbindung von Stahlseilen oder von elektr. Leitungen.

Klemmenspannung, die elektrische Spannung zwischen den Klemmen einer Spannungsquelle. Die K. ist im Leerlauf, d. h. wenn kein Strom entnommen wird, gleich der *Urspannung* (früher auch *elektromotorische Kraft* genannt). Bei Belastung verringert sich die K. wegen des Spannungsabfalls am inneren Widerstand der Spannungsquelle (innerer Spannungsabfall).

Klemmfallenblumen, Pflanzen, deren Blüten einen Klemmkörper haben, in dem sich Nektar suchende Insekten mit dem Rüssel oder den Beinen verfangen. Beim Versuch, sich zu befreien, kann der Klemmkörper mitsamt den daran hängenden *Pollinien* herausgezogen u. auf andere Blüten übertragen werden. Dieser komplizierte Bestäu-

bungsmechanismus findet sich bei einigen Gattungen der Familie der Asclepiadaceae *(Stapelia, Asclepias, Schwalbenwurz).*

Klemmfutter → Spannfutter.

Klemmschaltung, Schaltungsanordnung zur Wiederherstellung der Gleichspannungskomponente bei period. Signalen. In der einfachsten Form besteht eine K. aus einer → Diode u. einem → Kondensator. In der Fernsehtechnik verwendet man die K. zur Konstanthaltung des Signalwertes für Schwarz.

Klemperer, ◆ **1.** Otto, Vetter von 2), dt. Dirigent, *14. 5. 1885 Breslau, †6. 7. 1973 Zürich; Schüler H. *Pfitzners*; tätig in Prag, Hamburg, Barmen, Straßburg, Köln u. Wiesbaden, 1927 bis 1931 Leiter der Kroll-Oper in Berlin, anschließend Dirigent an der dortigen Staatsoper; seit 1933

Otto Klemperer

im Ausland (u. a. Los Angeles, Budapest, London), seit 1970 israel. Staatsbürger; setzte sich bes. für zeitgenöss. Musik ein; Interpret der Musik der Wiener Klassik u. G. *Mahlers*; komponierte Kirchenmusik, Orchesterwerke u. Lieder; schrieb „Meine Erinnerungen an G. Mahler u. a. autobiograf. Skizzen" 1960; „Über Musik u. Theater" 1982.

◆ **2.** Victor, Vetter von 1), dt. Romanist, *9. 10. 1881 Landsberg an der Warthe, †11. 2. 1960 Dresden; 1920–1935 Prof. in Dresden, als Jude entlassen u. verfolgt, nach 1945 Prof. in Dresden, Greifswald, Halle u. Ostberlin. Schriften zur französ.

Victor Klemperer

Literatur: „Montesquieu" 1914/15; „Geschichte der französ. Literatur von Napoleon bis zur Gegenwart" 1925–1931; „Corneille" 1933; „Geschichte der französ. Literatur im 18. Jh." 1954 ff.; ferner über die

Sprache des „Dritten Reiches": „LTI" *(Lingua Tertii Imperii)* 1947. Zeitdokumente sind die unvollendete Autobiografie „Curriculum vitae" 2 Bde. 1989 sowie die Tagebücher 1933–1945 „Ich will Zeugnis ablegen bis zum Letzten" 2 Bde. 1995 u. 1945–1959 „So sitze ich denn zwischen allen Stühlen", 2 Bde. 1999.

Klempner, *Klempnerin, Blechner, Flaschner, Spengler,* Ausbildungsberuf des Handwerks; Ausbildungsdauer $3^{1}/_{2}$ Jahre. K. be- u. verarbeiten Bleche aus Stahl, Kupfer, Aluminium, Zink u. Kunststoffen zu Dachrinnen, Blechdächern u. a. Sie sind für alle Blecharbeiten am Bau verantwortlich.

Klenau, Paul August von, dän. Komponist u. Dirigent, *11. 2. 1883 Kopenhagen, †31. 8. 1946 Kopenhagen; Schüler u. a. von M. *Bruch;* Dirigent in Kopenhagen u. Wien; erfolgreich mit seinen Opern („Sulamith" 1913; „Gudrun auf Island" 1924; „Michael Kohlhaas" 1933; „Rembrandt van Rijn" 1937; „Elisabeth von England" 1939) u. dem Tanzspiel „Klein-Idas Blumen" 1916.

Klenge, *Darre, Samendarre, Samenklenge, Klenganstalt,* Anlage zur Gewinnung der in Nadelholz- u. Erlenzapfen liegenden Samen durch vorsichtige Erwärmung (durch Sonnenbestrahlung oder Heizung).

◆ **Klenze,** Franz Karl Leo von, dt. Architekt, *29. 2. 1784 Schladen, Krs. Goslar, †27. 1. 1864 München; Schüler von F. *Gilly,* C. *Percier* u. P. L. *Fontaine,* seit 1815 Hofbaumeister Ludwigs I. von Bayern; schuf in Bayern zahlreiche klassizist. Bauten in einem monumentalen, durch Vorliebe für italien. Renaissancemotive bestimmten Stil, prägte bes. das Stadtbild von München: Glyptothek, 1816–1830; Hofgartenarkaden, 1822; Alte Pinakothek, 1826–1836; Bayerische Ruhmeshalle, 1843–1853; Propyläen, 1846–1862. K. lieferte auch die Entwürfe für die Walhalla bei Regensburg, 1830–1842, u. vollendete nach F. von *Gärtners* Tod die Befreiungshalle bei Kelheim, 1848–1863.

Kleobulos, *Kleobulos von Lindos,* einer der Sieben Weisen Griechenlands, lebte um 600 v. Chr.

Kleomenes, KÖNIGE VON SPARTA AUS DEM GESCHLECHT DER AGIADEN:
1. Kleomenes I., König 525–488 v. Chr.; entscheidend an der Vertreibung des athen. Tyrannen *Hippias* beteiligt, Gegner des *Kleisthenes;* festigte Spartas Stellung auf dem Peloponnes durch seinen Sieg über Argos bei Sepeia um 494 v. Chr.; nach Konspirationen mit den Arkadern starb er in Sparta unter ungeklärten Umständen.
2. Kleomenes III., König 235–221 v. Chr., †219 v. Chr.; setzte die von *Agis IV.* begonnenen Reformen fort (Aufteilung des sich in Händen von nur rd. 100 Grundbesitzern befindenden Landes, Ergänzung der Bürgerschaft aus Periöken, Einführung makedon. Bewaffnung im Heer) nach anfängl. Erfolgen über den Feldherrn des Achäischen Bundes, *Aratos,* unterlag er 222 v. Chr. bei Sellasia dem *Antigonos Doson* von Makedonien, mit dem erstmalig ein siegreicher Feind Sparta besetzte. K. fand bei dem Versuch, sich aus der Gefangenschaft Ptolemaios' IV. zu befreien, in Ägypten den Tod; seine

Reformen wurden aufgehoben, mit ihm endete das Königtum in Sparta.

Kleon, athen. Politiker, † 422 v. Chr.; als Besitzer einer Ledermanufaktur der erste aus der Schicht der Gewerbetreibenden in führende Positionen aufgestiegene Politiker Athens. Zunächst zur Opposition gegen *Perikles* gehörend u. nach dessen Tod 429 v. Chr. sein Nachfolger als „Führer des Demos", verfolgte er dessen Kriegspolitik gegen Sparta entschlossen weiter. Auf dem Höhepunkt seines Einflusses verdreifachte er 425/24 v. Chr. die Zahlungen der Seebundsmitglieder an Athen. 422 v. Chr. fiel er nach anfänglichen Erfolgen gegen *Brasidas* bei Amphipolis, was den Frieden des *Nikias* ermöglichte. Der Historiker *Thukydides* u. der Dramatiker *Aristophanes* gehörten zu seinen polit. Gegnern.

Kleopatra VII.

◆ **Kleopatra** [grch., „die vom Vater Berühmte"], häufiger Frauenname in makedon., seleukid. u. vor allem im ptolemäischen Königshaus; am bekanntesten: *K. VII.*, *69 v. Chr., † 30 v. Chr. Alexandria; Tochter *Ptolemaios' XII. Auletes*, seit 51 v. Chr. als Frau ihres Bruders *Ptolemaios XIII.* (†47 v. Chr.), später ihres Bruders *Ptolemaios XIV.* Königin, letzte Vertreterin der Ptolemäer-Dynastie in Ägypten. Als die Römer Ägypten eroberten, wurde sie die Geliebte *Cäsars* (gemeinsamer Sohn *Kaisarion*) u. später des *Antonius*, mit dem sie drei Kinder hatte. Der Entscheidungskampf zwischen Antonius u. *Octavian* (Augustus), der mit der Niederlage der ägypt. Flotte bei Aktium 31 v. Chr. zuungunsten des Antonius endete, besiegelte Kleopatras Schicksal. Als Octavian ihre Hoffnung, Ägypten für einen ihrer Söhne retten zu können, enttäuschte, beging sie Selbstmord durch Schlangenbiss, um nicht im röm. Triumphzug mitgeführt zu werden.

Kleophon, athen. Staatsmann, † 404 v. Chr.; während des letzten Abschnitts des Peloponnesischen Krieges Gegner des *Alkibiades* u. gegen ein Nachgeben gegenüber Sparta. Während der Blockade Athens 405/04 v. Chr. steigerte er sich zum fanatischen Durchhaltepolitiker; erst seine Hinrichtung machte Kapitulationsverhandlungen möglich.

Kleophon-Maler, anonymer attischer Vasenmaler, tätig zwischen 440 u. 410 v. Chr.; lernte bei *Polygnotos* u. ist durch Stamnoi (bes. den namengebenden Stamnos in der St. Petersburger Eremitage), Kratere, Peliken u. Amphoren überliefert.

◆ **Kleophrades-Maler,** griech. Vasenmaler, um 505 bis 475 in Athen tätig; eigentl. *Epiktet*, Meister des rotfigur. Stils, der mit seinem Bemühen um Raumtiefe Wegbereiter der nicht erhaltenen Monumentalmalerei war. Über 100 Arbeiten auf Gefäßen verschiedener Form können ihm zugeschrieben werden, darunter die Spitzamphore mit einem Zug von Dionysos, Satyrn u. Mäna-

Kleophrades-Maler: Dionysos mit Gefolge. München, Staatliche Antikensammlungen

den in den Staatl. Antikensammlungen in München.

Klephten [grch., „Räuber"], Freischaren bes. der nordgriech. Gebirgsgegenden, die in ständigem Kleinkrieg den Widerstand gegen die Türkenherrschaft fortsetzten. 1821 bildeten sie die Kerntruppen des griech. Freiheitskampfs. Ihre Abenteuer werden in den *Klephtenliedern* der griech. Volkspoesie besungen.

Klepper, altes, völlig abgemagertes Pferd.

Jochen Klepper

◆ **Klepper,** Jochen, dt. Schriftsteller, *22. 3. 1903 Beuthen, †11. 12. 1942 Berlin (Selbstmord zusammen mit seiner bedrohten jüd. Frau u. deren Tochter); vertrat in seinen Werken eine religiöse (ev.) Grundtendenz; Romane: „Der Vater" 1937; geistl. Lieder: „Kyrie" 1938; „Ziel der Zeit" (Gesammelte Gedichte) 1962; Tagebücher (seit 1932): „Unter dem Schatten deiner Flügel" 1958; „Überwindung. Tagebücher u. Aufzeichnungen aus dem Kriege" 1958; „Briefwechsel 1925–1942" 1973; Aufsätze: „Nachspiel" 1960.

Kleptobiose [grch.], Form des Zusammenlebens zweier Tierarten; dabei übernimmt die eine Nahrungsvorräte der anderen Art, ohne in ihrem Sozialverband zu leben.

Kleptocniden [grch.], Nesselkapseln (der *Nesseltiere*), die von einem Räuber wieder verwendet werden, nachdem er ein Nesseltier erbeutet hat. K. wurden sowohl bei Meeresnacktschnecken wie bei einem Strudelwurm beobachtet.

Kleptomanie [die; grch.], *Stehlsucht,* der krankhafte, unwiderstehliche Trieb, sich fremdes Eigentum anzueignen, das der Kranke (der *Kleptomane*) gar nicht braucht, sondern wegwirft oder auch sammelt. K. kommt als Psychopathie u. bei manchen Psychosen vor. Bei manchen Kleptomanen finden sich auch fetischistisch-sexuelle Motive beim Diebstahl.

Klerides, Glafkos John, zypr. Politiker, *24. 4. 1919 Nicosia; Anwalt, 1959 Justiz-Min., 1960–1976 Parlaments-Präs., 1974 während der Abwesenheit Makarios' amtierender Staats-Präs; nach der türk. Besetzung Nord-

zyperns bis 1976 Verhandlungsführer der griech. Zyprioten; Mitgründer der „Demokrat. Sammlung"; verficht eine polit. Lösung des Zypernkonflikts; seit 1993 Staats-Präs. (1998 im Amt bestätigt).

Klerikalismus [grch., lat.], starke Einflussnahme des Klerus u. der kath. Kirche überhaupt auf kulturelle oder polit. Entwicklungen, auch die Bevormundung der Laien durch den Klerus.

Frederik Willem de Klerk; 1994

Klerk, ◆ 1. Frederik Willem de, südafrikan. Politiker (National Party), *18. 3. 1936 Johannesburg; Jurist; seit 1978 in verschiedenen Ministerämtern tätig; 1989–1997 Vors. der National Party u. 1989–1994 Staats-Präs., 1994–1996 Vize-Präs.; vollzog die Abkehr von der Apartheidpolitik; erhielt 1993 den Friedensnobelpreis zusammen mit N. *Mandela.*
2. Michel de, niederländ. Architekt, *24. 11. 1884 Amsterdam, †24. 11. 1923 Amsterdam; Vertreter des Expressionismus; baute vor allem Mietshäuser in Amsterdam, deren Bild ganze Stadtteile prägte. K. setzte sich hauptsächlich mit dem Problem der Horizontalgliederung (Typus des flach gedeckten Reihenhauses, Breitfenster, Balkonbänder u. a.) auseinander.

Klerksdorp, Stadt in der Prov. Nordwest (Rep. Südafrika), 1325 m ü. M., 88 600 Ew.; Goldminen des *Far West Rand*; Bergbauzulieferindustrie; Bahnknotenpunkt. – 1837 als erste Burensiedlung in Transvaal gegründet.

Kleruchie [grch.], in der Antike eine hauptsächlich von Athen gebrauchte Form der Militärkolonie, wobei in ein besiegtes Gebiet athen. Bürger (meist Besitzlose) zu dessen Kontrolle u. Sicherung geschickt wurden, dort Grundbesitz zu erblicher Nutzung erhielten u. im Gegensatz zu den anderen Kolonisten athen. Bürger blieben.

Klerus [der; grch.], der Stand der kath. Geistlichen gegenüber den Laien. Man unterscheidet *Welt-* u. *Ordensklerus*

Klesl, Melchior, österr. Kardinal, → Khlesl, Melchior.

Kleßheim, Ortsteil u. Barockschloss in Wals-Siezenheim bei Salzburg (Österreich), 1700–1709 von J. B. *Fischer von Erlach* erbaut; beherbergt seit 1962 die Österr. Fremdenverkehrs-Akademie.

Thomas Klestil

◆ **Klestil,** Thomas, österr. Politiker, *4. 11. 1932 Wien; Diplomat; 1969–1974 Generalkonsul in Los Angeles, 1978–1982 UNO-Botschafter, 1982–1987 Botschafter in den USA, 1987–1992 Generalsekretär für auswärtige Angelegenheiten; wurde 1992 als Kan-

Große Klette, Arctium lappa

didat der ÖVP zum Bundes-Präs. gewählt (1998 im Amt bestätigt).

♦ **Klette**, *Arctium*, Gattung der *Korbblütler (Compositae)*, mit hakig begrannten Hüllblättern, die der Fruchtverbreitung dienen (→ Klettfrüchte). In Dtschld. sind heimisch: die *Filzige K.*, *Arctium tomentosum*, an Wegrändern, auf Schutt u. an Zäunen verbreitet; die *Große K.*, *Arctium lappa*, ebenfalls an Wegrändern u. auf Flussschotter verbreitet; die *Hainklette*, *Arctium vulgare*, seltener, in Laubwäldern u. Gebüschen; die *Kleine K.*, *Arctium minus*, allg. verbreitet. Kletten neigen zur Bastardbildung. Von allen Arten wird die *Klettenwurzel* gewonnen, die als harn- u. schweißtreibendes u. blutreinigendes Mittel arzneilich verwendet wird.

Klettenberg, Susanna Katharina von, dt. Mystikerin, *19. 12. 1723 Frankfurt a. M., †13. 12. 1774 Frankfurt a. M.; stand dem radikalen Pietismus nahe; schrieb geistl. Lieder; beeinflusste den jungen Goethe, der ihr in „Dichtung u. Wahrheit" u. im „Wilhelm Meister" mit den „Bekenntnissen einer schönen Seele" ein Denkmal setzte.

Klettertrompete, Campsis radicans

Klettenhaftdolde → Haftdolde.
Klettenkerbel, *Torilis*, Gattung der *Doldengewächse (Umbelliferae)*. In Dtschld. sind vertreten: der *Knäuelklettenkerbel*, *Torilis nodosa*, mit sitzenden Dolden; mit gestielten Dolden der *Gewöhnl. K.*, *Torilis japonica*, u. der *Ackerklettenkerbel*, *Torilis arvensis*.
Klettenlabkraut → Klebelabkraut.
Klettenseegurke, *Leptosynapta inhaerens*, 10 bis 30 cm lange *Seewalze*. Sie heftet sich nach Reizung mit den Widerhaken versehenen Ankern ihres Skeletts fest.
Kletterbeutler, *Phalangeridae*, Familie der *Beuteltiere*; mit Greiffüßen ausgestattete Baumbewohner, die sich von Blättern u. Früchten ernähren. Sie sind mit drei Gattungen in Australien u. Neuguinea verbreitet. Zu den Kletterbeutlern gehören *Kuskuse, Kusus* u. *Schuppenschwanzopossum.*
Kletterer, ein Bewegungstyp von Tieren, z. B. *Stemmkletterer* (Spechte), *Klammerkletterer* (Läuse, Affen) oder *Haftkletterer* (Fliegen, Geckos, Laubfrösche).
Kletterfeige, *Ficus pumila*, aus Japan stammendes *Maulbeergewächs (Moraceae)*, mit kleinen Blättchen, kriechenden, dünnen Zweigen u. birnenartigen Blüten- bzw. Fruchtständen. Als „kriechender Gummibaum" im Handel.
Kletterfische, *Anabantidae*, Familie der *Barschfische*, häufig auch als ursprünglichste Unterfamilie *(Anabantinae)* den *Labyrinthfischen* zugeordnet. Der bis 25 cm lange, einfarbig grüngraue *Kletterfisch*, *Anabas testudineus*, lebt in Tümpeln u. im Mangrovegebiet Südostasiens, klettert mit Hilfe von Brustflossen u. Kiemendeckeln auf Sandbänke u. in Bäume u. kann außerordentlich lange außerhalb des Wassers leben. Zu Beginn der Trockenzeit wühlen sich die K. in den Schlamm ein u. verfallen in einen Ruhezustand ähnlich den Lungenfischen; in diesem Zustand werden sie ausgegraben u. als Speisefisch verwendet. Verwandte Arten in Afrika sind die räuberischen *Buschfische*, Gattung *Stenopoma*, in den Urwaldgewässern südl. der Sahara. K. sind ausdauernde Aquarienfische, die aber ausgesprochen raubgierig u. bissig gegen schwächere Fische sind.
Klettermäuse, *Dendromus*, Gattung der *Langschwanzmäuse*; mit wahrscheinlich nur 3 Arten in ganz Afrika. Sie besitzen an den Vorderpfoten nur 3 Zehen, der 7–12 cm lange Schwanz wird beim Klettern im Geäst als Greifschwanz benutzt. K. sind etwa hausmausgroß mit braungrauem Fell u. dunklem Aalstrich, bewohnen häufig wassernahe Gebiete u. bauen ihre Nester im Ried u. im dichten Unterholz. Sie fressen außer Samen u. Beeren auch andere Pflanzenteile sowie Insekten, Würmer u. kleine Wirbeltiere.
Klettern, eine sportl. Übung, bei der Arme u. Beine bzw. Hände u. Füße abwechselnd tätig sind, wird bes. im Schul- u. Kinderturnen gepflegt; beim K. wird die gesamte Muskulatur des Körpers beansprucht. Auch → Bergsteigen; → Freiklettern.
Kletternattern, *Elaphe*, Gattung Baum u. Boden bewohnender *Nattern*; bis 2,5 m lang; Vorkommen: Nordamerika, Europa

u. Asien. Hierzu gehören *Äskulapnatter*, *Erdnatter* u. *Kornnatter*. Die Beute, Kleinsäuger u. Vögel, wird durch Umschlingen getötet. Die K. pflanzen sich durch Eier fort.
Kletterpflanzen, *Lianen*, an Hauswänden, Zäunen, Spalieren, Bäumen u. Ä. hinaufkletternde, aber im Boden wurzelnde Pflanzen, die dadurch ihr Laubwerk aus dem Schatten an das Sonnenlicht bringen. K. zeigen ein starkes Längenwachstum, meist ohne sekundäres Dickenwachstum, u. haben Sprosse mit relativ langen u. weiten Gefäßen, in denen trop. Lianen einen Wassertransport von über 300 m Länge aufrechterhalten. – *Rankenkletterer* verankern sich durch Umwickeln der Stütze mit Sproß- oder Blattranken (Erbse, Wicke, Wein) u. z. T. (wilde Weinarten) mit Hilfe von Haftscheiben an den Rankenenden (Kletterhortensie). *Schling-* oder *Windepflanzen* umschlingen die Stütze in steilen Windungen u. schützen sich vor dem Abgleiten durch Klimmhaare (Hopfen, Bohne). *Spreizklimmer* klettern mit Hilfe von Dornen, Stacheln oder Kletterhaaren (Kletterrosen, Brombeeren, Rotangpalmen). *Wurzelkletterer* durch sprossbürtige Haftwurzeln *(Kletterwurzeln)*, wie Efeu, viele Aronstabgewächse.
Klettersäge, forstwirtschaftl. Gerät; erklimmt in Spiralform den stehenden Baum u. entfernt dabei mittels einer hoch stehenden, eingebauten Motorsäge die Äste. Die K. kehrt automatisch nach Erreichung der vorher programmierten Höhe zurück.
Kletterschluss, eine Haltung beim sportl. Klettern an Stangen u. Tauen, wobei die Füße u. Oberschenkel das Gerät so umschließen, dass mit den Beinen ein fester Halt erreicht wird u. die Hände nach oben greifen können.
Kletterseeigel, *Psammechinus microtuberculatus*, ein *Seeigel* mit abgeflachter Schale u. auffälligen grünen Platten am Mundfeld. Die grünen Stacheln tragen weiße Spitzen. Der K. findet sich häufig unter Steinen.
♦ **Klettertrompete**, *Trompetenschlinge*, *Campsis*, Gattung der *Bignoniengewächse (Bignoniaceae)*; 5 Arten, die ursprüngl. in den südlichen USA u. Ostasien heimisch waren, heute aber weltweit verbreitet sind; Klettersträucher mit roten, braunroten oder orangefarbenen Blütenglocken in Trauben. Bes. *Campsis radicans* eignet sich zum Begrünen von Hauswänden u. Mauern.
Klettervögel, *Scansores*, veraltete Bez. für kletternde Vertreter mehrerer Vogelordnungen mit je zwei nach vorn u. hinten gerichteten Zehen.
Kletterwurzeln → Kletterpflanzen.
Klettfrüchte, Früchte oder Fruchtstände, die mit Hilfe von bes. Hafteinrichtungen an tier. Fell oder Gefieder haften u. so verbreitet werden. Bei der *Klette* z. B. sind die Hafteinrichtungen hakig gebogene u. spitz endigende, kurze Hüllblätter.
Klettgau, **1.** badisch-schweiz. Landschaft westl. von Schaffhausen, an der unteren Wutach; Ackerbau, Wein- u. Obstbau. – Der K. war im MA habsburgischer Besitz, wurde später zwischen Schaffhausen u.

Schwarzenberg geteilt, letzterer Teil kam 1812 an Baden.

2. Gemeinde in Baden-Württemberg, Ldkrs. Waldshut, in der gleichn. Landschaft, 7200 Ew.

Kletzki, Paul, eigentl. *Klecki,* schweiz. Komponist u. Dirigent poln. Herkunft, *21. 3. 1900 Łódź, †6. 3. 1973 Liverpool; 1921–1933 in Berlin, dann in Mailand, in der Schweiz u. in Paris, seit 1954 Leiter der Philharmonie in Liverpool, 1967–1970 Nachfolger von E. *Ansermet* beim Orchestre de la Suisse Romande; Orchesterwerke, Lieder, Klavierstücke u. Kammermusik.

Kleukens, 1. Christian Heinrich, Bruder von 2), dt. Drucker u. Schriftsteller, *7. 3. 1880 Achim bei Bremen, †7. 4. 1954 Darmstadt; druckte mit selbst entworfenen Lettern, seit 1907 an der Ernst-Ludwig-Presse in Darmstadt; gründete 1919 mit R. G. *Binding* die *Kleukens-Presse,* leitete ab 1927 die Mainzer Presse des Gutenberg-Museums; „Fabeln" 1910 u. 1951; „Reinke Voss" (plattdt. nacherzählt) 1913; „Die Kunst Gutenbergs" 1940, 1951.

2. Friedrich Wilhelm, Bruder von 1), dt. Schriftgestalter u. Grafiker, *7. 5. 1878 Achim bei Bremen, †22. 8. 1956 Nürtingen; entwarf u. a. die *Kleukens-Antiqua.*

Kleve, *Cleve,* **1.** ehem. Herzogtum am Niederrhein mit gleichnamiger Hauptstadt. Die im 11. Jh. gegr. Grafschaft K. kam 1368 durch Erbfolge an die Grafen von der *Mark.* 1417 wurde die Grafschaft K. von Kaiser Sigismund zum Herzogtum erhoben. Herzog *Johann III. von Jülich u. Berg* (*1490, †1539) vereinigte 1521 diese Besitztümer mit K. u. und führte 1533 die Reformation ein. Nach dem Aussterben der Linie (1609) wurde das Territorium nach Beilegung des *Jülich-Kleveschen Erbfolgestreits* 1614 geteilt. K., Mark u. Ravensberg wurden 1666 endgültig brandenburgisch, später preußisch. 1795 fiel der links-, 1805 auch der rechtsrheinische Teil (Großherzogtum *Berg*) an Frankreich; 1815 wurden beide wieder preußisch.

Kleve (2)

◆ **2.** Kreisstadt in Nordrhein-Westfalen, am Spoykanal u. am Kermisdahl (alter Rheinarm), 48 700 Ew.; *Schwanenburg* (15.–17. Jh., Ort der Lohengrin-Sage), Stiftskirche (14. Jh.), Nahrungsmittel-, Schuh-, Maschinen-, Papier- u. Tabakindustrie. – Stadtrecht 1242.

3. Ldkrs. in Nordrhein-Westfalen, Reg.-Bez. Düsseldorf, 1231 km², 291 000 Ew.; Verw.-Sitz ist K. (2).

Kley, Heinrich, dt. Maler u. Grafiker, *15. 4. 1863 Karlsruhe, †8. 2. 1945 München; begann mit Genreszenen, malte später Industrie- u. Architekturbilder. Bes. be-

Kleve (2): Die Schwanenburg steht an der Stelle einer Burganlage aus dem 11. Jahrhundert

kannt wurden seine Federzeichnungen in den Zeitschriften „Simplicissimus" u. „Jugend".

Klicpera ['klits-], Václav Kliment, tschech. Schriftsteller, *23. 11. 1792 Chlumec, †15. 9. 1859 Prag; verfasste Erzählungen aus dem Volksleben, humoristische Gedichte, Bühnenstücke.

Klien, Erika Giovanna, österr. Malerin, *12. 4. 1900 Borgo di Valsugana, Trentino, †19. 7. 1957 New York; Vertreterin des Wiener Kinetismus u. eines kinet. Konstruktivismus; emigrierte 1929 in die USA. K. arbeitete für das kinet. Marionettentheater; sie entwickelte den Kinetismus mit geometrisierten Vogelflug- u. Subway-Bildern u. in Auseinandersetzung mit dem Thema Mensch u. Technik weiter; daneben Lehrtätigkeit.

Klient [lat.], **1.** Auftraggeber *(Mandant)* oder Kunde, bes. eines Rechts- oder Wirtschaftssachverständigen (Rechtsanwalt, Steuerberater).

2. Anhänger, Gefolgsmann (bes. im alten Rom).

Klientel [die; lat.], zentraler Begriff der röm. Sozialgeschichte, der eine Sozialbeziehung zwischen Höhergestellten *(Patrone, patroni)* u. Personen geringeren Standes *(Klienten, clientes)* bezeichnet; die Beziehung war erblich, u. ein Verstoß gegen dieses Verhältnis galt als bes. schändlich. Für den Patron bedeutet die K. eine Stärkung seines Prestiges u. unmittelbare Vorteile, z. B. bei Wahlen, für den Klienten die Garantie des Schutzes durch einen Einflussreichen, z. B. vor Gericht. In der Kaiserzeit bildete die erweiterte K. eine wichtige soziale Basis der kaiserl. Herrschaft, insbes. gegenüber dem Heer u. der stadtröm. Plebs.

Kliesche, *Limanda limanda,* ein *Plattfisch,* der den östl. Teil des Atlantik von der Barentssee südwärts bis zum Golf von Biscaya, die Nordsee u. die westl. Ostsee bewohnt u. sich von Fischbrut u. Wirbellosen ernährt; Größe bis 30, selten 40 cm; keine große wirtschaftl. Bedeutung.

◆ **Kliff** [das; engl.], der durch Brandungswellen an steil ansteigendem Festland geformte Küstenabfall. Form u. Höhe des

Kliffs sind abhängig von der Stärke u. Richtung der Brandung, der Art des Gesteins, von den Höhen und Böschungen des Festlandes sowie von der zeitl. Dauer der Brandungswirkung. Vor dem K. bildet sich eine flache Strandplatte aus *(Abrasionsplattform, Schorre),* die als Folge einer allmählichen Rückverlegung des Kliffs durch Ausbildung von *Brandungshöhlen* u. *Brandungshohlkehlen* entsteht. Wenn das Hochwasser das K. nicht mehr erreicht, entsteht ein so genanntes *totes K.*

◆ **Klima** [das, Pl. *Klimate;* grch.], die Gesamtheit der für einen bestimmten Ort oder ein Gebiet während eines Zeitraums charakterist. Witterungserscheinungen. Das K. wird meist durch statist. Mittelwerte der *Klimaelemente* (Temperatur, Luftdruck, Luftfeuchtigkeit, Niederschläge, Sonnenscheindauer, Windrichtung u. -stärke u. a.) bestimmt. Neben den physikal. Vorgängen, die durch die Sonnenstrahlung in der Atmosphäre in Gang gesetzt werden, gestalten die *Klimafaktoren* (geograph. Breite, Höhenlage, Meeresströmungen, Relief, Vegetation, Bebauung u. a.) das K. mit. Die Charakterisierung u. Unterscheidung der Klimate kann nach verschiedenen Gesichtspunkten erfolgen. Am bekanntesten ist die *Klimaklassifikation* von W. *Köppen,* die auf der Grundlage von Schwellenwerten der Temperatur u. der Niederschläge aufgestellt ist. Außer den Klimaelementen können auch die Auswirkungen des Klimas (z. B. auf die hydrolog. Verhältnisse oder die Vegetation) zur Einteilung der Klimate herangezogen werden *(effektive Klimaklassifikation).* Die Frage nach den großräumig wirkenden Ursachen der Unterschiedlichkeit des Klimas steht bei der *genetischen Klassifikation* im Vordergrund. Mit der wissenschaftl. Erforschung des Klimas befasst sich die → Klimatologie.

Die mit einem Ortswechsel verbundenen Veränderungen der klimatischen Bedingungen *(Klimawechsel)* haben in vielen Fällen erhebliche Auswirkungen auf den menschlichen Organismus, sowohl in positiver (Klimabehandlung, Klimakuren; → Klimatotherapie) wie auch in negativer Hinsicht (Wetterempfindlichkeit, Wetterfühligkeit

Kliff: Die Steilküste bei Étretat in der Normandie ist mit ihren Brandungstoren, Felstürmen und Brandungshöhlen ein besonders gutes Beispiel einer Kliffküste

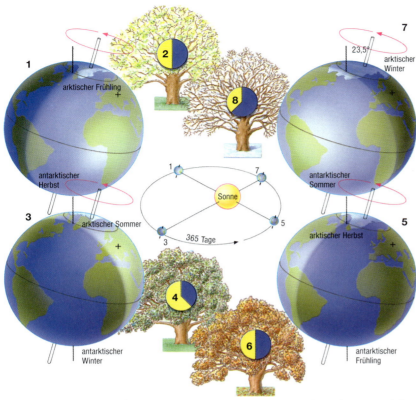

Klima: Für das Klimageschehen auf der Erde ist das jährliche Wandern des Zenitalstandes (senkrechter Stand) der Sonne zwischen den Wendekreisen wichtig. Jede der vier Jahreszeiten beginnt oder endet entweder mit einer Tagundnachtgleiche (Äquinoktium) oder mit einer Sonnenwende (Solstitium). Der Frühling (1) auf der Nordhalbkugel beginnt am 21. März, wenn Tag und Nacht gleich lang sind (2). Zu diesem Zeitpunkt sind beide Pole von der Sonne gleich weit entfernt. Es folgt der Sommer (3), wenn der Nordpol die kürzeste Entfernung zur Sonne hat (21. Juni). Die Sommersonnenwende kennzeichnet gleichzeitig den längsten Tag (4). Der Herbst beginnt am 23. September (5). Tag und Nacht haben wieder die gleiche Länge (6). Schließlich, am 21. Dezember, haben wir Winter (7). Die Wintersonnenwende ist durch den kürzesten Tag und die längste Nacht (8) charakterisiert. Da die Erde beim Durchlaufen ihrer elliptischen Bahn um die Sonne sich im Sommer der Nordhalbkugel in Sonnenferne, im Aphel, befindet, braucht sie etwas mehr Zeit. Dadurch ist das warme Halbjahr hier 7 3/4 Tage länger als das Winterhalbjahr. Im Winter des Nordens befindet sich die Erde in Sonnennähe (Perihel), diese Strecke der Umlaufbahn ist kürzer. Frühling und Sommer dauern auf der Nordhalbkugel 180 Tage und 10 Stunden, Herbst und Winter zusammen nur 178 Tage und 20 Stunden. Die Präzession der Tagundnachtgleiche verändert sich im Laufe der Zeit

bei Menschen mit einem leicht reizbaren vegetativen Nervensystem). Auch → Akklimatisation.

Viktor Klima

◆ **Klima,** Viktor, österr. Politiker (SPÖ), *4. 6. 1947 Wien; Wirtschaftswissenschaftler; 1969–1992 in verschiedenen Managementpositionen bei der Österr. Mineralölverwaltung tätig (seit 1990 Vorstandsmitglied); 1992–1996 Min. für öffentl. Wirtschaft u. Verkehr, 1996/97 Finanz-Min.; 1997–2000 Bundeskanzler u. Vors. der SPÖ.

Klíma, Ivan, tschech. Schriftsteller, *14. 9. 1931 Prag; erhielt 1971 wegen seiner regimekrit. Haltung Publikationsverbot; schrieb Romane u. Dramen über die polit. Situation seines Landes. Dramen: „Ein Schloss" 1964, dt. 1966; „Konditorei Myriam" 1968, dt. 1970; „Ein Bräutigam für Marcella" 1968, dt. 1970; „Doppelzimmer" dt. 1970; Romane („Ein Liebessommer" 1972, dt. 1973; „Der Gnadenrichter" 1978, dt. 1979), Erzählungen („Liebende für eine Nacht" 1963, dt. 1964; „Meine ersten Lieben" dt. 1997).

Klimaänderungen, langphasige Veränderungen des Klimas im Ablauf der Erdgeschichte, erkennbar aus den Ablagerungen, bes. den Fossilien der Pflanzen u. Tiere der jeweiligen geolog. Formation. Die *Paläoklimatologie* erforscht die Ursachen der K., über die verschiedene Theorien aufgestellt

wurden: Strahlungsänderungen beim Sonnenumlauf, hervorgerufen durch eine kosmische Staubwolke, die die Strahlung zur Erde abschirmt u. dadurch zu einer Temperaturerniedrigung führt, oder die *Milanković*-Hypothese, die den Wechsel von Kalt- u. Warmphasen mit der sich im Laufe der Jahrzehntausende verändernden Lage der Erde in ihrer Sonnenumlaufbahn in Zusammenhang bringt. Das geotektonische Klimamodell des US-amerikan. Geologen W. C. *Pitman* erklärt die K. mit Vorgängen in Erdkruste u. Erdmantel u. Änderungen im Verhältnis von Landmasse zu Wasserfläche. Auch → Klimaschwankungen.

Klimaanlage, *Airconditioning,* automatische Einrichtung zur Herstellung eines gleichbleibenden Klimas (gleichmäßige Temperatur, richtiger Feuchtigkeitsgehalt sowie reine u. unverbrauchte Luft; *Klimatisierung*) in geschlossenen Räumen, unabhängig von der Witterung z. B. in Fabrikationsräumen, Büros, Wohnungen (bes. in trop. u. arkt. Gegenden), Flugzeugen, Eisenbahnwagen u. Autos durch Belüftungs-, Befeuchtungs-, Heizungs- oder Kühl- u. Filteranlagen. Klimatisierung wird z. B. in Textilfabriken (Wollkämmereien, Spinnereien, Webereien) u. in der Tabak verarbeitenden Industrie durchgeführt, um Güte u. Gleichmäßigkeit der Ware zu erhalten oder zu steigern. Gereinigte Luft wird erwärmt, in einer Kammer auf die gewünschte Feuchtigkeit gebracht *(konditioniert)* u. durch Kanäle in die Räume geleitet. Im Gewächshaus erzielt man durch Klimaanlagen mehrere Ernten oder ermöglicht die Aufzucht nicht einheim. Pflanzen. Auch in der Therapie (Höhenklima bei Keuchhusten, Asthma u. a.) werden Klimaanlagen benutzt.

Klimabeobachtungsnetz, ein System von Beobachtungsstationen, die zur Erfassung des Klimas dienen. Hierzu zählen Klimastationen, Niederschlagsstationen sowie phänologische Beobachter. Klimastationen unterscheiden sich von Wetterstationen u. a. dadurch, dass die Beobachtungstermine an der Ortszeit orientiert sind. Um vergleichbare Werte zu erhalten, wurde die Arbeitsweise der Klimastationen international geregelt.

Klimadiagramm [grch.], grafische Darstellung eines → Klimas, vorwiegend als Jahresverlauf von zwei oder mehr Klimagrößen.

Klimadienst, ein Zweig des Wetterdienstes, der die für die *Klimaforschung* u. den *Klimaberatungsdienst* notwendigen Unterlagen meteorolog. Art durch Beobachtung u. Aufzeichnung der herrschenden Witterung beschafft u. die Beobachtungsergebnisse bearbeitet u. veröffentlicht.

Klimaelemente, die zur Kennzeichnung des *Klimas* wichtigen messbaren Größen (Temperatur, Sonnenstrahlung, Luftfeuchtigkeit, Wind, Verdunstung, Bewölkung, Niederschlag, Luftdruck u. a.) u. zählbaren Ereignisse (Tage mit Frost, Gewitter, Nebel u. a.).

Klimageomorphologie [grch.], *klimatische Morphologie,* ein Teilbereich der Geomorphologie, der sich mit der Abhängigkeit der Formen bildenden Prozesse u. damit des

Formenschatzes von den klimat. Gegebenheiten befasst.

Klimagürtel → Klimazonen.

Klimaheilkunde, *medizinische Klimatologie, Bioklimatologie,* die Wissenschaft von den Einwirkungen des Klimas auf Befinden u. Gesundheit des Menschen, speziell von der → Klimatotherapie.

Klimaklassifikation [grch. + lat.], nach verschiedenen Gesichtspunkten mögliche Einteilung der Erdoberfläche in → Klimazonen.

Klimakterium [das; grch.], die → Wechseljahre.

Klimamodell, 1. in der *angewandten Klimatologie* die tabellarische oder grafische Darstellung eines Klimas mit Hilfe ausgewählter Klimagrößen. – 2. in der *theoret. Klimatologie* die Beschreibung von Zustand u. Änderung des globalen Klimasystems in seinem zeitlichen Ablauf (Vorhersage 1. Art) u. bei äußeren Eingriffen (Vorhersage 2. Art). Zum globalen Klimasystem gehören neben dem Festland das Land- u. Meereis, die Ozeane, die Atmosphäre u. die Biosphäre. Die gegenseitige Beeinflussung dieser Glieder (Teilsysteme) mit unterschiedlichen Zeitmaßstäben werden als Rückkopplungsprozesse dargestellt. Verständnis u. Modellierung des globalen Klimas samt seinen Änderungen ist eines der komplexesten Probleme moderner Forschung.

Klimaprüfung, die Prüfung eines Werkstoffs oder eines Erzeugnisses bei Klimaverhältnissen, bei denen sie verwendet werden sollen.

Klimaregeln, die bei Rassenkreisen warmblütiger Wirbeltiere, z. T. auch wechselwarmer Tiere zu beobachtende Erscheinung, dass die im kühleren Klima lebenden Unterarten sich meist durch größere Körper *(Bergmann'sche Regel),* kürzere Körperanhänge (Schwanz, Ohren, Schnäbel, Extremitäten; *Allen'sche Regel)* u. geringere Ausbildung der braunen Farbstoffe (Phäomelanine u. Eumelanine; *Gloger'sche Regel)* von den im wärmeren Klima lebenden unterscheiden. Außer diesen gibt es noch weitere, weniger deutlich ausgeprägte K.

Klimaschutz, internationale Vereinbarungen zur Minderung des Eintrags von klimaschädl. Gasen in die Erdatmosphäre. Die Konzentrationen von sog. Treibhausgasen, u. a. Kohlendioxid (CO_2), Methan (CH_4) u. Distickstoffoxid (N_2O), sind seit vorindustriellen Zeiten (etwa 1750) wesentlich angestiegen bzw. steigen weiter an. Die sich daraus ergebenden Veränderungen der Strahlungsbilanz führen nach Feststellungen des Sachverständigengremiums „Intergovernmental Panel on Climate Change" tendenziell zu einer Erwärmung der Erdatmosphäre u. der Erdoberfläche. Aerosole, d. h. mikroskopisch feine Partikel in der Luft, üben demgegenüber in Quellnähe eher einen kühlenden Effekt aus. Der beobachtete Anstieg der mittleren globalen Lufttemperatur in Bodennähe um 0,3–0,6 °C sei nicht vollständig natürl. Ursprungs, sondern lege einen menschl. Einfluss auf diese Temperaturentwicklung nahe. Dem Temperaturanstieg wird u. a. der weltweite Anstieg der Meeresspiegel um 10–25 cm zuge-

rechnet. Mit verschiedenen Klimamodellen werden weitere Temperaturerhöhungen vorausgesagt (z. B. bis zu 2 °C bis 2010, Anstieg des Meeresspiegels um rd. 50 cm bis 2100), die die Notwendigkeit von Klimaschutzmaßnahmen untermauern. Die Bereitschaft zu gemeinsamen Klimaschutzmaßnahmen stößt auf erhebl. Schwierigkeiten (→ Joint Implementation). Die BR Dtschld. hat sich durch nationale Selbstverpflichtung dazu bekannt, bis zum Jahr 2005 ein Viertel der Kohlendioxidemissionen gegenüber 1990 einzusparen. Da Kohlendioxidemissionen hauptsächlich den fossilen Energieträgern entstammen, soll dieses Ziel neben Änderungen der Verbrauchergewohnheiten durch Einsatz neuer Technologien u. → erneuerbare Energien erreicht werden. Auch → Kyoto-Protokoll.

Klimaschwankungen, annähernd periodische oder unregelmäßige, im Gegensatz zu den *Klimaänderungen* der Erdgeschichte kurzfristige Änderungen des allg. Klimas in einem Gebiet. Länger andauernde K. werden als *säkular* bezeichnet. Für K. werden einerseits natürl. Ursachen wie Änderungen des Staubgehaltes in der Stratosphäre vermutet (z. B. durch große Vulkanausbrüche, deren Aschenmassen einen abkühlenden Effekt haben, indem sie einen Teil der Sonnenstrahlung zurückstreuen). Weitere Ursachen könnten Änderungen der Meeresströmungen sowie Eisausbrüche in Arktis u. Antarktis sein; die Bedeutung der Sonnenflecken als Ursache von K. wird als gering eingeschätzt. Bes. diskutiert werden die vom Menschen verursachten Faktoren u. deren Auswirkungen auf die Zusammensetzung der Atmosphäre. Als Hauptquellen kommen in Betracht: 1. die Vernichtung der Wälder (bes. trop. Regenwaldgebiete), 2. die steigende Luftverschmutzung durch Verbrennung fossiler Brennstoffe, 3. die Verwendung infrarot-absorbierender Treibgase, z. B. für Aerosol-Sprühdosen. Wissenschaftl. Untersuchungen weisen darauf hin, dass die anthropogenen Schadstoffemissionen in der Atmosphäre Konzentrationen erreichen, die eine Veränderung des atmosphärischen Strahlungshaushalts u. damit globale Veränderungen des Klimas mit schwer vorausschaubaren Konsequenzen verursachen können. Gesicherte Erkenntnisse über die klimat. Auswirkungen des Abbaus der stratosphär. Ozonschicht durch Fluorkohlenwasserstoffe gibt es derzeit nicht. Die langfristige Erwärmung der Erdoberfläche durch den erhöhten Kohlendioxidanteil in der Atmosphäre gilt dagegen als gesichert. Die bestehenden Unsicherheiten über Art, Ausmaß u. Auswirkung von K. waren auf den Weltklimakonferenzen von 1979, 1995 und 1997 Anlass, die Grundlagen für die Durchführung eines internationalen Klimaforschungsprogramms zu schaffen bzw. globale Klimaschutzmaßnahmen zu treffen.

Klimatechnik, ein Technikbereich, der alle Maßnahmen umfasst, die den Zustand der Luft eines Raumes aus hygien. oder technolog. Gründen hinsichtl. Temperatur, Feuchte, Bewegung u. Reinheit in bestimmten Grenzen konstant halten. Dies erfolgt

durch → Klimaanlagen mit einer Luftbehandlung.

klimatisches Regenerationspotenzial, die Fähigkeit eines Naturraums, das durch äußere Einwirkung (z. B. durch Luftverschmutzung u. industrielle Abwärme) veränderte ökolog.-klimat. Gleichgewicht wiederherzustellen. Das jeweilige klimat. Regenerationspotenzial eines Gebietes (z. B. in Bezug auf die Staubfilterung) wird bestimmt durch seine geograph. Lage, Topographie u. Vegetation.

Klimatisierung, die Herstellung einer gleichmäßigen Temperatur, eines richtigen Luftfeuchtigkeitsgehalts sowie einer reinen u. unverbrauchten Luft in geschlossenen Räumen, unabhängig von der Witterung. Auch → Klimaanlage.

Klimatologie [grch.], *Klimakunde,* die Lehre vom Klima u. dessen zeitl. u. räuml. Veränderungen; ein Teilgebiet der allg. Geographie (räumlicher Aspekt, *Klimageographie)* u. der Meteorologie. Fasste man früher die K. im statist. Sinn als eine Mittelwertklimatologie auf, so wird heute eine synthet. (komplexe) Darstellung der Zirkulation u. der Singularitäten *(dynam. K.)* angestrebt. Die ebenfalls hierzu zählende Witterungsklimatologie *(synopt. K.)* führt das Klima auf die maßgebenden Witterungstypen u. ihre Häufigkeit zurück. Die *theoret. K.* berechnet u. ermittelt die allg. Zirkulation der Atmosphäre wie auch das Klima eines bestimmten Ortes durch Versuche. Trotz der Fortschritte in der theoret. K. werden auch heute noch die wichtigsten Erkenntnisse durch statist. Auswertungen langjähriger meteorolog. Beobachtungen der *Wetter-* u. *Klimastationen* gewonnen. Auch → Agrarklimatologie, → Bioklimatologie, → Paläoklimatologie.

Klimatotherapie [grch.], *Klimabehandlung,* die ärztl. Behandlung in Kurorten mit bes. Heilklima. Heilklimate sind bes. das den Stoffwechsel u. die Selbstregulationen des Körpers anregende *Reizklima* der Gebirgs- u. Höhenkurorte u. der Seebäder u. das *Schonklima* der Mittelgebirgskurorte, das keine der genannten Anforderungen an den Körper stellt u. Stoffwechsel u. Lebensvorgänge dämpft. Grundsätzlich kann die K. bei allen Erkrankungen der Atmungsorgane, bei Stoffwechselkrankheiten, Blutarmut, Kreislaufstörungen u. a. angewendet werden.

Klimax [die; grch.], 1. *allg.* : Steigerung, Höhepunkt.
2. *Botanik* : das Endstadium einer durch Boden- u. Klimaverhältnisse bedingten Entwicklung der Vegetation.
3. *Stilistik* : *Gradation,* eine Kette von Begriffen, die sich steigern; z. B. „Stunden, Tage, Wochen".

Klimazonen, *Klimagürtel,* die nach astronom.-geograph. Gesichtspunkten (Einfallswinkel der Sonne) abgegrenzten Zonen der Erdoberfläche parallel zu den Breitenkreisen mit relativ einheitl. *Klimatyp.* Man unterscheidet *mathemat.* oder *solare K.* Da diese Gliederung stark theoretisch ist, weil sie die Land-Meer-Verteilung u. den Einfluss des Reliefs außer Acht lässt, ist die heute gebräuchlichste *Klimaklassifikation* in die wirklichen oder physischen K. Es

Gustav Klimt: Danae; 1907/08. Graz, Privatbesitz

gibt keine ideale, gleich anerkannte Einteilung der K., denn sie kann nach verschiedenen Gesichtspunkten vorgenommen werden. Meist orientiert man sich an den messbaren Klimadaten *(effektive Klassifikationen)*, dabei bes. an der von W. *Köppen* entwickelten Einteilung, die sich auf die Mittelwerte von Temperatur u. Niederschlag stützt. Häufig werden folgende K. unterschieden, die im Einzelnen noch weiter untergliedert werden: *Kalte Zonen* (durchschnittl. Temperaturen um u. unter 0 °C), *gemäßigte Zonen* (um 8 °C), *Subtropen* (um 18 °C), *Tropen* (um 25 °C). K. fallen im Wesentlichen mit den → Vegetationszonen zusammen. Auch → Klima.

Kliment, Alexandr, eigentl. A. *Klimentiev,* tschech. Schriftsteller, *30. 1. 1929 Turnov; hatte in der Tschechoslowakei Publikationsverbot; Romane: „Eine ahnungslose Frau" 1960, dt. 1970; „Anständige Leute" 1972; „Die Langeweile in Böhmen" 1977.

Kliment Ochridski, altbulgar. Bischof u. Schriftsteller, *um 840, †27. 7. 916; Heiliger der slaw.-orthodoxen Kirche; neben dem hl. Naum der wohl bedeutendste Schüler der Slawenlehrer *Kyrill* u. *Method*; fand nach seiner Tätigkeit in Mähren Aufnahme am bulgar. Fürstenhof, Missionar in den westmakedon. u. südalban. Gebieten (um Ochrid) u. Gründer einer slawischen Kirchenorganisation; baute Ochrid zu einem Kultur- u. Kirchenzentrum aus.

Klimke, Reiner, dt. Dressurreiter, *14. 1. 1936 Münster, †16. 8. 1999 Münster; Olympiasieger in der Dressur 1984 (mit Ahlerich) u. in den Mannschaftswettbewerben 1964, 1968, 1976, 1984 u. 1988; Olympiadritter in der Einzelwertung 1968 u. 1976; Einzelweltmeister 1974 u. 1982, Mannschaftsweltmeister 1966, 1974, 1982 u. 1986; mehrfach Europa- u. dt. Meister.

Klimmt, Reinhard, dt. Politiker (SPD), *16. 8. 1942 Berlin; Historiker; 1975–1999 MdL des Saarlandes; wurde dort 1985 Vors. der SPD-Fraktion u. 1996 Landes-Vors. der SPD; 1998/99 Min.-Präs. des Saarlandes; seit 1999 Bundes-Min. für Verkehr, Bau- u. Wohnungswesen; trat im November 2000 auf Grund eines Strafbefehls wegen Beihilfe zur Untreue zurück.

Klimmzug, das Hochziehen des (am Turnge-

rät) hängenden Körpers durch Anziehen der Arme.

Klimsch, Fritz, dt. Bildhauer, *10. 2. 1870 Frankfurt a. M., †30. 3. 1960 Freiburg i. Br.; schuf Aktfiguren, Porträtbüsten u. Denkmäler in einer der idealist.-klassizist. Tradition verpflichteten Auffassung, insbes. zart empfundene, anmutige weibl. Akte („Die Schauende" 1932).

◆ **Klimt,** Gustav, österr. Maler, *14. 7. 1862 Baumgarten, †6. 2. 1918 Wien; begann mit eklektizist. Monumentalgemälden unter dem Einfluss H. *Makarts* (bis 1900). K. gilt als Hauptmeister der Wiener Jugendstil-Malerei; für seine Werke sind fließendes Linienspiel, dekorative Farbenpracht u. eine oft esoterische Symbolik kennzeichnend. Er beeinflusste E. *Schiele,* O. *Kokoschka* u. a. Seine Hptw. befinden sich in der Österreichischen Galerie (Belvedere) in Wien.

Klin [das; grch., engl. *cline*], eine schrittweise Merkmalsänderung bei biolog. Arten innerhalb des Verbreitungsgebiets, die aber nicht in deutlich umgrenzte Rassen zerfallen.

Klin, Stadt in Russland, nordwestl. von Moskau, 95 000 Ew.; Tschaikowskij-Museum; Baumwoll-, Glas- u. chem. Industrie.

Klindworth, Karl, dt. Pianist, *25. 9. 1830 Hannover, †27. 7. 1916 Oranienburg; Schüler von F. *Liszt;* 1868–1884 Prof. am Moskauer Konservatorium; mit R. *Wagner* befreundet, von dessen Opern er Klavierauszüge anfertigte.

Kline, Lagerbett der griech. u. röm. Antike; es wurde auch als Speisesofa oder Totenbett verwendet; Kissen u. Matratzen lagen auf Stoff- u. Bronzegurten; Herstellungsmaterial war Holz, Bronze oder Stein. Die K. wird unterschieden nach Gestaltung der Füße (einfach, gedreht, palmetten- oder tierfußförmig) u. der gerundeten Auflage am Kopfende, dem „Fulcrum" (Profile mit geometrischem u. figürlichem Dekor). Herstellungsorte waren Milet u. Chios sowie Rom. In Delos u. Karthago wurden Sonderformen entwickelt.

◆ **Kline** [klain], Franz, US-amerikan. Maler, *23. 5. 1910 Wilkes-Barre, Pennsylvania, †13. 5. 1962 New York; ein Vertreter der abstrakten amerikan. Schule, für die schwarzweiße Balken-Bilder von aggressiver Wucht charakterist. sind.

Klinefelter-Syndrom [nach dem Arzt H. F. *Klinefelter,* *1912], im männl. Geschlecht

Franz Kline: O.T.; Öl auf Papier 1957. Washington D. C., Hirshhorn Museum and Sculpture Garden, Smithsonian Institute, Gift of Joseph H. Hirshhorn, 1966

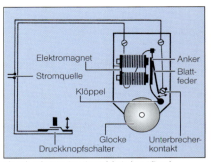

Klingel: Arbeitsweise einer elektrischen Klingel

auftretende → Chromosomen-Anomalie, bei der ein überzähliges X-Chromosom zusätzlich zu den normalerweise beim Mann vorkommenden beiden Geschlechtschromosomen X u. Y vorhanden ist. Betroffen ist ungefähr eins von tausend männl. Neugeborenen. Die Folge ist eine Unterentwicklung der Hoden bei normal ausgebildetem Penis sowie eine mangelhafte oder völlig fehlende Bildung von Samenzellen, die Sterilität zur Folge hat. Ein Mangel an männl. Geschlechtshormon *(Testosteron)* kann zu einer mehr oder minder starken Verweiblichung der Körperformen u. der Geschlechtsbehaarung führen. Auch kann es früh zur Ausprägung einer Osteoporose kommen. Die Behandlung besteht in der möglichst frühzeitigen Gabe von Testosteron, wodurch die Ausprägung männl. sekundärer Geschlechtsmerkmale gefördert u. die Osteoporosegefahr vermindert wird. → Turner-Syndrom.

Klinge, 1. *a l l g .:* der ein- oder beidseitig geschärfte u./oder mit einer scharfen Spitze versehene Teil der Handwaffen u. Messer. **2.** *F e c h t e n :* der Schlagteil der Waffe oberhalb des Griffs. Die Klingenlänge beträgt beim Florett u. Degen höchstens 900 mm, beim Säbel höchstens 880 mm. *Klingenspiel* wird die vorbereitende u. auffordernde Bewegung der Waffe bei Gefechtsbeginn genannt. **3.** *G e o m o r p h o l o g i e :* kurze u. steile Seitentalschlucht (Bachklinge) oder Kerbe in den Talhängen größerer Flusstäler. **4.** *V o r g e s c h i c h t e :* ein verhältnismäßig schmales u. parallelseitiges, durch Absprengen von einem Kernstein entstandenes Steingerät, das wegen seiner scharfen Seitenkanten überwiegend als Schneidewerkzeug gebraucht wurde. Häufig wurden die Klingen weiterverarbeitet, wobei Kratzer, Bohrer, Stichel u. lamellenartige Klingen als die wichtigsten Geräte entstanden.

◆ **Klingel,** eine elektroakust. Signalvorrichtung, bei der über einem Elektromagneten ein Anker mit Klöppel befestigt ist, der bei Stromdurchfluss angezogen wird. Dabei unterbricht er selbsttätig den Strom u. kehrt in die Ruhelage zurück, so dass der Strom wieder fließt. Der Klöppel schlägt an eine Glocke.

Klingelbeutel, *Kollektenbeutel,* ein Beutel, der an einer langen Stange zum Sammeln des Opfergeldes in der Kirche durch die Bänke gereicht wird u. ursprüngl. mit

Glöckchen besetzt war; heute häufig durch Sammelkörbchen ersetzt.

Klingeltransformator, ein kleiner *Transformator*, der die Netzspannung (220 Volt) in geringere Spannungen (3, 5, 8 Volt) umwandelt, wie sie zum Betrieb elektr. Klingelu. kleinerer Signalanlagen nötig sind.

Klingemann, Ernst August Friedrich, dt. Bühnenschriftsteller, *31. 8. 1777 Braunschweig, †25. 1. 1831 Braunschweig; leitete dort 1813–1826 das Nationaltheater, 1828–1831 das Hoftheater, brachte 1829 Goethes „Faust I" zur Uraufführung u. machte u. a. Calderón einem breiteren Publikum bekannt; schrieb über die romantische Bühnenkunst u. verfasste seinerzeit oft gespielte Dramen, darunter einen „Faust" 1815. Der neueren Forschung gilt er als Verfasser des unter dem Pseudonym → Bonaventura erschienenen Romans „Nachtwachen" (1804).

Klingenbach, österr. Ort im Burgenland, an der Grenze zu Ungarn, 233 m ü. M., 1100 Ew.; starke kroat. Minderheit; Grenzübergang.

Klingenberg, *Klingenberg am Main,* Stadt in Bayern, Ldkrs. Miltenberg, südl. von Aschaffenburg, 6200 Ew.; Erholungsort; Ruine der 1683 zerstörten Clingenburg (11. Jh.), Stadtschloss (16. Jh.); Porzellanindustrie, Weinanbau.

Klingenberg, Georg, dt. Elektrotechniker, *28. 11. 1870 Hamburg, †7. 12. 1925 Berlin-Charlottenburg; 1896–1909 Dozent an der Techn. Hochschule Charlottenburg, 1902–1925 Vorstandsmitglied der AEG; baute über 70 Elektrizitätswerke. Bes. bekannt sind die Anlagen der *Victoria Power Falls* in Südafrika, das Großkraftwerk *Golpa-Zschornewitz* (1915, 128 000 kW) sowie das nach ihm benannte *Kraftwerk K.* (1926, 270 000 kW) in Rummelsburg bei Berlin.

Klingenberg-Talsperre, Sperrmauer an der *Wilden Weißeritz* bei Dippoldiswalde, im O des Erzgebirges, mit einem See von 1,1 km², 16,4 Mio. m³ Stauinhalt, 31 m Stauhöhe, errichtet 1908–1914; dient dem Hochwasserschutz, der Wasserversorgung u. der Elektrizitätsgewinnung.

Klingenkultur, altsteinzeitliche Kultur zu Beginn der Würm-Kaltzeit (Würmpluvial) im Vorderen Orient.

Klingenthal, *Klingenthal / Sachsen,* Stadt in Sachsen, Vogtlandkreis, im Westerzgebirge, am Aschberg (935 m), 10 900 Ew.; Erholungs- u. Wintersportort (Große Aschbergschanze); Musikinstrumentenbau, Holzverarbeitung.

Friedrich Maximilian von Klinger

Klinger, ◆ **1.** Friedrich Maximilian von (seit 1780), dt. Schriftsteller, *17. 2. 1752 Frankfurt a. M., †9. 3. 1831 Dorpat; Sohn eines Konstablers u. einer Waschfrau, Jugendfreund *Goethes,* ging 1780 als Offizier in russ. Dienste, wurde Generalleutnant u. Universitätskurator von

Max Klinger: Elsa Asenijeff; um 1900. München, Neue Pinakothek

Dorpat. In seiner Jugend schrieb er, von J. J. *Rousseau* begeistert, leidenschaftl. pathet. Dramen, u. a. „Sturm u. Drang" 1776, das der Geniezeit den Namen geben sollte; schrieb später ausgewogene Bildungs- u. Staatsromane („Fausts Leben, Taten u. Höllenfahrt" 1791; „Geschichte Raphaels de Aquillas" 1793) u. skept. „Betrachtungen u. Gedanken über die verschiedenen Gegenstände der Welt u. der Literatur" 1803–1805. – Histor.-krit. Ausgabe, 24 Bde. 1978 ff.

2. Kurt, österr. Schriftsteller, *11. 7. 1928 Linz; seit 1979 Chefredakteur der Zeitschrift „Literatur u. Kritik"; Sujets aus dem griechisch.-röm. Kulturerbe, existenzialistisch gedeutet, prägen sein Werk; verfasste Lyrik („Löwenköpfe" 1977), Dramen („Odysseus muss wieder reisen" 1954), Hörspiele, Essays u. Erzählungen; Biografie: „Napoleon" 1980.

◆ **3.** Max, dt. Maler, Grafiker u. Bildhauer, *18. 2. 1857 Leipzig, †5. 7. 1920 Großjena bei Naumburg, der letzte Vertreter der Malerei des Idealismus, deren klass. Formgebung er durch einen stark naturalist. Stil ersetzte, was in Verbindung mit symbol. Themen zu einem zwiespältigen Ausdruck führte. Hptw.: „Das Urteil des Paris" 1886/87 (Wien, Kunsthistor. Museum); „Christus im Olymp" 1897 (Leipzig, Museum der bildenden Künste); „Arbeit, Wohlstand, Schönheit" 1918 (Chemnitz, Rathaus). Als Grafiker schuf K. zahlreiche, meist radierte Folgen („Rettungen ovidischer Opfer" 1879; „Brahms-Phantasie" 1890–1894; „Das Zelt" 1916, u. a.). Sein bildhauerisches Hauptwerk ist das Beethoven-Denkmal (1886–1902) im Leipziger Museum mit dem Versuch einer Erneuerung der antiken Polychromie.

Klingler, Karl, dt. Geiger, *7. 12. 1879 Straßburg, †18. 3. 1971 München; Schüler von J. *Joachim* u. M. *Bruch,* 1903–1935 Lehrer an der Hochschule für Musik in Berlin; Konzertreisen mit eigenem Streich-

quartett; schrieb „Die Grundlagen des Violinspiels" 1921.

Klingsor, *Klinschor,* mächtiger Zauberer im „Parzival" *Wolframs von Eschenbach,* Gegenspieler des hl. Grals; kommt auch in *Novalis'* „Heinrich von Ofterdingen", R. *Wagners* „Parsifal" u. H. *Hesses* „Klingsors letzter Sommer" vor.

Klingstein, vulkan. Gestein, → Phonolith.

Klinik [grch.], eine Krankenanstalt zur Behandlung bettlägeriger Patienten oder zur ambulanten Behandlung *(Poliklinik).* Die *Universitätsklinik* dient gleichzeitig dem Unterricht für fortgeschrittene Studenten der Medizin.

Kliniker [grch.], **1.** an einer *Klinik* tätige Ärzte.

2. Medizinstudenten, die das *Physikum* bestanden haben u. nun die *klinischen Semester* des Studiums absolvieren. *Vorkliniker* sind dagegen die Anfänger des Medizinstudiums, die zunächst Anatomie, Physiologie, physiolog. Chemie, ferner Chemie, Physik, Botanik u. Zoologie lernen.

klinische Psychologie, ein Teilgebiet der Psychologie, das sich mit den psychischen Störungen u. ihrer Beseitigung befasst. Zu den Aufgaben der klinischen Psychologie zählen die Erforschung, Systematisierung, Diagnostik, Behandlung u. Prävention dieser psych. Störungen sowie die dazugehörige Nachsorge (Rehabilitation).

Klinke, 1. Handgriff am Türschloss *(Türklinke).*

2. bewegliches Glied, kleiner Schalthebel zur Hemmung bei Zahnrädern *(Sperrklinke).*

Max Klinger: Beethoven-Denkmal; 1895–1905. Leipzig, Museum für Bildende Künste

Klinker, 1. bis zur Sinterung gebrannter, hochwertiger Mauerziegel mit dichtem Gefüge, hoher Festigkeit u. Widerstandsfähigkeit gegen mechan. u. chem. Witterungsbeanspruchung. Als genormter Baustoff (*Vollklinker* u. *Hochlochklinker*) muss er frostbeständig sein, mindestens 35 N/mm^2 mittlere Druckfestigkeit u. 1,90 kg/dm^3 mittlere Scherbenrohdichte erreichen. *Keramikklinker* erfüllen darüber hinausgehende Anforderungen. *Kanalklinker* in Keilformaten dienen zum Mauern von Sohl- u. Scheitelgewölben, *Pflasterklinker* zur Befestigung von Verkehrsflächen, *Tunnelklinker* nach Vorschriften der Bahn dem Tunnelbau. **2.** aus feinkörnigem Material durch Sinterung stückig gebrannte industrielle Zwischenprodukte, z. B. Klinker aus *Portlandzement* für die Zementherstellung.

Klinkerbau, eine Bauart der Außenhaut von Schiffen u. Booten, wobei die waagerechten Planken die jeweils unteren überlappen.

Klinochlor [-'klo:r; grch.], grünl. Mineral mit Perlmuttglanz der Chlorit-Gruppe; Schichtsilikat, $Mg_5Al(OH)_8 [AlSi_3O_{10}]$, Härte 2, monoklin; Bestandteil von Chlorit- u. Talkschiefern; Vorkommen in den Alpen (z. B. Zillertal, Südtirol).

Klinodontie [grch. + lat.] → Gebiss.

Klinokinese [grch.] → Kinese.

Klinometer [das; grch.], *Geologie:* Neigungsmesser zur Bestimmung des Winkels zwischen einer geneigten Fläche u. der Horizontalen. Ein K. ist z. B. im → Geologenkompass eingebaut.

Klinotaxis [grch.], nach einem Reiz ausgerichtete Orientierungsform bei Tieren. Durch Pendeln des Vorderkörpers wird ständig die Intensität des Orientierungsreizes geprüft.

Klínovec ['kli:novɛts], höchster Berg des Erzgebirges, → Keilberg.

Klinsmann, Jürgen, dt. Fußballspieler, * 30. 7. 1964 Göppingen; spielte 1984–1989 beim VfB Stuttgart, 1989–1992 bei Inter Mailand, 1992–1994 bei AS Monaco, 1994–1995 bei Tottenham Hotspur, 1995–1997 beim FC Bayern München, 1997 bei Sampdoria Genua, 1997–1998 erneut bei Tottenham; ab 1987 in der dt. Nationalmannschaft; gewann 1990 mit ihr den Weltmeistertitel

Klippfisch: Präparierte und zum Trocknen ausgebreitete Kabeljaus

u. 1996 den Europameistertitel; „Weltfußballer des Jahres" 1995; beendete seine Karriere als aktiver Sportler 1999.

Klint, Peter Vilhelm, dän. Architekt u. Maler, → Jensen-Klint.

Klinzy, *Klincy,* Stadt im W Russlands, 72 000 Ew.; Leder- u. Wollindustrie, Konfektionsfabriken, Bau von Textilmaschinen.

Klio, griech. Muse der Geschichtsschreibung.

Klippdachse → Klippschliefer.

Klippe, 1. *Geologie: Deckscholle,* durch Abtragung freigelegter, abgetrennter Teil einer (wurzellosen) Überschiebungsdecke eines Sedimentpakets. **2.** *Geomorphologie:* einzelner aus dem Meer ragender, durch Brandung entstandener Fels; bes. vor Steilküsten.

Klippe (3): Belagerungsklippe; 1660. Münster

◆ **3.** *Münzwesen:* eckige (meist viereckige) Münze, häufig eine primitiv geprägte Belagerungsmünze. Als *Kurantmünze* kommt die K. seit dem 16. Jh. bes. in Schweden vor. Auch Ereignismünzen haben gelegentlich die Gestalt der K.

Klippenbarsch, *Ctenolabrus rupestris,* kleiner, bis etwa 20 cm langer *Lippfisch* der europäischen Küsten, auf 6–10 m Tiefe an felsigen Algenküsten, von Mittelnorwegen bis zum Mittelmeer u. Schwarzen Meer. Die Eier werden im freien Meer abgelegt. Klippenbarsche ernähren sich von Kleintieren.

Klippenvogel → Felsenhahn.

Klipper, *Clipper,* **1.** *Luftfahrt:* schnelles US-amerikan. Verkehrsflugzeug. **2.** *Seefahrt: Klipperschiff, Teeklipper,* etwa 1840–1880 gebaute Schnellsegler über 500 BRT mit Rahsegeln; sie liefen oft 14 Knoten u. mehr.

◆ **Klippfisch,** längs der Rückenlinie aufgeschnittener, vom größten Teil der Wirbelsäule befreiter, gesalzener u. an der Luft getrockneter *Kabeljau, Schellfisch* oder *Seelachs.* Ohne Salz getrockneter Kabeljau wird *Stockfisch* genannt. *Laberdan* ist in Lake gesalzener Kabeljau; er hat geringere wirtschaftl. Bedeutung als K. u. Stockfisch.

◆ **Klippschliefer,** *Procavia,* kaninchengroße Gras fressende *Säugetiere;* Gattung der *Schliefer,* die in fünf Arten die Felsgebiete Afrikas u. Kleinasiens bevölkert; sie leben in stabilen Familiengruppen mit einem bis mehreren ausgewachsenen Weibchen, einem territorialen Männchen und den Jungtieren.

Klippschule, norddt. Bez. für Kleinkinder- oder Grundschule; meist in abwertendem Sinn gebraucht.

Klippspringer, *Sassa, Oreotragus oreotragus,* zu den *Böckchen* gehörende Zwergantilope von 60 cm Schulterhöhe, geschickter Kletterer; bewohnt felsige Gebiete bis zu 2500 m in Ost- u. Südafrika.

Klippwerk, Vorrichtung zum Prägen kleinerer Münzen. Der Stempel war in einen Rahmen montiert u. ging auf u. nieder. Er wurde durch einen Fußhebel bewegt, damit

Klippschliefer, Gattung Procavia

der Präger die Hände zum Unterlegen des Schrötlings frei hatte. Mit dem K., das bis zum Ende des 19. Jh. in Gebrauch war, konnte genauer als bei der Hammerprägung geprägt werden.

Klirrdämpfung, 20 facher negativer dekad. Logarithmus des → Klirrfaktors in → Dezibel.

Klirrfaktor, *Elektroakustik:* der Anteil (in %) der Oberwellen am Klangspektrum, der durch Verzerrungen bei der Übertragung hervorgerufen wird, weil die Übertragungsglieder die Frequenzen nicht linear übertragen. Ein zu hoher K. (bei Musik über 5 %, bei Sprache über 10 %) wirkt sich als unangenehme Beeinträchtigung (Klirren) der Wiedergabe aus.

Klischee [das; frz.], *Cliché,* **1.** *Drucktechnik:* der Druckstock oder die Druckplatte für die Hochdruck-Verfahren. Nach fotomechan. u. chem. Vorbehandlung werden die nicht druckenden Teile (tief) weggeätzt; das Druckbild bleibt auf der Plattenoberfläche (also hoch) stehen. Man unterscheidet Strichätzung u. Autotypie.

Die *Strichätzung* kennt nur volle Farbtöne u. Schwarz, also Flächen, Striche u. Punkte (keinen Raster, keine Halbtöne). Die Vorlage wird in der Reproduktionskamera auf eine lichtempfindl. Metall- oder Kunststoffplatte übertragen. Durch chem. Behandlung wird das Druckbild säurefest gemacht, die nicht druckenden Teile werden dann weggeätzt, bei der Kunststoffplatte ausgewaschen oder ausgeblasen.

Bei der *Autotypie,* erfunden 1882 von G. *Meisenbach* in München, werden zwei mit Linien geritzte Linien versehene Glasscheiben (→ Raster) rechtwinklig übereinander gelegt u. zwischen Objektiv u. Film in der Kamera befestigt. Je nach den Abständen der Linien ergeben sich gröbere u. feinere Raster. Nach der Zahl der Linien je cm richtet sich die Benennung. Je nach Helligkeit des Rasterfelds ergeben sich verschieden große Punkte, die (nach Vorbehandlung wie bei der Strichätzung) geätzt werden. Diese erhabenen Punkte ermöglichen den ein- u. mehrfarbigen Druck in allen Farbabstufungen.

Klischees können auch mit Graviermaschinen hergestellt werden, indem ein Lichtstrahl die Bildvorlage punktweise abtastet u.

ein elektronisch gesteuerter Stahlstichel die nicht druckenden Teile aus der Platte herausschneidet. Auch → ätzen.
2. *übertragen:* Viel gebrauchter u. daher nichts sagender Ausdruck, abgegriffene Vorstellung oder Redensart.

Klischnigg, im Zirkus die Bez. für das artist. Genre, bei dem der Körper über das normale Maß nach vorne gebogen wird; benannt nach dem Artisten Eduard *Klischnigg* (* 1813, † 1877).

Klistier [das; grch.], *Medizin:* → Einlauf.

Klitgaard ['klidgɔr], Mogens, dän. Schriftsteller, *23. 8. 1906 Kopenhagen, †23. 12. 1945 Århus; schrieb in leidenschaftl. Reportagestil Romane gegen jegl. Form der Diktatur, z. T. mit histor. Stoffen; im Mittelpunkt steht die innere Überzeugung des „kleinen Mannes"; Romane: „Gott mildert die Luft für die geschorenen Schafe" 1938, dt. 1950; „Ballade auf dem Neumarkt" 1940, dt. 1949; „Die roten Federn" 1940, dt. 1951.

Klitias, griech. Vasenmaler, tätig in der 1. Hälfte des 6. Jh. v. Chr. in Attika; bemalte u.a. den vom Töpfer *Ergotimos* gefertigten Krater (→ François-Vase) mit Darstellungen aus der griech. Sagenwelt.

Klitoridektomie [die; grch.], die im nordafrikan.-arab. Raum verbreitete *Beschneidung* der Mädchen durch Entfernung der Klitoris. Auch → Infibulation.

Klitoris [die; grch.] → Kitzler.

Klaus von Klitzing

◆ **Klitzing,** Klaus von, dt. Physiker, *28. 6. 1943 Schroda bei Posen; seit 1985 Mitglied des Direktorenkollegiums des Max-Planck-Instituts für Festkörperforschung; entdeckte am Hochfeld-Magnetlabor in Grenoble 1980 den *Quanten-Hall-Effekt (Klitzing-Effekt),* für dessen Entdeckung er 1985 den Nobelpreis für Physik erhielt.

Klivie, ein Amaryllisgewächs, → Clivia.

Kljasma, *Kljazma,* linker Nebenfluss der Oka, 721 km lang; entspringt nördl. von Moskau, ab Wladimir schiffbar; 5–6 Monate vereist.

Kljujew ['kljujif], *Kljuev,* Nikolaj Alexejewitsch, russ. Dichter, *1887 Wytegra, Gouvernement Olonez, † Ende Okt. 1937 (hingerichtet); bedeutender Vertreter der „Bauerndichtung", in der Sowjetunion bis zur Perestrojka fast völlig verschwiegen.

Kljutschewskaja Sopka, *Ključevskaja Sopka,* der höchste tätige Vulkan Asiens u. höchste Gipfel auf der Halbinsel Kamtschatka, 4750 m, stark vergletschert; 70 Nebenkrater; alle 5–9 Jahre aktiv.

Kljutschewskij, *Ključevskij,* Wassilij Ossipowitsch, russ. Historiker, *28. 1. 1841 Woskresenskoje bei Pensa, †25. 5. 1911 Moskau; 1882 Prof. in Moskau; gab eine sozialgeschichtlich orientierte Darstellung der russ. Geschichte. Hptw.: „Geschichte Russlands" 1904–1910, dt. 1924–1945.

Kloake [die; lat.]. **1.** *Kanalisation:* unterirdischer Abwasserkanal.
2. *Zoologie:* bei Wirbeltieren die gemeinsame Körperöffnung zur Entleerung von Geschlechts- u. Stoffwechselendprodukten; ausgebildet von den Knorpelfischen bis zu den Vögeln. Bei den Säugetieren haben nur die *Kloakentiere* eine K.; bei den übrigen Säugern einschl. Mensch wird die K. durch den *Damm (Perineum)* in einen bauchseitigen Teil, den *Sinus urogenitalis* (Mündung von Harn- u. Geschlechtswegen), u. einen *Rückenteil* (Enddarm mit Afteröffnung) gespalten. – Auch bei männl. Fadenwürmern (Nematoden) münden Geschlechtsorgane u. Darm in eine K.

Kloakentiere, *Eier legende Säugetiere, Ursäuger, Monotremata,* urtümliche, Eier legende *Säugetiere* Australiens u. der benachbarten Inselwelt, mit einer *Kloake,* in die Darm, Harnröhre u. Geschlechtsorgan münden; heute nur noch durch *Ameisenigel* u. *Schnabeltier* vertreten.

Kloben [der]. **1.** *Bauwesen:* ein Zapfen, in den z.B. eine Tür drehbar eingehängt werden kann.
2. *Forstwirtschaft:* gespaltenes Brennholz *(Scheitholz).*
3. *Maschinenbau:* Einspannvorrichtung für Werkstücke mit zwei parallelen Backen.

Kłodawa ['kuɔdava], Stadt südl. von Włocławek (Polen), rd. 7000 Ew.; große Natrium-, Kalium- u. Magnesiumlager.

Klodnitz, *Klodnica,* rechter Nebenfluss der Oder, 75 km ; entspringt nordwestlich von Bytom, mündet bei Koźle. Den Unterlauf begleitet der 44 km lange *Klodnitzkanal;* bei Pyskowice Staubecken.

Kłodzko ['kuɔtskɔ], *Glatz,* poln. Stadt in Schlesien, Hauptort der von Gebirgen umschlossenen, gegen Böhmen vorspringenden ehem. Grafschaft Glatz, im *Glatzer Kessel* an der *Glatzer Neiße,* 29 500 Ew.; Lebensmittel-, Metall-, Textil- u. Holzindustrie. – Im 10. Jh. böhm. Burg, 1181 tschech. Marktort, vor 1200 dt. Stadt nach Magdeburger Recht; 12.–14. Jh. polnisch, 1534 österreichisch, 1742 preußisch.

Kloepfer, Hans, steirischer Heimatdichter, *18. 8. 1867 Eibiswald, Steiermark, †27. 6. 1944 Köflach; „Gedichte in steirischer Mundart" 1924; „Bergbauern" 1937; „Dahoam" 1942; Autobiografie: „Aus dem Bilderbuch meines Lebens" 1936.

Klon [der; grch.], die aus nur einem Vorfahren entstandene, genet. identische Nachkommenschaft.

Klondike ['klɔndaik], *Klondyke,* rechter Nebenfluss des Yukon im kanad. Yukon Territory, mündet bei Dawson; durchfließt die *Klondike-Region,* wo sich während des Goldrauschs 1897–1899 rd. 18 000 Goldsucher aufhielten.

klonen, engl. *cloning,* genetisch ident. Organismen (Klon) durch ungeschlechtl. Vermehrung erzeugen. In der Tierzucht werden Klone z.B. durch gezieltes Aufspalten der frühen Embryonalzellen erzeugt, die sich nach der Trennung weiter teilen können. Nach der Implantation dieser Zellen in die Gebärmutter eines präparierten Tieres kön-

nen sich die Zellen jeweils zu einem vollständigen Organismus entwickeln. Diese Eigenschaft (*Totipotenz*) der frühen Embryonalzellen geht nach den ersten Zellteilungen verloren. Die so entstandenen Klone sind untereinander, nicht aber mit den Eltern genetisch identisch.
Seit den 1970er Jahren ist es möglich, Kerne differenzierter Zellen in zuvor entkernte Eizellen zurückzuverpflanzen u. auf diese Weise aus einem Spenderorganismus genetisch identische Nachkommen zu produzieren. So entstandene Klone sind sowohl untereinander als auch mit dem Spender genetisch identisch. Der Phänotyp des Spenders findet sich deshalb mit hoher Wahrscheinlichkeit in den geklonten Nachkommen wieder. Erste Experimente dieser Art wurden u. a. von J. B. *Gurdon* am Krallenfrosch durchgeführt. 1997 gelang es erstmals, ein Säugetier aus Körperzellen eines erwachsenen Tieres zu klonen (Schaf „Dolly").

klonieren, 1. *Gentechnik:* DNA-Fragmente bzw. Gene isolieren u. anschließend vermehren. Dieses kann entweder zellfrei *in vitro* mittels der → Polymerase-Kettenreaktion oder über ein sog. Klonierungssystem erfolgen. Letzteres beinhaltet die Aufnahme von Fremd-DNA in die Zielzelle u. die stabile Weitergabe an die Nachkommen. Das Verfahren verwendet als Empfänger häufig Bakterien oder andere Mikroorganismen u. verbindet die interessierende Fremd-DNA mit einem → Selektionsmarker. Aus den gentechnisch veränderten Einzelzellen entwickelt sich durch fortwährende Zellteilung auf festen Nährmedien ein Klon. Der schwierigste Teil des Klonierens ist die Isolierung des gewünschten Gens. Dazu wird oft eine genomische oder eine cDNA-Genbank in dem Bakterium *Escherichia coli* angelegt.
2. *Zellbiologie:* → klonen.

Klonierungsvektor → Vektor.

Klöntal, 20 km langes Hochtal im schweiz. Kanton Glarus, das durch die Löntsch zur Linth entwässert wird; im Zentrum der *Klöntaler See:* 5 km lang, 3,4 km² groß, durch einen Bergsturz entstanden, später durch einen Staudamm vergrößert.

Klonus [der; grch.], *klonische Krämpfe* → Krampf.

Kloos, Willem, niederländ. Lyriker u. Essayist, *6. 5. 1859 Amsterdam, †31. 3. 1938 Den Haag; Führer der „Tachtiger" u. „Großmeister der holländ. Sprache"; seine Verse erinnern an A. von *Platen* u. J. *Keats;* meisterhafte Sonette, in denen er die Spannung zwischen Geist u. Sinnen ausdrückt; „Verzen" 3 Bde. 1894–1913; „Nieuwe Verzen" 1895.

Klootschießen, früher vor allem in Nordeuropa verbreitetes Eisspiel, wobei etwa 500 g schwere Holzkugeln über das Eis nach Zielen geworfen u. gerollt werden; heute nur noch in Friesland gespielt; Vorläufer von *Curling* u. *Eisschießen.*

Klopeiner See, See in Kärnten (Österreich), östlich von Klagenfurt, 446 m ü. M., 1,8 km lang, rd. 800 m breit; einer der wärmsten Badeseen des Landes.

Klopfbremse → Antiklopfmittel.

Klöpfelnächte, *Bosselnächte, Anklopfete*, die Abende der drei letzten Donnerstage im Advent, an denen in Süddtschld., in Österreich u. der Schweiz die Burschen von Haus zu Haus zogen, an die Fenster klopften, Erbsen u. Bohnen (= Fruchtbarkeitszeichen) warfen u. Schabernack trieben.

klopfen, *klingeln*, ein Geräusch, das bei unkontrollierter, detonationsartiger Verbrennung durch Selbstzündung oder Zündung an „Hitzenestern" des Kraftstoff-Luft-Gemisches in Ottomotoren auftritt. Bei normaler Verbrennung ist der Druckanstieg im Zylinder kontinuierlich, bei Detonation sprunghaft (Druckanstieg bis zu 8 bar/° Kurbelwinkel oder bis zu 50 000 bar/s); Motorteile werden stark erhitzt u. beschädigt. Die → Klopffestigkeit des Kraftstoffs u. die Vermeidung von „Hitzenestern" ist daher von großer Bedeutung. Auch → Antiklopfmittel, → Oktanzahl.

Klöpfer, Eugen, dt. Schauspieler, *10. 3. 1886 Talheim bei Heilbronn, † 3. 3. 1950 Wiesbaden; seit 1918 in Berlin, 1936–1945 dort Intendant der Volksbühne; seit 1918 auch im Film.

Klopferbrot, Roggenvollkornbrot mit einem Zusatz von Kleie. Das Korn wird in Schleudermühlen fein vermahlen, um die Randschichten aufzuschließen, u. dann dem Brotmehl beigemischt.

Klopffestigkeit, die erforderl. Eigenschaft des Kraftstoffs für Ottomotoren, sich nicht vorzeitig selbst zu entzünden, sondern einen gleichmäßigen Zündverlauf zu ergeben (→ klopfen). Die K. wird durch die *Oktanzahl* gekennzeichnet; diese gibt den prozentualen Anteil von Oktan an einem Gemisch von Oktan-Heptan mit gleicher K. an. Die K. wird erreicht durch Zusatz von anderen Brennstoffen. Sie hängt aber auch von Verdichtung, Überladung, Drehzahl, Luft- u. Kühlwassertemperatur des Motors ab.

klöppeln: Herstellung von Klöppelspitze auf dem Klöppelkissen

---

Friedrich Gottlieb Klopstock: Seite aus dem Epos „Der Messias" mit eigenhändigen Korrekturen des Dichters; Ausgabe Kopenhagen 1755. Hamburg, Staats- und Universitätsbibliothek

Klopfkäfer, *Pochkäfer, Anobiidae*, Familie kleiner, 5–13 mm langer, schwarzer oder gelbbrauner *Käfer*, deren Larven („Holzwürmer") vornehmlich in trockenem Holz u. Ä. leben. K. erzeugen zur Balz z. T. Klopflaute durch Aufstoßen des unteren Vorderkopfes. Die Larven können ihre Nahrung mit Hilfe von Mikroorganismen, die sich schon auf den klebrigen Eiern finden, verdauen. Die in rd. 1500 Arten bekannten Käfer nehmen dagegen keine Nahrung auf u. leben zur Fortpflanzung nur kurze Zeit vom gespeicherten Fett. Zu den knapp 70 deutschen Arten gehören *Tabakkäfer, Brotkäfer* u. *Totenuhr*.

Klopfmotor, Prüfmotor für Cetan- u. Oktanzahlbestimmung; auch → BASF-Prüfmotor, → CFR.

Klopfwolf, Maschine zum Auflockern u. Reinigen von Spinnstoffen u. Textilabfällen.

Klöppel, 1. Dreschflegel.
2. Glockenschwengel.
3. Holzhammer für Steinmetzarbeiten.
4. dünne, konisch zulaufende Garnspule aus Holz für *Klöppelarbeiten*.

Klöppelmaschine, seit 1748 bekannte Maschine zum *Klöppeln*, bei der auf einer Kurvenbahn in Form einer 8 senkrechte Klöppel mit bestimmtem Abstand durch Schlitze geführt werden, angetrieben von Flügelrädern unter der Gleitplatte. Die Verschlingung geschieht durch Weichen an den Kreuzungspunkten, indem sie den Klöppeln den Übergang von einem zum anderen Kreis ermöglichen. Die Dichte der fertigen Ware regelt ein Schlagzeug (ähnl. dem *Rietblatt* beim Webstuhl). Feine Spitzen können in Kombination mit einer *Jacquard-Maschine* gefertigt werden.

klöppeln, aus Fäden (aller Textilfasern) durch Flechten, Schlingen oder Knüpfen Spitzen, Borten, Litzen oder Tressen herstellen. Die Kunst des Klöppelns entwickelte sich aus der Flechtarbeit, kombiniert mit der Technik zur Herstellung von *Nähspitzen* im 16. Jh. – Das vorgezeichnete Muster, der *Klöppelbrief*, wird auf einem *Klöppelkissen* mit Nadeln fest gesteckt; die jeweils auf einen *Klöppel* gerollten Fäden werden auf dem Klöppelkissen ausgelegt u. nach dem vorgegebenen Muster miteinander verdreht, gekreuzt, gewechselt u. die Knoten von den Nadeln gehalten. Die entstandenen „Schlä-

---

ge" unterscheiden sich durch die Art der Verschlingung, z. B. *Netz-, Leinen-, Formen-, Löcherschlag*.

Klöppelspitze, mit dem Klöppel (Holzspule) durch zopf- oder leinwandartige Verflechtung hergestellte Spitze, im Unterschied zur *Nähspitze*.

Klopphengst, *Tiermedizin*: → Kryptorchismus beim Hengst.

Klopse, zu Klößen geformte Hackfleischzubereitung, gekocht oder gebraten, z. B. *Königsberger Klopse, Bratklopse*.

◆ **Klopstock**, Friedrich Gottlieb, dt. Dichter, *2. 7. 1724 Quedlinburg, † 14. 3. 1803 Hamburg; in Schulpforta pietistisch u. humanistisch erzogen; als Theologiestudent (Jena, Leipzig) befreundet mit den „Bremer Beiträgern" (J. E. *Schlegel*, J. A. *Cramer*, C. F. *Gellert*), in deren Zeitschrift 1748 die drei ersten Gesänge seines „Messias" erschienen; 1748–1750 Hauslehrer in Langensalza; dort unerwiderte Liebe zu Maria Sofia *Schmidt*, der „Fanny" seiner Oden; 1750 Besuch bei J. J. *Bodmer* in Zürich; jährl. Pension durch den dän. König Friedrich V. mit der einzigen Verpflichtung, den „Messias" zu vollenden; heiratete 1754 die Hamburger Kaufmannstochter Meta *Moller* („Cidli") u. lebte nach ihrem Tod (1758) meist in Hamburg.

Friedrich Gottlieb Klopstock

Epoche machend wirkte sein bibl. Dichtwerk „Der Messias" (1748–1773), das erste große Epos der neuhochdeutschen Literatur. Die gefühlsbetonte, enthusiastisch-visionäre Darstellung aus pietist. Geist, kühnen sprachl. Neuschöpfungen u. feierl. Überhöhung des Stils zeugt von einer neuen religiösen u. nationalen Auffassung des Dichterberufs. K. gelang der Durchbruch aus der konventionellen rational bestimmten Aufklärungsliteratur zur Erlebnisdichtung der Empfindsamkeit. Durch Einführung des *Hexameters* löste er die Metrik aus der Bindung an französ. Vorbilder. Er griff in seinen „Oden" (1771) zunächst auf griech. u. engl. Vorbilder zurück u. wandte sich später dem freien Rhythmus zu. Mit dem nationalen Weihespiel „Hermanns Schlacht" (1769) förderte er die Bardendichtung u. wurde Vorbild für die Sturm-u.-Drang-Generation. K. schuf weitere Dramen sowie die zeitkrit. utopische Prosa „Die deutsche Gelehrtenrepublik" (1774). – Werke u. Briefe, ca. 40 Bde. 1974 ff. (Hamburger Klopstock-Ausgabe).

Klose, 1. Friedrich, schweiz. Komponist dt. Herkunft, *29. 11. 1862 Karlsruhe, † 24. 12. 1942 Ruvigliana, Tessin; Schüler A. *Bruckners*; Hptw.: neuromant. Märchenoper „Ilsebill" 1903; sinfon. Dichtung „Das Leben ein Traum" 1896 (nach Grillparzer); Oratorium „Der Sonne-Geist" 1917 nach A. Mombert; schrieb „Meine Lehrjahre bei Bruckner" 1927.

2. Hans-Ulrich, dt. Politiker (SPD), * 14. 6. 1937 Breslau; Jurist; 1973/74 Innensenator, 1974–1981 Erster Bürgermeister von Hamburg; seit 1983 MdB; 1987–1991 Schatzmeister der SPD; 1991–1994 Vors. der SPD-Bundestagsfraktion; 1994–1998 Vize-Präs. des Bundestages.

Margarete Klose

◆ **3.** Margarete, dt. Sängerin (Alt), * 6. 8. 1902 Berlin, † 14. 12. 1968 Berlin; kam über Ulm u. Mannheim 1931 an die Berliner Staatsoper u. wirkte dort bis 1961; Gastspiele in Bayreuth u. im Ausland; unterrichtete seit 1964 an der Sommerakademie Mozarteum in Salzburg.

Klosett [engl.] → Wasserklosett.

Kloß, *Knödel*, rund geformte Speise aus Mehl-, Grieß-, Fleisch- oder Kartoffelteig.

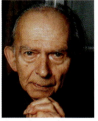
Pierre Klossowski

◆ **Klossowski**, Pierre, französ. Schriftsteller, * 9. 8. 1905 Paris, † 12. 8. 2001 Paris; Mitarbeit an J. P. Sartres „Les temps modernes"; seine Romane stehen zwischen F. Nietzsche u. dem Surrealismus. Hauptthemen sind moral.-theolog. Probleme u. Sexualität: „Die Gesetze der Gastfreundschaft" 1965, dt. 1966 (Trilogie); „Der Baphomet" 1965, dt. 1968; Essays „Das Bad der Diana" 1956, dt. 1956; auch Übersetzungen.

Kloster [das; lat. *claustrum*, „Verschluss, Umfriedung"], die zu einer Einheit zusammengefassten Gebäude gemeinsam lebender Ordensangehöriger. Das K. entwickelte sich aus der *Einsiedelei*. Die einzelnen Klöster sind den verschiedenen Orden u. ihren Aufgaben angepasst. Die ältesten Formen, hauptsächl. von den Benediktinern ausgebildet, haben als Mittelpunkt ihrer Anlage die Kirche, an die sich ein Kreuzgang anschließt. Um dieses Zentrum gruppieren sich die Mönchswohnungen, die eigentliche *Klausur*: Speisesaal *(Refektorium)*, Schlafsaal *(Dormitorium)* u. Kapitelsaal. Zu diesen Klöstern gehören meistens noch Gästehaus, Krankenhaus, Novizenhaus u. landwirtschaftl. Gebäude. – Bei den Zisterziensern ist kaum eine Umwandlung der Klosteranlage zu bemerken. Erst die Kartäuser schufen eine völlig neue Klosterform: An die Kirche schließt sich ein Hof mit Kreuzgang an, der von Zellen umgeben ist, in denen die Mönche einzeln u. nicht wie bei den benediktin. Ordensgemeinschaften gemeinsam leben. Mit dem Aufkommen der Bettelorden im 12. u. 13. Jh. kam man auch zu neuen Formen des Klosterlebens. Diese Orden siedelten sich vornehml. in Städten an, so dass sie ihre Gebäude auf verhältnismäßig engem Raum errichten mussten.

Die Jesuiten, die keine Klöster, sondern „Niederlassungen" haben, u. viele Orden der neueren Zeit gingen dazu über, ihre Häuser mitten in der Stadt zu bauen oder dort sogar Häuser zu mieten.
Die Klöster waren im frühen MA Träger der abendländ. Kultur. Da sie oft die einzigen Stätten waren, in denen das Kulturgut gepflegt u. erhalten wurde (Abschreiben literar. u. wissenschaftl. Werke, Aufbau u. Erhaltung von Bibliotheken u. a.), hatten die Mönche in geistiger u. religiöser Hinsicht einen großen Einfluss auf die Bevölkerung. Die Klöster waren oft wirtschaftl. Mittelpunkte (St. Gallen, Corvey, Reichenau).
Die Klöster im Hinduismus, Buddhismus, Lamaismus u. Daoismus unterscheiden sich in Anlage u. Idee von den christlichen Klöstern. Man findet alle Übergänge zwischen festem Klosterbau u. nur noch klosterähnlichen regellosen Häufungen von Zelten um ein Heiligtum. Die ursprüngl. mönchsfeindliche Haltung des Islam wurde seit der Gründung der Derwischorden im 12. Jh. aufgegeben. → Seite 374.

Kloster, Ort im N der Insel Hiddensee, in Mecklenburg-Vorpommern, rd. 400 Ew.; Grab- u. Gedächtnisstätte von G. *Hauptmann.*

Klosterbibliotheken, die im Klosterbesitz befindl. Büchereien; in der ausgehenden Antike u. im MA für die Überlieferung von Texten von großer Bedeutung. Zahlreiche K. gingen in der Reformation u. durch die Säkularisation in öffentl. Besitz über.

Klostergewölbe, eine Gewölbeform, bei der sich zwei Tonnengewölbe durchdringen, wobei der Schub auf die Wände abgeleitet wird. Auch → Gewölbe.

Klosterlausnitz, *Bad Klosterlausnitz*, Kurort in Thüringen, Saale-Holzland-Kreis, nordwestl. von Gera, 3300 Ew.; Moorbad; ehem. Klosterkirche (12. Jh.); Holzindustrie.

Klosterlechfeld, Gemeinde in Bayern, Ldkrs. Augsburg, 2400 Ew.; Wallfahrts- u. Klosterkirche Maria Hilf (17. Jh. von E. *Holl* erbaut).

Klostermansfeld, Gemeinde in Sachsen-Anhalt, Ldkrs. Mansfeld Land, 3200 Ew.; Kupferschieferbergbau.

Klosterneuburg, Stadt in Niederösterreich nordwestl. von Wien, an der Donau, Wohnvorort von Wien, 192 m ü. M., 23 800 Ew.; Garnison, Schulen, vielseitige Industrie. – Augustiner-Chorherrenstift (vor 1108 gegr.) mit got. Glasmalereien (13.–15. Jh.) u. dem *Klosterneuburger Altar*: ein 1181 von *Nikolaus von Verdun* gefertigtes Emailwerk, ursprüngl. als Bekleidung einer Kanzelbrüstung, 1130/31 zu einem Flügelaltar umgestaltet. Die 51 Grubenschmelztafeln enthalten Darstellungen aus dem Heilsgeschehen: Die obere u. untere Zone der Altarwand zeigen die alttestamentl. Vorbilder des Heilsgeschehens vor u. unter dem mosaischen Gesetz; die Bilder der mittleren Zone stellen die Erfüllung dieser Vorbilder im Neuen Bund dar. Im Kloster befindet sich das Grab *Leopolds III.* von Babenberg.

Klosterreichenbach, Kurort in Baden-Württemberg, an der Murg, im nördl. Schwarzwald, 520 m ü. M.; roman. Kirche einer

ehem. Benediktinerabtei (gegr. im 11. Jh.), Ortsteil von Baiersbronn.

Klosters, schweiz. Kurort u. Wintersportplatz an der Landquart, im oberen Prättigau, Kanton Graubünden, 1179 m ü. M., 3500 Ew.; ehem. Prämonstratenserkloster (1526 aufgehoben); Schwebebahn zum nahen *Gotschnagrat* (2283 m); durch den 1999 eröffneten Vereina-Tunnel mit Lavin im Unterengadin verbunden.

Klosterschulen, im MA neben den *Domschulen* die bedeutendsten Bildungsträger, in denen Mönche oder Nonnen den Nachwuchs der Orden unterrichteten u. erzogen. Zu diesen sog. inneren kamen die äußeren Abteilungen, die der Ausbildung künftiger Weltpriester u. junger Laien aus vornehmem Stand dienten. Die höchste Blüte erreichten die K. in Irland im 6.–8. Jh., in England im 8.–9. Jh., in Dtschld. im 9. u. 10. Jh. Bedeutende K. in Dtschld. waren in *St. Gallen, Reichenau, Fulda, Corvey, Hersfeld* u. *Tegernsee*. Mit dem Aufblühen der Städte u. der Gründung städt. Schulen ging die Bedeutung der K. zurück. In den prot. Ländern wurden in der Reformation die vorhandenen K. im Sinn der ev. Lehre umgestaltet; so entstanden die *Fürstenschulen*.

Klostertal, 30 km langes Seitental des Illtales in Vorarlberg (Österreich), von der Alfenz durchflossen, führt zum Arlberg.

Klostertod, *bürgerlicher Tod*, im Mittelalter eine juristische Fiktion, der zufolge der in einen Orden Eintretende für das weltliche Recht als tot galt; demgemäß ging z. B. sein Eigentum an die Erben über.

Klostridien, die Bazillus, → Clostridium.

Kloten, schweiz. Gemeinde im Kanton Zürich, 16 100 Ew.; 1949 eröffneter Flughafen nordöstl. von Zürich, der internationale Zentralflughafen der Schweiz.

Klothilde [ahd. *hlut*, „berühmt", + *hilt(j)a* „Kampf"], weibl. Vorname.

Klotho [grch., „Spinnerin"], eine der drei griechischen Schicksalsgöttinnen (→ Moira), neben *Atropos* u. *Lachesis* diejenige, die den Lebensfaden spinnt.

Klothoide [die; grch.], eine ebene Spiralkurve, bei der der Krümmungsradius stetig kleiner wird; beim Straßenbau u. bei Leichtathletikbahnen als Übergangsbogen zwischen Gerade u. Krümmung.

Klotz, 1. Christian Adolph, dt. Altertumsforscher u. Philosoph, * 13. 11. 1738 Bischofswerda, † 31. 12. 1771 Halle (Saale); Prof. in Halle, einflussreicher Gelehrter der Aufklärungszeit, von G. E. *Lessing* u. J. G. *Herder* bekämpft; Gedichte, satir. Schriften u. archäolog. Abhandlungen.
2. Heinrich, dt. Kunsthistoriker, * 20. 3. 1935 Worms, † 1. 6. 1999 Karlsruhe; ab 1972 Prof. in Marburg an der Lahn; Initiator, Gründer u. 1984–1989 Direktor des Dt. Architektur-Museums in Frankfurt a. M.; 1989–1998 Prof. in Karlsruhe, gleichzeitig Direktor des Karlsruher Zentrums für Kunst u. Medientechnologie; Werke: „Der Ostbau der Stiftskirche zu Wimpfen im Tal" 1967; „Die röhrenden Hirsche der Architektur" 1977; „Moderne u. Postmoderne" 1987; „Die Kultur unseres Jahrhunderts"
Fortsetzung S. 375

Kloster

(Links) Blick auf die barocke Klosteranlage der 1330 gegründeten Benediktinerabtei im oberbayrischen Ettal. Sie beherbergt ein bekanntes Internat und ist – nicht zuletzt auch wegen ihres Klosterlikörs – ein touristischer Anziehungspunkt

(Oben) Trappisten beim Chorgebet in ihrer Klosterkirche; Drôme, Frankreich. Dieser besonders strenge katholische Reformorden, der 1892 aus einer Abspaltung von den Zisterziensern hervorging, zeichnet sich u. a. durch ein striktes Schweigegebot aus

(Unten) Der Bezirk der griechisch-orthodoxen Meteora-Klöster in der Landschaft Thessalien (Mittelgriechenland) bestand ursprünglich aus 23 Klöstern, die im 14. Jh. auf steil aufragenden Felsen errichtet wurden. Heute sind nur noch drei bewohnt. Hier im Bild das Kloster Roussanou

(Oben) Buddhistisches Kloster in Korea. Nach buddhistischer Lehrmeinung kann ein Mönch durch sittlichen Lebenswandel und Läuterung des Geistes mittels Konzentrationsübungen (Yoga) zur Schau aller Zusammenhänge und damit zur Befreiung von den Wiedergeburten gelangen

(Rechts) Die Bewohner der seit 1913 autonomen orthodoxen Mönchsrepublik Athos auf der griechischen Halbinsel Chalkidike leben in 20 Klosterburgen und vielen Einsiedeleien unter weitgehendem Abschluss von der Öffentlichkeit

6 Bde. 1990–1993; „Von der Urhütte zum Wolkenkratzer" 1991; „Geschichte der Architektur" 1995; „Geschichte der deutschen Kunst Bd. I: Mittelalter 600–1400" 1998.
3. Mathias, dt. Geigenbauer, *11. 6. 1653 Mittenwald, †16. 8. 1743 Mittenwald; der erste wichtige Förderer (nicht der Begründer) des Geigenbaus in Mittenwald, wo er nach einer Lehre bei G. *Railich* in Padua u. vielleicht auch bei N. *Amati* in Cremona 1683 eine eigene Werkstatt einrichtete. Die Familie K. weist außer ihm 35 selbständige Meister seines Fachs auf.

Klotzbremse → Bremse.

Klötze, Stadt in Sachsen-Anhalt, Altmarkkreis Salzwedel, in der westl. Altmark, 6300 Ew.; landwirtschaftl. Zentrum; Lebensmittelindustrie, Holzverarbeitung.

klotzen, eine konzentrierte Farblösung in ein Gewebe einquetschen, wenn der Farbstoff nicht anderweitig auf die Fasern aufzieht. Auch → Foulard (2).

Klotzteich, Wasserbecken zur Lagerung von Holz zum Schutz vor Wertminderungen.

Kluane National Park [klu'ɛin 'næʃnəl pɑːk], Nationalpark im Yukon Territory (Kanada), in den Saint Elias Mountains; Weltnaturerbe seit 1979.

Klub, *Club* [altisländ., engl.], eine Vereinigung, die dem geselligen Verkehr oder der Pflege von Sport oder Kunst dient. Klubs entstanden im 18. Jh. u. spielten z. T. eine wichtige polit. Rolle (z. B. in Frankreich im 18. Jh. der *Jakobinerklub,* in Dtschld. im 20. Jh. der *Herrenklub*). Das Leben spielt sich meist in *Klubräumen* oder in einem eigenen *Klubhaus* ab. Politisch u. wirtschaftlich bedeutsam sind die engl. Klubs. Weltweit verbreitet sind → Lions International u. der → Rotary Club.
Die Fraktionen im österr. Nationalrat werden *Klubs* genannt.

Kluchorypass, Pass der *Suchumischen Heerstraße* über den westlichen Kaukasus, 2781 m ü. M.

Kluck, Alexander von (1909), dt. General, *20. 5. 1846 Münster, †19. 10. 1934 Berlin; führte 1914 in der Marneschlacht im Rahmen des Schlieffenplans die 1. Armee. Durch das Eingreifen der Obersten Heeresleitung (Oberstleutnant R. *Hentsch*) wurde er am Vormarsch gehindert, wodurch die Umfassung des Gegners misslang. 1915 schwer verwundet, nahm K. 1916 den Abschied. Er schrieb „Der Marsch auf Paris u. die Marne-Schlacht" 1920.

Kluckhohn, 1. ['klʌkhəʊn], Clyde, US-amerikan. Kulturanthropologe u. Ethnopsychologe, *11. 1. 1905 Le Mars, Iowa, †28. 7. 1960 Santa Fe, New Mexico; seit 1946 Prof. an der Harvard-Universität; führender Kenner der Kultur der Navaho-Indianer. Von psychoanalyt. Denken beeinflusst, untersuchte er einige in allen Kulturen vorkommende existenzielle Erlebnis- u. Verhaltenskategorien. Ferner befasste er sich mit den psychischen Auswirkungen sozialer Kontrollen u. dem Problem der Werte im gesellschaftl. Zusammenleben.
2. Paul, dt. Literarhistoriker, *10. 4. 1886 Göttingen, †20. 5. 1957 Tübingen; ideengeschichtl. Interpret der romant. Literatur;

Mitgründer der „Dt. Vierteljahrsschrift für Literaturwissenschaft u. Geistesgeschichte"; Hptw.: „Die dt. Romantik" 1924; „Persönlichkeit u. Gemeinschaft. Studien zur Staatsauffassung der dt. Romantik" 1925; „Das Ideengut der dt. Romantik" 1941.

Kluczbork ['klutʃbɔrk], *Kreuzburg,* Oberschlesien, poln. Stadt in Schlesien, am Stober, nordöstl. von Opole, 22 500 Ew.; Möbel-, Leder- u. Maschinenindustrie; Verkehrsknotenpunkt. – K. wurde um 1250 gegründet.

Kluft, 1. *Geologie:* Diaklase, feiner, nicht oder nur wenig geöffneter Riss in einem Gestein, der durch endogene Vorgänge entstanden ist u. durch Verwitterung erweitert wird. Klüfte verlaufen oft parallel zueinander u. bilden eine *Kluftschar.* Treten mehrere *Kluftrichtungen* auf, lässt sich eine Analyse des *Kluftnetzes* Aussagen über die tekton. Beanspruchung eines Gebietes zu. Hierzu wird eine *Kluftstatistik* bzw. deren graf. Darstellung in Form einer *Kluftrose* angefertigt. Auf *Kluftflächen* können *Kluftminerale* auskristallisieren; öffnet sich die K. stärker, wird sie zur Spalte. In Klüften zirkulierendes Grundwasser nennt man *Kluftwasser.* Im Bergbau werden Klüfte als *Schlechten* bezeichnet.
2. *Kochkunst:* ein Teil der Rinderkeule (*Kluft-Steak*).
3. *Rotwelsch:* Anzug, Kleidung.

Klug, 1. Aaron, brit. Physiker u. Molekularbiologe; *11. 8. 1926 Johannesburg, Südafrika; seit 1949 in England; ab 1978 am Molekularbiologischen Laboratorium der Universität Cambridge; entwickelte Methoden, um auf kristallographisch-elektronmikroskopischem Wege molekularbiologische Strukturen dreidimensional zu analysieren (insbes. Nucleinsäuren u. Viren); Nobelpreis für Chemie 1982.
2. Ulrich, dt. Strafrechtslehrer u. Politiker (FDP), *7. 11. 1913 Barmen, †7. 5. 1993 Köln; 1956–1960 Prof. in Mainz, seit 1960 in Köln; arbeitete Mitte der 1960er Jahre am Alternativentwurf zum StGB mit. 1970/71 Staatssekretär im Justizministerium von Nordrhein-Westfalen, 1974–1977 Justizsenator in Hamburg. Hptw.: „Juristische Logik" [3]1966; „Aktienstrafrecht" [3]1975.

Alexander Kluge

Kluge, ◆ **1.** Alexander, dt. Filmemacher u. Schriftsteller, *14. 2. 1932 Halberstadt; Jurist; Regieassistent bei F. *Lang;* in den 1960er Jahren einer der profiliertesten Protagonisten des „Jungen dt. Films"; mit der Gesellschaft DCTP seit den 1980er Jahren im Privatfernsehbereich tätig. Prosa: „Lebensläufe" 1962 (Montage von Zeitdokumenten); „Schlachtbeschreibung" 1964; „Lernprozesse mit tödl. Ausgang" 1973; „Neue Geschichten" 1977. Soziolog. Arbeiten u. a.: „Öffentlichkeit u. Erfahrung" 1972 (mit O. Negt); „Geschichte u. Eigensinn" 1981 (mit O. Negt); „Maß-

verhältnisse des Politischen" 1992 (mit O. Negt). Spielfilme: „Abschied von gestern" 1966; „Die Artisten in der Zirkuskuppel: ratlos" 1968; „Gelegenheitsarbeit einer Sklavin" 1973; „Der starke Ferdinand" 1976; „Deutschland im Herbst" (Co-Regie) 1978; „Die Patriotin" 1979; „Die Macht der Gefühle" 1983; „Vermischte Nachrichten" 1986.
2. Friedrich, dt. Germanist, *21. 6. 1856 Köln, †21. 5. 1926 Freiburg i. Br.; verfasste grundlegende Untersuchungen über die Geschichte u. Eigenart des deutschen Wortschatzes u. über die deutsche Sprachgeschichte. Weiteste Verbreitung fand sein „Etymologisches Wörterbuch der deutschen Sprache" 1883, [23]1999.
3. Günther von, dt. General, *30. 10. 1882 Posen, †19. 8. 1944 bei Metz (Selbstmord); dt. Heerführer im 2. Weltkrieg, 1944 Oberbefehlshaber West; stand in Fühlung mit dem Widerstand gegen Hitler, ohne sich ihm jedoch anzuschließen; wurde am 17. 8. 1944 abgesetzt.

Kurt Kluge

◆ **4.** Kurt, dt. Schriftsteller, Bildhauer, Maler u. Erzgießer, *29. 4. 1886 Leipzig, †26. 7. 1940 Fort Eben Emael bei Lüttich; seit 1921 Prof. für Erzguss in Berlin; als Schriftsteller Humorist im Geist von W. *Raabe* u. *Jean Paul;* Hptw.: „Der Glockengießer Christoph Mahr" 1934; „Der Herr Kortüm" 1938; „Die Zaubergeige" 1940; Briefe: „Lebendiger Brunnen" 1952; Novellen: „Die gefälschte Göttin" 1935, erweitert 1950; „Die Sanduhr", Erzählungen, Funk- u. Filmtexte, hrsg. von C. Kluge, 1966.

kluge und törichte Jungfrauen, ein häufiges Thema der christl. Kunst, seit dem 4. Jh. dargestellt nach einem Gleichnis Christi vom Jüngsten Gericht (Matth. 25,1); bes. oft als Gewändefiguren an got. Kathedralen (Brautpforte des Magdeburger Doms, um 1240).

Klumpfische, *Molidae,* artenarme Familie aus der Ordnung der *Haftkiefer* (verwandte Familien u. a. *Drücker-, Koffer-, Igelfische*); oceanische Oberflächenfische von eigentümlicher Gestalt: hoher, ovaler Körper von plumper Form, Rücken- u. Afterflosse segelartig abstehend, Körper hinten wie abgeschnitten u. von schmaler Schwanzflosse gerandet, Bauchflossen fehlen, keine Schwimmblase; sehr dicke, lederartige Haut ohne Schuppen, kleines Maul. Größter Vertreter ist der *Mondfisch.*

Klumpfuß, *Pes equinovarus,* eine Missbildung des Fußes, die meist angeboren, seltener erworben ist: Der Fuß ist einwärts geknickt, so dass die Fußsohle nach innen u. oben zeigt.

Klumphand, eine Missbildung der Hand, oft verbunden mit angeborenem Fehlen des auf der Daumenseite liegenden Unterarmknochens (Speiche).

Kluncker, Heinz, dt. Gewerkschaftsführer, *20. 2. 1925 Wuppertal; seit 1946 aktives Mitgl. der Gewerkschaft Öffentliche Dienste, Transport u. Verkehr (ÖTV), 1964–1982 deren Vorsitzender.

Kluniazenser, *Cluniazenser* → cluniazensische Reform.

Klunkerkranich → Kraniche.

Kluppe, 1. *Schneidkluppe,* ein Werkzeug zum Gewindeschneiden, hauptsächl. auf Rohren.

2. *Messkluppe,* ein Gerät (Schublehre) zum Messen von Baumdurchmessern.

3. Haltevorrichtung für Gewebebahnen beim Trocknen, Krumpfen u. Ä. Das Gewebe kann gespannt u. entspannt werden.

Klüse [die], ein Ring an Deck oder eine Öffnung im Schanzkleid oder in der Bordwand des Schiffs zum Durchführen von Trossen oder Ketten.

Klute, Fritz, dt. Geograph, *29. 11. 1885 Freiburg i. Br., †7. 2. 1952 Mainz; lehrte in Gießen u. Mainz; grundlegende Forschungen über das Klima der Eiszeit, länderkundliche Arbeiten über Afrika u. a.; Herausgeber des „Handbuchs der Geograph. Wissenschaft" (seit 1928); Hptw.: „Allg. Länderkunde von Afrika" 1935; „Eiszeit u. Klima" 1937.

Kluterthöhle, Naturhöhle bei Ennepetal im Sauerland, rd. 300 Gänge von 5,2 km Länge. Das Höhlenklima wirkt heilend bei Bronchial-Asthmakranken.

Kluth, Heinz, dt. Soziologe, *18. 7. 1921 Lychen, Uckermark, †28. 12. 1977 Hamburg; seit 1961 Prof. in Hamburg; untersuchte die sozialen Rollen der Jugend in der industriellen Gesellschaft; befasste sich ferner mit Problemen von Arbeit, Freizeit u. Großbetrieben. Hptw.: „Der arbeitslose Jugendliche in seinen Bindungen an die außerfamiliäre gesellschaftl. Umwelt" 1952; (Mitverfasser) „Arbeiterjugend gestern u. heute" 1955; „Freizeit im Schatten der industriellen Gesellschaft" 1966; „Soziologie der Großbetriebe" 1968.

Klüver [der; ndrl.], ein Stagsegel zwischen dem *Klüverbaum* (verlängertes Bugspriet) u. Fockmast; Auch → Segelschiff.

Klydonograph [grch.], Gerät zum Aufzeichnen von Impulsspannungen, vor allem Blitzspannungen. Ein fotograf. Film wird zwischen einem Elektrodenpaar langsam durchgezogen, auf das Spannungen zwischen 2 u. 18 kV festgehalten werden. Die entstehenden Bilder nennt man *Lichtenberg'sche Figuren.* Aus ihrer Größe u. Form kann man auf Polarität u. Scheitelwert der Spannung schließen.

◆ **Klystron** [das, Kunstwort], eine Laufzeitröhre zur Erzeugung von Mikrowellen. Auf einen Elektronenstrahl mit konstanter Elektronendichte wirkt in einem ersten Hohlraumresonator in Bewegungsrichtung ein hochfrequentes elektrisches Feld. Dadurch wird die Geschwindigkeit der Elektronen moduliert. In dem anschließenden feldfreien Raum bildet sich im Elektronenstrahl eine Modulation der Elektronendichte aus, da z. B. Elektronen, die im ersten Resonator stärker beschleunigt wurden, langsamere Elektronen, die den Resonator früher durch-

laufen haben, einholen können. Der dichtemodulierte Elektronenstrahl durchläuft anschließend einen zweiten Resonator u. induziert in ihm ein gegenüber dem modulierenden ersten Wechselfeld verstärktes Wechselfeld gleicher Frequenz. Durch geeignete Bauweise *(Zweikammerklystron, Reflexklystron)* erreicht man, dass sich im K. eine hochfrequente elektrische Schwingung selbst anfacht (Selbsterregung, Rückkopplung); sie wird als Mikrowelle abgestrahlt.

Klytämnestra, *Klytaimestra,* in der griech. Sage Tochter des *Tyndareos* u. der *Leda,* Schwester der *Dioskuren* u. der *Helena*; Gattin des *Agamemnon,* den sie nach seiner Rückkehr aus dem Trojanischen Krieg durch ihren Geliebten *Aigisthos* töten ließ. Ihr Sohn *Orestes* rächte später den Vater, indem er K. u. Aigisthos erschlug.

km, Kurzzeichen für *Kilometer*; 1 km = 1000 m.

km/h, Kurzzeichen für eine Geschwindigkeitseinheit, nämlich für die Anzahl der Kilometer, die in einer Stunde zurückgelegt wurden (umgangssprachlich nicht korrekte Bez.: „Stundenkilometer").

KNA, Abk. für → Katholische Nachrichten-Agentur.

Armin Knab

◆ **Knab,** Armin, dt. Komponist, *19. 2. 1881 Neu-Schleichach, Unterfranken, †23. 6. 1951 Bad Wörishofen; Amtsrichter, ab 1934 (ab 1935 als Prof.) an der Hochschule für Musikerziehung u. Kirchenmusik in Berlin; schrieb u. a. Lieder zu Dichtungen von J. W. von Goethe, J. von Eichendorff, R. Dehmel, A. Mombert, S. George u. „Aus des Knaben Wunderhorn", ferner Klavierwerke, zahlreiche Chorkompositionen (Oratorium „Das gesegnete Jahr" 1935–1943) u. Instrumentalmusik.

Knabber, Elektro-Handschere zum Trennen von Blech durch sog. Ausknabbern einer Fuge, nicht durch Schneiden.

Knabenkraut, *Helmblume, Orchis,* rd. 100 Arten umfassende Gattung der *Orchideen*;

Klystron: Klystrons werden u. a. in der Radar- und Haushaltstechnik zur Erzeugung von Mikrowellenstrahlung hoher Ausgangsleistung eingesetzt

Knäkente, Anas querquedula, Erpel

Verbreitungsgebiet: Europa, gemäßigtes Asien, Nordafrika u. (mit einigen Arten) Nordamerika. Die gespornten Blüten haben eine drei- bis vierteilige Lippe u. einen gedrehten Fruchtknoten. Charakteristisch sind auch die ungeteilten oder handförmig geteilten (früher: *Dactylorchis*) Wurzelknollen. Die wichtigsten einheim. Arten: *Geflecktes K. (Muttergotteshändchen, Fleckenorche), Orchis maculata; Breitblättriges K., Orchis latifolia; Purpurrotes K., Orchis purpurea; Helmknabenkraut (Soldatenorche) Orchis militaris; Großes K. (Männliches K.), Orchis mascula; Kleines K. (Narrenorche), Orchis morio.* Alle einheim. Arten sind geschützt.

Knabenlese, türk. *devşirme,* Zwangsrekrutierungen der türk. Sultane unter den christl. Balkanvölkern. Die betroffenen Jugendlichen wurden zum Übertritt zum Islam gezwungen u. für militärische (→ Janitscharen) u. administrative Aufgaben im Osman. Reich ausgebildet.

Knabenliebe → Päderastie.

Knabenüberschuss → Sexualproportion.

Knabenweihe → Initiation.

Knäckebrot [schwed.], knuspriges, leicht verdauliches, ursprüngl. in Schweden hergestelltes Fladenbrot aus Mehl oder Schrot von Roggen oder Weizen (mit oder ohne Hefe).

Knackelbeere, *Knack-Erdbeere, Grüne Erdbeere, Fragaria viridis,* an sonnigen Standorten vorkommende Erdbeere, in Europa mit harten grünen Früchten.

Knacker, *Knackwurst,* geräucherte Brühwurst aus grobem, vorgepökeltem Rindfleisch u. fettem Schweinefleisch, mit Pfeffer u. Muskatnuss gewürzt; in Rinderkranzdärme gefüllt u. zu kettenförmigen, kleinen Würsten abgebunden.

Knackfuß, 1. Hermann, Bruder von 2), dt. Maler, Grafiker u. Kunstschriftsteller, *11. 8. 1848 Wissen an der Sieg, Westerwald, †17. 5. 1915 Kassel; Historienmaler u. Illustrator von eklektizist. Haltung; gab die z. T. selbst verfasste Reihe „Künstlermonografien" (122 Bde. 1895–1941) heraus. **2.** Hubert, Bruder von 1), dt. Architekt u. Archäologe, *25. 6. 1866 Dalheim bei Aachen, †30. 4. 1948 München; techn. Leiter der dt. Ausgrabungen in Milet u. Didyma 1901–1912.

Knacklaut, ein Kehlkopfverschlusslaut; → glottal.

Knagge [die; ndt.], stützendes Bauteil aus Holz, z. B. in Dachkonstruktionen.

◆ **Knäkente,** *Anas querquedula,* kleine *Schwimmente* Eurasiens, die mit 38 cm Länge nur wenig größer als die ähnliche *Krickente* ist. Der braune Kopf mit einem langen, weißen Überaugenstreifen unterscheidet den Erpel von anderen Schwimmenten. Die K. brütet in der Nähe von Binnengewässern u. ist ein Zugvogel.

Knall, eine Gehörsempfindung, die durch eine plötzliche stoßweise Dichteschwankung der Luft hervorgerufen wird; Entstehung durch Schlag (Peitsche), Explosion u. a. möglich.

Knallgas, eine Mischung von Wasserstoff mit Sauerstoff (oder Luft), die bei Entzündung explosionsartig verbrennt. Katalysatoren, z. B. fein verteiltes Platin, führen die Reaktion schon bei Zimmertemperatur herbei. Technische Anwendung (zum Schweißen u. Schneiden) findet das K. beim *Knallgasgebläse* mit Flammentemperatur bis 2000°C. Auch → autogenes Schneiden und Schweißen.

Knallgasbakterien, Bakterien, die zur Reduktion von molekularem Sauerstoff (O_2) mit molekularem Wasserstoff (H_2) unter aeroben Bedingungen befähigt sind. K. sind in der Lage, mit der aus der „Knallgasreaktion" ($2 H_2 + O_2 \rightarrow 2 H_2O$ + Energie) gewonnenen Energie Kohlendioxid zu fixieren ($6 H_2 + 2 O_2 + CO_2 \rightarrow \langle CH_2O \rangle + 5 H_2O$). K. sind in der Lage, organische Nährstoffquellen zu verwerten. Man bezeichnet sie deshalb auch als *fakultativ chemolithoautotroph.* K. stellen taxonomisch eine außerordentlich vielseitige Gruppe dar. Sie gehören den Gattungen *Pseudomonas, Aquaspirillum, Alcaligenes, Paracoccus, Xanthobacter, Nocardia, Mycobacterium, Bacillus* u. *Rhizobium* an.

◆ **Knallgaselement,** ein galvanisches Element, als elektrische Energiequelle 1955 von F. T. *Bacon* entwickelt; Prinzip: In eine 27%ige Kalilauge als Elektrolyt tauchen zwei poröse, hohle Nickelelektroden, in die Sauerstoff- bzw. Wasserstoffgas eingeleitet wird. An der Anode bildet sich eine dünne Nickeloxidschicht, die das Sauerstoffgas aktiviert u. adsorbiert, so dass die Sauerstoffatome mit dem Wasser des Elektrolyten OH-Ionen bilden können. Die OH-Ionen wandern zur Kathode und bilden mit aktiven Wasserstoffatomen Wasser. Dabei werden Elektronen frei, wodurch eine Potenzialdifferenz von 0,8 Volt zwischen den Elektroden entsteht. Der Wirkungsgrad beträgt bei 200 °C und einem Druck von 41 bar bei einer Entnahme von 25 A etwa 65 %.

Knallgaslicht → Drummond'sches Kalklicht.

Knallgasvoltameter [das], Gerät zum Messen des elektr. Stroms durch die bei der Elektrolyse des Wassers abgeschiedene Knallgasmenge. 1 Ampere entwickelt in 1 Sekunde 0,17 cm³ Knallgas von 0°C u. 101 325 Pa Druck.

Knallkrebs → Pistolenkrebs.

Knallquecksilber, *Knallsaures Quecksilber, Quecksilberfulminat,* $Hg(ONC)_2$, ein Salz der *Knallsäure,* das bei Stoß, Schlag oder

Erhitzen explodiert; Verwendung als Initialsprengstoff, z. B. in Zündhütchen von Patronen.

Knallsäure, HCNO, eine giftige Säure, deren Schwermetallsalze *(Fulminate)* explosiv sind: *Knallquecksilber, Knallsilber.*

Knallsilber, *Silberfulminat,* AgCNO, das Silbersalz der *Knallsäure,* das noch leichter als das *Knallquecksilber* explodiert.

Knallteppich, Geländestreifen unter dem Flugweg eines mit Überschallgeschwindigkeit fliegenden Flugzeugs, in dem die akust. Erscheinung des → Überschallknalls wahrnehmbar ist.

Knapp, Georg Friedrich, dt. Nationalökonom, *7. 3. 1842 Gießen, †20. 2. 1926 Darmstadt; lehrte in Leipzig u. Straßburg; gehörte der *Histor. Schule* an, vertrat eine rechtshistor. Theorie vom Wesen des Geldes; Hptw.: „Die Bauernbefreiung u. der Ursprung der Landarbeiter in den älteren Teilen Preußens" 2 Bde. 1887; „Staatl. Theorie des Geldes" 1905.

Knappe, 1. im MA der Edelknabe, der zur Ausbildung an den Waffen u. zum Erlernen der höfischen Sitten bei einem Ritter in Dienst stand.
2. der Bergmann (→ Bergmechaniker), der seine Lehre abgeschlossen hat.

Knappenrodetalsperre, Stauanlage an der *Schwarzwasser,* bei Knappenrode, in Brandenburg, 8,0 Mio. m³ Stauraum, 2,9 km² Fläche; seit 1953 in Betrieb zur Brauchwasserversorgung und als Hochwasserschutz.

Hans Knappertsbusch

◆ **Knappertsbusch,** Hans, dt. Dirigent, *12. 3. 1888 Elberfeld, †25. 10. 1965 München; wirkte von 1913 bis 1918 in Elberfeld, Leipzig u. Dessau, seit 1922 Generalmusikdirektor u. Nachfolger von B. *Walter* an der Staatsoper in München, 1938 in Wien, seit 1945 Gastdirigent, bes. in München u. Bayreuth; vor allem Wagner- u. Bruckner-Dirigent.

Knappheit, Bez. für die Tatsache, dass → Güter nicht in beliebiger Menge vorhanden sind. Die Frage der Verfügung über jene

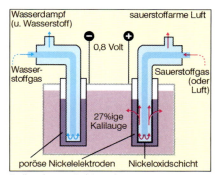

Knallgaselement: Funktionsschema

Mittel, die im Verhältnis zu den erstrebten Ergebnissen (Zielen) knapp sind, ist ein zentrales Problem des Wirtschaftens. Wichtig ist die Unterscheidung zwischen technischer u. ökonomischer K. *Technisch knapp* sind z. B. das Meer oder die Luft; sie sind mengenmäßig begrenzt, aber im Wesentlichen *freie Güter,* sie können genutzt werden, ohne dass ein wirtschaftlich relevanter Tatbestand, z. B. die Zahlung eines Preises, damit verbunden ist. Die Forderung von Preisen (u. jede andere Begrenzung der freien Nutzung) deutet stets an, dass die für jedermann mögliche beliebige Verwendung vorhandener Ressourcen vom Standpunkt der Gesellschaft aus gesehen als nicht produktiv, als Vergeudung knapper Güter angesehen wird *(wirtschaftl. K.).* Die → Marginalanalyse erwies sich zur Begegnung der K. als wichtiges Orientierungsinstrument.

Knappschaft, *Knappschaftsverein,* die Gesamtheit der Bergleute eines Bergwerks oder eines Reviers. Knappschaften waren schon im 13. Jh. bekannt u. angesehen; sie errangen wichtige Vorrechte u. entwickelten frühzeitig soziale Selbsthilfe-Einrichtungen *(Knappschaftskassen* u. a.), die im 20. Jh. in die Sozialversicherung eingebaut wurden. Nach verschiedenen landesrechtl. Regelungen wurde 1923 durch das *Reichsknappschaftsgesetz* eine reichsrechtl. Gestaltung der *Knappschaftsversicherung,* der Kranken- u. Rentenversicherung der Bergleute, durchgeführt. Als Träger der Versicherung wurde die *Reichsknappschaft* bestimmt. An deren Stelle traten nach 1945 die ehem. *Bezirksknappschaften.* Träger der Knappschaftsversicherung ist seit dem 1. 8. 1969 die *Bundesknappschaft,* Sitz: Bochum.
Der Knappschaftsversicherung unterliegen Arbeitnehmer in knappschaftl. Betrieben, d. h. in Betrieben, in denen Mineralien oder ähnl. Stoffe bergmänn. gewonnen werden, u. in deren Nebenbetrieben. Eine Versicherungspflicht besteht für alle Arbeitnehmer (Arbeiter u. Angestellte) ohne Rücksicht auf ihre Stellung im Betrieb u. auf die Höhe ihres Einkommens. Als Regelleistungen der knappschaftl. Rentenversicherung werden *Bergmannsrente, Knappschaftsrente* wegen Berufsunfähigkeit oder wegen Erwerbsunfähigkeit, *Knappschaftsruhegeld* nach Erreichen der Altersgrenze u. *Hinterbliebenenrente* gezahlt. Die Mittel werden durch Beitragszahlung der Versicherten u. der Arbeitgeber u. durch einen Zuschuss des Bundes aufgebracht.

Knaths, Karl, US-amerikan. Maler, *21. 10. 1891 Eau Claire, Wisconsin, †9. 3. 1971 Hyannis, Massachusetts; studierte an der Kunstakademie in Chicago u. wurde von H. *Matisse* u. P. *Cézanne* beeinflusst. K. begann mit expressionistischen Bildern, gelangte später jedoch zu einer abstrakten Malweise, indem er das Motiv in sich überschneidende Flächen zerlegte.

Knäuel, *Scleranthus,* Gattung der *Nelkengewächse (Caryophyllaceae),* mit kleinen, grünen Blüten; in Mitteleuropa ist der *Einjährige K., Scleranthus annuus,* u. der *Ausdauernde K., Scleranthus perennis,* zu finden.

Gewöhnliches Knäuelgras, Dactylis glomerata

◆ **Knäuelgras,** *Hundsgras, Katzengras, Dactylis,* Gattung der *Süßgräser (Poaceae),* mit kleinen, zu Knäueln vereinigten, in Rispen stehenden Ährchen. In Eurasien u. Nordafrika heimisch u. in Nordamerika eingebürgert ist das *Gewöhnl. K., Dactylis glomerata,* mit aufrechter Rispe u. graugrünen Blättern; in Mitteleuropa weit verbreitet; gutes Futtergras.

Knauf [der; Nebenform von *Knopf*], im MA Bez. für roman. *Säulenkapitelle,* bes. Würfelkapitelle, oder für kapitellartige, roman. Wandsäulen tragende *Kragsteine.* Die Form des Knaufs ergibt sich aus der Durchdringung von Kugel u. Würfel. Heute bezeichnet K. ein kugel- oder knopfartiges Zierstück, z. B. *Turmknauf,* auch den Schwert-, Schirm- oder Stockgriff.

Knauffliese, eine keram. Wandplatte mit stark profiliertem Knauf in der Mitte; bekannt u. a. von altpers. Bauten, z. B. am Tempel von *Tschoga Zambil* bei Susa, um 1200 v. Chr.

Knaupp, Werner, dt. Maler, Zeichner u. Bildhauer, *3. 5. 1936 Nürnberg; schuf zunächst abstrakte Landschaftszeichnungen in Kugelschreiberschraffur. Seit 1977 stehen soziale u. Tabu-Themen im Vordergrund, bes. der Tod, nachdem er in einer Nervenheilanstalt u. in einem Krematorium gearbeitet u. Erfahrungen in Sterbehäusern in Calcutta gesammelt hatte.

Hermann Hubert Knaus

◆ **Knaus,** Hermann Hubert, österr. Frauenarzt u. Geburtshelfer, *19. 10. 1892 St. Veit an der Glan, †22. 8. 1970 Graz; bekannt durch ein Verfahren der „natürlichen Geburtenregelung" (→ Knaus-Ogino-Methode); Hptw.: „Die period. Fruchtbarkeit u. Unfruchtbarkeit des Weibes" 1934; „Die fruchtbaren u. unfruchtbaren Tage der Frau u. deren richtige Berechnung" 1950.

Knaus-Ogino-Methode [nach H. H. *Knaus* u. K. *Ogino*], *Kalendermethode,* Methode der Empfängnisverhütung durch Berechnung der fruchtbaren u. unfruchtbaren Tage der Frau; danach liegt das Konzeptionsoptimum (die „fruchtbaren Tage") beim 28-tägigen Zyklus zw. dem 12. u. 16. Tag, die übrigen gelten als „unfruchtbar". Die K. ist unzuverlässig, da sie von folg. theoretischen Annahmen ausgeht: Eine Eizelle ist nur 10 Std. lang befruchtungsfähig, ein Spermium nur ca. 3 Tage lebensfähig u. a. eine einheitl. Gelbkörperphase von 14 Tagen beginnt ab dem 15. Zyklustag. Auch → Empfängnisverhütung.

Knautie, *Knautia* → Witwenblume.

Knautschzone, eine Zone minderer Festigkeit am vorderen u. hinteren Ende eines Autos, die sich im Fall eines Aufpralls zusammenschiebt u. so Energie schluckt.

Knebel, 1. ein zusammengedrehtes Tuch, das, in den Mund gesteckt, am Schreien hindern soll.
2. Griff aus Holz oder Metall zum Spannen von Seilen u. Ä.

Karl Ludwig von Knebel

◆ **Knebel,** Karl Ludwig von, dt. Schriftsteller, *30. 11. 1744 Schloss Wallerstein, Franken, †23. 2. 1834 Jena; Prinzenerzieher in Weimar; Freund *Goethes,* Mitarbeiter der „Horen", übersetzte Properz u. Lukrez; „Literar. Nachlass u. Briefwechsel" 3 Bde. 1835/36; Briefwechsel mit Goethe, 2 Bde. 1851.

Knebelbart, in der span. Mode im 16. Jh. aufgekommene Barttracht. Von *Napoleon III.* wieder aufgenommen.

knebeln, so melken, dass mit dem ersten abgebeugten Daumenglied u. Zeigefingerdruck der Strich entleert wird.

Knebelungsvertrag, im bürgerl. Recht ein Vertrag, der den Schuldner in unerträglicher Weise der wirtschaftl. Freiheit beraubt; auch ohne Schädigungsabsicht nach § 138 BGB wegen Sittenwidrigkeit nichtig. – Ähnlich in *Österreich* § 879 ABGB) u. in der *Schweiz* (Art. 19 u. 20 OR).

Knecht, alte Bez. für den männl., zum *Gesinde* gehörenden landwirtschaftl. Lohnarbeiter, z. B. *Klein-* u. *Großknecht, Pferde-* u. *Ochsenknecht.*

Knecht, Richard, dt. Bildhauer, *25. 1. 1887 Tübingen, †14. 8. 1966 München; Schüler von A. von *Hildebrandt*; schuf zunächst kraftvolle Aktfiguren, später auch Heiligenfiguren. Seine Werke sind geprägt vom impressionist. Stil A. *Rodins* u. von der plast. Wirkung A. *Maillols.*

Knecht Ruprecht, eine bärtige u. vermummte Gestalt mit Rute u. Sack, die allein oder als Begleiter des *Nikolaus* u. *Weihnachtsmanns* in der Weihnachtszeit Gaben bringt. Die Herkunft dieser Gestalt ist ungeklärt.

Knechtsand, Wattgebiet zwischen Elbe- u. Wesermündung.

Knef, Hildegard Frieda Albertine, dt. Schauspielerin u. Chansonsängerin, *28. 12. 1925 Ulm; kam 1942 zur Ufa, seit 1944 Filmrollen, erste Hauptrolle 1946 in „Die Mörder sind unter uns"; weitere Erfolge in „Film ohne Titel" 1947; „Die Sünderin" 1951; „Schnee am Kilimandscharo" 1952; internationaler Durchbruch als Musicalstar in „Silk stockings" in New York 1954–1956; seit 1963 auch als Chansonsängerin bekannt, z. T. mit eigenen Texten, daneben weiter für Film u. Fernsehen tätig: „Die Dreigroschenoper" 1963; „Jeder stirbt für sich allein" 1975; „Für mich soll's rote Rosen regnen" 1995; schrieb u. a. die Autobiografie „Der geschenkte Gaul" 1970 u. den Roman „So nicht" 1982.

Kneif, Tibor, dt. Musikwissenschaftler ungar. Herkunft, *9. 10. 1932 Preßburg; seit 1973 Prof. an der Freien Universität in Berlin; musiksoziolog. („Musiksoziologie" 1971) u. -philosoph. Schriften, außerdem „Sachlexikon Rockmusik" 1978; „Einführung in die Rockmusik" 1979.

Kneifelgerste, Typ der → Braugerste mit kurzem, vollbauchigem Korn.

Kneip, Jakob, dt. Erzähler u. Lyriker, *24. 4. 1881 Morshausen, Hunsrück, †14. 2. 1958 Mechernich, Eifel; zuerst Lehrer, Mitgründer des Bundes der „Werkleute auf Haus Nyland" u. des „Rhein. Dichterbundes". Lyrik: „Bauernbrot" 1934; Gesammelte Gedichte 1953; Epos: „Der lebendige Gott" 1919; heiterer Roman: „Hampit der Jäger" 1927; Trilogie: „Porta Nigra" 1932; Erzählungen: „Feuer vom Himmel" 1936; „Johanna, eine Tochter unserer Zeit" 1954; „Der Apostel" 1955.

Sebastian Kneipp

◆ **Kneipp,** Sebastian, dt. kath. Pfarrer, *17. 5. 1821 Stefansried bei Ottobeuren, †17. 6. 1897 Wörishofen; wurde ähnlich wie V. *Prießnitz,* aber unabhängig von ihm, durch die Schriften J. S. *Hahns* aus eigenem Erleben ein Anhänger der Wasserheilkunde (bes. der Kaltwasserheilkunde). Er erweiterte sie durch das Gießverfahren u. durch eine Reihe individueller Abstufungen. Als Naturheilmittel schuf er die nach ihm benannte → Kneippkur. Hptw.: „Meine Wasserkur" 1886; „So sollt ihr leben" 1888; „Mein Testament" 1893.

Kneippkur, die von S. *Kneipp* entwickelte Behandlung, die alle Funktionen des menschl. Körpers berücksicht, u. als Heilmittel in erster Linie naturgemäße Diät, Licht-Luft-Bewegungsbehandlung, Kräuter u. die Kneipp'schen Wasseranwendungen einsetzt. Die K. wird in anerkannten Heilbädern, Kurorten u. Gesundheitshöfen von Kneipp-Bademeistern u. -Ärzten ausgeübt. Ihre Anhänger sind im *Kneipp-Bund e. V.,* Bad Wörishofen, mit örtl. Kneippvereinen zusammengeschlossen.

Kneller ['nɛlə], Sir Godfrey, eigentl. Gottfried *Kniller,* engl. Maler dt. Herkunft, *8. 8. 1646 Lübeck, †19. 10. 1723 London; lernte bei F. *Bol* u. P. P. *Rubens* in Amsterdam u. bei C. *Maratta* in Rom; kam 1675 nach London, wurde geschätzter Porträtmaler der Aristokratie u. erhielt nach P. *Lelys* Tod (1680) dessen Stellung als Hofmaler. K. hatte in seiner Malweise A. van *Dyck* zum Vorbild.

Knesebeck, Karl Friedrich Frhr. von dem, preuß. Offizier (1831 Generalfeldmarschall), * 5. 5. 1768 Karwe bei Neuruppin, † 12. 1. 1848 Karwe; bewahrte 1806 bei Auerstedt *Friedrich Wilhelm III.* vor der Gefangenschaft, wurde 1813 Generaladjutant des Königs. K. bestimmte seit den Bündnisverhandlungen mit Russland weitgehend die vorsichtige Politik u. Kriegführung des Königs u. war der konservative Hauptgegenspieler der Heeresreformer u. Truppenführer um Scharnhorst u. Blücher.

◆ **Knesset** [die; hebr., „Versammlung"], das Einkammerparlament des Staates Israel.

Knetlegierung, Werkstoff auf Kupfer- oder Aluminiumbasis, der kalt leicht zu verformen ist.

Knetmaschine, Arbeitsmaschine zum Kneten plastischer Stoffe. Im Materialaufnahmebehälter sind *Knetarme* angeordnet, die durch Hand oder Motorkraft bewegt werden, oder der Stoff wird kontinuierlich mit *Knetschnecken* durch die K. befördert. Anwendung in der Kunststoff- u. Gummiherstellung sowie bei vielen anderen Verarbeitungsverfahren (z. B. *Teigknetmaschine* beim Bäcker).

Knetzgau, Gemeinde in Bayern, Ldkrs. Haßberge, am Main, 6300 Ew.

Knick, 1. *allg.:* scharfe Biegung.
2. *Biogeographie:* in Schleswig-Holstein Hecke um Felder u. Wiesen; auch → Heckenlandschaft.

Knicken, *Festigkeitslehre:* das plötzl. Ausbiegen eines auf Druck beanspruchten geraden Stabs, das oft zur Zerstörung eines Bauteils führt. Die Belastbarkeit eines auf Druck beanspruchten geraden Stabs hängt – im Gegensatz zur *Zugfestigkeit* – nicht von der Materialfestigkeit u. Querschnittsfläche ab; maßgebend sind vielmehr die Einspannverhältnisse an den Enden des Stabs (fest, gelenkig, verschieblich), das → Trägheitsmoment des Querschnitts, die Länge des Stabs u. der Elastizitätsmodul des Stoffs. Durch Abspreizen in der Mitte, in den Drittelpunkten u. a. kann die Knicklänge verkleinert u. damit die Knickfestigkeit vervielfacht werden. Ein Großteil aller Einstürze, bes. von Brücken, ist durch K. verursacht.

Knickerbocker ['nikə-], **1.** *amerikan. Folklore:* Spitzname der Einwohner New Yorks (nach dem Decknamen Diedrich K., unter dem W. Irving 1809 eine humorist. Geschichte New Yorks geschrieben hatte).
2. *Getränke:* amerikan. Eisgetränk aus Rum, Curaçao, Himbeersaft u. a.
3. *Kleidung:* [in Dtschld. 'knikər-], nach 1) benannte, weite Kniehose mit Überfall, die um 1895 zum Radfahren u. Wandern für den Mann in Mode kam.

Knickfuß, *Pes valgus abductus,* eine nach außen gerichtete Abknickung des Fußes im Sprunggelenk, wobei der innere Knöchel

stark hervorspringt; häufig mit Plattfuß verbunden. Die Behandlung ist orthopädisch.

Knicklenkung, eine Lenkeinrichtung, durch die das Fahrzeug etwa in der Achsstandmitte um eine Hochachse geknickt wird, sehr verbreitet bei Radladern (auch Schaufellader genannt).

Knickspant, eine Schiffsform, bei der die → Spanten nicht gerundet, sondern vieleckig sind, wobei die Außenhautplatten mit längslaufenden Knicks zusammenstoßen; häufig bei kleinen Holzbooten (bes. → Gleitbooten), seltener bei kleineren Stahlschiffen wie Schleppern u. Fischereifahrzeugen.

Knidos, lat. *Cnidus,* dorische Kolonie auf einer Halbinsel an der weit vorspringenden südwestl. Spitze der Küste Kleinasiens, gegenüber der Insel Kos; berühmte Ärzteschule, Heimat des *Ktesias* u. des Astronomen u. Mathematikers *Eudoxos* von K. Bekannt durch die Statue der Aphrodite Euploia („Aphrodite von K.") des *Praxiteles.* 394 v. Chr. gelang dort der pers. Flotte unter *Konon* u. *Pharnabazos* ein wichtiger Seesieg über die Spartaner unter *Peisandros*.

Knidosporidien [grch.] → Cnidosporidien.

Knie, 1. *Anatomie:* lat. *Genu, Kniegelenk,* Gelenk zwischen Oberschenkelknochen u. Schienbein. Eine starke Gelenkkapsel bildet die Gelenkhöhle, in der vorn in die Sehne des Oberschenkelmuskels eingelassen die *Kniescheibe (Patella)* liegt, die die Kapsel u. das Gelenk schützt u. verstärkt. Zwischen den beiden Knochenenden sind zwei halbmondförmige Knorpelscheiben *(Meniscus)* als Polsterung eingelassen; außerdem geben gekreuzte innere Bänder dem Gelenk nach innen Halt. Die Menisken u. Kreuzbänder werden bei Verletzungen leicht beschädigt u. rufen langwierige Störungen hervor, die oft erst durch operative Hilfe, meist nur unzulänglich, ausgeglichen werden können.
2. *Technik:* Kniestück, ein rechtwinkliges Rohrstück.
3. *Zoologie:* Glied des Beins der Spinnentiere *(Patella)* zwischen Schenkel *(Femur)* u. Schiene *(Tibia)*.

Knie, Friedrich, dt. Artist, * 14. 7. 1784 Erfurt, † 1850 Burgdorf; gründete eine aus Familienmitgliedern bestehende Seiltänzertruppe. Seine Nachkommen schufen 1919 in der Schweiz den *Zirkus K.*

Kniebeugung, im Christentum kath. Prägung verbreitete liturg. Gebärde; ursprüngliches, auch in der vorchristl. Antike bekanntes Zeichen der Anbetung. In der ev. Kirche bei der Konfirmation u. bei Trauungen anzutreffen.

Kniebis, Bergrücken u. Pass im nördl. Schwarzwald, 971 m; die *Kniebisstraße* verbindet Freudenstadt u. Oppenau.

Kniehebel, 1. abgebogener Hebel, der an seiner Abbiegung drehend gelagert ist.
2. doppelarmiger Hebel aus drei Stäben, die durch einen Bolzen in einem Gelenk *(Kniegelenk)* verbunden sind. Durch eine waagerechte Kraft (Stab) werden die anderen Stäbe in eine Gerade gebracht u. üben (z. B. in Pressen) einen Druck aus.

Sitzung der Knesset

Kniehebelauf, Trainingsform zur Verbesserung der Laufkoordination u. zur Entwicklung von Schnelligkeitsdauer (geringe Wiederholungszahl bei hoher Frequenz) oder Kraftausdauer (bei hoher Wiederholungszahl u. mittlerer Frequenz). Der K. ist im Lauf am Ort oder in der Bewegung mit betontem Kniehub (hohe Knieführung) in der vorderen Schwungphase, steilem Fußaufsatz in der vorderen Stützphase, aktivem Abdruck u. optimaler Streckung des Hüftgelenks (aufrechte Rumpfhaltung).

Kniehebelpresse, Presse mit Stößelbewegung durch → Kniehebel (2).

Knieholz, Gebüschformation aus niedrigen Sträuchern (Alpenrose, Latsche), die eine Höhe von 1,5 m erreichen kann u. in den Alpen oberhalb der Stammwälder anzutreffen ist.

Knieholzkiefer → Kiefer.

Kniehose, um 1500 entstandene, unterhalb der Knie abschließende Hose des Mannes; im 16. Jh. als weite, geschlitzte Pluderhose, im 17. Jh. als Pump- u. Schlumperhose, nach 1675 als enge *Culotte,* die sich als Kniebundhose oder Bundhose in der Tracht u. Livree erhielt u. im 20. Jh. als Wander- u. Langlaufhose aus elast. Stoff übernommen wurde; darüber hinaus verschiedene modische Sonderformen, die fast wadenlange *Golfhose* u. extrem weite *Plusfours.*

Kniep, Hans, dt. Botaniker, * 3. 4. 1881 Jena, † 17. 11. 1930 Berlin; Prof. in Würzburg u. Berlin; bedeutende Arbeiten über die Fortpflanzung bei Pilzen.

Knies, Karl, dt. Nationalökonom, * 29. 3. 1821 Marburg, † 3. 8. 1898 Heidelberg; Mitbegründer der älteren *Historischen Schule;* den „Gesetzen" der klass. Nationalökonomie setzte er einen histor. Relativismus entgegen. Hptw.: „Die polit. Ökonomie vom Standpunkt der geschichtl. Methode" 1853.

Kniescheibe, *Patella,* Knochenscheibe an der Vorderseite des Kniegelenks der meisten Säuger, Verknöcherung der Strecksehne des Unterschenkels; eine K. fehlt den Walen, Seekühen, Fledermäusen u. einigen Beuteltieren.

Kniesehnenreflex, *Patellarsehnenreflex,* ruckartiges Vorschnellen des locker hängenden Unterschenkels nach einem Schlag auf die Sehne unterhalb der Kniescheibe; der K. ist eine Folge der Reizung der mechan. Sinneszellen im Muskel u. wichtig zum Erkennen von Störungen des Nervensystems.

Kniestock, *Drempel,* eine Dachstuhlwand, die an der Traufseite durch Anheben des Dachfußes über die Geschossdecke angeordnet wird, um Bodenraum zu gewinnen.

Kniestrümpfe, seit Ende des 19. Jh. von eingearbeiteten Gummibändern gehaltene Strümpfe, die unterhalb der Knie enden; sie waren früher Trachtenstrümpfe.

Kniestück, *Kniebild,* Bildnisdarstellung in Dreiviertelfigur.

Knietsch, Rudolf Theophil Joseph, dt. Chemiker, *13. 12. 1854 Oppeln, †28. 5. 1906 Ludwigshafen am Rhein; führte als Industriechemiker wichtige chem. Verfahren im Großmaßstab ein, z.B. die Schwefelsäureherstellung nach dem Kontaktverfahren.

Adolf Freiherr von Knigge

◆ **Knigge,** Adolf Frhr. von, dt. Schriftsteller, *16. 10. 1752 Schloss Bredenbeck bei Hannover, †6. 5. 1796 Bremen; Kammerherr; trat für die Ideen der Französ. Revolution ein; durch sein erfolgreiches Buch „Über den Umgang mit Menschen" 1788, das im Geist der Aufklärung Regeln der Lebenskunst gibt, wurde sein Name zum geflügelten Wort. Außerdem schrieb er komische u. satir. Romane („Die Reise nach Braunschweig" 1792), Dramen u. Traktate; Autobiografie: „Roman meines Lebens in Briefen" 4 Bde. 1781–1783. – Sämtl. Werke, hrsg. von P. Raabe, 24 Bde. 1978 ff.

Knight [nait; engl.], die niederste, nicht erbl. Stufe des engl. Adels. Der K. führt den Titel *Sir* (Frauen: *Dame*) vor dem Vornamen.

Knight [ˈnait], **1.** Eric, eigentl. Richard *Hallas,* engl. Erzähler *10. 4. 1897 Menston, Yorkshire, †15. 1. 1943 Küste von Niederländ.-Guayana (Flugzeugunglück); Romane: „Dir selber treu" 1941, dt. 1943; „Lassie kehrt zurück" 1942, dt. 1945.

Joseph August Knip: Italienische Landschaft, Golf von Neapel; 1818. Amsterdam, Rijksmuseum

Kniphofia: ihre rote Knospen entwickeln sich zu gelben Blüten

2. John Shively, US-amerikan. Verleger u. Publizist *26. 10. 1894 Bluefield, W. V, †16. 6. 1981 Akron, Ohio; trat 1933 in den Verlag seines Vaters ein, den er zum Medienunternehmen ausbaute u. 1974 mit der *Ridder-Zeitungsgruppe* zur *Knight-Ridder Newspapers Inc.* mit 34 Tageszeitungen, vier Fernsehgesellschaften u.a. vereinigte. Bis 1976 schrieb K. für seine Blätter eine wöchentl. Kolumne („The editor's notebook"); er wurde 1968 mit dem Pulitzer-Preis ausgezeichnet.

3. Thomas Andrew, engl. Botaniker, *12. 8. 1759 Wormley, Herefordshire, †11. 5. 1838 London; wies bei Pflanzenwurzeln Geo- u. Hydrotropismus sowie bei Weinranken negativen Heliotropismus nach.

Kniller, Gottfried → Kneller, Sir Godfrey.

◆ **Knip,** Joseph August, dt. Maler u. Radierer, *3. 8. 1777 Tilburg, †1. 10. 1847 Berlicum bei Herzogenbosch; unternahm Studienreisen nach Frankreich, Belgien u. Italien; K. war ein erfolgreicher Maler von Landschafts- u. Tierdarstellungen.

◆ **Kniphofia** [lat.], *Tritoma, Tritome, Fackellilie, Hyazinthenaloë,* Gattung der *Liliengewächse (Liliaceae),* im tropischen Afrika u. auf Madagaskar; Zierpflanzen, Blüten in dichter, endständiger gelber bis scharlachroter Ähre, geeignet u.a. für Randbepflanzung von Wasserbecken, blühen vom Hochsommer bis Herbst.

Knipper [ˈknipir] Lew Konstantinowitsch, russ. Komponist, *3. 12. 1898 Tiflis, †30. 7. 1974 Moskau; Schüler von P. *Jarnach* u. R. *Glière;* in seiner Musik (Opern, Ballette, Sinfonien u.a. Orchesterwerke, Kammermusik, Vokalkompositionen, Filmmusiken) finden sich Melodien asiat. Völker.

Knipperdolling, Bernhard, dt. Tuchhändler, †22. 1. 1536 Münster; einer der Führer der Wiedertäufer in Münster, 1534 Bürgermeister der Stadt; wurde nach der Niederschlagung des Aufstands gemeinsam mit seinem Schwiegersohn *Johann von Leiden* hingerichtet; seine Leiche wurde in einem eisernen Käfig ausgestellt.

Kniprode, Winrich von, dt. Ordensmeister, → Winrich von Kniprode.

Knirps, Markenname für einen zusammenschiebbaren, 1926 von H. *Haupt* erfundenen Patentschirm.

John Knittel

◆ **Knittel,** John, eigentl. Hermann *K.,* schweiz. Schriftsteller, *24. 3. 1891 Dharwar (Indien), †26. 4. 1970 Maienfeld, Graubünden; Sohn eines Baseler Missionars; schrieb, zuerst engl., spannungs- u. kontrastreiche, oft in Asien u. Afrika spielende Romane: „Der Weg durch die Nacht" engl. 1924, dt. 1926; „Therese Etienne" 1927; „Abd-el-Kader" 1930; „Der Commandant" 1933; „Via Mala" 1934, als Drama 1938; „El Hakim" 1936; „Amadeus" 1939; „Terra Magna" 2 Bde. 1948; „Jean Michel" 1953; „Arietta" 1959; u. Novellen u. Filme.

Knittelfeld, österr. Stadt in der Steiermark, an der Mur, 643 m ü.M., 13 300 Ew.; Hauptwerkstätte der Österr. Bundesbahnen, Emailwerk.

Knittelverse, *Knüttelverse, Knüppelverse,* dt. Versform mit vierhebigen Reimpaaren, einsilbigen (H. *Sachs),* meist aber unregelmäßig gefüllten Senkungen, entwickelt aus den mhd. Reimpaaren, im 16. Jh. beliebt, im 17. Jh. als zu schwerfällig abgelehnt (M. *Opitz),* durch *Goethe* („Faust I") wieder belebt u. seitdem oft angewendet (*Schiller:* „Wallensteins Lager"; G. *Hauptmann:* „Festspiel in deutschen Reimen").

knitterfreie Ausrüstung, Einlagern von Kunstharzen in Textilien vor allem aus Cellulosefasern, um die Knittereigenschaften zu verbessern.

knittern, *Textilindustrie:* unbeabsichtigte Knautschfalten bilden. Prüftechnisch von Bedeutung ist die *Knittererholungsfähigkeit,* die an Geweben subjektiv beur-

Knoblauch, Allium sativum

teilt oder an Garnen u. Geweben objektiv ermittelt wird durch Messung der zeitabhängigen Knittererholungswinkel nach einer vorher vorgenommenen Knitterung in Form von definierten Winkeln über bestimmte Zeiten.

Knittlingen, Stadt in Baden-Württemberg, Enzkreis, östl. von Karlsruhe, 7400 Ew.; angeblich der Geburtsort von J. *Faust* (Faust-Gesellschaft, gegr. 1967); Herstellung von Möbeln u. medizin. Instrumenten; Weinanbau.

Knivskjellodden ['knivʃɛːlɔdən], nördlichster Punkt Europas auf der norweg. Insel Mageröy; das *Nordkap,* 1,5 km südl., ist nur die zweitnördlichste Spitze Europas.

Knjas [russ., „Fürst"], in Altrussland zunächst Titel der Mitglieder der Herrscherdynastie, später Titel der Angehörigen aller sich von *Rjurik* u. *Gedymin* herleitenden hohen Erbadelsfamilien; seit *Peter d. Gr.* auch von den Zaren verliehen. Auch in Polen (*Książę*) u. Böhmen (tschech. *Kníže*) gebraucht.

KNK, Abk. für *Kompakte Natriumgekühlte Kernreaktoranlage,* natriumgekühlter Versuchsreaktor im Kernforschungszentrum Karlsruhe. Die Anlage war 1971–1974 als KNK I in Betrieb u. diente dem Nachweis der großtechnischen Beherrschung der Natriumtechnologie. Nach 1975 wurde sie auf einen mit schnellen Neutronen arbeitenden, aus Plutonium- u. Uranoxidbrennelementen bestehenden Kern (KNK II) umgebaut; Betrieb ab 1977 bis zur Stilllegung 1991.

Knobelbecher, der meist aus Leder gefertigte Würfelbecher. – Übertragen auch der Schaftstiefel von Soldaten.

knobeln [zu mitteld. *Knobel,* „Knöchel, Würfel"], würfeln; mit Würfeln oder Handzeichen eine Entscheidung treffen; übertragen: angestrengt nachdenken.

◆ **Knobelsdorff,** Georg Wenzeslaus von, dt. Architekt u. Maler, *17. 2. 1699 Kuckädel bei Crossen (Oder), †16. 9. 1753 Berlin; anfangs Offizier, als Maler vorwiegend an A. *Pesne* geschult, als Architekt Hauptmeister des preuß. Rokoko, beeinflusst vom Klassizismus A. *Palladios* (Italienreise 1736) u. der Franzosen C. *Perrault* u. J. *Hardouin-Mansart* (Parisaufenthalt 1740). K. gehörte zum Rheinsberger Freundeskreis Friedrichs d. Gr., bei dessen Regierungsantritt 1740 er zum Oberintendanten der Schlösser u. Gärten ernannt wurde. Hptw.: Neuer Flügel am Schloss Charlottenburg 1740; Opernhaus in Berlin 1741; Schloss Sanssouci 1745–1747; Umbau des Stadtschlosses Potsdam 1745–1751.

Knob Lake ['nɔb lɛik], kanad. See auf der Halbinsel Labrador; hier wurde nach dem 2. Weltkrieg die größte kanad. Eisenerzlagerstätte entdeckt. Auch → Schefferville.

◆ **Knoblauch,** *Knobloch, Knofel, Allium sativum,* in der innerasiat. Dsungarei heimische, zu den *Liliengewächsen (Liliaceae)* gehörende Pflanze von 30–100 cm Höhe mit scheindoldigen Blütenständen u. Zwiebeln. Der bekannte scharfe Geruch rührt von dem flüchtigen *Knoblauchöl* her. Die Zwiebeln werden als Gewürz verwendet.

Knoblauchhederich → Knoblauchrauke.

Georg Wenzeslaus von Knobelsdorff: Gartenfront von Schloss Sanssouci in Potsdam; 1745–1747

◆ **Knoblauchkröte,** *Pelobates fuscus,* bis 8 cm langer *Froschlurch* auf Sandböden des Tieflands in Mittel- u. Osteuropa, einziger Vertreter der *Krötenfrösche* in diesem Gebiet; sie steht unter Naturschutz; Lebensdauer: 11 Jahre; Larven bis 17 cm. Bei Erregung scheidet sie ein nach Knoblauch riechendes Sekret aus.

Knoblauchkröte, Pelobates fuscus

Knoblauchpilz, *Marasmius scorodonius* → Küchenschwindling.

◆ **Knoblauchrauke,** *Knoblauchhederich, Alliaria officinalis,* ein *Kreuzblütler (Cruciferae)* mit weißen Blüten. Die bis 1 m hohe u. nach Knoblauch riechende Pflanze ist im Mai u. Juni an schattigen Stellen in Hecken u. Gebüschen zu finden.

Knoblauchschwindling, ein Blätterpilz, → Küchenschwindling.

Knöchel, *Malleolus,* vorspringende Knochenenden der Unterschenkelknochen; das innere Knochenende (*innerer K.*) gehört zum Schienbein, das äußere (*äußerer K.*) zum Wadenbein. Die K. bilden zusammen mit dem von der *Knöchelgabel* umfassten Sprungbein das obere *Sprunggelenk.* Sie sind leicht Verletzungen ausgesetzt (*Knöchelbruch*).

◆ **Knochen,** lat. *Os* [Pl. *Ossa*], die feste Stützsubstanz des Skeletts der Wirbeltiere (ausgenommen Knorpelfische, Selachier), die aus einem faserigen Grundgewebe mit kalkhaltigem Kittmaterial aufgebaut ist (→ Knochengewebe). Die K. sind in ihrer Gesamtheit durch Bänder u. Gelenke zum Körpergerüst *(Skelett)* verbunden. Ihrer Form nach werden unterschieden: *lange* oder *Röhrenknochen* sowie *platte* oder *breite Knochen.* Die Röhrenknochen (z. B. Oberarm- u. Oberschenkelknochen) bestehen aus einem länglichen, hohlen, mit Knochenmark gefüllten *Mittelstück (Diaphyse)* u. je zwei verdickten *Endstücken* aus poröser Knochenmasse *(Epiphysen),* die an ihren Enden die überknorpelten Gelenkflächen tragen. Die platten oder breiten K. bestehen wie die Röhrenknochen aus der äußeren

Knoblauchrauke: Alliaria petiolata

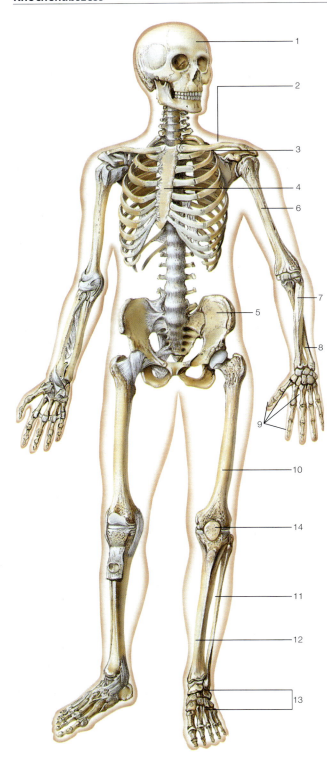

harten Knochenrinde u. der inneren porösen Knochenmasse, haben aber keine größeren Hohlräume. Alle K. sind außen von der *Knochenhaut (Beinhaut, Periost)* umgeben, von der bei Verletzungen die Wiederherstellung erfolgt (→ Kallus). – Ihrer Entstehung nach unterscheidet man → Deckknochen (Hautknochen) und → Ersatzknochen.

Das *Knochenmark* erfüllt die Markhöhle der Röhrenknochen u. besteht aus Blutgefäßen u. Markzellen; in früher Jugend ist es rot u. wird später gelb. Im Knochenmark bilden sich rote Blutkörperchen. Auch → Knochenbildung.

Knochenabszess, eine Eiterbildung innerhalb des Knochens, die zur Zerstörung des Knochengewebes führt. Der Eiter versucht an die Oberfläche zu treten u. sammelt sich unter der Knochenhaut; dabei kann er in Gelenknähe in das Gelenk durchbrechen; meist handelt es sich um Knochenmarkentzündung (*Osteomyelitis*).

Knochenasche, durch Glühen von Knochen erhaltenes Gemisch von Calciumphosphat u. Calciumoxid; Verwendung zur Herstellung von Superphosphat.

Knochenatrophie, Abnutzungserscheinung der Knochen, bei der die Knochenmasse schwindet; kann auch in jüngeren Jahren bei Nichtgebrauch infolge von Verletzungen, Lähmungen u. Knochen- u. Gelenkent-

zündung auftreten. Einzelerscheinungen sind *Knochenschwund (Osteoporose)*, *Knochenbrüchigkeit (Osteopsathyrose)* u. *Knochenerweichung (Osteomalazie)*.

Knochenauswuchs, *Exostose,* Geschwulst, meist als Folge einer chron. Entzündung. An sich harmlos, kann der K. durch Druck auf Nachbarorgane Schmerzen u. Funktionsbehinderung hervorrufen; wächst der K. nach innen in die Markhöhle, liegt eine *Enostose* vor.

Knochenbildung, *Ossifikation, Verknöcherung,* Prozesse, die zur Bildung des Knochengewebes während der Embryonalentwicklung führen. Knochenbildner-Zellen *(Osteoblasten)* bilden eine Interzellularsubstanz *(Kollagen),* in die dann Kalksalze eingelagert werden, die aushärten. Unter Einschluss der Osteoblasten entstehen Knochenzellen *(Osteocyten)*. Die K. findet auf zwei Wegen statt: 1. *Echte, primäre Knochen, Deck-, Beleg-* oder *Hautknochen* gehen direkt aus dem Bindegewebe *(endesmale Osteogenese)* hervor. Die Kalksalze verhärten u. bilden ein miteinander verbundenes Gitterwerk. – 2. *Sekundäre* oder *Ersatzknochen* treten an die Stelle eines vorhandenen Knorpels *(chondrale Osteogenese)*. Dabei wird die verkalkte Knorpelgrundsubstanz zuerst durch sog. *Chondroklasten* zerstört u. das Knochengewebe durch die Osteoblasten neu aufgebaut. Die K. kann an der Oberfläche (*perichondral,* oft mit Knorpelresten im Innern) oder im Innern des Knorpels *(enchondral)* einsetzen.

Knochenbruch, *Fraktur,* gewaltsame Trennung eines Knochens in zwei oder mehrere Teile, bei der sich durch Blutung an der Bruchstelle eine schmerzhafte Schwellung bildet; später entsteht dort die Knochennarbe, der *Kallus.* Die Knochenbrüche werden nach den einwirkenden Gewalten, nach dem Verhalten der Bruchstellen, nach ihrem Aussehen u. nach dem Sitz unterschieden: z. B. *Schussbruch, Querbruch, Schädelbasisbruch* u. a. Wird bei der Verletzung gleichzeitig die äußere Haut getrennt, so dass die Bruchwunde Verbindung mit der Außenwelt bekommt, liegt wegen der Infektionsgefahr ein *komplizierter Bruch* vor. Daneben kann es zum *unvollständigen K.* in Form von *Spalten (Fissur)* u. *Einrissen (Infraktion)* kommen, bes. bei widerstandsfähigen elast. Knochen. Ist der Knochen schließl. krankhaft geschwächt (durch Knochenatrophie oder Geschwulstmetastasen), so bewirkt schon geringe Belastung Spontanbruch. Jeder K. muss ohne Verzögerung sachgemäß versorgt werden: Dazu gehören *Einrichtung (Reposition)* u. *Fixierung* in der richtigen Lage bis zur Knochenheilung u. die Kontrolle durch das Röntgenbild. Die Fixierung geschieht durch Gips- oder Zugverbände, die

Knochen: Das menschliche Skelett besteht aus 204 bis 209 Knochen. Der Schädel (1) setzt sich aus 22 Schädelknochen zusammen. Der Rumpf besteht aus dem Schultergürtel mit den rückseitigen Schulterblättern (2) und den Schlüsselbeinen (3), aus dem Brustbein (4), das mit den angrenzenden Rippen den Brustkorb bildet, sowie aus dem Beckengürtel (5). Die Arme setzen sich aus einem Oberarmknochen (6), Speiche (7), Elle (8) und den Handknochen (9) zusammen. Die Beine bestehen aus Oberschenkelknochen (10), Waden- (11) und Schienbeinknochen (12), Kniescheibe (14) sowie den Fußknochen (13). Das verbindende Element zwischen den Skelettteilen ist die Wirbelsäule

Einrichtung unblutig oder operativ, wobei die Knochenenden bei komplizierten Brüchen durch Metallimplantate bis zur Heilung fest miteinander verbunden werden *(Osteosynthese)*. Hierbei kommen Draht, Nägel, Schrauben oder verschraubte Metallplatten zum Einsatz, die nach der Heilung wieder entfernt werden. Die Knochenheilung kann nach Art u. Ort des Bruchs von wenigen Wochen bis zu einem Jahr dauern. Bei gleichzeitigen Allgemeinerkrankungen wird sie verzögert oder bleibt aus. Im letzteren Fall ist die Bildung eines falschen Gelenks *(Pseudarthrose)* möglich.

Knochenbrüchigkeit, erhöhte Anfälligkeit der Knochen für Brüche durch Verlust stützender Knochensubstanz, z. B. bei → Osteoporose, bei Entwicklungsstörungen des Knochens sowie bei Knochentumoren.

Knochenentzündung, *Ostitis,* durch Bakterien hervorgerufene eitrige Entzündung des Knochens. Die Keime gelangen von einer im Körper befindl. Entzündung auf dem Blutweg oder von außen über eine offene Wunde in den Knochen. Anzeichen sind Fieber u. Schmerzen. Die Behandlung erfolgt durch Ruhigstellung u. Antibiotika, manchmal muss der Eiterherd operativ ausgeräumt werden.

Knochenerweichung, *Osteomalazie,* eine Erkrankung der Knochen, die aufgrund einer gestörten Mineralisation der Knochengrundsubstanz durch Calcium- u. Phosphatmangel ungewöhnlich weich u. biegsam sind. Die K. entspricht der bei Kindern vorkommenden → Rachitis. Ursache der in Europa seltenen Krankheit ist ein Mangel an Vitamin D wegen falscher oder ungenügender Ernährung oder einer Störung des Vitamin-D-Stoffwechsels. Die K. äußert sich durch Skelettverformungen, Kreuz- u. Gliederschmerzen. Die Behandlung erfolgt durch Vitamin-D-Gaben.

Knochenfett, *Knochenöl,* durch Auskochen von Knochen mit Wasser oder Behandeln mit Wasserdampf gewonnene fette Öle, die oft talgartige Konsistenz besitzen; gelb bis braun; gereinigt als Schmiermittel, zur Seifen- u. Schuhcremeherstellung.

Knochenfische, 1. *Osteichthyes,* artenreichste Klasse der *Chordatiere,* mit sternförmig verzweigten Knochenzellen, die aus Bindegewebe gebildet u. von Blutgefäßen versorgt werden, sowie stark gegliedertem Schädel; der Körper ist mit → Fischschuppen bedeckt. K. stammen von noch stärker verknöcherten Vorfahren ab, die bereits die Süßgewässer des Ordoviziums (vor 400 Mio. Jahren) bewohnten. Sie entstanden vor den *Knorpelfischen.* Seit dem Oberen Silur gibt es zwei Unterklassen: *Strahlenflosser* u. *Fleischflosser.* **2.** *Echte Knochenfische, Teleostei,* Überordnung der *Strahlenflosser,* Skelett meist voll verknöchert, Oberkiefer nur vorn am Schädel befestigt, hinten durch Bänder mit dem Unterkiefer verbunden: Die Möglichkeit zu beißen wird beschränkt zugunsten eines vorstülpbaren Mauls zum Einsaugen u. Ablösen von Nahrung. Die Entwicklung innerhalb der K. geht von der weichstrahligen zur hartstrahligen Flosse, von der zum Darm geöffneten Schwimmblase (z. B. He-

ringsfische) zum geschlossenen Gleichgewichtsorgan. K. sind die artenreichste, „moderne" Gruppe der Fische, die in der Kreidezeit entstand u. heute rd. 30 Ordnungen aufweist.

Knochenganoiden, *Holostei,* Überordnung der *Strahlenflosser;* die Verknöcherung ist nicht so stark reduziert wie bei den *Knorpelganoiden,* dafür die Flossenstrahlen; eine Schwimmblase dient als Lunge u. hydrostat. Organ. K. entwickelten sich in der Trias; Blütezeit war die Kreide. Zwei Ordnungen: *Knochenhechte* u. *Schlammfische.*

Knochengeräte, aus Knochen u. Horn gefertigte Gebrauchsgeräte wie Messer, Meißel, Harpunen, Pfeil- u. Speerspitzen, Nadeln, Pfriemen u. a. Zu den Knochengeräten gehören auch die *Schlittknochen,* Beinknochen oder Rippen von Pferd u. Rind, die als Schneeschuhe unter die Füße geschnallt wurden. K. kommen vereinzelt schon im Altpaläolithikum vor, sicher sind sie seit dem Moustérien bezeugt. Im Jungpaläolithikum bilden sie, oft reich mit figürl. oder geometr. Ornamenten verziert, wichtige Leitformen der einzelnen Zeitstufen. K. spielten noch im Mesolithikum u. in der Jungsteinzeit eine wichtige Rolle, wurden auch in späteren vorgeschichtl. Epochen benutzt u. sind heute noch bei Naturvölkern in Gebrauch.

Knochengewebe, das Skelett bildende Stützgewebe des Körpers von *Wirbeltieren,* umfasst mehrere Zelltypen; Knochenzellen *(Osteocyten)* in Knochenhöhlen stehen durch Fortsätze untereinander in Verbindung. Zwischen den Zellen liegen bindegewebige Fibrillen *(kollagene Fibrillen, Knochenfibrillen);* dazu kommt die organ. Grundsubstanz des Knochens, in die Mineralien, vor allem Calciumcarbonat u. -phosphat, eingelagert werden (Mineralisierung, „Verkalkung").

Knochenhautentzündung, *Periostitis,* außerordentlich schmerzhafte Erkrankung, die auftritt durch mechan. Reizung, bei Verletzungen oder durch fortgeleitete Infektion auf dem Blutweg, meistens als Folge von Knochenmarkentzündungen.

◆ **Knochenhechte,** *Lepisosteiformes,* Ordnung der *Knochenganoiden,* nur eine Familie *Lepisosteidae,* Fische mit langer, bezahnter Krokodilschnauze u. lang gestrecktem Körper, der mit sehr harten Ganoidschuppen bedeckt ist. K. sind Raubfische. Ihre Eier legen sie auf Steinen ab, auf denen sich auch die Larven mit Haftorganen festsetzen. Am verbreitetsten in Nordamerika (von den Großen Seen bis zum Rio Grande in Mexiko) ist der 1,50 m lange *Langnasen-Knochenhecht, Lepisosteus osseus;* der bis 3,50 m lange *Alligator-* oder *Kaimanfisch, Lepisosteus tristoechus,* bewohnt die südlichen USA, Kuba u. Mittelamerika; die größte Art ist der *Alligatorhecht, Lepisosteus spatula,* über 3 m lang u. 270 kg schwer; die kleinste Art der *Kurznasige Knochenhecht, Lepisosteus platostomus,* bis 70 cm lang. Beide leben im Flussgebiet des Mississippi. Das Fleisch der K. ist schmackhaft. Auch → Alligatorfisch.

Knochenkohle, *Beinschwarz, Spodium,* durch Erhitzen von Knochen unter Luftabschluss

gewonnene Kohle; hauptsächlich technisch zum Filtern u. Entfärben von Flüssigkeiten verwandt.

Knochenkrebs, 1. Tochteransiedlung von bösartigen Tumoren *(Knochenmetastase),* bes. von Brustdrüsen-, Schilddrüsen- u. Vorsteherdrüsenkrebs ausgehend; der erkrankte Knochen neigt zur Spontanfraktur (Bruch); **2.** die bösartige Knochengeschwulst, das *Osteosarkom.* Auch → Krebs.

Knochenmarkerkrankungen, Entzündungen des Knochenmarks *(Osteomyelitis),* insbesondere der langen Röhrenknochen, durch Infektion nach Verletzungen oder auf dem Blutweg. K. beginnen mit Fieber, Schüttelfrost, Schmerzen u. Schwellungen über dem erkrankten Knochen. Knochenmarkgeschwülste (z. B. *Myelom)* sind meist ernster Natur. Erlahmen der *Knochenmarktätigkeit* führt zu Blutarmut u. Schwinden der Leukocyten *(Panmyelophthise).* Darüber hinaus kann aus Veränderungen des Knochenmarks (durch Punktion feststellbar) auf Blutkrankheiten geschlossen werden.

Knochenmarkpunktion, Entnahme von Knochenmark aus dem Brustbein oder Beckenkamm mit einer speziellen Hohlnadel. Da im roten Knochenmark die Blutbildung stattfindet, ermöglicht seine Untersuchung die Diagnose von Erkrankungen des Blut bildenden Systems sowie eine Verlaufskontrolle bei ihrer Behandlung.

Knochenmarktransplantation, Ersatz von krankem, nicht mehr funktionsfähigem Knochenmark durch gesundes Knochenmark eines Spenders, das durch → Knochenmarkpunktion gewonnen u. dem Empfänger nach Aufschwemmung in einer Lösung injiziert wird. In der Regel stammt das transplantierte Knochenmark von einem Spender, der sehr ähnliche Gewebeeigenschaften aufweist wie der Empfänger *(allogene K.).* Dies ist meist nur unter Geschwistern der Fall. Daneben gibt es auch den Sonderfall der *autologen K.,* bei dem meist an einer bösartigen Krankheit leidenden Patienten eigenes Knochenmark entnommen u. nach Behandlung wieder zurückinfundiert wird. Eine allogene K. wird nur bei sonst möglicherweise tödlich verlaufenden Blut- u. Immunsystemkrankheiten durchgeführt, da sie risikobehaftet ist, z. B. bei schwerer *aplastischer Anämie,* Leu-

Knochenhechte: Alligator- oder Kaimanfisch, Lepisosteus tristoechus

kämie, schweren angeborenen *Immundefekten* u. bei *bösartigen Lymphdrüsenerkrankungen*. Vor einer K. muss sämtliches Knochenmark des Empfängers abgetötet werden. Das Risiko besteht in einer anfänglich großen Anfälligkeit für Infektionskrankheiten, bis das neue Knochenmark voll funktionsfähig ist, sowie in der Gefahr einer Abstoßungsreaktion, wenn Lymphozyten aus dem Spenderknochenmark den Empfängerorganismus als fremd erkennen u. Antikörper gegen ihn bilden (*graft versus host*, Transplantat gegen Empfänger). Medikamente zur → Immunsuppression wirken einer Abstoßung entgegen. Auch → Transplantation.

Knochenmehl, gemahlene Knochen, die vorher durch einen Dämpfvorgang entleimt worden sind. K. wird wegen seines Gehalts an Calciumphosphat als Düngemittel, bes. im Gartenbau, verwendet. Es dient wegen des hohen Mineralgehalts auch als Beifutter, bes. in der Pelztierzucht.

Knochenmesslehre, *Osteometrie*, Teilbereich der → Anthropometrie. Die K. findet in der prähistor. Anthropologie u. in der Paläoanthropologie Anwendung, um Größe u. Form fossiler u. jüngerer Knochen anhand von Maßen beschreiben u. mit anderen Funden vergleichen zu können.

Knochennekrose, das Absterben von Teilen des Knochens; führt zur Sequesterbildung; der abgestorbene *Sequester* wird vom gesunden Knochengewebe abgegrenzt.

Knochenöl → Knochenfett.

Knochenporzellan, engl. *bone china*, im 18. Jh. in Chelsea u. Worcester hergestelltes engl. → Frittenporzellan. K. ist ein Weichporzellan mit bes. hoher Transparenz. Der Masse wird aus Rinderknochen hergestellte Knochenasche zugesetzt. Aufgrund seiner geringen Festigkeit wird K. vorwiegend für Kunstgegenstände verwendet. Auch → Porzellan.

Knochenszintigramm, bildgebendes Diagnoseverfahren der → Nuklearmedizin zur Feststellung von Stoffwechselveränderungen in Knochen. In den Körper eingebrachte radioaktive Phosphatverbindungen reichern sich bes. im Knochengewebe an. Die nach außen dringenden *Gammastrahlen* können mittels Sensoren (meist sog. Gamma-Kameras) sichtbar gemacht werden. Ein K. dient zur Darstellung u. Lokalisation von Knochen- u. Knochenmarksentzündungen, Heilungs- u. Abbauprozessen sowie Knochenmetastasen im Falle von Krebserkrankungen.

Knochentransplantation, *Knochenverpflanzung*, Übertragung von Knochenstücken, z. B. zum Ersatz von Knochendefekten, zur Ausfüllung von patholog. Knochenhöhlen oder zur Verfestigung von Scheingelenken (Pseudarthrose). Verwendet werden neben Knochenstücken vom eigenen Körper *(autoplastische K.)* solche von anderen Menschen *(homoioplast. K.)* oder auch Knochenspäne von Tieren *(xenoplast. K.)*, die zuvor enteiweißt u. präpariert wurden, so dass sie kaum als körperfremdes Gewebe wirken. Technisch kann man den Knochenspan mit Knochenhaut in den Defekt einlegen *(Inlay-*Verfahren) oder ohne Knochenhaut an den

Imi Knoebel: Doppelbuffet im rechten Winkel; 1986

Knochen unter die Knochenhaut anlegen (*Onlay-*Verfahren).

Knochenzüngler, *Osteoglossidae*, Familie erdgeschichtl. sehr alter *Echter Knochenfische* mit gestrecktem Körper u. langen Flossensäumen, z. B. der südamerikan. *Arapaima*, der ägypt. *Heterotis* u. *Gabelbärte*.

Knock-out [nɔk'aut; engl.], Abk. *K. o.*, das Kampfende durch Niederschlag beim → Boxen. Auf K. o. wird entschieden, wenn sich ein Boxer nach Schlageinwirkung länger als 10 s am Boden oder außerhalb der Seile befindet oder kampfunfähig ist. *Techn. K. o.*: Kampfabbruch wegen Verletzung oder zu großer Überlegenheit eines Boxers.

Knödel [der], südt.-österr. für → Kloß.

◆ **Knoebel**, Imi (eigentl. Wolf), dt. Künstler, *31. 12. 1940 Dessau; Studium bei J. Beuys. K. begann Anfang der 1970er Jahre mit strengen Linienbildern u. Lichtprojektionen geometrischer Formen in Innen- u. Außenräumen. Seit 1975 entstehen auch Installationen, zunächst aus weißen rechteckigen oder unregelmäßigen Holztafeln, später aus farbigen Tafeln, z. T. aus anderen Materialien, die Objektcharakter erhalten. Das schwarze Quadrat von K. *Malewitsch* wird zur Grundlage seiner Kunst, die sich völlig emotionslos darstellt.

Knofel, *Allium sativum* → Knoblauch.

Knokke-Heist, belg. Seebad an der Nordsee, Prov. Westflandern, 29 000 Ew.

Knoll, Joachim Heinrich, dt. Erziehungswissenschaftler, *23. 9. 1932 Freystadt (Niederschlesien); 1964–1998 Prof. in Bochum; beschäftigt sich vor allem mit polit. Bildung, Bildungspolitik u. Erwachsenenbildung: "Probleme der polit. Bildung" 1967; "Einführung in die Erwachsenenbildung" 1973; "Lebenslanges Lernen" 1974; "Bildung u. Wissenschaft in der BR Dtschld." 1976; "Gewalt u. Spiele" 1993.

Knöllchenbakterien, *Rhizobium leguminosarum*, (früher *Bacterium radicicola*), in Symbiose mit Schmetterlingsblütlern lebende, Stickstoff bindende, in zahlreichen Formen auftretende Bakterien. Die Infektion der Wirtspflanzen erfolgt an der jungen Wurzel,

deren Rindenzellen durch die eingedrungenen K. zu lebhafter Teilung veranlasst werden. Dabei bilden sich die Knöllchen, in denen sich die K. zunächst auf Kosten der Wirtspflanze mit Kohlenhydraten u. Wirkstoffen versorgen. Die notwendigen Stickstoffverbindungen werden durch die Bindung von Luftstickstoff gewonnen (z. B. 1 ha Lupinen bindet 200 kg Luftstickstoff). Später verändert sich das Zusammenleben zwischen der Wirtspflanze u. den K. zu einem Parasitismus seitens der Wirtspflanze. Die K. werden von der Wirtspflanze verdaut, u. der von ihnen gebundene Stickstoff wird verbraucht. Bei der → Gründüngung werden die Wirtspflanzen untergepflügt, um den Stickstoffgehalt des Bodens zu verbessern. Solche landwirtschaftl. wichtigen Stickstoffsammler sind: Erbsen, Wicken, Bohnen, Lupinen, Seradella, Luzerne, Esparsette, die Kleearten, Sojabohnen u. a. Schmetterlingsblütler. Die verschiedenen Leguminosen-Spezies werden von bestimmten Rhizobium-Arten bewohnt. Zur Impfung der Böden mit K. stehen heute Handelspräparate (*Azotogen, Radizin* u. a.) zur Verfügung.

Knöllchenknöterich → Knöterich.

Knolle, fleischig verdicktes pflanzl. Organ, das der Speicherung von Nährstoffen u. z. T. auch der vegetativen Vermehrung dient. Man unterscheidet *Wurzelknollen*, die verdickte Seitenwurzeln sind (Orchideen, Dahlie), u. *Sprossknollen*; bei letzteren kann die ganze Sprossachse verdickt sein (Krokus, Gladiole) oder nur das Hypokotyl (Radieschen, Alpenveilchen) oder nur die Spitzen unterirdischer Sprossausläufer (Kartoffel).

Knollen, *Großer Knollen*, Gipfel im Südharz nordwestl. von Bad Lauterberg, 687 m.

◆ **Knollenblätterpilz**, *Amanita*, zu den *Blätterpilzen (Agaricaceae)* gehörende Pilzgruppe. Der *Grüne K.*, *Amanita phalloides*, ist der gefährlichste Giftpilz überhaupt. Sein Hut ist olivgrün, die Lamellen sind rein weiß (nie rosa bis schwarz wie bei Champignons). Der 8–13 cm hohe Stiel ist schlank, weißlich, blassgrünlich quer gebändert u. mit großer herabhängender Manschette versehen. Die Basis des Stiels ist knollig u. hat eine abstehende, zackig abgerissene Scheide. 90 % aller Pilzvergiftungen werden durch den Grünen K. verursacht. Die

Grüner Knollenblätterpilz, Amanita phalloides

Gefahr wird bes. dadurch erhöht, dass die Gifte (→ Phallotoxine) bereits gewirkt haben, bevor die ersten Anzeichen eines Unwohlseins nach 6–12, teilweise erst nach 24 Stunden auftreten. Die Gifte zerstören die Leber u. greifen die Niere u. den Herzmuskel an. Ebenfalls giftig ist der *Weiße, Spitzkegelige* oder *Kegelige K., Amanita virosa*, dessen Gefährlichkeit bes. darin besteht, dass er gelegentl. mit dem → Champignon verwechselt wird. Von geringerer Giftigkeit ist der häufig im Wald vorkommende *Gelbliche K., Amanita citrina*, der erst nach dem Verzehren größerer Mengen Beschwerden verursacht.

Knollenfrucht, vorwiegend im landwirtschaftl. Pflanzenbau gebräuchl. Bez. für die Knolle ein- oder mehrjähriger krautiger Pflanzen *(Knollengewächse)*. In den Knollenfrüchten wird vorwiegend Stärke gespeichert. Zu den wichtigsten als Kulturpflanzen angebauten Knollenfrüchten gehören Kartoffel, Topinambur, Maniok, Batate u. Yams.

◆ **Knollenkapitell,** *Knospenkapitell,* frühgot. Kapitellform, deren Kern besetzt ist mit Blättern, die sich unter den Ecken der Deckplatte volutenartig einrollen, wodurch eine Überleitung vom runden Schaft der Säule zur rechteckigen Deckplatte geschaffen wird.

Knollenkapitell: frühgotisches Knollenkapitell

Knollennassfäule → Kartoffelkrankheiten.

Knollenplatterbse → Platterbse.

Knollenqualle, *Cotylorhiza tuberculata,* 30–40 cm große, braune *Wurzelmundqualle* des Mittelmeeres; Schirm in der Mitte buckelartig gewölbt; Tentakelkrause mit blauen Warzen; bildet oft Schwärme von vielen Quadratkilometern.

Knollenwurz, *Amorphophallus bulbifer* → Amorphophallus.

Knoller, 1. Martin, österr. Maler, * 8. 11. 1725 Steinach am Brenner, † 24. 7. 1804 Mailand; Schüler von P. *Troger* in Wien, schuf vor allem spätbarocke Wand- u. Deckengemälde, u.a. in Ettal, Neresheim u. Innsbruck; bedeutender Vertreter des Rokoko. **2.** Richard, österr. Flugtechniker, * 25. 4. 1869 Wien, † 4. 3. 1926 Wien; Prof. an der TH Wien; schuf ein aeromechanisches Laboratorium.

Knoop, 1. Franz, dt. Biochemiker, * 20. 9. 1875 Shanghai, † 2. 8. 1946 Tübingen; 1908–1928 Prof. in Freiburg, dann in Tübingen; entdeckte am tier. Organismus den Fettsäureabbau (β-Oxidation); Mitentdecker des Citronensäurezyklus (1937). **2.** Gerhard Ouckama, dt. Schriftsteller, * 9. 6. 1861 Bremen, † 6. 9. 1913 Innsbruck; arbeitete 20 Jahre als Chemiker in Moskau; zeitkrit., iron.-skept. Erzähler: „Die Dekadenten" 1898; „Sebald Soekers Pilgerfahrt" (autobiograf.) 1903; „Die Hochmögenden" 1912. Seiner früh verstorbenen Tochter Wera sind R. M. *Rilkes* „Sonette an Orpheus" als ein „Grabmal" gewidmet.

Knopf, *Kleiderknopf,* häufigstes Verschlussteil der Kleidung, schon seit dem Altertum bekannt; jedoch wurden – mit Ausnahme des 13./14. Jh. – bis zum Spätbarock zunächst Fibeln, Nesteln (Bänder) u. später Haken u. Ösen verwendet. Im Rokoko setzte sich der K. auch als Schmuckstück durch. Knöpfe werden aus Horn, Perlmutter, Schildpatt, Holz, Porzellan, Metallen u. Kunststoff gefertigt, häufig verziert, geschliffen, gelackt, geprägt oder mit Stoff überzogen u. durch eine gesondert angebrachte Öse oder durch die in den K. gebohrten Löcher angenäht. Eine Sonderform ist der *Manschetten-* oder *Durchsteckknopf,* der, durch zwei Knopflöcher gesteckt, mit einem Bügel oder Kettchen Ärmel- bzw. Kragenschlitze zusammenhält, sowie der *Druckknopf.*

Knopfhornwespen → Keulenblattwespen.

Knopfkraut, eine Gattung der Korbblütler, → Franzosenkraut (2).

Knopfleiste, ein mit Knöpfen versehenes Band, das unter zwei Knopflochreihen in Kopfkissenbezüge u. a. eingeknöpft wird.

Knopfloch, umnähtes oder mit Stoff gefasstes Loch in Kleidung, Stoffbezügen u. dgl., das den durchgesteckten *Knopf* hält.

Knopflochleiste, mit Knopflöchern versehenes Band; wurde, um den Verschluss unsichtbar zu machen, um 1860 erstmals an Herrenanzügen unter dem linken Verschlussrand angebracht.

Knoppern, Pflanzengallen an Eichen *(Quercus aegilops)*; von einer Gallwespe *(Knopperngallwespe, Cynips quercuscalicis)* hervorgerufene Gallen am Fruchtbecher der Eicheln. K. werden wegen ihres hohen Gehalts an Gerbstoffen vor allem in Südosteuropa als Gerbmittel genutzt.

Knorpel, festes, aber im Gegensatz zum Knochen schneidbares u. elastisches Stützgewebe vor allem der Wirbeltiere; besteht aus rundl. Knorpelzellen u. der sie umgebenden Interzellularsubstanz, in zugefeste Kollagenfasern u. elast. Fasern eingelagert sein können. Die Knorpelteile werden von einer Knorpelhaut *(Perichondrium)* umgeben. Das Knorpelskelett der Embryonen geht durch Verknöcherung in das Knochenskelett der Erwachsenen über. Erhalten bleibt nur der K. in Nase, Ohr u. zwischen den Gelenken.

Knorpelblume, *Illecebrum,* Gattung der *Nelkengewächse (Caryophyllaceae).* In Dtschld. kommt selten auf Sandäckern u. an feuchten Orten *Illecebrum verticillatum* vor.

Knorpelentzündung, *Chondritis,* zumeist Entzündung der Knorpelhaut *(Perichondritis).* Der Knorpel selbst kann mangels einer Gefäßversorgung nicht entzündlich erkranken.

Knorpelfische, *Chondrichthyes,* Klasse der *Chordaten;* unterständiges Maul; mit meist verkalktem Knorpelskelett; Haut mit zahnartigen → Plakoidschuppen; Kiemendeckel u. Schwimmblase fehlen; der Darm trägt zur Oberflächenvergrößerung keine Zotten, sondern eine Spiralfalte *(Spiralklappe).* Hierher gehören zwei Unterklassen: *Plattenkiemer* (Haie u. Rochen) u. *Seedrachen.* Der Kopf trägt als Sinnesorgane gallertige

Kanäle, *lorenzinische Ampullen,* die der Druck- u. Temperaturempfindung dienen. Frei schwimmende Formen sind meist lebend gebärend (Ausbildung einer Dottersack-Plazenta), Küstenbewohner Eier legend u. Grundbewohner ovovivipar, d. h., die Keimlinge entwickeln sich im Ei, schlüpfen im Eileiter u. werden nach weiterer Entwicklung ins Wasser geboren. Kannibalismus im Mutterleib ist häufig.

Knorpelganoiden, *Chondrostei,* Überordnung der Knochenfische, mit lang gestrecktem Körper, Chorda sekundär ohne Wirbel, Schwanzflosse heterozerk; einzige Ordnung: *Störe.*

Knorpellattich, *Chondrilla,* Gattung der *Korbblütler.* In Mitteleuropa kommen selten vor: der *Alpenknorpellattich, Chondrilla chondrilloides,* auf dem Kies u. Schotter der Alpenbäche u. der *Binsenknorpellattich, Chondrilla juncea,* auf Flussschotter u. auf Dünen.

Knorpelmöhre, *Ammi,* eine Gattung der *Doldengewächse (Umbelliferae);* Heimat atlant. Inseln, Mittelmeergebiet; vielfach eingeschleppt.

Knorpelwerk, frühbarockes Ornament, das sich aus knorpelartig gebildeten Formen zusammensetzt; bes. häufig im dt., franzöz. u. niederländ. Kunsthandwerk.

Knorr, Ludwig, dt. Chemiker, * 2. 12. 1859 München, † 4. 6. 1921 Jena; arbeitete u. a. über Morphin, Pyrazole, Acetessigester, Tautomerie, erzielte die Synthese des Antipyrins.

Knospe, jugendl. Spross; von den ältesten Blättern umgebene Blattanlagen, Achselknospenanlagen u. Vegetationskegel; zur Überwinterung oft noch von derben *Knospenschuppen* umhüllt. Eine K. heißt *Blattknospe,* wenn sie nur junge Blattanlagen, u. *Blütenknospe,* wenn sie nur Anlagen einer oder mehrerer Blüten enthält; in gemischten Knospen sind Blatt- u. Blütenanlagen enthalten. Man unterscheidet auch zwischen *Endknospe,* wenn sie sich am Ende der Hauptsprosse befindet, u. *Seitenknospe* oder *Achselknospe,* die in den Blattachseln steht. Eine K., die sich nicht sofort entwickelt, sondern manchmal jahrelang ruht, wird als *schlafende* oder *ruhende K.* bezeichnet. Der Gärtner nennt die K. *Auge.*

Knospenkapitell → Knollenkapitell.

Knospenstrahler → Blastoideen.

Knospensucht, *Knospendrang, Zweigsucht, Blastomanie,* eine abnorme Knospenbildung als Folge von Schädigungen durch Hagel, Wildverbiss, Weidevieh- u. Raupenfraß, Insektenstiche u. Ä.

Knospung → Fortpflanzung.

Knossos, bedeutendste u. größte minoische Anlage auf der Insel Kreta, 5 km südöstl. von Herakleion; Ausgrabungen seit 1900 durch A. *Evans,* die den von ihm angenommenen Palast des Königs *Minos* teilweise rekonstruieren ließ. Eine ältere Palastanlage entstand um 2000 v. Chr., eine jüngere im 16. Jh. v. Chr. auf dem Wohnschutt neolith. Siedlungen (besiedelt seit mindestens 4000 v. Chr.); die jüngere Anlage umfasste eine Fläche von nahezu 10 000 m²: ein mehrstöckiger Bau mit zahlreichen, unübersichtlich angeordneten Zimmern (→ Labyrinth), Vorratsräumen, Ölpresse, Kapelle, Tresoren, Aborten mit Wasserspülung, Lichtschächten, Höfen, Treppen; nach dem repräsentativen Eingang führt ein langer gewinkelter Korridor mit Fresken zum großen Vestibül u. von dort eine breite Treppe zu den Repräsentationsräumen im ersten Stock; neben der Treppe liegt der Thronsaal. Umgeben war der Herrschersitz von palastartigen Villen mit Fresken u. Stuckreliefs. In der von Evans vermuteten zugehörigen Stadt lebten wohl mindestens 50 000 Einwohner; um 1400 v. Chr. soll sie zerstört worden sein. Bedeutende Funde an Keramik u. Tontafeln mit der Linearschrift A u. B wurden ausgegraben. Über den Ruinen der Palastanlage siedelten in griech. Zeit Dorier um 1000 v. Chr.; neben *Gortyn* u. *Kidonia* war K. die mächtigste Stadt Kretas in hellenist. Zeit. 74 v. Chr. wurde K. von den Römern erobert, im 9. Jh. wurde es von den Arabern zerstört.

Knötchen, spitze, über die Oberfläche kegelförmig hinausragende Hautgebilde im Gegensatz zur breiteren u. flacheren Papel; Grundform zahlreicher Hautausschläge.

Knötchenflechte, der *Lichen,* Bez. für nach Ursache u. Verlauf verschiedenartige Hautkrankheiten, die mit Knötchenbildung einhergehen.

Knoten, 1. *A s t r o - n o m i e :* Schnittpunkt der Bahn eines Himmelskörpers mit einer Grundebene oder der Bahn eines anderen Himmelskörpers, z. B. zwischen Himmelsäquator u. Ekliptik oder zwischen Ekliptik u. Planetenbahn. *Aufsteigender K.,* die Bahnbewegung des Himmelskörpers verläuft von S nach N; *absteigender K.,* die Bahnbewegung verläuft von N nach S. **2.** *B o t a n i k : Nodien,* die oft knotig verdickten (z. B. bei Gräsern) Blattansatzstellen des Sprosses. **3.** *P h y s i k :* Schwingungsknoten, die Punkte, die bei stehenden → Wellen dauernd in Ruhe sind.

Knöterich: Schlangenknöterich, Polygonum bistorta

◆ **4.** *S c h i f f f a h r t :* 1. die in die Logleine geschlagenen K., nach denen die Fahrt eines Schiffs gemessen wird. – 2. Abk. *kn,* seemännisches Maß für die Geschwindigkeit eines Schiffs; 1 kn = 1 Seemeile (1852 m) pro Stunde. – 3. die Verknüpfung von zwei → Tampen oder haltbare Verschlingung von einem Tampen. Man unterscheidet den *Schlag:* halber Schlag, zwei halbe Schläge, Hakenschlag u. a.; den *Stek:* Palstek, Schotenstek, Ankerstek u. a.; den *K.:* Webleinstek, Zimmermanns-, Kreuzknoten u. a. **5.** *T e x t i l i n d u s t r i e :* 1. die mechan. Verbindung zweier Fadenenden, z. B. bei erfolgtem Fadenbruch; es gibt viele Knotenarten, die sich in ihrer Dicke, Knottechnik, Widerstandsfähigkeit gegen Aufgehen voneinander unterscheiden. Sie werden von Hand, z. T. auch mit automatischen Knotern gemacht. – 2. bei der Herstellung der echten Knüpfteppiche (→ Teppich) die Art der Verschlingung der Flor bildenden Fäden im Untergewebe; am häufigsten der *türk. K.* (*Ghiordesknoten,* Kleinasien, Kaukasus, Europa außer Spanien) u. der *pers. K.* (*Sennehknoten,* Persien, Indien, Turkestan, China).

Knotenpunktsystem, im Schienengüterverkehr der dt. Bahn praktiziertes Produktionssystem: Konzentration auf etwa 400 Knotenpunktbahnhöfe (Abk. *Kbf*), in denen Rangierlokomotiven u. Rangierpersonal stationiert sind u. von denen aus die angeschlossenen → Satelliten unbesetzten bedient werden. Der Knotenpunktbahnhof ist nur an einen übergeordneten Rangierbahnhof angeschlossen.

Knotenpunktverbindung, feste Verbindung zwischen den Stäben eines Fachwerks, die theoretisch in einem Punkt (Knotenpunkt) zusammenlaufen; im Holzbau durch → Holzverbindungen, im → Stahlbau durch Knotenbleche. Die K. hält in den Knotenpunkten die auftretenden Kräfte im Gleichgewicht.

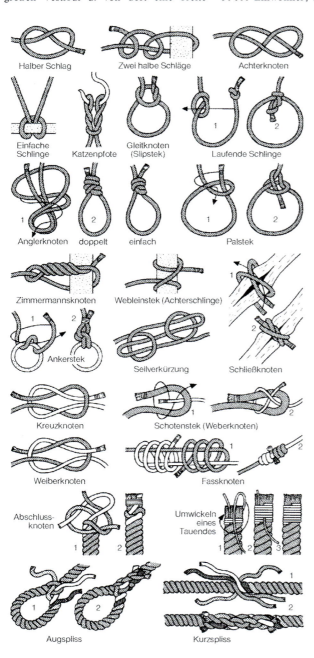

Halber Schlag — Zwei halbe Schläge — Achterknoten — Einfache Schlinge — Katzenpfote — Gleitknoten (Slipstek) — Laufende Schlinge — Anglerknoten doppelt — einfach — Palstek — Zimmermannsknoten — Webleinstek (Achterschlinge) — Ankerstek — Seilverkürzung — Schließknoten — Kreuzknoten — Schotenstek (Weberknoten) — Weiberknoten — Fassknoten — Abschlussknoten — Umwickeln eines Tauendes — Augspliss — Kurzspliss

Knoten (4): verschiedene Knotenarten

Knotensäule mit Knospenkapitell

◆ **Knotensäule,** eine Doppelsäule, deren Schäfte in halber Höhe miteinander durch einen Knoten verbunden sind; in der italien. u. dt. roman. Architektur verwendet.

Knotenschiefer → Fleckschiefer.

Knotenschrift → Quipu.

Knotensucht → Kohlhernie.

Knotenwespen, *Cerceris,* eine Gattung der *Grabwespen,* bei denen die schwarzgelb gezeichneten Hinterleibssegmente etwas wulstig-knotig aufgetrieben u. vom jeweils folgenden scharf durch eine Einschnürung abgesetzt sind. Die K. jagen Bienen u. (Rüssel-)Käfer als Larvennahrung.

◆ **Knöterich,** *Polygonum,* Gattung der *Knöterichgewächse (Polygonaceae).* Die Knöterricharten gehören zu den verbreitetsten Unkräutern. An trockenen Stellen sind zu finden: *Flohknöterich, Polygonum persicaria; Vogelknöterich, Polygonum aviculare; Filziger Knöterich, Polygonum tomentosum.* Feuchte Standorte bevorzugen: *Wasserpfefferknöterich, Polygonum hydropiper; Milder Knöterich, Polygonum mite; Wasserknöterich, Polygonum amphibium.* Alle diese Arten haben verzweigte Stängel. Unverzweigt sind der auf Wiesen häufige *Schlangenknöterich, Polygonum bistorta,* u. der als Unkraut der Alpenwiesen bekannte *Knöllchenknöterich, Polygonum viviparum.*

Knöterichgewächse, *Polygonaceae,* einzige Familie der *Polygonales,* Kräuter u. Stauden, deren Nebenblätter zu einer den Vegetationspunkt umgebenden Hülle, der *Ochrea,* verwachsen, die später als häutige Röhre dem Stängel anliegt. Zu den Knöterichgewächsen gehören *Knöterich, Rhabarber* u. *Ampfer.*

Knovizer Kultur, *Knoviser Kultur,* jungbronzezeitl. Kultur in Mittel- u. Westböhmen, nach dem Fundort *Knoviz* in der Nähe von Slany in Mittelböhmen benannt. Uneinheitliche Bestattungssitten: Urnenflachgräber in kleinen Gruppen u. Körpergräber in Gru-

ben. Innerhalb der Siedlungen hingeworfene Körper, Körperteile u. gespaltene Menschenknochen werden u. a. als rituelle Anthropophagie (Kannibalismus) gedeutet. Charakterist. sind Etagengefäße, Amphoren u. schüsselartige Formen mit senkrechter Rillung u. Kammstrichverzierung.

Know-how ['nɔu 'hau; das; engl. „wissen wie"], Inbegriff von Kenntnissen u. Erfahrungen technischer, kaufmännischer, administrativer, finanzieller oder anderer Natur, die im Betrieb eines Unternehmens oder in der Ausübung eines Berufs anwendbar sind.

Knox [nɔks], **1.** Frank, US-amerikan. Politiker, * 1. 1. 1874 Boston, Mass., † 28. 4. 1944 Washington; 1940–1944 Marine-Min. (Secretary of the Navy) unter F. D. Roosevelt, schuf die „Zwei-Ozean-Flotte" der USA.

2. James Robert, austral. kath. Theologe, * 2. 3. 1914 Bayswater, † 26. 6. 1983 Rom; 1972–1974 Erzbischof von Melbourne, 1973 Kurienkardinal, 1974–1982 Präfekt der Kurienkongregation für Sakramente u. Gottesdienst.

3. John, Reformator Schottlands, * um 1514 (oder 1505) Giffordgate bei Haddington, † 24. 11. 1572 Edinburgh; zunächst kath. Priester, seit 1546 calvinistischer Prediger, wurde nach dem Regierungsantritt Marias der Katholischen 1554 aus England vertrieben, wirkte in Genf u. Frankfurt a. M., seit 1559 wieder in Schottland, gab der schott. Kirche ihren puritan. Charakter u. setzte den Calvinismus als Staatsreligion durch. Sein Verdienst liegt auf praktisch-organisatorischem Gebiet. Hauptverfasser der „Confessio Scotica" 1560; bemüht um die Übersetzung der Bibel ins Englische.

Knoxland ['nɔkslænd], antarkt. Küstenstrich auf etwa 108° ö. L., ganz von Inlandeis bedeckt.

Knoxville ['nɔksvil], Stadt im mittleren Tennessee (USA), am oberen Tennessee, 264 m ü. M., 167 000 Ew., als Metropolitan Area 610 000 Ew.; Staatsuniversität (gegr. 1794); Museen; Sitz der *Tennessee Valley Authority* (seit 1933); Eisen-, Zink-, Kupfererz- u. Steinkohleabbau; in K. befindet sich einer der größten Marmorbearbeitungsbetriebe der USA, chem. u. Nahrungsmittelindustrie (vor allem Fleischkonserven), Maschinenbau, Tabakverarbeitung; Handelsplatz (vor

Knöterich: Wasserknöterich, Polygonum amphibium

Knurrhähne: Roter Knurrhahn, Trigla lucerna

allem Tabakmarkt), Verkehrsknotenpunkt, Fremdenverkehr (u. a. in die *Great Smoky Mountains).* Im benachbarten *Alcoa* Aluminiumhütte, im 35 km entfernten *Oak Ridge* Kernforschungszentrum. – Gegr. 1785, seit 1791 U., 1796–1812 u. 1817–1819 Hptst. von Tennessee.

Knud-Rasmussen-Land, Sammelname für die nordgrönländ. Gebiete zwischen Melvillebucht u. dem Nordostkap; 1912 von K. *Rasmussen* durchquert.

Knudsen, 1. Hans, dt. Germanist u. Theaterwissenschaftler, * 2. 12. 1886 Posen, † 4. 2. 1971 Berlin; lehrte seit 1938 in Berlin, ab 1943 Prof.; Hptw.: „Büchner u. Grabbe" 1921; „Theaterkritik" 1928; „Theaterwissenschaft" 1950; „Deutsche Theatergeschichte" 1958.

2. Jakob, dän. Schriftsteller, * 14. 9. 1858 Rødding, Schleswig, † 21. 1. 1917 Birkerød; zeitweise Pfarrer; schrieb Romane u. Novellen mit pädagogischer u. kulturkritischer Tendenz. „Der alte Pfarrer" 1899, dt. 1910; „Um des Lebens willen" 1905, dt. 1910; „Angst" (Luther-Roman) 1912, dt. 1914.

Knüllgebirge, Hochfläche im Zentrum des Hessischen Berglands, zwischen Fulda u. Schwalm, zahlreiche bewaldete Kuppen; im *Eisenberg* 636 m, im *Knüllköpfchen* 634 m.

Knüllwald, Gemeinde in Hessen, Schwalm-Eder-Kreis, 5300 Ew.

knüpfen, *Knüpfarbeit,* älteste, seit etwa 3000 v. Chr. bekannte Handarbeitstechnik zur Herstellung von Teppichen, Posamenten, Schnüren, Makramee u. Fransen; zur *Spitze* weiterentwickelt.

Knüpfspitze → Makramee.

Knüppel, 1. *Hüttenwesen:* vorgewalzter Stahl (Halbzeug), 50–350 mm vierkant zur Weiterverarbeitung im Walzwerk.

2. *Lebensmittel:* Berliner Milchbrötchen.

Knüppeldamm, auf wenig tragfähigem Untergrund (z. B. Moor) aus senkrecht zur Straßenachse verlegten Rund- oder Kanthölzern hergestellter Weg; heute noch auf Baustellen, im Forstbetrieb u. für provisorische Wegebefestigung verwendet.

Knüppelschaltung → Kennungswandler.

Knüppelverse → Knittelverse.

Knurrender Gurami, *Trichopsis vittatus,* ein *Labyrinthfisch* Südostasiens (u. a. Thailand, Südvietnam, Sunda-Inseln); 6–7 cm lang, Farbe gelbgrün bis braun, dunkle Längsstreifen. Die Männchen können knurrende Geräusche erzeugen. Beliebter Aquarienfisch (Wassertemperatur 28–30 °C).

◆ **Knurrhähne,** *Triglidae,* Familie der *Panzerwangen;* 4 Gattungen; bis 60 cm lange Meeresfische von länglicher Gestalt, Körper mit Platten u. Schuppen bedeckt, große Brustflossen, mit 3 oder 2 frei stehenden Stacheln, die als Geschmacks-, Tast- u. Fortbewegungsorgane dienen. Sie erzeugen Knurrlaute mit der Schwimmblasenmuskulatur. Am Grund der gemäßigten u. tropischen Meere der ganzen Welt verbreitet, durch nacheiszeitl. Erwärmung jedoch Trennung der Verbreitungsgebiete auf der Nord- u. Südhalbkugel. In der Nordsee, im Atlantik u. im Mittelmeer kommen vor: *Grauer Knurrhahn, Eutrigla gurnadus,* 20–45 cm, *Roter Knurrhahn, Trigla lucerna,* Länge 25–50 cm (maximal 70 cm u. 5 kg Gewicht) u. westl. der Brit. Inseln der rötl. *Seekuckuck, Trigla pini,* 30–40 cm. K. leben in 10–150 m Tiefe. Sie ernähren sich von Garnelen, Krabben u. Kleinfischen. K. sind vorzügliche Speisefische.

Knut, *Knud, Kanud,* FÜRSTEN.
Dänemark: **1. Knut der Große,** König 1018–1035, in England seit 1016, in Norwegen seit 1028, *um 995, †12. 11. 1035 Shaftesbury; Sohn von Sven Gabelbart (Tveskegs); errichtete ein großes Nordseereich, das bald nach seinem Tod zerfiel; pflegte freundschaftl. Beziehungen zu Kaiser Konrad II., dessen Sohn Heinrich (III.) Knuts Tochter Gunhild heiratete. Konrad verzichtete auf seine Hoheitsrechte im Bereich zwischen Eider u. Schlei; die Eider wurde damit endgültig zur Südgrenze des dän. Reichs.
2. Knut der Heilige, König 1080–1086, *um 1040, †10. 7. 1086 Odense (ermordet); versuchte die Königsmacht zu stärken u. sein Land straff zu ordnen. Seine harten Maßnahmen u. die einseitige Begünstigung der Geistlichen u. der Kirche stießen auf Widerstand. K. wurde von einer aufständ. Volksmenge gesteinigt. Heiligsprechung 1101; Schutzheiliger Dänemarks.
3. Knut der VI., König 1182–1202, *1163, †12. 11. 1202; Sohn Waldemars d. Gr.; setzte die dän. Großmachtpolitik seines Vaters fort, unterstützte seinen Schwiegervater Heinrich den Löwen gegen Friedrich Barbarossa, nannte sich nach der Eroberung von Rügen, Pommern u. Mecklenburg „König der Slawen" (1185). Zusammen mit seinem Bruder Waldemar (II.) nahm er Holstein, Stormarn, Hamburg, Lübeck u. Ratzeburg ein.

Knute [russ.], Peitsche aus Lederriemen; übertragen für „Gewaltherrschaft".

Gustav Knuth

◆ **Knuth,** Gustav, dt. Schauspieler, *7. 7. 1901 Braunschweig, †1. 2. 1987 Küsnacht bei Zürich; 1936 bis 1945 unter G. *Gründgens* am Berliner Staatstheater. Filmarbeit seit 1935 u. a. „Große Freiheit Nr. 7" 1944. Seit 1949 Mitgl. des Zürcher Schauspielhauses; wurde auch durch Fernsehrollen in Serien bekannt, z. B. „Alle meine Tiere" u. „Salto mortale"; Autobiografie „Mit einem Lächeln im Knopfloch" 1974.

Knut Lavard, dän. Statthalter (Jarl) in Schleswig 1115–1131, König der Obodriten 1128–1131, *1096, †1131; Sohn Erichs I. Ejegod; war fon dän. König eingesetzt zur Abwehr der Slawen, trieb eine weitgehend selbständige Politik, die erste Ansätze zur Verselbständigung Schleswigs zeigte.

◆ **Knutt,** *Calidris canutus,* 25 cm langer *Watvogel* aus der Verwandtschaft der *Strandläufer,* dessen Brutgebiete in den arktischen Tundren liegen. Außerhalb der Brutzeit wird der K. im grauen Winterkleid häufig in den Wattengebieten der Nordsee angetroffen.

Knutt im Sommerkleid, Calidris canutus

Knüttelverse → Knittelverse.
ko... → kon...
K. o., Abk. für → Knock-out.
KO, Abk. für → Konkursordnung.
Koadjutor [lat.], Stellvertreter oder Gehilfe eines Geistlichen im Amt, bes. eines Bischofs oder Abts.
Koagulation [lat.], Ausflockung einer kolloiden Lösung z. B. durch Zusatz von Elektrolyten, entgegengesetzt geladenen Kolloiden oder durch Erhitzen.
Koagulationsvitamin [lat.] → Vitamin K.
◆ ⓘ **Koala,** *Beutelbär, Phascolarctus cinereus,* schwanzloser, mit ca. 75 cm größter *Kletterbeutler,* mit weichem, zottigem Fell, von bärenartigem Aussehen u. trägem Verhalten; auf Eukalyptusblätter spezialisiert; Vorbild des „Teddybären"; selten in Ostaustralien; obwohl streng geschützt, vom Aussterben bedroht.
Koaleszenz [lat.], das Zusammenfließen bzw. Verschmelzen der Tröpfchen einer → Emulsion zu einer kompakten Flüssigkeit.
Koalition [lat.], **1.** *allg.:* Zusammenschluss, Bündnis.
2. *Außenpolitik:* Zusammengehen zweier oder mehrerer Staaten zur Verfolgung gemeinsamer Zwecke, daher *Koalitionskriege* (z. B. Befreiungskriege 1813 bis 1815), *Koalitionsarmee* (aus mehreren nationalen Kontingenten gebildet).
3. *Rechtssoziologie:* eine zwischen dem Staat u. dem Individuum stehende Vereinigung, die eine nicht mehr individuelle, aber noch nicht staatliche Rechtsmacht ausübt. Gesellschaftl. Kräfte u. ihre organisierten Inhaber bewegen sich zwar weithin noch in den Formen des Privatrechts (z. B. Gewerkschaften als nicht eingetragene Vereine nach § 54 BGB), nehmen aber öffentl. Aufgaben u. Funktionen wahr, z. B. den

Abschluss von Tarifverträgen. Derartige „intermediäre Kräfte" nehmen eine weit gehende Selbstverantwortung, Selbstgesetzgebung (Autonomie) u. Selbstverwaltung für sich in Anspruch mit hieraus folgender Beschränkung der Staatsaufsicht, die gegenüber den Koalitionen im Arbeitsleben (Tarifvertragspartnern) sogar völlig entfällt.
4. *Staatsrecht:* Zusammenschluss mehrerer in einem Parlament vertretener Parteien zur Bildung einer arbeitsfähigen Regierungsmehrheit (*Koalitionsregierung*). Sie wird meist dann notwendig, wenn eine Partei nicht in der Lage ist, auf der Grundlage einer absoluten Mehrheit allein eine Regierung zu bilden. Seltener sind Fälle, in denen eine Partei mit absoluter Mehrheit eine K. eingeht. Die Regierungen der Weimarer Republik waren typische Koalitionsregierungen, überwiegend auch die Regierungen der BR Dtschld. Demgegenüber kennt z. B. Großbritannien Koalitionsregierungen nur in Kriegszeiten oder in Zeiten nationaler Krisen.

Koalitionsfreiheit, das Recht der Arbeitnehmer (auch der Beamten) u. Arbeitgeber, sich zu *Berufsverbänden* (bei Arbeitnehmern: *Gewerkschaften*) zusammenzuschließen, um ihre Interessen gemeinsam wahrzunehmen. Bis ins 19. Jh. durch Zunftrecht u. Reichsgesetzgebung (Vereinsgesetzgebung) ausgeschlossen oder beschränkt, wurde die K. durch die Weimarer Reichsverfassung (Art. 159) garantiert. Sie ist auch durch das Grundgesetz gewährleistet, u. zwar in Art. 9 Abs. 3: „Das Recht, zur Wahrung u. Förderung der Arbeits- u. Wirtschaftsbedingungen Vereinigungen zu bilden, ist für jedermann u. für alle Berufe gewährleistet. Abreden, die dieses Recht einschränken oder zu hindern suchen, sind nichtig, hierauf gerichtete Maßnahmen sind rechtswidrig." Auch nach Art. 11 Abs. 1 der Konvention zum Schutze der Menschenrechte u. Grundfreiheiten vom 4. 11. 1950 haben alle Menschen das Recht, „sich frei mit anderen zusammenzuschließen, einschl. des Rechts, zum Schutze ihrer Interessen Gewerkschaften zu bilden u. diesen beizutreten". Aus diesen Bestimmungen wird die Rechtmäßigkeit des *Streiks* der Arbeitnehmer als einer histor. Kampfform der Gewerkschaften abgeleitet, jedenfalls für den sog. *Arbeitsstreik;* abgelehnt wird dagegen weithin der *politische Streik.* Die Rechtmäßigkeit von Arbeitsstreiks (sogar im Notstandsfall) ergibt sich seit 1968 auch aus einer ausdrücklichen Ergänzung von Art. 9 Abs. 3 GG. Umgekehrt ist die K. nicht von der Streikbereitschaft oder Streikfähigkeit der in der Koalition zusammengeschlossenen Mitglieder abhängig. K. genießen daher außer Beamten auch Ärzte, die ebenfalls in Bezug auf ihre Heiltätigkeit einem Streikverbot unterliegen. Dasselbe gilt für Verbände, in deren Satzung der Streik als Kampfmittel ausdrücklich abgelehnt wird.
In *Österreich* ist die K. im Koalitionsgesetz 1870, im Betriebsrätegesetz 1947 u. im Landarbeitsgesetz 1948 festgelegt, die durch internationale Übereinkommen ergänzt

wurden. – In der Schweiz ist die K. in der allg. → Vereinigungsfreiheit (Art. 56 der Bundesverfassung) enthalten.

Koalitionskriege, die nur durch kurze Friedenszeiten unterbrochene kriegerische Auseinandersetzung 1792–1815 zwischen Frankreich u. den Monarchien Europas (bis 1802 auch *Französische Revolutionskriege*, danach *napoleonische Kriege* genannt).

1. Koalitionskrieg 1792–1797: Er begann am 20. 4. 1792 mit der Kriegserklärung der französ. Revolutionsregierung an Österreich, dem Preußen, Sardinien, Neapel, die Niederlande, Spanien, Portugal u. Großbritannien beisprangen. Nach dem Einmarsch der Verbündeten in Frankreich wendete sich nach der *Schlacht bei Valmy* (20. 9. 1792) das Blatt. Die Franzosen drangen über den Rhein vor u. eroberten Mainz u. die Niederlande. 1793 ging beides wieder verloren, doch gelang es den Verbündeten nicht, einen entscheidenden Sieg zu erringen. 1795 schloss Preußen den *Baseler Frieden*, dem sich Spanien anschloss. 1797 mussten Österreich u. Sardinien den *Frieden von Campo Formio* schließen, nachdem Napoleon sie militärisch bezwungen hatte. Die Gebiete links des Rheins sowie die Lombardei kamen an Frankreich. England setzte den Kampf fort. Die Franzosen unternahmen unter Napoleon den Zug nach Ägypten u. Syrien (bis 1801). Dagegen bildete sich eine neue Koalition aus Großbritannien, Russland, Österreich, Portugal, Neapel u. der Türkei.

2. Koalitionskrieg 1799 bis 1802: Auch dieser Krieg endete mit einem französ. Sieg. Nach anfängl. Erfolgen u. nachdem Russland die Koalition verlassen hatte, siegte Napoleon entscheidend bei *Marengo* 1800 über die Österreicher, die den *Frieden von Lunéville* 1801 annehmen mussten. Auch Großbritannien schloss jetzt Frieden (von *Amiens* 1802). Provokationen Napoleons u. die Verzögerung der Räumung Maltas durch England beschworen bereits 1803 wieder eine Krise zwischen Frankreich u. Großbritannien herauf u. führten am 18. 5. 1803 durch engl. Ultimatum zum Kriegsausbruch (Beginn der *napoleonischen Kriege*). Nach Besetzung des mit Großbritannien in Personalunion verbundenen Kurfürstentums Hannover traf Napoleon in Boulogne Vorbereitungen für ein Landungsunternehmen in Großbritannien. Die brit. Seehegemonie, die der Sieg H. Nelsons bei *Trafalgar* (21. 10. 1805) erneut (für ein Jahrhundert) sicherte, machte jedoch alle Landungspläne illusorisch. Als Kampfmittel gegen Großbritannien blieb Napoleon allein der Wirtschafts-

krieg, der mit der *Kontinentalsperre* (1806) zum Offensivmittel ausgebaut wurde.

3. Koalitionskrieg 1805: Auf Betreiben Großbritanniens bildete sich 1805 erneut eine Koalition zwischen Großbritannien, Russland, Österreich u. Schweden (vergebl. Werben um Preußen) gegen Napoleon. Dieser zwang in einem raschen Umgehungsfeldzug die österr. Armee *Mack* in Ulm zur Kapitulation, nahm Wien ein u. siegte in der *Dreikaiserschlacht von Austerlitz* (2. 12.) über die Russen u. Österreicher. Der *Friede von Preßburg* (26. 12. 1805) zwang Österreich, das aus dem Kampf ausschied, zur Abtretung von Tirol, Vorarlberg, Trentino, Istrien u. Dalmatien. Franz I. legte die röm.-dt. Kaiserwürde nieder.

4. Koalitionskrieg 1806/07: Seine entscheidungsscheue Neutralitätspolitik hatte Preußen in eine hoffnungslose Isolierung gedrängt. Durch die im Pariser Traktat (1806) mit Napoleon vereinbarte Besetzung Hannovers befand sich Preußen sogar mit Großbritannien im Kriegszustand. Napoleons Angebot der Rückgabe Hannovers an Großbritannien führte schließlich zum Bruch mit Preußen, auf dessen Seite Kursachsen in den

Krieg eintrat. Der Sieg Napoleons in der Doppelschlacht von *Jena u. Auerstedt* (14. 10.) enthüllte die Schwäche des preuß. Heeres. Die wichtigsten preuß. Festungen – Erfurt, Magdeburg, Spandau, Stettin u. Küstrin – kapitulierten. Napoleon konnte in Berlin einmarschieren. Friedrich Wilhelm III. von Preußen, der nach Ostpreußen geflohen war, kämpfte mit Unterstützung Russlands weiter. Der unentschiedenen Schlacht bei *Preußisch-Eylau* (7. 2. 1807) folgte nach der Eroberung Danzigs durch die Franzosen der Sieg Napoleons bei *Friedland* über die Russen. Er zwang Alexander I. von Russland zum *Frieden von Tilsit* (7. 7.), dem sich Preußen anschloss (9. 7.). Preußen musste sich auf die Gebiete östlich der Elbe beschränken. Nachdem Russland mit Napoleon ein Bündnis geschlossen hatte, standen diesem nur noch Großbritannien u. Schweden gegenüber. Nach der Beschießung Kopenhagens bemächtigte sich Großbritannien der dän. Flotte u. sicherte damit den Zugang zur Ostsee; darauf verbündete sich Dänemark mit Napoleon, u. Russland wandte sich von England ab.

Krieg in Spanien 1808–1814: Der Thronstreit zwischen Karl IV. (*1748, †1819) u. dem Kronprinzen Ferdinand VII. (*1784, †1833) gab Napoleon Gelegenheit, die span. Dynastie zu entthronen u. seinen Bruder Joseph Bonaparte zum König von Spanien zu proklamieren. Mit der Erhebung des Landes unter der Leitung des Adels u. des Klerus begann ein jahrelanger erbitterter Kleinkrieg gegen die französ. Fremdherrschaft. Nach dem entscheidungslosen Feldzug Napoleons in Spanien (Nov. 1808–Juni 1809) brachten der Krieg mit Österreich u. die Entsendung einer starken engl. Armee unter A. Wellington nach Spanien dem Land rechtzeitige Entlastung. Wellington behauptete sich mit wechselndem Kriegsglück u. erzwang schließl. bei *Vitoria* (21. 6. 1813) die Entscheidung über das Gros des französ. Heeres unter Joseph Bonaparte, der Spanien wieder räumen musste.

Krieg Österreichs gegen Frankreich 1809: Österreich, das 1809 im Hinblick auf die Bindung Napoleons in Spanien isoliert den Kampf gegen Frankreich aufnahm, sah nach ersten Niederlagen u. dem Einzug Napoleons in Wien (13. 5.) in dem Sieg Erzherzog Karls bei *Aspern* (22. 5.) den ersten Schlachtenerfolg über Napoleon, unterlag aber wieder in der Schlacht von *Wagram* (5./6. 7.). Es hatte vergeblich auf Bundesgenossen in Dtschld. gewartet. Gegen die Rheinbundtruppen kämpfte nur das Freikorps Friedrichs von Braunschweig

---

Koala (*Phascolarctus cinereus*)

Verbreitung:	östliches Australien
Lebensraum:	Eukalyptuswälder
Maße:	Kopf – Rumpflänge 72 – 78 cm, Standhöhe 30 – 45 cm, Gewicht 5 – 12 kg
Lebensweise:	Männchen bilden Harem; dämmerungs- und nachtaktiv
Nahrung:	Eukalyptusblätter
Tragzeit:	bis 35 Tage, danach 5 – 6 Mon. im Beutel
Zahl d. Jungen pro Geburt:	1, selten Zwillinge
Höchstalter:	15 Jahre
Gefährdung:	gefährdet durch Vernichtung der Eukalyptuswälder

Koalas sind überwiegend nachts aktiv und widmen dann viel Zeit der Nahrungsaufnahme

Verbreitung des Koalas

Nach Verlassen des mütterlichen Beutels werden junge Koalas noch bis zur Vollendung ihres ersten Lebensjahres von der Mutter huckepack getragen

("schwarzer Herzog"), in Nord-Dtschld. erhoben sich die Schill'schen Jäger. Der Aufstand in Tirol unter Andreas *Hofer* schlug fehl. Der *Schönbrunner Friede* (14. 10.) sicherte Frankreich die adriat. Küstenländer u. brachte Galizien an das Großherzogtum Warschau, Salzburg u. das Innviertel an Bayern.

Russischer Feldzug Napoleons 1812: Nach der Absage Alexanders I. an die Kontinentalsperre 1810 u. einer Periode der fortgesetzten Spannungen zwischen Frankreich u. Russland eröffnete Napoleon 1812 (ohne Kriegserklärung) mit einem Aufgebot von 700 000 Mann den Kampf gegen Russland. Den linken Flügel, zu dem auch das preuß. Korps unter Yorck von Wartenburg gehörte, führte Marschall A. Macdonald, den rechten der Österreicher Karl Fürst zu Schwarzenberg. Die Russen zogen sich ins Innere des Landes zurück, räumten *Smolensk* (16./17. 8.) u. erlitten eine schwere Niederlage bei *Borodino* (Oberbefehlshaber M. J. Kutusow) am 7. 9. Am 14. 9. zog Napoleon in Moskau ein. Die Weigerung des Zaren, Frieden zu schließen, der Brand von Moskau u. der früh einsetzende russ. Winter zwangen Napoleon zum Rückzug, der nach dem *Übergang über die Beresina* (26.–28. 11.) zur völligen Auflösung der "Großen Armee" führte.

5. Koalitionskrieg 1813–1815: Erst dieser Krieg (→ Befreiungskriege) brachte mit dem völligen Sieg der Koalitionsmächte Großbritannien, Russland, Österreich, Preußen u. Schweden über Napoleon, dem Fall von Paris 1814 u. der Verbannung Napoleons die Expansionspolitik Frankreichs zum Stillstand. Auch → Pariser Friedensschlüsse.

Koalitionsrecht, 1. das Recht der Staatsbürger, sich zu Berufsverbänden, insbes. auch → Gewerkschaften, zusammenzuschließen; → Koalitionsfreiheit.
2. das Recht der Berufsverbände, als Vertreter ihrer Angehörigen, z. B. bei Tarifverhandlungen, die Interessen der einen Tarifpartei gegenüber der anderen wahrzunehmen.

Koalitionsregierung → Koalition (4).

Koalitionstheorie, die Auffassung, wonach eine Unternehmung ein Zusammenschluss von interessierten Gruppen (Gesellschafter, Arbeitnehmer, Kreditgeber, Management) zur Erreichung der wirtschaftl. Ziele der einzelnen Gruppen ist. Gegensatz: → Stockholder-Theory.

Koalitionsverbot, das bis ins 19. Jh. bestehende Verbot für Arbeitnehmer, sich zur Wahrung ihrer Interessen zu Berufsverbänden zusammenzuschließen. Im Dt. Reich wurde 1869 das K. aufgehoben. Dennoch schufen erst die Gesetzgebung der Weimarer Republik u. das Grundgesetz der BR Dtschld. die Voraussetzungen für die endgültige (polit.) Anerkennung der → Gewerkschaften. Auch → Koalitionsfreiheit.

Koan [jap.], im Zen-Buddhismus geistige Übungen, die zur Überwindung der intellektuellen Grenzen u. zum → Satori führen.

Koasalauf, internationaler Tiroler Volkslanglauf auf Skiern, der in der Nähe von Kitzbühel gestartet wird u. über 72 km nach St. Johann führt.

Koaxialkabel, *Koaxialleitung,* Bauart eines Hochfrequenz- u. Nachrichtenkabels, bei dem ein Mittelleiter von einem rohrförmigen, meist geerdeten Außenleiter umgeben ist. Beide Leiter haben also eine gemeinsame Achse; sie sind gegeneinander durch Isolierstoff abgestützt, der vielfach in Form einzelner Scheiben aufgebracht ist. Das K. wird für hohe Frequenzbereiche bei Fernsprechkabeln benutzt, um viele Gespräche gleichzeitig übertragen zu können; es dient auch zur Verbindung von Sendern oder (Fernseh-)Empfängern mit den Antennen.

Koazervat-Theorie, *Coazervat-Theorie,* ein Versuch, die Entstehung erster Lebensstrukturen (→ Protobionten) zu erklären. Unter *Koazervaten* versteht man winzige Flüssigkeitströpfchen, die durch Membranen von dem umgebenden Milieu abgegrenzt werden. So können z. B. bestimmte gelöste makromolekulare Stoffe sich von den übrigen Lösung als Tröpfchen trennen, wenn ihnen Salze zugegeben werden. Sie bilden dann eine eigene flüssige Phase, durch *Koazervation* ("flüssige Ausfällung") entstanden ist. Diese Tröpfchen, die Koazervate, enthalten dann die gelösten Makromoleküle in viel höherer Konzentration, als sie in der umgebenden Lösung vorliegen. Unter dem Mikroskop sehen Koazervat-Tröpfchen protoplasmatischen Strukturen ähnlich. A. I. *Oparin* sah in den Koazervaten mögliche Modelle für erste lebende Zellstrukturen. Inzwischen ist die K. durch Ausweitung der Erkenntnisse über den Aufbau von Biomembranen vielfach modifiziert worden.

Kobäe, *Cobaea* → Glockenrebe.

Kobalamin [das; Kurzwort aus *Kobalt + Amin*] → Vitamin B$_{12}$.

Kobalt, ein Schwermetall, → Cobalt.

Kobalt 60 → Cobalt.

Kobaltblau, *Cobaltblau, Thenards Blau, Dumonts Blau, Coelestinblau, Leithners Blau, Cobaltaluminat,* CoO · Al$_2$O$_3$, eine Doppelverbindung von Aluminiumoxid, Al$_2$O$_3$, u. Cobaltoxid, CoO, die beim Glühen von Cobaltsalzen mit Aluminiumsalzen (qualitativer Nachweis von Alumium) entsteht; als Pigment für Glas- u. Porzellanfarben verwendet. Auch → keramische Farben, → Kobaltfarben.

◆ **Kobaltblüte,** *Erythrin,* pfirsichblütenrotes, zersetzt grünlich graues, perlmutterglänzendes Mineral, Cobaltarsenat, Co$_3$(AsO$_4$)$_2$ · 8H$_2$O, monoklin; Härte 1,5–2,5; Verwitterungsprodukt von Cobalt-Erzen; Vorkommen: Thüringer Wald, Riesengebirge, Schwarzwald, Spessart, Elba u. a.

Kobaltbombe, 1. *Kernphysik:* Atom- oder Wasserstoffbombe mit einem Mantel aus Cobalt. Bei der Explosion wird das gewöhnl. Cobalt in radioaktives Cobalt umgewandelt, das innerhalb der entstehenden Explosionswolke mindestens fünf Jahre wirksam bleibt.
2. *Medizin:* → Telekobalttherapie.

Kobaltfarben, farbige Kobaltverbindungen; werden als Maler- sowie als Glas- u. Keramikfarben verwandt: *Kobaltbraun, Ko-* *baltultramarin, Kobaltrot, Kobaltviolett, Königsblau Smalt* (blau), *Indischgelb, Rinmanns Grün* (Kobaltzinkoxid).

Kobaltglanz, *Glanz-Kobalt, Kobaltin, Cobaltin,* rötlich-silberweißes, stark metallglänzendes Mineral, CoAsS; wichtiges Kobalt-Erz; regulär; Härte 5,5; Vorkommen: Norwegen, Schweden, Kanada, Marokko, Erzgebirge.

Kobaltglas, 1. durch Cobaltoxid gefärbte blaue Glasart, die nach der Wiederentdeckung ihrer Fertigung durch den sächsischen Glasbläser C. *Schürer* im 16. Jh. in Kirchenfenstern weite Verwendung fand. Heute wird das blaue K. für Signalzwecke u. als Zierglas verwendet. Es wurde schon im Altertum von Ägyptern, Babyloniern, Griechen u. Römern hergestellt.
2. Bez. für tiefblau bis schwarz gefärbte Schweißerschutzgläser.

Kobaltkanone, *Gammatron,* Gerät zur Strahlentherapie mit energiereichen Gammastrahlen, das radioaktives Kobaltisotop (→ Cobalt) enthält. Auch → Telekobalttherapie.

Kobaltkies, *Linneit,* rötlich-silberweißes, gelblich anlaufendes, metallglänzendes Mineral, Co$_3$S$_4$, in häufig gut ausgebildeten regulären Kristallen; kubisch; Härte 5; mit Kupferkies, Bleiglanz, Eisenspat, Schwerspat; Vorkommen: Deutschland (Siegerland), Demokrat. Rep. Kongo (Katanga), Sambia, USA.

Kobaltlegierungen, Legierungen von Cobalt mit Metallen; werden zur Anfertigung von Magnetstählen u. zur Herstellung hochwertiger Schneiden für Dreh- u. Hobelstähle sowie Bohrer verwendet. Zusatz von Chrom u. Wolfram (*Stellit* u. stellitähnl. Legierungen: 50–60% Cobalt, 30–40% Chrom u. 8–20% Wolfram) ergibt Schnellschneidmetalle mit hoher Schnittleistung, bes. für harte Werkstoffe u. höhere Temperaturen geeignet. Kobalt-Silicium-Eisen-Legierungen finden als säurebeständige Stähle Verwendung.

Kobaltblüte aus der Sonora-Wüste, Mexiko

Koblenz (1): Am Zusammenfluss von Mosel (rechts oben) und Rhein liegt das Deutsche Eck; 1897 wurde hier ein Reiterstandbild von Kaiser Wilhelm II. aufgestellt

Kobaltschwärze, *Asbolan, Erdkobalt,* ein Kobalt führendes Manganoxidmineral, kommt in Mangandendriten, auch in Manganknollen am Meeresboden der Tiefsee vor.

Koban-Kultur, spätbronze- u. früheisenzeitl. Kultur im Kaukasus (11.–4. Jh. v. Chr.), benannt nach dem Gräberfeld *Koban* bei *Wladikawkas* (bis 1990 Ordschonikidse). Die Bevölkerung war sesshaft u. betrieb Ackerbau u. Viehzucht. Die reichen Funde in den Gräbern zeigen Bronzebeile u. -gefäße, Trachtzubehör sowie Anhänger, Nadeln u. Schmuck.

Kob-Antilope → Wasserböcke.

◆ **Kobe,** japan. Präfektur-Hptst. im S von Honshu, westl. von Osaka, im Ballungsraum *Hanshin,* 1,42 Mio. Ew.; Universität (1926), techn. Hochschule; Textil-, Maschinen-, Eisen-, chemische u. Papierindustrie, Werften; Japans größter u. bedeutendster Handelshafen (ein Viertel aller Im- u. Exporte); der größte Teil der Industrie- u. Hafenanlagen befindet sich auf der im S von K. im Meer aufgeschütteten künstl. Insel „Port Island" (14 km², 1981 fertig gestellt). Im Januar 1995 wurden große Teile der Stadt durch ein schweres Erdbeben (rd. 5000 Tote) zerstört.

Kobell, 1. Ferdinand, dt. Maler, *7. 6. 1740 Mannheim, †1. 2. 1799 München; von holländ. Vorbildern ausgehende Landschaftsgemälde mit wegbereitender Wirkung für den Realismus des 19. Jh.
2. Franz Xaver Ritter von, Sohn von 3), dt. Mineraloge u. Heimatschriftsteller, *19. 7. 1803 München, †11. 11. 1882 München; seit 1826 Prof. in München, erfand das *Stauroskop* (zur opt. Prüfung der Kristalle) u. das Tiefdruckverfahren *(Galvanographie);* schrieb außer mineralog. Werken Jagdgeschichten, lebensfrohe, gesellige Verse u. Mundartgedichte (pfälzisch, oberbayerisch); Mitglied des Münchener Dichterkreises.

3. Wilhelm Alexander Wolfgang von, Sohn von 1), dt. Maler u. Grafiker, *6. 4. 1766 Mannheim, †15. 7. 1855 München; malte bayer. Landschaften mit figürl. Staffage in verhaltener Farbgebung, gilt als einer der maßvollsten dt. Realisten im 19. Jh. Hptw. sind Schlachtenszenen, z. B. „Belagerung von Kosel" 1808 (München, Neue Pinakothek).

Kobelt, Karl, schweiz. Politiker (Freisinn), *1. 8. 1891 St. Gallen, †5. 1. 1968 Bern; Bauingenieur; 1933–1940 St. Galler Regierungsrat, 1941–1954 im Bundesrat (Militärdepartement), 1946 u. 1952 Bundes-Präs.

København [købən'haun], dän. Name von → Kopenhagen.

Kober, Leopold, österr. Geologe, *21. 9. 1883 Pfaffstätten, †6. 9. 1970 Hallstatt; lehrte in Wien; Hauptforschungsgebiet: Gebirgsbau, bes. der Deckenbau der Alpen. Hptw.: „Lehrbuch der Geologie" 1923; „Bau u. Entstehung der Alpen" 1923; „Der Bau der Erde" 1928; „Vom Bau der Erde zum Bau der Atome" 1949.

Koberger, *Coberger, Coburger,* Anton, dt. Buchdrucker u. Verleger, *um 1445 Nürnberg, †1513 Nürnberg; verlegte in großen Teilen Europas Werke, die er teils in eigener Werkstatt herstellte, teils bei anderen Druckern in Auftrag gab; besaß eine der größten Druckereien der Zeit. Erzeugnisse: u. a. *Schedels* „Weltchronik" 1493 in dt. u. lat. (Ausgabe mit etwa 2000 Holzschnitten); Dürers „Apokalypse" 1498.

Köberle, Adolf, dt. ev. Theologe, *3. 7. 1898 Bad Berneck, †22. 3. 1990 München; 1926 Leiter des Ev.-luth. Missionsseminars Leipzig, 1930 Prof. für systemat. Theologie in Basel, 1939–1963 in Tübingen, trat durch Arbeiten zur Seelsorge hervor. Hptw.: „Rechtfertigung u. Heiligung" 1929; „Heilung u. Hilfe" 1968; „Besuch am Krankenbett" 2 Bde. 1970–1972.

Koberling, Bernd, dt. Maler, *1938 Berlin; gehört mit G. *Baselitz,* M. *Lüpertz* u. K. H.

Hödicke zu den Vertretern einer *Neuen Deutschen Malerei.* Eine Reise nach Lappland 1959 ist bis heute entscheidend für seine Kunst: das erlebte Naturbild. K. begann mit gestisch-expressiven Arbeiten in den frühen 1960er Jahren u. kam zu den sog. „Überspannungen" (über das gemalte Bild wird Folie gezogen, die je nach Farbe die Stimmung verändert); in den 1970er Jahren folgten flächig dünn gemalte „Rombilder" u. die „Malwasser" (dunkelfarbige Arbeiten mit Jute); danach entstanden wieder gestische Bilder mit kurzen Pinselstrichen.

Kobersdorf, Marktgemeinde im mittleren Burgenland (Österreich), 320 m ü. M., 1800 Ew.; Spuren tertiären Vulkanismus: Basalttürme u. Kuppen, u. a. *Pauliberg* (761 m).

Köbes, rhein. Kurzform von → Jakob; Name einer Kölner Witzfigur; danach werden auch Kellner (in einer besonderen Arbeitskleidung) in Altkölner Bierlokalen K. genannt.

Købke ['købgə], Christen Schjellerup, dän. Maler, Radierer u. Lithograph, *26. 5. 1810 Kopenhagen, †7. 2. 1848 Kopenhagen; lernte an der Kopenhagener Akademie u. bei C. W. *Eckersberg,* schuf Bildnisse, Stadtansichten u. religiöse Motive. Anfangs bevorzugte er eine dekorative Malweise, die im Laufe der Zeit schlichter wurde. Ab etwa 1835 fand er zu einem klassizist. Stil. K. gehörte zu den bedeutendsten dän. Landschaftsmalern.

Koblenz (1)

Koblenz, ◆ **1.** kreisfreie Stadt in Rheinland-Pfalz, Hptst. des Reg.-Bez. K., an der Moselmündung in den Rhein *(Deutsches Eck),* 109 000 Ew.; Sitz wichtiger Bundes- u. Landesbehörden: Bundesarchiv, Bundesamt für Wehrtechnik u. Beschaffung, Bundesanstalt für Gewässerkunde, Verfassungs-

Kobe: Ikuta-Schrein

gerichtshof Rheinland-Pfalz, Bundeswehrstandort, Bundeswehrzentralkrankenhaus; erziehungswissenschaftl. Hochschule, Fachhochschulen für Ingenieurwesen u. für Wirtschafts- u. Sozialpädagogik; histor. Baudenkmäler u. Sehenswürdigkeiten: St.-Kastor-Kirche (Pfeilerbasilika 9. Jh.; 1150 bis 1208 u. 1496–1499 erweitert), Florinskirche (11. Jh.), Liebfrauenkirche (12.–15. Jh.), Rathaus (um 1700), vierzehnbogige Balduinsbrücke (1332 bis 1338), Kurfürstl. Schloss (18. Jh.), Kurfürstl. Regierungsgebäude in Ehrenbreitstein (18. Jh., von B. *Neumann*), Festung *Ehrenbreitstein* (1816–1832), Stadttheater (18. Jh.), Mittelrhein-Museum; Weinhandelszentrum, Aluminiumwerk, Werft, Apparatebau, Druckereien, Sektkellerei, Brauerei, Möbel-, Textil-, chem., Papier verarbeitende u. Konservenindustrie; Rheinhafen, Verkehrsknotenpunkt; Verw.-Sitz des Ldkrs. *Mayen-Koblenz*. G e s c h i c h t e : Ein röm. Kastell *apud confluentes* („bei den Zusammenfließenden") wurde wahrscheinlich unter Kaiser Tiberius (14–37) errichtet. Innerhalb der röm. Mauer entstand in merowing. Zeit ein Königshof. Er wurde 1018 dem Erzbischof von Trier geschenkt; aus ihm entwickelte sich dann die Stadt K., die zeitweise erzbischöfl. Residenz war. Nach 1789 war K. Sammelpunkt der französ. Emigranten. 1798 wurde es Hptst. des französ. Dép. Rhein-Mosel. 1815 kam K. zu Preußen u. war 1822–1945 Hptst. der preuß. Rheinprovinz. 1946–1950 war es Hptst. des Landes Rheinland-Pfalz.

2. Reg.-Bez. in Rheinland-Pfalz, 8072 km², 1,5 Mio. Ew.; umfasst die kreisfreie Stadt Koblenz u. die Ldkrs. Ahrweiler, Altenkirchen (Westerwald), Bad Kreuznach, Birkenfeld, Cochem-Zell, Mayen-Koblenz, Neuwied, Rhein-Hunsrück-Kreis, Rhein-Lahn-Kreis, Westerwaldkreis.

Kobo, Abk. *k,* Münzeinheit in Nigeria, 1/100 der Landeswährung *Naira.*

Kobo Daishi [-ʃi], japan. Priester, → Kukai.

Kobold, im Volksglauben Hausgeist, der sich bei guter Laune gefällig zeigt u. Dienst

Kobra (2): Echte Kobra oder Brillenschlange, Naja naja

Joseph Anton Koch: Tibergegend bei Rom mit ländlichem Fest; 1818. Basel, Kunstmuseum

verrichtet; wenn er aber geneckt wird, spielt er den Hausbewohnern Possen. Nach verbreiteter Ansicht ist er der wiedergehende Ahnherr oder Erbauer des Hauses, dem das Wohlergehen der Nachkommen am Herzen liegt.

Koboldmaki, *Gespenstertier, Tarsius,* in dunklen Wäldern lebender, etwa 25 cm langer *Halbaffe* mit unverhältnismäßig großen Augen, Haftscheiben an den langen Sprunghinterbeinen u. Vorderfüßen. Verbreitung: malaiische Inseln, Philippinen.

Kobra, 1. *Kobras i. w. S.,* Bez. für verschiedene Gattungen der *Giftnattern* mit abspreizbaren, verlängerten Rippen, die im Halsbereich eine schildartige Verbreiterung hervorrufen, den sog. „Hut" (Hutschlangen). Der aufgespannte Hut weist charakterist. Zeichnungsmuster auf. Kobragifte gehören zu den gefährlichsten Schlangengiften mit vorwiegend neurotoxischer (nervengiftiger) Wirkung: Lähmungen, Erstickungstod. Die nicht zurückklappbaren Giftzähne stehen vorn im Oberkiefer. Sie haben eine Giftrinne an der Vorderseite. Hierzu gehören die *Kobras i. e. S.* sowie die Gattungen *Königskobra, Ringhalskobra, Schildkobra, Waldkobra, Wasserkobra* u. *Wüstenkobra*

◆ **2.** *Kobras i. e. S., Schildottern, Naja,* Gattung der *Giftnattern.* Die Kobras können durch Auseinanderspreizen der verlängerten Halsrippen die Nackenregion scheibenförmig ausbreiten, wobei häufig eine Brillenzeichnung sichtbar wird (*Brillenschlangen*). In Asien leben zwei Arten, die *Indische Kobra, Naja tripudians* u., in einem großen Verbreitungsgebiet von Mittel- bis Ost- u. Südasien, die bekannte *Brillenschlange, Echte Kobra, Naja naja,* mit vielen Standortrassen, denen die typische Brillenzeichnung auch fehlen kann. In Afrika leben fünf Arten, u. a. die *Schwarzweiße Kobra, Naja*

melanoleuca; die *Kapkobra, Naja nivea;* die *Uräusschlange* sowie die *Speikobra.*

Kocagöz ['kodʒaɡœz], Samim, türk. Erzähler, *13. 2. 1916 Söke; seine Romane u. Erzählungen behandeln die sozialen u. bäuerl. Probleme der modernen Türkei.

Kočevje [kɔ'tʃɛːvjɛ], dt. *Gottschee,* Ort in Slowenien, zwischen Friedrichsteiner Wald (slowen. Kočevko Pogorje, 1022 m) u. Hornwald (slowen. Kočevski Rog, 1100 m), 9200 Ew.; Schloss der Fürsten von Auersberg; ehem. deutsche Sprachinsel, Hauptort eines vom 14. Jh. bis 1941 fast ausschl. von Deutschen besiedelten Gebietes.

Koch, *Köchin,* anerkannter Ausbildungsberuf des Hotel- u. Gaststättengewerbes; Ausbildungsdauer drei Jahre. Köche sind für alle Arbeiten zuständig, die zur Herstellung von Speisen gehören, wie z. B. Planung, Einkauf, Vorbereitung, Lagerhaltung. Sie arbeiten in Hotels, Restaurants, Krankenhäusern, Kantinen u. auch auf Schiffen.

Koch, 1. Erich, dt. Politiker (NSDAP), *19. 6. 1896 Elberfeld, †12. 11. 1986 Barczewo (Polen); bis 1926 Eisenbahnangestellter; 1928–1945 NSDAP-Gauleiter u. 1933–1945 zugleich Oberpräsident von Ostpreußen, 1930–1945 MdR, 1941–1944 Reichskommissar für die Ukraine; 1949 in Hamburg verhaftet, an Polen ausgeliefert u. dort 1959 wegen seiner Verantwortlichkeit für die Ermordung poln. u. sowjet. Bürger zum Tode verurteilt, jedoch nicht hingerichtet.
2. Johann Heinrich Gottfried, dt. Schauspieler u. Theaterleiter, *9. 1. 1705 Gera, †3. 1. 1775 Berlin; K. ging 1728 zur Neuber'schen Truppe. Seit 1749 war er Leiter einer eigenen Truppe u. a. in Dresden, Hamburg u. seit 1771 in Berlin meist komische Rollen; führte die komische Oper auf dt. Bühnen ein.

◆ **3.** Joseph Anton, österr. Maler, *27. 7. 1768 Obergiblen, Tirol, † 12. 1. 1839 Rom; Hauptmeister der sog. *Deutschrömer* in Italien. Kochs klassizist., streng gegliederte heroische Landschaftsbilder förderten in ihrer Vereinigung mit Stimmungsmomenten der Romantik entscheidend die Entwicklung der dt. Landschaftsmalerei im 19. Jh. Er trat auch als Zeichner (Illustrationen zu *Dante*) u. Figurenmaler (Wandbilder in der Villa Massimo in Rom) hervor.

4. Karl, dt. ev. Theologe, *6. 10. 1876 Witten, † 28. 10. 1951 Bielefeld; Pfarrer in mehreren westfäl. Gemeinden, seit 1916 in Bad Oeynhausen, zugleich 1927–1948 Superintendent, seit 1927 Präses der Westfäl. Provinzialsynode, 1945–1949 Präses der Ev. Kirche von Westfalen, 1919–1930 Mitgl. des Preuß. Landtags, 1930–1932 Mitgl. des Reichstags (Deutschnationale Volkspartei), gehörte zu den führenden Gestalten der Bekennenden Kirche.

5. Marianne, dt. Schauspielerin, Moderatorin u. Ärztin, *19. 8. 1931 München; spielte ab 1949 bis Ende der 1960er Jahre in dt., europ. u. US-amerikan. Filmproduktionen heitere u. ernste Rollen, z. B. „Des Teufels General" 1954; „Die Frau am dunklen Zimmer" 1959; ab 1955 beim Fernsehen in Serien, Fernsehspielen u. ab 1963 mit Quizsendungen; 1975–1981 NDR-Talk „Drei nach Neun", bis 1988 im Rateteam von „Was bin ich", anschließend präsentierte sie „Medizin-Magazine".

6. Marita, dt. Leichtathletin, *18. 2. 1957 Wismar; Olympiasiegerin im 400-m-Lauf u. Silbermedaille mit der 4 × 400-m-Staffel der DDR 1980; lief Weltrekorde über 200 u. 400 m.

7. [kɔk], Martin, schwed. Schriftsteller, *23. 12. 1882 Stockholm, † 22. 6. 1940 Hedemora; sachl.-naturalist. Romane über soziale Fragen, Arbeiterprobleme, Alkoholismus u. Kriminalität. K. sieht die Auseinandersetzung Ausbeuter–Ausgebeutete als moral. Problem; seine religiöse Perspektive zeigte den Menschen nicht allein durch die Gesellschaft bestimmt. Memoiren „Mauritz" 1939.

8. Pieter Frans Christian, niederländ. Maler, *15. 7. 1901 Beek bei Nimwegen, † 27. 10. 1991 Wassenaar; Autodidakt, schuf im Stil des *magischen Realismus* Darstellungen arbeitender Menschen, Frauenporträts u. Selbstbildnisse, bei denen vor allem die Perfektion der Hautpartien verblüfft.

Robert Koch

◆ **9.** Robert, dt. Arzt u. Bakteriologe, *11. 12. 1843 Clausthal, † 27. 5. 1910 Baden-Baden; seit 1872 Arzt u. Kreisphysikus in Wollstein (Posen), 1880 in das kaiserliche Gesundheitsamt nach Berlin berufen, 1885 Prof., 1891–1901 Leiter des Instituts für Infektionskrankheiten *(Robert-Koch-Institut).* K. ist der Begründer der modernen Bakteriologie. 1876 klärte er die Lebensweise des 1849 von *Pollender* entdeckten Milz-

brandbazillus u. wies ihn als Erreger der Krankheit nach; 1882 entdeckte er die Tuberkulosebakterien u. gab diese Entdeckung am 24. 3. 1882 in der Berliner Physiologischen Gesellschaft bekannt; 1883 entdeckte er die Choleraerreger. K. erhielt 1905 den Nobelpreis für Medizin.

10. Roland, dt. Politiker (CDU), *24. 3. 1958 Frankfurt am Main; Jurist; 1983–1987 stellvertretender Bundesvorsitzender der Jungen Union, seit 1987 Mitglied des hessischen Landtags; seit 1998 Landesvorsitzender der hessischen CDU; seit 1999 Ministerpräsident von Hessen.

11. Thilo, dt. Journalist, *20. 9. 1920 Canena bei Halle; Arbeit in Rundfunk u. Fernsehen zu polit. u. kulturellen Themen; 1970–1975 Generalsekretär des PEN-Zentrums der BR Dtschld.; Sachbücher: „Fünf Jahre der Entscheidung" 1969; „Reporter-Report" 1973; „Unser Mann in …" 1981.

12. Ulrich, dt. Bratschist, *14. 3. 1921 Braunschweig, † 7. 6. 1996 Tokyo; 1967–1990 Prof. für Bratsche an der Musikhochschule in Freiburg i. Br., seit 1990 Gastprof. in Tokyo; Mitgl. der „Capella Coloniensis" des WDR u. des „Trio Bell'Arte" (mit S. *Lautenbacher*, Violine, u. M. *Ostertag*, Violoncello).

Kochab [arab.], der zweithellste Stern im Sternbild Kleiner Bär (β Ursae minoris).

Kochanowski, Jan, poln. Dichter, *1530 Sycyna, † 22. 8. 1584 Lublin; bedeutendster poln. Dichter des 16. Jh.; schrieb formvollendete, an der Antike u. am Humanismus orientierte Dichtungen: lyrische Gedichte, Klagelieder auf den Tod seiner Tochter („Treny" 1580, dt. 1930), Drama („Die Abfertigung der griech. Gesandten" 1578, dt. 1929); gilt als der „poln. Pindar".

Ludwig Alois Friedrich Ritter von Köchel

◆ **Köchel**, Ludwig Alois Friedrich Ritter von, österr. Musikwissenschaftler, *14. 1. 1800 Stein bei Krems, † 3. 6. 1877 Wien; schuf das „Chronologisch-thematische Verzeichnis sämtlicher Tonwerke W. A. Mozarts" *(Köchel-Verzeichnis,* Abk. *KV)* 1862, ³1937 (bearbeitet von A. Einstein), ⁶1964 (bearbeitet von F. Giegling, A. Weinmann, G. Sievers).

Kochel am See, Gemeinde in Oberbayern, Ldkrs. Bad Tölz-Wolfratshausen, südwestl. von Bad Tölz, 600 m ü. M., 4000 Ew.; Erholungsort, Fremdenverkehr; K. a. S. liegt am Ostufer des der Loisach durchflossenen *Kochelsees,* der mit dem 200 m höher gelegenen *Walchensee* durch eine 400 m lange Röhrenleitung verbunden ist.

Kocheler Berge, Teil des Bayer. Voralpen zwischen Loisach u. Isar, im *Krottenkopf* 2085 m, in der *Benediktenwand* 1801 m.

kochen, 1. Flüssigkeiten auf Siedetemperatur erhitzen, Stoffe mit siedendem Wasser behandeln; im Haushalt Nahrungsmittel durch *Dämpfen, Dünsten, Sieden, Braten* u. *Backen* gar machen. Durch das Kochen

(i. e. S.) werden die Nahrungsmittel aufgelockert, weich u. leicht kaubar; außerdem tötet das Kochen Bakterien (wichtig für das Konservieren). Andererseits werden durch das Kochen oft wertvolle Bestandteile (z. B. Vitamine) zerstört. Auch → Kochkunst.

2. Desoxidationsvorgang bei der Stahlerzeugung. Das entstehende Kohlenmonoxid durchperlt Stahlbad u. Schlacke, wobei ein Teil des Stick- u. Wasserstoffs der Schmelze ausgespült wird.

Kochenille [kɔʃəˈniljə] → Koscheniléläuse.

Kocher, 1. eine Vorrichtung, die im Allg. nur zum Erhitzen einzelner Gefäße dient; im Haushalt, in Werkstätten u. Laboratorien benutzt; heute werden in der Hauptsache Elektrizität, Leucht- oder Erdgas, Spiritus u. Benzin zum Heizen verwendet, früher auch Petroleum u. Holzkohle.

2. in gewerbl. Betrieben ein Gefäß, das zum Kochen selbst dient *(Hadernkocher, Holzkocher, Firniskocher);* häufig mit Dampf beheizt.

Kocher, rechter Nebenfluss des Neckar, 180 km; entspringt mit dem *Schwarzen* u. *Weißen Kocher* im Albuch u. Härtsfeld (Schwäb. Alb), mündet bei Bad Friedrichshall in den Neckar.

Emil Theodor Kocher

◆ **Kocher,** Emil Theodor, schweiz. Chirurg, *25. 8. 1841 Bern, † 27. 7. 1917 Bern; bekannt durch seine Kropfoperationen u. Schilddrüsenforschungen; entdeckte 1883 die Ursache der Cachexia thyreopriva, erforschte Funktion u. Bedeutung der Schilddrüse, erkannte die Bedeutung des Jods für deren Funktion. Nobelpreis für Medizin 1909. Einige Instrumente, z. B. *Kocher-Klemme,* u. Operationsmethoden sind nach ihm benannt.

Köcher, röhren- oder taschenförmiger Behälter für (Gift-)Pfeile, Bogen oder Blasrohr.

Köcherblümchen, *Höckerkelch, Cuphea ignea,* ein in Mexiko heimisches *Weiderichgewächs (Lythraceae);* die Kelche der Blüten sind verlängert; Blüten rot mit schwarzem oder weißem Rand; Zierpflanze.

◆ **Köcherfliegen,** *Frühlingsfliegen, Trichoptera,* Ordnung der *Insekten,* kleine bis mittelgroße, schmetterlingsähnl. Insekten mit 4 dicht behaarten Flügeln, langen,

Köcherfliege, Larve in einem Gehäuse aus Sand

Köcherfliege, Ordnung Trichoptera, Imago

fadenförmigen Fühlern u. kauend-lecken-
den Mundwerkzeugen. Die Larven leben als
Pflanzenfresser im Wasser, seltener am
Lande (z. B. in Regenwäldern), in Gehäusen
(*Köchern*), die sie aus Pflanzenteilen, Holz-
stücken, Schneckengehäusen u. Ä. zusam-
menspinnen u. mit sich herumtragen. Nur
Larven der Familie der *Rhyacophilidae*
leben frei als Räuber ohne Gehäuse. Einige
Arten spinnen reusenartige Fangnetze. In
Mitteleuropa leben viele Arten, die jedoch
ausnahmslos kurzlebige Dämmerungstiere
sind. Die Larven werden als Angelköder
(*Sprockwürmer*) genutzt. K. sind weltweit
mit rd. 10 000 Arten verbreitet.

Kochflasche, *Kochkolben* → Kolben (2).

Koch-Grünberg, Theodor, dt. Völkerkundler,
* 9. 4. 1872 Grünberg, Hessen, † 8. 10. 1924
Vista Alegre (Brasilien); Direktor des Lin-
denmuseums in Stuttgart; erforschte auf
mehreren Reisen das Leben der Indianer
im NW von Brasilien. Hptw.: „Vom Roroi-
ma zum Orinoko" 5 Bde. 1916–1928.

Kochi, *Kotschi,* japan. Präfektur-Hptst. an
der Südküste von Shikoku, 322 000 Ew.;
zwei Hochschulen; Burg (1748); Papier-,
Zement-, Nahrungsmittel- u. Fischwaren-
industrie; Hafen *Urato.*

Kochie, *Kochia* → Radmelde.

Kochin, indindische Stadt, → Cochin.

Kochkunst, die Kunst, Nahrungsmittel
durch Kochen, Braten, Dämpfen u. a. Verfahren möglichst schmackhaft, leicht ver-
daulich u. nahrhaft zuzubereiten.
Bereits in Sumer u. Ägypten entwickelte sich
eine K. Allerdings sind aus dieser Zeit keine
Rezepte, sondern nur Listen über Lieferungen überliefert, die die Verwendung von
Butter, Öl, Honig, Datteln, Obst u. Fleisch
bezeugen. Die älteste Kochliteratur stammt
aus dem antiken Griechenland, wo Berufs-
köche die vom Vorderen Orient beeinflusste
K. ausübten. Sie gaben ihr Können an die
Römer weiter. Berühmt wurde das Kochbuch
des *Apicius* (3. oder 4. Jh. n. Chr.).
Die Köche des MA verwendeten – auch als
Zeichen des Reichtums ihrer Herrschaft –
große Mengen von Gewürzen: Zimt u.
Pfeffer, Safran u. Zwiebeln, Nelken u.
Rosinen wurden neben- u. miteinander
gebraucht. Die Festmahle waren ausgesprochen üppig. Seit dem 16. Jh. beeinflusste die
hoch entwickelte Küche der italien. Renais-

sance die Esskultur Frankreichs, wo in den
folgenden Jahrhunderten die K. von hervorragenden Köchen verfeinert u. auf einen
hohen Stand gebracht wurde. Es verschwanden die süßsauren Geschmacksnoten der
Antike, man begann, frische Gemüse den
Hülsenfrüchten vorzuziehen, u. ging spar-
samer mit Gewürzen um. Erstmals wurde
zusammen mit dem Braten Salat serviert.
Im 18. Jh. erschienen die Fonds als Grundlage von Saucen. M. A. *Carême* (*1784,
†1833), der Koch Napoleons I., wird als
Gründer der franzöś. *Haute Cuisine* betrachtet. A. B. L. *Grimod de la Reuynière*
(*1758, †1838) veröffentlichte den „Alma-
nach des gourmands", u. später schrieb A.
Brillat-Savarin (*1755, †1826) seine berühmte „Physiologie du goût" (1825), eine
Zusammenstellung von Anekdoten u. Re-
zepten. Im 19. Jh. wurde die Küche des
bürgerlichen Haushalts vereinfacht, man
servierte oft nur noch einen Hauptgang. Es
entstanden die ersten berühmten Restaurants. Die lange Tradition der französischen
Küche spiegelt sich in den Kochbüchern
von A. *Escoffier* (*1847, †1935) u. M. E.
Saillant, genannt *Curnonsky* (*1872, †1956)
wider, die die gehobene Küche auch des 20.
Jh. stark beeinflussten. Für die bürgerliche
Küche entwickelte sich die Nahrungsmittelindustrie, die zahlreiche Erleichterungen u.
vorgefertigte Speisen brachte.
Neue Impulse erhielt die K. aus Frankreich,
wo P. *Bocuse,* die Gebrüder *Troisgros* u. P.
Haeberlin, sämtlich Schüler von F. *Point,* eine
Küche propagierten, die die frischen Produkte des Landes ohne lange Transportwege
zu einfachen wohlschmeckenden Gerichten
verarbeitet. Unter dem Einfluss von M.
Guérard entwickelte sich die *Nouvelle Cuisine,* mit Anregungen aus der Diätküche
(Gemüsepürees, gedünstetes Fleisch, geringe
Verwendung von Fett). Obwohl in ihren
extremen Ausprägungen eine Modeerschei-
nung, hat sie einen langfristig inspirieren-
den Einfluss auch auf die bürgerl. Küche seit.
Weitere Bereicherung erfuhr die mitteleuropäische Küche durch die Berührung mit
fremden Küchen vor allem aus dem Mittelmeerraum u. Ostasien.

Kochowski, Wespazjan, poln. Dichter u.
Geschichtsschreiber, *1633 Gaj, †6. 6. 1700
Krakau; Vertreter des Barocks u. der Gegenreformation; Verfasser einer poln. Geschichte: „Annalium Poloniae", 3 Teile 1688–1698.

Kochsalz, *Siedesalz, Speisesalz,* das im Wesentl. aus Natriumchlorid (NaCl) bestehende, durch Eindünsten u. Einkochen von
Solen erhaltene Salzgemisch. Es wird als
Speisesalz u. für verschiedene techn. Zwecke verwendet, z. B. zur Herstellung von
Salzsäure. – *Physiolog. Kochsalzlösung* besitzt den gleichen osmot. Druck wie die
darin aufbewahrten oder untersuchten Gewebe; ihr Salzgehalt schwankt je nach
Tierart (Säugetiere 0,9 %, Vögel 0,75 %,
Salamander 0,8 %, Seetiere 1,5–2,6 %). Diese
isoton. Kochsalzlösung wird in der Medizin
als Basis für Injektions- bzw. Infusions-
lösungen eingesetzt.

kochsalzarme Lebensmittel, *natriumarme Lebensmittel,* diätet. Erzeugnisse für Natrium-

empfindliche; dürfen nicht mehr als 120 mg
Natrium pro 100 g genussfertiges Lebensmittel enthalten, bei Getränken nicht mehr
als 2 mg pro 100 ml. Kennzeichnung „na-
triumarm", zusätzlich auch „kochsalzarm".

Kochtla-Jarve [ˈkɔːhtla-], estnische Stadt,
→ Kohtla-Järve.

Koch-Weser, Erich, dt. Politiker, *26. 2. 1875
Bremerhaven, †19. 10. 1944 Rolândia (Brasilien); 1913–1919 Oberbürgermeister von
Kassel; 1919 Mitbegründer der *Dt. Demokrat. Partei,* 1924–1930 ihr Vorsitzender;
1920–1930 MdR, 1919–1921 Reichsinnen-
Min., 1928–1930 Reichsjustiz-Min.; bemühte sich um eine Reichsreform („dezentrali-
sierter Einheitsstaat"); emigrierte 1933.

Kochwurst, aus gekochtem Fleisch, Speck u.
zerkleinerten Organen hergestellte Wurst:
verschiedene Leberwurstarten, Zungen-
würste, Sülzwürste, Rot- u. Blutwürste.

Kočić [ˈkɔtʃitʃ], Petar, serb. Erzähler u.
Politiker, *29. 6. 1877 Stričići bei Banja
Luka, †28. 8. 1916 Belgrad; verfasste
Bauernerzählungen u. Satiren auf die österr.
Verwaltung u. Justiz.

◆ **Kock,** Manfred, dt.
evangelischer Theo-
loge, *14. 9. 1936
Burgsteinfurt; seit
1997 Präses der
Evangelischen Kir-
che im Rheinland
und Vorsitzender des
EKD-Rates.

Manfred Kock

Kockelskörner
→ Fischkörner.

Cockpit [engl.], **1.** geschlossener, einge-
senkter Sitzraum am
Heck von Motorbooten u. Segeljachten.
2. → Cockpit.

Kocsis [ˈkɔtʃiʃ], Zoltán, ungar. Pianist, *30. 5.
1952 Budapest; zählt durch hoch differenzierte Anschlagskultur, rhythmische Kraft u.
überlegene Gestaltung seit den frühen 1970er
Jahren zur internationalen Pianisten-Elite;
berühmt durch seine Aufnahmen mit Werken
von Liszt, Rachmaninow, Debussy u. Bartók.

Koda, Süßgräser, → Eleusine.

Koda, Rohan, eigentl. K. *Nariyuki,* japan.
Schriftsteller, *26. 7. 1867 Tokyo, †30. 7.
1947 Ichikawa, Chiba; schrieb psycho-
logisch verfeinerte Erzählungen u. Romane
nach historischen Leitmotiven: „Die fünf-
stöckige Pagode" 1891, dt. 1961.

Kodagu, ehem. Fürstenstaat in Indien, heute
Distrikt von Karnataka auf den hohen
Westghats; bedeutendstes indisches Kaffee-
anbaugebiet, Reisanbau.

◆ **Kodaly** [ˈkodaːj],
Zoltán, ungar. Kom-
ponist u. Volkslied-
forscher, *16. 12.
1882 Kecskemét, †6.
3. 1967 Budapest; mit
B. *Bartók* befreundet,
aber in seiner Musik
stärker traditionsver-
haftet. Hptw.: „Psal-
mus hungaricus"
1923; ferner: Sing-
spiel „Háry János"

Zoltán Kodaly

1926, „Te deum" 1936, „Missa brevis" 1944 u. „Tänze aus Galánta" für Orchester 1933. K. sammelte über 3500 ungar. Volkslieder u. ist Verfasser zahlreicher Schriften über Volksmusik. „Mein Weg zur Musik" 1966.

Kode [koud; der; engl.] → Code.

Kodein → Codein.

Ködermücken → Rheinmücken.

Kodex [lat.] → Codex.

Kodiak ['kɔudiæk], größte Insel in der Gruppe der US-amerikan. *Kodiakinseln*, in Alaska, rd. 9000 km², 13 300 Ew.

Kodiakbär [engl. 'kɔudiæk-] → Braunbär.

◆ **Kodiakinseln** ['kɔudiæk-], *Kadiakinseln*, buchtenreiche Inselgruppe im Golf von Alaska (USA), durch die Shelikofstraße von der Halbinsel Alaska getrennt; Hauptinsel *Kodiak*, zweitgrößte ist *Afognak*; gebirgig (bis rd. 1360 m), Niederungen grasreich (hohe Niederschläge); Rinder- u. Schafhaltung, vor allem aber Fischfang (Krabben, Lachse, Heilbutt); Konservenindustrie, Kupferbergbau. 75 % der Hauptinsel sind Naturschutzgebiet (u. a. Vorkommen des Kodiakbären, des größten aller Bären). – Die K. wurden 1763 durch russische Pelzjäger entdeckt, 1792 Gründung von *Kodiak* als Handelsposten, 1867 gingen die K. in US-amerikanischen Besitz über. 1964 schwere Schäden durch Erdbeben.

Kodifikation [lat.], systematische Zusammenfassung der Grundsätze u. allg. Vorschriften für ein bestimmtes Rechtsgebiet in einem Gesetzbuch (→ Codex). Durch eine K. wird der Rechtssicherheit gedient, die Rechtsentwicklung aber erschwert. Auch wird der Fortschritt der Rechtserkenntnis durch Rechtsprechung u. Wissenschaft bei übermäßiger K. behindert. – Wichtig sind vor allem die naturrechtlichen Kodifikationen: das *Preußische Allgemeine Landrecht* (ALR, 1794), der französische *Code civil* (*Code Napoleon*, 1804) u. das *Allgemeine Bürgerliche Gesetzbuch* (ABGB, 1811) für die deutschen Erblande Österreichs. Bei den Kodifikationen der 2. Hälfte des 19. Jh. steht die Rechtsvereinheitlichung der modernen Nationalstaaten im Vordergrund, so beim italien. *Codice Civile* (1865), dem span. *Codigo Civil* (1889), dem dt. *Bürgerl. Gesetzbuch* (BGB, 1900) u. dem *Schweizerischen Zivilgesetzbuch* (ZGB, 1912).

Kodizill [das; lat.], im röm. u. österr. Recht jede letztwillige Verfügung, die nicht Erbeinsetzung ist (ebenso in dem in manchen Gebieten Deutschlands bis 1900 geltenden *Gemeinen Recht*).

Kodjo, Edem, togoles. Politiker, * 23. 5. 1938 Sokodé; Karriere in der Staatspartei „Rassemblement du Peuple Togolais" (RPT), 1967–1971 deren Generalsekretär; 1973 bis 1976 Wirtschafts- u. Finanz-Min.; 1976 bis 1978 Außen-Min.; 1978–1984 Generalsekretär der OAU; 1994–1996 Min.-Präs. Togos.

Kodok, Stadt im südl. Sudan, → Faschoda.

Kodokan, die von dem japan. Judolehrer *Jigoro Kano* in Tokyo 1882 gegr. zentrale Ausbildungsstätte für → Judo; die Lehrmethoden u. Forschungsergebnisse des K. sind richtungweisend für die Judosportler in aller Welt.

Kodolányi ['kodola:nji], János, ungar. Schriftsteller, * 13. 3. 1899 Telki, † 10. 8. 1969 Budapest; schrieb naturalist. Novellen aus dem bäuerl. Milieu u. viel gelesene histor. Romane: „Und er führte sie aus Ägypten" 1957, dt. 1965.

Kodros, sagenhafter, von *Neleus* abstammender König von Athen. Aufgrund eines Orakels, das den Athenern Sieg über die eingefallenen Peloponnesier verhieß, wenn K. sein Leben opfere, schlich dieser sich in das Lager der Feinde, zettelte eine Schlägerei an, kam dabei um u. veranlasste mit seinem Opfertod die Dorier zum Abzug.

Kodschiki, japan. Geschichtswerk, → Kojiki.

Kodweiß, Elisabeth Dorothea, *Schillers* Mutter, * 13. 12. 1732 Marbach als Tochter des Bäckers u. Löwenwirts Georg Friedrich K., † 29. 4. 1802 Cleversulzbach.

Koechlin, Charles, französ. Komponist u. Musikschriftsteller, * 27. 11. 1867 Paris, † 31. 12. 1950 Le Canadel; studierte u. a. bei G. Fauré u. J. Massenet u. war zusammen mit M. Ravel u. a. Gründer der „Société Musicale Indépendante" (SMI); auf allen Gebieten der Tonkunst tätig. Wichtige Werke: „Les heures persanes" für Klavier 1913–1919, Orchesterfassung 1921; „The Seven Stars Symphonie" 1933; „Offrande musicale sur le nom de Bach" für Orchester 1942. Am bekanntesten ist sein viersätziges „Livre de la jungle" 1927–1939 für Orchester nach R. *Kiplings* „Dschungelbuch".

Koechlin-Thurneysen, Alphons, schweiz. reform. Theologe, * 6. 1. 1885 Basel, † 8. 5. 1965 Basel; 1910 Pfarrer in Stein am Rhein, 1921–1954 Frühprediger an St. Martin in Basel, 1941–1954 Präs. der Basler Mission, führender Vertreter der ökumen. Bewegung.

Koeckert, Rudolf Josef, dt. Geiger, * 27. 6. 1913 Großpriesen, Böhmen; 1939–1945 Konzertmeister in Prag, seit 1949 beim Symphonieorchester des Bayer. Rundfunks. K. gründete 1939 das Sudetendt., später Prager Streichquartett, aus dem 1947 das Koeckert-Quartett hervorging, mit seinem Sohn Rudolf K. (2. Violine), Oskar *Riedl* (Viola) u. Josef *Merz* (Violoncello). Es ist international bekannt durch das viele Repertoire u. durch Uraufführungen neuer Komponisten.

Koedukation [ko:e-; lat.], *Coeducation*, die schulische u. außerschulische *Gemeinschaftserziehung* von Jungen u. Mädchen. K. hat prinzipiell das Ziel, die Geschlechtsdifferenz pädagogisch fruchtbar zu machen; eine Differenzierung nach Geschlechtern bei einzelnen Aufgaben widerspricht nicht diesem Ziel. Die K. setzte sich zuerst um 1880 in Skandinavien, um 1910 in Großbritannien, in den Niederlanden u. in dt. Landerziehungsheimen durch, nach 1945 in der DDR, in der BR Dtschld. erst in den 1960er Jahren. Befürworter sehen in der K. die Möglichkeit, beide Geschlechter zur Gleichberechtigung zu erziehen. Kritiker wollen jedes Geschlecht durch den getrennten Unterricht intensiver fördern.

Koeffizient [ko:e-; nlat.], *Vorzahl*, in der Mathematik eine unbestimmte oder bestimmte Zahl, mit der eine unbekannte oder veränderliche Größe multipliziert wird. In

Kodiakinseln: Blick auf den Hafen von Kodiak, dem Hauptort der gleichnamigen Insel

der Gleichung $ax^2 + bx + c = 0$ sind a, b u. c (das absolute Glied) Koeffizienten.

Koehler, Otto, dt. Zoologe, * 20. 12. 1889 Insterburg, Ostpreußen, † 7. 1. 1974 Freiburg i. Br.; 1923 Prof. in München, 1925 in Königsberg, seit 1946 in Freiburg i. Br.; seine Arbeitsgebiete waren Reizphysiologie sowie vergleichende Verhaltensforschung. Hptw.: „Die Aufgabe der Tierpsychologie" 1943; „Von der Grenze zwischen Mensch u. Tieren" 1961; „Vom Spiel bei Tieren" 1966.

Koelreuterie → Blasenesche.

Koenig, 1. Alma Johanna, österr. Dichterin, * 18. 8. 1887 Prag, † 1942 KZ Minsk; Gedichte („Liebesgedichte" 1930; „Sonette für Jan" 1946), Romane („Der heilige Palast" 1922; „Der jugendl. Gott" (postum 1947); Drama: „Eiszeit des Herzens" 1925.

Friedrich Koenig

◆ **2.** Friedrich, dt. Buchdrucker u. Erfinder, * 17. 4. 1774 Eisleben, † 17. 1. 1833 Oberzell; entwickelte Vorformen der Schnellpresse („Suhler Presse") u. konstruierte mit A. F. *Bauer* (* 1783, † 1860) in London die erste mit Dampfkraft betriebene mechanisch laufende Tiegeldruckmaschine (Patent von 1811); gründete 1817 zusammen mit Bauer in Oberzell bei Würzburg eine Fabrik für Schnellpressen, die 1920 in eine AG umgewandelt wurde.

3. Gottfried Michael, dt. Komponist, * 5. 10. 1926 Magdeburg; 1954–1964 Mitarbeiter im Kölner Studio für elektron. Musik, wo er Werke von M. Kagel, G. Ligeti, K. Stockhausen u. a. realisierte; 1964–1986 künstler. Leiter des Studios für elektron. Musik an der Universität Utrecht; arbeitete an Modellkompositionen für Computer. Werke: „Horae, Tanzbilder für Orchester" 1951; „Klangfiguren I u. II" 1955 u. 1956; „Essay" 1960; „Jeremias" 1963; „Projekt 1/Version 1" 1966 u. „Projekt 1/Version 3" 1967 (Computerprogramme); „Funktion Grün" 1968; „Funktion Gelb" 1968; „Funktion Orange" 1968; „Funktion Rot" 1968; Veröffentlichungen zur elektron. u. Computermusik.

4. Hertha, dt. Schriftstellerin, * 24. 1. 1884 Gut Boeckel, heute Rödinghausen/Bieren, † 12. 10. 1976 Gut Boeckel; unterhielt in ihren Münchner Jahren (1905–1921) einen literar. Salon, war mäzenatisch tätig u. seit 1915 mit R. M. *Rilke* befreundet; schrieb Romane („Der Fährenschreiber von Libau" 1964/1993), Gedichte (Auswahl „Frühling im Herbst" 1999) sowie „Erinnerungen an Rainer Maria Rilke" postum 1992.
5. John Franklin, US-amerikan. Maler, * 24. 10. 1924 Seattle, Washington; studierte in Berkeley u. in Paris u. gründete 1953 in Paris die Zeitschrift „Cimaise". Beeinflusst durch die abstrakte Malerei im Nachkriegs-Frankreich wurde zeitweise die geometr. Abstraktion für ihn bestimmend, er malt jedoch meistens im Stil der *lyrischen Abstraktion*, wobei oft die raue Oberfläche der pastos aufgetragenen Farbe ein wichtiges Ausdrucksmittel ist.
6. Otto, österr. Zoologe, Verhaltensforscher, * 23. 10. 1914 Wien, † 6. 12. 1992 Klosterneuburg; Leiter der Biolog. Station (Institut für vergleichende Verhaltensforschung) Wilhelminenberg (Wien). Hptw.: „Das Buch vom Neusiedlersee" 1961; „Kif-Kif" 1962; „Führer rund um den Neusiedlersee" 1964; „Rendezvous mit Tieren" 1965; „Kultur u. Verhaltensforschung" 1970.
7. [ko'nig], Pierre, franzós. General, * 10. 10. 1898 Caen, Normandie, † 2. 9. 1970 Neuilly-sur-Seine; im 2. Weltkrieg als Anhänger de Gaulles 1941–1944 in Nordafrika, befehligte 1944/45 die gaullist. Verbände in Frankreich; 1945–1949 Militärgouverneur der franzós. Besatzungszone in Dtschld. u. Vertreter Frankreichs im Kontrollrat der Alliierten, 1949–1951 Generalinspekteur der franzós. Truppen in Nordafrika, schied 1951 aus der Armee aus u. schloss sich der „Sammlungsbewegung" de Gaulles an, 1954/55 Verteidigungs-Min.
Koenigswald, Gustav Heinrich Ralph von, dt. Paläontologe, * 13. 11. 1902 Berlin, † 11. 7. 1982 Bad Homburg; 1948 Prof. in Utrecht; arbeitete bes. über die Stammesgeschichte der Primaten, fand in China Zähne des *Gigantopithecus blacki*, in Java einige neue *Archanthropinen* (→ Pithecanthropus).
Koepe-Fördermaschine → Fördermaschine.

Wolfgang Koeppen

Koeppen, Wolfgang, dt. Schriftsteller, * 23. 6. 1906 Greifswald, † 15. 3. 1996 München; 1931–1933 Feuilletonredakteur beim Berliner „Börsencourier"; lebte bis 1938 mittellos in Holland, bis 1944 als Drehbuchautor in Berlin u. seit Kriegsende als freier Schriftsteller in München. K. war einer der wenigen dt. Autoren, die die literar. Moderne über die NS-Zeit retteten. Bereits die frühen Romane „Eine unglückliche Liebe" 1934 u. „Die Mauer schwankt" 1935 (1939 unter dem Titel „Die Pflicht") waren an Joyce,

Dos Passos u. Döblin geschult. Die Romantrilogie „Tauben im Gras" 1951, „Das Treibhaus" 1953 u. „Der Tod in Rom" 1954 zählt zu den wichtigsten literar. Zeugnissen der 1950er Jahre in Westdtschld. Reiseberichte „Nach Rußland u. anderswohin" 1958, „Amerikafahrt" 1959 u. „Reisen nach Frankreich" 1961. K. erhielt 1962 den Georg-Büchner-Preis. – Gesammelte Werke, 6 Bde. 1986.
Koerbecke, Johann, dt. Maler, * um 1415 Münster oder Coesfeld, † 13. 7. 1491 Münster; schuf, beeinflusst von *Konrad von Soest* u. S. *Lochner*, mehrere Altarbilder (u. a. 16 Tafeln für den Marienfelder Hochaltar, 1457). Sein Werk zeichnet sich durch eine leuchtende Farbgebung aus.
Koerber, Ernest von, österr. Politiker, * 6. 11. 1850 Triest, † 5. 3. 1919 Baden (bei Wien); 1895 Generaldirektor der österr. Staatsbahnen; 1897 Handels-Min.; 1898 Innen-Min.; 1900–1904 Ministerpräsident; 1915 österr.-ungar. Finanz-Min. Nach der Ermordung von Ministerpräsident Karl *Stürgkh* von Okt. bis Dez. 1916 dessen Nachfolger.
Koerzitivkraft [koːɛr-] → Hysterese (1), → Magnetismus.

◆ Koestler [engl. 'kɛstlə], Arthur, brit.-dt. Schriftsteller ungar. Herkunft, * 5. 9. 1905 Budapest, † 3. 3. 1983 London (Selbstmord); von 1927 bis 1932 Journalist beim Ullstein-Konzern; schrieb zuerst ungarisch, dann bis 1940 deutsch, danach englisch; ursprüngl. Zionist, 1931–1937 Kommunist, wandte sich nach den Moskauer Schauprozessen vom Kommunismus ab; stellte bes. das Verhältnis des gemeinschaftswilligen, aber individualist. Intellektuellen gegenüber der totalitären Staatsmacht dar. Romane: „Sonnenfinsternis" 1940, dt. 1948; „Arrival and departure" 1943, dt. „Ein Mann springt in die Tiefe" 1943, dt. 1945; „Gottes Thron steht leer" 1951; „Die Herren Call-Girls" 1972, dt. 1973; Essayistik u. Kulturphilosophie: „Der Yogi u. der Kommissar" 1945, dt. 1950; „Die Nachtwandler" 1959, dt. 1959; „Der göttl. Funke" 1964, dt. 1966; „Das Gespenst in der Maschine" 1967, dt. 1968; „Die Wurzeln des Zufalls" 1972, dt. 1972 (über Parapsychologie); „Der dreizehnte Stamm" 1976, dt. 1976; „Der Mensch, Irrläufer der Evolution" 1978; „Die Nachtwandler. Das Bild des Universums im Wandel der Zeiten" 1980; Autobiografien: „Pfeil ins Blaue" 1952, dt. 1953; „Die Geheimschrift" 1954, dt. 1955; „Auf fremden Plätzen. Bericht über die gemeinsame Zeit" 1980, dt. 1984 (mit Cynthia Koestler) – Works 1965 ff.
Koetsu [koːɛts], Honami, japan. Kalligraph u. Kunsthandwerker, * 1558, † 1637 Takagamine bei Kyoto; Gründer einer Künstlerkolonie bei Kyoto, die unter dem Einfluss der buddhist. Nichiren-Sekte stand; tätig als Gartenkünstler u. Töpfer.

Kofferfische: Kuhfisch, Lactoria cornuta

Koexistenz [lat., „Zusammenbestehen"], *Ö k o l o g i e:* das dauerhafte Nebeneinander von Organismenarten, die aufgrund ihrer Lebensweise durch feindliche Beziehungen miteinander verbunden sind, z. B. Konkurrenten : Räuber/Beute, Parasit/Wirt. Mechanismen der K. sind z. B. die räuml. oder zeitliche Trennung von Konkurrenten oder Feinden (→ ökologische Nische), das Ausweichen des jeweils Unterlegenen in Zufluchtsräume innerhalb eines vielfältig strukturierten Systems, die Einwirkung auf den jeweils Überlegenen durch Dritte in einem artenreichen System u. Ä.
Koffein → Coffein.
◆ Kofferfische, Ostracontidae, Familie aus der Ordnung der *Haftkiefer* (verwandte Arten z. B. *Igelfische, Kugelfische*); weltweite Verbreitung in tropischen Meeren, etwa 7 Gattungen (z. B. *Ostracion, Tetrosomus, Rhinesomus*) mit über 30 Arten, bevorzugen sandige Böden. Körper mit mehr- (meist 6-)eckigen Platten starr gepanzert, daher sehr schlechte Schwimmer; Nahrung: kleine Bodentiere. K. werden getrocknet als Kuriositäten in Andenkenläden verkauft. Arten mit hornartigen Auswüchsen an der Stirn werden auch als *Kuhfische* bezeichnet. Bekannt aus Schauaquarien ist die gelbe, doppelt gehörnte Art *Lactoria cornuta* (*Langhornkofferfische*).
Koffka, Kurt, dt. Psychologe, * 18. 3. 1886 Berlin, † 22. 11. 1941 Northampton, Massachusetts (USA); 1918 Prof. in Gießen; seit 1924 in den USA; Mitbegründer der *Berliner Schule der Gestaltpsychologie,* verband die Gestaltlehre mit dem Entwicklungsprinzip. Hptw.: „Grundlagen der psych. Entwicklung" 1921; „Principles of gestalt psychology" 1935.
Köflach, österr. Stadt in der Steiermark, westl. von Graz, 449 m ü. M., 11 200 Ew.; Braunkohlentagebau, Glas- u. Porzellanindustrie, Schuhfabrik. In der Nähe Gestüt *Piber,* bekannt durch die Aufzucht der „Lipizzaner" für die Spanische Reitschule in Wien.
Kofler, 1. Leo, Pseudonym Stanisław *Warýnski,* dt. Soziologe u. Sozialphilosoph, * 26. 4. 1907 Chocimierz (Polen), † 29. 7. 1995 Köln; 1947–1951 Prof. in Halle/Saale,

seither in der BR Dtschld.; analysierte als Neomarxist Phänomene der bürgerl. Gesellschaft, auch im Bereich von Literatur u. Kunst. Hptw.: „Die Wissenschaft von der Gesellschaft" 1944; „Zur Geschichte der bürgerl. Gesellschaft" 1948; „Zur Theorie der modernen Literatur" 1962; „Der proletar. Bürger" 1964; „Perspektiven des revolutionären Humanismus" 1968; „Zur Dialektik der Kultur" 1972; „Aggression u. Gewissen" 1973; „Soziologie des Ideologischen" 1975.
2. Ludwig, österr. Pharmakologe, *30. 11. 1891 Innsbruck; †23. 8. 1951 Innsbruck; nach ihm benannt sind verschiedene labortechnische Einrichtungen, z. B. eine Apparatur zur Schmelzpunktbestimmung, eine Heizbank u. ein Kühltisch.
Koforidua, Stadt in Ghana, Westafrika, Verw.-Sitz der Ostregion, 54 000 Ew.; land- u. forstwirtschaftl. Zentrum.
Kofu, japan. Präfektur-Hptst. in Zentralhonshu, westl. von Tokyo, 201 000 Ew.; Glas- u. Seidenindustrie, Weinanbau.
Kogălniceanu [kogəlnitʃeanu], Mihail, rumän. Schriftsteller u. Politiker, *6. 9. 1817 Jassy, †2. 7. 1891 Paris; studierte in Lunéville u. Berlin, nach Teilnahme an der Revolution 1848–1855 im Pariser Exil; dann Min. u. Min.-Präs.; vertrat Rumäniens Ansprüche auf dem Berliner Kongress 1878; schrieb grundlegende Geschichtswerke („Histoire de la Valachie, de la Moldavie et des Valaques transdanubiens" 1837); auch histor. Novellen.
Kogan, Leonid Borissowitsch, russ. Violinvirtuose, *14. 11. 1924 Dnjepropetrowsk, †17. 12. 1982 Moskau; seit 1952 Lehrer (seit 1963 Prof.) am Moskauer Konservatorium, Gastspielreisen in die USA u. zahlreiche europ. Länder.
Køge, Koge, Hafenstadt in der dän. Amtskommune Roskilde, südwestl. von Kopenhagen, 38 500 Ew.; Gummi-, Farbenindustrie.
Kogel, Kofel, Kogl, in den Alpen übliche Bez. für kegel- oder haubenförmige Bergspitzen, z. B. Ankogel, Langkofel.
◆ **Kogge,** Kocke [die], breites Last- oder Kriegsschiff der Hanse-Zeit (ab 13. Jh.), meist in nordischen Gewässern. Die K. hatte Vorder- u. Achterkastell ähnlich der → Karracke. Friesische Koggen nahmen an den Kreuzzügen, lübische (aus Lübeck) an den Kriegen der Hanse teil.
Kogia → Pottwal.
Kögl, Fritz, dt. Chemiker, *19. 9. 1897 München; †6. 6. 1959 Utrecht; Arbeiten über organ. Naturstoffe, Entdecker der *Auxine* (Pflanzen-Wuchsstoffe).
Kognak ['kɔnjak] → Cognac.
Kognaten [lat.], 1. *german. u. altes dt. Recht:* → Kunkelmagen.
2. *röm. Recht:* der weitere Kreis der Blutsverwandten gegenüber den → Agnaten.
Kognition [lat.], Sammelbegriff für alle psychischen Prozesse u. Strukturen des Gewahrwerdens u. Erkennens wie Denken, Wahrnehmung, Gedächtnis, Lernen.
kognitiv [lat.], auf Erkenntnis beruhend.
kognitive Einheiten, rezeptionsfähige Einheiten im Wahrnehmungsfeld von Kopf-

füßern *(Cephalopoden),* Gliederfüßern *(Arthropoden)* u. Wirbeltieren. Kognitive Einheiten erlauben das Erkennen spezieller Gegebenheiten aus der gesamten Umwelt u. deren Beurteilung; sie sind erblich festgelegt.

Eugen Kogon

◆ **Kogon,** Eugen, dt. Politologe, *2. 2. 1903 München, †24. 12. 1987 Falkenstein, Taunus; bis 1932 Redakteur der Zeitschrift „Schönere Zukunft" (Wien), 1936–1945 im KZ Buchenwald, seit 1946 Hrsg. der „Frankfurter Hefte"; 1949–1953 Präs. der Europa-Union in der BR Dtschld.; 1950 Vors. des Zentralkomitees der „Union europ. Föderalisten"; 1951–1968 Prof. für wissenschaftl. Politik in Darmstadt; schrieb „Der SS-Staat" 1946; „Rückblick auf den Nationalsozialismus" 1978.
Koguryŏ, korean. Teilstaat, 37 v. Chr. bis 668 n. Chr. Königreich; entwickelte sich aus einem Stammesfürstentum am oberen Yalu u. umfasste nach Auflösung der chines. Kolonie von Lelang ganz Nordkorea u. die halbe Mandschurei; 668 von Silla u. vom chines. Tang-Staat zerstört. Als Kulturreste blieben Festungsbauten u. ein gewaltiges Gräberfeld erhalten. Die ältesten Gräber werden von Stufenpyramiden gekrönt, die jüngeren von Hügeln. In den Kammern der Yalu-Gräber befinden sich berühmte Fresken (Grab der Tänzer, Dreikammergrab, Grab der vier Geister). – Schon in den ersten nachchristl. Jahrhunderten fanden Konfuzianismus u. Buddhismus in K. Eingang. K. hatte früh eine hoch entwickelte Kunst u. Wissenschaft: 371 wurde die erste Universität gegründet; Gelehrte u. Künstler aus K. waren in Japan tätig.
kohärent [lat.], 1. *allg.:* zusammenhängend.
2. *Physik:* Bez. für zwei oder mehrere Wellenzüge, die interferieren können. Dazu müssen sie den Beobachtungsort gleichzeitig durchqueren, die gleichen Frequenzen u. eine konstante Phasendifferenz haben. Kohärentes Licht erzeugt der *Laser.*
Kohärer, [lat.] *Fritter,* eine mit Eisenfeilspänen gefüllte Glasröhre, die beim Auftreffen elektromagnet. Wellen zusammenbacken, wobei der elektr. Widerstand abnimmt. Durch Erschütterung lässt sich der Grundzustand wiederherstellen. In den Anfangsjahren der drahtlosen Telegraphie wurden K. zum Empfang für hochfrequente Signale benutzt.
Kohäsion [lat.], das Zusammenhaften von Atomen u. Molekülen gleicher Art. Die auftretenden Kräfte heißen *Kohäsionskräfte.* Sie sind bei festen Körpern am größten, bei Flüssigkeiten klein, bei (realen) Gasen sehr klein u. die Ursache für die Abweichung vom Verhalten idealer Gase.
Kohat [engl. 'kouhɑːt], Distrikt-Hptst. in Pakistan, in der North West Frontier Province, südl. von Peshawar, 72 000 Ew.;

Handelszentrum für Wolle u. Getreide; Textilindustrie, Marmorbrüche; Eisenbahn- u. Straßenknotenpunkt.
Kohe Hiṣar, *Kuh-e Hissar,* Gipfel im afghan. Zentralgebirge *(Firos Kuh),* 4524 m; Quellgebiet des Murgab u. des Hari Rod u. anderer Flüsse.
Kohelet [hebr.], *Qohelet,* grch. *Ekklesiastes,* in der Lutherbibel *Prediger Salomo,* eine alttestamentl. Weisheitsschrift, als deren Verfasser *Salomo* gilt; durch aufklärer. Pessimismus gekennzeichnet.
Kohima, Hptst. des nordostindischen Bundesstaats Nagaland (Naga Pradesh), im Nagabergland nahe der Grenze zu Myanmar, 560 m ü. M., 53 100 Ew.; landwirtschaftl. Handelszentrum; Straßenverbindung mit Imphal u. dem Brahmaputra-Tiefland.
Kohinoor [-n'uːr; der; pers., „Berg des Lichts"], *Koh-i-noor,* ein berühmter Diamant, soll im ind. Fluss Godavari gefunden worden sein, kam nach wechselvoller Geschichte 1849 in den Besitz der brit. Königshauses; 1852 in London neu geschliffen, wiegt 108,93 Karat; jetzt in der 1937 angefertigten Krone der Königinmutter Elisabeth (Gemahlin Georgs VI.).
Kohl, 1. *Kohl i. w. S.,* Brassica, Gattung der *Kreuzblütler (Cruciferae)* mit rd. 50 Arten, hauptsächl. im Mittelmeergebiet u. in Asien, z. T. auch in Europa heimisch; enthält viele Gemüse- u. Ölpflanzen. Hierher gehören *Kohl i. e. S.,* Raps, Rübsen u. *(Schwarzer) Senf,* die unter dem züchterischen Einfluss des Menschen zu Nutzpflanzen wurden.
◆ 2. *Kohl i. e. S.,* Gemüse-Kohl, Brassica oleracea, dessen Stammform an den Küsten des Mittelmeers u. der Nordsee wächst. Viele Zuchtformen wie: Blattkohl *(Grünkohl, Winterkohl, Zierkohl, Federkohl, Palmkohl, Brassica oleracea var. acephala),* Wirsing *(Savoyer Kohl, Welschkohl, Brassica oleracea var. sabauda),* Kopfkohl *(Weiß- u. Rotkraut, Zuckerkopf, Brassica oleracea var. capitata),* Rosenkohl *(Sprossenkohl, Brassica*

Kogge: Modell, um 1380; Bremen, Landesmuseum für Kunst- und Kulturgeschichte

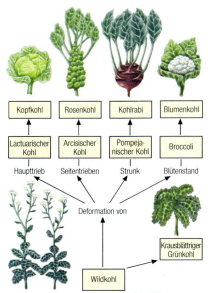

Kohl (2): Kohlvariationen unter Züchtungseinflüssen

oleracea var. gemmifera), Blumenkohl (*Spargelkohl, Broccoli, Brassica oleracea var. botrytis*) u. Kohlrabi (*Brassica oleracea var. gongylodes*) dienen als Gemüsepflanzen; Mark- u. Stammkohl sind Futterpflanzen.

Helmut Kohl

◆ **Kohl,** Helmut, dt. Politiker (CDU), * 3. 4. 1930 Ludwigshafen; Studium der Geschichte u. der Rechts- u. Staatswissenschaften; 1958 bis 1969 Referent beim Verband der Chem. Industrie; seit 1948 Mitgl. der CDU; 1959–1976 Mitglied des Landtages von Rheinland-Pfalz; 1966–1973 Landes-Vors. der CDU, 1969–1976 Min.-Präs. von Rheinland-Pfalz; 1973–1998 Partei-Vors. der CDU, seit 1976 Mitgl. des Bundestages, 1976–1982 Vors. der Bundestagsfraktion der CDU/CSU. Nachdem es in der seit 1969 regierenden SPD-FDP-Koalition zu Meinungsverschiedenheiten in wirtschafts- u. finanzpolit. Fragen gekommen war, wurde K. am 1. 10. 1982 vom Bundestag durch ein konstruktives Misstrauensvotum nach Art. 67 des Grundgesetzes gegen Bundeskanzler H. Schmidt (SPD) zum Bundeskanzler einer Koalition aus CDU/CSU und FDP gewählt. Nach den für die Koalition erfolgreichen Bundestagswahlen 1983, 1987, 1990 u. 1994 wurde er jeweils wieder gewählt. 1998 wiederum Spitzenkandidat der Unionsparteien, beendete deren Wahlniederlage seine 16-jährige Kanzlerschaft, die längste aller Amtsinhaber seit 1949.
Die von K. geführte Regierung legte die Schwerpunkte ihrer Politik auf die Sanierung des Staatshaushalts, die Anregung der privaten Investitionstätigkeit, die Schaffung von Arbeitsplätzen u. die Anpassung der sozialen Leistungen an die wirtschaftl. Möglichkeiten. Die im NATO-Doppelbeschluss von 1979 vorgesehene Nachrüstung setzte sie gegen große innenpolit. Widerstände durch. 1986 nahm sie eine umfassende Steuerreform in Angriff. Nach dem polit. Umsturz in der DDR 1989 setzte sich K. für die Wiedervereinigung Deutschlands ein, die, nachdem er allg. internationales Einverständnis erreicht hatte, am 3. 10. 1990 vollzogen wurde. In den 1990er Jahren widmete sich K. insbes. dem Ausbau der Europ. Gemeinschaft zu einer polit. Union (EU) mit gemeinsamer Währung (Verträge von Maastricht u. Amsterdam). Sein Interesse galt auch der Entwicklung gutnachbarl. Beziehungen zu den Staaten des ehem. Ostblocks. Innenpolit. Reformansätze konnten in den letzten Jahren seiner Amtszeit nur teilweise verwirklicht werden; der erstrebte Abbau der hohen Arbeitslosigkeit gelang nicht. Ende 1999 wurde K. zum Mittelpunkt einer Parteispendenaffäre. In diesem Zusammenhang leiteten die Justizbehörden im Januar 2000 gegen ihn Ermittlungen wegen des Verdachts der Untreue gegenüber der CDU ein. Im selben Monat legte K. das Amt des Ehren-Vors. der Partei, das er seit 1998 bekleidete, nieder. Das Ermittlungsverfahren wurde 2001 gegen Zahlung einer Geldbuße von 300 000 DM eingestellt. – K. schrieb „Ich wollte Deutschlands Einheit" 1996. – 1988 erhielt er zusammen mit F. Mitterrand den Karlspreis.

Kohle (1): Unter zunehmendem Druck und höherer Temperatur entweicht der in der pflanzlichen Ablagerung enthaltene Sauerstoff und Kohlenstoff wird angereichert. Es entsteht zunächst Torf, dann Braunkohle, schließlich Steinkohle (von oben nach unten)

◆ **Köhl,** Hermann, dt. Flieger, * 15. 4. 1888 Neu-Ulm, † 7. 10. 1938 München; Kampfflieger im 1. Weltkrieg; überquerte am 12./13. 4. 1928 in 36,5 Stunden als Erster den Nordatlantik in Ost-West-Richtung von Irland nach Neufundland zusammen mit Günther Frhr. von *Hünefeld* (* 1892, † 1929) u.

Hermann Köhl

dem irischen Oberst James *Fitzmaurice* (* 1899, † 1965); schrieb „Unser Ozeanflug" 1928; „Bremsklötze weg" 1932.

Kohlblattlaus, Mehlige Kohlblattlaus, *Brevicoryne brassicae,* eine blaugrüne *Röhrenlaus,* die auf Kohl u. a. Kreuzblütlern lebt.

Kohle, ◆ 1. *Gesteinskunde:* ein Sedimentgestein, das im Lauf langer Zeiträume aus Holz oder anderen pflanzl. Stoffen unter Luftabschluss entstanden ist. Bei diesem *Inkohlungsprozess* werden Verbindungen des Kohlenstoffs (C) angereichert. Torf, Braunkohle, Steinkohle u. Anthrazit sind verschiedene Stufen der Inkohlung. *Torf* (40–60 % C) bildet sich in Mooren (Torfmooren) u. besitzt einen sehr hohen Wassergehalt. *Braunkohle* (60–70 % C) zeigt noch pflanzl. Struktur u. ist von einer Sedimentschicht (Sand, Ton) geringer Mächtigkeit (kleiner Druck) überlagert; Alter: 40–50 Mio. Jahre. Bei *Steinkohle* (70–90 % C) hängt der Grad der *Inkohlung* außer vom geolog. Alter (250–280 Mio. Jahre) noch von der Temperatur u. dem Gebirgsdruck ab. *Anthrazit* ist die kohlenstoffreichste Steinkohle (90–99 % C).
Die geolog. nachgewiesenen *Kohlenvorräte* der Welt betragen rd. 8400 Mrd. t SKE (*Steinkohleneinheit*), davon sind nach dem Stand der Technik wirtschaftl. abbauwürdig (Flöze mindestens 60 cm mächtig, Tiefenlage bis 1500 m) aber nur rd. 1000 Mrd. t SKE. Gefördert wurden 1997 weltweit rd. 3,8 Mrd. t SKE. Steinkohle u. 914 Mio. t Braunkohle. Die K. deckt z. Z. ca. 23 % des Weltenergiebedarfs. Abnehmer sind die Stahlindustrie u. die Elektrizitätswerke. Auch → Braunkohle, → Steinkohle.
Aufbereitung u. Verarbeitung: Die geförderte Rohkohle ist zur direkten Verwendung praktisch ungeeignet. Immer müssen die mineralischen Bestandteile mit Hilfe mechan. Aufbereitungsverfahren (Zerkleinern, Klassieren, Sortieren, Entwässern, Trocknen) abgetrennt werden. Nur noch ein geringer Teil der aufbereiteten K. wird direkt zur Wärmeerzeugung (Heizkraftwerke) genutzt. Die weitaus größte Menge wird mit Hilfe thermischer (Schwelung, Verkokung) u. chemischer Verfahren (Vergasung, Hydrierung) zu höherwertigen Energieträgern oder auch zu Kohlenstoffprodukten veredelt. Deshalb wird es immer wichtiger, die K. kostengünstig in hochwertige, marktgerechte Produkte umzuwandeln, die gleichzeitig den Anforderungen des Umweltschutzes genügen.

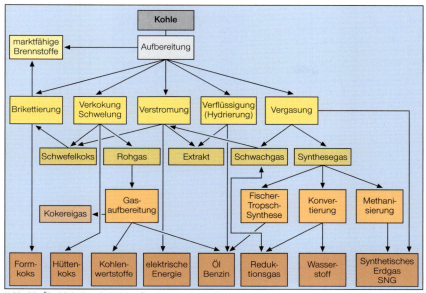

Kohle (1): Überblick über die Kohleaufbereitung und -verarbeitung

2. *Pharmakologie: medizinische Kohle, Carbo medicinalis, Tierkohle,* schwarzes, geruchloses, feinstes Pulver, das wasserunlöslich u. außerordentl. saugfähig ist. Anwendung als aufsaugendes Mittel bei Vergiftungen, Magen-Darm-Katarrhen, Durchfall u. a.

Kohlechemie [-çɛ], *Kohlenchemie,* Gesamtheit der chem. Prozesse u. deren Produkte, für die Kohle (Stein- u. Braunkohle) Rohstoff ist. Prozesse der K. sind: 1. *Entgasungsverfahren,* die das Verkoken (→ Kokerei, → Gaswerk) u. Schwelen umfassen; Produkte sind sog. Kohlenwertstoffe (Teer, Ammoniak, Rohbenzol, Gas). In 2. *Vergasungsprozessen* erhält man Gase (Generatorgas, Wassergas, Synthesegas), die teils als Brennstoffe, teils zu Synthesen (Methanol, → Fischer-Tropsch-Verfahren) verwendet werden. 3. *Kohlehydrierung* (→ Bergius-Verfahren, i. w. S. Fischer-Tropsch-Verfahren). Durch 4. *Extraktionsverfahren* können mit Lösemitteln einige (z. B. wachsartige) Produkte aus der Kohle extrahiert werden. Die Verfahren der K. werden oft als Kohleveredlung bezeichnet. Die K. ist neben der Petrochemie die wichtigste Grundlage der organ.-chem. Großindustrie.

Kohledruck, in der histor. Fotografie ursprüngl. der *Pigmentdruck,* dessen Bildsubstanz aus feinsten Kohleteilchen gebildet wurde. Heute bezeichnet man als K. verschiedene *Chromatverfahren,* bei denen ohne Übertragung pigmentdruckartige Bilder gewonnen werden.

Kohleextraktion, techn. Verfahren zum Druckaufschluss von Kohle (bis 100 bar bei rd. 400°C) mit Lösungsmitteln (Tetralin-Kresol-Mischung) zur Gewinnung aschefreier organischer Produkte u. → Montanwachs. Auch → Kohlechemie.

Kohlehydrate → Kohlenhydrate.

Kohlehydrierung, *Kohlenhydrierung, Kohleverflüssigung,* Sammelbez. für Verfahren, mit denen durch Anlagerung von Wasserstoff an Kohle *Kohlenwasserstoffe* erzeugt werden. Bis 1944 wurde in Dtschld. die K. im Wesentlichen durch das Hochdruckverfahren (→ Bergius-Verfahren) durchgeführt. Nach 1945 erwies sich die K. meist als nicht wirtschaftlich, es werden jedoch aus energiepolit. Gründen verschiedene neue Verfahren getestet, z. B. das Pott-Broche-Verfahren zur Erzeugung von schwerem Heizöl. Auch → Fischer-Tropsch-Verfahren.

Kohlekraftwerk, mit Steinkohle oder Braunkohle gefeuerte Dampfkraftanlage. Die fein gemahlene Kohle wird in einem Heizkessel zusammen mit vorgewärmter Luft verbrannt. Das so erzeugte Rauchgas, das eine Temperatur von bis zu 1600 °C hat, gibt nun seine Wärme an einen Dampferzeuger ab. Der entstehende Wasserdampf strömt durch eine Rohrleitung zur Turbine u. versetzt sie in Drehung. Da das Rauchgas nicht alle Wärme an das Wasser im Dampferzeuger abgibt, kann es noch die zur Verbrennung benötigte Luft vorwärmen. Zur Reduzierung der Abgasbelastung durch Kohlendioxid (CO_2) u. Schwefeldioxid (SO_2), Staub u. Stickoxiden, wurden verschiedene Methoden zur Rauchgasentschwefelung entwickelt. Am effektivsten geschieht dies direkt bei der Verbrennung im sog. *Wirbelschichtkessel.* Die Kohle wird nicht auf einem Rost verfeuert, sondern man bläst den Kohlenstaub mit Luft in eine Mischung von Asche u. Kalksteinkörnern. Der Kalk bindet den Schwefel. *Wirbelschichtfeuerung* kann auch unter Druck ablaufen. Es lassen sich dann Wirkungsgrade von 42–43 % erreichen. Auch → Kombikraftwerk, → Kraft-Wärme-Kopplung, → Kraftwerk.

Kohlemikrofon → Mikrofon.

Kohlenabgabe, in der BR Dtschld. 1951–1959 erhobene Abgabe, die von den Kohleverkaufsorganisationen für die Bergbauwirtschaft zu entrichten war u. deren Aufkommen für den Bau von Bergarbeiterwohnungen zweckgebunden war.

Kohlendioxid, *Kohlenstoffdioxid, Carbondioxid, Kohlensäureanhydrid,* CO_2, fälschlich *Kohlensäure* genannt, unbrennbares, farb- u. geruchloses Gas, das bei allen Verbrennungsvorgängen u. bei der Atmung entsteht; wird von den Pflanzen unter Mitwirkung des Chlorophylls unter dem Einfluss des Sonnenlichts assimiliert. Die wässerige Lösung von K. reagiert schwach sauer, da sich in geringem Maß Kohlensäure bildet. K. kommt in der Natur in freiem Zustand als Bestandteil der Luft (0,03 %), in Mineralquellen u. Vulkanen u. in gebundenem Zustand in Form von Carbonatgesteinen vor. K. kommt flüssig (in Stahlflaschen) in den Handel („Kohlensäure"). Es kann, da es unbrennbar ist u. die Sauerstoffzufuhr zu einer Flamme verhindert, als Feuerlöschmittel verwendet werden. Ferner wird es in Bierdruckapparaten benutzt. In festem Zustand *(Kohlensäureschnee, Trockeneis)* dient es Kühlzwecken. Der Gehalt von K. in der Atmosphäre ist durch die weltweite Emission bei der Verbrennung fossiler Brennstoffe (Kohle, Erdöl, Gas) in Verbindung mit der Verringerung der Waldflächen, die einen Teil des Kohlendioxids wieder aufnehmen können, um rd. 14 % in den vergangenen 100 Jahren angestiegen. Ein weiterer Anstieg könnte langfristig zu einer Erwärmung der Erdoberfläche führen, da von der „Kohlendioxid-Glocke" die von der Erdoberfläche in Richtung Weltraum gerichtete Wärmeabstrahlung stärker behindert wird, als die einfallende Sonnenstrahlung geschwächt wird *(Treibhauseffekt).* Auch → Klimaschutz.

Kohleneisenstein, engl. *Blackband,* ein Eisenerz aus Eisenspat mit starken Kohlenbeimengungen.

◆ **Kohlenhobel,** *Bergbau:* mit Meißeln bestückte Maschine zur vollmechan. Kohlengewinnung im → Strebbau. Der K. wird an einem Kettenkratzerförderer geführt u.

Kohlenhobel: Der mit Meißeln besetzte Hobelkörper schält die Kohle schichtweise aus dem Flöz

durch eine Kette mit bis 2 m/s Geschwindigkeit am Kohlenstoß entlanggezogen. Dabei werden die Meißel in die Kohle gedrückt. Sie schälen einen bis 15 cm dicken Streifen aus dem Flöz *(schälende Gewinnung).* Die Hobelkette wird angetrieben durch Elektromotoren, die an beiden Enden des Kettenkratzerförderers installiert sind. Wichtigstes Gegenstück zum K. ist im Strebbau auf Steinkohle der → Walzenschrämlader.

◆ **Kohlenhydrate,** organ.-chem. Verbindungen der allg. Form $C_n(H_2O)_n$, die neben Kohlenstoff noch Wasserstoff u. Sauerstoff im selben Verhältnis wie das Wasser enthalten u. erste Oxidationsprodukte mehrwertiger Alkohole sind. Kohlenhydrat ist daher eine Sammelbez. für → Aldosen u. → Ketosen, deren Monomere als *Monosaccharide,* deren Dimere bis Heptamere als *Oligosaccharide* u. deren höher molekulare Verbindungen als *Polysaccharide* bezeichnet werden. Mono- u. Oligosaccharide werden z.T. als „Zucker" zusammengefasst u. von den Polysacchariden (z.B. Stärke) abgegrenzt. K. sind neben den Fetten u. Proteinen wichtige Nährstoffe für den tier. u. menschl. Organismus. Sie sind zwar keine essenziellen Nahrungsbestandteile, aber eine Mindestzufuhr von etwa 10 % ist notwendig, um Stoffwechselstörungen, in erster Linie das Auftreten von Acetonkörpern zu verhindern. Das in der Nahrung mengen-

Kohlenhydrate: Vorkommen und Bedeutung

Monosaccharide

Name	Vorkommen und biologische Bedeutung
D(–)-Desoxyribose(dRib)	In den Zellkernen als Bestandteil der Desoxyribonucleinsäuren
Dihydroxyaceton	In phosphorylierter Form Zwischenprodukt beim Abbau von Stärke u. Glykogen / Zwischenprodukt bei der Glucoseneubildung u. photosynthetischen CO_2-Fixierung
D(–)-Erythrose	Zwischenprodukt bei biochemischen Reaktionsketten
D(–)-Fructose(Fru) = Lävulose	Im Pflanzenbereich in freier Form (z. B. Äpfel, Pflaumen) u. gebunden im Honig / Im menschlichen Organismus (Blut, Sperma, Fruchtwasser) / Besondere Bedeutung in der Pharmazie u. Diätetik
D(+)-Galactose(Gal)	In Verbindung mit Glucosamin in fast allen Eiweißkörpern / Im Großhirn an Cerebroside gebunden
D(+)-Glucosamin (GlcN)	Gebunden in Mucoproteinen u. Mucopolisacchariden zum Beispiel Chitin u. in der Bakterienzellwand / In Blutgruppensubstanzen, Blutplasmaproteinen u. anderen komplizierten Glykoproteinen / Die Aminogruppe ist meist acetyliert
D(+)-Glucose (Glc)	In fast allen Früchten / Nimmt am Aufbau vieler Polysaccharide teil, z. B. Stärke, Cellulose / Im Blut zu etwa 54–90 mg pro 100 ml enthalten
D(+)-Glycerinaldehyd	Zwischenprodukt beim Abbau von Stärke u. Glykogen
D(+)-Mannose (Man)	In Orangenschalen u. gebunden in verschiedenen anderen Pflanzen (Steinnuss, Luzernstaude, Orchideenknollen u. a.) / Für Bienen giftig
D(+)-Muraminsäure	In den Zellwänden von Bakterien
D(–)-Ribose(Rib)	Bestandteil der Nucleinsäuren u. Nucleosid-Coenzyme
D(+)-Xylose = Holzzucker	In zahlreichen Pflanzen (Laub- u. Nadelhölzer, Stroh, Erdnuss, Baumwollsamen u. a.)
D(–)-Xylulose	Zwischenprodukt beim Zuckerstoffwechsel

Oligosaccharide (Disaccharide und Trisaccharide)

Name	Einheit/Bindungstyp	Vorkommen und biologische Bedeutung
Isomaltose	α-Glc(1–6)Gle	Zwischenprodukt beim Abbau von Stärke u. Glykogen mit α-Amylase
Lactose (Milchzucker)	β-Gal(1–4)Glc	In Milch bzw. Milchdrüsen der Säugetiere
Maltose (Malzzucker)	α-Glc(1–4)Glc	In keimenden Cerealien / Zwischenprodukt beim Abbau von Stärke u. Glykogen mit α-Amylase
Raffinose	α-Gla(1–6), α-Glc(1–2)β-Fru	In Pflanzen / Zur Bestimmung des Extrazellulärraumes im tierischen Organismus geeignet / Nicht abbaufähig bei Umgehung des Verdauungstraktes
Saccharose (Sucrose, Rohrzucker)	α-Glc(1–2)β-Fru	In Zuckerrohr, Zuckerrübe u. anderen Pflanzen / Im tierischen Organismus bei Umgehung des Verdauungstraktes nicht abbaufähig
Trehalose	α-Glc(1–1)α-Glc	In Pilzen u. Hefen / Hauptzucker in der Hämolymphe von Insekten

Polysaccharide

Name	Einheit/Bindungstyp	Vorkommen und biologische Bedeutung
Amylopektin	D-Glucose(Glc)/α(1–4), α(1–6)	Pflanzen (Getreide, Hülsenfrüchte u.a.) als Reservekohlenhydrat der Pflanzen / Nahrungsmittel
Amylose	D-Glucose(Glc)/α(1–4)	Pflanzen (Getreide, Hülsenfrüchte u. a.) als Reservekohlenhydrat der Pflanzen / Nahrungsmittel
Cellulose	D-Glucose(Glc)/β(1–4)	Pflanzen, Bakterien, Tunikaten / Stütz- u. Gerüstsubstanz für Zellmembranen, Fasern u. a.
Chitin	D-N-Acetylglucosamin β(1–4)	Insekten, Crustaceen / Exoskelett / Stütz- u. Gerüstsubstanz
Dextran	D-Glucose(Glc)/α(1–6), α(1–4), α(1–3)	Bakterienmembranen / Gerüstsubstanz / Blutplasma-Ersatzmittel
Glykogen	D-Glucose(Glc)/α(1–4), α(1–6)	Tierische Zellen / Leber bis 20 %, Muskeln rd. 0,5 % / Reservekohlenhydrat der Vertebraten / Blutzuckerregulation
Inulin	D-Fructose(Fru)/β(1–2)	Knollen von Inula u. Dahlienarten / Reservekohlenhydrat der Pflanzen
Pektin	D-Galakturonsäure α(1–4)	Pflanzen (bes. in Früchten) / Wasserbindungsvermögen / Gelbildung

mäßig dominierende Kohlenhydrat ist die Stärke, die im Verdauungstrakt zu Traubenzucker *(Glucose)* aufgespalten wird; Rohr- bzw. Rübenzucker *(Saccharose)* wird in Traubenzucker u. Fruchtzucker aufgespalten. *Sorbit* wird zu diätet. Zwecken, bes. als Zuckeraustauschstoff für Zuckerkranke, verwendet. Seine Süßkraft beträgt 48 % der des Rohrzuckers *(Saccharose)*, der im Mittel etwa $^1/_6$ des Energiebedarfs der Menschen in Europa deckt. Zwischen hohem Zuckerkonsum u. dem Auftreten von Zahnkaries, Diabetes u. Herzinfarkt besteht ein Zusammenhang. Von den Kohlenhydraten mit einem hohen Molekulargewicht, die am Aufbau der pflanzl. Zellwände u. Zwischenzellenbestandteile pflanzl. Organe beteiligt sind, spielen *Cellulose, Hemicellulosen* u. *Pektine* als schlecht verwertbare Ballaststoffe für eine gut geregelte Verdauung eine große Rolle. Wichtigstes Reserve-Kohlenhydrat im menschl. u. tier. Organismus ist *Glykogen*, vor allem in Leber u. Muskeln. Auch → Cellulose, → Glucose, → Stärke, → Zucker.

Kohlenkalk, *G e o l o g i e : Dinantien,* das bes. links den Rhein entwickelte, kalkige Unterkarbon; rechtsrheinisch sandig-schiefrig (→ Kulm).

Kohlenmonoxid, *Kohlenoxid, Kohlenstoffmonoxid, Carbonmonoxid,* CO, bei unvollständiger Verbrennung von Kohlenstoff entstehendes farb- u. geruchloses, giftiges Gas, im Stadt- u. Generatorgas sowie in Gruben- u. in Auspuffgasen enthalten; verbrennt mit bläulicher Flamme zu Kohlendioxid, wirkt stark reduzierend u. spielt deshalb für die Reduktion von Metalloxiden zu Metallen (z. B. bei der Herstellung von Eisen) eine bedeutende Rolle; auch für die Synthese von Kohlenwasserstoffen, Alkoholen, Ameisensäure u. Blausäure verwendet. Komplexverbindungen mit Nickel, Cobalt u. Eisen sind die *Carbonyle.*

Kohlenmonoxidvergiftung, eine Schädigung des Organismus durch Kohlenmonoxid, das in Autoabgasen enthalten ist (durch Abgaskatalysatoren weitgehend in unschädl. Stoffe umgewandelt) u. beim Betrieb schlecht ziehender Kohleöfen sowie bei Schwelbränden entsteht. Kohlenmonoxid verbindet sich mit dem Hämoglobin des Blutes u. behindert so die Sauerstoffaufnahme. Je nach Vergiftungsgrad kommt es zu Kopfschmerzen, Schwindel, Atemnot u. Übelkeit, schließlich zu Bewusstlosigkeit u Atemstillstand. *E r s t e H i l f e :* Verlassen des gasverseuchten Raums, Sauerstoffzufuhr durch künstliche Beatmung, Sauerstoffüberdruckbehandlung, Gliederreiben zum Schutz vor Wärmeverlust; Arzt rufen.

Kohlensack, 1. *A s t r o n o m i e :* sternarme Gegend in der Milchstraße im *Südl. Kreuz,* durch vorgelagerte interstellare Materie verursacht; Entfernung 550 Lichtjahre. *Nördl. K.,* ähnliche Sternleere in der nördl. Milchstraße, zwischen Schwan u. Kepheus. **2.** *H ü t t e n w e s e n :* mittlerer, weitester Teil des Hochofens.

Kohlensäure, durch Lösen von Kohlendioxid in Wasser in geringer Menge ent-

stehende schwache Säure, H_2CO_3; häufig auch falsche Bez. für ihr Anhydrid, das → Kohlendioxid. Die Salze der K. sind die *Carbonate (kohlensaure Salze).*

Kohlensäureverwitterung, Einwirkung kohlendioxidhaltiger Lösungen im Grund- u. Sickerwasser auf Carbonat-Gesteine unter Bildung leichter löslicher Hydrogencarbonate. Wasser nimmt Kohlendioxid aus der Luft sowie aus organischen Verwesungsprodukten, Moosen, Algen u. Ä. auf. Die K. tritt bes. in Karstgebieten auf.

Kohlenstaub, durch den Abbaudruck auf die Drucklagen von selbst entstandene oder künstl. erzeugte staubförmige Kohle. Verwertung entweder in *Kohlenstaubfeuerungen* (→ Feuerung) durch Einblasen unter Druck oder bei der Brikettherstellung.

Kohlenstaubexplosion, *B e r g b a u :* durch eine Flamme ausgelöste Explosion eines aufgewirbelten Kohlenstaub-Luft-Gemisches; bes. Gefahr in Steinkohlengruben mit leicht zu Staub zerfallender Fettkohle, nur im Gefolge von Sprengung u. Explosion eines → Schlagwetters; Bekämpfung durch → Wassertrogsperren; Vorbeugung durch → Kohlenstoßtränken, Entfernen von Kohlenstaubansammlungen, Berieseln mit Wasser, Ausstreuen von Gesteinsstaub oder Staub bindendem hygroskopischem Salz, z. B. Calciumchlorid ($CaCl_2$).

Kohlenstoff, nicht metallisches vierwertiges Element, chem. Zeichen C *(Carboneum),* Atommasse 12,011, Ordnungszahl 6; kommt in reinem *(Diamant* u. *Graphit)* u. mit anderen Elementen gebundenem Zustand (in Carbonatgesteinen, im Pflanzen- u. Tierreich, in der Luft u. im Wasser) vor u. ist wesentl. Bestandteil aller lebenden Materie. Zwei weitere, allein aus K. aufgebaute

Verbindungen sind die *Fullerene* u. *Cyclo[n]kohlenstoffe,* die als 3. Modifikation (neben Diamant u. Graphit) angesehen werden. Die große Zahl u. Mannigfaltigkeit der K. enthaltenden (organ.) Verbindungen beruht auf der den anderen Elementen in diesem Maße fehlenden Fähigkeit des Kohlenstoffs, sich in fast unbegrenztem Umfang mit sich selbst u. anderen Grundstoffen zu verbinden. Durch Zersetzung organ. Verbindungen unter Luftabschluss oder bei unzureichender Luftzufuhr entsteht eine im Gegensatz zu den kristallinen Formen amorphe Modifikation des Kohlenstoffs, z. B. *Koks, Ruß, Blut-, Tier-, Knochenkohle.* Diese haben wegen ihrer großen Oberfläche ein starkes Adsorptionsvermögen. Ruß wird verwendet für die Herstellung von Druckerschwärze, Tusche u. als Füllstoff für Kautschuk.

Kohlenstoff-Datierung → radioaktive Altersbestimmung.

Kohlenstoff-Fasern, *Graphitfasern,* flexible Fasermaterialien aus Kohlenstoff, die durch Pyrolyse oder Dehydratisierung von Cellulose bzw. synthetischen Fasern (Polyacrylnitril) hergestellt werden. Sie besitzen großes Wärmedämmungsvermögen. Die elektrischen Eigenschaften von Graphitgeweben werden bei der Verwendung als Heizleiter genutzt. Kohlenstoff-Fasern werden zur Erhöhung der Festigkeit in → Kunststoffe eingelagert.

◆ **Kohlenstoffkreislauf,** der Wechsel zwischen organischer Bindung des Kohlenstoffs u. seiner Freisetzung durch physikal. u. chem. Prozesse. Der Vorrat an Kohlendioxid in der Atmosphäre u. in den Gewässern ist zwar recht beträchtlich, doch würde sehr bald durch die → Photosynthese eine

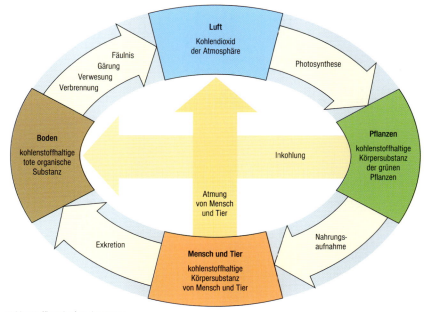

Kohlenstoffkreislauf in der Natur

völlige Bindung des gesamten Kohlenstoffs in organ. Substanzen erfolgt sein, wenn nicht gegenläufige Prozesse für eine Ergänzung des Vorrats an freiem Kohlenstoff sorgten. Solche Vorgänge sind: *Atmung* bei Menschen, Tieren u. Pflanzen, *Gärungen* u. *Fäulnisvorgänge* als Auswirkung der Lebenstätigkeit von Mikroorganismen. Die abbauenden Prozesse führen schließl. zu einer völligen Mineralisierung toter organ. Substanz u. bewirken damit auch eine Freisetzung von Kohlendioxid. Nicht unbeträchtl. Mengen von Kohlendioxid werden auch durch techn. Verbrennungen von Brennstoffen frei. Auch → Atmung.

Kohlenstoßtränken, *B e r g b a u :* Verfahren zur Bindung des Kohlenstaubes im Flöz vor der mechanischen Kohlengewinnung; dadurch Verringerung von Kohlenstaubansammlungen u. Vorbeugung gegen → Kohlenstaubexplosion. Beim K. werden vom Streb oder aus Begleitstrecken des Abbaus heraus Löcher in das Flöz gebohrt, durch die man unter hohem Druck Wasser in das Kohlengefüge presst.

Kohlensuboxid, *Bisketen*, C_3O_2, giftiges farbloses Gas, das aus der Malonsäure durch intramolekulare Wasserabspaltung entsteht.

Kohlenwasserstoffe, ausschließlich aus Kohlenstoff u. Wasserstoff aufgebaute, umfangreiche Gruppe chemischer Verbindungen. Man unterteilt die K. je nach Anordnung des Kohlenstoffgerüstes in *azyklische K.* mit offener kettenförmiger Verknüpfung der Kohlenstoffatome (Aliphaten, aliphatische K.) u. in *zyklische K.* Letztere gliedern sich in *alizyklische K.* (Alicyclen, Cycloaliphaten), in deren Ringsystemen nur C-C-Einfachbindungen oder unsymmetrisch angeordnete Doppelbindungen vorliegen, u. in *aromatische K.* (Aromaten), die von der Stammverbindung Benzol abgeleitet werden u. eine symmetrische Anordnung der C-C-Bindungsformen besitzen. K. mit C-C-Einfachbindungen werden als *gesättigte K.* (Paraffine) bezeichnet, solche mit Doppel- (olefinische) oder Dreifachbindungen als *ungesättigte K.* (Alkene, Alkine u. Aromaten). K. sind kaum wasserlöslich, brennbar, können u. Z. mit Luft explosive Gemische bilden. Viele K. sind gesundheitsgefährdend, teilweise sogar Krebs erregend wie die polyzyklischen Aromaten (z. B. Benzo(a)pyren). K. finden sich u. a. in Erdöl u. Erdgas, Kohle, Teer, Asphalt u. in Spuren in der gesamten Umwelt, z. B. als Stoffwechselprodukte von Mikroorganismen. Auch → chlorierte Kohlenwasserstoffe.

Kohlenwasserstoffharze, thermoplastische Kunstharze, die aus Polymerisaten von gesättigten Kohlenwasserstoffen bestehen u. daneben Styrol, Inden, Cyclopentadien u. a. enthalten. Synthese durch → Polymerisation von Mono- u. Diolefinen, die bei der Aufbereitung von Erdöl anfallen (Erdölharze). K. besitzen niedrige Molekulargewichte im Gegensatz zu den Polybutadienen, Polyolefinen, Polystyrolen, die ebenfalls Kohlenwasserstoff-Polymerisate sind. K. finden Verwendung als Streckmittel von Gummimischungen, Klebemassen, Anstrichstoffen u. Druckfarben.

Kohlepapier, mit einem meist einseitigen Aufstrich von geschmolzener Farbe versehenes Seidenpapier zur Herstellung von Durchschlägen auf Schreibmaschinen oder Durchschriften mit Bleistift, Kugelschreiber u. dgl. Der Aufstrich aus mit Wachsen, Harzen u. Ölen versetzten Pigment- oder Anilinfarben gibt unter Druck Farbe ab.

Kohlepfennig, auch *Energiesteuer*, Ausgleichsabgabe, die 1974–1995 von den Stromverbrauchern zu entrichten war, um den Steinkohleneinsatz bei der Stromerzeugung zu subventionieren.

Kohler, Christian u. Hieronymus → Brüggeler Rotte.

Kohler, Josef, dt. Jurist, *9. 3. 1849 Offenburg, †3. 8. 1919 Charlottenburg; Prof. in Würzburg (ab 1878) u. Berlin (ab 1888), vielseitigster Jurist der wilhelminischen Epoche, bahnbrechend im Immaterialgüter- (Patent- u. Urheber-)Recht. Hptw.: „Handbuch des dt. Patentrechts" 1900–1904; „Urheberrecht an Schriftwerken u. Verlagsrecht" 1907.

Köhler, 1. *B e r u f s k u n d e :* fast ausgestorbener Beruf des Holzkohlenbrennens mittels eines Kohlenmeilers; von der industriellen Herstellung verdrängt. Auch → Holzverkohlung.

2. *Z o o l o g i e :* Kohlfisch, Kohlmaul, Blaufisch, *Gadus virens*, ein *Schellfisch* der nordeurop. Meeresgebiete; bis maximal 15 kg schwer u. 1,35 m lang, dem Kabeljau in Verbreitung u. Lebensweise sehr ähnlich. Das Fleisch ist als „Seelachs" im Handel; es dient gefärbt u. in Öl eingelegt (neben dem Fleisch des → Leng) als „Lachs-Ersatz". Der K. ist ein Schwarmfisch u. ernährt sich von Kleinfischen wie Hering u. Sprotte. Die Anlandungen der dt. Fischerei sind rückläufig.

Köhler, 1. Georges, dt. Immunologe u. Molekularbiologe, *17. 4. 1946 München, †1. 3. 1995 Freiburg i. Br.; 1971–1984 am Baseler Institut für Immunologie, seit 1985 am Max-Planck-Institut für Immunbiologie in Freiburg i. Br., entdeckte 1974/75 mit C. *Milstein* das Prinzip der Produktion von monoklonalen Antikörpern. Hierfür erhielt K. zusammen mit Milstein u. N. K. *Jerne* den Nobelpreis für Medizin 1984.

2. Siegfried, dt. Komponist, *2. 3. 1927 Meißen, †14. 7. 1984 Dresden; 1969–1981 Rektor der Dresdner Musikhochschule, ab 1982 Präs. des Komponistenverbandes der DDR, 1984 Intendant der Dresdner Staatsoper; schrieb die Oper „Der Richter von Hohenburg" 1963, Orchesterwerke (Sinfonietta „Perspektiven" 1971; „Festliche Inventionen" 1981; Violinkonzert 1981), das Oratorium „Reich des Menschen" 1962 u. a.

3. Walther, dt. ev. Theologe, *27. 12. 1870 Elberfeld, †18. 2. 1946 Heidelberg; 1904 Prof. für Kirchengeschichte in Gießen, 1909 in Zürich, 1929 in Heidelberg, bedeutender Luther- u. Zwingliforscher.

4. Wolfgang, dt. Psychologe, *21. 1. 1887 Reval, †11. 6. 1967 Enfield, N. H.; Prof. in Göttingen (1921) u. Berlin (1922–1935); gründete mit M. *Wertheimer* u. K. *Koffka* die *Berliner Schule der Gestaltpsychologie*. Bahnbrechend waren seine „Intelligenzprü-

fungen an Anthropoiden" (1918, 1921), durch die er den Nachweis sinnvollen Werkzeuggebrauchs bei höheren Menschenaffen erbrachte. K. versuchte (1920), den Gestaltbegriff auch in die Physik einzuführen. – Aus dem Nachlass: „Dynam. Zusammenhänge in der Psychologie" dt. 1966; „Die Aufgabe der Gestaltpsychologie" 1971.

Kohlerdfloh, *Phyllotreta undulata*, bis 2,5 mm langer blaugrüner, gelb gezeichneter *Blattkäfer* aus der Gruppe der *Erdflöhe*; verursacht Lochfraß an den Blättern aller Kohlarten.

Köhlerei, handwerkl. Form der *Holzverkohlung.*

Köhlerglaube, veraltete Bez. für den blinden Glauben an die Worte eines andern; ursprüngl. blinder Kirchenglaube, nach einer Schrift M. *Luthers.*

Kohleria, ein Gesneriengewächs, → Gleichsaum.

Kohler Range [ˈkəʊlə reɪndʒ], Gebirgszug der Antarktis, im *Marie-Byrd-Land* (110° w. L.), mit Gipfeln bis 3570 m.

Kohleule, *Mamestra brassicae*, in Mitteleuropa häufiger Schmetterling aus der Familie der *Eulen i. e. S.*, deren Raupen vor allem im Herztrieb von Kohl, Salat u. Rüben leben („Herzwürmer").

Kohleveredelung, zur Wertsteigerung der abgebauten Kohle vorgenommene chemische, mechanische u. thermische Prozesse; → Kohlechemie.

Kohleverflüssigung → Kohlehydrierung.

Kohlevergasung, Umsetzung von Kohle oder Koks mit einem Vergasungsmittel nach verschiedenen Verfahren (in ruhender Feststoffschüttung, in der Wirbelschicht, in der Schwebe) zur Gewinnung von Brenn- u. Synthesegasen. Auch → Kohlechemie.

Kohlfliegen, *Phorbia*, Gattung der *Blumenfliegen*. Die Larven der eigentlichen *Kohlfliege, Phorbia brassicae*, treten in 3 Generationen auf u. fressen die Wurzeln aller Kreuzblütler ab, die Senföle enthalten (Anlockung durch Geruch). Die Maden von *Phorbia floralis* treten nur in einer Generation im Jahr auf u. befallen Radieschen u. Rettiche.

Kohlfuchs, dunkle Farbvarietät des europ. Fuchses.

Kohlgallenrüßler, *Ceutorrhynchus pleurostigma*, 3 mm langer, grauer *Rüsselkäfer*. Er erzeugt erbsengroße Anschwellungen am Wurzelhals von Kohlpflanzen, die mit seinen Larven besetzt sind.

Kohlgallmücke, *Drehherzmücke, Contarinia nasturtii*, eine *Gallmücke*, deren Larven im Herzen von Kohlpflanzen die *Drehherzkrankheit* verursachen.

Kohlgrub, Bad Kohlgrub, Gemeinde in Oberbayern, Ldkrs. Garmisch-Partenkirchen, am Hörnle, westl. des Staffelsees, 900–1550 m ü. M., 2300 Ew.; Moorbad.

Kohlhaas, *Michael Kohlhaas*", Novelle (1810) von H. von *Kleist*; sie gestaltet den Zusammenstoß eines leidenschaftl. Rechtsgefühls mit der Rechtsordnung. Das histor. Vorbild war der Produktenhändler Hans *Kohlhase* aus Berlin; er hatte wegen an ihm begangenen Unrechts Sachsen mit Aufruhr heimgesucht u. wurde am 22. 3. 1540 in

Berlin gerädert. Eine neuere Gestaltung ist der Roman „Kohlhaas" (1979) von E. *Plessen.*

Kohlhaase, Wolfgang, dt. Schriftsteller u. Filmautor, *13. 3. 1931 Berlin; vor allem bedeutend als Autor von Filmen mit antifaschistischer Thematik. „Die Störenfriede" 1953 (mit H. W. *Kubsch);* „Eine Berliner Romanze" 1956; „Der Fall Gleiwitz" 1961 (mit G. *Rücker);* „Ich war neunzehn" 1968; „Der nackte Mann auf dem Sportplatz" 1974; ferner Erzählungen (Sammelband: „Silvester mit Balzac" 1977) u. Hörspiele („Fragen an ein Foto" 1969; „Fisch zu viert" 1969).

Kohlhernie [die], *Kohlkropf, Knotensucht,* blumenkohlartige Verdickung am Wurzelhals u. an der Wurzel der Kohlpflanze u. a. Kreuzblütler, hervorgerufen durch im Boden befindliche Pilze *(Plasmodiophora brassicae).* Die Kohlpflanze wird dadurch am Wachstum gehindert. Bekämpfung: durch starke Bodenkalkung (pH-Wert des Bodens nicht unter 7), Entseuchung der Anzuchterde, Anwendung von Kalkstickstoff u. Eintauchen der Kohlpflanze beim Auspflanzen in eine Beizlösung.

Kohlmeise, eine der einheim. → Meisen.

Kohlpalme, eine trop. *Fiederpalme.* Die *Westindische K.* (*Oreodoxa oleracea* oder *Euterpa caraiba*) ist in Mittel- u. im nördl. Südamerika beheimatet. Die Vegetationsspitze dieser bis 40 m hohen Palme liefert den *Palmkohl;* die Blattscheiden werden zum Verpacken von Tabak verwandt; aus den Früchten wird Öl gepresst.

Kohlrabi [der; ital.] → Kohl.

Kohlrausch, 1. Eduard, dt. Strafrechtslehrer, *4. 2. 1874 Darmstadt, †22. 1. 1948 Berlin; Kommentator des dt. Strafgesetzbuchs, an der Vorbereitung der Strafrechtsreform beteiligt; Hptw.: „Irrtum u. Schuldbegriff im Strafrecht" 1903.
2. Friedrich Wilhelm Georg, dt. Physiker, *14. 10. 1840 Rinteln, †17. 1. 1910 Marburg; verdient um die Entwicklung physikal. Messmethoden, arbeitete bes. auf dem Gebiet des Magnetismus u. der Elektrizität; 1895–1905 Präsident der Physikal.-Techn. Reichsanstalt.

◆ **Kohlröschen,** *Nigritella,* Gattung der *Orchideen.* Das *Schwarze K.* (*Braunelle*), *Nigritella nigra,* ist eine verbreitete Alpenpflanze, deren gedrungene, schwarzpurpurne Blütenähren nach Vanille duften. Sie steht unter Naturschutz.

Kohlrübe, eine Zuchtform des Rapses.

Kohlschabe, *Plutella maculipennis,* ein Kleinschmetterling aus der Familie der *Plutellidae,* dessen Raupen in lockeren Gespinsten auf der Unterseite von Kohlblättern leben u. diese zu einem dünnen Häutchen zerfressen („Schleiermotte").

Kohlschnake, *Tipula oleracea,* bis 2,5 cm lange *Schnake,* deren Larven sich von Wurzeln ernähren u. in Gemüsekulturen schädlich werden können.

Kohlung, die Aufnahme von Kohlenstoff durch flüssiges oder festes Eisen, z. B. bei der Stahlherstellung oder beim Einsatzhärten. Die K. verbessert die Härteeigenschaften des Werkstoffs.

Kohlwanze, *Gemüsewanze, Eurydema oleraceum,* schillernd grün oder blau gefärbte *Baumwanze* mit gelben Punkten, die auf Kohl, aber auch auf anderem Gemüse sitzt u. ihren intensiven, unangenehmen Geruch oft auf das Gemüse überträgt.

Kohlweißlinge, zwei Arten der Gattung *Pieris* aus der Tagfalterfamilie der *Weißlinge,* deren Raupen an Kohlarten erheblichen Schaden anrichten können. Alle K. haben weiße Flügel mit schwarzer Vorderflügelspitze. Die Weibchen des *Großen Kohlweißlings, Pieris brassicae,* 5 cm Spannweite, haben nur in der 1. (Frühjahrs-)Generation zwei schwarze Punkte auf dem Vorderflügel; der *Kleine Kohlweißling* oder *Rübenweißling, Pieris rapae,* hat stets zwei kleine schwarze Flecken auf dem Vorder- u. einen kleinen Fleck auf dem Hinterflügel. Nur die Raupen der 2. (Sommer-)Generation fressen an Kohl, die der 1. sitzen auf wilden Kreuzblütlern.

Kohn, Walter, US-amerikan. Physiker, *9. 3. 1923 Wien; arbeitete am Carnegie Institute of Technology an der University of California in San Diego. Seit 1979 an der University of California in Santa Barbara tätig. K. erhielt zusammen mit John A. *Pople* 1998 den Nobelpreis für Chemie für seine Arbeiten über Molekülmodelle.

Kohorte [die; lat. *cohors,* „Haufe"], Truppeneinheit des römischen Heers in Stärke von 600 Mann, Abteilung der römischen Legion (= 10 Kohorten). Daneben gab es die *cohortes urbanae* (Stadtsoldaten), die *cohortes vigilum* (Feuerwehr u. Nachtwächter) u. die *cohortes praetoriae,* seit Augustus die Eingreiftruppe der römischen Kaiser. Bei den Hilfstruppen des römischen Heeres *(Auxilien)* war die K. eine geschlossene Einheit zu 500 oder 1000 Mann, in der Regel Infanterie, gelegentlich aber auch mit Kavallerie kombiniert.

Kohortenanalyse, die statistische Untersuchung menschl. Gruppen oder Alterskohorten im Zeitablauf (→ Lexis-Diagramm), Hauptanliegen der modernen Demographie (→ Bevölkerungswissenschaft).

Rotes Kohlröschen, Nigritella miniata

Pavel Kohout

◆ **Kohout** [ˈkɔhout], Pavel, tschech. Schriftsteller, *20. 7. 1928 Prag; langjähriges Publikationsverbot, 1979 ausgebürgert; schreibt satir. Erzählungen. Romane, Dramen u. Hörspiele; behandelt gesellschaftl. Missstände; auch Regietätigkeit; Stücke: u. a. „So eine Liebe" 1957, dt. 1969; „August, August, August" 1968, dt. 1969; „Patt", dt. Uraufführung 1987. Romane: „Die Henkerin" dt. 1978; „Die Einfälle der heiligen Klara" 1981, dt. 1980; „Wo der Hund begraben liegt" 1986, dt. 1987; „Ich schneie" 1993, dt. 1992.

Kohren-Sahlis, Stadt in Sachsen, Ldkrs. Leipziger Land, östl. von Altenburg, 2900 Ew.; Töpferstadt mit Kunsttöpferei u. Töpfermuseum; Burg Gnandstein (12. Jh.).

Kohtla-Järve [ˈkɔːhtla-], *Kochtla-Jarve,* Stadt im NO der Estlands, 55 400 Ew.; Chemietechnikum; Ölschiefergewinnung, Gaswerk mit Leitungen nach Tallinn u. St. Petersburg; Wärmekraftwerk.

Koimesis [die; grch.], die Darstellung des Marientods in der byzantin. Kunst.

Koine [die; grch.], 1. Gemeinsprache, für größere Gebiete geltende übermundartl. Sprach- oder Schreibform. 2. die griech. Gemeinsprache, die sich auf der Grundlage des attischen Dialektes seit 400 v.Chr. entwickelte u. die Basis des neueren Griechisch ist. In der K. ist das NT abgefasst.

Koinobitentum [grch., „gemeinsames Leben"], die im Gegensatz zur → Idiorrhythmie entwickelte Lebensform des ostlirchl. Mönchtums, bei der die Mönche in dauernder räuml. Gemeinschaft unter einheitl. Leitung zusammen leben. Die bestimmenden Grundregeln des Koinobitentums schuf *Basilius d. Gr.*

Koinon [-ˈnɔn; das, Pl. *Koina;* grch.], in der Antike die polit. Gemeinschaft, bes. die der hellenist. Zeit (→ Achäischer Bund, → Aitolischer Bund).

Koinzidenz [koːinˈ-; die; lat.], 1. *allg.:* das Zusammenfallen mehrerer Ereignisse. Auch → Coincidentia oppositorum.
2. *Ökologie:* das räumliche u./oder zeitliche Zusammentreffen von Organismen als Voraussetzung einer positiven oder negativen Wechselwirkung, z. B. von Schlüpfterminen bestimmter Insekten mit Entwicklungsstadien ihrer Wirtspflanzen, auf die sie angewiesen sind.

Koinzidenzprinzip [lat.], Grundbegriff der theoret. Geographie, kennzeichnet die Hypothese, dass zwischen räuml. zusammentreffenden Sachverhalten auch regelhafte inhaltliche Beziehungen bestehen.

Koinzidenzprüfung, bei numer. Steuerung die Prüfung, ob sich das Werkzeug oder Werkstück am programmierten Sollwert befindet.

Koinzidenzzähler, *Kernphysik:* eine Anordnung von zwei (oder mehr) Teilchenzählern, die nur anspricht, wenn alle Zähler gleichzeitig oder innerhalb eines sehr kurzen, definierten Zeitintervalls ein Signal auslösen, also von einem u. demselben Teilchen durchflogen werden; der Zähler kann auch auf verschiedene Teilchen einer Kernreaktion ansprechen. Der K. ist ein zur Identifizierung bestimmter Prozesse oder Teilchen wichtiges Messinstrument. So kann z. B. ein K., der aus einem *Geigerzähler* vor einer → Nebelkammer u. einem zweiten Zähler zusammen besteht, zur automat. Auslösung einer fotograf. Aufnahme dienen.

Koitus, *Coitus* [der; lat.], *Beischlaf* → Geschlechtsverkehr.

Koivisto ['kɔivistɔ], Mauno, finnischer Politiker (Sozialdemokrat), *25. 11. 1923 Turku; seit 1947 Parteimitglied; 1966/67 u. 1972 Finanz-Min., 1968–1970 u. 1979–1982 Min.-Präs.; 1982–1994 als Nachfolger U. *Kekkonens* Staats-Präs.

Koizumi, Junichiro, japan. Politiker (LDP), *8. 1. 1942 Yokosuka; Wirtschaftswissenschaftler; wurde 1972 Mitgl. des Unterhauses; mehrfach Minister (für Gesundheit u. Wohlfahrt sowie für Post u. Telekommunikation); seit 2001 Vors. der LDP u. Min.-Präs. Japans.

Koje, **1.** *S e e f a h r t :* Schlafgelegenheit für Besatzungsmitglieder auf Schiffen. **2.** *übertragen :* in Ausstellungshallen ein durch behelfsmäßige Wände abgeteilter Raum, der nach oben u. vorn hin offen ist.

Kojève [kɔˈʒɛːv], Alexandre, eigentl. A. *Koževnikov*, französ. Philosoph russ. Herkunft, *1902 Moskau, †Mai 1968 Paris; nach Studien in Dtschld. seit 1933 Prof. in Paris. Seine Vorlesungen in den 1930er Jahren über Hegel, vor allem dessen „Phänomenologie des Geistes", hatten großen Einfluss auf die neuere französ. Philosophie, da die eine eigenwillige Deutung Hegels, die diesen in die Nähe von Marx rückt, nahe legten: „Introduction à la lecture de Hegel" 1947, dt. (in Teilübersetzung von I. Fetscher) „Hegel" 1958.

Kojiki [-dʒi-; jap., „Aufzeichnung alter Begebenheiten"], *Kodschiki*, das älteste erhaltene japan. Geschichtswerk, 712 n. Chr. von *O-no-Yasumaro* auf kaiserl. Befehl zusammengestellt. Das K. umfasste die alte Mythologie u. die Genealogie der Kaiserfamilie bis zum Jahr 628.

Kojisäure, $C_6H_6O_4$, bakterizide Substanz, die bei der Vergärung von verschiedenen Kohlenhydraten durch Schimmelpilze *(Aspergillus-Arten)* gebildet wird; Verwendung als Reagens für Kationen in der *Dünnschichtchromatographie.*

Kojote [koˈjoːtə; span.], *Präriewolf, Heulwolf,* mit 45–53 cm Schulterhöhe mittelgroßer Vertreter der *Hunde* Nord- u. Mittelamerikas. Nächster Verwandter des *Wolfes,* dem er im Äußeren auch sehr ähnelt. Lediglich die Ohren sind im Vergleich zum übrigen Körper größer u. die Gestalt wirkt schlanker. Profitiert als Kulturfolger von der erbarmungslosen Jagd auf den Wolf, dessen Lebensräume er voll übernimmt. Der C. ist in seinen Ansprüchen sehr anpassungsfähig u. nimmt an Beute alles, was er bewältigen kann, allerdings überwiegend kranke u.

schwache Tiere, verschmäht aber auch Aas nicht. Steht im Verhalten zwischen Wolf u. Schakal. – Bastarde zwischen C. u. Haushund sind die *Coydogs.*

Kok, Willem (Wim), niederländ. Politiker (Sozialdemokrat), *29. 9. 1939 Bergambacht; 1973–1986 Präs. des Niederländ. Gewerkschaftsbundes NVV; 1979–1986 Präs. des Europ. Gewerkschaftsbundes; wurde 1986 Vors. der sozialdemokrat. PvdA; 1989–1994 Finanz-Min.; seit 1994 Min.-Präs.

◆ **Koka** [die; indian., span.], *Coca, Erythroxylum coca,* eine in Bolivien u. Peru heimische *Erythroxylazee,* die auch in Indonesien angebaut wird. In ihren Blättern, ebenso wie *Erythroxylum novogranatense* aus Kolumbien, ist das *Cocain* u. das Alkaloid *Ekgonin* enthalten. Sie werden wegen der leistungssteigernden u. ermüdungsbeseitigenden Wirkung von den Einheimischen gekaut.

Koka: Kokastrauch, Erythroxylum coca

Kokain [das] → Cocain.

Kokand, usbek. *Q̆uqon,* Stadt im O Usbekistans, im Ferganatal, 182 000 Ew.; Baumwoll- u. Weinanbau (Bewässerungsanlagen); Textil-, chem. u. Nahrungsmittelindustrie, Kunstdüngererzeugung, Maschinenbau, Wärmekraftwerke; Verkehrsknotenpunkt. – Im 10. Jh. erwähnt, im 18. u. 19. Jh. Chanats-Hptst.

Kokanee, Süßwasserrasse vom → Coholachs.

Kokarde [die; frz.], rundes Abzeichen aus Stoff oder Metall in den Landesfarben an Uniformmütze oder Helm; ursprüngl. ein Strauß Hahnenfedern in bestimmten Farben als polit. u. militär. Erkennungszeichen in der Französ. Revolution.

Kokardenblume → Gaillardia.

Kokastrauch → Koka.

Kokemäenjoki, schwed. *Kumo Älv,* finn. Fluss, 140 km; Abfluss des fischreichen Näsijärvi, mündet bei Pori in den Bottnischen Meerbusen; Energiegewinnung; Holzflößerei.

Koker [der; engl.], *S c h i f f b a u :* durch den Achtersteven führender Durchlass für den Schaft des Steuerruders; der Nullpunkt der alten schiffbaul. Längenmessung zwischen den → Perpendikeln.

Kokerei, Anlage zur Gewinnung von → Koks *(Hüttenkoks)* aus Steinkohle durch trockene Destillation (Verkokung). Die Kohlen (*Backkohlen,* da sie bei Erwärmung zusammenbacken) werden zerkleinert u. gewaschen u. gelangen mit Hilfe besonderer Beschickungsvorrichtungen in steinerne *Koksöfen* mit senkrechten Ofenkammern. Diese werden meist durch Regenerativfeuerung auf eine Temperatur bis zu 1000 °C erhitzt, wobei die Heizgase in einer ersten Heizkammer unter den Ofenkammern verbrennen u. die Verbrennungsgase eine zweite Heizkammer erwärmen, um dann nach außen in den *Fuchs* (Abzugskanal) geleitet zu werden. Das bei der Destillation entstehende Gas wird durch eine Teervorlage geführt (20 °C); das in diesem enthaltene Ammoniak wird in *Wäschern* oder *Skrubbern* gewonnen. Nach weiterer Reinigung kommt es in Gasbehälter oder wird z. T. in die Heizkammern geleitet. Der Kokskuchen wird auf eine Rampe geschoben, mit Wasser abgelöscht u. verladen.

Kokereigas, bei Verkokung anfallendes Gasgemisch aus etwa 55 % Wasserstoff, 25 % Methan, 10 % Stickstoff u. 5 % Kohlenmonoxid. Der Heizwert schwankt zwischen 15,5 u. 18,9 MJ/m^3 (3700–4500 kcal/m^3). Es wird teilweise als Unterfeuerungsgas zur Beheizung der Koksöfen verwendet, zum überwiegenden Teil als Heizgas abgegeben.

Kokillenguss, ein Gießverfahren, bei dem Metall in Dauerformen *(Kokillen)* vergossen wird, die für eine große Zahl von Abgüssen verwendet werden können.

Kokin wakashu, *Kokin-shu,* klass. japan. Sammlung von Natur-, Abschieds-, Reise-, Liebeslyrik, 20 Bde. mit 1100 Kurzgedichten *(Tanka)* von zahlreichen Verfassern; 905 bis 920 n. Chr. von *Ki no Tsurayuki* u. a. auf kaiserl. Befehl gesammelt. – Es folgten bis 1438 noch 20 weitere Gedichtsammlungen; berühmt ist davon die 8. Sammlung, das *Shin-Kokin wakashu* („Neues K.") 1205. – Gesamtausgabe 1647 u. 1922; Dt. Auswahl: R. Lange, „Altjapan. Frühlingslieder" 1884; ders., „Japan. Sommergedichte" 1891; A. Chanoch, „Altjapan. Liebespoesie aus dem Kokin wakashu" 1930; B. Lewin, „Die Vier Jahreszeiten" 1997.

Kokiu, Stadt in der südchines. Prov. Yunnan, → Gejiu.

Kokkelstrauch [grch., lat.], *Cocculus,* Gattung der *Menispermazeen;* windende Sträucher, die fast alle in den trop. u. subtrop. Gebieten der Erde wachsen. Auffallend an ihnen sind nicht die Blüten, sondern die meist rot gefärbten Beeren. Kokkelsträucher eignen sich zur Begrünung von Hauswänden, Mauern, Baumstämmen u. Ä.

Kokken [Pl., Sg. *Kokkus;* grch.], kugelförmige → Bakterien, z. B. Staphylokokken oder Streptokokken.

Kökkenmöddinger [dän., „Küchenabfallhaufen"], engl. *Shell mounds,* wallartige, bis 200 m lange, 40 m breite u. mehrere Meter hohe Muschelhaufen der mittel- u. jungsteinzeitl. → Ertebölle-Kultur, die aus essbaren Muscheln, Austern u. Überresten von Fischen, Wasservögeln u. Jagdtieren bestehen u. gelegentlich Herdstellen u. menschl. Bestattungen enthalten; ähnl. Erscheinungen sind heute aus verschiedensten Gegenden der Erde bekannt (→ Muschelhaufen).

Kokko, Yrjö, finn. Schriftsteller, *16. 10. 1903 Sortavala; bekannt durch seine Bücher „Singschwan, der Schicksalsvogel" 1950, dt. 1952, u. „Die Insel im Vogelsee" 1957, dt. 1960, die eindrucksvolle Naturbetrachtungen u. plastische Darstellungen der Menschen Lapplands enthalten.

Kokkola, schwed. *Gamlakarleby,* finn. Stadt in Pohjanmaa, am Bottn. Meerbusen, 35 300 Ew.; Textil-, Holz- u. Düngemittelindustrie, Buntmetallhütte, Leder- u. Pelzverarbeitung.

Kokkolithenschlamm → Coccolithen.

Joonas Kokkonen

◆ **Kokkonen,** Joonas, finn. Komponist, *13. 11. 1921 Iisalmi, †2. 10. 1996 Järvenpää; seit 1959 Prof. in Helsinki; schreibt ausdrucksstarke, in Zwölftontechnik komponierte Werke u. gilt als einer der führenden finn. Komponisten. Oper: „Die letzten Versuchungen" 1975, 4 Sinfonien, Kammermusik u. Vokalwerke.

Kokomo ['kɔukəmou], Stadt im nördl. Indiana (USA), 45 000 Ew., als Metropolitan Area 104 000 Ew.; Teiluniversität (gegr. 1945); Zentrum eines Agrarraumes; Eisen- u. Stahlindustrie, Konservenherstellung, Elektroapparatebau, Textilindustrie. In K. schon ab 1886 Erdgasgewinnung. Bei K. 1894 Test eines der ersten Autos. – Gegr. 1844, Stadt seit 1865.

Kokon [ko'kõ; der; frz.], *Cocon,* von Tieren abgeschiedene Schutzhüllen (meist Drüsensekrete), die zu einem festen Gebilde erstarren: *Eikokon* (z. B. bei Regenwürmern, Spinnen, Insekten), *Puppenkokon* (z. B. bei Seidenspinnern; zur Seidengewinnung benutzt) oder *Trockenschlafkokon* (bei Lungenfischen).

Kokonöffner [ko'kõ-], in der Schappespinnerei eine Maschine zum Öffnen der Seide, ähnlich dem Reißwolf (auch → Wolf).

Kokonschlagmaschine [ko'kõ-], engl. *Cocon-opener,* in der Schappespinnerei eine Maschine zum Öffnen von Kokonabfällen.

◆ **Kokoschka** [auch 'kɔ-], Oskar, österr. Maler, Grafiker u. Schriftsteller, *1. 3. 1886 Pöchlarn an der Donau, †22. 2. 1980 Villeneuve (Schweiz); einer der führenden Meister des Expressionismus, ausgebildet in Wien, danach tätig u. a. in Berlin, Dresden (1918–1924), Prag (1934–1938), London (ab 1938, brit. Staatsbürger seit 1947) u. Salzburg. Sein Frühwerk ist beeinflusst von der Ausdruckskunst E. *Munchs* u. dem Jugendstil G. *Klimts,* völlig selbständig jedoch war schon das Porträtschaffen der Jahre 1909–1912 (Bildnis H. Walden 1910). Hauptmerkmale seines der gegenständl. Welt verhafteten Stils sind eindringl. psycholog. Aussagekraft der Menschendarstellung, Monumentalwirkung der Landschafts- u. Stadtansichten u. sensible Strichführung

der graf. Arbeiten. In der Zeit des Nationalsozialismus wurde Kokoschkas Kunst als „entartet" verfemt. Hellfarbigkeit u. lockerer, temperamentvoller Farbauftrag steigerten sich in Gemälden der letzten Schaffensabschnitte zu Wirklichkeitsdeutungen mit hohem Vergeistigungsgrad. – Von seinen literarischen Werken wurden bes. bekannt die frühexpressionist. Dramen „Der brennende Dornbusch" 1911; „Mörder, Hoffnung der Frauen" 1916 (1921 von P. *Hindemith* vertont); „Hiob" 1917 (ursprüngl. „Sphinx u. Strohmann" 1907); „Orpheus u. Eurydike" 1919 (1926 von E. *Krenek* vertont); ferner die Erzählung „Ann Eliza Reed" 1952 u. der Sammelband „Spur im Treibsand" 1956; Autobiografie „Mein Leben" 1971.

Kokosfasern, die Fruchtfasern aus der Hülle der *Kokosfrucht,* zu groben Garnen (für Seile, Matten, Läufer u. Ä.) versponnen oder zu Bürsten verarbeitet.

Kokosinseln, *Cocos-, Keelinginseln,* austral. Inselgruppe (1857–1955 brit.) im Ind. Ozean, südwestl. von Sumatra, 2 Atolle mit 27 Koralleninseln mit zusammen 14 km², 600 Ew., Hauptort *Bantam;* Kokospalmenkulturen; auf *Home Island* Flughafen, auf *West Island* Kabel- u. Funkstation.

◆ **Kokospalme** [span.], *Kokosnusspalme, Cocos nucifera,* 20–30 m hohe *Fiederpalme,* als trop. Küstenpalme über die ganze Erde verbreitet. Der an der Basis leicht angeschwollene Stamm trägt an der Spitze 4–6 m lange, etwas steife Fiederblätter. Wirtschaftlich von Bedeutung sind die kopfgroßen Früchte *(Kokosnüsse),* deren Wandung aus einer äußeren dicken u. einer mittleren faserigen Schicht u. einer inneren Steinschale besteht. Letztere hat stets drei Keimporen, von denen sich zwei zurückbilden; unterhalb der dritten liegt der Keimling.

Kokospalme, Cocos nucifera

Der in der Frucht enthaltene Same hat ein ölreiches Nährgewebe, das einen mit *Kokosmilch* gefüllten Hohlraum umschließt. Bei der Keimung wächst das Keimblatt als Saugorgan in die Kokosmilch hinein, während der Keimling durch die Keimpore herauswächst.

Aus den Früchten wird nach der Aufspaltung das Nährgewebe gewonnen u. getrocknet als *Kopra* gehandelt. Kopra ist der Rohstoff für die Gewinnung von *Kokosfett (Kokosbutter),* das für die Seifenfabrikation verwandt wird, aber auch zur Erzeugung von Speisefett *(Pflanzenbutter, Palmin)* dient. Aus der faserigen Mittelschicht der Früchte wird die *Kokosfaser* gewonnen. Das in den äußeren Schichten sehr harte Holz der K. wird zu Pfeilern u. Balken, Spazierstöcken u. Knöpfen verarbeitet, im Handel

Oskar Kokoschka: Flut in Hamburg; 1962. Hamburg, Kunsthalle

Kola: Das Naturschutzgebiet Lappland besteht seit 1930 und umfasst über 278 000 Hektar

ist es als *Stachelschweinholz* (engl. *porcupine wood*) bekannt. – Schwerpunkte des Anbaus der K. liegen auf den Philippinen, in Indonesien u. auf Sri Lanka, weiter in West- u. Ostafrika sowie Westindien u. Südamerika.

Kokosräuber, ein Einsiedlerkrebs, → Palmendieb.

Koks [der; engl.], **1.** *Drogenszene:* Tarnbez. für Cocain; entspr. *Kokser,* jemand, der Cocain konsumiert.

2. *Hüttenwesen:* ein wertvoller Brennstoff, Produkt der → Kokerei. *Hüttenkoks* ist grauschwarz, hart u. fest, enthält bis zu 93 % Kohlenstoff, Asche, Feuchte u. bis 1,1 % Schwefel, ist luftdurchlässig u. brennt glühend (Ausbeute rd. 75 %); Verwendung nach Stückgröße: große Stücke für Hochöfen u. Gießereien, kleine Sorten *(Brechkoks)* für Heizzwecke. *Gaskoks,* ein Nebenerzeugnis bei der Leuchtgasgewinnung, ist weich, leicht u. porös; Verwendung fast ausschl. zu Heizzwecken (Ausbeute rd. 50 %). *Braunkohlenkoks:* → Grude.

Koksgrus, Koks mit kleiner Körnung, der bei der Herstellung von Hochofenkoks anfällt u. beim Sintern von Eisenerz als Brennstoff verwendet wird.

Koktschetaw, *Kokčetav,* Stadt im N Kasachstans, 141 000 Ew.; Hochschulen; Herstellung von Stahlbeton, Spiegeln u. techn. Geräten, Metall- u. Nahrungsmittelindustrie; Verkehrsknotenpunkt.

Kokura, Stadtteil von → Kita-Kyushu.

Kokuwa, japan. Stachelbeere, → Strahlengriffel.

Kokzidien [grch.], *Coccidia,* parasit., meist innerhalb von Zellen lebende *Sporozoen.* Die von ihnen erzeugten Krankheiten werden als *Kokzidiosen* zusammengefasst u. befallen sowohl Menschen wie Haustiere (z. B. erregen *Eimeria stiedae* in den Gallengängen des Kaninchens die *Kaninchen-Kokzidiose),* weitere *Eimeria*-Arten können sich in den Zellen des Kaninchendünndarms verbreiten; *Eimeria zuerni* ist der Erreger

der *Roten Ruhr* bei Rindern, *Eimeria tenella* u. *Eimeria maxima* sind die Erreger der *Geflügel-Kokzidiose.* Weitere Krankheiten werden durch die Gattung → Isospora hervorgerufen (auch → Toxoplasmose). Mehrere Arten Blutzellen bewohnender K. der Gattung *Plasmodium* rufen die → Malaria hervor. Die K. sind als reine Parasiten mit fast unbeweglichen Zellen für ihre Ausbreitung auf die Ausnutzung von Nahrungsketten ihrer Wirtstiere angewiesen; in ihrem Entwicklungsgang ist daher immer ein *Wirtswechsel* verankert, der zwischen Beutetier u. Fleisch fressendem Räuber oder zwischen Blut saugendem Insekt (oder Zecke) u. Wirtstier des Blutsaugers abläuft. Der Entwicklungsgang ist zumeist in eine geschlechtl. Phase *(Gamogonie)* u. eine ungeschlechtl. Vermehrungsphase *(Agamogonie),* die → Sporogonie u. die → Schizogonie, aufgeteilt.

kol… → kon…

Kola [afrik.; die] → Kolanussbaum.

◆ **Kola,** *Murmanhalbinsel,* nordruss. Halbinsel, von der Barentssee u. dem Weißen Meer umgeben, 128 500 km²; ein 200 m hohes Granitplateau, das nach SO sanft abfällt; im W einzelne rd. 1200 m hohe Bergmassive *(Chibiny).* Die *Murmanküste* im N steht unter dem Einfluss der warmen nordatlantischen Strömung; der *Imandrasee,* der größte von zahlreichen Seen, bildet die Grenze zu Lappland. Durch den Bau der *Murmanbahn* (1915) wirtschaftlich erschlossen; reiche Apatit- u. Nephelinlager, daneben auch Abbau von Steinkohle, Kupfer-, Eisen- u. Nickelerz; eisfreie Häfen (Murmansk, Seweromorsk).

Kola-Getränk, coffeinhaltige Limonade. Für den Coffeingehalt sind Mindest- u. Höchstwerte festgelegt; er muss deklariert werden.

Kolaios, griech. Seefahrer aus Samos, der um 660 v. Chr. als erster Grieche durch die Straße von Gibraltar in den Atlantik fuhr.

◆ **Kołakowski** [koua-], Leszek, poln. Philosoph, *23. 10. 1927 Radom; früher kritischer Marxist, jetzt Kritiker des Kommunismus u. Positivist, 1966 aus der Vereinigten Poln. Arbeiterpartei ausgeschlossen, 1968 seines Warschauer Lehrstuhls enthoben;

Leszek Kołakowski

emigrierte 1968 nach Montreal (Kanada), 1969/70 in Berkeley, Calif. (USA), lebt seit 1970 in Oxford (Großbritannien); 1977 Friedenspreis des Dt. Buchhandels. Hptw.: „Der Mensch ohne Alternative" dt. 1960; „Traktat über die Sterblichkeit der Vernunft" dt. 1967; „Geist u. Ungeist christl. Tradition" dt. 1971; „Der revolutionäre Geist" dt. 1972; „Die Hauptströmungen des Marxismus", 3 Bde., dt. 1977–79.

Kolanussbaum, *Cola,* Gattung der *Sterkuliengewächse (Sterculiaceae)* des trop. Afrika, in Südamerika u. Westindien kultiviert. Aus der *Kolanuss* wird die als Genussmittel

verwendete Kola gewonnen (Keimlinge der Samen von *Cola vera* u. *Cola acuminata);* die rd. 25 g schweren Samen enthalten 1–2 % Alkaloide u. Purine, bes. → Coffein. Ihr Genuss ist in Afrika weit verbreitet; in Europa sind Kolafabrikate als Anregungs- u. Kräftigungsmittel im Handel. Als *Semen Colae* werden die Kolanüsse auch arzneilich verwendet.

Kolar, Slavko, kroat. Schriftsteller, *1. 12. 1891 Palešnik, Garešnica, †15. 9. 1963 Zagreb; Erzählungen aus dem bäuerl. u. kleinbürgerl. Milieu („Der Herr seines Leibes" 1956, dt. 1960), auch Dramen.

Kolář ['kola:rʃ], Jiří, tschech. Maler u. Schriftsteller, *24. 9. 1914 Protivín; Mitglied avantgardistischer Künstlergruppen. 1945 erschien sein unter dem Eindruck von Krieg u. Besatzung entstandener surrealist. Gedichtband „Die Vorhölle u. andere Gedichte". In neuerer Zeit experimentiert K. mit der Schrift („visuelle Poesie"). Seine Bilder sind zerstückelte Handschriften, Bücher u. Noten, die er zu Collagen zusammenbaut.

Kolar Gold Fields [engl. 'kəula: 'gəuld 'fi:ldz], südind. Stadt in Karnataka, auf dem Dekanhochland, östl. von Bangalore, 156 000 Ew.; Zentrum des wichtigsten ind. Goldgebiets (Jahresförderung rd. 3000–4000 kg).

Kolarow, Wasil Petrow, bulgar. Politiker (Kommunist), *16. 7. 1877 Schumen, †23. 1. 1950 Sofia; 1919 Mitgründer der Kommunistischen Partei Bulgariens; 1921–1943 Mitgl. des Exekutivkomitees u. 1922–1924 Generalsekretär der Komintern; lebte 1923–1945 im Moskauer Exil; 1945–1947 Parlaments-Präs., 1947–1949 stellvertr. Min.-Präs. u. Außen-Min., 1949–1950 Min.-Präs.

Kolašin [ko'laʃin], jugoslaw. Ort in Montenegro, an der oberen Tara, 965 m ü. M., 2600 Ew.; Bergsteigerzentrum mit Skisportgelände; in unmittelbarer Nähe der Nationalpark Biogradska gora mit Urwald Branik.

Annette Kolb

Kolb, ◆ **1.** Annette, dt. Schriftstellerin, *2. 2. 1870 München, †3. 12. 1967 München; Tochter einer Pariser Pianistin, lebte lange in Badenweiler, 1933–1945 in Paris u. New York; wirkte für den Frieden u. die dt.-französ. Verständigung, erzählte kapriziös-anmutig aus der Welt der höheren Gesellschaft; Romane: „Das Exemplar" 1913; „Daphne Herbst" 1928; „Die Schaukel" 1934; Erzählungen: „Spitzbögen" 1925; Biografien: „Mozart" 1937; „Schubert" 1941; „König Ludwig II. u. Richard Wagner" 1947; Aufzeichnungen: „Blätter in den Wind" 1954; Erinnerungen: „Memento" 1960; „1907–1964. Zeitbilder" 1964.

2. Peter, dt. Südafrikaforscher, *1675 Dörflas, Oberfranken, †31. 12. 1729 Neustadt an der Aisch; 1705–1712 in Südafrika; widmete sich den Kap-Hottentotten.

Maximilian Kolbe

◆ **Kolbe,** Maximilian, eigentl. Rajmund K., poln. Franziskaner, Heiliger, *7. 1. 1894 Zdunska-Wola, †14. 8. 1941 Auschwitz; seit 1911 Franziskanerkonventuale, im Presseapostolat in Polen u. Japan tätig. 1941 wurde K. in das Vernichtungslager Auschwitz gebracht; stellvertretend für einen Familienvater opferte er dort sein Leben. Seligsprechung 1971, Heiligsprechung 1982.

Kolbe, 1. Carl Wilhelm d. Ä., dt. Grafiker, *20. 4. 1758 Berlin, †13. 1. 1835 Dessau; Landschaftsradierungen, bes. Darstellungen knorriger Bäume, in realist. Abwandlung der Naturschilderungen J. *Ruisdaels.*

◆ **2.** Georg, dt. Bildhauer, *15. 4. 1877 Waldheim, Sachsen, †20. 11. 1947 Berlin; begann in Leipzig, Dresden u. München als Maler unter dem Einfluss M. *Klingers,* entschied sich während eines Romaufenthalts (1898–1901) für die Bildhauerei. Sein Frühwerk ist von A. *Rodin* u. L. *Tuaillon* beeinflusst. Klass. Schönheitsidealen folgend, schuf K. vorwiegend weibl. u. männl. Aktfiguren mit empfindsam-anmutiger Gestik u. Physiognomie („Tänzerin" 1911/12; „Kniende" 1926; „Große Sitzende" 1929; „Pietà" 1930; „Ruhender Athlet" 1935), daneben Denkmäler (Heine-Denkmal 1913; Beethoven-Denkmal 1926–1928; beide in Frankfurt a. M.) u. zahlreiche Bildnisbüsten. Kolbes ehemaliges Atelier in Berlin ist heute Museum.

3. Hermann Adolf Wilhelm, dt. Chemiker, *27. 9. 1818 Elliehausen bei Göttingen, †25. 11. 1884 Leipzig; grundlegende Arbeiten auf dem Gebiet der organ. Chemie. Von konservativer Haltung in theoret. Fragen, bekämpfte er hartnäckig die zu seiner Zeit aufkommende Strukturchemie u. deren Vertreter (z. B. F. A. von *Kekulé).*

4. Peter Michael, dt. Ruderer, *2. 8. 1953 Hamburg; Weltmeister im Einer 1975, 1978, 1981, 1983 u. 1986; Olympia-Zweiter 1976, 1984 u. 1988; „Sportler des Jahres" 1975.

Kolben, 1. *Botanik:* eine Ähre mit verdickter Hauptachse (z. B. Aronstabgewächse, Mais). Auch → Blütenstand.

2. *Chemie:* meist kugelförmiges oder konisches Glasgefäß für die Durchführung chemischer Reaktionen.

3. *Maschinenbau:* der im *Zylinder* einer Kolbenmaschine hin- u. hergehende oder sich drehende (Kreis- oder *Drehkolben,* → Drehkolbenmotor) Maschinenteil, auf den in den Kraftmaschinen ein- oder doppelseitig expandierender Dampf, Druckluft oder gasförmige Verbrennungsprodukte des Kraftstoffs einwirken. Zur Abdichtung gegen den Zylinder hat er eingedrehte Nuten, in denen federnde Kolbenringe angebracht sind.

4. *Militär:* bei Handfeuerwaffen der hintere Teil des Schafts, der zum Anlegen beim Schießen dient.

Kolbenbaum → Cordyline *(Liliengewächs).*
Kolbenente, *Netta rufina,* einheim. *Tauchente,* mit auffallend dickem Kopf, Erpel mit hellrotbraunem Kopfgefieder u. rotem Schnabel. Brutgebiete in Westasien, Südeuropa, Nordafrika; Zugvogel.
Kolbenheyer, Erwin Guido, dt. Schriftsteller, *30. 12. 1878 Budapest, †12. 4. 1962 München; suchte Probleme der dt. Vergangenheit u. Gegenwart von einem „biolog. Naturalismus" her neu zu deuten („Die Bauhütte". Elemente einer Metaphysik der Gegenwart" 1925, erweitert 1939 u. 1952), stand dem Nationalsozialismus nahe. Romane: „Amor Dei" (Spinoza-Roman) 1908; „Meister Joachim Pausewang" (J. Böhme-Roman) 1910; „Paracelsus" (Trilogie) 1917–1926; „Das gottgelobte Herz" 1938; Dramen: „Die Brücke" 1929; „Gregor u. Heinrich" 1934; „Menschen u. Götter" (Tetralogie) 1944; Autobiografie: „Sebastian Karst" 1957–1959; Lyrik: „Vox humana" 1940. – *Kolbenheyer-Gesellschaft,* Nürnberg, gegr. 1951. – Gesamtausgabe der Werke letzter Hand. 14 Bde. 1957 ff.

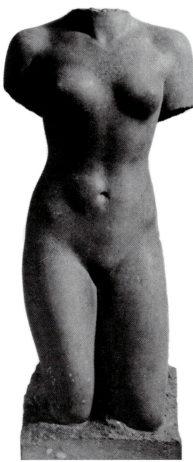

Georg Kolbe: Torso; 1918. Hamburg, Kunsthalle

Kolbenhirsch, ein Hirsch, der das neue, noch vom *Bast* umschlossene Geweih (Kolbengeweih) trägt.
Kolbenhirse, *Setaria italica,* eine asiat. → Borstenhirse.
Kolbenhoff, Walter, eigentl. W. *Hoffmann,* dt. Schriftsteller u. Journalist, *20. 5. 1908 Berlin, †29. 1. 1993 Germering; der „Gruppe 47" zugehörig; setzte sich leidenschaftlich mit polit. u. sozialen Problemen auseinander; schrieb die Romane: „Untermenschen" 1933; „Von unserm Fleisch u. Blut" 1947; „Heimkehr in die Fremde" 1949; „Die Kopfjäger" 1960; „Das Wochenende", Report 1970; auch Hörspiele: „Am Ende der Straße"; „Zwanzig Paar Seidenstrümpfe"; „Wahre Geschichte"; „Die Blumen von Hiroshima".
Kolbenlegierung, gegossener Werkstoff zur Herstellung von Kolben für Verbrennungskraftmaschinen.
Kolbenlilie → Cordyline *(Liliengewächs).*
Kolbenmaschinen, Kraft- (z. B. Dampfmaschinen, Verbrennungsmotoren) oder Arbeitsmaschinen (z. B. Kolbenpumpen, Kolbengebläse), die aus einem in einem *Zylinder* beweglichen → Kolben bestehen, der über eine Kolbenstange mit Kreuzkopf u. Pleuelstange eine Hinundherbewegung (translatorische Bewegung) in eine Drehbewegung (rotatorische Bewegung; bei Arbeitsmaschinen umgekehrt) umsetzt. Man unterscheidet zwischen *einfach* (einseitig) wirkenden K. (der Druck wirkt nur auf eine Seite des Kolbens; Otto- u. Dieselmotor, Plungerpumpe) u. *zweiseitig wirkenden K.* (der Druck wirkt auf beide Seiten des Kolbens; Dampfmaschine, Dampfpumpe, Kolbenkompressor). – Gegensatz: *Turbomaschinen.* Auch → Drehkolbenmotor.
Kolbenpumpen, sog. *Verdrängerpumpen,* bei denen ein hin- u. hergehender Kolben (Verdränger) die Flüssigkeit ansaugt u. fortdrückt. Da gasfreie Flüssigkeit praktisch nicht zusammendrückbar ist, können bei Verschluss der Druckleitung große Drücke entstehen; daher ist ein Sicherheitsventil erforderlich. K. sind bei niedriger Kolbengeschwindigkeit auch geeignet zum Fördern von breiigen Massen u. bei entspr. Werkstoffwahl zum Fördern von aggressiven Stoffen. Diese sind dann oft als → Membranpumpen ausgeführt, bei denen eine Membran aus Gummi oder Kunststoff die Hubbewegung ausführt.
Kolbenring, ein schmaler Ring aus hochwertigem Grauguss, der schräg aufgeschlitzt ist u. dadurch leicht aufdeckt. Mehrere Kolbenringe sitzen in Ringnuten des Kolbens vom Verbrennungsmotor; sie sind außen geschliffen. Ihre Aufgabe ist es, den Motor gegen verbrannte u. unverbrannte Gase aus dem Verbrennungsraum des Zylinders abzudichten u. diesen Raum in Richtung zur Kurbelwelle bei der Verbrennung der Gase im Zylinderkopf abzuschließen.
Kolbenrohr, *Typha latifolia* → Rohrkolben.
Kolbenschieber, ein Steuerorgan zur Steuerung des Durchflusses von Flüssigkeiten, Gasen oder Dämpfen (Steuerschieber): Ein in einer zylindr. Hülse längs verschiebbarer

Kolben gibt je nach Stellung Durchflussschlitze in der Hülse frei oder versperrt diese.

Kolbenschilf, *Typha latifolia* → Rohrkolben.

◆ **Kolbenwasserkäfer,** *Hydrophilidae,* Familie Wasser bewohnender *Käfer* aus der Gruppe der *Polyphaga*; werden im Unterschied zu den *Schwimmkäfern* auch als *Unechte Schwimmkäfer* bezeichnet, da ihre Beine nicht vollständig zu Ruderbeinen umgewandelt sind u. auch nicht im Schwimm-, sondern im normalen Laufrhythmus bewegt werden. Die Körper sind meist sehr hoch

Kolbenwasserkäfer: Großer Kolbenwasserkäfer, Hydrous piceus

u. kahnförmig gebaut. Die Atemluft wird an der behaarten Bauchseite transportiert. Aas-, seltener Insekten- u. Pflanzenfresser; rd. 2300 Arten in der ganzen Welt von 1 mm bis 6 cm Länge; in Dtschld. der unter Naturschutz stehende *Große K., Hydrous piceus,* bis 5 cm lang, der zu Unrecht für einen Fischbruträuber gehalten wird.

Kolberg, deutscher Name der poln. Stadt → Kołobrzeg.

Kolbermoor, Stadt in Oberbayern, Ldkrs. Rosenheim, an der Mangfall, im *K.,* südwestl. von Rosenheim, 465 m ü. M., 16 600 Ew.; Zentrum der Moorkultivierung; Textil- u. Elektroindustrie. – Stadtrecht 1963.

Kolchis, antike Landschaft östl. des Schwarzen Meeres (heute Teil Georgiens), mit griech. Kolonien; Heimat der *Medea,* Ziel des *Argonautenzugs;* später von *Mithridates VI.* von Pontos erobert u. seit 65 v. Chr. von Rom abhängig; wurde im frühen Mittelalter *Lazika* genannt u. von den Byzantinern gegen das Neupersische Reich behauptet.

Kolchizin → Colchicin.

Kolchos [der; russ. Kurzwort für *kollektivnoje chosjaistwo,* „Kollektivwirtschaft"], die *Kolchose,* genossenschaftl. Betriebsform in der sowjet. Landwirtschaft; Zusammenschluss mehrerer Höfe u. Gemeinden zur

Kolibris: Bienenelfe, Mellisuga helenae

kollektiven landwirtschaftl. Produktion bei weitgehender Aufgabe des Privatbesitzes.

Kolchose [die] → Kolchos.

Kölcsey ['køltʃɛi], Ferenc, ungar. Schriftsteller, *8. 8. 1790 Szödemeter, †24. 8. 1838 Cseke (heute Szatmárcseke); verfasste philosoph. Gedichte u. die ungar. Nationalhymne „Gott schütze den Magyaren".

Koldewey [-vai], **1.** Karl, dt. Nordpolarforscher, *26. 10. 1837 Bücken, Hannover, †18. 5. 1908 Hamburg; leitete 1868 die erste dt. Nordpolarexpedition nach Spitzbergen, 1869/70 die zweite dt. Nordpolarfahrt an die grönländ. Ostküste; 1871 Assistent an der Hamburger Seewarte.
2. Robert, dt. Architekt u. Archäologe, *10. 9. 1855 Blankenburg, Harz, †4. 2. 1925 Berlin; leitete die Ausgrabungen von Babylon (1898–1917); mit W. *Dörpfeld* Begründer der modernen Bauforschung; Hptw.: „Das wieder erstehende Babylon" 1914; „Heitere u. ernste Briefe", hrsg. von C. Schuchhardt 1925. – Die nach seinem Tod gegr. *Koldewey-Gesellschaft* (1926) betreibt u. fördert die archäolog. Bauforschung in seinem Sinn.

Kolding ['koleŋ], dän. Hafenstadt am *Koldingfjord,* Amtskommune Vejle, Ostjütland, 60 000 Ew.; Metall- u. Textilindustrie.

Koleoptile [die; grch.], die das Keimblatt schützende Hülle der Gräser. Auch → Keimscheide.

Kolepom, bis 1963 *Frederik-Hendrik-Insel,* 11 000 km² große indones. Insel vor der Südwestküste Neuguineas; versumpft, flach.

Kolgujewinsel, *Kolguev,* russ. Insel in der Barentssee, südwestl. von Nowaja Semlja, 3200 km², 70–80 m hoch; Tundra, Seen, Sümpfe; von Samojeden bewohnt; Rentierzucht, Fischfang, Robbenjagd.

Kolhapur [engl. 'kəuləpuə], ind. Distrikt-Hptst. in Maharashtra, in den Westghats, 560 m ü. M., 405 000 Ew.; landwirtschaftl. Handelszentrum; Maharajapalast, Kenotaphen; Textil-, Zement- u. Papierindustrie; nahebei reiche Bauxitlager. – K. war von 1791–1947 Hptst. des ehem. Marathen-Fürstenstaats K. (seit 1948 Distrikt).

Kolibakterien → Colibakterien.

◆ **Kolibris** [karib.], *Trochilidae,* mit den *Seglern* verwandte Vogelfamilie, die in 321 Arten über den gesamten amerikan. Kontinent von Alaska bis Feuerland verbreitet ist. Die im Norden beheimateten Arten sind Zugvögel. Die hummel- bis mauerseglergroßen Vögel zeichnen sich durch Schwirrflug u. die Fähigkeit zum Rückwärtsflug sowie oft lange, spitze Schnäbel aus, die auf die Nektaraufnahme aus Blütenkelchen spezialisiert sind. Daneben auch Insektenfang an den Blüten u. in der Luft. Vor allem die Männchen haben oft prächtige, metallisch schillernde Gefiederfarben. K. bauen dickwandige, gut gepolsterte Napfnester aus Pflanzenwolle, Flechten u. Spinnweben. Nestbau, Brut u. Jungenaufzucht (meist 2) besorgt allein das Weibchen. Mit den ähnlichen → Nektarvögeln der Alten Welt sind die K. nicht verwandt. Einige häufiger genannte Kolibris-Gattungen: *Amazilien, Schwertschnabel-Kolibri, Schatten-Kolibri,*

Kolkrabe, Corvus corax

Veilchenohr-Kolibri u. a. Mit 2 g Gewicht der kleinste Kolibri u. der kleinste Vogel überhaupt ist *Calypte helena* aus Kuba.

Kolienterotoxämie → Ödemkrankheit.

Kolig, Anton, österr. Maler, *1. 7. 1886 Neutitschein, Mähren, †17. 5. 1950 Nötsch, Kärnten; setzte die Tradition des österr. Barock fort, war der Begründer der „Nötscher Schule"; über 3000 Zeichnungen, etwa 300 Ölbilder; ferner Fresken, Gobelins, Mosaiken (Salzburger Festspielhaus, 1927) u. Wandbilder (Wiener Krematorium, 1927).

Koliinfektion, durch das Bakterium *Escherichia coli* bedingte Infektion bei Menschen u. Tieren.

Kolik [auch ko'li:k; die, Pl. *Koliken*; grch.], im Anfall heftiger krampfartiger Schmerzen, verursacht durch die krampfhafte Zusammenziehung eines Hohlorgans (z. B. Darm, Harnleiter, Gallenblase). Dementsprechend unterscheidet man *Darmkolik, Gallenkolik* u. a.; bei Einklemmung von Steinen (Konkrementen) spricht man auch von *Steinkolik.*

Kolin ['kɔli:n], Industriestadt in Mittelböhmen (Tschech. Rep.), an der Elbe, 30 900 Ew.; Bartholomäuskirche (13. Jh.; mit Chor von P. *Parler*); Elektro- u. chem. Industrie, Erdölraffinerie, Maschinenbau; Verkehrsknotenpunkt, Flusshafen. – In der *Schlacht bei K.* am 18. 6. 1757 im Siebenjährigen Krieg besiegte der österr. Feldherr L. J. *Daun* das Heer *Friedrichs II.* von Preußen, Friedrich musste Böhmen aufgeben.

Kolingba, André, zentralafrikan. Politiker, *1935 Bangui; 1954–1962 in der französ. Kolonialarmee, 1973 Brigadegeneral, 1975–1979 Botschafter in Kanada u. der BR Dtschld; 1981–1993 Staats-Präs.

Koliqi [kɔ'likij], Ernest, alban. Schriftsteller, *20. 5. 1903 Shkodër, †15. 1. 1975 Rom; Begründer der alban. Novelle; auch Übersetzer italien. Dichter.

Kolisch, Rudolf, US-amerikan. Geiger österr. Herkunft, *20. 7. 1896 Klamm, †1. 8. 1978 Watertown, Mass.; Schüler u. Schwiegersohn A. *Schönbergs;* sein 1922 gegr. Streichquartett wurde durch Aufführungen moderner Werke weit bekannt. K. übersiedelte 1940 in die USA u. war in Boston als Lehrer tätig. Seit 1974 leitete er jährl. Interpretationsseminare zur Musik der 2. Wiener Schule in Mödling bei Wien.

Kolitis, Dickdarmentzündung, → Colitis.

Kolk [der], eine Hohlform im Flussbett von unterschiedl. Größe u. Tiefe, durch das fließende Wasser ausgestrudelt *(Strudelloch, Strudeltopf).* Oft unterstützen Steine die Tätigkeit des Wassers. Kolke entstehen bes. in Flussengen, Klammen u. im Fels an Wasserfällen. Ähnl. Hohlformen glazialer Entstehung sind die Gletschertöpfe (→ Gletscher).

✦ **Kolkrabe,** *Corvus corax,* größter einheim. → Rabenvogel, bis 65 cm lang. Von der ähnlichen, aber kleineren Rabenkrähe durch die Stimme, stärkeren Schnabel u. keilförmigen Schwanz unterschieden. Der einfarbig glänzend schwarze Vogel ist ein guter Segelflieger. Er lebt in Einehe. Verbreitung in Nordamerika u. Eurasien sowie dem nördl. Afrika; in Mitteleuropa vielerorts ausgerottet, in Dtschld. noch in den Alpen u. in Schleswig-Holstein; neben tierischer Nahrung (Mäuse, Kaninchen, Vögel, Insekten, Fische, Aas) auch Sämereien, Früchte u. Beeren.

Kolkverschleiß, ein muldenförmiger Verschleiß, der bei der spanenden Bearbeitung eines Werkstücks an der Spanfläche des Werkzeugs auftritt.

Kolla, indian. Kulturvolk, → Aymará.

Kolla, die heiße Zone des äthiop. Hochlands, bis 1800 m Höhe, großenteils bewaldet.

kollabieren [lat.], einen *Kollaps* erleiden, zusammenfallen, zusammenbrechen.

Kollaboration [frz., „Zusammenarbeit"], im 2. Weltkrieg entstandener Begriff für die freiwillige, von den Mitbürgern als ehrenrührig u. verbrecherisch empfundene Zusammenarbeit mit dem im Land befindl. Feind. In den von Dtschld. eroberten Ländern wurden nach ihrer Befreiung Zehntausende von Kollaborateuren angeklagt u. verurteilt. – Der Gegenbegriff zu K. ist *Résistance* („Widerstand"). Die heutige Forschung arbeitet deutlicher als die anklagenden Zeitgenossen die vielfältigen Abstufungen zwischen totaler Gegnerschaft u. völliger Anpassung heraus.

Kollag [der; grch.], kolloidaler Graphit, als Schmiermittel für unbelastete Lager verwendet.

Kollage [-'laʒə] → Collage.

Kollagen [das; grch.], *Collagen,* ein Faserprotein; als Stützsubstanz weit verbreitet im Tierreich (im Säuger: 25–30 % des Gesamtproteins), Hauptkomponente des Bindegewebes, der Haut u. der Sehnen; auch in Knorpeln, Knochen, Zähnen u.a. Geweben; wichtige Modellsubstanz für die Forschung auf den Gebieten der Chemie, Physik, Biologie u. Medizin. – Technische Bedeutung: → äschern, → Gelatine, → Leder. Als wässriger Extrakt in Kosmetika zur Verbesserung der Feuchtigkeit u. Elastizität der Haut verwendet.

Kollagenosen [die; grch. „Bindegewebsrheuma"], *Kollagenkrankheiten,* eine Gruppe von chron., überwiegend zu den → Autoimmunerkrankungen gerechneten Krankheiten, bei denen durch krankhafte Immunprozesse insbes. das Gefäßbindegewebe des gesamten Körpers geschädigt wird. Die Folge sind Entzündungen, Durchblutungsstörungen u. degenerative Veränderungen

der betroffenen Gewebe. Schädigungen von Nieren, Lunge u. Herz sind lebensbedrohlich. Die Behandlung erfolgt durch Gabe von entzündungshemmenden Mitteln u. Immunsuppressiva (→ Immunsuppression). Zu den K. gehören u.a. die chron. → Polyarthritis, der system. → Lupus erythematodes, die → Sklerodermie, die Wegener-Granulomatose, das Sjögren-Syndrom.

Kollam, ind. Stadt, → Quilon.

Kollaps [der; lat.], 1. in der Umgangssprache Bez. für eine akute, einfache Kreislaufschwäche mit Absinken des Blutdrucks u. entspr. Anzeichen (sog. *hypotone Kreislauffehlsteuerung,* → Ohnmacht). – 2. früher Bez. für die zweite Phase des → Schocks. – 3. *Lungenkollaps:* das Zusammenfallen der Lungen bei Brustkorbverletzungen, wenn Luft in den Raum zwischen Rippen- u. Lungenfell eindringt.

Ján Kollár

✦ **Kollár,** Ján, slowak. Schriftsteller u. Wissenschaftler, *29. 7. 1793 Mošovce, †24. 1. 1852 Wien; von J. G. von *Herder* zu Altertumsforschungen angeregt, Begründer des roman. Panslawismus; Hptw.: Sonettenzyklus „Tochter der Slava" 1824, erweitert 1832; „Über die literar. Wechselseitigkeit zwischen den verschiedenen Stämmen u. Mundarten der slaw. Nation" dt. 1837.

Kołłątaj ['kouʊˈtaj], Hugo, poln. Politiker u. Publizist, *1. 4. 1750 Derkały, Wolynien, †28. 2. 1812 Warschau; maßgeblich in der aufklär. Bewegung zur Erneuerung Polens vor u. in der Zeit der Teilungen; Mitgl. der Volkserziehungskommission *(Komisja Edukacji Narodowej),* Erneuerer der Krakauer Akademie (1777–1786), Mitschöpfer der Verfassung von 1791, Mittelpunkt des Publizistenzirkels „Die Schmiede" *(Kuźnica Kołłątajowska)* zur Propagierung von Reformen u. einer der geistigen Führer des Aufstands unter T. *Kościuszko* (1794).

Kollath, Werner, dt. Ernährungsreformer u. Hygieniker, *1892 Gollnow, Pommern, †19. 11. 1970 Porza (Italien); gilt als Begründer der Vollwerternährung; Hptw.: „Die Ordnung unserer Nahrung" 1942 u. „Die Ernährung als Naturwissenschaft" 1967.

Kollation [lat.], im kath. Kirchenrecht: *Kollatur,* Übertragung eines Kirchenamts an seinen neuen Inhaber.

kollationieren [lat.], 1. *Buchbinderei:* die zusammengetragenen, aber noch nicht gebundenen Bogen oder Blätter auf Vollständigkeit u. richtige Reihenfolge prüfen. 2. *Druckereiwesen:* eine Abschrift oder eine Korrekturfahne mit dem Manuskript vergleichen.

Kollatschen [tschech.], *Karlsbader Kollatschen, Golatschen,* rundes Kleingebäck aus Biskuit- oder Blätterteig mit einer Füllung aus Pflaumenmus oder auch Quark, Äpfeln u. Mohn; auch in anderen slawischen Ländern bekannt.

Kolle, 1. Kurt, Sohn von 3), dt. Neurologe u. Psychiater, *7. 2. 1898 Kimberley (Südafrika), †21. 11. 1975 München; schrieb u. a. „Psychiatrie" 1939; „Das Bildnis des Menschen in der Psychiatrie" 1954; „Große Nervenärzte" 3 Bde. 1956–1963; „Verrückt oder normal?" 1968.
2. Oswalt, Sohn von 1), dt. Schriftsteller u. Journalist, *2. 10. 1928 Kiel; Beiträge zur sexuellen Aufklärung u. Familienberatung, behandelte psycholog. u. sexualwissenschaftl. Themen in Illustriertenserien; vor allem bekannt durch Aufklärungsbücher, z. B. „Dein Kind, das unbekannte Wesen" 1960; „Deine Frau – das unbekannte Wesen" 1967; „Dein Mann – das unbekannte Wesen" 1967.
3. Wilhelm, dt. Hygieniker, Bakteriologe u. Serologe, *2. 11. 1868 Lerbach, Hannover, †10. 5. 1935 Wiesbaden; führte u. a. Cholera- u. Typhusschutzimpfungen ein.

Kölle [die], *Bergminze, Satureja,* Gattung der *Lippenblütler (Labiatae);* etwa 150 Arten in den wärmeren Gebieten Eurasiens u. Südamerikas (Anden). In Dtschld. heimisch sind: das als Gewürzpflanze kultivierte *Bohnenkraut, Satureja hortensis;* das seltener angebaute *Winterbohnenkraut, Satureja montana;* der in Gebüschen u. Wäldern verbreitete *Wirbeldost, Satureja vulgaris,* mit karminroten oder weißen Blüten; ferner die nach Minze duftenden Pflanzen: *Echte Bergminze, Satureja calamintha,* in Süd-Dtschld.; *Steinbergminze, Satureja acinos,* allg. an Feldrainen verbreitet; *Alpenbergminze, Satureja alpina,* nur in den höheren Kalkalpen verbreitet.

Kölleda, Stadt in Thüringen, Ldkrs. Sömmerda, nordwestl. von Weimar, 6400 Ew.; Anbau von Arzneipflanzen.

Kolleg [das, Pl. *Kollegien;* lat.], Vorlesung an Hochschulen. Auch → College, → Collège.

Kollegialgericht [lat.], ein meist mit ungerader Zahl gleich stimmberechtigter Richter besetztes Gericht; es entscheidet durch einfache oder qualifizierte Mehrheit nach Beratung. Ein vorsitzender Richter hat die Verhandlungsleitung. Kollegialgerichte sind z. B. Schöffengerichte, Kammern am Landgericht, Senate der Oberlandes- u. obersten Bundesgerichte.

Kollegialität, *röm. Recht:* in der röm. Republik entwickeltes Prinzip, Machtzuwachs hoher Beamter einzuschränken, indem jedem Beamten ein zweiter gleichrangig zur Seite gestellt ist; Entscheidungen werden nur bei Übereinstimmung rechtskräftig; beide haben das Recht auf → Interzession. Auch → Annuität.

Kollegialprinzip [lat.], *Kollegialsystem,* eine Art der personellen Zusammensetzung u. Willensbildung von Behörden u. Organen öffentl. u. privater Organisationen: Das Organ bzw. die Behörde wird aus mehreren in der Beschlussfassung gleichberechtigten Personen gebildet; die Stimme eines etwaigen Vorsitzenden gibt allenfalls bei Stimmengleichheit den Ausschlag. Gegensatz: *Führerprinzip,* auch hierarchisches oder *monokratisches (autokrat.) Prinzip,* bei dem etwaige Beisitzer des Leiters nur beratende Stimme haben. Während *Kollegialbehörden*

u. -*organe* in der Verwaltung (mit Ausnahme der kommunalen u. berufsständischen Selbstverwaltung) selten anzutreffen sind, findet das K. (unter der Bez. *Kabinettsprinzip*) im Bereich der Regierung häufiger Anwendung. So gilt es neben dem *Kanzler*- u. dem *Ressortprinzip* u. a. für die deutsche *Bundesregierung*, während der Reichsregierung des Dt. Reiches 1871–1918 (wie auch bis heute die Regierung der USA) nach dem monokratischen Prinzip gebildet war. Auch → Kollegialgericht.

Kollegialsystem, 1. *Betriebswirtschaft:* → Organisation.
2. *Kirchenrecht:* Kollegialismus.

Kollegiatkapitel [das; lat.], ein Kollegium von kath. Weltgeistlichen *(Chorherren, Stiftsherren),* meist von einer Stiftung eingesetzt *(Kollegiatstift, Stiftskapitel),* das zu gemeinsamem Chorgebet u. Konventsamt verpflichtet ist u. oft die Seelsorge der Pfarrei ausübt.

Kollegium [das, Pl. *Kollegien;* lat.], *Collegium,* **1.** *öffentl. Recht:* eine aus gleichberechtigten Mitgliedern zusammengesetzte Behörde u. Ä.; → Kollegialprinzip.
2. *Schulwesen:* 1. der gesamte Lehrkörper mehrklassiger, namentlich höherer Schulen; 2. die Aufsichtsbehörden des Staates *(Schulkollegien);* 3. theologische Studienanstalt.

Kollegstufe, reformierte Oberstufe des Gymnasiums (11.–13. Klasse). Die Jahrgangsklassen sind in der K. durch ein System von halbjährigen Kursen ersetzt. Abgesehen von einem Pflichtbereich zentraler Fächer kann jeder Schüler nach seinen Interessen eine Reihe von Fächern als Grund- u. Leistungskurse wählen u. andere abwählen. Die Leistungsbeurteilung erfolgt ab der 12. Klasse über ein Punktsystem. Das abschließende → Abitur ist die Voraussetzung für den Zugang zum Hochschulstudium.

Theodor Kollek

◆ **Kollek,** Theodor (Teddy), israel. Politiker (Sozialist). * 27. 5. 1911 Wien (n. a. A. Nagyvaszony, Ungarn); seit 1934 in Palästina; 1949–1964 in verschiedenen Staatsämtern; 1965–1993 Bürgermeister von Jerusalem. K. schrieb (mit Amos K.) „Ein Leben für Jerusalem" 1980. Er erhielt 1985 den Friedenspreis des Dt. Buchhandels.

Kollekte [die; lat.], **1.** das im Gottesdienst vor der Schriftlesung stehende Gebet.
2. eine Opfergabe, die im Zusammenhang mit einem Gottesdienst u. meist für einen bestimmten Zweck eingesammelt wird (z. B. „Brot für die Welt" u. „Misereor").

Kollektion [lat.], eine Sammlung, meist von Waren, die als Muster *(Musterkollektion)* vorgelegt werden.

Kollektiv [das; lat.], eine Arbeits-, Produktions-, Ertrags- oder Lebensgemeinschaft, deren Mitglieder auf genossenschaftl. Ebene gemeinsam einem Ziel zustreben, z. B. als Produktions- oder Künstlerkollektiv; im Sprachgebrauch der kommunist. Staaten ein oft benutzter Ausdruck, der Gleichberechtigung der Mitglieder suggerieren soll.

Kollektivbestattung, *Kollektivgrab, Sammelgrab,* Bestattungssitte im Megalithgrab (→ Megalithbauten) bzw. → Kuppelgrab, in dem nach u. nach bis zu mehrere hundert Menschen beigesetzt wurden, im Gegensatz zum Massengrab, in dem viele Tote gleichzeitig begraben werden.

Kollektivbewusstsein → Kollektivseele.

kollektive Sicherheit, ein System gegenseitiger Garantien, vor allem zur Wahrung der Unverletzlichkeit des Gebiets u. der Grenzen (der *territorialen Integrität),* das eine Staatengruppe unter sich vereinbart. Innerhalb dieses Systems gilt der Angriff eines Mitgliedstaats auf einen anderen Mitgliedstaat als Angriff auf alle u. macht die nicht angegriffenen Staaten zu Bundesgenossen des angegriffenen Staates. Der Unterschied zur *Allianz* als einem System der kollektiven Verteidigung besteht darin, dass diese nur eine Beistandsverpflichtung gegenüber Angriffen von außerhalb, d. h. durch dritte Mächte, begründet. In diesem Sinn ist z. B. die NATO eine Allianz u. kein System der kollektiven Sicherheit, hingegen ist durch das *Gewaltanwendungsverbot* des Art. 2 der Satzung der Vereinten Nationen u. die in Kapitel VII (Art. 39–54) dieser Satzung vorgesehenen Maßnahmen die UNO als ein System der kollektiven Sicherheit entworfen. Im Warschauer Pakt vom 14. 5. 1955 erscheint der Gedanke der kollektiven Sicherheit mit dem der *kollektiven Verteidigung* zu einer Einheit verwoben u. in den Begriff der kollektiven Sicherheit die Wahrung eines bestimmten ideolog., wirtschaftl. u. polit. Systems mit einbezogen (→ Breschnew-Doktrin).

kollektives Unbewusstes → Kollektivseele, → Unbewusstes.

Kollektivgesellschaft, eine der dt. *Offenen Handelsgesellschaft* entspr. Gesellschaftsform in Frankreich u. der Schweiz (Art. 552–595 des schweiz. Obligationenrechts).

Kollektivierung [lat.], Überführung ehemals im Privateigentum befindlicher Produktionsmittel in Gemeineigentum. Das Kollektiveigentum kann entweder in den Besitz der Gesamtgesellschaft (Sozialisierung, Vergesellschaftung) übergehen oder einzelnen Gruppen (Kollektiven, Genossenschaften) übertragen werden. Zwangskollektivierungen geschahen nach 1928 in der UdSSR (verbunden mit der Deportation u. Liquidierung der Kulaken) u. nach 1949 in den Volksdemokratien Osteuropas, wo *Produktionsgenossenschaften* in der Landwirtschaft, z. T. auch im Handwerk, gebildet wurden (→ Landwirtschaftliche Produktionsgenossenschaft, → Kolchos).

Kollektivismus [lat.], allg. jede soziolog., geschichtsphilosoph. oder weltanschaul. Auffassung, die, im Gegensatz zum *Individualismus,* nicht von den Einzelwesen, sondern von den *Kollektivitäten* (d. h. Mehrheiten, Gesamtheiten, überindividuellen Einheiten) ausgeht. In diesem Sinne untersuchte der Historiker K. *Lamprecht* die „regelmäßigen Massenbewegungen". Die meisten Theorien der sog. mechanist. Soziologie u. des Marxismus vertreten jedoch die Ansicht, dass im Falle von Massenbewegungen Kollektivitäten bloße *Kollektiva* (d. h. äußere Vereinigungen, Aggregate, Massen) sind u. kein Gegensatz zwischen K. u. Individualismus besteht; danach ist der K. ein quantitativer Individualismus oder eine soziale Atomistik. Im Gegensatz dazu behandelt der *Universalismus* Kollektivitäten als überindividuelle (Lebens-)Einheiten, die nicht aus den Einzelwesen abgeleitet werden können.

Kollektivnote, die von einer Staatengruppe ausgehenden u. inhaltlich gleich lautenden Erklärungen einem anderen Staat oder einer anderen Staatengruppe gegenüber. In den Ost-West-Beziehungen war es üblich, dass die Westmächte gleich lautende Erklärungen der Sowjetunion gegenüber abgaben, die auf vorherigen Beratungen abgesprochen worden waren.

Kollektivpsychologie → Sozialpsychologie.

Kollektivschuld, die gemeinsame Verantwortung aller Angehörigen eines Volkes oder einer Organisation für die von ihrer Führung oder von einzelnen ihrer Glieder begangenen verbrecherischen Handlungen. Die Frage, ob das dt. Volk eine K. für die nat.-soz. Verbrechen trage, war nach 1945 ein wichtiges Thema der polit. Diskussion, die durch die umstrittenen Thesen des US-amerikan. Historikers Daniel Jonah *Goldhagen* (* 30. 6. 1959) in seinem Werk „Hitlers willige Vollstrecker" 1996 neu entbrannte.

Kollektivseele, *Kollektivpsyche,* die „Seele" eines *Kollektivums,* d. i. einer strukturierten Vielheit von Menschen (Gruppe, Volk u. a.); der fingierte Träger aller Erscheinungen des *Kollektivbewusstseins.* Dieses kann einerseits als Inbegriff aller zu einem Kollektivum gehörenden Bewusstseinsinhalte *(Gruppen-, Massenbewusstsein)* oder als Inbegriff der auf ein Kollektivum bezogenen Bewusstseinsinhalte u. -akte des Individuums betrachtet werden u. steht andererseits für die soziale Seite oder Schicht des individuellen Bewusstseins. In der analyt. Psychologie C. G. Jungs ist K. das dem persönl. Unbewussten gegenübergestellte unpersönl. *(kollektive) Unbewusste,* der Niederschlag des vererbten Gemeinschaftslebens in der Seele.

Kollektivum [das, Pl. *Kollektiva;* lat.], **1.** *Grammatik:* ein Substantiv, das eine Einheit aus mehreren Gegenständen oder Begriffen bezeichnet; z. B. „Gebirge" (gegenüber „Berg"), „Geschwister" (gegenüber „Bruder, Schwester").
2. *Sozialpsychologie:* → Kollektivseele.

Kollektivversicherung → Gruppenversicherung.

Kollektivvertrag, 1. *Arbeitsrecht:* ein Normenvertrag im Bereich des Arbeitsrechts zwischen Parteien, von denen wenigstens eine, u. zwar die Arbeitnehmerseite, ein Verband ist, im heutigen Recht der BR Dtschld. der → Tarifvertrag u. die → Betriebsvereinbarung. In *Österreich* ist K. die Bez. für den Tarifvertrag. – Wesentlicher

Inhalt ist die *Normenfestsetzung.* Ihre Bestimmungen gelten unmittelbar u. unabdingbar (letzteres ist für die Betriebsvereinbarungen bestritten) für die erfassten Arbeitsverhältnisse. Auch die Regelung sonstiger arbeitsrechtl. Fragen, bes. betriebl. u. betriebsverfassungsrechtl. Fragen, u. obligatorischer Abreden durch K. ist möglich. 2. *Völkerrecht:* ein von einer Staatengruppe, von einem internationalen Kongress bzw. einer internationalen Konferenz oder von einer internationalen Organisation zunächst im Entwurf ausgearbeiteter völkerrechtlicher Vertrag, der ohne Rücksicht auf ihre Teilnahme bei der Ausarbeitung des Textes allen Staaten, soweit der Inhalt sie betrifft, zur Annahme (Unterzeichnung u. → Ratifikation) offen steht, wobei jeder beitretende Staat als Voraussetzung für seinen Beitritt einschränkende Vorbehalte machen kann, die für ihn im Verhältnis zu allen anderen Vertragspartnern gelten. Ein K. tritt meist erst dann in Kraft, wenn mindestens eine im Vertragsentwurf festgelegte Anzahl von Staaten ihn mit oder ohne Vorbehalt ratifiziert hat. Beispiel: Zusatzprotokolle zu den *Genfer Konventionen* von 1949. Vom K. klar zu unterscheiden ist sowohl der *multilaterale Vertrag* als auch die in Vertragsform abgefasste politische Erklärung mehrerer Staaten ohne Bindungswillen (→ Protokoll). Auch der multilaterale Vertrag wird von mehr als zwei Staaten abgeschlossen; doch er kennt in der Regel keine Vorbehalte beim Abschluss, die für den den Vorbehalt erklärenden Staat den Vertragsinhalt ändern; er bindet alle Unterzeichnerstaaten sofort nach seinem Abschluss bzw. seiner Ratifikation in gleicher Weise. Beispiel: → Allianz.

Kollektor [lat.], 1. *Elektrotechnik:* → Kommutator. 2. *Heizung:* Sammler für Strahlungsenergie z.B. zur Nutzung von Sonnenenergie, die Strahlungsenergie entweder fokussieren u. als Wärmestrahlen an ein fließendes Arbeitsmedium (Wasser) abgeben oder direkt in elektr. Energie umwandeln (Siliciumzellen). 3. *Optik:* eine Sammellinse, bes. beim Mikroskop.

Kollektorbürsten, elektrisch leitfähige Teile, die auf dem *Kollektor* (→ Kommutator) elektr. Maschinen schleifen u. die Stromzuführung von den ruhenden Netzanschlüssen auf den sich drehenden *Läufer* besorgen; meist Kohle-Graphit-Blöcke, oft auch mit Metallzusatz. Auch → Bürste.

Kollektorschaltung, *Emitterfolgerschaltung,* bes. Form der Schaltung einer Transistorstufe, bei der die Kollektorelektrode für höhere Signalfrequenzen auf Nullpotenzial liegt. Die Spannungsverstärkung einer solchen Stufe beträgt etwa 1. Wegen des hohen Eingangswiderstandes u. des niedrigen Ausgangswiderstandes bezeichnet man eine solche Anordnung auch als *Impedanzkonverter.*

Kollembolen [grch.], Insekten, → Springschwänze.

Kollenchym [das; grch.], das wachstums- u. dehnungsfähige Festigungsgewebe noch wachsender Pflanzenteile. Es besteht aus lebenden Zellen, deren Wände nur teilweise verdickt sind. Nach Lage der Verdickung unterscheidet man daher *Kanten-* bzw. *Ecken-* sowie *Plattenkollenchym.*

Koller, 1. *Kleidung:* [das; lat.], *Goller,* Brust- u. Rückenharnisch; in Volkstrachten ein breiter Kragen; der ein- oder abgesetzte obere Rücken-Schulter-Teil eines Kleidungsstücks; enges ärmelloses Wams; weißer Uniformrock der dt. Kürassiere vor dem 1. Weltkrieg. 2. *Medizin:* volkstüml. Bez. für Tobsuchtsanfall.

Koller, 1. Arnold, schweiz. Politiker (CVP), * 29. 8. 1933 Appenzell; Rechtswissenschaftler, seit 1972 Prof. in St. Gallen; 1987–1999 Bundesrat (1987–1989 Eidgenöss. Militär-Dep., seit 1989 Eidgenöss. Justiz- u. Polizei-Dep.); 1990 u. 1997 Bundes-Präs.; Schwerpunkte seiner Arbeit bildeten die Totalrevision der Bundesverfassung sowie die Ausländer- u. Flüchtlingspolitik.

Hans Koller

◆ 2. Hans, österreichischer Jazzmusiker (Saxophon, Klarinette, Komposition), * 12. 2. 1921 Wien; seit 1947 mit eigener Band, lebt seit 1950 in Dtschld.; spielt mit führenden Jazzmusikern. 3. Karl, dt. Augenarzt, * 3. 12. 1857 Schützenhofen, Böhmen, † 22. 3. 1944 New York; führte 1884 die Cocain-Anästhesie in der Augenheilkunde ein.

◆ 4. Rudolf, schweiz. Maler u. Grafiker, * 21. 5. 1828 Zürich, † 5. 1. 1905 Zürich; befreundet mit A. *Böcklin;* schuf Tierbilder in Anlehnung an die Niederländer des 17. Jh. mit realist. Auffassung u. hellfarbigem, an der französ. Freilichtmalerei geschultem Kolorit; daneben Porträts.

Kollergang, ein Mahlwerk, dessen Grundfläche rund u. eben ist; auf ihr laufen zwei senkrechte Mahlsteine, die sich um eine waagrechte Achse drehen, die ihrerseits von einer senkrechten Achse angetrieben wird. Das Gewicht der Steine zerkleinert durch Quetschen das eingebrachte Gut, z. B. in der Papierfabrikation u. in Gießereien.

Kolleritsch, Alfred, österr. Schriftsteller, * 16. 2. 1931 Brunnsee, Steiermark; Lehrer in Graz, Mithrsg. der Ztschr. „Manuskripte"; charakteristisch für seine Werke sind surrealist., irrationale u. magische Bilder, denen meist nicht der Realitätsbezug fehlt. Romane, Erzählungen: „Die Pfirsichtöter" 1972; „Die grüne Seite" 1974; „Allemann" 1989; „Der letzte Österreicher" 1995. Lyrik: „Einübung in das Vermeidbare" 1978; „Absturz ins Glück" 1983; „Zwei Wege, mehr nicht" 1993; „In den Tälern der Welt" 1999.

Kollett [das; frz.], Reitjacke, enges ärmelloses Wams; auch → Koller (1).

Kollier [kɔ'lje; das] → Collier.

Kölliker, Rudolf Albert von, schweizerischer Anatom und Histologe, * 6. 7. 1817 Zürich,

† 2. 11. 1905 Würzburg; Professor in Würzburg; K. forschte insbesondere auf dem Gebiet der Zellphysiologie und der Entwicklungsgeschichte, wies 1842 bis 1844 die Einheit von Nervenzelle u. Nervenfaser nach; gründete 1849 mit C. T. E. von *Siebold* die „Zeitschrift für wissenschaftliche Zoologie".

Kollimation [lat.], *Collimation,* ein Aufstellungsfehler eines Meridianfernrohrs oder Universalinstruments, der davon herrührt, dass die opt. Achse des Fernrohrs nicht genau senkrecht auf der horizontalen Drehachse des Instruments steht.

Kollimator [der, Pl. *Kollimatoren;* lat.], ein Rohr mit einer Konvexlinse, die die durch einen schmalen Spalt (in der Brennebene) eintretenden Lichtstrahlen parallel zur Rohrwand richtet; als Ersatz für eine unendlich ferne Lichtquelle benutzt (z. B. beim Spektralapparat).

kollinear [lat.], *Geometrie:* auf derselben Geraden liegend.

Kollineation [lat.], *Geometrie:* eine Abbildung der Ebene oder des Raumes, bei der Punkte, Geraden u. Ebenen wieder in Punkte, Geraden u. Ebenen übergehen. Beispiele sind die affinen u. perspektivischen Abbildungen. Auch → Affinität, → Perspektive.

Kollision [lat.], (zeitl.) Überschneidung; Zusammenstoß (von Fahrzeugen, bes. Schiffen); Widerstreit, Gegensatz (z. B. K. von Interessen).

Kollisionsnorm, die einzelne Vorschrift des *Kollisionsrechts.* Im internationalen Privatrecht bestimmt sie, ob ein Sachverhalt mit Auslandsberührung nach ausländ. oder inländ. Recht beurteilt werden soll.

Kollisionsrecht, die Summe der Vorschriften, die das räumliche, persönliche, zeitliche, rangmäßige oder sachliche Aufeinandertreffen von Rechtssätzen regeln, z. B. regelt das *internationale Privatrecht* die räuml. Kollision von Privatrechtsvorschriften verschiedener Staaten.

Kollisionsschott, vorderste wasserdichte Querwand im Schiffskörper. Soll bei einer *Kollision* den übrigen Schiffsrumpf vor Wassereinbruch schützen.

Rudolf Koller: Am Zürichhorn; 1862. Zürich, Kunsthaus

René Kollo in der Rolle des Siegfried

Kollo, ◆ **1.** René, Enkel von 2), dt. Sänger (Tenor), *20. 11. 1937 Berlin; begann als Schlagersänger u. entwickelte sich zu einem der gefragtesten Heldentenöre, der sich vor allem auf Werke von R. Wagner spezialisiert hat; auch Operettensänger.

◆ **2.** Walter, dt. Operettenkomponist, *28. 1. 1878 Neidenburg, Ostpreußen, †30. 9. 1940 Berlin; schrieb u. a. „Wie einst im Mai" 1913; „Drei alte Schachteln" 1917; „Die Frau ohne Kuss" 1924.

Walter Kollo

Kollodium [grch.] → Collodium.

Kollodium-Verfahren, *Fotografie:* von F. S. *Archer* 1851 eingeführtes Verfahren zur Beschichtung fotograf. Platten: in Alkohol-Ether-Gemisch gelöste Nitrocellulose (Schießbaumwolle) ergibt eine klebrige Flüssigkeit. Mit diesem Kollodium wurde die Platte überstrichen u. darauf in einer Silbernitratlösung sensibilisiert. Sie musste im noch nassen Zustand belichtet u. verarbeitet werden (Nassplatte), weil der Entwickler (Pyrogallol) nach der Trocknung nicht mehr in die erstarrte Kollodiumschicht eindringen konnte. Das K. erlaubte kurze Belichtungszeiten u. lieferte hochwertige Negative.

Kollographie [lat. + grch.] → Lichtdruck.

kolloidaler Mörtel, *kolloidaler Beton,* ein Mörtel, der durch chemische Zusätze oder aufgrund eines Spezialmischverfahrens einen so hohen Gelanteil hat, dass er kein zusätzl. Wasser mehr aufnimmt. Deshalb wird der kolloidale Mörtel häufig als *Unterwasserbeton* bezeichnet. Entwickelt wurde das Mischgut Anfang der 1930er Jahre in Großbritannien als Injektionsbeton. Inzwischen hat der kolloidale Mörtel weitere Anwendungen gefunden, z. B. im Tunnelbau sowie im Ufer-, Strand- u. Küstenschutzbau über u. unter Wasser.

Kolloidchemie [-çɛ-], Teilgebiet der physikalischen Chemie, das sich mit dem kolloiden Zustand der Materie befasst. Auch → Kolloide.

Kolloide [Sg. das *Kolloid*; grch.], Stoffe, die sich wegen der Größe ihrer Teilchen nicht echt, d. h. unter Bildung völlig klarer Lösungen, lösen, sondern solche Lösungen *(kolloide Lösungen, Sole)* bilden, die den → Tyndall-Effekt zeigen. Wegen ihrer gleichnamigen elektr. Ladung flocken die Teilchen trotz ihrer Größe nicht aus. Ausflockung (→ Koagulation) kann jedoch durch Zusatz von Elektrolyten oder ungleichnamig geladenen Kolloiden oder durch Erwärmen erreicht werden. Koagulate, die noch Wasser enthalten, heißen *Gele*; sie haben eine gallertartige Struktur. Ausflockung kann durch Zugabe von *Schutzkolloiden* verhindert werden. Kolloide Lösungen lassen sich durch Teilchenzerkleinerung grober Verteilungen, z. B. durch Zerkleinerung in der *Kolloidmühle*, durch Ultraschall *(Dispersionsmethode)* oder durch Teilchenvergrößerung von echt gelösten Stoffen, z. B. unter Verwendung von Schutzkolloiden *(Kondensationsmethode),* herstellen. Große Industriezweige (Kunststoff-, Textil-, Lebensmittel-, Seifen-, Lederindustrie u. a.) haben mit Kolloiden zu tun. Die kolloiden Lösungen spielen aber auch bei den Vorgängen im tierischen u. pflanzl. Organismus eine bedeutende Rolle. Die in der Kolloidchemie unterschiedenen Systeme von Lösungen *molekulardispers, kolloiddispers* u. *grobdispers* sind für das Verständnis von Stoffwechselvorgängen in der Zelle u. von physiologischen Zuständen von Körperflüssigkeiten (wie z. B. Blut) von großer Bedeutung. Während die meisten Lösungen molekulardispers (Lösungen von Salzen u. einfachen organ. Verbindungen in molekularem Zustand) vorliegen, kommt es im Organismus auch zur Bildung von kolloiddispersen Systemen (Zusammenlagerung von einzelnen Molekülen zu kleinen Teilchen, die „gelöst" vorliegen). *Kolloidale Lösungen* haben dementsprechend auch andere physikalische Eigenschaften. So entspricht dem osmot. Druck molekulardisperser Lösungen der kolloidosmot. Druck der K.

Proteine mit ihrem hohen Molekulargewicht u. ihrer entsprechend großen Teilchengröße liegen jedoch in der Regel in molekulardisperser Lösung vor, können aber unter bestimmten Einflüssen (z. B. durch Beteiligung komplexbildender Salze) in kolloiddisperse Lösungen verwandelt werden. K. haben gegenüber molekulardispersen Stoffen z. B. andere Eigenschaften beim Transport durch → Membranen (1).

Kolloidkaolin, *Osmosekaolin,* ein Spezialkaolin, bes. rein, weich u. weiß, durch Elektroosmose gewonnen, dient wegen starker Deckkraft u. guten Aufsaugevermögens zur Herstellung von *Puder.*

kolloidosmotischer Druck → Kolloide, → Osmose.

Kollontaj, Alexandra Michajlowna, geb. *Domontowitsch,* sowjet. Politikerin u. Schriftstellerin, *31. 3. 1872 St. Petersburg, †9. 3. 1952 Moskau; seit 1915 Bolschewikin; bekleidete nach 1917 hohe Partei- u. Staatsämter; 1923–1945 im diplomat. Dienst (mehrere Botschafterposten); trat für die sexuelle Emanzipation der Frau ein. Hptw.: „Wege der Liebe" 1923, dt. 1925; Autobiografie „Ich habe viele Leben gelebt" 1926, dt. 1981.

Kolloquium [das; lat.], Gespräch, Unterredung, insbes. die wissenschaftl. Auseinandersetzung unter Leitung eines akadem. Lehrers; auch die Form der mündl. Prüfung bei der *Habilitation.*

Kollotypie [lat. + grch.] → Lichtdruck.

Kollum, *Collum* [lat.], *Medizin:* der Hals, meist gebraucht für *Collum (Cervix) uteri,* der Gebärmutterhals; *Kollumkarzinom,* der Gebärmutterhalskrebs.

Kollusion [lat.], *Recht:* das verbotene gemeinschaftl. Handeln zum Nachteil eines Dritten, bes. zum Nachteil eines Vertragspartners.

Kollusionsgefahr → Verdunkelungsgefahr, → Untersuchungshaft.

Kolluvium [lat.], das am Fuß von Hängen oder in Mulden u. Becken angeschwemmte unsortierte, meist feinkörnige Bodenmaterial. Es können sich fruchtbare *Kolluvialböden* entwickeln.

Käthe Kollwitz

◆ **Kollwitz,** Käthe, dt. Grafikerin u. Bildhauerin, *8. 7. 1867 Königsberg, †22. 4. 1945 Moritzburg bei Dresden; ausgebildet in Berlin (1884–1886) u. München (1888/89), bis 1943 in Berlin tätig. Auf naturalist. Grafiken mit Themen aus der Geschichte des Proletariats (Illustrationen zum Drama „Die Weber" von G. *Hauptman* 1894–1898; Radierungszyklus zum Bauernkrieg 1903–1908) folgten sozialkritische Elendsschilderungen aus großstädtischen Industrie- u. Arbeitervierteln, die durch großzügige Formvereinfachung u. Verzicht auf sentimentale Effekte gekennzeichnet sind. Ihre Holzschnittarbeiten stehen z. T. dem Expressionismus nahe; das plastische Werk wurde bis auf wenige Ausnahmen im 2. Weltkrieg zerstört. – 1986 wurde in Berlin ein *Käthe-Kollwitz-Museum* eröffnet.

Gertrud Kolmar

◆ **Kolmar,** Gertrud, eigentl. G. *Chodziesner,* dt.-jüd. Schriftstellerin, *10. 12. 1894 Berlin, †1943 (?); Lehrerin, 1943 als Jüdin in ein Vernichtungslager deportiert. K. schrieb entschiedene, ausdrucksstarke, klanglich u. rhythmisch reiche Gedichte:

„Preußische Wappen" 1934; „Welten" (postum) 1947; „Das lyrische Werk" (postum) 1955, erweitert 1960; „Tag- u. Tierträume" (postum) 1963; „Die Kerze von Arras" (postum) 1968. Aus dem Nachlass: „Briefe an die Schwester Hilde (1938–1943)" 1970; Erzählung „Die jüdische Mutter" 1999; polit. Drama „Nacht" uraufgeführt 2000.

Kolmogorow [-rɔf], *Kolmogorov,* Andrej Nikolajewitsch, russ. Mathematiker, *25. 4. 1903 Tambow, †20. 10. 1987 Moskau; Arbeiten zur Theorie der reellen Funktionen, Maßtheorie u. Logik; maßgebend für die moderne mathemat. Theorie der Wahrscheinlichkeit; lieferte auch Beiträge über *stochastische Prozesse.*

Köln, ◆ **1.** die rheinische Metropole und kreisfreie Stadt liegt inmitten der *Kölner Bucht.* Mit ihren 963 000 Ew. ist sie die größte Stadt Nordrhein-Westfalens. Als Handelsmetropole u. Industriezentrum des Rheinlandes ist Köln Standort internationaler Fachmessen u. Ausstellungen (u.a. Anuga, Photokina, Möbelmesse). Köln ist Erzbischofssitz und Bundeswehrstandort. Zahlreiche Behörden, Banken, Versicherungsgesellschaften u. Organisationen der Wirtschaft u. Wissenschaft haben in K. ihren Sitz, u.a. Bundesamt für Verfassungsschutz, Bundesverwaltungsamt, Bundesanstalt für das Straßenwesen u. den Güterfernverkehr, Regierungspräsidium, Oberlandesgericht, Oberpost- u. Oberfinanzdirektion, Bundesverband der Dt. Industrie, Dt. Städtetag, Landschaftsverband Rheinland, Bundesvereinigung der Dt. Arbeitgeberverbände. Als Sitz des Westdeutschen Rundfunks, der Dt. Welle, des Deutschlandfunks, des Fernsehsenders RTL ist Köln insbesondere auch ein bedeutender Medienstandort.
An Bildungs- u. kulturellen Einrichtungen bestehen u.a. Universität (1388–1798, wieder gegr. 1919), Dt. Sporthochschule, Musikhochschule, Dt. Versicherungsakademie, Max-Planck-Institute, zahlreiche Theater (Oper, Schauspiel, Volksbühnen u.a.), Museen (Museum Ludwig/Wallraf-Richartz-Museum mit Gemäldegalerie europ. Malerei, Kupferstichsammlung, Römisch-Germanisches Museum mit Dionysus-Mosaik, Museum für Ostasiat. Kunst, Schnütgen-Museum [kirchliche Kunst], Stadtmuseum im ehem. Zeughaus, Rautenstrauch-Joest-Museum [völkerkundliche Sammlung], Kunstgewerbemuseum, Diözesanmuseum, Kunsthalle); zoologischer u. botanischer Garten, Rheinpark, Pferderennbahn in Köln-Weidenpesch; weltberühmt ist der *Kölner Karneval.*
Wahrzeichen der Stadt ist der → Kölner Dom; weitere bedeutende Kirchenbauten sind die Stiftskirchen St.Andreas (13.–15. Jh.; in einer Grabkapelle liegen in einem röm. Sarkophag die Gebeine des hl. *Albertus Magnus*), St.Aposteln (12./13. Jh.), St.Gereon (11.–13. Jh.), St.Maria im Kapitol (11. Jh.), St.Ursula (12.–15. Jh.), St.Severin (10.–15. Jh.), St.Kunibert (13. Jh.), Groß St.Martin (12./13. Jh.) sowie St.Pantaleon (10. bis 12. Jh.), ehem. Minoritenkirche (13.–15. Jh., Ruhestätte von A. *Kolping*), Pfarrkirche St. Peter (1515–1530), Jesuiten-

kirche Mariä Himmelfahrt (17. Jh.). Der bedeutendste ältere Profanbau ist der *Gürzenich,* 1441 bis 1447 als Fest- u. Tanzhaus errichtet, heute auch Konzerthaus.
Bedeutende Industriezweige sind: Fahrzeugbau *(Ford, Citroën),* Maschinenbau *(Klöckner-Humboldt-Deutz),* Parfümherstellung *(4711),* elektrotechn., Mineralöl- *(Shell),* chem., Textil- u. Bekleidungs-, Nahrungs- u. Genussmittelindustrie, Druckereien u. Brauereien. Der Fremdenverkehr ist von wirtschaftlicher Bedeutung. Köln ist Verkehrsknotenpunkt mit Binnenhäfen in Köln-Deutz, Köln-Mülheim u. Köln-Niehl (Umschlag 1998: 11,4 Mio. t), Personenschiffsverkehr durch die Köln-Düsseldorfer Rheinschifffahrt AG; Flughafen in Köln-Bonn. Über den Rhein führen einige bemerkenswerte Brückenbauten: Severinsbrücke, Deutzer Brücke, Zoobrücke, Mülheimer Brücke, Autobahnbrücke Rodenkirchen.
Geschichte: Köln war ursprünglich ein römische Lager, aus dem 50 n. Chr. eine befestigte Stadt wurde, die von der in dem Lager geborenen Kaiserin *Agrippina der Jüngeren,* den Namen *Colonia Claudia Ara Agrippinensis* erhielt. Im 5. Jh. kam die Stadt unter fränkische Herrschaft, wahrscheinlich war sie schon in römischer Zeit Sitz eines Bischofs; unter Karl dem Großen ist *Hildebold* als der erste Erzbischof erwähnt. 881 wurde Köln von den Normannen zerstört. In der Zeit der Ottonen und später profitierte Köln von dem zunehmenden Handelsverkehr so sehr, dass es zur größten deutschen Stadt des Mittelalters heranwuchs. Seit *Bruno von Köln* (†965), Bruder Ottos des Großen, war der Erzbischof zugleich der politische Beherrscher des Gemeinwesens. Die reich werdende Bürgerschaft kämpfte rund 200 Jahre um ihre Selbständigkeit u. errang sie 1288 in der Schlacht bei Worringen. Seitdem residierten die Erzbischöfe auf den benachbarten Schlössern außerhalb der Stadt, sie behielten aber die hohe Gerichtsbarkeit. 1388 wurde in Köln eine Universität gegründet, die 1798 wieder aufgehoben wurde.
Die Stadt regierte sich durch den patrizischen Rat, an dessen Spitze 2 Bürgermeister standen. Neue Kräfte, u.a. in den Zünften, begründeten 1396 eine neue Verfassung, die mit kleinen Änderungen bis zur französischen Besetzung (1794) galt. 1815, nach dem Wiener Kongress, fiel Köln an Preußen. Köln erhielt eine Reihe von Behörden (Regierungsbezirk), wurde wichtiger Eisenbahnknotenpunkt u. Mittelpunkt des rheinischen Großhandels. 1917–1933 (u. kurz 1945) war K. *Adenauer* Oberbürgermeister von Köln. In seiner Amtszeit wurde die Universität neu gegründet (1919).
2. Reg.-Bez. in Nordrhein-Westfalen, 7365 km², 4,22 Mio. Ew.; Hptst. *Köln;* umfasst die kreisfreien Städte Aachen, Bonn, Köln, Leverkusen u. die Landkreise Aachen, Düren, Erftkreis, Euskirchen, Heinsberg, Oberbergischer Kreis, Rhein-Bergischer Kreis u. Rhein-Sieg-Kreis.
3. ehem. dt. Erzstift u. Kurfürstentum. Es bestand aus mehreren gesonderten Teilen:

Köln (1): Das Museum Ludwig bildet zusammen mit dem Wallraf-Richartz-Museum das Kernstück der Kölner Museumslandschaft

Der Hauptteil lag auf dem linken Rheinufer zwischen den Herzogtümern Jülich u. Berg, ein anderer Teil zwischen Jülich u. Trier, auf dem rechten Rheinufer die Grafschaft Recklinghausen u. das Herzogtum Westfalen. Der Erzbischof von K. war einer der drei geistl. *Kurfürsten* des Hl. Röm. Reichs, Erzkanzler für Italien wie auch des Papstes u. päpstl. Legat. Seit dem 13. Jh. residierten die Erzbischöfe in *Brühl, Godesberg* oder *Bonn,* während das Domkapitel seinen Sitz in K. behielt. – Als Stifter des Bistums K. wird *Maternus* genannt. *Hildebold,* Erzkaplan u. Freund Karls d. Gr., war der erste Erzbischof (785); *Bruno* (953–965), Bruder Ottos I., war zugleich Herzog von Lothringen. Erzbischof *Anno von Köln* (1056–1075), der Held des „Annolieds", war Kanzler Heinrichs III., Vormund Heinrichs IV. u. Reichsverweser. Erzbischof *Rainald von Dassel* (1159–1167), Kanzler Friedrichs I. Barbarossa, begleitete den Kaiser nach Italien u. verhalf ihm bei Tusculum zum Sieg. Nach der Ächtung *Heinrichs des Löwen* erwarben die Erzbischöfe von K. den westl. Teil von Engern u. Westfalen u. nannten sich nun auch *Herzöge von Westfalen u. Engern.* Ihr Bestreben, die verstreut liegenden Teile zu einem Territorium zusammenzufassen, führte zu ständigen Feindseligkeiten bes. mit Soest u. der Stadt K. Sie fanden ihr Ende, als bei der französ. Invasion die Selbständigkeit des Erzstifts u. der Stadt K. aufhörte. Im Frieden von Lunéville 1801 wurden das Erzstift säkularisiert u. seine Länder an Frankreich, Nassau-Usingen, den Fürsten von Wied-Runkel, Hessen-Darmstadt u. den Herzog von Arenberg verteilt. 1821 erfolgte die Wiederherstellung des Erzbistums, jedoch nicht in den alten Grenzen; Suffraganbistümer: Münster, Paderborn (1929 abgetrennt), Trier. Seit 1929 ist K. Metropole für Aachen, Limburg, Münster, Osnabrück (1994 zu Hamburg), Trier u. seit 1957 auch Essen.

Kolneder, Walter, dt. Musikwissenschaftler, *1. 7. 1910 Wels, Oberösterreich, †30. 1. 1994; 1953–1959 Direktor des Konservatoriums in Luxemburg, 1959–1965 der Tonkunst-Akademie in Darmstadt u. 1966–1972 der Badischen Hochschule für Musik in

Karlsruhe, wo er 1973–1975 auch Prof. an der Universität war; Schriften zur Biografie u. zum Werk A. *Vivaldis* u. a.

Kölner Bibel, das wichtigste Frühwerk der gedruckten Bibelillustration, um 1479 in Köln erschienen. Zwar fehlen Signum des Druckers u. Angabe des Erscheinungsjahrs, doch lassen Stadtansichten im Hintergrund einiger Blätter auf Köln als Entstehungsort schließen.

Kölner Bucht, *Niederrhein. Bucht,* die südl. Fortsetzung des Niederlands. Tieflands zwischen Hohem Venn, Eifel u. Berg. Land; durchzogen von der *Ville,* westl. davon ausgedehnte Bördenlandschaften, östl. die Köln-Bonner Rheinebene.

Kölner Dom *St. Peter,* der größte got. Kirchenbau innerhalb des dt. Sprachgebiets, mit fünfschiffigem, an der Westseite von zwei 157 m hohen Türmen überragtem Langhaus, dreischiffigem Querhaus u. Chor mit Umgang u. Kapellenkranz. 1248 wurde mit der Errichtung des Chors begonnen. Die Konzeption stammt von *Meister Gerard,* der bis 1279 die Bauarbeiten leitete. Der Chor war 1322 vollendet, die Bauarbeiten an Querhaus, Langhaus u. Türmen wurden bis 1560 weitergeführt. Nach alten Plänen betrieb man seit 1842 die Fertigstellung. – Der K. D. ist von den Kathedralen in Amiens u. Beauvais beeinflusst, aber auch die St.-Chapelle in Paris u. die Abteikirche in St-Denis haben maßgeblich auf den Dombau eingewirkt. An dem reichen Formenschmuck im Strebewerk der Südseite des Chors wird Straßburger Einfluss deutlich. Bei der Reparatur der Kriegsschäden wurden nach 1945 Fundamente aus röm., karoling. u. roman. Zeit freigelegt. Zur Ausstattung gehören u. a. der *Dreikönigsschrein* aus der Werkstatt des *Nikolaus von Verdun,* das Dombild von S. *Lochner,* das *Gero-Kreuz,* Pfeilerfiguren, Grabmäler u. Chorgestühl (um 1320).

Kölner Kirchenstreit, *Kölner Wirren,* die Streitigkeiten 1836–1841 zwischen dem

Kołobrzeg: neue Wohnhäuser am Stadtrand

Kölner Malerschule: Meister des Bartholomäus-Altars, Heilige Anna Selbdritt; Ende 15. Jahrhundert

Kölner Erzbistum u. der preuß. Regierung über die Kindererziehung bei konfessionell gemischten Ehen. Die preuß. Praxis, wonach bei Mischehen Kinder dem Bekenntnis des Vaters folgten, war seit dem päpstl. Breve von 1830 in Frage gestellt. Im Sept. 1836 beendete der neue Erzbischof K. A. von *Droste zu Vischering* den kompromissbereiten Kurs seines Vorgängers F. A. Graf Spiegel (* 1764, † 1835) u. verbot die Einsegnung von Mischehen, wenn das Paar nicht eine kath. Kindererziehung zusicherte. Als er daraufhin verhaftet wurde, weitete sich der Konflikt auf andere Provinzen aus. Der Erzbischof von Breslau, L. Graf Sedlnitzky von Choltitz (* 1787, † 1871), der als Einziger die alte Ordnung beibehielt, wurde vom Papst zum Rücktritt bewogen. Nach einem heftigen Flugschriftenstreit, in den J. von *Görres* mit seiner Schrift „Athanasius“ eingriff, gab der neue König *Friedrich Wilhelm IV.* nach. Der K. K. war der erste große Konflikt zwischen einem neuzeitl. Staat u. der kath. Kirche. Er führte zur Belebung des polit. Katholizismus in Dtschld., zur Entfremdung des Rheinlandes von Preußen u. zur Umorientierung des vormals liberalen süddt. Partikularismus.

Kölner Krieg, *Kölnischer Krieg,* 1583–1585, entstanden durch den Übertritt des Kölner Erzbischofs u. Kurfürsten *Gebhard Truchseß von Waldburg* zum reformierten Glauben u. durch seinen Versuch, das Erzbistum als weltl. Fürstentum zu behalten. Er wurde vom Papst abgesetzt u. unterlag dem verstärkten Heer des vom Kapitel zum Nachfolger gewählten Kurfürsten u. Erzbischof *Ernst von Bayern.*

◆ **Kölner Malerschule,** zusammenfassende Bez. für die Kölner Tafelmalerei um 1300 bis ins 16. Jh. Kennzeichen der K. M. im 15. Jh. sind weiche Form u. sensible Linearität,

helle, warme Farbgebung u. innige Gefühlshaltung. Hauptmeister: *Meister Wilhelm,* S. *Lochner, Meister der hl. Veronika, Meister der hl. Sippe, Meister der Ursulalegende.*

Kölner Schwarz → Beinschwarz.

Kol Nidre [aram., „alle Gelübde“], jüdisches Gebet (Widerruf aus Irrtum übernommener, die eigene Person betreffender Gelöbnisse) am Vorabend des Versöhnungstags (Jom Kippur); wegen seiner Melodie von großer emotionaler Wirkung. Von Antisemiten wurde oft fälschlich behauptet, mit dem K. N. würden auch Eide u. Schuldverpflichtungen widerrufen.

Kölnischer Krieg → Kölner Krieg.

„Kölnische Zeitung“, 1878 aus der „Postamtszeitung“ hervorgegangene westdt. Zeitung liberaler Richtung; 1945 eingestellt.

Kölnisch Wasser, *Kölnisches Wasser,* frz. *Eau de Cologne,* ein erfrischendes Parfüm: Lösung von natürl. äther. Ölen, wie Bergamotte-, Rosmarin-, Orangen- u. Portugalöl, sowie dem künstl. Riechstoff Neroliöl in 75–85 %igem Alkohol. Je nach Fabrikat werden auch andere natürl. u. künstl. Riechstoffe verwendet. Die Erfindung wird dem Italiener Giovanni Paolo Feminis († 1736, ab 1695 in Köln ansässig) zugeschrieben, der die Bereitung von K. W. 1709 in Köln eingeführt haben soll. J. M. *Farina* war wahrscheinl. der erste Hersteller von K. W. u. verkaufte das Produkt unter der Bez. *Aqua mirabilis.*

Kolobom [das; grch.], angeborene (auch erworbene) Spaltbildung im Augenbereich. Am häufigsten sind Kolobome der Regenbogen-, Netz- u. Aderhaut, seltener der Lider, Linse u. a. Das K. kann vererbt werden. Der bei der Iridektomie verursachte künstl. Regenbogenhautverlust wird als *künstliches K.* bezeichnet.

◆ **Kołobrzeg** [ˈkɔuɔbʃek], *Kolberg,* Hafenstadt u. Seebad in Pommern (Polen), an der Mündung der Persante in die Ostsee, 38 700 Ew.; Mariendom (13./14. Jh.); Fischerei, Fischräuchereien, Nahrungsmittel- u. Textilindustrie; Moor- u. Solbad. – Slaw. Siedlung im 7. Jh., im 11. Jh. poln. Bistum, 1255 dt. Stadtrecht, 1284 Hansestadt, 1631 schwed., 1648 brandenburg., 1761 russ. besetzt; 1807 erfolgreich gegen die Franzosen verteidigt (unter A. von *Gneisenau* u. J. *Nettelbeck*); im 2. Weltkrieg zu 90 % zerstört.

Kolokasie [grch. + lat.], Gattung der Aronstabgewächse, → Colocasia.

Kolokol [russ., „Glocke“], russ. Exilzeitschrift, hrsg. von A. I. Herzen u. N. P. Ogarjow 1857–1868 in London u. in Genf.

Kolokotronis, Theodoros, griech. Freiheitskämpfer u. Heerführer, * 14. 4. 1770 Ramavuni (Messenien), † 15. 2. 1843 Athen; Sohn einer Klephtenfamilie, im griech. Freiheitskampf seit 1821 bedeutender Führer der peloponnes. Freischaren, Gegner des westl. Konstitutionalismus u. der bayer. Regentschaft; 1833 in einem Hochverratsprozess zum Tode verurteilt, 1835 vom König begnadigt, danach formell Mitgl. des Staatsrats.

Koloman, *Colomannus,* Heiliger, Palästina-Pilger aus Irland, † 17. 7. 1012 Stockerau bei

Wien; nach der Legende wurde er als Spion angesehen u. ermordet. Fest: 13. 10.

Koloman, ung. *Kálmán,* König von Ungarn 1095–1116, *um 1074, †3. 2. 1116; wegen seiner Gelehrsamkeit als Bücherfreund *(könyves)* bezeichnet; gewann die ungar. Krone Kroatien (1102 Vertrag mit dem kroat. Adel, die sog. „pacta conventa") u. Dalmatien u. setzte sich im Bürgerkrieg gegen seinen jüngeren Bruder Álmos durch, der u. a. von Kaiser Heinrich V. unterstützt wurde; ordnete Rechtspflege u. Finanzen u. förderte die Kirche.

Kolombangara, kleinere Insel der Salomonen, in der westl. New-Georgia-Gruppe, erloschener Vulkankegel, bis 1768 m hoch; Holzgewinnung; Flugplatz.

Kolomna, Industriestadt in Russland, an der Mündung der Moskwa in die Oka, 154 000 Ew.; Lokomotiv- u. Werkzeugmaschinenbau, chem., Textil- u. Nahrungsmittelindustrie; Umschlagplatz, Hafen. – Ehemalige Grenzfestung des Moskauer Reiches.

Kolomyja, *Kolomea,* Stadt in der Ukraine, im östl. Galizien, am oberen Pruth, 63 000 Ew.; Erdölraffinerien, Maschinenbau u. Textilindustrie.

Kolon [das, Pl. *Kola*], 1. [grch., „Darm"], *M e d i z i n :* lat. *Colon, Grimmdarm,* Hauptteil des Dickdarms; → Darm.
2. [grch., „Glied"], *M e t r i k :* rhythm. Einheit, der einzelne Sinnabschnitt u. Sprechtakt, in den Prosa u. Vers rhythmisch gegliedert werden.
3. *S c h r i f t :* der Doppelpunkt.

Kolonat [das; lat.], im spätröm. Reich die von einem Großgrundbesitzer vergebene, zeitlich unbeschränkte, vererbliche Bodenpacht, die durch die Stellung des Pächters *(colonus)* zwischen Sklaverei u. Freiheit gekennzeichnet ist. Der Colonus war persönlich frei, durfte aber das Pachtland nicht verlassen u. war zu Abgaben, Dienstleistungen u. Kriegsdienst verpflichtet; andererseits konnte er aber auch von seinem Pachtland nicht entfernt werden. Die röm. Kaiser förderten das K. zur Abwendung der Landflucht u. zur besseren Steuererhebung, aber auch zur Versorgung der kleinen Landpächter. Damit bildeten sich allmähl. die Grundherrschaften zu beachtl. Machtfaktoren *(Latifundien)* aus u. gingen kontinuierl. in die mittelalterl. Agrar- u. Gesellschaftsstrukturen über.

Kolonel [die; frz.], *Mignon,* ein Schriftgrad von 7 Punkt.

Kolonia, Hptst. von Mikronesien, auf Pohnpei, 6200 Ew.

Kolonialgesellschaften, Kapitalgesellschaften zur wirtschaftlichen Erschließung oder wissenschaftlichen Erforschung der Kolonien, mit Hoheitsrechten; in Dtschld. nach 1918 liquidiert oder mit veränderten Aufgaben fortgeführt (z. B. früher der *Deutsche Kolonialverein* u. die *Deutsche Kolonialgesellschaft*).

Kolonialismus [lat.], von → Kolonie abgeleiteter schlagwortartiger Begriff für die Politik der Besiedelung. Aneignung von fremden (überseeischen) Gebieten durch militärisch überlegene Mächte aus wirtschafts- u. handelspolitischem Interesse, oft begleitet von religiösem u. kulturellem Sendungsbewusstsein.
Die 1. Phase setzte seit Beginn des 16. Jh. mit den span. u. portugies. Eroberungen in Süd- u. Mittelamerika ein; sie war gekennzeichnet durch Gründung von Handelsniederlassungen an den Küsten, allmähl. Vordringen in das Landesinnere, Zusammenlegung von territorialem Besitz u. Ausbeutung von Rohstoffen in den Kolonialräumen. In der Frühzeit des K. übten Eroberer im Auftrag ihrer heimischen Fürsten die Herrschaft aus; später handelten Kaufleute, Militärs bzw. Handelskompanien, mit Vollmachten u. Privilegien ausgestattet, im Auftrag der Regierung ihrer Mutterländer. Es blieb nicht bei der Gewinnung von Rohstoffen für die heim. Wirtschaft, sondern Millionen von Menschen wurden zur Sklavenarbeit gezwungen u. häufig in fremde Kontinente verschleppt (bes. afrikan. Sklaven nach Amerika). Die Kolonisatoren wurden von Priestern begleitet, die oft unter Anwendung von Gewalt die Ausbreitung der christl. Lehre betrieben. Häufig bewirkte der K., dass die Kolonialvölker – sofern sie nicht gänzlich ausgerottet waren – von ihren eigenständigen Kulturen losgelöst u. an einer kontinuierlichen Entwicklung gehindert wurden. Diese Erscheinungen riefen schon unter Zeitgenossen Kritik am K. hervor, die moralisch u. naturrechtlich begründet war (B. de *Las Casas,* F. de *Vitoria*). Gerechtfertigt wurde der K. mit der kulturellen Überlegenheit der Spanier über die „barbarischen" Ureinwohner u. der Pflicht des Christen, die Ungläubigen zu bekehren. Den Spaniern u. Portugiesen folgten bald Engländer, Franzosen u. Niederländer, die Kolonialgebiete wurden auf Asien, Afrika u. den pazif. Raum ausgedehnt.
Zwischen den rivalisierenden Mächten kam es zu kriegerischen Auseinandersetzungen sowohl in den Kolonialräumen als auch in Europa *(Siebenjähriger Krieg).* Die alten Kolonialmächte Spanien u. Portugal traten in ihrer Bedeutung hinter England, Frankreich u. den Niederlanden zurück. In Frankreich war die aus wirtschaftl. u. staatl. Interessen betriebene Kolonialpolitik im 18. Jh. begleitet von einer Kritik am K., insbes. an der Institution der Sklaverei *(Montaigne, Montesquieu, Raynal, Rousseau).* In England wurde der frühe K. mit strategischen, wirtschaftl. u. bevölkerungspolit. Argumenten gerechtfertigt: Errichtung von Stützpunkten gegen andere Kolonialmächte, Gewinnung von Rohstoffquellen u. Absatzmärkten, Auffangbecken für den Bevölkerungsüberschuss u. deportierter Verbrecher. Dagegen wies z. B. A. *Smith* auf die wirtschaftl. Nutzlosigkeit der Kolonien hin. Der Verlust der nordamerikan. Kolonien u. die Gründung der USA hatte Folgen für die engl. Kolonialpolitik zumindest in den Kolonien, in denen engl. bzw. europ. Siedler die Mehrheit der Bevölkerung bildeten (Kanada, Australien, Neuseeland); Den Siedlern wurden größere Rechte bei der Regierung u. Verwaltung der Kolonien eingeräumt. Anfang des 19. Jh. folgten Mittel- u. Südamerika dem Beispiel der Vereinigten Staaten u. erkämpften ihre Unabhängigkeit von Spanien u. Portugal. Vergleichbar mit der K. der westeurop. Staaten war die Politik der russischen Zaren im 18. u. 19. Jh., die Völker Zentralasiens unter ihre Herrschaft zu bringen.
In der 2. Phase (etwa seit der 2. Hälfte des 19. Jh.) wurde die Herrschaft in den Kolonien von den Kolonialmächten direkt übernommen. Sie nahmen z. T. in die Kolonialverwaltung einheimische Kräfte auf. Die Zeit zwischen 1880 u. 1914, die Epoche des Imperialismus, ist als Höhepunkt des K. zu bezeichnen; in dieser Zeit erreichte der Kolonialbesitz seine größte Ausdehnung (mehr als die Hälfte der Erdoberfläche u. mehr als ein Drittel der Erdbevölkerung). Zu den alten Kolonialmächten gesellten sich Dtschld., Belgien u. die USA. Die kolonialist. Ziele wurden gerechtfertigt durch die sozialdarwinist. Lehre von der Überlegenheit der weißen Rasse u. ihrer Mission, Zivilisation, Gerechtigkeit, Ordnung u. Wohlstand über die ganze Welt zu verbreiten. In Asien schuf sich Japan seit Ende des 19. Jh. ein gewaltiges Kolonialreich (Korea, Mandschurei, Taiwan).
Aufgrund der veränderten weltpolit. Lage setzte nach dem 2. Weltkrieg (Vorstufen schon nach dem 1. Weltkrieg) ein Prozess der → Entkolonialisierung auch in Afrika u. Asien ein. In den 1950er u. 1960er Jahren erreichten die meisten Kolonien volle Unabhängigkeit. In Asien, Afrika u. Südamerika ist an die Stelle der alten, direkten eine neue, indirekte, ökonomische Abhängigkeit von den Industriestaaten getreten (→ Neokolonialismus).

Kolonialmünzen, 1. die in der röm. Kaiserzeit außerhalb von Italien, den in Kleinasien, entstandenen Sonderprägungen.
2. die im 19./20. Jh. für die Kolonien geprägten Münzen.

Kolonialstil, engl. *Colonial Style,* in überseeische, insbes. amerikan. Länder übernommene, z. T. abgewandelte Bauformen des europ. Stammlands. Der nordamerikan. K. des 18. Jh. verwandte klassizist. Elemente u. gründete sich auf Werke engl. Architekten wie I. *Jones* u. C. *Wren.* Daneben beeinflusste Frankreich die Architektur Louisianas (Altstadt von New Orleans) u. Spanien die Kaliforniens (Missionsstil, um 1800). In den Ländern Lateinamerikas errichteten seit dem 16. Jh. Portugiesen Kirchen u. Profangebäude unter Anwendung der zeitgenöss. Baustile ihrer Heimat, wobei bisweilen auch einheim. Formen übernommen wurden. In den engl. Kolonialgebieten setzte sich der engl. Klassizismus durch, der um die Jahrhundertwende dem europ. eklektischen Historismus Platz machte.

Kolonialwaren, veraltete Bez. für Lebensmittel aus Übersee (aus den „Kolonien"), z. B. Kaffee, Tee, Reis, Gewürze.

Kolonie [lat. *colonus,* „bäuerl. Siedler"], **1.** *G e s c h i c h t e :* unselbständiges, oft überseeisches Gebiet, in dem eine fremde *Kolonialmacht* die direkte Herrschaft über die einheim. Bevölkerung ausübt. Staats-

Kolonnade: Giovanni Lorenzo Bernini, Kolonnaden am Petersplatz in Rom; 1657–1667

rechtl. Voraussetzung ist der Verbleib der Kolonisten im Heimatbürgerverband. Die Handelsniederlassungen der *Phönizier* u. die Tochterstädte der *Griechen* an den Küsten des Mittelmeeres u. des Schwarzen Meeres waren in diesem Sinne keine Kolonien. Ausnahme war die athenische → Kleruchie. Im *Röm. Reich* waren neu eroberte Gebiete zunächst immer Kolonien. Sie wurden mit röm. Bürgern besiedelt, die die militär. Sicherung der Kolonien übernahmen. In der Kaiserzeit waren die Kolonisten meist Veteranen.

Seit Beginn des 16. Jh. waren die Kolonien eine vielfältige Erscheinungsform der wirtschaftl., polit. u. ideolog. Expansion der ökonomisch entwickelten Staaten (vor allem Europas). Infolge der *Entkolonialisierung* gibt es heute nur noch wenige Kolonien. Auch → Colonia, → Kolonialismus, → Kolonisation, → Kronkolonie.

2. *Mikrobiologie:* meist aus einer Einzelzelle entstandene natürl. Anhäufung von Einzelorganismen, gewöhnl. auf einem festen Substrat. Verschiedene Mikroorganismengruppen bilden charakterist. Koloniebilder durch eine bestimmte Art der Vermehrung sowie durch ihre typische Zellbeschaffenheit (z. B. mit oder ohne Kapsel, mit oder ohne Geißeln). Jedes Individuum einer K. ist eine völlig selbständige Einheit. Bei höheren Organisationsstufen, z. B. bei den frei beweglichen Zellkolonien von *Volvox*, tritt eine ausgeprägte Arbeitsteilung mit verschiedenen Zellelementen u. Leichenbildung auf. Die K. hat eine charakterist Gestalt u. bildet eine funktionelle Einheit, die nicht mehr beliebig zerlegt werden kann. Auch → Coenobium.

3. *Soziologie:* eine Gruppe von Fremden (z. T. ehem. Siedler [Kolonisten]), die als abgegrenzte Minderheit in einem anderen Land leben u. dessen Staatsangehörigkeit erworben, aber meist die alten Sitten u. Gebräuche des Mutterlandes beibehalten

haben; auch vorübergehend außerhalb des Heimatlands lebende Angehörige gleicher Interessen *(Künstlerkolonie)* oder Herkunft.

4. *Städtebau:* am Stadtrand gelegene Wohnsiedlung, z. B. Villenkolonie, auch Laubenkolonie, Künstlerkolonie

5. *Zoologie:* ein Tierverband, die Vereinigung gesellig lebender Tiere der gleichen Art; beweglich (die *Herde* bei Huftieren) oder stationär als Siedlungs- (z. B. Biber) oder Brutverband (z. B. Vögel). Kolonien sind auch die *Tierstöcke* der Hohltiere (Korallen) u. die *Insektenstaaten.* Auch → Vergesellschaftung.

Kolonie-Hybridisierung → Hybridisierung.

Kolonie-stimulierende Faktoren, Abk. CSF von engl. *Colony Stimulating Factor,* eine Gruppe von Proteinen, die das Wachstum verschiedener blutbildender Zellen steigern. CSF haben im Körper Einfluss auf die Regulation u. Reifung von Blutzellen. CSF haben auch eine Wirkung auf das Wachstum von Krebszellen. Deshalb erhofft man sich einen Einsatz in der Tumortherapie. Der wichtigste CSF ist das → Erythropoietin (EPO). CSF können heute gentechnisch hergestellt werden.

Kolonisation [lat.], die Erschließung von wirtschaftl. unterentwickelten Gebieten durch Besiedlung, Rodung, Bebauung, Anlage von Verkehrswegen u. Anschluss an einen größeren Wirtschaftsraum, meist verbunden mit polit. Aneignung. Die Kolonisationsversuche waren durch Einengung des Lebensraums, wirtschaftl. Autarkiebestrebungen, den Wunsch nach Stärkung des nationalen Ansehens oder Abenteuerlust begründet. Die K. vollzog sich in Europa zuerst als K. der Randgebiete (z. B. die dt. *Ostsiedlung*), seit der frühen Neuzeit als überseeische K., bes. in Afrika, Amerika u. Teilen Asiens *(äußere K.).* Von *innerer K.* oder *Binnenkolonisation* spricht man, wenn relativ unterentwickelte Gebiete innerhalb der eigenen Staatsgrenzen wirtschaftlich

erschlossen werden, z. B. durch Moorkultivierung oder Landgewinnung vom Meer. Auch → Kolonialismus, → Kolonie (1).

◆ **Kolonnade** [die; frz.], ein Säulengang mit geradem Gebälk, im Unterschied zur bogengegliederten *Arkade.*

Kolonne [frz.], **1.** *Buchdruck:* Druckspalte, Spalte innerhalb einer Tabelle.

2. *chem. Technik:* ein säulen- oder turmartiger Apparat, der in der technischen Chemie u. im Labor zur Absorption, Adsorption, Destillation, Extraktion oder Rektifikation verwendet wird. Kolonnen können aus Glas-, Keramik-, Metallteilen u. Ä. bestehen. Als Innenausstattung besitzen sie Kolonneneinbauten in Form von Böden (Glocken-, Sieb-, Gitterböden u. a.), Füllkörper (Raschig-Ringe, Braunschweiger Wendel u. a.) oder rotierende Einsätze zur Erhöhung des Stoff- u. Wärmeaustausches je nach Anwendungsbereichen.

3. *Militär:* 1. eine Marschformation von Truppen. – 2. eine Reihe von Fahrzeugen.

4. *Politik:* → Fünfte Kolonne.

Kolonos, Hügel an der Westseite der athen. Agora, auf dem der Hephaistostempel (sog. *Teseion*) steht; auch Name eines attischen → Demos, dem der Dichter *Sophokles* angehörte.

Kolophon, antike Stadt in Ionien, an der Westküste Kleinasiens, nordwestl. von Ephesos, nach alter Tradition von Achäern aus Pylos gegr.; Blütezeit im 7. Jh. v. Chr., wegen seiner Harzgewinnung *(Kolophonium)* berühmt; heute ein ausgedehntes Ruinenfeld mit Akropolis, Theater u. Thermen; 13 km südl. von K. lag das berühmte Orakelheiligtum des Apollon von *Klaros.*

Kolophonium [das; grch., nach der Stadt *Kolophon*], ein amorphes Gemisch von *Harzsäuren* (saure Bestandteile von Balsamen u. Naturharzen) mit *Abietinsäure* als Hauptbestandteil; ein hellgelbes bis schwarzes Balsamharz, das als Destillationsrückstand des Terpentins oder beim Erhitzen von Kiefernharzen als Rückstand, bei der Stubbenextraktion *(Wurzelharz)* u. bei der Sulfatzellstoff-Kochung *(Tallharz)* entsteht; anschließende Veredelung durch Kalk- oder Zinksalzbildung (gehärtete Harze), Veresterung (Harzester), Umsetzen mit Phenol-Formaldehydharzen (Phenolharze). Es wird verwendet für Lacke, Kitte, Bogenharze, Bodenbeläge, Kunstharze u. zum Leimen von Schreibpapier. – Kolophoniumersatz: Cumaronharz (→ Benzofuran).

Koloquinte [die; grch.], *Citrullus colocynthis,* zu den *Kürbisgewächsen (Curcubitaceae)* gehörige, krautige u. niederliegende Pflanze, in den afrikan.-asiat. Wüstengebieten heimisch. Kultiviert wird sie in Spanien, Zypern u. Vorderindien. Die orangengroßen, durch bitteres Fruchtfleisch gekennzeichneten Früchte *(Fructus Colocynthis)* liefern eine stark abführend wirkende Droge.

Koloratur [die; ital., zu lat. *color,* „Farbe"], virtuose Verzierung von Gesangsstimmen, bes. in der *Arie.* Die K. beendet meist einen textl. oder musikal. Abschnitt mit schnellen Läufen durch einen großen Tonraum, mit Trillern, gebrochenen Akkorden oder großen Intervallsprüngen. Sie beweist nicht nur die

Virtuosität eines Interpreten, sondern unterstreicht auch die dramat. Wirkung einer Komposition, indem sie entweder lautmalerisch einen Textinhalt begleitet oder Affekte ausdrückt (z. B. Zorn, Rache, Liebe). Bes. beliebt u. verbreitet war sie in Opern des 18. Jh., wie etwa in der „Zauberflöte" von W. A. *Mozart* oder in „Lucia di Lammermoor" von G. *Donizetti.* Während die italien. Oper des 19. Jh. weiterhin häufig dramatische Koloraturen verwendete (G. *Verdi*), diente sie R. *Wagner* ausschließlich, um parodist. Wirkungen zu erzielen („Die Meistersinger"), ähnl. auch I. *Strawinsky* („The rake's progress"). In der Oper des 20. Jh. wurde die K. wieder häufiger zur Dramatisierung gebraucht (z. B. „Ariadne auf Naxos" von R. *Strauss*, „Lulu" von A. *Berg*).

Koloratursopran → Stimmlage.

kolorieren [lat.], mit Farbe ausmalen.

Kolorierung [lat.], *K u n s t :* die Ausmalung einfarbiger Holzschnitte, Kupferstiche, Zeichnungen, Fotos u. a. durch *Koloristen.*

Kolorimeter [das; lat. + grch.], ein Messgerät, → Colorimeter.

Kolorimetrie [lat. + grch.], chem. Verfahren, → Colorimetrie.

Kolorismus [lat.], Farbigkeit; bildkünstler. Ausdrucksform, die die Farbigkeit unter weit gehendem Verzicht auf lineare Werte bes. betont, z. B. in der venezian. Malerei *(Tizian).*

koloristisch [lat.], die Farbigkeit betonend.

Koloskopie, *Kolonoskopie* → Darmspiegelung.

Koloss [grch.], Riese, riesengroße Figur. – *Koloss von Rhodos*, eine ca. 32 m hohe Bronzestatue des Sonnengottes *Helios* in Rhodos, von *Chares* von Lindos in 12 Jahren erbaut. Die im Altertum als eines der 7 Weltwunder berühmte Statue stürzte 223 v. Chr. bei einem Erdbeben ein; die Reste wurden im 7. Jh. nach Syrien verschleppt u. eingeschmolzen.

Kolossä, *Kolossai*, antike kleinasiat. Stadt am Lykos, im südl. Phrygien; Sitz einer der ältesten Christengemeinden (Adressat des *Kolosserbriefs*).

Kolossalfasern, Nervenfasern wirbelloser Tiere mit bes. großem Durchmesser, für bes. schnelle Erregungsleitung.

Kolossalordnung nach Andrea Palladio, Palazzo Porto–Breganze in Vicenza; 1570–1580 unvollendet

♦ **Kolossalordnung**, eine Säulen- oder Pilasterordnung, die durch mehrere Geschosse einer Fassade oder einer Innenwand geht; bes. im Barock angewandt.

Kolosserbrief, dem Apostel *Paulus* zugeschriebener, wahrscheinlich aber von einem Schüler desselben verfasster Brief des NT an die Gemeinde von Kolossä. Der K. warnt vor Irrlehre u. bezeugt die Alleinherrschaft Christi über die Kirche als erneuerte Schöpfung u. den endgültigen Sieg über alle dämonischen Mächte. Gewisse Verwandtschaft besteht zum → Epheserbrief.

♦ **Kolosseum** [das; grch., lat.], *Amphitheatrum Flavium*, das größte Amphitheater des Altertums u. das größte Theater der Welt überhaupt, 72–80 n. Chr. in Rom unter den flavischen Kaisern *Vespasian* u. *Titus* auf dem Gelände der *Domus Aurea* des *Nero* erbaut. Bei den hunderttägigen Einweihungsfeierlichkeiten töteten die Gladiatoren 5000 wilde Tiere. Der viergeschossige, elliptisch angelegte Bau misst 187,75 × 155,60 m, war ursprüngl. 57 m hoch u. fasste mehr als 50 000 Zuschauer auf Sitz- u. Stehplätzen. Vier durch Gürtelumgänge geschiedene Ränge fassen die Arena (79, 35 × 49 m), die durch ein 3,5 m hohes u. mit Geländer versehenes Podium von der Zuschauerbühne abgegrenzt war. Die heute freiliegenden 6 m tiefen Unterbauten enthielten Gelasse für Personal, Tierkäfige u. Maschinerien. Die Fassade ist in den unteren drei Stockwerken durch jeweils 80 Arkadenbögen gegliedert, denen auf Pfeilern Halbsäulen in von unten nach oben dorisch-toskan., ionischem u. korinth. Stil vorgelagert sind. Im Gesims des abschließenden vierten Geschosses befinden sich die Konsolen, in denen die Tragmasten für die Sonnensegel staken.

In der Antike häufig restauriert, diente das K. im MA als Festung, danach als Steinbruch für den Bau von Kirchen u. Palästen. Papst *Benedikt* XIV. weihte 1744 die Ruine als Märtyrerstätte; seit dem 19. Jh. steht das K. unter Denkmalschutz.

Kolostralmilch [lat.], *Vormilch* → Erstmilch.

Kolowrat, Adelsgeschlecht slaw. Ursprungs in Böhmen u. Österreich. – Franz Anton Graf von *Kolowrat-Liebsteinsky* (*31. 1. 1778 Prag, †4. 4. 1861 Wien), Präs. der böhm. Stände (1810), 1826 Staats-Min. u. 1836–1848 für Verwaltung u. Finanzen zuständig, war ein Gegner *Metternichs.* Nach dessen Sturz 1848 wurde er Min.-Präs. u. förderte die nationalen tschech. Bestrebungen. K. war Mitbegründer des böhm. Nationalmuseums.

Kolpak [ung., türk.], runde, hohe Mütze, meist aus Pelz; klassische Kopfbedeckung der Husaren.

Kolpaschewo, *Kolpaševo*, Stadt in Russland, in Westsibirien, am mittleren Ob (Hafen), rd. 25 000 Ew.; Holz- u. Nahrungsmittelindustrie.

Adolf Kolping

♦ **Kolping**, Adolf, dt. kath. Theologe, *8. 12. 1813 Kerpen bei Köln, †4. 12. 1865 Köln; gelernter Schuhmacher, seit 1845 Priester; gründete die Gesellenvereine (Grundlage des späteren internationalen *Kolpingwerks* zur Förderung kath. Gesellen in religiöser, sozialer u. berufl. Hinsicht) u. gestaltete sie familienmäßig aus (Kolpingfamilie, Kolpinghäuser); Sitz: Köln. K. trat für die Rechte der Arbeiter, bes. der Frauen u. Kinder, ein. 1991 wurde er selig gesprochen.

Kolpino, Stadt in Russland, südöstl. von St. Petersburg, 143 000 Ew.; Eisenhüttenindustrie, Stahlwerk, Maschinenbau.

Kölpinsee, See der Mecklenburgischen Seenplatte, nordwestl. der Müritz; 19,9 km², bis 28 m tief.

Kolpitis [grch.], *Vaginitis, Scheiden(haut)entzündung*, entzündl. Erkrankung der Scheide, vor allem infektiös verursacht; Hauptanzeichen ist Ausfluss *(Fluor vaginalis)*, daneben Schmerzen, Brennen u. a. Frauenärztl. Untersuchung u. Behandlung ist notwendig.

Kolportage [-'ta:ʒə; die; frz.], ursprüngl. der Bücherverkauf an der Haustür durch wandernde Buchhändler *(Kolporteure).* Im Kolportagebuchhandel wurde vorwiegend volkstüml., erbauliche Literatur von geringem literar. Wert vertrieben: *Kolportageromane (Hintertreppenromane).* Übertragen bedeutet *K.* heute: kitschige, reißerische Darstellung.

Kolposkopie [grch.], *Scheidenspiegelung*, vom Frauenarzt Hans *Hinselmann* (*1884, †1959) entwickeltes gynäkologisches Untersuchungsverfahren, bei dem mit dem *Kolposkop* die Oberfläche der Muttermundsumgebung *(Portio)* u. des angrenzenden Gewebes in vielfacher Vergrößerung betrachtet wird; bes. zur Früherkennung des Krebses (Portiskarzinom) bedeutungsvoll.

Kölreuter, Josef Gottlieb, dt. Botaniker, *27. 4. 1733 Sulz am Neckar, †12. 11. 1806 Karlsruhe; führte mit Pflanzen die ersten Kreuzungsversuche auf einer wissenschaftlichen Grundlage durch u. erkannte die große Bedeutung der Insekten für die Bestäubung.

Kölsch, helles, obergäriges Vollbier, das wenig bis stark gehopft wird. Die Gärung erfolgt meist unter Druck. Die Herstellung ist auf den Kölner Raum begrenzt.

Kolsprachen → Mundasprachen.

Koltschak, *Kolčak*, Alexander Wassiljewitsch, russ. Admiral u. Politiker, *16. 11. 1874 St. Petersburg, †7. 2. 1920 Irkutsk (erschossen); 1916 Chef der Schwarzmeerflotte. Im November 1918 machte er sich in Omsk zum Reichsverweser u. Höchstkommandierenden der antibolschewistischen

Kolosseum oder Flavisches Amphitheater in Rom; 72–80 n. Chr.

Truppen. Er wurde von M. W. *Frunse* geschlagen u. floh dann nach Irkutsk, wo er gefangen genommen wurde.

Kolumban, *Columba(n),* irischer Mönch, Heiliger, *um 543 Leinster, †23. 11. 615 Bòbbio (Italien); kam um 590 als Wanderprediger nach Burgund; Gründer u. Abt des Klosters Luxeuil. Später vertrieben, gründete er das Kloster Bòbbio. Er schrieb für seine Mönchsgemeinschaft eine später weit verbreitete Regel. Fest: 23. 11.

Kolumbarium [das, Pl. *Kolumbarien;* lat., „Taubenschlag"] → Columbarium.

Kolumbatscher Mücke → Kriebelmücken.

kolumbianische Kunst → iberoamerikanische Kunst.

kolumbianische Literatur → iberoamerikanische Literatur.

kolumbianische Musik → iberoamerikanische Musik.

Kolumbianische Riesenkröte → Riesenkröten.

Kolumbianisches Becken, der Westteil des *Karibischen Meeres,* bis 4535 m tief.

Kolumbien, Staat in Südamerika, → Seite 420.

Christoph Kolumbus; Münzporträt von Guido Mazzoni

◆ **Kolumbus,** *Columbus,* Christoph(er), ital. *Cristoforo Colombo,* span. *Cristóbal Colón,* genues. Seefahrer in span. Diensten, gilt als Entdecker Amerikas (nach den Wikingern um 1000 n. Chr.), *1451 Genua, †21. 5. 1506 Valladolid; angeregt durch den italien. Kosmographen *Toscanelli* u. durch antike Karten *(Ptolemäus),* glaubte er, über den Atlantik den westl. Seeweg nach Indien finden zu können. 1484 gewann er die Unterstützung *Isabellas* von Kastilien für diesen Plan. Auf seiner 1. Reise (1492/93) entdeckte er (mit den drei Schiffen *Niña, Pinta, Santa Maria*) am 12. 10. 1492 die Bahama-Insel Guanahani sowie Kuba u. Haiti; auf der 2. Reise (1493–1496) erreichte er mit 17 Schiffen die Kleinen Antillen (Dominica u. Guadeloupe), Puerto Rico u. Jamaika; auf der 3. Reise (1498–1500) entdeckte er sechs Schiffen die Orinocomündung (damit Südamerika) u. Trinidad. Beim span. Hof in Ungnade gefallen, wurde er in Ketten zurückgebracht, konnte sich aber rechtfertigen u. ging auf die 4. Reise (1502–1504), die ihn mit vier Schiffen bei Puerto Linón an die mittelamerikan. Küste brachte. Das nordamerikan. Festland hat K. nie betreten. Bis zu seinem Tode war er fest davon überzeugt, den westl. Seeweg nach Indien gefunden zu haben (daher die Namen „Westindien" für das entdeckte Gebiet u. „Indianer" für die Ureinwohner).

Kolumbusritter, *Knights of Columbus,* kath. Männerbund in USA, Kanada u. Mexiko, zu gegenseitiger Unterstützung u. zur Förderung des kath. Erziehungswesens u. karitativer Einrichtungen, 1882 entstanden.

Kolumne [die; lat., „Säule"], **1.** *B u c h d r u c k :* die Satzspalte oder der Satz einer

Seite. – *Kolumnentitel,* Seitenüberschrift in einem Buch; er enthält z. B. Seitenzahl oder Seitentitel; vielfach auch als „lebender Kolumnentitel" bezeichnet.

2. *P u b l i z i s t i k :* → Kolumnist.

Kolumnist [lat., engl.], ein Journalist, der in der Presse regelmäßig an bestimmter gleichbleibender Stelle einen Meinungsbeitrag (*Kolumne,* eigentl. „Spalte") veröffentlicht, der nicht mit der geistigen u. polit. Linie der betr. Zeitung oder Zeitschrift übereinzustimmen braucht; auch in unterhaltsamem Stil zu gesellschaftl. Ereignissen („Klatschspalte").

Kolur [der; grch.], *Colur, Kolur der Tagundnachtgleichen, Äquinoktialkolur,* der größte Kreis der Himmelskugel, der durch die beiden Himmelspole u. den Frühlings- u. den Herbstpunkt hindurchgeht. Senkrecht darauf steht der *Solstitialkolur (K. der Sonnenwendepunkte),* der die Himmelspole, die Pole der Ekliptik u. den nördlichsten u. den südlichsten Punkt der Ekliptik (Sommer- u. Winterpunkt) enthält.

Kolvenbach, Peter-Hans, niederländ. kath. Theologe, *30. 11. 1928 Druten; seit 1983 29. General der Jesuiten.

Kölwel, Gottfried, dt. Schriftsteller, *16. 10. 1889 Beratzhausen, Oberpfalz, †21. 3. 1958 München; beschrieb in Lyrik u. Erzählungen das süddt. Dorf- u. Kleinstadtleben; Gedichte: „Irdische Fülle" 1937; „Wir Wehenden durch diese Welt" 1959; Erzählwerke: „Kleiner Erdenspiegel" 1946; „Als das Wunder noch lebte" 1960; Erinnerungen: „Das Jahr der Kindheit" 1935, unter dem Titel „Das glückselige Jahr" 1941; auch Volksstücke.

Kolwezi [kɔl'wezi], Bergbau- u. Hüttenzentrum in der zentralafrikan. Prov. Katanga (Demokrat. Rep. Kongo), westl. von Likasi, 1443 m ü. M., 544 000 Ew.; elektrolyt. Gewinnung von Kupfer, Kobalt u. Zink mit elektr. Energie aus Wasserkraftwerken am Lualaba; Verkehrsknotenpunkt an der Benguela-Bahn.

Kolymạ, 2600 km langer Strom in Ostsibirien. Die Quellflüsse entspringen im Tschorskijgebirge u. im Tas-Kystabyt; durchfließt das östl. Jakutien u. mündet mit 3000 km² großem Delta in die Ostsibir. See; 647 000 km² Einzugsgebiet; auf 2000 km schiffbar, 8 Monate eisbedeckt; am Oberlauf Wasserkraftwerk (900 000 kW), Gold- u. Buntmetallvorkommen; am Mittellauf Steinkohlenbecken von Syrjanka.

Kolzow [kal'tsov], *Kol'cov,* Michail Jefimowitsch, sowjet. Publizist, *12. 6. 1898 Kiew, †4. 4. 1942 Moskau (hingerichtet); war u. a. Feuilletonredakteur der „Prawda"; während der „Säuberung" 1938 verhaftet.

kom... → kon...

Koma, 1. [die, Pl. *Komas;* grch., lat., „Haar"], *A s t r o n o m i e :* um den Kern eines Kometen liegende Nebelhülle (Gasatmosphäre).

2. [das; grch.], *M e d i z i n : Coma,* die Bewusstlosigkeit; z. B. *Coma diabeticum,* bei Zuckerkrankheit, *Coma uraemicum,* bei Harnvergiftung.

3. [die; grch., lat.], *O p t i k :* ein Bildfehler bei Linsen oder Linsensystemen: seitl. der opt. Achse gelegene Punkte werden nicht punktförmig, sondern in Form eines Kometenschweifs abgebildet.

Komadugu [kɔumaˈduːɡu], Fluss im NO von Nigeria, entsteht aus *K. Yobe* u. *K. Gana,* mündet von W in den Tschadsee.

Komandorskie ostrova, russ. Name für → Kommandeurinseln.

Komanen, ein Steppenvolk, → Kumanen.

Komantschen, ein Indianerstamm, → Comanchen.

Komárno, *Komorn,* Stadt in der Westslowakei, an der Mündung der Waag in die Donau, im O der *Großen Schüttinsel,* 36 500 Ew.; Festung (15.–17. Jahrhundert), Andreas- u. Rosalienkirche (18. Jahrhundert); Werftindustrie.

Komárom, ungar. Komitat, 2251 km², 312 000 Ew.; Hptst. *Tatábánya.*

Christoph Kolumbus: In Santa Fé, im April 1492, schildert Kolumbus vor Ferdinand von Aragón und Isabella von Kastilien seine Pläne zur Entdeckung des Seeweges nach Indien; nach einem Gemälde von V. Brozik; 1884

◆ **Komarow** [-'rɔf], *Komarov*, Wladimir Michajlowitsch, sowjet. Astronaut, * 15. 3. 1927 Moskau, † 24. 4. 1967; Kommandant des Raumschiffes „Woschod I"; verunglückte tödlich bei der Landung mit dem Raumschiff „Sojus I".

Komar & Melamid, russ. Malerteam, Vitaly *Komar*, * 11. 9.

Wladimir Michajlowitsch Komarow

1943 Moskau u. Alexander *Melamid*, * 14. 7. 1945 Moskau; seit dem Studium gemeinsame Arbeiten; sie gehören zur so genannten „Soz Art", u. karikieren den seit Stalin propagierten heroischen Realismus. K. & M. persiflieren historische Bildkonzepte u. füllen sie mit aktuellen Inhalten der Zeitgeschichte, ähnlich wie in der → Pop-Art. 1977 emigrierten sie über Israel in die USA.

Komatsu, japan. Stadt in Honshu, am Japan. Meer, südwestl. von Kanazawa, 106 000 Ew.; Handels- u. Handwerkszentrum (Seiden- u. Töpferwaren); Flugplatz.

Kombattant [frz., „Mitkämpfer"], nach Völkerrecht ein zum Kampf mit der Waffe berechtigte Person, für die im Fall der Gefangennahme durch den Gegner die Vorschriften des III. Genfer Abkommens vom 12. 8. 1949 über die Behandlung der Kriegsgefangenen gelten. Soweit Nichtkombattanten zu den Streitkräften gehören (Geistliche, Sanitätspersonal), haben sie Anspruch auf gleiche Behandlung (Art. 3 Haager Landkriegsordnung), ohne selbst Kriegsgefangene zu sein. Die im Allgemeinen klaren Bestimmungen des III. Genfer Abkommens über die Voraussetzungen des Kombattanten-Status wurden durch das I. Zusatzprotokoll zu den Genfer Abkommen vom 12. 2. 1977 erweitert u. damit gleichzeitig auch erheblich verunklart; nach diesem Protokoll spricht die Vermutung für den Kombattanten-Status jedes Teilnehmers an Feindseligkeiten, soweit er nicht Spion oder → Söldner ist.

Kombi... [lat.], Wortbestandteil mit der Bedeutung „zusammen, gleichzeitig".

Kombikraftwerk, Kraftwerk, das fossile Brennstoffe durch die Kombination einer Gas- u. einer Dampfturbine nutzt (GuD-Prozess). Das GuD-Kraftwerk verwendet das stark komprimierte Abgas aus der Verbrennung von Erdgas oder leichtem Heizöl zum Antreiben einer Gasturbine. Über einen nachgeschalteten Generator wird Strom erzeugt. Die Eintrittstemperatur des Gases in die Gasturbine beträgt heute maximal rd. 1150 °C. Steigerungen sind absehbar. In der Gasturbine wird das Gas entspannt. Dem dann etwa noch 600 °C heißen Abgas wird weitere Wärme zur Dampferzeugung entzogen. Der Dampf treibt eine konventionelle Dampfturbine mit einem Generator an, der ebenfalls Strom erzeugt. So lassen sich Wirkungsgrade von 50–60 % erreichen. Zum Ver-
Fortsetzung S. 423

Christoph Kolumbus 1451–1506

Wohl zwischen dem 25. August und dem 31. Oktober in Genua geboren (andere mögliche Daten: 1446 und 1447)	1451	Johannes Gutenberg druckt mit beweglichen gegossenen Lettern
Erste Seefahrten Kolumbus' auf Handels- und Piratenschiffen im Ligurischen Meer	1463	Der französische Dichter und Vagant Villon wird aus Paris verbannt
K. lebt in Savona	1470	Portugiesen im Golf von Guinea
Am 13. August gerät K. auf einem französischen Korsarenschiff in eine Schlacht mit genuesischen Kriegsschiffen. Er flieht als Schiffbrüchiger nach Portugal / Er beschäftigt sich mit der Idee einer Westfahrt nach Indien	1476	Die Schweizer Eidgenossen besiegen Karl den Kühnen von Burgund bei Murten / Krieg zwischen dem maurischen Königreich Granada und dem spanischen Kastilien
K. heiratet in Lissabon Felipa Moniz Perestrello (gestorben 1485)	1479	Ferdinand II. und Isabella I. besteigen den spanischen Königsthron
Geburt des Sohnes Diego / In der Folge versucht K. vergeblich, den portugiesischen König für sein Westfahrtprojekt zu interessieren	~	
K. geht nach Spanien / Isabella I. zeigt Interesse an seinem Plan	1485	Die Portugiesen nehmen Beziehungen zum Kongo-Reich auf
Aus dem Verhältnis mit Beatriz Enriquez wird K. der Sohn Fernando geboren	1488	Gründung des Schwäbischen Bundes zwischen Adel und Städten
Der Vertrag zwischen dem Königspaar und K. sichert K. drei Schiffe, den Titel eines Großadmirals und Vizekönigs der zu entdeckenden Gebiete sowie ein Achtel der zu erwartenden Einnahmen zu / Er sticht am 3. August in See / Am 12. Oktober erreicht K. die Bahama-Insel Guanahani (heute Watling-Insel), am 27. Oktober Kuba und am 6. Dezember Haiti, das er für das legendäre Cipangu (Japan) hält / Er gründet auf Haiti eine Niederlassung	1492	Martin Behaim fertigt in Nürnberg den ersten Erdglobus an, ohne Amerika und Australien / Ferdinand und Isabella vertreiben nach der Eroberung Granadas die letzten Mauren aus Spanien / Tod des Renaissanceherrschers Lorenzo di Medici / Leonardo da Vinci zeichnet eine Flugmaschine / Großinquisitor Torquemada lässt die Juden aus Spanien vertreiben / Rodrigo de Borgia wird Papst Alexander VI.
Am 4. März landet K. in Lissabon / Am 25. September startet er zur zweiten Reise: Er erreicht mit 17 Schiffen am 3. November die Kleinen Antillen	1493	Maximilian I. wird römisch-deutscher Kaiser / Papst Alexander VI. teilt die Neue Welt durch einen Schiedsspruch zwischen Spanien und Portugal auf
K. entdeckt am 2. Mai Jamaika	1494 ~	
Am 11. Juni landet K. wieder in Cádiz	1496	
Am 30. Mai startet K. mit sechs Schiffen zur dritten Reise / Am 31. Juli entdeckt er Trinidad, am 5. August die Orinocomündung	1498	Vasco da Gama entdeckt den Seeweg nach Indien um die Südspitze Afrikas
Aufgrund von Misswirtschaft auf Haiti wird K. gefangen genommen und in Ketten nach Spanien gebracht; am 25. November kommt er in Cádiz an, verteidigt sich und wird rehabilitiert	1500 ~	Die Inka beginnen mit dem Bau der Festung Machu Picchu / Die Azteken stehen vor der Vollendung eines ganz Mittelamerika umfassenden Großreichs
In Begleitung seines Sohnes Fernando unternimmt K. mit vier Schiffen seine vierte Reise; er startet am 11. Mai in Cádiz / Auf der Suche nach einer Meeresstraße nach Indien gelangt er nach Santo Domingo (29. Juni) und betritt am 25. September in Puerto Linón (Costa Rica) das mittelamerikanische Festland	1502	Zweite Reise Vasco da Gamas nach Indien / Schah Ismail I. eint den Iran als schiitisch-islamischen Staat / Auflösung der „Goldenen Horde" der Mongolen / Erasmus von Rotterdam veröffentlicht seine kirchenkritische Schrift „Enchiridion militis christiani"
Am 1. Mai tritt K. die Heimreise an, erleidet aber am 14. Juni Schiffbruch vor Jamaika	1503	Koloniegründungen Vasco da Gamas in Ostafrika: Sansibar wird portugiesisch
Am 28. Juni erneuter Antritt der Heimreise / Als kranker Mann landet K. am 7. November in Sanlucar de Barrameda	1504	Frankreich verliert Neapel an Spanien / Franz Taxis erweitert die Poststrecke Wien–Brüssel bis Spanien
In dem festen Glauben, den Seeweg nach Indien gefunden zu haben, stirbt K., von den Zeitgenossen fast vergessen, am 21. Mai in Valladolid	1506	Reorganisation Altbayerns unter Herzog Albrecht IV. mit München als Landeshauptstadt / Gründung portugiesischer Stützpunkte in Indien / Baubeginn der Peterskirche in Rom

Kolumbien

Autokennzeichen: CO	**Regierungsform:** Präsidiale Republik
Fläche: 1 138 914 km²	**Religion:** Katholiken
Einwohner: 41,6 Mio.	**Nationalfeiertag:** 20. Juli
Hauptstadt: Santa Fé de Bogotá	**Zeitzone:** Mitteleuropäische Zeit –6 Std.
Sprache: Spanisch	**Grenzen:** Im N Karibisches Meer, im O Venezuela u. Brasilien, im S Peru u. Ecuador, im W Pazifischer Ozean u. Panama
Währung: 1 Kolumbianischer Peso = 100 Centavos	
Offizieller Name: Republik Kolumbien	
Bruttosozialprodukt/Einw.: 2 600 US-Dollar	**Lebenserwartung:** 71 Jahre

Landesnatur Leitlinien der naturräuml. Großgliederung Kolumbiens sind die drei nördl. der Grenze nach Ecuador entstehenden u. dann in südnördl. Richtung auseinander laufenden Kordillerenzüge der Anden: Westkordillere (*Cordillera Occidental*, 4220 m), Zentralkordillere (*Cordillera Central*, 5750 m), Ostkordillere (*Cordillera Oriental*, 5493 m) mit den sie trennenden, z. T. tief eingeschnittenen Längstälern der Flüsse *Cauca* u. *Magdalena*. Ihre Hochtäler, Becken u. Hanglagen zwischen 1000 u. 3000 m sind die Hauptwirtschaftszonen des Landes, wobei mit der Höhenlage die Temperatur abnimmt. Die Zentralkordillere wird von zahlreichen, z. T. noch aktiven Vulkanen überragt. Die feuchtheiße pazif. Küstenebene ist dünn besiedelt. Das Gleiche gilt für die östl. u. südöstl. Tiefländer, d. h. die zum *Orinoco* entwässernden Feuchtsavannen der Llanos Orientales u. die immergrünen Regenwälder des randl. Amazonasbeckens. Im N tauchen die Kordilleren in ein breites, feuchtheißes Küstentiefland, das größtenteils aus Flussablagerungen aufgebaut u. z. T. von jahres-

zeitlich überschwemmten Regionen eingenommen ist. Am Karib. Meer erhebt sich daraus das mit 5775 m höchste Küstengebirge der Erde, die *Sierra Nevada de Santa Marta*. – Das *K l i m a*, das zur innertrop. Zone gehört, wird durch die unterschiedl. Höhenlagen stark differenziert.

Bevölkerung Die kath. (über 90 %), Spanisch sprechende Bevölkerung besteht zu 58 % aus Mestizen, 14 % aus Mulatten, 20 % aus Weißen, 4 % aus Schwarzen u. zu 1 % aus Indios. Letztere leben überwiegend in den östl. u. südöstl. Tiefländern, die Schwarzen sind in den heißen Küstenregionen vertreten, die Mestizen im andinen Bereich. Rund die Hälfte der Bevölkerung lebt in der Andenregion; Bevölkerungskonzentrationen (30 % der Landesbevölkerung) ergeben sich bei den 4 größten Städten: Bogotá, Medellín, Cali u. Barranquilla. Die Wachstumsrate der Bevölkerung ist im Vergleich zu den 1980er Jahren erheblich gesunken, sie betrug von 1990 –1997 1,8 %. Rund 23 % der Erwerbstätigen sind in der Landwirtschaft, 20 % im produzierenden Gewerbe u. 57 % im Dienstleistungsbereich beschäftigt.

Bildungswesen In Kolumbien besteht Schulpflicht vom 7. bis zum 11. Lebensjahr. Sie kann aber aufgrund des mangelnden schulischen Angebots nicht für alle Kinder verwirklicht werden. Darum konnte auch die Analphabetenquote erst auf etwa 10 % gesenkt werden. Der Besuch der Grundschule ist kostenlos. Nach der Grundschule kann freiwillig eine weiterführende Schule besucht werden. Diese Sekundarschulen können nach 4 Jahren mit einem mittleren Abschluss beendet werden. Nach dem erfolgreichen 6-jährigen Besuch der Sekundarschule kann ein Studium an einer der staatl. oder privaten Hochschulen (Universidad) begonnen werden.

Medien Die Pressefreiheit ist in der Verfassung Kolumbiens verankert. Das Pressewesen hat einen guten Ruf. Unter den 30 Tageszeitungen ist *El Tiempo* am verbreitetsten. Im Land gibt es über 500 Rundfunkstationen. Das Fernsehen wird von der staatl. Fernsehgesellschaft *Inravision* betrieben.

Wirtschaft Der Agrarsektor liefert für den Export Kaffee (17 % des Ausfuhrwertes), Bananen, Schnittblumen, Zucker sowie Südfrüchte. Dem Eigenbedarf dienen vor allem Mais, Maniok, Kochbananen, Bohnen, dazu Gerste, Weizen, Zuckerrohr, Kartoffeln, Obst u. a. Die Rinderhaltung, deren Schwerpunkte in den karib. u. östl. Tiefländern liegen, hat mit 26 Mio. Tieren große Bedeutung erlangt. Trotz des Waldreichtums (rd. 50 % der Landesfläche) ist

Kaffee hat mit Abstand den größten Anteil am Exportwert aller landwirtschaftlichen Erzeugnisse; im Bild ein Kaffeelagerhaus

Kolumbien

0   500 km

konzentriert; ihre wichtigsten Zweige sind: Nahrungsmittel-, Textil-, Maschinen-, elektrotechn., chem. u. petrochem. Industrie. Die Elektrizitätserzeugung wird zu 74 % aus Wasserkraft gedeckt, deren Potenzial erst zu einem Bruchteil genutzt ist. Erst 60 % der kolumbianischen Bevölkerung werden ständig mit Strom versorgt.

Verkehr Die topograph. Verhältnisse erschweren den Ausbau eines Straßen- u. Schienennetzes, so dass dem Flugverkehr große Bedeutung zukommt; die staatl. Fluggesellschaft fliegt über 100 inländ. Flughäfen an. Das Eisenbahnnetz umfasst 3230 km (1995); von Bedeutung sind die Verbindungsstrecken von den Häfen Buenaventura u. Santa Marta zu den andinen Zentren. Das Straßennetz umfasst rd. 116 000 km (1997) u. ist im Andenraum gut ausgebaut. Die größten Häfen sind Buenaventura (Pazifik), Santa Marta, Barranquilla u. Cartagena (Karibik).

Geschichte Das Gebiet des heutigen Kolumbien wurde 1536–1539 von Spanien erobert u. 1739 *Vizekönigreich Neugranada* genannt. 1810 erklärte es seine Unabhängigkeit; die span. Kolonialherren

die Forstwirtschaft von geringerer Bedeutung, ebenso die Gewinnung von Kautschuk, Harzen u. Gerbstoffen. Wichtige Bodenschätze sind Edelsteine (Smaragde), Gold, Platin u. Silber; durch die Erschließung der riesigen Kohlevorkommen ist Kohle nach Erdöl u. Kaffee zum drittwichtigsten Exportgut geworden; daneben

werden Eisenerze, Bauxit, Schwefel, Kupfer, Nickel u. Asbest abgebaut. Kolumbien ist Selbstversorger mit Erdöl, das 50 % des Energiebedarfs deckt u. darüber hinaus über 20 % des Ausfuhrwertes stellt; in letzter Zeit sind auch große Erdgasfelder im karib. Raum erschlossen worden. Die Industrie ist in den 4 größten Städten

wurden von S. *Bolívar* in jahrelangen Kämpfen aus dem Land vertrieben. 1819 wurde die Republik *Großkolumbien* (nach C. *Kolumbus* benannt) proklamiert, die aus Kolumbien u. Venezuela bestand u. der sich 1821 Panama u. 1822 auch Ecuador anschlossen. 1830 fielen Venezuela u. Ecuador ab u. wurden selbständig; der Rest nannte

sich *Republik Neugranada*, seit 1858 *Granadinische Konföderation*, seit 1861 *Vereinigte Staaten von Kolumbien* u. seit 1886, als das föderative System zu Gunsten des Einheitsstaats aufgegeben wurde, *Republik Kolumbien*. – Während bis zu dieser Zeit die häufigen inneren Unruhen vor allem auf die Streitigkeiten zwischen Unitariern u. Föderalisten zurückgingen, begannen nun die Auseinandersetzungen zwischen Konservativen u. Liberalen, wodurch Kolumbien weiter geschwächt wurde. Unter dem Druck der USA trennte sich Panama 1903 von Kolumbien u. wurde selbständige Republik. Grenzstreitigkeiten mit Venezuela (1891–1896) u. Peru (1931–1942) wurden schließlich friedlich beigelegt. – Nach vorübergehender innerer Stabilisierung brach 1948 der Bürgerkrieg („violencia") zwischen „Liberalen" u. „Konservativen" aus (200 000 Tote). Eine gewaltsame Befriedung erzielte der Militärdiktator G. *Rojas Pinilla* (1953–1957).
Seit 1958 wurde das polit. Leben Kolumbiens von 2 Parteien, der Liberalen Partei (PL) u. der Konservativen Partei (PSC), geprägt, die sich zu einer „Nationalen Front" zusammenschlossen. Man einigte sich darauf, dass alle 4 Jahre jeweils eine der beiden Parteien abwechselnd den gemeinsamen Kandidaten für das Präsidentenamt stellte. An den Wahlen zum Kongress durften sich seit 1972 auch andere Parteien

beteiligen. Seit 1974 stellten Liberale u. Konservative wieder eigene Kandidaten für die Präsidentschaftswahlen auf. Die Liberalen gewannen mit A. *López Michelsen* u. J. C. *Turbay Ayala* die Präsidentschaftswahlen 1974 u. 1978. Der unter dem konservativen Präsidenten B. *Betancur Cuartas* (1982 bis 1986) eingeleitete Versuch, einen Dialog mit der Stadtguerilla *Movimiento 19 de Abril (M-19)* aufzunehmen, scheiterte. Nach der gewaltsamen Besetzung des Obersten Gerichtshofs durch die linksradikale M-19 1985 verschärften sich die Auseinandersetzungen zwischen der Guerilla u. rechtsextremen Todesschwadronen, wobei sich die Aktionen der Rechten auch gegen Kleinbauern u. Indios richteten. Unter der Präsidentschaft des Liberalen V. *Barco Vargas* (seit 1986) verstärkte sich der Einfluss der weltweit operierenden kolumbian. Drogenmafia. Nachdem Barco 1989 die Möglichkeiten ausweitete, Mitglieder der Drogenkartelle an die USA auszuliefern, eskalierten die Auseinandersetzungen (Drogenkrieg). 1990 wurde der Liberale C. *Gavíria Trujillo* Staatspräsident. Er versuchte, durch polit. Reformen der Gewalt im Lande Herr zu werden. Die ehem. Guerillaorganisation M-19 beteiligte sich an den Wahlen zur verfassungsgebenden Versammlung 1990, in der die Liberale Partei stärkste Fraktion wurde. Am 5. 7. 1991 trat die neue Verfassung Kolumbiens

Großkolumbien 1819–1830

in Kraft. Sie enthielt u. a. als wichtige Bestimmung ein Auslieferungsverbot für kolumbian. Staatsangehörige an eine ausländ. Gerichtsbarkeit. Auf der Grundlage dieser Bestimmung hatten führende Angehörige der Drogenmafia bereits vorher ihre Bereitschaft erklärt, sich der Justiz zu stellen. Die Parlamentswahlen im Oktobr 1991 gewann die Liberale Partei. Danach eskalierten polit. Gewalt u. Terror in Kolumbien erneut, so dass zeitweise der Ausnahmezustand verhängt wurde. Im Juni 1994 wurde E. *Samper Pizano*, der Kandidat der Liberalen Partei, zum Staatspräsidenten gewählt. Seine Amtszeit überschatteten Vorwürfe, dass er seinen Wahlkampf mit Geldern aus dem Rauschgiftgeschäft finanziert habe. Die Aktivitäten der Drogenkartelle sowie links- u. rechtsgerichteter Organisationen belasteten weiterhin das innenpolit. Klima. Vor diesem Hintergrund wurde 1998 A. *Pastrana Arango* (PSC) zum neuen Präsidenten gewählt. Der neue Präsident versuchte, durch Verhandlungen mit den Guerillaorganisationen FARC (Fuerzas Armadas Revolucionarias de Colombia) u. ELN (Ejército de Liberación) einen Friedensschluss im langjährigen Bürgerkrieg zu erreichen. Trotz dieser Bemühungen gingen die militärischen Auseinandersetzungen auch 1999 weiter.

Politik Nach der Verfassung vom 5. 7. 1991 ist Kolumbien eine präsidiale Republik. Staatsoberhaupt ist der Präsident, der auf 4 Jahre direkt vom Volk gewählt wird (keine Wiederwahl). Die Legislative besteht aus dem Abgeordnetenhaus (Cámara de Representantes) mit 165 u. dem Senat (Senado) mit 102 Mitgliedern. Das Parteileben wird von den Liberalen (Partido Liberal, PL) u. den Konservativen (Partido Social Conservador, PSC) bestimmt. Oberste Justizbehörde ist das *Verfassungsgericht*.

Landschaft in der Westkordillere der Anden

gleich: Ein konventionelles → Kohlekraftwerk erreicht etwa 42–43%.

Kombinat [das; lat.], in kommunist. Staaten Bez. für die organisatorische Zusammenfassung von Betrieben mehrerer Produktionsstufen bzw. verschiedener Produktionszweige oder von Produktions- u. Versorgungsbetrieben.

Kombination [lat.], **1.** *allg.:* die Verbindung zweier oder mehrerer verschiedener Dinge, Tatsachen, Vorstellungen u. a. **2.** *Kristallographie:* das Auftreten mehrerer einfacher Kristallformen gleichen Symmetriegrads an einem Einzelkristall. **3.** *Sport:* 1. das planmäßige, flüssige Zusammenspiel von Mannschaften. – 2. beim *Springreiten* hintereinander gestellte Hindernisse in zwei- oder dreifacher Anordnung; Abstand 7,50–10,50 m von Hindernis zu Hindernis. – 3. beim *Skisport:* → alpine Kombination, → nordische Kombination.

Kombinationswirkungen, *Kombinationseffekt,* die Wirkungen von nebeneinander in der Umwelt auftretenden Schadstoffen, die gleichzeitig oder aufeinander folgend einen Organismus beeinträchtigen oder schädigen. Die Wirkungsausprägung kann durch das Zusammenwirken der Schadstoffe kleiner *(unteradditive Wirkung, Antagonismus),* gleich *(additive Wirkung)* oder größer *(überadditive* oder *potenzierende Wirkung,* → Synergismus) als die Summe der Einzelwirkungen sein. Kombinationspräparate werden oft zur Steigerung der Wirkung bzw. zur Ausweitung des Wirkungsspektrums aus Arzneien hergestellt.

Kombinatorik, *Kombinationslehre,* ein Zweig der Mathematik, der die möglichen Arten der Anordnung einer Anzahl von Dingen *(Elementen)* u. deren Zusammenfassung zu Gruppen *(Komplexionen)* untersucht. Unterschieden werden: 1. *Permutationen* enthalten alle Elemente, u. zwar jedes nur einmal; z. B. haben die 3 Elemente 1, 2, 3 die 6 Permutationen 123, 132, 213, 231, 312, 321. 4 Elemente haben 24 = 4!, n Elemente haben n! Permutationen (→ Fakultät). – 2. *Variationen* enthalten nur einen Teil (*m*) der n Elemente. Die Zahl *m* bezeichnet die *Klasse der Variationen*; z. B. haben 3 Elemente 3 Variationen 1. Klasse *(Unionen,* nämlich 1, 2, 3) u. 6 Variationen 2. Klasse *(Amben, Binionen,* nämlich 12, 21, 13, 31, 23, 32). Die Zahl der Variationen *m*-ter Klasse von *n* Elementen ist:

$$V_n^m = n\,(n-1)\,(n-2)\ldots(n-[m-1]).$$ –

3. *Kombinationen* (*m*-ter Klasse) sind Variationen *m*-ter Klasse, bei denen auf ein Element niemals ein anderes mit niedrigerer Nummer folgt. Bei 3 Elementen gibt es 3 Kombinationen 1. Klasse (1, 2, 3) u. 3 Kombinationen 2. Klasse (12, 13, 23). – Außerdem gibt es Komplexionen mit Wiederholung; bei diesen werden einzelne Elemente mehrfach verwendet. Ein wichtiges Anwendungsgebiet der K. ist die *Wahrscheinlichkeitsrechnung.*

kombinatorische Chemie, Zweig der Chemie, der sich mit der Herstellung einer großen Zahl von chem. Verbindungen nach dem Zufallsprinzip beschäftigt. An gekennzeich-neten Trägern befinden sich Ausgangsmoleküle, die mit Hilfe von Robotern mit verschiedenen Reagenzien in Verbindung gebracht werden. So entstehen zahlreiche verschiedene Verbindungen, die katalogisiert u. anschließend auf ihre biolog. Wirksamkeit hin überprüft werden. Verspricht der Stoff aufgrund seiner Grundstruktur erfolgreich zu werden, kann seine Reaktivität durch leichte zusätzl. Veränderungen am Molekül, zunächst am Bildschirm, weiter entwickelt werden. Danach wird der Stoff – entspr. der Computervorlage – im Labor (konventionell) synthetisiert. Dieses Verfahren geht auf die sog. Split-Synthese von R. B. *Merrifield* zurück, für die er 1984 den Nobelpreis erhielt. Auf diese Weise wurde z. B. das *Virum* entdeckt, ein Stoff, der das Wachstum von HI-Viren hemmt.

kombinierter Verkehr, Transportkette verschiedener Verkehrsträger (Bahn, Lkw, See-/Binnenschiff). Durch Verwendung genormter Behälter (Container, Wechselaufbauten, Sattelanhänger u. a.) braucht das Ladegut selbst beim Wechsel des Transportmittels nicht mehr angefasst zu werden (Massenstückgut). Ein Vorteil ist der leichte u. schnelle Umschlag der Einheiten durch Kräne z. B. im → Container-Bahnhof. In Dtschld. gibt es den kombinierten Verkehr als Abwicklung 1. des Containerverkehrs durch die Transfracht (TFG), 2. des Huckepackverkehrs durch die Kombiverkehr GmbH & Co. KG in Zusammenarbeit mit der DB Cargo AG u. der Speditionswirtschaft.

Kombischiff, ein Schiff, das hauptsächl. (meist hochwertige) Fracht transportiert u. außerdem über Einrichtungen für 30–150 Passagiere verfügt; Größe über 7000 BRT. Kombischiffe werden heute wegen zu hoher Personalkosten nicht mehr gebaut.

Kombiwagen, *Kombi* → Kraftwagen.

Komburg, *Comburg,* ehem. Kloster im Tal der Kocher, bei Schwäb. Hall; seit 1075 Benediktinerabtei, 1488–1802 Chorherrenstift; Klosterkirche St. Nikolaus (Neubau

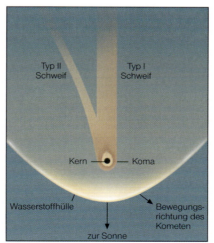

Komet: grundsätzlicher Aufbau

[Bildbeschriftungen:] Typ II Schweif · Typ I Schweif · Kern · Koma · Wasserstoffhülle · Bewegungsrichtung des Kometen · zur Sonne

Komet: Aufnahme des Kometen Hale-Bopp vom 13. 3. 1997

1707–1715) mit Hochaltar (1713–1717), Antependium (Holztafel mit vergoldetem Kupferblech, 1140) u. Radleuchter.

Kombüse [die; niederdt.], die Schiffsküche; früher als Deckshaus auf Seglern.

Komedonen [Sg. der *Komedo*; lat.], *Comedones* → Mitesser.

◆ **Komet** [der; grch.], *Schweif-, Haarstern,* ein Himmelskörper geringer Masse, meist eine lose Anhäufung von Meteoriten, kosmischem Staub, Eispartikeln u. Gasen. Der K. umwandert die Sonne auf einer lang gestreckten elliptischen Bahn *(periodischer K.)* oder kommt auf einer nahezu parabelförmigen Bahn aus einer sog. zirkumsolaren Kometenwolke (Oort'sche Wolke, → Oort) in bis zu 2 Lichtjahren Abstand oder aus dem Kuiper-Ring (→ Kuiper), in die er nach Durchlaufen der Sonnennähe wieder zurückkehrt. Er besteht aus dem Kometenkern u. der ihn umgebenden, diffus leuchtenden *Koma.* Der Kern besteht aus Eispartikeln u. Staubteilchen (Gesamtdurchmesser 1–50 km). Die Koma ist 50 000–150 000 km groß. Bei Annäherung an die Sonne entwickelt sich meist ein *Schweif,* dessen Richtung stets von der Sonne abgewandt ist, mitunter auch mehrere Schweife von verschiedener Krümmung u. etwas verschiedener Richtung *(Gasschweif:* Typ I, *Staubschweif:* Typ II). Der Gasschweif besteht hauptsächl. aus Ionen, die durch elektr. geladene Teilchen von der Sonne (Sonnenwind) aus der Koma herausgeschleudert werden. Die Staubteilchen werden durch den Strahlungsdruck der Sonne weggeschleudert. Die Schweife großer Kometen haben oft eine Länge von 100 Mio. km u. mehr u. können sich in Erdnähe über den halben Himmel erstrecken. Die Gasdichte im Schweif beträgt nur 1/10 000 der Gasdichte im extremsten heute herstellbaren „Hochvakuum". Kometen sind instabile Gebilde; ihr Zerfall (Auflösung in Meteorschwärme) ist vielfach beobachtet worden. Vermutlich handelt es sich bei den Kometen um Teile der Ursubstanz unseres Sonnensystems.

Ab Mitte der 1980er Jahre traten die Kometen durch einige spektakuläre Ereig-

Komi: Holzflößerei auf der Wytschegda

nisse in das Blickfeld der Öffentlichkeit: 1986 wurde der berühmte Halley'sche K. von der ESA-Raumsonde Giotto bei einem nahen Vorbeiflug untersucht (erster Vorbeiflug einer Raumsonde an einem Kometen), im Jahr 1994 schlugen Fragmente des Kometen Shoemaker-Levy 9 auf dem Jupiter ein. Im März 1996 flog der K. Hyakutake sehr nahe an der Erde vorüber u. konnte mit bloßem Auge beobachtet werden. Er wurde in seiner Helligkeit noch übertroffen von dem Kometen Hale-Bopp, der im Frühjahr 1997 die Bahn der Erde kreuzte.
Heute sind mehr als 700 Kometen bekannt, 250 Kometenbahnen kennt man genauer. Die meisten Kometen bleiben jedoch für das bloße Auge unsichtbar.
„Komet", Bez. für das dt. Flugzeug Me 163 (960 km/h, 16 500 m Gipfelhöhe), das erste, ab Herbst 1944 einsatzfähige Jagdflugzeug der Welt, das mit einem Raketen-Flüssigkeitstriebwerk ausgestattet war.
kometarische Nebel, helle Nebel um einige Sterne, die ihre Helligkeit verändern (z. B. R Monocerotis, T Tauri); verändern gleichzeitig mit den Sternen, die sie beleuchten, ihre Helligkeit.
Kometenfamilie, vor allem beim Planeten *Jupiter* eine Anzahl Kometen mit ursprünglich nahezu parabolischen Bahnen; die Kometen wurden durch Störungen des Jupiters „eingefangen", d. h. in elliptische Umlaufbahnen gezwungen. Gegenwärtig sind über 50 solcher Kometen bekannt. Ihre Umlaufzeiten betragen zwischen 6 u. 7 Jahren. Kometenfamilien der Planeten Saturn, Uranus u. Neptun werden vermutet.
Kometengruppe, einige Kometen, die sich praktisch auf derselben Bahn um die Sonne bewegen; vermutlich aus dem Zerfall eines einzigen Kometen entstanden.
Kometensucher, ein Fernrohr mit großer Öffnung, verhältnismäßig kurzer Brennweite u. großem Gesichtsfeld, zur Durchmusterung des Himmels nach Kometen.
Komet West, Komet im Sonnensystem, Umlaufzeit etwa 560 000 Jahre, zerplatzte 1976 in vier Stücke.
Komfortverhalten [-'fo:r-], *Verhaltensforschung*: Verhaltensweisen u. Bewegungsformen von Tieren, die im Dienste der „Behaglichkeit" u. der Körperpflege stehen. K. kann ausschließlich auf den eigenen Körper bezogen sein (Körperpflegehandlungen) oder die Umwelt einbeziehen (soziale Handlungen). Im sozialen Verband erfüllt die ritualisierte Form des Einander-Putzens wichtige Funktionen der Partnerbindung oder der Kontaktpflege („soziale Fellpflege"). Zwischenartliche Körperpflegehandlungen finden sich in Form der Putzsymbiose bei Putzerfischen oder Madenhackerstaren. Voraussetzung hierfür ist eine → interspezifische Kommunikation. Elemente des Komfortverhaltens erfüllen häufig eine Signalfunktion.
Komi, früher *Syrjänisch*, zur permischen Gruppe der finn.-ugrischen Sprachen gehörig; *Komi-Syrjänisch* u. *Komi-Permjakisch* wird von rd. 300 000 Menschen in der Rep. Komi (Russland) gesprochen. In der 2. Hälfte des 14. Jh. wurde ein altpermjakisches Schrifttum geschaffen (z. T. mit Buchstaben aus dem kirchenslaw. Alphabet), das im 18.Jh. wieder in Vergessenheit geriet.
Komi, früher *Syrjänen*, ostfinn. Volk (345 000) in der Rep. Komi (Russland), auf der Halbinsel Kola; bis ins 12.Jh. Pelz- u. Zwischenhändler zwischen Byzanz u. den Warägern, seit dem 14.Jh. Christen; mit starker russ. Beimischung; Bauern mit Viehzucht, Jagd u. Handel; in Blockwerkbauten.
◆ **Komi**, Republik innerhalb Russlands, westl. des nördl. Ural, 415 900 km², 1,2 Mio. Ew., davon 23 % Komi, Hptst. *Syktywkar*. Drei Viertel des Landes sind mit Wald bedeckt (Kiefern, Tannen), weite Flächen versumpft; die Flüsse sind neben der Petschora-Nordbahn die einzigen Verbindungswege. Holzwirtschaft, Flößerei; in den Flussauen u. im Raum südlich der Wytschegda Milchviehzucht u. Getreideanbau, im N Pelztierjagd u. Rentierzucht; im Petschorabecken Steinkohlenlager mit dem Abbauzentrum *Workuta*, Erdöl u. Erdgas bei *Uchta* u. *Inta*; Flugverbindungen. – 1921 als AO gebildet, 1936–1991 ASSR.
Komik [die; grch.], das *Komische*, eine Darstellung, die in Bild u. Wort überraschend das Illusionäre einer Erscheinung (eines Werts, eines Vorgangs, eines Dings) zeigt u. sie dadurch dem Lachen des Zuschauers (Zuhörers) preisgibt, der seine Enttäuschung überwindet, indem er sich erkennend über sie erhebt. *Aristoteles* definierte das Komische als Torheit, die für niemanden schädlich ist. Ihr Feld ist in der Literatur die *Komödie*, auch die *Posse*. Im ersten Fall bezieht sich die K. auf hohe, echte, sittl. Werte, die zwar lächerlich gemacht, aber keineswegs zerstört werden (z. B. die komische Gerechtigkeit des Dorfrichters Adam in H. von *Kleists* „Zerbrochener Krug"); im zweiten Fall wird Komik zur *Situationskomik* (die K. folgt aus zufälligen, nicht notwendigen Situationen, in die der Bedrängte gerät). Echte K. ergibt sich aus der Unzulänglichkeit des Menschen, Situationskomik ergibt sich aus der Tücke der Objekte (z. B. in F. T. *Vischers* Roman „Auch einer"); jedoch ist jede echte K. zu einem Teil immer auch Situationskomik (z. B. in *Cervantes'* „Don Quijote").
Komiker [der, Pl. *K.*; grch.], ein Vortragskünstler, der auf komische u. lustige Weise unterhält; auch: Darsteller komischer Rollen auf der Bühne.
Komilla, *Comilla*, Distrikt-Hptst. in Bangladesch, im östl. Bengalen, nahe der ind. Grenze, 143 000 Ew.; landwirtschaftl. Handelszentrum in einem Reis-, Jute- u. Zuckerrohranbaugebiet; Straßen- u. Eisenbahnknotenpunkt.
Kominform [das; Kurzwort für *Informationsbüro der kommunist. u. Arbeiterparteien*], 1947 gegr. Nachfolgeorganisation der *Komintern*; Sitz: bis 1948 Belgrad, dann Bukarest. Dem K. gehörten die kommunist. Parteien der UdSSR, Bulgariens, Jugoslawiens (bis 1948), Polens, Rumäniens, Ungarns, der Tschechoslowakei, Frankreichs u. Italiens an. Seine Aufgabe war es, die Politik dieser Parteien im sowjet. Sinne zu koordinieren. Im Zuge der Entstalinisierung wurde das K. 1956 aufgelöst.
◆ **Komintern** [die; Kurzwort für *Kommunistische Internationale*], die 3. Internationale, 1919 in Moskau gegr. Vereinigung der kommunist. Parteien aller Länder unter sowjetruss. Führung, in bewusstem Gegensatz zur sozialist. 2. Internationale. Das Ziel der K. war es, „mit allen Mitteln, auch mit den Waffen in der Hand, für den Sturz der internationalen Bourgeoisie u. für die Schaffung einer Internationalen Sowjetre-

Komintern: Die 3. Internationale. Wandgemälde von Diego Rivera. Mexico, Palacio de Bellas Artes

publik", also für die kommunist. Weltrevolution u. für die Diktatur des Proletariats, zu kämpfen. Die K. legte auf ihren insgesamt 7 Kongressen (zuletzt 1935) die Generallinie der kommunist. Politik fest. 1943 wurde sie aufgelöst, weil sie für das Kriegsbündnis der UdSSR mit den Westmächten hinderlich erschien. Ihre Nachfolge trat in begrenztem Umfang 1947 das *Kominform* an.

Komi-Permjaken-AK, Verwaltungsbezirk im NW der Oblast Perm, Russland, westl. des Mittleren Ural, an der Kama, 32 900 km², 159 000 Ew., davon 24 % in Städten, Hptst. *Kudymkar*; Waldwirtschaft, im S mit Milchviehzucht u. Getreideanbau, Jagd, Forstwirtschaft; Holzverarbeitung – 1925 gegründet.

Komitadschi [türk.], auf dem Balkan gegen die Türken kämpfende Banden; später (1860er Jahre) bulgar. Aufständische, die die Angliederung Makedoniens an Serbien bekämpften.

Komitat [das; lat. *comitatus*], 1. *H o c h - s c h u l w e s e n :* feierliches Geleit, Abschiedsfeier für scheidende Hochschulstudenten.
2. *V e r w a l t u n g : Megyék,* Verwaltungseinheit in Ungarn.

Komitee [das; frz.], (leitender) Ausschuss.

Komitien [lat. *comitia*], Versammlungen des gesamten, in Kurien *(Kuriatkomitien)*, Zenturien *(Centuriatkomitien)* oder Tribus *(Tributkomitien)* gegliederten röm. Volks, an festgesetztem Ort u. in feierl. Form; K. dienten zur Rechtsprechung, Wahl der Beamten, Entscheidung über Krieg u. Frieden u. Abstimmung über Anträge u. Gesetze.

Komló, seit 1992 *Mánfa,* Stadt in Ungarn, am Nordfuß des Mecsekgebirges, 29 600 Ew.; Steinkohlenbergbau, Kokereien, Baustoffindustrie (Andesitabbau).

Komma [das, Pl. *Kommas* oder *Kommata*; grch.], *Beistrich* → Zeichensetzung.

Kommabazillus, Trivialbez. für *Vibrio comma,* Erreger der Cholera; 1883 von Robert Koch entdeckt.

◆ **Kommafalter,** *Hesperia comma,* goldgelber, dunkel gezeichneter mitteleurop. Schmetterling aus der Gruppe der *Dickkopffalter,* tags fliegend. Die Raupe lebt in Gespinströhren an Grasarten; schwarzgrau mit großem Kopf.

Kommagene, antike Landschaft im SO Kleinasiens, am Euphrat, Hptst. *Samosata* (heute *Samsat*) im 9. u. 8. Jh. v. Chr. unter dem Namen *Kummuch* selbständiges Fürstentum, nach 708 v. Chr. assyrische Provinz; unter den Achämeniden Teil von Kurien, von dessen Satrapen, den *Orontiden,* die späteren Könige von K. ihr Geschlecht herleiteten. Unter *Ptolemaios VI.* wurde K. 162 v. Chr. von den Seleukiden unabhängig; der bedeutendste König war *Antiochos I.* (um 69–38 v. Chr.). Nach dem Tod *Antiochos' III.* (18 n. Chr.) wurde K. in das Röm. Reich eingegliedert. – In Religion u. Kultur von K. mischen sich hellenist., anatol. u. pers. Elemente. Auch → Nemrut Daği.

Kommandant [frz.], der Befehlshaber eines festen Platzes oder einer Liegenschaft.

Kommandeur [-'dø:r; frz.], der Befehlshaber eines Verbandes des Heeres vom Bataillon bis zur Division. Auch → Komtur.

Kommafalter, Hesperia comma

Kommandeurinseln [-'dø:r-], russ. *Komandorskie ostrova,* russ. Inselgruppe im Beringmeer, östl. von Kamtschatka, Fortsetzung der Aleuten, von vulkan. Entstehung; Hauptinseln *Bering* u. *Mednyj Ostrow* u. zwei unbewohnte Inseln, zusammen 1848 km², rd. 600 Ew., *Aleuten;* Pelztierzucht (bes. Blaufüchse) u. Robbenfang.

Kommanditgesellschaft, Abk. *KG,* eine Personalgesellschaft, Sonderform der *Offenen Handelsgesellschaft;* unterscheidet sich von dieser dadurch, dass nur ein Teil der Gesellschafter (mindestens einer) gegenüber den Gesellschaftsgläubigern mit seinem gesamten Vermögen haftet *(Komplementär, persönlich haftender Gesellschafter),* während die anderen in ihrer Haftung auf eine bestimmte Vermögenseinlage beschränkt sind *(Kommanditist, Kommanditär);* rechtlich geregelt in §§ 161 ff. HGB. Besondere Formen der KG sind die → GmbH & Co. KG u. die → Kommanditgesellschaft auf Aktien.

Kommanditgesellschaft auf Aktien, *Kommanditaktiengesellschaft,* Abk. *KGaA,* eine seltene Form der Kapitalgesellschaft, im Aufbau der *Kommanditgesellschaft* ähnlich: Die *Kommanditisten (Kommanditaktionäre)* sind an dem in Aktien zerlegten Grundkapital beteiligt, ohne persönlich zu haften; die Rechte u. Pflichten der *Komplementäre* entsprechen denen bei der Kommanditgesellschaft; rechtl. Regelung in §§ 278 ff. Aktiengesetz.

Kommanditist [frz.], der Gesellschafter einer → Kommanditgesellschaft, dessen Haftung auf die Kommanditeinlage beschränkt ist.

Kommando [das; ital.], 1. der in Form u. Wortlaut festgelegte militär. Befehl.
2. eine Anzahl Soldaten mit bes. Auftrag.
3. die militär. Befehlsgewalt.

Kommandoapparat, ein Befehlsgerät (z. B. Maschinentelegraf) auf der *Kommandobrücke* von Schiffen zum Übermitteln von Befehlen in den Maschinenraum oder andere Bordstellen; meist elektrisch, früher mechanisch betrieben. Auch → Maschinentelegraf.

Kommandobrücke, *Deckshaus,* auf Schiffen ein heute oft mehrstöckiger Aufbau mit breiten Frontfenstern u. seitlich herausragenden → Nocken; entstanden aus einer Laufbrücke von Bord zu Bord, um Kapitän u. Brückenwache freie Sicht voraus u. über das Schiff zu geben; enthält heute Kommandoelemente, Kartenhaus, Kompass, Ruderapparat, Radar u. Ä.

Kommandolenkung → Fernlenkwaffen.

Kommando Spezialkräfte, Abk. *KSK,* Spezialtruppe der Bundeswehr u. Teil der Krisenreaktionskräfte; seine Aufstellung wurde 1996 eingeleitet; Aufgaben: Rettung bedrohter dt. Staatsbürger, Aufklärung u. Kampfeinsätze im gegnerischen Gebiet.

Kommandowerk, in Rechnern der ersten Generationen Teil der → CPU, der die Kommandos aufarbeitet u. durchführt.

Kommandozeichen der Marine, Flaggen, Stander u. Wimpel von Admiralen, Kommandanten u. Verbänden der Marine; in der preuß. Marine am 3. 1. 1858 festgelegt.

Kommaschildlaus, *Lepidosaphes ulmi,* 4 bis 5 mm lange, schwarzbraune *Deckelschildlaus* Europas u. Kleinasiens; mit miesmuschelförmigem Rücken- u. dünnem, wächsernem Bauchschild; vor allem an Apfelbäumen, aber auch an anderen Obstbäumen, Beerensträuchern u. Nadelhölzern.

Kommastelle, *Dezimalstelle,* bei einer Zahl in der → Dezimaldarstellung eine Ziffer, die hinter dem Komma steht; die Zahl 4,35 hat z. B. die beiden Kommastellen 3 u. 5. Die Kommastellen einer Zahl geben ihre Dezimal-Bruchteile an: Zehntel, Hundertstel, Tausendstel usw. So ist 4,35 die Summe aus 4 Ganzen, 3 Zehnteln u. 5 Hundertsteln.

Kommeline [lat.], eine Pflanze, → Commelina.

Kommendation [lat.], im mittelalterl. Lehnswesen der symbol. Akt beim Eingehen eines Lehnsverhältnisses, wobei der Vasall seine gefalteten Hände kniend in die sitzenden Lehnsherrn legte, zum Zeichen der Ergebung in den Schutz u. die Gewalt des Herrn auf Lebenszeit gegen Versorgung. Die K. ist gallo-römischen Ursprungs.

Kommende [die; lat.], 1. *K i r c h e n r e c h t :* 1. Bezug u. Genuss der Einkünfte eines Kirchenamts ohne dessen wirkl. Besitz, z. B. die Verleihung eines Klosters an einen Weltgeistlichen *(Kommendatarabt).* Päpste u. Trienter Konzil versuchten vergeblich, den Missbrauch der K. zu verhindern – 2. erledigte Kirchenämter, die bis zu ihrer Wiederbesetzung meist benachbarten Geistlichen zur einstweiligen Verwaltung anvertraut werden.
2. *O r d e n s r e c h t :* Verwaltungseinheit beim Johanniterorden u. beim Dt. Orden.

Kommensalismus [lat.], *Nahrungsnutznießertum,* das Verhältnis zweier Tiere verschiedener Art, aus dem der eine, der *Kommensale* (Mitesser), durch Beteiligung an der Nahrung des anderen, des *Wirtes,* einseitigen Vorteil zieht (z. B. Schakale bei großen Raubtieren). Im Extremfall wird K. zum *Nahrungsparasitismus,* wenn der Wirt merklich geschädigt wird. Auch → Vergesellschaftung.

kommensurabel [lat.], 1. *a l l g . :* mit gleichem Maß messbar, vergleichbar.
2. *A s t r o n o m i e :* Bez. für die in einem einfachen ganzzahligen Verhältnis (z. B. 1:1,

1 : 2, 1 : 3, 1 : 4, 2 : 3, 2 : 5) stehenden Umlaufzeiten zweier Himmelskörper um ein Zentralgestirn. Die *Kommensurabilität* führt zu starken Störungen in ihrer Bahn, die ein Herausdrängen der Körper aus dieser Bahn zur Folge haben. Derartige *Kommensurabilitätslücken* liegen im Sonnensystem z. B. bei den Planetoiden vor (Beeinflussung durch Jupiter) oder vielleicht auch bei den Teilungen in den Planetenringen (Wirkung der Satelliten).

3. *Mathematik:* Bez. für zwei oder mehrere Größen, die einen gemeinsamen Teiler haben; z. B. die Zahlen 18 u. 24 sind kommensurabel, da sie durch 6 teilbar sind.

Komment [kɔ'mã; der; frz. *comment*, „wie?"], die Verhaltensformen, wie sie in student. Verbindungen gepflegt wurden u. z. T. noch werden. Der *allg. K.* fasst die Gesamtheit der für das Mitgl. geltenden Lebensregeln zusammen. Der *Kneipkomment* regelt den Verlauf von Kneipenbesuchen u. geselligen Veranstaltungen. Der *Paukkomment* ordnet die Verhaltensweisen bei der Mensur. Der *Duzkomment* verpflichtet die Mitglieder einer Verbindung untereinander zur Anrede mit „Du".

Kommentar [der; lat.], **1.** die Gesamtheit der Erläuterungen u. Anmerkungen bei wissenschaftl. Ausgaben literarischer Werke u. bei Gesetzestexten. **2.** die persönl. u. krit. Stellungnahme eines Journalisten zu aktuellen Ereignissen.

Kommentkampf [kɔ'mã; *Verhaltensforschung*] angeborene, nach festen Regeln ablaufende Form des Kampfverhaltens bei Wirbeltieren. Bestimmte Regeln schwächen den wohl ursprüngl. Beschädigungskampf ab u. schränken die Gefahr von Verletzungen stark ein. So sind z. B. die friedlich verlaufenden Schaukämpfe der männl. Kampfläufer Teil des Balzverhaltens (Gruppenbalz).

Kommerell, Max, dt. Literarhistoriker, Schriftsteller u. Übersetzer, *25. 2. 1902 Münsingen, Württemberg, †25. 7. 1944 Marburg; zunächst Schüler u. Begleiter S. *Georges*, dann Prof. in Frankfurt a. M. u. Marburg; Abhandlung: „Der Dichter als Führer in der dt. Klassik" 1928; Roman: „Der Lampenschirm aus den drei Taschentüchern" 1940; Essays: „Geist u. Buchstabe der Dichtung" 1941; „Dichterische Welterfahrung" (postum) 1952; Lyrik: „Das letzte Lied" 1933; „Die Lebenszeiten" 1942. – Gesamtausgaben: Briefe u. Aufzeichnungen 1967; Essays, Notizen, poet. Fragmente 1969; Gedichte, Gespräche, Übertragungen 1973.

Kommers [lat.; der], im student. Verbindungswesen zu bes. Gelegenheiten abgehaltene Festlichkeit mit festgelegtem Brauchtum; *Kommersbuch*, Liederbuch für student. Verbindungen, erstmals im Gefolge der sog. Befreiungskriege 1818 publiziert.

Kommerz [frz.], veraltete Bez. für *Handel*; heute meist abwertend für Wirtschaft, Geschäftsverkehr.

kommerziell [frz.], den Handel u. das Gewerbe betreffend, kaufmännisch.

Kommilitone [lat.], Mitstudent, Studiengenosse.

Kommis [kɔ'mi; frz.] → Handlungsgehilfe.

Kommiss [lat. *commissum*, „das Anvertraute"], volkstüml. Bez. für den Militärdienst; ursprüngl. nur in Beziehung auf die dem Soldaten vom Staat zur Verfügung gestellten („anvertrauten") Gegenstände.

Kommissar [lat.], allg. eine mit der Erledigung bestimmter Aufgaben betraute Person, (öffentl.) Amtsträger, z. B. Polizeikommissar. Sein Auftrag ist oft vorübergehender Natur, z. B. im Rahmen einer *kommissarischen Geschäftsführung*, doch gibt es auch ständige Kommissare. Im Rahmen seiner Aufsicht kann der Staat die vorübergehende Besetzung bestimmter (monokratischer oder kollegialer) Organe der ihm untergeordneten, aber mit Selbstverwaltungsrechten ausgestatteten öffentl.-rechtl. Körperschaften (Gemeinden, Kammern, Hochschulen) mit einem *Staatskommissare* anordnen, der damit die Wahrnehmung der Befugnisse dieses Organs übernimmt. – Besondere Bedeutung erlangte die Bez. in der Zeit der Französ. Revolution *(Konventskommissar)*. In der Sowjetunion wurden 1917–1947 die Minister als *Volkskommissare* bezeichnet. In der BR Dtschld. hießen die drei Chefs der 1949–1955 bestehenden zivilen Besatzungsbehörden (→ Alliierte Hohe Kommission) *Hohe Kommissare.* Auch → politische Kommissare.

Kommissarbefehl, vom Oberkommando der Wehrmacht am 6. 6. 1941 erlassene „Richtlinien für die Behandlung politischer Kommissare" während der unmittelbar bevorstehenden Kämpfe in der Sowjetunion. Im Widerspruch zu den Grundsätzen des Völkerrechts ordnete der K. an, polit. Kommissare der Roten Armee, die als „Urheber barbarischer asiatischer Kampfmethoden" bezeichnet wurden, „grundsätzlich mit der Waffe zu erledigen". Er wurde zwar nicht in allen Fällen von der Truppe befolgt, bildete aber dennoch eine der Grundlagen für den rassenideolog. Vernichtungskrieg, der von dt. Seite gegen die Sowjetunion geführt wurde.

Kommissariat [lat.], sachlich u. (oder) örtlich nachgeordnete Polizeibehörde. – In *Österreich* gibt es Bundespolizeibehörden 1. Instanz in größeren u. bes. bedeutenden Städten (Wien, Graz, Linz, Salzburg, Innsbruck, Klagenfurt, Eisenstadt) als *Bundespolizeidirektionen*, in kleineren Städten (Wiener Neustadt, Leoben, St. Pölten, Villach, Steyr, Wels u. Schwechat) als selbständige *Bundespolizeikommissariate.* Der Wirkungsbereich dieser Behörden ist durch Verordnung der Bundesregierung gemäß Art. 102 Abs. 6 BVerfG geregelt. Die Wiener *Bezirkspolizeikommissariate* sind dagegen nicht selbständig, sondern nur Dienststellen der Bundespolizeidirektion Wien für die jeweiligen Bezirk.

Kommissariat der deutschen Bischöfe, im Untertitel „Katholisches Büro Bonn" genannte Einrichtung, Verbindungsstelle der kath. dt. Bischöfe zu den polit. Organen des Staates in Bonn; zugleich Dienststelle des Verbandes der Diözesen Deutschlands. Seit den Anfängen im Jahr 1948 mit der Interessenvertretung der kath. Kirche bei der Bundesregierung betraut.

Kommission [lat.]. **1.** *allg.:* 1. Auftrag, Bevollmächtigung; 2. eine Personenmehr-

Kommode mit fernöstlichen Motiven von Johann Christian Fiedler; um 1785. Paris, Louvre

heit, der ein Auftrag erteilt wird, z. B. Untersuchungskommission, *Sachverständigenkommission, K. der Europäischen Gemeinschaften, K. für Menschenrechte.* **2.** *Handelsrecht:* das Rechtsverhältnis zwischen → Kommissionär u. → Kommittenten.

Kommissionär [lat., frz.], ein Vollkaufmann, der gewerbsmäßig Waren oder Wertpapiere für Rechnung eines anderen *(Kommittent)* im eigenen Namen kauft oder verkauft *(Kommissionsgeschäft).* Er ist zur Ausführung der übernommenen Geschäfte verpflichtet, hat die Interessen des Kommittenten wahrzunehmen u. dessen Weisungen zu befolgen. Der K. erhält dafür eine Provision u. Ersatz für besondere Aufwendungen (z. B. für die Benutzung von Verkehrsmitteln oder von Lagerräumen). Gesetzlich geregelt in §§383 ff. HGB. Kommissionsrecht gelangt auch zur Anwendung, wenn ein Kaufmann, der nicht K. ist, im Betrieb seines Handelsgewerbes ein Kommissionsgeschäft übernimmt *(Gelegenheitskommissionär).* – Ebenso in *Österreich,* ähnlich auch in der *Schweiz* (Art. 425–439 OR).

Kommission der Europäischen Gemeinschaften → Europäische Kommission, auch → Europäische Union.

Kommissionsbuchhandel, eine Form des *Zwischenbuchhandels.* Der Kommissionsbuchhändler erhält vom Verlegerkommittenten die Bücher, die er vom eigenen Lager an das Sortiment ausliefert. Die Lieferung erfolgt im Namen u. auf Rechnung des jeweiligen Verlages.

Kommissionsgebühr, die Provision für den → Kommissionär.

Kommissionsgeschäft → Kommissionär.

Kommissionsverlag, *Kommissionär,* ein Buchverlag, der den Vertrieb eines Werkes übernimmt, ohne das damit verbundene Risiko zu tragen. Der K., der die für Werbung u. Absatz entstehenden Kosten trägt, wird am Umsatz beteiligt, übernimmt die Vorräte eines in K. gegebenen Werkes aber nicht als Eigentum.

Kommissorium [das; lat.], zeitweilige Amtsübertragung.

Kommissur [die; lat.], *i. w. S.* jede Querverbindung zwischen symmetrischen Nervensträngen, z. B. zwischen den segmentalen Ganglien des Strickleiternervensystems (→ Bauchmark); i. e. S. Nerven-Querverbindungen zwischen den beiden Großhirnhemisphären (→ Gehirn) der Säuger.

Kommittent [lat.], der Auftraggeber eines *Kommissionärs*; z. B. ein *Verleger* oder ein *Sortimenter*, der einem → Kommissionsverlag Aufträge erteilt.

◆ **Kommode** [die; frz.], ein halbhohes Möbelstück mit Schubladen; seit dem späten Mittelalter als Mischform zwischen *Truhe* u. *Schrank* entwickelt; im 18. Jh. ein beliebtes Möbelstück.

Kommodore [engl., verfälscht aus span. *comendador*], 1. bei der Luftwaffe der Kommandeur eines Geschwaders. – 2. bei der Kriegsmarine der Kapitän zur See als Geschwaderchef in Admiralsstellung. – 3. bei der Handelsmarine Ehrentitel für verdiente Kapitäne.

Kommos [grch.], die Totenklage von Chor u. Schauspielern in der attischen Tragödie; hervorgegangen aus der rituellen Totenklage der Griechen (Raufen der Haare, Schlagen auf die Brust).

Kommunalabgaben → Gemeindesteuern.

Kommunalanleihe, Kapitalaufnahme einer Kommune (z. B. Stadt, Gemeinde, Gemeindeverbund) durch Emission einer → Anleihe auf dem Kapitalmarkt. Die auf einen festen Millionenbetrag lautende K. wird über das Banken- u. Sparkassensystem in Umlauf gebracht u. meist von privaten Personen erworben. Kommunalanleihen sind in der Regel mit einem festen Zins auf den Nennwert u. einer befristeten Laufzeit ausgestattet. Auch → Schuldverschreibung.

Kommunalaufsicht, Aufsicht des Staates über die Gemeinden. Da diese das Recht auf *Selbstverwaltung* haben, obliegt den staatl. Aufsichtsbehörden nur eine Rechtmäßigkeits-, aber keine Zweckmäßigkeitskontrolle. Aufsichtsbehörden sind für kreisangehörige Gemeinden die unteren staatl. Verwaltungsbehörden (Oberkreisdirektoren) u. für kreisfreie Gemeinden die Regierungspräsidenten.

Kommunalbanken, in öffentl.-rechtl. oder privatrechtl. Form von einer Stadt, Gemeinde oder von einem Gemeindeverband gegründete u. dotierte Banken, deren Hauptgeschäft das Spar- u. Hypothekengeschäft ist.

Kommunalbeamte, die Beamten der *Gemeinden* u. *Gemeindeverbände* (Landkreise, Ämter, Landschafts- u. kommunale Zweckverbände). Für die Rechtsverhältnisse der Kommunalbeamten sind die Beamtengesetze der Länder maßgebend. Besoldung u. Versorgung richten sich jedoch nach Bundesrecht, → Besoldungsordnung u. → Beamtenversorgungsgesetz.

Kommunalbetrieb → Gemeindebetrieb.

kommunale Selbstverwaltung, das in den meisten Staaten bestehende Recht der *Gemeinden* u. *Gemeindeverbände*, ihre Angelegenheiten unter der Aufsicht des Staates selbst zu regeln (in Dtschld. Art. 28 Abs. 2 GG). Die staatl. Verwaltung (Landesverwaltung) erfasst also nicht die Städte u. Gemeinden, die sich durch eigene Organe (*Bürgermeister, Stadtdirektor, Magistrat* als

Exekutivbehörden; *Ratsversammlung, Gemeinderat, Stadtverordnetenversammlung, Bürgerschaft* als Legislativorgan) sowie durch eine eigene Beamtenschaft *(Kommunalbeamte)* verwalten. In den Angelegenheiten des sog. kommunalen Wirkungsbereichs übt der Staat (das Land) nur die *Rechtsaufsicht* aus, d. h. er wacht über die Einhaltung der Rechtsvorschriften einschl. des geordneten Ganges der Verwaltung, hat aber keinen rechtl. Einfluss auf reine Zweckmäßigkeitsentscheidungen. Einige Akte der kommunalen Verwaltung, z. B. der Erlass von Satzungen, bedürfen der staatl. Genehmigung durch die zuständige Landesbehörde. Der Staat (das Land) kann den Gemeinden auch staatl. Aufgaben zur Erfüllung zuweisen (z. B. Durchführung von Bundes- oder Landtagswahlen); in diesen Fällen hat der Staat die *Fachaufsicht*, d. h. er kann bindende Weisungen erteilen u. ist nicht auf eine bloße Rechtsaufsicht beschränkt. Einzelheiten über die k. S. sind in den Landesverfassungen u. in besonderen Gemeindeordnungen der deutschen Länder festgelegt. Auch → Gemeinderecht.

Geschichtliches: Während in England das *local government* eine auch vom Absolutismus weitgehend unbeeinträchtigte Einrichtung war, verdankt die k. S. ihren Aufschwung in Dtschld. vor allem dem Freiherrn vom *Stein*. Seine *Nassauer Denkschrift* (1807) u. die von ihm erarbeitete *Städteordnung* (19. 11. 1808) bemühten sich, das Bürgertum an den Staat heranzuführen u. damit einerseits dem freiheitl. Gedanken Raum zu geben, andererseits schwere Erschütterungen vom preuß. Staat fernzuhalten. In der Restaurationszeit kam es durch die *Revidierte Städteordnung* (1831) zu einer Stärkung der *Staatsaufsicht*, der gegenüber den Gemeinden die Sorge für die Einhaltung der Gesetze zuerkannt wurde, doch erhielten sich auch in der Folgezeit die Grundgedanken Steins. Dtschld. ist neben England zum Mutterland der kommunalen Selbstverwaltung geworden. Allerdings brachte die moderne Verwaltungsstaatlichkeit manchen Eingriff in die Finanz- u. Personalhoheit der Gemeinden; ferner wurde die klare Gegenüberstellung von eigenen u. übertragenen Aufgaben u. damit von Rechts- u. Fachaufsicht durch die Formen der finanziellen Hilfeleistung, durch den Verlust der Gestaltungsfreiheit auf dem Gebiet des kommunalen Dienstrechts u. a. Erscheinungen erheblich beeinträchtigt.

Die gemeinsamen Interessen der kommunalen Selbstverwaltung werden verteidigt durch die kommunalen Spitzenverbände: Der *Bundesvereinigung der kommunalen Spitzenverbände* gehören der *Deutsche Städtetag*, der *Deutsche Städtebund*, der *Deutsche Gemeindetag* u. der *Deutsche Landkreistag* an (Zeitschriften: „Der Städtetag“ u. „Die Selbstverwaltung“).

In *Österreich* sind die Spitzenverbände der kommunalen Selbstverwaltung der *Österr. Städtebund* u. der *Österr. Gemeindebund*, beide mit Sitz in Wien.

kommunale Spitzenverbände → kommunale Selbstverwaltung.

kommunale Technologie [lat. + grch.], Techniken, die in den Gemeinden zur Wasser- u. Energieversorgung, bei der Müllabfuhr u. im Verkehr eingesetzt werden.

Kommunalisierung [lat.], die Übernahme von privaten Unternehmungen durch eine Gemeinde.

Kommunalobligationen, von → Hypothekenbanken ausgegebene, festverzinsliche Schuldverschreibungen aufgrund von Darlehen an Gemeinden u. Gemeindeverbände. K. gelten als mündelsichere Kapitalanlage.

Kommunalpolitik, die Gesetzgebungs- u. Verwaltungstätigkeit zur Wahrnehmung von Aufgaben innerhalb der Gemeinde. Auch → kommunale Selbstverwaltung.

Kommunalrecht, das Recht der Gemeinden u. Gemeindeverbände, → Gemeinderecht.

Kommunalverband → Gemeindeverband.

Kommunalverband Ruhrgebiet, Abk. *KVR*, öffentl.-rechtl. Körperschaft zur Lenkung, Überwachung u. Koordinierung der Bau-, Siedlungs- u. Verkehrsaufgaben u. des Landschaftsschutzes im Ruhrgebiet, Sitz Essen; ersetzte 1979 den *Siedlungsverband Ruhrkohlenbezirk*.

Kommunalverfassung → Gemeindeverfassung.

Kommunalverfassungsklage, Gestaltungsbzw. Feststellungsklage eigener Art zwischen Organen öffentl.-rechtl. jurist. Körperschaften, mit der die Verletzung von Organrechten gerügt wird (z. B. die Klage eines Ratsmitglieds wegen seines Ausschlusses von einer Abstimmung im Rat).

Kommunalwissenschaft, die Lehre von der Wirtschaft, Verwaltung u. Sozialpolitik der Städte, Gemeinden u. Gemeindeverbände.

Kommunarde [frz.], Mitgl. einer *Kommune* (2); auch Bez. für die Aufständischen der *Kommune von Paris*.

Kommunarsk, 1961–1992 Name der ukrain. Stadt → Altschewsk.

Kommune [lat. *communis*, „gemeinschaftlich, allgemein“], **1.** *Geschichte:* frz. u. ital. *commune*, das städt. Gemeinwesen, dann auch der republikan. Stadtstaat im MA u. zu Beginn der Neuzeit, v. a. in Frankr., Italien, den Niederlanden u. Westdeutschland. – *Pariser Kommune* → Kommune von Paris.

◆ **2.** *Soziologie:* Lebensgemeinschaft mehrerer (etwa 4 –30) Einzelpersonen oder

Kommune (2): frühe Form neuen gemeinschaftlichen Zusammenlebens; Kommune in München Ende der 1960er Jahre

Paare *(Kommunarden)*; entstanden aus dem Bestreben der Studentenbewegung der späten 1960er Jahre, der Vereinzelung in der heute üblichen Kleinfamilie zu entgehen; diente außerdem der praktischen Erprobung revolutionär-politischer Konzepte. Die gesellschaftskritische Absage an Autorität u. Leistungsdruck in vielen Kommunen wirkte sich insbes. auf die Kindererziehung in der K. aus *(antiautoritäre Erziehung)*. Die vornehmlich politisch motivierte Lebensform der K. war Ausgangspunkt für die Etablierung der *Wohngemeinschaft* (WG) als Wohn- u. Sozialkonzept der 1970er u. 1980er Jahre.

3. *Verwaltungsrecht:* → Gemeinde.

✦ **Kommune von Paris,** frz. *Commune (de Paris), Pariser Kommune,* Aufstand der Pariser Arbeiterschaft u. Nationalgarde am 18. 3. 1871 gegen die Nationalversammlung. Der gewählte revolutionäre Gemeinderat *(Commune)* strebte eine Umwandlung Frankreichs in einen Bund souveräner Gemeinden an. Die K. v. P. wurde im Mai 1871 von den Regierungstruppen unter M. de *Mac-Mahon* in blutigen Straßenkämpfen niedergeworfen. Nach dem Ende der Kämpfe wurden rund 20 000 Teilnehmer der K. v. P. *(Kommunarden)* standrechtlich erschossen. – Die Commune (als Pariser Gemeinderat) hatte bereits in der Französ. Revolution 1789–1794 als polit. Organisation der Volksbewegung den Sturz der Monarchie u. der Gironde herbeigeführt.

Kommunikation [lat.], *i. w. S.* Mitteilung, Verständigung; *i. e. S.* der Austausch einer Information zwischen zwei dynamischen Systemen bzw. Teilsystemen. Der Ablauf der K. zeigt sich in der *Kommunikationskette.* Je nachdem, worauf sich die K. in einer Wissenschaft bezieht, sind die Elemente der Kommunikationskette sehr unterschiedlich; gleich bleibt aber folgender Ablauf: Die Quelle übergibt dem Sender die zu sendende Information. Der Sender wandelt die Information in eine Nachricht um. Die Nachricht wird vom Kanal übertragen, der z. B. ein Medium wie Luft oder Draht sein kann. Der Empfänger überprüft die Nachricht u. übergibt die herausgefilterte Information dem Adressaten. Bei bidirektionaler (beidseitiger) K. hat die Empfänger-Seite meist zwei Möglichkeiten zu reagieren: 1. kann die Nachricht quittiert werden, d. h. der Empfänger gibt dem Sender ein Signal, dass er die Nachricht empfangen hat u. dass er empfangsbereit für die nächste Nachricht ist. 2. kann der Adressat der Quelle eine Information senden, in diesem Fall vertauschen Quelle/Adressat u. Sender/Empfänger ihre Rollen miteinander. Im Regelfall verfügen beide Seiten einer Kommunikationskette über einen gemeinsamen Zeichenvorrat, um kommunizieren zu können. Das gilt sowohl für die Nachricht (→ Syntax) als auch für die Information (→ Semantik). Fehlt ein gemeinsamer Zeichenvorrat oder ist die Nachrichtenübertragung gestört, ist keine Kommunikation möglich. Dieser sehr allgemeine Kommunikationsbegriff hat Eingang in verschiedene Wissenschaftsbereiche gefunden.

Kommune von Paris: Straßenbarrikaden; 1871

Besonders die *Sozialwissenschaften* befassen sich mit der K. als Form *sozialer Beziehungen,* bei der eine bewusste Teilnahme von Individuen oder Gruppen besteht. Indem davon ausgegangen wird, dass jede soziale Organisation, jede gemeinsame Aktivität – zusammen arbeiten, essen, leben, handeln, lernen, denken, fühlen usw. – durch K. vollbracht, aufrechterhalten u./ oder weitergeführt wird, zeigt sich K. als Form erträgl. Zusammenlebens. Ihrem Wesen nach ist K. symbolischer Natur: unabsichtlich, z. B. durch Fingerabdrücke, oder absichtlich, z. B. durch Warnlaute; seltener nur nicht-symbolischer Natur, z. B. durch Stoßen oder Drängen. Der Mensch verwertet zu Zwecken symbolischer K. in erster Linie kulturell etablierte Systeme. Zu diesen Systemen gehören *Primärtechniken* (Geste, Sprache), *Sekundärtechniken* (Schrift, Drucken) u. *Tertiärtechniken der K.* (elektron. Kommunikationsmittel wie Telefon, Internet, Medien). Dabei können zahlreiche Formen von zwischenmenschlicher bis interkultureller K. unterschieden werden.

In der *Philosophie* prägte K. *Jaspers* die Bez. K. für die wesenhafte zwischenmenschliche Begegnung. In der neueren Sprachphilosophie u. Diskurstheorie (vor allem bei J. *Habermas* u. J. *Foucault*) wird der Begriff aus der Soziologie u. Informationstheorie benutzt u. dient dazu, die Funktion sozialer Systeme zu erforschen u. das Ideal einer freien Gesellschaft zu formulieren.

In der *Verhaltensforschung* bezeichnet man den Vorgang der K. als → Verständigung.

Kommunikationselektroniker, *Kommunikationselektronikerin,* anerkannter Ausbildungsberuf in der Elektroindustrie, in dem die vor 1987 als *Feingeräteelektroniker, Fernmeldeelektroniker, Fernmeldehandwerker, Fernmeldeinstallateur, Funkelektroniker, Informationselektroniker* u. *Nachrichtengerätemechaniker* bezeichneten Tätigkeiten aufgegangen sind; Ausbildungsdauer $3^{1}/_{2}$ Jahre. Der Beruf ist in die drei Fachrichtungen Informationstechnik, Telekommunikationstechnik u. Funktechnik gegliedert. Im Elektrohandwerk bestehen die verwandten Ausbildungsberufe *Büroinformationselektroniker* u. *Fernmeldeanlagenelektroniker.* K. fertigen, prüfen, warten u. reparieren Geräte, Anlagen u. Systeme der Daten-, Kommunikations- u. Funktechnik. Möglichkeiten der Weiterbildung bieten sich zum Meister oder zum Techniker oder durch ein Studium der *Elektrotechnik* (Dipl.-Ing.).

Kommunikationsmodell, die idealisierende grafische Abbildung der zwischenmenschlichen Verständigung mit den Mitteln der Sprache. Kommunikationsmodelle enthalten als Grundeinheiten stets: Sprecher, Hörer, Medium, Störfaktor. Sprachwissenschaftliche Kommunikationsmodelle wurden zunächst in Anlehnung an technische entwickelt, berücksichtigen aber im Gegensatz dazu Faktoren wie z. B. Sprechsituation, Altersgruppe der Sprecher u. ihre Herkunft.

Kommunikationspolitik, 1. *Publizistik:* → Medienpolitik.

2. *Wirtschaft:* der Teil der → Absatzpolitik, der die unternehmenszielgerechte Beeinflussung von Personen u. Institutionen mit Hilfe übermittelter Informationen betrifft. Zu unterscheiden sind je nach Kommunikationsmittel: 1. *direkte K.,* die auch als *Personal Selling* bezeichneten direkten Verkaufsgespräche zwischen Unternehmen u. den potenziellen Nachfragern; 2. *indirekte K.,* die auch als → Werbung bezeichnete Vermittlung von Informationen über Unternehmensprodukte u. deren Eigenschaften mit Hilfe formaler Medien (z. B. Fernsehen, Rundfunk, Zeitschriften) sowie → Publicrelations.

Kommunikations-Satelliten, *Nachrichten-Satelliten, Fernmelde-Satelliten,* künstl. Erdsatelliten zur Übertragung von Telefonaten, Texten, Fotos u. Fernsehsendungen über große Strecken. K. werden heute weltweit im Rahmen der → INTELSAT für Übertragungen benutzt. In Europa werden u.a. die Satelliten der Astra-Serie als direktstrahlende u. damit unmittelbar zu empfangende Fernseh-Satelliten eingesetzt.

Kommunikationssignale, *Verhaltensforschung:* akust., opt., chem., elektr. u.a. Signale, die von Tieren im Sinne der → Informationsübertragung eingesetzt werden.

Kommunikationswissenschaft, fächerübergreifende Disziplin zur Erforschung des unvermittelten wie auch des durch *Medien* hergestellten Informationsaustauschs zwischen Systemen (Individuen, Gesellschaften, Maschinen); Vorläufer in der Zeitungs- u. Publizistikwissenschaft (E. Dovifat, K. d'Ester u.a.); findet Anwendung in Kommunikatorforschung, Aussagenanalyse, Medien-, Publikums- u. Wirkungsforschung.

kommunikatives Handeln, die sprachl. Vermittlung menschl. Tätigkeitsformen (Arbeit u. Interaktion); der Vollzug sprachl. Äußerungen spielt sich dabei im Idealfall auf einem allg. gültigen Sinn- u. Verstehenszusammenhang ab; dieser Hintergrund kann problematisiert werden im → Diskurs. K.H. ist unerlässlich, um gesellschaftl. Probleme organisatorisch zu bewältigen, stellt außerdem eine wichtige Triebkraft der kulturellen Entwicklung dar. Die Form des kommunikativen Handelns (z.B. Gesprächsstrategien) wird dabei von den sozialen Rahmenbedingungen bestimmt. So erfordert k.H. in der Öffentlichkeit andere Handlungsmuster als im Privatleben.

Kommunion [lat.], in der kath. Liturgie der Empfang der Eucharistie. Der ursprüngl. Wortsinn ist strittig, meist als „Vereinigung" verstanden, aber auch als „gemeinsamer Besitz" gedeutet. Die Form der Kommunionspendung wechselte im Lauf der Geschichte. Die *Handkommunion*, die Austeilung des eucharistischen Brotes in die Hand, ist heute wie in frühchristl. Zeit wieder zulässig.

Kommunism, *Pik Kommunizma, Pik Sowjetskogo Sojusa,* früher *Pik Stalin,* mit 7495m der höchste Berg des Pamir (Akademie-der-Wissenschaften-Gebirge); vergletschert; erstmals durch eine Expedition der Akademie der Wissenschaften 1933 von J.M. *Abalakow* bestiegen.

◆ **Kommunismus** [lat. *communis,* „gemeinschaftlich"], die Gesellschaftslehre, nach der durch Beseitigung des Privateigentums (u. der dadurch verursachten Ungerechtigkeiten) der Naturzustand, in dem alle das gleiche Recht auf alles gehabt hätten, wiederhergestellt werden kann u. muss; auch dieser ursprüngliche u. wieder anzustrebende Zustand selbst; schließlich die im 19. Jh. entstandenen polit. Bewegungen, die dieses Ziel zu verwirklichen suchten.

Frühformen: Eine erste theoret. Begründung erhielt der K. in der Staatslehre der griech. Sophisten u. in *Platons* „Staat" (allerdings nur für die höchste Stufe der Staatsbürger); er fand aber bereits in *Aristoteles* einen scharfen Kritiker. Eine andere Vorform des K. war die christl., aus der allg. Nächstenliebe geborene K. der Urgemein-

de, der in vielen abweichenden Bewegungen nachwirkte, so z.B. bei T. *Müntzer,* den Wiedertäufern u. puritan. Sekten in Nordamerika im 17. u. 18. Jh.

Die aus der antiken Staatsphilosophie hervorgehende kommunist. Theorie lebte in den politischen Utopien des 16.–18. Jh. (z.B. T. *Morus,* T. *Campanella*) wieder auf u. fand ihre Neubegründung bes. durch J.-J. *Rousseau* („Über die Ungleichheit der Menschen" 1755). Kurzlebige kommunist. Bestrebungen (F.N. *Babeuf*) während u. nach der Französischen Revolution von 1789 wurden von F.M.C. *Fourier,* P.J. *Proudhon* („Eigentum ist Diebstahl" 1840), in Dtschld. von W. *Weitling* wieder aufgenommen. Die starke Neubelebung des K. bzw. des → Sozialismus (diese Begriffe wurden zunächst gleichbedeutend nebeneinander gebraucht) zu Beginn des 19. Jh. stand im Zusammenhang mit der Industrialisierung. Die Auswüchse des Kapitalismus u. des liberalist. Wirtschafts- u. Sozialdenkens, die durch die gewaltige Umschichtung in Wirtschaft u. Industrie heraufbeschworen wurden, forderten zur Kritik heraus.

Marxistische Theorie: Der moderne K. stützt sich theoretisch auf den → Marxismus, den → Marxismus-Leninismus, z.T. auch auf den marxist. → Maoismus. Nach der marxist. Lehre ist die Geschichte seit dem Altertum eine Abfolge von Klassenkämpfen zwischen den arbeitenden u. besitzlosen Klassen einerseits u. den nicht oder wenig arbeitenden, jedoch über die materiellen Produktionsmittel (Grund u. Boden, Maschinen u. Industrieanlagen) verfügenden Ausbeuterklassen andererseits. Die realen - insbes. die wirtschaftl. - Lebensbedingungen der Menschen prägen nach Ansicht des marxist. K. ihr Bewusstsein; die Entwicklung der Produktivkräfte durch Technik u. Wissenschaft bringt einen dialekt. Geschichtsablauf mit sich, in dem Sklavenhaltergesellschaft, Feudalgesellschaft u. bürgerl. Gesellschaft aufeinander gefolgt sind. Die letzte große Zuspitzung der Klassenkämpfe ist nach dieser Auffassung der Kampf der besitzlo-

Kommunismus: Wladimir I. Lenin (links) und Josef W. Stalin prägten die Geschichte des Weltkommunismus

sen Arbeiterklasse gegen das besitzende Bürgertum, der zur Vernichtung der bürgerl. Klassengesellschaft u. zu ihrer Ablösung durch die klassenlose Gesellschaft führt. In dieser werde es anfangs (in der „sozialist." Phase) noch eine Entlohnung nach Arbeitsleistung geben, erst in der endgültigen „kommunist." Gesellschaft werde das Prinzip „Jeder nach seinen Fähigkeiten, jedem nach seinen Bedürfnissen" gelten. Der Kampf der kommunist. Bewegung muss nach marxist. Auffassung international sein, da sich auch der Kapitalismus in Konzernen u. Kartellen international organisiert habe.

Kommunistische Parteien: Die in der Zweiten Internationale zusammengeschlossenen sozialist. Parteien bekannten sich theoretisch großenteils zu den kommunist. Auffassungen, betrieben jedoch in zunehmendem Maße eine sozialreformerische Politik. Schon vor dem 1. Weltkrieg zeichnete sich eine Spaltung in einen radikalen u. einen reformist. Flügel ab. So spalteten sich 1903 die russ. u. die bulgar. Sozialdemokratie, 1909 die niederländ. Sozialisten, 1912 die italien. Sozialisten, im selben Jahr wurde die Spaltung der russ. Partei endgültig (→ Bolschewismus), so dass es vor Ausbruch des 1. Weltkriegs bereits in vier Ländern jeweils 2 sozialist. Parteien gab. Die Parteiflügel innerhalb der dt. SPD drifteten zwischen 1899 u. 1914 immer stärker auseinander. Durch die Politik aller großen sozialist. bzw. sozialdemokrat. Parteien der 1914 in den Krieg eintretenden Länder (Zustimmung zu Kriegskrediten; innenpolit. Burgfriede), der sich nur die russ. Bolschewiki u. ein Teil der übrigen russ. Sozialisten, die serbischen Sozialdemokraten u. die engl. brit. „Independent Labour Party" nicht anschlossen, brach dann auch die Sozialist. Internationale auseinander. Auch die übrigen sozialist. Parteien begannen sich zu spalten (Gründung der USPD in Dtschld. 1917).

Das Massenelend am Ende des 1. Weltkriegs erzeugte die sozialen Bedingungen, der Sieg der bolschewist. Oktoberrevolution in Russland 1917 u. ihre erfolgreiche Verteidigung im Bürgerkrieg gegen die „Weißen" u. gegenüber den ausländ. Interventionstruppen 1918–1920 schufen die psychol. Voraussetzungen für das Erstarken der revolutionären Richtung im internationalen Sozialismus in der Zeit von 1917 bis 1921. In Dtschld., Österreich, Ungarn, Frankreich u. Italien kam es zu Massenstreiks u. teilweise zu revolutionären Erhebungen, die aber sämtlich niedergeschlagen wurden. Organisatorisch brachte diese revolutionäre Nachkriegszeit die endgültige Spaltung des internationalen Sozialismus: 1918 wurde die bolschewist. Partei in „Russische Kommunistische Partei (Bolschewiki)", Abk. *RKP(B),* umbenannt, u. zwischen 1917 u. 1921 wurden fast alle kommunist. Parteien gegr., die später einmal bes. Bedeutung erlangten, wie die KPD, 1920 die kommunist. Parteien Frankreichs, Italiens, Indonesiens u. Chinas. Schon im März 1919 wurde die Dritte oder Kommunist. Internationale (→ Komintern) mit Sitz in Moskau

Kommunistische Internationale

gegr. Sie wollte im Gegensatz zur Zweiten Internationale kein Zusammenschluss autonomer Parteien sein, sondern eine einheitl. kommunist. Weltpartei mit nationalen Sektionen. Anfangs gab es in der Komintern noch offene Debatten u. Richtungskämpfe. Da aber die erwarteten kommunist. Revolutionen in West- u. Mitteleuropa ausblieben u. Russland das einzige von einer kommunist. Partei beherrschte Land blieb, geriet die Komintern immer mehr unter russ. Vorherrschaft. Sie wurde allmählich zu einem Instrument der Außenpolitik der UdSSR. Der ab Mitte der 1920er Jahre mit großer Härte vorangetriebene „Aufbau des Sozialismus in einem Lande" u. die von Stalin errichtete totalitäre Diktatur prägten das Gesicht des Weltkommunismus für ein Vierteljahrhundert. Bedingungslose Unterstützung der sowjet. Politik wurde zum obersten Gebot für alle kommunist. Parteien. Dies galt auch weiter, nachdem die Komintern 1943 aus taktischen Gründen aufgelöst worden war.

Entstehung des Ostblocks: Im Gefolge des 2. Weltkriegs kamen mehrere Länder Ost- u. Mitteleuropas unter kommunist. Herrschaft. Die Parteidiktatur wurde von der einrückenden sowjet. Armee etabliert, außer in Jugoslawien u. Albanien, wo es starke kommunist. Partisanenbewegungen gab. In der „volksdemokrat." Anfangsphase waren gewisse nationale Besonderheiten zugelassen. Jugoslawische Selbständigkeitsbestrebungen führten 1948 zum Bruch zwischen Moskau u. Belgrad. Daraufhin erfolgte in den übrigen Staaten eine strikte Angleichung an das sowjet. System. Der „Ostblock" erhielt 1949 eine wirtschaftl. (COMECON) u. 1955 eine militär. Bündnisstruktur (Warschauer Pakt). Nach dem Tod *Stalins* (1953) kam es in der UdSSR zu einer Lockerung der Diktatur u. des ideolog. Dogmatismus („Entstalinisierung"). Dies löste in mehreren Ländern Bewegungen gegen die sowjet. Vorherrschaft aus (1953 DDR, 1956 Polen u. Ungarn), die niedergeschlagen oder eingedämmt wurden. Auch der Demokratisierungsprozess in der Tschechoslowakei 1968 wurde mit sowjet. Waffengewalt rückgängig gemacht. In Polen wurde 1981 auf sowjet. Druck der Aufbau freier Gewerkschaften unterbunden. Hingegen tolerierte die UdSSR gewisse außenpolit. Eigenmächtigkeiten Rumäniens. Albanien hatte sich schon in den 1960er Jahren vom Ostblock getrennt.
– In Westeuropa lösten sich von den 1960er Jahren an mehrere kommunist. Parteien von der engen Bindung an die KPdSU u. entwickelten eigene Ansätze (→ Eurokommunismus).

China: In China kam die Kommunist. Partei 1949 durch einen Sieg im Bürgerkrieg an die Macht. Sie entwickelte von Anfang an eigene nationale Formen u. war nicht bereit, sich der sowjet. Führung unterzuordnen. Dies führte Anfang der 1960er Jahre zum offenen Bruch zwischen Peking u. Moskau. Damit wurde der Zerfall der einheitl. kommunist. Weltbewegung offenkundig. Weitere kommunist. Regimes entstanden in Nordkorea (mit Hilfe der sowjet. Besatzungsmacht) u. in Vietnam, Laos u. Kambodscha (als Ergebnis antikolonialer Unabhängigkeitskriege). Sie bezogen unterschiedl. Positionen im sowjet.-chines. Konflikt, der 1989 formell beigelegt wurde.

Zusammenbruch des Ostblocks: Seit 1985 betrieb der sowjet. Parteichef M. S. *Gorbatschow* eine Reformpolitik, die eine begrenzte Demokratisierung u. Liberalisierung des polit. u. ökonom. Systems bezweckte, in ungeplanter Konsequenz aber zum Zusammenbruch des K. im Ostblock führte. 1989/90 wurden in Polen, Ungarn, der DDR, der Tschechoslowakei, Bulgarien u. Rumänien die kommunist. Regimes gestürzt u. der Übergang zu Demokratie u. Marktwirtschaft proklamiert. Die Umwälzungen verliefen friedlich, außer in Rumänien. Auf parlamentar. Wege wurden nichtkommunist. Regierungen gebildet. In Rumänien u. Bulgarien behielten jedoch die kommunist. Parteien unter neuen Namen eine starke Stellung. Der Sturz des kommunist. Regimes in der DDR führte rasch zur Wiedervereinigung Deutschlands. In Albanien u. Jugoslawien, die dem Ostblock nicht angehörten, kam es 1990/91 zu ähnl. Entwicklungen; der jugoslaw. Staatsverband zerfiel. Die KPdSU musste 1990 auf ihr Machtmonopol verzichten u. wurde 1991 verboten; Ende 1991 wurde die UdSSR aufgelöst. In Russland u. den anderen Sowjetrepubliken entstanden Nachfolgeparteien der KPdSU.

Entwicklung nach 1991: Der Einfluss dieser Entwicklungen auf regierende u. nichtregierende kommunist. Parteien in aller Welt war unterschiedlich. In Asien folgten die Mongolei u. Kambodscha dem osteurop. Beispiel. China, Laos u. Vietnam hielten am Machtmonopol der kommunist. Partei fest, leiteten aber eine Liberalisierung der Wirtschaft ein. Nordkorea blieb auf einem orthodox leninist. Kurs, ebenso das kommunist. Regime in Kuba, das einzige Lateinamerikas. In den kommunist. Parteien Westeuropas verstärkte sich der Eurokommunismus. Tendenz: einige näherten sich programmatisch der Sozialdemokratie, bes. die KP Italiens, die 1991 ihren Namen in *Demokrat. Partei der Linken* änderte (seit 1998 *Linksdemokraten*). Auch in Afrika verlor der K. seine polit. Anziehungskraft. Diktaturen u. Einparteienherrschaften wichen demokrat. Systemen.
Die vielfältigen Übergangsprobleme der neuen postkommunistischen Gesellschaften erzeugten soziale Spannungen, die in einigen Ländern des ehemaligen Ostblocks seit 1992 zu einem Wiedererstarken der linken polit. Kräfte führten.

Kommunistische Internationale → Komintern.

Kommunistische Partei Chinas, Abk. *KPCh,* chin. *Gongchandang,* ging aus dem linken Flügel der prowestlichen, von Intellektuellen getragenen „neuen Kulturbewegung" von 1919 hervor u. wurde 1921 in Shanghai gegr. Die maßgebenden Führer u. Theoretiker der ersten Zeit waren *Chen Duxiu* u. *Li Dazhao.* Die Partei bemühte sich zunächst vor allem um die Gewinnung der städt. Arbeiterschaft. Unter dem Einfluss sowjet. Berater ging sie 1923 ein Bündnis mit der → Guomindang ein (Doppelmitgliedschaft in beiden Parteien), das von deren Führer *Chiang Kaishek* 1927 gebrochen wurde. Die Partei musste in den Untergrund gehen. Daraufhin richtete sie ihr Bestreben vorrangig auf die Revolutionierung der armen Bauern. In Südchina wurden mehrere „Sowjetgebiete" errichtet. Das bedeutendste entstand unter Führung von *Mao Zedong* u. *Zhu De* im Grenzgebiet von Jiangxi u. Fujian. Die offizielle Parteiführung unter *Li Lisan* betrachtete die Großstädte nach wie vor als Hauptwirkungsfeld; von ihr angeordnete Versuche, von den ländl. Stützpunkten aus die Städte zu erobern, schlugen jedoch fehl. Dies stärkte die Stellung Maos, der seinen agrarrevolutionären Kurs zunehmend selbständig vertrat. Der drohenden Umzingelung durch Guomindang-Truppen entzog sich Maos „Rote Armee" 1934/35 durch den „Langen Marsch" nach Nordwestchina, wo in Yan'an (Prov. Shaanxi) ein neuer Stützpunkt geschaffen wurde. 1937 schloss die KPCh einen Waffenstillstand mit der Guomindang zum gemeinsamen Kampf gegen die japan. Invasion. In dieser Phase wurde sie zur straff organisierten Massenpartei; Mao setzte sich als Parteiführer durch, u. seine Auffassungen (→ Maoismus) wurden zur verbindl. Ideologie. Die enge Verzahnung der polit. mit der militär. Struktur blieb als ein Wesensmerkmal der Partei erhalten. Nach dem Sieg über Japan flammte der Bürgerkrieg wieder auf; er endete mit dem Sieg der KPCh u. der Ausrufung der Volksrep. China 1949.
Als Regierungspartei nahm die KPCh die sozialist. Umgestaltung des Landes in Angriff, zunächst noch in Anlehnung an das sowjet. Vorbild, dann mit betonter Eigenständigkeit, bis es 1960 zum offenen Bruch mit der KPdSU kam, der erst 1989 formell beigelegt wurde. Kennzeichnend für das Vorgehen der KPCh waren Massenkampagnen (→ Ausrichtungsbewegungen, → Hundert-Blumen-Kampagne, → Großer Sprung nach vorn), verbunden mit jähen Kurswechseln u. Machtkämpfen in der Parteiführung. In der größten dieser Kampagnen, der → Kulturrevolution (1966–1969), wurde der Parteiapparat, den Mao als Bollwerk seiner innerparteilichen Gegner ansah, fast völlig zerschlagen. Sein Wiederaufbau unter starker Beteiligung der Armee wurde von neuen Konflikten unterbrochen (Sturz des designierten Nachfolgers Maos, *Lin Biao,* 1971). Nach Maos Tod (1976) wurde zunächst die radikale Fraktion („Viererbande") ausgeschaltet; sodann setzte sich in langwierigen, verdeckt geführten Auseinandersetzungen eine „pragmatische" Gruppe unter *Deng Xiaoping* gegen die „orthodoxen Maoisten" um *Hua Guofeng* durch. Sie vollzog eine begrenzte → Entmaoisierung mit Auswirkungen auf polit., ideolog. u. wirtschaftl. Gebiet. Diese Entwicklung fand ihren Abschluss auf dem 12. Parteitag 1982 mit der Annahme eines

Kommunistische Partei der Sowjetunion: W. I. Lenin während einer Rede auf dem Roten Platz in Moskau

neuen Parteistatus. In ihrem organisator. Aufbau hat sich die KPCh wieder weitgehend dem traditionellen kommunist. Muster angeglichen. Formal sind alle Parteiorgane von unten nach oben wählbar; tatsächlich verläuft der Befehlsweg vom entscheidenden Organ, dem Ständigen Ausschuss des Politbüros, nach unten. 1987 wurde *Zhao Ziyang* Generalsekretär des ZK. Deng Xiaoping schied 1987 aus dem Führungsgremium aus, behielt aber maßgebenden Einfluss. Er ließ die Demokratiebewegung von 1989 niederschlagen u. ersetzte den reformgeneigten Zhao Ziyang durch *Jiang Zemin*. Nach den Umwälzungen in Osteuropa hielt die KPCh an ihrem Herrschaftsanspruch fest, wenn auch auf dem 14. Parteitag 1992 wirtschaftl. Reformen beschlossen wurden. Die Partei hatte Ende der 1990er Jahre rd. 58 Mio. Mitglieder.

◆ **Kommunistische Partei der Sowjetunion,** Abk. *KPdSU,* russ. *Kommunistitscheskaja Partija Sowjetskogo Sojusa,* Abk. *KPSS,* die Regierungs- u. Staatspartei Russlands bzw. der Sowjetunion 1917/18–1991. Diesen Namen führte sie seit 1952; ursprüngl. hieß sie *Allruss. Sozialdemokrat. Arbeiterpartei (Bolschewiki),* 1918–1925 *Allruss. Kommunist. Partei (Bolschewiki),* 1925–1952 *Allunionistische Kommunist. Partei (Bolschewiki).* Die KPdSU hatte am 1. 1. 1990 rd. 17,9 Mio. Mitglieder. Sie wurde formell (wie fast alle kommunist. Parteien) zwischen den Parteitagen vom Zentralkomitee (ZK) geleitet; die tatsächl. Führung lag beim Politbüro des ZK.
Die Partei entstand 1903–1912 durch Spaltung der Sozialdemokratischen Arbeiterpartei Russlands (SDAPR). 1903 spaltete sich der 2. Parteitag der SDAPR in *Bolschewiki* („Mehrheitler") u. *Menschewiki* („Minderheitler"). 1906–1911 war formal die Parteieinheit wiederhergestellt; 1912 brach jedoch

die SDAPR endgültig auseinander, beide Richtungen bildeten von nun an eigene Parteien. 1913 spaltete sich auch die sozialdemokrat. Fraktion in der russ. Duma (Parlament). Die bolschewist. Partei u. ihre Duma-Fraktion stellten sich 1914 vorbehaltlos gegen den Krieg. Daraufhin wurde die bis dahin halblegale Partei verboten. Erst durch die Februarrevolution 1917 wurde ein Wiederaufbau der Partei möglich; im April 1917 kehrte der Parteiführer W. I. *Lenin* aus dem Exil nach Russland zurück. Die Partei gewann zunehmend Einfluss auf die revolutionäre Entwicklung in Russland u. konnte im November 1917 in einem Staatsstreich („Oktoberrevolution") die Macht an sich reißen. Ihre populäre Politik (Friede um jeden Preis, Aufteilung des Landes der Großgrundbesitzer) brachte ihr eine gewisse Massenunterstützung. Seit 1918 übte sie die Alleinherrschaft in Russland bzw. in der 1922 gebildeten Sowjetunion aus.
Führender Mann der Partei war von 1903 bis zu seinem Tod 1924 Lenin; seit seiner schweren Erkrankung 1922 wurde jedoch die Partei faktisch von G. J. *Sinowjew,* L. B. *Kamenew* u. J. W. *Stalin* geführt. Dem Generalsekretär der Partei, Stalin, gelang es 1924–1928, alle anderen Parteiführer zu entmachten u. die Führung der Partei, der Kommunist. Internationale u. des Sowjetstaats praktisch in seiner Hand zu vereinigen. Gleichzeitig wurde die innerparteiliche Demokratie beseitigt, die Diskussionsfreiheit unterdrückt u. in der Partei eine bürokrat. Herrschaftsstruktur errichtet. In der „Großen Säuberung" 1936–1938 wurden Hunderttausende von Parteifunktionären u. -mitgliedern verurteilt u. hingerichtet, darunter Kamenew, Sinowjew, N. I. *Bucharin,* A. I. Rykow u. zahlreiche Generale der Roten Armee.
Nach Stalins Tod 1953 wurden, vor allem auf Initiative N. S. *Chruschtschows* (Erster Sekretär des ZK 1953–1964), Reformen eingeleitet. Der 20. Parteitag 1956 verurteilte den „Personenkult" um Stalin u. seine Terrormaßnahmen u. verkündete eine Rückkehr zu den „Lenin'schen Normen" des Parteilebens. Chruschtschow erregte durch unstetes u. überhastetes Vorgehen bei seinen Neuerungen das Missfallen des Parteiapparats u. wurde 1964 gestürzt. Zunächst bestand im Politbüro eine kollektive Führung, innerhalb derer der erste Sekretär (seit 1966 Generalsekretär) des ZK, L. I. *Breschnew,* immer stärker als dominierende Persönlichkeit hervortrat. Chruschtschows Nachfolger machten viele seiner Reformen rückgängig; ihre Politik war vorrangig auf Stabilisierung des Regimes gerichtet.
Seit Anfang der 1960er Jahre verlor die KPdSU ihre bis dahin fast unbestrittene Führungsstellung im Weltkommunismus. Ihr Streit mit der Kommunist. Partei Chinas, die Zerschlagung des „Prager Frühlings" 1968, die Haltung der UdSSR in der Polenkrise seit 1980 u. die Missachtung der Menschenrechte im eigenen Land waren Ursache ideolog. Auseinandersetzungen mit ausländ. kommunist. Parteien, die zunehmend ihre Unabhängigkeit von der KPdSU betonten.

Auf Breschnew, der 1982 starb, folgten als Parteichefs J. W. *Andropow* (1982–1984) u. K. U. *Tschernenko* (1984/85), die beide nach kurzer Amtszeit starben. 1985 wurde M. S. *Gorbatschow* Generalsekretär des ZK. Er proklamierte eine Reformpolitik („Perestrojka", d. h. Umgestaltung) mit dem Ziel, die „Stagnation" der Breschnew-Ära zu überwinden u. das polit. u. ökonom. System effizienter zu machen. Unter dem Schlagwort „Glasnost" (Offenheit) ließ er eine relativ freie Diskussion zu. Dies führte zu krisenhaften Zuständen im gesamten sowjet. Machtbereich. Die kommunist. Regimes in Mittel- u. Osteuropa wurden durch Volksbewegungen gestürzt.
In der UdSSR kam es zu nationalen Unabhängigkeitsbestrebungen in den einzelnen Unionsrepubliken, die großenteils von den dortigen kommunist. Parteiorganisationen unterstützt wurden. 1990 verzichtete die KPdSU auf ihren in der Verfassung verankerten Führungsanspruch in Staat u. Gesellschaft. 1991 legte Gorbatschow einen Entwurf für ein neues Parteiprogramm vor, das zwar sozialdemokrat. Züge enthielt, aber am Erbe von Marx u. Lenin festhielt. Nach dem gescheiterten Putsch gegen Gorbatschow im August 1991, bei dem sich die Führungsgremien der Partei wohlwollend oder zumindest abwartend verhielten, wurde die KPdSU verboten. Gorbatschow trat als Generalsekretär zurück.
In Russland kam es 1993 zur Neugründung einer kommunist. Partei. In den ehem. Unionsrepubliken bestehen meist die kommunist. Parteiorganisationen unter neuen Namen u. mit veränderten Programmen fort.

◆ **Kommunistische Partei Deutschlands,** Abk. *KPD,* entstand Ende 1918 aus dem → Spartakusbund u. kleineren linksradikalen Gruppen, die bes. in Hamburg u. Bremen Stützpunkte hatten. Der Gründungsparteitag (30. 12. 1918–1. 1. 1919), der u. a. R. *Luxemburg,* K. *Liebknecht,* L. *Jogiches* u. P. *Levi* in die Parteiführung wählte, stand im Zeichen linksradikaler Strömungen u. lehnte die Beteiligung der KPD an den Wahlen zur dt. Nationalversammlung ab. Nach dem Januaraufstand

Kommunistische Partei Deutschlands: Aufmarsch des Roten Frontkämpferbundes (RFB), 1927. An der Spitze der Vorsitzende der KPD und des RFB Ernst Thälmann (links)

Kommunistische Partei Italiens: In den 1990er Jahren näherte sich die Partei unter dem Namen Partito Democratico della Sinistra sozialdemokratischen Positionen an. Sie stellte mit Massimo D'Alema (rechts) 1998 bis 2000 erstmals den Ministerpräsidenten

1919 in Berlin wurden Luxemburg u. Liebknecht, bald darauf auch Jogiches ermordet. Im Dezember 1920 schloss sich die KPD mit der linken Mehrheit der USPD zusammen (Name vorübergehend *Vereinigte KPD*). Richtungskämpfe in der Partei, die teils mit den bewegten polit. Verhältnissen der Weimarer Republik, teils auch (ab etwa 1925) mit den Machtkämpfen in der sowjet. KP zusammenhingen, führten in den 1920er Jahren zu häufigem Führungs- u. Richtungswechsel: 1919/20 P. *Levi* („Luxemburgianer"); 1921/22 E. *Meyer* u. H. *Brandler* (gemäßigt, für Einheitsfront mit USPD u. SPD); 1923 H. *Brandler* u. A. *Thalheimer* („Rechte"); 1924/25 Ruth *Fischer*, A. *Maslow* u. W. *Scholem* („Ultralinke"); ab 1926 E. *Meyer*, E. *Thälmann* u. P. *Dengel* („Linke" u. „Mittelgruppe"); 1928 Absetzung Thälmanns wegen Vertuschens von Unterschlagungen, Wiedereinsetzung auf Betreiben der Komintern (Thälmann war Anhänger *Stalins*); 1929–1932 E. *Thälmann*, H. *Remmele* u. H. *Neumann* (dogmatisch-moskautreu). Ende der 1920er Jahre war eine ganze Führergeneration aus der KPD ausgeschlossen (Levi 1921; Fischer u. Maslow 1926; Brandler, Thalheimer, Fröhlich u. J. Walcher 1928/29); die „Versöhner" unter Meyer u. A. Ewert verloren 1929 ihre leitenden Funktionen. Die KPD war nun eine stalinist. Partei, der Personenkult um Stalin u. Thälmann nahm immer mehr zu. 1929–1932 vertrat die KPD unter dem Einfluss einer Linksschwenkung der Komintern meistens die These, die SPD sei „sozialfaschistisch" u. der „Hauptfeind". In der Weltwirtschaftskrise 1929–1933 war die KPD aus einer Arbeiterpartei mehr u. mehr zu einer Erwerbslosenpartei geworden, so dass ihre mehrmaligen Aufrufe zum Generalstreik fast wirkungslos blieben. Dennoch war die KPD von 1920–1933 stets viel stärker als später in der BR Dtschld. Ihre systemoppositionelle Haltung trug wesentlich zur Destabilisierung der Weimarer Republik bei.
Am 28. 2. 1933 wurde die KPD verboten; sie brachte die größten Opfer im aktiven Widerstand gegen das nat.-soz. Regime. Nach dem Ende des 2. Weltkriegs wurde

die KPD in allen vier Besatzungszonen u. in Berlin wieder gegründet. In der SBZ wurde sie 1946 mit der SPD zur → Sozialistischen Einheitspartei Deutschlands (SED) zusammengeschlossen.
Ab 1949 trat die KPD als einheitl. Partei in allen westdt. Bundesländern auf. Bei der 1. Bundestagswahl 1949 erhielt sie 5,7 % der Stimmen u. 15 Sitze; bei der 2. Bundestagswahl 1953 scheiterte sie an der Fünfprozentklausel. Am 17. 8. 1956 wurde sie auf Antrag der Bundesregierung vom Bundesverfassungsgericht verboten. 1968 wurde eine neue kommunist. Partei in der BR Dtschld. gegr., faktisch eine Nachfolgeorganisation, die → Deutsche Kommunistische Partei (DKP). In Westberlin bestand bis 1990 die Sozialist. Einheitspartei Westberlins (SEW).

◆ **Kommunistische Partei Frankreichs**, Abk. *KPF*, *Parti Communiste Français (PCF)*, straff organisierte französ. Linkspartei. Die KPF entstand Ende 1920 durch den Beschluss der großen Mehrheit des Parteitags der Sozialist. Partei Frankreichs, sich der Komintern anzuschließen u. die Partei in KPF umzubenennen (die Minderheit bildete unter

Kommunistische Partei Frankreichs: Robert Hue wurde 1994 Nachfolger des langjährigen Parteiführers Georges Marchais

dem alten Namen eine eigene Partei). In den 1920er Jahren spielten sich heftige Richtungskämpfe innerhalb der KPF ab. Schon 1923/24 wurde die ganze erste Führergeneration der KPF ausgeschlossen: L. O. *Frossard*, der erste Generalsekretär der Partei, u. bald darauf B. *Souvarine*, P. *Monatte*, A. *Rosmer* u. a. Um 1930 war die „Bolschewisierung" der Partei im Wesentl. abgeschlossen. Wie in allen kommunist. Parteien wurde diese Umwandlung organisatorisch dadurch vollzogen, dass der Schwerpunkt der Parteiorganisation von den Wohnbezirksgruppen auf die Betriebszellen verlegt wurde.
Nach dem Sieg Hitlers in Deutschland 1933 u. faschist. Demonstrationen in Paris leiteten Komintern u. KPF die Volksfrontpolitik ein, die den beiden Arbeiterparteien u. ihren linksbürgerl. Verbündeten 1936 einen großen Wahlerfolg brachte. Der Sozialist L. *Blum* bildete die Regierung. Die Schwäche dieser Volksfront-Regierung, die Schauprozesse in Moskau 1936–1938 u. schließlich das Münchner Abkommen von 1938 ließen das sozialist.-kommunist. Bündnis wieder zerbrechen. Die Zustimmung der KPF zum deutsch-sowjet. Nichtangriffspakt 1939 u. der sowjet. Angriff auf Polen führten am 26. 9. 1939 zum Verbot der KPF, obwohl sie noch am 2. 9. 1939 für die Kriegskredite gestimmt hatte.
Im 1940 geschlagenen Frankreich wurde die illegale KPF ab 1941 zu einer Hauptstütze der Widerstandsbewegung *(Résistance)*. Ab 1944 war sie als stärkste Partei nach der Befreiung

Frankreichs an der Regierung beteiligt, die sie 1947 im Zeichen des beginnenden kalten Krieges verlassen musste.
Die KPF ordnete sich 1930–1968 unter der Leitung von M. *Thorez* u. J. *Duclos* von allen bedeutenden kommunist. Parteien am stärksten der Komintern- bzw. der KPdSU-Führung in Moskau unter. Erst der Einmarsch der Warschauer-Pakt-Truppen in der Tschechoslowakei im August 1968 veranlasste die KPF zu einer Distanzierung vom sowjet. Modell (Absage an den Einparteienstaat, Bejahung eines demokrat. u. friedl. Weges zum Sozialismus), die jedoch später wieder abgeschwächt wurde.
Generalsekretär der Partei wurde 1972 G. *Marchais*. 1981–1984 war die KPF erstmals seit 1947 wieder Regierungspartei; sie stellte mehrere Minister unter dem sozialist. Präsidenten Mitterrand. Ihre Rolle als die große französische Linkspartei verlor die KPF aber um mehr an die Sozialist. Partei. Gegen den Führungsstil von Marchais erhob sich seit den 1980er Jahren eine innerparteiliche Opposition. Trotz des Zusammenbruchs der kommunist. Regime in Osteuropa hielt Marchais aber an seinem traditionalist. Kurs auch zu Beginn der 1990er Jahre fest. Bei den Parlamentswahlen 1993 sank der Stimmenanteil der KPF auf 4,61 % (23 Mandate). 1994 löste Robert *Hue* Marchais als Parteiführer ab. Nach den Parlamentswahlen 1997 (38 Mandate) gelangte die Partei wieder zur Regierungsverantwortung. Auf dem 30. Parteitag im März 2000 wurden organisatorische u. programmatische Reformen beschlossen.

◆ **Kommunistische Partei Italiens**, Abk. *KPI*, *Partito Comunista Italiano (PCI)*, bis 1943 *Partito Comunista d'Italia (PCdI)*, gegr. 1921 in Livorno.
Aus der infolge ihrer einmütigen Ablehnung des italien. Kriegseintritts (1915) bis 1920 ungespalten gebliebenen Sozialist. Partei Italiens (PSI), die 1919 sogar der Kommunist. Internationale beigetreten war, entstand durch Abspaltung der drei radikalsten Gruppierungen die KPI. Sie bestand zunächst aus der für grundsätzliche Nichtbeteiligung an Parlamentswahlen eintretenden Gruppe um A. *Bordiga*, der das Rätesystem befürwortenden Gruppe um die Zeitschrift „Ordine Nuovo" (A. *Gramsci*, P. *Togliatti*, A. *Tasca*, V. *Terracini*, A. *Leonetti* u. a.) sowie den „linken Maximalisten" um E. *Gennari*.
Wiedervereinigungsbestrebungen zwischen KPI u. PSI, die 1921–1923 auch von der Komintern unterstützt wurden, führten nicht zum Erfolg. Die Führung der Partei ging 1924 auf A. Gramsci über. Die KPI, die das Erstarken des Faschismus als eine interne Angelegenheit der Bourgeoisie betrachtete u. keine realistische Bündnis- bzw. Abwehrstrategie entwickelte, wurde von der seit 1922 amtierenden faschistischen Regierung B. Mussolinis 1926 verboten u. blieb bis 1943 illegal. Als Exilpartei finanziell u. organisatorisch an die Komintern gebunden, machte die KPI einen Prozess fortschreitender Stalinisierung durch u. trennte sich von ihrem rechten u. linken Flügel.

Kommunistisches Manifest: Titelblatt der Erstausgabe

Die KPI beteiligte sich 1943/44 am wieder erwachenden polit. Leben im um den Westmächten bereits besetzten Süditalien; gleichzeitig wurde die Partei zur maßgeblichen Kraft im Partisanenkampf gegen die faschist. Satellitenregierung im nördl. Italien. Nach dem 2. Weltkrieg wurde sie neben der *Democrazia Cristiana* die zweitstärkste polit. Gruppierung.

Seit 1956 propagierte die KPI anstelle der Zerschlagung des bürgerl. Staates seine Umgestaltung durch Strukturreformen auf demokrat. Basis. Die Partei löste sich mehr u. mehr von der Bindung an die KPdSU u. übte mehrfach Kritik an der sowjet. Innen- u. Außenpolitik. Sie galt als eine Hauptvertreterin des → Eurokommunismus.

Bis zum Ende der 1970er Jahre verfolgte sie die Strategie des „historischen Kompromisses", d. h. der polit. Aktionseinheit mit der Democrazia Cristiana. Das Scheitern dieser Politik führte 1980 zur erfolglosen Proklamation einer „demokratischen Alternative", mit der insbes. Sozialisten u. Sozialdemokraten angesprochen werden sollten. Unter dem Eindruck des Zusammenbruchs der kommunist. Regimes in Europa ging die KPI auf sozialdemokrat. Positionen über. 1991 änderte sie ihren Namen in *Demokrat. Partei der Linken* (Partito Democratico della Sinistra, PDS). Eine orthodox-kommunist. Gruppe spaltete sich ab. Nach den Wahlen 1996 übernahm die PDS im Rahmen einer Mitte-links-Koalition erstmals Regierungsverantwortung. Im Februar 1998 bildete die PDS mit anderen linken Organisationen die Gruppierung *Linksdemokraten* (Democrati di Sinistra, DS). Ihr Führer M. *D'Alema* war 1998–2000 italien. Min.-Präs. Bedeutende Parteiführer der Nachkriegszeit waren P. *Togliatti* (Generalsekretär

1947–1964) u. E. *Berlinguer* (1972–1984). Seit 1998 ist W. *Veltroni* Parteisekretär der DS.

Kommunistisches Informationsbüro → Kominform.

◆ **Kommunistisches Manifest,** „Manifest der Kommunistischen Partei", 1848 von K. *Marx* u. F. *Engels* für den „Bund der Kommunisten" verfasste Programmschrift der marxistisch-kommunistischen Bewegung; die bedeutendste u. populärste, in fast alle Sprachen übersetzte Manifestation dieser Richtung, in der die Lehre vom Klassenkampf bis zur endgültigen Überwindung der herrschenden Klassen u. zur Herstellung der klassenlosen Gesellschaft zugleich als Geschichtslehre wie als polit. Forderung verkündet wird. Der bürgerl.-nationalen Staatsordnung, in der die Arbeiter „nichts zu verlieren haben als ihre Ketten", wird die Internationale der Arbeiterklasse als die Ordnung der Zukunft entgegengestellt. Das Manifest schließt mit dem Aufruf: „Proletarier aller Länder, vereinigt euch!"

Kommunitarismus [von engl. *community,* „Gemeinschaft", „Gemeinwesen"], eine in den USA entstandene Denkströmung innerhalb der Sozialwissenschaften u. der Philosophie, die dem Gemeinschaftsdenken angesichts globaler Herausforderungen u. fortschreitender Inividualisierung besondere Bedeutung zuschreibt. Führende Repräsentanten dieser Strömung sind u.a. A. *Etzioni* u. M. *Walzer.* Der K. kritisiert den Liberalismus als unzureichend u. will ihn durch gemeinschaftsbildende Elemente ergänzen. Anhänger des Kommunitarismus verurteilen die Verfolgung individueller Interessen ohne Berücksichtigung gemeinsamer ethische Prinzipien u. ohne soziale Orientierung. Auf politischer Ebene sollen dabei kommunitaristische Prinzipien das herkömmliche Institutionengeflecht erneuern.

kommunizieren [lat.], 1. *allg.:* miteinander in Verbindung stehen, sich verständigen, in *Kommunikation* treten.
2. *Liturgie:* die *Kommunion* empfangen.

◆ **kommunizierende Röhren,** oben offene, unten miteinander verbundene Röhren oder Gefäße. Füllt man sie mit einer Flüssigkeit, so steht diese in allen Röhren (unabhängig von deren Durchmesser u. Form) gleich hoch. Sie finden Anwendung vor allem bei Wasserstandsmessern u. bei der Schlauchwaage.

Kommutation [lat.], 1. *allg.:* Vertauschbarkeit, Umstellbarkeit.
2. *Astronomie:* der Winkel von der Sonne aus in Richtung zur Erde u. einem anderen Planeten.

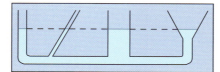

kommunizierende Röhren (Schema)

3. *Elektrotechnik:* die Stromwendung bei Elektromotoren u. Generatoren durch einen → Kommutator.

Kommutativgesetz, *Vertauschungsgesetz,* ein Gesetz der Mathematik: Der Wert einer Summe (eines Produkts) ist von der Reihenfolge der Summanden (Faktoren) unabhängig; $a + b = b + a$ oder $a \cdot b = b \cdot a$. Das K. gilt z. B. im Bereich der reellen Zahlen.

Kommutator [der, Pl. *Kommutatoren*; lat.], *Stromwender,* eine Vorrichtung an elektr. Generatoren u. Elektromotoren aus ringförmig angeordneten, gegeneinander u. gegen die Läuferwelle isolierten Segmenten, die einerseits paarweise mit je einem Anschluss der Ankerwicklung verbunden sind, andererseits von einer Schleifbürste berührt werden, an die sich der äußere Stromkreis anschließt. Der K. hat die Aufgabe, bei sich drehendem Läufer den in den Wicklungsteilen sinusförmig pulsenden Strom abzunehmen u. ihn gleichzurichten, d. h. deren Anschlüsse wechselweise mit dem äußeren Netz so zu verbinden, dass in diesem die Stromrichtung unverändert bleibt.

Komnenen, Kaisergeschlecht in Byzanz 1057 bis 1059 u. 1081 bis 1185. Eine Nebenlinie des in Byzanz entthronten Geschlechts begründete 1204 das Kaiserreich Trapezunt, das 1461 von den Osmanen erobert wurde.

Komödianten spielen in der Casa Goldoni in Venedig; Venezianische Schule, 18. Jahrhundert

◆ **Komödiant** [grch., ital.], im 18. Jh. ursprüngl. Bez. für den Schauspieler; heute im übertragenen Sinn für einen Menschen, der eine Rolle zu spielen versucht, also „schauspielert".

◆ **Komödie** [grch.], *Lustspiel,* heiteres Theaterstück mit glücklichem Ausgang. Die Komik entsteht durch eine übertreibende Darstellung menschlicher Eigenarten und/ oder gesellschaftlicher Untugenden, die den Zuschauer nicht nur unterhalten, sondern auch eines Besseren belehren will. Die Typenkomödie entlarvt mit ihren überindividuell gezeichneten Figuren die Unarten gesellschaftlicher Gruppen u. Stände. Die Charakterkomödie übertreibt Schwächen des Einzelnen ins Unvernünftige, Groteske, Lächerliche. Die Situationskomödie zeigt den Menschen in Verhältnissen, deren Beherrschung ihm entgleitet, u. seine lächerl. Versuche, diese zu seinem Vorteil zu ordnen. Der Witz der Satire richtet sich auf

Komödie: Titelblatt der Erstausgabe von H. von Kleists „Der zerbrochne Krug"; 1811

Komödie: Titelblatt der Erstausgabe von G. E. Lessings „Minna von Barnhelm"; 1767

Gesellschaftskritik, die Groteske zeigt eine gänzlich aus den Fugen geratene Welt. Die moderne Boulevardkomödie verzichtet auf das Belehrende u. zielt nur noch auf das Amüsement des Zuschauers. Die derberen Unterarten Burleske, Schwank u. Posse leben im Volksstück u. im Laientheater weiter.

Geschichte: Als dramaturg. Darstellung eines lustigen Stoffs entstand die K. in *Griechenland* aus den Umzügen u. Gelagen [grch. *komos*] zu Ehren des Dionysos. Der Klassiker der sog. alten attischen K. ist *Aristophanes*, die K. erhielt hier eine der griech. Tragödie ähnliche Form u. verhöhnte Missstände der Zeit, meist solche aus dem polit. oder literar. Bereich. Der Meister der sog. neuen attischen K. *(Nea)*, die vorwiegend Stoffe aus dem Alltagsleben verarbeitete, ist *Menander.* – Um 240 v. Chr. begann die Entwicklung der K. in *Italien*: *Plautus* u. *Terenz* verarbeiteten griech. Motive. Um Christi Geburt verschmolz die röm. K. mit alten oskischen Volksspielen zur *Atellane* mit ihren festen Charaktermasken. Daraus entwickelte sich später die *Commedia dell'Arte*, in der sich neben den antiken Elementen auch mittelalterl.-volkstümliche erhalten haben. Das Stegreifspiel der Commedia dell'Arte wurde von C. *Goldoni* zur festen literar. Form u. Gattung ausgeprägt, die von L. *Pirandello* im 20. Jh. erneuert wurde. – In *Frankreich* verschmolz die Commedia dell'Arte mit der heimischen *Farce.* Der junge P. *Corneille* erhob die neue Gattung zur literar. Form; *Molière* mit seiner Charakterkomödie, P. de *Marivaux*

mit seinen psycholog. Analysen eroberten ihr die europ. Bühnen. Im 19. Jh. wurde Frankreich führend in der sozialen u. Gesellschaftskomödie. – Die K. in *England*, die von antikisierenden Versuchen ausging, erreichte mit *Shakespeare* ihren Höhepunkt. Später entwickelte sich in England unter dt. u. französ. Einfluss die Dialogkomödie, deren Meister O. *Wilde* u. G. B. *Shaw* sind. – In den *slaw. Ländern* steht N. W. *Gogols* „Revisor" (1836) an der Spitze, in unserer Zeit verdienen die grotesken Kurzdramen von S. *Mrozek* Erwähnung. – Im *deutschsprachigen Raum* fand nach jahrzehntelanger Nachahmung französ., engl. u. italien. Muster erst G. E. *Lessing* mit „Minna von Barnhelm" zu einem eigenen Stil. Lessing hatte nur wenige ebenbürtige Nachfolger: H. von *Kleist* mit „Der zerbrochene Krug" u. „Amphitryon", G. *Büchner* mit „Leonce u. Lena" u. F. *Grillparzer* mit „Weh dem, der lügt". Im Wiener Lokalposse bildeten F. *Raimund* u. J. N. *Nestroy* eine bes. Note aus. Der „Biberpelz" von G. *Hauptmann* ist eine K. mit sozialkritischer Tendenz; gegen das Bürgertum richten sich die Komödien C. *Sternheims.* Gesellschaftskritik übten auch B. *Brecht* u. C. *Zuckmayer* in ihren Komödien; mehr dem Grotesken zugewandt sind M. *Frisch* („Don Juan oder die Liebe zur Geometrie"), F. *Dürrenmatt* („Herkules u. der Stall des Augias", „Romulus der Große", „Der Besuch der alten Dame", „Grieche sucht Griechin") u. P. *Hacks* („Moritz Tassow", „Amphitryon", „Margarete in Aix").

Komodo, eine der *Kleinen Sundainseln* (Indonesien), östl. von Sumbawa, rd. 500 km², weitgehend entwaldet; Nationalpark (Weltnaturerbe seit 1991), bekannt wegen der *Komodowarane.*

◆ **Komodowaran**, *Varanus komodoensis*, mit 3 m Länge größte lebende *Echse*; 1912 auf der Insel *Komodo* entdeckt; außerdem auf den indones. Inseln Flores, Rinca u. Padar heimisch. Komodowarane ernähren sich von Säugetieren bis zur Größe eines kleinen Hirsches, Vögeln, Fischen u. Aas. Die Art ist in ihrem Bestand gefährdet.

Kom Ombo, *Kawm Umbu*, oberägypt. Stadt am rechten Nilufer, nördl. von Assuan, rd. 60 000 Ew.; Umsiedlungsgebiet für die durch den Assuandamm-Nilstau vertriebenen Nubier; Zuckerrohr- u. Baumwollanbau; Zuckerfabrik; Doppeltempel aus der Ptolemäerzeit.

Komoren, Staat im Indischen Ozean, → Seite 436.

Komorin, *Kap Komorin* → Comorin.

Komorn, slowak. Stadt, → Komárno.

Komotau, Stadt in der Tschech. Rep., → Chomutov.

Komotini, *Komotene*, türk. *Gümülcine*, bulg. *Gjumjurdschina*, griech. Stadt im westl. Thrakien, am Fuße der Rhodopen, Hauptort des Verw.-Bez. Rodopi, 37 600 Ew.; z. T. türkisch; Altstadt mit türk.-oriental. Gepräge; Tabak- u. Nahrungsmittelindustrie.

Kompagnon [-pa'njõ; frz.], *Compagnon*, Gesellschafter, Teilhaber.

Kompakta [lat.], *Substantia compacta*, die feste äußere Zone des Knochens, im Gegensatz zu dem Gerüstwerk im Innern (→ Spongiosa).

Kompander, zusammenfassende Bez. für Kompressor u. Expander; in der elektr. Übertragungstechnik Einrichtung zur Verbesserung des Störabstandes. Dabei verstärkt der auf der Sendeseite eingesetzte Kompressor geringe Amplituden eines Signales mehr als die großen Amplituden, wodurch kleine Signalamplituden relativ stärker aus dem Rauschen herausgehoben werden. Der im Empfänger wirksame Expander gleicht die unterschiedl. Signalverstärkung wieder aus.

Kompanie [frz.], *Kompagnie*, *Compagnie*, 1. *Handel:* Gesellschaft, Genossenschaft.

Komodowaran, Varanus komodoensis

2. *Militär:* die unterste Einheit der Truppe bei Heer, Luftwaffe u. Marine; in den fliegenden Verbänden auch *Staffel,* bei der Artillerie auch *Batterie* genannt; bei berittenen oder bespannten Truppen früher *Schwadron* oder *Eskadron.* Führer der K., *Kompaniechef,* ist ein Hauptmann oder Major, der unterste Vorgesetzte mit Disziplinarstrafgewalt.

Kompaniefeldwebel, der für den gesamten inneren Dienst in der Kompanie dem Kompaniechef verantwortl. Feldwebel, in der Soldatensprache als „Mutter der Kompanie" oder „Spieß" bezeichnet; Dienstgrad: Hauptfeldwebel.

Komparation [lat.], Graduierung, die Steigerung des Adjektivs u. Adverbs (klein, kleiner, am kleinsten; viel, mehr, am meisten); die Reihe *Positiv, Komparativ, Superlativ* (auch *Elativ,* sehr klein).

Komparatistik [lat.] → vergleichende Literaturwissenschaft.

Komparativ [der; lat.], die erste Steigerungsstufe der Adjektive u. Adverbien („schöner" zu den Positiv „schön").

komparative Kosten, ein Begriff der Außenhandelstheorie: Das „Theorem der komparativen Kosten" (D. *Ricardo*) erklärt, dass ein Land, das alle Güter zu geringeren Kosten als andere Länder herstellt, dennoch Außenhandel treiben kann. Das betreffende Land spezialisiert sich darauf, jenes Gut zu erzeugen, bei dem sein Kostenvorteil am größten ist, u. überlässt die Produktion der anderen Güter, bei denen es zwar ebenfalls einen absoluten, aber geringeren Kostenvorteil hat, anderen Ländern. Auch → Immobilität.

Komparator [lat.] → Blinkkomparator.

Komparse [ital.], stumme Rolle im Theater u. Film; vom *Statisten* nicht streng geschieden.

Komparserie [ital.], die Gesamtheit der *Komparsen.*

Kompartiment [lat.], **1.** *Ökologie:* Bestandteil eines Ökosystems; mehrere Kompartimente sind durch Stoffwechsel-Beziehungen miteinander verknüpft; *anorganische Kompartimente:* Stoffe, Energie, Raumstruktur; *organische Kompartimente:* die drei *funktionellen Gruppen* der Lebewesen (Produzenten, Konsumenten, Destruenten). **2.** *Cytologie:* ein Raum, in dem bestimmte Funktionen des Stoffwechsels lokalisiert sind. Kompartimente liegen dabei auf der Zellebene *(cytolog. Kompartimente)* u. auf der gesamten Organismusebene vor; sie sind häufig ineinander eingeschachtelt. Grenzen der Kompartimente sind Biomembranen, aber auch Zellwände oder Gewebegrenzen. Auf der Zellebene stellen z. B. der *cytoplasmat. Raum,* die darin vorliegenden u. *Mitochondrien* u. die einzelnen Untereinheiten der Mitochondrien (innere u. äußere Matrix, innere u. äußere Membran) jeweils eigene Kompartimente dar, in denen getrennt voneinander bestimmte Stoffwechselvorgänge ablaufen. Andere Kompartimente der Zelle werden z. B. vom *endoplasmatischen Retikulum,* vom *Kern* u. vom *Golgi-System* gebildet. Auf der Organismusebene stellt z. B. das Blutgefäßsystem ein eigenes K. dar.

Kompass [der; ital.], **1.** *Astronomie:* *Pyxis,* auch *Mastbaum, Malus,* Teil des südl. Sternbilds „Schiff Argo", von *Lacaille* 1752 eingeführt. **2.** *Navigation:* Gerät zur Bestimmung der Himmelsrichtung. Beim *Magnetkompass* stellt sich eine auf einer feinen Spitze im Schwerpunkt gelagerte Magnetnadel unter Einwirkung des magnet. Erdfelds in Nord-Süd-Richtung ein. Eine *Windrose* (*Kompassrose,* Einteilung eines Kreises in Himmelsrichtungen), über der die Kompassnadel spielt, ermöglicht es, die gesuchte Richtung abzulesen. Beim *Schiffskompass* ist sie auf der Magnetnadel befestigt u. im kardanisch aufgehängten *Kompasskessel* untergebracht. Beim *Schwimmkompass* schwimmt die Windrose auf einer Flüssigkeit (Alkohol-Wasser-Gemisch) zur Dämpfung der Schwingungen. – Da der stählerne Schiffskörper die Magnetnadel stark beeinflusst (Deviation), benutzt man auch den *Elektronenkompass:* Ein senkrecht nach oben (oder unten) gerichteter Elektronenstrahl wird durch das magnet. Erdfeld nach Osten (oder Westen) abgelenkt. – Eine weitere Kompassart ist der → Kreiselkompass; auch → Radiokompass. Der K. soll eine Erfindung der Chinesen sein. Die älteste Nachricht über die Benutzung in Europa stammt 1190 n. Chr. von *Hugues de Bercy.* Auch → Deklination, → Inklination.

Kompassorientierung, Form der → Orientierung am Sonnenstand.

Kompasspflanzen, *Meridianpflanzen,* Pflanzen, die ihre Blätter in nord-südl. Richtung einstellen u. so ihre mit den Kanten nach oben gestellten Blattflächen nur dem schwächeren Abend- oder Morgenlicht zuwenden, nicht aber der hohen Strahlungsintensität der Sonne zur Mittagszeit; z. B. die *Kompassdistel (Kompasspflanze i. e. S., Lactuca servida)* u. der *Stachel-Lattich, Lactuca serriola,* der sonnige Wegränder besiedelt. Auch → Phototropismus.

◆ **Kompassqualle,** *Chrysaora hysoscella,* bis 30 cm große gelbl. *Fahnenqualle* der europ. Küsten; mit 16 dunklen, v-förmigen Streifen, die an eine Kompassrose erinnern; Mundarme bis 2 m ausdehnbar; oft in Schwärmen.

Kompatibilität [lat.], **1.** *allg.:* Vereinbarkeit, Verträglichkeit, Bejahung der Zulässigkeit. Gegensatz: *Inkompatibilität.* **2.** *Recht:* die Möglichkeit, verschiedene Ämter gleichzeitig innezuhaben oder die Amtsgewalt in bestimmten Situationen auszuüben. **3.** *Technik:* die Verträglichkeit, Vereinbarkeit u. Austauschbarkeit verschiedener techn. oder elektron. Systeme; z. B. soll man mit Farbfernsehsystemen auch Schwarzweißsendungen oder mit Schwarzweißgeräten auch Farbsendungen (unbunt) empfangen können. Gleiches gilt auch für mono- u. stereophonische Systeme. Ein Computerprogramm wird z. B. als abwärtskompatibel bezeichnet, wenn es die mit einer älteren Version des Programms erzeugten Daten bearbeiten kann.

Kompendium [das, Pl. *Kompendien;* lat.], **1.** *allg.:* knappes Lehrbuch, Leitfaden, Abriss. **2.** *Fotografie:* Sonnenblende mit ausziehbarem Balgen u. Lichtfilterhalterung für Kino- u. Großbildkameras.

Kompensation [lat.], **1.** *allg.:* Aufrechnung, Ausgleich, Entschädigung. **2.** *Ökologie:* der Ausgleich der Wirkung eines Umweltfaktors durch einen anderen. Z. B. kann die Wirkung räuberischer Feinde auf eine tierische Population anderenorts durch innerartl. Konkurrenz (Hunger) kompensiert werden, so dass beide Teilpopulationen gleich stark sind. **3.** *Physik u. Technik:* der Ausgleich zweier gegeneinander wirkender Vorgänge. Ein *Kompensationsregler* ist ein Temperaturregler für offene Klimaanlagen; *elektr. Kompensatoren* dienen zur Spannungsmessung ohne Stromentnahme; die *Kompensationsunruh* ist die mit Bimetall versehene Unruh einer Uhr zur K. der Ausdehnung des Metalls. Auch → Kompensator. **4.** *Physiologie:* der Ausgleich anatomischer oder funktioneller Störungen eines Organs oder Organteils durch gesteigerte Tätigkeit eines anderen Organs oder Organteils. **5.** *Psychologie:* der Ausgleich von Mängeln durch bes. Leistungen oder ein spezielles Verhalten; z. B. die K. eines Minderwertigkeitsgefühls durch betont sicheres Auftreten. Zur *Überkompensation* kommt es, wenn nicht nur Ausgleich, sondern gesteigerter Erfolg erreicht wird (z. B. ein Stotterer, der sich zu einem großen Redner entwickelt). **6.** *Strafrecht:* die Befugnis des Richters zur Straffreierklärung bei wechselseitig begangenen Beleidigungen u. leichten Körperverletzungen, wenn die eine Straftat durch die andere auf der Stelle erwidert wird (§§ 199, 233 StGB). Die strafrechtl. K. beruht auf der Vorstellung, dass zwischen wechselseitigen Beleidigungen u. Handgreiflichkeiten ein Ausgleich stattfindet, der die staatl. Strafe entbehrlich macht.

Fortsetzung S. 437

Kompassqualle, Chrysaora hysoscella

Komoren

Autokennzeichen: COM

Fläche: 2 235 km²

Einwohner:
676 000

Hauptstadt:
Moroni

Sprache:
Französisch, Komorisch

Währung:
Komoren-Franc

Offizieller Name:
Union der Komoren

Regierungsform:
Präsidiale Republik

Religion:
Moslems

Nationalfeiertag: 6. Juli

Zeitzone:
Mitteleuropäische Zeit +2 Std.

Grenzen:
Inselgruppe im Indischen Ozean
zwischen Mosambik im W u.
Madagaskar im O

Bruttosozialprodukt/Einw.:
370 US-Dollar

Lebenserwartung:
59 Jahre

Landesnatur Die Komoren bilden eine Gruppe von vier großen (Ngazidja, Mwali, Nzwani sowie das polit. nicht zur Rep. Komoren gehörende Mayotte) u. einigen kleineren Inseln. Sie sitzen auf einem untermeerischen Rücken zwischen Madagaskar u. Ostafrika, sind vulkan. Entstehung u. gebirgig (tätiger Vulkan *Kartala* auf Ngazidja, 2361 m). Die Küsten sind steil u. von Korallenriffen gesäumt.
Klima und Vegetation: Das trop.-maritime Klima wird im Südsommer vom Regen bringenden Nordwestmonsun (je nach Höhenlage u. Exposition fallen 700–4000 mm Niederschlag im Jahr), im Südwinter vom trockenen Südostpassat bestimmt. Bei Windwechsel im Mai u. Oktober können Wirbelstürme auftreten. Die natürl. Vegetation war bis zum 18. Jh.

dichter Regenwald mit wertvollen Holzarten, der aber bis auf Reste in höheren Lagen gerodet wurde.

Bevölkerung Die Komorer stellen eine Mischbevölkerung aus Arabern, Madegassen u. Schwarzen dar u. gehören überwiegend dem Islam an, der mit Moscheen u. Koranschulen das Bild der Siedlungen prägt. Über 40 % der Komorer sind Analphabeten. Die Mehrheit der Bevölkerung spricht Komorisch, das zusammen mit Französisch Amtssprache ist; Kultursprache ist Arabisch.

Wirtschaft und Verkehr Die Wirtschaft wird bestimmt durch die großenteils von europ. Gesellschaften u. komorischen Großgrundbesitzern betriebenen Plantagen, die für den Export ätherische Öle (Parfümessenzen), Vanille, Sisal, Kopra, Kakao, Kaffee, Gewürznelken u. Pfeffer liefern. Auf kleinen Feldern baut die einheimische Bevölkerung Maniok, Mais, Süßkartoffeln, Reis u. Zuckerrohr für den Eigenbedarf an. Gegenwärtig sind noch rd. 75 % der Bevölkerung in der Landwirtschaft tätig.
Die Viehzucht hat geringe, der Fischfang größere Bedeutung. Die Industrie verarbeitet vorwiegend Plantagenprodukte (Destillation von Parfümessenzen, Vanilleaufbereitung, Sisalentfaserung).
Schiffs- u. Flugverkehr verbinden die Inseln untereinander; Ausfuhrhäfen sind Moroni u. Mutsamudu, internationaler Flughafen Moroni-Hahaya.

Geschichte Vor der Besetzung durch Frankreich im 19. Jh. waren die Komoren ein Schlupfwinkel für Seeräuber. Immer wieder hatte sich die Bevölkerung auch gegen Überfälle von Madagaskar zu wehren. Als erste Insel wurde die südlichste, *Mayotte*, französisch, bis 1909 folgten die drei anderen. 1886 wurden die Komoren Protektorat,

1912 Kolonie. 1946 erhielt die Kolonie den Status eines Überseeterritoriums. 1961 wurde Autonomie gewährt. Ende der 1960er Jahre entstand im Exil die komor. Unabhängigkeitsbewegung *Molinaco*, u. seit 1973 wurde die Unabhängigkeit mit Unterstützung der *OAU* vorbereitet. 1974 stimmte die Bevölkerung für die Selbständigkeit; nur Mayotte votierte für den Anschluss an Frankreich. Am 6. 7. 1975 erklärten die Komoren einseitig die Unabhängigkeit (ohne Mayotte). *Ahmed Abdallah Abderemane*, der erste Präsident, wurde im selben Jahr gestürzt. Der maoistisch orientierte *Ali Soilih* übernahm das Präsidentenamt. 1978 wurde Ali Soilih von französ. u. belg. Söldnern gestürzt u. ermordet. Eine neue Verfassung konstituierte die „Islam. Bundesrepublik der Komoren". Das Amt des Staatspräsidenten übernahm erneut Ahmed

Der französische Söldnerführer Bob Denard bei einer militärischen Übung

Abdallah Abderemane, der diktatorisch regierte u. 1989 bei einem Putschversuch ermordet wurde. Unter seinem Nachfolger *Said Mohammed Djohar* trat 1992 eine neue Verfassung in Kraft. Ein Putsch des Söldnerführers B. *Denard* scheiterte 1995 an einer Militärintervention Frankreichs. 1996 wurde *Mohamed Taki Abdulkarim* zum Präsidenten gewählt. Im selben Jahr stimmte die Bevölkerung in einem Referendum für eine neue Verfassung, die dem Präsidenten weit reichende Befugnisse einräumt. 1997 sagten sich die Insel Mwali u. Nzwani von der Zentralregierung los. Eine Militärintervention gegen die Separatisten scheiterte. Zur Friedenssicherung entsandte die OAU Truppen nach Nzwani. Im November 1998 starb überraschend Präsident Mohamed Taki Abdulkarim. Sein Nachfolger *Tadjiddine Ben Said Massonde* wurde 1999 durch einen Militärputsch unter Führung von Oberst *Azali Assoumani* gestürzt. 2001 entschied sich die Bevölkerung in einem Referendum für eine föderalistische Verfassung der Union der Komoren.

Karte

Indischer Ozean

44°

Mitsamiouli

Ngazidja
(Grande Comore)

MORONI

Kartala
2361

Chindini

12°

Nzwani
(Anjouan)

Fomboni

Mutsamudu

Mwali
(Mohéli)

12°

Mayotte
(frz.)

Komoren

0   100 km

7. Zivilrecht: 1. *culpa-Kompensation* [lat., „Schuldkompensation"], (Teil-)Ausgleich des Verschuldens des Verletzers durch mitwirkendes Verschulden des Verletzten. – **2.** → Vorteilsausgleichung.

Kompensationsgeschäft, 1. ein Tauschgeschäft unter Ausschaltung des Geldes, Tausch von Ware gegen Ware; im dt. Binnenhandel von 1945 bis zur Währungsreform 1948 infolge der verdeckten Inflation sehr verbreitet. Durch Gesetz des Wirtschaftsrates vom 3. 11. 1948 wurden Kompensationsgeschäfte verboten. **2.** im Außenhandel häufig als *Kompensationsverkehr* bei nicht freier Konvertierbarkeit der Währungen; ein reiner Bilateralismus. Zur Erhaltung einer ausgeglichenen Devisenbilanz wird aufgrund von Kompensationsverträgen wertmäßig die Einfuhr höchstens so groß wie die Ausfuhr bemessen. Diese Form des Handels tritt besonders im Ost-West-Handel auf, der auf bilateralen Handels- u. Zahlungsvereinbarungen basiert u. dann als Naturaltausch durchgeführt wird.

Kompensator [lat.], **1.** *Elektrotechnik:* Messinstrument, das nach einer Kompensationsmethode funktioniert. Dabei wird Spannung gemessen, indem die gemessene Größe durch Vergleich mit der Normalspannung so kompensiert wird, dass keine Differenz mehr zwischen beiden herrscht. Die Gleichheit der beiden Spannungen wird dann auf einem Galvanometer dadurch angezeigt, dass kein Strom mehr fließt. **2.** *Wärme- u. Kältetechnik:* Dehnungsausgleicher, ein schlangenbogenförmiges Stück einer Rohrleitung für Dampf, Heißwasser oder heiße Gase *(Lyrabogen, Federbogen)*, das die durch die Temperaturschwankungen hervorgerufenen Längenänderungen ausgleicht.

kompensatorische Erziehung, eine in den 1960er Jahren in den USA entstandene Erziehungsmethode *(compensatory education)*, die nachträglich mangelnde Erfahrungs- u. Lernmöglichkeiten auszugleichen sucht, um damit Chancengleichheit herzustellen (z. B. im Kindergarten u. in der Vorschule). K. E. ist nur erfolgreich, wenn die Ursachen der Benachteiligungen beseitigt werden.

Kompetenz [lat.], Befugnis, Zuständigkeit (zur Gesetzgebung, der Verwaltung zur Entscheidung). In der *Gesetzgebung* bedeutet K. die in der Verfassung festgelegte Zuständigkeit der verschiedenen Gesetzgebungsorgane für den Erlass von Gesetzen u. Verordnungen. Art. 70 GG grenzt das originäre Recht der Länder zur Gesetzgebung durch die Verleihung von Gesetzgebungszuständigkeiten an den Bund ein (ausschließliche u. konkurrierende Gesetzgebung Art. 71 u. 72 GG). Eine Gesetzgebungszuständigkeit des Bundes ist darüber hinaus nur in Ausnahmefällen aus der Natur der Sache oder kraft Sachzusammenhanges gegeben. Eine sog. *Annexkompetenz* liegt dann vor, wenn eine bereits vorhandene K. auf das Stadium der Vorbereitung u. Durchführung von Vorschriften ausgedehnt wird. Die Enquête-Kommission für Fragen der Verfassungsreform hat sich eingehend mit Fragen der Neuverteilung der *Gesetzgebungskompetenz* zwischen Bund u. Ländern befasst. In der *Verwaltung* bedeutet K. die Umgrenzung von Aufgaben u. Befugnissen der betreffenden Verwaltung oder Behörde. Unscharf bezeichnet man mit K. sowohl die *Grenzen* der Befugnis u. Verpflichtungen zur Wahrnehmung bestimmter Aufgaben als auch den *Inhalt* (Gegenstand) der wahrzunehmenden Verpflichtung.

Kompetenzkompetenz [lat.], die Befugnis eines staatlichen Organs, bei einem → Kompetenzkonflikt selbst über die eigene Zuständigkeit verbindlich zu entscheiden, auch ohne aktuellen Konflikt die eigene Zuständigkeit zu bestimmen.

Kompetenzkonflikt [lat.], Streit um die Zuständigkeit *(Kompetenz)*. Ein *positiver K.* liegt vor, wenn sich zwei Stellen (des Staates, etwa Verwaltung u. Justiz) für zuständig halten. Vom *negativen K.* spricht man, wenn keine der beiden Stellen sich für zuständig erklärt. Um dies nach Möglichkeit auszuschließen, ist z. B. bei einem K. zwischen verschiedenen Gerichtszweigen die bindende Verweisung von einem Rechtsweg in den anderen vorgesehen. Bei Kompetenzkonflikten zwischen Gerichten desselben Gerichtszweiges entscheidet das nächsthöhere Gericht. Der negative K. wird bei staatl. Eingriffen durch Art. 19 Abs. 4 GG vermieden, welcher bestimmt: „Wird jemand durch die öffentliche Gewalt in seinen Rechten verletzt, so steht ihm der Rechtsweg offen. Soweit eine andere Zuständigkeit nicht begründet ist, ist der ordentliche Rechtsweg gegeben." Bei einem K. zwischen Verwaltungsbehörden kann die gemeinsame obere Behörde angerufen werden. Bei einem K. zwischen Gerichten u. den Verwaltungsbehörden oder Verwaltungsgerichten kann ein *Kompetenzkonfliktsgericht* entscheiden (§ 17 a GVG). Ein K. zwischen Leistungsträgern im Sozialrecht darf nicht zum Nachteil des Antragstellers ausgetragen werden. § 43 I SGB regelt die Leistungverpflichtung des zuerst angegangenen Leistungsträgers zu vorläufigen Leistungen. In *Österreich* ist die jeweilige gemeinsame Oberbehörde zuständig für die Bereinigung von Kompetenzkonflikten im Bereich des Verwaltungsrechts sowohl zwischen Bundesbehörden untereinander als auch zwischen Landesbehörden untereinander. Entsprechend wird auch bei Kompetenzkonflikten innerhalb der ordentl. Gerichtsbarkeit verfahren. Zahlreiche Kompetenzkonflikte sind vom Verfassungsgerichtshof zu schlichten; im Einzelnen die Kompetenzkonflikte 1. zwischen Gerichten u. Verwaltungsbehörden; 2. zwischen dem Verwaltungsgerichtshof u. allen anderen Gerichten, insbes. auch zwischen dem Verwaltungsgerichtshof u. dem Verfassungsgerichtshof selbst, sowie zwischen den ordentl. Gerichten u. anderen Gerichten; 3. zwischen den Ländern untereinander sowie zwischen einem Land u. dem Bund (Art. 138 BVerfG).

Kompetenzstücke, Ausdruck der schweiz. Rechtssprache: → Konkurs.

Kompilation [lat.], eine aus anderen Werken zusammengestellte wissenschaftliche oder literarische Arbeit.

Kompilationsfilm, ein Film, der vorwiegend aus bereits vorhandenem Filmmaterial zu meist didakt. Zwecken zusammengestellt ist.

komplanar [lat.], in der gleichen Ebene liegend.

Komplanation [lat.], die Flächenberechnung von gekrümmten Flächen.

Komplement [das; lat.]. **1.** *allg.:* Ergänzung. **2.** *Physiologie: Komplementsystem,* komplexes System aus etwa 20 verschiedenen Proteinen im Blutserum des Menschen u. fast aller Tiere, das die Wirkung von *Antikörpern* bei der Abtötung von Zellen ergänzt *(komplementiert)*. Das K. wird entweder durch Antigen-Antikörper-Komplexe mit Immunglobulinen der Klasse IgG oder IgM vorausgegangener Immunreaktionen („klassischer Weg") oder durch direkten Kontakt mit eingedrungenen Mikroorganismen („alternativer Weg") aktiviert. Stufenweise kommt es zu einer sich immer mehr verstärkenden Serie von Reaktionen, die letztlich zur Zerstörung der Erreger oder befallenen Zellen führt. Zusätzlich werden Signalstoffe freigesetzt, die z. B. Fresszellen *(Makrophagen)* anlocken. Ein defektes K. kann zu Störungen in der Immunabwehr oder Autoimmunerkrankungen führen. Auch → Immunsystem.

komplementär [lat., frz.], ergänzend.

Komplementär [lat., frz.], persönlich haftender Gesellschafter einer → Kommanditgesellschaft oder einer → Kommanditgesellschaft auf Aktien.

komplementäre Medizin → alternative Medizin.

Komplementärfarbe [lat.], *Ergänzungsfarbe,* eine Farbe, die eine andere bei additiver Farbmischung zu Weiß ergänzt. Komplementärfarben liegen im kreisförmigen Spektralband des Sonnenlichts gegenüber (z. B. Rot-Grün, Blau-Gelb).

Komplementarität [lat.], die zuerst von N. *Bohr* erkannte Erfahrungstatsache, dass atomare Teilchen zwei paarweise gekoppelte, scheinbar einander widersprechende Eigenschaften haben, z. B. sowohl Teilchen- als auch Wellencharakter. Die Beobachtung zweier komplementärer Eigenschaften *(komplementärer Größen)* ist jedoch nicht gleichzeitig möglich, sondern erfordert entgegengesetzte, nicht miteinander verträgliche Messvorgänge. Auch → Quantentheorie.

Komplementbindungsreaktion, Abk. *KBR,* eine serologische Arbeitsmethode zum Nachweis z. B. von Viren u. anderen Infektionserregern. Bei bekanntem *Antigen* kann der *Antikörper* bzw. umgekehrt bei bekanntem *Antikörper* das *Antigen* im Blut nachgewiesen u. quantitativ bestimmt werden. Die K. arbeitet mit → Komplement (meist aus Kaninchen- oder Meerschweinchenserum), dessen Bindung nach evtl. erfolgter → Antigen-Antikörper-Reaktion getestet wird.

Komplementsystem → Komplement.

Komplementwinkel [lat.], zwei Winkel, die sich zu 90° ergänzen.

Komplet, 1. [kɔm'pleːt; die; lat.], *Liturgie:* Completorium, das kirchl. Nachtgebet des Breviers.
2. [kɔ̃'pleː; das; frz.], *Mode:* Complet, in der Damenmode zwei aufeinander in Farbe u. Stoff abgestimmte Kleidungsstücke (z. B. Kleid u. Jacke).

Komplex [der; lat.], **1.** *allg.:* vielfältig zusammengesetzte Einheit, Gesamtheit; Fläche, Gebiet, Bereich. – *komplex*, vielfältig zusammengesetzt.
2. *Denk- u. Gedächtnispsychologie:* die Verbindung von Vorstellungen zu einem Ganzen. Im Gedächtnis sind die erlernten Inhalte zu einem K. zusammengefasst.
3. *Psychoanalyse:* die Verbindung von (abgespaltenen, unverarbeiteten) Vorstellungen oder Erlebnissen mit peinlichen Gefühlen. Meist werden diese Verbindungen ins Unbewusste verdrängt (→ Verdrängung), bleiben aber dynamisch (→ Dynamik [4]) wirksam als fortwährende Bewusstseinsbeunruhigung u. können den Ausgangspunkt für *Neurosen* bilden. Die Auflösung von Komplexen ist die wichtigste Aufgabe der *Psychotherapie.*

Komplexauge, das zusammengesetzte Auge der Insekten; → Lichtsinnesorgane.

Komplexchemie [-çe-; lat. + grch.], die Chemie der → Komplexverbindungen. Das Gebiet der K. wurde grundlegend erarbeitet durch die systematischen Untersuchungen von A. *Werner,* der seine im Jahre 1893 aufgestellte Theorie über den Bau von Verbindungen höherer Ordnung durch gezielte Experimente bewies (dafür Nobelpreis 1913). Die K. beschäftigt sich nicht nur mit chemischen Reaktionen, die zur Komplexbildung führen, sondern auch mit Reaktionen von Komplexen selbst oder mit von komplexen Verbindungen beeinflussten chemischen Reaktionen. Unter Komplexen *i. e. S.* versteht man anorganische oder metallorganische Verbindungen (→ Komplexverbindungen, → Koordinationsverbindungen). *I. w. S.* können auch organische Molekülverbindungen unter diesen Begriff fallen. Die K. hat große wirtschaftl. Bedeutung in der Waschmittel-, Lebensmittel-, Pharma-, Textil- u. Farbstoffindustrie. Kenntnisse der K. sind ebenfalls notwendig im Korrosionsschutz u. in der chemischen Analytik.

komplexe Zahl, die Summe einer reellen u. einer imaginären Zahl: $Z = a + bi$; a heißt *Realteil,* b Imaginärteil von Z; a u. b sind reelle Zahlen; i heißt → imaginäre Einheit. Zur Veranschaulichung kann jeder komplexen Zahl ein Punkt in der *Gauß'schen Ebene* zugeordnet werden, wobei die Zahlen a u. b den Koordinaten dieses Punktes auf der reellen u. der imaginären Achse entsprechen; die reelle Achse trägt als Einheit die reelle Zahl 1, die imaginäre Achse die Zahl i. Aus dieser Darstellung ergibt sich die Möglichkeit, eine k. Z. auch schlicht als Zahlenpaar $Z = (a;b)$ bzw. in der *Euler'schen Form* $Z = r$ $(\cos \varphi + i \sin \varphi)$ darzustellen.

Komplexion [lat., „Zusammenfassung"], **1.** *Anthropologie:* die gleichsinnige Beziehung zwischen Haar-, Haut- u. Augenfarbe; z. B. blondes Haar, helle Haut, blaue Augen oder braunes Haar, dunkle Haut, braune Augen. Wahrscheinlich sind polyphäne Gene für die Pigmentierung verantwortlich.
2. *Mathematik:* → Kombinatorik.

Komplexometrie [lat. + grch.], Verfahren der Maßanalyse, → Chelatometrie.

Komplexone [lat.], stark zur Komplexbildung (→ Komplexverbindungen) neigende *Aminopolycarbonsäuren*; z. B. die Ethylendiamintetraessigsäure, deren Dinatriumsalz u. a. als *Komplexon III* u. *Titriplex III* im Handel ist. K. werden als Titrationsmittel in der → Chelatometrie, zur Maskierung störender Metallionen (z. B. in der Färberei) u. als Wasserenthärtungsmittel verwendet.

Komplexverbindungen, chem. Verbindungen höherer Ordnung, bei deren Aufbau andere Bindungskräfte als bei den einfachen Verbindungen mitwirken u. deren Zusammensetzung im Allg. nicht der normalen Wertigkeit ihrer Bestandteile entspricht. Auch → Bindung, → Koordinationsverbindungen.

Komplikation [lat.], **1.** *allg.:* Schwierigkeit, Verwicklung.
2. *Medizin:* das Zusammentreffen mehrerer Krankheiten oder das Hinzutreten einer Krankheit zu einer anderen oder das Verschlimmern einer Krankheit durch hinzukommende Störungen.

Komplott [das; frz.], Verschwörung, Verabredung zu Straftaten. Auch → Mordkomplott.

Komponente [die; lat.], **1.** *allg.:* Bestandteil eines Ganzen.
2. *Chemie:* Bestandteil einer Mischung; z. B. sind Lösungsmittel u. gelöster Stoff die Komponenten einer Lösung.
3. *Mathematik:* → Vektor.
4. *Physik:* eine Maßzahl, die eine physikal. Größe mitbestimmt; so ist z. B. die Geschwindigkeit durch drei Komponenten gegeben, nämlich durch die in einem räuml. Koordinatensystem gemessenen „Anteile" der Geschwindigkeit längs der drei Koordinatenachsen.

Komponentenanalyse, *allg.:* die statistische Beschreibung einer Größe durch Größenverhältnisse (→ Strukturanteil) ihrer Teile, eventuell auch im Zeitablauf (z. B. Zerlegung der jährlichen Wachstumsraten des realen Sozialprodukts in definitorische Komponenten für Konsum, Investitionen u. Außenbeitrag zur näheren Beschreibung von Wachstumszyklen). – *Speziell:* die Methode der Prinzipalkomponenten aus dem Bereich der Faktorenanalyse, mit der ein Komplex von Einflussgrößen bei maximaler Erfassung der Gesamtvariation durch wenige Hauptkomponenten dargestellt werden soll (in der Ökonometrie u. a. angewandt, um die Variablenzahl zu verringern u. Multikollinearität zu beseitigen).

Kompong Cham ['kampuən 'tʃaːm], Provinzhauptstadt in Kambodscha, oberhalb von Phnom Penh, 33 000 Ew.; techn. Universität (seit 1965); Verarbeitung von Baumwolle u. Jute, Kautschukgewinnung, Nahrungsmittelindustrie.

„ionische" Voluten über korinthischen Akanthuskränzen

Kompositkapitell: Kompositordnung mit Kapitell vom Titusbogen in Rom; 1. Jahrhundert

Kompong Som ['kampuən-], früher *Sihanoukville,* Hafenstadt in Kambodscha, 75 000 Ew.; Ölraffinerie, Maschinenbau, Nahrungsmittelindustrie; im Vietnamkrieg zeitweise der Hauptumschlagplatz für den über See kommenden Nachschub des *Vietcong.*

komponieren [lat.], zusammenstellen, eine *Komposition* schaffen.

Komponist [lat.], *Tonsetzer,* der Verfasser musikalischer Werke.

Kompositen [lat.], *Compositae* → Korbblütler.

Komposition [lat.], **1.** *bildende Kunst:* die nach Harmoniegesetzen vorgenommene Anordnung u. Verbindung formaler Elemente in einem Kunstwerk; z. B. die Verteilung von Figurengruppen, die Festlegung von Bewegungsmotiven oder die Lichtverteilung im Verhältnis zu allen dargestellten Dingen u. zu dem sie umgebenden Raum.
2. *Grammatik:* die Zusammensetzung mehrerer Wörter (Wortstämme) zu einem *Kompositum.*
3. *Musik:* das von einem *Komponisten* geschaffene, in Notenschrift festgehaltene musikal. Werk, dessen klangl. Umsetzung wiederholbar u. somit nicht direkt mit dem Komponisten verbunden ist. Die K. ist also von der → Notation abhängig u. mit ihr verbunden. Zu jeder Zeit wurden die Komponisten durch Regeln (→ Kompositionslehre) gebunden, die ihre Kompositionen kennzeichnen u. meist das kultur- u. geistesgeschichtl. Umfeld ihrer Entstehungszeit widerspiegeln. Erst vom 18. Jh. an gilt die K. als Kunstwerk. – Die *neue Musik* ist schriftlich nur noch bedingt fixierbar (elektron. Musik) oder bezieht z. B. den Zufall ein (Aleatorik), doch setzen sich auch wieder traditionellere Vorstellungen durch.

Kompositionslehre, die Lehre, die dem *Komponisten* die techn. Grundlagen für sein Schaffen vermittelt, d. h. die Lehre vom melodischen, harmonischen, rhythmischen u. formalen Aufbau der Komposition. Hierzu gehören die allg. Musiklehre (Tonbenennung, Notenschrift, Intervalle, Tonarten, Metrik, Rhythmik, Agogik, Dynamik, Tempolehre, Verzierungen, Figuration u. a.), die Harmonielehre (Lehre von den Akkorden u. ihren Verbindungen, von der Anwendung der Konsonanzen u. Dissonanzen, die Lehre vom Kontrapunkt u. Generalbass, Instrumentationslehre, Formenlehre, Stilkunde, Musikästhetik u. angewandte Musikpsychologie.

◆ **Kompositkapitell** [lat.], ein Typus des röm. Kapitells, zusammengesetzt aus dem volutengeschmückten ionischen u. dem mit Pflanzenformen verzierten korinthischen Kapitell.

Kompositum [das, Pl. *Komposita*; lat.], aus mehreren Wörtern zusammengesetztes Wort. Man unterscheidet *Nominalkompositum* (z. B. Brief-tasche) u. *Verbalkompositum* (z. B. über-setzen); Gegensatz: *Simplex*. Auch → Derivativum.

Kompost [der; lat.], Verrottungsprodukt aus pflanzl. u. tier. Abfällen mit unterschiedl. Zusätzen; bes. im Gartenbau viel benutzter Humusdünger. Sorgfältig bereiteter K. (→ Kompostierung) verbessert die chem. u. physikal. Eigenschaften des Bodens, aktiviert das Bodenleben u. wirkt dadurch meist ertragssteigernd, vielfach auch qualitätsverbessernd. Bei der Flächenkompostierung wird organ. Material unverrottet oder halbkompostiert zwischen den Pflanzen bestehender Kulturen ausgebreitet. K. wird auch als Abdeckmaterial für stillgelegte → Deponien u. bei der Rekultivierung von Tagebaugebieten verwendet. Ferner wird er zur Abluftreinigung, z. B. im Bereich von Stallungen mit Massentierhaltung (→ Kompostfilter), oder für den Bau von Lärmschutzwällen eingesetzt. Auch → Bioabfälle.

Kompostfilter, Abluftreinigungsanlage unter Ausnutzung des Schadstoffabbaus durch Mikroorganismen. Die im Abgas enthaltenen Schadstoffe werden bei Durchströmung auf dem Kompost als Trägermaterial angesiedelt. Die Einsatzmöglichkeiten von Kompostfiltern werden durch den geforderten Reinigungsgrad u. den entsprechenden Platzbedarf bestimmt.

Kompostierung, Verfahren der → Abfallbehandlung zur Verwertung getrennt gesammelter organ. Abfälle für verschiedene Einsatzzwecke (→ Kompost). Die organ. Bestandteile werden durch Mikroorganismen u. Kleinlebewesen zersetzt (mikrobiol. Abbau). Die hierbei frei werdende Wärme (bis zu 65 °C) tötet Krankheitserreger weitgehend ab. Auf den Kompostierungsprozess wirken sich das Nährstoffverhältnis, der pH-Wert, die Sauerstoffzufuhr, der Feuchtigkeitsgehalt u. die Temperatur aus. Größere Kompostieranlagen müssen fachgerecht betrieben werden, um Keimbelastungen oder Geruchsbelästigungen in der Umgebung zu vermeiden u. die Emission von Rottegasen einzugrenzen. Verfahrenstechnisch wird die offene Mietenkompostierung von der geschlossenen K. in Rottezellen, ggf. mit Abluftfassung, unterschieden; die Kombination einer anfängl. temperaturgesteigerten Intensivrotte (Vorrotte) mit der offenen Mietenkompostierung (Nachrotte) ist möglich. Neben pflanzl. Abfällen gelangen zunehmend Rückstände aus der Abwasserreinigung (→ Klärschlamm, Fettreste) sowie Altholz zur K., vorausgesetzt, sie sind nur gering mit Schwermetallen oder persistenten organ. Stoffen belastet. Die Grenzwerte der → Bioabfallverordnung u. der → Klärschlammverordnung sind einzuhalten. Auch → Kalte Rotte.

Kompott [das; frz.], frisch gekochtes oder eingemachtes Obst, das als Beilage oder Nachtisch gereicht wird.

Kompresse [lat.], mehrfach gefaltetes u. zusammengedrücktes Stück Leinen oder Mull zu Verbänden, feuchten Umschlägen u. Ä.

kompressibel [lat.], zusammendrückbar.

Kompressibilität [lat.], die „Zusammendrückbarkeit" eines Stoffs, d. h. die Verringerung eines Volumens durch allseitigen Druck. Die Maßzahl der K. ist eine Materialkonstante: die relative Volumenänderung dividiert durch die Druckänderung bei konstanter Temperatur. Die K. wird in reziproken Druckeinheiten angegeben (z. B. $m^2 \cdot N^{-1}$). Der Kehrwert heißt *Kompressionsmodul*. Er wird im Allg. in N/mm^2 angegeben. Die K. ist groß für Gase u. sehr klein für flüssige u. feste Stoffe. In Strömungen, in denen keine großen Drücke auftreten, können Flüssigkeiten daher prakt. als inkompressibel angesehen werden. Innerhalb der Gültigkeitsgrenze des Hooke'schen Gesetzes ist die K. vom Druck unabhängig. Bei Gasen unterscheidet man *isotherme* u. *adiabatische* K., je nachdem, ob sie bei konstanter Temperatur (d. h. unter Wärmeabgabe) oder ohne jeden Wärmeaustausch komprimiert werden.

Kompression [lat.], *Verdichtung*, Verringerung des Volumens eines festen Körpers, einer Flüssigkeit oder eines Gases durch Druck.

Kompressionsverband, *Druckverband*, unter Druck angelegter Verband zur Blutstillung.

◆ **Kompressor** [der; lat.], *Gasverdichter*, eine Maschine zum Verdichten von Luft, Gasen u. Dämpfen bis zu Drücken von mehr als 100 bar, für Windkessel, Druckluft, Verbrennungsmotoren, Düsenantriebe u. chem. Synthesen. Beim *Kolbenkompressor* saugt ein Kolben die Luft oder das Gas durch ein Ventil an, dieses schließt sich beim Rückhub, u. die Luft wird verdichtet, bis sie durch ein zweites Ventil in die Leitung oder zu einem weiteren Kolben zwecks weiterer Verdichtung geleitet wird *(zweistufiger K.)*; für Drücke über 20 bar finden *dreistufige Kompressoren* Verwendung. Die bei der Druckerzeugung entstehende Wärme muss durch Kühlung abgeleitet werden. – Der *Turbokompressor (Kreiselkompressor)* ist wie eine

Kompressor: Luftkompressor, der in der Bauindustrie eingesetzt wird

Turbine gebaut; er arbeitet in umgekehrter Reihenfolge wie diese, d. h. ein Laufrad saugt durch eine Mittelöffnung Gas an u. schleudert es mit seinen Schaufeln nach außen, wodurch es verdichtet wird; von hier wird es durch ein festes Leitrad zum nächsten Laufrad zur weiteren Verdichtung geleitet. Die Laufräder sitzen auf einer Welle *(Läufer)*, während die Leiträder *(Ständer)* im Gehäuse eingebaut sind. Der Läufer ist meist direkt mit einem Motor oder einer Dampf- oder Gasturbine gekoppelt (Fördermengen bis zu $5 \cdot 10^6 \, m^3/h$). Die durch Verdichtung u. Reibung hervorgerufene Wärme (bes. in den ersten Druckstufen) muss durch Kühlung vermindert werden.

Kompressorbremse → Motorbremse.

Komprimate [lat.], Zuckerwaren aus gepresstem Puderzucker mit Geschmacksstoffen, in Form von Pastillen, Tabletten oder Kugeln; z. B. Pfefferminzplätzchen.

komprimieren [lat.], zusammendrängen, verdichten.

Kompromiss [lat.], Zugeständnis, Ausgleich durch beiderseitiges Nachgeben; im Zivilprozess das wechselseitige Versprechen streitender Parteien, sich einem Schiedsspruch zu unterwerfen.

Komptabilität [lat., frz.], die Rechnungsführung, Rechnungslegung.

Komptabilitätsgesetz, ältere Bez. für *Haushaltsordnung*, Gesetz über die Aufstellung u. Ausführung des Haushaltsplans.

Komsomol [der; Kurzwort für russ. *Kommunistitscheskij sojus molodjoschi*, „Kommunistischer Jugendverband"], 1918 gegr. sowjet. Staatsjugendorganisation für die 14–26-Jährigen *(Komsomolzen)*, die im Sinne der Kommunistischen Partei der Sowjetunion u. zur Durchsetzung ihrer Ziele in Schule, Betrieb u. Gesellschaft erzogen wurden. Vorstufe des K. war die Organisation der *Jungen Pioniere* (9–14 Jahre). – Nach dem Vorbild des K. wurde in der DDR die *FDJ* geschaffen.

Komsomolsk-na-Amure, Stadt im Kraj Chabarowsk, im O Russlands, am unteren Amur (Hafen), 309 000 Ew.; Hochschule; Eisen- u. Stahlwerk, Maschinen-, Flugzeug- u. Schiffbau, petrochem. u. Baustoffindustrie, Holzverarbeitung; Erdölraffinerie, Wärmekraftwerk; östlicher Endpunkt der *Baikal-Amur-Magistrale*, Flughafen, Fernmeldesatellitenstation. – 1932 bis 1936 vom sowjetischen Jugendverband *Komsomol* in versumpftem Gebiet erbaut.

Komtesse [frz.], *Comtesse*, Gräfin, in Dtschld. u. Österreich früher bes. die unverheiratete Grafentochter.

Komtur [lat.], 1. *Ritterorden:* in den geistl. Ritterorden der Inhaber eines Ordensamtes; meist der Vorsteher eines Hauses *(Komturei, Kommende)* mit der Aufgabe, den Konvent zu leiten, den Besitz u. die Einkünfte des Hauses zu verwalten u. a. – *Großkomtur,* im Dt. Orden einer der fünf *Großgebietiger,* der nächste Berater des Hochmeisters; ursprüngl. der K. des Haupthauses in Akko, dann in der Marienburg. 2. *Verdienstorden:* der Inhaber eines „aus dem Hals" zu tragenden Ordens; auch *Kommandeur* genannt.

Hinweise für die Benutzung

Lexikografische Elemente

Über den Stichwortteil A bis Z hinaus bietet das UNIVERSAL LEXIKON eine Reihe von zusätzlichen, hauptsächlich grafischen und tabellarischen Elementen, die wichtige Stichwörter oder Themengebiete illustrieren und vertiefend darstellen.

Farbige Übersichtskarten zu Staaten und Kontinenten ermöglichen die rasche Einordnung von Fakten und Entwicklungen aus den Bereichen Geographie, Bevölkerung, Geschichte, Wirtschaft und Kultur.

Doppelseiten zu den UNESCO-Denkmälern des Welterbes enthalten eine repräsentative Auswahl der bekanntesten Kulturdenkmäler und Naturparadiese, die in der UNESCO-Liste versammelt und als besonders schützenswertes Kultur- und Naturerbe der Menschheit deklariert worden sind.

Mehrseitige tabellarische Übersichten z. B. zur Weltgeschichte oder zur deutschen Grammatik ermöglichen einen schnellen Zugriff auf wichtige Themen der Schul- und Allgemeinbildung.

Die bedeutendsten Persönlichkeiten der Weltgeschichte werden in 100 ausführlichen **Lebensdatentabellen** gesondert biografisch vorgestellt.

Spezialthemen aus Wissenschaft und Kultur werden auf **Fotorama-Seiten** mit hochwertigem Bildmaterial großzügig illustriert.

Zooschilder mit ausgewählten Fotos stellen die interessantesten Tiere vor.

Alphabetische Ordnung der Stichwörter

Die Reihenfolge der Stichwörter richtet sich streng nach der Schreibweise. Stichwörter, die aus mehreren selbständigen oder durch Bindestrich verknüpften Wörtern bestehen, werden wie ein zusammenhängendes Wort behandelt.

Die Umlaute ä, ö, ü werden behandelt wie die Buchstaben a, o, u (z. B. folgt **Blüte** auf **Blutdruck**); ß wird wie ss eingeordnet. Buchstaben mit Sonderzeichen (zum Beispiel å, á, ą, é, ğ, ţ) werden wie solche ohne Sonderzeichen behandelt. Die Buchstabenfolgen ae, oe, ue werden, auch wenn sie wie ä, ö, ü gesprochen werden, wie getrennte Buchstaben behandelt (zum Beispiel **Goethe**).

Arabische Ziffern bleiben bei der Alphabetisierung unberücksichtigt.

Beispiele:

Superdividende
Super-8-Film
Superinfektion

Das gilt auch, wenn die arabischen Ziffern am Anfang des Stichworts stehen.

Beispiele:

Dichlorethylen
2.4-Dichlorphenoexyessigsäure
Dichlorpropan

Römische Ziffern werden wie Buchstaben alphabetisiert.

Beispiele:

Kwinna
KWU
K-XVIII-Rücken
Ky

Mehrgliedrige Stichwörter werden möglichst in der natürlichen Stellung der Wortteile aufgeführt und eingeordnet. Die Artikel *La, Le, Las, Les, Los* vor geographischen und Personennamen werden mitalphabetisiert. Geographische Namen, die mit *Sankt, Saint, San, São, Fort, Port* oder *Porto* beginnen, suche man unter diesem Bestandteil.

Nicht berücksichtigt wird bei geographischen Namen ein allgemeiner Bestandteil wie *Bad, Ciudad de, Djebel, Golf von, Kap, Mount, Piz* u. Ä., ferner nicht der Artikel *Al* in arabischen Namen.

In allen Fällen, wo das Stichwort auf diese Art oder sonst wie zu einem Schlagwort verkürzt ist, wird die vollständige Form in Kursivsetzung angeschlossen, z. B.
Aibling, *Bad Aibling*
Everest, *Mount Everest*
Panama, *Golf von Panama*

Bei Personennamen werden Adelsprädikate und vergleichbare Bestandteile wie üblich nachgestellt. Personen, die hauptsächlich unter ihrem Vornamen bekannt sind, findet man unter diesem (zum Beispiel **Franz von Assisi, Walther von der Vogelweide**).

In allen Zweifelsfällen wird das Auffinden eines Artikels durch entsprechende Verweise (→) erleichtert. Stimmen mehrere Stichwörter in der Schreibweise völlig überein, so stehen an erster Stelle die Sachbegriffe, dann die geographischen Namen, dann die Personennamen.

Gleich lautende Sachbegriffe sind untereinander nach der alphabetischen Reihenfolge der betreffenden Fachgebiete geordnet; gleich lautende Personennamen stehen in der Reihenfolge:
– Namenerklärungen
– Päpste
– Heilige und Bischöfe
– Fürsten nach Ländern geordnet
– Familiennamen, nach Vornamen geordnet.

Beispiele:

Adler, 1. *Astronomie:* ... (Sternbild) ...
2. *Heraldik:* ... (Wappentier) ...
3. *Zoologie:* ... (Vogel) ...
Adler, linker Nebenfluss der Elbe ...
Adler, 1. Alfred ...
2. Friedrich ...
3. Guido ...

Albert, männl. Vorname ...
Albert, Gegenpapst ...
Albert, Bischof ...
Albert, Fürsten. Belgien: 1. ...
2. ...
Großbritannien: 3. ...
Österreich: 4. ...
Sachsen: 5. ...
6. ...
Albert, 1. [al'bɛːr], Eugen d' ...
2. Hans ...
3. Heinrich ...
4. Hermann ...

Typografische Hervorhebungen

Hauptstichwörter sind **fett** gedruckt.

Eine Raute ✦ vor dem fett gedruckten Stichwort zeigt, dass dem Artikel eine Abbildung oder Tabelle zugeordnet ist.

Fachgebietsbezeichnungen nach dem Stichwort sind *g e s p e r r t - k u r s i v* gedruckt. Fachgebiete sind in der Regel immer dann mit angegeben, wenn es für gleich lautende (homonyme) Begriffe Bedeutungsunterschiede gibt und das Sachgebiet aus dem Artikel nicht eindeutig hervorgeht.

G e s p e r r t e r Druck dient der Gliederung und besseren Übersicht.

Kursiv-Setzung erfolgt in den folgenden Fällen:

1. zur Wiedergabe der sinnverwandten Wörter (Synonyme) und orthographischen Varianten; sie stehen hinter dem Hauptstichwort,
2. zur Unterscheidung von Unter-Stichwörtern im Artikel,
3. zur Hervorhebung von wesentlichen Begriffen und Namen.

Schreibweise der Stichwörter

Wenn für ein und dasselbe Stichwort unterschiedliche Schreibweisen geläufig sind, so ist für das UNIVERSAL LEXIKON jene Form gewählt worden, von der anzunehmen ist, dass der Leser hier zuerst nachschlagen wird; andere mögliche Schreibweisen (orthographische Varianten) stehen kursiv hinter dem Hauptstichwort.

Namen aus Sprachen, die die Lateinschrift verwenden, werden in der Regel in der landesüblichen Form, mit allen eventuellen Sonderzeichen, wiedergegeben. Bei Namen und Begriffen aus fremden Schriftsystemen

ist diejenige Umschrift gewählt, von der angenommen werden kann, dass sie am bekanntesten und somit auch dem Leser am ehesten vertraut ist. Ist keine eingebürgerte deutsche Form vorhanden, dann ist das Stichwort in einer einfachen lautlichen Transkription wiedergegeben. Bei Begriffen und Biografien aus bestimmten asiatischen Sprachen ist der international verbreiteten englischen Transkription der Vorzug gegeben worden. Für Wörter aus dem Chinesischen wird die offiziell eingeführte Pinyin-Transkription verwendet. Die Schreibung in einer wissenschaftlichen Umschrift wird häufig als Nebenform angegeben. Wo immer sich eine vom gewählten Umschriftsystem abweichende Schreibweise so weit durchgesetzt hat, dass sie als allgemein üblich gelten kann, wird ihr jedoch der Vorzug gegeben.

Chemische und biochemische Begriffe werden einheitlich so geschrieben, wie es dem wissenschaftlichen Gebrauch entspricht, auch dann, wenn dieser von der allgemein üblichen Schreibweise abweicht. Beispiel: *Ethanol*, nicht *Äthanol*, *Calciumoxid*, nicht *Kalziumoxyd*.

In allen Zweifelsfällen wird das Auffinden eines Artikels wiederum durch Verweise erleichtert.

Stichwörter, die man unter C vermisst, suche man unter K oder Z und umgekehrt; ähnlich bei Ć, Ch und Tsch, bei V und W, bei J und I, bei J und Dsch, bei Ae und Ä, bei F und Ph, bei Y und J.

Angaben zum Sprachgebrauch

Wo es nötig oder von Interesse ist, stehen hinter dem Stichwort in eckigen Klammern [] Angaben zum Sprachgebrauch: Aussprache, Geschlecht, grammatische Besonderheiten sowie Sprachherkunft.

Beispiele:
Cello ['tʃɛ-; ital.], ...
Schokolade [indian., span., ndrl.], ...
Pluviograph [lat. + grch.], ...

Äquator [lat., „Gleicher"], ...
Bilanz [ital. *bilancia*, „Waage"], ...
Aerophon [aːero-; das; grch., „Lufttöner"], ...

Die A u s s p r a c h e eines Stichworts wird nach den Regeln der *Association Phonétique Internationale* angegeben. Dazu wird ein für deutsche Verhältnisse vereinfachtes System verwendet. Die verwendeten Zeichen sind in der Lautschrifttabelle auf S. 10 zusammengefasst. Wird nur für einen Teil des Stichworts die Aussprache angegeben, dann steht vor und/oder hinter der Aussprachebezeichnung ein Trennstrich.

Die B e t o n u n g eines Stichworts wird in möglichen Zweifelsfällen durch einen Punkt unter dem zu betonenden Vokal (z. B. **Abadạn**, ...), bei zwei Buchstaben, die als ein Laut zu sprechen sind (z. B. ae, oe, ue als Umlaute ä, ö, ü oder ie als langes i) und bei einem Diphtong (ai, au, ei, eu, oi, ey) durch einen Punkt mit darunter gesetztem Bogen (z. B. **Achilleịon**, ...) gekennzeichnet. Innerhalb der Lautschrift wird die Betonung durch einen Akzent vor der zu betonenden Silbe angegeben (z. B. **Albacete** [-'θetə], ...).

G r a m m a t i s c h e Angaben werden nur sparsam gemacht. Im Allgemeinen wird nur eine unregelmäßige Bildung des Plurals angegeben. In Zweifelsfällen wird das Geschlecht des Stichworts mitgeteilt.

Bei Fremdwörtern oder Lehnwörtern ist die s p r a c h l i c h e H e r k u n f t angegeben, im Allgemeinen nur die Sprache, aus der das Wort stammt. Wenn die deutsche Entsprechung des Ursprungswortes für das Verständnis des Stichworts hilfreich ist, wird diese genannt. Sie steht innerhalb der eckigen Klammer, die die sprachlichen Angaben zusammenfasst.

Statistische Angaben

Statistische Angaben wie Bevölkerungs- und Wirtschaftszahlen sind, sofern verfügbar, der amtlichen Statistik entnommen. Hauptsächlich werden die Veröffentlichungen des Statistischen Bundesamts, Wiesbaden, verwendet. Gesicherte und zuverlässige Daten können in der Regel nur für eine Zeit angegeben werden, die zwei oder mehrere Jahre vor der Veröffentlichung des Lexikons liegt. Die meisten Länder verfügen nicht über amtliche Statistiken; hier musste auf Schätzungen zurückgegriffen werden. Der Angabe aus einem älteren Jahr wurde aber immer dann der Vorzug gegenüber geschätzten Daten aus Sekundärquellen gegeben, wenn es sich bei ersteren um gesicherte, durch die amtliche Statistik belegbare Angaben handelte.

Staatenkästen

Die Artikel über die unabhängigen Staaten beginnen jeweils mit einem farbigen „Kasten", der folgende Informationen in Wort und Bild enthält:
– Offizieller Name des Landes
– Autokennzeichen
– Staatsfläche
– Einwohnerzahl
– Hauptstadt
– Landessprache
– Währung
– Bruttosozialprodukt/Einw.
– Regierungsform
– Religion
– Nationalfeiertag
– Zeitzone

– Grenzen
– Lebenserwartung

Daten

Für neuzeitliche Daten gilt, wie üblich, in der Regel der gregorianische Kalender; nur bei Doppelangaben aus der Zeit der Umstellung und in allen Zweifelsfällen steht eigens der Hinweis *n. St.* („neuer Stil", d. h. nach dem gregorianischen Kalender) bzw. *a. St.* („alter Stil" d. h. nach dem julianischen Kalender).
Geburtsdaten sind durch *, Sterbedaten durch † gekennzeichnet. Biografische Daten ohne diese Zeichen beziehen sich auf Regierungs- oder Amtszeiten. Eine Angabe wie *1470/80 bedeutet, dass das Geburtsdatum nicht genau bekannt ist und zwischen den beiden genannten Jahren liegt.

Werkangaben

Bei Schriftstellern, Gelehrten, Künstlern, Komponisten usw. sind die Titel der von ihnen geschaffenen Werke entweder im laufenden Text genannt oder am Artikelende nach der Abkürzung Hptw. = Hauptwerk(e) zusammengefasst. Die Jahreszahlen hinter Werktiteln geben, wenn nichts anderes vermerkt ist, das Jahr der Erstveröffentlichung oder Uraufführung an, nicht den Zeitraum der Ausarbeitung oder den Zeitpunkt der Fertigstellung. Fremdsprachige Werke werden meist mit dem Titel der deutschen Übersetzung zitiert, wenn eine solche vorliegt; dabei werden häufig das Erscheinungsdatum der fremdsprachigen Ausgabe und das der deutschen Übersetzung angegeben, z. B. „Tom Sawyer" 1876, dt. 1876.

Verweise

Neben den Verweisen zum Auffinden eines Stichworts, dessen Schreibweise oder alphabetische Einordnung fraglich sein könnte, werden Verweise von einem Stichwort auf ein anderes möglichst sparsam verwendet.
Der direkte Verweis (→) deutet an, dass der Gedankengang eines Artikels unter dem so gekennzeichneten Stichwort weitergeführt wird. Der Gesamtzusammenhang, in dem die Stichwörter stehen, wird auf diese Weise verständlich.
Der Siehe-auch-Verweis (Auch →) gibt an, unter welchen Stichwörtern zusätzliche und weiterführende Informationen zu der angeschnittenen Thematik zu finden sind, um das Verständnis des größeren Zusammenhangs zu erleichtern.

Abkürzungsverzeichnis

Im UNIVERSAL LEXIKON werden Abkürzungen nur so verwendet, dass der Lesefluss und das Verständnis nicht beeinträchtigt werden.

Im Allgemeinen ist das Stichwort, wenn es in demselben Artikel wiederholt wird, mit seinem ersten Buchstaben abgekürzt. Um eine gute Lesbarkeit des Artikels zu gewährleisten, gilt dies nicht für gebeugte Stichwörter oder solche die mit anderen Wörtern zusammengesetzt sind.

Besteht das Stichwort aus zwei Wörtern, die durch Bindestrich verbunden sind, so wird nur der erste Buchstabe als Abkürzung verwendet. Besteht ein Stichwort aus mehreren selbständigen Wörtern, so ist jedes Wort für sich abgekürzt. Gibt es für ein Stichwort eine allgemein übliche Abkürzung, so wird diese im Text verwendet.

Die Endung -isch ist oft weggelassen, die Endung -lich durch -l. abgekürzt.

Daneben werden nur noch solche Abkürzungen verwendet, die im Abkürzungsverzeichnis genannt sind oder ein eigenes Stichwort im Lexikon haben (z. B. Staaten der USA).

A

Abg.	Abgeordneter
Abk.	Abkürzung
Abs.	Absatz
Abt.	Abteilung
Adj.	Adjektiv
allg.	allgemein
Apg.	Apostelgeschichte
Art.	Artikel
AT	Altes Testament
ausschl.	ausschließlich

B

baden-württ.	baden-württembergisch
Bd., Bde.	Band, Bände
Bearb.	Bearbeiter
Begr.	Begründer
bes.	besonders
betr.	betreffend
Bez.	Bezeichnung
Bez.	Bezirk
Bibliogr.	Bibliografie
BR Dtschld.	Bundesrepublik Deutschland
bzw.	beziehungsweise

D

d. Ä.	der Ältere
Dep.	Departement, Departamento
Dép.	Département
dgl.	dergleichen, desgleichen
d. Gr.	der Große
d. h.	das heißt
d. i.	das ist
Diss.	Dissertation
d. J.	der Jüngere
dt.	deutsch
Dtschld.	Deutschland

E

ehem.	ehemalig, ehemals
einschl.	einschließlich
entspr.	entsprechend
europ.	europäisch
ev.	evangelisch
ev.-luth.	evangelisch-lutherisch
ev.-ref.	evangelisch-reformiert
Ew.	Einwohner

F

f., ff.	folgende Seite[n], folgendes Jahr, folgende Jahre
Frhr.	Freiherr

G

geb.	geboren
gegr.	gegründet
gen.	genannt
Gen.	Genesis
ggf.	gegebenenfalls
gleichn.	gleichnamig

H

h	Stunde
hl., hll.	heilig[e]
Hptst.	Hauptstadt
Hptw.	Hauptwerk(e)

hrsg., Hrsg.	herausgegeben, Herausgeber

I

i. e. S.	im engeren Sinn
im Allg.	im Allgemeinen
insbes.	insbesondere
insges.	insgesamt
i. w. S.	im weiteren Sinn

J

Jb., Jbb.	Jahrbuch, Jahrbücher
Jer.	Jeremia
Jes.	Jesaja
Jg.	Jahrgang
Jh.	Jahrhundert

K

kath.	katholisch
Krs.	Kreis

L

Ldkrs.	Landkreis
Losebl.	Loseblattausgabe
luth.	lutherisch

M

MA	Mittelalter
MdB	Mitglied des Bundestags
MdL	Mitglied des Landtags
MdR	Mitglied des Reichstags
Mio.	Millionen
min	Minute
Min.	Minister
Min.-Präs.	Ministerpräsident
Mitgl.	Mitglied
Mrd.	Milliarden
m. V.	mit Vororten

N

N	Norden
Nachdr.	Nachdruck
Nachf.	Nachfolger
nat.-soz.	nationalsozialistisch
n. Br.	nördliche Breite

n.Chr.	nach Christus			u.M.	unter dem Meeresspiegel	
Neudr.	Neudruck			ü.M.	über dem Meeresspiegel	
NO	Nordosten	**R**		u.ö.	und öfter (erschienen)	
NT	Neues Testament	rd.	rund	usw.	und so weiter	
NW	Nordwesten	reform.	reformiert	u.U.	unter Umständen	
		Reg.-Bez.	Regierungsbezirk			
		Rep.	Republik			
O		röm.-kath.	römisch-katholisch	**V**		
O	Osten			v.Chr.	vor Christus	
Offb.	Offenbarung des Johannes			Verw.	Verwaltung	
o.J.	ohne (Erscheinungs-)Jahr	**S**		Verw.-Bez.	Verwaltungsbezirk	
ö.L.	östliche Länge	s	Sekunde[n]	v.H.	von Hundert (%)	
o.O.	ohne (Erscheinungs-)Ort	S	Süden	Vize-Präs.	Vizepräsident	
o.O.u.J.	ohne (Erscheinungs-)Ort u.	s.Br.	südliche Breite	Vors.	Vorsitzender	
	Jahr	schweiz.	schweizerisch			
op.	Opus	Sg.	Singular			
orth.	orthodox	Slg.	Sammlung	**W**		
österr.	österreichisch	SO	Südosten			
		sog.	so genannt	W	Westen	
		stellvertr.	stellvertretend	Westf.	Westfalen	
P		SW	Südwesten	w.L.	westliche Länge	
Pl.	Plural					
Präs.	Präsident	**U**		**Z**		
Prof.	Professor	u.	und			
prot.	protestantisch	u.a.	und andere[s]	z.B.	zum Beispiel	
Prov.	Provinz		unter anderem	z.T.	zum Teil	
Ps.	Psalm		unter andern	Ztschr.	Zeitschrift	
		u.Ä.	und Ähnliche[s]	z.Z.	zur Zeit	
		Übers.	Übersetzer, Übersetzung			

Im Lexikon verwendete Abkürzungen zur Angabe der sprachlichen Herkunft

afgh.	afghanisch	hind.	hindustanisch	norw.	norwegisch
afrik.	afrikanisch	isl.	isländisch	phön.	phönizisch
ahd.	althochdeutsch	ital.	italienisch (nicht für italisch)	polyn.	polynesisch
alb.	albanisch	jak.	jakutisch	portug.	portugiesisch
amerik.	amerikanisch	jap.	japanisch	prov.	provençalisch
aram.	aramäisch	jav.	javanisch	rätorom.	rätoromanisch
austroas.	austroasiatisch	lat.	lateinisch	rom.	romanisch
babyl.	babylonisch	lit.	litauisch	sanskr.	sanskritisch
birm.	birmanisch	mal.	malaiisch	serbokr.	serbokroatisch
bulg.	bulgarisch	melan.	melanesisch	singhal.	singhalesisch
chin.	chinesisch	mhd.	mittelhochdeutsch	skand.	skandinavisch
eskim.	eskimoisch	mlat.	mittellateinisch	tibetochin.	tibetochinesisch
frz.	französisch	ndrl.	niederländisch	turktat.	turktatarisch
germ.	germanisch	ndt.	niederdeutsch	ukr.	ukrainisch
grch.	griechisch	nhd.	neuhochdeutsch	ung.	ungarisch
hebr.	hebräisch	nlat.	neulateinisch		

Lautschrifttabelle

Im Lexikon ist für Fremdwörter, fremdsprachliche Eigennamen und für alle Wörter, bei denen es notwendig erscheint, die korrekte Aussprache in eckigen Klammern angegeben. Der Einheitlichkeit und Genauigkeit halber wird ein vereinfachtes System der internationalen Lautschrift verwendet, mit der die Aussprache der in den europäischen Ländern vorkommenden Laute genau bezeichnet werden kann. Siehe dazu auch die „Angaben zum Sprachgebrauch" in den Benutzerhinweisen.

Vokale und Diphthonge

ː bezeichnet die Länge eines Vokals
a kurzes a (wie in *kann;* französ. *lac* [lak])
aː langes a (wie in *Magen;* französ. *Lesage* [ləˈsaːʒ])
æ sehr offenes kurzes ä (wie in engl. *Gangway* [ˈgæŋwɛi])
ʌ kurzes dumpfes a (wie in *Butler* [ˈbʌtlə])
ã nasaliertes a (wie in *Mont Blanc* [mõ ˈblã])
ai Diphthong (wie in *Mai, Brei;* engl. *like* [laik])
au Diphthong (wie in *Baum;* engl. *Mount* [maunt])
e halblanges geschlossenes e (wie in gebt; französ. *élan* [elã])
eː langes geschlossenes e (wie in *Kehllaut, Beere*)
ə kurzes dumpfes e (wie in *Masse, Linie;* engl. *the* [ðə], französ. *le* [lə])
əː langes dumpfes e (wie in *Churchill* [ˈtʃəːtʃil])
ɛ kurzes offenes e (wie in *Fest, Gänse;* engl. *let* [lɛt])
ɛː langes offenes e (wie in *ordinär;* französ. *Molière* [mɔlˈjɛːr])
ɛi Diphthong (wie im engl. *cake* [kɛik]; portugies. *Beira* [ˈbɛira]; niederländ. *IJmuiden* [ɛiˈmœidəː])
ɛ̃ nasaliertes e (wie in französ. *jardin* [ʒarˈdɛ̃], *Pointe* [pwɛ̃t])
i kurzes i (wie in *bin;* engl. *Wilson* [ˈwilsən])
iː langes i (wie in *Bibel, Lied;* engl. *Leeds* [liːdz])
ɔ kurzes offenes o (wie in *Ross;* engl. *what* [wɔt])
ɔː langes offenes o (wie in engl. *Wall Street* [ˈwɔːlstriːt])
õ nasaliertes o (wie in *Mont Blanc* [mõ ˈblã])
ɔi Diphthong (wie in *heute;* engl. *boil* [bɔil])
ɔu Diphthong (wie in engl. *Bowling* [ˈbɔuliŋ], *Coldcream* [kɔuld kriːm])
o halblanges geschlossenes o (wie in *Obst;* französ. *Barrault* [baˈro])
oː langes geschlossenes o (wie in *Moos;* französ. *de Gaulle* [də ˈgoːl])
œ kurzes offenes ö (wie in *Köln;* französ. *Châteauneuf* [ʃatoˈnœf])
ø halblanges geschlossenes ö (wie in *Fischöl;* französ. *neveu* [nəˈvø])
øː langes geschlossenes ö (wie in *nervös;* französ. *Chartreuse* [ʃarˈtrøːz])
œ̃ nasaliertes ö (wie in *Verdun* [vɛrˈdœ̃])
u kurzes u (wie in *kurz;* engl. *full* [ful])
uː langes u (wie in *Gruß;* französ. *rouge* [ruːʒ])
y kurzes ü (wie in *schützen;* französ. *Tartuffe* [tarˈtyf])
yː langes ü (wie in *führen, lyrisch;* französ. *Saussure* [soˈsyːr])

Für Konsonanten werden neben b, d, g, h, p, t, k, l, r, m, n und f noch folgende Zeichen verwendet:

ç ch (wie in *ich;* griech. *Chios* [ˈçiɔs])
x ch (wie in *machen;* russ. *Chruschtschow* [xruˈʃtʃɔf])
ŋ ng (wie in *Länge, Bank;* engl. *long* [lɔŋ])
s stimmloses s (wie in essen, weiß; engl. *Gaitskell* [ˈgɛitskəl])
z stimmhaftes s (wie in *Saal, Waise;* engl. *Elizabeth* [iˈlizəbəθ])
ʃ stimmloser sch-Laut (wie in *schaffen;* engl. *Shakespeare* [ˈʃɛikspiə])
ʒ stimmhafter sch-Laut (wie in französ. *Journal* [ʒurˈnaːl], *Etage* [eˈtaːʒə])
dʒ stimmhafter dsch-Laut (wie in engl. *just* [dʒʌst], indones. *Jakarta* [dʒaˈkarta])
θ stimmloser Lispellaut (wie in engl. *Commonwealth* [ˈkɔmənwɛlθ])
ð stimmhafter Lispellaut (wie in engl. *father* [ˈfaːðə])
v w (wie in *Wasser, Venedig*)
w mit starkt gewölbten Lippen gesprochenes w (wie in engl. *Wells* [wɛlz])

Buchstaben, die zwei Laute wiedergeben, werden in der Lautschrift durch zwei Zeichen dargestellt:

ts wie z in *reizen*
ks wie x in *Hexe*

Zeichentabelle

*	geboren	±	plus oder minus	≦	kleiner oder gleich
†	gestorben	·	mal (Multiplikationszeichen)	≪	sehr klein gegen
§, §§	Paragraph[en]	×	mal (nur bei Maßangaben z.B. 3m × 4m); kreuz (Vektormultiplikation)	>	größer als (z.B. 5 > 0)
&	und			≧	größer oder gleich
%	Prozent			≫	sehr groß gegen
‰	Promille	:, /, −	geteilt durch (Divisionszeichen)	∞	unendlich
/	je, pro, durch (z.B. km/h)	=	gleich	π	pi (Ludolf'sche Zahl, = 3,14159...)
+	plus (Additionszeichen und Vorzeichen positiver Zahlen)	≡	identisch, gleich	√	Wurzel aus (z.B. √8)
		≠	nicht gleich, ungleich	∧	und (Konjunktion)
−	minus (Subtraktionszeichen u. Vorzeichen negativer Zahlen)	≈	angenähert, nahezu gleich	∨	oder (Disjunktion)
		<	kleiner als (z.B. 3 < 7)		

Mitarbeiterverzeichnis

Adam, Adolf, Prof. Dr. (Theologie)
Altenkirch, Wolfgang, Dr. (Ökologie, Zoologie)
Aretin, Karl Otmar Freiherr von, Prof. Dr. Dr. h. c. (Geschichte)
Bähr, Jürgen, Prof. Dr. (Geographie)
Bannenberg, Norbert (Werkstoffe, Hüttenwesen)
Barn, Gerd, Prof. Dr. (Lebensmittel, Genussmittel)
Bartenschlager, Rita (Literatur)
Barth, Hans-Karl, Prof. Dr. (Geographie)
Bechert, Heinz, Prof. Dr. (Religionswissenschaft)
Bellinger, Gerhard J., Prof. Dr. (Religionswissenschaft)
Benecke, Gerhard (Elektrotechnik)
Benecke, Gisela, Dr. (Chemie, Biologie)
Bernecker, Walther L., Dr. (Geschichte)
Beuth, Reinhard (Tanz)
Bhattacharya, Gourishwar, Dr. (Kunst)
Blanchard, Olivier, Dr. (Literatur)
Böcker, Ulrich (Religionswissenschaft)
Böhm, Hans, Prof. Dr. (Geographie)
Böhm, Wolfgang, Dr. Dr. (Landwirtschaft)
Bormann, Claus von, Dr. (Philosophie)
Bormann, Werner, Dr. (Kartographie) †
Borowsky, Peter, Dr. (Geschichte)
Borsdorf, Axel, Dr. (Geographie)
Bosse, Rolf, Dr. (Technik)
Bräuer, Günter, Prof. Dr. (Anthropologie)
Bronger, Arnt, Prof. Dr. (Bodenkunde)
Brumby, Gesine (Literatur)
Buchheim, Cornelia, Dr. (Veterinärmedizin)
Buck, Elmar, Prof. Dr. (Theater)
Büdeler, Werner (Raumfahrt)
Bulka, Heinz Dieter (Sprachwissenschaft)
Burghause, Frank, Dr. (Zoologie)
Busse von Colbe, Walther, Prof. Dr. (Wirtschaft)
Campenhausen, Axel Freiherr von, Prof. Dr. (Theologie)
Clemen, Günther, Dr. (Zoologie)
Cölln, Klaus, Dr. (Zoologie)
Czwalinna, Jürgen (Bergbau)
Dahms, Hellmuth G., Dr. (Geschichte)
Denkinger, Rainer (Maschinenbau)
Dietrich, Manfried, Prof. Dr. (Religionswissenschaft)
Dietrich, Margot (Kartenspiele)
Dittrich, Edith, Dr. (Kunst)
Domrös, Manfred, Prof. Dr. (Geographie)
Dörner, Hans Helmut, Dr. (Religionswissenschaft)
Dülffer, Jost, Prof. Dr. (Geschichte)
Dunand, Emile (Politik) †
Eckstein, Dieter, Prof. Dr. (Technik)
Eggeling, Willi Johannes, Dr. (Geographie)
Ehrhardt, Klaus-Dieter, Dr. (Physik)
Eilrich, Thomas (Numismatik)
Einnatz, H.-Joachim, Prof. (Bauwesen)
Eisleb, Dieter, Dr. (Archäologie)
Elble, Rolf, Dr. (Wehrwesen)
Engelhardt, Gunther, Prof. Dr. (Wirtschaft)

Erbe, Michael, Prof. Dr. (Geschichte)
Erz, Marina (Technik)
Fahrbach, Eberhard, Dr. (Meereskunde)
Faßhauer, Peter, Prof. Dr. (Elektrotechnik)
Fiswick, Andreas (Börsenwesen, Banken)
Frank, Karl Suso, Prof. Dr. (Theologie)
Frevel, Stefan (Kulturgeschichte)
Fries, Edwin, Dr. (Physik)
Fugmann-Heesing, Annette, Dr. (Recht)
Gauer, Walter (Publizistik)
Gehrke, Hans-Joachim, Dr. (Geschichte)
Glonegger, Erwin (Gesellschaftsspiele)
Gnielinski, Stefan von, Dr. (Geographie)
Grau, Werner (Verlagswesen)
Gudemann, Wolf-Eckhard (Geographie)
Gundermann, Iselin, Dr. (Geschichte)
Gutgesell, Manfred, Dr. (Geschichte)
Haack, Friedrich-W. (Theologie)
Haas, Hans-Dieter, Prof. Dr. (Geographie)
Haberstumpf, Helmut, Dr. (Recht)
Hage, Wolfgang, Prof. Dr. (Theologie)
Hahn, Gerhard, Prof. Dr. (Paläontologie)
Hahn, Renate, Dr. (Paläontologie)
Hamann, Ilse, Dr. (Meeresforschung)
Hannß, Christian, Prof. Dr. (Geographie)
Hansen, Ralph, Dr. (Geologie, Mineralogie)
Hansmeier, Antonia (Geographie)
Hardt, Horst-Dietrich, Prof. Dr. (Chemie)
Hartmann, Wilfried, Prof. Dr. (Theologie)
Hartmann, Wolfgang (Sport)
Haschke, Claudia (Literatur)
Haße, Arnim, Dr. (Umweltschutz, Zoologie)
Haupt, Joachim, Dr. (Zoologie)
Haupt-Nakada, Hiroko (Zoologie)
Haussig, Hans Wilhelm, Prof. Dr. (Religionswissenschaft)
Hawig, Peter (Religionswissenschaft)
Hecker, Hans, Prof. Dr. (Geschichte)
Helmentag, Wolfgang (Gastronomie)
Hempel, Lena, Dr. (Geographie)
Hempel, Ludwig, Prof. Dr. (Geographie)
Hensel, Georg, Prof. (Verkehr)
Hentschke, Richard, Prof. Dr. (Theologie)
Heppel, Thomas (Umweltschutz)
Herrmann, Joachim (Astronomie)
Herrmann, Konrad, Prof. (Bauwesen)
Heydte, Friedrich August Freiherr von der, Prof. Dr. Dr. (Recht) †
Heyer, Gerhard, Dr. (Philosophie)
Hilden, Gregor (Theater)
Hilz, Wolfram, Dr. (Politikwissenschaft)
Hippen, Reinhard, (Kleinkunst)
Hoffmann, Gert, Prof. Dr. (Meteorologie)
Hohl, Siegmar, Dr. (Kunst, Musik)
Hohnholz, Jürgen, Dr. (Geographie)
Hösch, Edgar, Prof. Dr. (Geschichte)
Hubmann, Heinrich, Prof. Dr. (Recht)
Hummel, Karl-Heinz (Wehrwesen)
Jäger, Helmut, Dr. (Maschinenbau)
Jakobi, Thomas (Medizin)
Jaschinski, Andreas, Dr. (Musik)
Jensen, Helmut, Dr. (Soziologie)
Jeschke, Hubert (Wehrwesen)

Jesse, Eckhard, Prof. Dr. (Politikwissenschaft)
Johanek, Ingeborg, Dr. (Recht)
Jordecki, Sophia (Geographie)
Jung, Dieter, Dr. (Zoologie)
Jung, Irmgard, Dr. (Zoologie)
Jürgensen, Harald, Prof. Dr. (Wirtschaft)
Kämper, Angela, Dr. (Medizin)
Kaestner, Jan, Dr. (Theater)
Karger, Adolf, Prof. Dr. (Geographie) †
Keitz, Günter, Prof. Dr. (Fischerei)
Kettrup, Antonius, Prof. Dr. (Chemie)
Kiechle, Franz, Prof. Dr. (Geschichte)
Kirchhof, Ferdinand, Prof. Dr. (Recht)
Kirsch, August, Prof. Dr. (Sport) †
Klaus, Dieter, Prof. Dr. (Geographie)
Klaus, Rainer (Musik)
Kleinelümern-Depping, Antje (Pädagogik)
Klug, Heinz, Prof. Dr. (Geographie)
Kohl, Rainer (Literatur)
Kohlhepp, Gerd, Prof. Dr. (Geographie)
Koops, Harald (Fischerei, Zoologie)
Koppitz, Hans-Joachim, Prof. Dr. (Buch- u. Bibliothekswesen)
Kracke, Rolf, Prof. Dr. (Verkehr)
Krebs, Gerhard, Dr. (Geschichte)
Krüsselberg, Hans-Günter, Prof. Dr. (Wirtschaft)
Krutz, Michael, Dr. (Chemie)
Küchenhoff, Günther, Prof. Dr. (Recht, Staatslehre) †
Küchle, Hans Joachim, Prof. Dr. (Medizin)
Küchler, Johannes, Dr. (Geographie)
Kuhlmann, Birgit (Technik)
Kuhlmann, Dieter, Prof. Dr. (Zoologie)
Kühne, Ingo, Prof. Dr. (Geographie)
Kulke, Hermann, Prof. Dr. (Geschichte)
Kuls, Wolfgang, Prof. Dr. (Geographie)
Kulwicki, Hiltrud (Esoterik)
Kunst, Michael, Dr. (Archäologie)
Kurth, Ulrich, Dr. (Musik)
Lamberty, Barbara (Soziologie)
Lang, Robert, Dr. (Geographie)
Laux, Hans-Dieter, Dr. (Geographie)
Lechner, Hans H., Prof. Dr. (Wirtschaft)
Lennartz, Barbara (Mathematik, Physik)
Lennartz, Didier (Mathematik)
Lenz, Rolf (Musik)
Lenz-Aktaş, Ingrid (Literatur)
Lerg, Winfried B., Prof. Dr. (Publizistik)
Leuschner, Ulrike (Geschichte)
Liebmann, Claus, Dr. (Geographie)
Lienau, Cay, Prof. Dr. (Geographie)
Lindemann, Rolf, Dr. (Geographie)
Loschek, Ingrid, Dr. (Mode)
Lottes, Günther, Dr. (Geschichte)
Ludewig, Rita (Geographie)
Ludewig, Werner (Geographie)
Lütz, Cornelius, Dr. (Botanik)
Magnusson, Thomas, Dr. (Geschichte)
Maier, Johann, Prof. Dr. (Judentum)
Maler-Sieber, Gisela (Völkerkunde)
Malina, Peter, Dr. (Geschichte)
Mannesmann, Rolf, Prof. Dr. (Zoologie)
Martin, Bernd, Prof. Dr. (Geschichte)

Martin, Helmut, Prof. Dr. (Geschichte)
Matei, Horia C. (Geographie)
Meincke, Jens, Dr. (Meereskunde)
Menzel-Tettenborn, Helga, Dr. (Ökologie, Allgemeiner Wortschatz) †
Mertins, Günter, Prof. Dr. (Geschichte)
Meuer, Gerd (Geschichte, Politik)
Michel, Hans-Georg (Politik, Soziologie)
Miotke, Franz-Dieter, Prof. Dr. (Geographie)
Motischke, Lothar, Dr. (Kosmetik)
Müller, Hans-Martin, Dr. (Geographie)
Müller, Joachim, Dr. (Mathematik)
Niebuhr-Timpe, Petra (Literatur)
Niemeyer, Hans Georg, Prof. Dr. (Archäologie)
Oldiges, Martin, Prof. Dr. (Recht)
Park, Sung-Jo, Prof. Dr. (Geographie)
Partmann, Walter, Dr. (Ernährung) †
Pintér, Éva, Dr. (Musik)
Pletsch, Alfred, Prof. Dr. (Geographie)
Pleyer, Peter, Prof. Dr. (Film)
Pruys, Karl Hugo (Publizistik)
Rainer, Rudolf (Forstwissenschaft)
Ratenhof, Gabriele, Dr. (Geschichte)
Reckmann, Susanne (Kunst)
Reuther, Ernst-Ulrich, Prof. Dr. (Bergbau)
Ribbens, Annette (Physik)
Richter, Helmut (Datenverarbeitung)
Richter, Peter-Cornell (Fotografie)
Riedl, Helmut, Prof. Dr. (Geographie)
Römer, Karl (Geschichte) †
Ruempler, Götz, Dr. (Zoologie)
Ruhbach, Gerhard, Prof. Dr. (Theologie)
Rühmekorf, Ernst, Dr. (Zoologie)
Ruiz, José Manuel, Prof. Dr. (Politik)
Rupp, Alfred, Prof. Dr. (Religionswissenschaft)
Ruwe, Wolfgang, Dr. (Recht)
Schaaf, Joachim (Maschinenbau)
Schaaf, Raimund (Elektrotechnik)
Scharf, Helmut, Dr. (Kunst)
Scheer, Christian, Prof. Dr. (Wirtschaft)
Schenzle, Peter (Verkehr)

Scheuerbrandt, Arnold, Dr. (Geographie)
Schippmann, Klaus, Prof. Dr. (Geschichte)
Schlegel, Walter, Prof. Dr. (Geographie)
Schmidt, Christian, Dr. (Meeresbiologie)
Schmidt, Hans-Joachim (Geographie)
Schmidt, Karl-Heinz, Dr. (Technik)
Schmöle, Peter (Werkstoffe, Hüttenwesen)
Schneider, Hans, Prof. Dr. (Recht)
Schneider, Manfred (Geographie)
Schönmann, Gerd (Literatur)
Schreiber, Oswald (Textiltechnik)
Schricker, Burkhard, Prof. Dr. (Zoologie)
Schröder, Johannes, Dr. (Wirtschaft)
Schröder, Peter (Geographie)
Schulze, Georg Wilhelm (Bauwesen)
Schurdel, Harry D. (Heraldik)
Schwind, Margarete (Politik)
Seidel, Karl Josef, Prof. Dr. (Geschichte)
Seitz, Paul, Dr. (Obst- und Gartenbau)
Senger, Klaus-Peter (Theater)
Silbermann, Alphons, Prof. Dr. (Soziologie) †
Sittard, Matthias (Werkstoffe, Hüttenwesen)
Soeder, Carl Johannes, Prof. Dr. (Botanik)
Spann, Gustav, Dr. (Geschichte)
Specker, Christof, Dr. (Medizin)
Spuler, Bertold, Prof. Dr. Dr. h.c. (Geschichte)
Stehr, Herwart (Biologie) †
Steincke, Heinz, Dr. (Technik)
Steinecke, Günter (Post)
Steinhilper, Ellen (Musik)
Steinmann, Peter K. (Kleinkunst)
Stengl, Christian (Literatur)
Steuer, Heinz (Geographie)
Stiewe, Martin, Dr. (Theologie)
Stingl, Josef, Dr. h. c. (Wirtschaft)
Straub, Heidrun, Dr. (Zoologie)
Stricker, Carsten (Gentechnik, Technische Chemie)
Strobach, Klaus, Prof. Dr. (Geophysik)
Teckentrup, Konrad H. (Verlagswesen)
Thannheiser, Dietbert, Prof. Dr. (Geographie)

Themann, Ludger (Ernährung)
Thieme, Karlheinz (Geographie)
Thierfelder, Helmut, Prof. Dr. (Geschichte) †
Thiessen, Roland (Psychologie)
Thomas, Georg, Dr. (Geschichte)
Tiggemann, Rolf, Dr. (Geographie)
Timmermann, Vincenz, Prof. Dr. (Wirtschaft)
Treude, Erhard, Prof. Dr. (Geographie)
Tyrell, Albrecht, Dr. (Geschichte)
Unger, Monika (Geographie)
Vaupel, Mareike (Theater)
Voges, Ernst (Genussmittel)
Voßmeier, Reinhard (Feuerwehr)
Wachsmann, Constanze (Literatur)
Wagner, Adolf, Prof. Dr. (Wirtschaft)
Walhorn, Manfred (Politik)
Wandrey, Rüdiger, Dr. (Zoologie)
Wassen, Peter (Recht, Politik, Soziologie)
Wassermann, Rudolf, Dr. (Recht, Kriminologie)
Wegenast, Klaus, Prof. Dr. (Theologie)
Weisel, Annabella (Literatur)
Weismantel, Wolfgang (Politik)
Weiß, Joachim (Theologie)
Weitnauer, Hermann, Prof. Dr. (Recht) †
Wellershaus, Julia (Literatur)
Wend, Rainer, Dr. (Recht, Gewerkschaften)
Wendler, Gernot, Prof. Dr. (Zoologie)
Willam, Johanna (Geographie)
Wolcke-Renk, Irmtraut D., Dr. (Geographie)
Wolffsohn, Michael, Prof. Dr. (Geschichte)
Wollstein, Günter, Prof. Dr. (Geschichte)
Wülker, Hans-Detlef, Dr. (Wirtschaft)
Zangger, Alfred, Dr. (Geschichte)
Zimmermann, Harald, Prof. Dr. Dr. (Geschichte)
Zittlau, Dieter, Dr. (Philosophie)
Zscharschuch, Friedel (Kleinkunst)
Zullei, Ninette (Chemie)

Abbildungsnachweis

action press, Hamburg (3); Agence photographique Réunion des Musées Nationaux, Paris (1); aisa, Barcelona (108); Alinari, Florenz (1); Archiv für Kunst und Geschichte, Berlin (22); Archiv Gerstenberg, Wietze (3); Artothek, Peissenberg (4); Associated Press GmbH, Frankfurt (11); Hans J. Aubert, Bonn (1); Badisches Landesmuseum, Karlsruhe (1); Bärenreiter-Verlag Karl-Vötterle KG, Kassel (1); Bavaria Bildagentur, Gauting (3) – Ball (1) – Bognar (2) – Images (1) – Keute (1) – Otto (1) – Schmied (1) – Scholz (1) – Sittig (1) – TCL (1) - Tschanz-Hofmann (1); Dr. G. J. Bellinger, Münster (1); Dr. Gisela Benecke, Gütersloh (16); Bertelsmann Lexikon Verlag, Gütersloh (75); Dr. Helga Besler, Stuttgart (1); Bildarchiv Preußischer Kulturbesitz, Berlin (12); Ludwig Binder, Berlin (1); Prof. Dr. F. Binder, Flein (2); Bongarts Sportfotografie GmbH, Hamburg (2); British Museum, London (3); Cinetext Bild- und Textarchiv GmbH, Frankfurt (1); Bruce Coleman Coll., Uxbridge (5); Corbis UK Ltd., London – Charles & Joset (1) – Hornak (1) – Smit (1); Corbis-Bettmann, New York (10) – AFP (1) - Reuters (4) – Springer (2) - UPI (21); Das Fotoarchiv, Essen (5); Deutsches Museum, München (5); Deutsches Spielkarten Museum, Leinfelden (1); DIZ München GmbH, München (2); Document Vortragsring e.V., München – Blasy (2) – Göhler (3) – Haberland (1) – Hellweg (1) – Kremnitz (3) - Kremnitz-Lacus (1) – Matthäi-Latocha (5) – Oswald (1) – Utzerath (1); dpa, Frankfurt (10); EMI Classics, Köln (1); Fauna-Verlag Dr. Frieder Sauer, Karlsfeld (1); Focus, Hamburg (1); Werner Forman Archive Ltd., London (1); Dr. Ingo Gabriel, Lürschau (1); Galerie Paul Maenz, Köln (1); Germanisches Nationalmuseum, Nürnberg (1); Dr. Georg Gerster, Zumikon (1); Gesamtverband des dt. Steinkohlenbergbaus, Essen (1); Göteborgs Konstmuseum, Göteb org (1); Gronefeld, Gerhard Gronefeld, München (1); Kulturgeschichtliches Bildarchiv Hansmann, München (2); Herzog Anton Ulrich-Museum, Braunschweig (1); Hessische Landes- und Hochschulbibliothek, Darmstadt (1); Hirmer Verlag, München (1); Dr. Sigmar Hohl, Oberding (2); Huber Bildarchiv, Garmisch-Partenkirchen (3); IFA-Bilderteam GmbH, München (4); Interfoto, München (40); Jürgens Ost + Europa Photo, Berlin (2); Filmarchiv Karkosch, Gilching (2); Kärnten Werbung Marketing & Innovationsmanagement GmbH, Velden (1); Kärnter Landesarchiv, Klagenfurt (1); Katechetisches Amt, Heilbronn (1); Keystone Pressedienst GmbH, Hamburg (3); Keystone, Zürich (1); Klyvare, Stockholm (1); Wilfried Koch, Rietberg (9); Kodak AG, Stuttgart (1); Königliche Kupferstichsammlung Kopenhagen (1); Kröller-Müller Stichting, Otterlo (1); Kunsthalle Kiel (1); Kunsthaus Zürich (1); Kunsthistorisches Museum, Wien (1); Lade, Helga Lade Fotoagentur, Frankfurt (Bomboo (1) – Kaki (1) – Michler (1) – Sally (1) – Welsh (1); Laenderpress, Mainz – GP (1) – Lessing (1) – MKF (1) – Otto (1) – VT (1) – WMB (2)- WOT (1); Lehtikuva Oy, Helsinki (1); Linde AG, Wiesbaden (1); Linhof Präzisions-Kamerawerke GmbH, München (1); Dieter Maier, Weßling (1); Aldo Margiocco, Campomorone (1); Mauritius, Mittenwald (1) – Fischer (1) – Hardenberg (1) – Photri – Schmied (1) – Schrempp (1) – Thamm (1); Max-Planck-Institut für Plasmaphysik Garching (1); Minox GmbH, Gießen (1); Münchner Stadtmuseum (2); Musée des Beaux-Arts, Chartres (1); Museen der Stadt Essen (1); Musées Royaux des Beaux-Arts de Belgique, Brüssel (1); Museo Arqueologico Nacional, Madrid (1); Museum Wiesbaden (1); National Library, Ottawa (1); Nikon, Düsseldorf (3); Okapia KG, Frankfurt – Foott (1) – Geiersperger (1) – Kanus (1) - Klein & Hubert (1) - NAS/Martinez (2) – Oberle (1) – Reinhard (1) – Rowell/P. Arnolc Inc. (1); Orion Press, Tokio (1); Österreichische Nationalbibliothek, Wien (3); Palace Museum, Beijing (1); Picture Press, Hamburg – Thoman (1); Polaroid GmbH, Offenbach (1); Public Address, Hamburg (3); Georg Quedens, Norddorf (1); Dirk Renckhoff, Hamburg (1); Republique et Canton du Jura, Porrentruy (1); Rijksmuseum Amsterdam (1); Roebild Kurt Röhrig, Braunfels (1); Rollei-Werke, Braunschweig (2); Toni Schneiders, Lindau (1); Schreyer-Löbl, Bad Tölz (4); Mihai Serban, Cluj (2); Shostal Superstock Inc., New York (1); Silvestris, Kastl (2) – A.N.T. (1) – Alberti (1) – Bohler (2) – Brockhaus (3) – Cramm (1) – FLPA (1) – Galan (1) – Geiersperger (1) – Hecker (1) – Heine (2) – Hosking (1) – Irsch (1) – Jacobi (1) – Janicek (1) – Kehrer (1) – Korall (1) – Lacz (1) – Layer (2) – Lenz (1) – Lughofer (1) – Martinez (1) – Naroska (1) – Partsch (1) – Redeleit (1) – Reile (1) – Ruckszio (1) – Schulte (1) – Schwirtz (1) – Sycholt (1) – Wagner (2) – Walz (2) – Wilmshurst (1) – Wisniewski (3); Photo Somonis, Wien (1); Sipa Press, Paris (1) – Adenis (1) – Ammar-Levine (1) – Barthelemy (1) – Boccon-Gibod (1) – Cinello (1) – Dalda (1) – Frilet (1) – Kuus (1) – Rothermel (1) – Schoon (1) – Stampfli (1) – Walmas (1); Spektrum der Wissenschaft, Heidelberg (1); Staatsbibliothek Bamberg (1); Stadtbildstelle Augsburg (1); Statens Museum for Kunst, Kopenhagen (1); Christel Stehr, Gütersloh (1); Steinheim-Institut f. deutsch-jüdische Geschichte, Duisburg (1); Irmelies Steinsiek, Gütersloh (2); Stiftung Kinderdorf Pestalozzi, Zürich (1); Uwe Stratmann, Wuppertal (1); Strongbelt Ges. für Antriebstechnik mbH, Bielefeld (1); Swissair Photo- + Vermessungs AG Regensdorf-Watt (1); Theatermuseum der Universität, Köln (1); Felicitas Timpe, München (1); Transglobe Agency, Hamburg - Leirungen (1) – Willetts (1) – Ziegler (1); Ullstein GmbH Bilderdienst, Berlin (4); Verwaltung d. Staatl. Schlösser und Gärten, Berlin (1); Voith Hydro, Heidenheim (1); Votava, Wien (1); Westfäl. Landesmuseum f. Kunst und Kulturgeschichte, Münster (1); Whitney Museum of American Art, New York (1); ZEFA, Düsseldorf (2) – Andbalb (1) – Bertsch (1) – Blank (1) – Bormann (1) – Deuter (1) - Hackenberg (1) – Haenel (1) – Halin (1) – Kummels (1) – Thau (1); Zoltan Nagy (1).

© Jasper Johns, Flagge auf orangefarbenem Feld – VG Bild-Kunst, Bonn 2000.
© Asger Jorn, Vaca – fam. Jorn/VG Bild-Kunst, Bonn 2000.
© Donald Judd, Installation – Art Donald Judd Estate/VG Bild-Kunst, Bonn 2000.
© Ilija Kabakow, Das Boot meines Lebens – VG Bild-Kunst, Bonn 2000.
© Horst Egon Kalinowski, La paupière dÔeté – VG Bild-Kunst, Bonn 2000.
© Wassily Kandinsky, Der Marktplatz von Murnau/Das große Tor von Kiew/Dämmerung/Drei Klänge – VG Bild-Kunst, Bonn 2000.
© Alexander Kanoldt, Olevano – VG Bild-Kunst, Bonn 2000.
© Ernst Ludwig Kirchner, Selbstbildnis mit Modell – Galerie Henze & Ketterer, Wichtrach.
© Konrad Klappheck, Technik der Eroberung – VG Bild-Kunst, Bonn 2000.
© Paul Klee, Die Zwitschermaschine/Rote und weiße Kuppeln, 1914, 45; Aquarell und Gouache auf Papier; 14,6 x 13,7 cm; Düsseldorf, Kunstsammlung Nordrhein-Westfalen/Stillleben/Abfahrt der Schiffe – VG Bild-Kunst, Bonn 2000.
© Yves Klein, Monogold: MG 18 – VG Bild-Kunst, Bonn 2000.
© Boris H. Kleint, Frühlingskreis – VG Bild-Kunst, Bonn 2000.
© Franz Kline, O.T. – VG Bild-Kunst, Bonn 2000.
© Oskar Kokoschka, Flut in Hamburg – VG Bild-Kunst, Bonn 2000.
© Georg Kolbe, Torso – VG Bild-Kunst, Bonn 2000.